DCC CAMPINGFÜHRER EUROPA 2008

58. Auflage

Offizieller Campingführer Deutscher Camping-Club e.V.

Herausgeber: Deutscher Camping-Club e.V., Caravan-, Motorcaravan- ... 02 München, Tel. 0 89/38 01 42-0, Telefax 0 89/33 47 37, Internet: http://www.camp... ...g-club.de, Mitglied der »Fédération Internationale de Camping et de Caravanning«, Brüssel und ... ...ance Internationale de Tourisme«, Genf. Verantwortl. Redaktion: Karl Zahlmann. Verlag und Anzeigenverwaltung: DCC-Wirtschaftsdienst und Verlag GmbH, Mandlstraße 28, 80802 München, Tel. 0 89/38 01 42-0, Telefax 0 89/33 47 37 u. 38 01 42-40. Anzeigenleitung: Rosmarie Swoboda. Bankverbindungen: Postgiroamt München 11 43 20-804 (BLZ 700 100 80), Münchner Bank, München (BLZ 701 900 00), Kto.-Nr. 2 104 440. Alleiniger Gesellschafter der DCC-Wirtschaftsdienst und Verlag GmbH ist der Deutsche Camping-Club e.V. (DCC). Satz und Landkarten: Typographischer Betrieb Walter Biering & Hans Numberger, München. Druck: Mediahaus Biering GmbH, Grafischer Betrieb, Freisinger Landstraße 21, 80939 München. Für Richtigkeit und Vollständigkeit der Angaben wird keine Gewähr übernommen, jegliche Haftung für fehlerhaften oder unvollständigen Abdruck wird ausgeschlossen. Nachdruck verboten!
Vertrieb: GeoCenter Touristik & Medien GmbH, Tel. 07 11/78 19 46 10, Telefax 07 11/78 19 46 54. Auslieferung Deutschland: Geo Center via VVA Bertelsmann Distribution, An der Autobahn, 33310 Gütersloh, Tel. 0 52 41/80 54 74, Telefax 0 52 41/80 60 31. Auslieferung Österreich: Verlagsauslieferung Dr. Franz Hain, Industriehof Stadlau, Dr.-Otto-Neurath-Gasse 5, A-1220 Wien, Tel. 00 43/1/ 2 82 65 65, Telefax 00 43/1/2 82 52 82. Auslieferung Schweiz: Schweizer Buchzentrum, Postfach, CH-4601 Olten, Tel. 00 41/62/2 09 25 25, Telefax 00 41/62/2 09 26 27.

ISBN 978-3-87141-030-7

Zum Geleit

**Seit 60 Jahren:
Reiseplanung leicht gemacht – mit Ihrem DCC!**

Der Deutsche Camping-Club ist Deutschlands Camping-Fachverband. Er wurde am 22. September 1948 in München gegründet um, so lautet eines der Ziele, Campern das Reisen zu ermöglichen. Nun, um die im Nachkriegsdeutschland notwendigen, erforderlichen Genehmigungen zum Besuch von Auslandsveranstaltungen zu bekommen, brauchen Camper den DCC heute längst nicht mehr. Aber bei der Reiseplanung sind wir für viele von Ihnen mit unserem DCC Campingführer »Europa« Jahr für Jahr immer noch unverzichtbar.

Das erste, handgeschriebene Zeltplatzverzeichnis entstand bereits 1949, daraus hat sich der populäre DCC Campingführer »Europa« entwickelt, der 2008 in der 58. Auflage und wiederum mit rund 1000 inhaltsschweren Seiten erscheint. Hier finden Sie, liebe Camper, in gewohnter Ordnung alles rund um Europas Campingplätze – von der Anfahrtsbeschreibung, über die GPS-Daten, die Platzbeschreibungen, Details zum Internetauftritt und natürlich auch die aktuellen Gebühren.

2008 ist für den Deutschen Camping-Club ein Jubiläumsjahr. Was lag näher, als nach 60 Jahren erfolgreicher Arbeit, unseren Mitgliedern ein Geschenk zu machen: Wir haben das System unserer »365 Tage Schnäppchenpreise«, der Sonderpreise für DCC-Mitglieder in der Vor- und Hauptsaison auf 24 Campingplätzen, erweitert. Herausgekommen ist das Spar-Sonderheft, das Sie jetzt am Ende des Campingführers finden. Nunmehr sind es erfreulicherweise knapp 100 deutsche Campingplätze, die den Mitgliedern des DCC Sonderpreise anbieten.

Unsere Freundschaftsplätze haben wir außerdem im Campingführer selbst gesondert gekennzeichnet: Ein kleines Sparschweinchen weist Ihnen bei Ihrer Urlaubsplanung künftig deutschlandweit den Weg. Einen Überblick, wo die Plätze zu finden sind und welche Ermäßigungen sie Ihnen geben, verschafft Ihnen das Sonderheft, das am Ende des Campingführers eingelegt ist, die Platzbeschreibung finden Sie im Campingführer.

Voraussetzung, um in den Genuss dieser Leistungen zu kommen, ist allerdings, dass Sie Mitglied im DCC sind. Sie müssen sich bei Ihrer Ankunft auf den entsprechenden Campingplätzen auch umgehend durch die DCC-Mitgliedskarte ausweisen.

Aber auch für andere Camper ist der DCC Campingführer »Europa 2008« unverändert attraktiv – ein Nachschlagewerk, das die Ferien erst zum Urlaub macht. Und wenn wir Sie mit unserem Spar-Sonderheft nicht nur zum Urlaub in Deutschland, sondern auch von der Mitgliedschaft im DCC überzeugen konnten, kontaktieren Sie uns, wir freuen uns auf Sie!

Ihr

Dipl.-Ing. Karl Zahlmann
Präsident
Deutscher Camping-Club e.V.

Was Sie wissen

Der offizielle DCC-Campingführer Europa 2008 des Deutschen Camping-Club e.V. ist ein zuverlässiger Urlaubsführer durch 31 Länder mit ca. 6000 Campingplätzen.

Lag bei Redaktionsschluss die Gebührenmeldung eines Platzes vor, steht links vor dem Platznamen die Preisklassifikation in einem quadratischen Kästchen, zum Beispiel 20. Dies bedeutet, dass die Gebühren für die Übernachtung von 3 Personen inklusive Stellplatz nicht mehr als 20 Euro betragen.

Sind bei einem Campingplatz keine Gebühren angegeben, haben wir von der Platzleitung zwei Jahre keine Antwort auf unsere jährliche Gebührenanfrage erhalten. Bei diesen Plätzen und den Campingplätzen mit den Gebühren des Vorjahres können sich die angegebenen Öffnungszeiten, Telefonnummern, Faxnummern, Internet-Adressen und E-mail Adressen verändert haben.
Außerdem kann bei den Campingplätzen mit den Gebühren des Vorjahres mit einer Anhebung der Gebühren für das laufende Jahr gerechnet werden und es besteht die Möglichkeit, dass angegebene Ermäßigungen nicht mehr gewährt werden.
Die Mehrwertsteuer (MwSt) für Campingplätze in Deutschland beträgt 19%.

Ermäßigungen für DCC-Mitglieder und Inhaber der Campingcard International (CCI) sind fett gedruckt.
DCC-Vertragsplätze sind verpflichtet DCC-Mitgliedern ab der 1. Nacht 10% auf P/N zu gewähren.
Dies gilt nicht für Dauercamping-Gebühren.

Die Campingplätze sind hinsichtlich der Platzeinrichtung (■), der landschaftlichen Lage (●) und der Geräuschkulisse (♦) in 5 Stufen bewertet. Unsere Bewertung der Geräuschkulisse bezieht sich nicht auf den Campingplatz selbst, sondern auf die Geräuschsituation im Umfeld des Campingplatzes, wie z.B. Flug-, Autobahn- oder Eisenbahngeräusche.
Besonders wichtig ist das Hygienezeichen (H), dessen 5 Stufen den Zustand und die Anzahl der Sanitär-Einrichtungen angeben. Ebenfalls 5-stufig beurteilt wird der Service (♦).

Campingplätze in Wintersportgebieten sind links vom Beschreibungstext mit den internationalen Ski- und Eissportzeichen gekennzeichnet.
Die naturbelassenen Campingplätze werden durch das grüne Symbol an gleicher Stelle gekennzeichnet. Diese Plätze haben auf die künstliche Veränderungen der Natur (Terrassen- oder Planflächen), eine Parzellierung und auf eine fremdartige Bepflanzung verzichtet.

Mit dem grünen NEU Neu-Symbol werden **neu** in den DCC-Campingführer Europa aufgenommene Campingplätze gekennzeichnet.
Mit grüner Kopfleiste und gelber Unterlegung versehene Campingplätze sind DCC-Vertragsplätze, die DCC-Mitgliedern Ermäßigung gewähren. Wir empfehlen sie auch als Urlaubsplätze. Im Inhaltsverzeichnis erkennt man sie an der fett gedruckten Schrift.
FKK-Freunde finden einen Sonderteil unter dem Titel »FKK-Urlaub im In- und Ausland«.

Der DCC-Campingführer Europa wurde von einem erfahrenen Experten-Team in monatelanger Arbeit aktualisiert, um den Campingurlaubern das Reisen zu erleichtern.

I. Inlandsteil

1. Auf der gefalteten Übersichtskarte, in der Tasche auf der 3. Umschlagseite, finden Sie alle im Campingführer aufgeführten Campingplätze. Sie sind mit einem roten, DCC-Vertragsplätze mit einem grünen und FKK-Campingplätze mit einem blauen Zeltsymbol gekennzeichnet. Dabei steht die Campingführernummer unter der dieser Campingplatz im DCC-Campingführer beschrieben ist. Siehe nebenstehende Legende.

2. Die Numerierung der Plätze erfolgte nach den Bundesländern, sie sind 4- und 5-stellig. Die 1. Zahl bezeichnet das betreffende Bundesland.

   1 = Schleswig-Holstein (mit Hamburg)
   2 = Niedersachsen (mit Bremen)
   3 = Nordrhein-Westfalen
   4 = Saarland
   5 = Rheinland-Pfalz
   6 = Hessen
   7 = Baden-Württemberg
   8 = Bayern
   9 = Berlin
   10 = Mecklenburg-Vorpommern
   11 = Brandenburg
   12 = Sachsen
   13 = Sachsen-Anhalt
   14 = Thüringen

SOLLTEN

Die 2. Zahl den Regierungsbezirk, in dem der Platz liegt. Die restlichen Ziffern sind die Kennzahl des Platzes. Diese Einteilung ermöglicht, neue Plätze geographisch und chronologisch bereits vorhandenen Plätzen im betreffenden Bezirk zuzuordnen.

3. Zur besseren Orientierung haben die einzelnen Seiten am Außenrand ein blau unterlegtes Register, auf dem die Kennziffern des jeweiligen Bundeslandes weiß aufgedruckt und chronologisch von 1 bis 14 geordnet sind.

4. Sie suchen also zuerst auf der Übersichtskarte den Platz ihrer Wahl, danach schlagen Sie unter Zuhilfenahme des Registers das entsprechende Bundesland auf. Innerhalb des Bundeslandes erscheinen dann die Campingplätze in numerischer Reihenfolge. Oder Sie schlagen das Inhaltsverzeichnis auf. Hier sind in alphabetischer Reihenfolge die Orte aufgeführt, in denen sich ein Campingplatz befindet.

5. Soweit es uns möglich war, haben wir die Campingplätze klassifiziert. Die internationalen Campingzeichen beschreiben die Plätze detailliert.

6. Aus der gesamten Platzgröße und den jeweiligen Stellplatz-Zahlen lassen sich Rückschlüsse auf die einzelne Stellplatzgröße ziehen. Bei dem Texthinweis »unparzellierte Stellplätze« muss in der Hochsaison mit beengtem Platzangebot gerechnet werden.

7. Eine beheizbare Sanitäranlage setzen wir bei Ganzjahresplätzen voraus. Verfügt ein Saisonplatz über diese Möglichkeit, haben wir dies mit dem Texthinweis »beheizbare Sanitäranlage« kenntlich gemacht.

8. Wurde bei den Gebührenangaben der Caravan, der Motorcaravan und das Zelt (C MC T/N) zusammengefasst, bedeutet dies, dass alle den gleichen Einzelpreis haben.

9. Die Bewertungen wurden bei normaler Platzbelegung ermittelt. Bei Überbelegung in Spitzenzeiten ist es möglich, dass diese nicht eingehalten werden können.

10. Außerhalb der Saisonzeiten ist der Service auf vielen Plätzen oft eingeschränkt, wie z. B. geschlossene Lebensmittelgeschäfte oder Restaurants.

11. Das neu in die Campingplatzbeschreibungen aufgenommene Piktogramm Haltestelle steht für den gesamten öffentlichen Nahverkehr. Während die Abkürzung FW für Zimmer, Appartement oder Ferienwohnung steht.

Die rote Trennlinie innerhalb der Piktogramm-Reihe kennzeichnet die Einrichtungen außerhalb des Campingplatzes.

II. Auslandsteil

Auf den Länder-Übersichtskarten, beim Vorspann des jeweiligen Landes, sind die im Campingführer enthaltenen Campingplätze mit rotem Zeltsymbol, DCC-Vertragsplätze mit einem grünen und FKK-Campingplätze mit einem blauen Zeltsymbol gekennzeichnet. Dabei steht die Campingführernummer unter der dieser Campingplatz im DCC-Campingführer beschrieben ist. Siehe untenstehende Legende. Im Gesamt-Inhaltsverzeichnis stehen die Länder in alphabetischer Reihenfolge entsprechend ihrer deutschen Bezeichnung. Im Verzeichnis der Auslandsplätze mit alphabetischem Ortsnamen-Register. Im Campingführer selbst sind sie entsprechend den internationalen Autokennzeichen geordnet. Ein oranges Randregister mit weißer Schrift ermöglicht ein schnelles Auffinden des gewünschten Reiselandes. Befinden sich innerhalb eines Ortes mehrere Campingplätze, erhalten diese alle die gleiche Campingführer-Nummer.

Die Abschnitte 5 bis 10 vom Inlandsteil gelten auch für den Auslandsteil.

Wir wünschen allen Campern mit Hilfe unseres DCC Campingführers viel Spaß bei der Auswahl ihres Urlaubs- oder Wochenendziels und sonnige, erholsame Tage auf den Campingplätzen.

Ihre
CAMPINGFÜHRER-REDAKTION

Inhaltsverzeichnis

Allgemeiner Teil

Geleitwort 3
Was Sie wissen sollten 4–5
Generelles Inhaltsverzeichnis 6
Internationale Campingzeichen 8–12
Abkürzungen 13
Inhaltsverzeichnis der Campingplätze in Deutschland ... 14–25
Inhaltsverzeichnis der Campingplätze im Ausland 26–52
FKK-Inhaltsverzeichnis 927
Ferientermine in den Ländern der Bundesrepublik 53
DCC-Anschriften 54–55
FKK-Teil 912–927
Beurteilungsblatt für Campingplätze 928

Übersichtskarten

Deutschland, Kartentasche 3. Umschlagseite
Alpenübergänge und Pässe 56/57
Wintersport-Campingplätze in Deutschland 58

Europa

Andorra (AND) 411
Belgien (B) 411
Dänemark (DK) 455
Estland (EST) 533
Finnland (FIN) 649
Frankreich (F) 538/539, 555, 569, 587,593
Griechenland (GR) 671
Großbritannien und Nordirland (GB) 657
Irland (IRL) 805
Italien (I) 714/715, 717, 725, 735, 745
Kroatien (HR) 693
Lettland (LV) 815
Liechtenstein (FL) 421
Litauen (LT) 813
Luxemburg (L) 809
Marokko (MA) 911
Niederlande (NL) 831
Norwegen (N) 819
Österreich (A) 352/353
Polen (PL) 873
Portugal (P) 865
Rumänien (RO) 881
Russische Föderation (RUS) 883
Schweden (S) 885
Schweiz (CH) 421
Slowakische Republik (SK) 899
Slowenien (SLO) 901
Spanien (E) 482/483, 485, 501, 532
Tschechische Republik (CZ) 447
Türkei (TR) 907
Ungarn (H) 681–685

Deutschlandteil

Bei der Ein- und Durchreise zu beachten 59
Die Campingplätze im Bundesgebiet
1 Schleswig-Holstein 59–97
2 Niedersachsen und Bremen 97–140
3 Nordrhein-Westfalen 141–164
4 Saarland 164–166
5 Rheinland-Pfalz 166–189
6 Hessen 189–205
7 Baden-Württemberg 205–246
8 Bayern 246–305
9 Berlin 306
10 Mecklenburg-Vorpommern 307–322
11 Brandenburg 322–334
12 Sachsen 334–340
13 Sachsen-Anhalt 341–345
14 Thüringen 345–349

Europateil

Vor einer Auslandsreise zu beachten 350
Internationale Kraftfahrzeug-Papiere 350
Camping Card International (CCI) 350

Andorra (AND) 410/411
Belgien (B) 411–420
Dänemark (DK) 454–481
Estland (EST) 533–535
Finnland (FIN) 649–655
Frankreich (F) 536–648
Griechenland (GR) 670–679
Großbritannien und Nordirland (GB) 655–670
Irland (IRL) 805–808
Italien (I) 713–805
Kroatien (HR) 692–713
Lettland (LV) 814–817
Liechtenstein (FL) 655
Litauen (LT) 812–814
Luxemburg (L) 808–812
Marokko (MA) 910–912
Niederlande (NL) 830–865
Norwegen (N) 817–830
Österreich (A) 351–410
Polen (PL) 872–881
Portugal (P) 865–872
Rumänien (RO) 881–883
Russische Föderation (RUS) 883–885
Schweden (S) 885–898
Schweiz (CH) 420–445
Slowakische Republik (SK) 898–900
Slowenien (SLO) 900–905
Spanien (E) 481–533
Tschechische Republik (CZ) 445–453
Türkei (TR) 905–910
Ungarn (H) 679–692

Rangieren Sie Ihren Caravan noch leichter !

- Motoren nicht im Spritzbereich der Räder
- Die breitesten Alu-Antriebsrollen mit patentierter Oberflächenstruktur
- für Einachser und Tandem, mit echtem Allradantrieb
- MotorDrive zum An– und Abschwenken der Antriebsrollen per Fernbedienung
- SOFTSTART und SOFTSTOP für millimetergenaues, schonend weiches Rangieren
- Einfache Installation + Bedienung
- ABE, keine TÜV-Vorführung notwendig

REICH GmbH • Ahornweg 37 • D-35713 Eschenburg • Tel. +49 (0) 2774/9305-0
Fax +49 (0) 2774/930590 • Email: info@reich-web.de • Internet: www.reich-web.de

---

Exklusiver Gutschein über 80,- Euro für DCC-Mitglieder

Voraussetzungen zur Gutscheineinlösung: Dieser Gutschein ist nach erfolgtem Kauf eines MoveControl-Rangierantriebes komplett auszufüllen und zusammen mit dem Kaufbeleg / der Rechnung des Handelspartners im Original und dem DCC-Mitgliedsnachweis zu senden an:

Reich GmbH - Ahornweg 37 - 35713 Eschenburg

Dieser Gutschein und der Kaufbeleg aus dem hervorgeht, dass die Rechnung vollständig beglichen ist, muss vom Handelspartner abgestempelt und unterschrieben werden. Pro Person und Move Control kann nur ein Gutschein eingelöst werden. Zudem müssen die Voraussetzungen zur Gutscheineinlösung durch Ankreuzen akzeptiert sein.
Dieser Gutschein ist gültig bis zum 31.12.2008. Er gilt nur in Verbindung mit Rechnungen, die im Zeitraum vom 01.01.2008 bis zum 31.12.2008 ausgestellt und vollständig bezahlt wurden.
Der Gutschein ist nur in Zusammenhang mit Rechnungen von Handelspartnern einlösbar, die ihren Sitz im Inland haben.
Die Gutschrift in Höhe von insgesamt € 80,- erfolgt auf ihr angegebenes Konto bei einer inländischen Bank.

Mitarbeiter von Reich dürfen nicht teilnehmen. Der Rechtsweg ist ausgeschlossen.

Vorname / Name

Strasse und Hausnummer

PLZ / Ort

Bankverbindung : Konto-Nr.

Bank _____ BLZ _____

☐ JA, ich habe die Voraussetzungen zur Gutscheineinlösung gelesen und erkläre mich damit einverstanden.

Datum / Unterschrift

DCC-Mitgliedsnummer/-nachweis

Händlerstempel

REICH GmbH • Ahornweg 37 • D-35713 Eschenburg

Die internationalen Campingzeichen –
Symbols – Signes conventionnels

5-Sterne Klassifizierung

★★★★★ 5 Sterne vorbildlich ★★★★ 4 Sterne sehr gut ★★★ 3 Sterne gut
★★ 2 Sterne ausreichend ★ 1 Stern einfach 0 Sterne: Keine Klassifizierung

5 stars classification
★★★★★ 5 stars exemplary
★★★★ 4 stars very good
★★★ 3 stars good ★★ 2 stars sufficient
★ 1 star simple 0 star: no classification

Classification à 5 étoiles
★★★★★ 5 étoiles exemplaire
★★★★ 4 étoiles très bien
★★★ 3 étoiles bien ★★ 2 étoiles suffisant
★ 1 étoile simple 0 étoile: pas de classification

Bewertung Faktor 1 – landschaftliche Lage
classification – environment
classification – environs

- ● außerordentlich schön exceptional beautiful paysage merveilleux
- ◐ sehr schön beautiful très bien
- ◐ ansprechend nicely bien
- ◐ weniger ansprechend less nice moins bien
- ○ ungünstig inconvenient pas bien

Bewertung Faktor 2 – Platzeinrichtung
classification – site facilities
classification – équipement du terrain

- ■ komfortabel comfortable confortable
- ◧ sehr gut very good très bien
- ◨ gut good bien
- ◩ ausreichend sufficient suffisant
- □ unzureichend poorly supplied insuffisant

Bewertung Faktor 3 – Geräuschkulisse
classification – noise level
échelle graduée du bruit

- ◆ sehr ruhig very quiet très calme
- ◆ überwiegend ruhig prevailing quiet calme pour la plupart

- ◇ erträgliche Lärmbelästigung supportable noise bruit supportable
- ◇ laut noisy bruyant
- ◇ sehr laut very noisy très bruyant

Bewertung Faktor 4 – Hygiene
classification – hygiene
classification – hygiène

- H hervorragend excellent excellente
- H sehr gut very good très bien
- H gut good bien
- H ausreichend sufficient suffisant
- H einfach simple simple

Bewertung Faktor 5 – Service
classification – service
classification – service

- ✦ hervorragend, lässt keine Wünsche offen excellent excellent
- ✦ sehr gut, überdurchschnittlich very good, above average très bien, plus que la moyenne
- ✦ gut, das Wichtigste ist vorhanden good, most important things available bien, les choses plus importantes sont disponibles
- ✦ mittelmäßig, einige Annehmlichkeiten fehlen moderate, some comforts are missing moyen, il manque un peu le confort
- ✧ unzureichend poorly supplied insuffisant

Die neue Lebensqualität

Hobby Van Exclusive

Excellent 560 WLU

Willkommen beim Hobby-Caravaning-Vergnügen!
Ob Wohnwagen oder Reisemobil, alle unsere Modelle gibt es jetzt in neuem Design und mit umfangreicher Serienausstattung – für mobile Lebensqualität.

Hobby

HOBBY-WOHNWAGENWERK · Ing. Harald Striewski GmbH · Harald-Striewski-Straße 15 · 24787 Fockbek
Kostenlose Prospektzusendung unter Tel.: 0 18 05/33 99 09 (0,12 €/Min.) · www.hobby-caravan.de

AB-Abfahrt max. 10 km entfernt site closest to a Motorway-exit (max. 10 km) bien situé près d'une sortie de l'autoroute (max. 10 km)

 naturbelassener Platz
naturalistic site terrain laissé au naturel

 DCC-Vertragsplatz
DCC-contract site terrain recommandé par le DCC

 Postleitzahl
postal code code postal

 Neuveröffentlichung
new publication nouveau publication

 Gesamte Platzgröße   z. Beispiel 25 000 qm

 Öffnungszeiten nach Platzhalterangaben
opening hours heures d'ouverture

Telefon/Fax
telephone téléphone

 Anfahrtsbeschreibung description of approach
description d'accès au terrain

Adresse
address adresse

Preisklassifikation: 3 P/N + St/N
Price range: 3 adults + St/N
Catégorie de prix: 3 adultes + St/N

10	bis 10,- Euro up to 10,- Euro jusqu'à 10,- Euro
15	bis 15,- Euro up to 15,- Euro jusqu'à 15,- Euro
20	bis 20,- Euro up to 20,- Euro jusqu'à 20,- Euro
25	bis 25,- Euro up to 25,- Euro jusqu'à 25,- Euro
30	bis 30,- Euro up to 30,- Euro jusqu'à 30,- Euro
35	bis 35,- Euro up to 35,- Euro jusqu'à 35,- Euro
40	bis 40,- Euro up to 40,- Euro jusqu'à 40,- Euro
45	bis 45,- Euro up to 45,- Euro jusqu'à 45,- Euro
50	bis 50,- Euro up to 50,- Euro jusqu'à 50,- Euro
55	bis 55,- Euro und darüber up to 55,- Euro and more jusqu'à 55,- Euro et plus

Wintersport
winter sports
sports d'hiver

 Abfahrtslauf
glissade ski-alpine

 Langlauf
longrun ski-dufond

 Rodelbahn
to boggan-slide piste de luge

 Eisbahn
skating-rink patinoire

 Eisstockschießen
ice-stick-shooting curling

 Kabinenbahn
cable-railway teleferique

 Sessellift
chair-lift telesiege

 Schlepplift
skitow tele-ski

Sonstige Info
other information
autres informations

 Hundeverbot; no dogs; chiens interdits

 Reservierung nicht möglich
reservation not possible pas de réservation

 Nur Barzahlung möglich
exclusively cash payments possible
seulement paiement comptant possible

(D) es wird deutsch gesprochen
German spoken on parle allemand

 Campingplatz am Wasser
site near water camp au bord de l'eau

 Sehenswürdigkeiten in der Nähe
places of interest curiosités à proximité

J alleinreisende Jugendliche werden aufgenommen
single minors are accepted
jeunes gens non-accompagnés sont acceptés

HS Hauptsaison
high season haute saison

NS Nebensaison
low-season hors saison

 **DCC-Vertragsplatz**

Mit dieser Kopfleiste sind DCC-Vertragsplätze versehen.
Bedingungen für die DCC-Empfehlung sind
1. Der Platz muss nach der Sterne-Klassifizierung in der Bewertung der Platzeinrichtung komfortabel oder sehr gut, im Ausland gut, sein.
2. Der Platzhalter hat sich verpflichtet DCC-Mitgliedern 10% Nachlass auf die Personengebühr ab der 1. Nacht zu gewähren.

Platzbeschaffenheit
characteristic conditions of the site
caractéristique du terrain

 sandiger Grund
sandy ground sol sableux

 kiesig, harter Grund
gravelly, hard ground sol graveleux, dur

Grasgelände, Wiese
grass, meadow pelouse, pré

Büsche und Hecken
brushwood buisson

 teilweise Schatten partially shady
ombrage partiel à travers quelques arbres

 überwiegend Schatten
predominantly shady prédominant ombrageaux

Stellplätze
pitches
emplacements

 ohne Stromanschluss without electric hook-up
sans branchement électrique

 mit Stromanschluss with electric hook-up
avec branchement électrique

 mit Schattendächern
protective shade auvent

 mit Frisch- und Abwasseranschluss
connection for fresh and waste water
connection pour l'eau propre et usé

WC'S auf Campingplätzen sind eine solche Selbstverständlichkeit, dass wir auf die Symbol-Darstellung dieser Einrichtung verzichtet haben.
Bei den wenigen Plätzen in östlichen Ländern, auf denen man mit Trockentoiletten vorliebnehmen muss, ist dies in der Platzbeschreibung vermerkt.

Sanitäreinrichtungen
sanitary installation
installations sanitaires

 Waschrinnen; Zusatz **W**, wenn mit Warmwasser
long basins; additional **W**, if warm water
grands lavabos; ad. **W**, avec eau chaude

 Waschbecken; Zusatz **W**, wenn mit Warmwasser
washing-basin; additional **W**, if warm water
lavabos; ad. **W**, avec eau chaude

 Einzelwaschkabinen; Zusatz **W**, wenn mit Warmwasser
separate wash-cabins; additional **W**, if warm water
cabines individuelles; ad. **W**, avec eau chaude

 Duschen; Zusatz **W**, wenn mit Warmwasser
Showers: additional W, if warm water
salles d'hygiène individuelles à louer

 kostenlose Sanitär-Komplettzellen
individual hygienic cabins (free of charge)
cabines sanitaires complètes gratuites

 Komplette Sanitäreinrichtung für Körperbehinderte
facilities for the disabled
équipements pour handicapés

 Für Körperbehinderte nur WC
WC for the disabled
WC pour handicapés

 Fäkalienausguss
toilet disposal facilities vidoir

 Babyraum
babyroom

Service service service

 Kochgelegenheit
cooking range possibilité de faire la cuisine

 Geschirrspülbecken; Zusatz **W**, wenn mit Warmwasser
sinks for dishes; additional **W**, if warm water
lave-vaiselles; ad. **W**, avec eau chaude

 Wäschewaschbecken; Zusatz **W**, wenn mit Warmwasser
washbasins for soiled linen; additional **W**, if warm water
bacs à linge; ad **W**, avec chaude

  Waschmaschine
washing machine machine à laver

 Wäschetrockner
laundry dryer sèche-linge

 Wasserzapfstellen am Platz verteilt
number of watertaps on site
robinets d'eau dispersés sur le camp

 Motorcaravan-Servicestation
motor caravan service station
station de service des camping-cars

 Gasverkauf
liquid gas on sale gaz à vendre

 Lebensmittelverkauf
food shop alimentation

 Restaurant
restaurant restaurant

 Internetanschluss für Gäste
Internet-facility for guests
Accès Internet pour les campeurs

 Haltestelle
public conveyance
l'arrêt de transport public

Vermietungen hire louer

 Vermietung von Zelten
tents for hire Location de tentes

 Vermietung von Standcaravans
static caravans available for hire caravans à louer

 Bungalow-/Mobilheimvermietung
bungalows, chalets, cabines for hire
bungalows, chalets, cabines à louer

 Mobilheimvermietung
mobil homes for hire
Location de mobil-homes

 zusätzlich mietbare Sanitär-Komplettzellen
individual hygienic cabins to rent
cabines sanitaires complètes à lour

 Fahrradverleih
bicycle for hire velo à louer

 Bootsverleih
boat hire bateau louer

Freizeit- und Hobby-Service
leisure and hobby service
service pour les vacances

 Aufenthaltsraum ohne Bewirtschaftung
day room (without service)
salle de séjour (sans service)

  Fernsehraum
TV room
salle de TV

 Grillplatz
barbecue area
barbecue

 Animation, organisierte Freizeitgestaltung
animation, formation of leisure time
animation, vacances organisés

 Animation für Kinder
animation for children
programme d'animation pour enfants

 Diskothek
discothek discothèque

 Kinderspielplatz mit Spielgeräten
children's playground with apparatus
aire de jeux avec appareils pour enfants

 Kinderplanschbecken; Zusatz **W**, wenn temp. Wasser
swimming-pool for children; additional **W**, if warm Water
piscine pour enfants; ad. **W**, si eau chaude

 Schwimmbad; Zusatz **W**, wenn temperiertes Wasser
swimming-pool; additional **W**, if warm water
piscine; ad. **W**, si eau chaude

 Hallenbad
indoor swimming-pool piscine couverte

 Sauna
sauna sauna

 Solarium
solarium
soleil artificiel

 Sport- und Spielfeld
sports and playing ground
vélodrome

 Minigolfanlage
minigolf
golf miniature

 Beach-Volleyball
Beach-Volleyball
Beach-Volley

 Tischtennis
table tennis
tennis de table

 Tennisanlage; Zusatz **S**, wenn Unterricht möglich
tennis; additional **S**, if lessons possible
tennis; ad. **S**, s'il y a des leçons

 Reitmöglichkeit; Zusatz **S**, wenn Unterricht möglich
riding; additional **S**, if lessons possible
possibilité d'équitation; ad. **S**, s'il y a des leçons

 Badegelegenheit in offenem Gewässer
swimming and bathing in open waters
baignade dans caux libres

Strandbeschaffenheit
characteristic conditions of the beach
le caractéristique de la plage

 Sandstrand
sandy beach
plage sableuse

 kiesig, steiniger Strand
gravelly beach
plage graveleuse

 felsiger Strand
rocky beach
plage rocheuse

Wassersport
aquatic sports
sport nautique

 Angeln möglich
fishing
pêche à la ligne

 Tauchsport möglich; Zusatz **S**, wenn Tauchschule
diving; **S** = instrucuion available
plongée; **S**, s'il y a une école

 Kanu- und Paddelsport möglich
canoeing and padding
canotage

 Motorbootsport möglich
motorboats
bateaux à moteur

 Wasserski möglich; Zusatz **S**, wenn Wasserskischule
waterskiing; **S** = instruction available
ski nautique; **S**, s'il y a une école

 Surfen möglich; Zusatz **S**, wenn Surfschule
surfing; **S** = instruction available
surfing; **S**, s'il y a une école

 Segeln möglich; Zusatz **S**, wenn Segelschule
sailing possible; **S** = instruction available
voil possible; **S** = Ecole

 Bootsliegeplätze an Land
docking facilities (land)
emplacement pour canots sur terre

 Slipanlage
boat-slip
slip pour canots

 Bootsliegeplätze im Wasser, Hafen
docking facilities (water)
emplacement pour canots sur eau

Für die Gesundheit
for one's health
pour le santé

 Kuranwendungen möglich
cure applications possible
possibilité de suivre des traitements

| Trennlinie für Einrichtungen außerhalb des Campingplatzes
dividing line for facilities outside the site
séparation pour des équipements à l'extérieur du terrain

DCC – DEIN PARTNER!

**DCC-Reise GmbH, Postfach 40 04 28, 80704 München
Telefon 0 89/38 01 42-33, Fax 0 89/38 01 42-50, reisen@camping-club.de**

Sonstige Abkürzungen — *Abbreviations* — *Abréviations*

Platzdaten
site data
dates du terrain

(c5)	Planquadrat der Deutschland-Karte *plan-square on Germany-map* *carré du plan de la carte d'Allemagne*
E	Eigentümer *owner* *propriétaire*
P	Pächter *tenant* *gérant*
V	Verwalter *manager* *administrateur*

TAX-Zeilen
fees
taxes

TAX	Gebühren / *fees* / *taxes*
NS	Nebensaison / *off season* / *hors saison*
HS	Hauptsaison / *high season* / *plein saison*
So	Sommer / *summer* / *été*
Wi	Winter / *winter* / *hiver*
Wo	Woche / *week* / *semain*
FW	Ferienwohnungen, Appartements, Zimmer *holiday-appartments* *maison de vacance*

»DCC-Europapreis«
eine Auszeichnung für überdurchschnittlich gute Platzeinrichtungen und Service.

»DCC-Freundschaftsplatz«
diese Campingplätze halten für DCC-Mitglieder ein besonders günstiges Pauschalangebot bereit. Siehe dazu das Spar-Sonderheft in der Kartentasche auf der 3. Umschlagseite.

»Eco-Auszeichnung«
eine Auszeichnung der Initiative ECOCAMPING für gute Organisation von Umweltschutz und Qualität.

Gebühren
fees
taxes

P/N	pro Person und Nacht / *per person and night* / *par personne et par nuit*
K/N	pro Kind und Nacht / *per child and night* / *par enfant et par nuit*
J/N	pro Jugendlicher und Nacht / *per youth and night* / *par jeunes gens par nuit*
St/N	pro Stellplatz und Nacht (Pkw inkl.) / *per pitch and night (vehicle incl.)* / *par émplacement et par nuit (voiture incl.)*
A/N	pro Pkw und Nacht / *per car and night* / *par voiture et par nuit*
C/N	pro Caravan und Nacht / *per trailer and night* / *par caravan et par nuit*
MC/N	pro Motorcaravan und Nacht / *per motor caravan and night* / *par camping-car et par nuit*
T/N	pro Zelt und Nacht / *per tent and night* / *par tente et par nuit*
M/N	pro Motorrad und Nacht / *per motor-cycle and night* / *par moto et par nuit*
B/N	pro Boot und Nacht / *per boat and night* / *par bâteau et par nuit*
H/N	pro Hund und Nacht / *per dog and night* / *par chien et par nuit*
KT	Kur- oder Ortstaxe / *visitors tax* / *taxe de séjour*
WD	Warmdusche / *hot shower* / *douche chaude*

Gebührenermäßigung
reductions
réductions

DCC	für DCC-Mitglieder *for members of the German Camping-Club* *pour membres du Camping-Club Allemand*
CCI	für Inhaber des Internationalen Campingausweises (CCI) *for holders of the international camping carnet (CCI)* *pour propriétaires du carnet camping international CCI*

Noch kein DCC-Mitglied?
Sie wollen »eines« werden und die vielen Vorteile genießen – Anmeldeformular finden Sie in der Kartentasche am Ende des Buches.
Bis bald – wir freuen uns auf Sie!
Ihr DCC-Team

Die deutschen Campingplätze in alphabetischer Reihenfolge:

DCC-Vertragsplätze in Fettdruck

A

Aachen	3600–155
Abtsgmünd, Adelmannsfelden	7543–216
Achern, Baden-Baden	7600–218
Adelberg, Göppingen	7567–217
Aga-Gera	**14110–346/347**
Ahlden, Leine	2561–124
Ahrbrück, Ahr	**5120–170/171**
Ahrensberg, Mecklenbg. Seenpl.	**10379–317**
Aichelberg, Göppingen	**7550–217**
Aitrach, Memmingen	**7994–246**
Aitrang, Marktoberdorf	**8570–276**
Alheim-Licherode	6238–195
Allensbach, Bodensee	7930–238/239
Alpirsbach, Schwarzwald	**7660–222**
Altefähr, Insel Rügen	10502–318
Altenahr-Altenburg, Ahr	5115–170
Altenau, Harz	**2855–139**
Altenkirchen, Insel Rügen	10525–319
Altensteig, Nagold	7645–222
Altenteil, Westfehmarn	**1614–84/86**
Altenveldorf, Oberpf. Jura	**8417–263**
Altglobsow bei Rheinsberg	11123–323
Alt-Schwerin, Plauer See	10202–312
Alt Zeschdorf, OT. Strand	11450–326
Ambach-Schwaiblbach	8656–279
Amorbach, Odenwald	8117–247
Amtsberg, OT. Dittersdorf	12312–339
Annweiler am Trifels, Pfalz	5575–182
Apen-Nordloh	2324–111
Apenburg, Altmark	13015–341
Arendsee, Altmark	13007–341
Arlaching, Chiemsee	**8864–294**
Arzbach, Bad Tölz	8828–290
Asbacherhütte, Mörschied	**5440–178**
Aschau, Chiemgau	8854–293
Ascheberg, Plöner See	1440–78
Asendorf-Essen	**2412–116**
Attendorn, Biggesee	3746–160
Attendorn-Waldenburg	3745–160
Augsburg-Ost	8504–272
Augstfelde bei Plön	**1438–78**
Aumühle-Wildeshausen	2371–114
Aurach bei Fischbachau	8841–291

B

Bacharach, Rhein	5710–186
Bad Bederkesa, Wesermarsch	**2260–106**
Bad Bellingen-Bamlach	**7887–236**
Bad Bibra	13380–344
Bad Birnbach-Lengham	**8930–305**
Bad Bodenteich	2576–126
Bad Bramstedt	1370–74
Bad Breisig, Rhein	5605–183
Bad Dürkheim, Neustadt	5500–179
Bad Dürrheim-Sunthausen	7828–227
Bad Emstal-Balhorn	**6133–191**
Bad Feilnbach, Wendelstein	8844–296
Bad Füssing	**8918–302/303**
Bad Gandersheim	**2830–135**
Bad Griesbach, Rottal	8925–304
Bad Grund, Harz	2851–138
Bad Harzburg, Harz	**2846–138**
Bad Harzburg-Göttingerode	2843–138
Bad Herrenalb, Schwarzw.	7340–211
Bad Hönningen	5610–183
Bad Honnef-Aegidienberg	**3775–161**
Bad Karlshafen, Weser	**6208–194**
Bad Kissingen	8148–250
Bad Kösen b. Naumburg, Saale	13370–344
Bad Kötzting, Bayerischer Wald	8480–271
Bad Kohlgrub, Schongau	8821–288
Bad Laasphe, Wittgenstein	3790–162
Bad Lausick bei Leipzig	12287–339
Bad Lauterberg, Harz	2869–140
Bad Liebenzell	**7520–215**
Bad Malente-Gremsmühlen	**1601–82**
Bad Mergentheim	7205–207
Bad Münster-Ebernburg	5420–177
Bad Peterstal-Griesbach	7677–224
Bad Pyrmont	**2640–129**
Bad Rippoldsau-Schapbach	**7675–224**
Bad Rothenfelde	**2406–116**
Bad Saarow, OT. Strand	11587–330
Bad Sachsa, Südharz	2864–140
Bad Schandau	12103–336
Bad Schmiedeberg	13420–344
Bad Segeberg	1450–78/79
Bad Stuer, Plauer See	**10206–312**
Bad Tölz-Stallau	8829–290
Bad Urach, Reutlingen	7725–226
Bad Wildbad	7360–212
Bad Wörishofen	**8575–276**
Bad Zwesten	**6135–192**
Bad Zwischenahn, Halfstede	2328–111
Badenweiler	7883–234
Bamberg-Bug, Regnitz	**8205–252**
Bantikow bei Kyritz	11065–323
Barkelsby bei Eckernförde	1344–72
Barntrup, Lippe	3345–149
Bartholomä, Schwäb. Alb	**7580–217**
Basedow bei Lauenburg	**1727–97**
Bassum-Groß Ringmar	**2375–114**
Behrensdorf, Ostsee	1418–76
Bellin, Selenter See	1420–76
Bellin, Stettiner Haff	10675–322
Berchtesgaden-Salzberg	**8899–301**
Berg, Neumarkt/OPf.	**8313–257**
Berga-Clodra	14125–347
Bergen a. d. Dumme	**2578–126**
Bergen am Hochfelln	**8878–398**
Bergwitz bei Wittenberg	13470–345
Berlin-Gatow	9020–306
Berlin-Gatow	**9030–306**
Berlin-Kladow	**9040–306**
Berlin-Schmöckwitz	**9060–306**
Berlin-Spandau	9025–306
Berlin-Tiergarten	9010–306
Bernau, Chiemgau	8855–293
Berne, Weser	2343–112
Bernkastel-Kues, Mosel	5285–174
Bernkastel-Wehlen, Mosel	**5290–174**
Bernried, Deggendorf	**8461–268**
Bertingen bei Magdeburg	13065–341

14

REISE CAMPING ESSEN

Gute Reise!
Die Urlaubsmesse NRW

06.02. bis 10.02.2008
25.02. bis 01.03.2009

REISE & TOURISTIK • CAMPING & CARAVANING • GOLF • FAHRRAD

MESSE ESSEN GmbH
Norbertstraße, 45131 Essen
Tel. +49(0)2 01.72 44-514
info@messe-essen.de
www.reise-camping.de

Ideeller Träger

MESSE ESSEN
Place of Events

Bestensee/Königs Wusterh.	11595–330
Bestwig	**3810–163/164**
Betzenstein, Fränk. Schweiz	**8233–255**
Beuron-Hausen, Donau	7745–226
Beverungen, Weser	**3387–150**
Bielefeld	3360–150
Binau, Neckar	**7146–206/207**
Birkenfeld	5455–178
Bischofsheim, Rhön	**8144–250**
Bischofsw.-Winkl, Berchtesg.	**8892–300**
Bispingen-Behringen	2534–121
Bissel bei Großkneten	2366–114
Bittkau bei Tangerhütte	**13060–341**
Blaibach	8481–271
Blankenheim-Ahrdorf	3660–157
Blankenheim-Freilingen	3655–157
Bleckede-Alt Garge	2519–120
Bleialf, Eifel	**5060–169**
Bliesdorf bei Grömitz	1643–94
Bliesdorf-Strand bei Grömitz	**1644–94**
Bockholmwik, Ostsee	**1107–60**
Bodenwerder, Weser	2652–130
Bodenwerder-Rühle, Weser	**2653–130**
Bodenwöhr, Oberpfalz	**8409–262/263**
Bodman-Ludwigshafen	7951–240
Bohnert-Hülsen, Schlei	1316–68
Boiensdorf-Werder	10044–307
Bollendorf, Sauer	**5015–168**
Boltenhagen, Ostseebad	10006–307
Bonn-Bad Godesberg/Mehlem	3784–162
Booknis, Ostsee	1326–69
Boppard, Rhein	5675–185
Borgdorf-Seedorf	**1356–72**
Börgerende, Ostsee	**10060–308**
Borkum, Nordsee	2201–97
Borkum-Ostland, Nordsee	2202–98
Borlefzen, Vlotho-Uffeln	**3324–147**
Born, Darß	10075–310
Bornhöved, Neumünster	**1446–78**
Bosau, Gr. Plöner See	1439–78
Bothel, Rotenburg/W.	2455–118
Brandenburg-Klein Kreutz	11945–333
Brandenburg-Malge	11935–333
Braubach, Rhein	**5670–185**
Braunfels bei Wetzlar	6355–198
Braunlage, Harz	**2861–139**
Bräunlingen-Unterbränd	7823–227
Braunsbach, Schw.-Hall	7455–214
Breisach-Hochstetten	**7852–228**
Breitenbach a. Herzberg	6434–200
Breitenbach bei Schleusingen	14450–349
Breitenbrunn, Neumarkt	8416–263
Breitenthal	8510–273
Bremen	2347–112
Bremervörde-Plönjeshausen	2276–106
Brey, Rhein	5665–185
Brieselang-Zeestow, Havelland	11985–334
Brietlingen-Lüdershausen	2509–120
Brockel-Wensebrock	2457–118
Bruchköbel bei Hanau	**6617–203**
Brühl bei Köln	3696–158
Brunnen, Forggensee	**8775–286**
Brunsbüttel, Elbe	1510–81
Buchholz, Nordheide	2485–118
Buchholz, Ratzeburger See	1680–96
Büchen, Lauenburg	1720–96
Bühl-Oberbruch	7602–218
Bullay, Mosel	**5325–175**
Bullendorf, Lüneburg	2511–120
Burgen, Mosel	**5380–176**
Burhave, Nordseebad	**2238–104**
Büsum, Nordsee	**1500–80**
Buxheim, Memmingen	**8545–274**

C

Callenberg bei Glauchau	12305–339
Calw	7528–215
Canow-Wustrow, Kl. Pälitzsee	10384–317
Carwitz, Feldberger Seenplatte	10306–314
Caputh-Geltow, Templiner See	11905–332
Celle-Alvern	2752–132
Celle-Vorwerk	2750–132
Chemnitz, OT.Rabenstein	12310–339
Chieming, Chiemsee	**8865–295**
Chossewitz, Schlaubetal	11528–326/327
Clausthal-Zellerfeld, Harz	**2853–138**
Cochem-Cond, Mosel	5350–175
Cochem-Endertal	5355–175
Coesfeld-Lette	3205–142
Colbitz	13105–342
Colditz	12285–338/339
Collenberg, Main	**8122–247**
Conneforde bei Wiefelstede	2330–111
Coppenbrügge, Weserbergland	2636–129
Creglingen-Münster	**7210–208**
Cuxhaven-Duhnen	2255–105
Cuxhaven-Sahlenburg	2250–105

D

Dagebüll, Nordsee	1226–64/65
Dägeling bei Itzehoe	1530–81
Dahlen	12260–338
Dahlenburg, Lüneburg	2521–120
Dahme, Ostseebad	1635–92
Dahme, OT. Körba	11840–332
Dahmen, Malchiner See	10373–316
Dahmsdorf bei Storkow	11585–330
Dahn, Pirmasens	**5565–181**
Damp, Ostsee	1325–69
Dangast, Nordseebad	2235–102
Dankerode	**13285–343**
Dannenberg/Elbe	**2580–126**
Datteln-Bockum	3215–143
Dausenau, Lahn	5650–184
Deggendorf, Donau	8459–268
Deining, Sippelmühle	8322–258
Delve, Eider	**1265–68**
Dersau, Plöner See	1441–78
Dessau-Mildensee	13430–344
Detern, Ostfriesland	**2321–111**
Diemelsee-Heringhausen	**6050–189**
Dierhagen, Ostseebad	10069–310
Dießen-St. Alban, Ammersee	8641–278
Diez, Lahn	5735–187
Dillenburg	6303–196
Dillingen, Donau	8513–274
Dinkelsbühl	**8370–259**
Dobbertin	**10251–314**
Döbern, OT. Eichwege	11637–330
Dötlingen	2352–113
Dockweiler, Vulkaneifel	**5080–169**
Dodenau-Hobe, Battenberg	6300–196
Dollnstein, Altmühltal	**8436–266**
Donaueschingen	**7825–227**
Donzdorf-Reichenbach	7565–217
Dormagen-Stürzelberg	3405–150
Dornstetten-Hallwangen	**7625–222**
Dornumersiel, Nordsee	2218–98
Dorsel, Ahr	**5110–170**
Dortmund-Hohensyburg	3535–154
Dorum-Midlum	**2243–104**
Dorum, Nordsee	2245–104
Dorum-Neufeld, Nordsee	2246–104

- Vorzelte • Markisen
- Reisemobilzelte
- Sonderanfertigungen aller Art

WIGO Zelte

Industriestraße 35 – 37 Tel. (0 56 02) 9 17 38-0
37235 Hess. Lichtenau Fax (0 56 02) 9 17 38-36
www.Wigo-Zelte.de • info@wigo-zelte.de

Drachelsried, Viechtach	8486–271
Dransfeld, Göttingen	**2810–134**
Dranske, Nonnevitz	10515–319
Dreieich-Offenthal, Offenbach	6651–204
Dresden-Nord	12068–334
Dresden-Meusslitz	12073–335
Dresden-Mockritz	12070–335
Drochtersen-Krautsand	2285–107
Drognitz, Hohenwartetalsp.	14153–347
Drolshagen, Listersee	3738–160
Drosedow	**10377–316**
Dülmen-Hausdülmen	3210–142
Düsseldorf-Lörick, Rhein	3410–152
Düsseldorf-Unterbach	3412–152

E

Eberbach am Neckar	7143–206
Ebstorf, Uelzen	2572–126
Echternacherbrück, Bitburg	5010–167
Eckental-Illhof	8308–256
Eckwarderhörne	2234–102
Edertal-Affoldern	**6122–191**
Edertal-Bringhausen	6090–190
Edertal-Rehbach	**6120–190/191**
Ediger-Eller, Mosel	5330–175
Egestorf, Nordheide	**2503–119**
Eggelstetten, Donauwörth	**8511–273**
Eging am See	8467–269
Ehrenberg, Rhön	6436–200
Ehrenfriedersdorf, Erzgeb.	12350–340
Eilenburg	12230–338
Eisenberg, Pfalz	**5528–180**
Elbingerode, Harz	**13210–342**
Elisabethfehn/Friesoythe	2322–111
Ellenberg-Haselbach	**7548–217**
Ellwangen	**7545–216**
Emden-Knock	2212–98
Engelsbrand-Grunbach	7519–215
Engen, Hegau	**7910–238**
Enzklösterle, Schwarzwald	7370–212
Eppstein-Niederjosbach	**6530–202**
Erbach, Hunsrück	5708–186
Erden, Mosel	5300–174
Erftstadt-Liblar	**3695–158**
Erkner bei Berlin	11500–326
Erlangen	8309–256
Erlangen-Dechsendorf	**8307–256**
Erlau bei Suhl	14460–349

Eschwege	6258–196
Esens-Bensersiel, Nordsee	2220–100
Espelkamp	**3315–147**
Essen-Werden	**3512–152**
Essen-Scheppen	**3513–152**
Essingen-Lauterburg, Alb	**7582–218**
Ettenheim, Baden	7612–220
Etzelwang, Sulzb.-Rosenbg.	**8311–257**
Eutin-Fissau, Kellersee	1605–82
Extertal-Bösingfeld	**3336–148**
Extertal-Eimke	**3338–148**
Extertal-Meierberg	3334–148

F

Fachbach, Lahn	5645–184
Fallingbostel-Vierde	**2550–124**
Falkenberg bei Torgau	11770–331
Faßberg-Müden an der Örtze	2528–121
Faßberg-Gerdehaus	2530–121
Faßberg-Oberohe	2531–121
Federwardersiel, Nordsee	2237–104
Fehmarn, Fehmarn	**1622–89**
Feldberg, Feldberger Seenplatte	10304–314
Ferch	11915–332
Ferchesar	11963–334
Fichtelberg, Fichtelgebirge	**8230–255**
Finnentrop-Schliprüthen	3748–161
Finsterbergen bei Gotha	14360–348
Fischbachau, Wendelstein	8842–292
Fischbachtal-Niedernhausen	**6730–204**
Flechtingen	13110–342
Fleeth bei Diemitz	10381–317
Flensburg-Jarplund	1099–59
Flessenow, Schweriner See	10238–313
Flintsbach am Inn	8851–293
Flossenbürg, Oberpf. Wald	8425–264
Flüggerteich, Westfehmarn	1612–82/84
Forbach-Erbersbronn	7335–211
Frankenhain	14380–348/349
Frankfurt/Main-Heddernheim	6610–203
Freest bei Kröslin	**10603–321**
Freiburg im Breisgau	**7845–228**
Freiensteinau-Nieder Moos	6450–201
Freilingen, U.-Westerwald	5810–187
Freudenberg a. Main	7223–208/209
Freudenstadt-Langenwald	**7620–221**
Frickenhausen, Main	**8168–251**
Friedland-Niewisch	11564–329

17

Friedrichshafen-Fischbach	7980–242
Friedrichskoog/Dithm.	1515–81
Friedrichstadt, Eider	1282–68
Friesenheim, Baden	7617–220/221
Fürstenau, Osnabrück	2386–115
Fürstenberg, Havel	11130–323
Furth im Wald, Cham	8402–259/262
Fürth, Odenwald	**6738–204**
Füssen, Allgäu	8755–285

G

Gaden am Waginger See	8881–298
Gaienhofen-Horn, Untersee	**7925–238**
Gammendorf, Fehmarn	1616–86
Ganderkesee-Falkenburg	**2353–113**
Garbsen, Hannover	2780–134
Garlstorf, Nordheide	2502–119
Garmisch-Grainau	8810–286
Gartow, Elbe	**2582–126**
Gartow-Laasche	**2581–126**
Gatsch Eck, Neubrandenbg.	10313–316
Gedern, Vogelsberg	6447–201
Geesthacht-Tesperhude	1730–97
Geiselwind, Steigerwald	8335–258
Geisenheim, Rhein	6563–203
Geislingen, Steige	7570–217
Gemünden, Main	**8140–249**
Gentingen, Our	5030–168
Georgenthal	14370–348
Gerbach, Nordpfälz. Bergld.	**5530–180**
Gernrode, Harz	13260–343
Gerolstein-Müllenborn	5075–169
Gersfeld-Schachen, Rhön	6438–200
Gersheim-Walsheim	**4322–166**
Geslau-Lauterbach	8360–259
Gifhorn-Brenneckenbrück	2594–126/127
Gillenfeld, Vulkaneifel	5095–170
Glindow bei Werder	11925–333
Glücksburg, Ostsee	1105–59
Glücksburg-Holnis, Ostsee	**1106–60**
Gnarrenburg	2270–106
Godau-Nehmten, Plöner See	1442–78
Göggingen, Schw. Gmünd	**7542–216**
Goldenstedt	2374–114
Goltoft, Schlei	**1148–62/63**
Göhren, Insel Rügen	10550–320
Goslar, Harz	2850–138
Goslar-Hahnenklee, Harz	**2840–138**
Gössitz, Hohenwartetalsperre	14160–347
Gottsdorf, U.-Griesbach	8471–269
Graal-Müritz, Ostsee	**10066–308**
Grafenhausen-Rothaus	**7876–232**
Grambin, Stettiner Haff	10670–322
Granschütz bei Weissenfels	13350–344
Grasellenbach-Hammelbach	**6745–205**
Grasleben-Mariental-Horst	2728–131
Gräfendorf-Weickersgrüben	8145–250
Gräfenhausen-Weiterstadt	**6640–203**
Greding, Roth	8317–258
Grefrath-Vinkrath	3605–155
Greifenstein-Beilstein	**6361–198**
Grömitz-Lensterstrand	**1638–92/94**
Gronau	**3228–144**
Grönwohld, Ostsee	1348–72
Grossbreitenbach	14430–349
Großburgwedel, Hannover	**2775–133**
Großefehn-Timmel, Aurich	**2301–108**
Großenbrode, Ostseeheilbad	1623–90
Großensee	1800–97
Großheubach, Main	8114–247
Groß Köris, OT. Klein Köris	11597–330

Groß Quassow, Woblitzsee	**10376–316**
Großseeham, Weyarn	8834–291
Grube, Ostsee	**1634–92**
Gruibingen, Schwäb. Alb	7718–225
Grünberg, Vogelsberg	6330–197
Grünheide bei Erkner	11503–326
Guderhandviertel, Stade	2282–107
Gudow, Naturpark Lauenb. Seen	1718–96
Güster, Lauenburg	1719–96
Guldental	5400–177
Gundelsheim, Neckar	7150–207
Gunzenhausen, Fränk. Seen	**8431–265**
Guxhagen-Büchenwerra	**6232–195**
Gyhum-Hesedorf	2438–118

H

Habernis, Ostsee	1114–60
Hadamar-Oberzeuzheim	6380–199
Hademstorf, Fallingbostel	2565–124
Haffkrug-Stawedder	**1655–95**
Hahnenbach, Kirn	5435–178
Halbendorf bei Weisswasser	12158–337
Halberstadt	**13190–342**
Hallschlag	5065–169
Hamburg-Schnelsen	1940–97
Hamburg-Stellingen	1935–97
Hameln-Halvestorf	**2630–128**
Hameln, Weser	2632–128
Hann. Münden	2803–134
Hann. Münden-Hemeln	2805–134
Hann. Münden-Zella	2800–134
Hardegsen, Northeim	**2824–134/135**
Haren, Ems	2312–110
Harsefeld, Stade	2281–107
Hassel bei Stendal	13040–341
Hasselberg, Ostsee	1135–62
Hassendorf, Rotenburg/W.	2434–117
Hattingen, Ruhr	3520–152/154
Hattorf, Osterode	2874–140
Haunetal-Wehrda	6414–200
Hausbay, Hunsrück	**5398–177**
Havelberg, Altmark	**13003–341**
Heber, Schneverdingen	**2538–122**
Hechlingen bei Heidenheim	**8518–274**
Hechthausen-Klint, Stade	2289–107
Heemsen-Anderten	**2420–116**
Heidelberg-Schlierbach	7115–205
Heidenau, Nordheide	**2480–118**
Heidenburg, Hunsrück	**5260–173**
Heikendorf bei Kiel	**1402–74**
Heimbach, Rur	3613–156
Heimbach-Blens, Rur	3615–156
Heinsen, Oberweser	2655–130
Helgoland-Düne, Insel	1229–65
Hellenthal, Eifel	3650–157
Helmeroth	5842–189
Hemmingen-Arnum, Hannover	2659–130
Hemsbach, Bergstraße	**7100–205**
Hennstedt-Horst, Eider	1270–68
Henstedt-Ulzburg	**1453–79**
Herbolzheim, Breisgau	7610–220
Herford	3357–150
Heringen, Werra	6427–200
Hermannsburg-Oldendorf	2532–121
Herrenwies, Schwarzw.	7338–211
Hess.-Lichtenau-Quentel	6250–195
Hildesheim	2663–131
Himmelpfort bei Fürstenberg	11135–324
Hindenberg, Spreewald	**11543–327**
Hintersee bei Bad Endorf	8848–292
Hinterhermsdorf	12105–336

18

Hirschau, Oberpfalz	**8419-264**
Hirschhorn, Neckar	6780-205
Höfen, Enz	7350-211
Hofgeismar, Nordhessen	**6201-192**
Hofheim am Riegsee	8826-290
Hofheim, Haßberge	8209-253
Hofkirchen, Vilshofen	8457-268
Hohegeiß, Harz	2862-139
Hohenauen, Havelland	11965-334
Hohendubrau	12170-337
Hohenfelde, Ostsee	**1417-76**
Hohenfelden	14220-348
Hohenstadt, Hersbruck	8310-257
Hohenstadt, Schwäbische Alb	7717-225
Hohenwarth, Bayer. Wald	**8485-271**
Hohnstein	12097-336
Hohnstorf, Elbe	2510-120
Holle-Derneburg	2662-131
Holle-Sottrum	2660-130
Hollfeld-Freienfels	8200-252
Holzminden-Silberborn	**2822-134**
Homberg, Ohm	6320-197
Hooksiel, Nordseeheilbad	**2228-102**
Horb, Neckar	**7630-222**
Horn-Bad Meinberg-Kempen	**3383-150**
Hornburg	2740-132
Hörnum-Sylt	1210-64
Hörstel bei Ibbenbüren	3247-145
Horumersiel-Schillig, Nords.-Heilb.	**2227-102**
Hosenfeld, Vogelsberg	6452-201
Hünfeld	6410-199
Husum-Dockkoog, Nordsee	**1238-65**
Husum-Schobüll, Nordsee	1230-65

I

Ibbenbüren-Dörenthe	3257-146
Ihringen, Breisgau	7851-228
Illertissen, Neu-Ulm	**8540-274**
Illmensee, Südbaden	7992-244
Immenstaad am Bodensee	7971-241
Immenstadt-Bühl, Allgäu	8727-282
Ingolstadt	8440-266
Irfersgrün, Vogtland	12375-340
Irrel, Südeifel	**5005-166/167**
Irring b. Passau, Donau	8468-269
Isenbüttel, Gifhorn	2723-131
Isernhagen, Hannover	2777-133
Isny, Allgäu	**7995-246**
Issigau, Frankenwald	**8225-254**
Itzstedt, Segeberg	1458-80
Ivendorf bei Lübeck	1665-95
Inseln:	
Amrum	64
Borkum	97/98
Fehmarn	82-89
Helgoland	65
Norderney	98
Nordstrand	65
Poel	307
Reichenau	239
Rügen	318-320
Sylt	63/64
Usedom	321/322

J

Jena	14105-346
Jesberg, Schwalm (Eder-Krs.)	6140-192
Jessern-Goyatz, Schwielochsee	11561-329
Jesteburg, Nordheide	2490-119
Joachimsthal, Werbellinsee	11337-325
Joditz-Köditz, Frankenwald	**8224-254**

K

Kagar bei Rheinsberg	**11100-323**
Kalbach-Heubach	6444-200/201
Kalkar-Wissel, Kleve	3105-141
Kalletal-Varenholz, Weser	**3330-148**
Kamenz O.T. Deutschbaselitz	12147-336
Kampen-Sylt	1200-63
Kandern, Südbaden	7886-236
Karlsruhe-Durlach	**7305-210**
Karlstadt am Main	8150-250
Karlstein, Main	**8102-246**
Karlsminde, Ostsee	1342-72
Kassel am Auestadion	**6223-194**
Kastellaun	**5390-176**
Katharinenhof, Fehmarn	**1619-88**
Kauerlach, Hilpoltstein	8315-257
Kehl am Rhein	**7605-220**
Kelbra, Kyffhäuser Geb.	14040-346
Kelchham-Thyrnau	8472-270
Kell am See bei Hermeskeil	5205-172
Kellenhusen, Ostseebad	1636-92
Kiel-Friedrichsort, Ostsee	1401-74
Kinding-Pfraundorf, Altmühltal	**8435-266**
Kipfenberg, Altmühltal	**8437-266**
Kirchberg, Memmingen	**7993-244**
Kirchham, Bad Füssing	8922-303
Kirchheim	**6432-200**
Kirchlinteln-Kükenmoor	2559-124
Kirchzarten, Schwarzwald	7855-229
Kirchzell, Odenwald	**8120-247**
Kirkel, St. Ingbert	**4327-166**
Kirn, Nahe	5430-178
Kirtorf-Heimertshausen	**6325-197**
Kitzingen-Hohenfeld, Main	8170-251
Klais-Krün, Mittenwald	**8816-286**
Klausdorf, Fehmarn	1618-87
Klein Döbbern, Talsperre Spremberg	11625-330
Klein-Kühren, Elbe	2523-120
Kleinlesau, Fränk. Schweiz	**8237-256**
Kleinmachnow bei Berlin	11805-331
Kleinröhrsdorf bei Dresden	**12095-336**
Klein-Rönnau bei Segeberg	**1451-79**
Kleinziegenfeld bei Weismain	8211-253
Klingenbrunn, Bayer. Wald	**8477-270**
Klingenthal, Vogtland	12385-340
Klipphausen bei Meissen	12020-334
Klockow, Müritz	**10398-318**
Klosterwalde, Uckermark	11225-324
Klüsserath, Mosel	5250-173
Knittlingen, Freudenstein	**7290-209**
Knappensee/Gro? Särchen	12149-337
Knüllwald-Niederbeisheim	6236-195
Koblenz, Rhein	5640-184
Koblenz-Güls, Mosel	**5635-184**
Kochel am See	8827-290
Kollmar bei Elmshorn	1550-82
Kollm bei Niesky	12169-337
Köln-Dünnwald	3708-158
Köln-Poll	3705-158
Köln-Rodenkirchen	3703-158
Königsdorf, Wolfratshausen	**8651-278**
Königssee bei Berchtesgaden	**8896-301**
Königssee bei Berchtesgaden	**8897-301**
Königstein	12100-336
Königstein/Leupoldshain	12099-336
Königswalde, Erzgebirge	12355-340
Königswinter-Oberpleis	3782-161

Konstanz	7935–239/240
Konz-Könen, Trier	5230–172
Korswandt, Insel Usedom	10654–322
Körperich-Obersgegen	5025–168
Kössern bei Grimma	12282–338
Koserow, Insel Usedom	10640–322
Krailing bei Prackenbach	8482–271
Krakow am See	10207–312
Kratzeburg	10399–318
Kressbronn–Gohren	**7987–242**
Kressbronn, Bodensee	**7989–244**
Kreuzberg, Ahr	**5125–171**
Kröv, Mosel	5315–174
Krummhörn-Upleward	**2213–98**
Kühbach-Radersdorf	**8508–273**
Kühlungsborn, Ostsee	**10051–308**
Kühnhausen, Waginger See	8883–298
Kukuk bei Sternberg	10252–314
Küssaberg-Kadelburg	**7892–236**

L

Laaber, Regensburg	8449–267
Laasan, Peenestrom	10605–321
Laatzen, Hannover	2658–130
Ladbergen	3238–145
Ladbergen-Tecklenburg	**3240–145**
Lahnstein, Rhein	5660–184/185
Lahntal-Kernbach	6308–196
Laichingen-Machtolsheim	**7715–224**
Laimnau bei Tettnang	7990–244
Lam, Bayer. Wald	8484–271
Lamsfeld bei Lieberose	11555–328
Landkern, Cochem	5360–175
Landsberg am Lech	**8580–276**
Landshut Isar	**8457–268**
Langballigau, Ostsee	1108–60
Langelsheim, Harz	2836–135
Langelsheim-Wolfshagen, Harz	2837–135
Langholz, Ostsee	1330–70
Langsur-Metzdorf	**5240–172**
Langwedel, Brahmsee	1358–72
Langwedel, OT. Hagen-Grinden	2428–117
Lanke-Ützdorf	11380–325
Lathen, Ems	2309–109
Laubach, Vogelsberg	**6335–197**
Lauchhammer/Grünewald	11680–331
Lauenbrück, Rotenburg	2470–118
Lauenförde	2815–134
Laufen–Leobendorf	8887–300
Lebach	4210–165
Lechbruck, Ostallgäu	**8750–285**
Leck, Nordfriesland	**1224–64**
Leer-Bingum, Ostfriesland	**2302–109**
Lehnin	11885–332
Lehrte-Hämelerwald	2665–131
Leinatal-Cartterfeld	14365–348
Leipheim-Riedheim	8506–272/273
Leipzig	12205–338
Leisten bei Karow, Plauer See	10204–312
Leiwen, Mosel	**5255–173**
Lembruch/Dümmersee	2392–115
Lemgo, Lippe	3355–149
Lengerich	**3242–145**
Lenzkirch, Hochschwarzwald	7875–231
Lenzen, Elbtalaue	**11005–322**
Leutkirch-Herlazhofen	7997–246
Lichtenberg, Frankenwald	**8226–254**
Lichtenfels am Main	8210–253
Liebenau-Zwergen, Kassel	**6202–192**
Lietzow, Rügen	10538–320

Limbach b. Günzburg	8507–273
Limbach-Krumbach	**7160–207**
Limburg an der Lahn	**6375–199**
Lindau-Oberreitnau	**8712–280**
Lindau-Zech, Bodensee	**8710–280**
Lindaunis, Schlei	**1145–62**
Lindenau, Erzgebirge	12365–340
Lindenfels, Schlierbach, Odw.	**6737–204**
Lindlar-Brochhagen	**3722–159**
Lingerhahn, Hunsrück	**5395–176**
Lobbe, Insel Rügen	10565–320
Löcknitz bei Pasewalk	10330–316
Lörrach, Südbaden	7888–236
Löwenstein, Heilbronn	**7428–213**
Lohmen bei Güstrow	10250–314
Loissin, Greifwalder Bodden	10602–320
Lollar-Ruttershausen	6345–197
Lorch bei Rüdesheim, Rhein	**6550–202**
Losheim, Merzig	4224–165
Losheim-Britten, Merzig	**4225–165**
Luckau-Kreblitz	11545–327
Lübben, Spreewald	**11552–328**
Lübbenau, Spreewald	11550–327/328
Lübeck-Schönböcken	1678–96
Ludwigsburg, Ostsee	**1340–72**
Ludwigswinkel, Pirmasens	**5555–180**
Lügde-Elbrinxen, Detmold	**3350–149**
Lüneburg	2515–120
Lünne, Lingen	2382–115
Lütow, Insel Usedom	10630–321
Lychen	11240–324

M

Machern	12225–338
Märkische Heide Alt Schadow	11576–329
Märkische Heide Groß Leuthen	**11574–329**
Magdeburg	13125–342
Mahlitzsch bei Torgau	12245–338
Mahlow bei Berlin	11810–331
Mainaschaff, Main	8103–247
Maintal	**6612–203**
Mainz-Kostheim, Rhein	**6525–202**
Malchow, Plauer See	10198–311
Malliß bei Ludwigslust	10225–312
Malsch-Waldprechtsweier	**7334–210/211**
Mamming, Dingolfing	8453–268
Manderscheid, Vulkaneifel	**5090–170**
Manebach bei Ilmenau	14410–349
Mannheim	7105–205
Marburg, Lahn	6310–197
Markdorf-Steibensteg	7977–242
Marklkofen, Dingolfing	8456–268
Mauth-Finsterau	8476–270
Maxsain, U.-Westerwald	**5805–187**
Meerbusch/Langst-Kierst	**3420–152**
Meeschendorf, Fehmarn	1620–88/89
Meesiger, Kummerower See	10369–316
Medelby	1010–59
Mehlmeisel, Fichtelgebirge	8231–255
Meinerzhagen-Windebruch, Listersee	3736–160
Meinhard–Grebendorf	6260–196
Meiningen	14480–349
Meißendorf bei Winsen/A.	2762–132
Melbeck	2517–120
Melle-Gesmold	**2410–116**
Melsungen-Röhrenfurth	6234–195
Menden-Ostsümmern	3545–154
Mendig, Mayen	5630–184
Mengerskirchen, Westerwald	6360–198
Meppen, Ems	2377–114

Merzig, Saar	4115–164
Meschede	**3820–164**
Mesenich, Mosel	5345–175
Mettenham-Schleching	**8870–296**
Mettingen, Ibbenbüren	3265–146/147
Miltenberg, Main	8115–247
Missunde, Schlei	**1315–68**
Mittelberg-Baad, Kleinwalsertal	**8738–283**
Mittelkalbach	6446–201
Mittenwald, Karwendelgeb.	**8818–282**
Mittweida	12290–339
Möhlau bei Dessau	13440–344
Möhnesee, Delecke	**3564–154**
Mölln OT. Lehmrade	**1715–96**
Monschau, Eifel	**3640–156**
Monschau-Imgenbroich	**3641–157**
Monzingen, Nahe	**5425–178**
Mörfelden-Walldorf	6633–203
Morsum-Sylt	1208–64
Mörslingen b. Höchstädt	8512–274
Mörtelstein bei Obrigheim	7149–207
Möschwitz bei Plauen	**12380–340**
Mücke/Groß-Eichen	6328–197
Mühlberg	14230–348
Mühlhausen-Affing	**8505–272**
Mulfingen-Hollenbach	7207–208
Mülheim, Mosel	5280–173
Müllenbach, Eifel	5105–170
Müllrose bei Frankfurt/Oder	11520–326
Münchehofe bei Müncheberg	11470–326
München	8605–276/277
Münchsteinach, Steigerwald	8340–258
Münsing/St. Heinrich	8655–279
Münster	**3224–143**
Munster-Kreutzen, Soltau	**2525–121**
Münstertal, Breisgau	7881–232
Murnau-Seehausen	8820–288
Murrhardt-Fornsbach	7540–216

N

Nabburg-Perschen	8414–263
Nassau, Lahn	5725–187
Nastätten, Taunus	5720–186
Naumburg	6134–191
Naumburg, Saale	13360–344
Nauheim	6644–204
Nebelberg bei Langdorf	8478–270
Neckargemünd, Heidelberg	**7128–206**
Neckargerach, Neckar	7144–206
Neckarsulm	7420–213
Neckarzimmern, Neckar	**7148–207**
Nehren, Mosel	**5335–175**
Nenndorf-Holtriem	2224–100
Neßlbach, Donau	8458–268
Neubulach-Liebelsberg	7526–215
Neuburg, Donau	8509–273
Neudorf, Harz	13280–343
Neuenburg, Müllheim	7884–235
Neuendorf am See	11579–329
Neuendorf bei Brück	11875–332
Neuental-Neuenhain	**6144–192**
Neuerburg, Bitburg	**5045–168**
Neuharlingersiel, Nordseebad	2221–100
Neuhausen-Kapfelberg	8460–268
Neuhausen-Schellbronn	7517–215
Neuhausen/Spree, Spremberg	11630–330
Neukirchen vorm Wald	**8469–269**
Neukloster, Wismar	10246–314
Neumagen-Dhron, Mosel	**5270–173**
Neunburg vorm Wald	8413–263

Neunkirchen, Saarbrücken	4340–166
Neunkirchen-Seelscheid	3728–159
Neureichenau , Bayer. Wald	8474–270
Neustadt a. d. Waldnaab	8421–264
Neustadt am Main	**8129–248**
Neustadt an der Donau	8442–266/267
Neustadt-Mardorf	2620–128
Neustadt/Holstein	**1650–94/95**
Neuteschendorf, Ostsee	1610–82
Neu-Zachun	10227–312
Nideggen-Brück, Rur	**3610–156**
Niedenstein-Kirchberg	6150–192
Niederau bei Meissen	12010–334
Niederbreitbach, Wiedtal	5620–183
Niederfinow Barnimer Land	11365–325
Niederkrüchten-Elmpt	3608–156
Niedersonthofen, Allgäu	**8725–282**
Niendorf, Ostsee	**10014–307**
Niesky	12175–337
Nipmerow, Insel Rügen	10532–319
Nittenau, Oberpfalz	8406–262
Nohfelden-Bosen	4223–165
Nohra bei Sondershausen	14020–346
Nordenham	2240–104
Norden-Norddeich, Nordsee	**2216–98**
Norderney, Insel	2204–98
Nordstrand, Insel	1233–65
Nordstrand, Insel, Süderhafen	1235–65
Nordstrand, Insel, E.-Sophien-Koog	**1237–65**
Norgaardholz, Ostsee	1117–60
Northeim	**2825–135**
Nortorf, Neumünster	1357–72
Nürnberg	8304–256

O

Oberammergau	8805–286
Oberhausen, Nahe	5415–177
Oberjoch bei Hindelang	8745–284
Oberlahr, Wied	**5845–189**
Obernhof-Langenau, Lahn	5730–187
Obernzenn, Bad Windsheim	8352–258
Oberried, Kirchzarten	7856–229
Obersiggingen, Deggenhs.	7991–244
Oberstaufen-Aach, Allgäu	**8718–280**
Oberstdorf, Allgäu	8735–282/283
Oberuckersee-Warnitz	11270–325
Oberweis, Bitburg	5040–168
Oberweser-Gieselwerder	**6215–194**
Oberweser-Oedelsheim	**6217–194**
Oberwildflecken, Rhön	8143–250
Oberwössen bei Reit i. W.	**8871–296**
Ochsenfurt, Main	8165–251
Oedheim, Bad Friedrichshall	7415–212
Oehe-Drecht, Ostsee	1133–62
Oettern bei Weimar	14210–347
Oer-Erkenschwick	**3212–143**
Öhningen-Wangen, Untersee	7924–238
Olbersdorf bei Zittau	12195–338
Olching bei München	8615–277
Oldenburg	2335–112
Olpe-Kessenhammer	3742–160
Olpe-Sondern	3744–160
Olsberg-Bruchhausen	3812–164
Ortrand	11670–331
Osnabrück	**2401–116**
Ostercappeln-Schwagstorf	**2398–116**
Ostermade, Ostsee	1628–90
Osterode, Harz	2860–139
Osterreinen, Forggensee	8754–285
Ostrhauderfehn-Idafehn	2317–110
Östringen-Schindelberg	**7301–209**

Ottenhöfen, Achern	7600–218
Otterndorf, Elbe	**2297–108**
Oy-Haslach bei Wertach	8742–284
Oyten, Bremen	2425–117

P

Padenstedt bei Neumünster	**1365–74**
Pahna bei Altenburg	14115–347
Papenburg, Ems	**2306–109**
Pappenheim, Altmühltal	8430–265
Parsteinsee, Angermünde	11355–325
Paulsdorf, Erzgebirge	12035–334
Peißenberg, Weilheim	**8670–279**
Pepelow	10045–307
Perl-Nennig, Merzig	4111–164
Perl-Oberleuken, Merzig	4110–164
Perlin	10230–312/313
Petershagen-Lahde, Weser	3317–147
Pfedelbach-Buchhorn	**7430–213/214**
Pfofeld-Langlau, Fränk. Seen	8432–266
Pfrimmerhof bei Sippersfeld	**5525–180**
Pfronten-Steinach, Allgäu	8748–284/285
Piding bei Bad Reichenhall	8891–300
Pielenhofen bei Regensburg	8448–267
Pirka bei Viechtach	8490–272
Pirna	12098–336
Plau am See	10205–312
Pleinfeld, Fränkische Seen	8433–266
Plön	**1435–76/77**
Plößberg	**8424–264**
Plötzky	**13140–342**
Polle, Weser	2654–130
Pommerby, Ostsee	1131–61
Pommern, Mosel	5365–176
Pönitz am See	1658–95
Porstendorf bei Jena	14100–346
Porta Westfalica	**3347–149**
Pottenstein, Püttlachtal	**8235–255/256**
Potsdam	**11900–332**
Preetz-Gläserkoppel	1428–76
Prerow, Ostseebad	10080–310
Prien, Chiemsee	8857–294
Priepert, Ziernsee	10386–317/318
Prora bei Binz, Insel Rügen	10535–320
Pruchten, Bodstedter Bodden	10090–311
Prüm, Eifel	**5055–168**
Pünderich, Mosel	5320–174
Puttgarden, Fehmarn	1617–87

R

Rabenkirchen, Ratzeburger See	1142–62
Räbke, Krs. Helmstedt	**2731–132**
Radenbeck bei Thomasburg	2518–120
Rädigke bei Belzig	11865–332
Radolfzell-Markelfingen	7927–238
Ramsau, Berchtesgaden	8893–301
Ramsried bei Kötzting	8480–271
Rantum-Sylt	1205–63
Ranzig bei Beeskow	11567–329
Rappin, Insel Rügen	**10543–320**
Rastatt-Plittersdorf	**7330–210**
Rastatt-Rauental	7333–210
Rastenberg	14070–346
Rathenow bei Brandenburg	11960–333
Ratscher bei Schleusingen	14440–349
Rattenberg-Unterh., Bay. Wald	8482–271
Rees-Grietherbusch	3110–141
Rees-Grietherort, Niederr.	3114–141

Rees-Haldern, Niederr.	3120–142
Regensburg	**8450–267**
Rehe, Krombachtalsperre	5835–188
Rehlingen-Siersburg	**4130–164**
Reichenau-Mittelzell, Insel	7934–239
Reichenberg bei Dresden	12082–335
Reichenwalde-Kolpin	11590–330
Reinhardshagen-Vaake	**6219–194**
Reinsberg bei Freiberg	12330–340
Reinsfeld bei Hermeskeil	**5200–171**
Reit im Winkl	**8873–296**
Reken, Maria-Veen	3202–142
Reken	3203–142
Remagen, Rhein	**5601–182**
Remagen, Rolandswerth, Rhein	5600–182
Rerik-Meschendorf, Ostsee	**10047–308**
Retgendorf, Schweriner See	10236–313
Rethem-Frankenfeld, Aller	2560–124
Rheinmünster	**7601–218**
Riegel, Kaiserstuhl	**7609–220**
Rieden, Oberpf. Jura	8412–263
Rieden-Roßhaupten	8753–285
Riedenburg, Altmühltal	8438–266
Riedholz bei Maierhöfen	**8720–280**
Riegsee bei Murnau	8825–290
Rieste, Osnabrück	**2388–115**
Riezlern, Kleinwalsertal	**8736–283**
Rinteln, Weserbergland	**2605–128**
Röbel, Müritz	10393–318
Roding-Neubäu	8408–262
Rodishain, Unterharz	14030–346
Roetgen-Mulartshütte	**3601–155**
Römerstein-Böhringen	7719–226
Römnitz, Ratzeburger See	1700–96
Rossbach bei Weissenfels	13340–344
Rosenberg, Ellwangen	**7544–216**
Rostock-Markgrafenheide	10063–308
Rot am See	7470–214
Rotenburg, Fulda	6240–195
Rötgesbüttel, Gifhorn	2725–131
Roth-Wallesau	8316–268
Rothemann, Fulda	6440–200
Rothenburg o. d. Tauber-Detwang	8355–258
Rotta bei Wittenberg	13460–345
Rottach-Weißbach, Tegernsee	8833–290/291
Rottenbuch, Schongau	**8824–290**
Rottenburg, Neckar	**7710–224**
Rüdesheim, Rhein	**6560–202**
Ruhlsdorf bei Bernau	11315–325
Ruhpolding, Traunstein	**8875–297**
Rülzheim, Germersheim	**5585–182**
Rust, Baden	7613–220
Rüthen-Kallenhardt	**3580–154**

S

Saalburg, OT. Kloster	14180–347
Saalburg, Saale-Stausee	14182–347
Saarbrücken	**4315–166**
Saarburg	**5220–172**
Saarlouis, Saar	**4140–165**
Salem, Naturpark Lauenbr. Seen	**1710–96**
Salem-Neufrach	7956–240
Salzhemmendorf-Wallensen	2656–130
Sand am Main, Steigerwald	8206–252
Sassenberg, Warendorf	**3235–144**
Sauldorf	7770–226
Schalkenmehren, Daun	5085–170
Schaprode, Insel Rügen	10510–319
Schauren, Hunsrück	5445–178
Schechen, Rosenheim	**8846–292**

Schierke, Harz	13220-343
Schiffdorf-Spaden	**2265-106**
Schillersdorf	10383-317
Schillingsfürst, Franken	**8365-259**
Schiltach, Kinzigtal	7665-222
Schkopau O.T. Ermlitz bei Leipzig	13320-343
Schlaitz, Mulde-Stausee	**13450-345**
Schleiden-Harperscheid	3645-157
Schliersee-Breitenbach	8835-291
Schloß Holte-Stukenbrock	3362-150
Schluchsee, Schwarzwald	**7870-231**
Schlüchtern-Hutten	**6445-201**
Schmidthahn bei Steinebach	5815-188
Schnaittenbach, Amberg	**8420-264**
Schömberg, Balingen	7835-228
Schömberg, Schwarzwald	7355-212
Schönau-Altneudorf	7137-206
Schönau, Pirmasens	5560-181
Schönau, Wiesental	7859-229
Schönberg-Kalifornien, Ostsee	**1409-75**
Schönberger Strand, Ostsee	1412-76
Schönenberg-Kübelberg	5540-180
Schönwald, Fichtelgebirge	8234-255
Schorfheide bei Eberswalde	11340-325
Schorfheide-Eichhorst	11335-325
Schortens	**2226-102**
Schotten-Rainrod, Vogelsberg	**6448-201**
Schuby-Strand, Ostsee	**1322-68/69**
Schüttorf	2380-114
Schwäb. Hall-Steinbach	**7458-214**
Schwaan	**10240-314**
Schwangau, Bannwaldsee	8760-286
Schwarzach-Schwarzenau	**8189-252**
Schwarzbach b. Senftenberg	11658-331
Schweich, Mosel	5245-173
Schweppenhausen	5405-177
Seck, Oberwesterwald	**5825-188**
Seddiner See	**11895-332**
Seebruck, Chiemsee	8862-294
Seeburg	2895-140
Seeburg bei Eisleben	13290-343
Seedorf-Basedow, Malchiner See	10375-316
Seefeld, Pilsensee	8642-278
Seehof bei Schwerin	**10232-313**
Seekamp, Ostsee	1624-90
Seelbach, Baden	**7614-220**
Seesen am Harz	2835-135
Seeshaupt, Starnberger See	**8653-279**
Sehlendorf	1608-82
Seiffen, Erzgebirge	12353-340
Selb-Heidelheim, Fichtelgebirge	8227-254
Selm	3217-143
Senden-Gettrup, Lüdinghs.	3207-142
Senftenberg-Großkoschen	**11655-330/331**
Senheim, Mosel	5340-175
Sensweiler Mühle, Idarwald	**5450-178**
Sesslach, Coburg	8212-253
Siegsdorf-Hochberg	8877-297
Siehdichum-Schernsdorf	11522-326
Sietow-Dorf, Müritz	10394-318
Sigmaringen, Donau	**7750-226**
Silz, Fleesensee	10200-311
Simmerath-Hammer, Rur	3627-156
Simonsberg b. Husum, Nordsee	**1239-66**
Simonswald, Waldkirch	7813-227
Sinntal-Oberzell, Schlüchtern	6441-200
Solingen-Glüder	3770-161
Soltau	**2540-122**
Soltau-Harber	2543-123
Soltau-Wolterdingen	**2539-122**
Sommerach am Main	**8188-252**
Sommersdorf, Kummerower See	10370-316
Sonnenbühl-Erpfingen	**7730-226**
Sonsbeck-Labbeck	3103-141
Sonthofen, Allgäu	8730-282
Sottrum-Everinghausen	2435-117/118
Soyen bei Wasserburg	8847-292
Spabrücken, Hunsrück	5410-177
Spangenberg	6255-196
St. Andreasberg, Harz	2866-140
St. Goar, Rhein	5685-186
St. Goar-Gruendelbach	5680-186
St. Goarshausen, Rhein	5700-186
St. Goarshausen-Bornich	**5705-186**
St. Leon-Rot, Walldorf	**7302-210**
St. Martin, Pfalz	5580-182
St. Peter, Schwarzwald	7853-228
St. Peter Ording	**1245-69/77**
Stadtkyll, Eifel	5070-169
Stadtsteinach, Frankenwald	8221-254
Stahlhofen, Westerwald	5820-188
Staufen, Breisgau	**7879-232**
Stechlin-Neuglobsow	11118-323
Steffenberg-Niedereisenhausen	**6306-196**
Stein bei Laboe, Ostsee	**1403-75**
Steinach, Kinzigtal	7680-224
Steinalben-Geiselbg. Mühle	5520-179
Steinberghaff, Ostsee	1118-60
Steinen, Westerwald	5800-187
Steinenstadt-Neuenburg	**7885-235**
Sternberg	**10249-314**
Stockach	7948-240
Stocksee, Segeberg	1444-78
Stove bei Drage, Elbe	**2507-119**
Strasen	10378-316/317
Straubing, Donau	8452-267
Strukkamp, Fehmarn	**1611-82**
Stubbenfelde, Insel Usedom	**10644-322**
Stuhr-Groß-Mackenstedt	**2350-112/113**
Stuttgart	7505-214
Südbrookmerland-Bedekaspel	**2300-108**
Suderburg-Hösseringen	**2574-126**
Süderschmedeby bei Tarp	1095-59
Süderstapel, Eider	**1280-68**
Suhrendorf, Insel Rügen	**10505-319**
Sulzberg, Allgäu	**8743-284**
Sulzburg, Südbaden	**7882-234**
Surendorf, Ostsee	1350-72
Sütel, Ostsee	**1630-90**
Syke-Clues	2372-114

T

Taching am See	8885-298
Tann-Dippach, Rhön	**6412-199**
Tarmstedt, Rotenburg	**2279-106**
Taufkirchen, Vils	**8455-268**
Tecklenburg	3254-146
Tecklenburg-Leeden	3255-146
Tellingstedt bei Heide	1260-68
Templin, Uckermark	11215-324
Tengen, Hegau	**7915-238**
Thale, Harz	13270-343
Thalwenden, Heiligenstadt	14000-345
Thiessow, Insel Rügen	10575-320
Thomsdorf, Feldbg. Seenplatte	11245-324
Thulba, Unterfranken	8146-250
Thumsenreuth, Oberpfalz	8423-264
Tiefensee bei Strausberg	**11400-326**
Timmendorf, Insel Poel	10040-307
Tinnum-Sylt	1206-64
Titisee, Schwarzwald	**7860-230**
Tittmoning, Leitgeringer See	**8889-300**
Todtnau-Muggenbrunn	7858-229

Tönning-Kating, Eiderstedt	**1251–67**
Tossens, Nordseebad	2236–102
Traben-Trarbach/Rißbach	5305–174
Trausnitz, Obpf. Wald	8415–263
Trebatsch, Schwielochsee	11570–329
Trechtingshausen, Rhein	5715–186
Treis-Karden, Mosel	5370–176
Trendelburg, Diemel	**6200–192**
Triefenstein-Lengfurt	**8128–248**
Trier, Mosel	5235–172
Trippstadt, Neuhöfertal	5510–179
Trittenheim, Mosel	5265–173
Trostberg-Rohrigham	8886–300
Tübingen, Neckar	**7705–224**
Twist	2378–114

U

Ubstadt-Weiher, Baden	7300–209
Überlingen am Bodensee	7953–241
Übersee, Chiemsee	8869–295
Ückeritz, Insel Usedom	10648–322
Uelzen-Westerweyhe	**2570–124**
Uetze-Dahrenhorst	**2596–127**
Uffenheim, Mittelfranken	8350–258
Uffing am Staffelsee	8822–288
Uhldingen	7957–241
Ühlingen-Birkendorf	**7890–236**
Ulmen, Voreifel	5100–170
Untergriesbach, Obernzell	8470–269
Unterleichtersbach, Rhön	8142–249
Utting am Ammersee	8640–277

V

Versmold-Peckeloh	**3237–144/145**
Viechtach, Bayer. Wald	**8490–272**
Visselhövede	2441–118
Vlotho, Weser	3326–148
Vöhl-Asel Süd, Edersee	6070–190
Vöhl-Basdorf, Edersee	6055–189
Vöhl-Herzhausen, Edersee	**6060–190**
Volkach, Main	8185–252
Volkersdorf bei Dresden	12080–335
Vorderweidenthal, B. Bergzabern	**5570–181**

W

Waabs (Klein-Waabs), Ostsee	**1327–70**
Wachenheim, Neustadt	5505–179
Wackerballig bei Gelting	1120–61
Wackersdorf	**8407–262**
Waging am See	**8880–298**
Wahlhausen bei Allendorf	14006–346
Walchensee	8819–288
Wald-Michelbach, Odenwald	**6750–205**
Waldbronn-Neurod, Karlsruhe	7320–210
Waldeck, Edersee	6103–190
Waldeck-Scheid, Edersee	**6100–190**
Waldenburg, Öhringen	**7433–214**
Waldfischbach-Burgalben	5515–179
Waldkirch-Siensbach	**7815–227**
Waldmünchen, Bayer. Wald	**8400–259**
Waldshut bei Tiengen	**7893–236/238**
Walkenried, Südharz	**2865–140**
Walldorf, Baden	7298–209
Wallendorf	5035–168
Wallnau, Fehmarn	1613–84
Walsrode-Düshorn	2555–124
Walsrode-Kirchboitzen	2557–124
Waltenhofen, Allgäu	**8726–282**
Waltersdorf	12190–337
Wangenheim	14270–348
Warburg, Westfalen	3850–164
Waren, Müritz	10396–318
Warstein-Niederbergheim	3567–154
Wassenach, Maria Laach	**5625–184**
Wasserburg, Bodensee	8705–279
Wawerort bei Büsum	**1507–81**
Waxweiler, Südeifel	5050–168
Weddelbrook bei Bad Bramstedt	**1375–74**
Weener, Ems	**2303–109**
Weida	14120–347
Weikersheim-Laudenbach	7212–208
Weilburg-Odersbach	6365–198/199
Weiler-Simmerberg, Allgäu	8715–280
Weißenstadt, Fichtelgeb.	**8228–254**
Weiskirchen, Merzig	**4220–165**
Weissenhäuser Strand, Ostsee	1609–82
Weissensee	14055–346
Wemding, Südl. Frankenalb	**8515–274**
Wendisch-Rietz	11582–329
Wendtorfer Strand, Ostsee	**1404–75**
Wenkendorf, Westfehmarn	1615–86
Wenningstedt-Sylt	1201–63
Werder-Petzow bei Potsdam	11910–332
Werlte	**2313–110**
Werningerode, Harz	13230–343
Wertach, Allgäu	**8740–284**
Wertheim-Bettingen, Main	**7221–208**
Wesel-Flüren, Niederrhein	3122–142
Wesenberg, Mecklenbg. Seenpl.	10380–317
Wesselburen bei Heide	1506–81
Westerburg, Oberwesterwald	**5830–188**
Westerdeichstrich, Nordsee	**1504–80/81**
Westerheim, Schwäb. Alb	**7720–226**
Westerholz, Ostsee	**1110–60**
Westerland-Sylt	1203–63
Westerstede	**2320–110**
Westoverledingen-Ihrhove	**2304–109**
Wettenberg-Wißmar, Gießen	6347–198
Wettringen, Steinfurt	**3230–144**
Wetzlar, Lahn	6352–198
Wiehl-Bielstein	**3732–159**
Wiesmoor	2332–112
Wietze-Wieckenberg	2766–132
Wietzendorf, Osterheide	**2544–123**
Wilhelmsthal bei Gotha	14310–348
Willingen-Böhmighausen	6048–189
Willstätt-Sand, Kehl	7607–220
Wilstedt, Rothenburg	2280–107
Wilsum, Nordhorn	2379–114
Windischeschenbach	**8422–264**
Wingst, Hadelner Land	**2295–108**
Winnemark, Schlei	1317–68
Winningen, Mosel	5655–184
Winsen, Aller	**2760–132**
Winsen/L.-Laßrönne	2506–119
Winterberg, Hochsauerland	3800–162
Winterberg-Neuastenberg	3806–162
Winterberg-Niedersfeld	**3802–162**
Winterberg-Züschen	3805–162
Wintrich, Mosel	5275–173
Wisch-Heidkate, Ostsee	1408–75
Wissen-Mittelhof	**5840–188**
Wittdün, Insel Amrum	1220–64
Wittenberg	13480–345
Wittenborn, Mözener See	**1455–80**
Wittmund	**2225–102**
Wittmund-Harlesiel	2222–100

Wittstock-Berlinchen	11045–322
Witzenhausen, Werra	**6270–196**
Wolfach	7671–222/224
Wolfratshausen	8650–278
Wolfsburg	2720–131
Wolfstein, Pfalz	**5535–180**
Wolmirsleben	13165–342
Wremen, Nordsee	2244–104
Wrohe, Westensee	1360–74
Wulfen, Fehmarn	**1621–89**
Wunsiedel, Fichtelgeb.	8229–254
Wusterhausen bei Kyritz	**11190–324**
Würzburg	8155–251
Wüstenwelsberg, Haßberge	8215–254
Wustrau bei Neuruppin	11170–324
Wutach-Ewattingen	7891–236

X

Xanten	3104–141

DCC – DEIN PARTNER!

Z

Zabakuck bei Genthin	13050–341
Zaue-Goyatz, Schwielochsee	11558–328
Zechin bei Müncheberg	11430–326
Zechlinerhütte bei Rheinsberg	11107–323
Zellingen am Main	**8152–251**
Zeltingen-Rachtig, Mosel	5295–174
Zempin, Insel Usedom	10635–321
Zerf-Oberzerf, Saarburg	5210–172
Zetel-Astederfeld	2331–112
Zeven	2278–106
Zierenberg, Kassel	**6227–195**
Zirndorf-Leichendorf	8305–256
Zierow bei Wismar, Ostsee	**10030–307**
Zingst, Ostseebad	10085–310
Zinnowitz, Insel Usedom	10624–321
Zislow, Plauer See	10201–311/312
Zorge, Südharz	**2863–140**
Zossen-Zesch am See	11825–331
Zudar-Zicker, Insel Rügen	10546–320
Zweibrücken	5545–180
Zweibrücken-Mittelbach	5550–180
Zwenzow bei Userin	**10382–317**
Zwiesel, Bayer. Wald	**8479–270**

Werden Sie Mitglied in *Deutschlands größtem Camping-Fachverband –*
DCC Deutscher Camping-Club e.V.

und genießen Sie alle Vorteile durch Ihre Mitgliedschaft wie z.B. monatliche Zeitschrift CAMPING, den DCC-Campingführer Europa zum Vorzugspreis, supergünstige Übernachtungsangebote auf unseren eigenen Campingplätzen in Deutschland, um nur einige zu nennen.
Mitglied in einer starken Gemeinschaft mit 60-jähriger Erfahrung – 2008 feiern wir das große Jubiläum – zu einem Jahresbeitrag von Euro 39,90 entspricht 3,33 Euro pro Monat und das incl. Zeitschrift CAMPING.
Es lohnt sich über eine Mitgliedschaft nachzudenken. Gerne begrüßen wir »Sie« als neues Mitglied in unserer Gemeinschaft.

Aufnahmeantrag finden Sie in der Kartentasche auf der 3. Umschlagseite.

Campingplätze in Europa, Nordafrika und Vorderasien

A – ÖSTERREICH

Campingplätze	ab Seite 351
Reiseinformationen	Seite 351
Übersichtskarte	Seite 352/353

Abersee-Strobl	A 3170–377
Abtenau, Salzburg	A 3220–377
Achenkirch, Achensee/Tirol	**A 2540–364/366**
Afritz-Lierzberg, Kärnten	A 4470–388
Alt-Ossiach, Ossiacher See	A 4580–392/393
Altenmarkt, Salzburg	**A 3320–378**
Altmünster, Traunsee	A 5510–400
Andau, Burgenland	A 8260–410
Annenheim, Ossiacher See	A 4510–390
Aschach, Oberösterreich	A 5840–401
Aschau, Zillertal/Tirol	**A 2930–373**
Au, Vorarlberg	A 1340–356
Au bei Naarn, Oberösterreich	A 5865–401
Bad Aussee, Steiermark	A 7025–406
Bad Häring, Tirol	**A 2524–363**
Bad Hofgastein, Salzburg	A 3370–378
Bad Radkersburg, Steiermark	A 7240–407
Bad Waltersdorf, Steiermark	**A 7625–409**
Badgastein, Salzburg	**A 3380–379**
Bairisch Kölldorf, Steiermark	**A 7250–407**
Berg, Drautal/Kärnten	A 4160–384
Bezau, Vorarlberg	A 1330–356
Biberwier, Tirol	A 2060–358
Bludenz, Vorarlberg	A 1130–356
Bodensdorf, Ossiacher See	A 4530–390
Braunau, Inn/Oberösterreich	**A 5710–400**
Braz, Klostertal/Vorarlberg	**A 1140–356**
Bregenz, Vorarlberg	A 1020–351
Breitenwang, Tirol	A 2250–360/361
Brixen im Thale, Tirol	A 2850–372
Bruck Salzburg	A 3450–380
Bürs, Vorarlberg	A 1120–356
Burgau, Salzburg	A 3180–377
Dalaas, Klostertal/Vorarlberg	A 1160–356
Dellach, Drautal	A 4170–384
Dellach, Gailtal	A 4375–386/387
Dellach, Millstätter See	A 4430–388
Döbriach, Millstätter See	**A 4440–388**
Döllach-Grosskirchheim, Kärnten	A 4130–384
Donnerskirchen, Burgenland	A 8215–410
Dornbirn, Vorarlberg	A 1040–355
Drobollach, Faaker See	A 4650–394
Eben im Pongau, Salzburg	A 3310–377
Eggelsberg-Ibm, Oberösterreich	A 5010–398
Ehrwald, Tirol	A 2050–358
Faak, Faaker See	A 4660–394/396
Feistritz im Rosental, Kärnten	A 4815–397
Feldkirch-Gisingen, Vorarlberg	A 1060–355
Feldkirchen, Maltschacher See	A 4630–393
Fieberbrunn, Tirol	A 2760–370
Frauenkirchen, Burgenland	A 8245–410
Freistadt, Oberösterreich	A 5850–401
Frohnleiten-Ungersdorf, Steierm.	A 7360–408
Fügen, Zillertal/Tirol	**A 2910–372**
Fürstenfeld, Steiermark	**A 7630–409**
Fusch Salzburg	A 3455–380
Gallspach, Oberösterreich	A 5740–400
Gaschurn, Vorarlberg	A 1560–357
Geras, Niederösterreich	A 6240–404
Gleinstetten, Steiermark	A 7180–406
Gmünd, Niederösterreich	A 6230–404
Gnesau, Feldkirchen/Kärnten	A 4500–390
Gösselsdorf bei Eberndorf	**A 4980–398**
Golling, Salzburg	A 3210–377
Gotschuchen-St. Margareten	**A 4830–397**
Grän, Tannheimertal/Tirol	A 2210–360
Graz-Straßgang, Steiermark	A 7110–406
Greifenburg, Kärnten	A 4150–384
Grein, Donau/Oberösterreich	A 5870–401
Großlobming, Steiermark	**A 7318–408**
Großreifling, Steiermark	A 7400–408
Grundlsee-Gössl, Steiermark	A 7030–406
Häselgehr, Tirol	A 2220–360
Haibach-Schlögen, Oberösterreich	A 5825–401
Haiming, Tirol	A 2320–361
Hainfeld, Niederösterreich	A 6605–405
Hall, Tirol	A 2620–368
Hallein, Salzburg	A 3200–377
Hallstatt, Hallstätter See	**A 5570–400**
Hartberg, Steiermark	A 7620–409
Heiligenblut, Kärnten	A 4140–384
Heiterwang, Tirol	A 2020–357
Hermagor-Pressegger See, Kärnten	A 4330–385
Hermagor-Vellach, Kärnten	A 4350–386
Hirschegg, Steiermark	A 7330–408
Hollersbach, Salzburg	A 3488–381
Hopfgarten, Tirol	A 2831–372
Huben, Ötztal, Tirol	A 2440–362
Imst, Tirol	A 2080–359
Innsbruck-Kranebitten, Tirol	**A 2640–368**
Irschen-Glanz, Kärnten	A 4180–385
Itter, Tirol	**A 2830–370**
Jennersdorf, Burgenland	A 8040–409
Jerzens, Tirol	A 2300–361
Kaltenbach, Zillertal/Tirol	A 2920–372
Kaprun, Salzburg	A 3470–381
Kaumberg, Niederösterreich	A 6610–406
Kaunertal-Platz, Tirol	A 2115–360
Kernhof, Niederösterreich	**A 6600–405**
Keutschach am See, Kärnten	A 4770–396
Kitzbühel, Tirol	A 2860–372
Klaffer, am Hochficht	A 5815–401
Klagenfurt, Kärnten	A 4720–396
Klosterneuburg, Niederösterreich	**A 6090–403**
Kössen, Tirol	A 2730–369
Kötschach-Mauthen, Kärnten	**A 4380–387**
Koppl, Salzburg	A 3040–376
Kracking Niederösterreich	A 6081–402
Kramsach, Tirol	**A 2530–364**
Krems-Stein, Niederösterreich	A 6330–405
Krumau am Kamp, Niederösterreich	A 6235–404
Kufstein, Tirol	A 2520–363
Längenfeld, Ötztal/Tirol	A 2430–362
Landeck, Tirol	A 2100–359
Langau, Niederösterreich	A 6245–404
Langenwang, Steiermark	A 7520–408
Ledenitzen, Faaker See/Kärnten	A 4670–396
Leibnitz, Steiermark	A 7210–407
Lermoos, Tirol	A 2030–358
Leutasch, Tirol	A 2355–362

26

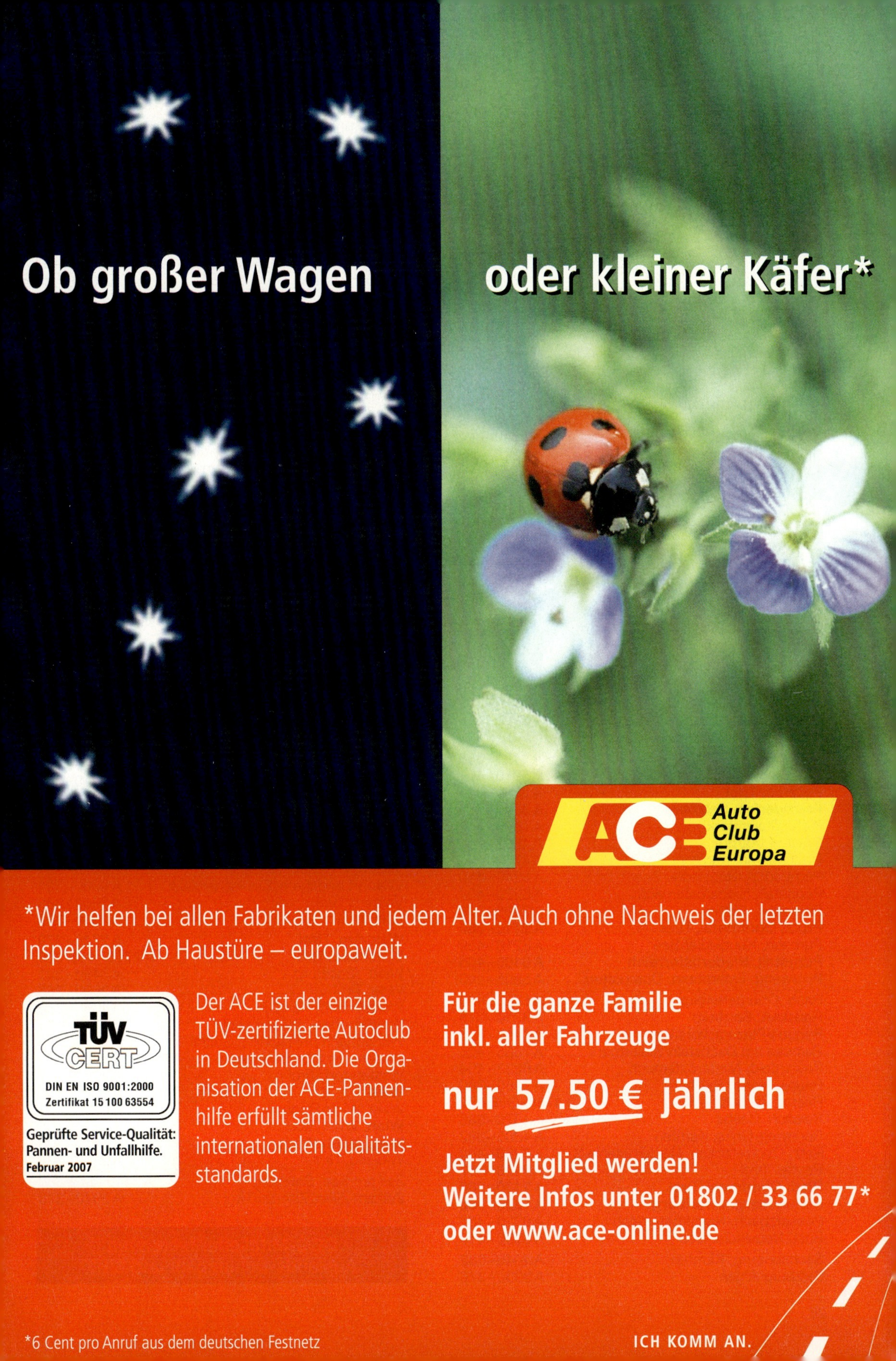

Ob großer Wagen   oder kleiner Käfer*

ACE Auto Club Europa

*Wir helfen bei allen Fabrikaten und jedem Alter. Auch ohne Nachweis der letzten Inspektion. Ab Haustüre – europaweit.

Der ACE ist der einzige TÜV-zertifizierte Autoclub in Deutschland. Die Organisation der ACE-Pannenhilfe erfüllt sämtliche internationalen Qualitätsstandards.

Für die ganze Familie inkl. aller Fahrzeuge

nur 57.50 € jährlich

Jetzt Mitglied werden!
Weitere Infos unter 01802 / 33 66 77*
oder www.ace-online.de

*6 Cent pro Anruf aus dem deutschen Festnetz

ICH KOMM AN.

Lieboch, Steiermark	A 7160–406
Linz, Oberösterreich	A 5860–401
Lienz, Osttirol	A 2980–374
Lienz-Amlach, Osttirol	**A 2984–374**
Lienz-Tristach, Osttirol	**A 2982–374**
Lunz am See, Niederösterreich	A 6410–405
Lutzmannsburg, Burgenland	A 8150–409
Maishofen, Salzburg	A 3420–379
Malta, Kärnten	**A 4010–382**
Marbach a. d. Donau, Niederösterreich	A 6030–402
Maria-Lankowitz, Steiermark	A 7340–408
Mattrei, Osttirol	A 2990–374
Maurach-Buchau, Achensee	A 2550–366
Maurach, Achensee/Tirol	A 2560–366
Mauterndorf, Salzburg	**A 3510–382**
Mayrhofen, Zillertal/Tirol	A 2950–374
Melk, Wachau, Niederösterreich	A 6305–405
Mils b. Hall/Tirol	A 2610–368
Mittersill-Felben, Salzburg	A 3480–381
Möllbrücke	A 4042–384
Mondsee, Oberösterreich	**A 5160–398**
Mondsee-St. Lorenz, Oberösterr.	A 5260–398/399
Mureck, Steiermark	A 7220–407
Mühlen, Steiermark	**A 7315–407**
Nassereith, Tirol	**A 2070–358/359**
Natters, Tirol	A 2650–368
Nauders, Tirol	A 2150–360
Nenzing, Vorarlberg	A 1080–355
Neulengbach, Niederösterreich	A 6070–402
Neumarkt am Wallersee, Salzburg	A 3130–376
Neustift, Stubaital/Tirol	A 2680–368
Nußdorf, Oberösterreich	A 5420–399
Nüziders, Vorarlberg	A 1100–355
Oberaich, Steiermark	A 7350–408
Oberdrauburg, Kärnten	**A 4175–385**
Oberschützen, Burgenland	A 8100–409
Obertraun-Winkl, Hallst. See	A 5580–400
Oberwölz, Steiermark	A 7310–407
Oggau, Neusiedler See	A 8220–410
Ossiach, Ossiacher See	A 4570–391/392
Pesenthein, Millstätter See	A 4420–388
Pettenbach, Oberösterreich	**A 5910–401**
Pettneu, Tirol	**A 2090–359**
Pfarrwerfen, Salzburg	**A 3300–377**
Pichl, Steiermark	A 7000–406
Pirkdorf, Kärnten	A 4990–398
Plescherken, Kärnten	A 4760–396
Podersdorf, Neusiedler See	A 8240–410
Pöggstall, Niederösterreich	A 6220–404
Prägraten, Osttirol	A 2995–376
Prutz, Oberinntal, Tirol	**A 2110–360**
Purbach, Neusiedler See	A 8210–409
Purgstall, Niederösterreich	**A 6400–405**
Pyrawang, Esternberg, Oberösttr.	A 5805–400
Raab, Oberösterreich	A 5730–400
Radstadt, Salzburg	A 3330–378
Raggall-Plazera, Vorarlberg	A 1410–356
Ramsau am Dachstein/Steiermark	A 7005–406
Rastenfeld, Niederösterreich	A 6233–404
Rauris-Wörth, Salzburg	A 3460–380
Reauz, Rauschele See	A 4780–396/397
Reisach, Gailtal	A 4370–386
Rennweg-Gries, Kärnten	A 4005–382
Retz, Oberretzbach, Niederösterreich	A 6260–404
Reutte, Tirol	A 2010–357
Ried, Oberinntal/Tirol	**A 2130–360**
Riefensberg, Vorarlberg	**A 1320–356**
Rossatzbach, Niederösterreich	A 6320–405
Rust, Neusiedler See	A 8230–410
Sachsenburg, Kärnten	A 4040–382
Salzburg-Aigen	A 3030–376
Salzburg-Nord/Sam	**A 3010–376**
Salzburg-Nord	A 3000–376
Scharnstein, Oberösterreich	**A 5920–402**
Schladming, Steiermark	A 7010–406
Schönbühel, Niederösterreich	**A 6310–405**
Schruns, Vorarlberg	A 1520–356/357
Schwoich bei Kufstein, Tirol	A 2522–363
Seeboden, Millstätter See	A 4410–387
Seefeld, Tirol	A 2360–362
Seekirchen,-Zell, Salzburg	A 3125–376
Sölden, Ötztal, Tirol	A 2460–363
Söll, Tirol	A 2815–370
Spital am Pyhrn, Oberösterreich	A 5940–402
Spittal, Kärnten	A 4050–384
Stams, Tirol	A 2330–361
St. Andrä, Zicksee/Burgenland	A 8250–410
St. Georgen/Längsee, Kärnten	A 4615–393
St. Georgen ob Murau/Steiermark	**A 7305–407**
St. Gilgen-Abersee, Salzburg	A 3150–376/377
St. Johann, Pongau	**A 3340–378**
St. Johann, Tirol	A 2820–370
St. Kanzian, Klopeiner See	A 4950–397
St. Martin b. Lofer, Salzburg	A 3410–379
St. Michael im Lungau, Salzburg	A 3500–381
St. Primus bei Unternarrach	**A 4960–398**
St. Sebastian bei Mariazell	A 7420–408
St. Veit, Salzburg	**A 3350–378**
St. Wolfgang, Oberösterreich	A 5340–399
Steinbach, Oberösterreich	**A 5450–400**
Steindorf, Ossiacher See, Kärnten	A 4540–390
Steyr-Münichholz, Oberösterreich	A 5960–402
Stockenboi, Weißensee-Ost	A 4230–385
Strassen b. Sillian. Osttirol	**A 2985–374**
Stubenberg am See, Steiermark	A 7608–409
Tannheim, Tirol	**A 2200–360**
Techendorf, Weißensee, Kärnten	A 4220–385
Thiersee, Tirol	A 2510–363
Traisen, Niederösterreich	**A 6520–405**
Tschagguns, Vorarlberg	A 1530–357
Tulln, Niederösterreich	**A 6085–402**
Umhausen, Ötztal, Tirol	A 2420–362
Unken, Salzburg	A 3400–379
Unterach/Attersee, Oberösterreich	A 5410–399
Unterperfuss, Tirol	A 2370–362
Velden-Auen, Wörther See	A 4740–396
Viehhofen bei Saalbach, Salzburg	A 3430–379
Villach, Kärnten	A 4060–384
Villach, OT. Klein Vassach	A 4070–384
Villach-Landskron, Ossiacher See	A 4560–391
Volders, Tirol	A 2600–368
Völs, Tirol	A 2380–362
Waidring, Tirol	**A 2740–370**
Walchsee, Tirol	**A 2710–368/369**
Wald, /Salzburg	A 3490–381
Weer, Tirol	A 2590–366
Weissbriach, Kärnten	A 4360–386
Weißkirchen, Steiermark	**A 7320–408**
Wertschach bei Nötsch, Gailtal	A 4320–385
Wesenufer, Oberösterreich	A 5820–401
Westendorf, Tirol	A 2845–372
Wien	**A 6140–404**
Wien, Wien-Rodaun	A 6120–403
Wien, Wien-Süd	**A 6130–404**
Wien, Wien-West	A 6110–403
Wiesing, Tirol	A 2570–366
Zell am See, Salzburg	A 3440–379/380
Zell am Ziller, Zillertal/Tirol	A 2940–373

DCC-Mitglieder fahren mit Auslands-Schutzpaß! und SIE?

AND – ANDORRA

Campingplätze	ab Seite 410
Reiseinformationen	Seite 481/482
Übersichtskarte	Seite 411

Andorra la Vella	AND 1060 – 411
Canillo	AND 1090 – 411
Erts-La Massana	AND 1150 – 411
Sant Julià de Lòria	AND 1010 – 410

B – BELGIEN

Campingplätze	ab Seite 412
Reiseinformationen	Seite 411/412
Übersichtskarte	Seite 411

Adinkerke-De Panne, Westflandern	B 5870 – 420
Antwerpen	B 3650 – 417
Ave-et-Auffe, Namur	B 2510 – 414
Bertrix, Luxembourg	B 2720 – 414
Blankenberge, Westflandern	B 5400 – 418
Bocholt, Limburg	B 3470 – 416
Bredene, Westflandern	B 5580 – 418
Brugge, Westflandern	B 5150 – 418
Büllingen, Liège	B 1450 – 412
Bure-Tellin, Luxembourg	**B 1880 – 413**
De Haan, Westflandern	**B 5600 – 418/419**
De Panne, Westflandern	B 5850 – 420
Dochamps, Luxembourg	**B 1855 – 413**
Gemmenich, Liège	B 1050 – 412
Gent, Ostflandern	B 4800 – 417
Geraardsbergen, Ostflandern	B 4420 – 417
Grimbergen, Vlaamse Brabant	B 4600 – 417
Eksel bei Hechtl, Limburg	B 3450 – 416
Hotton/Deulin, Luxembourg	B 1845 – 413
Houffalize, Luxembourg	B 1920 – 413
Houthalen-Helchteren, Limburg	B 3430 – 415
Houyet, Namur	B 2430 – 414
Kemmel, Westflandern	B 5880 – 420
Knokke-Heist, Westflandern	B 5220 – 418
Koksijde, Westflandern	**B 5750 – 419**
Koksijde-Oostduinkerke, Westflandern	B 5760 – 419
La Roche-en-Ardenne, Luxembg.	**B 1850 – 413**
Lanaken, Limburg	B 3330 – 414
Lille-Gierle, Antwerpen	B 3620 – 417
Lommel, Limburg	B 3605 – 416
Malmedy-Arimont, Liège	B 1410 – 412
Middelkerke, Lombardsiide, Westfl.	B 5685 – 419
Mol, Antwerpen	B 3500 – 416
Nieuwpoort, Westflandern	B 5790 – 419
Opglabbeek, Limburg	B 3400 – 415
Opgrimbie, Limburg	B 3340 – 414
Opoeteren-Maaseik, Limburg	B 3402 – 415
Oteppe, Liège	**B 2070 – 414**
Oudenaarde, Ostflandern	**B 4980 – 418**
Overijse	B 4350 – 417
Robertville, Liège	B 1430 – 412
Sart-lez-Spa, Liège	**B 1340 – 412**
Spa, Liège	B 1330 – 412
Stavelot, Liège	B 1380 – 412
Stekene, Ostflandern	B 4780 – 417
Tenneville, Luxembourg	B 1870 – 413
Tintigny, Luxembourg	**B 2700 – 414**
Turnhout, Antwerpen	**B 3610 – 416**
Virton, Luxembourg	**B 2680 – 414**
Waasmunster, Ostflandern	B 4720 – 417
Waimes-Bruyères, Liège	B 1420 – 412
Westende, Westflandern	B 5686 – 419
Wezembeek-Oppem, Vl. Brabant	B 4300 – 417
Zonhoven, Limburg	B 3380 – 415

CH – SCHWEIZ

Campingplätze	ab Seite 422
Reiseinformationen	Seite 420/422
Übersichtskarte	Seite 421

Adelboden, Berner Oberland	CH 4420 – 431
Agno-Lugano, Luganer See	CH 9570 – 444/445
Aigle, Vaud	CH 7005 – 436
Altenrhein, St. Gallen	CH 2080 – 424
Andermatt, Zentralschweiz	CH 9000 – 441
Appenzell-Kau, Inner-Rhoden	CH 2460 – 425
Arbon, Thurgau	CH 2070 – 424
Avegno, Ticino	CH 9220 – 444
Avenches, Murtensee	CH 5230 – 434
Bad Ragaz, St. Gallen	CH 8020 – 439
Bad Zurzach, Aargau	**CH 1130 – 422**
Bächli-Hemberg	CH 2480 – 425
Bernhardzell bei St. Gallen	CH 2150 – 424
Binn, Valais	CH 7285 – 438
Bönigen, Brienzer See	CH 4190 – 430
Bondo, Graubünden	CH 8485 – 441
Bourg-St. Pierre, Valais	CH 7460 – 438
Bramois, Valais	CH 7135 – 437
Brienz, Brienzer See	CH 4250 – 430
Brig, Valais	CH 7265 – 438
Brigerbad, Valais	CH 7260 – 438
Brunnen, Schwyz	CH 3110 – 426
Bullet, Vaud	CH 5065 – 434
Buochs, Vierwaldstätter See	CH 3270 – 427
Château d'Oex, Vaud	CH 4370 – 431
Châtel-St. Denis, Fribourg	CH 4080 – 428
Chessel, Genfer See	CH 6008 – 435
Chiggiogna, Ticino	CH 9055 – 442
Chur, Graubünden	CH 8060 – 439
Churwalden, Graubünden	CH 8310 – 440
Cinuos-Chel, Graubünden	CH 8455 – 440
Claro, Ticino	CH 9090 – 442
Colombier, Neuchâtel	CH 5050 – 434
Cugnasco, Ticino	CH 9130 – 442
Cureglia, Ticino	CH 9540 – 444
Disentis/Mustér, Graubünden	CH 8150 – 440
Engelberg, Obwalden	CH 3550 – 428
Enney, Fribourg	CH 4060 – 428
Eschenz, Thurgau	CH 2035 – 423
Estavayer-le-Lac, Neuchâtel	CH 5100 – 434
Evolene, Valais	CH 7140 – 437
Filisur, Graubünden	CH 8340 – 440
Flaach, Zürich	CH 2010 – 422
Flims-Waldhaus, Graubünden	CH 8110 – 439
Forel-Lavaux, Vaud	CH 5330 – 435
Frauenfeld, Thurgau	CH 2130 – 424
Frutigen, Berner Oberland	CH 4400 – 431
Gampel, Valais	CH 7210 – 437
Gampelen, Neuchâtel	CH 5040 – 434

Giswill, Sarner See	CH 3330–427
Goldau, Schwyz	CH 3020–425
Gordevio, Ticino	CH 9230–444
Grandson, Neuchâtel	CH 5070–434
Grindelwald, Berner Oberland	CH 4610–432
Gryon-La Barboleusaz, Vaud	CH 7015–436
Gstaad, Berner Oberland	CH 4300–430
Gsteig b. Gstaad, Berner Oberl.	CH 4360–431
Gumefens, Fribourg	CH 4040–428
Horw, Luzern	CH 3255–427
Innertkirchen, Berner Oberland	CH 3450–427
Interlaken-Matten	CH 4180–430
Interlaken-Thunersee	CH 4140–429
Interlaken-Tiefenau	CH 4160–430
Interlaken-Unterseen	CH 4150–429/430
Interlaken-Wilderswill	CH 4185–430
Kandersteg, Berner Oberland	CH 4440–431
Krattigen, Berner Oberland	CH 4120–429
Kreuzlingen, Thurgau	CH 2050–423
La Chaux-de-Fonds, Neuchâtel	CH 5035–434
La Fouly, Valais	CH 7450–438
Langwiesen, Schaffhausen	CH 2020–423
Lausanne, Genfer See	CH 6050–435
Lauterbrunnen, Berner Oberland	**CH 4510–432**
Le Bouveret, Genfer See	CH 6005–435
Le Landeron, Bieler See	CH 5030–433
Lenk, Berner Oberland	CH 4350–431
Lenz bei Lenzerheide, Graubünden	CH 8330–440
Les Brenets, Berner Jura	CH 5026–433
Les Breuleux, Jura	CH 5031–433
Les Haudères, Valais	CH 7550–439
Leukerbad, Valais	CH 7190–437
Leutswil b. Bischofszell	CH 2160–424/425
Leysin, Vaud	CH 7010–436
Li Cuer, Graubünden	CH 8650–441
Lignières, Neuchâtel	CH 5032–433
Locarno, Lago Maggiore	CH 9170–444
Losone-Golino, Lago Maggiore	CH 9180–444
Lottigna bei Acquarossa, Ticino	CH 9070–442
Lütschental, Berner Oberland	CH 4550–432
Lugano-Muzzano, Lug. See	CH 9560–444
Luzern, Vierwaldstätter See	CH 3250–426/427
Maloja, Graubünden	CH 8480–441
Maroggia, Luganer See	CH 9600–445
Martigny, Valais	CH 7050–436
Maur, Zürich	CH 2215–425
Meiringen, Berner Oberland	CH 3420–427
Melano, Luganer See	CH 9630–445
Méride, Ticino	CH 9650–445
Merlischachen, Luzern	CH 3240–426
Mezzovico, Ticino	CH 9500–444
Molinazzo di Monteggio	CH 9590–445
Molinazzo bei Bellinzona, Ticino	CH 9100–442
Montmelon-St. Ursanne, B. Jura	CH 5000–432
Morges, Genfer See	CH 6060–435
Murg, Walensee	CH 2310–425
Niedergrächen b. Grächen, Valais	CH 7700–439
Nottwil, Sempacher See	CH 3210–426
Noville, Genfer See	CH 6010–435
Ottenbach, Zürich	CH 2205–425
Payerne, Vaud	CH 5210–434
Pontresina, Graubünden	CH 8620–441
Prêles, Berner Jura	CH 5023–432/433
Randa, Valais	CH 7710–439
Raron, Valais	CH 7240–437/438
Reckingen, Valais	CH 7290–438
Reinach-Basel, Basel-Land	**CH 1010–422**
Ried-Brig, Valais	CH 7270–438
Ringgenberg, Interlaken	CH 4200–430
Rolle, Genfer See	CH 6070–435
Saas-Grund, Valais	CH 7750–439
Salavaux, Murtensee	CH 5250–435
Samedan, Graubünden	CH 8460–441
Santa Maria, Graubünden	CH 8550–441
Sarnen, Sarner See	CH 3310–427
Satigny, Genf	**CH 6085–436**
Steinen, Schwyz	CH 3030–425
Schiffenen bei Düdingen	CH 4031–428
Schuls, Graubünden	CH 8430–440
Schwenden, Diemtigtal	CH 4410–431
Sempach, Sempacher See	CH 3220–426
Sierre, Valais	CH 7150–437
Sierre-Salgesch, Valais	CH 7160–437
Silvaplana, Graubünden	CH 8475–441
Sion, Valais	CH 7130–436/437
Sorens, Fribourg	CH 4050–428
Splügen, Graubünden	CH 8090–439
St. Cergue, Vaud	CH 5390–435
St. Margrethen, St Gallen	CH 2420–425
St. Moritz, Graubünden	CH 8470–441
Stechelberg, Berner Oberland	CH 4530–432
Savognin, Graubünden	CH 8335–440
Strada, Engadin/Graubünden	CH 8410–440
Sur En bei Sent, Graubünden	CH 8420–440
Sursee, Luzern	CH 3205–426
Susten, Valais	CH 7170–437
Tenero, Lago Maggiore	CH 9150–443/444
Thörishaus, Bern	CH 4030–428
Thun-Gwatt, Thuner See	CH 4100–428
Thusis, Graubünden	CH 8070–439
Trun, Graubünden	CH 8130–440
Ulrichen, Valais	CH 7295–438
Unteraegeri, Schwyz	CH 3035–426
Vésenaz, Genfer See	CH 6090–436
Vétroz, Valais	CH 7120–436
Villeneuve, Genfer See	CH 6020–435
Visp, Valais	CH 7250–438
Vitznau, Vierwaldstätter See	CH 3105–426
Wabern, Bern	CH 4020–428
Wagenhausen, Thurgau	CH 2030–423
Wiedehorn-Egnach, Thurgau	CH 2065–424
Wildberg, Turbenthal	CH 2115–424
Winterthur, Zürich	CH 2110–424
Yvonand, Neuchâtel	CH 5090–434
Zernez am Inn/Graubünden	CH 8450–440
Zürich-Wollishofen, Zürich	CH 2210–422
Zug, Zuger See	CH 3010–425
Zweisimmen, Berner Oberland	**CH 4340–430/431**

CZ – TSCHECHISCHE REP.

Campingplätze	ab Seite 446
Reiseinformationen	Seite 445/446
Übersichtskarte	Seite 447

Babylon bei Domazlice	CZ 1030–446
Benešov	CZ 3250–453
Brozany nad Ohri, Litoměřice	CZ 2400–450/451
Cerna v Posumavi, Lipno-Stausee	CZ 3020–452
Cheb-Podhrad	CZ 2130–450
Chlum u Třeboň	CZ 3077–453
Destne v O. H., Adlergeb.	CZ 2650–452
Dolni Břežany, Prag	**CZ 1530–448**
Dolni Branná bei Vrchlabi	**CZ 2530–451**
Drenice, Cheb	CZ 2120–450

Františkovy Lázně, Cheb	CZ 2100–449
Frymburk, Lipno-Stausee	CZ 3030–452
Harrachov, Riesengebirge	**CZ 2515–451**
Hluboka n. Vitavou	CZ 3060–452/453
Holice, Pardubice	CZ 1600–449
Horni Planá, Lipno-Stausee	CZ 3010–452
Hranice, Přerov	CZ 1750–449
Jesenice, Rakovnik	CZ 2250–450
Karlovice Sedmihorky, Turnov	CZ 2520–451
Kdyně	CZ 1035–446
Konstantinovy Lázně	CZ 1060–447
Kosmonosy, Mladá Boleslav	CZ 2480–451
Kutnà Hora	CZ 1580–449
Kyselka	CZ 2236–450
Liberec	CZ 2510–451
Lipno nad Vitavou, Lipno Stausee	CZ 3040–452
Litoměřice	CZ 2410–451
Mariánské Lázně	CZ 2170–450
Mohelnice, Mähren	CZ 1700–449
Náchod-Běloves	CZ 2600–452
Nové Strašecı	CZ 2255–450
Opatov na Morave, Moravien	CZ 3320–453
Osečná	**CZ 2500–451**
Pasohlávky	CZ 3360–453
Pelhřimov	CZ 3200–453
Plzeň-Malý Bolevec	CZ 1048–446
Poděbrady	CZ 1550–448
Praha-Bránik	CZ 1500–447
Praha-Motol, Prag	CZ 1510–447
Praha-Slivenec, Prag	CZ 1512–448
Praha-Smichow, Prag	CZ 1517–448
Praha-Stodulky, Prag	CZ 1511–448
Praha-Troja, Prag	CZ 1520–448
Praha-Dolni Chabry, Prag	**CZ 1525–448**
Praha-Dolni Počernice, Prag	**CZ 1527–448**
Radosov bei Kyselka	CZ 2235–450
Rožnov pod Radhoštěm	CZ 1800–449
Rozstáni	CZ 1740–449
Sadov, Karlovy Vary	CZ 2230–450
Špindlerův Mlýn, Riesengeb.	CZ 2540–452
Staňkov bei Třeboň	CZ 3080–453
Strázov	CZ 1025–446
Třeboň	CZ 3075–453
Velká Hled'sebe, Cheb	CZ 2150–450
Veltrusy	CZ 2430–451
Veverská Bityška	CZ 3352–453
Vrané nad Vitavou, Prag	CZ 1250–447
Vokovice-Džbán, Prag	CZ 1515–448

DK – DÄNEMARK

Campingplätze	ab Seite 454
Reiseinformationen	Seite 454
Übersichtskarte	Seite 455

Aalborg, Jütland	DK 1244–472
Åbenrå, Jütland	DK 1140–465
Ærøskøbing, Insel Ærø	DK 2410–476
Ålbæk, Jütland	DK 1290–473
Allingåbro, Jütland	DK 1222–471
Allinge, Insel Bornholm	DK 4015–480/481
Årøsund-Haderslev, Jütland	DK 1148–466
Aså, Jütland	DK 1255–472
Askeby, Insel Møn	DK 3150–479
Asperup, Fünen	DK 2007–473
Assens, Fünen	DK 2015–474
Bagenkop, Langeland	DK 2340–476
Billund, Jütland	DK 1168–468
Binderup Strand, Jütland	DK 1163–467
Bjerregård-Hvide Sande, Jütland	DK 1040–458
Blåvand, Jütland	DK 1030–456
Blokhus, Jütland	DK 1089–463
Boeslunde, Seeland	DK 3003–476
Børsmose, Jütland	DK 1033–456
Bovlstrup, Jütland	DK 1191–469
Bredebro, Jütland	DK 1004–454
Broager, Jütland	DK 1114–464
Brovst, Jütland	DK 1086–462
Dalby bei Kerteminde, Fünen	DK 2058–475
Dragstrup-Mors, Jütland	DK 1078–462
Dronningmølle, Seeland	DK 3085–478
Ebberup, Fünen	DK 2032–474
Ebeltoft, Jütland	**DK 1212–470**
Ejstrupholm, Jütland	DK 1181–468
Esbjerg-Sædding, Jütland	DK 1019–456
Faaborg, Fünen	DK 2040–474
Fakse, Seeland	DK 3159–479
Farsø, Jylland	DK 1235–472
Farsø-Myrhøj Strandby, Jütland	**DK 1234–472**
Fjellerup bei Glesburg, Djursland	DK 1219–471
Fjerritslev, Jütland	DK 1085–462
Fredericia, Jütland	DK 1172–468
Frederikshavn, Jütland	DK 1260–472
Fuglsø-Knebel, Jütland	DK 1207–470
Fynshav, Als	DK 1133–465
Give-Riis, Jütland	DK 1180–468
Gjerrild, Jütland	DK 1217–471
Glesborg-Bonnerup Stand, Jütland	DK 1218–471
Grenå, Jütland	DK 1215–470
Greve Strand bei København	DK 3170–480
Grindsted, Jütland	DK 1169–468
Grønhøj bei Lokken, Jütland	DK 1091–463
Gudhjem, Insel Bornholm	DK 4012–480
Haderslev, Jütland	DK 1144–466
Haderslev-Kelstrup, Jütland	DK 1146–466
Hadsund, Jütland	DK 1237–472
Hampen, Give/Jütland	**DK 1182–468**
Hasle, Insel Bornholm	DK 4020–481
Hemmet, Jütland	DK 1052–458
Henneby, Jütland	DK 1034–459
Henne-Strand, Jütland	DK 1035–458
Hesselager, Fünen	DK 2052–475
Hirtshals, Jütland	DK 1095–463
Ho-Blåvand, Jütland	DK 1031–456
Hobro, Jütland	DK 1229–471
Højbjerg bei Århus, Jütland	DK 1201–470
Holbæk, Seeland	DK 3067–477
Holstebro, Jütland	**DK 1065–459**
Horbelev, Falster	DK 3144–479
Hornbæk, Seeland	DK 3090–478
Horsens, Jütland	DK 1186–469
Hørve, Seeland	DK 3050–477
Hou bei Odder, Jütland	DK 1192–469
Houstrup, Nørre, Nebel/Jütland	DK 1036–458
Humble-Ristinge, Langeland	DK 2330–476
Hune bei Pandrup, Jütland	DK 1088–463
Hvide Sande, Jütland	**DK 1042–458**
Idestrup, Falster	DK 3143–479
Ishøj bei København, Seeland	DK 3013–476/477
Jaegerspris, Seeland	DK 3075–477
Jelling, Jütland	DK 1170–468
Juelsminde, Jütland	DK 1178–468
Juelsminde-Vest, Jütland	DK 1177–468
Jyderup, Seeland	DK 3043–477
Karup, Jütland	DK 1066–460
Keldby, Insel Møn	DK 3156–479
Kjul, Jütland	DK 1096–464

Klim Strand bei Fjerritslev/Jütland	DK 1084–462
Klitmøller, Jütland	**DK 1081–462**
Knud-Fjelstrup, Jütland	DK 1153–466
Køge, Seeland	DK 3165–480
Kolding, Jütland	**DK 1164–467**
Kruså, Jütland	DK 1101–464
Langerhuse bei Harboør, Jütland	**DK 1072–460**
Laven, Jütland	DK 1194–469
Lemvig, Jütland	DK 1071–460
Lisbjerg bei Århus, Jütland	DK 1202–470
Lohals, Langeland	DK 2318–476
Løkken, Jütland	DK 1092–463
Lundby, Seeland	DK 3157–479
Magleby bei Borre, Insel Møn	DK 3155–479
Mariager, Jütland	DK 1230–471
Maribo, Lolland	DK 3118–478
Marstal, Insel Ærø	DK 2420–476
Martofte-Nordskov, Fünen	DK 2060–475
Middelfart-Røjle Klint, Fünen	DK 2005–473
Middelfart, Fünen	DK 2008–474
Møgeltønder, Jütland	DK 1002–454
Mølby-Havneby, Insel Rømø	DK 1008–454
Mou-Storvorde, Jütland	DK 1242–472
Nærum-København, Seeland	DK 3033–477
Nakskov, Lolland	DK 3115–478
Neksø-Balke Strand, Bornholm	DK 4005–480
Neksø-Dueodde, Bornholm	DK 4007–480
Nordborg, Als	DK 1135–465
Nordby, Insel Fanø	DK 1020–456
Nørre Åby, Fünen	DK 2010–474
Nørre Lyngby, Jütland	DK 1093–463
Nørre Nebel, Jütland	DK 1038–458
Nyborg, Fünen	DK 2025–474
Nykøbing, Seeland	DK 3069–477
Nykøbing-Mors, Jütland	DK 1077–462
Nysted, Lolland	DK 3115–478
Odder, Jütland	DK 1190–469
Odense, Fünen	DK 2020–474
Ortved bei Ringsted, Seeland	DK 3008–476
Øsløs-Vesløs, Jütland	DK 1083–462
Østbirk, Jütland	DK 1187–469
Østerbyhavn, Insel Læsø	DK 1280–473
Otterup-Agernæs, Fünen	DK 2055–475
Oure, Fünen	DK 2050–475
Randers, Jütland	DK 1221–471
Rebild, Skørping/Jütland	DK 1232–472
Resenbro, Silkeborg	DK 1196–470
Ribe, Jütland	DK 1014–455
Rindby, Insel Fanø	DK 1022–456
Ringkøbing, Jütland	DK 1054–459
Rinkenæs, Gråsten	DK 1110–464
Rødby, Lolland	DK 3117–478
Rødhus bei Pandrup, Jütland	DK 1087–462/463
Rødovre bei København, Seeland	DK 3015–477
Rømø-Lakolk, Insel Rømø	DK 1011–454
Rønne, Insel Bonholm	DK 4001–480
Roskilde bei København, Seeland	DK 3010–476
Rugaard, Ebeltoft/Jütland	DK 1214–470
Ry, Jütland	DK 1188–469
Sæby, Jütland	DK 1257–472
Sæby-Frederikshavn, Jütland	DK 1258–472
Saltum, Jütland	DK 1090–463
Sejerø, Insel Sejerø	DK 3053–477
Sejs, Silkeborg	DK 1196–469
Silkeborg-Funder, Jütland	DK 1195–470
Sindal, Jütland	**DK 1270–472/473**
Sjølund	DK 1162–467
Skagen, Jütland	DK 1299–473
Skals, Jütland	DK 1228–471
Skanderborg, Jütland	DK 1189–469
Skårup, Fünen	DK 2049–475
Skive, Jütland	DK 1070–460
Skiveren, Jütland	DK 1099–464
Skovby-Sydals, Als	**DK 1127–464/465**
Sønderho, Insel Fanø	DK 1025–456
Søndervig bei Ringkøping, Jütland	DK 1056–459
Sorø, Seeland	DK 3004–476
Spodsberg, Rudkøbing/Langeland	DK 2310–476
Spøttrup-Ålbæk-Strand, Jütland	DK 1069–460
St. Darum b. Bramming, Jütland	DK 1015–455
Store Fuglede, Seeland	DK 3042–477
Svaneke, Insel Bornholm	DK 4010–480
Svendborg, Insel Tåsinge	DK 2210–475
Svendborg Thuro, Fünen	DK 2047–475
Sydals, Als	DK 1129–465
Tårup-Frørup, Fünen	DK 2053–475
Thisted, Jütland	DK 1079–462
Thornby bei Hirthals, Jütland	DK 1094–463
Thyholm, Jütland	DK 1075–462
Tinglev, Jütland	DK 1138–465
Toftum b. Kongsmark Insel Rømø	DK 1010–454
Torrig Kragenæs, Lolland	DK 3110–478
Tranekær, Langeland	DK 2315–476
Tversted, Jütland	DK 1097–464
Ulfborg, Jütland	DK 1064–459
Væggerløse, Falster	DK 3141–478
Vammen, Jütland	DK 1224–471
Vejby, Heatherhil-Seeland	DK 3083–478
Vejen, Jütland	DK 1165–467
Vejers Strand, Jütland	DK 1032–456
Vesterø Havn, Læsø	DK 1281–473
Vestervig-Agger, Jütland	DK 1076–462
Viborg, Jütland	DK 1225–471
Vinderup, Jütland	DK 1067–460
Vorbasse, Jütland	DK 1167–467
Vordingborg, Seeland	DK 3147–479
Vostrup, Jütland	DK 1050–458/459

E – SPANIEN

Campingplätze   ab Seite 484
Reiseinformationen   Seite 481/483
Übersichtskarte S. 482/483/485/501/532

Adra, Almeria	E 3380–520
Aguilas, Murcia	E 3170–519
Albolote, Granada	E 3500–521
Alcanar, Tarragona	E 1550–508
Alcossebre, Castellón	E 2060–512
Aldeanueva d. Camino, Cáceres	E 4300–524
Alfaz del Pi, Alicante	E 2660–516
Almayate, Malaga	E 3530–521
Altafulla, Tarragona	E 1450–504/505
Altea, Alicante	E 2630–516
Ampolla, Tarragona	E 1540–508
Aranda de Duero, Burgos	E 1825–525
Aranjuez, Madrid	E 8250–530
Ares, El Ferrol/La Coruña	E 5300–526
Bahía de San Antonio, Ibiza	E 2900–518
Baños de Fortuna, Murcia	E 3000–519
Bayona, Pontevedra	E 5075–525
Begur, Girona	E 1140–494
Bellver de Cerdanya, Lleida	E 1660–510
Benicarló, Castellón	E 2000–512
Benicasim, Castellón	E 2120–512
Benidorm, Alicante	**E 2690–516/517**
Berga	E 1690–510
Blanes, Girona	E 1280–499
Bolnuevo-Mazarrón, Murcia	E 3120–519
Boltaña, Huesca	E 9450–532
Burgos	E 4800–525

Berger

Alles Gute.
Für alle, die einfach raus müssen.

Berger wird 50 und Sie sind herzlich eingeladen!

Feiern Sie ein ganzes Jahr lang mit uns und entdecken Sie

Extra günstige Jubiläumspreise!

Sondereditionen unserer Bestseller

Viele tolle Gewinnaktionen!

www.fritz-berger.de
Tel. 0 18 05 - 33 01 00
(14 Cent pro Minute aus dem Festnetz der T-Com / Mobilfunkgebühren ggf. höher)

Bitte Vorteilsnummer nennen: 37C

Über 500 Seiten.
Alles Gute.
Für alle,
die einfach
raus müssen.

Heute noch gratis anfordern!

www.fritz-berger.de Tel. 0 18 05 - 33 01 00
(14 Cent pro Minute aus dem Festnetz der T-Com / Mobilfunkgebühren ggf. höher)

Berger

Ihr Begleiter für das Leben draußen

Berger – über 30 mal in Deutschland

Fordern Sie Ihren persönlichen Berger Katalog 2008 an:

Telefonisch rund um die Uhr:
0 18 05 - 33 01 00
(0,14 EUR je Minute aus dem Festnetz der T-Com)
Bitte Katalogkennung nennen: 37C

Per Internet mit einem Klick:
www.fritz-berger.de

In ganz Deutschland:
über 30 Freizeitmärkte

Berger

☐ **Ja,** senden Sie mir gratis den aktuellen Berger Jubiläumskatalog 2008 zu!

_____
Name / Vorname

_____
Straße / Hausnummer

_____
PLZ / Wohnort

_____
Telefon / Geburtsdatum

_____
E-Mail Adresse

☐ **Ja,** ich möchte per Newsletter über Neuigkeiten und Sonderaktionen bei Fritz Berger informiert werden.

Bitte ausreichend frankieren. Danke!

Antwort

Fritz Berger
Postfach 1160
92301 Neumarkt

Cabo de Gata, Almeria	E 3320–520
Cabrerizos, Salamanca	E 4600–524
Cáceres, Cáceres	E 4130–524
Cadaqués, Girona	E 1050–484
Caldes de Montbui, Barcelona	E 1318–501
Calella, Barcelona	E 1310–500/501
Calonge, Girona	E 1190–495
Calonge-Platja d'Aro, Girona	E 1210–496
Cambrils, Tarragona	E 1500–506
Campello, Alicante	E 2760–517
Cañada Blanca, Tenerife	E 9800–532
Capmany, Girona	E 1040–484
Caravia Alta, Asturias	E 5700–527
Carchuna bei Motril, Granada	E 3425–520
Castello d'Emuries, Girona	E 1070–485/486
Castillo de Banos, Granada	E 3410–520
Castro Urdiales, Cantabria	E 6300–528
Cazorla, Jaen	E 3950–523
Cee, La Coruña	E 5200–526
Colera, Girona	E 1000–484
Conil de la Frontera, Cádiz	E 3740–522
Córdoba	E 3890–523
Creixell, Tarragona	E 1430–504
Crevillente, Alicante	E 2840–518
Cubelles, Barcelona	E 1380–502
Cubillas de Santa Marta, Valladolid	E 4675–525
Cuenca, La Mancha	E 8600–530
Cullera, Valencia	E 2360–514
Cunit, Tarragona	E 1390–503
Dos Hermanas, Sevilla	E 3860–523
El Escorial, Madrid	**E 8100–530**
El Grove, Pontevedra	E 5100–526
El Masnou, Barcelona	E 1330–502
El Puerto de Santa Maria, Cádiz	E 3770–522
Empúriabrava, Girona	E 1080–486
Escarrilla, Huesca	E 9250–531
Esponella, Girona	E 1730–512
Espot, Lleida	E 1610–508
Estartit, Girona	E 1110–490/491
Eusa, Navarra	E 7100–529
Foradada, Lleida	E 1570–508
Fornells de la Selva, Girona	E 1740–512
Gandia-Playa, Valencia	E 2420–514
Garaña bei Llanes, Asturias	E 5900–527
Garriguella, Girona	E 1030–484
Gata, Cáceres	E 4400–524
Gavà, Barcelona	**E 1350–502**
Gavin-Biescas, Huesca	E 9350–532
Getafe, Madrid	E 8200–530
Górliz, Vizcaya	E 6500–528
Granada	E 3485–521
Guadalupe, Cáceres	E 4200–524
Guardamar del Segura, Alicante	E 2810–518
Guejar Sierra, Granada	E 3470–521
Guia de Isora, Tenerife	E 9900–533
Guils de Cerdanya, Girona	E 1670–510
Guisando, Ávila	E 4500–524
Hondarriba, Gipuzkoa	E 6900–529
Hospital de Orbigo, León	E 4725–525
Huesca	E 9100–531
Igueldo bei San Sebastian, Gipuzkoa	E 6850–529
Isla Plana, Murcia	E 3090–519
Islares, Cantabria	E 6250–528
Islas Cíes/Insel, Pontevedra	E 5000–525
Itziar-Deba, Gipuzkoa	E 6650–528
Jávea, Alicante	E 2570–514
L'Ametlla de Mar, Tarragona	E 1530–508
L'Escala, Girona	E 1100–490
L'Hospitalet de L'Infante, Tarragona	E 1520–507
La Bordeta bei Vilamós, Lleida	E 1600–508
La Cabrera, Madrid	E 8000–530
La Carlota, Córdoba	E 3885–523
La Farga de Moles, Lleida	E 1645–510
La Fuente de San Esteban, Salam.	E 4550–524
La Manga, Mar Menor	E 3060–519
La Marina, Alicante	**E 2780–517**
La Puebla de Castro, Huesca	E 9560–532
La Puebla de Roda, Huesca	**E 9550–532**
La Vall de Laguar, Valencia	E 2490–514
Labuerda, Huesca	**E 9500–532**
Laredo, Cantabria	E 6200–528
Las Negras, Almeria	E 3260–520
Lecumberri, Navarra	E 7000–529
Llagostera, Girona	E 1250–498
Llançá, Girona	E 1010–484
Llanes, Asturias	E 5800–527
Lloret de Mar, Girona	E 1270–498
Los Escullos-San Jose bei Nijar	E 3290–520
Luarca, Asturias	E 5500–526/527
Marbella, Malaga	E 3620–522
Mataró, Barcelona	E 1325–501
Mazagón, Huelva	E 3800–523
Mendigorria, Navarra	E 7200–529
Mérida, Badajoz	E 4000–523
Miajadas, Cáceres	E 4100–523
Mijas-Costa, Malaga	E 3590–522
Miranda del Castanar, Sal.	E 4525–524
Mojácar, Almeria	E 3230–520
Moncofa, Castellon	E 2180–512/513
Montagut, Girona	E 1720–510
Montras, Girona	E 1170–495
Montroig, Tarragona	E 1510–506/507
Moratalla, Murcia	E 3015–519
Motril, Granada	E 3440–520
Mundaka, Vizcaya	E 6550–528
Mutriku, Gipuzkoa	E 6600–528
Nájera, La Rioja	E 7500–529
Navalafuente, Madrid	E 8050–530
Nigrán, Pontevedra	E 5050–525
Noja, Cantabria	E 6150–528
Nuévalos, Zaragoza	E 9000–530/531
Oliva, Valencia	**E 2510–515**
Orio, Gipuzkoa	E 6800–528
Oto, Huesca	E 9400–532
Palafrugell-Llafranc, Girona	E 1150–494
Palafrugell-Tamariu, Girona	E 1160–494
Palamós, Girona	E 1180–495
Palomares, Almeria	E 3200–520
Palau de Plegamans, Barcelona	E 1320–501
Pancorbo, Burgos	E 4750–525
Peniscola, Castellón	E 2030–512
Perlora-Candas, Asturias	E 5600–527
Pineda de Mar, Barcelona	E 1300–500
Platja d'Aro, Girona	E 1220–496
Platja de Pals, Girona	E 1130–492/494
Port de la Selva, Girona	E 1020–484
Prullans, Lleida	E 1650–510
Puebla do Caramiñal, La Coruña	E 5150–526
Puerto de Mazarrón, Murcia	**E 3140–519**
Puigcerda, Girona	E 1680–510
Pucol, Valencia	E 2300–513
Reinante bei Barreiros, Lugo	E 5450–526
Ribera de Cabanes, Castellón	E 2090–512
Ribera de Cardós, Lleida	E 1620–508
Ripoll, Girona	E 1700–510
Roda de Bará, Tarragona	**E 1420–503/504**
Ronda, Malaga	E 3680–522
Roses, Girona	E 1060–485
Rugat, Valencia	E 2480–514
Ruiloba, Cantabria	E 6050–527
Sagunto, Valencia	E 2240–513
Salou, Tarragona	E 1490–506
San Vicente de la Barquera, Cantabria	E 6000–527

Sant Antoni de Calonge, Girona	E 1200–496
Sant Feliu de Guixols, Girona	**E 1230–496**
Sant Feliu de Pallerols, Girona	E 1710–510
Sant Pere Pescador, Girona	E 1090–488/490
Sant Salvador bei Comar-Ruga	**E 1400–503**
Santa Cristina d'Aro, Girona	E 1240–498
Santa Elena, Jaen	E 3920–523
Santa Eulalia del Rio, Ibiza	E 2950–518
Santa Marta de Tormes, Salamanca	E 4575–524
Santa Oliva, Tarragona	E 1410–503
Santa Pola, Alicante	**E 2750–517**
Santa Susanna, Barcelona	**E 1290–500**
Santiago de Compostela, La Coruña	E 5250–526
Santillana del Mar, Cantabria	E 6100–527
Sanxenxo, Pontevedra	E 5125–526
Segovia	E 4850–525
Senterada, Lleida	E 1590–508
Sigües, Zaragoza	E 9200–531
Sitges, Barcelona	E 1360–502
Sort, Lleida	E 1640–510
Sueca, Valencia	E 2330–513
Talarn, Lleida	E 1580–508
Tamarit, Tarragona	E 1460–505
Tarifa, Cádiz	E 3710–522
Tarragona, Tarragona	E 1470–505
Toledo	E 8500–530
Tordesillas, Valladolid	E 4650–524/525
Torre de Capdella, Lleida	E 1630–510
Torredembarra, Tarragona	E 1440–504
Torremolinos, Malaga	E 3560–521
Torroella de Montgri, Girona	E 1120–492
Tossa de Mar, Girona	**E 1260–498**
Trevélez, Granada	E 3455–521
Valdeavellano de Tera, Soria	E 7700–529
Valdoviño, La Coruña	E 5350–526
Valencia de Don Juan, León	E 4700–525
Vejer de la Frontera, Cádiz	E 3725–522
Vergel bei Denia, Alicante	E 2540–516
Vilanova de Prades, Tarragona	E 1480–506
Vilanova i la Geltrú, Barcelona	E 1370–502
Villares de la Reina, Salamanca	E 4625–524
Villargordo del Cabriel, Valencia	E 2210–513
Villaviciosa de Odon, Madrid	E 8150–530
Villoslada de Cameros	E 7600–529
Viu de Linas, Huesca	E 9300–532
Vivero, Lugo	E 5400–526
Xeraco, Valencia	E 2390–514
Zarautz, Guipuzcoa	E 6700–528

EST – ESTLAND

Campingplätze	ab Seite 534
Reiseinformationen	Seite 533
Übersichtskarte	Seite 533

Elva, Tartumaa	EST 1850–535
Haapsalu, Läänemaa	EST 1682–535
Häädemeeste-Kabli, Pärnumaa	EST 1650–535
Ida-Virumaa, Alojöe-Remniku	EST 1735–535
Kärla, Insel Saaremaa	EST 1530–534
Käsmu-Vösu, Lääne-Virumaa	EST 1320–534
Kassari, Insel Hiiumaa	EST 1420–534
Köpu, Hiiumaa	EST 1440–534
Kuressaare, Insel Saaremaa	EST 1570–534
Laagri bei Tallin, Harjumaa	EST 1200–534
Lilbi küla, Insel Saaremaa	EST 1560–534
Mändjala, Insel Saaremaa	EST 1580–534
Pärnu, Parnumaa	EST 1665–535
Tahkuranna, Pärnumaa	EST 1660–535
Tallinn, Harjumaa	EST 1253–534
Tallinn-Pirita, Harjumaa	EST 1251–534
Tehumardi, Insel Saaremaa	EST 1590–535
Toila, Ida-Virumaa	EST 1750–535
Tuksi, Läänemaa	EST 1685–535
Viljandi, Viljandimaa	EST 1838–535

F – FRANKREICH

Campingplätze	ab Seite 536
Reiseinformationen	Seite 536
Übersichtskarte	Seite 538/539/555/569/587/593

Agay, Var	F 5315–598/599
Agde, Hérault	F 6125–607
Aigues Mortes, Gard	F 6061–602/603
Aix-en-Provence, Bouches-du-Rhône	F 4775–590
Aix-les-Bains, Savoie	F 4235–580
Albens, Savoie	F 4232–580
Albi, Tarn	F 7470–625
Albon, Drôme	F 4540–584
Alençon, Orne	F 2307–552
Alenya, Pyrénées-Orientales	F 6232–614
Aléria, Corse	F 9030–646
Alet les Bains, Aude	F 7735–627
Amboise, Indre-et-Loire	F 2690–559
Amphion-les-Bains, Haute-Savoie	F 4022–578
Ancenis, Loir-Atlantique	F 2750–561
Andernos-les-Bains, Gironde	F 8695–639
Andryes, Yonne	F 1925–546
Anduze, Gard	F 6028–602
Angers, Maine-et-Loire	F 2735–561
Angoulins, Charente-Maritime	F 8305–634
Anneyron, Drôme	F 4538–584
Anould, Vosges	F 3048–570
Anse, Rhône	F 3510–578
Antheor, Var	F 5320–599
Antibes-La Brague, Alpes-Marit.	F 5350–600
Apremont, Vendée	F 8063–630
Arbois, Jura	F 3235–574
Arcizans-Avant, Hautes-Pyrénées	F 7857–628
Arès, Gironde	F 8675–638/639
Argelès-sur-Mer, Pyrénées-Or.	F 6250–616
Argentat, Corrèze	F 7340–621
Arles, Bouches-du-Rhône	F 4840–591
Arradon, Morbihan	F 2859–563
Arreau, Haute-Pyrénées	F 7835–627
Ars-en-Ré, Ile de Ré	F 8240–634
Arzal, Morbihan	F 2847–562/563
Asnieres sur Oise, Val d´Oise	F 2096–548
Aubenas, Ardèche	F 4623–586
Aureilhan, Landes	F 8845–640
Aurillac, Cantal	F 7328–621
Autingues, Pas-de-Calais	F 1060–540
Autrans, Isère	F 4264–581
Autun, Sâone-et-Loire	F 3317–576
Avallon, Yonne	F 1910–545
Avignon, Vaucluse	F 4730–590
Axat, Aude	F 7730–627
Aydat, Puy de Dôme	F 7235–619
Ayzac-Ost, Haute Pyrénées	F 7855–628
Azay-le-Rideau, Indre-et-Loire	F 2711–560
Azur, Landes	F 8889–642
Baden, Morbihan	F 2863–563
Bagnols-sur-Cèze, Gard	F 4595–585
Baguer-Pican, Ille-et-Vilaine	F 2359–553

Balazuc, Ardèche	F 4636–587	Caurel, Côtes d'Armor	F 2460–557
Ballan-Miré	F 2707–560	Cavaillon, Vaucluse	F 4750–590
Bannes, Haute Marne	F 1840–545	Cavalaire-sur-Mer, Var	F 5215–594
Barbâtre, Ile de Noirmoutier	F 8045–629	Celles sur Plaine, Lorraine	F 3078–572
Barcelonnette, A.-d.-Hte-Prov.	F 4350–582	Cesseras, Hérault	F 7505–625
Barr, Bas-Rhin	F 3004–568	Chabeuil, Drôme	F 4552–585
Batz-sur-Mer, Loire Atlantique	F 2825–562	Chagny, Saône-et-Loire	F 3320–576
Bayas, Gironde	F 8655–638	Chalonnes s. Loire, Maine et Loire	F 2740–561
Beauvoir, Manche	F 2354–553	Châlons-en-Champagne, Marne	F 1540–544
Beg Meil bei Fouesnant, Finistère	F 2910–565	Chambon sur Lac, Puy Dôme	F 7242–619
Belfort	F 3120–573	Chamonix, Haute-Savoie	F 4110–579
Bellerive-sur-Allier, bei Vichy	F 7065–616	Champagnac la Noaille, Corrèze	F 7257–619
Belvès, Dordogne	F 7380–622/623	Champigny-sur-Marne, Paris-Ost	F 2020–546
Bendorf, Mulhouse/Haut-Rhin	F 3111–573	Champs Romain, Dordogne	F 7290–620
Bénodet, Finistère	F 2920–565	Chanaz, Savoie	F 4240–580
Bernières-sur-Mer, Calvados	F 2230–550	Charny, Baurgogne	F 1940–546
Bertangles, Somme	F 1240–542	Chartres, Eure-et-Loir	F 2304–552
Bessé sur Braye, Sarthe	F 2533–557	Château Arnoux, A.-de-Hte. Provence	F 4435–583
Biarritz, Pyrénées-Atlantiques	F 8930–644	Châteauneuf sur Isère, Drôme	F 4548–585
Bidart, Pyrénées-Atlantiques	F 8935–644	**Châtel-de-Neuvre, Allier**	**F 7055–616**
Biesheim, Haut-Rhin	F 3030–569	Châtelaillon-Plage, Ch.-Mar.	F 8310–634
Biguglia, Corse	F 9005–646	Châtellerault, Vienne	F 7152–618
Binic, Côtes d'Armor	F 2392–555	Châtillon-sur-Seine, Côte-d'Or	F 1830–544
Biron, Dordogne	F 7395–623	Cheverny, Loir et Cher	F 2670–559
Biscarrosse, Landes	F 8835–640	Cholet, Maine-et-Loire	F 2780–561
Biscarrosse-Plage, Landes	F 8830–640	Clairvaux les Lacs, Jura	F 3250–575
Bléré, Indre-et-Loire	F 2695–559	Claouey, Gironde	F 8680–639
Boiry Notre Dame, Pas-de-Calais	F 1213–542	Cloyes-sur-le-Loir, Eure-et-Loir	F 2530–557
Boisson, Allegre	F 4660–589	Coex, Vendée	F 8064–630
Bonifacio, Corse	F 9100–647	Cogolin, Var	F 5212–594
Bonlieu, Jura	F 3251–575	Colmar-Horbourg, Haut-Rhin	F 3040–569
Bonnac-la-Côte, Hte.-Vienne	F 7135–618	Combreux, Loiret	F 1937–546
Bonnal, Doubs	F 3140–573	Concarneau, Finistère	F 2900–565
Boofzheim, Bas-Rhin	F 3010–568	Contis-Plage, Landes	F 8855–640
Bormes-les-Mimosas, Var	F 5200–594	Corancy, Nièvre	F 7023–616
Bouloruis, Var	F 5307–598	Corcieux, Vosges	F 3047–570
Bourg-Achard, Eure	F 2155–548	Couhé, Vienne	F 7170–618
Bourg-en-Bresse, Ain	F 3370–577	Courtils, Manche	F 2352–552
Bourg-Madame, Pyrénées-Or.	**F 7724–627**	Coutures, Maine-et-Loire	F 2730–561
Bourg-St.-Maurice, Savoie	F 4155–579	Crest, Drôme	F 4554–585
Boussac-Bourg, Limousin	F 7120–617	Crevecoeur-en-Brie, Seine et M.	F 2010–546
Boyardville, Ile d'Oléron	F 8430–635	Croix-Valmer, Var	F 5220–594
Braize, Allier	F 7105–617	Crozon, Finistère	F 2990–567
Bray-Dunes, Nord	F 1010–536		
Bray sur Seine, Seine-et-Marne	F 2041–547	Dallet, Puy de Dôme	F 7222–618
Brétignolles-sur-Mer, Vendée	F 8080–631	Dambach la Ville, Bas-Rhin	F 3009–568
Brighton, Somme	F 1180–542	Dardilly, Rhône	F 3505–578
Brignogan Plage, Finistère	F 2453–556/557	Deauville b. St. Arnoult, Calvados	F 2185–549
Brives-Charensac, Haute-Loire	F 7312–620	Deyme, Haute-Garonne	F 7540–626
Bussang, Vosges	F 3119–573	Die, Drôme	F 4417–582
Buzancy, Ardennes	F 1435–543	Dienville, Aube	F 1750–544
Cadenet, Vaucluse	F 4774–590	Dijon, Côte d'Or	F 3210–574
Cagnes-sur-Mer, Alpes-Maritimes	F 5360–600/601	Dinard, Ille-et-Vilaine	F 2376–554
Calais, Pas-de-Calais	F 1080–540	Dol de Bretagne, Ille et Vilaine	F 2356–553
Calenzana, Corse	F 9135–648	Dôle, Jura	F 3225–574
Calvi, Corse	F 9140–648	Dolus, Ile d'Oléron	F 8420–635
Calviac	F 7339–621	Dompierre les Ormes, Saône-et-Loire	F 3450–578
Camaret-sur-Mer, Finistère	F 2995–568	Donville-les-Bains, Manche	F 2290–552
Camiers, Pas-de-Calais	F 1120–540	Doucier, Jura	F 3245–575
Camp Long-Agay, Var	F 5311–598	Douarnenez, Poullan-sur-Mer	F 2965–567
Cancale, Ille-et-Vilaine	F 2372–553/554	Doussard, Haute-Savoie	F 4225–580
Candé-s.-Beuvron, Loir-et-Cher	F 2678–559	Dunkerque, Nord	F 1015–540
Canet-en-Roussillon, Pyrénées-Or.	F 6225–614	Durtal, Maine-et-Loire	F 2585–558
Canet-Plage, Pyrénées-Or.	F 6230–614		
Cannes, Alpes Maritim	F 5345–600	Eguisheim, Haut-Rhin	F 3090–572
Cap Ferret, Gironde	F 8685–639	Embrun, Hautes-Alpes	F 4330–582
Capvern, Haute-Pyrénées	F 7840–627	**Entre-deux-Guiers, Isère**	**F 4255–581**
Carantec, Finistère	F 2440–556	Éperlecques, Pas-de-Calais	F 1075–540
Cargèse, Corse	F 9160–648	Equemauville, Calvados	F 2180–549
Carlepont, Oise	F 1275–542	Erdeven, Morbihan	F 2870–563
Carnac, Morbihan	F 2865–563	Erquy, Côtes d'Armor	F 2385–554/555
Carsac, Dordogne	F 7374–622	Err, Pyrénées-Orientales	F 7722–627
Castellane, A.-de-Hte.-Provence	F 4450–583	Escalles, Pas-de-Calais	F 1090–540
		Espira de Conflent, Pyrénées-Or.	F 7705–626

Estavar, Pyrénées-Orientales	F 7725–627
Etables-sur-Mer, Côtes d'Armor	F 2394–555
Etaples, Pas-de-Calais	F 1125–540
Eygalières, Bouches-du-Rhône	F 4780–590
Excenevex, Haute-Savoie	F 4019–578
Eze, Alpes Maritimes	F 5390–601
Fécamp, Seine Maritime	F 2120–548
Feuilleres, Somme	F 1219–542
Fiquefleur Equainville, Calvados	F 2182–549
Flagnac, Aveyron	F 7442–624
Font-Romeu, Pyrenees-Orientale	F 7727–627
Forcalquier, A.-de-Hte.-Prov.	F 4437–583
Fouesnant, Finistère	F 2907–565
Fouras, Charente-Maritime	F 8320–634
Francardo, Corse	**F 9200–648**
Fréjus, Var	F 5300–597/598
Frontignan-Plage, Hérault	F 6095–604
Gallargues-le-Montueux, Gard	F 6054–602
Gamaches, Somme	F 2101–548
Gap, Hautes-Alpes	F 4405–582
Gassin, Var	F 5230–596
Gastes, Landes	F 8840–640
Gaugeac, Dordogne	F 7393–623
Gérardmer, Vosges	F 3076–572
Genets, Manche	F 2287–551
Gennes, Maine-et-Loire	F 2728–561
Ghisonaccia, Corse	F 9040–646
Gien, Loiret	F 2615–558
Giens, Var	F 5165–592/593
Gigny sur Saône, Saône-et-Loire	F 3322–576
Gonneville-en-Auge, Calvados	F 2205–549
Goudargues, Gard	F 4593–585
Goudet, Haute-Loire	F 7308–620
Grand Fort Philippe, Nord	F 1020–540
Grau-de-Vendres, Hérault	F 6170–612
Grez-sur-Loing, Seine-et-Marne	F 2045–547
Groisy, Haute-Savoie	F 4218–580
Groléjac, Dordogne	F 7375–622
Guerande, Loire Atlantique	F 2830–562
Guewenheim, Haut-Rhin	F 3108–572
Guignicourt, Aisne	F 1400–543
Guines, Pas-de-Calais	F 1070–540
Hautecourt Romanèche, Ain	F 3360–576/577
Hendaye-Plage, Pyrénées-Atl.	F 8950–646
Herpelmont, Vosges	F 3046–570
Houlgate, Calvados	F 2197–549
Hourtin, Gironde	F 8640–638
Hourtin-Plage, Gironde	F 8635–638
Huanne Montmartin, Doubs	F 3145–573
Hyères-Giens, Var	F 5175–593
Hyères-Ayguade, Var	F 5180–593
Ingrandes-sur Vienne, Vienne	F 7150–618
Isigny-sur-Mer, Calvados	F 2246–550
Isle et Bardais, Allier	F 7101–617
Ispagnac, Lozère	F 7457–624
Isques, Pas-de-Calais	F 1110–540
Jard-sur-Mer, Vendée	F 8095–632
Jargeau, Loiret	F 2625–558
Jaunay Clan, Vienne	F 7155–618
Joyeuse, Ardèche	F 4632–587
Junas, Gard	F 6053–602
Kaysersberg, Haut-Rhin	F 3045–570
Kerderff bei Larmor-Plage, Lorient	F 2873–564
L'Aiguillon-sur-Mer, Vendée	F 8115–633
L'Isle sur La Sorgue, Vaucluse	F 4735–590
L'Oumeau, Charante-Marente	F 8124–633
La Baule, Loire Atlantique	F 2820–561
La Bernerie en Retz, Loire Atlantique	F 8023–629
La Chapelle Aubareil, Dordogne	F 7347–621
La Chapelle aux Filtzmeens	F 2370–553
La Chartre sur le Loir, Sarthe	F 2540–558
La Clusaz, Haute-Savoie	F 4135–579
La Colle-sur-Loup, Alpes-Maritimes	F 5365–601
La Couarde, Ile de Ré	F 8230–633
La Coucourde-Derbieres, Drôme	F 4560–585
La Couronne, Bouches-du-Rhône	F 4870–591
La Crau, Var	F 5155–592
La Forêt-Fouesnant, Finistère	F 2905–565
La Gueriniere, Ile de Noirmoutier	F 8046–629
La Haye du Puits, Manche	F 2269–551
La Londe-les-Maures, Var	F 5190–594
La Roque d'Anthéron, B.-du-Rhône	F 4772–590
La Roque Gageac, Dordogne	F 7349–621
La Tranche-sur-Mer, Vendée	F 8110–632/633
La Turballe, Loire Atlantique	F 2835–562
Labenne-Océan, Landes	F 8910–643/644
Labergement St. Marie, Doubs	F 3180–573
Lacanau, Gironde	F 8660–638
Lacanau-Océan, Gironde	F 8665–638
Lancieux, Côtes d'Armor	F 2381–554
Landéda, Finistère	F 2455–557
Landudec, Finistère	F 2955–566
Langogne, Languedoc	F 7307–620
Langres, Haute Marne	F 1835–545
Lannion, Côtes d'Armor	F 2418–556
Largentière, Ardèche	F 4628–586
Laroque des Alberes, Pyrénées-Or.	F 6275–616
Laruscade, Gironde	F 8653–638
Lathuille, Haute-Savoie	F 4220–580
Lattes, Hérault	F 6085–604
Lays sur le Doubs, Jura	F 3233–574
Le Barcarès, Pyrénées-Or.	F 6210–612/613
Le Bois-Plage, Ile de Ré	F 8220–633
Le Bourget-du-Lac, Savoi	F 4245–581
Le Brèvedent bei Pont-l'Evêque	F 2170–549
Le Bugue, Dordogne	F 7352–622
Le Cannet, Alpes-Maritimes	F 5340–600
Le Chambon sur Lignon, Haute Loire	F 4600–586
Le Château-d'Oléron, Ile d'O.	F 8410–634
Le Chesne, Ardennes	F 1430–543
Le Coux et Bigaroque, Dordogne	F 7353–622
Le Croisic, Loire Atlantique	F 2832–562
Le Faouët, Morbihan	F 2895–565
Le Fouilloux, Charente-Maritime	F 8570–637
Le Grau-du-Roi, Gard	F 6071–603
Le Guilvinec, Finistère	F 2935–566
Le Hohwald, Bas-Rhin	F 3005–568
Le Mont St.-Michel, Manche	F 2350–552
Le Muy, Var	F 5270–597
Le Pontet, Vaucluse	F 4725–590
Le Pouldu bei Lorient	F 2874–564
Le Rozel, Manche	F 2264–550
Le Touquet, Pas-de-Calais	F 1130–540
Le Tréport, Seine Maritime	F 2100–548
Le Verdon-sur-Mer, Gironde	F 8610–637
Le Vigan, Lot	F 7408–623
Le Vigan, Gard	F 6040–602
Lectoure, Gers	F 7600–626
Lempdes, Haute-Loire	F 7230–618
Léon, Landes	F 8880–642
Lépin-le-Lac, Savoie	F 4250–581
Les Adrets-de-l' Estere, Var	F 5337–600
Les Aires, Hérault	F 7490–625
Les Issambres, Var	F 5250–596
Les Mathes, Char.-Mar.	F 8510–636
Les Ollières sur Eyrieux, Ardèche	F 4610–586
Les Pieux, Manche	F 2265–551
Les Portes en Ré, Ile de Ré	F 8270–634
Les Sables d'Olonne, Vendée	F 8085–632
Les Salles-sur-Verdon, Var	**F 4478–584**
Lescar, Pau/Pyrénées-Atl.	F 7870–628
Lesconil, Finistère	F 2923–565/566
Leucate-Plage, Aude	F 6195–612
Lézignan-Corbières, Aude	F 7510–625

Location	Code
L'Isle sur La Sorgue, Vaucluse	F 4735–590
Liepvre, Haut-Rhin	F 3007–568
Linxe, Landes	F 8893–643
Lit-et-Mixe, Landes	F 8860–641
Locunolé bei Arzano, Finistère	F 2953–566
Longeville-sur-Mer, Vendée	F 8100–632
Lons-le-Saunier, Jura	F 3240–574
Lorris, Loiret	F 1935–546
Loubeyrat, Puy-de-Dôme	F 7075–617
Loupian, Herault	F 6114–604
Lourdes, Hautes-Pyrénées	F 7853–628
Luché Pringé, Sarthe	F 2570–558
Lumio, Calvi/Corse	F 9125–648
Lunel, Hérault	F 6058–602
Lus-la-Croix-Haute, Drôme	F 4415–582
Luttenbach, Haut-Rhin	F 3070–571
Mâcon, Saône-et-Loire	F 3330–576
Maisod, Jura	F 3254–576
Maisons-Laffitte, Paris	F 2090–547
Malbuisson, Doubs	F 3165–573
Mallemort, Bouches-du-Rhône	F 4765–590
Mandelieu, Alpes-Maritimes	F 5330–599
Marcenay, Côte-d'Or	F 1832–544/545
Marcillac-la-Croisille, Corrèze	F 7258–619
Marçon, Sarthe	F 2545–558
Marigny, Lac de Chalain/Jura	F 3246–575
Marnay, Haute-Saone	F 3215–574
Marseillan-Plage, Hérault	F 6120–605/606
Martigues, Bouches-du-Rhone	F 4865–591
Martragny, Calvados	F 2235–550
Massignieu de Rives, Savoie	F 4242–580
Maubeuge, Nord	F 1412–543
Maupertus-sur-Mer, Manche	F 2250–550
Mauriac, Courrèze	F 7259–619
Maussanne les Apilles, B.-du-Rh.	F 4820–591
Melun, Seine-et-Marne	F 2030–547
Meolans de Barcelonette, Hte.-Prov.	F 4348–582
Merdrignac, Cotes d'Armor	F 2470–557
Mesland, Loir-et-Cher	F 2685–559
Messanges, Lande	F 8887–642
Messery, Haute-Savoie	F 4018–578
Metz, Moselle	F 1520–543
Meursault, Côte d'Or	F 3315–576
Meyras, Ardèche	F 7300–620
Meyrueis, Lozere	F 7458–624
Mèze, Hérault	F 6115–604
Millau, Aveyron	F 7460–624/625
Mimizan-Plage, Landes	F 8850–640
Mirabel et Blancons, Drôme	F 4555–585
Moliets-Plage, Landes	F 8885–642
Monnerville, Essonne	F 2060–547
Montargis, Loiret	F 1930–546
Montbazon, Touraine	F 2708–560
Montblanc, Hérault	F 6117–605
Montigny le Roi, Haute Marne	F 1850–545
Montigny sur Loing	F 2043–547
Montpeyroux, Aveyron	F 7439–623
Montsoreau, Maine-et-Loire	F 2724–560
Morhange, Moselle	F 1620–544
Moosch, Mulhouse/Haut-Rhin	F 3115–573
Mostuejouls-Peyreleau, Aveyron	F 7455–624
Mouriès, Bouches-du-Rhône	F 4830–591
Mousseaux sur Seine, Yvelines	F 2098–548
Moustiers s. Marie, A.-de-Hte. Prov.	F 4439–583
Moyaux, Calvados	F 2163–548/549
Moyenmoitier	F 3080–572
Muides-sur-Loire, Lor-et-Cher	F 2655–558
Mulhouse, Haut-Rhin	F 3110–572
Munster, Haut-Rhin	F 3065–570
Murol, Lac Chambon, P.d.D.	F 7240–619
Nages, Tarn	F 7480–625
Nant, Aveyron	F 7465–625
Nantes, Loire Atlantique	F 2775–561
Narbonne-Plage, Aude	F 6180–612
Nébouzat, Puy de Dôme	F 7238–619
Nesles-la-Vallée, Val-d'Oise	F 2095–547
Neuf-Brisach, Haut-Rhin	F 3035–569
Neuvic, Correze	F 7250–619
Neuville-sur-Sarthe, Le Mans	F 2310–552
Névez, Finistère	F 2885–564
Nimes, Gard	F 6025–602
Noirmoutier, Vendée	F 8047–629
Nonette, Puy de Dôme	F 7233–619
Oberbronn, Bas Rhin	F 1605–544
Obernai, Bas Rhin	F 3003–568
Olivet, Loiret	F 2630–558
Olmeto-Plage, Corse	F 9175–648
Olonne-sur-Mer, Vendée	F 8083–632
Onzain, Loir-et-Cher	**F 2683–559**
Ornans, Doubs	F 3155–573
Orvillers-Sorel, Oise	F 1270–542
Ouistreham, Calvados	F 2210–549
Ounans, Jura	F 3228–574
Palasca, Belgodère/Corse	F 9115–648
Palavas-les-Flots, Hérault	F 6090–604
Palinges, Sâone-et-Loire	F 3410–578
Parcey, Dôle/Jura	F 3230–574
Paris, Paris-West	F 2085–547
Parthenay, Deux-Sevres	F 7190–618
Passy, Haute-Savoie	F 4123–579
Patornay, Jura	F 3248–575
Peisey-Nancroix, Savoie	F 4160–579
Pelussin, Rhône	F 4530–584
Pénestin-sur-Mer, Morbihan	F 2845–562
Pennautier, Aude	F 7525–626
Pentrez-Plage, Finistère	F 2980–567
Péronne, Somme	F 1220–542
Perros-Guirec, Côtes d'Armor	F 2400–555
Peynier, Bouches-du-Rhône	F 5005–591
Pézenas, Hérault	F 6116–605
Pierfitte s. Sauldre, Loir-et-Cher	F 2673–559
Piriac-sur-Mer, Loire Atlantique	F 2840–562
Plessis-Feu-Aussous, Seine et Marne	F 2005–546
Pleubian, Côtes d'Armor	F 2399–555
Plobannalec, Lesconil/Finistère	F 2925–566
Plombières Les Bains, Haut-Rhin	F 3058–570
Plomeur, Finistère	F 2930–566
Plomodiern, Finistère	**F 2975–567**
Plonévez-Porzay, Finistère	F 2970–567
Plougasnou, Finistère	F 2435–556
Plouha, Côtes d'Armor	F 2397–555
Plozévet, Finistère	F 2958–566
Poix de Picardie, Somme	F 1260–542
Pommeuse, Seine et Marne	F 2007–546
Pont Audemer, Calvados	F 2160–548
Pont d'Hérault, Gard	F 6035–602
Pont Ste. Marie, Aube	F 1760–544
Pontaubault, Manche	F 2349–552
Pornic, Loire-Atlantique	F 8020–629
Pont de Poitte, Jura	F 3247–575
Port Grimaud, Var	F 5235–596
Portiragnes, Hérault	F 6155–610
Porto, Corse	F 9155–648
Porto Vecchio, Corse	F 9060–647
Poussan, Hérault	F 6100–604
Pradons, Ardèche	F 4637–587
Pralognan la Vanoise, Savoie	F 4180–579
Preixan, Aude	F 7732–627
Prelles-Briançon, Hautes-Alpes	F 4325–581
Privas, Ardèche	F 4615–586
Prunieres, Hautes-Alpes	F 4340–582
Puget-sur-Argens, Var	F 5280–597
Puimichel, Alpes-de-Hte. Prov.	F 4438–583
Pyla-sur-Mer, Gironde	F 8820–639
Quiberon, Morbihan	F 2868–563
Quimper, Finistère	F 2950–566

Ramatuelle, Var	F 5225–596
Rambouillet, Yvelines	F 2070–547
Rauzan, Gironde	F 8720–639
Ravenoville-Plage, Manche	F 2247–550
Recoubeau-Jansac, Drôme	F 4418–582
Regusse, Var	F 4470–584
Remoulins, Pont-du-Gard	F 6010–601
Rennes sur Loue, Doubs	F 3190–573
Ressons-le-Long, Aisne	F 1285–542
Ria-Sirach, bei Prades/Pyrénées-Or.	F 7710–626
Ribeauville, Haut-Rhin	F 3020–568
Rillé, Indre-et-Loire	F 2717–560
Rivière-sur-Tarn, Aveyron	F 7450–624
Rochefort-sur-Nenon, Jura	F 3220–574
Rochetaillee b. Brg. d'Oisang, Isère	F 4280–581
Rodez, Aveyron	F 7440–624
Ronce-les-Bains, Char.-Mar.	F 8500–636
Roquelaure, Gers	F 7630–626
Rosières, Ardèche	F 4630–586/587
Royan, Charente-Maritime	F 8540–636
Royat, Puy de Dôme	F 7225–618
Ruoms, Ardèche	F 4638–587
Saint Avit, Drôme	F 4542–584
Saint-Bonnet-Tronsais, Allier	F 7103–617
Saint Chéron, Essone	F 2065–547
Saint Jorioz, Haute-Savoie	F 4215–580
Saint-Julien Molin Molette Loire	F 4535–584
Saint-Just-Luzac, Char.-Mar.	F 8480–635
Saint Marcel, Saône-et-Loire	F 3321–576
Saint Martin la Chambre, Savoie	F 4190–579
Saint Pardoux, Haute-Vienne	F 7131–618
Saint Paul de Varax, Ain	F 3372–577
Saint Pierre, Bas-Rhin	F 3008–568
Saint-Pierre-d'Albigny, Savoie	F 4195–579
Saint-Pons-les-Mûres, Var	F 5240–596
Saint-Rémy de Provence, B.-du-Rh.	F 4815–591
Saint Theoffrey, Isère	F 4270–581
Saint-Vaast la Hougue, Manche	F 2248–550
Sainte Lucie de Porto Vecchio	F 9055–646
Sainte-Sigolène, Haute-Loire	F 7316–620
Saintes Maries-de-la-Mer, B.-d.-Rh.	F 6062–603
Saillagouse, Pyrénées-Orientales	F 7720–626
Salavas, Ardèche	F 4643–588/589
Salles-Curan, Aveyron	F 7443–624
Salles bei Montflanquin, Dordogne	F 7398–623
Salses, Pyrénées-Orientales	F 6205–612
Sampzon, Ardèche	F 4639–587
Sanary-sur-Mer, Var	F 5140–591/592
Sanguinet, Landes	F 8825–640
San Nicolao, Corse	F 9025–646
Sarlat-la-Canéda, Dordogne	F 7365–622
Sarrancolin, Hautes Pyrenées	F 7850–628
Saumur, Maine-et-Loire	F 2725–560/561
Sauveterre la Lémance, L.-e. Gar	F 7396–623
Savigny en Veron, Anjou	F 2720–560
Sazeret-Montmarault, Allier	F 7070–617
Sedan, Ardennes	F 1420–543
Sées, Normandie	F 2306–552
Seignosse, Landes	F 8895–643
Seissan, Gers	**F 7650–626**
Sénergues par Conques, Aveyron	F 7441–624
Seraucourt-Le-Grand, Aisne	F 1375–543
Sérignan-Plage, Hérault	F 6160–610
Serres, Hautes-Alpes	F 4425–582
Severier, Haute-Savoie	F 4212–579
Sezanne-le Meix, St. Epoing, Marne	F 1680–544
Signy-le-Petit, Ardennes	F 1410–543
Six-Fours-les-Plages, Var	F 5145–592
Socoa-Urrugne, Hendaye	F 8955–646
Soulaines-Dhyus, Aube	F 1740–544
Sommedieue, Meuse	F 1528–544
Sospel, Alpes-Maritimes	F 5398–601
Soubes, Hérault	F 7495–625
Soulac-sur-Mer, Gironde	**F 8615–637/638**
Soustons, Landes	F 8890–643
St. Alban-Auriolles bei Ruoms	F 4634–587
St. Ambroix/Cèze, Gard	F 4655–589
St. André de Cubzac, Gironde	F 8650–638
St. Antoine d'Auberoche, Dordogne	F 7275–620
St. Antonin-Noble-Val	F 7425–623
St. Aubin-sur-Mer, Calvados	F 2229–550
St. Aubin-sur-Mer, Seine-Maritime	F 2110–548
St. Avertin bei Tours, Indre-et-Loire	F 2705–559
St. Aygulf, Var	F 5255–596/597
St. Brévin-les-Pins, Loire-Atl.	F 8005–629
St. Brieuc, Côtes d'Armor	F 2388–555
St. Cast-le-Guildo, Côtes d'Armor	F 2382–554
St. Claude, Jura	F 3255–576
St. Clement des Baleines, Ile de Rè	F 8245–634
St. Coulomb, Ille-et-Vilaine	F 2371–553
St. Cyprien-Plage, Pyrénées-Or.	F 6235–614
St. Efflam bei Plestin-les-Grèves	F 2425–556
St. Florent, Corse	F 9110–647/648
St. Flour, Cantal	F 7320–620/621
St. Geniès, Dordogne	F 7368–622
St. George de la Rivière, Manche	F 2267–551
St. Georges-de-Didonne, Ch.-Mar.	F 8550–636
St. Georges d'Oléron, Ch.-Mar.	F 8460–635
St. Georges-L.-Baillargeaux, Vienne	F 7153–618
St. Germain-sur-Ay, Manche	F 2270–551
St. Girons-Plage, Landes	F 8870–641
St. Hilaire-de-Riez, Vendée	F 8065–630/631
St. Jean de Bournay, Isère	F 4523–584
St. Jean-de-Couz, Savoie	F 4253–581
St. Jean-de-la-Ruelle, Orléans	F 2640–558
St. Jean-de-Luz, Pyr.-Atlant.	F 8940–645/646
St. Jean-de-Monts, Vendée	F 8060–630
St. Jean du Gard	F 4665–589
St. Jean-Pied-de Port, Pyr.-Atl.	F 7875–628
St. Jory de Chalais, Dordogne	F 7291–620
St. Jouan des Guerets, Ille-et-Vilaine	F 2375–554
St. Julien-des-Landes, Vendée	F 8075–631
St. Julien-la-Nef, Gard	F 6033–602
St. Julien du Verdon, A.-d.-Hte.-Prov.	F 4445–583
St. Laurent-en-Grandvaux, Jura	F 3252–576
St. Léon-sur-Vézère, Dordogne	F 7348–621
St. Leu D'Esserent, Oise	F 1295–543
St. Lö d'Ourville bei Portbail	F 2266–551
St. Lunaire, Ille-et-Vilaine	F 2378–554
St. Martin-de-Bréhal, Manche	F 2280–551
St. Martin de Seignanx, Landes	F 8917–644
St. Martin en Campagne, S. M.	F 2103–548
St. Maurice-sur-Moselle, Vosges	F 3118–573
St. Michel-Chef-Chef, Loire-A.	F 8010–629
St. Michel-en-Grève, Côtes d'Armor	F 2420–556
St. Nectaire, Puy-de-Dôme	F 7236–619
St. Ours, Puy-de-Dôme	F 7080–617
St. Pair-sur-Mer, Manche	F 2285–551
St. Palais-sur-Mer, Char.-Mar.	F 8520–636
St. Paulet-de-Caisson, Gard	F 4594–585
St. Péreuse en Morvan, Nièvre	F 7025–616
St. Pierre d'Oléron	F 8445–635
St. Pierre Lafeuille, Lot	F 7410–623
St. Quay Portrieux, Côtes d'Armor	F 2396–555
St. Quentin-la-Poterie, Gard	F 6020–601
St. Sauveur de Montagut, Ardèche	F 4608–586
St. Valery-sur-Somme, Somme	F 1170–542
Ste. Catherine de-Fierbois	F 2712–560
Ste-Croix-en-plaine, Haut-Rhin	F 3095–572
Ste. Marie aux Mines, Haut-Rhin	F 3050–570
Ste. Marie-de-Ré, Ile de Ré	F 8210–633
Ste. Marie-La Mer-Plage, Pyr.-Or.	F 6220–613
Ste. Reine Pontchâteau, Loire Atl.	F 2810–561
Suèvres, Loir-et-Cher	F 2650–558
Taden bei Dinan, Côtes d'Armor	F 2373–554
Talloires, Haute-Savoie	F 4227–580

Talmont-St.-Hilaire, Vendée	F 8090–632
Tarascon, Ariège	F 7755–627
Tardets, Pau	F 7873–628
Taupont, Morbihan	F 2340–552
Telgruc-sur-Mer, Finistère	F 2985–567
Theys bei Goncelin, Isère	F 4258–581
Thiviers, Dordogne	F 7285–620
Thoissey, Ain	F 3380–578
Thonon les Bains, Haute-Savoie	F 4021–578
Thury Harcourt, Calvados	F 2227–549
Torcy, Paris	F 2015–546
Torreilles-Plage, Pyrénées-Or.	F 6215–613
Toulouse, Haute-Garonne	F 7550–626
Tournehem, Pas-de-Calais	F 1055–540
Tourtoirac, Dordogne	F 7270–620
Trébeurden, Côtes d'Armor	**F 2415–556**
Trebons, Haute-Pyrénées	F 7845–628
Tréflez, Finistère	F 2450–556
Trégunc, Finistère	F 2875–564
Trogues, Indre et Loire	F 2715–560
Turckheim, Haut-Rhin	F 3042–569
Tursac-les-Eyzies, Dordogne	F 7350–622
Vaison la Romaine, Vaucluse	F 4710–589
Valence, Drôme	F 4550–585
Vallabregues, Gard	F 6051–602
Vallon-Pont-d'Arc, Ardèche	F 4640–587/588
Valras-Plage, Hérault	F 6165–610/612
Vandenesse en Auxios, Côte d'Or	F 7010–616
Vannes-Meucon, Morbihan	F 2871–563
Varennes-sur-Allier, Allier	F 7060–616
Varennes-sur-Loire, Maine-et-Loire	F 2723–560
Vayrac, Lot	F 7345–621
Vedene, Vaucluse	F 4720–590
Velles, Indre	F 7115–617
Vence, Alpes-Maritimes	F 5385–601
Vendome, Loir-et-Cher	F 2535–557
Verdun, Meuse	F 1530–544
Vermenton	F 1920–545
Vernet les Bains, Pyrénées-Orientale	F 7712–626
Verneuil sur Seine, Yvelines	F 2097–548
Vernioz, Isère	F 4528–584
Vers, Pont-du-Gard	F 6012–601
Versailles, Paris	F 2080–547
Veules les Roses, S. Maritime	F 2106–548
Vias-Plage, Hérault	F 6130–608
Vic La Gardiole, Hérault	F 6093–604
Vic-sur-Cère, Cantal	F 7325–621
Vielle-St.-Girons, Landes	F 8875–641/642
Vierville-sur-Mer, Calvados	F 2245–550
Vignoles, Côte d'Or	F 3310–576
Villard de Lans, Isère	F 4266–581
Villars-Colmars, A.-de-Hte.-Provence	F 4355–582
Villars-les-Dombes, Ain	F 3373–578
Villegly-En-Minervois, Aude	F 7515–625
Villeneuve-de-Berg, Ardèche	F 4620–586
Villeneuve de la Raho, Pyr.-Orient.	F 6233–614
Villeneuve Lez Avignon, Gard	F 4731–590
Villeneuve les Genets, Yonne	F 1927–546
Villeneuve-Loubet-Plage, Alpes-Maritim	F 5355–600
Villers-Hélon, Aisne	F 1360–543
Villers-les-Nancy	F 1630–544
Villiers le Morhier, Eure-et-Loir	F 2300–552
Vineuil, Blois/Loir-et-Cher	F 2660–558/559
Volonne, Alpes-de-Hautes-Prov.	F 4430–582/583
Volvic, Puy-de-Dôme	F 7078–617
Vouvray, Indre-et-Loire	F 2700–559
Warlincourt les Pas, Pas-de-Calais	F 1218–542
Wattwiller, Haut-Rhin	F 3100–572
Wihr-au-Val	F 3063–570
Xonrupt-Longemer, Vosges	F 3075–571
Zuydcoote	F 1012–536

FIN – FINNLAND

Campingplätze	ab Seite 649
Reiseinformationen	Seite 649
Übersichtskarte	Seite 649

Espoo, Südfinnland	FIN 1170–650
Hanko, Südfinnland	FIN 1150–650
Hartola, Südfinnland	**FIN 2200–651**
Helsinki, Südfinnland	FIN 1180–650
Iisalmi, Ostfinnland	FIN 3750–654
Imatra, Südfinnland	FIN 3230–653
Inari, Lappland	FIN 5550–655
Ivalo, Lappland	FIN 5500–655
Joensuu, Ostfinnland	FIN 3500–653
Jyväskylä, Westfinnland	FIN 2450–651
Kämmenniemi, Westfinnland	FIN 1430–650
Kalajoki, Oulu Region	FIN 4090–654
Keuruu, Westfinnland	FIN 2470–651
Koli, Ostfinnland	FIN 3550–653
Kouvola, Südfinnland	FIN 3100–652
Kristiinankaupunki, Westfinnl.	FIN 2497–652
Kuopio, Ostfinnland	FIN 3700–653
Lahti, Südfinnland	FIN 2100–651
Lappeenranta, Südfinnland	FIN 3200–652
Manamansalo, Oulu Region	FIN 4130–654
Mariehamn, Insel Åland	FIN 1030–649
Merikarvia, Westfinnl.	FIN 2495–652
Mikkeli, Ostfinnland	FIN 2300–651
Naantali, Westfinnland	FIN 1040–650
Nurmes, Ostfinnland	FIN 3780–654
Olhava, Oulu Region	FIN 4200–654
Onkamo, Ostfinnland	FIN 3480–653
Oulu, Oulu Region	FIN 4150–654
Pori, Westfinnland	FIN 1500–650
Porvoo, Südfinnland	FIN 3000–652
Punkaharju, Ostfinnland	FIN 3455–653
Puolanka, Oulu Region	FIN 4470–654
Putikko-Punkaharju, Ostfinnland	FIN 3450–653
Puumala, Ostfinnland	**FIN 3300–653**
Ranua, Lappland	FIN 4250–654
Rauma, Westfinnland	FIN 1600–651
Riihimäki, Südfinnland	FIN 1190–650
Riistavesi, Ostfinnland	FIN 3640–653
Rovaniemi, Lappland	FIN 4800–655
Ruovesi, Westfinnland	FIN 2480–651
Saarijärvi, Westfinnland	FIN 2500–652
Savonlinna, Ostfinnland	FIN 3420–653
Sodankylä, Lappland	FIN 4950–655
Suolahti, Westfinnland	FIN 2520–652
Suomussalmi-Ämmänsaari, Oulu	FIN 4500–654
Suur-Saimaa, Südfinnland	FIN 3220–652
Tampere, Westfinnland	FIN 1400–650
Tiainen, Lappland	FIN 4850–655
Tornio, Lappland	FIN 4300–654
Turku, Westfinnland	FIN 1050–650
Uro b. Luumäki, Südfinnland	FIN 3150–652
Uusikaupunki, Westfinnland	FIN 1690–651
Vaasa, Westfinnland	FIN 2600–652
Valkeakoski, Westfinnland	FIN 1350–650
Varkaus, Ostfinnland	FIN 3600–653
Virrat, Westfinnland	FIN 2490–651

DCC – DEIN PARTNER!

FL – LIECHTENSTEIN

Campingplätze	Seite 655
Reiseinformationen	Seite 420
Übersichtskarte	Seite 421

Triesen bei Vaduz	FL 3000–655

GB – GROSSBRITANNIEN u. NORDIRLAND

Campingplätze	ab Seite 656
Reiseinformationen	Seite 655/656
Übersichtskarte	Seite 657

Abbey Wood, Greater London	GB 1150–658
Aberaeron, Mid Wales	GB 2610–664
Aboyne, Grampian	GB 4130–667
Arnisort Isle of Skye	GB 4693–669
Bala, Gwynedd Snowdonia	GB 2730–665
Balloch, Strathclyde	GB 4450–668
Ballycastle, Nord-Irland	GB 5210–678
Balmacara, Highland	GB 4670–669
Bamburgh, Northumberl.	GB 3730–667
Barmouth, Gwyneed	GB 2660–665
Barnstaple, Devon	GB 1860–662
Bath, Avon	GB 1980–663
Bellingham, Northumberland	GB 3600–666
Bembridge, Isle of Wight	GB 1508–660
Bettyhill, Sutherland	GB 4840–670
Birchington-on-Sea, Kent	GB 1010–656
Bishopsteignton, Devon	GB 1600–661
Blackpool, Lancashire	GB 2850–665
Blair Atholl, Tayside	GB 4120–667
Brecon, Powys, Wales	GB 2500–664
Bridgewater, Somerset	GB 1895–662
Brighton, East Sussex	GB 1445–659
Bude, Cornwall	GB 1852–662
Burton Bradstock, Dorset	GB 1580–660
Canterbury, Kent	GB 1040–656
Capel-le-Ferne, Folkestone	GB 1060–656
Carbost-Glenbr. Isle of Skye	GB 4685–669
Castle Douglas, Dumfries	GB 3400–666
Cawston, Norwich-Norfolk	GB 1290–659
Charmouth, Dorset	GB 1590–660
Cheddar, Somerset	GB 1950–662
Chertsey bei London	GB 1190–658
Chester, Cheshire	GB 2785–665
Chingford-London, Greater London	GB 1202–658
Comberton, Cambridge	GB 1214–659
Conwy, North Wales	GB 2800–665
Corpach, Highland	GB 4620–668/669
Crews Hill, Greater London	GB 1165–658
Crocketford, Dumfries	GB 3420–666
Culzean, Strathelyde	GB 4410–668
Dartmouth, Devon	GB 1610–661
Densole bei Folkestone	GB 1065–656
Dornoch, Highland	GB 4340–668
Dunkeld, Perthshire	GB 3980–667
Durness, Sutherland	GB 4860–670
Ecclefechan, Dumpf. & Gall.	GB 3350–666
Edmonton, Greater London	GB 1204–658
Embo, Highland	GB 4350–668
Exeter, Devon	GB 1595–660
Fishguard, Dyfed	GB 2552–664
Fishguard, Pembrokeshire	GB 2550–664
Folkestone, Kent	GB 1070–656/658
Fort Augustus, Highland	GB 4640–669
Fort William, Highland	GB 4615–668
Freshwater, Isle of Wight	GB 1530–660
Gairloch, Highland	GB 4740–669
Glencoe, Highland	GB 4600–668
Gorran Haven, Cornwall	GB 1665–661
Grantown on Spey, Grampian	GB 4210–668
Gretna, Dumfr. and Gallow.	GB 3300–666
Guardbridge-St. Andrews, Fife	GB 3965–667
Gwinear, Hayle/Cornwall	GB 1760–662
Hamble, Hants	GB 1480–660
Harrogate-Follifoot, N. Yorks.	GB 2340–663
Hastings, East Sussex	GB 1120–658
Hawick-Hornshole Bridge	GB 3700–666/667
Hayle, Cornwall	GB 1750–662
Helmsley, North Yorkshire	GB 2385–664
Helston, Penzance	GB 1680–662
Hoddesdon, Hertfordshire	GB 1205–659
Holton Heath, Dorset	GB 1550–660
Hunstanton, Norfolk	GB 1330–659
Huntington, Cambridge	GB 1216–659
Inveraray, Strathclyde	GB 4500–668
Invermoriston, Highland	GB 4650–669
Inverness, Highland	GB 4280–668
Ipswich, Suffolk	GB 1230–659
John o'Groats, Caithness	GB 4810–669
Kenmore, Tayside	GB 3990–667
Keswick, Cumbria	GB 3040–665
Kirkcudbright, Dumfr. and Gallow.	GB 3440–666
Lacock-Chippenham, Wiltshire	GB 1985–663
Landrake, Cornwall	GB 1645–661
Leiston, Suffolk	GB 1260–659
Levenhall bei Musselb., Loth.	GB 3802–667
Lincoln, Lincolnshire	GB 2240–663
Lisna Fermanagh, Nord-Irland	GB 5500–670
Little Billing, Northampton	GB 2035–663
Llandovery, Wales	GB 2505–664
Llangadog, Dyfed	GB 2510–664
Llanon, Aberystwyth Dyfed	GB 2620–665
London, O.T. Stratford	GB 1160–658
London, O.T. Crystal Palace	GB 1170–658
Looe, Cornwall	GB 1650–661
Lossiemouth, Grampian	GB 4265–668
Martin Mill, Dover/Kent	GB 1050–656
Matlock-Tansley, Derbyshire	GB 2205–663
Moffat, Dumfr. and Gallow.	GB 3640–666
Newbridge, Isle of Wight	GB 1528–660
Newquay, Cornwall	GB 1770–662
North Berwick, East Lothian	GB 3780–667
Ormside bei Appleby/Cumbria	GB 3010–665
Oswaldkirk, North Yorkshire	GB 2380–664
Otterburn, Northumberland	GB 3605–666
Oxford, Oxfordshire	GB 2010–663
Parton, Dumfr. and Gallow.	GB 3430–666
Penrith, Cumbria	GB 3090–666
Pentewan b. St. Austell	GB 1660–661
Pevensay Bay, East Sussex	GB 1125–658
Pitlochry, Perthshire	GB 4117–667
Poley Bridge, Cumbria	GB 3020–665
Poolewe, Highland	GB 4745–669
Porthcawl, Glamorgan	GB 2520–664
Portrush, Nord-Irland	GB 5250–670
Riseley b. Reading, Berkshire	GB 1195–658
Salcombe, Devon	GB 1620–661
Salisbury, Wiltshire	GB 1535–660
Sandown, Isle of Wight	GB 1512–660
Scourie, Sutherland	GB 4870–670

Sea Palling, Norfolk	GB 1280–659
Shanklin, Isle of Wight	GB 1516–660
Spalding, South Lincolnshire	GB 1300–659
St. Bees, Cumbria	GB 3050–666
St. Buryan, Penzance	GB 1690–662
Stansted bei Wrotham	GB 1185–658
Sticklepath, Devon	GB 1630–661
Stirling-Blairlogie	GB 3880–667
Stoke Gabriel, Devon	GB 1605–661
Stranraer, Dumfries	GB 3460–666
Stratford-upon-Avon	GB 2050–663
Swansea, Wales	GB 2525–664
Tavernspite, Dyfed	GB 2530–664
Tavistock, Devon	GB 1640–661
Teversal, Nottinghamshire	GB 2215–663
Thurso, Caithness	GB 4830–670
Ullapool, Highland	GB 4750–669
Waldringfield, Suffolk	GB 1250–659
Washington, West Sussex	GB 1450–659
Whatstandwell, Derbyshire	GB 2200–663
Wick, Somerset	GB 1940–662
Wick Caithness Highlands	GB 4800–669
Windermere, Cumbria	GB 3005–665
Woodbury, Devon	GB 1593–660
York, North Yorkshire	GB 2303–663

GR – GRIECHENLAND

Campingplätze	ab Seite 671
Reiseinformationen	Seite 670-671
Übersichtskarte	Seite 671

Agios Nicolaos, Eratini	GR 2670–674
Akrata, Peloponnes	GR 4900–678
Alexandroupolis, Thrace	GR 1350–673
Almiri, Korinth	GR 4050–676
Amaliás, Peloponnes	GR 4700–678
Antirrion, Navpaktos	GR 2650–674
Aspróvalta, Makedonia	GR 1160–672
Chersonissos, Kreta	GR 5070–678
Corfu, Insel Kerkira	GR 2320–674
Delphi, Fokis	GR 3320–675
Drepanon, Nauplia	GR 4260–677
Eretria, Insel Euböa	GR 3500–676
Fanárion, Komotini/Thrace	GR 1310–673
Gerakini Beach, Chalkidiki	GR 1060–672
Glifa, Ilias/Peloponnes	GR 4710–678
Gouves, Kreta	GR 5060–678
Gythion, Peloponnes	GR 4430–677
Ierapetra, Kreta	GR 5100–679
Ioánnina, Epirus	GR 2150–673
Isthmia Korinthias	GR 4110–676
Itea-Kirra, Fokis	GR 3340–675
Kalambáka, Thessalia	GR 2050–673
Kalamitsi, Chalkidiki	GR 1095–672
Kariotes, Lefkas	GR 2510–674
Kastraki, Thessalia	GR 2100–673
Katafourkon, Amfilochia	**GR 2620–674**
Káto Alissos, Achaia	GR 4740–678
Kato Gatsea, Volos	**GR 3150–675**
Kavala, Makedonia	GR 1200–672
Kryopigi, Chalkidiki	GR 1040–672
Kyparissia, Peloponnes	GR 4530–677
Lecháion, Korinth	GR 4100–676
Limenaria, Insel Thassos	GR 1280–673
Loutr Samothraki	GR 1400–673
Lygia, Ilias/Peloponnes	GR 4715–678
Marathon, Attika	GR 3450–676
Metamorfosis, Chalkidiki	GR 1070–672
Methoni, Peloponnes	GR 4510–677
Mistras, Sparta	GR 4420–677
Mykines, Argolis	GR 4150–676
Naxos, Kykladen	GR 3550–676
Nea Kifissia, Athen	GR 3445–676
Nea Moudania, Chalkidiki	GR 1025–671
Neos Marmaras, Chalkidiki	GR 1080–672
Nikiti, Chalkidiki	GR 1092–672
Olympia, Peloponnes	GR 4650–677/678
Palea Assini, Nauplia	GR 4230–676/677
Pálea Epidavros, Argolis	GR 4125–676
Palouki-Amalias, Peloponnes	GR 4690–678
Paralia Irion, Nauplia	GR 4280–677
Parga, Epirus	GR 2420–674
Peristeri, Athen/Attika	GR 3430–676
Plaka Litochoro, Pierias	GR 3010–674/675
Platamon, Pierias	GR 3100–675
Plataria-Igoumenitsa	GR 2220–673
Possidi, Chalkidiki	GR 1035–672
Préveza, Epirus	GR 2450–674
Rafina, Attika	GR 3460–676
Rion-Patras, Peloponnes	GR 4830–678
Roda, Korfu	GR 2350–674
Sikia, Chalkidiki	GR 1096–672
Sivota, Igoumenitsa	GR 2230–674
Sotiras, Thassos	GR 1282–673
Stylis, Lamia	GR 3200–675
Thira, Santorini, Kykladen	GR 3565–676
Tolo, Argolis	GR 4250–677
Vlichon, Lefkas	GR 2530–674
Vourvourou, Chalkidiki	GR 1090–672

H – UNGARN

Campingplätze	ab Seite 679
Reiseinformationen	Seite 679
Übersichtskarte	Seite 681, 685

Abádszalók, Große Tiefebene	H 5110–690
Agárd, Transdanubien	H 1310–682
Aggtelek, Nord-Ungarn	H 4140–689
Ajka, Transdanubien	H 1260–682
Alsoörs, Plattensee	H 2030–684
Aszófö, Plattensee	**H 2050–684**
Badacsonylábdihegy, Plattensee	H 2150–685
Baja, Gr. Tiefebene	H 5640–692
Balatonakali, Plattensee	H 2100–684/685
Balatonalmádi, Plattensee	H 2010–684
Balatonboglar, Plattensee	H 2330–687
Balatonfüred, Plattensee	H 2040–684
Balatongyörök, Plattensee	H 2200–685
Balatonkenese, Plattensee	H 2000–684
Balatonszemes, Plattensee	H 2400–687
Balatonszepezd, Plattensee	H 2110–685
Balf, Transdanubien	H 1110–680
Berekfürdö, Große Tiefebene	H 5310–691
Biatorbagy, Transdaubien	H 1080–680
Budapest	H 3010/3020–688
Bükfürdö, Transdanubien	H 1220–681/682
Cegled, Große Tiefebene	H 5000–690
Cserkeszölö, Große Tiefebene	H 5410–691
Cserszegtomaj bei Heviz	H 2240–686
Csokonyavisonta, Transdanubien	H 1510–683

Ort	Code
Diósjenö, Börzsöny-Gebirge	H 4000–689
Dombóvár, Transdanubien	H 1540–683
Dömös, Donauknie	**H 3100–688**
Dunaföldvár, Transdanubien	H 1330–683
Dunaszekcsö, Transdanubien	H 1590–684
Eger, Nord-Ungarn	H 4100–689
Eger-Szarvaskö, Nord-Ungarn	**H 4105–689**
Érd, Budapest	H 3200–688
Esztergom, Transdanubien	**H 1070–680**
Fonyód-Bélatelep, Plattensee	H 2310–687
Füzesgyarmat, Große Tiefebene	H 5350–691
Galambok, Transdanubien	H 1410–683
Gyenesdiás, Plattensee	H 2220–686
Györ-Kertváros, Transdanubien	H 1035–680
Gyula, Große Tiefebene	H 5430–691
Hajduböszörmény, Gr. Tiefebene	H 5210–690
Hajduszoboszló, Große Tiefebene	H 5250–690
Harkány, Transdanubien	H 1580–684
Hegykö, Transdanubien	H 1130–681
Héviz, Plattensee	H 2250–686
Héviz-Felsöpáhok, Plattensee	H 2260–686
Héviz-Alsöpáhok, Plattensee	H 2270–687
Hódmezóvásárhely, Gr. Tiefebene	H 5500–691
Hortobágy, Gr. Tiefebene	H 5200–690
Igal, Transdanubien	H 1530–683
Jászapáti, Große Tiefebene	H 5010–690
Jászszentandrás, Gr. Tiefebene	**H 5020–690**
Kapuvár, Transdanubien	H 1140–681
Karcag, Große Tiefebene	H 5305–691
Kecskemét, Große Tiefebene	H 5400–691
Keszthely, Plattensee	H 2230–686
Kiskörös, Gr. Tiefebene	H 5630–692
Kiskunmajsa, Große Tiefebene	H 5620–692
Komárom, Transdanubien	H 1050–680
Lenti, Transdanubien	H 1400–683
Magyarhertelend, Transdanubien	H 1550–683
Mátrafüred-Sâsto, Nord-Ungarn	H 4020–689
Mezökövesd, Nord Ungarn	**H 4150–689**
Mosonmagyaróvár, Transdanubien	H 1000–679
Nagyatád, Transdanubien	H 1500–683
Neszmely, Transdanubien	H 1065–680
Noszvaj, Nord-Ungarn	H 4120–689
Orfü, Transdanubien	H 1560–684
Pannonhalma, Transdanubien	**H 1040–680**
Pápa, Transdanubien	**H 1250–682**
Pécs, Transdanubien	H 1572–684
Püspökladány, Gr. Tiefebene	H 5300–690/691
Révfülöp, Plattensee	H 2120–685
Sárvár, Transdanubien	H 1230–682
Siófok-Sóstó, Plattensee	H 2470/2480–687/688
Sopron, Transdanubien	H 1100–680
Szántód, Plattensee	H 2440–687
Szarvas, Große Tiefebene	H 5420–691
Szeged, Große Tiefebene	H 5520–692
Szekesfehérvar, Transdanubien	H 1270–682
Szentendre, Donauknie	H 3150–688
Szilvásvárad, Nord-Ungarn	H 4130–689
Szombathely, Transdanubien	H 1200–681
Tahitótfalu, Donauknie	H 3130–688
Tamási, Transdanubien	H 1360–683
Tiszafüred, Große Tiefebene	**H 5100–690**
Tokaj, Nord-Ungarn	H 4200–689
Törökbálint, Budapest	H 3210–689
Turkeve, Große Tiefebene	H 5330–691
Üröm bei Budapest	H 3170–688
Vajta, Transdanubien	H 1350–683
Vasvár, Transdanubien	H 1240–682
Velence, Transdanubien	H 1300–682
Visegrád, Donauknie	H 3110–688
Vonyarcvashegy, Plattensee	H 2210–686
Zalakaros, Transdanubien	H 1415–683
Zamardi, Plattensee	H 2445–687

HR – KROATIEN

Campingplätze	ab Seite 693
Reiseinformationen	Seite 692/693
Übersichtskarte	Seite 693

Ort	Code
Banjole bei Pula, Istrien	HR 1350–700/701
Baška, Insel Krk	HR 2030–704
Baška Voda	HR 8030–711
Betina, Insel Murter	HR 7045–710
Biograd	HR 6060–709
Bol, Insel Brač	HR 8025–711
Cres, Insel Cres	HR 1630–702
Dubrovnik	HR 9080–713
Duga Resa, Mrežnički Brig	HR 1015–693
Fazana, Istrien	HR 1320–700
Filip Jakov	HR 6050–708/709
Hvar, Insel Hvar	HR 8065–712
Jelsa, Insel Hvar	HR 8055–711
Jezera, Insel Murter	HR 7040–709
Korčula, Insel Korčula	HR 9060–713
Krk, Insel Krk	HR 2070–706
Kučište, Pelješac	HR 9050–712/713
Lopar, Insel Rab	HR 3030–706
Mali-Lošinj, Insel Lošinj	HR 1780–704
Martinščica, Insel Cres	HR 1680–704
Medulin bei Pula, Istrien	HR 1390–702
Medveja, Istrien	HR 1550–702
Moščenička Draga, Istrien	HR 1520–702
Nerezine, Insel Lošinj	HR 1750–704
Nin	HR 6020–707/708
Njivice, Insel Krk	HR 2050–706
Novalja, Insel Pag	**HR 4050–706/707**
Novi Vinodolski	HR 1950–704
Novigrad, Istrien	HR 1220–696
Novigrad	HR 6045–708
Okrug Gornji bei Trogir	HR 7082–710
Omiš	HR 7090–711
Orebič, Pelješac	HR 9040–712
Osor, Insel Cres	HR 1710–704
Pakoštane	HR 7010–709
Pirovac, Dalmatien	HR 7025–709
Pomer bei Pula, Istrien	HR 1370–701
Poreč, Istrien	HR 1250–696/698
Premantura bei Pula, Istrien	HR 1380–701
Primošten	HR 7070–710
Privlaka	HR 6005–707
Pula, Istrien	HR 1340–700
Punat, Insel Krk	HR 3000–706
Rab-Banjol, Insel Rab	HR 3060–706
Rabac, Istrien	HR 1480–702
Rakovica bei Plitvička Jezera	HR 1025–694
Rovinj, Istrien	HR 1290–698/700
Ražanac, Dalmatien	HR 6000–707
Runke, Premantura	HR 1380–702
Savudrija, Istrien	HR 1150–694
Seget Donji bei Trogir	HR 7080–710
Selce	HR 1920–704
Senj	HR 2010–704
Šibenik	HR 7060–710

Šilo, Insel Krk	HR 3010–706
Šimuni, Insel Pag	HR 4060–707
Stari Grad, Insel Hvar	HR 8060–711
Starigrad-Paklenica	HR 4030–706
St. Marina bei Labin, Istrien	HR 1450–702
Stobreč bei Split	HR 7085–710
Stoja bei Pula, Istrien	HR 1330–700
Stomorska	HR 8000–711
Ston, Pelješac	HR 8090–712
Sučuraj, Insel Hvar	HR 8050–711
Tisno	HR 7030–709
Trpanj, Pelješac	HR 9030–712
Trsteno	HR 9068–713
Umag, Istrien	HR 1180–694/696
Vela Luka, Insel Korčula	HR 9065–713
Vodice	HR 7055–710
Vransko Jezero	HR 7020–709
Vrsar, Istrien	HR 1258–698
Zadar	HR 6040–708
Zaostrog	HR 8070–712
Zivogosce	HR 9075–713

I – ITALIEN

Campingplätze ab Seite 716
Reiseinformationen Seite 713/716
Übersichtskarten
Seite 714/715, 717, 725, 735, 745

Acilia-Roma, Roma	I 5140–786
Acireale, Catania	I 9030–801
Aglientu Vignola Mare, Sassari	**I 6170–791**
Agrigento-S. Leone, Agrigento	I 9320–802
Albenga, Savona	I 3100–757
Alberobello, Bari	**I 7730–797**
Albinia, Grosseto	I 4570–778/780
Alghero, Sassari	I 6140–790/791
Altidona, Ascoli Piceno	I 4960–783
Ameglia, La Spezia	I 3440–760
Anfo, Lago d'Idro/Brescia	I 1800–724
Anguillara-Sabazia, Roma	I 5110–785
Antholz-Obertal, Bozen	**I 2225–740**
Antignano, Livorno	I 4200–770
Aquileia, Friuli/Udine	**I 2830–753**
Arco, Trentino	I 2315–742
Arezzo, Arezzo	I 4465–776
Arsiè, Belluno	I 2450–744/745
Assisi, Perugia	I 4730–781/782
Aurisina, Friuli/Trieste	I 2880–755
Averno, Napoli	I 7120–792
Baia Domizia, Caserta	I 7000–792
Ballabio, Lecco	I 1670–722
Baberino di Mugello, Firenze	I 4050–767
Baone, Veneto	I 2545–745
Barberino Val D'Elsa, Firenze	I 4100–768
Bardolino, Lago di Garda/Verona	I 2040–726
Baveno, Lago Maggiore, Verbano	I 1460–718
Bellamonte, Trentino	I 2275–741
Bellaria, Forli	I 3910–764
Belvedere di Grado, Friuli/Udine	**I 2840–754**
Bibione, Venezia	I 2790–752
Bibione Pineda, Venezia	I 2780–752
Biscione, Trapani	I 9440–803
Bobbio, Piacenza	I 3510–760
Bogliasco, Genova	I 3320–758
Bologna, Bologna	I 3650–761
Bolsena, Viterbo	I 5000–784
Borghetto, Perugia	I 4602–780

Bozen, Bozen	**I 2175–737**
Bracciano, Roma	I 5100–784
Briatico, Vibo Valentia	I 8530–800
Bruneck/Brunico, Bozen	I 2215–739
Buonfornello, Palermo	I 9560–803
Ca' Noghera, Venezia	I 2700–747
Calambrone-Tirrenia, Pisa	I 4130–769
Calceranica, Trentino	**I 2340–743/744**
Caldonazzo, Trentino	I 2335–743
Campiglia Marittima, Livorno	I 4280–772
Campo Mezzola, L. di Mezz.	I 1640–722
Campomarino Lido, Campobasso	I 5830–788
Cannigione, Sassari	I 6200–792
Cannóbio, Lago Maggiore, Verbania	I 1490–720/721
Capalbio-Scalo, Grosseto	I 4590–780
Capannole, Arezzo	I 4460–776
Capo Ferrato, Cagliari	I 6055–789
Capo Rizzuto, Catanzaro	I 8320–800
Capo Vaticano di Ricadi, Vibo V.	**I 8560–800**
Capoliveri, Elba	I 4330–774/775
Casal Borsetti, Ravenna	I 3750–762
Casale Marittimo, Pisa	**I 4170–770**
Casciano di Murlo, Siena	I 4430–775
Cassino, Frosinone	I 5300–786
Cassone, Lago di Garda, Verona	I 2022–725
Castagneto Carducci, Livorno	I 4250–772
Casteldimezzo, Pesaro	I 4810–782
Castel del Piano, Grosseto	I 4515–776
Castel di Tusa, Messina	I 9610–804
Castellammare d. Golfo, Trapani	I 9520–803
Castelletto di Brenzone, Lago di Garda	I 2031–725
Castelletto Ticino, Lago Maggiore	I 1330–717
Castellina in Chianti, Siena	I 4400–775
Castiadas, Cagliari	I 6070–789
Castiglione del Lago, Perugia	I 4610–780
Castiglione della Pescaia	I 4540–776/777
Catania, Catania	I 9040–801
Caulonia Marina, Reggio Calabria	I 8610–801
Cavallino, Venezia	I 2730–748/750
Cecina Mare, Livorno	I 4230–770/771
Cefalù, Palermo	I 9580–803
Ceriale, Savona	I 3130–757
Cervia, Ravenna	I 3830–763
Cervo, Imperia	I 3040–757
Cesenatico, Forli	I 3850–763
Chiusi Lago, Siena	I 4440–775
Ciro' Marina, Crotone	I 8310–799/800
Cisano di Bardolino, Verona	I 2043–727
Civate, Lago di Annone, Lecco	I 1690–723
Colfosco bei Corvara, Bozen	I 2210–739
Cologna Spiaggia, Teramo	I 5450–787
Colombare, Lago di Garda, Brescia	I 2065–730
Corigliano Calabro, Cosenza	**I 8270–799**
Corteno, Brescia	I 1770–723
Cortina d'Ampezzo, Belluno	I 2420–744
Costacciaro, Perugia	I 4710–781
Cremona, Cremona	I 1700–723
Cuglieri, Oristano	I 6135–790
Cupra Marittima, Ascoli Piceno	I 4970–783
Darè, Trentino	I 2295–742
Davoli Marina, Catanzaro	I 8440–800
Déiva Marina, La Spezia	**I 3400–759**
Déiva Marina/Framur, La Spezia	I 3405–759/760
Desenzano del Garda, Brescia	I 2075–731
Dimaro, Trentino	**I 2285–741**
Domaso, Lago di Como, Como	I 1620–722
Dongo, Lago di Como, Como	I 1616–722
Dormelletto, Lago Maggiore, Novara	I 1340–717/718
Eboli-Foce Sele, Salerno	I 7340–794
Edolo, Brescia	I 1760–723
Entráque, Piemonte	I 1140–716
Eraclea Mare, Venezia	I 2760–751

Fano, Pesaro	4840–782
Favignana, Trapani	9450–803
Feriolo, Lago Maggiore, Verbano	1470–718/719
Fermo, Ascoli Piceno	4940–783
Ferrara, Emil. Romagna	2600–746
Fiano Romano, Roma	5120–785
Fiesole, Firenze	4065–767
Figline Valdarno, Firenze	**4085–768**
Finale Ligure, Savona	3150–758
Finale di Pollina, Palermo	**9590–804**
Fiorenzuola di Focara, Pesaro	4820–782
Firenze, Firenze	4070–767
Firenze-Bottai, Firenze	4075–767
Foce Varano Ischitella, Foggia	7520–795
Fondotoce, Lago Maggiore	1480–720
Fucine di Ossana, Trentino	2287–741
Fusina, Venezia	2650–746
Gagliano del Capo, Lecce	7870–797
Gallipoli, Lecce	7890–798
Garbagna (Alessandria), Piemonte	1120–716
Gatteo Mare, Forlì	3860–764
Gavorrano, Grosseto	4500–776
Gemona del Friuli, Friuli/Udine	2800–752
Genova-Pegli, Genova	3310–758
Genova Vesima, Genova	3300–758
Giovinazzo, Bari	7710–796
Giulianova-Lido, Teramo	5440–787
Goldrain/Coldrano, Bozen	2130–735
Gorfigliano, Lucca	4010–765
Grado, Friuli/Gorizia	2850–754/755
Grisolia, Cosenza	8220–798
Grottammare, Ascoli Piceno	**4980–784**
Gubbio, Perugia	4700–781
Idro, Lago d'Idro, Brescia	1810–724
Idro-Vantone, Lago d'Idro, Bresc.	**1820–724**
Igea-Marina, Rimini	3920–764
Imperia, Imperia	3023–756
Is Aruttas, Oristano	**6125–790**
Iseo, Lago d'Iseo, Brescia	1720–723
Iseo, Lago d'Iseo, Brescia	1730–723
Isola delle Femmine, Palermo	9530–803
Jesolo Lido, Venezia	2740–751
Jesolo-Pineta, Venezia	2750–751
Kaltern/Caldaro, Bozen	2185–738
Klausen/Chiusa, Bozen	**2165–736**
Kurtatsch/Cortaccio, Bozen	2183–738
Laas, Bozen	2122–734
La Maddalena	6180–791
Lacona, Elba	4320–774
Lana, Bozen	2150–736
Latsch, Bozen	2135–735
Lavarone-Chiesa, Trentino	2345–744
Lazise, Lago di Garda/Verona	2050–727/728
Lecco, Chiuso/Lago di Garlate	1680–722/723
Leifers, Bozen	**2180–737**
Lerici, La Spezia	3420–760
Letojanni, Messina	9690–805
Levanto, La Spezia	3410–760
Levico Terme, Trentino	**2330–743**
Licata, Ragusa	9290–802
Lido degli Scacchi, Ferrara	3710–761/762
Lido dei Maronti, Barano/Ischia	7150–793
Lido delle Nazioni, Ferrara	3700–761
Lido di Dante, Ravenna	3800–763
Lido di Ostia, Roma	5150–786
Lido di Pomposa, Ferrara	3705–761
Lido di Savio, Ravenna	3810–763
Lido di Spina, Ferrara	3730–762
Lignano, Friuli/Udine	**2820–753**
Lillaz, Aosta	1015–716
Limite sull'Arno, Firenze	4090–768
Limone, Piemonte	1150–716
Loiri-Porto San Paolo, Sassari	6005–788
Lotzorai, Nuoro	6030–789
Lugana, Lago di Garda/Brescia	2063–730
Maccagno, Lago Maggiore, Varese	**1530–721**
Macchia, Foggia	7590–796
Maderno, Lago di Garda, Brescia	2092–733
Malcesine, Lago di Garda, Verona	2016–724/725
Mals, Bozen	**2105–733**
Manacore del Gargano, Foggia	7560–795
Manerba, Lago di Garda/Bres.	**2083–732**
Manfredonia, Riviera Süd	7605–796
Marcelli di Numana, Ancona	4890–783
Marcialla-Certaldo, Firenze	**4095–768**
Marghera, Venezia	2670–746
Marina del Cantone, Napoli	7195–794
Marina di Bibbona, Livorno	4240–771/772
Marina di Campo, Elba	4310–773/774
Marina di Castagneto Donoratico	4260–772
Marina di Grosseto, Grosseto	4550–778
Marina di Leporana, Taranto	7820–797
Marina di Massa, Massa	4000–765
Marina di Nova Siri, Matera	8150–798
Marina di Ragusa, Ragusa	9230–802
Marina di Ravenna, Ravenna	3770–762
Marina di Salve, Puglia	7873–798
Marina di Sorso, Sassari	6150–791
Marina di Varcaturo, Napoli	7100–792
Marina Romea, Ravenna	3760–762
Marinella di Selinunte, Trapani	9420–802
Marone, Lago d'Iseo, Brescia	1740–723
Marotta, Pesaro	4870–782
Martinsicuro, Teramo	**5400–787**
Mascali-Fondachello, Catania	9010–801
Mattinata, Foggia	7600–796
Mazara del Vallo, Trapani	9430–803
Menaggio, Lago di Como, Como	1610–722
Menfi, Agrigento	9380–802
Meran, Bozen	2145–735
Messina-Rodia, Messina	**9670–804**
Messina-Torre Faro, Messina	9680–805
Mestre, Venezia	2680–747
Mestre-Campalto, Venezia	2690–747
Metaponte Lido, Matera	8100–798
Metaurilia di Fano, Pesaro	4850–782
Milano, Milano	1550–722
Milano Marittima, Ravenna	3820–763
Milazzo, Messina	9660–804
Misano Adriatico, Rimini	3940–765
Modena-Bruciata	3600–760
Molina di Ledro, Trentino	**2317–742**
Molveno, Lago di Molveno/Trentino	2300–742
Moneglia-Preata, Genova	3350–759
Moniga, Lago di Garda/Brescia	2080–731
Montalto di Castro, Viterbo	5030–784
Monte del Lago, Perugia	4640–781
Montecatini Terme, Firenze	4040–766
Montecreto, Modena	3610–760/761
Montegrotto Terme, Padova	2540–745
Montenero di Bisáccia, C. Basso	5800–788
Montescudaio, Livorno	4160–769
Monticello Amiata, Grosetto	4510–776
Montopoli in Val d'Arno, Pisa	4140–769
Monza, Milano	1560–722
Morcone, Elba	4340–775
Muravera, Cagliari	6050–789
Narbolia, Oristano	6130–790
Naturns, Bozen	2140–735
Nevegal-Belluno, Belluno	2440–744
Nicotera Marina, Vibo Valentia	**8570–800**
Nisporto, Elba	4370–775
Novafeltria, Pesaro	**4800–782**

Olbia, Sassari	6210–792
Oliveri, Messina	**9640–804**
Opi, L'Aquila	5780–788
Oriago, Venezia	2660–746
Orta S. Giulio, Lago d'Orta, Novara	1310–717
Ostuni Marina, Brindisi	7760–797
Ottone bei Portoferráio, Elba	4305–773
Pacengo, Lago di Garda/Verona	2053–730
Padenghe del Garda, Brescia	2073–730
Paestum, Salerno	**7350–794**
Palau, Sassari	6190–792
Palinuro, Salerno	7390–794
Parma	3560–760
Passignano, Perugia	4630–780/781
Pejo, Trentino	2290–741
Pera di Fassa, Trentino	2260–740
Pergine, Trentino	**2325–742**
Peschici, Foggia	7550–795
Peschiera, Lago di Garda, Verona	2058–730
Pescia Romana, Viterbo	5020–784
Petacciato Marina, Campobasso	5810–788
Pettenasco, Lago d'Orta, Novara	1320–717
Pietra Ligure, Savona	3140–757
Pietramurata, Trentino	2310–742
Pinarella di Cervia, Ravenna	3840–764
Pineto, Teramo	5470–787/788
Pisa, Pisa	**4110–768**
Pisciotta Marina, Salerno	7380–794
Pisogne, Lago d'Iseo, Brescia	1750–723
Piuro, Sondrio	1650–722
Polsa di Brentonico, Trentino	2320–742
Pompei, Napoli	7160–793
Porlezza, Lago di Lugano, Como	1600–722
Porto Garibaldi, Ferrara	3715–762
Porto Maurizio-Imperia, Imperia	3020–756
Porto Pino - S. Anna Arresi, Cagliari	6100–790
Porto Portese, Lago di Garda, Brescia	2088–733
Porto S. Margherita bei Caorle	2770–752
Porto S. Margherita, Venezia	2775–752
Porto Sant' Elpidio, Ascoli Piceno	**4920–783**
Portoferraio, Elba	4300–773
Portopalo di Capo Passero, Siracusa	9170–802
Portorecanati, Macerata	4900–783
Pozza di Fassa, Trento	2265–740/741
Pozzuoli, Napoli	7130–792/793
Prad/Prato allo Stelvio, Bozen	**2120–734**
Predazzo, Trentino	**2270–741**
Punta Ala, Grosseto	4530–776
Punta Marina Terme, Ravenna	3780–762/763
Punta Sabbioni, Venezia	2710–747
Rapallo, Genova	3330–758
Rasen/Rasun, Bozen	**2220–739**
Riccione, Rimini	**3930–764/765**
Rio Marina, Elba	4360–775
Rioveggio, Bologna	3670–761
Riva, Lago di Garda/Trentino	2001–724
Riva dei Tarquini, Viterbo	5035–784
Riva Valdóbbia, Vercelli	1200–716
Rivoltella del Garda, Brescia	2070–730
Rocca d'Arsiè, Belluno	2460–745
Rocceletta, Catanzaro	8430–800
Roma, Roma	5125-5138–785/786
Roseto degli Abruzzi, Teramo	5460–787
Rosolina Mare, Rovigo	2560–745/746
Rossano, Cosenza	8290–799
Rossano Scalo, Cosenza	8280–799
Salto di Fondi, Latina	5230–786
San Anna di Chioggia, Venezia	2630–746
San Baronto di Lamporecchio, Pist.	**4045–766**
San Bartolomeo al Mare, Imperia	3030–756/757
San Felice d. Benaco, L. d. Garda	**2085–732/733**
San Feliciano-Magione, Perugia	4645–781
San Ferdinando, Reggio Calabria	8600–800
San Giorgio di Gr. Marea, Messina	**9630–804**
San Giovanni d'Asso, Siena	4435–775
San Marco Calatabiano, Catania	9000–801
San Marino, Republik SM	**3990–765**
San Martino di Castrozza, Trentino	2280–741
San Menaio, Foggia	7540–795
San Nicoló di Ricadi, Vibo Valentia	8550–800
San Piero a Sieve, Firenze	4055–767
San Remo, Imperia	3010–756
San Teodoro, Nuoro	6010–789
San Vincenzo, Livorno	4270–772
San Vito Lo Capo, Trapani	9500–803
Sant Arcangelo, Perugia	**4650–781**
St. Kassian/S. Cassiano, Bozen	2205–739
St. Lorenzen, Bozen	**2195–738**
St. Martin-Saltaus, Bozen	2147–736
St. Sigmund-Kiens, Bozen	2190–738
St. Valentin a. d. H., Bozen	2100–733
St. Vigil-Enneberg, Bozen	**2200–738**
Sant' Antioco, Cagliari	6110–790
Santa Cesarea Terme, Lecce	7860–797
Santa Croce Camerina, Ragusa	9250–802
Santa Margherita di Pula, Cagliari	6090–790
Santa Maria di Castellabate	7360–794
Santo Stefano di Cadare, Belluno	2400–744
Sapri, Salerno	7420–795
Sarnonico, Trentino	**2250–740**
Sarre, Aosta	1010–716
Sarteano, Siena	4450–776
Sarzana, La Spezia	3430–760
Savignano Mare, Forli	3870–764
Scalea, Cosenza	8210–798
Scarlino, Grosseto	4520–776
Seccagrande die Ribera, Agrigento	9360–802
Senigallia, Ancona	4880–783
Sesto Calende, Varese	1500–721
Sestri Levante, Genova	3340–758
Sexten/Sesto, Bozen	2235–740
Sferracavallo, Palermo	9540–803
Siamo in Albenga, Savona	3120–757
Sibari, Cosenza	8250–798
Silvi Marina, Teramo	**5480–788**
Siracusa, Siracusa	9130–801
Sirano di Marzabotto, Bologna	3660–761
Sistiana, Friuli/Trieste	2870–755
Solcio di Lesa, Novara	1350–718
Sorico, Lago di Como, Como	1630–722
Sorrento, Napoli	**7190–793**
Sottomarina Lido, Venezia	2640–746
Sovicille, Siena	4420–775
Specchiolla, Brindisi	**7770–797**
Spotorno, Savona	3170–758
Stella San Giovanni, Savona	3190–758
Tabiano Terme, Parma	3550–760
Talamone, Grosseto	4560–778
Tarquinia Lido, Viterbo	5040–784
Terlago, Trentino	**2305–742**
Terracina, Latina	5220–786
Teulada, Cagliari	6095–790
Tirrenia, Pisa	4120–768
Toblach/Dobbiaco, Bozen	2230–740
Torbole, Lago di Garda/Trentino	2008–724
Torino di Sangro Stazione, Chieti	5750–788
Torre Canne, Brindisi	7750–797
Torre del Lago Puccini, Lucca	4030–766
Torre Rinalda, Lecce	7850–797
Torre Salinas, Cagliari	6060–789
Torre Saline-Albinia, Grosseto	4580–779
Torrette di Fano, Pesaro	4860–782
Tortoli, Nuero	6040–789
Tortoreto Lido, Teramo	5430–787
Toscolano, Lago di Garda/Brescia	2094–733

Trafoi, Bozen	I 2118–734
Treporti, Venezia	I 2730–747/748
Trevignano Romano, Roma	I 5105–785
Troghi, Firenze	**I 4080–768**
Tuoro sul Trasimeno, Perugia	**I 4620–780**
Ugento, Lecce	**I 7880–798**
Vada, Livorno	**I 4220–770**
Vahrn/Brixen, Bozen	I 2160–736
Vallecrosia, Imperia	I 3000–756
Valledoria, Sassari	I 6160–791
Valnontey di Cogne, Aosta	I 1030–716
Vanzone con S. Carlo, Novara	I 1400–718
Varigotti, Savona	I 3160–758
Verona, Verona	I 2520–745
Viareggio, Lucca	I 4020–766
Vicchio, Firenze	I 4057–767
Vicenza, Vicenca	I 2500–745
Vico Equense, Napoli	I 7170–793
Vieste, Foggia	I 7570–795/796
Vignale Riotorto/Livorno	**I 4290–772/773**
Villa Opicina-Trieste, Friuli/Trieste	I 2900–755
Villa Rosa, Teramo	I 5410–787
Villammare, Salerno	**I 7410–794/795**
Villanova d'Albenga, Savona	I 3110–757
Vilpian, Bozen	I 2155–736
Völlan bei Lana, Bozen	I 2151–736
Völs am Schlern, Bozen	**I 2170–737**
Volterra, Pisa	I 4150–769

IRL – REP. IRLAND

Campingplätze	ab Seite 806
Reiseinformationen	Seite 805/806
Übersichtskarte	Seite 805

Ballycasheen bei Killarny, Co. Kerry	IRL 5020–807
Ballylickey, Co. Cork	IRL 5036–807
Ballyvary, Co. Mayo	IRL 4010–806
Boyle, Co. Roseommon	IRL 2015–806
Cahir, Co. Tipperary	IRL 6025–807
Cappoquin, Co. Waterford	IRL 6040–808
Caslegregory, Co. Kerry	IRL 5013–807
Clonakilty, Co. Cork	IRL 5045–807
Clonmel, Co. Tipperary	IRL 6030–808
Crookhaven, Co. Cork	IRL 5042–807
Glen of Aherlow, Co. Tipperary	IRL 6020–807
Glengarriff, Co. Cork	IRL 5030–807
Kilcoman, Co. Limerick/Ireland	IRL 5002–807
Killarney, Co. Kerry	IRL 5015–807
Lettergesh, Co. Galway	IRL 4030–806/807
Mountshannon, Co. Clare	IRL 3050–806
Mullingar, Co. Westmeath	IRL 2010–806
Redcross Village, Southern Ireland	IRL 1050–806
Roscrea, Co. Tipperary	IRL 3015–806
Rosses Point, Co. Sligo	IRL 2025–806
Rosslare Strand, Co. Wexford	IRL 1005–806
Rush, Co. Dublin	IRL 1070–806
Strandhill, Co. Sligo	IRL 2020–806
Wexford, Co. Wexford	IRL 1020–806

DCC-Mitglieder fahren mit Auslands-Schutzpaß! und SIE?

L – LUXEMBURG

Campingplätze	ab Seite 808
Reiseinformationen	Seite 808
Übersichtskarte	Seite 809

Berdorf, Le Mullerthal	L 4300–811
Bourscheid-Moulin, Les Ardennes	L 1310–809
Clervaux, Les Ardennes	L 1100–808
Consdorf, Le Mullerthal	L 4500–811
Diekirch, Les Ardennes	**L 2100–809/810**
Dillingen, Le Mullerthal	L 4200–811
Echternach, Le Mullerthal	L 4400–811
Enscherange, Les Ardennes	**L 1130–808**
Esch-s.-Alzette, L. Terres Rouges	L 6200–812
Ettelbrück, Les Ardennes	L 3200–810
Grevenmacher, Moselle	L 5200–811
Heiderscheid, Les Ardennes	**L 2300–810**
Ingeldorf, Les Ardennes	L 3100–810
Larochette, Le Mullerthal	L 2220–810
Luxembourg-Kockelscheuer	L 6100–812
Mersch, Le Bon Pays	L 3300–810
Nommern, Le Bon Pays	**L 2200–810**
Obereisenbach, Les Ardennes	**L 1250–809**
Schwebsingen, Moselle	L 5300–812
Tintesmühle, Les Ardennes	**L 1140–809**
Wallendorf, Le Mullerthal	L 4100–811
Wasserbillig, Moselle	L 5100–811

LT – LITAUEN

Campingplätze	ab Seite 813
Reiseinformationen	Seite 812/813
Übersichtskarte	Seite 813

Druskininkai, Druskininai	LT 3000–814
Mindunai, Moletai	LT 2200–814
Nida	LT 1050–813
Paluše, Moletai	LT 2250–814
Trakai-Totoriškes, Aukstaitija	LT 2020–814
Tytuvenai, Kelme/Zemaitija	LT 1500–813
Vente	LT 1040–813
Vilnius	LT 2000–813
Vištytis, Vištytis-See	LT 3050–814
Zalvariai, Moletai	LT 2150–814

LV – LETTLAND

Campingplätze	ab Seite 815
Reiseinformationen	Seite 814/815
Übersichtskarte	Seite 815

Alsunga, Kurzema/Kurland	LV 1020–816
Aluksne	LV 5000–817
Bernati, Kurzema/Kurland	LV 1000–815
Broceni bei Saldus, Kurzema/Kurland	LV 1010–815
Engure, Tukums	LV 1060–816
Jurmala, Vidzeme/Livland	LV 1090–816

Liepene bei Ventspils, Kurzema	LV 1030-816
Nicas, Kurzema/Kurland	LV 1003-815
Padure, Kurzema/Kurland	LV 1015-815
Purciems bei Roja, Kurzema	LV 1050-816
Puzes, Kurzema	LV 1035-816
Riga, Vidzeme/Livland	LV 2004-816
Salacgriva, Vidzeme/Livland	LV 2060-817
Sigulda, Vidzeme/Livland	LV 3000-817
Skulte, Vidzeme/Livland	LV 2040-816
Usma, Kurzema	LV 1040-816
Ventspils, Kurzema/Kurland	LV 1025-816
Viesite, Zemgale/Jekabpils	LV 4000-817

N – NORWEGEN

Campingplätze	ab Seite 817
Reiseinformationen	Seite 817
Übersichtskarte	Seite 819

Ålesund, Møre og Romsdal	N 4620-827
Ålesund-Gåseid, Møre og Romsdal	N 4630-827
Alta, Finnmark	N 5750-829
Åndalsnes, Møre og Romsdal	N 4750-827
Åsen, Nord-Trøndelag	N 5150-827
Ballangen, Nordland	N 5600-829
Bardu, Troms	N 5660-829
Biristrand, Oppland	N 1600-818
Bø, Telemark	N 2145-821
Bodø, Nordland	N 5500-828
Brusand, Rogaland	N 2660-823
Byglandsfjord, Aust-Agder	N 2480-822
Dalholen, Hedmark	N 1760-820
Dombås, Oppland	N 1740-820
Dovre, Oppland	N 1720-820
Eidsdal, Møre og Romsdal	N 4450-826
Elvebakken, Finnmark	N 5760-830
Elverum, Hedmark	N 1400-818
Evje, Aust-Agder	N 2470-822
Fåberg/Hunderfossen, Oppland	N 1640-820
Fagernes, Oppland	N 3120-824
Fauske, Nordland	N 5460-828
Flekkefjord, Vest-Agder	N 2570-823
Gamle Fredrikstad, Østfold	N 1100-818
Gaupne, Sogn og Fjordane	N 3550-825
Geilo, Buskerud	N 3150-824
Geiranger, Møre og Romsdal	N 4400-826
Gol, Buskerud	N 3100-823
Granvin, Hordaland	N 3310-824
Greaker, Østfold	N 1120-818
Grimstad, Aust-Agder	N 2350-822
Gvarv, Telemark	N 2140-821
Halden, Østfold	N 1050-817
Hammerfest, Finnmark	N 5800-830
Harran-Grong, Nord-Trændelag	N 5320-828
Harstad, Troms	N 5630-829
Haugesund, Rogaland	N 2740-823
Haukeland, Hordaland	N 3350-824
Heimdal, Sør Trøndelag	N 1940-821
Hellesylt, More og Romsdal	N 4370-826
Hemsedal, Buskerud	N 3110-823
Honningsvåg, Finnmark	N 5830-830
Hornnes, Aust-Agder	N 2460-822
Høvåg, Aust-Agder	N 2420-822
Kabelvåg, Lofoten, Nordland	N 5570-828
Karasjok, Finnmark	N 5900-830
Kautokeino, Finnmark	N 5920-830
Kinsarvik, Hordaland	N 3200-824
Kleppstad, Lofoten, Nordland	N 5575-829
Koppang, Hedmark	N 1450-818
Korgen, Nordland	N 5380-828
Kristiansand, Vest-Agder	N 2450-822
Kristiansund, Møre og Romsdal	N 4800-827
Krokelvdalen, Troms	N 5720-829
Kvanndal, Hordaland	N 3330-824
Kvikne, Hedmark	N 1820-820
Kyrping-Etne, Hordaland	N 2250-822
Laerdal, Sogn og Fjordane	**N 3475-825**
Lakselv/Stabbursnes, Finnmark	N 5870-830
Langfjordbotn, Finnmark	N 5740-829
Laukvik, Lofoten, Nordland	N 5580-829
Leknes-Strandslett, Lofoten	N 5560-828
Lillesand, Aust-Agder	N 2380-822
Loen, Sogn og Fjordane	**N 4350-826**
Lofthus, Hordaland	N 3240-824
Lom, Oppland	N 4070-825
Lundamo, Sør Trøndelag	N 1900-821
Malvik, Sør Trøndelag	N 1950-821
Mandal, Vest-Agder	N 2500-823
Melhus, Sør Trøndelag	N 1930-821
Meråker, Nord-Trøndelag	N 5050-827
Mittet, Møre og Romsdal	N 4760-827
Moelv, Hedmark	N 1550-818
Mosjøen, Nordland	N 5360-828
Moss, Insel Jeløy, Østfold	N 1140-818
Namsskogan, Nord-Trøndelag	N 5330-828
Narvik, Nordland	N 5625-829
Nissedal, Telemark	**N 2160-821**
Nordkjosbotn, Troms	N 5680-829
Notodden, Telemark	N 2130-821
Odda, Hordaland	N 3250-824
Olden, Sogn og Fjordane	**N 4300-826**
Oppdal, Sør Trøndelag	N 1770-820
Oslo	N 1200-818
Otta, Oppland	N 1700-820
Ramberg, Lofoten, Nordland	N 5550-828
Ramfjordbotn, Troms	N 5710-829
Redalen, Oppland	N 1530-818
Risør, Aust-Agder	N 2330-822
Røros, Sør Trøndelag	N 1830-820
Russenes, Finnmark	N 5850-830
Sandane, Sogn og Fjordane	N 4250-825
Sandstad, Insel Hitra, Sør Trøndelag	**N 4820-827**
Saudasjøen, Rogaland	N 2700-823
Seljord, Telemark	N 2150-821
Sirevåg, Rogaland	N 2650-823
Sjøåsen-Namdalseid, N.T.	N 5280-827
Skarsvåg, Finnmark	N 5840-830
Skodje, Mør e og Romsdal	N 4625-827
Skjolden, Sogn og Fjordane	**N 4000-825**
Skoganvarre, Finnmark	N 5890-830
Sogndal, Sogn og Fjordane	N 3500-825
Soknedal, Sør Trøndelag	N 1840-820
Sør Audnedal, Vest-Agder	N 2510-823
Stavanger, Rogaland	N 2750-823
Stavern, Vestfold	N 2320-822
Steinkjer, Nord-Trøndelag	N 5200-827
Støren, Sør Trøndelag	N 1860-820
Storforshei, Nordland	N 5420-828
Straumen, Nordland	N 5465-828
Svelvik, Vestfold	N 2050-821
Tana, Finnmark	N 5940-830
Tretten, Oppland	N 1650-820
Treungen, Telemark	N 2170-821
Trofors, Nordland	N 5340-828
Tromsdalen, Troms	N 5700-829
Trysil, Hedmark	N 1440-818

Vågå, Oppland	N 4160–825
Valle, Aust Agder	N 2100–820
Vang i Valdres, Oppland	N 3130–824
Vangsnes, Sogn og Fjordane	N 3470–825
Vassenden, Sogn og Fjordane	**N 4200–825**
Vikedal, Rogaland	N 2710–823
Vikersund, Buskerud	N 2200–821
Voss, Hordaland	N 3400–824

NL – NIEDERLANDE

Campingplätze	ab Seite 832
Reiseinformationen	Seite 830–832
Übersichtskarte	Seite 831

Aagtekerke, Walcheren/Zeeld.	NL 1560–835
Aalst, Gelderland	NL 6780–858
Afferden, Limburg	NL 8040–862/863
Alkmaar, Noord-Holland	NL 3700–844
Almere, Flevoland	NL 6200–856
Amen bei Rolde, Drenthe	NL 5370–854
Amsterdam, Noord-Holland	NL 3300–842/843
Amsterdam-Aalsmeer, Noord-Holland	NL 3310–843
Andijk, Noord-Holland	NL 3100–841
Appelscha, Friesland	NL 4140–848
Appeltern, Gelderland	NL 6750–858
Arcen, Limburg	NL 8140–863
Arnemuiden, Zeeld.	NL 1420–835
Arnhem, Gelderland	NL 6690–857
Assen, Drenthe	NL 5390–854
Asten-Ommel, Noord Brabant	NL 7620–860
Baarland, Zuid Beveld./Zeeld.	**NL 1070–832**
Baarlo, Limburg	NL 8210–863
Baarn, Utrecht	NL 7050–860
Ballum, Insel Ameland	NL 4460–851
Beerta, Groningen	NL 4570–851
Bergeyk, Noord Brabant	**NL 7710–861**
Berkhout, Noord-Holland	NL 3190–842
Beuningen, Overijssel	NL 5610–855
Biddinghuizen, Flevoland	NL 6070–856
Bloemendaal aan Zee, Noord-H.	NL 3560–843
Blokzijl, Overijssel	NL 5900–855
Borger, Drenthe	NL 5050–852
Bourtange, Groningen	NL 4620–852
Breda, Noord Brabant	NL 7810–862
Breskens, Zeeuws-Vlaanderen	NL 1340–834
Brielle, Zuid-Holland	NL 2400–839
Broekhuizenvorst, Limburg	NL 8120–863
Brouwershaven, Zeeland	NL 1920–839
Burgum-Sumar, Friesland	NL 4070–847
Buurse, Overijssel	NL 5690–855
Cadzand, Zeeuws-Vlaanderen	NL 1270–832/833
Callantsoog, Noord-Holland	NL 3840–846
Castricum aan Zee, Noord-H.	NL 3620–843/844
Chaam, Noord Brabant	NL 7805–862
Colijnsplaat, Bevel./Zeeld.	NL 1800–838
Cromvoirt, Noord Brabant	NL 7970–862
De Cocksdorp, Insel Texel/NH	NL 3990–847
De Heen, Noord Brabant	NL 7860–862
De Koog, Insel Texel/NH	NL 3950–847
Delden, Overijssel	NL 5720–855
Delft, Zuid-Holland	NL 2560–840
Denekamp, Overijssel	**NL 5608–854**
Den Haag, Zuid-Holland	NL 2610–840
Den Helder, Noord-Holland	NL 3890–846
Den Hoorn, Insel Texel/NH	NL 3910–846
Doesburg, Gelderland	NL 6660–857
Dokkum, Friesland	NL 4020–847
Domburg, Walcheren/Zeeld.	NL 1590–836
Doorn, Utrecht	NL 7300–860
Dronten, Flevoland	NL 6050–856
Dwingeloo, Drenthe	NL 5270–853
Echt, Limburg	NL 8360–864
Echten, Drenthe	NL 5220–853
Edam, Noord-Holland	NL 3250–842
Eerbeek, Gelderland	NL 6540–856
Eernewoude, Friesland	NL 4090–848
Eersel, Noord Brabant	NL 7720–861
Egmond aan Zee, N. Holland	NL 3680–844
Eijsden, Limburg	NL 8500–865
Elburg, Gelderland	NL 6930–859
Emmen, Drenthe	NL 5120–853
Emst, Gelderland	**NL 6980–859**
Enkhuizen, Noord-Holland	NL 3120–842
Enschede, Overijssel	NL 5680–855
Epe, Gelderland	NL 6975–859
Ermelo, Gelderland	NL 6900–859
Franeker, Friesland	NL 4355–850
Garderen, Gelderland	NL 6880–859
Giethoorn, Overijssel	NL 5905–855
's Gravenzande, Zuid-Holland	NL 2490–839
Groede, Zeeuws-Vlaanderen	NL 1310–833
Groenlo, Gelderland	NL 6600–857
Groesbeek bei Nijmegen, Gelderl.	NL 6720–857
Grolloo bei Rolde, Drenthe	NL 5360–854
Groningen	NL 4750–852
Groote Keeten, Noord-Holland	NL 3850–846
Haamstede, Schouwen/Zeeld.	**NL 1865–838**
Halfweg, Noord-Holland	NL 3510–843
Hardenberg, Overijssel	**NL 5530–854**
Harlingen, Friesland	NL 4340–851
Hattem, Gelderland	NL 6950–859
Heeg, Friesland	NL 4280–850
Heiloo, Noord-Holland	NL 3640–844
Helden, Limburg	NL 8230–863
Hellevoetsluis, Zuid-Holland	NL 2300–839
Hengstdijk, Zeeland	NL 1130–832
Herkenbosch, Limburg	NL 8310–864
Herpen, Noord Brabant	NL 7510–860
Heumen-Nijmegen, Gelderland	NL 6730–858
Hilvarenbeek, Noord Brabant	NL 7760–861
Hilversum, Noord-Holland	NL 3350–843
Hindeloopen, Friesland	NL 4255–849
Hoek van Holland, Zuid-Holland	NL 2470–839
Hoenderloo, Gelderland	NL 6860–858/559
Julianadorp, Noord-Holland	NL 3870–846
Kaatsheuvel, Noord Brabant	NL 7950–862
Kamperland, Bevel./Zeeld.	NL 1680–836/837
Katwijk aan Zee, Zuid-Holland	NL 2760–840
Klijndijk/Odoorn, Drenthe	NL 5065–853
Kortgene, Bevel./Zeeld.	NL 1720–837
Koudekerke, Walcheren/Zeeld.	NL 1370–834
Koudum, Friesland	NL 4250–848
Kring van Dorth-Gorssel, Gelderl.	NL 6510–856
Kropswolde, Groningen	NL 4700–852
Lage Mierde, Noord Brabant	NL 7740–861
Lauwersoog, Groningen	NL 4900–852
Lathum, Gelderland	NL 6670–857
Lattrop, Overijssel	NL 5600–854
Leek, Groningen	NL 4810–852
Leersum, Utrecht	NL 7200–860
Leeuwarden, Friesland	NL 4380–850
Lelystad, Flevoland	NL 6300–856
Loosdrecht, Utrecht	NL 7470–860
Lunteren, Gelderland	NL 6840–858
Luttenberg, Oberijssel	NL 5800–855
Luyksgestel, Noord Brabant	NL 7700–861
Maasbree, Limburg	NL 8190–863
Makkum, Friesland	NL 4320–850

Markelo, Overijssel	NL 5750–855
Maurik, Gelderland	NL 6810–858
Middelburg, Walcheren/Zeeld.	NL 1400–834
Mierlo, Noord Brabant	NL 7640–860
Molkwerum, Friesland	NL 4246–848
Nes, Insel Ameland	NL 4480–851
Nieuwvliet, Zeeuws-Vlaand.	**NL 1290–833**
Noord-Scharwoude, Noord-Holland	NL 3750–844
Noordwijk, Zuid-Holland	NL 2850–840
Offingawier bei Sneek, Friesland	NL 4290–850
Oisterwijk, Noord Brabant	NL 7780–862
Oosterhout, Noord Brabant	NL 7930–862
Oostkapelle, Walcheren/Zeeld.	**NL 1610–836**
Opende, Groningen	NL 4850–852
Ossenzijl, Overijssel	NL 5920–855
Otterlo, Gelderland	NL 6850–858
Ouddorp, Zuid-Holland	NL 2250–839
Oudkarspel, Noord-Holland	NL 3752–844
Panningen, Limburg	NL 8220–863
Petten, Noord-Holland	NL 3780–844
Plasmolen, Limburg	NL 8010–862
Renesse, Schouwen/Zeeld.	NL 1890–838/839
Rijnsburg, Zuid-Holland	NL 2780–840
Roden-Nietap, Drenthe	NL 5470–854
Roggel, Limburg	NL 8260–864
Rolde, Drenthe	NL 5395–854
Roosendaal-Nispen, Noord Brabant	NL 7835–862
Rotterdam, Zuid-Holland	NL 2100–839
Ruinen, Drenthe	NL 5250–853
Schoorl, Noord-Holland	NL 3770–844
Sellingen, Groningen	NL 4630–852
St. Kruis/Oostburg, Zeeuws-Vlaand.	NL 1250–832
St. Maartenszee, Noord-Holland	NL 3800–844/846
Steendam, Groningen	NL 4530–851
Sondel, Friesland	NL 4210–848
Stavoren, Friesland	NL 4240–848
Susteren, Limburg	NL 8380–864
Tacozijl-Lemmer, Friesland	NL 4180–848
Termunterzijl, Groningen	NL 4510–851
Terschelling-Formerum	NL 4440–851
Terschelling-Hee	NL 4430–851
Terschelling-West, Friesland	NL 4420–851
Tzummarum, Friesland	NL 4350–850
Uitdam, Noord-Holland	NL 3260–842
Urk, Flevoland	**NL 6400–856**
Vaals, Limburg	NL 8490–865
Valkenburg, Limburg	NL 8480–864/865
Valkenswaard, Noord Brabant	NL 7680–860/861
Vlissingen, Walcheren/Zeeld.	NL 1350–834
Vogelenzang, Noord-H.	NL 3450–843
Vrouwenpolder, Walch./Zld.	NL 1640–836
Wageningen-Hoog, Gelderland	NL 6825–858
Warns, Friesland	NL 4243–848
Wassenaar, Zuid-Holland	NL 2680–840
Wedde, Groningen	NL 4600–851
Weidum, Friesland	NL 4375–850
Well, Limburg	NL 8080–863
Wemeldinge, Zeeland	NL 1020–832
Westenschouwen, Zeeland	NL 1860–838
Westerbroek, Drenthe	NL 5320–853
Westergeest, Friesland	NL 4040–847
Westerland, Noord-Holland	NL 3010–840
Westkapelle, Walcheren/Zeeld.	NL 1500–835
Wezuperbrug, Drenthe	NL 5080–853
Wieringerwerf, Noord-Holland	NL 3050–841
Wijckel, Friesland	NL 4200–848
Wijdenes, Noord-Holland	NL 3160–842
Winterswijk, Gelderlad	NL 6620–857
Witmarsum, Friesland	NL 4330–850
Wolphaartsdijk, Z.-Beveld./Zld.	**NL 1750–837/838**
Workum, Friesland	NL 4260–849
Woudenberg, Utrecht	NL 7150–860
Zandpol, Drenthe	NL 5150–853
Zeewolde, Flevoland	NL 6120–856
Zeist, Utrecht	NL 7100–860
Zoutelande, Walcheren/Zeeld.	NL 1480–835
Zwolle, Overijssel	NL 5850–855

P – PORTUGAL

Campingplätze	ab Seite 866
Reiseinformationen	Seite 865/866
Übersichtskarte	Seite 865

Albufeira, Algarve	**P 7040–871**
Alenquer	P 5050–869
Arganil, Beira Litoral	P 1280–866
Armaçao de Pera, Algarve	P 7035–871
Beja, Alentejo	P 1530–867
Caminha, Minho	P 2020–867
Cascais, Estremadura	P 5060–869
Castro Daire, Beira Alta	P 1230–865
Coimbra, Beira Litoral	P 1270–866
Costa da Caparica, Estremadura	P 5075–870
Covas	P 2010–867
Darque, Minho	P 2050–867
Évora, Alentejo	P 1430–867
Figueira da Foz, Beira Litoral	P 4080–868
Fontaínhas, Estremadura	P 5085–870
Foz do Arhelho, Estremadura	P 5030–869
Gafanha da Nazaré, Aveira	P 4042–868
Gala bei Figueira da Foz, Beira Lit.	P 4090–868
Guarda, Beira Alta	P 1220–866
Idanha-a-Nova	P 1300–866
Ilhavo - Costa Nova, Beira Litoral	P 4045–868
Lagos, Algarve	P 7022–871
Lagos-Praia da Luz, Algarve	P 7020–871
Lavra bei Matosinhos, Minho	P 3040–868
Lisboa/Lissabon, Estremadura	P 5070–869
Louriçal, Beira Litoral	P 4095–869
Luso, Beira Litoral	P 1260–866
Marinha Grande, Estremadura	P 5010–869
Melo bei Gouveia, Guarda	P 1240–866
Montargil bei Ponte de Sôr	P 1365–867
Nazaré, Estremadura	P 5020–869
Olhão/Pinheiras de Marim, Algarve	P 7055–872
Peniche, Estremadura	P 5035–869
Portalegre, Alentejo	P 1310–867
Porto Covo, Alentejo	P 6000–870
Póvoa, Minho	P 3020–867
Praia de Mira, Beira Litoral	P 4060–868
Quarteira, Algarve	P 7045–872
Quiaios, Beira Litoral	P 4075–868
Salema bei Vila do Bispo, Algarve	P 7015–870
São Jacinto bei Aveiro, Beira Litoral	P 4040–868
Vila de Sagres, Algarve	P 7010–870
Vila do Conde, Minho	P 3030–868
Vila Flor, Braganca, Norte	P 1000–866
Vila Nova de Cacela, Algarve	P 7075–872
Vila Nova de Gaia	P 3070–868
Vila Nova de Milfontes, Alentejo	P 6050–870
Viseu, Beira Alta	P 1250–866

DCC – DEIN PARTNER!

PL – POLEN

Campingplätze	ab Seite 873
Reiseinformationen	Seite 872/873
Übersichtskarte	Seite 873

Antonin, Großpolen	PL 7500–881
Baków	PL 6300–880
Baranowo, Großpolen	PL 7290–880
Bialogóra, Pommern	**PL 2040–875**
Bielsko Biala, Schlesien	PL 5050–879
Bronków, Lubuskie	PL 7000–880
Chlapowo, Pommern	PL 2070–875
Cieplice, Niederschlesien	PL 6100–879
Czestochowa, Schlesien	PL 5000–879
Dziwnów, Westpommern	PL 1250–874
Dziwnówek, Westpommern	**PL 1260–874**
Elblag, Ermland-Masuren	PL 3000–877
Frombork, Ermland-Masuren	PL 3030–877
Gaj bei Kraków, Kleinpolen	PL 5120–879
Jastarnia, Pommern	PL 2080–876
Jelenia Góra, Niederschlesien	PL 6110–880
Kolobrzeg, Westpommern	PL 1310–874
Kosewo, Ermland-Masuren	PL 3201–878
Kotczewo-Swietousc, Westpommern	PL 1240–874
Kraków, Kleinpolen	PL 5100–879
Kretowiny, Ermland-Masuren	PL 3070–877
Krynica Morska, Pommern	PL 2130–876
Leba, Pommern	PL 2020–875
Malbork, Pommern	PL 2290–876/877
Miedziana Góra, Swietokrzyskie	PL 4320–878/879
Miedzyzdroje, Westpommern	PL 1210–874
Mielno, Westpommern	PL 1330–875
Mikolajki, Ermland-Masuren	PL 3210–878
Milkow, Niederschlesien	PL 6150–880
Mragowo, Ermland-Masuren	PL 3200–877/878
Mrzezyno, Westpommern	PL 1300–874
Pakość, Kujawien-Pommern	PL 2450–877
Pasym, Ermland-Masuren	PL 3100–877
Polanica Zdrój, Niederschlesien	PL 6250–880
Pozezdrze-Harsz, Ermland-Masuren	PL 3250–878
Poznań, Grosspolen	PL 7300–880
Przeworsk, Karpatenvorland	PL 5200–879
Przywidz, Pommern	PL 2260–876
Sandomierz, Swietokrzyskie	**PL 4300–878**
Siemczyno-Piaseczno, Westpomm.	**PL 1100–874**
Sopot, Pommern	PL 2090–876
Stegna Port, Pommern	PL 2120–876
Sulecin, Lubuskie	**PL 7100–880**
Suleczyno, Pommern	PL 2230–876
Swinoujscie, Westpommern	PL 1200–874
Szczecin-Dabie, Westpommern	PL 1000–873
Toruń, Kujawien-Pommern	PL 2400–877
Ustka, Pommern	PL 2000–875
Warszawa, Masowien	**PL 4000–878**
Wegorzewo, Ermland-Masuren	PL 3252–878
Wegrow, Masowien	PL 4050–878
Wieliczka, Kleinpolen	PL 5140–879
Wladyslawowo-Chalupy, Pommern	PL 2060–875
Woliborz, Niederschlesien	PL 6200–880
Wroclaw, Niederschlesien	PL 6000–879
Września, Großpolen	PL 7390–881
Wygryny bei Ukta, Ermland-Masuren	PL 3150–877
Zakopane, Kleinpolen	PL 5190–879
Zawory-Chmielno, Pommern	PL 2200–876
Zieleniewo, Westpommern	PL 1050–873

RO – RUMÄNIEN

Campingplätze	ab Seite 881
Reiseinformationen	Seite 881
Übersichtskarte	Seite 881

Aurel Vlaicu bei Sebes	RO 1100–882
Băile Felix, Oradea	RO 1010–881
Baile Tusnad	RO 1380–882
Bicaz-Potoci	RO 3150–883
Bran bei Brasov	RO 1430–882
Brasov	RO 1400–882
Cisnădioara bei Sibiu	RO 1155–882
Dărmănești bei Bacau	RO 3200–883
Eforie-Sud	RO 1700–882
Făget-Cluj	RO 1050–882
Gilău bei Cluj-Napoca	RO 1040–882
Mamaia	RO 1670–882
Mangalia-Olimp	RO 1720–882
Mehadia, Baile Herculane	RO 2150–883
Murighiol	RO 3550–883
Timisoara	RO 2100–882
Targu Mures	RO 1300–882
Vatra Dornei	RO 3000–883

RUSS. FÖDERATION

Campingplätze	ab Seite 884
Reiseinformationen	Seite 883/884
Übersichtskarte	Seite 883

Kaliningrad (Königsberg)	RUS 1260–884
Lesnoje	RUS 1290–884
Moskau	RUS 1100–884
Pjatigorsk	RUS 2000–885
Sankt Petersburg	RUS 1000–884
Smolensk	RUS 1050–884
Sotschi Dagomys	RUS 2050–885
Svetlogorsk, Ostseebad	RUS 1280–884

S – SCHWEDEN

Campingplätze	ab Seite 886
Reiseinformationen	Seite 885/886
Übersichtskarte	Seite 885

Åhus, Blekinge	S 1225–887
Ånäset, Västerbotten	S 5640–897
Åre, Jämtland	S 4720–893
Årjang, Värmland	S 4440–893
Åsa, Halland	S 3150–890
Älmhult, Småland	S 2040–888
Älvdalen, Dalarna	S 5165–896
Askim, Göteborg, Västergötland	S 3170–890/891
Ava bei Lögdeå, Västerbotten	S 5360–897
Båstad, Skåne	S 2020–888
Beddingestrand, Skåne	S 1180–887

Bengtsfors, Dalsland	S 4345–893
Bjästa, Ångermanland	**S 5347–896**
Bergkvara, Småland	S 1500–887
Bolmsö-Ljungby, Småland	S 2050–889
Borensberg, Östergötland	S 2300–889
Borlänge, Dalarna	S 5101–895
Bromma, Stockholms Län	S 2700–890
Domsjö bei Örnsköldsvik	S 5348–896/897
Enköping, Uppland	S 5040–894
Falkenberg, Halland	S 3070–890
Figeholm, Småland	S 1760–888
Filipstadt, Värmland	S 4453–893
Finnerödja, Västergötland	S 3600–891
Fjälkinge, Skane	S 1230–887
Fjällbacka, Bohuslän	S 4200–892
Garphyttan, Närke	S 3670–892
Gällivare, Lappland	S 5800–898
Gnosjö, Småland	S 3180–891
Göteborg, Västergötland	S 3175–891
Gräddö, Uppland	S 5050–894
Grängesberg, Västmanland	S 4460–893
Grebbestad, Bohuslän	S 4260–892
Gullbrandstorp, Halland	S 3050–890
Hallstahammar, Västmanland	S 3700–892
Hällefors, Västmanland	S 4455–893
Hällevikstrand, Insel Orust, Bohuslän	S 4140–892
Härnösand, Ångermanland	S 5300–896
Hassela, Hälsingland	S 5230–896
Hede, Jämtland	S 4660–893
Hestra-Isaberg, Småland	S 3250–891
Höör, Skåne	S 1125–886
Hunnebostrand, Bohuslän	S 4180–892
Idre, Dalarna	S 5180–896
Iggesund, Hälsingland	S 5220–896
Jönköping, Småland	S 2150–889
Jokkmokk, Lappland	S 5780–897
Kärradal bei Varberg, Halland	S 3090–890
Karesuando, Norrbotten	S 5900–898
Karlskrona, Blekinge	S 1400–887
Karlstad, Värmland	S 4300–892
Kiruna, Norbotten/Lappland	S 4950–894
Köpingebro, Skåne	S 1190–887
Köpingsvik, Öland	S 1700–887
Kungshamn, Bohuslän	S 4160–892
Läckeby, Småland	S 1900–888
Landskrona, Skåne	S 1050–886
Leksand, Dalarna	S 5150–895
Lindesberg, Västmanland	S 5020–894
Linghed, Dalarna	S 5155–895
Luleå, Norrbotten	S 5740–897
Lycksele, Västerbotten	S 5630–897
Malmö, Skåne	S 1100–886
Mariefred, Södermanland	S 2550–889
Marstrand, Bohuslän	S 4010–892
Mellbystrand, Småland	S 2025–888
Mellerud, Dalsland	S 4347–893
Mölle, Skåne	S 1030–886
Mölndal, Göteborg, Västergötland	S 3140–890
Mönsterås, Småland	S 1745–888
Mörbylånga, Öland	S 1670–887
Njurunda, Medelpad	S 5240–896
Nora, Västmanland	S 3675–892
Norberg, Västmanland	S 5005–894
Norrköping, Östergötland	S 2360–889
Norrtälje, Uppland	S 5052–895
Ockelbo, Gästrikland	S 5157–895
Odensbacken-Hampetorp, Närke	S 3645–891
Örebro, Närke	S 3650–891
Östersund, Jämtland	S 4700–893
Östhammar, Uppland	S 5080–895
Överkalix, Norbotten	S 5750–897
Orsa, Dalarna	S 5160–895
Oskarshamn, Småland	S 1750–888
Piteå, Norrbotten	S 5700–897
Råå, Skåne	S 1010–886
Ramvik, Ångermanland	S 5315–896
Röstånga, Skåne	**S 1075–886**
Ryd-Norraryd, Småland	S 1300–887
Sala, Västmanland	S 5000–894
Sälen, Dalarna	S 5170–896
Sandarne, Hälsingland	S 5210–896
Siljansnäs, Dalarna	S 5153–895
Simrishamn, Skåne	S 1200–887
Sjöbotten bei Vindeln, Västerbotten	S 5635–897
Sjötorp, Västergötland	S 3570–891
Skärholmen bei Stockholm	S 2750–890
Skärplinge-Ängskär, Uppland	S 5085–895
Skellefteå, Västerbotten	S 5660–897
Sollerön, Dalarna	S 5159–895
Sorsele, Västerbotten	S 4930–894
Storuman, Västerbotten	S 4900–894
Strängnäs, Södermanland	S 2530–889
Strömstad, Bohuslän	S 4290–892
Strömsund, Jämtland	S 4750–894
Täby, Stockholms Län	S 2570–889
Tärnaby, Västerbotten	S 4920–894
Tibro, Västergötland	S 3380–891
Tidaholm, Västergötland	S 3370–891
Timmernabben, Småland	S 1740–888
Torsby, Värmland	S 4470–893
Trelleborg, Skåne	S 1150–886/887
Ulricehamn, Västergötland	**S 3320–891**
Umeå, Västerbotten	S 5636–897
Västervik, Småland	S 1770–888
Varberg, Halland	S 3091–890
Vaxholm, Stockholms Län	S 2710–890
Värmdö, Uppland	S 2800–890
Vikbolandet, Östergötland	S 2330–889
Vilhelmina, Västerbotten	S 4800–894
Visby, Insel Gotland	S 1850–888
Vittsjö, Skåne	S 2010–888
Vreta Kloster, Östergötland	S 2280–889

SK – SLOWAKISCHE REPUBLIK

Campingplätze	ab Seite 898
Reiseinformationen	Seite 898
Übersichtskarte	Seite 899

Bojnice	SK 1060–899
Bratislava	SK 1001–898/899
Demänovská Dolina	SK 2050–899
Dolný Kubin	SK 1099–899
Hrabušice	SK 2170–900
Košiče	SK 2400–900
Levoča	SK 2200–900
Martin Vrútky	SK 1090–899
Piešťany	SK 1050–899
Tajov	SK 3100–900
Tatranská Lomnica, Hohe Tatra	SK 2150–899
Trenčin	SK 1080–899
Turany	SK 1098–899

Varin bei Žilina	SK 1100–899
Veľaty	SK 2600–900
Vinné	SK 2500–900
Zvolen	SK 3150–900

SLO – SLOWENIEN

Campingplätze	ab Seite 901
Reiseinformationen	Seite 900/901
Übersichtskarte	Seite 901

Ankaran	SLO 4060–904
Banovice bei Veržej	SLO 1070–902
Bled	SLO 2030–903
Bohinjska Bistrica	SLO 2040–903
Bohinjsko Jezero	SLO 2035–903
Bovec	SLO 4010–904
Dornberk bei Nova Gorica	SLO 4030–904
Čatež ob Sovi, Terme Čatež	**SLO 2170–904**
Gozd-Martuljek	SLO 2010–902
Kanal ob Soči	SLO 4020–904
Kobarid	SLO 4015–904
Lendava	**SLO 1090–902**
Lesce	SLO 2020–903
Ljubljana-Ježica	SLO 2100–904
Mojstrana	SLO 2018–902
Moravske Toplice	SLO 1080–902
Podčetrtek	SLO 1037–901
Portorož	SLO 4080–905
Postojna	SLO 4040–904
Prebold	SLO 1040–901/902
Ptuj	SLO 1060–902
Rečica ob Savinji	SLO 1042–902
Smlednik	SLO 2060–904
Varpolje bei Rečica ob Savinji	**SLO 1045–902**

TR – TÜRKEI

Campingplätze	ab Seite 905
Reiseinformationen	Seite 905
Übersichtskarte	Seite 907

Akçakoca-Düzce	TR 1550–906
Akkaya bei Sile/Istanbul	**TR 1500–906**
Aksaray, Niğde	TR 3350–909
Anamur	TR 2580–908/909
Antalya	TR 2450–908
Ayvalik, Balikesir	TR 2190–906
Bergama	TR 2195–906
Bodrum-Gümbet, Bodrum	TR 2300–907
Bögazkale, Corum	TR 3150–909
Burhaniye, Balikesir	TR 2180–906
Ciftlikköy, Izmir	TR 2230–906
Çiğlik Kasabasi	TR 2400–908
Dalyan, Mugla	TR 2322–908
Datca-Aktur	TR 2310–907
Demirtas, Alanya	TR 2550–908
Denizli	TR 2330–908
Eceabat bei Çanakkale	TR 2160–906
Edirne, Edirne	TR 1100–905/906
Eğirdir, Isparta	TR 2420–908
Erdek, Bursa	TR 2120–906
Göreme, Nevşehir	TR 3420–909
Gümüldür, Izmir	TR 2235–907
Güzelbahce, Izmir	TR 2210–906
Iskenderun	TR 2700–909
Kahta am Nemrut Dag	TR 3700–910
Kas	TR 2335–908
Kemer	TR 2445–908
Kizkalesi	TR 2620–909
Kizilot-Beldesi, Manavgat	TR 2505–908
Manavgat, Antalya	TR 2500–908
Marmaris, Mugla	TR 2320–907
Ortahisar, Ürgüp/Nevşehir	TR 3500–909
Selçuk, Kuşadasi	TR 2240–907
Sile, Istanbul	TR 1510–906
Sultanhani, Aksaray	TR 3340–909
Taşucu	TR 2600–909
Ünye, Ordu	TR 4200–910

MA – MAROKKO

Campingplätze	ab Seite 910
Reiseinformationen	Seite 910
Übersichtskarte	Seite 911

Agadir	MA 1059–911
Casablanca	MA 1045–911
El Jadida	MA 1049–911
Essaouira, Mogador/Essaouira	MA 1055–911
Guelmim	MA 1062–911
Ifrane, Meknés	MA 1070–912
Imiouaddar (Aghroud)	MA 1058–911
Marrakesch	MA 1063–912
Meknés	MA 1075–912
Melilla	MA 2000–912
Mohammedia, Casablanca	MA 1040–911
Safi	MA 1053–911
Sale-Plage, Rabat	MA 1035–911
Tanger	MA 1005–910
Zagora, Quarzazate	MA 1066–912

Noch kein DCC-Mitglied?
Sie wollen »eines« werden und die vielen Vorteile genießen – Anmeldeformular finden Sie in der Kartentasche am Ende des Buches.
Bis bald – wir freuen uns auf Sie!
Ihr DCC-Team

Ferientermine in den Ländern der Bundesrepublik

Land	Winter von	Winter bis	Ostern von	Ostern bis	Pfingsten von	Pfingsten bis	Sommer von	Sommer bis	Herbst von	Herbst bis	Weihnachten von	Weihnachten bis
Baden-Württemberg	–	–	17.3.	28.3.	13.5.	23.5.	24.7.	6.9.	27.10.	30.10.	22.12.08	10.1.09
Bayern	4.2.	9.2.	17.3.	29.3.	13.5.	24.5.	4.8.	15.9.	3.11.	5.11.	22.12.08	5.1.09
Berlin		4.2.	17.3.	29.3.	2.5.+13.5.–16.5.		16.7./17.7.–29.8.		20.10.	31.10.	22.12.08	3.1.09
Brandenburg		4.2.	19.3.	28.3.	13.5.	16.5.	17.7.	30.8.	20.10.	30.10.	22.12.08	3.1.09
Bremen	31.1.	1.2.	10.3.	25.3.	13.5.	16.5.	10.7.	20.8.	13.10.	25.10.	22.12.08	6.1.09
Hamburg		1.2.	10.3.	20.3.	2.5.+13.5.–17.5.		17.7.	27.8.	13.10.	25.10.	22.12.08	2.1.09
Hessen	–	–	25.3.	5.4.	–		23.6.	1.8.	6.10.	18.10.	22.12.08	10.1.09
Mecklenburg-Vorpommern	4.2.	16.2.	17.3.	26.3.	9.5.	13.5.	21.7.	30.8.	27.10.	1.11.	27.12.08	3.1.09
Niedersachsen	31.1.	1.2.	10.3.	26.3.	2.5. + 13.5.		10.7.	20.8.	13.10.	25.10.	22.12.08	6.1.09
Nordrhein-Westfalen	–	–	17.3.	29.3.	13.5.		26.6.	8.8.	29.9.	11.10.	22.12.08	6.1.09
Rheinland-Pfalz	–	–	12.3.	28.3.	–		23.6.	1.8.	6.10.	17.10.	22.12.08	7.1.09
Saarland	31.1.	6.2.	17.3.	29.3.	–		30.6.	9.8.	4.10.	18.10.	19.12.08	3.1.09
Sachsen	4.2.	15.2.	20.3.	28.3.	2.5.+10.5.–13.5.		14.7.	22.8.	20.10.	30.10.	22.12.08	2.1.09
Sachsen-Anhalt	2.2.	9.2.	17.3.	20.3.	13.5.	23.5.	10.7.	22.8.	13.10.	17.10.	22.12.08	5.1.09
Schleswig-Holstein	–	–	20.3.	5.4.	–		21.7.	30.8.	13.10.	25.10.	22.12.08	7.1.09
Thüringen	4.2.	9.2.	22.3.	28.3.	13.5.	16.5.	10.7.	20.8.	13.10.	24.10.	20.12.08	3.1.09

Angegeben sind jeweils der **erste** und **letzte** Ferientag

Angaben ohne Gewähr!

DCC-Anschriften

Präsident: Dipl.-Ing. Karl Zahlmann, Im Weidenkamp 12 f, 38304 Wolfenbüttel

Vizepräsident: Dipl.-Ing. Andreas Jörn, Kastanienstr. 17, 39124 Magdeburg

Vizepräsident: Dipl.-Ing. Jörg Radestock, Lerchenfeld 54, 23701 Eutin

Caravan & Motorcaravan: Dieter Diekmann, Im Schwarzwald 42, 46244 Bottrop, Tel. 02045/81168, mob. 0160/8882603, Fax 0201/8252741

Zeltreferent: Joachim Meyer-Boye, Unterm Schlössle 6, 77709 Oberwolfach, Tel. 07834/1500, mob. 0172/6688922, Fax 07834/868777

Technischer Referent: Nikolaus Beran, Theresienhöhe 3, 80339 München

Touristikreferent: Werner Dühnen, Otterweg 54d, 26123 Oldenburg

Sport- und Wassersportreferent: Bernd Dietz, Im Holzgraben 13, 67737, Olsbrücken, Tel. 06308/209582, Fax 06308/209582

Satzungsreferent: Frank Hildmann, Am Schmeding 66, 12685 Berlin, Tel. 030/54378896, Fax 030/54378897

Club-Syndikus: RA Josef Krammer, Schwanthalerstraße 73/IV, 80336 München

DZJ Bundesjugendwart: Olaf Lehmann, Billstedter Pfad 13 E, 13591 Berlin, Tel. 030/3663938, Fax 030/36711625

Hauptgeschäftsstelle: Mandlstr. 28, 80802 München, Tel. 089/3801420, Fax 089/38014260, E-Mail: info@camping-club.de, Internet: www.camping-club.de

LV BADEN e.V. 01

1. Vors. Karl-Heinz Vogt, Postfach 411061, 76210 Karlsruhe, Tel. 0721/493758, Handy 0172/7274218, Fax 0721/9416138, E-Mail: campingzubehoer.vogt@arcor.de

RC Baden e.V., Hella Wilhelm, Mannheimer Str. 20, 68542 Heddesheim, Tel. 06203/42420, Fax 06203/42420

CC Breisgau e.V., Arthur Weisskopf, Industriestr. 2, 79194 Gundelfingen, Tel. 0761/5899249, Handy 0172/1615999, E-Mail: arthur.weiskopf@t-online.de

CC Hegau-Bodensee e.V., Franz Krösser, F.-A. Mesmer Str. 8, 78345 Moos-Iznang, Tel. 07732/4639, Fax 07732/970118, E-Mail: franz_kroesser @web.de

CC Hochrhein e.V., Peter Dums, Röttelnblick 22, 79540 Lörrach 5, Tel. 07621/424252, Fax 07621/446581, E-Mail: peter.dums@t-online.de

OC Karlsruhe e.V., David Lawrence, Ernst-Friedrich-Str. 2, 76227 Karlsruhe, Tel. 0721/403532

RC Rally Freunde Süd-West e.V., Hans Hirsch, Bgm.-Helmling-Str. 6, 68723 Plankstadt, Tel. 06202/10996, 4789, Fax 06202/18478, E-Mail: hans.hirsch@t-online.de

CC Waldshut e.V., Roland Keller, Saizig 14, 79771 Klettgau, Tel. 07742/2639, Fax 07742/2639, E-Mail: keller.klettgau@t-online.de

CF Bergwiesen Malsch e.V., Wilfried Petri, Prätoriusstr. 15, 76448 Durmersheim, Tel. 07245/2409, Handy 0175/5502722, E-Mail: wg.1721@ web.de

LV BERLIN e.V. 02

1. Vors. Dipl.-Ing. Klaus-Eberhard Lehmann/Geschäftsstelle, Kladower Damm 207-213, 14089 Berlin, Tel. 030/2186071, 030/2186072, Fax 030/2134416, E-Mail: info@dccberlin.de

OC Wilmersdorf/Charlottenburg/Spandau, Klaus Lewandowski, Gatower Str. 2, 13595 Berlin, Tel. 030/3611971, Fax 030/36287535

OC Neukölln/Kreuzberg, Gerald Mewes, Karl-Marx-Str. 171, 12043 Berlin, Tel. 030/6872743, Handy 0152/08573004, E-Mail: gerald.mewes@ bdr.de

OC Schöneberg/Tempelhof, Peter Meyhöfer, Sembritzkistr. 1, 12169 Berlin, Tel. 030/7961130, Handy 0163/7961130, E-Mail: daimler@imail.de

OC Tiergarten, Norbert Zach, Wilhelm Gericke Str. 34, 13437 Berlin, Tel. 030/4144900, Handy 0171/6781098

OC Zehlendorf/Steglitz, Horst Lemke, Jägerndorfer Zeile 64, 12205 Berlin, Tel. 030/8117841

OC Motorcaravan-Gemeinschaft, Peter Zyla, Grüner Weg 13, 12359 Berlin, Tel. 030/6016113

OC Mitte, Helmut Koch, Lichtenbergerstr. 27, 10179 Berlin, Tel. 030/2497921, Fax 030/92254585

OC Märkische Heide Berlin, Olaf Heilmann, Kremmener Str. 47, 16515 Oranienburg, Tel. 03301/530458, Fax 03301/530486

LV BRANDENBURG e.V. 20

1. Vors. Lothar Uschner, Gartenstraße 15, 03119 Welzow, Tel. 035751/20527, Handy 0171/ 6472896, Fax 035751/12184, E-Mail: l.uschner@ online.de

CC Cottbus Die Lausitzer e.V., Michael Hoffmann, Görigker Weg 6, 03116 Domsdorf, Tel. 035602/22411

OC Caravan-Tourist Calau e.V., Bodo Rehfeldt, Altnauer Str. 86, 03205 Calau, Tel. 03541/2067

LV HAMBURG e.V. 03

1. Vors. Ingrid Hubacher, Blumenstieg 11, 22605 Hamburg, Tel. 040/828779, Handy 0172/4310981, Fax 040/828779, E-Mail: Fam.hubacher @arcor.de

Zeltsportclub Hamburg (OC III), Gerhard Werner, Grote Raak 66, 22417 Hamburg

CC Seebrook e.V. (OC V), Michael Neben, Lehmbarg 1, 22848 Norderstedt, Tel. 040/5234629

CC Alster e.V. (OC VII), Hans-Peter Hoffmann, Papenstr. 69, 22089 Hamburg, Tel. 040/2006656

CC Waterkant e.V. (OC IX), Michael Schütt, Flurweg 9c, 21244 Buchholz, Tel. 04181/98861

CRG (OC X) Hamburg e.V., Hans-Peter Artmann, Karl-Arnold-Ring 38, 21109 Hamburg, Tel. 040/ 7543085

OC Fofftein (OC XV), Günter Schönberg, Meisenstr. 28, 22305 Hamburg

KC 1. Motorcaravan-Club Hamburg, Hans-Jürgen Elwert, Rügenwalder Str. 17, 22143 Hamburg, Tel. 040/6470711

LV HESSEN e.V. 04

1. Vors. Heribert H. Diehl, Nachtweide 62, 64659 Nauheim, Tel. 06152/69727, Handy 0172/6160481, Fax 06152/960258, E-Mail: hhdiehl@vr-web.de

CC Bergstraße e.V., Klaus Köhler, Ernst-Moritz-Arndt-Str. 22, 64646 Heppenheim, Tel. 06252/71402, E-Mail: kl.koehler@gmx.de

KC Breitenbrunn e.V., Gertrud Pfeifer, Neunkirchen 63a, 64397 Modautal Tel. 06254/38227, Fax 06254/2007

CC Frankfurt-Taunus Taunusfüchse, Ingrid Stroh, Olbrichstr. 38, 60488 Frankfurt, Tel. 069/761764

RF Kassel e.V., Uwe Hoffart, Gleiwitzer Str. 5, 34225 Baunatal Tel. 05601/8592, Fax 05601/8592, E-Mail: tamauh@gmx.de

CC Lahn, Gerhard Rink, Am Anger 2, 35578 Wetzlar, Tel. 06441/76821, Handy 0170/4421961, Fax 06441/76821, E-Mail: camping clublahn@ aol.com

OC Offenbach/M. e.V., Eduard Gerhardt, Seligenstädter Str. 74–76, 63179 Obertshausen, Tel. 06104/971680, Fax 06106/21285, E-Mail: eduardgerhardt@aol.com

Camping- und Caravanfreunde Rodgau e.V., Klaus Scheich, Paul-Gerhart-Str. 1, 63110 Rodgau, Tel. 06106/3282, Handy 0173/3227879, E-Mail: klausccr@aol.com

RC Rhein-Main, Wilfried Schneller, Niederhofheimer Str.38i, 65719 Hofheim, Tel. 06192/21370, Fax 06192/26026, E-Mail: rcrm@dissinger.de

OC Wiesbaden e.V., Klaus Herdt, Elsa-Brandström-Straße 1, 55124 Mainz, Tel. 06131/684526

Wiesbadener CC e.V., Werner Beuter, Rüsselsheimer Allee 13, 55130 Mainz, Tel. 0611/563591, Handy 0171/5326363, Fax 0611/563591

Motorcaravan-Club Main-Taunus Die »Plattfüss«, Siegmund Franzke, Gleithainer Str. 3, 04651 Prießnitz, Tel. 034345/23154, Handy 0171/7126815, Fax 03433/740546, E-Mail: helgafranke @aol.com

Caravan- & Motorcaravanclub Vogelsberg, Gerhard Hansel Schillerstr. 14, 36361 Wartenberg, Tel. 06641/918037, Fax 06641/918036, E-Mail: gerhardhansel@aol.com

LV MECKLENBURG-VORPOM. e.V. 19

1. Vors. Steffen Hoffmann, Weinbergsweg 18, 17094 Burg Stargard, Tel. 039603/22843, Handy 0171/6407054, Fax n. Vorank.: 039603/23269, E-Mail: FIBS.Hoffmann@t-online.de

Caravan- u. Rally-Club Nordstern, Klaus Scharff, Hans-Fallada-Str. 7, 17235 Neustrelitz, Tel. 03981/443085, Handy 0175/8148422, E-Mail: CRC-Nordstern@web.de

Caravan-Club Anklam, Volker Wehrenberg, Hamburger Ring 28, 17389 Anklam, Tel. 03971/210645, E-Mail: stako-anklam@t-online.de

LV MITTELRHEIN e.V. 05

1. Vors. Jochem Schorn, Parkstraße 21, 40789 Monheim, Tel. 02173/3928016, Handy 0176/20618321, E-Mail: jochem.schorn@t-online.de

Aachener CC e.V. Dreiländereck, Edith Rosenthal Erberichshofstr. 8, 52078 Aachen, Tel. 0241/521496, Handy 0177/2871765, E-Mail: angelika_stefan@gmx.de

Bonner CC e.V., Helmut Schnell Urstadtstr. 4, 53129 Bonn, Tel. 0228/239632, E-Mail: ursula.helmut.schnell@t-online.de

KC Düren e.V. Rurtalzwerge, Peter Busch, Schulstraße 19, 52399 Merzenich, Tel. 02421/392365, Handy 0171/15449367, E-Mail: prbusch @web.de

CC Euskirchen e.V. Die Wanderfalken, Günther Patt, Gebrüder-Grimm-Str. 18, 53881 Euskirchen, Tel. 02251/57671, Handy 0171/7205289, Fax 02251/57671, E-Mail: guenther.patt@t-online.de

CC Grenzland e.V., Jürgen Schürmann, Einigkeitsstr. 27, 45133 Essen, Tel. 0201/423823, E-Mail: juergen.schuermann@ccgrenz land.de

Kölner CC e.V., Helmut Bliersbach, Vorgebirgsstr. 3, 50677 Köln, Tel. 0221/342539

RF Köln e.V., Willi Hohn, Schlehecken 16, 51503 Rösrath, Tel. 02205/6611

CRC Opladen e.V., Hans-Jürgen Gürschke, Odenthaler Str. 293, 51069 Köln, Tel. 0221/605120, Handy 0173/5237034

Radevormwalder CC e.V., Hans-Wilhelm Greve, An der Eick 15, 42477 Radevormwald, Tel. 02195/7609

CC Rhein-Wupper e.V., Karl Albert Lortzingstr. 25, 40724 Hilden, Tel. 02103/41510

CRF Selfkant e.V., Gerd Frenken, Vennstr. 65, 41836 Hückelhoven-Ratheim, Tel. 02433/60160, Handy 0160/6469176

CF Waldbröl e.V., Adolf Dannenberg, Dreisbacherstr. 6, 51674 Wiehl, Tel. 02296/1854, Handy 0177/8239458

LV MÜNSTERLAND e.V. 18

1. Vors. Udo Hunstiege, Moellerskamp 13, 45711 Datteln, Tel. 02363/61931, Handy 0171/2031949, Fax 02363/360878, E-Mail: udo-hunstiege@ versanet.de

Geschäftsstelle, Elke Petrat, Kruppstr. 19 b, 45711 Datteln, Tel. 02363/63894, E-Mail: petrat-lothar@versanet.de

CC Ossenkopp Coesfeld, Heinz Hessel Burgring 12, 48653 Coesfeld, Tel. 02541/83200

CC Gelsenkirchen, Annemarie Schubert, Ehmsenhof 4, 45889 Gelsenkirchen, Tel. 0209/86678

KC Glockenland/Warendorf, Ernst Gerdes, Gartenstraße 20, 59514 Welver, Tel. 02384/1436

OC Schloß-Geister Herten e.V., Rainer Viehl Kronstädter Str. 81, 45701 Herten, Tel. 02366/53185, E-Mail: rainer-viehl@versanet.de

CF Lotte im Tecklenburger Land, Herbert Lechtenberg, Ibbenbürener Straße 19, 48496 Hopsten, Tel. 05458/933082,

KCC Recklinghausen e.V., Helmut Müller, Haardstr. 12, 45721 Haltern am See, Tel. 02364/506504, E-Mail: campingclub-re@gmx.de

OC Rheine und Umgebung e.V., Gerd Freitag, Stefan-Zweig-Str. 34, 48161 Münster, Tel. 02533/2355

OC Rinkerode-Davert e.V., Johann Müller, Dillweg 31, 59229 Ahlen, Tel. 02388/1491

CC Steinfurter Zugvögel, Adolf Tiltmann, Nordwalder Str. 87, 48282 Emsdetten, Tel. 02572/2503

CC Borken Auf Achse, Ralf Gottwald, Kampstr. 14, 46325 Borken

LV NIEDERSACHSEN e.V. 06

1. Vors. Heiner Kühlborn, Badenstedter Str. 189, 30455 Hannover, Tel. 0511/494228, 0511/2605340, Handy 0172/5103481, Fax 0511/2605341, E-Mail: heinerkuehlborn@htp-tel.de

Geschäftsstelle, Corinna Kaiser, Osterstr. 24, 31863 Coppenbrügge, Tel. 05156/785992, Handy 0174/9803153, E-Mail: Kaiser_conny@web.de

CC Hildesheim »Die Schwalben«, Winfried Dörge, Hans-Holheim Str. 2, 37154 Northeim, Tel. 05551/7445, Fax 05551/5896430, E-Mail: w.doerge@arcor.de

OC Braunschweig e.V., Peter Stantscheff, Im Alten Dorfe 3, 38112 Braunschweig, Tel. 0531/311389, Handy 0179/3991516, E-Mail: peterstanni @aol.com

Celler CC, Willy Gerstenkorn, Schmalbachstr. 13, 38112 Braunschweig, Tel. 0531/325833, Handy 0160/1684536, E-Mail: wgerstenkorn@web.de

OC Gifhorn und Umgebung, Friedhelm Kessler, Borkumer Str. 2, 38518 Gifhorn, Tel. 05371/16883, Handy 0170/2133309, E-Mail: campingclub.gifhorn@gmx.de

CC Hannover, Jan Bronder, Theodor-Heuss-Ring 13, 30627 Hannover, Tel. 0511/5442589, Fax 0511/5442590, E-Mail: Jan. bronder@htp-tel.de

CC Alt Stöcken Hannover, Kurt Asche, In den Ilschen 11, 31515 Wunstorf, Tel. 05031/692840

CF Harz, Uwe Krahtz, Eichstr. 21, 30880 Laatzen, Tel. 0511/5295649, Handy 0172/5110129, E-Mail: anjakrahtz@aol.com

CC Elm-Lappwald e.V. Helmstedt, Jürgen Müller, Hauptstraße 84, 38350 Helmstedt, Tel. 05351/5539134, Handy 0171/2650841, Fax 05351/5539135, E-Mail: 1.vorsitzender@cc-elm-lappwald.de

CC Kehrwieder Hildesheim, Rolf Gödecke, Am Zimmerplatz 2, 31199 Diekholzen, Tel. 05064/951699, E-Mail: kaminholz-goedecke @t-online. de

CC Langenhagen »Die Hoppe's«, Peter Kaufmann, Habereck 45, 30853 Langenhagen, Tel. 0511/736204, Handy 0170/4012563, E-Mail: pundchkaufmann@htp-tel.de

CC Leinetal e.V., Wolfgang Henneberg, Am Westerberg 10, 37130 Gleichen, Tel. 05508/8187

CC Lüneburg, Karl-Günther Schmidt, Hasenburger Ring 11, 21335 Lüneburg, Tel. 04131/46510, Fax 04131/707212, E-Mail: Camping-club-lueneburg@arcor.de

CC Salzgitter, Wolfenbüttel und Umgebung, Heino Becker, Harzstr.16, 38667 Bad Harzburg, Tel. 05322/83239, Handy 0170/4800254, E-Mail: HeinoBecker@gmx.de

CC Weserbergland e.V., Peter Henkel Bergfeld Nord 14, 31319 Sehnde, Tel. 05138/3567, E-Mail: karinhenkel@t-online.de

CC Wolfsburg e.V., Ursula Podhayn Königsberger Ring 3, 38442 Wolfsburg, Tel. 05362/2545, Handy 0163/9647799, E-Mail: pod@oleco.net

LV NORDBAYERN e.V. 07

1. Vors. Horst Gensing, Böttgerstraße 13, 95173 Schönwald, Tel. 09287/50286, Handy 0171/2038449, Fax 09287/891688, E-Mail: horst-gensing@gmx.de

CC Ansbach, Gerhard Templer, Friedrich Bauer Straße 27, 91546 Neuendettelsau, Tel. 09874/5196

CC Bamberger Reiter, Karl Heinz Hacker, Hirtenwieslein 2, 95517 Emtmannsberg, Tel. 09209/16196, Handy 0171/1472812

CC Bayreuth, Wilhelm Feulner, Inselstr. 27, 95448 Bayreuth, Tel. 0921/20319, Fax 0921/20319, E-Mail: CCBay-Um@web.de

CC Coburg, Dietmar Herrgesell, Pinsenhofstr. 22, 96268 Mitwitz, Tel. 09266/588, Handy 0172/ 8524195

CC Dannberg, Campinggemeinschaft, Erika Moertel Gutenbergstraße 1, 91058 Erlangen, Tel. 09131/67364

OC Erlangen, Rudolf Hauenstein, Dorfstr. 18, 91056 Erlangen, Tel. 09131/992248

KC Hof/Saale, Heinz Markert, Gottengasse 3, 97500 Ebelsbach/Schönbach, Tel. 09522/6731

CC Noris Nürnberg, Justin Dotzel Am Fasanenholz 8, 91094 Langensendelbach, Tel. 09133/603839, Fax 09133/603840, E-Mail: ccc.noris@ gmx.de

CC Nürnberg, Ortsclub, Ulli Albrecht, Kirchenweg 28, 90768 Fürth, Tel. 0911/729225, E-Mail: Ulli.albrecht@oc-nbg.de

Rallyefreunde Oberpfalz e.V., Hans Reichl, Eichengasse 6, 92348 Berg-Richtheim, Tel. 09181/42467, Handy 0171/7480006, Fax 09181/42449, E-Mail: hans.reichl@t-online.de

CC Rangau, Jürgen Lübtow, Lohengrinstr. 36, 91126 Schwabach, Tel. 09122/71433, Handy 0172/772450, Fax 09122/16196, E-Mail: luejue@t-online.de

CC Schweinfurt, Günter Hiernickel Kant-Str. 19, 97506 Grafenrheinfeld, Tel. 09723/2582

OC Würzburg e.V., Peter Stronk, Höllricher Str. 10, 97783 Heßdorf, Tel. 09358/703, E-Mail: StronkPeter@aol.com

LV OSTWESTFALEN-LIPPE e.V. 14

1. Vors. Olaf Deidert, Karinstr. 5, 32423 Minden, Tel. 0571/320707, Fax 0571/320708, E-Mail: Olaf@Deidert.com

Bielefelder Camping Club e.V., Dieter Jeske, Amtenbrinksweg 21, 33332 Gütersloh, Tel. 05241/76256, Fax 05241/702544

OC Minden e.V., Monika Detering, Unterloh-Str. 22, 32457 Porta Westfalica, Tel. 05731/6200

CC Drei-Hasen Paderborn e.V., Franz Kooke, Mühlenflößstr. 20, 33175 Bad Lippspringe, Tel. 05252/4661

CF Kiek Süh Gütersloh, Peter Ingenhaag, Kupferstr. 10, 33415 Verl Tel. 05246/2563, Fax 05246/932167

OC Lemgo e.V., Konrad Kuprewitz, Im Winkel 23, 33034 Brakel, Tel. 05272/9169

CC Altkreis Lübbecke, Wolfgang Rahner, Mittelgang 10, 32339 Espelkamp, Tel. 05772/6097

RCG Wiehengebirge e.V., Dieter Willamowski, Leipziger Str. 7, 32339 Espelkamp, Tel. 05772/1724

RC Porta-Westfalica e.V., Karin Sierig, Kahlen Brink 26, 32457 Porta Westfalica, Tel. 05706/2228

1. Mindener CG e.V., Sylvia Deidert, Karinstr. 5, 32423 Minden

Ravensberger Teutonen e.V., Ursula Kleine, Bergstraße 30, 33619 Bielefeld, Tel. 0521/104462

Rallyhexen Lemgo e.V., Jürgen Trapp, Liegnietzer Str. 17, 32657 Lemgo, Tel. 05261/5277, E-Mail: juergen.trapp.lemgo@t-online.de

CC Falken der Ravensburg e.V., Gertrud Langer, Schillerstr. 3, 33803 Steinhagen, Tel. 05204/922660, Fax 05204/922662

RF Oerlinghausen e.V., Horst Büschenfeld, Pieperweg 16, 32107 Bad-Salzuflen, Tel. 05222/72708

RCG Senne e.V., Norbert Dirksmeier, Von Kleist-Str. 7, 33129 Delbrück, Tel. 05250/1403

OC Stukenbrock e.V. Die weißen Tauben, Axel Eikenbusch, Erikaweg 2a, 33758 Schloß Holte-Stukenbrock, Tel. 05207/6566

CF Die Kalletaler, Manfred Miera, Maasbecker Str. 72, 32602 Vlotho, Tel. 05733/6375

Rally-Freunde vom Berg, Thomas Maas, Weinbergweg 5, 32805 Horn Bad Meinberg, Tel. 05234/1812

LV RHEINLAND-PFALZ e.V. 08

1. Vors. Klaus Schacker, Hauptstr. 193, 66976 Rodalben, Tel. 06331/258650, Handy 0171/2818782, Fax 06331/258651

CC Bad Kreuznach, Gerlinde Dietz, Wasserpforte 14, 55546 Neu-Bamberg, Tel. 06703/4711, Fax 06703/4711

Country-, Camping- & Rallyfreunde Eisenbachtal e.V. 1988, Ute Krick, 2. Vors: Siegfriedstr. 196, 64646 Heppenheim, Tel. 06078/930826

CC Eiswoog e.V., Dieter Brede, Am Bannzaun 4, 67294 Gauersheim, Tel. 06355/955582

KC Frankenthal-Worms e.V., Hermann Wolff, Chemnitzer Str. 8, 67259 Beindersheim, Tel. 06233/71842

KC Hocheifel, Helmut Gretz, Hauptstr. 18, 54619 Grosskampenberg, Tel. 06559/ 666

CC Kaiserslautern e.V., Ingo Zander, Pariserstr. 8, 67655 Kaiserslautern, Tel. 0631/76210

CC Koblenz e.V., Alice Maldaner, Im Gieren 4, 55471 Kümbdchen, Tel. 06761/3603, Fax 06761/3603

CC Lambsheim 1975 e.V., Harald Andes, Maxdorfer Str. 55, 67245 Lambsheim, Tel. 06233/53720,

KC Ludwigshafen am Rhein e.V., Maria Bade, Parsevalstraße 13, 68307 Mannheim, Tel. 0621/7887125

CC Mainz e.V., Manfred Dresch, Dr. Fritz Opel Platz 30, 65428 Rüsselsheim, Tel. 06142/704123, Handy 0173/6461666, Fax 06142/704120, E-Mail: manfred.dresch@arcor.de

CF Musikantenland e.V., Martin Lersch, Eckstr. 12, 67700 Niederkirchen, Tel. 06308/2184, Fax 06308/993426, E-Mail: martinlarissa @aol.de

Camping-Freunde Nahetal (CFN), Johann Kleinz, Sprendlinger Str. 12, 55546 Pfaffen-Schwabenheim, Tel. 06701/2425, Fax 0671/3304

CC Pirmasens e.V., Klaus Fink, Am Sommerwald 103, 66953 Pirmasens, Tel. 06331/66498

KC Wasgau Pirmasens e.V., Friedrich Betz, Brunnengasse 1, 66954 Pirmasens, Tel. 06331/70371
CC Westrich e.V., Thomas Traub, Auf der Sandhohl 4, 66851 Bann, Tel. 06371/17293, Fax 06371/467352, E-Mail: traub.th@t-online.de

LV RUHR-NIEDERRHEIN e.V. 09

1. Vors. Hans-Jürgen Jonathal, Von-Einem-Straße 84, 45130 Essen, Tel. 0201/781164, Handy 0172/2628508, Fax 0201/7266243, E-Mail: hans-juergen.jonathal@t-online.de
CC Bergisch-Land e.V. Solingen, Winfried Brenner, Wiedenhofer Str. 18, 42719 Solingen, Tel. 0212/311256
OC Radschläger Düsseldorf e.V., Petra Zangers, Geldernsche Str. 139, 47803 Krefeld, Tel. 02151/602626, Handy 0160/94455305, E-Mail: vorstand @oc-radschlaeger.de
OC Duisburg e.V., Norbert Münzberg, Thywissenstr. 67, 47805 Krefeld, Tel. 02151/312669
OC Essen e.V., Wolfgang Hofmann, Im Löwental 67, 45239 Essen, Tel. 0201/492978, Fax 0201/8496132, E-Mail: ortsclub@stadt camping-essen.de
OC Hamborn e.V., Monika Bade-Jakob, Westtangente 53, 40880 Ratingen, Tel. 02102/475461
CC Kreis Kleve e.V., Hermann Boxen, Fuchsstr. 82, 47055 Duisburg, Tel. 0203/776412, Handy 0172/2737252, E-Mail: karin.boxen @nexgo.de
CC Krefeld-Kempen e.V., Wolfgang Rothgaenger, Augustastr. 45, 47829 Krefeld, Tel. 02151/43108
Moerser CC e.V., Holger Kleuken, Leuschner Str. 3, 47228 Duisburg, Tel. 02065/62035, E-Mail: holger.kleuken@moerser-camping-club.de
CC Mülheim a.d. Ruhr e.V., Peter Schmidt, Haselweg 18, 42579 Heiligenhaus, Tel. 02056/60952, Handy 0173/3736740, E-Mail: camping@ p-e-schmidt.de1
CRF Wuppertal e.V., Adolf Sieper, Am Werloh 22, 42389 Wuppertal Tel. 0202/604515, Handy 0176/21322566, Fax 0202/604515, E-Mail: adolfsieper @web.de
CRF Essen, Friedhelm Nowak, Adlerstr. 25, 45307 Essen, Tel. 0201/556409, Handy 0172/5408683

LV SAAR e.V. 10

1. Vors. Erich Reidenbach, Deutschhausweg 3, 66177 Saarbrücken, Tel. 0681/9352119, Fax 0681/9352118, E-Mail: info@lv-saar.de
CC Bliestal, Willi Schorr, Friedlandstr. 6, 66386 St. Ingbert, Tel. 06894/4109
KC Homburg/Saar e.V., Karl Kölsch, Karlsbergstr. 158, 66424 Homburg, Tel. 06841/5388
RC Saar e.V., Claus Stemmler, Kohlhofweg 23, 66538 Neunkirchen/Saar, Tel. 06821/30024
CC Saarbrücken e.V., Walter Stephan, In der Wolfskaul 3, 66333 Völklingen, Tel. 06898/851043
CC Weiskirchen e.V., Hans Schröder, Blumenstr. 6, 66806 Ensdorf

LV SACHSEN e.V. 21

1. Vors. Bernd Iser, Kantstr. 47, 04275 Leipzig, Tel. 0341/3027682, Handy 0171/2807087, Fax 0341/3081951
KC Schkeuditzer Kreuz, Rolf Haide, Hauptstr. 3, 04808 Thammenhain
Campingfreunde Elbe, km 103, Ernst Haacke, Elbstr. 4, 01612 Grödel

LV SACHSEN-ANHALT e.V. 23

1. Vors. Henning Hendschke, Hermann-Löns-Straße 35, 39116 Magdeburg, Tel. 0391/6312028, Handy 0170/2912140, Fax 0391/6108880
Geschäftsstelle, Kastanienstr. 16, 39124 Magdeburg, Tel. 0391/2538250, Fax 0391/2538251
OC Bördekreis, Ina-Marie Kruse, Straße der Einheit 42a, 39393 Ausleben
OC Caravan- Tourist Magdeburg e.V., Jürgen Albrecht, Unseburger Weg 14, 39171 Altenweddingen, Tel. 039205/20400, Handy 0177/3078329, Fax 039205/20400, E-Mail: juergen30@ t-online.de
CF »Die Kellerwiehler«, Heinz Jepp, Kellerwiehl 1, 39517 Bittkau, Tel. 039362/81610, Fax 039362/81386

LV SCHLESWIG-HOLSTEIN e.V. 11

1. Vors. Dieter Junge, Bahnhofstr. 87, 25715 Eddelak, Tel. 04855/258, Handy 0172/5108038, Fax 04855/891406, E-Mail: Junge dieter@gmx.de
CC Dithmarschen (CCD), Johann Todt, Grüner Weg 25, 25746 Heide, Tel. 0481/63392, E-Mail: Maheku7@compuserve.de
Camping-Freunde zur Elbmarsch, Karsten Reichert, Pelzerhakener Str. 1–3, 23730 Neustadt, Tel. 04547/768, Handy 0172/6082202, E-Mail: Karsten.Reichert@web.de
CC Freischütz Eutin e.V., Gerd Rohrbeck, Wilhelm-Wisser-Str. 76, 23701 Eutin, Tel. 04521/78436, Fax 04521/78438, E-Mail: CCfeutin@lycos.de
CC Hanse e.V. Lübeck, Wilfried Werner, Merkurstr. 38, 23564 Lübeck, Tel. 0451/503821, E-Mail: Weiganddieter@aol.com
CC von Kiel e.V., Hans-Dieter Hansen, Meinsdorfer Weg 52, 23701 Eutin, Tel. 04521/3260, E-Mail: Radestock-joerg@web.de
CC Schwale Neumünster, Peter Wendt, Roonstr. 111, 24537 Neumünster, Tel. 04321/6112, E-Mail: c-c-schwale-nms@ versanet.de
CC Rose Pinneberg, Wilfried Eggerstedt, Reichenbergerstr. 10, 24421 Pinneberg, Tel. 04101/71182
CC Schlei, Ingrid Schau, Raiffeisenstr. 8, 24992 Kleinjörl Tel. 04607/1310
KC Steinburg, Dieter Junge, Bahnhofsstraße 87, 25715 Eddelak, Tel. 04855/258
CC Wedel, Friedrich Diekjobst, Königsbergerstr. 135, 22880 Wedel Tel. 04103/4937
MoCa-Club Schleswig-Holstein »Die Nordlichter«, Angelika Bilkenroth, Naher Straße 18, 24558 Wakendorf II, Tel. 04535/6964, Fax 04535/298599, E-Mail: abilkenroth@t-online.de

LV SÜDBAYERN e.V. 12

1. Vors. Manfred Strupf, Passauer Straße 132, 94060 Pocking, Tel. 08531/130454, Handy 0171/6579448, Fax 08531/134054, E-Mail: manfred. strupf@t-online.de
CC Ingolstadt e.V., Jürgen Kittenbacher, Asternstr. 15, 85055 Ingolstadt, Tel. 0841/36734, Handy 0170/4631770, Fax 0841/3706256, E-Mail: juergen.kittenbacher@onlinehome.de
CC Allgäu e.V., Heinz Burger, Jägerstr. 10a, 87435 Kempten/Allgäu, Tel. 0831/9603115, Handy 0172/7059087, Fax 0831/9603117, E-Mail: heinz-burger@web.de
CF Altötting e.V., Roland Tanfeld, Immanuel-Kant-Straße 11, 84489 Burghausen, Tel. 08677/ 912277, Handy 0170/2448210, Fax 08677/ 912279, E-Mail: roland.tanfeld@t-online.de
1. CC Augsburg e.V., Irene Oberschmid, Heimstättenweg 7, 86156 Augsburg, Tel. 0821/409403
Augsburger CC »Die Lechspatzen«, Günter Hoffmann, Ilsungstr. 3, 86161 Augsburg, Tel. 0821/576122, Handy 0171/2665192, Fax 0821/576122
CC Chiemgau, Horst Klepke, Pallinger Str. 3, 83301 Traunreut, Tel. 08669/12550, Handy 0171/ 4840365, Fax 08669/12550, E-Mail: ho-klepke @t-online.de
CC Donauwörth e.V., Egon Böhm, Dekan-Neuwirth-Str. 2, 86698 Oberndorf, Tel. 09090/2226, Handy 0171/2000670, Fax 09090/2226, E-Mail: egon.boehm@vr-web.de
KC Fürstenfeldbruck e.V., Marianne Wallner, Kanonenberg 25, 94437 Mamming, Tel. 09955/1581, E-Mail: mwallner@freenet.de
Ingolstädter CRF e.V., Stefan Piehler, Mojerfeldweg 12, 85137 Gungolding, Tel. 08465/3655, Handy 0171/1650642, E-Mail: stefan.piehler@t-online.de
CC Kaufbeuren/Ostallgäu e.V., Anneliese Joachim, Barbarossastr. 15, 87600 Kaufbeuren, Tel. 08341/82443
CRF e.V. Memmingen-Unterallgäu-Illertal, Lothar Bruns, Höhenstr. 1, 87752 Holzgünz, Tel. 08393/1082, Handy 0172/8626154, Fax 08393/ 1082, E-Mail: lbruns@t-online.de
CC München e.V., Rudolf Meininger, Burmesterstr. 4, 80939 München, Tel. 089/3227637, Fax 089/3227637
CC Regensburg, Georg Zippel Wörtherstr. 5, 93090 Bach-Frengkofen, Tel. 09482/938648, Fax 09482/938648
Campingfreunde Donau-Iller »Die Donauschwaben«, Peter Feuerstein, Bürgermeister-Haas-Str. 17, 89290 Buch/Gannertshofen, Tel. 07343/922553, Handy 0171/6365391, Fax 0731/3926172, E-Mail: cfdonau-iller@gmx.net

LV SÜDWESTFALEN e.V. 17

1. Vors. Peter Koch, Kurze Straße 3c, 59558 Lippstadt-Esbeck, Tel. 02941/10459, Handy 0175/6443812, Fax 0121/2510134152, E-Mail: vorstand@camping-lv-swf.de
Geschäftsstelle, Peter Tweer, Berliner Straße 52, 58511 Lüdenscheid, Tel. 02351/84455, Handy 0171/3627737, Fax 02351/980334, E-Mail: info@ camping-lv-swf.de
CRC Biggetal e.V., Hans Esser, Hauptstr. 96, 57271 Hilchenbach-Müsen, Tel. 02721/80331
OC Bochum e.V., Christian Eckert, Markmannstr. 16, 44579 Castrop-Rauxel Tel. 02305/545544
CC Diemeltal-Marsberg e.V., Bernd Dinkelmann, Schiller Str. 4, 34431 Marsberg, Tel. 02992/1678
OC Dortmund 1958 e.V., Karl-Heinz Krzykowski, Höhenstr. 3, 58300 Wetter, Tel. 02335/70731
CF Ennepe, Karl Heinz Schneider, Tulpen Str. 3, 58285 Gevelsberg, Tel. 02332/10189
CC Hamm e.V., Klaus Rotermund, Eibenweg 8, 59071 Hamm, Tel. 02381/81098
RF Hamm e.V., Rolf Linke, Hubertusstraße 3, 59199 Bönen, Tel. 02383/2250
KCC Iserlohn e.V., Joachim Lamprecht, Bremsheide 135, 58638 Iserlohn, Tel. 02373/81670, Fax 02373/179872
CC Altkreis Lippstadt e.V., Friedrich Grabe, Provinzialstr. 8, 59602 Rüthen-Kallenhardt, Tel. 02902/3344
OC Stiärt Lüdenscheid, Klaus Gurski, Wefelshohlerstr. 46, 58511 Lüdenscheid, Tel. 02351/948221, Fax 02351/948280
OC Lünen Am Lippebogen, Hans Schwarze, Heinrich-Immig 9, 59192 Bergkamen, Tel. 02306/807431
RF Ruhrpott, Dirk Schacht, Am Büter 23, 44269 Dortmund, Tel. 0231/5600714, Fax 0231/ 5600714
KC Siegerland e.V., Karl Gödicke, Lindenberger Str. 99, 57258 Freudenberg, Tel. 02734/2944
Siegerländer RF Die Wildschweine e.V., Walter Fränken, Hellertalstraße 61, 57562 Herdorf, Tel. 02744/6927, Fax 02744/6958
OC Hellweger Campingfreunde e.V., Ewald Löwe, Koppelweg 8, 59427 Unna, Tel. 02303/952833, E-Mail: loewe.ewald@t-online.de
CF Volmetal, Peter Tweer, Berliner Straße 52, 58511 Lüdenscheid, Tel. 02351/84455, Fax 02351/980334
CF Wattenscheid e.V., Erhard Fahrmann, Zollstraße 99, 44869 Wattenscheid, Tel. 02327/77264
CF Wittgenstein e.V., Adolf Nipko, Am Hillerbach 12, 57319 Bad Berleburg, Tel. 02751/3643, Fax 02759/944224

LV THÜRINGEN e.V. 22

1. Vors: Gerhard Hapke, Hildebrandstraße 13, 07749 Jena, Tel. 03641/363718, Fax 03641/226149, E-Mail: Gerhard.Hapke@ Campingclub-Thueringen.de
CC Jena e.V., Gerhard Hapke, Hildebrandstr. 13, 07749 Jena, Tel. 03641/363718, Fax 03641/226149
Caravanclub Frankenforte Meiningen, Gerd Roßbach, Dorfstraße 17, 98631 Hindfeld
Caravan Club Suhl e.V., Siegfried Dolz, Am Römersbach 9, 98646 Hildburghausen, Tel. 03685/708806, E-Mail: sdolz@t-online.de

LV WESER-EMS e.V. 13

1. Vors. Oswald Selke, Thedinghauserstr. 24, 28201 Bremen, Tel. 0421/530525, Fax 0421/535119, E-Mail: oselke@t-online.de
CC Ammerländer CF, Thomas Groll Holsteinerstr. 22, 26389 Wilhelmshaven, Tel. 04421/9839804, Fax 04421/9839803, E-Mail: grollwhv@t-online.de
CC Bremen e.V., Josef Ebler, Kleine Str. 6, 28857 Syke, Tel. 04242/6108, E-Mail: webmaster@campingclubbremen.de
OC Roland Bremen e.V., Horst Luers, Römerstr. 23a, 28203 Bremen, Tel. 0421/701935
CC Bremerhaven e.V., Andreas Rohmann, Am Knie 6, 27570 Bremerhaven, Tel. 0471/92115960, Fax 0471/92115980, E-Mail: info@campingclub-bremerhaven.de
CC Der ziehenden Schwalben, Alfred Meyer, Ellens 10, 26340 Zetel, Tel. 04453/2516, Fax 04453/979119
CC Diepholz, Gerd Bechert, Essmannskamp 26 A, 49356 Diepholz, Tel. 05441/6607, Handy 0170/9011843
CC Dümmerhechte, Klaus Eickenhorst, Eselstr. 9, 49448 Lemförde, Tel. 05443/378, Fax 05443/785
RV Eurofreunde, A.A.T. van Doornik, An der Kleinbahn 35, 26817 Rhauderfehn, Tel. 0031/ 346566107, Handy 0031/622754972, E-Mail: avdoornik@xs4all.nl
CC Grüner Wald e.V. Wilhelmshaven, c/o. DCC Hgst. Tel. 089/380142-0
CC Niederelbe e.V., Uwe Koch, Am Mühlenteich 20 a, 21680 Stade, Tel. 04141/67444, Fax 04141/67444
KC Nienburg, Udo Kleinert, Kurze Straße 5, 31582, Nienburg, Tel. 05021/18952
CC Graf Anton Günther e.V., Hans Krummen, Pirolweg 11, 27777 Ganderkesee, Tel. 04222/ 3923, E-Mail: HKRU1157@aol.com
OC Osnabrück, Benno Lammers, Kleiner Esch 1, 49599 Voltlage, Tel. 05467/385
Ossi-Campingfreunde, Gerd Howe, Manderweg 23, 26131 Oldenburg, Tel. 0441/505980, Fax 0441/36163121
Ostfriesischer Camping Club Rhaudefehn und Umgebung, Udo Seeger, Einsteinstraße 16, 26789 Leer, Tel. 0491/61978, E-Mail: udo.seeger @ewetel.net
Camping- und Rallyfreunde vom Oyter See e.V., Georg Markert, Humannstr. 25, 28239 Bremen, Tel. 0421/6166393, Fax 0421/6166393
KC Verden, Heinz-Karl Hermann, Im Jerusalem 8, 27283 Verden, Tel. 04231/73955, Fax 04231/73955
Campingfreunde Vierhausen am See, Monika Klemet, Katharinenstr. 27, 27711 Osterholz-Scharmbeck, Tel. 04791/982497
CC Wesermarsche e.V., Torsten Wichmann, Mecklenburger Str. 8, 26919 Brake, Tel. 04401/3280
CC Wilhelmshaven e.V., Alfred Brandenburg, Helgolandstr. 70, 26419 Schortens
CC Wikinger e.V., Gudrun Hinrichs, Landwehr 72, 28790 Schwanewede, Tel. 0421/681028, Fax 0421/8978170
RF Teufelsmoor, Wilfried Martens, Ritterstr. 12, 27721 Ritterhude, Tel. 04292/2666, Fax 0421/1791001

LV WÜRTTEMBERG e.V. 15

1. Vors. Ellen Maier, Krummhaarstr. 7, 73614 Schorndorf, Tel. 07181/21212, mob. 0160/ 96952114, Fax 07181/253964, E-Mail: dcc-lv-wuerttemberg@t-online.de, Internet: www.dcc-lv-wuerttem berg.de
CC Rottweil-Schramberg e.V., 2. Vors. (komm.) Albrecht Wößner, Franz Disch Str. 33, 77709 Oberwolfach, Tel. 08936/6189, E-Mail: albrecht.woessner@online.de, Internet: www.cc-rottweil-schram berg.de
CF Biberach/Riss e.V., Rolf Schlager, Hölderlinstr. 7, 88433 Schemmenhofen, Tel. 07356/1083, E-Mail: RuH.Schlager@ t-online.de, Internet: www.cf-biberach.de
CC Calw e.V., Wolfgang Barth, Lederstr. 35, 75365 Calw, Tel. 07051/30969, Fax 07051/30969, E-Mail: kamerad-wolfgang@ web.de, Internet: www.home.arcor.de/cccalw
Campingfreunde Rot am See-Brettenfeld e.V., Georg Warth, Beethovenstraße 4, 24575 Schrozberg, Tel. 07935/345, E-Mail: g.warth@gmx.de, Internet: www.brettenfeld.de
CF Filder e.V., Bernd Flügel, Sielminger Hauptstr. 13, 70794 Filderstadt, Tel. 07158/948156, E-Mail: b.g.fluegel@web.de, Internet: www.cf-filder.de
CC Freudenstadt e.V., Ralf Wacker, Pappelweg 11, 72270 Baiersbronn, Tel. 07442/7808, E-Mail: rum.wacker@t-online.de, Internet: www.home.arcor.de/ccfreudenstadt
KC Göppingen, Erwin Vöhringer, Hauptstr. 43, 73342 Bad Ditzenbach, Tel. 07334/6721, Fax 07334/3981, E-Mail: evoehringer@ t-online.de, Internet: www.home.arcor.de/kcgoeppingen
CC Heidenheim, Josef Denzel, Inselstr. 11, 89520 Heidenheim-Schnaitheim, Tel. 07321/ 609954, Fax 07321/609954, E-Mail: cc-heidenheim@gmx.de, Internet: www.campingclub-hdh.de
CF Heilbronn e.V., Heinz Weihrauch, Körnerstr. 36, 74348 Lauffen/N, Tel. 07133/8699, Fax 07133/8699, E-Mail: cf-heilbronn@web.de
CC Hohenlohe, Gerd Grauer, Buttlarstr. 26, 74541 Vellberg, Tel. 07907/942519, Fax 07907/942558, E-Mail: Gerd.Grauer@t-online. de, Internet: www.cc-hohenlohe.de
CC Leonberg, Egon Keller, Adolf Kolping Weg 1, 71229 Leonberg, Tel. 07152/904698, Fax 01212/518914594, E-Mail: cc-leonberg@ gmx.de, Internet: www.cc-leonberg.de
CC Ludwigsburg e.V., Manfred Ohl, Baumreute 5, 71254 Ditzingen, Tel. 07152-599304, E-Mail: hum.ohl@t-online.de, Internet: www.cc-ludwigs burg.de
CC Nürtingen Die Neckarianer e.V., Ekkehard Müller, Gartenstr. 12, 72654 Neckartenzlingen, Tel. 07127/34087, E-Mail: mueller. ekkehard@web.de, Internet: www.home.arcor.de/ccnuertingen
CC Reutlingen-Tübingen e.V., Roland Voigt, Reithausweg 30, 72760 Reutlingen, Tel. 07121/311345, Fax 07121/311345, E-Mail: rolandvoigt@arcor.de, Internet: www.cc-reutlingen-tuebingen.de
CF Schönbuch Die Zugvögel e.V., Klaus-Dieter Schweizer, Scharnhauser Str. 9, 70599 Stuttgart, Tel. 0711/4579284, Fax 0711/4579284, E-Mail: KDEL84@aol.com, Internet: www.cf-schoenbuch.de
CC Schwäbisch Gmünd e.V, Jürgen Mayerhofer, Am Hardt 6, 89522 Heidenheim, Tel. 07321/ 54158, mob. 0172/7327222, Fax 07321/5578048, E-Mail: Jmayerhofer@vodafone.de, Internet: www.jmayerhofer.de
CC Sindelfingen, Hartwig Rühle, Schafbergstr. 28, 71263 Weil der Stadt, Tel. 07033/41888, Fax 07033/303702, E-Mail: hartwighelga @aol.com, Internet: www.cc-sindelfingen.de
CC Stuttgart e.V. Die Rottenburger, Gerhard Vöhringer, Allensteiner Str. 2, 72108 Rottenburg, Tel. 07263/23607, mob. 0170/5340077, Fax 07472/440388, E-Mail: info@campingclub-stutt gart.de, Internet: www.campingclub-stuttgart.de
CC Tuttlingen e.V., Martina Jäger, Jakobsgutweg 6, 78333 Stockach, Tel. 07771/5131, Fax 07771/5131, E-Mail: Martina Jaeger@gmx.com, Internet: www.cc-tuttlingen.de
CF Ulmer Spatzen e.V., Martina Murray, An der Schießmauer 38, 89231 Neu-Ulm, Tel. 0731/ 79191, Fax 0731/76279, E-Mail: tina. murray@t-online.de, Internet: www.cf-ulmer-spatzen.de
CC Waiblingen e.V., Gunhild Tetzloff, Knödelstr. 7, 70188 Stuttgart, Tel. 0711/466115, Fax 0711/466115, E-Mail: stetzloff@aol. com, Internet: www.cc-waiblingen.de
CC Welzheimer Wald e.V., Siegfried Borka, Seestraße 29, 73266 Bissingen, Tel. 07023/3167, E-Mail: s.borka@t-online.de, Internet: www.ccwelzheimerwald.de
CC Zollernalb e.V., Michael Brommler, Laufenerstr. 20, 72459 Albstadt, Tel. 07431/73184, mob. 0173/3002913, Fax 07431/971600, E-Mail: mikebr@t-online.de, Internet: www.camping-club-zollern alb.de

DZJ

1. Vors. Olaf Lehmann, Billstedter Pfad 13 e, 13591 Berlin, Tel. 030/3663938, Fax 030/36711625
DZJ Baden, Karl-Heinz Vogt, Postfach 41 1061, 76210 Karlsruhe, Tel. 0721/493758, Handy 0172/ 7274218, Fax 0721/9416138, E-Mail: camping zubehoer.vogt@arcor.de
DZJ Berlin, Olaf Lehmann, Billstedter Pfad 13 E, 13591 Berlin, Tel. 030/3663938, Fax 030/36711625
DZJ Hamburg, Jörg Moll Aalwisch 11, 22395 Hamburg, Tel. 040/60449659, Handy 0172/7030408, Fax 040/60442574
DZJ Hessen, Irmtraut Schmitt, Niederhofheimer Str. 38, 66719 Hofheim, Tel. 06192/22540, Fax 06192/26026
DZJ Mittelrhein, Marianne Stolle, Urbanstr. 35, 52080 Aachen, Tel. 0241/85897, E-Mail: marianne stolle@arcor.de
DZJ Münsterland, Gabriele Hunstiege, Möllerskamp 13, 45711 Datteln, Tel. 02363/61931, Fax 02363/61931
DZJ Nordbayern, Claudia Stockmann, Am Steinbühl 6, 97292 Üttingen
DZJ Rheinland-Pfalz, Ursula Rau, Nahestr. 83, 55593 Rüdesheim, Tel. 0671/9200716, Fax 0671/9200765
DZJ Saar, Ulrike Zadow, Ambetstraße 5, 66839 Schmelz, Tel. 06887/1846
DZJ Sachsen, Claudia Bauer, Pittlerstr. 6, 04159 Leipzig, Tel. 0341/4611691
DZJ Schleswig-Holstein, Ralf Moll Aalwisch 11, 22395 Hamburg, Tel. 040/6055117, Handy 0173/9844030, Fax 040/60442574, E-Mail: Mollhamburg@aol.com
DZJ Südwestfalen, Marita Rothe, Auf'm Aul 1, 58513 Lüdenscheid, Tel. 02351/920834, Handy 0160/90236855, E-Mail: marita. rothe@t-online.de
DZJ Württemberg, Michael Brommler (komm.), Laufenerstr. 20, 72459 Albstadt, Tel. 07431/73184, Fax 07431/73184

CAMPING-CLUB NEDERLAND

Kontaktmann, F.P. Bert, Pasteuerweg 86, NL 2871, JM Schoonhoven, Tel. 0031/182/382144, Fax 0031/182/382144, fpbert@ hetnet.nl
Theo von Es, Klaasje Zevensterstraat 238, NL 3193, TW Hoogvliet, Tel. 0031/10/4161466, mob. 0031/6/48071002

EUROPA-RALLY-KOMITEE

Vizepräsident, Günter E. Polzin, Unterer Sommerwaldweg 69, 66953, Pirmasens, Tel. 06331/64411

24. 10. 2007

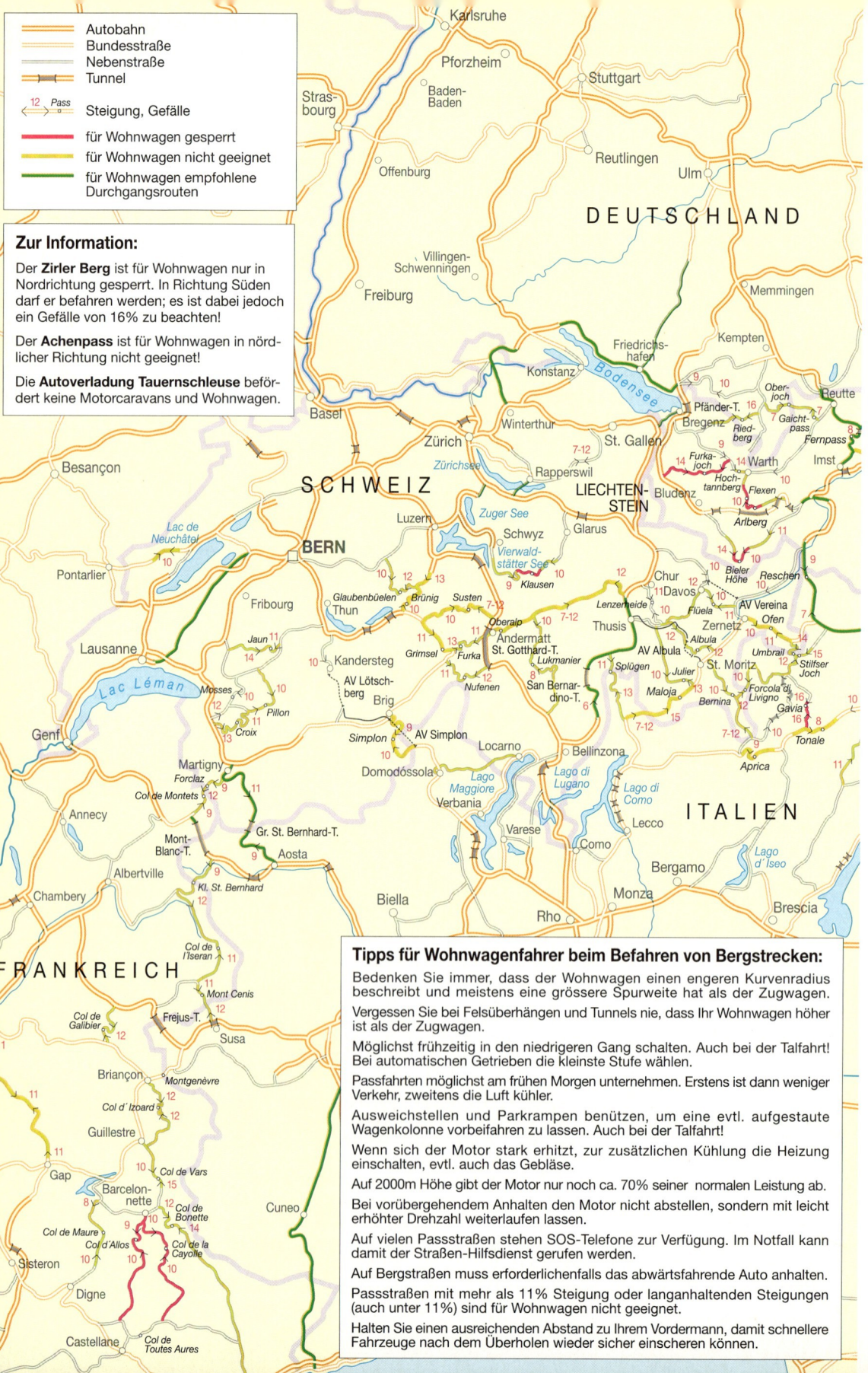

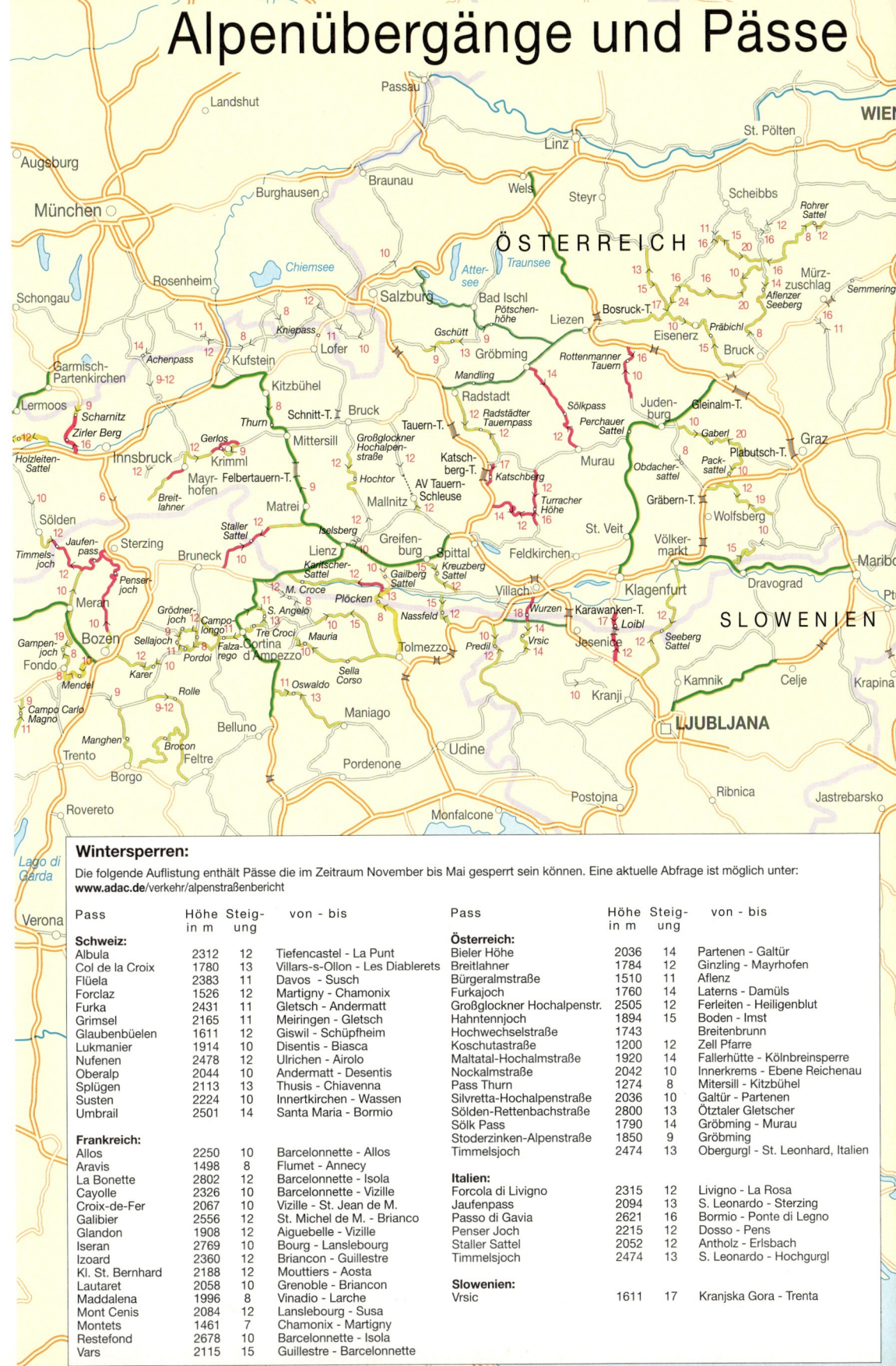

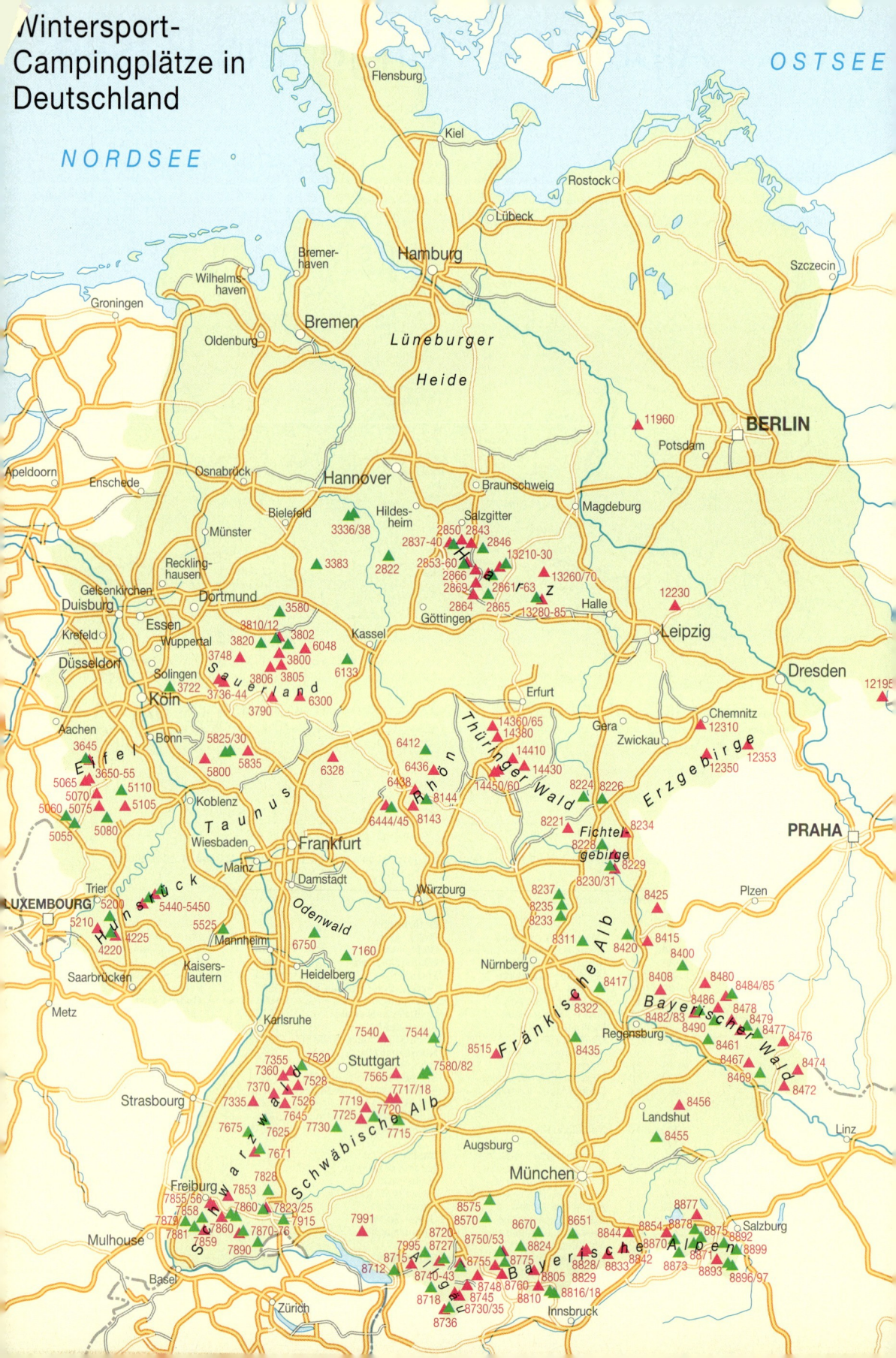

DEUTSCHLAND

Deutschlandkarte siehe 3. Umschlagseite.

Zur Ein- und Durchreise sind von In- und Ausländern einige wichtige Punkte zu beachten:

Gültiger Reisepass oder Personalausweis:
Deutschland wendet zusammen mit Belgien, Dänemark, Finnland, Frankreich, Griechenland, Island, Italien, Luxemburg, Niederlande, Norwegen, Österreich, Portugal, Schweden und Spanien das »Schengen-Abkommen« an. Das heißt, der Reiseverkehr innerhalb dieser Staaten gilt als »grenzenloses« Gebiet und verschärfte Kontrollen finden nur an den Außengrenzen statt.
Für Reisende aus den EU-Staaten und einigen Drittländern genügt der Personalausweis bzw. die Identitätskarte. Für Reisende aus allen anderen Ländern ist ein bis zum Ende der Reise gültiger Reisepass oder ein Visum erforderlich. Die Aufenthaltsdauer beträgt 3 Monate. Auskünfte erteilen die diplomatischen und konsularischen Vertretungen.

Kinder:
Kinder unter 16 Jahren müssen im Familienpass eingetragen sein oder benötigen einen Kinderausweis. Ab 10 Jahren mit Lichtbild.

Impfbestimmungen:
Für die Einreise nach Deutschland werden keine Impfungen verlangt. Grundsätzlich sollte aber der Impfschutz gegen Tetanus, Diphtherie und Polio überprüft und wenn notwendig aufgefrischt werden. Campingurlaubern im süddeutschen Raum wird zwischen Frühjahr und Herbst dringend zur FSME-Impfung geraten.

Kfz-Papiere:
Für Campingurlauber aus EU-Ländern ist der nationale Führerschein und die nationale Zulassung ausreichend. Das Nationalitäts-Kennzeichen muss am Kraftfahrzeug und am Anhänger angebracht oder im EU-Nummernschild enthalten sein.
Campingurlauber aus den Nicht-EU-Ländern benötigen den internationalen Führerschein und den internationalen Fahrzeugschein.
Die Kraftfahrzeuge und Anhänger müssen an der Rückseite das Nationalitäts-Kennzeichen des Heimatstaates führen.

Boote und Anhänger: In privater Verwendung sind keine Zolldokumente erforderlich.

Haftpflichtversicherung:
Es besteht Haftpflichtversicherungszwang. Die »Internationale Grüne Versicherungskarte« ist gültig. Für Kraftfahrzeuge ist das Kennzeichen eines Mitgliedstaates der EU sowie einiger weiterer Länder ausreichend als Nachweis des EU-weiten Versicherungsschutzes.

Devisen:
Ein- und Ausfuhr unbeschränkt.

Straßen und Verkehr:
Rechtsverkehr. Das Deutsche Straßennetz befindet sich allgemein in gutem Zustand. Höchstgeschwindigkeit in geschlossenen Ortschaften 50 km/h. Außerhalb geschlossener Ortschaften Gespanne 80 km/h, Wohnmobile (Mocas) **bis** 3,5 t außerhalb geschlossener Ortschaften 100 km/h, auf Autobahnen »freie Fahrt«. Empfohlene Richtgeschwindigkeit auf Autobahnen für Pkw und Motorräder 130 km/h, Gespanne 80 km/h, Mindestgeschwindigkeit auf den Autobahnen 60 km/h. Für Wohnmobile (Mocas) **über** 3,5 t gelten folgende Verkehrszeichen: Lkw-Überholverbot, Lkw-Durchfahrtsverbot und Fahren mit Mindestabstand. Es besteht Anschnallpflicht auf den Vorder- und Rücksitzen, sowie ein Promille-Grenzwert von 0,5 Promille Blutalkohol, bzw. 0,25 mg/l Atemalkohol.
Beachten Sie bitte, dass bei vielen Campingplätzen ein Eingangs-Torbogen besteht, der nur 2.50 m Durchfahrtshöhe hat!

Angaben der Campingplätze:
Jährliche Öffnungszeiten der Campingplätze sowie die Angaben über Mittagsruhe und Platzgebühren werden uns von den Platzhaltern gemeldet. Die Einhaltung dieser Zeiten und Gebühren liegt bei den Platzverwaltungen. **DCC Vertragsplätze** haben sich zur Gewährung von 10% Ermäßigung auf die Personengebühr ab der 1. Nacht für DCC-Mitglieder verpflichtet.

Gebühren
Ist bei der Gebühr eines Campingplatzes die Vorjahreszahl angegeben, können sich die Öffnungszeiten verändert haben und es besteht die Möglichkeit, dass angegebene Ermäßigungen nicht mehr gewährt werden.

Schleswig-Holstein u. Hamburg

In der Nähe von Militär-Flugplätzen und Übungsgeländen ist mit zeitweiligen Ruhestörungen zu rechnen. Dieses trifft auch auf den Großflughafen Hamburg-Fulsbüttel in einem Umkreis von ca. 25 km zu.

Einige Campingplätze im Küstenbereich der Nord- und Ostsee verlangen eine Gebührenvorauszahlung für die Dauer des geplanten Aufenthalts. Bei vorzeitiger Abreise wird der Restbetrag oftmals nicht erstattet. Bitte achten Sie deshalb genau auf die Mietbedingungen.

1 Schleswig-Holstein und Hamburg

✉ 24994 Medelby (c1)   1010

30 ★★★★ »CAMPING MITTE«   1.6. bis 31.12.
E.: K.- H. Mayers-Bjerringgaard ☎ 0173/7212169   53 000 qm
www.camping-mitte.de, info@camping-mitte.de
→ A7 Hamburg–Flensburg Abf. (2) Harrislee/Handewitt auf die B199 Richtung Niebüll. Bei Wallsbüll Richtung Norden nach Medelby. Beschildert. ✉ Sonnenhügel 1 (GPS: 54°48′54″ N / 03°09′49″ E).
♣ Wasserschloss Glücksburg. Schloss Gottdorf. Haitabu. Legoland.

Leicht welliges, kiesiges Wiesengelände mit gärtnerisch gestalteter Bepflanzung an der Deutsch-Dänischen Radwanderstrecke. Parzelliert. Teilwiese. Familiäre Atmosphäre. Großer Wellnessbereich mit Fitnessraum. Massagepraxis. Spiel- und Freizeitraum. Kiosk. W-LAN/Funkinternet. Brötchenservice.Bushaltestelle in der Nähe. Haltestelle 600 m, Ort 300 m entfernt. Mittagsruhe 12.30-15 Uhr. Touristen-/Dauerstellplätze 158/30.
2007: P/N 6.–, K/N bis 11 J. 3.–, J/N 4.50, St/N 12.–, H/N 2.–, WD und Schwimmbad inkl., Strom kWh –.50 (16A).
DCC 15% auf P/N.

✉ 24885 Süderschmedeby bei Tarp (d1)   1095

★ »CAMPING SÜDERHOLZ«   April bis Okt.
E.: Uwe Möller   ☎ 04638/528   8000 qm
→ A7 Hamburg–Flensburg Abf. (4) Tarp Richtung Sörup, ca. 300 m hinter der Kreuzung B76 rechts abbiegen nach Süderschmedeby. ✉ Süderholz 11.

Leicht abfallendes, unparzelliertes Wiesengelände mit altem Baumbestand. Durchgangsplatz. Ort und Einkaufsmöglichkeit 1 km entfernt. Mittagsruhe 12-15 Uhr. 50 Touristenplätze.

✉ 24941 Flensburg-Jarplund (d1)   1099

20 ★★★ »CAMPING JARPLUND«   15.3. bis 15.11.
E.: Frauke Johannsen   ☎ 0461/979024, Fax 9041234   15 000 qm
www.campingplatz-jarplund.de, info@campingplatz-jarplund.de
→ A7 Hamburg–Flensburg Abf. (5) Flensburg/Glücksburg, rechts bis Abf. Jarplund/Weding, dann rechts abbiegen, ca. 1.5 km fahren, dann links Richtung Flensburg. Nach 800 m liegt der Platz auf der linken Seite. ✉ Am Campingplatz 1.

Leicht wellig abfallendes Wiesengelände neben der Straße, durch Buschgehölzreihen in Stellfelder unterteilt. Überwiegend parzelliert und teilweise schattenlos. Haltestelle 200 m, Ort 150 m entfernt. Mittagsruhe 12-14 Uhr. 106 Touristenplätze.
2008: (HS) P/N 4.–, K/N 4 bis 14 J. 2.–, A/N 1.–, C/N 4.–, MC/N 5.–, T/N 2.– bis 4.–, M/N 1.–, B/N 1.–, H/N 1.–, WD zuzügl., Müllgeb. 1.–, Strom/N 1.50 oder kWh –.40 (16A). In NS ab 8 N 10% Ermäßigung.

✉ 24960 Glücksburg, Ostsee (d1)   1105

★★ »CAMPING SCHWENNAU«   1.1. bis 31.12.
P.: Reinhard Skall   ☎ 04631/2670, Fax 441911   14 000 qm
→ B199 Flensburg–Kappeln, abbiegen nach Glücksburg und dort Richtung Kurzentrum, beschildert. ✉ Schwennaustr. 41.
♣ Wasserschloss Glücksburg (1582).

Ebenes, parzelliertes Wiesengelände am Strand. Durch einen Promenadenweg sowie einen Bach geteilt. Kiosk. Ort 2 km entfernt. Mittagsruhe 13-15 Uhr. Touristen-/Dauerstellplätze 90/30.

Noch kein DCC-Mitglied?
Sie wollen »eines« werden und die vielen Vorteile genießen – Anmeldeformular finden Sie in der Kartentasche am Ende des Buches.
Bis bald – wir freuen uns auf Sie!
Ihr DCC-Team

DCC-Vertragsplatz

✉ **24960 Glücksburg-Holnis**, Ostsee (d1) **1106**

25 ★★★ »OSTSEECAMP GLÜCKSBURG-HOLNIS« 1.4. bis 15.10.
E.: Wiebke.-S. Volquardsen ☎ 04631/622071, Fax 622072 60 000 qm
www.ostseecamp-holnis.de, info@ostseecamp-holnis.de

→ B199 Flensburg–Kappeln, abbiegen nach Glücksburg und weiter Richtung Holnis, beschildert. ✉ Am Kurstrand 3 (GPS: 54°51'27" N / 09°35'28" E).
∴ Wasserschloss Glücksburg.

Ebenes bis leicht welliges, parzelliertes Wiesengelände direkt am Sandstrand. Überwiegend schattenlos. Sanitäranlage beheizbar. Rikschavermietung. W-LAN Hotspot. FKK-Strand 500 m, Ort 5 km entfernt. Mittagsruhe 13-14.30 Uhr. Touristen-/Dauerstellplätze 90/60.
2007: P/N 4.90, K/N 2 bis 14 J. 2.50, J/N 3.20, A/N 2.50, C/N 7.–/8.–, MC/N 7.50/8.50, T/N 5.50/6.50, M/N 2.–, H/N 2.50, KT 1.80, WD inkl., Müllgeb. 1.90, Strom/N 2.50 (10 A). In NS Ermäßigung.
DCC 10% auf P/N.

DCC-Vertragsplatz

✉ **24960 Bockholmwik**, Ostsee (d1) **1107**

20 ★★★ »FÖRDE CAMPING BOCKHOLMWIK« 1.4. bis 31.10.
E.: Heinrich Nissen ☎ 04631/2088, Fax 985 30 000 qm
www.foerde-camping.de, info@foerde-camping.de

→ A7 Abf. Flensburg-Zentrum. Hier auf die B199 Richtung Kappeln. Dann nach Ringsberg links Richtung Rüde, 1. Abf. rechts, beschildert. ✉ Bockholmwik 19 (GPS: 54°49'41" N / 09°36'34" E).
∴ Wasserschloss Glücksburg.

Leicht welliges, teilweise abfallendes Wiesengelände oberhalb der Flensburger Förde mit schönem Seeblick, teilweise parzelliert und schattenlos. Sanitäranlage beheizbar. FW. Angelfahrten. Hallenbad, Sauna, Minigolf und Tennis in der Nähe. Golfplatz 500 m, Ort (Glücksburg) 5 km entfernt. Mittagsruhe 13-15 Uhr. Touristen-/Dauerstellplätze 70/130.
2008: (HS) P/N 4.50, K/N 2 J. bis 14 J. 2.–, St/N 7.–, T/N 4.50, H/N 2.–, WD zuzügl., Müllgeb. St/N 1.–, Strom/N 2.– (16 A). In NS Ermäßigung.
DCC 10% auf P/N.

✉ **24977 Langballigau**, Ostsee (d1) **1108**

20 ★★ »CAMPING LANGBALLIGAU« April bis Okt.
E.: Günter Arnold ☎ 04636/308, Fax 653 40 000 qm
www.Campingplatz-Langballigau.de, service@campingplatz-langballigau.de

→ B199 Flensburg–Kappeln, über Langballig abbiegen. ✉ Strandweg 3.
∴ Wasserschloss Glücksburg.

Campingplatz Langballigau
Günter Arnold · Telefon 0 46 36/3 08 · Fax 6 53
Flensburger Förde/Ostsee · 24977 Langballig

Luftkurort: Naturbelassener Wiesenplatz vor bewaldeten Steilhängen in landschaftlich sehr schöner Lage, direkt an der Ostsee (20 m) und einem idyllischen Binnensee. Fischerei- und Yachthafen. Gepflegte Sanitäranlagen. Warmwasser an Handwaschbecken, in den Küchen- und Waschmaschinenraum. Minicarplatz. Separater Wohnmobilstellplatz.
Eigener Angelsee: (Besatz: Karpfen, Schleie, Forellen, Aale), Kiosk und Imbiß am Platz, gute, preiswerte Restaurants. Kinderspielplatz am Strand.
Keine Kurtaxe: Kilometerlange Wanderwege durch Feld und Wald. Schiffsfahrten ab Glücksburg oder Flensburg.
Wohnwagenvermietung: Platzreservierung, Katzen und Hunde erlaubt. **(1108)**

Anfahrt über Flensburg auf der B 199 Richtung Kappeln,
Abfahrt Langballig in Richtung Langballigau bis Abfahrt
Richtung „Strand"

---

100 m 500 m 3 km
Leicht welliges und schattenloses Wiesengelände zwischen dem Ostseestrand und einem Binnensee, teilweise parzelliert. Kett-Car-Vermietung. Sanitäranlage beheizbar. Ort (Langballig) 3 km entfernt. Separater Jugendplatz. FW. Mittagsruhe 12.30-14.30 Uhr. Touristen-/Dauerstellplätze 65/85.
2007: P/N 3.50, K/N 3 bis 16 J. 2.50, St/N 6.–, H/N 1.–, WD zuzügl., Strom/N 2.– (4 bis 10 A).
DCC/CCI 10% auf P/N.

DCC-Vertragsplatz

✉ **24977 Westerholz**, Ostsee (d1) **1110**

25 ★★★ »CAMPING FÖRDEBLICK« 1.4. bis 30.9.
V.: Harald Kruppa ☎ 04636/8385, Fax 1604819 27 000 qm
www.Campingplatz-Westerholz.de, info@Campingplatz-Westerholz.de

→ B199 Flensburg–Kappeln, abbiegen bei Langballig oder Streichmühle nach Westerholz. ✉ Strandweg 4.
∴ Wasserschloss Glücksburg.

50 m 500 m 800 m 1.5 km 3 km 4 km
Parzelliertes, eben bis leicht welliges Wiesengelände mit einzelnen Büschen und Bäumen an der Ostsee. Ort (Langballig) 3,5 km entfernt. Mittagsruhe 13-15 Uhr. Touristen-/Dauerstellplätze 40/110.
2007: (HS) P/N 4.–, K/N 3 bis 15 J. 1.50, St/N 6.50, H/N 1.–, WD zuzügl., Strom/N 2.– (10 A). In NS Ermäßigung.
DCC 10% auf P/N.

✉ **24972 Habernis**, Ostsee (d1) **1114**

★★★ »CAMPING HABERNIS« April bis Okt.
E.: Uwe u. Karin Fiehl ☎/Fax 04632/7616 16 000 qm

→ B199 Flensburg–Kappeln, bei Steinbergkirche abbiegen Richtung Norgaardholz–Habernis. ✉ Habernis 7.

30 m 300 m 5 km
Ebenes und parzelliertes, meist schattenloses Wiesengelände. Vom Ufer durch eine Straße getrennt. Ort (Steinbergkirche) 5 km entfernt. Mittagsruhe 13-15 Uhr. Touristen-/Dauerstellplätze 25/75.

✉ **24972 Norgaardholz**, Ostsee (d1) **1117**

20 ★★★ »CAMPING NORDSTERN« 1.4. bis 30.9.
E.: Stefan Brieskorn ☎ 04632/7406, Fax 871324 40 000 qm
www.campingplatz-nordstern.de, info@campingplatz-nordstern.de

→ B 199 Flensburg–Kappeln, bei Steinbergkirche abbiegen nach Norgaardholz. Im Ortsanfang scharf links. ✉ Nordstern 1 (GPS: 54°47'07" N / 9°47'56" E).

1 km 5 km
Vom Strand leicht welig ansteigendes Wiesengelände mit separater, unparzellierter und teilweise schattenloser Touristenwiese im hinteren Platzteil. Durch Dauercamper geprägt. Separate Moca-Stellplätze mit Ver- und Entsorgungsanlage. Uferliegewiese. Ort (Steinbergkirche) 4.5 km entfernt. Mittagsruhe 13-15 Uhr. Touristen-/Dauerstellplätze 20/220.
2007: (HS) P/N 4.–, K/N 2 bis 12 J. 2.–, C MC-St/N 6.–, T-St/N 4.–, H/N 1.–, WD inkl., Strom/N 2.– (6 A).

✉ **24972 Steinberghaff**, Ostsee (d1) **1118**

25 ★★★ »CAMPING STEINBERGHAFF« 1.1. bis 31.12.
E.: Familie Gruber ☎ 04632/247, Fax 875605 35 000 qm
www.campingplatz-steinberghaff.de, campingplatz-steinberghaff@t-online.de

→ B199 Flensburg–Kappeln, hinter Steinberg abbiegen nach Steinberghaff, dann beschildert. ✉ Fischerstr. 21.

1 km 5 km
Leicht wellig und schattenlos abfallendes, parzelliertes Wiesengelände. Durch Dauercamper geprägt. Fitnessraum. Ort (Steinbergkirche) 5 km entfernt. Mittagsruhe 13-15 Uhr. Touristen-/Dauerstellplätze 30/195.
2008: P/N 5.–, K/N bis 14 J. 2.–, C-St/N 4.–, T/N 3.–, H/N 2.–, WD zuzügl., Strom/N 2.–. (10A).
DCC 10% auf P/N.

Campingplatz **SEEHOF**

Kleiner familiärer Platz, direkt an der freien See mit schönem Naturstrand und FKK-Gelände in der Nähe.

Idealer Ausgangspunkt für Ausflüge mit dem Fahrrad, z.B. in das Naturschutzgebiet Birk.

- Ideales Surfrevier – Angeln am Platz –
- Fremdenzimmer mit Selbstverpflegung, ganzjährig.

Hier finden Sie Ruhe und Erholung in freundlicher Atmosphäre.

Jan Haidn, 24395 Pommerby/Ostsee
Tel. 0 46 43/6 93, Fax 32 69, Geöffnet 1. 4.–31. 10.
www.Camping-Seehof.de (1131)

1 Schleswig-Holstein und Hamburg

✉ 24395 Wackerballig bei Gelting (d1)　　　**1120**

25　★★★　»CAMPING OSTSEESTRAND«　　　1.4. bis 15.10.
E.: Marlies Asmussen　☎ 04643/1335, Fax 3183　　30 000 qm
www.campingplatz-wackerbillig.de, MA-Camping@t-online.de

→ B 199 Flensburg–Kappeln, in Gelting abbiegen nach Wackerballig. Hier beschildert. ✉ Strandweg 2 a.

[Symbole]　100 m　2 km

Ebenes bis leicht welliges, unparzelliertes Wiesengelände an der Ostsee. Durch Dauercamper geprägt und von Buschgehölzreihen durchzogen. Imbiss. Ort (Gelting) 3 km entfernt. Mittagsruhe 12.30-14.30 Uhr. Touristen-/Dauerstellplätze 19/151.
2007: P/N 4.–, K/N bis 14 J. 2.50, St/N 6.50 bis 12.50, T/N 3.50, Hund frei, WD inkl., Strom/N 2.– (6/10 A).

✉ 24395 Pommerby, Ostsee (d/e1)　　　**1131**

★★★　»CAMPING SEEHOF«　　　April bis Okt.
E.: Jan Haidn　☎ 04643/693, Fax 3269　　16 000 qm
www.camping-Seehof.de, info@camping-seehof.de

→ B 199 Flensburg–Kappeln, abbiegen über Gelting und Pommerby weiter Richtung Nieby, beschildert 1. Platz. ✉ Gammeldamm 5.

[Symbole]　5 km

Durch Buschreihen unterteiltes, ebenes bis leicht welliges Wiesengelände am Leuchtturm hinter dem flachen Deich. Teilweise parzelliert und durch Dauercamper geprägt. Sanitäranlage beheizbar. FW. Ort (Gelting) 7 km entfernt. Mittagsruhe 13-15 Uhr. Touristen-/Dauerstellplätze 40/105.

Die Bahn

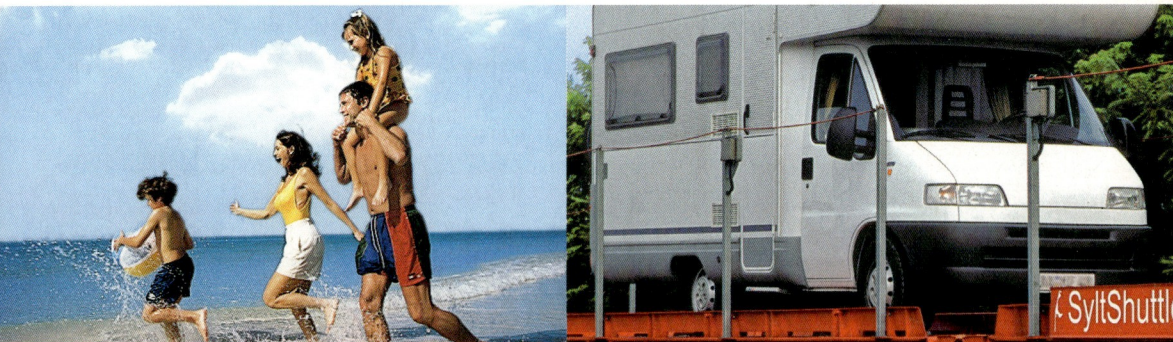

Camper rauf, Preise runter. Mit dem SyltShuttle ab 139 Euro*.

Der SyltShuttle bringt Sie in den Urlaub. Mit tollen Angeboten für Wohnmobile und Wohnwagengespanne.

Schon ab 139 Euro starten Sie einfach früher in Ihren Sylt-Urlaub. Mit dem DB Autozug SyltShuttle ab dem Terminal Niebüll, günstig gelegen nahe der Autobahn A 7.

Clevere Camper sparen hier gleich doppelt: Transferkosten und Fahrkilometer gehen runter – die Stimmung und das Urlaubsvergnügen rauf.

Der SyltShuttle fährt für Sie über 60-mal am Tag. Direkter und schneller als jeder andere. Da verzichtet man gern auf weitere Alternativen. **Die Bahn macht mobil.**

Informationen unter Telefon 01805 934567 (14 ct/Min. aus dem deutschen Festnetz via Arcor, Tarif bei Mobilfunk abweichend) oder im Internet unter www.syltshuttle.de

* Wohnmobil/Wohnwagengespann bis 10 m Länge 139 Euro, ab 10 m Länge 199 Euro für Hin- und Rückfahrt mit Buchungsbestätigung für einen Sylter Campingplatz.

DB Autozug SyltShuttle – angenehme Überfahrt!

Bilderbuchurlaub an der Ostsee!

Camping Oehe-Draecht
Gut Oehe · 24404 Maasholm
Tel. (0 46 42) 60 29 · Fax (0 46 42) 6 91 59
www.oehe-draecht.de · gut-oehe@t-online.de

Lage direkt hinter dem Deich mit Übergang zum Strand · Stellplätze mit Stromanschluss · Motorcaravan-Servicestation · Appartementvermietung · Mietwohnwagen · Dauerplätze · Wohnmobile herzlich willkommen/Sonderpreis · Internetanschluss für unsere Gäste · Wassersport · Hunde erlaubt · keine Kurtaxe!

24404 Oehe-Drecht, Ostsee (e1) — 1133

20 ★★ »CAMPING OEHE DRAECHT« — 1.4. bis 31.9.
E.: Dieter Matz ☎ 04642/6029, Fax 69159 — 60 000 qm
www.Oehe-Drecht.de, GutOehe@t-online.de

→ B199 Kappeln–Flensburg, abbiegen Richtung Hasselberg und später nach Maasholm, dann beschildert.

✽ Vogelschutzgebiet Schleimünde.

Leicht welliges und schattenloses Wiesengelände, parzelliert hinter einem Doppeldeichstreifen. Ort (Maasholm) 2.5 km entfernt. Mittagsruhe 13.00-14.30 Uhr. Touristen-/Dauerstellplätze 200/300.
2007: (HS) P/N 3.80, K/N 2 bis 13 J. 1.60, St/N 7.25, H/N 1.60, WD inkl., Strom/N 2.60 (6A). In NS Ermäßigung.

24376 Hasselberg, Ostsee (e1) — 1135

★★ »CAMPING HASSELBERG« — April bis Okt.
E.: Hans Wilhelm Stöckmann ☎ 04642/6383 — 100 000 qm

→ B199 Kappeln–Flensburg, abbiegen Richtung Hasselberg und später Maasholm, dann beschildert. 2. Platz. ✉ Drecht 7.

Durch die Einfahrt zweigeteiltes, leicht welliges und unparzelliertes Wiesengelände hinter einem flachen Deich mit DLRG-Station. Durch Dauercamper geprägt. Sanitäranlagen beheizbar. Ort (Maasholm) 3 km entfernt. Mittagsruhe 13-15 Uhr. Touristen-/Dauerstellplätze 100/400.

24407 Rabenkirchen b. Kappeln, Schlei (d1) — 1142

25 ★★★ »CAMPINGPARK SCHLEI-KARSCHAU« — 1.1. bis 31.12.
E.: NF-Vermögensverwaltung GmbH ☎ 04642/920820, Fax 920821 — 47 000 qm
www.campingpark-schlei.de, info@campingpark-schlei.de

→ B201 Schleswig–Kappeln bis Faulück, dort rechts abbiegen Richtung Arnis, beschildert. ✉ Karschau 56.

 300 m

Leicht wellig ansteigendes, unparzelliertes und überwiegend schattenloses Wiesengelände, durch eine Straße von der Schlei getrennt. Sanitäranlage beheizbar. Golf und Reiten 2.5, Ort (Kappeln) 6 km entfernt. Mittagsruhe 13-15 Uhr. Touristen-/Dauerstellplätze 160/150.
2008: (HS) P/N 5.–, K/N 1 bis 16 J. 3.–, St/N 9.–, T/N ab 4.50, M/N 2.–, B/N 2.50, H/N 2.–, WD inkl., Strom (6 A) inkl. In NS Ermäßigung.
DCC/CCI 10% auf P/N.

DCC-Vertragsplatz

24392 Lindaunis, Schlei (d1) — 1145

20 ★★★ »CAMPING LINDAUNIS« — 1.4. bis 15.10.
E.: Thomas Detlefsen ☎ 04641/7317, Fax 7187 — 40 000 qm
www.camping-lindaunis.de, camping-lindaunis@-online.de

→ B203 Eckernförde–Kappeln, bei Barkelsby links abbiegen über Rieseby. B201 Schleswig–Kappeln, in Brebel rechts abbiegen nach Lindaunis, beschildert. ✉ Schleistr. 1.

✽ Schlei-Klappbrücke für Straße u. Eisenbahn.

400 m 500 m

Leicht wellig ansteigendes, unparzelliertes und teilweise schattenloses Wiesengelände. Sanitäranlage beheizbar. FW. Ort 1 km entfernt. Mittagsruhe 13-15 Uhr. Touristen-/Dauerstellplätze 40/170.
2007: P/N 4.50, K/N 3 bis 12 J. 2.50, J/N bis 17 J. 3.50, St/N 7.–, T/N 4.–, B/N 4.– bis 6.–, H/N 1.50, WD zuzügl., Strom/N 2.–, Anschlussgeb. 2.50 (16 A).
DCC 10% auf P/N.

DCC-Vertragsplatz

24864 Goltoft, Schlei (d1) — 1148

20 ★★★★ »NATURCAMPING HELLÖR« — 1.4. bis 7.10.
E.: Familie Uck ☎ 04622/533, Fax 1024 — 14 000 qm
www.camping-helloer.de, Klaus.Uck@t-online.de

→ A7 Hamburg–Flensburg Abf. (5) Schuby auf die B201 Richtung Kappeln Abf. Schaalby/Füsing. Weiter über Füsing, Brodersby und Goltoft, dann der Beschilderung folgen. ✉ Hellör 1.

(1142)

Campingpark Schlei-Karschau

Campingpark am einzigen Fjord Deutschlands, direkt an der Schlei
Eigener Badestrand · Bootshafen mit Slipstelle · Motorbootverleih
Ideal für Surfer und Segler · Angeln an der Schlei und Ostsee
Sport- und Spielmöglichkeiten

Campingpark Schlei-Karschau · 24407 Rabenkirchen-Faulück · Tel 0 46 42. 92 08 20 · Fax 0 46 42. 92 08 21
E-Mail: info@campingpark-schlei.de · www.campingpark-schlei.de

1 Schleswig-Holstein und Hamburg

Leicht wellig abfallendes Wiesengelände an der Schlei. Teilweise schattenlos. Uferliegewiese. Familiäre Atmosphäre. Anreise nicht zwischen 12-14.30 Uhr. Sanitäranlage beheizbar. Ort (Brodersby) 3.5 km entfernt. 2 Golfplätze in der Umgebung. Touristen-/Dauerstellplätze 50/50.
2007: P/N 4.50, K/N 3 bis 12 J. 2.50, J/N 3.–, A/N 2.–, C/N 5.50, MC/N 7.50, T/N 4.60, M/N 1.50, B/N ab 2.–, H/N 2.–, WD zuzügl., Müllgeb. P/N –.25, Strom/N 1.10 und kWh –.40 (6 A).
DCC 10% auf P/N.

✉ 25999 Kampen-Sylt (c1) 1200

★★★ »CAMPING KAMPEN« — März bis Okt.
E.: Cpl. Kampen ☎ 04651/42086, Fax 46235   40 000 qm
www.campen-in-kampen.de
→ Straße Westerland–List, am Ortsanfang von Kampen links abbiegen.
✉ Möwenweg 4.
⚓ Rotes Kliff.

Ebenes bis leicht welliges Dünenrandgelände, parzelliert und durch Buschrosenwälle unterteilt. Teilweise schattenlos. Separate Pkw-Abstellung. Reservierung empfehlenswert. Sanitäranlage beheizbar. Kabel-TV. Ort 500 m entfernt. Mittagsruhe 13-15 Uhr. Touristen-/Dauerstellplätze 75/65.

✉ 25996 Wenningstedt-Sylt (c1) 1201

★★★★ »CAMPING WENNINGSTEDT« — Ostern bis Okt.
E.: Kurverwaltung ☎ 04651/944004, 44747 (Wi.) Fax 944006 30 000 qm
www.wenningstedt.de, camp@wenningstedt.de
→ Straße Westerland–List, nach Wenningstedt abbiegen. ✉ Am Dorfteich.
⚓ Rotes Kliff.

Ebenes bis leicht welliges, parzelliertes und schattenloses Wiesengelände, hinter den Dünen mit FKK-Strandteil. Eigener Strandweg. Reservierung erforderlich. Sanitäranlagen beheizbar. »Kirche Unterwegs«. Ort 500 m entfernt. Mittagsruhe 13-15 Uhr. 230 Touristenplätze. **Vorauskasse!**

✉ 25980 Westerland-Sylt (c1) 1203

★★★★ »DÜNEN-CAMPING SYLT« — April bis Okt.
P: Dünen Camping Sylt GmbH   V.: L. Schröter 75 000 qm
☎ 04651/836160, Fax 8361265
www.Campingplatz-Westerland.de, info@duenen-camping.de
→ Straße Westerland–Hörnum. Kurz hinter Westerland rechts. Beschildert.
✉ Rantumer Str.
⚓ Rotes Kliff.

Anzeige S. 64

Ebenes, teilweise welliges Wiesengelände hinter einem Dünenstreifen. Parzelliert und schattenlos. Beheizbare Sanitäranlagen. Imbiss. FW. Kanu- u. Paddelsport 200 m, Ort 500 m entfernt. Mittagsruhe 13-15 Uhr. Touristen-/Dauerstellplätze 250/120. **Vorauskasse!**

✉ 25980 Rantum-Sylt (c1) 1205

★★★ »CAMPING RANTUM-NORD« — April bis Okt.
E.: Kurverwaltung ☎ 04651/80755, Fax 834062 35 000 qm
www.rantum.de
→ Straße Westerland–Hörnum, vor Rantum links. ✉ Hörnumer Str. 3.

Ebenes Wiesengelände neben dem Vogelschutzgebiet, parzelliert und schattenlos. »Kirche Unterwegs«. Ort 2 km entfernt. Mittagsruhe 13-15 Uhr. Touristen-/Dauerstellplätze 220/200.

DCC-Mitgliedsausweis

DCC-Mitgliedern wird geraten, den DCC-Mitgliedsausweis zusammen mit Leistungsscheck 18 sofort bei der Anmeldung auf den entsprechenden Campingplätzen vorzulegen. Eine spätere Reklamation wegen nichterhaltenen Mitgliedernachlasses ist infolge Computerabrechnung oft erfolglos.

Naturcampingplatz Hellör an der Schlei bei Goltoft –

*Idyllisches Feriengelände in einem der landschaftlich schönsten Gebiete der Schlei. – Unser Campingplatz erhielt die Auszeichnung zu einem der **drei schönsten Naturcampingplätze Schleswig-Holsteins** zu gehören.*

Anfahrt: A7 Hamburg – Flensburg Abf. Schuby, B 201 Richtg. Kappeln ❯ Abzweig. Schaalby/Füsing ❯ Füsing, Brodersby, Goltoft dann der Beschilderung folgen. **Direkt am Wasser, Bootsliegeplätze, Eigentümer: Fam. Uck,** 24864 Goltoft, Tel.: 0 46 22/5 33, Fax: 10 24, e-mail: Klaus.Uck@t-online.de   www.camping-helloer.de   (1148)

Sylt Willkommen am Meer!

Farbprospekt anfordern!

...auch Ostern zu Vorsaison-Preisen!
bis zu 30% Nachlaß auf Pers.-Geb. u. Stellplatz

- **NEU:** vom 1. 4.–15. 6. und vom 16. 9.–31. 10.: Sie zahlen nur, wenn Sie den Caravan nutzen! • Im Mai »Schnupperpreise«
- Idyllische Lage direkt hinter den Dünen, nur 50 m zum Meer
- unmittelbarer Strandübergang – auch FKK-Strand • SB-Markt,
- Erlebnisgastronomie • Brandungsangeln • Fahrradverleih am Platz • 10% Kennenlernrabatt für Zelter mit Reservierung

Für Wohnmobile und Wohnwagen: Hin- u. Rückfahrt 139,– € bis 10 m Länge, 199,– € über 10 m Länge. Nur bei Vorlage einer Buchungsbestätigung

Beheizte Sanitärgebäude mit allem Komfort, Trockner, Waschmaschinen, Abenteuerspielplatz, Babywickelstation, Sportanlagen 500 m. – Kurzaufenthalte möglich. – Mietwohnwagen bis 5 Pers.

Kontaktadresse außerhalb der Saison:
Dünen-Camping SYLT GmbH
Kieler Chaussee 7
24214 Gettorf
Tel. 0 43 46/36 88 66
Fax 0 43 46/36 88 68

ECC-Empfehlungsplatz
(Beschreibung S. 63, 1203)

Vor- und Nachsaison 30% Nachlaß auf Personengebühr und Stellplatz

☎ 0 46 51/83 61 60, Fax 0 46 51/8 36 16 25
Internet: www.campingplatz-westerland.de
E-mail: info@duenen-camping.de

DÜNEN-CAMPING-SYLT-GMBH · 25980 Westerland/Sylt · Rantumer Straße

---

✉ 25980 Tinnum-Sylt (c1) — 1206
30 ★★★ »CAMPING SÜDHÖRN« — 1.1. bis 31.12.
E.: Torsten Dau ☎ 04651/3607, Fax 3619 — 20 000 qm
www.insel-camping-sylt.de, info@insel-camping-sylt.de

→ Von der Auto-Entladerampe kommend rechts einordnen, dann bei der 1. Ampel rechts abbiegen nach Tinnum, beschildert. ✉ Ziegelweg.

Ebenes, parzelliertes und schattenloses Wiesengelände mit befestigten Mocaplätzen. Reservierung wird empfohlen. Treckerrundfahrten für Kinder in HS. FW. Ort 500 m entfernt. Separater Jugendplatz. FW. Touristen-/Dauerstellplätze 125/40.
2008: (HS) P/N 4.50, K/N 1 bis 5 J. 2.–, K/N 6 bis 14 J. 3.50, A/N 1.80, C MC-St/N 9.– bis 15.–, T-St/N 6.– bis 12.–, M/N 1.80, KT zuzügl., WD inkl., Strom kWh –.35 (16 A). Anschlussgeb. 2.–. In NS 20% Ermäßigung.

✉ 25980 Morsum-Sylt (c1) — 1208
★★★ »CAMPING MÜHLENHOF« — 1.1. bis 31.12.
E.: H.-M. Jürgensen ☎ 04651/890444, 978010, Fax 978011 — 20 000 qm
www.campingplatz-sylt.de

→ Von der Autoentladerampe über Sylt Ost, Keitum und Archsum nach Morsum, dort beschildert. ✉ Melnstich 7.

Ebenes, parzelliertes Wiesengelände, durch Buschreihen unterteilt. Teilweise schattenlos. Kabel-TV. FW. Ort (Keitum) 3.5 km entfernt. Hallenbad mit Sauna 5 km entfernt. Mittagsruhe 13-15 Uhr. Touristen-/Dauerstellplätze 35/15.

✉ 25997 Hörnum-Sylt (c1) — 1210
★★★ »CAMPING HÖRNUM« — April bis Okt.
P.: Regina v. Hans Paulsen GbR — 25 000 qm
☎ 04651/881278, Fax 886111
www.Campingplatz-Hoernum.de, Campingplatz-Hoernum@t-online.de

→ Straße Westerland–Hörnum, in Hörnum rechts. Beschildert.
♣ Inselfahrten, Halligen u. Seehundsbänke. Naturschutzpark Wattenmeer.

Schattenloses Sandgelände in einem Dünental mit FKK-Strandteil, teilweise parzelliert mit separater Pkw-Abstellung. Moca-Platz separat 200 m außerhalb. Hunde nur dort gestattet. In HS Voranmeldung erforderlich. Sanitäranlage beheizbar. Imbiss. Ort 500 m entfernt. Mittagsruhe 12.30-14.30 Uhr. Touristen-/Dauerstellplätze 178/50.

✉ 25946 Wittdün, Insel Amrum (c1) — 1220
35 ★★★ »CAMPING AMRUM« — 15.3. bis 31.10.
P.: Familie Schade ☎ 04682/2254, Fax 4348 — 25 000 qm
www.amrum-camping.de, info@amrum-camping.de

→ Von Dagebüll–Hafen mit Autofähre nach Wittdün/Amrum. Ab Fährleger die Inselhauptstraße bis zur Bushaltestelle »Zeltplatz«. Hier links abbiegen, beschildert. ✉ Inselstraße 125.
♣ Höchster Nordsee-Leuchtturm.

Ebenes bis leicht welliges, parzelliertes und schattenloses Sandgelände am Dünenrand. Durch Busch- und Sandwälle unterteilt. Separate Pkw-Abstellung. Für Caravans Reservierung erforderlich. Große Anzahl Leihcaravans. Sanitäranlage beheizbar. ♣ Imbiss. Ort 2.5 km entfernt. Mittagsruhe 13-15 Uhr. Touristen-/Dauerstellplätze 170/30.
2007: (HS) P/N 6.50, K/N 2 bis 12 J. 3.50, J/N 5.50, C MC-St/N 13.–, T/N 5.–, H/N 6.–, K/T 2.50, WD inkl., Strom/N inkl. (16A). In NS Erm.

DCC-Vertragsplatz

✉ 25917 Leck, Nordfriesland (d1) — 1224
20 ★★★ »CAMPING KARLSMARK« — 1.1. bis 31.12.
E.: Gerd Hansen ☎ 04662/1850, Fax 775891 — 10 000 qm
www.camping-leck.de, info@camping-leck.de

→ A7 Hamburg–Flensburg Abf. (2) Flensburg-Harrislee auf die B199 Richtung Niebüll, ca. 600 m vor Leck abbiegen. ✉ Karlsmark 1.

Ebenes, parzelliertes Wiesengelände beim Anwesen, durch Buschreihen in mehrere Stellfelder unterteilt. Überwiegend schattenlos. Guter Etappenplatz für die Sylt-Überfahrt. Separater Zeltplatz. Ort 1 km entfernt. Mittagsruhe 13-14.30 Uhr. Touristen-/Dauerstellplätze 51/10.
2008: P/N 4.50, K/N 3 bis 12 J. 4.–, C MC-St/N 6.–, T-St/N 3.50, H/N 1.50, WD inkl., Strom/N 2.– oder kWh –.50 (16 A).
DCC 10% auf P/N.

✉ 25899 Dagebüll, Nordsee (c1) — 1226/1
25 ★★★ »CAMPING NEUWARFT« — 1.4. bis 30.10.
E.: Andreas Ketelsen ☎ 04667/325, Fax 537 — 16 000 qm
www.hotel-neuwarft.de, anfrage@hotel-neuwarft.de

→ B5 Husum–Niebüll, in Lindholm abbiegen nach Dagebüll-Hafen, beschildert, 1. Platz. ✉ Neuwarft.
♣ Fährhafen zu den Inseln.

CAMPINGPLATZ »SÜDHÖRN« · TINNUM/SYLT
25980 Sylt-Ost, Ortsteil Tinnum · Telefon 0 46 51 / 36 07 · Fax 0 46 51 / 36 19
www.insel-camping-sylt.de · info@insel-camping-sylt.de (1206)

– Ganzjährig geöffnet – Ermäßigung in der Vor- und Nachsaison –

Komfortable, behindertengerechte, beheizte Sanitäranlage · Gas, Ver- und Entsorgung für Wohnmobile · Restaurant und Einkaufsmöglichkeit · Ferienwohnungen

⌂W ⌂W 🏠 🅿 ⛽ ✕ | ⓗ 🚻 200m ⛵ 🐟 🐕 🏖 300m
Ebenes, durch Hecken oder Buschgehölze teilweise in Stellnischen parzelliertes Wiesengelände vor dem Fährhafen mit separater Zeltwiese. Sanitäranlage beheizbar. FW. Ort 500 m entfernt. Mittagsruhe 13-15 Uhr. Touristen-/Dauerstellplätze 45/30.
2008: (HS) P/N 6.–, K/N 2 bis 12 J. 3.–, J/N bis 16 J. 4.50, A/N 2.–, C/N 2.–, MC/N 3.50, T/N 2.–, M/N 2.–, B/N 2.–, H/N –.50, WD zuzügl., Strom/N 2.– (16 A). In NS Ermäßigung.

✉ 25899 **Dagebüll**, Nordsee (c1) 1226/2

20 ★★ »CAMPING MOIN MOIN« ⚓ April bis Mitte Okt.
E.: Gemeinde P.: Manfred Urban ☏ 04667/951168   8000 qm
nordfrieseurban@freenet.de

→ B5 Husum–Niebüll, in Lindholm abbiegen nach Dagebüll–Hafen, beschildert, 2. Platz. ✉ Landstraße 9.
⚓ Fährhafen zu den Inseln.

⦿🚐◆ ⓗ ✧ J ━ ⚙ 🛁 🏠 🚿 W 🧺 ⛽ ⌂W

⛺ | ⓗ 50m 🚿 HS 🏖 200m
Ebenes und schattenloses, unparzelliertes Wiesengelände vor dem Fährhafen neben der Straße. Ort und Kuranwendungen 300m entfernt. Mittagsruhe 13-15 Uhr. Touristen-/Dauerstellplätze 25/25.
2007: (HS) P/N 4.–, K/N bis 12 J. 2.–, A/N 2.–, C/N 3.–, MC/N keine Angabe, T/N 3.– bis 4.–, M/N 1.50, H/N 1.50, WD zuzügl., Müllgeb. 2.–, Strom/N 2.– (10 A). In NS Ermäßigung.

✉ 27498 **Insel Helgoland-Düne** (c2) 1229

★★ »ZELTCAMP HELGOLAND DÜNE« ⚓ Mai bis Okt.
E.: Kurverwaltung V.: Weick ☏ 04725/7695, Fax 7695 u. 7251   10000 qm
www.helgoland.de

→ Ab Festland (Auto stehen lassen) mit Seebäderschiffen nach Helgoland. Von Helgoland zur Düne Fährverbindung. Fahrtdauer ca. 10 Minuten. Auf der Düne ca. 400 m Fußweg zum Campingplatz. Beförderungsmöglichkeit für das Zeltgepäck ab Fähranleger-Düne zum Platz. ✉ Düne 1.

⦿🚐◆ ⓗ ✧ 🐕 ⚓ 🏖 ━ ━ 🛁 🏠 W 🧺 W ⛽ 🍴 GAS

🚿 HS 📺TV 🏠 | ⛺ 🏖 🚲 150m ✕ HS ✈ ⚽ 200m 🎿 300m
Nur für Zeltler zugelassen! Ebenes bis leicht welliges, parzelliertes Sandgelände. Durch einen Dünengürtel geschützt und in mehrere separate Dünentäler unterteilt mit FKK-Strand. Trinkwasser muss abgekocht werden. Keine Stromanschlüsse. In HS schriftliche Reservierung erforderlich. Zelt- u. Zubehör kann eingelagert werden. Mittagsruhe 12-15 Uhr. Touristen-/Dauerstellplätze 100/25.

✉ 25813 **Husum-Schobüll**, Nordsee (d1) 1230

20 ★★★ »CAMPING SEEBLICK« ⚓ 14.3. bis 19.10.
E.: Bodo Jensen ☏ 04841/3321, Fax 5773   34000 qm
www.camping-seeblick.de, info@camping-seeblick.de

→ B5 Heide–Niebüll, über Husum abbiegen Richtung Nordstrand und noch ca. 4 km bis Schobüll. Hier beschildert. ✉ Nordseestr. 39.

⦿🚐◆ ⓗ ✧ J ━ ━ ⛺ ⚙ 🛁 🏠W 🧺W 🚿 W 🧺 W ⌂W
🛁W 🏠 🅿 ⛽ 🔌 🛋 ✕ 🏠 📺TV ✈ 🎣 ⚓ | ✕ 🗑

🛵 50m 🏖 200m ⓗ 300m
Ebenes leicht abfallendes und parzelliertes Wiesengelände am Rand eines Schilfgürtels, schattenlos mit Blick auf das Wattenmeer. Sanitäranlage beheizbar. Praxis für physikalische Therapie am Platzeingang. Billard. Tischkischer. Airhockey. Ort (Husum) 4.5km entfernt. Mittagsruhe 13-15 Uhr. Touristen-/Dauerstellplätze 160/55.
2008: (HS) P/N 4.50, K/N 2 bis 16 J. 3.50, C-MC-St/N 9.–, T-St/N 8.–, M/N 6.50, H/N 2.–, WD inkl., Strom/N 2.– (4-10 A). In NS Ermäßigung.
DCC/CCI 10% Ermäßigung ab 14 N auf P/N.

✉ 25845 **Insel Nordstrand** (c1) 1233

★★★ »HENRY'S CARAVAN PARK« ⚓ März bis Okt.
E.: Henry Kirchner ☏/Fax 04842/473   10000 qm
henrycaravanpark@aol.com

→ B5 Heide–Niebüll, in Hattstedt der Beschilderung »Nordstrand« folgen. Auf der Insel bei der Informationstafel rechts abbiegen. ✉ Norderquerweg 2.

⦿🚐◆ ⓗ ✧ ━ ━ ⚙ 🛁 🏠W 🧺 W ⛽ 🍴 GAS

🏠 🍴 ✈ ⚓ 🚲 | ✕ HS 2km 🏖 6km
Ebenes, schattenloses und durch Bepflanzungen parzelliertes Wiesengelände mit gekiesten Stellflächen neben einem Bauernhof. Fäkalienausguss darf nur ohne Chemiezusätze benutzt werden. Ort 6km entfernt. Mittagsruhe 12-14.30 Uhr. 25 Touristenplätze.

DCC – DEIN PARTNER!

✉ 25813 **Insel Nordstrand-Süderhafen** (d1) 1235

20 ★★★ »CAMPING MARGARETHENRUH« ⚓ Ostern bis 31.10.
E.: B. Paulsen ☏ 04841/8553, 04841/6655903, Fax 6655903   3500 qm
www.camping-nordstrand.de, info@camping-nordstrand.de

→ B5 Heide–Niebüll, in Hattstedt der Beschilderung »Nordstrand« folgen. Auf der Insel bei Pohnshalligkoog nach Süderhafen abbiegen. ✉ Süderhafen 8.

⦿🚐◆ ⓗ ✧ ━ ━ ⚙ 🛁W 🧺 W ⌂W 🏠 🅿 📺TV 🍴 ✈ 🏠

| 🏖 ✕ 🏖 ━ ⓗ 200m ⛽ 🐟 5km
Ebene, unparzellierte geschützte Wiese hinter dem Anwesen und direkt hinter dem Seedeich. Schiffs-Ausflugsfahrten zu den Seehundsbänken, Inseln und Halligen. Befestigte Moca Stellplätze. Sanitäranlage beheizbar. Golf in der Nähe. Ort (Nordstrand) 2 km entfernt. Mittagsruhe 12.30-14 Uhr. Touristen-/Dauerstellplätze 20/7.
2008: (HS) P/N 4.50, K/N 3.50/3.90, C MC-St/N 8.–/9.50, T/N 5.50, KT 1.80, WD inkl., Strom/N 1.90 oder kWh (16 A). Familienpauschalen. In NS Erm.

...Der Ruhe wegen...
Idyllischer Campingplatz
Elisabeth-Sophien-Koog
im Wattenmeer mit Halligenblick
auf der Insel Nordstrand
(1237)

DCC-Vertragsplatz

✉ 25845 **Insel Nordstr., Elisb.-Soph.-Koog** (d1) 1237

20 ★★★ »CAMPING ELISABETH-SOPHIEN-KOOG« ⚓ 21.3. bis 20.10.
P.: G. Kraak ☏ 04842/8534, Fax 8306   20000 qm
www.nordstrand.de, camping-nordstrand@t-online.de

→ B5 Heide–Niebüll, in Hattstedt der Beschilderung »Nordstrand« folgen. Auf der Insel für Pohnshalligkoog rechts nach Elisabeth-Sophien-Koog, beschildert. ✉ Elisabeth-Sophienkoog 17 (54°30'55" N / 8°51'27" E).

⦿🚐◆ ⓗ ✧ J ━ ⚙ 🛁W 🧺W ♿WC 🚿 ⌂W 🏠 🅿

🛋 ⛽ 🅿 🚿 ✕ 🍴 ✈ ⚓ | 🏖 🐟 🏖 500m ⓗ 800m
Ebenes und leicht welliges, parzelliertes und schattenloses Wiesengelände hinter dem Deich. Sanitäranlage beheizbar. Ort 2 km entfernt. Mittagsruhe 13-15 Uhr. Touristen-/Dauerstellplätze 100/10.
2007: (HS) P/N 4.20, K/N 2 bis 16 J. 3.–, A/N 2.70, C/N 4.90, MC/N 6.90, T/N 4.20, M/N 2.80, H/N 2.40, KT 1.80, WD zuzügl., Strom/N 2.10 (16 A). In NS Ermäßigung.
DCC 10% auf P/N.

DCC-Vertragsplatz

✉ 25813 **Husum-Dockkoog**, Nordsee (d1) 1238

25 ★★★★ »HUSUMER CAMPINGPLATZ« ⚓ 15.3. bis 24.10.
P.: Familie Hartmann ☏ 04841/61911, Fax 4402   20000 qm
www.husum-camping.de, husum-camping@t-online.de

→ B5 Heide–Niebüll, über Husum Zentrum abbiegen Richtung »Süd« zum Hafen. Ab hier beschildert. ✉ Dockkoog 17 (GPS: 54°28'39" N / 09°00'39" E).

⦿🚐◆ ⓗ ✧ J ━ ━ ⚙ 🛁W 🧺W 🚿 W 🏠 ⛽ 🔌 ♿
🛋 ⌂W 🛁W 🏠 🅿 ⛽ 🍴 🎣 ⚙ 🚿 ✕ 📺TV 🍴 HS

🔍 🏖 ⚓ *Anzeige S. 66*
Ebenes und parzelliertes Wiesengelände hinter dem Deich, schattenlos. Moca-Übernachtungsplatz vor dem Eingang. Eigener Badestrand mit DLRG-Station. Sanitäranlage beheizbar. Kinderspielraum. W-LAN/Funkinternet. Fahrradverleih. Ort 3 km, Hallenbad mit Sauna und Tennis 5km entfernt. Separater Jugendplatz. Mittagsruhe 12-14 Uhr. Touristen-/Dauerstellplätze 60/37.
2007: (HS) P/N 5.50, K/N 4 bis 14 J. 4.50, C MC-St/N 10.–, T-St/N ab 5.–, H/N 2.–, WD zuzügl., Strom/N 3.– (16 A). In NS Ermäßigung.
DCC 10% auf P/N.

Husumer Campingplatz am Doekkoog
familienfreundlich - behindertengerecht - stadtnah
★★ ★★
25813 Husum Tel: 04841/61911 Fax: 04841/ 4402
www. Husum-camping.de mit der Webcam vom Badestrand
e-mail: husum-camping@t-online.de

Ruhige und geschüzte Lage direkt am Nordseedeich, 3 Km zur Stadtmitte und nur 500 m zum Strand . Familien- und Behindertengerechte Anlage mit viel Komfort. Modernste Sanitäranlagen mit Familien- und Behindertenbad, Hauswirtschaftsraum, Küche mit Essraum, SB-Laden, Kinderspielzimmer mit viel Spielzeug, Jugendraum mit TV, Tischtennis u. Billard, Gasdepot, Fahrradverleih u. Abenteuerspielplätze auf dem Campingplatz und am Strand, Fußballfeld, Beachvolleyball, Strandkorb- u. Fahrradverleih. **Übernachtungsplatz** für Wohnmobile und Wohnwagen.
(Beschreibung S. 65, 1238)

DCC-Vertragsplatz

✉ **25813 Simonsberg** b. Husum, Nordsee (d1) **1239**

[30] ★★★★ »NORDSEECAMPING ZUM SEEHUND« 1.3. bis 31.10.
E.: FB Campinganlagen GmbH & Co.KG ☎ 04841/3999, Fax 65489
www.nordseecamping.de, info@nordseecamping.de 40 000 qm
→ B 5 Heide–Husum, nach Simonsberg abbiegen. ✉ Lundenbergweg 4.

Ebenes, schattenloses und parzelliertes Wiesengelände hinter dem Deich. DLRG-Station am Strand. Imbiss. Brötchenservice. Fitnessraum. FW. Ort (Husum) 6.5 km entfernt. Mittagsruhe 13-15 Uhr. Touristen-/Dauerstellplätze 70/130.
2007: P/N 5.–, K/N 4 bis 14 J. 3.50, St/N 11.–, T/N 6.–, H/N 2.–, WD inkl. Strom/N 2.– (16 A).
DCC/CCI 10% auf P/N.

DCC-Vertragsplatz

✉ **25826 St. Peter-Ording-Brösum** (c2) **1245/1**

 [25] ★★★ »CAMPING SASS« 11.1. bis 1.11.
E.: Jörg-Dieter Sass ☎ 04863/8171, Fax 1201 12 000 qm
www.Camping-Sass.de, Campingsass@t-online.de
→ B 202 Tönning–St. Peter bis Ortsteil Brösum, 1. Platz. ✉ Grudeweg 1 (GPS: 54°32'26,5" N / 08°61'95,6" E).

Ebenes bis leicht welliges Wiesengelände, schattenlos neben der Straße, parzelliert und sehr gepflegt. Kieswege. Durch hohe Hecken abgeschirmt. Reisemobilhafen. FW. Ort und Kurmöglichkeiten 1.5 km, Hallenbad 2 km entfernt. Separater Jugendplatz. Überdachter Grillplatz mit Kamin. Mittagsruhe 12-15 Uhr. Touristen-/Dauerstellplätze 60/30.
2008: (HS) P/N 4.–, K/N bis 14 J. 3.–, St/N 10.–/11.–, T-St/N 8.– bis 10.–, M/N 2.–, H/N 2.–, KT 3.–, WD zuzügl., Strom/N 3.50 (10/16 A). In NS 20% Ermäßigung auf P/N.
DCC/CCI 10% auf P/N.

DCC-Vertragsplatz

✉ **25826 St. Peter-Ording-Brösum** (c1/2) **1245/2**

[20] ★★★ »CAMPING SCHULZ« 1.4. bis 31.10.
E.: Werner Schulz ☎ 04863/2770, Fax 703214 13 000 qm
www.Camping-Schulz.de, Camping-Schulz@t-online.de
→ B 202 Tönning–St. Peter bis Ortsteil Brösum. 2. Platz. ✉ Grudeweg 2.

900 m 1.5 km 2 km

Ebenes bis leicht welliges, parzelliertes und schattenloses Wiesengelände. Kieswege. FW. Ort 1.6 km entfernt. Touristen-/Dauerstellplätze 25/50.
2008: P/N 3.–, K/N 1 bis 14 J. 2.–, St/N 10.–, H/N 1.–, KT zuzügl., WD zuzügl., Müllgeb. P/N –.50, Strom/N 3.– (16 A).
DCC 10% auf P/N.

✉ **25826 St. Peter-Ording,** Nordsee (c1/2) **1245/3**

[25] ★★★ »CAMPING BIEHL« 15.3. bis 31.10.
E.: Anita Klugmann ☎ 04863/96010, Fax 960199 30 000 qm
www.campingplatz-biehl.de, info@campingplatz-biehl.de
→ B 202 Tönning–St. Peter-Ording, in Ording rechts abbiegen, beschildert. ✉ Utholmer Str. 1 (GPS: 54°20'09" N / 8°36'12" E).
❀ Eidersperrwerk.

300 m 1 km 2 km

Ebenes bis leicht welliges und unbefestigtes Wiesengelände hinter dem Deich, parzelliert und schattenlos. Für Zeltler separate Pkw-Abstellung. Sanitäranlagen beheizbar. Kostenloser W-Lan-Zugang. Imbiss. FW. Separater Jugendplatz. Ort 2 km entfernt. Mittagsruhe 12-14 Uhr. Touristen-/Dauerstellplätze 120/60.
2008: P/N 4.–, K/N 2 bis 14 J. 2.–, A/N 2.50, C/N 9.–, MC/N 8.50 bis 11.–, T/N 7.50 bis 11.–, M/N 1.50, H/N 2.–, KT 3.–, WD zuzügl., Müllgeb. St/N –.50, Strom/N 2.– (6 A).

✉ **25826 St. Peter-Ording,** Nordsee (c1/2) **1245/4**

[25] ★★★★ »CAMPING OLSDORF« 1.1. bis 31.12.
E.: Ibs-Korupp ☎ 04863/476317, Fax 3556 10 000 qm
www.camping-olsdorf.de, campingpark.olsdorf@t-online.de
→ A 23/B5 Hamburg-Heide, Abf. Tönning / St. Peter-Ording auf die B202 bis Tating. Hier Richtung Flugplatz (Medfeldweg-Bövergeest). Beschildert. ✉ Bövergeest 56 / Dorf (GPS: 54°18'24" N / 8°38'52" E).

100 m 250 m 500 m 1.5 km

Ebenes, schattenloses und parzelliertes Wiesengelände mit jungen Anpflanzungen. Sanitäranlagen beheizbar. Saunalandschaft. Basketball. Ort 500 m, Golf 2 km entfernt. Mittagsruhe 13-15 Uhr. Touristen-/Dauerstellplätze 51/6.
2008: P/N 4.–, K/N 2 bis 14 J. 2.50, A/N 2.50, C MC/N 9.–, T/N 8.– bis 10.–, M/N 1.50, H/N 1.60, KT 3.–, WD zuzügl., Strom/N 2.– oder kWh –.40 (16 A).

DCC-Vertragsplatz

✉ **25826 St. Peter-Ording-Böhl** (c2) **1245/5**

[20] ★★★ »CAMPING RÖNKENDORF« 1.4. bis 15.10.
P. Reiner Zeuch ☎/Fax 04863/5195 18 000 qm
www.St-Peter-Camping.de
→ B 202 Tönning–St. Peter, ca. 3 km hinter Garding links abbiegen nach St. Peter-Böhl. Hier beschildert. 3. Platz. ✉ Böhler Landstr. 171.

200 m 300 m 500 m 1 km 6 km

Ebenes, parzelliertes Wiesengelände. Überwiegend schattenlos und teilweise durch Buschgehölz begrenzt. Sanitäranlage beheizbar. Kiosk. Kostenloser Internetzugang. FW. Ort 2 km entfernt. Separater Jugendplatz. Mittagsruhe 12.30-14.30 Uhr. Touristen-/Dauerstellplätze 70/80.
2007: (HS) P/N 3.50, K/N 2 bis 14 J. 2.50, CMC-St/N 9.50, T-St/N 7.50 bis 9.–, H/N 1.50, KT 3.–, WD zuzügl., Strom/N 2.– (10-16 A). Ab 7 N 15% Ermäßigung. In NS Ermäßigung.
DCC/CCI 10% auf P/N.

DCC – DEIN PARTNER!

Campingplatz Sass

(1245/1)

Nordsee

Am Ortsrand gelegener, gepflegter Familiencampingplatz mit Grasboden. Ländliche Idylle nahe dem Nationalpark „Nordfriesisches Wattenmeer"! 800 m zum Wattenmeer, 1 km zum schneeweißen, 14 km langen Sandstrand, 1,5 km zum Kurzentrum mit seinem reichhaltigen Freizeitangebot. Besonderheiten des Platzes: Frische Brötchen, Getränke- und Eisverkauf, warmes Wasser rund um die Uhr, Kinderspielplatz, TT, Jugendpl., Waschmaschine und Trockner, Postservice. DCC-empf. VS und NS: 20 % Rabatt auf P/N. Moderne Ferienwohnungen mit freiem Blick über Marschwiesen zum Seedeich – Mietwohnwagen mit möbliertem Vorzelt, eingerichtet wie ein Appartement.
Neu: Reisemobilhafen mit 70 Reisemobilplätzen – „Natur pur" mit allem Komfort! www.reisemobilzafen-spo.de

25826 St. Peter-Ording · Tel (0 48 63) 81 71 · Fax (0 48 63) 12 01 · www.campingsass.de

1 Schleswig-Holstein und Hamburg

✉ **25826 St. Peter-Ording-Böhl** (c2) **1245/6**

30 ★★★ »CAMPING SILBERMÖWE« ⚷ 15.3. bis 31.10.
E.: Jochen Trede ☎ 04863/5556, Fax 3315   10 000 qm
www.silbermoewe.de, camping@silbermoewe.de

➔ B 202 Tönning-St. Peter, ca 3 km hinter Garding links abbiegen nach St. Peter-Ordingen Süd-Böhl. Hier beschildert. 2. Platz. ✉ Böhler Landstr. 179.

[icons] 100 m

[icons] 200 m · 1 km · 3 km

Ebenes und parzelliertes, schattenloses Wiesengelände. Teilweise von Buschgehölz begrenzt. Sanitäranlage beheizbar. Kostenloser Internetzugang. Kiosk. FW. Ort 3 km entfernt. Separater Jugendplatz. Mittagsruhe 12.30-14.30 Uhr. Touristen-/Dauerstellplätze 55/25.
2008: (HS) P/N 5.–, K/N 2 bis 14 J. 3.50, C MC-St/N 11.–, T-St/N 7.– bis 11.–, H/N 1.50, KT 3.–, WD inkl., Strom/N 2.- (10-16 A). Anschlussgeb. 1.50. Ab 7 N 10% auf P/N und in NS Ermäßigung.

✉ **25826 St. Peter-Ording-Böhl** (c/d2) **1245/7**

20 ★★★ »ROSEN-CAMP KNIESE« ⚷ 1.4. bis 15.10.
E.: Marion Kniese ☎ 04863/3676, Fax 493388   15 000 qm
www.rosencamp-kniese.de, rosencamp-kniese@t-online.de

➔ B 202 Tönning–St. Peter, ca. 3 km hinter Garding links abbiegen nach St. Peter-Süd-Böhl. Hier beschildert. 1. Platz. ✉ Böhler Landstr. 185.

[icons] 50 m · HS · 300 m · 500 m · 1 km

Ebenes und schattenloses, parzelliertes Wiesengelände mit separatem Dauerplatz. Sanitäranlage beheizbar. FW. Ort 3 km entfernt. Mittagsruhe 13-15 Uhr. Touristen-/Dauerstellplätze 68/68.
2008: (HS) P/N 3.20, K/N bis 14 J. 2.40, St/N 11.–, H/N 1.–, KT 3.–, WD zuzügl., Strom/kWh –.35 (16 A), Anschlussgeb. 1.–. In NS Ermäßigung.

DCC-Vertragsplatz

✉ **25832 Tönning-Kating**, Eiderstedt (d2) **1251**

25 ★★★ »CAMPING LILIENHOF« ⚷ 1.1. bis 31.12.
E.: Doris Pabst ☎ 04861/439, Fax 610159   20 000 qm
www.camping.lilienhof.de, info@camping.lilienhof.de

➔ B5a Heide–Husum Abf. Tönning, hier der Beschilderung »Krankenhaus u. Jugendherberge« folgen. Ab Bahnhof Tönning beschildert. ✉ Katinger Landstr. 5.
⚓ Hafen, Fährverbindung nach Helgoland, Meeres-Forschungszentrum.

[icons] 500 m · 1 km · 1.5 km

Ebenes Wiesengelände in ländlicher Umgebung, teilweise parzelliert unter hohen Bäumen oder schattenlos mit befestigten Mocaplätzen. Quick-Stop Plätze von 18 bis 12 Uhr. Appartementvermietung. Ort, Kur- und Bademöglichkeit 3 km entfernt. Separater Jugendplatz. Mittagsruhe 13-15 Uhr. Touristen-/Dauerstellplätze 40/10.
2007: (HS) P/N 4.50, K/N 2.50, St/N 7.–, H/N 2.50, KT 1.50, WD zuzügl., Strom/N 2.50 oder kWh –.50 (16 A). Pauschalen. In NS Ermäßigung. DCC/CCI 10% auf P/N.

»Ermäßigung auf alle Gebühren« umfaßt nicht die Nebenkosten wie Kurtaxe, Müll und Strom

---

SILBERMÖWE Camping

Ankommen und sich wohl fühlen

(1245/6)

- Familiäre, freundliche Atmosphäre · strandnah · kinderfreundlich · gepflegter, modern-komfortabler Sanitärbereich ohne Münzautomaten · Wohnmobil Ver- und Entsorgung kostenlos für Gäste
- Kneipp-Anlage · Fahrradverleih · ECOCAMPING
- Internet-Arbeitsplatz u. W-LAN für unsere Gäste kostenlos
- **gut ausgestattete Mietwohnwagen**
- günstige Vor- u. Nachsaisonpreise
- Reservierung jederzeit möglich

Jetzt Prospekt anfordern: J. Trede · Böhler Landstraße 179
25826 St. Peter-Ording/Ortsteil Böhl · Tel. 0 48 63 / 55 56 · Fax 33 15
www.silbermoewe.de · camping@silbermoewe.de

Über 50 Jahre
Rosen-Camp Kniese

Besitzer Marion Kniese · Böhler Landstraße 185
Tel. 0 48 63/36 76 · Fax 0 48 63/49 33 88
www.rosencamp-kniese.de · rosencamp-kniese@t-online.de

25826 St. Peter-Ording

Der Platz liegt unmittelbar hinter dem Seedeich in nächster Nähe zum Böhler Strand (100 m bis Überfahrt). Er ist mit Hecken schützend umgeben, hat einen kleinen Deich als Windschutz und ist eingeteilt in Dauer- und Ferienparzellen. Feste Fahrwege und trockene Stellplätze auf Grünflächen. Für die kleinen Urlauber ist ein neuer Spielplatz vorhanden. Gepflegte, vorschriftsmäßige sanitäre Anlagen mit separatem Wickelraum. Verschiedene Einkaufsmöglichkeiten in unmittelbarer Umgebung, ebenso Restaurant und Café, Telefon und Fahrradverleih. Ver- und Entsorgung für Mobile. Anfahrtsweg über Eiderabdämmung oder Garding in Richtung St. Peter-Ording, Abfahrt Ortsteil Böhl. (1245/7)

Ihr familienfreundlicher Platz direkt am Seedeich · sauberer gepflegter Sanitärbereich · Nordwest, vor einem, vor Wind geschützten Kurwäldchen eingerahmt · Kiosk · Internetplätze u. W-Lan · Kochnische, Sitzgelegenheiten u. Überdachung f. Zelter · Ver- u. Entsorgung von Wohnmobilen · fabrikneue u. gebrauchte Mietwohnwagen, gute Ausstattung · gepflegt u. freundlich eingerichte FeWo (1245/5)

Campingplatz Rönkendorf

Böhler Landstraße 171 · 25826 St. Peter-Ording · Ortsteil Böhl
Tel. (0 48 63) 51 95 · Fax (0 48 63) 47 66 63 · www.st.peter-camping.de

✉ **25782 Tellingstedt** bei Heide (d2) **1260**

★★ »CAMPING TELLINGSTEDT« — Mai bis Sept.
E.: Gemeinde V.: Schmidtke ☎ 04838/657, Fax 786969 8000 qm
info@amt-tellingstedt.de

→ B203 Heide–Rendsburg, nach Tellingstedt abbiegen ✉ Teichstr. 8.

Leicht welliges, unparzelliertes Wiesengelände neben dem Schwimmbad, von Buschgehölz begrenzt. Sanitäranlage beheizbar. Ort 200 m entfernt. Mittagsruhe 13-15 Uhr. Touristen-/Dauerstellplätze 50/5.

✉ **25788 Delve**, Eider (d2) **1265**

[20] ★★★★ »CAMPING EIDERTAL« — 1.1. bis 31.12.
P.: Eidertal-Camping Burger GmbH ☎ 04803/1058, Fax 551 30000 qm
www.delve.de, www.vcsh.de, campingplatz@delve.de

→ B203 Rendsburg–Heide, in Tellingstedt abbiegen Richtung Friedrichstadt. Bei Glüsing beschildert. ✉ Eiderstr. 20 (GPS: 54°30'56" N / 9°25'83" E).

Ebenes, teilweise parzelliertes Wiesengelände an einer Eiderschleife. Durch Dauercamper geprägt. Kiosk. Wasserwanderer-Station. Ort 500 m entfernt. Mittagsruhe 12.30-14 Uhr. Touristen-/Dauerstellplätze 35/105.
2008: P/N 4.–, K/N 3 bis 15 J. 1.50, A/N 1.–, C/N 5.50, MC/N 6.–, T/N 3.–, M/N 1.–, B/N 1.–/lfm, H/N 1.50, WD zuzügl., Strom/kWh –.50 (16 A). Ab 21/28 N 15/25% Ermäßigung.
DCC/CCI 10% auf P/N.

✉ **25779 Hennstedt-Horst**, Eider (d2) **1270**

[20] ★★★ »CAMPING-FERIENPARK EIDER« — 1.4. bis 15.10.
P.: Marina Lobsien ☎/Fax 04836/611, Mobil 015119336454 22000 qm
www.Eidercamper.de, CFP-Eider@t-online.de

→ B203 Rendsburg–Heide, in Tellingstedt abbiegen Richtung Friedrichstadt. Von Hennstedt nach Horst, beschildert. ✉ Erholungsgebiet Horst 1.
∴ Eiderabdämmung.

Ebenes, parzelliertes Wiesengelände an einer Eiderschleife. Kiosk. Sanitäranlage beheizbar. Volleyball. Ort 4 km entfernt. Mittagsruhe 13-15 Uhr. Touristen-/Dauerstellplätze 40/100.
2008: P/N 4.–, K/N bis 14 J. 2.–, J/N 3.–, A/N 1.50, C/N 5.–, MC/N 5.50, T/N 3.–/–4.–, M/N 1.–, B/N 5.–, H/N 2.–, WD zuzügl., Müllgeb. P/N –.50, Strom/N 1.50 (ab 6 A).

✉ **25879 Süderstapel**, Eider (d2) **1280**

[25] ★★★ »EIDERCAMPING« — 1.4. bis 31.10.
E.: Herbert Möller ☎ 04883/285, Fax 905951 10000 qm
www.eidercamping.de, eidercamping@t-online.de

→ B202 Friedrichstadt–Rendsburg, zwischen Seeth und Norderstapel nach Süderstapel abbiegen, ca. 1 km, beschildert. ✉ Mühlenstr. 10.

Ebenes, unparzelliertes Wiesengelände an einer Eiderschleife. Von Bäumen umrandet und teilweise schattenlos. Wasserwanderer-Station. Sanitäranlage beheizbar. FW. Ort 150 m entfernt. Mittagsruhe 12-14 Uhr. Touristen-/Dauerstellplätze 25/30.
2008: (HS) P/N 5.–, K/N bis 14 J. frei, C MC-St/N 7.–, T/N 5.–, B/N 6.–, H/N 2.–, WD inkl., Strom/N 2.50 oder kWh –.50 (16 A), Anschlussgeb. 2.–. In NS 10% Ermäßigung.
DCC 10% auf P/N und St/N.

Die Gebühren werden von den Platzhaltern lange vor Erscheinen des Campingführers gemeldet. Daher sind Abweichungen möglich.

✉ **25840 Friedrichstadt**, Eider (d1) **1282**

★★ »EIDER UND TREENECAMP« — 1.1. bis 31.12.
E.: Anke Kleve ☎ 04881/400, 1444, Fax 7632 12000 qm
www.treenecamp.de, eider-treene-camp@t-online.de

→ B5 Heide–Husum, nach Friedrichstadt abbiegen. Hier beschildert.
∴ Holländisch geprägter Stadtkern. ✉ Tönninger Str. 1.

Ebenes und unparzelliertes, überwiegend schattenloses Wiesengelände hinter dem Eiderdeich an der Treenemündung. Wasserwanderer-Station. Imbiss. Separater Zeltplatz. Ort 800 m entfernt. Separater Jugendplatz. Mittagsruhe 12.30-14.30. Touristen-/Dauerstellplätze 85/10.

✉ **24354 Missunde**, Schlei (d1) **1315**

[25] ★★★★ »CAMPING WEES« — 1.4. bis 31.10.
P.: Anke Nissen ☎ 04354/98430, Fax 98432 35000 qm
www.campingplatz-missunde.de, campingplatz-missunde@t-online.de

→ B76 Eckernförde–Schleswig, abbiegen über Kosel nach Missunde, hier beschildert. ✉ An der Wees 16.

Leicht wellig vom Schleufer ansteigendes, parzelliertes Wiesengelände mit einigen ebenen Flächen. Grillverleih. Ort (Fleckeby) 6 km entfernt. Separater Jugendplatz. Mittagsruhe 13-15 Uhr. Touristen-/Dauerstellplätze 40/110.
2007: (HS) P/N 4.50, K/N bis 12 J. 2.–, J/N 13 bis 18 J. 3.50, A/N 3.50, C MC/N 8.–, T/N 4.50, M/N 3.–, B/N 4.50, H/N 1.–, WD zuzügl., Strom/N 2.– (6 A). In NS Ermäßigung.
DCC 10% auf P/N und St/N.

✉ **24354 Bohnert-Hülsen**, Schlei (d1) **1316**

★★★ »CAMPING HOF HÜLSEN« — März bis Sept.
E.: Peter Heuer ☎ 04355/385, Fax 999803 30000 qm
www.hof-hülsen.de, info@hof-hülsen.de

→ B76 Eckernförde–Schleswig, über Kosel abbiegen Richtung Rieseby. Ab Bohnert beschildert. ✉ Hof Hülsen 1.

Zur Schlei wellig abfallendes Wiesengelände, parzelliert und durch Hecken günstig aufgelockert. FW. Ort (Rieseby) 5 km entfernt. Mittagsruhe 13-15 Uhr. Touristen-/Dauerstellplätze 40/110.

✉ **24398 Winnemark**, Schlei (d/e1) **1317**

[15] ★★ »CAMPING WINNEMARK« — 1.4. bis 1.10.
P.: Volker Pippow ☎ 04644/374 40000 qm

→ B203 Eckernförde–Kappeln, in Grünholz oder Karby abbiegen nach Winnemark. Hier beschildert. ✉ Dorfstr. 17.

Welliges unparzelliertes Wiesengelände an der Schlei. FW. Ort (Karby) 4 km entfernt. Mittagsruhe 13-15 Uhr. Touristen-/Dauerstellplätze 50/100.
2008: P/N 4.–, K/N 1 bis 13 J. 2.50, A/N –.50, C/N 3.50, MC/N 4.–, T/N 2.50, M/N –.50, B/N 2.–, H/N 1.–, WD zuzügl., Strom/kWh –.50.

✉ **24398 Schuby-Strand**, Ostsee (e1) **1322**

[20] ★★★★ »INTERCAMPING SCHUBY-STAND« — 1.4. bis 30.9.
P.: Gerd u.Gudrun Braukmann ☎ 04644/96010, Fax 814 220000 qm
www.intercamping.de, g.braukmann@t-online.de

→ B 203 Eckernförde–Kappeln Abf. Schuby. Über Schuby nach Schuby-Strand. Beschildert.

INTER CAMPING
Schuby-Strand

- 800 Standplätze
- 5 moderne Sanitär-Gebäude
- 3 gemütliche Ferienhäuser
- Kindergerechter kurtaxenfreier Strand
- Supermarkt, Schnellimbiss und Restaurant
- Großer Kinderspielplatz
- Unmittelbare Nähe zum Ostseebad „Damp"

Unser Tipp: Wellness in Damp – Wohlfühlen bei uns.

G. u. G. Braukmann · 24398 Schuby-Strand · Telefon: 0 46 44 - 96 01 -0
Fax: 0 46 44 - 8 14 · eMail: G.Braukmann@t-online.de · Internet: www.intercamping.de
(1322)

Ebenes und schattenloses Wiesengelände, parzelliert auf einer Landzunge, zwischen dem flachen Deich und einem Binnensee. Mehere Leihcaravans. Sanitäranlage beheizbar. Billard. Massage- und Fußpflege. Reiten 3 km, Ort 5 km entfernt. Mittagsruhe 13-15 Uhr. Touristen-/Dauerstellplätze 250/570.
2008: (HS) P/N 4.50, K/N 1 bis 14 J. 2.80, St/N 8.50, B/N 2.–, WD zuzügl., Müllgeb./Sack –.50/1.50/2.60, Strom/kWh –.40 (16 A), Anschlussgeb. 2.50. In NS Ermäßigung.
DCC 10% auf P/N.

24351 Damp-Dorotheenthal, Ostsee (e1) 1325/1

25 ★★★ »CAMPING DOROTHEENTHAL« Mitte März bis 20.10.
E.: Peter Tramm ☎ 04352/5121, Fax 5603   50 000 qm
www.camping-damp.de, verwaltung@camping-damp.de
→ B203 Eckernförde–Kappeln, nach Damp abbiegen, 1. Platz. ✉ Dorotheenthal.
∴ Damp 2000. Kappeln. Schleswig. Schloss Gottorf. Haithabu.

Langgestrecktes, ebenes bis leicht welliges Wiesengelände mit Reiterhof hinter dem flachen Deich. Touristenplatz teilweise parzelliert als Eingang. Uferzone durch Dauercamper besetzt. Imbiss. Kutschfahrten Ponyreiten. Ort 1.5 km entfernt. Mittagsruhe 12.30-14.30 Uhr. Touristen-/Dauerstellplätze 80/260.
2007: (HS) P/N 4.50, K/N 1 bis 14 J. 2.70, C MC-St/N 9.–/10.–, T-St/N 8.–, B/N 1.50, H/N 4.50, WD inkl., Strom/N 2.50. Ab 21 N 10% und in NS Erm.

24351 Damp-Fischlegerstrand, Osts. (e1) 1325/2

20 ★★★ »CAMPING KORALLE« 1.4. bis 15.10.
P.: Rolf Schüttpelz ☎ 04352/5109, Fax 911340   40 000 qm
www.campingplatz-koralle.de, info@campingplatz-koralle.de
→ B203 Eckernförde–Kappeln, nach Damp abbiegen, beschildert, 2. Platz. ✉ Fischlegerstrand.
∴ Damp 2000.

Leicht welliges und schattenloses Wiesengelände, parzelliert hinter einem flachen Deich. Durch Dauercamper geprägt und Küstenzone besetzt. Sanitäranlagen beheizbar. FW. Ort 2 km entfernt. Separater Jugendplatz. Mittagsruhe 13-15 Uhr. Touristen-/Dauerstellplätze 50/175.
2008: P/N 3.30, K/N 3 bis 14 J. 1.80, C MC-St/N 6.10, T/N 4.80, M/N –.50, B/N 1.20, H/N 1.20, WD inkl., Strom/N 1.50 (16A). Ab 21 N 10% Erm.

24369 Booknis, Ostsee (e1) 1326

35 ★★★★ »OSTSEE-FREIZEITPARK« 1.4. bis 30.9.
E.: v. Ahlefeldt-Dehn ☎ 04352/2311, Fax 1646   250 000 qm
www.camping-booknis.de, ahlefeldt-dehn@t-online.de
→ B203 Eckernförde–Kappeln, nach Damp abbiegen und über Vogelsang-Grünholz noch ca. 3 km Richtung Waabs. Beschildert. ✉ Seestr.
∴ Herrenhäuser und Schlösser. Damp 2000.

Leicht welliges Wiesengelände parzelliert zwischen Wald und flachem Deich, durch Hecken günstig aufgelockert und überwiegend schattenlos. Durch Dauercamper geprägt. Großzügige Sporteinrichtungen. DLRG-Station. Sanitäranlagen beheizbar. Imbiss. Ort (Waabs) 3.5 km entfernt. Mittagsruhe 13-15 Uhr. Touristen-/Dauerstellplätze 130/700.
2008: (HS) P/N 6.–, K/N bis 14 J. 5.–, St/N 13.–, B/N 4.–, H/N 4.–, WD inkl., Strom/kWh –.40. In NS Ermäßigung.

Campingplatz Koralle, Fischlegerstrand, 24351 Damp
Tel. 04352/51 09 · Fax 04352/911 340 · Handy 0173/208 57 56
e-mail: info@campingplatz-koralle.de · Internet: www.campingplatz-koralle.de
(1325/2)

OSTSEE-CAMPING »GUT LUDWIGSBURG«

Gut Ludwigsburg 4 · 24369 Waabs
Tel. (0 43 58) 3 70 · privat (0 43 58) 10 68 · Fax (0 43 58) 4 60
www.Ostseecamping-Ludwigsburg.de · www.Ostseecamping-Ludwigsburg.com
info@Ostseecamping-Ludwigsburg.de
Bitte Hausprospekt anfordern!

(Beschreibung S. 72, 1340)

✉ **24369 Waabs (Klein-Waabs), Ostsee (e1)** 1327/1

35 ★★★★★ »OSTSEECAMP FAMILIE HEIDE« 1.3. bis 31.10.
E.: Familie Heide GbR ☎ 04352/2530, 2579, Fax 1398 200 000 qm
www.waabs.de, info@waabs.de

→ B203 Eckernförde–Kappeln, über Loose abbiegen Richtung Waabs. In Klein-Waabs beschildert, 1. Platz. ✉ Strandweg 31.
⚘ Herrenhäuser und Schlösser. Damp 2000.

Leicht welliges, teilweise abfallendes Wiesengelände ober-halb der Steilküste mit vorgelagerter Liegewiese. DLRG-Station. Separater Strandteil für FKK. Befestigte Mocaplätze. Hallenbad öffentlich und in HS gebührenpflichtig. Sanitäranlage beheizbar. Hundebad. Kleinkindersanitär. Kinderspiel- u. Bastelraum. Jugenddiskothek. Kino. 2 x wöchentlich Friseur. Reservierung empfehlenswert. Ort 200 entfernt. Mittagsruhe 13-15 Uhr. Touristen-/Dauerstellplätze 280/520.
2008: (HS) P/N 6.–, K/N 1 bis 14 J. 4.–, St/N 14.–, B/N 3.–, H/N 6.–, WD inkl., Müllgeb./Sack 2.50/3.50, Strom/N 2.20 (16 A). In NS Ermäßigung.
DCC/CCI 10% auf P/N.

✉ **24369 Waabs, Ostsee (e1)** 1327/2

20 ★★★ »CAMPING HÖKHOLZ« 1.4. bis 1.10.
P.: Holger Frank ☎ 04352/9117031, Fax 9117032 53 000 qm
www.camping-eckernfoerderbucht.de, camping-hoekholz@t-online.de

→ A7 Hamburg–Flensburg, Abf. (8) Rendsburg auf die B203 nach Eckernförde. Am Hafen über die Landstraße nach Waabs. Nach ca. 10 km auf der kurvenreichen Straße (L26) rechts ab, am Gut Hökholz vorbei, zur Küste und zum Platz. ✉ Ritenrade 4.
⚘ Herrenhäuser und Schlösser. Damp 2000.

Leicht welliges, zum Meer abfallendes, Wiesengelände mit einzelnen Büschen und Laubbäumen in ländlicher Umgebung. Parzelliert und durch einen Bach zweigeteilt. Liegewiese. FKK-Strand. Reservierung empfehlenswert. Familiäre Atmospäre. Separate Pkw-Abstellung. Zeltwiese. Durch Dauercamper geprägt. Verbot für Kampfhunde. Kindersanitär. Kiosk. Brötchenservice. Golfplätze in der Nähe. Hundestrand 300m, Ort 3km entfernt. Separater Jugendplatz. Mittagsruhe 13-15 Uhr. Touristen-/Dauerstellplätze 40/200.
2007: (HS) P/N 3.–, K/N 1 bis 14 J. 2.–, St/N 5.– bis 7.50, B/N 2.–, H/N 2.–, WD zuzügl., Strom/N 1.50 (16 A). In NS Ermäßigung.
DCC/CCI 10% auf P/N.

✉ **24369 Langholz, Ostsee (e1)** 1330

20 ★★ »CAMPING LANGHOLZ« 1.4. bis 3.10.
E.: H. Albrecht V.: V. Rehenberg ☎ 04352/911484, Fax 911483 20 000 qm
www.camp-langholz.de, camp.langholz@gmx.de

→ B203 Eckernförde–Kappeln, abbiegen über Loose und Ludwigsburg Richtung Waabs, beschildert. ✉ Fischerstr. 9

Leicht welliges, parzelliertes Wiesengelände zwischen Waldrand und Strand. Durch Dauercamper geprägt. Öffentlicher Badebetrieb. Imbiss. Hunde nur auf Anfrage. Haltestelle 1.5km, Ort (Klein Waabs) 3 km entfernt. Mittagsruhe 13-15 Uhr. Touristen-/Dauerstellplätze 30/110.
2007: (HS) P/N 3.–, K/N 3 bis 13 J. 1.50, St/N 9.–, H/N 2.–, WD zuzügl., Müllgeb./Sack 1.50, Strom/N 2.– (16 A). In NS Ermäßigung.

Wegen oft wechselnden Größenangaben für die einzelnen Stellparzellen durch die Platzhalter veröffentlicht der DCC nur noch die Camping-Gesamtfläche in qm und den Hinweis »parzelliert« oder »unparzelliert«.

Ostseecampingplatz
Familie Heide

24369 Klein-Waabs
Telefon 0 43 52 / 25 30
Fax 0 43 52 / 13 98
www.waabs.de

Urlaub in der Natur!

- Direkt am Meer – aber ohne Kurtaxe
- 1,5 km Küste mit eigenem Bade- und FKK-Strand
- Beheiztes Hallenschwimmbad (8 x 20 m), Sauna und Solarium
- Tennis, Minigolf, Streethockey, Beachvolleyball, Basketball und organisiertes Animationsprogramm
- Grillplatz mit Tanzveranstaltungen
- Ideale Spielmöglichkeiten für Kinder
- Eigenes Sommerfreizeitprogramm
- Fitness Studio • Internet-Corner • WLAN-Hotspot
- Neuer Supermarkt • Vieles mehr – siehe Prospekt

Der Urlaub für die ganze Familie!

1996 Landessieger im Wettbewerb
„**Vorbildliche Campingplätze in derLandschaft**"
1992 bis 2007 laut ADAC mit dem Prädikat
„Einer der Besten des Jahres" in Deutschland! DTV-Bewertung: ★★★★★

Vermietung von Ferienhäusern
(Mobilheime):
- Wochenmietpreis
  von 160,– bis 390,– €
- Vor- und Nachsaison
  27,– bis 40,– € täglich

Sichern Sie sich Ihren Ferienplatz durch eine Voranmeldung und bestellen Sie gleich einen von unseren Farbprospekten!

*Mit freundlichem Gruß
Familie Paul Heide*

(1327/1)

DCC-Vertragsplatz

✉ **24369 Ludwigsburg,** Ostsee (d1) 1340

25 ★★★★ »OSTSEE-CAMPING GUT LUDWIGSBURG« 20.3. bis 10.10.
E.: Paul-Werner Carl
☎ 04358/370, privat 04358/1068, Fax 460 100000 qm
www.Ostseecamping-Ludwigsburg.de, info@ostseecamping-ludwigsburg.de

→ B203 Eckernförde–Kappeln. In Eckernförde Richtung Waabs zur L23. Um den Hafen herumfahren. Noch ca. 8 km nach Gut Ludwigsburg. Hier rechts abbiegen. Noch ca. 2km zum Platz. ✉ Ludwigsburg 4 (GPS: 54°51'26" N / 09°93'35" E).

Ebenes, parzelliertes Strandgelände vor dem Küstenwald mit einem Binnensee, teilweise schattenlos. Öffentlicher Badebetrieb. Sanitäranlagen beheizbar. FW. In HS Reservierung empfehlenswert. Leinzwang für Hunde. Am Hundestrand und im Waldgelände kein Hundezwang. FW. Ort (Eckernförde) 7 km entfernt. Mittagsruhe 13-14.30 Uhr. Touristen-/Dauerstellplätze 250/350.
2007: P/N 4.–, K/N 1 bis 15 J. 2.–, St/N 11.–, B/N 1.– bis 6.–, H/N 2.– bis 6.–, WD inkl., Müllgeb./Sack –.50, Strom/N 2.– (16 A). In NS ab 21 N 10% und in HS ab 21 N 5% auf den Endbetrag.
DCC 10% auf P/N. Anzeige S. 70

✉ **24369 Karlsminde,** Ostsee (d1) 1342

25 ★★★★ »OSTSEECAMPING GUT KARLSMINDE« 20.3. bis 12.10.
E.: Peter Hoff V.: K. Wilke ☎ 04358/344 o. 1014, Fax 683 150000 qm
www.karlsminde.de, info@karlsminde.de

→ B203 Eckernförde–Kappeln, abbiegen über Loose Richtung Waabs. Bei Karlsminde beschildert.

Ebenes bis leicht welliges, überwiegend schattenloses Wiesen- u. Strandgelände mit 3 kleinen Seen, teilweise parzelliert und von Wald begrenzt. Öffentlicher Badebetrieb. DLRG-Station. Durch Dauercamper geprägt und Uferzone besetzt. Sanitäranlage beheizbar. Imbiss. FW. Ort (Eckernförde) 8 km entfernt. Separater Jugendplatz. Mittagsruhe 13-15 Uhr. Touristen-/Dauerstellplätze 80/570.
2008: (HS) P/N 4.–, K/N 2 bis 14 J. 2.50, St/N 10.–, B/N 1.–, H/N 2.–, WD inkl., Strom/N 2.– (16A). In NS Ermäßigung.

✉ **24360 Barkelsby** bei Eckernförde (d1) 1344

20 ★★★★ »CAMPING HEMMELMARK« 20.3. bis 5.10.
E.: Herzogin zu Mecklenburg V.: Familie Kasan 70000 qm
☎ 04351/81149, Fax 87606
www.ostsee-camping-hemmelmark.de, info@ostsee-camping-hemmelmark.de

→ B76 Kiel–Schleswig, bei Eckernförde abbiegen Richtung Hafen und weiter nach Waabs bis kurz vor Hemmelmark, beschildert (GPS: 54°28'37" N / 9°52'40" E).

Langgestrecktes, unparzelliertes, dünenartiges und schattenloses Wiesengelände am Sandstrand der Eckernförder Bucht. Durch Dauercamper geprägt. Sanitäranlage beheizbar. Kleinkindersanität. Imbiss. Ort 3 km entfernt. Mittagsruhe 13-15 Uhr. Touristen-/Dauerstellplätze 60/340.
2008: (HS) P/N 3.–, K/N 2 bis 16 J. 2.–, A/N 1.80, C/N 9.50, MC/N 9.50, T/N 5.50, M/N 1.80, B/N 1.80, H/N 1.50, WD inkl., Müllgeb. St/N –.60, Strom/kWh –.30 (16 A), Anschlussgeb. 2.–. In NS für 7 N, 6 N bezahlen. In NS Erm.

✉ **24229 Grönwohld/Schwedeneck,** Ostsee (e1) 1348

20 ★★★ »GRÖNWOHLD-CAMPING« 1.4. bis 31.10.
P.: Kreuzer u. Schwerring ☎ 04308/189972, Fax 189973 120000 qm
www.groenwohld-camping.de, info@groenwohld-camping.de

→ A7 Hamburg–Kiel, ab Kiel der Beschilderung »Olympia-Zentrum« folgen zur B 503 Richtung Eckernförde. Hinter Krusendorf rechts ✉ Kronshörn (GPS: 54°28'19" N / 1°44'76" E).

♦ Waldlehrpfad. Wildfasanerie.

✉ **24229 Surendorf,** Ostsee (e1) 1350

20 ★★★ »CAMPING SCHWEDENECK« 1.4. bis 30.9.
E.: Kurverwaltung V.: Ailland ☎ 04308/331, Fax 1260 50000 qm
www.ostseebad-schwedeneck.de, info@ostseebad-schwedeneck.de

→ A7/A215 Hambg.–Kiel, ab Kiel der Beschilderung «Olympiazentrum» folgen zur B503 Richtg. Eckernförde Abf. Surendorf. ✉ Zum Kurstrand.

Wellig und parzelliert ansteigendes Wiesengelände oberhalb der Steilküste mit Strandtreppen und DLRG-Station. Durch Dauercamper geprägt und schattenlos. Eine der Sanitäranlagen beheizbar. Ort 700 m entfernt. Mittagsruhe 13-15 Uhr. Touristen-/Dauerstellplätze 150/530.
2007: P/N inkl. St/N 15.50, P/N auf Zeltwiese 3.–, T/N 3.–, M/N 3.–, B/N 2.–, H/N –.50, KT 1.50, WD zuzügl., Müllgeb./Sack 1.60/2.60, Strom/kWh –.25. Anschlussgeb. 2.–.

DCC-Vertragsplatz

✉ **24589 Borgdorf-Seedorf** (d2) 1356

20 ★★★ »SEE-CAMPING BUM« 1.1. bis 31.12.
E.: Joachim Bredenbeck ☎ 04392/84840, Fax 848484 170000 qm
www.campingplatzbum.de, campingplatzBUMGmbH@t-online.de

Abfahrt → A7 Hamburg–Flensburg Abf. (11) Bordesholm Richtung Nortorf über Dätgen, beschildert. ✉ Hauptstraße.
♦ Tierpark Neumünster. Haustier-Park Warder.

Leicht einfallendes Wiesengelände, unparzelliert zwischen Wald und Seeufer. Durch Dauercamper geprägt und teilweise schattenlos. Ort (Nortorf) 3 km entfernt. Mittagsruhe 13-15 Uhr. Touristen-/Dauerstellplätze 50/350.
2007: (HS) P/N 3.85, K/N bis 14 J. 3.35, St/N 7.20, B/N 3.60, H/N 1.50, WD inkl., Müllgeb. 1.55, Strom/N 3.10 oder kWh –.26 (10A). Anschlussgeb. 2.05. In NS Ermäßigung.
DCC 10% auf P/N.

✉ **24589 Nortorf,** Neumünster (d2) 1357

★★★ »CAMPING RITZEBÜTTEL« Febr. bis Sept.
E.: Joachim Krogmann ☎ 04392/84800, Fax 848080 10000 qm
Abfahrt → A7 Hamburg–Flensburg Abf. (13) Neumünster–Nord auf die B205 Richtung Nortorf, 2. Abf., in Nortorf beschildert. ✉ Rendsburger Str. 11.

Ebenes bis leicht welliges, unparzelliertes Wiesengelände hinter dem Hotel. Sanitäranlage beheizbar. Ort 500 m entfernt. Mittagsruhe 12-15 Uhr. 60 Touristenplätze.

✉ **24631 Langwedel,** Brahmsee (d2) 1358

15 ★★ »CAMPING-FERIENPARK BRAHMSEE« 1.4. bis 31.10.
V.: Navarra ☎ 04329/464, Fax 913625 18000 qm
www.brehmsee-camping.de

Abfahrt → A215 Kiel–Hamburg Abf. (12) oder A7 Blumenthal, oder A7 Hamburg–Flensburg Abf. (13) Bordesholm oder A7 Abf. (12) Warder nach Langwedel, beschildert. ✉ Fischersiedlung 2.

Leicht welliges, unparzelliertes und durch öffentlichen Weg zweigeteiltes Wiesengelände. Sanitäranlage beheizbar. Ort 1 km entfernt. Mittagsruhe 13-15 Uhr. Touristen-/Dauerstellplätze 10/60.
2007: P/N 3.–, K/N 2.–, A/N 2.–, C/N 3.–, MC/N 4.–, T/N 3.–, M/N 2.–, H/N und WD keine Angabe, Strom/N 2.80.

An der Eckernförder Bucht, idyllische Strandlage

Campingplatz Hemmelmark

Naturplatz für Caravaner und Wanderer, die sich echt erholen wollen • ca. 1000 m Sandstrand • große Stellfläche • Standplätze und Servicestation für Wohnmobile • Mietwohnwagen am Platz • E-Anschlüsse • Bootsliegeplätze • Kinderspielplatz • moderner Sanitärbereich beheizt • Waschmaschinen und Trockner • SB-Laden mit Imbiss • Wassersport aller Art und Angeln im Meer möglich • Rad und Wanderwege durch Feld, Wald und Wiesen • Hünengräber • Hochseeangeln ab Eckernförde möglich (4 km) • Meerwasserwellenbad • Tennisplätze • Fahrradverleih in Eckernförde • Hunde erlaubt • Winterquartier für Wohnwagenunterstellung.

24360 Barkelsby • Telefon: 0 43 51 / 8 11 49 • Fax 8 76 06
info@ostsee-camping-hemmelmark.de
www.ostsee-camping-hemmelmark.de   (1344)

1 Schleswig-Holstein und Hamburg

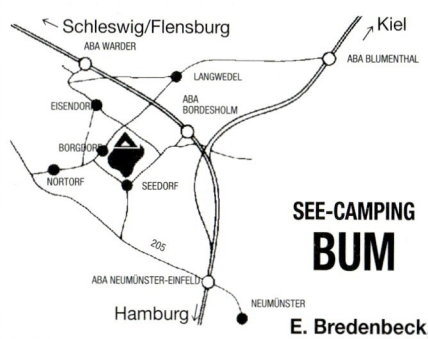

(1356)

365 Tage im Jahr steht Ihnen

See-Camping BUM

im Naturpark Westensee, dem Herzen Schleswig-Holsteins, zur Verfügung. Mit modernen Einrichtungen ist BUM ein herrlicher Urlaubsplatz für Wanderer in reizvoller Landschaft und für Leute, die den Norden mit dem Auto durchforschen möchten. Durch die günstige Lage in der Nähe der Abfahrt Bordesholm der BAB 7 Hamburg–Flensburg ist BUM die ideale Station auf dem Weg nach Skandinavien. Ein großer SB-Laden, ein Restaurationsbetrieb und vielfältige Unterhaltungsmöglichkeiten helfen Ihnen, wenn der herrliche See einmal sein unfreundliches Gesicht zeigt. Entdecken Sie den Reiz des Stückchen Lands, das die Küsten verbindet!

E. Bredenbeck, 24589 Borgdorf-Seedorf, Tel. 0 43 92/8 48 40, Fax 0 43 92/84 84 84
www.campingplatzbum.de, Email: Campingplatzbumgmbh@t-online.de

Im Herzen Schleswig-Holsteins

Familien-Campingplatz FORELLENSEE
... den Alltag vergessen!

Kinder ★ Spielplätze ★ Baden
Angeln ★ Tennis ★ Pferde   (Beschreibung S. 74, 1365)

www.familien-campingplatz.de   04321 82697

24259 Wrohe, Westensee (e2) — 1360

★★★ »NATURCAMPINGPLATZ WROHE AM WESTENSEE«
P.: G. Geißler ☎ 04305/1076 — April bis Okt.
gustav.geiszler@freenet.de
20 000 qm

Abfahrt → A7 Hamburg–Kiel Abf. (10) Warder rechts, beschildert, noch ca. 8.5 km. ✉ Seeweg 22.

Leicht wellig abfallendes, parzelliertes Wiesengelände zwischen Wald und See. Ort (Westensee) 3 km entfernt. Mittagsruhe 13-15 Uhr. Touristen-/Dauerstellplätze 40/100.

DCC-Vertragsplatz

24634 Padenstedt bei Neumünster (d2) — 1365

[20] ★★★ »FAMILIEN-CAMPING FORELLENSEE« — 1.1. bis 31.12.
E.: Manfred Bruch ☎ 04321/82697, Fax 84341
150 000 qm
www.familien-Campingplatz.de, info@familien-Campingplatz.de

Abfahrt → A7 Hamburg–Flensburg Abf. (14) Neumünster-Mitte, dann der Beschilderung bis Padenstedt folgen, hier beschildert. ✉ Humboldredder 5 (GPS: 54°02'79" N / 9°55'44" E).
♣ Naturschutzpark Aukrug.

Ebenes, teilweise leicht welliges und unparzelliertes Wiesengelände an einem See dicht neben der BAB und Bahnlinie. 9 Plätze vor der Schranke. Öffentlicher Badebetrieb. Rollschuhbahn. Apartements. FW. Ort (Wittdorf) 3 km entfernt. Mittagsruhe 13-15 Uhr. Touristen-/Dauerstellplätze 70/210.
2008: (HS) P/N 2.–, K/N 4 bis 14 J. 1.–, C MC-St/N 12.–, T-St/N 9.–, WD inkl., Müllgeb. P/N –.50, Strom/N 3.– oder kWh (ab 3 N) –.40 (16 A). In NS keine Personengebühr.
DCC/CCI 10% auf P/N und St/N.
Anzeige S. 73

Der ideale Urlaubsplatz direkt an der offenen See.

Herrlicher Sandstrand. Durch Hecken parzellierte Stellplätze. Moderne Wasch- und Duschräume, speziell auch für Kinder und Behinderte.
Zur Freizeitgestaltung: Eigene Reitanlage, Kegelbahn, Minigolf, Tischtennis, Poolbillard, Fahrräder, Kinderspielplätze. Kabelfernsehen. Kinder unterwegs. Am Strand Bootsverleih. Großes Angebot an Mietwohnwagen und Mobilheimen, alle Wagen mit Vorzelt, Heizung, Kühlschrank usw. voll eingerichtet.
Ausgezeichnet in den Landeswettbewerben „Vorbildliche Campingplätze in der Landschaft" 1988 + 1996.
4 Sterne – DTV Klassifizierung 2001

Camping-Ferienpark California
Rudolf Olsson GmbH
Deichweg 46–47 · 24217 Ostseebad Schönberg
Tel. 0 43 44 / 95 91 • Fax 48 17
(1409)

24576 Bad Bramstedt (d2) — 1370

[25] ★★★ »KUR-CAMPING ROLAND« — 1.4. bis 31.10.
E.: Helga Ohm ☎ 04192/6723, Fax 2783
5000 qm

Abfahrt → A7 Hamburg–Flensburg Abf. (17) Bad Bramstedt ✉ Kieler Str. 52 (GPS: 53°55'41" N / 9°53'24" E).

Ebenes, gepflegtes Wiesengelände mit altem Baumbestand, unparzelliert hinter einer hohen Hecke beim Anwesen. FW. Golf in der Nähe (15% Erm. für Camper). Ort 1 km, Kurmöglichkeit 2 km entfernt. 40 Touristenplätze.
2007: (HS) P/N 6.–, K/N bis 14 J. 4.–, St/N ab 7.–, B/N 2.50, H/N 2.–, WD inkl., Strom/N 2.– oder kWh –.50 (10 A). In NS Ermäßigung.
CCI 5% auf St/N.

DCC-Vertragsplatz

24576 Weddelbrook b. Bad Bramstedt (d2) — 1375

[15] ★★★ »CAMPING VOGELZUNGE« — 1.4. bis 31.10.
E.: Dieter Haferkamp ☎ 04192/2289, 0173/3130744, Fax 6389
45 000 qm
www.campingplatz-vogelzunge.de, mail@campingplatz-vogelzunge.de

→ A7 Hamburg–Flensburg Abf. Kaltenkirchen. In Richtung Lentföhrden-Bad Bramstedt, in Lentföhrden Richtung Weddelbrook der Beschilderung folgen. ✉ Vogelzunge 12.

Ebenes Wiesengelände an einem von Bäumen umstandenen Badesee. Teilweise parzelliert. Übernachtungsplätze vor der Einfahrt. Sanitäranlage beheizbar. Volleyball. Feuchtbiotop. Ort 400 m entfernt. Mittagsruhe 13-15 Uhr. Touristen-/Dauerstellplätze 20/85.
2008: P/N 3.–, K/N bis 14 J. 2.–, A/N 3.–, C/N 3.–, MC/N 3.50, T/N 2.50, M/N 1.–, H/N –.50, WD zuzügl., Strom/N 1.80 oder kWh –.60 (16 A).
DCC 10% auf P/N und St/N.

24159 Kiel-Friedrichsort, Ostsee (e1) — 1401

★★ »CAMPING FALCKENSTEIN« — April bis Okt.
P.: Joachim Morgenthaler ☎/Fax 0431/392078
48 000 qm

Abfahrt → A7/A215 Hamburg–Kiel, ab Kiel der Beschilderung «Olympia–Zentrum» folgen. Ab Friedrichsort-Pries beschildert. ✉ Palisadenweg 171.

Von Wald umgebenes Wiesengelände in Strandnähe, wellig und teilweise parzelliert auf zwei Geländestufen. Überwiegend schattenlos. Einkaufsmöglichkeit 2.5 km, Ort 5 km entfernt. Mittagsruhe 13-15 Uhr. Touristen-/Dauerstellplätze 150/170.

DCC-Vertragsplatz

24226 Heikendorf bei Kiel (e1/2) — 1402

[25] ★★★ »CAMPING MÖLTENORT« — 21.3. bis 1.10.
E.: Siegfried Gronau ☎ 0431/241316, Fax 2379920
20 000 qm
www.camping-ostsee-online.de, gronau.heikendorf@freenet.de

→ B502 Kiel-Schönberg, 2. Abf. Heikendorf, beschildert. Letzter Zufahrtsweg schmal und steil abfallend. ✉ Uferweg 24.
♣ U-Boot-Ehrenmal Laboe. Kieler Förde. Segelregatten.

Ebenes, teilweise parzelliertes Wiesengelände zwischen Wald und Förde auf sowie hinter einem flachen Deich, überwiegend schattenlos. Sanitäranlage beheizbar. Ort 500 m entfernt. Mittagsruhe 13-15 Uhr. Touristen-/Dauerstellplätze 90/72.
2008: P/N 4.–, K/N 3 bis 13 J. 2.50, St/N 7.– bis 12.–, B/N 1.50, H/N 2.50, WD zuzügl., Strom/N 2.– (10 A).
DCC 10% auf P/N.

Vorhandene Bungalows und Ferienwohnungen auf Campingplätzen sind von Ermäßigungen ausgenommen.

24235 Stein-Neustein b. Laboe, Ostsee (e1) 1403/1
»OSTSEE-CAMP KLIFF« 1.4. bis 30.9.
P.: Manfred Klindt V.: Neumann ☎ 04343/8122, Fax 499330 25000 qm
www.ostsee-camp.de, info@ostsee-camp.de

→ B 502 Kiel–Schönberg, in Brodersdorf abbiegen nach Laboe und weiter. Beschildert. 1. Platz.

1km 3km S 3.5km

Ebenes bis leicht welliges, teilweise parzelliertes Wiesengelände oberhalb der Steilküste mit Liegewiese und Strandtreppe. Sanitäranlage beheizbar. Ort 1.5 km entfernt. Mittagsruhe 13-15 Uhr. Touristen-/Dauerstellplätze 45/135.
2007: (HS) P/N 4.50, K/N 3 bis 14 J. 2.–, St/N 6.50 bis 12.–, WD inkl., Strom/N 2.– (12A). In NS Ermäßigung.

DCC-Vertragsplatz
24235 Stein bei Laboe, Ostsee (e1) 1403/2
»CAMPING FÖRDEBLICK« Anfang April bis 30.9.
P.: Ulrich Boenigk ☎ 04343/7795, Fax 7790 80000 qm
www.Camping-Foerdeblick.de, info@Camping-Foerdeblick.de

→ B 502 Kiel–Schönberg, in Brodersdorf abbiegen über Laboe und weiter. Beschildert. 2. Platz. Kreisstr. 20 (GPS: 54°24'51" N / 10°14'55" E).
∴ Schöner Blick auf die Kieler Außenförde, Marine Ehrenmal Laboe.

200m 1.5km 2km

Ebenes bis leicht welliges, teilweise schattenloses Wiesengelände parzelliert oberhalb der Steilküste mit Liegewiese und Strandtreppe. Von Hecken durchzogen und unterteilt. Sanitäranlage beheizbar. Ort 1.5 km entfernt. Mittagsruhe 13-15 Uhr. Touristen-/Dauerstellplätze 105/300.
2007: (HS) P/N 4.90, K/N 1 bis 3 J. 1.10, 4 bis 14 J. 2.20, St/N 9.50, WD inkl., Strom/N 2.– (10 A). In NS 20 bis 40% Ermäßigung.
DCC 10% auf P/N.

24235 Stein bei Laboe, Ostsee (e1) 1403/3
»OSTSEE-CAMP KLIFF-ELLERNBROOK« 1.4. bis 30.9.
P.: Manfred Klindt ☎ 04343/6222, Fax 499330 75000 qm
www.Ostsee-camp.de, info@Ostsee-camp.de

→ B 502 Kiel–Schönberg, in Brodersdorf abbiegen über Laboe und weiter. Beschildert. 3. Platz.

100m W 2km 5km

Ebenes, parzelliertes Wiesengelände oberhalb der Steilküste mit Liegewiese und Strandtreppe. Von Buschgehölz- u. Heckenreihen unterteilt. Separate Pkw-Abstellung. Sanitäranlage beheizbar. Ort 2 km entfernt. Separater Jugendplatz. Mittagsruhe 13-15 Uhr. Touristen-/Dauerstellplätze 79/220.
2007: (HS) P/N 4.50, K/N 3 bis 14 J. 2.–, St/N 6.50 bis 12.–, WD inkl., Strom/N 2.– (12 A). In NS Ermäßigung.

DCC-Vertragsplatz
24235 Wendtorfer Strand, Ostsee (e1) 1404
»CAMPING-OASE BONANZA« 20.3. bis 30.9.
E.: Roland Pust ☎ 04343/9688, Fax 9899 100000 qm
www.camping-oase-bonanza.de, camping@camping-oase-bonanza.de

→ B 502 Kiel–Schönberg, Abf. Wendtorf/Marina und weiter. Beschildert. 1. Platz. Schleusenweg 25.
∴ Marina Wendtorf-Yachthafen. Laboe Marine-Ehrenmal.

200m 800m

Ebenes, parzelliertes Wiesengelände mit jungen Anpflanzungen hinter dem Deich. Hunde nur auf Anfrage erlaubt. Grillabende in HS. W-LAN/Funkinternet. FKK-Strand 500 m, Ort 1.5 km entfernt. Separater Jugendplatz. Mittagsruhe 13-15 Uhr. Touristen-/Dauerstellplätze 60/300.
2008: (HS) P/N 5.50, K/N 3 bis 13 J. 3.–, A/N 2.50, C/N 7.–, MC/N 8.–, T/N 5.50 bis 7.50, M/N 1.50, N 3.–, WD zuzügl., Müllgeb. P/N –.50, Strom/N 3.– (10 A). In NS Ermäßigung. **Vorauskasse!**
DCC/CCI 10% auf P/N.

1 Schleswig-Holstein und Hamburg

Camping Fördeblick

(1403)

Familienferienplatz direkt am Strand mit idealer Bademöglichkeit für Kinder · herrlicher Blick auf die Kieler Außenförde, zahlreiche Ausflugsmöglichkeiten in der Nähe · Komfortplätze mit Strom, Wasser- und Abwasseranschluss · Waschmaschinen und Trockner · Mietwohnwagen u. Servicestation für Wohnmobile · SB-Laden und Restaurant

Kreisstr. 30 · 24235 Laboe/Stein
Tel. (0 43 43) 77 95 · Fax (0 43 43) 77 90
www.camping-foerdeblick.de
info@camping-foerdeblick.de

24217 Wisch-Heidkate, Ostsee (e1) 1408
»CAMPING HEIDKOPPEL« 20.4. bis 22.9.
E.: L. Stoltenberg, V.: Gebhard ☎ 04344/9098, Fax 4257 120000 qm
www.heidkoppel.de, camping@heidkoppel.de

→ B 502 Kiel–Schönberg, nach Heidkate abbiegen. Mittelweg 114 (GPS: 54°43'31.8" N / 10°33'98.5 E).

150m

200m 400m 500m 2km 4km

Leicht welliges und schattenloses Wiesengelände, parzelliert hinter dem Deich und Dünengürtel. Von Baum- und Buschgehölzstreifen durchzogen. Durch Dauercamper geprägt. Sanitäranlagen beheizbar. Ort (Schönberg) 6 km entfernt. Mittagsruhe 12.30-15 Uhr. Touristen-/Dauerstellplätze 60/640.
2008: (HS) P/N 4.50, K/N 6 bis 15 J. 2.–, St/N 12.–, WD zuzügl., Strom/N 1.70 (16 A). Bei Reservierungsvertrag und in NS Ermäßigung.

DCC-Vertragsplatz
24217 Schönberg-Kalifornien, Osts. (e1) 1409
»FERIENPARK CALIFORNIA« 1.4. bis 30.9.
E.: Kirsten Bodenstab-Olsson ☎ 04344/9591, Fax 4817 80000 qm
www.camping-california.de, info@camping-california.de

→ B 502 Kiel–Schönberg, nach Kalifornien abbiegen. Deichweg 46 (Zufahrt über Große Heide 26) (GPS: 54°25'42" N / 10°21'52" E).

100m 800m

Leicht welliges und parzelliertes Wiesengelände mit Heckenunterteilungen hinter dem Deich. Sanitäranlagen beheizbar. Große Anzahl Leihcaravans. Ökologische Betriebsführung. Kleinkindersanitär. »Kirche Unterwegs«. Kegelbahn. Kabel-TV. Ort und Kurmöglichkeiten 4 km entfernt. Mittagsruhe 12.30-14.30 Uhr. Touristen-/Dauerstellplätze 160/280.
2008: (HS) P/N 4.90, K/N bis 14 J. 3.–, St/N 10.50 bis 13.50, H/N 3.–, KT 2.–, WD zuzügl., Müllgeb. und Strom inkl. In NS Ermäßigung.
DCC/CCI 10% auf P/N.

CAMP LANKER SEE
Öffnungszeiten: 1. 4. – 31. 10.

ein im Landschaftsschutzgebiet der Holsteinischen Schweiz gelegener Campingplatz. Waldreiche, ruhige Gegend mit kilometerlangen Wanderwegen. Möglichkeiten zum Baden, Segeln, Rudern, Angeln sowie Reiten (Reitunterricht möglich). Beheiztes Hallenschwimmbad (ca. 5 km). Gepflegter Familienplatz, modernste beheizte Sanitäranlagen, Warmwasser an den Wasserbecken gratis. E-Anschluß für jeden Platz, großer Kinderspielplatz, SB-Laden und gemütliche Gaststätte vorhanden. **Neu:** Fußballplatz, Volleyball, Tischtennis.

CAMP LANKER SEE · 24211 Preetz · Tel. (0 43 42) 8 15 13 · Fax 78 99 39   (1428)

24217 Schönberger Strand, Ostsee (e1) 1412/1

»CAMPING HASSELKRUG«   1.4. bis 30.9.
E.: Lore Paustian ☎ 04344/3911   70000 qm

→ B502 Kiel–Schönberg, nach Kalifornien abbiegen und später rechts in den „Mittelstrand". Beschildert. ✉ Korshagener Redder.

Ebenes Wiesengelände hinter dem Deich, von Gräben durchzogen. Separate Touristenflächen unparzelliert und überwiegend schattenlos. Mocas nur auf Anfrage. Sanitäranlage beheizbar. Ort 4 km entfernt. Mittagsruhe 13-15 Uhr. Touristen-/Dauerstellplätze 60/200.
2007: P/N 3.–, K/N 3 bis 14 J. 2.50, C MC-St/N 10.–, T-St/N 6.–, KT 2.–, WD zuzügl., Strom/N 2.50 (10 A).

24217 Schönberger Strand, Ostsee (e1) 1412/2

»CAMPING GRASBLEEK«   April bis Okt.
E.: Ernst Asbahr ☎ 04344/9887, Fax 4900   100000 qm
www.grasbleek.de

→ B502 Kiel–Schönberg–Lütjenburg, hinter Schönberg in Höhe Stakendorf links abbiegen, noch ca. 1.6 km. ✉ Stakendorfer Weg.

Ebenes Wiesengelände hinter dem Deich. Durch Dauercamper geprägt. Unparzellierte Touristenwiese schattenlos und leicht abfallend am Eingang. Sanitäranlagen beheizbar. Imbiss. Ort 4 km entfernt. Mittagsruhe 13-14.30 Uhr. Touristen-/Dauerstellplätze 50/535.

DCC-Vertragsplatz

24257 Hohenfelde, Ostsee (e1/2) 1417

»CAMPINGPARK OSTSEESTRAND«   20.3. bis 12.10.
E.: Jürgen Westphal ☎ 04385/620, Fax 593846   30000 qm
www.campingOstseestrand.de, info@campingOstseestrand.de

→ B502 Kiel–Schönberg–Lütjenburg, in Höhe von Hohenfelde links abbiegen zum Strand, beschildert. ✉ Strandstr. (GPS: 54°23'22" N / 10°29'56" E).

Leicht welliges, unparzelliertes Wiesengelände in Strandnähe. Durch Dauercamper geprägt. Kabelanschluss. Ort 2 km entfernt. Mittagsruhe 13-14.30 Uhr. Touristen-/Dauerstellplätze 30/120.
2008: (HS) P/N 4.50, K/N 2 bis 14 J. 2.–, A/N 3.–, C/N 6.50, MC/N 7.50, T/N 6.–, M/N 2.–, H/N 2.–, WD inkl., Müllgeb. St/N 2.–, Strom/N 2.50 (10 A). Sparpauschalen. In NS Ermäßigung.
DCC 10% auf P/N, CCI 10% ab 10 N.

24321 Behrensdorf, Ostsee (e2) 1418

»CAMPING- & FERIENANLAGE SCHULDT«
E.: Michael Schuldt   April bis Okt.
☎ 04381/416545, Fax 416546   100000 qm
www.schuldt-behrensdorf.de, info@schuldt-behrensdorf.de

→ A1 Hamburg-Oldenburg, in Oldenburg auf die B202 Richtung Lütjenburg, vor Lütjenburg Richtung Hohwacht. ✉ Neuland 3b.
❋ Leuchtturm Neuland. Aussichtsturm Hessenstein. Kloster Cismar.

Ebenes, teils parzellierte Wiesengelände bei einem Yachthafen hinter

dem Deich. FKK-Strandabschnitt und Hundestrand. Minigolf und Fahrradverleih in der Nähe. Imbiss. Kiosk. FW. Ort 1 km entfernt. Mittagsruhe 13-15 Uhr. Touristen-/Dauerstellplätze 40/310.
2007: (HS) 2 P/N inkl. CMC-St/N ab 10.–, P/N inkl. T-St/N 10.– bis 17.–, K/N 2.–, J/N 2.–, H/N 2.–, WD inkl., Strom –.35 (16 A). In NS Ermäßigung.

• Restaurant • SB-Laden, Imbiss • ca. 300 begrünte Jahresplätze mit Strom-, Kanal-, und Wasseranschluss • modernsten sanitären Einrichtungen • separate Touristenplätze inkl. Warmwasser • Plätze für Wohnmobilfahrer mit entsprechender Ver- und Entsorgung • Reitmöglichkeiten, Ponyreiten • großer Abenteuerspielplatz • Tennisplätze • Veranstaltungen z. B. Kinderfest, Laternenumzug, Bingo, Tanzabende, u.v.m. • Ferienhäuser/Wohnungen und Mietwohnwagen • Öffnungszeiten vom 01.04. bis Ende Okt.

Camping & Ferienanlage Schuldt · Neuland 3 b · 24321 Behrensdorf
Tel. (0 43 81) 41 65 45 · Fax. (0 43 81) 41 65 46   (1418)
schuldt-behrensdorf@t-online.de · www.schuldt-behrensdorf.de

24238 Bellin, Selenter See (e2) 1420

»CAMPINGPLATZ AM SELENTER SEE«   1.1. bis 31.12.
P.: Ahamed Jahangir ☎ 04384/599661   30000 qm

→ B 202 Kiel-Oldenburg, Abf. Bellin. ✉ Am See 1.
❋ Selenter See. Schloss Salzau. Preetzer Kloster. Eselpark. Herrenhäuser

Ebener unparzellierter Wiesenplatz am Selenter See in der Nähe eines Waldgebietes. Straßenunterführung vom Platz zum Strand. Bushaltestelle in der Nähe. Mittagsruhe 13-15 Uhr. Touristen-/Dauerstellplätze 40/70.
2007: P/N 2.80, K/N bis 5 J. frei, A/N 2.–, C MC/N 8.–, T/N ab 7.50, M/N 1.–, B/N 1.50, WD zuzügl., Strom/N 2.– (16 A). Anschlussgeb. –.50.
DCC/CCI 5% auf P/N, 2% auf St/N.

24211 Preetz-Gläserkoppel (e2) 1428

»CAMP LANKER SEE«   15.3. bis 31.10.
E.: Karl-Heinz Obitz ☎ 04342/81513, Fax 789939   60000 qm
www.campingplatz-lanker-see.de, camp-lanker-see@t-online.de

→ B76 Kiel-Plön, von Kiel Abf. Preetz, nach 5 km rechts Richtung Wielen. Von Plön Abf. Preetz/Schellhorn, beschildert ✉ Gläserkoppel 3 (GPS: 54°12'40" N / 10°19'03" E).

Zum See leicht bis stärker abfallendes, parzelliertes und teilterrassiertes Wiesengelände, von Hecken in Stellfelder unterteilt. Großer Reiterhof angrenzend. Imbiss. Sanitäranlage beheizbar. Ort 4 km entfernt. Separater Jugendplatz. Mittagsruhe 13-15 Uhr. Touristen-/Dauerstellplätze 130/210.
2007: (HS) P/N 4.–, K/N 2 bis 14 J. 3.–, A/N 1.–, C/N 5.–, MC/N inkl. P/N 11.–, T/N 5.–, M/N –.50, B/N –.50, H/N 1.–, WD zuzügl., Strom/kWh –.50 (6-10 A). In NS ab 3 N 20%, ab 7 N 30% Ermäßigung auf P/N.

24306 Plön (e2) 1435/1

EUROPA-PREIS

»NATURCAMPING SPITZENORT«   15.3. bis 19.10.
E.: Achim Kuhnt ☎ 04522/2769, Fax 4574   30 m   50000 qm
www.spitzenort.de, info@spitzenort.de

→ B430 Neumünster–Plön, kurz vor Plön rechts ✉ Ascheberger Str. 76.
❋ Schloss Plön. Prinzeninsel.

CAMPING IN PLÖN

naturcamping spitzenort

Absolute Top-Lage im Herzen des Naturparks Holsteinische Schweiz ganz nah bei Plön. Wenige Dauercamper, daher zahlreiche Urlauberplätze in Seenähe. Einzigartig für Segler, Surfer, Kanuten und Angler. Segelkurse in der DSV-Segelschule direkt nebenan. Ideale Bademöglichkeiten für Kinder. Erstklassige Sanitärräume, Kinderwaschräume, Babybad. Großes Freizeit- und Spielgebäude, Beachvolleyball, Streetball. Schöne Gaststube und Shop. Viele Stellplätze mit TV-Anschluß. Neue, sehr gut ausgestattete Mietcaravans. Separater Wohnmobilhafen mit perfekten Stellplätzen für Motorcaravaner. Superbewertung: 3 x hintereinander Landessieger für vorbildliche Campingplätze, ADAC-Auszeichnung

Ascheberger Straße 76
D 24306 Plön / Holstein
Tel. 0 45 22/27 69 · Fax 45 74
www.spitzenort.de
info@spitzenort.de

(1435/1)

Während der Saison 6 x in der Woche Kinderprogramm — HAPPY FAMILY Club

---

H 200 m ⚓ 1 km ≋ W 1.5 km ⚲ 3 km

Ebenes, parzelliertes Wiesengelände unter lichtem Baumbestand auf einer Halbinsel. Befestigte Mocaplätze mit Vollversorgung vor dem Platz. Kabel-TV. Sanitäranlagen beheizbar. Fitness-Studio am See. Kinderspielhalle. Idealer Standort für Wassersportler. Ort 1.5 km entfernt. Separater Jugendplatz. Mittagsruhe 13-15 Uhr. Touristen-/Dauerstellplätze 210/25.
2008: P/N 5.–, K/N 4 bis 14 J. 2.30, A/N 3.50, C/N 8.80, MC/N 9.50, T/N 7.–, M/N 2.–, B/N 1.75, H/N 2.–, KT 1.–, WD inkl., Strom/N 2.– (6-10 A).

In **Plön** besteht ein öffentlicher Mocaplatz mit Ent- und Versorgung.

DCC-Vertragsplatz

✉ 24306 Plön (e2)   1435/2

[25] ★★★ »CAMPING GUT RUHLEBEN«   21.3. bis 19.10.
E.: Fam. Westphal V.: Pagel ☎ 04522/8347, Fax 6348   170000 qm
www.camp-ruhleben.de, Campingplatz@camp-ruhleben.de

→ B76 Kiel-Eutin, 1 km hinter Ortsende Plön rechts abbiegen, beschildert. ✉ Missionsweg 2 (GPS: 54°08'38" N / 10°26'58" E).

H 300 m / 500 m W 600 m ⚓ 1 km

Leicht zum See hin abfallendes Wiesengelände, teilweise parzelliert und von Wald umgeben. Große Uferliegewiese. Extra Platzteil für Hundehalter. Sanitäranlage beheizbar. W-LAN/Funkinternet. Sportangebot. Ort 2 km, Golfplatz 3 km entfernt. Separater Jugendplatz. Mittagsruhe 13-15 Uhr. Touristen-/Dauerstellplätze 130/220.
2008: (HS) P/N 4.50, K/N 2 bis 14 J. 1.60, A/N 2.50, C MC-St/N 8.50, T-St/N 4.– bis 6.–, M/N 1.60, B/N 1.60, H/N 2.–, WD zuzügl., Strom/N 2.–. Ermäßigung für Gruppen auf Anfrage. In NS 10% Ermäßigung.
DCC/CCI 10% auf P/N.

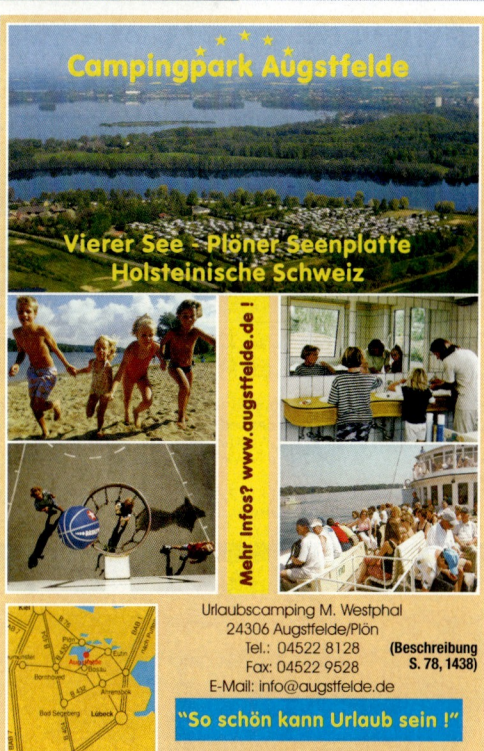

Campingpark Augstfelde

Vierer See - Plöner Seenplatte
Holsteinische Schweiz

Mehr Infos? www.augstfelde.de !

Urlaubscamping M. Westphal
24306 Augstfelde/Plön
Tel.: 04522 8128   (Beschreibung
Fax: 04522 9528   S. 78, 1438)
E-Mail: info@augstfelde.de

"So schön kann Urlaub sein !"

Autobahn A1: Hamburg, Lübeck, Neustadt, Abf. Eutin.
B76 zw. Eutin u. Plön, 8 km hinter Eutin Abf. Bosau - ausgeschildert.

DCC-Vertragsplatz

✉ **24306 Augstfelde** bei Plön (e2) **1438**

 25 ★★★★ »CAMPINGPARK AUGSTFELDE« ⚷ 20.3. bis 26.10.
E.: Margarethe Westphal ☎ 04522/8128, Fax 9528   230 000 qm
www.augstfelde.de, info@augstfelde.de

→ B 76 Plön–Eutin ca. 3 km, dann rechts abbiegen Richtung Bosau nach Beschilderung. ✉ Am See.

∴ Schlösser Eutin und Plön. Kurort Malente. Karl May-Spiele Segeberg.

Ebenes, teilweise terrassiertes oder leicht zum See abfallendes Wiesengelände mit großen Uferliegewiesen. Durch Buschgehölze in Stellfelder unterteilt. FW. Bouleplatz. Kindergarten. Theater-Club. Internet-Café. Sanitäranlagen beheizbar. »Kirche Unterwegs«. FW. Golf 300 m, Ort (Plön) 8 km entfernt. Separater Jugendplatz. Mittagsruhe 13-14.30 Uhr. Touristen-/Dauerstellplätze 200/300.

2008: (HS) P/N 4.90, K/N 2 bis 14 J. 1.80, J/N 2.80, A/N 2.50, C/N 8.–, MC/N 8.50, T/N 6.50, M/N 2.–, B/N 1.–, H/N 3.–, WD zuzügl., Müllgeb./N 1.50, Strom/N 2.50 (10 A). Sparpauschalen. In NS Ermäßigung. CCI 10% ab 10 N.
DCC 10% auf P/N.

Anzeige S. 77

DCC-Vertragsplatz

✉ **23715 Bosau,** Gr. Plöner See (e2) **1439**

25 ★★★ »CAMPING BOSAU« ⚷ 21.3. bis 19.10.
P: Hans-Hinrich Westphal ☎ 04522/9490, Fax 800200   60 000 qm
www.camping-bosau.de, info@camping-bosau.de

→ A1 Abf. Eutin auf die B76 Richtung Eutin. Hinter Eutin links abbiegen nach Bosau. ✉ Strandweg 10 (GPS: 54°06'06" N / 10°25'46" E).

∴ Schlösser Eutin und Plön. Kurort Malente-Gremsmühlen. Wildpark. Karl May-Spiele Segeberg.

Ebenes parzelliertes Wiesengelände direkt am Großen Plöner See mit breitem Badestrand und am Waldrand. Sanitäranlage beheizbar. Gasverkauf in der Nähe. Mittagsruhe 13-15 Uhr. Touristen-/Dauerstellplätze 40/140.

2008: (HS) P/N 4.50, K/N 2 bis 14 J. 1.60, A/N 2.50, C/N 6.–, MC/N 8.50, T/N 4.– bis 6.–, M/N 1.–, B/N 1.–, H/N 2.–, KT 1.–, WD zuzügl., Strom/N 2.– (16A). In NS 10% Ermäßigung.
DCC/CCI 10% auf P/N.

✉ **24326 Ascheberg,** Plöner See (e2) **1440**

25 ★★★ »CAMPING MUSBERGWIESE« ⚷ 20.3. bis 26.10.
P.: Kunibert Witt ☎ 04526/445, Fax 339491   30 000 qm
www.camp-musbergwiese.de

→ B 430 Neumünster–Plön, am Ortseingang von Ascheberg rechts (GPS: 54°07'23" N / 10°20'02" E).

Ebenes, teilweise leicht abfallendes und parzelliertes Wiesengelände mit Parkcharakter zwischen Straße, Wald und See. Sanitäranlage beheizbar. Angelkarten am Platz. Ort 250 m entfernt. Mittagsruhe 13-15 Uhr. Touristen-/Dauerstellplätze 90/60.

2008: (HS) P/N 5.50, K/N bis 14 J. 2.–, St/N 9.–, H/N 1.50, WD inkl., Strom/kWh –.40 (16 A), Anschlussgeb. 1.50. In NS Ermäßigung.

**Noch kein DCC-Mitglied?
Sie wollen »eines« werden und die vielen Vorteile genießen – Anmeldeformular finden Sie in der Kartentasche am Ende des Buches.
Bis bald – wir freuen uns auf Sie!
Ihr DCC-Team**

DCC-Vertragsplatz

✉ **24326 Dersau,** Plöner See (e2) **1441**

20 ★★★★ »CAMPING SEEBLICK« ⚷ 1.4. bis 21.10.
E.: Hans-Heinrich Banck ☎ 04526/1211, Fax 1218   60 000 qm
www.camping-dersau.de, info@camping-dersau.de

→ B 430 Neumünster–Plön, ca. 6 km hinter Schmalensee rechts abbiegen nach Dersau. Beschildert. ✉ Dorfstr. 59 (GPS: 54°07'09" N / 10°20'20" E).

Ebenes, leicht zum Seeufer abfallendes Wiesengelände, parzelliert und schattenlos. Ort 100 m entfernt. Mittagsruhe 12.30-14 Uhr. Touristen-/Dauerstellplätze 50/190.

2007: P/N 4.–, K/N 4 bis 14 J. 2.–, A/N 1.50, C/N 5.–, MC/N 6.–, T/N 2.50, M/N 1.50, WD zuzügl., Strom/N 1.50 (10 A). Ab 21/42 10%/20% Ermäßigung und in NS Ermäßigung.
DCC 10% auf P/N.

✉ **24326 Godau-Nehmten,** Plöner See (e2) **1442**

★★ »CAMPING GODAU« ⚷ April bis Okt.
E.: Dörte Ahrens ☎ 04526/735, 0172/7577382   30 m   8 000 qm

→ B 430 Neumünster–Plön, über Dersau nach Godau abbiegen. Beschildert.

Ebenes, parzelliertes Wiesengelände zwischen Waldrand und Seeufer. Durch Dauercamper geprägt. Sanitäranlage beheizbar. FW. Ort (Dersau) und Restaurant 4 km entfernt. Mittagsruhe 13-15 Uhr. Touristen-/Dauerstellplätze 10/47.

✉ **24326 Stocksee,** Segeberg (e2) **1444**

★★★ »CAMPING RUH DICH AUS« ⚷ Jan bis Sept.
E.: René Ohrtmann V.: Rand ☎ 04526/338792, Fax 338828   45 000 qm
www.stockseecamper.de, stockseecamper@web.de

→ B 430 Neumünster–Plön, hinter Schmalensee abbiegen nach Stocksee, dort beschildert. ✉ Holmweg.

∴ Landschaftsschutzgebiet Holsteinische Schweiz. Plön. Segeberger Kalkhöhlen (Karl-May-Spiele). Eutiner Festspiele.

Leicht wellig abfallendes, parzelliertes Wiesengelände am Stocksee, von Hecken durchzogen. Sanitäranlage beheizbar. Reservierung bei längerem Aufenthalt erwünscht. Ort (Dersau) 5 km entfernt. Separater Jugendplatz. Mittagsruhe 13-15 Uhr. Touristen-/Dauerstellplätze 80/100.

DCC-Vertragsplatz

✉ **24619 Bornhöved,** Neumünster (e2) **1446**

20 ★★★ »CAMPING IDYLL« ⚷ 1.1. bis 31.12.
E.: Hans-Jürgen Curow ☎ 04323/6427, Fax 8307   80 000 qm
www.Campingplatz-Idyll.de, Campingplatz.Idyll@t-online.de

→ B 404 Bargteheide–Kiel Abf. Bornhöved, dann beschildert. ✉ Seeweg 7.

∴ Karl-May-Festspiele Bad Segeberg.

Ebenes und parzelliertes, teilweise leicht abfallendes Wiesengelände in Seenähe. Besfestigte Mocaplätze. Touristenplätze unparzelliert. Ort 500 m entfernt. Mittagsruhe 13-15 Uhr. Touristen-/Dauerstellplätze 45/140.

2007: P/N 3.50, K/N bis 12 J. 2.–, J/N 2.50, A/N 1.50, C/N 5.–, MC/N 6.–, T/N 4.–, M/N 1.50, H/N frei, WD zuzügl., Strom/N –.40 (16A), Anschlussgeb. 1.–
DCC 10% auf P/N.

✉ **23795 Bad Segeberg** (e2) **1450**

20 ★★ »SEE-CAMPING SEGEBERG« ⚷ 1.1. bis 31.12.
P.: Kerstin Lehmann ☎ 04551/4713, 04554/1757, Fax 963931 18 000 qm
www.seecamping-segeberg.de,

 Abfahrt

→ B 206 Bad Segeberg–Lübeck, am Stadtausgang links abbiegen, beschildert. ✉ Kastanienweg 8 (GPS: 53°56'11" N / 10°19'26" E).

∴ Segeberger Kalkberg, Karl May-Festspiele.

★★★★
Camping BOSAU
Großer Plöner See

- Neues 5-Sterne Waschhaus
- Schönster Sandstrand des Plöner Sees
- Spielplatz, Beach-Volleyball, Boule
- Shop und Strand-Café
- Liegeplätze für Segelboote, Bootsverleih
- Mietwohnwagen, WoMo-Stellplätze
- Gastronomische und kulturelle Angebote vor Ort

(1439)

5-Sterne Waschhaus

Ideal für Angler und Wassersportler

www.camping-bosau.de

Großzügiger Sandstrand
Idyllischer Segelhafen

Camping Bosau, Hof Augstfelde, 24306 Plön, Tel. 04522-9490, info@camping-bosau.de, Platz: Strandweg 10, 23715 Bosau

400 m 250 m
500 m 1 km

Ebenes bis leicht welliges, unparzelliertes Wiesengelände zwischen Wald und Seeufer. Imbiss. Ort 800 m entfernt. Separater Jugendplatz. Mittagsruhe 13-15 Uhr. Touristen-/Dauerstellplätze 50/90.
2007: (HS) P/N 4.50, K/N 2 bis 14 J. 2.50, C MC-St/N 6.50, T-St/N 4.50 bis 6.–, H/N 1.50, WD zuzügl., Strom/kWh –.50. In NS 15% Ermäßigung.

DCC-Vertragsplatz

✉ **23795 Klein-Rönnau** bei Segeberg (e2) **1451/1**

25 ★★★★ »KLÜTHSEECAMP« 1.1. bis 31.12.
E.: Evelin Erdmann ☎ 04551/82368, Fax 840638 150000 qm
www.kluethseecamp.de, kluethseecamp@schleswig-holstein.de

→ B 432 Bad Segeberg Richtung Scharbeutz, ca. 300 m hinter dem Ortsende von Klein-Rönnau rechts abbiegen, beschildert. ✉ Klüthseehof 2 (GPS: 53°57'41" N / 10°20'15" E).
♣ Bad Segeberg. Kalkberghöhlen. Karl-May-Spiele. Fledermaus-Kolonie.

400 m 4 km

Ebenes, teilweise leicht abfallendes und unparzelliertes Wiesengelände oberhalb des Sees. Von Hecken durchzogen Durch einen verkehrsberuhigten Weg zweigeteilt. Gleiche Leitung wie Camping Seeblick. Separater Jugendplatz. Fußbodenheizung im Winter in den Duschräumen. Tanzveranstaltungen. Massage. Wassergymnastik. FW. Ort (Bad Segeberg) 5 km entfernt. Mittagsruhe 13-15 Uhr. Touristen-/Dauerstellplätze 70/360.
2007: (HS) P/N 5.50, K/N 3 bis 14 J. 2.80, C MC-St/N 6.30, T-St/N 3.50, H/N 1.50, WD inkl., Müllgeb., und Strom/N 4.50 (16A). In NS Ermäßigung.
DCC/CCI 10% auf P/N.

Das CCI-Carnet ist im Ausland als Identitäts-Ausweis anerkannt. Im Inland genügt die Vorlage des DCC-Mitgliedsausweises zusammen mit Leistungsscheck 18.

✉ **23795 Klein-Rönnau** bei Segeberg (e2) **1451/2**

★★★ »CAMPING SEEBLICK« 1.1. bis 31.12.
E.: Evelin Erdmann ☎ 04551/81729, Fax 840638 100000 qm
www.kluethseecamp.de, kluethseecamp@schleswig-holstein.de

→ B 432 Bad Segeberg Richtung Scharbeutz, ca. 300 m hinter dem Ortsende von Klein-Rönnau rechts abbiegen, beschildert. ✉ Stipsdorfer weg/Klüthseehof 2.
♣ Bad Segeberg. Kalkberghöhlen. Karl-May-Spiele. Fledermaus-Kolonie.

400 m 4 km

Ebenes, unparzelliertes Wiesengelände mit altem Baumbestand. Gleiche Leitung wie Klüthseecamp. Die Einrichtungen des Nachbarplatzes können mitbenutzt werden. Ort (Bad Segeberg) 5 km entfernt. Mittagsruhe 13-15 Uhr. Touristen-/Dauerstellplätze 60/300.

DCC-Vertragsplatz

✉ **24558 Henstedt-Ulzburg** (e3) **1453**

20 ★★★★ »CAMPING ULMENHOF« 1.1. bis 31.12.
E.: Werner Pöhls ☎ 04193/92772, 968228, Fax 968229 18000 qm
www.campingplatz-ulmenhof.de, info@campingplatz-ulmenhof.de

→ A7 Hamburg–Flensburg Abfahrten Quickborn, Henstedt-Ulzburg od. Kaltenkirchen, B 433 bis Henstedt, abbiegen Richtung Nahe, noch ca. 7 km. ✉ Götzberger Str. 108 (GPS: 53°00'00" N / 47°20'00" E).

200 m 500 m 4 km

Leicht abfallendes, parzelliertes Wiesengelände hinter dem Anwesen. Von Buschreihen durchzogen. Sanitäranlage beheizbar. Ort 5 km entfernt. Separater Jugendplatz. Mittagsruhe 13-15 Uhr. Touristen-/Dauerstellplätze 35/90.
2008: (HS) P/N 3.75, K/N 2 bis 15 J. 2.75, J/N 3.50, A/N 1.70, C/N 5.30, MC/N 7.–, T/N 4.50, M/N 1.70, H/N 1.50, WD inkl., Strom/N 2.– oder kWh –.50 (16 A). In NS Ermäßigung.
DCC/CCI 10% auf P/N.

DCC-Mitglieder fahren mit Auslands-Schutzpaß! und SIE?

DCC-Vertragsplatz

✉ **23829 Wittenborn,** Mözener See (e2) **1455**

20 ★★★★ »NATURCAMPING WEISSER BRUNNEN«
E.: Gert Petzold ☎ 04554/1757, 1413, Fax 4833 ⚷ Ostern bis 19.10.
www.naturcamping-weisser-brunnen.de, 60 000 qm
petzold@naturcamping-weisser-brunnen.de

→ A7 Hamburg–Flensburg Abf. (17) Bad Bramstedt auf die B206 Richtung Bad Segeberg, in Wittenborn beschildert. ✉ Seestr. 12 (GPS: 53°55'17" N / 10°14'02" E).
❀ Kalkberghöhlen, Karl-May-Spiele.

Durch die Anfahrt geteiltes, ebenes bis leicht welliges Wiesengelände unparzelliert zwischen Wald und See mit altem Baumbestand und Uferliegewiese. Von Hecken und einem Bach durchzogen. Sanitärgebäude beheizbar. Kinderspielraum. Imbiss. Ort 1 km entfernt. Separater Jugendplatz. Mittagsruhe 13-15 Uhr. Touristen-/Dauerstellplätze 100/300.
2008: (HS) P/N 4.30, K/N 2 bis 14 J. 2.80, C MC-St/N 5.– bis 7.–, T-St/N 4.50 bis 6.–, H/N 2.–, WD zuzügl., Müllgeb. P/N –.50, Strom/N 2.50 (16 A). Pauschalen. In NS Ermäßigung.
DCC 10% auf P/N.

✉ **23845 Itzstedt,** Segeberg (e2) **1458/1**

20 ★★ »CAMPING SEERÖGEN« ⚷ 1.4. bis 31.10.
E.: Cläre Rathje ☎/Fax 04535/8569 25 000 qm
www.vcsh.de, seeroegen-camping@web.de

→ B432 Hamburg–Segeberg, in Itzstedt Richtung Freibad abbiegen. ✉ Seeweg 27 (GPS: 53°48'20" N / 10°08'49" E).

Leicht welliges, unparzelliertes Wiesengelände neben dem Schwimmbad. Durch Dauercamper geprägt. Imbiss. Ort 1 km, Golfmöglichkeit 5 km entfernt. Mittagsruhe 13-15 Uhr. Touristen-/Dauerstellplätze 25/175.
2008: P/N 3.50, K/N 1 bis 10 J. 1.75, St/N 8.50, T/N keine Angabe, WD inkl., Strom/N 2.50 (16 A).

✉ **23845 Itzstedt,** Segeberg (e2) **1458/2**

25 ★★★ »CAMPINGPLATZ ITZSTEDT« ⚷ 1.1. bis 31.12.
E.: Swen Wilms ☎/Fax 04535/598707 14 000 qm
campitz@aol.com

→ B432 Hamburg–Segeberg, in Itzstedt am Ortsende links, beschildert. ✉ Oeringer Weg 4.

Leicht abfallendes Wiesengelände mit altem Baumbestand. Ort 500 m entfernt. Mittagsruhe 13-15 Uhr. Touristen-/Dauerstellplätze 20/50.
2007: P/N 4.–, K/N 2 bis 14 J. 2.–, A/N 1.90, C/N 8.–, MC/N 9.–, T/N 6.–, M/N 1.–, H/N frei, WD inkl., Strom/N 2.10 (10A).

DCC-Vertragsplatz

✉ **25761 Büsum,** Nordsee (d2) **1500/1**

25 ★★★ »CAMPING NORDSEE« ⚷ 1.3. bis 31.10.
E.: Karl-Heinrich Schröder ☎ 04834/2515, Fax 9281 34 000 qm
www.camping-nordsee.de, camping-nordsee.buesum@t-online.de

→ B203 Heide–Büsum, vor Büsum der Beschilderung folgen, 2. Platz. ✉ Dithmarscher Str. 41 (GPS: 54°08'19" N / 08°50'36" E).
❀ Muschelsaal. Aquarium.

Ebenes bis leicht welliges, teilweise parzelliertes, durch Hecken unterteiltes Wiesengelände hinter dem Deich. Befestigte Mocaplätze. Mehrere Leihcaravans. Sanitäranlage beheizbar. »Kirche Unterwegs«. Veranstaltungszelt. Hundedusche. Ort 1 km entfernt. Mittagsruhe 12.30-14 Uhr. Touristen-/Dauerstellplätze 150/50.
2007: (HS) P/N 6.–, K/N 3 bis 14 J. 3.–, C MC-St/N 7.– bis 9.50, T/N 3.50, B/N 1.50, H/N 3.–, KT 2.50, WD inkl., Strom/N 2.– oder kWh/ –.40 (10 A), Anschlussgeb./Wo. 2.50. In NS Ermäßigung.
DCC 10% auf P/N.

✉ **25761 Büsum,** Nordsee (d2) **1500/2**

25 ★★★★ »CAMPING ZUR PERLE« ⚷ April bis Okt.
E.: Jürgen Kahlke ☎ 04834/60137, Fax 60188 48 000 qm
www.campingplatz-zur-perle.de, info@campingplatz-zur-perle.de

→ A23 Abf. Büsum (B203), beschildert, 1. Platz. ✉ Dithmarscherstr. 43 (GPS: 54°08'24" N / 08°50'33" E).

Ebenes und parzelliertes Wiesengelände hinter dem Deich. Befestigte Mocaplätze. Keine Folie im Vorzelt erlaubt. Sanitäranlage beheizbar. Kindersanitär. Imbiss. W-Lan. Basketball. Volleyball. Hochseeangeln. Ort 1 km, Golf 5 km entfernt. Mittagsruhe 12.30-14.30 Uhr. Touristen-/Dauerstellplätze 250/60.
2007: (HS) P/N 6.20, K/N bis 6 J. 2.60, K/N bis 14 J. 3.60, C MC-St/N 7.20 bis 11.20, T-St/N 4.– bis 7.–, H/N 2.50, KT 2.50, WD inkl., Strom/N 2.– (16A), Anschlussgeb. 1.50. In NS Ermäßigung.

Ein Mocaplatz mit Entsorgung besteht in **Büsum.**

DCC-Vertragsplatz

✉ **25761 Westerdeichstrich,** Nordsee (d2) **1504/1**

30 ★★★★★ »CAMPING IN LEE« ⚷ 1.4. bis 30.10.
E.: Klaus von Böhl ☎ 04834/8197, Fax 1752 40 000 qm
www.Nordsee-Campingplatz-in-Lee.de, info@Nordsee-Campingplatz-in-Lee.de

→ B203 Heide–Büsum, vor Büsum rechts abbiegen nach Westerdeichstrich–Stinteck, beschildert, 2. Platz. ✉ Stinteck 37.
❀ Eidersperrwerk.

Ebenes, überwiegend schattenlos es Wiesengelände, parzelliert und durch Buschreihen aufgelockert. Alle Plätze mit Strom, Wasser und Abwasseranschluss. Befestigte Mocaplätze. Sanitäranlagen beheizbar. FW. Hundebad. Separater Jugendplatz. Ort (Büsum) 3 km entfernt. Mittagsruhe 12-14 Uhr. Touristen-/Dauerstellplätze 165/165.
2007: (HS) P/N 6.50, K/N 1 bis 15 J. 3.–, St/N 6.–/8.–/9.–, H/N 3.–, WD u. KT inkl., Strom/kWh –.50 (16 A), Anschlussgeb. 3.–. In NS Ermäßigung.
DCC 10% auf P/N.

✉ **25761 Westerdeichstrich,** Nordsee (d2) **1504/2**

20 ★★ »CAMPING NORDSEEBURG« ⚷ 1.4. bis 31.10.
P.: Gehrke ☎/Fax 04834/8128 5000 qm
www.camping-nordseeburg.de, nordseeburg@t-online.de

→ B203 Heide–Büsum, abbiegen nach Westerdeichstrich–Stinteck. Beschildert. 3. Platz. ✉ Stadtweg 3.

Ebenes bis leicht welliges und schattenloses Wiesengelände parzelliert neben der Straße. Durch Dauercamper geprägt. Strand 300 m, Ort (Büsum) und Kuranwendungen 3.5 km entfernt. Mittagsruhe 12-14 Uhr. Touristen-/Dauerstellplätze 25/43.
2007: P/N 5.–, K/N bis 14 J. 2.–, St/N 4.50, H/N, WD u. KT inkl., Strom/N 1.50 (10A).

So ist Camping-Urlaub bei uns an der Nordsee

Campingplatz In Lee – Der Erholungsferienplatz an der Nordsee ★★★★★

Strandnah · alle Standplätze mit Strom-, Wasser- u. Abwasseranschluss · Warmwasser inkl. · SB-Markt · Tennis, Volleyball, Kinderspielplatz · Hunde willkommen · Fahrradverleih · Kurtaxe frei · Ferienwohnungen in Büsum

Camping „In Lee" • Stinteck 37 • 25761 Westerdeichstrich
Tel. (0 48 34) 81 97 • Fax (0 48 34) 17 52 • www.nordsee-campingplatz-in-lee.de • info@nordsee-campingplatz-in-lee.de (1504/1)

25761 Westerdeichstrich, Nordsee (d2) 1504/3

25 ★★★ »CAMPING AN DE WATERKANT« — 1.4. bis 31.10.
P.: Klaus Dieter v. Postel ☎ 04834/8269, Fax 8556 35 000 qm
www.vcsh.de, www.online-camper.de, camping-waterkant@t-online.de

→ B203 Heide–Büsum, abbiegen nach Westerdeichstrich–Stinteck. Beschildert. 4. Platz. ✉ Neuenkoog 8/9.

Ebenes und parzelliertes, schattenloses Wiesengelände hinter dem Deich. Von Buschhecken in mehrere Stellfelder unterteilt. Sanitäranlagen beheizbar. Ort (Büsum) 4 km entfernt. Mittagsruhe 12.30-14 Uhr. Touristen-/Dauerstellplätze 40/180.
2007: P/N 4.50, K/N 4 bis 16 J. 2.50, St/N 7.–, H/N 1.–, KT inkl., WD inkl., Strom/N 2.– (10 A).

25764 Wesselburenerkoog, Nords.(d2) 1506/1

★★ »CAMPING NORDSEEDEICH 2000« — April bis Okt.
E.: E. Peters u. H. Behnke ☎ 04833/1441, Fax 99802636 29 000 qm

→ B203 Heide–Büsum, in Wöhrden abbiegen Richtung St. Peter–Ording, kurz vor dem Eidersperrwerk links. Beschildert. ✉ Dammstr. 1. ♦ Eidersperrwerk.

Ebenes und schattenloses Wiesengelände, unparzelliert, hinter dem Deich. Sanitärgebäude beheizbar. FW. Ort (Wesselburen) 5.5 km entfernt. Mittagsruhe 13-15 Uhr. Touristen-/Dauerstellplätze 60/120.

25764 Wesselburen bei Heide (d2) 1506/2

20 ★★★ »CAMPING SEELUFT« — 1.1. bis 31.12.
E.: Christiansen Boldt GbR ☎ 04833/765, Fax 755 18 500 qm
www.Camping-Seeluft.de, Seeluft@t-online.de

→ A 23 Hamburg–Husum Abf. Heide-West nach Wesselburen. Beschildert. ✉ Neuenkirchener Weg 1.

Ebenes, parzelliertes und schattenloses Wiesengelände mit jungen Anpflanzungen neben einem Freizeitzentrum. Befestigte Mocaplätze. Zimmer. Ort 400 m, Haltstelle 1 km entfernt. Mittagsruhe 13-15 Uhr. Touristen-/Dauerstellplätze 40/22.
2008: P/N 4.–, K/N 2 bis 10 J. 3.–, St/N 5.–, H/N 1.–, WD inkl., Müllgeb. P/N –.25, Strom/kWh –.40 (16 A).
DCC 10% auf St/N.

DCC-Vertragsplatz

25761 Warwerort bei Büsum (d2) 1507

20 ★★★ »CAMPING SEESCHWALBE« — 1.4. bis 15.10.
E.: Wilfried Hartmann ☎ 04834/8438, Fax 965251 15 000 qm

→ B203 Heide–Büsum, nach Warwerort abbiegen ✉ Mühlenweg 35. ♦ Eidersperrwerk.

Ebenes bis leicht welliges, unparzelliertes, durch einen Graben unterteiltes, Wiesengelände hinter dem Deich. Durch Dauercamper geprägt. Golf 1 km, Ort 4 km entfernt. Mittagsruhe 12.30-14 Uhr. Touristen-/Dauerstellplätze 64/50.
2007: (HS) P/N 4.20, K/N bis 14 J. 2.60, J/N bis 18 J. 3.60, St/N 7.50, H/N 2.–, WD inkl., Strom/N 1.80, Anschlussgeb. 2.50.
DCC 10% auf P/N.

25541 Brunsbüttel, Elbe (d2) 1510

15 ★★ »CAMPING AM ELBDEICH« — 1.4. bis 1.11.
E.: Badeverein e.V. V.: Hanelt ☎ 04852/839553, 0178/7523713, 4000 qm

→ A23/B 5 Abf. (10) Itzehoe in westlicher Richtung bis zur Abf. Westerbüttel. Hier in südl. Richtung bis zum Ort. ✉ Op de Pütten 3 (GPS: 50°53'23" N / 09°06'09" E).
♦ Kanalfähre. Schleusen des Nord-Ostseekanals.

Ebenes bis leicht welliges, unparzelliertes Wiesengelände schattenlos hinter dem Deich. Familiäre Atmosphäre. Ort 2 km entfernt. Mittagsruhe 12.30-15 Uhr. 40 Touristenplätze.
2008: P/N 2.50, K/N bis 14 J. 1.50, St/N 4.–/4.50, H/N 1.50, WD zuzügl., Müllgeb. 1.50, Strom/N 3.10 (16A), Anschlussgeb. 1.–. DCC ab 3 N 10% Erm.

25718 Friedrichskoog, Dithm. (d2) 1515

15 ★★★ »CAMPING SWIENSKOPP« — 31.3. bis 31.10.
E.: Karl-Reinhold Ottmar ☎/Fax 04854/854 15 000 qm

→ B5 Brunsbüttel–Heide, in Marne abbiegen nach Friedrichskoog. Hier der Beschilderung «Badestrand» folgen. ✉ Süderdeich 1.

Ebenes und schattenloses Wiesengelände, unparzelliert und von Buschreihen durchzogen hinter dem Deich. Durch Dauercamper geprägt. Sanitäranlage beheizbar. Ort 3.5 km entfernt. Separater Jugendplatz. Mittagsruhe 13-15 Uhr. Touristen-/Dauerstellplätze 60/65.
2007: P/N 2.40, K/N bis 14 J. 1.80, A/N 1.50, C MC/N 5.–, T/N 3.50, M/N 1.30, H/N 1.50, KT 2.50, WD zuzügl., Strom/kWh –.40 (16A).

25578 Dägeling bei Itzehoe (d2) 1530

20 ★★ »CAMPINGTREFF« — 1.1. bis 31.12.
E.: Torsten Müller ☎ 04821/83340 8000 qm

→ A23 Hamburg–Itzehoe Abf. (10) Itzehoe/Süd Richtung Hamburg, nach ca. 500 m links neben der Straße, beschildert. ✉ Itzehoer Str. 12.

Welliges Wald- und Wiesengelände hinter einer Tankstelle an der Straße. Parzellierter Transitplatz. Ort (Itzehoe) 5 km entfernt. Mittagsruhe 13-15 Uhr. Touristen-/Dauerstellplätze 23/20.
2008: P/N 3.–, K/N bis 18 J. 1.80, C MC-St/N 6.50, T-St/N 4.50, H/N –.50, WD zuzügl., Strom 1.50 oder kWh –.35 (16 A).

Jahres-Öffnungszeiten

werden uns von den Platzhaltern gemeldet. Sie bemühen sich, die Zeiten einzuhalten. Je nach Wetterlage sind aber spätere Öffnungs- und frühere Schließungszeiten möglich.

✉ 25377 Kollmar bei Elmshorn (d3) — 1550

20 ★★★ »ELBDEICH CAMPING« — 31.3. bis 31.10.
E.: Johann von Drathen ☎ 04128/1379, 300, Fax 300 — 12200 qm
www.camping-schleswig-holstein.de

→ A23 Hamburg–Husum Abf. (14) Elmshorn-Süd Richtung Glückstadt (Elbfähre) über die B431 bis ca. 12 km hinter Elmshorn. Hier nach Kollmar abbiegen, beschildert. ✉ Kleine Kirchreihe 22 (GPS: 53°43'26" N / 9°30'06" E).

Ebenes bis leicht welliges, parzelliertes Wiesengelände hinter dem Deich. Überwiegend schattenlos. Sanitäranlage beheizbar. Ort 300, Restaurant 500 m entfernt. Mittagsruhe 13-15 Uhr. Touristen-/Dauerstellplätze 25/50.
2008: P/N 3.50, K/N bis 12 J. 2.50, A/N 3.–, C/N 3.–, MC/N 3.–, T/N 2.80, B/N 3.–, H/N 1.–, WD inkl, Strom 2.– oder kWh –.35 (16 A). Anschlussgeb. 2.–. Ab 14 N 10% Ermäßigung.

DCC-Vertragsplatz
✉ 23714 Bad Malente-Gremsmühlen (e2) — 1601

25 ★★★ »CAMPING AN DER SCHWENTINE« — 15.3. bis 5.10.
E.: Karl Ulrich Böttcher ☎ 04523/4327, Fax 207602 — 20000 qm
www.camping-bad-malente.de, info@camping-bad-malente.de

→ A1 Lübeck–Puttgarden Abf. (15) Eutin/Haffkrug über Eutin nach Malente, dort beschildert. ✉ Wiesenweg 14 (GPS: 54°10'11" N / 10°34'09" E).

Leicht zur Schwentine abfallendes, durch Buschgehölzreihen in Stellfeldern unterteiltes, parzelliertes Wiesengelände am Rande des Kneippkurortes. Familiäre Atmosphäre. Sanitäranlage beheizbar. Ort 1 km entfernt. Mittagsruhe 13-15 Uhr. Touristen-/Dauerstellplätze 46/20.
2008: (HS) P/N 4.50, K/N 2 bis 14 J. 2.–, A/N 2.50, C/N 6.–, MC/N 6.–, T/N 4.–/6.–, M/N 1.50, H/N 2.–, WD zuzügl., Strom/N 1,50 (10A). In NS 20% Erm.
DCC 10% auf P/N.

✉ 23701 Eutin-Fissau, Kellersee (e2) — 1605

35 ★★★★ »NATURCAMPING PRINZENHOLZ« — 1.4. bis 26.10.
P: Gerlinde Jaensch ☎ 04521/5281, 71678, Fax 790693 — 20000 qm
www.nc-prinzenholz.de, info@nc-prinzenholz.de

→ A1 Lübeck–Puttgarden Abf. (15) Eutin/Haffkrug über Eutin Richtung Malente. Bei Fissau beschildert. ✉ Prinzenholzweg 20.
Schloss. Schlosspark. Seengebiet.

Ebenes bis leicht abfallendes, parzelliertes Wiesengelände zwischen Waldrand und Seeufer, Hanglagen terrassiert. Für Zeltler teilweise separate Pkw-Abstellung. Beheizte Sanitäranlage. Hundebad. Ort 2 km entfernt. Mittagsruhe 13-15 Uhr. Touristen-/Dauerstellplätze 100/30.
2008: (HS) P/N 6.–, K/N 2 bis 14 J. 3.–, C MC-St/N 11.50 bis 19.–, T-St/N 5.50 bis 8.50, B/N 3.–, H/N 3.–, WD und Strom inkl. In NS Ermäßigung.

✉ 24327 Sehlendorf, (e2) — 1608

30 ★★★★ »CAMPINGPLATZ SCHÖNING« — 1.4. bis 31.10.
E.: Bernd Schöning ☎ 04382/920504, 1522, Fax 920507 — 70000 qm
www.ostseecamping-schoening.de, info@ostseecamping-schoening.de

→ A1 Abf. auf die B76 in Richtung Lübeck. In Raisdorf auf die B222 in Richtung Oldenburg. In Kaköhl Richtung Howacht, rechts abbiegen nach Sehlendorf in Richtung Strand. ✉ Wewerin 1 (GPS: 54°17'50" N / 10°41'14" E).

Unparzelliertes, terrassiertes Wiesengelände vom Strand, getrennt durch einen Dünengürtel. Direkter Zugang zum Strand. Separate PKW Abstellplätze. TV-Anschluss. FW. Ort 500 m entfernt. Mittagsruhe 13-15 Uhr. Touristen-/Dauerstellplätze 26/280.
2008: (HS) P/N 2.50, C MC-St/N 11.–, T-St/N 8.–, H/N 2.50, KT 2.50, WD zuzügl., Strom/N 3.– (16 A). In NS Ermäßigung.

✉ 23758 Weissenhäuser Strand, Ostsee (e2) — 1609

25 ★★★★ »CAMPING TRIANGEL« — 30.3. bis 5.10.
E.: Sabine Alpen ☎ 04361/507890, Fax 5078969 — 120000 qm
www.campingplatz-triangel.de, info@campingplatz-triangel.de

→ A1 Lübeck–Puttgarden, bei Oldenburg auslaufend auf die B 207 Abf. Oldenburg/Mitte Richtung Weissenhäuser Strand ca. 6 km. ✉ Seestr. (GPS: 54°18'41" N / 10°48'07" E).

Ebenes und parzelliertes, durch Heckenstreifen unterteiltes Wiesengelände hinter einem Dünengebiet eines Ferienzentrum. Sanitäranlage beheizbar. Imbiss. Hundebad. Zeitweise Ruhestörungen durch Übungsgelände der Bundeswehr möglich. Verbilligter Eintritt zum Columbus Bade-Paradies. Ort 500 m entfernt. Mittagsruhe 13-15 Uhr. Touristen-/Dauerstellplätze 140/560.
2008: (HS) P/N 4.95, K/N 3 bis 17 J. 3.60, St/N 11.20, H/N 3.70, KT 2.–, WD zuzügl., Strom inkl. (16 A). In NS Ermäßigung.

✉ 23758 Neuteschendorf, Ostsee (e2) — 1610

★★★★ »CAMPING BLANK-ECK« — Mitte März bis Mitte Okt.
E.: Martin Gabbey ☎ 04361/80562, Fax 60936 — 60000 qm
www.campingblank-eck.de, blank-eck@t-online.de

→ A1 Lübeck–Puttgarden, A 1 Abf. Oldenburg, nördliche Richtung Altgalendorf nach Teschendorf, beschildert.

Ebenes, teilweise wellig ansteigendes Wiesengelände. Parzelliert mit Heckenunterteilungen zwischen Strandwald und Steilküste neben einem in HS nicht betriebenen Artillerie-Schießplatz. Sanitäranlage beheizbar. Ort (Heiligenhafen) 7 km entfernt. Separater Jugendplatz. Mittagsruhe 13-15 Uhr. Touristen-/Dauerstellplätze 90/280.

DCC-Vertragsplatz
✉ 23769 Strukkamp, Fehmarn (e1) — 1611

30 ★★★★ »CAMPING STRUKKAMPHUK« — 1.1. bis 31.12.
E.: Bernd Muhl ☎ 04371/2194, Fax 87178 — 200000 qm
www.strukkamphuk.de, camping@strukkamphuk.de

→ E 47 (B207) über die Fehmarnsundbrücke, 1. Abf. links abbiegen Richtung Strukkamp, dann wieder links über Strukkamp, beschildert.
Hünengrab, Fehmarnsundbrücke (GPS: 54°24'38" N / 11°06'02" E).

Anzeige S. 85

Ebenes, parzelliertes Wiesengelände mit jungen Anpflanzungen hinter dem Deich. Von Windschutzhecken durchzogen. Sanitärgebäude beheizbar. Familienbad. Ort (Burg) 5 km entfernt. Mittagsruhe 13-15 Uhr. Touristen-/Dauerstellplätze 300/300.
2008: (HS) P/N 6.90, K/N 2 bis 17 J. 3.60, St/N 8.30 bis 16.90, B/N 3.–, H/N 5.–, WD inkl., Strom/N 2.– (10A). Familienpauschalen. In NS Ermäßigung.
DCC/CCI 10% auf P/N.

✉ 23769 Flüggerteich, Westfehmarn (e1) — 1612/1

25 ★★★ »CAMPING FLÜGGERTEICH« — 1.4. bis 3.10.
E.: Enno Franck ☎ 04372/349, Fax 737 — 14000 qm
www.fluegerteich.de, www.fluegerteich@t-online.de

→ E 47 (B207) über die Fehmarnsundbrücke, 1. Abf., dann links über Landkirchen u. Petersdorf nach Flügge, beschildert. 1. Platz.

Leicht welliges und überwiegend schattenloses, gepflegtes Wiesengelände an einem kleinen Teich beim Anwesen. Familiäre Atmosphäre. Sanitäranlage beheizbar. Teicherrasse. Basketball. Fischsäuberungsbecken. Ort (Petersdorf) 6 km entfernt. Mittagsruhe 12.30-14 Uhr. Touristen-/Dauerstellplätze 87/20.
2007: (HS) P/N 4.50, K/N bis 13 J. 2.50, St/N 9.50, H/N 3.–, WD zuzügl., Strom/N –.50 und kWh –.40 (16 A). In NS Ermäßigung.

Camping Flügger Strand — Ostsee-Insel Fehmarn (1612/2)

- viel Freiraum für Camper und Wohnmobilisten
- Top-Angebote
- ideales Revier zum Baden, Surfen, Kiten, Angeln, Segeln, Rad fahren…
- Surfschule, Slipanlage
- Minigolf, Spielhalle
- Kinderspielplätze
- Beach-Volleyball, Basketball
- Tischtennis, Fußballwiese
- Kinderanimation, Live-Musik, Kino in der HS
- Stellplätze mit Super-Meerblick
- gepflegte, moderne Sanitäranlagen zum Wohlfühlen
- Restaurant mit Sonnenterrasse, SB-Markt
- Ferienhäuschen, Mietwohnwagen am Strand

DCC ★★★★ Deutscher Camping Club e.V.

Tolle Lage - Direkt am Meer!

www.fluegger-strand.de

Camping Flügger Strand - Familie Köneking - 23769 Ostsee-Insel Fehmarn
Sommer: Tel. 0 43 72 - 7 14 • Fax 15 88 • Winter: Tel. 0 43 71 - 96 49 • Fax 879 30 10

23769 Flügger Strand, Westfehmarn (e1) 1612/2

30 ★★★★ »CAMPING FLÜGGER STRAND« 15.3. bis 12.10.
E.: Melitta Köneking ☎ 04372/714, Fax 1588
150000 qm
www.fluegger-strand.de, info@fluegger-strand.de

→ E 47 (B207) über die Fehmarnsundbrücke, 1. Abf. dann links über Landkirchen u. Petersdorf nach Flügge, beschildert. 2. Platz (GPS: 54°27'10" N / 11°00'46" E).

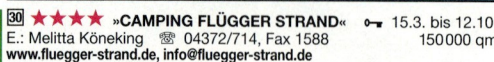

Langgestrecktes Sand– und Wiesengelände, teilweise parzelliert und schattenlos hinter einem Dünenstreifen mit kleinem Strandwald. Öffentlicher Badebetrieb. Sanitärlage beheizbar. Veranstaltungszelt. Voranmeldung in HS erforderlich. Kino in HS. FW. Ort (Petersdorf) 6 km entfernt. Separater Jugendplatz. Mittagsruhe 12.30-14 Uhr. Touristen-/Dauerstellplätze 150/350.
2008: (HS) P/N 5.–, K/N 3 bis 14 J. 3.–, St/N 12.–, H/N 4.–, WD zuzügl., Strom/N .50 und kWh –.50 (10-16A). Familienangebote. In NS Erm.

23769 Wallnau, Fehmarn (e1) 1613

35 ★★★★★ »STRAND-CAMPING WALLNAU« 14.3. bis 26.10.
E.: Gunnar Mehnert ☎ 04372/456, Fax 1829
270000 qm
www.strandcamping.de, info@strandcamping.de

→ E 47 (B207) über die Fehmarnsundbrücke, 1. Abf. abbiegen über Landkirchen und Petersdorf weiter über Bojensdorf, beschildert (GPS: 54°29'17" N / 11°01'06" E).
◦ Landschafts - und Vogelschutzgebiet.

Ebenes und parzelliertes, durch Buschhecken unterteiltes Wiesengelände hinter dem Deich mit separatem FKK–Strandteil. Mehrere Leihcaravans. Sanitäranlagen beheizbar. Praxis für physikalische Therapie. Hundedusche. Keine Aufnahme von Gruppen. In HS Voranmeldung empfohlen. Diskothek vor dem Platz. Ort (Petersdorf) 4 km entfernt. Mittagsruhe 12.30-14.30 Uhr. Touristen-/Dauerstellplätze 420/430.
2008: (HS) P/N 7.20, K/N 2 bis 12 J. 4.70, J/N 6.30, St/N 13.–, H/N 5.–, WD inkl., Strom/N 2.50 (6 A). In NS Ermäßigung.

DCC-Vertragsplatz

23769 Altenteil, Westfehmarn (e1) 1614/1

30 ★★★★ »CAMPING AM BELT« 1.4. bis 30.9.
E.: Klaus Tetzel ☎ 04372/391, 1690, Fax 1691
90000 qm
www.campingplatz-am-belt.de, info@campingplatz-am-belt.de

→ E 47 (B207) über die Fehmarnsundbrücke, 1. Abf. über Landkirchen-Lemkendorf-Dänschendorf nach Altenteil, 1. Platz rechts. ✉ Altenteil 24.

Langgestrecktes, parzelliertes Wiesengelände hinter dem Deich und einem Strandwaldstreifen mit Heckenunterteilung, teilweise schattenlos. Mehrere Leihcaravans. Ort (Petersdorf) 6.5 km entfernt. Mittagsruhe 13-15 Uhr. Touristen-/Dauerstellplätze 130/130.
2008: (HS) P/N 5.50, K/N 2 bis 14 J. 2.75, St/N 8.– bis 12.–, H/N 4.–, WD zuzügl., Strom kWh –.60, Anschlussgeb. –.50 (16 A). In NS Ermäßigung.
DCC/CCI 10% auf P/N.

Fehmarn - dem urlaub entgegen

Den Campingplatz Strukkamphuk auf der Ostsee-Insel Fehmarn finden Sie in bevorzugter Südwestlage.
- Stellplätze mit Strom, Wasser, z.T. Abwasser
- ideales Surf-Stehrevier
- bestes Angelgebiet
- eigene Slipanlage
- Bootsliegeplätze
- SB-Frischemarkt
- Restaurant
- bewachter, kinderfreundlicher Strand
- Kinderanimation
- Spiel- u. Sportplätze
- Skateranlage
- WLAN, Internetecke
- Freizeitraum
- Mietwohnwagen
- Sauna, Solarium, Massage
- Angebote für Familien, Gruppen, Senioren.........

Wohnmobilplatz mit Entsorgungsstation

CAMPING STRUKKAMP HUK
Urlaub total an der Ostsee!
Ferieninsel Fehmarn

Campingplatz Strukkamphuk • Bernd Muhl
23769 Strukkamphuk a.Fehm.
Tel. 04371 - 21 94 oder 86 93 01
Fax 04371 - 8 71 78
camping@strukkamphuk.de
www.strukkamphuk.de
Ganzjährig geöffnet

...laub in familiärer Atmosphäre
...f der Sonneninsel Fehmarn
...mfortable Sanitäranlagen
...mfortplätze von 80-120 m² mit
...sch- und Abwasser
...ohnwagenvermietung 15 ver-
...iedene Grundrisse für 2-7 Personen
...festigte Wohnmobilplätze
...iel und Spaß für alle Kinder mit
...m platzeigenen Ferienprogramm
...kaufsshop und Restaurant
...nstige Preise in der VS und NS
...hr ruhige Lage im Naturschutz-
...biet „Nördliche Seeniederung".
...sundes Ostseeklima, aktives Rad-
...hren in der fehmarnschen Natur.
...it 2005 4 Sterne nach DTV
...C-Vertragsplatz

(1614/1)

...stenfreie Reservierung
...d Prospektanforderung:
...mping „Am Belt"
...769 Fehmarn OT Altenteil 24
...l. 0 43 72 - 391 • Fax 16 91
...w.camping-am-belt.de
...fo@camping-am-belt.de

camping AM BELT ★★★★

aufatmen · entspannen · genießen

Campingpark Fehmarnbelt

23769 Westfehmarn/Altenteil
Telefon 0 43 72/4 45, Fax 0 43 72/13 45
Internet: www.fehmarnbelt.de

Familienferienplatz direkt am Strand
- Plätze mit Wasser-/Abwasser-/Stromanschluß
- 200 000 qm reine Natur
- DLRG-bewachter Badestrand, Schwimmunterricht kostenlos
- moderne Sanitäranlagen
- Angeln, Wassersport, Basket-/Volleyball
- Windsurfing, Fehmarns Brandungsrevier
- großer Kinderspielplatz, Kinderanimation, Bolzplatz
- Wohnmobilplätze und Entsorgungsstation
- Kilometerlanger Strand
- Hunde erlaubt
- Preisermäßigung für Vor- und Nachsaison

Farbprospekt bitte anfordern!
Wohnwagenvermietung (1614/2)

✉ **23769 Altenteil,** Westfehmarn (e1)   **1614/2**

25 ★★★★ »CAMPING FEHMARNBELT«   ⛔ 1.4. bis 30.9.
E.: Walter Dittmann   ☎ 04372/445, Fax 1345   200000 qm
www.campingpark.de, campingpark@t-online.de

→ E 47 (B207) über die Fehmarnsundbrücke, 1. Abf. über Landkirchen–Lemkendorf nach Dänschendorf–Altenteil. Am ersten Platz vorbei und über den Deich noch 200 m zum 2. Platz. Beschildert. ✉ Altenteil 21.

3 km

Ebenes und schattenloses, parzelliertes Strandwiesengelände vor dem Deich mit DLRG-Station. Durch Heckenrosenstreifen unterteilt. Sanitäranlage beheizbar. Familienbad. »Kirche Unterwegs«. Ort (Petersdorf) 7 km entfernt. Mittagsruhe 13-15 Uhr. Touristen-/Dauerstellplätze 250/150.
2007: (HS) P/N 5.–, K/N 2 bis 14 J. 3.–, C MC-St/N 10.–, T-St/N 7.–, B/N 1.50, H/N 3.50, WD zuzügl., Strom/N 3.– oder kWh –.60 (16 A). In NS Erm.
DCC 10% auf P/N.

✉ **23769 Wenkendorf,** Westfehmarn (e1) **1615**

30 ★★★★ »CAMPING AM DEICH«   ⛔ 20.3. bis 3.10.
E.: Hans-Georg Hinz   ☎ 04372/316, 777, Fax 1564   10000 qm

→ E 47 (B207) über die Fehmarnsundbrücke, 1. Abf. über Landkirchen, Gammendorf und Wenkendorf noch 2 km zum Wenkendorfer Strand. ✉ Wenkendorf 13 (GPS: 54°52'69" N / 11°11'57" E).

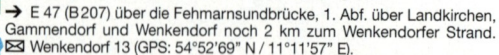

Langgestrecktes, ebenes bis leicht welliges und parzelliertes Strandwald-gelände hinter dem Deich. Keine Gruppen. Sanitäranlage beheizbar. Jugendraum. Kostenloser Bus-Shuttle vom Bahnhof Puttgarten. Ort (Petersdorf) 7 km entfernt. Mittagsruhe 13-15 Uhr. Touristen-/Dauerstellplätze 40/10.
2007: (HS) P/N 5.50, K/N bis 10 J. 3.–, St/N 11.–, H/N 4.–, WD zuzügl., Strom/N –.50 oder kWh –.40 (16 A). In NS Ermäßigung.

✉ **23769 Gammendorf,** Fehmarn (f1) **1616**

30 ★★★★ »CAMPING AM NIOBE«   ⛔ 1.4. bis 15.10.
E.: Elke Mackeprang   ☎ 04371/3286, 2932, Fax 503783   50000 qm
www.camping-am-niobe.de, info@camping-am-niobe.de

→ E 47 (B207) über die Fehmarnsundbrücke bis Puttgarden/Fährhafen, dann abbiegen Richtung Gammendorf zum Niobe-Denkmal. ✉ Am Strand (GPS: 54°31'18" N / 11°09'13" E).

♣ Niobe Denkmal.

Langgestrecktes, leicht abfallendes und überwiegend schattenloses Wiesengelände. Parzelliert hinter einem Strandwaldstreifen und dem flachen Deich. Sanitärgebäude beheizbar. Ort (Landkirchen) 8 km entfernt. Mittagsruhe 13-15 Uhr. Touristen-/Dauerstellpläze 150/150.
2007: (HS) P/N 5.–, K/N bis 14 J. 3.–, St/N 11.–, H/N 4.–, WD zuzügl., Strom/N 1.50 oder kWh –.40 (16 A). Anschlussgeb. –.50. In NS Ermäßigung.

Die DCC-Inspizienten sind nicht mit Anzeigenwerbung betraut. Sie sind daher unabhängig und nicht beeinflußbar. Ihren Kontrollen nach unseren Prüfbögen kann vertraut werden.

Urlaub in der 1. Reihe! (1615)
Ruhe und Erholung
in schöner Landschaft
und gesunder Seeluft
bietet Ihnen

Camping „Am Deich"

Familie Hinz
Wenkendorf 13
23769 Westfehmarn
Tel. (0 43 72) 3 16
Sommer: 7 77,
Fax 15 64
Internet: www.urlaub-in-der-ersten-reihe.de
oder   www.inselurlaub-fehmarn.de

... von Fehmarn bis nach Dänemark blicken ....

Ruhe Erholung Spaß

▲ familienfreundlicher Naturstrand
▲ Bootsslipanlage
▲ beliebtes Tauch- und Angelrevier
▲ komfortable Stellplätze für Wohnwagen, Zelte und Wohnmobile
▲ neue moderne, behindertengerechte Sanitäreinrichtungen
▲ Wohnmobilver- und entsorgungsmöglichkeiten
▲ Steilküstenrestaurant mit Sonnenterrasse
▲ SB-Frischmarkt mit Gasverkauf
▲ Mietwohnwagenvermittlung
▲ geöffnet vom 1. April bis 15. Oktober

natürlich kinderfreundlich:
Kinderprogramm
in der Hauptsaison
Freiraum und Sportmöglichkeiten für groß und klein

Campingplatz Klausdorfer Strand Kohlhoff

Camping Klausdorfer Strand Fam. Kohlhoff
23769 Klausdorf auf Fehmarn • Fax 0 43 71 - 24 81
Sommer-Tel. 0 43 71 - 25 49 • Winter-Tel. 23 21
internet: www.camping-klausdorferstrand.de
email: info@camping-klausdorferstrand.de

23769 Puttgarden, Fehmarn (f1) — 1617

★★★ »CAMPING PUTTGARDEN« April bis Okt.
E.: Max Claussen ☎/Fax 04371/3492, 2185 20000 qm
→ E 47 (B207) über die Fehmarnsundbrücke bis Puttgarden/Fährhafen, dann abbiegen Richtung Ort. Beschildert. ✉ Strandweg.
• Fährhafen der Vogelfluglinie.

Ebenes und schattenloses Wiesengelände, unparzelliert hinter dem Deich. Imbiss. Ort 700 m entfernt. Mittagsruhe 12-14 Uhr. Touristen-/Dauerstellplätze 75/75.

23769 Klausdorf, Fehmarn (f1) — 1618

NATURPLATZ ★★★★ »CAMPING KLAUSDORFER STRAND« 1.4. bis 15.10.
E.: Jens Kohlhoff ☎ 04371/2549, 2321(Wi), Fax 2481 130000 qm
www.camping-klausdorferstrand.de, info@camping-klausdorferstrand.de
→ E 47 (B207) über die Fehmarnsundbrücke, 2. Abf. über Burg und Niendorf nach Klausdorf, beschildert (GPS: 54°27'26" N / 11°16'23" E).

Ebenes und schattenloses, parzelliertes Wiesengelände oberhalb der Steilküste. Durch Hecken in Stellfelder unterteilt mit Strandtreppe. Sanitärgebäude beheizbar. Kabel-TV. Hundebad. Gocart-Verleih. FW. Ort (Burg) 7 km entfernt. Separater Jugendplatz. Mittagsruhe 13-15 Uhr. Touristen-/Dauerstellplätze 250/250.
2007: (HS) P/N 4.50, K/N 2 bis 14 J. 2.50, St/N 8.–/10.–, T/N 3.–, M/N 3.–, B/N 3.–, H/N 4.–, WD inkl., Strom/N 2.50 oder kWh –.40, Anschlussgeb. –.50 (16 A). In NS Ermäßigung.
DCC 10% auf P/N.

DCC – DEIN PARTNER!

Individueller Familienplatz
Komfortable Stellplätze
Wohnmobilstellplätze
sehr gut ausgestattete Sanitärgebäude
hervorragendes Angelrevier
Fahrradverleih
Spielplätze
Café · Restaurant
Imbiss · SB-Markt
Gasverkauf u.v.m.

Niobe
CAMPING AM NIOBE
Ein Paradies für Naturfreunde

Hausprospekt bitte anfordern!

Familie Mackeprang
23769 Gammendorf auf Fehmarn
Tel. Sommer: 0 43 71 / 32 86
Winter: 0 43 71 / 29 32
Fax 0 43 71 / 50 37 83
www.camping-am-niobe.de
info@camping-am-niobe.de

ankommen, aufbauen, wohlfühlen...

(1619)

Campingplatz Ostsee
Familie Kühl
23769 Katharinenhof / Fehmarn
Tel.: (04371) 90 32 (50 38 66 Winter)
Fax: (04371) 86 35 90
info@camping-katharinenhof.de
www.camping-katharinenhof.de

- Gr. Standplätze mit viel Grün
- Familienfreundliche Preise
- Günstige Pauschalangebote
- 3 tolle Spielplätze
- Ponyreiten / Strandausritte
- Großer Fussballplatz
- Beachvolleyball / Streetball
- Freizeitträume / TV / Billard
- Internet / Kabelloses Netz
- Top-Tauch- u. Angelrevier
- Keine Kurtaxe!
- Kinder- u. Sportanimation

CAMPINGPLATZ OSTSEE KATHARINENHOF

www.camping-katharinenhof.de

DCC-Vertragsplatz

23769 Katharinenhof, Fehmarn (f1) — 1619

30 ★★★★★ »CAMPING OSTSEE« 19.3. bis 15.10.
E.: Jürgen Kühl ☎/Fax 04371/9032, Fax 863590 120000 qm
www.camping-katharinenhof.de, info@camping-katharinenhof.de

→ E 47 (B207) über die Fehmarnsundbrücke, 2. Abf. über Burg und Vitzdorf nach Katharinenhof, beschildert.

Leicht welliges, parzelliertes Wiesengelände mit jungen Büschen und Baumreihen. Durch Hecken in Stellfelder unterteilt. Vom Strand durch einen Waldstreifen getrennt. Befestigte Mocaplätze. Mehrere Leihcaravans. Sanitäranlage beheizbar. Spieleraum mit Billard, Dart u. Fußballkicker. W-LAN/Funkinternet. Hundedusche. Wasser-Spiel-Matschanlage. Riesen-Schaukel. Ponyreiten. Streichelzoo. Ort (Burg) 6.5 km entfernt. Mittagsruhe 13-15 Uhr. Touristen-/Dauerstellplätze 220/250.
2008: (HS) P/N 6.–, K/N 3 bis 14 J. 2.50, St/N 10.50 bis 13.–, B/N 1.–, H/N 3.50, WD inkl., Strom/N 2.– (10-16 A). Pauschalangebote. In NS Erm.
DCC 10% auf P/N.

23769 Meeschendorf, Fehmarn (f1) — 1620/1

30 ★★★★ »CAMPING SÜDSTRAND« 20.3. bis 20.10.
P: Jens-Peter Bumann ☎ 04371/2189, 9507, Fax 4990 170000 qm
www.camping-suedstrand.de

→ E 47 (B207) über die Fehmarnsundbrücke, 2. Abf. über Burg nach Meeschendorf, dort rechts abbiegen, beschildert (GPS: 54°24'50" N / 11°15'00" E).

300 m 4 km 6 km

Ebenes und parzelliertes Wiesengelände hinter dem Deich und flacher Düne, überwiegend schattenlos. Separater Moca-Bereich im Vorgelände. Ökologische Betriebsführung. DLRG-Station. Hochseil-Klettergarten. Sanitäranlage beheizbar. Ort (Burg) 5 km entfernt. Mittagsruhe 13-15 Uhr. Touristen-/Dauerstellplätze 200/245.
2008: (HS) P/N 6.–, K/N 2 bis 18 J. 2.–, St/N 15.–, B/N –.50, H/N 3.–, WD zuzügl., Strom/N 2.– (6 A). NS Ermäßigung.

DCC – DEIN PARTNER!

(1620/1)

direkt am Meer gelegen in Südlage mit Sandstrand

NEU: jetzt geöffnet bis 20. Oktober

ZEIT FÜREINANDER

- 30.000 m² Spielwiese
- naturnaher Abenteuer-Spielplatz
- **Naturtreffpunkt AugenWeide**
- Kinder- u. Freizeitanimation
- Bogenschießen
- Volleyball, Streetball
- Surf- u. Catamaran-Schule
- **Hochseilgarten mit Kletterturm**
- Finnische Sauna
- Top-Sanitäranlagen mit umfassender Umwelttechnologie

UMWELT MANAGEMENT

Camping - Südstrand
Ostsee-Insel Fehmarn

- WoMo-Wiese vor der Schranke
- Mietwohnwagen
- Familiengerechte Preisgestaltung
- Günstige Wochenpauschalen in der Nebensaison

ADAC Super-Platz 2007

Gerne senden wir Ihnen unseren ausführlichen Prospekt.
Jens-Peter Bumann • 23769 Meeschendorf auf Fehmarn • Aktuelles: www.camping-suedstrand.de
Telefon 04371 / 21 89 oder 95 07 (Winter) • Fax 49 90 • email: info@camping-suedstrand.de

23769 Meeschendorf, Fehmarn (f1) — 1620/2

40 ★★★★★ »INSEL-CAMP FEHMARN« 20.3. bis 15.10.
E.: Detlef Kleingarn ☎ 04371/50300, Fax 503010
82000 qm
www.inselcamp.de, info@inselcamp.de

→ E 47 (B207) über die Fehmarnsundbrücke, 2. Abf. über Burg nach Meeschendorf, beschildert. ✉ Meeschendorfer Strand (GPS: 54°24′57″ N / 11°14′33″ E).
⚓ Fischereihafen Burgstaaken. Altstadt Burg.

Ebenes und parzelliertes Wiesengelände hinter einer flachen Düne. Separate Moca-Plätze. Fußbodenheizung in den Sanitäranlagen. Imbiss. "Kirche Unterwegs". TV-Anschluss. W-LAN auf allen Stellplätzen. Animationszelt. Wellness. Fitnessraum. Abenteuerfloß. Billard. Basketball. DLRG-Station. Ort 1 km entfernt. Mittagsruhe 13-15 Uhr. Touristen-/Dauerstellplätze 302/87.
2008: (HS) P/N 7.50, K/N 2 bis 14 J. 5.–, St/N ab 14.–, B/N 3.–, H/N 5.–, WD inkl., Strom/N 2.20 (6-16A). In NS Ermäßigung.

DCC-Vertragsplatz

23769 Wulfen, Fehmarn (f1) — 1621

35 ★★★★★ »CAMPING WULFENER HALS« 1.1. bis 31.12.
E.: Riechey Freizeitanlagen GmbH & Co. KG ☎ 04371/86280, Fax 3723
340000 qm
www.wulfenerhals.de, camping@wulfenerhals.de

→ E 47 (B207) über die Fehmarnsundbrücke, 1. Abf. über Avendorf nach Wulfen, beschildert. ✉ Wulfener Hals Weg (GPS: 54°24′27″ N / 11°10′38″ E).
⚓ Fehmarnsundbrücke. Haifisch-Aquarium in Burg.

Ebenes, teilweise leicht welliges Wiesengelände, parzelliert auf einer Halbinsel. Durch Buschhecken in viele Stellfelder unterteilt. Bungalow- und Leihcaravan-Anlage. FKK-Strand auf der Landspitze. Wohnmobilhafen. Öffentlicher Badebetrieb. Golfplatz für Camper. Wellness-Bereich mit Whirlpool. DLRG-Station. Befestigte Mocaplätze. Veranstaltungszelt. FW. Achtung: Es finden nur kleine Hunde Aufnahme. Ort (Burg) 5 km entfernt. Mittagsruhe 13-15 Uhr. Touristen-/Dauerstellplätze 450/300.
2008: (HS) P/N 8.10, K/N 2 bis 14 J. 5.40, J/N 7.–, St/N 21.50, B/N 3.–, H/N 7.50, WD zuzügl., Schwimmbad inkl., Strom/N 2.90 (6/10 A). In NS Erm.
DCC/CCI 10% auf P/N. Anzeige S. 91

DCC-Vertragsplatz

23769 Fehmarn, Fehmarn (f1) — 1622

30 ★★★★ »CAMPING MIRAMAR« 1.1. bis 31.12.
E.: Heinrich Klahn ☎ 04371/3220, Fax 868044
120000 qm
www.camping-miramar.de, campingmiramar@t-online.de

→ E 47 (B207) über die Fehmarnsundbrücke, 1. Abf. Richtung Avendorf–Fehmarnsund, beschildert. ✉ Fehmarnsund (GPS: 54°24′27″ N / 11°08′42″ E).
⚓ Fehmarnsundbrücke.

Ebenes bis leicht welliges, durch die Zufahrt zweigeteiltes Wiesengelände hinter einem flachen Deich. Parzelliert und durch Hecken in Stellfelder unterteilt. Befestigte Mocaplätze. Mehrere Leihcaravans. Massagen. Hundedusche. DLRG–Station. W-LAN/Funkinternet. Ort (Burg) 6 km entfernt. Mittagsruhe 13-15 Uhr. Touristen-/Dauerstellplätze 225/325.
2008: (HS) P/N 7.–, K/N 3 bis 14 J. 4.–, St/N 12.–, B/N 3.50, H/N 6.–, WD inkl., Strom/N 2.– (16A). In NS bis 50% Ermäßigung.
DCC/CCI 10% auf P/N.

Mein Platz am Meer

- Tennis
- Sauna
- Solarium
- Ponyreiten
- Minigolf
- Kinderspielplatz
- Taro-Charterboot mit und ohne Führerschein Tel. 04371 - 6384 oder 9485
- Taucherflaschen-Füllstation
- Bananefahren

Restaurant **Globetrotter** Tel. 04371 - 6568 freie Zufahrt für alle Gäste!

Mietwohnwagen
18-Loch-Golfplatz 1500 m entfernt

Wohnmobilhafen mit Entsorgungsstation

Pauschal-Wochenangebote zu jeder Saison: **www.camping-miramar.de**

Camping Miramar - Heinrich Klahn - Fehmarnsund - 23769 Ostseeinsel Fehmarn
Tel. 04371-3220 - Fax 04371-86 80 44 - www.camping-miramar.de

kurtaxfrei!

(1622)

✉ 23775 Ostseeheilbad Großenbrode (e2) 1623

30 ★★★★ »CAMPING STRANDPARADIES« ⚷ Ostern bis 31.10.
E.: Gemeinde P: Ulrich Berger ☎ 04367/8697, Fax 999031   87000 qm
www.camping-strandparadies-grossenbrode.de,
camping@strandparadies-grossenbrode.de

➔ E 47 (B207) Oldenburg–Fehmarn Abf. Großenbrode durch den Ort in Richtung Südstrand, beschildert. ✉ Südstrand 3 (GPS: 54°21'40" N / 11°05'12" E).

Ebenes, parzelliertes Wiesengelände hinter dem Kurstrand. Durch Anpflanzungen günstig aufgelockert, überwiegend schattenlos neben einem Sportzentrum. Ort 1.5 km entfernt. Mittagsruhe 13-15 Uhr. Touristen-/Dauerstellplätze 93/390.
2008: (HS) P/N 5.–, K/N 2 bis 14 J. 3.–, J/N 4.–, St/N 11.–, H/N 2.50, KT 2.20, WD zuzügl., Strom/N 1.– (16A) inkl. Für 14 N, 12 N bezahlen. In NS Erm.

In **Heiligenhafen** besteht ein öffentlicher Mocaplatz mit Ent- und Versorgung für ca. 90 Mocas.

✉ 23779 Seekamp, Ostsee (e2) 1624

20 ★★★★ »CAMPING SEEKAMP-STRAND« ⚷ 15.4. bis 15.10.
E.: Klaus Rickert ☎ 04365/456, 7333 (Winter), Fax 8390   150000 qm
www.camping-seekamp.de, info@camping-seekamp.de

➔ E 47 (B207) Oldenburg–Puttgarden Abf. Neukirchen über Giddendorf–Löhrstorf, dann beschildert.

Leicht welliges und überwiegend schattenloses, parzelliertes Wiesengelände an einer binnenseeartigen Ostseebucht. Befestigte Mocaplätze. Sanitäranlagen beheizbar. Kleinkindersanitär. Ort (Heiligenhafen) 5.5 km entfernt. Mittagsruhe 13-15 Uhr. Touristen-/Dauerstellplätze 150/450.
2008: (HS) P/N 3.–, K/N 6 bis 12 J. 2.–, C MC-St/N 8.–, T St/N 6.–, B/N 2.–, H/N 3.–, WD zuzügl., Strom/N 2.– (10 A). In NS Ermäßigung.

Camping Seekamp

www.camping-seekamp.de

- Landschaftlich herrlich gelegen an einer großen Ostseebucht
- auf großzügig angelegter Fläche (240.000qm)
- moderne Sanitäranlagen
- alle Jahresplätze mit Vollkanalisation
- großräumig angelegter Kinderspielplatz
- moderner SB-Laden
- gemütliche Grillstube
- der Platz ist bewacht
- Schlagbaum täglich geöffnet von 7.00 bis 13.00 und 15.00 bis 22.00 Uhr.

Informationen, Prospekte, Reservierungen:
Klaus Rickert
23779 Seekamp/Ostholstein
Tel. 0 43 65 / 4 56 ; 73 33
(Winter) · Fax 0 43 65 / 83 90   (1624)

✉ 23779 Ostermade, Ostsee (e2) 1628

★★★★ »CAMPING HOHES UFER« ⚷ April bis Okt.
E.: Mathias Krause V.: J. Ingwersen ☎ 04365/496, Fax 979758
www.urlaub-mit-herz.de, info@urlaub-mit-herz.de   120000 qm

➔ E 47 (B207) Oldenburg–Puttgarden, abbiegen über Neukirchen Richtung Sütel, später über Oelendorf nach Ostermade. Beschildert.

Ebenes bis leicht welliges Wiesengelände, teilweise parzelliert, oberhalb der Steilküste mit Strandtreppen. Durch Hecken in Stellfelder unterteilt. DLRG-Station. Ort (Heiligenhafen) 10 km entfernt. Mittagsruhe 13-15 Uhr. Touristen-/Dauerstellplätze 80/540.

Campingplatz Sütel
an der Ostsee

Unser Campingplatz befindet sich direkt an der Ostsee in einer Länge von 1,2 km. In ruhiger Lage, abseits vom Verkehr des Alltages bietet er Erholungssuchenden wirklich Ruhe. Der breite, steinfreie Strand ist bestens als Spielplatz und Liegefläche geeignet. Der Strand läuft allmählich und flach in die Ostsee, keine Untiefen, somit bester Badestrand – besonders für Kinder. Eine DLRG-Station überwacht täglich die Sicherheit der Badenden. Der Platz ist bewacht. – Keine Kurtaxe – Beheizte Komfort-Sanitäranlagen mit Babywickelraum und Badewannen.
Großzügige Erweiterung eines neuen Ganzjahresplatzes für Wohnwagen und Mobilheime in wunderschöner landschaftlicher Ostseelage wurde 2007 eröffnet.
Auf dem Platz befinden sich ein Restaurant, Imbiß, Bäckerei und Fleischerei, Kolonialwarengeschäft, ein Minigolfplatz, ein großer Kinderspielplatz, ein Fußballplatz, Kinovorstellung, Kasperletheater. Animationsprogramm und Kinderanimation. Platzeigene Wohnwagen- und Mobilheimvermietung. Platzeigene Surfschule, Kett-Car-Vermietung.
Beste Möglichkeiten für Bootsfahrer und Wasserskifreunde. Bootslagerplatz direkt am Ostseestrand und Bootsliegeplätze im Binnensee. Platzeigene Sportbootshafenanlage in Binnensee, ausschließlich für unsere Gäste, wird 2007 fertiggestellt. Seefahrten um die Insel Fehmarn, und nach Dänemark, sowie tägl. Angeltouren, können vom nicht weit entferntem Bad Heiligenhafen unternommen werden. Ebenfalls sind von hier aus die »Karl-May-Festspiele« in Bad Segeberg zu erreichen, sowie das Hansaland in Neustadt/H. Stellplätze für Ihren Urlaub werden reserviert.
Voranmeldung unter Tel. 0 43 65/4 51, im Sommer und 0 43 65/73 55 im Winterhalbjahr oder schriftlich oder Fax unter 0 43 65/10 84.

Email: johann.wiese-dohse@campingplatz-suetel.de
Internet: http://www.campingplatz-suetel.de   (1630/1)

DCC-Vertragsplatz

✉ 23779 Sütel, Ostsee (e2) 1630/1

25 ★★★ »CAMPING SÜTEL« ⚷ April bis Okt.
E.: Joh. Wiese-Dohse ☎ 04365/451, 7355 (Winter), Fax 1084   200000 qm
www.campingplatz-suetel.de, johann.wiese-dohse@campingplatz-suetel.de

➔ E 47 (B207) Oldenburg–Puttgarden, abbiegen über Neukirchen–Löhrstorf, beschildert. 2. Platz. ✉ Dorfstr. 6.

Ebenes bis leicht welliges, teilweise schattenloses Wiesengelände parzelliert auf und hinter dem Deich. Voranmeldung erwünscht. Mehrere Leihcaravans. Sanitäranlage beheizbar. Anrufbus. Ort (Heiligenhafen) 7km entfernt. Separater Jugendplatz. Mittagsruhe 13-15 Uhr. Touristen-/Dauerstellplätze 120/700.
2007: P/N 3.90, K/N 4 bis 14 J. 3.60, St/N 8.90, M/N 1.20, B/N 3.–/4.–, H/N 2.–, KT 1.–, WD zuzügl., Strom/N 2.– oder kWh –.23 (16A).
DCC 10% auf P/N.

✉ 23779 Sütel, Ostsee (e2) 1630/2

20 ★★★ »CAMPING SEEPARK« ⚷ April bis Okt.
E.: Harald Höper ☎ 04365/322, 7474, Fax 1027   150000 qm
www.seepark-suetel.de

➔ E 47 (B207) Oldenburg–Puttgarden, abbiegen über Neukirchen–Löhrstorf, beschildert. 1. Platz. ✉ Sandstr. 1.

Ebenes bis leicht welliges, von Hecken unterteiltes Wiesengelände, parzelliert, teilweise schattenlos. Sanitäranlage beheizbar. Anrufbus. Ort (Heiligenhafen) 6 km entfernt. Mittagsruhe 13-15 Uhr. Touristen-/Dauerstellplätze 30/385.
2008: P/N 3,–, K/N 4 bis 12 J. 2.–, C MC-St/N 8.–, T-St/N 6.–, H/N 1.50, WD keine Angabe, Strom/N 2.–(16 A).
Anzeige S. 92

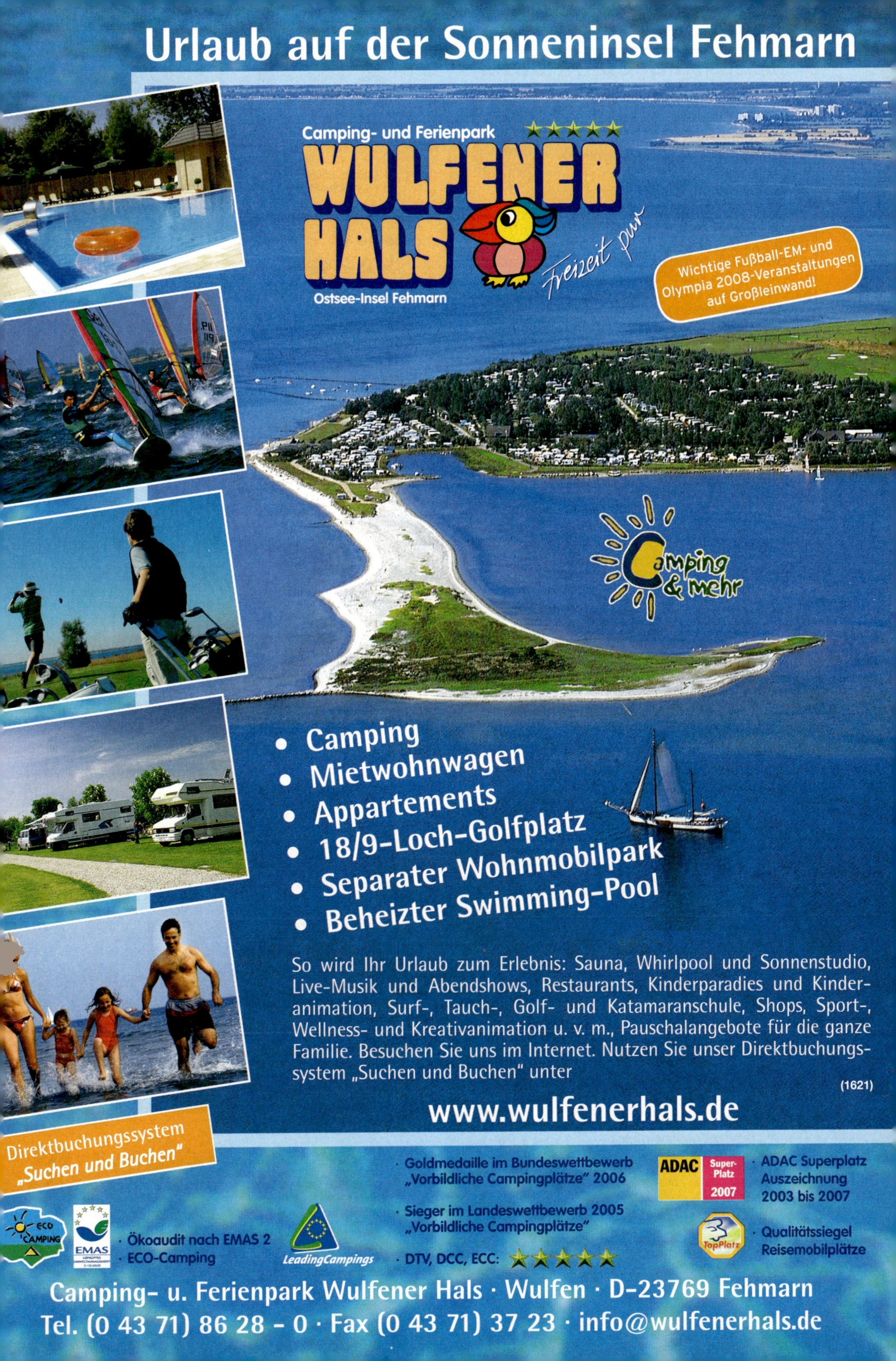

Urlaub auf der Sonneninsel Fehmarn

Camping- und Ferienpark
WULFENER HALS
Ostsee-Insel Fehmarn
Freizeit pur

Wichtige Fußball-EM- und Olympia 2008-Veranstaltungen auf Großleinwand!

- **Camping**
- **Mietwohnwagen**
- **Appartements**
- **18/9-Loch-Golfplatz**
- **Separater Wohnmobilpark**
- **Beheizter Swimming-Pool**

So wird Ihr Urlaub zum Erlebnis: Sauna, Whirlpool und Sonnenstudio, Live-Musik und Abendshows, Restaurants, Kinderparadies und Kinderanimation, Surf-, Tauch-, Golf- und Katamaranschule, Shops, Sport-, Wellness- und Kreativanimation u. v. m., Pauschalangebote für die ganze Familie. Besuchen Sie uns im Internet. Nutzen Sie unser Direktbuchungssystem „Suchen und Buchen" unter

www.wulfenerhals.de

Direktbuchungssystem „Suchen und Buchen"

- Goldmedaille im Bundeswettbewerb „Vorbildliche Campingplätze" 2006
- Sieger im Landeswettbewerb 2005 „Vorbildliche Campingplätze"
- DTV, DCC, ECC: ★★★★★
- ADAC Superplatz Auszeichnung 2003 bis 2007
- Qualitätssiegel Reisemobilplätze
- Ökoaudit nach EMAS 2
- ECO-Camping

(1621)

Camping- u. Ferienpark Wulfener Hals · Wulfen · D-23769 Fehmarn
Tel. (0 43 71) 86 28 - 0 · Fax (0 43 71) 37 23 · info@wulfenerhals.de

Campingplatz Seepark Sütel
Lübecker Bucht (Beschreibung S. 90, 1630/2)

Eigentümer Harald Höper
23779 Sütel/Ostholstein
Tel. 0 43 65 / 74 74 (Campingplatz)
3 22 (Privat) • Fax 10 27
www.seepark-suetel.de

Direkt an der Ostsee, bewachter, breiter, feinsandiger, kinderfreundlicher Naturstrand. Geöffnet vom 01.04. bis 15.10. Ca. 385 Dauerplätze ab 120 qm, 30 Touristenplätze, ca. 100 qm für Urlauber. Sämtliche Plätze haben Frisch- und Abwasser, bzw. Stromanschluss teilweise Kanalanschluss. Die Wohnwagen können im Winter mit Vorzelt stehen bleiben. Alle Duschräume sind modern, beheizt, haben Warm- und Kaltwasser. Bargeldloses Duschen durch aufladbaren Sep-Key. Behindertentoilette und Dusche, Babyraum mit Babybadewanne und Wickeltisch. Waschmaschinen, Trockner. Hunde erlaubt/Hundewiese. Trailerplatz. Konzessionierter Bootsliegeplatz direkt am Strand. DLRG bewachter Strand.

Sport und Freizeit: Kinderspielplatz, Basketball-, Fußball- und Volleyballfeld, Tischtennisplatte, Drachenwiese. Alle Wassersportarten möglich, Brandungsangelgebiet. Surf- und Segelschulen sind schnell erreichbar. Angeltouren vom 6 km entfernten Heiligenhafen aus. Bistroimbiss in der Saison geöffnet. Animationsprogramm für Kinder in den Sommerferien. Reiten und Reitunterricht in näherer Umgebung möglich. SB-Märkte in gut erreichbarer Nähe. Vor- und Nachsaison am Wochenende, in der Hauptsaison täglicher Brötchen- und Zeitungsservice.

Jubiläums-Angebot 2008:
-15 % der Pachtsumme bei einem Jahresplatz!

DCC-Vertragsplatz

✉ 23749 Grube, Ostsee (e2)   1634

30 ★★★★ »AM ROSENFELDER STRAND OSTSEE CAMPING«
E.: Familie Bormann
☎ 04365/979722, Fax 04365/979594   28.3. bis 19.10.
240000 qm
www.rosenfelder-strand.de, info@rosenfelder-strand.de

→ E 47/A1 Lübeck–Puttgarden Abf. (12) Lensahn über Grube auf die B 501 Richtung Heiligenhafen bis Abzweigung Rosenfelde, dann rechts Richtung Rosenfelde, beschildert (GPS: 54°15'54" N / 11°04'39" E).

Ebenes, teilweise leicht welliges parzelliertes und abfallendes Wiesengelände mit befestigten Mocapplätzen am Sandstrand. Von Hecken durchzogen und überwiegend schattenlos. Separater Jugendplatz. DLRG-Station. Sanitäranlage beheizbar. W-LAN. Mehrere Mietcaravans. Imbiss. Solaranlage. Kino. Ponyreiten. Gokart-Verleih. Trampolin. Hüpfkissen. Streetball. Shuttlebus zum Bahnhof. Ort 6 km entfernt. Mittagsruhe 13-15 Uhr. Touristen-/Dauerstellplätze 350/450.
2008: (HS) P/N 5.40, K/N 4 bis 15 J. 2.50, ab 3. Kind frei, St/N 10.70, B/N 2.50, WD zuzügl., Strom/N 2.40 (16 A). In NS Ermäßigung.
DCC 10% auf P/N.

✉ 23747 Ostseebad Dahme (e2)   1635/1

★★★★ »EUROCAMPING ZEDANO«
E.: Wolfgang Reshöft ☎ 04364/366, Fax 8391   1.1. bis 31.12.
60000 qm
www.zedano.de, eurocamping@zedano.de

→ A1 Lübeck–Puttgarden Abf. (12) Lensahn nach Dahme/Nord, 1. Platz, beschildert. ✉ Am Deich.

✉ 23747 Ostseebad Dahme (e2)   1635/2

25 ★★★★ »CAMPING STIEGLITZ«
E.: Thomas Stieglitz ☎ 04364/1435, Fax 470401   1.4. bis 22.10.
100000 qm
www.camping-stieglitz.de, post@camping-stieglitz.de

→ A1 Lübeck–Puttgarden Abf. (12) Lensahn nach Dahme/Nord, 2. Platz (GPS: 54°14'00" N / 11°05'00" E).

Ebenes, parzelliertes Wiesengelände hinter dem Deich- und Dünen. Sanitärgebäude beheizbar. Ort 2 km entfernt. Mittagsruhe 13-15 Uhr. Touristen-/Dauerstellplätze 200/300.
2008: (HS) P/N 5.–, K/N 2 bis 16 J. 3.–, St/N ab 11.–, KT 2.50, WD zuzügl., Strom/N 2.– (16 A). In NS Ermäßigung.

✉ 23746 Ostseebad Kellenhusen (e2)   1636

★★★★ »CAMPINGPARADIES KELLENHUSEN«   April bis Okt.
E.: Bienemann/Krohn ☎ 04364/8140, 479470, Fax 6728   55000 qm

→ A1 Lübeck–Puttgarden Abf. (12) Lensahn nach Kellenhusen, beschildert.
✉ Kirschenallee

Ebenes, parzelliertes Wiesengelände hinter dem Deich- und Dünengebiet. Ort 200 m entfernt. Mittagsruhe 13-15 Uhr. Touristen-/Dauerstellplätze 40/170.

DCC-Vertragsplatz

✉ 23743 Grömitz-Lensterstrand (e2)   1638/1

30 ★★★ »CAMPING MARE«   1.1. bis 31.12.
E.: Garms Camping GbR ☎ 04562/8141, Fax 3606   60000 qm
www.mare-camping.de, mail@mare-camping.de

→ A1 Lübeck–Puttgarden Abf. (13) Neustadt/Nord auf B 501 nach Grömitz, beschildert. ✉ Lenster Weg 20.
❀ Ostseebad Grömitz, Kloster Cismar.

Ebenes, parzelliertes Wiesengelände in Strandnähe, von Hecken durchzogen. Separater Jugendplatz. Ortszentrum 3 km entfernt. Mittagsruhe 13-15 Uhr. Touristen-/Dauerstellplätze 25/80.
2008: (HS) P/N 5.–, K/N 4 bis 14 J. 3.50, St/N 11.– bis 13.–, B/N 2.–, H/N 2.–, KT 2.60, WD inkl., Strom (16A) keine Angabe, Anschlussgeb. 2.–. In NS Erm.
DCC 10% auf P/N.

DCC-Vertragsplatz

✉ 23743 Grömitz-Lensterstrand (e2)   1638/2

30 ★★★★ »CAMPING PORTA DEL SOL«   15.3. bis 31.12.
E.: Borchert u. Kruse ☎ 04562/222888, 0173/3852625, Fax 267942
Fax 267942, www.porta-del-sol.de, info@porta-del-sol.de

→ A1 Lübeck–Puttgarden Abf. (13) Neustadt/Nord auf B 501 nach Grömitz, dann Richtung Lensterstrand-Mittelweg, letzter Campingplatz links.
✉ Mittelweg 143.
❀ Ostseebad Grömitz. Kloster Cismar.

Ebenes, parzelliertes und überwiegend schattenloses Wiesengelände in Strandnähe und bei einem Naturschutzgebiet. Durch Dauercamper ge-

- Sehr gepflegter Platz **direkt am Meer**, ruhige Lage inmitten der Natur
- Ideal für Familien und Wassersportler
- Animation, Minigolf, Waldspielplatz, Beachvolleyball, Streetball, Trampoline, Banane, Kino
- Familienfreundliche Preise
- Mietwohnwagen und Wohnmobilservice
- DLRG-bewachter, kurtaxefreier eigener Badestrand, Bootsliegeplätze am Strand
- Beste Versorgung durch SB-Markt, Campingbedarf und Gastronomie auf dem Platz
- Zentral gelegen für viele Ausflüge in die wunderschöne Umgebung
- Webcam (1634)

Rosenfelder Strand OSTSEE CAMPING

Fordern Sie unseren Prospekt an:
Rosenfelder Strand Ostsee Camping
23749 Grube/Ostholstein
Tel. 0 43 65 / 97 97 22, Fax 97 95 94
E-Mail info@rosenfelder-strand.de

www.rosenfelder-strand.de

prägt. Beheizbare Sanitäranlagen. Imbiss. Kinderspielzimmer. Volleyball. Shuttlebus (mit Kurkarte inkl.). Ort 1.5 km entfernt. Mittagsruhe 13–15 Uhr. Touristen-/Dauerstellplätze 80/457.
2008: (HS) P/N 5.–, K/N bis 14 J. 3.50, St/N 11.–/13.–, A/N 2.50, M/N 2.50, B/N 2.50, H/N 2.–, KT 2.60, WD inkl., Strom/N 2.– (16 A). In NS Ermäßigung und Sparpreis für 2 P/N inkl. St/N und Strom 15.–.
DCC 10% auf P/N.

✉ **23743 Grömitz-Lensterstrand** (e2) **1638/3**
★★ »**CAMPING HOHE LEUCHTE**« April bis Sept.
E.: Gerhard Schindler V.: H. Linde ☎ 04562/8655 37 000 qm
→ A1 Lübeck–Puttgarden Abf. (13) Neustadt/Nord auf die B 501 nach Grömitz, beschildert. ✉ Mittelweg 164.

Ebenes, parzelliertes Wiesengelände hinter dem Deich und öffentlichem Dünengebiet, überwiegend schattenlos. Sanitäranlage beheizbar. Ort 3 km entfernt. Mittagsruhe 13–15 Uhr. Touristen-/Dauerstellplätze 35/240.

DCC-Vertragsplatz

✉ **23743 Grömitz-Lensterstrand** (e2) **1638/4**
★★★★ »**CAMPING-FERIENPARK CAMARO**« 1.1. bis 31.12.
E.: Romaus u. Hundertmark ☎ 04562/8845, Fax 3567 50 000 qm
www.ferienpark-camaro.de, parkcamaro@aol.com
→ A1 Lübeck–Puttgarden Abf. (13) Neustadt/Nord auf die B 501 nach Grömitz. In Grömitz beschildert. ✉ Mittelweg 111.
Hochseefahrten und Hochseeangeln.

Ebenes, parzelliertes Wiesengelände. Durch Hecken unterteilt mit teilweise gekiesten Stellflächen. Kleinkindersanitär. In HS Reservierung empfehlenswert. Whirlpool. Grillpavillon. Solaranlagen. Wassersport 1.5 km, Ort 1.8 km entfernt. Mittagsruhe 12–15 Uhr. Touristen-/Dauerstellplätze 50/200.
2008: (HS) P/N 5.–, K/N 2 bis 14 J. 3.–, St/N 10.–, M/N 1.–, B/N 2.–, H/N 1.–, KT 2.60, WD inkl., Strom/N 2.– (16 A). In NS Ermäßigung.
DCC 10% auf P/N.

Kur-Camping Ferienpark CAMARO Modernster Campingplatz im **Ostseeheilbad Grömitz**
★★★★ **DCC-Vertragsplatz – ADAC-Prädikat**

Preisträger mit Auszeichnung für »Vorbildliche Campingplätze in der Landschaft« und ADAC-Prädikat

Der exklusive Campingplatz in ruhiger, sonniger Lage für Caravaner, die Qualität und Komfort schätzen (rollstuhlgerechte Anlage!).
An alles ist gedacht, sogar Hallenschwimmbad, Whirlpool, Sauna, SB-Lebensmittel, Camping-Shop, überdachte Grillstation sowie eigene Mobilheimvermietung. Prospekt anfordern!

DTV-Klassifizierung ★★★★ Sterne

(1638/4)

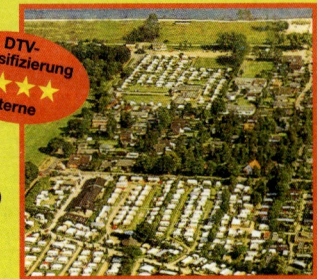

Kurcamping-Ferienpark CAMARO
23743 Grömitz-Ostseeheilbad · Tel. 04562/8845 · Fax 04562/3567
E-mail: info@ferienpark-camaro.de · Internet: www.ferienpark-camaro.de

DCC-Vertragsplatz

✉ **23743 Grömitz-Lensterstrand** (e2) **1638/5**

30 ★★★★ »AHOI CAMPING RESORT« 1.4. bis 15.10.
E.: Eric und Dr. Gunther Dade ☎ 04562/8586, Fax 3416   80000 qm

→ A1 Lübeck–Puttgarden Abf. (13) Neustadt/Nord auf die B501 nach Grömitz. In Grömitz beschildert. ✉ Mittelweg 129.

Ebenes, parzelliertes und überwiegend schattenloses Wiesengelände in Strandnähe. Durch Dauercamper geprägt. Mehrere Leihcaravans. Neue beheizte Sanitäranlagen. Bistro. Flohmärkte. Shuttle-Bus nur Kurkarte inkl. Ort 2 km u. Hallenbad 2.5 km entfernt. Separater Jugendplatz. Mittagsruhe 13-15 Uhr. Touristen-/Dauerstellplätze 100/350.
2007: P/N 5.–, K/N bis 4 J. 1.50, J/N bis 14 J 3.–, A/N 2.50, C MC/N 15.–, 2/4 P/N inkl. T/N 12.–/15.–, M/N 2.–, H/N 3.–, KT 2.60, WD inkl., Müllgeb. St/N 1.–, Strom/N 2.– (10 A).
DCC 10% auf P/N

✉ **23730 Bliesdorf** bei Grömitz (e2) **1643**

25 ★★★ »CAMPING WALKYRIEN« 28.3. bis 5.10.
E.: Heinrich Gosch ☎ 04562/6787, 7856, Fax 223851   55000 qm
www.camping-walkyrien.de, info@walkyrien.de

→ A1 Lübeck–Puttgarden Abf. (13) Neustadt/Nord auf die B501 Richtung Grömitz, in Bliesdorf rechts abbiegen, beschildert. ✉ Strandweg (GPS: 54°07'10" N / 10°55'15" E).

Welliges und überwiegend schattenloses Wiesengelände am Waldrand, teilweise parzelliert. Moca-Plätze vor dem Eingang. Durch Dauercamper geprägt. Separater Moca-Platz mit Seeblick. Mehrere Leihcaravans. Hundedusche. Ort 1.5 km entfernt. Mittagsruhe 13-15 Uhr. Touristen-/Dauerstellplätze 50/320.
2008: (HS) P/N 4.20, K/N bis 14 J. 2.50, A/N 1.50, C MC/N 7.– bis 9.–, T/N 6.– bis 8.–, M/N 1.–, B/N –, H/N 2.50, WD inkl, Strom/N 2.– (10 A). In NS Ermäßigung.

DCC-Vertragsplatz

✉ **23730 Bliesdorf-Strand** bei Grömitz (e2) **1644**

25 ★★★★★ »OSTSEE-CAMPING KAGELBUSCH« 20.3. bis 7.10.
E.: Lieselotte Gosch, ☎ 04562/7122, Wi. 9984, Fax 1446   140000 qm
www.ostseecamping.de, info@ostseecamping.de

→ A1 Lübeck–Puttgarden Abf. (13) Neustadt/Nord auf die B501 Richtung Grömitz, in Bliesdorf rechts abbiegen, beschildert. ✉ Strandweg (GPS: 54°07'34" N / 10°56'02" E).

Ebenes bis leicht welliges und parzelliertes, überwiegend schattenloses Wiesengelände am Waldrand vor der Steilküste. Befestigte Mocaplätze. Sanitäranlage beheizbar. Leinenzwang für Hunde. Kreativkurse. Abendwanderungen. Kleinkindersanitär. Ort 1 km entfernt. Separater Jugendplatz. Mittagsruhe 13-15 Uhr. Touristen-/Dauercamper 60/590.
2008: (HS) P/N 3.50, K/N 3 bis 14 J. 1.50, C MC-St/N 12.80, T-St/N 8.30 bis 10.20, H/N 4.–, WD zuzügl., Strom/N 2.– und kWh –.28 (16 A). In NS für 14/21 N 10%/15% Ermäßigung.
DCC/CCI 10% auf P/N.

DCC-Vertragsplatz

✉ **23730 Neustadt-Pelzerhaken** (e2) **1650/1**

20 ★★★ »FERIENPARK AM WALDRAND« 1.4. bis 31.10.
E.: Karl-H. Schulenburg ☎ 04561/5051, Fax 535153   20000 qm
www.ferienpark-ostsee.de, info@ferienpark-ostsee.de

→ A1 Lübeck–Puttgarden Abf. (13) Neustadt/Nord Richtung Neustadt und Pelzerhaken, hier beschildert. ✉ Wiesenstr. 23.

Ebenes, teilweise parzelliertes und schattenloses Wiesengelände mit Heckenunterteilungen am Waldrand. Durch Dauercamper geprägt. FW. Ort 200 m entfernt. Mittagsruhe 13-15 Uhr. Touristen-/Dauerstellplätze 16/107.
2007: (HS) P/N 4.–, K/N bis 14 J. 1.2.–, A/N 2.–, C/N 6.–, MC/N 6.–, T-St/N 5.–, KT 1.80, WD zuzügl., Strom/N 1.50 (10-16 A). In NS Ermäßigung.
DCC/CCI 10% auf P/N.

DCC-Vertragsplatz

✉ **23730 Neustadt**, Holstein (e2) **1650/2**

25 ★★★★ »CAMPING SEEBLICK« 1.4. bis 30.9.
E.: Holger Frank P: Hinrich Behrens ☎ 04561/7428, Fax 7947   30000 qm
www.campingplatz-Ostsee.de, camping-seeblick@t-online.de

→ A1 Lübeck–Puttgarden Abf. (13) Neustadt/Nord Richtung Neustadt und Pelzerhaken, beschildert. 2. Platz. ✉ Pelzerhakenerstr. 55-59.

Leicht welliges Wiesengelände unparzelliert oberhalb der Steilküste mit Strandtreppe. Durch Hecken in Stellfelder unterteilt, überwiegend schattenlos. Ort 3 km entfernt. Mittagsruhe 13-15 Uhr. Touristen-/Dauerstellplätze 80/150.
2008: P/N 5.–, K/N 3 bis 14 J. 2.50, A/N 1.– bis 2.–, C MC/N 6.50 bis 8.–, T-St/N 4.– bis 8.–, M/N 1.50, B/N 3.–, KT 1.80, WD zuzügl., Strom/N 2.– (16 A).
DCC10% auf P/N.

DCC-Vertragsplatz

✉ **23730 Neustadt**, Holstein (e2) **1650/3**

25 ★★★★ »CAMPING SÜDSTRAND« 1.4. bis 30.9.
E.: Walter Hoff V.: Fam. Schild ☎ 04561/7238 Fax 528543   100000 qm
www.campingplatz-suedstrand.de, info@campingplatz-suedstrand.de

→ A1 Lübeck–Puttgarden Abf. (13) Neustadt/Nord Richtung Neustadt und Pelzerhaken, beschildert. 3. Platz. ✉ Pelzerhakener Str. 65.

Zum Ufer unparzelliert und wellig abfallendes Wiesengelände, überwiegend schattenlos. Befestigte Mocaplätze. Sanitäranlage beheizbar. Ort 2.5 km entfernt. Mittagsruhe 13-15 Uhr. Touristen-/Dauerstellplätze 120/415.
2007: (HS) P/N 5.–, K/N bis 16 J. 2.50, C MC-St/N 6.50 bis 10.–, T-St/N 6.– bis 9.–, KT 1.80, WD zuzügl., Strom/N 2.– (16 A). In NS Ermäßigung.
DCC 10% auf P/N und St/N.

DCC-Vertragsplatz

✉ **23730 Neustadt**, Holstein (e2) **1650/4**

20 ★★★ »CAMPING LOTSENHAUS« 1.4. bis 31.10.
E.: Friedrich Wittmack ☎ 04561/2557, Fax 407264   51000 qm
www.campingplatz-lotsenhaus.de, camping@campingplatz-lotsenhaus.de

→ A1 Lübeck–Puttgarden Abf. (14) Neustadt-Mitte, in Neustadt in den Sandberger Weg, Richtung Klinikum, 2. Platz rechts. ✉ Sandberger Weg 96.

Ebenes und auch leicht zum Strand abfallendes, parzelliertes Wiesengelände. Durch Hecken und Buschreihen in Stellfelder unterteilt, überwiegend schattenlos. Sanitäranlagen beheizbar. Für HS Reservierung empfehlenswert. Billard. Dart. Kicker. FW. Ort 2 km entfernt. Mittagsruhe 13-15 Uhr. Touristen-/Dauerstellplätze 80/240.
2008: (HS) P/N 4.–, K/N bis 14 J. 3.–, C MC-St/N 7.– bis 10.–, T-St/N 6.– bis 8.–, B/N 4.–, KT 1.80, WD zuzügl., Strom/N 2.– (16A). In NS Erm.
DCC/CCI 10% auf P/N.

1 Schleswig-Holstein und Hamburg

Ostsee-Campingplatz Kagelbusch — direkt am Ostseestrand — Bliesdorf vor Grömitz

- Ein Campingplatz zum Wohlfühlen, ruhig gelegen, direkt am Ostseestrand und Wald.
- Modernste Sanitäranlagen, exklusive Ausstattung, komfortable Kleinkinderbäder, Solarenergie, Animationsraum, Massageraum.
- Ferien- und Saisonplätze mit Strom, Wasser und Abwasser.
- Zwei getrennte Spielplätze mit diversen Geräten. Fußballplatz, Basketball, Skateanlage, Beachvolleyball, Doppelseilbahn, Tischtennis und Tennissandplatz.
- Segeln, Schwimmen, Radfahren, Spazierengehen – nur ca. 2 km auf dem Ufer entlang zum Yachthafen und zur schönen Promenade von Grömitz.
- Gut sortierter SB-Markt mit eigener Bäckerei, geschmackvoll eingerichtetes Restaurant.
- In der **Hochsaison** sind Hunde nicht erwünscht, kein Hundestrand.
- **Deutscher Camping-Club: 5 Sterne**
- **Deutscher Tourismusverband: 5 Sterne**
- **ADAC: 5 Sterne** für Sanitärausstattung und Standplatzgestaltung
- Verkehrsgünstig: Autobahn A1, Abfahrt 13 Neustadt/Pelzerhaken, dann B 501 Richtung Grömitz, in Bliesdorf nach **Bliesdorf-Strand.**
- **Hohe Nachlässe** in der Vor- und Nachsaison.

Reservierungen an: Ostsee-Campingplatz Kagelbusch, Scharberg, 23730 Bliesdorf-Strand, Tel. 04562/7122, privat: 9984, Fax: 1446
Internet: http://www.ostseecamping.de, E-Mail: info@ostseecamping.de

(1644) ★★★★★ Keine Kurtaxe
GPS-Daten: Breitengrad – 54.07, Längengrad – 10.56

DCC-Vertragsplatz

23730 Neustadt, Holstein (e2) — 1650/5

25 ★★★★ »CAMPING AM STRANDE« — 1.4. bis 30.9.
E.: Arend Kripke ☎ 04561/4188, Fax 04361/7125 — 45 000 qm
www.amstrande.de, info@amstrande.de

→ A1 Lübeck–Puttgarden Abf. 14 Richtung Neustadt, abbiegen in den Sandbergerweg Richtung Klinikum, beschildert, 1. Platz rechts.
✉ Sandberger Weg 94.

500 m 1 km 2 km
Zum Ufer abfallend, teilparzelliertes und durch Hecken unterteiltes Wiesengelände mit einer ebenen Touristenfläche im unteren Platzteil. Durch einen Weg vom Meer getrennt. Befestigte Mocaplätze. Kleinkindersanitär. Waschräume von 22:00 bis 7:00 geschlossen. Imbiss. Ort 2 km entfernt. Mittagsruhe 13-15 Uhr. Touristen-/Dauerstellplätze 180/220.
2008: P/N 4.–, K/N bis 14 J. 2.50, St/N 6.– bis 9.–, B/N 5.–, H/N 3.– bis 5.–, KT 1.80, WD zuzügl., Strom/N 2.– (10A).
DCC 10% auf P/N.

DCC-Vertragsplatz

23683 Haffkrug-Stawedder (e2) — 1655

25 ★★★ »CAMPINGPARK WALDESRUH« — 20.3. bis 19.10.
E.: Wolfgang Fischer ☎ 04563/5203, Fax 5263 — 50 000 qm
www.campingwaldesruh.de, campingwaldesruh@t-online.de

→ A1 Lübeck–Puttgarden Abf. (15) Haffkrug/Eutin und 200m Richtung Eutin, beschildert (GPS: 54°05'48" N / 10°73'10" E).

70 m
1 km 1.5 km 1 km 2 km W 3 km
Ebenes, teilweise parzelliertes und leicht welliges Wiesengelände am Waldrand. Sanitäranlage beheizbar. Leihzelte für Gruppen. Ort 1.5 km entfernt. Separater Jugendplatz. Touristen-/Dauerstellplätze 80/170.
2008: (HS) P/N 5.–, K/N 4 bis 14 J. 2.50, A/N 2.–, C/N 7.50, MC/N 8.–, T/N 6.–, M/N 1.–, KT 1.–/2.–, WD inkl., Strom/N 2.– (10 A). Ab 10 N/20 N 10%15% Ermäßigung. In NS Ermäßigung.
DCC/CCI 10% auf P/N.

Die Gebühren

werden von den Platzhaltern lange vor Erscheinen des Campingführers gemeldet. Daher sind Abweichungen möglich.

23684 Pönitz am See (e2) — 1658

20 ★★★ »CAMPING MARGARETHENHÖHE« — 1.4. bis 30.9.
P.: Rainer Madsen ☎ 04524/74224, Fax 74226 — 20 000 qm
www.campingplatz-margarethenhoehe.de, info@campingplatz-margarethenhoehe.de

→ A1 Lübeck–Puttgarden Abf. (16) Scharbeutz/Pönitz auf die B432 Richtung Bad Segeberg ca. 1 km, dann Richtung Klingberg abbiegen. Beschildert. ✉ Margarethenhöhe 1.

500 m 1 km W 1.5 km 2 km 3 km
Zum Seeufer terrassiert abfallendes, unparzelliertes Wiesengelände mit Heckenunterteilungen. Ort (Scharbeutz) 3.5 km entfernt. Separater Jugendplatz. Mittagsruhe 13-15 Uhr. Touristen-/Dauerstellplätze 40/80.
2007: P/N 4.–, K/N bis 14 J. 2.–, A/N 2.50, C/N 8.50, MC/N 8.50 bis 10.50, T/N 6.50, M/N 1.–, B/N 5.–, H/N 1.–, WD zuzügl., Strom/kWh –.35 (16 A), Anschlussgeb. 1.–.
DCC 5% auf St/N.

In **Scharbeutz** besteht ein öffentlicher Mocaplatz mit Ent- und Versorgung.

23570 Ivendorf bei Lübeck (e2) — 1665

20 ★★★ »CAMPING IVENDORF« — 1.1. bis 31.12.
E.: Rolf Beythin-Peters ☎ 04502/4865, 2623, Fax 75516 — 35 000 qm

→ A1 Lübeck–Puttgarden, dann AB-Dreieck Bad Schwartau wechseln auf die A226 Richtung Travemünde auslaufend in die B75. Dem Hinweis »Skandinavienkai« folgen. Nach Ivendorf abbiegen, hier beschildert.
✉ Frankenkrogweg 2-4.

100 m 3 km 4 km
Ebenes bis leicht welliges, parzelliertes Wiesengelände. Durch Hecken in Stellfelder unterteilt und überwiegend schattenlos. Befestigte Mocaplätze. Transitplatz. Mittagsruhe 13-15 Uhr. Sanitäranlage beheizbar. FW. Ort 3.5 km entfernt. Touristen-/Dauerstellplätze 140/60.
2007: P/N 3.–, K/N 4 bis 14 J. 2.50, C MC-St/N 8.–, T-St/N 5.–/6.–, H/N 2.–, KT 2.60, WD inkl., Müllgeb. 4.50, Strom/N 3.50 oder kWh –.45 (10A).

In **Travemünde** besteht ein öffentlicher Mocaplatz mit Versorgung.

Für Ihren Familienurlaub direkt an der Ostsee empfiehlt sich:

Camping „Am Strande"
23730 Neustadt in Holstein · SH ☎ 0 45 61/41 88
Sandberger Weg 94
Fax 0 43 61/71 25
www.amstrande.de
Alle Sanitärgebäude NEU

(1650/5)

23556 Lübeck-Schönböcken (e2) 1678

[20] ★★★ »CAMP LÜBECK-SCHÖNBÖCKEN« ⚬ 1.1. bis 31.12.
E.: Hans u. Christa Wulf ☎/Fax 0451/893090 18 000 qm
www.Camping-Luebeck.de, Campingplatz.Luebeck@gmx.de

→ A1 Hamburg–Puttgarden Abf. (23) Lübeck-Moisling, in Richtung Schönböcken noch 1.5 km, beschildert. ✉ Steinrader Damm 12 (GPS: 53°52'10" N / 10°37'50" E).
∴ Historische Altstadt Lübeck.

●■◆ H ✚ J ⚓ ≡ ♨ ☕ ⚲W 🚿W ♿ ⛴ W
⚓W 🎣 🚲 🚐 ⛽ ⚒ ✕ HS 🏠TV ✈ 🔍 | (H)200m ⚡250m

Ebenes, teilweise leicht abfallendes Wiesengelände. Unparzelliert und überwiegend schattenlos. Sanitäranlage beheizbar. Zentrum 3 km entfernt. 70 Touristenplätze. Ab 8 N 10% Ermäßigung auf P/N.
2008: P/N 5.–, K/N 2 bis 14 J. 2.–, C MC-St/N 6.–, T-St/N 4.– bis 5.–, H/N 1.–, WD zuzügl., Strom 2.50 (6 A). Ab 8 N 10% Ermäßigung.

23911 Buchholz, Ratzeburger See (e3) 1680

[25] ★★★ »NATURCAMPING BUCHHOLZ« ⚬ 1.4. bis 30.9.
E.: Helga Lieb ☎ 04541/4255, Fax 858550 27 000 qm
www.naturcampingbuchholz.de, ncb@gmx.de

→ B 207 Lübeck–Ratzeburg, nach Buchholz abbiegen. Beschildert. ✉ Am Campingplatz 1.
∴ Ratzeburger Dom. Mölln »Eulenspiegel«.

●■◆ H ✚ J ⚓ ≡ ♨ ☕ ⚲W 🚿W ♿ ⛴ W
🎣 🚲 🚐 ⛽ ⚒ ✕ ✈ ⚽ 🔍 ⛵ ≈ ⛵ ⛵
| (H)500m ⚡6km

Welliges, parzelliertes Wiesengelände mit altem Baumbestand oberhalb des Sees, teilterrassiert. Befestigte Mocaplätze. Sanitäranlage beheizbar. Segel- u. Surferlaubnis vom Kreisliegenschaftsamt Ratzeburg vorzeitig beantragen. Ort (Ratzeburg) 6 km entfernt. Touristen-/Dauerstellplätze 85/42.
2008: (HS) P/N 5.–, K/N 4 bis 13 J. 2.50, St/N 8.10, T/N 4.80, H/N frei, WD inkl., Strom/N 2.– (10 A). In NS Ermäßigung.

23909 Römnitz, Ratzeburger See (e3) 1700

★★★ »CAMPING SCHWALKENBERG« ⚬ 1.1. bis 31.12.
E.: Heino Wulf ☎ 04541/7566, 7032, Fax 7026 30 000 qm

→ A1 Hamburg–Lübeck Abf. Bad Oldesloe über die B208 durch Ratzeburg, dann Richtung Schwerin, später abbiegen nach Bäk und Römnitz. Beschildert. 1. Zufahrt links. ✉ Dorfstr. 32.
∴ Ratzeburger Dom und See.

●■◆ H ✚ J ⚓ ≡ ♨ ☕ ⚲W 🚿W ♿ ⛴ W
🎣 🚲 🚐 ⛽ ⚒ ✈ 🔍 ≈ ⛵ ⛵ ⛵
| ✕300m ⚡1.5km ≈ W | ≈2km

Leicht welliges, teilweise parzelliertes Wiesengelände am Ratzeburger See mit öffentlichem Badebetrieb. Befestigte Mocaplätze. Sanitäranlage beheizbar. Segel- u. Surferlaubnis vom Kreisliegenschaftsamt Ratzeburg vorzeitig beantragen. FW. Ort 5 km entfernt. Separater Jugendplatz. Mittagsruhe 13-15 Uhr. Touristen-/Dauerstellplätze 60/80.

DCC-Vertragsplatz

23911 Salem, Naturpk. Lauenb. Seen (e3) 1710

[20] ★★★★ »NATURCAMPING SALEMER-SEE« ⚬ 1.4. bis 31.10.
E.: Interessentschaft Salem ☎ 04541/82554, Fax/Tel. 82553 127 000 qm
www.campingplatz-salemer-see.de, campingplatz-salem@t-online.de

→ B207 Lauenburg–Lübeck, in Mölln abbiegen über Schmilau nach Salem und weiter Richtung Dargow noch ca. 1 km. Beschildert. ✉ Seestr. 33.

●■◆ H ✚ Res ⚓ ≡ ♨ ☕ ⚲W 🚿W ♿
🎣 ⛴ W 🚲 🚐 ⛽ ⚒ ✕ HS ⚽ 🔍 ✈ ⛵
≈ ≈ 🚐 | ≈500m (H)1km

Ebenes bis leicht welliges, unparzelliertes Wiesengelände schattenlos oberhalb des Sees sowie zum Ufer abfallendes Terrassengelände mit Dauercamper. Sanitäranlage. Imbiss. Ort 1 km entfernt. Mittagsruhe 12-14 Uhr. Touristen-/Dauerstellplätze 150/700.
2007: (HS) P/N 4.–, K/N bis 6 J. 2.–, J/N bis 15 J. 3.–, A/N 1.–, C/N 5.– MC/N 5.–, T/N 4.–, M/N –.50, H/N 1.–, WD inkl., Strom/kWh –.40 (8-16 A). In NS Ermäßigung.
DCC 10% auf P/N und St/N.

DCC – auch Ihr Camping-Partner!

DCC-Vertragsplatz

23879 Mölln OT. Lehmrade (e3) 1715

[20] ★★★ »CAMPING AM LÜTAUER SEE« ⚬ 1.1. bis 31.12.
E.: Wehking GmbH Co KG. ☎ 04542/2270, Fax 86725 110 000 qm
www.Camping-Moelln.de, info@Camping-Moelln.de

→ B207 Lauenburg–Lübeck Abf. Mölln-Süd. Oder A 24 Hamburg–Berlin Abf. Talkau auf die B 207 Richtung Lübeck Abf. Mölln-Süd, über Mölln Richtung Lehmrade-Gudow beschildert. ✉ Am Lütauer See 6 (GPS: 53°35'58" N / 10°43'08" E).
∴ Eulenspiegel-Stadt Mölln im Naturpark Lauenburgische Seen.

●■◆ H ✚ J ⚓ ≡ ♨ ☕ ⚲W 🚿W ♿ ⛴
⚓W 🎣 🚲 🚐 ⛽ ⚒ ✕ HS ⚽ 🔍 ✈
≈ ⛵ ⛵ | (H)200m ⚡2km ≈ W | ✈ ≈4km

Vom Seeufer wellig ansteigendes, teilterrassiertes Wiesengelände. Teilweise parzelliert und durch die Einfahrt zweigeteilt. Separater Platzteil für Hundecamper. Ort 3 km entfernt. Mittagsruhe 13-15 Uhr. Touristen-/Dauerstellplätze 100/600.
2008: (HS) P/N 4.50, K/N 2 bis 15 J. 2.50, St/N 5.–, WD inkl., Strom/N 1.50 (6-16 A). In NS Ermäßigung.
DCC/CCI 10% auf P/N.

23899 Gudow, Naturp. Lauenb. Seen (e3) 1718

★★★ »CAMPINGPLATZ AM GUDOWER SEE« ⚬ April bis Okt.
E.: D. W. von Bülow V.: Frenk ☎ 04547/768, Fax 707827 55 000 qm
www.Camping-GudowerSee.de, camping@buelow-gudow.de

→ A 24 Hamburg–Berlin Abf. (8) Hornbek über Güster nach Gudow. ✉ Seestr. 4.

●■◆ H ✚ J ⚓ ≡ ♨ ☕ ⚲W 🚿W ♿
⚓W 🎣 🚲 🚐 ⛽ 🏠TV ✕ HS ⚽ 🔍 ✈
≈ | ✈100m (H)400m ≈1km

Ebenes, unparzelliertes Wiesengelände am Seeufer und wellig ansteigendes, naturbelassenes lichtes Waldgelände. Durch Dauercamper geprägt. Sanitärgebäude beheizbar. Ort 300 m entfernt. Mittagsruhe 13-15 Uhr. Touristen-/Dauerstellplätze 60/220.
2007: (HS) P/N 5.–, K/N 3 bis 16 J. 3.–, St/N 6.–, T/N –.–, WD inkl., Strom/N 1.25 (16 A). In NS Ermäßigung.

21514 Güster, Lauenburg (e3) 1719

[20] ★★★ »FREIZEITWELT GÜSTER« ⚬ 1.1. bis 31.12.
E.: Immo Wegener ☎ 04158/497, 496, Fax 8450 160 000 qm
www.freizeitwelt-guester.de, info@freizeitwelt-guester.de

→ A 24 Hamburg–Berlin Abf. (8) Hornbek. In Hornbek rechts abbiegen nach Güster. Beschildert. Brückenhöhe 4.30 m! ✉ Am Prüßsee 34 (GPS: 53°31'40" N / 10°41'22" E).
∴ Eulenspiegel-Stadt Mölln. Schloss Wotersen.

●■◆ H ✚ J ⚓ ≡ ♨ ☕ ⚲W 🚿W ♿
⛴ ⚓W 🎣 🚲 🚐 ⛽ ⚒ ✕ HS ⚽ 🔍 ✈
≈ ⛵ ⛵ ⛵ 🚐 | (H)1km ✈ ≈4km

Leicht welliges Wiesengelände in einem Mischwald mit Badesee und zwei Yachthäfen am Elbe-Lübeck-Kanal. Teilweise durch Hecken und Baumreihen parzelliert. Sandstrand, Liegewiese und Badesteg. Durch Dauercamper geprägt. Extra Pkw-Parkplätze. Zeltwiese. Sanitäranlage beheizbar. Öffentlicher Badebetrieb. DLRG-Station. Imbiss. Kiosk. Tretbootverleih. Hüpfkissen. Boule. Ort 2.5 km entfernt. Separater Jugendplatz. Mittagsruhe 13-15 Uhr. Touristen-/Dauerstellplätze 100/450.
2007: (HS) P/N 4.–, K/N 3 bis 14 J. 2.–, St/N 5.–, B/N 10.–, H/N 1.–, WD zuzügl., Strom 2.50 (16 A). Bei 7 Nächten, 1 Nacht gratis. In NS Ermäßigung.

21514 Büchen, Lauenburg (e3) 1720

[25] ★★★ »CAMPING AM WALDSCHWIMMBAD« ⚬ 1.1. bis 31.12.
E.: Peter Hintz ☎ 04155/5360, Fax 499140 18 000 qm
www.camping-buechen.de, camping-Hintz@t-online.de

→ A 24 Hamburg–Berlin Abf. (8) Hornbek Richtung Lauenburg, in Büchen beschildert. ✉ Am Waldschwimmbad 2.

●■◆ H ✚ J ⚓ ≡ ♨ ☕ ⚲W 🚿W ♿ ⛴
🎣 🚲 🚐 ⛽ ⚒ HS ✕ HS ⚒ ✈ 🔍 ⛰ 🚴 W
✈200m (H)500m 🗑 ⚡500m

Leicht abfallendes, unparzelliertes Wiesengelände neben dem Schwimmbad am Waldrand. Familiäre Atmosphäre. Bahnverbindung nach Hamburg. Separater Jugendplatz. Leihzelte für Gruppen. Mittagsruhe 13-15 Uhr. Ort und Angelmöglichkeit 1 km entfernt. Touristen-/Dauerstellplätze 20/100.
2008: (HS) P/N 5.25, K/N 3 bis 14 J. 3.25, J/N 4.25, St/N 6.50, T-St/N 3.50 bis 5.–, H/N frei, WD inkl., Strom/N (16 A) inkl. In NS für 7 N 6 N bezahlen. In NS Ermäßigung.
DCC/CCI 10% auf P/N.

DCC-Vertragsplatz

✉ 21483 Basedow bei Lauenburg (e3) — 1727

25 ★★★ »CAMPING LANZER SEE« — 1.1. bis 31.12.
E.: Johannes Doorentz ☎ 04153/599171, Fax 599172   45 000 qm
www.camping-Lanzer-See.de, info@camping-Lanzer-see.de

→ A24 Hamburg–Berlin Abf. (8) Hornbek Richtung Lauenburg über Büchen. In Basedow beschildert. ✉ Am Lanzer See 1.

Zweigeteiltes, ebenes bis leicht welliges Wiesengelände. Teilweise parzelliert zwischen Elbekanal und dem Lanzer See. Befestigte Mocaplätze. Touristenplätze am See. Restaurant geschlossen vom 02.01 bis 04.02. Kinderbadezone. Wasserrutsche. Ort (Lauenburg) 6 km entfernt. Mittagsruhe 13-15 Uhr. Touristen-/Dauerstellplätze 40/170.
2008: (HS) P/N 5.–, K/N 5 bis 12 J. 2.50, C MC-St/N 7.–, T/N 3.50, M/N 1.–, B/N 3.–, H/N frei, WD inkl., Müllgeb. inkl, Strom/N inkl. In NS Erm.
DCC 10% auf P/N.

✉ 21502 Geesthacht-Tesperhude (e3) — 1730

★★ »CAMPING GRÜNHOF-TESPERHUDE« — April bis Okt.
P.: Heimat- u. Fremdenverkehrsv. ☎ 04152/4639, Fax 4639   22 000 qm

→ A25 AB–Kreuz Hbg. Süd-Ost - Geesthacht, hier auslaufend auf die B 5 Richtung Lauenburg bis Grünhof-Tesperhude. ✉ Strandweg 35.

Langgestrecktes, unparzelliertes Wiesengelände zwischen Wald und Elbufer, überwiegend schattenlos. Ort (Geesthacht) 8 km entfernt. Mittagsruhe 13-15 Uhr. Touristen-/Dauerstellplätze 25/95.

✉ 22946 Großensee (e3) — 1800

20 ★★★ »CAMPING ABC AM GROSSENSEE« — 20.3. bis 15.10.
P.: Drews ☎/Fax 04154/60642,   20 000 qm
www.campingplatz-abc.de, info@campingplatz-abc.de

→ A1 Hamburg–Lübeck Abf. (29) Stapelfeld Richtung Trittau. A 24 Berlin-Hamburg Abf. (6) Schwarzenbek/Grande Richtung Trittau über die B 404, Abf. Trittau Nord/Großensee. Nach Großensee. ✉ Trittauer Str. 11.
⚜ Großensee. Lütjensee. Ahrensburger Schloss.

Teils parzelliertes, teils welliges Wiesengelände zwischen dem Südstrand des Großensees (Freibad) und einem kleinem Mischwald. Seebrücke mit direktem Zugang zum Naturbadesee. DLRG-Station. Überwachter Kinderschwimmbereich. Imbiss. Gute Anbindung an Hamburg. Hamburg-Zentrum 25km entfernt. Mittagsruhe 13-15 Uhr. Touristen-/Dauerstellplätze 40/30.
2008: P/N 4.–, K/N bis 14 J. 2.50, St/N 7.50, D/N 3.– bis 9.–, M/N 2.–, H/N 1.–, WD zuzügl., Strom/N 2.– oder kWh -.40, Anschlussgeb. 1.50 (16 A).

Campingplatz ABC am Großensee

Idyllischer Platz vor den Toren Hamburgs (12 km Entfernung) • Jetzt mit direktem Zugang zum Großensee – einem der schönsten Naturbadeseen Norddeutschlands • Bewaldetes und seenreiches Umland lädt zum Baden, Wandern und Reiten ein • gute Verkehrsanbindung nach HH • Autobahnnah (A1/A24) • Hüttenvermietung   (1800)

Tel. 0 4154 / 6 06 42 • Winter 61 10 • www.campingplatz-abc.de

✉ 22525 Hamburg-Stellingen (d3) — 1935

30 ★★ »CAMPING BUCHHOLZ« — 1.1. bis 31.12.
E.: Rosemarie Buchholz ☎ 040/5404532, Fax 5402536   3000 qm
www.camping-buchholz.de, info@camping-buchholz.de

→ A7 Hamburg–Flensburg Abf. (26) Hbg.-Stellingen Richtung Innenstadt ca. 400 m, dann links, beschildert. ✉ Kieler Str. 374 (GPS: 53°35'23" N / 9°55'52" E).

Ebene Hoffläche für Transitcamper unter hohen Laubbäumen, parzelliert mit gekiesten Stellflächen. Zimmer. Frühstücksservice in HS. Zentrum 7 km entfernt. Mittagsruhe 13-14 Uhr. 32 Touristenplätze.
2008: P/N 5.50, K/N bis 14 J. 3.50, A/N 5.–, C/N 11.– bis 15.–, MC/N 12.– bis 15.–, T/N 10.– bis 14.–, M/N 3.–, H/N 3.–, WD zuzügl., Strom/N 3.– (16 A).

Für Hamburg und Umgebung ideal gelegen:

CAMPING STOVER STRAND INTERNATIONAL DRAGE

Ausführliche Informationen finden Sie unter 2507/1, Seite 119 in diesem Campingführer!

✉ 22457 Hamburg-Schnelsen (d3) — 1940

30 ★★★ »CAMPING SCHNELSEN NORD« — 1.4. bis 28.10.
P.: Rosinsky ☎ 040/5594225, Fax 5507334   30 000 qm
www.campingplatz-hamburg.de, service@campingplatz-hamburg.de

→ A7 Hamburg–Flensburg Abf. Hbg.-Schnelsen-Nord, beschildert. ✉ Wunderbrunnen 2 (GPS: 53°39'00" N / 9°55'44").

Ebenes, parzelliertes Wiesengelände neben der Autobahnausfahrt und IKEA, durch geschickte Wegführung und Anpflanzungen günstig aufgelockert hinter einer Palisaden-Lärmschutzwand. Für Kurzcamper gekieste Gespannstellflächen im vorderen Platzteil. Sanitäranlage beheizbar. Zentrum 15 km entfernt. Mittagsruhe von 13-16 Uhr in NS. 150 Touristenplätze.
2008: (HS) P/N 7.–, K/N 3 bis 13 J. 6.–, A/N 4.–, C/N 7.50, MC/N 11.50 bis 12.50, T/N 7.40, M/N 3.–, WD inkl., Strom/N 2.50 (6 A).

Niedersachsen und Bremen

In der Nähe von Militär-Flugplätzen und Übungsgeländen ist mit zeitweiligen Ruhestörungen zu rechnen. Besonders trifft dies auf den Raum Soltau bis Munster-Kreutzen zu.

Einige Campingplätze im Küstenbereich der Nordsee verlangen eine Gebührenvorauszahlung für die Dauer des geplanten Aufenthalts. Bei vorzeitiger Abreise wird der Restbetrag oftmals nicht erstattet. Bitte achten Sie deshalb genau auf die Mietbedingungen.

✉ 26757 Borkum, Nordsee (b3) — 2201

40 ★★★★★ »INSEL CAMPING BORKUM« — 8.3. bis 2.11.
E.: Insel-Camping-Borkum GmbH V.: W. u. K. Mundt   70 000 qm
☎ 04922/1088, 4224, Fax 4234
www.insel-camping-borkum.de, info@insel-camping-borkum.de

→ Ab Emden (Borkumkai) oder Eemshaven (Holland) mit Autofähre. Ab Fähranleger Borkum Richtung Ort, dann der Beschilderung folgen. 1. Platz. ✉ Hindenburgstr. 114 (GPS: 53°35'38" N / 6°40'34" E).

Anzeige S. 99

Teils ebenes, teils leicht welliges und parzelliertes Wiesengelände in Ortsrandlage. Separate Pkw-Abstellung. Sanitäranlage beheizbar. Imbiss. TV-Anschluss. Abenteuerspielplatz. Pit-Pat Bahn und Trick-Pin. Veranstaltungszelt. Fitness-Raum. Voranmeldung in HS erforderlich. FKK-Strand 2 km entfernt. Mittagsruhe 13-15 Uhr. Touristen-/Dauerstellplätze 200/80.
2008: (HS): P/N 7.80, K/N 3 bis 13 J. 5.50, St/N 12.50, M/N 1.20, H/N 3.60, WD inkl., Strom/kWh -.70 (16 A), Anschlussgeb. -.80. In NS Erm.

Borkum (Nordseebad) Campingplatz Aggen

Wohnwagen- und Zeltplatz, 40 Stellplätze. Nähe Strand und Nähe FKK-Strand. Vor- und Nachsaison Waschräume mit Heizung. Aufenthaltsraum mit TV und Kochgelegenheit.
Rechtzeitige Anm. an: Campingplatz Aggen, Ostland 1, 26757 Borkum, Tel. (0 49 22) 22 15, Fax 29 57,
e-mail: aggen-borkum@t-online.de **(2202)**

✉ 26757 Borkum-Ostland, Nordsee (b3) 2202

[30] ★★ »CAMPING AGGEN«   10.3. bis 31.10.
E.: Klaas Aggen ☎ 04922/2215, Fax 2957   2500 qm
www.aggen-borkum.de, aggen-borkum@t-online.de

→ Ab Emden (Borkumkai) oder Eemshaven (Holland) mit Autofähre. Ab Fähranleger Borkum Richtung Ort der Beschilderung folgen, an Platz 1 vorbei Richtung Flugplatz, dann noch ca. 3 km nach Ostland. ✉ Ostland 1a (GPS: 53°36'22" N / 6°43'47" E).

Unparzelliertes, ebenes Wiesengelände an einem bewirtschafteten Bauernhof. Voranmeldung erforderlich. Sanitäranlage beheizbar. FW. FKK-Strand 1 km, Ort und Hallenbad 5 km entfernt. Mittagsruhe von 13-15 Uhr. Touristen-/Dauerstellplätze 13/28.
2008: (HS): P/N 5.30, K/N 4 bis 15 J. 4.50, St/N 9.25, KT 2.70, WD inkl., Strom/kWh –.60 (16 A). In NS Ermäßigung.

✉ 26548 Insel Norderney (b2) 2204

[30] ★★ »CAMPING BOOKEN«   1.1. bis 31.12.
E.: Erbengem. Booken ☎ 04932/448, 2396, Fax 478   16000 qm
www.camping-booken.de, camping-booken@t-online.de

→ Autofähre Norddeich–Norderney. Ab Fähranleger Norderney ca. 1 km. ✉ Waldweg 2.

Unparzelliertes und ebenes Wiesengelände bei einem Gasthaus im Ort. Separate Pkw-Abstellung. Schriftliche Reservierung erforderlich. Zentrum 1.2 km entfernt. Mittagsruhe 13.30-15.30 Uhr. Touristen-/Dauerstellplätze 50/50.
2008: P/N 6.–, K/N 3.–, C MC-St/N 6.– bis 12.–, T-St/N 4.40 bis 15.–, H/N 6.–, WD inkl., Müllgeb./N –.60, Strom/N –.50 plus kWh –.60 (16 A).

✉ 26548 Insel Norderney (b2) 2208

[20] ★★ »CAMPING EILAND«   März bis Okt.
E.: Klaus Harms ☎ 04932/2184, Fax 83588   10000 qm
www.camping-eiland.de

→ Autofähre Norddeich–Norderney. Ab Fähranleger Norderney Richtung Leuchtturm und noch 1 km weiter. ✉ Am Leuchtturm 10 (GPS: 53°42'46" N / 7°14'44" E).

Unparzelliertes und welliges Dünengelände bei einem Anwesen. Separate Pkw-Abstellung. FKK-Strand 1 km, Kuranwendung und Ort 5 km entfernt. Mittagsruhe 13-15 Uhr. Touristen-/Dauerstellplätze 20/100.
2007: P/N 5.–, K/N 1 bis 14 J. 4.–, A/N frei, C MC-St/N 5.–, T-St/N ab 4.–, WD zuzügl., Strom/kWh –.60 (6 A).

✉ 26723 Emden-Knock (b3) 2212

★★★ »CAMPINGPLATZ KNOCK«   Ende März bis Okt.
P.: Matthias Behrends ☎ 04927/567, Fax 1379   40000 qm
www.campingplatz-knock.de, camping.knock@t-online.de

→ B72 und A31 Leer-Emden Abf. Emden/Larrelt weiter Richtung Rysum, nach Knock links abbiegen. ✉ Am Mahlbusen 9-11 (GPS: 53°20'49" N / 7°02'15" E).
☙ Wattwandern.

Parzelliertes und ebenes Wiesengelände an einem Binnensee. Von einer Hecke umgeben und durch einzelne Bäume und Büsche aufgelockert. Sanitäranlage beheizbar. Spielgeräte im Aufenthaltsraum. Ort (Emden) 12 km entfernt. Separater Jugendplatz. Mittagsruhe 13-15 Uhr. Touristen-/Dauerstellplätze 40/130.

✉ 26736 Krummhörn-Upleward (b3) 2213

[25] ★★★★ »CAMPING AM DEICH«   Osterferien bis 20.10.
E.: FB-Campingpark GmbH & Co KG ☎ 04923/525, Fax 80277
www.camping-am-deich.de, info@camping-am-deich.de   70000 qm

→ B72 und A31 Leer–Emden Abf. (1) Emden/West, weiter Richtung Pewsum–Rysum–Loquard–Campen–Upleward, hier links abbiegen. ✉ Erbsenbindereistr. 3 (GPS: 53°25'16" N / 7°00'53" E).
☙ Wattwandern.

EUROPA-PREIS

Parzelliertes, ebenes und leicht welliges Wiesengelände hinter dem Deich. Separater Mobilheimplatz. Befestigte Moca-Stellplätze. Sanitäranlage beheizbar. Imbiss. Hunde werden nur begrenzt aufgenommen. Ort 2 km entfernt. Mittagsruhe 13-15 Uhr. Touristen-/Dauerstellplätze 200/100.
2007: (HS): P/N 4.90, K/N bis 13 J. 2.50, J/N 3.–, St/N 6.50, H/N 1.50, KT –.90, WD inkl., Strom/N 1.90, kWh –.45 (10 A). In NS Ermäßigung.
DCC 10% auf P/N.

DCC-Vertragsplatz

✉ 26506 Norden-Norddeich, Nordsee (b3) 2216

[25] ★★★★★ »NORDSEE-CAMP NORDDEICH«   8.3. bis 26.10.
E.: Nordsee-Camp Norddeich GmbH V.: Eduard Higgen   250000 qm
☎ 04931/8073, Fax 8074, www.Nordsee-Camp.de

→ B 72 Emden–Norden. Stadtauswärts in Richtung Norddeich links abbiegen, noch ca. 2 km. ✉ Deichstr. 21 (GPS: 53°36'18" N / 7°08'22" E).
☙ Windmühlen in Ostfriesland.

Parzelliertes und ebenes Wiesengelände hinter dem Deich. Mit vereinzelten Laubbäumen, von Gräben durchzogen, sowie von Büschen und Hecken begrenzt. Sanitäranlage beheizbar. Kampfhundeverbot. Separater Platzteil für Hundehalter. Bushaltestelle vor dem Platz zum Freiund Hallenbad. »Kirche Unterwegs«. Animations- und Veranstaltungsgebäude. Spassbad mit Wellnesscenter 800 m, Ort (Norddeich) 1.5 km, Hafen 1.8 km entfernt. Separater Zeltplatz. Mittagsruhe 13-15 Uhr. Touristen-/Dauerstellplätze 500/150.
2008: (HS): P/N 5.45, K/N bis 1 J. 1.60, K/N 1 bis 5 J. 3.–, K/N 6 bis 15 J. 4.–, St/N 4.80 bis 8.20, T/N 2.70, H/N 3.80, KT –.90/1.80, WD inkl., Strom/N 2.20 (10 A). In NS Ermäßigung. Wochenendpauschalen.
DCC/CCI 10% auf P/N. Anzeige S. 101

✉ 26553 Dornumersiel, Nordsee (b3) 2218

[20] ★★★★ »NORDSEE-CARAVAN«   1.4. bis 30.9.
E.: Tourismus GmbH ☎ 04933/351, Fax 879844   60000 qm
www.dornum.de, campingplatz@dornum.de

→ B 72 Cloppenburg–Emden, in Aurich abbiegen Richtung Wilhelmshaven ca. 2.5 km, dann links über Westerholt–Dornum nach Dornumersiel. ✉ Hafenstr. 3 (GPS: 53°40'52" N / 7°28'59" E).

Parzelliertes und leicht welliges Wiesengelände zwischen den Deichen. Von Entwässerungsgräben durchzogen. Sanitäranlage beheizbar. Kuranwendungen 800 m, Ort 1 km entfernt. Mittagsruhe 13-15 Uhr. Touristen-/Dauerstellplätze 130/250.
2008: (HS): P/N 3.20, K/N 4 bis 15 J. 2.50, C MC-St/N 7.–, T-St/N 5.–, M/N 1.50, KT 1.75, WD inkl., Strom/N 3.– (16 A). Für eine Nacht Pauschalpreis. In NS Ermäßigung.

Noch kein DCC-Mitglied?
Sie wollen »eines« werden und die vielen Vorteile genießen – Anmeldeformular finden Sie in der Kartentasche am Ende des Buches.

Bis bald – wir freuen uns auf Sie!
Ihr DCC-Team

Insel-Camping-Borkum

Der kinderfreundliche Komfort-Campingplatz mitten in der Nordsee

Natürlich komfortabel!

Camping mit Hotelkomfort
Vorbildliche Sanitärausstattung, Babywickelraum, Kinderwaschland, Gaststätte Piratennest, Mini-Markt, Sauna, Solarium und Fitnessraum.
Auf Wunsch: Eigene Sanitärkabine am Stellplatz.
Neu: W-Lan, Massageservice

Kururlaub im Hochseeklima
Camping- oder Caravanurlaub im Hochseeklima in Verbindung mit einer offenen Badekur ist eine einmalige Kombination.

Komfortable Mietwohnwagen
Urlaub in komplett ausgestatteten beheizbaren Mietwohnwagen mit Vorzelt. Günstige Pauschalangebote. Neu: Ideal für die große Familie. Bis zu 5 Schlafplätze.

Jugendliche
Fußball- und Volleyballplatz, Basketballkorb, Torwand. Neu: Jugend- und Spielzelt mit Billard, Air-Hockey, Tischtennis, Kicker, Vier Gewinnt....

Kinderparadies
Großer Abenteuerspielplatz, Spielinseln für die Kleinsten, Mini-Club, Kinderanimation, Kinderwaschland, Große Spielwiese, Feuerwehr, Traktor, Lok...

mehrfacher **Landessieger** INSEL-CAMPING-BORKUM

mehrfacher **Bundessieger** Goldmedaille INSEL-CAMPING-BORKUM

ADAC Auszeichnung 2007

Insel-Camping-Borkum GmbH
ndenburgstraße 114, 26757 Borkum
l. (04922)1088+4224, Fax (04922)4234
mail: info@insel-camping-borkum.de

Katalogbestellung, Last Minute und Spezialangebote finden Sie im Internet!

nternet: www.insel-camping-borkum.de

(2201)

26427 Esens-Bensersiel, Nordsee (b3) — 2220

20 ★★★ »FAMILIEN- UND KURCAMPINGPLATZ BENSERSIEL«
E.: Kurverwaltung V.: Theesfeld Frühjahr bis Okt.
☎ 04971/917121, Fax 917190 100000 qm
www.bensersiel.de, camping@bensersiel.de

→ B 210 Aurich–Wittmund, bei Openbargen links abbiegen über Esens nach Bensersiel. ✉ Am Strand 8 (GPS: 53°40'31" N / 7°34'09" E).
⚓ Fischereihafen. Fähranleger nach Langeoog.

Parzelliertes und überwiegend ebenes Strandgelände vor dem Deich. Sanitäranlage beheizbar. Anmeldung erst ab 14 Uhr möglich. »Kirche Unterwegs«. Kinder- "Takka Tukka Land". Zirkuszelt und Spielhaus. Saunalandschaft, Fitnesscenter, Freizeitland und Naturkundehaus 100 m, Ort 500 m entfernt. Mittagsruhe 13-14 Uhr. Touristen-/Dauerstellplätze 340/210.
2007: (HS): P/N 3.40, K/N 1 bis 5 J. 2.20, J/N 6 bis 15 J. 2.50, extra A/N 1.60, St/N 7.-, M/N 1.60, KT 2.-/1.10, WD zuzügl., Müllgeb./Sack 1.50, Strom/N 2.50 oder kWh -.65 (16 A). Anschlussgeb. 3.10. Erlebnisbad inkl. In NS Erm.

26427 Nordseeheilb. Neuharlingersiel (c3) — 2221

25 ★★★★ »GANZJAHRES-CAMPINGPLATZ« 1.1. bis 31.12.
E.: Kurverwaltung ☎ 04974/712, Fax 495 140000 qm
www.neuharlingersiel.de, camping@neuharlingersiel.de

→ B 461 Wittmund–Carolinensiel, hier abbiegen nach Neuharlingersiel. ✉ Alt Addenhausen 4 (GPS: 53°41'45" N / 7°41'26" E).
⚓ Fährhafen nach Spiekeroog.

Parzelliertes, leicht welliges und von Entwässerungsgräben durchzogenes Wiesengelände hinter dem Deich. Kindersanitär. Familienbäder. »Kirche Unterwegs«. W-LAN/Funkinternet. Ort 200 m, Minigolf 300 m entfernt. Mittagsruhe 13-15 Uhr. Touristen-/Dauerstellplätze 350/750.
2007: (HS) P/N 4.60, K/N 1 bis 5 J. 2.40, 6 bis 15 J. 3.40, C MC-St/N 6.90 bis 8.50, T-St/N 3.50 bis 5.60, M/N 4.80, B/N 4 .80, KT 1.10/2.-, WD inkl., Strom inkl. (16 A). In NS Ermäßigung. Anzeige S. 103

26409 Wittmund-Harlesiel (c3) — 2222

20 ★★★ » CAMPING HARLESIEL« Mitte April bis 15. Sept.
E.: Nordseebad Carolinensiel-Wittmund GmbH V.: Habben 110000 qm
☎/Fax 04464/8046, Fax 942230, www.harlesiel.de, campinge@harlesiel.de

→ B 461 Wittmund–Carolinensiel. Von hier noch 3 km nach Harlesiel, beschildert. ✉ Am Strand (GPS: 53°42'25" N / 7°48'19" E).
⚓ Fährhafen nach Wangerooge und Helgoland.

Parzelliertes, ebenes Wiesengelände vor dem Deich. Von Entwässerungsgräben durchzogen. Öffentlicher Badebetrieb (Eintritt inkl.). Kiosk. »Kirche Unterwegs«. Ort 1.3 km entfernt. Mittagsruhe 12-14 Uhr. Touristen-/Dauerstellplätze 250/480.
2007: (HS): P/N 3.50, K/N 4 bis 15 J. 2.50, C MC-St/N 9.50, T/N ab 6.-, M/N 2.50, B/N 2.-, KT 2.-/1.-, WD inkl, Strom/N 3.- (16 A). In NS Erm.

26556 Nenndorf-Holtriem (b3) — 2224

15 ★★ »CAMPINGPLATZ WILLMS« 1.1. bis 31.12.
E.: Willm Willms ☎ 04975/327, Fax 755562 10000 qm
www.camping-nenndorf.de, cpwillms@t-online.de

→ Straße Aurich/Sandhorst über Westerholt nach Norden, ca. 1 km hinter Westerholt rechts. ✉ Unlandsweg 9 (GPS: 53°35'30" N / 7°26'25" E).
⚓ Hochmoorsee. Ewiges Meer. Torfbrandziegelei.

Durch Hecken parzelliertes, ebenes Wiesengelände neben einem Teich. Touristen- und Dauerstellplätze durch Zufahrtsstraße zweigeteilt. Ort 1 km entfernt. Mittagsruhe 13-15 Uhr. Touristen-/Dauerstellplätze 25/30.
2008: P/N 3.-, K/N 2.50, A/N 1.-, C T/N 3.50, MC/N 4.-, M/N 1.-, H/N 1.-, WD zuzügl., Müllgeb./Sack 3.30, Strom/kWh -.40 (10 A), Anschlussgeb. 1.-,
DCC 10% auf P/N.

Als DCC-Mitglied sind Sie immer gut beraten
Deutscher Camping-Club e.V., Postf. 40 04 28, 80704 München

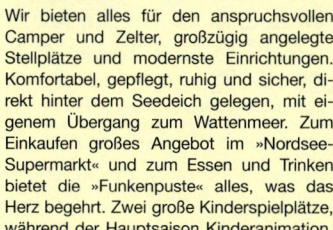

Nordsee Camp® Norddeich

Wir bieten alles für den anspruchsvollen Camper und Zelter, großzügig angelegte Stellplätze und modernste Einrichtungen. Komfortabel, gepflegt, ruhig und sicher, direkt hinter dem Seedeich gelegen, mit eigenem Übergang zum Wattenmeer. Zum Einkaufen großes Angebot im »Nordsee-Supermarkt« und zum Essen und Trinken bietet die »Funkenpuste« alles, was das Herz begehrt. Zwei große Kinderspielplätze, während der Hauptsaison Kinderanimation.

Vielfältige Möglichkeiten zur Urlaubsgestaltung per Fahrrad und Auto in nächster Umgebung.
Im Ortskern von Norddeich: Freizeitzentrum mit Wellenpark, Kinderspielhaus, Seehundaufzuchtstation, Meerwasser-Hallen-Wellenbad, großes Freibad, Haus des Gastes, Therapiezentrum, Kurklinik, Wattwanderungen. Tägliche Schiffsverbindungen zu den Inseln Norderney und Juist, Sonderfahrten nach Helgoland, Langeoog, Borkum etc.

★ **Wochenpauschalpreise in der Vor- und Nachsaison**
★★★ **Wir bieten neu an: Campen und Kuren mit Kurservice.** ★★★
Reservierungen ganzjährig möglich.

Anfragen und Buchungen: (2216)
Nordsee-Camp Norddeich,
Deichstraße 21, 26506 Norden-Norddeich
Tel. 0 49 31/80 73, Fax 0 49 31/80 74
http://www.Nordsee-Camp.de

DCC-Vertragsplatz

✉ **26409 Wittmund** (c3) **2225**

25 ★★★ »CAMPINGPLATZ ISUMS« — 1.1. bis 31.12.
E.: Irmgard Buse ☎ 04462/922833, Fax 922980 — 240000 qm
www.camping-isums.de, info@camping-isums.de

→ A29 Richtung Wilhelmshaven Abf. Wittund, weiter B210 bis Wittmund, weiter Richtung Friedburg/Freizeitzentrum. ✉ Isums 47 (GPS: 53°33'43" N / 7°47'07" E).

Parzelliertes, ebenes Gelände mit noch jungem Bewuchs. An einem See und in der Nähe eines Freizeit- und Erlebnisbades (Eintritt für Camper ermäßigt) gelegen. Scaterbohn 200 m, Ort 500 m entfernt. Separater Jugendplatz. Mittagsruhe 13-15 Uhr. Touristen-/Dauerstellplätze 30/21.
2008: P/N 4.40, K/N 1 bis 15 J. 2.20, A/N 2.–, C/N 5.70, MC/N 7.70, T/N 4.50, M/N 2.–, H/N 3.–, WD zuzügl., Müllgeb. P/N –.60, Strom/kWh –.80 (16 A).
DCC/CCI 10% auf P/N.

DCC-Vertragsplatz

✉ **26419 Schortens** (c3) **2226**

25 ★★★ »FRIESLAND-CAMPING« — 8.3. bis 26.10.
E.: Cpl. Schortens/Jever GmbH ☎ 04461/758727, Fax 758933 — 20000 qm
www.friesland-camping.de, info@friesland-camping.de

→ A29 Richtung Wilhelmshaven Abf. Schortens/Jever, weiter auf der B 210. Beschildert. ✉ Am Schwimmbad 2 (GPS: 53°33'43" N / 7°47'07" E).
∴ Schloss Jever. Brauerei Jever.

Durch Hecken und Baumreihen parzelliertes und ebenes Gelände direkt an einem Naturfreibad. Sandstrand und Liegewiese mit öffentlichem Badebetrieb. Befestigte Moca-Plätze. Zeltwiese. Sanitäranlage beheizbar. Imbiss/Kiosk. Billard. Ort 300 m, Spassbad Aqua-Toll 1.5 km entfernt. Mittagsruhe 13-15 Uhr. Touristen-/Dauerstellplätze 79/15.
2008: P/N 3.50, K/N 4 bis 16 J. 2.–, St/N 11.–, T/N 4.–, WD inkl., Müllgeb. St/N –.50, Strom/N 2.– oder Strom/kWh –.50 (16 A).
DCC 10% auf P/N.

DCC-Vertragsplatz

✉ **26434 Nords.Heilb. Horumers.-Schillig** (c3) **2227**

30 ★★★ »CAMPINGPLATZ SCHILLIG« — 4.4. bis 26.10.
E.: Wangerland Touristik GmbH V.: Reiners, Kruse — 400000 qm
☎ 04426/987170, Fax 987171
www.camping-schillig.de, camping@wangerland.de

→ A29 Osnabrück–Wilhelmshaven Abf. (4) Fedderwarden über Hooksiel. ✉ Jadestraße (GPS: 53°41'55" N / 8°01'28" E).
∴ Wattenmeer.

Ebenes bis leicht welliges Wiesengelände vor dem Deich. Überwiegend parzelliert. Für späte Gäste Stellfläche vor Schranke. Sanitäranlage beheizbar. Gasverkauf, Kindersanitär. Kinderspielhaus. Liegewiese. DLRG-Station. Öffentlicher Badebetrieb. Separater Platzteil für Hundehalter. »Kirche Unterwegs«. Veranstaltungszelt. W-LAN/Funkinternet. Haltestelle 100 m, Ort 500 m entfernt. Mittagsruhe 13-15 Uhr. Touristen-/Dauerstellplätzen 600/900.
2008: (HS) P/N 4.–, K/N 4 bis 17 J. 2.–, St/N 10.– bis 14.–, T/N 8.–, H/N 3.10, KT 2.90, WD inkl., Müllgeb./Sack 2.–, Strom (4/6 A) inkl. in NS Erm.
DCC 10% auf P/N.

DCC-Mitglieder fahren mit Auslands-Schutzpaß! und SIE?

DCC-Vertragsplatz

✉ **26434 Nordseeheilbad Hooksiel** (c3) **2228**

25 ★★★★ »CAMPINGPLATZ HOOKSIEL« — 4.4. bis 12.10.
E.: Wangerland Touristik V.: de Vries/Ubben — 260000 qm
☎ 04425/958080, Fax 991475
www.wangerland.de, camp-hooksiel@wangerland.de

→ A29 Oldenburg–Wilhelmshaven Abf. (4) Fedderwarden, nach Hooksiel noch 10 km. ✉ Bäderstr. (GPS: 53°38'30" N / 8°02'07" E).
∴ Blick auf den Übersee-Schiffsverkehr.

Parzelliertes und leicht welliges Wiesengelände vor dem Deich. Extra Platzteile für FKK und Hundehalter. DLRG- u. Johanniter-Hilfe-Stationen am Platz. Sanitäranlage beheizbar. »Kirche Unterwegs«. Camper-Scheune. Shuttleservice zum Strand. W-LAN/Funkinternet. Ort 1.5 km, Wassersport 2 km entfernt. Mittagsruhe 13-15 Uhr. Touristen-/Dauerstellplätze 900/600.
2008: (HS) P/N 3.50, K/N 4 bis 17 J. 1.50, St/N 13.–/14.–, T/N 8.–, H/N 3.10, KT 2.90, WD inkl., Müllgeb./Sack 2.–, Strom (4/6/10 A) inkl. in NS Erm.
DCC 10% auf P/N.

✉ **26969 Eckwarderhörne** (c3) **2234**

30 ★★★★ »KNAUS CAMPINGPARK ECKWARDERHÖRNE«
E.: Helmut Knaus KG Camping-Parks V.: W. Has — 14.4. bis 3.11.
☎ 04736/1300, Fax 102593 — 60000 qm
www.knauscamp.de, eckwarderhoerne@knauscamp.de

→ A29 Oldenburg–Wilhelmshaven Abf. (8) Varel/Bockhorn über Varel und Diekmannshausen auf der Bäderstraße nach Eckwarderhörne. ✉ Butjadinger Str. 116 (GPS: 53°31'16" N / 8°14'05" E).
∴ Nationalpark Niedersächsisches Wattenmeer.

Ebenes, von Büschen und Bäumen aufgelockertes Wiesengelände hinter dem Deich. Überwiegend parzelliert. Beheizbare Sanitäranlage. Separater Platzteil für Hundehalter. Ort 3 km entfernt. Separater Jugendplatz. Mittagsruhe 13-15 Uhr. Touristen-/Dauerstellplätze 60/115.
2008: (HS) P/N 7.–, K/N 4 bis 14 J. 3.–, St/N 6.–, H/N 3.–, KT 1.90/–.80 inkl., Müllgeb. St/N 1.50, Strom/N 2.40 (16 A). In NS Ermäßigung. Nachlässe mit der KNAUS-Ferienkarte.

✉ **26316 Nordseebad Dangast,** Varel (c3) **2235**

20 ★★★ »CAMPINGPLATZ AUF DER GAST« — 15.4. bis 15.10.
E.: Kurverwaltung V.: Varrelmann/Berkhout ☎ 04451/911422, Fax 911435
www.dangast.de, camping@dangast.de — 88000 qm

→ A29 Oldenburg–Wilhelmshaven Abf. (8) Varel–Bockhorn noch ca. 5 km nach Dangast. ✉ Auf der Gast 40 (GPS: 53°27'03" N / 8°07'36" E).

Teilweise parzelliertes und leicht welliges Wiesengelände im Vordeichgebiet am Jadebusen. »Kirche Unterwegs«. Ort 1 km entfernt. Mittagsruhe 12.30-14.30 Uhr. Touristen-/Dauerstellplätze 170/380.
2007: P/N 3.–, K/N 6 bis 15 J. 1.50, C MC-St/N 9.–, T/N 6.–, M/N 1.50, B/N 4.–, KT 1.60, WD inkl., Müllgeb./Sack 1.60, Strom/N 3.– (10-16 A).

✉ **26969 Nordseebad Tossens** (c3) **2236**

30 ★★★ »KNAUS CAMPINGPARK TOSSENS« — 15.4. bis 20.10.
P.: Helmut Knaus KG Camping-Parks V.: W. Has — 40000 qm
☎ 04736/219 oder 04733/9293-16, Fax 04736/102168
www.knauscamp.de, tossens@knauscamp.de

→ A29 Oldenburg–Wilhelmshaven Abf. (8) Varel/Bockhorn über Varel und Diekmannshausen auf der Bäderstraße nach Tossens. ✉ Strandallee (GPS: 53°34'51" N / 8°14'35" E).
∴ Nationalpark Niedersächsisches Wattenmeer.

Ebenes und von kleinen Gräben durchzogenes Wiesengelände hinter dem Deich. Überwiegend parzelliert. DLRG-Station. Sanitäranlage beheizbar. Ort 1 km entfernt. Separater Jugendplatz. Mittagsruhe 13-14.30 Uhr. Touristen-/Dauerstellplätze 100/300.
2008: (HS) P/N 7.–, K/N 4 bis 14 J. 3.–, St/N 6.–, H/N 3.–, KT 1.90/–.80, WD inkl., Müllgeb. St/N 1.50, Strom/N 2.40 (16 A). In NS Ermäßigung. Nachlässe mit der KNAUS-Ferienkarte.

Neuharlingersiel

günstige Pauschalen außerhalb der Hauptsaison **ab 95,–**
für 2 Erwachsene, 7 Ü inkl. Stellplatz. Eintritt ins Meerwasser-Hallenbad 30° oder ein Strandkorb.

WLAN Zugang

Nordsee-Camping zu allen Jahreszeiten

Lage ...
Nur Deich und Strand trennen den Campingplatz von der Nordsee. Und das Besondere: Alles ist frei zugänglich und der Ort liegt direkt „nebenan".

Wir empfehlen Ihnen eine rechtzeitige Platzreservierung.

(Beschreibung S. 100, 2221)

Ausstattung...
Neue Sanitäranlagen, u.a. mit Einzelwaschkabinen, mietbaren Familienbadezimmern, Kinderbadelandschaften. Gute Einkaufsmöglichkeiten, Aufenthaltsraum für Zelter mit Kochgelegenheit, Strom und teilweise Wasser / Abwasser am Platz. Behindertengerechte Anlagen ...

weitere Pluspunkte...
Idyllischer Kutterhafen, großer Sandstrand, Restaurants, Meerwasser-Hallenbad (30°C), Leuchttürmchenclub für Kinder, Spielplätze, große Wasserspielanlage am Strand, Reiterhöfe in der Umgebung. Kurhaus mit Verwöhnprogramm: klassische Massagen, Hotstone, Ayurveda ...

Nordseeurlaub mit Stil!
NEU HARLINGER SIEL
Nordseeheilbad

Infos

Ganzjahres-Camping • 26427 Neuharlingersiel • Alt Addenhausen 4
Tel. (0 49 74) 712 • Fax (0 49 74) 495 · camping@neuharlingersiel.de • www.neuharlingersiel.de

---

NORDSEE CAMPING

FRIESISCHE NORDSEE
WANGERLAND
WIESEN, SAND UND MEER

(2227/2228)

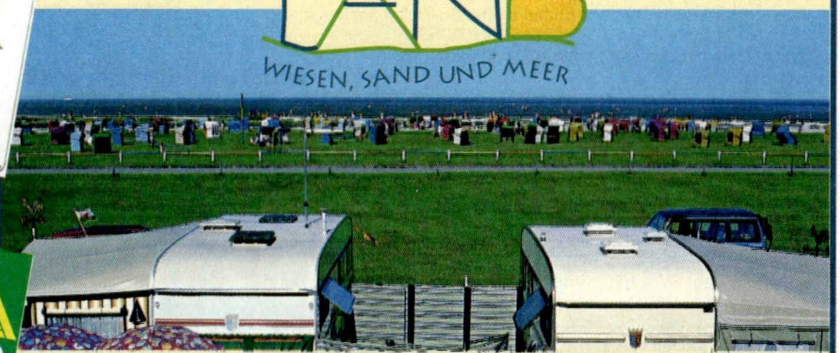

Campingplatz Klassifizierung ★★★★ DTV

DCC

Bronzemedaille – Vorbildliche Campingplätze in Niedersachsen – Nordsee-Camping Schillig in Horumersiel 2005

GROSSZÜGIG ANGELEGTE PLÄTZE MIT MODERNSTER AUSSTATTUNG

FKK-Teil in Hooksiel und „Hundeplätze" in Schillig und Hooksiel. Versorgungsstation für Wohnmobile. Dazu das Rundum-Angebot des Ferienlandes mit modernen Schwimmbädern (kostenlos für Camper), kilometerlangen Stränden direkt am Campingplatz, Wattwanderungen, Kutterfahrten, Segelhäfen und Surfing, eigenes Kinderspielhaus und großes Wanderwegenetz. NEU: W-LAN – kabellos ins Internet!

WANGERLAND TOURISTIK GMBH
Zum Hafen 3 · 26434 Horumersiel · Telefon 0 44 26 / 987-110 · Telefax 0 44 26 / 987-187
CAMPING SCHILLIG · Telefon 0 44 26 / 98 71 70
CAMPING HOOKSIEL · Telefon 0 44 25 / 95 80 80
www.wangerland.de · info@wangerland.de

26969 Fedderwardersiel, Nordsee (c5) 2237

20 ★★ »CAMPING FISCHERDORF« — April bis Okt.
E.: Christian Kähler ☎ 04733/700, Fax 1684 25000 qm
www.campingplatz-fischerdorf.de, christiankaehler@campingplatz-fischerdorf.de
→ B 212 Brake–Nordenham, links abbiegen über Burhave nach Fedderwardersiel. ✉ Am Hafen 14 (GPS: 53°35'51" N / 8°21'23" E).
⚓ Fischkutter-Hafen.

Parzelliertes und ebenes Wiesengelände beim Restaurant Nordseeblick. Lebensmittel 50 m, Ort 100 m entfernt. Mittagsruhe 12.30-14.30 Uhr. Touristen-/Dauerstellplätze 40/100.
2008: P/N 2.60, K/N 4 bis 14 J. 1.60, St/N 8.–, T/N 2.60, M/N 1.–, H/N 1.60, KT 1.90/–.80, WD zuzügl., Strom/N –.40 plus kWh –.40 (16 A).
DCC 10% auf P/N.

DCC-Vertragsplatz

26969 Nordseebad Burhave (c3) 2238/1

30 ★★★ »KNAUS CAMPINGPARK BURHAVE STRAND«
E.: Helmut Knaus KG Camping-Parks V.: W. Has — 15.4. bis 20.10.
V.: Nordhues ☎ 04733/1683, 9293-16, Fax 173206 50000 qm
www.knauscamp.de, burhave@knauscamp.de
→ B212 Brake–Nordenham, nach Burhave links abbiegen (am Strand)
✉ (GPS: 53°35'00" N / 8°22'12" E).
⚓ Nationalpark Niedersächsisches Wattenmeer.

Ebenes Wiesengelände vor dem Deich. Überwiegend parzelliert. Sanitäranlage beheizbar. Ort 1 km entfernt. Mittagsruhe 13-15 Uhr. Touristen-/Dauerstellplätze 100/200.
2008: (HS) P/N 7.–, K/N 4 bis 14 J. 3.–, St/N 6.50, H/N 3.–, KT 1.90/–.80, WD inkl., Müllgeb. St/N 1.50, Strom/N 2.40 (16 A). In NS Ermäßigung. Nachlässe mit der KNAUS-Ferienkarte.
DCC 10% auf P/N.

26969 Nordseebad Burhave (c3) 2238/2

30 ★★ »KNAUS CAMPINGPARK FEDDERWARDSIEL«
E.: Helmut Knaus KG Camping-Parks
☎ 04733/1683, 9293-16, Fax 173206 — 15.4. bis 20.10.
www.knauscamp.de, burhave@knauscamp.de 15000 qm
→ B212 Brake–Nordenham, links abbiegen - zur Anmeldung am Campingplatz "KNAUS Burhave Strand". Weiter am Deich nach Fedderwaldsiel. ✉ (GPS: 53°35'33" N / 8°21'36" E)
⚓ Nationalpark Niedersächsisches Wattenmeer.

Ebenes Wiesengelände vor dem Deich. Überwiegend parzelliert. Separater Platz für Hundehalter. Hundeauslauf. Hundedusche. **Anmeldung am nahen KNAUS-Campingplatz "Burhave Strand" (2238/1).** Hallenbad, Minigolf, Reiten und Tennis 600 m, Ort 1.8 km entfernt. Mittagsruhe 13-15 Uhr. Touristen-/Dauerstellplätze 22/84.
2008: (HS) P/N 7.–, K/N 4 bis 14 J. 3.–, St/N 6.50, H/N 3.–, KT 1.90/–.80, WD inkl., Müllgeb. St/N 1.50, Strom/N 2.40 (16 A). In NS Ermäßigung. Nachlässe mit der KNAUS-Ferienkarte.

26954 Nordenham (c3) 2240

25 ★★ »CAMPINGPLATZ NORDENHAM« — 15.3. bis 15.10.
P.: Hans Wilkens ☎/Fax 04731/89300 3500 qm
www.campingplatz-nordenham.de, info@campingplatz-nordenham.de
→ A27 Bremen–Cuxhaven Abf. Stotel, weiter durch den Wesertunnel, danach 1. Abfahrt Richtung Nordenham auf die B212. Nach ca. 2 km rechts in die Großensielerstr. abbiegen. Beim Bahnübergang links in die Strandallee, beschildert. ✉ Strandallee 12 (GPS: 53°28'23" N / 8°28'50" E).
⚓ Schiffahrtsmuseum Bremerhaven. Zoo am Meer.

Parzelliertes, ebenes Wiesengelände am Ende des Weserradweges direkt an der Weser. Durch einzelstehende Bäumen aufgelockert. Separater Platz für Hundehalter. Imbiss/Kiosk. Boccia. Radwanderkarte. Freibad in der Nähe. Familiäre Atmosphäre. Kegelbahn 50 m, Ort 1 km entfernt. Mittagsruhe 13-15 Uhr. Touristen-/Dauerstellplätze 25/95.
2007: P/N 4.–, K/N bis 14 J. 2.–, A/N 1.30, C/N 7.–, MC/N 8.–, T/N 4 bis 7.–, M/N 1.–, H/N 2.60, WD zuzügl., Strom 1.50, kWh –.45 (16 A).

DCC-Vertragsplatz

27632 Dorum-Midlum (c2/3) 2243

25 ★★★★ »CAMPING KRANSBURGER SEE« — 1.1. bis 31.12.
E.: Irmgard Tolle ☎ 04742/92980, Fax 929816 300000 qm
www.kransburger-see.de
→ A27 Bremerhaven–Cuxhaven Abf. (4) Neuenwalde über Holßel auf die B6 Richtung Cuxhaven, dann beschildert. ✉ Kransburger Str. 1 (GPS: 53°42'40" N / 8°38'00" E).

Ebenes, teilweise zu einem kleinen Baggersee leicht abfallendes Wiesengelände. Separater Mobilheimteil. Jugendanimation. Ort 1.5 km entfernt. Mittagsruhe 13-15 Uhr. Touristen-/Dauerstellplätze 80/320.
2007: P/N 4.80, K/N 6 bis 17 J. 3.30, St/N 7.–, H/N 2.–, WD inkl., Müllgeb./N 1.–, Strom/N 2.– oder kWh –.45 (16 A).
DCC/CCI 10% auf P/N.

27638 Wremen, Nordsee (c3) 2244

★★★ »CAMPING WREMER TIEF« — April bis Sept.
E.: Kurverwalt. Landwursten V.: Fam. Roscher ☎/Fax 04705/810556
www.camping-wremer-tief.de 30000 qm
→ A 27 Bremerhaven–Cuxhaven, Abf. (5) Sievern und weiter Richtung Wremen/Kutterhafen. ✉ Strandstr. 61 (GPS: 53°38'45" N / 8°29'40" E).

Parzelliertes und ebenes Wiesengelände am Deich mit öffentlichem Strandbereich am Wattenmeer. Strandturm mit 110 m langen Riesenwasserrutsche. Ort 500 m, Hallenbad 8 km entfernt. Touristen-/Dauerstellplätze 200/150.

27632 Dorum, Nordsee (c3) 2245

25 ★★★ »AZUR NORDSEECAMP DORUMER TIEF« — 1.4. bis 30.9.
P.: AZUR Freizeit GmbH V.: T. Diekmann ☎ 04741/5020, Fax 914061
www.azur-camping.de/dorum, dorum@azur-camping.de 70000 qm
→ A 27 Bremerhaven–Cuxhaven, Abf. (4) Neuenwalde über Dorum nach Dorumer Tief. ✉ Am Kutterhafen (GPS: 53°44'20" N / 8°31'08" E).
⚓ Krabbenscherhafen.

Ebenes und von Gräben durchzogenes Wiesengelände zwischen den Deichen am Wattenmeer. Ort 6 km entfernt. Mittagsruhe 13-15 Uhr. Touristen-/Dauerstellplätze 120/120.
2008: (HS) P/N 6.–, K/N 2 bis 12 J. 3.–, St/N 5.– bis 7.–, T/N 2.50, M/N 3.50, H/N 2.50, KT 2.50/1.30, WD inkl., Strom/N 2.80 (6 A). Für 14 Nächte nur 12 Nächte bezahlen (außer KT und Strom). 15% auf P/N mit AZUR-Club-Card. In NS Ermäßigung.
DCC 10%, CCI 5% auf P/N.

27632 Dorum-Neufeld, Nordsee (c3) 2246

25 ★★★ »CAMPING GRUBE« — 1.4. bis 31.10.
E.: H.-H. Grube V.: Boesch ☎ 04741/3131, Fax 180776 60000 qm
www.campingplatz-grube.de, Cam.ping@ewetel.net
→ A27 Bremerhaven–Cuxhaven Abf. (4) Neuenwalde über Dorum nach Dorum-Neufeld vor Dorumer Tief. ✉ Kajediek 1 (GPS: 53°44'11" N / 8°31'21" E).
⚓ Krabbenfischerhafen.

Ebenes Wiesengelände. Sanitäranlage beheizbar. Ort (Dorum) 7 km entfernt. Mittagsruhe 13-15 Uhr. Touristen-/Dauerstellplätze 35/328.
2007: P/N 3.70, K/N 2 bis 14 J. 2.60, A/N 2.60, C/N 5.20, T/N 3.20, H/N 2.60, KT 2.50, WD zuzügl., Strom/N 2.10 (16 A).

Als DCC-Mitglied
sind Sie immer gut beraten
Deutscher Camping-Club e.V., Postf. 40 04 28, 80704 München

27476 Cuxhaven-Sahlenburg (c2) — 2250/1

★★★ »CAMPING FINCK« März bis Okt.
E.: Irma u. Karl H. Finck ☎ 04721/29152, Fax 29360 55 000 qm
www.camping-finck.de, campingplatz.finck@t-online.de

→ A 27 Bremerhaven–Cuxhaven Abf. (2) Altenwalde in Sahlenburg zum Strand. ✉ Am Sahlenburger Strand 25 (GPS: 53°51'35" N / 8°35'32" E).

Leicht welliges Wiesengelände hinter dem Deich. Parzelliert und durch Buschreihen unterteilt. Sanitäranlage beheizbar. Reservierung max. 2 Tage vorher möglich. Trampolinanlage 50 m, Ort 2 km entfernt. Mittagsruhe 13-14 Uhr. Touristen-/Dauerstellplätze 70/420.

27476 Cuxhaven-Sahlenburg (c2) — 2250/2

[25] ★★★ »CAMPING WERNERWALD« 1.1. bis 31.12.
E.: Nordseeheilbad Cuxhaven GmbH 80 000 qm
☎ 04721/29012, 393271

→ A27 Bremerhaven–Cuxhaven Abf. (2) Altenwalde, in Sahlenburg beschildert. ✉ Wernerwaldstr. (GPS: 53°51'32" N / 8°35'32" E).

Welliges Waldgelände in Strandnähe. Durch Dauercamper geprägt. Kinder-WC. Kinderraum. Strand, Haltestelle und Lebensmittel 100 m, Ort 500 m entfernt. Mittagsruhe 13-15 Uhr. Touristen-/Dauerstellplätze 400/440.
2007: 2 P/N inkl. St/N 16.50/20.50, KT 1.80/–.90, WD zuzügl., Müllgeb. P/N (ab 3 Pers.) 1.50, Strom/N 2.30 oder kWh –.60 (16 A).

Campingplatz Achtern Huus
im Nordseeheilbad Cuxhaven bietet alles, was für einen gelungenen erholsamen Urlaub wichtig ist.
Informationen: Cp. Achtern Huus, Andrea Wölk, Sahlenburger Chaussee 51, 27476 Cuxhaven,
Tel. 0 47 21/2 86 62, Fax 0 47 21/6 92 59,
www.achtern-huus.de
mail@achtern-huus.de (2250/3)

27476 Cuxhaven-Sahlenburg (c2) — 2250/3

[20] ★★★ »CAMPING ACHTERN HUUS« 15.3. bis 31.10.
E.: Andrea Wölk ☎ 04721/28662, Fax 69259 20 000 qm
www.achtern-huus.de, mail@achtern-huus.de

→ A27 Bremerhaven–Cuxhaven Abf. (2) Altenwalde Richtung Sahlenburg ca. 4 km. ✉ Sahlenburger Chaussee 51 (GPS: 53°51'54" N / 8°38'21" E).

Parzelliertes und ebenes Wiesengelände. Sanitäranlage beheizbar. Spielscheune für Kinder. Ort 500 m, Kuranwendung 3 km entfernt. Mittagsruhe 12-15 Uhr. Touristen-/Dauerstellplätze 100/60.
2008: (HS) P/N 4.–, K/N 1 bis 14 J. 2.–, C MC-St/N 7.50, T-St/N 6.–, KT 1.80, WD zuzügl., Strom/kWh –.50 (16 A), Anschlussgeb. 2.50. Ab 3 Nächten und in NS bis 15% Ermäßigung.

27476 Cuxhaven-Duhnen (c2) — 2255/1

[25] ★★★★ »CAMPING BECKMANN« 7.3. bis 28.10.
P: Beckmann GmbH ☎ 04721/65191, Fax 64975 20 000 qm

→ A 27 Bremerhaven–Cuxhaven Abf. (2) Altenwalde der Beschilderung Kurgebiete folgen, nach ca. 4 km links Richtung Stickenbüttel abbiegen und der Ausschilderung Duhnen folgen. 1. Platz rechts. ✉ Windeichenweg 32 (GPS: 53°52'41" N / 8°39'06" E).
❖ Hafenbollwerk „Alte Liebe". Wrackmuseum. Insel Neuwerk.

Parzelliertes, ebenes und von Hecken umgebenes Wiesengelände. Separater Platzteil für Hundehalter. Sanitäranlage beheizbar. Bollerwagen-Verleih. Ort 1 km entfernt. Mittagsruhe 12.30-15 Uhr. Touristen-/Dauerstellplätze 70/45.
2008: (HS) P/N 4.–, K/N bis 14 J. 2.–, St/N ab 11.–, H/N 2.–, KT zuzügl., WD zuzügl., Strom/kWh –.50 (16 A). In NS Ermäßigung.

DCC – DEIN PARTNER!

27476 Cuxhaven-Duhnen (c2) — 2255/2

[25] ★★★ »CAMPING NORDSEE« 1.1. bis 31.12.
E.: Gerd-W. Cordts ☎ 04721/48951, Fax 731060 21 000 qm
www.camping-nordsee-cuxhaven.de, info@camping-nordsee-cuxhaven.de

→ A27 Bremerhaven–Cuxhaven Abf. (2) Altenwalde, der Beschilderung Duhnen folgen, 4. Platz rechts. ✉ Cuxhavener Str. 17 (GPS: 53°53'12" N / 8°39'18" E).

Parzelliertes und ebenes Wiesengelände mit vereinzelten Bäumen. Imbiss. FW. Telefon-Anschluss und Kabel-TV möglich. Wassersport 300 m, Ort 500 m entfernt. Mittagsruhe 13-15 Uhr. Touristen-/Dauerstellplätze 40/130.
2007: (HS) P/N 4.–, A/N 4.–, C T/N 8.–, MC/N 9.–, M/N 2.–, B/N 2.–, WD zuzügl., Strom/kWh –.50 (16 A). In NS Ermäßigung.

27476 Cuxhaven-Duhnen (c2) — 2255/3

★★★ »CAMPING WATTENLÖPER« März bis Anf. Nov.
P: Dirk Brütt ☎ 04721/426051, Fax 426052 26 000 qm
www.wattenloeper.de, info@wattenloeper.de

→ A27 Bremerhaven–Cuxhaven Abf. (2) Altenwalde, der Beschilderung Duhnen folgen, 3. Platz rechts. ✉ Cuxhafener Str. 57 (GPS: 53°53'10" N / 8°39'04" E).
❖ Hafenbollwerk „Alte Liebe". Weltschiffahrtsweg. Insel Neuwerk.

Unparzelliertes und ebenes Wiesengelände mit vereinzelten Bäumen. Sanitäranlage beheizbar. FW. Ort 500 m entfernt. Mittagsruhe 13-15 Uhr. Touristen-/Dauerstellplätze 100/100.

27476 Cuxhaven-Duhnen (c2) — 2255/4

[30] ★★★ »CAMPING AM BÄDERRING« 7.3. bis 2.11.
E.: Andreas Brütt ☎ 04721/42616-1, Fax 42616-2 15 000 qm
www.campingplatz-duhnen.de, info@campingplatz-duhnen.de

→ A27 Bremerhaven–Cuxhaven Abf. (2) Altenwalde, Richtung Duhnen, der Beschilderung folgen, in Duhnen 1. Platz rechts. ✉ Duhner Allee 5 (GPS: 53°53'04" N / 8°38'58" E).

Ebenes und parzelliertes Wiesengelände. W-LAN/Funkinternet. Gasverkauf. Zimmer. Wassersport und Ort 500 m, Erlebnisbad 800 m entfernt. Mittagsruhe 13-15 Uhr. Touristen-/Dauerstellplätze 50/100.
2008: (HS) P/N 4.50, K/N 2 bis 14 J. 2.50, St/N 8.– bis 14.–, H/N 2.–, KT 2.40/1.20, WD zuzügl., Strom/kWh –.50 (16 A). In NS 10-20% Ermäßigung.

In **Cuxhaven-Duhnen** besteht ein öffentlicher Mocaplatz mit Ent- u. Versorgung.

NORDSEEHEILBAD CUXHAVEN
Campingplatz **BECKMANN**
Tel. 0 47 21 / 6 51 91 Fax 0 47 21 / 6 49 75
Windeichenweg 32 · 27476 Cuxhaven-Duhnen
• Parzellierte Stellplätze mit Frisch- und Abwasseranschluss
• Exclusivplätze mit gepflastertem Vorzeltbereich (2 x 5 m)
• Modernes Sanitärgebäude mit Fussbodenheizung
• Einzelwaschkabinen, Babywickelraum, Waschmaschine
• Mietbadezimmer mit WC und Dusche
• Kinderspielplatz, Tischtennis, Bolzplatz, Volleyball
• Preisnachlass in der Vor- und Nachsaison (2255/1)

2 Niedersachsen und Bremen

Camping-Park Bad Bederkesa

Bad Bederkesa, als Luftkurort und Moorheilbad staatlich anerkannt, liegt im Herzen des Küstenkreises Cuxhaven und besitzt einen vielgelobten, etwa 120 000 qm großen Camping-Park mit 470 Stellplätzen, der ruhig und verkehrsgünstig direkt am Ort und am Geeste-Elbe-Kanal gelegen ist.
Der familienfreundliche Ort bietet mit seinem 200 ha großen Binnensee gute Wassersportmöglichkeiten. Moortherme mit Sauna, Wellnessangeboten und Kurmittelabteilung (med. Bäder und Massagen). Moorlehrpfad, Fahrradvermietung, Golfsport, eine Museumseisenbahn, Kunstschule, Surfkurse, Reiten, Tennisplätze, Waldgrillplatz sowie ein Sportboothafen am Kanal bieten mannigfaltige Möglichkeiten für einen Aktivurlaub.
Auch ambulante Badekuren während Ihres Campingurlaubs sind möglich! Die Küste, mit den See- und Hafenstädten Cuxhaven und Bremerhaven, ist schnell erreichbar.
Platzverwaltung: Tel. 04745/6487 · Fax 04745/8033 Ankeloher Str. 14 · 27624 Bad Bederkesa · E-Mail: mail@vital-camp.de · Internet: www.vital-camp.de   (2260)

DCC-Vertragsplatz
27624 Bad Bederkesa, Wesermarsch (c3) **2260**

25 ★★★ »CAMPING-PARK« — 1.1. bis 31.12.
V.: Rolf-Dieter Donst ☎ 04745/6487, Fax 8033   120 000 qm
www.vital-camp.de, mail@vital-camp.de

→ A27 Bremerhaven–Cuxhaven Abf. (5) Debstedt über Drangstedt ca. 12 km. In Bad Bederkesa beschildert. ✉ Ankeloher Str. 14 (GPS: 53°37'14" N / 8°50'56" E).
❦ Burg und See. Windmühle. „Aqua Vitales" Vital- und Wohlfühlbad.

Ebenes bis leicht ansteigendes Wiesengelände am Ortsrand. Separater Mobilheimteil. »Kirche Unterwegs«. Zentrum 800 m entfernt. Mittagsruhe 13-15 Uhr. Touristen-/Dauerstellplätze 120/350.
2007: (HS) P/N 5.80, K/N 3 bis 16 J. 2.90, St/N 6.20, T/N 2.60/3.60, M/N 2.50, B/N 2.50, H/N 2.–, KT 1.50, WD inkl., Strom/kWh –.40 (16 A). Ab der 3. Nacht 10% Ermäßigung. In NS Ermäßigung.
DCC 10% auf P/N.

DCC-Vertragsplatz
27619 Schiffdorf-Spaden, Bremerh. (c3) **2265**

Abfahrt

20 ★★★★ »CAMPING SPADENER SEE« — 1.1. bis 31.12.
E.: W. Dittmann ☎ 0471/801022, Fax 802045   160 000 qm
www.spadener-see.de, campingpark@t-online.de

→ A27 Bremen–Cuxhaven Abf. (6) Bremerhaven/Überseehafen/Spaden in den Ort Spaden. Von dort beschildert. ✉ Seeweg 2 (GPS: 53°34'31" N / 8°38'46" E).
❦ Bremerhaven: Schifffahrtsmuseum. Fischereihafen. Werften.

Ebenes und parzelliertes Wiesengelände. Durch Buschstreifen günstig aufgelockert. DLRG-Station. Separater Mobilheimteil. Ort 1 km entfernt. Separater Jugendplatz. Mittagsruhe 13-15 Uhr. Touristen-/Dauerstellplätze 110/220.
2008: (HS) P/N 4.–, K/N bis 14 J. 2.50, St/N 7.–, T/N 5.–, WD inkl., Müllgeb. St/N 1.–, Strom keine Angabe (16 A). Anschlussgeb. 1.–. In NS Erm.
DCC 10% auf P/N.

Camping-Wochenendpark „Rethbergsee"
– Dauer- und Feriencamping –

27412 Tarmstedt
Telefon (04283) 4 22
Fax (04283) 98 01 39

Alle Plätze (120 m² – 300 m² und mehr) sind voll erschlossen. Großzügig angelegter Spielplatz, Seilbahn, Tretbootverleih. Gaststätte und Sonnenterrasse mit Blick auf See und Wildgehege. Besuchen Sie unser Museum für Taschenuhren und Wecker!
(2279)

✉ **27442 Gnarrenburg** (d3) **2270**

15 ★★ »CAMPING- UND MOBILHEIMPLATZ GNARRENBURG«
E.: Bernhard Butt ☎ 04763/1056, Fax 627865 — 15.4. bis 15.10.
www.camping-gnarrenburg.de, info@camping-gnarrenburg.de   15 000 qm

→ B74 Richtung Stade, nach Ortsausgang Kuhstedt rechts Richtung Zeven abbiegen, im Kreisel (Ortsmitte) 2. Ausfahrt in die Hermann-Lamprecht-Str., nach ca. 1200 m links. ✉ Hermann-Lamprecht-Str. 69.
❦ Naturschutzgebiet "Huvenhoopsmoor". Künstlerdorf Worpswede.

Unparzelliertes und ebenes Wiesengelände am Ortsrand. Direkt angrenzend an ein Freibad und am Waldrand gelegen. Durch Büsche und Bäume günstig aufgelockert. Kiosk. Rezeption nicht ständig besetzt. Mittagsruhe 13-15 Uhr. Touristen-/Dauerstellplätze 30/60.
2007: P/N 3.–, K/N 3 bis 14 J. 1.50, St/N 6.–, T/N 2.–, WD zuzügl., Strom/N 2.– oder kWh –.40 (10 A).

✉ **27432 Bremervörde-Plönjeshausen** (d3) **2276**

★★★★ »CAMPING DUXBACHTAL« — 1.1. bis 31.12.
E.: Heike Meybohm ☎ 04767/667, Fax 820262   30 000 qm
www.campingplatz-duxbachtal.de, info@campingplatz-duxbachtal.de

→ B71 Zeven–Bremervörde, hinter Selsingen bei der Abzweigung Kutenholz rechts abbiegen. ✉ Bockhorster Weg 24 (GPS: 53°24'44" N / 9°11'54" E).

Ebenes bis leicht welliges Wiesengelände an einem kleinen Badesee. Durch Bäume und Büsche günstig aufgelockert. In HS Verkaufswagen. Ort 3 km entfernt. Mittagsruhe 13-15 Uhr. Separater Jugendplatz. Touristen-/Dauerstellplätze 20/200.

✉ **27404 Zeven** (d3) **2278**

25 ★★★★ »CAMPING SONNENKAMP ZEVEN« — 1.1. bis 31.12.
E.: Nadine Pinkel ☎ 04281/951345, Fax 951347   73 000 qm
www.campingplatz-zeven.de, sonnenkamp@campingplatz-zeven.de

→ A1 Bremen–Hamburg Abfahrten (47) Sittensen und (49) Bockel, im Ort beschildert. ✉ Sonnenkamp 10 (GPS: 53°18'14" N / 9°17'53" E).

Unparzelliertes und ebenes bis leicht abfallendes Wiesengelände. Durch Hecken unterteilt und mit vereinzelten Bäumen aufgelockert. Sanitäranlage beheizbar. Squashhalle. Multisporthalle 100 m, Angeln 200 m, Ort 1 km entfernt. Separater Jugendplatz. Mittagsruhe 13-15 Uhr. Touristen-/Dauerstellplätze 60/250.
2007: P/N 5.65, K/N 3 bis 16 J. 2.80, A/N 1.80, C/N 5.50, MC/N 7.–, T/N 2.50 bis 5.–, M/N 1.10, H/N –.50, WD und Strom/N 3.–.

DCC-Vertragsplatz
✉ **27412 Tarmstedt**, Rotenburg (d3) **2279**

20 ★★★★ »WOCHENENDPARK RETHBERGSEE« — 1.1. bis 31.12.
E.: R. Pfleging ☎ 04283/422, Fax 980139   150 000 qm
www.rethbergsee-wochenendpark.de, camping-rethbergsee@t-online.de

→ Straße Bremen–Zeven, am Ortsende von Tarmstedt rechts abbiegen. ✉ Wörpeweg 51 (GPS: 53°12'56" N / 9°05'33" E).

Parzelliertes, ebenes und von Feldern umgebenes Wiesengelände. Durch vereinzelte Bäume und Büsche aufgelockert. Reservierung empfehlenswert. Wellness. Jugendraum. Trampolin- und Wasserspielanlage. Vogelvoliere. Taschenuhrmuseum. Römisches Dampfbad. Imbiss. Ort 1.5 km entfernt. Mittagsruhe 13-15 Uhr. Touristen-/Dauerstellplätze 40/310.
2008: P/N 5.–, K/N 2 bis 15 J. 4.–, St/N 5.–, H/N 1.–, WD inkl., Strom/N 1.50 oder kWh –.35 (16 A).
DCC 10% auf P/N.

- Einzelne Campingdörfer mit separatem Zeltplatz
- Modernster Sanitärkomfort
- Strandbad mit Nichtschwimmer-Bereich (amtlich kontrolliertes Wasser)

KOMFORT-CAMPINGPLATZ SPADENER SEE

Fordern Sie unseren Gratis-Prospekt an!

(2265)

- Mobilhausvermietung
- Gasthaus, Kegelbahnen
- Radwandern, Angeln, Surfen und Surfschule
- Ausgezeichnete Anbindung an die Touristen-Attraktionen in Bremerhaven und Cuxhaven

27619 Schiffdorf-Spaden · Tel. (04 71) 80 10 22
www.spadenersee.de

2 Niedersachsen und Bremen

✉ 27412 Wilstedt, Rotenburg (d3) — 2280

[20] ★★ »CAMPINGPLATZ WÜLLENHEIDE« — 1.4. bis 30.9.
P.: Camping-Club Bremen e.V. ☎ 0176/65527411, Fax 04221/41666
www.camping-club-bremen.net, camping-club-bremen@ewetel.net 32 000 qm

→ AB-Abf. Oyten (52) Richtung Oyten/Fischerhude/Ottersberg/Tarmstedt, ab Ortseingang Wilstedt beschildert. ✉ An der Reitbahn 4 (GPS: 53°11'17" N / 9°06'16" E).

Ebenes Wiesengelände neben einem Freibad. Sanitäranlage beheizbar. Separater Jugendplatz. Mittagsruhe 13-14.30 Uhr. Touristen-/Dauerstellplätze 80/30.
2008: P/N 4.–, K/N frei, St/N 5.50, WD zuzügl., Müllgeb./Sack 1.50, Strom inkl. (10 A).
DCC/CCI 20% auf P/N.

✉ 21698 Harsefeld, Stade (d3) — 2281

★★ »CPL. HARSEFELD« — April bis Sept.
E.: Flecken Harsefeld ☎ 04164/887183, 8870, Fax 887201 16 000 qm
www.harsefeld.de/tourist/camp/camp.html, samtgemeinde@harsefeld.de

→ B 73 Hamburg-Stade, hinter Buxtehude in Hedendorf links abbiegen, in Harsefeld beschildert. ✉ Quellenweg 1 (GPS: 53°27'24" N / 9°29'30" E).

Ebenes Wiesengelände neben dem Freibad. Touristenplätze unparzelliert. Sanitäranlage beheizbar. Ort 400 m entfernt. Mittagsruhe 13-15 Uhr. Touristen-/Dauerstellplätze 35/105.

Eine Moca Ent- u. Versorgungsstation besteht in **Buxtehude-Neukloster** (Pfingstmarktplatz an der B 3).

✉ 21720 Guderhandviertel, Stade (d3) — 2282

[15] ★★ »CAMPING NESSHOF« — 1.4. bis 31.10.
E.: Martina Hollmichel ☎ 04142/810395, Fax 810396 30 000 qm
www.nesshof.de/camping, camping@nesshof.de

→ B73 Hamburg-Cuxhaven, in Dollern rechts abbiegen, ca. 5 km in Richtung York, bei Nesshof beschildert. ✉ Nessstr. 32 (GPS: 53°32'33" N / 9°36'49" E).
♣ Altes Land.

Unparzelliertes Wiesengelände im Obsthof hinter einem bewirtschafteten Bauernhof an dem Flüsschen Lühe. Sanitäranlage beheizbar. Ort 500 m entfernt. Separater Jugendplatz. Mittagsruhe 13-15 Uhr. Touristen-/Dauerstellplätze 40/60.
2008: P/N 3.–, K/N bis 10 J. 1.50, A/N 2.50, C/N 3.50, MC/N 6.–, T/N 2.50, M/N 1.–, H/N –.50, WD inkl. Müllgeb. St/N –.50, Strom/kWh –.50 (16 A), Anschlussgeb. 1.50.

✉ 21706 Drochtersen-Krautsand (d3) — 2285/1

[30] ★★★ »CAMPING AM LEUCHTTURM« — 1.4. bis 31.10.
E.: B. Amberger-Werner ☎ 04143/5522, Fax 999484 85 000 qm
www.camping-krautsand.de, info@camping-krautsand.de

→ Straße Stade-Wischhafen. In Drochtersen rechts abbiegen nach Krautsand, 2. Platz. ✉ Leuchtturmweg 5a.

Ebenes bis leicht welliges Wiesengelände hinter dem Elbdeich an einem Badesee. Durch vereinzelte Bäume aufgelockert. Ort 3 km entfernt. Separater Jugendplatz. Mittagsruhe 13-15 Uhr. Touristen-/Dauerstellplätze 120/120.
2008: (HS) P/N 5.50, K/N 4 bis 12 J. 2.50, A/N 2.50, C/N 7.–, MC/N 8.50, T/N 5.50, M/N 2.–, B/N 2.50, H/N 2.–, WD inkl., Strom/N 2.50 (16 A). In NS Erm.

✉ 21706 Drochtersen-Krautsand (d3) — 2285/2

★★ »CAMPING KRAUTSAND« — April bis Okt.
E.: Campingverein Krautsand e.V. ☎ 04143/1494, Fax 999077 18 000 qm
www.campingplatz-krautsand.de

→ Straße Stade-Wischhafen. In Drochtersen rechts abbiegen nach Krautsand. ✉ Krautsand 24 b.

Ebenes Wiesengelände hinter dem Elbdeich. Durch vereinzelte Bäume aufgelockert. Extra Pkw-Parkplätze. Durch Dauercamper geprägt. Sanitäranlage beheizbar. Kiosk. Wickeltisch. Kinder- u. Jugendspielraum. Wäscheservice. FW. Frei- und Hallenbad, Ort (Drochteresen) 5 km entfernt. Mittagsruhe 13-14.30 Uhr. Touristen-/Dauerstellplätze 50/90.

Eine Moca Ent-/Versorgungsstation besteht in **Stade** (Parkplatz am Salztor).

✉ 21755 Hechthausen-Klint, Stade (d3) — 2289

[25] ★★★ »FERIEN- UND CAMPINGPARK GEESTHOF« — 1.1. bis 31.12.
E.: Freiherr von Marschalk ☎ 04774/512, Fax 9178 10 000 qm
www.geesthof.de, info@geesthof.de

→ B73 Hamburg-Cuxhaven, in Hechthausen abbiegen. ✉ Am Ferienpark 1 (GPS: 53°37'32" N / 9°12'11" E).
♣ Schwebefähre.

Anzeige S. 108

Leicht welliges, parzelliertes Wiesengelände zwischen Waldrand und der Oste bei einem Reiterhof. Wohnboote. Ort 3 km entfernt. Separater Jugendplatz. Mittagsruhe 13-15 Uhr. Touristen-/Dauerstellplätze 50/100.
2008: (HS) P/N 5.–, K/N 3 bis 14 J. 4.–, C MC-St/N 9.–, T-St/N 5.–, B/N 6.–, H/N –, WD inkl., Strom/N 2.– oder kWh –.40 (16 A). Ab 7 N und in NS Erm.

Ferienpark Geesthof
(Beschreibung S. 107, 2289)

Am Ferienpark 1 · 21755 Hechthausen/Klint
Tel.: 04774-512 Fax -9178 www.geesthof.de

DCC-Vertragsplatz
✉ **21789 Wingst,** Hadelner Land (d3) **2295**

30 ★★★★ »KNAUS CAMPINGPARK WINGST« 🔓 14.3. bis 3.11.
E: Helmut Knaus KG Campingparks V: Löffler ☎ 04778/7604, Fax 7608
www.knauscamp.de, wingst@knauscamp.de 87000 qm

→ B73 Hamburg–Cuxhaven über Stade, hinter Hemmoor die 3. Abfahrt nach Wingst. ✉ Schwimmbadallee 13 (GPS: 53°46'00" N / 9°05'00" E).

∴ Balksee. Babyzoo. Hünengräber. Deutscher Olymp.

[icons] 200m

Parkartiges, windgeschütztes Wiesengelände um einen Teich. Parzelliert und entweder sanft abfallend oder terrassiert angelegt. »Kirche Unterwegs« (nur Sommerferien Niedersachsen). Internet-Hot-Spot. Keramikwerkstatt. FW. Großer Sport- u. Spielpark 200 m, Ort 2 km entfernt. Separater Jugendplatz. Mittagsruhe 13-15 Uhr. Touristen-/Dauerstellplätze 250/120.
2008: (HS) P/N 7.–, K/N 4 bis 14 J. 3.–, St/N 7.–, H/N 3.–, KT 1.10/–.55, WD inkl., Müllgeb. St/N 1.50, Strom/N 2.40 (10 A). In NS Ermäßigung. Nachlässe mit KNAUS-Ferienkarte.
DCC 10% auf P/N.

DCC-Vertragsplatz
✉ **21762 Otterndorf,** Elbe (d2) **2297**

25 ★★★★ »SEE ACHTERN DIEK« 🔓 1.4. bis 31.10.
E: Stadt V.: Uwe Kaupat ☎ 04751/2933, Fax 3016
www.otterndorf.de, campingplatz@otterndorf.de 140000 qm

→ A27 Bremerhaven–Cuxhaven, ab AB-Ende auf die B73 Richtung Stade, in Otterndorf abbiegen zum Strand und Platz. ✉ Deichstr. 14/Am Campingplatz 3 (GPS: 53°49'31" N / 8°52'33" E).

∴ Elbe (Überseeverkehr). Wattlaufen. Alte Bauerndome.

[icons]

Parzelliertes, ebenes bis leicht welliges Wiesengelände am Seeufer hinter dem Elbdeich. Durch vereinzelte Bäume aufgelockert. Separater Mobilheimteil. Sanitäranlage beheizbar. »Kirche Unterwegs«. Ort 3.5 km entfernt. Separater Jugendplatz. Mittagsruhe 13-15 Uhr. Touristen-/Dauerstellplätze 200/360.
2008: P/N 4.70, K/N 4 bis 16 J. 2.50, A/N 2.10, C MC/N 7.40, T/N 2.10 bis 4.20, M/N 2.10, H/N 3.20, KT 1.50/1.–, WD inkl., Strom/N 1.50 oder kwh –.30 (16 A).
DCC/CCI 10% auf P/N.

DCC-Vertragsplatz
✉ **26624 Südbrookmerld.-Bedekaspel** (b3) **2300**

25 ★★★ »CAMPING GROSSES MEER« 🔓 18.3. bis 5.11.
P.: Wolfgang Kirschbaum ☎/Fax 04942/626 34000 qm
www.campingplatz-grosses-meer.de, campingplatz-grosses-meer@gmx.net

→ B210/B72 Emden–Aurich, beim Hinweis »Großes Meer« abbiegen, noch ca. 3 km, 2. Platz. In Gegenrichtung hinter Georgsheil abbiegen.
✉ Campingstr. 1 (GPS: 53°26'33" N / 7°18'31" E).

[icons] 100m 2.7km

Ebenes, parzelliertes Wiesengelände am großen Meer. Durch Stellkreise günstig aufgelockert. Sanitäranlage beheizbar. Separater Platzteil für Hundehalter. Ort 1 km entfernt. Mittagsruhe 13-15 Uhr. Touristen-/Dauerstellplätze 70/60.
2008: (HS) P/N 4.50, K/N 4 bis 13 J. 3.50, A/N 2.50, C/N 5.–, MC/N 5.50, T/N ab 4.50, M/N 1.50, B/N 1.50, H/N 1.–, WD zuzügl., Strom/N 1.60 oder kWh –.50 (10 A), Anschlussgeb. 1.50. Ab 8/14 Nächten 1/2 Nächte gratis. In NS Ermäßigung.
DCC/CCI 10% auf P/N.

DCC-Vertragsplatz
✉ **26629 Großefehn-Timmel,** Aurich (b3) **2301**

20 ★★★ »CAMPING TIMMELER MEER« 🔓 März bis Okt.
E.: Gemeinde Großefehn V.: Leister ☎ 04945/91970, Fax 919722
www.gemeinde-grossfehn.de, info@campingplatz-timmel.de 50000 qm

→ A31 Meppen–Emden, Abf. (7) Richtung Timmel. ✉ Zur Mühle 13 (GPS: 53°21'46" N / 7°30'48" E).

[icons] 50m 100m 500m

Parzelliertes und ebenes Wiesengelände am Timmeler Meer, inmitten einer Erholungs- und Freizeitanlage. Sanitäranlage beheizbar. Kiosk. Separater Platzteil für Hundehalter. Kirche unterwegs. Ort 400 m entfernt. Separater Jugendplatz. Mittagsruhe 13-14.30 Uhr. Touristen-/Dauerstellplätze 90/90.
2008: (HS) P/N 3.80, K/N 1.80, extra A/N 1.60, St/N 4.70, kl. T/N 2.50, M/N 1.60, H/N 1.50, WD inkl., Strom/kWh –.40 (16 A). Anschlussgeb. 2.20. In NS Ermäßigung. Wochenpauschalen.
DCC 10% auf P/N.

DCC – DEIN PARTNER!

NORDSEEBAD OTTERNDORF — DIE GRÜNE STADT AM MEER (2297)

CAMPINGPLATZ „SEE ACHTERN DIEK"
ZWISCHEN ZWEI SEEN UND DIREKT AM MEER

- 500 Stellplätze für Urlaubs- und Dauercamping
- Alle Plätze mit Strom, teilweise mit Wasser- und Abwasseranschluss
- Behindertenfreundliche Ausstattung
- Waschmaschinen-, Trockner-, und Küchenbenutzung, Aufenthaltsraum
- In der Nähe: Spiel- & Spaß-Scheune, Minigolfplatz, Tennishalle, Spielplätze, Restaurant und Imbiß
- Kinderprogramm während der Sommerferien

Campingplatz „See Achtern Diek"
Am Campingplatz 3
21762 Otterndorf
Tel. 0 4751/29 33
Fax: 0 4751/30 16

e-mail: campingplatz.otterndorf@ewetel.net
Internet: www.otterndorf.de

Comfort-CAMPING **** Freizeitpark AM EMSDEICH

Ostfriesland

Sehr ruhige Lage, inmitten grüner Wiesen, direkt an einem Naturbadesee, Badestrand, Liegewiesen, großer Spielplatz, Riesenrutsche, Planschbecken. Ein Dorado für Familien, Angler und Surfer. Rd. 350 Stellplätze, komfortable Sanitäranlagen, Sauna, Solarium, Fitness-Studio, Grillplatz, Kiosk, Imbiss, Leseraum, Tischtennis, Animation, Kanu- und Go-Cart-Verleih, historischer Dorfplatz, Restaurant, Museums-Bauernhaus und vieles mehr. Schnupperangebote! Wohnmobile willkommen!

Sonderpreis Freizeitangebote

Sonderaktion 88-Tage-Camping 399,– Euro

Großes Freizeitangebot

Information und Buchungen
Freizeitpark »Am Emsdeich«
Deichstraße 7 A · D-26810 Westoverledingen
Tel. 0 49 55 / 92 00 40 · Fax 0 49 55 / 92 00 41
Internet: www.ostfriesland-camping.de
E-Mail: Freizeitpark@Westoverledingen.de

(2304)

2 Niedersachsen und Bremen

DCC-Vertragsplatz

26789 Leer-Bingum, Ostfriesland (b3) **2302**

35 ★★★★ »EMS-MARINA BINGUM« 1.1. bis 31.12.
E.: J. Abrahams, V.: A. Müller ☎ 0491/64447, Fax 99239389 75 000 qm
www.campingplatz-yachthafen.de, info-camping-bingum@t-online.de

→ B75 Leer–Groningen, erste Abf. nach der Emsbrücke rechts. Oder A31/28 Weener–Westerstede Abf. (12) Jemgum/Bingum. ✉ Marinastr 14-16 (GPS: 53°13'29" N / 7°25'07" E).

Ebenes und parzelliertes Wiesengelände neben einer Bootswerft und einem Sportboothafen mit Badesee. Ort 3 km, Hallenbad 5 km entfernt. Separater Jugendplatz. Mittagsruhe 12.30-15 Uhr. Touristen-/Dauerstellplätze 100/250.
2007: (HS) P/N 7.50, K/N bis 14 J. 3.50, C MC-St/N 6.50/8.50, T-St/N 4.50/5.50, B/N 1.20 lfm, H/N 3.50, WD zuzügl., Müllgeb. St/N 1.50, Strom/N 2.50 (16 A). In NS Ermäßigung.
DCC 10% auf P/N.

DCC-Vertragsplatz

26826 Weener, Ems (b3) **2303**

20 ★★★★ »CAMPING WEENER« 1.1. bis 31.12.
P.: H. Kloster ☎/Fax 04951/955226, 941996, Fax 955230 29 000 qm
www.campingweener.de

→ A 28/31 Twist–Oldenburg Abf. (13) Weener. ✉ Am Erholungsgebiet 4 (GPS: 53°09'54" N / 7°21'56" E).
Eisenbahnklappbrücke über die Ems. Sportbothafen. Museum. Historische Kirchen. Arp-Schnitger-Orgel. Windmühlen. Organeum.

Ebenes und parzelliertes Wiesengelände beim Erholungszentrum. Sanitäranlage beheizbar. Separate Pkw-Abstellung. Ort 800 m entfernt. Separater Jugendplatz. Mittagsruhe 13-15 Uhr. Touristen-/Dauerstellplätze 63/90.
2007: (HS) P/N 4.50, K/N 4 bis 14 J. 2.–, St/N 6.20, T/N 3.20, H/N 1.50, WD zuzügl., Müllgeb./N 1.–, Strom/N 2.– (16 A). In NS Ermäßigung.
DCC/CCI 10% auf P/N.

DCC-Vertragsplatz

26810 Westoverledingen-Ihrhove (b3) **2304**

25 ★★★★ »FREIZEITPARK AM EMSDEICH« 7.3. bis 31.10.
P.: Freizeit- u. Erholungs GmbH V.: Theodor Hinrichs 100 000 qm
☎ 04955/92004-0, Fax 92004-1
www.freizeitpark-am-emsdeich.de, freizeitpark@westoverledingen.de

→ B70 Papenburg–Leer. Im Bereich Westoverledingen nach Ihrhove abbiegen und weiter Richtung Ems. ✉ Deichstr. 7a (GPS: 53°10'26" N / 7°25'10" E).

Parzelliertes und ebenes Wiesengelände in einem Freizeitpark mit Naturbadesee. Sanitäranlage beheizbar. Imbiss. Teilweise separate Pkw-Abstellung. Fitnessraum. Ort 2.5 km entfernt. Separater Jugendplatz. Mittagsruhe 13-15 Uhr. Touristen-/Dauerstellplätze 218/141.
2008: (HS) P/N 5.90, K/N 6 bis 14 J. 2.90, C MC-St/N 7.20, T/N 4.50, WD zuzügl., Müllgeb. St/N 1.–, Strom/kWh –.40 (16 A). In NS Angebote.
DCC/CCI 10% auf P/N.

DCC-Vertragsplatz

26871 Papenburg, Ems (b4) **2306**

30 ★★★★ »CAMPING POGGENPOEL« 1.1. bis 31.12.
P.: Familie Jansen ☎ 04961/97402-6, Fax 97402-7 54 000 qm
www.papenburg-camping.de, camping.PCP@aol.com

→ B70 Meppen–Leer Abf. Weener/Sögel-Zentrum Obenende, weiter Richtung Flachsmeer. ✉ Am Poggenpoel (GPS: 53°03'54" N / 7°25'36" E).

Parzelliertes und ebenes Wiesengelände an einem See mit altem Baumbestand und jungen Anpflanzungen. FW. Ort 3 km entfernt. Separater Jugendplatz. Mittagsruhe 13-15 Uhr. Touristen-/Dauerstellplätze 60/60.
2008: (HS) P/N 6.–, K/N 4 bis 14 J. 3.–, A/N 4.–, C MC/N 7.–, T/N 4.–, M/N 4.–, H/N 2.–, WD inkl., Strom/N 2.– (16 A). In NS Ermäßigung.
DCC 10% auf P/N.

49762 Lathen, Ems (b4) **2309/1**

20 ★★★ »CAMPING ZUR EMSBRÜCKE« 1.3. bis 31.10.
E.: Behrens ☎ 05933/8597, Fax 903350 30 000 qm
www.emsbruecke.de, emsbruecke@emsbruecke.de

→ B70 Meppen–Lathen, hinter der Emsbrücke links. ✉ Latherfähr 6 (GPS: 53°51'57" N / 7°18'25" E).

Parzelliertes und ebenes Wiesengelände an der Ems. Mit altem Baumbestand und Hecken. Touristenplätze teilweise schattenlos. Frischwasseranschlüsse. Sanitäranlage beheizbar. Ort 500 m entfernt. Mittagsruhe 13-15 Uhr. Touristen-/Dauerstellplätze 40/80.
2007: P/N 4.–, K/N 2 bis 16 J. 2.50, St/N 7.–, T/N 4.–, H/N 1.–, WD inkl., Strom/N 2.50 (16 A).

49762 Lathen, Ems (b4) **2309/2**

20 ★★★★ »CAMPING LATHENER MARSCH« 1.1. bis 31.12.
P.: Monika Theisling ☎ 05933/934510, Fax 9345130 35 000 qm
www.campingplatz-lathen.de

→ B70 Meppen–Papenburg, in Lathen beschildert. ✉ Marschstr. 4 (GPS: 52°51'30" N / 7°18'15" E).

Teilweise parzelliertes und ebenes Wiesengelände an der Ems. Mit Büschen und altem Baumbestand. Öffentliche Badeseen. TV-Anschluss. Ort 1 km entfernt. Separater Jugendplatz. Mittagsruhe 13-15 Uhr. Touristen-/Dauerstellplätze 70/150.
2007: P/N 3.80, K/N bis 14 J. 2.80, St/N 7.50, T/N 3.20, M/N 3.50, H/N 1.50, WD inkl., Strom/kWh –.50 (16 A), Anschlussgeb. –.55.

Campingplatz „Hümmlinger Land" Werlte/ Emsland

Neuer komfortabler Campingplatz, ruhige Lage. Alle Plätze mit Strom, Wasser-, Abwasser- und Fernsehanschluss, Stellplatzgröße ca. 100 qm. Hervorragende Sanitärausstattung lt. ADAC und DCC.

DCC Vertragsplatz

Spartipp:
ab 2 Wochen Aufenthalt 10% Ermäßigung auf die gesamte Personengebühr
ab 3 Wochen Aufenthalt 20% Ermäßigung auf die gesamte Personengebühr
ab 4 Wochen Aufenthalt 30% Ermäßigung auf die gesamte Personengebühr

390,- € für die **Sommersaison**
265,- € für **3 Monate**
540,- € für **Jahresplätze**

Ideal zum Wandern und Radfahren.

Freizeitmöglichkeiten: Angeln, Reiten, Tischtennis, Basketball, Spielplatz, Freidusche, Fahrradverleih, Hallenbad 2 km entfernt.

Infos, Reservierungen und Buchungen:

Gemeinde Werlte, Marktstr. 1, 49757 Werlte
Tel.: 05951/2010 o. 5353
Fax: 05951/20153 o. 5353
E-Mail: info@werlte.de
www.werlte.de

(2313)

49733 Haren, Ems (b4) 2312

★★★★ »CAMPING EMSPARK« März bis Nov.
P.: Heiner Schulte ☎ 05932/6972-3, Fax 6972-4 73 000 qm
www.camping-haren.de, info@camping-haren.de

→ B 70 Meppen–Leer, auf die B 408 abbiegen Richtung Haren und Groningen bis zur 2. Abfahrt nach Haren. Kirchstr. 52 (GPS: 52°47'11" N / 7°14'26" E).
Ferienzentrum Schloss Dankern. Dankern-See. Emslanddom.

Ebenes Wiesengelände an einem Angelteich. Durch Büsche und Bäume parzelliert. Sanitäranlage beheizbar. Kiosk. Reservierung empfehlenswert. Ort 200 m entfernt. Mittagsruhe 13-15 Uhr. Touristen-/Dauerstellplätze 70/76.

DCC – DEIN PARTNER!

DCC-Vertragsplatz

49757 Werlte (b4) 2313

[20] ★★★ »CAMPING HÜMMLINGER LAND« 15.3. bis 31.10.
E.: Gemeinde V.: A. Kuhlmann ☎/Fax 05951/5353 18 000 qm
www.campingplatz-huemmlingerland.de, camping-werlte@ewetel.net

→ B 213 Nordhorn-Cloppenburg, in Lastrup abbiegen nach Werlte. Hier im Ort beschildert. Rastdorfer Str. 80 (GPS: 52°52'12" N / 7°41'17" E).

Parzelliertes und ebenes Wiesengelände mit jungen Anpflanzungen neben einem Reiterhof. Sanitäranlage beheizbar. TV-Anschluss. Ort 2 km entfernt. Mittagsruhe 13-15 Uhr. Touristen-/Dauerstellplätze 40/40.
2008: (HS) P/N 3.50, K/N bis 16 J. 1.50, C MC-St/N 6.–, H/N 1.50, WD inkl., Strom/kWh –.40 (16 A). Ab 14 Nächten und in NS Ermäßigung.
DCC/CCI 10% auf P/N.

26842 Ostrhauderfehn-Idafehn (b3) 2317

[25] ★★★★ »CAMPING U. FREIZEITANL. IDASEE« 1.1. bis 31.12.
E.: Thorsten Lappe ☎ 04952/994297, Fax 808628 65 000 qm
www.camping-idasee.de, nlappe2611@aol.com

→ B 72 Cloppenburg–Aurich Abf. Strücklingen auf die B 438 Richtung Rhauderfehn. In Idafehn rechts abbiegen. Idafehn-Nord 77b (GPS: 53°09'14" N / 7°38'33" E).

Parzelliertes und ebenes bis leicht welliges Wiesengelände neben dem See. Durch Bäume und Büsche aufgelockert und mit Erdwälle unterteilt. Baby- und Familienbad. Imbiss. Ort 2 km entfernt. Mittagsruhe 13-15 Uhr. Touristen-/Dauerstellplätze 70/170.
2007: (HS) P/N 4.30, K/N 3 bis 12 J. 2.70, C MC-St/N 7.80, M/N mit kl. T/N 5.50, H/N 2.–, WD, Müllgeb. St/N –.50, Strom/N 2.50 (16 A). In NS Erm.
DCC/CCI 10% auf P/N.

DCC-Vertragsplatz

26655 Westerstede (c3) 2320

[20] ★★★ »CAMPING WESTERSTEDE« 1.1. bis 31.12.
E.: Stadt Westerstede V.: Hinrichs ☎/Fax 04488/78234 10 000 qm
www.westerstede.de/camping, camping@westerstede.de

→ A28/E22 Oldenburg–Leer Abf. (6) Westerstede Richtung Bad Zwischenahn. Süderstr. 2 (GPS: 53°15'02" N / 7°56'05" E).

Parzelliertes und ebenes Wiesengelände am Ortsrand. Durch Hecken und Büsche aufgelockert. Separate Moca-Plätze vor dem Eingang. Mittagsruhe 13-15 Uhr. Touristen-/Dauerstellplätze 65/5.
2008: (HS) P/N 3.50, K/N 7 bis 14 J. 1.–, J/N 1.50, C MC-St/N 8.50, Zweiradwanderer mit T-St/N 5.50, WD und Strom (8 A) inkl. In NS Ermäßigung.
DCC 10% auf P/N.

Campingplatz »Jümmesee« in Detern/Stickhausen

Der Familiencampingplatz liegt im »**Südlichen Ostfriesland**« inmitten intakter Natur zwischen dem Fluss Jümme und dem Jümmesee.

Unser **staatlich anerkannter Erholungsort** bietet beste Voraussetzungen zum aktiven Erholen. Die Fahrradrouten »Deutsche Fehnroute« und »Friesischer Heerweg« liegen direkt vor der Tür. Auch entlang der zahlreichen Deichwege können Sie hervorragend zu Fuß, per Rad oder auf Inlinern die saubere Luft genießen und die Landschaft erkunden.

Neben gepflegten Sanitäranlagen, Grillrestaurant und Imbiss bieten wir Ihnen direkt am Platz:
- Naturbadesee mit Sandstrand
- Beachvolleyballfeld
- großer Kinderspielplatz
- Grillhütte
- Bootsanleger
- Kegelbahn

In der näheren Umgebung erwartet Sie außerdem:
- Fahrrad- und Kanuverleih
- handbetriebene Jümmefähre
- Angelgewässer
- Minigolfanlage
- Burgmuseum Stickhausen
- Streetballanlage

(2321)

Information und Buchung: Campingplatz am Jümmesee · Zum See 2 · 26847 Detern
Telefon (04957) 1808 u. 711 · Fax 81 12 · E-Mail: info@detern.com · homepage: www.detern.com

Camping für Angler, Radler und Naturfreunde (2322)

Modern eingerichteter Campingplatz mit Schwimmbad und neuem Sanitärgebäude, an Wald und Wasser gelegen, 60 km Flusslauf. Angeln – Radfahren – Wasserwandern – Bootfahren. Ruhe und Entspannung pur für jeden. Rabatt für DCC-Mitglieder. Auskünfte und Prospekte: Campingplatz, Waldstraße 2, 26676 Elisabethfehn
Tel.: Platz 0 44 99/12 02 Büro 0 44 99/22 22 Fax: 0 44 99/9 18 7 36 www.elisabethfehn-camping.de
Email info@elisabethfehn-camping.de **Direkt an der Deutschen Fehnroute gelegen**

DCC-Vertragsplatz

26847 Detern, Ostfriesl. (b3) 2321

25 ★★★★ »CAMPING JÜMMESEE« 1.1. bis 31.12.
E.: Freizeit- u. Erholungs-GmbH ☎ 04957/1808, 711, Fax 8112 50 000 qm
www.detern.de, info@detern.de

→ A28/E22 Oldenburg–Leer, Abf. (3) Filsum auf B72 Richtung Rhauderfehn, nach ca. 3 km Abf. Stickhausen. ✉ Zum See 2 (GPS: 53°12'33" N / 7°38'33" E).
• Burgmuseum Stickhausen. Historische Fähre („Pünte").

Parzelliertes und ebenes Wiesengelände auf einer Landzunge zwischen der Jümme und dem See. Ort 2 km entfernt. Separater Jugendplatz. Mittagsruhe 13-15 Uhr. Touristen-/Dauerstellplätze 40/180.
2007: P/N 5.–, K/N 6 bis 13 J. 3.–, J/N 4.–, C MC-St/N 5.50, T-St/N 4.–, WD zuzügl., Strom/N 2.– oder kWh –.41 (16 A).
DCC 10% auf P/N.

26676 Elisabethfehn, Friesoythe (c3) 2322

20 ★★ »CAMPING ELISABETHFEHN« März bis Okt.
E.: OVE e.V. V.: Rhauderwiek ☎ 04499/1202, Fax 74477 15 000 qm
www.elisabethfehn-camping.de, info@elisabethfehn-camping.de

→ B 72 Cloppenburg–Aurich Abf. Strücklingen Richtung Barßel. In Elisabethfehn links abbiegen, noch 3 km am Kanal entlang. ✉ Waldstr. 2 (GPS: 53°10'04" N / 7°40'45" E).

Parzelliertes und ebenes Wiesengelände in Kanalnähe. Ort (Barßel) 5 km entfernt. Mittagsruhe 12.30-14.30 Uhr. Touristen-/Dauerstellplätze 40/160.
2007: P/N 3.50, K/N 3 bis 18 J. 2.50, St/N 5.50, H/N –.60, WD zuzügl., Strom/kWh –.40. Bei längerem Aufenthalt (5 Wo) Ermäßigung.
DCC 10% auf St/N.

26689 Apen-Nordloh (c3) 2324

20 ★★★ »CAMPING NORDLOH« 1.1. bis 31.12.
E.: Udo Delger ☎ 04499/2625, Fax 921421 100 000 qm
www.campingplatz-nordloh.de, u.delger@gmx.de

→ A28 Oldenburg–Leer Abf. (4) Apen/Remels Richtung Barßel. ✉ Schanzenweg 4 (GPS: 53°10'51" N / 7°46'27" E).
• Deutsche Fehn-Route. Ammerlandroute.

Durch Laub- und Nadelbäume parzelliertes, ebenes Wiesengelände an einem Badesee mit Liegewiesen. Ort und Hallenbad 2 km entfernt. Separater Jugendplatz. Mittagsruhe 13-14.30 Uhr. Touristen-/Dauerstellplätze 55/150.
2007: P/N 3.50, K/N 3 bis 15 J. 1.50, St/N 6.50, H/N 1.50, WD inkl., Strom/kWh –.40 (16 A). Ab 4 Wochen 15% Ermäßigung.

26160 Bad Zwischenahn-Halfstede (c3) 2328

20 ★★★ »CAMPINGPLATZ OELTJEN« März bis Anf. Nov.
E.: Fam. Oeltjen ☎ 04403/8457, Fax 626872 35 000 qm
camping-oeltjen@gmx.de

→ A28 Oldenburg–Westerstede Abf. (8) Zwischenaher Meer Richtung Bad Zwischenahn ca. 1 km, rechts abbiegen. ✉ Wiefelsteder Str. 62 (GPS: 53°12'08" N / 8°02'25" E).
• Rhododendronpark. Freilichtmuseum. Zwischenaher Meer.

26215 Conneforde bei Wiefelstede (c3) 2330

20 ★★★★ »FERIENPARK AM BERNSTEINSEE« 1.1. bis 31.12.
E.: Herfried Brumund ☎ 04458/916-63, Fax 916-70 30 000 qm
www.ferienpark-bernsteinsee.de, info@ferienpark-bernsteinsee.de

→ A29 Oldenburg–Wilhelmshaven Abf. (10) Jaderberg Spuhle über Wiefelstede und Spohle nach Conneforde. ✉ Dorfstr. 11 (GPS: 53°19'32" N / 8°03'48" E).

Unparzelliertes, größtenteils terrassiertes und ebenes Wiesengelände hinter einem Hotel am See. Separater Touristenplatz. FKK-Strand. Kinder-Spielhaus. Gesellschaftsraum. Billard. Angelsee mit Hundestrand neben einem Sportflugplatz. Im Winter tel. Voranmeldung erforderlich. Ort 3.5 km entfernt. Mittagsruhe 13-15 Uhr. Touristen-/Dauerstellplätze 135/385.
2008: (HS) P/N 4.–, K/N 3 bis 13 J. 3.–, A/N 2.–, C/N 6.–, MC/N 8.–, T/N ab 5.–, M/N 2.–, H/N 3.–, WD zuzügl., Müllgeb. P/N –.50 / K/N –.25, Strom/kWh –.50 (10 A). In NS Ermäßigung.

2 Niedersachsen und Bremen

111

✉ 26340 Zetel-Astederfeld (c3) 2331

20 ★★★ »CAMPING HAUS AM SEE« ⚬ 1.1. bis 31.12.
P.: Frank Bösel ☎ 04452/1706, Fax 918799 25 000 qm
www.astederfeld.de, has@astederfeld.de

→ A28 Oldenburg–Leer Abf. (6) Westerstede Richtung Neuenburg, in Collstede links abbiegen nach Tarbarg. ✉ Tarbarger Landstr. 30 (GPS: 53°21'19" N / 7°55'46" E).

Unparzelliertes, ebenes bis leicht welliges Wiesengelände an einem See. Von Büschen und Bäumen begrenzt. Treckinghütte. FW. Ort 4 km entfernt. Mittagsruhe 13-15 Uhr. Touristen-/Dauerstellplätze 40/60.
2008: P/N 3.30, K/N 6 bis 14 J. 2.–, J/N 2.80, St/N 8.50, H/N 1.70, WD zuzügl., Strom/N 2.70 oder kWh –.45 (10 A).

✉ 26633 Wiesmoor (c3) 2332

25 ★★★★★ »CAMPING- UND BUNGALOWPARK OTTERMEER«
E.: Gemeinde ☎ 04944/949893, Fax 949296 ⚬ 1.1. bis 31.12.
www.wiesmoorcamping.de, camping@wiesmoor.de 50 000 qm
→ A28 Oldenburg–Leer Abf. Wiesmoor, in Wiesmoor beschildert.
✉ Am Ottermeer 52 (GPS: 53°24'57" N / 7°42'35" E).

Anzeige S. 111

Parzelliertes und ebenes Wiesengelände an einem Moorsee. Familienwaschkabinen. Kindersanitär. Kinder-Spielraum. Jugendraum. Fitnessraum. Internetcafe. Ort und Hallenbad 1.5 km entfernt. Separater Jugendplatz. Mittagsruhe 13-15 Uhr. Touristen-/Dauerstellplätze 165/109.
2007: (HS) P/N inkl. St/N 14.– bis 24.80, WD inkl., Strom/N 1.– oder kWh –.40 (16 A). In NS Ermäßigung.

✉ 26125 Oldenburg (c3) 2335

★★★ »CAMPING AM FLÖTENTEICH« ⚬ April bis Okt.
E.: Stadt Oldenburg ☎ 0441/32828, Fax 3845618 8400 qm
baeder@stadt-oldenburg.de, camping@olantis-bad.de
→ A28 Abf. Oldenburg–Nadorst, beschildert. ✉ Mühlenhofsweg 80 (GPS: 53°10'00" N / 8°14'08" E).

Ebenes Wiesengelände beim Freibad. Sanitäranlage beheizbar. Imbiss. Ortszentrum und Hallenbad 3.5 km entfernt. Mittagsruhe 13-15 Uhr. Touristen-/Dauerstellplätze 90/10.

✉ 27804 Berne, Weser (c3) 2343

20 ★★★ »CAMPING JULIUSPLATE« ⚬ 15.4. bis 30.9.
E.: Olaf Brammer ☎ 04406/1666, 6881, Fax 928949 34 000 qm
www.juliusplate.de, camping@juliusplate.de
→ B 212 Delmenhorst–Nordenham, in Berne rechts abbiegen, noch 3 km. ✉ Juliusplate 4 (GPS: 53°11'47" N / 8°30'42" E).

Ebenes bis leicht welliges Wiesengelände zwischen Weser und Deich.

✉ 28359 Bremen (c4) 2347

35 ★★★ »CAMPING AM STADTWALDSEE« ⚬ 1.1. bis 31.12.
E.: Camping Stadtwaldsee GmbH ☎ 0421/841074-8, Fax 841074-9
www.camping-stadtwaldsee.de, contact@camping-stadtwaldsee.de 58 000 qm
→ A27 Bremen–Cuxhaven Abf. (18) und der Beschilderung "Campingplatz" folgen. ✉ Hochschulring 1.

Ebenes und parzelliertes Wiesengelände in einem stadtnahen Erholungsgebiet. Am Stadtwaldsee gelegen und mit jungen Anpflanzungen aufgelockert. Sandstrand. Liegewiese. FKK-Strand. Öffentlicher Badebetrieb. DLRG-Station. Pressluftstation für Taucher. Übernachtung vor dem Eingang möglich. Extra Pkw-Parkplätze. Zeltwiese. Kampfhunde verboten. Zentrum 5 km entfernt. Mittagsruhe 13-15 Uhr. Touristen-/Dauerstellplätze 166/50.
2007: (HS) P/N 7.50, K/N 3 bis 14 J. 4.50, C MC-St/N 10.–, T-St/N 5.50, H/N 3.50, Strom/kWh –.55 (16 A). In NS Ermäßigung.

DCC-Vertragsplatz

✉ 28816 Stuhr-Gr. Mackenstedt (c4) 2350/1

25 ★★★ »CAMPING STELLER SEE« ⚬ 1.4. bis 30.9.
P.: Helge de Buhr ☎ 04206/6490, Fax 6668 150 000 qm
www.steller-see.de, steller-see@t-online.de
→ A1/A28 Bremen–Osnabrück–Oldenburg bis Dreieck Stuhr Abf. (58) Richtung Groß Mackenstedt. Am Ortseingang von Groß Mackenstedt bei der Tankstelle (Shell) rechts, noch 800 m bis zum Platz. ✉ Zum Steller See 15 (GPS: 53°00'23" N / 8°41'35" E).

Unparzelliertes und ebenes Wiesengelände um einen See. Separater Platzteil für Hundehalter. Streichelzoo. In HS Ponyreiten. DLRG-Station. Bananenreiten. Wasserlaufrad. Ort 1 km entfernt. Separater Jugendplatz. Mittagsruhe 13-15 Uhr. Touristen-/Dauerstellplätze 60/380.
2008: P/N 4.50, K/N 8 bis 13 J. 3.–, A/N 2.–, C/N 5.50, MC/N 6.50, T/N 4.50, M/N 1.–, WD zuzügl., Strom/N 2.50 (16 A).
DCC/CCI 10% auf P/N.

Campingplatz Aschenbeck (2352)
Zum Sande 18, 27801 Dötlingen

Beachvolleyball, Minigolf, Reiten, Wandern oder Radfahren. Bei uns genießen Sie „Natur Pur". Gepflegte Gastboxen für Ihr Pferd und gemütliche Gästezimmer direkt auf dem Hof Aschenbeck.
www.aschenbeck-camping.de
www.hof-aschenbeck.de

Campingplatz Steller See

Camping nur bei uns am 60 000 m² großen Bades[ee]

Unser Platz liegt am wunderschönen Naturschutzgebiet Steller Hei[de] in der Wildeshauser Geest, am Rande von Bremen. Der inmitt[en] unseres Platzes gelegene große Badesee bietet Gelegenheit für fa[st] alle Wassersportarten (kein Motorbetrieb). Als Attraktion bieten w[ir] Ihnen das Wasserlaufrad und das Bananenreiten. Die Direkt a[m] kristallklaren Badesee erbaute Gaststätte, mit Kiosk, Imbiss u[nd] Biergarten, sorgt gerne für Ihr leibliches Wohl und gemütliches B[ei]sammensein.

Von der BAB A1/A28, Autobahndreieck Stuhr, Abfahrt Gr. Mackenste[dt] erreichen Sie uns in 3 Minuten. Hinweisschilder Steller See ständ[ig] folgen. Unser Wahrzeichen am Eingang: ein Leuchtturm). (2350)

Inh. Helge de Buhr, Zum Steller See 15, 28816 Stuhr/Gr. Mackenste[dt]
Tel. 0 42 06/64 90 · Fax 0 42 06/66 68 · Internet: www.steller-see.d[e]

family Camping Wienberg
www.camping-wienberg.de • Jubiläum 40 Jahre
★★★★ 4 Sterne im DCC
★★★ 3 Sterne im DTV
Zum Steller See 83 • 28816 Stuhr (bei Bremen) • Tel.: 0 42 06 / 91 91 • Fax: 0 42 06 / 92 93
(2350/2)
Traumhaft schöner Urlaub – zu jeder Jahreszeit • Jahres- u. Saisonplätze

2 Niedersachsen und Bremen

DCC-Vertragsplatz

28816 Stuhr-Gr. Mackenstedt (c4)   2350/2
25 ★★★★ »FAMILY-CAMPING WIENBERG« 1.1. bis 31.12.
E.: Heike Maier ☎ 04206/9191, Fax 9293   100 000 qm
www.camping-wienberg.de, info@camping-wienberg.de
→ A1 Bremen–Osnabrück bis Dreieck Stuhr (58) auf die A28 Richtung Delmenhorst-Oldenburg. Bei der nächsten Abf. (58a) Groß Mackenstedt der Beschilderung "Steller See" folgen. ✉ Zum Steller See 83.
∴ Klosterkirche/Wassermühle. Heiligenrode. Bremer Stadtmusikanten.

Ebenes bis leicht abfallendes und parzelliertes Wiesengelände neben einem Anwesen. Familiäre Atmosphäre. Großer Kinderspielplatz mit Seilbahn. Jugendraum. Ort 1.5 km entfernt. Mittagsruhe 13-15 Uhr. Touristen-/Dauerstellplätze 80/200.
2007: P/N 4.70, K/N 2 bis 13 J. 3.–, St/N 8.30, T/N 2.50, H/N 1.70, WD zuzügl., Strom/N 2.60 oder kWh –.50 (16 A).
DCC 10% auf P/N.

DCC-Vertragsplatz

27801 Dötlingen (c4)   2352
20 ★★★ »CAMPING ASCHENBECK« 1.1. bis 31.12.
E.: Heino Aschenbeck ☎ 04433/333, Fax 1531   160 000 qm
www.aschenbeck-camping.de, aschenbeck@nwn.de
→ A1 Bremen–Osnabrück Abf. (60) Wildeshausen-Nord Richtung Wildeshausen, an der 1. Kreuzung rechts abbiegen. ✉ Zum Sande 18 (GPS: 52°56'03" N / 8°24'14" E).
∴ Wildeshauser Geest (Visbeker Braut und Bräutigam). Glaner Braut.

Pestruper Gräberfeld.

Unparzelliertes und leicht welliges Wiesengelände neben einem Reiterhof mit Bade- und Angelteichen. Durch Bäume aufgelockert und von Wald umgeben. Öffentlicher Badebetrieb. Verbot für Kampfhunde. FW. Ort 1.5 km entfernt. Separater Jugendplatz. Mittagsruhe 13-15 Uhr. Touristen-/Dauerstellplätze 60/250.
2008: (HS) P/N 3.50, K/N 6 bis 13 J. 1.50, J/N 2.50, A/N 2.–, C/N 4.50, MC/N 6.50, T/N 2.50/3.50, M/N 2.–, H/N 2.–, WD zuzügl., Strom/N 2.– (6 A). In HS 7 Tage zahlen - 8 Tage bleiben. In NS Ermäßigung.
DCC 10% auf P/N.

DCC-Vertragsplatz

27777 Ganderkesee-Falkenburg (c4)   2353
20 ★★★ »CAMPINGPARK FALKENSTEINSEE« 1.4. bis 30.9.
E.: Walter Dittmann ☎ 04222/8214, Fax 1043   240 000 qm
www.falkensteinsee.de, campingpark@t-online.de
→ A28 Delmenhorst–Oldenburg Abf. (18) Hude Richtung Falkenburg. Nach 1 km rechts, noch 1 km bis zum Falkensteinsee. ✉ Alter Postweg (GPS: 53°02'49" N / 8°27'51" E).
∴ Urwald Hasbruch. Hünengräber. Thingstätte. Klosterruine Hude.

Parzelliertes und leicht welliges Wiesengelände um den Falkensteinsee mit Feriendorf. Durch Bäume und Büsche aufgelockert. Öffentlicher Badebetrieb. Ort 2 km entfernt. Separater Jugendplatz. Mittagsruhe von 13-15 Uhr. Touristen-/Dauerstellplätze 100/200.
2007: P/N 4.–, K/N 4 bis 13 J. 2.–, St/N 7.–, H/N 1.50, WD inkl., Müllgeb. 1.–, Strom/N 2.–, kWh –.50 (16 A).
DCC 10% auf P/N.

FERIENCENTER »FALKENSTEINSEE«

2 km von der A28 BAB-Abfahrt Hude–Richtung Falkenburg zwischen Bremen und Oldenburg, unweit des Urwaldes Hasbruch. nur 30 Autominuten von der Nordsee, in idyllischer, ruhiger Lage auf 240.000 qm großem Gelände; Ferien- und Dauerstandplätze mit Kanal-, Wasser-, Stromanschluß. Bade-/Angelsee, Liegewiesen, weitläufige Spiel- und Sportanlagen, Sauna, Hundewiese.
Ferienhaus-Vermietung

FERIENCENTER »FALKENSTEINSEE«
27777 Ganderkesee – Falkenburg
Reservierungen, Platzanfragen: Tel. 0 42 22/82 14
Internet: www.falkensteinsee.de
(2353)

26197 Bissel bei Großkneten (c4) 2366

10 ★★ »CAMPING TANNENHOF« 1.1. bis 31.12.
E.: U. Schoner ☎ 04435/5381, Fax 916304 40000 qm
www.campingplatz-tannenhof.de
→ A29 Osnabrück–Oldenburg Abf. (19) Großkneten Richtung Garrel, nach 3 km links. ✉ Ringstr. 5 (GPS: 52°56'46" N / 8°07'55" E).

1.5 km / 2 km

Parzelliertes und ebenes Wiesengelände am Waldrand mit kleinem Badesee. Beim Verzehr von Speisen im Lokal ist der Stellplatz kostenlos! Ort 6 km entfernt. Mittagsruhe 13-15 Uhr. Touristen-/Dauerstellplätze 25/100.
2007: P/N 2.–, K/N bis 14 J. 1.–, A/N 1.50 C/N 2.–, MC/N 3.50, T/N 2.–, M/N 1.50, WD zuzügl., Müllgeb./N –.50, Strom/N 1.50 (6 A). Rabatte bis 10%.
DCC/CCI 10% auf P/N.

27793 Aumühle-Wildeshausen (c4) 2371

15 ★★ »CAMPING AUETAL« 1.1. bis 31.12.
E.: Schröder ☎ 04431/1851, 2203, Fax 2203 70000 qm
→ A1 Bremen–Osnabrück Abf. (61) Wildeshausen-West Richtung Wildeshausen, 1. Platz links. ✉ Aumühler Str. 75 (GPS: 52°53'57" N / 8°21'16" E).

5 km

Unparzelliertes und ebenes Wiesengelände zwischen Tannenhecken hinter einer Gaststätte. Großzeltplatz. Durch Bäume und Büsche aufgelockert und von Dauercamper geprägt. Go-Kart-Bahn in der Nähe. Ort 5 km entfernt. Separater Jugendplatz. Mittagsruhe 13-15 Uhr. Touristen-/Dauerstellplätze 60/115.
2007: P/N 3.–, K/N 1 bis 14 J. 2.–, A/N 3.–, C T/N 3.–, MC/N 5.–, M/N 2.–, B/N 2.–, WD zuzügl., Strom/N 1.–.

28857 Syke-Clues (c4) 2372

15 ★★★ »CAMPING ZUM HACHETAL« 1.1. bis 31.12.
E.: Manfred Schreiber ☎ 04242/168440, Fax 168441 40000 qm
www.campingpark-syke.de, campingpark-syke@web.de
→ B 6 Bremen–Bremerhaven, ca. 3 km hinter Syke rechts abbiegen. ✉ Im Fange 3 (GPS: 52°53'04" N / 8°50'32" E).
❖ Museum. Älteste Eisenbahn Niedersachsens.

500 m / 2.5 km

Ebenes, teilweise terrassiertes und parzelliertes Wiesengelände in einem Waldtal. Angelteich. Großzeltplatz. Billard. Ort 2.5 km entfernt. Separater Jugendplatz. Mittagsruhe 13-15 Uhr. Touristen-/Dauerstellplätze 40/80.
2007: (HS) P/N 3.–, K/N 1 bis 17 J. 2.–, C MC-St/N 5.–, T-St/N 4.–, H/N 1.–, WD zuzügl., Müllgeb. P/N 1.–, Strom/N 1.– (16 A). Ab 10 N und in NS Erm.

49424 Goldenstedt (c4) 2374

25 ★★★ »COMFORT-CAMPING UND MOBILHEIMPLATZ HARTENSBERGSEE« 1.3. bis 31.10.
P.: GuT-Goldenstedt e.V. ☎ 04444/989347, Fax 989348 50000 qm
www.campingplatzhartensbergsee.de, gutinfo@ewetel.net
→ A1 Bremen–Osnabrück Abf. Wildeshausen/Nord über Wildeshausen oder Abf. Vechta über Vechta, in Goldenstedt beschildert. ✉ Tiefer Weg 13 (GPS: 52°47'29" N / 8°26'17" E).

300 m

Unparzelliertes, ebenes und teilweise schattenloses Wiesengelände. Vom See durch einen Waldstreifen getrennt. Kinderspielzimmer. Billard. Kostenlose Moca-Stellplätze vor dem Platz. Ort 500 m entfernt. Separater Jugendplatz. Mittagsruhe 13-15 Uhr. Touristen-/Dauerstellplätze 33/130.
2007: P/N 5.–, K/N 4 bis 14 J. 3.–, C MC-St/N 6.–, T-St/N 3.–, WD zuzügl., Strom/N 2.– (16 A). Familienangebote.
DCC 10% auf P/N und St/N.

DCC-Vertragsplatz

27211 Bassum-Groß Ringmar (c4) 2375

25 ★★★ »CAMPING GROSS-RINGMAR« 15.5. bis 15.9.
E.: Uwe Überschär ☎/Fax 04241/5292 100000 qm
www.camping-ringmar.de, camping-ringmar@gmx.net
→ B51 Bremen–Diepholz–Osnabrück, ca. 3 km hinter Bassum rechts nach Groß Ringmar abbiegen. ✉ Groß Ringmar 15 (GPS: 52°49'58" N / 8°40'08" E).

S 1.5 km / 2 km / 3 km

Ebenes und unparzelliertes Wiesengelände an einem Badesee. Mit Bäumen und Büschen aufgelockert. Moca-Aufnahme nur bis 2 t! Sanitäranlage beheizbar. Ort 2.5 km entfernt. Mittagsruhe 13-15 Uhr. Touristen-/Dauerstellplätze 57/324.
2007: P/N 4.50, K/N 2 bis 14 J. 3.–, C MC-St/N 7.50, T/N 4.50, WD inkl., Strom/N 1.50 oder kWh –.50 (6/16 A).
DCC 10% auf P/N.

49716 Meppen, Ems (b4) 2377

★★★ »CAMPING MEPPEN« April bis Sept.
P.: Siegmund Krämer ☎ 05931/16411, Fax 8332 12000 qm
→ B 70 Rheine–Emden, von der Umgehungsstraße Meppen die Coevordener Abfahrt benutzen Richtung Innenstadt. ✉ An der Bleiche 1a (GPS: 52°41'36" N / 7°17'26" E).

100 m / 500 m

Unparzelliertes und ebenes Wiesengelände an der Ems. Durch Bäume aufgelockert. Vor dem Hochwasserdeich Wasserwandererstation. Sanitäranlage beheizbar. Reservierung empfehlenswert. Ort 500 m entfernt. Mittagsruhe 13-15 Uhr. Touristen-/Dauerstellplätze 42/93.

49767 Twist (b4) 2378

★★★ »CAMPINGPLATZ BLAUE LAGUNE« April bis Okt.
E.: Fam. Sloot ☎ 05936/9345445, Fax 05925/99624 30000 qm
www.campingplatz-blauelagune.de, henri.sloot@t-online.de
→ A31 Abf. Meppen/Twist Richtung Twist, weiter nach Twist-Bült über die Ortsumgehung Richtung Neuringe, an der Kreuzung links Richtung Hoogstede, nach 800 m rechts. ✉ Bathorner Str. 32-38.
❖ Moor-Museum. Erdöl-Museum.

300 m

Teilweise parzelliertes und ebenes Wiesengelände an einem kleinen Freizeitsee. Kiosk. Eis-Café. Ort 2 km entfernt. Mittagsruhe 13-15 Uhr. Touristen-/Dauerstellplätze 35/30.

49849 Wilsum, Nordhorn (b4) 2379

★★★★ »FERIENPARK WILSUMER BERGE« 1.1. bis 31.12.
E.: Wilsumer Berge Resort GmbH V.: Hr. Kollmann 880000 qm
☎ 05945/1029, Fax 511, www.wilsumerberge.nl, info@wilsumerberge.nl
→ B 403 Nordhorn–Coevorden, 2.5 km hinter Uelsen rechts abbiegen. ✉ Zum Feriengebiet (GPS: 52°30'59" N / 6°52'27" E).
❖ Nordhorn (Tierpark). Bentheim (Schloss).

3 km

Parzelliertes und teils ebenes, teils welliges Wald- und Wiesengelände mit Badesee. Öffentlicher Badebetrieb. Extra Platzteil für Mobilheime sowie 299 Stellplätze mit WC-Kabinen. »Kirche Unterwegs«. Kinder-Spielhalle. Ort 3.5 km entfernt. Separater Jugendplatz mit Aufsichtsperson. Mittagsruhe 13-15 Uhr. Touristen-/Dauerstellplätze 750/450.

48465 Schüttorf (b5) 2380

30 ★★★ »CAMPING QUENDORFER SEE« 15.3. bis 31.10.
E.: Fam. Puls ☎ 05923/902939, Fax 902940 15000 qm
www.camping-schuettorf.de, info@camping-schuettorf.de
→ A30 Abf. (4) Schüttorf-Nord, oder A31 Abf. (28) Schüttorf-Süd, weiter Richtung Ortsmitte, beschildert. ✉ Weisse Riete 3.

150 m

200 m / 500 m / 1 km / 1.5 km / 6 km

Parzelliertes und ebenes Wiesengelände in Autobahnnähe. Teils mit jungem, teils mit älterem Baumbestand. Kindersanitär. Ortszentrum 2 km entfernt. Mittagsruhe 12.30-15 Uhr.
2008: P/N 5.–, K/N bis 13 J. 3.–, St/N 10.–/12.–, T/N 5.–, H/N 2.–, WD inkl., Strom/N 2.– oder kWh –.40 (16 A).
CCI 10% auf P/N.

DCC – DEIN PARTNER!

Ausgezeichnet für Ihren Urlaub...

★★★★★

ALFSEE
FERIEN- UND ERHOLUNGSPARK

...Ihr 5-Sterne-Camping-Park im Osnabrücker Land

Alfsee Ferien- und Erholungspark
Am Campingpark 10 · 49597 Rieste · Telefon 05464 9212-0 · info@alfsee.com · www.alfsee.de

Buchen Sie online: www.alfsee.de

(2388)

48480 Lünne, Lingen (b5) — 2382

★★★ »CAMPING BLAUER SEE« 1.1. bis 31.12.
E.: Klaus Gladen ☎ 05906/475, Fax 933939 50 000 qm
www.campingplatz-blauer-see.de, info@campingplatz-blauer-see.de

→ B 70 Rheine–Lingen, in Lünne links, noch 1 km. ✉ Moorlagerstr. 4 (GPS: 52°24'54'' N / 7°24'55'' E).

Unparzelliertes und ebenes Wiesengelände am See. Durch Bäume aufgelockert. Kiosk. Cafe mit Imbiss. Ort 500 m entfernt. Separater Jugendplatz. Mittagsruhe 12.30-14.30 Uhr. Touristen-/Dauerstellplätze 45/100.
2008: P/N 3.60, K/N 4 bis 16 J. 2.10, A/N 3.–, C MC/N 5.60, T/N ab 3.10, M/N 1.50, H/N 2.50, WD zuzügl. Müllgeb. P/N –.50, Strom/N 2.– oder kWh –.50 (16 A). Gruppenermäßigung (10 Pers.). Ab 13 Nächten Erm.
DCC/CCI 10% auf P/N.

49584 Fürstenau, Osnabrück (b5) — 2386

★★★ »FREIZEITZENTRUM FÜRSTENAU« 1.1. bis 31.12.
E.: Peter Bachmann ☎ 05901/3835, 832, Fax 7611 70 000 qm
www.freizeitzentrum-fuerstenau.de, freizeitzentrum@t-online.de

→ B 214 Diepholz–Lingen, 500m vor Fürstenau rechts. ✉ Antener Str. 9 (GPS: 52°31'07'' N / 7°42'02'' E).

Unparzelliertes und leicht welliges Wiesengelände an einem kleinen See. Ort 1 km entfernt. Mittagsruhe 13-15 Uhr. Touristen-/Dauerstellplätze 15/85.
2008: P/N 3.50, K/N 1 bis 14 J. 3.–, extra A/N 2.–, St/N 9.–, M/N 2.–, H/N 2.–, WD inkl., Strom/N 2.50 (16 A).

Plätze ohne TAX-Angabe
Diese Plätze haben seit 2 Jahren und mehr keine Meldung mehr abgegeben. Darum kann auch für die Öffnungszeit nicht garantiert werden.

DCC-Vertragsplatz

49597 Rieste, Osnabrück (c5) — 2388

EUROPA-PREIS ★★★★★ »ALFSEE-CAMPINGPARK« 1.1. bis 31.12.
E.: Alfsee GmbH ☎ 05464/9212-0, Fax 5837 160 000 qm
www.alfsee.de, info@alfsee.de

Abfahrt → A1 Bremen–Osnabrück Abf. (67) Neuenkirchen/Vörden in Richtung Neuenkirchen/Alfhausen. ✉ Am Campingpark 10 (GPS: 52°29'08'' N / 7°59'25'' E).

100m 200m 300m 500m 8km

Parzelliertes und ebenes Wiesengelände. Durch Bäume und Stellgruppen günstig aufgelockert. Separater Platzteil für Hundehalter. Kleinkindersanitär. Mehrzweckhalle. Kletterwand. Sportarena. Wasserski-Liftanlage am See. Bungalowanlage. Ort 2 km entfernt. Separater Jugendplatz. Mittagsruhe 13-15 Uhr. Touristen-/Dauerstellplätze 375/375.
2008: (HS) P/N 5.20, K/N 3.40, St/N 10.70, H/N 3.–, WD inkl. Strom/kWh –.40 (16 A), Anschlussgeb. 1.–. In NS Ermäßigung.
DCC 10% auf P/N.

49459 Lembruch, Dümmersee (c5) — 2392

★★ »CAMPING SEEBLICK« 1.1. bis 31.12.
E.: Gebr. Sandering GbR V.: W. Deichmann 10 000 qm
☎ 05447/1632 (Hotel 99580), Fax 1441
www.hotel-seeblick-duemmersee.de, info@hotel-seeblick-duemmersee.de

→ B51 Osnabrück–Diepholz, nach Lembruch abbiegen und hier Richtung Damme, letzter Platz. ✉ Birkenallee 41 (GPS: 52°31'34'' N / 8°21'39'' E).

50m 100m 200m

Ebenes Wiesengelände neben dem Hotel mit separater, schattenloser und unparzellierter Touristenwiese. Sanitäranlage beheizbar. Kostenpflichtige Mocaparkmöglichkeit vor dem Platz. Ort 500 m entfernt. Mittagsruhe 12-14 Uhr. Touristen-/Dauerstellplätze 100/100.
2008: (HS) P/N 2.50, K/N 1 bis 7 J. 1.–, A/N 2.–, C/N 8.–, MC/N 10.–, T/N 5.– bis 10.–, M/N 2.–, B/N 2.50, H/N 2.–, WD zuzügl., Strom/N 2.50. In NS Erm.

DCC-Vertragsplatz

49179 Ostercappeln-Schwagstorf (c5) **2398**

★★★★ »FREIZEITPARK KRONENSEE« 1.1. bis 31.12.
E.: Freizeitpark Kronensee GmbH u. Co. KG 05473/2282, Fax 913389
www.kronensee.de, info@kronensee.de 40000 qm

→ A1 Münster–Bremen Abf. (68) Bramsche auf die B218 Richtung Minden. Hinter Schwagstorf der Beschilderung »Freizeitpark Kronensee« folgen. Zum Kronensee 9 (GPS: 52°22'06" N / 8°13'45" E).

Parzelliertes und ebenes Wiesengelände am See. Mit Bäume aufgelockert und von Wald umgeben. Durch Dauercamper und Mobilheime geprägt. Ort 1 km entfernt. Separate Zeltwiese. Mittagsruhe 13-15 Uhr. Touristen-/Dauerstellplätze 78/169.
2007: (HS) P/N 4.50, K/N 3 bis 15 J. 2.50, C MC-St/N 7.50, T/N 5.–, H/N 2.50, WD inkl., Strom/N 2.50 (16 A). In NS Ermäßigung.
DCC 10% auf P/N.

DCC-Vertragsplatz

49084 Osnabrück (c5) **2401/1**

★★★ »NIEDERSACHSENHOF« 1.1. bis 31.12.
E.: Paul Keller 0541/77226, Fax 70627 30000 qm
www.osnacamp.de, osnacamp@aol.com

→ A30 Osnabrück–Hannover, beim AB-Kreuz Osnabrück-Süd wechseln auf die A33 Richtung Diepholz bis zum Ende beim Fernmeldeturm, dort links abbiegen nach Beschilderung. Nordstr. 109 (GPS: 52°17'31" N / 8°06'21" E).
• Felix-Nußbaum-Museum (Liebeskind) - Varusschlacht.

Unparzelliertes, ebenes und teilweise abfallendes Wiesengelände am Waldrand. Lebensmittel 1 km, Ort 4 km entfernt. Separater Jugendplatz. Mittagsruhe 13-15 Uhr. Touristen-/Dauerstellplätze 60/80.
2007: P/N 4.50, K/N 1 bis 14 J. 2.50, St/N 8.–, WD zuzügl., Strom/N 2.50 oder kWh –.50 (16 A).
DCC 10% auf P/N.

In unmittelbarer Nähe zur Stadthalle und Schloss besteht ein Wohnmobil-Parkplatz mit Entsorgungsstation.

49076 Osnabrück (c5) **2401/2**

★★★ »CAMPING ATTERSEE« 1.1. bis 31.12.
E.: Fritz Scholle V.: M. Robbers /Fax 0541/124147 237000 qm
www.camping-attersee.de, info@attersee-osnabrueck.de

→ A1 Bremen–Osnabrück Abf. (71) Osnabrück-Hafen, der Beschilderung »Attersee« folgen. Zum Attersee 50 (GPS: 52°18'00" N / 7°56'29" E).
• Stadt des »Westfälischen Friedens von 1648«. Osnabrücker Zoo.

Ebenes Wiesengelände zwischen Waldrand, Seeufer und Autobahn. Touristenplätze unparzelliert. Für Camper kostenlose Nutzung des Strandbades. Tennis und Reiten 2 km, Hallenbad 3.5 km, Zentrum 5 km entfernt. Mittagsruhe 13-15 Uhr. Touristen-/Dauerstellplätze 50/250.
2007: P/N 2.–, K/N 1.75, A/N 2.–, C T/N 3.–, MC/N 5.–, M/N 2.–, H/N 1.50, Strom/kWh –.30.

DCC-Vertragsplatz

49214 Bad Rothenfelde (c5) **2406**

★★★★★ »CAMPOTEL« 1.1. bis 31.12.
E.: Dr. Hans Wolff GmbH 05424/21060-0, Fax 21060-9 130000 qm
www.campotel.de, info@campotel.de

→ A 33 Osnabrück–Bielefeld Abf. (13) Bad Rothenfelde, hier von der Umgehungsstraße abbiegen Richtung Bockhorst. Heidland 65 (GPS: 52°05'54" N / 8°10'20" E).

Parzelliertes und ebenes Wiesengelände an einem Badesee. Kurzcam-

perplätze voll erschlossen vor dem Eingang. Befestigte Mocaplätze. DLRG-Station. Kleinkindersanitär. Zentrale Gasversorgung. Teestube. Trampolin. Badminton. Fitnessstraße. Hundegarten mit Dusche. Ambulante Kur möglich. W-LAN/Funkinternet. Ort 1 km entfernt. Mittagsruhe 13-15 Uhr. Separater Jugendplatz. Touristen-/Dauerstellplätze 250/200.
2008: (HS) P/N 5.40, K/N 4 bis 12 J. 3.–, J/N 4.40, St/N 8.20, T/N 4.–, M/N 2.80, H/N 3.–, KT 1.50, WD inkl., Strom/N 1.50 (16 A). Angebote. In NS Erm.
DCC/CCI 10% auf P/N.

DCC-Vertragsplatz

49326 Melle-Gesmold (c5) **2410**

★★★★ »GRÖNEGAU-PARK LUDWIGSEE« 1.1. bis 31.12.
E.: Grothaus GmbH V.: Peter Grothaus 250000 qm
 05402/2132, Fax 2112, www.ludwigsee.de, info@ludwigsee.de

→ A30 Osnabrück–Hannover Abf. (22) Gesmold Richtung Westerhausen. Nemdener Str. 12 (GPS: 52°13'28" N / 8°15'59" E).

Ebenes bis leicht welliges Wiesengelände an einem See. Separater, parzellierter und schattenloser Touristenteil am Platzeingang. Kleinkindersanitär. Familienbad. »Kirche Unterwegs«. Ort 2 km entfernt. Separate Zeltwiese. Mittagsruhe von 13-15 Uhr. Touristen-/Dauerstellplätze 80/250.
2008: (HS) P/N 4.50, K/N 5 bis 16 J. 3.–, A/N 2.50, C/N 10.50, MC/N 11.–, T/N 6.50 bis 9.50, M/N 1.50, H/N 2.–, WD zuzügl., Strom (10-16 A) inkl. In NS Erm.
DCC/CCI 10% auf P/N und St/N.

DCC-Vertragsplatz

27330 Asendorf-Essen (d4) **2412**

★★★★ »CAMPING KELLERBERG« 1.1. bis 31.12.
P.: Ilse Mysegades 04253/450, Fax 1871 45000 qm
www.campingplatz-kellerberg.de, mysegades@aol.com

→ B6 Hannover–Bremen Abf. Asendorf, ca. 3 km in Richtung Hoya. Am Kellerberg 1 (GPS: 52°46'42" N / 9°02'21" E).

Leicht abfallendes Wiesengelände. Windschutzhecken. Familiäre Atmosphäre. Befestigte Mocastellplätze. Naturbadesee mit Sandbucht. Kneippbecken. W-LAN/Funkinternet. Ort 3 km entfernt. Mittagsruhe 13-15 Uhr. Touristen-/Dauerstellplätze 50/70.
2008: P/N 3.60, K/N bis 11 J. 1.80, J/N 2.60, St/N 6.–, T/N 4.–, WD zuzügl., Strom/kWh –.45 (16 A), Anschlussgeb. 2.–. Ab 6 Nächten Ermäßigung.
DCC/CCI 10% auf P/N.

DCC-Vertragsplatz

31622 Heemsen-Anderten (d4) **2420**

★★★ »CAMPING RITTERGUT HÄMELSEE« April bis Okt.
E.: Carsten Burk 04254/92123, Fax 92125 230000 qm
www.haemelsee.de, info@haemelsee.de

→ B209 Nienburg–Rethem/Aller, in Höhe Anderten links abbiegen.

Wiesen- und Waldgelände rund um einen kleinen See. Durch Dauercamper geprägt. Sanitäranlage beheizbar. Badminton. Ort 6 km entfernt. Mittagsruhe 13-15 Uhr. Touristen-/Dauerstellplätze 50/400.
2008: P/N 6.–, K/N 2 bis 14 J. 3.–, St/N 6.–, WD inkl., Strom/N 1.– (10 A).
DCC 10% auf P/N.

CAMPINGPLATZ DROSSELHOF

Der Familien-Campingplatz in der typischen Marschlandschaft. Direkt an der Weser. Moderne Sanitäranlagen stehen zur Verfügung. Attraktive Freizeitgestaltung. Gemütliche Gaststätte. Wir freuen uns auf Ihren Besuch. Das Drosselhof Team
Tel. (04235) 758, Fax (04235) 598
Internet: www.camping-drosselhof.de
Email: Drosselhof1@aol.com   **(2428)**

Urlaub an der Weser

Campotel – aktiv entspannen

Raus aus dem Alltag rein in's Vergnügen

- Teutoburger Wald
- 100% Erholung & Ferien
- Wellness- & Beautyoase
- Saunalandschaft 500qm
- Fitness- & Sportanlagen
- Dauercamping
- Erlebnisgastronomie
- Mobilheime ab Saison 2008
- Shows & Events

ADAC Super-Platz 2007

Heidland 65 | Bad Rothenfelde | fon: 05424 / 210 600 | www.campotel.de | info@campotel.de

2 Niedersachsen und Bremen

28876 Oyten, Bremen (d4) — 2425
25 ★★★ »KNAUS CAMPINGPARK OYTEN/BREMEN« 14.3. bis 3.11.
E.: Helmut Knaus KG Camping-Parks ☎ 04207/2878, Fax 909005
www.knauscamp.de, oyten@knauscamp.de — 40 000 qm
→ A1 Bremen–Hamburg Abf. (52) Oyten auf die B75 Richtung Bremen, der Beschilderung Erholungsgebiet »Oytener See« folgen. ✉ Oyter-See-Str. 1 (GPS: 53°02'47" N / 9°00'22" E).

Ebenes Wiesengelände am See. Unparzellierter und separater Platzteil für Touristen. Sanitäranlage beheizbar. Ort 1.5 km entfernt. Mittagsruhe 13-15 Uhr. Touristen-/Dauerstellplätze 34/165.
2008: P/N 7.–, K/N 4 bis 14 J. 3.–, St/N 2.–, H/N 3.–, WD inkl., Müllgeb. St/N 1.50, Strom/N 2.40 (6 A). Nachlässe mit der KNAUS-Ferienkarte.

27299 Langwedel, OT Hagen-Grinden (d4) — 2428
20 ★★★ »CAMPING DROSSELHOF« — März bis Okt.
E.: Jens Becker ☎ 04235/758, Fax 598 — 50 000 qm
www.camping-drosselhof.de, drosselhof1@aol.com
→ A27 Walsrode–Bremen Abf. (24) Achim-Ost über Achim und Etelsen Richtung Hagen-Grinden. ✉ Ziegeleiweg 35 (GPS: 52°58'28" N / 9°06'23" E).

Wiesengelände in der Weserniederung. Ort 1 km entfernt. Separater Jugendplatz. Mittagsruhe 13-15 Uhr. Touristen-/Dauerstellplätze 80/160.
2007: 2 P/N inkl. St/N 15.–, T/N 6.–, WD inkl. Strom/N 2.– (10 A). Wochenpauschalen.
DCC/CCI 10% auf P/N.

27367 Hassendorf, Rotenburg/W. (d4) — 2434
20 ★★★ »CAMPING STÜRBERG« 15.3. bis 31.10.
E.: Christian Kruse ☎ 04264/9124, Fax 821440 — 20 000 qm
www.stuerberg.de, Campingpark-Stuerberg@gmx.de
→ A1 Bremen–Hamburg Abf. (50) Stuckenborstel-Rotenburg Richtung Rotenburg, in Höhe Hassendorf links. ✉ Vor dem Stürberg 45 (GPS: 53°07'13" N / 9°16'40" E).

Ebenes bis leicht abfallendes Wiesengelände. Teils sonnig, teils durch Laubbäume beschattet. Günstiger Etappenplatz. Kiosk. Bushaltestelle 200 m, Ort 3 km entfernt. Separater Jugendplatz. Mittagsruhe 12.30-14.30 Uhr. Touristen-/Dauerstellplätze 40/40.
2008: (HS) P/N 3.50, K/N 3 bis 16 J. 2.50, C MC-St/N 8.–, T-St/N 7.–, H/N 2.–, WD zuzügl., Strom/N 2.– oder kWh –.40 (16 A). Ab 7 Nächten und in NS 10% Ermäßigung.

27367 Sottrum-Everinghausen (d4) — 2435/1
30 ★★★ »CAMP.-PARADIES GRÜNER JÄGER« 1.1. bis 31.12.
E.: Eckhard Jäger ☎ 04205/319113, Fax 319115 — 28 000 qm
www.camping-paradies.de, info@camping-paradies.de
→ A1 Bremen–Hamburg, Abf. (50) Stuckenborstel/Rotenburg. Nach Everinghausen abbiegen. ✉ Everinghauser Dorfstr. 17 (GPS: 53°04'59" N / 9°10'38" E).

Ebenes Wiesengelände hinter der Gaststätte mit Freibad. Ort 5 km entfernt. Mittagsruhe 13-15 Uhr. Touristen-/Dauerstellplätze 60/100.
2008: (HS) P/N 5.–, K/N 2 bis 13 J. 4.–, St/N 9.50, B/N 3.20, WD zuzügl., Müllgeb. P/N –.50, Strom/N 2.50 oder kWh –.50. Ab 4 Nächten bis 50% Rabatt und in NS Ermäßigung.
CCI 5% auf P/N und St/N.

DCC – auch Ihr Camping-Partner!
Deutscher Camping-Club e.V., Postfach 40 04 28, 80704 München

27367 Sottrum-Everinghausen (d4) 2435/2

★★ »CAMPING EIKHÖFE« ○― 1.1. bis 31.12.
E.: Renate Kahrs-Ehrlich ☎/Fax 04205/430, www.eikhoefe.de 30 000 qm
→ A1 Bremen–Hamburg, Abf. (50) Stuckenborstel-Rotenburg. Nach Everinghausen abbiegen, 2. Platz. ✉ Everinghauser Dorfstr. 18 (GPS: 53°05'00" N / 9°10'32" E).

Ebenes und unparzelliertes Wiesengelände hinter dem Anwesen. Imbiss. Ort 6 km entfernt. Separater Jugendplatz. Mittagsruhe 13-15 Uhr. Touristen-/Dauerstellplätze 50/100.

27404 Gyhum-Hesedorf (d3/4) 2438

★★★ »WALDCAMPING HESEDORF« ○― 1.1. bis 31.12.
E.: Wedtke ☎ 04286/2252, Fax 924509 100 000 qm
www.waldcamping-hesedorf.de, info@waldcamping-hesedorf.de
→ A1 Bremen–Hamburg Abf. (49) Bockel, links Richtung Zeven, nach ca. 1.5 km rechts Richtung Gyhum, weiter nach Hesedorf, hier beschildert. ✉ Zum Waldbad 3 (GPS: 53°11'35" N / 9°20'10" E).

Schattenloses und unparzelliertes Wiesengelände. Vom Wald umgeben. Jugendraum. Billard. Ort 500 m entfernt. Separater Jugendplatz. Mittagsruhe 13-15 Uhr. Touristen-/Dauerstellplätze 70/180.

27374 Visselhövede (d4) 2441

★ »HEIDEDORF-VISSELTAL« ○― 1.1. bis 31.12.
E.: CWEG Visselhövede ☎ 04262/1471, Fax 4568 180 000 qm
www.heidedorf-visseltal.de, anfrage@heidedorf.visseltal.de
→ B 440 Fallingbostel-Rotenburg/Wümme. Im Ort beschildert. ✉ (GPS: 52°59'46" N / 9°34'32" E).
∴ Vogelpark Waldsrode, Heidepark.

Ebenes Wiesengelände mit jungen Anpflanzungen. Kabel-TV. Ort 1 km entfernt. Mittagsruhe 13-15 Uhr. Touristen-/Dauerstellplätze 60/100.

27386 Bothel, Rotenburg/W. (d4) 2455

★★ »CAMPING FERIENPARK HANSEAT« ○― 1.1. bis 31.12.
V.: Zower ☎/Fax 04266/355 49 000 qm
www.campingpark-hanseat.de, info@campingpark-hanseat.de
→ B71 Rotenburg–Soltau, über Hemsbünde abbiegen nach Bothel. ✉ Am Campingplatz 4 (GPS: 53°04'12" N / 9°29'39" E).

Ebenes Wiesengelände neben dem Sportzentrum. Touristenplätze teilweise unparzelliert und schattenlos. **Rezeption z. Zt. nur von 11-12 Uhr geöffnet.** Ort 1 km entfernt. Mittagsruhe 13-15 Uhr. Touristen-/Dauerstellplätze 25/150.

27386 Brockel-Wensebrock (d4) 2457

[20] ★★ »CAMPING WAIDMANNS RUH« ○― 1.1. bis 31.12.
E.: Olaf Lüdemann ☎ 04266/2250, Fax 8897 10 000 qm
www.waidmanns-ruh.de, info@waidmanns-ruh.de
→ B71 Rotenburg/W.–Soltau, in Wensebrock links neben der Straße. ✉ Wensebrock 1 (GPS: 53°06'05" N / 9°29'52" E).

Ebenes und unparzelliertes Wiesengelände hinter der Gaststätte am Waldrand. Haltestelle 200 m, Ort 2 km entfernt. Mittagsruhe 12-14 Uhr. Touristen-/Dauerstellplätze 30/20.
2008: P/N 3.70, K/N 3 bis 12 J. 2.40, C MC-St/N 4.50, T-St/N 2.70/3.70, H/N 1.10, WD inkl., Strom/N 1.10 oder kWh –.50 (16 A).

27389 Lauenbrück, Rotenburg (d3/4) 2470

[25] ★★★ »CAMPING ALTE LÖWENINSEL« ○― 1.4. bis 31.10.
E.: Hans-Cord v. Bothmer ☎ 04267/355, Fax 1580 9000 qm
www.campingplatz-lauenbrueck.de, hc@bothmer.com
→ B75 Bremen–Hamburg, nach Lauenbrück abbiegen. ✉ Gut 1 (GPS: 53°12'07" N / 9°32'53" E).
∴ Wildpark Lauenbrück.

Leicht welliges und unparzelliertes Wiesengelände mit altem Baumbestand zwischen der Wümme und der Fintau. Sanitäranlage beheizbar. Ort 300 m entfernt. Mittagsruhe 13-15 Uhr. Touristen-/Dauerstellplätze 20/55.
2008: (HS) P/N 5.20, K/N 4 bis 14 J. keine Angabe, St/N 6.50, kl. T/N 3.–, H/N 1.50, Strom/kWh 1.–, Anschlussgeb. 2.–. In NS Ermäßigung.

DCC-Vertragsplatz

21258 Heidenau, Nordheide (d3) 2480

[25] ★★★★ »FERIENZENTRUM HEIDENAU« ○― 1.1. bis 31.12.
E.: Robert Hoffmann ☎ 04182/4272, Fax 401130 700 000 qm
www.ferienzentrum-heidenau.de, info@ferienzentrum-heidenau.de
→ A1 Bremen–Hamburg Abf. (46) Heidenau. ✉ Ferienzentrum 10 (GPS: 53°18'31" N / 9°37'16" E).

Ebenes Heide-, Wald- und Wiesengelände. Durch 4 großzügige Stellkessel günstig unterteilt. Touristenflächen unparzelliert. Wellness und Massage. Grillhaus. Pavillons für Zeltler. FW. Ort 1 km entfernt. Mittagsruhe 13-15 Uhr. Touristen-/Dauerstellplätze 80/350.
2008: (HS) P/N 4.50, K/N 2 bis 14 J. 2.–, A/N 3.–, C T/N 5.–, MC/N 7.–, M/N 3.–, WD inkl., Strom/N 2.– (16 A). In NS Ermäßigung.
DCC 10% auf P/N.

21244 Buchholz, Nordheide (d3) 2485

[15] ★★★ »CAMPINGPLATZ HOLM-SEPPENSEN« ○― 1.1. bis 31.12.
E.: D.-H. Henk ☎ 04187/6115, 6836, Fax 6464 70 000 qm
www.campingplatz-nordheide.de, campinghenk@aol.com
→ A1 Bremen–Hamburg Abf. Dibbersen, über Buchholz nach Holm-Seppensen. ✉ Weg zum Badeteich 20-30 (GPS: 53°16'56" N / 9°52'34" E).

Teilparzelliertes und ebenes Wiesengelände unter Bäumen an einem Badesee mit Liegewiese. Übernachtungsmöglichkeit für Mocas vor der Schranke. Kiosk. Ort 200 m, Lebensmittel und Restaurant 500 m entfernt. Mittagsruhe 12.30-14.30 Uhr. Touristen-/Dauerstellplätze 40/210.
2007: P/N 2.–, K/N bis 14 J. 1.–, C MC-St/N 8.–, T-St/N 5.–, WD zuzügl., Strom/N 2.– oder kWh –.35 (16 A).

Das CCI-Carnet ist im Ausland als Identitäts-Ausweis anerkannt. Im Inland genügt die Vorlage des DCC-Mitgliedsausweises zusammen mit Leistungsscheck 18.

(2455)
Campingpark Hanseat

Der neue Geheimtipp in der Lüneburger Heide · Restaurant mit Terrasse, gut bürgerlicher Küche und Spezialitäten · Kiosk · Ideal für Radler und Wanderer · Großzügige Stellplätze für Wohnwagen, Reisemobile und Zelte · In der Nähe zu den Metropolen Hamburg, Hannover und Bremen · Wohnwagenvermietung

Campingpark Hanseat · Am Campingplatz 4 · 27386 Bothel · Tel 0 42 66.355 · Fax 0 42 66.8424
E-Mail: info@campingpark-hanseat.de · www.campingpark-hanseat.de

»STOVER STRAND INTERNATIONAL« ★★★★

Einfahrt am Ende der Zufahrtsstraße

KLOODT OHG
Stover Strand 10, 21423 Drage/Elbe
Telefon (0 41 77) 4 30, Fax (0 41 77) 5 30
www.camping-stover-strand.de
E-mail: kloodt@stover-strand.de

- nur 30 km zur Hamburger City, ganzjährig geöffnet
- modernste Sanitäranlagen, Wohnmobil-Servicestation
- Lebensmittelmarkt, Restaurant und Imbiss
- eigener Bootshafen
- 600 Camping-, Mobilheim- und Wohnmobilplätze
- Wohnwagenvermietung, Ferienhausvermietung
- Angeln, Fahrradverleih, GoKartverleih
- Baden, Sandstrand an der Elbe
- Spiel- und Liegewiesen direkt am Ufer der Elbe
- vielfältige Sport- und Freizeitangebote
- W-LAN

(2507/1)

✉ 21266 Jesteburg, Nordheide (d3) — 2490

⭐⭐⭐ »CAMPING AM QUELLENBAD« 1.1. bis 31.12.
P.: H. Lewandowski ☎ 04183/509080, Fax 50345 18 000 qm
www.Camping-Jesteburg.de

→ A1 Bremen–Hamburg Abf. (41) Hittfeld nach Jesteburg. ✉ Klecker Waldweg 58 (GPS: 53°18'56" N / 9°57'22" E).

Teilweise parzelliertes und ebenes Wiesengelände. Kabel-TV. Durch Dauercamper geprägt. Freibad mit Quellwasser. Ort 600 m, Reiten 1.5 km entfernt. Mittagsruhe 13-15 Uhr. Touristen-/Dauerstellplätze 20/110.
2007: P/N 4.–, K/N 3 bis 10 J. 2.50, St/N 5.– bis 9.–, WD inkl., Strom/N 2.–, kWh –.40 (16 A).

✉ 21376 Garlstorf, Nordheide (e3) — 2502

⭐⭐⭐ »FREIZEIT-CAMP-NORDHEIDE« 1.1. bis 31.12.
V.: Freizeitcp.-Nordheide e. V. ☎ 04172/7556, Fax 962448 80 000 qm
www.campingplatz-freizeitcamp-nordheide-ev.com, info@camping-garlstorf.de

→ A 7 Hannover–Hamburg Abf. (40) Garlstorf 1 km im Ort beschildert Richtung Egestorf. ✉ Egestorfer Landstr. 50.
✿ Wildpark Nindorf. Naturschutzpark Lüneburger Heide.

Ebenes und unparzelliertes Wiesengelände. Naturbad 500 m, Ort 1 km, Hallenbad 2 km entfernt. Separater Jugendplatz. Mittagsruhe 13-14.30 Uhr. Touristen-/Dauerstellplätze 150/150.
2008: P/N 4.10, K/N bis 12 J. 1.80, C MC-St/N 5.10, T-St/N 3.60, H/N 1.50, WD inkl. Müllgeb. P/N –.80, Strom/N 2.50 oder kWh –.60 (16 A). Ab 14 Nächten 10% Ermäßigung auf P/N.

DCC-Vertragsplatz

✉ 21272 Egestorf, Nordheide (e3) — 2503

⭐⭐⭐ »AZUR CAMPINGPARK LÜNEBURGER HEIDE«
E.: AZUR Freizeit GmbH V.: Groß ☎ 04175/661, Fax 8383 1.1. bis 31.10.
www.azur-camping.de/egestorf, egestorf@azur-camping.de 220 000 qm

→ A7 Hannover–Hamburg Abf. (42) Evendorf in Richtung Egestorf ca. 2 km. ✉ Hunndornweg 1 (GPS: 53°10'19" N / 10°03'39" E).
✿ Lüneburger Heide. Wilseder Berg. Tierpark Nindorf.

Hügeliges Kiefernwaldgelände sowie teilweise terrassierte Freiflächen. Im Waldteil unparzelliert. In HS Voranmeldung erforderlich. Haltestelle 300 m, Ort 3 km entfernt. Mittagsruhe 13-15 Uhr. Touristen-/Dauerstellplätze 240/270.
2008: (HS) P/N 6.–, K/N 2 bis 12 J.–, St/N 6.50/8.–, T/N 2.50, M/N 4.–, H/N 2.80, WD inkl., Strom/N 2.80 (16 A). Für 14 Nächte nur 12 Nächte bezahlen (außer Strom). 15% auf P/N mit der AZUR Club Card. Angebote. In NS Erm.
DCC 10% und CCI 5% auf P/N.

✉ 21423 Winsen/L.-Laßrönne (e3) — 2506

⭐⭐ »CAMPING-LASSRÖNNE« 1.4. bis 15.10.
E.: Lorenz Meyn ☎ 04179/392, (7448), Fax 759366 25 000 qm

→ B4 Hamburg-Lüneburg, über Winsen/L. abbiegen Richtung Drage ca. 4 km. ✉ Elbuferstr. 60 (GPS: 53°23'35" N / 10°13'09" E).

Ebenes und unparzelliertes Wiesengelände hinter dem Deich. Keine ständige Anwesenheit des Platzwartes (in diesem Fall Anmeldung per Telefon lt. Aushang). Ort 1 km entfernt. Mittagsruhe 13-15 Uhr. Touristen-/Dauerstellplätze 20/80.
2008: P/N 3.50, K/N 3 bis 14 J. 2.10, A/N 1.10, C/N 3.50, MC/N 4.70, T/N 3.–, M/N 1.10, B/N 1.10, WD zuzügl., Müllgeb./Sack 3.–, Strom/N 2.– oder kWh –.30 (10 A), Anschlussgeb. 1.–.

DCC-Vertragsplatz

✉ 21423 Stove bei Drage, Elbe (e3) — 2507/1

⭐⭐⭐⭐ »STOVER STRAND INTERNATIONAL« 1.1. bis 31.12.
E.: Kloodt oHG. ☎ 04177/430, Fax 530 400 000 qm
www.camping-stover-strand.de, info@stover-strand.de

→ A1 Bremen–Hamburg, dann AB-Kreuz Maschen auf die A 250 Richtung Winsen/L. Abf. (4) Winsen-Ost über Winsen-Drage bis Stove, 3. Platz. ✉ Stover Strand 10 (GPS: 53°25'26" N / 10°17'42" E).

Ebenes und teilweise durch Bäume und Büsche aufgelockertes Wiesengelände mit kleinem See. Parzellierter Mobilheimteil hinter dem Elbdeich, sowie unparzellierter Teil vor dem Elbteich. Uferliegewiesen. Jugendraum. Ort 1.5 km entfernt. Separater Jugendplatz. Mittagsruhe 13-15 Uhr. Touristen-/Dauerstellplätze 100/400.
2008: (HS) P/N 5.–, K/N 2 bis 12 J. 3.–, St/N 6.– bis 8.–, B/N 8.50, H/N 1.50, WD zuzügl., Strom/N 1.50, kWh –.40 (10 A). In NS Ermäßigung.
DCC/CCI 10% auf P/N.

✉ 21423 Stove bei Drage, Elbe (e3) — 2507/2

⭐⭐⭐ »CAMPING-LAND« April bis Okt.
E.: Meike Land ☎ 04176/327, Fax 949255 60 000 qm
www.camping-land-online.de, info@camping-land-online.de

→ A1 Bremen–Hamburg, dann AB-Kreuz Maschen auf die A 250 Richtung Winsen/L. Abf. (4) Winsen/Ost über Winsen-Drage bis Stove, 1. Platz. ✉ Stover Strand 7 (GPS: 53°25'42" N / 10°18'04" E).

Ebenes und unparzelliertes Wiesengelände hinter dem Elbdeich bei einem Anwesen. Separater Platzteil vor dem Deich. Sanitäranlage beheizbar. Kegelbahn 150 m, Restaurant und Ort 500 m entfernt. Separater Jugendplatz. Mittagsruhe 13-15 Uhr. Touristen-/Dauerstellplätze 30/100.
2008: P/N 5.–, K/N 4 bis 12 J. 3.–, St/N 6.–, T/N 4.–, H/N 1.50, WD zuzügl., Strom/N 2.– (10 A).
DCC/CCI 10% auf P/N und St/N.

21382 Brietlingen-Lüdershausen (e3) — 2509

»CAMP AM REIHERSEE« 1.1. bis 31.12.
E.: Jan F. Kloodt GbR ☎ 04133/3577, 3671, Fax 3577 60000 qm
www.camping-camp-am-reihersee.de, Reiherseecamp1@aol.com

→ B209 Lüneburg–Lauenburg, hinter Brietlingen rechts abbiegen zum Feriengebiet Reihersee. 1. Platz (GPS: 53°20'27" N / 10°28'01" E).
Kindertobeland Alcino. Hochseilgarten.

Zweigeteiltes und ebenes Wiesengelände am Südufer des Sees. Ort 1.5 km entfernt. Mittagsruhe 13-15 Uhr. Touristen-/Dauerstellplätze 30/280.
2008: P/N keine Angabe, K/N 10 bis 14 J. 2.50, St/N 8.– bis 11.–, H/N 2.–, Strom/N 3.– (10 A).

21522 Hohnstorf, Elbe (e3) — 2510

»CAMPING ELBSTRAND« 15.4. bis 15.10.
E.: Hermann Böther ☎ 04139/6640 7500 qm

→ B209 Lüneburg–Lauenburg, nach Hohnstorf einbiegen. 1. Platz. ✉ Bundesstr. 19c (GPS: 53°22'00" N / 10°32'52" E).

Leicht abfallendes und unparzelliertes Wiesengelände am Elbufer. Durch Bäume aufgelockert. Wasser- und Radwanderer-Station. Die Sanitäranlage befindet sich beim Bauernhof hinter dem Deich. FW. Ort 500 m entfernt. Mittagsruhe 13-15 Uhr. Touristen-/Dauerstellplätze 30/40.
2007: P/N 2.50, K/N 2 bis 10 J. 1.–, A/N 2.50, C/N 2.50, MC/N 5.–, T/N 3.–/4.–, M/N 2.50, B/N 1.–, H/N 1.–, WD zuzügl., Strom/N 2.50 oder kWh –.50 (10 A).

21522 Bullendorf, Lüneburg (e3) — 2511

»CAMPING BULLERBY« 1.1. bis 31.12.
E.: Gerhard Knüppel ☎/Fax 04139/6037 40000 qm
www.camping-urlaub.de/Elbtalaue/knueppel, campbullerby@t-online.de

→ B209 Lüneburg–Lauenburg, bei Hohnstorf rechts abbiegen Richtung Bleckede noch 2 km. ✉ Elbuferstr. 35 (GPS: 53°20'46" N / 10°34'34" E).

Hügeliges, unparzelliertes Wald- und Wiesengelände am Ortsrand. Sanitäranlage beheizbar. Touristen-/Dauerstellplätze 40/80.
2007: P/N 4.–, K/N 2.50, A/N 1.50, C T/N 2.50, MC/N 4.–, M/N 1.50, H/N 1.–, Strom/N –.35 (10 A), Anschlussgeb. 1.50.
DCC 10% auf P/N.

21335 Lüneburg (e3) — 2515

»CAMPING ROTE SCHLEUSE« 1.1. bis 31.12.
E.: Fam. Muckenhirn ☎ 04131/791500, Fax 791695 22000 qm
www.camproteschleuse.de, camproteschleuse@aol.com

→ B4 Lüneburg–Uelzen Abf. Deutsch Evern. ✉ Rote Schleuse 4 (GPS: 53°12'34" N / 10°24'36" E).

Leicht welliges und unparzelliertes Wiesengelände auf einer Waldlichtung mit Badesee. Imbiss/Kiosk. Grillhütte. Haltestelle und Reiten 50 m, Erlebnisbad 3 km, Ort 4 km entfernt. Mittagsruhe 13-15 Uhr. Touristen-/Dauerstellplätze 85/32.

21406 Melbeck (e4) — 2517

»ILMENAUPARK MELBECK« 1.1. bis 31.12.
E.: K. Fuhrhop ☎/Fax 04134/7311 100 m 80400 qm
www.ilmenaupark-melbeck.de, info@ilmenaupark-melbeck.de

→ B4 Lüneburg-Uelzen, 2 km hinter Melbeck links. ✉ Uelzener Str. 77 (GPS: 53°10'09" N / 10°25'48" E).

Unparzelliertes und leicht welliges Wald- und Wiesengelände an der Ilmenau. Wasserwanderer-Station. Badesteg und Liegewiese. Kiosk. Hundeverbot für Kampfhunde. Von Dauercampern gepägt. Voranmeldung erwünscht. Ort 1.5 km entfernt. Mittagsruhe 13-15 Uhr. Touristen-/Dauerstellplätze 30/120.

DCC – DEIN PARTNER!

21401 Radenbeck bei Thomasburg (e3) — 2518

»CAMPING HEIDEHOF RADENBECK« 1.1. bis 31.12.
E.: Fam. Joost ☎ 05859/970830, Fax 970841 13000 qm
www.schoener-campen.de, info@schoener-campen.de

→ B216 Lüneburg–Dannenberg, in Bavendorf in Richtung Radenbeck abbiegen. ✉ Am Mausethal 6 (GPS: 53°13'16" N / 10°37'28" E).
Heidelandschaft. Neetzetal mit Wassermühlen. Wildpark Niendorf.

Zweigeteiltes, parzelliertes Wiesengelände bei einem Anwesen mit kleinem Badeweiher. Kiosk. Ort 100 m entfernt. Mittagsruhe 13-15 Uhr. Touristen-/Dauerstellplätze 40/40.
2008: P/N 4.–, K/N 5 bis 12 J. 2.–, A/N 2.–, C/N 4.–, MC/N 6.–, T/N 2.–, M/N 2.–, H/N –.50, WD inkl., Strom/N 1.50 (16 A).

21354 Bleckede–Alt Garge (e3) — 2519

»ADAC-CAMPING ALT-GARGE« 1.1. bis 31.12.
E.: ADAC-GAU Hansa Hamburg, V.: K.-D. Steinke ☎ 05854/311, Fax 1640
www.camping-altgarge.de, adac-camping-altgarge@t-online.de 66000 qm

→ Elbuferstraße zwischen Bleckede und Hitzacker, am Ortsausgang von Alt Garge links. ✉ Am Waldbad 23 (GPS: 53°15'34" N / 10°48'20" E).

Parzelliertes, leicht ansteigendes und parkartiges Wiesengelände im Waldrand neben dem Freibad. Natur-Informationszentrum. Ort 600 m entfernt. Separater Jugendplatz. Mittagsruhe 13-15 Uhr. Touristen-/Dauerstellplätze 70/200.
2008: 2 P/N + K/N bis 16 J. inkl. St/N 18.50/**16.50** (DCC/CCI), weitere P/N 4.–, Alleinreisende inkl. St/N 16.50/**14.50** (DCC/CCI), P/N inkl. T/N 5.–/7.–, H/N 1.50, WD inkl., Strompauschale für eine Nacht 2.–, ab 2 Nächten Strom/kWh –.45 (10 A) plus Anschlussgeb. 1.50. Ab 11 Nächten Erm.
DCC/CCI siehe oben.

21368 Dahlenburg, Lüneburg (e3/4) — 2521

»ELBTALAUE CAMP IM DORN« 1.4. bis 3.10.
E.: Gemeinde P.: K. Peter ☎/Fax 05851/944848, 0173/3736669
www.camping-elbtalaue.de, KlausKurtpeter@aol.com 16000 qm

→ B216 Lüneburg–Dannenberg, in Dahlenburg beschildert. ✉ Dornweg 1 (GPS: 53°10'54" N / 10°44'49" E).

Parzelliertes und ebenes Wiesengelände neben dem Freibad (für Camper freier Eintritt) mit einem Angelteich. Von einem Bach durchzogen und von Hecken und Bäumen umrandet. Separater Jugendplatz. Lebensmittel und Restaurant 200 m, Ort, Haltestelle und Reitmöglichkeit 500 m entfernt. Mittagsruhe 13-15 Uhr. Touristen-/Dauerstellplätze 40/50.
2007: 2 P/N inkl. St/N 11.– bis 13.–, weitere P/N 4.–, K/N 5 bis 16 J. 3.–, Zweiradfahrer mit kl. T/N 6.–, H/N 1.–, WD inkl., Müllgeb. St/N –.80, Strom/kWh –.40 (16 A), Anschlussgeb. 2.–/5.–. Ab 8 Nächten 10% Erm.

29490 Klein-Kühren, Elbe (e3) — 2523

»CAMPING ELBUFER« 1.1. bis 31.12.
E.: Thomas Lütjens ☎/Fax 05853/256, Fax 274 25000 qm
www.campingplatz-elbufer.de, info@campingplatz-elbufer.de

→ Elbuferstraße zwischen Neu-Darchau und Hitzacker. ✉ Elbuferstr. 141 (GPS: 53°13'34" N / 10°54'42" E).

Unparzelliertes, leicht welliges und teilweise terrassiertes Wiesengelände bei einem bewirtschafteten Bauernhof zwischen Elbuferstraße und Elbe. Durch Dauercamper geprägt. Sanitäranlage beheizbar. Ort 1.5 km entfernt. Separater Jugendplatz. Mittagsruhe 13-15 Uhr. Touristen-/Dauerstellplätze 70/180.
2007: P/N 4.–, K/N bis 16 J. 2.50, St/N 4.–, Zweiradfahrer mit kl. T/N 2.–, WD zuzügl., Strom/N 1.– (16 A).

DCC-Mitgliedsausweis

DCC-Mitgliedern wird geraten, den DCC-Mitgliedsausweis zusammen mit Leistungsscheck 18 sofort bei der Anmeldung auf den entsprechenden Campingplätzen vorzulegen. Eine spätere Reklamation wegen nichterhaltenen Mitgliedernachlasses ist infolge Computerabrechnung oft erfolglos.

Ferienpark „HEIDESEE"

365 Tage Camping am Rande des Naturparks Südheide

- Freibad • Badesee • Indoorspielplatz
- Streichelzoo • Skaterbahn • Kinderscooter
- Beach-Volleyball • Basketball
- Fußball • Funball • Tischtennis
- Kicker • Abenteuerspielplatz
- Behinderten-Waschraum • Trampoline
- sep. FKK-Bereich • Mietwohnwagen
- Ferienhäuser • Ferienwohnungen
- Fahrradverleih • Go-Kart-Verleih
- Restaurant • Biergarten
- Imbiss • Lebensmittelshop • u.v.m.

e-Mail: heidesee@ferienpark.de

Ein Ferienpark der
Rohloff Ferienpark GmbH
Mülheim/Ruhr
www.ferienpark.de   (2531)

Ferienpark Heidesee • 29328 Faßberg-Oberohe
Tel. 05827 / 97 05 46 • Fax 05827 / 97 05 47

www.campingheidesee.com • www.ferienpark.de

DCC-Vertragsplatz

✉ 29633 Munster-Kreutzen, Soltau (e4)   2525

[25] ★★★★ »CAMPING ZUM OERTZEWINKEL« ⚷ 1.1. bis 31.12.
P.: Werner Cohrs ☎ 05055/5549, Fax 1353   80000 qm
www.oertzewinkel.de, info@oertzewinkel.de

→ B71 Soltau–Uelzen, hinter Munster bei Dethlingen abbiegen Richtung Celle-Trauen. In Kreutzen beschildert. ✉ Kreutzen 22 (GPS: 52°55'08" N / 10°07'39" E).

⁂ Siebensteinhäuser. Lönsstein. Naturschutzpark Südheide.

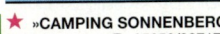

Parzelliertes, zweigeteiltes Wald- und Wiesengelände bei einem bewirtschafteten Bauernhof mit Badeteich. Go-Kart Verleih. EUROCAMPING. Wasserspielplatz und Wassertretstelle. W-LAN/Funkinternet. Ort 4 km entfernt. Separater Jugendplatz. Mittagsruhe 13-15 Uhr. Touristen-/Dauerstellplätze 60/110.
2008: P/N 5.50, K/N 3 bis 16 J. 2.80, A/N 2.50, C/N 4.–, MC/N 6.–, T/N 3.30, M/N 1.80, H/N 1.80, WD inkl., Strom keine Angabe (16 A).
DCC/CCI 10% auf P/N.

✉ 29328 Faßberg-Müden an der Örtze (e4)   2528

★ »CAMPING SONNENBERG«   ⚷ 1.1. bis 31.12.
P.: Heidekamp ☎ 05052/3072, Fax 05052/975571   40000 qm
www.naturcamping-sonnenberg.de, info@naturcamping-sonnenberg.de

→ B71 Soltau–Uelzen, hinter Munster bei Dethlingen abbiegen nach Müden, in Müden beschildert. ✉ Sonnenberg 3 (GPS: 52°53'18" N / 10°05'58" E).
⁂ Siebensteinhäuser. Lönsstein. Südheide.

Unparzelliertes, welliges Heide- und Waldgelände. Imbiss in HS. Ort 1.2 km entfernt. Separater Jugendplatz. Mittagsruhe 13-15 Uhr. Touristen-/Dauerstellplätze 200/200.

✉ 29328 Faßberg-Gerdehaus (e4)   2530

[20] ★ »WALDCAMPING GERDEHAUS«   ⚷ Ostern bis 15.10.
E.: Renate Hörmann-Lemcke ☎ 0179/2073036   44000 qm

→ B71 Soltau–Uelzen, hinter Munster bei Dethlingen abbiegen über Müden Richtung Unterlüß, bei Gerdehaus rechts einbiegen, beschildert. (GPS: 52°52'29" N / 10°11'35" E).

Leicht welliges, unparzelliertes Heidegelände am Naturparkrand. Ort 4 km entfernt. Mittagsruhe 13-15 Uhr. Touristen-/Dauerstellplätze 30/100.
2007: P/N 4.50, K/N 15 J. 3.60, St/N 4.50, WD zuzügl., Strom/kWh –.60 (16 A).

✉ 29328 Faßberg-Oberohe (e4)   2531

[25] ★★★ »CAMPING-FERIENPARK HEIDESEE« ⚷ 1.1. bis 31.12.
E.: Rohloff Ferienpark GmbH, ☎ 05827/970546, Fax 970547 174000 qm
www.campingheidesee.com, heidesee@ferienpark.de

→ A7 Hannover–Hamburg Abf. (44) Soltau-Ost über Munster-Müden-Faßberg Richtung Unterlüß, beschildert. ✉ Oberohe 25 (GPS: 52°52'32" N / 10°13'38" E).
⁂ Lönsstein Müden. Wacholderpark. Heideflächen.

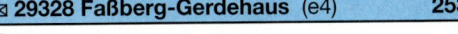

Ebenes, teilweise terrassiertes Wiesen- und Heidegelände um einen See. Durch Büsche und Bäume aufgelockert. FW. Separater FKK-Teil. Skaterbahn. Funball-Halle. Streichel-Zoo. Ort 6 km entfernt. Separater Jugendplatz. Mittagsruhe 13-15 Uhr. Touristen-/Dauerstellplätze 70/200.
2008: (HS) P/N 5.–, K/N 1 bis 14 J. 3.–, St/N 8.50, T/N 4.– bis 6.–, M/N 2.–, H/N 2.–, WD inkl., Strom/N 3.– (ab 10 A). In NS Ermäßigung.
DCC/CCI 10% auf P/N.

✉ 29320 Hermannsburg-Oldendorf (e4)   2532

★★ »CAMPING AM ÖRTZETAL«   ⚷ 1.1. bis 31.12.
E.: Elke Schmidt ☎ 05052/3072, 1555   60000 qm
www.campingplatz-oldendorf.de

→ B3 Celle–Soltau, in Bergen abbiegen über Beckedorf nach Oldendorf. ✉ Dicksbarg 46 (GPS: 52°48'09" N / 10°06'07" E).

Unparzelliertes, leicht welliges Wiesen- und Heidewaldgelände an der Örtze. Sanitäranlage beheizbar. Imbiss. Ort 1 km entfernt. Mittagsruhe 13-15 Uhr. Touristen-/Dauerstellplätze 100/100.

✉ 29646 Bispingen-Behringen (d4)   2534

[20] ★★★ »CAMPING BRUNAUTAL AM SEE«   ⚷ 1.1. bis 31.12.
E.: Jens Brockstädt ☎ 05194/840, Fax 970812   27000 qm
www.campingplatz-brunautal.de, brunautal@gmx.de

→ A7 Hannover–Hamburg Abf. (43) Bispingen Richtung Brunausee und weiter in den Ort, beschildert. ✉ Seestr. 17 (GPS: 53°06'32" N / 9°57'57" E).
⁂ Wilseder Berg. Heidepark. Vogelpark Waldsrode.

Ebenes und unparzelliertes Wiesengelände im Ortsbereich. Durch einem Bach unterteilt. Centerpark 3 km entfernt. Touristen-/Dauerstellplätze 70/30.
2008: (HS) P/N 4.30, K/N 3 bis 15 J. 2.70, C MC-St/N 7.–, T-St/N 3.25 bis 6.50, H/N 1.10, WD inkl., Strom/N 1.25 oder –.30 (6/10 A). In NS Erm.

Kur- und Feriencamping Röders' Park

Ebsmoor 8 • 29614 Soltau
Tel. 0 51 91 / 21 41 • Fax 0 51 91 / 1 79 52
www.roeders-park.de • info@roeders-park.de

Finden auch Sie Ihren Lieblingsstellplatz auf unserer parkähnlichen Anlage. Ob offene Stellplätze am Teich oder gemütliche Nischen am Ebsmoor – bei uns können Sie einen erlebnisreichen und aktiven Urlaub entspannt genießen.

(2540/1)

- Neues Sanitär mit allem Komfort
- Komfortstandplätze mit Frisch- & Abwasser
- 1,5 km zum Stadtzentrum & Soltau-Therme
- 999 km Rad- und Wanderwege
- Gasthaus mit gutbürgerlicher Küche
- Angebotswochen in der Vor- und Nachsaison
- Goldmedaille 2006. DTV: Fünf Sterne

Bei uns werden Sie sich wohlfühlen

DCC-Vertragsplatz

✉ **29640 Heber, bei Schneverdingen** (d4)   2538

[25] ★★★★ »CAMPING-PARK LÜNEBURGER HEIDE«
E.: Manuela Vollmer   ☎ 05199/275, Fax 514   1.1. bis 31.12.
www.camping-LH.de, info@camping-LH.de   76 000 qm
→ A7 Hannover–Hamburg Abf. (43) Bispingen über Behringen auf die B3 Hamburg–Soltau, am Ortsende von Heber links. ✉ Badeweg 3 (GPS: 53°04'15" N / 9°51'53" E).
♣ Naturpark Lüneburger Heide. Naturpark Wilseder Berg. Pietzmoor. Schneverdinger Höpen mit Heidegarten. Heide-Park-Soltau.

Parkartiges und parzelliertes Wiesengelände mit Naturbad am Ortsrand. Eingangsbereich gärtnerisch gestaltet. Kleinkindersanitär. Streichelzoo. Heuhotel/Hausfloß. Themengärten. Garten-Schach. Boccia. Volleyball. Biergarten. Übernachtungsplätze für Reisemobile vor dem Eingang. Ort 1 km entfernt. Mittagsruhe 13-15 Uhr. Touristen-/Dauerstellplätze 100/100.
2008: (HS) P/N 5.–, K/N 3 bis 14 J. 4.–, St/N 10.–, H/N 2.–, WD zuzügl. Strom/N 2.–, kWh –.50 (16 A), Anschlussgeb. 1.–. Bei längerem Aufenthalt und in NS Ermäßigung. **DCCI 10% auf P/N.**

DCC-Vertragsplatz

✉ **29614 Soltau-Wolterdingen** (d4)   2539

[30] ★★★★ »CAMPING AUF DEM SIMPEL«
E.: Angelika Charitonenkow   ☎ 05191/3651, Fax 16495   1.1. bis 31.12.
www.auf-dem-simpel.de, info@auf-dem-simpel.de   90 000 qm
→ A7 Hannover–Hamburg, Abfahrten (44) Soltau-Ost oder (45) Soltau-Süd über Soltau auf die B3 Richtung Hamburg. Nach 5 km rechts. ✉ Auf dem Simpel (GPS: 53°01'31" N / 9°51'34" E).
♣ NSG Wilseder Berg. Vogelpark Walsrode. Heide-Park-Soltau.

Ebenes Wald- und Heidegelände am Waldrand. Durch Busch- und Tannenhecken unterteilt. Kabel-TV. Go-Cart. FW. Ort 5 km entfernt. Mittagsruhe 13-15 Uhr. Touristen-/Dauerstellplätze 80/130.
2008: P/N 5.90, K/N 4 bis 13 J. 3.–, St/N 7.90, T/N 6.50, H/N 2.–, WD zuzügl., Strom/kWh –.60 (10 A). Wochenangebote. **DCC/CCI 10% auf P/N.**

DCC-Vertragsplatz

✉ **29614 Soltau** (d4)   2540/1

[30] ★★★★★ »KUR- U. FERIENCAMPING RÖDERS PARK«
E.: Malte Röders   ☎ 05191/2141, Fax 17952   1.1. bis 31.12.
www.roeders-park.de, info@roeders-park.de   14 000 qm
→ A7 Hannover–Hamburg, Abfahrten (44) Soltau-Ost oder (45) Soltau-Süd Richtung Soltau, in Soltau auf die B3 Richtung Hamburg, hinter dem Ortsschild erste Straße links. ✉ Ebsmoor 8 (GPS: 53°00'03" N / 9°50'13" E).
♣ Naturschutzgebiet „Lüneburger Heide" und „Südheide". Freizeitparks (u.a. Heide-Park Soltau/Vogelpark Walsrode).

Parkartiges und parzelliertes Wiesengelände mit kleinem Weiher. Sat-TV Anschluss. W-LAN/Funkinternet. Haltestelle (nur in HS) 100 m. Ort 1.5 km entfernt. Mittagsruhe 13-15 Uhr. Touristen-/Dauerstellplätze 90/30.
2008: P/N 6.10, K/N 4 bis 13 J. 4.45, St/N 11.50, H/N 2.–, WD inkl., Strom/kWh –.50 (6 A), Anschlussgeb. 1.–. **DCC 10% auf P/N.**

✉ **29614 Soltau** (d4)   2540/2

★★★ »SCANDINAVIA CAMPING PARADIES«   1.1. bis 31.12.
E.: CEG Scandinavia   ☎ 05191/2293, Fax 18380   250 000 qm
V.: H. Hartmann   Scandinavia-camping.de, Camping@Scandinavia-camping.de
→ A7 Hannover–Hamburg Abf. (44) Soltau-Ost Richtung Uelzen/Lüneburg, nach ca. 600 m links, beschildert. (GPS: 53°00'16" N / 9°56'22" E).
♣ Naturschutzpark »Wilseder Berg«. Hünengräber »Siebensteinhäuser«. Heide-Park.

Leicht welliges Heidewaldgelände. Touristenteil mit Sanitäranlage im vorderen Platzbereich. Streetball- und Basketballplatz. Ort mit Kurmöglichkeiten 6 km entfernt. Mittagsruhe 13-15 Uhr. Touristen-/Dauerstellplätze 305/400.

DCC – DEIN PARTNER!

"Herzlich Willkommen"
- Ferienhäuser ★★★
- Gästezimmer ★★★
- parzellierte Komfortplätze • Freibad

800 m bis zum Heide-Park!

(2539)

Ferien im Reich der Heidekönigin
Auch barrierefrei

Hier finden Sie alles, was Ihren Urlaub im Herzen der Lüneburger Heide traumhaft schön und unvergesslich macht. Auf eine persönliche Gästebetreuung in unserem liebevoll gepflegten und familienfreundlichen Camping-Park können Sie sich freuen.

* Vermietung neuwertiger Wohnwagen und Bungalows
* Günstige Langzeitangebote * Ganzjährig geöffnet
* Rabatte in der Vor- und Nachsaison

(2538)

Vollmer's Camping-Park Lüneburger Heide
ERLEBEN SIE DIE SCHÖNHEIT DER NATUR

Weitere Infos erhalten Sie unter:
Badeweg 3 · D-29640 Heber · Tel. 05199-275 · Fax 05199-514
eMail: info@camping-LH.de · Internet: www.camping-LH.de

29614 Soltau-Harber, (d4) 2543
»FREIZEITHOF CAMP AM MÜHLENBACH«
E.: AWS Soltau ☎ 05191/14912, Fax 978628 — 1.1. bis 31.12.
www.camping-muehlenbach.de, info@camping-muehlenbach.de 100000 qm
→ A7 Hannover–Hamburg Abf. (44) Soltau-Ost auf die B71 Richtung Soltau. ✉ Wietzendorfer Str. 2 (GPS: 53°59'14" N / 9°54'36" E).
⁂ Heidepark. Hünengräber. Naturschutzgebiet Wilsede. Therme Soltau.

[icons]

🚲 |(H)1 km ≈ ≋ 4 km
Ebenes Heide- und Waldgelände mit Badesee und Heckenunterteilung. FW. Ort 4 km entfernt. Separater Jugendplatz. Mittagsruhe 13-15 Uhr. Touristen-/Dauerstellplätze 120/250.
2007: (HS) P/N 3,75, K/N 2 bis 14 J. 2.50, C MC-St/N 5.–, H/N 2.–, WD zuzügl., Strom/N 2.20. In NS Ermäßigung.

DCC-Mitglieder fahren mit Auslands-Schutzpaß! und SIE?

DCC-Vertragsplatz

29647 Wietzendorf, Osterheide (d4) 2544
ab 30 ★★★★★ **»SÜDSEE-CAMP«** — 1.1. bis 31.12.
E.: Gottfried und Per Thiele ☎ 05196/980116, Fax 980299
www.suedsee-camp.de, info2@suedseecamp.de 800000 qm
→ A7 Hannover–Hamburg Abf. (45) Soltau-Süd auf die B3 Richtung Bergen ca. 3 km, dann abbiegen nach Wietzendorf. ✉ Im Lindenhorstforst 2/Südseecamp 1 (GPS: 52°55'53" N / 9°57'55" E).
⁂ Lüneburger Heide.

[icons] (H)2 km

Ebenes Wald- und Wiesengelände in der Heide um einen Badesee mit öffentlichem Badebetrieb, teilweise naturbelassen. Schöner, gärtnerisch angelegter Eingangsbereich. Stellplatzbereiche wahlweise parzelliert, unparzelliert oder in Stellgruppen, sowie separate Platzgebiete auf denen keine Hunde zugelassen sind. Kleinkindersanitär. »Kirche unterwegs«. Ferienhäuser. Kabel-TV. Großes Veranstaltungszelt. Hundebad. In den Ferien sowie Ostern und Pfingsten tel. oder schriftliche Reservierung erforderlich. Ort 2 km entfernt. Separater Jugendplatz. Mittagsruhe 13-15 Uhr. Touristen-/Dauerstellplätze 550/550.
2007: (HS) 2 P/N inkl. St/N ab 24.– (je nach Saisonzeit und Ausstattung), weitere P/N 4.50, K/N 2 bis 9 J. 3.–, K/N 9 bis 18 J. 3.50, H/N 3.– (keine Kampfhunde zugelassen), WD zuzügl., Strom/N ab 1.50, kWh –.20 (4/6/10 A). Großstellplätze über 140 qm Aufschlag. Familienangebote. In NS Erm. DCC 10% auf P/N. Anzeige S. 125

Freizeithof „Camp am Mühlenbach"

Freizeitanlage auf einem nahezu naturbelassenen Wald- und Heidegelände.

- Kinderspielplatz, Badesee mit weiteren Spielmöglichkeiten, Bolzplatz sowie mehreren Fischteichen.
- Italienisches Restaurant und Kiosk für Dinge des täglichen Bedarfs.
- Reiseplätze in 4 individuell belegbaren Bereichen. Auch größere Reisegruppen sind herzlich willkommen.
- Zahlreiche Rad- und Wanderwege in herrlicher Landschaft. Fahrradverleih vor Ort.
- Ausflugsziele: Heide-Park Soltau, Vogelpark Walsrode, Serengeti-Park Hodenhagen, Wildpark Lüneburger Heide, Soltau-Therme, Spielzeugmuseum Soltau.

Freizeithof „Camp am Mühlenbach"
Wietzendorfer Straße 2 · 29614 Soltau
Tel. 0 51 91–1 49 12 · Fax –97 86 28
www.camping-muehlenbach.de
info@camping-muehlenbach.de

(2543)

Sie finden in ruhiger Lage den an der Böhme gelegenen
Campingplatz „Böhmeschlucht"
umgeben von Laub- und Nadelwäldern, wo auch die Durchgangs- und Urlaubsplätze teilweise am Flußufer gelegen sind. Angelmöglichkeit in der Böhme ist gegeben. Mehr Info: www.boehmeschlucht.de
Bitte Prospekt anfordern bei: *Herbert Küddelsmann*
Vierde 22 · 29683 Fallingbostel
Tel. 0 51 62/56 04 · Fax 0 51 62/51 60
(2550)

DCC-Vertragsplatz

✉ 29683 Fallingbostel-Vierde (d4) 2550

Abfahrt

20 ★★★ »CAMPING BÖHMESCHLUCHT« 1.1. bis 31.12.
E.: Herbert Küddelsmann ☎ 05162/5604, Fax 5160   100000 qm
www.boehmeschlucht.de, campingplatz-boehmeschlucht@t-online.de

→ A7 Hannover–Hamburg Abf. Abf. (47) Fallingbostel, weiter Richtung Fallingbostel/Soltau, 1 km nach dem Kreisverkehr rechts (im Wald) abbiegen. ✉ Vierde 22 (GPS: 52°52'37" N / 9°43'54" E).

Leicht zum Bach abfallendes, teilweise terrassiertes Wiesengelände. Unparzelliert und von Wald umgeben. Ort 2.5 km entfernt. Mittagsruhe 13-15 Uhr. Touristen-/Dauerstellplätze 110/45.
2008: P/N 2.80, K/N 1 bis 15 J. 1.50, N/N 11.50, WD inkl. Strom/N 1.50 (10/16 A). Ab 7/14 Nächten 10/20% Ermäßigung.
DCC/CCI 10% auf P/N.

✉ 29664 Walsrode-Düshorn (d4) 2555

Abfahrt

20 ★★ »CAMPING ZUM ALTEN MÜHLENTEICH« 1.1. bis 31.12.
P.: Barbara Schwarz ☎ 05161/8989, Fax 73190 65000 qm
www.camping-urlaub.de/niedersachsen/html, muehlenteich@online.de

→ A 7 Hannover–Hamburg Abf. (47) Fallingbostel Richtung Walsrode-Düshorn oder Abf. (49) Westenholz über Krelingen nach Düshorn. Platz liegt zwischen beiden Abfahrten. ✉ Mühlenstr. 33-35 (GPS: 52°49'22" N / 9°38'17" E).
⚘ Vogelpark Walsrode. Safaripark Hodenhagen.

Ebenes bis leicht welliges Wiesengelände unparzelliert an einem Mühlenteich mit teilweise altem Baumbestand. Ort 500 m, Hallenbad 6 km entfernt. Mittagsruhe 13-15 Uhr. Touristen-/Dauerstellplätze 26/80.
2007: P/N 4.–, K/N 1 bis 14 J. 2.–, A/N 2.–, C/N 4.–, MC/N 5.–, T/N 3.–, M/N 1.50, H/N 1.50, WD inkl., Müllgeb. St/N 1.20, Strom/N 1.80 (16 A).
DCC/CCI 10% auf P/N.

✉ 29664 Walsrode-Kirchboitzen (d4) 2557

Abfahrt

20 ★★ »CAMPING HELBERGER MÜHLE« 15.3. bis 1.11.
P.: Irmgard Meyer ☎ 05166/277, Fax 5205   13000 qm

→ A27 Bremen–Hannover Abf. (27) Walsrode-West auf die B209 Richtung Rethem u. Nienburg. In Kirchboitzen abbiegen. ✉ Kirchboitzen 59 (GPS: 52°49'38" N / 9°30'26" E).
⚘ Vogelpark Walsrode. Märchenwald. Safaripark Hodenhagen.

Ebenes und unparzelliertes Wiesengelände in einem Tal zwischen Bach und Mühlenteich. Sanitäranlage beheizbar. Ort 1 km entfernt. Mittagsruhe 13-15 Uhr. Touristen-/Dauerstellplätze 28/52.
2007: P/N 3.50, K/N 3.–, St/N 6.–, H/N 1.50, WD zuzügl., Müllgeb. St/N 1.–, Strom/kWh –.40, Anschlussgeb. 1.50.

✉ 27308 Kirchlinteln-Kükenmoor (d4) 2559

15 ★★★ »CAMPING AM SALINGSLOH« 1.3. bis 31.10.
E.: Karl Haase ☎ 04236/1572, Fax 9430195 30 m 20000 qm
www.campingplatz-kirchlinteln.de, info@campingplatz-kirchlinteln.de

→ A27 Bremen–Hannover Abf. (26) Verden-Ost Richtung Kirchlinteln-Visselhövede, nach ca. 10 km rechts (bei d. Sportanlage) Richtung Neddenaverbergen, nach ca. 3 km links. ✉ Kükenmoorer Dorfstr. 16 (GPS: 52°55'26" N / 9°23'19" E).
⚘ Dom. Pferdemuseum. Storchenstation. Magic Park. Heidepark Soltau.

Ebenes parzelliertes Wiesengelände mit kleinem Natur-Schwimmbad. Lagerfeuerstelle. Ort 200 m entfernt. Mittagsruhe 13-15 Uhr. Touristen-/Dauerstellplätze 20/60.
2008: P/N 3.50, K/N bis 12 J. 2.50, A/N 1.50, C/N 2.50, MC/N 3.50, T/N 2.50, M/N 1.50, H/N 1.–, WD zuzügl., Müllgeb./Sack 6.50 oder P/N 1.–, Strom/N –.40 (16 A), Anschlussgeb. 1.–.

✉ 27336 Rethem-Frankenfeld, Aller (d4) 2560

25 ★★ »CAMPING RITTERGUT FRANKENFELD« 1.1. bis 31.12.
E.: J. u. A. Helle-Tourist. ☎ 05165/3933, Fax 3085   20000 qm
www.camping-urlaub.de, J-H-F-campingplaetze@web.de

→ B209 Walsrode–Nienburg, in Rethem abbiegen Richtung Schwarmstedt bis hinter Hedern. ✉ Dorfstr. 1 (GPS: 52°46'15" N / 9°25'39" E).
⚘ Lüneburger Heide. Aller. Vogel- und Safaripark.

Dreigeteiltes, leicht welliges Wiesengelände bei einem ehemaligen Gutspark an der Aller. Touristenteil unparzelliert und schattenlos am Ufer. Lebensmittel und Restaurant 1 km, Haltestelle 1.5 km, Ort 5 km entfernt. Mittagsruhe 13-15 Uhr. Touristen-/Dauerstellplätze 40/100.
2008: P/N 6.75, K/N 2 bis J. 1.20, K/N 3 bis 9 J. 3.80, K/N 10 bis 13 J. 4.50, St/N inkl., H/N 2.–, WD zuzügl., Strom/N 1.80 oder kWh –.35 (16 A), Anschlussgeb. 2.–.

✉ 29693 Ahlden, Leine (d4) 2561

25 ★★★ »CAMPINGPLATZ AHLDEN GMBH« 1.1. bis 31.12.
E.: Campingpl. Ahlden GmbH ☎ 05164/802695, Fax 802696 15000 qm
www.camping-ahlden.de, info@camping-ahlden.de

→ A27 Bremen–Hannover Abf. (49) Westenholz, weiter nach Hodenhagen und Ahlden. Beschildert. ✉ Worthweg 5 (GPS: 52°45'44" N / 9°33'08" E).
⚘ Serengeti Park Hodenhagen.

Gepflegtes, ebenes Wiesengelände direkt an der Leine. Mit altem Baumbestand aufgelockert und teilweise durch Hecken parzelliert. Ort 100 m entfernt. Mittagsruhe 13-15 Uhr. Touristen-/Dauerstellplätze 50/50.
2008: (HS) P/N 5.–, K/N 4 bis 12 J. 3.–, A/N 3.–, C/N 7.–, MC/N 6.–/10.–, T/N 6.–, H/N 2.–, WD zuzügl., Müllgeb. einmalig 2.–, Strom/N 2.– oder kWh –.35 (16 A). In NS Ermäßigung.

✉ 29693 Hademstorf, Fallingbostel (d4) 2565

Abfahrt

20 ★★★ »CAMPING WALDHAUS ALLERTAL« 1.4. bis 30.9.
E.: Peter Hoffmann ☎ 05071/1872, Fax 912516   25000 qm

→ A7 Hannover–Hamburg Abf. Rasthaus Allertal Richtung Hademsdorf/Walsrode. ✉ Waldhaus-Allertal 1 (GPS: 52°42'26" N / 9°39'18" E).
⚘ Lönsgrab. Siebensteinhäuser. Heide. Safaripark Hodenhagen.

Leicht welliges und unparzelliertes Heidewaldgelände. Sanitäranlage beheizbar. Ort 1.5 km entfernt. Mittagsruhe 13-15 Uhr. Touristen-/Dauerstellplätze 40/40.
2007: P/N 3.–, K/N 1 bis 15 J. 2.20, extra A/N 2.50, C-St/N 6.–/9.–, MC/N 5.50/9.–, M/N 2.–, B/N 2.50, H/N 1.50, WD zuzügl., Müllgeb. St/N –.80, Strom/N 2.– bis 7 Nächte, Strom/kWh –.40 (10 A) plus Anschlussgeb. 1.20 ab 7 Nächten.

DCC-Vertragsplatz

✉ 29525 Uelzen-Westerweyhe (e4) 2570

25 ★★★★ »UHLENKÖPER-CAMP« 1.1. bis 31.12.
E.: Fam. Körding GbR ☎ 0581/73044, Fax 14930   28000 qm
www.uhlenkoeper-camp.de, info@uhlenkoeper-camp.de

→ B4 Lüneburg–Uelzen, in Kirchweyhe rechts abbiegen. ✉ Festplatzweg 11 (GPS: 53°00'00" N / 10°30'57" E).
⚘ Hundertwasser-Bahnhof Uelzen.

Ebenes bis leicht ansteigendes Wiesengelände mit teilweise altem Baumbestand. Durch Stellgruppen günstig aufgelockert. Sanitäranlage beheizbar. Kleintierstall. Bogenschießen. Kanutouren. Separater Zeltplatz. Ort 500 m, Jod-Sole Therme 9 km entfernt. Separater Jugendplatz. Mittagsruhe 13-15 Uhr. Touristen-/Dauerstellplätze 70/20.
2008: (HS) P/N 5.–, K/N 4 bis 13 J. 2.–, St/N 8.–, H/N 1.50, WD inkl., Strom/kWh –.50 (16 A), Anschlussgeb. 1.50. In NS Ermäßigung.
DCC/CCI 10% auf P/N.

URLAUB FÜR GROSS & KLEIN

(2544)

★Badesee ★Kinderbadebucht ★Subtropische Badelandschaft ★Große Kinderspielplätze ★Fußball-, Volleyball- und Basketballplätze ★Restaurationen ★Amphitheater ★Grill- und Feuerstellen ★SB Laden ★Imbiß ★Diskothek ★Internet-Ecke ★Fitness-Studio ★Spielhalle ★Tischtennis ★Waschmaschinen und Trockner ★100 fröhliche Mitarbeiter ★Reiterhof mit 80 Pferden ★Fahrrad-, Kanu- und Kajakverleih ★Unendliche Wander- und Spaziermöglichkeiten ★Tennisplätze ★Crossbahn ★Kirche Unterwegs ★Großes Freizeitprogramm mit unseren Südsee-Camp-Animateuren ★Wohnwagen- und Chaletvermietung ★Ferienhausvermietung

63 Häuser im Feriendorf Sommarbÿ

Prospekt: Anrufbeantworter 05196/345

SÜDSEE Bade PARADIES
Tropenlandschaft, Wellenbad, Lagune, Kontiki-Bar, Kinderparadies, Piratenschiff, Wildwasser-Canyon, Saunalandschaft mit Dampfbad, Whirlpools.

Südsee Camp
★★★★★
CAMPING & BUNGALOWPARK
in der Lüneburger Heide
Südsee-Camp, Im Lindhorst-Forst 2
29647 Wietzendorf
Tel. 05196/980116, Fax 05196/980299
www.suedsee-camp.de
E-Mail: dorf2@suedseecamp.de

A member of *The Leading Camping & Caravaning Parks of Europe*

2 Niedersachsen und Bremen

29574 Ebstorf, Uelzen (e4) — 2572

[20] ★★★ »CAMPING AM WALDBAD« — 1.1. bis 31.12.
E.: Jörg Helms ☎ 05822/3251, Fax 946075
www.campingplatz-am-waldbad.de, info@campingplatz-am-waldbad — 24 000 qm

→ B4 Lüneburg–Uelzen, in Melbeck abbiegen auf die Landstraße nach Ebstorf, hier beschildert. ✉ Hans-Rasch-Weg (GPS: 53°02'04" N / 10°24'41" E).
♣ Kloster Ebstorf mit Weltkarte.

Ebenes Wald- und Wiesengelände hinter einem Schwimmbad (Eintritt für Camper frei). Von Wald und Feldern umgeben sowie mit Hecken und Bäumen aufgelockert. Übernachtung vor dem Eingang möglich. Hunderverbot für Kampfhunde. W-LAN/Funk-Internet. Tennis 200 m, Restaurant 500 m und Ort 800 m entfernt. Separater Jugendplatz. Mittagsruhe 13-15 Uhr. Touristen-/Dauerstellplätze 70/30.
2008: P/N 4.60, K/N 2 bis 16 J. 3.30, A/N 1.60, C/N 3.60, MC/N 5.20, T/N 2.60/3.60, M/N 1.60, H/N 1.60, WD inkl., Strom/N 3.– oder kWh –.60 (16 A).

DCC-Vertragsplatz

29556 Suderburg-Hösseringen (e4) — 2574

[20] ★★★★ »CAMPING AM HARDAUSEE« — 1.1. bis 31.12.
E.: Fam. Köllner ☎ 05826/7676, Fax 8303 — 100 000 qm
www.camping-hardausee.de, info@camping-hardausee.de

→ B4 Braunschweig–Uelzen, links abbiegen nach Hösseringen über Suderburg. ✉ Hellbergweg (GPS: 52°52'09" N / 10°25'23" E).

Hügeliges Heidewaldgelände mit separatem, teilparzellierten Touristenteil. Kinderbad. Imbiss. Ort 1 km entfernt. Mittagsruhe 12.30-14.30 Uhr. Touristen-/Dauerstellplätze 90/300.
2008: (HS) P/N 5.–, K/N 4 bis 14 J. 2.50, C MC-St/N 5.–/6.–, T-St/N 3.–/4.–, H/N 1.50, WD inkl., Strom/N 2.– (16 A). In NS Ermäßigung.
DCC/CCI 10% auf P/N.

29389 Bad Bodenteich, Uelzen (e4) — 2576

[20] ★★★ »CAMPING BAD BODENTEICH« — 1.1. bis 31.12.
E.: Zein u. Schulze ☎ 05824/1300, Fax 985913 — 250 000 qm
www.campingplatz-bodenteich.de, CampingplatzBadBodenteich@t-online.de

→ Landstraße Uelzen–Wittingen, hinter Overstedt rechts abbiegen. ✉ Heideweg 1/Am Kanal (GPS: 52°50'45" N / 10°39'44" E).
♣ Luftkurort Bodenteich. Elbe-Seitenkanal.

Leicht welliges, schattenloses und unparzelliertes Wiesengelände am Waldrand neben dem Elbe-Seitenkanal. Durch Dauercamper geprägt. Bustouren. Freibad 500 m, Ort und Hallenbad 1 km entfernt. Separater Jugendplatz. Mittagsruhe 13-14.30 Uhr. Touristen-/Dauerstellplätze 500/300.
2007: P/N 5.10, K/N 2 bis 17 J. 3.–, A/N 1.50, C T/N 1.50, MC/N 2.80, M/N 1.50, B/N 1.50, H/N 1.–, WD inkl., Strom/N –.50, kWh –.45 (16 A).

DCC-Vertragsplatz

29468 Bergen a. d. Dumme (e4) — 2578

[20] ★★★★ »CAMPING FUHRENKAMP« — 1.4. bis 31.10.
P.: Jörg Freiholz ☎ 05845/348, Fax 969634 — 35 000 qm
www.campingplatz-fuhrenkamp.de

→ B4 Lüneburg–Braunschweig, in Uelzen abbiegen auf die B71 nach Bergen. ✉ Am Fuhrenkamp 1 (GPS: 52°53'13" N / 10°58'33" E).
♣ Hannoversches Wendland. Rundlingsdörfer. Naturpark Elbufer-Drawehn.

Teilweise parzelliertes, ebenes und von Wald umgebenes Wiesengelände hinter einem Lärmschutzwall an der Straße. Leihbücherei. Ort 500 m entfernt. Separater Jugendplatz. Mittagsruhe 13-15 Uhr. Touristen-/Dauerstellplätze 90/50.
2007: P/N 4.–, K/N 1 bis 13 J. 2.–, St/N 8.–, T/N 4.–, M/N 1.50, Müllgeb. P/N –.50, Strom/kWh –.45 (16 A).
DCC/CCI 10% auf P/N.

DCC-Vertragsplatz

29451 Dannenberg, Elbe (e4) — 2580

[20] ★★★ »CAMPING DANNENBERG« — 1.4. bis Nov.
P.: Wolfgang Ricker ☎ 05861/4183, Fax 979816 — 26 000 qm
w.ricker@gmx.net

→ B191 Uelzen–Dömitz, in Dannenberg beschildert. ✉ Bäckergrund 35 (GPS: 53°05'50" N / 11°06'36" E - Probsdorfer Weg).
♣ Stadt Dannenberg. Luftkurort Hitzacker. Naturpark Elbufer.

Ebenes und schmales Wiesengelände zwischen Wald, Thielenburger See und Schwimmbad (Hallenbad nur Wi.). Durch Hecken parzelliert und von Laubbäumen umrahmt. Sanitäranlage beheizbar. TV-Anschluss. Mittags Anreise möglich. Ort 500 m entfernt. Separater Jugendplatz. Mittagsruhe 13-15 Uhr. Touristen-/Dauerstellplätze 65/45.
2008: (HS) P/N 3.55, K/N 2 bis 14 J. 2.50, MC-St/N 6.20, T-St/N 3.10, H/N 1.10, WD inkl., Müllgeb. P/N –.30, Strom/kWh –.35 (16 A), Anschlussgeb. 1.50. In NS Ermäßigung.
DCC/CCI 10% auf P/N.

DCC-Vertragsplatz

29471 Gartow-Laasche (f4) — 2581

[20] ★★★ »CAMPINGPLATZ LAASCHER SEE« — 1.1. bis 31.12.
E.: Orfried Pewsdorf ☎ 05846/342, Fax 980118 — 30 000 qm
www.camping-laascher-see.de, pewsdorf@camping-laascher-see.de

→ Straße Dannenberg–Gartow, ca. 3 km vor Gartow links abbiegen nach Laasche. ✉ OT Laasche 13 (GPS: 53°02'24" N / 11°24'56" E).

Zum Teil unparzelliertes, leicht welliges Wiesengelände am Ortsrand und in Seenähe. Durch Bäume und Büsche aufgelockert. Pferdeweide. Kiosk. Imbiss. Caravan-Zubehör. Sanitäranlage beheizbar. FW. Ort 3 km entfernt. Separater Jugendplatz. Mittagsruhe 13-15 Uhr. Touristen-/Dauerstellplätze 33/61.
2008: P/N 3.60, K/N 2 bis 14 J. 1.60, extra A/N 2.50, St/N 7.30, T/N 3.20, M/N 1.80, H/N 1.50, Strom inkl. (6 A).
DCC 10% auf P/N.

DCC-Vertragsplatz

29471 Gartow, Elbe (f4) — 2582

[25] ★★★★ »CAMPINGPARK GARTOW« — 1.1. bis 31.12.
E.: Samtgemeinde Gartow V.: Schellack ☎ 05846/8250, Fax 2151 — 140 000 qm
www.campingpark-gartow.de, campingpark@gartow.de

→ B493 Uelzen–Gartow, in Gartow beschildert. ✉ Am Helk 3 (GPS: 53°01'37" N / 11°26'33" E).

Parzelliertes und ebenes Wiesengelände neben einem Thermalbad (Ermäßigung). Durch Busch- und Baumreihen gegliedert. TV-Anschluss. Vom 10.1. bis 31.3. Voranmeldung erwünscht. »Kirche Unterwegs«. Ort 1.5 km entfernt. Separater Jugendplatz. Mittagsruhe 13-15 Uhr. Touristen-/Dauerstellplätze 190/150.
2008: (HS) P/N 4.20, K/N 2 bis 14 J. 2.35, St/N 9.60, T/N 4.50, H/N 2.25, WD zuzügl., Strom (10 A) inkl. In NS Ermäßigung.
DCC/CCI 10% auf P/N.

38518 Gifhorn-Brenneckenbrück (e5) — 2594

★ »CAMPING WIESENGRUND« — 1.1. bis 31.12.
E.: Gustav Dralle ☎ 05371/12538, 941774 — 50 000 qm
www.freizeitgebiet.de, camping@freizeitgebiet.de

→ B188 Gifhorn–Hannover, ca. 5 km hinter Gifhorn rechts, beschildert mit Hinweisen »Wiesengrund«. ✉ An der Aller 4 (GPS: 52°28'45" N / 10°27'59" E).

Der Erlebnisplatz für Ihren Urlaub!

(2596)

IrenenSee – Komfort-Camping

Dahrenhorst 2A • D-31311 Uetze
Telefon: +49 / 5173 / 98 12-0 • Fax: +49 / 5173 / 98 12-13
E-Mail: info@irenensee.de • Internet: www.irenensee.de

 20 m · 1 km

Unparzelliertes, leicht welliges Wiesengelände zwischen B 188 und Aller. Duschen im Hallenbad. Touristenplätze teilweise schattenlos. Grillhütte. Golfplatz und Ort 1 km entfernt. Mittagsruhe 13-14.30 Uhr. Touristen-/Dauerstellplätze 100/350.

DCC-Vertragsplatz

✉ 31311 Uetze-Dahrenhorst (e5) **2596**

[35] ★★★★★ »CAMPINGPARK IRENENSEE« ⌚ Jan. bis Dez.
E.: Friedrich-W. Meinecke ☎ 05173/98120, Fax 981213 210000 qm
www.irenensee.de, info@irenensee.de

→ B 188 Burgdorf–Gifhorn, vor Uetze 1. Platz links. ✉ Dahrenhorst 2a, Fritz-Meinecke-Weg 2 (GPS: 52°27'59" N / 10°09'59" E).

●■♦ H ✦ J ⚓ ⛱ ♨ ☺ 🚗 W 🏠 W 🚲 ♻
♿ 🐕 🚿 W ☁ W 🍽 🎱 💻 🛒 🚌 🪣 🔌HS ⚒ ✂ 🏪
🎿HS 🏃HS 🚿HS ⚽ 🛟 🔍 🎣 ⛵ 🚣 🌊 ⚔ ⛺ 📞

🚐 🚗 🚿 🚲 ⚓ | Ⓗ 200m

Parzelliertes und ebenes Wiesengelände hinter einem Lärmschutzwall am See. Mit Uferliegewiesen und öffentlichem Badebetrieb. Separate Dauercamper-, Mobilheime- und Hundehalterteile. Hundebad. Großer Kinderspielplatz. Imbiss. Grillstation. Kabel-TV. „Storchennester". Wellness-Center. Für späte Gäste »Over-Stop-Station« - separate Zufahrt. Ort 3 km entfernt. Mittagsruhe 13-14 Uhr. Touristen-/Dauerstellplätze 200/400.
2008: (HS) P/N 9.60, K/N 4 bis 14 J. 7.–, extra A/N 3.30, St/N 3.30, MC/N 3.30, M/N 2.90, H/N 3.10, WD zuzügl., Strom/N 1.80 oder kWh –.38 (10 A). Sondertarife. In NS Ermäßigung.
DCC 10% auf P/N.

Die DCC-Inspizienten sind nicht mit Anzeigenwerbung betraut. Sie sind daher unabhängig und nicht beeinflußbar. Ihren Recherchen nach unseren Prüfbögen kann vertraut werden.

Tipp unter Kennern:

Campingpark★★★★ Gartow

(2582)

Dauer- und Ferienstellplätze mit Wasser-, Abwasser-, Strom- und SAT-TV-Anschlüsse.

- Parkähnliche Anlage mit komfortablen Sanitärgebäuden (behindertengerecht)
- Separater Jugendzeltplatz mit Grillplatz u. eigenem Sanitärgebäude
- Mietwohnwagen u. Ferienhäuser
- viele Attraktionen und Freizeitmöglichkeiten • Wassererlebnispark
- 25% Ermäßigung in der Wendland-Therme Gartow mit Sauna, Solarium, Solebecken, 50 m Riesenrutsche …

Campingpark★★★★ Gartow
Am Helk · 29471 Gartow
Tel. 05846/8250 · Fax 05846/2151
email: campingpark@gartow.de
Internet: www.campingpark-gartow.de

- Campingpark
- Badewasserparadies
- Wassersport
- Ferienwohnungen
- Ferienhäuser
- Minigolf
- Bootsverleih
- Restaurants

(2605)

Doktor – See GmbH, Am Doktorsee 8, 31737 Rinteln
Tel. 0 57 51 / 96 4860
Fax.0 57 51 / 96 48 88
www.doktorsee.de,
Email: info@doktorsee.de

DCC-Vertragsplatz

✉ **31737 Rinteln,** Weserbergland (d5) **2605**

 Abfahrt

30 ★★★ »ERHOLUNGSGEBIET DOKTOR-SEE« 1.1. bis 31.12.
E.: Erholungsgebiet. Doktor-See GmbH V.: Uwe Deppe 340 000 qm
☎ 05751/964860, Fax 964888, www.doktorsee.de, info@doktorsee.de

→ A2 Hannover–Köln Abf. (35) Bad Eilsen auf die B238 nach Rinteln. 4. Abf. rechts. ✉ Am Doktorsee 8 (GPS: 52°11'12" N / 9°03'33" E).

⚓ Mittelalterliche Stadt Rinteln. Schloss Bückeburg. Schaumburg. Porta Westfalica. Bad Eilsen.

Parzelliertes, ebenes bis leicht welliges Wiesengelände um einen See mit Yachthafen an der Weser. In mehrere Platzteile unterteilt. DLRG-Station und öffentlicher Badebetrieb. Kegelbahn. FW. »Kirche Unterwegs«. Ort 1.2 km entfernt. Separater Jugendplatz. Mittagsruhe 13-15 Uhr. Touristen-/Dauerstellplätze 300/900.
2008: (HS) P/N 7.80, K/N 3 bis 10 J. 1.80, J/N 5.60, St/N 3.70, H/N 1.60, WD inkl., Strom/N 1.90 (16 A). In NS Ermäßigung.
DCC 10% auf P/N.

✉ **31535 Neustadt-Mardorf** (d5) **2620/1**

★★★ »NORDUFER-CAMPING« 1.1. bis 31.12.
E.: Wilhelm Brase V.: C. Hopp ☎ 05036/2361, Fax 2793 170 000 qm
www.steinhuder-meer-nordufercamping.de, Nordufercamping@t-online.de

→ A2 Hannover–Köln Abf. (42) Hannover/Herrenhausen oder Abf. (39) Wunstorf/Kohlenfeld über Neustadt. In Neustadt links ab Richtung Steinhuder Meer/Mardorf. ✉ (GPS: 52°29'47" N / 9°19'27" E).

Ebenes und parzelliertes Wiesengelände am Waldrand. Durch Buschreihen günstig aufgelockert. Familienbad. Kostenpflichtige Moca-Stellflächen mit Ent- u. Versorgung vor dem Platz (Pauschalpreis). Ort 2 km entfernt. Mittagsruhe 13-15 Uhr. Touristen-/Dauerstellplätze 127/338.

✉ **31535 Neustadt-Mardorf** (d5) **2620/2**

30 ★★★ »CAMPING MARDORF + SEELORD« 1.1. bis 31.12.
E.: Helmut Meyer-Weidemann ☎ 05036/529, Fax 1393 22 000 qm
www.camping-steinhuder-meer.de, info@camping-steinhuder-meer.de

→ A2 Hannover–Köln Abf. (42) Herrenhausen oder Abf. (39) Wunstorf-Kohlenfeld über Neustadt. In Neustadt links ab Richtung Steinhuder Meer/Mardorf. Beim Hinweis Nordufer – Camping links bleiben. ✉ Uferweg 68 - Erlenweg (GPS: 52°29'30" N / 9°19'27" E).

Teilweise parzelliertes, zweigeteiltes Wiesengelände am Steinhuder Meer. Ein Platzteil liegt landeinwärts. Kinderdusche. Ort 3 km entfernt. Mittagsruhe 13-15 Uhr. Touristen-/Dauerstellplätze 92/78.
2007: (HS) P/N 6.–, K/N 2 bis 14 J. 3.–, A/N 2.–, C/N 5.50, MC/N 6.50, T/N 3.50, M/N 1.50, H/N 3.–, WD zuzügl., Strom/N 1.80 (10 A). In NS Erm.

✉ **31535 Neustadt-Mardorf** (d5) **2620/3**

25 ★★★ »CAMPING NIEMEYER« 15.3. bis 15.10.
E.: W. Niemeyer ☎ 05036/530, Fax 924654 25 000 qm
www.camping-am-steinhuder-meer.de

→ A2 Hannover–Köln Abf. (42) Herrenhausen oder Abf. (39) Wunstorf-Kohlenfeld über Neustadt. in Neustadt links ab Richtung Steinhuder Meer/Mardorf. Hier westlich in den Pferdeweg abbiegen. ✉ Pferdeweg 15 (GPS: 52°29'46" N / 9°19'16" E).

Unparzelliertes und ebenes Wiesengelände. Von Wald umgeben und durch Hecken gegliedert. Separater Dauercamperteil. Ort 1 km, Golfplatz 2 km entfernt. Separater Jugendplatz. Mittagsruhe 13-15 Uhr. Touristen-/Dauerstellplätze 40/80.
2007: P/N 5.–, K/N bis 11 J. 3.–, A/N 2.50, St/N 6.50, T/N 3.–, M/N 1.50, H/N 2.–, WD inkl., Strom/N 2.– oder kWh –.40 (16 A).

DCC-Vertragsplatz

✉ **31787 Hameln – Halvestorf** (d5) **2630**

20 ★★★★ »CAMPING AM WALDBAD« 1.4. bis 31.10.
E: Björn Meyer V.: H. Plaul ☎/Fax 05158/2774 28 000 qm
www.campingamwaldbad.de, info@campingamwaldbad.de

→ Straße Hameln-Rinteln am linken Weserufer, nach ca. 4 km links abbiegen nach Halvestorf. ✉ Pferdeweg 2 (GPS: 52°06'26" N / 9°17'45" E).
⚓ Hameln. Rinteln. Bad Pyrmont.

Unparzelliertes und teilweise terrassiertes, ansteigendes Wiesengelände neben dem Schwimmbad. Durch Bäume und Büsche aufgelockert. Kiosk. Behindertengerechte Stellplätze neben Sanitärgebäude. Volleyball. Ort 600 m entfernt. Separater Jugendplatz. Mittagsruhe 13-14.30 Uhr. Touristen-/Dauerstellplätze 40/160.
2008: (HS) P/N 4.–, K/N 2 bis 14 J. 2.50, St/N 6.–, T/N 4.–, WD zuzügl., Strom/N 2.– (16 A). In NS Ermäßigung.
DCC/CCI 10% auf P/N.

✉ **31787 Hameln,** Weser (d5) **2632**

20 ★★★ »CAMPING ZUM FÄHRHAUS« 1.1. bis 31.12.
E.: Michael Giannakos ☎ 05151/61167, 67489, Fax 61167 10 000 qm
campingplatz-faehrhaus-hameln@t-online.de

→ B 83 Höxter–Minden, in Hameln beschildert. ✉ Uferstr. 80 (GPS: 52°06'41" N / 9°20'40" E).
⚓ Altstadt Hameln. Rattenfängerhaus. Hamelschenburg.

Teilweise parzelliertes und ebenes Wiesengelände an der Weser. Bar. Bei Hochwasser Überflutung möglich. Ort 1 km entfernt. Mittagsruhe 13-14.30 Uhr. Touristen-/Dauerstellplätze 80/20.
2007: P/N 4.–, K/N 3 bis 14 J. 3.–, A/N 1.–, C MC/N 6.–, T/N ab 3.–, M/N 1.–, B/N 1.–, WD inkl., Strom/kWh –.50 (16 A). Anschlussgeb. 1.–.
DCC/CCI 10% auf P/N und St/N.

CAMPING »RÜHLER SCHWEIZ« im Naturpark Vogler · 37619 Bodenwerder-Rühle. Solarbeheiztes Schwimmbad. Jeder Stellplatz mit Kabelfernsehanschluss, neue Sanitäranlage. www.brader-ruehler-schweiz.de (Beschreibung S. 130, 2653)

31863 Coppenbrügge (d5) — 2636

★★★ »RATTENFÄNGERPLATZ AM ITH« — 1.1. bis 31.12.
E.: CC Weserbergl. ☎ 05138/3567, 0172 /4167005, Fax 613296 16000 qm
www.camping-cc-weserbergland-dcc.de, karinhenkel@t-online.de

→ A7 Kassel–Hannover, Abf. Hildesheim auf die B1 Richtung Hameln bis Coppenbrügge. Beschildert. ✉ Felsenkeller 9a (GPS: 52°06'55" N / 9°32'05" E).
⚑ Altstadt Hameln. Rattenfängerhaus. Hamelschenburg. Saupark. Ith-Sole-Therme. Münchhausenstadt Bodenwerder.

Unparzelliertes und am Hang gelegenes Wiesengelände am Fuß des Ith. Terrassiert und durch Blumenrabatte, Büsche und Bäume gärtnerisch gestaltet. Am Waldrand (Naturschutzgebiet) und neben einem öffentlichen Badebetrieb (direkter Zugang) gelegen. Befestigte Moca-Plätze. Übernachtungsplatz vor dem Eingang. Zeltwiese. Imbiss in HS. Durch Dauercamper geprägt. Ort 200 m entfernt. Separater Jugendplatz. Mittagsruhe 13-15 Uhr. Touristen-/Dauerstellplätze 50/50.

DCC-Vertragsplatz

31812 Bad Pyrmont (d5) — 2640

★★★★ »CAMPINGPARK SCHELLENTAL« — 1.1. bis 31.12.
E.: Michael Patzig ☎ 05281/8772, 2369, Fax 968034 50 000 qm
www.camping-badpyrmont.de, info@camping-badpyrmont.de

→ Str. Hameln–Bad Pyrmont, südlich von Emmerthal nach Bad Pyrmont, nach der Bahnunterführung die 2. Straße rechts, dann beschildert. ✉ Am Schellenhof 1-3.
⚑ Kurpark. Dunsthöhle. Schellenturm. Germanengrab.

Terrassiert ansteigendes Wiesengelände an einem Hang. Parzelliert und von Waldhöhen umgeben. Befestigte Mocaplätze. Mocaplätze für Durchreisende zum Pauschalpreis. Ort (Bad Pyrmont) 1.5 km entfernt. Separate Zeltwiese. Mittagsruhe 13-15 Uhr. Touristen-/Dauerstellplätze 80/70.
2008: (HS) P/N 4.–, K/N 2 bis 16 J. 2.–, C MC-St/N 14.–, T-St/N 7.–, H/N 2.–, WD und Strom (6 A) inkl. Ab 4 Nächten und in NS Ermäßigung.
DCC 10% auf P/N.

Campingpark Schellental • 31812 Bad Pyrmont
Telefon 0 52 81 / 87 72 • Fax 0 52 81 / 96 80 34
Internet: www.camping-badpyrmont.de • E-Mail: info@camping-badpyrmont.de

- Wohnmobilplätze mit Entsorgungsanschluss
- Neue, sehr ruhige Plätze mit Fernblick
- Gepflegte, saubere Sanitäranlagen
- Gaststätte mit gemütlicher Caféterrasse
- Kinderspielplatz und Fußballplatz
- 400 km Wanderwege direkt ab Platz
- Weltberühmter Kurpark mit Palmengarten zu Fuß zu erreichen
- Das Weserbergland bietet eine reiche Auswahl an historischen Sehenswürdigkeiten
- Neue Hufelandtherme mit Saunalandschaft und Wellnessbereich in nächster Nähe
- Walking-Strecken direkt ab Platz

✉ 37619 Bodenwerder, Weser (d6) 2652

★★★★ »CAMPING HIMMELSPFORTE« — 1.1. bis 31.12.
E.: Klaus Schünemann ☎ 05533/4938, Fax 4432 110000 qm
www.camping-weserbergland.de, himmelspforte01@yahoo.de

→ B83 Hameln–Holzminden, in Bodenwerder über die Weserbrücke, dann rechts abbiegen ca. 2 km in Richtung Rühle, beschildert. ✉ Ziegeleiweg 1 (GPS: 51°57'29" N / 9°30'20" E).
♣ Geburtshaus und Grotte des Freiherrn von Münchhausen.

Unparzelliertes, ebenes bis leicht zum Weserufer abfallendes Wiesengelände, teilweise schattenlos. Wasserwanderstation. FW. Ort 2 km entfernt. Separater Jugendplatz. Mittagsruhe 13-15 Uhr. Touristen-/Dauerstellplätze 80/290.

DCC-Vertragsplatz

✉ 37619 Bodenwerder-Rühle, Weser (d6) 2653

★★★ »CAMPING RÜHLER SCHWEIZ« — 1.3. bis 31.12.
E.: Fam. Brader ☎ 05533/2486, 2827, Fax 5882 70000 qm
www.brader-ruehler-schweiz.de, info@brader-ruehler-schweiz.de

→ B83 Holzminden–Hameln, in Bodenwerder über die Weserbrücke, dann rechts abbiegen und über Rühle noch ca. 4 km. ✉ Grosses Tal 1 (GPS: 51°56'35" N / 9°30'38" E).
♣ Münchhausenstadt Bodenwerder. Solling und Vogler.

Unparzelliertes und ebenes Wiesengelände am Weserufer. Teilweise terrassiert. Überflutung des Uferbereiches bei Hochwasser. Wasserwanderstation. Kabel-TV. Angelkarten am Platz erhältlich. Basketball. Volleyball. Ort 2 km entfernt. Separater Jugendplatz. Mittagsruhe 13-14.30 Uhr. Touristen-/Dauerstellplätze 100/200.
2008: P/N 4,50, K/N 3 bis 14 J. 2,50, St/N 6.–, T/N ab 3.–, B/N 3.–, WD zuzügl., Müllgeb./Sack 2.–, Strom/kWh –.50 (16 A), Anschlussgeb. 1.–. CCI ab 7 Nächten 10% auf P/N.
DCC 10% auf P/N.
Anzeige S.129

✉ 37647 Polle, Weser (d6) 2654

★★★ »CAMPING AM WESERUFER« — April bis Jan.
E.: Fritz Köster ☎ 05535/94180, Fax 941825 22000 qm
www.weser-camping.de, friedrich.koester@t-online.de

→ B83 Bodenwerder–Holzminden, in Polle zum Fähranleger abbiegen. ✉ Mühlenweg 2 (GPS: 51°53'51" N / 9°24'28" E).

Unparzelliertes und leicht welliges Wiesengelände am Weserufer. Durch Bäume aufgelockert. Überflutung bei Hochwasser möglich. Sanitäranlage beheizbar. FW. Fischräucherei. Ort 100 m entfernt. Separater Jugendplatz. Mittagsruhe 13-15 Uhr. Touristen-/Dauerstellplätze 60/60.

✉ 37649 Heinsen, Oberweser (d6) 2655

★★★ »WESERBERGLAND-CAMPING« — 15.3. bis 31.10.
E.: Familie Lücke ☎ 05535/8733, Fax 911264 22500 qm
www.weserbergland-camping.de, info@weserbergland-camping.de

→ B 83 Hameln–Höxter, in Heinsen beschildert. ✉ Weserstr. 66 (GPS: 51°53'07" N / 9°26'24" E).
♣ Kloster und Schloss Corvey. Porzellanfabrik Fürstenberg.

Unparzelliertes und ebenes Wiesengelände am Weserufer. Am Ortsrand gelegen und durch Bäume aufgelockert. Überflutung des Uferbereichs bei Hochwasser möglich. Sanitäranlage beheizbar. Separater Jugendplatz und Dauercampterteil. Mittagsruhe 12.30-14 Uhr. Touristen-/Dauerstellplätze 40/60.
2008: (HS) P/N 4.20, K/N 3 bis 13 J. 3.20, A/N 1.50, C/N 4.20, MC 5.20, T/N ab 3.–, B/N 1.50, H/N 2.–, WD inkl., Müllgeb./ Sack 3.–, Strom/N 1.90 (6 A). DCC/CCI 10% auf P/N ab 7 Nächten. In NS Erm.

✉ 31020 Salzhemmendorf-Wallensen (d6) 2656

25 ★★★ »CAMPINGPARK HUMBOLDTSEE« — 1.1. bis 31.12.
E.: NF-Vermögensverw. GmbH 330000 qm
☎ 05186/957140, Fax 957139
www.campingpark-humboldtsee.de, info@campingpark-humboldtsee.de

→ B1 Elze–Hameln, in Hemmendorf Richtung Eschershausen abbiegen über Thüste nach Wallensen. Oder B3 Alfeld–Elze, nach Eime abbiegen Richtung Eschershausen. Platz liegt zwischen Wallensen und Fölziehausen (GPS: 52°00'14" N / 9°38'34" E).

Unparzelliertes, leicht welliges Wiesengelände zwischen Buschwald und Seeufer. Teilweise terrassiert. Separate Motorrad-Abstellung. DLRG-Station. Öffentlicher Badebetrieb mit Liegewiese. Wassersport. FW. Ort 1.5 km entfernt. Separater Jugendplatz. Mittagsruhe 13-15 Uhr. Touristen-/Dauerstellplätze 250/400.
2008: (HS) P/N 5.–, K/N 1 bis 16 J. 3.–, St/N 8.50, T/N ab 4.50 bis 13.50, H/N 2.–, WD zuzügl., Nebenkosten St/N 3.–, Strom (6 A) inkl. In NS Erm.
DCC/CCI 10% auf P/N.

✉ 30880 Laatzen, Hannover (d5) 2658

25 ★★★ »CAMPING BIRKENSEE« — 1.1. bis 31.12.
P.: Toralf Hegewald ☎ 0511/529962, Fax 5293053 80000 qm
www.camping-birkensee.de, info@camping-birkensee.de

→ A7 Kassel–Hannover Abf. (59) Laatzen, ca. 600 m, links. Oder B6 Sehnde, ca. 2 km (GPS: 52°18'15" N / 9°51'44" E).
♣ Nähe Hannover–Messe (3 km).

Unparzelliertes, ebenes Wiesengelände hinter einem Lärmschutzwall. Separater Transitplatz. Große Uferliegewiese. Zur Messezeit Vermietung von Standcaravans. Ort 1.5 km entfernt. Mittagsruhe 13-15 Uhr. Touristen-/Dauerstellplätze 100/150.
2007: P/N 5.–, K/N bis 14 J. 2.50, St/N 6.50, T/N 4.50, H/N 2.50, Strom/N 2.– oder kWh –.40 (10 A).

✉ 30966 Hemmingen-Arnum, Hannov. (d5) 2659

30 ★★★★ »CAMPING ARNUMER SEE« — 1.1. bis 31.12.
V.: Peter Stein ☎ 05101/855149-0, Fax 855149-99 200000 qm
www.camping-hannover.de, info@camping-hannover.de

→ A7 Kassel–Hamburg Abf. (59) Laatzen auf die B 443 nach Pattensen. Hier auf die B3 Richtung Hannover, in Hemmingen ist Arnum beschildert. ✉ Osterbruchweg 5 (GPS: 52°18'11" N / 9°44'49" E).
♣ Nähe Hannover-Messe (7 km).

Unparzelliertes, leicht welliges Wiesengelände um einen schmalen Baggersee. Mobilheimteil. Mehreren Touristenflächen. Familienbäder. FW. Ort 600 m entfernt. Separate Zeltwiese. Mittagsruhe 13-15 Uhr. Touristen-/Dauerstellplätze 75/350.
2008: P/N 6.–, K/N 2 bis 14 J. 3.–, A/N 2.–/4.–, C/N 8.50, MC/N 10.50, T/N 5.–/6.50, M/N 1.50, H/N 1.50, WD zuzügl., Strom/N 2.50, kWh –.40 (16 A). Ab 6 Nächten 10% auf P/N.
DCC/CCI 10% auf P/N.

✉ 31188 Holle-Sottrum (d5) 2660

40 ★★ »CAMPING FAMILIENPARK SOTTRUM« — 1.4. bis 31.10.
E.: Peter Deicke ☎ 05062/8860, Fax 899772 180000 qm
www.familienpark-sottrum.de, mail@familienpark-sottrum.de

→ A7 Kassel–Hamburg Abf. (63) Derneburg, der Beschilderung »Freizeitpark Sottrum« folgen. Enge und steile Zufahrt. ✉ Ziegeleistr. 28 (GPS: 52°04'23" N / 10°08'26" E).
♣ Schloss Derneburg. Burg Wohldenberg. Schloss Söder.

Ebenes und teilweise wellig ansteigendes Wiesengelände neben einem ausgedehnten Freizeitpark (für Camper freier Eintritt). Durch Büsche und Bäume parzelliert. Teilweise weite Wege bis zum Sanitär. Anreise bis 17 Uhr. Ort 100 m entfernt. Mittagsruhe 13-15 Uhr. Touristen-/Dauerstellplätze 35/95.
2007: P/N 13.–, K/N 2 bis 14 J. 12.–, St/N inkl., H/N 2.–, WD zuzügl., Müllgeb. 2.–, Strom 2.– (16 A).

Campingpark Humboldt-See (2656)

65 000 qm Badesee · Angelgewässer mit reichhaltigem Fischbestand
Bootsverleih · Ideales Tauchsportgewässer · Ideal für Ausflüge z.B.
Rattenfängerstadt Hameln, Rasti-Land, Sole-Therme, Kletterpark uvm.
Zahlreiche Sport- und Spielmöglichkeiten · Ferienhäuser

Campingpark Humboldt-See · 31020 Salzhemmendorf-Wallensen · Tel 05186.957140 · Fax 05186.957139
E-Mail: info@campingpark-humboldtsee.de · www.campingpark-humboldtsee.de

2 Niedersachsen und Bremen

31188 Holle–Derneburg (e5) 2662

25 ★★★ »SEECAMP-DERNEBURG« 1.4. bis 15.9.
E.: Geb. Reiche P.: Rainer Berg ☎ 05062/565, Fax 8785 78000 qm
www.campingplatz-derneburg.de, info@campingplatz-derneburg.de

→ A7 Kassel–Hamburg Abf. (63) Derneburg Richtung Hildesheim 300 m.
✉ An der B6 (GPS: 52°06'11" N / 10°08'19" E).
∴ Schloss Derneburg. Burg Wohldenberg. Schloss Söder.

Unparzelliertes, teilweise terrassiertes und leicht abfallendes Wiesengelände, an einem Badesee mit Steg und Badepontons. Sanitäranlage beheizbar. Bushaltestelle 40 m, Ort 2 km entfernt. Separater Jugendplatz. Mittagsruhe 13-14.30 Uhr. Touristen-/Dauerstellplätze 100/240.
2007: P/N 4.50, K/N bis 12 J. 2.50, A/N 2.50, C/N 5.–, MC/N 7.50, T/N 4.50, M/N 2.–, WD zuzügl., Müllgeb. St/N –.50, Strom/N 1.50 oder kWh –.45 (16 A), Anschlussgeb. 1.–.

31135 Hildesheim (d5) 2663

25 ★★ »CAMPING MÜGGELSEE« 15.4. bis 30.9.
E.: Karl-Heinz Bode ☎ 05121/53151, Fax 514018 50 m 8000 qm
www.mueggelseeHl.de, mueggelseeHl@aol.com

→ A7 Kassel–Hannover Abf. (61) Hildesheim/Drispenstedt, weiter auf der B494 Richtung Stadtzentrum, nach ca. 2.5 km 2 mal links abbiegen.
✉ Am Müggelsee 4.
∴ Altstadt Hildesheim. Weltkulturerbe - Michaeliskirche und Dom.

Unparzelliertes und ebenes Wiesengelände am Müggelsee. Durch Hecken und hohe Bäume eingerahmt. Mit öffentlichen Badebetrieb, Sprungtürmen, Liegewiese und Badesteg. Imbiss. Kiosk. Voranmeldung erwünscht. Ort (Hildesheim) 2 km entfernt. 50 Touristenplätze.
2007: P/N 5.–, K/N bis 14 J. 2.50, C MC-St/N 9.–, T-St/N 6.–, M/N 2.–, B/N 9.–, H/N 1.50, WD zuzügl., Müllgeb./N 1.–, Strom/N 2.– oder kWh –.40 (16 A).

31275 Lehrte-Hämelerwald (e5) 2665

★ »CAMPING WALDSEE« 1.1. bis 31.12.
E.: Erbengem. Weigel V.: H. Weigel 60000 qm
☎ 05175/4767, Fax 929025

→ A2 Hannover–Berlin Abf. (51) Hämelerwald in Richtung Ort. An der 2. Ampel links ab zum Platz, beschildert.

Ebenes und leicht welliges, parzelliertes Wiesen- und Waldgelände an einem Badesee mit Uferliegewiese. Mittagsruhe 13-15 Uhr. Touristen-/Dauerstellplätze 40/180.

38446 Wolfsburg (e5) 2720

25 ★★★ »CAMPING AM ALLERSEE« 1.1. bis 31.12.
P.: TVDN Naturfreunde e. V. V.: W. Ostreich 15000 qm
☎ 05361/63395, Fax 651221
www.camping-allersee.de, allerseecamping@gmx.de

→ A2 Hannover–Berlin, beim AB-Kreuz Wolfsburg/Königslutter wechseln auf die A39 nach Wolfsburg Abf. (3) Wolfsburg/West - Autostadt-VW Arena - hier ab Verkehrskreisel noch 1 km, am Allersee-Südufer, beschildert. ✉ In den Allerwiesen 5 (GPS: 52°25'54" N / 10°48'54" E).
∴ Mittellandkanal.

Teilweise parzelliertes und ebenes Wiesengelände zwischen See und Mittellandkanal. Durch Büsche und Bäume aufgelockert. Ort 2 km entfernt. Separater Jugendplatz. Mittagsruhe 13-15 Uhr. Touristen-/Dauerstellplätze 70/55.
2007: P/N 5.–, K/N 2 bis 14 J. 2.50, C-St/N 5.50, MC-St/N inkl. 2 P/N 9.50, T/N 3.–, H/N 1.–, WD zuzügl., Strom/N 2.50 (16 A).

38550 Isenbüttel, Gifhorn (e5) 2723

★★★★ »CAMPING TANKUMSEE« 1.1. bis 31.12.
E.: A. Gerstel u. S. Goldbach ☎ 05374/1254, Fax 66347 100000 qm
www.camping-tankumsee.com, camping-tankumsee@t-online.de

→ A2 Hannover–Berlin Abf. (55) Braunschweig-Nord auf die B4 Richtung Gifhorn, in Ausbüttel rechts abbiegen zum Tankumsee. ✉ Dannenbütteler Weg 7 (GPS: 52°27'01" N / 10°36'51" E).

Parzelliertes und ebenes Wiesengelände neben einem Feriendorf und Freizeitzentrum. Durch Büsche und Bäume aufgelockert. Ort 5 km entfernt. Mittagsruhe 13-15 Uhr. Touristen-/Dauerstellplätze 40/420.

38531 Rötgesbüttel, Gifhorn (e5) 2725

★★ »CAMPING GLOCKENHEIDE« 1.1. bis 31.12.
E.: Sieglinde Meyer ☎ 05304/1581, Fax 918076 50000 qm
www.glockenheide.de, camping-glockenheide@t-online.de

→ B4 Braunschweig–Gifhorn, in Rötgesbüttel links abbiegen Richtung Winkel und am Bahnübergang erneut links Richtung Warmbüttel, nach 2 km links. ✉ Glockenheide 1 (GPS: 52°24'19" N / 10°30'20" E).
∴ Heide. Altstadt Gifhorn.

Teilparzellierte, ebene Wiesenlichtungen inmitten eines Heidewaldes. Durch Anpflanzungen unterteilt. Streichelzoo. Ponyreiten. Restaurant 1 km, Ort 2 km entfernt. Separater Jugendplatz. Mittagsruhe 13-15 Uhr. Touristen-/Dauerstellplätze 60/60.

38365 Grasleben-Mariental-Horst (e5) 2728

15 ★★★ »CAMPING AM LOOSTEICH« 1.1. bis 31.12.
E.: Gem. Mariental V.: Frau Schmidt 30000 qm
☎ 05356/585, Fax 05357/960055, www.samtgemeinde-grasleben.de
kenny.baesecke@samtgemeinde-grasleben.de

→ A2 Hannover–Berlin Abf. (62) Helmstedt auf die B244 Richtung Wolfsburg, weiter nach Mariental-Horst, rechts nach Grasleben abbiegen. ✉ Berliner Platz 2 (GPS: 52°17'23" N / 10°59'28" E).
∴ 1000-jährige Stadt. Hünengräber. Südheide.

Ebenes bis leicht abfallendes, teilweise terrassiertes Wiesengelände. Touristenteil schattenlos und unparzelliert. Tennis 1 km, Ort (Helmstedt) 5 km entfernt. Mittagsruhe 13-15 Uhr. Touristen-/Dauerstellplätze 30/150.
2008: P/N 3.–, K/N 4 bis 18 J. 2.60, St/N 4.–, T/N 2.–, M/N 2.–, H/N –.50, WD inkl., Strom/N 2.60 (16 A).

DCC-Vertragsplatz

✉ **38375 Räbke, Krs. Helmstedt (e5)** **2731**

⭐⭐⭐ »CAMPING NORD-ELM« 1.1. bis 31.12.
E.: Samtgemeinde Nord-Elm V.: B. Schafberg 110000 qm
☎ 05355/8352, Fax 69713
www.camping-nord-elm.de, b.schafberg@t-online.de

→ A2 Hannover–Berlin Abf. (59) Königslutter über Königslutter Richtung Helmstedt. Hinter Sunstedt rechts abbiegen über Lelm, beschildert. ✉ (GPS: 52°11'25" N / 10°51'30" E).

[Symbole] 200 m, 1 km

Leicht abfallendes Wiesengelände mit Stellkreisen. Ebene, unparzellierte Touristenfläche neben einem Freibad (für Camper gratis) und Erholungspark. Durch Büsche und Bäume aufgelockert. Kegelbahn. Ort 1 km entfernt. Mittagsruhe 13-15 Uhr. Touristen-/Dauerstellplätze 65/240.
2007: (HS) P/N 4.50, K/N bis 18 J. 3.50, A/N 2.50, C T/N 3.50, MC/N 5.–, M/N 2.–, H/N 1.50, WD inkl., Umweltgeb. P/N 1.–, Strom/N 2.– (16 A). In NS Erm.
DCC 10% auf P/N.

✉ **38315 Hornburg (e4)** **2740**

Abfahrt

⭐⭐⭐ »RELAX-PARK HORNBURG« 1.1. bis 31.12.
E.: Dedecke ☎ 05334/948562, Fax 948606 380 m 25000 qm
www.relax-park.de, JürgenDedecke@aol.com

→ A395 Braunschweig–Bad Harzburg bis Abf. Schaden-Süd, weiter nach Hornburg, beschildert. ✉ Am Stadtbad 2.
⁂ Kaiserstadt Goslar

[Symbole] 300 m

Parzelliertes und terrassiertes Wiesengelände. Sanitäranlage beheizbar. Ort 5 km entfernt. Mittagsruhe 13-15 Uhr. Touristen-/Dauerstellplätze 40/40.

✉ **29229 Celle-Vorwerk (e4)** **2750**

⭐⭐⭐ »CAMPINGPARK SILBERSEE« 1.1. bis 31.12.
P.: Karl-Werner Kesten ☎ 05141/31223, Fax 33758 110000 qm
www.campingpark-silbersee.de, webmaster@campingpark-silbersee.de

→ B3 Hannover–Hamburg, am Stadtende von Celle rechts abbiegen. ✉ (GPS: 52°39'32" N / 10°06'34" E).
⁂ Alte Residenzstadt.

[Symbole] 5 km

Leicht welliges, unparzelliertes Wiesengelände zwischen Waldrand und Seeufer mit öffentlichem Badebetrieb. In der Nähe einer Bahnlinie. Ort 5 km entfernt. Mittagsruhe 13-15 Uhr. Touristen-/Dauerstellplätze 160/240.

✉ **29229 Celle-Alvern (e4)** **2752**

[15] ⭐⭐⭐ »CAMPING ALVERN« 1.1. bis 31.12.
E.: Udo Schäfer ☎ 05145/6000, Fax 284981 13000 qm
www.region-celle.de

→ B191 Celle–Lüneburg, in Garßen abbiegen Richtung Lachendorf bis zum Ortsende von Alvern. ✉ Beedenbosteler Weg 7 (GPS: 52°40'24" N / 10°11'37" E).

[Symbole] 3 km

Leicht welliges Wiesengelände mit Badeteich am Waldrand. Touristenplätze separat und überwiegend schattenlos. Ort 200 m und Golfplatz 3 km entfernt. Separater Jugendplatz. Mittagsruhe 13-15 Uhr. Touristen-/Dauerstellplätze 20/80.
2007: P/N 3.–, K/N 2 bis 14 J. 2.–, A/N 2.–, St/N 3.50, WD zuzügl. Strom/kWh –.35.

DCC-Vertragsplatz

✉ **29308 Winsen, Aller (d4)** **2760/1**

[25] ⭐⭐⭐⭐ »CAMPING WINSEN« 15.3. bis 31.10.
E.: H. Reiser ☎ 05143/93199, Fax 93144 60000 qm
www.camping-winsen.de, info@camping-winsen.de

→ A7 Hannover–Hamburg Abf. (50) Schwarmstedt auf die B 214 Richtung Celle, in Ovelgönne links abbiegen nach Winsen. ✉ Auf der Hude 1 (GPS: 52°40'33" N / 9°54'07" E).
⁂ Hermann-Löns-Landschaft.

[Symbole] 300 m, 500 m, 1 km, 2 km

Ebenes Wiesengelände zwischen Winsen und der Aller. Schattenlose und unparzellierte Touristenwiese. Anreise von 7 bis 22 Uhr möglich. Ort 1 km entfernt. Mittagsruhe 13-15 Uhr. Touristen-/Dauerstellplätze 130/100.
2008: (HS) P/N 6.–, K/N 4.–, A/N 3.–, C T/N 4.–, MC/N 7.–, M/N 2.–, H/N 2.–, WD inkl., Strom/N 2.50 oder kWh –.50 (10/16 A). In NS Ermäßigung.
DCC 10% auf P/N.

DCC-Vertragsplatz

✉ **29308 Winsen, Aller (d4)** **2760/2**

[25] ⭐⭐⭐ »CAMPINGPARK SÜDHEIDE« 15.3. bis 15.11.
E.: FB Camping GmbH & Co KG ☎ 05143/6661803, Fax 6661805 38000 qm
www.campingpark-suedheide.de, info@campingpark-suedheide.de

→ A7 Hannover–Hamburg Abf. (Raststätte Allertal) in Richtung Celle, in Winsen und am Ortsausgang beschildert. ✉ Im Stillen Winkel 20 (GPS: 52°40'19" N / 9°56'12" E).

[Symbole] 750 m, 1 km, 2 km

Ebenes bis leicht welliges Wiesengelände an der Örtze. Durch Büsche und Bäume aufgelockert. Ort 1 km entfernt. Mittagsruhe 13-15 Uhr. Touristen-/Dauerstellplätze 60/106.
2008: P/N 5.–, K/N 4 bis 14 J. 3.50, St/N 6.80/7.80, T/N 4.–/5.–, H/N 2.–, WD inkl., Strom/N 2.– (16 A).
DCC 10% auf P/N.

✉ **29308 Meißendorf bei Winsen/A. (d4)** **2762**

[30] ⭐⭐⭐⭐ »CAMPINGPARK HANSEAT« 1.1. bis 31.12.
E.: NF-Vermögensverwalt. GmbH V.: M. Zower 400000 qm
☎ 04266/355, Fax 8424
www.campingpark-hanseat.de, info@campingpark-hanseat.de

→ A7 Hannover–Hamburg Abf. Raststätte Allertal in Richtung Celle, beschildert. ✉ Am Campingplatz 4 (GPS: 52°43'10" N / 9°49'28" E).

[Symbole] 300 m, 500 m

Ebenes und mehrteiliges Wiesengelände zwischen Wald und See. Touristenteil unparzelliert und überwiegend schattenlos. Mobilheimpark. Öffentl. Badebetrieb. Aufenthaltsraum auf Anfrage. Ponyreiten. Ort (Winsen) 10 km entfernt. Separater Jugendplatz. Mittagsruhe 13-15 Uhr. Touristen-/Dauerstellplätze 150/350.
2008: (HS) P/N 6.–, K/N 1 bis 16 J. 3.–, St/N 9.80, T/N ab 4.50, M/N 2.–, H/N 2.–, Nebenkosten St/N 3.–, WD inkl. und Strom inkl. (16 A). In NS Ermäßigung.
DCC/CCI 10% auf P/N.

✉ **29323 Wietze-Wieckenberg (d4)** **2766**

⭐⭐ »AN DER ALTEN WIETZE« 1.1. bis 31.12.
E.: Günter Tegtmeier ☎ 05146/2379 18000 qm

→ B 214 Celle–Nienburg, in Wietze abbiegen nach Wieckenberg. ✉ (GPS: 52°38'03" N / 9°50'05" E).

[Symbole] 400 m, 1 km

Ebenes bis leicht welliges Heidewaldgelände. Ort 400 m entfernt. Mittagsruhe 13-15 Uhr. Touristen-/Dauerstellplätze 20/60.

Familien-Ferienplatz
»An der alten Wietze«

29323 Wietze-Wieckenberg · Kreis Celle
Telefon (0 51 46) 23 79

Sehr ruhig gelegener Ferienplatz am Rande der Südheide. Moderne sanitäre Anlagen, Warm- und Kaltduschen, Waschmaschine, Wäschetrockner, Kiosk am Platz. Kinderspielplatz. Elektro-Anschlüsse für alle Plätze. **Hallenbad und Waldschwimmbad, beide beheizt,** sind in wenigen Gehminuten zu erreichen. – BAB Frankfurt–Hamburg, Abfahrt Richtung Celle.

(2766)

- Ganzjährig geöffnete, parkähnliche Anlage auf 150.000 m² mit 30.000 m² Natur-Badesee
- Gepflegte, nicht parzellierte, große Wiese für Wohnwagen, Reisemobile und Zelte für Tages- und Feriengäste
- Badesee mit Strand und Liegewiese
- Tischtennis, Beachvolleyball, Kinderspielplätze
- Busverbindung in die romantische Fachwerkstadt Celle
- Nahe gelegene Ausflugsziele: Kloster Wienhausen, Heidepark Soltau, Vogelpark Walsrode, Serengeti Park und vieles mehr

Campingpark „Silbersee"

(2750)

Inh. K.-W. Kesten · Zum Silbersee 19 · 29229 Celle
Telefon (05141) 3 12 23 · Fax (05141) 3 37 58
E-Mail: webmaster@campingpark-silbersee.de · Internet: www.campingpark-silbersee.de

2 Niedersachsen und Bremen

DCC-Vertragsplatz

✉ **30938 Großburgwedel,** Hannover (d5)　　**2775**

[20] ★★★ »ERHOLUNGSGEBIET SPRINGHORSTSEE«
E.: A. und W. Berkhan, ☎ 05139/3232, Fax 27070　⊶ 1.1. bis 31.12.
www.springhorstsee.de, springhorstsee@aol.com　　290 000 qm
→ A 7 Hannover–Hamburg Abf. (54) Großburgwedel Richtung Bissendorf. ✉ Springhorstsee 1 (GPS: 52°30'16" N / 9°50'09" E).

Parkartiges, ebenes Wiesengelände um den See. Öffentlicher Badebetrieb. Für Durchgangs- und Feriengäste separater Platzteil mit Sanitäreinrichtung im Eingangsbereich. Kegelbahn. Ort 2 km entfernt. Mittagsruhe 13-15 Uhr. Touristen-/Dauerstellplätze 50/450.
2008: P/N 3.50, K/N bis 12 J. 2.50, C-St/N 5.–, MC-St/N 6.50 bis 7.–, T-St/N 4.–, B/N 1.–, H/N 1.–, WD zuzügl., Strom/N 2.– oder kWh –.40 (10 A), Anschlussgeb. 1.–.
DCC 10% auf P/N.

PARKSEE LOHNE
ISERNHAGEN · HANNOVER

Erholung für Jahrescamper · Rastplatz für Feriencamper
· Naherholungsgebiet für Tagesgäste · Stell- und Zeltplätze
· Reisemobile · Gastronomie · See · Kinderspielplatz · Minigolf · Tischtennis · Beachvolleyballplatz. **Nähe Messegelände**　　(2777)

Parksee Lohne · Alter Postweg 12 · 30916 Isernhagen · Telefon (05139) 88260
Fax 891665 · e-Mail: parksee-lohne@t-online.de · Internet: www.parksee-lohne.de

✉ **30916 Isernhagen,** Hannover (d5)　　**2777**

[25] ★★★ »CAMPING PARKSEE LOHNE«　⊶ 1.4. bis 15.10.
E.: Erbengem. Hoyermann　☎ 05139/88260, Fax 891665　160 000 qm
www.parksee-lohne.de, parksee-lohne@t-online.de
→ A 7 Hannover–Hamburg Abf. (55) Altwarmbüchen, hier rechts abbiegen nach Isernhagen, beschildert. ✉ Alter Postweg 12 (GPS: 52°25'44" N / 9°51'35" E).

Unparzelliertes, ebenes bis leicht welliges Wiesen- und Waldgelände am Parksee. Uferliegewiesen und öffentlichem Badebetrieb. Befestigte Mocaplätze. Golfplatz 2 km, Ort 3 km entfernt. Separater Jugendplatz. Mittagsruhe 13-15 Uhr. Touristen-/Dauerstellplätze 100/350.
2007: P/N 5.20, K/N bis 2 J. frei, St/N 7.20, H/N 1.50, WD inkl., Strom/N 1.60. Vorauszahlung!

Camping Springhorstsee
in Großburgwedel bei Hannover　(2775)

Annemarie und Walter Berkhan
30938 Burgwedel
Tel. (0 51 39) 32 32
Fax (0 51 39) 70 65 69
www.springhorstsee.de

– ganzjährig geöffnet
– großer Badesee
– Hallenbad 30°C
– Restaurant mit neuer Seeterasse
– 2 x Bundessieger
– 6 x Landessieger
– Dauerplätze 125 qm 645 € (2 Pers.)
– Transitplätze 5,50 € + 3,50 € p.P. T/N

**Noch kein DCC-Mitglied?
Sie wollen »eines« werden und die vielen Vorteile genießen – Anmeldeformular finden Sie in der Kartentasche am Ende des Buches.

Bis bald – wir freuen uns auf Sie!
Ihr DCC-Team**

Campingpark Hüttensee
(2762)

Mitten in der größten zusammenhängenden Wasserfläche (400 000 qm) der Lüneburger Heide · Badesee mit weißem Sandstrand · Paradies für Wassersportler: Segeln, Surfen, Tretboot, Angeln in eigenen Fischteichen Streichelzoo · Ideal für Ausflüge: Heidepark-Soltau, Vogelpark Walsrode, Sole- und Erlebnisbad uvm.

Campingpark Hüttensee · 29308 Winsen/Aller-Meißendorf · Tel 0 50 56. 94 18 80 · Fax 0 50 56. 94 18 81
E-Mail: info@campingpark-huettensee.de · **www.campingpark-huettensee.de**

✉ 30823 Garbsen, Hannover (d5) — 2780

30 ★★★ »ERHOLUNGSGEBIET BLAUER SEE« 1.1. bis 31.12.
P.: Peter Amend ☎ 05137/8996-0, Fax 8996-77 44 000 qm
www.camping-blauer-see.de, info@camping-blauer-see.de

→ A2 Hannover–Köln Abf. (41) Raststätte Garbsen und der Beschilderung »Blauer See« folgen. ✉ Am Blauen See 119 (GPS: 52°25'14" N / 9°32'47" E).
❖ Hannover Messe.

Ebenes und von Wald umgebenes Wiesengelände am Westufer des Sees. Gekiesten Stellflächen. Günstiger Übernachtungsplatz. Touristenteil parzelliert. FW. Imbiss. Im Winter Voranmeldung erforderlich. Ort 2 km entfernt. Separater Jugendplatz. Mittagsruhe 12.30-15 Uhr. Touristen-/Dauerstellplätze 150/210.
2007: (HS) P/N 7.90, K/N 3.–, J/N 5.20, St/N 4.90, T/N 4.20, M/N 1.–, H/N 2.50, WD zuzügl., Strom/N 2.–. In NS Ermäßigung.

✉ 34346 Hann.-Münden-Zella (d7) — 2800

25 ★★ »CAMPING ZELLA IM WERRATAL« 1.1. bis 31.12.
E.: Henze-Quantz ☎ 05541/31310, Fax 1805 20 000 qm
www.goettingerland.de

→ A7 Kassel–Hannover Abf. Hann.-Münden/Hedemünden, B 80 Richtung Hann.-Münden nach ca. 3 km links abbiegen, über Brücke links, nach 1 km Campingplatz „Zella". ✉ Zella 2 (GPS: 51°23'33" N / 9°43'39" E).
❖ Spiegelburg.

Unparzelliertes, ebenes bis leicht welliges Ufergelände. Ausgedehnte bewaldete Berge in der Umgebung. Durch Büsche und Bäume aufgelockert. Sanitäranlage durch eine Straße vom Platz getrennt. Ort (Hann.-Münden) 5 km entfernt. Mittagsruhe 13-14.30 Uhr. Touristen-/Dauerstellplätze 100/50.
2008: P/N 6.–, K/N bis 14 J. 3.50, A/N 2.50, C T/N 4.–, MC/N 5.–, M/N 2.–, B/N 2.–, H/N 2.–, WD zuzügl., Strom/N 3.– (16 A).
DCC/CCI –.50 € auf P/N.

✉ 34346 Hann.-Münden (d6) — 2803

25 ★★★ »GRÜNE INSEL TANZWERDER« 30.3. bis 15.10.
E.: Busch Freizeit & Touristik GmbH ☎ 05541/12257, Fax 660778
www.busch-freizeit.de, info@busch-freizeit.de 25 000 qm

→ A7 Kassel–Hannover Abf. (76) Hann.-Münden/Lutterberg auf der B 496 nach Hann.-Münden. Im Ort beschildert. Zufahrt über Schleusenbrücke. ✉ Tanzwerder 1 (GPS: 51°25'00" N / 9°38'51" E).
❖ Hist. Fachwerkhäuser. Burg Tillyschanze. Fulda-Werra-Weser-Radwege.

Teils ebenes, teils leicht welliges und Wiesengelände auf der Fuldainsel. Von einer Straßenbrücke überquert. Guter Etappenplatz. Teilweise parzelliert. Separater Mocaplatz. Wasserwanderstation. Kiosk. Fahrradgarage. Ortszentrum 200 m entfernt. Separater Jugendplatz. Mittagsruhe 13-15 Uhr. Touristen-/Dauerstellplätze 100/10.
2008: (HS) P/N 5.50, K/N bis 14 J. 3.50, A/N 2.50, C/N 4.50, MC/N 5.–, T/N ab 4.–, M/N 2.–, B/N 2.–, H/N 2.–, WD zuzügl., Strom/kWh –.60 (16 A), Anschlussgeb. 2.–. DCC/CCI 10% auf P/N ab 4 Nächten. In NS Erm.

✉ 34346 Hann. Münden-Hemeln (d6) — 2805

20 ★★★★ »CAMPING HEMELN« 1.1. bis 31.12.
E.: Heidi u. Gerd Kramer ☎/Fax 05544/1414 24 000 qm
www.wesercamping.de, camping-hemeln@gmx.de

→ Straße von Hann. Münden am rechten Weserufer direkt nach Hemeln weserabwärts (11 km) oder B 80 Hann. Münden–Höxter bis Veckerhagen und mit Autofähre nach Hemeln. ✉ Unterdorf 34 (GPS: 51°30'15" N / 9°36'10" E).
❖ Naturpark Bramwald. Ruine Bramburg. Sababurg. Miniatur Mühlenpark.

Ebenes, unparzelliertes und parkartiges Wiesengelände bei einem Anwesen. Befestigten Mocaplätze. Zum Weserufer leicht abfallende, schattenlose Zeltwiese. Wasserwander-Station. FW. Ort 500 m entfernt. Separater Jugendplatz. Mittagsruhe 13-15 Uhr. Touristen-/Dauerstellplätze 50/50.
2008: P/N 4.–, K/N 2 bis 14 J. 2.50, A/N 2.10, C/N 3.50, MC/N 4.–, T/N ab 2.50, M/N 1.60, B/N 1.60, H/N 1.60, WD zuzügl., Strom/N 2.– oder kWh –.50 (16 A), Anschlussgeb. 1.50. Ab 10 N 10% auf P/N.

✉ 37127 Dransfeld, Göttingen (d6) — 2810

25 ★★★★ »CAMPING AM HOHEN-HAGEN« 1.1. bis 31.12.
E.: Stadt P.: Fam. Lesser ☎ 05502/2147, Fax 47239 470 m 100 000 qm
www.campingplatz-dransfeld.de, Camping.Lesser@t-online.de

→ A7 Kassel–Hannover Abf. (73) Göttingen auf die B 3 nach Dransfeld. Hier beschildert. ✉ Am Hohen Hagen 8-12 (GPS: 51°29'15" N / 9°45'46" E).
❖ Gaussturm a. d. Hohen Hagen (508 m).

Parzelliertes und teilweise terrassiertes Wiesengelände in Hanglage. Schwimmbad und Riesenrutsche. Extra Platzteil für Hundehalter. »Kirche Unterwegs«. Öffentlicher Badebetrieb. Wellness-Oase. Inlineskater-Bahn. Ort 1 km entfernt. Separater Jugendplatz mit Lagerfeuerstelle. Mittagsruhe 13-15 Uhr. Touristen-/Dauerstellplätze 280/120.
2008: (HS) P/N 6.–, K/N 3 bis 14 J. 3.50, A/N 5.–, C MC/N 3.–, T/N 2.–, M/N 2.–, B/N 2.–, H/N 1.50, WD inkl., Müllgeb./N 1.–, Strom/N 1.– (16 A). Bei 7 Nächten nur 6 Nächte bezahlen. In NS Ermäßigung.
DCC/CCI 10% auf P/N.

✉ 37697 Lauenförde (d6) — 2815

15 ★★ »YACHTHAFEN DREILÄNDERECK« 1.4. bis 31.12.
E.: W. Vösser ☎ 05273/21836, ☎ 0172/8486890 100 m
www.yachthafen-dreilaendereck.de, wvoessing@t-online.de 70 000 qm

→ Von Beverungen über die Weserbrücke nach Lauenförde, rechts abbiegen Richtung Würgassen, 200 m nach dem Ortsausgang rechts. ✉ Würgasser Str. (GPS: 51°39'03" N / 9°22'38" E).
❖ Porzellanmanufaktur. Stahlmuseum. Hünengräber.

Ebenes Wiesengelände mit altem Baumbestand und Naturhafen am Radweg R99. Touristenplätze unparzelliert. Wasserwanderer-Station. Lagerfeuerstelle. Ort 500 m entfernt. Mittagsruhe 13-15 Uhr. Touristen-/Dauerstellplätze 50/70.
2007: P/N 3.50, K/N 5 bis 15 J. 2.50, St/N 3.–, B/N 5.–, WD zuzügl., Strom/N 1.20 (16 A).

✉ 37603 Holzminden-Silberborn (d6) — 2822

25 ★★★★ »CAMPING SILBERBORN« 1.1. bis 31.12.
E.: Edeltraud Severin ☎ 05536/664, Fax 981160 32 000 qm
www.campingplatzsilberborn.de, naturcamping-silberborn@t-online.de

→ B 497 Holzminden-Uslar, nach ca. 10 km links, oder in Neuhaus abbiegen nach Silberborn. ✉ Glashüttenweg 4 (GPS: 51°46'17" N / 9°32'56" E).
❖ Naturpark Solling und Vogler. Wildpark (3 km).

Teilweise parzelliertes und leicht abfallendes Wiesengelände. Durch Tannenhecken günstig aufgelockert und von Hochwald umgeben. Kleinkindersanitär. Kiosk. Ort 500 m entfernt. Separater Jugendplatz. Mittagsruhe 13-15 Uhr. Touristen-/Dauerstellplätze 100/80.
2008: P/N 4.30, K/N 2 bis 16 J. 2.50, C MC-St/N 8.50, T/N 5.–, H/N 2.–, KT –.50, WD zuzügl., Strom/N 2.–, kWh –.50 (16 A), Anschlussgeb. 1.–. CCI 10% Ermäßigung ab 7 Nächten.
DCC 10% auf P/N.

✉ 37181 Hardegsen, Northeim (d6) — 2824

20 ★★★ »CAMPING FERIENPARK SOLLING« 1.1. bis 31.12.
P.: A. Basse ☎ 05505/2272, 5585, Fax 5585 300 m 27 000 qm
www.ferienpark-solling.de, ferienparksolling@web.de

→ A7 Kassel–Hannover Abf. (71) Nörten/Hardenberg Richtung Uslar, bei Hardegsen abbiegen. ✉ Auf dem Gladeberg 1a (GPS: 51°38'24" N / 9°49'55" E).
❖ Naturpark Solling und Vogler. Märchenstraße. Brotmuseum.

Camping **Am Hohen Hagen**
37127 Dransfeld – Niedersachsen

An der Straße zum Hohen Hagen
Telefon 0 55 02/21 47
Telefax 0 55 02/4 72 39 (2810)
Verwaltung: Familie Lesser

Der Campingplatz mit seinem attraktiven Abenteuerbad fügt sich harmonisch in die waldreiche Gegend ein. Unsere Sanitärgebäude verfügen über einen Babywickelraum sowie neueste Behinderteneinrichtungen. Der neue Sanibereich hat eine Fußbodenheizung. Unser Freibad verfügt über Riesenrutsche und Wildwasserbecken. Animation in den Ferien. Ein Tennissandplatz, Tischtennis, Basketballplatz, Beach-Volleyballfeld und separate Spielwiese.

2 Niedersachsen und Bremen

Unparzelliertes und in Terrassen ansteigendes Wiesengelände. Für Mocas ebene, befestigte Fläche. Imbiss. Ökologisch betriebener Platz. Hundebad. Hundeverbot bei Mietcaravans und FW. Ort 1.2 km entfernt. Separater Jugendplatz. Mittagsruhe 13-15 Uhr. Touristen-/Dauerstellplätze 60/40.
2008: (HS) P/N 4.–, K/N 1 bis 14 J. 2.50, St/N 6.–, H/N 1.50, WD zuzügl., Müllgeb. St/N 1.–, Strom/kWh –.40 (16 A), Anschlussgeb. 1.–. In NS Erm.
DCC/CCI 10% auf P/N.

DCC-Vertragsplatz

✉ **37154 Northeim** (d/e6) **2825**

25 ★★★ »**CAMPING SULTMER BERG**« 15.1. bis 31.12.
P.: Helene Majora ☎ 05551/51559, Fax 5656 50 000 qm
www.campingplatzsultmerberg.de, campingplatzmajora@web.de

→ A7 Kassel–Hannover Abf. (69) Northeim/Nord auf die B3 Richtung Northeim ca. 1 km, dann links abbiegen. ✉ Am Sultmer Berg 3 (GPS: 51°43'52" N / 9°59'22" E).
❀ 700 Jahre alte Stadt.

Unparzelliertes Wiesengelände in Hanglage am Waldrand. Blick auf die Autobahn und den See. Imbiss in HS. Ort 3 km entfernt. Separater Jugendplatz. Mittagsruhe 13-15 Uhr. Touristen-/Dauerstellplätze 120/50.
2007: P/N 4.–, K/N 2 bis 13 J. 3.20, St/N 6.60 bis 9.30, H/N 2.–, WD inkl., Müllgeb. P/N –.30, Strom/N 3.– oder kWh –.50 (10 A), Anschlussgeb. 1.50.
DCC 10% auf P/N.

DCC-Vertragsplatz

✉ **37581 Bad Gandersheim** (d/e6) **2830**

25 ★★★★★ »**DCC-KUR-CAMPINGPARK BAD GANDERSHEIM**«
E.: Cpl. Betr.-Ges. Bad Gandersheim mbH 1.1. bis 31.12.
☎ 05382/1595, Fax 1599 90 000 qm
www.camping-bad-gandersheim.de, info@camping-bad-gandersheim.de

→ A7 Kassel–Hannover Abf. (67) Seesen, ca. 9 km Richtung Bad Gandersheim, vor Ortsbeginn rechts beschildert. ✉ Braunschweiger Str. 12 (GPS: 51°52'01" N / 10°02'15" E).
❀ Roswitha-Stadt Bad Gandersheim mit mittelalterlichem Stadtkern. Dom. Dom-Festspiele. Ca. 30 km zu den Wintersportorten des Harzes.

Anzeige S. 136/137

Von Höhenzügen umgebenes, ebenes Wiesengelände neben dem Seekurpark. Kurz- und Wochenendkuren. In der Nähe Reiterhof mit Gastboxen. Aufenthaltsraum für Gruppen. Grillhütte. Altstadtfest am 1. Septemberwochenende, und Campingpark-Herbstfest und Bad-Gandersheimer Bauernmarkt am 1. Oktoberwochenende. Rundflüge am Flugplatz. Hundebad. Ort 1.5 km entfernt. Mittagsruhe 13-15 Uhr. Touristen-/Dauerstellplätze 250/150.
2008: P/N 4.10, K/N 4 bis 13 J. 2.60, St/N 8.70, Fuß- und Zweiradwanderer mit Kleinzelt 6.15 zuzügl. P/N, H/N 1.–, KT und WD zuzügl., Strom/N –.30 plus kWh –.55 (16 A). Pauschalangebote für Kurzkuren.
Ausländisches CCI 10% auf P/N.
Für DCC-Mitglieder: P/N, K/N bis 18 J. und St/N 10.– (15.9.-15.6.), 12.– (16.6.-14.9.). H/N, KT, WD, Strom und Anschlussgebühr siehe oben. Ab 5 Einheiten Gruppenermäßigung: P/N, K/N bis 18 J. und St/N 9.–. H/N, KT, WD, Strom und Anschlussgebühr siehe oben.

✉ **38723 Seesen** am Harz (e6) **2835**

★★★ »**CAMPING AM BRILLTEICH**« Feb. bis Jan.
E.: Campingverein Seesen e.V. ☎ 05381/2839, Fax 492953 16 000 qm
www.camping-harz.de, camping-seesen@web.de

→ A7 Kassel–Hannover Abf. (67) Seesen auf die B248 Richtung Salzgitter, am Ortsende von Seesen links. ✉ Am Brillteich 5 (GPS: 51°54'23" N / 10°11'09" E).

Parzelliertes, ebenes Wiesengelände neben einem Freibad. Durch Hecken unterteilt. Fahrradmiete gratis. Bushaltestelle 500 m, Ort 2.5 km, Hallenbad 5 km entfernt. Mittagsruhe 13-15 Uhr. Touristen-/Dauerstellplätze 50/55.

✉ **38685 Langelsheim,** Harz (e6) **2836**

20 ★★★ »**CAMPING INNERSTE TALSPERRE 2**« März bis Okt.
P.: Irmtraud Schneider ☎ 05326/2166, Fax 86862 und Winterferien
www.innerste.de, camping@innerste.de 35 000 qm

→ A7 Kassel–Hannover Abf. (66) Rhüden auf die B82 bis Langelsheim, an der Ampel rechts zur Innerste-Talsperre abbiegen nach 8 km. ✉ Innerste Talsperre 2 (GPS: 51°54'35" N / 10°17'24" E).

Ebenes und schmales Ufergelände. Touristenplätze unparzelliert. Durch Bäume aufgelockert. Wintercamping auf Anfrage. Moca-Übernachtungsplätze vor der Schranke. Ort 5 km entfernt. Mittagsruhe 13-15 Uhr. Touristen-/Dauerstellplätze 140/60.
2007: P/N 4.–, K/N 2 bis 14 J. 2.80, C-St/N 6.–, MC keine Angabe, T-St/N 4.–, H/N 1.–, KT 1.–, WD zuzügl., Müllgeb. P/N –.50, Strom/N 1.60 (16 A).

✉ **38685 Langelsheim-Wolfshg.,** Harz (e6) **2837**

20 ★★★ »**CAMPINGPLATZ AM KRÄHENBERG**« 1.1. bis 31.12.
P.: Christine Adler ☎ 05326/9692-81, Fax 9692-82 65 000 qm
www.Campingplatz-Wolfshagen.de, post@Campingplatz-Wolfshagen.de

→ A7 Kassel–Hannover Abf. (66) Rhüden auf die B82 bis Langelsheim, hier am Ortsende rechts abbiegen nach Wolfshagen, beschildert. ✉ (GPS: 51°55'02" N / 10°19'22" E).

Unparzelliertes und leicht wellig abfallendes Wiesengelände. Von Wald umgeben. Teilweise terrassiert und schattenlos. Durch Dauercamper geprägt. Ort 1 km entfernt. Mittagsruhe 13-14.30 Uhr. Touristen-/Dauerstellplätze 90/300.
2008: (HS) P/N 4.60, K/N bis 14 J. 2.70, J/N 3.40, St/N 5.–, H/N 1.20, KT 1.–, WD zuzügl, Strom/kWh –.35 (16 A), Anschlussgeb. 3.–. In NS Erm.
DCC/CCI 10% auf P/N

Ruhebewertungen

betreffen das Umfeld, nicht aber den inneren Campingplatzbereich.

KUR-CAMPINGPARK
MIT DIREKTZUGANG ZUM SEE-KURPARK

Bad Gandersheim

LAGE
In einem der schönsten Erholungsgebiete
Norddeutschlands zwischen Solling und
Harz.

ANFAHRT
A7 Kassel-Hannover bis zur Ausfahrt
Seesen, ca. 9 km auf der B 64 Richtung
Bad Gandersheim.

Platzbeschreibung
Von Höhenzügen umgebenes ebenes Wiesengelände neben dem Kurpark, zum Ort 1,5 km, gemütliche Gaststätte, Grillhütte, rollstuhlgerechte Sanitäreinrichtungen, Fahrradverleih, Hundebad, Mittagsruhe 13–15 Uhr, Touristen-/Dauerstellplätze 250/150, 90.000 qm.

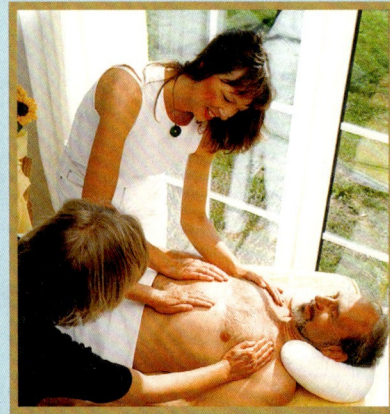

Aktivitäten
Tennis, Minigolf, Freiluftmühle, Reiten, Kegeln, Radfahren, Segelfliegen, Rundflüge, zwei große Kinderspielplätze, Solarium, ermäßigter Eintritt im nahegelegenen Waldschwimm- und Hallenbad, direkter Zugang zu den Kureinrichtungen.

Kuren
Preisgünstige Familienkuren im Caravan oder Reisemobil vom Campingplatz aus möglich, beheiztes Mineral-Sole-Hallenbad. Nutzen Sie unsere Kurzkurangebote!.
Kur-Heilanzeigen:
Prospektmaterial ist bei Anfrage auf dem Platz erhältlich.

Geöffnet: 1.1. – 31.12.

(2830)

Umgebung
Besuch der Roswitha-Stadt Bad Gandersheim mit ihrem mittelalterlichen Stadtkern und den dortigen Domfestspielen. Genießen Sie die Wellness- und Vitalparkangebote. Im Sommer: Wandern und Ausflüge in den Harz, im Winter: ca. 30 km zu den Wintersportorten.

DCC Kur-Campingpark Bad Gandersheim
Braunschweiger Str. 12, 37581 Bad Gandersheim
Telefon: 05382/1595, Fax: 05382/1599
Internet: http://www.camping-bad-gandersheim.de
E-mail: info@camping-bad-gandersheim.de

DCC-Vertragsplatz

✉ 38644 Goslar-Hahnenklee, Harz (e6) — 2840

[25] ★★★★ »CAMPING AM KREUZECK« — 1.1. bis 31.12.
E.: Fam. Weckauf ☎ 05325/2570, Fax 3392 600 m 50000 qm
www.campingplatz-kreuzeck.de, info@Kreuzeck.de

→ B241 Goslar–Osterode, nach Hahnenklee abbiegen. ✉ Kreuzeck 5 (GPS: 51°50'49" N / 10°21'01" E).

Parzellierter Terrassenplatz an einem bewaldeten Hang oberhalb eines Badesees. Fitnessraum. Kabel-TV. Mocastellplätze vor der Schranke. Kurmöglichkeit 2.5 km, Ort 3 km entfernt. Mittagsruhe 13-14 Uhr. Touristen-/Dauerstellplätze 100/130.
2008: P/N 4.50, K/N 3 bis 14 J. 3.50, A/N 2.–, C T/N 5.–, MC/N 7.–, M/N 2.20, H/N 2.–, KT ab 1.–, WD inkl., Müllgeb. St/N –.65, Strom/kWh –.50 (16 A), Anschlussgeb. 2.50. Ab 19 Nächten für DCC 10% Erm.
DCC 10% auf P/N und CCI 10% auf St/N.

✉ 38667 Bad Harzbg.-Göttingerode (e6) — 2843

[25] ★★★★ »FREIZEIT OASE-HARZ CAMP« — 1.1. bis 31.12.
E.: Horst Gilge ☎ 05322/81215, Fax 877533 350 m 80000 qm
www.harz-camp.de, harz-camp@t-online.de

→ A7 Kassel–Hannover Abf. (66) Rhüden auf die B82 nach Goslar, von Goslar B6 Abf. Oker/Altenau, weiter Richtung Bad Harzburg/Göttingerode L501. ✉ Kreisstr. 66 (GPS: 51°53'35" N / 10°30'39" E).

Terrassiertes und zweigeteiltes Wiesengelände in Hanglage. Teilweise parzelliert. Durch Bäume aufgelockert. Erlebnissauna und Anwendungen. Abenteuerspielplatz. Reservierung nur Weihnachten möglich. Ort 500 m entfernt. Mittagsruhe 13-15 Uhr. Touristen-/Dauerstellplätze 220/160.
2008: P/N 5.20, K/N bis 10 J. 3.–, J/N 3.50, St/N 6.50/8.–, H/N 2.–, KT 1.–/1.30, WD zuzügl., Müllgeb. P/N –.30, Strom/kWh –.45 (10/16 A), Anschlussgeb. 2.–.

DCC-Vertragsplatz

✉ 38667 Bad Harzburg, Harz (e6) — 2846

[20] ★★★★ »CAMPING + FREIZEITZENTRUM WOLFSTEIN« — 1.1. bis 31.12.
E.: Michael Scholz ☎ 05322/3585, Fax 53510 380 m 160000 qm
www.fzz-wolfstein.de, info@fzz-wolfstein.de

→ A7 Kassel–Hannover Abf. (66) Rhüden auf die B82 nach Goslar. Hier auf die B6 über Bad Harzburg Richtung Eckertal noch ca. 2 km. ✉ Ilsenburger Str. 111.
♣ Okertalsperre. Märchenwald.

Leicht abfallendes, terrassiertes und langgestrecktes Wiesengelände. Teilweise parzelliert. 25 Durchgangsplätze für Moca/Caravan. Ort 2 km entfernt. Mittagsruhe 13-15 Uhr. Touristen-/Dauerstellplätze 200/230.
2008: P/N 5.–, K/N 4 bis 14 J. 3.–, St/N 5.–, KT 1.30, WD inkl., Müllgeb. P/N 1.–, Strom/kWh –.40 (10 A), Anschlussgeb. 2.–.
DCC 10% auf P/N.

✉ 38644 Goslar, Harz (e6) — 2850

[20] ★★ »CAMPING SENNHÜTTE« — 1.1. bis 31.12.
E.: Brigitte Müller ☎ 05321/22498, Fax 22502 30000 qm
www.sennhuette-goslar.de

→ B241 Goslar Richtung Clausthal-Zellerfeld, nach ca. 2 km rechts. ✉ Clausthaler Str. 28 (GPS: 51°53'40" N / 10°24'21" E).

Teilweise parzelliertes und leicht wellig ansteigendes Wiesengelände neben einem Bach und der Straße. Gegenüber einem Tierheim. Ort 3 km entfernt. Separater Jugendplatz. Touristen-/Dauerstellplätze 170/80.
2007: P/N 4.–, K/N 2 bis 14 J. 2.–, A/N 2.–, C/N 3.–, MC/N 4.– bis 6.–, T/N 2.50, M/N 2.50, WD zuzügl., Strom/kWh –.50 (16 A), Anschlussgeb. 2.–.

✉ 37539 Bad Grund, Harz (e6) — 2851

[20] ★★★ »CAMPING HÜBICH ALM« — 1.1. bis 31.12.
E.: Elke Pöppe ☎ 05327/3190, Fax 05381/8089 490 m 33000 qm

→ A7/E45 Göttingen–Hildesheim Abf. (67) Seesen auf die B243/B242 Richtung Bad Grund. Vor dem Ort rechts abbiegen, noch ca. 800 m. ✉ (GPS: 51°49'00" N / 10°13'45" E).

Unparzelliertes, gekiestes und leicht welliges Wiesengelände. Teils schattenlos, teils am Waldrand gelegen. Ort 3 km entfernt. Mittagsruhe 12-14 Uhr. Touristen-/Dauerstellplätze 30/90.
2007: P/N 3.–, St/N 6.– bis 8.–, H/N 1.50, WD und Strom keine Angaben.

✉ 38678 Clausthal-Zellerfeld, Harz (e6) — 2853/1

[20] ★★★ »CAMPING WALDWEBEN« — 1.1. bis 31.12.
E.: Wilfried Kruse ☎ 05323/81712, Fax 962134 560 m 45000 qm
www.campingplatz-waldweben.de

→ B241 Goslar–Osterode, in Clausthal-Zellerfeld Richtung Feriendorf rechts abbiegen. ✉ Spiegelthaler Str. 31 (GPS: 51°49'23" N / 10°19'00" E).

Vom Seeufer terrassiert ansteigendes Wiesen- und Tannengelände. Von Blockhütten umgeben. Teilweise parzelliert. Ort 1 km entfernt. Separater Jugendplatz. Mittagsruhe 13-14 Uhr. Touristen-/Dauerstellplätze 150/150.
2008: (HS) P/N 4.–, K/N 1 bis 16 J. 3.50, A/N 2.50, C/N 3.–, MC/N 5.–, T/N 2.50, M/N 1.80, H/N 1.50, KT –.80/1.–, WD zuzügl., Strom/kWh –.45 (16 A), Anschlussgeb. 1.50. In NS Ermäßigung.

DCC-Vertragsplatz

✉ 38678 Clausthal-Zellerfeld, Harz (e6) — 2853/2

[20] ★★★★ »CAMPING PRAHLJUST« — 1.1. bis 31.12.
E.: Fam. Struve ☎ 05323/1300, Fax 78393 600 m 130000 qm
www.prahljust.de, camping@prahljust.de

→ B241 Goslar–Osterode, in Clausthal-Zellerfeld abbiegen Richtung Braunlage. ✉ An den langen Brüchen 4 (GPS: 51°47'05" N / 10°21'02" E).

Terrassiert vom Waldrand zum Seeufer abfallendes Wiesengelände. Parzelliert und durch Büsche und Bäume aufgelockert. Öffentliches Hallenbad. Schwimmgymnastik. »Kirche Unterwegs«. FW. Ort 4 km entfernt. Separater Jugendplatz. Mittagsruhe 13-14 Uhr. Touristen-/Dauerstellplätze 650/250.
2007: (HS) P/N 4.80, K/N 2 bis 14 J. 4.20, St/N 5.–, T/N 2.60, M/N 1.80, H/N 2.–, KT 1.–/–.80, WD inkl., Strom/N –.30 plus kWh –.55 (10-16 A). In NS Erm.
DCC 10% und CCI 5% auf P/N.

(2846) Camping & Freizeitzentrum "Wolfstein" ★★★★
38667 Bad Harzburg
Tel. 05322 / 3585
www.fzz-wolfstein.de

www.prahljust.de am See

Wandern, Mountainbiking, Angeln, Wintersport
Restaurant, Mini-Markt, Hallenbad, Spielplatz

(2853/2)

2 Niedersachsen und Bremen

✉ 38707 Altenau, Harz (e6) 2855/1

20 ★★★ »CAMPINGPLATZ POLSTERTAL« ⚷ 1.1. bis 31.12.
E.: Fam. Petzold ☎ 05323/5582, Fax 948258   520 m   18 000 qm
www.campingplatz-polstertal.de, info@campingplatz-polstertal.de

→ B498 Goslar–Altenau, kurz vor Altenau rechts abbiegen Richtung Clausthal noch ca. 2.5 km, beschildert. ✉ Polstertal 1 (GPS: 51°48'01" N / 10°25'01" E).

Parzellierte und terrassierte Waldlichtung. Von einem Bach durchzogen. Ort 3 km, Hallenbad und Kurmöglichkeit 6 km entfernt. Mittagsruhe 13-15 Uhr. Touristen-/Dauerstellplätze 60/60.
2007: (HS) P/N 3.60, K/N 2 bis 15 J. 2.60, St/N 3.60 bis 5.60, H/N 1.60, KT 1.–, WD zuzügl., Müllgeb. St/N –.65, Strom/kWh –.65 (16 A), Anschlussgeb. 1.30. In NS Ermäßigung.

DCC-Vertragsplatz

✉ 38707 Altenau, Harz (e6) 2855/2

20 ★★★★ »CAMPING OKERTALSPERRE« ⚷ 1.1. bis 31.12.
E.: Petersen-Kornhardt ☎ 05328/702, Fax 911708 450 m 30 000 qm
www.campingokertal.de, info@campingokertal.de

→ B498 Goslar–Altenau, hier am Ortsanfang links, beschildert. ✉ Kornhardtweg 2 (GPS: 51°49'07" N / 10°26'22" E).
• Altenau. Okertalsperre.

Langgestrecktes Gelände zwischen Waldhöhen und der Oker-Vorsperre. Parzelliert und durch Büsche und Bäume aufgelockert. Durch Tannenhecken in einzelne Stellgruppen unterteilt. Separater Platzteil für Motorradfahrer. Kinderbetreuung. Kabel-TV. FW. Grillhütte. Hunde nur eingeschränkt erlaubt! Ort 2.5 km entfernt. Separater Jugendplatz. Mittagsruhe 13-15 Uhr. Touristen-/Dauerstellplätze 80/50.
2008: P/N 3.50, K/N 5 bis 16 J. 2.50, J/N 3.–, St/N 6.–, KT 1.60, WD inkl., Müllgeb. P/N –.80, Strom/kWh –.60 (10 A), Anschlussgeb. 1.50.
DCC/CCI 10% auf P/N.

✉ 37520 Osterode am Harz (e6) 2860/1

★★ »HARZCAMP. AM SÖSESTAUSEE« ⚷ 1.1. bis 31.12.
P.: Holger Kahre ☎ 05522/3319, Fax 72378   40 000 qm
www.harzcamp.de, harzcamp@t-online.de

→ B243 Seesen–Herzberg Abf. Osterode Süd Richtung Sösetalsperre, 2. Platz. ✉ Bgm.-Schimpf-Str.
• Sösetalsperre. Tropfsteinhöhle. Heimatmuseum. Altes Stadtbild.

Zweigeteiltes Gelände an der Talsperre. Parzellierter, terrassierter Hauptplatz oberhalb des Sees. Unparzellierter Nebenplatz mit leicht welligem Wiesengelände und lichtem Baumbestand. Freilichtbühne. Restaurant 800 m, Ort 3 km entfernt. Separater Gruppenplatz mit Grillstation und Lagerfeuerstelle. Mittagsruhe 13-15 Uhr. Touristen-/Dauerstellplätze 120/60.

✉ 37520 Osterode am Harz (e6) 2860/2

20 ★★★★ »WALDCAMPING EULENBURG« ⚷ 1.1. bis 31.12.
E.: Greve & Uhl GmbH V.: Grönig ☎ 05522/6611, Fax 4654 18 000 qm
www.eulenburg-camping.de, ferien@eulenburg-camping.de

→ B243 Seesen–Herzberg Abf. Osterode Süd Richtung Sösetalsperre, 1. Platz. ✉ Scheerenberger Str. 100 (GPS: 51°43'37" N / 10°16'42" E).
• Sösetalsperre. Heimatmuseum. Tropfsteinhöhlen. Altes Stadtbild.

Parzelliertes und ebenes bis leicht welliges Wiesengelände an einem Bach. Von Büschen und Bäumen durchzogen und von Wald umgeben. Moca-Übernachtungsplatz vor der Schranke. Ort 2 km entfernt. Separater Jugendplatz. Mittagsruhe 13-15 Uhr. Touristen-/Dauerstellplätze 60/60.
2008: P/N 4.10, K/N bis 14 J. 2.50, A/N 1.50, St/N 7.–, M/N 1.–, H/N 1.80, WD zuzügl., Müllgeb. St/N 1.20, Strom/kWh –.55 (6/16 A), Anschlussgeb. 1.50. Ab 15 Nächten 10% Ermäßigung.

DCC-Vertragsplatz

✉ 38700 Braunlage, Harz (e6) 2861

20 ★★★ »CAMPING HOHE TANNEN« ⚷ 1.1. bis 31.12.
E.: Dieter Sasse ☎ 05520/413, Fax 417   600 m   50 000 qm

→ B27 Bad Lauterberg–Braunlage, vor Braunlage rechts. ✉ Am Campingplatz 1.

Parzellierter Terrassenplatz mit einem kleinen See. Von Wäldern umgebenen und durch Bäume und Büsche aufgelockert. Transitplatz vor dem Eingang. Im Winter Voranmeldung erforderlich. Ort 1 km, Hallenbad und Tennis 1.5 km entfernt. Mittagsruhe 13-15 Uhr. Touristen-/Dauerstellplätze 100/100.
2007: P/N 4.60, K/N 4 bis 13 J. 3.40, J/N 4.–, A/N 2.40, C/N 3.70, MC/N 5.–, T/N 3.–, M/N 2.20, H/N 1.20, KT 2.20, WD inkl., Strom/kWh –.60 (16 A), Anschlussgeb. 1.10.
DCC 10% auf P/N.

✉ 38700 Hohegeiß, Harz (e6) 2862

★★★★ »CAMPING AM BÄRENBACHE« ⚷ 1.1. bis 31.12.
E.: Harald Böhringer ☎ 05583/1306, Fax 1300   28 000 qm
www.campingplatz-hohegeiss.de, campingplatz-hohegeiss@t-online.de

→ B4 Zorge–Braunlage, am Ortsanfang von Hohegeiß rechts abbiegen. ✉ Bärenbachweg 10 (GPS: 51°39'22" N / 10°40'08" E).

Parzellierter Terrassenplatz am Abhang eines Waldtals oberhalb eines öffentlichen Schwimmbades (für Camper kostenlos). Kiosk/Imbiss. Boccia. Ort 1 km entfernt. Separater Jugendplatz. Mittagsruhe 13-15 Uhr. Touristen-/Dauerstellplätze 100/35.

DCC – DEIN PARTNER!

DCC-Vertragsplatz

✉ **37449 Zorge,** Südharz (e6) 2863

25 ★★★★ »HARZ-CAMPING IM WALDWINKEL« ⚷ 1.1. bis 31.12.
E.: Waltraud Schwarz ☎ 05586/1048, Fax 8113 350m 15000 qm

→ B243 Osterode–Nordhausen, bei Bad Sachsa abbiegen über Walkenried nach Zorge. Hier beschildert. ✉ Im Kunzental 2 (GPS: 51°38'27" N / 10°38'40" E).

 100m

Terrassenartig ansteigendes Gelände in einem Waldtal. Teilweise parzelliert. Separate Mocaplätze vor dem Eingang. Kabel-TV. Hundebad. Ski-Trockenplatz. Lagerfeuerplatz. Wassertretbecken. Haltestelle 500 m, Ort 1.5 km, Hallenbad 8 km entfernt. Mittagsruhe 13-15 Uhr. Touristen-/Dauerstellplätze 100/25.
2007: (HS) 2 P/N inkl. St/N 16.–, weitere P/N 4.50, K/N bis 6 J. 2.–, K/N 6 bis 17 J. 2.50, H/N 1.–, WD inkl., Strom/kWh –.50 (16 A), Anschlussgeb. 1.–. In NS Ermäßigung.
DCC 10% auf P/N.

✉ **37441 Bad Sachsa,** Südharz (e6) 2864

20 ★★★★ »CAMPINGPARK IM BORNTAL« ⚷ 1.1. bis 31.12.
E.: M. Siemund ☎ 05523/94472-1, Fax 94472-2 330m 65000 qm
www.campingpark-borntal.de, info@campingpark-borntal.de

→ A7 Kassel–Hannover Abf. (72) Göttingen-Nord über Herzberg auf die B243 nach Bad Sachsa, „Im Borntal", beschildert. ✉ Im Borntal 1-10 (GPS: 51°36'26" N / 10°33'54" E).
♦ Grenzlandmuseum.

 600m 1.5km  2km 2.5km

Parzellierter Terrassenplatz mit teilweise geschotterten Stellflächen am Waldrand. Durch einen Bach geteilt. Skitrockenraum. Skibus. Großes Clubhaus. Bikerräume. FW. Ort 1.5 km entfernt. Separater Jugendplatz. Mittagsruhe 12.30-14.30 Uhr. Touristen-/Dauerstellplätze 80/20.
2007: P/N 4.–, K/N 6 bis 16 J. 3.–, J/N 3.50, St/N 4.60 bis 7.50, M/N 2.–, H/N 2.–, KT 1.95, WD inkl., Strom/kWh –.50 (16 A), Anschlussgeb. 1.50. Bei 7/14/21 Nächten nur 6/11.5/17 Nächte bezahlen. Es wird nur ein Kind berechnet.
DCC/CCI 10% auf P/N.

 DCC-Vertragsplatz

✉ **37445 Walkenried,** Südharz (e6) 2865

30 ★★★★ »KNAUS CAMPING WALKENRIED« ⚷ 16.12.07 bis 3.11.08
E.: Helmut Knaus KG Campingparks V.: Weisbarth 51 000 qm
☎ 05525/778, Fax 2332
www.knauscamp.de, walkenried@knauscamp.de

→ A7 Kassel–Hannover Abf. (67) Seesen oder Göttingen-Nord, über Herzberg auf die B243 Richtung Bad Sachsa. ✉ Ellricher Str. 7 (GPS: 51°35'23" N / 10°37'30" E).
♦ Klosterruine. Klostertor. Falkenhof. Harzquerbahn.

 800m 1.5km 2km

Parzelliertes und leicht ansteigendes, parkartiges Wiesengelände am Rande des Luftkurortes. Befestigte Moca-Stellflächen. Separater Platzteil für Hundehalter. Schwimmgymnastik. »Kirche Unterwegs«. Ort und Kurmöglichkeit 1 km entfernt. Touristen-/Dauerstellplätze 160/50.
2008: (HS) P/N 7.–, K/N 4 bis 14 J. 3.–, St/N 6.–, H/N 2.–, KT 1.10/–.55, WD inkl., Müllgeb. St/N 1.50, Strom/N 2.40 (10/16 A). In NS Ermäßigung. Nachlässe mit der KNAUS-Ferienkarte.
DCC 10% auf P/N.

✉ **37444 St. Andreasberg,** Harz (e6) 2866

★★ »CAMPING ERIKABRÜCKE« ⚷ 1.1. bis 31.12.
E.: Wolf Börner ☎ 05582/1431, Fax 923056 320m 55000 qm
www.erikabruecke.de, camping@erikabruecke.de

→ B27 Bad Lauterberg–Braunlage, am Oderstausee entlang bis zum Oder-Einlauf. Erikabrücke 1 (GPS: 51°40'25" N / 10°33'19" E).
♦ Schwarz– und Rotwildfütterung am Platz.

✉ **37431 Bad Lauterberg,** Harz (e6) 2869

Dreigeteiltes, leicht welliges Wald- und Wiesengelände neben der Straße am Oderstausee. Teilweise parzelliert und durch Büsche und Bäume aufgelockert. Moca-Übernachtungsplätze. Kabel-TV. Separater Hundehalteil. 8 Stellplätze mit Gasversorgung. Kuranwendung 9 km, Ort 10 km entfernt. Separater Jugendplatz. Mittagsruhe 12-14 Uhr. Touristen-/Dauerstellplätze 150/150.

✉ **37431 Bad Lauterberg,** Harz (e6) 2869/1

25 ★★ »CAMPING GLOCKENTAL-HERZBEK« ⚷ 1.4. bis 31.10.
E.: Werner Hauschild ☎ 05524/3811, 0172/8767873, Fax 5076
www.glockental.de, info@glockental.de 400m 35000 qm

→ B27 Bad Lauterberg–Braunlage, an der Talsperre über den Sperrdamm. Schlepphilfe für teilweise steile Auffahrt. ✉ Glockental 1 (GPS: 51°38'47" N / 10°29'40" E).

Dreigeteilter Terrassenplatz zwischen Waldrand und Oderstausee. Teilweise parzelliert und durch Büsche und Bäume aufgelockert. Kuranwendungen und Hallenbad 3 km, Ort 5 km entfernt. Separater Jugendplatz. Mittagsruhe 13-15 Uhr. Touristen-/Dauerstellplätze 60/60.
2007: P/N 4.80, K/N 2 bis 14 J. 4.30, St/N 6.20, H/N 1.50, KT –.55, WD inkl., Strom/N 1.80 (6-16 A).
DCC/CCI 10% auf P/N.

✉ **37431 Bad Lauterberg,** Harz (e6) 2869/2

★★★★ »CAMPING WIESENBEKER TEICH« ⚷ 1.1. bis 31.12.
E.: Maik Dombrowsky ☎ 05524/2510, Fax 932089 400m 50000 qm
www.campingwiesenbek.de, info@campingwiesenbek.de

→ B27 Bad Lauterbg.–Braunlage, abbiegen Richtung Wiesenbeker Teich. ✉ Wiesenbek 77 (GPS: 51°37'08" N / 10°29'28" E).

1km

Terrassenplatz am Südufer des Wiesenbeker Teichs. Separate Pkw-Abstellung (200 m). Anreise von 8 bis 20 Uhr. Separate Moca-Übernachtungsplätze. Öffentlicher Badebetrieb mit separatem Eingang. Medizinische Bäder am Platz. Kuren im Ort möglich. Halb- und Vollpension möglich. Ort 1.5 km entfernt. Separater Jugendplatz. Mittagsruhe 13-15 Uhr. Touristen-/Dauerstellplätze 50/40.

✉ **37197 Hattorf,** Osterode (e6) 2874

20 ★★★ »CAMPINGPARK ODERBRÜCKE« ⚷ 1.1. bis 31.12.
E.: Holger Walthes ☎ 05521/4359, Fax 4360 25000 qm
www.oderbrueke.top.ms, oderbruecke@t-online.de

→ B27 Göttingen–Braunlage, hinter Gieboldehausen links. ✉ (GPS: 51°36'56" N / 10°12'39" E).

Unparzelliertes, ebenes und langgestrecktes Wiesengelände entlang der Oder. Durch Anpflanzungen in kleine Stellfelder zu je 5 Einheiten unterteilt. Hallenbad 3 km, Ort und Reiten 4 km entfernt. Separater Jugendplatz. Mittagsruhe 13-15 Uhr. Touristen-/Dauerstellplätze 20/60.
2008: (HS) P/N 3.50, K/N 1 bis 14 J. 2.50, St/N 5.20, H/N 1.–, WD inkl., Strom/N 2.20 oder kWh –.60 (16 A), Anschlussgeb. 1.–. Angebote. In NS Erm.
DCC/CCI 10%auf P/N.

✉ **37136 Seeburg** (e6) 2895

20 ★★★★ »CAMPING SEEBURGER SEE« ⚷ März bis Jan.
E.: Gemeinde V.: Fam. Goldmann ☎ 05507/1319, Fax 1005 20000 qm
www.seeburgersee.de, campingplatzseeburg@t-online.de

→ A7 Hannover–Kassel Abf. (76) Göttingen-Nord auf die B27 Richtung Braunlage. In Ebergötzen abbiegen auf die B446 Richtung Duderstadt bis Seeburg. Seestr. 20 (GPS: 51°33'59" N / 10°09'20" E).

 100m 300m 500m 6km

Unparzelliertes, ebenes Wiesengelände nahe einem Strandbad. Teilweise mit Stellkreisen gegliedert. Ort 500 m entfernt. Separater Jugendplatz. Mittagsruhe 13-15 Uhr. Touristen-/Dauerstellplätze 90/65.
2007: P/N 4.–, K/N bis 14 J. 2.–, J/N 2.50, St/N 4.60 bis 5.80, H/N 1.50, WD inkl., Müllgeb./N –.20, Strom/N –.40 (16 A), Anschlussgeb. 1.–.

Als DCC-Mitglied sind Sie immer gut beraten
Deutscher Camping-Club e.V., Postf. 40 04 28, 80704 München

Nordrhein-Westfalen

In der Nähe von Militärflugplätzen und Übungsgeländen ist mit zeitweiligen Ruhestörungen zu rechnen. Dieses trifft auch auf die Großflughäfen Köln und Düsseldorf in einem Umkreis von ca. 25 km zu.

47665 Sonsbeck-Labbeck (a6) — 3103

25 ★★★★ »CAMPINGPARK KERSTGENSHOF« 1.1. bis 31.12.
E.: Familie Ingenlath ☎ 02801/4308, Fax 90309 57 000 qm
www.kerstgenhof.de, kerstgenhof@t-online.de

→ A 57 Moers–Nimwegen Abf. (5) Sonsbeck in Richtung Xanten, nach Labbeck abbiegen und durch den Ort noch ca. 2 km. ✉ Marienbaumerstr. 158 (GPS: 51°39'36'' N / 6°22'20'' E).
Xanten. Kevelar. Kleve. Kalkar.

Ebenes, teilweise parzelliertes Wiesengelände mit Anpflanzungen neben einem bewirtschafteten Bauernhof. Reservierung an Feiertagen und Ferien in NRW erforderlich. Mocapplatz vor dem Platz. Separater Bereich für Clubs mit Clubhaus. Großer naturnaher Kinderspielplatz mit Kletterwand. Kleinkindersanitär. Imbiss. Kabel-TV. Separater Mobilheimteil. Separater Jugendplatz. Mittagsruhe 13-15 Uhr. Touristen-/Dauerstellplätze 50/270.
2008: (HS) P/N 5.–, K/N 3 bis 14 J. 3.95, C MC-St/N 8.70, T/N 5.55, H/N 2.–, WD zuzügl., Müllgeb./N 1.–, Strom kWh –.45 (16 A). In NS ab 4 N 10% bis 20% Ermäßigung auf P/N und St/N.

46509 Xanten (a6) — 3104

20 ★★★ »WALDCAMPING SPEETENKATH« 1.1. bis 31.12.
E.: Maria v. Wolff-Metternich ☎ 02801/1769, Fax 984662 100 000 qm
www.campingplatz-speetenkath.de, speetenkath@t-online.de

→ A 3 Oberhausen–Emmerich Abf. Wesel Richtung Xanten. Danach Umgehungsstraße an Xanten vorbei Richtung Sonsbeck/Labbeck. ✉ Urseler Str. 18 (GPS: 51°39'27'' N / 6°23'12'' E).
Historische Dom- und Römerstadt Xanten. Archäologischer Park.

Ebenes, durch Hecken parzelliertes und schattenloses Wiesengelände mit kleinem Teich, von Wald umgeben in der Nähe des Niederrheins. Reservierung erwünscht. Touristenplätze unparzelliert. Abenteuerspielplatz. Jugendraum. Mittagsruhe 13-15 Uhr. Touristen-/Dauerstellplätze 100/310.
2008: P/N 4.–, K/N bis 14 J. 3.–, A/N 2.–, C MC/N 5.50, T/N 4.–, WD zuzügl., Strom kWh –.40 (10/16 A).

47546 Kalkar-Wissel, Kleve (a6) — 3105

25 ★★★★★ »FREIZEITPARK WISSELER SEE« 1.1. bis 31.12.
E.: Freizeipark Wisseler See GmbH, Ottmar Ricken 350 000 qm
☎ 02824/96310, Fax 963131, www.wisseler-see.de, wisseler-see@t-online.de

→ A3 Ruhrgebiet–Holland Abfahrten (3) Emmerich oder (4) Rees über die Rheinbrücke auf die B57 zwischen Kleve und Kalkar, hier abbiegen Richtung Grieth bis Wissel, beschildert. ✉ Zum Wisseler See 15 (GPS: 51°45'39'' N / 6°17'06'' E).

Ebenes, teilweise parzelliertes Wiesengelände, durch Anpflanzungen in Stellfelder unterteilt. In HS Reservierung erforderlich. Not-Übernachtungsplätze mit Strom vor dem Platzeingang. Separater Dauerplatzteil grenzt an den See mit öffentlichem Badebetrieb und DLRG-Station. Separater Platzteil für Hundehalter. Camperservice am Platz. Kabel-TV. »Kirche Unterwegs«. Mehrzwecksporthalle. Wassersport. Ort 2 km entfernt. Mittagsruhe 13-14 Uhr. Touristen-/Dauerstellplätze 189/616.
2007: (HS) P/N 5.50, K/N 1 bis 15 J. 2.75, C MC-St/N 8.50, T-St/N 6.50, M/N 3.25, B/N 1.75, H/N 3.25, WD und Strom (16 A) inkl. In NS Erm.

46459 Rees-Grietherbusch (a6) — 3110

★ »CAMPING AM NATURSCHUTZGEBIET« 1.1. bis 31.12.
E.: Gabriele Jokisch, ☎/Fax 02851/6640, 0179/6608586 8 000 qm
www.campingundangeln.de, G.Jokisch@arcor.de

→ B8 Wesel–Emmerich, hinter Rees bei Bienen links abbiegen nach Grietherbusch. ✉ Grietherbusch 19 (GPS: 51°47'58'' N / 6°21'02'E).

Ebenes bis leicht welliges Wiesengelände, unparzelliert an einem kleinen Badesee, wenig Schatten. Ort 5 km entfernt. Mittagsruhe 13-15 Uhr. Touristen-/Dauerstellplätze 50/80.

46459 Rees-Grietherort (a6) — 3114

15 ★★★ »CAMPINGPLATZ GRIETHERORT« 1.1. bis 31.12.
E.: Barbara u. Ludwig Kaup GbR ☎/Fax 02851/6960 30 000 qm
www.campingplatz-grietherort.de

→ A3 Ruhrgebiet–Niederlande Abf. (4) Rees über Millingen, Bienen, Grietherbusch nach Grietherort. ✉ Grietherort 7 (GPS: 51°47'31'' N / 6°19'35'' E).

Ebenes bis leicht welliges Wiesengelände auf einer Halbinsel zwischen Rhein und Altrheinarm. Kiosk. Biergarten in HS. Yachthafen in der Nähe. Ort 4 km entfernt. Mittagsruhe 13-15 Uhr. Touristen-/Dauerstellplätze 70/85.
2008: P/N 3.50, K/N bis 14 J. 1.50, J/N 14 bis 18 J. 2.50, A/N 3.–, C/N 3.–, MC/N 6.–, T/N 2.50/3.50, M/N 2.–, H/N 1.–, WD zuzügl., Strom/N 2.50 (16 A).

46459 Rees-Haldern, Niederrhein (a6) — 3120

[15] ★★ »CAMPING STRANDHAUS SONSFELD« 1.1. bis 31.12.
E.: Jürgen Neuhaus ☎ 02857/2247, Fax 7171 15 000 qm
www.strandhaus-sonsfeld.info

→ A3 Ruhrgebiet–Holland Abf. (4) Bocholt/Rees über die B67 auf die B8 Richtung Wesel. Bei Sonsfeld rechts neben der Straße. ✉ Weseler Landstr. 352 (GPS: 51°45'16" N / 6°29'01" E).

Abfallendes, unparzelliertes Wiesengelände an einem Altrheinarm. Kiosk. Imbiss. Ort 3 km entfernt. Mittagsruhe 13-15 Uhr. Touristen-/Dauerstellplätze 30/70.
2007: (HS) P/N 2.10, K/N 3 bis 14 J. 1.20, A/N 2.10, C/N 2.10, MC/N 3.20, T/N 2.10, H/N 1.20, WD zuzügl., Strom 2.10, kWh –.30 (16 A). In NS 10% Ermäßigung.

46487 Wesel-Flüren, Niederrhein (a6) — 3122

★★★★ »ERHOLUNGSZENTRUM GRAV-INSEL« 1.1. bis 31.12.
E.: GRAV-Insel GmbH & Co.KG. 1 400 000 qm
☎ 0281/972830, Fax 9728340, www.grav.insel.com, grav.insel@t-online.de

→ A 3 Ruhrgebiet–Holland Abf. (6) Wesel/Schermbeck über Wesel Richtung Rees, dann nach Flüren abbiegen. Hier der Beschilderung »Grav-Insel« folgen. ✉ Grav-Insel 1 (GPS: 51°40'06" N / 6°33'22" E).

Ebenes, unparzelliertes Wiesengelände mit zwei Geländestufen auf einer Rheininsel. Teilweise schattenlos. Abreise bis 22 Uhr möglich. Teilweise Überflutung bei Hochwasser möglich. DRK-Station. Camping-Kirche. Caravanservice. Geldautomat. Streichelzoo. Ort 3 km entfernt. Mittagsruhe 13-15 Uhr. Touristen-/Dauerstellplätze 800/2010.

48734 Reken - Maria-Veen (b6) — 3202

[20] ★★★ »CAMPING BROCKMÜHLE« 1.1. bis 31.12.
E.: Benedikt Gerwert ☎ 02864/7759, Fax 94168 57 m 58 000 qm
www.brockmuehle.de, brockmuehle@t-online.de

→ A 31 Bottrop–Emden Abf. (34) Borken, direkt hinter der Abfahrt rechts weiter in Richtung Dülmen (B 67). Nach ca. 7 km dem 2. Hinweisschild »Maria Veen« folgen, noch ca. 1 km. ✉ Zum Heubach 34 (GPS: 51°50'54" N / 7°06'04" E).

⁂ Dülmener Wildpferde. Freizeitpark „Ketteler Hof". Schloss Velen. Burg Vischering. Warner Brother Movie World. Naturpark Hohe Mark. Wildpark-Frankenhof. Bauer Ewald Prickingshof. Langnese-Iglo-Werk.

Ebenes und teilweise durch Hecken parzelliertes Wiesengelände mit separater Zeltwiese an einem Bach. Kiosk mit Imbiss in HS. Streichelzoo. Therapeutisches Reiten. Ortsteil (Maria-Veen) 1 km entfernt. Mittagsruhe 12.30-14.30 Uhr. Touristen-/Dauerstellplätze 50/200.
2007: P/N 3.–, K/N 3 bis 12 J. 1.–, J/N 2.–, C MC-St/N 7.–, T-St/N 6.–, H/N 2.–, WD zuzügl., Strom/N 2.–, oder kWh –.40 (16 A).
DCC 10% auf P/N.

Campingplatz Brockmühle
West-Münsterland
Benedikt und Dina Gerwert
48734 Reken
Telefon 0 28 64/77 59
www.brockmuehle.de   (3202)

- 25 parzellierte, voll erschlossene Touristenplätze
- 25 Urlauber-Stellplätze auf großzügigen, ebenen, tragfähigen Rasenflächen
- qualifizierter Reitunterricht und Ponyreiten auf eigenem Reitplatz und eigenen Pferden, zusätzlich geführte Ausritte
- Streichelzoo, Schwimmbad, Spiel- und Bolzplatz, flacher und sauberer Bach, Kiosk
- mit Sicherheit über 100 Kinder in der Saison, die offen sind für neue Freundschaften

48734 Reken (b6) — 3203

[25] ★★★★ »CAMPINGPARK GROSS-REKEN« 1.1. bis 31.12.
E.: Schomberg GbR ☎ 02864/4494, Fax 1524 60 m 125 000 qm
www.campingnrw.de, rosischomberg@aol.com

→ A 31 Bottrop–Emden Abf. (34) Borken in Richtung Dülmen. Rechts nach Reken abbiegen. Im Ort bis zur "Freizeitanlage mit Schwimmbad" folgen, beschildert. Dann noch ca. 500 m. ✉ Berge 4 (GPS: 51°49'37" N / 7°03'45" E).

⁂ Dülmener Wildpferde. Freizeitpark „Ketteler Hof". Schloss Velen. Burg Vischering. Warner Brother Movie World. Naturpark Hohe Mark.

Ebenes bis leicht welliges Gelände, das in Kreisformen und durch Hecken parzellierte Stellflächen mit gemeinsam nutzbarer Fläche im Mittel-Bereich aufweist. Durch Dauercamper geprägt. Sanitäranlagen beheizbar. Streichelzoo. Frei- und Hallenbad mit Skateboardanlage, Rollschuhbahn und Tennisplätzen, Freiluftschach, Boccia und Crocketspiel in unmittelbarer Nähe. Ort 2 km entfernt. Mittagsruhe 13-15 Uhr. Touristen-/Dauerstellplätze 90/400.
2008: P/N 5.–, K/N 2 bis 11 J. 1.50, C MC-St/N 8.–, T-St/N 6.–, B/N 4.–, H/N 2.–, WD inkl., Strom/kWh –.40 (16 A).

48653 Coesfeld - Lette (b6) — 3205

[20] ★★★ »FREIZEIT-ZENTRUM WALDESRUH« 1.1. bis 31.12.
E.: B. Steenberg ☎ 02546/7123, 222, Fax 7443 75 m 50 000 qm

→ A 43 Wuppertal–Münster Abf. (6) Dülmen-Süd Richtung Coesfeld-Lette. In Lette 2. Ampel links, beschildert. ✉ Bruchstr. 143 (GPS: 51°53'15" N / 7°09'46" E).

⁂ Dülmener Wildpferde. Burg Vischering. Warner Brother Movie World.

Ebenes und parzelliertes Wiesengelände in einem Mischwald mit Wacholdersträuchern. Bushaltestelle in der Nähe. Ort (Coesfeld-Lette) 2 km entfernt. Mittagsruhe 12-14 Uhr. Touristen-/Dauerstellplätze 55/140.
2007: P/N 6.70, K/N 5 bis 14 J. 4.–, St/N inkl., WD inkl., Strom/N 2.–, kWh –.50 (16 A).

48308 Senden-Gettrup, Lüdinghs. (b6) — 3207

[15] ★★★ »FREIZEITGELÄNDE KRANENCAMP« 15.3. bis Okt.
E.: Werner Kranefoer ☎ 02597/239, Fax 690490 28 000 qm
www.kranencamp.de, post@kranencamp.de

→ A43 Münster–Wuppertal Abf. (3) Senden auf die B235 Richtung Lüdinghausen, hinter Senden rechts abbiegen bis Ende Gewerbegebiet. ✉ Industriestr. 14 (GPS: 51°50'44" N / 7°28'16" E).

Ebenes, teilweise schattenloses Wiesengelände am Dortmund-Ems-Kanal (Bademöglichkeit) mit Yachthafen. Öffnungszeit Winter Fr. 19 Uhr bis So. 16 Uhr. Babyraum nach Absprache. Kegelbahn. Biergarten. Sanitärgebäude beheizbar. Hallenbad und Reiten in der Nähe. Ort 2.5 km entfernt. Mittagsruhe 13-15 Uhr. Touristen-/Dauerstellplätze 25/150.
2008: P/N 3.–, K/N bis 14 J. 1.50, A/N 1.50, C/N 6.–, MC/N 6.–/7.–, T/N ab 3.50, M/N 1.–, B/N 1.–/lfm, WD zuzügl., Strom/kWh –.40 (16A), Anschlussgeb. 1.–. Ab 7 N 10% Ermäßigung. Ab 14 N Sonderpreise.

48249 Dülmen-Hausdülmen (b6) — 3210

[20] ★★★ »CAMPING TANNENWIESE« März bis Okt.
E.: Peter Sickelmann ☎ 02594/991759 37 500 qm
www.camping-tannenwiese.de

→ A 43 Recklinghausen–Münster Abf. (7) Haltern/Lavesum Richtung Dülmen. In Hausdülmen rechts abbiegen Richtung Flugpark Borkenberge, 1. Platz. ✉ Borkenbergestr. 217 (GPS: 51°47'16" N / 7°16'18" E).

Ebenes und parzelliertes Wiesengelände, mit Tannenreihen durchzogen. Ort (Dülmen) 5 km entfernt. Mittagsruhe 12.30-14.30 Uhr. Touristen-/Dauerstellplätze 50/80.
2008: P/N 4.25, K/N bis 14 J. 2.–, A/N 1.–, C/N 3.70, MC/N 3.60 bis 5.–, T/N 2.50 bis 3.50, M/N –.50, WD zuzügl., Strom/N 2.– oder kWh –.40 (10 A).

DCC-Vertragsplatz

✉ **45739 Oer-Erkenschwick** (b6) 3212/1

⭐⭐⭐ »CAMPING NATURPARK HOHE MARK« 1.1. bis 31.12.
E.: Familie Rudolf Ludbrock 02368/56007, Fax 56011 32 000 qm
www.camping-ludbrock.de, R.B.Lubrock@t-online.de

→ A 43 Wuppertal–Münster Abf. (10) Marl/Sinsen auf die B 51 Richtung Oer-Erkenschwick bis Sinsen. Dort rechts abbiegen, noch ca. 3 km. ✉ Holthäuser Str. 149 (GPS: 51°39'30" N / 7°12'57" E).

∴ Stimbergpark. Warner Br. Movie World. Schalke Arena. Schiffshebewerk.

Ebenes bis leicht abfallendes, unparzelliertes Wiesengelände. Durch Dauercamper geprägt. Minigolfplatz und Solarium in der Nähe. Ort 3 km entfernt. Mittagsruhe 13-15 Uhr. Touristen-/Dauerstellplätze 25/230.
2008: P/N 3.50, K/N 3 bis 13 J. 2.50, St/N 4.50, T/N 4.–, H/N 1.50, WD zuzügl., Strom/N 2.– oder kWh –.40 (6/10 A), Anschlussgeb. –.50.
DCC/CCI 10% auf P/N.

DCC-Vertragsplatz

✉ **45739 Oer-Erkenschwick** (b6) 3212/2

⭐⭐⭐ »CAMPING TOEGEMANNSFELD« 1.1. bis 31.12.
E.: Familie Wilhelm Rehr 02368/4173, Fax 697728 80 000 qm
www.camping-toegemannsfeld.de, camping-toegemannsfeld@t-online.de

→ A 43 Wuppertal–Münster Abf. (11) Recklinghausen/Oer-Erkenschwick/Herten, den AB-Zubringer Richtung Oer-Erkenschwick bis 1. Ampel dann links. Nächste Ampel wieder links, nach 1.2 km wieder links (Mühlenweg), nächste Straße rechts abbiegen. ✉ Holthäuserstr. 145 (GPS: 51°39'32" N / 7°12'39" E).

∴ Stimbergpark. Warner Br. Movie World. Schiffshebewerk. Veltins-Arena Schalke. Naherholungsgebiet "die Haard".

Ebenes, parzelliertes Wiesengelände, von Hecken umgeben. Kiosk mit Imbiss. Angelmöglichkeit im offenen Gewässer in der Nähe. Ort 3 km, Angelmöglichkeit 5 km entfernt. Mittagsruhe 13-15 Uhr. Touristen-/Dauerstellplätze 53/477.
2008: **(HS)** P/N 3.50, K/N 3 bis 13 J. 2.50, St/N 4.50, T/N 3.–, H/N frei, WD zuzügl., Strom/kWh –.35 (6 A), Anschlussgeb. –.50. In NS Pauschalpreis 10.–.
DCC 10% auf P/N.

✉ **45711 Datteln-Bockum** (b6) 3215

⭐⭐⭐ »HAARD-CAMPING« 1.1. bis 31.12.
E.: Michael Weber 02363/361391, Fax 361396 65 m 80 000 qm
www.haard-camping.de, info@haard-camping.de

→ A 43 Wuppertal–Münster Abf. (11) Recklinghausen/Herten Richtung Oer-Erkenschwick. Platz liegt zwischen Oer-Erkenschwick und Datteln-Ahsen am südöstl. Rand des Naherholungsgebietes „Die Haard". ✉ In den Wellen 30 (GPS: 51°40'41" N / 7°16'58" E).

Ansteigendes, unparzelliertes, von einem Bach durchzogenes Wiesengelän-de am Waldrand. Kurzzeit-Camperbereich vor der Schranke. Umweltorien-tierte Betriebsführung. Biotop mit Teich. Streichelzoo. Unterstellmöglichkeit für Pferde (2.– pro Nacht.) Gokarts. Trampolin. Kiosk. Reithalle 300 m, Golf-platz 1 km, Ort (Oer-Erkenschwick) ca. 4 km entfernt. Mittagsruhe 13-15 Uhr. Touristen-/Dauerstellplätze 40/175.
2008: 4 P/N inkl. C-St/N 14.–, MC-St/N/12.–, T-St/N 6.– bis .–, 8.–, B/N 2.–, WD zuzügl., Strom/N 2.– (13A).

✉ **59379 Selm** (b6) 3217

⭐⭐⭐ »SEEPARK TERNSCHE« 1.1. bis 31.12.
E.: Graf v. Hagen-Plettenberg 02592/917210, Fax 917211 55 m
www.ternschersee.de, seepark@ternschersee.de 100 000 qm

→ A 1/E27 Dortmund–Münster Abf. (80) Werne-Nord nach Selm oder Abf. (79) Ascheberg über Lüdinghausen nach Selm. In Selm auf die B236 Rich-tung Olfen. 800m hinter Ortsende rechts zum Platz. ✉ Strandweg 7 (GPS: 51°42'33" N / 7°25'50" E).

∴ Schloss Nordkirchen. Burg Vischering u. Lüdinghausen. Schiffshebewerk.

Eben bis leicht welliges, unparzelliertes Wiesengelände am See mit Sandstrand und Liegewiese. Von Kiefern-Eichenwald umgeben an der 100-Schlösser-Route in der Parklandschaft des südlichen Münsterlan-des. Keine Jugendgruppen. Separater Platzteil für Radfahrer. Kiosk mit Imbiss. Filmvorführungen. Kicker. Ort 2 km entfernt. Mittagsruhe 13-15 Uhr. Touristen-/Dauerstellplätze 40/475.
2007: P/N 4.–, K/N 6 bis 15 J. 2.–, C MC-St/N 7.–/8.–, T-St/N 6.50, WD zuzügl., Strom/N 1.50 (16A).
DCC/CCI 10% auf P/N.

DCC-Vertragsplatz

✉ **48157 Münster** (b5/6) 3224

⭐⭐⭐⭐ »CAMPING MÜNSTER« 1.1. bis 31.12.
E.: Familie Kampert 0251/311982, Fax 3833985 65 000 qm
www.campingplatz-muenster.de, campingplatz-muenster@t-online.de

→ A 1 Dortmund–Bremen Abf. (78) Münster-Süd auf die B 51 in Rich-tung Münster. Nach ca. 2 km Richtung Bielefeld und nach weiteren 6 km Richtung Wolbeck abbiegen. Noch ca. 2 km, dann auf der linken Seite. ✉ Laerer Werseufer 7 (GPS: 51°56'47" N / 7°41'28" E).

∴ Historische Altstadt. Münsterland-Halle.

Ebenes, parzelliertes Wiesengelände neben einem Freibad an der Wer-se. Befestigte Mocaplätze. Kinderspielhaus. Kinderbetreuung. Hunde-bad. Frisör. Alle Plätze mit Sat-TV. Kanu- und Paddelboot Bringservice. FW. Zentrum 5 km entfernt. Mittagsruhe 13-15 Uhr. Touristen-/Dauer-stellplätze 120/322.
2008: P/N 5.–, K/N 4 bis 12 J. 3.–, St/N 8.50/9.–, T/N 4.– bis 7.50, M/N 3.–, H/N 2.50, WD zuzügl., Müllgeb. St/N 1.–, Strom/N 2.50 oder kWh –.45 (16 A), Anschlussgebühr –.50. Pauschalen. In NS Ermäßigung.
DCC/CCI 10% auf P/N.

»Ermäßigung auf alle Gebühren« umfaßt nicht die Nebenkosten wie Kurtaxe, Müll und Strom

Einfach schön, da zu sein: Campingplatz Münster

Sie lieben lebendiges Stadtleben? Sie mögen Entspannung in der Natur? Ihre Kinder wollen Sie auch mal laufen lassen? Bei uns finden Sie all das – und noch mehr! Mit dem Bus fahren Sie zum Beispiel direkt vom Platz aus in ein paar Minuten ins Zentrum von Münster. Oder Sie bleiben im Grünen und erkunden die Landschaft über ein großes Wegenetz mit dem Fahrrad. Und wenn Sie mal Ihre Ruhe haben wollen: Die Betreuung Ihrer Kinder bis zu 8 Jahren über-nehmen wir gerne stundenweise in unserem Kinderspielhaus. Wir möchten, dass Sie sich einfach wohl fühlen bei uns: Deshalb bieten wir Ihnen zum Beispiel Übernachtungsplätze für Wohnmobile direk vor dem Campingplatz. Selbstverständlich gehören auch Frischwasser, Abwasser, Strom-anschluss, Internetzugang und SAT-Antenne für jeden Stellplatz zu unserem 5-Sterne-Angebot dazu.
Außerdem am Platz: Fahrradverleih, Tennisplatze, Minigolf, Freibad, Kinder-spielplatz, Bolzplatz, Tischtennis, Sauna, Solarium, und Bootsanlegesteg.
Probieren Sie doch einfach mal aus, wie schön es sein kann, einfach da zu sein!

Campingplatz Münster
B. und G. Kampert
Laerer Werseufer 7
(Wolbecker Straße)
48157 Münster
Telefon 0251 / 311982,
Telefax 0251/ 383 3985
www.campingplatz-muenster.de

(3224)

DCC-Vertragsplatz

✉ 48599 Gronau (b5) 3228

25 ★★★ »CAMPING DREILÄNDERSEE« 1.1. bis 31.12.
E.: Irmgard Hewing ☎ 01511/5220033 5500 qm
www.campingplatz-gronau.de, wilhelmhewing@hotmail.com

→ A 31 Ruhrgebiet–Emden Abf. (54) Gronau/Ochtrup Richtung Enschede, dann Abf. Gronau Ost Richtung Nordhorn-Dreiländersee. ✉ Brechter Weg 9-13. Für Navi: Hagelsweg.
⚜ Burg Bentheim. Gildehauser Hochmoor. Rock´n Pop Museum.

Ebenes, unparzelliertes Wiesengelände am See mit Sandstrand, Liegewiese und Badesteg. Durch Anpflanzungen und altem Baumbestand aufgelockert. Zeltwiese. Imbiss. Biergarten. Kiosk. Bäckerei. Frühstück auf Anmeldung. DLRG-Station. Reservierung empfehlenswert. Familiäre Atmosphäre. FW. Taxibus. Surfschule in der Nähe. Ort 2.5 km entfernt. Mittagsruhe 13-15 Uhr. 65 Touristenplätze.
2007: P/N 5.–, K/N 2 bis 12 J. 4.–, A/N 3.–, C/N 5.–, MC/N 6.–, T/N 2.50/3.50, M/N 1.50, H/N 1.50, WD und Müllgeb. inkl., Strom/N 1.–.
DCC 10% auf P/N.

DCC-Vertragsplatz

✉ 48493 Wettringen, Steinfurt (b5) 3230

20 ★★★★ »CAMPING HADDORFER SEEN« 1.1. bis 31.12.
E.: Gemeinde P.: Hagel ☎ 05973/2742, Fax 900889 50000 qm
www.campingplatz-haddorf.de, info@campingplatz-haddorf.de

→ B 70 Rheine–Ahaus, hinter der Ortsumgehung Neuenkirchen rechts abbiegen. Der Beschilderung »Haddorfer Seen« folgen. ✉ Haddorf 59 (GPS: 52°16'25" N / 7°19'12" E).

Ebenes Wald- und Wiesengelände in Seenähe. Separate Touristenstellflächen. 10 Komfortplätze. Radlerhütten. Spielraum. Billard. Kicker. Ort 6 km entfernt. Mittagsruhe 13-15 Uhr. Touristen-/Dauerstellplätze 70/430.
2008: P/N bis 16 J. 1.50, A/N 3.50, C/N 3.50, MC/N 5.50, T/N 3.–, M/N 2.–, B/N 3.50, H/N –.70, WD inkl., Müllgeb. Strom/kWh –.40 (16 A), Anschlussgeb. 2.50.
DCC/CCI 10% auf P/N.

DCC-Vertragsplatz

✉ 48336 Sassenberg, Warendorf (c5) 3235/1

20 ★★★★ »CAMPINGPLATZ HEIDEWALD« 1.1. bis 31.12.
E.: Peitz-Austermann ☎ 02583/1394, Fax 300979, 30 m 65000 qm
www.campheidewald.de, campheidewald@web.de

→ A 2 Dortmund–Bielefeld Abf. (20) Beckum über die B 475 über Ennigerloh nach Sassenberg, dann Richtung Versmold. ✉ Versmolderstr. 44 (GPS: 51°59'59" N / 8°03'56" E).
⚜ Münster. Schloss Harkotten.

DCC-Vertragsplatz

✉ 48336 Sassenberg, Warendorf (c5) 3235/2

20 ★★★★ »CAMPINGPARK MÜNSTERLAND EICHENHOF«
E.: Familie Schulze-Westhoff ☎ 02583/1585, Fax 940537 1.1. bis 31.12.
www.campeichenhof.de, info@campeichenhof.de 70000 qm

→ B 475 Warendorf–Sassenberg, ab Sassenberg auf die B 476 Richtung Versmold ca. 2 km, dann links abbiegen zum Straßenende. ✉ Feldmark 3 (GPS: 52°00'14" N / 8°03'53" E).
⚜ Historische Altstadt von Münster.

Ebenes, durch Hecken parzelliertes, Wiesengelände mit Anpflanzungen und altem Baumbestand bei einem Badeteich. Durch Dauercamper geprägt. Motorrad-Museum am Platz. Kiosk. Minigolf 3km und Hallenbad 5 km entfernt. Mittagsruhe 13-15 Uhr. Touristen-/Dauerstellplätze 25/220.
2007: (HS) P/N 4.–, K/N 3 bis 14 J. 2.–, A/N 2.–, C/N 4.50, MC/N 6.50, T/N 4.–, M/N 2.–, H/N 2.–, WD zuzügl., Müllgeb. St/N 1.–, Strom/N 1.50 (16 A). In NS Ermäßigung. Wochenpauschalen.
DCC/CCI 10% auf P/N.

Unparzelliertes, leicht welliges und teilweise schattenloses Wiesengelände an einem See im Erholungsgebiet Feldmark und am Naturschutzgebiet „Füchtorfer Moor". Durch Dauercamper geprägt. Solaranlage. Teilweise Animation in HS. Kostenloses Internet. Gokart. Ort (Sassenberg) 3 km entfernt. Mittagsruhe 13-15 Uhr. Touristen-/Dauerstellplätze 40/270.
2007: (HS) P/N 4.–, K/N 3 bis 14 J. 2.–, C MC-St/N 8.–, T/N 5.50, H/N 2.–, WD inkl., Strom/kWh –.45 (16 A). In NS Ermäßigung.
DCC/CCI 10% auf P/N.

DCC-Vertragsplatz

✉ 33775 Versmold-Peckeloh (c5) 3237/1

25 ★★★★★ »CAMPINGPARK SONNENSEE« 1.1. bis 31.12.
E.: Familie Kleine-Pollmann ☎ 05423/6471, Fax 2968 105000 qm
www.Campingpark-Sonnensee.de, info@Campingpark-Sonnensee.de

→ B475 Warendorf–Sassenberg. Ab Sassenberg auf die B 476 Richtung Versmold ca. 5 km, letzter Platz links, beschildert. ✉ Seenstr. 25 (GPS: 52°00'52" N / 8°05'20" E).

Ebenes, unparzelliertes Wiesengelände neben einem Bauernhof an einem Badesee mit Sandstrand. Separater Platzteil für Hundehalter. Streichelzoo. FW. Kiosk. Golfplatz 800m, Ort (Peckeloh) 3km, Hallenbad 6 km entfernt. Mittagsruhe 12.30-14.30 Uhr. Touristen-/Dauerstellplätze 50/270.
2007: (HS) P/N 5.40, K/N 2 bis 15 J. 3.50, St/N 6.20 bis 8.20, H/N 1.50, WD inkl., Strom/N 2.– (16 A). Ab 7 N 7 % und in NS Ermäßigung.
DCC 10% auf P/N.

(3230) Campingplatz Haddorfer Seen — Erholung in Wettringen im Münsterland! www.campingplatz-haddorf.de — info@campingplatz-haddorf.de · Telefon 05973-2742 · 48493 Wettringen

CAMPINGPARK Sonnensee

Kleine-Pollmann · Seenstr. 25 · 33775 Versmold-Peckeloh
Tel. 0 54 23/64 71
Fax 0 54 23/29 68

DTV-Klassifizierung

Internet: http://www.Campingpark-Sonnensee.de
Email: info@Campingpark-Sonnensee.de

Idyllisch, parkartig gelegene *****Campinganlage, mehrfach auf Landes- u. Bundesebene ausgezeichnet. ECO-Umweltorientiert Geräumige Stellplatzordnung für Dauer- und Touristcamper. Direkte Versorgungsanschlüsse. Ein alter Baumbestand, kombiniert mit kleinen Heckenpflanzen lockert das Gesamtbild sichtbar, angenehm auf See mit feinem Sandstrand und Liegewiese
Neues Sanitärgebäude, mit viel Ambiente und mehr Vermietung von 3 Ferienwohnungen
Gaststätte mit Biergarten und Kiosk in der Saison kinderfreundlich, Teenscheune mit Dart, Kicker und Billard. Beachvolleyball, Tischtennis, Spielgeräte. 18-Loch Golfplatzanlage 800 m idealer Ausgangspunkt für **Radtouren in das Radlerparadies Münsterland** verbunden mit einem Besuch in eines der vielen Bauerncafes's
Rabattstaffelung: Der Gast bestimmt durch die Dauer seines Aufenthaltes den Rabattsatz selbst. Bei einem Mindestaufenthalt von 7 Übernachtungen erhält der Gast pro Buchungstag 1% Nachlass auf die gesamte Pers.- u. Stellplatzgebühr (bis maximal 28%). Reservierungen zu den Ferienzeiten empfehlenswert, ab 4Tage möglich
weitere Auskünfte, Lageplan Preise usw. auf unserer Internetseite

(3237/1)

33775 Versmold-Peckeloh (c5) 3237/2

★★★ »CAMPING ZUR ROTBUCHE« — 1.1. bis 31.12.
E.: Gravenbrock GmbH ☎ 05423/2453, Fax 41846 — 70000 qm
➔ B 475 Warendorf–Sassenberg, ab Sassenberg auf die B 476 Richtung Versmold ca. 5 km. ✉ Stänger Str. 57 (GPS: 52°00'13" N / 8°05'50" E).

Parzelliertes, ebenes und teilweise schattenloses Wiesengelände am Heidesee. Kiosk und Gaststätte nur in HS und an Wochenenden geöffnet. Ort 5 km entfernt. Mittagsruhe 12.30-14.30 Uhr. Touristen-/Dauerstellplätze 30/340.

49549 Ladbergen, Tecklenburg (b/c5) 3238

★★ »CAMPINGPARK AM ENGELDAMM« — 1.1. bis 31.12.
E.: Ernst Gräler, P.: R. Kärst ☎ 05485/96353, Fax 96355 — 68000 qm
www.campingpark-am-engeldamm.info
➔ A 1 Osnabrück–Münster Abf. (74) Ladbergen, Richtung Tecklenburg (L 597) 500 m rechts, beschildert. ✉ Am Engeldamm (GPS: 52°09'56" N / 7°45'36" E).
◆ Größte Gokart-Bahn im Münsterland (10 km).

Ebenes Wiesengelände an einem See. Mittagsruhe 13-15 Uhr. Touristen-/Dauerstellplätze 40/400.

DCC-Vertragsplatz

49549 Ladbergen, Tecklenburg (b5) 3240

20 ★★★★ »ERHOLUNGSGEBIET WALDSEE« — 1.1. bis 31.12.
E.: Ulrich Haarlammert GmbH ☎ 05485/1816, Fax 3560 — 105000 qm
www.waldsee-camping.de, info@waldsee-camping.de
➔ A 1 Osnabrück–Münster Abf. (74) Ladbergen ✉ Waldseestr. 81 (GPS: 52°09'00" N / 7°43'43" E).

Ebenes Wiesengelände zwischen Wald und Feldern. Stellplätze teilweise durch Busch- und Baumreihen, sowie durch Bachläufe unterteilt. Imbiss. »Kirche Unterwegs«. Ort 2 km entfernt. Separater Jugendplatz. Mittagsruhe 13-15 Uhr. Touristen-/Dauerstellplätze 120/400.
2008: (HS) P/N 3.60, K/N 5 bis 13 J. 1.60, St/N 6.60, H/N –.80, WD zuzügl., Strom/N 1.20 oder kWh –.45 (16 A), Anschlussgeb. 1.50. In NS Erm.
DCC/CCI 10% auf P/N.

(3242)

CAMPING-PLATZ "AUF DEM SONNENHÜGEL"

Familie Mielemeier
Zur Sandgrube 40
49525 Lengerich
Tel. 0 54 81 / 6216
Fax 0 54 81 / 84 58 29
Steuer-Nr.: 327/5147/0972
info@sonnenhügel-camping.de
www.sonnenhügel-camping.de

DCC-Vertragsplatz

49525 Lengerich (c5) 3242

20 ★★★★ »CAMPING AUF DEM SONNENHÜGEL« — 1.1. bis 31.12.
E.: Thomas Mielemeier ☎ 05481/6216, Fax 845829 — 55000 qm
www.sonnenhuegel-camping.de
➔ A1 Osnabrück–Münster Abf. (73) Lengerich/Tecklenburg rechts Richtung Lengerich, nächste Abf. links Richtung Lengerich/Tecklenburg, Kreisverkehr 1. Abf. nach 10 m rechts, beschildert. ✉ Zur Sandgrube 40 (GPS: 52°11'19" N / 7°48'16" E).

Ebenes, teilweise leicht welliges Wiesengelände an einem See. Ort 3 km entfernt. Mittagsruhe 13-15 Uhr. Touristen-/Dauerstellplätze 50/200.
2008: (HS) P/N 3.50, K/N 3 bis 6 J. 1.50, J/N 2.50, C MC-St/N 6.– bis 7.50, T-St/N 3.–, H/N 1.50, WD zuzügl., Strom/N 2.– oder kWh –.40 (10 A), Anschlussgeb. 2.–. In NS Ermäßigung.
DCC 10% auf P/N.

48477 Hörstel bei Ibbenbüren (b5) 3247

25 ★★★★ »CAMPING HERTHA-SEE« — 15.3. bis 12.10.
E.: Josef Janning ☎ 05459/1008, Fax 971875 — 250000 qm
www.hertha-see.de, contact@hertha-see.de
➔ A30 Osnabrück–Rheine Abf. (10) Hörstel links abbiegen über die Kreuzung u. Bahnunterführung bis zum Stopschild. Hier in Richtung Rheine abbiegen ca. 100 m, dann beschildert. ✉ Herthaseestr. 70 (GPS: 52°19'39" N / 7°36'02" E).
◆ Heiliges Meer. Botanischer Garten. Teutoburger Wald.

Ebenes bis leicht welliges Wald- und Wiesengelände um einen Badesee. Sanitäranlage beheizbar. Überdachte Waschanlage. Imbiss. Kabel-TV. Ort 2 km entfernt. Touristen-/Dauerstellplätze 120/450.
2008: P/N 4.80, K/N 4 bis 15 J. 2.50, A/N 3.50, C/N 6.50, MC/N 8.50, T/N 6.50, M/N 3.50, WD zuzügl., Strom/N 2.40 oder kWh –.40 (16 A), Anschlussgeb. 2.50. Ab 14 N 10% Ermäßigung.

»Sonnenwiese«
★★★★★
(3324/1)
Neue Sanitäreinrichtungen!!!

NEU! NEU! NEU!
Unsere **Komfortplätze** mit: Frischwasser-, Abwasser-, Satelliten-, Telefonanschluß. Mieten Sie Ihren **eigenen privaten Sanitärraum**, direkt neben Ihrem Wohnwagen! Jetzt auch **Wohnwagenvermietung**.
Ihre Familie Schulte Tel. 0 57 33/82 17, Fax 8 02 89
www.sonnenwiese.com · info@sonnenwiese.com
Nach dem Bahnübergang auf der linken Seite!!!

Vertragsplatz des DCC!

49545 Tecklenburg (b5) — 3254

20 ★★★ »CAMPING AM KNOBLAUCHSBERG« 1.1. bis 31.12.
E.: Gert Schöpker ☎ 05482/396, Fax 925213 — 20 000 qm
www.knoblauchsberg.de, Campingplatz@knoblauchsberg.de

→ A1 Osnabrück–Münster Abf. (73) Lengerich/Tecklenburg nach Tecklenburg, beschildert. ✉ Königstr. 8 (GPS: 52°12'51" N / 7°49'15" E).
• Schlossruine mit Freilichtbühne. Wasserburg. Sommerrodelbahn.

Wiesengelände unterhalb von Tecklenburg in Hanglage, zum Teil terrassiert. Imbiss. Brötchenservice. Ort 2 km entfernt. Touristen-/Dauerstellplätze 30/80.
2007: P/N 3.50, K/N bis 15 J. 1.50, St/N 6.–, T/N 3.–, H/N 1.–, WD inkl., Strom/N 2.–.

49545 Tecklenburg-Leeden (c5) — 3255

30 ★★★★ »REGENBOGEN CAMP TECKLENBURG« 1.1. bis 31.10.
E.: Regenbogen AG, V.: Birr ☎ 05405/1007, Fax 808787 u. 15.12 bis 31.12
www.regenbogen-camp.de, tecklenburg@regenbogen-camp.de — 300 000 qm

→ A1 Münster–Osnabrück Abf. (73) Lengerich/Tecklenburg Richtung Lengerich, den AB-Umleitungshinweisen »U38« folgen bis Natrup-Hagen. Hier nach Leeden abbiegen, beschildert. ✉ Grafenstr. 31 (GPS: 52°13'45" N / 7°53'25" E).

Leicht hügeliges Wiesengelände am Habichtswald, teilweise schattenlos. P+C (Park+Camp Areal). Schrankengesicherter Bereich vor dem Platzeingang mit allen Versorgungseinrichtungen (Einfahrt nach Schließung der Rezeption). Separater Platzteil für Hundehalter. Vermietung von komplett eingerichteten Zelten. BMX-Anlage. Skater-Bahn. Ritter Spielplatz. Ort 1 km entfernt. Mittagsruhe 13-15 Uhr. Touristen-/Dauerstellplätze 600/400.
2007: (HS) P/N 6.30, K/N 7 bis 14 J. 2.60, A/N 3.25, C MC/N 10.80, T/N 4.90, M/N 2.70, H/N 3.25, WD u. Schwimmbad inkl., Strom/N 2.90 (16 A). Vorauszahlung in HS!

DCC – DEIN PARTNER!

49479 Ibbenbüren-Dörenthe (b5) — 3257/1

20 ★★★ »CAMPINGPLATZ EICHENGRUND« 1.1. bis 31.12.
E.: Heiner Stratmann ☎ 05455/521, Fax 267 — 40 000 qm

→ A30 Osnabrück–Rheine Abf. (11) Ibbenbüren auf die B 219 Richtung Greven, ca. 200m hinter der Kanalbrücke rechts, beschildert. ✉ Im Brook 2 (GPS: 52°13'05" N / 7°39'56" E).

Ebenes bis leicht welliges Wiesengelände mit einzelnen Büschen und Bäumen am Waldrand mit Badeteich. Gärtnerisch vorbildlich gestaltet. Touristenplätze parzelliert. Trampoline. Kanal 1 km und Ort 3 km entfernt. Separater Jugendplatz. Mittagsruhe 13-15 Uhr. Touristen-/Dauerstellplätze 25/225.
2007: P/N 4.–, K/N 4 bis 14 J. 2.–, St/N 6.–, WD zuzügl., Strom/N 1.50, kWh –.35 (16A).

49479 Ibbenbüren-Dörenthe (b5) — 3257/2

★★★ »CAMPING DÖRENTHER KLIPPEN« März bis Okt.
E.: Harald Rösch ☎ 05451/2553, Fax 96159 — 13 000 qm
www.Doerenther-Klippen.de, roesch-ibbenbueren@freenet.de

→ A30 Osnabrück–Rheine Abf. (11) Ibbenbüren auf die B219 Richtung Greven, nach ca. 1.7 km links abbiegen, beschildert. ✉ Münsterstr. 419 (GPS: 52°14'44" N / 7°41'55" E).

Abfallendes und terrassiertes Wiesengelände am Waldrand. Von einzelnen Büschen und Bäumen durchzogen. Touristenplätze teilweise parzelliert. Brötchenservice. Ort 1 km, Kletterfelsen 2 km entfernt. Mittagsruhe 12-14 Uhr. Touristen-/Dauerstellplätze 30/50.

49497 Mettingen, Ibbenbüren (b5) — 3265

20 ★★★ »CAMPING ZUR SCHÖNEN AUSSICHT« 1.1. bis 31.12.
E.: Familie Dirkes ☎ 05452/606, Fax 4751 — 20 000 qm
www.camping-schoene-aussicht.de, info@camping-schoene-aussicht.de

→ A30 Osnabrück–Rheine Abf. (12) Ibbenbüren-Laggenbeck in Richtung Mettingen, dann beschildert. ✉ Schwarzestr. 73 (GPS: 52°18'45" N / 7°45'46" E).

●■◆ H ✦ J 🐕 🚿 ☕ 🛖 ⚡ 🔥 🍳 🚐W 🚙W 🛻W ⛵
🚤W 🚿W 📻 💻 🔧 ⛽ 🚑 🧴 🧺 🍽️ 🔨 🏊 🌊 🛒
⚽ 🆓 | (H) 1 km 🐎 2 km

Ebenes, teilweise terrassiertes Wiesengelände an einem Berghang mit schöner Aussicht. Internetverbindung am Stellplatz. Touristenplätze teilweise parzelliert. FW. Ort 1.5 km entfernt. Touristen-/Dauerstellplätze 50/50.
2008: P/N 4.50, K/N 1 bis 14 J. 2.50, C MC-St/N 8.–, T/N 4.–, M/N 2.–, WD zuzügl., Strom/N 2.20 oder kWh –.50 (10 A).

DCC-Vertragsplatz

✉ **32339 Espelkamp** (c5) 3315

[20] ★★★ »CAMPING OSTERWALD« ☛ 1.1. bis 31.12.
E.: Edith Vehlber ☎ 05775/505, Fax 9540 60 000 qm
www.camping-osterwald.de, info@camping-osterwald.de

➔ B 239 Herford–Diepholz, hinter Espelkamp rechts abbiegen Richtung Petershagen. An der 3. Kreuzung Diepenau/Frotheim rechts abbiegen, beschildert. ✉ Diepenauerstr. 11 (GPS: 52°23'27" N / 8°42'16" E).
♣ Museumshof Rahden, Tierpark Ströhen, Porta Westfalica.

●■◆ H ✦ J 🐕 🚿 ☕ 🛖 ⚡ 🔥 🍳 🚐W 🚙W 🛻W ⛵
♿ 🚤W 🚿W 📻 💻 ⛽ 🚑 🧴 🏠HS 🏠 🍽️ 🔨 🌊 🛒
🐷 ⚽ 🎾 | ✕ 4 km

Ebenes, durch Bäume und Hecken parzelliertes Wiesengelände, von Wald umgeben. Im Winter tel. Voranmeldung erforderlich. Getränke-Ausschank mit Fassbier in HS. Ort (Frotheim) 4 km entfernt. Mittagsruhe 13.15 Uhr. Touristen-/Dauerstellplätze 45/155.
2007: P/N 3.–, K/N bis 10 J. 1.50, J/N bis 18 J. 2.20, A/N 1.–, C/N 3.80, MC/N 4.– bis 6.50, T/N 2.80, M/N 1.–, H/N 1.–, WD inkl., Strom/kWh –.47 (16 A), Anschlussgeb. 1.50. In NS ab 7 N 10% Ermäßigung.
DCC/CCI 10% auf P/N.

✉ **32469 Petershagen-Lahde,** Weser (d5) 3317

[15] ★★★ »CAMPING LAHDE« ☛ 1.4. bis 30.9.
E.: Heiko Reimers ☎ 05702/85770, Fax 85771 33 000 qm
www.campingplatz-petershagen.de, HeikoReimers@web.de

➔ B 482 Porta Westfalica–Nienburg, in Lahde beschildert. ✉ Am Wehr 5 (GPS: 52°22'00" N / 8°59'00" E).
♣ Schloss Petershagen. Bootsgasse.

●■◆ H ✦ J 🐕 🚿 ☕ 🛖 ⚡ 🔥 🚐W 🚙W 🛻W ♿
🚤W 📻 ⛽ 🚑 🧴 🏠 🍽️ 🌊 🛒 ⛵ 🆓

Ebenes Wiesengelände auf einer Halbinsel zwischen der Weser und einem Kanal. Sanitäranlage beheizbar. Imbiss. Ort 1.5 km entfernt. Separater Jugendplatz. Mittagsruhe 13-15 Uhr. Touristen-/Dauerstellplätze 20/100.
2008: P/N 3.40, K/N 2 bis 14 J. 2.30, St/N 5.20, T/N 2.80, H/N 2.60, WD zuzügl., Müllgeb. St/N –.32, Strom/N 1.80 oder kWh –.47 (16A), Anschlussgeb. 1.40.

DCC-Vertragsplatz

✉ **32602 Borlefzen,** Vlotho-Uffeln (c5) 3324/1

[25] ★★★★ »CAMPING SONNENWIESE« ☛ 1.1. bis 31.12.
E.: Friedrich Schulte ☎ 05733/8217, Fax 80289 150 000 qm
www.sonnenwiese.com, info@sonnenwiese.com

➔ A 2 Hannover–Köln Abf. (32) Bad Oeynhausen in Richtung Vlotho, linker Platz. ✉ Borlefzen 1 (GPS: 52°10'26" N / 8°54'24" E).
♣ Kaiser-Wilhelm-Denkmal, Westfälische Pforte, Westf. Mühlenstraße.

●■◆ H ✦ J 🐕 ☕ 🛖 ⚡ 🔥 🍳 🚐W 🚙W 🛻W
♿ 🚤W 🚿W 📻 💻 ⛽ 🚑 🧴 🍽️ 🏠HS
🎮 🏠HS 🏃 🌊 🎒 ⚽ 🏊 🌊 🎣 🛒 🆓
🏕️ 🚲 | (H) 200 m ⛵ 🛥️ 500 m 🏊 🎣 3 km 🐎 5 km

Überwiegend parzelliertes, leicht welliges, Wiesengelände zwischen einem Badesee und der Weser. Familiäre Atmosphäre. Autowaschplatz. Fitnessraum. Kleinkindersanitär. Komfortplätze mit eigenem Sanitär. Hundebad. Naturspielplatz mit Matschzone. Kabel-TV. »Kirche Unterwegs«. Haltestelle am Platz. Mittagsruhe 13-15 Uhr. Ort, Tennis und Hallenbad 3 km entfernt. Separater Jugendplatz. Touristen-/Dauerstellplätze 80/400.
2008: (HS) P/N 4.80, K/N bis 5 J. 1.80, J/N bis 14 J. 3.60, A/N 1.80, C/N 8.50, MC/N 10.30, T/N 8.–, M/N 1.80, B/N 1.80, H/N 2.–, WD zuzügl., Strom/kWh –.50 (16 A), Anschlussgeb. 1.50. Pauschalangebote. In NS Ermäßigung.
DCC/CCI 10% auf P/N.

DCC-Vertragsplatz

✉ **32602 Borlefzen,** Vlotho-Uffeln (c5) 3324/2

Abfahrt

[25] ★★★★ »FAMILIENFREIZEITPL. BORLEFZEN« ☛ 1.4. bis 31.10.
E.: Christiane Zingler-Vauth ☎ 05733/80008, Fax 89728 400 000 qm
www.borlefzen.de, info@borlefzen.de

➔ A 2 Hannover–Köln Abf. (32) Bad Oeynhausen in Richtung Vlotho, ab der Weserbrücke beschildert, rechter Platz. ✉ Borlefzen 2 (GPS: 52°10'26" N / 8°54'20" E).

●■◆ H ✦ J 🐕 ⚡ 🔥 🍳 🚐W 🚙W 🛻W ⛵ 🚤W
📻 💻 🔧 ⛽ 🚑 🧴 ✕ 🏠 🏠HS 🏃HS ⚽ 🆓 🎣
🏊 🌊 🎣 🛒 🎒 🏕️ 🌊 ⛵ 🆓 (H) 500 m

🏊 2 km 🍴 🐕 🎾 🚲 3 km 🎯 8 km

Parzelliertes, ebenes bis leicht welliges Wiesengelände zwischen einem Badesee und der Weser. DLRG- und DRK-Station. Öffentlicher Badebetrieb. Teilweise separate Pkw-Abstellung. Wasserwanderstation. Bei Mietwohnwagen Hundeverbot. Bootsstege. »Kirche Unterwegs«. Ort 3 km entfernt. Mittagsruhe 13-15 Uhr. Touristen-/Dauerstellplätze 80/800.
2007: (HS) P/N 4.50, K/N 5 bis 13 J. 2.50, St/N 6.–, B/N 10.–, H/N 2.–, WD inkl., Strom/N 2.– (6 A). In NS Ermäßigung.
DCC/CCI 10% auf P/N.

Borlefzen 2, 32602 Vlotho
Fon 0 57 33 / 8 00 08
Fax 0 57 33 / 8 97 28
www.borlefzen.de

Familienfreizeitplatz Borlefzen GMBH
- Camping am See -

Campingplatz • Badesee • Bootshafen

(3324/2)

32602 Vlotho, Weser (c5) — 3326/1

★★ »BERGCAMPING SCHÖNE AUSSICHT« — April bis Okt
E.: Karin Dreischmeier ☎ 05733/3986, Fax 969280 200m 50 000 qm
www.bergcamping.de, dreischmeier@bergcamping.de

➔ A2 Hannover–Köln Abf. (33) Porta-Westfalica, in Vlotho über die Weserbrücke auf die B514 Richtung Rinteln. Nach ca. 2.5 km rechts abbiegen zum Winterberg. Beschildert. ✉ Lehmhöhlenweg 5 (GPS: 52°09'28" N / 8°53'03" E).

Burg Vlotho. Historische Innenstadt. Dampfschifffahrt.

100m 200m 1km

Leicht abfallendes, teilweise ebenes Wiesengelände in Hanglage. Am Waldrand mit Blick über das Wesertal in einem Landschaftsschutzgebiet. Aufgelockerte Stellweise. Brötchenservice. Lieferservice für Kioskartikel. Streichelzoo. Ponyreiten und Kutschfahrten. Übernachten im Stroh. Ort 2 km entfernt. Separater Jugendplatz. Mittagsruhe 13-15 Uhr. Touristen-/Dauerstellplätze 25/30. Ab 3 N 10% Ermäßigung.

32602 Vlotho, Weser (c5) — 3326/2

20 ★★★ »NATURCAMP AN DER WESER« — 1.4. bis 30.10.
E.: Gerrit Trip ☎/Fax 05733/18708 250m 20 000 qm
www.AnDerWeser.de, Naturcamp@AnDerWeser.de

➔ A2 Hannover–Köln Abf. (33) Porta-Westfalica, in Vlotho über die Weserbrücke auf die B 514 Richtung Rinteln. Vor der Gaststätte Weserlust abbiegen zum Weserufer. ✉ Weserstr. 112 (GPS: 52°09'59" N / 8°54'20" E).

500m 1km

Ebenes, teilweise parzelliertes Wiesengelände, durch Bäume günstig aufgelockert, an der Weser. Wasserwanderstation. Imbiss. Ort in Ortsnähe. Reiten 3km entfernt. Mittagsruhe 13-15 Uhr. Touristen-/Dauerstellplätze 50/50.
2007: P/N 4.20, K/N 14 J. 2.10, A/N 2.10, C/N 5.25, MC/N 7.35, T/N 5.25, M/N 2.10, H/N 2.10, WD inkl., Strom/N 2.25 (16 A).

DCC-Vertragsplatz

32689 Kalletal-Varenholz, Weser (c/d5) — 3330

25 ★★★★ »CAMPINGPARK KALLETAL« — 1.1. bis 31.12.
V.: D.+ G. Bettinger ☎ 05755/444, Fax 723 120 000 qm
www.campingpark-kalletal.de, info@campingpark-kalletal.de

➔ A2 Hannover–Köln Abf. (32) Kreuz Bad Oeynhausen auf die B514 Richtung Kalletal/Lemgo. Bei Steinegge wechseln auf die B238 nach Kalletal. ✉ Seeweg 1 (GPS: 52°10'30" N / 8°59'53" E).

300m 500m 500m 6km

Parzelliertes, ebenes Wiesengelände am See, günstig durch Büsche und Bäume aufgelockert. Befestigte Mocaplätze. Öffentlicher Badebetrieb. Lärmbeeinträchtigung durch nahe gelegenes Kieswerk möglich. »Kirche Unterwegs«. DLRG-Station. Kabelskianlage. Ort 600 m, Hafen 1 km entfernt. Mittagsruhe 13-15 Uhr. Touristen-/Dauerstellplätze 150/480.
2007: P/N 5.–, K/N 4 J. bis 14 J. 3.50, C MC-St/N 6.–/7.–, T/N 4.–, M/N 2.–, WD inkl., Strom/N 2.– oder kWh .50, Anschlussgeb. 2.– (16 A).
DCC/CCI 10% auf P/N.

32699 Extertal-Meierberg (d5) — 3334

15 ★★★ »FERIENPARK BUSCHHOF« — 1.1. bis 31.12.
E.: Rohloff Ferienpark GmbH 45 000 qm
V.: Kropp ☎ 05262/2575, Fax 995442, www.ferienpark.de, info@ferienpark.de

➔ Extertalstraße Rinteln–Barntrup, in Höhe von Almena links abbiegen Richtung Meierberg, beschildert. ✉ Meierberg 15 (GPS: 52°06'16" N / 9°07'11" E).

Hermannsdenkmal. Externsteine. Lemgo. Rinteln. Hameln.

500m
2.5km 3km 5km

Leicht welliges, abfallendes und parzelliertes Wiesengelände mit separatem Mobilheimteil in Ortsnähe. Von Büschen umgeben. Jugendhaus für Spiele. Streichelzoo. Mittagsruhe 13-15 Uhr. Touristen-/Dauerstellplätze 26/74.
2008: (HS) P/N 3.–, K/N 1 bis 16 J. 2.–, C MC-St/N 6.–, T/N 5–, M/N 2.–, WD inkl, Strom 2.50 (ab 10A). In NS Ermäßigung.
DCC/CCI 10% auf P/N.

DCC-Vertragsplatz

32699 Extertal-Bösingfeld (d5) — 3336

20 ★★★ »CAMPING BAMBI« — 1.1. bis 31.10.
E.: Ulrike Nölting ☎ 05262/4343, Fax 3336 17 000 qm
www.camping-bambi.de, info@camping-bambi.de

➔ Extertalstraße Rinteln–Barntrup. Über Bösingfeld abbiegen Richtung Hameln, beschildert. ✉ Hölmkeweg 1 (GPS: 52°04'59" N / 9°09'31" E).

Hermannsdenkmal. Externsteine. Lemgo. Rinteln. Hameln.

200m 1.5km 4km

Leicht ansteigendes, parzelliertes Wiesengelände neben bewirtschaftetem Bauernhof. Ponyreiten. Ort 4 km entfernt. Separater Jugendplatz. Mittagsruhe 13-15 Uhr. Touristen-/Dauerstellplätze 30/35.
2008: P/N 4.–, K/N 2 bis 14 J. 2.50, St/N 5.50, H/N 1.–, WD inkl., Müllgeb. St/N 1.–, Strom/kWh .40 (10 A), Anschlussgeb. 1.–.
DCC 10% auf P/N.

DCC-Vertragsplatz

32699 Extertal-Eimke (d5) — 3338

25 ★★★★ »CAMPINGPARK EXTERTAL« — 1.1. bis 31.12.
E.: S. Erichsen ☎ 05262/3307, Fax 992404 80 000 qm
www.campingpark-extertal.de, info@campingpark-extertal.de

➔ A2 Hannover–Dortmund Abf. (35) Bad Eilsen/Rinteln auf die Extertalstraße Rinteln–Barntrup, hinter Asmissen links. Beschildert. ✉ Eimke Nr. 4 (GPS: 52°03'05" N / 9°06'08" E).

100m 500m

Leicht ansteigendes, von Wäldern umgebenes Wiesengelände, parzelliert, teilweise terrassiert und mit eigenem Badeteich. Ebener Touristenteil am Waldrand. Zeltwiese am See. Kleinkindersanitär. Kleintierzoo. Kabel-TV. Ort 2 km entfernt. Separater Jugendplatz. Mittagsruhe 13-15 Uhr. Touristen-/Dauerstellplätze 40/325.
2008: P/N 5.–, K/N 4 bis 14 J. 2.–, C MC-St/N 8.–, T-St/N 5.–, H/N 2.–, WD inkl., Müllgeb. St/N 1.–, Strom/N 2.– (16 A). Wochenpauschalen.
DCC/CCI 10% auf P/N.

(3347)

Grosser Weserbogen
- Strandbad
- Grillhütte
- Angeln
- Radfahren
- Restaurant/Kiosk
- Treetbootverleih
- Beach-Volleyball
- Animation u. v. m.

Grosser Weserbogen Kommunale Gesellschaft mbH · Zum Südlichen See 1 · 32457 Porta Westfalica
Tel.: 05731/6188 · Fax 05731/6601 · www.grosserweserbogen.de

Campingpark Extertal

Kinderfreundlicher Familienplatz in traumhafter Lage des Weserberglandes

Eimke 4, 32699 Extertal
Tel 05262/3307
Fax 05262/992404

E-Mail: info@campingpark-extertal.de
Internet: www.campingpark-extertal.de

- SB-Laden mit frischen Brötchen
- Stellplätze mit Wasser, Abwasser, Strom, TV
- Naturbadesee mit Badeinsel
- Urgemütliche Gaststätte mit Biergarten
- Große Hundefreilaufwiese
- Herrliche Wanderwege
- Befestigte Wohnmobilstellplätze
- ständig günstige Wochenpreise
- Internet über W-LAN
- Schöne Dauercampingplätze
- Moderne Sanitäranlage
- Angelsee mit Forellenbesatz
- Baby- und Kleinkinderbad

(3338)

✉ **32683 Barntrup,** Lippe (d5/6)   **3345**

★★★★ »FERIENPARK TEUTOBURGER WALD«   April bis Okt.
E.: G. u. W. Seijsener ☎ 05263/2221, Fax 956991   23 000 qm
www.ferienparkteutoburgerwald.de, info@ferienparkteutoburgerwald.de

→ B1 Paderborn–Hameln, nach Barntrup abbiegen, im Ort beschildert.
✉ Fischteiche 4 (GPS: 51°59'12" N / 9°06'30" E).
♦ Bad Pyrmont. Bad Meinberg. Hansestadt Lemgo. Teutoburger Wald.

Unparzelliertes, leicht ansteigendes Wiesengelände neben der öffentlichen Badeanstalt. Zeltwiese. Kinderspielraum mit Kicker, Billard und Dart. Geführte Wanderungen. Brötchen- und Zeitungsservice. Schwimmbad für Camper gratis. Ort 500 m entfernt. Touristen-/Dauerstellplätze 90/10.

DCC-Vertragsplatz

✉ **32457 Porta Westfalica** (c5)   **3347**

25 ★★★★ »CAMPING GROSSER WESERBOGEN«   1.1. bis 31.12.
E.: Grosser Weserbogen GmbH V.: Fam. Lange   70 000 qm
☎ 05731/6188, Fax 6601
www.grosserweserbogen.de, info@grosserweserbogen.de

→ A2 Hannover–Dortmund Abf. (33) Porta Westfalica/Minden, Richtung Vennebeck, beschildert. ✉ Zum Südlichen See 1 (GPS: 52°13'16" N / 8°50'30" E).
♦ Kaiser-Wilhelm-Denkmal. Bergbau- u. Erdgeschichte Museum. Westf. Pforte. Schachtschleuse.

Parzelliertes, ebenes Wiesengelände mit Anpflanzungen an einem Badesee. Befestigte Mocaplätze. Öffentlicher Badebetrieb. Großes Strandbad mit Liegewiese. DLRG- und DRK-Station. Alle Wassersportarten. Ort 4 km entfernt. Touristen-/Dauerstellplätze 104/259.
2008: (HS) P/N 6.–, K/N 1 bis 14 J. 4.–, A/N 3.–, C/N 5.–, MC/N 8.–, M/N 1.50, WD inkl., Strom/N 2.– (16 A). In NS Ermäßigung.
DCC/CCI 10% auf P/N.

DCC- Vertragsplatz
Kleiner gemütlicher Familienplatz am Wald. Alle Stellplätze schön bepflanzt. Modernes Sanitärgebäude. Wander- und Radweg direkt am Platz. Ausgangspunkt für viele Sehenswürdigkeiten. Ideal für Gäste, die ruhig und preiswert campen wollen. Kleine DCC-Clubs willkommen.Info anfordern.
(3336)
Idyllische Jahresplätze-ganzjährig geöffnet

Camping auf dem Bauernhof
Camping Bambi
Familie Nölting
Hölmkeweg 1-2
32699 Extertal
Tel.: 05262/4343
Fax: 05262/3336
www.camping-bambi.de

DCC-Vertragsplatz

✉ **32676 Lügde-Elbrinxen,** Detmold (d6)   **3350**

20 ★★★★ »CAMPING EICHWALD«   1.1. bis 31.12.
E.: Frank u. Friedrich W. Schäfsmeier ☎ 05283/335, Fax 640   100 000 qm
www.camping-eichwald.de, campingeichwald@t-online.de

→ B 239 Detmold–Höxter, bei Rischenau links abbiegen Richtung Bad Pyrmont, noch 2 km, beschildert. ✉ Obere Dorfstr. 80 (GPS: 51°53'54" N / 9°15'20" E).
♦ Bad Pyrmont. Malerstadt Schwalenberg. Schloss Corvey.

Hinter einem Anwesen parzelliert ansteigendes Wiesengelände. Campingcheque vom 1.1. bis 15.7 und vom 15.8. bis 31.12. Befestigte Mocaplätze. Ort 1 km entfernt. Separate Zeltwiese. Mittagsruhe 13-15 Uhr. Touristen-/Dauerstellplätze 150/250.
2008: (HS) P/N 4.60, K/N 2 bis 15 J. 2.60, St/N 5.20, H/N 1.50, WD zuzügl., Freibad inkl., Strom/N 1.50. (6 A), Anschlussgeb. –.50. In NS Erm.
DCC/CCI 10% auf P/N.

✉ **32657 Lemgo,** Lippe (c5)   **3355**

25 ★★★ »CAMPINGPARK LEMGO«   1.4. bis 31.10.
E.: Stadt Lemgo P. Meyer zu Bentrup ☎ 05261/14858, Fax 459017   18 000 qm
www.camping-lemgo.de, camping@meyer-zu-bentrup.de

→ B 66 Bielefeld–Barntrup oder B238 Detmold–Rinteln, im Ort beschildert.
✉ Regenstorstr. 10 b (GPS: 52°01'51" N / 8°54'51" E).
♦ Rathaus (400 Jahre). Hexenbürgermeisterhaus. Patrizierhäuser.

Ebenes, parkartiges und unparzelliertes Wiesengelände, durch ein Kanugelände zweigeteilt, neben dem öffentlichen Schwimmbad. Befestigte Mocaplätze. Ort 500 m entfernt. Separater Jugendplatz. Mittagsruhe 13-15 Uhr. Touristen-/Dauerstellplätze 100/20.
2007: P/N 4.50, K/N 7 bis 16 J. 2.50, A/N 2.–, C/N 8.50 MC/N 8.50, T/N 4.50, H/N 2.–, WD inkl., Strom/N 1.– (16 A).

Die DCC-Inspizienten sind nicht mit Anzeigenwerbung betraut. Sie sind daher unabhängig und nicht beeinflußbar. Ihren Kontrollen nach unseren Prüfbögen kann vertraut werden.

149

1958–2008 – 50 Jahre
Ferien- und Erholungsplatz „Am Furlbach" ★★★
(3362/1)

Wunderbarer NATURPLATZ für Urlaub, Monats-, Saison- und Dauercamping in waldreicher Heide- und Sennenlandschaft, Naturspielbereich, sowie Spiel- und Bolzplatz mit Matschecke. Beste Wanderwege • Ideal für Radtouren. Weitere interessante Ausflugsziele im nahen Teutoburger Wald.

Roswitha Auster, 33758 Schloß Holte-Stukenbrock, Tel. 05257/3373
E-Mail:info@CampingplatzAmFurlbach.de Internet: www.CampingplatzAmFurlbach.de

---

32052 Herford (c5) 3357

★★★ »CAMPING HERFORDER KANU-KLUB« April bis Sept.
E.: Herforder Kanu-Klub e.V. V: Balsam 1500 qm
☎ 05221/70174, Fax 779216, www.hkk-herford.de

→ A 2 Hannover–Kamen Abf. (29) Herford/Bad Salzuflen auf die B 239 Richtung Herford. Nach ca. 2 km rechts abbiegen, beschildert. ✉ Gaußstr. 6a (GPS: 52°06'11" N / 8°41'02" E).

Leicht zur Werre unparzelliertes abfallendes Wiesengelände. Wasserwanderstation. Ort 1.5 km entfernt. Mittagsruhe 13-15 Uhr. 40 Touristenplätze.

33649 Bielefeld (c5) 3360

★★★ »CAMPING MEYER ZU BENTRUP« 1.1. bis 13.12.
P.: Rolf Meyer zu Bentrup ☎ 0521/4592233, Fax 459017
www.camping-bielefeld.de, rolf@meyer-zu-bentrup.de

→ A2 Dortmund–Hannover Abf. (27) Bielefeld Richtung Osnabrück auf die B68. Hinter dem Ort Quelle (auf der Höhe des Fernsehturms vom Teutoburger Wald) in der Fortunastraße zum Platz abbiegen. ✉ Vogelweide 9 (GPS: 52°00'39" N / 8°27'43" E).
♦ Teutoburger Wald. Tierpark in Olderdissen.

Ansteigendes Wiesengelände mit einem Teich am Rande des Teutoburger Waldes. Durch eine Straße zweigeteilt. Eine Hälfte mit altem Mischbaumbestand, die andere überwiegend schattenlos mit jungem Baumbestand. Teilweise parzelliert. Günstig gelegener Etappenplatz. Übernachtung vor dem Eingang. Extra Pkw-Parkplätze. Zeltwiese. Verbot für Kampfhunde. Hofladen mit hausgebackenen Produkten. Brötchenservice ab Ende April. Biergarten. Streichelzoo. Jugendraum mit Billard. W-LAN. Ort 3.8 km entfernt. Mittagsruhe 13-15 Uhr. Touristen-/Dauerstellplätze 190/100.
2008: P/N 4.50, K/N 7 bis 16 J. 2.50, A/N 2.–, C MC-St/N 8.50, T-St/N 4.50, H/N 2.–, WD zuzügl., Strom/N 1.–.

33758 Schloß Holte-Stukenbrock (c6) 3362/1

★★★★ »CAMPING AM FURLBACH« 14.3. bis 2.11.
E.: Roswitha Auster ☎ 05257/3373, Fax 940373 90000 qm
www.CampingplatzAmFurlbach.de, info@CampingplatzAmFurlbach.de

→ A33 Paderborn–Osnabrück Abf. (23) Stukenbrock-Senne in Richtung Stukenbrock noch 2 km. 1. Platz. ✉ Am Furlbach 33 (GPS: 51°52'16" N / 8°40'21" E).
♦ Hollywood-Safari-Park. Freilichtmuseum.

Ebenes, teilweise parzelliertes Wiesengelände in einem parkähnlichem Gelände mit Kiefern. Naturspielbereich. Imbiss. Ort 5 km entfernt. Mittagsruhe 12.30-14.30 Uhr. Touristen-/Dauerstellplätze 50/210.
2008: P/N 4.50, K/N 1 bis 5 J. 2.–, 6 bis 11 J. 2.50, 11 bis 17 J. 3.–, A/N 3.–, C/N 4.–, MC/N 6.–/7.–, T/N 3.50/4.–, M/N 2.50, H/N 2.–, WD zuzügl., Strom kWh –.45 (16A). Anschlussgeb. 1.–. Ermäßigung ab 4. Kind und ab 7 N.

33758 Schloß Holte-Stukenbrock (c6) 3362/2

★★★ »CAMPING JÄGERKRUG« 1.1. bis 31.12.
E.: B. Beckmann V: Meier ☎ 05257/930326, Fax930337 24000 qm

→ A33 Osnabrück–Paderborn Abf. (23) Stukenbrock-Senne Richtung Espeln, beschildert. 2. Platz. ✉ Am Furlbach 59 (GPS: 51°51'59" N / 8°39'14" E).
♦ Senne Großwildsafari.

Ebenes, parzelliertes Wiesengelände auf einer Waldlichtung am Furlbach. Rezeption vom 1.10 bis 31.3 nur bis 20 Uhr geöffnet. Ort 5 km entfernt. Mittagsruhe 12.30-14.30 Uhr. Touristen-/Dauerstellplätze 15/105.
2007: P/N 3.50, K/N 3 bis 10 J. 1.50, ab 16 J. 2.50, C MC/N 3.60, T/N 2.60/3.10, H/N 1.50, WD keine Angabe, Müllgeb. P/N –.50, Strom/N 1.50 oder kWh –.50 (10-16 A), Anschlussgeb. 1.–.

DCC-Vertragsplatz

32805 Horn-Bad Meinberg-Kempen (c6) 3383

★★★ »CAMPING EGGEWALD« 1.1. bis 31.12.
E.: Johannes Glitz ☎ 05255/236, Fax 1375 380 m 20000 qm
www.traktorenmuseum.de, j.glitz@traktoren-museum.de

→ B1 Hameln–Paderborn Abf. Altenbeken, noch ca. 8 km. ✉ Kempener Str. 33 (GPS: 51°48'13" N / 8°56'35" E).
♦ Externsteine. Hermannsdenkmal. Traktorenmuseum. Holsteinhöhle. Adlerwarte Berlebeck. Bad Meinberg. Bad Lippspringe. Europawanderweg E1.

Teilterrassiertes, parzelliertes Gelände in einem bewirtschafteten Bauernhof in Tallage. Traktoren- und Landwirtschaftsmuseum am Platz mit jährlichem Treffen. Kiosk. Brötchenservice. Kneippbecken. FW. Ort 4 km entfernt. Separater Jugendplatz. Mittagsruhe 13-15 Uhr. Touristen-/Dauerstellplätze 30/30.
2007: P/N 3.–, K/N ab 6 J. 1.–, J/N 1.50 bis 2.–, St/N 4.– bis 5.–, H/N 1.50, WD zuzügl., Müllgeb. St/N 1.– Strom/N 1.60 oder kWh –.40 (10 A), Anschlussgeb. 2.50.
DCC 10% P/N.

DCC-Vertragsplatz

37688 Beverungen, Weser (d6) 3387

★★★★ »CAMPING AXELSEE« 1.1. bis 31.12.
E.: Familie W. Weller ☎ 05273/88818, Fax 88848 340000 qm
www.axel-see.de, axel-see@freenet.de

→ B83 Höxter–Bad Karlshafen, abbiegen Richtung Würgassen. ✉ Lauenförder Str. 34 (GPS: 51°38'51" N / 9°22'49" E).
♦ Kloster Corvey. Porzellanmanufaktur Fürstenberg. Weserbergland-Therme (3.8 km entfernt). Burgen.

Leicht welliges unparzelliertes Wiesengelände mit Anpflanzungen, an einem Badesee mit Liegewiese und Sandstrand. Zugang zur Weser. Befestigte Mocaplätze. Kiosk. Brötchenservice. Grillhütte. Volleyball. Basketball. Ort 5 km entfernt. Separater Jugendplatz. Mittagsruhe 13-15 Uhr. Touristen-/Dauerstellplätze 40/170.
2008: (HS) P/N 4.40, K/N 4 bis 14 J. 2.50, St/N 5.40, H/N 2.20, WD zuzügl., Müllgeb. St/N –.50, Strom/N 1.50 (16 A). In NS 20% Erm. auf P/N.
DCC 10% P/N.
Anzeige S. 193

41541 Dormagen-Stürzelberg, Rh. (b7) 3405

★★ »CAMPING STRANDTERRASSE« 1.4. bis 15.10.
E.: Wolfgang Meuther ☎/Fax 02133/71717 60000 qm
www.strand-terrasse.de

→ A 57 Neuss–Köln Abf. (23) Neuss-Norf bzw. (25) Dormagen auf die B9 Richtung Köln, in St. Peter links abbiegen nach Stürzelberg. ✉ Grind 1 (GPS: 51°08'35" N / 6°49'10" E).

Ebenes und unparzelliertes Wiesengelände mit hohem Baumbestand auf 2 Geländestufen am Rheinufer. Ort 300 m entfernt. Mittagsruhe 13-15 Uhr. Touristen-/Dauerstellplätze 30/120.
2007: P/N 5.–, K/N 3 bis 17 J. 3.–, C MC-St/N 6.–, T-St/N 4.–, WD zuzügl., Strom/kWh –.60 (16A).

STADTNAHER CAMPINGPLATZ IM GRÜNEN

Essen-Werden

Lage
Stadtnaher und dennoch ruhig im Grünen gelegener Campingplatz, ein idealer Ausgangspunkt für Event-Tourismus im Ruhrgebiet – vom Messebesuch in Essen oder Düsseldorf bis hin zum Musical-Trip, dank ausgezeichneter Nahverkehrsverbindungen geeignet.

Anfahrt
A40 Dortmund/West-Essen bis AB-Dreieck Essen/Ost. Dort auf die A 52 Richtung Düsseldorf bis Abf. Essen/Rüttenscheid, hier auf die B 224 Richtung Solingen. Vor der Werdener Ruhrbrücke nach rechts, beschildert; oder A 52 Düsseldorf-Essen, Abf. Essen/Rüttenscheid, weiter wie oben beschrieben.

Umgebung
Ideales Quartier für den Messebesuch in Essen (u.a. Reise und Camping) oder Düsseldorf (u.a. Caravan Salon) oder für Kultur- und Sportveranstaltungen in den Gruga-Hallen. Ebenfalls möglich: ausgedehnte Einkaufsbummel in den Metropolen des Ruhrgebietes.
Besonderheit: Event-Tourismus, die neuen Sehenswürdigkeiten des Ruhrgebietes sind leicht zu erreichen: die Musicaltheater in Bochum, Essen oder Düsseldorf, genauso, wie das CentrO-Einkaufs- und Erlebniszentrum in Oberhausen oder der Themenpark Movie-World in Bottrop-Kirchhellen. *Vom Platz aus einfach zu erreichen sind:* Abtei Werden, Villa Hügel (auch kulturell interessant), Folkwang-Museum.

Platzbeschreibung
Ebenes und parkartiges, teilweise parzelliertes Wiesengelände im Ruhrtal, befestigte MoCa-Plätze,
Ort 1 km entfernt, Mittagsruhe 13–15 Uhr, Touristen-/Dauerstellplätze 100/180, 60.000 qm.

Aktivitäten
Relaxen im Grünen, Radwandern rund um den Baldeneysee, Kanuwandern, Surfen und Segeln, Wandern.

 (3512)

DCC Stadtcamping Essen-Werden
Im Löwental 67, 45239 Essen
Telefon: 0201/492978
Fax: 0201/8496132
Internet: www.stadtcamping-essen.de
E-Mail: info@stadtcamping-essen.de
Geöffnet: 1.1. – 31.12.

✉ 40547 Düsseldorf-Lörick, Rhein (a7) 3410

Abfahrt

20 ★★ »CAMPING DÜSSELDORF-LÖRICK«
E.: Jürgen Kürten ☎/Fax 0211/591401   50 m   1.1. bis 31.12.
www.duesselcamp.de   25 000 qm

→ A52 Düsseldorf/Nord–Mönchengladbach Abf. Seestern, hinter der Rheinbrücke Richtung Freibad Lörick. ✉ Niederkasseler Deich 305 (GPS: 51°15'07" N / 6°43'41" E).

Ebenes bis leicht welliges und unparzelliertes Wiesengelände mit altem Baumbestand am Rheinufer, neben einem Yachthafen und Strandbad. Imbiss. Keine Kampfhunde erlaubt. Tennis 1.5 km entfernt. Mittagsruhe 12.30-15 Uhr. Touristen-/Dauerstellplätze 85/15.
2007: P/N 3.50, K/N bis 12 J. 1.50, A/N 1.–, CC/N 2.–, MC/N 8.–, M/N 1.–, H/N 3.–, WD inkl., Müllgeb. 1.–, Strom/N 3.– (6A). Anschlussgeb. 1.50.

Eine Moca Ent- u. Versorgungsstation besteht auf einem öffentlichen Parkplatz in Dorsten.

✉ 40608 Düsseldorf-Unterbach (b7) 3412

Abfahrt

30 ★★★ »CAMPING UNTERBACHER SEE«   24.3. bis 14.10.
E.: Zweckverband Unterbacher See ☎ 0211/8992038, Fax 8929132
www.unterbachersee.de, service@unterbachersee.de   65 000 qm

→ A3 Köln–Oberhausen, am AB-Kreuz Hilden abbiegen auf die A46 Richtung Düsseldorf/Neuss Abf. (27) Erkrath/Unterbach. Der Beschilderung "Unterbacher See" folgen, Einfahrt Bootshafen. ✉ Kleiner Torfbruch 31 (GPS: 51°11'58" N / 6°53'10" E).

⚫ Düsseldorfer Altstadt, Aquarium, Sternwarte, Neandertal.

Ebenes, parzelliertes Wiesengelände im Erholungsgebiet am See, neben einem Naturstrandbad mit freiem Zutritt für Camper. Separate Pkw-Abstellplätze. Boot- und Surfbrettverleih. Keine Boote mit Verbrennungsmotor! Touristenaufnahme bis 20 Uhr. Ort (Unterbach) 500 m entfernt. Mittagsruhe 13-15 Uhr. Touristen-/Dauerstellplätze 100/286.
2007: P/N 5.50, K/N 6 bis 13 J. 3.30, St/N 12.50, T-St/N 6.50, B/N 5.–, WD inkl., Strom (6A) keine Angabe.

🐷 DCC-Vertragsplatz

✉ 40668 Meerbusch/Langst-Kierst (a7) 3420

Abfahrt

30 ★★★ »AZUR CAMPINGPARK MEERBUSCH«   1.4. bis 15.10.
E.:AZUR Freizeit GmbH V.: Siemons ☎02150/911817, Fax 912289
www.azur-camping.de/meerbusch, meerbusch@azur-camping.de   38 000 qm

→ A57 Köln–Nimwegen bis AK Meerbusch, Abf. (15) Lank-Latum, rechts Richtung Strümp und bei der 3. Ampel links. Weiter auf der Landstraße, nach ca. 6 km Beschilderung "Autofähre Kaiserswerth" folgen. ✉ Zur Rheinfähre 21 (GPS: 51°18'01" N / 6°43'31" E).

Langgestrecktes und unparzelliertes, eben bis leicht welliges, überwiegend schattenloses Wiesengelände am Rhein. Sanitäranlage beheizbar. Jet-Ski. Ort 3 km entfernt. Mittagsruhe 13-15 Uhr. Touristen-/Dauerstellplätze 120/150.
2008: (HS) P/N 7.50 K/N 2 bis 12 J. 4.–, St/N 5.50/7.50, H/N 2.80, WD inkl., Strom/N 2.80 (6A). Für 14 Nächte nur 12 Nächte bezahlen (außer Strom). Ermäßigung auf einige Club-Cards. In NS Ermäßigung.
DCC 10%, CCI 5% auf P/N.

🐷 DCC-Vertragsplatz

✉ 45239 Essen-Werden (b6) 3512

Abfahrt

20 ★★★ »DCC-CAMPINGPARK STADTCAMPING«   1.1. bis 31.12.
P.: Cpl. Betr.-Ges. Essen-Werden mbH   60 000 qm
☎ 0201/492978, Fax 8496130
www.stadtcamping-essen.de, info@stadtcamping-essen.de

→ A52 Richtung Düsseldorf bis Abf. (28) Essen/Rüttenscheid, hier auf die B224 Richtung Solingen. Vor der Werdener Ruhrbrücke rechts. ✉ Im Löwental 67 (GPS: 51°22'58" N / 6°59'38" E).
⚫ Abtei Werden. Villa Hügel. Folkwang Museum. Gruga. Münster.

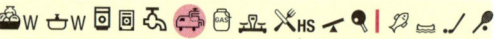

Ebenes, parkartiges und teilweise parzelliertes Wiesengelände im Ruhrtal. Befestigte Mocaplätze. Ort 1 km entfernt. Mittagsruhe 13-15 Uhr. Touristen-/Dauerstellplätze 150/150.
2008: P/N 4.10, K/N 4 bis 13 J. 2.60, St/N 8.20, Fuß- und Zweiradwanderer mit Kleinzelt 6.15 zzügl. P/N, WD zuzügl., Strom/N –.30 plus kWh –.55 (16 A). Ausländisches CCI 10% auf P/N.
Für DCC-Mitglieder: P/N, K/N bis 18 J. und St/N 10.– (15.9-15.6), 12.– (16.06-14.9), WD, Strom und Anschlussgebühr siehe oben.
Ab 5 Einheiten Gruppenermäßigung: P/N, K/N bis 18 J. und St/N 9.–, WD, Strom und Anschlussgebühr siehe oben.

Anzeige S.151

🐷 DCC-Vertragsplatz

✉ 45239 Essen-Scheppen (b6) 3513

Abfahrt

20 ★★★ »DCC-CAMPINGPARK BALDENEYSEE«   1.1. bis 31.12.
P.: Cpl. Betr.-Ges. Essen-Scheppen mbH ☎ 0201/402007, Fax 405231
www.Camping-Essen-Scheppen.de, Cpl-Erdhuetter@online.de   44 000 qm

→ A52 Düsseldorf–Essen Abf. (28) Essen-Rüttenscheid auf die B224 Richtung Solingen/Velbert/Essen-Werden, links über die Ruhrbrücke, nach der 3. Tankstelle an der Kreuzung links bis zum Ausflugslokal, dann links in die Pörtingsiepenstr. Anfahrt über » Haus Scheppen«, beschildert. ✉ Hardenbergufer 369 (GPS: 51°24'06" N / 7°02'29" E).
⚫ Abtei Werden. Villa Hügel. Folkwang Museum. Gruga. Münster.

Parzelliertes, ebenes Wiesengelände am Baldeneysee. Durch Dauercamper geprägt. Anmeldung empfehlenswert. Alle Wassersportmöglichkeiten (außer Wasserski). Ort (Werden) und Golfmöglichkeit 4 km entfernt. Mittagsruhe 13-15 Uhr. Touristen-/Dauerstellplätze 50/110.
2008: P/N 4.10, K/N 4 bis 13 J. 2.60, St/N 8.20, Fuß- und Zweiradwanderer mit Kleinzelt 6.15 zzügl. P/N, WD zuzügl., Strom/N –.30 plus kWh –.55 (16 A). Ausländisches CCI 10% auf P/N.
Für DCC-Mitglieder: P/N, K/N bis 18 J. und St/N 10.– (15.9-15.6), 12.– (16.06-14.9), WD, Strom und Anschlussgebühr siehe oben.
Ab 5 Einheiten Gruppenermäßigung: P/N, K/N bis 18 J. und St/N 9.–, WD, Strom und Anschlussgebühr siehe oben.

✉ 45527 Hattingen, Ruhr (b6) 3520/1

Abfahrt

25 ★★ »CAMPING AN DER KOST«   1.1. bis 31.12.
E.: Dietmar Buchholz ☎ 02324/60915, Fax 02302/972538   10 000 qm
www.hattingencamping.de, info@hattingencamping.de

→ A43 Bochum-Wuppertal Abf.(21) Hattingen/Herbede in Richtung Hattingen. Beschildert. ✉ An der Kost 18 (GPS: 51°25'02" N / 7°12'24" E).

Ebenes, unparzelliertes Wiesengelände an der Ruhr. Ort und Gasverkauf 2 km entfernt. Schwimm-, Hallenbad, Sauna, Tennis, Surfen und Segeln in der Nähe. Mittagsruhe 13-15 Uhr. Touristen-/Dauerstellplätze 20/35.
2008: P/N 5.–, K/N bis 14 J. 2.50, C MC-St/N 8.–, T-St/N 6.–/8.–, B/N 2.50, H/N 2.–, WD zuzügl., Strom/N 3.– (16 A).

(3520/1)

Camping **„An der Kost"** Familie Buchholz
An der Kost 18, 45527 Hattingen, Tel. 0 23 24/6 09 15,
Fax 0 23 02/97 25 38, Handy 0173/517 77 44
Ausgangspunkt für den Besuch des Musicals
Star Light Express Bochum und des Bergbaumuseums
Ruhrtalradweg – **Ganzjahresplatz** direkt an der Ruhr

Wegen oft wechselnden Größenangaben für die einzelnen Stellparzellen durch die Platzhalter veröffentlicht der DCC nur noch die Camping-Gesamtfläche in qm und den Hinweis »parzelliert« oder »unparzelliert«.

Campen an Essens Grüner Lunge

Essen-Scheppen

Lage
Direkt am Baldeneysee, ideal für Wassersport und Erholung.

Aktivitäten
Alle Wassersportmöglichkeiten außer Wasserski, Radfahren entlang des Sees. Der Platz eignet sich zum Relaxen im Grünen.

Platzbeschreibung
Parzelliertes, ebenes Wiesengelände, Anmeldung empfehlenswert, Ort 4 km entfernt, Mittagsruhe 13-15 Uhr, Touristen-/Dauerstellplätze 80/110, 44.000 qm.

Anfahrt
A52 Düsseldorf-Essen, Abf. (28) Essen-Rüttenscheid/Gruga-Messe auf die B224 Richtung Solingen/Velbert Essen-Werden links über die Ruhrbrücke, nach Aral-Tankstelle an der Kreuzung links bis zum Ausflugslokal, dann links in die Pörtingsiepenstraße. Anfahrt über »Haus Scheppen« beschildert.

Umgebung
Idealer Platz für stadtnahe Erholung im Grünen, Stadtbummeln in den Metropolen des Ruhrgebiets, Besuch von Sehenswürdigkeiten wie der Villa Hügel, dem Folkwang Museum oder der Abtei Werden. Schauen Sie bei den großen Messen in Essen wie zum Beispiel der Reise/Camping und dem Caravan Salon in Düsseldorf vorbei. Von hier aus lassen sich aber auch Einblicke nehmen in die lebendige Kultur des Ruhrgebiets. Starten Sie von hier aus zur »Tour de Ruhr« und entdecken Sie auf ihren Ausflügen, um wie viel grüner das Ruhrgebiet abseits von Schornsteinen und Industrie ist, als Sie es sich vorgestellt haben.

(3513)

DCC Campingpark Baldeneysee
Hardenbergufer 369
45239 Essen
Telefon: 0201/402007
Fax: 0201/405231
Internet:
http://www.camping-essen-scheppen.de
Geöffnet: 1.1. – 31.12.

45529 Hattingen, Ruhr (b6)   3520/2

★★★ »CAMPING RUHRBRÜCKE« — April bis Okt.
E.: Jutta Stolle ☎ 02324/80038, Fax 98406   15000qm
www.camping-hattingen.de, info@camping-hattingen.de

Abfahrt → A 43 Bochum–Wuppertal Abf. (21) Herbede auf die B 226 Richtung Hattingen oder Abf. (22) Sprockhövel auf die B 51 Richtung Hattingen. Hinter der Ruhrbrücke scharf rechts zum Platz abbiegen. ✉ Ruhrstr. 6 (GPS: 51°24'22" N / 7°10'13" E).

∴ Bergbaumuseum. Starlight Movie World.

Ebenes unparzelliertes Wiesengelände neben der Ruhrbrücke, von einem öffentlichen Weg durchzogen. Wasserwanderstation. Bootswasser-Rutsche. Ort 1.5 km entfernt. Mittagsruhe 12.30-15 Uhr. Touristen-/Dauerstellplätze 25/75.

45529 Hattingen, Ruhr (b6)   3520/3

[20] ★★★ »FREIZEITDOMIZIL RUHRTAL« — 1.1. bis 31.12.
E.: Wolfgang Fischer ☎ 02324/4488, 4489, Fax 40031   10500qm
www.fd-ruhr.de, info@fd-ruhr.de

Abfahrt → A 43 Bochum–Wuppertal Abf. (21) Herbede auf die B 226 Richtung Hattingen oder Abf. (22) Sprockhövel auf die B 51 Richtung Hattingen. Hinter Hattingen in Richtung Essen/Burgaltendorf. ✉ Tippelstr. 4.

∴ Bergbaumuseum. Movie World. Burg Isenburg und Blankenstein.

Ebenes, gepflegtes und gärtnerisch gestaltetes Wiesengelände. Teilweise durch Hecken parzelliert. Von bewaldeten Hügeln und Wiesen umgeben am Fuße der Isenburg und in der Nähe der Ruhr. Durch Dauercamper geprägt. Internet-Café. 2 Bundeskegelbahnen. Biergarten. Kiosk. Riesenklettergerüst. Trampolin. Seilbahn. Kinder- und Jugendspielraum. Ort 3 km entfernt. Mittagsruhe 13-15 Uhr. Touristen-/Dauerstellplätze 45/200.
2008: (HS) P/N 4.50, K/N 7 bis 12 J. 2.50, C MC-St/N 4.50, T-St/N 4.50, B/N 1.–, H/N 1.–, WD inkl., Strom/kWh –.50 (16 A). Gruppenrabatte ab 10 Pers. 10% aus Alles. Pauschalen. In NS Ermäßigung.
DCC/CCI 10% auf P/N.

44265 Dortmund-Hohensyburg (b6)   3535

[25] ★★★ »CAMPING HOHENSYBURG« — 1.1. bis 31.12.
E.: Familie Weitkamp ☎ 0231/774374, Fax 7749554   100000qm
www.camping-hohensyburg.de, info@camping-hohensyburg.de

Abfahrt → A 45 Dortmund/West–Lüdenscheid Abf. (8) Dortmund/Süd oder (11) Hagen-Nord in Richtung Hohensyburg. Beschildert. ✉ Syburger Dorfstr. 69 (GPS: 51°25'13" N / 7°29'41" E).

∴ Westfalenstadion und -halle. Route-Industriekultur.

Leicht bis stärker abfallendes, unparzelliertes Wiesengelände unterhalb der Hohensyburg mit einer ebenen Kleinfläche. Direkter Zugang zum Hengsteysee und der Ruhr. Ort 500 m entfernt. Mittagsruhe 13-15 Uhr. Touristen-/Dauerstellplätze 50/300.
2008: P/N 5.–, K/N 3 bis 10 J. 3.50, C MC-St/N 10.–, T-St/N 4.–, B/N 3.50, H/N 3.–, WD inkl., Strom/N 2.50, kWh –.50 (16 A).

58708 Menden-Ostsümmern (b6)   3545

[15] ★★★ »CAMPING OBSTHOF« — 10.1. bis 15.12.
E.: Doris Waltemade ☎ 02373/61265, Fax 757803   12000qm
st.waltemade@lycos.de

Abfahrt → A 46 Hagen – Iserlohn Abf. (48) Iserlohn/Seilersee in Richtung Unna, beschildert. ✉ Am Abbabach 18 (GPS: 51°26'04" N / 7°44'04" E).

Zweiteiliges Wiesengelände parzelliert mit befestigten Mocaplätzen. Familiäre Atmosphäre. Brötchenservice. Ort (Menden) 4 km entfernt. Mittagsruhe 13-15 Uhr. Touristen-/Dauerstellplätze 20/80.
2007: P/N 3.30, K/N bis 10 J. 1.60, J/N 2.60, A/N 1.50, St/N 3.50 bis 5.50, H/N –.55, WD zuzügl., Strom kWh –.46 (16 A).

DCC – DEIN PARTNER!

59519 Möhnesee-Delecke (c6)   3564

[25] ★★★★ »CAMPING DELECKE SÜDUFER« — 1.4. bis 15.10.
P.: Elisabeth Berndt ☎ 02924/5010, Fax 1288   26000qm
www.camping-berndt.de, info@camping-berndt.de

Abfahrt → A 44 Dortmund–Kassel (54) Soest/Möhnesee auf die B 229 Richtung Arnsberg, in Delecke über die Brücke, dann Richtung Arnsberg ca. 2 km. Beschildert. ✉ Arnsberger Str. 8 (GPS: 51°28'39" N / 8°06'02" E).

Leicht abfallendes Wiesengelände zwischen Waldrand und Seeufer, teilweise durch Hecken durchzogen, parzelliert und schattenlos. Zum Teil separate Pkw-Abstellung. Imbiss. Sanitärgebäude beheizbar. Ort 2.5 km entfernt. Mittagsruhe 13-15 Uhr. Touristen-/Dauerstellplätze 80/120.
2008: P/N 5.–, K/N bis 15 J. 3.–, A/N 2.–, C MC/N 8.50, T-St/N 6.50, M/N 2.–, WD zuzügl., Strom/N 2.20 oder kWh –.50 (16 A), Anschlussgeb. 1.30.
DCC 10% auf P/N.

59581 Warstein-Niederbergheim (c6)   3567/1

[20] ★★★ »CAMPING WANNETAL« — 1.1. bis 31.12.
E.: Koch, Schulte u. Gosmann GbR ☎ 02925/2084, Fax 3859   30000qm
www.camping-wannetal.de, camping-wannetal@t-yonline.de

→ A 44 Dortmund–Kassel, Abf. (57) Soest/Ost auf die B 475 Richtung Niederbergheim, hier nach Hirschberg abbiegen, beschildert. 1. Platz. ✉ Wandicker Weg 2 (GPS: 51°28'12" N / 8°14'29" E).

Teilweise terrassiertes Wiesengelände am Waldrand. Parzellierter Platzteil für Touristen durch einen öffentlichen Weg abgeteilt. Separate Zeltwiese. Ort 1 km, Reiten 5 km entfernt. Mittagsruhe 13-15 Uhr. Touristen-/Dauerstellplätze 80/150.
2008: P/N 4.50, K/N bis 14 J. 2.50, J/N 2.–, A/N 1.–, C/N 4.–, MC/N 5.–, T/N 4.–, M/N –.50, H/N 2.–, WD zuzügl., Müllgeb. 1.–, Strom/N 2.– oder kWh –.40. Anschlussgeb. 1.–.

59581 Warstein-Niederbergheim (c6)   3567/2

★★★ »CAMPING WIGGESHOFF« — 1.1. bis 31.12.
E.: Josef Wiggeshoff ☎ 02925/1842, Fax 800989   310 m   18000qm
www.wiggeshoff.com, info@wiggeshoff.com

→ A 44 Dortmund–Kassel, Abf. (57) Soest/Ost auf die B 475 Richtung Niederbergheim, hier nach Hirschberg abbiegen. 2. Platz. ✉ Sauerlandstr. 168 (GPS: 51°28'07" N / 8°14'33" E).

Unparzelliertes zum Gehöft leicht wellig ansteigendes und von Wald umgebenes Wiesengelände. Ort und Golfplatz 2 km entfernt. Mittagsruhe 12.30-14 Uhr. Touristen-/Dauerstellplätze 30/90.

DCC-Vertragsplatz

59602 Rüthen-Kallenhardt (c6)   3580

[15] ★★★ »CAMPING KALLENHARDT-HEIDE« — 1.1. bis 31.12.
E.: CC Altkreis Lippstadt e.V. im DCC ☎ 02902/3344, Fax 912922   330 m   10500qm
www.camping-kallenhardt.de, info@camping-kallenhardt.de

→ A44 Dortmund–Kassel Abf. (56) Erwitte auf die B 55 Richtung Warstein bis Belecke, hier links abbiegen auf die B 516 bis Rüthen. Ab Rüthen Richtung Nuttlar noch ca. 4 km, beschildert. ✉ Provinzialstr. 8 (GPS: 51°27'00" N / 8°26'18" E).

Ebenes, parzelliertes Wiesengelände zwischen Bachlauf und bewaldeter Anhöhe. Befestigte Mocaplätze. Kabel-TV. Vom 1.10. bis 31.3. An- und Abreise nur von Fr. 15 Uhr bis So. 16 Uhr oder nach tel. Vereinbarung möglich. Ort 1 km, Schwimmbad 3 km entfernt. Mittagsruhe 13-15 Uhr (außer Sa.) Touristen-/Dauerstellplätze 25/45.
2007: P/N 3.50, K/N 3 bis 16 J. 2.–, St/N 4.50, H/N –.50, WD zuzügl., Müllgeb. St/N 1.–, Kabel-TV 1.–. Strom kWh –.50 (16 A). Anschlussgeb. 1.–.
DCC/CCI 10% auf P/N.

Camping Hohensyburg

Familie Weitkamp · D-44265 Dortmund-Hohensyburg
Telefon 02 31/77 43 74, Fax 02 31/7 74 95 54
www.camping-hohensyburg.de
info@camping-hohensyburg.de   (3535)

– Nahe dem Spielcasino – problemlose Anfahrt – ausgebaute Straße. Terrassenartig ausgebauter Platz mit allen Anschlüssen auch für Reisemobile. Moderne Sanitäranlagen. In landschaftlich schöner, ruhiger Lage an der Ruhr mit Hengsteysee. Tor zum Sauerland. Herrliche Rad- und Wanderwege führen zu historischen Sehenswürdigkeiten. Ausgangspunkt für die neue Ruhrgebietstouristik.

Gut erreichbar!

In unmittelbarer Nähe:
– Westfalenhalle (9 km)
– Westfalenstadion (9 km)
– route . industriekultur . (400 m)

52066 Aachen (a7)   3600

[15] ★★★ »PLATZ FÜR CAMPER«   1.1. bis 31.12.
E.: Kur- u. Badegesellschaft mbH ☎ 0241/6088057, Fax 6088058
www.aachen-camping.de, mail@aachen-camping.de 180 m 12 000 qm

→ Autobahnkreuz Aachen auf die A 44 Richtung Lüttich/Liège bis Abf. Lichtenbusch/Monschau, dann Richtung Innenstadt. Ab Ortsschild beschildert. ✉ Branderhofer Weg 11 (GPS: 50°45'40" N / 06°06'11" E).
✣ Dom (UNESCO Weltkulturerbe). Schatzkammer. Abtei. Kurviertel Burtscheid.

Aufenthaltsdauer höchstens 3 Nächte. Ebenes bis leicht abfallendes, gärtnerisch gestaltetes, Wiesengelände im Gillesbachtal. Parzelliert. Für Gruppen Anmeldung erforderlich. Zeltwiese. Befestigte Moca-Plätze. Günstig gelegener Etappenplatz. Brötchenservice. Zentrum 2.3 km entfernt. 46 Touristenplätze.
2008: Pauschale St/N inkl. P/N 12.–, WD zuzügl., Strom (8 A) inkl.

52159 Roetgen-Mulartshütte (a7)   3601

[20] ★★★ »CAMPING VICHTBACHTAL«   1.1. bis 31.12.
E.: Maria Küpper Erben V.: Münster ☎/Fax 02408/5131 42 000 qm
www.vichtbachtal.de, camping@vichtbachtal.de

→ B 258 Aachen-Monschau, hinter Kornelimünster abbiegen nach Mulartshütte. Beschildert. ✉ Vichtbachstr. 1 (GPS: 50°41'58" N / 6°13'19" E).

Ebenes bis leicht welliges Wiesengelände zwischen Waldhöhen, von einem Bach zweigeteilt und teilweise parzelliert. Wenig Schatten. Ort (Rott) 2 km entfernt. Mittagsruhe 12.30-14.30 Uhr. Touristen-/Dauerstellplätze 25/150.
2007: (HS) P/N 4.50, K/N 6 bis 12 J. 2.–, J/N 3.–, A/N 4.–, C/N 4.–, MC/N 8.–, T/N 2.50, M/N 2.–, B/N 4.–, WD inkl., Strom/N 1.50 oder kWh –.35 (16 A). In NS Ermäßigung.
DCC/CCI 10% auf P/N.

47929 Grefrath-Vinkrath (a6)   3605

[20] ★★★★ »FERIENPARK-WALDFRIEDEN«   1.1. bis 31.12.
E.: Familie Holt ☎ 02158/3855, Fax 3685   40 000 qm
www.ferienpark-waldfrieden.de, ferienpark-waldfrieden@t-online.de

→ A 40 Duisburg-Venlo Abf. (3) Wankum Richtung Grefrath. Nach ca. 3 km links abbiegen, beschildert. A 61 Möchengladbach–Venlo Abf. (6) Süchteln. In Grefrath bei der großen Kreuzung nach Vinkrath. ✉ An der Paas 13 (GPS: 51°21'56" N / 6°19'25" E).
✣ Freilichtmuseum Grefrath.0

Von Wald umgebenes, ebenes Wiesengelände, parzelliert an einem Teich. Nur kleine Hunde erlaubt. Go-Kart. Kutschfahrten. Steichelzoo. Angeln am Platz ohne Fischereischein möglich. Kanu-Bring- und Holservice. Ort 1.5 km, Freibad mit Schwimmhalle 1.5 km entfernt. Separater Jugendplatz. Mittagsruhe 13-15 Uhr. Touristen-/Dauerstellplätze 30/150.
2007: P/N 4.50, K/N 3 bis 13 J. 3.–, C MC–St/N 8.50, T-St/N 5.50, H/N 2.–, WD inkl., Strom kWh –.60 (16 A), Anschlussgeb. 2.–.

Angrenzend der Platz des **CC Grenzland e.V. im DCC**.

Ferienpark Waldfrieden

Allseits beliebter, ganzjährig geöffneter, ruhiger, gepflegter Familienplatz. Ideal für Durchreise, Ferien und Naherholung. In unmittelbarer Nachbarschaft zum Höhenzug „Hinsbecker Schweiz" mit seinen riesigen Wäldern und der großen Seenplatte reiht sich nahtlos die Venloer- und Wankumer-Heide an. Erholung und Entspannung in wunderschöner, idyllischer Niederrheinlandschaft, umgeben von Wiesen und Wäldern, mitten im Landschaftsschutzgebiet des Naturparks „Schwalm-Nette". Ausgangspunkt für abwechslungsreiche Fuß- und Radwanderungen oder Tagesausflüge zum Wallfahrtsort Kevelaer und zum Römermuseum nach Xanten.
Kinderspielplatz mit Sport- und Spielfeld, Aufenthaltsraum ohne Bewirtung, Gastronomie, Jugendraum mit Pool-Billard, Kicker, Tischtennis, Gesellschaftsspielen, TV und Video, Internetzugang. Beheizte, saubere, moderne Sanitäranlagen mit warmen Wasser an allen Zapfstellen. Behindertenbad. Koch-, Spül- und Bügelraum mit Waschmaschine und Trockner. Ver- und Entsorgungsstelle für Motorcaravane. Eine weite Palette der aktiven Erholung bietet der nahegelegene Ort Grefrath: Eissportzentrum – 8000 qm Kunsteis (größte Kunsteisfläche Deutschlands), beheiztes Freibad, Hallenbad, Sauna, Massage, Solarium, Flugplatz „Niershorst", Reit-, Tennis- und Angelsport, Paddeln auf der Niers und noch viele andere Möglichkeiten der Freizeitgestaltung.
Sehenswertes im Ort und Umgebung: Freilichtmuseum „Dorenburg", Schwingboden-Park, Burg Uda (Ruine), Gut Niersdorf, Schloß Krickenbeck, Textilmuseum Kunstscheune, alt Kempen mit Burg, alt Wachtenddonk mit Pulverturm und Burgruine. Günstige Einkaufsmöglichkeiten in Holland – 8 km. Gemütliche, gut bürgerliche Gaststätte im Ort. Anfahrt: A 40 Duisburg-Venlo, Abfahrt Grefrath, Richtung Grefrath, nach ca. 3 km links – beschildert. A 61, Abfahrt Grefrath, bis Grefrath, ab Grefrath Richtung Straelen, ca. 9 km – beschildert. Duisburg-Essen 20–30 Minuten, Mönchengladbach-Düsseldorf 20–45 Minuten. Suchen Sie Erholung und Entspannung, wo Ruhe und Ordnung noch Bedeutung haben!
www.ferienpark-waldfrieden.de · ferienpark-waldfrieden@t-online.de
Wenden Sie sich an:
Ferienpark Waldfrieden · An der Paas 13 · 47929 Grefrath – Vinkrath · Tel. 0 21 58/38 55 – Wir freuen uns auf Ihren Besuch!

(3605)

41372 Niederkrüchten-Elmpt (a7) 3608

15 ★★ »CAMPING LELEFELD« 1.1. bis 31.12.
E.: Gerhard Blut ☎/Fax 02163/81203 15000 qm
➙ www.camping-lelefeld.com, GBlut@aol.com
→ A52 Richtung Roermond Abf. Elmpt–Autobahnende. An der Ampel rechts Richtung Elmpt. Beschildert. ✉ Lelefeld 4 (GPS: 51°13′05″ N / 6°08′44″ E).
♣ Venekotensee. Burg Brueggen. Naturpark Schwalm-Nette.

Ebenes und parzelliertes, zweiteiliges Wiesengelände beim Anwesen. Durch Dauercamper geprägt. Separater Mocaplatz. Nordic Walking Park in der Nähe. Ort 500 m entfernt. Mittagsruhe 13-15 Uhr. Touristen-/Dauerstellplätze 20/80.
2008: (HS) P/N 3.10, K/N 2 bis 12 J. 2.10, A/N 1.50, C/N 3.10, MC/N 4.60, T/N 2.50/3.10, M/N 1.10, H/N 1.10, WD zuzügl., Strom/kWh –.60 (10 A), Anschlussgeb. 1.10. In NS Ermäßigung.
DCC 10% auf P/N.

Campingweg 1
52385 Nideggen-Brück
Telefon: 02427/508
Telefax: 02427/1294

E-mail: Info@campingplatz-hetzingen.de
Homepage: campingplatz-hetzingen.de

4 Sterne nach DTV (3610)

- 5 Min. vom Nationalpark Eifel
- Täglich frische Backwaren
- 300 km Wanderwege
- Reitgelegenheiten
- Kajakfahren ab dem 15. 07.
- Reisemobile willkommen
- Klettergelegenheiten
- Burgen und Museen
- Wildpark
- Kinderanimation in den Sommerferien
- Vermietung von Mobilheimen

BITTE FORDERN SIE UNSER PROSPEKT UND UNSERE ANFAHRTHILFE AN !!!

DCC-Vertragsplatz

52385 Nideggen-Brück, Rur (a8) 3610

25 ★★★★ »CAMPING HETZINGEN« 1.1. bis 31.12.
E.: Heinz Klein ☎ 02427/508, Fax 1294 70000 qm
➙ www.campingplatz-hetzingen.de, info@campingplatz-hetzingen.de
→ A4 Aachen–Köln Abf. (7) Düren, auf die B56 Richtung Düren/Zülpich, bei Froitzheim rechts nach Nideggen abbiegen, weiter nach Brück. 1 Platz rechts. ✉ Campingweg 1 (GPS: 50°41′07″ N / 6°28′11″ E).
♣ Burg Nideggen. Dürener Rur-Eifel.

Leicht welliges, durch eine wenig befahrene Bahnlinie geteiltes Wiesengelände unterhalb der Burg mit Heckenparzellierung. Ort 500 m entfernt. Mittagsruhe 13-15 Uhr. Touristen-/Dauerstellplätze 100/300.
2007: (HS) P/N 5.–, K/N 3 bis 13 J. 2.50, St/N 5.50, H/N 2.50, WD zuzügl., Strom/kWh –.45 (6-10 A). In NS Ermäßigung.
DCC/CCI 10% auf P/N.

52396 Heimbach, Rur (a8) 3613

20 ★★ »CAMPING GUT HABERSAUEL« 1.1. bis 31.12.
E.: Gebrüder Wergen & Co. ☎ 02446/437, Fax 559 100000 qm
➙ www.Heimbacher-Campingplatz.de, info@Heimbacher-Campingplatz.de
→ B265 Köln–Schleiden, bei Vlatten abbiegen nach Heimbach, hier Richtung Hausen-Nideggen noch ca. 1.5 km. ✉ Gut Habersauel 3 (GPS: 50°38′38″ N / 6°28′30″ E).

Ebenes bis leicht welliges und unparzelliertes Wiesengelände neben wenig befahrener Bahnlinie an der Rur. Dauercamperteil ansteigend terrassiert. Mittagsruhe 13-15 Uhr. Touristen-/Dauerstellplätze 100/500.
2008: P/N 3.80, K/N 1 bis 13 J. 2.–, A/N 2.–, C/N 3.–, MC/N 4.50, T/N 2.50, M/N 1.50, H/N 1.–, K/T –.30, WD zuzügl., Strom kWh –.60, Anschlussgeb. 2.– (16A).

Campingplatz Rurthal – von Abercron
52396 Heimbach-Blens
www.campingplatz-rurthal.de

Landschaftlich besonders geschützte Lage im Rurtal. Große abgeteilte Stellplätze, beheizte Sanitäranlagen, Behinderten-WC, Waschmaschine +Trockner, Spülbecken. Ausgezeichnete Wander-, Klettersport-, Segel-, Paddel- und Angelmöglichkeiten in der Nähe. Platzeigenes Schwimmbad, Fußball/Bolzplatz, Tischtennis, Kinderspielplatz, Fahrradverleih, Aufenthaltsraum, Kiosk, Imbiss, Reisemobilplätze, Reisemobilentsorgung, Mietcaravan, Platzbeleuchtung, Sommerferienprogramm. (3615)

52396 Heimbach-Blens, Rur (a8) 3615

20 ★★ »CAMPING RURTHAL« 1.1. bis 31.12.
E.: M. von Abercron GbR ☎ 02446/3377, Fax 911126 70000 qm
➙ www.campingplatz-rurthal.de, info@campingplatz-rurthal.de
→ Str. Nideggen-Heimbach, in der Ortseinfahrt Hausen an der Ampel rechts über die Bahnlinie und Rurbrücke, noch ca. 150 m zum Platz. ✉ St. Georgstr. 99 (GPS: 50°39′16″ N / 6°29′28″ E).

Ebenes bis leicht welliges Wiesengelände im Rurtal. Für Touristencamper während der Herbstferien in NRW geschlossen. Touristenfläche unparzelliert und überwiegend schattenlos. Imbiss. "Kirche Unterwegs". Ort 3 km entfernt. Separater Jugendplatz. Mittagsruhe 13-15 Uhr. Touristen-/Dauerstellplätze 100/400.
2008: P/N 3.80, K/N 5 bis 14 J. 2.–, A/N 2.90, C/N 3.20, MC/N 4.–, T/N 2.70, M/N 2.–, KT –.30, WD zuzügl., Strom kWh –.40 (6/10A), Anschlussgeb. 2.–.

52152 Simmerath-Hammer, Rur (a8) 3627

★★★ »CAMP-HAMMER« 1.1. bis 31.12.
E.: Maik Ellinger, P.: K. Sprycha ☎ 02473/929041, Fax 937481 19000 qm
➙ www.camp-hammer.de, info@camp-hammer.de
→ B 399 Düren–Monschau, bei »Am Gericht« links abbiegen über Eicherscheid nach Hammer. Hier 2. Platz. Beschildert. ✉ An der Streng (GPS: 50°33′51″ N / 6°19′59″ E).

Ebenes, unparzelliertes Wiesengelände am Rurufer. Leicht ansteigend terrassierter Dauercamperteil. Wenig Schatten. Massagen. Bistro. Kinderstube. Ort 300 m entfernt. Mittagsruhe 13-15 Uhr. Touristen-/Dauerstellplätze 40/87. **Vorauskasse!**

DCC-Vertragsplatz

52156 Monschau, Eifel (a8) 3640

25 ★★★ »WALDCAMPING PERLENAU« Mitte März bis 31.10.
E.: Familie Rasch ☎ 02472/4136, Fax 4493 16000 qm
➙ www.monschau-perlenau.de, Familie.Rasch@monschau-Perlenau.de
→ B 258 Aachen–Koblenz, vor Monschau weiter Richtung Trier ca. 1.3 km, beschildert. ✉ Perlenau 7 (GPS: 50°32′39″ N / 6°14′15″ E).

Ebenes, meist schattenloses Wiesengelände im Bachtal, von Waldhöhen umgeben. Teilweise terrassiert und parzelliert. Befestigte Mocaplätze. Ort 2 km entfernt. Separater Jugendplatz. Touristen-/Dauerstellplätze 65/10.
2007: (HS) P/N 5.15, K/N 2 bis 12 J. 3.60, A/N 3.10, C/N 5.15, MC/N 7.20, T/N 5.15, M/N 2.60, M/N 2.60, WD inkl., Müllgeb. P/N –.25, Strom/N 2.60 oder kWh –.50 (16 A). Seniorentarife. In NS Ermäßigung.
DCC 10% auf P/N.

Die Gebühren werden von den Platzhaltern lange vor Erscheinen des Campingführers gemeldet. Daher sind Abweichungen möglich.

DCC-Vertragsplatz

52156 Monschau-Imgenbroich (a8) 3641

25 ★★★★ »CAMPING ZUM JONE BUR« 1.1. bis 31.12.
E.: Herbert Indenhuck ☎ 02472/3931, Fax 4694 40 000 qm
www.zum-jone-bur.de, camping@zum-jone-bur.de

→ B 399 Düren–Monschau oder B258 Aachen-Monschau, in Imgenbroich links abbiegen Richtung Hammer noch ca. 400 m, beschildert. ✉ Grünentalstr. 36 (GPS: 50°34'02" N / 6°16'03" E).

Ⓗ400m 3km

Leicht abfallendes, parzelliertes Wiesengelände mit befestigten Mocaplätzen. Kabel-TV. Kosmetikstudio. FW. Ort 400 m entfernt. Mittagsruhe 12-13 Uhr. Touristen-/Dauerstellplätze 40/150.
2008: (HS) P/N 4.–, K/N bis 14 J. 3.–, A/N 2.50, C/N 5.–, MC/N 6.–/7.–, T/N 4.–/6.–, M/N 1.50, H/N 2.50, WD zuzügl., Strom/N ab 2.50 oder kWh –.45 (16 A), Anschlussgeb. 6.–. Ab 7 N Ermäßigung. In NS Ermäßigung.
DCC 10% auf P/N.

DCC-Vertragsplatz

53937 Schleiden-Harperscheid (a8) 3645/1

20 ★★★ »CAMPING SCHAFBACHMÜHLE« 1.1. bis 31.12.
E.: Jens Wagner ☎ 02485/268, Fax 912831 487 m 110 000 qm
www.Schafbachmuehle.de, JW-Schafbachmuehle@t-online.de

→ B 258 Schleiden–Monschau, an der Weiermühle rechts abbiegen noch ca. 2.5 km, beschildert. ✉ Schafbachmühle (GPS: 50°31'40" N / 6°24'41" E).

Ⓗ100m

800 m 2 km W 3.5 km

Terrassiertes und parzelliert ansteigendes Wiesengelände, in einem von Waldhöhen umgebenen Bachtal. Befestigte Mocaplätze. Ort 5km entfernt. Mittagsruhe 13-15 Uhr. Touristen-/Dauerstellplätze 50/100.
2008: P/N 3.70, K/N 2 bis 14 J. 2.70, A/N 2.–, C/N 4.50, MC/N 6.50, T/N 3.50 bis 5.–, M/N 1.50, H/N 2.–, KT –.25, WD zuzügl., Müllgeb. St/N –.15, Strom/kWh –.45 (10 A), Anschlussgeb. 1.50. Ab 7 N 10% auf Erm.
DCC/CCI 10% auf P/N.

53937 Schleiden, Eifel (a8) 3645/2

★★ »CAMPING SCHLEIDEN« 1.1. bis 31.12.
E.: Dieffenbach GmbH V.: Fam. Kern ☎ 02445/7030 330 m 50 000 qm
→ B 258 Schleiden–Monschau, 1. Platz links neben der Straße. ✉ Im Wiesengrund 39 (GPS: 50°31'42" N / 6°27'46" E).

W 200 m

Ebenes, parzelliertes Wiesengelände in einem Bachtal unterhalb der Straße. Befestigte Mocaplätze. Kabel-TV. Ort 1.2 km entfernt. Mittagsruhe 13-15 Uhr. Touristen-/Dauerstellplätze 40/180.

53937 Schleiden, Eifel (a8) 3645/3

20 ★★★ »CAMPINGPARK WEIERMÜHLE« 1.1. bis 31.12.
E.: Leo Zöll ☎ 02445/7235, Fax 852692 345 m 10 000 qm
st-zoell@t-online.de

→ B 258 Schleiden–Monschau, 2. Platz links neben der Straße. ✉ Weihermühle 5 (GPS: 50°31'36" N / 6°26'48" E).

Ⓗ100m 1.5 km 4 km

Leicht abfallendes, unparzelliertes Wiesengelände neben der Straße und hinter der gleichnamigen Mühle. FW. Ort 2 km entfernt. Separater Jugendplatz. Mittagsruhe 12-13 Uhr. Touristen-/Dauerstellplätze 30/70.
2008: P/N 3.50, K/N bis 13 J. 1.50, J/N 14 bis 17 J. 2.50, A/N 2.–, C/N 4.50, MC/N 6.–, T/N 4.– bis 5.–, M/N 1.–, H/N 1.50, WD zuzügl., Strom/kWh –.45 (10 A), Anschlussgeb. 1.50.

53940 Hellenthal, Eifel (a8) 3650

25 ★★★ »CAMPING HELLENTHAL« 1.1. bis 31.12.
E.: Hensen GmbH ☎ 02482/1500, 0171/4155489, Fax 2171 460 m 60 000 qm
www.camphellenthal.de, info@camphellenthal.de

→ B265 Schleiden–Trier, hinter Hellenthal links neben der Straße. ⚘ Nationalpark Eifel. Wildfreigehege. Besucherbergwerk. ✉ Platiss 1 (GPS: 50°28'47" N / 6°25'43" E).

500 m 1.5 km

Leicht welliges, durch einen Bach geteiltes Wiesengelände, teilweise terrassiert und parzelliert. Öffentlicher Badebetrieb. Ort 1 km entfernt. Separater Jugendplatz. Mittagsruhe 12-14 Uhr. Touristen-/Dauerstellplätze 100/220.
2008: P/N 4.–, K/N 3 J. bis 16 J. 3.–, St/N 9.–, H/N 2.50, WD und Schwimmbad inkl., Strom/N 2.50 (6/10 A). Jede 10. N frei. Senioren 10% Ermäßigung.

53945 Blankenheim-Freilingen (a8) 3655

25 ★★★★ »EIFEL-CAMP FREILINGER SEE« 1.1. bis 31.12.
E.: OTIUM GmbH & CoKG ☎ 02697/282, Fax 292 435 m 90 000 qm
www.eifel-camp.de, info@eifel-camp.de

→ A1 Köln–Blankenheim. Bei der Ausfahrt geradeaus weiter Richtung Nürburgring. Dann rechts abbiegen über Reetz und der Beschilderung „Freilinger See" folgen. ✉ Am Freilinger See (GPS: 50°24'55" N / 6°43'07" E).

Ⓗ300m 2 km 5 km

Ebenes, abfallendes, teilweise terrassiertes und schattenloses Gelände am Waldrand in Südosthanglage. Teilweise parzelliert. Durch Dauercamper geprägt.. Befestige Moca-Plätze. Übernachtung vor dem Eingang. Extra Pkw-Parkplätze. Liegewiese. Öffentlicher Badebetrieb. Kiosk. Brötchenservice. Kinder- und Jugenspielraum. Kindersanitär. Hundedusche. Surfbrett-, Roller- und Motorradverleih. Boule . Billard. Ort 1km entfernt. Separater Jugendplatz. Mittagsruhe 13-15 Uhr. Touristen-/Dauerstellplätze 80/380.
2007: P/N 5.–, K/N 4 bis 11 J. 3.50, J/N 4.50, A/N 3.50, C MC/N 6.–, T/N 4.–, M/N 2.–, H/N 3.50, WD inkl., Müllgeb./Sack 2.50, Strom/N 2.50 oder kWh –.45 (16 A), Anschlussgeb. 1.–.

DCC-Vertragsplatz

53945 Blankenheim-Ahrdorf (a8) 3660

20 ★★★ »CAMPING FRINGS-MÜHLE« 1.1. bis 31.12.
E.: Familie Frings ☎ 02697/7425, Fax 1451 365 m 30 000 qm
www.campingfrings-muehle.de, campingfrings-muehle@t-online.de

→ B258 Blankenheim–Nürburgring, nach Ahrdorf abbiegen. Beschildert. ✉ Hubertus Str. 21-31 (GPS: 50°22'17" N / 6°46'59" E).

Ⓗ600m 4km

Ebenes bis leicht welliges, unparzelliertes Wiesengelände zwischen der Ahr und einem Mühlengraben. Ort 600 m entfernt. Separater Jugendplatz. FW. Mittagsruhe 13-15 Uhr. Touristen-/Dauerstellplätze 80/120.
2008: 3.50, K/N 3 bis 14 J. 1.50, C MC-St/N 4.50 bis 6.50, T-St/N 3.50 bis 4.50, H/N 2.–, WD zuzügl., Strom/N 1.–, kWh –.55 (16 A).
DCC 10% auf P/N, CCI 10% auf P/N ab 5 N.

3 Nordrhein-Westfalen

DCC – auch Ihr Camping-Partner!
Deutscher Camping-Club e.V., Postfach 40 04 28, 80704 München

DCC-Vertragsplatz

✉ 50374 Erftstadt-Liblar bei Köln (a7)   3695

20 ★★★ »CAMPING LIBLARER SEE«   1.1. bis 31.12.
E.: Charlotte Kürsten ☎/Fax 02235/3899   570 m   100 000 qm

➔ A1/A61 Köln–Koblenz Abf. (108) Erftstadt/Liblar auf die B 265 Richtung Köln. Beschildert. (GPS: 50°49'23" N / 6°49'59" E)
♣ Phantasialand (10 km). Schloss Augustenburg.

●■♦ H ✦ ┉ ━ ♨ ♠ 🛁W 📺W ♨ ⚽ ━
🛥W 🚿W 🍴🍽 🛒 🛒 🛒 🛒 🛒 HS 🍴 🍽 ━ ⚽ 🏊 🎣

🐟 |Ⓗ500m 🐎 🐴 3km 🚽 💩 🚲 5km

Ebenes bis leicht abfallendes Wiesengelände zwischen Wald und See. Durch Hecken parzellierte und mit Kieselstreu befestigte Stellflächen. Durch Dauercamper geprägt. Öffentlicher Bademöglichkeit mit weißem Sandstrand. Kindersanitär. Ort 500 m, Ort 3 km entfernt. Separater Jugendplatz. Mittagsruhe 13-15 Uhr. Touristen-/Dauerstellplätze 80/250.
2007: P/N 3.50, K/N bis 13 J. 2.50, A/N 2.–, C/N 4.50, MC/N 6.– bis 8.–, T/N 3.50 bis 5.–, M/N 1.50, H/N 1.–, WD zuzügl., Müllgeb./N –.50, Strom/kWh –.40 (16 A), Anschlussgeb. 1.–
DCC 10% auf P/N.

✉ 50321 Brühl bei Köln (b7)   3696

20 ★★★ »CAMPING HEIDER BERGSEE«   1.1. bis 31.12.
E.: Joachim Schirmer ☎ 02232/27040, Fax 25261   45 000 qm
www.heiderbergsee.de, Schirmer@heiderbergsee.de

➔ A1/61 Köln–Koblenz Abf. (108) Erftstadt/Liblar auf die B265 Richtung Köln bis Brühl. Hier der Beschilderung »Heider Bergsee« folgen. ✉ Willy-Brandt-Str. (GPS: 50°49'45" N / 6°52'32" E).
♣ Phantasialand. Schloss Augustusburg. Max-Ernst-Museum.

●■♦ H ✦ J ━ ♨ ♠ 🛁W 📺W ♨ 🛁W
🔲 🔲 🚲 🛒 🛒 🛒 HS 🍴 HS ━ ⚽ 🏊 ━ | Ⓗ 100 m

🐟 1km 💩 🚲 2km 🚽 🚲 3km

Leicht welliges, parzelliertes Wiesengelände am Seeufer. Nur Tages-Reservierung. Öffentlicher Badebetrieb. DLRG-Station. Ort 1.5 km entfernt. Mittagsruhe 13-15 Uhr. Touristen-/Dauerstellplätze 70/170.
2007: P/N 3.–, K/N 3 bis 14 J. 2.–, A/N 1.50, C/N ab 5.–, MC/N ab 6.–, T/N ab 5.–, M/N 1.–, H/N 1.–, WD zuzügl., Strom/N 2.50 (16 A).

✉ 50996 Köln-Rodenkirchen (b7)   3703

25 ★★★★ »CAMPING BERGER«   1.1. bis 31.12.
P.: Berger GmbH & Co. KG ☎ 0221/9355240, Fax 9355266   60 000 qm
www.camping-berger-koeln.de, Camping.Berger@t-online.de

➔ A 4 Olpe–Aachen, beim AB–Kreuz Köln-Süd Richtung Rodenkirchen (A 555). 1. Abf. (3) Rodenkirchen. Beschildert. ✉ Uferstr. 71 (GPS: 50°53'27" N / 7°01'23" E).

●■♦ H ✦ ━ ♨ ♠ 🛁W 📺W(Da) 📺W ♿ ⚽ ━
🛥W 🚿W 🔲 🔲 🚲 🛒 🛒 🛒 🍴 ━ ⚽ 🏊 🚲 ━
🐟 ━ 🛥 🐟 100m Ⓗ 500m 🏊 🏖 1km 🚽 💩 🚲 2km

Ebenes, unparzelliertes Wiesengelände am Rheinufer. Bootsport möglich. Überflutung bei Hochwasser möglich. Ort 1.5 km entfernt. Mittagsruhe 13-14 Uhr. Touristen-/Dauerstellplätze 125/125.
2007: P/N 6.–, K/N 4 bis 14 J. 3.–, St/N 6.–, T/N 3.–, M/N 1.–, B/N 2.–, H/N 1.–, WD inkl., Strom/N 1.50 oder kWh –.40 (4-10 A).

Restaurant · Schwimmbad · Campingplatz
HEIDER BERGSEE
50321 BRÜHL   (3696)
ca. 5 km zum Phantasialand
Telefon: 0 22 32/2 70 40, Fax: 0 22 32/2 52 61
Homepage: www.heiderbergsee.de

✉ 51105 Köln-Poll (b7)   3705

25 ★★★ »CAMPING DER STADT KÖLN«   Ostern bis 10.10.
P.: Frank Eckardt ☎ 0221/831966, 8305789 (Wi), Fax 4602221   18 000 qm
www.campingplatz-koeln.de, die-eckardts@netcologne.de

➔ A 4 Olpe–Aachen Abf. (13) Köln/Poll, beschildert. ✉ Weidenweg 35 (GPS: 50°54'10" N / 6°59'27" E).

●■♦ H ✦ ━ ♨ ♠ 🚿W 📺W ♨ 🛁 ━W
🔲 🔲 🚲 🛒 🛒 🛒 ━ ━ 🛥 🚲 | ⚽ 🎾
🐟 100m 🏊 🏖 🚽 💩 🚲 4km

Ebenes, unparzelliertes Wiesengelände unter hohen Bäumen neben der AB-Brücke am Rhein. Imbiss. Zentrum 4 km entfernt. Mittagsruhe 12.30-14.30 Uhr. 150 Touristenplätze.
2008: (HS) P/N 5.50, K/N bis 12 J. 3.–, A/N 2.50, C/N 4.50, MC/N 5.–, T/N 3.50, M/N 1.50, B/N 1.–, H/N –.50, WD zuzügl., Strom/N 1.50 (6-10 A). Ab 7 N 10%/ Ermäßigung. In NS Ermäßigung.

✉ 51069 Köln-Dünnwald (b7)   3708

★★★ »CAMPING WALDBAD«   1.1. bis 31.12.
E.: Freies Ortskartell e.V. ☎ 0221/6 03315, Fax 608831   22 000 qm
www.Waldbad-Camping.de, info@waldbad-camping.de

➔ A 3 Frankfurt–Oberhausen Abf. (24) Leverkusen Richtung Schlebusch. An der Kreuzung mit der B 51 rechts abbiegen Richtung Köln-Dünnwald. In Dünnwald beschildert. ✉ Peter Baum Weg 20 (GPS: 50°59'43" N / 7°03'37" E).

●■♦ H ✦ J ━ ♨ ♠ 🛁W 📺W ♿ ⚽ ━ 🛁W 🚿W
🔲 🔲 🚲 🛒 🛒 🚲 📺TV ━ ⚽ 🐟 | 🍴 🏊 W ⚽ 🚲 50 m

Leicht abfallendes, parzelliertes Wiesengelände in einem Waldgebiet. Ort 1.5 km entfernt. Mittagsruhe 13-15 Uhr. Touristen-/Dauerstellplätze 65/58.

(3703)

CAMPING BERGER
Hotel ■ Restaurant

Familienbetrieb • nur 7 km von Dom / Hbf und Messe entfernt • sehr ruhig gelegen • Waldrandgebiet • gepflegtes Park- und Wiesengelände bietet idealen Aufenthalt für Rucksack- / Fahrrad- / Köln-Touristen, sowie Durchreise- und Langzeitcamping • direkt am Uferradwanderweg • sehr gepflegte Sanitäreinrichtungen (u.a. warme Duschen / Kochen kostenlos) im Winter beheizt • Campingshop • Spielplatz • Internetcafé • Speziell befestigte Wohnmobil-Stellplätze, Ver-/Entsorgungsstation

Uferstraße 71, 50996 Köln (Rodenkirchen)
Tel.: +49 2 21 9 35 52-40, Fax: +49 2 21 9 35 52-46
Email: info@camping-berger-koeln.de

www.rheinkilometer681.de

Campingplatz »Am Liblarer See« – Strandbad – 50374 Erftstadt-Liblar – Tel. 0 22 35/38 99 Freigabe: 30RZ274, RP Düsseldorf
Entfernung zum Phantasialand 10 km · Für Camper freier Zugang zum Strandbad · Großer Spielplatz

DCC-Vertragsplatz

✉ 51789 Lindlar-Brochhagen (b7) 3722

15 ★★★ »WIESENGRUND CAMPING« ⛟ 1.1. bis 31.12.
P.: Sauermann/Sprenger ☎ 02266/8978, Fax 44120 32 000 qm
www.Camping-Wiesengrund.de, info@Camping-Wiesengrund.de

→ A 4 Köln–Olpe Abf. (23) Engelskirchen Richtung Marienheide, in Kaiserau links abbiegen nach Frielingsdorf, dort links nach Brochhagen ca. 1 km.
✉ Im Scheurengarten 9 a (GPS: 51°02'41" N / 7°24'17" E).

[symbols]

Ebenes oder terrassiert ansteigendes, parzelliertes Wiesengelände in einem Bachtal, von Waldhöhen umgeben. Ort (Frielingsdorf) 1 km entfernt. Separater Jugendplatz. Mittagsruhe 13-15 Uhr. Touristen-/Dauerstellplätze 40/240.
2007: P/N 3.–, K/N bis 13 J. 2.50, C MC-St/N 6.–, T-St/N 3.– bis 6.–, H/N 1.50, WD inkl., Strom/N 1.50 oder kWh –.50 (16 A), Anschlussgeb. 1.–.
DCC 10% auf P/N.

✉ 53819 Neunkirchen-Seelscheid (b7) 3728

25 ★★★ »CAMPING KRAWINKEL« ⛟ 1.1. bis 31.12.
E.: Gerti Vilshöver ☎ 02247/912303, Fax 912304 250 m 20 000 qm
www.campingplatz-krawinkel.de, info@campingplatz-krawinkel.de

→ A3 Köln-Frankfurt Abf. Rösrath, rechts Richtung Siegburg (B507), dann geradeaus bis Neunkirchen. Beim Kreisverkehr nach links. Hinter dem Ortsende dritte Straße rechts. Beschildert. ✉ Bogenstraße 26.
♣ Wahnbachtalsperre. Siebengebirge. Blankenberg.

[symbols]

Ebenes und terrassiertes, gepflegtes Wiesengelände mit Anpflanzungen in einem ruhigen Tal. Appartements. Überwiegend parzelliert. Kiosk. Geführte Wanderungen und Planwagentouren. Grill- und Musikfeste. Angelmöglichkeit, Golfplatz, Reiten, Tennis, Mini-Golf und Hallenbad in der Nähe. Ort (Neunkirchen) 3 km entfernt. Mittagsruhe 13-15 Uhr. Touristen-/Dauerstellplätze 35/146.
2007: (HS) P/N 5.–, K/N 4 bis 14 J. 3.50, A/N 2.50, C/N 5.50, MC/N 4.50, T/N 3.50, M/N 2.–, H/N 1.50, WD zuzügl., Müllgeb. 1.–, Strom/N 2.– oder kWh –.50 (16 A). In NS Ermäßigung.

DCC-Vertragsplatz

✉ 51674 Wiehl-Bielstein (b7) 3732

20 ★★★ »CAMPING WIEHL-TAL« ⛟ 1.4. bis 30.10.
E.: Stadt Wiehl P.: Fa. Stubs ☎ 02262/727420, Fax 727421 35 000 qm
www.campingplatz-bielstein.de, info@campingplatz-bielstein.de

→ A 4 Köln–Olpe Abfahrten (24) Wiehl/Bielstein oder (25) Gummersbach/Wiehl zur Ortsmitte von Bielstein. Hier dem Hinweis »Freizeitanlagen« folgen. ✉ Bahnhofstr. 1 (GPS: 50°57'36" N / 7°30'40" E).
♣ Schloss Homburg. Schloss Gimborn. Tropfsteinhöhle. Talsperre.

[symbols]

Ebenes bis leicht zur Wiehl abfallendes, unparzelliertes Wiesengelände neben einem Sportplatz an der Wiehl, überwiegend schattenlos. Imbiss. Ort 500 m entfernt. Mittagsruhe 13-15 Uhr. Touristen-/Dauerstellplätze 60/290.
2007: P/N 3.50, C MC-St/N 8.–, T-St/N 3.– bis 6.–, WD zuzügl., Müllgeb. P/N 1.50.–, Strom/N 1.50 (16 A). Familienpauschale 17.–.
DCC 10% auf P/N.

CAMPINGPLATZ »WALDBAD« KÖLN-DÜNNWALD
Schöner Campingplatz in ruhiger Lage, mitten im Waldgebiet gelegen. Neue moderne Sanitäranlagen mit fließend warmen und kalten Wasser, Waschmaschine und Bügelmöglichkeiten werden angeboten, außerdem Kiosk, große Halle für 100 Personen, Kinderspielplatz. Auf Wunsch Reservierung. Großes beheiztes Schwimmbad mit 48 m langer Wasser-Rutschbahn. Gaststätte, Kiosk u. Minigolf vorhanden. Angrenzender Wildpark sowie gute Möglichkeiten zum Wandern gegeben. 10 km zur City-Köln mit Auto u. Straßenbahn gut zu erreichen. Von 13–15 u. 22–7 Uhr geschlossen. (3708)
Auskunft: Freies Ortskartell e.V., Peter-Baum-Weg, 51069 Köln, Telefon 02 21/60 33 15.

58540 Meinerzhagen, Listersee (b7) 3736

★★★ »CAMPING SEEBLICK« 1.1. bis 31.12.
E.: Thomas Sure ☎ 02358/381, 276638, Fax 1377 16 000 qm
www.campingplatz-seeblick.com, info@campingplatz-seeblick.com

→ A 45 Dortmund–Siegen Abf. (17) Drolshagen/Wegeringhausen Richtung Biggesee/Attendorn. Am Ortsbeginn Windebruch links. ✉ Seeuferstr. 2 (GPS: 51°04'42" N / 7°48'57" E).
• Biggesee. Tropfsteinhöhle Attendorn. Burg Schnellenberg.

50 m 150 m 1 km

Unparzelliert leicht ansteigendes Wiesengelände neben der Straße und dem Listersee mit Badestelle. Teilterrassiert. Kiosk. Tretbootverleih. Golf, Minigolf in der Nähe. Ort (Hundswinkel) 2 km entfernt. Mittagsruhe 13-15 Uhr. Touristen-/Dauerstellplätze 30/150.
2007: P/N 5.10, K/N 2 bis 12 J. 4.50, A/N 1.60, C/N 5.20, MC/N 6.50, T/N 5.20, M/N 1.20, B/N 1.20, H/N 1.30, WD inkl., Müllgeb./kg –.50, Strom kWh –.45, Anschlussgeb. 1.50.

57489 Drolshagen, Listersee (b7) 3738

★★★★ »CAMPING GUT KALBERSCHNACKE« 1.1. bis 31.12.
E.: Dr. Alfred Holthoff
☎ 02763/6171, 7501, Fax 7879, 840039 365 m 135 000 qm
www.Camping-Kalberschnacke.com, info@camping-kalberschnacke.de

→ A 45 Dortmund–Siegen Abf. (17) Drolshagen/Wegeringhausen, dort links abbiegen Richtung Biggesee bis zur Listertalsperre. ✉ Kalberschnacke 8 (GPS: 51°04'19" N / 7°48'57" E).
• Tropfsteinhöhlen Attendorn. Burg Schnellenberg. Panoramapark.

100 m

300 m 300 m 1 km

Oberhalb der Talsperre ansteigend terrassiertes und parzelliertes Wiesengelände, von Wald umgeben. Wenig Schatten. Befestigte Mocaplätze. Kabel-TV. Basketball- u. Hockeyplatz. Abenteuerspielplatz mit Riesen-Rutschröhre. Ort (Hundswinkel) 4 km entfernt. Separater Jugendplatz. Mittagsruhe 13-15 Uhr. Touristen-/Dauerstellplätze 130/370.
2008: (HS) P/N 5.50, K/N 3 bis 18 J. 2.70, C MC-St/N 10.90, T-St/N 6.–/9.40, H/N 2.50, WD inkl., Strom/N 2.50 (6-10 A). In NS Ermäßigung.

57462 Olpe-Kessenhammer (b/c7) 3742

★★★★ »NATURCAMPING BIGGESEE-KESSENHAMMER«
E.: Biggesee GmbH V.: Leipelt 1.1. bis 31.10.
☎ 02761/94420, Fax 944299 26 000 qm
www.camping-biggesee.de, camping.kessenhammer@t-online.de

→ A 45 Dortmund–Siegen Abf. (18) Olpe in Richtung Meschede, bei 1. Abbiegung links Richtung Rhode, nach ca. 2 km rechts. ✉ Kessenhammer 3 (GPS: 51°03'37" N / 7°51'24" E).
• Atta–Höhle. Attendorn. Panoramapark. Aussichtsturm Hohe Bracht.

HS 300 m 5 km

Langgestrecktes, ebenes Wiesengelände in einem Bachtal, von Waldhöhen umgeben an der Biggesee-Bucht, parzelliert und mit befestigten Mocaplätzen. Vom 1.11. bis 31.03 keine Touristencamper Aufnahme. Wenig Schatten. Zeltwiese abfallend. Zum Teil separate Pkw-Abstellung. Kabel-TV. Mittagsruhe 13-15 Uhr. Ort (Rhode) 2 km entfernt. Touristen-/Dauerstellplätze 110/240.

57462 Olpe-Sondern, Biggesee (b/c7) 3744

★★★★★ »FERIENCAMP BIGGESEE - VIER JAHRESZEITEN«
E.: Biggesee GmbH, V.: Leipelt 1.1. bis 31.12.
☎ 02761/944111, Fax 944122 57 000 qm
www.camping-biggesee.com, info@camping-sondern.de

→ A 45 Dortmund–Siegen Abf. (18) Olpe Richtung Attendorn. Nach ca. 7 km rechts abbiegen Richtung Meschede. Nach 100 m wieder rechts. Beschildert. ✉ Am Sonderner Kopf (GPS: 51°04'26" N / 7°51'24" E).
• Atta–Höhle. Panoramapark. Aussichtsturm Hohe Bracht.

S 300 m 5 km

Terrassiert und parzelliert ansteigendes Wiesengelände auf einer Halbinsel, durch den gekiesten Stellplätzen. Durch geschickte Wegführung günstig aufgelockert und von Baumreihen durchzogen. Separate großzügige Sportanlagen. Segelbootverleih. Grillhütte. »Kirche Unterwegs«. Ort 2 km entfernt. Mittagsruhe 13-15 Uhr. Touristen-/Dauerstellplätze 250/50.
2007: (HS) P/N 4.65, K/N 3 bis 14 J. 2.60, St/N 14.45, H/N 2.50, WD zuzügl., Strom (6/12 A) keine Angabe. In NS Ermäßigung.

57439 Attendorn-Waldenburg (b/c7) 3745

★★★★ »FAMILIENCAMPING BIGGESEE-WALDENBURG«
E.: Biggesee GmbH V.: Leipelt 1.4. bis 31.10.
☎ 02722/95500, Fax 955099 60 000 qm
www.camping-biggesee.com, info@camping-waldenburg.de

→ A 45 Dortmund–Siegen Abf. (16) Meinerzhagen oder (18) Olpe nach Attendorn. Hier in Richtung Helden. Nach ca. 100 m rechts, beschildert. ✉ Waldenburger Bucht 11 (GPS: 51°06'38" N / 7°54'07" E).
• Atta–Höhle. Burg Schnellenberg. Elspe. Panoramapark.

150 m 500 m

Terrassiertes und parzelliertes Gelände oberhalb des Biggesees am Waldrand. Vom 1.11 bis 31.3 keine Touristencamper Aufnahme. Kinder-badelandschaft. Hundedusche. Ort 2 km entfernt. Mittagsruhe 13-15 Uhr. Touristen-/Dauerstellplätze 210/120.
2008: (HS) P/N 4.15, K/N 3 bis 14 J. 2.50, St/N 13.40, H/N 2.50, WD zuzügl., Strom (6 A) keine Angabe. In NS Ermäßigung.

57439 Attendorn, Biggesee (c7) 3746

★★★★ »CAMPING HOF BIGGEN« 1.1. bis 31.12.
E.: Doris Boenicke KG ☎ 02722/95530, Fax 955366 180 000 qm
www.biggen.de, info@biggen.de

→ A45 Dortmund–Siegen Abf. (16) Meinerzhagen nach Attendorn. Nach Attendorn links abbiegen Richtung Finnentrop, ca. 3 km hinter Attendorn gegenüber vom »Haus am See«. Beschildert. ✉ Finnentroperstr. 131 (GPS: 51°08'06" N / 7°56'00" E).
• Atta–Höhle. Burg Schnellenberg. Biggesee. Panoramapark.

500 m 4 km

In einem Seitental ansteigendes, teilterrassiertes Wiesengelände. Unparzelliert und überwiegend schattenlos. Auto- und Wohnmobil-Waschplatz. Massagen. Kegelbahn. Beach-Volleyball. Internetcafé. Bibliothek. Gratis-Gästekarte. Ort 4 km entfernt. Mittagsruhe 13–15 Uhr. Touristen-/Dauerstellplätze 250/350.
2008: P/N 5.–, K/N 2 bis 15 J. 2.–, A/N 2.50, C/N 5.–, MC/N 6.–, T/N 5.–, M/N 2.50, H/N 2.50, WD zuzügl., Strom/N 1.60 (16 A). Ab 4/8/16 N 10%/20%/30% Ermäßigung.

www.camping-kalberschnacke.de
Campinganlage "Gut Kalberschnacke", 57489 Drolshagen
Tel: 02763/6171 · 02763/7501 · mailto: info@camping-kalberschnacke.de
(3738)

Camping am Biggesee ★★★★

Traumhafte Ferien zu jeder Jahreszeit!

Unsere mehrfach ausgezeichnete Campinganlage bietet Ihnen großzügig angelegte Stellplätze, eine vorbildliche Ausstattung und hohen Komfort.
- Campingshop mit Bistro
- Sauna, Solarium und Wellnessangebote auf Anfrage
- Aktivsportangebote zu jeder Jahreszeit: Tauchschule, Segelsport, Badestelle, Wandern, Nordic-Walking, Mountainbiking und Wintersport
- Kinder- und Familienfreizeitprogramme in den Ferien
- Freizeit- und Seminarräume
- Grillhaus für besondere Anlässe

Feriencamping Biggesee-Vier Jahreszeiten (3744)
Am Sonderner Kopf 3 · D-57462 Olpe-Sondern · Tel.: 00 49-27 61-94 41 11
Fax: 00 49-27 61-94 41 22 · info@camping-sondern.de · 7° 51' 23", 51° 4' 25"

Große Ferien für kleine Entdecker!

Unsere terrassenförmig angelegte Campinganlage liegt in der schönsten Bucht am Biggesee und ist bestens auf den Besuch von Familien mit Kleinkindern, Kindern und Jugendlichen bis 16 Jahre eingestellt.
- 5-Sterne Sanitäranlage mit Kinderwaschland und mietbaren Familienwaschkabinen
- Indoorspielbereich mit Bällebad und Jugendraum, großer Abenteuerspielplatz, Bike-Station und Strandbad
- Vielfältiges Ferienfreizeitprogramm für Kinder, Jugendliche und die ganze Familie

Familiencamping Biggesee-Waldenburg (3745)
Waldenburger Bucht 11 · D-57439 Attendorn · Tel.: 00 49-27 22-95 50 0
Fax: 00 49-27 22-95 50 99 · info@camping-waldenburg.de · 7° 54' 7", 51° 6' 18"

Weitere Informationen, Preise und Arrangements finden Sie im Internet unter: **www.biggesee.com**

Wir freuen uns auf Ihren Besuch!

57413 Finnentrop-Schliprüthen (c7)   3748

★★ »CAMPING SCHLIPRÜTHENER MÜHLE«   1.1. bis 31.12.
E.: Hans Schulte   02724/207, Fax 8544   400 m   10 000 qm
www.campingplatz-schliprüthen.de, camping-schlipruethen@gmx.de
→ A 46 Werl-Meschede Abf. (70) Meschede auf die B 55 Richtung Lennestadt. Am Ortsanfang Eslohe rechts abbiegen, weiter bis Niedersalwey und Obersalwey nach Schliprüthen. ✉ Schliprüthener Mühle 1 (GPS: 51°14'27" N / 8°04'28" E).

Leicht welliges Wiesengelände, unparzelliert in einem von Wald umgebenen Bachtal. Ort 1.5 km entfernt. Touristen-/Dauerstellplätze 15/40.

42659 Solingen-Glüder (b7)   3770

20 ★★★ »WALDCAMPING-GLÜDER«   1.1. bis 31.12.
E.: Thomas Liedgens   0212/242120, Fax 2421234   20 000 qm
www.camping-solingen.de, info@camping-solingen.de
→ A 1 Köln-Wuppertal Abf. (97) Burscheid über Hilgen und Witzhelden weiter Richtung Solingen bis Glüder. Beschildert. ✉ Balkhauser Weg 240 (GPS: 51°08'02" N / 7°07'07" E).

Ebenes und parzelliertes, zum Wupperufer leicht abfallendes Wiesengelände. Ort (Witzhelden) 3 km entfernt. Mittagsruhe 13-15 Uhr. Touristen-/Dauerstellplätze 20/80.
2008: P/N 3.90, K/N 2 bis 14 J. 2.30, St/N 6.70, T-St/N 4.10, H/N 2.10, WD inkl., Müllgeb. –.50, Strom/N 2.50 oder kWh –.50 (6 A).

Ruhebewertungen betreffen das Umfeld, nicht aber den inneren Campingplatzbereich.

53604 Bad Honnef-Aegidienberg (b8)   3775

20 ★★★★ »CAMPING JILLIESHOF«   1.1. bis 31.12.
E. Hans-Peter Efferoth   02224/972066, Fax 972067   40 000 qm
www.camping-jilleishof.de, hpefferoth@t-online.de
→ A 3 Köln-Frankfurt Abf. (34) Bad Honnef/Linz Richtung Bad Honnef, nach ca. 1.5 km in Ortsteil Himberg abbiegen. ✉ Ginsterbergweg 6 (GPS: 50°39'01" N / 7°18'05" E).

Leicht abfallendes, terrassiertes Wiesengelände neben einem ehemaligen Bauernhof. unparzelliert mit befestigten Mocaplätzen. Ökologische Betriebsführung. Ort 1 km entfernt. Mittagsruhe 13-15 Uhr. Touristen-/Dauerstellplätze 30/200.
2008: (HS) P/N 4.50, K/N 2 bis 12 J. 2.70, C MC-St/N 6.50, T-St/N 4.50, H/N 1.60, WD inkl., Strom/N 2.– oder kWh –.40 (16 A). In NS Ermäßigung. **DCC 10% auf P/N.**

53639 Königswinter-Oberpleis (b8)   3782

20 ★★★ »CAMPING AM SCHWIMMBAD«   1.3. bis 31.10.
E.: Ernst Hoppe   ℡/Fax 02244/6418   150 m   13 000 qm
→ A 3 Köln-Frankfurt Abf. (33) Siebengebirge Richtung Oberpleis, noch ca. 3 km. Beschildert. ✉ Theodor-Storm-Straße 37 (GPS: 50°42'31" N / 7°15'57" E).

Ebenes, terrassiertes Wiesengelände an einem Bachlauf neben einem Schwimmbad und Freizeitzentrum in Ortslage. Parzellierte Touristenplätze. Kabel-TV. Mittagsruhe 13-15 Uhr. Touristen-/Dauerstellplätze 25/55.
2007: P/N 4.50, K/N 2 bis 12 J. 3.–, A/N 2.50, C/N 4.50, MC/N 5.50, T/N 3.–, M/N 1.50, H/N 1.30, WD zuzügl., Müllgeb. St/N –.50, Strom/kWh –.50 (16 A). Ab 7 N 10% Ermäßigung.

✉ **53179 Bonn-Bad Godesberg/Mehlem** (b8) **3784**

Abfahrt

30 ★★★ »CAMPING GENIENAU« 🗝 1.1. bis 31.12.
E.: Toni Dehrendorf ☎ 0228/344949, Fax 0228/3294989 12 000 qm
genienau@freenet.de

➔ A 555 Köln–Bonn auslaufend auf die B9 Bonn–Koblenz, in Mehlem links abbiegen, beschildert. ✉ Im Frankenkeller 49 (GPS: 50°39'14" N / 7°12'15" E).

km 🐎 💦 2km 🚮 💧 3km ⛸️ 🛼 5km

Ebenes, unparzelliertes Wiesengelände, teilweise unter hohen Bäumen gegenüber vom Drachenfels. Vom Rhein durch öffentlichen Weg getrennt. Überflutung bei Hochwasser möglich. Ort 1 km entfernt. Mittagsruhe 12-15 Uhr. Touristen-/Dauerstellplätze 100/20.
2007: P/N 6.–, K/N 2 bis 15 J. 4.–, A/N 3.–, C/N 4.– bis 8.–, MC/N 4.– bis 10.–, T/N 3.– bis 6.–, M/N 2.–, B/N 2.–, H/N 2.–, WD zuzügl, Strom kWh –.50 (6 A), Anschlussgebühr –.50. Ab 7 N 10% Ermäßigung auf P/N.

✉ **57334 Bad Laasphe,** Wittgenstein (c7) **3790**

20 ★★★ »CAMPING LAASPHETAL« 🗝 1.1. bis 31.12.
E.: Friedrich O. Düsberg ☎ 02752/6490, Fax 507877 6000 qm
www.campingplatz-Laasphetal.de, info@campingplatz-laasphetal.de

➔ A 45 Dortmund-Frankfurt Abf. (25) Dillenburg über B 253 u. B 62 nach Bad Laasphe, nicht abbiegen Richtung Sassenhausen bis zum Ortsende rechts. ✉ Wasserstr. 58 (GPS: 50°55'54" N / 8°24'07" E).

 2km

Terrassierter und parzellierter Wiesenplatz im Tal. Stellplätze mit eigener Sanitärzelle. Voranmeldung erwünscht. Ort 500 m entfernt. Mittagsruhe 13-15 Uhr. Touristen-/Dauerstellplätze 20/15.
2007: (HS) P/N 4.–, K/N bis 14 J. 2.–, J/N 3.–, A/N 1.–, C MC/N 4.– bis 4.–, M/N –.50, H/N 1.–, WD zuzügl, Strom/N 2.– oder kWh –.40 (16 A). In NS Ermäßigung.
DCC/CCI 10% auf P/N.

✉ **59955 Winterberg,** Hochsauerld. (c7) **3800/1**

25 ★★★★ »CAMPINGPARK HOCHSAUERLAND« 🗝 1.1. bis 31.12.
E.: Christoph Klante V.: Altenseuer 740 m 65 000 qm
☎ 02981/3249, Fax 3114
www.camping-hochsauerland.de, info@camping-hochsauerland.com

➔ B 480 Olsberg–Bad Berleburg, am Ortsanfang vor Winterberg rechts abbiegen, beschildert. ✉ Remmeswiese 10 (GPS: 51°11'56" N / 8°31'27" E).
♦ Kahler Asten. Bob-Bahn.

Ⓗ500m 🏊 🚮 🍴 🐎 🚲 1km

Terrassiert und parzelliert ansteigender Hang mit Anpflanzungen, durch einen Skilift zweigeteilt. Kabel-TV. Hundebad. Skiverleih- und Skischule. Flutlichtpiste 3 x wöchtlich. Supermarkt nebenan. Anmeldung nur 9-11 u. 15-17 Uhr, Mittwoch- und Sonntagnachmittag keine Anmeldung. Sommer- u. Winter-Rodelbahn. Bus- und Bahn mit "SauerlandCard" gratis. Ort 1.5 km entfernt. Mittagsruhe 13-15 Uhr. Touristen-/Dauerstellplätze 40/160.
2007: (HS) P/N 5.50, K/N 4 bis 14 J. 3.50, C MC-St/N 7.50, T/St/N 4.50, H/N 2.–, KT 1.30, WD inkl. Strom/N 2.– oder kWh –.50 (6 A). Ab 3 N 10% auf St/N.

✉ **59955 Winterberg,** Hochsauerld. (c7) **3800/2**

25 ★★★ »CAMPING WINTERBERG« 🗝 1.1. bis 31.12.
E.: Jürgen Engemann ☎ 02981/1776, Fax 820882 743 m 30 000 qm
www.campingplatz-winterberg.de, Juergen.Engermann@t-online.de

➔ B480 Olsberg–Bad Berleburg, am Ortsende von Winterberg links. ✉ Kapperundweg 1 (GPS: 51°11'09" N / 8°30'16" E).
♦ Bob-Bahn. Kahler Asten.

🚲 50m Ⓗ100m

W 🏊 🚮 800m

Leicht zum Waldrand unparzelliert abfallendes, mehrfach terrassiertes Wiesengelände. Ort 2km entfernt. Mittagsruhe 12-13.30. Touristen-/Dauerstellplätze 30/150.
2008: P/N 5.50, K/N 4 bis 14 J. 3.50, A/N 1.50, C/N 8.–, MC/N 7.–, T/N 4.50, H/N 2.–, WD zuzügl, Strom/kWh –.50 (10 A), Anschlussgeb. 1.50.

DCC – DEIN PARTNER!

 DCC-Vertragsplatz

✉ **59955 Winterberg-Niedersfeld** (c7) **3802**

25 ★★★ »CAMPING AN DER VOSSMECKE« 🗝 1.1. bis 31.12.
E.: Hendrik Jaeger ☎ 02985/8418, Fax 553 40 000 qm
www.camping-vossmecke.de, info@camping-vossmecke.de

➔ B 480 Olsberg–Winterberg, am Ortsende von Niedersfeld rechts einbiegen, beschildert. ✉ Am Eschenberg 1 A (GPS: 51°14'25" N / 08°31'35" E).
♦ Kahler Asten. Hochsauerland. Naturschutzgebiet Hochheide.

Ⓗ1km 🏊 🐎 💦 2km

Parzellierter, von Wald umgebener Terrassenplatz in Südhanglage, wenig Schatten. Separate Pkw-Abstellung. Geführte Wandertouren in NS. FW. Wassersport u. Ort 2 km entfernt. Mittagsruhe 13-15 Uhr. Touristen-/Dauerstellplätze 30/220.
2007: K/N bis 3 J. frei, J/N 2.50, 2 P/N inkl. C MC-St/N 18.40, 2 P/N inkl. T-St/N 11.95, H/N 1.30, KT 1.75, WD zuzügl, Strom/N 1.50 oder kWh –.55 (16 A).
DCC 10% auf P/N.

✉ **59955 Winterberg-Züschen** (c7) **3805**

20 ★★★ »CAMPING AHRETAL« 🗝 1. 1. bis 31. 12.
E.: Fam. Blüggel ☎ 02981/1652, Fax 9199339 500 m 25 000 qm
www.ahretal.de

➔ B 236 Winterberg–Hallenberg, in Züschen rechts abbiegen Richtung Berleburg ca. 2.5 km. ✉ Zum Homberg 8 (GPS: 51°08'50" N / 8°32'55" E).
♦ Kahler Asten. Hoch-Sauerland.

 50m 🚮 Ⓗ1km 💦 1.3km

☀ 1.5km

Leicht welliges, teilweise terrassiertes und parzelliertes Wiesengelände. Kabel-TV. Skiverleih. FW und Zimmer. Ort 1.5 km entfernt. Separater Jugendplatz. Mittagsruhe 13-15 Uhr. Touristen-/Dauerstellplätze 20/170.
2008: P/N 3.50, K/N 3 bis 14 J. 2.–, St/N 6.–, H/N –.50, WD zuzügl, Müllgeb./Sack 2.–, Strom/kWh –.40 (16A).

✉ **59955 Winterberg-Neuastenberg** (c7) **3806**

25 ★★★ »ASTENCAMP« 🗝 1.1. bis 31.12.
E.: Irmgard Sander ☎ 02981/1041 842 m 18 000 qm

➔ B 480 Winterberg–Bad Berleburg, in Neuastenberg links abbiegen Richtung Mollseifen. ✉ Neuastenbergstr. 4 a (GPS: 51°09'35" N / 8°29'00" E).
♦ Hochsauerland, Kahler Asten.

 300m Ⓗ500m

🏊 800m 💦 5km

Teils terrassiertes und parzelliertes Wiesengelände am Südhang. Sonntag Nachmittag keine Anmeldung. Bus und Bahn mit "Sauerlandcard" gratis. Ort (Winterberg) 6 km entfernt. Mittagsruhe 12-14 Uhr. Touristen-/Dauerstellplätze 15/45.
2008: (HS) P/N 5.–, K/N 4 bis 14 J. 3.–, A/N 1.–, C/N 5.–, MC/N 6.–, T/N 3.–, H/N 1.–, KT 1.75, WD zuzügl, Müllgeb./Sack 2.–, Strom kWh –.60 (16 A). Ab 10 N 10% und in NS Ermäßigung.

Campingplatz Astencamp
Neuastenberg/Sauerland
Inh. Irm. Sander

Gut gelegener Campingplatz. Südhanglage mit weitem Blick über Berg und Tal. Sehr ruhige Lage am Ortsende. Ganzjährig geöffnet.

Telefon 0 29 81/10 41.

(3806)

Wintersport-Arena: Über 60 Skilifte und 100 km gespurte Loipen

 Die Bike-Arena: Fahrradspaß für die ganze Familie und den Profi

 Der Rothaarsteig: Wandern auf dem „Weg der Sinne"

 Die Höhenstraße: Touren für's Auto und Motorrad mit „Weitblick"

Winterberg (3800/2)	Winterberg (3800/1)	Züschen (3805)	Niedersfeld (3802)
Camping An der Bobbahn Jürgen Engemann Kapperundweg 59955 Winterberg Telefon 02981/1776 juergen.engemann@t-online.de www.campingplatz-winterberg.de	**Campingpark Hochsauerland** Christoph Klante Remmeswiese 10 59955 Winterberg Telefon 02981/3249 Fax 3114 C.Klante@t-online.de www.campingpark-hochsauerland.de	**Ahretal Camping** Christoph Blüggel Zum Homberg 4 59955 Winterberg-Züschen Telefon 02981/1652 Telefax 02981/9199339 ahretal@gmx.de	**Camping an der Vossmecke** Hendrik Jaeger Am Eschenberg 1a 59955 Winterberg-Niedersfeld Telefon 02985/8418 Telefax 02985/553 info@camping-vossmecke.de www.camping-vossmecke.de

---

✉ **59909 Bestwig-Wasserfall** (c7) **3810/1**

[20] ★ »AURORA CAMPING« ⚷ 1.1. bis 31.12.
P.: H.-D. Stickan-Wöstmann ☎ 02905/332, Fax 851624   625m   3600 qm
➔ B 7 Meschede–Brilon, abbiegen Richtung Elpe über Gevelinghausen –Andreasberg–Wasserfall, im Ort hinter der Gaststätte »Wasserfall«.
✉ Aurorastr. 9 (GPS: 51°18'07" N / 8°26'05" E).
✦ Wasserfall. Hochsauerland. Freizeitpark Fort Fun (ca 500 m entfernt).

Unparzelliertes Wiesengelände in steil abfallender Hanglage, teilterrassiert. Für Camper Halbpension möglich. Ort (Ramsbeck) 3 km entfernt. Mittagsruhe 13-15 Uhr. Touristen-/Dauerstellplätze 40/20.
2007: P/N 4.50, K/N 2 bis 12 J. 3.–, St/N 4.50, H/N 3.–, WD inkl. Müllgeb. St/N 1.–, Strom/kWh –.50 (6 A).

✉ **59909 Bestwig-Wasserfall** (c7) **3810/2**

[20] ★★ »TERRASSENCAMP WASSERFALL« ⚷ 1.1. bis 31.12.
E.: Elisabeth Kersting ☎ 02905/721, Fax 851560   625m   41 000 qm
www.andreasberg.de/kersting.htm
➔ B 7 Meschede–Brilon, abbiegen Richtung Elpe über Gevelinghausen –Andreasberg–Wasserfall, hinter Fort Fun 1. Platz links. ✉ Aurorastr. 2 (GPS: 51°18'11" N / 8°26'21" E).
✦ Wasserfall. Hochsauerland. Freizeitpark "Fort Fun".

Unparzellierter Terrassenplatz am Waldrand in Südhanglage. Ort (Ramsbeck) 3 km entfernt. Mittagsruhe 13-15 Uhr. Touristen-/Dauerstellplätze 48/120.
2007: P/N 4.–, K/N 4 bis 10 J. 3.–, A/N 1.–, C/N 4.–, MC/N 5.– , T/N 4.– bis 5.–, M/N –.50, H/N 2.–, WD zuzügl., Müllgeb. P/N –.50, Strom/kWh –.60 (10 A).

Camping Bruchhauser Steine — HOCHSAUERLAND
59939 Olsberg-Bruchhausen · Tel. 02962/3000 + 5726

(3812)

DCC-Vertragsplatz

✉ 59909 Bestwig-Valme (c7) 3810/3

[15] ★★★ »CAMPING VALMETAL« ⚷ 1.1. bis 31.12.
E.: Wolfgang Bürger ☎/Fax 02905/253 480 m 19 000 qm
www.camping-valmetal.de, camping-valmetal@t-online.de

→ B 7 Meschede–Olsberg, in Bestwig abbiegen nach Ramsbeck-Valme.
✉ Valme 2a (GPS: 51°17'16" N / 8°24'24" E).

Parzelliertes Gelände, teilweise gestuft, teilweise von Waldhöhen umgebenen Bachtal. Trockenraum. Ort (Ramsbeck) 2 km entfernt. Mittagsruhe 13-15 Uhr. Touristen-/Dauerstellplätze 40/125.
2008: (HS) P/N 4.–, K/N 3 bis 13 J. 2.–, C MC-St/N 5.–/6.–, T-St/N 2.– bis 5.–, M/N 1.50, H/N 1.50, WD zuzügl., Müllgeb. P/N –.50, Strom/kWh –.55 (16 A), Anschlussgeb. 1.50. In NS Ermäßigung.
DCC 10% auf P/N.

✉ 59939 Olsberg-Bruchhausen (c7) 3812

[20] ★★ »CAMPING BRUCHHAUSER STEINE« ⚷ 1.1. bis 31.12.
E.: Gertrud Meyer ☎ 02962/3000, Fax 845579 470 m 12 000 qm
www.camping-bruchhauser-steine.de, camping-bruchhauser-steine@scwillingen.de
→ B 7 Meschede–Brilon, in Nuttlar oder Altenbüren abbiegen über Olsberg und Elleringhausen nach Bruchhausen. ✉ Am Medebach 96 (GPS: 51°18'45" N / 8°32'07" E).
✧ Bruchhauser Steine. Langenberg 843 m. Hochheide.

Von einem Bach geteiltes, teilterrassiertes und unparzelliertes Wiesengelände. Keine ständige Aufsicht. Ort 500 m entfernt. Mittagsruhe 13–14.30 Uhr. Touristen-/Dauerstellplätze 30/80.
2007: P/N 3.80, K/N 6 bis 12 J. 2.50, A/N 1.50, C/N 4.–, MC/N 4.50/5.50, T/N 3.–/4.50, M/N 1.–, H/N 2.–, WD zuzügl., Strom/N 1.50 oder kWh –.50 (16 A), Anschlussgeb. 1.50.
DCC/CCI 10% auf P/N. Anzeige S. 163

DCC-Vertragsplatz

✉ 59872 Meschede (c7) 3820

EUROPA-PREIS
[35] ★★★★★ »KNAUS CAMPINGPARK HENNESEE« ⚷ 16.12. bis 3.11
E.: Helmut Knaus KG Campingparks ☎ 0291/952720, Fax 9527229 410 m
www.knauscamp.de, hennesee@knauscamp.de 130 000 qm
→ A44 Dortmund–Kassel, beim AB-Kreuz Werl auf die A445 Abf. Meschede, hier auf die B55 zur »Hennesee-Talsperre«. ✉ Mielinghausen 7 (GPS: 51°17'53" N / 8°15'52" E).

Terrassiert und parzelliert ansteigendes Wiesengelände oberhalb des Hennesees, teilweise schattenlos. Seezugang mittels Straßenunterführung. Komfortplätze mit Komplettversorgung. Befestigte Moca-Übernachtungsplätze mit Strom vor den Schranken. Hundebad. Kabel-TV. Imbiss. Internetcafé. Kinderbücherei. Natur-Parcours. FW. Tennis, Golf, und Minigolf in der Nähe. Ort 8 km entfernt. Mittagsruhe 13-15 Uhr. Touristen-/Dauerstellplätze 183/300.
2008: (HS) P/N 7.–, K/N 4 bis 14 J. 3.–, St/N 10.–, H/N 3.–, WD u. Hallenbad inkl., Müllgeb. St/N 1.50, Strom/N 2.40 (6/10 A). Knaus-Ferienkarte. In NS Ermäßigung.
DCC 10% auf P/N.

✉ 34414 Warburg, Westfalen (d6) 3850

[25] ★★ »CAMPING EVERSBURG« ⚷ 1.1. bis 31.12.
E.: Karin Göbel ☎ 05641/8668 10 000 qm
→ A 44 Kassel-Dortmund Abf. (65) Warburg auf die B 7, beschildert. ✉ Zum Anger 1.

Wiesengelände auf einem Berghang. Gasverkauf. Ort 1 km, Freibad u. Schwimmhalle 2 km entfernt. Mittagsruhe 13-15 Uhr. Touristen-/Dauerstellplätze 75/30.
2008: P/N 4.–, K/N 1 bis 15 J. 2.–, A/N 1.50, C MC-St/N 8.–, T/N 4.– bis 8.–, M/N 1.–, B/N 3.–, H/N 1.–, WD zuzügl., Strom/N 1.50, kWh –.60. Ermäßigung nach Absprache.

Saarland

In der Nähe von Militär-Flugplätzen und Übungsgeländen ist mit zeitweiligen Ruhestörungen zu rechnen.

✉ 66706 Perl-Oberleuken, Merzig (a10) 4110

★ »CAMPING SONNENRÖDCHEN« ⚷ 1.1. bis 31.12.
E.: Hans Venn ☎ 06865/911252, Fax 911254 25 000 qm
→ B406/E 42 Merzig–Borg Richtung Frankreich, bei Hellendorf in den Wald abbiegen und der Beschilderung folgen. Ca. 1.5 km zum Teil enge Anfahrtsstrecke. (GPS: 49°29'56" N / 6°28'22" E)
✧ Saarschleife (Cloef). röm. Mosaikfußboden Nennig. Burg Montclair.

Leicht abfallendes, parzelliertes Wiesengelände auf einer Waldlichtung. Zeitweise schattenlos. Hundepension in der Nähe. Ort 1 km entfernt. Separater Jugendplatz. Mittagsruhe 13-15 Uhr. Touristen-/Dauerstellplätze 55/55.

✉ 66706 Perl-Nennig, Merzig (a10) 4111

[20] ★ MOSELCAMPING »DREILÄNDERECK« ⚷ 20.3. bis 20.10.
E.: Familie Ollinger ☎ 06866/322, Fax 1005 140m 30 000 qm
www.mosel-camping.de, info@mosel-camping.de
→ Verteilerkreis Nennig (B 419/B 406) Abf. Richtung Grenze Luxemburg. Nach ca. 150 m rechts abbiegen bis Moselufer, dann links unter der Moselbrücke durchfahren bis zum Platz. ✉ Sinzer Str. 1. Zur Moselbrücke (GPS: 49°32'32" N / 6°22'17" E).
✧ Saarschleife (Cloef). röm. Mosaikfußboden Nennig. Burg Montclair.

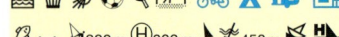

Ebenes Wiesengelände mit einzelnen Bäumen an der Mosel. Mittagsruhe 12-14 Uhr. Ort (Nenning) 1 km entfernt. Touristen-/Dauerstellplätze 45/65.
2007: (HS) P/N 2.70, K/N 4 bis 14 J. 2.50, St/N 8.50, H/N 1.–, WD zuzügl., Strom/N 2.80 oder kWh –.60, Anschlussgeb. 2.50 (16A). In NS Ermäßigung.

✉ 66663 Merzig, Saar (a10) 4115

★★ »CAMPING KANUHEIM« April bis Okt.
P.: Kanu-Club Merzig e.V. ☎ 06861/791692 10 000 qm
www.kanuclub-merzig.de
→ A 8 Saarbrücken–Luxemburg Abf. (6) Merzig, in Merzig beschildert. Brückendurchfahrt nur 2.90 m! ✉ Alter Leinpfad 3 (GPS: 49°26'42" N / 6°38'00" E).

Ebenes, parzelliertes Wiesengelände neben der Straße beim Kanuheim. Ort 500 m entfernt. Mittagsruhe 13-15 Uhr. Touristen-/Dauerstellplätze 60/30.

DCC-Vertragsplatz

✉ 66780 Rehlingen-Siersburg (a10) 4130

[20] ★★★ »CAMPING SIERSBURG« ⚷ 15.4. bis 31.10.
P.: Müller u. Sommer GbR ☎ 06835/2100, Fax 2247 50 000 qm
www.Campingplatz-Siersburg.de, Siersburg@gmx.de
→ A 8 Saarbrücken–Luxemburg Abf. (7) Rehlingen. ✉ Campingplatz 1 (GPS: 49°22'03" N / 6°39'38" E).

Ebenes, durch eine Straße geteiltes Wiesengelände an der Nied. DLRG- u. Wasserwanderer-Station. Überflutung bei Hochwasser möglich. Sanitärgebäude beheizbar. Lebensmittel 300 m, Ort 500 m entfernt. Separater Jugendplatz. FW. Mittagsruhe 13-15 Uhr. Touristen-/Dauerstellplätze 80/30.
2007: P/N 3.90, K/N bis 18 J. 3.–, C MC-St/N 6.90, T/N 3.90, M/N 2.20, H/N 2.–, WD inkl., Strom/N 2.50 (16 A).
DCC 10% auf P/N.

Camping am Bostalsee

★★★★★

- ★ Ganzjährig geöffnet
- ★ Mietwohnwagen und -zelte
- ★ DTV 5 Sterne
- ★ ADAC-Auszeichnung
- ★ separate Jugend- und Gruppenzeltplätze
- ★ zahlreiche Freizeit- und Wassersportmöglichkeiten
- ★ Super-Sparpakete unter www.bostalsee.de

Campingplatz Bostalsee
66625 Nohfelden-Bosen
Telefon (0 68 52) 9 23 33
Telefax (0 68 52) 9 23 93
campingplatz@bostalsee.de

Liebe Gäste! Wegen einer Staudammsanierung und abgesenktem Wasserspiegel ist in 2008 leider kein Wassersport möglich. Die übrigen Freizeitangebote stehen aber uneingeschränkt zur Verfügung. (4223)

DCC-Vertragsplatz

66740 Saarlouis, Saar (a10) **4140**

★★★ »CAMPING DR. ERNST DADDER« 15.3. bis 31.10.
P.: Christel Cibis ☎/Fax 06831/3691, Fax 122970 19 000 qm
www.camping-saarlouis.de, campsls@aol.com

→ A 620 Saarbrücken–Luxemburg Abf. (2) Wallerfangen Richtung Stadtmitte. ✉ Marschall-Ney-Weg 2 (GPS: 49°19'06" N / 6°44'23" E).

Ebenes, parzelliertes Wiesengelände zwischen Stadtpark und Saaraltarm. Zentrum 1 km entfernt. Mittagsruhe 13-15 Uhr. Touristen-/Dauerstellplätze 80/40.
2007: (HS) P/N 4.90, K/N 3 bis 14 J. 2.90, C MC-St/N 5.–/6.–,T-St/N 3.80, M/N 2.50, H/N 2.50, WD inkl., Müllgeb. P/N –.30, Strom/N 2.30 (16 A), Anschlussgeb. –.50. Für Senioren ab 65 J. und für Schüler und Studenten von 16 bis 18 J Ermäßigung. In NS Ermäßigung.
DCC 10% auf P/N, CCI 5% auf P/N.

66822 Lebach (a10) **4210**

★★ »THEEL-TAL CAMPING LEBACH« 1.1. bis 31.12.
P.: H.-D. Wernet ☎ 06881/2764, Fax 538493 30 000 qm
campingplatz-Lebach@t-online.de

→ A 1 Saarbrücken–Trier Abf. (141) Eppelborn auf die B 10 nach Lebach, hier auf die B 269 Richtung Saarlouis bis Ortsende. ✉ Dillinger Str. 81 (GPS: 49°24'11" N / 6°53'16" E).

Leicht zum Waldrand ansteigendes, unparzelliertes Wiesengelände hinter dem Freizeitzentrum mit Kegelbahn. Montags Ruhetag. Durch Dauercamper geprägt. Imbiss. Zentrum 1 km entfernt. Mittagsruhe 13-15 Uhr. Touristen-/Dauerstellplätze 20/150.
2007: P/N 2.80, K/N bis 5 J. frei, J/N bis 15 J. 1.50, St/N 4.–, H/N 2.–, WD zuzügl., Müllgeb. St/N 1.50, Strom/N 1.50 (16 A).
DCC 10% auf P/N und St/N.

DCC-Vertragsplatz

66709 Weiskirchen, Merzig (a9/10) **4220**

★★★★ »SCHWARZWÄLDER HOCHWALD« 1.1. bis 31.12.
E.: DCC-LV. Saar e.V. V.: Schorr 500 m 40 000 qm
☎ 06876/366, Fax 06876/377
www.LV-Saar.de, camping-weiskirchen@LV-Saar.de

→ A 1 Saarbrücken–Trier Abf. (134) Nonnweiler/Bierfeld, über Wadrill nach Weiskirchen. Hier beschildert. ✉ Zum Campingplatz 10 (GPS: 49°33'53" N / 6°48'44" E).

Heilklimatischer Kurort "Premiumclass". Wildfreigehege 2.5 km.

Parzelliertes Wiesengelände in leichter Hanglage, von Wald umgeben. Reservierung erwünscht. Nordic-Walking-Strecke ab Platz. Lebensmittel-Bestell- und Bring-Service. Separater Jugendplatz. Ort 1 km entfernt. Mittagsruhe 13-15 Uhr. Touristen-/Dauerstellplätze 45/170.
2007: (HS) P/N 4.–, K/N 3 bis 17 J. 2.–, St/N 5.–, H/N 1.–, KT 1.40, WD inkl., Müllgeb. St/N 1.–, Strom kWh –.50 (16A), Anschlussgebühr 1.–. In NS Erm.
DCC/CCI 10% auf P/N.

66625 Nohfelden-Bosen (b10) **4223**

★★★★ »CAMPING BOSTALSEE« 1.1. bis 31.12.
E.: Kreis St. Wendel ☎ 06852/92333, Fax 92393 405 m 140 000 qm
V.: U. Fell www.bostalsee.de, campingplatz@bostalsee.de

→ A62/1 Landstuhl-Trier Abf. (3) Nohfelden/Türkismühle zum Bostalsee über Bosen. Beschildert (GPS: 49°33'38" N / 7°03'37" E).

Leicht ansteigendes, parzelliertes Wiesengelände oberhalb des Bostalsees. Reservierung erwünscht. Befestigte Mocaplätze. Teilweise Pkw-Abstellung. In HS nachts Sicherheitsdienst. 10 befestigte Moca-Plätze vor der Schranke. Familienzeltplätze mit Stromanschluss und separate Gruppenzeltplätze. Kindersanitär. Jugendraum. Internet-Café. Ort 1 km entfernt. Separater Jugendplatz. Mittagsruhe 13-15 Uhr. Touristen-/Dauerstellplätze 120/325.
2008: (HS) P/N inkl. St/N 18.40, T/N 5.40, H/N 2.–, WD zuzügl., Strom/N 2.– (16A). In NS Ermäßigung.

66679 Losheim, Merzig (a10) **4224**

★★★ »CAMPING LOSHEIM AM SEE« 1.1. bis 31.12.
P.: Werner Harth ☎ 06872/4770, Fax 993204 315 m 74 000 qm
www.Harth@t-online.de

→ B 268 Trier–Saarbrücken, am Stausee Losheim abbiegen. (GPS: 49°31'29" N / 6°43'49" E)

Leicht welliges, parzelliertes und teilweise gestuftes Wiesengelände oberhalb des Stausees, von Hecken durchzogen und unterteilt. Ort 1.5 km entfernt. Separater Jugendplatz. Mittagsruhe 13-15 Uhr. Touristen-/Dauerstellplätze 90/315.

DCC-Vertragsplatz

66679 Losheim-Britten, Merzig (a10) **4225**

★★★ »AZUR CAMPING REITERHOF GIRTENMÜHLE«
E.: AZUR Freizeit GmbH ☎ 06872/90240, Fax 902411 1.1. bis 31.12.
www.azur-camping.de/Losheim, Losheim@azur-camping.de 400 m 50 000 qm

→ B 268 Trier–Losheim, bei Britten links abbiegen zum Platz, beschildert ✉ Girtenmühle 1 (GPS: 49°31'56" N / 6°41'15" E).

Parzelliertes Wiesengelände im Bachtal bei einem Hotel (8 Zimmer). Teilweise in leicht welliger Hanglage. Moca-Stellplätze vor der Schranke. Wanderreiterstation mit Einstellboxen. Volleyball. Ort 3 km entfernt. Mittagsruhe 13-15 Uhr. Touristen/Dauerstellplätze 40/100.
2008: (HS) P/N 5.–, K/N 2 bis 12 J. 2.50, St/N 5.–/6.–, H/N 2.80, WD inkl., Strom/N 2.80 (10-16 A). Für 14 Nächte nur 12 Nächte bezahlen (außer Strom). Ermäßigung auf einige Club-Cards. In NS Ermäßigung.
DCC 10%, CCI 5% auf P/N.

4 Saarland

CARAVANPLATZ MÜHLENWEIHER

66459 Kirkel · Telefon 0 68 49/1 81 05 55 · Fax 0 68 49/1 81 05 56

Im anerkannten Erholungsort, inmitten eines Freizeitzentrums mit Freibad, Tennisplätzen, Angelweiher und weiteren Sportanlagen und eingebunden in ein herrliches Naherholungsgebiet, das unter anderem 60 qkm Hochwald, 130 km markierte Wanderwege, Burgruine mit Aussichtsturm, Klosterruine und einen geologischen Lehrpfad anbietet. Restaurant mit Außenterrasse, täglich frische Backwaren, Kiosk. Interessante Ausflugsziele im unmittelbaren Nahbereich.
Seit 1. 7. 2005 unter Leitung der Gemeinde Kirkel, Freizeitbetrieb

(4327)

DCC-Vertragsplatz

✉ **66119 Saarbrücken** (a/b10)   **4315**

25 ★★★ »CAMPING AM SPICHERER BERG« 30.3. bis 15.10.
P.: CC Saarbrücken e.V. ☎ 0681/51780   35 000 qm
→ A6 Mannheim–Saarbrücken Abf. Industriegebiet Süd und hier durch, den Hinweisen »Deutsch-Französischer Garten« folgen. ✉ Am Spicherer Berg (GPS: 49°12'35" N / 6°58'30" E).
Landeshauptstadt. Ludwigsplatz mit Kirche und barocken Bauten.

500 m 700 m 3 km
Vom Waldrand leicht abfallendes, unparzelliertes Wiesengelände. Separater Jugendplatz. Bouleplatz. Ort 3 km entfernt. Mittagsruhe 13-15 Uhr. Touristen-/Dauerstellplätze 80/112.
2008: P/N 5.–, K/N bis 12 J. 2.–, St/N 6.–, H/N 1.–, WD inkl., Strom/N 2.– (16 A), Anschlussgeb. 1.–.
DCC/CCI 10% auf P/N.

DCC-Vertragsplatz

✉ **66453 Gersheim-Walsheim** (b10)   **4322**

20 ★★★ »CAMPING AM SCHWIMMBAD« 15.3. bis 15.10.
E.: Gemeinde V.: Edrich ☎ 06843/1030, Fax 80138   36 000 qm
www.gersheim.de, freizeitbetrieb@gersheim.de
→ B423 Homburg–Habkirchen, in Webenheim abbiegen über Mimbach und Breitfurt nach Gersheim, hier links abbiegen nach Walsheim noch ca. 2 km. Beschildert. ✉ Am Campingplatz 1 (GPS: 49°09'32" N / 7°14'38" E).

50 m 2 km
Unparzelliertes Wiesengelände in einer Geländemulde an einem Bach. Durch Dauercamper geprägt. Sanitärgebäude beheizbar. Bouleplatz. Radweg auf einer alten Bahntrasse ab Platz. Ort 2 km entfernt. Mittagsruhe 13-15 Uhr. Touristen-/Dauerstellplätze 50/200.
2007: P/N 3.50, K/N 3 bis 14 J. 2.–, St/N 6.–, H/N –.50, WD inkl., Müllgeb./Sack 1.–, Strom/kWh –.50 (16A), Anschlussgeb. 2.– (ab 7. N). Ab 3/4 Wo. 15%/20% Ermäßigung.
DCC 10% auf P/N.

DCC-Vertragsplatz

✉ **66459 Kirkel**, St. Ingbert (b10)   **4327**

20 ★★★★ »CARAVANPLATZ MÜHLENWEIHER« 1.1. bis 31.12.
E.: Gemeinde V.: Blass ☎ 06849/1810555, Fax 1810556   28 000 qm
www.FreizeitparkBiegel@t-online.de
→ A6 Mannheim–Saarbrücken Abf. (7) Kirkel oder A8 Pirmasens–Neunkirchen Abf. (28) Limbach. Aus beiden Richtungen in Kirkel beschildert. ✉ Unnerweg 5c (GPS: 49°16'55" N / 7°13'43" E).

700 m
Ebenes Gelände mit parzellierten, durch Verbundpflaster befestigten, Stellplätzen neben dem Schwimmbad. Durch Büsche und Bäume sowie kreisförmiger Wegführung günstig aufgelockert. Kiosk. Ort 500 m entfernt. Mittagsruhe 12.30-15 Uhr. Touristen-/Dauerstellplätze 60/60.
2007: (HS) P/N 4.20, K/N 2 bis 12 J. 2.10, C MC-St/N 6.20, T St/N 5.20, H/N 1.10, WD inkl., Müllgeb. P/N –.70, Stom kWh –.35 (10 A), Anschlussgeb. 1.60. In NS Ermäßigung. Im Winter für 7 N, 6 N bezahlen.
DCC 10% auf P/N.

✉ **66539 Neunkirchen**, Saarbrücken (b10)   **4340**

20 ★★★ »CAMPING VOLKSSONNENGARTEN« 1.3. bis 31.10.
E.: Prießnitz-Kneipp-Verein e.V., V.: K. Mohrbach   10 000 qm
☎ 0160/94753613, Tel./Fax 06821/24564
www.Priesnitz-Kneip-Neunkirchen.de, priessnitz-kneipp-verein-nk@gmx.de
→ A6 Kaiserslautern–Saarbrücken. Am Neunkirchner Kreuz auf die A8 Richtung Neunkirchen bis Abf. (24) Neunkirchen–Oberstadt. ✉ Kirkeler Str (GPS: 49°19'40" N / 7°11'39" E).

200 m 600 m 1 km 2 km
Unparzellierter Wiesengelände in leichter Hanglage am Waldrand. Extra Platzteil für Hundehalter. Wohnmobilversorgung auch ohne Stellplatz möglich. Wassertretanlage. Nordic Walking. Qi Gong. Haltestelle 1 km, Zentrum 3 km entfernt. Separater Jugendplatz neben dem Schwimmbad. Mittagsruhe 13-15 Uhr. Touristen-/Dauerstellplätze 20/70.
2008: P/N 3.50, K/N 3 bis 16 J. 2.50, A/N 2.50, C/N 5.–, MC/N 7.–, T/N 4.–, M/N 2.–, H/N 2.–, WD zuzügl., Strom/N 1.50, kWh –.30 (16 A), Anschlussgeb. 1.–. Angebote auf Voranmeldung.
DCC 10% auf PN.

Rheinland-Pfalz

In der Nähe von Militär-Flugplätzen und Übungsgeländen ist mit zeitweiligen Ruhestörungen zu rechnen.

✉ **54666 Irrel**, Eifel (a9)   **5005/1**

20 ★★★ »CAMPING SÜDEIFEL« 1.1. bis 31.12.
E.: Peter Heck ☎ 06525/510, Fax 7480   30 000 qm
www.camping-suedeifel.de, info@camping-suedeifel.de
→ B 257 Bitburg–Luxemburg, in Irrel beschildert. ✉ Hofstr. 19 (Hofeck) (GPS: 49°50'30" N / 6°27'27" E).

200 m 250 m 500 m
Ebenes und unparzelliertes Wiesengelände an der Prüm. Überflutung bei Hochwasser möglich. Ort 200 m entfernt. Separater Jugendplatz. Touristen-/Dauerstellplätze 80/100.
2008: (HS) P/N 4.50, K/N 3 bis 14 J. 3.–, St/N 6.–, H/N 1.50, KT –.80, WD zuzügl., Strom/N 2.–, kWh –.45 (16 A). In NS Ermäßigung.
DCC/CCI 10% auf P/N.

40 Jahre Camping-Nimseck · 54666 Irrel/Südeifel (5005/2)

DCC-Vertragsplatz

✉ **54666 Irrel,** Südeifel (a9) **5005/2**

25 ★★★ »CAMPING NIMSECK« ⚷ 15.3. bis 2.11.
E.: Eichers GmbH & Co KG ☎ 06525/314, Fax 1299   70 000 qm
www.camping-nimseck.de, info@camping-nimseck.de

→ B257 Bitburg–Luxemburg, kurz vor Irrel links abbiegen. ✉ Zum Nimseck 2 (GPS: 49°51'11" N / 6°27'45" E).
❧ Naturschutzpark Südeifel.

Teils ebenes und parzelliertes Wiesengelände, teils ansteigende und terrassierte Flächen. In hügeliger Landschaft von Wald und Feldern umgeben und an der Nims gelegen. Teilweise durch Büsche und Bäume aufgelockert. Öffentlicher Badebetrieb. Ort 500m entfernt. Mittagsruhe 12-13 Uhr. Touristen-/Dauerstellplätze 150/150.
2007: (HS) P/N 5.10, K/N 3 bis 15 J. 3.50, St/N 7.50, H/N 1.90, KT –.80, WD und Schwimmbad inkl., Strom/N 1.50 (16 A). In NS Ermäßigung.
DCC 10% auf P/N.

✉ **54668 Echternacherbrück,** Bitburg (a9) **5010**

30 ★★★★ »FREIBAD CAMPING« ⚷ 14.3. bis 15.10.
E.: Gemeinde V.: Erwin Thiex ☎ 06525/340, Fax 93155   80 000 qm
www.echternacherbrueck.de, info@echternacherbrueck.de

→ B257 Bitburg–Luxemburg, in Echternacherbrück beschildert.
✉ Mindener Str. 18 (GPS: 49°48'44" N / 6°25'53" E).
❧ Mittelalterliche Stadt Echternach/Luxemburg.

Ebenes, parzelliertes Wiesengelände am Ufer der Sauer. Überflutung bei Hochwasser im Winter möglich. Kids-Club. Jugendraum. Billard. Reservierung in HS erwünscht. Ort 200m entfernt. Separater Jugendplatz. Mittagsruhe 12-13 Uhr. Touristen-/Dauerstellplätze 320/140.
2008: (HS) P/N 6.20, K/N 5 bis 15 J. 3.60, A/N 4.–, C T/N 3.80, MC/N 8.–, M/N 3.50, WD und Freibad inkl., Strom 2.30 (10-16 A), Anschlussgeb. 1.80. In NS Ermäßigung.
DCC/CCI 10% auf P/N.

DCC – DEIN PARTNER!

Camping Echternacherbrück
im Deutsch-Luxemburgischen Naturpark

Camping/Freibad Echternachbrück

500 m bis zum Zentrum der lux. Stadt Echternach

Tel. (06525) 340, Fax 93155

Vor- und Nachsaison 25% Rabatt

www.echternacherbrueck.de
info@echternacherbrueck.de

(5010)

DCC-Vertragsplatz

✉ 54669 Bollendorf, Sauer (a9) 5015

20 ★★★ »CAMPING ALTSCHMIEDE« 🔑 1.1. bis 31.12.
E.: Carlo Richard ☎ 06526/375, Fax 1330   50 000 qm
www.camping-altschmiede.de, info@camping-altschmiede.de

→ B257 Bitburg–Echternacherbrück, rechts abbiegen nach Bollendorf hier weiter Richtung Körperich, 2. Platz. Schmale Zufahrt. ✉ Altschmiede (GPS: 49°50'29" N / 6°20'13" E).
❧ Luxemburger Schweiz.

Langgezogenes, leicht zum Flussufer abfallendes und unparzelliertes Wiesengelände mit Laubbaumreihen. Imbiss in HS. Wasserwanderer-Station. Überflutung bei Hochwasser teilweise möglich. Ort 1 km entfernt. Touristen-/Dauerstellplätze 250/150.
2008: (HS) P/N 4.–, K/N 1 bis 13 J. 2.50, A/N 2.60, C T/N 2.60, MC/N 6.40, M/N 1.50, H/N 2.30, KT –.70, WD zuzügl., Müllgeb. P/N –.30, Strom/N 2.10 (6 A). In NS bis 20% Ermäßigung.
DCC 10% auf P/N.

✉ 54675 Körperich-Obersgegen (a9) 5025

15 ★★ »CAMPING RELES-MÜHLE« 🔑 1.1. bis 31.12.
E.: Uschi Mertens-Kootz ☎ 06566/8741   15 000 qm
www.eifelcamping.de, info@eifelcamping.de

→ B 50 Bitburg–Vianden (Luxemburg), in Obersgegen rechts abbiegen. ✉ Kapellenweg 2 (GPS: 49°56'02" N / 6°15'03" E).
❧ Gaytal-Park.

Ebenes, teilweise parzelliertes Wiesengelände in einem Bachtal. Durch Dauercamper geprägt. Ort 200 m entfernt. Separater Jugendplatz. Mittagsruhe 12-13.30 Uhr. Touristen-/Dauerstellplätze 45/70.
2007: P/N 2.50, K/N 2 bis 14 J. 2.–, A/N 2.10, C T/N 2.10, MC/N 3.60, M/N 1.60, H/N 2.–, WD zuzügl., Müllgeb. St/N –.50, Strom/N 1.50 oder kWh –.40 (12 A).
CCI 5% auf P/N und St/N.

✉ 54675 Gentingen, Our (a9) 5030

20 ★★★★ »CAMPING OURTAL-IDYLL« 🔑 1.4. bis 1.11.
E.: Franz-Josef Wenzel ☎ 06566/352, Fax 1487   60 000 qm
www.eifelidyll.de, info@eifelidyll.de

→ B 50 Bitburg–Vianden (Luxemburg), über Roth abbiegen nach Gentingen. Beschildert. ✉ Dorfstr. 21 (GPS: 49°53'58" N / 6°14'21" E).

Ebenes und parzelliertes Wiesengelände mit junge Anpflanzungen hinter einem Anwesen an der Our. Neuer Platzteil mit kreisförmigen, parzellierten Stellplätzen für Touristen. Brennerei. W-LAN/Funkinternet. Ort (Vianden) 4 km entfernt. Separater Jugendplatz. Mittagsruhe 13-15 Uhr. Touristen-/Dauerstellplätze 90/80.
2007: (HS) P/N 3.95, K/N 3 bis 10 J. 2.95, A/N 3.–, C/N 3.–, MC/N 5.–, T/N 2.– bis 3.–, M/N 2.–, H/N 2.–, WD inkl., Müllgeb. P/N –.50, Strom/kWh –.45 (16 A), Anschlussgeb. 1.50. In NS Ermäßigung.

✉ 54675 Wallendorf, Our (a9) 5035

20 ★★★ »CAMPING SAUER-OUR« 🔑 1.4. bis 1.11.
E.: Franz-Josef Wenzel ☎ 06566/352, Fax 1487   25 000 qm
www.eifelidyll.de, info@eifelidyll.de

→ B 50 Bitburg–Vianden (Luxemburg), nach Obetsgegen Richtung Gentingen-Wallendorf. Hier beschildert. ✉ Ourtalstr. 1a (GPS: 49°52'32" N / 6°17'16" E).

Parzelliertes und leicht ansteigendes Wiesengelände am Zusammenfluss von Sauer und Our. Liegewiese. Wasserwanderer-Station. Ort 100 m entfernt. Mittagsruhe 13-15 Uhr. Touristen-/Dauerstellplätze 70/60.
2007: (HS) P/N 3.40, K/N 3 bis 10 J. 2.40, A/N 3.–, C/N 3.–, MC/N 5.–, T/N 2.– bis 3.–, M/N 2.–, H/N 2.–, WD zuzügl., Müllgeb. P/N –.50, Strom/kWh –.45 (16 A), Anschlussgeb. 1.50. In NS Ermäßigung.

✉ 54636 Oberweis, Bitburg (a9) 5040

30 ★★★★ »PRÜMTAL CAMPING« 🔑 1.1. bis 31.12.
P.: Alwin Köhler ☎ 06527/9292-0, Fax 9292-32   38 000 qm
www.pruemtal.de, info@pruemtal.de

→ A60 Prüm–Trier Abf. (6) Bitburg, weiter über Bitburg auf die B50 in Richtung Vianden. In Oberweis beschildert. ✉ In der Klaus 5 (GPS: 49°57'32" N / 6°27'24" E).

Ebenes, parzelliertes Wiesengelände auf zwei Stufen neben dem Schwimmbad. Befestigte Mocaplätze für Quick-Stop. Volleyball. Ort 500 m entfernt. Separater Jugendplatz. Mittagsruhe 12-14 Uhr. Touristen-/Dauerstellplätze 130/100.
2008: (HS) P/N 6.10, K/N 4 bis 13 J. 3.60, St/N 3.30 bis 9.80, H/N 2.–, WD inkl., Strom/N 2.50 oder kWh –.50 (16 A). Anschlussgeb. 2.–. In NS Erm.

DCC-Vertragsplatz

✉ 54673 Neuerburg, Bitburg (a9) 5045

20 ★★★★ »CAMPING IN DER ENZ« 🔑 1.12. bis 31.1./ Ostern bis 31.10.
E.: Wilhelm Basse ☎ 06564/2660, Fax 2979   20 000 qm
www.camping-neuerburg.de, camping@basse.de

→ B50 Bitburg–Vianden (Luxemburg), in Sinspelt rechts abbiegen nach Neuerburg. ✉ In der Enz 25 (GPS: 50°01'43" N / 6°16'23" E).
❧ Mächtige Burganlage. Reste der früheren Stadtbefestigung.

Parzelliertes, ebenes und teilweise leicht ansteigendes Wiesengelände neben einem Aqua-Fun-Bad direkt an der Enz. Überwiegend schattenfrei. Befestigte Moca-Stellplätze. Hundedusche. Hundeverbot für Kampfhunde. W-LAN/Funkinternet. Ort 2 km entfernt. Mittagsruhe 12-14 Uhr. Touristen-/Dauerstellplätze 72/48.
2007: P/N 3.–, K/N 3 bis 15 J. 2.50, St/N 9.–, H/N 2.–, WD zuzügl., Müllgeb. P/N 1.50, Strom/kWh –.50 (16 A).
DCC 10% auf P/N.

✉ 54649 Waxweiler, Südeifel (a9) 5050

25 ★★★ »CAMPING EIFEL-FERIENPARK« 🔑 1.4. bis 31.10.
E.: Eifel-Ferienpark Waxweiler GmbH   V.: Fam. Fuchs   13 000 qm
☎ 06554/9200-0, Fax 9200-29
www.ferienpark-waxweiler.com, info@ferienpark-waxweiler.de

→ B 410 Prüm–Luxemburg, in Lünebach abbiegen nach Waxweiler. Hier am Ortsanfang beschildert. ✉ Schwimmbadstr. 7 (GPS: 50°05'33" N / 6°21'31" E).

Ebenes, parzelliertes Wiesengelände im Talgrund an der Prüm. Imbiss. Freibad 50 m, Ort 300 m entfernt. 95 Touristenplätze.
2007: (HS) St/N inkl. 2 P/N 19.–, weitere P/N 2.50, K/N bis 6 J. frei, H/N 2.50, WD inkl., Strom/N 1.50 (10-16 A). In NS Ermäßigung.

DCC-Vertragsplatz

✉ 54595 Prüm, Eifel (a8) 5055

30 ★★★★ »WALDCAMPING« 🔑 1.1. bis 31.12.
E.: Roden OHG ☎ 06551/2481, Fax 6555   440 m   35 000 qm
www.waldcamping-pruem.de, info@waldcamping-pruem.de

→ B51 Euskirchen-Trier, in Prüm beschildert. ✉ Prümtalstr. 44 (GPS: 50°13'07" N / 6°26'16" E).
❧ Waldbad der Eifel mit Salvator-Basilika und Abteigebäude.

Zweigeteiltes, ebenes und parzelliertes Wiesengelände in einem Waldtal an der Prüm. Befestigte Mocaplätze. Imbiss in HS. Kabel-TV. Ort 1.5 km entfernt. Separater Jugendplatz. Mittagsruhe 13-15 Uhr. Touristen-/Dauerstellplätze 100/100.
2008: (HS) P/N 5.–, K/N 7 bis 16 J. 4.–, St/N 12.–, Zweiradfahrer mit T/N 4.–, H/N 1.50, KT –.60, WD und Strom (10 A) inkl. In NS Ermäßigung.
DCC 10% auf P/N.

Mitten im Naturpark Eifel · Wanderparadies · Angelseen
Ferienhäuser · Ideal für Ausflüge z.B. Erlebniswelt Nürburgring,
Vulkanmaare, Trier, Luxemburg, Belgien uvm.
Aktiv-Möglichkeiten: Wandern, Radeln, Schwimmen, Skisport

Campingpark Dockweiler Mühle · 54552 Dockweiler · Tel 0 65 95.96 11 30 · Fax 0 65 95.96 11 31
E-Mail: info@campingpark-dockweiler-muehle.de · www.campingpark-dockweiler-muehle.de

DCC-Vertragsplatz

54608 Bleialf, Eifel (a8) **5060**

25 ★★★ »CAMPING BLEIALF« 1.1. bis 31.12.
E.: v. d. Horst 06555/1059, Fax 294 520 m 40 000 qm
www.camping-bleialf.de, info@camping-bleialf.de
→ A60 Bitburg–Lüttich Abf. (3) Bleialf. ✉ Im Brühl 4 (GPS: 50°14'07" N / 6°17'15" E).

Ebenes bis leicht abfallendes, parzelliertes Wiesengelände mit Bepflanzung an einem Bach. Durch vereinzelte Bäume aufgelockert. Imbiss. Ort 500 m entfernt. Touristen-/Dauerstellplätze 120/75.
2008: (HS) P/N 5.10, K/N 3 bis 14 J. 4.10, St/N 8.30, H/N 2.60, WD inkl., Müllges./Sack 1.–, Strom/N 2.10 (16 A). In NS ab 5 Nächten 20% Erm.
DCC 10% auf P/N.

54611 Hallschlag, Eifel (a8) **5065**

★★★★ »CAMPINGPLATZ KRONENBURGER SEE«
E.: E. Scholzen V.: H. Schreiner 1.1. bis 31.12.
 06557/900110, Fax 900964 500 m 44 000 qm
www.campingplatz-kronenburger-see.de, info@campingplatz-kronenburger-see.de
→ A1 Köln–Trier bis Blankenheim, weiter in Richtung Prüm, Abf. Stadtkyll rechts nach Hallschlag. Im Ort "Zur Campingplatzanlage". ✉ Bahnhofstr. 13 (GPS: 50°21'42" N / 6°27'15"E).
Nationalpark Eifel. Go-Kartbahn. Vulkangarten.

Ebenes, teilweise leicht abfallendes Wiesengelände. Teilweise terrassiert und überwiegend schattenlos. Liegewiese. Befestigte Moca-Plätze. Kindersanitär. Hundedusche. Imbiss/Kiosk. Kabel-TV. FW. Ort 500 m entfernt. Separater Jugendplatz. Mittagsruhe 13-15 Uhr. Touristen-/Dauerstellplätze 120/80.

54589 Stadtkyll, Eifel (a8) **5070**

35 ★★★★ »LANDAL WIRFTTAL« 1.1. bis 31.12.
E.: Landal GreenParks GmbH V.: M. Oostrom 500 m 63 000 qm
 06597/92920, Fax 929250, www.landal.de, info@landal.de
→ A1 Köln–Blankenheim auslaufend auf die B51 Richtung Prüm oder B 421 Daun–Aachen, in Stadtkyll der Beschilderung »Ferienpark Wirfttal« folgen. ✉ Wirftstr. (GPS: 50°20'20" N / 6°32'22" E).

(5055)
Internet:
www.waldcamping-pruem.de
E-Mail:
info@waldcamping-pruem.de

Leicht einfallendes, parzelliertes Wiesengelände an einem kleinen Stausee mit separatem Bungalowpark. Stellflächen durch Lavakiesel befestigt und von einem See geteilt. Kabel-TV. In HS Reservierung erwünscht. Ort 1 km entfernt. Touristen-/Dauerstellplätze 135/100.
2008: 2 P/N inkl. St/N 14.– bis 31.– (je nach Anreisedatum), weitere P/N keine Angabe, K/N bis 5 J. frei, H/N 4.–, KT 1.20, WD und Strom (8 A) inkl.

54568 Gerolstein-Müllenborn (a8) **5075**

20 ★★★ »CAMPING OOSBACHTAL« 1.1. bis 31.12.
E.: Jörg Dörtelmann 06591/7409, Fax 3635 390 m 15 000 qm
www.camping-oosbachtal.de, camping-oosbach@t-online.de
→ B410 Gerolstein–Prüm, nach Müllenborn abbiegen. ✉ Müllenborner Str. 31 (GPS: 50°14'19" N / 6°36'52"E).
Adlerhorst Kasselburg. GEO Park.

Ebenes, bis leicht abfallendes Wiesengelände zwischen einem Anwesen und dem Oosbach. Parzelliert und durch Büsche und Bäume aufgelockert. Imbiss/Biergarten. Ort (Gerolstein) 4.5 km entfernt. Separater Jugendplatz. Mittagsruhe 13-15 Uhr. Touristen-/Dauerstellplätze 50/60.
2008: (HS) P/N 4.–, K/N ab 6 J. 2.50, St/N 6.50, T/N 3.50, H/N 2.–, KT –.30, WD zuzügl., Strom/N 1.50 oder kWh –.45 (16 A), Anschlussgeb. 1.50. In NS Ermäßigung.
DCC/CCI 10% auf St/N.

DCC-Vertragsplatz

54552 Dockweiler, Vulkaneifel (a8) **5080**

30 ★★★ »CAMPINGPARK DOCKWEILER MÜHLE«
E.: NF-Vermögensverw. GmbH 600 m 1.1. bis 31.12.
 06595/96113-0, Fax 96113-1 100 000 qm
www.campingpark-dockweiler-muehle.de
info@campingpark-dockweiler-muehle.de
→ A1/48 Koblenz–Trier Abf. (121) Mehren/Daun auf die B 421 über Daun in Richtung Gerolstein, in Dockweiler beschildert. ✉ (GPS: 50°15'19" N / 6°46'46" E).

Parzellierter Terrassenplatz unterhalb eines Mobilheimparks an drei Teichen. Teilweise separate Pkw-Abstellung. Ort 300 m entfernt. Separater Jugendplatz. Mittagsruhe 13-15 Uhr. Touristen-/Dauerstellplätze 120/180.
2008: (HS) P/N 5.–, K/N bis 16 J. 3.–, St/N 11.–, H/N 2.–, Nebenkosten St/N 2.50, Strom (16 A) inkl. In NS Ermäßigung.
DCC/CCI 10% auf P/N.

Die DCC-Inspizienten sind nicht mit
Anzeigenwerbung betraut. Sie sind daher
unabhängig und nicht beeinflußbar.
Ihren Kontrollen nach
unseren Prüfbögen kann vertraut werden.

54552 Schalkenmehren, Daun (a8/9) — 5085

»CAMP AM MAAR« — April bis Dez.
E.: M. Schild-Mölder ☎ 06592/95510, Fax 955140   6000 qm
www.hotelschneider.de, info@hotelschneider.de

→ A1/48 Koblenz–Trier Abf. (121) Daun/Mehren auf die B 421 Richtung Daun, in Mehren links abbiegen noch ca. 1.5 km. ✉ Maarstr. 22 (GPS: 50°09'59" N / 6°51'25"E).
✤ Kapelle am Weinfelder Maar 500 m. Vulkan-Eifel.

Unparzellierter Terrassenplatz hinter einem Hotel am Ortsrand. Kabel-TV. FW. Mittagsruhe 12-14 Uhr. Touristen-/Dauerstellplätze 40/40.
2008: (HS) P/N 2.50, K/N 2 bis 12 J. 2.–, St/N 11.–, H/N 1.–, WD zuzügl., Müllgeb. P/N 1.–, Strom/N –.25 plus kWh –.50 (16 A). In NS Ermäßigung.

DCC-Vertragsplatz

54531 Manderscheid, Vulkaneifel (a9) — 5090

»NATUR-CAMPING-VULKANEIFEL« — Ostern bis 31.10.
E.: Familie Moritz ☎ 06572/9211-0, Fax 9211-49   30000 qm
www.vulkan-camping.de, naturcamping@gmx.de

→ A1/48 Koblenz–Trier Abf. (122) Manderscheid. In Manderscheid Richtung Daun. ✉ Herbstwiese (GPS: 50°05'47" N / 6°47'55" E).

Parzellierter Terrassenhang oberhalb eines Jugend-Feriendorfes. Dessen Leitung garantiert absolute Einhaltung der Platzruhe. Separater Platzteil für Hundehalter. Quick-Camp für 15 Mocas. Imbiss. FW. Ort 1 km entfernt. Mittagsruhe 13-14 Uhr. Touristen-/Dauerstellplätze 70/10.
2007: (HS) P/N 7.–, K/N 8 bis 13 J. 1.–, J/N 3.–, St/N 6.– bis 9.–, H/N 1.50, WD inkl., Strom/N 2.– (4-16 A). In NS Ermäßigung.
DCC 10% auf P/N.

54558 Gillenfeld, Vulkaneifel (b9) — 5095

»FERIENDORF PULVERMAAR« — 1.1. bis 31.12.
E.: Frank G. Fetten ☎ 06573/287, Fax 06592/982662   10000 qm
www.feriendorf-pulvermaar.de, lis.holl@web.de

→ A1/48 Koblenz–Trier Abf. (121) Daun/Mehren auf die B 421 Richtung Zell/Mosel ca. 6 km, bei der 2. Kreuzung nach Gillenfeld abbiegen. ✉ Vulkanstr. (GPS: 50°07'52" N / 6°56'01" E).
✤ Pulvermaar. Trockenmaar. Römerberg.

Parzelliertes Wiesengelände in leichter Hanglage neben einem Feriendorf. Durch Waldstreifen vom Pulvermaar getrennt. Ort 2.5 km entfernt. Mittagsruhe 13-15 Uhr. Touristen-/Dauerstellplätze 40/60.
2007: (HS) P/N 3.50, K/N 3 bis 13 J. 2.–, J/N 3.–, St/N 6.–, MC/N 5.–, T/N 5.–, M/N 1.–, H/N 1.–, WD zuzügl., Strom/kWh –.50 (16 A), Anschlussgeb. 1.30. Jeder 8. Tag frei. In NS Ermäßigung.

56766 Ulmen, Voreifel (b8) — 5100

»CAMPING AM JUNGFERWEIHER« — 1.1. bis 31.12.
E.: VBG Ulmen P.: Jörg Dahmen ☎/Fax 02676/684   450 m   10000 qm

→ A1/48 Koblenz–Trier Abf. (7) Ulmen. ✉ Am Jungferweiher 4 (GPS: 50°13'07" N / 6°58'26" E).

Leicht ansteigendes Gelände sowie abfallende, unparzellierte Touristenwiese. Von Dauercampern geprägt. Ort 1 km entfernt. Mittagsruhe 13-15 Uhr. Touristen-/Dauerstellplätze 20/60.
2007: P/N 2.80, K/N 1 bis 12 J. 1.80, A/N 1.80, C/N 5.60, MC/N 6.60, T/N 4.50, M/N 1.80, WD zuzügl., Strom/N 2.– (16 A).

53520 Müllenbach, Eifel (b8) — 5105

»CAMPING AM NÜRBURGRING« — 1.1. bis 31.12.
E.: Steffen u. Detlef Fischer ☎ 02692/224, Fax 1020   600 m   300000 qm
www.Camping-am-Nuerburgring.de, rezeption@Camping-am-Nuerburgring.de

→ A61 Koblenz–Köln Abf. (33) Wehr auf die B412 Richtung Nürburgring. Hier aus allen Richtungen beschildert. ✉ Kreisstr. 72 (GPS: 50°19'14" N / 6°56'16" E).
✤ Nürburgring. Rennsportmuseum.

Großflächiges Gelände südlich der Rennstrecke. Unparzelliert und teilweise terrassiert in einem ansteigenden Gelände mit kleinem Teich. Von Waldstreifen durchzogen. An Renn- und Veranstaltungstagen Pauschalpreise, keine Ermäßigung und oft überlegt. Grillhütte. Ort 1 km entfernt. Touristen-/Dauerstellplätze 1000/200.
2008: P/N 12.–, K/N 6 bis 14 J. 4.–, St/N inkl., WD inkl., Strom/N 2.–, kWh –.60 (8 A), Anschlussgeb. 3.–. Anreise- u. Abreisetag werden als voller Tag verrechnet. DCC 6% auf P/N (nicht bei Veranstaltungen).

Eifel-Camping-Stahlhütte
www.Campingplatz-Stahlhuette.de
53533 Dorsel/Ahr (5110)
Telefon 0 26 93/4 38, Fax 5 11

Idyllisch gelegen im Naturpark Eifel-Ahr.
Familien-Campingplatz, SB-Laden,
Kinderspielplatz, Bolzwiese, Grillhütte,
Restaurant u.v.m.
Separate Wiese für Gruppen mit
eigenem Sanitärtrakt.
Kommen Sie, erleben Sie individuellen
Urlaub in ruhiger Atmosphäre.

DCC-Vertragsplatz

53533 Dorsel, Ahr (a/b8) — 5110

»CAMPING STAHLHÜTTE« — 1.1. bis 31.12.
E.: Adolf u. Sophie Kalf ☎ 02693/438, Fax 511   320 m   50000 qm
www.campingplatz-stahlhuette.de

→ B 258 Blankenheim–Nürburgring, kurz vor Dorsel rechts neben der Straße. ✉ (GPS: 50°22'36" N / 6°47'50" E).

Parzelliertes Wiesengelände an der Ahr und einem Bach. Durch Bäume und Büsche günstig aufgelockert. Befestigte Mocaplätze. Ort 2 km entfernt. Separater Jugendplatz. Mittagsruhe 13-15 Uhr. Touristen-/Dauerstellplätze 120/160.
2007: P/N 4.–, K/N 2 bis 12 J. 2.–, C MC-St/N 8.–, T-St/N 7.–, H/N 2.50, WD zuzügl., Müllgeb. P/N –.25, Strom/kWh –.50 (16 A).
DCC 10% auf P/N.

53505 Altenahr-Altenburg, Ahr (b8) — 5115

»CAMPING ALTENAHR« — 20.3. bis 31.10.
E.: Camping Schulz GmbH ☎ 02643/8503, Fax 900764   30000 qm
www.camping-altenahr.de, info@camping-altenahr.de

→ A61 Koblenz–Köln Abf. (29) AB-Kreuz Meckenheim auf die B257 bis Altenahr, dort rechts über eine neue Brücke. ✉ Im Pappelauel (GPS: 50°30'49" N / 7°18'38" E).

Ebenes und unparzelliertes Wiesengelände an der Ahr. Durch Bäume aufgelockert. Minigolf 50 m, Ort 100 m entfernt. Separater Jugendplatz. Mittagsruhe 13 bis 15 Uhr. Touristen-/Dauerstellplätze 180/40.
2007: (HS) P/N 4.50, K/N 4 bis 14 J. 3.–, St/N 8.–, Zweiradfahrer mit kl. T/N 4.–, H/N 1.–, WD zuzügl., Strom/N 3.– (6 A). In NS Ermäßigung.

DCC-Vertragsplatz

53506 Ahrbrück, Ahr (b8) — 5120

»CAMPING DENNTAL« — 1.1. bis 31.12.
E.: Fam. Kühnel ☎ 02643/6905, 941055   100 m   90000 qm
www.camping-denntal.de, campingplatz-denntal@t-online.de

→ A61 Köln–Koblenz Abf. Altenahr, auf die B 257 Richtung Adenau bis Ahrbrück, vor der Tankstelle links auf die L85 Richtung Kesseling. Nach ca. 500 m hinter dem Sportplatz rechts. ✉ Denntalstr. 49 (GPS: 50°28'32" N / 6°59'13" E).
✤ Nürburgring. Radioteleskop Effelsberg. Rotwein-Wanderweg.

"DENNTAL" Campingplatz

EIFEL AHRTAL NÜRBURGRING

★ ★ ★ ★

Inh. Familie Kühnel
Denntalstraße 49
53506 Ahrbrück
Fon +49 (0) 26 43 / 69 05
Fax +49 (0) 26 43 / 94 10 55

www.camping-denntal.de

- Naturschwimmbad
- Fitnessraum
- Wellness
- Sauna
- Mobilheime
- Blockhäuser
- Mietcaravan

(5120)

Ebenes und leicht terrassiertes Wiesengelände in einem bewaldeten Tal. Mit Hecken und älteren Bäumen aufgelockert und teilweise parzelliert. FW. Ort 1 km entfernt. Mittagsruhe 13 bis 15 Uhr. Touristen-/Dauerstellplätze 50/140.
2007: (HS) P/N 4.–, K/N 7 bis 16 J. 2.50, A/N 2.50, C/N 5.50, MC/N 6.50, T/N 3.–, M/N 2.–, H/N 2.–, WD zuzügl., Strom/N 2.– (10 A). In NS Erm.
DCC/CCI 10% auf P/N und St/N.

DCC-Vertragsplatz

✉ 53505 Kreuzberg, Ahr (b8) **5125**

25 ★★★★ »CAMPING VIKTORIA STATION« 1.4. bis 31.10.
E.: Viktoria Linden ☎ 02643/8338, Fax 3391 51 000 qm
www.viktoria-station.de, mail@viktoria-station.de

→ A61 Köln–Koblenz Abf. (29) AB-Kreuz Meckenheim auf die B257 Altenahr–Adenau bis Kreuzberg, hier abbiegen über die Bahnlinie. ✉ Alte Mühle 1 (GPS: 50°30'27" N / 6°58'46" E).

Tel: +49 (0) 2643 / 83 38
www.viktoria-station.de

Langgestrecktes, ebenes Wiesengelände mit Büschen an der Ahr. Touristen-Uferstreifen unparzelliert unter hohen Bäumen. Naturschwimmbad. Babyraum mit Dusche. Kiosk. Reservierung erwünscht. Geführte Wanderungen. Ort 300 m entfernt. Mittagsruhe 13-15 Uhr. Touristen-/Dauerstellplätze 150/200.
2008: (HS) P/N 4.60, K/N 3 bis 13 J. 3.10, C MC-St/N 7.50, T-St/N 6.70, M/N 3.60, H/N 1.–, WD zuzügl., Strom/N 3.– (16 A). In NS Erm. Gruppenrabatte.
DCC 10% auf P/N.

DCC-Vertragsplatz

✉ 54421 Reinsfeld bei Hermeskeil (a9) **5200**

30 ★★★ »AZUR CAMPINGPARK HUNSRÜCK« 1.1. bis 31.12.
E.: AZUR Freizeit GmbH V.: Frau Matzat 550 m 200 000 qm
☎ 06503/95123, Fax 95100
www.azur-camping.de/reinsfeld, reinsfeld@azur-camping.de

→ A1 Trier–Saarbrücken Abf. (132) Reinsfeld, ab Reinsfeld beschildert.
✉ Parkstr. 1 (GPS: 49°41'14" N / 6°52'11" E).
∴ Trier (älteste Stadt in Deutschland). Mosel. Saar. Ruwer.

Unparzelliertes und leicht ansteigendes Wiesengelände neben einem Teich. Günstig durch 28 Stellkreise aufgelockert. Spieleraum. Ort 2 km entfernt. Mittagsruhe 13-15 Uhr. Touristen-/Dauerstellplätze 600/360.
2008: (HS) P/N 7.–, K/N 2 bis 12 J. 3.50, St/N 6.50/8.–, T/N 2.50, M/N 4.50, H/N 2.80, KT –.13, WD inkl., Strom/N 2.80 (10/16 A). Ermäßigung mit AZUR-Club-Card und einige anderen Club-Cards. Für 14 Nächte nur 12 Nächte bezahlen (außer KT und Strom). In NS Ermäßigung.
DCC 10% und CCI 5% auf P/N.

Jahres-Öffnungszeiten

werden uns von den Platzhaltern gemeldet. Sie bemühen sich, die Zeiten einzuhalten. Je nach Wetterlage sind aber spätere Öffnungs- und frühere Schließungszeiten möglich.

5 Rheinland-Pfalz

✉ 54427 Kell am See bei Hermeskeil (a9) 5205

★★ »CAMPING FREIBAD HOCHWALD«
E.: VGW Kell am See Ende Mai bis Ende Aug.
☎ 06589/1695, Fax 17984 22 000 qm

→ A1 Trier–Saarbrücken Abf. (132) Reinsfeld auf die B407 Richtung Reinsfeld-Saarburg. Ca. 1 km hinter Kell nach Schillingen abbiegen. ✉ (GPS: 49°38'16" N / 6°48'05" E).

Unparzelliertes, leicht welliges Wiesengelände in einem Waldtal mit Freibad. Sanitäranlage beheizbar. Imbiss. Voranmeldung erwünscht. Ort 2 km entfernt. Separater Jugendplatz. Touristen-/Dauerstellplätze 50/70.

✉ 54314 Zerf-Oberzerf, Saarburg (a9) 5210

20 ★★ »CAMPING RÜBEZAHL« 1.4. bis 31.10.
E.: Eric Seyffardt /Fax 06587/814 500 m 25 000 qm
Seyffardt-Zerf-t-online.de

→ B 268 Saarbrücken–Trier, in Zerf abbiegen. ✉ (GPS: 49°35'31" N / 6°39'05" E).

Unparzelliertes Wiesengelände in leichter Hanglage am Waldrand. Ort 2 km entfernt. Mittagsruhe 13-15 Uhr. Touristen-/Dauerstellplätze 50/100.
2008: (HS) P/N 4.–, K/N bis 16 J. 3.–, St/N 5.–, WD zuzügl., Strom/N 1.70 (10 A). In NS Ermäßigung.

DCC-Vertragsplatz

✉ 54439 Saarburg (a9) 5220/1

20 ★★★ »CAMPING- UND REISEMOBILPARK LEUKBACHTAL«
E.: Heike Müller ☎ 06581/2228, Fax 5008 1.3. bis 3.11.
www.campingleukbachtal.de, service@campingleukbachtal.de 25 000 qm

→ B 51 Trier–Saarbrücken, ab Saarburg den Hinweisen »Krankenhaus« folgen, später beschildert. ✉ Friedensaue (GPS: 49°35'57" N / 6°32'29" E, Graf-Siegfried-Str. 124).

Ebenes und unparzelliertes, teilweise leicht ansteigendes Wiesengelände. Unter hohen Bäumen gelegen und durch einen Bach geteilt. Sanitäranlage beheizbar. Moca-Übernachtungsplätze vor der Schranke (pauschal 10.–/Nacht). Wohnmobilteil von 1.1. bis 31.12. geöffnet. Ort 1.5 km entfernt. Touristen-/Dauerstellplätze 60/60.
2008: (HS) P/N 4.35, K/N 4 bis 14 J. 3.20, C-St/N 8.–, MC/N 7.50, kl. T/N 5.–, H/N 2.–, WD inkl., Strom/N 2.– (6 A). Sparangebote bis 45% Ermäßigung für DCC. In NS Ermäßigung.
DCC/CCI 10% auf P/N.

DCC-Vertragsplatz

✉ 54439 Saarburg (a9) 5220/2

25 ★★★★ »CAMPING WALDFRIEDEN« 1.3. bis 3.11.
E.: Markus Müller ☎ 06581/2255, Fax 5003 20 000 qm
www.campingwaldfrieden.de, info@campingwaldfrieden.de

→ B 51 Trier–Saarbrücken, ab Saarburg den Hinweisen »Krankenhaus« folgen, später beschildert. ✉ Im Fichtenhain 4 (GPS: 49°36'03" N / 6°31'42" E).

❖ Trier (älteste deutsche Stadt). Altstadt Saarburg. Mosel. Saar. Ruwer.

Leicht ansteigendes und parzelliertes Wiesengelände an einem Bach. In einem Waldtal gelegen und durch Bäume günstig aufgelockert. Befestigte Mocaplätze. Sanitäranlage beheizbar. Kinderwaschbecken. Fitnessraum. Imbiss (Brötchen- und Zeitungsservice). FW. Wassertretbecken. Schnuppertauchen im Schwimmbad. Voliere. Ort 1.5 km entfernt. Mittagsruhe 12-14 Uhr. Touristen-/Dauerstellplätze 72/38.
2008: (HS) P/N 4.35, K/N 4 bis 14 J. 3.20, C-St/N 8.–, MC/N 7.50, T-St/N 5.–, H/N 2.–, KT –.50, WD inkl., Strom/N 2.– oder kWh –.50 (16 A), Anschlussgeb. 1.–. Sparangebote bis 45% Ermäßigung für DCC. In NS Erm.
DCC/CCI 10% auf P/N.

Das CCI-Carnet ist im Ausland als Identitäts-Ausweis anerkannt. Im Inland genügt die Vorlage des DCC-Mitgliedsausweises zusammen mit Leistungsscheck 18.

✉ 54439 Saarburg (a9) 5220/3

35 ★★★★★ »LANDAL WARSBERG« 14.3. bis 27.10.
E.: Landal GreenParks GmbH V.: J. Eckerskorn 330 m 100 000 qm
☎ 06581/91460, Fax 914646, www.landal.de, warsberg@landal.de

→ B 51 Trier–Saarbrücken, in Saarburg der Beschilderung »Landal Ferienpark Warsberg« folgen. Serpentinenzufahrt (10%). ✉ In den Urlaub (GPS: 49°37'11" N / 6°32'35" E).

❖ Altstadt von Saarburg. Alte Glockengießerei.

Parzelliertes, ebenes bis leicht welliges oder abfallendes Wiesengelände. Neben einem Bungalowpark oberhalb von Saarburg. Durch Baum- und Buschstreifen unterteilt. Sanitärgebäude beheizbar. Whirlpool. Dampfbad. Sommerrodelbahn. Seilbahn von der Stadt zum Campingpark. In HS Reservierung erforderlich. Ort 3.5 km entfernt. 460 Touristenplätze.
2007: 2 P/N inkl. St/N 23.– bis 32.– (je nach Anreisedatum), weitere P/N 3.50, K/N bis 4 J. frei, H/N 3.–, KT 1.–, WD und Strom inkl. (16 A). Angebote ab 7 Nächten mit 30% Ermäßigung.
CCI 10% auf P/N.

✉ 54329 Konz-Könen, Trier (a9) 5230

20 ★★ »CAMPING HORSCH« April bis Okt.
E.: Elrike Horsch ☎ 06501/17571 20 000 qm

→ B 51 Trier–Saarburg, in Könen beschildert. ✉ Könener Str. 36 (GPS: 49°40'51" N / 6°33'50" E).

Ebenes Wiesengelände am Saarufer. Durch Bäume aufgelockert. Überflutung bei Hochwasser möglich. Gartencafe und Bierstube. Imbiss. FW. Ort 300 m entfernt. Touristen-/Dauerstellplätze 70/30.
2007: C MC-St/N inkl. 2 P/N 18.–, weitere P/N 4.–, K/N 2.–, T/N 4.–, H/N 1.–, WD zuzügl., Strom/kWh –.50 (16 A).

✉ 54294 Trier, Mosel (a9) 5235

20 ★★★ »CAMPINGPARK TREVIRIS« März bis Nov.
P.: Helga Haag ☎ 0651/8200911, Fax 8200567 18 000 qm
www.campingplatz-treviris.de, info@camping-treviris.de

→ A 1/48 Koblenz–Trier Abf. Trier über die Moselbrücke auf die B 49 Richtung Wasserbilligerbrück. ✉ Luxemburger Str. 81 (GPS: 49°44'41" N / 6°37'30" E).

❖ Historische Altstadt. Römische und mittelalterliche Baudenkmäler.

Ebenes und unparzelliertes Wiesengelände. Teilweise unter hohen Bäumen. Vom Moselufer durch öffentlichen Weg getrennt. Überflutung bei Hochwasser möglich. Sanitäranlage beheizbar. Wasserwanderer-Station. Zentrum 4 km entfernt. Separater Jugendplatz. 140 Touristenplätze.
2007: P/N 6.–, K/N 3 bis 10 J. 3.50, J/N 4.50, C-St/N 6.50, MC/N 5.–, T/N 4.–, M/N 1.50, B/N 1.–, H/N 1.–, WD inkl., Strom/N 2.50 (6 A).

DCC-Vertragsplatz

✉ 54308 Langsur-Metzdorf (a9) 5240

20 ★★★ »CAMPING ALTER BAHNHOF-METZDORF«
E.: Ludwig Weber V.: Henry Weber 1.3. bis 31.12.
☎ 06501/12626, Fax 13796 144 m 22 000 qm
www.camping-metzdorf.de, info@camping-metzdorf.de

→ A 64/E 44 Trier–Grenze Luxemburg. Abf. (3) Trier auf die B 51 Richtung Bitburg. Nach ca. 300 m Richtung Trierweiler abbiegen. In Trierweiler Ausschilderung Metzdorf folgen. Oder über die B 418. ✉ Uferstr. 42 (GPS: 49°45'14" N / 6°30'12" E).

❖ Trier mit römischen Denkmälern.

Ebenes bis leicht abfallendes Wiesengelände im Tal der Sauer. Touristenplätze unparzelliert. Befestigte Mocaplätze. Sanitäranlage beheizbar. Baby-Wickeltisch. Wasserwandererstation. Kegelbahn. Haltestelle 500 m entfernt. Mittagsruhe 13-15 Uhr. Touristen-/Dauerstellplätze 50/100.
2007: P/N 4.–, K/N bis 14 J. 1.50, J/N 2.50, A/N 2.50, C/N 3.–, MC/N inkl. 2 P/N 8.–, T/N 2.50, M/N 2.–, WD zuzügl., Strom/N 2.– oder kWh –.50 (6-16 A), Anschlussgeb. 1.–. Jede 7 Nacht frei.
DCC/CCI 10% auf P/N und St/N.

✉ 54338 Schweich, Mosel (a9) — 5245

★★★ »CAMPING UND REISEMOBILPARK ZUM FÄHRTURM«
P.: Manfred Kreusch ☎ 06502/91300, Fax 913050 April bis Okt.
www.kreusch.de, camping@kreusch.de 33 000 qm

→ A 1/48 Schweich–Trier Abf. (129) Schweich, im Ort vor der Moselbrücke links. ✉ (GPS: 49°48'52" N / 6°45'01" E).

Ebenes und unparzelliertes Wiesengelände mit Yachthafen neben den Moselbrücken. Durch Bäume aufgelockert. Überflutung bei Hochwasser möglich. Übernachtungsplatz vor der Schranke. Ort 300 m entfernt. Touristen-/Dauerstellplätze 150/150.

✉ 54340 Klüsserath, Mosel (a9) — 5250

15 ★★ »CAMPING KLÜSSERATH« 1.4. bis 1.11.
P.: Renate Porten ☎ 06507/4667, Fax 8465 120 m 18 000 qm
www.campingplatz-kluesserath.de, campingplatz_kluesserath@t-online.de

→ A1 Koblenz–Trier Abf. Föhren, B53 Richtung Leiwen/Klüsserath. ✉ (GPS: 49°50'37" N / 6°51'27" E).

Leicht welliges Wiesengelände am Moselufer. Unparzelliert und mit Bäumen aufgelockert. Ort 200 m entfernt. Mittagsruhe 13-15 Uhr. Touristen-/Dauerstellplätze 300/50.
2007: P/N 2.50, K/N 6 bis 12 J. 1.50, A/N 2.–, C/N 3.–, MC/N 6.–, T/N 2.–, M/N 1.50, B/N 1.–, H/N –.50, WD zuzügl., Müllgeb. P/N –.50, Strom/kWh –.50 (16 A), Anschlussgeb. 2.–.

DCC-Vertragsplatz

✉ 54340 Leiwen, Mosel (a9) — 5255

40 ★★★★★ »LANDAL SONNENBERG« März bis Nov.
E.: Landal Green Parks GmbH V.: Van der Kas 378 m 50 000 qm
☎ 06507/93690, Fax 936936, www.landal.de, sonnenberg@landal.de

→ A1/48 Koblenz–Trier Abf. (129) Schweich/Föhren Richtung Hetzenrath/Leiwen. Bei Thörnich auf die andere Moselseite nach Leiwen und dort der Beschilderung Ferienpark Sonnenberg folgen. Steile Serpentinenauffahrt. ✉ Panoramaweg (GPS: 49°48'12" N / 6°53'30" E).
• Trier. Mosel.

In mehreren ebenen und parzellierten Terrassen abfallendes Wiesengelände. Seitlich eines von Wald begrenzten Bergrückens und unterhalb eines Bungalowparks gelegen. Stellflächen durch Lavakiesel befestigt. Kabel-TV. Hundebad. Bowlingbahn. Fitnessraum. Große Tennis-Mehrzweckhalle. Überdachte Kletterwand. Indoorspielparadies. Mehrteiliges Hallenbad mit Rutsche und Whirlpool, für Camper freier Zutritt. Reservierung erwünscht. Ort 4 km entfernt. 143 Touristenplätze.
2007: 2 P/N inkl. St/N 25.– bis 35.– (je nach Anreisedatum), weitere P/N 3.50, K/N bis 4 J. frei, H/N 3.–, KT 1.–, WD u. Strom (6 A) inkl.
DCC 10% auf P/N.

DCC-Vertragsplatz

✉ 54426 Heidenburg, Hunsrück (b9) — 5260

25 ★★★★ »CAMPING MOSELHÖHE« 1.1. bis 14.11./
E.: D. Schmitt ☎ 06509/99016, Fax 99017 420 m 15.12 bis 31.12.
www.Campingplatz-Moselhoehe.de, dieter@qasem.de 35 000 qm

→ A1 Trier–Hermeskeil Abf. (131) Mehring in Richtung Thalfang, vor Tallin nach Heidenburg abbiegen. Oder B327 vor Thalfang Richtung Trier. ✉ Bucherweg 1 (GPS: 49°47'58" N / 6°55'35" E).

Terrassiert abfallendes Wiesengelände oberhalb des Moseltals. Parzelliert und mit jungen Anpflanzungen aufgelockert. Schöner Ausblick. Imbiss. Ort 600 m entfernt. Separater Jugendplatz. Mittagsruhe 13-15 Uhr. Touristen-/Dauerstellplätze 60/40.
2008: (HS) P/N 4.90, K/N 3 bis 14 J. 3.20, A/N 2.60, C/N 4.20, MC/N 5.–, T/N 2.–, M/N 2.–, H/N 1.70, WD inkl., Strom/kWh –.55 (16 A). Ab 14 Nächten in NS Ermäßigung.
DCC/CCI 10% auf P/N.

✉ 54349 Trittenheim, Mosel (b9) — 5265

20 ★★★ »CAMPING IM GRÜNEN« Ostern bis 31.10.
E.: Fam. Schuck ☎ 06507/2148, Fax 992089 7500 qm
www.camping-trittenheim.de, CP-trittenheim@t-online.de

→ B 53 Bernkastel–Trier, in Trittenheim beschildert. ✉ Olkstr. 12 (GPS: 49°49'15" N / 6°57'13" E).

Ebenes bis leicht welliges Wiesengelände hinter einem Anwesen am Moselufer. Teilweise parzelliert und durch einen öffentlichen Weg geteilt. Familiäre Atmosphäre. Überflutung bei Hochwasser möglich. Ort 200 m entfernt. Mittagsruhe 12-15 Uhr. Touristen-/Dauerstellplätze 40/18.
2007: P/N 4.20, K/N 3 bis 12 J. 3.10, A/N 1.60, C/N 4.50, MC/N 5.50, T/N 3.60 bis 4.50, M/N 1.50, H/N 1.50, WD zuzügl., Strom 2.60 oder kWh –.60 (16 A), Anschlussgeb. 1.60.

DCC-Vertragsplatz

✉ 54347 Neumagen-Dhron, Mosel (b9) — 5270

25 ★★★ »CAMPING NEUMAGEN-DHRON« 1.1. bis 31.12.
E.: Michaela Prinz ☎ 06507/5249, Fax 703290 15 000 qm
www.campingneumagen.de, camping.neumagen@t-online.de

→ B53 Bernkastel–Trier, in Neumagen-Dhron beschildert. ✉ Moselstr. 22 (GPS: 49°50'57" N / 6°53'35" E).
• Römische Denkmäler in Neumagen.

Ebener und teilweise parzellierter Wiesenstreifen. Vom Moselufer durch öffentlichen Weg getrennt. Überflutung bei Hochwasser möglich. Bushaltestelle. Gasverkauf 400 m, Ort 500 m und Haltestelle 1 km entfernt. Mittagsruhe 13-15 Uhr. Touristen-/Dauerstellplätze 60/40.
2008: P/N 5.50, K/N 2 bis 12 J. 3.–, A/N 2.60, C/N 5.20, MC/N 6.10, T/N 4.20 bis 4.70, M/N 1.60, B/N 1.60, WD inkl., Strom/kWh –.80 (10/16 A), Anschlussgeb. 1.60.
DCC/CCI 10% auf P/N.

✉ 54487 Wintrich, Mosel (b9) — 5275

20 ★★★ »CAMPING GEORGSHOF« 15.3. bis 15.11.
E.: Fam. Felten-Graziani ☎ 06534/93266, Fax 93268 128 m 20 000 qm
www.camping-georgshof.de, susifg@web.de

→ A1/48 Koblenz–Trier Abf. (125) Wittlich auf die B50 nach Bernkastel-Kues. Dort auf die B53 nach Wintrich. Ab Ortseingang beschildert. ✉ Kurfürstenstr. 25 (GPS: 49°53'31" N / 6°57'18" E).

Ebenes Wiesengelände im Moseltal mit einem Weingut. Touristenplätze unparzelliert. Moca-Quick-Stop-Plätze. Familiäre Atmosphäre. FW. Ort 500 m entfernt. Mittagsruhe 13-15 Uhr. Touristen-/Dauerstellplätze 50/50.
2007: P/N 4.50, K/N 4 bis 14 J. 2.50, A/N 1.30, C MC/N 4.90, T/N 4.–, –.80, H/N 1.50, WD zuzügl., Strom/kWh –.50 (16 A).
DCC/CCI 10% auf P/N.

✉ 54486 Mülheim, Mosel (b9) — 5280

★★★ »MOSELCAMPING MÜLHEIM« April bis Okt.
E.: Fam. van Dongen Fax 06534/940157 15 000 qm
www.campingmuelheim.de, info@campingmuelheim.nl

→ A1/48 Koblenz–Trier Abf. (125) Wittlich auf die B 50 Richtung Bernkastel, in Platten abbiegen, über Osann–Monzel. Hinter der Moselbrücke links. ✉ Moselstr. 9 (GPS: 49°54'51" N / 7°00'40" E).

Leicht abfallendes, parzelliertes Wiesengelände neben einer Moselbrücke. Durch Bäume aufgelockert. Überflutung bei Hochwasser möglich. Ort 100 m entfernt. Touristen-/Dauerstellplätze 68/14.

****

★★★★ CAMPING WALDFRIEDEN SAARBURG
ADAC + DCC empfohlener, schöner privat geführter Campingplatz in ruhiger Waldrandlage an der Stadtgrenze. 5 Min. bis zur City, zum Wasserfall oder in das Freizeit-, Frei- u. Hallenbad. Separater, ebener + befestigter Wohnmobilplatz. Komfortplätze mit Frisch- + Abwasseranschluß. Animation und organisierte Active Touren. Schönes ausgebautes Wander- + Radwegenetz an Saar + Mosel. Ausflugsmöglichkeiten nach Trier, Luxemburg, Frankreich, Eifel und Hunsrück. ADAC, DCC + ACSI Sparpreise.
Sparen Sie in der Vor- u. Nachsaison mit unseren Angebotswochen – Senioren-/Familienkarten bis zu 45% Rabatt **Brot-Service.** (5220/2)

5 Rheinland-Pfalz

54470 Bernkastel-Kues, Mosel (b9) — 5285

25 ★★ »CAMPING KUESER WERTH« ○— 1.4. bis 31.10.
P.: O. Zimmermann ☎ 06531/8200, Fax 8282   21 000 qm
www.camping-kueser-werth.de, camping-kueser-werth@web.de

→ A1/48 Koblenz–Trier Abf. (125) Wittlich auf die B 50 u. B 53 nach Bernkastel-Kues. Im Ort Richtung Salmtal bis ca. 1 km hinter dem Ortsende links. ✉ Am Hafen 2 (GPS: 49°54'31" N / 7°03'22" E).

●▯◇ ⌂ ✦ J ␣ ␣ 🍴 ⊙ 🚿 W 🛁 W ♨ 🛥 W ▯ ▭
🚐 🚐 ⊖ 🎾 ✂ ⚽ 🏓 🦢 🏊 🛶 | 🛟 ⎈ Ⓗ 800 m

Leicht welliges und unparzelliertes Wiesengelände auf einer Halbinsel. Teilweise mit hohem Baumbestand. Befestigte Mocaplätze. Überflutung bei Hochwasser möglich. Ort 1 km, Hallenbad 2 km entfernt. Mittagsruhe 13-15 Uhr. Touristen-/Dauerstellplätze 242/50.
2007: (HS) P/N 5.–, K/N 4 bis 14 J. 4.–, A/N 2.–, C/N 4.50, MC/N 4.– bis 6.50, T/N 3.– bis 4.50, M/N 1.50, B/N 2.–, H/N 2.–, WD inkl. Müllgeb. St/N 1.50, Strom/kWh –.70 (16 A).
DCC/CCI 10% auf St/N.

54470 Bernkastel-Wehlen, Mosel (b9) — 5290

25 ★★★ »CAMPING SCHENK« ○— 1 Wo. vor Ostern bis 31.10.
P.: Heiner Schenk ☎ 06531/8176, Fax 7681   17 000 qm
www.camping-schenk.de, info@camping-schenk.de

→ A1/48 Koblenz–Trier Abf. (125) Wittlich auf die B 50 bis Zeltingen, vor der Moselbrücke geradeaus weiter Richtung Kues. Am Ortsende von Wehlen links. ✉ Hauptstr. 165 (GPS: 49°56'16" N / 7°02'56" E).

●▯◇ ⌂ ✦ J ␣ 🍴 ⊙ 🚿 W 🛁 W ♨ 🛥 🏊 🎾 🏊 🏓
🛥 W 🛁 W ▯ ▭ 🖥 🚐 ⊖ ⚽ ✂
✂ 🦢 ␣ ⛴ 🛟 200 m Ⓗ 500 m 🛒 1.5 km

Leicht abfallendes und parzelliertes Wiesengelände zwischen Weinbergen. Teilweise mit Obstbäumen bepflanzt. Befestigte Mocaplätze. Ort 400 m entfernt. Touristen-/Dauerstellplätze 55/50.
2008: P/N 5.–, K/N 4 bis 14 J. 3.60, St/N 4.70 bis 7.50, B/N 3.–, WD zuzügl., Strom/kWh –.50 (16 A), Anschlussgeb. 1.–.
DCC 10% auf P/N.

In **Bernkastel-Wehlen** besteht ein Wohnmobilstellplatz (auch für Wohnwagen).

54492 Zeltingen-Rachtig, Mosel (b9) — 5295

Abfahrt

★ »CAMPING ZELTINGEN-RACHTIG« ○— Karfreitag bis Okt.
E.: Gemeinde P.: Arthur Heppert   10 000 qm
☎ 06532/3644, Mobil 0171/6341668, Fax 3847
www.Zeltingen-Rachtig.de, info@Zeltingen-Rachtig.de

→ A1/48 Koblenz–Trier Abf. (125) Wittlich auf die B50 nach Zeltingen, hier über die Moselbrücke zum Platz. ✉ Uferallee (GPS: 49°57'19" N / 7°00'31" E).

◐▯◇ ⌂ ✦ ⊙ ␣ 🍴 ⊙ 🛁 🛥 🛥
🦢 ␣ ⛴ 🚲 | ✂ 200 m 🏊 🛒 4.5 km

Abfallendes und unparzelliertes Wiesengelände neben der Moselbrücke in Ortslage. Überflutung bei Hochwasser möglich. Keine ständige Aufsicht. Touristen-/Dauerstellplätze 70/30.

54492 Erden, Mosel (b9) — 5300

20 ★★★ »CAMPING ERDEN« ○— 1.4. bis 31.10.
E.: Gemeinde P.: G. Schmitt ☎ 06532/4060, Fax 5294   10 000 qm
www.campingplatz-erden.de, Schmitt@campingplatz-erden.de

→ A1/48 Koblenz–Trier Abf. (125) Wittlich auf die B 50 nach Zeltingen, hier über die Moselbrücke und links abbiegen nach Erden. ✉ Moselufer 1 (GPS: 49°58'47" N / 7°01'12" E).

●▯◇ ⌂ ✦ J ⊙ ␣ 🍴 ⊙ 🚿 W 🛁 W ♨ ♿
🛥 W 🛁 W ▯ ▭ 🚐 ⊖ 🦢 ✂ ⚽ 🎾 ␣ ⛴ 🛟

Ebenes und parzelliertes Wiesengelände an der Mosel. Durch einige Bäume aufgelockert. Überflutung bei Hochwasser möglich. Haltestelle 50 m, Ort 400 m entfernt. Separater Jugendplatz. Mittagsruhe 13-15 Uhr. Touristen-/Dauerstellplätze 50/60.
2007: C MC-St/N inkl. 4 P/N 17.60, T-St/N inkl. 4 P/N 13.50, H/N –.70, WD zuzügl., Strom/kWh –.65 (16 A), Anschlussgeb. 1.10. Ab 7 Nächten Erm.

CAMPING SCHENK — Camping mit Blick auf Weinberge
bietet die Familie Schenk im gemütlichen Feriencamp in der reizvollen Mosellandschaft von Bernkastel-Wehlen.
Erfahren Sie bei der wöchentlichen Weinprobe alles, was Sie schon immer über Wein wissen wollten. Parzellierte, hochwasserfreie Stellplätze, ein eigenes Schwimmbad, ein gemütliches Weinbistro und frische Brötchen am Morgen sorgen für einen erholsamen Urlaub.
Familie Schenk · 54470 Bernkastel-Wehlen · Tel: 0 65 31/81 76 · Fax 0 65 31/76 81
E-mail: info@camping-schenk.de · Internet: www.camping-schenk.de
(5290)

56841 Traben-Trarbach/Wolf (b9) — 5305/1

20 ★★★ »CAMPING WOLF« ○— 12.4. bis 19.10.
P.: Rolf Sausen ☎ 06541/9174, Fax 06532/2554   17 000 qm
www.traben-trarbach-wolf.de

→ B 53 Zell–Trier, 5 km hinter Traben-Trarbach über die Moselbrücke abbiegen. ✉ Moselstr. (GPS: 49°58'52" N / 7°06'13" E).
♣ Klosterruine Wolf. Mont Royal.

●▯◇ ⌂ ✦ J Best ␣ 🍴 ⊙ 🚿 W 🛁 W ♨ 🛥
🚐 ⊖ 🎾 ✂ 🦢 ⚽ 🏊 🛶 🚲 | 🛟 ⎈ 🛒 3 km

Unparzelliertes und langgestrecktes Wiesengelände entlang einer Moselschleife. Zum Ufer leicht abfallend und von einigen hohen Bäumen teilweise beschattet. Überflutung bei Hochwasser möglich. Ort 600 m entfernt. Separater Jugendplatz. Mittagsruhe 12-14.30 Uhr. Touristen-/Dauerstellplätze 80/60.
2007: P/N 4.–, K/N 2 bis 14 J. 1.90, A/N 3.–, C T/N 4.–, MC/N 7.–, H/N 1.70, WD zuzügl., Müllgeb. P/N –.50, Strom/N 2.50 oder kWh –.50 (16 A), Anschlussgeb. 1.50.

56841 Traben-Trarbach/Rißbach (b9) — 5305/2

★★★ »CAMPING RISSBACH« ○— April bis Mitte Okt.
P.: Renate u. Hermann Hack ☎ 06541/3111   13 000 qm

→ B 53 Zell–Trier, ca. 1 km hinter Traben-Trarbach im Ortsteil Rißbach. ✉ Rissbacherstr. 155 (GPS: 49°57'57" N / 7°06'19" E).

●▯◇ ⌂ ✦ J ✈ ␣ ␣ 🍴 ⊙ 🚿 W 🛁 W ♨ ♿
🎾 🛥 W ▯ ▭ 🚐 ⊖ 🍴 ✂ 🦢 ␣ ⛴ 🛟

Ebenes und langgestrecktes Wiesengelände an der Mosel. Parzelliert und teilweise leicht zum Ufer abfallend. Ort 1 km, Hallenbad und Warmfreibad 3 km entfernt. Mittagsruhe 13-15 Uhr. Touristen-/Dauerstellplätze 70/40.

Ein Moca-Platz der Gemeinde **Enkirch** mit Stromanschlüssen, sowie einer Ent- u. Versorgungsanlage liegt am Moselufer.

54536 Kröv, Mosel (b9) — 5315

20 ★★ »PARADIES-CAMP« ○— 1.3. bis 1.12.
E.: Irmgard Schnitzius ☎ 06541/9651, 1669, Fax 1669

→ B53 Zeltingen-Rachtig–Traben-Trarbach, vor Kröv abbiegen in Richtung »Mont Royal« noch 200m. ✉ (GPS: 49°58'18" N / 7°04'54" E).

◐▯◇ ⌂ ✦ ⊙ ␣ 🍴 ⊙ ␣ W 🛁 W ♨ 🛥 ▯ ▭
✂ 🚐 | ⛴ 🛥 W ⚽ ␣ 🏊 20 m ⎈ 50 m Ⓗ 300 m 🛒 1 km

Leicht abfallendes und unparzelliertes Wiesengelände. Von der Mosel durch die Bundesstraße getrennt. Ort 1 km entfernt. Separater Jugendplatz. Mittagsruhe 13-15 Uhr. Touristen-/Dauerstellplätze 60/40.
2007: P/N 3.80, K/N 3 bis 10 J. 2.10, J/N 3.50, A/N 1.90, C/N 4.80, MC/N 5.–, T/N 5.–, M/N 1.70, B/N 1.70, H/N 1.90, WD zuzügl., Müllgeb. St/N –.70, Strom/kWh –.60 (16 A), Anschlussgeb. 1.70.

56862 Pünderich, Mosel (b9) — 5320

20 ★★★ »CAMPING MOSELLAND« ○— 1.4. bis 28.10.
E.: Theresia Strzalka ☎ 06542/2618, ☎/Fax 960669   35 000 qm
www.campingplatz-Moselland.de

→ B 53 Zell–Traben-Trarbach, in Pünderich beschildert. ✉ Im Planters (GPS: 50°01'59" N / 7°06'58" E).

●▯◇ ⌂ ✦ J ␣ ␣ 🍴 ⊙ 🚿 W 🛁 W ♨ ♿
🛁 W ▯ ▭ 🚐 ⊖ 🦢 ✂ ⚽ 🎾 ␣ ⛴ 🛟

Leicht welliges und parzelliertes, langgestrecktes Wiesengelände am Moselufer. Überflutung bei Hochwasser möglich. Sanitäranlage beheizbar. Imbiss In HS. Ort 1.5 km entfernt. Separater Jugendplatz. Mittagsruhe 12-13 Uhr. Touristen-/Dauerstellplätze 150/100.
2007: P/N 4.–, K/N 3.–, St/N 6.–, H/N 1.50, WD zuzügl., Strom/kWh –.50 (16 A), Anschlussgeb. 1.–.

DCC – auch Ihr Camping-Partner!

Deutscher Camping-Club e.V., Postfach 40 04 28, 80704 München

DCC-Vertragsplatz

✉ 56859 Bullay, Mosel (b9) 5325

[25] ★★★★ »BÄREN-CAMP« Ostern bis 1.11.
E.: Fam. Wolff ☏ 06542/90009-7, Fax 90009-8   18 000 qm
www.baeren-camp.de, info@baeren-camp.de
→ B 49 Koblenz–Trier bis Alf, hier abbiegen auf die B 53 Richtung Bernkastel-Kues, dann über die Brücke nach Bullay. ✉ Am Moselufer 1+3 (GPS: 50°03'13" N / 7°07'49" E).
✥ Marienburg. Burg Arras.

Zweigeteiltes, ebenes und parzelliertes Wiesengelände an der Mosel. Ein Platzteil durch hohe Laubbäume beschattet, der andere Teil schattenlos. Überflutung bei Hochwasser möglich. Sanitärgebäude beheizbar. Ort 200 m entfernt. Separater Jugendplatz. Mittagsruhe 12.30-14 Uhr. Touristen-/Dauerstellplätze 90/30.
2007: P/N 6.20, K/N 2 bis 14 J. 3.40, A/N 3.30, St/N 7.–/7.40, T/N 3.30, M/N 1.50, B/N 1.50, H/N 2.–, WD zuzügl., Strom/kWh –.60 (16 A).
DCC 10% auf P/N.

Ein Moca-Platz der Gemeinde **Neef**, ohne Versorgungseinrichtungen, liegt an der Mosel.

✉ 56814 Ediger-Eller, Mosel (b9) 5330

[20] ★★★ »CAMPING ZUM FEUERBERG« 1.4. bis 31.10.
E.: B. Bielous ☏ 02675/701, Fax 911211   15 000 qm
www.zum-feuerberg.de, barbara-bielous@zum-feuerberg.de
→ B 49 Cochem–Trier, in Ediger-Eller beschildert. ✉ Moselstr. (GPS: 50°05'30" N / 7°09'49" E).

Ebenes bis leicht welliges, unparzelliertes Wiesengelände am Moselufer. Überflutung bei Hochwasser möglich. Kanu-Station. Sanitäranlage beheizbar. Haltestelle 100 m, Ort 200 m entfernt. Separater Jugendplatz. Mittagsruhe 13-15 Uhr. Touristen-/Dauerstellplätze 70/80.
2007: (HS) P/N 4.–, K/N 2 bis 12 J. 3.–, St/N 6.50, M/N 1.50, B/N 4.–, H/N 2.–, WD zuzügl., Müllgeb. P/N –.75, Strom/kWh –.55 (16 A). Anschlussgeb. 1.50. In NS Ermäßigung. Wochenangebote.

DCC-Vertragsplatz

✉ 56820 Nehren, Mosel (b9) 5335

[25] ★★★ »CAMPING NEHREN« 1.4. bis 30.10.
P: STUBS Dienstleistungen GmbH u. Co. KG   35 000 qm
V.: Bauer ☏ 02673/4612, Fax 962825
www.campingnehren.de, campingnehren@aol.com
→ B 49 Cochem–Trier, in Nehren links abbiegen. ✉ Moseluferstr. 1 (GPS: 50°04'50" N / 7°11'36" E).

Ebenes bis leicht welliges Wiesengelände an der Mittelmosel. Einige hohen Bäumen an der Uferzone, ansonsten überwiegend schattenlos. Teilweise parzelliert. Wasserwanderer-Station. Überflutung bei Hochwasser möglich. Imbiss. Ort 200 m entfernt. Mittagsruhe 13-15 Uhr. Touristen-/Dauerstellplätze 125/130.
2007: P/N 4.70, K/N bis 6 J. 2.–, J/N 3.–, St/N 8.30/9.–, T/N 6.–, B/N 4.–, H/N 1.–, WD inkl., Müllgeb./Sack 1.70, Strom/N 2.– (6 A). Familienpauschale.
DCC 10% auf P/N.

✉ 56820 Senheim, Mosel (b9) 5340

[20] ★★★★ »CAMPING HOLLÄNDISCHER HOF« 15.4. bis 1.11.
E.: M. Hermsen ☏ 02673/4660, Fax 4300   40 000 qm
www.moselcamping.com, holl@t-online.de
→ Mosel–Zell, links abbiegen über die Moselbrücke nach Senheim. ✉ Am Campingplatz 1 (GPS: 50°04'57" N / 7°12'25" E).
✥ Beilstein mit Burgruine Metternich.

Teils ebenes, teils leicht abfallendes und parzelliertes Wiesengelände an der Mosel. Mit hohen Bäumen und Sträucher an der Uferzone, ansonsten eher schattenlos. Überflutung bei Hochwasser möglich. Ort 1 km entfernt. Mittagsruhe 12-13 Uhr. Touristen-/Dauerstellplätze 200/34.
2008: (HS) P/N 4.10, K/N 3 bis 10 J. 3.–, St/N 7.15, WD zuzügl., Müllgeb./Sack 1.–, Strom/kWh –.55 (6-10 A). In NS Ermäßigung.

✉ 56820 Mesenich, Mosel (b9) 5345

★★★★ »FAMILY CAMPING« April bis Okt.
E.: Ric Homburg, ☏ 02673/4556, Fax 9629829   91 m   30 000 qm
www.familycaming.de, info@familycaming.de
→ A1/48 Koblenz–Trier Abf. Cochem. In Cochem Richtung Beilstein, 4 km nach Beilstein am Ortseingang Mesenich rechts abbiegen. ✉ Wiesenweg 25 (GPS: 50°06'06" N / 7°11'39" E).
✥ Burg Cochem.

Parzelliertes und ebenes Wiesengelände. Durch Rebstöcke, Busch- und Baumgruppen unterteilt. Direkt an der Mosel im Weinanbaugebiet. Ortszentrum 300 m entfernt. 90 Touristenstellplätze.

✉ 56812 Cochem-Cond, Mosel (b8/9) 5350

★★★ »CAMPING AM FREIZEITZENTRUM« April bis Okt.
P: Freizeitzentrum Cochem Betriebs GmbH   55 000 qm
V.: Schuwerack ☏ 02671/4409, Fax 910719
www.campingplatz-cochem.de, info@campingplatz-cochem.de
→ A1/48 Koblenz–Trier Abf. (9) Kaisersesch nach Cochem und hier an der Ampel Richtung »Freizeitzentrum«. ✉ Stadionstraße (GPS: Marktweg; dann Beschilderung folgen. 50°09'29" N / 7°10'29" E).
✥ Alter Stadtkern. Burg Cochem.

Ebenes bis leicht abfallendes Wiesengelände entlang der Mosel. Parzelliert und durch hohe Baumreihen gegliedert. Überflutung bei Hochwasser möglich. Separate Pkw-Abstellung außerhalb des Platzes möglich (kostenlos). Sanitäranlage beheizbar. Freizeitzentrum mit Sportanlagen. Haltestelle 300 m, Ort 1.2 km entfernt. Touristen-/Dauerstellplätze 260/60.

✉ 56812 Cochem-Enderttal (b8) 5355/1

[25] ★★★ »CAMPING-SCHAUSTEN« 1.1. bis 31.12.
E.: Christian Reif ☏ 02671/7528, Fax 1875   10 000 qm
www.camping-cochem.de, info@camping-cochem.de
Abfahrt → A1/48 Koblenz–Trier Abf. (9) Kaisersesch Richtung Cochem, hier 1 km hinter dem Ortsanfang links neben der Straße. ✉ Endertstr. 124 (GPS: 50°09'05" N / 7°09'18" E).

Unparzellierter Terrassenplatz in einem von bewaldeten Steilhängen umgebenen Tal. Imbiss. Haltestelle 100 m, Ort 800 m, Hallenbad 1 km entfernt. Touristen-/Dauerstellplätze 80/20.
2008: (HS) P/N 5.–, K/N 4 bis 12 J. 2.50, A/N 2.50, C MC/N 6.50, T/N 5.– bis 6.50, M/N 1.50, H/N 1.–, WD zuzügl., Strom/kWh –.60 (16 A). In NS Erm.

✉ 56812 Cochem-Enderttal (b8) 5355/2

★★ »CAMPING ZUR WINNEBURG« März bis Okt.
E.: Frank Walter ☏ 02671/98730, Fax 4523   5 000 qm
www.hotelwinneburg.de, frank.cochem@freenet.de
Abfahrt → A1/48 Koblenz–Trier Abf. (9) Kaisersesch Richtung Cochem, ca. 5 km hinter Landkern rechts. ✉ Endertstr. 141 (GPS: 50°09'33" N / 7°08'41" E).

Ebenes, unparzelliertes Wiesengelände in einem von Wald umgebenen Bachtal hinter gleichnamigem Hotel. Ort 2 km entfernt. Touristen-/Dauerstellplätze 40/20.

✉ 56814 Landkern, Cochem (b8) 5360

★★ »CAMPING AM ALTEN FORSTHAUS« 1.1. bis 31.12.
E.: Helga Stern ☏ 02671/8701, Fax 8722   350 m   50 000 qm
www.landkern.com, info@landkern.com
Abfahrt → A1/48 Koblenz–Trier Abf. (9) Kaisersesch Richtung Cochem, ca. 1 km hinter Landkern links. ✉ Hauptstr. 2 (GPS: 50°11'12" N / 7°09'27" E).
✥ Wildpark Klotten. Burg Cochem.

Terrassiert und unparzelliert ansteigendes Wiesengelände mit separaten Platzteilen für Touristen. Ort 1 km entfernt. Separater Jugendplatz. Mittagsruhe 12.30-15 Uhr. Touristen-/Dauerstellplätze 150/230.

5 Rheinland-Pfalz

Unser Campingplatz... ein Paradies für Camper, die auf der Durchreise sind, am Wochenende ausspannen wollen, Ihren Urlaub bei uns verbringen möchten oder einen Dauerstellplatz suchen. Unser großzügig angelegtes Gelände bietet jedem Besucher die individuellen Stellplätze für Caravan oder Zelt. Wir bieten Ihnen ein großes modernes Gebäude mit Restaurant (gut bürgerliche Küche). Stellplätze sind in ausreichender Zahl vorhanden. Reservierungen nehmen wir jedoch gerne entgegen.
- Lebensmittelverkauf • Sanitäre Einrichtungen mit Einzelwaschkabinen und Warmwasserduschen • Behindertentoilette • Wohnmobilversorgungsstation • Waschmaschine • Sonnenterrasse • Eigener Swimmingpool, wo unseren Gästen ein kostenloses Badevergnügen bereitet • Bootsanlegemöglichkeit • Slipanlage • Kinderspielplatz • Vermietung von Wohnwagen und Ferienzimmern • Regelmäßig Tanzabende in der Hauptsaison

(5365)
www.campingplatz-pommern.de

✉ **56829 Pommern,** Mosel (b8)   **5365**

 20 ★★★ »CAMPING POMMERN«   1.4. bis 31.10.
E.: Van den Berk   ☎ 02672/2461, Fax 912173   40 000 qm
www.camping-pommern.de, CampingPommern@netscape.net
→ B 49 Koblenz–Cochem, am Ortsende von Pommern links neben der Straße. ✉ Moselweinstr. 12 (GPS: 50°10'07" N / 7°15'56" E).

Leicht welliges und unparzelliertes Wiesengelände zwischen Straße und Mosel. Uferzone mit hohen Bäumen bestanden. Überflutung bei Hochwasser möglich. Sanitäranlage beheizbar. Biergarten mit Live-Veranstaltungen. Billard. E-Dart. Ort 300 m entfernt. Separater Jugendplatz. Mittagsruhe 12-14 Uhr. Touristen-/Dauerstellplätze 250/120.
2007: (HS) P/N 3.40, K/N bis 12 J. 2.30, A/N 2.10, C/N 3.80, MC/N 6.30, T/N 3.–/4.–, M/N 1.60, B/N 3.50, H/N 1.55, WD inkl., Müllgeb. P/N –.65, Strom/kWh –.55 (16 A), Anschlussgeb. 1.30. In NS Ermäßigung.
DCC/CCI 5% in P/N.

✉ **56253 Treis-Karden,** Mosel (b9)   **5370**

 30 ★★★★ »CAMPING MOSEL-ISLANDS«   April bis Okt.
E.: Mosel Boating Center V.: Hundertmark/Schnorpfeil   45 000 qm
☎ 02672/2613, Fax 02653/990559
→ A 61 Koblenz–Bingen Abf. (39) Dieblich, links Richtung Cochem. In Karden über die Moselbrücke. Im Ortsteil Treis rechts abbiegen. ✉ (GPS: 50°10'15" N / 7°17'33" E).

Ebenes und parzelliertes Wiesengelände auf einer Moselinsel. Uferzone mit Büschen und Bäumen bestanden. Platzgelände durch vereinzelte Laubbäumen aufgelockert. Überflutung bei Hochwasser möglich. Komfortplätze. Alle Plätze mit Frischwasser. Sanitäranlage beheizbar. Ort 500 m entfernt. Mittagsruhe 13-15 Uhr. Touristen-/Dauerstellplätze 180/120.
2007: P/N 6.–, K/N bis 14 J. 3.–, St/N 6.– bis 8.–, M/N 2.50, H/N 3.50, WD zuzügl., Müllgeb./N –.50, Strom/kWh –.50, Stromanschluss für eine Nacht 1.–, Stromanschluss für jede weitere Nacht –.50.

DCC-Vertragsplatz

✉ **56332 Burgen,** Mosel (b8)   **5380/1**

25 ★★★ »CAMPING-BURGEN«   5.3. bis 25.10.
E.: Dieter Linzenbach   ☎ 02605/2396, Fax 4919   40 000 qm
www.camping-burgen.de, camping-burgen@t-online.de
→ A 61 Koblenz–Bingen Abf. (39) Dieblich oder B 49 Koblenz–Trier bis Burgen, 1. Platz rechts. ✉ Moselstr. (GPS: 50°12'53" N / 7°23'24" E).
❀ Moseltal mit vielen Burgen, Burg Eltz.

Ebenes und parzelliertes Wiesengelände, langgestreckt zwischen der Straße und der Mosel. Vereinzelt mit Bäumen und Baumgruppen bestanden. Überflutung bei Hochwasser möglich. Befestigte Mocaplätze. Beheiztes Sanitärgebäude. W-LAN/Funkinternet. Ort 300 m entfernt. Mittagsruhe 13-15 Uhr. Touristen-/Dauerstellplätze 120/60.
2007: P/N 5.–, K/N 2.50, St/N 7.–, T/N 3.–, M/N 2.50, B/N 2.50, H/N 2.–, WD zuzügl., Strom/N 1.50 oder kWh –.40 (10 A).
DCC 10% auf P/N.

DCC – auch Ihr Camping-Partner!

✉ **56332 Burgen,** Mosel (b8/9)   **5380/2**

25 ★★ »BOOTS- UND CAMPING-CENTER LAGUNA«   40 000 qm
E.: Birgit Reif   ☎ 02605/952176, Fax 952177   15.4. bis 15.10.
www.laguna.de, camping@laguna.de
→ A 61 Koblenz–Bingen Abf. (39) Dieblich oder B 49 Koblenz–Trier bis Burgen, 2. Platz rechts. ✉ (GPS: 50°12'16" N / 7°22'53" E).
❀ Moseltal mit vielen Burgen, Burg Eltz.

Leicht welliges und unparzelliertes Wiesengelände an der Mosel. Vereinzelt mit Bäumen aufgelockert. Überflutung bei Hochwasser möglich. Sanitäranlage beheizbar. Ort 800 m entfernt. Touristen-/Dauerstellplätze 90/60.
2008: P/N 5.–, K/N bis 14 J. 3.–, A/N 1.–, C T/N 5.–, MC/N 6.–, M/N 1.–, H/N 2.–, WD zuzügl., Strom/N 1.50 (6 A).

DCC-Vertragsplatz

✉ **56288 Kastellaun** (b9)   **5390**

25 ★★★★ »BURGSTADT CAMPINGPARK«   1.1. bis 31.12.
E.: Stemmler-Kurz GbR   ☎ 06762/4080-0, Fax 4080-100   95 000 qm
www.burgstadt.de, info@burgstadt.de   25 000 qm
→ A 61 Koblenz–Bingen Abf. (42) Emmelshausen nach Kastellaun. Weiter auf der B 327 (ca. 1 km), dann links in die Laubacher Str., und nach 700 m rechts in die Südstr. ✉ Südstr. 34 (GPS: 50°04'04" N / 7°27'16" E).

Parzelliertes und ebenes Wiesengelände. Teilweise bogenförmig angelegt. Überwiegend schattenlos und am Waldrand gelegen. Befestigte Moca-Plätze. Kindersanitär. FW. Hotel mit Wellnessbereich 50 m, Ort 1 km entfernt. Mittagsruhe 13-15 Uhr. Touristen-/Dauerstellplätze 80/20.
2008: P/N 5.–, K/N bis 11 J. 3.–, St/N 8.–, H/N 2.–, WD zuzügl., Strom/kWh –.45 (16 A). Ab 2 Monaten Ermäßigung.
DCC/CCI 10% auf P/N.

BurgStadtCampingPark (5390)

4 Sterne ADAC
DCC-Vertragsplatz - Benachbartes Wellness-Hotel
99 Parzellen, Ver- und Entsorgung an jedem Platz
Der Hunsrück - 1. Platz "LivComAward 2004"

Perfekte Ausstattung:
- Befestigte Parzellen bis 120 qm
- Ver- und Entsorgung an jedem Platz
- Topmodernes Sanitärgebäude & Kiosk

Weitere Highlights:
- Hotel mit Café-Restaurant nebenan
- Tennishalle und -schule nebenan
- Direkt am "Schinderhannes-Radweg"
- Supermarkt, Minigolf, Hallenbad in 300m

Südstraße 34 • 56288 Kastellaun • info@burgstadt.de
Fon 06762.4080-0   Fax -100   www.burgstadt.de

DCC-Vertragsplatz

✉ **56291 Lingerhahn,** Hunsrück (b9)   **5395**

 Abfahrt   25 ★★★★ »CAMPINGPARK AM MÜHLENTEICH«   1.1. bis 31.12.
E.: Christ OHG   ☎ 06746/533, Fax 1566   490 m   150 000 qm
www.muehlenteich.de, info@muehlenteich.de
→ A 61 Bingen–Koblenz Abf. (44) Laudert über Laudert nach Lingerhahn. ✉ Am Mühlenteich 1 (GPS: 50°05'58" N / 7°34'24" E).

Ebenes, teilweise leicht abfallendes Wiesengelände mit Badeteich. In Ortsnähe und von Feldern und Wald umgeben. Unparzelliert mit lockerem Baumbestand sowie mit Tannenstreifen durchzogen. Übernachtungsplatz mit Versorgung vor dem Platzeingang. Grillhütte. Separater Mobilheimplatzteil. Kabel-TV. Ort 1 km entfernt. Mittagsruhe 13-15 Uhr. Touristen-/Dauerstellplätze 700/200.
2007: (HS) P/N 4.50, K/N 2 bis 14 J. 3.50, A/N 4.50, C/N 4.50, MC/N 9.–, T/N 4.–, M/N 3.50, H/N 3.50, WD inkl., Müllgeb. P/N 1.50, Strom/N 2.– (6/10 A), Anschlussgeb. –.50. In NS Ermäßigung.
DCC 10% auf P/N.

Camping „Am Mühlenteich"
56291 Lingerhahn/Hunsrück

Willi Christ
4 Sterne in der deutschen Campingplatzklassifizierung

Telefon (0 67 46) 5 33
www.muehlenteich.de
info@muehlenteich.de

Goldmedaillengewinner im Bundeswettbewerb ADAC-Touristik-Preis Landessieger 1995 und 1996
»Vorbildliche Campingplätze in der Landschaft«
Bundessieger Silbermedaille 1996
Campingpreis Rheinland-Pfalz 1997
4 km von der Abfahrt 44
Autobahn Koblenz–Mainz.

Eine sehr gepflegte Anlage mit allem Komfort, ganzjährig geöffnet, Gesamtgröße 15 ha. Stromanschluss für 400 Stellplätze, Gaststätte, Kiosk, Spielhalle, Jugendraum, SAT Kabelfernsehanschluss, Grillhütte, Beach Volleyball, Boulebahn und Abenteuerspielplatz. (5395)

DCC-Vertragsplatz

56291 Hausbay, Hunsrück (b9) — 5398

30 ★★★★ »CAMPING SCHINDERHANNES« 1.1. bis 31.12.
E.: P. Rettau & G. Frommen ☎ 06746/80280, Fax 802814   450 m   250 000 qm
www.countrycamping.de, info@countrycamping.de

→ A 61 Bingen–Koblenz Abf. (43) Pfalzfeld, noch 3 km. (GPS: 50°06'21" N / 7°34'06" E, Hausbayer Str. - Beschildert.)

8 km

Von Wald umgebenes, ebenes bis leicht welliges Wiesengelände an einem kleinen Badesee. Unparzelliert und durch mehrere Terrassen günstig aufgelockert. Teils schattenlos, teils mit Baumgruppen. Befestigte Moca-Terrassen. Bundeskegelbahn. »Kirche Unterwegs«. Hundeverbot für Kampfhunde. Ort 1 km entfernt. Touristen-/Dauerstellplätze 300/200.
2008: P/N 6.–, K/N bis 13 J. 3.–, St/N 8.–, H/N 2.–, WD und Strom (8 A) inkl. Ab 10 Nächten bis 20% Ermäßigung.
DCC/CCI 10% auf P/N.

55452 Guldental (b9) — 5400

20 ★★★ »CAMPINGPARK DER LINDELGRUND« 1.1. bis 31.12.
E.: G. u. H. Faust ☎ 06707/633, Fax 8468   80 000 qm
www.lindelgrund.de, info@lindelgrund.de

→ A 61 Koblenz–Bingen Abf. Waldlaubersheim. Richtung Windesheim/Guldental. Nach Guldental am Rotenberg links abbiegen. Ca. 500 m zum Museum. Beschildert. ✉ Im Lindelgrund 1 (GPS: 49°53'02" N / 7°51'25" E, Laubenheimer Str.).

Feldbahn-Museum (am Platz). Orgelbaumuseum.

Unparzelliertes, leicht ansteigendes Wiesengelände. Teilweise terrassiert und mit lockerem Baumbestand. Befestigte Moca-Plätze. Günstiger Etappenplatz (Easy-Stop). Durch Dauercamper geprägt. Imbiss und Kiosk. Haltestelle 1 km. Ort 1.5 km entfernt. Separater Jugendplatz. Mittagsruhe 13-15 Uhr. Touristen-/Dauerstellplätze 50/250.
2007: (HS) P/N 3.50, K/N 3 bis 16 J. 2.–, C MC-St/N 6.–, T-St/N 4.50, M/N 3.50, H/N 1.–, WD zuzügl., Müllgeb. P/N –.50, Strom/N 1.20 (10 A). In NS Erm.

55444 Schweppenhausen (b9) — 5405

20 ★★★ »CAMPINGPLATZ AUMÜHLE« 1.3. bis 31.10.
E.: Fam. Wynhoven ☎ 06724/602392, Fax 601610   18 000 qm
www.camping-aumuehle.de, info@camping-aumuehle.de

→ A 61 Bingen–Koblenz Abf. (47) Waldlaubersheim. Ab 2.ten Kreisverkehr noch ca. 2.5 km nach Schweppenhausen. Dort 1. Kreuzung rechts Richtung Stromberg, dann noch 500 m. ✉ Naheweinstr. 65 (GPS: 49°56'02" N / 7°47'31" E).

2 km   3 km

Unparzelliertes und leicht welliges Wiesengelände in einem Waldtal neben einem Bachlauf und einer ehemaligen Mühle. Quick-Stop-Plätze. Sanitäranlage beheizbar. Imbiss. Ort 500 m. Golfplatz 6 km entfernt. Separater Jugendplatz. Touristen-/Dauerstellplätze 40/30.
2007: (HS) P/N 4.–, K/N bis 13 J. 3.–, St/N 7.–, T/N 3.–, WD inkl., Strom/N 2.– (10 A). In NS für DCC Ermäßigung.

55595 Spabrücken, Hunsrück (b9) — 5410

20 ★★★ »CAMPING AM WEISSENFELS« Ostern bis Ende Okt.
E.: Heinrich Wies ☎/Fax 06706/8630   440 m   45 000 qm

→ A61 Boppard–Bingen Abf. (47) Bad Kreuznach/Waldlaubersheim über Schöneberg. ✉ Brunnenstr. 1 (GPS: 49°54'35" N / 7°42'48" E).

50 m   500 m   800 m

Parzelliertes Wiesengelände in leichter Hanglage. Teilweise terrassiert und mit jungen Anpflanzungen. Separate Pkw-Abstellung. Sanitäranlage beheizbar. Imbiss. Ort 1 km entfernt. Separater Jugendplatz. Mittagsruhe 13-15 Uhr. Touristen-/Dauerstellplätze 60/63.
2007: (HS) P/N 4.–, K/N 3.–, A/N 4.–, C/N 4.–, MC/N 8.–, T/N 3.–, M/N 3.–, H/N 2.–, WD inkl., Strom/kWh –.50 (16 A). In NS Ermäßigung.
CCI 10% auf P/N.

55585 Oberhausen, Nahe (b9) — 5415

25 ★★★ »NAHETAL-FREIZEIT-ANLAGE« 1.1. bis 31.12.
E.: Ludwig Barth ☎ 06755/96001, 0171/7774100, Fax 96002
www.camping-nahetal.de, info@camping-nahetal.de   30 000 qm

→ A61/E31 Koblenz–Worms Abf. (51) Bad Kreuznach/Gensingen auf die B 48 bis Bad Münster-Ebernburg. Hier abbiegen über Norheim und Niederhausen. In Oberhausen beschildert. ✉ (GPS: 49°47'42" N / 7°45'17" E).

300 m

Ebenes, unparzelliertes Wiesengelände in Flussnähe auf dem ehemaligen Bahnhofsgelände. Überwiegend schattenlos. Ort 500 m entfernt. Mittagsruhe 13-15 Uhr. Touristen-/Dauerstellplätze 60/40.
2007: P/N 8.–, K/N bis 12 J. 6.–, St/N inkl., WD inkl., Strom/kWh –.60.

55583 Bad Münster-Ebernburg (b9) — 5420

25 ★★★ »CAMPING NAHE-ALSENZ-ECK« Ostern bis 15.10.
E.: Fam. Rapp V.: Velasco ☎ 06708/2453, 3262   30 000 qm
www.campingplatz-nahe-alsenz-eck.de, cnae@gmx.de

→ B61 Koblenz–Worms Abf. (51) Bad Kreuznach auf die B 48 Richtung Rockenhausen bis hinter Bad Münster-Ebernburg. ✉ Auf dem Grün (GPS: Anfahrt über Berliner Str., zwischen Hs-Nr. 83 und 87 über Bahnübergang. 49°48'23" N / 7°50'31" E).

Bad Münster a. Stein. Rheingrafenstein. Rotenfels. Gradierwerk (Salinen).

200 m   300 m

Ebenes, unparzelliertes Wiesengelände an der Mündung der Alsenz in die Nahe. Beheizbare Sanitäranlage. Imbiss. Familiäre Atmosphäre. Ort und Kurmöglichkeit 500 m entfernt. Mittagsruhe 13-15 Uhr. Touristen-/Dauerstellplätze 40/60.
2008: P/N 4.70, K/N 3 bis 10 J. 2.60, J/N 3.60, C-St/N 6.70, MC/N ab 6.70, T/N ab 5.–, H/N 2.10, KT 2.–, WD zuzügl., Strom/N 1.20 (inkl. 2 kWh), kWh –.60 (16 A).

»Ermäßigung auf alle Gebühren«
umfaßt nicht die Nebenkosten wie
Kurtaxe, Müll und Strom

5 Rheinland-Pfalz

Camping ohne Langeweile – der Platz zwischen Weinbergen und Nahe. Ganzjährig geöffnet

Camping Nahemühle, Nahemühle 1, 55569 Monzingen
Tel. 06751-5089 oder 856410, Fax 06751-855429
www.camping-nahemuehle.de, info@camping-nahemuehle.de
(5425)

DCC-Vertragsplatz

55569 Monzingen, Nahe (b9) — 5425

20 ★★★★ »CAMPING NAHEMÜHLE« — März bis Dez.
E: Brigitte Sponheimer ☎ 06751/5089, 856410 — 75 000 qm
www.camping-nahemuehle.de, info@camping-nahemuehle.de
→ B41 Bad Kreuznach–Idar-Oberstein, in Monzingen links abbiegen. (GPS: Zum Kaisergarten. 49°47'46" N / 7°34'42" E).

Ebenes Wiesengelände mit vereinzelten Bäumen am Naheufer. FW. Ort 2 km entfernt. Separater Jugendplatz. Mittagsruhe 13-15 Uhr. Touristen-/Dauerstellplätze 100/200.
2008: P/N 4.20, K/N 3 bis 14 J. 3.–, C MC-St/N 6.50, T-St/N 5.–, WD inkl., Strom/kWh –.40, Anschlussgeb. 1.–.
DCC 10% auf P/N.

55606 Kirn, Nahe (b9) — 5430

20 ★★★ »CAMPING PAPIERMÜHLE« — 1.1. bis 31.12.
E: Egon Andre ☎ 06752/2267, 6432 — 35 000 qm
→ B41 Bad Kreuznach–Idar-Oberstein, kurz hinter Kirn abbiegen Richtung Meisenheim noch ca. 200 m. ✉ Krebsweilererstr. 8 (GPS: 49°46'14" N / 7°27'30" E).
⁂ Burgruine Kyrburg.

Leicht ansteigendes und teilweise terrassiertes Wiesengelände in einem Seitental. Unparzelliert und mit lockerem Baumbestand. Ort 1.5 km entfernt. Mittagsruhe 13-15 Uhr. Touristen-/Dauerstellplätze 40/160.
2008: P/N 4.–, K/N 4 bis 15 J. 2.50, St/N 6.–, kl. T/N 3.–, M/N 2.50, H/N 1.–, WD zuzügl., Strom/kWh –.40 (10/16).

55606 Hahnenbach, Kirn (b9) — 5435

15 ★★ »CAMPINGPARK ROMANTIKA« — 1.4. bis Okt.
E.: Manfred Mildenberger ☎ 06752/8527, Fax 3716 170m 15 000 qm
manfredmild@aol.com
→ B 41 Bad Kreuznach–Idar-Oberstein, in Kirn/Mitte abbiegen Richtung Rhaunen. ✉ Hahnenbachstr. 15a (GPS: 49°48'25" N / 7°25'19" E).
⁂ Schloss Wartenstein. Schloss Dhaun.

Parkartiges unparzelliertes Wiesengelände hinter dem Gasthaus am Hahnenbach. Sanitäranlage beheizbar. Imbiss. Ort 400 m entfernt. Separater Jugendplatz. Mittagsruhe 12-14 Uhr. Touristen-/Dauerstellplätze 40/60.
2007: P/N 2.50, K/N 2 bis 12 J. 2.–, A/N 2.50, C T/N 2.50, MC/N 5.–, M/N –.75, WD zuzügl., Strom/kWh –.40 (16 A), Anschlussgeb. –.75.

DCC-Vertragsplatz

55758 Asbacherhütte, Mörschied (b9) — 5440

25 ★★★★ »CAMPING HARFENMÜHLE« — 1.1. bis 31.12.
E.: Koch ☎ 06786/7076, Fax 1323 — 62 000 qm
www.harfenmuehle.net, mail@harfenmuehle.de
→ B327 Koblenz–Hermeskeil, in Morbach abbiegen über Bruchweiler/Kempfeld nach Asbacherhütte. ✉ Camping Harfenmühle 1 (GPS: 49°48'16" N / 7°16'11" E).
⁂ Wildfreigehege Wildenburg. Kupferbergwerk. Edelsteinschleiferei.

Ebenes und parzelliertes, teilweise terrassiertes Wiesengelände. In einem von Wald umgebenen Bachtal gelegen. Badeteich. Imbiss/Kiosk. Kabel-TV. Weinkeller. Jugendraum. Clubraum (bis 80 Pers.). Moca-Übernachtungsplätze vor der Schranke. Zimmer. Ort (Kempfeld) 3 km, Golfplatz 8 km entfernt. Separater Jugendplatz. Touristen-/Dauerstellplätze 80/80.
2007: (HS) P/N 5.–, K/N 2 bis 15 J. 2.50, St/N 8.50, H/N 2.–, WD zuzügl., Strom/kWh –.50 (16 A). Ab 7/14/21 Nächten nur 6/11/16 Nächte bezahlen (außer in Juli und August). In NS Ermäßigung.
DCC/CCI 10% auf P/N.

55758 Schauren, Hunsrück (b9) — 5445

★★★ »EDELSTEINCAMP« — 1.1. bis 31.12.
E.: Marion Christoffel ☎ 06786/1620, Fax 1801 560m 21 000 qm
www.edelsteincamp.de, edelsteincamp@t-online.de
→ B327 Koblenz–Hermeskeil, in Morbach abbiegen über Bruchweiler nach Schauren. ✉ Hammerweg 1 (GPS: 49°48'36" N / 7°14'27" E).
⁂ Wildfreigehege Wildenburg. Kupferbergwerk. Edelsteinschleifereien.

Leicht ansteigendes und parzelliertes Wiesengelände. Durch die Zufahrt und die Gaststätte zweigeteilt. Ort 400 m entfernt. Separater Jugendplatz. Mittagsruhe 13-15 Uhr. Touristen-/Dauerstellplätze 20/80.

DCC-Vertragsplatz

55758 Sensweiler-Mühle, Idarwald (b9) — 5450/1

20 ★★★ »CAMPING SENSWEILER-MÜHLE« — Mitte März bis Okt.
P.: Ute Pick ☎ 06781/3253, Fax 35147 420m 35 000 qm
www.sensweiler-muehle.de, info@sensweiler-muehle.de
→ B327 Koblenz–Hermeskeil, hinter Morbach abbiegen über Allenbach Richtung Idar-Oberstein B422. 1. Platz. ✉ Sensweiler Mühle 2 (GPS: 49°46'10" N / 7°12'17" E, Allenbach-Edelsteinstr. B422.).
⁂ Idar-Oberstein. Edelsteinfunde. Edelsteinschleiferei. Wildgehege.

Ebenes, parzelliertes und teilweise terrassiert ansteigendes Wiesengelände zwischen Waldrand und Idarbach. Imbiss. FW. Ort 1 km entfernt. Separater Jugendplatz. Mittagsruhe 13-15 Uhr. Touristen-/Dauerstellplätze 100/100.
2008: P/N 3.50, K/N 3 bis 14 J. 2.50, A/N 1.50, C/N 6.–, T/N 4.50/6.–, M/N 1.50, H/N 2.–, WD zuzügl., Müllgeb./Sack 2.50, Strom/kWh –.60, Anschlussgeb. 1.50.
DCC 10% auf P/N.

55758 Sensweiler, Idarwald (b9) — 5450/2

★★ »CAMPING OBERES IDARTAL« — 1.1. bis 31.12.
E.: Birgit und Horst Habermeier 420m 19 000 qm
☎ 06786/2114, Fax 2222, www.oberes-idartal.de, cpoberesidartal@aol.com
→ B327 Koblenz–Hermeskeil, hinter Morbach auf B 422 abbiegen über Allenbach Richtung Idar-Oberstein, 2. Platz. ✉ Sensweiler Mühle (GPS: 49°46'10" N / 7°12'28" E).
⁂ Idar-Oberstein. Edelstein-Industrie. Wildenburg mit Wildfreigehege.

Ebenes und teilweise terrassiertes Wiesengelände am Idarbach. Unparzelliert und von Wald umgeben. In HS Voranmeldung erwünscht. Restaurant 300 m, Ort 1 km entfernt. Mittagsruhe 12.30-14.30 Uhr. Touristen-/Dauerstellplätze 40/90.

55765 Birkenfeld, Nahe (b9) — 5455

30 ★★★★ »CAMPINGPARK WALDWIESEN«
E.: I. Schüller ☎ 06782/5215, Fax 5219 — Osterferien bis 15.10.
www.waldwiesen.de, info@waldwiesen.de 400 m 95 000 qm
→ A62/A1 Landstuhl-Trier Abf. (4) Birkenfeld auf die B41 Richtung Idar-Oberstein, ab Birkenfeld beschildert (GPS: Maiwiese, noch ca. 500 m. 49°39'18" N / 7°10'55" E).
⁂ Edelsteinmine. Kupferbergwerk. Wildenburg. Subtrop. Erlebnisbad.

Vom Waldrand leicht abfallendes und durch Anpflanzungen parzelliertes Wiesengelände. Badeteich und separate FKK-Liegewiese. Sanitäranlage beheizbar. Grillhütte. FW. Ort 500 m entfernt. Separater Jugendplatz. Mittagsruhe 13-15 Uhr. Touristen-/Dauerstellplätze 85/15.
2008: (HS) P/N 5.75, K/N 3 bis 9 J. 4.50, J/N 4.75, St/N 6.75 bis 10.50, H/N 2.–, WD inkl., Strom/kWh –.50 (16 A), Anschlussgeb. 2.–. Ab 7/14/21 Nächten 6/12/18 Nächte bezahlen. In NS Ermäßigung.

Campingpark Clausensee

Sonne über klarem Wasser, stille Wiesentäler, tiefgrüne Laub- und Nadelwälder. Nicht nur die Kinder lieben dieses Naturparadies mitten im Pfälzerwald von der ersten Minute an. Zeit für aktives Erholen: kilometerlange Rad- und Wanderwege (u.a. Mountainbikepark Pfälzerwald, Rodalber Felsenwanderweg, Pfälzer Jakobsweg), schwimmen, rudern, angeln oder einfach nur am Strand faulenzen, lesen, in der Sonne liegen. Deftige Pfälzer Spezialitäten in der Gaststätte oder im Biergarten mit Schirmbar. Lebensmittelmarkt. Großzügig geschnittene Stellplätze mit Strom-, Wasser-, Abwasseranschluss. Beheizte Sanitäranlagen, Waschmaschinen, Trockner, Koch- und Spülgelegenheit. Stellplätze für Reisemobile mit Ver- und Entsorgung.
Wir haben das ganze Jahr über geöffnet. Ermäßigung in der Vor- und Nachsaison. Pauschalangebote.

Campingpark Clausensee GmbH – 67714 Waldfischbach-Burgalben –
Tel. 06333/5744 – Fax 5747 –
info@campingclausensee.de - www.campingclausensee.de (5515)

67098 Bad Dürkheim, Neustadt (c10)   5500

35 ★★★★ »KNAUS-CAMPINGPARK BAD DÜRKHEIM«
E.: Helmut Knaus KG Campingparks V.: Teuber 16.12.07 bis 3.11.08
06322/61356, Fax 8161   160 000 qm
www.knauscamp.de, badduerkheim@knauscamp.de

→ A61 Worms–Speyer Abf. AB-Kreuz Ludwigshafen auf die A650 nach Bad Dürkheim, auslaufend bis zur 2. Verkehrsampel. Hier rechts abbiegen. ✉ In den Almen 3 (GPS: 49°28'25" N / 8°11'30" E).
• Größtes Fass der Welt. Keltischer Ringwall. Klosterruine Limburg. Keltisches Grabhügelfeld. Kurpark-Gradierbau.

Ebenes Wiesengelände in der Nähe eines Sportflugplatzes. Badesee und Liegewiese. Öffentlicher Badebetrieb. Parzellierte Stellflächen und von einem ca. 500 m langen Hauptweg (Weinlaubengang) durchzogen. Befestigte Mocaplätze mit Vollversorgung. Moca-Übernachtungsplätze vor der Schranke. Ort 2 km entfernt. Mittagsruhe 13-15 Uhr. Touristen-/Dauerstellplätze 280/280.
2008: (HS) P/N 7.–, K/N 4 bis 14 J. 3.–, St/N ab 10.–, H/N 3.–, KT –.50/–.25, WD inkl., Müllgeb. St/N 1.50, Strom/N 2.40 (16 A). Nachlässe mit KNAUS-Ferienkarte. In NS Ermäßigung.

67157 Wachenheim, Neustadt (c10)   5505

20 ★★★ »CAMPING IM BURGTAL«   1.3. bis 30.11.
E.: Stadt V.: Herr Zieger 06322/2689, Fax 791710   15 000 qm
www.wachenheim.de, touristinfo@vg-wachenheim.de

→ B271 Bad Dürkheim–Neustadt/Weinstr. In Wachenheim rechts abbiegen noch ca. 1.5 km (Richtung Kurpfalzpark). ✉ Waldstr. 105 (GPS: 49°25'57" N / 8°09'42" E).
• Wachenburg.

Leicht abfallendes, unparzelliertes Gelände in einem Waldtal. Ort 500 m entfernt. Mittagsruhe 13-15 Uhr. Touristen-/Dauerstellplätze 35/60.
2008: St/N inkl. 2 P/N 17.50/19.50, weiter P/N 2.40, K/N 5 bis 14 J. 1.80, H/N –.70, WD inkl., Müllgeb./N 2.–, Strom/N 2.–, kWh –.50 (16 A).

Camping-Ferien in Wachenheim a. d. Weinstraße
67157 Wachenheim · Tel. 0 63 22/26 89 · Fax 79 17 10
Internet: www.wachenheim.de

Internationaler Campingplatz am Waldrand im idyllischen Burgtal, ca. 500 m vom Ort entfernt. 95 Stellplätze, saubere Sanitäranlagen, Warmdusche, Gaststätte.
Wachenheim bietet: Beheiztes Freibad (23°), Tennisplätze, Sportzentrum, (Wald)-Trimm-Dich-Pfad, Wild- und Freizeitpark, markierte Rad- und Waldwanderrundwegenetz, ausgebaute Radwege, Weinlehrpfad, Wein- und Sektproben, Wein- und Heimatfeste, Serenadenkonzerte, Waagen-, Winzer- und Löffelmuseum, Römer-Rundwanderweg, Burgruine Wachtenburg, Villa Rustica (röm. Ausgrabung), gemütliche Weinstuben.
Wachenheim liegt inmitten von Wald, Wein und attraktiven Ausflugszielen, Richtung Kurpfalzpark.
Ein Platz, der auch in der Vor- und Nachsaison empfehlenswert ist.   (5505)

67705 Trippstadt, Neuhöfertal (b10)   5510

30 ★★★★ »CAMPING SÄGMÜHLE«   1.1. bis 31.10.
E.: Fam. Nothof 06306/92190, Fax 2000   12.12. bis 31.12.
www.saegmuehle.de, info@saegmuehle.de   80 000 qm

→ B270 Kaiserslautern–Pirmasens, links abbiegen durch das Karlstal. ✉ Sägmühle 1 (GPS: 49°21'06" N / 7°46'52" E).

Ebenes bis leicht abfallendes und teilweise gestuftes Wiesengelände. Parzelliert und in einem Waldtal mit Badesee gelegen. Medizinische Massageeinrichtung. Ort 1 km entfernt. Mittagsruhe 12.30-14 Uhr. Touristen-/Dauerstellplätze 200/200.
2008: (HS) P/N 7.30, K/N 2 bis 14 J. 3.20, St/N 9.30, H/N 2.50, KT –.15, WD u. Strom (4-16 A) inkl. Ab 10 Nächten und in NS Ermäßigung.

67714 Waldfischbach-Burgalben (b10)   5515

30 ★★★★ »CAMPING CLAUSENSEE«   1.2. bis 30.11.
E.: Ursel Dauenhauer 06333/5744, Fax 5747   130 000 qm
www.campingclausensee.de

→ B270 Kaiserslautern–Pirmasens, rechts abbiegen über Waldfischbach-Burgalben noch ca. 7 km. ✉ Kreisstr. 32 (GPS: Burgalben-Schwarzbachstr., dann weiter. 49°16'32" N / 7°43'16" E).
• Naturpark »Pfälzer Wald«.

Von Wald umgebenes, parzelliertes und teilweise gestuftes Wiesengelände am See. Öffentlicher Badebetrieb. Befestigte Mocaplätze. SAT-Anschluss. Mountainbike-Park. Ort und Hallenbad 7 km entfernt. Separater Jugendplatz. Mittagsruhe 13-15 Uhr. Touristen-/Dauerstellplätze 120/150.
2007: (HS) P/N 6.30, K/N 2 bis 13 J. 3.70, St/N 7.70, T/N 4.50 bis 7.50, M/N 2.10, H/N 4.20, WD zuzügl., Strom keine Angabe (16 A). In HS ab 7 Nächten 10% auf St/N. In NS Ermäßigung.

66851 Steinalben-Geiselbg. Mühle (b10)   5520

★★★ »CAMPING MOOSALBTAL«   1.1. bis 31.12.
E.: Moosalbtaler Blasmusik e.V. 06307/993618, Fax 980398
www.moosalbtaler-camping.de, moosalbtaler@gmx.de   70 000 qm

→ B270 Kaiserslautern–Pirmasens, ca. 2 km hinter Schopp rechts abbiegen Richtung Horbach.

Ebenes und unparzelliertes Wiesengelände in einem Bachtal mit Badeweiher. Teilweise terrassiert. Ort 1 km entfernt. Separater Jugendplatz. Mittagsruhe 13-15 Uhr. Touristen-/Dauerstellplätze 40/120.

Wegen oft wechselnden Größenangaben für die einzelnen Stellparzellen durch die Platzhalter veröffentlicht der DCC nur noch die Camping-Gesamtfläche in qm und den Hinweis »parzelliert« oder »unparzelliert«.

5 Rheinland-Pfalz

DCC-Vertragsplatz

✉ **67729 Pfrimmerhof** bei Sippersfeld (b10) **5525**

[25] ★★★ »CAMPING PFRIMMTAL« ⚷ 1.1. bis 31.12.
E.: Walter Hetsch ☎ 06357/975381, Fax 975365 370m 78000 qm
www.campingplatz-pfrimmtal.de, camping.pfrimmtal@t-online.de

→ A6 Mannheim–Kaiserslautern Abf. (17) Enkenbach/Alsenborn auf die B48 Richtung Rockenhausen, über Neuhemsbach und Sippersfeld abbiegen. ✉ Pfrimmerhof 3 (GPS: 49°33'07" N / 7°57'40" E).

Ebenes bis leicht ansteigendes und teilweise terrassiertes Wiesengelände in einem Waldtal mit Badeweiher. Unparzelliert mit gesplitteten Stellflächen. Wickeltisch. Hund nur auf Anfrage - separater Platzteil für Hundehalter. Wanderreitstation. FW. Ort 1 km entfernt. Separater Jugendplatz. Mittagsruhe 12-14 Uhr. Touristen-/Dauerstellplätze 60/180.
2007: (HS) P/N 4.50, K/N 1 bis 6 J. 3.–, J/N 4.–, A/N 2.–, C T/N 5.–, MC/N 5.–, H/N 1.50, H/N 3.–, WD zuzügl., Strom/N 1.50, kWh –.45 (16 A). In NS Ermäßigung.
DCC/CCI 10% auf P/N.

DCC-Vertragsplatz

✉ **67304 Eisenberg**, Pfalz (c10) **5528**

[15] ★★★ »CAMPING OCHSENBUSCH« ⚷ 15.3. bis 15.10.
E.: DCC LV Rheinland-Pfalz e.V. ☎ 06351/41888, Fax 12767 55000 qm
www.campingplatz-ochsenbusch.de

→ A6 Mannheim–Kaiserslautern Abf. (18) Wattenheim Richtung Eisenberg-Ramsen. ✉ Campingplatz Ochsenbusch 1 (GPS: 49°32'23" / 8°02'09" E).
∴ Pfälzer Wald. Weinstraße.

Zweigeteiltes Wiesengelände, eben bis leicht abfallend auf einer Anhöhe am Waldrand mit schöner Fernsicht sowie in einer Talmulde mit Biotop. Ort 2 km entfernt. Mittagsruhe 13-15 Uhr. Touristen-/Dauerstellplätze 100/150.
2007: P/N 3.10, K/N 6 bis 13 J. 1.60, J/N 13 bis 18 J. 2.10, A/N 1.60 C/N 3.10, MC/N 4.10, T/N 2.50 bis 3.10, M/N 1.10, H/N 1.60, Müllgeb./N 1.10, Strom/N 3.– (16 A). In NS Ermäßigung.
DCC/CCI 15% auf P/N.

DCC-Vertragsplatz

✉ **67813 Gerbach**, Nordpfälz. Bergld. (b9) **5530**

[30] ★★★★ »AZUR CAMPINGPARK PFALZ« ⚷ 1.4. bis 30.10.
E.: AZUR Freizeit GmbH V.: Wiesen ☎ 06361/8287, Fax 22523 85000 qm
www.azur-camping.de/gerbach, gerbach@azur-camping.de

→ A61 Abf. Wörrstein, weiter B48 Richtung Rockenhausen. Beschildert. ✉ Kahlenbergweiher 1 (GPS: 49°40'09" N / 7°53'13" E), Schulstr., dann weiter auf L385).
∴ Waldreiches Donnersberg-Gebiet.

Teilweise terrassiertes und parzelliertes Wiesengelände in Hanglage. In einem von bewaldeten Höhen umgebenen Tal gelegen. Mit einem Angelteich und Freibad. Öffentlicher Badebetrieb. Jugendraum mit Spielgeräten. Ort 1 km entfernt. Separater Jugendplatz. Mittagsruhe 13-15 Uhr. Touristen-/Dauerstellplätze 110/190.
2008: (HS) P/N 4.–, K/N 2 bis 12 J. 3.50, St/N 6.50/8.–, T/N 2.50, M/N 4.50, H/N 2.80, WD u. Schwimmbad inkl., Strom/N 2.80 (10 A). Ermäßigung mit AZUR-Club-Card und einige anderen Club-Cards. Für 14 Nächte nur 12 Nächte bezahlen (außer Strom). In NS Ermäßigung.
DCC 10% auf P/N und CCI 5% auf P/N.

DCC-Vertragsplatz

✉ **67752 Wolfstein**, Pfalz (b10) **5535**

[30] ★★★★ »AZUR CAMPINGPARK AM KÖNIGSBERG«
E.: Fam. Ben und Elly Spruijt ⚷ 1.1. bis 31.12
☎ 06304/4143, Fax 7543 15000 qm
www.camping-wolfstein.de, benspruijt@gmx.de

→ B270 Kaiserslautern–Idar-Oberstein. Am Ortseingang von Wolfstein rechts abbiegen. ✉ Am Schwimmbad 1 (GPS: 49°34'49" N / 7°37'06" E).
∴ Burgen Alt-Wolfstein und Neu-Wolfstein. Heidenburg.

Ebenes bis leicht abfallendes und teilweise parzelliertes Wiesengelände neben dem Schwimmbad. Von Wiesen und Waldhöhen umgeben. Internet-Hot-Spot. Spielhaus für Kinder. FW. Ort 1 km entfernt. Mittagsruhe 13-15 Uhr. Touristen-/Dauerstellplätze 50/30.
2008: (HS) P/N 7.–, K/N 2 bis 12 J. 5.50, St/N 8.–, T/N 5.–, H/N 2.30, WD inkl., Strom/N 2.50 (16 A). Senioren-Angebote. In NS Ermäßigung.
DCC 10% und CCI 5% auf P/N.

✉ **66901 Schönenberg-Kübelberg** (b10) **5540**

[25] ★★★★ »CAMPINGPARK OHMBACHSEE« ⚷ 1.1. bis 31.12.
E.: Familien Jungfleisch ☎ 06373/4001, Fax 4002 76000 qm
www.campingpark-ohmbachsee.de, ohmbachsee@profimail.de

→ A6 Kaiserslautern–Saarbrücken Abf. Bruchmühlbach/Miesau. Über Miesau Richtung Schönenberg ca. 5 km. Oder Abf. (10) Waldmohr über Schönenberg-Kübelberg. ✉ Miesauer Str. (GPS: 49°24'42" N / 7°24'15" E).

Parzellierter Terrassenplatz angrenzend an einen Waldstreifen oberhalb des Ohmbachsees (Badeverbot). Von Büschen und Baumreihen durchzogen. Teilweise geschotterte Stellflächen. »Kirche Unterwegs«. FW. Ort 1 km entfernt. Separater Jugendplatz. Mittagsruhe 13-15 Uhr. Touristen-/Dauerstellplätze 120/150.
2007: (HS) P/N 4.50, K/N 2 bis 16 J. 2.–, St/N 8.–, H/N 2.50, WD inkl., Müllgeb. 1.20, Strom/N 2.50 oder kWh –.45 (10 A), Anschlussgeb. 2.50. In NS Erm.

✉ **66482 Zweibrücken** (b10) **5545**

★★★ »CAMPING OASE« ⚷ März bis Okt.
E.: Steinmann ☎ 06332/482984 14000 qm

→ A8 Neunkirchen–Pirmasens Abf. (32) Zweibrücken Richtung Rosengarten oder Abf. (33) Zweibrücken/Niederauerbach. ✉ Geschw.-Scholl-Allee 11 (GPS: 49°15'13" N / 7°22'38" E).
∴ Rosengarten.

Ebenes und unparzelliertes, überwiegend schattenloses Wiesengelände. Vom Schwimmbad und Schwarzbach begrenzt. Lebensmittel und Tennis 200 m, Zentrum 1 km entfernt. Mittagsruhe 13-15 Uhr. Touristen-/Dauerstellplätze 50/60.

✉ **66482 Zweibrücken-Mittelbach** (b10) **5550**

[15] ★★ »CAMPING HENGSTBACHER-MÜHLE« ⚷ 15.4. bis 31.10.
E.: Jürgen Berner ☎ 06332/18128, Fax 904001 4000 qm
www.camping-hengstbachermuehle.de

→ A8 Neunkirchen–Pirmasens Abf. (33) Zweibrücken/Ixheim nach Mittelbach. Am Ortsende links. ✉ Hengstbacher Mühle 1 (GPS: 49°12'23" N / 7°19'52" E).

Ebene, unparzellierte Wiese zwischen einem Anwesen und dem Hengstbach. Überflutung bei Hochwasser möglich. Sanitäranlage beheizbar. Ort 1 km entfernt. Mittagsruhe 13-14 Uhr. Touristen-/Dauerstellplätze 15/30.
2008: P/N 3.–, K/N 6 bis 12 J. 2.–, A/N 2.–, C/N 2.50, MC/N 4.–, M/N 1.50, WD zuzügl., Strom/N 2.– oder kWh –.45 (15 A).

DCC-Vertragsplatz

✉ **66996 Ludwigswinkel**, Pirmasens (b10) **5555**

[20] ★★★ »WALDCAMPING SCHÖNTAL« ⚷ 1.5. bis 30.9.
E.: CC Pirmasens e.V im DCC ☎ 06393/1793, Fax 993695 15000 qm
www.campingclub.pirmasens.de, goellert@t-online.de

→ B10 Landau–Pirmasens, 1 km hinter Hinterweidenthal bei Kaltenbach links abbiegen über Salzwoog/Saarbacherhammer/Ludwigswinkel/Schöntalweiher-Hinweisschild CCP folgen. ✉ Schöntalstr. (GPS: 49°05'01" N / 7°39'15" E).
∴ Französische Burgen ca. 5 km.

Leicht welliges und überwiegend schattenloses Wiesengelände. Unparzelliert und in einem von Felsen umgebenen Waldgebiet gelegen. Sanitäranlagen beheizbar. In der Nähe Klettermöglichkeit. Hunde nur auf Anfrage! Gasverkauf. Ort 1 km entfernt. Mittagsruhe 13-15 Uhr. Touristen-/Dauerstellplätze 20/85. Nach Voranmeldung reservierte Stellplätze. Voranmeldung an: CC Pirmasens e. V. im DCC.
2008: P/N 4.–, K/N 4 bis 12 J. 2.50, St/N 7.–, H/N 2.50 (auf Anfrage), WD zuzügl., Strom/N 2.–.
DCC/CCI 10% auf P/N.

DCC-VERTRAGSPLATZ OCHSENBUSCH
67304 EISENBERG

Telefon 0 63 51/4 18 88 oder DCC LV Rheinland-Pfalz e.V.,
1. Vorsitzender, Telefon 0 63 31/25 86 50, Fax 25 86 51

(5528)

✉ 66996 Schönau, Pirmasens (b10)   5560
★★ »CAMPING AM KÖNIGSWEIHER«   1.4. bis 31.10.
E.: Ralf Mischler ☎ 06393/1213   4000 qm
www.fewo-am-koenigsweiher.de, fewo-am-koenigsweiher@gmx.de
→ B427 Bad Bergzabern-Dahn, hinter Busenberg abbiegen über Budenthal und Rumbach nach Schönau. ✉ Am Königsweiher (GPS: 49°03'55" N / 7°44'47" E).
♣ Dahner Felsenland mit seinen Burgen.

Ebenes, unparzelliertes Wiesengelände an einem Badesee. Keine ständige Aufsicht. FW. Ort 500 m entfernt. Mittagsruhe 13-15 Uhr. Touristen-Dauerstellplätze 15/35.
2008: P/N 5.–, K/N bis 12 J. 2.50, St/N 7.–, H/N 2.–, WD zuzügl., Strom/kWh –.60 (16 A), Anschlussgeb. –.60.

✉ 66994 Dahn, Pirmasens (b10)   5565/1
★★★★ »CAMPING BÜTTELWOOG«   1.3. bis 8.11.
E.: Familie Lejeune ☎/Fax 06391/5622, Fax 5326   70 000 qm
www.camping-buettelwoog.de, buettelwoog@t-online.de
→ B427 Hinterweidenthal–Bad Bergzabern, in Dahn rechts abbiegen. ✉ Im Büttelwoog 3 (GPS: 49°08'39" N / 7°46'06" E).
♣ Dahner Felsenland. Jungfernsprung.

Ebenes und unparzelliertes, teilweise leicht ansteigendes Wiesengelände. In einem von bizarren Felsen umgebenen Waldtal gelegen. Spieleraum, Kegel- und Bowlingbahn, Sqash 300 m und Ort 1 km entfernt. Mittagsruhe 12-14 Uhr. Touristen-/Dauerstellplätze 120/70.
2007: P/N 5.50, K/N 4.50, J/N 5.–, St/N 6.50, H/N 3.–, KT ab 2 Nächten –.50, WD inkl., Strom/N 1.90 (4 A). CCI 10 % auf P/N ab 2 Nächten.
DCC 10% auf P/N.

✉ 66994 Dahn, Pirmasens (b10)   5565/2
★★★ »CAMPING NEUDAHNER WEIHER«   Ostern bis Okt.
E.: Günther Jacobi ☎ 06391/1326, Fax 409591   3000 qm
www.neudahner-weiher.de, jacobineudahn@aol.com
→ B427 Hinterweidenthal–Bad Bergzabern. Ca. 2 km nach Hinterweidenthal (2 km vor Dahn) nach rechts abbiegen. ✉ Neudahner Weiher 3 (GPS: Neudahner Sägemühle. 49°09'54" N / 7°45'14" E).
♣ Burgruine Dahn. Naturschutzgebiet. Jungfernsprung.

Ebenes und unparzelliertes Wiesengelände in einem bewaldeten Tal am Fuße der Burgruine Neudahn. Naturbelassen und rund um einen Badeweiher (Moorsee) angelegt. Separate Pkw-Abstellung für Zeltcamper. Separater Platzteil für Hundehalter. Reservierung ab 1 Wo Aufenthalt. Ort 3 km entfernt. Mittagsruhe 12-14 Uhr. Touristen-/Dauerstellplätze 50/80.
2008: P/N 5.–, K/N bis 14 J. 4.–, St/N 7.–, extra A/N 1.–, M/N 1.–, B/N 2.–, H/N 3.–, KT –.50, WD inkl., Müllgeb. P/N –.50, Strom/N 2.– (8 A). Ab 2 Nächten DCC/CCI 10% auf P/N Ermäßigung.

✉ 76889 Vorderweidenthal, B.Bergzb. (b10)   5570
★★★ » CAMPING BETHOF«   14.3. bis 8.11.
E.: Naturfreunde OG Bad Bergzb. ☎ 06398/993011, Fax 993012   20000 qm
www.bethof.de, info@bethof.de
→ B427 Bad Bergzabern–Pirmasens, hinter Birkenhördt rechts abbiegen. ✉ Am Bethof 1 (GPS: 49°07'12" N / 7°54'03" E).
♣ Schloss Berwartstein.

Talwärts mehrfach terrassiertes Wiesengelände beim Naturfreundehaus. Von Wald umgeben. Stellflächen parzelliert und teilweise geschottert. Ort 3 km entfernt. Mittagsruhe 13-15 Uhr. Touristen-/Dauerstellplätze 50/50.
2008: St/N inkl. 2 P/N 18.–, weitere P/N 4.70, K/N bis 14 J. 2.60, H/N 1.60, KT –.40, WD und Strom inkl.
DCC/CCI 10% auf P/N.

5 Rheinland-Pfalz

(5601)

Ferien in Remagen am romantischen Mittelrhein

Camping »Goldene Meile«
D-53424 Remagen
Tel. (0 26 42) 2 22 22
http://www.camping-goldene-meile.de
e-mail: info@camping-goldene-meile.de

Dieser Campingplatz hat seit Jahren bei den Inspektionen ein herausragendes Ergebnis erzielt und gehört zu den Besten des Jahres.

ADAC Auszeichnung 2007

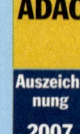

DCC-Vertragsplatz
DCC

erkende camping
ANWB

Einer der schönsten und modernsten Campingplätze im romantischen Rheintal zwischen Bonn (20 km) und Koblenz (40 km). Hier und in der schönen Umgebung finden Sie ideale Verhältnisse vor.

Für den Ferienaufenthalt: Wassersport am Rhein und im beheizten Freizeitbad (86 m Rutsche), Sport und Fitness (Tennishalle und Tennisplätze), Sport-/Volleyball-/Bolzplatz, Wanderungen in Eifel und Westerwald, Schiffsausflüge auf Rhein und Mosel, zahlreiche Winzerfeste.

Für die Durchreise: günstiger Standort (siehe Skizze), nur 7 km von der Autobahn A-61 (Ausfahrt Sinzig-Remagen), 2 km bis zur B 9. Kiosk, Restaurant mit Terrasse.

✉ 76855 Annweiler am Trifels, Pfalz (b10) 5575

★★★ »CAMPING DER NATURFREUNDE«
E.: Naturfreunde e. V.   V.: Reiner   180 m   1.4. bis 31.10.   8000 qm
☎ 06346/3870, Mobil 0174/4717403, Fax 302945
www.naturfreunde-annweiler.de, info@naturfreunde-annweiler.de

➔ B10 Landau–Pirmasens Abf. Annweiler noch ca. 1 km. ✉ Viktor-von-Scheffel-Str. 18 (GPS: 49°12'05" N / 7°58'20" E).

Ebener und unparzellierter Terrassenplatz am Fuße des Sonnenberges mit Trifels. Rezeption nur von 18-22 Uhr geöffnet! Ort 500 m entfernt. Separater Jugendplatz. Mittagsruhe 13-15 Uhr. Touristen-/Dauerstellplätze 35/20.
2008: P/N 4.20, K/N 3 bis 18 J. 2.55, St/N 5.50, T/N 3.30, M/N 2.20, H/N 1.50, KT –.50, Strom/N 1.70 (10 A).

✉ 67487 St. Martin, Pfalz (c10) 5580

30 ★★ »CAMPING WAPPENSCHMIEDE«   21.3. bis 11.11.
E.: Gerlinde Riede   V.: M. Siepenkort   ☎ 06323/6435   8000 qm
campingplatz-wappenschmiede.beep.de, cpWappenschmiede@hotmail.de

➔ B38 Neustadt–Landau, nach Maikammer/St. Martin abbiegen zur Totenkopfstraße. ✉ Talstr. 60 (GPS: 49°18'03" N / 8°05'25" E).

Ebene, unparzellierte Wiesenfläche mit Zeltterrassen bei einem Gasthof am Waldrand. Ort 500 m entfernt. Mittagsruhe 13-15 Uhr. Touristen-/Dauerstellplätze 40/35.
2008: P/N 6.–, K/N 3 bis 14 J. 3.–, St/N 7.30, T/N 4.–/5.–, KT –.60, WD zuzügl., Strom/N 2.20.

DCC-Vertragsplatz
✉ 76761 Rülzheim, Germersheim (c10) 5585

30 ★★★★ »CAMPING IM FREIZEITZENTRUM«   1.1. bis 31.12.
E.: Gemeindewerke Rülzheim   V.: G. Abele   100000 qm
☎ 07272/9284-34 od. 0, Fax 9284-22, www.mobydick.de, info@mobydick.de

➔ A65 Karlsruhe–Landau Abf. (19) Rohrbach über Herxheim nach Rülzheim, vor dem Ort rechts abbiegen. ✉ Am See 2 (GPS: 49°09'05" N / 8°16'23" E).

Ebenes, dreigeteiltes und unparzelliertes Wiesengelände neben dem Schwimmbad mit Freizeitzentrum. Ort 1.5 km entfernt. Mittagsruhe 13-15 Uhr. Touristen-/Dauerstellplätze 150/330.
2008: P/N 8.–, K/N 6.50, St/N 3.50, H/N 2.50, WD inkl., Strom/kWh –.60 (16 A). Vorauszahlung! **Achtung:** Strom-Anschluss erfolgt nur bei Benutzung von VDE-Norm entsprechendem Kabel.
DCC/CCI 10% auf P/N.

✉ 53424 Remagen-Rolandswerth, Rh. (b8) 5600

20 ★★ »RHEINCAMPING SIEBENGEBIRGSBLICK«
E.: Fam. Steinwartz   15.4. bis 20.10.
☎ 02228/910682, Fax 02633/472008   50 m   28000 qm
www.siebengebirgsblick.de, info@siebengebirgsblick.de

➔ A61 Koblenz–Köln bis AB-Kreuz Meckenheim, hier auf die A565 Richtung Bonn, Abf. (11) Meckenheim/Merl und weiter über Gimmersdorf nach Rolandswerth. Hier an der B9 beschildert. ✉ Wickchenstr. (GPS: 50°38'42" N / 7°12'25" E).

⚑ Drachenfels. Rolandsbogen. Römische Ausgrabungen.

Teilweise parzelliertes, ebenes und langgestrecktes Wiesengelände. Direkt am Rhein gelegen und durch vereinzelte Bäume aufgelockert. Liegewiese. Reservierung empfehlenswert. Imbiss. Verbot für Kampfhunde. Ort 2 km entfernt. Separater Jugendplatz. Mittagsruhe 13-15 Uhr. Touristen-/Dauerstellplätze 80/70.
2008: P/N 4.50, K/N 6 bis 18 J. 2.50, A/N 3.–, C/N 3.50, MC/N 4.50, T/N ab 3.–, M/N 2.–, B/N 1.–, H/N 1.–, WD zuzügl., Müllgeb. St/N –.50, Strom/N 2.– oder kWh –.45 (16 A), Anschlussgeb. 1.–. Ab 10/20/30 Nächten 10/20/30% Ermäßigung.

DCC-Vertragsplatz
✉ 53424 Remagen, Rhein (b8) 5601

30 ★★★★ »CAMPING GOLDENE MEILE«   1.1. bis 31.12.
E.: H. A. Werner   V.: Czeslik   ☎ 02642/22222, Fax 1555   110000 qm
www.camping-goldene-meile.de, info@camping-goldene-meile.de

➔ A61 Koblenz–Köln Abf. (31) Sinzig auf die A571 und B266 Richtung Rheinfähre Linz, in Kripp links abbiegen. ✉ Simrockweg 9-13 (Am Allwetterbad) (GPS: 50°34'33" N / 7°15'07" E).

⚑ Brücke von Remagen. Rolandsbogen. Erpeler Ley. Römische Ausgrabungen. Apollinarískirche.

Ebenes bis leicht abfallendes und parzelliertes Wiesengelände. Von Hecken und Bäumen durchzogen. Mit Blick auf die gegenüberliegenden Rheintalhöhen. Überflutung bei Hochwasser möglich. Ort 1 km entfernt. Separater Jugendplatz. Mittagsruhe 13-15 Uhr. Touristen-/Dauerstellplätze 200/350.
2008: P/N 5.70, K/N 6 bis 16 J. 4.70, St/N 7.80/9.30, T/N 3.70, H/N 1.60, WD zuzügl., Müllgeb. St/N –.55, Strom/N 2.45 (6 A).
DCC 10% auf P/N.

Jahres-Öffnungszeiten werden uns von den Platzhaltern gemeldet. Sie bemühen sich, die Zeiten einzuhalten. Je nach Wetterlage sind aber spätere Öffnungs- und frühere Schließungszeiten möglich.

✉ 53498 Bad Breisig, Rhein (b8)   5605

20 ★★★★ »CAMPING RHEINECK«   1.1. bis 31.12.
E.: Norbert Steinwartz ☎ 02633/95645, Fax 472008:   50 000 qm
www.camping-rheineck.de, info@camping-rheineck.de
→ B9 Remagen–Andernach, am Ortsende von Bad Breisig rechts abbiegen. ✉ Rheinecker Str. (GPS: 50°29′30″ N / 7°18′38″ E).
• Burg Rheineck.

Ebenes bis leicht ansteigendes, unparzelliertes Wiesengelände in einem Waldtal. Von einem Bach unterteilt. Durch Dauercamper geprägt. Kabel-TV. Hallenbad mit Sauna und Solarium, Kuranwendungen und Ort 1.5 km entfernt. Separater Jugendplatz. Mittagsruhe 13-15 Uhr. Touristen-/Dauerstellplätze 50/200.
2008: P/N 4.50, K/N 6 bis 18 J. 2.50, A/N 3.–, C/N 3.50, MC/N 4.50, T/N ab 3.–, M/N 2.–, B/N 2.–, H/N 1.–, KT 1.50, WD zuzügl., Müllgeb. St/N –.50, Strom/N 2.– oder kWh –.45 (6 A), Anschlussgeb. 1.–. Ab 10/20/30 Nächten 10/20/30% Ermäßigung.

✉ 53557 Bad Hönningen (b8)   5610

★★★ »LIDO CAMPING«   April bis Okt.
E.: Kristall-Rheinpark-Therme GmbH ☎ 02635/923585, Fax 923586
www.camping-bad-hönningen.de, info@camping-bad-hönningen.de   45 000 qm
→ A3 Frankfurt–Köln Abf. Bad Hönningen/Neuwied auf die B 42. ✉ Alée St. Pierre les Nemours 1 (GPS: 50°30′61″ N / 7°18′42″ E).

Teilweise parzelliertes, ebenes Wiesengelände mit vereinzeltem Baumbestand. Direkt am Rhein neben der Kristall-Therme. Ortszentrum 500 m entfernt. Mittagsruhe 13-15 Uhr. Touristen-/Dauerstellplätze 100/385.

✉ 56589 Niederbreitbach, Wiedtal (b8)   5620

20 ★★★ »CAMPING NEUERBURG«   April bis Okt.
E.: Verkehrsverein e.V. ☎ 02638/4254, Fax 5638   42 000 qm
www.wiedtal-camping.de, verkehrsverein.niederbreitbach@t-online.de
→ Wiedtalstraße Neuwied–Niederbreitbach. In Niederbreitbach beschildert. ✉ Im Freizeitgelände (GPS: Bei Weihergasse über die Brücke. 50°31′47″ N / 7°24′52″ E).

Ebenes Gelände am Ortsrand. Touristenwiese unparzelliert am Wiedufer vor dem Platz. Überflutung bei Hochwasser möglich. Gasverkauf. Ort 200 m, Hallenbad 1 km entfernt. Separater Jugendplatz. Mittagsruhe 13-15 Uhr. Touristen-/Dauerstellplätze 40/208.
2007: St/N inkl. 2/4 P/N 14.–/17.–, H/N 1.–, Strom inkl. (16 A).

DCC – DEIN PARTNER!

DCC-Vertragsplatz

✉ **56653 Wassenach,** Maria Laach (b8)   5625

 25 ★★★ »CAMPING LAACHER SEE« ⚷ Ostern bis Anf. Okt.
P: Camping Laacher See GmbH ☎ 02636/2485, Fax 929750 70000 qm
www.camping-laacher-see.de, info@camping-laacher-see.de

Abfahrt → A61 Koblenz–Köln Abf. (34) Mendig. ✉ Am Laacher See (GPS: 50°25'19" N / 7°15'54" E).
∴ Kloster Maria Laach.

Vom Waldrand zum See leicht abfallendes Wiesengelände auf mehreren Geländestufen. Mit Hecken parzelliert und von Baumreihen durchzogen. Befestigte Mocaplätze. Uferliegewiese und öffentlicher Badebetrieb. DLRG-Station. Kraftraum. Kiosk. Motorboote nicht erlaubt. Minigolf 200 m, Haltestelle 600 m, Ort 2 km entfernt. Touristen-/Dauerstellplätze 95/95.
2008: (HS) P/N 5.–, K/N 3 bis 14 J. 3.–, A/N 2.–, C MC/N 5.–/7.–, T/N 3.50/7.–, M/N 2.–, B/N 1.– bis 5.–, H/N 3.–, WD zuzügl., Strom/N 2.– (16 A). In NS Erm. Preisänderungen behält sich der Campingplatz vor. **DCC 10% auf P/N.**

✉ **56743 Mendig,** Mayen (b8)   5630

20 ★★★ »SIESTA CAMPING« ⚷ 1.1. bis 31.12.
P: W. Böhler ☎ 02652/1432   36 000 qm
www.campingsiesta.de, Walter.Boehler@t-online.de

Abfahrt → A61 Koblenz–Köln Abf. (34) Mendig Richtung Maria Laach, dann rechts über Mitfahrerparkplatz noch ca. 500 m. ✉ Maria Laacher See Str. 6 (GPS: 50°23'12" N / 7°16'20" E).

Ebenes, teilweise leicht ansteigendes, unparzelliertes Wiesengelände in Autobahnnähe. Mittagsruhe 13-15 Uhr. Haltestelle und Ort 2 km entfernt. Touristen-/Dauerstellplätze 70/70.
2008: (HS) P/N 3.60, K/N 4 bis 13 J. 3.–, A/N 2.–, C/N 4.30, MC/N 5.50, T/N 3.50, M/N 1.50, H/N 1.50, WD inkl., Strom/N 1.80 oder kWh –.77 (16 A). In NS Ermäßigung.

DCC-Vertragsplatz

✉ **56072 Koblenz-Güls,** Mosel (b8)   5635

25 ★★★★ »CAMPING GÜLSER MOSELBOGEN« ⚷ 1. 1. bis 31.12.
E.: Paffhausen-Freizeit GmbH V.: Peifer ☎ 0261/44474, Fax 44494
www.moselbogen.de, info@moselbogen.de   80000 qm

Abfahrt → A61 Bingen–Koblenz Abf. (38) Koblenz/Metternich auf die B416 Richtung Winningen/Cochem, hinter Güls abbiegen. ✉ Am Gülser Moselbogen 20 (GPS: 50°19'56" N / 7°33'11" E).

Ebenes, parzelliertes Wiesengelände mit naturbelassener Badebucht am Moselufer. Separater Dauercamperteil mit eine Wochenendhaus-Siedlung. Kabel-TV. Cafe/Bistro. Biergarten. Ort 1.5 km entfernt. Mittagsruhe 12-14 Uhr. Touristen-/Dauerstellplätze 110/84.
2008: P/N 5.–, K/N 4 bis 14 J. 2.50, A/N 3.–, C/N 5.–, MC/N 6.– bis 8.–, T/N 2.–, M/N 1.50, H/N 2.–, WD zuzügl., Müllgeb. P/N –.50, Strom/N 1.50 (11-16 A), Anschlussgeb. 1.–.
DCC 10% auf P/N.

✉ **56070 Koblenz,** Rhein (b8)   5640

★★ »CAMPING RHEIN-MOSEL« ⚷ April bis Okt.
P: Hans-Jürgen Buhlmann ☎ 0261/82719, Fax 802489   45000 qm

Abfahrt → A48 Dernbacher Dreieck-Trier Abf. (15) Koblenz auf die B9 nach Koblenz. Zum Ortsteil Lützel abbiegen. ✉ Schartwiesenweg 6 (GPS: 50°21'58" N / 7°36'11" E).
∴ Gegenüber »Deutsches Eck« und Festung Ehrenbreitstein.

Leicht welliges und unparzelliertes Wiesengelände an der Moselmündung. Teilweise unter hohen Bäumen. Befestigte Mocaplätze. Überflutung bei Hochwasser möglich. Beheizbare Sanitäranlage. Ort 500 m entfernt. Mittagsruhe 13-14 Uhr. 200 Touristenplätze.

✉ **56133 Fachbach,** Lahn (b8)   5645

★★ »CAMPING BÄDERBLICK« ⚷ April bis Sept.
E.: H. Stenz P.: Christa Jesgarsz ☎/Fax 02603/13202   10000 qm

→ B260 Koblenz–Bad Ems, in Fachbach rechts abbiegen. Schmale Zufahrt. ✉ Furtweg 1 (GPS: 50°20'11" N / 7°41'30" E).

Ebenes, unparzelliertes Wiesengelände am Lahnufer. Überflutung im Winter möglich. Ort 300 m entfernt. Mittagsruhe 13-15 Uhr. Touristen-/Dauerstellplätze 30/75.

 ✉ **56132 Dausenau,** Lahn (b8)   5650

20 ★★★ »CAMPING LAHN-BEACH« ⚷ 1.4. bis 31.10.
P: Th. Kreutz ☎ 02603/13964, Fax 919935   30000 qm
www.camping-dausenau.de, info@canutousis.de

→ B260 Bad Ems–Nassau, in Dausenau über die Lahnbrücke abbiegen. ✉ Hallgarten 16 (GPS: 50°19'40" N / 7°45'18" E).
∴ Alte Ringmauer (1359). Spätgotisches Fachwerk-Rathaus.

Ebenes und langgestrecktes, unparzelliertes Wiesengelände am Lahnufer. Überwiegend schattenlos. Überflutung bei Hochwasser möglich. Wasserwanderer-Station (Kanu Abhol- und Bring-Service). Haltestelle 300 m, Ort 400 m, Hallenbad und Kuranwendung 3 km entfernt. Separater Jugendplatz. Touristen-/Dauerstellplätze 100/60.
2007: P/N 4.50, K/N 3 bis 12 J. 3.–, A/N 2.–, C/N 4.–, MC/N 5.–, T/N 2.50 bis 4.–, M/N 1.50, Müllgeb./N –.50, Strom/N 2.– (6/16 A).

✉ **56333 Winningen,** Mosel (b8)   5655

30 ★★★ »CAMPING INSEL ZIEHFURT« ⚷ Ostern bis Okt.
P: Thomas Lange ☎ 02606/357, Fax 2566   50000 qm
www.mosel-camping.com, Ferieninsel.Winningen@t-online.de

Abfahrt → A61 Bingen–Koblenz Abf. (38) Koblenz/Metternich auf die B416 Koblenz–Cochem, ca. 1 km hinter Winningen links. ✉ (GPS: 50°18'41" N / 7°29'58" E).

Leicht welliges und unparzelliertes Wiesengelände auf einer Moselinsel. Überflutung bei Hochwasser möglich. Warmfreibad 800 m, Ort 1.5 km entfernt. Separater Jugendplatz. Touristen-/Dauerstellplätze 200/200.
2007: P/N 6.50, K/N 4 bis 14 J. 3.–, St/N 6.50, H/N 3.–, WD zuzügl., Strom/N 2.50 (16 A).

✉ **56112 Lahnstein,** Rhein (b8)   5660/1

30 ★★★★ »CAMPING BURG LAHNECK« ⚷ 15.3. bis 31.10.
E.: Erbengem. Mischke ☎ 02621/2765, Fax 18290 175m 18000 qm

→ B42 Koblenz–Rüdesheim Abf. Oberlahnstein-Kurzentrum in Richtung Kurzentrum und Burg Lahneck. ✉ Am Burgweg (GPS: 50°18'20" N / 7°36'48" E).
∴ Burg Lahneck. Schöner Ausblick in das Rhein- und Lahntal.

Welliges, teilweise parzelliertes und terrassiertes Wiesengelände in Burgnähe. Sanitäranlage beheizbar. Ort 2.5 km, Hallenbad 4 km entfernt. Touristen-/Dauerstellplätze 100/3.
2008: P/N 6.–, K/N 3 bis 14 J. 3.–, A/N 3.50, C/N 6.–, MC/N 7.50/8.50, T/N 5.–/6.–, M/N 1.50, H/N 1.–, WD zuzügl., Strom/kWh –.50 (16 A), Anschlussgeb. –.50.

CAMPINGPLATZ BURG LAHNECK
56112 Lahnstein/Rhein, Ortsteil Oberlahnstein
Tel. (0 26 21) 27 65, Fax (0 26 21) 1 82 90

Auf der Höhe neben der mittelalterlichen Burg Lahneck gelegen, mit Panoramablick auf das Rheintal. Angrenzend das städtische Freibad (verbilligter Eintritt für Camper). 2 km entfernt Reiten und Tennis. Koblenz und Moselmündung 8 km. Zentraler Punkt für Ausflüge an Rhein, Mosel, Nahe und Ahr sowie Westerwald, Taunus, Eifel und Hunsrück. Unmittelbar am Rhein-Burgen-Wander-Weg (Anbindung zum Rheinsteig). Sanitärbereich zentralbeheizt.

Abfahrt von der B 42 bei Oberlahnstein, den Schildern »Kurzentrum« und »Burg Lahneck« folgen, auf der Höhe nach links in Richtung Burg Lahneck abbiegen.
(5660/1)

Campingplatz Koblenz Rhein-Mosel
www.camping-rhein-mosel.de
Schartwiesenweg 6 · 56070 Koblenz-Lützel
Telefon: 0261 / 82719 · Fax: 0261 / 802489
Geöffnet von April bis Mitte Oktober
(5640)

- Schönste Lage mit Blick auf das Deutsche Eck und die Festung Ehrenbreitstein
- Behindertengerechte Einrichtungen
- Koch-, Wasch- und Bügelraum
- Einkaufsmöglichkeit vor Ort
- Personenfähre zum Deutschen Eck/ Innenstadt
- Wassersportmöglichkeiten in der Nähe
- Kinderspielplatz
- Gaststätte mit gemütlichem Biergarten und Kiosk

Koblenz-Touristik
Info´s rund um Koblenz
(Veranstaltungen, Tickets, Stadtführungen u.v.m.)

Tourist-Info Bahnhof
Telefon: 0261/ 31304
info-hbf@touristik-koblenz.de
www.touristik-koblenz.de
www.koblenzticket.de

Willkommen am schönsten Eck Deutschlands

56112 Lahnstein (b8) 5660/2

25 ★★★★ »CAMPING WOLFSMÜHLE« 15.3. bis 31.10.
E.: Fam. Gooren ☎ 02621/2589, Fax 2584 30 000 qm
www.camping-wolfsmuehle.de, info@camping-wolfsmuehle.de
→ B42 Koblenz–Rüdesheim Abf. Oberlahnstein-Kurzentrum Richtung Krankenhaus und weiter. ✉ Hohenrhein 79 (GPS: 50°18'55" N / 7°37'60" E).
Taunus. Lahntal.

Langgestrecktes, ebenes und unparzelliertes Wiesengelände zwischen Bahnlinie und Lahnufer. Überflutung bei Hochwasser möglich. Wasserwanderer-Station. Sanitäranlage beheizbar. Trampolin. Ort 1 km entfernt. Separater Jugendplatz. Touristen-/Dauerstellplätze 40/90.
2008: (HS) P/N 5.50, K/N 3 bis 15 J. 4.–, St/N 5.50, B/N 6.–, H/N 2.–, WD inkl., Strom/N 2.– (16 A). In NS Ermäßigung.

Camping Wolfsmühle (5660/2)
Einer der schönsten Campingplätze an der Lahn. Unser Campingplatz ist der ideale Ausgangspunkt für Wanderungen und Tagesausflüge zu Wasser oder mit dem Rad. Thermalbad und Freibad ca. 1,5 km. Günstig zu erreichen über die B42, Abf. Oberlahnstein.
Hohenrhein 79, 56112 Lahnstein Tel. 0 26 21/25 89, Fax 0 26 21/25 84
www.camping-wolfsmuehle.de · info@camping-wolfsmuehle.de

56321 Brey, Rhein (b8) 5665

★★ »CAMPING DIE KLEINE RHEINPERLE« Mai bis Okt.
E.: Werner Wilhelm ☎ 02628/8860, Fax 8865 8000 qm
www.camping-freizeitzentrum-brey.de, info@camping-freizeitzentrum-brey.de
→ B9 Koblenz–Boppard, am Ortsende von Brey abbiegen. ✉ Am Rhein 1 (GPS: 50°16'24" N / 7°37'60" E).

Ebenes, parzelliertes und teilweise leicht welliges Wiesengelände auf zwei Geländestufen. Zwischen Bahnlinie und Rhein. Durch Bäume aufgelockert. Ort 500 m entfernt. Mittagsruhe 12-15 Uhr. Touristen-/Dauerstellplätze 50/50.

DCC-Vertragsplatz

56338 Braubach, Rhein (b8) 5670

20 ★★★ »CAMPING UFERWIESE« 15.4. bis 25.10.
E.: Evelyn Koefer ☎/Fax 02627/1422 12000 qm
→ B42 Lahnstein–Rüdesheim, in Braubach abbiegen. ✉ Am Campingplatz 1 (GPS: Gartenstr., beschildert. 50°16'29" N / 7°38'21" E).
Marksburg.

Langgestrecktes, ebenes und unparzelliertes Wiesengelände am Rheinufer. Überflutung bei Hochwasser möglich. Sanitäranlage beheizbar. Imbiss. Ort 500 m entfernt. Touristen-/Dauerstellplätze 50/50.
2007: (HS) P/N 4.50, K/N 2 bis 14 J. 2.–, A/N 2.–, C/N 5.–, MC/N 6.–, T/N 4.50/5.–, M/N 1.–, B/N 1.– bis 5.–, H/N 1.–, WD zuzügl., Müllgeb./N 1.–, Strom/kWh –.50 (16 A), Anschlussgeb. 1.–. In NS Ermäßigung.
DCC 10% auf P/N.

Sonneneck DER Campingpark! (5675)

....einer der schönsten Campingplätze am Rhein
Ab 2006 unter Leitung von Sabine und Jürgen Müller!
Weltkulturerbe „Mittelrheintal"

Urlaub im »Tal der Loreley«!
Im Preis inbegriffen: warme/kalte Duschen, Einzelwaschkabinen, Behindertentoilette/ Behindertendusche, Tischtennis, Fischen, Chemietoiletten-Entsorgung, Kinderspielplätze, Schwimmbad, Kinderplanschbecken, Benutzung der Sportanlagen z.B.: Badminton, Basketball, Boccia, Boule. **Mini-Golf** gegen Entgelt.
GRATIS für Campinggäste: Ent- und Versorgungsstation für Reisemobile jeder Größe! Jeder 15. Tag ist **GRATIS**, Hochsaison (15. 6.–31. 8.): jedes 2. und 3. Kind **10% Rabatt**, 4. Kind oder mehr **GRATIS**.
Vor- und Nachsaison (Ostern – 14. 6. und 1. 9. bis Ende Oktober):
30% Rabatt. Mietunterkünfte auf Anfrage erhältlich!
Restaurant und Biergarten: Ent- und Versorgung, Imbiss und Mini-Shop auf dem Campingplatz!
Wanderwege, Radwanderwege und beliebte Ausflugsziele in unmittelbarer Nähe!

An der B 9, 56154 Boppard, Tel.: +49 (0)6742-2121 Fax: +49 (0)6742-2076
e-Mail: info@campingpark-sonneneck-boppard.de
www.campingpark-sonneneck.de

56154 Boppard, Rhein (b8) 5675

25 ★★★★ »CAMPINGPARK SONNENECK« Ostern bis Ende Okt.
E.: H. J. Jenke V.: Müller ☎ 06742/2121, Fax 2076 80000 qm
www.campingpark-sonneneck.de, info@campingpark-sonneneck-boppard.de
→ B9 Koblenz–Bingen, ca. 5 km vor Boppard links neben der Straße. ✉ (GPS: 50°14'55" N / 7°37'32" E).

Ebenes, bis leicht welliges und unparzelliertes Wiesengelände am Rheinufer. Mit lichtem Baumbestand. Überflutung bei Hochwasser möglich. Wasserwanderer-Station. Sanitäranlage beheizbar. Imbiss. Ort (Spay) 1 km entfernt. Separater Jugendplatz. Touristen-/Dauerstellplätze 210/25.
2008: (HS) P/N 6.30, K/N 2 bis 8 J. 3.60, K/N 4.40, A/N 3.50, C T/N 3.50, MC/N 5.30/7.20, M/N 2.40, H/N 2.40, WD inkl., Strom/N 2.50 (4 A). Rheinuferplatz 2.50. In NS bis 30% Ermäßigung.

Als DCC-Mitglied sind Sie immer gut beraten
Deutscher Camping-Club e.V., Postf. 40 04 28, 80704 München

5 Rheinland-Pfalz

56329 St. Goar-Gründelbach (b9) 5680

★★★ »CAMPING FRIEDENAU« 1.4. bis 31.10.
E.: Hermann Sutter ☎/Fax 06741/368 10 000 qm
www.camping-friedenau.de, camping.friedenau@freenet.de

→ B9 Koblenz–Bingen, kurz vor St. Goar rechts abbiegen Richtung Hunsrück-Höhenstraße noch 1 km. ✉ Gründelbach 103 (GPS: 50°09'00" N / 7°41'41" E).
❖ Rheintal. Loreley.

Ansteigender, unparzellierter Wiesenstreifen beim gleichnamigen Gasthaus in einem Bachtal. Ort 1.5 km entfernt. Separater Jugendplatz. Mittagsruhe 13.30-15 Uhr. 50 Touristenplätze.
2007: (HS) P/N 5.45, K/N 1 bis 12 J. 2.80, A/N 2.50, C/N 2.40, MC/N 4.50 bis 5.–, T/N 2.50, M/N 2.–, WD inkl. Strom/N 2.50 (16 A). In NS Erm.
DCC/CCI 10% auf P/N.

56329 St. Goar, Rhein (b9) 5685

★★★ »CAMPING LORELEYBLICK« 1.1. bis 31.12.
E.: Robert Gärtner ☎ 06741/2066, Fax 7233 60 000 qm
www.camping-loreleyblick.de, info@camping-loreleyblick.de

→ B9 Koblenz–Bingen, am Ortsende von St. Goar. ✉ An der Loreley 49-50 (GPS: 50°08'31" N / 7°43'19" E).
❖ Pfalz bei Kaub. Loreley. Burg Rheinfels und Burg Katz.

Ebenes und unparzelliertes Wiesengelände unterhalb der Straße am Rheinufer mit Blick auf die Loreley. Überflutung bei Hochwasser möglich. FW. Restaurant 30 m, Haltestelle 300 m, Ort 1 km entfernt. 200 Touristenplätze.
2007: P/N 5.15, K/N 4 bis 13 J. 2.60, St/N 5.15, T/N 2.60, M/N 1.10, B/N 1.–, H/N 1.70, WD inkl. Strom/N 2.60 (6 A). Bei 10/20 Nächten 10/15% Erm.

56346 St.Goarshausen, Rhein (b9) 5700

★★ »CAMPING LORELEYSTADT« März bis Okt.
E.: Isolde Hemmer ☎ 06771/2592 15 000 qm
www.camping-loreleystadt.de, info@camping-loreleystadt.de

→ B42 Rüdesheim-Lahnstein, in St. Goarshausen links abbiegen. ✉ Wellmicher Str. 55 (GPS: 50°09'35" N / 7°42'31" E).
❖ Loreley. Blick auf Burg Rheinfels.

Ebenes, unparzelliertes Wiesengelände am Rheinufer. Durch Bäume aufgelockert. Überflutung bei Hochwasser möglich. Sanitäranlage beheizbar. Ort 500 m entfernt. Mittagsruhe 12-15 Uhr. Touristen-/Dauerstellplätze 70/30.

DCC-Vertragsplatz

56346 St. Goarshausen-Bornich (b9) 5705

★★★★ »CAMPING AUF DER LORELEY« 1.3. bis 31.10.
P.: Paul G. Heinrich ☎ 06771/802697, Fax 802698 200m 15 000 qm
www.loreley-camping.de, pgheinrich@web.de

→ B43 Rüdesheim–Koblenz, am Ortsanfang von St. Goarshausen Richtung Loreley abbiegen. Teilweise Steigung.
❖ Loreleyfelsen. Burgen. Rheintal.

Welliges, abfallendes und teilweise parzelliertes Wiesengelände am Rande des Loreleyfelsens oberhalb des Rheintals. Wohnmobilstellplätze. Kiosk. FW. Zeltverkauf. Hallenbad 1 km, Ort 3 km entfernt. Mittagsruhe 13-15 Uhr. Touristen-/Dauerstellplätze 80/15.
2007: (HS) 2 P/N inkl. St/N 21.50, MC/N 14.50, T/N ab 10.50, KT 1.–, WD inkl. Strom 3 kWh inkl. (16 A), weitere kWh –.50. In NS Ermäßigung.
DCC 10% auf P/N.

55494 Erbach, Hunsrück (b9) 5708

 Abfahrt

»AN DER PFAFFENHECK« 1.1. bis 31.12.
E.: Gemeinde ☎ 06764/3142, Fax 669
paul-schirra@vr-web.de

→ AB A61/E31 Koblenz–Alzey Abf. (45) Rheinböllen, weiter auf die B50/E42 nach Rheinböllen und weiter nach Erbach. Beschildert. ✉ An der Pfaffenheck.
❖ Kapelle "Johannes der Täufer".

Campingplatz "An der Pfaffenheck"
55494 Erbach / Hsr.
Tel. 06764 / 3142
Fax. 06764 / 669
E-Mail: paul-schirra@vr-web.de

Ruhiger Campingplatz, am Rande des Hunsrückes in der Verbandsgemeinde Rheinböllen gelegen. Das bekannte Weltkulturerbe „Mittelrhein" (Loreley) erreichen Sie mit dem Auto in 20 Minuten, Cochem an der Mosel liegt ca. 50 Min. von uns entfernt. Sie finden herrliche Rad- und Wanderwege rund um Erbach. Weitere Urlaubsziele finden Sie in der näheren Umgebung. Freizeitbad Rheinböllen, Hochwildschutzpark, Schinderhannesmuseum in Simmern und vieles mehr. Über die Autobahn A61, Abfahrt Rheinböllen erreichen Sie uns. Wir würden uns freuen, Sie als Gast begrüßen zu können. (5708)

Bewertung nach Besichtigung. Langezogenes Wiesengelände am Waldrand. Teilweise parzelliert und durch Büsche und Bäume aufgelockert. Ort 500 m, Freizeitbad 2 km entfernt. Mittagsruhe 13-15 Uhr. Touristen-/Dauerstellplätze 25/76.

55422 Bacharach, Rhein (b9) 5710

★★★ »CAMPING SONNENSTRAND« 1.4. bis 31.10.
P.: K. Ronowski ☎ 06743/1752, Fax 3192 12 000 qm
www.camping-sonnenstrand.de, info@camping-sonnenstrand.de

→ B9 Koblenz–Bingen, am Ortsende von Bacharach links. ✉ Strandbadweg 9 (GPS: 50°03'13" N / 7°46'22" E).
❖ Altes Stadtbild.

Ebenes, unparzelliertes Ufergelände unterhalb der Straße am Rhein. Überflutung bei Hochwasser möglich. Hallenbad 10 m, Ort 400 m entfernt. Touristen-/Dauerstellplätze 55/20.
2007: (HS) P/N 5.–, K/N 1 bis 3 J. 1.–, K/N ab 4 J. 3.–, St/N 6.–, M/N 1.50, B/N 1.–, H/N 1.50, WD inkl. Strom/N 2.50 oder kWh –.50 (6-16 A), Anschlussgeb. –.80. Ab 10 Nächten und in NS Ermäßigung.

55413 Trechtingshausen, Rhein (b9) 5715

★★★ »CAMPING MARIENORT« 1.1. bis 31.12.
E.: Horst Bauer ☎/Fax 06721/6133, Mobil 0172/6655526 24 000 qm
www.campingplatz-marienort.de, campmarienort@freenet.de

→ A61 Koblenz–Mainz, Abf. (46) Stromberg oder (49) Bingen auf die B9 Richtung Koblenz, in Trechtingshausen rechts abbiegen. ✉ Am Morgenbach 1 (GPS: 50°00'16" N / 7°51'20" E).
❖ Burg Reichenstein. Burg Rheinstein.

Leicht abfallendes, unparzelliertes Wiesengelände am Rheinufer. Durch einen Bach unterteilt. Überflutung bei Hochwasser möglich. Moca-Stellplatz vor dem Platz, Ort 1 km entfernt. Separater Jugendplatz. Touristen-/Dauerstellplätze 60/110.
2007: (HS) P/N 4.50, K/N 2 bis 15 J. 2.50, St/N 4.50, T/N 3.–, M/N 2.50, WD inkl., Strom/N 1.50 (16 A). Angebote. In NS Ermäßigung.
DCC/CCI 10% auf P/N.

56355 Nastätten, Taunus (b9) 5720

★★★ »CAMPING ZUM MÜHLBACHTAL« 1.1. bis 31.12.
E.: Fam. Schmitt ☎ 06772/94349, Fax 94329 40 000 qm
→ B274 Holzhausen-St. Goarshausen, in Nastätten links abbiegen Richtung Lorch. ✉ (GPS: 50°11'12" N / 7°51'47" E).
❖ Otto-Museum. Schinderhannes-Haus. Marksburg.

Abfallendes, teilweise terrassiertes Wiesengelände und parzelliertes Wiesengelände in einem Waldtal. Beheizbare Sanitäranlage. Kiosk. Durch Dauercamper geprägt. Haltestelle 300 m, Ort und Hallenbad 1.5 km entfernt. Separater Jugendplatz. Mittagsruhe 13-15 Uhr. Touristen-/Dauerstellplätze 30/120.
2007: P/N 4.–, K/N bis 12 J. 2.50, A/N 1.–, C/N 4.–, MC/N 5.–, T/N ab 3.–, H/N 1.–, WD zzügl., Strom/kWh –.50 (10 A).
DCC 10% auf P/N.

Campingplatz
»Auf der Au«
56377 Nassau an der Lahn · Telefon 0 26 04/44 42

Der familienfreundliche Platz »Auf der Au« im Luftkurort Nassau am Lahnbogen hat 40 000 qm parzelliertes Wiesengelände, Wohnwagenverleih und Verpachtung von Saisonplätzen, ca 100 qm pro Einheit. 2 Sanitärgebäude, Gaststätte, überdachte Terrasse, Kinderspielplatz stehen zur Verfügung. Wasser- und Angelsport an der Lahn, Wanderungen in die liebliche Landschaft des Naturparks Nassau. Beheiztes Schwimmbad angrenzend, Bootsverleih in ca. 300 m Entfernung. Hunde erlaubt. Geöffnet vom 1.4.–31.10.

(5725)

56377 Nassau, Lahn (b8) — 5725
★★★ »CAMPING AUF DER AU« — April bis Okt.
E.: Verw. Graf v. Kanitz P.: Stefan Glos — 40 000 qm
02604/4442, www.camping-nassau.de

→ B260 Bad Ems–Bad Schwalbach, in Nassau beschildert. ✉ Auf der Au (GPS: 50°18'35" N / 7°47'51" E).

Ebenes und unparzelliertes Wiesengelände am Lahnbogen. Neben einem Schwimmbad und Sportzentrum. Überflutung bei Hochwasser möglich. Ort 300 m entfernt. Separater Jugendplatz. Mittagsruhe 13-15 Uhr. Touristen-/Dauerstellplätze 60/120.
2007: (HS) P/N 3.50, K/N ab 6 J. 2.–, St/N 4.80, H/N 1.50, WD zuzügl., Müllgeb./Sack 1.–, Strom/kWh –.60 (16 A). In NS Ermäßigung.
DCC/CCI 10% auf P/N.

56379 Obernhof-Langenau, Lahn (b8) — 5730
★★ »CAMPING SCHLOSS LANGENAU« — April bis Okt.
E.: Verw. Graf v. Kanitz V.: O. Borgmann ☎/Fax 02604/4666 — 60 000 qm
www.schloss-langenau.de

→ B 417 Nassau–Limburg, gegenüber von Schloss Langenau rechts. ✉ an der B417 (GPS: 50°18'34" N / 7°50'33" E).

Leicht welliges, unparzelliertes Wiesengelände mit altem Baumbestand. Überflutung bei Hochwasser möglich. Ort 1 km entfernt. Mittagsruhe 13-15 Uhr. Touristen-/Dauerstellplätze 80/140.
2007: P/N 5.–, K/N bis 12 J. 3.–, C-St/N 4.80, MC-St/N 6.–, T-St/N 3.50, M/N 1.50, B/N 2.50, H/N 1.30, WD inkl., Müllgeb. P/N –.60, Strom/N 2.50 (16 A). Familienpauschale 18.–. Gruppenpreise auf Anfrage.

65582 Diez, Lahn (c8) — 5735
★★★ »CAMPING ORANIENSTEIN« — 1.4. bis 30.10.
E.: Stadt V.: Herr-Herschel ☎ 06432/2122, Fax 924193 — 70 000 qm
www.camping-diez.de, info@camping-diez.de

→ A3 Köln–Frankfurt Abf. (41) Diez oder (43) Limburg-Süd, in Diez beschildert. ✉ Lahnstraße (GPS: 50°22'53" N / 8°00'03" E).
· Schloss Oranienstein. Altertümliches Stadtbild. Burgruine Aardeck.

Ebenes und in HS parzelliertes Wiesengelände am Lahnufer. Mit lichtem Baumbestand. Überflutung bei Hochwasser möglich. Wasserwanderer-Station. Ort 1.5 km entfernt. Mittagsruhe 13-15 Uhr. Touristen-/Dauerstellplätze 150/150.
2008: P/N 3.90, K/N bis 16 J. 2.–, A/N 3.20, C/N 4.20, MC/N 6.–, T/N 2.80 bis 4.50, M/N 1.50, B/N 3.50, KT –.15/–.30, WD zuzügl., Strom/N 1.80 oder kWh –.50 (6 A).
DCC 10% auf P/N.

Plätze ohne Gebühren
Diese Plätze haben seit 2 Jahren und mehr keine Meldung mehr abgegeben. Darum kann auch für die Öffnungszeit nicht garantiert werden.

56244 Steinen, Westerwald (b8) — 5800
★★★★ »CAMPINGPARK HOFGUT SCHÖNERLEN«
E.: Ch. Kopper ☎ 02666/207, Fax 8429 450m — 1.12. bis 31.10. — 150 000 qm
www.camping-westerwald.de, Camping-Kopper@t-online.de

→ A3 Köln–Frankfurt Abf. (37) Dierdorf auf die B 413 über Dierdorf und Hartenfels nach Steinen. ✉ Hofgut-Schönerlen 2 (GPS: Stahlhofer Weg, 50°33'53" N / 7°48'44" E).

Ebenes, teilweise leicht abfallendes und unparzelliertes Wiesengelände. In parkartiger Landschaft mit Badesee und Uferliegewiese. Teilweise separate Pkw-Abstellung. Moca-Übernachtungsplätze vor der Schranke. Befestigte Moca-Plätze. Wanderreitstation. Hunde nur bedingt möglich. Ort 1 km entfernt. Mittagsruhe 12.30-14.30 Uhr. Touristen-/Dauerstellplätze 100/180.
2007: (HS) P/N 4.90, K/N bis 12 J. 2.80, St/N 6.–, B/N 1.–, WD inkl., Müllgeb./Sack 1.70, Strom/kWh –.45 (6/10/16 A), Anschlussgeb. 1.–. In NS Erm.

DCC-Vertragsplatz

56244 Maxsain, U.-Westerw. (b8) — 5805
★★★ »CAMPING KLINGELWIESE« — 1.1. bis 31.12.
E.: Fam. Müller ☎ 02626/5043, Fax 142556 — 110 000 qm
www.klingelwiese.de, info@klingelwiese.de

→ A3 Köln–Frankfurt Abf. (37) Dierdorf auf die B413 über Dierdorf–Selters oder Abf. Ransbach/Baumbach über Selters, beschildert. ✉ (GPS: 50°33'10" N / 7°45'40" E).

Ebenes, teilweise unparzelliertes und parzelliertes Wiesengelände am Waldrand. Durch hohe Bäume aufgelockert. Mit See und Uferliegewiese. Befestigte Mocaplätze. Von Dauercampern geprägt. Ort 3 km entfernt. Mittagsruhe 13-15 Uhr. Touristen-/Dauerstellplätze. 80/500.
2007: P/N 4.–, K/N 4 bis 13 J. 2.–, A/N 1.50, C/N ab 3.50, MC/N 5.–, T/N ab 3.–, M/N –.50, H/N 1.–, WD zuzügl., Müllgeb./Sack 1.50, Strom/kWh –.40 (16 A), Anschlussgeb. 1.–.
DCC 10% auf P/N.

56244 Freilingen, U.-Westerw. (b8) — 5810
★★★ »CAMPING FREILINGEN« — 1.1. bis 31.12.
E.: Kur- u. Verkehrsverein ☎ 02666/287, Fax 912376 450m — 50 000 qm
www.campingplatz-freilingen.de, campingplatz-freilingen@online.de

→ B8 Limburg–Westerburg, ca. 600 m hinter Ortsende Freilingen rechts. ✉ Am Postweiher (GPS: 50°33'48" N / 7°49'31" E).
· Westerwälder Seenplatte.

Leicht zum See abfallendes, unparzelliertes Wiesengelände neben einem Bungalowdorf und öffentlichem Strandbad. Uferliegewiese. Durch Dauercamper geprägt. Ort 1 km entfernt. Mittagsruhe 13-15 Uhr. Touristen-/Dauerstellplätze 40/84.
2007: P/N 3.50, K/N 2 bis 14 J. 2.–, A/N 2.50, C MC/N 4.– bis 6.–, T/N 3.– bis 5.–, H/N 3.–, WD zuzügl., Strom/kWh –.45 (16 A), Anschlussgeb. 2.–.

Campingplatz
»Schloß Langenau an der Lahn«
56379 Obernhof · Tel. 0 26 04/46 66

Ideal für Ferien, 61 000 qm Gelände. Wohnwagenverleih und Verpachtung von Saisonplätzen (ca. 100 qm pro Einheit. Sanitäre Einrichtungen, Gaststätte, überdachte Terrasse und Kinderspielplatz stehen zur Verfügung.
Auf einem der ruhigsten Campingplätze im romantischen Lahntal, an der B 417, nächste BAB E3, Abf. Montabaur, ca. 5 km von Nassau, in Richtung Obernhof, finden Sie ideale Verhältnisse für einen erholsamen Aufenthalt vor.
Wasser- und Angelsport an der Lahn, Wandern im Naturpark Nassau. Hunde erlaubt. Geöffnet vom 1.4.–31.10.

(5730)

5 Rheinland-Pfalz

Campingplatz »Lahrer-Herrlichkeit«
(5845)

D-57641 Oberlahr
Tel. 0 26 87/82 82 + 0 26 85/73 26 · Fax 0 26 87/86 72
Internet: www.lahrer-herrlichkeit.de

Der Campingplatz liegt in einem idyllischen Tal im Naturpark Rhein-Westerwald, nahe der BAB A3 zwischen Köln und Frankfurt.
Sport- und Freizeitmöglichkeiten:
Fitness, Tennis, Minigolf, Reiten, Angeln, Wandern.
380 Dauerstellplätze, 40 Ferienplätze, Mietcaravans.
Ganzjährig geöffnet.
Fordern Sie Informationsmaterial an!

57629 Schmidthahn bei Steinebach (b8) — 5815
20 ★★★★ »CAMPING "HAUS AM SEE" DREIFELDER WEIHER«
E: Willi Schneider ☎ 02662/7147, Fax 9449480 1.1. bis 31.12.
www.camping-hausamsee.de, info@camping-hausamsee.de 25 000 qm
→ B8 Altenkirchen–Limburg Abf. Freilingen Richtung Dreifelden-Schmidth. ✉ Seeburgerstr. 1 (GPS: 50°35'55" N / 7°48'56" E).

Zum See unparzelliert abfallendes und überwiegend schattenloses Wiesengelände. Uferliegewiese. Separater Platzteil für Hundehalter. DLRG-Station. Golf 1 km, Ort 2 km entfernt. Separater Jugendplatz. Touristen-/Dauerstellplätze 50/91.
2007: P/N 4.–, K/N 2 bis 12 J. 3.–, A/N 2.20, C/N 3.30, MC/N 4.–, T/N 2.60, M/N 1.50, B/N 1.50, WD zuzügl., Strom/N 2.– (16 A).

56459 Stahlhofen, Westerwald (b/c8) — 5820
20 ★★★ »CAMPING AM WIESENSEE«
E: Fam. Engelberth ☎ 02663/3381, Fax 914290 1.1. bis 31.12.
www.campingplatz-wiesensee.de, campingplatz-wiesensee@web.de 50 000 qm
→ B255 Herborn–Montabaur, in Hellenhahn oder Höhn abbiegen nach Stahlhofen. ✉ Campingplatz 1 (GPS: 50°34'57" N / 7°59'22" E).

Leicht wellig abfallendes Gelände am Waldrand. Separate, ebene und unparzellierte Touristenwiese. Restaurant und Haltestelle 200 m, Ort 500 m entfernt. Mittagsruhe 13-15 Uhr. Touristen-/Dauerstellplätze 80/180.
2008: P/N 3.60, K/N 4 bis 14 J. 2.30, A/N 1.30, C/N 3.70, MC/N 3.50, T/N 2.60, M/N –.80, H/N –.60, WD zuzügl., Müllgeb. P/N –.30, Strom/kWh –.50 (16 A), Anschlussgeb. 1.50.

DCC-Vertragsplatz
56479 Seck, Oberwesterwald (c8) — 5825
25 ★★★ »CAMPING PARK WEIHERHOF«
E.: Birgit u. Helmut Stelzen ☎ 02664/8555, Fax 6388 1.1. bis 31.12.
100 000 qm
www.camping-park-weiherhof.de, info@camping-park-weiherhof.de
→ A3 Köln–Frankfurt Abf. (40) Montabaur, B255 bis Hellenhahn, dort rechts ab oder Abf. (42) Limburg-Nord B54 bis Irmtraut, dort links ab. ✉ Weiherhof (GPS: 50°36'13" N / 8°02'06" E).
∴ Schloss Westerburg.

Vom Waldrand zum See abfallendes und teilweise parzelliertes Wiesengelände. Stellplätze teils schattenlos, teils mit Baumbestand. Mit Uferliegewiese und öffentlichem Badebetrieb. Teilweise separate Pkw-Abstellung. Appartements. Ort 1 km entfernt. Mittagsruhe 13-15 Uhr. Touristen-/Dauerstellplätze 100/300.
2008: P/N 4.50, K/N 4 bis 14 J. 3.–, C MC-St/N 7.–, T/N 4.–, H/N 2.–, WD zuzügl., Strom/kWh –.40 (6/16 A). Anschlussgeb. 1.40.
DCC 10% auf P/N.

Ruhebewertungen betreffen das Umfeld, nicht aber den inneren Campingplatzbereich.

DCC-Vertragsplatz
56457 Westerburg, O.-Westerw. (c8) — 5830
20 ★★★ »WALDCAMPING ZUM KATZENSTEIN« 1.1. bis 31.12.
E.: Petra Kraft ☎ 02663/4740, Fax 2452 400 m 26 000 qm
www.zumkatzenstein.de
→ B54 Limburg–Siegen bis Langendernbach, hier abbiegen nach Westerburg, im Ort beschildert. ✉ Zum Katzenstein 1 (GPS: Gräfin Hedwig Str. - dann weiter. 50°33'37" N / 7°59'56" E).

Terrassenplatz in Südhanglage außerhalb der Stadt mit Blick über das Tal. Teilweise parzelliert. Durch Dauercamper geprägt. Ort 1 km entfernt. Separater Jugendplatz. Mittagsruhe 12-15 Uhr. Touristen-/Dauerstellplätze 40/80.
2007: P/N 4.–, K/N bis 13 J. 3.–, St/N 8.–, H/N 2.–, WD zuzügl., Müllgeb./Sack 6.–, Strom/N 1.– oder kWh –.35 (16 A).
DCC/CCI 10% auf P/N.

56479 Rehe, Krombachtalsperre (c8) — 5835
★★★ »CAMPING REHE« 1.1. bis 31.12.
E.: R. u. A. Welter ☎ 02664/8533, Fax 90928 550 m 100 000 qm
www.welters-camping.de, welters-camping@t-online.de
→ A45 Dortmund–Gießen Abf. (26) Herborn-West auf die B255 Richtung Koblenz bis Rehe, dort beschildert. ✉ (GPS: 50°37'05" N / 8°07'24" E).

Ebenes bis leicht abfallendes und parzelliertes Wiesengelände. Mit Uferliegewiese, Sandstrand und öffentlichem Badebetrieb am See. Teilweise schattenlos und durch Anpflanzungen und altem Baumbestand günstig aufgelockert. Kiosk. Gasverkauf. In HS »Kirche Unterwegs«. Durch Dauercamper geprägt. Ort 2 km entfernt. Mittagsruhe 13-15 Uhr. Touristen-/Dauerstellplätze 100/400.

DCC-Vertragsplatz
57537 Wissen-Mittelhof (b8) — 5840
20 ★★★★ »CAMPING IM EICHENWALD« 1.1. bis 31.12.
E.: Hatzfeldt-Wildenburg'sche Verw. V.: M. Weber 100 000 qm
☎ 02742/910643, Fax 910645 300 m
www.camping-im-eichenwald.de, camping@hatzfeldt.de
→ B62 Siegen–Altenkirchen, abbiegen bei Nieder-Hövels. ✉ Roddem (GPS: 50°46'49" N / 7°47'55" E).
∴ Naturpark Westerwald.

Leicht abfallendes, unparzelliertes Waldgelände unter alten Eichen. Hundedusche. Ort 2 km entfernt. Mittagsruhe 13-15 Uhr. Touristen-/Dauerstellplätze. 150/370.
2008: P/N 5.–, K/N 5 bis 16 J. 3.–, C MC-St/N 4.–, T-St/N 3.–, H/N 1.–, WD inkl., Strom/N 1.50 (16 A).
DCC/CCI 10% auf P/N.

****

Camping Im Eichenwald • 57537 Mittelhof
☎ 0 27 42 - 91 06 23 • 📠 0 27 42 - 91 06 45
Mail: camping@hatzfeldt.de • www.camping-im-eichenwald.de

Ganzjährig geöffnet!

- Neues Sanitärgebäude
- Internet Terminal
- Mietchalet/-wohnwagen
- Kinderferienprogramm
- Gaststätte mit Kiosk
- Fewo bis 6 Pers. **(5840)**

✉ **57612 Helmeroth** (b8) **5842**

[20] ★★ »CAMPING NISTERTAL« ⚷ 1.4. bis 31.10.
E.: v. Dongen ☎ 02742/912480 18 000 qm
www.campingwesterwald.de, info@campingwesterwald.de

→ B62/B256 Siegen–Altenkirchen, hinter Roth abbiegen nach Helmeroth. ✉ Campingplatz 0.
❦ Naturpark Westerwald.

Kleiner und ruhiger Campingplatz mit schöner Aussicht, direkt an der Nister gelegen. Ebenes und teilweise durch Baumreihen parzelliertes Wald- und Wiesengelände. Separate Pkw-Abstellung. Zeltwiese. Aussentheke. Sanitäranlage beheizbar. Ort 500 m entfernt. Touristen-/Dauerstellplätze. 30/10.
2007: (HS) P/N 4.50, K/N 2 bis 14 J. 2.–, J/N 3.50, St/N 5.25, H/N 1.50, WD inkl., Strom/N 2.25 (10 A). In NS Ermäßigung. Gruppenrabatte.

✉ **57641 Oberlahr,** Wied (b8) **5845**

[20] ★★★ CAMPING »LAHRER HERRLICHKEIT« ⚷ 1.1. bis 31.12.
E.: Ehlscheid GmbH V.: März ☎ 02685/7326, Fax 02687/8672
www.lahrer-herrlichkeit.de, ehlscheid@t-online.de 70 000 qm

→ A 3 Köln–Limburg Abf. (36) Neuwied/Rengsdorf/Puderbach auf die B256 Richtung Altenkirchen. ✉ (GPS: 50°37'06" N / 7°31'43" E).
❦ Zoo Neuwied.

Teils ebenes, teils leicht ansteigendes Gelände neben einem Freizeitzentrum und Ferienpool. Unparzellierter Wiesen-Randstreifen für Touristen. Von Dauercampern geprägt. Haltestelle und Ort 1 km entfernt. Mittagsruhe 13-15 Uhr. Touristen-/Dauerstellplätze 40/380.
2008: P/N 3.50, K/N bis 8 J. 2.–, A/N 2.50, C/N 2.50, MC/N 4.50, T/N 2.–, M/N 2.–, H/N 2.–, WD inkl., Müllgeb. P/N –.50, Strom/N 2.– (16 A).
DCC 10% auf P/N.

Hessen

In der Nähe von Militär-Flugplätzen und Übungsgeländen ist mit zeitweiligen Ruhestörungen zu rechnen. Dieses trifft auch auf den Großflughafen Frankfurt/Main in einem Umkreis von ca. 25 km zu.

✉ **34508 Willingen-Böhmighausen** (c7) **6048**

[15] ★★ »CAMPING BARENBERG« ⚷ 1.1. bis 31.12.
E.: Friedrich Trachte ☎/Fax 05632/1044 400 m 10 000 qm
Berthold.Trachte@t-online.de

→ B251 Brilon–Korbach, bei Böhmighausen Richtung Alleringhausen rechts abbiegen. ✉ An der Neerdar 10 (GPS: Dorfstr., dann weiter. 51°16'43" N / 8°45'55" E).

Parzellierter Terrassenplatz in Hanglage am Neerdarstaubecken. Keine ständige Aufsicht. Ort 1 km entfernt. Touristen-/Dauerstellplätze 30/30.
2007: P/N 3.–, K/N 2 bis 14 J. 2.–, St/N 4.–, H/N 1.–, KT –.50, WD zuzügl., Strom/N 2.–, kWh –.40.

✉ **34519 Diemelsee-Heringhausen** (c7) **6050/1**

[20] ★★★ »CAMPINGPLATZ SEEBLICK« ⚷ 1.1. bis 31.12.
E.: R. Hillebrand ☎ 05633/993096, Fax 993098 500 m 22 000 qm
www.diemelsee-camping.de, mail@diemelsee-camping.de

→ B251 Korbach–Brilon, in Korbach oder Willingen abbiegen Richtung Diemelsee-Heringhausen. Beschildert. ✉ Auf dem Kampe 3 (GPS: 51°21'52" N / 8°43'41" E).

Teils ebenes und zum Seeufer leicht abfallendes, teils terrassiertes Wiesengelände. Durch Hecken parzelliert und mit lockerem Baumbestand. Liegewiese. Durch Dauercamper geprägt. Kindersanitär. Öffentlicher Badestrand 100 m entfernt. In Ortsrandlage. Mittagsruhe 13-15 Uhr. Touristen-/Dauerstellplätze 28/125.
2007: P/N 3.50, K/N 4 bis 13 J. keine Angabe, St/N 7.50, KT –.75, WD inkl., Müllgeb. St/N –.50, Strom/kWh –.50 (16 A).

DCC-Vertragsplatz

✉ **34519 Diemelsee-Heringhausen** (c7) **6050/2**

[25] ★★★ »CAMPING-PARK HOHES RAD« ⚷ 1.1. bis 31.12.
E.: Schiemann ☎ 05633/99099, 0171/9937185, Fax 99010 400 m
www.camping-diemelsee.de, k.schiemann@freenet.de 26 000 qm

→ B251 Korbach–Brilon, in Korbach oder Willingen abbiegen Richtung Diemelsee-Heringhausen. Hier Richtung Stormbruch über die Brücke, 2. Platz. ✉ Hohes Rad 1 (GPS: 51°21'49" N / 8°43'06" E, Seebrücke).

Parzellierter Terrassenplatz in Südhanglage. Überwiegend schattenlos. Durch eine öffentliche Weg vom See getrennt. Uferliegewiese. Imbiss. »Kirche Unterwegs«. Haltestelle 500 m, Ort 1.3 km entfernt. Separater Jugendplatz. Mittagsruhe 13-15 Uhr. Touristen-/Dauerstellplätze 35/75.
2008: P/N 4.50, K/N 4 bis 7 J. 2.–, K/N 8 bis 14 J. 3.–, A/N 2.60, St/N 7.50, MC/N 5.60, T/N 3.– bis 4.–, M/N 2.–, H/N 1.50, KT –.75, WD inkl., Strom/kWh –.51 (16 A).
DCC 10% auf P/N.

✉ **34516 Vöhl-Basdorf,** Edersee (c7) **6055**

[20] ★★★ »DKV CAMPING FÜRSTENTAL« ⚷ 1.4. bis 15.10.
E.: Deutscher Kanu-Verband e.V. V.: Hr. Weilepp/Fr. Malz 80 000 qm
☎/Fax 05635/202, www.dkv-campingplatz-edersee.de, campfuersten@web.de

→ B485 Korbach–Bad Wildungen, in Sachsenhausen abbiegen über Nieder-Werbe Richtung Vöhl bis Basdorf. Hier durch den Ort ca. 2.5 km abschüssige und kurvenreiche Waldanfahrt. ✉ (GPS: 51°11'04" N / 8°58'43" E).
❦ Schloss Waldeck. Sperrmauer.

Vom Waldrand zum Seeufer abfallendes und unparzelliertes Wiesengelände. Teilweise überwiegend schattenlos. DLRG-Station. Zimmer. Ort 3 km entfernt. Separater Jugendplatz. Mittagsruhe 13-15 Uhr. Touristen-/Dauerstellplätze 60/250.
2007: P/N 3.50, K/N bis 15 J. 2.–, J/N 3.–, A/N 1.50, C/N 5.–, MC/N 6.–, T/N 2.50/3.50, M/N 1.–, Müllgeb. P/N 1.50, Strom/N 1.50 oder kWh –.50, Anschlussgeb. 1.50 (16 A). DKV-Mitglieder 25% Ermäßigung.
DCC/CCI 10% auf P/N.

DCC-Vertragsplatz

✉ **34516 Vöhl-Herzhausen** (c7) **6060**

[35] ★★★★ »CAMPING- U. FERIENPARK« ⚷ 1.1. bis 31.12.
E.: Grundstücksg. Teichmann/Müller ☎ 05635/245, Fax 8145 200000 qm
www.camping.teichmann.de, Camping-Teichmann@t-online.de

→ B252 Frankenberg–Korbach, vor Herzhausen links neben der Straße. (GPS: 51°10'31" N / 8°53'28").
∴ Nationalpark Kellerwald-Edersee und Talsperre. Schloss Waldeck.

Ebenes bis leicht welliges und parkähnliches Wiesengelände im Ederberg-land. Teilweise parzelliert. Eigener Bade- und Angelsee. Separater Mobil-heim- u. Dauerplatzteil. Kiosk. »Kirche Unterwegs«. Wellness-Anwendungen. Freiluft-Modelleisenbahn. Pit-Pat. FW. Ort 1 km entfernt. Separater Jugend-platz. Mittagsruhe 13-14.30 Uhr. Touristen-/Dauerstellplätze 250/250.
2008: (HS) P/N 6.90, K/N 4.20, C MC-St/N 11.90, T/N 4.90 bis 6.80, M/N 3.–, H/N 3.60, WD inkl., Strom/N 2.40 (10 A). In NS Ermäßigung.
DCC/CCI 10% auf P/N.

✉ **34516 Vöhl-Asel Süd,** Edersee (c7) **6070**

[20] ★★★ »CAMPING ASEL-SÜD« ⚷ Ostern bis 31.10.
E.: Otto Wilhelmi ☎ 05635/608, Fax 991064 40000 qm
www.camping-asel-sued.de, otto.wilhelmi@tissali.de

→ B252 Korbach–Frankenberg, hinter der Ederbrücke Herzhausen ab-biegen nach Asel-Süd, noch 8 km. ✉ Asel-Süd 1 (GPS: 51°10'52" N / 8°57'18" E).

Wellig ansteigendes und teilweise terrassiertes Wiesengelände oberhalb des Stausees mit einem Bauernhof. Parzelliert mit lockerem Baum-bestand. Sanitäranlage beheizbar. Volleyball. Keine Aufnahmen für un-verheiratete Paare mit Zelt. Ederseefährenleger. Durch Dauercamper ge-prägt. Ort (Herzhausen) 9 km entfernt. Mittagsruhe 12.30-14 Uhr. Touristen-/Dauerstellplätze 100/180.
2008: P/N 3.50, KK ab 15 J. 2.–, A/N 2.–, C/N 2.50, MC/N 2.50 bis 3.50, T/N 1.– bis 2.–, M/N 1.–, H/N 1.50, WD zuzügl., Strom/N 1.50 (16 A). Ab 10 Nächten 10% Ermäßigung.

✉ **34549 Edertal-Bringhausen,** Edersee (c7) **6090**

[25] ★★★ »CAMPING AM LINGE« ⚷ 1.1. bis 31.12.
E.: Lars Meißner ☎ 05623/4889, 930653, Fax 930408 20000 qm
www.camping-am-edersee.de, post@camping-am-edersee.de

→ B485 Bad Wildungen–Waldeck, in Mehlen abbiegen nach Affoldern, weiter nach Bringhausen. ✉ Bringhäuserstr.

Teils leicht ansteigendes, teils terrassiertes Wiesengelände zwischen Waldrand und See. Von Laub- und Nadelbäumen durchzogen. Liegewie-se. Zeltwiese. Kindersanitär. In HS stark frequentiert - Reservierung emp-fehlenswert. Sat-Anschluss. Ort 800 m entfernt. Mittagsruhe 13-15 Uhr. Touristen-/Dauerstellplätze 70/70.
2007: P/N 5.–, K/N 1 bis 12 J. 2.50, A/N 1.50, C/N keine Angabe, MC/N 5.–, T/N 4.– bis 5.50, H/N 1.50, WD zuzügl., Strom/kWh –.40 (16 A). An-schlussgeb. 1.–.

DCC-Mitglieder fahren mit Auslands-Schutzpaß! und SIE?

✉ **34513 Waldeck-Scheid,** Edersee (c/d7) **6100/1**

[20] ★★ »CAMPING BETTENHAGEN« ⚷ 1.1. bis 31.12.
E.: Jan Holmer ☎ 05634/7883, Fax 993268 15000 qm
www.campingplatz-bettenhagen.de, info@campingplatz-bettenhagen.de

→ B485 Korbach–Bad Wildungen, in Sachsenhausen abbiegen über Nieder-Werbe zur Halbinsel Scheid, 1. Platz. ✉ Am Bettenhagen 1 (GPS: 51°11'17" N / 9°00'38" E).

Unparzelliert ansteigender Terrassenplatz zwischen Straße und See. Durch Dauercamper geprägt. Ort (Niederwerbe) 4 km entfernt. Mittags-ruhe 12.30-14 Uhr. Touristen-/Dauerstellplätze 55/130.
2007: P/N 4.–, K/N 2 bis 12 J. 2.50, A/N 3.–, C MC/N 4.50, T/N 3.– bis 4.50, M/N 1.50, B/N 1.–, H/N 1.50, WD zuzügl., Strom/kWh –.40 (16 A), Anschlussgeb. –.50.

DCC-Vertragsplatz

✉ **34513 Waldeck-Scheid,** Edersee (c/d7) **6100/2**

[25] ★★★ »CAMPING HOHE PAPPEL« ⚷ 1.1. bis 31.12.
E.: Seidlitz/Zahn P.: U. Aulmann ☎ 05634/484, Fax 7793 5000 qm
www.edertalsperre.de, www.edersee.com, UrsulaAulmann@aol.com

→ B485 Korbach–Bad Wildungen, in Sachsenhausen abbiegen über Nie-der-Werbe zur Halbinsel Scheid, 3. Platz. ✉ Marineweg 2 (51°11'02" N / 9°00'33" E).
∴ Schloss Waldeck. Sperrmauer.

Terrassiert zum Waldrand ansteigendes Wiesengelände. Durch Buchen-hecken parzelliert. »Kirche im Grünen« in HS. Mittagsruhe 13-15 Uhr. Ort (Niederwerbe) 4.5 km entfernt. Touristen-/Dauerstellplätze 47/30.
2007: (HS) P/N 6.–, K/N 2 bis 13 J. 2.50, St/N 8.–, WD zuzügl., Müllgeb. –.50, Strom/N –.30 plus kWh –.45 (16 A). Angebote. In NS Ermäßigung.
DCC 10% auf P/N.

✉ **34513 Waldeck,** Edersee (c/d7) **6103**

[30] ★★★ »CAMPING HAUS AM SEE« ⚷ 1.3. bis 31.12.
E.: Sabine und Ingrid Fladung ☎ 05623/5438, Fax 6055 5000 qm
www.hausamsee-waldeck.de, hotel-haus-am-see@t-online.de

→ B485 Bad Wildungen–Korbach, durch Waldeck Richtung Niederwer-be. Am Edersee. ✉ Klippenberg 1 (GPS: 51°11'51" N / 9°02'23" E).
∴ Schloss Waldeck.

Parzelliertes und leicht terrassiertes Wiesengelände mit einem Hotel. Zum Seeufer abfallend und durch eine Straße getrennt. Überwiegend schattenlos und von Hecken durchzogen. Imbiss. Durch Dauercamper geprägt. FW. Ort 3 km entfernt. Mittagsruhe 13-15 Uhr. Touristen-/Dau-erstellplätze 30/40.
2007: P/N 5.–, K/N 2 bis 10 J. 2.50, A/N 3.–, C MC/N 10.–/12.–, T/N 5.–, M/N 2.–, B/N 3.–, KT 1.–, WD inkl., Müllgeb. St/N 2.–, Strom/N 2.50 (16 A).

DCC-Vertragsplatz

✉ **34549 Edertal-Rehbach** (c7) **6120**

[30] ★★★★ »CAMPING REHBACH« ⚷ 20.3. bis 5.10.
E.: Karola Seidlitz ☎ 05623/2049, Fax 2542 10000 qm
www.campingplatz-rehbach.de, Useidlitz@t-online.de

→ B485 Bad Wildungen–Waldeck, in Mehlen abbiegen Richtung Eder-see über Affoldern und Hemfurth. ✉ Strandweg 9 (GPS: 51°10'56" N / 9°01'18" E).
∴ Sperrmauer. Schloss Waldeck. Bad Wildungen. Fritzlar.

Campingplatz
Rehbach am Edersee ★★★★

Einer der schönsten Plätze am Edersee, mit Badestrand, Yachthafen und der Gaststätte »Zur Fischerhütte«.
Der Edersee liegt in einer herrlichen Mittelgebirgslandschaft und grenzt unmittelbar an den Nationalpark Kellerwald. Die Stellplätze liegen unter hohen Laubbäumen und sind mit einer Buchenhecke begrenzt. Moderne, komfortable Sanitäranlage.

Karola Seidlitz, Strandweg 9, D-34549 Edertal-Rehbach
Tel.: 05623/2049, Fax: 05623/2542, E-Mail: Useidlitz@t-online.de
Internet: www.campingplatz-rehbach.de (6120)

Dreiteiliges Wiesen- und Stauseeufergelände mit lockerem Baumbestand. Parzelliert und durch Hecken gegliedert. Uferplätze schattenlos. Öffentlicher Badebetrieb. Teilweise separate Pkw-Abstellung. In HS Voranmeldung unbedingt erforderlich. Sanitäranlage beheizbar. Imbiss. Kiosk. W-LAN/Funkinternet. Kabel-TV. Ort (Hemfurth) 3 km entfernt. Touristen-/Dauerstellplätze 107/22.
2007: P/N 5.50, K/N 2 bis 14 J. 3.90, St/N 6.50/9.–, B/N 3.–, WD zuzügl., Strom/kWh –.50 (16 A).
DCC 10% auf P/N.

DCC-Vertragsplatz

34549 Edertal-Affoldern (d7) 6122/1

[20] ★★★★ »CAMPING AFFOLDERNER SEE« April bis Nov.
E.: M. Schütte P.: R. Beyer 05623/4290, Fax 1489 20 000 qm
www.campingplatzaffoldernersee.de, schuette.v@t-online.de

→ B485 Bad Wildungen–Waldeck, in Mehlen abbiegen nach Affoldern. Hier 1. Platz. Am Mühlgraben 15 (GPS: 51°09'57" N / 9°05'09" E).
• Schloss Waldeck. Edersee. Bad Wildungen.

Ebenes, parzelliertes Wiesengelände an der Eder mit hohem, lockerem Baumbestand. Sanitäranlage beheizbar. Ort 200 m entfernt. FW. Mittagsruhe 13-15 Uhr. Touristen-/Dauerstellplätze 70/50.
2008: P/N 5.–, K/N 3.–, C MC-St/N 6.–, T-St/N 5.–, H/N 2.–, WD zuzügl., Strom/N 2.– (16 A).
DCC 10% auf P/N.

DCC-Vertragsplatz

34549 Edertal-Affoldern (d7) 6122/2

[30] ★★★★ »CAMPING EDERTALER HOF« 1.1. bis 31.12.
E.: Sabine Fladung 05623/5438, Fax 6055 5000 qm
www.edertaler-hof.de, hotel-haus-am-see@t-online.de

→ B485 Bad Wildungen–Waldeck, in Mehlen links abbiegen nach Affoldern. Hier 2. Platz. Hemfurther Str. 21 (GPS: 51°10'05" N / 9°04'48" E).
• Schloss Waldeck. Bad Wildungen. Edersee.

Ebenes Wiesengelände hinter dem Seedamm. Parzelliert und durch Hecken gegliedert. Heuhotel. Von Dauercampern geprägt. FW. Ort 1 km entfernt. Mittagsruhe 13-15 Uhr. Touristen-/Dauerstellplätze 50/100.
2008: P/N 5.–, K/N 5 bis 12 J. 2.50, A/N 3.–, C MC/N 10.–/12.–, T/N 5.–, M/N 2.–, B/N 3.–, WD inkl., Strom/N 2.50 (16 A).
DCC 10% auf P/N.

»Ermäßigung auf alle Gebühren« umfaßt nicht die Nebenkosten wie Kurtaxe, Müll und Strom

DCC-Vertragsplatz

34308 Bad Emstal-Balhorn (d7) 6133

[20] ★★★★ »CAMPING UND WELLNESS ERZEBERG« 1.1. bis 31.12.
E.: H. Kleffel 05625/5274, Fax 7116 350 m 40 000 qm
www.campingplatz-erzeberg.de, horst.kleffel@gmx.de

→ A44 Kassel–Dortmund Abf. (67) Zierenberg auf die B251 Richtung Wolfhagen, Umgehungsstraße Istha, rechts Richtung Fritzlar. In Balhorn beschildert. Birkenstr. (GPS: 51°16'08" N / 9°15'09" E).

Ebenes und parzelliertes, teilweise abfallendes Wiesengelände am Waldrand. Mit lichtem Baumbestand. FW. Wellnessbereich. Dampfbad. Jugendraum. Winter-Camping auf Anfrage. Durch Dauercamper geprägt. Ort 1 km, weitere Kuranwendungen 4.5 km entfernt. Mittagsruhe 13-15 Uhr. Touristen-/Dauerstellplätze 37/160.
2007: P/N 3.50, K/N bis 14 J. 3.–, J/N 3.50, St/N 7.–, WD zuzügl., Müllgeb. P/N 1.50, Strom/kWh –.50 (16 A), Anschlussgeb. 1.50. In NS Angebote.
DCC 10% auf P/N.

34311 Naumburg (d7) 6134

[20] ★★★★ »KNEIPP-KUR CAMPING NAUMBURG« 1.1. bis 31.12.
P.: Uwe Reiter 05625/922448, Fax 922449 300 m 6500 qm
www.camping-naumburg.de, info@camping-naumburg.de

→ A44 Kassel–Warburg Abf. (67) Zierenberg-Edersee. Umgehungsstraße Istha links Richtung Edersee-Ippinghausen nach Naumburg. Beschildert. Am Schwimmbad 12 (GPS: 51°15'02" N / 9°09'37" E).
• Historische Altstadt mit Fachwerkgebäuden.

Ebenes und parzelliertes, teilweise abfallendes Wiesengelände. Mit kreisförmig angelegten Stellflächen direkt neben dem Freibad. Durch Bäume und Sträucher aufgelockert. Kneippsche Kuranwendungen auf dem Platz. Spielscheune. Volleyball. Lagerfeuerplatz. Ortszentrum 500 m entfernt. Mittagsruhe 13-15 Uhr. Touristen-/Dauerstellplätze 150/70.
2007: (HS) P/N 4.–, K/N 2 bis 14 J. 2.50, A/N 1.–, C MC/N 6.–, T-St/N 3.– bis 4.50, M/N 1.–, H/N 2.50, KT –.50, WD zuzügl., Müllgeb. St/N 1.50, Strom/kWh –.40 (16 A), Anschlussgeb. 1.50. In NS Ermäßigung.
DCC/CCI 10% auf P/N.

Frg. Reg.-Präs. Kassel Nr. 155/80
vom DCC empfohlen
Campingplatz Affolderner See (6122/1)
34549 Edertal-Affoldern
Ganzjährig.
In der Nähe Schloß Waldeck, Edersee, Bad Wildungen.
Tel. 0 56 23/42 90,
Fax 0 56 23/14 89

6 Hessen

DCC-Vertragsplatz

✉ 34596 **Bad Zwesten** (d7) 6135

[20] ★★★ »WALDCAMPING BAD ZWESTEN« ⚬— 1.1. bis 31.12.
E.: CC Kassel e.V. ☎ 05626/379, 06695/1320   250 m   50 000 qm
www.waldcamping.de, info@doering-jesberg.de

→ A 49 Kassel–Schwalmstadt Abf. (16) Borken auf die B3 Richtung Marburg, in Höhe Bad Zwesten links abbiegen. ✉ Am Campingplatz (GPS: 51°02′51″ N / 9°11′25″ E).

Ebenes und teilweise leicht ansteigendes Wiesengelände in Waldnähe an der Schwalm. Teils schattenlos und teils mit lockerem Baumbestand. Parzelliert und durch einen öffentlichen Weg zweigeteilt. Wasserwanderer-Station. In den zwei Trekking-Hütten Hundeverbot. Ort 1.5 km entfernt. Separater Jugendplatz. Mittagsruhe 13-15 Uhr. Touristen-/Dauerstellplätze 100/100.
2007: P/N 4.50, K/N 6 bis 14 J. 1.70, St/N 5.50, H/N 1.60, KT –.40, WD inkl., Müllgeb. St/N 1.–, Strom/kWh –.60 (16 A).
DCC 10% auf P/N.

✉ 34632 **Jesberg,** Schwalm-Eder-Krs. (d7) 6140

[15] ★★★ »CAMPING KELLERWALD« ⚬— 1.1. bis 31.12.
E.: Gemeinde ☎ 06695/7213, Fax 960122   200 m   25 000 qm
www.gemeinde-jesberg.de, gemeindeverwaltung@gemeinde-jesberg.de

→ A49 Kassel–Schwalmstadt Abf. (17) Bischhausen nach Jesberg. Hier beschildert. ✉ Freizeitzentrum (GPS: 50°59′49″ N / 9°08′02″ E).
∴ Naturpark Kellerwald. Kellerwald-Turm.

Ebenes und unparzelliertes, teilweise leicht ansteigendes Wiesengelände. Am Waldrand neben dem Schwimmbad. Mit lichtem Baumbestand und von Hecken durchzogen. Durch Dauercamper geprägt. Lebensmittel 500 m, Ort 1 km entfernt. Mittagsruhe 13-15 Uhr. Touristen-/Dauerstellplätze 40/190.
2008: P/N 3.–, K/N bis 15 J. 1.50, St/N 4.–, kl. T/N 2.–, WD inkl., Müllgeb. St/N –.50, Strom/N 2.50 oder kWh –.30.
DCC/CCI 10% auf St/N.

DCC-Vertragsplatz

✉ 34599 **Neuental-Neuenhain** (d7) 6144

[20] ★★★★ »ERHOLUNGSZENTRUM NEUENTAL« ⚬— 1.1. bis 31.12.
E.: Gemeinde ☎: Hr. Schauberick ☎ 06693/1287, Fax 803771 60 000 qm
www.neuenhainer-see.de, info@neuenhainer-see.de

→ A49 Kassel–Schwalmstadt Abf. (17) Neuental/Bischhausen über Zimmersrode nach Neuenhain. ✉ Seeblick 14 (GPS: 50°59′42″ N / 9°15′59″ E).

Ebenes Wiesengelände mit jungem Baumbewuchs, zum Teil parzelliert, an einem Naturbadesee mit öffentlichem Badebetrieb und Liegewiesen. DLRG-Station. HS Reservierung erforderlich. Ort (Zimmersrode) 4 km entfernt. Separater Jugendplatz. Mittagsruhe 13-15 Uhr. Touristen-/Dauerstellplätze 70/310.
2008: (HS) P/N 3.30, K/N 6 bis 12 J. 2.20, St/N 7.– bis 10.–, T/N 6.–, H/N 1.50, WD zuzügl., Strom/N 1.20 oder kWh –.40 (16 A). In NS Ermäßigung.
DCC 10% auf P/N.

✉ 34305 **Niedenstein-Kirchberg** (d7) 6150

★★★ »CAMPING WEISSENTHALS-MÜHLE« ⚬— April bis Okt.
E.: V. Günther P.: C. Schulze ☎ 05624/363, Fax 922664 60 000 qm
www.online-camper.de/weissenthalsmuehle
weissenthalsmuehle@online-camper.de

→ A 49 Kassel–Schwalmstadt Abf. (13) Gudensberg Richtung Emstal, ab hier nach Beschilderung, letzter Kilometer auf einem engen Waldweg. ✉ Weissenthalsmühle (GPS: 51°12′44″ N / 9°16′41″ E).

DCC-Vertragsplatz

Leicht welliges, parzelliertes Wiesengelände in einem von Wald umgebenen Bachtal des Naturparks Habichtswald. Durch Dauercamper geprägt. Öffnungszeiten vom 31.10. bis 1.4 auf Anfrage! Ort 3 km entfernt. Mittagsruhe 13-15 Uhr. Touristen-/Dauerstellplätze 40/120.

DCC-Vertragsplatz

✉ 34388 **Trendelburg,** Diemel (d6) 6200

[15] ★★★ »CAMPING TRENDELBURG« ⚬— 1.1. bis 31.12.
E.: Tamara Conradi ☎ 05675/301, Fax 5888   12 000 qm
www.campingplatz-trendelburg.de, conradi-camping@t-online.de

→ B83 Kassel–Bad Karlshafen, in Trendelburg links abbiegen über die Diemelbrücke und wieder links halten zum Platz. ✉ Zur alten Mühle 10 (51°34′21″ N / 9°25′28″ E).
∴ Burg Trendelburg. Sababurg-Dornröschenschloss.

Ebenes bis leicht welliges Wiesengelände unterhalb der Trendelburg am Diemelufer. Mit lichtem Baumbestand und schattenloser Zeltwiese. Teilweise parzelliert. Wasserwanderer-Station. FW. Lagerfeuerplatz. Ort 500 m entfernt. Separater Jugendplatz. Mittagsruhe 13-15 Uhr. Touristen-/Dauerstellplätze 45/45.
2008: (HS) P/N 3.10, K/N 4 bis 9 J. 2.30, J/N 2.60, St/N 4.60, H/N 2.10, KT –.10, WD zuzügl., Strom/kWh –.35 (16 A), Anschlussgeb. 1.–. In NS Erm.
DCC 10% auf P/N.

DCC-Vertragsplatz

✉ 34369 **Hofgeismar,** Nordhessen (d6) 6201

[20] ★★★ »CAMPING HOFGEISMAR« ⚬— 1.1. bis 31.12.
E.: Stadt P.: Th. Kirchstein ☎ 05671/1215, Fax 500035 15 000 qm
www.campingplatz-hofgeismar.de, info@campingplatz-hofgeismar.de

→ B 83 Kassel–Bad Karlshafen, in Hofgeismar-Schöneberg links abbiegen. ✉ Schönberger Str. 16 (GPS: 51°30′33″ N / 9°24′15″ E).
∴ Historische Altstadt.

Durch Hecken parzellierte und ebenes Wiesengelände. Erlebnisbad neben dem Platz. Ort 1 km entfernt. Mittagsruhe 13-15 Uhr. Touristen-/Dauerstellplätze 48/70.
2007: P/N 4.10, K/N 3 bis 14 J. 2.60, St/N 4.60, H/N 1.60, WD zuzügl., Müllgeb. St/N –.30, Strom/kWh –.60 (16 A). **DCC 10% auf P/N.**

DCC-Vertragsplatz

✉ 34396 **Liebenau-Zwergen,** Kassel (d6) 6202

[35] ★★★★ »PONYHOF CAMPING CLUB« ⚬— 20.3. bis 10.11.
E.: Familie Fülling ☎ 05676/1509, Fax 8880   70 000 qm
www.ponyhofcamping.de, ponyhofcamping@t-online.de

→ B7 Kassel–Warburg Abf. Calden/Obermeiser Richtung Liebenau-Zwergen, beschildert. Zum Teil steile Zufahrten! ✉ Teichweg 1 (GPS: 51°28′48″ N / 9°18′00″ E).

Parzellierter Terrassenplatz mit befestigten Mocapallicen von Waldhöhen umgeben. Kleinkindersanitär. Imbiss. Rollschuh- und Tischtennishallen. Bogenschießen. Reiterprüfung. Streichelzoo. Überdachter Kinderspielplatz. Kochkurse. FW. Lagerfeuerplatz. Wellnessbereich. Ort (Liebenau) 3 km entfernt. Mittagsruhe 13-14.30 Uhr. Touristen-/Dauerstellplätze 180/70.
2007: P/N 7.50, K/N bis 2 J. frei, St/N 12.50, H/N 2.50, WD inkl., Strom/N 2.50 oder kWh –.55 (4-16 A), Anschlussgeb. 1.30.
DCC/CCI 10% auf P/N.

CAMPING und Ferienwohnungen (6200) auf der Diemel-Insel unterhalb der Burg in TRENDELBURG
Conradi, 34388 Trendelburg, Tel. 0 56 75/3 01, Fax 0 56 75/58 88

Herzlich willkommen Ponyhof Camping

**Kinderglück mit 103 Ponys und Pferden!
Reiterferien mit Mutti und Vati!**

Camping-Preise inkl. Reitangebot

ADAC Campingpreis 2006
ADAC Auszeichnung 2007

Kostenloses Clubprogramm für Kinder
Täglich von 9.30–22.00 Uhr
- Ponyreiten • Ausritte • Kutschfahrten • Voltigieren
- Reiterspiele • Ponywanderung • Reitturniere
- Ponyschauen • Ponyspiele • Reiterwettbewerb
- Theoretischer Unterricht • Ponyhof-Reitabzeichen
  (Programm nur in den Ferienzeiten und an den langen Wochenenden)

Einrichtungen (kostenlose Nutzung)
- Reithalle • 3 Reitplätze • Geländestrecken
- Kinderdisco • Kino • Lagerfeuerplatz
- Bogenschießanlage • Steilwandklettern
- Bastelraum • Streichelzoo • Wasserspielplatz
- Abenteuerspielplatz • Kleinkinderspielplatz
- Rollschuhhalle • Spiellandschaft • Spielhäuschen
- Tischtennis • Fußballplatz • Freilicht-Schach
- Liegewiese am Bach • Reiterraum mit Kamin

Gegen Gebühr
- Kanutouren • Tages-Wanderritte
- Massagen • Kreativangebot

Kostenloses Clubprogramm für Erwachsene
- Reiten • Ausritte • Bogenschießen • Lagerfeuerabende
- Tanzabende • Geführte Wanderungen

Wellness-Oase
- Finnische Sauna • Bio-Sauna • Softdampfbad
- Heuraufen • Farblichtgrotte mit Aromanebel
- Infrarot-Wärmekabine • Thalasso-Massagewanne
- Aromabäder • Wellness-Packungen
- Erlebnisdusche • Massagen

Wellfeeling-Sanitärhaus
Auf 3 Ebenen mit Innenhalle und Kinderspielempore.
- Familienkabinen • Separate Toilettenkabinen

Kindersanitär

Camping-Stellplätze
Pro Stellplatz ca. 120 m². Mit Stromanschluss, großteils mit Kanal und Wasseranschluss.

Restaurant • Imbiss • SB-Lädchen (6202)

34396 Liebenau-Zwergen • www.ponyhofcamping.de • Telefon 0 56 76 / 15 09 • Fax 0 56 76 / 88 80

Campingplatz Axelsee im Weserbergland

ADAC und DCC empfohlen. 340 000 qm Freizeitgelände für Wohnwagen, Reisemobile und Zelte, mit Bade- und Angelsee (100 000 qm). Moderne Sanitäranlagen, Restaurant und Kiosk. Ausgangspunkt für Rad- und Wandertouren.
Tel. 0 52 73 / 8 88 18 · Fax 8 88 48 · E-Mail: axel-see@freenet.de (Beschreibung S. 150, 3387)
Fam. Weller, Lauenförder Str. 34, 37688 Beverungen-Würgassen

Camping Caravaning
BAD KARLSHAFEN

(6208)

Pächter J. Mietzner GmbH · Telefon 0 56 72/7 10 · Fax 0 56 72/13 50
Internet: www.camping-bad-karlshafen.de • www.camper-karli-event.de
E-Mail: J.M.Camping-Bad-Karlshafen@t-online.de

DCC-Vertragsplatz

✉ **34385 Bad Karlshafen**, Weser (d6)   **6208**

[20] ★★★★ »CAMPING RECHTES WESERUFER«   1.1. bis 31.12.
P: Mietzner GmbH   ☎ 05672/710, Fax 1350   50000 qm
www.camper-karli-event.de, J.M.Camping-Bad-Karlshafen@t-online.de

→ B83 Höxter–Hofgeismar, vor Bad Karlshafen links abbiegen auf die B80 Richtung Hann.-Münden. Im Ort beschildert. ✉ Am rechten Weserufer 2 (GPS: 51°38'36" N / 9°26'55" E).
♣ Weserbarocke Stadtanlage mit Rathaus. Hugenottenturm.

Ebenes bis leicht abfallendes Wiesengelände an der Weser gegenüber der Diemelmündung. Unparzelliert und überwiegend schattenlos. Teilweise Überflutung bei Hochwasser möglich. Wasserwanderer-Station. Lagerfeuerplatz. Moca-Übernachtungsplätze vor der Schranke. Haltestelle 100 m, Ort 500 m entfernt. Separater Jugendplatz. Mittagsruhe 13-15 Uhr. Touristen-/Dauerstellplätze 200/150.
2008: P/N 4.–, K/N 1 bis 13 J. 2.50, A/N 1.–, C/N 3.–, MC/N 4.–, T/N 2.–, M/N 2.–, B/N 1.50/3.–, H/N 2.–, KT 2.–, WD inkl., Müllgeb. P/N –.35, Strom/kWh –.50 (16 A), Anschlussgeb. 1.–. Pauschalangebote.
DCC/CCI 10% auf P/N.

DCC-Vertragsplatz

✉ **34399 Oberweser-Gieselwerder** (d6)   **6215**

[25] ★★★ »CAMPING AM BEHEIZTEN FREIBAD«   1.4. bis 31.10.
E.: Gemeinde   P.: Claudia Gerland   ☎ 05572/7611, Fax 999499
www.camping-gieselwerder.de, camping@gieselwerder.de   25000 qm

→ B80 Hann.-Münden–Bad Karlshafen, in Gieselwerder abbiegen, beschildert. ✉ Im Bruch/In der Klappe 21 (GPS: 51°35'56" N / 9°33'20" E).

Ebenes bis leicht welliges Wiesengelände mit öffentlichem Freibad an der Weser. Parzelliert und teilweise schattenlos. Nachts ohne Aufsicht. Sanitäranlagen beheizbar. »Kirche Unterwegs«. Wasserwanderer-Station. Ausbildung für Bootsführerschein ab 3 Personen. Ort 500 m entfernt. Separater Jugendplatz. Mittagsruhe 13-15 Uhr. Touristen-/Dauerstellplätze 150/150.
2008: P/N 4.50, K/N 4 bis 14 J. 3.50, St/N 7.50, H/N 1.50, KT, WD u. Schwimmbad inkl., Müllgeb. –.50, Strom/kWh –.50 (16 A).
DCC 10% auf P/N.

DCC-Vertragsplatz

✉ **34399 Oberweser-Oedelsheim** (d6)   **6217**

[25] ★★★★ »CAMPEN AM FLUSS«   15.3. bis 31.10.
E.: Gemeinde   P.: M. Pinne   ☎ 05574/94578-0, Fax 94578-8   20000 qm
www.campen-am-fluss.de, info@campen-am-fluss.de

→ B80 Hann.-Münden–Bad Karlshafen, in Oberweser/Gieselwerder rechts abbiegen über die Weserbrücke nach Oberweser/Oedelsheim. Im Ort beschildert. Fähre in Oedelsheim für Caravan nicht geeignet! ✉ Am Hallenbad (GPS: 51°35'33" N / 9°35'33" E).

Ebenes bis leicht welliges Wiesengelände an der Weser. Unparzelliert und teilweise schattenlos. Am Ortsrand gelegen. Wasserwanderer-Station. Veranstaltungen. Hundedusche. Barfusspfad. Warmfreibad, Minigolf und Tennis 4 km entfernt. Separater Jugendplatz. Mittagsruhe 13-15 Uhr. Touristen-/Dauerstellplätze 80/120.
2008: (HS) P/N 4.50, K/N ab 4 J. 3.50, C MC-St/N 7.50, T-St/N 5.50, H/N 1.50, WD inkl., Strom/kWh –.50 (16 A). In NS Ermäßigung.
DCC 10% auf P/N.

DCC-Vertragsplatz

✉ **34359 Reinhardshagen-Vaake** (d6)   **6219**

[15] ★★★ »TERRASSENCAMPING AHLETAL«   1.1. bis 31.12.
E.: Gemeinde   P.: M. Hubl   ☎/Fax 05544/408   40000 qm
www.campingplatz-reinhardshagen.de, info@campingplatz-reinhardshagen.de

→ A7 Kassel–Hannover Abf. (75) Hann.-Münden/Werratal über Hann.-Münden auf die B80 Richtung Bad Karlshafen, in Vaake beschildert. ✉ Ahletal 6 (GPS: 51°28'14" N / 9°37'11" E).
♣ Alte Wehrkirche (13. Jh.) mit gotischen Wandmalereien. Wesertal.

Teils leicht abfallendes, teils terrassiertes Wiesengelände in Hanglage an einem Bach. Durch Hecken parzelliert und mit Laub- und Nadelbäumen aufgelockert. Nachts ohne Aufsicht. Kiosk. Hallenbad in So/HS geschlossen! Angeln 500 m, Ort 1 km und Warmfreibad 3 km entfernt. Mittagsruhe 13-14.30 Uhr. Touristen-/Dauerstellplätze 45/180.
2008: P/N 3.80, K/N 5 bis 15 J. 2.80, C MC-St/N 3.50, kl. T/N 2.50, B/N 2.–, H/N 1.60, WD inkl., Müllgeb. P/N –.50, Strom/kWh –.60 (10 A).
DCC 10% auf P/N.

DCC-Vertragsplatz

✉ **34121 Kassel** am Auestadion (d7)   **6223**

[20] ★★★ »FULDA CAMP«   1.3. bis 31.10.
E.: Siegrid Weimann   ☎ 0561/22433, Fax 9219662   14000 qm
www.fulda-camp.de, info@fulda-camp.de

→ A7 Fulda-Hannover Abf. (79) Kassel-Mitte auf die A49 Richtung Schwalmstadt Abf. (4) »Aue-Stadion«. ✉ Giesenallee 7 (GPS: 51°17'29" N / 9°29'15" E).

Ebenes bis leicht abfallendes Wiesengelände an der Fulda. Teilweise parzelliert und überwiegend schattenlos. Zentrum 1 km entfernt. Mittagsruhe 13-15 Uhr. Touristen-/Dauerstellplätze 85/15.
2008: P/N 4.50, K/N 2 bis 14 J. 2.50, C MC-St/N 12.–, T-St/N 6.50 bis 12.–, M/N 2.–, B/N 2.– bis 8.50, WD inkl., Strom/N 2.60 oder kWh –.50 (16 A), Anschlussgeb. 1.60. ab 7/14 Nächten 10/15% Ermäßigung. Tickets für den ÖPNV im Gebiet Kassel-Plus.
DCC/CCI 10% auf P/N und St/N.

Campingurlaub im schönen Weserbergland

CAMPEN AM FLUSS
CAMPINGPLATZ ★★★★ OEDELSHEIM
Am Hallenbad   (6217)
34399 Oberweser/Oedelsheim
Tel. + 49 (0) 55 74 / 94 57 80
Fax + 49 (0) 55 74 / 94 57 88
www.campen-am-fluss.de

& **Campingplatz am beheizten Freibad** (6215)

In der Klappe 26
34399 Oberweser/Gieselwerder
Tel. + 49 (0) 55 72 / 76 11
Fax + 49 (0) 55 72 / 99 94 99
www.camping-gieselwerder.de

Die idyllischen Plätze am Ortsrand von Oedelsheim und Gieselwerder liegen im wunderschönen Weserbergland direkt an der Weser und sind genau das Richtige für Familien und Senioren. Die Schwimmbadbenutzung ist für Camper inklusive. DCC Mitglieder erhalten 10 % auf die Personenentgelte ab der ersten Nacht. Besuchen Sie unsere Homepage und informieren Sie sich dort oder fordern Sie unsere Prospekte an. Wir freuen uns schon jetzt auf Ihren Besuch!

DCC-Vertragsplatz

✉ 34289 Zierenberg, Kassel (d7) 6227 NEU

20 ★★★★ »CAMPING ZUR WARME« 1.1. bis 31.12.
E.: A. Bachmann u. D. Kirchberg ☎/Fax 05606/3966 35 000 qm
www.campingplatz-zierenberg.de, campingplatz-zierenberg@t-online.de

→ A44 Kassel–Dortmund Abf. (67) Zierenberg auf die B251 Richtung Kassel, in Habichtswald-Ehlen links abbiegen. In Zierenberg beschildert. ✉ Im Nordbruch 3 (GPS: 51°22'04" N / 9°18'54" E).
• Habichtswald mit Aussichtstürmen. Ruine Schartenburg.

Ebenes und unparzelliertes Wiesengelände in einem Bachtal mit Teich. Touristenfläche schattenlos. Brotbackhäuschen. Alte Straßenbahn als Aufenthaltsraum. Durch Dauercamper geprägt. Ort 500 m entfernt. Mittagsruhe 13-15 Uhr. Touristen-/Dauerstellplätze 20/80.
2008: P/N 4.50, K/N 2 bis 14 J. 3.50, A/N 2.–, C/N 4.50, MC/N 6.–, T/N 4.–, M/N 2.–, H/N 1.50, WD inkl., Strom/N 1.60 oder kWh –.50 (16 A).
DCC 10% auf P/N.

DCC-Vertragsplatz

✉ 34302 Guxhagen-Büchenwerra (d7) 6232

20 ★★★★ »CAMPING FULDASCHLEIFE« 1.3. bis 31.12.
E.: Marga Reiß ☎ 05665/2771, 961044, Fax 961043 21 000 qm
www.fuldaschleife.de, reiss@fuldaschleife.de

→ A7 Kassel–Frankfurt Abf. (81) Guxhagen nach Büchenwerra oder A 49 Abf. Guxhagen. Beschildert. ✉ Zum Bruch 6 (GPS: 51°10'39" N / 9°28'42" E).

Leicht welliges Wiesengelände an der Fulda. Mit lockerem Baumbestand und teilweise parzelliert. Kabel-TV. Wasserwanderer-Station. Kiosk. Ort 200 m entfernt. Separater Jugendplatz. Mittagsruhe 13-15 Uhr. Touristen-/Dauerstellplätze 35/80.
2007: (HS) P/N 4.50, K/N 2 bis 14 J. 2.50, St/N 4.50 bis 6.–, H/N 1.50, WD zuzügl., Müllgeb. St/N –.50, Strom/N 2.– oder kWh –.50 (16 A). In NS Erm.
DCC/CCI 10% auf P/N.

✉ 34212 Melsungen-Röhrenfurth (d7) 6234

20 ★★★ »CAMPING FULDAWIESE« 1.1. bis 31.12.
E.: Horst Schneider ☎ 05661/929638-1, Fax 929638-0 10 000 qm

→ A7 Kassel–Frankfurt Abf. (82) Melsungen über Melsungen Richtung Kassel, in Höhe Röhrenfurth links abbiegen. ✉ Lobenhäuserweg 21.

Ebenes, unparzelliertes und teilweise leicht zum Waldrand ansteigendes Wiesengelände. Durch eine Straße von der Fulda getrennt. Mit lockerem Baumbestand. Durch Dauercamper geprägt. FW. Haltestelle und Ort 1 km entfernt. Mittagsruhe 13-15 Uhr. Touristen-/Dauerstellplätze 15/55.
2008: P/N 4.–, K/N 2 bis 14 J. 2.50, St/N 6.–, WD zuzügl., Strom/N 2.80 oder kWh –.60, Anschlussgeb. 1.50.
DCC/CCI 10% auf St/N.

✉ 34593 Knüllwald-Niederbeisheim (d7) 6236

20 ★★★★ »CAMPING AM BAUERNHOF« 1.1. bis 31.12.
E.: Familie Limmeroth ☎ 05685/228, Fax 8256 24 000 qm
www.hessencamping.de/sites/limmeroth, limmeroth@hessencamping.de

→ A7 Kassel–Frankfurt Abf. (84) Homberg/Efze oder Rasthof Hasselberg über Oberbeisheim nach Niederbeisheim, dann ca. 500 m hinter dem Ortsende in Richtung Wichte/Morschen. ✉ Zum Lierloch 1 (GPS: 51°02'00" N / 9°32'08" E).

Leicht gestuftes und unparzelliert ansteigendes Wiesengelände bei einem bewirtschafteten Bauernhof. Mit lockerem Baumbestand. Familienwaschräume. Befestigte Mocaplätze. Spielhütte. Animation nach Bedarf! Durch Dauercamper geprägt. FW. vom 1.11. bis 1.3 bitte Voranmeldung! Ort 500 m entfernt. Separater Jugendplatz. Mittagsruhe 13-15 Uhr. Touristen-/Dauerstellplätze 20/40.
2007: P/N 4.–, K/N 2.–, St/N 5.–, H/N 2.–, KT 1.50, WD inkl., Müllgeb./Sack 3.50, Strom/kWh –.51 (16 A).

✉ 36211 Alheim-Licherode (d7) 6238

20 ★★★ »CAMPING ALTE MÜHLE« 1.1. bis 31.12.
E.: Herr Koch ☎ 05664/8141, Fax 6577 275 m 45 000 qm

→ A7 Kassel–Frankfurt Abf. (83) Malsfeld und über Morschen und Wichte nach Licherode, beschildert. ✉ Zur alten Mühle 4 (GPS: 51°01'33" N / 9°34'41" E).
• Tierpark-Knüllwald. Fachwerkstadt Melsungen. Burg Homberg-Etze.

Ebenes bis leicht ansteigendes Wiesengelände in einem von Waldhöhen umgebenen Tal. Von einem Bach durchzogen. Badeteich mit Badesteg und Liegewiese. Teils durch alten Baumbestand aufgelockert. Zeltwiese. Befestigte Moca-Plätze. Touristenplätze unparzelliert. Durch Dauercamper geprägt. Brötchenservice. Kegelbahn. Ort 1 km entfernt. Separater Jugendplatz. Mittagsruhe 13-15 Uhr. Touristen-/Dauerstellplätze 25/80.
2007: P/N 4.–, K/N 6 bis 14 J. 2.50, A/N 2.–, C/N 4.–, MC/N 6.–, T/N ab 3.–, M/N 2.–, WD inkl., Strom/N 1.50 (16 A), Anschlussgeb. 2.–/Wo.
DCC/CCI 10% auf P/N.

»Campingplatz Rotenburg an der Fulda (6240)

✉ 36199 Rotenburg, Fulda (d7) 6240

20 ★★★ »CAMPING DER STADT« April bis Okt.
E.: Stadt ☎ 06623/5556, 933133, Fax 933163 8000 qm
www.rotenburg.de, petra.reinhardt@rotenburg.de

→ B 83 Kassel–Bebra, in Rotenburg beschildert. ✉ Campingweg (GPS: 50°59'37" N / 9°44'34" E).
• Stiftskirche. Landgrafen-Schloss. Wehrtürme.

Ebener bis leicht abfallendes, unparzelliert teilweises Wiesenstreifen an der Fulda. Gegenüber einer stark befahrenen Bahnlinie. Wasserwanderer-Station. Imbiss. Ort 500 m entfernt. Mittagsruhe 13-15 Uhr. Touristen-/Dauerstellplätze 70/10.
2007: P/N 3.30, K/N bis 14 J. 1.65, A/N 1.60, C/N 3.60, MC/N 3.70, T/N 1.85, M/N 1.10, B/N 110, H/N –.60, KT 1.–, WD zuzügl., Strom/kWh –.60 (16 A).

✉ 37235 Hess. Lichtenau-Quentel (d7) 6250

20 ★★★ »CAMPING GRUNDMÜHLE« 1.1. bis 31.12.
E.: Fr. Winkler/Hr. Nödler ☎ 05602/3659, Mobil 0174/9151896, Fax 915811
campgrundmuehle@aol.com 18 000 qm

→ B 83 Kassel–Melsungen, ca. 2.5 km hinter Körle links abbiegen über Empfershausen und Eiterhagen. ✉ Grundmühle 14 (GPS: 51°12'05" N / 9°37'44" E).

Von Wald umgebenes, parzelliertes Wiesengelände in einem Bachtal. Mit lockerem Baumbestand. Familiäre Atmosphäre. Haltestelle 500 m, Ort 800 m entfernt. Separater Jugendplatz. Touristen-/Dauerstellplätze 40/50.
2008: P/N 3.80, K/N 3 bis 16 J. 2.70, J/N 3.10, St/N 4.80, H/N 1.30, WD inkl., Müllgeb. P/N –.30, Strom/kWh –.60 (10-16 A), Anschlussgeb. –.60.

Campingplatz »Am Bauernhof«
in Knüllwald-Niederbeisheim

Der Komfortplatz mit vier Sternen. Idealer Übernachtungs- und Ferienplatz nach Norden oder Süden: in der Nähe der A7.

Tel. 05685-228 • Fax 05685-8256
e-mail: limmeroth@hessencamping.de
//www.hessencamping.de/sites/limmeroth

(6236)

6 Hessen

34286 Spangenberg (d7) 6255

★★★ »CAMPING AM SPORTPLATZ« 1.1. bis 31.12.
E.: Stadt V.: U. Trinter ☎ 05663/222, 7297, Fax 509026 16000 qm
www.stadt-spangenberg.de, service-center@stadt-spangenberg.de

→ A7 Frankfurt–Kassel Abf. (83) Melsungen über Melsungen auf die B487 nach Spangenberg, hier beschildert. ✉ Jahnstr. 23 (GPS: 51°06'49" N / 9°40'26" E).
♣ Historische Altstadt.

Ebenes und parzelliertes Wiesengelände an einem Bach zwischen Sportplatz und Schwimmbad. Mit lockerem Baumbestand. Separate Touristenfläche. Ort 1 km entfernt. Mittagsruhe 13-15 Uhr. Touristen-/Dauerstellplätze 24/60.

37269 Eschwege (d7) 6258

★★★★ »KNAUS CAMPINGPARK ESCHWEGE« 14.3. bis 3.11.
E.: Helmut Knaus KG Campingparks V.: Georg Kehr
☎ 05651/33888-3, Fax 33888-4 6800 qm
www.knauscamp.de, eschwege@knauscamp.de

→ A7 Frankfurt–Kassel Abf. Friedland, Bad Sooden-Allendorf nach Eschwege. ✉ Am Werratalsee 2 (GPS: 51°11'30" N / 10°04'12" E).

Ebenes, parzelliertes Wiesengelände an einem Baggersee (noch Kiesabbau) mit eigenem Badestrand, Liegewiese und Marina. Junge Anpflanzung. Modernes, jedoch teilweise enges Sanitär. Mittagsruhe 13-15 Uhr. Touristen-/Dauerstellplätze 124/96.
2008: (HS) P/N 7.–, K/N 4 bis 14 J. 3.–, St/N 7.–, H/N 3.–, WD inkl., Müllgeb. H/N 1.50, Strom/N 2.40 (16 A). In NS Ermäßigung. Nachlässe mit der KNAUS-Ferienkarte.

37276 Meinhard-Grebendorf (d7) 6260

★★★ »FREIZEIT- U. ERHOLUNGSZENTRUM« 1.4. bis 31.10.
P.: Betriebsgem. P.: R. Böhm ☎ 05651/6200, Fax 22272 175000 qm
www.freizeitzentrum-wmk.de, info@freizeitzentrum-wmk.de

→ B 27 Bebra–Bad Soden Abf. Eschwege und dann nach Niederhone abbiegen, hier über Jestädt weiter Richtung Grebendorf. ✉ Ziegelweg (GPS: 51°12'23" N / 10°02'34" E).

Ebenes, unparzelliertes Wiesengelände mit öffentlichem Strandbad an mehreren kleinen Seen. Überwiegend schattenlos und von einzelnen Sträuchern und Bäumen durchzogen. Riesen-Wasserrutsche am Badestrand. Separater Platzteil für Hundehalter. Teilweise von Dauercampern geprägt (Jestädt) 2 wkm entfernt. Separater Jugendplatz. Mittagsruhe 13-15 Uhr. Touristen-/Dauerstellplätze 150/420.
2007: (HS) P/N 5.–, K/N 5 bis 18 J. 4.–, C MC-St/N 8.–, T-St/N 6.–, WD zuzügl., Strom/N 1.50 (16 A). In NS Ermäßigung.

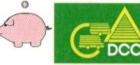

DCC-Vertragsplatz

37213 Witzenhausen, Werra (d7) 6270

★★★ »CAMPING WERRATAL« 1.1. bis 31.12.
E.: Sigrid Rudolph ☎ 05542/1465, Fax 72418 30000 qm
www.campingplatz-werratal.de, info@campingplatz-werratal.de

→ B27 Göttingen–Eschwege oder B80 Kassel–Witzenhausen, in Witzenhausen beschildert. ✉ Am Sande 11 (GPS: 51°20'52" N / 9°52'08" E).
♣ Historische Altstadt.

Ebenes, teilweise leicht abfallendes und unparzelliertes Wiesengelände hinter dem Schwimmbad und Freizeitzentrum. Mit lichtem Baumbestand. Befestigte Mocaplätze. Teilweise Überflutung bei Hochwasser möglich. Wasserwander-Station. Volleyball. FW. Ort 900 m entfernt. Separater Jugendplatz. Mittagsruhe 13-15 Uhr. Touristen-/Dauerstellplätze 60/60.
2008: (HS) P/N 4.80, K/N 1 bis 13 J. 3.70, St/N 5.20 bis 7.40, H/N 2.20, WD zuzügl., Strom/N 2.20 (10 A). In NS Ermäßigung.
DCC 10% auf P/N.

35088 Dodenau-Hobe, Battenberg (c7) 6300

★★ »CAMPING FERIENPLATZ EDERTAL« 1.1. bis 31.12.
P.: Matthias Ackermann ☎ 06452/1791 28000 qm
www.camping-dodenau.de, buchung@camping-dodenau.de

→ B253 Biedenkopf–Frankenberg Abf. Allendorf/Battenfeld über Dodenau nach Hobe. ✉ Hobe 2 (GPS: 51°01'31" N / 8°34'10" E).
♣ Wildgehege. Rothaargebirge. Skigebiet Sackpfeife.

Zweigeteiltes, unparzelliertes Wiesengelände an der Eder. Mit ebenen oder schattenlos abfallenden Platzteilen. Von Wald umgeben. Imbiss. Walderlebnispfad. Hundeverbot für Kampfhunde. Ort 2 km entfernt. Separater Jugendplatz. Mittagsruhe 13-15 Uhr. Touristen-/Dauerstellplätze 60/60.

35683 Dillenburg (c8) 6303

★★ »CAMPING MEERBORNSHEIDE« 1.1. bis 31.12.
E.: Fam. Normal ☎ 0177/7805140 20000 qm
www.campingtdillenburg.de, campingintdillenburg@yahoo.de

→ A45 Gambacher Dreieck–Siegen Abf. (25) Dillenburg Richtung Donsbach. ✉ Meerbornsheide 1 (GPS: 50°43'53" N / 8°15'44" E).
♣ Schloss-Museum Wilhelmsturm. Tierpark Donsbach.

Abfallendes und unparzelliertes Wiesengelände in einem Waldtal. Teilweise terrassiert. Mittagsruhe 13-15 Uhr. Touristen-/Dauerstellplätze 50/80. Durch Dauercamper geprägt. Ort 2 km entfernt. Mittagsruhe 13-15 Uhr. Touristen-/Dauerstellplätze 50/80.
2007: P/N 5.–, K/N bis 14 J. 3.–, St/N 5.–, T-St/N 3.–, H/N 1.–, Strom/N 2.–

DCC-Vertragsplatz

35239 Steffenberg-Niedereisenhsn. (c7) 6306

★★★ »CAMPING HINTERLAND« 1.1. bis 31.12.
E.: Eric Voogd ☎ 06464/7564 20000 qm
www.campinghinterland.eu, camphinterland01@aol.com

→ B253 Dillenburg–Frankenberg, bei Simmersbach links abbiegen über Steffenberg nach Niedereisenhausen. ✉ Quotshäuserweg 32 (GPS: 50°50'47" N / 8°28'12" E).

Unparzelliertes Wald- und Wiesengelände am Waldrand. Terrassiert am Hang gelegen und durch Büsche unterteilt. Feuerstelle. Durch Dauercamper geprägt. Lebensmittel 500 m, Ort 1 km entfernt. Mittagsruhe 13-15 Uhr. Touristen-/Dauerstellplätze 30/40.
2008: P/N 5.–, K/N 3 bis 14 J. 3.–, St/N 5.–, H/N 1.60, WD inkl., Strom/kWh –.55 (16 A).
DCC/CCI 10% auf P/N und St/N.

35094 Lahntal-Kernbach, (c7) 6308

★★ »CAMPING KERNBACH« 1.1. bis 1.11.
E.: Dagmar Konrad ☎/Fax 06420/7494 8000 qm
www.camping-kernbach.de, info@camping-kernbach.de

→ A5 Kassel-Frankfurt Abf. Gießen/Marburg nach Marburg, dann B62 Richtung Biedenkopf, Abf. Kernbach, im Ort beschildert. ✉ Zum Campingplatz 4 (GPS: 50°51'12" N / 8°39'05" E).
♣ Kloster Caldern. Rimberg.

Unparzelliertes Wiesengelände an der Lahn. Überwiegend schattenlos. Überflutung bei Hochwasser möglich. Grillhütte. Ort 1 km entfernt. Mittagsruhe 13-15 Uhr. Touristen-/Dauerstellplätze 120/80.
2007: P/N 4.–, K/N 6 bis 12 J. 2.–, St/N 5.–, H/N 1.50, WD zuzügl., Müllgeb. St/N –.25, Strom/kWh –.60 (16 A).
DCC/CCI 10% auf P/N.

Sigrid Rudolph
Am Sande 11
D-37213 Witzenhausen
Tel. 0 55 42/14 65 · Fax 72418
www.campingplatz-werratal.de

Idyllische Lage im Werratal – Spielplatz – SB-Laden – Wohnmobil – Ver- u. Entsorgung – Waschmaschine – Mietcaravans – Ferienhäuser – Fahrradverleih – Bootsverleih – Angeln. 200 m: Schwimmen – Squash – Tennis – Reiten u. Minigolf. Sonderpreise in der Vor- u. Nachsaison. **Ganzjährig geöffnet.** (6270)

35037 Marburg, Lahn (c7) — 6310

20 ★★★ »CAMPING LAHNAUE« — 1.4. bis 1.11.
P.: Herbert Gaube ☎ 06421/21331, Fax 175882 — 10000 qm
www.lahnaue.de, info@lahnaue.de

→ B3 Gießen–Kassel Abf. Marburg-Mitte. ✉ Trojedamm 47 (GPS: 50°47'60" N / 8°46'07" E).
✦ Altstadt Marburg mit Schloss.

Ebenes und teilweise parzelliertes Wiesengelände zwischen Lahn und Umgehungsstraße. Überflutung bei Hochwasser möglich. Sanitäranlage beheizbar. Imbiss. Kiosk. Reservierung erwünscht. Öffnungszeiten in NS auf Anfrage. Von 22 bis 7 Uhr kann der Platz (Tor) nur durch den Rettungsdienst/Polizei geöffnet werden! Zentrum 1.5 km entfernt. Mittagsruhe 13-15 Uhr. Touristen-/Dauerstellplätze 60/12.
2008: P/N 4.–, K/N 5 bis 15 J. 3.–, St/N 7.–, T/N 4.–, M/N 2.–, H/N 2.50, WD zuzügl., Strom/N 2.– (10 A).

35315 Homberg, Ohm (c/d8) — 6320

25 ★★ »WALDCAMPING IM OHMTAL« — 1.1. bis 31.12.
E.: Arnold Lehmann ☎ 06633/491, Fax 5816 — 30000 qm

→ A5 Frankfurt–Kassel Abf. (6) Homberg (Ohm), im Ort beschildert. ✉ Zur Hart 25 (GPS: 50°43'44" N / 9°00'46" E).

Teilweise terrassiertes, unparzelliertes und ansteigendes Wiesengelände am Waldrand oberhalb des Ortes. Mit lockerem Baumbestand. Durch Dauercamper geprägt. Ort 1.6 km entfernt. Mittagsruhe 13-15 Uhr. Touristen-/Dauerstellplätze 30/50.
2008: P/N 5.–, K/N 2 bis 15 J. 2.–, St/N 5.– bis 7.–, H/N 1.–, WD zuzügl., Müllgeb. St/N 1.–, Strom/N 1.– (10 A).
DCC 10% auf P/N.

DCC-Vertragsplatz

36320 Kirtorf-Heimertshausen (d8) — 6325

20 ★★★ »CAMPING HEIMERTSHAUSEN« — 1.4. bis 30.9.
E.: Fam. Rinke ☎ 06635/206, Fax 918359 — 36000 qm
www.campingplatz-heimertshausen.de, info@campingplatz-heimertshausen.de

→ A5 Kassel–Frankfurt Abf. Alsfeld-West über Romrod und Zell. ✉ Ehringshäuser Str. 60 (GPS: 50°44'10" N / 9°09'11" E).
✦ Alsfeld. Schloss Romrod. Schwälmer Land (Trachten).

Teils ebenes, teils ansteigendes und unparzelliertes Wiesengelände. Neben dem Schwimmbad in ländlicher Umgebung. Mit lockerem Baumbestand und von Hecken durchzogen. Imbiss. Kosmetikstudio. Wellness-Massagen. Durch Dauercamper geprägt. Ort 1.2 km entfernt. Separater Jugendplatz. Mittagsruhe 13-15 Uhr. Touristen-/Dauerstellplätze 80/120.
2008: (HS) P/N 4.–, K/N 2 bis 13 J. 3.–, St/N 6.– bis 7.–, H/N 1.–, WD zuzügl., Strom/N 2.–, kWh –.50 (10 A). In NS Ermäßigung.
DCC/CCI 10% auf P/N.

35325 Mücke/Groß-Eichen (d8) — 6328

25 ★★★ »CAMPING GROSS-EICHEN« — 1.1. bis 31.12.
E.: G. Hartenstein ☎ 06400/8805, Fax 8092 310 ql — 68000 qm
www.camping-gross-eichen.de, info@camping-gross-eichen.de

→ A5 Frankfurt-Kassel Abf. (6) Homburg/Ohm Richtung Grünberg auf die B49 Richtung Alsfeld. In Flensungen rechts nach Groß-Eichen. Im Ort beschildert. ✉ Am Rain 15 (GPS: 50°35'24" N / 9°04'46" E).
✦ Altstadt Grünberg.

Teilweise terrassiertes und unparzelliertes Wiesengelände in leichter Südhanglage an einem Waldrand. Mit Bäume und Büsche durchzogen. Öffentlicher Badebetrieb. Befestigte Moca-Plätze. Hot-Spot. Jugendraum. Nordic-Walking-Zentrum. Schwimmbiotop. Meditationsoase. Ort 400 m entfernt. Separater Jugendplatz. Mittagsruhe 13-15 Uhr. Touristen-/Dauerstellplätze 130/220.
2007: (HS) P/N 5.–, K/N 4 bis 15 J. 3.–, A/N 2.50, C T/N 6.–, MC/N 9.–, H/N 2.–, WD inkl., Müllgeb. P/N 2.–, Strom/N 1.– oder kWh –.55 (16 A). In NS für 5 Nächte nur 3 Nächte bezahlen.

Campingplatz »Spitzer Stein«
D-35301 Grünberg/Hessen

Staatl. anerkannter Luftkurort in sehr reizvoller, idyllischer Landschaft gelegen. Er bietet Ruhe und Erholung. Sportmöglichkeiten jeder Art in naher Umgebung vorhanden. Der geräumige Campingplatz (Größe 40.000 qm) gilt wegen seiner ausgezeichneten sanitären und sonstigen Einrichtungen, in der Nähe des Waldes unter Campingfreunden als Geheimtipp. Das angrenzende, mit klarem Quellwasser, beheizte Freizeitbad sowie auch das in unmittelbarer Nähe gelegene Hallenbad, werden auch verwöhntesten Ansprüchen gerecht. Spaziergänge im Stadtwald sowie Ausflüge in den nahen Vogelsberg und die Rhön möglich. **Geöffnet von 1.3.–31.10.**

Verkehrslage: A5 Abf. Grünberg, Landesstraße L 3127 bis Grünberg, Bundesstraße B 49 Richt. Alsfeld, Ortsausg. rechts.

Auskunft: Städt. Fremdenverkehrsamt 0 64 01/8 04-0 oder Campingplatz 0 64 01/65 53, Postfach 11 65 — (6330)

35305 Grünberg, Vogelsberg (c8) — 6330

20 ★★ »CAMPING SPITZER STEIN« — 1.3. bis 31.10.
E.: Stadt V.: Repp ☎ 06401/6553, Fax 804103 — 40000 qm
www.gruenberg.de, s.moebus@gruenberg.de

→ A48 Alsfeld–Gießen Abf. (6) Homberg (Ohm) oder A5 Frankfurt–Kassel Abf. (9) Gießen-Nord/Reiskirchen zur B49 Richtung Grünberg. ✉ Alsfelder Str. 57 (GPS: 50°35'27" N / 8°58'25" E).
✦ Altstadt Grünberg.

Leicht welliges und schattenloses Wiesengelände. Unparzelliert neben einem Schwimmbad. Durch Dauercamper geprägt. In NS Abreise nur während der Dienstzeiten der Platzwarte! Imbiss. Ort 1.5 km entfernt. Mittagsruhe 13-15 Uhr. Touristen-/Dauerstellplätze 70/300.
2007: P/N 4.–, K/N 6 bis 16 J. 2.70, St/N 4.–, T/N 4.–, Müllgeb. P/N 1.–, Strom/kWh –.30, Anschlussgeb. 2.–.
CCI 10% auf P/N.

DCC-Vertragsplatz

35321 Laubach, Vogelsberg (c8) — 6335

25 ★★★★ »CARAVANPARK LAUBACH« — 1.1. bis 31.12.
E.: U. Rutenkolk P.: S. Dekker-Kohl ☎ 06405/1460, Fax 1848 — 105000 qm
www.caravanpark-laubach.de, info@caravanpark-laubach.de

→ A5 Frankfurt–Kassel Abf. (10) Lich/Fernwald Richtung Lich/Laubach. In Laubach beschildert. ✉ Am Froschloch 1 (GPS: 50°33'03" N / 9°00'33" E).
✦ Schloss Laubach.

Welliges, leicht ansteigendes und parzelliertes Wiesengelände. Von Hochwald umgeben. Mit lockerem Baumbestand und von Büschen durchzogen. Separater Touristenteil mit Sanitärgebäude. Befestigte Mocaplätze. Hot-Spot. Jugendraum. Ort 1 km und Hallenbad 2 km entfernt. Separater Jugendplatz. Mittagsruhe 13-14.30 Uhr. Touristen-/Dauerstellplätze 60/290.
2008: (HS) P/N 4.–, K/N 6 bis 16 J. 2.50, St/N 8.–, T/N 5.–, M/N 1.–, B/N 2.–, H/N 1.50, WD inkl., Strom/N 2.– oder kWh –.55 (6/16 A). In NS Erm.
DCC 10% P/N und St/N.

35457 Lollar-Ruttershausen (c8) — 6345

20 ★★ »CAMPING LAHNBLICK« — 15.4. bis 15.10.
E.: Werner Lauz ☎/Fax 06406/1510 — 7500 qm

→ A485 (Gießener Ring) über Gießener Nordkreuz auf die B3a Richtung Marburg Abf. Lollar-Nord Richtung Lollar. Nach Ruttershausen abbiegen, beschildert. ✉ Untergasse 16 (GPS: 50°39'35" N / 8°42'43" E).
✦ Burg Staufenberg.

Ebenes, unparzelliertes Wiesengelände zwischen dem Ort und der Lahn beim gleichnamigen Lokal. Haltestelle und Ort 1 km entfernt. Separater Jugendplatz. Mittagsruhe 13-15 Uhr. Touristen-/Dauerstellplätze 50/30.
2007: P/N 4.–, A/N 1.50, C/N 4.50, MC/N 5.50, T/N 4.–, M/N 1.50, WD zuzügl., Strom/N 2.–, kWh –.50 (16 A).
DCC 10% auf P/N.

6 Hessen

Camping Wißmarer See — WETTENBERG

550 Campingplätze, Dusch-, Umkleide- und Toilettenanlagen, DLRG-Station, Kiosk, Restaurant, Aufenthaltsräume, Wasser-, Strom- und Telefonanschluß, 120 000 qm Wasserfläche, 50 000 qm Liegewiesen, 6 000 qm Sandstrand, 2 000 Parkplätze, Minigolf-Turnieranlage, kleiner Platz für Rollschuhläufer, Kinderspielplatz, Streetball-Platz mit 2 Körben, Angeln, 717 Hektar Wald, 25 km Spazierwege.

Beliebte Wanderziele: Burgen Gleiberg, Vetzberg, Staufenberg, Klosterruine Schiffenberg, Hangelstein, Staufenberg, Totenberg, Lollarer Kopf, Dunsberg.

Sauberer Platz im Erholungsgebiet Wißmar. Zufahrt von Gießen auf der B3 in nördlicher Richtung bis Abfahrt Wettenberg-Wißmar. Hier links abbiegen, oder von Marburg kommend, auf der B3 in südlicher Richtung, vor Ortseingang Lollar rechts abbiegen und weiter nach Wettenberg-Wißmar, vor Ortseingang Wißmar beschilderte Abfahrt zum See.

(6347)

Pächter: Wolfgang Weber
Telefon 0 64 06/7 56 97, Fax 0 64 06/7 39 17

35435 Wettenberg-Wißmar, Gießen (c8) — 6347

★★★ »CAMPING WISSMARER SEE« — 1.5. bis 15.9.
E.: Gemeinde P.: Wolfgang Weber ☎ 06406/75697, Fax 73917 85000 qm
www.wissmarer-see.de, wissmarer-see@gmx.de

→ A48 Reiskirchener Dreieck–Wetzlar Abf. (480) Wettenberg. Ab Wettenberg der Beschilderung »Wißmarer See« folgen. ✉ (GPS: 50°38'26" N / 8°41'16" E).

❖ Fachwerkbauten. Klassizistische Kirche. Burgen. Holz-Technik-Museum.

Ebenes, unparzelliertes Wiesengelände um einen See mit DLRG-Station und öffentlichem Strandbad. Uferliegewiese. Separate Platzteile für Touristen und Dauercamper. Befestigte Mocaplätze. Kiosk in HS. Reservierung erwünscht. Keine ständige Aufsicht. Mittagsruhe 13-15 Uhr. Ort 1 km entfernt. Touristen-/Dauerstellplätze 50/350.
2007: P/N 4.–, K/N bis 14 J. 2.50, extra A/N 1.–, C MC-St/N 5.50 bis 6.50, T/N 3.– bis 4.50, M/N 1.–, H/N 2.50, WD zuzügl., Müllgeb./Sack 1.50/3.–, Strom/N 1.50 (16 A). Ab 4 Wo. Aufenthalt Ermäßigung.

35576 Wetzlar, Lahn (c8) — 6352

★★ »CAMPING WETZLAR« — 1.3. bis 31.10.
E.: Stadt P.: ASV Wetzlar ☎/Fax 06441/34103 8000 qm

→ A45 Dortmund–Frankfurt Abf. (30) Wetzlar-Ost Richtung Wetzlar auf die B277. ✉ Dammstr. 52 (GPS: 50°34'20" N / 8°30'31" E).

❖ Dom. Lottehaus. Altertümliches Stadtbild.

…50m …400m (H)500m …2km
Unparzelliertes, ebenes Wiesengelände mit lichtem Baumbestand. Vom Lahnufer durch einen öffentlichen Weg getrennt und mit Hecken gegliedert. Wasserwanderer-Station. Zentrum 2 km entfernt. Separater Jugendplatz. Mittagsruhe 13-15 Uhr. Touristen-/Dauerstellplätze 20/40.
2008: P/N 4.50, K/N bis 10 J. 2.–, A/N 2.–, C/N 4.50, MC/N 5.–, T/N ab 3.–, M/N 1.–, B/N –.50, H/N 2.–, WD inkl., Müllgeb. 1.–, Strom/N 3.– (16 A).

35619 Braunfels bei Wetzlar (c8) — 6355

★★ »CAMPINGPARK BRAUNFELS« — 1.1. bis 31.12.
E.: Willy Zimmer V.: S. Rose ☎ 06442/4366, Fax 6895 52000 qm

→ A45 Dortmund–Frankfurt Abf. (28) Ehringhausen über Leun nach Braunfels. In Braunfels beschildert. ✉ Am Weiherstieg 2 (GPS: 50°30'41" N / 8°23'00" E).

❖ Schloss Braunfels.

…300m
Ebene, unparzellierte Touristenwiese und ansteigend terrassiertes Gelände an einem Berghang gegenüber vom Kurpark und Schloss. Befestigte Mocaplätze. Freizeitzentrum in der Nähe. Imbiss. Ort 500 m entfernt. Separater Jugendplatz. Mittagsruhe 13-15 Uhr. Touristen-/Dauerstellplätze 70/165.

Plätze ohne Gebühren
Diese Plätze haben seit 2 Jahren und mehr keine Meldung mehr abgegeben. Darum kann auch für die Öffnungszeit nicht garantiert werden.

35794 Mengerskirchen, Westerwald (c8) — 6360

★★★ »CAMPING AM SEEWEIHER« — 1.1. bis 31.12.
E.: Fam. Düngen ☎ 06476/2263, Fax 1580 450 m 60000 qm
www.seeweiher.de, info@seeweiher.de

→ A3 Frankfurt–Köln Abf. (42) Limburg/Nord auf die B49 Richtung Weilburg-Westerburg. In Höhe Waldbrunn rechts abbiegen. Vor Mengerskirchen beschildert. ✉ Am Seeweiher 2 (GPS: 50°32'48" N / 8°08'51" E).

❖ Schloss und Museum Mengerskirchen.

(H)500m 1km 1.5km 2km 3km
Zum See leicht abfallendes, terrassiertes und parzelliertes Wiesengelände mit lockerem Baumbestand. Mit öffentlichem Strandbad und Liegewiese. Kiosk. Familiäre Atmosphäre. Durch Dauercamper geprägt. Wellness-Oase. Ayurveda-Zentrum 500 m. Ort 1 km entfernt. Separater Jugendplatz. Mittagsruhe 13-15 Uhr. Touristen-/Dauerstellplätze 60/220.
2008: (HS) P/N 4.60, K/N 4 bis 15 J. 2.50, St/N 6.–, M/N 1.10, H/N 1.–, WD inkl., Strom/N 1.90 (6 A). In NS Ermäßigung.

DCC-Vertragsplatz

35753 Greifenstein-Beilstein (c8) — 6361

★★★★ »CAMPING ULMTALSPERRE« — 1.1. bis 31.12.
E.: Wohnwagen Weller GmbH ☎ 02779/349, Fax1538 170000 qm
www.ulmtal.com, ulmbach-camping@t-online.de

→ A45 Dortmund–Frankfurt Abf. (27) Herborn/Süd-Greifenstein über Merkenbach nach Beilstein. ✉ Ulmtalsperre 1 (GPS: 50°36'11" N / 8°16'03" E).

❖ Burgruinen Greifenstein und Beilstein.

Leicht bis stärker von der Talsperre ansteigendes, unparzelliertes Wiesengelände mit altem lockeren Baumbestand. Teilweise terrassiert und von Wald umgeben. DRK- und DLRG-Station. Öffentlicher Badebetrieb. Sanitäranlage beheizbar. Kiosk. »Kirche Unterwegs« in HS. FW. Durch Dauercamper geprägt. Ort 2 km entfernt. Separater Jugendplatz. Mittagsruhe 13-15 Uhr. Touristen-/Dauerstellplätze 100/300.
2008: (HS) P/N 4.40, K/N 4 bis 14 J. 2.50, St/N 5.70, T/N 3.20, H/N 2.20, WD zuzügl., Strom/N 1.80 oder kWh –.50 (6-10 A). In NS ab 3 Nächten Erm.
DCC/CCI 10% auf P/N.

35781 Weilburg-Odersbach (c8) — 6365

★★★ »CAMPING ODERSBACH« — 1.4. bis 31.10.
P: Kur- u. Verkehrsverein e.V. ☎ 06471/7620, Fax 379603 50000 qm
www.camping-odersbach.de, camping-odersbach@t-online.de

→ B49 Limburg–Gießen, am Stadtanfang von Weilburg nach Odersbach abbiegen. Hier beschildert. ✉ Runkeler Str. 5a (GPS: 50°28'33" N / 8°14'28" E).

FERIEN UND FREIZEIT AM SEEWEIHER

Inh. Familie Düngen · 35794 Mengerskirchen
Telefon (0 64 76) 22 63 · Fax (0 64 76) 15 80
E-mail: info@seeweiher.de · homepage: www.seeweiher.de

Der idyllisch gelegene Campingplatz am Südhang des Westerwaldes bietet Ihnen außer viel Erholung und Freizeit ein reichhaltiges Angebot:
● Freibad im See ● Fahrradfahren ● Angeln ● Wandern ● Tennis im Ort ● Wintersport, 4 Loipen, 2 Ski-Lifte, Schlittschuhlaufen auf dem zugefrorenen Seeweiher ● Familiäre Gastlichkeit in Toni's Restaurant sowie ein Hauch mediteranen Flairs in unserer Bodega. Verschiedene Veranstaltungen. Kinderanimation in den Ferien. Standplatz mit Ver- und Entsorgung für Wohnmobile auf unserem Parkplatz.
NEU: Wellnessoase (6360)

Ebenes, parzelliertes Wiesengelände zwischen Lahnufer und Waldrand. Sanitäranlage beheizbar. Wasserwanderer-Station. Befestigte Moca-Plätze. Ort 100 m entfernt. Separater Jugendplatz. Mittagsruhe 12–14 Uhr. Touristen-/Dauerstellplätze 75/235.
2008: (HS) P/N 3.60, K/N 3 bis 14 J. 2.10, A/N 2.70, C/N 3.50, MC/N 5.80, T/N 2.10 bis 13.40, M/N 2.40, B/N 1.60, H/N 1.–, WD zuzügl., Strom/kWh –.40 (16 A), Anschlussgeb. 2.–. In NS Ermäßigung.

65549 Limburg a. d. Lahn (c8) 6375

20 ★★★ »LAHN-CAMPING« 29.3. bis Okt.
E.: Stadt P.: Irmgard Albert ☎ 06431/22610, Fax 92013 22 000 qm
→ A3 Köln–Frankfurt Abf. (42) Limburg-Nord. ✉ Schleusenweg 16 (GPS: 50°23'21" N / 8°04'25" E).
※ Limburger Dom. Schloss. Lahnbrücke mit Brückenturm (1315). Mittelalterliche Altstadt.

Ebenes, unparzelliertes Wiesengelände am Lahnufer gegenüber von Stadt und Dom. Mit lockerem Baumbestand. Überflutung bei Hochwasser möglich. Sanitäranlage beheizbar. Zentrum 1 km entfernt. Separater Jugendplatz. Mittagsruhe 13–15 Uhr. Touristen-/Dauerstellplätze 290/50.
2007: P/N 4.30, K/N 3 bis 14 J. 2.20, St/N 7.80, kl. T/N 5.–, M/N 2.20, B/N 2.–, H/N 1.30, WD zuzügl., Strom/N 2.30 (6 A). In NS Ermäßigung.
DCC/CCI 10% auf P/N.

65589 Hadamar-Oberzeuzheim (c8) 6380

★★★ »CAMPING LOCHMÜHLE« 1.1. bis 31.12.
E.: A. Güth ☎ 06433/2288, Fax 949502 15 000 qm
www.hotel-lochmuehle-westerwald.de, lochmuehle.ww@t-online.de
→ A3 Frankfurt–Köln, Abf. (42) Limburg-Nord auf die B 49/54 Richtung Gießen/Siegen. Hinter Oberzeuzheim links ins Tal abbiegen. ✉ (GPS: 50°29'03" N / 8°03'02" E).

Ebenes, unparzelliertes Wiesengelände am Bachufer neben einem Hotel und Bauernhof. Überwiegend schattenlos. Durch Dauercamper geprägt. Ort 2 km entfernt. Separater Jugendplatz. Mittagsruhe 13–15 Uhr. Touristen-/Dauerstellplätze 70/70.

36088 Hünfeld (d8) 6410

30 ★★★★ »KNAUS CAMPINGPARK HÜNFELD-PRAFORST«
V.: Knaus KG V.: A. Alsleben/B. Schwertassek 14.3. bis 3.11.
☎ 06652/74909-0, Fax 47909-1 47 000 qm
www.knauscamp.de, huenfeld@knauscamp.de
→ A7 Kassel–Fulda Abf. (90) Hünfeld/Schlitz Richtung Hünfeld ca. 3 km, dann rechts abbiegen. ✉ Dr. Detlev-Rudelsdorff-Allee 6 (GPS: 50°39'13" N / 9°43'27" E).

★★★ DTV-Klassifizierung (komfortabel
Besitzer: Kur- u. Verkehrsverein Odersbach V.

35781 Weilburg-Odersbach, Telefon 0 64 71/76 20, Fax 0 64 71/37 96 03
www.Camping-Odersbach.de, e-mail: camping-odersbach@t-online.de

Öffnungszeiten: 1. April bis 31. Oktober
Ca. 75 Stellplätze für Feriengäste und 235 Stellplätze für Dauergäste. (6365)
Stellplatzgröße: 70–100 qm
Der bewachte Campingplatz liegt am Waldrand, direkt an der Lahn, Nähe Ortskern.
Ausstattung: Getrennte Sanitärräume mit Dusch- und Waschkabinen, Behindertenduschen u. -WC, Spülbecken mit Heißwasser, Kochgelegenheit, Waschmaschinen, Wäschetrockner, Bügelstation, Wickeltisch, Stromanschluss für Caravans, Flaschengas, Campinggas, Entsorgungsstation für Motorcaravans, Fernseh-/Aufenthaltsraum ohne Verzehrzwang, Grillplatz.
Versorgung: Bäckerei, Metzgerei, Edeka-Markt u. Restaurant »Da Ramo« mit Pizzeria am Campingplatzeingang. Gaststätte Dorfkrug 200 m.
Freizeitmöglichkeiten: Kinderspielplatz, Schwimmbad, Bootsverleih, Minigolf, Tischtennis, Fahrradverleih, Kegeln, Tennis, Angeln, Wandern (7 markierte Rundwanderwege) Radwandern.
Sehenswürdigkeiten: Barocke Residenz Weilburg mit Hochschloss u. Schiffstunnel, Kubacher Kristallhöhle, Tierpark Hirschhausen.
Kulturelles: Schlosskonzerte (Juni–August), im Renaissancehof des Schlosses.

Ein idealer Ort für Ferien und Freizeit

Leicht welliges, parzelliertes Wiesengelände am Waldrand. Mit einem Teich und teilweise schattenlos. Ort 3.5 km entfernt. Separater Jugendplatz. Mittagsruhe 13–15 Uhr. Touristen-/Dauerstellplätze 60/90.
2008: (HS) P/N 7.–, K/N 4 bis 14 J. 3.–, St/N 7.–, H/N 3.–, WD inkl., Müllgeb. St/N 1.50, Strom/N 2.40 (6/10 A). In NS Ermäßigung. Nachlässe mit der KNAUS-Ferienkarte.

36142 Tann-Dippach, Rhön (d8) 6412

20 ★★★ »CAMPING ULSTERTAL« 1.1. bis 31.12.
E.: Anja Gilbert ☎ 06682/8292, Fax 10086 500 m 25 000 qm
www.camping-ulstertal.de
→ A7 Würzburg–Kassel Abf. Fulda-Nord, Richtung Dippach. ✉ Dippach 4 (GPS: 50°36'49" N / 10°01'55" E).
※ Wasserkuppe mit Segelflugplatz. Rhön.

Leicht ansteigendes und unparzelliertes Wiesengelände an einem Bach. Überwiegend schattenlos mit lichtem Baumbestand. FW. Mobilheimteil. Ort 3 km entfernt. Separater Jugendplatz. Mittagsruhe 13–15 Uhr. Touristen-/Dauerstellplätze 100/40.
2008: (HS) P/N 5.–, K/N 3 bis 10 J. 3.50, St/N 4.50, H/N 2.–, WD inkl., Strom/N 2.50, kWh –.50 (16 A), Anschlussgeb. –.50. In NS Angebote.
DCC 10% auf P/N.

Camping ULSTERTAL

Inh. Anja Gilbert · 36142 Tann-Dippach/Rhön
Tel. 0 66 82/82 92 · Fax 1 00 86 · www.camping-ulstertal.de

Naturcamping, aber moderne fußbodenbeheizte Sanitärräume, Oase der Ruhe, Luftkurort, herrliche Ausflugsmöglichkeiten im 3-Ländereck gleich welche Jahreszeit. Naturverbundene Menschen finden hier einfach alles.
(6412)

36166 Haunetal-Wehrda (d8) 6414

»FERIENPARK WEHRDA« — 1.2. bis 5.1.
P.: Iris Helfrich ☎ 06673/91931-0, Fax 91931-1
30000 qm
www.ferienpark-wehrda.de, ferienparkwehrda@aol.com

→ B27 Fulda–Bad Hersfeld, abbiegen über Rhina nach Wehrda. ✉ Hohenwehrdaer Str. 22 (GPS: 50°44'19" N / 9°40'13" E).
• Burgruine. Wehrkirche.

Teils leicht ansteigendes und teils terrassiertes Wiesengelände. Durch Hecken parzelliert. Überwiegend schattenlos mit lichtem Baumbestand. Separater Mobilheimteil. Befestigte Mocaplätze. Kiosk. Tagungsraum. Billard. FW. Durch Dauercamper geprägt. Ort 600 m entfernt. Mittagsruhe 13-15 Uhr. Touristen-/Dauerstellplätze 20/80.
2008: P/N 3.50, K/N 2 bis 14 J. 2.–, St/N 8.–, MC/N 5.–, T/N 5.–, H/N 1.50, WD inkl., Strom/N 2.50 (16 A). 7 Nächte buchen = 6 Nächte bezahlen.

36266 Heringen, Werra (d7) 6427

»WERRACAMPING« — 1.1. bis 31.12.
E.: P. Rohrbacher ☎ 06624/919043, Fax 915597
9000 qm
www.werracamping.de, rohrbacher@werracamping.de

→ A4 Kirchheimer Dreieck–Eisenach Abf. (33) Friedewald nach Heringen, im Ort beschildert. ✉ Am Steinberg (GPS: 50°53'02" N / 10°01'19" E).
• Salz- u. Kaliberwerke.

Unparzelliertes und ebenes Wiesengelände. Teilweise in Hanglage neben einem Freizeitzentrum. Mit lichtem Baumbestand und durch Anpflanzungen günstig aufgelockert. Nachts ohne Aufsicht. Teilweise durch Dauercamper geprägt. Ort 500 m entfernt. Mittagsruhe 13-15 Uhr. Touristen-/Dauerstellplätze 50/50.

DCC-Vertragsplatz

36275 Kirchheim (d7/8) 6432

»CAMPING SEEPARK« — 1.1. bis 31.12.
E.: E. Hartung ☎ 06628/1049, Fax 8664
270m 100000 qm
www.campseepark.de, info@campseepark.de

→ A7 Kassel-Fulda Abf. (87) Kirchheim, ca. 4.5 km der Beschilderung »Seepark Kirchheim« folgen. ✉ Brunnenstr. 20-25 (GPS: 50°29'19" N / 9°18'39" E).

Terrassiert und parzelliert ansteigendes Wiesengelände oberhalb des Freizeitzentrums, Feriendorfes und des Stausees mit Liegewiesen. Befestigte Mocaplätze. Kindergarten. FW. Ort 5 km entfernt. Mittagsruhe 13-15 Uhr. Touristen-/Dauerstellplätze 170/170.–
2008: (HS) C MC-St/N inkl. P/N 10.– bis 20.80, Zweiradfahrer mit kl. T/N inkl. 1 Pers. 10.–, H/N 2.–, WD zuzügl., Müllgeb. P/N –.50, Strom/N 2.50 oder kWh –.50 (16 A). Ab 3/7 Tage nur 2/4 Tage bezahlen. CCI ab 7 Nächten in NS Angebote.
DCC 10% auf P/N und St/N.

36287 Breitenbach a. Herzberg (d8) 6434

»CAMPING SILBERSEE« — 1.1. bis 31.12.
E.: Gemeinde V.: Hr. Noll ☎ 06675/551, 471, Fax 552
68000 qm
hauptamt@breitenbach-am-herzberg.de

→ A7 Kassel–Fulda Abf. (89) Niederaula auf die B62 Richtung Alsfeld. In Breitenbach rechts abbiegen. ✉ Machtloser Str. 5 (GPS: 50°47'10" N / 9°30'07" E).

Vom Waldrand zum See abfallendes Wiesengelände. Durchgangsplatzteil schattenlos und unparzelliert am Platzeingang. Durch Dauercamper geprägt. Ort 1.2 km entfernt. Separater Jugendplatz. Mittagsruhe 13-15 Uhr. Touristen-/Dauerstellplätze 80/135.

DCC – DEIN PARTNER!

36115 Ehrenberg, Rhön (d8) 6436

»RHÖN CAMPING-PARK« — 1.1. bis 31.12.
E.: A. u. G. Keidel ☎ 06683/1268, Fax 1269
550m 35000 qm
www.rhoen-camping-park.de, info@rhoen-camping-park.de

→ A7 Kassel–Würzburg Abf. (93) Fulda-Süd auf die B27 Richtung Bad Brückenau. In Döllbach links abbiegen über Gersfeld nach Ehrenberg. ✉ An der Ulster 1 (GPS: 50°30'23" N / 10°00'42" E).
• Wasserkuppe - Segelflugmuseum. Segelflugplatz.

Ebenes bis leicht abfallendes, parzelliertes Wiesengelände. Teilweise mit altem Baumbestand und jungen Anpflanzungen durchzogen von zwei Bächen. Befestigte Mocaplätze. Kinder- und Jugendspielräume. Filmvorführungen über Kabel-TV. Hundebad. Skitrockenraum. Themenpark "Wasser". Ort 500 m entfernt. Mittagsruhe 13-15 Uhr. Touristen-/Dauerstellplätze 105/40.
2008: (HS) P/N 6.–, K/N 2 bis 14 J. 3.50, J/N 4.50, C MC-St/N 8.–, T-St/N 6.– bis 7.–, H/N 2.50, KT –.15/–.25, WD zuzügl., Strom/kWh –.50 (16 A). In NS (16.1.-16.3. u. 1.11.-14.12.) 10% auf P/N und St/N.

36129 Gersfeld-Schachen, Rhön (d8) 6438

»CAMPING HOCHRHÖN« — 1.1. bis 31.12.
E.: Cornelia Richter ☎/Fax 06654/7836
600m 35000 qm
www.rhoenline.de/camping-hochrhoen, campinghochrhoen@aol.com

→ A7 Kassel–Fulda Abf. (93) Fulda-Süd auf die B27 Richtung Gersfeld. ✉ Schachen 13 (GPS: 50°27'44" N / 9°55'09" E).
• Wasserkuppe. Moorlandschaft. Hochwildschutzpark.

Durch eine Straße zweigeteiltes, unparzelliertes Wiesengelände mit lichtem Baumbestand. Teilweise terrassiert an einem Hang. Pension. Grillhütte. Hallenbad, Kuranwendungen, Tennis und Ort 2 km entfernt. Separater Jugendplatz. Mittagsruhe 12-15 Uhr. Touristen-/Dauerstellplätze 85/75.
2007: P/N 4.–, K/N bis 12 J. 3.–, St/N 5.–, Strom/kWh –.70 (16 A).
CCI 10% auf P/N.

36124 Rothemann, Fulda (d8) 6440

»CAMPING ROTHEMANN« — 1.4. bis 31.10.
E.: Karl Hillenbrand ☎ 06659/2285
6400 qm

→ A7 Kassel–Würzburg Abf. (93) Fulda-Süd auf die B27 Richtung Bad Brückenau, in Rothemann am Ortsende links. ✉ Maulkuppenstr. 17 (GPS: 50°27'55" N / 9°42'35" E).
• Fulda. Schloss Adolfseck. Rhön.

Unparzelliertes, ebenes Wiesengelände mit lichtem Baumbestand am Ortsrand. Günstiger Etappenplatz. Mittagsruhe 13-15 Uhr. Touristen-/Dauerstellplätze 22/8.
2007: P/N 4.40, K/N 3 bis 14 J. 2.20, C MC-St/N 4.50, Zweiradfahrer mit kl. T/N 2.20, B/N 4.50, H/N –.50, WD inkl., Strom/kWh –.50 (16 A).

36391 Sinntal-Oberzell, Schlüchtern (d8) 6441

»CAMPING SINNTAL« — 1.3. bis 31.10.
E.: M. Hölzer ☎ 06664/6161, 1485
18000 qm

→ A7 Kassel–Würzburg Abf. (94) Bad Brückenau/Volkers auf die B27 Richtung Fulda. Vor Speicherz links abbiegen nach Oberzell. ✉ Zeil 4 (Am Aspen/Schützenhaus) (GPS: 50°20'18" N / 9°42'40" E).

Teils ebenes, teils gestuft ansteigendes Wiesengelände mit lichtem Baumbestand. Unparzelliert neben einem Sportplatz. Mit einem Badeteich (mit eigener Quelle). Durch Dauercamper geprägt. Ort 400 m entfernt. Separater Jugendplatz. Mittagsruhe 13-14.30 Uhr. Touristen-/Dauerstellplätze 60/30.
2008: P/N 3.35, K/N 1 bis 12 J. 2.30, A/N 3.35, C/N 2.95, MC/N 6.80, T/N 3.30, M/N 3.35, H/N –.50, WD zuzügl., Strom/kWh –.50 (16 A). DCC ab 8 Nächten 10% Ermäßigung.

36148 Kalbach-Heubach (d8) 6444

»CAMPING BIRKENHAIN« — 1.1. bis 31.12.
E.: Reinhold u. Marita Jäger ☎ 09742/1239, Fax 1404
460m 21000 qm
www.campingplatz-birkenhain.de, camping-birkenhain@gmx.de

→ A7 Würzburg–Fulda Abf. Rasthof Ultrichshausen, auf Anliegerstraße, dann links halten. ✉ Birkenweg 7 (GPS: 50°22'55" N / 9°42'49" E).
• Wasserkuppe/Rhön.

DCC EUROPA PREIS 2006

...der 5-Sterne-Platz in der Rhön

- Comfort-Stellplätze mit Fernseh-, Wasser-, Abwasser-, Stromanschluß
- Kinderspiel-, Tischtennisplatz
- Themenpark WASSER: Spiel- und Lernspaß für Groß und Klein
- Freizeiträume, Sauna und Solarium
- Klimatisierte Sanitäranlagen mit Fußbodenheizung, Umluftanlage

Information:
Familie Keidel, An der Ulster 1
36115 Ehrenberg/Wüstensachsen
Telefon 0 66 83 · 12 68
Telefax 0 66 83 · 12 69   (6436)
info@rhoen-camping-park.de

RHÖN CAMPING-PARK
DREILÄNDERECK-WÜSTENSACHSEN

Sommer- und Wintercamping
im schönen Naturpark Rhön
www.rhoen-camping-park.de

200m 500m

Leicht bis stärker ansteigendes, teilweise gestuftes Wiesengelände. Parzelliert und mit lockerem Baumbestand. Ort 500 m entfernt. Separater Jugendplatz. Mittagsruhe 13-14.30 Uhr. Touristen-/Dauerstellplätze 25/55.
2007: P/N 5.–, K/N bis 12 J. 2.50, A/N 2.–, C MC/N 4.–, T/N 2.–, M/N 1.–, H/N 1.50, WD zuzügl., Strom/kWh –.45 (16 A).

DCC-Vertragsplatz

✉ **36381 Schlüchtern–Hutten** (d8) **6445**

20 ★★★ »CAMPING HUTTEN« 1.1. bis 31.12.
E.: H. Herzog-Gericke ☎ 06661/2424, Fax 917581 480 m 50 000 qm
helga.herzog-gericke@online.de
→ A7 Würzburg–Fulda Abf. (93) Fulda-Süd auf die B40 Richtung Frankfurt, in Schlüchtern abbiegen über Elm. ✉ Am Heiligenborn 6 (GPS: 50°22'07" N / 9°36'30" E).
Steckelsburg (Ulrich von Hutten). Burg Brandenstein.

W 50m 500m 9 m

Ins Tal zum Waldrand abfallendes und teilweise terrassiertes Wiesengelände. Unparzelliert mit lichtem Baumbestand. Durch Dauercamper geprägt. Ort 1 km entfernt. Mittagsruhe 13-15 Uhr. Touristen-/Dauerstellplätze 50/150.
2008: P/N 4.50, K/N bis 14 J. 3.–, J/N 3.50, St/N 5.–, WD zuzügl., Strom/kWh –.40 (10 A), Anschlussgeb. –.50.
DCC 10% auf P/N.

✉ **36148 Mittelkalbach** (d8) **6446**

20 ★★★ »CAMPING GRASHOF« 1.1. bis 31.12.
E.: Hermann Appel ☎ 06655/4535, Fax 73835 485 m 20 000 qm
www.camping-grashof.de, info@camping-grashof.de
→ B40 Schlüchtern–Fulda, in Flieden über Rückers nach Grashof. ✉ Grashof 5 (Ortsteil Grashof) (GPS: 50°24'33" N / 9°37'16" E).

50m 100m

Teils ebenes, teils leicht wellig abfallendes Wiesengelände bei einem Anwesen. Parzelliert und von Büschen durchzogen. Überwiegend schattenlos und mit einigen Laubbäumen aufgelockert. Befestigte Moca-Plätze. Durch Dauercamper geprägt. Ort 3 km entfernt. Separater Jugendplatz. Mittagsruhe 13-15 Uhr. Touristen-/Dauerstellplätze 25/60.
2008: P/N 5.–, K/N 4 bis 13 J. 2.50, J/N 3.50, A/N 1.50, C/N 2.–, MC/N 3.50, T/N 1.50, M/N 1.–, WD zuzügl., Strom/N 1.50 oder kWh –.50 (16 A).
DCC 10% auf P/N.

✉ **63688 Gedern,** Vogelsberg (d8) **6447**

★★★ »CAMPING GEDERNER SEE« 1.1. bis 31.12.
E.: Stadt V.: Axel Groß ☎ 06045/952643, Fax 953867 170 000 qm
www.campingpark-gedern.de, info@campingpark-gedern.de
→ B275 Friedberg–Lauterbach. In Gedern links. ✉ Am Gederner See 19 (GPS: 50°25'44" N / 9°10'51" E).

W W(Da) W
WC

HS/S HS 1km 1.5km

Von Hochwald umgebene Wiesen- und Waldgelände. Zum Seeufer leicht abfallend. Unparzelliert und von Gehölzen durchzogen. Uferliegewiese und öffentlichem Badebetrieb. Feuerstelle. Durch Dauercamper geprägt. Ort 1.5 km entfernt. Separater Jugendplatz. Mittagsruhe 13-15 Uhr. Touristen-/Dauerstellplätze 157/500.

DCC-Vertragsplatz

✉ **63679 Schotten-Rainrod,** Vogelsb. (d8) **6448**

20 ★★★★ »CAMPING NIDDA-STAUSEE« 1.1. bis 31.12.
E.: Stadt ☎ 06044/1418, Fax 987995 270m 38 000 qm
www.schotten.de, tourist-info@schotten.de
→ B276 Gedern–Laubach, in Schotten links abbiegen auf die B 455 Richtung Nidda ca. 5 km, beschildert. ✉ Außerhalb 13 (GPS: 50°28'58" N / 9°05'46" E).

W W W
W W 50m

100m

Zwischen Straße und See parzelliertes und terrassiertes Wiesengelände. Teils eben, teils zum Seeufer leicht abfallend und mit Anpflanzungen und Laubbäume günstig aufgelockert. Öffentlicher Badebetrieb mit Liegewiese und DLRG-Station. Befestigte Mocaplätze. Reservierung erwünscht. Ort 3 km entfernt. Mittagsruhe 13-15 Uhr. Touristen-/Dauerstellplätze 52/190.
2008: P/N 4.–, K/N ab 17 J. 3.–, C MC-St/N 4.50, T-St/N 3.50 bis 4.50, WD inkl., Strom/N 1.50 oder kWh –.40 (16 A). Anschlussgeb./N –.40.
DCC/CCI 10% auf P/N.

✉ **36399 Freiensteinau-Nieder Moos** (d8) **6450**

25 ★★★ »CAMPING NIEDER-MOOSER SEE« 1.1. bis 31.12.
E.: H. Heitzenröder ☎ 06644/1433, 7293, Fax 507 450m 100 000 qm
www.camping-nieder-moos.de, camping-heitzenroeder@web.de
→ A66 Abf. Steinau-West, Freiensteinau, beschildert (Am Camping). ✉ Karlstr. 21 (GPS: 50°27'59" N / 9°22'33" E).

W W W
W W HS
HS HS 1km

Zum See leicht abfallendes und parzelliertes Wiesengelände. Von Wald umgeben und mit lockerem Baumbestand durchzogen. Öffentlicher Badebetrieb. Uferliegewiese mit Sandstrand und Badesteg. DLRG-Station. »Kirche Unterwegs« in HS. Durch Dauercamper geprägt. Ort 1 km entfernt. Mittagsruhe 13-15 Uhr. Touristen-/Dauerstellplätze 120/450.
2008: P/N 5.–, K/N 3.50, S/N 5.50, H/N 1.–, WD inkl., Strom/N –.50 (16 A).

✉ **36154 Hosenfeld,** Vogelsberg (d8) **6452**

20 ★★ »CAMPING BERGWINKEL« 1.1. bis 31.12.
E.: Familie Beikirch ☎ 0171/2417466, Fax 06650/8186 370m
www.camping-hosenfeld.de 15 000 qm
→ A 7 Würzburg–Kassel Abf. (93) Fulda-Süd über Neuhof und Hauswurz nach Hosenfeld. Hier beschildert. ✉ Am Schwimmbad (GPS: 50°30'48" N / 9°28'32" E).

W W W

HS 50m 200m 1km

Leicht ansteigendes, unparzelliertes Wiesengelände oberhalb von Sportfeld und Schwimmbad. Teilweise terrassierter Hang. Kabel-TV. Ort 1 km entfernt. Separater Jugendplatz. Mittagsruhe 13-15 Uhr. Touristen-/Dauerstellplätze 50/100.
2007: P/N 3.50, K/N 3 bis 12 J. 2.–, St/N 5.–, H/N 1.–, WD zuzügl., Strom/N 2.–, kWh –.50 (16 A), Anschlussgeb. 2.–. Ab 10 Nächten 10% Erm.

DCC – DEIN PARTNER!

Ferien beim Weingut

In der einzigartigen Landschaft des romantischen Rheintales, inmitten von Bergen, Wäldern und Wein sowie umgeben von zahlreichen Burgen und Städtchen, liegt die interessante Terrassenanlage des Naturpark-Campingplatzes SULEIKA zwischen Lorch und dem weltbekannten Rüdesheim. Pluspunkte für unseren Stellplatz sind eine charakteristische und besonders schöne landschaftliche Lage, ruhig, sonnig, windgeschützt, hochwasserfrei, keine Schnaken, Miet-Hütten, sehr gute Sanitäranlagen mit Baby-Waschraum, eigener Weinbau, Panorama-Wanderwege (z.B. Rheinsteig) und vielfältige Besichtigungsmöglichkeiten. Ein Familienbetrieb in der dritten Generation mit moderner Einrichtung zum Wohlfühlen. Von den großen in- und ausländischen Camping- und Motor-Clubs bestens beurteilt und empfohlen. (6550)

Naturpark Camping Suleika; im Bodental 2; D-65391 Lorch; www.suleika-camping.de - Tel. 06726/9464

DCC-Vertragsplatz

✉ **65391 Lorch** bei Rüdesheim, Rhein (b9) **6550**

25 ★★★★ »NATURPARK-CAMPING SULEIKA« ⚬⇌ 15.3. bis 1.11.
E.: Sulek & Barillaro GbR ☎ 06726/9464, Fax 9440 250 m 40000 qm
www.suleika-camping.de

→ B42 Rüdesheim–Koblenz, am Ortsanfang von Lorch über die Bahnlinie abbiegen und durch schmalem Weinbergweg (Einbahnstraße für Camper) noch 2,5 km. Für Pkw vorher durch 2,25 m hohe Bahnunterführung.
✉ Im Bodental 2 (GPS: 50°01'09" N / 7°51'20" E).

Hochgelegener, parzellierter Terrassenplatz in einem Seitental. Von Waldhöhen umgeben. Teilweise separate Pkw-Abstellung. Eigenes Weingut mit Ausschank. Ort 3 km und Hallenbad 8 km entfernt. Separater Jugendplatz. Mittagsruhe 13-15 Uhr. Touristen-/Dauerstellplätze 50/50.
2008: P/N 5.–, K/N bis 14 J. 2.–, A/N 2.–, C/N 5.–, MC/N 7.–, T/N 3.– bis 5.–, M/N 1.–, H/N 2.–, WD inkl. Müllgeb. P/N 1.–, Strom/kWh –.50 (16 A), Anschlussgeb. 1.–.
DCC/CCI 10% auf P/N.

DCC-Vertragsplatz

✉ **55246 Mainz-Kostheim**, Rhein (c9) **6525**

Abfahrt 25 ★★★ »CAMPING MAARAU« ⚬⇌ 15.3. bis 31.10.
E.: Stadt Mainz u. Wsb. P.: Kasteler Ruder- u. Kanu-Ges. 20000 qm
☎ 06134/4383, Fax 707137, www.krkg.de, info@krkg.de

 A671 Wiesbaden–Mainz Abf. (3) Mainz-Kastel nach Kostheim, dann beschildert. ✉ Maarausstr. 46 (GPS: 50°00'05" N / 8°17'09" E).

Parkartiges, ebenes und parzelliertes Wiesengelände mit Blick auf Mainz und den Dom. Mit lichtem altem Baumbestand. Kiosk. Hunde nur auf Anfrage. Freibad 400 m, Haltestelle 600 m, Ort 2 km entfernt. Mittagsruhe 13-15 Uhr. Touristen-/Dauerstellplätze 105/20.
2007: (HS) P/N 4.50, K/N 3 bis 12 J. 2.20, A/N 3.–, C MC/N 8.–, T/N 5.– bis 6.–, M/N 2.20, B/N 1.30, H/N 3.50, WD inkl. Müllgeb./N 1.–, Strom/N 2.– (16 A), Anschlussgeb. 1.–. In NS Ermäßigung.
DCC 10% auf P/N.

✉ **65385 Rüdesheim**, Rhein (b9) **6560/1**

25 ★★★★ »CAMPING AM RHEIN« ⚬⇌ 1.5. bis 3.10.
E.: H. Richter ☎/Fax 06722/2528, 2582 (Wi), Fax 406783, 941046 (Wi)
www.campingplatz-ruedesheim.de, mail@campingplatz-ruedesheim.de 28500 qm

→ B42 Wiesbaden–Lorch, in Rüdesheim links abbiegen. ✉ Kastanienallee (GPS: 49°58'40" N / 7°56'27" E).
⚘ Rüdesheim. Niederwald-Denkmal.

Ebenes und unparzelliertes, sehr gepflegtes Wiesengelände. Gefällig gestaltet. Vom Rheinufer durch öffentlichen Radweg getrennt. Befestigte Mocaplätze. Imbiss. Ort 600 m, Hallenbad 1 km entfernt. 180 Touristenplätze.
2007: P/N 4.90, K/N bis 14 J. 3.10, A/N 3.80, C/N 4.90, MC/N 7.80 bis 9.–, T/N 4.50 bis 4.90, M/N 2.90, B/N 1.20, H/N 2.90, WD zuzügl., Müllgeb. St/N 1.20, Strom/N 2.70 (10 A).

Camping Mainz-Wiesbaden
»Maarau« Mainz-Kostheim

Parkähnliche Anlage im Landschaftsschutzgebiet »Maarau« direkt am Rhein, gegenüber dem Mainzer Dom.

Bekannter Ferien- und Durchgangsplatz zwischen den Landeshauptstädten Mainz und Wiesbaden.

Neue Sanitäranlagen, Waschmaschine, Trockner, Freischwimmbad (200 m), Stromanschluss, Café und Restaurant, Tennisplätze.

Anfahrt über B 40, B 42, B 43, B 455 von der BAB 671, Abfahrt Hochheim, Richtung Mainz-Kastel oder BAB 66 Abfahrt Kastel.
DCC empfohlen. Gut geführte Gaststätte im benachbarten Bootshaus. Der Campingplatz ist in der Zeit vom 15. März bis 31. Oktober geöffnet.

Anmeldung unter:
Telefon 06134/4383 · Fax 06134/707137 (6525)

Rüdesheim am Rhein

Weltbekannt.
Eine der wärmsten Regionen Mitteleuropas

Ideale zentrumsnahe Lage ohne Bahn- und Straßennähe. Angrenzend öffentliches Freibad und Freizeitgelände. Auf nationaler Ebene mehrfach höchste Auszeichnungen. Viele Möglichkeiten der Freizeitgestaltung in Rüdesheim und dem als UNESCO-Weltkulturerbe anerkannten Mittelrheintal mit seiner einzigartigen Landschaft.

Richter · Campingplatz am Rhein GmbH
65385 Rüdesheim
Tel. 06722/2528 Sommer – Winter -49 299 u. 25 82 (6560/1)
Fax 06722/406783 Sommer – Winter -941046
Internet: www.campingplatz-ruedesheim.de

DCC-Vertragsplatz

✉ **65817 Eppstein-Niederjosbach** (c9) **6530**

Abfahrt 30 ★★★ »TAUNUSCAMP« ⚬⇌ 1.1. bis 31.12.
E.: Jörg Steimer ☎ 06198/7000, Fax 7002 30000 qm
www.taunuscamp.de, info@taunuscamp.de

 A3 Frankfurt–Köln Abf. (46) Wiesbaden/Niedernhausen auf die B455 Richtung Eppstein. Schlepphilfe vorhanden. ✉ Bezirksstr. 2 (GPS: 50°08'51" N / 8°21'42" E).
⚘ Taunus. Feldberg. Burg Eppstein. Saalburg.

Ansteigendes, stark terrassiertes und parzelliertes Wiesengelände in Südhanglage. Vielfach gespflasterte Stellflächen. Mit altem Baumbestand und durch Anpflanzungen günstig aufgelockert. Kiosk. Kampfhundverbot. Rezeption nicht ständig besetzt. Durch Dauercamper geprägt. Ort 1 km entfernt. Separater Jugendplatz. Mittagsruhe 13-15 Uhr. Touristen-/Dauerstellplätze 100/100.
2008: P/N –, K/N 2 bis 17 J. 3.50, C MC-St/N 7.–, T-St/N 5.–, B/N 6.–, WD inkl. Strom/N 2.– oder kWh –.40 (16 A). Ermäßigung ab 14 Nächten.
DCC/CCI 10% auf P/N.

DCC-Vertragsplatz

✉ **65385 Rüdesheim**, Rhein (b9) **6560/2**

30 ★★★ »CAMPING EBENTALER HOF« ⚬⇌ März bis Nov.
E.: S. u. H. Bender Gbr ☎ 06722/2518, Fax 3006 300 m 20000 qm
www.ebentalerhof.de, info@ebentalerhof.de

→ B42 Wiesbaden–Lorch, in Rüdesheim rechts abbiegen bergauf Richtung Niederwalddenkmal und weiter. Teilweise bis 15% Steigung.
✉ Auf dem Ebental 1 (Hof Ebental) (GPS: 50°00'10" N / 7°54'36" E).
⚘ Niederwalddenkmal. Weltkulturerbe Mittelrheintal.

Leicht abfallendes, unparzelliertes Wiesengelände auf dem Ponyhof. Teilweise schattenlos und von Wäldern umgeben. 5 Ferienzimmer. Wanderreiter-Station. In HS Helicopter-Rundflüge vom Platz. Ort 3 km entfernt. Separater Jugendplatz. Touristen-/Dauerstellplätze 50/12.
2007: P/N 4.50, K/N 2 bis 12 J. 3.–, St/N 9.–, A/N 4.–, C/N 6.–, MC/N 8.–, T/N 5.–, M/N 3.–, B/N 3.–, H/N 3.–, WD inkl. Strom/kWh –.40 (16 A), Anschlussgeb. 1.–.
DCC 10% auf P/N.

Campingplatz Bärensee
63452 HANAU

Tel. (0 61 81) 1 23 06, Fax 1 80 79 61, A 66, Ausfahrt Erlensee, dann B 8/40, Abfahrt Erlensee-Ronneburg-Neuberg (Nähe Frankfurt/M.)

Die modern ausgestattete Freizeitanlage liegt in waldreicher Umgebung und doch nahe dem Ballungszentrum Rhein-Main, ca. 20 km östlich von Frankfurt/M., in der Mitte der Bundesrepublik, ideal gelegen für Durchreisende weil es nur wenige Kilometer zu den Autobahnanschlüssen sind (A 45, Gießen–Aschaffenburg–München, Ausfahrt Erlensee).

Diese Freizeitanlage bietet:
● Komfortplätze für Urlaub und Naherholung ● vorbildliche, modernste Sanitäreinrichtungen ● alle Plätze mit Stromanschluß und Wasserversorgung ● Wasch- und Trockenautomaten ● Spülküche ● Behinderten-Duschen und WC ● Strandbadbetrieb an zwei Sandstränden ● SB-Geschäft für Lebensmittel ● SB-Cafeteria ● Kinderspielplatz ● Bolzplatz ● Tischtennisanlage ● neue Kleingolfanlage ● separate Stellplätze für Reisemobile ● Warmwasserabgabe ohne zusätzliche Berechnung.

Der Campingplatz ist geöffnet vom 1. 3. bis 31.10. und vom DCC empfohlen!

Weitere Auskünfte erteilen: Wirtschaftliche Betriebe der Stadt Bruchköbel.
Postfach 13 55, 63480 Bruchköbel, Tel. 0 61 81/97 52 24 oder 97 52 26

(6617)

65366 Geisenheim, Rhein (b9) — 6563

»CAMPING GEISENHEIM« — 15.3. bis 30.10. — 50000 qm
E.: P. Franke ☎ 06722/75600, Fax 406655
www.rheingau-camping.de

→ B 42 Wiesbaden–Rüdesheim, bei Geisenheim abbiegen. ✉ Rheinuferweg (GPS: 49°58'44" N / 7°57'25" E).

Ebenes bis leicht abfallendes und teilweise parzelliertes Wiesengelände am Rhein. Durch einen öffentlichen Weg vom Ufer getrennt. Mit einem lichtem Baumbestand. Ein Gehölzstreifen schirmt gegen die stark befahrene Straße ab. Sanitäranlagen beheizbar. Kiosk. Ort 1 km entfernt. Mittagsruhe 13-15 Uhr. Touristen-/Dauerstellplätze 100/100.
2008: P/N 4.80, K/N 4 bis 14 J. 3.–, C MC-St/N 7.50, T-St/N ab 4.80, H/N 1.–, WD inkl., Müllgeb. 1.–, Strom/N 2.40 (10 A). Ab 7 Nächten 10% Erm.

City-Camp Frankfurt
Camping im Herzen von Frankfurt
An der Sandelmühle 35
D-60439 Frankfurt am Main
Tel. ++ (69) 57 03 32
Fax: ++ (69) 57 00 36 04
info@city-camp-frankfurt.de
www.city-camp-frankfurt.de

- 24.000 m² Gelände
- 140 Durchgangs-Transferplätze mit Strom
- Hot Spot DSL-Anbindung
- Anmietung von Wohnwagen
- Freibad (Fußweg 5 min.)
- Direkter U-Bahn-Anschluss (Fußweg 3 min.)

(6610)

60439 Frankfurt (c9) — 6610

»CITY CAMP FRANKFURT« — Jan. bis Dez. — 25000 qm
E.: B. Schmitz ☎ 069/570332, Fax 57003604
www.city-camp-frankfurt.de, city-camp@t-online.de

→ A5 Kassel–Frankfurt, beim Frankfurter Nordwestkreuz wechseln auf die A66 Richtung Innenstadt Abf. (21) Nordweststadt/Eschersheim. Von dort auf die Schnellstraße bis zur Abf. Heddernheim. Beschildert. ✉ An der Sandelmühle 35 (GPS: 50°09'50" N / 8°39'02" E).

Ebenes, unparzelliertes Wiesengelände mit teilweise geschotterten Stellflächen unter hohen Bäumen am Stadtrand. Durch einen Fahrradweg von der Nidda getrennt. U-Bahnstation 200 m, Zentrum (Heddernheim) 800 m entfernt. Mittagsruhe 13-16 Uhr. 130 Touristenplätze.

DCC-Vertragsplatz

63477 Maintal (c9) — 6612

»CAMPINGPLATZ MAINKUR« — 1.4. bis 30.9. — 10000 qm
E.: Norbert Stroh ☎ 069/412193, Fax 06109/65364
www.campingplatz-mainkur.de, campingplatz@t-online.de

→ A 66 Abf. (33) Maintal Bischofsheim, auf die B8 Richtung Frankfurt, nach 1.5 km links. ✉ Frankfurter Landstr. 107 (GPS: 50°08'17" N / 8°46'58" E).

Ebenes und parzelliertes Wiesengelände mit altem Baumbestand am Main. Durch einen öffentlichen Weg teilweise vom Ufer getrennt. Sanitäranlage beheizbar. Gute Verkehrsanbindung in HS. Touristen-/Dauerstellplätze 40/44.
2008: P/N 5.50, K/N 2 bis 12 J. 2.50, J/N 3.50, A/N 1.–, C/N 5.–, MC 6.–, T/N 4.–/5.–, M/N 1.–, B/N 2.–, WD zuzügl., Müllgeb./Sack 1.50, Strom/N 2.– (16 A). **DCC 10% auf P/N.**

DCC-Vertragsplatz

63486 Bruchköbel bei Hanau (c9) — 6617

»CAMPING BÄRENSEE« — 1.3. bis 31.10. — 120000 qm
E.: Stadt V: Hr. Kimmel ☎ 06181/12306, Fax 1807961

→ A45 Gießen–Seligenstädter Kreuz, beim Hanauer Kreuz auf die A66 Richtung Frankfurt/M. Abf. (38) Erlensee/Langendiebach. ✉ Oderstr. 44/63454 Hanau (GPS: 50°09'08" N / 8°57'27" E).

Ebenes Wald- und Wiesengelände an einem See. Separater und durch Hecken parzellierter Touristenteil mit eigener, beheizbarer Sanitäranlage. DLRG-Station (HS). Öffentlicher Badebetrieb. Kiosk. »Kirche Unterwegs« in HS. Tennis und Boot 3 km entfernt. Mittagsruhe 13-15 Uhr. Touristen-/Dauerstellplätze 70/1000.
2008: P/N 3.60, K/N 6 bis 15 J. 1.50, A/N 2.80, C MC/N 5.60, T/N 2.80, M/N 2.80, H/N 2.60, WD inkl., Strom/kWh –.23 (10 A).
DCC 10% auf P/N.

64546 Mörfelden-Walldorf (c9) — 6633

»CAMPING MÖRFELDEN« — 1.1. bis 31.12. — 50000 qm
E.: Adrian Schrötter ☎ 06105/22289, Fax 277459
www.campingplatz-moerfelden.de, campingplatz.moerfelden@t-online.de

→ A 5 Frankfurt–Karlsruhe Abf. (24) Mörfelden Richtung Mörfelden. ✉ Am Zeltplatz 5-15 (GPS: 49°58'48" N / 8°35'40" E).

Unparzelliertes Wald- und Wiesengelände mit schönem Anwesen. Ort 2 km, Hallenbad 3 km entfernt. Mittagsruhe 13-15 Uhr. Touristen-/Dauerstellplätze 40/120.
2007: P/N 5.–, K/N bis 11 J. 3.50, St/N 7.–, H/N 1.50, WD zuzügl., Strom/N 2.– oder kWh –.50 (16 A).

DCC-Vertragsplatz

64331 Gräfenhausen-Weiterstadt (c9) — 6640

»CAMPING AM STEINRODSEE« — 2.1. bis 31.10. — 30000 qm
P.: Horst u. Silvia Köhres GbR ☎ 06150/53593, Fax 591345
www.camping-steinrodsee.de, camping.koehres@t-online.de

→ A 5 Frankfurt–Darmstadt Abf. (25) Weiterstadt auf die B 42 in Richtung Darmstadt, links abbiegen auf die L3113 nach Gräfenhausen, weiter den Sandbergweg zum Steinrodsee, beschildert. ✉ Triftweg 33 (GPS: 49°56'41" N / 8°36'15" E).

Parzelliertes, ebenes Wiesengelände mit Bäumen. Sanitäranlage beheizbar. Guter Etappenplatz. Imbiss. In HS Brötchen- und Zeitungsservice. Hund auf Anfrage. Gastankstelle und Ort (Gräfenhausen) 1 km entfernt. Mittagsruhe 13-15 Uhr. Touristen-/Dauerstellplätze 30/150.
2007: P/N 5.–, K/N bis 14 J. 2.–, St/N 6.50, T/N 3.50, WD inkl., Strom/N 1.80, kWh –.40 (16 A).
DCC 10% auf P/N.

DCC – DEIN PARTNER!

Odenwald-Camping-Park
Hirschhorn am Neckar
20 km von Heidelberg

In äußerst reizvoller Lage, am Ortsrand von Hirschhorn, in einem ruhigen Seitental des Neckars, durchflossen vom Ulfenbach. Natur pur - Erholung & Entspannung & Spaß! Mehrfach Landessieger & Bronzemedaillengewinner im Bundeswettbewerb „Vorbildliche Campingplätze in der Landschaft".

★ Beheiztes Schwimmbad (20 x 9 m) inklusive ★ Warmduschen inklusive
★ Sauna ★ Kinderspielplätze & Jugendtreff ★ Grillhütte, Kochgelegenheit
★ Animation für Kinder & Jugendliche
★ Beheizte Komfortsanitäranlagen, behindertengerecht ★ Babywickelraum
★ SB-Einkaufsmarkt ★ Flaschengasstation ★ Waschmaschinen & Trockner
★ Gemütliches Restaurant & idyllischer Biergarten
★ Tennis, Basketball, Minigolf, Tischtennis, Outdoor-Billard, Dart, Trampolin
★ Vollservice-Stellplätze für Reisemobile & Caravans ★ Kabel-TV
★ Ver- & Entsorgungsstation ★ Mietcaravans ★ Fahrradverleih
★ Ausflugsschiffs- & Bahnfahrten & Fahrradtouren z. B. nach Heidelberg
★ Wandern auf markierten Wegen direkt vom Platz aus
★ Tipps & Anregungen für Ausflüge in 4 Sprachen

➤ 5/10/30 % Rabatt ab dem 8./15./22. Tag p l u s zusätzlich
10 % Nebensaison-Rabatt ab dem Anreisetag

E-Mail: Odenwald-Camping-Park@t-online.de
Internet: http://www.odenwald-camping-park.de

NEU Neues Sanitärgebäude · Jetzt auch kleine Poolbar · S-Bahn (6780)

Tel. 06272-809 Fax -3658

64569 Nauheim (c9) 6644

25 ★ »CAMPING AM HEGBACHSEE« 1.1. bis 31.12.
P.: Josef Bremer 06152/937431, Fax 937432 36000 qm
www.hegbachsee.de, jobre@t-online.de

→ A60 Mainz–Rüsselsheimer Dreieck Abf. (29) Rüsselsheim, ca. 4 km Richtung Nauheim weiter nach Hegbachsee. ✉ Seeweg 1 (GPS: 49°57'05" N / 8°28'26" E).

Parzelliertes, ebenes Wiesengelände am Hegbachsee bei gleichnamigen Hotel. DLRG-Station. Sanitäranlage beheizbar. Imbiss. Hund nur auf Anfrage. W-LAN/Funkinternet. Haltestelle 1,5 km, Lebensmittel 2 km entfernt. Mittagsruhe 13-15 Uhr. Touristen-/Dauerstellplätze 40/250.
2008: P/N 3.50, K/N 2 bis 15 J 1.–, J/N 2.50, A/N 2.–, C/N 12.–, MC/N 10.–, T/N 5.–, M/N 1.–, H/N 2.50, Müllgeb./Sack 1.–, Strom/N 2.– oder kWh –.60 (16 A), Anschlussgeb. 1.80.
DCC 10% auf P/N.

63303 Dreieich-Offenthal, Offenb. (c9) 6651

20 ★★★★ »CAMPING DREIEICH-OFFENTHAL« 1.1. bis 31.12.
E.: Friedr. u. Gerh. Schönweitz 06074/5629, 0172/4891094, Fax 629133 30000 qm
www.campingplatz-dreieich.de, schoenweitz@t-online.de

→ A5 Frankfurter Kreuz–Darmstädter Kreuz Abf. (24) Langen/Mörfelden auf die B 486 über Langen nach Offenthal, hier links abbiegen Richtung Dietzenbach, ca. 700 m hinter dem Bahnübergang am Waldrand. ✉ Bahnhofstr. 77 (GPS: 49°59'09" N / 8°45'27" E).

Ebenes, durch die Einfahrt zweigeteiltes Wiesengelände mit separatem, parzelliertem Touristenteil. Mit einigen Hecken und teils mit jüngeren Anpflanzungen unterteilt. Extra Wohnmobilplätze. Durch Dauercamper geprägt. Kiosk. Naturspielplatz. Ort 800 m entfernt. Separater Jugendplatz. Mittagsruhe 13-15 Uhr. Touristen-/Dauerstellplätze 30/70.
2007: P/N 4.20, K/N 2 bis 15 J 2.70, A/N –.50, C/N 5.20, MC/N 5.–, T/N 4.–, WD zuzügl., Strom/N 1.10 oder kWh –.50 (16 A).
DCC/CCI 10% auf P/N.

64405 Fischbachtal-Niedernhaus. (c9) 6730

25 ★★★★ »CAMPING ODENWALD-IDYLL« 20.3. bis 31.10.
P.: Gabriele Marx 06166/8577, Fax 933757 39000 qm
www.campingodenwaldidyll.de, Kontakt@camping-odenwaldidyll.de

→ von Darmstadt B426 bis Ober-Ramstadt, Abzweig nach Rohrbach, weiter Richtung Rodau. Vor Groß-Bieberau rechts nach Fischbachtal abbiegen. ✉ Campingplatz 1 (GPS: 49°46'38" N / 8°48'32" E).
∴ Lichtenberg. Schloss mit Museum und Burgruine.

---

 1 km ... 8 km

Leicht welliges und parzelliertes Wiesengelände in Hanglage unterhalb der Burgruine. Mit lichtem Baumbestand. Öffentliches Schwimmbad (Naturschwimmbad). Kindersanitär. Hundedusche. Imbiss. Kiosk. Ort 1 km entfernt. Mittagsruhe 13-15 Uhr. Touristen-/Dauerstellplätze 40/180.
2008: (HS) P/N 5.–, K/N 3 bis 11 J. 3.–, St/N 5.–/6.–, H/N 3.–, WD zuzügl., Müllgeb./Sack 1.50, Strom/kWh –.40 (16 A). Anschlussgeb. 1.50. In NS Erm.
DCC/CCI 10% auf P/N.

DCC-Vertragsplatz

64678 Lindenfels-Schlierbach, Odw.(c9) 6737

20 ★★★★ »TERRASSENCAMP SCHLIERBACH« 1.4. bis 30.10.
E.: Familie Bauer 06255/630, Fax 3526 350 m 42000 qm
www.terrassencamping-schlierbach.de, info@terrassencamping-schlierbach.de

→ B47 Bensheim–Lindenfels, bei Kolmbach rechts abbiegen Richtung Fürth. ✉ Am Zentbuckel 11 (GPS: 49°40'56" N / 8°46'11" E).
∴ Lindenfels mit Burgruine. Neunkircher Höhe. Naturpark Odenwald.

Terrassenplatz in Südhanglage. Ebene Wiesenflächen für Touristen mit Parzellierung. Gartenlokal (HS). Ort 300 m, Restaurant 500 m und Kuranwendung 1.5 km entfernt. Separater Jugendplatz. Mittagsruhe 13-15 Uhr. Touristen-/Dauerstellplätze 85/120.
2008: (HS) P/N 4.–, K/N 2 bis 16 J. 3.–, St/N 6.–, H/N 1.50, KT –.50, WD inkl., Strom/N 2.– (10 A). Ab 20 Nächten 20% auf P/N und St/N. In NS Ermäßigung.
DCC 10% auf P/N.

DCC-Vertragsplatz

64658 Fürth, Odenwald (c9) 6738

20 ★★★ »CAMPING TIEFERTSWINKEL« 1.3. bis 30.11.
E.: Heinz Hörr 06253/5804, Fax 3717 42000 qm
www.camping-fuerth.de, info@camping-fuerth.de

→ A5 Darmstadt–Heidelberg Abf. (31) Heppenheim auf die B460 nach Fürth. Am Ortsende links. ✉ Am Schwimmbad (GPS: 49°39'34" N / 8°47'02" E).
∴ Tierpark Fürth-Erlenbach. Felsenmeer. Nibelungenland. Naturpark.

W 100 m, 150 m, 200 m

Parzelliertes Wiesengelände. Durch Bäume und Buschreihen günstig aufgelockert. Sanitäranlage beheizbar. Kiosk in HS. Scater-Bahn 100 m, Ort 1 km entfernt. Mittagsruhe 13-15 Uhr. Touristen-/Dauerstellplätze 40/100.
2008: (HS) P/N 3.90, K/N 2 bis 12 J. 3.–, C MC-St/N 6.–, T-St/N 5.–, H/N 6.–, WD zuzügl., Strom/N 2.– oder kWh –.40 (16 A). Anschlussgeb. –.50. Bei 7/14 Nächten Aufenthalt nur 6/12 Nächte bezahlen. In NS Ermäßigung.
DCC/CCI 10% auf P/N.

DCC-Vertragsplatz

64689 Grasellenbach-Hammelbach (c10) 6745

»CAMPING PARK HAMMELBACH« 15.3. bis 2.11.
E.: Peter Hörr ☎ 06253/3831, Fax 22947 500 m 25 000 qm
www.camping-hammelbach.de, info@camping-hammelbach.de

→ B460 Fürth–Erbach, in Weschnitz rechts abbiegen. In Hammelbach beschildert. ✉ Gasse 17 (GPS: 49°37'57" N / 8°49'49" E).
❖ Gotische Kapellenruine. Tromm mit Irenenturm. Siegfriedbrunnen.

Leicht ansteigendes, parzelliertes Wiesengelände. Durch Heckenstreifen in Stellfelder unterteilt. Mit lichtem Baumbestand und durch Anpflanzungen günstig aufgelockert. Kindersanitär. Reservierung empfehlenswert. Wellnessbereich. Kiosk. Kegelbahn 200 m, Ort 300 m entfernt. Mittagsruhe 13-15 Uhr. Touristen-/Dauerstellplätze 35/100.
2008: (HS) P/N 4.40, K/N 2 bis 16 J. 3.–, J/N 3.60, C MC-St/N 6.20, T-St/N 4.– bis 6.20, H/N 1.50, KT –.60, WD inkl., Strom/kWh –.55 (16 A). In NS Erm.
DCC/CCI 10% auf P/N.

DCC-Vertragsplatz

69483 Wald-Michelbach, Odenw. (c10) 6750

»CAMPING SCHÖNER ODENWALD« 1.1. bis 31.12.
E.: Robert Dörsam ☎ 06207/2237, Fax 921149 420 m 22 000 qm
www.schoener-odenwald.de, info@schoener-odenwald.de

→ B38 Weinheim–Fürth, in Mörlenbach rechts abbiegen nach Wald-Michelbach. Im Ort beschildert. ✉ Spechtbach 35 (GPS: 49°33'43" N / 8°49'37" E).
❖ Irenen-Turm. Rudi-Winzer-Turm.

Durch eine Straße und Bach zweigeteiltes, abfallendes Wiesengelände in Tal- und Hanglage. Mittels Hecken unterteilt. Mit lichtem Baumbestand und durch Anpflanzungen günstig aufgelockert. Übernachtung vor dem Eingang. Durch Dauercamper geprägt. Waschgelegenheiten einsehbar. Ort 500 m entfernt. Mittagsruhe 13-15 Uhr. Touristen-/Dauerstellplätze 40/120.
2007: P/N 4.10, K/N 2 bis 14 J. 2.50, St/N 5.70, H/N 1.–, KT –.25, Strom/kWh –.50 (16 A).
DCC 10% auf P/N.

69434 Hirschhorn, Neckar (c10) 6780

»ODENWALD CAMPING PARK« 20.3. bis 5.10.
E.: Gebr. Pachur ☎ 06272/809, Fax 3658 80 000 qm
www.odenwald-camping-park.de, Odenwald-Camping-Park@t-online.de

→ A5 Abf. Heidelberg auf die B37 Richtung Eberbach/Mosbach. Abf. Hirschhorn, Beschilderung folgen, weiter Richtung Langenthal. ✉ Langenthaler Str. 80 (GPS: 49°27'09" N / 8°52'41" E).
❖ Schloss und Stadt Hirschhorn. Schloss Heidelberg.

Leicht welliges, parzelliertes Wiesengelände beiderseits des Baches in Tal- und Hanglage. Mit lockerem Baumbestand und von Hecken durchzogen. Sanitäranlage beheizbar. Kabel-TV. Separater Platzteil für Hundehalter. Kuranwendungen, Wassersportmöglichkeiten und Ort 1.5 km entfernt. Separater Jugendplatz. Mittagsruhe 13-14.30 Uhr. Touristen-/Dauerstellplätze 200/180.
2008: (HS) P/N 5.10, K/N 1 bis 4 J. 2.40, K/N 5 bis 14 J. 3.70, St/N 6.90, H/N 1.60, KT –.25, WD inkl., Müllgeb. St/N 1.50, Strom/N 2.– (6 A) oder kWh –.50 (16 A), Anschlussgeb. 2.–. Ab 8/15/22 Nächte 5/10/30% und in NS Ermäßigung.

Baden-Württemberg

In der Nähe von Militärflugplätzen, besonders im Raum Rastatt und Bühl, ist mit zeitweiligen Ruhestörungen zu rechnen.

DCC-Vertragsplatz

69502 Hemsbach, Bergstraße (c10) 7100

»CAMPING HEMSBACHER WIESENSEE« 1.1. bis 31.12.
E.: Familie Herwig ☎ 06201/72619, Fax 493426 32 000 qm
www.camping-wiesensee.de

→ A5 Darmstadt–Heidelberg Abf. (32) Hemsbach. ✉ Ulmenweg 7. (GPS: 49°35'51" N / 08°38'25" E).
❖ Starkenburg, Wachenburg, Burg Windeck.

Ebenes bis leicht welliges, parzelliertes Wiesengelände in Seenähe neben einem Sportzentrum. Für Camper Freibad, See und Liegewiese kostenlos. DLRG-Station. Ort 500 m entfernt. Touristen-/Dauerstellplätze 60/175.
2007: (HS) P/N 5.50, K/N 2 bis 14 J. 3.50, St/N 7.–, H/N 2.–, WD zuzügl., Strom/N 1.90 oder kWh –.50 (16 A). Anschlussgeb. 1.–. In NS Ermäßigung.
DCC 10% auf P/N.

68163 Mannheim-Neuostheim (c10) 7105/1

»CAMPING NEUOSTHEIM« 1.4. bis 15.10.
P.: Sophie Koller ☎/Fax 0621/416840 16 000 qm

→ A656 Heidelberg–Mannheim Abf. (2) Mannheim–Neuostheim auf die B37 Richtung Neuostheim, hier beschildert. ✉ Seckenheimer Landstr. 191. (GPS: 49°28'34" N / 08°31'44" E).

Unparzelliert und leicht welliges, teilweise schattenloses Wiesengelände zwischen Straße und Neckar. Von öffentlichem Weg durchzogen. Einfacher Transitplatz. Überflutung bei Hochwasser möglich. Kiosk. Bistro. Ort 500 m entfernt. Separater Jugendplatz. Touristen-/Dauerstellplätze 60/45.
2008: P/N 5.–, K/N 3.50, A/N 2.50, C/N 6.50, MC/N 7.50, T/N 3.– bis 5.–, WD inkl., Müllgebühr –.50, Strom/kWh –.70 (16 A).

68199 Mannheim-Neckarau (c10) 7105/2

»CAMPING AM STRANDBAD« März bis Okt.
P.: Michael Gross ☎ 0621/8619967, Fax 8619968 9000 qm

→ A656 Heidelberg–Mannheim Abf. (2) Neckarau auf die B36 nach Neckarau Richtung Rheingoldhalle, hier beschildert. ✉ Strandbadweg 1. (GPS: 49°26'45" N / 08°26'52" E).
www.campingplatz-mannheim.de
❖ Barockschloß, Jesuiten–Kirche (Barock), Luisenpark.

Unparzelliertes, ebenes Wiesengelände neben dem Strandbad (Badeverbot) am Rhein. Überflutung bei Hochwasser möglich. Imbiss. Ort 3 km entfernt. Mittagsruhe 13-15 Uhr. Touristen-/Dauerstellplätze 60/40.
2008: P/N 5.–, K/N ab 5 J. 3.–, A/N 2.–, C/N bis/ab 8.50 6.–/1.– pro lfd. Meter, T/N 3.50/5.–, M/N 1.–, WD zuzügl., Müllgeb./Sack 1.–/5.–, Strom/kWh –.75 (16 A).

69118 Heidelberg-Schlierbach (c10) 7115

»CAMPING HEIDELBERG« 15.3. bis 31.10.
P.: Familie Weber ☎/Fax 06221/802506 11 000 qm
www.camping-heidelberg.de, mail@camping-heidelberg.online.de

→ A656 Mannheim–Heidelberg Ausfahrt auf die B37 Richtung Heilbronn, ca. 250 m nach der 4. Neckarbrücke links. ✉ Schlierbacher Landstr. 151. (GPS: 49°24'51" N / 08°46'13" E).
❖ Heidelberg mit Schloss, Königsstuhl.

Ebenes, langgestrecktes, überwiegend schattenloses und unparzelliertes Wiesengelände am Neckar. Überflutung bei Hochwasser möglich. Kiosk. Imbiss. Zentrum 5 km entfernt. Separater Jugendplatz. 110 Touristenplätze.
2008: P/N 6.–, K/N 5 bis 14 J. 3.–, A/N 2.50, C MC/N ab 4.–, T/N ab 3.50, M/N 1.50, H/N 3.–, WD inkl., Strom/N 3.– (16 A).

für Erholungssuchende und Aktiv-Urlauber

Service-Leistungen: • Freibad (Juli + Aug.) • Hallenbad (geschlossen Nov. bis März) • Sauna, Solarien • Tennisplatz • Kinderspielplatz • Kinderspielraum • Jugendfreizeitraum • Beach-Volleyball • Zirkuszelt • Boule-Bahn • Internet-Ecke • Fahrräder • Tischtennis • Hüpfburg • Kinder- und Jugendfreizeitprogramm • Speiselokal • SB-Shop • Großbildleinwand • **Neu:** Hauszeltvermietung
In Platznähe: • Minigolf • Wanderbahn • Kegelbahn

Keine Platzgebühr für Kinder unter 5 Jahren. Sonderpreise bei längerem Aufenthalt.
Odenwald Camping • 74838 Limbach-Krumbach
Telefon 06287/1485 • Telefax 06287/4456
http://www.odenwald-camping.de
E-Mail: Odenwald.Camping@t-online.de   (7160)

69151 Neckargemünd bei Heidelb. (c10) 7128/1

 Abfahrt

25 ★★★ »CAMPING HAIDE«   1.4. bis 31.10.
E: Andreas Fitzner ☎ 06223/2111, Fax 71959   36 000 qm
www.camping-haide.de, info@camping-haide.de

→ A656 Mannheim–Heidelberg Abf. Heidelberg und über die erste Neckarbrücke, dann rechts Richtung Eberbach bis ca. 2 km hinter Ziegelhausen, beschildert. ✉ Ziegelhäuser Str. 91. (GPS: 49°24'06" N / 08°46'44" E).
❀ Heidelberg mit Schloss, Königsstuhl.

Langgestrecktes, unparzelliertes und leicht welliges Wiesengelände oberhalb des Neckarufers. Kiosk mit Brötchenservice. Zentrum Heidelberg 4.5 km entfernt. Separater Jugendplatz. Touristen-/Dauerstellplätze 130/8.
2008: (HS) P/N 5.30, K/N bis 15 J. 2.70, A/N 1.50, C MC/N ab 5.–, T/N ab 4.–, M/N 1.10, H/N 2.50, WD zuzügl., Strom/N 2.10 (6-8 A). In NS DCC/CCI 10%/20% auf alle Gebühren. In NS Ermäßigung.

DCC-Vertragsplatz
69151 Neckargemünd, Heidelb. (c10) 7128/2

20 ★★★ »CAMPING AN DER FRIEDENSBRÜCKE« 20.3. bis 15.10.
P: Johann van der Felden ☎/Fax 06223/2178   15 000 qm
www.camping-am-neckar.de, j.vandervelden@web.de

→ A656 Mannheim–Heidelberg Abf. Heidelberg auf die B37 Richtung Eberbach. In Neckargemünd links abbiegen, beschildert. ✉ Falltorstr. 4. (GPS: 49°23'47" N / 08°47'39" E).
❀ Burgruine Reichenstein.

Ebenes und unparzelliertes, teilweise schattenloses Wiesengelände neben der Neckarbrücke. Überflutung bei Hochwasser möglich. Kiosk. Imbiss. Ort 300 m entfernt. Separater Jugendplatz. Touristen-/Dauerstellplätze 120/20.
2008: P/N 4.75, K/N 3 bis 13 J. 2.60, A/N 2.50, C/N 4.–, MC/N 6.–, T/N 3.–/4.–, M/N 1.50, B/N 1.50, H/N 1.50, WD zuzügl., Müllgeb. St/N 1.50 Strom/N 2.50 oder kWh –.70 (6 A).
DCC 10% auf P/N.

69151 Neckargemünd-Dilsberg (c10) 7128/3

30 ★★★ »CAMPING UNTER'M DILSBERG« 1.4. bis 30.9.
P.: Peter Harth ☎ 06223/72585, Fax 973645   30 000 qm
www.camping-dilsberg.de, EllaHarth@aol.com

→ B37 Heidelberg–Neckargemünd. Hier weiter über Rainbach in Richtung Dilsberg. Die letzten 400 m schmale Zufahrt. ✉ Dorthsfeld 1. (GPS: 49°24'19" N / 08°50'07" E).
❀ 4 Burgen-Stadt Neckarsteinach, Dilsberg.

Zum Neckarufer leicht wellig und unparzelliert abfallendes Wiesengelände gegenüber Neckarsteinach, teilweise wenig Schatten. Ort 3 km entfernt. Mittagsruhe 13-15 Uhr. Touristen-/Dauerstellplätze 50/100.
2007: P/N 6.–, K/N 6 bis 14 J. 4.–, St/N 7.50, WD zuzügl., Strom/N 2.50 oder kWh –.50(16 A), Anschlussgeb. 1.50.

69250 Schönau-Altneudorf (c10) 7137

20 ★★★★ »CAMPING STEINACHPERLE«   1.4. bis 30.9.
E.: Walter Fitz ☎ 06228/467, Fax 8568   35 000 qm
www.camping-steinachperle.de, campingplatz-steinachperle@t-online.de

→ B37 Heidelberg–Neckarsteinach. Hier links abbiegen in Richtung Schönau-Altneudorf, ca. 8 km. ✉ Altneudorferstr. 14. (GPS: 49°27'57" N / 08°48'12" E).

Parkartiges Wiesengelände in Ortslage, in einem Bachtal, parzelliert und teilweise terrassiert. Sanitäranlage beheizbar. Ort 300 m entfernt. Mittagsruhe 13-15 Uhr. Touristen-/Dauerstellplätze 60/120.
2008: (HS) P/N 4.50, K/N 2 bis 14 J. 2.–, St/N 5.–, H/N 1.10, WD zuzügl., Strom/kWh –.45 (16 A). Anschlussgeb. 1.–. In NS Ermäßigung.

69412 Eberbach, Neckar (c10) 7143

20 ★★★ »CAMPINGPARK EBERBACH« 20.3. bis 31.10.
P.: Jörg Pachur ☎ 06271/1071, Fax 942712   18 000 qm
www.campingpark-eberbach.de, info@campingpark-eberbach.de

→ B37 Heidelberg–Neckarsulm, in Richtung Neckarbrücke, beschildert. ✉ Alte Pleuretsbacherstr. 8. (GPS: 49°27'38" N / 8°58'56" E).

Parzelliertes, zum Neckarufer leicht abfallendes Wiesengelände mit wenig Schatten. Blick auf die gegenüberliegende Stadt mit Schiffsanleger. Separate Zeltwiese. Überflutung des tiefergelegenen Platzteiles bei Hochwasser möglich. Zentrum 1 km entfernt. Mittagsruhe 13-15 Uhr. Touristen-/Dauerstellplätze 110/24.
2008: (HS) P/N 4.90, K/N 1 bis 14 J. 3.60, C MC-St/N 5.90, T-St/N ab 4.60, H/N 1.50, KT –.50, Müllgeb. St/N 1.10, WD inkl., Strom/N 2.10 (6 A). In NS und ab 15. Nacht 10% Ermäßigung.

69437 Neckargerach, Neckar (c10) 7144

20 ★★ »CAMPING ZUR ALTEN FÄHRE« März bis Nov.
P.: Dagmar Volz ☎/Fax 06263/8309   15 000 qm
www.camping-zur-alten-faehre.beep.de, camp-volz@gmx.de

→ B37 Heidelberg–Neckarsulm, Abf. Neckargerach, am Ortsende rechts, beschildert. ✉ Bannwiesen 1. (GPS: 49°23'48" N / 09°04'11" E).
❀ Minneburg, Zwingenberg, Hornberg (Götz von Berlichingen).

Ebenes, teilweise parzelliertes Wiesengelände am Neckarufer. Separater Jugendplatz und Zeltwiese. Mittagsruhe 13-15 Uhr. Ort 500 m entfernt. Touristen-/Dauerstellplätze 60/40.
2007: P/N 5.–, K/N 4 bis 15 J. 3.–, A/N 2.–, MC/N 14.– (inkl. 2 P/N), T/N 5.–, M/N 1.50, H/N 1.50, WD inkl., Müllgeb. 1.–, Strom/N –.50 (16 A). Ab 10 Nächten 10% auf P/N.

DCC-Vertragsplatz
74862 Binau, Neckar (c10) 7146

25 ★★★★ »FORTUNA-CAMPING«   1.3. bis 30.10.
E.: Agnes und Josef Tóth ☎ 06263/669, Fax 1403   27 000 qm
www.fortuna-camping.de, fortuna-camping@t-online.de

→ B37 Heidelberg–Mosbach Abf. Binaun, beschildert. ✉ Neckarstr. 6.

7 Baden-Württemberg

(GPS: 49°21'54" N / 09°03'28" E).
∴ Minneburg, Zwingenberg, Hornberg (Götz von Berlichingen).

Ebenes, parzelliertes Wiesengelände zwischen Straße und Neckar. Basketball. Für Hunde extra Platzteil. FW. Separate Zeltwiese. Mittagsruhe 13-15 Uhr. Touristen-/Dauerstellplätze 100/70.
2007: (HS) P/N 5.–, K/N 3 bis 15 J. 3.–, A/N 2.50, C/N 6.–, MC/N 8.50, T/N 5.–, M/N 2.–, B/N 3.–, H/N 3.–, WD und Schwimmbad inkl. Müllgeb. St/N 1.–, Strom/N 2.50 oder kWh –.50 (16 A), Anschlußgebühr 1.50. Sparwochen. In NS Ermäßigung.
DCC/CCI 10% auf P/N.

DCC-Vertragsplatz

✉ **74865 Neckarzimmern**, Neckar (c10) **7148**

25 ★★★ »CAMPING CIMBRIA« ⚷ 15.3. bis 31.10.
E.: M. Gerz ☎ 06261/2562, Fax 35716 30 000 qm
www.camping-cimbria.de, info@camping-combria.de
→ B27 Heilbronn–Mosbach, am Ortsende von Neckarzimmern links, beschildert. ✉ Wiesenweg 1. (GPS: 49°19'10" N / 09°07'32" E).
∴ Burg Hornberg (Götz von Berlichingen), Notburgahöhle, Pfaffenstock.

Ebenes, unparzelliertes Wiesengelände am Neckarufer. Von Baumreihen durchzogen. Überflutung bei Hochwasser möglich. Ort 500 m entfernt. Separater Zeltwiese. Mittagsruhe 13-15 Uhr. Touristen-/Dauerstellplätze 50/40.
2007: P/N 4.90, K/N 3 bis 15 J 2.90, A/N 2.50, C/N 5.90, MC/N 7.50, T/N 4.90, M/N 2.50, B/N 2.–, H/N 3.–, WD zuzügl., Strom/N 2.50 oder kWh –.80 (16 A). Anschlußgebühr 2.50.
DCC 10% auf P/N.

✉ **74847 Mörtelstein** bei Obrigheim (c10) **7149**

20 ★★ »WALDCAMPING GERMANIA« ⚷ April bis Sept.
E.: Friedhelm Grimm V.: Bock ☎/Fax 06262/1795 12 000 qm
Germania.Bootswerft@t-online.de
→ B292 Mosbach–Sinsheim Abf. Mörtelstein, beschildert. ✉ Mühlwiese 1. (GPS: 49°21'50" N / 09°03'05" E).

Ebenes, unparzelliertes Wiesengelände zwischen Waldhang und Neckar. Überflutung bei Hochwasser möglich. Ort 1.5 km entfernt.
Touristen-/Dauerstellplätze 10/50.
2007: P/N 4.–, K/N 3 bis 12 J. 2.50, C MC-St/N 5.–, T/N 3.50, M/N 2.–, B/m –.60, H/N 1.50, WD zuzügl., Müllgebühr –.80, Strom (16 A) keine Angabe.

✉ **74831 Gundelsheim,** Neckar (c/d10) **7150**

25 ★★ »CAMPING BURGENBLICK« ⚷ März bis Okt.
P.: Jürgen Kiffner ☎ 06269/1445 20 000 qm
→ B27 Heilbronn–Mosbach, in Gundelsheim links neben der Straße. (GPS: 49°17'01" N / 09°09'24" E).
∴ Bäder Wimpfen, Rappenau u. Friedrichshall, Neckartal mit Burgen.

Parkartiges Wiesengelände, eben und unparzelliert, zwischen Straße und Neckar. Überflutung bei Hochwasser möglich. Ort 300 m entfernt. Separater Jugendplatz. Mittagsruhe 13-15 Uhr. Touristen-/Dauerstellplätze 80/30.
2007: P/N 4.50, K/N bis 16 J. 3.–, A/N 2.50, C/N 6.–, MC/N 7.–, T/N ab 4.–, M/N 2.–, H/N 1.–, WD zuzügl., Strom/N 2.50 oder kWh –.60 (16 A).

DCC-Vertragsplatz

✉ **74838 Limbach-Krumbach** (d10) **7160**

30 ★★★★ »ODENWALD-CAMPING« ⚷ 1.1. bis 31.12.
E.: Grimm OHG V.: Stuhl ☎ 06287/1485, Fax 4456 400 m 130 000 qm
www.odenwald-camping.de, odenwald-camping@t-online.de
→ A81 Heilbronn–Würzburg Abf. (6) Osterburken auf die B292 in Richtung Mosbach bis Oberscheffenz. Hier abbiegen, über Großeicholzheim-Waldhausen und Limbach nach Krumbach. ✉ Willy-Grimm-Str. 1 (GPS: 49°27'28" N / 09°10'36" E).

Leicht abfallendes, teilterrassiertes Wiesengelände, parzelliert in einem von Wald umgebenen Tal. Ebene Touristenfläche im unteren Platzbereich. Separate Zeltwiese. Fitnesspark. Spieleraum. Öffentlicher Badebetrieb. Freibad geöffnet vom 1. Juli bis 20. August, während dieser Zeit ist das Hallenbad geschlossen. Filmvorführungen. Aufnahme bis 21 Uhr. Ort 1.2 km entfernt. Separater Jugendplatz. Mittagsruhe 13-15 Uhr. Touristen-/Dauerstellplätze 70/280.
2007: (HS) P/N 7.–, K/N 5 bis 12 J. 3.50, A/N 3.–, C MC-St/N 8.80, T/N ab 4.–, M/N 2.–, H/N 2.50, WD inkl., Müllgebühr St/N 1.50, Strom/kWh –.60 (16 A), Anschlußgebühr 1.50. In NS Ermäßigung.
DCC/CCI 10% auf P/N.

DCC-Vertragsplatz

✉ **97980 Bad Mergentheim** (d10) **7205**

25 ★★★ »CAMPING WILLINGERTAL« ⚷ 1.1. bis 31.12.
E.: Gerd Kempf ☎ 07931/2177, Fax 5636543 27 000 qm
www.campingplatz-willinger-tal.de, info@campingplatz-willinger-tal.de
→ B19 Ulm–Würzburg, kurz vor Bad Mergentheim rechts, beschildert. ✉ Willinger Tal 1. (GPS: 49°27'53" N / 09°46'38" E).
∴ Deutschordensritter-Schloss.

Ebenes, langgestrecktes und unparzelliertes Wiesengelände entlang eines bewaldeten Höhenrückens. Bei 1 Übernachtung separate Abstellfläche. Separater Jugendplatz. Ort 3 km entfernt. Mittagsruhe 13-15 Uhr. Touristen-/Dauerstellplätze 80/20.
2008: P/N 5.–, K/N bis 16 J. 3.–, C MC-St/N 6.–, T-St/N 4.–/6.–, H/N 2.50, KT 1.35/–.95, WD inkl., Strom/kWh –.50 (10 A).
DCC 10% auf P/N.

DCC – auch Ihr Camping-Partner!

(Beschreibung S. 208, 7207)
Waldcamping Hollenbacher See
Camping im Herzen der Natur

Lothar Wachter
Mönchswald 2
74673 Mulfingen - Hollenbach
Telefon 07938 / 7272
Fax 07938 / 7055
www.waldcamping-hollenbacher-see.de

Ein Platz mit Familiensinn!
- 200 Dauer-Stellplätze
- 30 teilw. parzellierte Urlaubsplätze
- Alle Plätze mit Wasser, Abwasser und Stromanschluss
- Extra gr. Zeltwiese für Gruppen
- Aussenwaschanlage mit Sitzgel. für Rad- und Motarradfahrer
- Moderne, schöne Waschhäuser
- Waschmaschinen und Trockner
- Gartenwirtschaft direkt am See
- Küche mit Kochgelegenheit
- Riesiger Abenteuerspielplatz
- Tischtennisplatte
- Bade- und Fischsee getrennt
- Tretbootvermietung
- 330km Radwegenetz
- Unendl. Freizeitmöglichkeiten: z.B. Wildtierpark, Hallenbäder, Frei- und Spaßbäder, Museen, Schlösser und Burgen
- Kulturelle Angebote: z.B. Freilichtspiele und Konzerte Freilandmuseum

✉ 74673 Mulfingen-Hollenbach (d10) 7207

20 ★★★ »WALDCAMP HOLLENBACHER SEE« 1.1. bis 31.12.
E.: Lothar Wachter ☎ 07938/7272, Fax 7055   60 000 qm
www.waldcamping-hollenbacher-see.de, info@waldcamping-hollenbacher-see.de

→ B19 Künzelsau–Bad Mergentheim, über Ailringen abbiegen nach Hollenbach, beschildert. ✉ Mönchswald 2. (GPS: 49°22'59" N / 09°49'43" E).

Leicht welliges, parzelliertes Wiesengelände am Waldrand oberhalb des Sees. Von Durchgangscampern geprägt. Imbiss. Ort 2.5 km entfernt. Separater Jugendplatz. Mittagsruhe 13-15 Uhr. Touristen-/Dauerstellplätze 30/200. **Anzeige S. 207**
2008: (HS) P/N 4.–, K/N 4 bis 13 J. 3.–, J/N 3.50, A/N 1.50, C/N 2.50, MC/N 3.–, T/N 2.–, WD zuzügl., Strom/kWh –.40. In NS Ermäßigung.

DCC-Vertragsplatz

✉ 97993 Creglingen-Münster (d10) 7210

25 ★★★★ »CAMPING ROMANTISCHE STRASSE« 15.3. bis 15.11.
E.: Familie Hausotter ☎ 07933/20289, Fax 990019   60 000 qm
www.camping-romantische-strasse.de, camping.hausotter@web.de

→ Taubertalstraße Bad Mergentheim–Rothenburg, in Creglingen abbiegen nach Münster, beschildert. ✉ Münster 67 (GPS: 49°26'21" N / 10°02'31" E).
✧ Herrgottskirche in Creglingen (3 km).

Leicht welliges, teils parzelliertes Wiesengelände am Herrgottsbach hinter einem Staudamm. Teilweise terrassiert und von Waldhöhen umgeben. Hallenbad mit öffentl. Badebetrieb. Boule. Freilandschach. Ort 3 km entfernt. Mittagsruhe 13-15 Uhr. Touristen-/Dauerstellplätze 120/40.
2008: P/N 5.90, K/N 3 bis 14 J. 3.90, St/N 7.–, H/N 1.–, KT –.35, WD und Hallenbad inkl., Müllgeb. St/N –.30, Strom/N 2.– (6 A).
DCC 10% auf P/N.

✉ 97990 Weikersheim-Laudenbach (d10) 7212

30 »CAMPING SCHWABENMÜHLE« April bis Nov.
E.: Monika Herwarth ☎/Fax 07934/990699   254 m   20 000 qm
www.camping-schwabenmühle.de, info@camping-schwabenmühle.de

→ A3 Nürnberg–Frankfurt Abf. Würzburg-Heidingsfeld auf die B19 in Richtung Bad Mergentheim bis Igersheim. Ab Igersheim auf der Romantischen Straße bis Weikersheim. In Weikersheim bis zum Kreisel, 2. Ausfahrt in Richtung Laudenbach. Am Ortseingang rechts abbiegen zum Platz. ✉ Weikersheimer Straße.
✧ Schloss Weikersheim. Karlsberg mit Wildpark. Wallfahrtskirche.

Bewertung nach Besichtigung. Parzelliertes Wiesengelände mit zwei Bächen auf dem Gelände einer ehemaligen Mühle am Ortsrand und im Taubertal. Familiäre Atmosphäre. Separate Zeltwiese. Imbiss. Kiosk. Spielwiese. Kneipp-Anlage. FW. Ort 3 km entfernt. Mittagsruhe 12.30-15 Uhr. Touristen-/Dauerstellplätze 62/8.
2008: P/N 6.–, K/N 3 bis 14 J. 4.–, C MC-St/N 10.–, T/N 5.50, M/N 1.–, H/N 1.–, WD inkl., Müllgeb. St/N –.30, Strom (16 A) inkl. Ab 6 Nächten 10% auf P/N.

Wegen oft wechselnden Größenangaben für die einzelnen Stellparzellen durch die Platzhalter veröffentlicht der DCC nur noch die Camping-Gesamtfläche in qm und den Hinweis »parzelliert« oder »unparzelliert«.

DCC-Vertragsplatz

✉ 97877 Wertheim-Bettingen, Main (d9) 7221/1

20 ★★★★ »CAMPINGPARK WHM.-BETTINGEN« 1.4. bis 31.10.
E.: Familie Hupp ☎ 09342/7077, Fax 913077   75 000 qm

→ A3 Würzburg–Aschaffenburg, Abf. (66) Wertheim/Lengfurt Richtung Marktheidenfeld, beschildert. ✉ Geiselbrunnweg 31. (GPS: 49°46'51" N / 09°33'59" E).

Ebenes, unparzelliertes Wiesengelände neben der Autobahnbrücke am Main, teilweise schattenlos. Überflutung bei Hochwasser möglich. Sanitäranlage beheizbar. Ort 800 m entfernt. Mittagsruhe 12.30-14 Uhr. Touristen-/Dauerstellplätze 100/100.
2007: P/N 4.50, K/N 4 bis 16 J. 2.50, St/N 4.–, B/N 1.50, H/N 1.–, WD zuzügl., Müllgebühr pro St/N –.80, Strom/N 1.50 (16 A).
DCC 10% auf P/N.

✉ 97877 Wertheim-Reicholzheim (d9) 7221/2

★★ »CAMPING FORELLE« April bis Okt.
E.: Karl Speier ☎ 09342/4435, Tel./Fax 6151   25 000 qm

→ Taubertalstraße Wertheim–Tauberbischofsheim. In Reicholzheim abbiegen über die Tauberbrücke, beschildert. ✉ Zum Ottersberg 14. (GPS: 49°43'58" N / 9°31'01" E).

Langgestrecktes, ebenes und unparzelliertes Wiesengelände unter Bäumen am Tauberufer. Ort 1 km entfernt. Drei Jugendplätze mit Feuerstellen und extra WC. Mittagsruhe 13-15 Uhr. Touristen-/Dauerstellplätze 70/50.

DCC-Vertragsplatz

✉ 97877 Wertheim-Bestenheid, Main (d9) 7221/3

30 ★★★ »AZUR CAMPINGPARK WERTHEIM« 1.4. bis 31.10.
E.: AZUR Freizeit GmbH
V.: Familie Clurksy ☎ 09342/83111, Fax 83171   70 000 qm
www.azur-camping.de/wertheim, wertheim@azur-camping.de

→ A3 Frankfurt–Würzburg Abf. (66) Wertheim/Lengfurt über Wertheim Richtung Miltenberg, beschildert. ✉ An den Christwiesen 35. (GPS: 49°46'41" N / 09°30'33" E).
✧ Mittelalterliche Stadt Wertheim, Maintal, Taubertal, Spessart.

Ebenes, parzelliertes Wiesengelände unter lichten Baumreihen zwischen Bahnlinie und Mainufer. Überflutung bei Hochwasser möglich. Brötchenservice außer Sa u. So. Volleyball. Separater Platz mit Jugendhütte. Kettcar-Verleih. Bocciabahn. Freilandschach. Ort 2 km entfernt. Mittagsruhe 13-15 Uhr. Touristen-/Dauerstellplätze 220/100.
2008: (HS) P/N 6.50, K/N 2 bis 12 J. 3.50, St/N 7.50/11.50, kl. T/N 5.50, M/N 4.–, B/N 4.50, H/N 2.80, WD inkl., Strom/N 2.80 (6 A). Für 14 Nächte nur 12 Nächte bezahlen (außer Strom). Ermäßigung auf einige Club-Cards. In NS Ermäßigung.
DCC/CCI 10%/5% auf P/N.

✉ 97896 Freudenberg am Main (d9) 7223

25 ★★★ »SEECAMPING FREUDENBERG« 1.1. bis 31.12.
I.: Familie Baumer ☎ 09375/8389, Fax 1431   55 000 qm
www.seecamping-freudenberg.de, seecamping@t-online.de

→ A3 Würzburg–Aschaffenburg Abf. (66) Wertheim/Lengfurt über Wertheim Richtung Miltenberg. Vor Freudenberg abbiegen. ✉ Mühlgrundweg 10. (GPS: 49°45'44" N / 09°19'07" E)

Campingpark »Wertheim-Bettingen« (7221/1)

Neue moderne Sanitäranlagen, 25.000 qm gepflegtes Wiesengelände mit Baumbestand, ideale Voraussetzungen für Wassersportler und Angler, gemütliche Gaststätte. Sie erreichen uns über die A3/E5 Frankfurt-Würzburg, ab Autobahnausfahrt Nr. 66 Wertheim 2 km zum Campingplatz. · Fam. Hupp, Tel.: 0 93 42/70 77 priv. 0 93 91/13 24

SEECAMPING FREUDENBERG
97896 Freudenberg a. Main, Familie Baumer, Tel. 0 93 75/83 89
Fax 0 93 75/14 31, www.seecamping-freudenberg.de

Komfortable Anlage inmitten der Freizeitanlage des anerkannten Erholungsortes Freudenberg a. Main – absolut hochwassersicher – vorbildliche sanitäre Anlagen, Wasser – Abwasser – Strom, gemütlicher Aufenthaltsraum, Gemeinschaftsküche, Waschküche, Trockenraum, chem. WC, Behinderten-WC-Waschraum, Babywickelraum, Kiosk, Spielplatz für Kleinkinder.

In unmittelbarer Nachbarschaft befindet sich ein herrlicher Badesee mit 2,5 ha Wasserfläche, Rutschbahn und Restaurant, ferner Tennisplätze, Angeln, ein See für den Surf- u. Segelsport, Bolzplatz, Schießanlagen.

Wanderungen in die liebliche Landschaft des Odenwaldes, Spessarts, das Main- und Taubertal locken. Freudenberg liegt zwischen den historischen Städten Miltenberg und Wertheim. Tauberbischofsheim und Würzburg sind leicht zu erreichen.

Der Platz ist ganzjährig geöffnet.

(7223)

7 Baden-Württemberg

75438 Knittlingen-Freudenstein (c11)   7290
25 ★★★★ »STROMBERG-CAMPING«   1.1. bis 31.12.
E.: Familien Vermeulen und Herm ☎ 07043/2160, Fax 40405   85000 qm
www.strombergcamping.de, info@strombergcamping.de
→ B35 Bruchsal–Vaihingen, links über Knittlingen abbiegen und weiter bis hinter Freudenstein, beschildert. ✉ Diefenbacher Str. 70. 10. (GPS: 49°02'10" N / 08°50'01" E).
※ Kloster Maulbronn. Ruine Ravensburg.

Parzelliertes, leicht zum Waldrand ansteigendes Wiesengelände. Befestigte Mocaplätze. Ort 1 km entfernt. Mittagsruhe 13-15 Uhr. Touristen-/Dauerstellplätze 70/530.
2008: (HS) P/N 5.50, K/N 3 bis 13 J. 4.–, St/N 6.–, H/N 2.50, WD u. Schwimmbad inkl., Strom/N 1.50 (16 A). In NS Ermäßigung.
DCC 10% auf P/N.

DCC-Vertragsplatz

Familie Herm & Familie Vermeulen
Diefenbacher Straße 70 · 75438 Knittlingen-Freudenstein
Telefon: 07043/2160 · Fax 07043-40405
www.strombergcamping.de · info@strombergcamping.de   (7290)

69190 Walldorf, Baden (c10)   7298
25 ★★★ »CAMPING WALLDORF ASTORIA«   15.4 bis 15.10.
E.: Ester Kolb ☎/Fax 06227/9195   16000 qm
campingplatz-walldorf@arcor.de
→ A5 Karlsruhe–Heidelberg Abf. (39) Walldorf/Wiesloch, in Walldorf Richtung Schwetzingen, beschildert. ✉ Schwetzingerstr. 98. (GPS: 49°18'59" N / 08°38'05" E).
※ Astorhaus mit Museum. Hockenheimring.

Ebenes bis leicht welliges, unparzelliertes Wiesen- und Waldgelände in der Nähe vom Sportzentrum. Kiosk. Ort 1 km entfernt. Mittagsruhe 12-15 Uhr. Touristen-/Dauerstellplätze 50/60.
2008: P/N 5.–, K/N 15 J. 3.50, A/N 3.–, C/N 4.–, MC/N 5.–/6.–, T/N 3.–/3.50, M/N 2.50, WD inkl., Strom/N 2.– (16 A).

76698 Ubstadt-Weiher, Baden (c10/11)   7300
25 ★★★★ »FREIZEITZENTRUM HARDTSEE«   1.1. bis 31.12.
E.: Gemeinde V.: Bellm ☎ 07251/961394, Fax 961395 110m 250000qm
www.hardtsee.de, info@hardtsee.de
→ A5 Karlsruhe–Heidelberg Abf. (41) Kronau auf die K3575 bis Weiher. Oder auf der B3 bis Ubstadt und weiter nach Weiher. ✉ Bruchsaler Str. 1-3/Hauptstr. 1. (GPS: 49°10'18" N / 08°36'31" E).
※ Römermuseum in Stettfeld. Bruchsaler Schloss.

Ebenes parzelliertes Wiesengelände an einem Badesee mit Uferliegewiese und öffentl. Badebetrieb. Touristenplätze im Eingangsbereich. Separate PkW-Abstellung. Tauchflaschenfüllstation. Kleinkindersanitär. Separater Jugendplatz für betreute Jugendgruppen. Mittagsruhe 13-15 Uhr. Touristen-/Dauerstellplätze 50/310.
2007: (HS) P/N 2.80, K/N 1.50, St/N 13.–/15.–, WD zuzügl., Strom/N 1.50 und kWh –.50 (16 A). In NS Ermäßigung.

DCC-Vertragsplatz

76684 Östringen-Schindelberg (c10)   7301
15 ★★★ »KRAICHGAU CAMPING WACKERHOF«   25.3. bis 15.10.
E.: Fam. Wacker ☎ 07259/361, Fax 2431,   30000 qm
www.wackerhof.de, info@wackerhof.de
→ A5 Karlsruhe–Heidelberg Abf. (41) Kronau auf die B292 Richtung Sinsheim oder A6 Mannheim–Stuttgart, Abf. (33) Sinsheim auf die B292 in Richtung Karlsruhe bis Östringen. ✉ Schindelberg 10. (GPS: 49°12'02" N / 08°45'37" E).

Teilterrassiertes, parzelliertes Wiesengelände in ländlicher Umgebung und von Wald begrenzt. Touristenterrassen separat oberhalb des Platzes. Familiäre Atmosphäre. Fitnessraum. Hundebad. Ort (Odenheim) 5 km entfernt. Mittagsruhe 13-15 Uhr (außer Samstag). Touristen-/Dauerstellplätze 50/100.
2007: P/N 3.–, K/N bis 14 J. 2.–, St/N 3.–, WD zuzügl., Strom/kWh –.45 (16 A).
DCC/CCI 10% auf P/N.

209

Erholungsanlage St. Leoner-See

Ganzjährig geöffneter 4 Sterne Campingplatz, mit Bade- u. Wassersportsee in der Metropolregion Rhein-Neckar gelegen. Die sanitären Anlagen mit Einzelwaschkabinen, Familienbäder u. behindertengerechten Einrichtungen entsprechen den Anforderungen eines modernen Campingplatzes. Abwechslungsreicher Urlaub durch interessante Tagesausflüge möglich.
Reservierungen ab 3 Nächten.

Tel. 0 62 27 / 5 90 09
Fax 0 62 27 / 88 09 88
Am St. Leoner See 1
68789 St. Leon-Rot
www.st-leoner-see.de
info@st.leoner-see.de

Vielseitiges Angebot am Platz:
Schwimmen, Tauchen, Segeln, Surfen, Beach-Volleyball, Wasserski, Minigolf, Tischtennis, Spielplätze, Restaurant, Kioske, SB-Laden. Kinderbetreuung in der Saison.

Öffnungszeiten:
Juni bis Aug. 7-22 Uhr, Mai + Sept. 8-20 Uhr
Oktober bis April 9-16 Uhr

(7302)

DCC-Vertragsplatz

68789 St. Leon-Rot, Walldorf (c10)   **7302**

★★★★ »CAMPING ST. LEONER SEE«   1.1. bis 31.12.
E.: Gemeinde V.: Grimm ☎ 06227/59009, Fax 880988   700 000 qm
www.st-leoner-see.de, info@st.leoner-see.de

→ A5 Heidelberg–Karlsruhe Abf. Walldorf/Wiesloch über Rot nach St. Leon, beschildert. ✉ Am St. Leoner-See-Str. 1. (GPS: 49°16'57" N / 08°35'03" E).
● Hockenheimring.

Ebenes bis leicht welliges und parzelliertes Wiesengelände zwischen Waldrand und Badesee mit öffentlichem Badebetrieb. Für Durchgangscamper Asphaltfläche am Eingang. Separate Zeltwiese. Pkw-Abstellung für Zeltler. DLRG-Station. Wasserskianlage. Ort 2 km entfernt. Öffnungszeiten: Juni bis Aug. 7-22 Uhr, Mai und Sept. 8-20 Uhr, Okt. bis April 9-16 Uhr. Mittagsruhe 13–15 Uhr. Touristen-/Dauerstellplätze 300/650.
2008: (HS) P/N 4.–, K/N 3 bis 6 J. 1.30, 7 bis 15 J. 2.60, C MC-St/N ab 11.–, T-St/N ab 6.–, WD inkl., Strom/N 2.– (16 A). In NS Ermäßigung.
DCC 10% auf P/N.

DCC-Vertragsplatz

76227 Karlsruhe-Durlach (c11)   **7305**

★★★ »AZUR CAMPING TURMBERGBLICK«   1.4. bis 31.10.
E.: AZUR Freizeit GmbH V.: Gütling ☎ 0721/497236 Fax 497237   35 000 qm
www.azur-camping.de/karlsruhe, karlsruhe@azur-camping.de

→ A5 Heidelberg–Karlsuhe Abf. (44) Karlsruhe–Durlach, beschildert. ✉ Tiengener Str. 40. (GPS: 49°0'47" N / 8°48'18" E).
● Turmberg, Schloss, Stadtgarten mit Zoo.

Ebenes, parzelliertes und von Baumreihen durchzogenes Wiesengelände neben Schnellstraße und Bahnlinie. Mocaplätze vor der Schranke. Imbiss. Ort 1.5 km entfernt. Separate Zeltwiese. Mittagsruhe 13–15 Uhr. Touristen-/Dauerstellplätze 100/80.
2008: (HS) P/N 7.50, K/N 2 bis 12 J. 4.–, St/N 8.–, kl. T/N 6.–, M/N 4.50, H/N 2.80, WD inkl., Strom/N 2.80 (10 A). Für 14 Nächte nur 12 Nächte bezahlen (außer Strom). Ermäßigung auf einige Club-Cards. In NS Ermäßigung.
DCC/CCI 10%/5% auf P/N.

76337 Waldbronn-Neurod, Karlsr. (c11)   **7320**

★★ »CAMPING ALBGAU«   1.1. bis 31.12.
P: Martin Roth V.: Moser ☎/Fax 07243/61849   36 000 qm
www.campingplatz-albgau.de, campingplatz@neurod.de

→ A5 Rastatt–Karlsruhe Abf. (47) Ettlingen Richtung Ettlingen/Bad Herrenalb, beschildert. ✉ Kochmühle 1. (GPS: 48°54'53" N / 08°27'22" E).

Leicht welliges, unparzelliertes Wiesengelände unterhalb einer Straße im Albtal. (Nov. bis Feb. bedingt bewirtschaftet). Imbiss. Boccia. Ort 2 km entfernt. Separater Jugendplatz. Mittagsruhe 13-15 Uhr. Touristen-/Dauerstellplätze 70/200.
2007: P/N 4.20, K/N 4 bis 12. J. 3.–, A/N 3.60, C MC/N 6.40, T/N 3.70, M/N 2.30, H/N 3.–, KT –.40, WD zuzügl., Strom/N 2.30 (16 A).

DCC-Vertragsplatz

76437 Rastatt-Plittersdorf (c11)   **7330**

★★★★ »RASTATTER FREIZEITPARADIES«   1.1. bis 31.12.
P.: Rastatter Freizeitparadies GmbH   115 m   50 000 qm
☎ 07222/10150, Fax 101530
www.rastatter-freizeitparadies.de, info@rastatter-freizeitparadies.de

→ A5 Karlsruhe-Offenburg Abf. (49) Rastatt, der Beschilderung Daimler-Benz folgen. ✉ Im Teilergrund 1. (GPS: 48°52'25" N / 08°09'02" E).

Ebenes, parzelliertes und meistens schatteloses Wiesengelände an einem Badesee mit Uferliegewiesen und öffentlichem Badebetrieb. Angrenzender Golf-Platz (9 Loch). Separate Pkw-Abstellung außer für eine Nacht. DLRG-Station. »Kirche Unterwegs«. Jugend- und Kinderraum. Ort 1 km entfernt. Separater Jugendplatz. Mittagsruhe 12-14 Uhr. Touristen-/Dauerstellplätze 50/350.
2007: P/N 6.–, K/N bis 6 J. 3.50, J/N 7 bis 15 J. 4.50, St/N 8.50, B/N 3.–, H/N 3.50, WD und Strom inkl.
DCC/CCI 10% auf P/N.

76437 Rastatt-Rauental (c11)   **7333**

★★ »MURGTAL-CAMPING«   1.1. bis 31.12.
E.: Manuela Mösch ☎ 07222/4068997, Fax 4069879   120 m   32 000 qm
murgtal-camping1965@gmx.de

→ A5 Karlsruhe–Offenburg Abf. (49) Rastatt auf die B462 Richtung Gaggenau–Freudenstadt ca. 1 km, beschildert. ✉ Am Zubringer 1. (GPS: 48°51'36" N / 08°15'24" E).

Ebenes bis leicht welliges, unparzelliertes Wiesengelände neben der Straße. Transitplatz. Ort 800 m entfernt. Mittagsruhe 13-15 Uhr. Touristen-/Dauerstellplätze 40/100.
2007: P/N 4.–, K/N ab 6 J. 3.–, A/N 3.–, C/N 6.–, MC/N 8.50, T/N ab 2.50, WD inkl., Strom/kWh –.52 (16 A).

DCC-Vertragsplatz

76316 Malsch-Waldprechtsweier (c11)   **7334**

★★★★ »CAMPINGPARK BERGWIESEN«   1.1. bis 31.12.
P.: Elke Meffert ☎ 07246/1467, Fax 5762   32 000 qm
www.campingpark-bergwiesen.de

→ A5 Heidelberg–Rastatt Abf. (48) Karlsruhe-Süd/Rheinstetten auf die B3 Richtung Rastatt. Bei Neu-Malsch abbiegen über Malsch nach Waldprechtsweier, beschildert. ✉ Waldenfelsstr. 1.

Familie Harter • Kleinenzhof
D-75323 Bad Wildbad
Tel. 07081/3435 • Fax 07081/3770 • E-mail: info@kleinenzhof.de
www.kleinenzhof.de

(Beschreibung S. 212, 7360/1)

Zu jeder Jahreszeit einer der schönstgelegenen Campingplätze im nördlichen Schwarzwald (nebelfrei). Ob Sie nun einen Urlaub, Wochenendausflug oder Badekur planen, genießen Sie die Schwarzwälder Gastlichkeit. Kuranwendungen in Bad Wildbad, Bad Liebenzell und Bad Teinach. Parzellierte Stellplätze mit Wasser- und Abwasseranschluss. **Familienbadezimmer,** Babybad, Hundebad, gratis Geschirrspüler. Kinderwaschraum, Gymnastikraum, Bastelraum, Vortragsraum. **Mobilheime, Zimmer, exclusive Ferienwohnungen.**

Restaurant und Café unter gleicher Leitung.
Testen Sie uns einfach

Sommer und Winter ungetrübte Badefreuden

Spielhaus 750 m²
Großes Bastelprogramm

---

400 m
Ebenes, teilweise leicht abfallendes und parzelliertes Wiesengelände oberhalb des Ortes. Durch Dauercamper geprägt. Ort 1 km entfernt. Mittagsruhe 13–15 Uhr. Touristen-/Dauerstellplätze 50/160.
2008: P/N 4.50, K/N 3 bis 10 J. 2.50, J/N 3.500, St/N 6.80, M/N 1.50, H/N 2.– WD inkl., Strom/N 1.60 oder kWh –.60 (16 A). Anschlussgebühr 1.–.
DCC 10% auf P/N.

✉ **76596 Forbach-Erbersbronn,** (c11) **7335**

20 ★★★ »CAMPING ERBERSBRONN« — 1.1. bis 31.12.
E.: Martina Wacker ☎ 07228/774, 1007, Fax 715 530 m 15 000 qm
martina.wacker@gmx.net
➔ B 462 Rastatt–Freudenstadt. 6 km hinter Forbach, bei Raumünzach, rechts abbiegen, noch ca. 1 km. ✉ Erbersbronn 18. (GPS: 48°37'54" N / 08°19'00" E).
⚓ Schwarzenbachtalsperre. Mummelsee. Allerheiligen-Wasserfälle.

4 km 5 km 8 km 9 km
Ebenes, unparzelliertes und meist schattenloses Wiesengelände auf zwei Geländestufen im Raumünztal. Ort 8 km entfernt. Mittagsruhe 13–15 Uhr. Touristen-/Dauerstellplätze 20/80.
2007: P/N 4.50, K/N 1 bis 10 J. 2.50, St/N 5.–, KT –.30, WD zuzügl., Müllgebühr pro P/N –.50, Strom/kWh –.60 (16 A), Anschlussgebühr 1.–.

✉ **76596 Herrenwies,** Schwarzwald (c11) **7338**

15 ★★ »CAMPING HERRENWIES« — 1.5. bis 31.10.
E.: Margot Seiter ☎ 07226/411, Fax 920938 765 m 10 000 qm
www.herrenwies.de, campingseiter@aol.com
➔ A5 Abf. Bühl. Dann rechts ab in Richtung Bühlertal–Schwarzwaldhochstraße bis Herrenwies. Beschildert. ✉ Herrenwies 22. (GPS: 48°39'35" N / 08°15'37" E).
⚓ Schwarzenbachtalsperre. Schloss Bühler Höhe. Mehliskopf.

50 m 500 m
Von der Straße unparzelliert abfallendes Wiesengelände beim Anwesen, teilweise schattenlos. Durch Dauercamper geprägt. Ort 500 m entfernt. Mittagsruhe 13–15 Uhr. Touristen-/Dauerstellplätze 40/100.
2008: P/N 3.50, K/N 6 bis 15 J. 1.50, A/N 2.–, C T/N 2.–, MC/N 4.–, M/N 1.50, WD zuzügl., Müllgeb. St/N 1.50, Strom/N 1.50 oder kWh –.40 (10 A).

✉ **76332 Bad Herrenalb,** Schwarzwald (c11) **7340**

20 ★★★ »CAMPING JUNGBRUNNEN« — 18.3. bis 31.10.
P.: Annemi Weis ☎ 07083/932970, Fax 932971 25 000 qm
www.camping-jungbrunnen.de, info@camping-jungbrunnen.de
➔ B462 Rastatt–Freudenstadt Abf. Gernsbach nach Bad Herrenalb. Am Ortsanfang beschildert. ✉ Schwimmbadstr. 29. (GPS: 48°47'34" N / 08°25'45" E).

---

50 m W 80 m 100 m
2 km 2.5 km 5 km
Leicht bis stärker ansteigendes Wiesengelände in einem Bachtal neben dem Schwimmbad, parzelliert und teilweise terrassiert, wenig Schatten. Ort 500 m entfernt. Mittagsruhe 13–15 Uhr. Touristen-/Dauerstellplätze 30/65.
2007: P/N 3.–, K/N bis 15 J. 2.30, C MC-St/N 6.50, T/N 3.50, M/N 1.50, H/N 1.50, KT ab 16 J. 2.20, WD zuzügl., Müllgebühr St/N –.70, Strom/kWh –.50 (16 A).

✉ **75339 Höfen,** Enz (c11) **7350**

25 ★★★★ »CAMPING QUELLGRUND« — 1.11. bis 30.9.
I.: Hansjörg Rapp ☎/Fax 07081/6984 36 000 qm
www.campingplatz-quellgrund.de, info@campingplatz-quellgrund.de
➔ B294 Pforzheim–Wildbad, in Höfen bei der Aral-Tankstelle rechts abbiegen, beschildert. ✉ Sägmühlweg 10/1. (GPS: 48°48'26" N / 08°34'57" E).

100 m 300 m 500 m 700 m W 800 m
S 4 km 7 km
Ebenes bis leicht abfallendes, unparzelliertes Wiesengelände an der Enz. Spieleraum mit Carrera-Bahn. Ort 500 m entfernt. Mittagsruhe 13–15 Uhr. Touristen-/Dauerstellplätze 60/140.
2007: (HS) P/N 5.50, K/N bis 14 J. 3.50, A/N 2.–, C/N 4.– bis 4.50, MC/N 5.50 bis 6.50, T/N 3.50 bis 4.–, M/N 1.50, H/N 1.50, KT 1.–, WD inkl., Strom/kWh –.50 (16 A), Anschlussgeb. 1.50. Ab 10 N 10% und in NS Erm.

DCC – DEIN PARTNER!

Wander- und Radlerparadies
Thermalbäder
Wellness
Schwimmbad
Camping Jungbrunnen
Natur
(7340)
Bad Herrenalb
Tel. 07083 - 932970 www.camping-jungbrunnen.de

(7415)
- Angeln
- Campen
- Baden
- Radwege
- Walking
- Tretboote
- Spielplatz
- Tennis
- Tischtennis

"Camping am Hirschfeld-See"

Quellwassergespeiste Seen. Herrliche Rad & Wanderstrecken am Kocher-Jagst-Radweg. Das Urlaubs- & Angelparadies für die ganze Familie. **Reservierungen möglich!**

74229 Oedheim,
Im Hirschfeld 3, Tel. 07136/22653. F. 20081
www.sperrfechter-caravaning.de
info@sperrfechter-caravaning.de

Achtung Jahrescamper: noch schöne Parzellen frei

75328 Schömberg, Schwarzwald (c11) 7355

★★★★ »HÖHEN-CAMPING LANGENBRAND« 1.1. bis 31.12.
E.: Horst Eberhardt ☎ 07084/6131 Fax 931435 670m 16000 qm
www.hoehencamping.de, eberhardt@hoehencamping.de

→ A8 München–Karlsruhe Abf. (49/19) Leonberg auf die B 295 nach Weil der Stadt. Weiter auf der L343 über Bad Liebenzell und Schömberg nach Schömberg-Langenbrand. Hier am Ortseingang. ✉ Schömberger Str. 32. (GPS: 48°47'55" N / 8°38'09" E).

Leicht abfallendes, durch Anpflanzungen parzelliertes Wiesengelände am Waldrand. Stellflächen teilweise gesplittet. Ort 200 m entfernt. Mittagsruhe 12-14 Uhr. Touristen-/Dauerstellplätze 40/60.
2007: (HS) P/N 5.–, K/N 3 bis 13 J. 3.–, St/N 7, H/N 2.–, KT 1.20, WD zuzügl., Strom/N 2.– (16 A). In NS Ermäßigung.

75323 Bad Wildbad, Schwarzwald (c11) 7360/1

30 ★★★★★ »CAMPING KLEINENZHOF« 1.1. bis 31.12.
E.: Karl Harter ☎ 07081/3435, Fax 3770 478 m 60000 qm
www.kleinenzhof.de, info@kleinenzhof.de

→ A8 Karlsruhe–Stuttgart Abf. (43) Pforzheim-West auf die B294 Richtung Freudenstadt, ca. 5 km hinter Calmbach rechts. ✉ Kleinenzhof 1. (GPS: 48°44'16" N / 08°34'35" E).

♣ Maurische Halle, Bergbahn, Hochmoor. Palais Thermal.

Anzeige S. 211

Zweiteiliges, ebenes bis leicht welliges und parzelliertes Wiesengelände im Enztal, von Waldhöhen umgeben. Zeltwiese. Hundebad. Bastelraum. Spielhaus. FW. Praxis für Physiotherapie. Ort 5.5 km entfernt. Separater Jugendplatz. Mittagsruhe 13-15 Uhr. Touristen-/Dauerplätze 100/208.
2008: (HS) P/N 6.60, K/N 1 bis 12 J. 4.10, St/N 8.30, H/N 2.10, KT ab 18 J. 1.50, WD, Frei- und Hallenbad inkl., Strom/kWh –.59 (16 A). In NS Erm.

75323 Bad Wildbad-Rehmühle (c11) 7360/2

25 ★★ »AZUR SCHWARZWALDCAMPING« 1.4. bis 31.10.
E.: AZUR Freizeit GmbH V.: Lindner ☎ 07055/1320, Fax 929081 620m 25000 qm
www.azur-camping.de/wildbad, wildbad@azur-camping.de

→ B294 Pforzheim–Freudenstadt. Ca. 14 km hinter Calmbach, beschildert. ✉ Rehmühle 1. (GPS: 48°39'54" N / 08°32'51" E).

Ebenes unparzelliertes Wiesengelände im oberen Tal der kleinen Enz, von bewaldeten Höhen umgeben. Durch Dauercamper geprägt. Separater Jugendplatz. Spieleraum. Ort 4.5 km entfernt. Mittagsruhe 13-15 Uhr. Touristen-/Dauerstellplätze 150/70.
2008: (HS) P/N 5.–, K/N 2 bis 12 J. 3.–, St/N 6.–, kl. T/N 5.–, M/N 3.50, H/N 2.80, KT ab 18 J. –.50, WD inkl., Strom/N 2.80 (16 A). Für 14 Nächte nur 12 Nächte bezahlen (außer KT und Strom). Ermäßigung auf einige Club-Cards. In NS Ermäßigung.
CCI 5% auf P/N.

75323 Bad Wildbad-Kälbermühle (c11) 7360/3

25 ★★ »CAMPING KÄLBERMÜHLE« 1.1. bis 31.12.
P.: Schroff ☎ 07085/920047, 7353, Fax 1043 10000 qm
www.kaelbermuehle.de, information@kaelbermuehle.de

→ B294 Pforzheim–Freudenstadt, in Calmbach rechts abbiegen über Bad Wildbad Richtung Enzklösterle, beschildert. ✉ Kälbermühlenweg 57. (GPS: 48°41'52" N / 08°31'13" E).

Leicht welliges, unparzelliertes Wiesengelände am Enzufer und Waldrand. Naturgolfplatz. Ort (Sprollenhaus) 2 km entfernt. Mittagsruhe 12-14 Uhr. Touristen-/Dauerstellplätze 30/50.
2008: (HS) P/N 5.–, K/N 3 bis 14 J. 3.50, A/N 2.–, C/N ab 5.–, MC/N ab 6.–, T/N ab 3.–, M/N 2.–, H/N 1.50, KT 1.50, WD inkl., Strom/kWh –.40. Anschlussgebühr 2.–. Ab 8 N 10% auf P/N. In NS Ermäßigung.

75337 Enzklösterle, Schwarzwald (c11) 7370

25 ★★★★ »CAMPING MÜLLERWIESE« 20.12. bis 7.11.
E.: Familie Erhard ☎ 07085/7485 600m 18000 qm
www.muellerwiese.de, info@muellerwiese.de

→ B294 Pforzheim–Freudenstadt, in Calmbach rechts abbiegen über Wildbad zum Ort oder aus Richtung Freudenstadt ca. 3 km hinter Besenfeld nach Enzklösterle. Im Ort beschildert. ✉ Hirschtalstr. 3. (GPS: 48°39'58" N / 08°28'07" E).

♣ Bannwald Bärlochkar. Hohloh- und Wildseemoor.

Ebenes, teilweise terrassiertes Wiesengelände im Ortsbereich und in Kurparknähe. Zeltwiese mit separater Pkw-Abstellung. In HS Naturführungen. FW. Mittagsruhe 13-15 Uhr. Touristen-/Dauerstellplätze 35/40.
2008: (HS) P/N 5.–, K/N 2 bis 14 J. 3.–, C MC-St/N 6.50, T-St/N 4.–/5.50, H/N 2.–, KT ab 18 J. 1.80, WD zuzügl., Strom/N 2.50 oder kWh –.50 (10/16 A), Anschlussgeb. 2.–. Außer Juli und August (monatsabhängig) jede 5., 6., oder 7. Nacht frei. In NS Ermäßigung.

74229 Oedheim, Bad Friedrichshall (d10) 7415

25 ★★★ »CAMPING AM HIRSCHFELD-SEE« 1.1. bis 31.12.
E.: Sperrfechter-Freizeit-Park GbR 160m 300000 qm
☎ 07136/22653, Fax 20081, Mobil 0173/6686460
www.sperrfechter-caravaning.de, info@sperrfechter-caravaning.de

→ A81 Würzburg–Stuttgart Abf. (8) Neuenstadt (Kocher) auf die L1088 über Neuenstadt nach Oedheim. ✉ Hirschfeld 3. (GPS: 49°14'29" N / 09°13'57" E).

Ebenes, mehrteiliges Wiesengelände um einen Badesee mit Liegewiese und öffentlichem Badebetrieb. Kleiner Flugplatz angrenzend. Familiäre Atmosphäre. Durch Dauercamper geprägt. Kegelbahn. Kinderspielraum. Leihvorzelte. Schwefelquelle am Platz. Grillen mit Holzkohle verboten. Ort 4.5 km entfernt. Separater Jugendplatz. Mittagsruhe 13-15 Uhr. Touristen-/Dauerstellplätze 100/370.
2007: (HS) P/N 5.–, K/N 4 bis 18 J. 2.50, St/N 5.– bis 7.–, H/N 2.50, WD inkl., Strom/N 2.– (10 A) Bei längerem Aufenthalt und in NS Ermäßigung.

7 Baden-Württemberg

Camping Breitenauer See ★★★★★

Paradies für Wassersportler, Badenixen, Kanufahrer, Segler, Surfer - Wandern, Radeln, Sport und Spiel - Familienduschen, Mietbadezimmer

- 40 Hektar Badesee
- mitten im Naherholungsgebiet
- umgeben von Weinbergen
- Familien willkommen
- 3. und jedes weitere Kind frei!
- Topangebote im Internet
- Neu: Ferienblockhäuser

www.breitenauer-see.de
info@breitenauer-see.de

ADAC Auszeichnung 2007

(7428)

74245 Löwenstein
Tel. 0 71 30 - 85 58   Fax 36 22

74172 Neckarsulm (d10) 7420

★★★ »CAMPING REISACHMÜHLE« — 1.1. bis 31.12.
P.: Freddy Schneider ☎ 07132/2169, Fax 308633 170 m 23 000 qm
www.campingplatz-reisachmuehle.de, info@campingplatz-reisachmuehle.de

→ A6 Weinsberger Kreuz–Mannheim Abf. (37) Heilbronn/Neckarsulm, ab Neckarsulm Richtung Weinsberg, beschildert. ✉ Reisachmühle 6. (GPS: 49°11'15" N / 09°14'52" E).
✿ NSU-Museum. Salzbergwerk.

Leicht abfallendes Wiesengelände auf zwei Geländestufen, unparzelliert und teilweise schattenlos. Kiosk. Separater Jugendplatz. Ort 1.5 km entfernt. Mittagsruhe 13-15 Uhr. Touristen-/Dauerstellplätze 100/70.
2008: P/N 5.–, K/N 2 bis 12 J. 3.–, A/N 3.–, C T/N 3.–, MC/N 6.–, M/N 2.– B/N 3.–, H/N 2.–, WD inkl., Strom/N 2.– oder kWh –.40 (16 A), Anschlussgebühr –.50.

DCC-Vertragsplatz

74245 Löwenstein, Heilbronn (d10) 7428

★★★★ »CAMPING AM BREITENAUER SEE« — 1.1. bis 31.12.
E.: NZV V.: Schmitt ☎ 07130/8558, Fax 3622 240 m 170 000 qm
www.breitenauer-see.de, info@breitenauer-see.de

→ A81 Würzburg–Stuttgart Abf. (10) Weinsberg/Ellhofen auf die B39 Richtung Obersulm/Löwenstein, beschildert. ✉ Breitenauer See 2. (GPS: 49°06'59" N / 09°23'00" E).

74629 Pfedelbach-Buchhorn (d10) 7430/1

★★★ »CAMPING SEEWIESE« — 1.1. bis 31.12.
E.: Helmut Homfeld ☎ 07941/61568, Fax 38527 380 m 56 000 qm
www.camping-seewiese.de, campingseewiese@t-online.de

→ A6 Weinsberger Kreuz–Nürnberg Abf. (40) Öhringen über Pfedelbach und Heuberg nach Buchhorn. Im Ort rechts abbiegen. ✉ Seestr. 11. (GPS: 49°09'13" N / 09°29'57" E).
✿ Burgenstraße.

Leicht welliges Wiesengelände auf einer Anhöhe oberhalb des Sees, teilweise terrassiert und parzelliert. Blick auf die umliegenden Weinberge und Orte. **Aufnahme von 7.1. bis 31.1. nur von 16 bis 18 Uhr.** DLRG-Station. »Kirche Unterwegs« im August. Imbiss. In HS Reservierung empfehlenswert. Separate Zeltwiese/Jugendplatz. Ort 3 km entfernt. Mittagsruhe 13-15 Uhr. Touristen-/Dauerstellplätze 320/300.
2007: P/N 7.–, K/N 2 bis 13 J. 3.50, A/N 1.–, C MC/N 7.–, T/N 5.–, M/N 1.–, H/N 5.–, WD inkl., Strom/N 2.– oder kWh –.55 (16 A), Anschlussgebühr 1.–.
DCC/CCI 10% auf P/N.

Leicht zum Seeufer abfallendes, unparzelliertes Wiesengelände in ländlicher Umgebung. Café. FW. Fitnessraum. Ort (Pfedelbach) 3 km entfernt. Separater Jugendplatz. Mittagsruhe 13-15 Uhr. Touristen-/Dauerstellplätze 40/300.
2008: (HS) P/N 5.–, K/N 2 bis 10 J. 3.–, J/N 11 bis 17 J. 4.–, A/N 3.–, C MC/N 4.–, T/N 2.– bis 4.–, M/N 1.50, H/N 1.50, WD zuzügl., Strom/N 2.– oder kWh –.50 (16 A). Ab 1 Wo 10% und in NS Ermäßigung.

DCC – auch Ihr Camping-Partner!

Deutscher Camping-Club e.V., Postfach 40 04 28, 80704 München

DCC-Vertragsplatz

✉ **74629 Pfedelbach-Buchhorn** (d10) **7430/2**

[15] ★★★ »CAMPING CC LUDWIGSBURG« ⚬— 1.1. bis 31.12.
E.: CC Ludwigsburg e.V. 380 m 25 000 qm
☎ 07941/39227, Fax 605562, www.cc-ludwigsburg.de

→ A6 Weinsberger Kreuz–Nürnberg Abf. (40) Öhringen über Pfedelbach und Heuberg nach Buchhorn, im Ort scharf links abbiegen, beschildert. ✉ Am Wasserturm 22. (GPS: 49°09'22" N / 09°30'06" E).
❖ Burgenstraße.

Leicht abfallendes, parzelliertes Wiesengelände zwischen Waldrand und Seeufer. Befestigte Mocaplätze. »Kirche Unterwegs« (in HS). Jugendraum. Ort (Pfedelbach) 2 km entfernt. Separater Jugendplatz. Mittagsruhe 12.30-14.30 Uhr. Touristen-/Dauerstellplätze 30/130.
2008: P/N 3.50, K/N bis 14 J. frei, St/N 4.–, kl. T/N 3.20, WD inkl., Strom/N 2.20 (16 A). Gruppenermäßigung ab 5 Einheiten.
DCC/CCI 10% auf P/N.

DCC-Vertragsplatz

✉ **74629 Pfedelbach-Untersteinbach** (d10) **7430/3**

[25] ★★★ »CAMPING STEINBACHER TAL« ⚬— 1.1. bis 31.12.
E.: Gemeinde V.: Koch 275 m 32 000 qm
☎ 07949/940273, Fax 940395, Mobil 0151/52951476
www.campingplatz-untersteinbach.de

→ A6 Heilbronn–Nürnberg Abf. (40) Öhringen über Pfedelbach und Baierbach nach Untersteinbach. Hier in Richtung Freibad. ✉ Freibadweg 25. (GPS: 49°08'24" N / 09°34'03" E).
❖ Burgenstraße.

Ebenes und unparzelliertes, teilweise terrassiert ansteigendes Wiesengelände direkt neben dem Sportzentrum. Durch Dauercamper geprägt. Imbiss. Ermäßigter Eintritt in das Freibad. Ort 300 m entfernt. Separater Jugendplatz. Mittagsruhe 13-15 Uhr. Touristen-/Dauerstellplätze 20/140.
2008: P/N 5.–, K/N 5 bis 18 J. 3.–, A/N 2.50, C MC/N 6.–, T/N 3.50, M/N 1.50, H/N 1.–, WD inkl., Strom/N 2.– oder kWh –.50.
DCC/CCI 10% auf P/N.

DCC-Vertragsplatz

✉ **74638 Waldenburg**, Öhringen (d10) **7433**

[20] ★★★★ »CAMPING NEUMÜHLSEE« ⚬— 1.1. bis 31.12.
E.: Familie Eberhardt ☎ 07942/942929, Fax 8522 440 m 53 000 qm
www.neumuehlsee-camping.de, eberhardt-camping-landgasthof@t-online.de

→ A6 Heilbronn–Nürnberg Abf. (41) Neuenstein oder (42) Kupferzell über Waldenburg, von dort der Beschilderung »Neumühlsee« folgen. ✉ Neumühle 3. (GPS: 49°09'41" N / 9°38'38" E).
❖ Schloss und Burganlage Waldenburg.

Vom See mit öffentlichem Badebetrieb zum Waldrand unparzelliert ansteigende Wiesengelände, teilterrassiert. Durch Dauercamper geprägt. Kindersanitär. Kegelbahn. Ort 3 km entfernt. Separater Jugendplatz. Mittagsruhe 12.30-14 Uhr. Touristen-/Dauerstellplätze 40/180.
2008: (HS) P/N 4.20, K/N 4 bis 14 J. 2.60, C MC-St/N 6.–, T-St/N 4.60, KT 1.–, WD inkl., Müllgebühr pro St/N 1.–, Strom/N 1.80 oder kWh –.55 (16 A), Anschlussgebühr –.50. In NS Ermäßigung.
DCC 10% auf P/N.

✉ **74542 Braunsbach**, Schw. Hall (d10) **7455**

[25] ★★★ »NATURCAMPING BRAUNSBACH« ⚬— 1.4. bis 15.10.
E.: A. u. J. Manhard GbR ☎ 07906/940673, Fax 940559 250 m 25 000 qm
www.camping-braunsbach.de, info@camping-braunsbach.de

→ A6 Heilbronn–Nürnberg Abf. (42) Kupferzell oder Wolpertshausen, in Braunsbach beschildert. Schmale Zufahrt. (Stadttor Höhe 3.30 m).
✉ Im Brühl 3. (GPS: 49°11'503" N / 09°47'27" E).
❖ Höchste Autobahnbrücke Deutschlands über das Kochertal (185 m).

800 m 1 km 2.5 km
Ebenes bis leicht abfallendes, teilweise durch Hecken und Sträucher parzelliertes Wiesengelände im Kochertal mit altem Baumbestand. Überflutung bei Hochwasser möglich. Zeltwiese mit Feuerstelle. Sanitäranlage beheizbar. Kiosk. Imbiss. Brötchenservice. Massagen. Kanuverleih in Platznähe. Ort 1 km entfernt. Separater Jugendplatz. Mittagsruhe 13-15 Uhr. Touristen-/Dauerstellplätze 70/20.
2008: P/N 4.80, K/N 2 bis 14 J. 3.80, C MC-St/N 6.90, T/N 3.20 bis 5.–, M/N 1.–, H/N 1.70, WD inkl., Müllgeb. St/N 1.–, Strom/N 2.– oder kWh –.60 (10 A), Anschlussgeb. 1.–. In NS 7 Nächte inkl. 2 P/N und St/N 95.–.

DCC-Vertragsplatz

✉ **74523 Schwäb. Hall-Steinbach** (d10) **7458**

[25] ★★★★ »CAMPING AM STEINBACHER SEE« ⚬— 1.1. bis 31.12.
P.: Thomas Seitel ☎ 0791/2984, Fax 9462758 290 m 10 500 qm
www.camping.schwaebisch-hall.de, thomas.seitel@t-online.de

→ A6 Heilbronn–Nürnberg Abf. (42) Kupferzell oder Wolpertshausen über die B14/B19 nach Schwäbisch-Hall, Ortst. Steinbach. ✉ Mühlsteige 26 / Moses-Herz-Weg (GPS: 49°05'53" N / 09°44'32" E).
❖ Comburg, Rathaus, historische Altstadt.

Ebenes, parzelliertes Wiesengelände in einem von Waldhöhen umgebenem Tal am Stausee. Befestigte Mocaplätze. Nahe Bahnlinie tagsüber wenig, nachts nicht befahren. Kiosk. Fitnessraum. Massagen. Zentrum 2 km entfernt. Separater Jugendplatz. Mittagsruhe 13-15 Uhr. Touristen-/Dauerstellplätze 45/40.
2008: P/N 4.80, K/N 3 bis 16 J. 3.70, St/N 5.50, M/N 2.–, WD zuzügl., Müllgeb. St/N 1.20, Strom/N 2.40 oder kWh –.55 (16 A), Anschlussgeb. 1.–.
DCC 10% auf P/N.

✉ **74585 Rot am See-Brettenfeld** (d10) **7470**

[20] ★★ »CAMPING SCHWARZENMÜHLE« ⚬— 21.6. bis 9.9.
P.: CCC Crailsheim e.V. 6000 qm
☎ 07935/345, 0175/6167636, Fax 07935/726059
www.brettenfeld-camping.de, g.warth@gmx.net

→ A6 Heilbronn–Nürnberg Abf. (46) Crailsheim auf die B 290 Richtung Bad Mergentheim. Vor Rot am See-Brettenfeld rechts abbiegen, beschildert. ✉ Brettheimerstr. 10 (GPS: 49°15'26" N / 10°01'43" E).
❖ Historische Städte Rothenburg und Dinkelsbühl.

Ebenes, schattenloses Wiesengelände. Familiäre Atmosphäre. Mittagsruhe 13-15 Uhr. Touristen-/Dauerstellplätze 8/25.
2007: P/N 3.75, K/N ab 13 J. 2.25, A/N 1.–, C/N 3.50, MC/N 4.50, T/N 2.50, M/N 1.–, H/N 2.50, WD inkl., Müllgeb. St/N –.60, Strom/N 2.– oder kWh –.50 (16 A), Anschlussgebühr 1.–.
DCC/CCI 10% auf P/N.

✉ **70372 Stuttgart** (d11) **7505**

[30] ★★★ »CAMPING CANNSTATTER WASEN« ⚬— 1.1. bis 31.12.
P.: Stuttgarter Heimschutz ☎ 0711/556696, Fax 557454 17 000 qm
www.campingplatz-stuttgart.de, info@campingplatz-stuttgart.de 220 m

→ A8 Pforzheim–Ulm Abfahrten (52) Degerloch und (53) Flughafen. Oder A81 Heilbronn–Singen Abfahrten (19/50) Leonberg und (17) Zuffenhausen, von allen Richtungen der Beschilderung folgen. ✉ Mercedes Str. 40 (GPS: 48°47'38" N / 09°13'10" E).
❖ Fernsehturm, Zoologisch-Botanischer Garten (Wilhelma), Höhenpark.

Ebenes, durch Rasengittersteine befestigtes und unparzelliertes Gelände zwischen dem Neckardamm und der Großfläche „Cannstatter Wasen". Separate Zeltwiese. Bistro. Zentrum 3 km entfernt. Separater Jugendplatz. Mittagsruhe 12-14 Uhr. 150 Touristenplätze.
2008: P/N 6.30, K/N 3 bis 14 J. 3.30, A/N 2.50, C/N 6.30, MC/N 7.50, T/N 4.50, H/N 3.–, WD inkl., Strom/kWh –.50 (16 A). Anschlussgeb. 1.50.
DCC/CCI 10% auf P/N.

DCC – auch Ihr Camping-Partner!

75242 Neuhausen-Schellbronn (c11) 7517

»INT. CAMPING SCHWARZWALD« 1.1. bis 31.12.
E.: A. M. M. Frech ☎ 07234/6517, Fax 5180 540 m 50 000 qm
www.camping-schwarzwald.de, fam.frech@t-online.de

→ A8 Stuttgart–Karlsruhe Abf.(43) Pforzheim/West Richtung Calw. Am Ortsende Pforzheim links ab Richtung Neuhausen. Oder Abf. (46) Heimsheim über Friolzheim. Aus beiden Richtungen beschildert. ✉ Freibadweg 4
(GPS 48°49'09" N / 08°44'05" E).

Hinter dem Schwimmbad leicht zum Waldrand ansteigendes, parzelliertes Wiesengelände. Befestigte Mocaplätze. Fitness-Studio. Saunalandschaft. Wellness. Mosmetik. Nagelstudio. »Kirche Unterwegs«. Ort 400 m entfernt. Separater Jugendplatz. Mittagsruhe 12-14 Uhr. Touristen-/Dauerstellplätze 60/210.
2007: (HS) P/N 4.60, K/N 1 bis 14 J. 3.10, St/N 6.20, WD zuzügl., Strom/N 2.– oder kWh –.45 (16 A). Ab 14 N 10% auf P/N. In NS Ermäßigung.

75331 Engelsbrand-Grunbach (c11) 7519

»CAMPING BIRKENHOF« 1.1. bis 31.12.
E.: Erwin Schmid ☎ 07235/7325, 8274, Fax 973350 620 m 35 000 qm
→ B294 Pforzheim-Neuenburg, nach Büchenbronn abbiegen und weiter über Engelsbrand nach Grunbach. Hier beschildert. Bis 14% Steigung.
(GPS 48°49'28" N / 08°40'54" E).

Auf ebenem Höhenrücken zum Waldrand unparzelliert abfallendes Wiesengelände mit separatem Touristenteil neben einem Reiterhof (keine Reitmöglichkeit). Ort 1 km entfernt. Mittagsruhe 13-15 Uhr. Touristen-/Dauerstellplätze 20/130.
2008: P/N 4.–, K/N 3 bis 16 J. 2.50, St/N 5.–, WD inkl., Strom/N 1.– oder kWh –.36 (16 A).

DCC-Vertragsplatz

75378 Bad Liebenzell (c11) 7520

»CAMPINGPARK BAD LIEBENZELL« 1.1. bis 31.12.
P.: Günter Abel ☎ 07052/935680, Fax 935681 20 000 qm
www.campingpark-badliebenzell.de, campingpark@abelundneff.de

→ B463 Pforzheim–Calw Abf. Bad Liebenzell. ✉ Pforzheimerstr. 34
(GPS 48°46'44" N / 8°43'52" E).
✻ Burg Liebenzell.

Ebenes, parzelliertes Wiesengelände neben dem Schwimmbad im Nagoldtal, günstig durch Hecken und Bäume unterteilt. **Hunde nur vom 1.1. bis 30.5. und 1.9. bis 31.12.** »Kirche Unterwegs«. Boccia. Badminton. Billard. Ort 500 m entfernt. Mittagsruhe 13-15 Uhr. Touristen-/Dauerstellplätze 170/70.
2008: P/N 5.80, K/N 3 bis 15 J. 3.20, C MC-St/N 6.50, T-St/N 4.30, H/N 1.50, KT 2.–, WD und Schwimmbad inkl., Müllgebühr St/N –.80, Strom/N 2.40 oder kWh –.60 (16 A).
DCC 10% auf P/N und St/N.

75387 Neubulach-Liebelsberg (c11) 7526

»CAMPING ERBENWALD« 1.1. bis 31.12.
E.: Gauder GbR ☎ 07053/7382, Fax 3274 620 m 72 000 qm
www.camping-erbenwald.de, info@camping-erbenwald.de

→ B463 Pforzheim-Nagold, hinter Calw rechts abbiegen über Station Teinach nach Neubulach und Liebelsberg, beschildert.

Wiesengelände auf einem Höhenrücken, teilweise parzelliert. Separater Touristenteil. Öffentliches Schwimmbad (Eintritt kostenlos). Basketball. »Kirche Unterwegs«. Ort 1 km entfernt. Mittagsruhe 13-15 Uhr. Touristen-/Dauerstellplätze 65/310.

75365 Calw (c11) 7528/1

»CAMPING SCHWARZWALDBLICK« 1.1. bis 31.12.
E.: Erika Eitel ☎ 07051/12845, Fax 20438 480 m 30 000 qm
www.camping-schwarzwaldblick.de, campingschwarzwaldblick@hotmail.com

→ B296 Herrenberg–Wildbad Abf. Calw. In Calw Richtung Stadtmitte, nach ca. 200 m links abbiegen, beschildert. ✉ Weidensteige 54/1.
(GPS: 48°42'26" N / 8°45'39" E).
✻ Zavelstein, Bad Teinach.

An einem Hang oberhalb von Calw wellig ansteigendes, teilterrassiertes Wiesengelände. Durch Dauercamper geprägt. FW. Fitness- und Spiele-Center 400 m, Ort 1 km entfernt. Mittagsruhe 13-15. Uhr. Touristen-/Dauerstellplätze 20/150.
2007: P/N 5.–, K/N bis 14 J. 2.50, C MC-St/N 6.–, T-St/N 4.50, WD inkl., Strom/N 1.50 oder kWh –.36 (16 A).

75365 Calw-Altburg (c11) 7528/2

»HOLIDAY CAMP« 1.1. bis 31.12.
E.: W. Breitung 635 m 70 000 qm
☎ 07051/50788, Fax 51419
www.holiday-camp.de, info@holiday-camp.de

→ B294 Pforzheim–Freudenstadt, in Calmbach abbiegen auf die B296 über Oberreichenbach nach Altburg. ✉ Oberreichenbacher Str. 19-23
(GPS: 48°43'41" N / 8°41'19" E).
✻ Zavelstein, Bad Teinach.

Von Wald umgebenes, teilweise durch Anpflanzungen parzelliertes Wiesengelände auf einer Anhöhe. Befestigte Mocaplätze. Hunde auf Anfrage. Separater Jugendplatz. Ort 1 km entfernt. Mittagsruhe 12-14 Uhr. Touristen-/Dauerstellplätze 80/250.

75365 Calw-Stammheim (c11) 7528/3

»CAMPING OBERE MÜHLE« 1.1. bis 31.12.
E.: Gisela Baitinger ☎ 07051/4844, Fax 12485 450 m 25 000 qm
→ B296 Calw–Herrenberg, nach Stammheim abbiegen, hier beschildert.

Ebenes und terrassiert ansteigendes Hanggelände, durch Büsche und Hecken parzelliert. Von Dauercampern geprägt. FW. Ort 500 m entfernt. Mittagsruhe 12.30-14.30 Uhr. Touristen-/Dauerstellplätze 30/80.
2007: P/N 5.–, K/N 3.25, St/N 5.–, H/N 3.25, WD inkl., Strom/N 1.70 oder kWh –.60. Anschlussgeb. 1.50.

»Ermäßigung auf alle Gebühren« umfaßt nicht die Nebenkosten wie Kurtaxe, Müll und Strom

71540 Murrhardt-Fornsbach (d11) 7540

25 ★★★★ »CAMPING WALDSEE« 1.1. bis 31.12.
E.: Familie Fahrion   350 m   20 000 qm
☎ 07192/6436, Fax 935717
www.murrhardt.de, waldseebetriebe@murrhardt.de

→ Straße Murrhardt–Gaildorf, hinter Fornsbach rechts abbiegen Richtung Waldsee, beschildert. ✉ Am Waldsee 17 (GPS: 48°58'34" N / 09°39'58" E).

Vom kleinen See leicht ansteigendes, unparzelliertes und teilweise geplittetes Terrassengelände in einem Waldtal. Ort 2 km entfernt. Separater Jugendplatz. Mittagsruhe 13-15 Uhr. Touristen-/Dauerstellplätze 80/110.
2007: (HS) P/N 4.60, K/N 3 bis 14 J. 3.60, C MC-St/N 8.20, T/N 4.10, M/N 3.70, H/N 2.–, WD zuzügl., Strom/kWh –.46 (16 A), Anschlussgeb. 2.60. In NS Ermäßigung.

In **Gaildorf**, **Unterrot** (Kocherbähnle) und **Gschwend** befinden sich Moca-Stellplätze.

DCC-Vertragsplatz
73571 Göggingen, Schwäb.-Gmünd (d11) 7542

20 ★★★ »CAMPING GÖTZENBACH-SEE« Sa./So. und Ferien
E.: CC Welzheimer Wald e.V.   Baden-Württemberg
☎ 07175/8541, Fax 6710   460 m   55 000 qm
www.ccwelzheimerwald.de, ccwelzheimerwald@t-online.de

→ Straße Schwäbisch Gmünd–Herlikofen–Leinzell–Göggingen, am Ortsanfang Richtung Stausee, beschildert. ✉ Am Götzenbach 2 (GPS: 48°51'33" N / 9°52'20" E).

Wiesengelände oberhalb des Stausees in Hanglage, teilterrassiert, wenig Schatten. Boccia. Trampolin. Ort 1 km entfernt. Separater Jugendplatz. Mittagsruhe 13-15 Uhr. Touristen-/Dauerstellplätze 30/90.
2008: P/N 3.50, K/N 3 bis 16 J. 2.–, C MC-St/N 5.50, T-St/N 3.50, WD, Müllgebühr und Strom/N 2.50. Pauschalangebot für DCC-Familien 12.50.
DCC/CCI 10% auf P/N.

73453 Abtsgmünd, Adelmannsfelden (d11) 7543

15 ★★★ »CAMPING HAMMERSCHMIEDE-SEE« 1.5. bis 30.9.
E.: Joachim Hug   ☎ 07963/369, Fax 840032   438 m   60 000 qm
www.camping-hammerschmiede.de, camping.hammerschmiede@t-online.de

→ B19 Gaildorf–Aalen. Beim Hinweis »Hammerschmiede-See« in Richtung Adelmannsfelden abbiegen. ✉ Hammerschmiede 2 (GPS: 48°56'46" N / 09°58'36" E).

Dreiteiliges Wiesengelände in einer Geländemulde, vom Seeufer unparzelliert und überwiegend schattenlos. Kiosk. Ort 2 km entfernt. Separater Jugendplatz. Touristen-/Dauerstellplätze 100/160.
2007: P/N 3.50, K/N 2 bis 14 J. 1.80, A/N 2.60, C/N 2.60, MC/N 4.10, T/N 1.80, M/N 1.60, Boot/Aufenthalt 1.60, H/N 1.60, WD zuzügl., Strom/N 2.– oder kWh –.50 (10 A), Anschlussgeb. 1.60. Ab 7 Nächte 10% Ermäßigung.

DCC-Vertragsplatz
73494 Rosenberg, Ellwangen (d11) 7544

20 ★★★★ »WALDCAMPING HÜTTENHOF« 1.1. bis 31.12.
P.: M. und A. Breyer   ☎/Fax 07963/203, Fax 8418894   500 m   40 000 qm
www.waldcamp.de, huettenhof@web.de

→ A7 Würzburg–Ulm Abf. (113) Ellwangen auf die B290 Richtung Schwäb. Hall dann Richtung Adelmannsfelden, beschildert. Oder A6 Heilbronn-Nürnberg Abf. (42) Kupferzell über Schwäb. Hall Richtung Ellwangen. Ab Rosenberg beschildert. ✉ Hüttenhof 1. (GPS: 48°58'26" N / 10°1'36" E).
☘ Aussichtspunkt Hohenberg (Kirchberg), Ellwangen mit Basilika, Schloss, Wallfahrtskirche.

In Terrassen zu den Seen und dem Waldrand abfallendes, parzelliertes und unparzelliertes Wiesengelände, teilweise schattenlos. Sport- und Spielhalle. Hundebad. Touristen-Aufnahme April-Oktober bis 20 Uhr. November-März auf Anfrage. Ort 4 km entfernt. Separater Jugendplatz. Mittagsruhe 13-15 Uhr. Touristen-/Dauerstellplätze 50/100.
2008: P/N 4.50, K/N bis 13 J. 2.50, St/N 4.–, H/N 1.80, WD zuzügl., Strom/N 1.80 oder kWh –.45 (16 A), Anschlussgebühr 1.80.
DCC 10% auf P/N.

DCC-Vertragsplatz
73479 Ellwangen an der Jagst (d11) 7545/1

30 ★★★★ »AZUR CAMPINGPARK ELLWANGEN« 1.4. bis 31.10.
E.: AZUR Freizeit GmbH ☎ 07961/7921, Fax 562330   35 000 qm
www.azur-camping.de/ellwangen, ellwangen@azur-camping.de   430 m

→ A7 Würzburg–Ulm Abf. (113) Ellwangen, in Ellwangen beschildert. Rotenbacherstraße 45 (GPS: 48°57'35" N / 10°07'14" E).
☘ Stiftskirche-Basilika, Schloss, Wallfahrtskirche.

Ebenes, parkartiges Wiesengelände unparzelliert am Jagstufer. Befestigte Mocaplätze. Separate Zeltwiese. Zentrum 1 km entfernt. Mittagsruhe 13-15 Uhr. Touristen-/Dauerstellplätze 80/25.
2008: (HS) P/N 6.50, K/N 2 bis 12 J. 3.50, St/N 7.–, kl. T/N 5.50, H/N 2.80, WD inkl., Strom/N 2.80 (9 A). Für 14 Nächte nur12 Nächte bezahlen (außer Strom). Ermäßigung auf einige Club-Cards. In NS Ermäßigung.
DCC 10%, CCI 5% auf P/N.

DCC-Vertragsplatz
73479 Ellwangen-Pfahlheim (e11) 7545/2

20 ★★★★ »CAMPING AM SONNENBACH« 1.4. bis 15.10.
E.: G-B. Veile ☎ 07964/1232, Fax 300993   498 m   34 000 qm
www.camping-sonnenbach.de, g-b.veile@t-online.de

→ A7 Würzburg–Ulm Abf. (113) Ellwangen Richtung Nördlingen. In Röhlingen abbiegen nach Pfahlheim Ab hier dem Hinweis »Stauseen« folgen, 1. Platz. ✉ Sonnenbach 1 (GPS: 48°58'30" N / 10°15'08" E).

Leicht zum Stauseeufer abfallendes, unparzelliertes Wiesengelände, teilweise schattenlos. Imbiss. Kiosk (HS). Ort 800 m entfernt. Separater Jugendplatz. Mittagsruhe 12.30-14 Uhr. Touristen-/Dauerstellplätze 80/180.
2008: P/N 3.50, K/N 3 bis 14 J. 2.–, J/N 2.80, A/N 2.–, C/N 3.50, MC/N 4.50, T/N 2.80, M/N 1.50, H/N 1.–, WD zuzügl., Strom/N 2.50 oder kWh –.45 (16 A).
DCC 10% auf P/N.

DCC-Vertragsplatz
73479 Ellwangen-Pfahlheim (e11) 7545/3

20 ★★★ »CAMPING SONNENHOF« April bis Nov.
I.: Edmund Veile ☎ 07964/566, Fax 3301244   500 m   40 000 qm
www.sonnenhof.de, camping.sonnenhof@gmx.de

→ A7 Würzburg–Ulm Abf. (113) Ellwangen Richtung Nördlingen, in Röhlingen abbiegen nach Pfahlheim. Ab hier dem Hinweis »Stauseen« folgen, 2. Platz. ✉ Sonnenhof 1. (GPS: 48°58'31" N / 10°15'00" E).

Leicht zum Stauseeufer abfallendes, unparzelliertes Wiesengelände, wenig Schatten. Imbiss. Ponyreiten. Streichelzoo. Ort 2 km entfernt. Separater Jugendplatz. Mittagsruhe 12-14 Uhr. Touristen-/Dauerstellplätze 20/180.
2007: P/N 3.50, K/N 6 bis 14 J. 2.50, J/N 3.–, A/N 2.50, C/N 3.50, MC/N 4.50, T/N 3.–, M/N 1.–, H/N 1.–, WD zuzügl., Müllgeb./Sack 1.–, Strom/N 2.– oder kWh –.40 (16 A), Anschlussgebühr 2.–.
DCC/CCI 10% auf P/N.

Ruhebewertungen betreffen das Umfeld, nicht aber den inneren Campingplatzbereich.

7 Baden-Württemberg

Campingplatz und Freizeitgebiet WALDSEE

Im Naturpark Schwäbisch-Fränkischer Wald mit idyllisch gelegenem Waldsee im Stadtbezirk Fornsbach. Gut ausgestatteter und schön gelegener Campingplatz, mit vier Sternen klassifiziert, direkt am See mit kinderfreundlicher Flachwasserzone und Sandstrand.
Freizeitangebote: Angeln, Rudern, Miniaturgolf, Sommerstockbahn, Beachvolleyball, Tischtennis, Schwimmen und Kinderspielbereiche.
Vielseitige kulinarische Angebote in unmittelbarer Nähe. (7540)
Waldseebetriebe, Marktplatz 10, 71540 Murrhardt, Telefon 0 71 92/64 36, Fax 0 71 92/2 13-2 99

DCC-Vertragsplatz

73488 Ellenberg-Haselbach (e11)   **7548/1**

 20 ★★★★ »CAMPING SONNENECK«   1.4. bis 31.10.
E.: Familie Uhl   07965/2359, Fax 800019   500 m   28000 qm
www.camping-sonneneck.de, kontakt@camping-sonneneck.de

→ A7 Würzburg–Ulm Abf. (113) Ellwangen/Unterschneidheim Richtung Dinkelsbühl, bei Muckental nach Haselbach abbiegen. Beschildert, rechter Platz. ✉ Haselbach 12 (GPS: 48°59'14" N / 10°13'05" E).

Terrassiert zum Stausee abfallendes, parzelliertes Wiesengelände. Befestigte Mocaplätze. Kindersanitär. Fitnessraum. Ort 4 km entfernt. Mittagsruhe 12-14 Uhr. Touristen-/Dauerstellplätze 20/100.
2007: P/N 3.50, K/N 3 bis 14 J. 2.50, A/N 2.–, C MC/N 3.50, T/N 2.50, M/N 1.50, B/N 2.–, H/N 1.–, WD inkl., Strom/N 2.– oder kWh –.50 (16 A).
DCC/CCI 10% auf P/N

73488 Ellenberg-Haselbach (e11)   **7548/2**

15 ★★★ »CAMPING FUCHS«   1.4. bis 31.10.
E.: Josef Fuchs   07965/2270, Fax 802485   500 m   30000 qm
www.camping-fuchs.de, info@camping-fuchs.de

→ A7 Würzburg–Ulm Abf. (113) Ellwangen/Unterschneidheim Richtung Dinkelsbühl, bei Muckental nach Haselbach abbiegen, gemeinsame Zufahrt mit Nachbarplatz, linker Platz. ✉ Haselbach 11 (GPS: 48°59'13" N / 10°13'05" E).

Ebenes und teilweise terrassiert zum Stausee abfallendes, teilparzelliertes Wiesengelände, teilweise schattenlos. Basketball. Billard. Leihbibliothek. Ort 4 km entfernt. Mittagsruhe 12-14 Uhr. Touristen-/Dauerstellplätze 20/130.
2007: P/N 3.–, K/N 3 bis 14 J. 2.–, A/N 2.–, C/N 3.–, MC/N 3.50, T/N 2.50, M/N 1.50, H/N 1.–, WD zuzügl., Strom/N 2.– oder kWh –.35 (16 A), Anschlussgebühr 1.–.

DCC-Vertragsplatz

73101 Aichelberg, Göppingen (d11)   **7550**

25 ★★★ »CAMPING AICHELBERG«   1.1. bis 31.12.
E.: Gemeinde V.: Dehnke   07164/2700, Fax 903029   430 m   45000 qm

→ A8 Stuttgart–München Abf. (58) Aichelberg, ca. 1 km. ✉ Bunzenberg 1 (GPS: 48°38'23" N / 09°33'18" E).

Durch die Platzeinfahrt zweigeteiltes, teilweise parzelliertes Wiesengelände mit befestigten Stellplätzen. Brötchenservice Ort 2.5 km entfernt. Separater Jugendplatz. Mittagsruhe 12-14 Uhr. Touristen-/Dauerstellplätze 60/70.
2007: P/N 6.–, K/N 3 bis 14 J. 4.–, St/N 5.–, H/N 2.–, WD inkl., Strom/N 2.– (10 A).
DCC 10% auf P/N.

73072 Donzdorf-Reichenbach (d11)   **7565**

 20 ★★★ »CAMPING SCHURRENHOF«   1.1. bis 31.12.
E.: Peter Lipp   07165/8190, Fax 1625   555 m   28000 qm
www.schurrenhof.de, info@schurrenhof.de

→ B29 Stuttgart–Aalen, in Schwäbisch Gmünd rechts abbiegen über Straßdorf–Rechberg nach Schurrenhof. ✉ Schurrenhof 3 (GPS: 48°43'40" N / 09°46'14" E).
❖ Schwäbische Alb, Kaiserberge, Ruine Ramsberg, Staufen Eck.

73099 Adelberg, Göppingen (d11)   **7567**

25 ★★ »CAMPING KLOSTERPARK«   1.1. bis 31.12.
E.: Gemeinde V.: Vita Parc   480 m   70000 qm
07166/9121011, Fax 9121029
www.adelberg.de, klosterpark@adelberg.de

→ A8 Stuttgart–Ulm Abf. (56) Kirchheim/Teck auf die B297 über Uhingen Richtung Lorch bis ca. 1 km hinter Rechberghausen. Dort links abbiegen Richtung Schorndorf, beschildert. (GPS: 48°45'39" N / 9°35'33" E).

Ebenes bis leicht welliges, parzelliertes Wiesengelände auf einem Höhenrücken neben einem Freizeitzentrum mit separatem Touristenteil. »Kirche Unterwegs«. Eishalle und Scaterbahn 100m, Ort 1 km entfernt. Separater Jugendplatz. Mittagsruhe 12.30–14.30 Uhr. Touristen-/Dauerstellplätze 50/450.
2008: P/N 5.–, K/N 2 bis 14 J. 3.–, C MC-St/N 5.50, T-St/N 4.–, KT ab der 4. Nacht pro N –.31, WD inkl., Strom/kWh –.50 (16 A).

73312 Geislingen, Steige (d11)   **7570**

20 ★★ »CAMPING LÄNGENTAL«   15.5. bis 15.10.
P.: Fremdenverkehrsverein Geislingen e. V.   470 m   20000 qm
07331/62774, Fax 441970, campingplatz-geisligen@t-online.de

→ A8 München–Stuttgart Abf. (62) Ulm–West auf die B 10 oder Abf. (59) Mühlhausen auf die B466 nach Geislingen. ✉ Im Längental / Schützenstr. (GPS: 48°38'03" N / 09°50'30" E).

Leicht welliges, unparzelliertes Wiesengelände in einem Taleinschnitt. Durch Dauercamper geprägt. Aufnahme bis 22 Uhr. Nachts keine Aufsicht. Imbiss. Separater Jugendplatz. Ort 2 km entfernt. Mittagsruhe 13-14 Uhr. Touristen-/Dauerstellplätze 35/50.
2007: P/N 4.80, K/N bis 12 J. 2.80, C MC-St/N 4.80, T-St/N 3.80/4.80, H/N 1.30, WD zuzügl., Strom/kWh –.60 (16 A), Anschlussgebühr 3.–.

DCC-Vertragsplatz

73566 Bartholomä, Schwäb. Alb (d11)   **7580**

25 ★★★ »CAMPING AMALIENHOF«   1.1. bis 31.12.
E.: Rosemarie Sadlowski V.: Lotz   07173/7542, Fax 7544   40000 qm
www.campingplatz-amalienhof.de, amalienhof-camping@t-online.de   630 m

→ A7 Würzburg–Ulm Abf. (114) Aalen-Westhausen auf die B29 Richtung Schwäbisch-Gmünd, bei Esslingen abbiegen Richtung Bartholomä. Hier beschildert. ✉ Haflinger Str. 15 (GPS: 48°44'59" N / 10°00'44" E).
❖ Wental (Felsenmeer), Ruine Rosenstein, Ruine Hohenstaufen.

Ebenes, teilweise parzelliertes Wiesengelände am Waldrand neben einem Feriendorf. FW. Separater Jugendplatz. Ort 1 km entfernt. Mittagsruhe 12.30-14.30 Uhr. Touristen-/Dauerstellplätze 40/160.
2008: P/N 6.–, K/N bis 10 J. 3.–, St/N 6.–, H/N 1.–, WD zuzügl., Strom/kWh –.50 (16 A).
DCC 10% auf P/N.

Vorhandene Bungalows und Ferienwohnungen auf Campingplätzen sind von Ermäßigungen ausgenommen.

DCC-Vertragsplatz

✉ **73457 Essingen-Lauterburg,** Alb (d11) **7582**

25 ★★★★ »CAMPING HIRTENTEICH« 1.1. bis 31.12.
P.: Familie Heinrich ☎ 07365/296, Fax 251   680 m   50 000 qm
www.Campingplatz-Hirtenteich.de, CampHirtenteich@aol.com
→ A7 Würzburg–Ulm Abf. (114) Aalen-Westhausen auf die B29 Richtung
Schwäbisch Gmünd, bei Essingen abbiegen bis kurz vor Lauterburg, beschildert. ✉ Hasenweide 2 (GPS: 48°47′14″ N / 9°58′51″ E)
✦ Wental, Rosenstein, Ruine Lauterburg, Thermalbad Aalen.

Leicht zum Waldrand abfallendes, teilweise parzelliertes Wiesengelände. Befestigte Mocaplätze. Bistro. Jugendraum. Ort 500 m entfernt. Separater Jugendplatz. Mittagsruhe 13-15 Uhr. Voranmeldung (1.11. bis 1.3.). Touristen-/Dauerstellplätze 80/160.
2008: P/N 5.50, K/N bis 14 J. 3.–, St/N 6.50, H/N 1.50, WD inkl. Strom/N 2.50 oder kWh –.50 (16 A). Ab 10 Nächten 10% Ermäßigung.
DCC 10% auf P/N.

In **Heidenheim/Brenz** (Seewiesenstr.) befindet sich ein MoCa-Stellplatz.

✉ **77855 Achern,** Baden-Baden (b11) **7600/1**

 Abfahrt

25 ★★★ »CAMPING AM ACHERNSEE« 1.1. bis 31.12.
E.: Stadt V: Thierfelder, Vogel ☎ 07841/25253, Fax 508835   43 000 qm
www.achern.de, camping@achern.de   140 m
→ A5 Karlsruhe–Basel Abf. (53) Achern in Richtung Achern, beschildert.
✉ Am Achernsee 8 (GPS: 48°38′45″ N / 08°02′11″ E).

Ebenes, parzelliertes Wiesengelände mit Badesee, Uferliegewiese und öffentlichem Badebetrieb zwischen Wald und Autobahn. Volleyball. Kiosk. Separater Jugendplatz. Zentrum (Achern) 4 km entfernt. Mittagsruhe 13-15 Uhr. Touristen-/Dauerstellplätze 190/350.
2008: P/N 6.–, K/N bis 6 J. 3.–, J/N bis 16 J. 4.–, C MC-St/N 7.–, T-St/N 4.–, H/N 3.50, WD zuzügl. Strom/N 2.50 (10 A).

✉ **77883 Ottenhöfen,** Achern (c11) **7600/2**

15 ★ »CAMPIMG MURHOF« 1.4. bis 31.10.
E.: Herbert Rösch ☎ 07842/1670   340 m   7000 qm
→ A5 Karlsruhe–Basel Abf. (53) Achern in Richtung Schwarzwaldstraße. In Ottenhöfen nach Allerheiligen abbiegen, beschildert. ✉ Murhof 1 (GPS: 48°33′37″ N / 08°09′12″ E).

W 300 m   1 km

Unparzelliertes und teilterrassiertes Wiesengelände bei einem bewirtschafteten Bauernhof oberhalb des Schwimmbads. Separate Zeltwiese. Durch Dauercamper geprägt. Ort 1 km entfernt. Mittagsruhe 12-15 Uhr. Touristen-/Dauerstellplätze 30/20.
2008: P/N 3.–, K/N 3 bis 14 J. 1.50, St/N 2.–, H/N –.50, WD zuzügl. Strom/kWh –.50 (16 A).

Campingplatz »Am Achernsee«

Reizvolle Lage am Fuße des Schwarzwaldes, kinder- und familienfreundlich angelegt, wenige Km nach Baden-Baden, Offenburg oder Straßburg. Wandern im Schwarzwald oder Elsaß, gute Gastronomie, Bade- und Angelmöglichkeiten »Am Achernsee«, behindertengerechte Sanitäranlagen. Gut geführtes Restaurant. Kinderspielplatz. Zufahrt Autobahn A5 Karlsruhe–Basel, Ausfahrt Achern, Richtung Schwarzwaldhochstraße (Achern), Abfahrt Großweier.
Campingplatz-Verwaltung: Tel. 0 78 41/2 52 53, Fax: 0 78 41/50 88 35
e-mail: camping@achern.de Internet: www.achern.de   (7600/1)

DCC-Vertragsplatz

✉ **77836 Rheinmünster** (b11) **7601**

EUROPA-PREIS

35 ★★★★★ »FREIZEITCENTER OBERRHEIN« 1.1. bis 31.12.
E.: Wolfgang Schnettler ☎ 07227/2500, Fax 2400   120 m   360 000 qm
www.freizeitcenter-oberrhein.de, info@freizeitcenter-oberrhein.de
→ A5 Karlsruhe–Basel Abf. (51) Baden-Baden/Iffezheim bis Kreuzung B 36, dort links ab. Am Ortseingang von Stollhofen rechts abbiegen zum Platz. ✉ Am Campingpark 1 (GPS: 48°46′24″ N / 08°02′25″ E).
✦ Baden-Baden, Schwarzwald–Hochstraße, Europapark Rust.

Ebenes, teilweise leicht welliges und parzelliertes Wiesengelände mit zwei Badeseen und Liegewiesen. Moca-Stellplätze vor der Schranke. DLRG-Station. Yachthafen angrenzend. Befestigte Mocaplätze. »Kirche Unterwegs«. Hundebad. Gastanksstelle. W-LAN. Ort 1 km entfernt. Separater Jugendplatz. Mittagsruhe 13-15 Uhr. Touristen-/Dauerstellplätze 285/460.
2008: (HS) P/N 8.50, K/N bis 6 J. 4.50, J/N 6.–, St/N 8.–, H/N 4.50, WD inkl. Strom/N 2.50 (16 A), Anschlussgebühr 2.50. In NS Ermäßigung.
DCC 10% auf P/N.

✉ **77815 Bühl-Oberbruch** (b11) **7602**

30 ★★★★ »CAMPING ADAM« 1.1. bis 31.12.
E.: Familie Breil und Wormuth ☎ 07223/23194, Fax 8982   150 000 qm
www.campingplatz-adam.de, info@campingplatz-adam.de
→ A5 Karlsruhe–Basel Abf. (52) Bühl Richtung Moos 1 km, beschildert.
✉ Campingstr. 1 (GPS: 48°43′35″ N / 08°05′02″ E).
✦ Europapark Rust, Straßburg, Schwarzwaldhochstraße.

Ebenes bis leicht welliges, parzelliertes Wiesengelände mit Liegewiesen und öffentlichem Strandbad am See. Separater Dauercamperbereich. Asphaltierte Gespannstellplätze für 1 Nacht. Befestigte Mocaplätze. Riesen-Wasserrutsche. DLRG-Station. Freilandschach. Boule. Kegelbahn. Hundebad. Ort (Bühl) 5 km entfernt. Mittagsruhe 12.30-14.30 Uhr. Touristen-/Dauerstellplätze 160/270.
2008: (HS) P/N 7.–, K/N 3 bis 9 J. 3.–, J/N bis 16 J. 4.–, C MC-St/N 7.– bis 8.50, T-St/N 5.50, H/N 2.50, WD zuzügl. Strom/N 2.20 (10 A). CCI ab 4 Nächte 10% auf P/N. In NS Ermäßigung. Pauschale: ab 1.10. bis 15. 3. 14.–/N. Pauschalwochen 80.– bis 95.–.

(7602)

Camping ADAM

D-77815 Bühl-Oberbruch *bei Baden-Baden*
Tel. (0 72 23) 2 31 94 • Fax (0 72 23) 89 82

Am Rande des Schwarzwaldes, an einem sauberen Bade- und Surfsee, nur 20 Autominuten von Straßburg und 15 Autominuten von Baden-Baden. Die herrliche Umgebung garantiert Erholung zu jeder Jahreszeit. Radfahren • Schwimmen • Surfen • Skilaufen • Wandern • Angeln • Kuren in Baden-Baden.

Vorbildliche Sanitäranlagen mit Behinderteneinrichtung, jeder Stellplatz mit Strom und Abwasser. Neues Restaurant mit gemütlicher Atmosphäre und großzügiger Sonnenterrasse, SB-Laden mit umfangreichem Angebot, neuer Kinderspielplatz, Beachvolley, Fußball, Bocciabahnen, Riesenwasserrutsche, Fahrradverleih.

Neu: komfortable, geräumige Mobilheime mit zwei Schlafzimmern, komplett eingerichteter Küche, Badezimmer, separatem WC, Heizung, Warmwasser und Sat-TV.

Zufahrt: Autobahn A 5 Karlsruhe – Basel, Ausfahrt Bühl, Richtung Oberbruch-Moos.

Erhebliche Preisnachlässe für Kur-Urlauber in der Nebensaison. Günstige Pauschalwochen von September bis Mai. **Ganzjährig geöffnet.**

webmaster@campingplatz-adam.de • www.campingplatz-adam.de

DCC-Vertragsplatz

✉ **77694 Kehl** am Rhein (b11) **7605**

25 ★★★★ »DCC CAMPINGPARK KEHL-STRASSBURG«
I.: Cpl. Betr.-Ges Kehl mbH ☎ 07851/2603, Fax 73076 15.3. bis 31.10.
www.camping-kehl.de, CampingparkKehl@aol.com 23 000 qm

→ A5 Karlsruhe–Basel Abf. (54) Appenweier über die B28 nach Kehl-Straßburg, vor Kehl abbiegen Richtung Kehl-Sundheim, Kork, Neumühl u. d. Beschilderung folgen. ✉ Rheindammstr. 1. (GPS: 48°33'46" N / 7°48'29" E).
☼ Straßburg, Elsaß, Baden–Baden, Karlsruhe.

Parkartiges Wiesengelände neben dem Städt. Schwimmbad, unparzelliert und leicht wellig. Sanitäranlage beheizbar. Trimmpfad 100 m, Zentrum 1 km entfernt. Mittagsruhe 13-15 Uhr. Touristen-/Dauerstellplätze 150/20.
2008: P/N 4.10, K/N 4 bis 13 J. 2.60, St/N 8.70, Fuß- und Zweiradwanderer mit Kleinzelt 6.15 zuzügl. P/N 1.–, WD zuzügl., Strom/N –.30 plus kWh –.55 (16 A). **Ausländisches CCI 10% auf P/N.**
Für DCC-Mitglieder: P/N, K/N bis 18 J. und St/N 10.– (15.9.-15.6.), 12.– (16.6.-14.9.). H/N, WD, Strom und Anschlussgebühr siehe oben.
Ab 5 Einheiten Gruppenermäßigung: P/N, K/N bis 18 J. und St/N 9.–, H/N, WD, Strom und Anschlussgebühr siehe oben. Anzeige S. 223

✉ **77731 Willstätt-Sand,** Kehl (b11) **7607**

25 ★★★ »EUROPA-CAMPING« 1.1. bis 31.12.
E.: Dieter Wendling ☎/Fax 07852/2311 140 m 12 000 qm
www.europa-camping-sand.de, europa.camping@t-online.de

→ A5 Karlsruhe–Basel Abf. (54) Appenweier über die B28 in Richtung Kehl. Nach ca. 700 m rechts abbiegen nach Sand, beschildert.
✉ Waldstr. 32 (GPS: 48°32'36" N / 07°56'07" E).

Ebenes, parzelliertes Wiesengelände. Geschotterte Fläche für Mocas. In HS (Mo. bis Fr.) Bäckerwagen. Separater Jugendplatz. Ort (Willstätt) 3 km entfernt. Mittagsruhe 12-14 Uhr. Touristen-/Dauerstellplätze 40/25.
2008: P/N 4.50, K/N 2 bis 14 J. 3.50, St/N 7.–, H/N 2.–, WD inkl., Müllgebühr pro St/N –.50, Strom/N 2.50 (16 A). In NS ab 3/6 Nächte 10/20% Erm.
DCC/CCI 10% auf P/N.

DCC-Vertragsplatz

✉ **79359 Riegel,** Kaiserstuhl (b12) **7609**

25 ★★★★ »CAMPING MÜLLER SEE« 1.4. bis 31.10.
E.: Familie Bär ☎ 07642/3694, Fax 923014 180 m 160 000 qm
→ A5 Karlsruhe–Basel Abf. (59) Riegel, beschildert. ✉ Zum Müller-See 1 (GPS: 48°09'47" N / 07°44'28" E).
www.mueller-see.de, info@mueller-see.de
☼ Kaiserstuhl. Europapark Rust.

Ebenes, parzelliertes Wiesengelände an einem Badesee mit öffentlichem Badebetrieb. Separate Zeltwiese. Sanitäranlage beheizbar. Reservierung erwünscht. Kiosk und Imbiss. Ort 1 km, Golfplatz (18 Loch) 9 km entfernt. Mittagsruhe 13-15 Uhr. Touristen-/Dauerstellplätze 50/150.
2007: (HS) P/N 5.–, K/N 6 bis 16 J. 3.–, C MC-St/N 6.–, T-St/N 2.– bis 4.–, WD zuzügl., Strom/N 2.– (16 A). In NS Ermäßigung.
DCC 10% auf P/N.

✉ **79336 Herbolzheim,** Breisgau (b12) **7610**

25 ★★★ »TERRASSEN-CAMPING« 16.3. bis 15.10.
E.: Stefan Hugoschmidt ☎ 07643/1460, Fax 913462 38 000 qm
www.laue-camp.de, s.hugoschmidt@t-online.de 210 m
→ A5 Karlsruhe–Basel Abf. (58) Herbolzheim, beschildert. ✉ Im Laue 1 (GPS: 48°12'59" N / 07°47'17" E).
☼ Europapark Rust, Naturschutzgebiet Taubergießen.

Terrassiertes und parzelliertes Wiesengelände neben einem Freibad. Be-

festigte Mocaplätze. Für Zeltler separate Pkw-Abstellung. Sanitäranlage beheizbar. Hundeverbot (15.7. bis 15.8.). Aufnahme bis 21.30 Uhr. Ort 1 km entfernt. Mittagsruhe 13-15 Uhr. Touristen-/Dauerstellplätze 70/70.
2008: P/N 6.–, K/N bis 15 J. 3.–, C MC-St/N 7.–, H/N 2.–, WD inkl., Strom/N 2.– (10 A).

✉ **77955 Ettenheim,** Baden (b12) **7612**

30 ★★★★ »TERRASSEN-CAMPINGPARK OASE« 15.3. bis 7.10.
E.: Gabriele Kuhnes ☎ 07822/445918, Fax 445919 180 m 60 000 qm
www.camping-park-oase.de, info@camping-park-oase.de

→ A5 Karlsruhe–Basel Abf. (57 A) Ettenheim. ✉ Mühlenweg 34 (GPS: 48°14'52" N / 07°49'40" E).
☼ Europapark Rust, Naturschutzgebiet Taubergießen.

Ebenes sowie terrassiert ansteigendes, parzelliertes Wiesengelände mit Stellflächen. Durch Hecken und alten Baumbestand parkartig gestaltet. Ermäßigung für Schwimmbad. Brötchenservice. Boule. Kegelbahn. Mountain-Bike-Strecke ab Platz. Ort 1 km, Golfplatz (18 Loch) 5 km und Klettergarten 8 km entfernt. Mittagsruhe 13-15 Uhr. Touristen-/Dauerstellplätze 200/80.
2008: (HS) P/N 6.50, K/N 1 bis 15 J. 3.50, St/N 6.–, H/N 1.50, WD zuzügl., Müllgeb. P/N –.25, Strom/N 2.– (6 A). Für 7/14 Nächte 10%/20% auf alle Gebühren (außer Juli/August). In NS Ermäßigung.

✉ **77977 Rust,** Baden (b12) **7613**

25 ★★★ »CAMPING EUROPA-PARK« 15.3. bis 2.11.
E.: Europa-Park Mack KG und 6.12. bis 11.1.
☎ 01805/776688, Fax 07822/776277 160 m 25 000 qm
www.europark.de, info@europark.de

→ A5 Karlsruhe–Basel Abf. (57 B) Ettenheim über Kappel-Grafenhausen nach Rust. ✉ Europa-Park-Str. 2 (GPS: 48°16'17" N / 07°43'03" E).
☼ Europapark.

Parzellierte und mit Rasengittersteinen ausgelegte Flächen mit junger Bepflanzung bei einem Badesee. Tipidorf. Ort 500 m entfernt. 200 Touristenplätze.
2007: P/N inkl., C MC-St/N 23.–, T/N 13.–, WD und Strom (16 A) inkl.

DCC-Vertragsplatz

✉ **77960 Seelbach,** Baden (b12) **7614**

40 ★★★★★ »CAMPING SCHWARZWÄLDER HOF« 1.1. bis 31.12.
E.: Robert Schwörer ☎ 07823/960950, Fax 9609522 42 500 qm
www.campingplatz-schwarzwaelder-hof.de, camping@seelbach.org 230 m
→ A5 Karlsruhe–Basel Abf. (56) Lahr auf die B415 über Lahr nach Seelbach, beschildert. ✉ Tretenhofstr. 76 (GPS: 48°17'59" N / 07°56'38" E).

Terrassiert sowie abfallendes Wiesengelände mit Anpflanzungen und einem Biotop. Separate Zeltwiese für Gruppen. Für Kurzcamper Stellfläche mit Stromanschluss vor dem Platz. Tagungsraum. Ab 2 Nächten Aufenthalt Sauna und Wellnessbereich gratis. Abenteuerspielplatz. Ort 200 m, Golfplatz (18 Loch) 5 km entfernt. Separater Jugendplatz. Mittagsruhe 12.30-14.30 Uhr. Touristen-/Dauerstellplätze 190/30.
2007: (HS) P/N 9.40, K/N 3 bis 14 J. 6.90, C MC-St/N 8.90 bis 10.40, T-St/N inkl. P/N oder K/N 12.20 oder 8.80, H/N 3.20, KT 1.20, WD inkl., Strom/N 2.20 oder kWh –.55 (10 A), Anschlussgebühr 1.–. In NS Ermäßigung.
DCC 10% auf P/N.

✉ **77948 Friesenheim,** Baden (b12) **7617**

20 ★★★ »CAMPING BAGGERSEE SCHUTTERN« 1.4. bis 30.9.
E.: Gemeinde V.: Mußler ☎ 07808/2847, Fax 912724 300 000 qm
www.friesenheim.de, tourismus@friesenheim.de 150 m
→ A5 Karlsruhe–Basel Abf. (56) Lahr auf die B36 Richtung Neuried, über Kürzell abbiegen, beschildert. ✉ In der Kruttenau 100 (GPS: 48°24'01" N / 7°51'27" E).
☼ Europa-Park-Rust.

Ein Ferienparadies im Schwarzwald
Schwarzwälder Hof (7614)

Inklusive
Hallenbad, Freibad und Wellness-Oase in Deutschlands größtem Naturstammhaus aus heimischer Tanne

ADAC Super-Platz 2007

Sieger im Landeswettbewerb 2006 — familien ferien

★ Camping ★ Landhotel ★ Restaurant
- Kinder bis 2 Jahre frei
- je nach Saison ab 3 Übern. 5% bis 40% Rabatt
- Wellness-Oase mit Massage und Kosmetik täglich geöffnet

Ferienparadies Schwarzwälder Hof • Fam. Schwörer
Tretenhofstr. 76 • D-77960 Seelbach
Tel. 07823/960950 • Fax 9609522
E-mail: info@campingplatz-schwarzwaelder-hof.de
www.campingplatz-schwarzwaelder-hof.de

★★★★
Camping zwischen Wald und Wasser.

Friesenheim

Um zwei Baggerseen mit einer Wasserfläche von nahezu 12 Hektar bestehen ideale Voraussetzungen für einen Bade-, Erholungs- und Campingurlaub.

Auf ebenem Gelände mit vielen Baumgruppen und Gehölzen stehen 150 Kurzcampingplätze zur Verfügung. Für Jugendgruppen ist ein separater Platzteil vorhanden. Moderne Sanitärausstattung, freundliches Personal, Verkaufskiosk und eine kleine Gaststätte sorgen für das Wohlbefinden der Campinggäste.

Information und Anmeldung:
Campingplatz „Baggersee Schuttern"
77948 Friesenheim
Telefon (0 78 08) 28 47, Fax (0 78 08) 91 27 24

oder Bürgermeisteramt Friesenheim
Postfach 60, 77948 Friesenheim
Tel. (0 78 21) 63 37-0, Fax 63 37-90
Email: tourismus@friesenheim.de
www.friesenheim.de
(7617)

Ebenes, teilweise parzelliertes Wiesengelände an 2 Seen in Autobahnnähe. DLRG-Station und öffentlicher Badebetrieb. Imbiss. Kiosk. Jugendraum. In HS (Mai bis Sept.) Nachtwache. Ort (Schuttern) 3 km entfernt. Separater Jugendplatz. Reception 12-13 Uhr geschlossen. Touristen-/Dauerstellplätze 115/425.
2007: P/N 4.–, K/N ab 6 J. 2.–, St/N 8.–, H/N 1.–, WD inkl., Strom/N 1.50 oder kWh –.35 (16 A).

Die Gebühren werden von den Platzhaltern lange vor Erscheinen des Campingführers gemeldet. Daher sind Abweichungen möglich.

DCC-Vertragsplatz

✉ 72250 Freudenstadt-Langenwald (c11) **7620**

★★★★ »CAMPING LANGENWALD« Ostern bis 31.10.
E.: Familie Eiermann ☎ 07441/2862, Fax 2893 — 740m 30 000 qm
www.camping-langenwald.de, info@camping-langenwald.de

→ B28 Freudenstadt–Straßburg ca. 3 km, dann links, beschildert.
✉ Strassburger Str. 167 (GPS: 48°27'33'' N / 08°22'33'' E).

Mehrteiliges Wiesengelände im Forbachtal, überwiegend parzelliert. Teilweise eben oder ansteigend mit einigen Geländestufen. Sanitäranlage beheizbar. Reservierung erwünscht. Kabel-TV. FW. Billard. Brotbackhäuschen. Ort 3 km entfernt. Separater Jugendplatz. Touristen-/Dauerstellplätze 100/20.
2008: (HS) P/N 6.20, K/N 2 bis 15 J 3.50, C MC-St/N 8.–, T-St/N 8.–/6.50, H/N 1.50, KT –.80, WD inkl., Strom/kWh –.50 (16 A). In NS Ermäßigung.
DCC 10% auf P/N, CCI 5% auf P/N und St/N.

Noch kein DCC-Mitglied?
Sie wollen »eines« werden und die vielen Vorteile genießen – Anmeldeformular finden Sie in der Kartentasche am Ende des Buches.
Bis bald – wir freuen uns auf Sie!
Ihr DCC-Team

Schwarzwald-Camping
IM ROMANTISCHEN NAGOLDTAL

(7645)

72213 Altensteig
Tel. u. Fax 0 74 53/84 15
www.Schwarzwaldcamping.de

Ihr Ferienparadies
im Nordschwarzwald
Info anfordern!

DCC-Vertragsplatz

✉ **72280 Dornstetten-Hallwangen** (c11) **7625**

30 ★★★★★ »HÖHENCAMPING KÖNIGSKANZEL« 1.1. bis 31.12.
E.: Familie Eiermann ☎ 07443/6730, Fax 4574 720 m 40 000 qm
www.camping-koenigskanzel.de, info@camping-koenigskanzel.de

→ B 28 Freudenstadt–Stuttgart, nach ca. 7 km rechts abbiegen. Oder A 81 Stuttgart–Singen Abf. (30) Horb Richtung Freudenstadt, beschildert. ✉ Freizeitweg 1 (GPS: 48°28'51" N / 08°30'02" E).
♦ Mittelalterliches Stadtbild, Nagoldtalsperre.

Ebenes, teilterrassiertes und parzelliertes Wiesengelände auf einer Bergkuppe mit schönem Ausblick über Freudenstadt und die Schwarzwaldhöhen. Befestigte Mocaplätze. Hundebad. Ort 1 km entfernt. Mittagsruhe 13-14 Uhr. Touristen-/Dauerstellplätze 60/90.
2008: (HS) P/N 6.–, K/N 2 bis 14 J. 3.50, St/N 7.50, H/N 2.–, KT 1.–, WD inkl., Strom/kWh .50 (16 A). In NS Ermäßigung.
DCC 10% auf P/N, CCI 5% auf P/N und St/N.

DCC-Vertragsplatz

✉ **72160 Horb,** Neckar (c11) **7630**

25 ★★★★ »CAMPING SCHÜTTEHOF« 1.1. bis 31.12.
I.: Reinhold Kuch V.: Lang ☎ 07451/3951, Fax 623215 550 m 60 000 qm
www.camping-schuettehof.de, camping-schuettehof@t-online.de

→ A 81 Stuttgart–Singen Abf. (30) Horb, beschildert. ✉ Schütteberg 7-9. (GPS: 48°26'43" N / 8°40'24" E).
♦ Schütteturm, mittelalterliches Stadtbild.

Ebenes bis leicht abfallendes Wiesengelände auf einem Höhenrücken am Waldrand. Parzelliert mit zwei Geländestufen. Befestigte Mocaplätze mit Vollversorgung. Ort 1.5 km entfernt. Separater Jugendplatz. Mittagsruhe 12.30–14.30 Uhr. Touristen-/Dauerstellplätze 50/220.
2008: P/N 5.50, K/N 3 bis 14 J. 3.50, C MC-St/N 6.–, T-St/N 3.–, H/N 2.– WD zuzügl., Strom/N 1.50 oder kWh –.50 (16 A). Anschlussgeb. 2.–.
DCC 10% auf P/N.

ACHTUNG: Bei Plätzen in Flussnähe ist eine Überflutung bei Hochwasser möglich.

✉ **72213 Altensteig,** Nagold (c11) **7645**

25 ★★★★ »SCHWARZWALD-CAMPING« 1.1. bis 31.12.
P.: Ralf Pohl ☎/Fax 07453/8415 450 m 33 000 qm
www.schwarzwaldcamping.de, info@schwarzwaldcamping.de

→ B 28 Freudenstadt–Nagold, in Altensteig Richtung Seewald abbiegen, beschildert. ✉ Im Oberen Tal 3-5.

Fast ebenes Wiesengelände im Nagoldtal, teilweise parzelliert. Befestigte Mocaplätze. Kabel-TV. Ort 2 km entfernt. Separater Jugendplatz. Mittagsruhe 13-15 Uhr. Touristen-/Dauerstellplätze 80/120.
2007: P/N 6.–, K/N ab 3 J. 3.–, C MC-St/N 6.–, T/N 3.–, M/N 2.–, H/N 2.– KT –.40, WD zuzügl., Müllgeb. pro P/N 1.80, Strom/N 3.– (16 A).
DCC/CCI 10% auf P/N.

DCC-Vertragsplatz

✉ **72275 Alpirsbach,** Schwarzwald (c12) **7660**

25 ★★★★ »CAMPING-ALPIRSBACH« 1.1. bis 31.12.
P.: Ralf Rudolph ☎ 07444/6313, Fax 917815 450 m 12 000 qm
www.camping-alpirsbach.de, info@camping-alpirsbach.de

→ B 294 Freudenstadt–Schiltach, bei Alpirsbach-Ehlenbogen in das Tal abbiegen, beschildert. ✉ Grezenbühler Weg 18. (GPS: 48°21'23" N / 08°24'43" E).
♦ Kloster Alpirsbach. Brauereimuseum.

Ebenes bis leicht welliges Wiesengelände in einem Bachtal, parzelliert und teilweise schattenlos. Moca-Übernachtungsplatz außerhalb der Schranke. Angelteich. Ort 1 km entfernt. Separater Jugendplatz. Mittagsruhe 12.30-14.30 Uhr. Touristen-/Dauerstellplätze 80/20.
2008: (HS) P/N 5.45, K/N 2 bis 15 J. 2.50, St/N 6.50, H/N 1.–, KT 1.05, WD inkl., Strom/kWh –.50 (16 A). In NS Ermäßigung.
DCC/CCI 5% auf P/N und St/N.

✉ **77761 Schiltach,** Kinzigtal (c12) **7665**

20 ★★★ »CAMPING SCHILTACH« 21.4. bis 7.10.
E.: Beate und Hermann Brede ☎ 07836/7289, Fax 7466 3600 qm
campingplatz-schiltach@t-online.de

→ B 294 Haslach–Freudenstadt, von der Umgehung nach Schiltach abbiegen, beschildert. ✉ Bahnhofstr. 6 (GPS: 48°17'26" N / 08°20'15" E).

Schmaler, parzellierter Wiesenstreifen am Kinzigufer. Zwei Brücken führen über einen Teil des Platzes. Imbiss. Ort 500 m entfernt. Mittagsruhe 12.30-14.30 Uhr. Touristen-/Dauerstellplätze 38/2.
2008: P/N 4.–, K/N bis 14 J. 2.–, A/N 2.50, C T/N 3.50, MC/N 6.–, T/N 3.50, M/N 1.–, KT –.50, WD zuzügl., Strom/kWh –.50 (16 A), Anschlussgebühr 1.–.
DCC 10% auf P/N.

✉ **77709 Wolfach-Kirnbach** (c12) **7671/1**

★★★ »CAMPING ZUR MÜHLE« 1.1. bis 31.12.
E.: Gisela Hildbrand ☎ 07834/775, Fax 8670975 700 m 8000 qm
www.camping-kirnbach.de, camping-kirnbach@t-online.de

→ B 294 Haslach–Freudenstadt Abf. Offenburg auf die B 33 in Richtung Villingen-Schwenningen. Hinter dem Tunnel Hausach links nach Kirnbach abbiegen, beschildert. Zufahrt für geübte Gespannfahrer. ✉ Talstr. 79 (GPS: 48°16'03" N / 08°14'16" E).

Parzellierter Terrassenplatz an einem Steilhang, von Wald begrenzt. Befestigte Mocaplätze. Hunde auf Anfrage. Imbiss. FW. Shuttle-Service. Ort (Wolfach) 5 km entfernt. 30 Touristenplätze.

Campingpark der Deutsch-Französischen Freundschaft

Campingpark Kehl

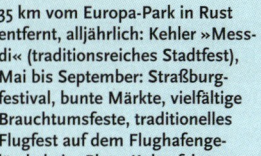

Platzbeschreibung
Parkartiges Wiesengelände neben einem Schwimmbad, unparzelliert und leicht wellig. Sanitäranlagen beheizbar, Trimmpfad 100 m, Zentrum 1 km entfernt, separater Jugendplatz, Mittagsruhe 13–15 Uhr, Touristen-/Dauerstellplätze 160/30, 23.000 qm.

Umgebung
35 km vom Europa-Park in Rust entfernt, alljährlich: Kehler »Messdi« (traditionsreiches Stadtfest), Mai bis September: Straßburgfestival, bunte Märkte, vielfältige Brauchtumsfeste, traditionelles Flugfest auf dem Flughafengelände beim Platz; Kulturfahrten und Einkaufstrips nach Straßburg, in das Elsaß, in die Vogesen, den Schwarzwald und ins französische Grenzgebiet, Abendausflüge zur Spielbank nach Baden-Baden. Europa-Politik im Straßburger Europa-Parlament erleben und das für kulinarische Offenbarungen bekannte Grenzgebiet mit seinen benachbarten Regionen genießen.

Aktivitäten
Verkaufskiosk; an den Platzgrenzen das stadteigene Schwimmbad und Tennisplätze, Angeln, Bootfahren auf dem Alt-Rhein, Minigolf und Trimm-Dich-Pfad. 500 m vom Platz: Anlegestelle des Rheindampfers »Stadt Kehl« – Startpunkt für Ausflüge auf dem Rhein, 800 m vom Platz: Reithalle, Segel- und Motorflughafen, ausführliche Informationen zu Aktivitäten in der Umgebung direkt auf dem Platz.

Lage
Idealer Ausgangsort für Kulturfahrten im deutsch-französischen Grenzgebiet direkt am Rhein.

Anfahrt
Autobahn A 5, Karlsruhe-Basel, Ausfahrt Appenweier, 11 km auf der B 28 Richtung Kehl-Straßburg, vor Kehl abbiegen, Richtung Kehl-Sundheim und der Beschilderung folgen.

(7605)

DCC Campingpark Kehl-Straßburg
Rheindammstraße
77694 Kehl am Rhein
Telefon: 07851/2603
Fax: 07851/73076
Geöffnet: 15.3. – 31.10.

DCC-Vertragsplatz

✉ **77709 Wolfach-Halbmeil** (c12) **7671/2**

25 ★★★★ »SCHWARZWALD CAMP« ⚿ 1.1. bis 31.12.
I.: Udo Herrmann ☎ 07834/859309, Fax 859310   320 m   40000 qm
www.schwarzwald-camp.de, info@schwarzwald-camp.de

→ A5 Karlsruhe–Basel Abf. (55) Offenburg auf die B33 Richtung Villingen nach Hausach. Hier auf die B294 in Richtung Wolfach und weiter in Richtung Schiltach, beschildert. ✉ Schiltacher Straße 80 (GPS: 48°17′27″ N / 08°16′41″ E).

Parzelliertes, leicht ansteigendes Terrassengelände mit jungen Anpflanzungen. Befestigte Mocaplätze. Kabel-TV. Separater Jugendplatz. Nordic-Walking ab Platz. Ort 500 m entfernt. Mittagsruhe 12.30-14.30 Uhr. Touristen-/Dauerstellplätze 50/30.
2008: (HS) P/N 6.50, K/N 3 bis 14 J. 4.–, St/N 6.–, H/N 2.–, KT 1.–, WD inkl., Müllgebühr P/N –.25, Strom/kWh –.55 (16 A). Anschlussgebühr 1.–. In NS Ermäßigung. In NS ab 3/11 Nächte 10/20% auf St/N. CCI 10% auf P/N in NS.
DCC 10% auf P/N.

DCC-Vertragsplatz

✉ **77776 Bad Rippoldsau-Schapbach** (c12) **7675**

30 ★★★★★ »SCHWARZWALD-CAMPING ALISEHOF«
E.: Kurt Bonath ☎ 07839/203, Fax 1263   460 m   ⚿ 1.1. bis 31.12.
www.camping-online.de, info@camping-online.de   30000 qm

→ A5 Karlsruhe–Basel Abf. (55) Offenburg Richtung Villingen-Schwenningen über Hausach und Wolfach. ✉ Rippoldsauerstr. 8 (GPS: 48°23′02″ N / 08°18′07″ E).

Leicht abfallendes, parzelliertes Wiesengelände neben einem Sägewerk an der Wolfach sowie terrassierte Steilhänge in einem von bewaldeten Höhen umgebenen Tal. Teilweise gekieste Stellflächen. Familienbäder. Massage- und Krankengymnastik-Abteilung. Kabel-TV. Ort 1 km entfernt. Separater Jugendplatz. Mittagsruhe 12.30-14.30 Uhr. Touristen-/Dauerstellplätze 120/70.
2007: P/N 7.20, K/N 2 bis 14 J. 3.60 ab 3. K/N frei, St/N 6.40, H/N 2.30, KT inkl., WD inkl., Strom/kWh –.55 (16 A), Anschlussgebühr 1.50. In HS ab 7 Nächte 10% auf P/N. In NS bis 7/ab 7 Nächte 15/25% auf P/N. KT zuzügl.
DCC 10% auf P/N.

✉ **77740 Bad Peterstal-Griesbach** (c11) **7677**

15 ★★ »KURCAMPING TRAIERMÜHLE« ⚿ 1.4. bis 31.10.
E.: Reinhard Braun ☎ 07806/8064, Fax 910528   400 m   8000 qm
www.traiermuehle.de, camping@traiermuehle.de

→ B28 Kehl-Freudenstadt. Kurz vor Bad Peterstal. ✉ Renchtalstr. 53 a. (GPS: 48°25′46″ N / 08°10′54″ E).

Ebenes bis leicht welliges Wiesengelände zwischen Lärmschutzwall und Bach, von Schwarzwaldhöhen umgeben. Separate Zeltwiese. Sanitäranlage beheizbar. Ort 1.5 km. Mittagsruhe 12.30-14.30 Uhr. Touristen-/Dauerstellplätze 40/20.
2008: P/N 3.50, K/N 6 bis 14 J. 2.–, C MC-St/N 4.–, T-St/N 2.50 bis 3.50, H/N 1.50, KT 1.60, WD zuzügl., Strom/N 2.– oder –.60 (10/16 A). Pauschale: 2 P/N und St/N 10 Euro (1.4. bis 30.6. und 1.9. bis 31.10.).

✉ **77790 Steinach**, Kinzigtal (b12) **7680**

25 ★★★ »CAMPING KINZIGTAL« ⚿ 1.1. bis 31.12.
E.: Thomas Tillmanns ☎ 07832/8122, Fax 6691   30000 qm
www.camping-kinzigtal.de, webmaster@campingplatz-kinzigtal.de

→ B33 Offenburg–Villingen/Schwenningen, nach Steinach abbiegen, beschildert. ✉ Welschensteinacherstr. 34 (GPS: 48°17′45″ N / 08°02′51″ E).

DCC-Vertragsplatz

✉ **72070 Tübingen**, Neckar (c11) **7705**

25 ★★★ »NECKARCAMPING« ⚿ 22.3. bis 31.10.
E.: FGT V.: Familie Henne ☎ 07071/43145, Fax 793391   10000 qm
www.neckarcamping.de, mail@neckarcamping.de

→ A81 Stuttgart–Singen Abf. (28) Herrenberg auf die B28 nach Tübingen. Im Stadtbereich beschildert. ✉ Rappenberghalde 61 (GPS: 48°30′38″ N / 09°02′10″ E).
∴ Wurmlinger Kapelle. Schloss Hohentübingen. Historische Altstadt.

Ebenes, parzelliertes Wiesengelände am Neckar mit altem Baumbestand, durch Holz- oder Rohrbarrieren in Stellfelder unterteilt. Für Zeltler separate Pkw-Abstellung. Sanitäranlage beheizbar. Eintritt in das Schwimmbad ermäßigt. Separater Jugendplatz. Zentrum 1 km entfernt. Mittagsruhe 12.30-14.30 Uhr. Touristen-/Dauerstellplätze 70/45.
2008: P/N 5.50, K/N 3 bis 13 J. 3.70, C MC-St/N 7.80, T-St/N 4.20/6.90, H/N 2.50, WD inkl., Müllgebühr pro Aufenthalt oder Woche 2.–, Strom/N 3.–.
DCC 10% auf P/N.

DCC-Vertragsplatz

✉ **72108 Rottenburg**, Neckar (c11) **7710**

20 ★★★ »CAMPING PAUL WALTHER« ⚿ 1.4. bis 31.10.
P.: CC Stuttgart e.V. ☎ 07472/7301, 0170/5340077, Fax 440388   20000 qm
www.campingclub-stuttgart.de, info@campingclub-stuttgart.de

→ A81 Stuttgart–Singen Abf. (29) Rottenburg über Rottenburg Richtung Hechingen, beschildert. ✉ Schadenweiler Str. 133 / Riegelwiese (GPS: 48°27′17″ N / 08°56′45″ E).
∴ Rottenburg, Bischofsstadt, Römersiedlung.

Gepflegtes, leicht wellig ansteigendes und unparzelliertes Wiesengelände unter Obstbäumen am Waldrand. Sanitäranlage beheizbar. Ort 2 km entfernt. Separater Jugendplatz. Mittagsruhe (Feiert./So.) 13-14.30 Uhr. Touristen-/Dauerstellplätze 20/80.
2008: P/N 4.80, K/N 6 bis 14 J. 2.70, J/N bis 18 J. 3.20, C MC-St/N 4.50, T-St/N 4.–/3.50, H/N 1.–, WD inkl., Müllgeb. St/N 1.–, Strom/N 2.50 (10 A).
DCC/CCI 10% auf P/N.

DCC-Vertragsplatz

✉ **89150 Laichingen-Machtolsheim** (d11) **7715**

25 ★★★★ »CAMPING HEIDEHOF« ⚿ 1.1. bis 31.12.
E.: Heidehof Camping Gesellschaft Machtolsheim/Alb mbH & Co KG
V.: Unseld ☎ 07333/6408, Fax 21463   725 m   250000 qm
www.camping-heidehof.de, heidehof.camping@t-online.de

→ A8 Stuttgart–Ulm Abf. (61) Merklingen Richtung Blaubeuren, beschildert. ✉ Heidehofstr. 50 (GPS: 48°28′40″ N / 09°44′42″ E).
∴ Tiefenhöhle Laichingen (4 km), Blautopf, Hochaltar Blaubeuren.

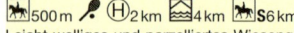

Leicht welliges und parzelliertes Wiesengelände mit Anpflanzungen auf einem Albrücken am Waldrand. Für Kurzcamper separate Wiesenfläche mit Sanitäranlage vor dem Platz.Kindersanität. Massagen. Kirche Unterwegs«. Volleyball. Ort 2 km, Separater Jugendplatz. Mittagsruhe 13-14.30 Uhr. Touristen-/Dauerstellplätze 110/930.
2007: (HS) P/N 6.–, K/N 3 bis 15 J. 3.–, C MC-St/N 7.–, T-St/N 4.–, WD inkl., Strom/N 2.50 oder –.55 (16 A). In NS Ermäßigung.
DCC/CCI 10% auf P/N.

7 Baden-Württemberg

Aufn. Gebr. Metz, Wannweil

Campingplatz **heidehof** 89150 Laichingen-Machtolsheim/Alb, Tel. 0 73 33/64 08, Fax 0 73 33/2 14 63, 6 km von der Ausfahrt Merklingen der BAB Stuttgart–Ulm. Sehr gute Ausstattung, Babyraum, Sanitärraum für Behinderte, SB-Laden, Restaurant, Aufenthaltsraum für Clubs, 2 beheizte Schwimmbäder, Sauna, Kinderspielplatz, Whirlpool, Solarium, Minigolf, Skilift, Beach-Volleyballplatz, Volleyballplatz, Fahrradverleih, in der Nähe Märchengarten, Ponyhof, Aussichtsturm. 4 Blockhütten mit je 4 Betten – befestigte Wohnmobilplätze. 1976 Goldplakette im Bundeswettbewerb der Campingplätze, 1988 Silberplakette. **NEU:** 25 Familienbäder! (7715)

✉ **73345 Hohenstadt,** Schwäb. Alb (d11) **7717**

25 ★★★ »CAMPING WALDPARK HOHENSTADT« 1.1. bis 31.12.
E.: Röhm ☎ 07335/6754, Fax 184574 800 m 75 000 qm
www.waldpark-hohenstadt.de, camping@waldpark-hohenstadt.de
→ A8 Stuttgart–Ulm Behelfsabfahrt (60) Hohenstadt-Westerheim. Noch ca. 3 km bis zum Ortsende Hohenstadt und dann links. ✉ Waldpark 1 (GPS: 48°32'51'' N / 09°40'02'' E).
• Laichinger Tiefenhöhlen. Freilichtmuseum Beuren

S 100 m 500 m 2 km 5 km 7 km
Terrassengelände in Hanglage mit schönem altem Baumbestand und parzellierten Touristenplätzen. Jugendhäuschen. Brötchenservice. Separater Jugendplatz. Ortszentrum 500 m, Sommerbob-Bahn, Gleitschirm-Flugschule, Kletterwald und Kletterfelsen mit Pony und Märchenpark 5 km entfernt. Mittagsruhe 13-15 Uhr. Touristen-/Dauerstellplätze 40/160.
2008: (HS) P/N 4.90, K/N 4 bis 14 J. 3.50, C MC-St/N 6.60, T-St/N 4.20, WD zuzügl., Strom/N 2.50 (16 A). In NS Ermäßigung.
DCC/CCI 10% auf P/N.

✉ **73344 Gruibingen,** Schwäb. Alb (d11) **7718**

★★ »CAMPING WINKELBACHTAL« 1.1. bis 31.12.
I.: Siegfried Schaup ☎/Fax 07335/5153 660 m 35 000 qm
→ A8 Stuttgart–Ulm, Abf. Raststätte Gruibingen oder Abf. (59) Mühlhausen, von beiden Abfahrten Richtung Gruibingen, beschildert. (GPS: 48°35'31'' N / 09°37'28'' E).

350 m 800 m 1 km
Ebenes, unparzelliertes Wiesengelände für Touristen am Platzeingang, sowie ansteigendes Terrassengelände in einem Bachtal. Keine Platzabsperrung. Ort 800 m entfernt. Separater Jugendplatz. Mittagsruhe 13-15 Uhr. Touristen-/Dauerstellplätze 60/50.

Vorhandene Bungalows und Ferienwohnungen auf Campingplätzen sind von Ermäßigungen ausgenommen.

ALBCAMPING – CAMPEN IN WESTERHEIM

Einer der schönsten Campingplätze Europas

- 3 beheizte Becken (25 x 15, 20 x 10, 8 x 5 m), Liegewiese
- Großes Restaurant mit Gartenwirtschaft und SB-Markt
- Sport- und Freizeitangebot, Kinderbetreuung
- 3 beheizte Sanitärgebäude
- Physiotherapeutische Anwendungen, Fitnessraum
- Gemeindeeigenes Hallenbad mit Sauna und Solarium
- Minigolf- und Tennisanlage, Bolzplatz, Volleyballplatz
- Familienpark mit Bobbahn und Streichelzoo
- Transitübernachtung 2-5 Personen, €17.80

Alb-Camping Westerheim Litz & Weller GmbH & Co. KG
72589 Westerheim | fon 07333.6140 | fax 07333.7797
info@alb-camping.de | www.alb-camping.de **(Beschreibung S. 226, 7720)**

72587 Römerstein-Böhringen (d11) 7719

»CAMPING LAUBERG« 1.1. bis 31.12.
P.: Elfriede Huber ☎ 07382/1509, Fax 1074 760m 48000 qm

→ A8 Stuttgart–Ulm Abf. (61) Merklingen auf die B28 Richtung Bad Urach. Nach Römerstein-Böhringen abbiegen, beschildert. ✉ Hinter Lau 7 (GPS: 48°29'11" N / 09°30'27" E).

Terrassiert und parzelliert abfallendes Wiesengelände mit jungen Anpflanzungen, von Wald umgeben. Teilweise mit Grobkies befestigte Stellflächen. FW. Ort 1 km entfernt. Mittagsruhe 13-15 Uhr. Touristen-/Dauerstellplätze 30/120.
2007: (HS) P/N 4.50, K/N 4 bis 14 J. 3.50, St/N 6.50, H/N 1.50, WD inkl., Strom/N 1.– (16 A). In NS Ermäßigung.

DCC-Vertragsplatz

72589 Westerheim, Schwäb. Alb (d11) 7720

»ALB-CAMPING WESTERHEIM« 1.1. bis 31.12.
E.: Litz & Weller GmbH & Co. KG V.: Wahl 820m 200000 qm
☎ 07333/6140 Fax 7797, www.alb-camping.de, info@alb-camping.de

→ A8 Stuttgart–Ulm Behelfsausfahrt gleich hinter dem Tunnel, in Gegenrichtung hinter der Abf. (61) Merklingen kommende Behelfsausfahrt. Dann Richtung Westerheim, beschildert (Feriendorf Silberdistel). ✉ Beim Campingplatz 1. (GPS: 48°30'37" N / 09°36'33" E).
❃ Bekannte Höhlen, Burgen, Blautopf, Blaubeuren, Wildgehege.

Auf einem Albrücken wellig abfallendes, parzelliertes Wiesengelände mit teilweise altem Baumbestand, überwiegend schattenlos. Durch Dauercamper geprägt. Befestigte Mocaplätze. Liegewiese beim Freibad. Sommer-Bob-Bahn. »Kirche Unterwegs«. Haltestelle 1 km, Ort 2 km, Reitschule 3 km entfernt. Mittagsruhe 13-15 Uhr. Touristen-/Dauerstellplätze 80/900.
2008: (HS) P/N 5.90, K/N 4 bis 15 J. 3.30, C MC-St/N 7.20, T-St/N 3.60, WD zuzügl., Strom/N 2.10 (16 A). In NS Ermäßigung
DCC 10% auf P/N.
Anzeige S. 225

72574 Bad Urach, Reutlingen (d11) 7725

»CAMPING PFÄHLHOF« 1.1. bis 31.12.
E.: Werner Koch ☎ 07125/8098, Fax 8091 500m 30000 qm
www.pfaehlhof.de, camping@pfaehlhof.de

→ A8 München–Stuttgart Abf. (57) Kirchheim-Ost in Richtung Dettingen, Lenningen, Grabenstetten nach Bad Urach. ✉ Pfählhof 2.
❃ Grafenstadt Urach. Höhlen. Wasserfälle. Thermalbad. Kletterfelsen.

Ebenes bis leicht ansteigendes, parzelliertes Wiesengelände in einem von bewaldeten Höhen umgebenen Bachtal. Befestigte Mocaplätze. Separate Touristenstellplätze. Ort 3 km entfernt. Separater Jugendplatz. Mittagsruhe 13-15 Uhr. Touristen-/Dauerstellplätze 70/180.
2007: (HS) P/N 4.50, K/N 3 bis 16 J. 2.90, C MC-St/N 5.50, T-St/N 2.70, H/N 1.65, KT 1.–, WD zuzügl., Strom/kWh –.45. Anschlussgeb. 1.90 (16 A). Ab 8 Nächte 10% auf P/N. In NS Ermäßigung.

DCC-Vertragsplatz

72820 Sonnenbühl-Erpfingen (c12) 7730

»AZUR ROSENCAMPING SCHWÄBISCHE ALB«
E.: AZUR Freizeit GmbH 790m 1.1. bis 31.12.
V.: Niedel ☎ 07128/466, Fax 30137 100000 qm
www.azur-camping.de/erpfingen, erpfingen@azur-camping.de

→ B28 Tübingen-Bad Urach, in Reutlingen Richtung Riedlingen einordnen und später nach Sonnenbühl abbiegen, beschildert. ✉ Hardtweg 80. (GPS: 48°21'47" N / 09°10'59" E).
❃ Bärenhöhle, Schloss Lichtenstein, Nebelhöhle.

W 800m 2km 1.5km 3km
Leicht wellig ansteigendes, unparzelliertes Wiesengelände auf einem Albhügel. Öffentlicher Badebetrieb. Trimmpfad, Waldlehrpfad. »Kirche Unterwegs«. Boule. Freiluftschach. Sommer-Bobbahn 500m, Ort 1.5 km, Kletterpark 8km entfernt. Mittagsruhe 12/13-15 Uhr. Im November nur bedingt bewirtschaftet. Touristen-/Dauerstellplätze 125/325.
2008: (HS) P/N 6.50, K/N 2 bis 12 J. 4.–, St/N 7.–, kl. T/N 5.50, H/N 3.50, KT ab 16 J. –.50, WD inkl., Strom/N 2.80 (6/16 A). Für 14 Nächte nur 12 Nächte bezahlen (außer KT und Strom), nicht vom 4.7. bis 24.8. Ermäßigung auf einige Club-Cards. In NS Ermäßigung.
DCC 10%, CCI 5% auf P/N.

88631 Beuron-Hausen, Donau (c12) 7745

»CAMPING WAGENBURG« April bis Okt.
E.: A. Schmidt-Brandenburger 600m 12000 qm
☎ 07579/559, 0160/8449137

→ Straße Tuttlingen–Sigmaringen über Fridingen, in Hausen beschildert. ✉ Kirchstr. 24.
❃ Burgen, Schlösser, Ruinen, Kloster Beuron.

300m
Ebenes bis leicht welliges, unparzelliertes Wiesengelände mit befestigten Mocaplätzen an der Donau, teilweise wenig Schatten. Ort 200 m entfernt. Mittagsruhe 12.30-14.30. Touristen-/Dauerstellplätze 88/12.
2007: (HS) P/N 4.80, K/N 4 bis 14 J. 3.40, St/N 4.30 bis 6.30, H/N 1.50, zuzügl. Strom/kWh –.40 (16 A). Anschlussgebühr 1.50. In NS Ermäßigung.

DCC-Vertragsplatz

72488 Sigmaringen, Donau (c12) 7750

»CAMPING SIGMARINGEN« 1.1. bis 31.12.
P.: Friemauth ☎ 07571/50411, Fax 50412 15000 qm
www.erlebnis-camp.de, info@erlebnis-camp.de

→ B32 Hechingen–Ravensburg oder B313 Stockach–Reutlingen, ab Stadtmitte Sigmaringen beschildert. **Achtung:** B32 aus Richtung Ravensburg erst durch den Tunnel, dann beschildert. ✉ Georg-Zimmerer-Str. 6 (GPS: 48°05'00" N / 09°12'28" E).
❃ Hohenzollernschloß, Wildpark Josefslust.

50m 200m W 300m 2km
Ebenes und parzelliertes Wiesengelände an der Donau, von Büschen und Bäumen umgeben. Wasserwandererstation. Hochseilgarten. Geführte Kanu-Touren. Ort 500 m, Golfplatz (18 Loch) 5km entfernt. Separater Jugendplatz. Mittagsruhe 13-14 Uhr. Touristen-/Dauerstellplätze 110/10.
2007 (HS) P/N 5.–, K/N 6 bis 14 J. 3.70, A/N ab 3.–, C MC-St/N 6.50, T/N ab 2.50, M/N 1.50, B/N 1.–, H/N 1.–, WD zuzügl., Strom/N 3.– (6/16 A). In NS Ermäßigung.
DCC/CCI 10% auf P/N.

88605 Sauldorf (c12) 7770

»CAMPING-TIPIHOF-BECHTOLD« März bis Okt.
E.: Annette Bechtold ☎ 07777/939616, Fax 939257 650m 6000 qm
www.tipihof.de, info@tipihof.de

→ A81/E41 Stuttgart–Singen Abf. (36) Tuningen auf die B523 in östl. Richtung nach Tuttlingen–Hier auf die B311 in Richtung Meßkirch. Ca. 1,8 km hinter Wornsdorf in südl. Richtung abbiegen auf die K8216 in Richtung Bietingen. Weiter über Krumbach nach Sauldorf. ✉ Hardthöfe 9 (GPS: 47°56'54" N / 09°05'06" E).

1.5km 4km
Unparzelliertes, leicht abfallendes Wiesengelände mit altem Baumbestand auf einer Anhöhe am Waldrand neben dem dazugehörigen Bauernhof. Separate Pkw-Abstellung. Sanitäranlage beheizbar. Reservierung erwünscht. Familiäre Atmosphäre. Massagen. Kinderspielraum. Kiosk. Brötchenservice. Streicheltiere. Western-Shop. Indianer-Tipis. Bogenschießen. Lagerfeuer. Ort 2 km entfernt. Mittagsruhe 12-14 Uhr. 30 Touristenplätze.
2008: P/N 4.50, K/N 3 bis 13 J. 3.–, C MC-St/N 5.–, T-St/N 3.– bis 5.–, H/N 1.–, WD inkl., Strom/N 2.50 (16 A).
DCC 10% auf P/N.

Wegen oft wechselnden Größenangaben für die einzelnen Stellparzellen durch die Platzhalter veröffentlicht der DCC nur noch die Camping-Gesamtfläche in qm und den Hinweis »parzelliert« oder »unparzelliert«.

Campen + Kuren
Pfählhof Bad Urach ★★★

Gepflegte Platzanlage im Herzen der Schwäbischen Alb. Herrliche Waldwanderungen. Streichelzoo. Gaststätte mit Kiosk. Mietwohnwagen. Thermalbad (4,0 km).
(7725)

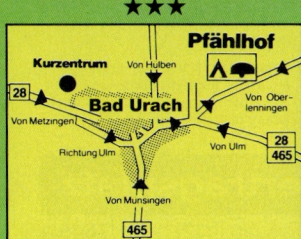

Wir freuen uns auf Ihren Besuch.

Telefon (0 71 25) 80 98.

8.00 – 13.00 und 15.00 – 22.00 Uhr, ganzjährig geöffnet.

✉ 79263 Simonswald, Waldkirch (b12) 7813

30 ★★★★ »CAMPING SCHWARZWALDHORN« 20.3. bis 20.10.
E.: Rudolf Evers ☎ 07683/477, 1048, Fax 909169 375 m 15 000 qm
www.schwarzwald-camping.de, evers@schwarzwald-camping.de

→ B 294 Freiburg–Elzach, nach Simonswald abbiegen. Im Ort beschildert. ✉ Effersbachstr. 4 b (GPS: 48°06′02″ N / 08°03′05″ E).
✤ Simonswalder Tal, Kandel.

Terrassiertes Wiesengelände in Hanglage, parzelliert mit separater Pkw-Abstellung. Befestigte Mocaplätze. Ponyreiten. Separater Jugendplatz. Ort 500 m entfernt. Touristen-/Dauerstellplätze 81/14.
2008: (HS) P/N 4.50, K/N 1 bis 15 J. 3.–, St/N 12.–, H/N 2.50, KT 1.40, WD inkl., Strom/kWh –.60 (16 A). Schwimmbad inkl. In NS Ermäßigung.

DCC-Vertragsplatz
✉ 79183 Waldkirch-Siensbach (b12) 7815

25 ★★★ »CAMPING ELZTALBLICK« 1.4. bis 15.10.
E.: Georg Anton Hoch ☎ 07681/4212, Fax 4213 360 m 15 000 qm
www.camping-elztalblick.de, elztalblick@t-online.de

→ B 294 Freiburg/Nord–Elzach bis ca. 1 km hinter dem Tunnelausgang Abf. Waldkirch/Ost, dann nach Siensbach abbiegen, beschildert. ✉ Biehlstr. 10 (GPS: 48°06′08″ N / 07°59′28″ E).
✤ Kandel 1250 m, Freizeitpark Rust, Heimatmuseum, Zoo, Drachenfliegen.

Unparzellierter Terrassenplatz mit Biergarten und schönem Ausblick ins Elztal. In HS Reservierung erst ab 1 Woche möglich. Kiosk. Ort 2 km entfernt. Mittagsruhe 12-15 Uhr. Touristen-/Dauerstellplätze 75/25.
2008: P/N 6.–, 2 K/N bis 14 J. 3.50, St/N 6.–, H/N 1.–, KT 1.40, WD und Schwimmbad inkl., Strom/N 2.– oder kWh –.60 (16 A).
DCC 10% auf P/N.

✉ 78199 Bräunlingen-Unterbränd (c12) 7823

25 ★★★★ »CAMPING KIRNBERGSEE« 1.1. bis 31.12.
E.: Manfred Huth ☎ 07654/7510, Fax 921844 840 m 50 000 qm
www.camping-kirnbergsee.de, info@camping-kirnbergsee.de

→ B 31 Titisee–Donaueschingen, bei Löffingen abbiegen nach Unterbränd. ✉ Seestr. 15 (GPS: 47°55′45″ N / 8°21′52″ E).

Parzelliertes Wiesengelände in Hanglage am See, teilterrassiert. Durch Dauercamper-Platzteil vom Sanitärgebäude getrennt. Reservierung in HS erforderlich. Segeln nur bis 10 qm Segelfläche. Ort (Dittishausen) 4 km entfernt. Separater Jugendplatz. Mittagsruhe 13-15 Uhr. Touristen-/Dauerstellplätze 75/75.
2008: (HS) P/N 5.–, K/N 3 bis 16 J. 3.50, A/N 2.50, C MC/N 8.–, T/N 4.50, M/N 2.50, H/N 1.50, KT –.50, WD inkl., Müllgeb. St/N –.50, Strom/N 2.50 oder kWh –.50 (16 A), Anschlussgeb. 1.–. In NS Ermäßigung.
CCI 10% auf P/N.

DCC-Vertragsplatz
✉ 78166 Donaueschingen (c12) 7825

25 ★★★★ »RIEDSEE-CAMPING« 1.1. bis 31.12.
E.: Thomas Eike V.: Bodmer ☎ 0771/5511, Fax 15138 80 000 qm
www.riedsee-camping.de, info@riedsee-camping.de

→ A 81 Stuttgart–Singen Abf. (37) AB-Dreieck Bad Dürrheim Richtung Donaueschingen und später Geisingen. Über Pfohren abbiegen, beschildert. ✉ Am Riedsee 11 (GPS: 47°56′15″ N / 8°32′03″ E).
✤ Donauquelle, Schloss, Zusammenfluss von Brigach und Breg.

Ebenes, parzelliertes und teilweise schattenloses Wiesengelände zwischen einer Bahnlinie (nachts kein Zugverkehr) und dem See mit Strandbad (öffentlicher Badebetrieb). Von Mitte Okt. bis Ende März Montag u. Dienstag Ruhetag. Kinderspielräume. Kegelbahnen. Ort 5 km entfernt. Mittagsruhe 12.30-14 Uhr. Touristen-/Dauerstellplätze 80/390.
2008: (HS) P/N 4.80, K/N 5 bis 10 J. 3.80, C MC-St/N 9.–, T-St/N 4.50 bis 5.50, H/N 3.50, KT –.50, WD und Strandbad inkl., Müllgeb. St/N –.50, Strom/N –.30 plus kWh –.45 (16 A). In NS Ermäßigung.
DCC/CCI 10% auf P/N.

DCC-Vertragsplatz
✉ 78073 Bad Dürrheim-Sunthausen (c12) 7828

25 ★★★★ »NATURCAMPING BAD DÜRRHEIM« 1.1. bis 31.12.
P.: Uwe Siekmeier & Boris Zepf GbR ☎ 07706/712, Fax 922906
www.naturcamping-badduerrheim.de, 720 m 80 000 qm
info@naturcamping-badduerrheim.de

→ A 81 Stuttgart–Singen Abf. (36) Tuningen, beschildert. ✉ Am Steigle 1 (GPS: 48°00′15″ N / 08°34′59″ E).
✤ Kurpark Bad Dürrheim. Narren- und Jagdmuseum.

Vom Seeufer teilweise terrassiert und ansteigendes Wiesengelände mit parzellierten Stellflächen. In HS (25.5. bis 10.6. und 1.7. bis 16.9.) wird der Stellplatz mit mindestens 2 P/N gerechnet. Beach-Volleyball. Baden im See wird nicht empfohlen. Separater Jugendplatz. Ort 500 m, Sportpark 4 km, Eissporthalle und Golfplatz (18 Loch) 8 km entfernt. Mittagsruhe 12-14 Uhr. Touristen-/Dauerstellplätze 200/120.
2007: P/N 5.–, K/N 6 bis 11 J. 2.80, 12 bis 16 J. 3.80, C MC-St/N 9.–/10.–, T/N 5.–/8.–/11.–, M/N 1.–, H/N 1.50/2.50, KT ab 12 J./ab 18 J. –.45/1.–, WD zuzügl., Müllgebühr P/N –.50, Strom/N 2.50 oder kWh –.50 (16 A). Anschlussgebühr 2.–. Ab 3 Nächte Aufenthalt (15.9. bis 10.5.) 20% Erm.
DCC 10% auf P/N.

72355 Schömberg, Balingen (c12) — 7835

★★★ »CAMPING AM STAUSEE«
1.1. bis 31.12. 12000 qm
E.: Heiner Burkhardt ☎ 07427/91111, Fax 91112
www.heinerscamp.de, heinerscamp@aol.com
660 m
→ B27 Balingen–Rottweil Abf. Schömberg Richtung Stausee, beschildert.
✉ Am Stausee 2 (GPS: 48°12'41" N / 08°46'13" E).

Leicht ansteigendes, parzelliertes Wiesengelände an einem Waldstreifen oberhalb des Stausees. Durch Dauercamper geprägt. Sonn- und Feiertags Fahrrad-Shuttle ab Platz. Ort 1 km entfernt. Separater Jugendplatz. Mittagsruhe 13-15 Uhr. Touristen-/Dauerstellplätze 45/50.

DCC-Vertragsplatz

79117 Freiburg im Breisgau (b12) — 7845/1

25 ★★★★ »CAMPING MÖSLEPARK«
14.3. bis 28.10. 7000 qm
P.: Claus Busse ☎ 0761/7679333, Fax 77578
www.camping-freiburg.com, information@camping-freiburg.com
→ A5 Karlsruhe–Basel Abf. (62) Freiburg-Mitte auf die B31 nach Freiburg. Hier vor dem Tunnel links und dann bei der Stadthalle rechts abbiegen. ✉ Waldseestr. 77 (GPS: 47°58'54" N / 7°52'55" E).
♣ Dom, Schauinsland (1284 m).

Leicht abfallendes, unparzelliertes Wiesengelände mit altem Baumbestand am Waldrand. Waldkurbad mit Massagen und Krankengymnastik. FW. Indianer-Tipi. Zentrum 2.5 km entfernt. Mittagsruhe 12-14.30 Uhr. 75 Touristenplätze.
2007: (HS) P/N 6.–, K/N bis 6 J. 2.–, 7 bis 12 J. 2.60, A/N 2.50, C T/N 3.50 bis 4.50, MC/N 5.90, M/N 1.80, H/N 1.60, WD inkl., Strom/N 2.– (16 A). In NS Ermäßigung.
DCC/CCI 10% auf P/N.

79104 Freiburg im Breisgau (b12) — 7845/2

25 ★★★★ »HIRZBERG CAMPING«
1.1. bis 31.12. 14000 qm
P.: Georg Ziegler ☎ 0761/35054, Fax 289212
www.freiburg-camping.de, hirzberg@freiburg-camping.de
→ A5 Karlsruhe–Basel Abf. (62) Freiburg-Mitte auf die B31 Richtung Titisee und Ebnet-Stadien. Nicht in den Tunnel einfahren. Am Sandfangweg links, der Beschilderung folgen. ✉ Kartäuserstr. 99 (GPS: 47°59'32" N / 7°52'26" E).
♣ Freiburger Münster. Schauinsland (1284 m).

Ebenes oder leicht ansteigendes, unparzelliertes Wiesengelände mit altem Baumbestand auf zwei Geländestufen. Fahrradservice. Separater Jugendplatz. Zentrum 1.2 km entfernt. Mittagsruhe 13-15 Uhr. Touristen-/Dauerstellplätze 80/10.
2007: (HS) P/N 6.–, K/N bis 6 J. 2.–, 7 bis 12 J. 2.50, A/N 2.–, C T/N 3.50 bis 4.50, MC/N 4.50, M/N 1.50, H/N 1.–, WD inkl., Strom/N 2.– oder kWh –.40 (10 A). In NS Ermäßigung.

79108 Freiburg-Hochdorf (b12) — 7845/3

25 ★★★ »BREISGAU-CAMPING AM SILBERSEE«
1.1. bis 31.12. 200000 qm
E.: Klaus Frenzel V.: Faller ☎ Fax 07665/2346
Breisgau-camping@online-camper.de
→ A5 Karlsruhe–Basel Abf. (61) Freiburg–Nord, beschildert. Hinter der 2. Unterführung rechter Platz. ✉ Seestr. 20 (GPS: 48°03'37" N / 07°49'20" E).
♣ Kaiserstuhl.

Langgestrecktes, ebenes und überwiegend parzelliertes Wiesengelände neben dem Strandbad Silbersee. Befestigte Fahrspuren für Mocas. Angeln in HS nicht möglich. Ort 2 km entfernt. Mittagsruhe 12.30-14 Uhr. Touristen-/Dauerstellplätze 200/400.
2008: P/N 5.–, K/N bis 12 J. 2.50, St/N 5.50, WD zuzügl., Müllgeb. St/N –.50, Strom/N 1.50 (10 A).

79108 Freiburg-Hochdorf (b12) — 7845/4

★★★ »CAMPING TUNISEE«
April bis Okt. 300000 qm
E.: Tunisee Betriebs GmbH ☎ 07665/2249, Fax 95134
www.tunisee.de, info@tunisee.de
→ A5 Karlsruhe–Basel Abf. (61) Freiburg-Nord, beschildert. Hinter der 2. Unterführung linker Platz. ✉ Seestraße (GPS: 48°03'52" N / 07°48'51" E).
♣ Freiburg, Schwarzwald.

Ebenes, parzelliertes Wiesengelände mit teilweise altem Baumbestand am See. DLRG-Station und Uferliegewiesen. Sanitäranlage beheizbar. Imbiss. Ort 2 km entfernt. Mittagsruhe 13-15 Uhr. Touristen-/Dauerstellplätze 150/350.

79241 Ihringen, Breisgau (b12) — 7851

30 ★★★★ »KAISERSTUHL-CAMPING«
14.3. bis 30.10. 95000 qm
E.: Familie Breiss ☎ 07668/950065, Fax 950071
www.kaiserstuhlcamping.de, info@kaiserstuhlcamping.de
→ A5 Karlsruhe–Basel Abf. (62) Freiburg-Mitte auf die B31 nach Umkirch. Hier links ab über Merdingen nach Ihringen, beschildert. ✉ Sportzentrum-Nachtwaid 5 (GPS: 48°01'492" N / 07°39'27" E).

Ebenes parzelliertes Wiesengelände mit teilweise junger Bepflanzung bei einem Sport- und Freizeitcenter. Ort 1 km entfernt. Mittagsruhe 12.30-14.30. Touristen-/Dauerstellplätze 180/15.
2008: (HS) P/N 7.–, K/N bis 14 J. 4.–, St/N 2.–/4.–/8.50, H/N 2.–/2.50, WD zuzügl., Schwimmbad inkl., Müllgeb. St/N –.80, Strom/kWh –.50 (16 A). In NS Ermäßigung.
DCC/CCI 10% auf P/N.

DCC-Vertragsplatz

79206 Breisach-Hochstetten (b12) — 7852

20 ★★★ »CAMPING MÜNSTERBLICK«
23.3. bis 5.11. 6000 qm
E.: Familie Ehrhardt ☎ 07667/93930, Fax 939393
www.adler-hochstetten.de, adler-hochstetten@t-online.de
→ A5 Karlsruhe–Basel Abf. (64) Bad Krozingen auf die B31 Richtung Breisach bis 1 km vor Breisach, beschildert. ✉ Hochstetterstr. 11 (GPS: 48°01'082" N / 07°36'347" E).
♣ Breisacher Münster. Kaiserstuhl.

Ebenes, überwiegend parzelliertes Wiesengelände hinter dem Hotel Adler. Aufnahme bis 21 Uhr. FW. Ort 2.5 km entfernt. Mittagsruhe 12-14 Uhr. Touristen-/Dauerstellplätze 45/5.
2008: P/N 4.70, K/N bis 6 J. 2.–, J/N bis 14 J. 3.50, C-St/N 5.20, MC/N 6.70, T-St/N 4.70, H/N 1.10, WD zuzügl., Müllgeb. P/N 1.–, Strom/kWh –.70 (10 A), Anschlussgebühr –.80.
DCC 10% auf P/N.

79271 St. Peter, Schwarzwald (b12) — 7853

20 ★★★ »CAMPING STEINGRUBENHOF«
1.1. bis 31.12. 15000 qm
E.: Adolf Blattmann ☎ 07660/210 Fax 1604
760 m
www.camping-steingrubenhof.de, info@camping-steingrubenhof.de
→ B31 Freiburg–Titisee, über Stegen abbiegen oder B294 Freiburg/Nord–Waldkirch, bei Denzlingen abbiegen nach St. Peter. ✉ Haldenweg 3 (GPS: 48°01'082" N / 07°36'347" E).
♣ Klosterkirche St. Peter mit Bibliothek, Kandel (1200 m).

Parzelliertes Wiesengelände in Hanglage neben dem Anwesen, teilterrassiert mit gekiesten Stellflächen. Schöner Ausblick zum Kandel. FW. Tischtennis-Raum. Ort 1 km entfernt. Separater Jugendplatz. Mittagsruhe 12-14 Uhr. Touristen-/Dauerstellplätze 50/100.
2007: P/N 4.50, K/N 4 bis 16 J. 2.50, St/N 5.50, H/N 2.–, KT 1.15, WD zuzügl., Strom/N 1.50 oder kWh –.40 (10 A), Anschlussgebühr 1.–.

Einmalig am Kaiserstuhl liegt diese zu den schönsten Campingplätzen gehörende Parkanlage. Es erwartet Sie eine gepflegte Ferienanlage im Freizeitzentrum mit solarbeheiztem Freibad, Sport- u. Tennisplätzen, Tennishalle und Solarien rund um den 9,5 ha großen Campingpark. In Ihringen am Kaiserstuhl, dem wärmsten Ort Deutschlands.
Kaiserstuhl Camping, D-79241 Ihringen, Tel. 07668-950065, Fax 07668-950071
www.kaiserstuhlcamping.de (7851)

79199 Kirchzarten, Schwarzwald (b12) 7855

40 ★★★★★ »CAMPING KIRCHZARTEN« 1.1. bis 31.12.
E.: Gemeinde P.: Familie G. Ziegler GbR 400 m 56 000 qm
07661/9040910, Fax 61624
www.camping-kirchzarten.de, info@camping-kirchzarten.de

→ A5 Karlsruhe–Freiburg Abf. (62) Freiburg-Mitte auf die B31 Freiburg –Titisee, nach Kirchzarten abbiegen. Im Ort beschildert. Dietenbacher Str. 17 (GPS: 47°57'38" N 07°57'03" E).
Höllental.

Leicht ansteigendes, parkartiges und parzelliertes Wiesengelände neben dem Schwimmbad. Befestigte Mocaplätze. Reservierung in HS erforderlich. Kinder- und Jugendraum. Kindersanitär. Massagen und Kneippbecken. Skibus-Service. Tennishalle 100 m, Ort 300 m entfernt. Touristen-/Dauerstellplätze 415/80.
2008: P/N 9.50, K/N 4 bis 15 J. 4.90, St/N 7.60, H/N 1.50, WD u. Freibad inkl., Strom/N 1.50 oder kWh –.50 (16 A).

79254 Oberried bei Kirchzarten (b12) 7856

20 ★★★ »CAMPING KIRNERMARTESHOF« 1.1. bis 31.12.
E.: Erich Jautz 07661/5073, 4727, Fax 980002 500 m 25 000 qm
www.kirnermartes.de, info@kirnermartes.de

→ A5 Karlsruhe–Freiburg Abf. (62) Freiburg-Mitte auf die B 31 Richtung Titisee, bei Kirchzarten abbiegen nach Oberried. Vörlinsbach 19 a. (GPS: 47°55'48" N 07°57'32" E).
Sommerrodelbahn, Bergwildpark, Museum.

Terrassiertes Wiesengelände, unparzelliert und schattenlos an einem Hang mit separatem Dauercamperteil unter Obstbäumen, teilweise terrassiert. Schöner Blick ins Dreisamtal. Imbiss in HS. Eigene Schnapsbrennerei. FW. Ort 500 m entfernt. Separater Jugendplatz. Mittagsruhe 13-15 Uhr. Touristen-/Dauerstellplätze 35/65.
2007: (HS) P/N 4.40, K/N 4 bis 14 J. 3.–, St/N 4.20, H/N 1.–, KT 1.–, WD inkl., Strom/N 1.50 oder kWh –.40 (16 A). In NS Ermäßigung.

DCC-Vertragsplatz

79674 Todtnau-Muggenbrunn (b12) 7858

25 ★★★★ »CAMPING HOCHSCHWARZWALD« 1.1. bis 31.12.
E.: Versteegen-Gaijkhorst GbR 1050 m 24 000 qm
07671/1288, Fax 9999943
www.camping-hochschwarzwald.de, camping.hochschwarzwald@web.de

→ A5 Karlsruhe–Freiburg Abf. (62) Freiburg-Mitte auf die B31 Richtung Titisee, bei Kirchzarten abbiegen Richtung Todtnau. Teilweise bis zu 14% Steigung, beschildert. Oberhäuserstr. 6. (GPS: 47°51'56" N / 7°54'59" E).
Feldberg, Freizeitpark Steinwasen, Mountainbike-Downhill Strecke, Belchen.

Anzeige S. 230

Unparzellierter Terrassenplatz mit teilweise gekiesten Stellflächen oberhalb der Straße an einem Waldhang. Reservierung erwünscht. Eigener Skilift. Ski-Trockenraum. Ort 200 m entfernt. Touristen-/Dauerstellplätze 45/45.
2008: P/N 4.80, K/N 3 bis 12 J. 2.80, C MC-St/N 5.90, T-St/N 4.20 bis 5.90, H/N 1.50, KT 1.70, WD zuzügl., Strom/kWh –.50 (10 A).
DCC 10% auf P/N.

79677 Schönau, Wiesental (b12/13) 7859

★★ »CAMPING SCHÖNENBUCHEN« 1.1. bis 31.12.
P.: Helena Schmidt 07673/7610, Fax 931620 550 m 9000 qm
info@camping-schoenau.de

→ B317 Lörrach–Todtnau, am Ortsende von Schönau. Beschildert. (GPS: 47°47'29" N 7°54'03" E).

400 m

Leicht welliges, teilweise durch Hecken parzelliertes Wiesengelände hinter dem Schwimmbad am »Wieseufer«. Durch Dauercamper geprägt. Fahrradverleih 500 m, Ort 800 m entfernt. Separater Jugendplatz. Mittagsruhe 13-15 Uhr. Touristen-/Dauerstellplätze 50/40.

Caravanvermietung!
Ganzjährig geöffnet!
Wintercamping!
Bitte Prospekt anfordern

(7855)

Unser familiär geführter Campingplatz liegt am Fuße des südlichen Schwarzwaldes in der Nähe von Freiburg. Ein tolles Freischwimmbad mit vier Becken direkt am Platz, Kinderspielplätze, schöne Sanitäreinrichtungen, Tennisplätze und Tennishalle, Reithof, Mountainbikestrecken und herrliche Wanderwege lassen keine Wünsche offen. Attraktionen wie z.B. der Steinwasen- und Europa-Park sind leicht zu erreichen. Wir freuen uns auf Ihren Besuch. Ihre Familie Ziegler

Kirchzarten
Luftkurort im Schwarzwald
Tel. +49 (0)7661/9040910
Fax +49 (0)7661/61624
www.camping-kirchzarten.de
info@camping-kirchzarten.de

Bus- und Bahnbenutzung kostenlos

- **SOMMERCAMPING** im herrlichen Wandergebiet Feldberg-Belchen, umgeben von Wiesen und Wäldern
- **WINTERCAMPING** direkt an Skiliften und Loipen
- hervorragende Ausstattung
- **Mit der Inklusiv-Gästekarte:** Gratis mit Bussen und Bahnen im Südlichen und Mittleren Schwarzwald ★★★★

FERIENCAMPING HOCHSCHWARZWALD
79674 TODTNAU-MUGGENBRUNN

Telefon 0 76 71/12 88, Fax 0 76 71/9 99 99 43 (Beschreibung S. 229, 7858)
E-Mail: camping.hochschwarzwald@web.de
Internet: www.camping-hochschwarzwald.de

DCC-Vertragsplatz

 79822 Titisee, Schwarzwald (b12)   7860/1

★★★ »NATUR-CAMPING WEIHERHOF« 1.5. bis 15.10.
E.: M. Schmidt-Lesser ☎ 07652/1468, 228 Fax 1478 840 m 15000 qm
www.camping-titisee.de, kontakt@camping-titisee.de

→ B31 Freiburg–Donaueschingen, in Titisee beschildert, 2. Platz links, steile Abfahrt. ✉ Bruderhalde 26 (GPS: 47°53'23" N / 08°08'03" E).
Hochschwarzwald mit Feldberg.

Ebenes und lichtes Waldgelände am Ufer des Sees, mit einigen Hangterrassen. Teilweise parzelliert und durch Holzbarrieren in Stellfelder unterteilt. Öffentlicher Badebetrieb. Strandduschen. W-LAN. Tretbootverleih. Separater Jugendplatz. Ort 1.2 km entfernt. Mittagsruhe 13-15 Uhr. 150 Touristenplätze.
2007: (HS) P/N 4.80, K/N 3 bis 16 J. 3.–, A/N 3.50, C T/N 4.–, MC/N 7.–, M/N 3.–, H/N 1.70, KT 1.50, WD inkl., Strom/N 1.70 (10 A). In NS Erm.
DCC/CCI 10% auf P/N.

DCC-Vertragsplatz

 79822 Titisee, Schwarzwald (b12)   7860/2

★★★★★ »CAMPING BANKENHOF« 1.1. bis 31.12.
P.: M. u. Chr. Schubnell ☎ 07652/1351, Fax 5907 850 m 35000 qm
www.camping-bankenhof.de, info@camping-bankenhof.de

→ B31 von Freiburg oder Donaueschingen, in Titisee rechts abbiegen, beschildert. 3. Platz. ✉ Bruderhalde 31a. (GPS: 47°53'08" N / 08°07'52" E).
Höllental. Hochschwarzwald.

Ebenes bis leicht welliges, parzelliertes Gelände in Seenähe, von Wald begrenzt. Gekieste Stellflächen. Für Kurzcamper Stellfläche vor dem Platz. Kleinkindersanitär. Seminarraum. Jugendraum. Kostenlose Hundedusche. In HS Ponyreiten. Skibus-Service. Ski-Trockenraum. Fitnessraum. »Kirche Unterwegs«. Ort 2.5 km entfernt. Separater Jugendplatz.

Mittagsruhe 12.30-14 Uhr. Touristen-/Dauerstellplätze 190/30.
2008: (HS) P/N 5.80, K/N 3 bis 15 J. 2.90, St/N 6.90, H/N 2.–, KT 1.50, WD inkl., Strom/kWh –.50 (16 A). In NS Ermäßigung.
DCC/CCI 10% auf P/N.

DCC-Vertragsplatz

 79822 Titisee, Schwarzwald (b12)   7860/3

★★★★ »TERRASSENCAMPING SANDBANK« 29.3. bis 19.10.
P.: Helge Sips ☎ 07651/8243, 8166, Fax 8286, 88444 840 m 30000 qm
www.camping-sandbank.de, info@camping-sandbank.de

→ B31 Freiburg–Donaueschingen, in Titisee rechts abbiegen, beschildert. 4. Platz. Die 400 m lange Zufahrt ist in der HS von 23 bis 6 Uhr geschlossen. ✉ Seerundweg 9 (GPS: 47°53'14" N / 8°8'20" E).
Hochschwarzwald mit Feldberg.

In Terrassen zum Waldrand ansteigendes, parzelliertes Gelände mit gekiesten Stellflächen am Südufer des Titisees. Badesteg und Liegewiese. Teilweise wenig Schatten. Motorradfahrer werden nicht aufgenommen. Sanitäranlage beheizbar. Separater Jugendplatz. Ort 1.5 km entfernt. Mittagsruhe 12.30-14 Uhr. Touristen-/Dauerstellplätze 200/15.
2008: (HS) P/N 4.90, K/N 5 bis 15 J. 2.70, St/N 7.–/8.–, H/N 1.50, KT 1.30, WD zuzügl., Strom/N 1.40 (16 A). In NS Ermäßigung.
DCC/CCI 10% auf P/N.

 79822 Titisee, Schwarzwald (b12)   7860/4

★ »CAMPING BÜHLHOF« 15.12. bis 31.10.
E.: Hertha Jäger ☎ 07652/1606, Fax 1827 950 m 40000 qm
www.camping-bühlhof.de, hertha-jäger@t-online.de

→ B31 Freiburg–Donaueschingen, in Titisee beschildert. 1. Platz rechts. Steile Auffahrt. ✉ Bühlhofweg 13. (GPS: 47°53'43" N / 8°8'16" E).

Leicht zum Waldrand ansteigendes, parzelliertes und teilweise terrassiertes Wiesengelände oberhalb des Titisees, von Baumreihen durchzogen. Imbiss. Mocastation nur für Platzgäste. Ort 1 km entfernt. Mittagsruhe 13-14.30 Uhr. Touristen-/Dauerstellplätze 250/120.
2007: (HS) P/N 6.–, K/N 2 bis 16 J. 3.–, St/N 7.–, H/N 2.30, WD zuzügl., Strom/N 1.80 oder kWh –.50 (16 A). In NS Ermäßigung.

Campingplatz Bankenhof am Titisee ★★★★

- Familiencampingplatz ganzjährig geöffnet mit tollen Sparangeboten
- Komfortable Sanitäranlagen auch für Behinderte und Kinder
- Viele Freizeit- und Sportmöglichkeiten wie GoKarts, Tischtennis, Kinderkino uvm.
- Internet, Restaurant, kleiner Supermarkt

(7860/2)

www.bankenhof.de

Campingplatz Bankenhof
Hinterzarten am Titisee — Bruderhalde 31a — Telefon +49 (0) 7652 1351 — info@bankenhof.de
Martin & Christian Schubnell GbR — 79822 Titisee — Telefax +49 (0) 7652 5907 — www.bankenhof.de

TERRASSENCAMPING »SANDBANK«

79822 Titisee/Hochschwarzwald

Heilklimatischer Kurort, in reizvoller Landschaft direkt am ruhigen Ende des Sees gelegen mit eigenem Badestrand und Liegewiese. Unser Platz ist mit allem Komfort ausgestattet. Moderne beheizte Sanitäranlage mit Kindereinrichtung. In der Zeit vom 1. 4. bis 30. 6. und 1. 9. bis 20. 10. gewähren wir zusätzlich zu Nebensaisonpreisen ab 11 Tage Rabatt. **4 Sterne Platz des DCC und DTV.**

Tel. 0 76 51/82 43, 81 66, Fax 0 76 51/82 86, 8 84 44
http://www.camping-sandbank.com
email: info@camping-sandbank.com

VERMIETUNG VON FERIENWOHNUNGEN AUCH IM WINTER

(7860/3)

7 Baden-Württemberg

Kurcampingplatz »KREUZHOF« (7875)

79853 LENZKIRCH
Telefon 0 76 53/700 + 14 50
Telefax 0 76 53/66 23
www.camping-kreuzhof.de
info@camping-kreuzhof.de

Der Komfort-Ferienplatz für den Campingfreund.

- beheiztes Hallenbad
- Naturbadesee
- 2 gemütliche Gaststätten
- Neues Sanitärgebäude
- SB-Markt   **Ganzjährig geöffnet**

Im Herzen des Hochschwarzwaldes (Feldberg, Titisee) am Ostrand des heilklimatischen Kurorts Lenzkirch liegt unser schöner Campingplatz. Wir bieten Ihnen moderne, sanitäre Anlagen, Waschräume für Behinderte mit WC u. Dusche, Baby-Wickelraum, Familienwaschräume, Hobby- und Fernsehraum. Sauna mit Dampfbad u. Solarium. Kinderspielplatz, Bolzplatz, schöne Basketball-Anlage, Outdoor-Tischtennis, Reiten (5 Gehminuten). SB-Geschäft, Wasch- u. Trockenautomat, Gasverkauf. Angebote in Lenzkirch: beheiztes Schwimmbad, Kurhaus, Kurpark, gepflegte Wanderwege, Langlaufloipen usw. 9-Loch-Golfplatz (18 km).

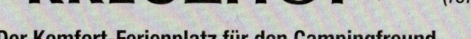

DCC-Vertragsplatz

79859 Schluchsee, Schwarzwald (b12)   **7870**

★★★ »CAMPING WOLFSGRUND«   1.1. bis 31.12.
E.: Gemeinde V.: Gatti   950 m   40 000 qm
07656/7732, Fax 7759
www.camping-schluchsee.de, info@camping-schluchsee.de
→ B500 Feldberg–Waldshut, kurz vor Schluchsee rechts, beschildert.
Im Gwann. (GPS: 47°49'19" N / 8°9'46" E).
Schluchseekraftwerk, Hochschwarzwald.

Parzellierter Terrassenplatz oberhalb des Sees in Südanlage, fast schattenlos. Uferzugang durch Bahnunterführung. Separater Jugendplatz. Der separate Platz für Dauercamper mit eigenen Sanitäreinrichtungen ist 300 m das Zentrum 1 km entfernt. Mittagsruhe 13-15 Uhr. Touristen-/Dauerstellplätze 200/100.
2008: (HS) P/N 4.50, K/N 6 bis 15 J. 2.50, St/N 7.–, H/N 2.–, KT 1.90, WD inkl., Strom/kWh –.45 (16 A). In NS Ermäßigung.
DCC/CCI 10% auf P/N.

79853 Lenzkirch, Hochschwarzw. (c12)   **7875**

★★★★ »KUR-CAMPING KREUZHOF«   1.1. bis 31.12.
E.: Ernst Rogg   07653/700, Fax 6623   810 m   20 000 qm
www.camping-kreuzhof.de, info@camping-kreuzhof.de
→ B315 Titisee–Bonndorf Abf. Lenzkirch. Am Ortsende links, beschildert.
Bonndorferstr. 65. (GPS: 47°51'42" N / 8°13'27" E).
Hochschwarzwald. Schluchsee. Titisee. Feldberg (1493 m).

Ebenes bis leicht welliges Wiesengelände auf zwei Geländestufen neben einer Brauerei. Naturbadesee. Physiotherapie. Kabel-TV. Hundebad. Verkehrsverbund KONUS gratis. Separater Jugendplatz. Ort 2 km entfernt. Mittagsruhe 13-15 Uhr. Touristen-/Dauerstellplätze 120/40.
2008: (HS) P/N 4.90, K/N 2 bis 14 J. 3.20, St/N 7.40, H/N 2.–, WD zuzügl., Strom/kWh –.50 (16 A). Anschlussgebühr 1.50. In NS Ermäßigung.

Die Gebühren werden von den Platzhaltern lange vor Erscheinen des Campingführers gemeldet. Daher sind Abweichungen möglich.

Schluchsee

Campingplatz Wolfsgrund ★★★★

Direkt am größten Schwarzwaldsee

(7870)

Winter-camping 930 m – 1300 m ü. M.

- Ganzjährig geöffnet
- Herrliche Südlage
- Segeln/Surfen
- Spaß- und Freizeitbad »Aqua-fun«
- Radwegenetz
- Eigener Badestrand
- Wintercamping – Loipen – Lifte
- Kurcamping
- 10% Ermäßigung auf Personengebühr für DCC-Mitglieder

- Information + Reservierung:
  Tourist Information
  79859 Schluchsee
  Tel.: 0 76 56/77 32 oder 0 76 56/5 73 (Platzwart)
  Fax: 0 76 56/77 59
  www.schluchsee.de
  info@schluchsee.de

Familie Edmund Böhl
Mettmatalstraße 2
79685 Grafenhausen-Rothaus
Tel. 0 77 48/8 00
Tel. 0 77 48/92 97 32
Fax 0 77 48/92 97 36
E-Mail: info@flair-camp.de
www. flair-camp.de

Campen bei Freunden! Unser Campingplatz ist mit modernen Sanitäranlagen – Behindertendusche – Geschirrspül- und Wäschewaschbecken – Waschmaschine – Wäschetrockner – Chemieausguss – Entsorgungsmöglichkeit für Wohnmobile – Gasverkauf, sowie einer Gaststätte – Kinderspielplatz – Tischtennis ausgestattet.
Im Umkreis von 2,5 km gibt es einige Freizeitmöglichkeiten! (7876)
Reiten – Schwimmen – Segeln – Angeln – Kanu – Tennis – Kuranwendungen – Schluchsee – Schlüchtsee (Moorbadesee). Im Winter Langlauf – Abfahrt – Skilift – Schlittschuhlaufen. Wir legen Wert auf **Ruhe** und **Erholung**!

DCC-Vertragsplatz

79865 Grafenhausen-Rothaus (c13) **7876**

[15] ★★★ »SCHWARZWÄLDER-SPECK-HUISLI« 1.1. bis 31.12.
E.: E. u. U. Böhl 07748/800, Fax 929736 950 m 25 000 qm
www.flair-camp.de, info@flair-camp.de
→ B500 Titisee–Waldshut, bei Seebrugg abbiegen nach Rothaus.
Mettmalstr. 2. (GPS: 47°47'42" N / 8°14'06" E).
Schwarzwald-Museum.

Von Wald umgebener und parzellierter Terrassenplatz am Südhang unterhalb der Straße. Separater Jugendplatz. Ort (Grafenhausen) 4 km entfernt. Mittagsruhe 13-15 Uhr. Touristen-/Dauerstellplätze 65/65.
2007: (HS) 1/2/3/4 P/N inkl. St/N 9.–/12.–/14.50/17.–, weitere P/N 2.–, K/N bis 5 J. frei, H/N 1.60, WD zuzügl., Strom/kWh –.50 (16 A). In NS (15.1.-15.3./15.10.-15.12.) 20% Ermäßigung.
DCC 10%, CCI 5% auf P/N und St/N.

DCC-Vertragsplatz

79219 Staufen, Breisgau (b12) **7879**

[30] ★★★★ »CAMPING BELCHENBLICK« 1.1. bis 31.12.
E.: Familie Wiesler 07633/7045, Fax 7908 350 m 25 000 qm
www.camping-belchenblick.de, info@camping-belchenblick.de
→ A5 Karlsruhe–Basel Abf. (64) Bad Krozingen Richtung Münstertal. Hinter dem Ortsende von Staufen links, beschildert.
Münstertälerstr. 43. (GPS: 47°52'21" N / 7°44'07" E).
Belchen (1414 m), Hochschwarzwald.

100 m 500 m 5 km
Ebenes bis leicht welliges Wiesengelände, parzelliert und durch Hecken unterteilt mit teilweise gekiesten Stellflächen. Fitnessraum. Physiotherapie. Kabel-TV. Hundebad. FW. Ketcar-Verleih. Ort 1 km entfernt. Mittagsruhe 12.30-15 Uhr. Touristen-/Dauerstellplätze 170/30.
2007: (HS) P/N 7.50, K/N 2 bis 12 J. 4.–, St/N 8.–, H/N 2.50, KT NS/HS 1.–/1.40, WD inkl., Strom/kWh –.60 (10/16 A). In NS Ermäßigung.
DCC 10% auf P/N. Anzeige S. 234

79244 Münstertal, Breisgau (b12) **7881**

[40] ★★★★★ »FERIEN-CAMPING MÜNSTERTAL« 1.1. bis 31.12.
E.: Wilfried Ortlieb 07636/7080, Fax 7448 360 m 71 000 qm
www.camping-muenstertal.de, info@camping-muenstertal.de
→ A5 Karlsruhe–Basel Abf. (64) Bad Krozingen über Staufen nach Münstertal, beschildert. Dietzelbachstr. 6. (GPS: 47°51'36" N / 7°45'50" E).
Kloster St. Trudpert, Belchen, Hochschwarzwald.

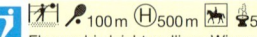

200 m 8 km
Zweigeteiltes, parzelliertes Wiesengelände, leicht abfallend mit Heckenunterteilungen und teilweise gekiesten Stellflächen. Kabel-TV. Hundebad. FW. Physiotherapie. Wellness-Abteilung. Kosmetikstudio. Spieleraum (Billard, Dart). Ort 500 m entfernt. Mittagsruhe 13-14.30 Uhr. Touristen-/Dauerstellplätze 305/4.
2007: (HS) P/N 6.80 bis 7.80, K/N 2 bis 10 J. 4.50 bis 4.95, St/N 10.70 bis 13.70, H/N 3.30, KT 1.60, WD u. Schwimmbäder inkl., Müllgeb. St/N –.80, Strom/kWh –.50 (16 A). Ab 10 Nächte 10% auf P/N. In NS Ermäßigung.

DCC-Mitgliedsausweis
DCC-Mitgliedern wird geraten, den DCC-Mitgliedsausweis sofort bei der Anmeldung auf den entsprechenden Campingplätzen vorzulegen. Eine spätere Reklamation wegen nichterhaltenen Mitgliedernachlasses ist infolge Computerabrechnung oft erfolglos.

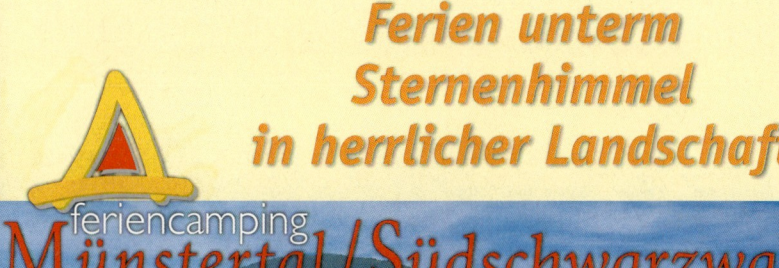

Ferien unterm Sternenhimmel in herrlicher Landschaft

feriencamping Münstertal / Südschwarzwald

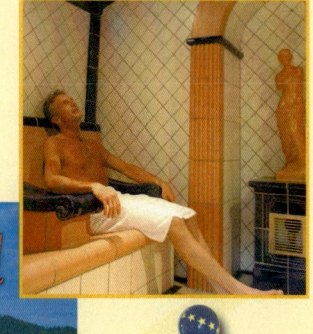

ADAC Super-Platz 2007
Seit 1983 stets mit der Bestnote bewertet.

DCC Europapreis ★★★★★

Lassen Sie sich vom Komfort unseres Campingplatzes überzeugen !

Einrichtungen am Platz:

- Angelweiher
- Babywickelraum
- Behindertenbad
- Fahrradverleih
- Ferien-Appartements
- **Freibad und Hallenbad**
- Freizeitdraum
- Großer Abenteuerspielplatz mit Fußball, Boccia, Volleyball und Basketball
- Gasverkauf
- Hundedusche
- Internetzugang mit eigenem Laptop über Telefon-ISDN-Anschluss oder kabellos über WLAN auf allen Stellplätzen
- Kinderprogramm in der Ferienzeit
- Gesundheitspraxis mit Massage und physikalischer Therapie (alle Kassen), offene Badekuren
- **Mountainbike- und Wanderparadies**
- Minigolf

- Parkanlage mit Biotop
- Reiten auf Ponys und Islandpferden
- Restaurant „Zur Bure Stube"
- Stellplätze mit Strom-, Abwasser- und Frischwasseranschluss, Radio, Kabel-TV.
- 3 Sanitärhäuser mit allem Komfort
- Privatbadezimmer
- Saunalandschaft/Solarium
- Lebensmittelgeschäft
- Ski- Abstell- und Trockenraum
- Tennis / Tischtennis
- Versorgung für Reisemobile
- Waschmaschine und Trockner
- Wassergymnastik
- **Beautyfarm mit Wellness- und Kosmetikbehandlungen**

**Feriencamping Münstertal
Familie Ortlieb**
Dietzelbachstr. 6 • **D-79244 Münstertal**
Telefon 07636-7080 / Fax 07636-7448
www.camping-muenstertal.de • info@camping-muenstertal.de
Bitte beachten: 2. Platz nach Staufen

(7881)

Wiesler's 5-Sterne-Komfort-Camping in Staufen/Südschwarzwald

(Beschreibung S. 232, 7879)

Campingplatz Belchenblick • 79219 Staufen i. Br.
Telefon 07633-7045 • Telefax 07633-7908
Internet: www.camping-belchenblick.de • E-Mail: camping.belchenblick@t-online.de

- Modernste Sanitäranlagen (behindertengerecht)
- Freibad und Hallenbad (freier Eintritt für Campinggäste)
- Sauna • Solarium
- Physiotherapie (alle Kassen)
- Badekuren • Tennis • Kinderspielplatz
- TV-/Wasser-/Abwasseranschluss • vTV-Anschluß • SB-Einkauf • Geführte Wanderungen
- Ausflugsfahrten

DCC-Vertragsplatz
✉ 79295 Sulzburg, Südbaden (b12)　　　7882/1

25 ★★★ »TERRASSEN-CAMP ALTE SÄGEMÜHLE« 1.1. bis 31.12.
E.: Axel Geuß ☎ 07634/551181, Fax 551182　380 m　25000 qm
www.camping-alte-saegemuehle.de, info@camping-alte-saegemuehle.de

→ A5 Karlsruhe–Basel, Abf. (64b) Heitersheim und weiter in den Ort. Hier abbiegen nach Sulzburg. Hier durch den Ort und weiter zum Platz. ✉ Badstr. 57. (GPS: 47°50'09" N / 7°43'24" E).

Parzellierter Terrassenplatz in einem romantischen Bachtal. Zweigeteilt, von bewaldeten Höhen umgeben und vorbildlich in die Landschaft eingebunden. Naturnahe Grüngestaltung. Kein Durchgangsverkehr. Freilandschach. Ort 1.5 km entfernt. Mittagsruhe 13-15 Uhr. Touristen-/Dauerstellplätze 45/5.
2008: P/N 6.–, K/N 1 bis 15 J. 3.–, St/N 5.– bis 7.50, H/N 1.50, KT ab 16 J. –.50, WD inkl., Strom/N –.50 plus kWh –.60 (16 A).
DCC/CCI 10% auf P/N.

DCC-Vertragsplatz
✉ 79295 Sulzburg, Südbaden (b12)　　　7882/2

30 ★★★★ »CAMPING SULZBACHTAL« 1.1. bis 31.12.
E.: R. u. B. Grommek ☎ 07634/592568, Fax 592569　24000 qm
www.camping-sulzbachtal.de

→ A5 Karlsruhe–Basel, Abf. (64b) nach Heitersheim. Hier abbiegen nach Sulzburg. Der Platz liegt am Ortseingang und ist beschildert. ✉ Sonnmatt 4 (GPS: 47°50'52" N / 7°41'54" E).

✉ 79410 Badenweiler, Südbaden (b13)　　　7883

35 ★★★★ »KUR- UND FERIENCAMPING« 15.1. bis 15.12.
E.: Hanspeter Wiesler ☎ 07632/1550, Fax 5268　350 m　16000 qm
www.camping-badenweiler.de, info@camping-badenweiler.de

→ A 5 Karlsruhe–Basel Abf. (65) Müllheim/Neuenburg auf die B 378 über Müllheim nach Badenweiler, beschildert. ✉ Weilertalstr. 73 (GPS: 47°48'35" N / 7°40'36" E).
• Burg Baden. Römische Baderuine.

Parzellierter Terrassenhang mit jungen Anpflanzungen gegenüber der Burgruine mit schönem Blick auf Badenweiler. Hot Spot. Wellness und Massagen. Therme und Ort 800 m entfernt. Mittagsruhe 12.30-15 Uhr. Touristen-/Dauerstellplätze 93/7.
2008: P/N 7.80, K/N bis 9 J. 3.50, J/N 10 bis 15 J. 4.90, St/N 9.–, H/N 2.50, WD inkl., Strom/kWh –.50 (16 A). Ab 15 Nächte 10% auf P/N.

Ebenes, auf drei Terrassen verteiltes und parzelliertes Kies- und Wiesengelände mit jungem und altem Baumbestand. Moca-Übernachtungsplätze vor der Schranke. Imbiss. Leihbibliothek. Regio-Karte für Bahn und Bus. Ort 1 km, Naturschwimmbad 2 km, Therme Bad Krotzingen 10 km entfernt. Mittagsruhe 13-15 Uhr. Touristen-/Dauerstellplätze 85/10.
2008: (HS) P/N 7.–, K/N 3 bis 16 J. 3.60, C MC-St/N 8.–, T-St/N 4.50, H/N 2.60, KT ab 16 J. –.50, WD inkl., Strom/kWh –.60 (16A). In NS Ermäßigung.
DCC/CCI 10% auf P/N.

Das sonnige Ferien- und Wellnessparadies zwischen Schwarzwald und Rhein

Einer der schönsten Ferienplätze mit der freundlichen Atmosphäre für Ihren Urlaub:

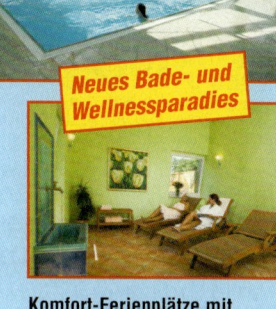
(7884)

Neues Bade- und Wellnessparadies

- Kinderspielplatz • Jugendraum
- Tischtennis • Tischfußball
- Beachvolleyball • Fußball-(Bolz-)platz
- Aufenthaltsraum • TV-Raum
- Tennisplätze • 18-Loch-Minigolfanlage
- Grillplatz • Fahrradverleih • Basketball
- Bocciaplatz (Boule) • Gartenschach • Kindermotorräder
- Babywickelraum • Behinderteneinrichtung
- Angeln im Rhein • Kanutouren auf dem Rhein
- Waschmaschinen und Trockner
- Ferienprogramme • Ausflugsfahrten
- Gasverkauf • gemütliches Restaurant • Imbiss
- SB-Laden • Streichelzoo • Thermalbäder

NEU: Beachbar mit Cocktails und Musik (auch DJ), Schwimmbad mit 160 m² Wasserfläche, Sonnenterrasse, Sauna, Solarium, Dampfbad, Fitnessraum. Bade- und allgem. Mediziner auf dem Platz! Massage- und Kosmetikbehandlungen. Mietsanitärkabinen. W-LAN Zugang.

Dreiländer-Camping- und Freizeitpark
Oberer Wald 1
79395 Neuenburg
Telefon (07631) 7719
Telefax (07635) 3393

www.camping-gugel.de
e-Mail: info@camping-gugel.de

Rabatt: ganzjährig – jede 10. Nacht/Person gratis! Zusätzlich – ausschließlich der Ferienzeiten – gestaffelte Rabatte nach Aufenthaltsdauer!

Komfort-Ferienplätze mit Zu- und Abwasser und SAT-TV-Anschluss!

Bad Krozingen — **Badenweiler** — **Gugel Camping** — Bad Bellingen

✉ **79395 Neuenburg,** Müllheim (b12/13) 7884

🛣 30 ★★★★ »DREILÄNDER-CAMP UND FREIZEITPARK«
E.: Gugel ☎ 07631/7719, Fax 07635/3393 ⌚ 1.1. bis 31.12.
www.camping-gugel.de, info@camping-gugel.de 128 000 qm

→ A5 Karlsruhe–Basel Abf. (65) Müllheim/Neuenburg. ✉ Oberer Wald 1. (GPS: 47°47'50" N / 7°33'01" E).
♣ Südschwarzwald, Elsaß, Vogesen.

Ebenes bis leicht welliges Busch- und Waldgelände, überwiegend parzelliert. Für Kurzcamper Stellfläche vor dem Platz. Jugendraum. Kabel-TV. W-LAN. Imbiss. Arzt. Basketball. Freilandschach. Boccia. Streichelzoo. Elektro-Motorräder für Kinder. Beach-Bar am Hallenbad. Ort 2 km entfernt. Separater Jugendplatz. Mittagsruhe 12-14 Uhr. Touristen-/Dauerstellplätze 220/280.
2008: (HS) P/N 6.40, K/N 2 bis 15 J 3.–, A/N 4.30, C/N 5.80, MC/N 9.20, T/N 3.90 bis 5.80, M/N 3.50, B/N 4.70, H/N 3.–, WD inkl., Strom/N 2.60 (16 A). In HS jede 10. Nacht/Person N frei. In NS Ermäßigung.

Familie Wiesler
Weilertalstr. 73
D-79410 Badenweiler
Tel. 07632/1550
Fax 07632/5268
www.camping-badenweiler.de
info@camping-badenweiler.de
(7883)

DCC-Vertragsplatz

✉ **79395 Steinenstadt,** Neuenburg (b13) 7885

🛣 25 ★★★ »CAMPING VOGESENBLICK«
E.: Waltraud Hau ☎ 07635/1846 ⌚ 15.3. bis 31.10.
5000 qm

→ A5 Karlsruhe–Basel Abf. (65) Müllheim/Neuenburg Richtung Neuenburg-Mitte und weiter nach Steinenstadt (5 km). ✉ Eichwaldstr. 7. (GPS: 47°46'09" N / 7°33'04" E).

Ebenes und parzelliertes Wiesengelände mit altem Baumbestand, von einer Hecke umgeben. Sanitäranlage beheizbar. FW. Familiäre Atmosphäre. Ort 100 m entfernt. Mittagsruhe 13-15 Uhr. Touristen-/Dauerstellplätze 42/8.
2007: P/N 5.50, K/N bis 6 J. 2.50, A/N 3.50, C T/N 3.50, MC/N 7.–, M/N 2.–, H/N 1.50, WD zuzügl., Strom/kWh –.60 (16 A). Anschlussgebühr –.50.
DCC 10% auf P/N.

Noch kein DCC-Mitglied?
Sie wollen »eines« werden und die vielen Vorteile genießen – Anmeldeformular finden Sie in der Kartentasche am Ende des Buches.

Bis bald – wir freuen uns auf Sie!
Ihr DCC-Team

79400 Kandern, Südbaden (b13) 7886

★★★ »TERRASSEN-CAMPING KANDERN« 15.3. bis 15.10.
P: Familie Mischeé ☎ 07626/7874, Fax 1768 420 m 22 000 qm
www.terrassen-camping-kandern.de, webmaster@terrassen-camping-kandern.de

→ A5 Karlsruhe–Basel, beim AB-Dreieck Weil wechseln auf die A98 Abf. (4) Kandern auf die Straße über Wittlingen nach Kandern. Hier beschildert. ✉ Schwimmbadweg 2. (GPS: 47°43'21" N / 7°39'60" E).
∴ Südlicher Schwarzwald, Vogesen, Basel.

Terrassenplatz unter einzelnen hohen Tannen am Waldrand oberhalb des Schwimmbads, teilweise parzelliert. Sanitäranlage beheizbar. Ort 800 m entfernt. Separater Jugendplatz. Mittagsruhe 13-15 Uhr. Touristen-/Dauerstellplätze 55/45.
2007: P/N 5.70, K/N bis 2 J. 1.20, 2 bis 14 J. 3.50, St/N 6.50, H/N 2.–, KT –.50/–.25, WD inkl., Müllgeb. St/N 1.–, Strom/N 2.50 oder kWh –.50 (16 A). In NS Ermäßigung.

DCC-Vertragsplatz
79415 Bad Bellingen–Bamlach (b13) 7887

★★★★ »CAMPINGPARK LUG INS LAND« 1.1. bis 31.12.
E: Familie Böttle ☎ 07635/1820, Fax 1010 110 000 qm
www.camping-luginsland.ch, info@camping-luginsland.de

→ A5 Karlsruhe–Basel Abf. (67) Efringen/Kirchen, beschil. ✉ Römerstr. 3. (GPS: 47°42'42" N / 7°32'50" E)
∴ Altrhein. Basel. Schwarzwald. Vogesen.

Mehrteiliges, parzelliertes Wiesengelände mit einigen großflächigen Terrassen oberhalb des Rheintals, teilweise mit jungen Anpflanzungen. Für Kurzcamper auch befestigte Stellflächen mit Strom vor der Schranke. Von November bis Februar Restaurant geschlossen, Laden nur bedingt bewirtschaftet. W-LAN. Kinderbadeland. Kinder-Disco. Caravan-Zubehör-Service. Autovermietung. Gesundheitscenter mit Fitness-, Massage- und Bäderabteilung. FW. Reithalle und Einstellplätze. Streichelzoo. Hundebad. Imbiss. Ort 300 m, Therme 2 km entfernt. Separater Jugendplatz. Mittagsruhe 13-15 Uhr. Touristen-/Dauerstellplätze 240/110.
2008: (HS) P/N 6.–, K/N 3 bis 14 J. 3.50, St/N 12.–, H/N 3.50, KT 1.40, WD inkl., Strom/kWh –.50 (16 A). In NS Ermäßigung.
DCC 10% auf P/N.

79539 Lörrach, Südbaden (b13) 7888

★★★★ »DREI-LÄNDER-CAMP« 1.1. bis 31.12.
E: Klaus Bahner ☎ 07621/82588, Fax 165034 24 000 qm
www.dreilaendercamp.de, info@gmx.de

→ A5 Karlsruhe–Basel, beim AB-Dreieck Weil auf die A98 Abf. (5) Lörrach. ✉ Grüttweg 8. (GPS: 47°37'29" N / 7°39'41" E).
∴ Burgruine Rötteln, Tüllinger Höhe (Dreiländerblick).

Ebenes, unparzelliertes Wiesengelände, von Baumreihen durchzogen. Sanitäranlage beheizbar. Ort 500 m entfernt. Mittagsruhe NS/HS 12-15 Uhr/13-15 Uhr. Touristen-/Dauerstellplätze 120/46.

DCC-Vertragsplatz
79777 Ühlingen-Birkendorf (c13) 7890

★★★ »SCHLÜCHTTAL-CAMPING« 1.1. bis 31.12.
E: W. Matt und H. Kaiser 800 m 27 000 qm
☎ 07743/5373, Fax 1011
www.schluechttal-camping.de, urlaub@schluechttal-camping.de

→ B500 Titisee–Waldshut, nach Rothaus abbiegen und über Grafenhausen nach Birkendorf. Im Tal 10 (GPS: 47°45'06" N / 8°17'35" E).

Leicht ansteigendes, teilweise parzelliertes Wiesengelände in einem

Schlüchttal Camping
79777 Birkendorf · Im Tal 10

Idealer Sommer-/Winterkampingplatz im südlichen Hochschwarzwald für Aktivurlauber.
Ideales Wandergebiet in Verbindung mit sportlicher Betätigung wie Tennis, Reiten, Schwimmen, Minigolf, Angeln, Skilanglauf, Ski alpin (5 km). (7890)
79777 Ühlingen-Birkendorf, Im Tal 10, Tel. 0 77 43/53 73, Fax 0 77 43/10 11

Wald umgebenen Bachtal. FW. Separater Jugendplatz. Naturbadesee (Eintritt frei) 600 m, Ort 1.7 km entfernt. Mittagsruhe 13-15 Uhr. Touristen-/Dauerstellplätze 80/70.
2008: P/N 4.50, K/N bis 9 J. 2.60, 10 bis 14 J. 3.10, St/N 6.50, H/N 1.80, KT ab 16 J. 1.40, WD inkl., Müllgeb./Sack 2.– ,Strom/N 1.20 oder kWh –.50 (16 A).
DCC/CCI 10% auf P/N.

79879 Wutach-Ewattingen (c12/13) 7891

★★ »WUTACHSCHLUCHT CAMPING« Ostern bis Sept.
E.: Gisela Ehrath ☎ 07709/1378, Fax 226 735 m 10 000 qm

→ B315 Lenzkirch–Bonndorf. Oder B31 Engen–Neustadt, bei Hüfingen abbiegen Richtung Bonndorf ca. 10 km, beschildert. ✉ Hinterbruckstr. 13 (GPS: 47°50'20" N / 08°26'25" E).
∴ Wutachschlucht.

Ebenes, teilweise schattenloses Wiesengelände am Dorfrand. Sanitäranlage beheizbar. Mittagsruhe 12-15 Uhr. Separater Jugendplatz. Ort 500 m entfernt. Touristen-/Dauerstellplätze 25/22.
2007: P/N 3.50, K/N bis 12 J. 2.50, 13 bis 18 J. 3.–, C-St/N 4.–, MC/N 5.–, T-St/N 3.–, H/N 2.–, WD zuzügl., Müllgeb. –.30, Strom/kWh –.50.

DCC-Vertragsplatz
79790 Küssaberg-Kadelburg (c13) 7892

★★★★ »CAMPING HOCHRHEIN« 1.1. bis 31.12.
E.: Frehner ☎ 07741/4244, Fax 808669 24 000 qm
www.camping-hochrhein.de, camping-hochrhein@t-online.de

→ B34 Waldshut–Schaffhausen. Hinter Küssaberg abbiegen bis zum Ortsausgang Kadelburg, beschildert. ✉ Oberdorf 56. (GPS: 47°36'16" N / 8°18'01" E).
∴ Küssaburg, Lauffen, Rheinfall bei Schaffhausen.

Ebenes, teilweise parzelliertes Kies- und Wiesengelände unter Obstbäumen zwischen Ort und Hochrheinufer. Kneippbecken. Matratzenlager. Ort 500 m, Thermalbad 7 km entfernt. Separater Jugendplatz. Mittagsruhe 13-15 Uhr. Touristen-/Dauerstellplätze 60/60.
2007: (HS) P/N 3.50, K/N 6 bis 14 J. 2.–, A/N 2.–, C/N 5.–, MC/N 8.–, T/N 3.–/4.50, M/N 1.–, H/N 1.50, KT –.50, WD zuzügl., Müllgeb./Sack 2.– Strom/kWh –.50 (16 A). Anschlussgebühr 1.-. In NS Ermäßigung.
DCC/CCI 10% auf P/N.

DCC-Vertragsplatz
79761 Waldshut bei Tiengen (c13) 7893/1

★★★★ »RHEIN-CAMPING« 1.1. bis 31.12.
E.: Oliver Bier ☎ 07751/3152, Fax 3252 10 000 qm
www.rheincamping.de, rheincamping@t-online.de

→ B34 Säckingen–Schaffhausen. Hinter Waldshut abbiegen, beschildert. ✉ Jahnweg 22. (GPS: 47°36'40" N / 8°13'31" E).

Ebenes Wiesengelände mit altem Baumbestand am Rhein. Befestigte Mocaplätze. Anreise während der Mittagszeit möglich. Familiäre Atmosphäre. Autowaschplatz. FW. Rheinrundfahrt ab Platz möglich. Ort 1 km, Kartbahn 2 km entfernt. Separater Jugendplatz. Mittagsruhe 12-14 Uhr. Touristen-/Dauerstellplätze 50/50.
2008: (HS) P/N 5.–, K/N 2 bis 10 J. 3.–, J/N 11 bis 16 J. 4.–, C-St/N 10.– MC/N 9.–, T-St/N 5.–/6.–, H/N 1.50, WD zuzügl., Strom/kWh –.60 (16 A), Anschlussgeb. 1.–. In NS Ermäßigung.
DCC/CCI 10% auf P/N.

DCC-Vertragsplatz

✉ **79761 Waldshut-Gurtweil** (b/c13) **7893/2**

[20] ★★★ »CAMPING SCHLÜCHTTAL« ⚬⃰ 1.1. bis 31.12.
P.: Alfred Bär ☎ 07741/2034, Fax 808659 13 000 qm
www.zeltclub.ch

→ B34 Säckingen–Schaffhausen Abf. Tiengen nach Gurtweil, beschildert. ✉ Neubergweg 39 (GPS: 47°38'48" N / 8°14'54" E).
∴ Küssa-Burg, Schlüchttal.

Parzellierter Terrassenplatz mit befestigten Mocaplätzen oberhalb des Schlüchttals, durch Hecken und Bäume ansprechend aufgelockert am Hochwaldrand. Ort 200 m entfernt. Mittagsruhe 12-13 Uhr. Touristen-/Dauerstellplätze 35/35.
2007: (HS) P/N 3.50, K/N 6 bis 14 J. 2.–, A/N 2.–, C/N 4.–, MC/N 6.50, T/N 3.–/4.–, M/N 1.–, H/N 1.50, WD zuzügl., Müllgeb./Sack 2.–, Strom/N 1.50, oder kWh –.50 (16 A). In NS Ermäßigung.
DCC/CCI 10% auf P/N.

DCC-Vertragsplatz

✉ **78234 Engen,** Hegau (c12/13) **7910**

[25] ★★★★ »CAMPING SONNENTAL« ⚬⃰ 1.1. bis 31.12.
E.: E. Weber ☎ 07733/7529, Fax 2666 640 m 30 000 qm
www.camping-sonnental.de, info@camping-sonnental.de

→ A81 Stuttgart–Singen Abf. (39) Engen. ✉ Im Doggenhardt 1 (GPS: 47°51'43" N / 08°45'40" E).
∴ Aachquelle, Bodensee, Rheinfall in Schaffhausen (Schweiz).

Teilweise terrassiert ansteigendes, parzelliertes Wiesengelände oberhalb eines Schwimmbads. Befestigte Mocaplätze. Zeltwiese. Schwimmbad ermäßigter Eintritt für Campinggäste. Ort 1.5 km, Trimmpfad 3 km entfernt. Mittagsruhe 12-14 Uhr. Touristen-/Dauerstellplätze 80/80.
2008: P/N 4.50, K/N 4 bis 9 J. 2.20, J/N 10 bis 15 J. 3.20, A/N 2.–, C/N 6.–, MC/N 8.–, T/N 4.50, M/N 1.50, H/N 1.50, WD inkl., Strom/N 2.50 oder kWh –.50 (16 A), Anschlussgebühr 1.–.
DCC 10% auf P/N.

DCC-Vertragsplatz

✉ **78250 Tengen,** Hegau (c13) **7915**

[40] ★★★★★ »HEGAU FAMILIEN-CAMPING« ⚬⃰ 1.1. bis 31.12.
P.: Familie Lieberherr 600 m 85 000 qm
☎ 07736/92470, Fax 9247124
www.hegau-camping.de, info@hegau-camping.de

→ B314 Abf. Tengen. Im Stadtgebiet Tengen der Beschilderung folgen. ✉ An der Sonnenhalde 1 (GPS: 47°49'25" N / 8°39'13" E).
∴ Historische Stadtanlage. Schloss Blumenfeld.

Terrassiertes und parzelliertes Wiesengelände in einem weitläufigen Tal an der nördl. Stadtgrenze. Eigener angrenzender Badesee. Separate Zeltwiese. In HS Anreise um die Mittagszeit möglich. FW. Hundebad. Mittagsruhe 12.30-14.30. Touristen-/Dauerstellplätze 150/50.
2007: (HS) 2 P/N inkl., weitere P/N 6.–, K/N ab 6 J. 4.–, St/N 30.–, H/N 4.–, WD und Hallenbad inkl., Strom/N –.60 (16A). In NS Ermäßigung.
DCC/CCI 10% auf P/N.

✉ **78337 Öhning.-Wangen,** Untersee (c13) **7924**

[30] ★★★★ »CAMPING WANGEN« April bis Okt.
P.: Schmidt ☎ 07735/919675; Fax 919676 12 000 qm
www.camping-wangen.de, info@camping-wangen.de

→ Bodenseestraße Radolfzell–Stein a. Rhein, in Wangen neben der Straße. ✉ Seeweg 32 (GPS: 47°39'35" N / 08°56'02" E).
∴ Aussicht vom Schienerberg auf den See.

DCC-Vertragsplatz

✉ **78343 Gaienhofen-Horn,** Untersee (c13) **7925**

[25] ★★★ »CAMPING HORN« ⚬⃰ 15.3. bis 7.10.
E.: Gemeinde F. Engelmann ☎ 07735/685, Fax 8806 60 000 qm
www.campingdorf.de, campingdorf.horn@t-online.de

→ Bodenseestraße Radolfzell–Stein am Rhein. Hinter dem Ortsausgang Horn links abbiegen, beschildert. ✉ Strandweg 3-18 (GPS: 47°41'18" N / 08°59'40" E).
∴ Backhaus, Vogelstimmenrad, Wetterstation.

Ebenes bis leicht wellig abfallendes Wiesengelände, in Stellkreise gegliedert und parzelliert mit teilweise gekiesten Stellflächen. Separate Pkw-Abstellung. Separate Zeltwiese. Reservierung in HS erforderlich. Öffentlicher Badebetrieb. Kirche benutzbar. Ort 1 km entfernt. Mittagsruhe 13-15 Uhr. Touristen-/Dauerstellplätze 120/80.
2007: (HS) P/N 5.–, K/N 4 bis 12 J. 2.80, J/N 3.80, A/N 1.–, C/N 9.–, MC/N 10.–, T/N 5.–, M/N 1.–, B/N 1.50, KT 1.–, WD inkl., Strom/kWh –.40 (16 A), Anschlussgeb. 2.–. In NS Ermäßigung.
DCC/CCI 10% auf P/N.

✉ **78315 Radolfzell-Markelfingen** (c13) **7927**

[25] ★★★★ »CAMPING MARKELFINGEN« ⚬⃰ 15.3. bis 15.10.
P.: Dirk Wilhelmsen ☎ 07732/10611, 12838, Fax 10727 20 000 qm
www.campingplatz-markelfingen.de, info@campingplatz-markelfingen.de

→ B33 Radolfzell–Konstanz, in Markelfingen abbiegen, beschildert. ✉ Unterdorfstr. 19 (GPS: 47°44'20" N / 09°00'11" E).

Leicht abfallendes, parzelliertes Wiesengelände zwischen Bahnlinie und See. Öffentlicher Badebetrieb mit Uferliegewiese. Zeltwiese. Tipizelte. Ort 200 m entfernt. Mittagsruhe 12.30-14 Uhr. Touristen-/Dauerstellplätze 75/50.
2007: (HS) P/N 4.20, K/N 4 bis 15 J. 2.30, A/N 3.–, C/N 5.50/6.50, MC/N 8.–, T/N 4.50, M/N 2.–, B/N 1.50, H/N 2.30, KT 1.20, WD zuzügl., Müllgeb. St/N –.90, Strom/N –.45 , Anschlussgeb. 1.50. In NS Ermäßigung.
DCC/CCI 10% auf P/N.

Auf der **Eisenbahnstrecke Radolfzell-Konstanz** findet nachts **kein** Zugverkehr statt.

✉ **78472 Allensbach,** Bodensee (c13) **7930/1**

[25] ★★★★ »CAMPING HIMMELREICH« ⚬⃰ 15.3. bis 15.10.
P.: Familie R. Schiess ☎ 07533/6420, Fax 936836 30 000 qm
www.campingplatz-himmelreich.de, info@campingplatz-himmelreich.de

→ B33 Radolfzell–Konstanz, nach Allensbach abbiegen und durch den Ort, beschildert. ✉ Strandweg 34 (GPS: 47°42'40" N / 09°04'47" E).

Leicht abfallendes, teilparzelliertes Wiesengelände zwischen der Bahnlinie und dem Seeufer. Separate Pkw-Abstellung. Kurzübernachtungsplätze vor der Schranke. Zeltwiese. Ort 800 m entfernt. Mittagsruhe 13-15 Uhr. Touristen-/Dauerstellplätze 100/45.
2008: (HS) P/N 4.50, K/N 6 bis 15 J. 2.30, A/N 3.50, C/N 7.–, MC/N 9.–, T/N 5.50, M/N 2.–, B/N 1.50, KT 1.–, WD zuzügl., Strom/N 2.50 und kWh –.50 (16 A). In NS Ermäßigung.

Familien-Camping *vom Besseren*

(7915)

www.hegau-camping.de
info@hegau-camping.de
Tel: +49(0)7736 92470
Fax: +49(0)7736 9247124
An der Sonnenhalde, D-78250 Tengen

schönes **Hallenbad**
stilvolle **Wellness-Anlage**
ruhige **Lage**
toller **Spielplatz**

7 Baden-Württemberg

✉ **78476 Allensbach-Hegne,** Bodensee (c13) **7930/2**

20 ★★★ »CAMPING HEGNE-BODENSEE« ⚬⌐ Ostern bis 15.10.
P.: Familie Schreiber ☎ 07533/6384, Fax 4540 20 000 qm
www.camping-hegne.de, info@camping-hegne.de

→ B 33 Radolfzell–Konstanz Abf. Hegne, beschildert. ✉ Nachtwaid 1 (GPS: 47°42'18" N / 09°05'55" E).

[icons] 100 m **S**700 m 3 km **S**5 km

W W 8 km

Zum See leicht abfallendes, unparzelliertes Wiesengelände (enge Stellplätze) zwischen Bahnlinie und See mit Liegewiese und Zeltwiese. Öffentlicher Badebetrieb. Separate Pkw-Abstellung. Boule. Ort 700 m entfernt. Mittagsruhe 13-15 Uhr. Touristen-/Dauerstellplätze 80/80.
2008: P/N 4.50, K/N 6 bis 15 J. 2.–, A/N 2.– bis 3.50, C/N 5.50 bis 6.50, MC/N 8.–, T/N 2.50 bis 5.50, M/N 2.–, B/N 1.–, KT –.80, WD zuzügl., Strom/N 1.– oder kWh –.60 (16 A). In NS Ermäßigung.

✉ **78479 Insel Reichenau-Mittelzell** (c13) **7934**

30 ★★★★ »INSEL CAMPING SANDSEELE« ⚬⌐ 15.3. bis 15.10.
P.: Gernot Beyer ☎ 07534/7384, Fax 98976 29 000 qm
www.sandseele.de, beyer@sandseele.de

→ B33 Radolfzell–Konstanz, nach Reichenau abbiegen. Im Ortsteil Mittelzell beschildert. ✉ Bradlengasse 24 (GPS: 47°41'53" N / 09°02'40" E).

[icons] 100 m **S**1 km 10 km

Ebenes bis leicht welliges, unparzelliertes Wiesengelände mit Liegewiese am See. Öffentlicher Badebetrieb. Für Zeltler separate Pkw-Abstellung. Sanitäranlage beheizbar. Kinderspielraum. Ort 2 km entfernt. Mittagsruhe 12-15 Uhr. Touristen-/Dauerstellplätze 130/79.
2008: P/N 6.50, K/N 6 bis 14 J. 2.–, J/N ab 14 J. 4.50, A/N 3.–, C/N 4.50, MC/N 7.–, T/N 3.50 bis 4.50, M/N 1.80, B/N 2.–, KT 1.–, WD inkl., Strom/N 3.– (16 A).

✉ **78464 Konstanz-Staad** (c13) **7935/1**

25 ★★★ »CAMPING BRUDERHOFER« ⚬⌐ 1.4. bis 1.10.
P.: Sascha Feldmann ☎ 07531/31388, Fax 31392 15 000 qm
www.campingplatz-konstanz.de

→ B33 Radolfzell–Konstanz und weiter Richtung Fähranleger Meersburg. Der Beschilderung »Sport-Freizeitzentrum« folgen. Weiter geradeaus durch den Wald und dann am rechten Straßenrand. ✉ Fohrenbühlweg 50 (GPS: 47°40'26" N / 09°12'34" E).

[icons]

S S50 m 200 m [icons] 1.5 km

Leicht abfallendes, parzelliertes Wiesengelände oberhalb des Seeufers, wenig Schatten. Für Zeltler separate Pkw-Abstellung. Zentrum 4 km entfernt. Mittagsruhe 13-15 Uhr. Touristen-/Dauerstellplätze 95/34.
2008: P/N 4.–, K/N 4 bis 16 J. 2.30, A/N 2.80, C/N 6.50, MC/N 8.–, T/N 5.80, M/N 2.–, KT 1.50, WD zuzügl., Müllgeb. P/N 1.80. Strom/N 2.– (16 A).

✉ **78464 Konstanz-Staad** (c13) **7935/2**

20 ★★★ »DKV-CAMPING BODENSEE« ⚬⌐ April bis Sept.
E.: DKV e.V. V.: Droste ☎/Fax 07531/33057 8000 qm
www.dkv-camping.de, service@kanu.de

→ B33 Radolfzell–Konstanz und weiter Richtung Fähranleger Meersburg.

Der Beschilderung »Sport-Freizeitzentrum« folgen. Weiter geradeaus durch den Wald und dann am linken Straßenrand. ✉ Fohrenbühlweg 45 (GPS: 47°40'29" N / 09°12'33" E).
❀ Historische Altstadt, Insel Mainau.

[icons] **S**50 m 500 m

[icons] 1 km

Leicht abfallendes, parzelliertes Wiesengelände oberhalb des Seeufers, wenig Schatten. Separate Pkw-Abstellung. Familiäre Atmosphäre. Hunde mit Einschränkungen erlaubt. Imbiss. Zentrum 4 km entfernt. Mittagsruhe 12.30-15 Uhr. Touristen-/Dauerstellplätze 50/15.
2007: P/N 3.50, K/N bis 15 J. 2.–, /6.–, A/N 2.50, C/N 6.50, MC/N 7.50, T/N 5.–/6.–, M 2.–, KT 1.50, WD inkl., Müllgeb. P/N 1.50, Strom/kWh –.50 (16 A), Anschlussgeb. 1.50. DKV Mitglieder 25% auf P/N.
DCC/CCI 10% auf P/N.

DCC-Vertragsplatz

✉ **78465 Konstanz-Dingelsdorf** (c13) **7935/3**

30 ★★★★ »CAMPING KLAUSENHORN« ⚬⌐ 1.4. bis 5.10.
P.: Tourist-Information Konstanz GmbH V.: Knaust 30 000 qm
☎ 07533/6372, Fax 7541
www.camping-klausenhorn.de, info@camping-klausenhorn.de

→ B33 Radolfzell–Konstanz, in Allensbach abbiegen über Dettingen Richtung Wallhausen, zwischen Wallhausen und Dingelsdorf beschildert, 1. Platz. ✉ Hornwiesenstraße. (GPS: 47°44'46" N / 09°08'51" E).

[icons] 700 m

1 km **S**1.5 km 8 km [icons] 10 km

Ebenes, parzelliertes Wiesengelände mit öffentlichem Strandbad am See. Durch Buschreihen in Stellfelder unterteilt. Separate Pkw-Abstellung. Sanitäranlage beheizbar. Kleinkindersanitär. Imbiss. Hunde auf Anfrage und extra Platzteil. Reservierung ab 5 Nächten. Anreise bis 19.30 Uhr. Radlerunterkunft. Ort 1.5 km, Bodenseetherme Konstanz 10 km entfernt. Mittagsruhe 12-15 Uhr. Touristen-/Dauerstellplätze 200/50.
2007: (HS) P/N 6.–, K/N 6 bis 15 J. 3.20, A/N 3.–, C/N 8.50, MC/N 11.50, T/N 4.25 bis 8.50, M/N 1.50, B/N (ohne Motor) 3.30, KT ab 18 J. 1.50, WD zuzügl., Strandbad inkl., Strom/N 2.– (10 A). In NS Ermäßigung.
DCC 10% auf P/N.

Herzlich willkommen im Urlaub!

Mehr über Camping-Ferien auf unserem Platz am Bodensee erfahren Sie auf Seite 280 + 281

Campingpark Gitzenweiler Hof
88131 Lindau-Gitzenweiler
Tel.: 0 83 82 / 94 94-0
Fax: 0 83 82 / 94 94 15
gitzcamp@t-online.de
www.gitzenweiler-hof.de

✉ 78465 Konstanz-Dingelsdorf (c13) 7935/4

★★★★ »CAMPING FLIESSHORN« April bis Okt.
P.: Familie Kleefass ☎ 07533/5262, Fax 934151
www.fliesshorn.de, info@fliesshorn.de 58 000 qm

→ B33 Radolfzell–Konstanz, in Allensbach abbiegen über Dettingen nach Dingelsdorf, dann beschildert, 2. Platz. ✉ Fließhorn 1. (GPS: 47°44'04" N / 09°10'19" E).

Parkartiges Wiesengelände, leicht wellig und unparzelliert mit altem Baumbestand am See. Für Zeltler separate Pkw-Abstellung. Volleyball. Separater Jugendplatz. Ort 1 km entfernt. Mittagsruhe 12–14 Uhr. Touristen-/Dauerstellplätze 50/108.

✉ 78465 Konstanz-Litzelstetten (c13) 7935/5

30 ★★ »CAMP LITZELSTETTEN-MAINAU« Karwoche bis 4.10.
P.: Dietmar Heinert ☎ 07531/943030, Fax 943032 6000 qm

→ Straße Konstanz Richtung Insel Mainau, hier weiter nach Litzelstetten, beschildert. ✉ Großherzog-Friedrich-Str. 41-43. (GPS: 47°42'41" N / 09°10'45" E).

❂ Insel Mainau, Konstanz.

Teilterrassiert zum Ufer parzelliert abfallendes Wiesengelände. Befestigte Mocaplätze. Familiäre Atmosphäre. Ort 500 m entfernt. Touristen-/Dauerstellplätze 50/10.
2007: P/N 5.10, K/N bis 14 J. 2.40, J/N 3.90, A/N 3.90, C/N 6.80, MC/N 7.90, T/N 4.90/7.90, M/N 2.80, B/N 2.40, H/N 2.40, KT 1.50, WD zuzügl., Strom/kWh –.85 (16 A).
DCC 10% auf P/N.

✉ 78333 Stockach-Wahlwies (c13) 7948/1

★★★ »CAMPING WAHLWIES« April bis Sept.
E.: Joachim Schatz ☎ 07771/3511, 3526, Fax 4236 10 000 qm

→ A98/E54 Singen–Stockach Abf. (12) Stockach-West. In Wahlwies beschildert. Stahringerstr. 50. (GPS: 47°48'31" N / 08°58'12" E).

Leicht welliges Wiesengelände mit Obstbäumen oberhalb von Straße und Bahnlinie. Sanitäranlage beheizbar. Ort 500 m entfernt. Keine Gruppenaufnahme. Mittagsruhe 12–15 Uhr. Touristen-/Dauerstellplätze 80/20.

✉ 78333 Stockach (c13) 7948/2

30 ★★★★ »CAMPING PAPIERMÜHLE« 1.1. bis 31.12.
E.: Caramobil Müller GmbH ☎ 07771/9165-1333, Fax 1334 10 000 qm

→ A98/E54 Singen–Stockach Abfahrt (12) Stockach-West in Richtung Stockach. Hinter dem 1. Kreisverkehr. ✉ Johann-Glatt-Str. (GPS: 47°50'31" N / 08°59'44" E).
www.camping-papiermühle.de, campingplatz@caramobil.de

Ebenes, meist schattenloses Wiesengelände mit Büschen und altem Baumbestand. Brötchenservice. Bocciabahn. Badminton. Boule. Ermäßigung für Schwimmbad. Ort 1 km entfernt. Mittagsruhe 12.30–14.30 Uhr. Touristen-/Dauerstellplätze 50/26.
2008: (HS) P/N 6.50, K/N 2 bis 14 J. 3.20, St/N 5.90, H/N 2.20, WD inkl., Strom/N 2.– (6 A). In NS Ermäßigung.
DCC/CCI 10% auf St/N.

✉ 78346 Bodman-Ludwigshafen (c12/13) 7951

30 ★★ »CAMPING SEE-ENDE« 1.5. bis 30.9.
P.: Michael Schneider ☎ 07773/937518, Fax 937529 26 000 qm
www.see-ende.de, info@see-ende.de

→ A81 Stuttgart–AB-Kreuz Singen, hier auf die A98 Richtung Stockach Abf. (12) Stockach-West über Espasingen nach Ludwigshafen, beschildert. ✉ Radolfzeller Str. 23 (GPS: 47°49'04" N / 09°02'19" E).

Ebenes, teilweise leicht zum Ufer abfallendes Wiesengelände, unparzelliert zwischen Bahnlinie und See. Ort 2 km entfernt. Mittagsruhe 13–15 Uhr. Touristen-/Dauerstellplätze 70/90.
2007: P/N 5.50, K/N 3.30, A/N 3.50, C/N 7.50, MC/N 8.–, T/N 6.–, M/N 2.50, B/N 8.–, KT –.70, WD inkl., Strom/kWh –.60 (16 A). Anschluss 2.60.

Achtung: Campingplätze im Uferbereich des Bodensees sind in der Hochsaison stark frequentiert und daher oftmals überfüllt.

✉ 88662 Überlingen, Bodensee (c13) 7953/1

35 ★★★★ »CAMPINGPARK ÜBERLINGEN« 1.4. bis 12.10.
P.: Petra Gericke ☎ 07551/64583, Fax 945895 30 000 qm
www.campingpark-ueberlingen.de, info@campingpark-ueberlingen.de

→ A98 Singen-Stockach Abf. (13) Stockach/Ost auf die B31 Richtung Friedrichshafen. Kurz vor Überlingen abbiegen Richtung Goldbach auf die Uferstraße. Dann hinter der Bahnüberquerung rechts. ✉ Bahnhofstr. 57 (GPS: 47°44'20" N / 09°00'11" E).

❂ Münster, Rathaussaal, Stadtgarten, Stadtbefestigung.

Ebenes bis leicht abfallendes, parzelliertes Wiesengelände zwischen hoher Felswand, Bahnlinie und Straße sowie dem Seeufer. Durch einzelne Bäume günstig aufgelockert und durch Holzbarrieren unterteilt. Zeltwiese. Sanitäranlagen beheizbar. Tauchflaschen-Füllstation. Volleyball. Thermalbad 300 m, Ort 2 km entfernt. Touristen-/Dauerstellplätze 140/40.
2007: (HS) P/N 6.50, K/N 3 bis 9 J. 2.60, J/N 3.60, St/N 9.–/10.–/11.–, kl. T/N 4.50, B/N 5.–, H/N 2.50, KT inkl., WD zuzügl., Strom/kWh –.60 (16 A). In NS Ermäßigung.

In **Überlingen** besteht ein Moca-Stellplatz

✉ 88662 Überlingen-Nußdorf (c13) 7953/2

25 ★★ »CAMPING NELL« 1.4. bis 20.10.
E.: Ernst Nell ☎ 07551/4254, Fax 944458 6000 qm
www.camping-nell.de, info@campingplatz-nell.de

→ B31 Stockach–Friedrichshafen Abf. Nußdorf, beschildert. ✉ Zur Barbe 5 (GPS: 47°45'07" N / 09°11'35" E).

Ebenes, parzelliertes Wiesengelände im Ortsbereich am See. Sanitäranlage beheizbar. Mittagsruhe 12.30–15 Uhr. Touristen-/Dauerstellplätze 20/30.
2007: P/N 4.50, K/N 3 bis 16 J. 3.–, A/N 3.–, C T/N 6.–, MC/N 8.–, M/N 1.50, B/N 3.–, KT 1.60, WD zuzügl., Strom/kWh –.50 (6-10 A).

✉ 88682 Salem-Neufrach (d13) 7956

25 ★★★★ »CAMPINGHOF SALEM« Ostern bis 31.10.
E.: Familie Gern ☎ 07553/829695, Fax 829694 440 m 20 000 qm
www.campinghof-salem.de, info@campinghof-salem.de

→ B33 Ravensburg–Meersburg Abf. Markdorf in nordwestl. Richtung über Bermatingen und Neufrach nach Salem. ✉ Weildorfstr. 46 (GPS: 47°46'11" N / 09°18'26" E).

❂ Schloss Salem, Heiligenberg, Affenberg.

Überwiegend ebenes, parzelliertes Wiesengelände mit jungen Anpflanzungen an der Deggenhauser Aach. Zeltwiese. Sanitäranlage beheizbar. Kinderspielzimmer. Hundedusche. Streichelzoo. Heuhotel (bis 30 Personen). Kabel-TV. Brötchenservice. Volleyball. Badesee 900 m, Ort 1 km entfernt. Mittagsruhe 12.30–15 Uhr. Touristen-/Dauerstellplätze 50/100.
2007: (HS) P/N 5.50, K/N 8 bis 14 J. 2.50, C MC-St/N 5.50, T/N 3.50/4.50 M/N 2.–, H/N 2.–, WD inkl., Müllgeb. P/N –.50, Strom/N 2.– (16 A). Sparwochen. In NS Ermäßigung.
DCC 10% auf P/N.

DCC – DEIN PARTNER!

Campingspaß Am Seeufer entlang, direkt am Strand, zwischen schattigem, altem Baumbestand, liegt der ruhige, gepflegte Campingplatz. Hübsche, großzügige Stellplätze für Wohnwagen, Reisemobile, Zelte, für Freizeit einen ganzen Sommer lang, oder Urlaub für ein paar Tage. Der Campingplatz „Helmsdorf" gehört zu den schönstgelegenen Plätzen am Bodensee. Großzügige, moderne Sanitäranlagen mit Warmwasserduschen, Spülbecken, WC-Anlagen, Wasch- und Trockenmaschinen. Selbstverständlich sind Stromanschlüsse für jeden Stellplatz. Badestrand und eigene Liegewiese für Sonnenhungrige. Helmsdorf – der ideale Campingplatz.

Georg Flemisch
88090 Immenstaad
Telefon
(0 75 45) 62 52
Fax
(0 75 45) 39 56

(7971/1)

✉ 88690 Uhldingen-Mühlhofen (c/d13) 7957/1

30 ★★★★ »CAMPING BIRNAU-MAURACH« 17.3. bis 28.10.
E.: Campingplatz Eigentümer Gemeinschaft Birnau-Maurach
V.: M & P Camping und Marina GmbH ☎ 07556/6699, Fax 6687
www.camping-birnau-maurach.de, info@camping-birnau-maurach.de 32000 qm

→ B31 Überlingen–Friedrichshafen, bei Kloster Birnau oder hinter Uhldingen abbiegen, beschildert. (GPS: 47°44'28" N / 09°13'35" E).
• Barockkirche Kloster Birnau.

[symbols] 500 m
[symbols] 2 km
[symbols] 3 km [symbols] 6 km [symbols] 7 km

Anzeige S. 243

Leicht abfallendes, parzelliertes Wiesengelände zwischen Bahnlinie, Straße und dem See mit Uferliegewiese, wenig Schatten. Teilweise gekieste Stellflächen. Sanitäranlage beheizbar. Reservierung für Gruppen. In HS Anreise bis 22 Uhr. Jugendraum. Billard. Brötchenservice. Yoga-Abteilung. Ort 2 km entfernt. Mittagsruhe 13-15 Uhr. Touristen-/Dauerstellplätze 100/80. **2007: (HS)** P/N 4.50, K/N bis 15 J. 3.50, C-St/N 12.50, MC/N 15.–, T/N 8.–, M/N 2.50.–, B/N 4.–, H/N 3.–, KT zuzügl., WD inkl., Strom/kWh –.50 (10 A), Anschlussgebühr 2.50. In NS Ermäßigung.

✉ 88690 Uhldingen-Seefelden (c/d13) 7957/2

30 ★★★ »CAMPING SEEPERLE« April bis Sept.
E.: Manfred Maier ☎ 07556/5454, Fax 966221 7000 qm
www.camping-seeperle.de, info@camping-seeperle.de

→ B31 Überlingen–Friedrichshafen Abf. Oberuhldingen Richtung Seefelden, beschildert. ✉ Seefelden Haus Nr. 6. (GPS: 47°44'04" N / 09°13'41" E).
• Pfahlbauten, Klosterkirche Birnau, Insel Mainau.

[symbols] 1 km
Ebenes bis leicht abfallendes, parzelliertes Wiesengelände am Seeufer. Sanitäranlage beheizbar. Ort 1 km entfernt. Mittagsruhe 13–15 Uhr. Touristen-/Dauerstellplätze 30/30.
2007: P/N 5.40, K/N bis 15 J. 3.50, C MC-St/N 12.80, T-St/N 10.50 bis 13.–, M/N 2.–, B/N 3.–, H/N 3.–, KT 1.10, WD zuzügl., Strom/kWh –.60 (16 A), Anschlussgebühr 2.–.

Achtung: Campingplätze im Uferbereich des Bodensees sind in der Hochsaison stark frequentiert und daher oftmals überfüllt.

✉ 88090 Immenstaad, Bodensee (d13) 7971/1

30 ★★★★ »CAMPING HELMSDORF« 15.3. bis 15.10.
E.: Georg Flemisch ☎ 07545/6252, Fax 3956 60000 qm
www.schloss-helmsdorf.org, info@schloss-helmsdorf.org

→ B31 Friedrichshafen–Überlingen, am Ortsanfang Immenstaad links, beschildert. ✉ Helmsdorf Schloss 1. (GPS: 47°39'57" N / 09°22'43" E).

[symbols] 100 m [symbols] 500 m

Durch die Brauereizufahrt zweigeteiltes, ebenes bis leicht ansteigendes, parzelliertes Wiesengelände zwischen Straße und See mit Uferliegewiese. Uferzone durch Dauercamper geprägt. Sanitärgebäude beheizbar. FW. Ort 500 m entfernt. Mittagsruhe 12-14 Uhr. Touristen-/Dauerstellplätze 160/240.
2007: (HS) P/N 5.50, K/N 3 bis 15 J. 3.50, A/N 3.50, C MC/N 8.–, T/N 4.50, M/N 2.–, B/N 3.–, H/N 2.–, KT 1.10, WD zuzügl. –.50, Strom/N 2.– (6 A). Jede 10. Nacht frei. In NS Ermäßigung.

✉ 88090 Immenstaad, Bodensee (d13) 7971/2

25 ★★★ »CAMPING SCHLOSS KIRCHBERG« 17.3. bis 28.10.
E.: Campingplatz Eigentümer Gemeinschaft Schloss Kirchberg
V.: M & P Camping und Marina GmbH ☎ 07545/6413, Fax 911989
www.camping-kirchberg.de, info@camping-kirchberg.de 32000 qm

→ B31 Meersburg–Friedrichshafen, hinter Hagnau abbiegen. 2. Platz (GPS: 47°40'14" N / 09°19'53" E).

[symbols] 50 m [symbols] 300 m [symbols] 500 m [symbols] 1 km [symbols] 2 km [symbols] 3 km

Mehrfach gestuft abfallendes, parzelliertes Wiesengelände zwischen verkehrsreicher Straße und einem Waldstreifen vor dem See, teilweise wenig Schatten. Ort 1 km, Hallenbad mit Sauna 2 km entfernt. Boccia. Mittagsruhe 12.30-14.30 Uhr. Touristen-/Dauerstellplätze 110/220.
2007: (HS) P/N 4.50, K/N bis 15 J. 3.50, C-St/N 10.–, MC/N 12.–, T/N 6.50, M/N 2.50, B/N 3.–, H/N 3.–, WD inkl., Strom/kWh –.50 (16 A) Anschlussgebühr 2.50. In NS Ermäßigung.

Anzeige S. 243

Weildorfer Straße 46   **Telefon 07553/829695**
88682 Salem/Neufrach   **Telefax 07553/829694**

Campinghof Salem

★★★★

(7956)

Familiärer privat geführter Campingplatz in ruhiger Ortsrandlage direkt an der schönen Deggenhauser Aach gelegen. Kleines Restaurant und Kiosk am Platz. Brötchenservice, Internetcafé, Großbildleinwand, großer Kinderspielraum, Duschen frei. Komfortplätze mit Frisch-, Abwasser und TV-Anschluß. Heuhotel, Blockhütte und Mietwohnwagen. Bestens ausgebautes Rad- und Wanderwegenetz firekt am Platz. Direkter Radweg zum gepflegten Badesee (800 m). Viele Ausflugsmöglichkeiten mit Auto, Rad, ÖPNV zum Bodensee (9 km). z. B. Insel Mainau, Meersburg, Lindau, Konstanz, Affenberg, Schweiz und Österreich. Streichelzoo + Ponyreiten direkt am Platz. Ferienprogramm für Jung + Alt. Super Sparangebote in der Vor- und Nachsaison.
Infos unter www.campinghof-salem.de oder info@campinghof-salem.de

(7977)

CAMPING WIRTHSHOF

TIPP: Markdorf, das ideale Rad- und Wanderparadies, nur 7 km zum Bodensee

Die Wirthshof-Highlights

* Abwechslungsreiches, spannendes Freizeitprogramm für Kids und Erwachsene * Ausflugsfahrten ab Camping
* Geführte Fahrradtouren und Wanderungen
* Günstige Angebote in der Nebensaison
* Mietbadezimmer, Mietwohnwagen und Blockhütten
* Kinderwaschräume * Beheiztes Schwimmbad
* Übernachtungsplätze * Bodensee-Erlebniskarte
* Eintrittskarten für das Ravensburger Spieleland
* Fahrradverleih * Minigolf und Pit-Pat * Billard
* Autovermietung * Mountainbike-Touren am Gehrenberg

Wellness-Spezial

* Großzügige Saunalandschaft
* Zahlreiche Arrangements rund um Wellness und Fitness
* Kosmetik / Massage * Bewegungsprogramm
* Nordic Walking * Aqua Fitness * Yoga
* Shuttle zur Meersburg-Therme

Prospekte und Reservierungen:

Camping Wirthshof
D-88677 Markdorf
Telefon 07544-96270
Telefax 07544-962727
Internet: www.wirthshof.de
E-mail: info@wirthshof.de

DCC-Vertragsplatz

✉ **88677 Markdorf-Steibensteg** (d13) **7977**

35 ★★★★★ »CAMPING WIRTHSHOF« ⚷ 1.3. bis 30.10.
E.: Camping Wirthshof GmbH ☎ 07544/96270, Fax 962727 450 m
www.wirthshof.de, info@wirthshof.de 80 000 qm

→ B33 Meersburg–Ravensburg, ca. 1 km hinter Markdorf abbiegen, beschildert. ✉ Steibensteg 12. (GPS: 47°42'54" N / 09°24'33" E).

Durch die Straße zweigeteiltes, ebenes und parzelliertes Wiesengelände mit Hecken- und Baumreihen beim Hotel. Teilweise gekieste Stellflächen. Befestigte Mocaplätze. Hunde nur mit Reservierung. In NS extra Platzteil für Hundehalter. Sanitäranlagen beheizbar. Kleinkindersanitär. Anmeldung nur bis 20 Uhr. In HS Reservierung empfohlen. Öffentlicher Badebetrieb. Familiäre Atmosphäre. Massagen.Wellness. Ort 1 km entfernt. Touristen-/Dauerstellplätze 324/100.
2008: (HS) P/N 7.60, K/N 4.80, St/N 12.50, H/N 4.–, Müllgebühr 1.–, WD und Strom (10-16 A) inkl. Pauschalangebote. In NS Ermäßigung.
DCC 10% auf P/N.

✉ **88048 Friedrichshafen-Fischbach** (d13) **7980**

★★★ »CAMPING FISCHBACH« ⚷ April bis Okt.
P.: Schlichte ☎ 07541/401113 21 000 qm
www.Friedrichshafen.de

→ B31 Überlingen–Friedrichshafen Abf. Fischbach, beschildert. ✉ Grenzösch 3/Meersburger Straße (GPS: 47°40'10" N / 09°24'14" E).

Leicht welliges, parzelliertes Wiesengelände unter hohen Bäumen zwischen verkehrsreicher Straße und dem Seeufer. Ort 500 m entfernt. Mittagsruhe 12-14 Uhr. Touristen-/Dauerstellplätze 90/40.

Achtung: Campingplätze im Uferbereich des Bodensees sind in der Hochsaison stark frequentiert und daher oftmals überfüllt.

DCC-Vertragsplatz

✉ **88079 Kressbronn-Gohren** (d13) **7987**

30 ★★★★ »CAMPING GOHREN« ⚷ 29.3. bis 15.10.
E.: Sieglinde und Werner Frey 380 000 qm
☎ 07543/60590, Fax 605929
www.campingplatz-gohren.de, info@campingplatz-gohren.de

→ B31 Friedrichshafen–Lindau, nach Gohren abbiegen, beschildert. ✉ Zum Seglerhafen (GPS: 47°35'18" N / 09°33'46" E).

Ebenes, von hohen Hecken durchzogenes, Wiesengelände mit teilweise schmalen Wegen. Unparzelliert mit teilweise dichtem Baumbestand und gekiesten Freiflächen am See. Moca-Plätze vor und hinter der Schranke (8/20). Familien-Zeltwiese. Tipizelte. Kinderspielhaus und kostenlose Kinder-Kutschfahrten. Kinderbadelandschaft. Kindertrampolin. W-LAN. Hundewiese. Streichelzoo. »Kirche Unterwegs«. Inforaum der Gemeinde. FW. Ort 1.8 km entfernt. Mittagsruhe 12-14 Uhr. Touristen-/Dauerstellplätze 800/1200.
2008: (HS) P/N 6.90, K/N 2 bis 14 J. 3.50, St/N 6.50/15.–, B/N 3.–, H/N 2.50, KT ab 15 J. –.90, WD inkl., Müllgebühr P/N –.90, Strom/N 2.50 oder kWh –.50 (16 A). In NS Ermäßigung.
DCC 10% auf P/N.

Anzeige S. 245

UNTERNEHMENSBERATUNG GMBH

www.mupu.de

jetzt 4 x in Süddeutschland

(7993)

**Wellness pur
in Oberschwaben
Camping Christophorus**
an der
Oberschwäbischen
Barockstraße
zwischen Ulm
und Memmingen

www.camping-christophorus.de

**Sommeridylle
und Winterromantik
Camping Alpenblick
im Westallgäu** (8715)
mit eigenem Badeweiher
zwischen Bodensee
und Oberstaufen

www.camping-alpenblick.de

Die Klassiker am Bodensee

**Camping
Birnau-Maurach
Uhldingen-Mühlhofen**
(7957/1)
unterhalb der Klosterkirche Birnau

www.birnau-maurach.de

Camping (7971/2)
**Schloss-Kirchberg
Immenstaad**
zwischen Hagnau um Immenstaad

www.camping-kirchberg.de

DCC-Vertragsplatz

✉ **88079 Kressbronn,** Bodensee (d13)   **7989**

30 ★★★★ »CAMPING IRISWIESE« — Ostern bis 19.10.
E.: Karl Frey Campingplatzbetriebe GmbH V: Krapf   40000 qm
☎ 07543/8010, Fax 8032
www.Campingplatz-Iriswiese.de, info@Campingplatz-Iriswiese.de

→ B31 Friedrichshafen–Lindau, in Kressbronn beschildert. ✉ Tunau 16. (GPS: 47°35'15" N / 09°35'01" E).

Ebenes, parzelliertes Wiesengelände mit altem Baumbestand und Heckenunterteilung am See. Strand getrennt für Badegäste und Wassersport. Reception von 12-14 Uhr geschlossen. Kindersanitär. In HS eng belegt. Ort und Haltestelle 1 km entfernt. Touristen-/Dauerstellplätze 200/200.
2008: P/N 6.50, K/N 2 bis 14 J. 3.50, St/N 8.–, B/N 3.–, KT –.90, WD inkl., Müllgeb. P/N –.90, Strom/kWh –.50 (10 A), Anschlussgebühr. **DCC 10% auf P/N.**

✉ **88069 Laimnau** bei Tettnang (d13)   **7990**

40 ★★★★ »GUTSHOF CAMPING BADHÜTTEN« — März bis Nov.
E.: Martha Köhn-Späth ☎ 07543/96330, Fax 963315   100000 qm
www.gutshof-camping.de, gutshof.camping@t-online.de

→ B467 Ravensburg–Lindau, ca. 2 km südl. der letzten Tettnang–Abfahrt nach Laimnau abbiegen, beschildert. ✉ Badhütten 1. (GPS: 47°38'0" N / 09°38'48" E).
∴ Burgruine.

Leicht welliges Wiesengelände bei einem Gutshof in ländlicher Umgebung, großzügig parzelliert und teilweise durch Hecken unterteilt. FW. Streichelzoo. Kinderraum mit Kino. Spielstadt. In HS Arzt stundenweise am Platz. Ort 1.5 km entfernt. Mittagsruhe 12-14 Uhr. Touristen-/Dauerstellplätze 400/230.
2008: (HS) P/N 7.50, K/N 3 bis 13 J. 4.50, St/N 12.80, H/N 3.–, WD und Strom (16 A) inkl. In NS Ermäßigung.

✉ **88693 Obersiggingen,** Deggenhs. Tal (d13)   **7991**

30 ★★★ »CAMPING BIRKENMÜHLE« — 1.1. bis 31.12.
E.: Gisela Pflug ☎ 07555/5308, Fax 5377   533 m   12000 qm
www.birkenmuehle.de, birkenmuehle@t-online.de

→ B33 Ravensburg–Meersburg Abf. Hefigkofen in das Deggenhausertal in Richtung Pfullendorf. Bei Obersiggingen beschildert. ✉ Bachweg 7-9 (GPS: 47°47'40" N / 09°23'08" E).
∴ Schloss Salem, Schloss Heiligenberg.

Leicht ansteigendes, teilparzelliertes Wiesengelände mit FKK-Teil sowie befestigten Mocaplätzen zwischen Gästehaus und Waldrand. Familiäre Atmosphäre. FW. Brötchenservice. Ort (Salem) 8 km entfernt. Mittagsruhe 12.30-14.30 Uhr. Touristen-/Dauerstellplätze 30/30.
2008: P/N 5.–, K/N 3 bis 12 J. 2.50, A/N 1.50, C/N 5.50, MC/N 8.50, T/N 3.50/4.50, M/N 1.–, H/N 1.–, WD zuzügl., Müllgeb. St/N 1.–, Strom/kWh –.70 (16 A), Anschlussgebühr 1.50.

CAMPING SEEWIESE
Ruhige Lage inmitten des Drei-Seen-Erholungsgebietes, ideal für Angeln, Wandern, Segeln, Schwimmen, Erholung, Radfahren. Familienfreundlicher Platz in schöner Landschaft gelegen. Preiswerte, gepflegte Gastronomie im Ort. Sommerferienprogramm. Idealer Ausgangspunkt für Tagesausflüge usw. Nur 25 km zum Bodensee.
88636 Illmensee · Tel. 07558/466 · Fax 07558/1507
Email: camping.seewiese@t-online.de · Internet: www.camping-illmensee.de
Auf Ihren Besuch freut sich Fam. Heigle   (7992)

✉ **88636 Illmensee,** Südbaden (d12/13)   **7992**

25 ★★★ »CAMPING SEEWIESE« — 1.5. bis 30.9.
E.: Johann Heigle ☎ 07558/466, Fax 1507   700 m   15000 qm
www.camping-illmensee.de, camping.seewiese@t-online.de

→ Straße Sigmaringen–Pfullendorf–Heiligenberg. In Denkingen links abbiegen nach Illmensee, beschildert. ✉ Kirchplatz 2. (GPS: 47°51'38" N / 09°22'28" E).

Ebenes, teilweise parzelliertes Wiesengelände hinter einem ehemaligen Bauernhof mit separaten Touristenteilen und eigenem Badestrand am See. W-LAN. Ort 200 m entfernt. Mittagsruhe 12.30-14.30 Uhr. Touristen-/Dauerstellplätze 50/70.
2008: P/N 5.–, K/N 3 bis 11 J. 3.–, J/N 12 bis 15 J. 4.–, A/N 2.–, C/N 6.–, MC/N 5.50, T/N 4.– bis 6.–, M/N 1.–, H/N 2.–, KT –.75, WD zuzügl., Strom/N 2.– oder kWh –.50 (16 A).

DCC-Vertragsplatz

✉ **88486 Kirchberg,** Memmingen (d12)   **7993**

25 ★★★★ »CAMPING CHRISTOPHORUS« — 1.1. bis 31.12.
E.: Campingplatz-Eigentümer-Gemeinschaft Christophorus
V: M & P Camping and Marina GmbH ☎ 07354/663, Fax 91314
www.camping-christophorus.de, info@camping-christophorus.de   90000 qm

→ A7 Ulm–Kempten Abf. (125) Altenstadt. Über Altenstadt noch ca. 5 km, beschildert. ✉ Werte 6 (GPS: 48°08'210" N / 10°06'12" E).

Ebenes, von 3 Seen umgebenes Wiesengelände, beschattet und überwiegend schattenlos. Zeltwiese. Kegelbahn. Ort 3 km entfernt. Mittagsruhe 12-14 Uhr. Touristen-/Dauerstellplätze 100/498.
2007: P/N 5.80, K/N 3 bis 16 J. 3.30, St/N 6.80, H/N 5.–, WD inkl., Müllgeb./Sack 1.50, Strom/kWh –.60 (10 A), Anschlussgebühr 2.80.
DCC 10% auf P/N.   Anzeige S. 243

»Ermäßigung auf alle Gebühren« umfaßt nicht die Nebenkosten wie Kurtaxe, Müll und Strom

(7990) Gutshof Badhütten — CAMPING Paradies
- Romantik-Landhotel
- Historischer Gasthof
- Ausgezeichnete Küche
- Komfort-Stellplätze 130m²
- Supermarkt
- Western-Reiterhof
- Kinderspielplatz
- Spiel-Stadel (ab 2008)

Laimnau/Badhütten 1/2 · 88069 Tettnang
Navi-Adr: Ort: Tettnang · Str.: Badhütten
Tel.: 0 75 43 - 96 33 -0 · Fax: -15
E-mail: gutshof.camping@t-online.de
www.gutshof-camping.de

7 Baden-Württemberg

www.campingplatz-gohren.de

... direkt am BodenseeStrand

(7987)

Ferienpark Campingplatz Gohren am Bodensee

4-Sterne-Komfort, eigener Naturstrand. Mit vielen Möglichkeiten des Wassersports, idealer Standort für Ausflüge im Dreiländereck, Betreuung für Kinder, SB-Markt am Platz, Restaurant, Kirche unterwegs, Mietwohnwagen, Mietzelte.

Camping
Caravaning
Wassersport
Radfahren
Wandern

Attraktive Angebote in der Vor- und Nachsaison -
Online - Reservierung

... ein See, drei Länder, 1000 Urlaubsideen!

Radfahren und Wandern rund um den See, in Oberschwaben Sehenswürdigkeiten und Kultur entdecken, das Allgäu erkunden.

Bergwandern in den Voralberger- und Schweizer Alpen.
Mit der „weißen Flotte" der Bodensee-Schiffe zu neuen Ufern fahren.

ADAC · ANWB · DCC · familien ferien · BODENSEE · DTV

DE 88079 Kressbronn, zum Seglerhafen   Tel +49 (0) 75 43 / 60 59-0   Fax 60 59-29   info@campingplatz-gohren.de

---

www.campingplatz-iriswiese.de

... dort wo der Bodensee das „Schwäbische Meer" ist!

IRISWIESE Campingplatz Kressbronn/Bodensee

Ruhiger, sauberer, überschaubarer 4-Sterne-Platz mit eigenem Naturstrand für vielseitigen Wassersport - Ausgangspunkt für Ihr ganz persönliches, unvergessliches BodenseeErlebnis per Auto, Schiff, Fahrrad oder Wanderschuh, bei stets persönlicher Betreuung.

ADAC Auszeichnung 2007 · DCC · DTV

(7989)

DE 88079 KRESSBRONN, Tunau 16   Tel +49 (0) 75 43 / 8010   Fax +49 (0) 75 43 / 80 32   info@campingplatz-iriswiese.de

DCC-Vertragsplatz

✉ **88319 Aitrach,** Memmingen (d12) **7994**

25 ★★★★ »PARK CAMPING ILLER« 1.5. bis 30.9.
E.: Karl-Heinz Albrecht ☎ 07565/5419, Fax 5222 585 m 28 000 qm
www.camping-iller.de, info@camping-iller.de

➔ A7 Ulm–Kempten, beim AB-Kreuz Memmingen wechseln auf die A 96 Richtung Lindau Abf. (11) Aitrach, ab dort beschildert. ✉ Illerstr. 57 (GPS: 47°56'57" N / 10°05'15" E).

Ebenes bis leicht welliges, parzelliertes Wiesengelände beiderseits der Aitrach mit altem, hohen Baumbestand. Zeltwiese. Kleinkindersanitär. Fitnessraum. Spielraum mit Billard. Brötchenservice. Imbiss in HS. Ort 1 km, Golfplatz (18 Loch) 7 km entfernt. Separater Jugendplatz. Mittagsruhe 13-14.30 Uhr. Touristen-/Dauerstellplätze 60/120.
2007: P/N 4.–, K/N 2 bis 14 J. 2.–, C MC-St/N 10.–, T/N 5.–, M/N 7.–, H/N 2.–, WD inkl., Strom/N 21.50 (10 A).
DCC 10% auf P/N.

DCC-Vertragsplatz

✉ **88316 Isny,** Allgäu (d13) **7995/1**

30 ★★★★ »ISNY CAMPING« 1.1. bis 31.10.
P: Isny-Camping GmbH ☎ 07562/2389, Fax 2004 780 m 40 000 qm
www.isny-camping.de, info@isny-camping.de

➔ B12 Lindau–Kempten, in Isny beschildert. ✉ Lohbauerstr. 59-69 (GPS: 47°40'42" N / 10°01'50" E).

Fast ebenes, unparzelliertes und gekiestes Gelände mit Badesee in einem Waldtal. Zeltwiese. FW. Hundebad. Kneippbrunnen. Rufbus. Ort 1.5 km entfernt. Mittagsruhe 13-15 Uhr. Separater Jugendplatz. 50 Touristenplätze.
2008: P/N 6.50, K/N pro Lebensjahr –.40, St/N 9.50, H/N 1.–, KT 1.–, WD in HS zuzügl., Müllgeb. P/N –.50, Strom/kWh –.50 (16 A), Anschlussgeb. 1.–.
DCC 10% auf P/N.

ISNY CAMPING
Telefon 0 75 62/23 89 · Fax 0 75 62/20 04

Ein traumhafter Platz zum Urlaub machen. Ruhige wunderschöne Lage auf einer sonnigen idyllischen Waldlichtung an einem klaren sauberen Bergsee. Familiäre Atmosphäre und Sauberkeit. Befestigte Plätze, neues Sanitärgebäude mit sich selbstreinigenden Toilettensitzen, immer hygienisch und sauber. Gemütliche Gaststätte mit Terrasse. Zu den Supermärkten und Stadtmitte sind es nur 1,5 km. Wenn Sie für Ihre Gesundheit was tun wollen, nutzen Sie die Gesundheitsprogramme der Kurkliniken rund um Isny und machen Sie eine Kompaktkur. Das Angebot ist vielfältig, auch wenn Sie nicht viel Zeit haben. Wir erwarten Sie. **(7995/1)**

DCC-Vertragsplatz

✉ **88316 Isny-Beuren,** Allgäu (d13) **7995/2**

25 ★★★★ »CAMPING AM BADSEE« 15.4. bis 15.10.
E.: Familie Wagner ☎ 07567/1026, Fax 1092 710 m 35 000 qm
www.campingbadsee.de, campingbadsee@t-online.de

➔ Straße Leutkirch–Isny Abf. Friesenhofen, beschildert. ✉ Allmisried 1 (GPS: 47°45'14" N / 10°00'15" E).

DCC-Vertragsplatz

✉ **88299 Leutkirch-Herlazhofen** (d13) **7997**

★★★ »CAMPING MOORBAD« April bis Okt.
E.: Wendelin Riedle ☎ 07561/3345 680 m 22 000 qm

➔ A96 München–Lindau Abf. (8) Leutkirch/Herlazhofen. Ab Herlazhofen ca. 2 km auf schmaler Straße, beschildert. 2. Platz. ✉ Moorbad 2 (GPS: 47°46'40" N / 10°00'16" E).

Welliges, vom Seeufer zum Waldrand unparzelliert ansteigendes Wiesengelände neben einem bewirtschafteten Bauernhof, überwiegend schattenlos. Durch Dauercamper geprägt. Kabel TV. FW. Separater Jugendplatz. Ort 2 km entfernt. Mittagsruhe 12-14 Uhr. Touristen-/Dauerstellplätze 30/170.

Bayern

In der Nähe von Militär-Flugplätzen und Truppenübungsplätzen ist mit zeitweiligen Ruhestörungen zu rechnen. Dies gilt auch für den Großflughafen München-Erding in einem Umkreis von ca. 25 km.

DCC-Vertragsplatz

✉ **63791 Karlstein,** Main (c9) **8102**

20 ★★★ »FREIZEITGEBIET GROSSWELZHEIM« 1.1. bis 31.12.
E.: Gemeinde ☎ 06188/5094, 991606, Fax 991605 115 m 250 000 qm
www.freizeigebiet-grosswelzheim.de, camping.karlstein@t-online.de

➔ A45 Hanau–Seligenstädter Dreieck Abf. (45) Karlstein über Karlstein auf die B8 Richtung Hanau, beschildert. ✉ Kirchweg 1. (GPS: 50°03'30" N / 9°00'45" E).

Von Wald begrenztes, ebenes Wiesengelände, unparzelliert an einem Badesee mit öffentl. Badebetrieb, teilweise wenig Schatten. Waschräume nur 6-11 Uhr und von 18-22 Uhr geöffnet. Während der Badesaison Surf- und Segelverbot. Kiosk. Bouleplatz. Scaterbahn. Separater Jugendplatz. Ort (Groß-Welzheim) 1 km entfernt. Mittagsruhe 12.30-14.30 Uhr. Touristen-/Dauerstellplätze 100/450.
2007: P/N 3.50, K/N ab 6 J. 2.50, A/N 3.–, C/N 5.–, MC/N 7.–, T/N 3.– bis 9.–, M/N 1.–, WD und Hallenbad inkl., Strom/N 2.– oder kWh –.50 (6 A).
DCC/CCI 10% auf P/N.

63814 Mainaschaff, Main (d9) — 8103

»FREIZEIT- UND CAMPINGPARK MAINPARKSEE«
20 ★★
E.: Werner Kunkel V.: Staab   15.4. bis 30.9.
☎/Fax 06027/5945   110 m   60 000 qm

→ A3 Offenbach–Aschaffenburg Abf. (58) Aschaffenburg-West Richtung Mainaschaff, beschildert. (GPS: 49°59'21" N / 09°04'34" E).
♣ Altstadt Aschaffenburg. Schloss Johannisburg. Pompejanum.

(H)50 m 🌲 🚻 🚲300 m

Ebenes Wiesengelände mit Laubbäumen am Mainpark-See (Schlauchboote erlaubt) mit DLRG-Station. Touristenplätze teilweise parzelliert. Imbiss. Separater Jugendplatz. Mittagsruhe 13-15 Uhr. Touristen-/Dauerstellplätze 40/320.
2008: P/N 4.–, K/N 6 bis 15 J. 2.–, A/N 1.50, C MC T/N 5.–, M/N 1.–, WD zuzügl., Strom/N 2.– (16 A).

In **Aschaffenburg** befindet sich der MoCa-Stellplatz Willigisbrücke.

63920 Großheubach, Main (d9) — 8114

»CAMPING AM LEINRITT«
25 ★★★
E.: Karl und Marita Zipf ☎ 09371/8387, Fax 65284   1.4. bis 31.10.
www.weisses-ross-grossheubach.de, weisses-ross-grossheubach@t-online.de   15 000 qm

→ B 469 Aschaffenburg–Miltenberg, bei Kleinheubach abbiegen über die Mainbrücke nach Großheubach, beschildert. ✉ Kirchstr. 25. (GPS: 49°43'36" N / 9°13'00" E).
♣ Miltenberg.

(H)100 m

📍200 m 🏊 ♨5 km

Parkartiges, ebenes bis leicht welliges Wiesengelände am Mainufer, von öffentlichem Weg durchzogen. Befestigte Mocaplätze. Überflutung bei Hochwasser möglich. FW. Ort 100 m entfernt. Separater Jugendplatz. Mittagsruhe 13-15 Uhr. Touristen-/Dauerstellplätze 40/80.
2008: P/N 6.–, K/N 3 bis 15 J. 4.–, St/N 7.–, H/N 2.–, WD zuzügl., Strom/kWh 1.– (16 A).
DCC/CCI 10% auf St/N.

63897 Miltenberg, Main (d9) — 8115

»CAMPING MAINWIESE«
20 ★★
P.: Peter Ullrich ☎/Fax 09371/3985,   1.4. bis 30.9.
www.campingplatz-miltenberg.de, reginaullrich1@aol.com   25 000 qm

→ B 469 Aschaffenburg–Amorbach, bei Kleinheubach nach Miltenberg abbiegen und dort über die Mainbrücke. ✉ Josef-Wirth-Str. 7, Steingässer Str. (GPS: 49°42'14" N / 9°15'15" E).
♣ Historische Mainbrücke, Fachwerkbauten, Mildenburg.

(H)200 m 🏊 ♨300 m

Leicht welliges und teilweise schattenloses Wiesengelände unparzelliert am Mainufer neben der Brücke. Überflutung bei Hochwasser möglich. Ort 300 m entfernt. Separater Jugendplatz. Mittagsruhe 13-15 Uhr. Touristen-/Dauerstellplätze 70/60.
2007: P/N 4.50, K/N 2 bis 13 J. 3.–, St/N 5.50, H/N 1.50, WD inkl., Strom/N 2.– (10 A). Ab 10 N 10% auf St/N.

Die DCC-Inspizienten sind nicht mit Anzeigenwerbung betraut. Sie sind daher unabhängig und nicht beeinflußbar. Ihren Recherchen nach unseren Prüfbögen kann vertraut werden.

63916 Amorbach, Odenwald (d10) — 8117

»TRAILER-CAMPING« NATURPLATZ
20 ★★
E.: Karl-Heinz Landzettel ☎ 09373/4768, Fax 902185   1.1. bis 31.12.
trailercamping-landzettel@t-online.de   390 m   25 000 qm

→ B 469 Aschaffenburg–Eberbach oder B47 Michelstadt–Walldürn, in Amorbach Richtung Kirchzell, beschildert. (Zufahrt durch Gewerbebetrieb).
✉ Breitensteiner Weg 7. (GPS: 49°38'18" N / 9°12'49" E).
♣ Historische Bauwerke, Schloss.

(H)500 m

Leicht welliges, unparzelliertes Wiesengelände in einem von Waldhöhen umgebenen Bachtal. Überflutung bei Hochwasser möglich. Ort 800 m entfernt. FW. Separater Jugendplatz. Mittagsruhe 13-15 Uhr. Touristen-/Dauerstellplätze 60/80.
2008: P/N 4.60, K/N 1 bis 12 J. 2.30, C MC-St/N 5.–, T-St/N 4.–, H/N 2.20, KT –.30, WD zuzügl., Strom/N 2.50 oder kWh –.70 (16 A).
DCC/CCI 10% auf P/N.

DCC-Vertragsplatz

63931 Kirchzell, Odenwald (d10) — 8120

»AZUR CAMPINGPARK ODENWALD«
35 ★★★★
E.: AZUR-Freizeit GmbH V.: Layh ☎ 09373/566, Fax 7375   1.4. bis 31.10.
www.azur-camping.de/kirchzell, kirchzell@azur-camping.de   70 000 qm

→ B47 Michelstadt–Walldürn Abf. Amorbach in Richtung Kirchzell/Mudau. Ab Kirchzell noch ca. 1 km, beschildert. ✉ Siegfriedstr. 2. (GPS: 49°36'24" N / 9°09'33" E).
♣ Alte römische Befestigungen »Limes«. Wildenburg. Amorbach.

(H)1 km

Leicht welliges, teilweise parzelliertes Wiesengelände in einem von Waldhöhen umgebenen Bachtal. Hallenbad (öffentlicher Badebetrieb). Separater Jugendplatz. Ort 1.5 km entfernt. Mittagsruhe 13-15 Uhr. Touristen-/Dauerstellplätze 120/220.
2008: (HS) P/N 7.–, K/N 2 bis 12 J. 3.50, St/N 8.–/6.–, H/N 2.80, WD inkl., Strom/N 2.50 (16 A). Für 14 Nächte nur 12 Nächte bezahlen (außer Strom). Ermäßigung auf einige Club-Cards. In NS Ermäßigung.
DCCI 10%, CCI 5% auf P/N.

DCC-Vertragsplatz

97903 Collenberg, Main (d9) — 8122

»CAMPING MAINTAL«
20 ★★★
E.: Peter Nicklos ☎ 09376/1270, Fax 9740048   1.4. bis 30.10.
www.campingmaintal.de, info@campingmaintal.de   16 000 qm

→ A3 Würzburg–Aschaffenburg Abf. (66) Wertheim/Lengfurt über Wertheim und Kreuzwertheim auf der rechten Mainseite Richtung Miltenberg. In Collenberg-Fechenbach beschildert. ✉ Schloßstr. 42. GPS: 49°46'11" N / 9°20'32" E)
♣ Spukschloss Mespelbrunn, Miltenberg Burg und Altstadt.

(H)50 m 250 m 🐎 🚲5 km 6 km 🏊8 km

Ebenes bis leicht welliges Wiesengelände mit altem Baumbestand am Main, teilweise schattenlos. Überflutung bei Hochwasser möglich. Ort 200 m entfernt. Mittagsruhe 13-15 Uhr. Touristen-/Dauerstellplätze 50/50.
2008: (HS) P/N 5.–, K/N bis 14 J. 2.50, J/N 3.50, C MC-St/N 6.50, T-St/N 3.– bis 6.–, B/N 5.–, H/N 1.50, WD inkl., Müllgebühr St/N –.50, Strom/N 2.50 oder kWh –.60 (10A), Anschlussgebühr –.50 bis 3.50. In NS Ermäßigung.
DCC 10% auf P/N.

DCC – DEIN PARTNER!

*** "Camping Maintal" Collenberg** (8122)
zwischen Miltenberg und Wertheim direkt am Main und Radwanderweg
"klein aber fein, erholen und wohlfühlen"
Ruderboote für unsere Gäste, Kinderspielplatz sowie WLAN
großzügige Stellplätze ab 100 qm², Zeltwiese
moderne Sanitäranlagen, Wasserskistrecke, Bootsplatz und Slipanlage
schöner Biergarten mit gepflegter Gastronomie
www.campingmaintal.de   **Aktionspreise**

DCC: ★★★★★
ADAC: ★★★★★
Bewertung Sanitäranlagen

Sonderprogramme 2008
"Mainfranken zum Kennenlernen":
8.6 bis 21.6
"Mainfranken und Fränkisches Weinland":
14.9. bis 25.9.

CAMPING MAIN-SPESSART-PARK
WALD • WASSER • WEIN • KULTUR

Familienfreundliche Campinganlage mit außergewöhnlicher Sanitärausstattung, Stellplätze mit Strom, Kanal- und Wasseranschluss. Separater Jugendzeltplatz, eigener Platzteil für Campingclubs mit großem Aufenthaltsraum. Freizeitgelände für Fußball, Beachvolleyball, Badminton, Boccia, Streetball und Tischtennis. Kinderspielplatz, Kleintiergehege. 300 Meter vom Campingplatz entfernt Hallen- und beheiztes Freibad. Herrliche Umgebung mit romantischen Städten und Weinorten. Ebene Fahrradwege entlang des Maintals. Ferienprogramm im Juli/ August.

Für Durchgangsgäste: Angekuppelt übernachten auf separatem Platzteil. Verbilligte Tarife in der Vor- und Nachsaison.

97855 Triefenstein/Lengfurt am Main
Tel.: 0 93 95/10 79 - Fax: 0 93 95/82 94
E-Mail: info@camping-main-spessart.de
Internet: http://www.camping-main-spessart.de

DCC-Vertragsplatz

✉ **97855 Triefenstein-Lengfurt (d9)** 8128

25 ★★★★★ »CAMPING MAIN-SPESSART-PARK« ⚬ 1.1. bis 31.12.
I.: G.F.E. GmbH & Co KG V.: Seeberger ☎ 09395/1079, Fax 8295 100 000 qm
www.camping-main-spessart.de, info@camping-main-spessart.de

➔ A3 Würzburg–Aschaffenburg Abf. (65) Marktheidenfeld in Richtung Marktheidenfeld. In Altfeld nach Lengfurt abbiegen. ✉ Spessartstr. 30. (GPS: 49°49'06" N / 9°35'19" E)
• Wertheim, Lohr a. M., Schloss Mespelbrunn.

Parzelliertes Wiesengelände in Hanglage oberhalb des Mains. Teilweise terrassiert und durch abwechslungsreiche Wegführung aufgelockert. Neuer Platzteil überwiegend schattenlos. Für Transitgäste Gespannstellplätze mit Strom vor dem Eingang. FW. Gaststätte montags geschlossen. Wassersport. Ort 1 km entfernt. Mittagsruhe 13-15 Uhr. Touristen-/Dauerstellplätze 180/180.
2008: P/N 5.30, K/N 3 bis 14 J. 3.–, A/N 2.–, C/N 4.–, MC/N 6.–, T/N 3.–, M/N 2.–, B/N 2.–, H/N 2.50, WD inkl. Müllgeb. St/N –.50, Strom/N 2.50 (6-10 A).
DCC 10% auf P/N.

DCC-Vertragsplatz

✉ **97845 Neustadt am Main (d9)** 8129

25 ★★★★ »MAIN-SPESSART-CAMPING INT.« ⚬ 1.4. bis 30.9.
E.: L. und H. Klöckes ☎ 09393/639, Fax 1607 56 000 qm
www.camping-neustadt-main.de, info@camping-neustadt-main.de

➔ A3 Würzburg–Aschaffenburg Abfahrten (65) Marktheidenfeld oder (64) Rohrbrunn auf die Maintalstraße Richtung Lohr. Beschildert. (GPS: 49°54'41" N / 9°35'02" E).
• Burg Rothenfels, Wasserschloss Mespelbrunn, Spessart.

Ebenes bis leicht abfallendes, parzelliertes Wiesengelände, teilweise unter hohen Bäumen am Main. Befestigte Mocaplätze. Sanitäranlagen beheizbar. Jugendraum. Wasser- und Radwanderer-Station. W-LAN. Ort 2.5 km entfernt. Mittagsruhe 12-14 Uhr. Touristen-/Dauerstellplätze 90/160.
2008: (HS) P/N 5.50, K/N 2 bis 14 J. 3.–, St/N 6.50, B/N 2.–, H/N 2.–, WD zuzügl., Müllgeb. St/N –.50, Strom/kWh –.50 (16 A). Anschlussgeb./N –.25 oder einmalig 1.–. In NS Ermäßigung.
DCC 10% auf P/N.

✉ **97737 Gemünden, Main (d9)** 8140/1

25 ★★★ »CAMPING SAALEINSEL« ⚬ 1.4. bis 15.10.
E.: Gemeinde ☎ 09351/8574, Fax 1093 55 000 qm
www.camping-saale-insel.de, webmaster@camping-saale-insel.de

➔ Straße Hammelburg–Karlstadt, bei Karsbach abbiegen nach Gemünd. Hier in Richtung Schwimmbad, beschildert. ✉ Duivenallee 9. (GPS: 50°03'37" N / 9°41'28" E).
• Burgruinen.

Ebenes und parzelliertes Wiesengelände mit einzelnen Bäumen neben dem Schwimmbad und an der Fränkischen Saale. Überflutung bei Hochwasser möglich. Sanitäranlage beheizbar. »Kirche Unterwegs«. Bocciabahn. Wassersport 200 m und Ort 400 m entfernt. Separater Jugendplatz. Mittagsruhe 13-15 Uhr. Touristen-/Dauerstellplätze 250/200.
2007: P/N 5.–, K/N 4 bis 16 J. 2.50, C MC-St/N 6.–,T/N 3.–, M/N 2.10, H/N 2.–, WD und Schwimmbad inkl., Strom/kWh –.50 (16 A), Anschluss 2.–.

DCC – auch Ihr Camping-Partner!

MAIN SPESSART CAMPING INTERNATIONAL

- familienfreundlich
- zwei moderne Sanitärgebäude
- platzeigenes beheiztes Freibad
- 725 m Uferlänge
- platzeigener Bootsslip
- der wunderschöne Spessart
- direkt am Radweg gelegen

Wohlfühlen am Main

ACHTUNG: Rabatte in der Nebensaison bis 1. Juli und ab September. Ab 1 Woche 10%, ab 2 Wochen 20% und ab 3 Wochen 30% auf die Personen- und Stellplatzgebühr.

97845 Neustadt-Main
Telefon 0 93 93 / 6 39
Telefax 0 93 93 / 16 07
E-mail: info@camping-neustadt-main.de
Internet: www.camping-neustadt-main.de

(8129)

DCC-Vertragsplatz

97737 Gemünden-Hofstetten, Main (d9) **8140/2**

[25] ★★★★ »SPESSART-CAMPING-SCHÖNRAIN« 15.3. bis 30.9.
E.: Ruth Endres ☎ 09351/8645, Fax 8721   70 000 qm
www.spessart-camping.de, info@spessart-camping.de

→ A3 Abf. Weibersbrunn/Lohr, nach Lohr-Gemünden, auf die Mainbrücke, rechts ab nach Hofstetten oder A7 Abf. Hammelburg nach Gemünden, weiter wie oben, beschildert. ✉ Schönrainstr. 4–18. (GPS: 50°03'05" N / 9°39'25" E).

Ruine Schönrain, Scherenburg bei Gemünden.

Leicht ansteigendes, parzelliertes Wiesengelände am Waldrand, teilweise terrassiert und schattenlos. Bus-Service zum Restaurant im Ort. Whirlpool. Dampfdusche. Fitnessraum. Bibliothek. Spielraum. Radwander-Station. Ort 3 km entfernt. Separater Jugendplatz. Mittagsruhe 13-15 Uhr. Touristen-/Dauerstellplätze 100/100.
2008: (HS) P/N 6.10, K/N 14 J. 3.80, St/N ab 7.20, H/N 2.80, WD zuzügl., Strom/kWh –.70 (10 A), Anschlussgebühr 2.15. In NS Ermäßigung.
DCC 10% auf P/N.

97789 Unterleichtersbach, Rhön (d9)   **8142**

[15] ★★★ »CAMPING ASPENMÜHLE«   1.5. bis 30.10.
E.: Josef Zeier ☎/Fax 09741/2058   320 m   10 000 qm

→ A7 Würzburg–Kassel Abf. (94) Bad Brückenau/Volkers oder Bad Brückenau/Wildflecken über Bad Brückenau auf die B27 Richtung Hammelburg, ca. 1 km hinter Unterleichtersbach, beschildert. ✉ Waldstr. 1. (GPS: 50°15'27" N / 9°49'04" E).

Terrassiert, unparzelliert abfallendes Wiesengelände in einem Bachtal mit Weiher hinter dem Gasthaus. Sanitäranlage beheizbar. Ort 1 km entfernt. Mittagsruhe 13-15 Uhr. Touristen-/Dauerstellplätze 20/30.
2007: P/N 2.20, K/N 3 bis 12 J. 1.–, J/N 12 bis 14 J. 1.50, A/N 2.20, C/N 2.60, MC/N 3.–, T/N 2.20, M/N 1.–, WD inkl., Müllgebühr/Sack –.50, Strom/N 1.60 oder kWh –.50 (10 A).

(8140/2)

★★★★★ **Spessart-Camping Schönrain**

www.spessart-camping.de

Neu !!!
Großes Beauty-und Wellnessprogramm

Mitten im Ferienland **MAIN SPESSART**, der ideale Ausgangspunkt für Tagesausflüge, Wanderungen u. Fahrradtouren in den „Naturpark Spessart", „Naturpark Rhön" und das „Fränkische Weinland".

Von den führenden Campingführern als einer der schönsten Campingplätze in der Region empfohlen. Mit großzügig angelegten Stellplätzen
★ Top Sanitäranlagen ★ Whirlpool ★ Solarium
★ Dampfdusche ★ Mietbadezimmer ★ Babybad
★ Fitnessraum ★ Bibliothek mit Leseraum
★ Surfpoint für Internetfreaks ★ Fernsehraum
★ Jugendraum e Spielothek ★ Krabbelstube
★ Geräte-Spielplatz ★ platzeigenem Schwimmbad
★ Shuttle-Bus ★ *Camping & Busradeln* u.v.m.

Die in Gemünden beginnenden Sinntal-, Saaletal-u. Werntal-Radwege, sowie der Maintal-Radweg zeichnen diese Stadt als Radlerzentrum **Nr.1** in Bayern aus.

Erleben & genießen Sie, Camping mit Komfort in Bayerns Radlerzentrum „Nr.1"

Spessart-Camping Schönrain,
97737 Gemünden OT Hofstetten

Tel.: 09351-8645
Fax.: 09351-8721

Campingplatz Estenfeld

Maidbronner Straße 38 (8155/1)
97230 Estenfeld b. Würzburg
Inhaber S. Strümper, Tel. 09305/228, Fax 8006
e-mail: cplestenfeld@freenet.de

Zwischenstation auf dem Weg nach Süden
Ruhig und sonnig gelegen –
Nur 5 km von der Autobahnabfahrt 101 Würzburg-Estenfeld
Hinweisschilder beachten.
Geöffnet: 1.3.–23.12. 2008

Ausgangsort für berühmte Ausflugsziele:
- Würzburg: Residenz, Festung Marienberg, Käppele, Bürgerspital, etc.
- Veitshöchheim: Rokokogarten, Schloß
- Weinorte: Randersacker, Prichsenstadt, Sommerhausen, etc.
- Romantische Straße: Bad Mergentheim, Rothenburg, etc.

97772 Oberwildflecken, Rhön (d8) 8143
15 ★★★ »CAMPING KREUZBERG« 1.1. bis 31.12.
E.: Ralf Köhler ☏ 09745/2294, Fax 930191 750m 20000qm
www.camping-kreuzberg.de, info@camping-kreuzberg.de

→ A7 Kassel–Würzburg Abf. (95) Bad Brückenau/Wildflecken in Richtung Wildflecken. Hinter Wildflecken nach Oberwildflecken abbiegen, beschildert. ✉ Schulstr. 7. (GPS: 50°22'42" N / 9°57'07" E).

Ⓗ300m ✕ 500m 3km
Leicht ansteigendes, unparzelliertes Wiesengelände, teilweise terrassiert. Skitrockenraum. Ort 500m entfernt. Mittagsruhe 12.30-14.30 Uhr. Touristen-/Dauerstellplätze 50/60.
2008: P/N 3.–, K/N 3 bis 12 J. 2.50, A/N 2.50, C T/N 2.50, MC/N 4.–, M/N 2.–, H/N –.80, WD zuzügl., Strom/N 1.50 oder kWh –.50 (16 A).

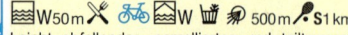

97653 Bischofsheim, Rhön (d8) 8144
20 ★★★★ »CAMPING AM SCHWIMMBAD« 1.1. bis 31.12.
P.: Jutta u. Ralf Hahner ☏ 09772/1350, Fax 931351 450m 38000qm
www.rhoencamping.de, info@rhoencamping.de

→ A7 Kassel–Würzburg Abf. (93) über Gersfeld nach Bischofsheim oder Abf. (95) Bad Brückenau/Wildflecken Richtung Bischofsheim. Ab hier Richtung Bad Kissingen. Neben dem Schwimmbad, beschildert. ✉ Kissingerstr. 53. (GPS: 50°23'44" N / 10°01'13" E).

W50m ✕ 🚲 W 500m 🎣 1km
Leicht abfallendes, parzelliertes und teilterrassiertes Wiesengelände neben dem Freibad. Befestigte Mocaplätze. Ort 500m entfernt. Mittagsruhe 12.30-14.30 Uhr. Touristen-/Dauerstellplätze 70/70.
2008: (HS) P/N 5.–, K/N 4 bis 14 J. 2.50, St/N 5.–, H/N 1.50, KT –.50, WD zuzügl., Schwimmbad inkl., Strom/N 2.– oder kWh –.50 (16 A). CCI ab 2. Nacht 10% auf P/N. In NS Ermäßigung.
DCC 10% auf P/N.

97782 Gräfendorf-Weickersgrüben (d9) 8145
25 ★★★ »CAMPING ROSSMÜHLE« 1.1. bis 31.12.
E.: Franz Volkert ☏ 09357/1210, Fax 832 40000qm
www.campingplatz-rossmuehle.de

→ B27 Hammelburg–Karlstadt am Main, ca. 3 km hinter Obereschenbach rechts abbiegen nach Weickersgrüben. Beschildert. ✉ Rossmühle 7. (GPS: 50°06'22" N / 9°47'00" E).

Ⓗ Bahn/Bus 50m/200m
Ebenes, teilweise parzelliertes Wiesengelände für Caravan-Touristen mit gesplitteten Stellflächen an der Fränkischen Saale. Gegenüberliegende Zeltwiese schattenlos und ansteigend. Beide Platzteile durch eine Pontonbrücke verbunden. Separater Dauercamperbereich terrassiert ansteigend hinter einer engen befahrenen Bahnlinie. Wasserwanderer-Station. Fitnessraum. Caravanservice. Kabel-TV. FW. Ort (Gräfendorf) 6 km entfernt. Separater Jugendplatz. Mittagsruhe 13-15 Uhr. Touristen-/Dauerstellplätze 100/200.
2007: P/N 5.–, K/N 3 bis 15 J. 3.–, C MC-St/N 8.–, T-St/N 5.–/7.– inkl. P/N, H/N 2.–, WD zuzügl., Strom/N 2.–. Ab 10 Nächte 10% Ermäßigung.

97723 Thulba, Unterfranken (d9) 8146
★★ »GILS FREIZEITANLAGE« März bis Nov.
E.: Manfred Gils ☏ 09736/1239, Fax 1352 380m 30000qm

→ A7 Kassel–Würzburg Abf. (96) Bad Kissingen/Oberthulba Richtung Hammelburg über Reith nach Thulba. Hier beschildert. ✉ Untere Au 3. (GPS: 50°10'30" N / 9°55'23" E).

300m
Vom Seeufer terrassiert ansteigender, unparzellierter Hang mit Wasserski-Anlage. Anmeldung nur zeitweise möglich. Ort 500m entfernt. Touristen-/Dauerstellplätze 40/80.

97688 Bad Kissingen (d9) 8148
30 ★★★★ »CAMPINGPARK BAD KISSINGEN« 1.4. bis 15.10.
☏/Fax 0971/5211 18000qm

→ A7 Kassel–Würzburg, Abfahrten (96) Bad Kissingen oder (97) Hammelburg Richtung Bad Kissingen, beschildert. ✉ Euerdorfer Str. 1. (GPS: 50°11'23" N / 10°04'19" E).

Ⓗ100m 200m
700m
Ebenes parkartiges und unparzelliertes Wiesengelände mit gesplitteten Stellflächen an der Fränkischen Saale. Sanitärgebäude beheizbar. **Anreise bis 21 Uhr.** Bei Aufenthalt bis 2 Nächte Zuschlag. Ort 1 km entfernt. Mittagsruhe 13-15 Uhr. Touristen-/Dauerstellplätze 80/20.
2007: P/N 6.50, K/N 2 bis 12 J. 4.–, C MC-St/N 6.50, T-St/N 4.50, H/N 1.50, KT 3.40, WD zuzügl., Müllgebühr St/N 1.–, Strom/N 2.– (6 A).

97753 Karlstadt, Main (d9) 8150
20 ★★★ »CAMPING KARLSTADT« April bis Okt.
E.: Stadt V.: Pinna/Amthor ☏ 09353/996107 13000qm

→ B 27 Würzburg–Gemünden, in Karlstadt links abbiegen und den Hinweisen »Sportanlagen/Freibad« folgen. ✉ Baggertsweg 6. (GPS: 49°57'29" N / 9°45'46" E).
♦ Historisches Rathaus (1322), Stadtbefestigung, Ruine Karlsburg.

100m
500m
Durch eine Straße geteiltes ebenes Wiesengelände neben dem Schwimmbad am Main, wenig Schatten. Rudersteg. Ort 500m entfernt. Mittagsruhe 13-15 Uhr. Touristen-/Dauerstellplätze 60/80.
2008: P/N 3.50, K/N bis 6 J. 1.60, St/N 5.–, H/N 1.60, WD inkl., Strom/N 1.50 (16 A).

Jahres-Öffnungszeiten
werden uns von den Platzhaltern gemeldet. Sie bemühen sich, die Zeiten einzuhalten. Je nach Wetterlage sind aber spätere Öffnungs- und frühere Schließungszeiten möglich.

(8170)

- Sehr schöne Lage zur Stadt (10 Min. Fußweg) und zum Weinlandkreis Kitzingen
- Maintalradwanderweg direkt am Platz
- Freibad (für Campinggäste günstiger Eintritt), Hallenbad sowie Einkaufszentrum in unmittelbarer Nähe
- Moderne, topgepflegte Sanitäranlagen
- Gastfreundliche Bewirtung am Platz
- Großzügig parzellierte Stellplätze (80-130 m²)
- Eigener Bootshafen mit Slipanlage
- In der Nebensaison ab dem 1. Tag günstigere Preise

Weitere Informationen im Internet:
www.camping-kitzingen.de

8 Bayern

DCC-Vertragsplatz

✉ **97225 Zellingen,** Main (d9) **8152**

25 ★★★ »CAMPING AM SCHWIMMBAD« 1.4. bis 31.10.
P.: OC Würzburg e.V. ☎ 09364/4995, Fax 812108   10 000 qm
www.campingplatz-zellingen.de, info@campingplatz-zellingen.de

→ A7 Fulda–Würzburg Abf. (100) Gramschatzer Wald, ca. 15 km über Gramschatz–Retzstadt–Retzbach. In Retzbach über neue Mainbrücke nach Zellingen, beschildert. ✉ Am Schwimmbad. (GPS: 49°53'47" N / 9°49'35" E).

✧ Europastadt Würzburg. Rokokogarten Veitshöchheim.

Ebenes, parzelliertes Wiesengelände am Main. Wasserwanderer-Station. Separater Jugendplatz. Ort 700 m entfernt. Mittagsruhe 12-14 Uhr. Touristen-/Dauerstellplätze 30/70.
2008: (HS) P/N 5.–, K/N 2 bis 14 J. 2.50, C MC-St/N 5.50, T-St/N 4.50, B/N 3.–, WD zuzügl., Strom/N 2.– oder kWh –.40 (16 A). Anschlussgeb. 1.50. In NS Ermäßigung.
DCC 10% auf P/N.

✉ **97230 Estenfeld bei Würzburg** (d9) **8155/1**

20 ★★★ »CAMPING ESTENFELD« 1.3. bis 23.12.
E.: Sybille Strümper ☎ 09305/228, Fax 8006   6000 qm
www.camping-estenfeld.de, cplestenfeld@freenet.de

→ A7 Kassel–Würzburg Abf. (101) Würzburg–Estenfeld Richtung Würzburg, in Estenfeld beschildert. ✉ Maidbronner Str. 38. (GPS: 49°49'57" N / 9°59'52" E).

Ebenes, unparzelliertes Gartengelände hinter dem Anwesen. Imbiss. FW. Radwanderer-Station. Ort 800 m entfernt. Separater Jugendplatz. Mittagsruhe 13-15 Uhr. 50 Touristenplätze.
2008: P/N 5.–, K/N 3 bis 14 J. 3.–, St/N 4.50, H/N 1.10, WD zuzügl., Strom/N 2.50 oder kWh –.50 (16 A), Anschlussgebühr 1.–. Ab 3 N 10% Erm. DCC/CCI ab 3. N 10% auf P/N und St/N.

✉ **97084 Würzburg-Heidingsfeld** (d9) **8155/2**

20 ★★ »CAMPNG KALTE QUELLE« 1.1. bis 31.12.
P.: Stefan Schmitt ☎ 0931/65598, Fax 612611   40 000 qm
www.kalte-quelle.de, info@kalte-quelle.de

→ A3 Frankfurt–Würzburg Abf. (70) Würzburg–Heidingsfeld, in Heidingsfeld beschildert. ✉ Winterhäuser Str. 160. (GPS: 49°44'41" N / 9°59'04" E).

Ebenes, sowie leicht zum Mainufer abfallendes Wiesengelände, unparzelliert und teilweise schattenlos. Etappenplatz. Ort 4 km entfernt. Touristen-/Dauerstellplätze 170/130.
2008: P/N 5.–, K/N 3 bis 16 J. 3.50, C MC-St/N 4.50, T-St/N 4.–, B/N 4.50, WD zuzügl., Strom/N 1.50 kWh –.45 (16 A), Anschlussgeb. 1.50.

✉ **97199 Ochsenfurt,** Main (d10) **8165**

★★ »CAMPING POLISINA« 1.1. bis 31.12.
E.: Dr. Hanns Maier ☎ 09331/8440, Fax 7603   25 000 qm

→ A3 Frankfurt–Würzburg Abf. (71) Würzburg/Randersacker auf die B13 nach Ochsenfurt. Hier abbiegen Richtung Marktbreit noch ca. 2 km, beschildert. ✉ Marktbreiter Str. 265. (GPS: 49°39'54" N / 10°05'42" E).

Ebenes, unparzelliertes Wiesengelände oberhalb des Hotels. Ort 1 km entfernt. Mittagsruhe 13-15 Uhr. Touristen-/Dauerstellplätze 30/90.

DCC-Vertragsplatz

✉ **97252 Frickenhausen,** Main (d9/10) **8168**

30 ★★★★ »KNAUS CAMPINGPARK OCHSENF.-FRICKENHAUSEN«
E.: Helmut Knaus KG V.: Oertel 14.3. bis 3.11.
☎ 09331/3171, Fax 5784   33 000 qm
www.knauscamp.de, frickenhausen@knauscamp.de

→ A3 Frankfurt–Würzburg Abf. (71) Würzburg/Randersacker auf die B13 Richtung Ochsenfurt. Vor der Mainbrücke geradeaus weiter, nach ca. 500 m. Oder A7 Ulm–Würzburg Abf. (105) Gollhofen über Ochsenfurt, beschildert. ✉ Ochsenfurter Str. 49. (GPS: 49°40'09" N / 10°04'29" E).

✧ Altstadt Ochsenfurt, histor. Winzerdorf, Trachtenmuseum.

Ebenes und parzelliertes, teilweise leicht wellig abfallendes Wiesengelände am Mainufer mit altem Baumbestand und Zeltplatz auf einer Insel. Leihzelte. Bushaltestelle 200 m, Ort 1 km entfernt. Separater Jugendplatz. Mittagsruhe 13-15 Uhr. Touristen-/Dauerstellplätze 115/80.
2008: (HS) P/N 7.–, K/N 4 bis 14 J. 3.–, St/N 7.–, H/N 3.–, WD u. Schwimmbad inkl., Müllgeb. 1.50, Strom/N 2.– oder kWh –.40 (16 A). In NS Erm.
DCC 10% auf P/N.

DCC-Vertragsplatz

✉ **97318 Kitzingen-Hohenfeld,** Main (d9) **8170**

25 ★★★ »CAMPING SCHIEFER TURM« 1.4. bis 15.10.
P.: Christian Schröder ☎ 09321/33125, Fax 384795   25 000 qm
www.camping-kitzingen.de, info@camping-kitzingen.de

→ A3 Würzburg–Nürnberg Abfahrten (74) Kitzingen/Schwarzach oder (72) Würzburg-Ost oder A7 Kassel-Ulm, Abf. (103) Kitzingen. Aus beiden Richtungen in Kitzingen beschildert. ✉ Marktbreiter Straße 20/Schwimmbadstr. (GPS: 49°43'54" N / 10°10'05" E).

✧ »Schiefer Turm«, Kreuzkapelle, Petrinikirche, Fastnachtmuseum.

Ebenes parzelliertes Wiesengelände, teilweise mit altem Baumbestand am Mainufer. Zeltwiese. Sanitärgebäude beheizbar. Kurzzeit-Übernachtungsplätze. Campingzubehörverkauf. FW. Ort 1 km entfernt. Separater Jugendplatz. Mittagsruhe 13-15 Uhr. Touristen-/Dauerstellplätze 75/75.
2008: (HS) P/N 5.–, K/N 4 bis 14 J. 3.–, St/N 5.50 bis 8.–, B/N 5.50, H/N 1.50, WD inkl., Strom/N 2.– oder kWh –.50 (16 A). In NS Ermäßigung.
DCC 10% auf P/N und St/N, CCI 10% auf P/N.

97332 Volkach, Main (d/e9) 8185/1

[25] ★★★★ »CAMPING ANKERGRUND« ⚬ 1.4. bis 28.10.
E.: Carmen Dinkel ☎ 09381/6713, Fax 4114 24 000 qm
www.camping-ankergrund.de, info@camping-ankergrund.de

→ A7 Fulda–Würzburg Abf. (101) Würzburg-Estenfeld oder A3 Würzburg–Nürnberg Abf. (74) Kitzingen/Schwarzach nach Volkach, hier Richtung Fahr abbiegen, beschildert. ✉ Fahrerstr. 7. (GPS: 49°52'10" N / 10°12'53" E).
✿ Wallfahrtskirche »Maria im Weingarten« mit Riemenschneiders Rosenkranz-Madonna. Münsterschwarzach. Vogelsburg.

Ebenes, parzelliertes Wiesengelände am Main, teilweise Schatten. Sanitäranlage beheizbar. Imbiss (abends). Reservierung ab 8 Tage Aufenthalt. Ort 500 m entfernt. Mittagsruhe 13-15 Uhr. Touristen-/Dauerstellplätze 70/60.
2005 (HS) P/N 4.80, K/N 2 bis 14 J. 3.–, St/N 4.30 bis 5.80, B/N 2.90, H/N 2.20, WD zuzügl. Müllgeb. P/N –.60, Strom/N 2.– oder kWh –.50 (16 A). Anschlussgebühr 1.–. In NS Ermäßigung.

97332 Volkach-Escherndorf (d9) 8185/2

[25] ★★★★ »CAMPING ESCHERNDORF AM MAIN« ⚬ 4.4. bis 2.11.
E.: Familie Sauer-Maier ☎ 09381/2889 15 000 qm
www.campingplatz-mainschleife.de, info@campingplatz-mainschleife.de

→ A7 Fulda–Würzburg Abf. (101) Würzburg/Estenfeld Richtung Volkach. In Escherndorf rechts zur Mainfähre abbiegen. ✉ An der Güss 9 a. (GPS: 49°51'36" N / 10°10'35" E).

Leicht welliges und unparzelliertes Wiesengelände unter Bäumen am Main, teilweise schattenlos. Imbiss (abends). Befestigte Mocaplätze. Überflutung bei Hochwasser möglich. Ort 500 m entfernt. Separater Jugendplatz. Mittagsruhe 13-15 Uhr. Touristen-/Dauerstellplätze 60/40.
2008: P/N 5.50, K/N 3 bis 12 J. 3.50, C MC-St/N 6.–, T-St/N 5.–, B/N 3.–, H/N 2.–, WD inkl., Strom/N 2.– oder kWh –.60 (16 A).

DCC-Vertragsplatz
97334 Sommerach am Main, Main (d/e9) 8188

[25] ★★★★ »CAMPING KATZENKOPF AM SEE« ⚬ 20.3. bis 26.10.
E.: Familie Kroll ☎ 09381/9215, Fax 6028 50 000 qm
www.camping-katzenkopf.de

→ A3 Würzburg–Nürnberg Abf. (74) Kitzingen/Schwarzach/Volkach Richtung Volkach, in Sommerach links abbiegen, beschildert. ✉ Am See 7. (GPS: 49°49'34" N / 10°12'03" E).
✿ Münsterschwarzach. Vogelburg.

Ebenes, parzelliertes Wiesengelände am Main und zwei Seen. Separater Platzteil für Hundehalter, teilweise wenig Schatten. Gespannstellplätze für 1 Nacht mit Strom vor dem Eingang. Überflutung tieferliegender Platzteile bei Hochwasser möglich. Sanitäranlagen beheizbar. Keine Aufnahme von Gruppen. Tretbootverleih. Ort 500 m entfernt. Mittagsruhe 13-15 Uhr. Touristen-/Dauerstellplätze 136/103.
2008: (HS) P/N 5.90, K/N 2 bis 14 J. 3.30, St/N 6.40, B/N 3.50, H/N 2.–, WD inkl., Strom/N 2.– oder kWh –.50 (10/16 A), Anschlussgeb. 1.50. In NS Erm.
DCC/CCI 10% auf P/N.

DCC-Vertragsplatz
97359 Schwarzach-Schwarzenau (d/e9) 8189

[20] ★★★★ »CAMPING MAINBLICK« ⚬ 1.4. bis 31.10.
I.: Familie Gerbig und Gernert ☎ 09324/605, Fax 3674 20 000 qm
www.camping-mainblick.de, info@camping-mainblick.de

→ A3 Nürnberg–Würzburg Abf. (74) Kitzingen/Schwarzach/Dettelbach in Richtung Schwarzach-Dettelbach-Würzburg. Hinter Hörbach rechts zur B22 abbiegen. Im Kreisverkehr die 3. Ausfahrt nach Schwarzenau, beschildert. ✉ Mainstr. 2. (GPS: 49°48'12" N / 10°13'02" E).
✿ Kloster Münsterschwarzach.

Ebenes, unparzelliertes und teilweise schattenloses Wiesengelände am Main mit Büschen und Hecken. Beheizbare Sanitäranlage. Kindersanitär. Separater Zeltplatz. FW. Ort 2 km entfernt. Mittagsruhe 13-14 Uhr, Anreise jedoch möglich.
2008: (HS) P/N 4.50, K/N 2 bis 14 J.–, A/N 2.–, C/N 4.–, MC/N 4.50/5.–, T/N 3.–, M/N 1.–, B/N 5.–, H/N 1.50, WD zuzügl., Freibad inkl., Strom/N 2.– oder kWh –.50 (16 A). Saisonangebote. In NS Ermäßigung.
DCC 10% auf P/N.

96142 Hollfeld-Freienfels (e9) 8200

[15] ★ »CAMPING WALDMÜHLE« ⚬ 15.4. bis 15.10.
E.: Familie Hornung ☎ 09274/255, Fax 9099517 3000 qm
www.waldmuehle.net, info@waldmuehle.de

→ B22 Bayreuth–Bamberg Abf. Freienfels, beschildert. ✉ Freienfels 31. (GPS: 49°57'33" N / 11°15'06" E).
✿ Naturpark Fränkische Schweiz.

Ebenes, unparzelliertes Wiesengelände im Bachtal hinter einer Mühle und in Ortslage. Touristen-/Dauerstellplätze 17/8.
2008: P/N 2.80, K/N bis 12 J. 2.–, A/N 1.25, C MC/N 2.50, T/N 2.–, M/N 1.–, H/N 1.–, WD zuzügl., Strom/kWh –.35 (10 A), Anschlussgeb. –.50.

In 95490 **Mistelgau** existiert bei der Therme Obernsees ein Moca-Stellplatz.

DCC-Vertragsplatz
96049 Bamberg-Bug, Regnitz (e9) 8205

[25] ★★★★ »CAMPING INSEL« ⚬ 1.1. bis 31.12.
E.: Peter Hoffmann ☎ 0951/56320, Fax 56321 45 000 qm
www.campinginsel.de

→ A70/E 48 Schweinfurt–Bayreuth Abf. (16) Bamberg-Zentrum auf Berliner Ring über 8 Kreuzungen Richtung Würzburg. Ab Bug-Klinikum beschildert. ✉ Am Campingplatz 1–3. (GPS: 49°51'43" N / 10°54'59" E).
✿ Bamberg, Maintal, Fränkische Schweiz.

Parkartiges, leicht welliges und unparzelliertes Wiesengelände an der Regnitz. Überflutung bei Hochwasser möglich. Zentrum 5 km entfernt. Separater Jugendplatz. Mittagsruhe 13-15 Uhr. Touristen-/Dauerstellplätze 100/70.
2007: P/N 4.50, K/N 2 bis 15 J. 3.–, C MC-St/N 7.–, T/N 3.50 bis 7.–, M/N 1.50, B/N 1.– bis 7.–, H/N 1.10, WD inkl., Müllgeb. P/N –.30, Strom/kWh –.50 (16 A), Anschlussgebühr 1.10. CCI ab 4 N 10% auf P/N.
DCC 10% auf P/N.

Gegenüber Camp Insel befindet sich der Platz des **OC Bamberger Reiter**.

97522 Sand am Main, Steigerwald (e9) 8206

[15] ★★★ »CAMPING AM SEE« ⚬ 1.4. bis 31.10.
E.: Gemeinde ☎ 09524/822270, Fax 822275 35 000 qm
www.sand-am-main.de, gemeinde@sand-am-main.de

→ A70/E 48 Bamberg–Schweinfurt Abf. (11) Knetzgau Richtung Sand. ✉ Pappelallee 7. (GPS: 49°59'26" N / 10°34'43" E).
✿ Wallfahrtskirche Maria Limbach.

Ebenes, teilweise parzelliertes Wiesengelände bei einem Sportzentrum in der Nähe vom Main. Durch separaten Dauercamperteil vom See getrennt. Imbiss. Separater Jugendplatz. Ort 800 m entfernt. Mittagsruhe 12-14 Uhr. Touristen-/Dauerstellplätze 130/430.
2007: P/N 2.50, K/N 6 bis 15 J. 1.–, St/N 5.–, Zweiradwanderer mit kl. T/N 3.50, M/N 3.50, B/N –, H/N 1.50, WD zuzügl., Strom/kWh –.30 (16 A).
DCC/CCI 10% auf P/N und St/N.

Wegen oft wechselnden Größenangaben für die einzelnen Stellparzellen durch die Platzhalter veröffentlicht der DCC nur noch die Camping-Gesamtfläche in qm und den Hinweis »parzelliert« oder »unparzelliert«.

8 Bayern

✉ 97461 Hofheim, Haßberge (e9) — 8209

20 ★★ »CAMPING BURGBLICK« — 1.1. bis 31.12.
E.: Familie Hauck ☏ 09523/450, Fax 7999   320 m   25 000 qm
www.landgasthof-burgblick.de, info@landgasthof-burgblick.de
➔ B303 Schweinfurt–Coburg Abf. Hassfurt/Hofheim. Hier beschildert.
✉ Manauerstr. 3-5. (GPS: 50°09'02" N / 10°320'59" E).

Leicht abfallendes, unparzelliertes Wiesengelände hinter einem Gasthof mit kleinem Teich (Badeverbot). Durch Dauercamper geprägt. FW. Ort 2.5 km entfernt. Mittagsruhe 13-15 Uhr. Touristen-/Dauerstellplätze 30/86.
2007: (HS) P/N 3.–, K/N 6 bis 14 J. 1.50, C MC St/N 7.–, T St/N 4.–, H/N 1.50, WD zuzügl., Strom/N 2.–, oder kWh –.40 (16 A). Ab 1/2 Wo 10/20% und in NS Ermäßigung.

✉ 96215 Lichtenfels, Main (e9) — 8210

15 ★★★ »MAINCAMPING« — 1.4. bis 15.10.
E.: Stadt V.: Müller ☏ 09571/71729, Fax 946351   22 000 qm
www.lichtenfels-city.de, campingplatz@lichtenfels-city.de
➔ B173 Bamberg–Kronach Abf. Lichtenfels-Ost. ✉ Krößwehrstr. 52. (GPS: 50°09'22" N / 11°05'11" E).
❖ Kloster Banz, Wallfahrtskirche Vierzehnheiligen.

Ⓗ 400 m ✕ 500 m ⛽ 800 m
Ebenes bis leicht abfallendes Wiesengelände am Main, parzelliert und teilweise unter Bäumen. Vom Badesee durch öffentlichen Weg getrennt. Überflutung bei Hochwasser möglich. Sanitärgebäude beheizbar. Imbiss. Ort 2 km entfernt. Mittagsruhe 12.30-14 Uhr. Touristen-/Dauerstellplätze 86/50.
2008: P/N 3.10, K/N 6 bis 15 J. 1.80, A/N 1.80, C/N 2.80, MC/N 4.60, T/N 2.80 bis 5.–, M/N 1.30, H/N 1.50, WD inkl., Strom/N 2.10 (16 A). In NS Ermäßigung.

✉ 96260 Kleinziegenfeld bei Weismain (e9) — 8211

20 ★★★ »SCHLOSS-CAMPING HAJEK« — 1.1. bis 31.12.
I.: Karl Hajek ☏ 09504/269, Fax 1392   490 m   60 000 qm
www.schloss-camping.de, info@schloss-camping.de
➔ A70 Bamberg–Bayreuth Abf. (20) Stadelhofen Richtung Burgkunstadt, ca. 3 km. ✉ Kleinziegenfeld 56. (GPS: 50°01'08" N / 110°12'15" E).

Ebenes bis leicht abfallendes Wiesengelände, parzelliert, von Wald umgeben. Separater Jugendplatz. Mittagsruhe 12-14 Uhr. Touristen-/Dauerstellplätze 60/60.
2008: P/N 4.–, K/N bis 12 J. 3.–, A/N 1.–, C T/N 4.–, MC/N 4.50, M/N 1.–, WD zuzügl., Strom/kWh –.40 (16 A), Anschlussgebühr 1.–.

Im Zentrum der Stadt **Weismain** bestehen MoCa-Stellplätze und eine Ver- und Entsorgungsstation.

✉ 96145 Sesslach, Coburg (e9) — 8212

20 ★★★ »CAMPING SONNLAND« — 1.1. bis 31.12.
E.: Josef Autsch V.:Guder ☏ 09569/220, Fax 1593   27 000 qm
sonnland-camping@t-online.de
➔ B4 Bamberg–Coburg, bei Kaltenbrunn abbiegen nach Sesslach.
✉ Bahnhofstr. 154. (GPS: 50°11'30" N / 10°50'15" E).
❖ Veste Coburg

Terrassenplatz in Südhanglage mit Stellkreisen zu je 8 Einheiten, überwiegend parzelliert. Ort 500 m entfernt. Separater Jugendplatz. Mittagsruhe 12-14 Uhr Anreise jedoch möglich. Touristen-/Dauerstellplätze 70/30.
2008: P/N 3.10, K/N 3 bis 10 J. 1.55, C MC-St/N 6.15, T-St/N 3.50, WD zuzügl.–, Müllgebühr/Sack 1.–, Strom/kWh –.40 (16 A).

Camping MAINBLICK Schwarzenau ★★★★ (8189)

A 3 - Abfart Nr. 74 (Kitzingen/Schwarzach/Volkach) in Richtung Schwarzach-Dettelbach-Würzburg, nach Hörblach rechts zum Kreisverkehr abbiegen, auf der B22 nach Schwarzenau, über die Mainbrücke, 1 km zum Platz - beschildert.

Gaststätte mit rustikalem Weinzimmer und großem Biergarten, bürgerliche Küche, moderne Sanitäranlagen, Behindertentoilette mit Waschraum und Dusche, Warm- und Kaltduschen, Waschmaschine und Trockner, Swimmingpool, eigener Bootshafen für Motor- und Segelboote, Wasserskistrecke am Platz. Markierte Wanderwege. Fahrradverleih, Hobby für Angler, Wanderer, Radler usw.

SUPER-ANGEBOTE (1.4.-30.10. incl. 2 Personen, Caravan und Auto, zuzügl. Strom)
7 Tage nur 80,- €, 14 Tage nur 150,- €, 21 Tage nur 200,- €, 28 Tage nur 220,- € weitere Person 3,- €/N - weiteres Kind 2,- €/N

TOP-Familienangebot ab 3. Tag incl. 2 Personen, 2 Kinder, Stellplatz zuzügl. Strom nur 16,- €/N, weiteres Kind 2,- €/N

Familien Gerbig + Gernert, OT Schwarzenau, Mainstraße 2
97359 Schwarzach/Main · Tel. 09324/605 · Fax 3674
Internet: www.camping-mainblick.de · E-mail: info@camping-mainblick.de

96190 Wüstenwelsberg, Haßberge (e9) 8215

»CAMPING RÜCKERT-KLAUSE« 1.4. bis 31.10.
E.: Uwe Kaiser Tel/Fax 09533/288 400m 10500qm

→ B4 Bamberg–Coburg Abf. Kaltenbrunn über Untermerzbach nach Wüstenwelsberg, beschildert. ✉ Wüstenwelsberg 16. (GPS: 50°08'15" N / 10°49'40" E).
• 1000 jähr. Kirche in Obermerzbach, Veste Coburg, Naturp. Tambach.

Terrassiert ansteigender Wiesenhang, unparzelliert und durch Baumreihen unterteilt. Sanitärgebäude beheizbar. Imbiss. Ort 3km entfernt. Mittagsruhe 12-15 Uhr. Touristen-/Dauerstellplätze 30/30.
2008: P/N 4.–, K/N 2 bis 15 J. 2.–, C MC-St/N 6.–, T-St/N 4.–, WD zuzügl., Strom/kWh –.50 (16 A), Anschlussgebühr 1.20.

95346 Stadtsteinach, Frankenwald (f9) 8221

»CAMPING STADTSTEINACH« 1.1. bis 31.12.
P. S. u. K. Groeneveld Tel 09225/800394, Fax 800395 350m 33000qm
www.camping-stadtsteinach.de, info@camping-stadtsteinach.de

→ Aus Bad Berneck Richtung Abf. (39) Bad Berneck/Stadtsteinach auf die B303 Richtung Kronach über Untersteinach. Am Ortsanfang von Stadtsteinach rechts, beschildert. ✉ Badstr. 5. (GPS: 50°09'38" N / 11°30'57" E).
• Barockkirche, Teile der Stadtmauer, Marienkapelle, Burgruine Nordeck, Germanische Opferstätte, Naturschutzgebiet.

Leicht gestuft und terrassiert ansteigendes Wiesengelände, parzelliert und durch geschlungene Wegführung günstig aufgelockert. Separater Bikerplatz. Streichelzoo. Ort 1km entfernt. Mittagsruhe 13-15 Uhr. Touristen-/Dauerstellplätze 85/40.

DCC-Vertragsplatz

95189 Joditz-Köditz, Frankenwald (f8) 8224

»CAMPING AUENSEE« 1.1. bis 31.12.
E.: Gemeinde Köditz V.: Krantz 450m 40000qm
Tel 09295/381, Fax 09281/706666
www.gemeinde-koeditz.de, rathaus@gemeinde-koeditz.de

→ A9/E51 Nürnberg–Hermsdorfer Kreuz Abf. (31) Berg/Bad Steben in östl. Richtung auf der HO9/ST2192 über Bug nach Joditz, beschildert. ✉ Am Auensee 1. (GPS: 50°22'29" N / 11°50'18" E).
• Jean Pauls Museum, Wildpark 3 km.

Leicht abfallendes, unparzelliertes Wiesengelände, teilweise terrassiert oberhalb des Sees mit Uferliegewiese, wenig Schatten. Ort 500m entfernt. Separater Jugendplatz. Mittagsruhe 12.30-15 Uhr. Touristen-/Dauerstellplätze 50/150.
2007: (HS) P/N 4.–, K/N 4 bis 16 J. 1.50, C MC-St/N 5.–, T-St/N 2.50 bis 4.–, H/N 1.50, WD zuzügl., Strom/N 1.80 oder kWh –.50 (16 A). In NS Ermäßigung.
DCC 10% auf P/N.

DCC-Vertragsplatz

95188 Issigau, Frankenwald (f8) 8225

»CAMPING SCHLOSS ISSIGAU« 15.3. bis 31.10.
E.: Familie Braitmaier u. Weihn. bis Neujahr
Tel 09293/7173, Fax 933285 510m 26000qm
www.schloss-issigau.de, schloss-issigau@t-online.de

→ A9 Nürnberg–Berlin Abf. (31) Berg/Bad Steben über Berg nach Issigau, in Ortsmitte abbiegen über eine Brücke, noch 200m. ✉ Altes Schloss 3. (GPS: 50°22'27" N / 11°43'16" E).
• Barockkirche, Bad Steben, Burgen, Schlösser.

Leicht wellig ansteigendes, unparzelliertes Wiesengelände mit Angelweiher in einem Schlosshof. Imbiss-Kabel-TV. FW. Fitnessraum. Ort 200m entfernt. Mittagsruhe 12-14 Uhr. 45 Touristenplätze.
2008: P/N 4.50, K/N 4 bis 14 J. 2.50, C MC-St/N 6.–, T-St/N 5.–/6.–, H/N 1.50, WD inkl., Strom/kWh –.45 (16 A), Anschlussgebühr 1.–.
DCC 10% auf P/N.

DCC-Vertragsplatz

95192 Lichtenberg, Frankenwald (f8) 8226

»CAMPING LICHTENBERG« 1.1. bis 31.12.
E.: Stadt Tel 09288/9737-0, Fax 9737-37 570m 27000qm
www.lichtenberg-oberfranken.de, info@vg-lichtenberg.de

→ A9 Nürnberg–Berlin Abf. (31) Berg/Bad Steben über Berg und Issigau Richtung Bad Steben, Lichtenberg u. Erholungszentrum. ✉ Marktplatz 16 / Seestraße (GPS: 50°22'26" N / 11°40'08" E).
• Schlossberg mit Burgruine, wildromantisches Höllental.

Zum Waldrand leicht ansteigendes, teilterrassiertes, parzelliertes und meist schattenloses Wiesengelände oberhalb des Badesees. Uferliegewiese, Sporthalle, Ort 1.5 km entfernt. Mittagsruhe 12-14 Uhr. Touristen-/Dauerstellplätze 52/136.
2007: P/N 3.50, K/N 6 bis 16 J. 1.–, C MC-St/N 4.–, T/N 2.10 bis 3.60, M/N 1.–, H/N 1.50, WD inkl., Müllgeb. St/N –.80, Strom/kWh –.50 (16 A), Anschlussgebühr 1.–.
DCC 10% auf P/N.

95100 Selb-Heidelheim, Fichtelg. (f9) 8227

»CAMPING HALALI - PARK« 1.4. bis 31.10.
E.: Vera Krause Tel 09287/2366, Fax 800841 600m 52000qm
www.halali-park.de, info@halali-park.de

→ A93 Weiden–Selb Abf. (9) Selb-West ca. 6 km in Richtung Marktleuthen, beschildert. ✉ Heidelheim 37. (GPS: 50°05'39" N / 12°03'05" E).
• Burgruinen.

Ebenes bis leicht welliges, unparzelliertes und teilweise terrassiertes Wiesengelände an zwei Weihern. Sanitäranlage beheizbar. FW. Imbiss. Ort (Selb) 6km entfernt. Mittagsruhe 13-15 Uhr. Touristen-/Dauerstellplätze 80/120.
2008: P/N 3.60, K/N 2 bis 14 J. 2.30, C-St/N 4.80, MC/N 5.80, kl. T/N 2.20, M/N 1.50, H/N 1.–, WD zuzügl., Strom/N 1.50 od. kWh –.45 (16 A). Anschlussgebühr –.50.

DCC-Vertragsplatz

95163 Weißenstadt, Fichtelgebirge (f9) 8228

»CAMPING AM WEISSENSTÄDTER SEE« 1.1.bis 31.12.
P.: W. & H. Hüttel GbR Tel 09253/288, Fax 8507 635m 17000qm
www.campingplatz-weissenstadt.de, whuettel-stadtbad@t-online.de

→ A9 Nürnberg–Berlin Abf. (37) Gefrees. Über Gefrees nach Weißenstadt, im Ort beschildert. ✉ Badstr. 91. (GPS: 50°06'30" N / 11°52'33" E).
• Waldstein, Burgruine.

Durch die Zufahrtsstraße zweigeteiltes, ebenes bis leicht welliges Wiesengelände, unparzelliert und teilweise gesplittet am See mit Uferliegewiese und öffentlichem Badebetrieb. Durch Dauercamper geprägt. Ort 1 km entfernt. Separater Jugendplatz. Mittagsruhe 13-15 Uhr. Touristen-/Dauerstellplätze 100/100.
2007: P/N 4.50, K/N 7 bis 17 J. 1.80, A/N 3.–, C/N 3.–, MC/N 5.50, T/N 3.–, M/N 1.50, H/N 1.–, WD zuzügl., Strom/kWh –.50 (10-16 A).
DCC/CCI 10% auf P/N.

95632 Wunsiedel, Fichtelgebirge (f9) 8229

»CAMPING LUISENBURG« Dez. bis Okt.
I.: Albin Braun Tel 09232/3301, Fax 700294 600m 30000qm
www.Camp-Luisenburg.de, Camping-Luisenburg@t-online.de

→ B303 Bad Berneck–Marktredwitz, Abf. Wunsiedel-Luisenburg, der Beschilderung »Luisenburg-Felsenlabyrinth« folgen. ✉ Luisenburg 7. (GPS: 50°00'55" N / 11°59'34" E).
• Freilicht-Festspiele.

Leicht abfallendes, unparzelliertes und teilweise terrassiertes Wiesengelände, von Wald umgeben. FW. Ort 2 km entfernt. Separater Jugendplatz. Mittagsruhe 13-15 Uhr. Touristen-/Dauerstellplätze 30/20.

Halali-Park

Idyllischer, ruhiger Platz für Urlaub mit hohem Erholungswert, Waldschwimmbad, Kinderspielplatz, Restaurant, romantische Wander- und Radwege, Museen, Bäder, Felsenlabyrinth, im Zentrum der Porzellanindustrie, idealer Ausgangspunkt für Fahrten nach Tschechien.

Mietwohnwagen – Ferienappartements – Freie Platzwahl

95100 Selb/Heidelheim
Tel. (0 92 87) 23 66
Fax (0 92 87) 80 08 41
www.halali-park.de · info@halali-park.de   (8227)

DCC-Vertragsplatz
95686 Fichtelberg, Fichtelgebirge (f9)   8230

★★★★ »CAMPING FICHTELSEE«   15.12. bis 9.11.
E.: Familie Langer ☎/Fax 09272/801, Fax 909045 800 m 26 000 qm
www.camping-fichtelsee.de, info@camping-fichtelsee.de

→ A9 Nürnberg–Berlin Abf. (39) Bad Berneck auf die B 303 Richtung Marktredwitz. Beim Hinweis »Fichtelsee« rechts abbiegen. ✉ Fichtelseestr. 30. (GPS: 50°00'59" N / 11°51'19" E).
∴ Luftkurort (Radon). Silbereisenbergwerk mit Führungen. Automuseum.

Ebenes bis leicht abfallendes, parzelliertes und teilterrassiertes Wiesengelände am Waldrand mit gesplitteten Stellflächen. Kabel-TV. Hundebad. Skikleidung-Trockenraum. Skibus-Service. Ort 2 km entfernt. Mittagsruhe 12.30-14.30 Uhr. Touristen-/Dauerstellplätze 130/25.
2007: P/N 5.50, K/N 3 bis 16 J. 4.–, St/N 7.–, H/N 2.50, KT 1.–, WD inkl., Strom/kWh –.50 (16 A), Anschlussgebühr 1.–.
DCC 10% auf P/N.

95694 Mehlmeisel, Fichtelgebirge (f9)   8231/1

★★★ »CAMPING HOLDERBACH«   1.1. bis 31.12.
E.: Familie Hautmann ☎ 09272/379, Fax 497 675 m 10 000 qm
www.fichtelgebirge.de/Campingplatz-Holderbach/, campingplatz.hautmann@t-online.de

→ A 9 Nürnberg–Berlin Abf. (39) Bad Berneck auf die B 303 über Fichtelberg nach Mehlmeisel. Hier beschildert. 1. Platz. ✉ Schafgasse 14. (GPS: 49°58'31" N / 11°51'09" E).
∴ Luisenburg–Naturbühne, Fichtelgebirge.

Leicht ansteigendes und schattenloses Wiesengelände, unparzelliert am Ortsrand. Mittagsruhe 12-14 Uhr. Touristen-/Dauerstellplätze 30/24.
2007: P/N 3.85, K/N 3 bis 14 J. 2.55, C MC-St/N 4.60, T-St/N 4.10, WD inkl., Strom/kWh –.31 (16 A).

95694 Mehlmeisel, Fichtelgebirge (f9)   8231/2

★★★ »PANORAMACAMPING FICHTELGEBIRGE«   1.1. bis 31.12.
E.: Familie Bayerlein ☎ 09272/909444, Fax 909391 700 m 20 000 qm
www.panoramacamp.de, karin.bayerlein@web.de

→ A 9 Nürnberg–Berlin Abf. (39) Bad Berneck auf die B 303 über Fichtelberg nach Mehlmeisel, hier beschildert. 2. Platz. ✉ Klausenstr. 7. (GPS: 49°582'13" N / 11°50'57" E).
∴ Luisenburg- und Wagnerfestspiele Bayreuth, Silbereisenbergwerk.

Leicht abfallendes, parzelliertes und terrassiertes Wiesengelände am Waldrand mit schöner Aussicht. Spielwiese. Familiäre Atmosphäre. Ort 400 m entfernt. Mittagsruhe 13-14 Uhr. Touristen-/Dauerstellplätze 25/50.
2007: P/N 4.–, K/N 3 bis 15 J. 2.50, St/N 5.–, WD zuzügl., Müllgebühr N –.50, Strom/kWh –.40 (16 A).
DCC/CCI 10% auf P/N.

In **Mitterteich**, südwestlich. von Waldsassen, besteht beim Freibad ein Moca-Stellplatz.

DCC-Vertragsplatz
✉ 91282 Betzenstein, Fränk. Schweiz (f10)   8233

★★★ »CAMPING BETZENSTEIN«   1.1. bis 31.12.
E.: Rudi Göhler V.: Moser ☎ 09244/7305, Fax 8152   33 000 qm
www.camping-betzenstein.de, info@restaurant-hubertus.info

→ A9 Nürnberg–Bayreuth Abf. (46) Plech über Betzenstein noch ca. 2 km in Richtung Leupoldstein, beschildert. ✉ Hauptstr. 69. (GPS: 49°41'08" N / 11°24'09" E).
∴ Pottenstein mit Teufelshöhle, Fränkische Schweiz.

W 400 m

Ansteigend terrassiertes und parzelliertes Wiesengelände mit jungen Anpflanzungen, von Wald begrenzt. Einkaufsmöglichkeit 600 m, Ort 1 km entfernt. Mittagsruhe 13-15 Uhr. Touristen-/Dauerstellplätze 67/90.
2007: P/N 4.20, K/N 3 bis 14 J. 3.15, J/N 3.50, C-St/N 5.80, MC/N 5.30, T/N 2.60/4.80, M/N –.90, WD zuzügl., Müllgebühr/Sack 1.–, Strom/N 2.50 oder kWh –.55 (16 A).
DCC 10% auf P/N.

✉ 95173 Schönwald, Fichtelgebirge (f9)   8234 NEU

»CAMPING SCHÖNWALD«   1.1. bis 31.12.
E.: Jürgen Reinsch ☎ 09287/50364, Fax 954416 609 m 11 000 qm
www.campingplatzschoenwald.de, Gruenhaid@aol.com

→ A93 Hof–Marktredwitz Abf. (7) Schönwald ca. 700 m auf der B 15 bis zum Ort. Am Ortsanfang abbiegen ca. 50 m, auf der linken Seite. ✉ Grünhaid 4.
∴ Felsenlabyrinth.

1 km

Bewertung nach Besichtigung. Eingezäuntes ebenes unparzelliertes Gartengelände mit befestigten Wegen, einzelnen Bäumen und angrenzendem Mischwald im Ortsrand. Moca-Stellplätze außerhalb des Platzgeländes. Freizeitpark und Kinderland mit Ponyreiten in der Nähe. FW. Bröttchendienst. Ortszentrum 500 m entfernt. Mittagsruhe 12-14 Uhr. Touristen-/Dauerstellplätze 50/10.
2007: P/N 4.–, K/N 2 bis 14 J. 2.–, A/N 2.50, C/N 3.–, MC/N 5.–, T/N 2.–M/N 1.50, H/N 1.–, WD inkl., Strom/N 2.50 (16 A). Ab 3 Nächte 10 % auf P/N.

DCC-Vertragsplatz
✉ 91278 Pottenstein (f9)   8235/1

★★★★ »CAMPING BÄRENSCHLUCHT«   1.1. bis 31.12.
E.: Familie Bayer ☎ 09243/206, Fax 880 350 m 50 000 qm
www.baerenschlucht-camping.de, info@baerenschlucht-camping.de

→ A9 Nürnberg–Berlin Abf. (44) Pegnitz auf die B 470 in Richtung Forchheim, hinter Pottenstein rechts, 1. Platz. ✉ Weidmannsgesees 12. (GPS: 49°46'43" N / 11°23'08" E).
∴ Pottenstein mit Tropfstein-Teufelshöhle, Fränkische Schweiz.

2 km

Leicht welliges Wiesengelände neben der Straße, teilweise parzelliert in einem von steilen Felsen umrahmten Flusstal, teilweise schattenlos. Kabel-TV. Ort 2 km entfernt. Separater Jugendplatz. Mittagsruhe 12-14 Uhr. Touristen-/Dauerstellplätze 100/40.
2007: (HS) P/N 5.20, K/N 4 bis 14 J. 3.20, A/N 2.–, C/N 4.90, MC/N 5.40, T/N 3.20 bis 4.20, M/N 1.20, H/N 2.–, WD zuzügl., Müllgeb. St/N –.90, Strom/N 2.– (6 A). Für 7 Nächte nur 5 N bezahlen. (15.9. bis 15.11.). In NS Erm.
DCC/CCI 10% auf P/N.

DCC-Mitgliedsausweis

DCC-Mitgliedern wird geraten, den DCC-Mitgliedsausweis sofort bei der Anmeldung auf den entsprechenden Campingplätzen vorzulegen. Eine spätere Reklamation wegen nichterhaltenen Mitgliedernachlasses ist infolge Computerabrechnung oft erfolglos.

DCC-Vertragsplatz

✉ **91278 Pottenstein-Tüchersfeld** (f9) 8235/2

35 ★★★ »CAMPING FRÄNKISCHE SCHWEIZ« 15.3. bis 5.10.
E.: Georg Spätling ☎ 09242/1788, Fax 1040   350 m   20 000 qm
www.campingplatz-fraenkische-schweiz.info,
info@campingplatz-fraenkische-schweiz.info

→ A 9 Nürnberg–Berlin Abf. (46) Pegnitz auf die B 470 Richtung Forchheim, ca. 4 km hinter Pottenstein links, 2. Platz. ✉ Im Tal 13. (GPS: 49°47'02" N / 11°21'55" E).

Dreigeteiltes, ebenes bis leicht welliges und parzelliertes Wiesengelände im Püttlachtal, überwiegend schattenlos. Grillmöglichkeit (mobile Feuerwannen). Ort 500 m entfernt. Separater Jugendplatz. Mittagsruhe 12-13 Uhr. 150 Touristenplätze.
2007: (HS) P/N 8.40 bis 11.90. K/N 3 bis 10 J. 3.– bis 3.60, J/N 11 bis 14 J. 3.60 bis 4.20, 15 bis 16 J. 5.40 bis 6.80, St/N inkl., H/N 3.60, WD zuzügl., Strom/N 2.20 (ab 6 A). In NS Ermäßigung.
DCC 10% auf P/N.

In **Pottenstein** besteht ein Moca-Stellplatz.

DCC-Vertragsplatz

✉ **91278 Kleinlesau,** Fränk. Schweiz (f9) 8237

20 ★★★★ »CAMPING JURAHÖHE« 1.1. bis 31.12.
E.: Alfred Dormann ☎ 09243/9173, Fax 9174   586 m   14 000 qm
www.campingplatz-jurahoehe.de, campingplatz-jurahoehe@gmx.de

→ A9 Nürnberg–Berlin Abf. (44) Pegnitz-Grafenwöhr auf die B 470 in Richtung Forchheim. In Tüchersfeld abbiegen, noch 3km. ✉ Kleinlesau 9. (GPS: 49°47'54" N / 11°22'31" E).

Ebenes, parzelliertes Wiesengelände mit zwei Geländestufen bei einem Bauernhof am Waldrand, meist schattenlos. Ort (Pottenstein) 5 km entfernt. Separater Jugendplatz. Mittagsruhe 12.30-14.30 Uhr. Touristen-/Dauerstellplätze 60/20.
2008: P/N 4.50, K/N 2 bis 14 J. 3.–, A/N 1.50, C/N 4.–, MC/N 4.50, T/N 3.– bis 4.50, M/N 1.–, H/N 2.–, WD zuzügl., Müllgebühr P/N 1.–, Strom/N 2.– und kWh –.70 (16 A).
DCC 10% auf P/N.

✉ **90471 Nürnberg** (e10) 8304

30 ★★★★ »KNAUS CAMPINGPARK NÜRNBERG« 1.1. bis 31.12.
E.: Helmut Knaus KG V.: Nuß   365 m   27 000 qm
☎ 0911/9812717, Fax 9812718
www.knauscamp.de, nuernberg@knauscamp.de

→ A 9 Berlin–München Abf. (52) Fischbach in Richtung Messe. ✉ Hans-Kalb-Str. 56. (GPS: 49°25'23" N / 11°07'18" E).
∴ Altstadt. Kaiserburg. Historische Gebäude.

Ebenes und teilweise parzelliertes Wiesengelände mit altem Baumbestand hinter dem Fußballstadion. Imbiss. Fitnessraum. Zentrum 4km entfernt. Mittagsruhe 13-15 Uhr. Touristen-/Dauerstellplätze 250/10.
2008: (HS) P/N 7.–, K/N 4 bis 14 J. 3.–, St/N 10.50, H/N 3.–, WD inkl., Müllgeb. St/N 1.50, Strom/N 2.40 (16 A). KNAUS-Ferienkarte. In NS Ermäßigung.
DCC 10% auf P/N.

**Noch kein DCC-Mitglied?
Sie wollen »eines« werden und die vielen Vorteile genießen – Anmeldeformular finden Sie in der Kartentasche am Ende des Buches.
Bis bald – wir freuen uns auf Sie!
Ihr DCC-Team**

✉ **90513 Zirndorf-Leichendorf** (e10) 8305

20 ★★★ »CAMPING ZUR MÜHLE« 1.4. bis 31.12.
E.: Peter Walther ☎ 0911/693801, Fax 9694601   30 000 qm
www.camping-zur-muehle.de

→ Aus Richtung Würzburg AB-Abf. Fürth/Erlangen über den Frankenschnellweg Abf. Nbg.-West über Rothenburger Str. in Richtung Großhabersdorf. Nach 5,6 m rechts "Zur Mühle". Neben dem Playmobil Fun Park. ✉ Seewaldstr. 75. (GPS: 49°25'55" N / 10°55'34" E).
∴ Playmobil Fun Park.

Ebenes, parzelliertes Wiesengelände an der ehemaligen Mühle mit separatem Dauerplatzteil. Durch einen öffentlichen Weg zweigeteilt. Befestigte Mocaplätze. Ort 500 m. Schwimmbäder 2,5 km entfernt. Mittagsruhe 13-15 Uhr. Touristen-/Dauerstellplätze 75/120.
2007: P/N 4.–, K/N 2 bis 14 J. 2.50, St/N 7.–, H/N 2.–, WD zuzügl., Strom/kWh –.50 (16 A), Anschlussgebühr 1.–.

DCC-Vertragsplatz

✉ **91056 Erlangen-Dechsendorf** (e10) 8307

20 ★★★★ »CAMPING RANGAU« 1.4. bis 30.9.
E.: CC Rangau e.V. im DCC V.: Koufali   18 000 qm
☎ 09135/8866, Fax 724743
www.camping-rangau.de, infos@camping-rangau.de

→ A3 Würzburg–Nürnberg Abf. (81) Erlangen-West ca. 3km hinter Dechsendorf links abbiegen, beschildert. ✉ Campingstr. 44. (GPS: 49°37'53" N / 10°56'51" E).
∴ Nürnberg, Schloss Pommersfelden.

Langgestrecktes, ebenes und parzelliertes Wiesengelände mit altem Baumbestand neben einem Sportplatz am See, durch Hecken unterteilt. Sanitäranlagen beheizbar. Brötchenservice. Ort 1 km entfernt. Mittagsruhe 13-15 Uhr. Touristen-/Dauerstellplätze 90/50.
2008: P/N 5.–, K/N 6 bis 12 J. 3.–, St/N 5.–, H/N 2.–, WD inkl., Müllgeb. St/N 1.–, Strom/N 2.– (6 A). Ab 15 Nacht 10% auf P/N. CCI ab 3 Nacht 10% auf P/N.
DCC 10% auf P/N.

✉ **90542 Eckental-Illhof** (e10) 8308

20 ★★★ »CAMPING BERGESRUH« 1.1. bis 31.12.
E.: Maria Penning ☎ 09126/8956, Fax 284544   390 m   15 000 qm
www.camping-bergesruh.de, penning@camping-bergesruh.de

→ A3 Würzburg–Nürnberg Abf. (85) Nürnberg-Nord auf die B2 bis Eschenau. Hier in Richtung Schnaittach abbiegen über Eckenhaid und Herpersdorf nach Kirchröttenbach. Oder A9 Nürnberg-Berlin Abf. (48). Ab dort beschildert. ✉ Illhof 3. (GPS: 49°35'23" N / 11°16'12" E).

Leicht abfallendes, unparzelliertes Wiesengelände am Ortsrand mit schönem Fernblick. Mittagsruhe 13-15 Uhr. Touristen-/Dauerstellplätze 20/80.
2007: (HS) P/N 4.–, K/N 4 bis 14 J. 2.50, C-St/N 6.30, MC/N 4.50, T/N 3.50, M/N 1.50, H/N 1.50, WD zuzügl., Müllgeb. St/N –.70, Strom 1, Pers 1.50, ab 2. Nacht kWh –.40 (10 A), Anschlussgebühr 1.–. In den Monaten März, April, Aug., Sept. und Okt. 2 P/N inkl. St/N 12.–. DCC ab 3. Nacht 10% auf P/N. In NS Ermäßigung.

✉ **91056 Erlangen** (e10) 8309

20 »CAMPINGPLATZ NATURFREUNDE« 1.4. bis 30.9.
E.: Naturfreunde Erlangen ☎ 09131/29499   270 m   12 000 qm

→ A73 Forchheim–Fürth Abf. (13) Erlangen Stadtmitte Großparkplatz. Ab dort beschildert. ✉ Wöhrmühle 6.
∴ Botanischer Garten.

Bewertung nach Besichtigung. Unparzellierte Wiese mit alten Bäumen an der Regnitz und am Stadtrand. Stadt 600 m entfernt. Touristen-/Dauerstellplätze 50/8.
2007: P/N 4.–, K/N 5 bis 15 J. 2.–, C MC-St/N 6.–, T/N 2.50 bis 3.50, H/N 1.50, WD inkl., Strom/N 2.– oder kWh –.50 (10/16). Ab 4 Wochen Aufenthalt 20% Ermäßigung.

40 Jahre Campingplatz Rangau

Badefreuden am Dechsendorfer Weiher

Campingplatz Rangau, 91056 Erlangen-Dechsendorf, Autobahnausfahrt: Erlangen-West
e-mail: infos@camping-rangau.de • Internet: http://www.camping-rangau.de

(8307)

91224 Hohenstadt, Hersbruck (f10) — 8310

★★★ »PEGNITZ CAMPING« — März bis Okt.
E.: Käthe Müller ☎ 09154/1500, Fax 91200   355 m   15 000 qm

→ A9 Nürnberg–Berlin Abf. (49) Lauf-Hersbruck auf die B14 Richtung Sulzbach–Rosenberg, nach Hohenstadt–Neuhaus abbiegen, beschildert. ✉ Eschenbacher Weg 4. (GPS: 49°31'08" N / 11°29'34" E).

Ebenes bis leicht abfallendes, teilweise parzelliertes Wiesengelände am Pegnitzufer hinter dem Gasthaus beim Bahnhof. Wasserwanderer-Station. Im Wi nur auf Voranmeldung. Sanitäranlage beheizbar. FW. Ort 800 m, Tennis 1 km, Schwimmbad 4 km entfernt. Mittagsruhe 12.30-14.30 Uhr. Touristen-/Dauerstellplätze 80/40.

DCC-Vertragsplatz

92268 Etzelwang, Sulzbach-Rsbg. (f10) — 8311

20 ★★★ »FRANKENALB CAMPING« — 1.1. bis 31.12.
E.: Weidner u. Maul ☎ 09663/91900, Fax 953430   560 m   25 000 qm
www.frankenalb-camping.de, frankenalb-camping@web.de

→ B 14 Nürnberg–Sulzbach/Rosenberg bis Weigendorf. Hier abbiegen nach Etzelwang. ✉ Nürnberger Str. 5. (GPS: 49°31'30" N / 11°34'55" E). ⁂ Hersbrucker Schweiz, Frankenalb.

Ebenes bis leicht welliges, unparzelliertes Wiesengelände. Geteilt durch einen Bach zwischen Straße, Schwimmbad und einer Bahnlinie. Terrassiert ansteigender Dauercamperteil. FW. Ort 300 m entfernt. Separater Jugendplatz. Mittagsruhe 13-15 Uhr. Touristen/Dauerstellplätze:
2008: P/N 4.–, K/N 2 bis 10 J. 2.50, J/N 3.–, A/N 1.50, C MC/N ab 4.–, T/N ab 3.50, M/N 1.–, H/N 1.50, WD zuzügl., Müllgeb. St/N 1.–, Strom/kWh –.50 (16 A), Anschlussgebühr –.50.
DCC 10% auf P/N.

DCC-Vertragsplatz

92348 Berg, Neumarkt/OPf. (e/f10) — 8313

25 ★★★ »CAMPINGPLATZ BERG« — 1.1. bis 31.12.
E.: Alfred Herteis ☎/Fax 09189/1581   400 m   20 000 qm
www.Camping-in-Berg.de, Campingplatz-Herteis@t-online.de

→ A3 Nürnberg–Regensburg Abf. (91) Oberölsbach in Richtung Neumarkt. In der Ortsmitte von Berg nach Hausheim abbiegen. ✉ Hausheimer Str. 31. (GPS: 49°19'46" N / 11°25'44" E).
⁂ Burgruine Wolfstein, Erlebnisbad Neumarkt.

Ebenes bis leicht geneigtes, parzelliertes Wiesengelände mit Laub- und Nadelbäumen. Radwanderstation. Ort (Berg) 400 m entfernt. Separater Jugendplatz. Mittagsruhe 13-15 Uhr (Sonn- und Feiertag). Touristen-/Dauerstellplätze 33/54.
2008: P/N 5.–, K/N 4 bis 14 J. 3.–, C-St/N 6.–, MC/N 6.50, T/N 3.50 bis 6.–, M/N 1.50, B/N 5.–, H/N 2.–, WD zuzügl., Müllgeb. St/N 1.–, Strom/N 2.50 oder kWh –.50 (16/20 A).
DCC 10% auf P/N.

91161 Kauerlach, Hilpoltstein (e/f10) — 8315

★ »CAMPINGPLATZ KAUERLACH« — Jan. bis Dez.
P.: Peter Frank ☎ 09179/97231, Fax 97232   33 000 qm
www.campingplatz-kauerlach.com

→ A9 München–Nürnberg Abf. (56) Hilpoltstein Richtung Karm-Berching, ca. 1 km hinter Karm links abbiegen, beschildert. (GPS: 49°09'01" N / 11°18'58" E).
⁂ Kloster Weltenburg, Vogel– und Naturschutzgebiet.

Ebenes bis leicht welliges, teilweise parzelliertes Wiesengelände zwischen den Seen. Von einem Waldstreifen begrenzt. Durch Dauercamper geprägt. Ort (Meckenhausen) 3 km entfernt. Mittagsruhe 12-14 Uhr. Touristen-/Dauerstellplätze 25/186.

✉ 91154 Roth-Wallesau, Hilpoltstein (e/f10) 8316

25	★★★★ »CAMPING WALDSEE«	⚬⟶ 1.1. bis 31.12.

E.: Karl Müller ☎ 09171/5570, Fax 843245   420 m   39 000 qm
www.camping-waldsee.de, info@camping-waldsee.de

→ A9 München–Nürnberg Abf. (56) Hilpoltstein und in die Stadt hineinfahren. Hier weiter in Richtung Roth bis Eckersmühlen. Hier nach Wallesau abbiegen. Im Ort beschildert. ✉ Badstr. 37. (GPS: 49°11'22" N / 11°07'27" E).
❊ Schloss Ratibor.

Ebenes bis leicht welliges, teilweise parzelliertes Wiesengelände am Waldsee, teilweise unter Nadelbäumen. Durch Dauercamper geprägt. Ort 4 km entfernt. Mittagsruhe 13-15 Uhr. Touristen-/Dauerstellplätze 50/220.
2008: (HS) P/N 5.–, K/N 3 bis 14 J. 3.50, A/N 4.–, C MC/N 5.50/6.50, T/N 4.–, M/N 4.–, H/N 2.–, WD inkl., Müllgebühr P/N –.60, Strom/kWh –.50 (16 A), Anschlussgebühr 1.–. In NS Ermäßigung.

✉ 91171 Greding, Roth (e11) 8317

15	★ »CAMPING BAUER-KELLER«	⚬⟶ 1.5. bis 15.10.

P: Michael Bauer ☎ 08463/64000, Fax 640033   10 000 qm
info@hotel-bauer-keller.de

→ A 9 Nürnberg–München Abf. (57) Greding. Direkt neben der westlichen Ausfahrt, beschildert. ✉ Kraftsbucher Str. 1. (GPS: 49°02'26" N / 11°21'00" E).

Transitplatz mit drei schattenlosen, unparzellierten Terrassen oberhalb der Autobahn neben einem Gasthaus. Brötchenservice. Lebensmittel und Ort 500 m entfernt. 80 Touristenplätze.
2008: P/N 2.–, K/N 2 bis 14 J. 1.–, C MC-St/N 9.–, T/N 5.–, M/N 2.–, B/N 3.–, WD zuzügl., Strom/N 3.– (10 A).

✉ 92364 Deining, Sippelmühle (f10) 8322

20	★★★ »NATUR TERRASSENCAMPING-SIPPELMÜHLE«

E.: Familie Gabler ☎ 09184/1646, Fax 1627   1.1. bis 31.12.
www.sippelmuehle.de   550 m   70 000 qm

→ A3 Nürnberg–Regensburg Abf. (92) Neumarkt auf die B299 in Richtung Landshut. Hinter Sengenthal in Richtung Deining/Bahnhof abbiegen. Über Döllwang und Waltersberg zur Sippelmühle, beschildert. ✉ Sippelmühle 1 (GPS: 49°10'53" N / 11°32'13" E).

Ebenes bis leicht welliges, teilweise und am Hang terrassiertes Wiesengelände hinter der alten Mühle mit Naturbad. Caravanservice. Kabel-TV. Ort 8 km entfernt. Separater Jugendplatz. Mittagsruhe 12-14 Uhr. Touristen-/Dauerstellplätze 50/170.
2008: P/N 3.–, K/N 4 bis 15 J. 2.–, A/N 1.–, C MC/N 5.50, T/N 3.–, M/N 1.–, B/N 1.–, H/N 1.60, WD inkl., Müllgebühr St/N 1.50, Strom/N 1.50, (16 A).

✉ 96160 Geiselwind, Steigerwald (e9) 8335

25	★★★ »ZUR ALTEN SCHLEIFMÜHLE«	⚬⟶ 22.2. bis 31.10.

P: Bernd Schmidt ☎ 09556/214, Fax 1225   17 000 qm
www.Zur-alten-Schleifmuehle.de, berndschmidt@t-online.de
❊ Freizeitpark Geiselwind.

→ A3 Nürnberg–Würzburg Abf. (76) Geiselwind und ca. 2 km durch den Ort zum Platz, beschildert. ✉ Wiesentheider Str. 24. (GPS: 49°46'50" N / 10°27'14" E).

Leicht zum Waldrand ansteigendes Wiesengelände in Autobahnnähe, zelliert und durch Hecken und Baumreihen mehrfach unterteilt. Gespannstellplätze 1 Nacht. Sanitäranlage beheizbar. Ort 1 km entfernt. Separater Jugendplatz. Mittagsruhe 13-15 Uhr. Touristen-/Dauerstellplätze 120/50.
2007: P/N 4.80, K/N 3 bis 12 J. 3.50, A/N 2.80, C MC/N 7.80, T/N 2.90, M/N 1.80, H/N 2.80, WD zuzügl., Müllgeb. St/N 1.50, Strom/N 2.80 (16 A).

✉ 91481 Münchsteinach, Steigerwald (e10) 8340

20	★★★ »CAMPING AM FREIBAD«	⚬⟶ 1.1. bis 31.12.

E.: Gemeinde V.: Beyer   30 000 qm
☎ 09166/750, 0151/15341205, Fax 278
www.muenchsteinach.de, gemeinde@muenchsteinach.de

→ B470 Höchstadt–Neustadt a. d. Aisch Abf. Gutenstetten. ✉ Badstraße. (GPS: 49°38'23" N / 10°36'03" E).

Ebenes, parzelliertes und teilweise schattenloses Wiesengelände in Ortslage beim Schwimmbad. Durch öffentlichen Weg zweigeteilt. Mittagsruhe 13-15 Uhr. Touristen-/Dauerstellplätze 60/120.
2007: P/N 3.–, K/N 6 bis 18 J. 2.50, A/N 2.50, C T/N 2.50, MC/N 5.50, M/N 2.–, H/N 2.–, WD inkl., Müllgeb./Wo 2.–, Strom/kWh –.40 (16 A). Anschlussgebühr 1.–.

✉ 97215 Uffenheim, Mittelfranken (d/e10) 8350

15	★★★ »NATURCAMPING AM FREIBAD«	⚬⟶ 1.5. bis 30.9.

P: Maempel ☎ 09842/1568, Fax 716821   6000 qm
maempel-volkach@t-online.de

→ A7 Würzburg–Ulm Abf. (106) Uffenheim/Langensteinach. In Uffenheim beschildert. ✉ Sportplatz 1. (GPS: 49°32'38" N / 10°13'28" E).
❊ Heimatmuseum, Stadtbefestigungen (14. Jahrhundert).

Ebenes, unparzelliertes Wiesengelände mit einer Baumreihe neben dem Freibad. Imbiss. Separater Jugendplatz. Ort 500 m entfernt. Mittagsruhe 13-15 Uhr. 60 Touristenplätze.
2008: P/N 3.–, K/N 3 bis 14 J. 1.50, C MC-St/N 4.–, T-St/N 2.50, WD inkl., Müllgeb., ., Strom/N –. oder km/h –.50 (16A). Anschlussgebühr 1.–.

✉ 91619 Obernzenn, Bad Windsheim (e10) 8352

20	★★★ »SEECAMPING OBERNZENN«	⚬⟶ 1.4. bis 1.11.

P: Harald Kamleiter ☎/Fax 09844/1438, Fax 978885   22 000 qm
www.seecamping-obernzenn.de, seecamping.obernzenn@t-online.de

→ A7 Würzburg–Ulm Abf. (107) Bad Windsheim in Richtung Bad Windsheim. Bei Illesheim abbiegen, beschildert. ✉ Urpertshofer Str. 17. (GPS: 49°26'45" N / 10°27'23" E).

Ebenes, parzelliertes Wiesengelände in Seenähe, teilweise terrassiert ansteigend mit jungen Anpflanzungen. Radlerhütten. Ort 500 m entfernt. Separater Jugendplatz. Mittagsruhe 13-15 Uhr. Touristen-/Dauerstellplätze 40/40.
2007: P/N 4.50, K/N 1 bis 11 J. 2.80, J/N 3.80, St/N 5.50, H/N 1.50, WD inkl., Strom/N –.55 (16 A), Anschlussgebühr 1.50. Ab 6 Nächte 10% auf P/N. In NS Angebote.
DCC/CCI 10% auf P/N.

✉ 91541 Rothenburg o.T.–Detwang (d10) 8355/1

25	★★★ »CAMPING TAUBER-IDYLL«	⚬⟶ 15.3. bis 1.11.

E.: Wilfried u. Beate Reimer ☎ 09861/3177, Fax 92848   5000 qm
www.rothenburg.de/tauber-idyll, campingtauber-idyll@t-online.de

→ A7 Würzburg–Ulm Abf. (108) Rothenburg über Rothenburg in Richtung Bad Mergentheim, beschildert. 2. Platz. ✉ Detwang 28 (GPS: 49°23'15" N / 10°10'01" E).
❊ Altstadt Rothenburg o. T.

Ebenes, unparzelliertes Wiesengelände im Taubertal unterhalb Rothenburgs. Sanitäranlage beheizbar. Ort 2 km entfernt. 40 Touristenplätze.
2008: P/N 4.75, K/N 3 bis 14 J. 3.20, A/N 1.50, C/N 5.–, MC/N 5.50, T/N 3.50,M/N 1.–, B/N 2.–, H/N 1.–, WD inkl., Strom/N 1.80 oder kWh –.40 (12 A), Anschlussgebühr 1.–. Ab 8 Nächte 10% auf P/N.

✉ 91541 Rothenburg o.T.–Detwang (d10) 8355/2

25	★★★ »CAMPING TAUBERROMANTIK«	⚬⟶ März bis Nov.

E.: Friedle GmbH ☎ 09861/6191, Fax 9368889   12 000 qm
www.camping-tauberromantik.de, info@camping-tauberromantik.de

→ A7 Würzburg–Ulm Abf. (108) Rothenburg über Rothenburg in Richtung Bad Mergentheim, beschildert. 1. Platz. ✉ Detwang 39. (GPS: 49°23'16" N / 10°10'04" E).
❊ Rothenburg o. T. Burgenstraße. Bad Windsheim.

Ebenes, parzelliertes Wiesengelände mit einer Geländestufe im Taubertal unterhalb Rothenburgs neben der Straße. Durch Hecken unterteilt. Befestigte Mocaplätze. FW. Ort 1.8 km entfernt. Separater Jugendplatz. Mittagsruhe 12-14 Uhr. 120 Touristenplätze.
2008: (HS) P/N 5.–, K/N 4 bis 13 J. 3.–, A/N 2.–, C MC/N 6.80, T/N 5.–, H/N 1.50, WD inkl., Strom/N 2.– (16 A). In NS Ermäßigung.

Camping Waldsee

...weg vom Alltagsstress!

Camping Waldsee 91154 Roth-Wallesau
Telefon 0 91 71 - 55 70   Fax 0 91 71 - 84 32 45

Urlaub im Fränkischen Seenland (8316)

Komfort- und Reisemobilstellplätze mit TV-Anschluß ★ Badesee ★ Blockhütten ★ Mietwohnwagen ★ Mini-Markt ★ Gastronomie ★ Kinderspielplatz ★ Bolzplatz ★ Tischtennis ★ Bootsverleih ★ Animation ★ Babywickelraum ★ Mobilheim/Chalet ★ Neue moderne Sanitäranlagen/behindertengerecht ★ Ganzjährig geöffnet ★

Info: 0 91 71 - 55 70 ★ www.camping-waldsee.de ★ info@camping-waldsee.de

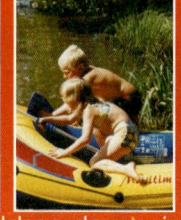

8 Bayern

91608 Geslau-Lauterbach (e10) — 8360

★★★ »MOHREN-CAMP« 1.1. bis 31.12.
E.: Andreas Mohr ☎ 09867/94944, Fax 979344 430 m 30 000 qm
www.mohrenhof-franken.de, info@mohrenhof-franken.de

→ A7 Würzburg–Ulm Abf. (108) Rothenburg o. T. in Richtung Geslau. Beschildert. ✉ Lauterbach 3. (GPS: 49°20'42" N / 10°19'26" E).
❧ Altstadt Rothenburg o. T. Burgenstraße. Bad Windsheim.

Leicht ansteigend in 3 Terrassen aufgeteiltes Wiesengelände mit jungen Anpflanzungen. An einem Badeteich mit Liegewiese und Badesteg hinter einem Bauernhof. FW. Grillhütte. Restaurant ab 18 Uhr geöffnet. Familiäre Atmosphäre. Separater Jugendplatz. Kneipp-Anlage 500 m, Ort 2 km entfernt. Touristen-/Dauerstellplätze 50/10.

DCC-Vertragsplatz

91583 Schillingsfürst, Franken (e10) — 8365

20 ★★★ »CAMPING FRANKENHÖHE« 1.1. bis 31.12.
E.: Verein für Tourismus und Heimatpflege e.V. V.: Teutsch 32 000 qm
☎ 09868/5111, Fax 959699
www.campingplatz-frankenhoehe.de, info@campingplatz-frankenhoehe.de

→ A7 Würzburg–Ulm Abf. (109) Wörnitz nach Schillingsfürst. Oder A6 Nürnberg–Heilbronn Abf. (49) Dorfgütingen über Dombühl. Aus beiden Richtungen beschildert. ✉ Fischhaus 2. (GPS: 49°16'25" N / 10°15'56" E).
❧ Schloss des Fürsten zu Hohenlohe-Schillingsfürst.

Ebenes, teilweise leicht abfallendes Wiesengelände unparzelliert am Waldrand. Radfahrerraum. Bouleplatz. Ort 1 km entfernt. Separater Jugendplatz. Mittagsruhe 13-15 Uhr. Touristen-/Dauerstellplätze 90/60.
2008: P/N 5.–, K/N bis 14 J. 2.50, C MC-St/N 6.50, T-St/N 4.–, H/N 1.60, WD inkl., Müllges./Sack 1.–, Strom/N 2.– oder kWh –.40 (10/16 A). Anschlussgebühr 1.–.
DCC 10% auf P/N u. St/N.

DCC-Vertragsplatz

91550 Dinkelsbühl (d/e10) — 8370

20 ★★★★ »DCC-CAMPINGPARK ROMANTISCHE STRASSE«
E.: Cpl. Betr.-Ges. Dinkelsbühl mbH 1.1. bis 31.12.
☎ 09851/7817, Fax 7848 440 m 90 000 qm
www.camping-dinkelsbuehl.de, campdinkelsbuehl@aol.com

→ A7 Würzburg–Ulm Abf. (112) Dinkelsbühl/Fichtenau, in Dinkelsbühl beschildert. ✉ Kobeltsmühle 6/Dürrwanger Straße. (GPS: 49°04'52" N / 10°19'58" E).
❧ Dinkelsbühl, Romantische Straße, Feuchtwangen, Rothenburg o. d. T.

93449 Waldmünchen, Bayer. Wald (g10) — 8400

Anzeige S. 260/261

Vom Seeufer parzelliert ansteigendes Terrassengelände, durch Anpflanzungen gärtnerisch ansprechend gestaltet. Uferliegewiese mit öffentlichem Badebetrieb. Brötchen- und Frühstücksservice. Ort 2 km entfernt. Separate Zeltwiese. Mittagsruhe 13-15 Uhr. Touristen-/Dauerstellplätze 330/150.
2008: P/N 4.10, K/N 4 bis 13 J. 2.60, St/N 8.70, Fuß- und Zweiradwanderer mit Kleinzelt 6.15 zuzügl. P/N , H/N 1.–, KT und WD zuzügl., Strom/N –.30 plus kWh –.55 (16 A). Ausländisches CCI 10% auf P/N.
Für DCC-Mitglieder: P/N, K/N bis 18 J. und St/N 10.– (15.9.-15.6.), 12.– (16.6.-14.9.). H/N, KT, WD, Strom und Anschlussgebühr siehe oben. Ab 5 Einheiten Gruppenermäßigung: P/N, K/N bis 18 J. und St/N 9.–. H/N, KT, WD, Strom und Anschlussgebühr siehe oben.

DCC-Vertragsplatz

25 ★★★★ »CAMPING AM PERLSEE« 1.1. bis 31.12.
E.: Lutter & Manner GbR. ☎ 09972/1469, Fax 3782 510 m 50 000 qm
www.see-camping.de, info@see-camping.de

→ A93 Regensburg–Weiden Abf. (23) Schwarzenfeld über Neunburg und Rötz nach Waldmünchen. Ab Schönthal beschildert. ✉ Alte Ziegelhütte 6. (GPS: 49°23'43" N / 12°41'55" E).

Vom Seeufer zum Waldrand parzelliert ansteigendes, durch einen Wirtschaftsweg zweigeteiltes, teilweise terrassiertes Wiesengelände mit Strandbad und Uferliegewiese. Wasserwacht. Öffentlicher Badebetrieb. Trimmpfad. Ort 1.5 km entfernt. Separater Jugendplatz. Mittagsruhe 13-15 Uhr. Touristen-/Dauerstellplätze 165/80.
2007: P/N 5.10, K/N 2 bis 15 J. 2.70, St/N 6.–, KT –.95, WD u. Strandbad inkl., Strom/kWh –.50 (10/16 A).
DCC 10% auf P/N.

93437 Furth im Wald, Cham (g10) — 8402/1

20 ★★★ »CAMPING EINBERG« 1.1. bis 31.12.
P.: Georg Buhl ☎ 09973/1811, Fax 803220 400 m 20 000 qm
www.stadtwerke-furth.de, camping@stadtwerke-furth.de

→ B20 Cham–Furth im Wald, im Ort beschildert. ✉ Daberger Str. 33. (GPS: 49°18'39" N / 12°51'33" E).

Zweigeteiltes, ebenes und teilweise parzelliertes Wiesengelände, am Stadtrand neben dem Freibad. Sanitäranlage beheizbar. Ort 1.5 km entfernt. Separater Jugendplatz. Mittagsruhe 13-15 Uhr. Touristen-/Dauerstellplätze 74/6.
2007: (HS) P/N 4.–, K/N 6 bis 17 J. 2.90, A/N 2.70, C/N 3.20, MC/N 4.90, T/N 2.–, M/N 2.–, H/N 1.50, WD inkl., Müllgeb. P/N –.30, Strom/kWh –.50 (16 A), Anschlussgebühr 2.–. In NS Ermäßigung.

Platzbeschreibung

Vom Seeufer ansteigender Terrassenplatz mit Uferliegewiese, Ort 1 km entfernt, Mittagsruhe 13–15 Uhr, Touristen-/Dauerstellplätze 330/150, 90.000 qm.

Umgebung

Idealer Platz für sportliche Camper: Segelfliegen, Reiten, Angeln an den zahlreichen Fischweihern der Umgebung, Kutschfahrten; Ausflüge ins mittelalterliche Dinkelsbühl, Visiten ins fränkische Weinland, in die kleinen romantischen fränkischen Städtchen wie Feuchtwangen, Rothenburg, Nördlingen, Ansbach oder ins große, geschichtsträchtige Nürnberg. Schlemmen in fränkischen Spezialitätenlokalen. Besonderheit: Kinderzeche in Dinkelsbühl, Dinkelsbühler Fischerfest, Malunterricht, Stadtfest.

(8370)

Aktivitäten

Schwimmen, Tennis, Minigolf, Kegeln, ein gemütlicher, gut ausgestatteter Kinderspielplatz.

DCC Campingpark Romantische Straße
Kobeltsmühle 6, 91550 Dinkelsbühl
Telefon: 09851/7817, Fax: 09851/7848
Geöffnet: 1.1. – 31.12.

(8407)

Camping Lutter
Bahnhofstr. 5
92439 Bodenwöhr
Tel: 09434-94240
Fax: 09434-942424

www.see-camping.de

93437 Furth im Wald-Ränkam (g10) 8402/2

★★★ »CAMPING WALDESRUH« 1.4. bis 31.10.
E.: Reinhold Amberger ☎ 09973/1083, Fax 2193 6000 qm
www.pension-waldesruh.com, info@pension-waldesruh.com

→ B20 Cham–Furth im Wald Abf. Ränkam/Arnschwang nach Ränkam. Im Ort beschildert. ✉ Kühberg 14. (GPS: 49°18'02" N / 12°46'38" E).

500 m

Ebene bis leicht wellige, unparzellierte Wiese am Waldrand neben der Gaststätte. Schöner Talblick. Sanitäranlage beheizbar. FW. Ort (Furth i. W.) 5 km entfernt. Mittagsruhe 12-15 Uhr. Touristen-/Dauerstellplätze 10/10.
2008: P/N 4.50, K/N ab 6 J. 2.20, A/N 1.50, C/N 2.50, M/N 3.50, T/N 2.–, M/N 1.–, H/N 1.–, WD inkl. Strom/kWh –.35 (16 A), Anschlussgeb. 1.30. Ab 14 Nächte 10% Ermäßigung.

93149 Nittenau, Oberpfalz (f10) 8406

★★★ »CAMPING STADT NITTENAU« Mai bis Okt.
E.: Stadt V.: Grünauer ☎ 09436/902733, Fax 902732 4000 qm
www.nittenau.de

→ A93 Regensburg–Weiden Abf. (25) Schwandorf auf die B85 in Richtung Cham. Bei Bruck rechts abbiegen nach Nittenau. ✉ Lärchenweg.

50 m   400 m

Parzelliertes, ebenes Wiesengelände mit Schwimmbad und Liegewiese am Fluss Regen. Sanitäranlage beheizbar. Wasserwacht. Wasserwanderer-Station. Ort 1 km entfernt. Mittagsruhe 12-14 Uhr. Touristen-/Dauerstellplätze 50/32.

DCC-Vertragsplatz

92441 Wackersdorf (f10) 8407

★★★★ »CAMPING MURNER SEE« 1.4. bis 31.10.
E.: Manfred Lutter ☎ 09434/94240, Fax 942424 60000 qm
www.see-camping.de, info@see-camping.de

→ A6 Nürnberg–Schwandorf. Am Autobahnende auf die B85 in Richtung Cham. Wackersdorf umfahren bis Ortsende, dann links in Richtung Industriegebiet und zum Murner See, beschildert. ✉ Sonnenrieder Str. 1. (GPS: 49°20'44" N / 12°12'31" E).
∴ Regensburg. Cham. Kurpfalzpark. Deutschlands größte Kartbahn.

500 m   2 km

Ebenes und parzelliertes Wiesengelände am Murner See. Separater Jugendplatz mit Feuerstellen an einem weiteren kleinen See. Ort 3 km entfernt. Mittagsruhe 13-15 Uhr. Touristen-/Dauerstellplätze 150/110.
2008: (HS) P/N 6.10, K/N 1 bis 14 J. 3.–, St/N 6.50, H/N 2.–, WD inkl. Strom/N 2.– oder kWh –.50 (16 A). In NS Ermäßigung.
DCC 10% auf P/N.

93426 Roding-Neubäu (f/g10) 8408

★★★ »SEE-CAMPING NEUBÄU« 1.1. bis 10.11.
P.: Renate Notka ☎ 09469/331, Fax 397 380 m 40000 qm
www.see-campingpark.de, r.notka@see-campingpark.de

→ A93 Regensburg–Weiden Abf. (25) Schwandorf auf die B85 in Richtung Cham. In Neubäu abbiegen, beschildert. ✉ Seestr. 4. (GPS: 49°14'09" N / 12°25'28" E).
∴ Wildgehege.

100 m   200 m   500 m

Ebenes, langgestrecktes und teilweise parzelliertes Wiesengelände zwischen Wald und Seeufer. Separate Touristenflächen im hinteren Platzbereich am See. Ort 500 m, Schwimmbäder und Reitschule 8 km entfernt. Separater Jugendplatz. Mittagsruhe 13-14 Uhr. Touristen-/Dauerstellplätze 90/145.
2007: P/N 5.–, K/N 2 bis 12 J. 3.–, St/N 6.–, H/N 2.–, WD und Strandbad inkl. Strom/N 2.–.

92439 Bodenwöhr, Oberpfalz (f10) 8409/1

★★★ »CAMPING LUDWIGSHEIDE« 1.4. bis 30.10.
P.: Manfred Lutter ☎ 09434/94240, Fax 942424 380 m 10000 qm
www.see-camping.de, info@see-camping.de

→ A93 Regensburg–Weiden Abf. (25) Schwandorf auf die B85 in Richtung Cham. Nach Bodenwöhr links abbiegen und im Ort links halten, dann 1. Platz. ✉ Ludwigsheide 44. (GPS: 49°16'31" N / 12°18'08" E).

200 m   400 m   1 km

Parzelliertes und leicht wellig abfallendes Wiesengelände oberhalb des Hammersees. Ort 500 m entfernt. Mittagsruhe 13-15 Uhr. Touristen-/Dauerstellplätze 50/60.
2007: P/N 5.10, K/N 2 bis 14 J. 2.60, St/N 5.50, H/N 2.–, KT –.50, WD inkl., Strom/2.– oder kWh –.50 (16 A).

92439 Bodenwöhr, Oberpfalz (f10) 8409/2

★★★★ »CAMPING WEICHSELBRUNN« 30.3. bis 12.10.
E.: Familie Schieß ☎ 09434/90070, Fax 90071 380 m 20000 qm
www.CampingWeichselbrunn.de, info@CampingWeichselbrunn.de

→ A93 Regensburg–Weiden Abf. (33) Schwandorf auf die B85 in Richtung Cham. Hinter Bodenwöhr links abbiegen. 3. Platz. ✉ Ludwigsheide 50. (GPS: 49°16'37" N / 12°17'59" E).

900 m   1 km

Zweiteiliges, parzelliertes Wiesengelände, leicht abfallend und von Wald umgeben. Oberhalb des Hammersees mit malerischem Uferrundweg. Sanitäranlage beheizbar. Behinderten-Badezimmer. Reservierung erwünscht. FW. Imbiss. Ort 1 km entfernt. Separater Jugendplatz. Mittagsruhe 13-15 Uhr. Touristen-/Dauerstellplätze 78/58.
2008: P/N 7.–, K/N bis 16 J. 3.50, St/N 6.– bis 11.–, H/N 2.50, KT –.50, WD inkl., Strom/N –.50 (16 A). Anschlussgebühr 3.–.

DCC-Vertragsplatz

92439 Bodenwöhr-Blechhammer (f10) 8409/3

★★★★ »SEECAMPING BLECHHAMMER« 1.4. bis 31.10.
E.: Manfred Lutter ☎ 09434/94240, Fax 942424 380 m 15000 qm
www.see-camping.de, info@see-camping.de

→ A93 Regensburg–Weiden Abf. (33) Schwandorf auf die B85 in Richtung Cham. Hinter Bodenwöhr links abbiegen, beschildert. ✉ Bahnhofstr. 5. (GPS: 49°16'37" N / 12°19'41" E).

✉ **92286 Rieden,** Oberpfälzer Jura (f10) **8412**

★★★ »CAMPING RIEDEN« 1.4. bis 31.10.
E.: Gemeinde V.: Tischler ☎/Fax 09624/899   360 m   16 000 qm
www.wohlfuehlbayen.de, www.rieden.com, info@rieden.com

→ A6 Nürnberg–Amberg Abf. (66) Amberg–Süd über Ensdorf nach Rieden. Im Ort beschildert. ✉ Vilshofener Str. 21. (GPS: 49°15'11" N / 11°56'52" E).

Leicht abfallendes, unparzelliertes Wiesengelände neben dem Freibad im Vilstal. Durch Dauercamper geprägt. Reservierung in HS erwünscht. Familiäre Atmosphäre. Keine Kampfhunde. Mittagsruhe 13-15 Uhr. Ort 500 m entfernt. Touristen-/Dauerstellplätze 30/150.
2007: P/N 3.50, K/N 6 bis 16 J. 2.–, C MC-St/N 6.–, T-St/N 4.–, H/N –.50, WD und Schwimmbad inkl., Strom/kWh –.50 (16 A). Ab 8 Nächte 10% auf St/N.

✉ **92431 Neunburg vorm Wald** (f10) **8413**

★★★ »CAMPING HAUS-SEEBLICK« 1.1. bis 31.12.
E.: Hans Mehltretter ☎ 09672/612, Fax 91212   400 m   20 000 qm
www.Camping-Haus-Seeblick.de, Camping.Seeblick@t-online.de

→ A 93 Weiden–Regensburg Abf. (31) Schwarzenfeld über Sonnenried nach Neunburg vorm Wald. Im Ortsteil Gütenland. ✉ Gütenland 16. (GPS: 49°15'11" N / 11°56'52" E).

Ebenes Terrassengelände in Seenähe. Touristenplätze parzelliert. FW. Ort 3 km, Schwimmbad und Tennis 4 km entfernt. Separater Jugendplatz. Mittagsruhe 13-15 Uhr. Touristen-/Dauerstellplätze 44/44.
2007: P/N 5.–, K/N 1 bis 14 J. 2.50, St/N 5.–, WD inkl., Strom/kWh –.50 (16 A). Ab 3 Wochen Aufenthalt 20% Ermäßigung (außer Pfingsten).

✉ **92507 Nabburg-Perschen** (f10) **8414**

★★★ »FREIZEITZENTRUM PERSCHEN« 1.4. bis 31.10.
E.: Zweckverband Perschen V.: Gerasimenko   34 000 qm
☎ 09433/9368, Fax 901916, www.nabburg.de, touristik@nabburg.de

→ A93 Regensburg–Weiden Abf. (30) Nabburg. Weiter über Nabburg ca. 2 km nach Perschen, beschildert. ✉ Neusather Str. 22. (GPS: 49°27'57" N / 12°11'31" E).
Bauernmuseum. Jagdmuseum.

Ebenes, parzelliertes Wiesengelände am Freizeitzentrum. Durch Dauercamper geprägt. Ort 2 km entfernt. Separater Jugendplatz. Mittagsruhe 12-13 Uhr. Touristen-/Dauerstellplätze 25/180.
2007: P/N 4.–, K/N bis 18 J. 2.–, C MC-St/N 4.–, T-St/N 3.–, WD inkl., Strom P/N –.15 plus kWh –.25 (16 A).

✉ **92555 Trausnitz,** Oberpf. Wald (f10) **8415**

★★★★ »CAMPING TRAUSNITZ« 1.1. bis 31.12.
E.: F. Tausendpfund V.: Heimke   420 m   30 000 qm
☎/Fax 09655/1304, www.camping-trausnitz.de

→ A93 Weiden–Regensburg Abf. (21) Pfreimd. Weiter über Pfreimd nach Trausnitz, beschildert. ✉ Campingplatz1/Friedrichstr. (GPS: 49°31'14" N / 12°16'43" E).

Zum Stausee parzelliert und terrassiert abfallendes Wiesengelände mit jungen Anpflanzungen. Uferliegewiese mit öffentl. Badebetrieb. Wasserwacht. Ruder- und Tretbootverleih. Gasprüfung. Ort 1 km entfernt. Mittagsruhe 13-15 Uhr. Touristen-/Dauerstellplätze 70/150.
2008: P/N 4.50, K/N 6 bis 14 J. 3.50, C MC-St/N 5.50, T-St/N 4.–, H/N 1.50, WD zuzügl., Strom/N 1.60 oder kWh –.50 (16 A).

✉ **92363 Breitenbrunn,** Neumarkt (f11) **8416**

★★★ »JURA-CAMPING« 1.1. bis 31.12.
P.: Christine Kühne ☎/Fax 09495/337   450 m   11 500 qm

→ A3 Nürnberg–Regensburg Abf. (94) Parsberg in Richtung Dietfurt. Am Ortsende von Breitenbrunn beschildert. ✉ Badstr. 4. (GPS: 49°04'44" N / 11°37'25" E).

Ebenes bis leicht welliges Wiesengelände neben dem Schwimmbad in einem von Wald umgebenen Tal. Im Nov. und Dez. nur mit Voranmeldung. Familiäre Atmosphäre. Ort 1 km entfernt. Separater Jugendplatz. Mittagsruhe 13-15 Uhr. Touristen-/Dauerstellplätze 30/70.

DCC-Vertragsplatz

✉ **92355 Altenveldorf,** Oberpf. Jura (f10) **8417**

★★★★ »CAMPING AM HAUENSTEIN« 1.1. bis 31.12.
E.: Günther Schmidt ☎ 09182/454, Fax 902251   530 m   50 000 qm
www.campingamhauenstein.de, campingamhauenstein@t-online.de

→ A2 Nürnberg–Regensburg Abf. (93) Velburg. ✉ Seestr. 9-11. (GPS: 49°13'02" N / 11°40'07" E).
Tropfsteinhöhle. Kirchen. Burgruinen.

Ebenes, unparzelliertes Wiesengelände, teilweise gestuft an einem Hang. Naturbad 150 m, Ort 1.5 km entfernt. Separater Jugendplatz. Mittagsruhe 13-15 Uhr. Touristen-/Dauerstellplätze 120/80.
2008: (HS) P/N 5.20, K/N 4 bis 12 J. 4.20, A/N 3.–, C/N 4.–, MC/N 6.50, T/N 3.20, M/N 1.50, B/N 4.–, H/N 1.50, WD zuzügl., Strom/N 2.50 oder kWh –.60 (10 A). Ab 4. Nacht 10% auf P/N. Ab 1 Woche 10% auf alle Gebühren. In NS Ermäßigung.
DCC 10% auf P/N.

»Besichtigungen der Campingplätze und die daraus resultierenden Bewertungen werden durch den DCC-Inspizienten ohne Voranmeldung durchgeführt und garantieren so absolute Objektivität.«

Camping Weichselbrunn
Die familiäre Idylle direkt am See
(8409/2)
Einer der 10 schönsten Deutschlands (bild.de)

Unser Caravanplatz liegt direkt am Erholungsgebiet „Großer Weiher". Wir bieten 250 Stellplätze, naturbelassen mit separater Zeltwiese, Grillstation und Lagerfeuerstelle. Für Wohnmobile steht ein eigener Stellplatz zur Verfügung. Tretboote und Minigolf runden das Angebot ab. **NEU: Kinderspielplatz**
D-95703 Plößberg/Opf. · Grosse Weiher Str. 22
Tel. 0 96 36/9 12 48 · Fax 0 96 36/92 48 88 · www.campingplatz-ploessberg.de
(8424)

DCC-Vertragsplatz

✉ **92242 Hirschau,** Oberpfalz (f10)   **8419**

★★★ »CAMPING MONTE KAOLINO - HIRSCHAU«
E.: Freizeitpark Monte Kaolino GmbH V.: Springer ⊶ 1.5. bis 31.12.
☎ 09622/8151, Fax 7190018   410 m   32 000 qm
www.montekaolino.eu, campingplatz@hirschau.de

→ B14 Nürnberg–Pilsen Abf. Hirschau. ✉ Wolfgang-Droßbach-Str. 114. (GPS: 49°31'52" N / 11°57'56" E).
※ Stadtpfarrkirche, 14 Nothelfer–Kirche, Rathaus, Kaolin–Werk.

Ebenes bis leicht welliges, parzelliertes und von Wald umgebenes Wiesengelände am Fuße des Sommer-Sand-Ski (Board)-Geländes. Öffentlicher Badebetrieb. Ort 2.5 km entfernt. Separater Jugendplatz. Mittagsruhe 13-15 Uhr. Touristen-/Dauerstellplätze 130/123.
2008: P/N 4.50, K/N 6 bis 15 J. 2.50, C MC-St/N 5.– bis 6.–, T-St/N 3.–, H/N 1.50, WD zuzügl. Müllgeb. St/N –.60, Strom/N –.20 plus kWh –.40 (16 A).
DCC/CCI 10% auf P/N.

DCC-Vertragsplatz

✉ **92253 Schnaittenbach,** Amberg (f10)   **8420**

★★★ »CAMPING AM NATURBAD«
E.: Stadt V.: Weiß ☎/Fax 09622/1722 ⊶ Ostern bis 30.9.
   680 m   30 000 qm
www.schnaittenbach.de, info@camping.schnaittenbach.de

→ B14 Nürnberg–Pilsen Abf. Schnaittenbach, beschildert. ✉ Badstr. 13. (GPS: 49°33'21" N / 12°00'22" E).

Leicht ansteigendes, parzelliertes Wiesengelände beim Natur-Freibad mit öffentlichem Badebetrieb, überwiegend schattenlos. Sommer-Eisstock-Bahn. Ort 500 m entfernt. Separater Jugendplatz. Mittagsruhe 13-15 Uhr. Touristen-/Dauerstellplätze 25/135.
2008: P/N 3.–, K/N 6 bis 16 J. 1.80, C MC-St/N 4.–, T-St/N 2.50, WD, Freibad und Müllgeb. inkl., Strom/kWh –.36 (16 A), Anschlussgeb. –.16.
DCC/CCI 10% auf P/N und St/N.

✉ **92660 Neustadt** a. d. Waldnaab (f9/10)   **8421**

Abfahrt

★★★ »WALDNAAB-CAMPING«
E.: Stadt V.: Friedmann ☎ 09602/3608 ⊶ 1.1. bis 31.12.
   410 m   10 000 qm
www.neustadt-waldnaab.de, poststelle@neustadt-waldnaab.de

→ A93 Regensburg–Weiden Abf. (14) Neustadt/Altenstadt. In Neustadt beschildert. ✉ Gramaustr. 64. (GPS: 49°44'15" N / 12°10'20" E).
※ Mittelalterliche Altstadt, Burgruinen, barocke Wallfahrtskirchen.

Ebenes, parzelliertes und von Hecken unterteiltes Wiesengelände oberhalb der Waldnaab, mit Uferliegewiese. Keine Abgrenzung zu den öffentl. Freizeitanlagen. Nachts keine Aufsicht. Die am anderen Ufer befindliche Bahnstrecke wird nachts nicht befahren. Imbiss. Ort 1 km entfernt. Separater Jugendplatz. Mittagsruhe 13-15 Uhr. Touristen-/Dauerstellplätze 25/15.

Plätze ohne Gebühren
Diese Plätze haben seit 2 Jahren und mehr keine Meldung mehr abgegeben. Darum kann auch für die Öffnungszeit nicht garantiert werden.

DCC-Vertragsplatz

✉ **92670 Windischeschenbach** (f9)   **8422**

★★★★ »CAMPING SCHWEINMÜHLE« ⊶ 15.3. bis 31.10.
E.: Hans Senft ☎ 09681/1359, Fax 2395   500 m   16 000 qm
www.schweinmuehle.de, info@schweinmuehle.de

→ A93 Regensburg–Hof Abf. (20) Windischeschenbach. Links abbiegen nach Premenreuth, beschildert. ✉ Schweinmühle 1. (GPS: 49°49'11" N / 12°08'44" E).

Ebenes, teilweise leicht abfallendes Wiesengelände, unparzelliert in einem Bachtal. Streichelzoo. FW. Hofladen. Boxen für Wanderreiter. Waldlehrpfad. Wildgehege. Haltestelle 200 m, Ort 4 km entfernt. Separater Jugendplatz. Mittagsruhe 12-14 Uhr. Touristen-/Dauerstellplätze 50/80.
2007: P/N 4.50, K/N 2 bis 14 J. 2.80, St/N 5.40, H/N 1.60, WD inkl., Müllgeb./Sack 1.30, Strom/N 1.60 oder kWh –.55 (16 A).
DCC 10% auf P/N und St/N.

✉ **92703 Thumsenreuth,** Oberpfalz (f9)   **8423**

★★ »CAMPING AM ERLENWEIHER« ⊶ Mai bis Okt.
P.: Ilona Pätzold ☎ 09682/92110, Fax 921199   500 m   25 000 qm
campingplatzerlenweiher@web.de

→ B 22 Bayreuth–Weiden, links abbiegen über Krummennaab Richtung Friedenfels bis Ortsende Thumsenreuth, beschildert.
※ Schlossmuseum.

Leicht ansteigendes, parzelliertes Wiesengelände am Ufer des kleinen Sees, wenig Schatten. Durch Dauercamper geprägt. Sanitäranlage beheizbar. Ort 500 m entfernt. Separater Jugendplatz. Mittagsruhe 13-15 Uhr. Touristen-/Dauerstellplätze 20/80.

DCC-Vertragsplatz

✉ **95703 Plößberg** (f9/10)   **8424**

★★★★ »CAMPING PLÖSSBERG« ⊶ 1.1. bis 31.12.
P.: Karola Sailer ☎ 09636/91248, Fax 924888   60 000 qm
www.campingplatz-ploessberg.de, info@campingplatz-ploessberg.de

→ A93/E50 Regensburg–Hof Abf. (21) Neustadt an der Waldnaab auf die B15 über Püchersreuth nach Plößberg. ✉ Großer-Weiher-Str. 22. (GPS: 49°46'51" N / 12°19'29" E).

Ebenes, teilweise leicht welliges und terrassiert ansteigendes Wiesengelände am »Großen Weiher«. Teils mit altem Baumbestand und teils mit jungen Anpflanzungen. Fitnessraum. Imbiss. Ort 1 km entfernt. Separater Jugendplatz. Mittagsruhe 12.30-14.30 Uhr. Touristen-/Dauerstellplätze 60/110.
2007: (HS) P/N 4.50, K/N 4 bis 16 J. 3.–, C MC-St/N 5.–, T-St/N 3.–, H/N 1.50, WD zuzügl., Müllgebühr –.50, Strom/N 2.50 oder kWh –.60 (16 A). In NS Ermäßigung.
DCC/CCI 10% auf P/N.

✉ **92696 Flossenbürg,** Oberpf. Wald (f9)   **8425**

★★★★ »CAMPING GAISWEIHER« ⊶ 1.1. bis 31.12.
P.: Beate Käs ☎ 09603/644, Fax 914666   600 m   50 000 qm
www.flossenbuerg.de, gemeinde@flossenbuerg.de

→ A 93 Regensburg–Hof Abf. (14) Neustadt/Altenstadt über Neustadt nach Flossenbürg, beschildert. (GPS: 49°44'41" N / 12°20'40" E).
※ Ruine Flossenbürg.

Parzellierter Terrassenplatz zwischen See und Waldrand neben einem Schwimmbad mit Liegewiese, von Waldhöhen umgeben. Spiele Zimmer. Freilan-Schach. Boccia. Kegelbahn. FW. Ort 1.5 km, Schwimmbad 5 km entfernt. Mittagsruhe 13-15 Uhr. Touristen-/Dauerstellplätze 130/130.

TERRASSENCAMPING GAISWEIHER, 92696 Flossenbürg
Telefon 0 96 03/6 44 oder 4 72, E-Mail: gemeinde@flossenbuerg.de

Terrassenförmig angelegter Campingplatz in unvergleichlich schöner Lage in waldreicher Mittelgebirgslandschaft, ein attraktives Erholungs- und Wandergebiet erwartet Sie am 11 ha großen Naturbadesee Gaisweiher mit Gaststätte-Cafe, Einkaufskiosk, Kegelbahn, Beachvolleyball, Tischtennis, Kneippanlage, Sauna, Solarium, Angelmöglichkeit am Ort, in der Nähe Skilift und Skilanglaufzentrum mit grenzüberschreitenden Loipen, ideal für Sommer- und Wintercamping. **(8425)**

8 Bayern

91788 Pappenheim, Altmühltal (e11)   **8430**

[20] ★★★ »NATURCAMPING PAPPENHEIM«   April bis Okt.
P.: Uwe Horsmann ☎ 09143/1275, Fax 837364   18 000 qm
www.camping-pappenheim.de, info@camping-pappenheim.de

→ B13 Weißenburg–Eichstätt, bei Rothenstein rechts abbiegen oder B2 Donauwörth–Weißenburg, nach Pappenheim abbiegen. Im Ort beschildert. Badstr. 1./Wehrwiesenstr. (GPS: 48°56'06" N / 10°58'09" E).

Ebenes, unparzelliertes Wiesengelände an der Altmühl, teilweise schattenlos. Wasserwanderer-Station. Ort 300 m entfernt. Separater Jugendplatz. Mittagsruhe 12.30-14.30 Uhr. Touristen-/Dauerstellplätze 100/30.
2008: P/N 4.50, K/N bis 6 J. 1.50, J/N 3.–, A/N 1.50, C/N 4.–, MC/N 5.50, T/N 3.–, M/N 1.50, H/N 1.50, WD inkl., Strom/N 2.– (16 A).

DCC-Vertragsplatz

91710 Gunzenhausen, Fränk. Seen (e10)   **8431/1**

[25] ★★★★ »ALTMÜHLSEE-CAMPING«   1.1. bis 31.12.
E.: Herzog GmbH ☎ 09831/9033, Fax 611758   45 000 qm
www.camping-herzog.de, Post@camping-herzog.de

→ B13 Ansbach–Weissenburg, vor Gunzenhausen zum Nordufer Altmühlsee abbiegen, beschildert. Seestr. 12. (GPS: 49°07'37" N / 10°44'36" E).

Ebenes Wiesengelände in Seenähe, parzelliert mit Anpflanzungen und durch Buschstreifen in Stellfelder unterteilt. Befestigte Mocaplätze. Separate Zeltwiese. Keine Jugendgruppen. FW. Ort 1.5 km entfernt. Mittagsruhe 12-15 Uhr. Touristen-/Dauerstellplätze 60/190.
2008: (HS) P/N 5.50, K/N 1 bis 12 J. 4.–, A/N 2.50, C MC/N 7.–, T/N 4.50, M/N 3.–, H/N 3.–, WD inkl., Müllgebühr St/N 1.–, Strom/kWh –.50 (16 A), Anschlussgebühr 1.50. In NS Ermäßigung.
DCC/CCI 10% auf P/N.

DCC-Vertragsplatz

91710 Gunzenhausen-Wald, Fr. S. (e10)   **8431/2**

[30] ★★★★ »CAMPING ZUM FISCHER-MICHL«   1.1. bis 31.12.
E.: J. u. M. Kraft ☎ 09831/2784, Fax 80397   400 m   45 000 qm
www.campingplatz-fischer-michl.de, fischer-michl@t-online.de

→ A6 Nürnberg–Heilbronn Abf. Ansbach (52) auf die B13 bis Gunzenhausen. Hier Richtung Seezentrum Wald. Seezentrum Wald Nr. 4. (GPS: 49°07'32" N / 10°43'00" E).

Ebenes Wiesengelände am Südufer des Altmühlsees. Fünf parzellierte Stellkreise gruppieren sich jeweils um eine Ver- und Entsorgungsanlage und sind durch Hecken aufgelockert. Separater Dauercamperteil. **Keine Aufnahme von Zeltlern.** Segelschule 200 m, Ort 1 km, entfernt. - Mittagsruhe 12-15 Uhr. Touristen-/Dauerstellplätze 88/26.
2008: (HS) P/N 6.80, K/N 4 bis 14 J. 3.–, St/N 6.80, M/N 2.50, H/N 2.–, WD zuzügl., Müllgeb. St/N 1.50, Strom/N 1.80 (16 A). In NS Ermäßigung.
DCC 10% auf P/N.

BROMBACHSEE ...Wir sehen uns!

Seecamping Langlau
Seestr. 30, 91738 Pfofeld
Tel. 09834 / 9696-9
Fax 09834 / 9696-8
www.seecamping-langlau.de
E-Mail: mail@seecamping-langlau.de

Sandstrand   Bootsverleih   Segel- und Surfhafen   Surf- und Segel- und Surfplätze   420 Stellplätze   Minigolf   Behindertengerecht   Bücherei   Imbiss am Platz
Wander- und Radwege   Freizeitprogramm in der Hauptsaison   SB-Laden   Spielplatz   Restaurant im Strandhotel Seehof
Fahrradverleih

(Beschreibung S. 266, 8432)

91738 Pfofeld-Langlau, Fr. Seen (e10) 8432

30 ★★★★ »SEE CAMPING LANGLAU« 1.3. bis 15.11.
E.: Zweckverband Brombachsee V.: Hentschl 412 m 124 000 qm
℡ 09834/96969, Fax 96968
www.seecamping-langlau.de, mail@seecamping-langlau.de

→ B13 Ansbach–Weißenburg, oder B2 Nürnberg–Ingolstadt, ab Gunzenhausen oder Pleinfeld beschildert. ✉ Seestr. 30.
(GPS: 49°07'37" N / 10°51'53")
• Fränkisches Seenland. Anzeige S. 265

Von Wald begrenztes, ebenes und parzelliertes Wiesengelände am Brombachsee mit Uferliegewiese, durch Buschgehölze in Stellfelder unterteilt. Für Kurzcamper Asphaltfläche am Eingang. Sanitärgebäude beheizbar. »Kirche Unterwegs«. Bücherei. Ort 1 km entfernt. Separater Zeltwiese. Mittagsruhe 13-15 Uhr.
2008: (HS) P/N 6.25, K/N 4 bis 15 J. 3.25, St/N 7.–, B/N 4.–, H/N 3.–, WD inkl., Strom/N 2.– (6 A). In NS Ermäßigung.

91785 Pleinfeld, Fränkische Seen (e10) 8433

30 ★★★★ »WALDCAMPING BROMBACH« 1.1. bis 31.12.
E.: Wyss OHG V.: Wagner ℡ 09144/1721, Fax 6934 460 m 150 000 qm
www.waldcamping-brombach.de, info@waldcamping-brombach.de

→ B2 Nürnberg–Weißenburg. In Pleinfeld beschildert. ✉ Sportpark 13.
(GPS: 49°06'45" N / 10°58'15" E).
• Ellinger Schloss, Römerbad in Weißenburg, Fränkische Seenplatte.

Mehrfach gestuftes Wiesengelände, durch Baumreihen und Sträucher gegliedert im Kiefernwald mit Landgasthof und Brauerei. Geschotterte Stellflächen für Caravans/Mocas und separate Zeltwiese. Reservierung in HS erwünscht. Familiäre Atmosphäre. Kleinkindersanitär. Lese- und Kinderspielraum mit TV. FW. »Kirche Unterwegs«. Ort 1.2 km entfernt. Separater Jugendplatz. Mittagsruhe 13-15 Uhr. Touristen-/Dauerstellplätze 450/150.
2008: (HS) P/N 6.50, K/N 3 bis 14 J. 3.50, C MC-St/N 6.50, T-St/N 5.50, H/N 3.–, KT –.55, WD inkl., Müllgeb. St/N 1.20, Strom/kWh –.60 (16 A). In NS Erm.

DCC-Vertragsplatz

85125 Kinding-Pfraundorf, Altmühlt. (f11) 8435

30 ★★★★ »CAMPING KRATZMÜHLE« 1.1. bis 31.12.
E.: J. B. Prinstner GmbH & Co KG V.: Hetzel 370 m 96 000 qm
℡ 08461/64170, Fax 641717, www.kratzmuehle.de

→ A9 München–Nürnberg Abf. (58) Altmühltal in Richtung Beilngries ca. 6 km, beschildert. ✉ Mühlweg 2. (GPS: 49°00'12" N / 11°27'07" E).
• Altmühltal, Eichstätt, Kipfenberg.

Ebenes bis leicht welliges und parzelliertes Wiesengelände an der Altmühl und mit Liegewiese am Kratzmühlsee. Zwei von vier Platzteilen sind terrassiert. Stromgenerator. Wasserwanderer-Station. Ort 5 km entfernt. Separater Jugendplatz. Mittagsruhe 13-15 Uhr. Touristen-/Dauerstellplätze 220/260.
2008: (HS) P/N 6.50, K/N Bis 5 J. 1.–, 6 bis 13 J. 3.50, C MC-St/N 7.50/9.–, T-St/N 4.–, H/N 2.–, WD inkl., Müllgeb. St/N –.50, Strom/N 2.– oder kWh –.60 (16 A), Anschlussgeb. 3.–. In NS Ermäßigung.
DCC 10% auf P/N.

DCC-Vertragsplatz

91795 Dollnstein, Altmühltal (e11) 8436

20 ★★★ »CAMPING DOLLNSTEIN« 1.4. bis 25.10.
E.: Familie Hartl ℡ 08422/846, Fax 1719 395 m 13 000 qm

→ Straße Pappenheim–Eichstätt oder B13 Weißenburg–Eichstätt. Hinter Rupertsbuch rechts abbiegen nach Dollnstein. ✉ Brückenstr. 11a. (GPS: 48°52'26" N / 11°04'30" E).
• Altmühltal, Eichstätt.

Ebenes, parzelliertes Wiesengelände an der Altmühl, von niedrigen Bäumen durchsetzt. Touristenaufnahme bis 20 Uhr. Keine Reservierung für Zeltcamper. Kegelbahn. Ort 500 m entfernt. Mittagsruhe 13-15 Uhr. Touristen-/Dauerstellplätze 80/18.
2008: P/N 4.50, K/N bis 4 J. 1.50, 4 bis 14 J. 2.80, C MC-St/N 4.30, T/N 2.–/2.50, M/N –.80, WD zuzügl., Strom/kWh –.50 (16 A), Anschluss 1.10.
DCC 10% auf P/N.

DCC-Vertragsplatz

85110 Kipfenberg, Altmühltal (f11) 8437

35 ★★★ »AZUR CAMPINGPARK ALTMÜHLTAL« 1.4. bis 31.10.
E.: AZUR Freizeit GmbH V.: Gutheil 55 000 qm
℡ 08465/905167, Fax 3745
www.azur-camping.de/kipfenberg, kipfenberg@azur-camping.de

→ A9 München–Nürnberg, Abfahrten (59) Denkendorf oder (58) Altmühltal Richtung Kipfenberg, beschildert. ✉ Campingstr. 1. (GPS: 48°56'55" N / 11°23'21" E).
• Burgen u. Schlösser, Klöster, Jurahöhlen.

Ebenes, parzelliertes Wiesengelände an der Altmühl. Durch Hecken in Stellflächen unterteilt und von Bäumen durchzogen. Für Kurzcamper Stellfläche am Platzeingang. Ort 300 m entfernt. Separater Jugendplatz. Mittagsruhe 13-15 Uhr. Touristen-/Dauerstellplätze 300/90.
2008: (HS) P/N 7.50, K/N 2 bis 12 J. 4.50,–, St/N 8.–/7.–/6.50, H/N 2.80, WD inkl., Strom/N 2.80 (ab 6 A). Für 14 Nächte nur 12 Nächte bezahlen (außer Strom). Ermäßigung auf einige Club-Cards. In NS Ermäßigung.
DCC 10%, CCI 5% auf P/N.

93339 Riedenburg, Altmühltal (f11) 8438

★★ »CAMPING TALBLICK« April bis Okt.
P.: Renate Hauke ℡/Fax 09442/430 26 000 qm
www.Campingplatz-Talblick.de, info@Campingplatz-Talblick.de

→ A3 Regensburg–Nürnberg Abf. (97) Nittendorf oder (96) Laaber über Hemau nach Riedenburg. Im Ort über die Brücke, dann rechts abbiegen zum Platz. ✉ Austr. 40. (GPS: 48°58'02" N / 11°40'46" E).

Ebenes bis leicht welliges, unparzelliertes Wiesengelände hinter einem Gasthaus an der Altmühl. Ort 500 m entfernt. Mittagsruhe 13-14 Uhr. Touristen-/Dauerstellplätze 60/100.

85053 Ingolstadt (f11) 8440

30 ★★ »AZUR CAMPINGPARK AM AUWALDSEE« 1.1. bis 31.12.
E.: AZUR Freizeit GmbH 365 m 100 000 qm
℡ 0841/9611616, Fax 9611617
www.azur-camping.de/ingolstadt, info@azur-camping.de

→ A9 Nürnberg–München Abf. (62) Ingolstadt-Süd Richtung Gewerbegebiet, beschildert. ✉ Am Auwaldsee. (GPS: 48°45'14" N / 11°27'50" E).

Leicht welliges, unparzelliertes Waldgebiet mit Lichtungen am Ufer des Auwaldsees mit Liegewiese. Diskothek in der Nähe. Ort 3.5 km entfernt. Separater Jugendplatz. Mittagsruhe 13-15 Uhr. Touristen-/Dauerstellplätze 250/350.
2008: (HS) P/N 7.–, K/N 2 bis 12 J. 4.–, St/N 8.–/6.50, H/N 2.80, WD inkl., Strom/N 2.80 (16 A). Für 14 Nächte nur 12 Nächte bezahlen (außer Strom). Ermäßigung auf einige Club-Cards. In NS Ermäßigung.
CCI 5% auf P/N.

93333 Neustadt, Bad Gögging (f11) 8442

25 ★★★ »CAMPING FELBERMÜHLE« 1.1. bis 31.12.
E.: Peter Widmann ℡ 09445/516 348 m 10 000 qm
www.felbermuehle.de, pewid@gmx.net

→ A9 u. A93 München–Regensburg Abf. (50) Siegenburg auf die B299 nach Neustadt. Hier in Richtung Bad Gögging abbiegen. ✉ Felbermühle 1. (GPS: 48°49'03" N / 11°46'13" E).

Waldcamping Brombach (8433)

www.waldcamping-brombach.de

- Bike- und Wanderparadies
- Wassersport, Segeln, Surfen
- Tennis, Fussball, Volleyball, Golf
- reichhaltiges kulturelles Angebot
- Stockbrotbacken, Karaoke
- Kinderanimation, Spielscheune
- Restaurant, Pizzeria, Hotel
- SB- Laden, tägl. frisches Brot
- Kleine Brauerei, Bierbraukurse
- Grosser Biergarten, Pavillon

Waldcamping Brombach Sportpark 13   D-91785 Pleinfeld Tel.09144/17 21

8 Bayern

500 m

1 km Bus/Bahn 1 km/1.5 km

Ebenes, teilweise schattenloses Wiesengelände, parzelliert mit gekiesten Stellflächen beiderseits der Abens mit separatem Platzteil für Hundehalter. Brötchenservice. Ort 1 km, Therme Gögging 1.5 km entfernt. Separater Jugendplatz. Mittagsruhe 13-15 Uhr. Touristen-/Dauerstellplätze 64/12.
2007: (HS) P/N 5.–, K/N bis 10 J. 3.–, St/N 5.–/6.–, B/N 2.–, H/N 1.–, WD inkl., Strom/kWh –.40 (16 A), Anschlussgeb. 1.50. In NS Ermäßigung.

93188 Pielenhofen b. Regensburg (f11)   8448

25 ★★★ »CAMPING NAABTAL«   1.1. bis 31.12.
E.: Hans Bach ☎ 09409/373, Fax 723   350 m   60000 qm
www.camping-pielenhofen.de, camping.pielenhofen@t-online.de

→ A3 Nürnberg–Regensburg Abf. (97) Nittendorf auf die B8 über Etterzhausen nach Pielenhofen, beschildert. ✉ Distelhausen 2. (GPS: 49°03'33" N / 11°57'37" E).

Regensburg, Tropfsteinhöhle, Walhalla, Raubritterburg u.a.

Leicht zum Naabufer gestuft und parzelliert abfallendes Wiesengelände. Durch Hecken und Bäume günstig aufgelockert. Wasserwanderer-Station. Jugendraum. Sommer-Eisstockbahn. Kinderkegelbahn. Veranstaltungshalle. Ort 1.5 km entfernt. Separater Jugendplatz. Mittagsruhe 12-14 Uhr. Touristen-/Dauerstellplätze 130/200.
2008: P/N 5.30, K/N 2 bis 13 J. 3.30, St/N 6.30, H/N 2.–, WD zuzügl., Strom/kWh –.50 (6-10 A), Anschlussgebühr –.50.

93164 Laaber, Regensburg (f11)   8449

★★★ »CAMPING HARTLMÜHLE«   März bis Dez.
P.: Ute Heitzer ☎ 09498/533, Fax 691   45000 qm

→ A3 Nürnberg–Regensburg Abf. (97) Nittendorf auf die B8 Richtung Nürnberg, nach Laaber rechts abbiegen, beschildert. ✉ Hartlmühle 1. (GPS: 49°03'27" N / 11°54'21" E).
www.hartlmuehle.de, info@hartlmuehle.de

50 m

Ebenes Wiesengelände im Laabertal, unparzelliert und wenig Schatten. Von Dauercampern geprägt. FW. Separater Jugendplatz. Mittagsruhe 13-15 Uhr. Ort 1.5 km entfernt. Touristen-/Dauerstellplätze 30/100.

DCC-Vertragsplatz

93049 Regensburg a. d. Donau (f11)   8450

30 ★★★ »AZUR CAMPINGPARK REGENSBURG«   1.1. bis 31.12.
E.: AZUR Freizeit GmbH V.: Obermeier/Kadur ☎ 0941/270025, Fax 299432
www.azur-camping.de/regensburg, regensburg@azur-camping.de   26000 qm

→ A3 Nürnberg–Passau, über das AB-Kreuz Regensburg wechseln auf die A93 Richtung Weiden Abf. (40) Regensburg-West. ✉ Weinweg 40. (GPS: 49°02'47" N / 12°05'54" E).

100 m   200 m   300 m

Ebenes bis leicht abfallendes, gestuftes und überwiegend parzelliertes Wiesengelände mit Heckenunterteilung und altem Baumbestand. Für Kurzcamper Stellfläche vor dem Platz. (Bis 6 m Länge). Imbiss. Ort 2.5 km entfernt. Mittagsruhe 13-15 Uhr. Touristen-/Dauerstellplätze 160/50.
2008: (HS) P/N 7.50, K/N 2 bis 12 J. 4.–, St/N 8.50/6.50, H/N 2.80, WD inkl., Strom/N 2.80 (10/16 A). Für 14 Nächte nur 12 Nächte bezahlen (außer Strom). Ermäßigung auf einige Club-Cards. In NS Ermäßigung.
DCC 10%, CCI 5% auf P/N.

94315 Straubing, Donau (g11)   8452

★★★★ »CAMPING STRAUBING«   Mai bis Okt.
P.: Georg Ganjon ☎ 09421/89794, Fax 182459   22000 qm

→ A3 Regensburg–Passau Abf. (106) Straubing Richtung Stadtmitte, beschildert. ✉ Wundermühlweg 9. (GPS: 48°53'36" N / 12°34'33" E).

Straubing (Herzogstadt und Agnes-Bernauer-Stadt).

50 m

300 m   400 m   3 km

Ebenes, parzelliertes Wiesengelände mit jungen Anpflanzungen in Donaunähe. Für Zeltler separate Pkw-Abstellung. Sanitärgebäude beheizbar. Imbiss. Ort 1.2 km entfernt. Separater Jugendplatz. Mittagsruhe 13-15 Uhr. 100 Touristenplätze.

DCC – DEIN PARTNER!

Die Kratzmühle - ein Campingplatz für alle die Ruhe und Erholung suchen

- ganzjährig geöffnet
- mitten im Naturpark Altmühltal
- direkt an der Altmühl (Bootswanderstrecke)
- direkt am Altmühltal-Radweg
- nur 5 Min. zum Kratzmühlsee
- Komfortstellplätze mit Wasser und Abwasseranschluss
- 5 Sanitäranlagen tlw. mit Kinderbereich und Babybad
- Vermietung von Wohnwägen und Ferienhäusern

- Familienbäder
- Behinderteneinrichtung
- Wohnmobilentsorgung
- Kiosk
- Gaststätte
- Aufenthalts-, TV-Raum

Viele Freizeit- und Sporteinrichtungen
NEU: Waldhochseilgarten und Golfplatz (in 5 km Entfernung)
NEU: Shuttleservice zum Bahnhof Kinding (Strecke München - Nürnberg)

(8435)

85125 Kinding - Pfraundorf
Tel: 08461 - 64 17 0 Fax: 08461 - 64 17 17 info@kratzmuehle.de GPS: N49°00'12" E11°27'07"
www.kratzmuehle.de

★★★★ CAMPINGPLATZ KRATZMÜHLE

94437 Mamming, Dingolfing (g11) — 8453

★★ »CAMPING ZUM SEEWIRT« — 1.1. bis 31.12.
P.: Barbara Göbl ☎/Fax 09955/1296 — 52 000 qm
www.hotel-gasthof-zum-seewirt.de

→ A92 München–Deggendorf Abf. (18) Pilsting auf die B11 Richtung Dingolfing noch ca. 5 km. Beschildert. ✉ Tödinger Str. 2. (GPS: 48°40'17" N / 12°34'38" E).

500 m — 2 km — 2.5 km — 3 km

Ebenes bis leicht welliges Wiesengelände am See, unparzelliert mit geschotterten Stellflächen. Fitnessraum. FKK-Strand 500 m, Ort 2.5 km entfernt. Separater Jugendplatz. Mittagsruhe 13-15 Uhr. Touristen-/Dauerstellplätze 18/72.

84028 Landshut, Isar (f11) — 8454

20 ★★★ »CAMPING LANDSHUT« — 1.1. bis 31.12.
P.: Erika Ulke ☎/Fax 0871/53366 — 7000 qm
www.landshut.de, Liegenschaftsamt@Landshut.de

→ B11 Freising–Landau über B15 Wasserburg–Regensburg. In Landshut beschildert. ✉ Breslauerstr. 122. (GPS: 48°33'19" N / 12°10'53" E).

50 m — 100 m — 300 m — 500 m — 3 km

Ebenes, parkartiges und unparzelliertes Wiesengelände an der Isar. Familiäre Atmosphäre. Brötchenservice. Radwanderplatz. Zentrum 3 km entfernt. Mittagsruhe 12-15 Uhr. Touristen-/Dauerstellplätze 55/15.
2007: P/N 4.50, K/N bis 13 J. 2.50, C MC-St/N 5.50, T/N 3.–, M/N 2.50, H/N 1.50, WD inkl., Müllgebühr 1.–, Strom/N 2.50 (6 A).
DCC 10% auf P/N.

DCC-Vertragsplatz

84416 Taufkirchen, Vils (f12) — 8455

25 ★★★ »FREIZEIT-CAMPING LAIN AM SEE« — 1.1. bis 31.12.
E.: Georg Heider ☎ 08086/319, Fax 1641 — 80 000 qm
www.lain-am-see.de, heider.g@t-online.de

→ B388 Erding–Vilsbiburg. Hinter Taufkirchen bei Kreuz rechts abbiegen über Winkl und Gebensbach nach Lain, beschildert. ✉ Lain 1. (GPS: 48°45'14" N / 11°27'50" E).
❀ Altes Hofgebäude und Backofen.

1 km — 2 km

Leicht wellig abfallendes Wiesengelände, teilweise parzelliert in ländlicher Umgebung am Erlensee mit Uferliegewiese und DLRG-Station neben einem Bauernhof. Zurückliegender separater Dauercamperbereich. Gesundheitspark (Wellness). Kabel-TV. Kegelbahn. Ort (Buchbach) 2.4 km entfernt. Mittagsruhe 13-15 Uhr. Touristen-/Dauerstellplätze 450/50.
2008: (HS) P/N 5.50, K/N bis 14 J. 2.50, St/N 5.50, H/N 1.–, WD inkl., Strom/N 1.50 oder kWh –.45 (16 A), Anschlussgebühr 1.–. In NS Erm.
DCC 10% auf P/N.

84163 Marklkofen, Dingolfing (g11) — 8456

★★ »VILSTALSEE CAMPING« — 1.1. bis 31.12.
E.: Ruth Schweiger ☎ 08734/932346, Fax 939971 — 42 000 qm
www.vilstalsee.de, info@vilstalsee.de

→ A92 München–Deggendorf Abf. (17) Dingolfing Richtung Frontenhausen, der Beschilderung »Naherholungsgebiet Mittleres Vilstal« folgen, noch ca. 3 km. ✉ Milchstr. 55. (GPS: 48°34'13" N / 12°34'30" E).

50 m — 150 m — 200 m — 300 m — 400 m — 1 km

Leicht welliges, parzelliertes und teilweise terrassiertes Wiesengelände mit gesplitteten Stellflächen. Neben der Straße und in Seenähe. FW. Kegelbahn. Ort (Steinberg) 300 m entfernt. Mittagsruhe 12-14 Uhr. Touristen-/Dauerstellplätze 50/100.

DCC – DEIN PARTNER!

94544 Hofkirchen, Vilshofen (g11) — 8457

★★ »OHETAL-CAMPING« — 1.1. bis 31.12.
E.: Paul Linsmeier ☎ 08545/515, Fax 2407 — 20 000 qm

→ A3 Regensburg–Passau Abf. (113) Garham/Hofkirchen Richtung Hofkirchen–Grubhof, 1 km vor Hofkirchen rechts abbiegen, beschildert. (GPS: 48°41'07" N / 13°07'58" E).

Ebenes, unparzelliertes Wiesengelände neben dem ehem. Waldhotel im Ohetal. Durch Dauercamper geprägt. Ort 2 km entfernt. Mittagsruhe 12-14 Uhr. Touristen-/Dauerstellplätze 20/50.

94577 Neßlbach, Donau (g11) — 8458

20 ★★★ »DONAUTAL-CAMPING« — 1.1. bis 31.12.
E.: Sportverein ☎/Fax 08545/1233 — 400 m — 10 000 qm
www.camping-donautal.de, donautal.camping@vr-web.de

→ A3 Regensburg–Passau Abf. (112) Iggensbach auf die ST2322 nach Mitterndorf. Weiter in südl. Richtung auf der ST2125 über Sattling nach Neßlbach, beschildert. ✉ Leharstr. 14./Schillerstr. 9 (GPS: 48°41'39" N / 13°06'58" E).
❀ Ziegel- und Kalkmuseum. Pullmann-City Westernstadt.

50 m

200 m — 500 m

Ebenes, parzelliertes Wiesengelände mit Hecken, Büschen und altem Baumbestand am Ortsrand. Brötchenservice. Tennis (Freiplätze) gratis. Separater Jugendplatz. Mittagsruhe 13-15 Uhr. Touristen-/Dauerstellplätze 45/15.
2007: (HS) P/N 4.–, K/N bis 14 J. 2.60, J/N 3.10, C MC-St/N 5.90, T-St/N 3.10, WD inkl., Müllgeb. P/N –.50, Strom/N 1.80. In NS Ermäßigung.

94469 Deggendorf, Donau (g11) — 8459

★★★ »CAMPING DONAUSTRANDHAUS« — März bis Okt.
E.: Hans-Jürgen Hirt ☎ 0991/4324, Fax 4349 — 7000 qm
hirt.hj@t-online.de

→ A3 Regensburg–Passau, beim AB-Kreuz (110) Deggendorf wechseln auf die A92 Abf. (25) Deggendorf-Stadtmitte und der Beschilderung »Festplatz« folgen. ✉ Eginger Str. 42. (GPS: 48°49'51" N / 12°56'46" E).

1 km

Ebenes, unparzelliertes Gelände an der Donau neben dem städt. Festplatz. Von einem Bahndamm mit Donaubrücke begrenzt. Brötchenservice. Ort 1.2 km entfernt. Separater Jugendplatz. Mittagsruhe 12-15 Uhr. Touristen-/Dauerstellplätze 20/30.

94560 Neuhausen-Kapfelberg (g11) — 8460

20 ★★★ »CAMPING AUF DEM KAPFELBERG« — April bis Okt.
E.: Rudolf Reidinger ☎/Fax 09905/645 — 400 m — 3000 qm
www.camping-kapfelberg.de, post@camping-kapfelberg.de

→ A3 Regensburg–Passau Abf. (109) Metten ca. 3 km in Richtung Neuhausen. Ab hier der Beschilderung folgen. ✉ Kapfelberg 2. (GPS: 48°52'31" N / 12°52'51" E).
❀ Schloss Eck. Kloster Metten.

1.5 km — 2 km — 3 km

Leicht terrassiertes Wiesengelände am Waldrand und beim Bauernhof mit schönem Blick über das Donautal. Ort (Neuhausen) 1.5 km. 20 Touristenplätze.
2008: P/N 5.–, K/N 4 bis 14 J. 2.50, St/N 5.–, H/N 1.–, WD inkl., Strom/N 1.50 oder kWh –.40 (16 A).

DCC-Vertragsplatz

94505 Bernried, Deggendorf (g11) — 8461

25 ★★★★ »CAMPINGLAND BERNRIEDER WINKL« — 1.1. bis 31.12.
P.: B. Kammerl-Loibl ☎ 09905/8574, Fax 705363 — 400 m — 10 000 qm
www.camping-bernried.de, campingland.bernried@vr-web.de

→ A3 Regensburg–Passau Abf. (108) Schwarzach oder (109) Metten über Metten nach Bernried. A92 München–Deggendorf bis zum Tunnel. Rechts im Tunnel in Richtung Bernried abbiegen. In Bernried beschildert. ✉ Grub 6. (GPS: 48°54'54" N / 12°53'10" E).
❀ Burg Schloss Egg.

50 m — 100 m — 500 m

Leicht abfallendes, parzelliertes Wiesengelände mit gesplitteten Stell-

Freizeit - Camping ★★★★ Lain am See

Idyllisch gelegenes Tal, eingebettet in einer zauberhaften Natur und Landschaft...

Umweltbewusstes, naturbelassenes Campen: Stellplätze mit Strom-, Fernseh-, Kanal-,Wasseranschluss, Terrassenanlagen, Campen mit Handicap möglich, Vermietung von Holzwohnwägen (mit Bad, komplett eingerichtet), ruhige Lage in lanschaftl. reizvoller Gegend, eigener Badesee, Tante-Ema-Laden, Tennisplatz, großer Kinderspielplatz, Kegelbahn, altes Backhaus (Bauernbrot) gemütliches Restaurant mit Fremdenzimmern, Biergarten und Sonnenterrase im Hof.

Verkauf von Vollblockhäusern (8455)
Gesundheitspark mit Wellnessbereich (2008)

Fam. Heider lädt ein zum erholsamen Aufenthalt! ° Lain 1 ° 84416 Taufkirchen /Vils
Tel. (0 80 86) 3 19 ° Fax (0 80 86) 16 41 ° e-mail: heider.g@t-online.de ° www.lain-am-see.de

8 Bayern

plätzen und jungen Anplanzungen in einem lichten Tal. Separater Jugendplatz außerhalb des Campingplatzes mit eigenem Sanitär. Imbiss. Brötchenservice. FW. Ort 500 m entfernt. Mittagsruhe 13-15 Uhr. Touristen-/Dauerstellplätze 30/30.
2008: (HS) P/N 5.–, K/N 4 bis 13 J. 2.50, J/N 3.50, St/N 6.50, H/N 2.50, KT –.30, WD zuzügl., Müllgeb. St/N 1.–, Strom/kWh –.60 (16 A), Anschlussgebühr 1.10 . Ab 7 Nächte 10% und in NS Ermäßigung.
DCC/CCI 10% auf P/N.

94535 Eging am See (g11) 8467

»KUR- UND SPORT CAMPING PARK« 1.4. bis 31.10.
E.: Bavaria Freizeitland V.: Auer ☎ 08544/8089, Fax 7964 420 m
www.bavaria-camping.de, info@bavaria-camping.de 60 000 qm

→ A3 Regensburg–Passau Abf. (113) Garham, nach Eging a. See noch ca. 5 km. Hier beschildert. Grafenauer Str. 31 (GPS: 48°43'16" N / 13°15'55" E).
Passau, Museumsdorf Tittling, Kirchen u. Klöster. Pullmann City.

200m 300m 600m 1.2km 1.5km

Ebenes bis leicht welliges und parzelliertes Wiesengelände, mehrfach terrassiert mit jungen Anpflanzungen in Seenähe. Kinderspielzimmer. Hallenbad 600 m, Ort 1 km entfernt. Separater Jugendplatz. Mittagsruhe 12-14 Uhr. Touristen-/Dauerstellplätze 100/60.
2008: 2 P/N inkl. C MC-St/N 15.50, inkl. T-St/N 15.50, weitere P/N 6.–, 1. Kind 3.–, alle weiteren Kinder pauschal 4.95, H/N 2.60, KT ab 16 J. –.60, WD inkl., Strom/N 2.50 (16 A).

94113 Irring b. Passau, Donau (g11/12) 8468

»DREIFLÜSSE-CAMPING« 1.4. bis 31.10.
E.: Josef Pitscheneder ☎ 08546/633, Fax 2686 30 000 qm
www.dreifluessecamping.privat.t-online.de, dreifluessecamping@t-online.de

→ A3 Regensburg–Passau Abf. (115) Passau-Nord, ca. 2 km über Schalding nach Irring, beschildert. Am Sonnenhang 8. (GPS: 48°36'22" N / 13°20'47" E).
Passau. Bäderdreieck Rottal. Lourdeskapelle.

300m 500m

Leicht ansteigendes, teilweise parzelliertes Wiesengelände auf mehreren Terrassen oberhalb des Donautals. FW. Donauradweg 300 m, Ort 1 km entfernt. Separater Jugendplatz. Mittagsruhe 12-14 Uhr. 125 Touristenplätze.
2007: (HS) P/N 4.50, K/N 4 bis 14 J. 3.50, C MC-St/N 9.50, T-St/N 5.50 bis 8.–, H/N 2.–, WD inkl., Müllgeb. P/N 1.–, Strom/N 2.50 und kWh 1.– (10 A). Ab 5 Nächten 10% auf St/N. In NS Ermäßigung.

DCC-Vertragsplatz

94154 Neukirchen vorm Wald (g11) 8469

»CAMPING ROTBRUNN« 1.1. bis 31.12.
E.: Johann Kobler ☎ 08504/920260, Fax 920365 460 m 39 000 qm
www.agrolohn.de, camping.rotbrunn@vr-web.de

→ A3 Regensburg–Passau Abf. (114) Aicha vorm Wald, nach ca. 9 km bis Neukirchen v. Wald, hier Abfahrt beschildert. Pilling 22. (GPS: 48°41'08" N / 13°22'19" E).

300m

Ebenes terrassiertes Gelände am eigenen Badeweiher mit altem Baumbestand und jungen Anpflanzungen. Touristenplätze parzelliert. Ort 800 m entfernt. Separater Jugendplatz. Mittagsruhe 13-15 Uhr. Touristen-/Dauerstellplätze 50/15.
2008: P/N 4.50, K/N 4 bis 14 J. 2.50, J/N 4.–, C MC-St/N 6.–, T-St/N 3.50, H/N 2.–, WD inkl., Strom/kWh –.50. Anschlussgebühr 1.–.
DCC/CCI 10% auf P/N.

94107 Untergriesbach, Obernzell (h11) 8470

»DONAU-CAMPING KOHLBACHMÜHLE« 1.1. bis 31.12.
E.: Alois Fesl ☎ 08591/320, Fax 93239 6000 qm
www.kohlbachmuehle.de

→ B388 Passau–Wegscheid bis Obernzell, dann rechts halten Richtung Jochenstein. Kohlbachmühle 1. (GPS: 48°32'19" N / 13°39'44" E).

20m 2.5 km

Ebenes, teilweise parzelliertes Wiesengelände unter Obstbäumen bei einem Gasthof an der Donau und in einem Naturschutzgebiet. Ort (Obernzell) 2 km entfernt. Mittagsruhe 12-14 Uhr. Touristen-/Dauerstellplätze 25/40.
2007: P/N 5.–, K/N bis 12 J. 4.–, St/N 5.–, B/N 5.–, H/N 2.–, WD inkl., Strom/N 2.– (8 A).

94107 Gottsdorf, Untergriesbach (h11/12) 8471

»FERIENPARK GOTTSDORF« 1.5. bis 30.9.
E.: Beter-uit Reizen V.: Mul 630 m 120 000 qm
☎ 08593/880, Fax 88111
www.ferienparkbayerwald.de, beiersewoud@beter-uit.nl

→ A3 Regensburg–Passau Abf. (115) Passau/Nord, in Passau auf die B388 Richtung Wegscheid, bei Untergriesbach rechts abbiegen nach Gottsdorf, beschildert. Mitterweg 11. (GPS: 48°32'09" N / 13°43'44" E).

600 m

Leicht wellig ansteigendes Wiesengelände, parzelliert und von Hecken durchzogen am Waldrand. Bungalow-Anlage. Für Kurzcamper Stellfläche vor dem Eingang mit Stromversorgung. Separate Pkw-Abstellung. **Keine An- und Abreise am Sonntag. Nur Barzahlung möglich.** Ort 600 m entfernt. Mittagsruhe 12-14 Uhr. 120 Touristenplätze.
2008: (HS) P/N 5.25, K/N 2 bis 11 J. 3.75, St/N 11.–, H/N 3.–, KT –.95, WD zuzügl., Strom/N 2.50 (10 A). In NS Ermäßigung.

Dreiflüsse Camping

Am Sonnenhang 8 · Irring · 94113 Passau-Donautal
Telefon 0 85 46/6 33 · Fax 0 85 46/26 86
E-Mail: dreifluessecamping@t-online.de
www.dreifluessecamping.privat.t-online.de

Von A3, Ausfahrt Nord.
Ideal für Reisegruppen, W.G., Busse, moderne hygienische Sanitäreinrichtungen, Ver- und Entsorgungs-Service für W.G. wie Reisemobile, auf dem herrlichen ruhigen erholsamen Terrassen-Ferienplatz, Hochwasserfrei, idyllischer Jugendzeltplatz, Kinderspielplatz, modernes Schwimmbad, Angeln, Tennis, Zimmer-Vermietung, Mietchalets, PKW-Abstellplätze, Abstellplätze für Radfahrer und Schiffsreisende, Tiergehege, Grillplatz, Freizeithütte, Lourdes-Grotte, Kiosk, bürgerliche Gastwirtschaft, Stadtbusanbindung Nr. 6. Idealer Ausgangspunkt in die Kulturstadt Passau mit Schifffahrt. Ausflüge nach Bayerwald, Österreich, Tschechien. Neu: Kneipp-Anlage. (8468)

✉ 94136 Kelchham-Thyrnau, (g/h11) 8472

[20] ★★★★ »FERIENHOF SCHIERMEIER« 🔑 1.1. bis 31.12.
E.: K. Schiermeier, ☎ 08501/93110, Fax 93119 460m 3000qm
www.hof-schiermeier.de, konrad.Schiermeier@t-online.de

➔ A3 Nürnberg–Passau Abf. (114) Aicha v. Wald, vorbei an Neukirchen v. Wald bis Hutthurm. Weiter über Büchlberg in Richtung Thyrnau. Nach ca. 3 km links nach „Kelchham" abbiegen, beschildert. ✉ Kelchham 4. (GPS: 48°38'53" N / 13°33'05" E).
❀ Museumsdorf, Westernstadt „Pullmann-City".

Unparzelliertes, ebenes und terrassiertes Wiesengelände mit Badeteich bei einem Bauernhof. FW. Brötchenservice. Streichelzoo. Sporthalle. Volleyball. Ort 1 km, Restaurant 1 km entfernt. Separater Jugendplatz. Mittagsruhe 12-14 Uhr. 15 Touristenstellplätze.
2008: (HS) P/N 4.–, K/N 2 bis 10 J. 3.–, St/N 5.–, H/N 2.–, WD inkl., Strom/kWh –.50 (16 A). Ab 3. Nacht 10% und in NS Ermäßigung.
DCC 5% auf P/N.

✉ 94089 Neureichenau-Lackenhäuser (h11) 8474

[30] ★★★★ »KNAUS CAMPINGPARK LACKENHÄUSER«
E.: Knaus Beheer B. V. V.: Mößthaler 🔑 16.12. bis 3.11.
☎ 08583/311, Fax 91079 850m 146000qm
www.knauscamp.de, lackenhaeuser@knauscamp.de

➔ A3 Regensburg–Passau Abf. in Richtung Waldkirchen. Weiter über Jandelsbrunn, Klaffersträß nach Lackenhäuser. ✉ Lackenhäuser 127. (GPS: 48°44'55" N / 13°49'01" E).
❀ Dreisessel. Rosenberger Gut. Adalbert Stifter Museum.

Parkartiges Wiesengelände in Hanglage, mehrfach gestuft ansteigend und überwiegend parzelliert. Bungalow-Anlage. FW. Medizinische Massageeinrichtungen. Öffentlicher Badebetrieb. »Kirche Unterwegs«. Kegelbahn. Skiverleih. Spieleraum. Hallenbad (1.11.–15.12. geschlossen). Ort 500 m entfernt. Separater Jugendplatz. Mittagsruhe 13-15 Uhr. Touristen-/Dauerstellplätze 300/100.
2008: (HS) P/N 7.–, K/N 4 bis 14 J. 3.–, St/N 6.–, H/N 3.–, KT –.70/–.35, WD u. Schwimmbad inkl., Müllgeb. St/N 1.50, Strom/N 2.40 (16 A). In NS Erm.

✉ 94151 Mauth-Finsterau (h11) 8476

[20] ★★★ »CAMPING NATIONALPARK-OST« 🔑 1.1. bis 31.12.
E.: Rainer Frank, ☎ 08557/768, Fax 1062 1066m 30000qm
www.camping-nationalpark-ost.de,
campingnationalparkost@camping-nationalpark.eu

➔ A3 Regensburg–Passau Abf. (111) Hengersberg Richtung Grafenau, vor Freyung abbiegen nach Finsterau. ✉ Buchwaldstr. 52 (GPS: 48°56'29" N / 13°34'18" E).

Ebenes bis leicht abfallendes, mehrfach gestuftes und unparzelliertes-Wiesengelände mit schönem Blick auf die Böhmerwaldhöhen. Imbiss. Ort 500m entfernt. Mittagsruhe 12-14 Uhr. 50 Touristenplätze.
2008: P/N 5.–, K/N 1 bis 14 J. 2.50, St/N 5.–, H/N 2.–, KT –.60, WD zuzügl., Müllgebühr St/N 1.–, Strom/N –.40 plus kWh –.40 (6 A).
DCC/CCI 10% auf P/N.

DCC-Vertragsplatz

✉ 94518 Klingenbrunn, Bayer.Wald (g11) 8477

[20] ★★★ »CAMPING AM NATIONALPARK« 🔑 1.1. bis 31.12.
E.: Hans Heidner, ☎ 08553/727, Fax 6930 850m 40000qm
www.camping-nationalpark.de

➔ A3 Regensburg–Passau Abf. (111) Hengersberg in Richtung Schönberg und weiter über Grafenau nach Spiegelau-Klingenbrunn. ✉ Bergstr. 44. (GPS: 48°55'02" N / 13°19'53" E).

Leicht abfallendes, parzelliertes und teilterrassiertes Wiesengelände, von Wald umgeben. Zeltwiesenzugang über Treppen. Brötchenservice. Ort 1 km entfernt. Mittagsruhe 13-15 Uhr. Touristen-/Dauerstellplätze 80/20.
2008: (HS) P/N 4.–, K/N 1 bis 5 J. 2.–, 5 bis 10 J. 2.30, St/N 4.60, H/N 1.–, KT –.70, WD inkl., Strom/kWh –.50 (16 A). In NS Ermäßigung.
DCC/CCI 10% auf P/N.

✉ 94264 Nebelberg bei Langdorf (g11) 8478

★★ »CAMPING WALDHOF« 🔑 1.1. bis 31.12.
E.: Michaela Wilhelm ☎ 09922/1024, Fax 500739 600m 20000qm
www.urlaub-waldhof.de, info@urlaub-waldhof.de

➔ B85 Cham–Passau, über Regen Richtung Bodenmais. In Langdorf abbiegen Richtung Zwiesel noch ca. 1 km, beschildert. ✉ Nebelberg 26. (GPS: 49°01'23" N / 13°09'28" E).

Leicht abfallende, mehrfach gestuftes, parzelliertes Wiesengelände mit Badeteich. Unparzelliert hinter dem Gasthaus, von Wald und einem Bach begrenzt. FW. Bahnstation 300m, Ort 1.5 km, Schwimmbad 6 km entfernt. Separater Jugendplatz. Mittagsruhe 13-14 Uhr. Touristen-/Dauerstellplätze 30/10.

DCC-Vertragsplatz

✉ 94227 Zwiesel, Bayer.Wald (g11) 8479/1

[30] ★★★★ »AZUR FERIENPARK BAYER. WALD« 🔑 1.1. bis 31.12.
E.: AZUR Freizeit GmbH V.: Rindl 580m 165000qm
☎ 09922/802595, Fax 802594
www.azur-camping.de/zwiesel, zwiesel@azur-camping.de

➔ B85 Cham–Passau. Über Regen abbiegen auf die B11 nach Zwiesel. Hier weiter Richtung Bayrisch Eisenstein. Beschildert. ✉ Waldesruhweg 34. (GPS: 49°01'29" N / 13°13'17" E).
❀ Arbersee, Kleiner und Großer Arber, Bayrisch Eisenstein, Rachel und Falkenstein (Urwaldgebiet) und Freiwildgehege.

Leicht bis stärker ansteigendes, parzelliertes Wiesengelände. Mocaplätze vor der Schranke. Brötchenservice. Trockenraum. Hundebad. Kneippbad. Sommer-Eisstockbahnen. Skibus (kostenlos). Skilift im Ort. 1.4 km entfernt. Separater Jugendplatz. Mittagsruhe 13-15 Uhr. Touristen-/Dauerstellplätze 357/143.
2008: (HS) P/N 6.50, K/N 2 bis 12 J. 4.–, St/N 7.–, kl. T/N 5.50, M/N 4.–, H/N 2.80, KT 1.75/–.85, WD inkl., Strom/N 2.80 (16 A). Für 14 Nächte nur 12 Nächte bezahlen (außer KT und Strom). Ermäßigung auf einige Club-Cards. In NS Ermäßigung.
DCC 10%, CCI 5% auf P/N.

✉ 94227 Zwiesel, Bayer.Wald (g11) 8479/2

★★★ »CAMPING TRÖPPLKELLER« 🔑 1.1. bis 31.12.
E.: Robert Tröppl ☎ 09922/60391 570m 4000qm
www.tröpplkeller.de, tröpplkeller@online.de

➔ B85 Cham–Passau, über Regen abbiegen auf die B 11 nach Zwiesel, hier Richtung Bodenmais noch ca. 2 km, beschildert. ✉ Tröpplkeller 48. (GPS: 49°00'47" N / 13°12'26" E).

Auf einem Höhenrücken unparzelliert abfallendes, teilterrassiertes Wiesengelände neben der Straße, von Wald begrenzt. Imbiss. Ort 1.5km entfernt. Mittagsruhe 13-15 Uhr. Touristen-/Dauerstellplätze 25/10.

✉ 94258 Zwieselau bei Frauenau (g11) 8479/3

★★★ »CAMPING GREEN VILLAGE« 🔑 Mai bis Okt.
E.: Familie Fürst ☎ 09922/6475, Fax 502056 650m 10000qm
www.campen24.de

➔ B85 Cham–Passau, über Regen abbiegen auf die B 11 nach Zwiesel weiter Richtung Frauenau, in Zwieselau beschildert. ✉ Zwieselau 13. (GPS: 49°00'30" N / 13°16'34" E).
❀ Glasstraße, Glas Museum Frauenau, Nationalpark.

Ebenes Wiesengelände durch Büsche teilweise parzelliert an einem Bach. Beheizbare Sanitäranlage. Golfplatz 2 km, Freibad, Hallenbad und Ort (Zwiesel) 4 km entfernt. Touristenstellplätze 29/4.

93444 Bad Kötzting, Bayer.Wald (g10) 8480/1

[20] ★★★ »CAMPING AM FLUSSFREIBAD« ⚲ 1.1. bis 31.12.
P.: Friedhelm Griguhn ☎ 09941/8124, Fax 904682 14 000 qm
www.people.freenet.de/campingplatz-koetzting, camperklause@aol.com

→ Cham–Regen, über Miltach abbiegen nach Bad Kötzting, im Ort beschildert. ✉ Jahnstr. 42. (GPS: 49°10'46" N / 12°51'49" E).

Ebenes, unparzelliertes Wiesengelände am Flussufer, teilweise schattenlos. Imbiss. Ort 1 km entfernt. Separater Jugendplatz. Mittagsruhe 12-14 Uhr. Touristen-/Dauerstellplätze 60/30.
2008: P/N 4.–, K/N 2 bis 14 J. 3.–, C MC-St/N 6.–, T/N 3.–, M/N 2.50, H/N 2.–, KT 1.30, WD inkl., Müllgebühr St/N 1.50, Strom/kWh –.60 (16 A). Anschlussgebühr –.60.
DCC/CCI 10% auf St/N.

93444 Ramsried bei Bad Kötzting (g10) 8480/2

[15] ★★ »CAMPING AMMERMÜHLE« ⚲ 1.1. bis 31.12.
E.: Ludwig Hackl ☎/Fax 09941/8984 560 m 8000 qm

→ B85 Cham–Viechtach, bei Miltach abbiegen über Bad Kötzting Richtung Eschlkam. In Ramsried beschildert. ✉ Ammermühle 1. (GPS: 49°12'25" N / 12°50'19" E).

Unparzelliert ansteigendes, mehrfach gestuftes Wiesengelände in Hanglage neben einem bewirtschafteten Bauernhof, von Wald umgeben. Ort (Kötzting) 4 km entfernt. Mittagsruhe 13-14 Uhr. Touristen-/Dauerstellplätze 30/30.
2007: P/N 3.50, K/N bis 14 J. 2.50, A/N 2.–, C/N 2.–, MC/N 3.60, T/N 2.–, M/N 1.–, H/N 1.–, KT 1.30, WD zuzügl., Strom/kWh –.50 (16 A). Anschlussgebühr 2.–.

93476 Blaibach (g10) 8481

[20] ★★★ »KANU UND CAMPING BLAIBACH AQUA HEMA«
E.: Martin Stelzl ⚲ 1.5. bis 30.10.
☎ 09941/4128, Fax 7030 16 000 qm
www.aquahema.de, info@aquahema.de

→ B85 Cham–Viechtach, bei Miltach links abbiegen Richtung Bad-Kötzting bis Blaibach. Im Ort Kreuzbach beschildert. ✉ Oberes Dorf 7. (GPS: 49°06'37" N / 12°48'31" E).

Ebenes Wiesengelände mit Bäumen am Regen-Ufer mit Bootseinstieg. Wasserwanderstation. Separater Jugendplatz. Mittagsruhe 12-13 Uhr. 50 Touristenplätze.
2007: P/N 3.90, K/N 7 bis 14 J. 2.70, A/N 1.50, C MC/N 5.50, T/N 2.50 bis 5.–, M/N 1.50, H/N 1.50, KT –.60/–.30, WD zuzügl., Müllgeb./10 Liter 1.–, Strom/kWh –.50 (16 A). 10% Ermäßigung auf die Kanugebühr.

94267 Krailing bei Prackenbach (g10) 8482

[15] ★★★ »CAMPING HASTREITER« ⚲ 1.1. bis 31.12.
E.: Rosemarie Hastreiter ☎ 09944/8844, Fax 905467 5000 qm
www.urlaub-bayern.net, info@urlaub-bayern.net

→ B85 Regen–Cham, in Prackenbach abbiegen zum Ort. ✉ Dorfstr. 6. (GPS: 49°06'604" N / 12°50'13" E).

Stark ansteigendes, teilterrassiertes Wiesengelände hinter einem bewirtschafteten Bauernhof, unparzelliert und durch Heckenstreifen unterteilt. Ort (Prackenbach) 3 km entfernt. Touristen-/Dauerstellplätze 19/5.
2007: P/N 3.50, K/N 2 bis 12 J. 2.–, J/N 2.50, St/N 4.–, KT ab 12 J. –.50, WD zuzügl., Strom/N 1.– (16 A).

Noch kein DCC-Mitglied?
Sie wollen »eines« werden und die vielen Vorteile genießen – Anmeldeformular finden Sie in der Kartentasche am Ende des Buches.

Bis bald – wir freuen uns auf Sie!
Ihr DCC-Team

DCC-Vertragsplatz

94371 Rattenberg-Unterh., Bay.Wald (g10) 8483

[15] ★★★ »NATURCAMPING PERLBACH« ⚲ 1.1. bis 31.12.
E.: Familie Mühlbauer ☎ 09963/701, Fax 2426 500 m 7000 qm
www.camping-perlbach.de, info@camping-perlbach.de

→ A3 Regensburg–Deggendorf Abf. Straubing (106) auf die B20 Richtung Cham. Nach ca. 16 km nach Rattenberg abbiegen, beschildert. ✉ Unterholzen 7. (GPS: 49°04'55" N / 12°44'53" E).

Ebenes, unparzelliertes und schattenloses Wiesengelände mit geschotterten Wegen am Waldrand und an einem kleinen Bach. Kneippanlage und Spielplatz angrenzend. Brötchenservice. Separater Jugendplatz. Touristen-/Dauerstellplätze 22/2.
2008: (HS) P/N 2.80, K/N 2 bis 12 J. 2.–, C MC-St/N 4.–, T-St/N 1.–, H/N 1.–, KT –.50, WD zuzügl., Strom/kWh –.50. Ab 5 Nächte Pauschalangebote. In NS Ermäßigung.
DCC 10% auf P/N.

93462 Lam, Bayer. Wald (g10) 8484

[20] ★★★ »CAMPING AM FUSSE DES OSSER« ⚲ 1.1. bis 31.12.
E.: Hubert Falkner ☎ 09943/1386 565 m 5000 qm

→ B85 Cham–Regen Abf. Miltach über Kötzting. ✉ Ginglmühler Weg 1. (GPS: 49°11'36" N / 13°03'11" E).

Ebenes, teilweise terrassiert und parzelliert abfallendes Wiesengelände neben dem Anwesen. Zentrum 1 km entfernt. Separater Jugendplatz. Touristen-/Dauerstellplätze 8/7.
2007: P/N 4.–, K/N bis 12 J. 2.–, A/N 1.–, C MC/N 3.–, T/N 1.60, KT ab 16 J. 1.–, WD inkl., Strom/kWh –.40 (16 A).
DCC 10% auf P/N.

DCC-Vertragsplatz

93480 Hohenwarth, Bayer. Wald (g10) 8485

[25] ★★★★ »CAMPING HOHENWARTH« ⚲ 9.12. bis 4.11.
E.: Johann Brandl ☎ 09946/367, Fax 477 550 m 100 000 qm
www.campingplatz-hohenwarth.de, info@campingplatz-hohenwarth.de

→ B 85 Cham–Regen Abf. Miltach über Bad Kötzting, Beckendorf und Grafenwiesen. Am Ortsanfang beschildert. ✉ Ferienzentrum 3. (GPS: 49°12'22" N / 12°55'29" E).
● Hohen Bogen, Arber, Lamer Winkel.

Ebenes bis leicht abfallendes, parzelliertes Wiesengelände an einem Badesee. Durch unterschiedliche Bepflanzung günstig aufgelockert. FW. Trockenraum. Camping-Shop. Bocciabahn. W-LAN. Im Winter: Skikurse am Platz. Im Sommer: Geführte Kajak- und Radwanderungen. »Kirche Unterwegs«. Bahnstation 50 m, Ort 1 km entfernt. Mittagsruhe 13-15 Uhr. Touristen-/Dauerstellplätze 360/40.
2007: P/N 5.–, K/N 2 bis 15 J. 2.50, St/N 6.–, H/N 2.–, KT –.60/–.30, WD inkl., Müllgebühr St/N 1.–, Strom/N –.25 plus kWh –.50 (16 A).
DCC 10% auf P/N.

94256 Drachselsried, Viecht. (g10/11) 8486

★★ »CAMPING HAUFENMÜHLE« ⚲ Dez. bis Okt.
E.: Sebastian Maier ☎ 09945/2567, Fax 9057255 700 m 30 000 qm
www.campingplatz-haufenmühle.de, campingmaier@aol.com

→ Straße Bodenmais–Kötzting, in Höhe von Drachselsried rechts neben der Straße. ✉ Haufenmühle 1. (GPS: 49°06'11" N / 13°00'53" E).

Leicht welliges, teilterrassiert ansteigendes und unparzelliertes Wiesengelände neben der Straße beim Anwesen. Brötchenservice. Ort 1 km entfernt. Mittagsruhe 12-14 Uhr. Touristen-/Dauerstellplätze 30/65.

DCC-Vertragsplatz

✉ **94234 Viechtach,** Bayer. Wald (g11) **8490/1**

30 ★★★★ »KNAUS CAMPINGPARK VIECHTACH« ⚿ 16.12. bis 3.11.
E.: Helmut Knaus KG V.: Ebmeyer 520 m 56 000 qm
☎ 09942/1095, Fax 902222
www.knauscamp.de, viechtach@knauscamp.de

→ A3 Regensburg–Passau Abf. (107) Bogen/Viechtach, über Neukirchen und Sankt Englmar, beschildert. ✉ Waldfrieden 22. (GPS: 49°04'57" N / 12°51'12" E).
❖ Naturdenkmal »Pfahl«. Historischer Marktplatz. Holzschnitzereien.

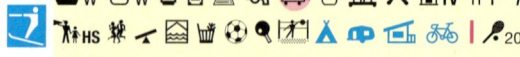

Zum Waldrand leicht ansteigendes, parzelliertes und mehrfach gestuftes Wiesengelände, durch Busch- und Baumgruppen günstig aufgelockert. Befestigte Moca-Plätze. Gästehaus. Ort 2 km entfernt. Mittagsruhe 13-15 Uhr. Touristen-/Dauerstellplätze 130/120.
2008: (HS) P/N 7.–, K/N 4 bis 14 J. 3.–, St/N 6.–, H/N 3.–, KT –.50/–.25, WD u. Schwimmbad inkl., Müllgeb. St/N 1.50, Strom/N 2.40 (10/16 A). In NS Erm.
DCC 10% auf P/N.

DCC-Vertragsplatz

✉ **94234 Viechtach,** Bayer. Wald (g11) **8490/2**

25 ★★★★ »CAMPING SCHNITZMÜHLE« ⚿ 1.1. bis 31.12.
E.: Daffner & Nielsen ☎ 09942/94810, Fax 948170 450 m 20 000 qm
www.schnitzmuehle.de, info@schnitzmuehle.de

→ B85 Cham–Regen. Ca. 2 km hinter Viechtach links abbiegen. Die Unterführung zum Platz hat max. 3.20 m Höhe! ✉ Schnitzmühle 1. (GPS: 49°04'10" N / 12°54'49" E).
❖ Burgruine Neunußberg. Viechtacher Hütte. Regental. Arber.

Ebenes Wiesengelände auf einer Insel am Zusammenfluss vom Schwarzen Regen und der Aitnach. Teilweise parzelliert mit mehreren Abstufungen. Separater Platzteil für Dauergäste. Wellness-Studio. Frei- und Hallenbad und Ort 3 km entfernt. Separater Jugendplatz. Touristen-/Dauerstellplätze 100/20.
2007: (HS) P/N 6.–, K/N 5 bis 15 J. 4.–, C MC-St/N 4.50, 1 P/N inkl. T-St/N 7.–, H/N 2.–, KT –.70/–.35, WD inkl., Strom/N 1.60 (ab 6 A). In NS Erm.
DCC/CCI 10% auf P/N.

✉ **94234 Pirka** bei Viechtach (g11) **8490/3**

25 ★★ »CAMPING MÜLLER PIRKA« ⚿ 1.5. bis 30.9.
P.: Katharina Müller ☎ 09942/8501 12 000 qm

→ Nebenstraße von Viechtach nach Kötzting. Der Beschilderung »Höllensteinsee« folgen. ✉ Leitenweg 12. (GPS: 49°06'02" N / 12°52'33" E).

Ebenes bis leicht welliges, unparzelliertes Wiesengelände am Ufer des Regens, wenig Schatten. Ort (Viechtach) 4 km entfernt. Mittagsruhe 13-14 Uhr. Touristen-/Dauerstellplätze 60/20.
2007: P/N 6.–, K/N ab 6 J. 2.–, St/N 4.–, KT und WD zuzügl., Strom/N 3.–.
DCC 10% auf P/N.

In **Viechtach** bestehen Caravan- u. Moca-Stellplätze.

✉ **86169 Augsburg-Ost** (e12) **8504**

★★ »CAMPING BELLA AUGUSTA« ⚿ 1.1. bis 31.12.
P.: Manuel Niederhofer ☎ 0821/707575, Fax 705883 66 000 qm
www.caravaningpark.de, info@caravaningpark.de

→ A8 München–Stuttgart Abf. (73) Augsburg-Ost in Richtung Neuburg und Flugplatz (ca. 500 m), beschildert. 1. Platz. ✉ Mühlhauser Str. 54b. (GPS: 48°24'43" N / 10°55'24" E).

Zweiteiliges, ebenes und unparzelliertes Wiesengelände an einem See mit Liegewiese in Autobahnnähe. Caravan-Service. Zentrum 7 km entfernt. Mittagsruhe 12-14 Uhr. Touristen-/Dauerstellplätze 150/180.

DCC-Vertragsplatz

✉ **86444 Mühlhausen-Affing** (e12) **8505/1**

25 ★★★ »CAMPING LUDWIGSHOF AM SEE« ⚿ April bis Okt.
E.: Michael Bauer OHG ☎ 08207/96170, Fax 961770 120 000 qm
www.bauer-caravan.de, info@bauer-caravan.de

→ A8 München–Stuttgart Abf. (73) Augsburg-Ost in Richtung Neuburg ca. 2 km, beschildert. 2. Platz. ✉ Augsburger Str. 36. (GPS: 48°25'55" N / 10°55'26" E).

Ebenes bis leicht welliges Gelände am Badesee mit separater, unparzellierter Touristenwiese. Sanitärgebäude beheizbar. Caravan-Service. **Hundeverbot für Besucherhunde.** Ort 1 km entfernt. Mittagsruhe 13-15 Uhr. Touristen-/Dauerstellplätze 50/250.
2008: P/N 4.50, K/N 3 bis 12 J. 4.–, St/N 5.– bis 9.–, H/N 2.–, WD inkl., Müllgebühr St/N 1.50, Strom/N 2.– (16 A).
DCC 10% auf P/N.

DCC-Vertragsplatz

✉ **86444 Mühlhausen-Affing** (e12) **8505/2**

30 ★★★★ »LECH-CAMPING« ⚿ 15.3. bis 15.9.
E.: Gabi Ryssel ☎ 08207/2200, Fax 2202 30 000 qm
www.lech-camping.de, info@lech-camping.de

→ A8 München–Stuttgart Abf. (73) Augsburg-Ost in Richtung Neuburg ca. 3 km, beschildert. Von Norden (B2) oder Süden (B17) kommend auf die A8 in Richtung München. Dann weiter wie oben beschrieben. 3. Platz. ✉ Seeweg 6. (GPS: 48°26'16" N / 10°55'46" E).
❖ Legoland. Fuggerei. Goldener Saal. Eiskanal.

Ebenes, durch verschiedenartige Bäume günstig aufgelockertes Wiesengelände am See. Sanitärgebäude beheizbar. Hundetoilette. Caravan-Service. Gas-Tankstelle. W-LAN. Ort 300 m entfernt. Mittagsruhe 12-14 Uhr. Touristen-/Dauerstellplätze 35/5.
2007: P/N 5.50, K/N 2 bis 15 J. 2.50, St/N 9.20, B/N 2.20, H/N 2.50, WD inkl., Müllgebühr N –.50, Strom/N 2.60 (10/16 A).
DCC 10% auf P/N.

✉ **89340 Leipheim-Riedheim** (d11) **8506**

25 ★★★★ »SCHWARZFELDER HOF« ⚿ 31.3. bis 5.11.
E.: Walter Mannes ☎ 08221/72628, Fax 71134 3000 qm
www.schwarzfelder-hof.de, info@schwarzfelder-hof.de

→ A8 München–Stuttgart Abf. (66) Leipheim in Richtung Stadtmitte. Hier weiter in Richtung Langenau/Riedheim. Hinter dem Ortsschild Leipheim die dritte Abfahrt rechts. ✉ Schwarzfelder Weg 3 (GPS: 48°27'55" N / 10°12'12" E).
❖ Legoland. Naturschutzgebiet Donaumoos.

WALDCAMPING STUBENWEIHER

89331 Limbach · www.Stubenweiher.de

Idyllische Lage im Wald, kleiner Badesee, »Natur pur« schöner Biergarten am Seeufer, Terrasse teilweise verglast und überdacht.

4 km vom LEGOLAND entfernt

Tagesausflüge ins Allgäu, Ulm oder Augsburg. Gemütliches Restaurant mit bekannt guter regionaler Küche, Ideal als Zwischenstopp bei Urlaubsfahrt. Komfortable Sanitäranlagen.

A8 Ausfahrt Günzburg abfahren. **(8507)**
Navigation: 89359 Ebersbach eingeben!

⊠ 86488 **Breitenthal** (d12)　　　　　　　　8510

25　★★★★ »SEE CAMPING GÜNZTAL«　　⚬─ 22.3. bis 2.11.
E.: Familie Kaiser-Uszkoreit ☎ 08282/881870, Fax 881871　15 000 qm
www.see-camping-guenztal.de, info@see-camping-guenztal.de

→ A7/E43 Ulm–Memmingen Abf. (124) Illertissen auf die ST2018 in östl. Richtung über Tannenhärtle, Oberhausen und Nordholz nach Breitenthal. Hinter dem Ortsende rechts ab zum Naherholungszentrum, beschildert. ⊠ Oberrieder Weiher Straße 5. (GPS: 48°13'38" N / 10°17'34" E).
∴ Bad Wörishofen. Ulmer Münster. Legoland (25km).

Ebenes, meist schattenloses und parzelliertes Wiesengelände mit jungen Anpflanzungen zwischen dem Oberrieder Weiher und der Günz. Badestelle mit Liegewiese. Befestigte Moca-Plätze und separate Zeltwiese. Sanitäranlage beheizbar. Kindersanitär. Familiäre Atmosphäre. Hundedusche. Radwanderer- und Wasserwanderer-Station (50m). Imbiss. Kiosk. Bocciabahn. Schach. Ort 1km entfernt. Separater Jugendplatz. Mittagsruhe 13-15 Uhr. Touristen-/Dauerstellplätze 100/20.
2008: P/N 5.50, K/N 4 bis 14 J. 4.50, C MC-St/N 6.50/8.50, T-St/N 5.50, B/N 2.–, H/N 2.–, WD und Strom (10 A) inkl.
DCC/CCI 10% auf P/N.

Bayern 8

⊠ 89331 **Limbach** bei Günzburg (e12)　　　　8507

30　★★★★ »WALDCAMPING STUBENWEIHER«　⚬─ 1.4. bis 30.10.
E.: Helmut Jehle ☎ 08223/797, Fax 90045　505m　70 000 qm

→ A8 München–Stuttgart Abf. (67) Günzburg in Richtung Ichenhausen. Hinter Kleinkötz nach Ebersbach abbiegen, beschildert. ⊠ Am Stubenweiher. (GPS: 48°24'38" N / 10°20'24" E).
∴ Legoland

Ebenes und parzelliertes Wiesengelände auf einer schattenlosen Waldlichtung am Ufer eines idyllisch gelegenen Badesees, teilweise wellig ansteigend. Brötchenservice. Ort (Kleinkötz) 2.5km, Frei- u. Hallenbad 9km entfernt. Mittagsruhe 13-14 Uhr. Touristen-/Dauerstellplätze 50/70.
2008: P/N 6.–, K/N 6 bis 14 J. 4.50, C-St/N 6.50, MC/N 7.50, T-St/N 4.50, WD zuzügl., Strom/N 2.50 (16 A).

In **Kammeltal-Ettenbeuren** besteht der Moca-Stellplatz Kammelaue mit Sanitärhaus.

DCC-Vertragsplatz

⊠ 86556 **Kühbach-Radersdorf** (e11)　　　　8508

25　★★★★ »CAMPING PAARTAL«　　⚬─ 1.4. bis 31.10.
E.: Familie Schillinger ☎ 08257/997767, Fax 997768　32 000 qm
www.campingplatz-paartal.de, info@campingplatz-paartal.de

→ A8 München–Stuttgart Abf. (74) Dasing auf die B300 Richtung Schrobenhausen bis Kühbach-Süd. Hier abbiegen in Richtung Unterbach. Vor dem Bahngleis links abbiegen. Beschildert. ⊠ Am Badesee 1. (GPS: 48°30'26" N / 11°09'24" E).

Ebenes und schattenloses Wiesengelände, unparzelliert zwischen wenig befahrener Bahnlinie und Seeufer. In HS separate Pkw-Abstellung. Sanitärgebäude beheizbar. Durch Dauercamper geprägt. FW. Hundebad. Ort 3km entfernt. Mittagsruhe 12.30-15 Uhr. Touristen-/Dauerstellplätze 20/165.
2008: P/N 4.50, K/N 2 bis 14 J. 3.–, A/N 2.–, C MC/N 7.50, T/N 4.50 bis 6.–, M/N 1.50, H/N 2.–, WD zuzügl., Müllges. St/N 1.50, Strom/N 2.50 (16 A).
DCC 10% auf P/N.

⊠ 86633 **Neuburg,** Donau (e11)　　　　　　8509

★★ »CAMPING DONAU-RUDER-CLUB«　　April bis Okt.
E.: DRCN V.: Pora ☎ 08431/9474, Fax 644111　3500 qm
www.drcn.de, info@drcn.de

→ B16 Donauwörth–Ingolstadt, in Neuburg Richtung Grünau. Beschildert. ⊠ Oskar Wittmann Str. 5. (GPS: 48°44'22" N / 11°11'11" E).

Ebenes, unparzelliertes Wiesengelände an der Donau. Keine ständige Aufsicht. Ort 150 m entfernt. Mittagsruhe 13-15 Uhr. 50 Touristenplätze.

Vorhandene Bungalows und Ferienwohnungen auf Campingplätzen sind von Ermäßigungen ausgenommen.

See Camping Günztal

Neuer Platz direkt am Oberrieder Weiher bei Krumbach

120 Caravanstellplätze
Zeltwiese　　Gruppenzeltplatz
Mietwohnwagen
modernste Sanitäranlagen
Biergarten　Bistro　Minimarkt
Spielplatz　Boccia
Bootsverleih　Surfschule
geöffnet April – Oktober

Idealer Ausgangspunkt für Ausflüge nach Ulm, Augsburg, ins Allgäu oder zum LEGOLAND und skylinePark

Oberrieder Weiherstr. 5　　Fon: +49 [0] 8282 881870
D - 86488 Breitenthal　　　Fax: +49 [0] 8282 881871
Internet: www.See-Camping-Guenztal.de
(8510)　E-Mail: info@See-Camping-Guenztal.de

DCC-Vertragsplatz

⊠ 86698 **Eggelstetten,** Donauwörth (e11)　　8511

20　★★★ »DONAU-LECH-CAMPING«　　⚬─ 1.1. bis 31.12.
E.: Petra Haas ☎/Fax 09090/4046　50 000 qm
www.donau-lech-camping.de

→ B2 Augsburg–Donauwörth Abf. Asbach/Bäumenheim in Richtung Eggelstetten, beschildert. ⊠ Campingweg 1. (GPS: 48°40'32" N / 10°50'27" E).
∴ Donauwörth. Wohnwagenwerk in Asbach-Bäumenheim«.

Ebenes, teilweise parzelliertes und sehr gepflegtes Wiesengelände am Seeufer mit großer Liegewiese. Befestigte Mocaplätze. Wellness-Studio. Golfplatz (9 Loch) 300 m, Ort (Asbach-Bäumenheim) 2.5 km, Fendt-Service 3 km entfernt. Separater Jugendplatz. Mittagsruhe 13-15 Uhr. Touristen-/Dauerstellplätze 100/30.
2007: P/N 6.–, K/N 2 bis 15 J. 2.50, A/N 1.80, C/N 5.–, MC/N 5.50, T/N 3.50 bis 5.–, M/N 1.30, H/N 2.– (16 A), WD inkl., Strom/N 2.– (16 A).
DCC 10% auf P/N.

Campingplatz Mit Schwimmbad

89257 Illertissen
Telefon 0 73 03/78 88
Telefax 0 73 03/28 48

Schöner Ferien- und Durchgangsplatz in ruhiger Lage im schönen Illertal. Mit sanitären Anlagen, warmen Duschen. Die ideale Verbindung von Wasser, Wald und Wiese, mit wunderschönen Rad- und Wanderwegen entlang der Iller. Ausflugsmöglichkeiten ins Allgäu oder an den Bodensee ca. 1 Stunde Fahrzeit. Legoland Deutschland/Günzburg ca. 30 Min. Fahrzeit. Das Gelände ca. 30 000 qm, ist mit Hecke und Zaun umgeben. Lebensmittelladen vorhanden. Schwimmbadbenutzung für Campinggäste frei. DCC empfohlener Campingplatz.

(8540)

✉ 89435 Mörslingen bei Höchstädt (e11) 8512

25 ★★ »CAMPING MÖRSLINGEN« 1.1. bis 31.12.
E.: Johanna Roth ☎ 09074/4024, Fax 4213 400 m 10 000 qm
www.camping-moerslingen.de

→ B16 Donauwörth–Dillingen Abf. Höchstädt über Deisenhofen nach Mörslingen, beschildert. ✉ Deisenhoferstr. 30. (GPS: 48°37'21" N / 10°30'60" E).

Ebenes, parzelliertes Wiesengelände, von Bäumen und Hecken durchzogen. Befestigte Mocaplätze. Ort 500 m entfernt. Touristen-/Dauerstellplätze 40/20.
2008: P/N 4.50, K/N bis 10 J. 3.–, C MC-St/N 9.–, T-St/N 8.–, H/N 2.–, WD inkl., Strom/kWh –.50, Anschlussgebühr –.50.

✉ 89407 Dillingen a. d. Donau, Donau (e11) 8513

25 ★★★ »SEBASTIAN-KNEIPP-CAMPING« 1.1. bis 31.12.
P: Claus Krüger 418 m 2000 qm
☎/Fax 09071/728445, Mobil 0171/7584069
www.sebastian-kneipp-camping.de, reservierung@sebastian-kneipp-camping.de

→ B 16 Ulm–Donauwörth, in Dillingen beschildert. ✉ Georg-Schmid-Ring 45. (GPS: 48°34'09" N / 10°30'06" E).

Ebenes und unparzelliertes Wiesengelände an der Donau, teilweise unter Bäumen. Ort 500 m entfernt. FW. 50 Touristenplätze.
2008: P/N 4.–, K/N bis 13 J. 2.50, A/N 2.–, C MC/N 10.–, T/N 5.–/7.–, M/N 2.–, B/N 2.–, WD und Strom (16 A) inkl.

DCC-Vertragsplatz

✉ 86650 Wemding, Südl. Frankenalb (e11) 8515

30 ★★★★ »CAMPING PARK WALDSEE« 14.3. bis 31.10.
P: Holger Grombach ☎ 09092/90101, Fax 90100 490 m 90 000 qm
www.campingpark-waldsee.de, info@campingpark-waldsee.de

→ B25 Donauwörth–Nördlingen, bei Harburg abbiegen. Oder B466 Nürnberg–Nördlingen, bei Oettingen nach Wemding abbiegen, beschildert. ✉ Wolferstädter Str. 100. (GPS: 48°53'04" N / 10°44'09" E).
⁂ Historische Altstädte Wemding und Nördlingen.

Leicht bis stärker abfallendes, teilweise terrassiertes Wiesengelände am See mit Uferliegewiese, Wasserwacht und öffentlichem Badebetrieb. Stellflächen parzelliert und durch Buschhecken unterteilt. Separate Pkw-Abstellung. Befestigte Mocaplätze. Ort 2 km entfernt. Separater Jugendplatz. Mittagsruhe 13-15 Uhr. Touristen-/Dauerstellplätze 210/120.
2008: (HS) P/N 6.–, K/N 2 bis 12 J. 4.50, C MC-St/N 7.50, T/N ab 4.50, M/N 3.50, H/N 2.10, KT –.50/–.25, WD inkl., Müllgeb. St/N 3.–, Strom/N 2.30 (16A). In NS Ermäßigung.
DCC/CCI 10% auf P/N.

»Besichtigungen der Campingplätze und die daraus resultierenden Bewertungen werden durch den DCC-Inspizienten ohne Voranmeldung durchgeführt und garantieren so absolute Objektivität.«

DCC-Vertragsplatz

✉ 91719 Hechlingen bei Heidenheim (e11) 8518

20 ★★★ »CAMPING HASENMÜHLE« 1.3. bis 15.1.
E.: Ernst Huber ☎ 09833/1696, Fax 95911 490 m 20 000 qm
www.campingplatz-hasenmuehle.de, campingplatz.hasenmuehle@t-online.de

→ B466 Nördlingen–Gunzenhausen. In Öttingen abbiegen in Richtung Treuchtlingen. Vor Hechlingen beschildert. ✉ Hasenmühle 1. (GPS: 48°58'18" N / 10°43'34" E).

Durch Anpflanzungen parzelliertes Wiesengelände in Seenähe, leicht abfallend und durch einen Bach unterteilt. Ort 500 m entfernt. Separater Jugendplatz. Mittagsruhe 12-15 Uhr. Touristen-/Dauerstellplätze 33/33.
2008: (HS) P/N 4.–, K/N 1 bis 10 J. 3.–, A/N 1.–, C/N 4.30, MC/N 4.80, T/N ab 3.20, M/N –.60, B/N 2.–, H/N 1.50, WD zuzügl., Müllgeb 1.–, Strom/N 2.– (16 A), Anschlussgebühr 1.60. In NS Ermäßigung.
DCC 10% auf P/N.

DCC-Vertragsplatz

✉ 89257 Illertissen, Neu-Ulm (d12) 8540

 Abfahrt
25 ★★★ »CAMPING ILLERTISSEN« 1.4. bis 30.10.
E.: Liselotte Rauhut ☎ 07303/7888, Fax 2848 515 m 30 000 qm
www.Camping-Illertissen.de, Campingplatz-Illertissen@t-online.de

→ A7 Ulm–Kempten Abf. (124) Illertissen Richtung Dietenheim, beschildert. ✉ Dietenheimer Str. 91. (GPS: 48°12'43" N / 10°05'14" E).
⁂ Schloss. Barock-Kirche. Legoland.

Ebenes, parkartiges Wiesengelände, parzelliert auf 3 Geländestufen. Von Hecken und einem Graben durchzogen. Reservierung möglich. Kurzübernachtungsplätze. Ort 1.5 km entfernt. Mittagsruhe 13-15 Uhr. Touristen-/Dauerstellplätze 50/100.
2007: (HS) P/N 5.50, K/N 6 bis 14 J. 3.50, C/N 4.50, MC/N 7.50, T/N 3.50/4.50, M/N 2.50, B/N 3.–, H/N 2.–, WD inkl., Strom/N 2.– oder kWh –.60 (16 A). In NS Ermäßigung.
DCC 10% auf P/N.

DCC-Vertragsplatz

✉ 87740 Buxheim, Memmingen (d12) 8545

Abfahrt
25 ★★★★ »CAMPING AM SEE« Mai bis Sept.
E.: Yvonne Knittel ☎ 08331/71800, Fax 63554 605 m 42 000 qm
www.camping-buxheim.de, info@camping-buxheim.de

→ A7 Ulm–Kempten Abf. (128) Memmingen-Nord in Richtung Buxheim, beschildert. ✉ Am Weiherhaus 7. (GPS: 47°59'41" N / 10°08'02" E).
⁂ Kloster Buxheim (einzige erhaltene Reichs-Kartause, 11. Jahrh.).

Parzelliertes Wiesengelände, zum See leicht bis stärker abfallend mit einigen ebenen Touristenstellplätzen am Ufer. Öffentlicher Badebetrieb. Badestege und Seeplattform. Wasserwacht. FW. Ort 500 m entfernt. Mittagsruhe 12-14 Uhr. Touristen-/Dauerstellplätze 45/100.
2007: P/N 4.40, K/N 2 bis 12 J. 3.–, C MC-St/N 1. Nacht 9.50, ab 2. Nacht 8.–, T-St/N 3.60, H/N 2.10, WD zuzügl., Strom/N 1.60 (16A).
DCC/CCI 10%/5% auf P/N.

NATURCAMPING IN WILDER FLUSSLANDSCHAFT

Romantik am Lech

LAGE
Direkt neben einer der schönsten und traditionsreichsten Städte Bayerns gelegen, mittelalterliche Türme und Stadttore sowie gotische und barocke Bauwerke prägen das Bild einer Stadt mit 700jähriger Geschichte.

UMGEBUNG
Radwandern vom Platz aus im Lechtal, üppiger Waldlehrpfad mit seltenem Baumbestand, Besuch des Vogelreservats am Lechstausee und beim Lechwehr, Ausflüge zu den Segelparadiesen Ammersee und Starnberger See, Besuch der Olympiastadt München, Visite in Landsbergs mittelalterlicher Altstadt, in Landsberg: große Sportanlage mit Tennis, Kegelbahn, Schießstände, Wellenbad, Kur- und Kneippbad. Besonderheit: Im Drei-Jahres-Turnus historisches Ruethenfest in Landsberg.

ANFAHRT
A7 Ulm-Kempten, Abf. Memmingen auf die A 96 Richtung München, Abf. Landsberg-Ost, rechts bis Kreisverkehr, zweite Ausfahrt, beschildert; oder A 96 und B 12 München-Lindau, Abf. Landsberg-Ost, beschildert.

PLATZBESCHREIBUNG
Leicht abfallendes Wiesengelände mit Wald- u. Wildparkrand oberhalb des Lechtals. Durch breite Fahrwege abgestuft, überwiegend schattige Plätze, separate Zeltwiese, Babyraum, Behinderteneinrichtung, Zeltverleih, Mietcaravan, Nahverkehr (Sammeltaxi) vom Platz, Ort 3 km entfernt, beheiztes Schwimmbad 4,5 km entfernt, Mittagsruhe 13–15 Uhr, Touristen-/Dauerstellplätze 200/150, 65.000 qm.

AKTIVITÄTEN
Natur-Kinderspielplatz, Minigolfanlage, Wildpark mit Rehen, Dam-, Muffel- und Schwarzwild, Ponyreiten und Kutschfahrten am Platz, Skilanglauf, jährlich: Kaltenberger Ritterspiele.

(8580)

DCC Campingpark Romantik am Lech
Pössinger Au 1, 86899 Landsberg/Lech
Telefon: 08191/47505, Fax: 08191/21406
Geöffnet: 1.1. – 31.12.

Das Ferienparadies im Herzen des Allgäus
- Sommer- und Wintercamping
- Sauna, Fitness und Wellness
- Natursee mit Badestrand und Bootsverleih
- eigenes Restaurant
- sehr familienfreundlich
- viele Sehenswürdigkeiten
- viele Freizeitmöglichkeiten

(8570)

www.elbsee.de
Fam. Franz Martin | Am Elbsee 3, D-87648 Aitrang
Tel.: +49 (0) 83 43 - 2 48 | Fax: +49 (0) 83 43 - 14 06
GPS: Breite N 47° 48' 11,17" | Länge O 10° 33' 14,76"

DCC-Vertragsplatz

✉ 86899 **Landsberg am Lech** (e12) 8580

25 ★★★★ »DCC CAMPINGPARK ROMANTIK AM LECH«
E.: Campingpark Betr.-Ges. Landsberg mbH ○ 1.1. bis 31.12.
☎ 08191/47505, Fax 21406   650 m   65 000 qm
www.camping-landsberg.de, campingparkgmbh@aol.com

Abfahrt → A7 Ulm–Kempten Abf. (128) AB-Kreuz Memmingen auf die A96 Richtung München od. A96 München–Lindau. Aus beid. Richtungen Abf. (26) Landsberg/Ost, Richt. Landsberg bis Kreisverkehr Weilheim. ✉ Pössinger Au 1. (GPS: 48°01'57" N / 10°53'05" E).
❖ Historische Altstadt, Lechwehr, Wildpark.   Anzeige S. 275

Leicht abfallendes, teilweise parzelliertes Wiesengelände mit einigen gekiesten Stellflächen am Wildparkrand oberhalb des Lechtals. Durch breite Fahrwege abgestuft, teilweise unter Bäumen. Separate Zeltwiese. Nahverkehr (Sammeltaxi) vom Platz. Bewirtschafteter Clubraum. Kiosk. Brötchenservice. Ort 3 km entfernt. Mittagsruhe 13-15 Uhr. Touristen-/Dauerstellplätze 200/150.
2008: P/N 4.10, K/N 4 bis 13 J. 2.60, St/N 8.70, Fuß- und Zweiradwanderer mit Kleinzelt 6.15 zuzügl. P/N , H/N 1.–, WD zuzügl., Strom/N –.30 plus kWh –.55 (16 A). Ausländisches CCI 10% auf P/N.
Für DCC-Mitglieder: P/N, K/N bis 18 J. und St/N 10.– (15.9.-15.6.), 12.– (16.6.-14.9.). H/N, WD, Strom und Anschlussgebühr siehe oben. Ab 5 Einheiten Gruppenermäßigung: P/N, K/N bis 18 J. und St/N 9.– H/N, WD, Strom und Anschlussgebühr siehe oben.

DCC-Vertragsplatz

✉ 87648 **Aitrang**, Marktoberdorf (e13) 8570

30 ★★★★★ »CAMPING ELBSEE«   ○ 1.1. bis 31.12.
E.: Familie Martin ☎ 08343/248, Fax 1406   750 m   35 000 qm
www.elbsee.de, info@elbsee.de

→ A7 Ulm–Kempten Abf. (134) Kempten auf die A96/B12 Richtung Kaufbeuren Ausfahrt Unterthingau, vor Aitrang rechts abbiegen. Oder B12 München–Lindau Ausfahrt Biessenhofen, über Ruderatshofen nach Aitrang. Vor Aitrang links abbiegen. Aus beiden Richtungen beschildert. ✉ Am Elbsee 3. (GPS: 47°48'11" N / 10°33'14" E).

➤ 100 m   Ⓗ 500 m   2 km   S 3 km

Ebenes, leicht abfallendes, überwiegend parzelliertes Wiesengelände zwischen Waldrand und See, günstig durch Waldstreifen aufgelockert. Teilweise gekieste Stellflächen. Skitrockenraum. Boccia- und Freilandschach. Aufenthaltsraum für Gruppen. Spielehaus (Billard). Hundedusche. Barfußweg mit Kneippbecken. Wellnessbereich. Fitnessraum. Frühstücksservice. FW. Von Oktober bis April Anmeldung erforderlich (0170/5727376). Ort 2 km entfernt. Mittagsruhe 13-15 Uhr. Touristen-/Dauerstellplätze 120/180.
2007: (HS) P/N 6.20, K/N 4 bis 15 J. 3.–, A/N 2.70, C T/N 6.80, MC/N 9.50, M/N 1.80, H/N 3.–, KT zuzügl., WD inkl., Strom/kWh –.65 (16 A), Anschlussgebühr 2.10. In NS Ermäßigung.
DCC/CCI 10% auf P/N.

DCC-Vertragsplatz

✉ 86825 **Bad Wörishofen** (e12) 8575

25 ★★★ »KURCAMPINGPARK«   ○ 1.1. bis 31.12.
P.: Thomas Reiser ☎ 08247/5446, Fax 8565   630 m   12 000 qm
www.kurcampingpark.de, info@kurcampingpark.de

Abfahrt → A96 Memmingen–München Abf. (20) Bad Wörishofen. Hier am Verkehrskreisel in das Gewerbegebiet-Nord abbiegen, dann ab Unterführung beschildert. ✉ Walter-Schulz-Str. 4. (GPS: 48°01'27" N / 10°35'53" E).

Ⓗ 150 m   200 m

W W   600 m   S 1 km

Ebenes, parzelliertes Wiesengelände, von Hecken und einzelnen Bäumen durchzogen. Kuranwendungen, Kneippkuren und Massagen. Familiäre Atmosphäre. Zentrum 2 km entfernt. Separater Jugendplatz. Mittagsruhe 13-15 Uhr. Touristen-/Dauerstellplätze 60/10.
2008: (HS) Winter-Pauschale P/N 4.70, K/N 3 bis 12 J. 2.90, C MC-St/N 9.–, T/N 4.–, M/N 2.–, H/N 1.80, KT 1.35, WD inkl., Müllgeb P/N –.50, Strom/kWh –.50 (10-16 A). Anschlussgebühr –.80. In NS Ermäßigung.
DCC/CCI 10% auf P/N.

✉ 81379 **München-Thalkirchen** (f12) 8605/1

35 ★★★ »CAMPING MÜNCHEN-THALKIRCHEN«   ○ 15.3. bis 31.10.
E.: Stadt P.: Familie Noelle, ☎ 089/7231707, Fax 7243177   45 000 qm
www.camping.muenchen.de

Abfahrt → Von allen AB-Ausfahrten in München über den »Mittleren Ring«, der sehr guten Beschilderung folgen. ✉ Zentralländstr. 49. (GPS: 48°05'28" N / 11°32'39" E).
❖ Tierpark Hellabrunn, Deutsches Museum.

50 m   Ⓗ 1 km   3 km

Ebenes bis leicht welliges Wiesengelände in Zoonähe am Isar-Kanal. Teilweise durch Stahlrohr- oder Holzbarrieren parzelliert und mit Busch- oder Baumgruppen günstig aufgelockert. Vielfach gekieste Stellflächen. Zeltler separate Pkw-Abstellung. Separater Jugendplatz. In HS und zum Oktoberfest stark frequentiert. Hochsaisonzuschlag (13.9.-2.10.). Golfplatz 50 m, Zentrum 4 km entfernt. 450 Touristenplätze.
2007: P/N 4.70, K/N 2 bis 14 J. 1.50, A/N 4.50, C/N 11.50, MC/N 8.–, T/N 4.–, M/N 2.50, WD zuzügl., Strom/N 2.– (ab 10 A).

✉ 81247 **München-Obermenzing** (f12) 8605/2

30 ★★★ »CAMPING OBERMENZING«   ○ 15.3. bis 31.10.
E.: Andreas Blenck ☎ 089/8112235, Fax 8144807   55 000 qm
www.camping-muenchen.de, camping-obermenzing@t-online.de

Abfahrt → A8 Stuttgart–München, hinter dem Verteilerkreisel am AB-Ende links abbiegen. Von AB Salzburg kommend auf die A99 bis Abf. Lochhauser Str. Von Lindau und Garmisch kommend A99 AB-Kreuz West Abf. München-Lochhausen, beschildert. ✉ Lochhausener Str. 59 (GPS: 48°10'27" N / 11°26'47" E).

3 km   4 km

Leicht welliges, parkartiges Wiesen– und Waldgelände. Teilweise durch hohe Hecken parzellert. Sanitäranlage beheizbar. In HS stark frequentiert. Winter-Abstellmöglichkeit für Caravans. Zentrum 9 km entfernt. Mittagsruhe in NS 12-15 Uhr. Touristen-/Dauerstellplätze 200/50.
2007: P/N 4.70, K/N 2 bis 14 J. 2.–, A/N 6.–, C/N 7.50, MC/N 7.50 bis 12.–, T/N 3.50, M/N 2.–, H/N 1.–, WD zuzügl., Strom/kWh –.55.

Wenn Sie nach München kommen – sind Sie bei uns gut aufgehoben!
Campingplatz Nord-West · 80995 München · Ludwigsfeld
Geöffnet: 1.1. bis 31.12. Stromanschlüsse, Warmduschen. Zufahrt: Vom Zentrum über die Dachauer Straße (B 304) zum nordwestlichen Stadtrand, Kreuzung Blütenanger/Auf den Schrederwiesen 3 oder über A 99, Abfahrt Ludwigsfeld in Richtung München.
Telefon 0 89 / 1 50 69 36 oder 0 81 31 / 32 08 40 · Fax 0 89 / 15 82 04 63 oder 0 81 31 / 3 20 84 39
Internet: www.Campingplatz-Nord-West.de · Email: info@Camping-Nord-West.de

(8605/3)

Willkommen auf dem Campingplatz München-Thalkirchen

(8605/1)

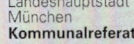
Landeshauptstadt München
Kommunalreferat

Die „nördlichste Stadt Italiens", Hightech-Metropole, Laptop und Lederhose, Sushi und Bier – die „Weltstadt mit Herz" hat viele Gesichter.

Der weltberühmte Tierpark Hellabrunn fast vor dem Zelteingang, vom Wohnmobil zu Fuß ins Freibad „Maria Einsiedel" mit Flusslandschaft und beheiztem Becken, das Stadtzentrum nur wenige Minuten entfernt.
Der Campingplatz München-Thalkirchen liegt inmitten des Landschaftsschutzgebietes der südlichen Isarauen. Wir wünschen Ihnen einen unvergesslichen Aufenthalt!

Fon ++49/89-7 23 17 07
Fax ++49/89-7 24 31 77
www.camping.muenchen.de

8 Bayern

80995 München-Ludwigsfeld (f12) 8605/3

30 ★★ »CAMPING NORD-WEST« 1.1. bis 31.12.
E..: Hans Merkl ☎ 089/1506936, Fax 15820463 11 000 qm
www.campingplatz-nord-west.de, info@campingplatz-nord-west.de

→ A99 AB-Kreuz München/Nord–AB-Kreuz Stuttgart Abf. (10) Ludwigsfeld auf die B304 Richtung München, Oder vom »Mittleren Ring« abbiegen auf die B304 Richtung Dachau. ✉ Auf den Schrederwiesen 3. (GPS: 48°11'56" N / 11°29'49" E).

Ebene Wiese unter Bäumen und Kies- oder Betonflächen für Mocas. Gegen die Bahnanlagen durch einen Lärmschutzwall abgeschirmt. Zentrum 10 km entfernt. Mittagsruhe 13-15 Uhr. Touristen-/Dauerstellplätze 100/50.
2008: P/N 4.70, K/N 1 bis 6 J. 1.60, bis 14 J. 3.20, A/N 3.20, C MC/N 7.50/9.50, T/N 3.80 bis 7.50, M/N 2.60, B/N 10.–/30.–, H/N 1.50, WD zuzügl., Müllgebühr P/N –.50, Strom/N –.50 und kWh –.50 (16 A).

81249 München-Langwieder See (f12) 8605/4

★★★ »CAMPING LANGWIEDER SEE« 1.1. bis 31.12.
I.: Inge Schmidt ☎ 089/8641566, Fax 8632342 600 m 8000 qm

→ A8 Stuttgart–München Abf. (80) Langwied/Lochhausen Richtung Gröbenzell, beschildert. Aus Richtung Salzburg den Hinweisschildern AB Stuttgart folgen und bei der A8-Ausfahrt (78) Fürstenfeldbruck in Richtung München, weiter siehe oben. ✉ Eschenrieder. Str. 119 (GPS: 48°11'55" N / 11°24'39" E).

Ebenes, von einer hohen Hecke umgebenes Wiesengelände, unparzelliert in Autobahn- und Seenähe. Teilweise wenig Schatten. S-Bahnstation 2.5 km, Golfplatz 6 km, Zentrum 12 km entfernt. Touristen-/Dauerstellplätze 50/30.

82140 Olching bei München (e/f12) 8615

25 ★★★ »CAMPING AMPERSEE« 25.4. bis 5.10.
E.: Klaus Conradi ☎ 08142/12786, Fax 45114 23 000 qm
www.ampersee.de

→ A8 Stuttgart–München Abf. (78) Fürstenfeldbruck/Olching, beschildert. ✉ Josef-Kistler-Weg 5. (GPS: 48°13'48" N / 11°21'31" E).

Ebenes bis leicht welliges, parzelliertes Wiesengelände hinter einem Lärmschutzwall neben der Autobahn und dem See. Teilweise schattenlos mit eigener, ca. 70 m langer Liegewiese und Badestrand mit gekiesten Einstiegen. Sanitäranlage beheizbar. Reservierung ab 4 Tage Aufenthalt. Ort 3.5 km entfernt. Mittagsruhe 12-15 Uhr. Touristen-/Dauerstellplätze 40/80.
2007: (HS) P/N 4.20, K/N 2 bis 13 J. 2.90, St/N 7.50 bis 11.50, H/N 1.60, WD zuzügl., Strom/N 2.50 (4 A). Ab 7/10 Nächte 10%/15% und in NS Erm.

86919 Utting, Ammersee (e12) 8640

★★★ »FREIZEITGELÄNDE UTTING« Ostern bis Okt.
P.: Bielmeier ☎ 08806/7245, Fax 958643 554 m 38 000 qm
www.ammersee-camping@t-online.de

→ A96 München–Lindau Abf. (29) Greifenberg in Richtung Dießen, beschildert. Seestr. 35 (GPS: 48°01'40" N / 11°05'42" E).
♣ Kloster Andechs.

Ebenes bis leicht zum Seeuferweg abfallendes, parzelliertes Wiesengelände. Durch einige Bäume aufgelockert, überwiegend schattenlos. Separate Uferliegewiese. Sanitäranlage beheizbar. Ort 300 m entfernt. Mittagsruhe 12.30-14.30 Uhr. Touristen-/Dauerstellplätze 150/170.

(8605/2)
Waldcamping München-Obermenzing

Von allen Autobahnen kommend bei München auf die A 99 Richtung Autobahnkreuz München-West, Ausfahrt München-Lochhausen, dann in die Lochhausener Straße, an der der Campingplatz liegt.

In einem 55 000 qm großen Park, 900 m vom Ende der Autobahn Stuttgart–München. 130 Wohnwagen-Einzelstandplätze mit Stromanschluss, durch Hecken getrennt. Einzelwaschkabinen, heißes Waschwasser frei, heiße Duschen, Behinderten-Toiletten und -Dusche, Waschmaschine, Trockner, geheizte Waschräume. Selbstbedienungsladen. Taverne. Kinderspielplatz. Aufenthaltsraum mit TV. Golfplatz 4 km. Motorcaravan-Servicestation nur für Gäste. Badegelegenheit 2,5 km. Gute Fahrverbindung zur Stadtmitte mit Bus oder S-Bahn. Bushaltestelle am Platz.
Geöffnet vom 15.03. bis 31.10.

**Dauerstellplätze nach Absprache. Eigentümer: A. Blenck
Telefon (089) 8 11 22 35 · Fax (089) 8 14 48 07
www.campingplatz-muenchen.de**

CAMPINGPLATZ KÖNIGSDORF
»Am Bibisee«
82549 Königsdorf · Tel. 0 81 71/8 15 80 · Fax 0 81 71/8 11 65
Internet: www.camping-koenigsdorf.de
E-Mail: mail@camping-koeningsdorf.de (8651)

Der Komfortcampingplatz vor den Toren Münchens!
Erholen Sie sich in gesunder Luft und intakter Umwelt im oberbayerischen Voralpenland!

- Sehr ruhige Lage
- Eigener Badesee
- Großer Kinderspielplatz
- Stockschießbahnen
- Tischtennisplatten
- Tennis (200 m)
- Segelflugplatz (1 km)
- Mehrere Golfplätze in der näheren Umgebung
- SB-Laden
- Platzrestaurant im bayerischen Stil
- Kabelfernsehanschluß (kostenlos an jedem Stellplatz)
- Saubere Anlagen mit gebührenfreien Warmwasserduschen (Fußbodenheizung, Babybadewannen und -wickeltisch), Spülmaschine
- Wohnmobil-Entsorgungsstation

Durch seine zentrale Lage zwischen München und den bayerischen Alpen ist unser Platz optimal geeignet für Ausflüge zu den Sehenswürdigkeiten Oberbayerns (auch bei Regenwetter). Fahrtzeit nach München 30 Min., Lenggries 15 Min., Füssen 60 Min., Salzburg 70 Min., Garmisch 40 Min. Kurmöglichkeiten in Bad Tölz und Bad Heilbrunn.

GPS-Koordinaten: N 47° 50,25'
O 011° 28,126'

✉ **86911 Dießen-St. Alban,** Ammersee (e12) **8641**

[30] ★★★ »CAMPING ST. ALBAN« — Ostern bis Okt.
P.: Ivan & Stefan Pavic ☎ 08807/7305, Fax 1057   550 m   26 000 qm
www.camping-ammersee.de, ivan.pavic@t-online.de

→ A96 München–Lindau Abf. (29) Greifenberg über Utting und Riederau nach Dießen. Hier beschildert. ✉ Seeweg Süd 85. (GPS: 47°57'56" N / 11°06'17" E).

♣ Kloster Andechs, Rokoko-Stiftskirche Dießen.

Leicht abfallendes, parzelliertes Wiesengelände zwischen Bahnlinie und Seeufer. Wassersportmöglichkeiten. Surf- und Segelschule 100 m, Bus 200 m, Ort 2 km entfernt. Mittagsruhe 12-14 Uhr. Touristen-/Dauerstellplätze 48/74.
2007: P/N 6.–, K/N 7 bis 16 J. 3.–, A/N 1.–, C MC-St/N 9.–, T-St/N 6.–, H/N 1.–, WD inkl., Müllgebühr/Sack 10l/20l 1.–/2.–, Strom/N 3.–.

✉ **82229 Seefeld,** Pilsensee (e12) **8642**

[25] ★★★ »CAMPING STRANDBAD PILSENSEE« — 1.1. bis 31.12.
E.: S. E. Graf zu Toerring V.: Ultsch   570 m   100 000 qm
☎ 08152/7232, Fax 78273
www.schloss-seefeld.de, campingplatz@toerring-seefeld.de

→ A96 München–Lindau Abf. (32) Oberpfaffenhofen in Richtung Herrsching bis ca. 800m hinter Seefeld, beschildert. ✉ Graf-Toerring-Str. 11/Am Pilsensee (GPS: 48°01'48" N / 11°11'59" E).

Leicht abfallendes, parzelliertes Wiesengelände mit altem Baumbestand am See. Von Hecken durchzogen, teilweise gekieste Stellflächen. Touristenteil am Ufer. Öffentlicher Badebetrieb. Sep. Jugendplatz. Bus 50 m, Ort 1 km entfernt. Mittagsruhe 12.30-14 Uhr. Touristen-/Dauerstellplätze 50/400.
2008: (HS) P/N 5.50, K/N 6 bis 14 J. 3.–, A/N 1.–, C MC/N 7.70, T/N 6.70, M/N 1.–, B/N 1.70, WD 1.80, WD zuzügl., Müllgebühr P/N –.50, Strom/N 1.80 (10 A). In NS Ermäßigung.

✉ **82515 Wolfratshausen** (f13) **8650**

★★ »CAMPING WOLFRATSHAUSEN« — 1.1. bis 31.12.
E.: Kramer/Weller ☎ 08171/78795, Fax 910226   6000 qm
www.campingbayern.de, contact@campingbayern.de

→ A95 München–Garmisch Abf. (6) Wolfratshausen. Hier beschildert. (GPS: 47°54'29" N / 11°25'08" E).

Ebenes, unparzelliertes und überwiegend schattenloses Wiesengelände neben einem Weiher am Stadtrand. Ort 800 m, S-Bahnhof (München) 1.2 km entfernt. Touristen-/Dauerstellplätze 45/15.

DCC-Vertragsplatz

✉ **82549 Königsdorf,** Wolfratshausen (f13) **8651**

[25] ★★★★ »CAMPING KÖNIGSDORF AM BIBISEE« — 1.1. bis 31.12.
E.: Egold/Geiger ☎ 08171/81580, Fax 81165   600 m   86 000 qm
www.camping-koenigsdorf.de, mail@camping-koeningsdorf.de

→ A95 München–Garmisch Abf. (6) Wolfratshausen Richtung Wolfratshausen, dann auf die B11 Richtung Geretsried/Innsbruck. Ab Erholungsgebiet »Bibi-See« beschildert. Oder A 8 München–Salzburg Abf. (96) Hofoldinger Forst über Wolfratshausen auf die B11. ✉ Zum Lindenrain 8. (GPS: 47°50'15" N / 11°28'09" E).

Ebenes Wiesengelände am Waldrand in der Nähe eines Segelflugplatzes mit eigenem Badesee, teilweise wenig Schatten. Touristenwiese separat und unparzelliert. Kabel-TV. Ort 3 km entfernt. Mittagsruhe 12.30-14.30 Uhr. Touristen-/Dauerstellplätze 100/300.
2007: (HS) P/N 6.–, K/N 4 bis 13 J. 3.–, A/N 3.50, C/N 3.50, MC/N 4.–, T/N 3.–, M/N 2.–, H/N 3.–, WD inkl., Strom/N 2.– oder kWh –.40 (6-16 A). In NS Ermäßigung.
DCC 10% auf P/N.

Campingplatz »Strandbad Pilsensee«
82229 Seefeld am Pilsensee, bei München

Seefeld liegt zentral im Fünfseengebiet. Eine reizvolle, waldreiche Landschaft im Voralpenland mit vielen Ausflugs- und Wandermöglichkeiten (z. B. Kloster Andechs, Dampferfahrten auf Starnberger- und Ammersee) in der Nähe von München (S-Bahn-Anschluß 1,5 km). Lebensmittelgeschäft, Baden, Angeln, Wassersport, große Spielwiese, Kinderspielplatz, Tischtennisplatz. Vorzüglich geeignet für einen längeren Urlaubsaufenthalt: ganzjährig geöffnet.

Rentamt Graf zu Toerring
Graf-Toerring-Straße 11, 82229 Seefeld
Telefon / Fax 0 81 52/72 32 oder 7 84 73
Webseite: www.toerring-seefeld.de
E-Mail: campingplatz@toerring-seefeld.de

S-Bahn-Anschluss nach München
(8642)

8 Bayern

DCC-Vertragsplatz

82402 Seeshaupt, Starnberger See (e13) 8653

30 ★★★★ »CAMPING SEESHAUPT« 1.4. bis 31.10.
P.: Campingplatz Seeshaupt GmbH
Fax 08801/1528, Fax 911807   20 000 qm
www.campingplatz-seeshaupt.de, info@campingplatz-seeshaupt.de

→ A95 München–Garmisch Abf. (7) Seeshaupt, noch 3 km, beschildert.
✉ St. Heinricher-Str. 127. (GPS: 47°49'13" N / 11°19'28" E).

Ebenes Wiesengelände am Südufer des Starnberger Sees (flacher Zugang), teilweise parzelliert und durch Rasengittersteine befestigt unter alten Bäumen. Separate Uferliegewiese mit öffentlichem Badebetrieb und eigener WC-Anlage. Durch Stellkreise günstig aufgelockert. Sanitäranlage beheizbar. Anreise in der Mittagszeit möglich. Kiosk. Familiäre Atmosphäre. Ort 2 km entfernt. Mittagsruhe 12-15 Uhr. Touristen-/Dauerstellplätze 65/40.
2008: P/N 6.–, K/N ab 8 J. 4.–, A/N 2.–, C/N 8.–, MC/N 9.50, T/N 7.–, M/N 2.–, B/N 3.50, H/N 1.50, WD inkl., Strom/N 2.– (16 A).
DCC/CCI 10% auf P/N.

82541 Münsing/St. Heinrich (e13) 8655

25 ★★★★ »CAMPINGPLATZ BEIM FISCHER« 1.1. bis 31.12.
E.: Susanne Huber ☎ 08801/802, Fax 913461   590 m   5200 qm
www.camping-beim-fischer.de, info@camping-beim-fischer.de

→ A95 München–Garmisch Abf. (7) Seeshaupt, ca. 2 km Richtung Seeshaupt, in St. Heinrich rechts Richtung Münsing. ✉ Buchscharnstr. 10. (GPS: 47°49'35" N / 11°20'20" E).

Parzelliertes, ebenes bis flach abfallendes Wiesengelände zwischen Wald, Wiesen und dem Starnberger See. Eigener Badestrand. Familiäre Atmosphäre. Ort (Seeshaupt) 3 km entfernt. Touristen-/Dauerstellplätze 77/73.
2008: (HS) P/N 6.–, K/N 3 bis 12 J. 3.–, A/N 1.60, C/N 4.40, MC/N 5.50, T/N 3.60 bis 4.60, M/N 1.10, B/N 2.50, WD inkl., Strom/kWh –.50 (16 A). Ab 10/20 Nächte 5%/8%. In NS Ermäßigung.

82541 Ambach-Schwaiblbach (e/f13) 8656

25 ★★★ »CAMPING HIRTH« Jan. bis Nov.
E.: Familie Hirth ☎ 08177/546, Fax 8820   30 000 qm
www.campingplatzhirth.de, campingplatzhirth@t-online.de

→ A95 München–Garmisch Abf. (6) Wolfratshausen über Münsing. Oder Abf. (7) Seeshaupt über St. Heinrich zum »Erholungsgelände« am Ostufer des Starnberger Sees, beschildert. ✉ Am Schwaiblbach 3. (GPS: 48°45'14" N / 11°27'50" E).

DCC-Vertragsplatz

82380 Peißenberg, Weilheim (e13) 8670

20 ★★★ »CAMPING AMMERTAL« 1.1. bis 31.12.
E.: Werner Will ☎ 08803/2797, Fax 60843   585 m   40 000 qm
www.camping-ammertal.de, Camping-Ammertal@t-online.de

→ B2 München–Weilheim, hier abbiegen nach Peißenberg. Oder B2 Murnau–Weilheim, hier abbiegen auf die B472 bis Peißenberg, ab Ortsmitte beschildert. ✉ Badstr. 51. (GPS: 47°47'16" N / 11°05'02" E).
♿ Hohenpeißenberg.

Ebenes, unparzelliertes Wiesengelände an einem betonierten Badebecken mit angrenzendem Teich und Liegewiese. Kindersanitär. Durch Hecken und alten Baumbestand aufgelockert. Wasserwanderer-Station. Imbiss. Ponyreiten. Streichelzoo. Spielraum mit Billard, Kicker und Dart. Ort 1.5 km entfernt. Separater Jugendplatz. Mittagsruhe 13-15 Uhr. Touristen-/Dauerstellplätze 150/150.
2007: (HS) P/N 4.–, K/N bis 12 J. 1.50, A/N 1.50, C/N 4.–, MC/N 5.–, T/N 3.50, M/N 1.50, H/N 1.–, WD zuzügl., Müllgebühr P/N –.50, Strom/N –.50 (16 A), Anschlussgebühr 1.–. In NS Ermäßigung.
DCC 10% auf P/N.

88142 Wasserburg, Bodensee (d13) 8705

30 ★★★ »CAMPING ESCHBACH« 15.4. bis 15.10.
E.: Manuela Klöpfer V.: Boger   6000 qm
☎ 08382/887715, Fax 01212510878719
www.camping-eschbach.de, Camping-Eschbach@web.de

→ B31 Lindau–Friedrichshafen Abf. Wasserburg. ✉ Höhenstr. 16. (GPS: 47°34'07" N / 09°38'20" E).

Ebenes, parzelliertes Wiesengelände im Ortszentrum. Zeltwiese. Mittagsruhe 13-15 Uhr. Touristen-/Dauerstellplätze 34/14.
2007: (HS) P/N 6.50, K/N 3 bis 9 J. 2.60, J/N 10 bis 15 J. 4.10, C-St/N 7.50, MC/N 6.–, T/N 5.–, M/N 3.50, KT ab 16 J. 1.40, WD inkl., Müllgeb. P/N –.50, Strom/kWh –.80 (16 A), Anschlussgeb. 2.–. In NS Ermäßigung.

DCC – auch Ihr Camping-Partner!
Deutscher Camping-Club e.V., Postfach 40 04 28, 80704 München

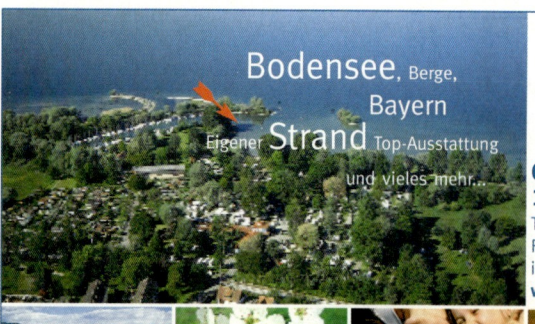

(8710)

Park Camping Lindau am See

Bodensee, Berge, **Bayern**
Eigener **Strand** Top-Ausstattung
und vieles mehr...

Geöffnet vom 15. 3. bis 10. 11.!
Tel.: 08382-72236
Fax: 08382-976106
info@park-camping.de
www.park-camping.de

Ein Platz zum Wohlfühlen!
Fordern Sie unseren Prospekt mit den besonderen Preis-Schmankerl'n (Schnäppchen) an!
Familie Göppel freut sich auf Sie.

Fahrrad- & Tretbootverleih, Fuss-, Volley-, Streetballplatz, Kinderspielplatz & Animation, ideale Lage für Ausflüge, Komfortplätze TV, Wasser & Strom, Gastronomie, Einkaufsmöglichkeiten

DCC-Vertragsplatz
✉ **88131 Lindau-Zech,** Bodensee (d13) **8710**

30 ★★★★ »PARK-CAMPING LINDAU AM SEE« 15.3. bis 10.11.
P.: Familie Göppel ☎ 08382/72236, Fax 976106 55 000 qm
www.park-camping.de, info@park-camping.de
→ A96 Memmingen–Lindau Abf. Lindau. Oder B31 Friedrichshafen–Bregenz über Lindau, kurz vor der österreichischen Grenze rechts, beschildert. ✉ Fraunhoferstr. 20. (GPS: 47°32'16" N / 09°43'53" E).

Parkartiges, ebenes bis leicht welliges und parzelliertes Wiesengelände mit altem Baumbestand zwischen Bahnlinie und Seeufer. Zeltwiesen. Familiäre Atmosphäre. Freilandschach. Kabel-TV. »Kirche Unterwegs«. W-LAN. Ort 4 km entfernt. Mittagsruhe 12-14 Uhr. Touristen-/Dauerstellplätze 270/60.
2008: (HS) P/N 6.50, K/N 3 bis 14 J. 2.60, C MC-St/N 6.50/8.50, T/N 2.50, M/N 1.50, H/N 2.50, KT –.65/1.10, WD inkl., Strom/N 3.– (10/16 A). In NS Ermäßigung.
DCC 10% auf P/N.

DCC-Vertragsplatz
✉ **88131 Lindau-Oberreitnau** (d13) **8712**

30 ★★★★★ »CAMPINGPARK GITZENWEILER HOF«
E.: Heidrun Müller, ☎ 08382/94940, Fax 949415 1.1. bis 31.12.
www.gitzenweiler-hof.de, info@gitzenweiler-hof.de 500 m 140 000 qm
→ A96 Memmingen–Lindau Abf. (4) Weißensberg auf die B12. Hinter Weißensberg nach Rehlings abbiegen, beschildert. ✉ Gitzenweiler 88. (GPS: 47°35'3" N / 9°42'19" E).

Leicht bis stärker ansteigendes, teilweise ebenes parzelliertes Wiesengelände auf mehreren Geländestufen am Waldrand. Durch drei Teiche unterteilt. Zeltwiese. Für eine Nacht befestigte Stellplätze mit Strom vor der Schranke. FW. Kinderwaschland (Ferien). Abenteuerspielplatz. Jugendraum. Bastelraum. »Kirche Unterwegs« (Pfingsten). Hundebad. W-LAN. Tagungsraum. Kinosaal. Golfplatz (18 Loch) 500 m und Ort 3 km entfernt. Mittagsruhe 12-14 Uhr. Touristen-/Dauerstellplätze 450/380.
2008: (HS) P/N 7.–, K/N 3 bis 9 J. 2.50, J/N 10 bis 15 J. 4.50, ab 10 J. 4.50, C MC-St/N 9.–, T-St/N 8.–/6.–, M/N 2.–, H/N 2.–, KT –.65/–.35, WD und Schwimmbad inkl., Strom/N So/Wi 2.50/3.– (6/16 A). Ab 14 Nächte 10% auf P/N. In NS Ermäßigung.
DCC 10% auf P/N.

DCC-Vertragsplatz
✉ **88171 Weiler-Simmerberg,** Allgäu (d13) **8715**

25 ★★★ »CAMPING ALPENBLICK« 1.1. bis 31.12.
E.: Campingplatz Eigentümer Gemeinschaft Alpenblick im Westallgäu
V.: M & P Camping und Marina GmbH 780 m 25 000 qm
☎ 08381/3447, Fax 942295
www.camping-alpenblick.de, info@camping-alpenblick.de

→ B308 Immenstadt-Lindau Abf. Lindenberg, beschildert. ✉ Schreckenmanklitz 18. (GPS: 47°35'56" N / 9°53'59" E).
Hochgrat bei Oberstaufen.

Anzeige S. 243
Teilterrassiertes Wiesengelände mit gekiesten Stellplätzen, parzelliert an einem Südhang mit kleinem Badeweiher und Badesteg. Im Winter Voranmeldung. Imbiss. Streichelzoo. Ort (Lindenberg) 1.5 km entfernt. Mittagsruhe 13-15 Uhr. Touristen-/Dauerstellplätze 70/100.
2007: (HS) P/N 5.–, K/N bis 16 J. 2.80, C MC-St/N 7.30, T-St/N 6.–, H/N 3.–, WD zuzügl., Strom/N 2.– oder kWh –.40 (10 A). Anschlussgebühr 1.50. In NS Ermäßigung.

DCC-Vertragsplatz
✉ **87534 Oberstaufen-Aach,** Allgäu (d13) **8718**

20 ★★★ »CAMPING-AACH« 1.1. bis 31.12.
E.: Edeltraud Blenk ☎ 08386/363, Fax 961721 800 m 20 000 qm
www.camping-aach.de, camping-aach@t-online.de
→ B308 Lindau–Immenstadt Abf. Oberstaufen nach Aach. ✉ Aach 1. (GPS: 47°31'21" N / 9°58'24" E).
Hoch-Allgäu.

Leicht bis stärker ansteigendes, parzelliertes Wiesengelände mit gekiesten Stellflächen zwischen Straße und Waldrand. FW. Jugendraum (Billard). Golfplatz 500 m, Ort (Oberstaufen) 7 km entfernt. Mittagsruhe 13-15 Uhr. Anreise mittags möglich. Touristen-/Dauerstellplätze 40/90.
2007: (HS) P/N 4.–, K/N 3 bis 15 J. 2.–, C MC-St/N 8.–, T-St/N 4.– bis 8.–, H/N 1.50, KT 1.80, WD zuzügl., Strom/kWh –.55 (16 A), Anschlussgeb. 1.50. In NS Ermäßigung.
DCC 10 % auf P/N.

DCC-Vertragsplatz
✉ **88167 Riedholz** bei Maierhöfen (d13) **8720**

25 ★★★ »CAMPING SONNENBUCKL« 1.1. bis 31.12.
P.: Familie Schultes ☎ 08383/383, Fax 9533 750 m 15 000 qm
www.sonnenbuckl.de, ferien@sonnenbuckl.de
→ B12 Lindau-Kempten, bei Großholzleute abbiegen, beschildert. ✉ Riedholz 16. (GPS: 47°38'30" N / 10°02'19" E).
Naturschutzgebiet Eistobel, Isny (Barockkirche).

Parzellierter Terrassenplatz an einem Steilhang in ländlicher Umgebung, überwiegend schattenlos. Ort 1.5 km entfernt. Mittagsruhe 13-15 Uhr. Touristen-/Dauerstellplätze 20/30.
2007: P/N 4.70, K/N bis 12 J. 2.50, bis 16 J. 3.30, C MC-St/N 5.10 bis 6.50, T-St/N 3.50 bis 4.50, H/N 2.–, KT –.65, WD zuzügl., Schwimmbad (Sommer) inkl., Müllgeb./Sack 1.50, Strom/N 2.– (6-10 A).
DCC 10% auf P/N.

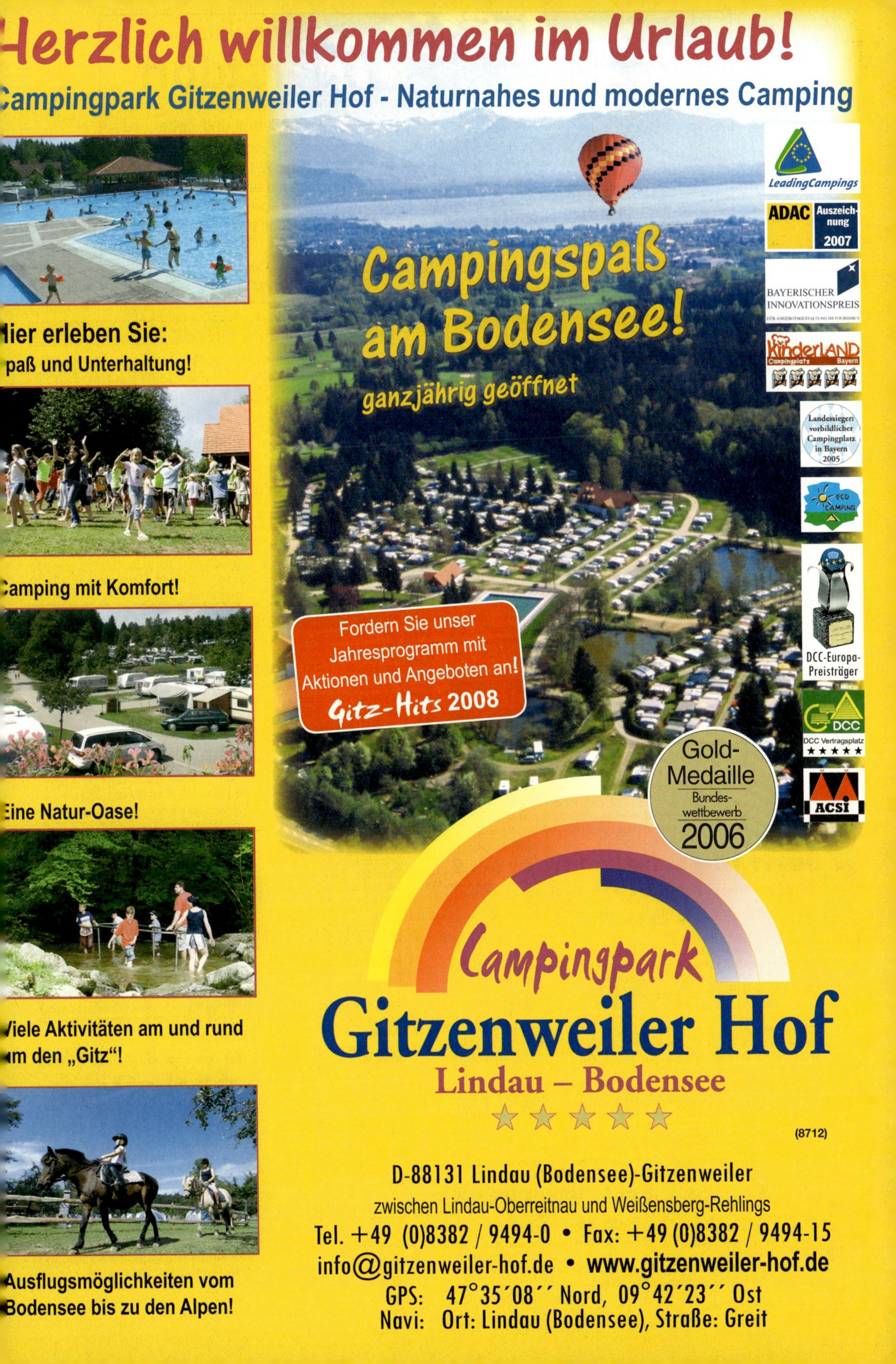

Herzlich willkommen im Urlaub!
Campingpark Gitzenweiler Hof - Naturnahes und modernes Camping

Hier erleben Sie:
Spaß und Unterhaltung!

Camping mit Komfort!

Eine Natur-Oase!

Viele Aktivitäten am und rund um den „Gitz"!

Ausflugsmöglichkeiten vom Bodensee bis zu den Alpen!

Campingspaß am Bodensee!
ganzjährig geöffnet

Fordern Sie unser Jahresprogramm mit Aktionen und Angeboten an!
Gitz-Hits 2008

Gold-Medaille Bundeswettbewerb 2006

Campingpark Gitzenweiler Hof
Lindau – Bodensee
★★★★★

(8712)

D-88131 Lindau (Bodensee)-Gitzenweiler
zwischen Lindau-Oberreitnau und Weißensberg-Rehlings
Tel. +49 (0)8382 / 9494-0 • Fax: +49 (0)8382 / 9494-15
info@gitzenweiler-hof.de • www.gitzenweiler-hof.de
GPS: 47°35´08´´ Nord, 09°42´23´´ Ost
Navi: Ort: Lindau (Bodensee), Straße: Greit

Campingplatz Oberstdorf

Sommer- und Winterbetrieb, Reisemobile, Caravans und Zelte
Ortsnah, mit schöner Sicht in die Oberstdorfer Berge, W-LAN, gemütliche Gaststätte und Kiosk. Kinder bis 12 Jahre kostenlos. Klettern, Tennis und Langlaufen in unmittelbarer Nachbarschaft. (8735/1)

Bitte Voranmeldung im Winter! camping-oberstdorf@t-online.de, www.Camping-Oberstdorf.de
Rubinger Str. 16, 87561 Oberstdorf, Fax (08322) 809760, Platzwart Tel. (08322) 6525

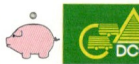

DCC-Vertragsplatz

87448 Niedersonthofen, Allgäu (d13)   8725

[20] ★★★ »CAMPING ZEH AM SEE«   1.1. bis 31.12.
E.: Hedy Anders-Zeh ☎ 08379/7077, Fax 728381   725m   15600qm
www.camping-zeh-am-see.de, info@camping-zeh-am-see.de

→ A980 AB–Dreieck Allgäu-Lindau/Oberstorf Abf. Waltenhofen. Weiter auf die B19 Richtung Immenstadt Abf. Niedersonthofen. In Memhölz der Beschilderung »Zeh am See« folgen. ✉ Burgstr. 27. (GPS: 47°37'48" N / 10°14'43" E).

Ebenes, von Hecken durchzogenes, teilweise parzelliertes Wiesengelände am See. Badestrand mit Liegewiese. Reservierung in HS erwünscht. Ski-Trockenraum. Jugendraum. Ort 700 m entfernt. Mittagsruhe von 12-14 Uhr. Touristen-/Dauerstellplätze 60/60.
2008: (HS) P/N 4.–, K/N 2 bis 12 J. 2.50, A/N 2.–, C MC/N 4.– bis 7.–, T/N 3.– bis 6.50, M/N 1.10, B/N 1.80, N/H 2.–, KT ab 17 J. –.60, WD inkl., Müllgeb. P/N –.80, Strom/N 2.– oder kWh –.50 (16 A). Anschluss 1.50. In NS Erm. **DCC/CCI 10% auf P/N.**

DCC-Vertragsplatz

87448 Waltenhofen, Allgäu (d13)   8726

[20] ★★★★ »INSELCAMPING AM SEE«   1.1. bis 31.12.
E.: Max Bertele ☎ 08379/881, Fax 7308   725m   15000qm
www.insel-camping.de, info@insel-camping.de

→ A980 AB–Dreieck Allgäu-Lindau/Oberstorf Abf. Waltenhofen auf die B19 in Richtung Immenstadt. Hinter Waltenhofen abbiegen nach Niedersonthofen. In Memhölz abbiegen, beschildert. ✉ Insel 32 3/4 (GPS: 47°38'26" N / 10°16'44" E).

Leicht bis stärker abfallendes und parzelliertes Wiesengelände. Durch Hecken und Bäume gegliedert mit teilweise gekiesten Stellflächen in Seenähe (Badestrand). Kegelbahnen. Streichelzoo. Ort 1 km, Golfplatz 7 km entfernt. Separater Jugendplatz. Mittagsruhe 12-14 Uhr. Touristen-/Dauerstellplätze 75/48.
2008: (HS) P/N 4.–, K/N 2 bis 12 J. 2.50, A/N 1.50, C/N 5.– bis 7.50, MC/N 6.– bis 8.–, T/N 3.– bis 5.–, M/N 1.–, H/N 1.50 bis 2.50, KT –.60, WD zuzügl., Müllgebühr/Sack 1.–, Strom/kWh –.50 (16 A), Anschlussgebühr 1.50. In NS Ermäßigung. **DCC/CCI 10% auf P/N.**

87509 Immenstadt-Bühl, Allgäu (d13)   8727

★★ »BUCHER'S ALPSEE CAMPING«   1.1. bis 31.12.
P.: Martin Haf ☎ 08323/7726, Fax 2956   745m   30000qm

→ B308 Immenstadt–Lindau, in Immenstadt Richtung Missen abbiegen, ab hier beschildert. ✉ Seestr. 25. (GPS: 47°34'214" N / 10°11'36" E).

Zweigeteiltes, leicht welliges und schattenloses Wiesengelände unparzelliert oberhalb des Sees. Von Laubbäumen umsäumt. Strandtreppen. Kabel-TV. Ort 150 m entfernt. Separater Jugendplatz. Mittagsruhe 12.30-13.30 Uhr. Touristen-/Dauerstellplätze 200/25.

87527 Sonthofen, Allgäu (d13)   8730

★★★★ »CAMPING AN DER ILLER«   1. 1. bis 31.12.
E.: Verkehrsverein Sonthofen e.V. V.: Sittel   750m   21000qm
☎ 08321/2350, Fax 68782
www.illercamping.de, info@illercamping.de

→ B19 Immenstadt–Oberstdorf Abf. Sonthofen/Süd. ✉ Sinwagstr. 2. (GPS: 47°30'22" N / 10°16'25" E).
❖ Starzlachklamm, Jochstraße, Tropfsteinhöhle.

Ebenes, parzelliertes und durch Rasen oder Kies befestigtes Gelände am Ufer der Iller und hinter einer Lärmschutzwand. Nachts nicht befahrene Bahnlinie in Hörweite. Reservierung in HS erwünscht. FW. Ort 500 m, Eissporthalle 1 km, Badesee 1.5 km entfernt. Mittagsruhe 13-15 Uhr. 70 Touristenplätze.

87561 Oberstdorf, Allgäu (d13)   8735/1

[25] ★★★ »CAMPING OBERSTDORF«   1.1. bis 31.12.
I.: Ogger, Huber, Kindt V.: Ott ☎ 08322/6525, Fax 809760   843m   16000qm
www.CAMPING-OBERSTDORF.de, camping-oberstdorf@t-online.de

→ B19 Sonthofen–Oberstdorf. Nördlich Oberstdorf. ✉ Rubinger Str. 16 (GPS: 47°25'23" N / 10°16'38" E).
❖ Nebelhorn, Breitachklamm, Ski-Flugschanze.

Ebenes bis leicht abfallendes, unparzelliertes Wiesengelände neben der Straße und einer nachts nicht befahrenen Bahnlinie, überwiegend schattenlos. Kabel-TV. Komfortplätze gekiest und durch Baumstamm-Barrieren parzelliert, Skibus-Service. Ski-Trockenraum. Keine Platzabsperrung und nachts ohne Aufsicht. Ort 1 km entfernt. Mittagsruhe 12-14.30 Uhr. Touristen-/Dauerstellplätze 100/50.
2007: (HS) P/N 5.20, K/N 12 bis 16 J. 3.20, C-St/N 7.20/9.10, MC/N 5.60 T/N 2.85 bis 4.90, M/N 1.80, KT 1.95/2.60, WD inkl., Müllgeb. St/N –.80, Strom/kWh –.55 (16 A). Anschlussgebühr 1.80. In NS Ermäßigung.

87561 Oberstdorf, Allgäu (d13)   8735/2

[30] ★★★★ »RUBI-CAMP«   1.12. bis 2.11.
E.: Monika Zeller ☎ 08322/959202, Fax 959203   815m   17000qm
www.rubi-camp.de, info@rubi-camp.de

→ B19 Sonthofen–Oberstdorf. Hier ab dem nördlichen Ortsrand beschildert. 2. Platz. ✉ Rubingerstr. 34. (GPS: 47°25'25" N / 10°16'43" E).
❖ Nebelhorn, Breitachklamm, Ski-Flugschanze.

Ebenes parzelliertes Wiesengelände mit junger Bepflanzung am Waldrand. Stellplätze durch Rasengittersteine befestigt. Bistro. Kiosk. Trockenraum. Wintersportmöglichkeiten. Tiere auf Anfrage. Ort 1 km entfernt. Mittagsruhe 12-15 Uhr. 100 Touristenplätze.
2007: P/N 5.35, K/N 4 bis 10 J. 2.60, J/N 4.55, C MC-St/N 10.90 bis 13.30, T/N 2.60 bis 4.50, M/N 1.80, H/N 2.70, KT 2.60, WD inkl., Müllgeb. D/N 1.–, Strom/kWh –.55 (8 A).

Achtung: Das Kleinwalsertal ist österreichisches Hoheitsgebiet und deutsches Wirtschaftsgebiet. Es gilt die österreichische Telefonvorwahl. Die bei den Campingplätzen im Kleinwalsertal angegebene Kurtaxe beinhaltet geführte Wanderungen und die kostenlose Busbenutzung für die ganze Familie im Kleinwalsertal.

ALPENCAMPING HALLER

Unser zentral im Ort gelegener, kleiner, gemütlicher Platz bietet sich im Sommer als Ausgangspunkt vieler Wanderungen und Touren in der Allgäuer Bergwelt an und ist im Winter durch seine Lage an der Talstation der Kanzelwandbahn DER Platz für Skifahrer und Langläufer. Moderne Sanitäranlagen, gemütliches Restaurant, Kegelbahnen.

Alpencamping Haller
87567 Riezlern
Tel. 00 43/55 17-53 43
Internet:
http://camping-kleinwalsertal.de
e-mail: christof_haller@gmx.de

(8736/3)

87567 Riezlern, Kleinwalsertal (d13) 8736/1

30 ★★★ »CAMPING JOCHUM«   15.12. bis 31.10.
E.: Karin Jochum ☎ 00435517/5792, Fax 57924 1100m 10000 qm
www.camping.jochum.com, camping.jochum@vol.at

→ B 19 Sonthofen–Oberstdorf, abbiegen ins Kleinwalsertal. Am Ortsanfang von Riezlern rechts, 1. Platz. ✉ Walserstr. 10. (GPS: 47°21′45″ N / 10°11′41″ E).

Unparzelliertes, geikiestes Terrassengelände seitlich der Straße hinter dem Anwesen. Überwiegend schattenlos. Im Winter Voranmeldung erforderlich. FW. Ort 800 m, Hallenbad mit Kur und Tennis 9 km entfernt. Mittagsruhe 12-14 Uhr. Touristen-Dauerstellplätze 45/30.
2007: P/N 5.50, K/N 2 bis 14 J. 2.50, A/N 3.20, C T/N 6.–, MC/N 7.–, M/N 1.50, H/N 1.50, KT 2.10, WD inkl., Strom/kWh –.70. Ab 14/18/21/30 Nächte 3/5/7/10% Ermäßigung.

DCC-Vertragsplatz

87567 Riezlern, Kleinwalsertal (d13) 8736/2

25 ★★★ »ZWERWALD«   15.12. bis 13.4./10.5. bis 31.10.
E.: Christina Gulisano, V.: Hauth 1100m 20000 qm
☎ 00435517/5727, Fax 5517/57274
www.camping-zwerwald.de, specht@camping-zwerwald.de

→ B 19 Sonthofen–Oberstdorf, abbiegen ins Kleinwalsertal. In Riezlern 3. Platz links, schmale Zufahrt. ✉ Zwerwaldstr. 29. (GPS: 47°21′00″ N / 10°10′46″ E).
♦ Breitachklamm.

Leicht wellig abfallendes, teilparzelliertes Wiesengelände zwischen einem bewaldeten Steilhang und der Breitach-Schlucht, überwiegend schattenlos. Öffentlicher Weg durch den Platz. Teils separate Pkw-Abstellung. Mindestaufenthalt 3 Nächte für Caravan und Motorcaravan. Im Winter Voranmeldung erforderlich und im Sommer erwünscht. Ort 800 m entfernt. Separater Jugendplatz. Mittagsruhe 12-14 Uhr. Sommer: Touristen-/Dauerstellplätze 70/10. Winter: Touristen-/Dauerstellplätze 25/30.
2008: (HS) P N 5.–, K/N 4 bis 14 J. 3.60, St/N 5.60, H/N 2.30, KT 2.30, WD inkl., Strom/kWh –.60 (16 A). In NS Ermäßigung.
DCC/CCI 10% auf P/N.

87567 Riezlern, Kleinwalsertal (d13) 8736/3

25 ★★★ »ALPENCAMPING HALLER«   15.12. bis 3.11.
E.: Christof Haller ☎ 0043/5517/5343, Fax 3343 1150m 5000 qm
www.camping-kleinwalsertal.de, christof_haller@gmx.de

→ B 19 Sonthofen–Oberstdorf, abbiegen ins Kleinwalsertal. In Riezlern bei der Kirche links, 2. Platz. Steil! Im Winter Schlepphilfe. ✉ Köpfleweg 10. (GPS: 47°21′23″ N / 10°11′16″ E).
♦ Kanzelwandbahn.

Schattenloser, unparzellierter Terrassenplatz oberhalb von Riezlern. Im Winter Voranmeldung erforderlich. Modellfliegen. Ort 200 m entfernt. Touristen-/Dauerstellplätze 40/20.
2007: (HS) P/N 5.50, K/N 2 bis 14 J. 4.–, C-St/N 7.50, MC/N 6.50, T-St/N 5.50, H/N 2.–, KT 2.40, WD inkl., Müllgebühr P/N –.30, Strom/kWh –.60 (10 A). In NS Ermäßigung.

DCC-Vertragsplatz

87569 Mittelberg-Baad, Kl. Walsert. (d13) 8738

20 ★★★ »CAMPING VORDERBODEN«   18.5. bis 10.10.
E.: Fam. Schwendiger ☎ 00435517/6138, Fax 56968 1218m 12000 qm
www.schwendiger.com/camping.html, h.ch.schwendiger@aon.at

→ B 19 Sonthofen–Oberstdorf, abbiegen ins Kleinwalsertal über Riezlern und Mittelberg nach Baad, beschildert. ✉ Vorderboden 1. (GPS: 48°45′14″ N / 11°27′50″ E).

Leicht welliges, teilweise gekiestes und parzelliertes Wiesengelände zwischen Straße und Breitach, von Berghöhen umgeben. Überwiegend schattenlos. Mindestaufenthalt für Caravan und Moca 2 Nächte. Kostenlose Benützung der Busse im Kleinwalsertal. Berg-/Kletterschule und Ort 2 km entfernt. Mittagsruhe 12.30-14 Uhr. 80 Touristenplätze.
2008: (HS) P/N 4.50, K/N 1 bis 2 J. 2.40, J/N 3 bis 13 J. 3.20, C T-St/N 5.80 bis 6.70, MC/N 6.20 bis 6.70, H/N 2.– bis 2.50, KT ab 14 J. 2.30, WD zuzügl., Müllgeb./Sack 1.–, Strom/kWh –.55 (16 A), Anschlussgeb. 1.60. In NS 14. Nacht, in HS 21. Nacht frei (außer KT) bei keiner anderen Ermäßigung. In NS Ermäßigung.
DCC 10% auf P/N.

DCC – DEIN PARTNER!

Camping Grüntensee International

Gipfelglück und Badespaß,
Erholungs- und Freizeitparadies,
ideal im Sommer wie Winter!

♦ 4-Sterne-Camping direkt am See
♦ schöne Rad- und Wanderwege um den See
♦ direkt an der Langlauf-Loipe/Skilift
♦ gemütliches Restaurant mit Sonnenterrasse
♦ gratis kristallklares Bergquellwasser
♦ Fernseh-, Fitness-, Aufenthalts-, Jugendraum
♦ liebevoll eingerichtete Ferienwohnungen
♦ freundliche Gästezimmer
♦ Kinderspiel- und Fußballplatz
♦ eigene Hundedusche
♦ moderne Sanitäranlagen
♦ Anglerparadies, Bootsverleih
♦ tolle Ausflugsziele rundherum

Grüntenseestraße 41
87497 Wertach im Oberallgäu
Tel. 0 83 65-375
Fax 0 83 65-1221
www.camping-gruentensee.de
info@camping-gruentensee.de

(Beschreibung S. 284, 8740/1)

Tolle Angebote in Vor- und Nachsaison!

CAMPING ÖSCHLESEE

87477 Sulzberg/Oberallgäu · Tel. (0 83 76) 9 30 40 · Fax 9 30 41
E-mail: camping.oeschlesee@t-online.de Internet: www.camping.oeschlesee.de

Der landschaftlich schön gelegene, ruhige und kinderfreundliche Campingplatz im Herzen des Allgäus ermöglicht einen erholsamen Sommer- und Winterurlaub. Moderne Sanitäranlagen mit Behindertenwaschraum. Gemütlicher bewirtschafteter Aufenthaltsraum mit Sonnenterrasse, Spiel- und Fernsehraum sowie Einkaufsmöglichkeit. Kinderspielplatz, Tischtennisanlage, Grillplatz am Seerosenteich, separater Jugendzeltplatz.

30% Nachlass auf P/N u. K/N in der Vor- und Nachsaison.
DCC-Vertragsplatz und ADAC-Auszeichnung 2007.
– ganzjährig geöffnet –

(8743)

DCC-Vertragsplatz

87497 Wertach, Allgäu (e13) 8740/1

30 ★★★★ »GRÜNTENSEE CAMPING« 1.1. bis 31.12.
E.: Brigitte Seefelder 930 m 50 000 qm
☎ 08365/375, Fax 1221
www.camping-gruentensee.de, info@camping-gruentensee.de

→ A7 Ulm–Kempten Abf. (137) Nesselwang/Wertach rechts bis zum Kreisverkehr. 6 km in Richtung Wertach-Oberjoch bis zur Ampelkreuzung vor Wertach. Links in Richtung Nesselwang. Noch 2 km, beschildert. Gegenüber dem »Buron-Skilift«. ✉ Grüntenseestr. 41. (GPS: 47°36'36" N / 10°26'49" E).
♣ Füssen (Königsschlösser). Oberstdorf (Breitachklamm, Nebelhorn).

Terrassengelände mit altem Baumbestand. Von der Straße zum Seeufer leicht abfallende parkartig gestaltete mit zum Teil gekiesten und parzellierten Stellflächen. Uferliegewiese mit eigenem Badesteg. Bocciabahn. Zeltwiese. Familienbäder. Kindersanität. Fitnessraum. Kinderspielraum. Hundebad. Tretbootverleih. Skilift am Platz. Skitrockenraum. 15 Komfortplätze mit Frisch- und Abwasser und SAT-Anschluss. Familiäre Atmosphäre. In HS Reservierung erforderlich. FW. Ort 2.5 km entfernt. Mittagsruhe 12-14 Uhr. Touristen-/Dauerstellplätze 180/136.
2007: (HS) P/N 7.–, K/N bis 14 J. 4.50, C MC-St/N 6.50/8.–, T-St/N 3.60/5.50, Sonderstellplatz für 4 P/N und MC/N 15.–, B/N 2.–, H/N 2.–, KT –.90/–.50, WD inkl., Müllgeb. P/N –.30, Strom/N –.25 plus kWh –.50 (16 A). In NS Ermäßigung.
DCC 10% auf P/N.
Anzeige S. 283

87497 Wertach, Allgäu (e13) 8740/2

20 ★★★ »CAMPING WALDESRUH« 1.1. bis 31.12.
E.: A. Bernschneider ☎ 08365/1004, Fax 706369 935 m 17 000 qm
www.camping-wertach.de, info@camping-wertach.de

→ A7 Ulm–Kempten Abf. (137) Oy auf die B310 in Richtung Wertach. Ab dem Kreisverkehr noch 2.5 km dann rechts abbiegen, beschildert. ✉ Bahnhofstr. 19 (GPS: 47°36'31" N / 10°25'03" E).
♣ Füssen (Königsschlösser).

Ebenes leicht zum Waldrand ansteigendes Wiesengelände, durch junge Anpflanzungen parzelliert. In HS Backwaren. Ski-Trockenraum. Bus 50 m, Ort 500 m entfernt. Mittagsruhe 12-14 Uhr. Touristen-/Dauerstellplätze 40/100.
2008: (HS) P/N 4.–, K/N 3 bis 14 J. 3.–, C-St/N 5.–, MC/N 4.–, T-St/N 3.–, H/N 1.–, KT –.90, WD inkl., Müllgeb. P/N –.50, Strom/N 1.70 oder kWh –.40, Anschlussgebühr –.50 (16 A). In NS Ermäßigung.
DCC 10% auf St/N.

87466 Oy-Haslach bei Wertach (e13) 8742

20 ★★★ »CAMPING WERTACHER HOF« 1.1. bis 31.12.
E.: Daniel Zecha ☎ 08361/770, Fax 9344 900 m 35 000 qm

→ A7 Ulm–Kempten Abf. (137) Oy auf die B310 Richtung Wertach. Nach Haslach abbiegen, beschildert. ✉ Grüntenseestr. 12. (GPS: 47°37'45" N / 10°27'35" E).
♣ Maria Rain Wallfahrtskirche.

Leicht wellig abfallendes, teilweise parzelliertes Wiesengelände hinter dem Gasthof. Teilweise gekieste Stellflächen. Nach Einbruch der Dunkelheit keine Aufnahme! 300 m entfernt. Mittagsruhe 13-14.30 Uhr. Touristen-/Dauerstellplätze 80/150.
2007: P/N 5.–, K/N 3 bis 16 J. 3.–, St/N 5.–, KT –.65, WD inkl., Strom 1.– oder kWh –.40 (10 A).

DCC-Vertragsplatz

87477 Sulzberg, Allgäu (d/e13) 8743

25 ★★★★ »CAMPING ÖSCHLESEE« 1.1. bis 31.12.
E.: Dopfer GmbH ☎ 08376/93040, Fax 93041 710 m 40 000 qm
www.camping.oeschlesee.de, camping.oeschlesee@t-online.de

→ A7 Ulm–Kempten, beim AB-Dreieck Allgäu (136) wechseln auf die A980 Richtung Lindau/Oberstdorf Abf. Sulzberg, noch 1.5 km. ✉ Moos 1. (GPS: 47°40'39" N / 10°20'03" E).
♣ Burgruine Sulzberg, Kempten mit röm. Siedlung.

Ebenes bis leicht welliges Wiesengelände zwischen Straße und Waldrand mit parzellierten Stellplätzen und extra befestigten Mocaplätzen. Zum See durch eine Fußgängerunterführung. Imbiss. Ort 1.5 km entfernt. Separater Jugendplatz. Mittagsruhe 12-14 Uhr. Touristen-/Dauerstellplätze 100/150.
2008: P/N 4.40, K/N 2 bis 14 J. 4.–, St/N 9.80, H/N 2.–, WD und Müllgeb. inkl., Strom/N 2.– (16 A). In NS (15.9.-15.12. und 15.1.-15.4.) 30% auf P/N und K/N.
DCC 10% auf P/N.

87541 Oberjoch bei Hindelang (e13) 8745

★★★ »CAMPING BERGHEIMAT« 1.1. bis 31.12.
I.: BWS GmbH ☎ 08324/7108, 0176/23399283, Fax 953865 1200 m
www.camping-bergheimat.de, alpencamping100@aol.com 10 000 qm

→ A7 Ulm–Kempten Abf. (137) Oy auf die B310 über Wertach nach Oberjoch. Hier abbiegen in Richtung Reutte, noch ca. 1 km. ✉ Paßstr. 60. (GPS: 47°31'05" N / 10°25'17" E).

Terrassiertes Wiesengelände mit vielen Bäumen oberhalb der Straße. Separate Pkw-Abstellung. Ort 1 km entfernt. Touristen-/Dauerstellplätze 30/30.

87459 Pfronten-Steinach, Allgäu (e13) 8748

25 ★★★ »CAMPING PFRONTEN« 15.5. bis 28.9.
E.: Familie Schneider ☎ 08363/8353, 377 900 m 16 000 qm

→ A7 Ulm–Kempten Abf. (138) Nesselwang auf die B309 Richtung Reutte durch Pfronten. 300 m vor der Landesgrenze rechts. ✉ Tiroler Str. 109. (GPS: 47°33'49" N / 10°34'44" E).
♣ Königsschlösser (8 km), Hochalpbahn.

87669 Rieden-Roßhaupten am Forggensee,
Tiefental 1, Tel. 08367/406, Fax 08367/1256
Internet: www.camping-warsitzka.de
e-Mail: info@camping-warsitzka.de

CAMPING WARSITZKA
am Forggensee

Wunderschön und ruhig gelegener Platz direkt am Forggensee mit herrlicher Sicht auf die Alpen. Wir bieten: Rezeption, Restaurant, Café, kleiner Lebensmittelladen, Aufenthaltsraum, gepflegte sanitäre Anlagen, Kinderspielplatz, Tischtennis, Liegewiese am See, Tret- und Ruderbootverleih, Angelkarten- und Gasverkauf, Wohnmobilversorgungsstation, um nur einiges zu nennen. Genießen Sie Urlaub in allen Himmelsrichtungen mit einem umfangreichen Angebot an Freizeitmöglichkeiten. Wenn Sie keinen Massentourismus, sondern erholsame Ferien in gepflegter Atmosphäre verbringen möchten, fordern Sie bitte unsere Prospektunterlagen an. Wir haben ganzjährig geöffnet. **In der Vor- und Nachsaison Sparangebote.** (8753)

Leicht ansteigendes, unparzelliertes Wiesengelände in Tallage, von einer Baumreihe durchzogen. Wenig Schatten. Imbiss. Ort 3 km entfernt. Mittagsruhe 13-15 Uhr. 100 Touristenplätze.
2008: P/N 6.–, K/N 3 bis 16 J. 4.–, C MC-St/N 5.–, T/N 2.50, B/N 2.50, H/N –.50, KT 1.05/–.70, WD inkl., Strom/N 1.40 (10/16 A).

✉ 86983 Lechbruck, Ostallgäu (e13)   8750

★★★★ »CAMPINGPLATZ LECHBRUCK«   🔓 1.1. bis 31.12.
Unter neuem Betreiber   721m   200 000 qm
☎ 08862/8426, Fax 7570

→ A95 München-Garmisch Abf. (10) Murnau/Kochel über Murnau-Saulgrub-Steingaden nach Lechbruck. Oder A7 Ulm-Kempten Ausfahrt am AB-Ende, hier rechts abbiegen Richtung Füssen. Vor Seeg auf der Umgehung weiter Richtung Roßhaupten und den Hinweisen »Wieskirche« folgen, ab Lechbruck beschildert. ✉ Via Claudia 6. (GPS: 47°42'34" N / 10°48'19" E).
♣ Königsschlösser. Wieskirche. Oberammergau.

Ebenes bis leicht welliges, teilweise parzelliertes Wiesengelände vom Seeufer in Terrassen leicht ansteigend. Stellflächen durch Kiesel befestigt. Separates Zeltgelände für Jugendliche. Zusätzliche Bademöglichkeit im Waldbadesee oberhalb des Platzes. W-LAN. Imbiss. Tennishalle mit Sauna, Solarium und Pizzeria. Kinder-Abenteuerspielplatz 500m, Ort 2.8 km entfernt. Mittagsruhe 13-15 Uhr. Touristen-/Dauerstellplätze 560/300.

✉ 87669 Rieden-Roßhaupten (e13)   8753

25 ★★★★ »CAMPING WARSITZKA«   🔓 1.1. bis 5.11.
E.: Kurt Warsitzka   816m   45 000 qm
☎ 08367/406, Fax 1256, Mobil 0172/151298460
www.camping-warsitzka.de, info@camping-warsitzka.de

→ B16 Füssen-Marktoberdorf, 2 km vor Roßhaupten rechts abbiegen. Von Marktoberdorf kommend Richtung Füssen. Ca. 1 km hinter Roßhaupten rechts abbiegen, beschildert. ✉ Tiefental 1. (GPS: 47°38'36" N / 10°43'48" E).
♣ Füssen, Königsschlösser.

Leicht wellig abfallendes, parzelliertes Wiesengelände oberhalb des Sees, teilweise schattenlos. Befestigte Moca-Plätze. In den Monaten Oktober bis Juni weniger Wasser im Stausee (Forggensee). FW. Ort 1.5 km entfernt. Mittagsruhe 12.30-14.30 Uhr Touristen-/Dauerstellplätze 120/60.
2008: (HS) P/N 5.70, K/N 2 bis 12 J. 3.50, J/N 13 bis 17 J. 4.–, St/N 8.–, H/N 2.50, KT –.60/–.30, WD inkl., Strom/N 1.50 oder kWh –.50 (10 A), Anschlussgebühr 1.50. Für 7/14/21 Nächte nur 6/11/15 Nächte bezahlen (außer Juli und August). In NS Ermäßigung.

✉ 87669 Osterreinen, Forggensee (e13)   8754

25 ★★★★ »CAMPING MAGDALENA«   🔓 1.4. bis 31.10.
E.: Erbgem. Eisenmann ☎ 08362/4931, Fax 941333 800m 15 000 qm
www.sonnenhof-am-forggensee.de, camping.magdalena@t-online.de

→ B16 Marktoberdorf-Füssen. Hier nach Osterreinen und zum Forggensee abbiegen, beschildert. ✉ Bachtalstr. 10. (GPS: 47°36'56" N / 11°27'50" E).

3 km / 5 km
Zum Ufer abfallendes, gekiestes und parzelliertes Wiesengelände am Westufer des Forggensees, teilweise terrassiert. Für Zeltler separate Pkw-Abstellung. Sanitäranlage beheizbar. In den Monaten Oktober bis Juni kein Wasser im Stausee. FW. Ort 1km entfernt. Mittagsruhe 13-15 Uhr. Touristen-/Dauerstellplätze 70/40.
2007: (HS) P/N 5.20, K/N 2 bis 8 J. 3.40, J/N 4.–, C MC-St/N 5.70, T/N 3.40 bis 4.60, B/N 2.50, H/N 2.–, KT –.60/–.30, WD zuzügl., Strom/kWh –.50 (12 A). Anschlussgebühr 1.50. In NS Ermäßigung.

✉ 87629 Füssen im Allgäu (e13)   8755

45 ★★★★★ »CAMPING HOPFENSEE«   🔓 16.12. bis 4.11.
E.: Eduard Mayr ☎ 08362/917710, Fax 917720 800m 80 000 qm
www.camping-hopfensee.de, info@camping-hopfensee.de

→ A7 Kempten-Seeg. Hier auf die ST 2008 über Enzenstetten nach Hopferau. Weiter in östl. Richtung nach Hopfen am See. Beschildert. ✉ Fischerbichl 17. (GPS:47°3'05" N / 10°41'17" E).
♣ Füssen. Königsschlösser. Wieskirche.

200m — 800m / 1.5 km
Vom Seeufer leicht ansteigendes Wiesengelände, parzelliert und teilterrassiert. Alle Stellplätze mit Vorzelt-Asphaltfläche. Keine Zeltleraufnahme. Kleinkindersanitär. Kabel-TV. Kinosaal. Gymnastiksaal. Bastelraum. Ski-Trockenraum. Ski-Verleih. Kartverleih. Kurmöglichkeit unter ärztl. Aufsicht für alle Kassen. Bäderabteilung. Reservierung erforderlich. Großes Spielhaus. Hundebad. Ort (Füssen) 5 km entfernt. Mittagsruhe 12.30-14 Uhr. Touristen-/Dauerstellplätze 371/5.
2008: (HS) P/N 9.75, K/N 2 bis 11 J. 6.05, J/N 12 bis 17 J. 9.20, St/N 14.–, H/N 4.–, KT 1.60/–.90, WD inkl., Müllgebühr P/N –.30, Strom/kWh –.60 (16 A). In NS Ermäßigung.

Die Gebühren
werden von den Platzhaltern lange vor Erscheinen des Campingführers gemeldet. Daher sind Abweichungen möglich.

8 Bayern

Komfortabler und ruhig gelegener 5-Sterne Campingplatz mitten in herrlicher Natur des Allgäus direkt am Ufer des Forggensees. Modernste sanitäre Anlagen mit Fußbodenheizung und Kinderbad, in der Hauptsaison Animation für Kinder und Jugendliche, viele Freizeitmöglichkeiten im Sommer (Baden, Segeln, Surfen, Rad- und Wanderwege vom Platz aus) wie im Winter (Alpinski, Rodeln, Snowboarden, romantische Pferdeschlittenfahrten, Langlaufloipe am Platz).

Spezielle Winterangebote

Öffnungszeiten: Mitte Dezember bis Anfang November

Camping Brunnen · Seestraße 81 · D-87645 Schwangau
Tel. +49 (0) 83 62 - 82 73 · Fax +49 (0) 83 62 - 86 30
info@camping-brunnen.de · www.camping-brunnen.de

(Beschreibung S. 286, 8775)

87645 Schwangau, Bannwaldsee (e13) 8760

»CAMPING BANNWALDSEE« 1.1. bis 31.12.
E.: Josef Helmer GmbH 800 m 80 000 qm
08362/93000, Fax 930020
www.camping-bannwaldsee.de, info@camping-bannwaldsee.de
→ B17 Schongau–Füssen bis ca. 3 km vor Schwangau, beschildert.
✉ Münchener Str. 151 (GPS: 47°35'30" N / 10°46'20" E).
❋ Königsschlösser, Füssen.

Zum Seeufer mit Liegewiese leicht abfallendes, parzelliertes Wiesengelände, teilweise gekieste Stellflächen. Durch Hecken unterteilt. Reservierung in HS erwünscht. »Kirche Unterwegs«. Ski-Trockenraum. FW. Pizzeria in HS. Veranstaltungszelt. Ketcar- und Tretbootvermietung. Sportprogramme. Ort 3 km entfernt. Touristen-/Dauerstellplätze 450/190.
2008: (HS) P/N 7.30, K/N 6 bis 15 J. 5.40, St/N 7.50 bis 9.50, H/N 3.–, KT P/N 1.20, K/N –.60, WD inkl. Strom/kWh –.60 (16 A). Anschlussgebühr 2.–. In NS Ermäßigung.

87645 Brunnen, Forggensee (e13) 8775

»CAMPINGPLATZ BRUNNEN« 21.12. bis 9.11.
I.: H. Schweiger 08362/8273, Fax 8630 800 m 35 000 qm
www.camping-brunnen.de, info@camping-brunnen.de
→ A7 Ulm–Kempten Abf. (138) Nesselwang über Pfronten und Füssen Richtung Schongau. Oder B 17 Schongau–Füssen, vor Schwangau abbiegen in Richtung Brunnen, beschildert. ✉ Seestr. 81 (GPS: 47°35'48" N / 10°44'19" E).
❋ Königsschlösser, Pöllatschlucht, Tegelbergbahn.

Vom Seeufer leicht wellig parzelliertes und gekiest ansteigendes, lichtes Gelände unter Birken, vielfach terrassiert. Zeltwiese schattenlos. Öffentlicher Badebetrieb. Achtung: In den Monaten ab Oktober bis Mitte Juni kein Wasser im Stausee. Reservierung in HS erforderlich. Anreise in der Mittagszeit möglich. Kleinkinderbad. W.-LAN. Ort (Schwangau) 1 km entfernt. Touristen-/Dauerstellplätze 230/70.
2008: (HS) P/N 8.50, K/N 2 bis 8 J. 4.50, 9 bis 15 J. 6.50, St/N 5.50 bis 10.–, H/N 3.50, KT u. WD inkl. Strom/kWh –.60 (16 A). Anschlussgebühr (bei 1 Nacht Aufenthalt) 1.–. Sparwochen. In NS Ermäßigung.
DCC 10% auf P/N. Anzeige S.285

82487 Oberammergau (e13) 8805

»CAMPINGPARK OBERAMMERGAU« 1.1. bis 31.12.
P.: Esther Maurer 08822/94105, Fax 94197 850 m 20 000 qm
www.camping-oberammergau.de, service@camping-oberammergau.de
→ B17/B23 Augsburg–Garmisch-Partenkirchen. Bei Oberammergau 2. Abfahrt hinter den beiden Tunnels. ✉ Ettalerstr. 56b. (GPS: 47°35'24" N / 11°04'13" E).
❋ Schloss Linderhof, Kloster Ettal.

Ebenes, parzelliertes und überwiegend schattenloses Wiesengelände mit Anpflanzungen. Separate Pkw-Abstellung für die Zeltwiese. Schöner Blick auf die umgebenden Berge. Kabel-TV. FW. Skibus-Service. Separater Jugendraum. Ort 500 m entfernt. Touristen-/Dauerstellplätze 80/20.
2008: (HS) P/N 5.80, K/N 3 bis 16 J. 3.70, St/N 8.50, H/N 2.–, KT 1.30/–.90, WD inkl., Müllgebühr P/N –.65, Strom/kWh –.60 (16 A). Anschlussgebühr 1.60. In NS Ermäßigung.

»Ermäßigung auf alle Gebühren« umfaßt nicht die Nebenkosten wie Kurtaxe, Müll und Strom

82491 Garmisch-Grainau (e13) 8810

»CAMPING ZUGSPITZE« 1.1. bis 31.12.
P: Sonja Lutz/Horst Jäger 08821/3180, Fax 947594 720 m 29 000 qm
www.zugspitzcamping.de
→ A95 München–Garmisch-Partenk. Ab AB-Ende weiter auf der B2 bis hinter Farchant. Dort über Garmisch in Richtung Reutte. ✉ Griesener Str. 4. (GPS: 47°28'48" N / 11°03'12" E).

Ebenes, parzelliertes und vielfach gekiestes Gelände. Von hohen Bäumen durchzogen zwischen Straße und Loisach, teilweise wenig Schatten. August und Dezember Reservierung erforderlich. Bushaltestelle 50 m, Ort 3 km entfernt. Mittagsruhe 13-15 Uhr. Touristen-/Dauerstellplätze 130/50.

DCC-Vertragsplatz

82494 Klais-Krün, Mittenwald (e13) 8816

»ALPEN-CARAVANPARK TENNSEE« 15.12. bis 8.11.
E.: Armin Zick 08825/170, Fax 17236 950 m 52 000 qm
www.camping-tennsee.de, info@camping-tennsee.de
→ A95 München–Garmisch, beim AB-Ende weiter auf der B2 über Garmisch Richtung Mittenwald. Hinter Klais noch ca. 1 km. ✉ Am Tennsee 1. (GPS: 47°29'16" N / 11°15'18" E).
❋ Karwendelgebirge, Wettersteingebirge, Mittenwald, Garmisch.

Ebenes sowie in Terrassen ansteigendes Gelände an einem Biotop, überwiegend parzelliert. Hauptplatz mit Wasser-, Gas-, TV-, Radio- u. Telefon-Anschluss. Für Moca-Kurzcamper Stellfläche mit Stromanschlüssen vor dem Platz. Moca-Hafen. Kinderspielraum mit zeitlicher Betreuung. Familien- Animationsprogramm. Kostenloser Ski-Shuttle-Service. Ski-Safe und Skistiefel-Trockenanlage. Jugendraum. Hundebad. FW. »Platz mit Hotel-Flair«. Ort 2 km entfernt. Mittagsruhe 12.30-14.30 Uhr. 250 Touristenplätze.
2008: (HS) P/N 8.89, 1 bis 3 Kinder 4 bis 15 J. 6.–, weiteres K/N 3.–, C MC-St/N 10.–, T-St/N 7.–, H/N 3.30, KT 1.15, WD inkl. Müllgebühr P/N –.60, Strom/kWh –.65. Umfangreiche kostenlose Service-Leistungen. Pauschalangebote. In NS Ermäßigung.
DCC 10% auf P/N. Anzeige S. 289

DCC-Vertragsplatz

82481 Mittenwald, Karwendelgeb. (e13) 8818

»NATURCAMPING ISARHORN« Mitte Dez. bis 31.10.
P.: Andreas Haaf 08823/5216, Fax 8091 920 m 75 000 qm
www.camping-isarhorn.de, camping@isarhorn.de
→ A95 München–Garmisch, beim AB-Ende weiter auf der B2 Richtung Mittenwald über Garmisch. Oder von München B11 über Kochel Richtung Mittenwald. An der Telefonzelle ca. 1 km vor Mittenwald rechts. ✉ Am Horn 4. (GPS: 47°28'22" N / 11°16'39" E).
❋ Wettersteingebirge, Karwendelgebirge, Wildwasserfahrten.

Naturbelassenes und unparzelliertes, lichtes Waldgelände mit freier Stellplatzwahl innerhalb der Isarschleife, mit ebenen Flächen oder gestuft zur Isar abfallend mit Stellnischen. Bundeswehr-Schießplatz in der Nähe. Jugendraum. Caravan-Reparaturservice. Ski-Trockenraum. Weihnachten Reservierung erforderlich. Ort 3 km entfernt. Separater Jugendplatz. Mittagsruhe 13-15 Uhr. Touristen-/Dauerstellplätze 190/130.
2008: P/N 5.–, K/N 3 bis 15 J. 2.50, C MC-St/N 7.20, T/N 5.–, M/N 6.50, H/N 2.70, KT 1.30, WD zuzügl. Strom/N 2.10 od. kWh –.60 (16 A).
DCC 10% auf P/N. Anzeige S. 288

Herzlich Willkommen in den Ammergauer Alpen!

Der Camping-Park Oberammergau liegt direkt am Ortsrand, inmitten der wunderschönen Ammergauer-Alpen. In wenigen Gehminuten erreichen Sie das Ortszentrum mit seinen weltbekannten Sehenswürdigkeiten, Einkaufsmöglichkeiten u.v.m. Das Freizeit- und Kulturangebot in unserer Umgebung läßt garantiert keine Wünsche offen! Im Sommer ist unsere Gegend ein beliebtes Ziel zum Wandern, Bergsteigen, Klettern, Fahrradtouren, Down-Hill, Schwimmen, Paragliding, Rafting und Reiten. Im Winter können Sie Skifahren, Langlaufen, Eisstockschießen, Schlittschuhlaufen oder einfach nur eine gemütliche Winterwanderung mit anschließender Kutschfahrt unternehmen! Die Platzausstattung ist unser **** Sterne Ausstattung entsprechend umfangreich und bietet dem Camping-, Dauer-, oder Ferienwohnungsgast viel Komfort in freundlicher Atmosphäre. Gerne informieren wir Sie telefonisch oder per E-Mail über Preise / Prospekte und Angebote
(8805)

Camping Bannwaldsee

Hier am Bannwaldsee liegt unser **bestens ausgestatteter Campingplatz** in Nähe der berühmten Königsschlösser Neuschwanstein und Hohenschwangau. Eine herrliche Landschaft und eine beeindruckende Allgäuer Bergwelt versprechen **abwechslungsreiche Urlaubstage** am größten **Naturschutzgebiet** Bayerns, dem Ammergebirge.

Camping Bannwaldsee – da bin ich gern!

ADAC Auszeichnung 2007

Wir bieten:

- **Komfort-Stellplätze** mit Direktanschlüssen für Wasser, Abwasser, Strom und Stellplatzbeleuchtung
- Waschparadies »Kinderland«
- **Modernste** sanitäre Anlagen mit allen Einrichtungen
- Mutter-Kind-Bereich, Behindertentoilette/-dusche, Geschirrspülmaschinen, Babywickelraum
- Restaurant »Bannwaldsee«, Caféterrasse, Biergarten
- Pizzeria »Madeleine« (geöffnet von Mai bis September)

- Internetecke und Hot-Spot
- Kinderspielplatz und Mini-Markt
- ★★★ Ferienwohnungen
- Wohnmobil-Servicestation

CAMPING BANNWALDSEE
J. u. L. Helmer GmbH & Co. KG
Münchener Straße 151
DE-87645 Schwangau/Allgäu

Telefon +49(0) 83 62 / 93 00-0
Telefax +49(0) 83 62 / 93 00-20
E-Mail: info@camping-bannwaldsee.de

Reservierung möglich. Wir bitten um frühzeitige Buchung. Fordern Sie unsere informative Prospektmappe an!

Rabatte in der Vor- und Nachsaison. Platz ganzjährig geöffnet.

www.camping-bannwaldsee.de

Naturcampingplatz Isarhorn · Mittenwald
Einer der schönsten Naturcampingplätze Deutschlands

Unser Platz liegt am Fuße d. Karwendelgebirges (2385 m), 3 km vor Mittenwald/Obb. (900 m). Er ist modern ausgestattet mit beheizten, gepflegten Sanitäranlagen, Warmwasser, Waschmaschine, Trockner. Versorgungsstation für Reisemobile. Im Winter: Trocken- und Skiraum.

Die Umgebung ist ein Paradies für Wanderer, Radfahrer, Mountainbiker, Skilangläufer, Skifahrer, Bergsteiger, Rafter, Kajak- und Kanufahrer, Paraglider, Drachenflieger usw.

Fahrrad- u. Wanderwege führen vom Campingplatz direkt in die Natur. Hallen- u. Freibad 3 km entfernt. 6 Naturseen im Umkreis von 4 km. Herrliche Loipen (z. B. Krün und Leutasch) und Skigebiete (Mittenwald, Seefeld, Garmisch) in unmittelbarer Umgebung.

Fußball-Europameisterschaft 2008: Partyzelt mit Großbildleinwand vor dem Campingplatz!

Bestens geführtes gemütliches Camping-Stüberl „**Isarhorner-Alm**" mit Biergarten (Gut bürgerliche bayer. Küche). Kiosk am Platz.

Ihre **Kleinen** sind bei uns bestens aufgehoben: **Kinderbetreuung, Spielplatz, Jugendraum.**

- **Sommer- und Wintercamping**
- **Freie Stellplatzwahl** (keine Parzellen)
- **Ideal für Gruppen**
- **Tipi-Vermietung** (Rad- u. Motorradfahrer)
- **Skibus- u. RVO-Bushaltestelle**
- **Kletterturm und Hochseilgarten**

Camping-Sparpreise im Frühjahr und Herbst!

Naturcampingplatz Isarhorn · Fam. Haaf · Isarhorn 4 · 82481 Mittenwald · Tel. 08823/5216 · Fax 8091
E-Mail: camping@mittenwald.de · Internet: www.camping-isarhorn.de
(Beschreibung S. 286, 8818)

82432 Walchensee (e13) 8819

25 ★★★ »CAMPING WALCHENSEE LOBISAU« 1.5. bis 15.9.
P.: Berndt Pangerl ☎/Fax 08858/929168   800m   34000qm
www.camping-walchensee.de, info@camping-walchensee.de
→ A95 München–Garmisch Abf. (10) Murnau/Kochel über Kochel Richtung Mittenwald noch ca 14 km. ✉ Lobisau. (GPS: 47°34'55" N / 11°18'33" E).
∴ Walchensee.

Langgestrecktes, vom Waldrand zum Seeufer abfallendes leicht terrassiertes Gelände mit parzellierten und gekiesten Stellflächen, teilweise schattenlos. Separate Zeltwiese. Campingartikel. Imbiss. Ort 500 m entfernt. Mittagsruhe 13-15 Uhr. Touristen-/Dauerstellplätze 120/40
2007: P/N 5.05, K/N bis 5 J. 1.05, 6 bis 15 J. 3.05, C MC-St/N 7.–, T/N 4.–, B/N 2.–, H/N 1.50, KT und WD zuzügl., Müllgebühr P/N –.20, Strom/N 2.– (10 A). Ab 14 Nächte Aufenthalt 10% auf St/N.

82418 Murnau-Seehausen (e13) 8820

30 ★★★ »CAMPING HALBINSEL BURG« 1. 1. bis 30.10.
E.: Gemeinde V.:Getzreiter ☎ 08841/9870, Fax 626071 670m 20000qm
www.Murnau.de, camping-Halbinsel-Burg@t-online.de
Abfahrt
→ A95 München–Garmisch Abf. (9) Sindelsdorf/Peissenberg nach Murnau. Hier 1. Ampel rechts nach Seehausen. Ab hier beschildert. ✉ Burgweg 41. (GPS: 47°41'06" N / 11°10'43" E).

Zum Ufer unparzelliert abfallendes, mehrfach gestuftes und teilweise gekiestes Wiesengelände unter hohen Bäumen. In HS oft überbelegt. Ort 4 km, Kurmöglichkeit 12 km entfernt. Mittagsruhe 13-15 Uhr. Touristen-/Dauerstellplätze 120/20.
2008: P/N 5.90, K/N 6 bis 14 J. 3.30, A/N 4.60, C MC/N 9.80, T/N 4.60/7.20, B/N 2.–, KT –.40/–.20, WD inkl., Strom/N 1.80 (16 A).
DCC/CCI ca. 11% auf P/N.

Wegen oft wechselnden Größenangaben für die einzelnen Stellparzellen durch die Platzhalter veröffentlicht der DCC nur noch die Camping-Gesamtfläche in qm und den Hinweis »parzelliert« oder »unparzelliert«.

82449 Uffing am Staffelsee (e13) 8822

25 ★★★ »CAMPING AICHALEHOF« 1.5. bis 30.9.
E.: Fam. Jais u. Stöger ☎ 08846/211, Fax 914633 633m 60000qm
www.aichalehof.de, camping@aichalehof.de
→ A95 München–Garmisch Abf. (9) Sindelsdorf/Peissenberg in Richtung B2 über Spatzenhausen nach Uffing. ✉ Aichalehof 4. (GPS: 47°41'55" N / 11°09'30" E).

3km

Ebenes, naturbelassenes und unparzelliertes Wiesengelände mit Büschen und Bäumen am See, zum Ufer leicht abfallend. Zum Teil mit Bäumen bewachsene Uferliegewiese. Imbiss. Hundedusche. Ort 3 km entfernt. Mittagsruhe 12-14 Uhr. Touristen-/Dauerstellplätze 120/300.
2008: P/N 5.50, K/N 4 bis 13 J. 2.75, A/N 2.50, C MC/N 5.– bis 6.–, T/N 2.50/4.–, M/N 1.50, B/N –.50/2.–, H/N 1.50, KT –.35, WD zuzügl., Strom/N 2.– (10 A).

82433 Bad Kohlgrub (e13) 8823

20 ★★★ »KURCAMPING BAD KOHLGRUB« März bis Nov.
E.: Johann Reindl 820m 4000qm
☎ 08845/74100, Fax 741055
www.hotelwaldruh.de, info@hotelwaldruh.de
→ B23 Schongau–Garmisch-Partenkirchen Abf. Saulgrub nach Bad Kohlgrub. Hier beschildert. ✉ Sonnen 93. (GPS: 47°39'31" N / 11°02'37" E).

Anzeige S. 290

Ebene bis leicht abfallende und parzellierte Splittfläche mit jungen Anpflanzungen an einem Berghang oberhalb von Bad Kohlgrub. Separate Pkw-Abstellung. Kabel-TV. Medizinische Badeabteilung. Wellnessbereich. Moortretbecken. Skilift und Skischule am Platz. Skiverleih. FW. Brötchenservice. Ort 2 km entfernt. Mittagsruhe 12-14 Uhr. 16 Touristenplätze.
2008: P/N 2.50, K/N bis 6 J. frei, C MC-St/N 10.40, T-St/N 5.–, H/N 1.–, KT 1.60, WD inkl., Müllgeb./Woche 5.–, Strom/N –.30 plus kWh –.40 (16 A).

DCC – DEIN PARTNER!

Kur-Camping in Bad Kohlgrub
J. Reindl
Sonnen 93
82433 Bad Kohlgrub
Tel. 0 88 45/7 41 00
Fax 0 88 45/74 10 55

Suchen Sie etwas Besonderes?
Dann erleben Sie den Zauber der Natur direkt am Fuße des Hörnle! Wir bieten Ihnen die ideale Kombination von freiem Camping in Verbindung mit einer Moor-Badekur. Sie tanken »Gesundheit pur« im Kur- und Wellnesshotel Waldruh. Auf Anfrage erhalten Sie von uns auch Prospekt und Pauschalangebote. Es erwartet Sie ein Kneipptretbecken mit kristallklarem Bergwasser sowie ein Moortretbecken sowie unsere neu erbaute Wellness-Oase (230 m²).
Internet: www.hotelwaldruh.de
e-Mail: info@hotelwaldruh.de
Beschreibung S. 288, 8823

DCC-Vertragsplatz

82401 Rottenbuch, Schongau (e13) — 8824
★★★★ »TERRASSEN-CAMPING AM RICHTERBICHL«
E.: Christof Echtler ☎ 08867/1500, Fax 8300 760 m 1.1. bis 31.12.
www.camping-rottenbuch.de, christof.echtler@t-online.de 12 000 qm
→ B 23 Schongau–Garmisch-Partenkirchen, am Ortsende von Rottenbuch rechts, beschildert. ✉ Solder 1. (GPS: 47°43'23'' N / 10°58'00'' E).
♣ Echelsbacher Brücke, Wies- u. Rottenbuchkirche, Schloss Linderhof.

100 m 500 m 4 km
Terrassiertes Wiesengelände neben der Straße parzelliert ansteigend mit kleinem Badeweiher. Kneipp-Anlage. FW. Ort 500 m entfernt. Mittagsruhe von 12.30-15 Uhr. Touristen-/Dauerstellplätze 70/40.
2008: (HS) P/N 5.10, K/N 3 bis 16 J. 3.10, St/N 6.–, H/N 1.80, KT –.50, WD zuzügl., Strom/kWh –.55 (10 A), In NS Ermäßigung.
DCC/CCI 10% auf P/N.

82418 Riegsee bei Murnau (e13) — 8825
★★★ »CAMPING RIEGSEE«
E.: Gemeinde V.: Schlegel ☎ 08841/2677, Fax 672761 650 m 30 000 qm 1.1. bis 31.12.
www.seestube.de.vu, Seestube-Riegsee@t-online.de
→ A 95 München–Garmisch-Partenk. Abf. (9) Sindelsdorf Richtung Murnau. Vor Hofheim links abbiegen nach Riegsee. ✉ Seestr. 21. (GPS: 47°42'01'' N / 11°13'47'' E).

500 m
Zum See terrassiert abfallendes, parzelliertes Wiesengelände mit teilweise gekiesten Stellflächen. Durch Dauercamper geprägt. Ort 300 m entfernt. Mittagsruhe 12-14 Uhr. Touristen-/Dauerstellplätze 30/160.
2008: (HS) P/N 5.20, K/N 6 bis 16 J. 2.–, C MC-St/N 8.70, T-St/N 4.–, WD inkl., Strom/N 1.– (16A). In NS Ermäßigung.

82418 Hofheim am Riegsee (e13) — 8826
★★★ »CAMPING BRUGGER«
E.: Karl Brugger & Sohn GbR ☎ 08847/728, Fax 228 650 m 60 000 qm 1.4. bis 15.10.
www.camping-brugger.de, office@camping-brugger.de
→ A 95 München–Garmisch-Partenk. Abf. (9) Sindelsdorf Richtung Murnau, bei Hofheim abbiegen, beschildert. ✉ Dorfstr. 5. (GPS: 47°42'24'' N / 11°13'05'' E).

800 m 6 km
Terrassiertes und überwiegend parzelliert ansteigendes Wiesengelände mit teilweise gekiesten und geschotterten Stellflächen. Von Hecken durchzogen. Uferliegewiese und öffentlicher Badebetrieb. Bücherei. Sportartikelverleih. Separater Jugendplatz. Ort 1 km entfernt. Mittagsruhe 12.30-14.30 Uhr. Touristen-/Dauerstellplätze 100/300.
2008: (HS) P/N 4.80, K/N 4 bis 14 J. 2.20, C-St/N 8.50 bis 14.50, MC/N 16.–, T/N 4.80, M/N 2.–, H/N 2.50, KT inkl., WD zuzügl., Strom/N –.55 (16A). In NS Ermäßigung.

82431 Kochel am See (e13) — 8827/1
★★★ »CAMPING RENKEN«
P.: Stephanie Kindermann 600 m 10 000 qm April bis Okt.
☎ 08851/615505, Fax 615541
www.campingplatz-renken.de, info@campingplatz-renken.de
→ A 95 München–Garmisch Abf. (10) Murnau/Kochel über Kochel, dort weiter Richtung Mittenwald, 1. Platz rechts, beschildert. ✉ Mittenwalder Str. 106 (GPS: 47°38'22'' N / 11°21'18'' E).

300 m 2.5 km
Vom Seeufer zum Waldrand leicht ansteigendes, unparzelliertes Wiesengelände neben der Straße. In HS separate Pkw-Abstellung. Ort 2.4 km entfernt. Separater Jugendplatz. Mittagsruhe 12.30-15 Uhr. Touristen-/Dauerstellplätze 60/10.
2007: P/N 6.–, K/N 3 bis 13 J. 2.50, A/N 2.50, C/N 4.– bis 6.–, MC/N 6.– bis 9.–, T/N 3.– bis 6.–, M/N 1.50, B/N 1.50 bis 2.50, H/N 2.–, KT inkl., Strom/N 1.– oder kWh –.50, Anschlussgebühr 1.50. CCI ab 3. Nacht 10%.
DCC 10% auf P/N.

82431 Kochel am See (e13) — 8827/2
★★★ »CAMPING KESSELBERG«
P.: Christian Sebald ☎/Fax 08851/464 600 m 15 000 qm 1.4. bis 5.10.
www.campingplatz-kesselberg.de
→ A 95 München–Garmisch-Partenkirchen Abf. (10) Murnau/Kochel über Kochel, dort weiter Richtung Mittenwald, 2. Platz rechts. ✉ Altjoch 21/2. (GPS: 47°38'12'' N / 11°20'55'' E).

500 m
Zum Seeufer leicht abfallendes, parzelliertes Wiesengelände neben einer steilen Felswand, überwiegend schattenlos. Separate Zeltwiese. Separater Jugendplatz. Familiäre Atmosphäre. Ort 3 km entfernt. Touristen-/Dauerstellplätze 80/40.
2007: P/N 6.–, K/N 3 bis 13 J. 2.50, A/N 3.–, C/N 4.–, MC/N 6.– bis 9.–, T/N 3.–, M/N 1.50, H/N 2.–, KT inkl., WD zuzügl., Strom/N 1.50 oder kWh –.50, Anschlussgebühr 1.50 (16 A).

83646 Arzbach, Bad Tölz (f13) — 8828
★★★ »ALPEN-CAMPING ARZBACH«
E.: Gottfried Willibald ☎ 08042/8408, Fax 8570 720 m 20 000 qm 1.1. bis 31.12.
www.arzbach.de, campingplatz.arzbach@web.de
→ B 13 Holzkirchen–Bad Tölz, in Bad Tölz über die Isarbrücke, dann rechts abbiegen nach Arzbach. Hier beschildert. ✉ Alpenbadstr. 20. (GPS: 47°42'28'' N / 11°33'01'' E).

100 m
300 m 4 km
Ebenes bis leicht wellig ansteigendes, parzelliertes Wiesengelände hinter dem Gasthof an einem Bach. Hunde auf Anfrage. FW. Kegelbahn. Ort (Lenggries) 4 km entfernt. Mittagsruhe 13-16 Uhr. Touristen-/Dauerstellplätze 50/50.

83646 Bad Tölz-Stallau (f13) — 8829
★★★★ »CAMPING STALLAUER SEE«
E.: Josef Demmel ☎ 08041/8121, Fax 730404 720 m 22 000 qm 1.1. bis 31.12.
www.campingplatz-demmelhof.de
→ B 472 Bad Tölz-Bichl, bei Stallau rechts abbiegen. ✉ Stallau 148. (GPS: 47°45'02'' N / 11°30'00'' E).

800 m 1 km 2 km 3 km
Vom Seeufer vom Waldrand parzelliert ansteigender Terrassenplatz bei einem Bauernhof. Brötchenservice. Ort 3.5 km entfernt. Separater Jugendplatz. Mittagsruhe 12-14 Uhr. Touristen-/Dauerstellplätze 50/50.
2007: P/N 5.–, K/N 5 bis 12 J. 3.–, St/N 8.–, WD zuzügl., Strom kWh –.50 (16 A).

83700 Rottach-Weißach, Tegernsee (f13) — 8833
★★★★ »CAMPING WALLBERG«
E.: Karl Mayr ☎ 08022/5371, Fax 670274 750 m 30 000 qm 1.1. bis 31.12.
www.campingplatz-wallberg.de, campingplatz-wallberg@web.de
→ A 8 München–Salzburg Abf. (97) Holzkirchen auf die B318 über Bad Wiessee nach Weißach, beschildert. ✉ Rainerweg 10. (GPS: 47°41'18'' N / 11°44'56'' E).
♣ Wallbergbahn, Tegernsee, Wildbad Kreuth.

290

- Fantastischer Blick auf die Zugspitze (25 km)
- Kinderspielplatz und Kinderraum • Animation in der Ferienzeit • Moderne Sanitäranlagen mit Fußbodenheizung • Alle Stellplätze mit Stromanschluss • Komfortplätze mit Wasser und Abwasser • kostenloser Internetpoint (DSL)
- Leihbücherei, Tretbootverleih, Volleyball-Netz
- Schwimmen, Segeln, Windsurfen, Radeln, Wandern.

Dieser schöne, ruhig gelegene, moderne Campingplatz liegt in reizvoller Landschaft, direkt am Riegsee, einem der wärmsten Badeseen Bayerns. (8826)

Camping Brugger am Riegsee
Seestraße 1 • 82418 Hofheim am Riegsee • Tel. 08847-728 • office@camping-brugger.de
www.camping-brugger.de • Ihr Navi findet uns in: Spatzenhausen (82447), Seestraße

Umwelt Management

---

1 km / 1.5 km / 2 km / 4 km
Ebenes Wiesengelände abseits der Straße und des Sees, teilweise parzelliert und überwiegend schattenlos. Öffentlicher Badestrand frei. FW. Ort 2 km entfernt. Separater Jugendplatz. Mittagsruhe 12-15 Uhr. Touristen-/Dauerstellplätze 150/100.
2008: (HS) P/N 4.70, K/N 1 bis 6 J. 3.–, bis 16 J. 3.50, C MC-St 6.20, T/N 4.70, M/N 2.–, B/N 2.50, H/N 2.50, KT 1.60/–.80, WD inkl., Müllgeb. St/N 1.–, Strom/kWh .50 (10-16 A). Ab dem 3. Kind 1 Kind frei. In NS Erm.

83629 Großseeham, Weyarn (f13) 8834
30 ★★★ »CAMPING SEEHAMER SEE« — 1.1. bis 31.12.
I.: Josef Seibald ☎/Fax 08020/1400 600m 40000qm
www.seehamer-see.de, info@seehamer-see.de
→ A8 München–Salzburg, zwischen den Abfahrten (98) Weyarn und (99) Irschenberg bei km 37 über den AB-Parkplatz zum Campingplatz. In Gegenrichtung Irschenberg-Weyarn km 36 über Parkplatz zum Campingplatz. Oder Abfahrten 98/99. Beschildert. ✉ Hauptstr. 32. (GPS: 47°51'06" N / 11°51'44" E).

1 km / 15 m
Zweiteiliges, welliges und unparzelliertes Wiesengelände hinter einem Lärmschutzwall zwischen der Autobahn und dem See. Günstiger Etappenplatz. Von Dauercampern geprägt. Kein Wassersport (1.11.-30.3.). Separater Jugendplatz. Ort 1 km entfernt. Touristen-/Dauerstellplätze 80/80.
2007: (HS) P/N 7.–, K/N 4 bis 12 J. 6.–, St/N 8.–, WD zuzügl., Strom/N 2.– (16A). Ab 1 Woche Aufenthalt 10% und in NS Ermäßigung.

83727 Schliersee - Breitenbach (f13) 8835
★★★ »CAMPING LIDO« — April bis Okt.
P.: Familie Ziermeier ☎/Fax 08026/6624 840m 25000qm
www.Camping-Lido.de
→ A8 München–Salzburg Abf. (98) Weyarn über Weyarn und Miesbach. Am Ortsanfang Schliersee rechts abbiegen über die Bahnlinie. Beschildert. ✉ Westerbergstr. 27. (GPS: 47°43'41" N / 11°51'05" E).

1.5 km
Leicht zum Seeufer abfallendes Wiesengelände, von einem Bach geteilt. Teilweise gesplittet und überwiegend parzelliert. Separate Pkw-Abstellung. Aufnahme von Hunden auf Anfrage. Nahe Bahnlinie, nachts nicht befahren. Ort 1 km entfernt. Mittagsruhe 13-15 Uhr. Touristen-/Dauerstellplätze 90/80.

83730 Aurach bei Fischbachau (f13) 8841
15 ★ »GLOCKENALM-CAMPING« — Pfingstmontag bis 15.9.
E.: Dr. Holderied V.: Krauth ☎ 08028/553 6000qm
→ A8 München–Salzburg Abfahrt (98) Weyarn. In Aurach beim Gasthof Mairhof abbiegen. Ohne Steigung zu erreichen. ✉ Alpenstr. 2. (GPS: 47°42'08" N / 11°55'01" E).
• Schöner Blick zum Wendelstein.

500m / 7 km
Abfallendes und parzelliertes Wiesengelände an einem Bach. Ort (Fischbachau) 4km entfernt. Mittagsruhe 12.30-14 Uhr. 26 Touristenplätze.
2007: P/N 3.–, K/N bis 12 J. 1.50, St/N 5.–, KT –.60, WD inkl., Strom/kWh –.40 (10 A), Anschlussgebühr 1.–.

Wallberg Camping am Tegernsee
D-83700 Rottach-Egern/Weißach · E-Mail: Campingplatz-Wallberg@WEB.DE

Zwischen den heilklimatischen Kurorten Rottach-Egern und Kreuth (800 m ü.M.) und den weltbekannten Kurort Bad Wiessee 400 m vom Tegernsee entfernt mit modernsten Einrichtungen und neuer Stromversorgung. Ganzjährig geöffnet.
Reichhaltiges Wintersportprogramm: Skilifte, Wallbergbahn, herrliche Skiwandermöglichkeiten, Rodeln und Eissport. 2 Hallenbäder in 3 km Entfernung. Spielbank, modernste Tennisanlage (4 Hallenplätze).
Sommerprogramm: Alle Wassersportmöglichkeiten am Tegernsee. Über 100 m ebene Wanderwege. Vielfältige Bergwelt. 2 Warmbäder. Reit- und Golfsport. Folklore mit Wald- und Trachtenfesten und vieles mehr bietet sich dem Gast an. Keine Voranmeldung nötig.
(8833)

83730 Fischbachau, Wendelstein (f13) 8842

30 ★★★ »CAMPING WOLFSEE« — 15.12. bis 1.11.
E.: Rainer Daiss ☎ 08028/868, Fax 614 — 790 m — 60 000 qm
www.wolfsee-camping.de, camping-wolfsee@t-online.de

→ A8 München–Salzburg Abf. (99) Irschenberg Richtung Bayrischzell, bei Aurach links abbiegen ca. 2 km in Richtung Fischbachau. ✉ Wolfsee 10. (GPS: 47°42'46" N / 11°56'43" E).

100 m ... 1.5 km / 7 km / 8 km

Ebenes, gekiestes Wiesengelände mit Naturbadesee und Liegewiese. Teilweise parzelliert. Vom Wendelsteinmassiv und von Waldhöhen begrenzt. Kabel-TV. Kinderland. Separater Jugendplatz. Schwimmbad und Ort 1.5 km entfernt. Mittagsruhe 13-15 Uhr. Touristen-/Dauerstellplätze 70/160.
2007: (HS) P/N 5.80, K/N 2 bis 14 J. 3.80, C MC-St/N 7.30/9.50, T-St/N 7.30, H/N 3.50, KT –.35/–.15, WD und Strom (6 A) inkl. In NS Ermäßigung.

83075 Bad Feilnbach, Wendelstein (f13) 8844

30 ★★★★ »TENDA CAMPING-U. FREIZEITPARK« — 1.1. bis 31.12.
E.: Ulrich Thoma ☎ 08066/533, Fax 8002 — 540 m — 140 000 qm
www.tenda-camping.de, info@tenda-camping.de

→ A8 München–Salzburg Abf (100) Bad Aibling/Bad Feilnbach, noch ca. 2 km, beschildert. ✉ Reithof 2 (GPS: 47°47'23" N / 12°00'17" E).
~ Wendelstein, Rosenheim und Bad Aibling.

200 m / 300 m / 800 m
... 2 km / 6 km

Großflächiges und überwiegend parzelliertes, günstig aufgelockertes parkartiges Wiesengelände, leicht ansteigend. Durch Stellkreise geprägt. Liegewiese am Freibad. Für Transitcamper Stellkreis Nr. 14 und asphaltierte Gespannplätze im Eingangsbereich. Kinderspielraum. Ort 2.5 km entfernt. Mittagsruhe 13-15 Uhr. Touristen-/Dauerstellplätze 580/440.
2007: (HS) P/N 6.20, K/N 4 bis 14 J. 3.30, C MC-St/N 8.–, T-St/N 4.–, H/N 2.50, KT 1.40, WD inkl., Strom/N 2.– oder kWh –.50 (16 A), Anschlussgeb. 1.50. In NS Ermäßigung.

83135 Schechen, Rosenheim (f13) 8846

25 ★★★ »CAMPING ERLENSEE« — 1.1. bis 31.12.
E.: Erbeng. Hanslmeier ☎ 08039/1695, Fax 9416 — 450 m — 40 000 qm

→ A8 München–Salzburg Abf. (102) Rosenheim auf die B15 Richtung Wasserburg. Bei Schechen rechts abbiegen. ✉ Rosenheimer Str. 63. (GPS: 47°55'30" N / 12°08'08" E).

83564 Soyen bei Wasserburg (f12) 8847

20 ★★★ »CAMPING SOYENSEE« — 1.4. bis 31.10.
E.: Margit Maier ☎ 08071/3860, Fax 51969 — 470 m — 20 000 qm
www.soyensee.de, campingplatz@soyensee.de

→ B15 Rosenheim–Landshut, ca. 7 km hinter Wasserburg rechts abbiegen nach Soyen, beschildert. ✉ Seestr. 28. (GPS: 48°06'19" N / 12°12'25" E).

Ebenes, parzelliertes Wiesengelände seitlich der Bundesstraße an einem Badesee. Uferplätze von Dauercampern belegt. Ort 800 m, Mittagsruhe 13-15 Uhr. Touristen-/Dauerstellplätze 50/120.
2007: P/N 5.20, K/N 2 bis 14 J. 2.60, J/N 3.60, C MC-St/N 9.–, T-St/N 3.50 bis 6.50, H/N 2.–, WD zuzügl., Strom/N 2.– oder kWh –.55. (1.10.-30.4.) 2 P/N, St/N und Strom/N 16.–.
DCC 10% auf P/N.

Leicht geneigte, unparzellierte Touristenwiese am See, sowie zum Waldrand gestuft ansteigendes Gelände in Ortslage. Bus- und Bahnhaltestelle 100 m entfernt. Separater Jugendplatz. Mittagsruhe 12-14 Uhr. Touristen-/Dauerstellplätze 50/100.
2007: P/N 4.–, K/N 2 bis 14 J. 2.50, J/N 3.–, St/N 7.–, WD zuzügl., Strom/kWh –.50 (16 A). Ab 14 Nächte 10% Ermäßigung.

83093 Hintersee bei Bad Endorf (f13) 8848

25 ★★★★ »CAMPING STEIN« — 1.5. bis 30.9.
E.: Familie Stein ☎ 08053/9349, Fax 798745 — 470 m — 30 000 qm
www.camping-stein.de, info@camping-stein.de

→ A8 Ausfahrt (104) Achenmühle hinter Riedering in Richtung Bad Endorf. Vor Bad Endorf zum Simssee abbiegen. Beschildert. ✉ See 10. (GPS: 47°53'03" N / 12°16'11" E).

2 km / 4 km

Leicht welliges und unparzelliertes vom Waldrand zum See abfallendes und terrassiertes Wiesengelände mit Uferliegewiese. Öffentlicher Badebetrieb. Sanitäranlage beheizbar. Nur Boote ohne Motor. Kabel-TV. Hot Spot. Hundeverbot (15.7.-20.8.). Ort (Bad Endorf) 4 km entfernt. Separater Jugendplatz. Mittagsruhe 12-14 Uhr. Touristen-/Dauerstellplätze 66/74.
2008: (HS) P/N 5.–, K/N 6 bis 14 J. 2.50, St/N 7.–, B/N 2.–, H/N 2.50, KT 1.30, WD zuzügl., Strom/kWh –.40 (16 A), Anschlussgebühr 1.50. In NS Erm.

Plätze ohne TAX-Angabe

Diese Plätze haben seit 2 Jahren und mehr keine Meldung mehr abgegeben. Darum kann auch für die Öffnungszeit nicht garantiert werden.

(8844)

Ferien im TENDA-Land ... **am Gipfel der Erholung**

TENDA Camping+Freizeitpark GmbH • Reithof 2 • D 83075 Bad Feilnbach
Tel. +49 (0)8066 - 533 • Fax: 8002 • info@tenda-camping.de • www.tenda-camping.de

Kinderland

Ein freundlicher Familienplatz in den Bergen, fernab aller Hektik mit allem Komfort: Moderne Sanitäranlagen (Warmwasser inkl.), Kinderspielplatz, Tischtennis, Kiosk, Strom- und TV-Anschluss. Genießen Sie herrliche Wanderungen, Radfahren, Baden im See oder einfach nur die Ruhe und Entspannung.
Im Winter erleben Sie Skivergnügen auf Pisten und Loipen.
Im gemütlichen Gasthaus mit Biergarten werden bayr. Schmankerl serviert.

Vor- und Nachsaisonpreise ermäßigt!

Anfahrt: BAB München – Salzburg, Ausfahrt Irschenberg

83126 Flintsbach am Inn (f13) 8851

20 ★★★ »INNTAL-CAMPING« 1.1. bis 31.12.
P.: Campingerholungsverein Bayern e. V. V.: Wendland 3000 qm
☎/Fax 08034/2869 Mobil 0171/3751774

→ A93/E45 AB-Dreieck Inntal-Kiefersfelden Abf. Brannenburg durch die Orte Flintsbach und Fischbach, nach ca. 1 km links abbiegen durch die Bahnunterführung (2.60 m Durchfahrthöhe). Für höhere Fahrzeuge besteht ca. 200 m vor der Haupteinfahrt eine weitere Bahnunterführung (3.80 m Durchfahrthöhe), beschildert. ✉ Kranzhornweg 40. (GPS: 47°41'57" N / 12°09'31" E).

Leicht welliger Wiesenstreifen am Seeufer, durch einen Waldgürtel von der AB getrennt. Teilweise wenig Schatten. Separater Jugendplatz. Touristen-/Dauerstellplätze 40/50.
2007: P/N 4.50, K/N 4 bis 14 J. 1.50, A/N 1.50, C/N 4.50, MC/N 6.50, T/N 3.50, M/N 1.50, H/N 1.50, WD inkl., Strom/kWh –.50 (10 A). Anschluss 1.–.

83229 Aschau, Chiemgau (f13) 8854

25 ★★★ »CAMPING AM MOOR« 1.1. bis 31.12.
E.: P. und R. Nagel ☎ 08052/4513, Fax 9228 615 m 8000 qm
www.camping-am-moor.de, buero@camping-am-moor.de

→ A8 München–Salzburg Abf. (105) Frasdorf oder Abf. (106) Bernau Richtung Aschau. Aus Bernau kommend am Ortseingang rechts. ✉ Innerkoy 1. (GPS: 47°47'11" N / 12°20'05" E).
⚑ Schloss Hohenaschau, Kampenwandseilbahn, Chiemsee.

 200m
1 km 4km

Ebenes, gekiestes und parzelliertes Gelände unter Bäumen hinter dem Gasthof. Ort 1 km entfernt. Mittagsruhe 13-15 Uhr. Touristen-/Dauerstellplätze 25/25.
2007: P/N 5.45, K/N 2 bis 5 J. 2.65, 6 bis 14 J. 3.95, A/N 3.95, C T/N 3.95, MC/N 6.95, M/N 2.95, B/N 3.95, H/N 1.95, KT P/N 1.–, K/N 6 bis 14 J. –.85, WD inkl., Strom/kWh –.45 (16 A). Anschlussgebühr 1.95.

83233 Bernau, Chiemgau (f13) 8855

★★ »CAMPING MARIENGRUND« Mai bis Sept.
P.: Angelika u. Dagmar Weiss ☎/Fax 08051/7894 520 m 6300 qm
www.camping-in-bayern.de, mariengrund@aol.com

→ A8 München–Salzburg Abf.(106) Bernau Richtung Prien, nach 300 m rechts. Beschildert. ✉ Priener Str. 42. (GPS: 47°49'01" N / 12°21'47" E).

Ebener Transitplatz neben der Autobahn, unparzelliert mit Rasen- oder Kiesfläche hinter einem niedrigen Lärmschutzwall. Duschen und Waschbecken von 12-18 Uhr geschlossen. FW. Imbiss. Bus-Ausflugsfahrten. Ort 1 km entfernt. 30 Touristenplätze.

DCC – DEIN PARTNER!

Herrlich gelegener, ruhiger Familienplatz direkt am Simssee. Idealer Ausgangspunkt für Rad- und Wandertouren. Wellness und Kurmöglichkeit in den 5 km entfernten Chiemgauthermen in Bad Endorf.

Tel.: 0 80 53/93 49 • Fax.: 0 80 53/79 87 45 • See 10
83093 Bad Endorf • E-Mail: info@camping-stein.de

Camping „Hofbauer"
83209 Prien am Chiemsee

Eingebettet in die schöne Landschaft des Chiemgaues. Sehr gut geeignet zum Wandern und Radfahren. (8857/1)

Kneippkurort
Neue moderne Sanitäranlage.
Neues geheiztes Freischwimmbad

83209 Prien, Chiemsee (f13) — 8857/1

25 ★★★★ »CAMPING HOFBAUER« 20.3. bis 31.10.
E.: Johann Hofbauer ☎ 08051/4136, Fax 62657 530 m 15 000 qm
camping-prien-chiemsee.de, ferienhaus-campingpl.hofbauer@t-online.de

→ A8 München–Salzburg Abf.(106) Bernau Richtung Prien, nach 3 km links, beschildert. ✉ Bernauerstr. 110. (GPS: 47°50'20" N / 12°21'04" E).

Leicht ansteigendes, durch Hecken parzelliertes Wiesengelände neben der Straße bei einem ehem. Bauernhof. Teilweise gekieste Stellflächen. Mit Rasengittersteinen befestigte Mocaplätze. Geteerte Zufahrtswege. Sanitärgebäude beheizbar. Imbiss. FW. Ort 1.5 km, Hallenbad 4 km, Reiten 5 km entfernt. Separater Jugendplatz. Mittagsruhe 12-14 Uhr. Touristen-/Dauerstellplätze 80/40.
2008: (HS) P/N 6.20, K/N bis 14 J. 3.10, C MC-St/N 5.40, T-St/N 3.20, H/N 2.–, KT 1.50/1.–, WD inkl., Strom/kWh –.45 (16 A), Anschlussgebühr 1.80. In NS Ermäßigung.

83209 Prien-Harras, Chiemsee (f13) — 8857/2

30 ★★★ »PANORAMA CAMPING HARRAS« 5.4. bis 10.10.
E.: K. Ritzinger ☎ 08051/904613, Fax 904616 520 m 22 000 qm
www.camping-harras.de, info@camping-harras.de

→ A8 München–Salzburg Abf. (106) Bernau Richtung Prien ca. 3 km, beim Kreisverkehr rechts dann rechts abbiegen noch 1 km zum See und Campingplatz, beschildert. ✉ Harrasserstr. 135 (GPS: 47°50'26" N / 12°22'24" E).

Ebenes, teilweise parzelliertes Gelände auf einer Halbinsel am See. 15% Aufschlag für Kurzzeitaufenthalt. In HS enge Belegung. Imbiss. Ort 3 km entfernt. Separater Jugendplatz. Mittagsruhe 13-14 Uhr. Touristen-/Dauerstellplätze 120/40.
2008: P/N 5.50, K/N 3 bis 13 J. 3.90, A/N 1.70, C/N 4.–, MC/N 5.60, T/N 3.60, M/N 1.50, B/N 2.10, H/N 3.50, KT 1.50/1.–, WD zuzügl., Strom/N 1.– (6 A).

83358 Seebruck, Chiemsee (f13) — 8862

25 ★★ »CAMPING LAMBACH« 1.4. bis 30.9.
E.: Schlösser & Seenverwaltung Seebruck V.: Hofstetter GmbH
☎ 08667/7889, Fax 809610 526 m 10 700 qm
www.chiemgau-camping.de, info@chiemgau-camping.de

→ A8 München–Salzburg Abf. (106) Bernau in Richtung Prien und weiter am westl. Seeufer über Gstadt nach Lambach, beschildert. ✉ Lambach (GPS: 47°55'41" N / 12°27'03" E).

Zwischen Straße und Seeufer leicht abfallendes, meist schattenloses Gelände, unparzelliert und von Bäumen umgeben. Uferzuschlag. Imbiss. Brötchenservice. Ort 2 km entfernt. Touristen-/Dauerstellplätze 70/30.
2007: P/N 5.50, K/N 2 bis 4 J. 2.50, 5 bis 16 J. 4.–, C MC-St/N ab 4.50, T-St/N ab 4.–, B/N ab 2.50, H/N 2.50, WD keine Angabe, Müllgebühr P/N –.50, Strom/N 2.–, Anschlussgebühr 1.50. Ab 4/10 Nächte 10%/15% Ermäßigung (10.9.-15.6.).

DCC-Vertragsplatz

83339 Arlaching, Chiemsee (g13) — 8864

30 ★★★ »CAMPING KUPFERSCHMIEDE« 1.4. bis 3.10.
P.: Kupferschmiede GmbH ☎ 08667/446, 1266, Fax 16198 22 000 qm
www.campingkupferschmiede.de, campingkupferschmiede@aol.com

→ Straße Traunstein–Seebruck, kurz hinter Arlaching rechts, beschildert. Trostberger Str. 4 (GPS: 47°55'47" N / 12°29'34" E).

Ebenes bis leicht welliges Wiesengelände, teilweise parzelliert hinter hohen Hecken neben der Straße. Dauercamperteil mit eigenen Sanitäranlagen beim Gasthof gegenüber. Seezugang durch Straßenunterführung. Kinderspielzimmer. Ort 1 km entfernt. 88 Touristenplätze.
2008: (HS) P/N 6.50, K/N 2 bis 7 J. 1.80, bis 10 J. 3.–, A/N 2.–, C T/N 4.80, MC/N 6.80, M/N 1.–, B/N 1.–, H/N 1.–, WD zuzügl., Strom/kWh –.50 (16 A). In NS Ermäßigung.
DCC 10% auf P/N.

(8857/2) **Traumurlaub am Wasser**
Panorama Camping Harras
Prien "direkt am Chiemsee"
Der schönste Naturcamp am See mit luxuriösen Sanitäranlagen
Tel.: 0 80 51/9 04 60

Die gepflegte Camping-Atmosphäre am Bayerischen Meer

Erleben Sie nicht nur Camping-Ferien, sondern genießen Sie den unerschöpflichen Reichtum des Chiemgaues und seiner Umgebung zu allen Jahreszeiten im Angebot von Natur, Kultur, Erholung, Sport und Freizeit. Ein herrlicher Sandstrand, grüne Liegewiesen, Beach-Volley Ball, Spielplatz, Hüpfburg, Trampolin, Tischtennis, großzügig eingeteilte Stellplätze mit Strom, Wasser, Abwasserentsorgung, vorbildlichen Sanitäranlagen, Geschirrspül- und Wäscheräumen, Caravan-Versorgungsstation, Autowaschplatz, Einkaufsmöglichkeit und die bayrische Gastlichkeit in einem netten Biergarten sorgen für Ihren angenehmen Aufenthalt im Camp.

Chiemsee-Camping
83236 Übersee-Feldwies
Telefon 08642- 470
Telefax 08642-1636
www.chiemsee-camping.de (8869)

Bitte fordern Sie Prospekte an!

8 Bayern

DCC-Vertragsplatz

83339 Chieming, Chiemsee (g13) 8865/1

★★★ »CAMPING SPORT-ECKE« 1.4. bis 3.10.
E.: Herbert Lintz ☎/Fax 08664/500   520 m   15000 qm
www.sport-ecke.de, sport-ecke@t-online.de

→ A8 München–Salzbg. Abf. (109) Grabenstätt. 1. Platz. ✉ Am Chiemsee 1/Grabenstätter Str. (GPS: 47°52'35" N / 12°31'44" E).

Ebenes, schmales Ufergelände unterhalb der Straße mit gekiesten, parzellierten Stellflächen. In HS teilweise separate Pkw-Abstellung. Sanitäranlage beheizbar. Kiosk. Ort 2 km entfernt. Mittagsruhe 12-15 Uhr. Touristen-/Dauerstellplätze 90/30.
2007: P/N 5.60, K/N 2 bis 13 J. 3.60, J/N 4.30, A/N 2.10, C/N 6.80, MC/N 8.20, T/N 5.50, M/N 1.60, H/N 2.10, KT –.60, WD inkl., Müllgeb. P/N –.60, Strom/N 1.80 oder kWh –.60 (16 A), Anschlussgebühr 2.50.
DCC 10% auf P/N.

83339 Chieming, Chiemsee (g13) 8865/2

★★★ »CAMPING MÖWENPLATZ«   1.4. bis 3.10.
E.: Herbert Lintz ☎ 08664/361, Fax 929490   520 m   8000 qm
www.moewenplatz.de, h.lintz@t-online.de

→ A8 München–Salzburg Abf. (109) Grabenstätt in Richtung Chieming 2. Platz, beschildert. ✉ Grabenstätter Str. 18.
(GPS: 47°52'49" N / 12°31'58" E).

83236 Übersee, Chiemsee (f/g13) 8869

★★★★ »CHIEMSEE-CAMPING RÖDLGRIES« 15.3. bis 30.10.
E.: Ebner GbR ☎ 08642/470, Fax 1636   520 m   79000 qm
www.chiemsee-camping.de, info@chiemsee-camping.de

→ A8 München–Salzburg Abf. (108) Übersee, beschildert. ✉ Rödlgries 1. (GPS: 47°50'27" N / 12°28'20" E).

Ebenes, überwiegend parzelliertes und teilweise schattenloses Wiesengelände mit gekiesten Stellplätzen zwischen Lärmschutzwall (Autobahn) und dem See. Uferliegewiese. Hunde nur nach vorheriger Bestätigung der Platzleitung. »Kirche Unterwegs«. Separater Jugendplatz. Ort 1 km entfernt. Mittagsruhe 12-13 Uhr. Touristen-/Dauerstellplätze 330/179.
2008: (HS) P/N 7.–, K/N 2 bis 7 J. 3.–, J/N 4.50, St/N 6.–/9.–, H/N 2.50, KT 1.–/–.50, WD inkl., Strom/kWh –.45 (16 A). Anschlussgebühr 1.–. In NS Erm.

Der ideale Aufenthaltsort sowohl für den aktiven als auch den Erholung suchenden Camper

Wir bieten ebenso: Mietcaravan, Blockhütte, Matratzenlager
(Beschreibung S. 296, 8870)
Reiner Müller, Zellerseeweg 3, 83259 Schleching-Mettenham, Tel.: +49 (0) 8649-986 719,
Fax: +49 (0) 8649- 986 576 · www.camping-zellersee.de · info@camping-zellersee.de

★★★★ Campingplatz Ortnerhof

Camping in Ruhpolding (8875)

Helmut Bichler · 83324 Ruhpolding
Tel. 086 63 / 1764 · Fax: 086 63 / 5073
e-mail: camping-ortnerhof@t-online.de
Internet: **www.ruhpolding.de/camping**

Einmalig schöne Lage am Fuße des Rauschberges, inmitten des herrlichen Chiemgaus. Das ideale Urlaubsziel für die "schönsten Tage im Jahr". Vorbildlich saubere Sanitäranlage, kl. Kiosk, gemütl. Restaurant, Kinderspiel- und Bolzplatz, Tischtennis, Kegelbahnen, Skiwanderloipen, Rad- und Wanderwege.
NEU! Spielhaus mit Fußbodenheizung (150 m²).
In der Nähe: Golfplatz, Reiterhof, Tennisplätze, Erlebnisbad mit Saunalandschaft, beheiztes Freibad, Biathlonzentrum, Freizeit- und Familienpark, Bogenschießen, Drachenflugschule, Schießhalle, drei Naturbadeseen in ca. 9 km Entfernung. Zentrale Lage für Ausflüge ins Berchtesgadener Land, Chiemsee, München und Österreich. Bushaltestelle am Platz!

Besondere Angebote im Jan. und März auf Anfrage! In Sommernebensaison 10% P. Erm. ab 1 Woche Aufenthalt.

DCC-Vertragsplatz

✉ **83259 Mettenham-Schleching** (f13) **8870**

25 ★★★ »CAMPING ZELLERSEE« ⚬— 1.1. bis 31.12.
P: Familie R. Müller ☎ 08649/986719, Fax 986576   570 m 13 000 qm
www.camping-zellersee.de, info@camping-zellersee.de

→ A8 München–Salzburg Abf. (106) Bernau auf die B305 Richtung Reit im Winkl, in Marquartstein rechts auf die B307 abbiegen nach Mettenham. ✉ Zellerseeweg 3 (GPS: 47°43'44" N / 12°24'40" E).
• Streichenkirche, Klobensteinpaß, Geigelstein, Hochplatte.

[symbols] ✕ 500 m Ⓗ 600 m 🐴 1 km ≈ 1.5 km ≈ 2 km

Ebenes, terrassiertes Wiesengelände vor einer steilen Felswand am Waldrand, parzelliert mit kleinem Badesee und Uferliegewiese. Für Zeltler separate Pkw-Abstellung. Kletter-Übungswand. Ort 500 m, Schwimmbad und Minigolf 3.5 km entfernt. Separater Jugendplatz. Touristen-/Dauerstellplätze 80/30.
2008: (HS) P/N 5.–, K/N 3 bis 6 J. 2.–, J/N 3.–, C MC-St/N 7.–, T-St/N 4.–/ 5.–, KT 1.–, WD inkl., Strom/N 2.– oder kWh –.50 (16 A). Ab 20 Nächte 10% und in NS Ermäßigung.
DCC/CCI 10% auf P/N.
Anzeige S.295

DCC-Vertragsplatz

✉ **83246 Oberwössen** bei Reit i. W. (f 13) **8871**

20 ★★★★ »CAMPING LITZELAU« ⚬— 1.1. bis 31.12.
E.: Familie Duda ☎ 08640/8704, Fax 5265   630 m   45 000 qm
www.camping-litzelau.de, camping-litzelau@t-online.de

→ A8 München–Salzburg Abf. (106) Bernau auf die B305 über Marquartstein und Unterwössen nach Oberwössen. ✉ Litzelau 4. (GPS: 47°43'04" N / 12°28'45" E).
• Winkelmoos-Steinplatte.

[symbols] Ⓗ 500 m ≈ W 1 km

Ebenes bis leicht welliges Gelände, parzelliert mit asphaltierten Stellflächen in einem von Waldhöhen umgebenen Tal. In HS separate Pkw-Abstellung. Im Winter Abholdienst ab Unterwössen. Kabel-TV. Grillhütte. Streichelzoo. Ort 1 km entfernt. Separater Jugendplatz. Mittagsruhe 12.30-15 Uhr. Touristen-/Dauerstellplätze 100/80.
2007: (HS) P/N 4.20, K/N 4 bis 14 J. 2.50, C MC-St/N 6.60, T-St/N 3.60, H/N 1.30, KT 1.–, WD zuzügl., Müllgeb. St/N 1.–, Strom/N 2.– oder kWh –.50 (16 A), Anschlussgebühr 1.20. In NS Ermäßigung.
DCC 10% auf P/N.

DCC-Vertragsplatz

✉ **83242 Reit im Winkl,** Oberbayern (f/g13) **8873/1**

25 ★★★ »CAMPING REIT IM WINKL« ⚬— 15.12. bis 31.3. und
E.: Familie Münster ☎ 08640/98210, Fax 8787   700 m   1.5. bis 31.10.
www.camping-reit-im-winkl.com, info@camping-reit-im-winkl.com   34 000 qm

→ A8 München–Salzburg Abf. (106) Bernau auf die B305 über Marquartstein und Unterwössen. Am Ortsanfang Reit im Winkl Richtung Ruhpolding abbiegen bis zur nächsten Kreuzung, dort rechts, beschildert. ✉ Am Waldbahnhof 7. (GPS: 47°40'13" N / 12°29'02" E).
• Winklmoosalm.

[symbols] Ⓗ 20 m
[symbols] 50 m ≈ 800 m ✓ 1 km

Zweigeteilter, schmaler Geländestreifen am Waldrand im Lofertal. Teilweise parzelliert. Im Winter für Moca beheizte Entsorgungsplatte. Gas-Füllstation. Skibus-Service. Ort 800 m entfernt. Mittagsruhe 12-14 Uhr. Touristen-/Dauerstellplätze 100/60.
2007: P/N 5.50, K/N bis 18 J. 3.50, St/N 7.70, H/N 2.–, KT zuzügl., WD inkl., Müllgeb. P/N 1.–, Strom/kWh –.50 (16 A). In NS Ermäßigung.
DCC 10% auf P/N.

DCC-Vertragsplatz

✉ **83242 Reit im Winkl,** Oberbayern (g13) **8873/2**

25 ★★★ »CAMPING SEEGATTERL« ⚬— 15.12. bis Ostern und
E.: Familie Münster ☎ 08640/98210, Fax 5150   760 m   1.5. bis 31.10.
www.camping-reit-im-winkl.com, info@camping-reit-im-winkl.com   32 000 qm

→ A8 München–Salzburg Abf. (106) Bernau auf die B305 über Marquartstein u. Unterwössen, am Ortsanfang Reit i.W. Richtung Ruhpolding abbiegen noch ca. 5 km, beschildert. ✉ Seegatterl 7. (GPS: 47°39'32" N / 12°32'27" E).
• Winklmoos-Steinplatte.

[symbols] Ⓗ 50 m ≈ 1,5 km ≈ 4 km ✓ 5 km

Ebenes bis leicht abfallendes, teilweise parzelliertes Gelände beiderseits eines Bachlaufs in einem Waldtal neben der B305. Weihnachten, Neujahr und Karneval Reservierung erforderlich. Kabel-TV. Kiosk. Gas-Füllstation. Ski-Trockenraum. Skibus-Service. Skischule. Ort 5 km entfernt. Separater Jugendplatz. Mittagsruhe 12-15 Uhr. Touristen-/Dauerstellplätze 80/80.
2007: (HS) P/N 5.50, K/N bis 18 J. 3.50, St/N 7.70, H/N 2.–, KT zuzügl., WD inkl., Müllgeb. P/N 1.–, Strom/kWh –.50 (16 A). In NS Ermäßigung.
DCC 10% auf P/N.

Litzelau 4 · D-83246 Oberwössen
Tel.: 0 86 40/87 04 · Fax: 0 86 40/52 65
e-Mail: Camping-Litzelau@t-online.de
Internet: http://www.camping-litzelau.de

CAMPINGPLATZ Litzelau
attraktiv & familienfreundlich

★★★★ Campingplatz-Klassifizierung

- ca. 220 Plätze für Zelte, Caravans und Wohnmobile, Rollstuhlfahrerplatz
- Kanal-, Wasser-, Strom- und TV-Kabelanschluss
- Flaschengasverkauf ● Kiosk
- Sauna, Solarium, Whirlwanne
- moderne Sanitäranlagen mit Kinderwaschbecken und Wickelraum
- behindertengerechter Waschraum/WC
- Gasthof Litzelau mit schönem Biergarten
- 2 Bundeskegelbahnen ● Grillhütte
- Kochstellen ● Ferienbungalows
- Waschmaschinen ● Trockner
- Abstellraum für Ski- und Sportgeräte
- Wohnmobilentsorgungsstelle
- Ferienprogramm für Kinder u. Jugendl.
- großer Abenteuerspielplatz
- Streichelzoo ● Kinderspielhaus

(8871)

8 Bayern

DCC-Vertragsplatz

83324 Ruhpolding, Traunstein (g13)   **8875**

25 ★★★★ »CAMPING ORTNERHOF«   1.1. bis 31.12.
E.: Helmut Bichler ☎ 08663/1764, Fax 5073   690 m   30 000 qm
www.ruhpolding.de/camping, Camping-Ortnerhof@t-online.de
→ A8 München–Salzburg Abf. (112) Siegsdorf in Richtung Ruhpolding. Ab hier auf die B 305 in Richtung Berchtesgaden. Hinter Ruhpolding links ab zum Platz, beschildert. ✉ Ort 5/Grashofstr. (GPS: 47°44'33" N / 12°39'48" E).
✦ Berchtesgaden. Chiemsee. Salzburg.

Ebenes und parzelliertes Wiesengelände unterhalb des Rauschbergs, teilweise mit gekiesten Stellplätzen und von Hecken durchzogen. Zeltwiese. Kiosk. Kegelbahn. Spielestadel. Ski-Trockenraum. Reservierung erwünscht. Weihnachten Mindestaufenthalt 8 Nächte. Golfplatz (18 Loch) 1 km, Eissporthalle und Ort 3 km entfernt. Mittagsruhe 11-14 Uhr. Touristen-/Dauerstellplätze 130/90.
2008: (HS) P/N 5.–, K/N 6 bis 16 J. 3.50, A/N 1.50, C T/N 3.50, MC/N 6.–, M/N 1.–, B/N 4.50, KT P/N 1.90 K/N 6 bis 16 J. –.70, WD inkl., Strom/kWh –.50 (16 A), Anschlussgeb. 1.50. Ab 1 Woche Aufenthalt 10% auf P/N (1.5.-30.6. und 1.9.-30.11.). In NS Ermäßigung.
DCC/CCI 10% auf P/N.

83313 Siegsdorf-Hochberg (g13)   **8877**

★★★ »ALPEN-CAMPING«   1.1. bis 31.12.
E.: Josef Reitthaler ☎ 08662/2576, Fax 12040   740 m   5000 qm
→ A8 München–Salzburg Abf. (112) Siegsdorf Richtung Traunstein, dann rechts abbiegen nach Hochberg ca. 2 km, 10% Gefälle, beschildert. (GPS: 47°50'01" N / 12°39'12" E).

Leicht abfallendes, teilweise terrassiertes Wiesengelände, unparzelliert auf einer Bergkuppe. Überwiegend schattenlos. Schöner Panoramablick auf die Alpenkette. Kiosk. Hallenbad 8 km entfernt. Touristen-/Dauerstellplätze 30/40.

Urlaub auf die bayerische Art!

Unser familiär geführter Campingplatz, am Fuße des Hochfelln, ist ein Ort der Ruhe und Entspannung. Entdecken Sie für sich den Zauber des Chiemgaus und der Alpen. Egal, ob Sie uns allein, zu zweit oder mit der ganzen Familie besuchen. Wir freuen uns auf Sie!

(Beschreibung S.298, 8878)

Campingplatz Wagnerhof · Gebr. Lichtmannegger
Campingstraße 11 · 83346 Bergen · Germany
Tel. +49 (0) 86 62 - 85 57 · Fax +49 (0) 86 62 - 59 24
www.camping-bergen.de · info@camping-bergen.de

DCC-Vertragsplatz

83346 Bergen am Hochfelln (g13) 8878

★★★★ »CAMPING WAGNERHOF« — 1.1. bis 31.12.
E.: Gebr. Lichtmannegger ☎ 08662/8557, Fax 5924 550 m 28 000 qm
www.camping-bergen.de, info@camping-bergen.de

→ A8 München–Salzburg Abf. (110) Bergen und noch ca. 3 km zum Ort. Hier beschildert. ✉ Campingstr. 11. (GPS: 47°48'46" N / 12°35'20" E).
♦ Hochfelln mit Seilbahn, Chiemsee, Reit im Winkl, Kloster Maria-Eck.

Anzeige S.297

Ebenes bis leicht welliges Wiesengelände, parzelliert mit gekiesten Stellplätzen neben dem Schwimmbad und am Waldrand. Ski-Trockenraum. Ort 500 m entfernt. Mittagsruhe 12.30-15 Uhr. Touristen-/Dauerstellplätze 135/20.

2007: P/N 5.75, K/N 1 bis 14 J. 3.25, St/N 7.50, B/N 3.50, H/N 2.–, KT –.90/–.45, WD zuzügl., Freibad inkl., Müllgebühr St/N –.85, Strom/kWh –.50 (16 A), Anschlussgebühr 2.–.

DCC 10% auf P/N.

DCC-Vertragsplatz

83329 Waging am See (g12/13) 8880/1

EUROPA-PREIS

★★★★★ »STRANDCAMPING WAGING AM SEE« — 1.4. bis 31.10.
E.: S. Schuhbeck, A. Barmbichler
☎ 08681/552, Fax 45010 300 000 qm
www.strandcamp.de, info@strandcamp.de

→ A8 München–Salzburg Abf. (112) Traunstein/Siegsdorf über Traunstein nach Waging, beschildert. ✉ Am See 1. (GPS: 47°56'34" N / 12°44'51" E).
♦ Barockmuseum am Platz.

Ebenes bis leicht zum See abfallendes, parzelliertes und durch die Segelclub-Zufahrtsstraße zweigeteiltes Wiesengelände mit Uferliegewiesen und separatem Strandbad. Sanitärgebäude beheizbar. Hundeverbot (20.7. bis 22.8.) Imbiss. Jugendraum. Trockenraum. Sportpark. FW. Filmvorführungen. Wöchentlicher Flohmarkt. Musik Pub (in HS tägl. Live-Musik). Separater Jugendplatz mit eigener Sanitäranlage. Ort 1.5 km entfernt. Mittagsruhe 12-14 Uhr. Touristen-/Dauerstellplätze 700/400.

2008: (HS) P/N 7.20, K/N 3 bis 9 J. 3.90, J/N 10 bis 15 J. 5.50, St/N ab 7.90, B/N 2.90, H/N 2.90, KT ab 10 J. –.65, WD und Strandbad inkl., Strom/N 2.– und kWh –.59 (10 A), Anschlussgeb. 1.90. In NS Ermäßigung.

DCC 10% auf P/N.

DCC-Vertragsplatz

83329 Waging-Tettenhausen (g12) 8880/2

★★★★ »CAMPING GUT HORN« — 1.3. bis 30.11.
E.: Ute Stepper ☎ 08681/227, Fax 4282 465 m 50 000 qm
www.gut-horn.de, info@gut-horn.de

→ A8 München–Salzburg Abf. (112) Traunstein über Traunstein und Waging weiter Richtung Tittmoning, ca. 3 km hinter Waging rechts abbiegen in Richtung Fridolfing bis Tettenhausen. 2. Platz, beschildert. ✉ Horner Str. 2. (GPS 47°56'47" N / 12°45'22" E).

Ebenes bis leicht wellig ansteigendes Wiesengelände am See in einem Landschaftsschutzgebiet. Parzelliert und durch Waldstücke günstig aufgelockert. Teilweise gekieste Stellplätze. Pro Stellplatz nicht mehr als ein Hund. FW. Tretboot, Ruderboot und Elektrobootverleih. Schulungsmöglichkeit für alle Bootsführerscheine. Separater Jugendplatz. Mittagsruhe 13-14 Uhr. Touristen-/Dauerstellplätze 250/100.

2008: (HS) P/N 5.80, K/N 2 bis 14 J. 3.70, St/N 6.80 bis 7.80, B/N (Segelboot) 2.50, H/N 3.–, WD zuzügl., Strom/kWh –.60 (16 A), Anschlussgeb. 2.–. Spartarif: 2 P/N, St/N und Strom 16.50 (1.3.-30.6. u. 1.9.-30.11.) In NS Ermäßigung.

DCC/CCI 10% auf P/N.

83329 Waging-Tettenhausen (g12) 8880/3

★★★ »CAMPING TETTENHAUSEN« — 1.1. bis 31.12.
P.: Gerlinde Kapka V.: Fellner ☎ 08681/1622, Fax 698650 20 000 qm
www.camping-tettenhausen.de, campingplatz-tettenhausen@t-online.de

→ Straße Waging–Tittmoning, vor Taching rechts abbiegen nach Tettenhausen, 1. Platz rechts. ✉ Hauptstr. 2. (GPS: 47°57'13" N / 12°45'05" E).

Leicht zum Seeufer abfallendes, parzelliertes Wiesengelände mit öffentlichem Strandbad und Uferliegewiese. Ort 1 km entfernt. Mittagsruhe 12-14 Uhr. Touristen-/Dauerstellplätze 80/45.

2008: (HS) P/N 5.30, K/N 6 bis 10 J. 2.–, A/N 1.–, C MC T/N 5.30, M/N 1.–, B/N 2.–, H/N 2.50, KT –.65, WD inkl., Strom/kWh –.50 (10 A), Anschlussgeb. 1.50. DCC/CCI ab 1 Woche Aufenthalt 10 % auf P/N. In NS Ermäßigung.

83329 Gaden, Waginger See (g12/13) 8881

★★★★ »CAMPING SCHWANENPLATZ« — 1.4. bis 3.10.
E.: Beeker KG ☎ 08681/281, Fax 4276 38 000 qm
www.schwanenplatz.de, info@schwanenplatz.de

→ A8 München–Salzburg Abf. (112) Siegsdorf über Traunstein nach Waging, hier rechts abbiegen Richtung Petting und Freilassing, Gaden beschildert. ✉ Am Schwanenplatz 1/Dorfstr. (GPS: 47°56'09" N / 12°45'36" E).

Ebenes bis leicht welliges Wiesengelände am See in einem Landschaftsschutzgebiet. Parzelliert und durch Hecken unterteilt. Teilweise gekieste Stellflächen. Öffentlicher Badebetrieb. Physiotherapeutische Anwendungen und Massage. Ort (Waging) 1.2 km entfernt. Mittagsruhe 12-14 Uhr. Touristen-/Dauerstellplätze 165/88.

2008: (HS) P/N 6.40, K/N 3 bis 9 J. 2.95, J/N 10 bis 17 J. 4.85, St/N 6.45, B/N 2.50, KT ab 10 J. –.65, WD inkl., Strom/kWh –.60 (10 A). In NS Erm.

83367 Kühnhausen, Waginger See (g13) 8883

★★★ »CAMPING STADLER« — 1.4. bis 30.9.
E.: Alfred Stadler ☎ 08686/8037, Fax 08685/1049 465 m 9000 qm
www.camping-stadler.de

→ Straße Tettenhausen–Petting, hinter Kühnhausen rechts, beschildert. ✉ Strandbadstr. 11. (GPS: 47°55'41" N / 12°48'09" E).

Ebenes, unparzelliertes Wiesengelände am See mit Uferliegewiese. FW. Brötchenservice. Familiäre Atmosphäre. Ort 2 km entfernt. Mittagsruhe 13-15 Uhr. Touristen-/Dauerstellplätze 50/20.

2008: (HS) P/N 5.–, K/N bis 12 J. 2.50, St/N 2.50 bis 7.–, B/N 2.–, H/N 2.–, KT –.35, WD inkl., Strom/kWh –.50 (10 A), Anschlussgeb. 1.50. In NS Erm.

83373 Taching am See (g12) 8885

★★★ »CAMPING TACHING AM SEE« — 1.4. bis 30.10.
E.: Gemeinde V.: Strasser 465 m ☎ 08681/9548, Fax 45231, 18 000 qm
www.taching.de, info@taching.de

→ Straße Traunstein–Tittmoning über Waging bis in Höhe Taching, dann rechts abbiegen zum Platz. Beschildert. ✉ Am Strandbad 1./Taching am See 1 (GPS: 47°57'42" N / 12°43'55" E).
♦ St Colomann. Burg.

Leicht abfallendes, parzelliertes Wiesengelände mit öffentlichem Strandbad, teilweise wenig Schatten. Sanitärgebäude beheizbar. Wasserwacht. Ort 300 m, Golfplatz 8 km entfernt. Mittagsruhe 12-14 Uhr. Touristen-/Dauerstellplätze 100/100.

2007: P/N 4.–, K/N 6 bis 10 J. 2.–, St/N 5.–, B/N 1.60, KT –.35, WD inkl., Strom/kWh –.50 (16 A), Anschlussgebühr 1.50.

Das CCI-Carnet ist im Ausland als Identitäts-Ausweis anerkannt. Im Inland genügt die Vorlage des DCC-Mitgliedsausweises zusammen mit Leistungsscheck 18.

Ihr Ferienparadies
Campingplatz + Landgut
mit Gästezimmern und
Ferienwohnungen

(8880/2)

Ferienparadies Gut Horn
★★★★

Campen am Gutshof
...direkt am Waginger See

400 m eigener Strand, ruhige Lage am See mit Blick auf die Alpenkette, zwei Liegewiesen, Segelbootsplatz mit Slipbahn und Bootssteg, Angelkarten erhältlich, Kinderspielplatz, separater Jugendplatz, Minigolf, Tischtennis, Volleyballplatz, Strandrestaurant, modernisierte Sanitäranlagen, gut sortierter Markt, täglich frische Brötchen, Stromanschluß für Zelte und Caravan

 DCC-Vertragsplatz

Ferienparadies Gut Horn
Ute Stepper
D - 83329 Waging a. See
Tel. +49 - (0)86 81 - 227
Fax +49 - (0)86 81 - 42 82
e-mail: info@gut-horn.de
Internet: www.gut-horn.de

GPS-Koordinaten:
N: 47°56´47´´
O: 12°45´22´´

 UMWELT PAKT BAYERN

 ECO CAMPING
UMWELT MANAGEMENT

DCC – auch Ihr Camping-Partner!
Deutscher Camping-Club e.V., Postfach 40 04 28, 80704 München

www.strandcamp.de

(8880/1)

Strandcamping
Waging am See

★★★★★ 5 Sterne-Camping
• Leading Campings
• ADAC Superplatz 2007
• ECC Spitzenplatz 2007
• Bundessieger 2000
• Landessieger 2005
• DTV ★★★★★

Camping neu erleben!
• Ferienwohnanlage
• Mietcaravans
• Supermarkt am Platz
• Erlebnisgastronomie direkt am See
• Komfort-Stellplätze
• Wellness

Bitte fordern Sie unseren Prospekt an!

83329 Waging am See · Am See 1
Tel. 0 86 81/5 52 · Fax: 0 86 81/4 50 10
e-mail: info@strandcamp.de

Camping am Nationalpark
unmittelbar am Watzmann, Königssee und Salzburg

Campingplatz Grafenlehen
www.camping-grafenlehen.de
- Direkt am Nationalpark · Nur 5 Minuten zum Königssee
- Guter Ausgangspunkt für Wanderungen
- Gemütliches Restaurant · Ferienwohnung
- Viele Freizeit und Sportangebote · Neue Sanitäranlagen

Familie Lenz·Königsseer Fußweg 71 · 83471 Schönau am K-see
Tel.: +49 (0)8652-4140 · Fax: +49 (0)8652-690768 (8897)

Camping Mühlleiten
www.camping-muehlleiten.de
- Neue Sanitäranlagen, kostenlose Warmduschen
- Geteerte und beleuchtete An- und Abfahrtswege
- Exklusive Ferienwohnungen · Direkt am Nationalpark
- Überdachte Kaffeeterrasse mit Kiosk · Parzellierte Stellpl.

Richard Lenz·Königsseer Str. 70 · 83471 Schönau am K-see
Tel.: +49 (0)8652-4584 · Fax: +49 (0)8652-6 91 94 (8896)

✉ 83308 Trostberg-Rohrigham (g12) 8886
20 ★★ »CAMPING OBERHOFER« 1.4. bis 30.9.
E.: Alois Oberhofer ☎ 08621/3819, Fax 648333 530 m 10 000 qm
alois.oberhofer@googlemail.com

→ Straße Altenmarkt–Burghausen, in Trostberg abbiegen Richtung Palling bis Ortsanfang Engertsham, dort links, beschildert. ✉ Rohrigham 5. (GPS: 48°01'39" N / 12°35'50" E).

Wellig abfallendes, unparzelliertes Wiesengelände in teilweise schattenloser Hanglage um das Anwesen. Haltestelle 1.2 km, Ort (Trostberg) 4 km entfernt. Mittagsruhe 12-14 Uhr. Touristen-/Dauerstellplätze 17/13.
2008: P/N 4.–, K/N bis 16 J. 3.50, St/N 4.50, H/N –.50, WD zuzügl., Strom/kWh –.50 (16 A).

✉ 83410 Laufen – Leobendorf (g13) 8887
★★ »CAMPING AM ABTSEE« Mai bis Sept.
P.: Feichtenschlager ☎ 08682/956878, Fax 898731 8000 qm

→ Straße Laufen-Schönram, bei Leobendorf links abbiegen, beschildert. ✉ Abtsee 15. (GPS: 47°54'59" N / 12°54'19" E).

Ebenes bis leicht welliges, teilweise parzelliertes und gekiestes Wiesengelände oberhalb des Sees mit öffentlichem Strandbad. Ort 1 km entfernt. 40 Touristenplätze.

DCC-Vertragsplatz
✉ 84529 Tittmoning, Leitger. See (g12) 8889
25 ★★★ »CAMPING SEEBAUER« 15.4. bis 15.10.
E.: Johann Haslinger ☎ 08683/1216, Fax 7175 25 000 qm
www.camping-seebauer.de, info@camping-seebauer.de

→ B20 Bad Reichenhall–Burghausen, ca. 3 km hinter Tittmoning links abbiegen, beschildert. ✉ Furth 9 (GPS: 48°04'22" N / 12°44'22" E).
• Historische Altstadt und Burg.

50 m 150 m 500 m 3 km 6 km

Ebenes und parzelliertes, teilweise leicht abfallendes Wiesengelände am See mit Uferliegewiese hinter dem Anwesen. Ort 3 km entfernt. Mittagsruhe 12.30-14 Uhr. Touristen-/Dauerstellplätze 60/90.
2007: P/N 5.50, K/N 1 bis 14 J. 3.20, St/N 7.– bis 8.50, B/N 1.–, H/N 3.30, WD zuzügl., Strom/kWh –.55 (16 A). CCI ab der 3. Nacht 10% auf P/N. **DCC 10% auf P/N.**

✉ 83451 Piding bei Bad Reichenhall (g13) 8891
25 ★★★ »CAMPING STAUFENECK« April. bis Okt.
E.: Melanie Schön ☎ 08651/2134, Fax 710450 400 m 27 000 qm
www.camping-berchtesgadener-land.de, camping-staufeneck@t-online.de

→ A8 München–Salzburg Abf. (115) Bad Reichenhall in Richtung Bad Reichenhall rechts abbiegen bis zum Ortsteil Staufenbrücke. ✉ Strailachweg 1 (GPS: 47°44'47" N / 12°53'49" E).
• Salzbergwerk, Predigtstuhlbahn.

700 m 1 km 2.5 km

Ebenes, langgestrecktes Wiesengelände zwischen der Saalach und einer Felswand. Teilweise gekieste Stellplätze. Sanitäranlage beheizbar. Ein Mietbungalow. Ort 2.5 km entfernt. Touristen-/Dauerstellplätze 100/30.
2008: (HS) P/N 6.–, K/N 3 bis 8 J. 2.50, 9 bis 14 J. 3.50, St/N 5.50, H/N 1.–, KT –.40, WD zuzügl., Strom/N 2.50 oder kWh –.40 (16 A), Anschlussgebühr 1.50. In NS ab 10/20 Nächte 10%/20% auf P/N. In NS Ermäßigung.

DCC-Vertragsplatz
✉ 83483 Bischofsw.-Winkl, Berchtesg. (g13) 8892
30 ★★★ »CAMPING WINKL-LANDTHAL« Dez. bis Okt.
E.: Hermann Oeggl ☎ 08652/8164, Fax 979831 600 m 20 000 qm
www.camping-winkl.de, camping-winkl@t-online.de

→ A8 München–Salzburg Abf. (115) Bad Reichenhall auf die B20 Richtung Berchtesgaden. Beim Ort Winkl rechts. ✉ Klaushäuslweg 7. (GPS: 47°40'36" N / 12°56'10" E).
• Bad Reichenhall, Berchtesgaden, Salzbergwerk, Kehlsteinhaus.

S 200 m 500 m 3 km W 3.5 km 9 km

Ebenes bis leicht welliges Wiesengelände, auf zwei Geländestufen neben der Straße beim Anwesen, teilweise parzelliert und schattenlos. SAT-TV-Anschluss. Imbiss. Skibus-Service. Separater Jugendplatz. Ort 3 km entfernt. Touristen-/Dauerstellplätze 80/40.
2008: (HS) P/N 6.50, K/N 2 bis 16 J. 3.50, St/N 6.–, B/N 6.–, H/N 1.30, WD inkl., Strom/kWh –.50 (10 A), Anschlussgebühr 1.–. Bei einem Aufenthalt von 7/14/21 Nächten nur 6/12/18 Nächte bezahlen. In NS Erm. **DCC 10%, CCI 5% auf P/N.**

DCC – DEIN PARTNER!

83486 Ramsau, Berchtesgaden (g13) 8893

»CAMPING SIMONHOF« 1.1. bis 31.12.
E.: Andreas Graßl ☎ 08657/284, Fax 983395 860 m 15 000 qm
www.camping-simonhof.de, info@camping-simonhof.de

→ B305 (Deutsche Alpenstraße) Inzell–Berchtesgaden, hinter dem Pass »Schwarzbachsattel« rechts einbiegen, beschildert. ✉ Am Taubensee 19/Alte Reichenhaller Str. 110 (GPS: 47°37'40" N / 12°52'10" E).

Ebenes, teilweise leicht abfallendes oder terrassiertes Gelände in einem Hochtal. Gekieste Stellplätze. Durch Tannenhecken teilweise parzelliert. Ort 3 km entfernt. Mittagsruhe 12-14 Uhr. Touristen-/Dauerstellplätze 60/40.
2008: (HS) P/N 5.–, K/N 3 bis 16 J. 2.50, St/N 6.50, H/N 1.–, KT 1.80/–.80, WD zuzügl., Strom/N 1.50 oder kWh –.50 (10-16A). In NS Erm.
DCC/CCI 10% auf P/N.

DCC-Vertragsplatz
83471 Königssee, Berchtesgaden (g13) 8896

»CAMPING MÜHLLEITEN« 1.1. bis 31.12.
E: Richard Lenz ☎ 08652/4584, Fax 69194 600 m 18 000 qm
www.camping-muehlleiten.de, buchung@camping-muehlleiten.de

→ B20 Berchtesgaden–Königssee. Im Ort 1. Platz. ✉ Königsseer Str. 70. (GPS: 47°35'59" N / 12°59'22" E).
• Königssee, Jennerbahn, Salzbergwerk, Watzmann-Therme.

Ebenes und parzelliertes Wiesengelände mit einzelnen Bäumen bei einer Pension. FW. Kutschfahrten 500m, Ort 1km, Königssee 1.5km entfernt. Langlauf ab Platz. Separater Jugendplatz. Touristen-/Dauerstellplätze 80/20.
2007: P/N 5.50, K/N 4 bis 16 J. 4.–, St/N 6.50, B/N 6.50, H/N 2.–, KT 1.80/–.80, WD inkl., Strom/N 2.50 oder kWh –.55 (16 A).
DCC 10% auf P/N.

DCC-Mitgliedsausweis
DCC-Mitgliedern wird geraten, den DCC-Mitgliedsausweis zusammen mit Leistungsscheck 18 sofort bei der Anmeldung auf den entsprechenden Campingplätzen vorzulegen. Eine spätere Reklamation wegen nichterhaltenen Mitgliedernachlasses ist infolge Computerabrechnung oft erfolglos.

DCC-Vertragsplatz
83471 Königssee, Berchtesgaden (g13) 8897

»CAMPING-GRAFENLEHEN« 1.1. bis 31.12.
E.: Familie Lenz ☎ 08652/4140, Fax 690768 610 m 30 000 qm
www.camping-grafenlehen.de, camping-grafenlehen@t-online.de

→ A8 München–Salzburg Abf. Bad Reichenhall auf die B20 über Berchtesgaden in Richtung Königssee. Gegenüber der AGIP-Tankstelle am Königssee rechts ist die Einfahrt zum Platz. ✉ Königsseer Fußweg 71.
(GPS: 47°35'42" N / 12°59'10" E).
• Königssee, Jennerbahn, Malerwinkel, Salzbergwerk, Watzmann-Therme.

Von Bäumen umgebenes Gelände in zwei Ebenen mit gesplitteten und parzellierten Stellflächen. FW. Ort 500 m, Königssee 1 km entfernt. Mittagsruhe 12.30 bis 14.30 Uhr. Touristen-/Dauerstellplätze 180/15.
2008: P/N 5.50, K/N 3 bis 15 J. 4.–, St/N 6.50, B/N 6.50, H/N 2.–, KT 1.80/–.80, WD inkl., Strom/kWh –.55 (16 A).
DCC 10% auf P/N.

DCC-Vertragsplatz
83471 Berchtesgaden-Salzberg (g13) 8899

»CAMPING ALLWEGLEHEN« 1.1. bis 31.12.
E.: Thomas Fendt ☎ 08652/2396, Fax 63503 600 m 40 000 qm
www.allweglehen.de, urlaub@allweglehen.de

→ A8 München–Salzburg Abf. (115) Bad Reichenhall auf die B20 nach Berchtesgaden. Hier auf der B305 ca. 3 km in Richtung Salzburg bis Unterau, beschildert. Oder Abf. Salzburg auf der B305 in Richtung Berchtesgaden bis Unterau, beschildert. Die letzten 500 m steil. ✉ Allweggasse 4. (GPS: 47°38'51" N / 13°02'23" E).
• Königssee, Berchtesgaden, Salzburg.

Sieben Terrassen, teilweise parzelliert und schattenlos, an einem Berghang mit ansteigender Zeltwiese oberhalb von Berchtesgaden mit Blick auf das Watzmann-Massiv. Im Winter Voranmeldung erforderlich. Familienbad. Hunde nur auf Anfrage. FW. W-LAN. Eigener Skilift. Skischule. Trockenraum. Golfplatz 2 km, Ort 4.5 km entfernt. Mittagsruhe 13-14.30 Uhr. Touristen-/Dauerstellplätze 140/10.
2008: (HS) P/N 6.25, K/N 4 bis 16 J. 4.–, C MC-St/N 9.50, T-St/N 8.50, H/N 2.–, KT 1.80/–.80, WD inkl., Strom/kWh –.50 (16A). Anschlussgebühr 1.–. In NS Ermäßigung.
DCC/CCI 10% auf P/N.

(8899)

TERRASSEN CAMPING
· ganztägig Sonne mit Blick auf den Watzmann
· nahe Königssee und Salzburg!
· beheizter Swimmingpool · kostenloser Skilift am Platz
· Animation und beste Freizeitgestaltung · Frisch-/Abwasser am Stellplatz · uvm!

Familien Aktiv Camping Allweglehen
www.allweglehen.de

Familie Fendt · Allweggasse 4 · 83471 Berchtesgaden · Tel: +49 (0)86 52-23 96 · Fax: +49 (0)86 52-6 35 03

Entspannen, Kuren und Campen in Bad Füssing

Kur- und Feriencamping Max 1

- Europas größtem Kurort und beliebtestem Heilbad

Moderne Campinganlage mit über 150 Komfortplätzen inkl. W/K/St und SAT-Anschluss. Zusätzlich Ferienappartements, Gästezimmer und Speiselokal "Piccolo Palmengärtchen".

✓ platzeigener Naturbadesee
✓ laufend Pauschal- & Saisonangebote
✓ Gesundheitszentrum & neue Arztpraxis
✓ Telefon- und Internetanschluß an jedem Stellplatz

Wellness pur!

Empfohlen von ADAC und DCC
ganzjährig geöffnet! (8918/1)

Kur- und Feriencamping MAX 1 in Bad Füssing/ Egglfing · Ausgezeichnet mit 5 Sternen vom DTV
Falkenstraße 12 - 94072 Bad Füssing/ Egglfing - Tel: +49 8537/ 9617-0 - Fax: +49 8537/ 9617-10 - www.campingmax.de

---

DCC-Vertragsplatz
✉ **94072 Bad Füssing-Egglfing** (g12)   **8918/1**

25 ★★★★★ »KUR-CAMPING MAX I«   ○⇁ 1.1. bis 31.12.
E.: D. u. M. Fuchs ☏ 08537/96170, Fax 961710 340m 30000 qm
www.campingmax.de, info@campingmax.de

→ A3 Regensburg–Linz Abf. (118) Pocking auf die B12 nach Bad Füssing. Oder B12 Simbach–Passau, hinter Tutting rechts abbiegen Richtung Bad Füssing, beschildert. ✉ Falkenstr. 12. (GPS: 48°19'57" N / 13°18'52" E).
∴ Thermalbad. Rottaler Kulturlandschaft. Passau.

Ebenes, parzelliertes Wiesengelände mit jungen Anpflanzungen und Naturbadesee. Bäder- und Massagepraxis für alle Kassen. Arztpraxis. Schach. FW. Kabel-TV. Hundebad. Kurbad-Busservice. Ort (Egglfing) 300 m, Thermalbad 2.5 km entfernt. Separater Jugendplatz. Mittagsruhe 13-15 Uhr. Touristen-/Dauerstellplätze 130/20.
2008: (HS) P/N 4.90, K/N bis 14 J. 3.40, C MC-St/N 7.50, T-St/N 5.90, H/N 1.95, KT 1.25, WD inkl., Strom/kWh –.50 (16A). Anschlussgebühr 1.–. 1.11. bis 20.3. 20-35% auf P/N u. St/N, 1.7.-11.8. 15% auf P/N u. St/N. In NS Erm.
DCC/CCI 10% auf P/N.

DCC-Vertragsplatz
✉ **94072 Bad Füssing-Egglfing** (g12)   **8918/2**

25 ★★★★ »KUR-CAMPING FUCHS«   ○⇁ 1.1. bis 31.12.
E.: Walter Fuchs ☏ 08537/356, Fax 912083   15000 qm
www.kurcamping-fuchs.de, info@kurcamping-fuchs.de

→ A3 Regensburg–Linz Abf. (118) Pocking auf die B12 nach Bad Füssing. Oder B12 Simbach–Passau, hinter Tutting rechts abbiegen Richtung Bad Füssing, beschildert. ✉ Falkenstr. 14. (GPS: 48°19'59" N / 13°18'55" E).
∴ Thermalbad. Rottaler Kulturlandschaft. Passau.

Ebenes und parzelliertes Wiesengelände, durch hohe Hecken unterteilt, Hunde kostenlos. Bäder, Krankengymnastik und Massage (alle Kassen). Infrarotkabine. Fitnessraum. W-LAN. Kurbad-Busservice. FW. Ort (Egglfing) 300m, Freibad und Hallenbad (Thermalbad) 3 km entfernt. Separater Jugendplatz. Mittagsruhe 13-15 Uhr. Touristen-/Dauerstellplätze 100/5.
2008: (HS) P/N 5.–, K/N 3 bis 14 J. 3.–, St/N 6.50, KT 1.25, WD inkl., Strom/kWh –.50 (16A). Anschlussgebühr 1.–. In NS Ermäßigung.
DCC 10% auf P/N.

DCC – auch Ihr Camping-Partner!
Deutscher Camping-Club e.V., Postfach 40 04 28, 80704 München

---

Kur-Camping mitten im Bäderdreieck • Bad Füssing

10% Rabatt auf Personengebühr + Zusatzrabatt auf Stellplatz vom 15.06. - 15.08.

BAD FÜSSING
wirkt und wirkt und wirkt

(8918/2)

WALTER FUCHS KUR•CAMPING

WINTERANGEBOT vom 15.Okt. - 31.März:
21 Tage bleiben - nur 14 Tage bezahlen
28 Tage bleiben - nur 19 Tage bezahlen
Bei kürzerer Verweildauer 20% auf Pers. & Stellplatz.

• Eigene Massagepraxis ...
mit ganzjährig attraktiven TOP-Angeboten, Naturfango auf Wasserbetten usw.

NEWS
zu gleichbleibend günstigen Preisen:
• Behinderten-Naßzelle • Infrarot-Kabine m. Dusche
• Internetzugang (Wireless-LAN) für jeden einzelnen Platz
• Swimmingpool überdacht & Solar beheizt • Fitnessraum

Unterlagen mit Gutschein unter: Walter u. Annemarie Fuchs • Falkenstr. 14 • D-94072 BAD FÜSSING / Egglfing
Tel. 08537 - 356 • Fax 08537 - 912 083 • email: info@kurcamping-fuchs.de • www.kurcamping-fuchs.de

Camping & mehr...
Wellness · Gesundheit · Komfort · Freizeit

- Sämtliche Stellplätze sind ausgestattet mit Strom-, Wasser-, Abwasser-, Telefon-, Internet-, Fernseh- und Gasanschluß
- Minimarkt, wohnliche Mietbäder,
- 5 min. zu Bad Füssings Thermen

Kosmetikstudio und Physiotherapeutische Praxis am Platz
... nutzen Sie Ihren Aufenthalt bei uns, um Körper, Geist und Seele wieder in Schwung zu bringen

... für die ganze Familie

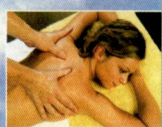

HOLMERNHOF Camping & mehr (8918/3) Bad Füssing
Am Tennispark 10 • 94072 Bad Füssing • tel 0 85 31/24 74-0 • fax 0 85 31/24 74-360
www.holmernhof.de • e-mail: campingholmernhof@t-online.de

8 Bayern

DCC-Vertragsplatz

94072 Bad Füssing (g12) 8918/3

25 ★★★★★ »HOLMERNHOF« 1.1. bis 31.12.
E.: Johann Köck V.: Härringer 340 m 34 000 qm
☎ 08531/24740, Fax 2474260
www.holmernhof.de, campingholmernhof@t-online.de

→ A3 Regensburg-Linz Abf. (118) Pocking auf die B 12 nach Bad Füssing, oder B 12 Simbach–Passau Abf. Pocking rechts in Richtung Bad Füssing, beschildert. ✉ Am Tennispark 10. (GPS: 48°21'29" N / 13°18'25" E).
♨ Thermalbad.

Ebenes, parzelliertes Wiesengelände mit jungen Anpflanzungen, altem Baumbestand und Kräutergarten am Ortsrand. Biergarten. Krankengymnastik- und Massagepraxis. Kurbad-Busservice gratis. Mittagsruhe 12-15 Uhr. 160 Touristenplätze.
2008: (HS) P/N 5.40, K/N 4 bis 14 J. 3.80, St/N 9.10 bis 10.10, KT 1.95, WD und Freibad inkl., Strom/kWh –.50 (16 A), Anschlussgebühr 1.–. In NS Erm.
DCC/CCI 10% auf P/N.

94072 Bad Füssing-Safferstetten (g12) 8918/4

20 ★★★ »CAMPING RIEDLHOF« 1.1. bis 31.12.
E.: Markus Göschl ☎ 08531/92390, Fax 923933 7500 qm
www.riedlhof.de, riedlhof@t-online.de

→ B 12 Passau–Simbach Abf. Tutting Richtung Bad Füssing, hier am Ortsanfang nach Safferstetten abbiegen, beschildert. ✉ Bachstr. 23. (GPS: 48°20'45" N / 13°18'32" E).

Ebenes, unparzelliertes Wiesen- und Kiesgelände mit Obstbäumen hinter den Hofgebäuden. Praxis für Physiotherapie (alle Kassen). Brötchenservice. Ort 200 m entfernt. Mittagsruhe 13-15 Uhr. 26 Touristenplätze.
2008: P/N 4.50, K/N ab 10 J. 2.–, C MC-St/N 4.–, T-St/N 2.50, H/N –.50, KT 1.95, WD inkl., Strom/kWh –.40 (16 A). Winterangebote auf Anfrage.
DCC/CCI 4% auf P/N und St/N.

94148 Kirchham, Bad Füssing (g12) 8922

20 ★★★ »KURCAMPING PREISHOF« 1.1. bis 31.12.
E.: Ludwig Preis ☎ 08537/919200 Fax 919201 60 000 qm
www.preishof.de, info@preishof.de

→ B 12 Passau–Simbach Abf. Kirchham, beschildert. ✉ Angloh 1. (GPS: 48°20'187" N / 13°16'55" E).

Ebenes, überwiegend parzelliertes Wiesengelände mit teilweise gekiesten Stellplätzen bei einem Bauernhof und Apparthotel. Bungalow-Anlage. Massageeinrichtung für alle Kassen. Restaurant nur Di und Do geöffnet. FW. Trockenraum. Golfplatz (18 Loch) 200 m, Ort 1.5 km entfernt. Mittagsruhe 13-15 Uhr. Touristen-/Dauerstellplätze 170/50.
2007: P/N 4.50, K/N bis 10 J. 2.30, C MC-St/N 4.50, T-St/N 3.–, H/N 1.50, KT –.70, WD zuzügl., Strom/kWh –.50 (16 A), Anschlussgebühr 1.10.

Wegen oft wechselnden Größenangaben für die einzelnen Stellparzellen durch die Platzhalter veröffentlicht der DCC nur noch die Camping-Gesamtfläche in qm und den Hinweis »parzelliert« oder »unparzelliert«.

PREISHOF
94148 Kirchham bei Bad Füssing
Angloh 1
Telefon (0 85 37) 91 92-00
Telefax (0 85 37) 91 92-01
Internet: www.preishof.de
E-Mail: info@preishof.de

- Ganzjährig geöffnet
- Ferienwohnungen und Zimmer mit Frühstück
- Dienstag und Donnerstag Grillabend mit Tanz
- Direkt am 18-Loch-Golfplatz Bad Füssing-Kirchham, nur 200 m zum Clubheim, 25 % Greenfee-Erm.
- Massagepraxis und Bäder mit Naturfango auf dem Platz (alle Kassen)
- Bitte fordern Sie unseren Prospekt mit Kurprogramm an
- Neu: Appartementhotel mit Lift

(8922)

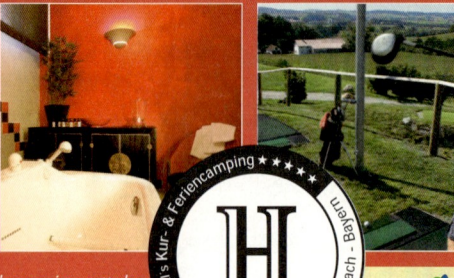

kuren & golfen in bad griesbach in bayern
camping ★★★★

Einzigartig in Bayern: Thermal-Heilwasser aus der Vital-Therme Reichersberg direkt am Platz!

die kur-, wellness- und golfadresse im rottaler bäderdreieck! alles am platz: thermal-vitaloase dreiquellenbad mit sole-außenbecken & thermalhallenbad mit multifunktions-sauna, salz-ruheraum, solarium, kneippbecken, thermal-whirlpool & dampfgrotte; eigenes therapiezentrum und kurabteilung (alle kassen!); kuren für rheuma u. alle erkrankungen des bewegungsapparates, arzt, wirtshaus, appartements, ferienwohnungen, naturbadeweiher, dschungelgarten, pitching- & putting-green, übungsabschlag; kosmetik- & fußpflegepraxis; friseurstüberl u.v.m.; bad griesbachs thermalbad in unmittelbarer nähe.

... das alles mitten im größten golfzentrum europas!

Ausgezeichnet m
ADAC-Innovationspr
DCC-Europapr
Fünf Sterne - Pla

ihr zuhause i
herzen der natu

W. Hartl´s Kur- und Feriencamping Dreiquellenbad e.
Singham 40 • D - 94086 Bad Griesbach / Bay
tel: +49 85 32 / 96 13 - 0 • fax: +49 85 32 / 96 13 -
www.camping-bad-griesbach.de • info@camping-bad-griesbach

(8925)

DCC-Vertragsplatz

94086 Bad Griesbach, Rottal (g12)   8925

EUROPA-PREIS

★★★★★   1.1. bis 31.12.

»W. HARTL'S KUR- & FERIENCAMPING DREIQUELLENBAD«
E.: Wolfgang Hartl ☎ 08532/96130, Fax 961350   36 000 qm
www.camping-bad-griesbach.de, info@camping-bad-griesbach.de

→ A3 Regensburg–Linz Abf. Pocking über Pocking auf die B388 Richtung Pfarrkirchen, nach Griesbach abbiegen. Oder B12 Simbach–Passau, über Rotthalmünster abbiegen nach Griesbach, beschildert. ✉ Singham 40. (GPS: 48°25'13" N / 13°11'33" E).

Thermalbad, Rottaler Kulturlandschaft.

Leicht ansteigendes, parzelliertes Wiesengelände mit gesplitteten Stellplätzen und durch Hecken unterteilt. Reservierung erwünscht. Badeweiher. Therapie- und Wellnessabteilung. Arztpraxis (alle Kassen). Thermalhallenbad mit Salzruheraum. Fitnessraum. Friseursalon. Kosmetik- und Fußpflegepraxis. Trockenraum. Hundebad. Kabel-TV. W-LAN. FW. Autowaschplatz. Ort 1 km, Golfplätze 1 km bis 4 km entfernt. Mittagsruhe 12.30 -14.30 Uhr. Touristen-/Dauerstellplätze 200/5.
2008: (HS) P/N 6.40, K/N 2 bis 14 J. 3.90, St/N 9.90/10.40, H/N 2.30, KT 1.50, WD und Thermalbad inkl., Strom/kWh –.50 (25 A), Anschlussgeb. 1.–. In NS Ermäßigung.
DCC 10% auf P/N.

»Ermäßigung auf alle Gebühren« umfaßt nicht die Nebenkosten wie Kurtaxe, Müll und Strom

Noch kein DCC-Mitglied?
Sie wollen »eines« werden und die vielen Vorteile genießen – Anmeldeformular finden Sie in der Kartentasche am Ende des Buches.
Bis bald – wir freuen uns auf Sie!
Ihr DCC-Team

- Sieben Stellplätze
- direkt am Golfpark »Bella Vista«
- 10 Gehminuten (900m) zur »Rottal Therme«
- Solar beheizter Swimmingpool
- Hauseigene Fahrräder

Aunham 18 • D-84364 Bad Birnbach • Tel. +49 (0)8563 9636-0 • Fax 9636-44
gaestehaus-hasenberger@t-online.de • www.gaestehaus-hasenberger.de

DCC-Vertragsplatz

✉ **84364 Bad Birnbach-Lengham** (g12) 8930/1

[30] ★★★★★ »KUR-GUTSHOF-CAMPING ARTERHOF«
E.: Familie Sigl ☎ 08563/96130, Fax 961343   1.1. bis 31.12.
www.arterhof.de, info@arterhof.de   50 000 qm

→ A3 Regensburg–Linz Abf. (106) Straubing, auf B20 bis Eggenfelden, auf B388 Richtung Passau bis Abf. Bad Birnbach-Lengham. ✉ Hauptstr. 3. (GPS: 48°26'06'' N / 13°06'35'' E).

♣ Thermalbad Birnbach, Bruder Konrad Hof, Kloster Aldersbach.

Leicht ansteigendes, überwiegend parzelliertes, parkähnliches Gelände mit gekiesten Komfortstellplätzen und Badeteich. Hinter dem Arterhof am Ortsrand. Im Arterhof Arztpraxis. Physikalische Therapie. Wellnessabteilung. Tropisches Natur-Hallenbad. Wassergymnastik. Golf-Übungsanlage. Streichelzoo. Busservice zur Rottal-Therme (2 km). Hundebad. FW. Golfplatz und Ort (Lengham) 1.5 km entfernt. Mittagsruhe 13-15 Uhr. Touristen-/Dauerstellplätze 200/10.
2007: (HS) P/N 6.10, K/N 2 bis 14 J. 3.50, C MC-St/N 7.90/8.90/19.90, T-St/N 5.–, H/N 2.50, KT 2.50, WD inkl., Strom/kWh –.45 (16 A), Anschlussgebühr 1.–. In NS Ermäßigung.
DCC/CCI 10% auf P/N.

Terassencamping Theresienhof
Breindobelweg 5   Tel. 08563/96 320
84364 Bad Birnbach Fax 08563/96 32 44
Fordern Sie bitte unseren Prospekt an

8 Bayern

am Ortsende rechts. ✉ Breindoblweg 5. (GPS: 48°26'59'' N / 13°05'39'' E).
♣ Kloster Aldersbach und Asbach.

🌄 900 m   1 km   1.1 km

Terrassiertes und parzelliertes Wiesengelände mit einzelnen Bäumen beim Hotel Theresienhof. Kurzübernachtungsplätze vor der Schranke. Familiäre Atmosphäre. Brötchenservice. Sauna, Whirlpool und Therapiekabine gratis. Kostenloser Busservice zur Therme und zum Golf. Fahrradverleih (kostenlos). FW. Mittagsruhe 12-14 Uhr. Ort 500 m, Golfzentrum 1 km entfernt. Touristen-/Dauerstellplätze 22/2.
2008: (HS) P/N 5.50, K/N 2 bis 12 J. 3.–, J/N 13 bis 17 J. 4.50, C MC-St/N 6.– bis 8.–, T-St/N 5.–, H/N 2.–, KT 2.50, WD inkl., Müllgebühr –.50, Strom/N 2.50 (10 A). In NS Ermäßigung.
DCC 10% auf P/N.

DCC-Vertragsplatz

✉ **84364 Bad Birnbach** (g12) 8930/2

[25] ★★★★ »TERRASSENCAMP THERESIENHOF«   1.1. bis 31.12.
E.: Johann Schreiner ☎ 08563/96320, Fax 963244   400 m
www.landhotel-theresienhof.de, info@landhotel-theresienhof.de   5500 qm

→ A3 Regensburg–Linz Abf. (106) Straubing, auf B20 bis Eggenfelden, auf B388 Richtung Passau bis Abf. Bad Birnbach. Im Ort Richtung Vilshofen,

Kur-Gutshof-Camping ARTERHOF

Goldmedaille im Bundeswettbewerb
Vorbildliche Campingplätze 2006
ADAC/DCC empfohlen sowie viele
weitere Auszeichnungen

WILLKOMMEN IM NEUEN ARTERHOF
BADEPARADIES – DAS 1. TROPISCHE
NATURHALLENBAD DEUTSCHLANDS

Riesenstellplätze mit W-LAN Nutzung
Wohnmobil-Übernachtungsplätze
behindertengerechte, schöne Sanitäranlagen
Mietbäder
Hallenbad und Naturfreibad INNATURA, Sauna
Hofladen
Nostalgiewirtshaus
Super-Apparthotel
Kurze Entfernung zur Rottal-Terme
(Rad- und Fußweg ohne Steigung)
Bäder- und Massagepraxis, Wellnessprogramme
Krankengymnastik
Badearztpraxis (Kuren)
Kosmetik, Verwöhnangebote
Ausflugsfahrten
verschiedene Freizeitmöglichkeiten
z. B. Golf, Nordic-Walking … (kostenlos!)
GreenFee Ermäßigung • Golfübungsanlage – NEU

NEUGESTALTETE VITALWELT!
viele Angebote & Vergünstigungen

NEU: Gutshof-Stellplätze mit eigener Sanitäreinheit und Gasdirektanschluss

Genießen Sie die Rottaler Gastfreundschaft und reservieren Sie einen Stellplatz oder ein Appartement bei uns! Prospektmaterial!

(8930)

★★★★★ **ARTERHOF** ★★★★
Camping   »Der Kur-Guts Hof«   Apparthotel

Günstige Wintersaison-Plätze
Wir freuen uns auf Sie, Familie Sigl!

Lengham, Hauptstr. 3 • 84364 Bad Birnbach
Tel. 08563/96130 • Fax 08563/9613-43 • www.arterhof.de • info@arterhof.de

Berlin

In der Nähe von Flugplätzen ist mit zeitweiligen Ruhestörungen zu rechnen.

14557 Berlin-Tiergarten (g5) 9010

35 »TENTSTATION« 25.4. bis 10.10.
P.: Sarah Osswald 030/39404650, Fax 39404651   20 000 qm
www.tentstation.de, mail@tentstation.de

→ Westlicher Berliner Ring A100 Abf. (9) Messedamm-Nord auf die B 2/B5 "Straße des 17. Juni". Beim Kreisverkehr "Großer Stern" Richtung Norden in die Spreeweg, dann Paulstraße bis zur Seydlitzstraße. ✉ Seydlitzstraße 6.

Bewertung nach Besichtigung. Nur für Zeltcamper! Wiesengelände mit einzelnen Laubbäumen, zentral in der Nähe des neuen Hauptbahnhofes. Eben und unparzelliert. In NS auch Moca-Stellplätze vor dem Platz. Das Gelände befindet sich auf einem stillgelegten Freibad mit noch vorhandenen Schwimmbecken und Sprungtürmen. Separate Pkw-Parkplätze. Voranmeldung erwünscht. Vermietung des Bademeisterhäuschens und eines original DDR-Wohnwagens. Bar. Kostenloser Grillverleih. Frühstücksmöglichkeit. Filmvorführungen. 125 Touristenplätze.
2008: P/N 11.–, K/N 5 bis 9 J. 5.–, J/N 10 bis 17 J. 8.–, T-St/N inkl., WD inkl. 10% Ermäßigung für Gruppen.

14089 Berlin-Gatow (g5) 9020

25 ★★ »CAMPING BREITEHORN« 1.4. bis 30.9.
P.: Berliner Camping Club e.V. 20 600 qm
 /Fax 030/3653408, www.bccev.de.vu, www.Berlinonline.de, bccev@freenet.de

→ Berl. Ring A100 Abf. Nauen/Berlin-Spandau auf die B2/B5 in Richtung Berlin-Spandau. In der Heerstr. bei der Tankstelle in die Gatowstr. Zwischen Gatow und Kladow links in den Breitehornweg abbiegen. ✉ Breitehornweg 40.

100m Ⓗ 500m

Ebener, teilweise parzellierter und weitgehend naturbelassener Wald- und Wiesenplatz an der Havel mit Badestrand. Kostenlose Stranddusche. Zentrum 21 km entfernt. Mittagsruhe 13-15 Uhr. Touristen-/Dauerstellplätze 84/120.
2008: P/N 4.70, K/N 5 bis 5 J. 1.–, J/N 6 bis 16 J. 2.60, C MC-St 7.20 bis 10.50, T-St/N 4.70, WD zuzügl., Strom/N 2.– (6 A).

13599 Berlin-Spandau (g5) 9025

25 ★★ »CITY CAMPING« 1.1. bis 31.12.
E.: Hettler & Lange GmbH, Herrn Gerd Müller 4000 qm
 030/33503633, 34, 0174/3122501 Fax 33503635
www.city-camping-berlin.de, spandau@city-camping-berlin.de

→ A111 Abf. Flughafen Tegel bis Saatwinkler Damm. Hier links bis Gartenfelder Straße und dann rechts bis Tegeler Brücke. ✉ Gartenfelder Straße 1 (GPS: 52°32'56" N / 13°15'24" E).

Ebene, waldreiche Halbinsel am Hohenzollernkanal bei dem dazugehörigen Hotel. Zeltwiese. Nach Abreise nach 10 Uhr Extra-Tagesgebühr. Imbiss. Bar. Zentrum 10km entfernt. Mittagsruhe 13-15 Uhr. 30 Touristenplätze.
2008: P/N 5.–, K/N 3 bis 14 J. 2.50, A/N 2.50, C/N 3.–/5.–, MC/N 5.–/6.–, T/N 4.–/5.–, M/N 1.50, H/N 1.–/2.–, WD zuzügl., Strom/N 2.– (6 A).

In **Berlin-Tegel** besteht am Waidmannshauser Damm 12 ein Moca-Stellplatz in U-Bahn Nähe.

Noch kein DCC-Mitglied?
Sie wollen »eines« werden und die vielen Vorteile genießen – Anmeldeformular finden Sie in der Kartentasche am Ende des Buches.
Bis bald – wir freuen uns auf Sie!
Ihr DCC-Team

DCC-Vertragsplatz

14089 Berlin-Gatow (g5) 9030

25 ★★★ »CAMPING GATOW« 1.1. bis 31.12.
P.: DCC e.V. LV Berlin V.: Michel/Nicklas 27 000 qm
 030/3654340, Fax 36808492
www.dccberlin.de, gatow@dccberlin.de

→ Berl. Ring A100 Abf. (26) Berlin-Spandau auf die B5 in Richtung Berlin. Bei Staaken-Pichelsdorf abbiegen in die Gatower Str. und weiter nach Alt Gatow, Kladower Damm. ✉ Kladower Damm 213-217.

300m Ⓗ 1km

Ebenes, teilweise parzelliertes Wiesengelände in Seenähe. Separate Zeltwiese. Keine Parkmöglichkeiten vor dem Platz während der Ruhezeiten. Zentrum 18 km entfernt. Mittagsruhe 13-15 Uhr. Touristen-/Dauerstellplätze 80/82.
2008: (HS) P/N 5.80, K/N 6 bis 16 J. 2.50, St/N 8.–, T/N 5.–, M/N 1.20, B/N 1.10, H/N 1.75, WD zuzügl., Strom/kWh .50 (10/16A), Anschlussgeb. 1.30. In NS Ermäßigung. Pauschalangebote und Sonderkonditionen auf Anfrage.
DCC und ausländisches CCI 10% auf P/N.

DCC-Vertragsplatz

14089 Berlin-Kladow (g5) 9040

25 ★★★ »ELSE-ECKERT-PLATZ« 1.1. bis 31.12.
V.: DCC e. V. LV Berlin V.: Beyer 75 000 qm
 030/3652797, Fax 3651245
www.dccberlin.de, info@dccberlin.de, kladow@dccberlin.de

→ Berl. Ring A 100 bis zur Abf. (25) Potsdam-Nord/Maquardt, dort auf die B 273 Richtung Potsdam. Nach ca. 3 km links nach Fahrland, dort weiter Richtung Potsdam bis zum Ende der Straße. Hier links in die B 2 Richtung Berlin-Spandau bis nach Groß-Glienicke, dort weiter B 2 Richtung Berlin-Spandau. An der 1. Ampel hinter dem Ortsschild Berlin rechts in den Ritterfelddamm, ab dort beschildert. ✉ Krampnitzer Weg 111/117.

500m 2 km S 3km

Waldgelände in Seenähe. Reservierungen für Gruppen erforderlich. Golfplatz 3km, Zentrum 24km entfernt. Separater Jugendplatz. Mittagsruhe 13-15 Uhr. Touristen-/Dauerstellplätze 140/660.
2008: (HS) P/N 5.80, K/N 6 bis 16 J. 2.50, St/N 8.–, T/N 5.–, M/N 1.20, B/N 1.10, H/N 1.75, WD zuzügl., Strom/kWh .50 (10/16A), Anschlussgeb. 1.30. In NS Ermäßigung. Pauschalangebote und Sonderkonditionen auf Anfrage.
DCC und ausländisches CCI 10% auf P/N.

DCC-Vertragsplatz

12527 Berlin-Schmöckwitz (h5) 9060

25 ★★★★ »DCC CAMPING AM KROSSINSEE« 1.1. bis 31.12.
P.: DCC e.V. LV Berlin V.: M. Krüger 93 000 qm
 030/6758687, Fax 6759150
www.dccberlin.de, info@dccberlin.de, krossinsee@dccberlin.de

→ Südöstl. Berl. Ring A100 Abf. (9) Niederlehme, über Niederlehme nach Wernsdorf, dort links ca. 500 m in Richtung Schmöckwitz, beschildert. Oder südöstlicher Berliner Ring A 10 Abf. (6) Berlin-Köpenick, weiter über Erkner und Neu-Zittau nach Wernsdorf, dort ca. 500 m weiter in Richtung Schmöckwitz, beschildert. ✉ Wernsdorfer Str. 38.

2km

Waldgelände am Krossinsee. Karten-Service für Verkehrsbetriebe Berlin und Berlinrundfahrten. Zentrum 29 km entfernt. Separater Jugendplatz. Mittagsruhe 13-15 Uhr. Touristen-/Dauerstellplätze 288/192.
2008: (HS) P/N 5.80, K/N 6 J. bis 16 J. 2.50, St/N 8.–, T/N 5.-, M/N 1.20, B/N 1.10, H/N 1.75, WD zuzügl., Strom/kWh .50 (10/16A), Anschlussgeb. 1.30. In NS Ermäßigung. Pauschalangebote und Sonderkonditionen auf Anfrage.
DCC und ausländisches CCI 10% auf P/N.

»Besichtigungen der Campingplätze und die daraus resultierenden Bewertungen werden durch den DCC-Inspizienten ohne Voranmeldung durchgeführt und garantieren so absolute Objektivität.«

Mecklenburg-Vorpommern

In der Nähe von Militär-Flugplätzen und Übungsgeländen ist mit zeitweiligen Ruhestörungen zu rechnen.
Campingplätze auf den Inseln Rügen, Usedom und an der Mecklenburger Seenplatte sind in HS stark frequentiert, und daher oft überfüllt.

✉ 23946 Boltenhagen, Ostseebad (f2)   10006

40 ★★★★ »REGENBOGENCAMP BOLTENHAGEN«
E.: Regenbogen AG V.: Hoffmann   ○— 15.12. bis 31.10.
☎ 038825/42222, Fax 42225   70 000 qm
www.regenbogen-camp.de, boltenhagen@regenbogen-camp.de

→ B105/E22 Lübeck–Wismar bei Grevesmühlen abbiegen über Klütz nach Boltenhagen. Hier in Richtung Tarnewitz abbiegen. ✉ Ostseeallee 54 (GPS: 53°58'51" N / 11°12'59" E).

 250 m 300 m 800 m

Ebenes und leicht welliges Gras- und Sandgelände, parzelliert und teilweise unter einzelnen hohen Bäumen. Ferienhausanlage. Wellness-Center. Ort 800 m entfernt. Mittagsruhe 13-15 Uhr. Touristen-/Dauerstellplätze 324/150.
2007: P/N 6.65, K/N 6 bis 14 J. 2.55, A/N 4.90, C MC/N ab 10.60, T/N ab 8.30, M/N 4.90, H/N 4.65, KT 2.10, WD inkl., Strom/N 2.90 (16 A). Vorauszahlung!

DCC-Vertragsplatz

✉ 23948 Niendorf, Ostsee (f2)   10014

25 ★★★ »CAMPING NIENDORF AN DER WOHLENBERGER WIEK«
P.: Campingplatz Niendorf GmbH V.: Ehrlich   ○— 1.4. bis 15.10.
☎ 038428/60222, Fax 60828   55 000 qm
www.camping-meckpom.de, info@camping-meckpom.de

→ B105/E22 Lübeck–Wismar, in Grevesmühlen nordwärts abbiegen über Walmsdorf nach Niendorf. ✉ Wohlenberger Wiek 7.

50 m S 100 m

Ebenes, teilweise ansteigendes Sand-/Wiesengelände neben der Strasse. Von einem Wassergraben durchzogen, parzelliert und überwiegend schattenlos. Ort (Grevesmühlen) 17 km entfernt. Mittagsruhe 13-15 Uhr. Touristen-/Dauerstellplätze 50/150.
2008: (HS) P/N 4.50, K/N 4 bis 14 J. 2.50, A/N 3.–, C MC/N 7.–, T/N 4.50, M/N 2.–, H/N 3.–, H/N 2.–, KT 1.50, WD zuzügl., Strom/N 2.50 kWh –.40 (16 A). Bei einem Aufenthalt von 8/10/13 Nächten nur 7/8/11 Nächte bezahlen. In NS Ermäßigung.
DCC 10% auf P/N.

DCC-Vertragsplatz

✉ 23968 Zierow bei Wismar, Ostsee (f2)   10030

30 ★★★★ »OSTSEECAMPING FERIENPARK ZIEROW«
I.: Jan van Meeteren ☎ 038428/63820, Fax 63833   ○— 1.1. bis 31.12.
www.ostsee-camping.de, OstseeCampingZierow@t-online.de   148 000 qm

→ B105/E22 Lübeck–Wismar bis Gägelow, hier nordwärts abbiegen nach Zierow, beschildert. ✉ Strandstr. 19 C. (GPS: 53°56'06" N / 11°22'31" E).

✉ 23999 Timmendorf, Insel Poel (f2)   10040

30 ★★★★ »CAMPING LEUCHTTURM«   ○— April bis Okt.
E.: Lydia Pierstorf ☎ 038425/20224, Fax 21540   90 000 qm
www.insel-Poel.de, L.pierstorf@t-online.de

→ Küstenstrasse Wismar–Insel Poel über Groß Strömkendorf, hier nach Poel abbiegen über Kirchdorf und Timmendorf nach Poel-Strand, beschildert. ✉ Am Strand.

 200 m 600 m

Teilparzelliertes, ebenes und überwiegend schattenloses Wiesengelände, durch junge Anpflanzungen unterteilt. Vom ausgedehnten Strand mit FKK-Teil durch einen Dünenstreifen getrennt. FW. Ort (Kirchdorf) 5 km entfernt. Separater Jugendplatz. Mittagsruhe 13-15 Uhr. Touristen-/Dauerstellplätze 400/200.
2007: (HS) P/N 5.–, K/N bis 14 J. 2.–, A/N 2.50, C MC/N 8.50, T/N 5.50, M/N 2.50, H/N 2.50, KT 1.50, WD zuzügl., Strom/N 2.50 (10 A).

✉ 23974 Boiensdorf-Werder (f2)   10044

20 ★★ »CAMPING MÖWE«   ○— 1.4. bis 30.9.
P.: J. und S. Neumann ☎ 038427/219, Fax 40840   80 000 qm

→ B105/E22 Wismar–Rostock, in Neubukow Richtung Pepelow-Salzhaff abbiegen bis Boiensdorf. Ab hier beschildert. ✉ Am Salzhaff.

100 m 3.5 km 4 km

Leicht wellig abfallendes Wiesengelände auf einer Halbinsel mit kleinem Wäldchen am Platzrand, teilweise parzelliert und überwiegend schattenlos. Uferliegewiese. FW. Ort 3 km entfernt. Mittagsruhe 13-15 Uhr. Touristen-/Dauerstellplätze 150/200.
2007: P/N 3.50, K/N bis 12 J. 2.–, St/N 6.50, B/N 2.–, H/N 2.–, WD inkl., Strom/N 2.–, (12-16 A).

✉ 18233 Pepelow (f2)   10045

25 ★★★ »CAMPING AM SALZHAFF«   ○— April bis Okt.
E.: Wolfgang Neumann ☎ 038294/78686, Fax 78687   90 000 qm
www.campingtour-mv.de, pepelow@campingtour-mv.de

→ B105/E22 Wismar–Rostock, in Neubukow Richtung Pepelow/Salzhaff abbiegen. ✉ Strandweg 1 (GPS: 54°02'15" N / 11°34'58" E).

S 100 m 2 km

Unparzelliertes, leicht welliges Wiesengelände am Salzhaff, von Bäumen und Büschen durchzogen, Imbiss. Fischräucherei. Ort 300 m entfernt. Separater Jugendplatz. Mittagsruhe 13-15 Uhr. Touristen-/Dauerstellplätze 100/150.
2007: (HS) P/N 4.95, K/N 2 bis 13 J. 2.50, C MC-St/N 7.10, T/N 5.–, M/N 1.50, H/N 2.50, WD zuzügl., Strom/N 2.10 (16 A). In NS Ermäßigung.

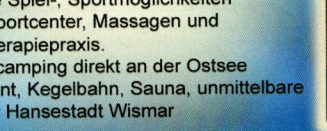

fon: 038428-63820   fax: 038428-63833
web: www.ostsee-camping.de
mail: OstseeCampingZierow@t-online.de

Ganzjährig geöffnet   (10030)

Komfortplätze, moderne Sanitäreinrichtungen
vielfältige Spiel-, Sportmöglichkeiten
Wassersportcenter, Massagen und
Physiotherapiepraxis.
Familiencamping direkt an der Ostsee
Restaurant, Kegelbahn, Sauna, unmittelbare
Nähe zur Hansestadt Wismar

Ostseecamping Ferienpark ZIEROW KG

DCC-Vertragsplatz

✉ **18230 Rerik-Meschendorf,** Ostsee (f2)   **10047**

40 ★★★★ »OSTSEECAMP SEEBLICK«   1.1. bis 31.12.
E.: V. Lange u. H. Pönitz   96 000 qm
☎ 038296/78480, 7110, Fax 78378
www.ostseecamp.de, ostseecamp-seeblick@t-online.de

→ B 105 Lübeck–Rostock, in Neubukow abbiegen über Rerik nach Meschendorf, beschildert. Steile Zufahrt. ✉ Meschendorfer Weg. (GPS: 54°07'30" N / 11°38'45" E).

Parzelliertes, ebenes und teilweise leicht wellig ansteigendes Wiesengelände oberhalb der Steilküste, durch junge Anpflanzungen aufgelockert. Einige Platzteile unter hohen Bäumen. Zum Naturstrand führt ein abschüssig befestigter Weg. Bungalow-Anlage. W-LAN. Separater Jugendplatz. Ort (Rerik) 4 km entfernt. Mittagsruhe 13-15 Uhr. Touristen-/Dauerstellplätze 321/43.
2008: (HS) P/N 6.90, K/N 3 bis 14 J. 4.50, St/N 13.10 bis 15.90, B/N 2.–, H/N 4.80, KT P/N 2.–, WD und Strom (16 A) inkl. In NS Ermäßigung.
DCC/CCI 10% auf P/N.

DCC-Vertragsplatz

✉ **18225 Kühlungsborn,** Ostsee (f2)   **10051**

 45 ★★★★ »CAMPINGPARK KÜHLUNGSBORN«   1.4. bis 30.10.
I.: Manfred Sürken V.: Weiß   ☎ 038293/7195, Fax 7192   120 000 qm
www.topcamping.de, info@topcamping.de

→ B 105 Lübeck–Rostock, in Neubukow oder in Kröpelin abbiegen nach Kühlungsborn. Hier beschildert. ✉ Waldstr. 1b (GPS: 54°09'10" N / 11°43'18" E).

Naturbelassenes, leicht welliges Sand- und Wiesengelände unter teilweise hohen Nadelbäumen. Ebene, parzellierte Komfortplätze. Vom ausgedehnten Strand durch einen Strandwaldstreifen getrennt. Sanitärgebäude beheizbar. »Kirche Unterwegs«. Surfbrettverleih. Separater Jugendplatz. Mittagsruhe 12-14 Uhr. Touristen-/Dauerstellplätze 350/100.
2008: (HS) 3 P/N inkl., St/N 29.– bis 45.–, weitere P/N 8.–, K/N 6 bis 16 J. 5.–, H/N 4.–, KT 2.–, WD und Strom inkl. In NS Ermäßigung.
DCC 10% auf P/N.

DCC-Vertragsplatz

✉ **18211 Börgerende,** Ostsee (f2)   **10060**

35 ★★★★ »FERIEN-CAMP BÖRGERENDE«   1.4. bis 31.10.
E.: Christa Sürken V.: Warnow   ☎ 038203/81126, Fax 81284   70 000 qm
www.ostseeferiencamp.de, info@ostseeferiencamp.de

→ B 105 Wismar–Rostock, in Bad Doberan nordwärts abbiegen Richtung Warnemünde. Ab Rethwisch meerwärts beschildert. ✉ Deichstr. 16. (GPS: 54°09'09" N / 11°53'59" E).

Teilparzelliertes, ebenes Wiesengelände mit einigen Baumreihen hinter einem flachen Deich. Sanitärgebäude beheizbar. Imbiss. Massagepraxis (Rezept). Ort 1 km entfernt. Separater Jugendplatz. Mittagsruhe 12-14 Uhr. Touristen-/Dauerstellplätze 200/50.
2008: (HS) 2 P/N inkl. C MC-St/N und Strom ab 29.–, 1 P/N inkl. T-St/N ab 21.–, weitere P/N 4.–, K/N 6 bis 16 J. 3.–, H/N 4.–, WD inkl., Strom/N 3.– (16 A). Seniorenangebote. Bonustage. In NS Ermäßigung.
DCC 10% auf P/N.

✉ **18146 Rostock-Markgrafenheide** (f2)   **10063**

50 ★★★ »CAMPING-U. FERIENPARK«   1.1. bis 31.12.
E.: Baltic-Freizeit GmbH V.: Schürmann   280 000 qm
☎ 04544/80030, Fax 418, www.baltic-freizeit.de, baltic-freizeit@t-online.de

→ A19/E55 Berlin–Rostock. Abf. (6) Rostock-Ost auf die B105 Richtung Stralsund, in Rövershagen meerwärts abbiegen Richtung Markgrafenheide, beschildert. ✉ Budentannenweg 2.

Leicht welliges, teilweise naturbelassenes Wald- und Wiesengelände, parzelliert mit Sektoreneinteilung, vom ausgedehnten und breiten Sandstrand durch einen Strandwaldgürtel getrennt. In HS Mindestaufenthalt 6 Nächte. Bei kürzerem Aufenthalt 10% Aufschlag (Ausnahme: Sektor A). Von Jugendgruppen stark frequentiert. Öffentlicher Badebetrieb. Reservierung empfohlen. Bungalow-Anlage. Ort 500 m entfernt. Separater Jugendplatz. Mittagsruhe (Rezeption) 13-15 Uhr. Touristen-/Dauerstellplätze 1200/260.
2007: (HS) 1/2/3 P/N 18.– bis 31.–/26.– bis 42.–/34.– bis 56.–, K/N 4 bis 12 J. 4.– bis 5.–, St/N inkl., H/N 4.–, KT 1.50, 16 bis 18 J. 1.–, WD zuzügl., Strom (16 A) inkl. In NS Ermäßigung.

DCC-Vertragsplatz

✉ **18181 Graal-Müritz,** Ostsee (f2)   **10066**

 30 ★★★★ »OSTSEECAMP ROSTOCKER HEIDE«   1.4. bis 31.10.
E.: Oliver Behrens   ☎ 038206/77580, Fax 79194   250 000 qm
www.ostsee-ferienpark.de, info@ostsee-ferienpark.de

→ A19/E55 Berlin–Rostock Abf. (6) Rostock-Ost auf die B105 Richtung Stralsund. In Rövershagen abbiegen Richtung Graal bis Torfbrücke, beschildert. ✉ Wiedortschneise 1.

Naturbelassenes Buchenwaldgelände, unparzelliert, mit Lichtungen beim ausgedehnten und breiten Sandstrand. Separater Strand–FKK-Teil. Moca-Übernachtung vor dem Platz. Separater Bungalow- und Mobilheimplatzteile. »Kirche Unterwegs«. Ort 1 km entfernt. Touristen-/Dauerstellplätze 400/500.
2008: (HS) P/N 5.50, K/N 6 bis 15 J. 3.–, A/N 4.–, C/N 7.–, MC/N 10.–, T/N 5.–, M/N 3.–, B/N 3.50, H/N 4.–, KT 2.–, WD zuzügl., Strom/N 3.– (16 A). In NS Ermäßigung.
DCC/CCI 10 % auf P/N.

Jahres-Öffnungszeiten

werden uns von den Platzhaltern gemeldet. Sie bemühen sich, die Zeiten einzuhalten. Je nach Wetterlage sind aber spätere Öffnungs- und frühere Schließungszeiten möglich.

OSTSEECAMP *Seeblick*

Direkt an einer wildromantischen und naturbelassenen Steilküste finden Sie unseren **Campingplatz »Seeblick«**.

Das leicht wellige und zur Küste abfallende Gelände garantiert fast von jedem Stellplatz aus den Blick auf die Ostsee.

Wir bieten Ihnen
* moderne Sanitäranlagen, Behindertentoilette und -dusche
* Restaurant
* SB-Markt
* kompl. Ver- u. Entsorgungsstation
* Gasflaschentausch
* Fahrradverleih
* Tauchschule
* Kinderspielplatz u. Kinderspielzeit
* Freizeitprogramm
* Bungalows, Mobilheime, Mietwohnwagen
* Ferienwohnungen
* ganzjährig geöffnet

Platzreservierung: (10047)
D-18230 Rerik/Ostsee
Tel. 03 82 96/7 84 80 · Fax 03 82 96/7 83 78
Internet: www.ostseecamp.de
E-Mail: ostseecamp-seeblick@t-online.de

(10066)

Der ideale Campingplatz für Naturfreunde

Wir freuen uns auf Ihren Besuch

Gesundheitsförderndes Bioklima, die einmalige Mischung von würziger Waldluft und frischer Seebrise. 5 km langer feinsandiger Strand und hervorragende Wasserqualität.

Ostseecamp und Ferienpark »ROSTOCKER HEIDE« 18181 Seeheilbad Graal-Müritz
☎ 03 82 06/7 75 80 · Fax 03 82 06/7 91 94
www.Ostseecamp-Ferienpark.de · info@Ostseecamp-Ferienpark.de

10 Mecklenburg-Vorpommern

18347 Dierhagen, Ostseebad (g2) — 10069/1

30 ★★★★ »OSTSEECAMP DIERHAGEN« 15.3. bis 31.10.
P.: Wieben u. Lewerenz GbR ☎ 038226/80778, Fax 80779   60 000 qm
www.ostseecamp-dierhagen.de, info@ostseecamp-dierhagen.de

→ B105 Rostock–Stralsund, bei Ribnitz Damgarten in Richtung Ahrenshoop abbiegen. In Dierhagen beschildert. ✉ Ernst-Moritz-Arndt-Str. (GPS: 54°17'52" N / 12°23'21" E).

200 m 300 m 800 m 1,2 km 1 km 2 km
Ebenes Wiesengelände mit parzellierten Stellflächen, von Mischwaldstreifen umgeben. Teilweise schattenlos. Imbiss. Ort 1 km entfernt. Mittagsruhe 13-15 Uhr. Touristen-/Dauerstellplätze 300/70.
2008: (HS) P/N 4.80, K/N 6 bis 15 J. 2.–, A/N 5.–, C MC/N 9.50, T/N ab 6.–, M/N 3.–, B/N 2.50, H/N 2.80, KT 2.–, WD zuzügl., Strom/N 3.– oder kWh –.30, (12 A). In HS Vorauszahlung! In NS Ermäßigung.

18347 Dierhagen-Ost, Ostseebad (g2) — 10069/2

30 ★★★ »CAMPING AN DEN STRANDDÜNEN« 1.1. bis 31.12.
E.: Ennen KG ☎ 038226/80492, Fax 539380   20 000 qm
www.campingplatz-ennen.de, campingplatz-ennen@t-online.de

→ B105 Rostock–Stralsund, bei Ribnitz-Damgarten in Richtung Ahrenshoop abbiegen bis ca. 3 km hinter Dierhagen-Dorf. ✉ Waldweg 5.

Parzelliertes, ebenes bis leicht welliges, Wiesengelände am Dünenrand. Überwiegend schattenlos. FW. Imbiss. Haltestelle 1 km, Ort 2 km entfernt. Mittagsruhe 13-15 Uhr. Touristen-/Dauerstellplätze 110/40.
2007: (HS) P/N 5.50, K/N 3 bis 14 J. 3.50, A/N 3.–, C MC/N 8.–, T/N 6.–/7.–, M/N 2.–, H/N 3.50, KT 2.–, WD zuzügl., Strom/N 3.– (16 A). Anschlussgebühr 1.40. In NS Ermäßigung.

18375 Born, Darß (g1/2) — 10075

35 ★★★ »REGENBOGEN CAMP BORN« 1.4. bis 31.10.
E.: Regenbogen AG V.: Scharmberg   160 000 qm
☎ 038234/244, Fax 59303
www.regenbogen-camp.de, born@regenbogen-camp.de

→ B105 Rostock–Stralsund, vor Ribnitz Damgarten Richtung Ahrenshoop. Vor Born rechts abbiegen, beschildert. ✉ Auf dem Darß. (GPS: 54°23'02" N / 12°30'17" E).

500 m 2 km
Leicht welliges Wiesengelände unter einzelnen Kiefern, überwiegend unparzelliert, an einer von Schilf begrenzten Badebucht. Uferstellplätze schattenlos. Liegewiese. Sanitärgebäude beheizbar. Imbiss. Ort 500 m entfernt. Mittagsruhe 13-15 Uhr. Touristen-/Dauerstellplätze 500/150.
2007: P/N 6.30, K/N 7 bis 14 J. 2.60, A/N 4.30, C MC/N 8.65, T/N 7.90, M/N 4.30, H/N 4.65, KT zuzügl., WD inkl., Strom/N 2.90 (16 A). Vorauszahlung!

DCC-Mitglieder fahren mit Auslands-Schutzpaß! und SIE?

18375 Prerow, Ostseebad (g1) — 10080

45 ★★★ »REGENBOGEN CAMP PREROW« 1.1. bis 31.12.
P.: Regenbogen AG V.: Scharmberg   340 000 qm
☎ 038233/331, 276, Fax 69351
www.regenbogen-camp.de, prerow@regenbogen-camp.de

→ B105/E22 Rostock–Stralsund, in Löbnitz nordwärts abbiegen über Barth nach Prerow. Hier beschildert. ✉ Bernsteinweg/Waldstr. 57. (GPS: 54°27'16" N / 12°32'52" E).

1,5 km
Teilparzelliertes, langgestrecktes und leicht welliges Sandgelände zwischen einem Kiefernwald, Dünenstreifen und dem 2 km langen und 100 m breiten Sandstrand. Moca-Übernachtungsplätze vor der Schranke. Separate Platzteile für FKK und Hundehalter. Separate Pkw-Abstellung. DLRG-Station. In HS Vorauszahlung! Ort 1.5 km entfernt. Mittagsruhe 13-15 Uhr. Touristen-/Dauerstellplätze 850/400.
2007: P/N 7.95, K/N 7 bis 14 J. 3.10, A/N 5.–, C MC/N 13.60, T/N 9.40, M/N 4.30, H/N 5.40, KT zuzügl., WD inkl., Strom/N 2.90 (16 A).

18374 Zingst, Ostseebad (g1) — 10085/1

30 ★★★★ »CAMPING AM FREESENBRUCH« 1.1. bis 31.12.
E.: Rainer Frank ☎ 038232/15786, Fax 15710   60 000 qm
www.camping-zingst.de, info@camping-zingst.de

→ B105/E22 Rostock–Stralsund, in Löbnitz nordwärts abbiegen über Barth. Nach passieren der Drehbrücke Richtung Prerow bis zur Küstenstrasse. Hier in Richtung Zingst abbiegen, noch 1 km. ✉ Am Bahndamm 1.

100 m 300 m 3 km
Parzelliertes, ebenes Wiesengelände, teilweise durch junge Anpflanzungen aufgelockert. Separater Platzteil für Mocas. Zum Strand über die Küstenstrasse und den flachen Deich. In HS Reservierung empfohlen. Für Zeltler separate Pkw-Abstellung. Imbiss. Ort 1.5 km entfernt. Separater Jugendplatz. Mittagsruhe 13-15 Uhr. Touristen-/Dauerstellplätze 270/50.
2007: P/N 6.50, K/N 3 bis 14 J. 3.50, A/N 2.–, C MC/N 9.–, T/N 7.–, H/N 2.–, KT 2.–, WD inkl., Strom/N 2.– (16 A).

18374 Zingst, Ostseebad (g1) — 10085/2

45 ★★★★ »WELLNESS-CAMP DÜNE 6« 1.1. bis 31.12.
E.: Rainer Ennen ☎ 038232/17617, Fax 17627   100 000 qm
www.wellness-camp.de, camping@wellness-camp.de

→ B105/E22 Rostock–Stralsund, in Löbnitz nordwärts abbiegen über Barth. Nach Überqueren der Drehbrücke Richtung Zingst.

500 m 700 m 1 km
Ebenes, durch junge Anpflanzungen aufgelockertes Wiesengelände. FW. Ort 700 m entfernt. Separater Jugendplatz. Mittagsruhe 12-14 Uhr. Touristen-/Dauerstellplätze 300/100.
2007: (HS) 1 P/N inkl. C MC-St/N 29.–, inkl. T-St/N 21.–, weitere P/N 7.–/5.–, K/N 6 bis 13 J. 3.50, H/N 4.–, KT zuzügl., WD, Schwimmbad und Strom inkl. In NS Ermäßigung. Vorauszahlung!

(10090)

Campingplatz NATURCAMP PRUCHTEN
Der am *Fischland-Darß-Zingst* ruhig gelegene Campingplatz ist ein idealer Ausgangspunkt für Radtouren. Umgeben von einer Heidelandschaft finden Sie hier unter Birken, Robinien und Kiefern Ihren halbschattigen Stellplatz. Zum Bodden sind es 400 m und den weißen Ostseestrand erreichen Sie nach ca. 6 Kilometern.

Info (03 82 31) 20 45 Fax (03 82 31) 66 3 46
Zeltplatzstraße 30 ~ 18356 Pruchten
www.naturcamp.de   DTV ★★★★   info@naturcamp.de
Video-DVD gratis

Wellness - Camp Spezial
Zwei Personen 22.00 €
in der Zeit vom 01.01.-08.05. / 12.05.-25.06. / 16.09.-31.12.
vom 08.05.-12.05 / 25.06.-09.07. / 30.08.-16.09. 2 Pers. 29.50 €
Immer incl. Komfortstellplatz, Strom, Wasser-, Abwasser-, Kabelanschluss & FREIE Nutzung des Wellness-Bades, der Saunalandschaft und der Fittnessoase.

Wellness auf fast 2000 m²
Einrichtungen ganzjährig geöffnet
Schwimmhalle mit Süßwasser (chlorfrei)
Fitneßbereich mit Kraft- und Ausdauergeräten
Saunalandschaft - Massage - Kosmetik
Solarium - Saftbar - Frisör - Restaurant
(10085/2)

Wellness - Camp Düne 6
Inselweg 9 · 18374 Ostseeheilbad Zingst
Telefon 03 82 32 - 17 6 17 · Fax 03 82 32 - 17 6 27
E-mail: camping@wellness-camp.de
www.wellness-camp.de

18356 Pruchten, Bodstedt. Bodden (g3) 10 090
»NATURCAMP PRUCHTEN« 1.4. bis 31.10.
P.: Christfried Führer ☎ 038231/2045, Fax 66346   48 000 qm
www.naturcamp.de, info@naturcamp.de

→ B105/E22 Rostock-Stralsund, in Löbnitz nordwärts abbiegen über Barth nach Pruchten. Hier beschildert. ✉ Zeltplatzstr. 30. (GPS: 53°52'09" N / 12°08'05" E).

Unparzelliertes, naturbelassenes Wiesengelände, teils unter Bäumen. Imbiss. W-LAN. FW. Ort (Barth) 4 km entfernt. Separater Jugendplatz. Mittagsruhe 13-14.30 Uhr. Touristen-/Dauerstellplätze 190/60.
2008: (HS) P/N 4.–, K/N 2 bis 14 J. 2.–, A/N 2.–, C T/N 6.–, MC/N 7,–, M/N 1.50, H/N 2.–, WD zuzügl., Strom/N 1.80 (16 A). Ab 20 Nächten 10% auf den Gesamtpreis. In NS Ermäßigung.

17213 Malchow, Plauer See (g3) 10 198
»NATURCAMPING MALCHOW« 1.1. bis 31.12.
E.: W. Neumann u. P. Hiller ☎ 039932/49077, Fax 49908 60 000 qm
www.campingtour-mv.de, malchow@campingtour-mv.de

→ A19/E55 Berlin–Rostock Abf. (16) Malchow, in Richtung Schwerin, beschildert. ✉ Am Plauer See. (GPS: 53°29'31" N / 12°22'23" E).

Teilparzelliertes, leicht welliges Wiesengelände zwischen Wald und Seeufer mit kleiner Badestelle und Liegewiese. Autobahn, Strasse und Bahnlinie in Hörweite. Ort 5 km entfernt. Separater Jugendplatz. Mittagsruhe 13-15.00 Uhr. Touristen-/Dauerstellplätze 110/90.
2007: (HS) P/N 5.20, K/N 2 bis 13 J. 2.60, A/N 2.10, C T/N 5.25 MC/N 7.35, M/N 1.70, B/N 4.50, H/N 2.60, KT 1.–, WD zuzügl., Strom/N 2.10 (16 A). In NS Ermäßigung.

17214 Silz, Fleesensee (g3) 10 200
»HEIDEPARK SILZ« Ostern bis 30.9.
I.: Heidepark Silz e. V. ☎ 039927/70229, Fax 70338   90 000 qm
www.heidepark-silz.de, Silzheidepark@t-online.de

→ A19 Berlin–Rostock Abf. (16) Malchow über Malchow Richtung Teterow. Nach ca 4 km über Silz abbiegen, beschildert. Die letzten 600 m Sandweg. ✉ Am Fleesensee 5.

Unparzelliertes, ebenes und teilweise leicht welliges Grasgelände zwischen Kiefernwald und Seeufer, überwiegend schattenlos. Durch Dauercamper geprägt. Uferliegewiese. Bade- und Wassersportmöglichkeiten. Sanitärgebäude beheizbar. Ort 1.5 km entfernt. Mittagsruhe 13-15 Uhr. Touristen-/Dauerstellplätze 30/270.
2008: (HS) P/N 5.50, K/N 4 bis 14 J. 3.–, C MC-St/N 5.–, T/N 2.50, M/N 1.–, B/N 5.–, H/N 1.50, WD zuzügl., Strom/N 1.50 oder kWh –.70 (10 A). In NS Ermäßigung.
DCC 10% auf P/N.

17209 Zislow, Plauer See (g3) 10 201/1
»NATURCAMPING ZWEI SEEN« 1.1. bis 31.12.
☎ 039924/2550, Fax 2062   140 000 qm
www.naturcamping-zwei-seen-zislow.de
reception@naturcamping-zwei-seen-zislow.de

→ A19/E55 Berlin–Rostock Abf. (17) Waren über Adamshoffnung nach Zislow, beschildert. ✉ Waldchaussee 2.

Parzelliertes, hügeliges Grasgelände, teilweise unter Kiefern oder schattenlos an der Südostseite des Plauer Sees mit langem, schmalen Sandstrand. Ort 2 km entfernt. Separater Jugendplatz. Mittagsruhe 13-15 Uhr. Touristen-/Dauerstellplätze 200/250.
2007: (HS) P/N 4.70, K/N 4 bis 13 J. 2.70, J/N 3.90, A/N 2.50, C/N 4.70, MC/N 6.30, T/N 3.90, M/N 1.50, B/N 4.70/5.80, H/N 2.50, WD zuzügl., Strom/N 2.– (10 A). In NS Ermäßigung.

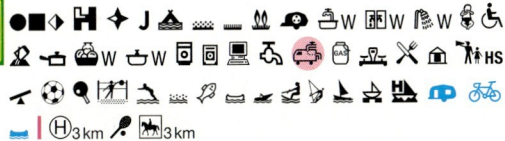

WALD- und SEEBLICK-CAMP
Am Plauer See

Waldchaussee 1   ☎ 03 99 24/20 02, Fax 03 99 24/2 98 09
17209 Zislow   www.wald-und-seeblick-camp.de
(Mecklenburg)   E-Mail: reception@wald-und-seeblick-camp.de

- Touristikplätze direkt am See
- Komfortstellplätze (Wasser, Abwasser, SAT)
- Ganzjährig geöffnet
- Imbiß- und Eisstand, Kiosk
- Bootsverleih, Fahrradverleih

(Beschreibung S. 312, 10201/2)

10 Mecklenburg-Vorpommern

17209 Zislow, Plauer See (g3) — 10 201/2

25 ★★★★ »WALD- UND SEEBLICK CAMP« 1.1. bis 31.12.
E.: Wald- und Seeblick Camp GmbH V.: Elke Schubert
☎ 039924/2002, Fax 29809 136 000 qm
www.wald-und-seeblick-camp.de, reception@wald-und-seeblick-camp.de

→ A19/E55 Berlin–Rostock Abf. (17) Waren über Adamshoffnung nach Zislow, ca. 10 km, beschildert. ✉ Waldchaussee 1.

●■◆ H ✦ J ⛺ ⛵ 🌳 🍴 ⚙ 🚿W 🚽W 🛁W ♿ ⛵
⚓W 🚻 ☕ ♻ 🏠 ⛽ 🚐 ⚓ ⛵ 🍴 🏠 ⚽ ☎ 🏊 🎣
🏊 ⛷ 🛶 ⛵ 🚤 🚢 🚴 ⛺ 🚴 ⛵ | ✂ 200m

Terrassiertes, zum See hin abfallendes Wiesengelände. Touristenteil eben und parzelliert. Moca-Übernachtungsplätze. Imbiss. Ort 2 km entfernt. Mittagsruhe 13-15 Uhr. Touristen-/Dauerstellplätze 205/195.
2008: (HS) P/N 4.70, K/N 4 bis 13 J. 2.70, J/N 3.90, A/N 2.50, C/N 4.70, MC/N 6.80, T/N 3.90, M/N 1.50, B/N 4.70, H/N 2.50, WD zuzügl., Strom/N 2.– (16 A). In NS Ermäßigung. **Anzeige S. 311**

17214 Alt-Schwerin, Plauer See (g3) — 10 202

25 ★★★ »CAMPING AM SEE« 1.4. bis 2.11.
P.: CTS-Michael Hecht e.K. ☎ 039932/42073, Fax 42072 36 000 qm
www.camping-alt-schwerin.de, info@camping-alt-schwerin.de

→ A19/E22 Berlin–Rostock Abf. (16) Malchow auf die B192 Richtung Goldberg. 2 km hinter Alt-Schwerin beschildert. ✉ An den Schaftannen1 1 (GPS: 53°30'59" N / 12°19'43" E).

●■◆ H ✦ J ⛺ ⛵ 🌳 ⚙ 🚿W 🚽W 🛁W ♿ ⛵W
⚓W 🚻 ☕ ♻ 🚐 ⚓ ⛵ 🏠 🏠 🏠 ⚽ ☎ 🏊 🎣
🏊 ⛷ 🛶 ⛵ 🚤 🚢 🚴 🛒 | ✂ 2.3km Ⓗ 5km

Parzelliertes, fast ebenes Wiesengelände mit einzelnen Bäumen, langgezogen und schattenlos am Seeufer. Durch Bäume und Büsche von der höher gelegenen Straße lärmgeschützt. Durch den Platz verläuft ein öffentlicher Radweg. Beheizbare Sanitäranlagen. Imbiss. Ort 2 km entfernt. Mittagsruhe 13-15 Uhr. Touristen-/Dauerstellplätze 138/59.
2008: (HS) 2 P/N und K/N 8 bis 14 J. inkl., St/N 21.90, B/N 3.–, H/N 2.–, WD inkl., Strom/N 2.– (6 A). Pauschalangebote. In NS Ermäßigung.

19395 Leisten bei Karow, Plauer See (f3) — 10 204

20 ★★ »CAMPINGPLATZ LEISTEN« 5.4. bis 7.10.
P.: Monika Prather ☎ 039738/70703, Fax 039927/701098 25 000 qm
Campingplatz-Leisten@t-online.de

→ B103 Mayenburg–Güstrow, ca. 6 km hinter Plau abbiegen, beschildert. Die letzten 2 km teilweise schmaler, gut befestigter Weg.

●■◆ H ✦ J ⛺ ⛵ 🌳 ⚙ 🚿W 🚽W 🛁W ♿ ⛵
🚻 ☕ 🏊 🏊 🛶 ⛵ 🚤 🚴 🚴

Ebenes, langgestrecktes Wiesengelände, unparzelliert zwischen Waldrand und Seeufer mit von Schilf begrenzter Badebucht. Ort (Plau) 8 km entfernt. Mittagsruhe 13-15 Uhr. Touristen-/Dauerstellplätze 50/90.
2007: (HS) P/N 4.20, K/N 3 bis 15 J. 2.10, A/N 2.10, C/N 5.20, MC/N 6.70, T/N 3.60, M/N 1.55, B/N 2.10, H/N 2.10, WD zuzügl., Strom/N 2.10 oder kWh –.50. In NS Ermäßigung.

19395 Plau am See (f3) — 10 205

25 ★★★ »CAMPINGPARK ZURUF« 1.1. bis 31.12.
E.: MWH Camping und Freizeit GmbH Plau 60 000 qm
☎ 038735/45878, Fax 45879
www.campingpark-zuruf.de, campingpark-zuruf@t-online.de

→ A24/E26 Hamburg–Berlin Abf. (18) Meyenburg auf die B103 Richtung Güstrow, nach Plau-Plötzenhöhe abbiegen, beschildert. ✉ Seestr. 38 D. (GPS: 53°26'29" N / 12°17'17" E).

●■◆ H ✦ J ⛺ ⛵ 🌳 🍴 ⚙ 🚿W 🚽W 🛁W ♿ ⛵
⚓W 🚻 ☕ ♻ 🏠 ⛽ 🚐 🏠 🏠HS 🏠HS 🏠HS ⚽ ☎ 🏊 🎣
🏊 ⛷ 🛶 🚢 🚴 🛒 🚴 🚴 | ✂ 100m ⛵ S
⚓ S 2km Ⓗ 3km

Ebenes Wiesengelände, durch Anpflanzungen parzelliert und von einer alten Baumallee und öffentlichem Wanderweg durchzogen am Westufer des Plauer Sees mit Badestrand und Liegewiese. Kostenpflichtige Mocaplätze vor dem Gelände. Separate Zeltwiesen. Imbiss. Restaurant 100m, Ort 2 km entfernt. Mittagsruhe 13-15 Uhr. Touristen-/Dauerstellplätze 200/120.
2007: (HS) P/N 5.–, K/N 2 bis 14 J. 2.50, A/N 2.50, C T/N 4.50, M/N 2.–, B/N 1.50, H/N 2.50, KT 1.–, WD zuzügl., Strom/N 2.– (10 A). In NS Ermäßigung.

DCC – DEIN PARTNER!

DCC-Vertragsplatz

17209 Bad Stuer, Plauer See (f3) — 10 206

25 ★★★ »CAMPING BAD STUER« 1.4. bis 31.10.
P.: Lutz Knechtel ☎ 039924/2263, Fax 2317 30 000 qm
www.camping-bad-stuer.m-vp.de, camping.bad.stuer@t-online.de

→ A19/E55 Berlin–Rostock Abf. (18) Röbel auf die B198 Richtung Plau. Bad Stuer beschildert. ✉ Am Seeufer 20.

●■◆ H ✦ J ⛺ ⛵ 🌳 ⚙ 🚿W 🚽W 🛁W ♿ ⛵
⚓ 🚻 🚐 ⚓ ⛵ 🏠 🏠 🏠 🛒 🍴 🎣
🎣 ⛵ 🚴 100m 🚴 150m Ⓗ 500m ⚓ 4km

Leicht welliges, unparzelliertes und von Wald umgebenes Wiesengelände. Familiäre Atmosphäre. Imbiss. Ort 500 m entfernt. Mittagsruhe 13-15 Uhr. Touristen-/Dauerstellplätze 100/100.
2007: P/N 4.50, K/N 3 bis 15 J. 2.50, A/N 2.–, C/N 5.–, MC/N 6.–, T/N 5.–, M/N 2.–, B/N 1.–/m, H/N 2.–, WD zuzügl., Strom/N 2.50 (16 A).
DCC 10% auf P/N und St/N, CCI 10% auf P/N.

18292 Krakow am See (f3) — 10 207

30 ★★★★ »CAMPINGPLATZ AM KRAKOWER SEE« 1.1. bis 31.12.
P.: Tourismus GmbH 70 000 qm
☎ 038457/50774, Fax 50775
www.campingplatz-krakower-see.de, info@campingplatz-krakower-see.de

→ A19/E55 Berlin–Rostock. Abf. (14) Krakow. Vor Krakow zum Platz abbiegen, beschildert. ✉ Windfang 1. (GPS: 53°40'21" N / 12°16'44" E).

●■◆ H ✦ J ⛺ 🌳 🍴 ⚙ ⛽ 🚿W 🚽W 🛁W
♿ ⛵ ⚓W ⚓W 🚻 ☕ ♻ 🚐 ⚓ 🏠HS 🏠HS ⚽ ☎ 🏊
🏊 🎣 🏊 ⛷ 🛶 🚢 🛒 | Ⓗ 500m ⛽ 2km

Leicht zum Seeufer abfallendes parzelliertes Wiesengelände, von Wald umgeben. Uferliegewiese. Volleyballplatz. Surfbrettverleih. Ort 2 km entfernt. Mittagsruhe 13-15 Uhr. Separater Jugendplatz. Touristen-/Dauerstellplätze 70/110.
(HS) 2 P/N inkl. C MC-St/N 22.–, weitere P/N 5.–, K/N 6 bis 16 J. 2.50, T/N 3.–, M/N 2.–, B/N 2.–, KT 1.–, WD zuzügl., Strom/N 2.– (16 A). Rentnerspezial 15.–. DCC ab 4 Nächte 10% auf St/N. In NS Erm.

19294 Malliß bei Ludwigslust (f4) — 10 225

20 ★★★★ »CAMPING AM WIESENGRUND« 1.1. bis 31.12.
E.: Sielaff & Sielaff GbR ☎/Fax 038750/21060 15 000 qm
www.camping-malliss.m-vp.de, sielaff-camping@t-online.de

→ B191 Dannenberg–Ludwigslust. In Malliß abbiegen. ✉ Am Kanal 4. (GPS: 53°19'56" N / 11°34'45" E).

●■◆ H ✦ J ⛺ 🌳 🍴 ⚙ 🚿W 🛁W ♿ ⛵ ⚓ 🍴 🏠 🏠
🏠 🍴 🏠 🚴 🍴 ⚽ ☎ 🏊 🐴 ⛺ 🏠 🚴 🚴 🚴
⚓ 🚴 Ⓗ 100m Ⓗ 300m

Parzelliertes, ebenes Wiesengelände neben dem Anwesen am Müritz-Elde Kanal. Streichelzoo. Wasserwanderer-Station. Ort 3 km entfernt. Separater Jugendplatz. Mittagsruhe 13-15 Uhr. Touristen-/Dauerstellplätze 60/40.
2008: (HS) P/N 4.50, K/N bis 14 J. 1.80, A/N 2.–, C/N 4.–, MC/N 5.–, T/N 2.–, M/N 1.–, B/N –.50/m, H/N 2.–, WD inkl., Müllgeb. St/N –.70, Strom/N 1.50 oder kWh –.45 (16 A), Anschlussgebühr 1.–. In NS Ermäßigung.
CCI 5% auf P/N.

19230 Neu-Zachun (f3) — 10 227

★★ »CAMPING ZACHUN« Mai bis Sept.
P.: Rauhut ☎ 038859/6010, Fax 6015 48 000 qm

→ A24/E26 Hamburg–Berlin Abf. (11) Hagenow auf die B321 ca. 1 km Richtung Schwerin. Dann nach Neu-Zachun abbiegen.

●■◆ H ✦ J 🐴 ⛺ 🌳 ⚙ 🚿W 🚽W 🛁W ♿
⚓W 🚻 ♻ 🍴 🏠 🍴 🚴 ⚽ ☎ 🏊 🎣 🏊 ⛷ 🛶 S
🚴 | 🚴 300m Ⓗ 1.5km

Parzelliertes, langgestrecktes Wiesengelände am Zachuner See, überwiegend schattenlos, neben Bahnlinie und Autobahn. Öffentlicher Badebetrieb. Wasserskilanlage. Imbiss. Ort (Hoort) 2 km. 46 Touristenplätze.

19209 Perlin (f3) — 10 230

★★ »CAMPINGPARADIES PERLIN« April bis Okt.
E.: Arend Kripke P.: Ott 53 000 qm
☎ 03869/3724, 04361/7120, Fax 04361/7125

→ A24/E26 Hamburg–Berlin Abf. (10) Wittenburg Richtung Lützow, in Söhring rechts abbiegen nach Perlin, beschildert.

●■◆ H ✦ ⛵ 🌳 ⚙ 🚿W 🚽W 🛁W ♿ ⛵W 🚻

Ausgezeichnet Campen am Schweriner See!

FERIENPARK SEEHOF

SEIT 1995 BESTNOTEN VON ADAC/DCC/ECC.
LANDESSIEGER 1999.

- Ganzjährig geöffnet
- 18 Hektar Naturpark
- Beste Wasserqualität
- Bootsliegeplätze
- Strand in Sonnenlage
- Segelschule
- Kinderspielhaus
- Streichelzoo
- Fahrradverleih
- Restaurant + Shop
- Tgl. frische Brötchen
- Freundlicher Service
- Nah bei Schwerin
- Wandermöglichkeiten

(10232)

http://www.ferienparkseehof.de

Ferienpark Seehof   19069 Seehof   0385 - 51 25 40

---

500 m

Teilparzelliertes, welliges und schattenloses Wiesengelände in Nähe des „Dümmer Sees", von Wald umgeben. Sanitärgebäude beheizbar. Imbiss 50 m, Ort 1 km entfernt. Mittagsruhe 13-15 Uhr. Touristen-/Dauerstellplätze 100/100.

DCC-Vertragsplatz

19069 Seehof bei Schwerin (f3)   10232

35 ★★★★ »CAMPING SEEHOF«   1.1. bis 31.12.
P: Knuth Reuter   ☎ 0385/512540, Fax 5814170   180000 qm
info@ferienparkseehof.de

→ B106 Wismar–Schwerin, in Lübstorf ostwärts abbiegen nach Seehof, beschildert. ✉ Am Zeltplatz 1. (GPS: 53°41'47" N / 11°26'14" E).
Schweriner Schloss u. Dom.

200 m · 3 km

Teilparzelliertes Wiesengelände mit einer Geländestufe und Uferliegewiese am Schweriner See. Ein Platzteil unter hohen Bäumen. Surfbrettverleih Ort 800 m entfernt. Touristen-/Dauerstellplätze 270/150.
2007: (HS) 2 P/N inkl. C MC-St/N 27.–, inkl. T-St/N 16.–, weitere P/N 5.–, K/N 2 bis 14 J. 3.50, B/N 4.50, H/N 1.–, WD zuzügl., Strom/N 2.50 oder kWh -.35 (16 A), 4A inkl., Anschlussgebühr 3.–. In NS Ermäßigung.
DCC/CCI 10% auf P/N.

Das CCI-Carnet ist im Ausland als Identitäts-Ausweis anerkannt. Im Inland genügt die Vorlage des DCC-Mitgliedsausweises

---

19067 Retgendorf, Schweriner See(f3)   10236

25 ★ »CAMPING RETGENDORF«   1.1. bis 31.12.
E.: Touristik Retgendorf GmbH   60000 qm
☎ 03866/400040, Fax 400041, www.camping-retgendorf.m-vp.de

→ B 104 Schwerin–Güstrow, in Rampe nordwärts abbiegen, beschildert. ✉ Seestr. 7a.

200 m 300 m

Parzelliertes, ebenes bis leicht zum Seeufer abfallendes Wiesengelände, mit Liegewiese und Badestellen. Imbiss. Ort 200 m entfernt. FW. Surfbrettverleih. Mittagsruhe 13-15 Uhr. Touristen-/Dauerstellplätze 120/200.
2007: P/N 3.50, K/N 4 bis 16 J. 2.–, A/N 3.–, C/N 7.–, MC/N 8.–, T/N 4.–, M/N 1.50, B/N 3.–, H/N 1.50, WD zuzügl., Strom/N 2.–.

19067 Flessenow, Schweriner See (f3)   10238

25 ★★★ »MECKLENBURGER SEECAMPING«   21.3. bis 31.10.
E.: Marc Elshout   ☎ 03866/81491, Fax 81415   78000 qm
www.seecamping.de, info@seecamping.de

→ B 104 Schwerin–Güstrow, in Rampe nordwärts abbiegen über Retgendorf. In Flessenow beschildert. ✉ Am Schweriner See 1 A. (GPS: 53°45'09" N / 11°29'48" E).

50 m   500 m

Teilparzelliert, leicht welliges Wiesengelände, durch einen schmalen Waldstreifen vom See mit Liegewiese und Badestellen getrennt. Ort 500 m entfernt. Mittagsruhe 13-15 Uhr. Separater Jugendplatz. Touristen-/Dauerstellplätze 150/100.
2008: (HS) 2 P/N inkl. St/N 22.–, weitere P/N 3.50, K/N 4 bis 14 J. 2.–, H/N frei, WD zuzügl., Strom/N 2.– (10 A). In NS Ermäßigung.

DCC-Vertragsplatz

✉ **18258 Schwaan** (f2)   **10240**

[20] ★★★ »CAMPING SCHWAAN«   1.3. bis 30.11.
P.: G. Martens ☎ 03844/813716, Fax 814051   20 000 qm
www.sandgarten.de, info@sandgarten.de

→ A19 Berlin–Rostock Abf. (11) Laage in Richtung Bad Doberan. In Schwaan beschildert. ✉ Güstrower Str. 999/Sandgarten 17. (GPS: 53°55'10" N / 12°06'49" E).

Parzelliertes, langgestrecktes, leicht welliges Wald- und Grasgelände zwischen einem Waldstreifen und der Warnow mit Mobilheimteil. Touristenplätze im vorderen Platzteil. Uferliegewiese. Wasserwanderer-Station. Imbiss. Ort 2 km entfernt. Mittagsruhe 13-15 Uhr. Touristen-/Dauerstellplätze 250/110.
2008: (HS) 2/3/4 P/N inkl. St/N, WD und Strom (3 kWh) 16.–/18.–/20.–, 1 P/N 4.20, K/N 3 bis 16 J. 3.60, A/N 3.60, C/N 6.50, MC/N 7.50, T/N 5.40, M/N 2.60, B/N 2.–, H/N 2.–, WD zuzügl., Strom N 2.–, oder kWh –.50 (16 A). In NS Ermäßigung.
DCC/CCI 10% auf P/N.

In 18273 **Güstrow** besteht am Nordik Hotel Am Tierpark ein Moca-Stellplatz.

✉ **23992 Neukloster**, Wismar (f2)   **10246**

[20] ★★★ »SEE-CAMPING NEUKLOSTER«   1.4. bis 31.10.
E.: Wolfgang Seidel ☎ 038422/20844, Fax 20461   40 000 qm
www.seecamping-neukloster.de, ostholstein-immobilien@t-online.de

→ B192 Wismar–Sternberg, bei Reinstorf nach Neukloster abbiegen, beschildert. ✉ Bützower Str. 27A. (GPS: 53°86'25" N / 11°69'39" E).

Teilparzelliertes, leicht wellig abfallendes Wiesengelände oberhalb des Neuklostersees, durch Baum- und Buschreihen unterteilt. Beheizbare Sanitärgebäude. Ort 800 m, Gasverkauf 1.5 km entfernt. Separater Jugendplatz. Mittagsruhe 13-15 Uhr. Touristen-/Dauerstellplätze 150/80.
2007: (HS) P/N 3.–, K/N 3 bis 13 J. 2.–, A/N 2.50, C/N 3.80, MC/N 6.30, T/N ab 3.–, M/N 1.50, H/N 1.50, WD inkl., Müllgeb. P/N –.50, Strom/N 1.50 (16 A). In NS Ermäßigung.

DCC-Vertragsplatz

✉ **19406 Sternberg** (f3)   **10249**

[25] ★★★★ »CAMPING STERNBERGER SEENLANDSCHAFT«
I.: Heiko Thomä ☎ 03847/2534, Fax 5376   20.3. bis 31.10.
www.camping-sternberg.de, info@camping-sternberg.de   75 000 qm

→ B192 Malchow–Schwerin Abf. Sternberg, beschildert. ✉ Maikamp 11. (GPS: 53°42'48" N / 11°48'46" E).

Unparzelliertes, ebenes und teilweise terrassiertes Wiesengelände von Wald umgeben. Liegewiese mit Badesteg. Öffentl. Badebetrieb. FW. Bungalow-Anlage. Imbiss. Ort 1 km entfernt. Touristen-/Dauerstellplätze 140/10.
2008: (HS) 2 P/N inkl. St/N 19.90, weitere P/N 4.70, K/N 2 bis 14 J. 2.50, H/N 2.50, WD zuzügl., Strom/N 2.30 oder kWh –.45 (10 A). In NS Erm.
DCC 10% auf P/N.

✉ **18276 Lohmen** bei Güstrow (f3)   **10250**

[20] ★★★ »CAMPING AM GARDERSEE«   1.4. bis 31.10.
P.: Kasimir Hübscher ☎ 038458/20722, Fax 8059   100 000 qm
www.campingplatz-gardersee.de, camping-gardersee.lohmen@t-online.de

→ B192 Malchow–Sternberg. Hinter Dobbertin in Richtung Güstrow abbiegen, beschildert. ✉ Seestr. 1.

Ebenes, teilweise parzelliertes und leicht ansteigendes Gelände beim Gardersee, von Wald umgeben. Befestigte Mocaplätze. Sanitärgebäude beheizbar. FW. Ort 3 km entfernt. Separater Jugendplatz. Mittagsruhe 13-15 Uhr. Touristen-/Dauerstellplätze 100/200.
2007: (HS) P/N 4.20, K/N 4 bis 14 J. 2.10, A/N 1.60, C/N 4.20, MC/N 6.20, T/N 3.60, M/N 1.–, B/N 1.–, H/N 1.60, WD zuzügl., Strom/N 2.10 oder kWh –.41 (16 A). Anschlussgeb. 1.–. Für 7 Nächte 6 N bezahlen. In NS Erm.

DCC-Vertragsplatz

✉ **19399 Dobbertin** (f3)   **10251**

 [25] ★★★ »CAMPING AM DOBBERTINER SEE«   1.4. bis 31.10.
P.: Beate Linke ☎ 038736/42510, Fax 81402   48 500 qm
www.campingplatz-dobbertin.de, dobbertincamping@aol.com

→ B192 Malchow–Schwerin Abf. Dobbertin. ✉ Am Zeltplatz 1. (GPS: 53°37'7" N / 12°3'51" E).

♣ Kloster Dobbertin. Kranichzüge. Langhägener Seewiesen.

Leicht wellig zum Seeufer unparzelliertes abfallendes Waldgelände. Übernachtungsplatz vor der Schranke. Imbiss. Ort 300 m entfernt. Separater Jugendplatz. Mittagsruhe 13-15 Uhr. Touristen-/Dauerstellplätze 110/40.
2008: (HS) P/N 4.20, K/N 4 bis 14 J. 3.50, A/N 2.–, C/N 5.10, MC/N 5.50, T/N 3.– bis 4.50, M/N 1.–, H/N 1.–, WD zuzügl., Strom/N 2.60 oder kWh –.45 (16 A). In NS Ermäßigung.
DCC/CCI 10%/5% auf P/N.

✉ **19406 Kukuk** bei Sternberg (f3)   **10252**

[20] ★★★★ »CAMPING UND FRIESENHOF«   1.1. bis 31.12.
E.: Gerhard Anton ☎/Fax 038485/20432, 0177/7171401   20 000 qm
www.camping-kukuk.de, anton@camping-kukuk.de

→ B192 Malchow–Stenberg, hinter Dabel abbiegen über Hohen Pritz nach Kukuk. Hier beschildert. ✉ Seestr. 6. (GPS: 53°37'51" N / 12°3'51" E).

Vom Waldrand zum Seeufer leicht abfallendes, mehrfach gestuftes, unparzelliertes Wiesengelände mit Liegewiese, Badesteg und Badeinsel. Separater Hundehalterplatz. Imbiss. FW. Ort 200 m entfernt. Mittagsruhe 13-15 Uhr. Separater Jugendplatz. Touristen-/Dauerstellplätze 50/50.
2007: (HS) P/N 4.–, K/N bis 14 J. 2.–, A/N 2.–, C/N 6.–, MC/N 3.–, T/N 4.– bis 6.–, M/N 1.50, H/N 1.50, WD zuzügl., Strom/kWh –.40 (16 A), Anschlussgebühr 1.–. In NS Ermäßigung.
DCC/CCI 5% auf P/N.

✉ **17258 Feldberg**, Feldbg. Seenpl.(h3)   **10304**

[30] ★★★★ »CAMPING AM BAUERNHOF«   1.1. bis 31.12.
E.: Burkhard Greiling ☎/Fax 039831/21084, Fax 21534   30 000 qm
www.campingplatz-am-bauernhof.de, scholverberg@feldberg.de

→ B198 Neustrelitz–Prenzlau, in Möllenbeck abbiegen, über Feldberg noch 2 km weiter Richtung Prenzlau, beschildert. ✉ Hof Eichholz 1-8.

♣ Fallada-Haus, Schloss Boitzenburg.

Von Wald umgebenes, wellig zum Seeufer leicht abfallendes Wiesengelände, naturbelassen, unparzelliert und schattenlos. Wasserwanderer-Station. Imbiss. FW. Ort 2 km entfernt. Mittagsruhe 13-15 Uhr. Touristen-/Dauerstellplätze 65/35.
2007: P/N 5.–, K/N 2 bis 14 J. 3.–, A/N 2.50, C/N 5.– bis 8.–, MC/N 3.– bis 8.–, T/N 3.– bis 8.–, M/N 2.–, B/N 1.– bis 3.–, H/N 3.–, WD zuzügl., Müllgebühr St/N –.50, Strom/kWh –.48 (16 A), Anschlussgebühr 2.–.

✉ **17258 Carwitz**, Feldbg. Seenplatte (g3)   **10306**

★★★ »CAMPING AM CARWITZER SEE«   April bis Okt.
E.: Joachim Schönfeld ☎/Fax 039831/21160   28 000 qm

→ B198 Neustrelitz–Prenzlau, in Möllenbeck abbiegen über Feldberg nach Carwitz, beschildert.

Parzelliertes und terrassiertes, zum Seeufer leicht abfallendes Wiesengelände, mit Liegewiese. FW. Ort 300 m entfernt. Mittagsruhe 13-15 Uhr. Touristen-/Dauerstellplätze 75/20.

17039 Gatsch Eck, Neubrandenbg.(g3) 10313

25 ★★★ »CAMPING GATSCH ECK AM TOLLENSESEE«
P.: Verein der Naturfreunde Gatsch-Eck e.V. 1.4. bis 30.10.
☎ 0395/5665152, Fax 5638684, 0171/9565112
www.camping-gatsch-eck.de, info@camping-gatsch-eck.de 26000 qm

→ B192 Waren–Neubrandenburg, über Neuendorf abbiegen nach Gatsch Eck. 4.5 km schmale, gepflasterte und unebene Waldanfahrt, beschildert.

Leicht wellige, unparzellierte Waldlichtung am Tollensesee mit öffentlichem Badebetrieb und Seerundfahrt-Anlegestelle. Durch feste Vorbauten der Dauercamper geprägt. Imbiss. Ort (Neubrandenburg) 9,5 km entfernt. Mittagsruhe 13-15 Uhr. Separater Jugendplatz. Touristen-/Dauerstellplätze 25/75.
2008: (HS) P/N 4.80, K/N bis 14 J. 2.80, A/N 2.30, C/N 6.50, MC/N 8.50, T/N 3.80 bis 4.80, M/N 1.80, H/N 2.80, WD zuzügl., Strom/N 2.–. In NS Erm.

17321 Löcknitz bei Pasewalk (h3) 10330

★★ »CAMPING WALDBLICK« Mai bis Okt.
I.: Jürgen Steinke ☎ 039754/20303, 20697 13000 qm

→ B104 Pasewalk–Stettin Abf. Löcknitz, beschildert.
Grenzübergang nach Polen bei Linken in 10 km.

Ebenes, unparzelliertes Wiesengelände am Ortsrand, von Kiefernwald umgeben. Durch Vorbauten der Dauercamper geprägt. Etappenplatz. Schwimmöglichkeit 200 m entfernt. Mittagsruhe 13-15 Uhr. Touristen-/Dauerstellplätze 40/50.

17111 Meesiger, Kummerow. See (g2) 10369

20 ★★★ »CAMPING MEESIGER GRAVELOTTE« 1.4. bis 30.9.
E.: Gemeinde V.: Rehberg ☎/Fax 039994/10732 35000 qm
www.campingplatz-meesiger-gravelotte.de,
info@campingplatz-meesiger-gravelotte.de

→ B194 Stralsund–Stavenhagen Abf. Borrentin. Am Brink 12.

Mehrteiliges, hügeliges und unparzelliertes Wiesengelände am Kummerower See mit Uferliegewiese. Überwiegend schattenlos. Surfbrettverleih. Ort 1 km entfernt. Mittagsruhe 13-15 Uhr. Separater Jugendplatz. Touristen-/Dauerstellplätze 120/70.
2007: P/N 3.50, K/N 5 bis 12 J. 2.–, A/N 2.–, C/N 3.–, MC/N 4.–, T/N 2.60, M/N 1.80, B/N 5.–, KT 1.20, WD zuzügl., Strom/N 1.50 (10 A).

17111 Sommersdorf, Kummerower S. (g2) 10370

25 ★★★ »CAMPING PARK SOMMERSDORF« April bis Okt..
E.: Wolfgang Neumann ☎ 039952/2973, Fax 2974 20000 qm
www.campingtour-mv.de, sommersdorf@campingtour-mv.de

→ A24/19 Berlin–Rostock Abf. (13) Güstrow auf die B104 über Teterow bis Malchin. Hier in nordöstlicher Richtung nach Sommersdorf abbiegen, beschildert. Am Kummerower See. (GPS: 53°47'56" N / 12°52'35" E).

Ebenes bis leicht zum Kummerower See abfallendes Wiesengelände mit Liegewiese und Badestelle. Durch Bäume und Buschreihen unterteilt. Imbiss. Mittagsruhe 13-15 Uhr. Touristen-/Dauerstellplätze 100/25.
2007: (HS) P/N 4.95, K/N 2 bis 13 J. 2.50, A/N 2.10, C T/N 5.–, MC/N 7.10, M/N 1.50, H/N 2.50, WD zuzügl., Strom/N 2.10 (16 A). In NS Ermäßigung.

17166 Dahmen, Malchiner See (g3) 10373

25 ★★★ »CAMPING DAHMEN« 1.4. bis 31.10.
E.: Lutz Heber ☎ 039957/29139, Fax 29486 55 m 18000 qm
www.campingplatz-dahmen.de, info@campingplatz-dahmen.de

→ A19 Berlin–Rostock Abf. (15) Linstow auf die L204 über Cramon, Vollrathsruhe, Ziddorf nach Dahmen. Im Ort beschildert. Am Erlengrund 1.
Ivenacker Eichen (1000 Jahre). Schloss Basedow. Burg Schlitz.

Ebenes, teilweise terrassiertes Wiesengelände mit Laubbäumen am Malchiner See mit Sandstrand und Liegewiese am Ortsrand. In HS Reservierung empfehlenswert. Imbiss. Brötchenservice. Mittagsruhe 13-15 Uhr. Touristen-/Dauerstellplätze 80/20.

2007: (HS) P/N 4.80, K/N 2 bis 12 J. 2.90, A/N 2.–, C/N 4.80, MC/N 6.50, T/N 4.10 bis 4.80, M/N 1.50, B/N 2.–, H/N 2.50, WD zuzügl., Strom/N 2.20 oder kWh –.45 (16 A), Anschlussgebühr 2.–. In NS für 7 Nächte 6 Nächte bezahlen. In NS Ermäßigung.

17139 Seedorf-Basedow, Malchiner S. (g3) 10375

25 ★★★ »CAMPINGPARK SEEDORF« 1.4. bis 31.10.
E.: Lutz Heber ☎ 039957/29139, Fax 29486 55 m 45000 qm
www.campingpark-seedorf.de, info@campingpark-seedorf.de

→ A19 Berlin–Rostock Abf. (15) Linstow auf die L204 über Cramon, Vollrathsruhe, Ziddorf und Dahmen, am Südufer des Malchiner Sees entlang, bis zum Platz. Campingplatz 1.
Ivenacker Eichen (1000 Jahre). Schloss Basedow. Burg Schlitz.

Ebenes bis leicht welliges, teilweise durch Baumreihen parzelliertes, Wiesengelände mit Sandstrand und Liegewiese am Malchiner See. In HS Reservierung empfehlenswert. Imbiss. Cafe. Kiosk. FW. Ort 1 km entfernt. Mittagsruhe 13-15 Uhr. Touristen-/Dauerstellplätze 123/28.
2007: (HS) P/N 4.50, K/N 2 bis 12 J. 2.50, A/N 2.–, C/N 4.80, MC/N 6.–, T/N 4.10 bis 4.80, M/N 1.50, B/N 2.–, H/N 2.50, WD zuzügl., Strom/N 2.20 oder kWh –.45 (16 A), Anschlussgebühr 2.–. In NS für 7 Nächte 6 Nächte bezahlen. In NS Ermäßigung.

DCC-Vertragsplatz

17237 Groß Quassow, Woblitzsee (g3) 10376

30 ★★★★ »CAMPING- & FERIENPARK HAVELBERGE«
E.: Haveltourist GmbH & Co. KG. 1.1. bis 31.12.
☎ 03981/24790, Fax 247999 120000 qm
www.havelberge.de, info@haveltourist.de

→ B96 Fürstenberg–Neubrandenburg, in Neustrelitz-Nord westwärts abbiegen über Lindenberg nach Groß Quassow. Hier beschildert (C34). (GPS: 53°18'31" N / 13°00'08" E).

Parzelliertes, hügeliges und lichtes Kiefernwaldgelände, teilweise terassiert abfallend mit Uferliegewiese. Von Bungalowreihen begrenzt, teilweise durchzogen. Moca-Übernachtungsplätze vor der Schranke. Badestege. Wassermanderer Station. Kinder-Erlebnisbad. Naturbadeteich. Ort 2.5 km entfernt. Separater Jugendplatz. Mittagsruhe 13-15 Uhr. Touristen-/Dauerstellplätze 196/54.
2008: (HS) P/N 3.90 bis 6.30, K/N 2 bis 14 J. 1.60 bis 4.20, C-St/N 5.20 bis 12.–, MC/N 4.30 bis 7.40, T/N 3.40 bis 5.70, M/N 4.–, H/N 1.– bis 4.20, WD zuzügl., Strom/N 2.70 (10 A). In NS Ermäßigung. Vorauszahlung!
DCC/CCI 10% auf P/N.

DCC-Vertragsplatz

17255 Drosedow (g4) 10377

20 ★★★ »CAMPING AM GOBENOWSEE« Ostern bis 13.10.
I.: Annerose Zobel ☎/Fax 039828/20355 42000 qm
www.gobenowsee.m-vp.de, gobenow@t-online.de

→ Straße Rheinsberg–Wesenberg Abf. ca. 3 km hinter Canow in Richtung Seewalde-Drosedow, beschildert. Die letzten 500 m Waldweg.
Am See C27. (GPS: 53°13'41" N / 12°55'19" E).

Langgestrecktes, wellig zum Seeufer abfallendes Wiesengelände mit Birken, Kiefern und von Sandwegen durchzogen. Unparzelliert, terrassiert und von Wald umgeben. Separate Pkw-Abstellung. Badesteg. Wassermanderer Station. Ort (Wesenberg) 5 km entfernt. Mittagsruhe 13-15 Uhr. Touristen-/Dauerstellplätze 140/60.
2007: (HS) P/N 3.10, K/N bis 14 J. 1.90, A/N 2.05, C T/N 6.50, MC/N 7.50, M/N 1.55, B/N 2.50, H/N 2.50, WD zuzügl., Strom/N 2.60 oder kWh –.67 (16A). In NS Ermäßigung.
DCC 10% auf P/N.

Die Gebühren werden von den Platzhaltern lange vor Erscheinen des Campingführers gemeldet. Daher sind Abweichungen möglich.

✉ **17255 Strasen** (g4) **10378**

★★★ »NATURCAMPING AM GROSSEN PÄLITZSEE«
E.: Haveltourist GmbH & Co. KG. ⌕ 1.4. bis 31.10.
☏ 03981/24790, Fax 247999 56 000 qm
www.paelitzsee.de, info@haveltourist.de

→ B198 Güstrow–Neustrelitz, in Wesenberg südwärts abbiegen nach Strasen, beschildert. Schmale Waldanfahrt. (GPS: 53°10'03" N / 12°58'43" E).

4km

Terrassiertes, teilweise parzelliertes zum See abfallendes Wald- und Wiesengelände. Badestege. Wasserwanderer-Station. Mittagsruhe 13-15 Uhr. Touristen-/Dauerstellplätze 45/55.
2008: (HS) P/N 3.40 bis 5.–, K/N 2 bis 14 J. 1.20 bis 3.50, C-St/N 4.80 bis 9.10, MC/N 3.80 bis 6.20, T/N 2.90 bis 4.30, M/N 4.–, H/N 1.– bis 3.30, WD zuzügl., Strom/N 2.70 (10 A). In NS Ermäßigung.
DCC/CCI 10% auf P/N.

DCC-Vertragsplatz

✉ **17255 Ahrensberg,** Mecklenbg. Seenpl. (g3) **10379**

★★★ »CAMPING AM DREWENSEE«
E.: Haveltourist GmbH & Co. KG. ⌕ 1.4. bis 31.10.
☏ 03981/24790, Fax 247999 40 000 qm
www.haveltourist.de, www.drewensee.de, inf@haveltourist.de

→ B198 Plau–Neustrelitz. Abf. Wesenberg in südl. Richtung nach Ahrensberg, beschildert (C10). Die letzten 1.5 km Waldanfahrt.
(GPS: 53°15'47" N / 13°03'02" E).

6km

Lichtes, ebenes Mischwaldgelände am Seeufer mit Liegewiese u. Badestegen. Sanitärgebäude beheizbar. Wasserwanderer-Station. Ort (Wesenberg) 4 km entfernt. Mittagsruhe 13-15 Uhr. Touristen-/Dauerstellplätze 100/50.
2008: (HS) P/N 3.90 bis 5.60, K/N 2 bis 14 J. 1.60 bis 3.90, St/N 4.30 bis 11.–, MC/N 6.50 bis 6.70, T/N 5.20 bis 5.50, M/N 4.–, B/N 1.– bis 2.60, H/N 1.– bis 3.90, WD zuzügl., Strom/N 2.70 (10 A). In NS Ermäßigung.
DCC/CCI 10% auf P/N.

✉ **17255 Wesenberg,** Mecklenb. Seenpl. (g3) **10380**

★★★ »CAMPINGPARK AM WEISSEN SEE« ⌕ 1.4. bis 31.10.
E.: Haveltourist GmbH & Co. KG. 35 000 qm
☏ 03981/24790, Fax 247999
www.weissersee.de, info@haveltourist.de

→ B198 Mirow–Neustrelitz. Vor Wesenberg links abbiegen, beschildert. Steile Zufahrt. (GPS: 53°17'03" N / 12°06'56" E).

50m 1km 4km

Parzelliertes und welliges Kiefernwaldgelände oberhalb des Sees. Sanitärgebäude beheizbar. Spielhaus. Ort 2 km entfernt. Mittagsruhe 13-15 Uhr. Separater Jugendplatz. Touristen-/Dauerstellplätze 100/50.
2008: (HS) P/N 3.40 bis 5.–, K/N 2 bis 14 J. 1.20 bis 3.50, C-St/N 4.80 bis 9.10, MC/N 3.80 bis 6.20, T/N 2.90 bis 4.30, M/N 4.–, H/N 1.– bis 3.20, WD zuzügl., Strom/N 2.70 (10 A). In NS Ermäßigung.
DCC/CCI 10% auf P/N.

✉ **17252 Fleeth** bei Diemitz (g3) **10381**

★★★ »NATURCAMP AM MÖSSENSEE« ⌕ 1.1. bis 31.12.
E.: E. und V. Prütz V.: Müller ☏/Fax 039833/22030 40 000 qm
www.naturcamp-moessensee.de, info@naturcamp-moessensee.de

→ B198 Plau–Neustrelitz Abf. Mirow in Richtung Diemitz. Ab Fleeth beschildert. Die letzten 3 km Waldweg. ✉ Fleeth 12.

6km

Ebenes, unparzelliertes, teilterrassiertes und leicht zum Seeufer abfallendes Kiefernwaldgelände mit schattenloser Wiese. Imbiss. Wasserwanderer-Station. Ort 1.5 km entfernt. Mittagsruhe 12-15 Uhr. Separater Jugendplatz.
2007: P/N 4.25, K/N bis 6 J. 1.10, J/N 2.20, A/N 2.50, C/N 4.– MC/N 6.–, T/N 2.–, M/N 2.–, B/N 1.– bis 4.–, H/N 2.20, WD zuzügl., Strom/N 2.– oder kWh –.45 (16 A). P/N ab 3. Nacht 3.30. Familienpauschale ab 3. Nacht 11.–.

DCC-Vertragsplatz

✉ **17237 Zwenzow** bei Userin (g3) **10382**

★★★★ »CAMPING ZWENZOWER UFER« ⌕ 1.4. bis 31.10.
E.: Haveltourist GmbH & Co. KG. 23 000 qm
☏ 03981/24790, Fax 247999
www.zwenzowerufer.de, info@haveltourist.de

→ B198 Plau-Neustrelitz Abf. Mirow in Richtung Userin. In Zwenzow beschildert mit C 56. (GPS: 53°19'07" N / 12°56'37" E).

150m 200m 300m

Ebener Uferstreifen parzelliert mit Liegewiese, Badestegen und altem Baumbestand am »Großen Labussee«, teilweise terrassiert. Sanitärgebäude beheizbar. Wasserwanderer-Station. Ort 800m entfernt. Mittagsruhe 13-15 Uhr. Touristen-/Dauerstellplätze 65/29.
2008: (HS) P/N 3.90 bis 5.60, K/N 2 bis 14 J. 1.60 bis 3.50, C-St/N 5.20 bis 11.10, MC/N 4.30 bis 6.90, T/N 3.40 bis 5.10, M/N 4.–, H/N 1.– bis 3.90, WD zuzügl., Strom/N 2.70 (10 A). In NS Ermäßigung.
DCC/CCI 10% auf P/N.

✉ **17252 Schillersdorf** (g3) **10383**

★★★ »CAMPING AM LEPPINSEE« ⌕ 1.4. bis 31.10.
E.: Haveltourist GmbH & Co. KG. 46 000 qm
☏ 03981/24790, Fax 247999, www.leppinsee.de, info@haveltourist.de

→ B198 Plau–Neustrelitz Abf. Mirow in Richtung Userin über Roggentin nach Schillersdorf. Vor der Ortseinfahrt links, noch ca. 200m. (GPS: 53°20'49" N / 12°49'34" E).
☘ Nationalpark Müritz.

100m 1.5km 4km 7km

Unparzelliertes, teilterrassiertes und abfallendes Gelände im Hochwald am Leppinsee. Liegewiese und Badestelle. Wasserwanderer-Station. Kiosk. Mittagsruhe 13-15 Uhr. Touristen-/Dauerstellplätze 45/55.
2008: (HS) P/N 3.40 bis 5.–, K/N 2 bis 14 J. 1.20 bis 3.50, C-St/N 4.80 bis 9.10, MC/N 3.80 bis 6.20, T/N 2.90 bis 4.30, M/N 4.–, H/N 1.– bis 3.30, WD zuzügl., Strom/N 2.70 (10 A). In NS Ermäßigung.
DCC/CCI 10% auf P/N.

✉ **17255 Canow-Wustrow,** Kl. Pälitzsee (g3) **10384**

★★★ »CAMP PÄLITZSEE« ⌕ 1.1. bis 31.12.
E.: Mecklenburg Tourist ☏ 039828/20220, Fax 26963 80 000 qm
www.mecklenburg-tourist.de, info@mecklenburg-tourist.de

→ B96/E251 Berlin–Neubrandenburg Abf. ca. 1 km südl. Düsterförde auf die K12 in westl. Richtung über Priepert und Strasen bis ca. 700m vor Wustrow. Hier links ab über Neu-Canow nach Canow, beschildert.
✉ Am Canower See 165.

Überwiegend ebenes Wald- und Wiesengelände, teilweise terrassiert und unparzelliert am Kleinen Pälitzsee. Badesteg und Liegewiese. Zeltwiese und extra Pkw-Parkplätze. Durch Dauercamper geprägt. Von Okt. bis März ist eine tel. Anmeldung erwünscht. Familiäre Atmosphäre. Imbiss. Kiosk. Volleyballfeld. Ort 2 km entfernt. Separater Jugendplatz. Mittagsruhe 13-15 Uhr. Touristen-/Dauerstellplätze 80/70.
2007: (HS) P/N 4.50, K/N 1 bis 14 J. 2.50, A/N 3.50, C MC/N 8.–, T/N 5.–, M/N 2.–, B/N ab 1.–, H/N 2.–, WD zuzügl., Strom/N 3.– oder kWh –.50. In NS Ermäßigung.

✉ **17255 Priepert,** Ziernsee (g3) **10386/1**

★★ »CAMPING AM ZIERNSEE« ⌕ 1.4. bis 31.10.
E.: Haveltourist GmbH & Co. KG. 68 000 qm
☏ 03981/24790, Fax 247999
www.ziernsee.de, info@haveltourist.de

→ B198 Güstrow–Neustrelitz Abf. Wesenberg in südl. Richtung über Strasen nach Priepert. Ab hier ca. 3 km Waldanfahrt.
(GPS: 53°12'32" N / 13°04'23" E).

3km

Fast ebenes Wiesengelände am See, von Wald umgeben. Boots- u. Badestege. Wasserwanderer-Station. Ort (Strasen) 7 km entfernt. Mittagsruhe 13-15 Uhr. Touristen-/Dauerstellplätze 50/50.
2007: (HS) P/N 3.40 bis 5.–, K/N 2 bis 14 J. 1.20 bis 3.50, C-St/N 4.80 bis 9.10, MC/N 3.80 bis 6.20, T/N 2.90 bis 4.30, M/N 4.–, H/N 1.– bis 3.20, WD zuzügl., Strom/N 2.70 (10 A). In NS Ermäßigung.
DCC/CCI 10% auf P/N.

17255 Priepert, Ellbogensee (g3) — 10386/2

★★★ »CAMPING HAVELPERLE« — April bis Okt.
E.: Holger Perlick ☎ 039828/26504, Fax 26522 — 25 000 qm
www.camping-havelperle.de, havelperle-priepert@freenet.de

→ B96/E251 Berlin–Neubrandenburg Abf. ca. 1 km südl. Düsterförde auf die K12 in westl. Richtung nach Priepert. Der Beschilderung im Ort folgen. ✉ An der Havel 33.

Ebenes, vom Ellbogensee leicht abfallendes Wiesengelände am Ortsrand. Mit einzelnen Laubbäumen und durch junge Hecken teilweise parzelliert, meist schattenlos. Sandstrand mit Badesteg und Liegewiese. Zeltwiese und separate Pkw-Abstellung. Sanitäranlage beheizbar. Reservierung empfehlenswert. Familiäre Atmosphäre. Imbiss. Kiosk. Wasserwanderer-Station. Bootseinsatzstellen. Mittagsruhe 12–14.30 Uhr. Touristen-/Dauerstellplätze 130/16.

17207 Röbel, Müritz (g3) — 10393

★★★ »CAMPING PAPPELBUCHT« — 1.1. bis 31.12.
P.: FUN GmbH ☎ 039931/59113, Fax 51124 — 40 000 qm
www.mueritztherme.de

→ A19/E55 Berlin–Rostock Abf. (18) Röbel auf die B198 in Richtung Mirow. In Dambeck abbiegen, beschildert. ✉ Seebadstr. 38 a.

Teilparzelliertes, leicht abfallendes Wiesengelände mit altem Baumbestand. Vom Seeufer durch öffentlichen Weg getrennt. Wasserwanderer-Station. Imbiss. Wassersportmöglichkeiten am Müritzsee. Ort 3 km entfernt. Mittagsruhe 13–15 Uhr. Touristen-/Dauerstellplätze 90/60.

17209 Sietow-Dorf, Müritz (g3) — 10394

★★★ »CAMPING SIETOWER BUCHT« — 1.3. bis 31.10.
E.: Andreas Weidler ☎ 039931/52068, Fax 54568 — 9000 qm
www.weicamp.de, weicamp@aol.com

→ A19/E55 Berlin–Rostock Abf. (17) Waren auf die B192 bis Sietow. Hier in Richtung Röbel. Nach ca. 50 m in Richtung Sietow-Dorf abbiegen, beschildert. ✉ Dorfstr. 21.

Leicht ansteigendes Wiesengelände mit Anpflanzungen an der Müritz. Heckenparzellierung. Teilweise schattenlos und durch öffentlichen Fußweg von der Badebucht getrennt. FW. Brötchenservice in HS. Hunde auf Anfrage. Bootsverleih in der Nähe. Ort 100 m entfernt. Mittagsruhe 13–15 Uhr. Touristen-/Dauerstellplätze 40/20.

2008: (HS) P/N 4.50, K/N 3 bis 15 J. 2.50, A/N 1.–, C MC/N 5.50, T/N 4.–, M/N –.60, H/N 2.–, WD inkl., Strom/N 2.– (16 A). In NS Ermäßigung.

17192 Waren, Müritz (g3) — 10396/1

★★★ »CAMPING KAMERUN« — März bis Dez.
E.: W. Neumann u. H. Thomä ☎ 03991/122406, Fax 122512 — 36 500 qm
www.campingtour-mv.de, waren@campingtour-mv.de

→ A19/E55 Berlin–Rostock Abf. (17) Waren auf die B192 Richtung Waren, ca. 2 km vor Waren rechts abbiegen, beschildert. ✉ Zur Stillen Bucht 3. (GPS: 53°30'38" N / 12°38'58" E).

Leicht welliges Wiesengelände an einer Badebucht mit Uferliegewiese, von Waldstreifen durchzogen und umgeben. Wenig parzelliert und teilweise schattenlos. Wasserwanderer Station. Imbiss. Ort 3 km entfernt. Separater Jugendplatz. Mittagsruhe 13–15 Uhr. Touristen-/Dauerstellplätze 350/80.

2007: (HS) P/N 5.20, K/N 2 bis 13 J. 2.60, A/N 2.10, C T/N 5.25, MC/N 7.35, M/N 1.70, B/N 5.50, H/N 2.60, KT 1.–, WD zuzügl., Strom/N 2.10 (16 A). In NS Ermäßigung.

Als DCC-Mitglied sind Sie immer gut beraten
Deutscher Camping-Club e.V., Postf. 40 04 28, 80704 München

17192 Waren, Müritz (g3) — 10396/2

25 ★★★ »CAMPINGPLATZ ECKTANNEN« — 1.1. bis 31.12.
E.: Waren (Müritz) Kur- und Tourismus GmbH, V.: Dörge — 140 000 qm
☎ 03991/668513, Fax 664675
www.camping-ecktannen.de, camping-ecktannen@waren-tourismus.de

→ A19/E55 Berlin–Rostock Abf. (17) Waren zur B192 nach Waren. Hier zum Stadtteil Ecktannen. Beschildert. ✉ Fontanestr. 66.
(GPS: 53°29'58" N / 12°39'49" E)

Ebenes bis leicht welliges und unparzelliertes Heidegelände. Von Wald umgeben, oberhalb des Sees und mit Uferliegewiese. Teilweise schattenlos. Moca-Übernachtungsplätze vor der Schranke. Ort 3.5 km entfernt. Mittagsruhe 13–15 Uhr. Touristen-/Dauerstellplätze 270/30.

2008: (HS) P/N 4.85, K/N 3 bis 14 J. 3.–, J/N 4.–, A/N 3.50, C/N ab 7.–, I/N 4.–, M/N 3.–, B/N inkl., H/N 2,10, KT 1.–, WD inkl., Strom/N 2.30 (16 A). Ab 14 Nächte 10% auf P/N, K/N und J/N. In NS Ermäßigung.

DCC-Vertragsplatz

17219 Klockow, Müritz (g3) — 10398

20 ★★★ »CAMPING ZUR HOHLEN EICHE« — 1.1. bis 31.12.
E.: Harry u. Petra Runge ☎ 039921/36900, Fax 36901 — 6000 qm
www.kleinernaturzeltplatz.de, harry.runge@t-online.de

→ B192 Waren–Neubrandenburg Abf. Schwastorf über Bocksee nach Klockow. Vor dem Ortseingang rechts abbiegen, noch 500 m Sandweg, beschildert. ✉ Dorfstr. 1 f.
⚘ Nationalpark Müritz.

Teilparzelliertes, ebenes bis leicht abfallendes Wiesengelände am Wald. Streichelzoo. Trampolin. Wildbeobachtung. Wohnmobilfahrzeuge. Ort 500 m entfernt. Separater Jugendplatz. 40 Touristenstellplätze.

2008: (HS) P/N 4.50, K/N 3 bis 16 J. 2.–, J/N 2.50, A/N 1.50, C/N 4.50, MC/N 5.–, T/N 3.–, M/N 3.– WD inkl., Müllgeb. N 1.–, Strom/N –.50. Pauschale für 2 P/N Strom, Wasser und Müll 4.–. In NS Ermäßigung.
DCC 10% auf P/N und 5% auf St/N.

17237 Kratzeburg (g3) — 10399

25 ★★★ »CAMPING NATURFREUND« — April bis Okt.
E.: Gertrud Wolski ☎ 039822/20285, Fax 29188 — 48 000 qm
www.campingplatz-naturfreund.de, info@campingplatz-naturfreund.de

→ B193 Neustrelitz–Penzlin Abf. Brustorf über Adamsdorf nach Kratzeburg. Am Ortsanfang Richtung Käbelichsee. ✉ Dorfstr. 3.
⚘ Müritz-Nationalpark.

Naturbelassenes, von Wald umgebenes unparzelliertes Wiesengelände am Käbelichsee. Imbiss. Wasserwanderer-Station. Ort 1 km entfernt. Mittagsruhe 13–15 Uhr. Separater Jugendplatz. Touristen-/Dauerstellplätze 130/50.

2007: P/N 5.–, K/N 2 bis 11 J. 3.–, J/N 4.50, A/N 2.–, C/N 3.50, MC/N 5.50, T/N 2.– bis 4.–, M/N 1.50, B/N 1.–, H/N 1.50 bis 3.–, WD zuzügl., Strom/kWh –.40 (16 A). Anschlussgebühr 2.–.

Achtung: Campingplätze auf der Insel Rügen sind in der Hochsaison stark frequentiert, und daher oftmals überfüllt.

18573 Altefähr, Insel Rügen (g2) — 10502

30 ★★★ »SUND-CAMP ALTEFÄHR« — 1.1. bis 31.12.
E.: Dirk Thielemann ☎ 038306/75483, Fax 60306 — 25 000 qm
www.sund-camp.de, info@sund-camp.de

→ B96 Stralsund–Sassnitz. Hinter dem Rügendamm nach Altefähr abbiegen, beschildert. ✉ Am Kurpark 1 (GPS: 54°33'13" N / 13°12'09" E).

Teilparzelliertes, in Einzelfelder unterteiltes Wiesengelände, durch einen Kurpark vom Strand getrennt. Überwiegend schattenlos. Imbiss. Fischräucherei. Ort 600 m entfernt. Mittagsruhe 13–15 Uhr. Touristen-/Dauerstellplätze 120/30.

2008: (HS) 2 P/N inkl. St/N und Strom 20.50, weitere P/N 5.–, K/N 4 bis 14 J. 2.50, kl. T/N 5.50, M/N 2.50, H/N 2.–, WD inkl., Strom/N 1.50 (16 A). In NS Ermäßigung. DCC/CCI in NS 10% auf St/N.

(10505)

Ostseecamp. Suhrendorf GmbH

Tel.: (03 83 05) 8 22 34, **Fax** (03 83 05) 81 65
E-mail: ostseecamp.suhrendorf@t-online.de
Internet: www.ostseecamp-suhrendorf.de
W-LAN   NAV: 54° 27' 51'' N / 13° 08' 18'' O
Klassifizierung 2005: 4 Sterne
Landeswettbewerb 2005: unter den 10 besten Plätzen

★★★★★

Ganzjährig geöffnet (Betriebsferien vom 07. 01.–22. 02.)
250 Touristik-Plätze direkt an der Westküste Rügens.
ruhiger, sportiver Familienplatz, Super Stehrevier für Surfer.

- Surfschule • 70 eigene Bootsplätze
- Badestrand • Mietwohnwagen • Freilandspielplatz • Gaststätte
- Golf-Café • Laden • Küche für Selbstnutzer • Fahrradverleih • Kinderspielplatz • Minigolf • Bootslipanlage
- Angelrevier • Platzeigene Fischräucherei • Gas • TV und Video auf Breitleinwand und „Internetcafe" in der Freizeithalle • Tischtennis • Baby-Wickelraum • Waschmaschinen/ Trockner • Spielmobil • Hüpfburg
- barrierefreie Sanitäranlagen
- online Buchung via Internet möglich

DCC-Vertragsplatz

✉ **18569 Suhrendorf,** Insel Rügen (g1) **10505**

30 ★★★★ »OSTSEECAMP SUHRENDORF« ↻ 1.1. bis 31.12.
E.: Ostseecamp Suhrendorf GmbH 100 000 qm
☎ 038305/82234, Fax 8165
www.ostseecamp-suhrendorf.de, ostseecamp.suhrendorf@t-online.de

→ B96/E22 Stralsund–Sassnitz, in Samtens nordwärts bis Gingst, hier westwärts abbiegen über Ummanz nach Suhrendorf. ✉ Suhrendorf 4 (GPS: 54°27'51'' N / 13°08'18'' E).
♣ Insel Hiddensee.

Parzelliertes, ebenes bis leicht ansteigendes Wiesengelände am Schaproder Bodden mit schönem Blick auf Hiddensee. Überwiegend schattenlos und von Kiefernwald umgeben. Gestaffelte Vorauszahlung ohne Rückerstattung. Imbiss. W-LAN. Ort (Gingst) ca. 10 km entfernt. Mittagsruhe 13-15 Uhr. Touristen-/Dauerstellplätze 300/100.
2008: (HS) P/N 5.65, K/N 3 bis 15 J. 3.05, C MC-St/N 11.55, T/N ab 4.15, M/N 1.75, B/m –.80, H/N 2.55, WD zuzügl., Strom inkl. (16 A). In NS Erm.
DCC/CCI 10%/5% auf P/N.

✉ **18569 Schaprode,** Insel Rügen (g1) **10510**

25 ★★★ »AM SCHAPRODER BODDEN« ↻ Ostern bis 31.10.
E.: Barbara Gau ☎/Fax 038309/1234 25 000 qm
www.camping-schaprode.de, camping-schaprode@t-online.de

→ B96/E22 Stralsund–Sassnitz, in Samtens nordwärts abbiegen über Gingst und Trent nach Schaprode. Hier beschildert. ✉ Lange Straße 24.

Ebenes, unparzelliertes Wiesengelände am Strand, durch Baumreihen und öffentlichen Strandzugang in mehrere Platzteile unterteilt. Öffentlicher Badebetrieb. Imbiss. Streichel-Zoo. Ort 300 m entfernt. Mittagsruhe 13-15 Uhr. Touristen-/Dauerstellplätze 130/20.
2008: P/N 6.50, K/N 3 bis 15 J. 3.50, C MC-St/N 5.–, T/N 2.75 bis 3.75, M/N 1.25, WD zuzügl., Strom/N 1.50 (6 A).

✉ **18556 Dranske,** Nonnevitz (g1) **10515/1**

35 ★★★★ »REGENBOGEN CAMP NONNEVITZ« ↻ 1.4. bis 31.10.
E.: Regenbogen AG ☎ 038391/89032, Fax 8765 200 000 qm
www.regenbogen-camp.de, nonnevitz@regenbogen-camp.de

→ B96/E22 Stralsund–Sassnitz Abf. Samtens über Gingst und die Wittower Fähre bis hinter Wiek. Hier ca. 3 km westwärts. Bei Kuhle Richtung Bakenberg abbiegen, beschildert. Oder bei Samtens weiter über Bergen-Sagard-Altenkirchen. ✉ Nonnevitz 13. (GPS: 54°40'01'' N / 13°17'45'' E).
♣ Kap Arkona. Nationalpark Vorpommersche Boddenlandschaft.

Parzelliertes, naturbelassen welliges Kiefernwaldgelände, durch einen Dünenstreifen vom breiten und fast 2 km langen Sandstrand mit FKK getrennt. Separate Pkw-Abstellung vor dem Platz. Imbiss. Ort 7 km entfernt. Mittagsruhe 13-15 Uhr. Touristen-/Dauerstellplätze 600/150.
2007: P/N 6.95, K/N 6 bis 14 J. 3.–, A/N 4.25, C MC/N ab 11.–, T/N ab 8.70, M/N 4.25, H/N 4.65, KT 1.–, WD inkl., Strom/N 2.90 (16 A).

✉ **18556 Dranske,** Insel Rügen (g1) **10515/2**

25 ★★★★ »CARAVANCAMP OSTSEEBLICK« ↻ März bis Nov.
E.: Roland Jahnke ☎038391/8196, Fax 89253 und Weihn./Silvester.
www.Caravancamp-Ostseeblick.de 10 000 qm
‚Caravancamp.Ostseeblick@t-online.de

→ B96/E22 Stralsund–Sassnitz, in Samtens abbiegen über Gingst und der Wittower Fähre nordwärts bis hinter Wiek. Hier westwärts noch ca. 6 km nach Dranske. Im Ort beschildert. Oder bei Samtens weiter über Bergen-Sagard-Altenkirchen. ✉ Seestr. 39 a.

Ebenes, meist schattenlos und parzelliertes Wiesengelände am Ostseeufer mit schönem Blick auf Hiddensee. Keine Platzumzäunung. Ort 400 m entfernt. Mittagsruhe 13–15 Uhr. Touristen-/Dauerstellplätze 60/10.
2007: (HS) P/N 5.40, K/N 6 bis 16 J. 2.10, A/N 1.70, C/N 5.–, MC/N 6.70, T/N 4.–, M/N 1.70, H/N 1.50, KT 1.–, WD zuzügl., Strom/N 2.– (10 A). In NS Erm.

In **Putgarten/Kap Arkona** besteht eine Moca-Stellfläche der Gemeinde.

✉ **18556 Altenkirchen,** Insel Rügen (g1) **10525**

30 ★★ »CAMPINGPLATZ DREWOLDKE« ↻ 1.4. bis 31.10.
E.: TS-Nord GmbH ☎ 038391/12965, Fax 12484 100 000 qm
www.camping-auf-ruegen.de, info@camping-auf-ruegen.de

→ B96/E22 Stralsund–Sassnitz, in Samtens abbiegen und über Glowe Richtung Altenkirchen. Ca. 1 km vor Altenkirchen rechts, beschildert. ✉ Zittkower Weg 27. (GPS: 54°38'4'' N / 13°22'24'' E).

Ebenes, teilweise leicht welliges Mischwaldgelände mit Lichtungen, unparzelliert und überwiegend naturbelassen. Vom Strand durch einen Dünenstreifen getrennt. Imbiss. Ort 3 km entfernt. Separater Jugendplatz. Mittagsruhe 13-15 Uhr. Touristen-/Dauerstellplätze 250/40.
2007: (HS) P/N 5.–, K/N 4 bis 14 J. 3.–, A/N 3.–, C T/N 8.–, MC/N 9.–, M/N 2.–, H/N 3.–, WD zuzügl., Strom/N 2.– (16 A). In NS Ermäßigung

✉ **18551 Nipmerow,** Insel Rügen (h1) **10532**

30 ★★ »KRÜGER NATURCAMPING« ↻ Ostern bis 31.10.
I.: Norbert und Frank Krüger ☎ 038302/9244, Fax 56308 12 000 qm
www.ruegen-naturcamping.de, info@ruegen-naturcamping.de

→ B96/E22 Stralsund–Sassnitz, dann Richtung Stubbenkammer/Nipmerow. Hier beschildert. ✉ Jasmunderstr. 5.
(GPS: 54°34'09'' N / 13°36'35'' E).
♣ Königsstuhl, Stubbenkammer.

Ebene, unparzellierte Stellplätze auf einer Lichtung und welliges Hochwaldgelände. Ort (Lohme) 2 km entfernt. Separater Jugendplatz. Mittagsruhe 12-15 Uhr. 125 bis 180 Touristenstellplätze.
2007: (HS) P/N 6.–, K/N 3 bis 16 J. 3.–, A/N 3.–, C-St/N 10.–, MC/N 8.–, T/N 5.–, M/N 1.50, B/N 1.50, WD zuzügl., Strom/N 1.50 (16 A). Ab 3 Nächte 10% und in NS Ermäßigung.

»Ermäßigung auf alle Gebühren« umfaßt nicht die Nebenkosten wie Kurtaxe, Müll und Strom

10 Mecklenburg-Vorpommern

✉ 18609 Prora bei Binz, Insel Rügen (h1) 10535

★★★★ »CAMPING-MEIER-PRORA« — April bis Okt.
E.: Peter Meier ☎ 038393/2085, Fax 32624 35000 qm
www.camping-meier-ruegen.de, camping-meier-prora@t-online.de

→ B196 Bergen–Binz, bei Karow wechseln auf die B196a bis Ortsausgang Prora Richtung Binz, beschildert.

Parzellierte, von Wald umgebene Wiesen mit Anpflanzungen. Mocaübernachtungsplätze vor der Schranke. In HS Reservierung empfehlenswert. Lebensmittel, Gasverkauf und Ort 1 km entfernt. Mittagsruhe 13-15 Uhr. 135 Touristenplätze.

✉ 18528 Lietzow, Insel Rügen (h1) 10538

★★★ »STÖRTEBEKER-CAMP« — 1.4. bis 31.10.
E.: Rixa Engel ☎ 038302/2166, Fax 3171 10000 qm
www.lietzow.net, info@lietzow.net

→ B96/E22 Stralsund–Sassnitz, in Lietzow beschildert. ✉ Waldstr. 59a.

Ebenes, parzelliertes, teilweise schattenloses und von Bäumen umgebenes Wiesengelände auf einer Anhöhe hinter dem Gästehaus Lietzow. Keine Gruppen. FW. Ort 200 m entfernt. 60 Touristenplätze.
2008: (HS) 2 P/N inkl. St/N und Strom 26.50, weitere P/N 5.–, 1. Kind frei, ab 2. K/N 3 bis 17 J. 2.50, T/N 10.–, M/N 2.50, WD inkl., Strom/N 2.– (16 A). In NS für 7 Nächte 6 N bezahlen. In HS für 14 Nächte 12 N bezahlen. In NS Ermäßigung.
DCC/CCI 10% auf P/N.

DCC-Vertragsplatz

✉ 18528 Rappin, Insel Rügen (g1) 10543

★★★★ »CAMPING GROSS BANZELVITZ« — 1.4. bis 31.10.
P.: Christa Struckmann ☎ 03838/31248, Fax 31260 70000 qm
www.banzelvitzer-berge.de, info@banzelvitz.de

→ B96/E22 Stralsund–Sagard, vor Bergen von der Umgehung westwärts Richtung Gingst. Hinter Ramitz abbiegen, beschildert. Die letzten 300 m ansteigender Naturweg.

Hügeliges, parzelliertes und teilweise terrassiertes Waldgelände mit Lichtungen oberhalb vom »Großen Jasmunder Bodden«. In HS separate Pkw-Abstellung. Sanitärgebäude beheizbar. Ort 2.5 km entfernt. Mittagsruhe 13-15 Uhr. Touristen-/Dauerstellplätze 250/70.
2008: (HS) 2 P/N inkl. St/N und Strom 24.50, weitere P/N 5.–, 1. K/N 3 bis 17 J. 2.50, 2. K/N 1.–, 3. K/N frei, T/N 10.–, M/N 2.–, B/N 5.–, H/N 2.50, WD zuzügl., Strom/N 2.– (16 A). In NS für 7 Nächte 6 N bezahlen. In HS für 14 Nächte 12 N bezahlen. In NS Ermäßigung.
DCC/CCI 10% auf P/N.

✉ 18574 Zudar-Zicker, Insel Rügen (g2) 10546

★★★ »CAMPING PRITZWALD« — 1.4. bis 31.10.
I.: Horst Weiß ☎/Fax 038304/758 70000 qm
www.hometown.aol.de/campingpritzwald, campingpritzwald@aol.com

→ B96/E22 Stralsund–Bergen, bei Samtens südwärts abbiegen über Garz nach Zudar und weiter über Maltzien-Poppelvitz und Zicker. Ab Zudar beschildert. Die letzten 800 m schlechte Strecke. (GPS: 54°15'60" N / 13°24'50" E).

Unparzellierte, schattenlose Touristenwiese und naturbelassenes Kiefernwaldgelände am Greifswalder Bodden. Separate Pkw-Abstellung. DLRG-Station. Sanitäranlagen beheizbar. FW. Ort (Zudar) 10 km entfernt. Separater Jugendplatz. Mittagsruhe 12-14 Uhr. Touristen-/Dauerstellplätze 150/150.
2007: (HS) P/N 7.–, K/N 3 bis 16 J. 4.– A/N 2.– C MC/N 9.50, T/N 5.80, M/N 1.50, H/N 1.50, WD zuzügl., Strom/kWh –.55. Anschlussgebühr 2.–, In NS Ermäßigung.

✉ 18586 Göhren, Insel Rügen (h2) 10550

★★★★ »REGENBOGEN CAMP GÖHREN« — 1.1. bis 31.12.
P.: Regenbogen AG, ☎ 038308/90120, Fax 2123 200000 qm
www.regenbogen-camp.de, goehren@regenbogen-camp.de

→ B96/E22 Stralsund–Sassnitz über Bergen auf die B196 Richtung Sellin und weiter nach Göhren. Kurz vor Göhren beschildert. Platzzufahrt über einen unbeschrankten Bahnübergang. ✉ Am Kleinbahnhof. (GPS: 54°20'46" N / 15°44'03" E).

⚜ Dampfschmalspurbahn "Rasender Roland".

Teilparzellierte, ebene Touristen-Wiesenfläche vor hügeligem Mischwaldgelände. Durch feste Budenbauten der Dauercamper geprägt. Vom Strand durch einen schmalen Dünenstreifen mit öffentlichem Promenadenweg getrennt. Separate Pkw-Abstellung. Wellness-Center. Kino. Ort 1 km entfernt. Mittagsruhe (NS) 13-15 Uhr. Separater Jugendplatz. Touristen-/Dauerstellplätze 450/450.
2007: (HS) P/N 5.30, K/N 7 bis 14 J. 1.70, A/N 4.30, C MC/N 13.80, T/N 11.50, M/N 3.80, H/N 4.65, KT 2.10, WD inkl., Strom/N 2.90 (16 A). In NS Erm.

✉ 18586 Lobbe, Insel Rügen (h2) 10565

★★★ »FREIZEIT-OASE RÜGEN« — 1.4. bis 30.9.
E.: Thomas Jebens V.: Lippold ☎ 038308/2314, Fax 25127 45000 qm
www.campingoase-ruegen.de, lobbe@campingruegen.de

→ B96/E22 Stralsund–Sassnitz, bei Bergen wechseln auf die B196 Richtung Göhren-Thiessow bis Ortsende Lobbe. ✉ Lobbe 32A.

Parzelliertes, ebenes Wiesengelände beiderseits der Straße mit jungen Anpflanzungen an einer Badebucht. Imbiss. Ort 500 m entfernt. Mittagsruhe 13-15 Uhr. Touristen-/Dauerstellplätze 273/61.
2007: (HS) P/N 4.50, K/N 6 bis 11 J. 2.–, J/N 3.50, A/N 2.–, C MC/N 13.50, T/N 5.–, M/N 2.–, H/N 3.–, KT –.75/1.50, WD inkl., Strom/N 3.– oder kWh –.80. In NS Ermäßigung.

✉ 18586 Thiessow, Insel Rügen (h2) 10575

★★★★ »CAMPING OASE–THIESSOW« — Ostern bis 31.10.
P.: Th. Jebens ☎ 038308/8226, Fax 8297 55000 qm
www.campingruegen.de, info@campingruegen.de

→ B96/E22 Stralsund–Sassnitz Abf. Bergen auf die B196 in Richtung Sellin-Göhren und weiter bis kurz vor Thiessow. ✉ Hauptstr. 4. (GPS: 54°16'46" N / 13°42'50" E).

Ebenes bis leicht welliges, parzelliertes Wiesengelände unter einzelnen Kiefern zwischen der Straße und dem Zicker See. Moca-Übernachtungsplätze vor der Schranke. Extra Platzteil für Surfer mit Mocas. Sanitäranlagen beheizbar. Imbiss. Ort 200 m entfernt. Mittagsruhe 13-15 Uhr. 320 Touristenplätze.
2008: (HS) P/N 7.–, K/N 6 bis 11 J. 2.50, J/N 12 bis 17 J. 4.–, A/N 2.50, C MC/N 17.–, T/N 7.50, M/N 2.–, H/N 3.–, KT 1.50, WD inkl., Strom/N 3.– oder kWh –.80 (16 A). In NS Ermäßigung.

✉ 17509 Loissin, Greifsw. Bodden (h2) 10602

★★★ »CAMPING LOISSIN« — 1.1. bis 31.12.
I: Freizeitpark GmbH V.: Jasbar ☎ 038352/243, Fax 725 120000 qm

→ Strasse Greifswald–Lubmin, hinter Kemnitz bei Neuendorf abbiegen nach Loissin, beschildert.

Teilparzelliertes, ebenes bis leicht wellig ansteigendes Grasgelände, durch Pappelreihen in mehrere Stellfelder gegliedert. Überwiegend schattenlos. Moca-Übernachtungsplätze vor der Schranke. Öffentlicher Badebetrieb. Imbiss. Bowlingbahn. Surfbrettverleih. Ort 1.3 km entfernt. Separater Jugendplatz. Mittagsruhe 13-14.30 Uhr. Touristen-/Dauerstellplätze 170/150.

DCC – auch Ihr Camping-Partner!

Deutscher Camping-Club e.V., Postfach 40 04 28, 80704 München

(10543)
RUHE UND ERHOLUNG

* ruhige und idyllische Lage
* besonders kinderfreundlich
* flacher Naturstrand
* Kinderspielplatz, Hüpfburg
* Streicheltiere etc.
* kein Massentourismus
* Fahrradverleih
* Camper-Küche
* Baby- und Mietwaschraum
* Urlaub erleben ...
  auf dem Campingplatz oder in den
  schwedischen Holzhäusern!

Info: Campingbetrieb »Banzelvitzer Berge« GmbH
18528 Rappin · Tel. (0 38 38) 3 12 48 · Fax (0 38 38) 3 12 60 · Internet: www.banzelvitzer-berge.de · e-mail: info@banzelvitz.de

DCC-Vertragsplatz

✉ 17440 Freest bei Krösslin (h2)   10603
25 ★★★ »WALDCAMP« — 1.4. bis 31.10.
E.: Campingplatz-Waldcamp GbR Gundel & Partner   20 000 qm
☎ 038370/20538, Fax 20525
www.campingplatz-freest.de, info@campingplatz-freest.de
→ B 111 Gützkow–Swinemünde, in Wolgast nordwärts abbiegen über Krösslin nach Freest.
• Fischereihafen

200 m ⌆S 300 m ⌆400 m ☲ 3 km
Teilweise parzelliertes, ebenes Kiefernwaldgelände in Nähe der Peene-Mündung. Imbiss. FW. Kegelbahn. Ort 200 m entfernt. Mittagsruhe 13–15 Uhr. Touristen-/Dauerstellplätze 25/20.
2007: P/N 4.50, K/N 1 bis 14 J. 2.50, A/N 2.50, C T/N 6.–, MC/N 7.–, M/N 2.–, B/N 2.–, H/N 2.–, WD zuzügl., Strom/N 2.– oder kWh –.40 (16 A). Anschlussgebühr 2.–. Vorauszahlung!
DCC 10% auf St/N.

✉ 17440 Lassan, Peenestrom (h2)   10605
20 ★★★ »NATURCAMPING LASSAN« — Ostern bis 30.9.
E.: WCG-mbH V.: Larsen ☎/Fax 038374/80373   10 000 qm
www.naturcamping-lassan.de, naturcampingplatzlassan@gmx.de
→ B 110 Anklam–Swinemünde, bei Murchin geradeaus nach Lassan, beschildert. ✉ Garthof 5-6. (GPS: 53°56'51" N / 13°51'21" E).

150 m ⌆500 m ⌆600 m
Leicht welliges Wiesengelände, unparzelliert und von Birken durchzogen am Stichkanal. Moca-Übernachtungsplätze vor der Schranke. Freizeithalle (Sommer). Hallen für Caravanabstellung im Winter. Ort 500 m entfernt. Mittagsruhe 13–15 Uhr. Touristen-/Dauerstellplätze 60/20.
2007: (HS) P/N 4.–, K/N 3 bis 14 J. 2.–, A/N 2.–, C/N 5.–, MC/N 7.–, T/N 4.50, M/N 1.50, B/N 2.–, H/N 2.–, WD zuzügl., Strom/kWh –.45 (16 A). Anschlussgebühr 1.50. In NS Ermäßigung.

✉ 17454 Zinnowitz, Insel Usedom (h2)   10624
★★★★ »CAMPING POMMERNLAND« — 1.1. bis 31.12.
P.: Peter Gebser ☎ 038377/40348, Fax 40349   77 000 qm
www.camping-pommernland.m-vp.de, camping-pommernland@m-vp.de
→ B 111 Wolgast–Ahlbeck, in Zinnowitz beschildert. ✉ Wachsmannstr. 40.

250 m ⌆300 m
Lichtes Laub- und Kiefernwaldgelände, wellig und überwiegend naturbelassen. Unparzelliert hinter einem Dünenstreifen. Abenteuerspielplätze. Ausgedehnter Strand vor den Dünen mit FKK-Teil und öffentlichem Badebetrieb. Kleinkindersanitär. Kabel-TV. FW. In HS Reservierung empfohlen. Ort 500 m entfernt. Separater Jugendplatz. Mittagsruhe 12–14 Uhr, in NS 11–17 Uhr. Touristen-/Dauerstellplätze 340/60.

✉ 17440 Lütow, Insel Usedom (h2)   10630
25 ★★★ »NATURCAMPING USEDOM« — Ostern bis 31.10.
E.: Familie Freitag ☎ 038377/40581, Fax 41553   178 000 qm
www.naturcamping-usedom.de, info@natur-camping-usedom.de
→ B 111 Wolgast–Ahlbeck. Am Ortsanfang Zinnowitz abbiegen und über Neuendorf nach Lütow, beschildert. ✉ Zeltplatzstr. 20.

1.5 km
Welliges und parzelliertes Kiefernwaldgelände mit Lichtungen an der Steilküste vom »Achterwasser«. Imbiss. Separater Jugendplatz. Ort (Zinnowitz) 8 km entfernt. Touristen-/Dauerstellplätze 600/100.
2008: (HS) P/N 3.60, K/N 3 bis 14 J. 2.20, A/N 2.–, C MC/N ab 6.–, T/N ab 3.80, M/N 2.–, H/N 1.80, WD zuzügl., Strom/N 2.– (16 A). Anschlussgebühr 1.–, In NS Ermäßigung. CCI in NS/HS 10%/5%.

✉ 17459 Zempin, Insel Usedom (h2)   10635
★★★★ »CAMPING AM DÜNENGELÄNDE« — Ostern bis Okt.
E.: K.-D. Wendlandt ☎ 038377/41363,35407, Fax 41364   50 000 qm
www.camping-zempin.de, camping.zempin@freenet.de
→ B 111 Wolgast–Ahlbeck, vor Zempin meerwärts abbiegen, beschildert. ✉ Am Sandfeld 5.

1 km   2 km
Langgestrecktes, welliges Mischwaldgelände, parzelliert, hinter einem Dünenstreifen mit ebenen Platzteilen und FKK-Strandteil. Öffentlicher Badebetrieb. In HS separate Pkw-Abstellung. Reservierung empfehlenswert. Sanitärgebäude beheizbar. Mittagsruhe 12.30–15 Uhr. Ort 1 km entfernt. Touristen-/Dauerstellplätze 300/150.

Plätze ohne TAX-Angabe
Diese Plätze haben seit 2 Jahren und mehr keine Meldung mehr abgegeben. Darum kann auch für die Öffnungszeit nicht garantiert werden.

10 Mecklenburg-Vorpommern

17459 Koserow, Insel Usedom (h2) 10640

»CAMPING AM SANDFELD« ★★★ 1.4. bis 30.9.
E.: Josef Feest ☎ 038375/20759, Fax 18400 37 000 qm
www.amsandfeld.de, camping@amsandfeld.de

→ B111 Wolgast–Ahlbeck Abf. Koserow. ✉ Am Sandfeld 5.
(GPS: 54°02'50" N / 14°00'39" E).

Welliges Sand- und Grasgelände am Ortsrand, von Kiefernwald umgeben. Parzelliert und teilweise schattenlos. Ebene, befestigte Moca-Stellplätze. Keine Duschmöglichkeit von 12 bis 16 Uhr. Imbiss. Kabel-TV. Ort 1 km entfernt. Mittagsruhe 13-15 Uhr. Touristen-/Dauerstellplätze 150/25.
2008: (HS) P/N 5.50, K/N 3 bis 14 J. 2.50, A/N 3.–, C/N 6.–, MC/N 8.–, T/N 4.– bis 6.–, M/N 2.–, H/N 2.50, KT 1.50, WD inkl., Strom/kWh –.40 (16 A), Anschlussgebühr 1.50. In NS Ermäßigung.

DCC-Vertragsplatz

17459 Stubbenfelde, Insel Usedom (h2) 10644

»CAMPING STUBBENFELDE« ★★★★ 20.3. bis 31.10.
E.: Bärbel Laudien ☎ 038375/20606, Fax 22186 40 000 qm
www.stubbenfelde.de, info@stubbenfelde.de

→ B111 Wolgast–Ahlbeck, ca. 2 km hinter Koserow meerwärts nach Stubbenfelde abbiegen. ✉ Waldstraße 12. (GPS: 54°01'54" N / 14°02'19" E).

Parzellierte und terrassenförmig angelegte Stellplätze im lichten Buchenwald und in Strandnähe. Kinderbad. Kabel-TV. FW. Hundedusche. Sanitärgebäude beheizbar. In HS Reservierung erwünscht. Ort (Kölpinsee) 1 km entfernt. Mittagsruhe 12-14 Uhr. Touristen-/Dauerstellplätze 250/25.
2007: (HS) P/N 5.–, K/N 2 bis 15 J. 2.70, C MC-St/N 9.80 bis 12.80, T-St/N 6.–, H/N 2.–, KT 1.50/–.60, WD zuzügl., Strom/N 2.– (10/16 A), Anschlussgeb. 1.60. Für Familien mit 3 Kindern 10% auf P/N. In NS Ermäßigung.
DCC 10%, CCI 3% auf P/N.

17459 Ückeritz, Insel Usedom (h2) 10648

»NATURCAMPING ÜCKERITZ« ★★★ Ostern bis Okt.
E.: Kurverwaltung ☎ 038375/2520, Fax 25218 100 000 qm
www.ueckeritz.de, kv.campingplatz@ueckeritz.de

→ B111 Wolgast–Ahlbeck Abf. Ückeritz, beschildert. ✉ Bäderstr. 5.

Sechs km langes welliges Küstenschutzwaldgelände hinter einem Dünenstreifen an ebenso ausgedehntem Sandstrand mit FKK-Teil u. DLRG-Wacht. Touristen-, Caravan- und Moca-Stellplätze parzelliert und schattenlos am Platzanfang. Durch den schmalen Platz zieht sich auf der ganzen Länge eine Asphaltstrasse. Öffentlicher Badebetrieb. Ort 2 km entfernt. Separater Jugendplatz. Touristen-/Dauerstellplätze 560/140.

17419 Korswandt, Insel Usedom (h2) 10654

»CAMPING KORSWANDT« ★★ April bis Okt.
E.: Gemeinde V.: Ewert ☎ 038378/22110, Fax 47987 20 000 qm
www.usedom-web.de

→ B110 Anklam–Ahlbeck, kurz vor Korswandt, beschildert.

Leicht welliges, teilweise schattenloses Wiesen- und Sandgelände, unparzelliert neben der Strasse. Sanitäranlage beheizbar. Ort 1 km entfernt. Mittagsruhe 12-14 Uhr. Touristen-/Dauerstellplätze 70/25.

17375 Grambin, Stettinerhaff (h3) 10670

»CAMPINGPARK ODERHAFF« ★★★ 1.4. bis 15.10.
E.: Ostsee-Campingpark Oderhaff GmbH 62 000 qm
☎/Fax 039774/20420, www.campingpark-oderhaff.de,
info@campingpark-oderhaff.de

→ B109 Greifswald–Pasewalk, in Ducherow Richtung Ueckermünde abbiegen. Am Ortsanfang von Grambin beschildert.

Teilweise parzelliertes, ebenes bis leicht welliges Sand- und Dünengelände. Durch einzelne Baumgruppen aufgelockert. Öffentlicher Badebetrieb. Imbiss. Ort 100 m entfernt. Mittagsruhe 13-15 Uhr. Touristen-/Dauerstellplätze 50/100.
2008: P/N 5.20, K/N 2 bis 15 J. 3.–, C MC-St/N 6.–, T-St/N 3.50, H/N 2.– WD zuzügl., Strom/N 2.50 (10 A). Für 7 Nächte 5 N bezahlen. In NS Erm.

Im Strandpark von **Mönkebude** befinden sich MoCa-Stellplätze.

17375 Bellin, Stettiner Haff (h3) 10675

»CAMPING KRON BELLIN« ★★★ März bis Okt.
E.: Norbert Liersch ☎ 039771/59110, Fax 22751 36 000 qm
www.strandferien-am-haff.de, info@kron-bellin.de

→ B109 Pasewalk-Anklam, nach Ueckermünde abbiegen, ab hier noch 4 km ostwärts nach Bellin. Beschildert.

Parzelliertes und ebenes Wiesen- und Strandgelände (Strandschuhe empfehlenswert) beim gleichnamigen Hotel. Stellplätze durch Rasengittersteine befestigt. Kegelbahnen. Aussichtsturm. Schiff-Fahrten. Ort 2 km entfernt. Separater Jugendplatz. Mittagsruhe 13-15 Uhr. Touristen-/Dauerstellplätze 90/30.

Brandenburg

In der Nähe von Militär-Flugplätzen und Übungsgeländen ist mit zeitweiligen Ruhestörungen zu rechnen.

DCC-Vertragsplatz

19309 Lenzen, Elbtalaue (f4) 11005

»RUDOWER-SEE CAMPING« ★★★★ Gründonnerstag bis 20.10.
E.: Christoph A. Weidlich ☎ 038792/80075, Fax 80076 32 000 qm
www.naturcampingplatz.de, info@naturcampingplatz.de

→ A 24 Berlin–Hamburg, Abf. Putlitz in Richtung Karstädt nach Lenzen. ✉ Leuengarten 9.
Burg Lenzen. Bad Wilsnack Thermen. Storchen in Rühstedt.

Teils parzellierte, terrassierte ebene Wiese unter einzelnen Bäumen, sowie terrassiertes zum See abfallendes Wiesengelände am Rande eines Naturschutzgebietes. Öffentliches Freibad und Uferliegewiese. Camper freien Eintritt am See. DLRG-Station. Besorgungs-Shuttledienst. Ort 5 km entfernt. Mittagsruhe 13-15 Uhr. Touristen-/Dauerstellplätze 70/30.
2008: (HS) P/N 4.–, K/N bis 14 J. 3.–, St/N 8.–, T/N 5.–, M/N 1.20, H/N 2.50, WD inkl., Müllgeb. P/N –.50, Strom/N 1.75 oder kWh –.50 (16 A), Anschlussgeb. 1.20. In NS Ermäßigung.
DCC 10% auf P/N und St/N.

Abfahrt

16909 Wittstock-Berlinchen (g3) 11045

»CAMPING AM GLAMBECKSEE« ★★★ 1.1. bis 31.12.
E.: E. Lange ☎ 033966/60273, 60406, 0172/3083191, Fax 60755 40 000 qm
www.glambecksee.de, camping@glambecksee.de

→ A19/E55 Berlin–Rostock Abf. (20) Wittstock über Wittstock Richtung Röbel-Sewekow. Ca. 2 km hinter Berlinchen abbiegen. ✉ Glambeckweg 1 (GPS: 53°15'07" N / 12°37'33" E).

Ebenes, zum See abfallendes Wiesengelände, von Bungalows und einer Baumreihe am Ufer flankiert. Überwiegend schattenlos. Imbiss. Ort (Sewekow) 2 km entfernt. Mittagsruhe 13-15 Uhr. Touristen-/Dauerstellplätze 70/30.
2007: (HS) P/N 4.50, K/N 4 bis 14 J. 3.50, A/N 2.–, C/N 4.50, MC/N 6.50, T/N 3.50/4.50, M/N 1.–, H/N 1.–, WD zuzügl., Müllgeb. P/N –.50, Strom/N 2.50 (16 A), Anschlussgeb. 2.–. In NS Ermäßigung.

Camping am Reiherholz (11100)
M. und K. Raßmann
Internet: www.camping-am-reiherholz.de
e-mail: rassmann@camping-am-reiherholz.de

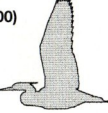

Sommer – Wintercamping
Restaurant
Zechlinerhütterstraße 2 · 16837 Kagar
Telefon/Fax: 03 39 23 / 7 03 63

Als Besitzer eines Caravans, Wohnwagens oder als Zelter suchen Sie Erholung in wald-seenreicher Umgebung? Dann wählen Sie eine der schönsten und ruhigsten Gegenden der Märkischen Seenplatte! – Wir bieten Ihnen Strom- und Wasserversorgung, moderne beheizbare Sanitäreinrichtungen mit Einzelwaschkabinen, Duschen, WCs, Behindertenkabine, Waschmaschinen/Trockner, Geschirrspülräume. Sie werden jeden Morgen an Ihrem Platz mit frischen Bäckerbrötchen verwöhnt und für Dinge des täglichen Bedarfs geht man 300 m weiter in die Verkaufsstelle Kagar. Besonders beliebt sind unsere Räucherabende, an denen Sie die einheimischen Fische frisch aus dem Ofen bekommen. Wer einmal keine Lust verspürt, sich selbst um sein leibliches Wohl zu kümmern, findet schon auf dem Campingplatz eine gemütliche Gaststätte. Doch kommen Sie selbst und schauen sich alles an, wir freuen uns auf Ihren Besuch, Ihre Familie Raßmann!

Ganzjähriger Campingplatz • Behindertengerecht • Fünf Sterne • 1996 erster Platz im Land Brandenburg

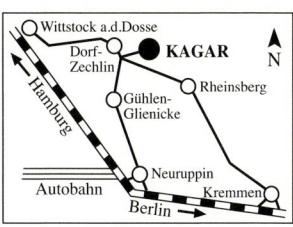

✉ **16868 Bantikow** bei Kyritz (g4) **11065**

20 ★★★ »CAMPING AM OSTUFER DES BANTIKOWER SEE'S«
E.: Renate Siemer Ostern bis Okt.
☎ 033979/14361, 14241, Fax 14420   20 000 qm
www.camping-bantikow.de, info@camping-bantikow.de

→ A 24 Berlin–Hamburg, Abf. (21) Herzsprung, weiter in Richtung Kyritz, in Stolpe nach links (Bantikow) abbiegen. ✉ Wusterhausener Str. 14. ♣ Ritter Kahlputz (Mumie). Fontanestadt Neuruppin. Rheinsberg (Renaissanceschloss). Plattenburg.

Ebenes zum See hin leicht abfallendes, unparzelliertes Wiesengelände in einem Kiefernwald. Separater FKK-Bereich. Drei Sandbadestrände (davon ein FKK-Strand). Separater Jugendplatz. Steichelzoo. Mittagsruhe 13-15 Uhr. Touristen-/Dauerstellplätze 35/60.
2007: P/N 4.50, K/N 3 bis 14 J. 2.–, A/N 1.50, C/N 5.– bis 6.–, MC/N 6.– bis 7.–, T/N 3.– bis 6.–, M/N 1.–, H/N 1.50, WD zuzügl., Strom/N 1.50 oder kWh –.38 (16 A). Für 11 N 10 N bezahlen.
DCC/CCI 5% auf St/N.

DCC-Vertragsplatz

✉ **16837 Kagar** bei Rheinsberg (g4) **11100**

20 ★★★★ »CAMPING AM REIHERHOLZ« 1.1. bis 31.12.
E.: Fam. Raßmann ☎ 033923/70363, Fax 50979   30 000 qm
www.camping-am-reiherholz.de, rassmann@camping-am-reiherholz.de

→ A 24 Hamburg–Berlin Abfahrten (22) Neuruppin oder (23) Neuruppin-Süd über Neuruppin Richtung Gühlen, Glienicke und Wallitz nach Dorf Zechlin. Hier abbiegen nach Kagar. Beschildert. ✉ Zechlinerhütterstr. 2.

Von Kiefernwald umgebenes, ebenes und teilweise parzelliertes Wiesen- u. Heidegelände mit einzelnen Bäumen in Seenähe. Grillen erlaubt. Ort 300 m entfernt. Mittagsruhe 13-15 Uhr. Touristen-/Dauerstellplätze 60/60.
2008: (HS) P/N 4.–, K/N 6 bis 12 J. 2.–, C MC-St/N 5.50 bis 10.–, T/N 2.50/3.–, M/N 1.–, H/N 1.50, WD zuzügl., Müllgeb. St/N 1.–, Strom/N 1.50 (6 A). In NS Ermäßigung.
DCC 10% auf P/N.

✉ **16831 Zechlinerhütte** bei Rheinsbg. (g4) **11107**

25 ★★★ »SCHLABORN-HALBINSEL« 1.4. bis 31.10.
P.: Lars u. Dörte Gustmann ☎/Fax 033921/70295   60 000 qm
www.schlabornhalbinsel.de, schlabornhalbinsel@web.de

→ A 19 Wittstock–Rostock Abf. (18) Röbel auf die B 198 Richtung Neustrelitz, bei Wesenberg südwärts Richtung Rheinsberg. Ab Zechlinerhütte zur »Schlaborn Halbinsel« beschildert. ✉ Winkelstr. 11.

Zum Seeufer abfallendes Wiesengelände, von Wald umgeben und teilweise schattenlos, mit Liegewiese und Badestelle. Separate Pkw-Abstellung. Ort 1 km entfernt. Mittagsruhe 13-15 Uhr. Touristen-/Dauerstellplätze 40/60.
2007: P/N 4.50, K/N 1 bis 14 J. 2.–, C/N 6.–, MC/N 7.–, T/N 5.–, M/N 1.–, H/N 2.–, WD zuzügl., Strom/N 2.50 (16 A), Anschlussgeb. 2.–.

✉ **16775 Stechlin-Neuglobsow** (g3) **11118**

25 ★★ »STECHLINSEECAMP« April bis Okt.
E.: FA Stechlin-Touristik, P.: Konwinski ☎ 017271/54097, Fax 70567 9000 qm
www.Stechlin-Touristik.de, post@Stechlin-Touristik.de

→ A24 Berlin–Wittstock, Abf. Neuruppin. Über Rheinsberg und Menz nach Neuglobsow. ✉ Zeltplatzweg 1.

Leicht abfallendes, terrassiertes und unparzelliertes Buchenwaldgelände im Naturpark "Stechlinsee". FW. Ort ca. 300 m entfernt. entfernt. Mittagsruhe 12-15 Uhr. Touristen-/Dauerstellplätze 38/12.
2007: (HS) P/N 5.–, K/N 2 bis 12 J. 3.–, A/N 3.50, C/N 6.–, MC/N 6.–, T/N 3.50 bis 6.–, M/N 2.–, H/N 2.–, WD zuzügl., Strom/N 2.– und kWh –.35 (10 A). Ab 10 N 3% Ermäßigung. In NS Ermäßigung.

✉ **16775 Altglobsow** bei Rheinsberg (g4) **11123**

15 ★★★ »FERIENHOF ALTGLOBSOW« 1.1. bis 31.12.
E.: Heike Schüler ☎/Fax 033082/50250   4 000 qm
www.Ferienhof-Altglobsow.de, ferienhof.altglobsow@t-online.de

→ B96 Oranienburg–Neustrelitz, in Fürstenberg Richtung Rheinsberg, noch ca. 4 km zum Platz. Beschildert. ✉ Seestr. 11 b.

Welliges, terrassiertes und unparzelliertes Wiesengelände mit kleinem Badesee an einem Waldhang am Rande des Naturschutzgebietes "Zum Stechlinsee". Radwander-, Wassersportler- und Reitgruppen willkommen. Pension. Kiosk in HS. Kutschfahrten. Ort 200 m entfernt. Separater Jugendpatz. Mittagsruhe 13-15 Uhr. Touristen-/Dauerstellplätze 60/40.
2007: (HS) P/N 3.–, K/N 6 bis 12 J. 2.–, A/N 2.–, C/N 3.–, MC/N 4.50, T/N 3.–, M/N 2.–, H/N 2.–, WD zuzügl., Strom/N 1.50 (16A). In NS Ermäßigung.

✉ **16798 Fürstenberg**, Havel (g5) **11130**

25 ★★★ »KANU-CAMPING AM RÖBLINSEE« April bis Okt.
P.: Hans-Ulrich Kietzmann ☎/Fax 033093/38278, 38613   11 000 qm

→ B 96 Neustrelitz–Oranienburg, in Fürstenberg abbiegen. Beschildert.

Unparzelliertes, ebenes Wiesengelände am Seeufer, von hohen Bäumen gesäumt. In HS separate Pkw-Abstellung. Wasserwanderer-Station. Kiosk. Ort 1 km entfernt. Separater Jugendplatz. Mittagsruhe 13-15 Uhr. Touristen-/Dauerstellplätze 20/80.
2007: P/N 5.–, K/N bis 14 J. 2.–, A/N 2.–, C MC/N 4.–, T/N 2.–, M/N 2.–, B/N 1.–, H/N 1.–, WD inkl., Strom/N 1.50, kWh –.60 (16A).

**Die DCC-Inspizienten sind nicht mit Anzeigenwerbung betraut. Sie sind daher unabhängig und nicht beeinflußbar.
Ihren Kontrollen nach unseren Prüfbögen kann vertraut werden.**

11 Brandenburg

✉ 16798 Himmelpfort bei Fürstenberg (g4) 11135

★★★ »CAMPINGPARK HIMMELPFORT« 15.3. bis 3.10.
P.: Himmelpfort GmbH V.: Schink u. Harnack ☎/Fax 033089/41238 50000 qm
www.camping-himmelpfort.de, info@camping-himmelpfort.de

→ Straße Fürstenberg–Lychen, nach Himmelpfort abbiegen. Hier durch den Ort und noch ca. 1 km. Beschildert. ✉ Am Stolpsee 1 (GPS: 53°10'44" N / 13°14'05" E).

Ebenes bis leicht welliges, unparzelliertes Mischwaldgelände am Seeufer. In HS separate Pkw-Abstellung. Sanitäranlage beheizbar. Imbiss. Ort 2 km entfernt. Mittagsruhe 13-15 Uhr. Touristen-/Dauerstellplätze 90/50.
2008: P/N 6.10, K/N 2 bis 15 J. 3.10, C MC-St/N 5.60, T-St/N 3.60, H/N 2.90, WD zuzügl., Müllgeb. St/N –.80, Strom/N 2.20 (6-10 A). Für 7 Nächte 5 N bezahlen.

✉ 16818 Wustrau bei Neuruppin (g4) 11170

★★ »CAMPING AM HOHEN ENDE« 1.4. bis 31.10.
E.: Ingrid Schulz ☎ 033925/70221, 0172/2353362 2800 qm
www.wustrau-net.de, SilJachting@gmx.de

→ A24 Berlin–Hamburg Abf. (23) Neuruppin Süd Richtung Fehrbellin. Bei Dammkrug geradeaus weiter nach Wustrau. Hier beschildert. 2. Platz. ✉ Am Hohenende 6.

Leicht abfallendes und schattenloses Wiesengelände in Seenähe mit Anpflanzungen. Ort 600 m entfernt. Mittagsruhe 13-15 Uhr. Touristen-/Dauerstellplätze 24/9.
2008: (HS) P/N 5.50, K/Nbis 12 J. 3.50, J/N 4.–, A/N 2.50, C MC/N 4.50, T/N 2.50-3.50, M/N 1.50, B/N 1.50, H/N 1.–, WD inkl., Strom/N 1.80 oder kWh –.55. Anschlussgeb. 1.–. Ab 5 N und in NS Ermäßigung.
DCC 10% auf P/N.

✉ 16868 Wusterhausen bei Kyritz (g4) 11190

★★★★ »CAMPING WUSTERHAUSEN« 1.1. bis 31.12.
E.: Christiane Köllner ☎ 033979/14274, Fax 13930, 80 m 80000 qm
www.camping-wusterhausen.de, koellner@camping-wusterhausen.de

→ A 24 Berlin–Hamburg, Abf. Neuruppin-Bückwitz, auf der B 167 bis Bückwitz, dann B 5 bis Wusterhausen. ✉ Seestr. 42.
∴ Therme Bad Wilsnack. Gestüt Neustadt, Storchendorf Rühstedt. Ritter Kahlputz (Mumie). Fontanestadt Neuruppin. Schloss Rheinsberg.

Teils parzelliertes und leicht abfallendes, lichtes Kiefern- und Birkenwaldgelände. Durch öffentlichen Fußweg vom Seeufer getrennt mit Durchgängen. Moca-Übernachtungsplätze vor der Schranke. Separater Mobilheimplatz. Gratis-Besuch im Fitnessstudio mit Bowlingbahn. Streichelzoo. Imbiss. FW. Ort 1 km, Reiten 5 km entfernt. Separater Jugendplatz. Mittagsruhe 12.30-14.30 Uhr. Touristen-/Dauerstellplätze 60/240.
2008: (HS) P/N 4.–, K/N bis 14 J. 2.–, A/N 2.–, C/N 4.–, MC/N 5.–/6.–, T/N 2.– /3.–, M/N 1.50, H/N 1.–, WD zuzügl., Strom/N 2.– (16 A). Für 7/14 N 6/12 N bezahlen. In NS Ermäßigung.
DCC 10% auf P/N.

✉ 17268 Templin, Uckermark (h4) 11215

★★★ »NATURCAMP FÄHRSEE« April bis Okt.
P.: Karin Gottong ☎/Fax 03987/200114 52m 42000 qm
www.naturcamp-templin.de, naturcamp-templin@t-online.de

→ A11 Berlin–Stettin Abf. (8) Pfingstberg über Stegelitz–Milmersdorf nach Templin. Bei der Kreuzung Templin-Mittenwalde rechts abbiegen und ca. 1 km bis zur Eisenbahnbrücke. Hier Einfahrt beim Hotel. ✉ Fährkrug 1 b.

Ebenes bis leicht welliges, unparzelliertes Seeufergelände hinter einem Hotel. Durch Bungalows geprägt. Wassersportmöglichkeiten. Ort 7 km entfernt. Mittagsruhe 13-15 Uhr. Touristen-/Dauerstellplätze 40/60.

✉ 17268 Klosterwalde, Uckermark (h4) 11225

★★★ »NATURCAMP GLEUENSEE« 1.1. bis 31.12.
E.: Karin Gottong ☎/Fax 03987/201736 52 m 100000 qm
www.naturcamp-templin.de, naturcamp-templin@t-online.de

→ B 109 Berlin–Prenzlau, in Milmersdorf über Templin, hier Richtung Boitzenburg abbiegen. Beschildert. ✉ Am Gleuensee 1.

Naturbelassenes Kiefernwaldgelände oberhalb des Sees. Angrenzend schattenlose, leicht wellige Wiese. Imbiss. Wassersportmöglichkeiten. Ort (Templin) 5 km entfernt. Separater Jugendplatz. Mittagsruhe 13-15 Uhr. Touristen-/Dauerstellplätze 100/90.

✉ 17279 Lychen (g3) Uckermark 11240/1

★★★ »WURLSEE-CAMPING LYCHEN« 1.4. bis 31.10.
E.: E. u. D. Forumm ☎ 039888/2509 (So), 2602 (Wi), 0172/3612851, Fax 2509
www.wurlseecamping.de, info@wurlseecamping.de 45000 qm

→ Straße Fürstenberg–Prenzlau, in Lychen beschildert. ✉ Strelitzer Str. 5 b (GPS: 53°13'19" N / 13°18'01" E).

Wellig zum Seeufer abfallendes Kiefernwaldgelände, unparzelliert mit Lichtungen und Uferliegewiese. Badesee mit Sandstrand. Anreise ab 9 Uhr. Ökologische Betriebsführung. DKV Kanustation (10% Erm). Ponyreiten. Imbiss. Restaurant in NS eingeschränkt. Reitenmöglichkeit in 300 m, Ort 1.5 km, Fahrradverleih 2 km entfernt. Mittagsruhe 13-15 Uhr. Touristen-/Dauerstellplätze 80/50.
2008: (HS) P/N 4.–, Schwangere frei (mit Ausweis), K/N 7 bis 14 J. 2.30, A/N 2.–, C/N 4.40, MC/N 4.90, T/N 3.40 bis 4.40, M/N 2.–, B/N inkl., H/N 2.20, KT –.60, WD zuzügl., Strom/N 1.60 und oder kWh –.35 (10A). Anschlussgeb. 1.–. In NS für 4 N nur 3 N bezahlen, für 10 N nur 8 N bezahlen. In NS Erm.
DCC/CCI 5% P/N.

✉ 17279 Lychen (g3) Uckermark 11240/2

»NATURCAMPINGPARK REHBERGE« 1.4. bis 31.10.
E.: Martina Braatz ☎/Fax 039888/2604 80 m 150000 qm
www.siebenseen.de, info@siebenseen.de

→ B96/E251 Berlin–Neubrandenburg Abf. Fürstenberg in östl. Richtung auf die L15 in Richtung Lychen. Ca. 3 km vor Lychen, auf Höhe Bohmshof, nördlich abbiegen in Richtung Retzow und weiter zum Wurlsee. ✉ Lychener Str. 8.
∴ Faltboot- und Flößermuseum. Greifvogelstation.

Bewertung nach Besichtigung. Ebenes und naturbelassenes Wiesengelände im lichten Kiefernwald am Wurlsee im »Naturpark Uckermärkische Seen«. Eigene Badestelle mit Sandstrand und Liegewiese. Sanitäranlage beheizbar. Familiäre Atmosphäre. Imbiss. Backwarenverkauf. Babywickeltisch. Filmvorführungen. Reitmöglichkeit und Fahrradverleih in der Nähe. Ort 1.5 km entfernt. Touristen-/Dauerstellplätze 70/180.
2008: P/N 3.50, K/N 6 bis 15 J. 2.–, A/N 2.–, C MC/N 4.50, T/N 3.50/4.50, M/N 1.50, H/N 2.50, KT ab 16 J. –.60, WD zuzügl., Strom kWh –.45 (16A). Anschlussgeb. 2.–. In NS Ermäßigung.

✉ 17268 Thomsdorf, Feldbg.Seenpl.(h3) 11245

★★★ »CAMPING AM DREETZSEE« 1.4. bis 31.10.
P.: H.–J. Döhring ☎ 039889/746, Fax 55106 130000 qm
www.dreetzseecamping.de, dreetzseecamping@t-online.de

→ B 109 Berlin–Prenzlau, in Haßleben abbiegen und über Hardenbeck und Funkenhagen nach Thomsdorf. Beschildert. ✉ Thomsdorf 51.
∴ Fallada-Haus. Schloss Boitzenburg.

Teilterrassiertes zum Seeufer abfallendes Wiesengelände, von Wald umgeben, mit lichtem Baumbestand. In HS separate Pkw-Abstellung. Öffentlicher Badebetrieb. Liegewiese. Imbiss. Ort 2 km entfernt. Separater Jugendplatz. Mittagsruhe 13-15 Uhr. Touristen-/Dauerstellplätze. 150/150.
2008: (HS) P/N 5.50, K/N 4 bis 14 J. 2.50, A/N 2.–, C/N 5.50, MC/N 5.–, T/N 4.–, M/N 1.–, B/N 1.–, H/N 2.–, WD zuzügl., Strom/N 1.70 (16 A). In NS Ermäßigung.
DCC 5% auf P/N, CCI 5% auf St/N.

17291 Oberuckersee-Warnitz (h4) 11270

★★★ »CAMPING OBERUCKERSEE« 1.4. bis 15.10.
P.: Kröplin & Folk GbR ☎ 039863/459, Fax 78349 80000 qm
www.camping-oberuckersee.de, camping-oberuckersee@web.de

→ A11 Berlin–Stettin Abf. (7) Warnitz, Beschildert. ✉ Lindenallee 2 (GPS: 53°10'38" N / 13°52'25" E).

800 m HS 1 km

Naturbelassenes Kiefernwaldgelände in mehreren Geländestufen oder teilterrassiert stark zum Seeufer abfallend. Bahnlinie am Platzrand. Touristenplätze unparzelliert. Fernradweg Berlin-Usedom. Sanitärgebäude beheizbar. Ort 500 m entfernt. Separater Jugendplatz. Mittagsruhe 13-15 Uhr. Touristen-/Dauerstellplätze 80/300.
2008: P/N 3.50, K/N 3 bis 12 J. 2.–, A/N 3.–, C/N 5.–, MC/N 7.–, T/N 4.– /5.–, M/N 2.–, B/N 3.–, H/N 2.–, WD zuzügl., Strom/N 2.– (10 A). Ab 8 N 10% Ermäßigung auf den Gesamtpreis.

16348 Ruhlsdorf bei Bernau (h4) 11315

★★ »FAMILIENCAMPING RUHLESEE« 1.1. bis 31.12.
P.: Eilrich & Dettmann OHG ☎/Fax 03337/451635 180000 qm
www.wake-and-camp.de, Familiencamping@gmx.de

→ A11 Berlin–Stettin Abf. (13) Lanke über Prenden nach Ruhlsdorf. Beschildert. ✉ Zum Zeltplatz 10 (GPS: 52°50'20" N / 13°46'40" E).

300 m 500 m

Unparzelliertes, ebenes Kiefernwaldgelände am See mit 700m langem Strand. Kabel-TV. Wasserski-Seilbahn. Mittagsruhe 13-15 Uhr. Touristen-/Dauerstellplätze 50/300.
2008: (HS) P/N 3.50, K/N bis 14 J. 1.50, J/N 3.–, A/N 3.–, C/N 6.–, MC/N 6.–, T/N 5.–, M/N 2.–, H/N 3.–, WD zuzügl., Strom/N 2.– (16 A). In NS Ermäßigung.
DCC 3% auf P/N.

16244 Schorfheide-Eichhorst (h4) 11335

★★★ »CAMPING SÜSSER WINKEL« 1.4. bis 4.10.
P.: Entwicklungs GmbH ☎ 03335/237, 81744 Fax 03767/81740 80000 qm
www.camping-suesser-winkel.de, info@camping-suesser-winkel.de

→ A11 Berlin–Stettin Abf. (12) Finowfurt auf die B 198 in Richtung Joachimsthal. Beschildert. ✉ Am Werbellinsee (GPS: 52°53'34" N / 13°38'16" E).

Ebenes bis leicht welliges Laubwaldgelände am See. Uferliegewiese. Öffentlicher Badebetrieb. Bungalows. Imbiss. Ort 2.5 km entfernt. Mittagsruhe 13-15 Uhr. Touristen-/Dauerstellplätze 40/200.
2007: P/N 3.60, K/N 4 bis 18 J. 2.10, A/N 2.50, C/N 9.–, MC/N 7.50, T/N 4.10, H/N 1.–, B/N ab 3.50, WD zuzügl., Strom/N 2.10 oder kWh –.31 (16 A). DCC/CCI 10% auf P/N.

16247 Joachimsthal, Werbellinsee (h4) 11337

★★★ »CAMPING AM SPRING« 1.1. bis 31.12.
E.: W. Thusbass V.: Horn ☎ 033363/4232, Fax 4313 100000 qm
www.camping-spring.de, info@camping-spring.de

→ A11 Berlin–Stettin Abf. (12) Finowfurt auf die B198 Richtung Joachimsthal über Joachimsthal, 2. Platz. Beschildert. ✉ Seerandstraße (B 198). Wildpark Schorfheide. Schiffshebewerk Niederfinow. Naturtherme Templin.

50 m

Zum See abfallendes Mischwaldgelände mit Uferliegewiese. Teilweise separate Pkw-Abstellung. Imbiss. Haltestelle 50 m, Ort (Eichhorst) 3 km entfernt. Separater Jugendplatz. Mittagsruhe 13-15 Uhr. Touristen-/Dauerstellplätze 50/200.
2008: (HS) P/N 4.–, K/N 3 bis 16 J. 3.–, A/N 2.–, C/N 5.–, MC/N 7.–, T/N 4.– bis 6.–, M/N 1.50, B/N 1.–/lfm, WD zuzügl., Strom/N 2.–, kWh –.31 (16 A). In NS 10% Ermäßigung.

16244 Schorfheide b. Eberswalde (h4) 11340

★★★ »FERIENPARK ÜDERSEE-CAMP« 1.4. bis 31.10.
E.: Gerhard Kirste ☎ 03335/218, Fax 4519058 100000 qm
www.uedersee.de, gerhard.kirste@t-online.de

→ A11 Berlin–Stettin Abf. (12) Finowfurt, hier im Ort den Hinweisen »ÜDERSEE« folgen. Nach Passieren der Kanalbrücke links am Kanal entlang. Beschildert. ✉ Joachimsthaler Str. 18 d (GPS: 52°51'25" N / 13°39'55" E).

500 m

Hügeliges, teilweise parzellierte Waldgelände zwischen Oder-Havelkanal, Autobahn und dem Üdersee mit öffentlichem Badebetrieb. Ort 2 km entfernt. Mittagsruhe 13-15 Uhr. Touristen-/Dauerstellplätze 100/200.
2008: P/N 4.–, K/N 2 bis 14 J. 3.–, A/N 3.–, C/N 6.–, MC/N 7.–, T/N 4.–, M/N 1.–, H/N 2.–, WD zuzügl., Strom/N 2.– oder kWh –.30 (16 A).

16248 Parsteinsee, Angermünde (h4) 11355

★★★ »CAMPING PARSTEINER SEE« April bis Okt.
E.: Gemeinde V.: S. Paulick ☎ 033365/362, Fax 24806 120000 qm
www.Parsteiner-See.de, CP-SEE@t-online.de

→ A11 Berlin–Stettin Abf. (8) Joachimstal auf die B 198 bis Angermünde, hier rechts abbiegen Richtung Oberberg. Bei Parstein beschildert. ✉ Seestr. 1.

Ebenes, langgestrecktes und unparzelliertes Wiesengelände am See mit Uferliegewiese. Öffentlicher Badebetrieb. Sanitärgebäude beheizbar. Ort 2 km entfernt. Separater Jugendplatz. Mittagsruhe 13-15 Uhr. Touristen-/Dauerstellplätze 60/280.
2007: P/N 3.–, K/N bis 6 J. frei, J/N bis 14 J. 1.50, A/N 3.–, C/N 4.–, MC/N 6.–, T/N 3.– bis 8.–, M/N 1.–, B/N 1.50-2.50, WD zuzügl., Strom/N 2.– (16A).

16248 Niederfinow, Barnimer Land (h4) 11365

»CAMPING TRIANGEL TOUR« 18.4. bis 19.10.
E.: Johannes Kroel ☎/Fax 03362/70437, 0172/3806858 5000 qm
www.triangeltour.de, info@triangeltour.de

→ B2 Berlin–Eberswalde, Abf. in Richtung Oderberg zum Schiffshebewerk. In Niederfinow zum Ortsteil Stecherschleuse. ✉ Dorfstraße 31. ❋ UNESCO Biosphären-Reservat Schorfheide-Chorin. Finowkanal mit alten Schleusenanlagen. Schiffshebewerk Niederfinow. Kloster Chorin.

Bewertung nach Besichtigung. Ebenes Wiesengelände mit einzelnen Bäumen am Finowkanal im Biosphären-Reservat Schorfheide. Unparzellierte Zeltwiese und durch Hecken parzellierte Caravanplätze. Campinghütten in einer Streuobstwiese. Imbiss. Kleintierzoo. Lagerfeuerplatz mit überdachten Sitzplätzen. Wasserwanderer-Station. Familiäre Atmosphäre. Ort 2 km entfernt. 35 Touristenplätze.
2008: (HS) P/N 5.15, K/N bis 14 J. 3.60, A/N 1.60, C MC/N 5.15, T/N ab 2.60, M/N 1.–, B/N –.50, H/N 1.30, WD inkl., Strom/N 1.75 (16A). Jede 7. Nacht P/N frei. In NS Ermäßigung.

16359 Lanke-Ützdorf (h4) 11380

★★ »CAMPINGPARK AM LIEPNITZSEE« 1.1. bis 31.12.
E.: Ilona Milkowski ☎ 033397/73397, Fax 671201 50 m 60000 qm
www.camppartner.com, campamLiepnitz@gmx.de

→ A11 Berlin–Stettin Abf. Lanke in Richtung Lanke, dann weiter nach Ützdorf. ✉ Am Liepnitzsee 8 (GPS: 52°45'16" N / 13°31'06" E).

 200 m

Welliges, unparzelliertes, von Wald umgebenes Wiesengelände am Liepnitzsee. Imbiss. Volleyball. FW. Reiten, Golf und Wasserski in der Nähe. Separater Jugendplatz. Mittagsruhe 13-15 Uhr. Touristen-/Dauerstellplätze 50/100.
2007: (HS) P/N 4.40, K/N bis 15 J. 3.30, A/N 2.–, C MC/N 5.50, T/N 4.40, M/N 1.–, H/N 2.60, WD zuzügl., Strom/N 2.20 (16A). In NS Ermäßigung.

DCC – auch Ihr Camping-Partner!

Deutscher Camping-Club e.V., Postfach 40 04 28, 80704 München

 **DCC-Vertragsplatz**

✉ **16259 Tiefensee** bei Strausberg (h4) **11400**

[20] ★★★★ »COUNTRY CAMPING« 1.1. bis 31.12.
E.: Felix Voß ☎ 033398/90514, Fax 86736 105 000 qm
www.country-camping.de, info@country-camping.de
→ B158 Berlin–Bad Freienwalde, in Tiefensee abbiegen. ✉ Schmiedeweg 1.

Parzelliertes, ebenes bis leicht welliges Wiesengelände mit Anpflanzungen, für Dauercamper vom See stark abfallendes Waldgelände. Separate Pkw-Abstellung. Komfortplätze. Kleinkindersanitär. Whirlpool. Natur-Spiel-Bereich. Streichelzoo. Ort 600 m entfernt. Separater Jugend- u. Gruppenplatz. Mittagsruhe 13-15 Uhr. Touristen-/Dauerstellplätze 50/250.
2007: (HS) P/N 4.50, K/N 2 bis 14 J. 3.50, St/N 7.50, H/N inkl., WD zuzügl., Strom/N 2.40 (10/16 A). In NS 50% Ermäßigung auf St/N.
DCC/CCI 10% auf P/N und St/N.

✉ **15328 Zechin** bei Münchebg. (h4) **11430**

★★★ »ODERBRUCH CAMP« April bis Okt.
E.: Enrico Ahschewig ☎033473/59101, Fax 59102 35 000 qm
www.oderbruchcamping-zechin.de, info@oderbruchcamp-zechin.de
→ B1 Müncheberg–Kostrzyn (Küstrin), bei Manschnow nordwärts abbiegen nach Zechin. ✉ Hauptstr. 1 B.

Parzelliertes, ebenes und teilweise schattenloses Wiesengelände beim Freibad. Ort 400 m entfernt. Separater Jugendplatz. Mittagsruhe 13-15 Uhr. Touristen-/Dauerstellplätze 70/30.

✉ **15326 Alt Zeschdorf**, OT. Strand (h5) **11450**

★★★ »ERHOLUNGSGEBIET AM OSTUFER DES HOHENJES. SEES«
E.: Günter Wolff ☎/Fax 033602/247, 0177/5004268 1.1. bis 31.12.
www.wolffscamp.de, wolffscamp@hotmail.com 18 000 qm
→ A 12 Berlin–Frankfurt/O. Abf. (6) Müllrose Richtung Seelow, in Petersdorf rechts abbiegen über Sieversdorf nach Alt Zeschdorf. ✉ Neue Siedlung 18.

Unparzelliertes, ebenes und teilweise schattenloses Wiesengelände am See mit FKK-Möglichkeit und Liegewiese. Familiäre Atmosphäre. Keine Kampfhunde. Kiosk. Öffentlicher Badebetrieb. Ort 500 m entfernt. Separater Jugendplatz. Mittagsruhe 13-15 Uhr. Touristen-/Dauerstellplätze 25/50.

✉ **15374 Münchehofe** bei Münchebg.(h5) **11470**

★★ »CAMPINGPARK GR. KLOBICHSEE« April bis Okt.
E.: Campingpark Gr. Klobichsee e. V. ☎ 033432/8765, 72266 60 000 qm
→ A 10/E55 AB-Dreieck Spreeau–AB-Dreieck Schwanebeck Abf. (25) Berlin/Hellersdorf abbiegen auf die B1 Richtung Küstrin. Am Ortsende von Müncheberg abbiegen über Obersdorf nach Münchehofe. ✉ Seestr. 13.

Ebenes sowie hügeliges Gelände oberhalb des Sees, teilweise schattenlos. Touristenplätze unparzelliert. Von Wald umgeben und mit Uferliegewiese. Kiosk. Ort (Müncheberg) 8 km entfernt. Separater Jugendplatz. Mittagsruhe 13-15 Uhr. Touristen-/Dauerstellplätze 50/100.

✉ **15537 Erkner** bei Berlin (h5) **11500**

 [25] ★★ »CAMPING JÄGERBUDE« 1.1. bis 31.12.
E.: Dr. J. Lehmann & V. Schmohl V.: GbR Tourismus 45 000 qm
☎ 03362/888084, Fax 888094 20m www.spreecamping.de, post@camping.de
Abfahrt → A10/E55 (AB-Ring Berlin) Anschluss Spreeau-Schwanebeck. Abf. (7) Freienbrink, 2. Abbiegung nach rechts durch das Gewerbegebiet und weiter über die Autobahnbrücke zum Platz. ✉ Jägerbude 3 (GPS: 52°23'07" N / 13°46'53" E).

Ebenes, unparzelliertes, schattenloses und von Wald umgebenes Wiesengelände bei einem Landsitz (Hotel) an der Spree. Separate Touristenplätze. Zeltwiese. FW. Mittagsruhe 12-14 Uhr. Touristen-/Dauerstellplätze 30/45.
2008: (HS) P/N 4.50, K/N 3 bis 14 J. 3.-, A/N 2.50, C MC/N 6.50,T/N 4.- bis 5.-, M/N 2.-, B/N 2.50 bis 6.50, H/N 2.50, WD zuzügl., Müllgeb. 2.50, Strom/N 3.- oder kWh -.50 (10A). In NS Ermäßigung möglich.
DCC/CCI in NS/HS 10%/5% auf St/N.

✉ **15537 Grünheide** bei Erkner (h5) **11503/1**

[20] ★★★ »CAMPING PEETZSEE SÜDUFER« 1.1. bis 31.12.
E.: Grünh. Ferienpark GmbH ☎ 03362/885574, Fax 6120 120 000 qm
www.camping-gruenheide.de, campingplatz-gruenheide@t-online.de
Abfahrt → A 10 AB-Dreieck Spreeau–AB-Dreieck Schwanebeck Abf. (23) Erkner. Beschildet. ✉ Ernst-Thälmann-Str. 12 a.

Unparzelliertes, mehrteiliges Waldgelände mit Lichtungen, durch Uferstraße vom Peetzsee getrennt. Reservierung in HS erforderlich. Imbiss. Ort 500 m entfernt. Separater Jugendplatz. Mittagsruhe 13-15 Uhr. Touristen-/Dauerstellplätze 20/250.
2007: P/N 4.-, K/N 1 bis 15 J. 2.-, A/N 1.50, C/N 4.-, MC/N 6.-, T/N 3.-, M/N 1.-, B/N 5.-, H/N 1.50, WD zuzügl., Strom/N 1.50 (16 A). Anschlussgeb. 1.50.

✉ **15537 Grünheide**, OT. Alt Buchhorst (h5) **11503/2**

[20] ★★ »NATURCAMP MÖLLE-SÜD« April bis Okt.
P.: Mölle-Süd-Camp e. V. ☎ 03362/6345, 0174/5649553, Fax 502743
www.moelle-sued-camp.de, VereinMSC@AOL.com 35 000 qm
Abfahrt → A 10 AB-Dreieck Spreeau–AB-Dreieck Schwanebeck Abf. (23) Erkner, in Grünheide zum OT Alt Buchhorst. 500 m schlechte Platzzufahrt.
✉ Mehrower Allee 75 (GPS: 52°26'02" N / 13°51'06" E).

Leicht welliges, teilweise lichtes Mischwaldgelände oberhalb des Möllensees mit Badestelle. Wasserwanderer-Station. Ort 2 km entfernt. Mittagsruhe 13-15 Uhr. Touristen-/Dauerstellplätze 40/150.
2008: 3 P/N inkl. C MC-St/N 16.–/19.-, 3 P/N inkl. T-St/N 13.-, K/N 2 bis 18 J. 2.10, B/N 3.-, H/N 3.-, WD zuzügl., Strom/N 1.50 (6 A). Ab 14 N 10% Erm.

✉ **15299 Müllrose** bei Frankfurt/O.(h5) **11520**

[25] ★★ »SCHLAUBETAL-CAMPING« 30.4. bis 30.9.
E.: Stift Neuzelle P.: Verein für Camping und Naherholung. e. V. 33 000 qm
☎ 033606/671, Fax 77677
→ A 12 Königs Wusterhausen–Frankfurt/O. Abf. (6) Müllrose Richtung Eisenhüttenstadt, am Ortsausgang von Müllrose. ✉ Am Ostufer 2.

Ebenes bis leicht welliges lichtes Kiefernwaldgelände, unparzelliert oberhalb des Müllroser Sees. Separate Pkw-Abstellung außerhalb des Platzes. Kiosk. Ort 2 km entfernt. Separater Jugendplatz. Mittagsruhe 13-15 Uhr. Touristen-/Dauerstellplätze 18/80.
2008: P/N 4.-, K/N 4 bis 14 J. 2.-, A/N 1.50, C MC/N 8.-, T/N 5.-/6.-, M/N 1.50, H/N 2.-, WD zuzügl., Strom/N 2.-, kWh -.47 (16 A).

 **DCC-Vertragsplatz**

✉ **15890 Siehdichum-Schernsdorf** (h5) **11522**

[25] ★★★ »SCHERVENZSEE CAMP. & ERHOLUNG« 15.4. bis 15.10.
P.: J. Klofski ☎ 033655/746, Fax 5511 250m 62 000 qm
www.schervenzsee.de, camping@schervenzsee.de
Abfahrt → A 12 Berlin–Frankfurt/O. Abf. (6) Müllrose Richtung Eisenhüttenstadt bis Schernsdorf. Dort rechts abbiegen Richtung Kupferhammer. ✉ Am Schervenzsee 1 (GPS: 52°11'02" N / 14°26'33" E).
♣ Klosteranlage Neuzelle.

Unparzelliertes, leicht welliges Waldgelände am Badesee, mit eigenem Sandstrand im Zentrum des Naturparks „Schlaubetal". 4 Komfortstellplätze. Ort 5 km entfernt. Mittagsruhe 12.30-15 Uhr. Touristen-/Dauerstellplätze 80/50.
2008: P/N 4.-, K/N 3 bis 13 J. 2.50, A/N 2.-, C MC/N 9.50, T/N 5.-, M/N 2.-, B/N 2.-, H/N 2.-, WD zuzügl., Strom/N 2.- (16A).
DCC 10% auf P/N.

✉ **15848 Chossewitz**, Schlaubetal (h5) **11528**

★★ »CAMPING CHOSSEWITZER SEE« April bis Okt.
E.: Stadt Friedland ☎/Fax 033673/5061 32 000 qm
→ B 168 Cottbus–Beeskow, in Friedland ostwärts abbiegen über Weichensdorf, nach 3.5 km abbiegen. Beschildert. ✉ Weichendorfer Str. 1.

Spreewald – Natur – Camping ★★★★★ »Am See«

DTV klassifiziert 4 Sterne
ADAC 4 Sterne

Die familienfreundliche im ländlichen Stil errichtete Campinganlage nur 7 km von Lübbenau an einem See gelegen, bietet Ihnen eine hervorragende Ausstattung. Alle Komfortplätze parzelliert und nicht weiter als 60 m vom Wasser entfernt. Der Familienplatz mit Streichelgehege, Wasserspielplatz, Beachvolleyball usw. lässt keine Wünsche offen. Sie entspannen sich in unserer Sauna am See, oder genießen das kulinarische Angebot in unserem »Kartoffelnest«. Lübbenau – dort erleben Sie die einzigartigen Kahnfahrten oder erobern Sie den Spreewald mit dem Paddelboot. Der Spreewaldradwanderweg beginnt direkt am Platz. Vermietung von Ferienhäusern, Einkaufsmöglichkeit, Lagerfeuerstellen, sehr gute Angelmöglichkeit. **Neu ab 2008: Bowlingspaß für »Groß und Klein«.** Fahrten nach Berlin, Dresden, Potsdam, usw. Modernste Sanitäranlagen. Vermietung von Motorrollern.

Mit Frühstück und Halbpension buchbar!

Wir freuen uns auf Sie!
Spreewald – Natur – Camping »Am See«
Seestraße 01 • 03222 Lübbenau OT Hindenberg • Tel./Fax 03 54 56/6 75 39
www.spreewaldcamping.de • am-see@spreewaldcamping.de

freie Dauerstellplätze
Eigentümer: Marco Rähm

(11543)

250 m · 3 km
Leicht bis stärker, unparzelliert abfallendes Wiesengelände oberhalb des Sees, teilweise schattenlos. Seeufer 50 m, Ort 5 km entfernt. Mittagsruhe 13–15 Uhr. Touristen-/Dauerstellplätze 50/50.

DCC-Vertragsplatz

03222 Hindenberg, Spreewald (h6)   11543

30 ★★★★ »SPREEWALD-NATUR-CP. „AM SEE"«   1.1. bis 31.12.
E.: Marco Rähm ☎/Fax 035456/67539   50 m   15 000 qm
www.spreewaldcamping.de, am-see@spreewaldcamping.de

→ A13/E 55 Berlin–Dresden Abf. (9) Lübbenau-West nach Groß Beuchow in Richtung Luckau. Weiter nach Hindenberg. ✉ Seestr. 1 (GPS: 51°51'28" N / 13°51'24" E).

3 km 5 km
Leicht terrassiertes, parzelliertes und teilweise schattenloses Wiesengelände im Spreewald an einem kleinen Badesee mit Radwanderwegen. Streichelzoo. Bowlingbahn. Ballonflüge am Platz. TV-Anschluss. Bushaltestelle in der Nähe. Haltestelle 200 m, Ort (Lübbenau) 6 km entfernt. Mittagsruhe 13–15 Uhr. Touristenplätze/Dauerstellplätze 85/65.
2008: (HS) P/N 6.–, K/N 4 bis 14 J. 2.50, A/N 1.50, C/N 7.50, MC/N 7.50, T/N 5.–, M/N 1.–, H/N 2.–, KT 1.–, WD zuzügl., Strom/kWh –.50 (16A), Anschlussgeb. 1.–. Ab 10 N 10% auf P/N. In NS Ermäßigung.
DCC 10% auf P/N.

Das CCI-Carnet ist im Ausland als Identitäts-Ausweis anerkannt. Im Inland genügt die Vorlage des DCC-Mitgliedsausweises.

✉ 15926 Luckau-Kreblitz, Spreewald (h6)   11545

★★★ »CAMPING SONNENBERG«   1.1. bis 31.12.
E.: Ralf Thelen ☎ 03544/3058   20 m   40 000 qm
www.camping-sonnenberg-kreblitz.de, camping.sonnenberg@web.de

→ A13 Berlin–Dresden Abf.(8) Düben Richtung Luckau, Abf. vor Luckau nach Norden in Richtung Kasel-Golzig. Beschildert. ✉ Zur Schafsbrücke 7.

Ebenes, parzelliertes Wiesengelände am Wald und am Flüsschen „Berste", zwischen Spreewald und Niederlausitzer Land. Badeseen und Bushaltestelle in der Nähe. FW. Ort (Kreblitz) 500 m entfernt. Mittagsruhe 13–15 Uhr. Touristenplätze/Dauerstellplätze 20/167.

✉ 03222 Lübbenau, Spreewald (h6)   11550/1

30 ★★★ »SPREEWALD-NATUR-CAMPING AM SCHLOSSPARK«
P.: Thomas Rähm ☎/Fax 03542/3533   1.1. bis 31.12.
www.spreewaldcamping.de, info@spreewaldcamping.de   40 000 qm

→ A 13/E 55 Berlin–Dresden Abf. (9) Lübbenau. ✉ Schloßbezirk 20 (GPS: 51°52'16" N / 13°58'81" E).

100 m · 3 km
Ebenes, unparzelliertes Wiesengelände am Schlossparkrand in Nähe des Spreewälder Kahnfährhafens, von Wasserarmen umgeben und teilweise unter hohen Bäumen. Befestigte Stellfläche für Mocas. Wasserwanderer-Station. Imbiss. Frühstücksservice. Ort 300 m entfernt. Mittagsruhe 12.30–14 Uhr. 125 Touristenplätze.
2008: P/N 6.–, K/N 4 bis 14 J. 3.–, C MC-St/N 7.50, T/N 5.–, M/N 1.–, H/N 2.–, KT 1.–, WD zuzügl., Strom/kWh –.50 (16 A), Anschlussgeb. 1.–. Ab 10 N 10% Ermäßigung.

Spreewald-Natur-Camping "AM SCHLOSSPARK" LÜBBENAU

Staatl. anerkannter Erholungsort

Camping „Am Schloßpark" ★★★★ DTV-Klassifizierung
Pächter Thomas Rähm
Schloßbezirk 20 · 03222 Lübbenau · Tel./Fax: 0 35 42/35 33
Offen vom 1.1.–31.12.
www.Spreewaldcamping.de

(11550/1)

Der Campingplatz für Naturliebhaber und Wasserwanderer im Zentrum des Spreewaldes. Seine ideale Lage ermöglicht den direkten Bootseinsatz im Labyrinth von ca. 150 Fließen mit etwa 420 km Wasserwanderwegen. Bequem erreichen Sie zu Fuß, mit dem Fahrrad oder dem typischen Spreewaldkahn das Spreewalddorf **Lehde** und die Lübbenauer Altstadt. Service: Kahnfahrten mit dem Tischkahn – Heißluftballonfahrten – frische Brötchen – Einkaufsmöglichkeit – Fahrrad- u. Bootsverleih – Lagerfeuerstelle – Vermietung von Ferienhäusern, Campinghütten und Kanuheim – unweit vom Erlebnisbad – gute Angelmöglichkeit – sehr gute Sanitäranlagen. Wir freuen uns auf Sie!

Spreewald - Camping Lübben

Der Campingpark im Herzen des Spreewaldes

★★★★

Staatlich anerkannter
Erholungsort
PF 14 20 –
15904 Lübben/Spreewald

Tel. 0 35 46 / 70 53
Fax 0 35 46 / 18 18 15

e-Mail: info@spreewald-camping-luebben.de

Internet: www.spreewald-camping-luebben.de

(11552)

✉ 03222 Lübbenau, Spreewald (h6) — 11550/2

20 ★★★ »CARAVAN-CAMP DAMMSTRASSE« Ostern bis 15.10.
E.: Rochus Schulze ☎/Fax 03542/2921   4000 qm
www.spreewald-caravan-camping.de, office@spreewald-caravan-camping.de

→ A13/E 55 Berlin–Dresden Abf. (9) Lübbenau, in Lübbenau Richtung Altstadt. Oder A15 (Verlängerung der A13) Spreewalddreieck-Cottbus Abf. (2) Boblitz. In Lübbenau beschildert. ✉ Dammstr. 62 (GPS: 51°51'43" N / 13°58'16" E).

Von Bäumen umgebene, parzellierte ebene Wiese. Sanitäranlage beheizbar. Kahnfährhafen 400 m, Ort 500 m entfernt. 30 Touristenplätze.
2008: P/N 4.–, K/N 6 bis 14 J. 2.–, A/N 1.50, C/N 5.–, MC/N 6.–, H/N 1.–, KT 1.–, WD zuzügl., Strom/N 2.– (10 A).

DCC-Vertragsplatz

✉ 15907 Lübben, Spreewald (h6) — 11552

30 ★★★★ »SPREEWALD-CAMPING« 15.3. bis 31.10.
E.: K.-U. Peisker ☎ 03546/7053, Fax 181815   30000 qm
www.spreewald-camping-luebben.de, info@spreewald-camping-luebben.de

→ A13 Berlin–Dresden Abf. (7) Freiwalde auf die B115, oder Abf. (8) Lübben/Duben auf die B 87. ✉ Am Burglehn 10 (GPS: 51°56'11" N / 13°53'44" E).
❖ Biosphärenreservat.

Ebenes Wiesengelände am Stadtrand, durch Buschreihen und Bäume in mehrere Stellfelder gegliedert. Im Winter auf Anfrage geöffnet. Wasserwanderer-Station. Teilweise TV-Anschluss. Fährhafen und Ort 300 m entfernt. Mittagsruhe 13-15 Uhr. Touristen-/Dauerstellplätze 180/20.
2007: (HS) P/N 6.50, K/N 4 bis 14 J. 4.50, A/N 2.–, C/N 4.50, MC/N 5.50, T/N 3.50, M/N 1.–, H/N frei, KT 1.–, WD zuzügl., Strom/N 1.80 oder kWh –.38 (10 A). Angebote und in NS Ermäßigung.
DCC 10% auf P/N.

✉ 15913 Lamsfeld bei Lieberose (h6) — 11555

20 ★★★ »AM GROSSEN MOCHOWSEE« 1.4. bis 31.10.
E.: Camping u. Heimat e.V. ☎ 035478/525, Fax 17511   60000 qm
www.campingplatz-mochowsee.de, email@campingplatz-mochowsee.de

→ B320 Lübben–Guben, in Lamsfeld am Ortsanfang. ✉ Dorfstr. (GPS: 51°58'56" N / 14°13'04" E)

Leicht wellig zum Seeufer abfallendes Wiesengelände und schattenlose, unparzellierte Touristenfläche im oberen Platzteil. Ort 100 m entfernt. Separater Jugendplatz. Mittagsruhe 13-15 Uhr. Touristen-/Dauerstellplätze 50/150.
2008: (HS) P/N 4.50, K/N 6 bis 14 J. 3.–, A/N 1.50, C/N 4.–, MC/N 5.–, T/N 3.–, M/N –.50, H/N 1.50, WD zuzügl., Strom/N 1.50 (10 A). In NS 10% Ermäßigung.

✉ 15913 Zaue-Goyatz, Schwielochsee (h5) — 11558

20 ★★★ »CAMPING AM SCHWIELOCHSEE« 1.4. bis 31.10.
E.: Schwielochsee Tourist GmbH ☎ 035478/522, Fax 17764   173000 qm
www.camping-am-schwielochsee.de, info@camping-am-schwielochsee.de

→ B 87 Lübben–Beeskow, hinter Neukrug ostwärts abbiegen nach Ressen-Zaue. Beschildert (GPS: 52°01'57" N / 14°10'40" E).

Unparzelliertes, leicht welliges, zum See abfallendes Kiefernwaldgelände mit öffentlichem Strandbad. Separate Platzteile für Touristen und FKK. Sanitärgebäude beheizbar. TV-Anschluss. Separater Jugendplatz, Freiluftkegelbahn. Ort 1 km entfernt. Mittagsruhe 13-15 Uhr. Touristen-/Dauerstellplätze 380/370.
2007: (HS) P/N 3.80, K/N 3 bis 12 J. 2.30, A/N 2.–, C/N 4.60, MC/N 5.20, T/N 3.50, M/N 1.50, B/N 5.–, H/N 2.60, WD zuzügl., Strom/N 1.60 oder kWh –.30. In NS Ermäßigung.

Als DCC-Mitglied sind Sie immer gut beraten
Deutscher Camping-Club e.V., Postf. 40 04 28, 80704 München

15913 Jessern-Goyatz, Schwielochsee (h5) 11561

20 ★★★ »CAMPING GEISTERSCHLUCHT« 1.4. bis 31.10.
P: Schwielochsee Tourist GmbH ☎ 035478/608, Fax 17764 55 000 qm
www.camping-am-schwielochsee.de, info@camping-am-schwielochsee.de

→ B 320 Lübben–Lieberose, bei Lamsfeld nordwärts abbiegen bis Jessern. ✉ An der Geisterschlucht (GPS: 52°00'51" N / 14°11'32" E).

Welliges, unparzelliertes Waldgelände mit Lichtungen, durch Budenbauten der Dauercamper geprägt. Moca-Übernachtungsplätze vor der Schranke. Sanitärgebäude beheizbar. Freiluftkegelbahn. Ort 200 m entfernt. Separater Jugendplatz. Mittagsruhe 13-15 Uhr. Touristen-/Dauerstellplätze 120/130.
2007: (HS) P/N 3.80, K/N 3 bis 12 J. 2.30, A/N 2.–, C/N 4.60, MC/N 5.20, T/N 3.50, M/N 1.50, B/N 5.–, H/N 2.60, WD zuzügl., Strom/N 1.60 oder kWh –.30. In NS Ermäßigung.

15848 Friedland-Niewisch (h5) 11564

20 ★★★ »SCHWIELOCHSEE-CAMPING« 15.4. bis 15.10.
E.: Stadt Friedland P: Klaus Spreer ☎ 033676/5186, Fax 5226 42 000 qm
www.camping-niewisch.de, camping-niewisch@freenet.de

→ B 168 Beeskow–Lieberose, ca. 2 km hinter Friedland nach Niewisch abbiegen. Beschildert. ✉ Uferweg Nord 16.

Leicht welliges, langgestrecktes und unparzelliertes Wiesengelände unter teils hohen Bäumen am verschilften Seeufer. Badebuchten. Sanitäranlagen beheizbar. Wasserwanderer-Station. Ort 500 m entfernt. Separater Jugendplatz. Mittagsruhe 13-15 Uhr. Touristen-/Dauerstellplätze 100/100.
2008: P/N 3.50, K/N 3 bis 16 J. 2.10, A/N 1.60, C MC/N 6.50, T/N 3.50 bis 5.10, M/N 1.10, B/N 1.50 bis 6.50, H/N 2.50, WD zuzügl., Strom/N 2.20 (16 A).

15848 Ranzig bei Beeskow (h5) 11567

★★ »CAMPING RANZIGER SEE« April bis Okt.
E.: Gemeinde V.: Worm ☎ 033675/59033 24 000 qm

→ B 87 Lübben–Beeskow, am Ortsende Ranzig abbiegen. ✉ Siedlung 18.

Leicht welliges, unparzelliertes Mischwaldgelände am See. Durch Holzvorbauten der Dauercamper geprägt. Imbiss. Ort 300 m entfernt. Separater Jugendplatz. Mittagsruhe 13-15 Uhr. Touristen-/Dauerstellplätze 70/80.

15848 Trebatsch, Schwielochsee (h5) 11570

15 ★★ »CAMPING BIRKENWÄLDCHEN« 1.5. bis 30.9.
E.: Doris Scholtke ☎ 033674/5151 21 000 qm

→ B 87 Lübben–Beeskow, in Trebatsch nach Sawall abbiegen und weiter noch 1.4 km schlechter Sandweg.

Ebenes bis leicht welliges Wiesengelände unparzelliert auf einer Landspitze. Wasserwanderer-Station. Ort 3 km entfernt. Touristen-/Dauerstellplätze 25/50.
2007: P/N 2.60, K/N 5 bis 14 J. 2.10, A/N 1.–, C/N 4.60, MC/N 5.60, T/N 2.60/3.60, M/N 1.–, B/N 1.–, H/N 1.–, WD zuzügl., Strom/N 1.40.
DCC 10% auf P/N.

DCC-Vertragsplatz

15913 Märkische Heide-Groß Leuthen (h6) 11574

30 ★★★★ »EUROCAMP SPREEWALDTOR« 1.1. bis 31.12.
E.: Gemeinde V.: R. Exler ☎ 035471/303, Fax 310 90 000 qm
www.eurocamp-spreewaldtor.de , Eurocamp.Spreewaldtor@t-online.de

→ A13 Berlin–Dresden, Abf. Groß Köris, B 179 Märk. Buchholz bis Gr. Leuthen. A 13 Dresden–Berlin, Abf. Lübben B115, Lübben B87 Richt. Beeskow, Birkenhainchen links, B179 Richt. Königs Wusterhausen. ✉ Neue Str. 1 (GPS: 52°02'53" N / 14°02'21" E).

Leicht terrassiertes und parzelliertes von Wald umgebenes Wiesengelände mit Sträuchern am »Groß Leuthener See«. Reetdachgedeckte Gebäude. FW. Ort 1 km entfernt. Separater Jugendplatz. Mittagsruhe 13-15 Uhr. Touristen-/Dauerstellplätze 220/120.
2007: (HS) P/N 5.80, K/N bis 14 J. 3.80, A/N 2.–, C/N 6.–, MC/N 7.–, T/N 5.– M/N 1.–, H/N 3.–, WD inkl., Strom/N 2.30. (16 A). In NS Ermäßigung.
DCC/CCI 10% auf P/N.

15913 Märk. Heide-Alt Schadow (h5) 11576/1

25 ★★★ »CAMPINGPARK HALBINSEL RAATSCH« 1.1. bis 31.12.
E.: Reinhard Miethling ☎ 035473/600, 683, Fax 751 100 000 qm
www.halbinsel-raatsch.de, halbinsel-raatsch@t-online.de

→ B 179 Königs Wusterhausen–Lübben, bei Neu Lübbenau nordwärts abbiegen. Am Ortseingang von Alt Schadow links ca. 2 km. ✉ Halbinsel Raatsch 1.

Parzelliertes, ebenes, teilweise leicht welliges Wiesen- und lichtes Waldgelände. Halbinsel mit mehreren Badestellen am Neuendorfer See mit angrenzendem Wildgehege. Von Nov. bis April Anmeldung nach tel. Absprache. Moca-Plätze vor dem Eingang. Wasserwanderer-Station. Lebensmittelverkauf u. Ort 1.5 km entfernt. Mittagsruhe 13-15 Uhr. Touristen-/Dauerstellplätze 150/150.
2008: (HS) P/N 5.–, K/N 5 bis 13 J. 3.–, A/N 2.–, C/N 6.–, MC/N 8.–, T/N 5.–/6.–, M/N 1.50, H/N 2.–, WD zuzügl., Strom/N 1.80 oder kWh –.80 (16A). In NS Ermäßigung.

15913 Märk. Heide-Alt Schadow (h5) 11576/2

25 ★★★ »CAMPING NORD AM NEUENDORFER SEE« Apr. bis Okt.
E.: Familie Schulze ☎ 035473/621, Fax 25124 65 000 qm
www.spreewaldcamping-nord.de, camping-nord@spreewald-info.de

→ B 179 Königs Wusterhausen–Lübben, bei Neu Lübbenau nordwärts abbiegen bis zum Ortsende von Alt Schadow. Beschildert. ✉ Lindenstr. 31.

Leicht welliges und unparzelliertes zum Neuendorfer See hin abfallendes Wiesengelände im Spreewald. Kiosk. Beheizbare Sanitäranlage. Wasserwanderer Station. Ort 800 m entfernt. Mittagsruhe 12-14 Uhr. Touristen-/Dauerstellplätze 145/185.
2008: (HS) P/N 5.–, K/N 5 bis 13 J. 3.–, A/N 2.–, C/N 6.–, MC/N 8.–, T/N 5.–, M/N 1.–, H/N 2.–, WD zuzügl., Strom/N 2.– oder kWh –.50 (16 A). In NS Ermäßigung.

15910 Neuendorf am See (h5) 11579

★★ »NATURCAMPING« April bis Okt.
E.: Gmd. V.: Graßke ☎/Fax 035473/708, 0175/4889482 17 000 qm

→ B 179 Märkisch-Buchholz–Birkenhainchen, vor Leibsch nach Neuendorf abbiegen und hier weiter Richtung Alt Schadow.

Leicht welliges, unparzelliertes Kiefernwaldgelände mit Uferliegewiese. Bäckereiwarenverkauf. Ort 1.5 km entfernt. Mittagsruhe 13-15 Uhr. Touristen-/Dauerstellplätze 100/200.

15864 Wendisch-Rietz (h5) 11582

20 ★★ »CAMPING SCHWARZHORN« 1.1. bis 31.12.
P: Fred-Peter Magnus ☎/Fax 033679/401 75 000 qm
www.wendischrietz.de

→ A12 Berlin–Frankfurt/O. Abf. (3) Storkow über Storkow nach Wendisch Rietz. ✉ Schwarzhorner Weg.

Unparzelliertes, leicht welliges sowie hügelig ansteigendes Kiefern- und Birkenwaldgelände am Seeufer mit Liegewiese. Separate Pkw-Abstellung. Ort 1 km entfernt. Separater Jugendplatz. Mittagsruhe 13-15 Uhr. Touristen-/Dauerstellplätze 250/250.
2008: P/N 2.50, K/N bis 15 J. 1.50, A/N 2.70, C/N 5.–, MC/N 6.50, T/N 4.50, M/N 1.70, B/N 6.–, H/N 1.70, WD zuzügl., Strom/N 3.50, kWh –.50 (16A).

DCC – DEIN PARTNER!

15864 Dahmsdorf bei Storkow (h5) — 11585

★★ »CAMPING DAHMSDORF« — 1.1. bis 31.12.
E.: Betr. GmbH ☎/Fax 033679/225, Fax 71638
100000 qm
→ A 12 Berlin–Frankfurt/O. Abf. (3) Storkow, über Storkow nach Wendisch-Rietz. Hier nach Dahmsdorf abbiegen, noch 2 km. ✉ Storkower Str. 1.

Welliges unparzelliertes Kiefernwaldgelände am breiten Schilfgürtel des Sees mit Badestelle. Moca-Übernachtungsplätze vor der Schranke. Separate Pkw-Abstellung. Wasserwanderer-Station. Ort 2 km entfernt. Mittagsruhe 13-15 Uhr. Touristen-/Dauerstellplätze 50/200.

15526 Bad Saarow, OT. Strand (h5) — 11587

★★★ »CAMPING- U. SPORTBOOT-CLUB« — 1.1. bis 31.12.
P.: CSC Scharmützelsee e.V. ☎/Fax 033631/2698
20000 qm
→ A 12 Berlin–Frankfurt/O. Abf. (4) Fürstenwalde Richtung Bad Saarow. Nach Saarow-Strand abbiegen, ab Pieskow beschildert.

200m 5km

Unparzelliertes, teilweise ebenes und lichtes Kiefernwaldgelände neben dem Strandbad, durch eine Straße zweigeteilt. Separater Platzteil für Hundehalter. Ort (Bad Saarow-Pieskow) 5 km entfernt. Mittagsruhe 13-15 Uhr. Touristen-/Dauerstellplätze 40/80.

15526 Reichenwalde-Kolpin (h5) — 11590

★★★ »CAMPING WALDSEE« — 1.1. bis 31.12.
P.: Astrid Brendel ☎ 033631/5037, Fax 59891
38000 qm
mail@campingplatz-waldsee.de
→ A 12 Berlin–Frankfurt/O. Abf. (3) Storkow über Storkow nach Kolpin. Beschildert. Letzter km auf teilweise ausgefahrenem Sandweg. ✉ Alt Kolpin 4.

50m 1km

Leicht welliges, unparzelliertes Kiefernwaldgelände auf einer Lichtung in der Nähe des Kolpiner Sees. Imbiss. Ort 1 km entfernt. Mittagsruhe 13-15 Uhr. Touristen-/Dauerstellplätze 70/110.
2008: P/N 3.50, K/N bis 15 J. 2.–, A/N 2.–, C/N 5.50, MC/N 6.50, T/N 4.50/5.–, M/N 1.–, H/N 1.–, WD zuzügl., Strom/N 2.–.
DCC/CCI 10% auf P/N.

15741 Bestensee/Königs Wusterh. (h5) — 11595

★★ »NATURCAMPING KIESSEE« — 1.1. bis 31.12.
E.: Manfred Prosch ☎ 033763/63253, Fax 20634
120000 qm
www.camping-bestensee.de, info@camping-bestensee.de
→ A 10 AB-Kreuz Schönefeld–AB-Dreick Spreeau Abf. (18) Königs Wusterhausen auf die B179 Richtung Märkisch-Buchholz. Über Bestensee abbiegen Richtung Motzen. Beschildert. ✉ Motzener Str. 68.

100m 1km

Unparzelliertes, welliges Kiefernwaldgelände neben der Straße mit Badesee und FKK-Teil. Kabel-TV. Imbiss. Ort 1 km entfernt. Mittagsruhe 13-15 Uhr. Touristen-/Dauerstellplätze 100/250.
2007: P/N 4.50, K/N bis 10 J. 1.50, A/N 1.50, C/N 5.–, MC/N 5.–, T/N 3.–, M/N 1.50, H/N 1.–, WD zuzügl., Strom/kWh –.40 (16 A). Ab 14 N 10% Erm.

15746 Groß Köris, OT. Klein Köris (h5) — 11597

★★★ »CAMPING AM TONSEE« — 15.4. bis 15.10.
E.: Dr. Paul Düring ☎ 033766/41595, Fax 20834
70000 qm
www.camp-Duering-Tonsee.de
→ A13 Berlin–Dresden Abf. (4) Groß Köris nach Klein Köris. Beschildert. Die letzten 500 m Sandweg. ✉ Am Hang 15 (GPS: 52°09'38" N / 13°41'15" E).

300m 600m

Lichtes Kiefernwaldgelände oberhalb des Tonsees, eben bis leicht abfallend mit einer Geländestufe. Separate Pkw-Abstellung. Sanitärgebäude beheizbar. Familiäre Atmosphäre. Wintercamping auf Anfrage. Ort und Haltestelle 1 km entfernt. Mittagsruhe 13-15 Uhr. Touristen-/Dauerstellplätze 70/100.
2008: P/N 5.–, K/N bis 6 J. 2.–, K/N bis 16 J. 3.50, A/N 3.–, C MC/N 6.50, T/N 5.–, M/N 1.–, H/N 1.–, WD zuzügl., Strom/N 1.50 (16 A). Ermäßigung nach Vereinbarung.

Als DCC-Mitglied sind Sie immer gut beraten
Deutscher Camping-Club e.V., Postf. 40 04 28, 80704 München

03058 Klein Döbbern, Talsp. Spremberg (h6) — 11625

★★★ »SPREE CAMP KLEIN DÖBBERN« — 1.4. bis 15.10.
P.: Spree Camp GmbH ☎/Fax 035608/244 100m 90000 qm
www.spreecamp.de, spreecamp@web.de
→ A15/E36 Lübbenau–Forst Abf. (5) Cottbus-Süd auf die B 97 Richtung Spremberg, ca 2 km hinter Groß Oßnig abbiegen. ✉ Alte Poststraße 4 (GPS: 51°38'48" N / 14°23'01" E).

800m S 1km 2km

Zum Talsperrenufer wellig abfallendes Mischwaldgelände. Liegewiese und Strand. Durch Holzvorbauten und Zäune der Dauercamper geprägt. Bungalowanlage. Wellige, parzellierte Wiesenbuchten für Touristen in Ufernähe. Sanitärgebäude beheizbar. Aussichtsturm. Hochseilgarten. FW. Ort 3 km entfernt. Mittagsruhe 13-15 Uhr. Touristen-/Dauerstellplätze 60/60.
2007: (HS) P/N 4.–, K/N 6 bis 14 J. 1.90, A/N 2.–, C/N 5.–/5.50.–, MC/N 5.50/6.60, T/N 4.–/5.–, M/N 1.–, H/N 3.–, WD zuzügl., Strom/N 1.80 oder kWh –.37 (ab 7 N) (16 A). In NS Ermäßigung und Spezialangebote.
DCC/CCI 25% auf P/N.

03058 Neuhausen/Spree, Spremberg (h6) — 11630

★★★ »SPREE CAMP« — 1.4. bis 15.10.
P.: Spree Camp GmbH ☎ 035697/219, 235, Fax 219 90m 42000 qm
www.spreecamp.de
→ A15/E36 Lübbenau–Forst Abf. (6) Roggosen, über Roggosen und Laubsdorf nach Bagenz. Beschildert. ✉ Stauseestr. 3 (GPS: 51°38'41" N / 14°24'55" E).

1km 1.5km

Ebenes bis leicht abfallendes Mischwaldgelände mit Lichtungen und FKK-Strandteil am Seeufer. Dauercamper- und Bungalowbereiche im rückwärtigen Platzteil. Sanitärgebäude beheizbar. Ort 1.5 km entfernt. Separater Jugendplatz. Mittagsruhe 13-15 Uhr. Touristen-/Dauerstellplätze 120/104.
2007: (HS) P/N 4.–, K/N 6 bis 14 J. 1.90, A/N 2.–, C/N 5.–/5.50.–, MC/N 5.50/6.60, T/N 4.–/5.–, M/N 1.–, H/N 3.–, WD zuzügl., Strom/N 1.80 oder kWh –.37 (ab 7 N) (16 A). In NS Ermäßigung und Spezialangebote.
DCC/CCI 25% auf P/N.

03159 Döbern OT. Eichwege (i6) — 11637

★★ »CAMPING BADESEE EICHWEGE« — 1.1. bis 31.12.
P.: Peter Köppe ☎ 035600/30301 130m 14000 qm
→ B 115 Cottbus–Bad Muskau, ab Ortsende Döbern beschildert. ✉ Am Badesee 2 (GPS: 51°35'45" N / 14°36'33" E).

800m

1km 2km 7km

Unparzelliertes, ebenes Wiesengelände am Rand eines Birkenwäldchens neben einem Badesee, teilweise schattenlos. Durch Zelt-überdächer der Dauercamper geprägt. Separater Jugendplatz. Ort 3 km entfernt. Mittagsruhe 12.30-14.30 Uhr. Touristen-/Dauerstellplätze 40/60.
2007: P/N 3.10, K/N 4 bis 13 J. 1.30, J/N 1.80, A/N 3.–, C/N 4.50, MC/N 6.20, T/N 4.–, M/N –.–, H/N 1.50, WD zuzügl., Müllgeb. 1.10/2.10, Strom kWh –.30 (16 A), Anschlussgeb. 1.60.

DCC-Vertragsplatz

01968 Großkoschen-Senftenberg (h6) — 11655/1

★★★★★ »FAMILIENPARK SENFTENBERGER SEE« — 1.4. bis 31.10.
E.: Zweckverband ☎ 03573/8000, Fax 800801 100m
www.senftenberger-see.de, familienpark@senftenberger-see.de 140000 qm
→ A 13/E 55 Lübbenau–Dresden Abf. (17) Ruhland auf die B169 bis Senftenberg. Hier abbiegen auf die B96 Richtung Hoyerswerda. ✉ Straße zur Südsee 1 (GPS: 51°29'31" N / 14°02'45" E).

500m S 4km

Teilparzelliertes, ebenes Kiefernwaldgelände mit Lichtungen und separatem Bungalowteil am See. Ausgedehnter Strand mit Wasserwacht und extra FKK-Bereich. Von Nov. bis März Camping auf Anfrage. Sanitärge-

330

bäude beheizbar. Kindersanitär. Kinderland. Wasserrutsche. Kletterwand. Naturkegelbahn. Trampolin. »Kirche Unterwegs«. Ort 750 m, Amphitheater 1 km entfernt. Mittagsruhe 13-15 Uhr. Touristen-/Dauerstellplätze 160/350.
2008: (HS) P/N 6.–, K/N bis 15 J. frei, St/N 11.– bis 12.80, B/N 3.–, WD zuzügl., Strom/N 2.– (16 A). In NS Ermäßigung.
DCC 10% auf P/N.

✉ 01968 Senftenberg-Niemtsch (h6)   11655/2

30 ★★★★ »KOMFORTCAMP. SENFTENBERGER SEE«
E.: Zweckverband ☎ 03573/661543, Fax 661708 100 m ⚬── 1.4. bis 31.10.
www.senftenberger-see.de, komfortcamping@senftenberger-see.de

→ A 13/E 55 Lübbenau–Dresden Abf. (16) Ruhland auf die B 169 bis Senftenberg. Hier am Ortsbeginn abbiegen nach Niemtsch. Beschildert. Für Navigationsgeräte: Senftenberger Str. Nr 1 (GPS: 51°29′58″ N / 13°58′56″ E).

In Gruppen parzelliertes, ebenes Wiesengelände am See, teils schattenlos. Ein öffentlicher Fußweg verläuft am Seeufer. Teilweise separate Pkw-Abstellung. Massagen. TV-Anschluss. Ort 800 m entfernt. Mittagsruhe 13-15 Uhr. Touristen-/Dauerstellplätze 200/185.
2008: (HS) P/N 5.50, K/N bis 15 J. 3.–, St/N 12.–, T/N 6.50, M/N 1.50, B/N 3.–, H/N 3.–, WD zuzügl., Strom/N 2.– (16 A). Treuerabatte. In NS Erm.

✉ 01945 Schwarzbach bei Senftenbg. (h6)   11658

★★ »WALDCAMPING SCHWARZBACH«
E.: K.H. Closset, G. Stahr ☎ 035752/2391 100 m ⚬── Mai bis Okt. 10000 qm
→ A13/E 55 Lübbenau–Dresden Abf. (16) Ruhland über Ruhland nach Schwarzbach. Hier Richtung Hosena. ✉ Hosenaer Landstr. (GPS: 51°27′03″ N / 13°56′45″ E).

Ebener Wiesenstreifen am Waldrand neben der Straße in Nähe einer Bahnlinie. Etappenplatz. Ort 500 m entfernt. Separater Jugendplatz. Mittagsruhe 13-14.30 Uhr. Touristen-/Dauerstellplätze 30/20.

✉ 01990 Ortrand (h7)   11670

30 ★★★★ »LAUSITZ COMFORT CAMPING« ⚬── 1.1. bis 31.12.
E.: Fam. Richter ☎ 035755/62000, 605325, Fax 62009 100 m 16000 qm
www.camping-ortrand.de, info@camping-ortrand.de

→ A13 Dresden–Lübbenau Abf. (18) Ortrand, beschildert. ✉ Am Bad 1 (GPS: 51°22′23″ N / 13°46′44″ E).

Parzelliertes, ebenes Wiesengelände mit Bäumen neben einem Weiher und dem Freibad (Camper 50% Ermäßigung). Rezeption teilweise nur Tagsüber besetzt. Imbiss. Zimmer. FW. Ort u. Restaurant 1.5 km entfernt. Separater Jugendplatz. Mittagsruhe 13-15 Uhr. Touristen-/Dauerstellplätze 70/30.
2007: (HS) P/N 5.50, K/N 6 bis 14 J. 2.50, J/N 15 bis 21 J. 3.50, C MC-St/N 8.–, T/N 3.50/5.–, M/N 2.–, H/N 2.–, WD keine Angabe, Strom/N 1.50 (16 A). Ab 11 N in NS 15%, in NS 20% Ermäßigung. In NS Erm.
CCI 10% auf P/N und St/N.

✉ 01979 Lauchhammer-Grünewalde (h6)   11680

20 ★★★★ »CAMPING GRÜNEWALDER LAUCH« ⚬── April bis Okt.
E.: Stadt Lauchhammer ☎/Fax 03574/3826 43000 qm
www.Lauchhammer.de, schul-kulturamt@lauchhammer.de

→ A13/E55 Lübbenau–Dresden Abf. (16) Ruhland auf die B169 Richtung Elsterwerda, bei Lauchhammer-West abbiegen nach Grünewalde. Hier beschildert. ✉ Lauchstr. 101, für Navi Plessaer Str. (GPS: 51°30′24″ N / 13°40′02″ E).

Ebenes, unparzelliertes, durch Buschreihen und Bäume aufgelockertes Wiesengelände am See mit Strand für Textil und FKK. Separate Komfortplätze im extra Platzteil. Separate Pkw-Abstellung. Ort 4 km entfernt. Mittagsruhe 13-15 Uhr. Touristen-/Dauerstellplätze 90/150.
2007: P/N 3.50, K/N 4 bis 15 J. 2.50, J/N 2.–, C/N 6.–, MC/N 7.–, T/N 4.–, M/N 1.50, H/N 3.–, WD zuzügl., Strom/N 3.– (16 A).

DCC – DEIN PARTNER!

✉ 04895 Falkenberg bei Torgau (g6)   11770

★★★ »CAMPING KIEBITZ« ⚬── April bis Okt.
E.: Stadt V.: Mietsch ☎ 035365/2135, 36024, Fax 38533 50000 qm
www.Kiebitz-eG-Urlaub.de, Info@Kiebitz-eG-Urlaub.de

→ B 87 Torgau–Herzberg, in Döbrichau nach Falkenberg abbiegen. ✉ Hörsteweg 2.

Ebenes Wiesengelände am See, parzelliert, mit Anpflanzungen im Erholungsgebiet „Kiebitz". Separate Pkw-Abstellung. Sanitärgebäude beheizbar. Strandbad mit FKK-Teil. Kabel-TV. W-LAN/Internet. Ort 1 km entfernt. Separater Jugendplatz. Mittagsruhe 13-15 Uhr. Touristen-/Dauerstellplätze 70/80.

✉ 14532 Kleinmachnow bei Berlin (g5)   11805

25 ★★★ »YACHT-CARAVAN-CLUB« ⚬── 1.1. bis 31.12.
E.: Hettler & Lange GmbH ☎ 033203/79684, Fax 77913 22000 qm
www.city-camping-berlin.de, kleinmachnow@city-camping-berlin.de

→ A115 AB-Anschluss Nuthetal–Berlin-Funkturm Abf. (5) Kleinmachnow/Dreilinden. Beschildert. ✉ Bäkehang 9 a.

Langgestrecktes, ebenes, schattenloses und unparzelliertes Wiesengelände zwischen Teltowkanal und Waldrand. Für Berlinbesuche gut geeignet. Kleines Hotel am Platz. Imbiss. Ort 2 km entfernt. Touristen-/Dauerstellplätze 160/3.
2007: P/N 5.–, K/N 3 bis 14 J. 2.50, A/N 2.50, C/N 5.–, MC/N 6.–, T/N 3.50, M/N 1.50, H/N 2.–, WD inkl., Strom/N 2.– (10 A).

✉ 15831 Mahlow bei Berlin (g5)   11810

35 »CAMPINGPLATZ AM MAHLOWER SEE« ⚬── 1.4. bis 31.10.
E.: Schwabe ☎ 03379/3128920, Fax 3128921 16000 qm
www.campingplatz-am-mahlower-see.de, campingplatz@firma-schwabe.de

→ Südlicher Berliner Autobahnring A10 Abf. Ludwigsfelde-Ost (14) auf die B101 Richtung Berlin Tempelhof bis zur Abfahrt Teltow/Schönefeld, dann in Richtung Flughafen Schönefeld auf die L76. Ca. 8km hinter dem Ortsanfang von Mahlow rechts zum Platz. ✉ Teltower Str. 34.

Bewertung nach Besichtigung. Ebenes, von Hecken umgebenes, Wiesengelände mit junger Bepflanzung und kleinem Teich. Teilweise pazelliert und überwiegend schattenlos. Badesee und Restaurants in unmittelbarer Nähe. Voranmeldung erwünscht. Rezeption nicht ständig besetzt. Separate Pkw-Abstellung. Zeltwiese. Warmwasser durch Solarenergie. Brötchenservice. W-LAN/Funk-Internet. Gut für Berlin- und Potsdam-Besuche geeignet. Ort und S-Bahn 1.5 km entfernt. Separater Jugendplatz. Mittagsruhe 13-15 Uhr. Touristen-/Dauerstellplätze 60/40.
2007: (HS) 2/3 P/N inkl. C MC-St/N 25.50/32.–, Zweiradfahrer mit kl. T/N inkl. 1/2 P/N 12.–/18.50, Komfortplatz-Aufschlag, weitere P/N 6.50, J/N ab 14 J. 4.50, H/N 4.–, WD inkl., Strom/N 3.– . In NS Ermäßigung.

✉ 15806 Zossen-Zesch am See (h5)   11825

20 ★★★ »MÄRCHENCAMPINGPLATZ ZESCH AM SEE«
P.: Andrea Volk ☎ 033704/66031, Fax 66289 ⚬── 1.4. bis 31.10.
www.campingplatzzeschamsee.de, andreavolk@aol.com 26000 qm

→ B 96 Berlin–Luckau, hinter Wünsdorf-Neuhof nach Zesch am See abbiegen. Beschildert. ✉ Zum Campingplatz 30.

Lichtes Kiefern- und Birkenwaldgelände, unparzelliert und leicht abfallend, oberhalb des Sees mit eigener Badestelle. Liegewiese. Fitnessraum. Kinder-Spielraum. Billard. Kiosk. Ort 1 km entfernt. Mittagsruhe 13-15 Uhr. Touristen-/Dauerstellplätze 30/59.
2008: P/N 3.50, K/N bis 14 J. 2.50, J/N ab 14 J. 3.–, A/N 2.–, C/N 4.50, MC/N 6.50, T/N 3.50 bis 4.50, M/N 1.50, H/N 1.50, WD zuzügl., Strom/N 1.60 oder kWh –.40.

»Besichtigungen der Campingplätze und die daraus resultierenden Bewertungen werden durch den DCC-Inspizienten ohne Voranmeldung durchgeführt und garantieren so absolute Objektivität.«

11 Brandenburg

15936 Dahme, OT. Körba (g6) — 11840

★★ »CAMPING KÖRBAER TEICH« — April bis Sept.
E.: Stadt Dahme ☎ 035451/575, www.dahme.de — 28000 qm
→ B 102 Luckau–Jüterbog, in Dahme abbiegen Richtung Herzberg. In Höhe Schöna-Kolpien westwärts zum Erholungsgebiet Korbaer See abbiegen. ✉ Hauptstr. 48-49.

Lichtes, unparzelliertes und mehrteiliges Waldgelände, langgestreckt am See. Keine Einfriedungen, nachts ohne Aufsicht. Ort (Dahme) 8.5 km entfernt. Separater Jugendplatz. Mittagsruhe 13-15 Uhr. Touristen-/Dauerstellplätze 50/85.

14823 Rädigke bei Belzig (g5) — 11865

[15] ★★★ »HOHER FLÄMING« — 15.4. bis 15.10.
E.: Gmd. V.: M. Sommer ☎ 033848/60021, 60910, Fax 60021 2500 qm
www.raedigke.de, www.camping-in-brandenburg.de
→ A 9 Leipzig–Berlin, Abf. (6) Klein Marzehns oder Abf. (5) Niemegk, westlich der A 9. ✉ Bergstraße.
∴ Potsdam. Lutherstadt Wittenberg. Rabenstein. Wiesenburg. Eisenhardt.

Parzelliertes, terrassiertes Wald- und Wiesengelände im Hohen Fläming. Ort (Niemegk) 6 km entfernt. Mittagsruhe 12-14.30 Uhr. Touristen-/Dauerstellplätze 16/8.
2007: P/N 4.–, K/N 2 bis 14 J. 2.–, J/N 2.50, A/N 2.50, C/N 4.–, MC/N 4.50, T/N 3.–/3.50, M/N 2.–, H/N 2.–, WD zuzügl., Strom/N 2.50 und kWh –.35 (16A).

14822 Neuendorf bei Brück (g5) — 11875

★★ »FREIZEIT-ERHOLUNG NEUENDORF« — April bis Okt.
E.: Helmut Nestler ☎/Fax 033844/50234, 0177/2870962 10000 qm
→ A9/E51 Dessau–Berlin Abf. (3) Beelitz auf die B246 Richtung Brück. ✉ Alte Dorfstr. 22.

Parzelliertes, ebenes u. überwiegend schattenloses Wiesengelände mit Anpflanzungen. Mittagsruhe 13-15 Uhr. Touristen-/Dauerstellplätze 30/30.

14797 Lehnin (g5) — 11885

[20] ★★ »SEEBLICK AM KLOSTERSEE« — 1.4. bis 5.10.
E.: Franz Engel ☎ 03382/700274, 700442, Fax 700274 16500 qm
www.campingplatz-Lehnin.de, www.rein-wip.de
→ A2/E 30 Berlin–Magdeburg Abf. (79) Lehnin über Lehnin Richtung Brandenburg bis zum Ortsende. ✉ An der Reiherheide 2.
∴ Kloster in Lehnin.

Ebenes, sowie leicht welliges, unparzelliertes Wiesengelände am Klostersee, teilweise schattenlos. Moca-Stellplatz von 20 bis 8 Uhr (10.– Euro). Wasserwanderer-Station. Liegewiese. Ort 3 km entfernt. Mittagsruhe 13-15 Uhr. Touristen-/Dauerstellplätze 50/50.
2008: P/N 4.50, K/N bis 14 J. 2.–, A/N 1.50, C/N 4.50, MC/N 6.–, T/N ab 3.–, M/N 1.50, B/N ab 3.–, H/N 2.–, WD zuzügl., Strom/N 2.– oder kWh –.40 (10 A).

In **Wenzlow OT Grüningen** besteht ein öffentlicher Mocaplatz mit Sanitärausstattung, Gaststätte und Ent- und Versorgung.

DCC-Vertragsplatz

14554 Seddiner See (g5) — 11895

[20] ★★★★ »CAMP. A. NORDUFER SEDDINER SEE« — 1.4. bis 31.10.
E.: Icanos e.V. ☎ 033205/62967, 0172/3941593, Fax 20913 29000 qm
www.icanos.de, admin@campingplatz-icanos.de
→ A10/E30 Potsdam–Königs Wusterhausen. Abf. (17) Potsdam/Süd (Michendorf) auf die B2 Richtung Beelitz. Nach ca. 1 km links. Beschildert. ✉ Zur Lehnmarke.

Unparzelliertes, welliges und zum See abfallendes Waldgelände am See. Golfplatz mit Schulung 700 m. Ort (Seddin) 1 km entfernt. Separater Jugendplatz. Mittagsruhe 13-15 Uhr. Touristen-/Dauerstellplätze 54/45.
2008: P/N 4.60, K/N bis 14 J. 2.–, A/N 1.75, C/N 3.40, MC/N 4.60, T/N 2.25/2.90, M/N –.60, H/N 1.75, WD zuzügl., Strom 2.25 (16 A).
DCC/CCI 10% auf P/N.

 DCC-Vertragsplatz

14471 Potsdam (g5) — 11900

[40] ★★★★ »CAMPING SANSSOUCI« — 17.3. bis 2.11.
E.: Walter von Ohlen ☎/Fax 0331/9510988 60000 qm
www.camping-potsdam.de, info@recra.de
→ A10/E 55 AB-Dreieck Werder–AB Dreieck Havelland Abf. (7) Groß Kreutz auf die B1 Richtung Potsdam. Beim Ortsanfang Potsdam abbiegen und noch ca. 2.5 km. Beschildert. ✉ An der Pirschheide/Am Templiner See 41 (GPS: 52°21′43″ N / 13°00′28″ E).
∴ Park und Schloss Sanssouci, Stadt Potsdam.

Unparzelliertes, fast ebenes Gelände mit altem Laubbaumbestand am Ufer des Templiner Sees. Beheizbares Sanitärgebäude. Familienbad. Wasserwanderer-Station. Internet-Café. W-LAN. Friseör. Fitnessraum und Bowlingbahn 250 m entfernt. Kostenloser Transfer zur Haltestelle. Straßenbahnstation nach Potsdam und Berlin 1.8 km, Zentrum 6 km entfernt. Separater Jugendplatz. Mittagsruhe 13-15 Uhr. Touristen-/Dauerstellplätze 170/70.
2008: (HS) P/N 9.80, K/N 2 bis 15 J. 1.60, J/N 8.–, St/N 8.90, B/N 3.50, H/N 4.–, WD inkl., Müllgeb. P/N –.70, zuzügl., Strom (6-10 A) inkl. Für 7 Nächte 1 Nacht gratis. In NS Ermäßigung.
DCC 10% auf P/N.

14542 Caputh-Geltow, Templiner See (g5) — 11905

[25] ★★★ »CAMPING HIMMELREICH« — 1.1. bis 31.12.
E.: Roger Groß ☎/Fax 033209/70475 50000 qm
www.campingplatz-caputh.de, info@campingplatz-caputh.de
→ A 10/E 55 AB-Dreieck Werder–AB-Dreieck Havelland Abf. (7) Groß Kreutz auf die B 1 Richtung Potsdam. In Geltow abbiegen. Beschildert.

Leicht welliges, unparzelliertes Mischwaldgelände auf einer Halbinsel am Templiner See neben einer wenig befahrenen Bahnlinie. Bahn- und Dampferstation nach Berlin. Volleyball. Ort 1.5 km entfernt. Mittagsruhe 13-15 Uhr. Touristen-/Dauerstellplätze 150/170.
2008: P/N 5.–, K/N 3 bis 13 J. 2.50, A/N 2.–, C MC/N 7.–, T/N 5.–, M/N 2.–, B/N 5.–, H/N 2.–, WD zuzügl., Strom/N 1.50.

14542 Werder-Petzow b. Potsdam (g5) — 11910

[25] ★★★★ »CAMPING RIEGELSPITZE« — 1.4. bis 19.10.
P.: Heidrun Kinkel ☎ 03327/42397, Fax 741725 25000 qm
www.campingplatz-riegelspitze.de, info@campingplatz-riegelspitze.de
→ A10/E55 AB-Dreieck Werder–AB Dreieck Havelland Abf. (22) Groß Kreutz auf die B1 Richtung Potsdam. Hinter Werder abbiegen. Beschildert. ✉ Fercher Str. 4-9 (GPS: 52°21′36″ N / 12°56′48″ E).

Ebenes sowie leicht welliges Wiesengelände, unparzelliert mit mehreren Geländestufen am Ufer des Glindower Sees. Separater Bungalowteil. Teilweise separate Pkw-Abstellung. Sanitärgebäude beheizbar. Imbiss. Familiäre Atmosphäre. FW. Freiluftkegelbahn. Yachthafen. Ort 2 km entfernt. Mittagsruhe 13-15 Uhr. Touristen-/Dauerstellplätze 130/120.
2008: (HS) P/N 6.–, K/N 4 bis 10 J. 2.50, J/N bis 14 J. 3.50, A/N 2.–, C MC /N 6.– bis 7.–, T/N 4.50 bis 6.50, M/N 1.–, B/N 3.– bis 5.–, H/N 2.50, WD zuzügl., Strom/N 2.–, kWh –.45 (10A). In NS Angebote. In NS Ermäßigung.

14548 Ferch (g5) — 11915

[25] ★★★ »SCHWIELOWSEE CAMPING« — April bis Okt.
E.: Manfred Rejall ☎ 033209/70295, Fax 70764 27000 qm
www.ferch-online.de, schwielowsee-camping@web.de
→ A10 Dreieck Werder Abf. (18) Ferch weiter bis Kreuzung Beelitzer/Ecke Dorfstraße, hier rechts abbiegen Richtung Caputh/Potsdam, ca. 100 m nach Ortsende. Beschildert. ✉ Dorfstr. 50.

Parzelliertes und terrassiertes Gelände in einem bewaldeten Tal neben dem öffentlichen Strandbad. Separater Jugendplatz. Mittagsruhe 13-15 Uhr. Touristen-/Dauerstellplätze 60/60.
2007: (HS) P/N 4.–, K/N 4 bis 14 J. 2.25, A/N 1.70, C MC/N 7.–, T/N 3.50, M/N 1.–, H/N 2.–, WD zuzügl., Strom 1.90 oder kWh –.30 (16A). In HS ab 10 N 10% Ermäßigung auf Gesamtpreis. In NS Ermäßigung.

FERIENPARK & CAMPINGPLATZ „RIEGELSPITZE" DTV★★★★
(11910)

– ideal für Potsdam-, Sanssouci-, und Berlin-Besucher –

Inhaberin: H. Kinkel
Fercher Strasse 4-9
14542 Werder-Petzow
Tel. 0 33 27 / 4 23 97
Fax 0 33 27 / 74 17 25
www.campingplatz-riegelspitze.de
info@campingplatz-riegelspitze.de

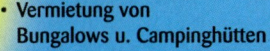

- Ein ruhiger Campingplatz inmitten der reizvollen märkischen Seenlandschaft
- direkt am Glindow See
- Bushaltestelle 5 min Fußweg
- Vermietung von Bungalows u. Campinghütten
- In der Nebensaison gut geeignet für Clubfahrten mit Sonderkonditionen
- Badestrand, Spielplatz
- Volleyball
- Ruderboot- und Fahrradverleih
- SB-Laden, Gaststätte

✉ 14542 Glindow bei Werder (g5) 11925
25 ★★ »CAMPING GLINDOWSEE« 1.1. bis 31.12.
E.: Hogab GmbH ☎ 03327/40855, Fax 730431 10000 qm
info@hogab.de, www.hogab.de

→ A 10/E 55 AB-Dreick Werder–AB-Dreieck Potsdam Abf. (9) Glindow. In Glindow beschildert. ✉ Jahnufer 41.

Leicht welliges, teilweise schattenloses Wiesengelände neben dem Strandbad. Durch Strandbadstraße zweigeteilt. Öffentlicher Badebetrieb (für Camper gratis). Imbiss. Ort 500 m entfernt. Mittagsruhe 13-15 Uhr. Touristen-/Dauerstellplätze 25/115.
2007: P/N 5.50, K/N 6 bis 14 J. 2.50, A/N 2.–, C MC/N 6.–, T/N 4.–/5.50, M/N 1.50, B/N 2.– bis 5.–, H/N 2.50, WD zuzügl., Strom/N 2.80 (10 A).

✉ 14776 Brandenburg-Malge (g5) 11935
25 ★★★★ »SEECAMP MALGE« 20.3. bis 15.10.
P:. Manfred Born ☎ 03381/663134, Fax 795135 80000 qm
seecamp-malge@t-online.de

→ A 2/E 30 Magdeburg–Berlin Abf. (77) Wollin Richtung Brandenburg, in Wilhelmsdorf links abbiegen. Beschildert. Einfahrt am Wegende, ca. 50 m hinter der Gaststätte. ✉ Malge 3 (GPS: 52°22'11" N / 12°28'16" E).
✿ Stadt Brandenburg mit Dom.

Welliges Waldgelände mit einer ebenen, parzellierten Touristenlichtung am Breitlingsee. Komfortstellplätze am See. Sportanlage. Wasserwanderer-Station. Ort (Brandenburg) 6 km entfernt. Mittagsruhe 13-15 Uhr. Touristen-/Dauerstellplätze 80/220.
2007: (HS) P/N 4.90, K/N bis 3 J. frei, K/N 4 bis 14 J. 2.50, A/N 2.–, C/N 4.50 bis 5.50, MC/N 4.50 bis 6.50, T/N 3.– bis 4.50, M/N 1.–, B/N ab 1.50, H/N 2.–, WD zuzügl., Strom/N 1.80 (10/16 A). In NS ab 10 N 20% Ermäßigung auf P/N. In NS Ermäßigung.

✉ 14776 Brandenburg-Klein Kreutz (g5) 11945
★★★ »CAMPING EDEN« April bis Okt.
E.: Alfred Zechmeister ☎ 03381/222838, Fax 222959 14000 qm
www.campingclub-eden.de

→ B 1 Genthin–Potsdam, in Brandenburg abbiegen Richtung Nauen. In Klein Kreutz beschildert. ✉ Zum Wassersportheim 4.

Parzelliertes, ebenes Wiesengelände an der Havel. Separate Pkw-Abstellung. Imbiss. Wasserwanderer-Station. Ort 1.5 km entfernt. Mittagsruhe 13-15 Uhr. Touristen-/Dauerstellplätze 20/100.

✉ 14712 Rathenow b. Brandenburg (g5) 11960
★★★★ »CAMP. AM STECKELSDORFER SEE« 1.1. bis 31.12.
E.: H. Petermann, S. Szigat ☎ 03385/499510, Fax 499512 53000 qm
www.campingplatz-rathenow.de, info@campingplatz-rathenow.de

→ Berliner Ring A10 Abf. (26) Berlin-Spandau Richtung Nauen. In Nauen Richtung Kyritz (B5). In Briesen auf die B188 Richtung Rathenow. Hinter Rathenow rechts. Bis Steckelsdorf noch ca. 1 km. ✉ Hauptstr. 72.

Ebenes bis welliges, unparzelliertes, zum See hin abfallendes Wiesengelände in einem Kiefernwald im Naturpark Westhavelland. Brötchenservice. Kiosk. Ort (Rathenow) ca. 2 km entfernt. Separater Jugendplatz. Mittagsruhe 13-15 Uhr. Touristen-/Dauerstellplätze 200/100.

DCC – DEIN PARTNER!

DCC-Mitglieder fahren mit Auslands-Schutzpaß! und SIE?

Campingplatz Zeestow – Havelkanal ★★★

Brieselanger Str. 11, 14656 Brieselang, OT Zeestow, Tel. 03 32 34/8 86 34

Der Campingplatz ist ganzjährig geöffnet und bietet 185 Standplätze, die alle mit Elektroanschlüssen nach CEE-Norm ausgestattet sind.
Der Standort liegt 13 km westlich von Berlin.
- Haustiere sind erlaubt
- Tausch von Propangas-Flaschen
- Kinderspielplatz
- Gaststätte

Begrenzt von 2 Kanälen bietet der Platz unmittelbar beste Angelmöglichkeiten. Ideal für einen Zwischenstopp und den Besuch von Berlin und Potsdam.

- Autobahn A10 (Berliner Ring)
- Abfahrt 27 Brieselang
- Dann noch 500 m in Richtung Wustermark

(Beschreibung S. 334, 11985)

14715 Ferchesar (g5)   11963

[20] »CAMPINGPARK "BUNTSPECHT" FERCHESAR«   1.4. bis 31.10.
E.: Paul Störk ☎ 033874/90072, Fax 90970   60000 qm
www.campingpark-buntspecht.de, campingpark-buntspecht@web.de

→ Berliner Ring A10 Abf. (26) Berlin-Spandau auf die B5 Richtung Nauen und Wusterhausen. In Briesen auf die B188 Richtung Rathenow, noch 10 km weiter bis Stechow. Hier rechts abbiegen bis Ferchesar und der Beschilderung folgen. ✉ Am 1. Haken (GPS: 52°39'22" N / 12°26'08" E).

Bewertung nach Besichtigung. Ebenes, parzelliertes und terrassiertes Wiesengelände mit lichtem Baumbestand am Ferchesarer See. Durch Büsche und Hecken unterteilt und von Nadel- und Laubwäldern umgeben. Eigener Badestrand und Liegewiese. Wasserwanderer-Station durch Havelanbindung. Übernachtungsplatz vor dem Eingang. Extra Pkw-Parkplätze. Zeltwiese. Sanitäranlagen beheizbar. Kindersanitär. Brötchenservice. Bar. Internet-Café. Boule. Spielautomaten. Hundedusche. Golfplatz der Nähe. Ort 1 km entfernt. Separater Jugendplatz. Mittagsruhe 13-15 Uhr. Touristen-/Dauerstellplätze 240/60.
2007: (HS) P/N 4.–, K/N bis 14 J. 2.–, J/N 4.–, C MC-St/N 5.50, T/N 4.–, M/N 1.–, B/N 3.–, H/N inkl. Dusche 3.50, WD inkl., Strom/N 2.– oder kWh –.47 (16 A). In NS Ermäßigung.
CCI 10% auf P/N.

14715 Hohennauen, Havelland (g5)   11965

[20] »CAMPING SEEBLICK«   1.1. bis 31.12.
E.: Rosemarie Friedel ☎ 033872/70323, 0173/9826073, Fax 90070
www.friedelcamp.de, see@friedelcamp.de   30000 qm

→ B 102 Brandenburg–Rathenow Abf. Hohennauen, ca. 8 km nördlich von Rathenow. ✉ Rhinower Str. 38.

 400 m

Bewertung nach Besichtigung. Ebenes, durch Hecken parzelliertes und überwiegend schattenloses Wiesengelände am Hohennauener See neben einem Fußballplatz. Badesteg und Hundebadestelle. Restaurant, Einkaufsmöglichkeit, Schwimmbad, Golf- und Segelflugplatz in der Nähe. Separater Jugendplatz. Mittagsruhe 13-15 Uhr. Touristen-/Dauerstellplätze 20/130.
2007: (HS) P/N 4.–, K/N bis 12 J. 1.–, J/N bis 15 J. 2.–, A/N 2.–, C/N 6.–, MC/N 7.–, T/N 4.–, M/N 1.50, B/N 1.–/lfm, H/N 1.50, WD zuzügl., Strom/N 1.50 oder kWh –.40 (16A). In NS Ermäßigung.

14656 Brieselang-Zeestow, Havelland (g5) 11985

[20] ★★ »CAMPING ZEESTOW-HAVELKANAL«   1.1. bis 31.12.
E.: Hilker u. Kautz GbR ☎ 033234/88634 Fax 22863   52000 qm
www.campingplatz-zeestow.de, info@campingplatz-zeestow.de

→ A 10/E 55 AB-Dreieck Havelland–AB-Dreick Werder Abf. (27) Brieselang. ✉ Brieselanger Str. 11 (GPS: 52°34'17" N / 12°57'57" E).

Ebenes Wiesengelände neben der Autobahnabfahrt, von Bäumen umgeben und durch zwei Havelkanäle begrenzt. Etappenplatz. Ort (Briesenlang) 2 km entfernt. Mittagsruhe 13-15 Uhr. Touristen-/Dauerstellplätze 40/145.
2008: P/N 4.–, K/N 4 bis 14 J. 2.–, C MC-St/N 6.–, T-St/N 4.– bis 5.–, H/N 2.–, WD zuzügl., Strom kWh –.40 (16A).   **Anzeige S. 333**

Sachsen

In der Nähe von Militär-Flugplätzen und Übungsgeländen ist mit zeitweiligen Ruhestörungen zu rechnen.

01689 Niederau bei Meissen (h7)   12010

[20] ★★★ »CAMPING WALDBAD«   April bis Okt.
E.: Gemeinde V.: P. Winkler ☎ 035243/36012, Fax 46601   69000 qm
www.gemeinde-niederau.de, post@gemeinde-niederau.de

→ B 6 Oschatz–Dresden, in Meissen über die Elbbrücke Richtung Grossenhain ca. 3 km. Über Weinböhla nach Niederau abbiegen. ✉ Am Gemeindebad 2 (GPS: 51°11'09" N / 13°34'27" E).
∴ Dom und Albrechtsburg zu Meissen. Porzellanmanufaktur.

Leicht welliges, von Hecken unterteiltes Wiesengelände bei einem für Camper kostenlosen Freibad mit öffentlichem Badebetrieb (Bademeister in HS). Zeltwiese. Dauercamperteil im angrenzenden Wald. Sanitärgebäude beheizbar. FW. Lebensmittel 1.2 km, Haltestelle 2 km, Ort 3 km entfernt. Separater Jugendplatz. Mittagsruhe 13-15 Uhr. Touristen-/Dauerstellplätze 30/115.
2007: P/N 4.–, K/N 3 bis 14 J. 3.–, A/N 2.–, C T/N 3.–, MC/N 5.–, M/N 2.–, WD zuzügl., Strom/N 2.– oder kWh –.40 (16 A).

01665 Klipphausen bei Meissen (h7)   12020

[25] ★★★ »CAMPING REHBOCKTAL«   1.3. bis 31.11.
E.: Dietmar Sieber ☎ 03521/452680, Fax 459206 110 m 12000 qm
www.camping-sachsen.de, SieberPaule1@aol.com

→ B 6 Meissen–Dresden, ca. 3 km südlich von Meissen neben der Straße. ✉ Rehbocktal 4 (GPS: 51°08'22" N / 13°29'53" E).
∴ Dom und Albrechtsburg zu Meissen. Porzellanmanufaktur.

100 m   3 km   4 km

Unparzelliert ansteigendes und gepflegtes Wiesengelände in einem von Waldhöhen umgebenen Bachtal. Eine Sanitäranlage beheizbar. Radwanderstation "Elberadweg". Ort 3 km entfernt. Mittagsruhe 13-15 Uhr. 60 Touristenplätze.
2007: P/N 5.–, K/N 3 bis 14 J. 3.–, A/N 2.50, C/N 5.–/ MC/N 4.50/5.50, T/N 3.– bis 4.–, M/N 1.–, H/N 2.–, WD inkl., Strom/N 2.50 (10 A).

01744 Paulsdorf, Erzgebirge (h7)   12035

[25] ★★★ »CAMPINGPARADIES NIXI 1«   1.1. bis 31.12.
E.: Gemeinde P.: Schulze ☎ 03504/612169, Fax 618228 360 m 58000 qm
www.erlebnis-talsperre.de, info@erlebnis-talsperre.de

→ B170/E55 Dresden–Altenberg, in Dippoldiswalde abbiegen Richtung »Talsperre Malter« nach Paulsdorf. ✉ Am Bad 1a (GPS: 50°54'53" N / 13°39'03" E).

500 m   3 km

Ebenes, teilweise leicht abfallendes Wiesengelände an der Talsperre Malter. Durch Hecken und Bäume aufgelockert. Uferliegewiese (mit FKK-Teil) und Erlebnisbad (ermäßigter Eintritt). Öffentlicher Badebetrieb. Ort 500 m entfernt. Separater Jugendplatz. Mittagsruhe 13-14.30 Uhr. Touristen-/Dauerstellplätze 185/450.
2007: (HS) P/N 5.50, K/N 6 bis 14 J. 4.–, A/N 2.–, C MC/N 5.50, T/N 4.50 bis 6.–, M/N 1.–, H/N 1.50, WD zuzügl., Strom/N 1.30 (10 A). Ab 3 Nächten 20% Ermäßigung. In NS Ermäßigung.

01109 Dresden-Nord (h7)   12068

[20] ★★ »CARAVAN CAMPING«   1.4. bis 31.12.
E.: Werner Schmidt ☎ 0351/8809792, Fax 8809790 210 m 4000 qm
www.camping-sachsen.de

→ A 4/E 40 Chemnitz–Bautzen Abf. (81a) Dresden-Hellerau, Richtung Hellerau, noch 800 m. ✉ Elsterweg 13 (GPS: 51°06'48" N / 13°43'30" E).
∴ Dresden. Sächsische Schweiz. Meissen.

300 m   1.3 km

Ebene Wiese hinter einem Anwesen. Überwiegend schattenlos. Zentrum 7 km entfernt. 35 Touristenplätze.
2008: P/N 4.90, K/N bis 14 J. 2.–, A/N 2.–, C/N 3.–, MC/N 5.–, T/N 2.50, M/N 1.–, H/N 1.–, WD inkl., Strom/N 1.60 (10 A). Ab 4 Nächten Erm.

Wir sind mittendrin...
Dresden - Sächsische Schweiz - Oberlausitz - Meißen

moderne, gepflegte Sanitäranlagen, kinder- & behindertengerecht, Mietbadezimmer, Babyraum • Sauna • Fitness- & Whirlraum • Gaststätte • Abenteuerspielplatz • Kinderanimation • Minigolfanlage • Internetecke • Reiten (500 m) • direkt am See • große Stellplätze (>100 m²) mit Ab-/Wasseranschlüssen • günstige S-Bahn-/ Busverbindung • Womo-Servicestation • Tipps für Ausflüge • Hundedusche • Angeln • Jahreskalender, Pauschal- & Seniorenangebote • niveauvolle Anlage, optimal für Ruhesuchende, Familien und Senioren • Neu: W-LAN

★★★★ DTV
Camping- & Freizeitpark LuxOase

Beschreibung S. 336, 12095

Familie Lux, Arnsdorfer Straße 1, 01900 Kleinröhrsdorf / Dresden
Tel. 035952-56666, Fax: 56024, eMail: info@luxoase.de
GPS-Daten: Nord 51° 07' 13", Ost 13° 58' 48"

geöffnet: 01.03.-15.11.2008
Nov.-Feb. Anmeldung erforderlich, Pauschalpreis
www.luxoase.de

01217 Dresden-Mockritz (h7) 12070
25 ★★ »CAMPING MOCKRITZ« 1.1. bis 23.12.
P.: Steffen Martin ☎ 0351/4715250, Fax 4799227 150 m 28 000 qm
www.camping-dresden.de, camping-dresden@t-online.de

Abfahrt → A 4/E 40 Chemnitz–Bautzen, am AD Dresden-West halb rechts auf die A 17 bis AB-Ende Dresden-Südstadt. Weiter Richtung Dresden, rechts in die Possendorfer Str. und wieder rechts zum Cpl. ✉ Boderitzer Str. 30 (GPS: 51°00'53" N / 13°44'51" E).

Leicht abfallendes und unparzelliertes Gelände neben einem gebührenpflichtigen Freibad. Durch betonierte Stichwege in mehrere Wiesenstreifen und eine separate Zeltwiese unterteilt. Günstig für Stadtbesuch. Zentrum 4.5 km entfernt. Mittagsruhe 13-15 Uhr. 100 Touristenplätze.
2008: P/N 5.–, K/N 3 bis 14 J. 2.–, C-St/N 5.–, MC/N 5.50, kl. T/N 1.50, M/N –.80, H/N 1.50, WD zuzügl., Strom/N 1.50/2.– (10 A). Ab 7 Nächten Erm.

01259 Dresden-Meusslitz (h7) 12073
20 ★★★ »CAMPING WOSTRA« Ostern bis Herbstferien
E.: LHS Dresden V.: E. Utta 120 m 18 000 qm
☎ 0351/2013254, Fax 2025448
www.dresden.de, cp-wostra@freenet.de

→ B 172 Dresden–Pirna, am Ortsanfang von Heidenau abbiegen. ✉ An der Wostra 7 (GPS: 50°59'55" N / 13°52'06" E).

Ebenes und parzelliertes Wiesengelände. Teilweise unter hohen Bäumen. Neben einem gebührenpflichtigen Freibad und einem separaten FKK-Bad. Imbiss. Gasverkauf und Lebensmittel 1.5 km, Zentrum 10 km entfernt. Separater Jugendplatz. Mittagsruhe 13-15 Uhr. Touristen-/Dauerstellplätze 60/60.
2007: P/N 4.–, K/N 2 bis 12 J. 3.–, A/N 2.50, C/N 5.50, MC/N 6.50, T/N 3.– bis 6.–, M/N 1.50, B/N 2.–, H/N 2.–, WD inkl., Müllgeb. St/N 2.–, Strom/N 2.– (16 A).

01468 Volkersdorf bei Dresden (h7) 12080
20 ★★★ »CAMPING OBERER WALDTEICH« April bis Okt.
P.: Steffen Martin ☎/Fax 035207/81469 170 m 15 000 qm
www.campingplatzobererwaldteich.de

Abfahrt → A 4/E 40 Chemnitz–Bautzen Abf. (81) Dresden-Nord Richtung Flughafen, ab Volkersdorf beschildert. ✉ Sandweg (GPS 51°08'23" N / 13°42'46" E).

Unparzelliertes, ebenes, sowie leicht ansteigendes Wiesengelände mit altem Baumbestand am See. Separater Bungalowteil. Öffentlicher Badebetrieb. Ort 800 m entfernt. Mittagsruhe 13-15 Uhr. Touristen-/Dauerstellplätze 40/60.
2008: P/N 5.–, K/N 3 bis 14 J. 2.–, A/N 1.–, C MC/N 5.50, T/N 2.50, M/N –.50, H/N 1.–, WD inkl., Strom/N 1.50, kWh –.40 (16 A).

01468 Reichenberg bei Dresden (h7) 12082
30 ★★★ »CAMPING BAD SONNENLAND« 1.4. bis 31.10.
E.: Gemeinde V.: Meinert ☎ 0351/830549-5, Fax 830549-4 180 000 qm
www.moritzburg.de, bad-sonnenland@t-online.de

Abfahrt → A 4/E 40 Chemnitz–Bautzen Abf. (80) Wilder Mann Richtung Moritzburg bis ca. 1.5 km hinter Reichenberg. ✉ Dresdner Str. 115 (GPS: 51°08'34" N / 13°40'47" E).

Leicht welliges, unparzelliertes Wald- und Wiesengelände am schilfgesäumten See mit Liegewiese. Separater Bungalow- und Dauercamperteil. Sanitärgebäude beheizbar. Freiluftkegelbahn. Ort 1.5 km entfernt. Separater Jugendplatz. Mittagsruhe 13-15 Uhr. Touristen-/Dauerstellplätze 200/190.
2008: (HS) P/N 6.–, K/N 6 bis 14 J. 4.–, A/N 2.–, C/N 6.–, MC/N 7.–, T/N 4.50, M/N 1.50, H/N 2.50, WD zuzügl., Strom/N 2.50 (16 A). In NS Erm.
Anzeige S. 336

(12082)
CAMP SONNENLAND
01468 Reichenberg
Dresdner Straße 115
Tel. 03 51/8 30 54 95
Fax 03 51/8 30 54 94
email: bad-sonnenland@t-online.de
Geöffnet 01.04.–31.10.

DCC-Vertragsplatz

✉ 01900 Kleinröhrsdorf bei Dresden (h7)   12095

30 ★★★★★ »CAMPING-& FREIZEITPARK LUX-OASE«
E.: Fam. Lux ☎ 035952/56666, Fax 56024   1.3. bis 15.11
www.luxoase.de, info@luxoase.de   250 m   72000 qm
→ A 4/E 40 Dresden–Görlitz Abf. (85) Pulsnitz Richtung Radeberg, nach Kleinröhrsdorf abbiegen. ✉ Arnsdorfer Str. 1 (GPS: 51°07'18" N / 13°58'55" E).
❀ Schnittpunkt der Regionen Dresden-Sächsische Schweiz-Oberlausitz.

Ebenes, teilweise leicht zum Stauseeufer abfallendes Wiesengelände mit lockerem Baumbestand. Fitnessraum. Whirlpool. Massagen. Kindersanitär. Boccia. Organisierte Fahrradtouren und Busfahrten. Spiellandschaft. Nov.-Feb. auf Anfrage geöffnet. W-LAN/Funkinternet. Ort 800 m, Kurmöglichkeit 4 km, Golfplatz (18 Loch) 7.5 km entfernt. Mittagsruhe 13-15 Uhr. Touristen-/Dauerstellplätze 138/50.
2008: P/N 7.–, K/N 3 bis 12 J. 3.50, A/N 3.–, J/N 13 bis 15 J. 4.50, St/N 7.50 bis 8.–, H/N 3.–, WD inkl. Strom/N 2.– (10-16 A). Ab 7/14/21/28 Nächten 5/10/15/20% Ermäßigung. In NS Seniorenermäßigung.
DCC 10% auf P/N, CCI 5% auf P/N und St/N.   Anzeige S. 335

✉ 01848 Hohnstein (h7)   12097

20 ★★★ »TOURISTENCAMP ENTENFARM«   März bis Okt.
P.: B. Roitzsch ☎/Fax 035975/84455, Fax 84474   30000 qm
www.camping-entenfarm.de, info@camping-entenfarm.de
→ B 172 Dresden–Pirna, in Pirna Richtung Neustadt/Bastei abbiegen. In Hohnstein ausgeschildert. ✉ Schandauer Str. 11 (GPS: 50°58'33" N / 14°08'16" E).
❀ Festung Königstein. Burg Hohnstein. Sächsische Schweiz.

Leicht ansteigendes, unparzelliertes und naturbelassenes Wiesengelände. Überwiegend schattenlos. Sanitäranlage beheizbar. Ort 1.5 km entfernt. Touristen-/Dauerstellplätze 45/6.
2007: P/N 3.90, K/N 4 bis 14 J. 2.80, A/N 2.–, C M/N 5.–, T/N 2.–, M/N 1.–, H/N 1.50, KT –.60, WD inkl. Strom/N 2.50 oder kWh –.45 (16 A). Anschlussgeb. 1.–
DCC 10% auf P/N und St/N.

✉ 01796 Pirna (h7)   12098

30 ★★★ »WALDCAMPING PIRNA-COPITZ«   5.4. bis 2.11.
E.: SWP GmbH ☎/Fax 03501/523773, Fax 764149   130 m   30000 qm
www.waldcamping-pirna.de, waldcamping@stadtwerke-pirna.de
→ A 4 Abf. Dresden-Nord über Pillnitz nach Pirna, am Ortseingang rechts. ✉ Äußere Pillnitzer Str. 19 (GPS: 50°58'55" N / 13°55'31" E).

Parzelliertes und ebenes Wiesengelände direkt am See. Sand- und FKK-Strand. Ort 3 km entfernt. Separater Jugendplatz. Mittagsruhe 12-14 Uhr. Touristen-/Dauerstellplätze 140/18.
2008: (HS) P/N 6.–, K/N bis 14 J. 3.50, A/N 3.–, L.–, MC/N 7.–, T/N 4.–, M/N 2.50, H/N 2.50, WD inkl. Strom/N 3.– (10 A). In NS Ermäßung.

✉ 01824 Königstein/Leupoldishain (h7)   12099

25 ★★★ »CAMPING NIKOLSDORFER BERG«   20.3. bis 31.10.
E.: S. Fischer ☎ 035021/99144, Fax 99145   320 m   6100 qm
www.camping-nikolsdorferberg.de, info@camping-nikolsdorferberg.de
→ B 172 Dresden–Pirna-Schmilka, B 172 Abzweig Leupoldishain. ✉ Nikolsdorfer Berg 7 (GPS: 50°54'16" N / 14°02'19" E).
❀ Festung Königstein. Pfaffenstein. Sächsische Schweiz.

Parzelliertes, leicht ansteigendes und teilweise terrassiertes Gelände mit Baumbestand am Waldrand. Imbiss. Ort 1 km entfernt. Mittagsruhe 12-14 Uhr. 48 Touristenstellplätze.
2008: (HS) P/N 4.90, K/N 2 bis 6 J. 2.50, K/N 7 bis 14 J. 2.90, A/N 2.50, C/N 5.–, MC/N 7.–, T/N ab 3.50, M/N 1.50, H/N 1.50, KT –.50/–.25, WD inkl. Müllgeb. St/N –.30, WD inkl. Strom/N 2.50 (10/16 A). In NS und ab 5 N Erm.

✉ 01824 Königstein (h7)   12100

25 ★★★★ »CAMPING KÖNIGSTEIN«   1.4. bis 31.10.
P.: Hr. Wilhelm ☎ 035021/68224, Fax 60725   110 m   25000 qm
www.camping-koenigstein.de, info@camping-koenigstein.de
→ A 17 bis Pirna, weiter ab B 172 Richtung Bad Schandau, in Königstein abbiegen über den Bahnübergang. ✉ Schandauer Str. 25e (GPS: 50°55'20" N / 14°05'16" E).
❀ Festung Königstein. Lilienstein. "Toscana Therme u. Wasserlandschaft".

Ebener, parzellierter und schmaler Wiesenstreifen. In drei Terrassen gestuft. Zwischen Bahnlinie und Elbe gelegen. Wasser- und Radwanderer-Station. Schiffsanleger 50 m, S-Bahn-Haltestelle 400 m, Ort 800 m, Freibad 4 km entfernt. Mittagsruhe 13-15 Uhr. Touristen-/Dauerstellplätze 90/10.
2008: P/N 4.90, K/N 6 bis 14 J. 3.90, St/N 7.–, T/N 3.50, M/N 2.50, H/N 2.50, KT –.50/ –.25, WD inkl. Strom/N 2.60 oder kWh –.60 (16 A). Anschlussgeb. 2.60. Ab 5 Nächten 10% Ermäßigung auf P/N.

✉ 01814 Bad Schandau   (h7)   12103

25 ★★★ »CAMPING OSTRAUER MÜHLE«   1.1. bis 31.12.
E.: Franz Hasse ☎ 035022/42742, Fax 50352   150 m   25000 qm
www.ostrauer-muehle.de, info@ostrauer-muehle.de
→ B 172 Dresden–Schmilka, in Bad Schandau abbiegen Richtung Hinterhermsdorf. ✉ Ostrauer Mühle 38 (GPS: 50°55'46" N / 14°11'33" E).
❀ Sächsische Schweiz. Elbsandstein Gebirge. Kirnitzschtalbahn.

Teils leicht ansteigendes, teils terrassiertes Wiesengelände im Kirnitzschtal. Von Waldhöhen umgeben. Teilweise parzelliert. FW. behindertengerechte Stellplätze. Haltestelle 20 m, Frei- und Hallenbad 3 km, Ort 3.5 km entfernt. Separater Jugendplatz/Zeltwiese. Mittagsruhe 12-15 Uhr. Touristen-/Dauerstellplätze 106/20.
2008: (HS) P/N 5.–, K/N 4 bis 16 J. 3.–, A/N 1.75, C/N 4.– 5.25, MC/N 4.– 6.25, T/N 2.75 bis 4.50, M/N 1.–, H/N 1.75, KT 1.50, WD zuzügl. Müllgeb./Wo. 1.–, Strom/N 1.75 (10 A). In NS Ermäßigung.

✉ 01855 Hinterhermsdorf (h7)   12105

20 ★★★ »CAMPING THORWALDBLICK«   1.1. bis 31.12.
E.: P. Peh ☎ 035974/50648, Fax 55069   350 m   6000 qm
www.thorwaldblick.de, info@thorwaldblick.de
→ A 4 Abf. Burkau, weiter über Bischofswerda, Neustadt/Sa, Sebnitz, Hinterhermsdorf, dort am Ortseingang beschildert. ✉ Schandauer Str. 37 (GPS: 50°55'23" N / 14°20'59" E).
❀ Sächsische Schweiz. Bastei. Obere Schleuse.

Ebenes, terrassiertes und teils abfallendes Wiesengelände. Parzelliert und mit Bäumen aufgelockert. Tennis und Ort 400 m entfernt. Separater Jugendplatz/Zeltwiese. Mittagsruhe 13-15 Uhr. 55 Touristenplätze.
2008: (HS) P/N 3.10, K/N 2 bis 7 J. 1.65, C/N 5.50, MC/N 5.–, T/N 3.45/3.95, M/N 1.15, H/N –.50, KT –.75/–.50, WD inkl. Strom/kWh –.50 (16 A). Anschlussgeb. 1.55. In NS Ermäßigung.
DCC 10% auf P/N.

✉ 01917 Kamenz O.T. Deutschbaselitz (h7)   12147

20 ★★★ »CAMPING DEUTSCHBASELITZ«   1.3. bis 31.10.
E.: ViWiMaNiMa GmbH ☎ 03578/301489, Fax 308098   50000 qm
www.campingplatz-deutschbaselitz.de, info@campingplatz-deutschbaselitz.de
→ Straße Kamenz–Wittichenau, in Schiedel abbiegen. ✉ Großteichstr. 30 (GPS: 51°18'17" N / 14°09'09" E).

Ebenes, teilweise leicht welliges Mischwaldgelände. Unparzelliert an einem See mit Lichtungen und öffentlichem Badebetrieb. Uferliegewiese. Kiosk. Imbiss. Massagen. Wellnessangebote. Freiluftkegelbahn. Ort 2 km entfernt. Separater Jugendplatz. Mittagsruhe 13-15 Uhr. Touristen-/Dauerstellplätze 120/60.
2008: P/N 4.10, K/N 5 bis 13 J. 2.–, J/N 3.50, A/N 3.20, C/N 4.20, MC/N 6.90, T/N 3.70, M/N 2.10, H/N 2.–, Müllgeb. P/N 1.–, Strom/N 3.– oder kWh –.40 (16 A). Anschlussgeb. 1.–.

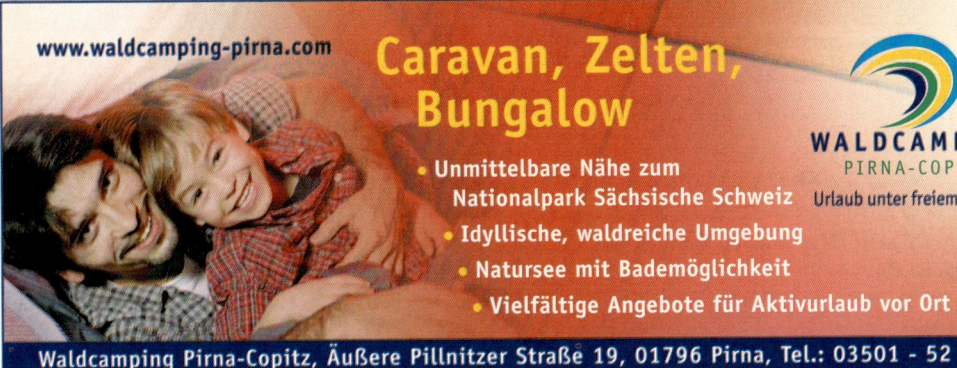

(12098)

Waldcamping Pirna-Copitz
www.waldcamping-pirna.com
Caravan, Zelten, Bungalow
- Unmittelbare Nähe zum Nationalpark Sächsische Schweiz
- Idyllische, waldreiche Umgebung
- Natursee mit Bademöglichkeit
- Vielfältige Angebote für Aktivurlaub vor Ort

Waldcamping Pirna-Copitz, Äußere Pillnitzer Straße 19, 01796 Pirna, Tel.: 03501 - 52 37 73

02999 Knappensee/Groß Särchen (h7) 12149

25 ★★ »KNAUS CAMPINGPARK KNAPPENSEE« 28.3. bis 6.10.
P: Helmut Knaus KG Campingparks 110m 540 000 qm
035726/54270, Fax 54271
www.knauscamp.de, knappensee@knauscamp.de

→ B96 Bautzen–Hoyerswerda, in Groß Särchen am Ortsausgang rechts. Hauptstr. 2 a (GPS: 51°22'18" N / 14°18'24" E).
Bergbaumuseum. Saurierpark. Lausitzbad.

Größtenteils ebenes, zweigeteiltes und lichtes Kiefern- und Birkenwaldgelände. Parzelliert und an der Südseite des Sees gelegen. Sanitärgebäude beheizbar. Wasserrutschenpark 300 m, Ort 500 m entfernt. Separater Jugendplatz. Mittagsruhe 13-15 Uhr. Touristen-/Dauerstellplätze 200/185.
2008: (HS) P/N 7.–, K/N 4 bis 14 J. 3.–, St/N 4.–, H/N 3.–, WD inkl., Müllgeb. St/N 1.50, Strom/N 2.40 (10 A). In NS Ermäßigung. Nachlässe mit der KNAUS-Ferienkarte.

02953 Halbendorf b. Weisswasser (i6) 12158

20 ★★★ »CAMPING HALBENDORFER SEE« Ostern bis 5.10.
E.: Zeckvb. Erhgb. Halbendorfer See 035773/76413, Fax 73163
www.halbendorfersee.de, halbendorfersee@web.de 120m 20000 qm

→ B156 Spremberg–Bad Muskau, in Graustein abbiegen Richtung Weisswasser bis kurz vor Halbendorf. Hier "Badesee" beschildert. Dorfstr. 45a (GPS: 51°32'46" N / 14°34'10" E).

Zum See leicht abfallendes, unparzelliertes Wiesengelände. Durch Baum- und Buschreihen aufgelockert. Überwiegend schattenlos. Uferliegewiese und Riesenrutsche. Öffentlicher Badebetrieb. Wasserwacht-Station in HS. Separater FKK-Platzteil. Kegelbahn. Freilandschach. Surf-Schulung auf Anfrage. Ort 600 m entfernt. Mittagsruhe 13-14 Uhr. Touristen-/Dauerstellplätze 80/40.
2007: P/N 4.–, K/N 2 bis 14 J. 2.50, A/N 2.–, C/N 3.50/4.50, MC/N 5.50, T/N 3.– bis 5.–, M/N 1.–, H/N 1.–, WD zuzügl., Strom/N 2.– (16 A).
CCI 5% auf P/N.

02906 Kollm bei Niesky (i7) 12169

★★ »CAMPING KOLLM-NORD« April bis Okt.
P: Feriengesellschaft Stausee Quitzdorf mbH 175m 12 000 qm
03588/2528-0, Fax 2528-24, www.stausee.de, infos@stausee.de

→ Straße Bautzen–Niesky, ca. 3 km hinter Kleinsaubernitz abbiegen über Steinölsa nach Kollm. Am See 5 (GPS: 51°16'29" N / 14°44'11" E).

Ebenes, unparzelliertes und teilweise abfallendes Waldgelände mit Lichtungen. Angrenzend ein öffentliches Badestrand. Imbiss. Freiluftkegelbahn. Ort 1 km entfernt. Separater Jugendplatz. Mittagsruhe 12-14 Uhr. Touristen-/Dauerstellplätze 100/100.

02906 Hohendubrau (i7) 12170

20 ★★★ »FREIZEITCAMP THRÄNA« 1.5. bis 30.9.
E.: Joachim Mitschke April und Okt. nach Anmeldung
035876/41238, 0174/9152380, Fax 42838 15000 qm
www.freizeitcamp-thraena.de, freizeitcamp-thraena@t-online.de

→ A4 Abf. (91) Weißenberg, weiter nach Gebelzig, 1 km nach Gebelzig rechts Richtung Diehsa bis Groß-Radisch, rechts nach Jerchwitz abbiegen. Zum Wildgehege (GPS: 51°53'39" N / 14°41'59" E).
Wildgehege mit Rot-, Dam- und Muffelwild (Eintritt für Camper gratis).

Unparzelliertes, ebenes Wiesengelände am Waldrand mit einem Naturbadesee und Angelteich. Streichel- u. Wildgehege (freier Eintritt). Wanderreiter-Station. Moca-Hafen vor der Schranke. Keine Aufnahme von Schulklassen/Jugendgruppen. Haltestelle 1 km, Lebensmittel 2 km, Ort 2.5 km entfernt. Mittagsruhe von 12-14 Uhr. 30 Touristenplätze.
2007: P/N 4.50, K/N bis 14 J. 2.50, A/N 1.50, C/N 4.50, MC/N 5.50, T/N 3.50, M/N 1.50, H/N 1.50, WD inkl., Strom/N 2.– oder kWh –.45 (6-10 A).

02902 Niesky (i7) 12175

20 ★★ »CAMPINGPLATZ "TONSCHACHT"-NIESKY« 15.4. bis 30.10.
E.: Tonschacht e.V. 03588/205771, 0152/05498045, Fax 259315
camping_tonschacht@gmx.de 150 m 150000 qm

→ B115 Görlitz–Bad Muskau, an Niesky vorbei, dann beschildert. Raschkestr. 1 (GPS: 51°18'04" N / 14°48'07" E).

Ebenes, unparzelliertes, teilweise leicht welliges Birkenwaldgelände mit Badeteichen und öffentlichem Badebetrieb. Separater FKK-Strandteil. Freilandschach. Restaurant 1 km, Ort 3 km entfernt. Separater Jugendplatz/Zeltwiese. Mittagsruhe 13-15 Uhr. Touristen-/Dauerstellplätze 130/130.
2007: P/N 3.50, K/N 6 bis 15 J. 1.–, A/N 1.50, C/N 4.–, MC/N 5.–, T/N 3.–, M/N 1.–, H/N 1.–, KT 1.–, WD zuzügl., Strom/N 1.50 oder kWh –.33 (10 A).

02799 Waltersdorf (i7) 12190

20 ★★★ »CAMPINGHOF LAUSCHEBLICK« 1.4. bis 31.10.
E.: Renate Sell Fax 035841/36357, www.sell-hof.de 10350 qm

→ A4 Abf. Bautzen-Ost, weiter auf B6 Richtung Löbau, dann die B178 Richtung Herrnhut. Weiter nach Oderwitz–Spitzkunnersdorf–Großschönau–Waltersdorf. Saalendorf 5 (GPS: 50°52'09" N / 14°40'19" E).
Volkskunde-, Mühlen- und Damastmuseum. Burgruine.

Ebenes, leicht abfallendes Wiesengelände mit einzelnen Bäumen. Teilweise parzelliert. Der Platz gehört zu einem bewirtschafteten Bauernhof mit Hofladen. Wassertretbecken. Hallen- und Freibad 1 km, Ort 1.5 km entfernt. Mittagsruhe 12-14 Uhr. Touristen-/Dauerstellplätze 25/2.
2007: P/N 4.25, K/N 6 bis 14 J. 2.75, A/N 2.–, C/N 4.–, MC/N 5.50, T/N 3.50, M/N 1.50, H/N 1.–, KT 1.–, WD inkl., Strom/N 1.80 oder kWh –.47 (10/16 A). 1.9. bis 31.9. Seniorenwochen.
DCC/CCI 10% auf P/N.

Jahres-Öffnungszeiten
werden uns von den Platzhaltern gemeldet. Sie bemühen sich, die Zeiten einzuhalten. Je nach Wetterlage sind aber spätere Öffnungs- und frühere Schließungszeiten möglich.

DCC – DEIN PARTNER!

02785 Olbersdorf bei Zittau (i7) 12195

»SEECAMPING ZITTAUER GEBIRGE« 1.1. bis 31.12.
E.: Roy/Dreier ☎ 03583/69629-2, Fax 69629-3 210m 57000 qm
www.sachsencamping.de, info@seecamping.de
→ A4 Abf. Bautzen Ost, B6 nach Löbau, B178 nach Zittau, hier der Ausschilderung „Freizeit-Oase" Olbersdorfer See folgen. ✉ Zur Landesgartenschau 2 (GPS: 50°53'39" N / 14°46'18" E, Zum See).
♣ Historische Dampfeisenbahn. Zittauer Gebirge. Fastentücher. Via Sacara.

50m 800m

Ebenes, unparzelliertes Wiesengelände mit jungen Anpflanzungen in der „Freizeitoase" am Olbersdorfer See. Kleinkindersanitär. Ort 3 km entfernt. Separater Jugendplatz. Mittagsruhe 13-15 Uhr. Touristen-/Dauerstellplätze 185/90.
2008: (HS) P/N 5.–, K/N 7 bis 12 J. 2.50, A/N 2.–, C/N 5.–, MC/N 7.–, T/N 4.–, M/N 1.–, H/N 2.–, WD zuzügl., Strom/N 2.– (10 A). In NS Ermäßigung.

04207 Leipzig (f7) 12205/1

** »CAMPING AM KULKWITZER SEE«** 1.4. bis 31.10.
E.: Leipziger Seen GmbH Kulkwitzer See ☎ 0341/71077-0, Fax 71077-17 120m 100000 qm
www.kulkwitzer-see.de, info@kulkwitzer-see.de
→ A9 E/49/51 Hof–Leipzig Abf. (18) Leipzig West auf die B181 zur 1. Ampel, hier rechts nach Markranstädt, weiter auf B87 nach Leipzig, am Ortseingang rechts zum See. ✉ Seestr. 1 (GPS: 51°18'45" N / 12°15'17" E).

200m 300m /1km 5km

Ebenes, lichtes und unparzelliertes Laubwaldgelände an einer Halbinsel. Separater Platzteil für Hundehalter (Hundebadestrand). Imbiss. FW. 29 Finnhütten. Unterwasserwrack. Wasserskiseilbahn. Hochseilgarten 50 m, Ort 500 m entfernt. Mittagsruhe 12.30-14.30 Uhr. Touristen-/Dauerstellplätze 150/200.
2007: P/N 4.50, K/N 6 bis 17 J. 3.50, A/N 4.–, C/N 10.–, MC/N 9.–, T/N 3.50 bis 6.–, M/N 2.–, H/N 1.50, Strom (16 A) inkl. Vorauskasse ohne Rückzahlung!

04159 Leipzig (g7) 12205/2

»CAMPING AUENSEE« 1.1. bis 31.12.
E.: Stadt P: CPA GmbH ☎ 0341/4651600, Fax 4651617 100m 74000 qm
www.camping-auensee.de, info@camping-auensee.de
→ A 9 Berlin–München Abf. (16) Großkugel auf die B6 nach Leipzig. In Leipzig-Wahren am Rathaus rechts abbiegen, nach ca. 600 m Einfahrt rechts. ✉ Gustav-Esche-Str. 5 (GPS: 51°22'12" N / 12°18'49" E).
♣ Völkerschlachtdenkmal. Auerbachkeller. Messe Leipzig.

100m 4km 5km

Parzelliertes und ebenes Wiesengelände in Seenähe (z. Zt. Badeverbot.) Teils am Waldrand gelegen. Durch Baumreihen und Hecken getrennt. Befestigten Moca-Stellplätze. Lese- sowie Billardräume. Aufenthaltsraum für Tagungen. Idealer Platz für Stadtbesuch. Zentrum (Leipzig) 6 km entfernt. Mittagsruhe 13-14 Uhr. 164 Touristenplätze.
2007: P/N 4.50, K/N 6 bis 13 J. 2.50, J/N 14 bis 17 J. 3.50, A/N 2.50, C/N 6.–, MC/N 7.50, T/N 3.–/5.–, M/N 1.50, B/N 3.–, H/N 2.–, WD zuzügl., Strom/N 2.– oder kWh –.40 (16 A).

04827 Machern bei Leipzig (g7) 12225

** »CAMPING LÜBSCHÜTZER TEICHE«** 15.4. bis 30.10.
E.: Gemeinde P.: Klaus Meding ☎/Fax 03425/814720 64000 qm
www.gaststaette-luebschuetzer-teiche.de, meding@gaststaette-luebschuetzer-teiche.de
→ A 14 Leipzig–Dresden Abf. (19) Leipzig-Ost/Engelsdorf auf die B 6 Richtung Wurzen. ✉ Lübschützer Teiche 1 (GPS: 51°22'43" N / 12°38'09" E).

S 2km

Zu den Teichen leicht abfallendes, unparzelliertes Laubwaldgelände mit Lichtungen. Uferliegewiese und öffentlicher Badebetrieb. Lagerfeuerstelle. Volleyball. Stasi-Museum 500 m, Golfplatz (18 Loch) 1 km, Ort 2 km entfernt. Separater Jugendplatz. Mittagsruhe 13-15 Uhr. Touristen-/Dauerstellplätze 100/100.
2008: P/N 3.60, K/N 5 bis 14. J. 1.80, A/N 1.80, C/N 4.20, MC/N 4.50, T/N 2.60, M/N 1.–, H/N 1.20, WD zuzügl., Müllgeb. St/N –.80, Strom/N 1.70 (16 A).

04838 Eilenburg (g6/7) 12230

*** »FEZ FREIZEIT- U. ERHOLUNGSZENTRUM«** 1.1. bis 31.12.
E.: FEZ Freizeit- u. Erholungszentr. Eilenburg GmbH ☎ 03423/6599-33, Fax 03423/6599-83 100m 60000qm
www.camp-eb.de, camp-eb@t-online.de
→ A14 Abf. (25), weiter auf der B87 nach Eilenburg, beschildert. ✉ Zum See 1 (GPS: 51°28'15" N / 12°40'50" E).

100m

Unparzelliertes und ebenes Wiesengelände an einem Kiessee. Lichter Baumbestand. Liegewiese mit teils Sandstrand. FKK-Strand. Öffentlicher Badebetrieb. DLRG-Station. Durch Dauercamper geprägt. Imbiss. Kiosk in HS. Gasanschluss am Platz. FKK und Textilbereich. Spielraum. Ort und Kabel-Wasserski 300 m, Hallenbad 900 m entfernt. Separater Jugendplatz. Mittagsruhe 13-15 Uhr. Touristen-/Dauerstellplätze 100/200.
2008: P/N 3.–, K/N 4 bis 14 J. 1.50, A/N 4.–, MC/N 6.50, T/N 3.–, M/N 1.50, H/N 5.50, WD zuzügl., Müllgeb. P/N 1.–, Strom/N 1.– (16 A). DCC/CCI 10% auf P/N und St/N.

04880 Mahlitzsch bei Torgau (g6) 12245

** »CAMPING LINDEMÜHLENBERG«** 1.4. bis 30.9.
E.: Karin Muth ☎ 034223/40646, Fax 60617 80m 50000 qm
www.lindemuehlenberg.de.tf, lindemuehlenberg@web.de
→ B182 Torgau–Wittenberg, in Dommitzsch abbiegen. ✉ Mahlitzsch 1 (GPS: 51°37'52" N / 12°51'27" E).

150m 1km

Welliges Waldgelände, sowie schattenlose und teilterrassierte Touristenwiese auf einem Höhenrücken, neben dem gebührenpflichtigen Waldschwimmbad. Imbiss. Frühstücksservice. Bastelhaus. Volleyball. Durch Dauercamper geprägt. Ort (Dommitzsch) 2 km entfernt. Separater Jugendplatz. Mittagsruhe 13-15 Uhr. Touristen-/Dauerstellplätze 30/170.
2007: P/N 2.60, K/N 4 bis 14 J. 1.70, J/N 2.20, A/N 1.65, C/N 3.30, MC/N 3.70/4.70, T/N 2.20/5.20, M/N –.85, B/N 1.60, H/N 1.45, WD zuzügl., Müllgeb. P/N –.60, Strom/kWh –.40, Anschlussgeb. 1.30. DCC 10% ab 2 N.

04774 Dahlen (g7) 12260

* **»CAMPING DAMMÜHLENTEICH«** April bis Okt.
E.: Stadt P.: Joachim Gabriel ☎/Fax 034361/52071 120000 qm
→ B6 Leipzig–Dresden, in Luppa abbiegen über Dahlen Richtung Torgau bis hinter Schmannewitz. ✉ Hospitalstr. 8a (GPS: 51°24'22" N / 12°56'27" E - Am Dammühlenteich).

Welliges Waldgelände am See, durch Dauercamper geprägt. Einrichtungen bei Vollbelegung nicht ausreichend. Ort 3 km entfernt. Mittagsruhe 13-15 Uhr. Touristen-/Dauerstellplätze 40/250.
2007: 4.50, K/N 5 bis 15 J. 2.50, A/N 2.–, C MC/N 4.– bis 5.–, T/N 2.50, M/N 1.–, H/N 1.50, WD zuzügl., Strom/kWh –.32, Anschlussgeb. 1.50.

04668 Kössern bei Grimma (g7) 12282

** »CAMPINGPLATZ THÜMMLITZSEE«** 1.1. bis 31.12.
E.: Gemeinde V.: M. Kirchhof ☎/Fax 034384/71232 130m 35000 qm
www.grossbothen.de, thuemmlitzsee@sgrossbothen.de
→ A 14 Leipzig–Dresden Abf. (31) Grimma auf die B107 Richtung Colditz, in Döben abbiegen nach Kössern. ✉ Zum Thümmlitzsee 12 (GPS: 51°11'27" N / 12°47'51" E).

Vom Waldrand unparzelliert abfallendes, schattenloses Wiesengelände. Fremdenzimmer. FW. Ort 1.5 km entfernt. Separater Jugendplatz. Mittagsruhe 13-15 Uhr. Voranmeldung erwünscht! Touristen-/Dauerstellplätze 60/190.

04680 Colditz (g7) 12285

*** »CAMPINGPLATZ AM WALDBAD«** 1.4. bis 30.9.
P.: E. Welz-Münther ☎ 034381/43122 180m 20000 qm
www.campingplatz-colditz.de, info@campingplatz-colditz.de
→ A 14 Leipzig–Dresden Abf. (31) Grimma auf die B 107 nach Colditz. ✉ Im Tiergarten 5 (GPS: 51°07'51" N / 12°49'57" E).
♣ Schloss Colditz. Wasserschloss Podelwitz.

Unparzelliertes und abfallendes Wiesengelände. Von Bäumen umgeben. Angelteich. Tiergehege. Fitnessraum. Ort 1 km entfernt. Separater Jugendplatz. Mittagsruhe 13-14 Uhr. Touristen-/Dauerstellplätze 60/30.
2007: P/N 3.–, K/N 3 bis 14 J. 1.50, C/N 5.– bis 7.–, MC/N 4.50 bis 7.–, T/N 2.– bis 13.–, Strom keine Angabe (16 A).

✉ 04651 Bad Lausick bei Leipzig (g7) 12287
10 ★★ »CAMPINGPLATZ LANDIDYLL« 1.1. bis 31.12.
E.: Joachim Wiedemann ☎ 034345/22785 160 m 30 000 qm
→ A 14 Leipzig–Dresden, Abf. Grimma Richtung Bad Lausick. ✉ Beuchaer Oberweg 7 (GPS: 51°09'08" N / 12°37'26" E).

Ebenes Wiesengelände unter Obstbäumen. FW. Mittagsruhe 13-15 Uhr. Touristen-/Dauerstellplätze 35/50.
2008: P/N 2.–, St/N 4.–, M/N 2.–, H/N 1.–, KT 1.10, WD zuzügl., Müllgeb. 1.–, Strom/N 3.– oder kWh –.40 (16 A), Anschlussgeb. 1.–.

✉ 09648 Mittweida (g7) 12290/1
20 ★★ »CAMPING MITTWEIDAER AUE« 1.4. bis 31.10.
E.: Zweckverband ☎ 034327/93153, Fax 68338 200 m 12 000 qm
www.kriebsteintalsperre.de, ZV-Kriebstein@t-online.de
→ A 4/E 40 Chemnitz–Dresden Abf. (73) Hainichen. Weiter nach Mittweida, dort erst in Richtung Ringethal/Falkenhain und dann weiter zum Erholungsgebiet Aue. Beschildert. ✉ Mittweidaer Aue (GPS: 51°00'01" / 12°59'19" E).
⚑ Burg Kriebstein. Stausee.

Im Tal der Zschopau leicht abfallendes und unparzelliertes Wiesengelände mit altem Baumbestand. Liegewiese. Separate Pkw-Abstellung. Ort 3 km entfernt. Mittagsruhe 12-14 Uhr. Touristen-/Dauerstellplätze 30/50.
2008: P/N 4.–, K/N 15 J. 2.–, A/N 2.–, C MC-St/N 5.–, T-St/N 4.–, H/N –, WD zuzügl., Strom/N für Wohnwagen 2.–, für Zelt 1.– (16 A).

✉ 09648 Mittweida-Lauenhain (g7) 12290/2
20 ★★ »CAMPING LAUENHAIN« 1.4. bis 31.10.
E.: Zweckverband ☎ 034327/93153, Fax 68338 200 m 12 000 qm
www.kriebsteintalsperre.de
→ A 4/E 40 Chemnitz–Dresden Abf. (73) Hainichen. Weiter nach Mittweida, dort in Richtung Lauenhain. Beschildert. ✉ An der Talsperre 5 (GPS: 51°00'22" / 12°59'13" E).
⚑ Burg Kriebstein. Stausee.

Unparzelliertes Wiesengelände im Tal des Kriebsteinstausees. Sanitäranlage beheizbar. Separater Dauercamperteil. Separate Pkw-Abstellung. Schiffsanlegestelle und Fähre für Wanderer direkt am Platz. Öffnungszeiten im Winter auf Anfrage. Ort 5 km entfernt. Mittagsruhe 12-14 Uhr. Touristen-/Dauerstellplätze 30/50.
2008: P/N 4.–, K/N bis 15 J. 2.–, A/N 2.–, C MC-St/N 5.–, T-St/N 4.–, H/N 3.–, WD zuzügl., Strom/N für Wohnwagen 2.–, für Zelt 1.– (16 A).

✉ 09337 Callenberg bei Glauchau (g8) 12305
20 ★★★★ »CAMPING STAUSEE OBERWALD« 1.1. bis 31.12.
E.: Tourismus & Sport GmbH ☎ 03723/41820, Fax 418219 355 m
www.stausee-oberwald.de, info@stausee-oberwald.de 15 000 qm
→ A 4/E 40 Gera–Chemnitz Abf. (65) Hohenstein/Ernstthal auf die B 180, ca. 500 m Richtung Waldenburg. ✉ (GPS: 50°49'23" N / 12°39'23" E).

Leicht wellig abfallendes Wiesengelände zwischen Bungalowterrassen und Stausee. Durch verschiedenen Anpflanzungen aufgelockert. Liegewiese. Öffentlicher Badestation. Tauchschule mit Füllstation. Sommerrodelbahn. Ort 5 km entfernt. Mittagsruhe 13-14 Uhr. Touristen-/Dauerstellplätze 70/50.
2007: (HS) P/N 4.–, K/N 4 bis 15 J. 3.–, A/N 2.–, C/N 5.–, MC/N 6.50, T/N 3.50, M/N 1.–, H/N 4.–, WD zuzügl., Müllgeb. P/N 1.–, Strom/N 2.50, kWh –.50 (16 A), Anschlussgeb. 1.–. In NS Ermäßigung.

✉ 09117 Chemnitz OT. Rabenstein (g7) 12310
20 ★★★ »CAMPING OBERRABENSTEIN« 1.1. bis 31.12.
P.: F u. C Rabenst. GbR ☎ 0371/850608, Fax 5738135 42 000 qm
www.campingplatz-rabenstein.de, campingplatz@rabenstein-sa.de
→ A 4/E 40 Gera–Dresden Abf. (67) Rabenstein nach Chemnitz-Rabenstein. ✉ Thomas-Müntzer-Höhe 10 (GPS: 50°50'02" N / 12°48'48" E).
⚑ Burg Rabenstein. Totensteinturm. Schaubergwerk.

Abfallendes Wiesengelände in einem ehemaligen Schlosspark. Angrenzend an einen Wald und in der Nähe einer Talsperre. Durch Bäume und Büsche aufgelockert. Imbiss in HS. Wanderreiter-Station. Bogenschießen. Wildgatter 400 m, Natur-Schisprungschanze und Rodelberg 500 m, Tierpark Chemnitz 1.5 km, Zentrum 7 km entfernt. Separater Jugendplatz. Mittagsruhe 13-14.30 Uhr. Touristen-/Dauerstellplätze 60/60.
2007: (HS) P/N 4.–, K/N 3 bis 15 J. 2.–, A/N 1.50, C/N 5.50, MC/N 6.–, T/N 4.50, M/N –.90, H/N 1.–, WD inkl., Strom/N 2.– (16 A). In NS Ermäßigung.
DCC 10% auf P/N.

✉ 09439 Amtsberg OT. Dittersdorf (g7) 12312
25 ★★★★ »WALDCAMPINGPLATZ ERZGEBIRGSBLICK« 24.3. bis 12.1.
E.: Fam. Scheibner
☎ 0371/775083-3, Fax 775083-4 539 m 20 400 qm
www.waldcamping-erzgebirge.de, info@waldcamping-erzgebirge.de
→ B 174 Chemnitz–Marienberg Abf. Amtsberg (Kreuzung B 174/B 180). An beiden Bundesstraßen ausgeschildert, in Richtung Dittersdorf. ✉ An der Dittersdorfer Höhe 1 (GPS: 50°45'57" N / 13°00'53" E).

Ebenes Wald- und Wiesengelände auf einer Anhöhe. Teilweise parzelliert. Separate befestigte Moca-Plätze. FW. Hundedusche. Motorrollerverleih. Ort 800 m, Hallenbad und Golfplatz (9 Loch) 5 km entfernt. Separater Jugendplatz/Zeltwiese. 90 Touristenplätze.
2007: (HS) P/N 5.–, K/N 3 bis 11 J. 2.–, J/N 3.–, St/N 7.–, H/N 1.50, WD inkl., Strom/kWh –.55 (16 A). Anschlussgeb. 1.–. Im Sommer - Kinder gratis. 20% Seniorenermäßigung. In NS Ermäßigung.
DCC 10% auf P/N.

09629 Reinsberg bei Freiberg (g7) — 12330

»CAMPING REINSBERG« April bis Okt.
P.: Kerstin Kopp ☎ 037324/82268, Fax 82270 300 m 20 000 qm
www.campingplatz-reinsberg.de, campingplatz-reinsberg@web.de

→ A 4/E 40 Chemnitz–Dresden Abf. (75) Siebenlehn in Richtung Siebenlehn. Hier nach Reinsberg abbiegen. In Reinsberg beschildert. ✉ Badstr. 17 (GPS: 51°00'14" N / 13°21'36" E).

Ebenes bis leicht abfallendes Wiesengelände am Waldrand und neben einem gebührenpflichtigen Freibad (für Camper ermäßigt). Unparzelliert. Reitmöglichkeit und Ort 500 m entfernt. Separater Jugendplatz. Mittagsruhe 13-15 Uhr. Touristen-/Dauerstellplätze 70/30.
2008: P/N 4.50, K/N 6 bis 14 J. 2.50, J/N 3.50, A/N 2.–, C/N 4.–, MC/N 6.–, T/N 4.–, H/N 2.–, WD zuzügl., Strom/N 2.– (16 A). Ab 4 N Erm.

09468 Ehrenfriedersdorf-Geyer (g8) — 12350

»CAMPINGPARK GREIFENSTEINE« 1.1. bis 31.12.
E.: Erholungsgebiet GmbH ☎ 037346/1303, Fax 1218 625 m 480 000 qm
www.greifenbachstauweiher.de, webmaster@greifenbachstauweiher.de

→ B 95 Oberwiesenthal–Chemnitz, in Ehrenfriedersdorf abbiegen. Beschildert. ✉ Thumer Str. 65 (GPS: 50°38'34" N / 12°54'53" E).

Vom Stausee unparzelliert zum Waldrand ansteigendes Wiesengelände. Von Bungalows begrenzt. Öffentlicher Badebetrieb und Uferliegewiese. Eine Sanitäranlage beheizbar. Volleyball. FW. Von Oktober bis April Aufnahme nur mit Reservierung möglich! Ort 4.5 km, Kurmöglichkeit 10 km entfernt. Separater Jugendplatz. Mittagsruhe 12-14 Uhr. Touristen-/Dauerstellplätze 300/600. Anzeige S. 339
2007: P/N 4.–, K/N 7 bis 14 J. 2.50, A/N 2.–, C/N 5.–, MC/N 6.–, T/N 3.50, M/N 1.–, H/N 3.–, WD zuzügl., Strom/N 2.– (16 A).
CCI 10% auf P/N.

09548 Seiffen, Erzgebirge (g8) — 12353

»AHORNBERG SEIFFEN« 1.1. bis 31.12.
E.: Mattias Rudolph ☎ 037362/150, Fax 1536 750 m 55 000 qm
www.ahornberg-seiffen.de, info@ahornberg-seiffen.de

→ B 174/171 Chemnitz–Olbernhau, nach Seiffen bis Ortsmitte und abbiegen in Richtung Deutschneudorf, ca. 2 km. ✉ Deutschneudorfer Str. 57 (GPS: 50°37'35" N / 13°27'33" E).

✦ Schauwerkstätten Seiffner Holzkunst. Sommerrodelbahn. Bergwerk.

Terrassiertes und leicht ansteigendes Wiesengelände. Stellplätzen parzelliert. Gespann- und Moca-Stellplätze für 1 Nacht. Transferservice bis zur Ortsmitte. Hotel-Appartements. Volleyball. Ort 2.5 km entfernt. Separater Jugendplatz. Mittagsruhe 13-15 Uhr. Touristen-/Dauerstellplätze 100/20.
2007: P/N 5.–, K/N 3 bis 14 J. 2.–, C MC-St/N 5.90, T-St/N 4.–, KT 1.–, WD inkl., Strom/N ab 2.50 oder kWh –.45 (ab 6 A). Ab 7 Nächten 10% auf St/N.
DCC/CCI 10% auf St/N.

09471 Königswalde, Erzgebirge (g8) — 12355

»CAMPING KÖNIGSWALDE« 1.5. bis 15.10./1.12. bis 6.1.
E.: Helmut Schubert ☎/Fax 03733/44860 530 m 5000 qm

→ B 95 Oberwiesenthal–Chemnitz, nach Königswalde abbiegen.
✉ Mildenauer Str. 50a (GPS: 50°33'24" N / 13°02'48" E).

✦ Holzbildhauerwerkstatt am Platz.

Ebenes, unparzelliertes Wiesengelände mit Baumgruppen zwischen Anwesen und einem Bach. Ort 400 m entfernt. Touristen-/Dauerstellplätze 20/5.
2008: P/N 3.75, K/N bis 12 J. 2.–, J/N bis 17 J. 3.–, A/N 2.75, C/N 3.75, MC/N 5.75, T/N 2.75, M/N 2.–, WD inkl., Strom/N –.60 plus kWh –.60 (6/10 A).

08289 Lindenau, Erzgebirge (g8) — 12365

»CAMPING LINDENAU« 1.1. bis 31.12.
E.: Ernst Jugelt ☎ 03772/28102, Fax 329492 480 m 60 000 qm
www.campingplatz-lindenau.de, info@campingplatz-lindenau.de

→ A 4 Eisenach–Dresden, Abf. Meerane, B93 Richtung Schneeberg.
✉ Am Forstteich 2 (GPS: 50°35'37" N / 12°35'58" E).

Leicht abfallendes und unparzelliertes Wiesengelände. An einem Badesee mit öffentlichem Badebetrieb und Uferliegewiese gelegen. Imbiss. Durch Dauercamper geprägt. Ort (Schneeberg) 3 km entfernt. Mittags-

ruhe 12-14 Uhr. Touristen-/Dauerstellplätze 40/100.
2007: P/N 5.–, K/N 2 bis 14 J. 3.–, J/N 4.–, A/N 1.50, C/N 4.–, MC/N 5.50, T/N 3.–, M/N 2.–, H/N 1.50, WD zuzügl., Strom/N 2.50 oder kwh –.50 (10/16 A). Ab 10 Nächten 10% Ermäßigung.

08485 Irfersgrün, Vogtland (f8) — 12375

»CAMPING IRFERSGRÜN« 1.3. bis 31.10.
E.: G. Pester ☎/Fax 037606/2787, Fax 2788 im Winter auf Anfrage
www.camping-vogtland.de, pester@von-tailleur.de 490 m 13 000 qm

→ A72/E441 Hof–Chemnitz Abf. (10) Zwickau-West (3.5 km) oder Abf. (9) Reichenbach (4 km) Richtung Lengenfeld/Irfersgrün. ✉ Bahnhofstr. 17 (GPS: 50°36'30" N / 12°24'35" E).

Parzelliertes, lichtes Waldgelände und ebene Wiese zwischen Straße und nachts nicht befahrener Bahnlinie. Ferienhäuser. Restaurant 1.3 km, Ort 2 km, Golfplatz (9 Loch) 8 km entfernt. Mittagsruhe 12-14 Uhr. Touristen-/Dauerstellplätze 40/5.
2007: P/N 4.50, K/N 2 bis 14 J. 2.–, J/N 4.–, A/N 1.60, C/N 6.–, MC-St/N 15.– (alles inklusive), T/N 4.–, M/N 1.–, H/N 2.–, WD inkl., Müllgeb. P/N –.50, Strom/N 1.60 oder kWh –.40 (16 A). Zuschlag bei Einmalübernachtung.
DCC/CCI 10% auf P/N.

DCC-Vertragsplatz

08543 Möschwitz bei Plauen (f8) — 12380

»CAMPING-TALSPERRE-PÖHL-GUNZENBERG«
E.: Zweckverband Talsperre Pöhl-Gunzenberg 20.3. bis 2.11.
☎ 037439/6393, Fax 77190 110 000 qm
www.talsperre-poehl.de, tourist-info@talsperre-poehl.de

→ A 72/E441 Hof–Chemnitz Abf. (7) Plauen-Ost auf die B 173 Richtung Plauen, nach Möschwitz abbiegen zur Talsperre. ✉ Hauptstr. 51 (GPS: 50°32'30" N / 12°11'06" E).

Leicht wellig zur Talsperre abfallendes Wiesengelände mit Heckenunterteilungen. Teilweise terrassiert und mit kleinen Waldstreifen durchzogen. Touristenplätze überwiegend schattenlos. Sanitärgebäude beheizbar. »Kirche Unterwegs«. Kletterwald 300 m, Ort (Plauen) 8 km entfernt. Separater Jugendplatz. Mittagsruhe 13-14 Uhr. Touristen-/Dauerstellplätze 300/700.
2008: (HS) P/N 5.–, K/N 3 bis 14 J. 2.–, A/N 2.–, C T/N 4.50, MC/N 5.50, M/N 1.–, H/N 2.– WD inkl., Strom/N 2.– oder ab 7 Nächten kWh –.50 (16 A), Anschlussgeb. 3.–. In NS Ermäßigung.
DCC/CCI 10% auf P/N.

08248 Klingenthal, Vogtland (f8) — 12385

»CAMPING DÜRRENBACHTAL« April bis Okt.
E.: Stadt P.: R. Lazarus ☎/Fax 037467/24890 650 m 13 000 qm
www.camping-klingenthal.de

→ A 72/E441 Hof–Chemnitz, Abf. (16) Plauen-Süd über Oelsnitz und Schöneck nach Klingenthal. Hier beschildert, hinter dem Freibad.
✉ Dürrenbachstr. 45 (GPS: 50°21'57" N / 12°27'29" E).

Terrassiert ansteigendes Waldgelände mit unparzellierten Lichtungen in einem Bachtal neben dem kostenpflichtigen Freibad. Ein Wanderweg führt durch den Platz. Ort 1.5 km entfernt. Separater Jugendplatz. Mittagsruhe 12-14 Uhr. 30 Touristenplätze.
2007: P/N 4.–, K/N 3 bis 14 J. 2.50, A/N 2.–, C/N 4.–, MC/N 5.–, T/N 3.50, M/N 1.50, KT –.50, WD inkl., Strom/N 2.30 (16 A). Ab 5 Nächten Erm.

Einziger ★★★★ Sterne-Platz am Stausee im Vogtland!
Campingplatz Gunzenberg an der Talsperre Pöhl
✓ Idealer Ausgangspunkt für Touren im Vogtland!
✓ Angebote in der Vor- und Nachsaison
Möschwitz - Hauptstr. • 08543 Pöhl
Tel. 037439 6393 • Fax 037439 77190
www.talsperre-poehl.de
e-mail: tourist-info@talsperre-poehl.de (12380)

Sachsen-Anhalt

In der Nähe von Militär-Flugplätzen und Übungsgeländen ist mit zeitweiligen Ruhestörungen zu rechnen.

DCC-Vertragsplatz

✉ 39539 Havelberg, Altmark (f4) — 13003
25 ★★★ »CAMPINGINSEL HAVELBERG« — 21.3. bis 31.10.
E.: Wolfram Heldt ☎ 039387/20655, Fax 80270 — 25 000 qm
www.campinginsel-Havelberg.de, info@campinginsel-Havelberg.de

→ B 107 Pritzwalk–Genthin Abf. Havelberg. Zufahrt über die Brücke von der Bahnhofstraße. ✉ Spülinsel 6.

Ebenes, überwiegend parzelliertes, teilweise naturbelassenes Wiesengelände mit einzelnen Bäumen auf einer Havelinsel. 30 ganzjährige Moca-Stellplätze. Wasserwanderstation. Bistro. FW. Benachbartes Sport-Camp. Zentrum 500 m entfernt. Mittagsruhe 13–15 Uhr. Touristen-/Dauerstellplätze 80/40.
2008: (HS) P/N 4.50, K/N 6 bis 14 J. 2.–, A/N 2.–, C/N 5.–, MC/N 7.–, T/N 5.–, M/N 2.–, B/N 1.20/lfm, WD inkl. Strom/N 2.– (16). In NS Erm.
DCC 10% auf P/N.

✉ 39619 Arendsee, Altmark (f4) — 13007/1
★★★ »CAMPING AM SEE« — April bis Okt.
E.: Stadt P.: Luftkurort Arendsee GF.: Fischer — 88 000 qm
☎ 039384/2587, Fax 98656
www.luftkurort-arendsee.de, camping@luftkurort-arendsee.de

→ B 190 Salzwedel–Seehausen, in Arendsee Richtung Schnackenburg abbiegen, beschildert. Teilweise schlechte Zufahrt. ✉ Harper Weg 1.

Ebenes bis leicht welliges Kiefernwaldgelände in Seenähe, teilweise parzelliert. Durch Holzvorbauten der Dauercamper geprägt. Sanitärgebäude beheizbar. Ort 2 km entfernt. Mittagsruhe 13–15 Uhr. Touristen-/Dauerstellplätze 145/310.

✉ 39619 Arendsee, Altmark (f4) — 13007/2
20 ★★★ »IM KLEINEN ELSEBUSCH« — 1.1. bis 31.12.
E.: Udo Matuscheck ☎ 039384/27363, Fax 98137 — 7000 qm
www.campingplatz-arendsee.de, camping.arendsee@t-online.de

→ B 190 Salzwedel–Seehausen, ca. 1 km vor Arendsee abbiegen Richtung Schrampe. Beschildert. ✉ Luchower Str. 6 a (GPS: 52°52'37" N / 11°27'42" E).

Ebenes Wiesengelände hinter einem Anwesen. Imbiss. Kabel-TV. Fitnessraum. Rasentennis. Badminton. Ort und Kuranwendungen 2.5 km entfernt. Mittagsruhe 13–14.30 Uhr. Touristen-/Dauerstellplätze 24/10.
2008: P/N 3.60, K/N bis 13 J. 1.50 bis 2.10, A/N 2.10, C/N 6.20, MC 6.20, T/N 3.50 bis 6.50, M/N 1.10, H/N 1.50, KT 1.–, WD zuzügl., Müllgeb. 2.–, Strom/N 1.85, kWh –.40 (16A).

✉ 38486 Apenburg, Altmark (e4) — 13015
15 ★★ »CAMPING APENBURG« — 1.5. bis 31.10.
P.: Margarete Albold ☎ 0175/4725789, Fax 039001/90784 — 12 000 qm
kontakt@pferdewohnwagen.de

→ B71 Salzwedel–Gardelegen, in Cheinitz abbiegen nach Apenburg. Hier Richtung Beetzendorf bis kurz hinter dem Ortsende. ✉ Altes Tor 7.

Ebenes, unparzelliertes Wald- und Wiesengelände unter alten Bäumen vor dem gebührenpflichtigen Freibad. Zugang führt über den Platz. Familiäre Atmosphäre. Kiosk. Pferdewohnwagenverleih. Ort 500 m entfernt. 30 Touristenplätze.
2007: P/N inkl. St/N 5.–, K/N inkl. St/N 5.–, WD inkl., Strom/N 2.–.

DCC – DEIN PARTNER!

✉ 39596 Hassel bei Stendal (f4) — 13040
25 ★★★ »CAMPING WISCHER« — 1.4. bis 15.10.
E.: Gmd. P.: M. Barthge ☎ 039321/2249, 0172/4736495, Fax 91629 — 40 000 qm
www.camping-wischer.de, wischer-camp@freenet.de

→ Str. Stendal–Arneburg, nach Wischer abbiegen. ✉ Am Campingplatz 1.

Leicht wellig ansteigendes Kiefern- u. Birkenwaldgelände an einem Baggersee mit öffentlichem Badebetrieb. Touristenflächen unparzelliert. Übernachtungsplätze vor dem Eingang. Sanitärgebäude beheizbar. Ort 1 km entfernt. Mittagsruhe 13–15 Uhr. Touristen-/Dauerstellplätze 120/100.
2008: P/N 5.–, K/N 2 bis 12 J. 2.50, A/N 2.50, C/N 5.–, MC/N 6.–, T/N 5.–, M/N 2.50, H/N 2.–, WD zuzügl., Strom/N 2.– o. kWh –.33 (16 A), Anschlussgeb. 1.–.
DCC 10% auf P/N.

✉ 39307 Zabakuck bei Genthin (f5) — 13050
20 ★★★ »TOURISTENZENTRUM ZABAKUCK« — Ostern bis 3.10.
E.: Gemeinde V. Höschel ☎ 039348/9390, Fax 93921 — 30% 150 000 qm
www.touristenzentrum-zabakuck.de, touristenzentrum-zabakuck@freenet.de

→ B 1 Magdeburg–Brandenburg, hinter Genthin abbiegen über Roßdorf nach Zabakuck. Beschildert. ✉ Am See 1 (GPS: 52°28'11" N / 12°12'15" E).

Leicht welliges, unparzelliertes Wiesengelände zwischen Waldrand und See mit Uferliegewiese, überwiegend schattenlos. Sanitärgebäude beheizbar. Imbiss. Tretbootverleih. In HS Massagen. FW. Ort 1 km entfernt. Separater Jugendplatz. Anreise Mittags möglich. Mittagsruhe 12–14 Uhr. Touristen-/Dauerstellplätze 100/100.
2007: (HS) P/N 3.–, K/N bis 14 J. 2.–, A/N 4.–, C/N 6.50, MC/N 8.–, T/N 4.– bis 12.–, M/N 1.50, H/N 1.50, WD zuzügl., Strom/N 2.–, kWh –.40 (16A). In NS 10% Ermäßigung.
DCC/CCI 5% auf St/N, 10% in NS.

DCC-Vertragsplatz

✉ 39517 Bittkau bei Tangerhütte (f5) — 13060
15 ★★★★ »FAMILY-CAMP KELLERWIEHL« — 1.1. bis 31.12.
E.: Werner Gruber ☎ 039362/81610, Fax 81386 50 m — 160 000 qm
www.kellerwiehl.de, info@kellerwiehl.de

→ B 189 Magdeburg–Stendal, in Dolle abbiegen über Tangerhütte und Grieben Richtung Bittkau. ✉ Kellerwiehl 1 (GPS: 52°25'24" N / 11°58'14" E).

Leicht welliges Wiesengelände in Elbnähe mit Badesee und Liegewiese, teilweise schattenlos. Kiosk. Ort 1 km entfernt. Anreise Mittags möglich. Mittagsruhe 13–15 Uhr. Touristen-/Dauerstellplätze 80/40.
2007: 6 P/N inkl. St/N 12.–, H/N inkl., WD zuzügl., Strom/N 3.– (16 A), Anschlussgeb. 1.–.
DCC 10% auf St/N.

✉ 39517 Bertingen bei Magdeburg (f5) — 13065
20 ★★★ »CAMPINGPLATZ BERTINGEN & INDIANER-TIPI-DORF«
E.: Gerhard Müller ☎ 039366/51037, Fax 51111 50 m 1.1. bis 31.12. — 130 000 qm
www.tipi-dorf.de, tipidorf@aol.com

→ A2 Magdeburg–Brandenburg, Abf. (70) auf die B189 Richtung Stendal, dann Abf. Wolmirstedt-Nord nach Rogätz und über Zibberick und Mahlwinkel in südöstlicher Richtung nach Bertingen. ✉ Zu den kurzen Enden 1 (GPS: 52°21'18" N / 11°50'25" E).

Ebenes Wiesengelände mit Tipi-Dorf und einem kleinen Angelsee an der "Alten Elbe". Durch Büsche und Bäume aufgelockert und teilweise parzelliert. Ideal für Familien mit Kindern. Fußangeln im See. Kneipe. Kiosk. Imbiss. Überdachte Lagerfeuerstelle am See. Kleiner Kletterberg. Shetlandponys und Islandpferde. Karaoke. Bogenschießen. Feder- u. Volleyballplatz. Trike-Fahren. Maisfeldlabyrinth. Pilz- und Nachtwanderungen. Elbradwanderweg, Haltestelle und Ort 800 m entfernt. Separater Jugendplatz. Mittagsruhe 12–14 Uhr. Touristen-/Dauerstellplätze 40/20.
2007: P/N 4.80, K/N bis 17 J. 2.80, A/N 1.50, C/N 3.–, MC/N 4.50, T/N 1.50, H/N 2.–, WD zuzügl., Strom kWh –.60 (16 A).

39326 Colbitz (f5) 13105

EUROPA-PREIS

»HEIDE CAMP COLBITZ« 1.1. bis 31.12.
E.: Gemeinde ☎ 039207/80291, Fax 80593
www.heide-camp-colbitz.de, info@heide-camp-colbitz.de
160 000 qm

→ A 2/E 30 Hannover–Berlin Abf. (70) Magdeburg-Zentrum auf die B 189 Richtung Stendal. In Colbitz abbiegen Richtung Angern, noch ca. 2 km.
✉ Angersche Str (GPS: 52°19'54" N / 11°37'51" E).

Parzelliertes, ebenes bis leicht ansteigendes Wiesengelände mit Anpflanzungen und befestigten Moca-Stellplätzen. Von Kiefernwald umgeben. Separater Dauercamperbereich. Vom Freibad durch eine öffentliche Straße getrennt. Imbiss. Kabel-TV. 30 Ferienhäuser. Separater Jugendplatz. Ort 2.2 km entfernt. Mittagsruhe 13-15 Uhr. Touristen-/Dauerstellplätze 258/232.
2008: P/N 5.70, K/N 6 bis 14 J. 2.40, C MC-St/N 7.30, T-St/N 5.05, M/N 1.85, H/N 2.80, WD inkl., Strom/N 1.96, kWh –.49 (6/16 A). In NS Erm.
DCC 10% auf P/N.

39345 Flechtingen (f5) 13110

»FLECHTINGER TOURISTIK CAMP« 1.1. bis 31.12.
I.: Werner Jugl ☎/Fax 039054/98235 80m 75350 qm
www.camping-flechtingen.de, werner.jugl@gmx.net

→ A 2/E 30 Braunschweig–Magdeburg Abf. Uhrsleben. Über Erxleben nach Flechtingen. ✉ Im Grund 21 (GPS: 52°20'33" N / 11°13'47" E).
✿ Schloss Flechtingen.

Ebenes und unparzelliertes Wiesengelände im Wald bei einem Steinbruch auf dem Flechtinger Höhenzug. Zwei naturbelassene Steinbruchseen zum Baden und Angeln. Streichelzoo. FW. Ort 1 km entfernt. Separater Jugendplatz. Mittagsruhe 13-15 Uhr. Touristen-/Dauerstellplätze 60/40.
2008: P/N 5.–, K/N 4 bis 12 J. 3.–, J/N 4.–, A/N 1.50, C/N 5.–, MC/N 5.–, T/N 1.50, H/N 2.–, WD inkl., Strom/N 2.– oder kWh –.60 (16 A).

39126 Magdeburg (f5) 13125

Abfahrt

»CAMPING BARLEBER SEE« 50m 1.5. bis 30.9.
E.: Campingv. Barleber See ☎ 0391/503244, Fax 2449692 960 000 qm
www.cvbs.de

→ A 2/E 30 Hannover–Berlin Abf. (71) Magdeburg-Rothensee, noch 1 km zum Barleber See. Beschildert. ✉ Wiederdorfer Str. (GPS: 52°13'09" N / 11°39'33" E).
✿ Magdeburg Altstadt. Wasserstraßen-Kreuz. Grüne Zitadelle.

Langestrecktes, ebenes bis leicht welliges Wiesengelände am See, überwiegend schattenlos. Liegewiese. Touristenflächen teilweise unparzelliert. Separate Pkw-Abstellung. Freilandschach. Imbiss. Aufenthalt in NS auf Anfrage. Zentrum 12 km entfernt. Separater Jugendplatz. Mittagsruhe 13-15 Uhr. Touristen-/Dauerstellplätze 200/630.
2007: P/N 4.50, K/N 3 bis 15 J. 2.50, A/N 3.–, C/N 4.–, MC/N 6.–, T/N 3.–, M/N 2.–, H/N 2.–, WD inkl., Strom/N 2.– (10 A).

DCC-Vertragsplatz

39245 Plötzky (f5) 13140

»CAMPING KLEINER WALDSEE« 1.1. bis 31.12.
E.: Wolfgang Schulle ☎ 039200/50155, Fax 76082 120 000 qm
www.ferienpark-ploetzky.de, info@ferienpark-Ploetzky.de

→ B 184 Magdeburg–Zerbst, in Gommern Richtung Schönebeck abbiegen, bis kurz vor Plötzky. Beschildert. ✉ Kleiner Waldsee 1 (GPS: 52°03'46" N / 11°48'01" E).

Ebenes, schattenloses Wiesengelände sowie leicht welliger Waldteil mit kleinen Seen (ein Badesee). Anreise Mittags möglich. Streichelzoo. Freizeit- und Spielehaus. Abenteuerspielplatz. Wasserspielplatz. Ketcar-Verleih. Fit-

ness-Raum. Whirlpool. Massagen. Keine Kampfhunde. Ort (Gommern) 2 km entfernt. Mittagsruhe 13-15 Uhr. Touristen-/Dauerstellplätze 170/170.
2007: (HS) P/N 4.50, K/N 2 bis 16 J. 2.50, A/N 2.–, C MC/N 6.–, T/N 2.80, M/N 1.80, H/N 2.–, WD zuzügl., Strom/N 2.– oder kWh –.45 (16 A) Anschlussgeb. 1.–. Pauschalen und in NS Ermäßigung.
DCC/CCI 10% auf P/N.

39435 Wolmirsleben (f6) 13165

»CAMPING GROSSER SCHACHTSEE« 1.1. bis 31.12.
E.: Gemeinde ☎ 039268/2346, Fax 30968 80m 120 000 qm

→ B 81 Magdeburg–Halberstadt, in Egeln-Nord nach Wolmirsleben abbiegen. Beschildert. ✉ Am Schachtsee 2 b (GPS: 51°57'17" N / 11°28'05" E).

Ebenes Wiesengelände unter Bäumen auf drei Geländestufen am See mit öffentlichem Badebetrieb. Teilweise parzelliert. WD nur von 6 bis 11 Uhr und von 18 bis 22 Uhr. Imbiss in HS. Ort (Egeln) 1.5 km entfernt. Separater Jugendplatz. Mittagsruhe 13-15 Uhr. Touristen-/Dauerstellplätze 100/175.
2008: (HS) P/N 4.50, K/N 3 bis 15 J. 2.–, A/N 2.–, C/N 5.–, MC/N 6.50, T/N 3.–, M/N 2.–, H/N 3.–, WD inkl., Strom/N 1.50 oder kWh –.40 (16 A). Touristen für 5 N, 4 N bezahlen. In NS Ermäßigung.

DCC-Vertragsplatz

38820 Halberstadt (e6) 13190

»CAMPING AM SEE« 120m 1.1. bis 31.12.
E.: Hansbert Otto ☎ 03941/609308, Fax 570790 30 000 qm
www.camping-am-see.de, info@camping-am-see.de

→ B 81 Magdeburg–Nordhausen, am Stadtanfang von Halberstadt abbiegen. Beschildert. ✉ Warmholzberg 70 (GPS: 51°54'33" N / 11°05'07" E).

In mehreren Geländestufen abfallendes Wiesengelände in Seenähe, mit dort befindlichen Spiel- und Sporteinrichtungen, überwiegend schattenlos. Liegewiese am See mit FKK-Teil. Separate Pkw-Abstellung. Imbiss. Räucherofen. Ort und Kurmöglichkeit 3 km entfernt. Separater Jugendplatz. Touristen-/Dauerstellplätze 70/50.
2008: (HS) P/N 5.50, K/N 4 bis 15 J. 4.50, A/N 1.50, C/N 5.–, MC/N 6.50, T/N 3.50, M/N 1.–, H/N 2.–, WD inkl., Müllgeb./Sack –.60, Strom/N 2.– oder kWh –.35 (16 A), Anschlussgeb. 1.–. In NS Ermäßigung.
DCC 10% auf P/N.

DCC-Vertragsplatz

38875 Elbingerode, Harz (e6) 13210

»CAMPING AM BROCKEN« 1.1. bis 31.12.
E.: Fam. Bittner ☎/Fax 039454/42589 550m 25 000 qm
www.campingambrocken.de, hobittner@ngi.de

→ B 6 Bad Harzburg–Blankenburg, in Wernigerode südwärts abbiegen auf die B 244 nach Elbingerode. Hier beschildert ✉ Schützenring 6 (GPS: 51°46'33" N / 10°47'47" E).
✿ Brocken. Schloss Wernigerode. Harz-Dampfbahn.

Leicht wellig abfallendes Wiesengelände oberhalb des Ortes in Badesee-Nähe, durch Anpflanzungen parzelliert. Befestigte Moca-Stellplätze. Familiendusche. Keine Aufnahme von Zeltlergruppen. Ort 300 m entfernt. Mittagsruhe 13-15 Uhr. Touristen-/Dauerstellplätze 162/20.
2008: (HS) P/N 4.30, K/N 3 bis 12 J. 2.80, C MC-St/N 8.–, T/N 4.60 bis 5.10, M/N 2.10, H/N 2.–, KT –.50, WD zuzügl., Müllgeb. P/N –.30, Strom/kWh –.50 (16 A), Anschlussgeb. 1.50. In NS Ermäßigung.
DCC/CCI 10% auf P/N.

**»Ermäßigung auf alle Gebühren«
umfaßt nicht die Nebenkosten wie
Kurtaxe, Müll und Strom**

Sachsen-Anhalt

38879 Schierke, Harz (e6) — 13220
»CAMPING AM SCHIERKER STERN« 1.1. bis 31.12.
E.: Corina Nitschke ☎ 039455/58817, Fax 58818 650m 8000 qm
www.harz-camping.com, info@harz-camping.com

→ A7 Kassel–Hannover, Abf. (B27) Göttingen Richtung Braunlage. In Elend noch ca. 2 km nach Schierke. ✉ Hagenstraße (GPS: 51°45'24" N / 10°41'02" E).
• Brocken. Schloss Wernigerode. Harz-Dampfbahn.

Ⓗ10m ✕200m ⛷6km

Ansteigendes Gelände mit hartem Untergrund am Wald mit Blick auf den Brocken. Separate Zeltwiese. Sauna für Camper ermäßigt. Bahnhof Brockenbahn 1 km, Ort (Schierke) 1,5 km entfernt. Separater Jugendplatz. 65 Touristenplätze.
2008: (HS) P/N 3.80, K/N 2 bis 12 J. 2.30, C MC-St/N 7.40, T-St/N 5.–, M/N 1.10, H/N 1.30, KT 1.20, WD inkl., Strom/N 2.60 (6 A). Pauschalen und in NS Ermäßigung.

38855 Wernigerode, Harz (e6) — 13230
»CAMPING ALTE WALDMÜHLE« 1.1. bis 31.12.
E.: Henning Schoft ☎ 03943/266123, Fax 266122 330m 20000 qm
www.camping-wernigerode.de, info@camping-wernigerode.de

→ B6 Goslar–Blankenburg, Abf. B244 Richtung Elbingerode. Am Ortsende beschildert. ✉ Mühlental 78 (GPS: 51°48'53" N / 10°48'51" E).
• Schloss Wernigerode. Schaubergwerke. Brocken.

Ⓗ50m ✕150m 🐎250m ⛷3.5km

Unparzelliertes, leicht welliges Wiesengelände mit zum Teil altem Baumbestand bei einem Hotel mit Gaststätte. Sanitäranlage beheizbar. Wellness-Bereich. Kleinkinder-Spielwiese. Basketball. Zimmer. FW. City-Bus ideal. Ort 3,5 km entfernt. Mittagsruhe 12.30-14.30 Uhr. Touristen-/Dauerstellplätze 130/20.
2008: P/N inkl. St/N 20.–, H/N frei, KT 1.80, WD inkl., Strom inkl.

06507 Gernrode, Harz (e6) — 13260
»HARZ-CAMP BREMER TEICH« 1.1. bis 31.12.
P: Familie Krause ☎ 039485/60810, Fax 50055 425m 100000 qm
www.harz-camp-gernrode.de, harz-camp-bremer-teich@web.de

→ B 6 bis Quedlinburg, Gernrode–Harzgerode, Abzweig Haferfeld. B 242 Richtung Alexisbad–Harzgerode, Abzweig Haferfeld. ✉ Bremer Teich (GPS: 51°41'18" N / 11°06'38" E).
• Brocken. Schloss Wernigerode. Harz-Dampfbahn. Quedlinburg.

⛷6km ⛷8km

Leicht abfallendes, unebenes und unparzelliertes Wiesengelände in einem ausgedehnten Hochwald an einem kleinen Badesee. Extra Pkw-Parkplatz. Hundebad. Touristen-/Dauerstellplätze 100/100.
2007: (HS) P/N 4.–, K/N 3 bis 14 J. 2.50, A/N 1.50, C/N 5.80, MC/N 7.–, T/N 5.–, M/N 1.–, H/N 3.50, KT 1.–, WD zuzügl., Müllgeb. P/N 1.50, Strom/N 2.– oder kWh –.45 (16 A), Anschlussgeb. 1.–. In NS Ermäßigung.
DCC/CCI 10% auf St/N.

06502 Thale, Harz (e6) — 13270
»KLOSTER CAMPING THALE« 1.1. bis 31.12.
E.: Burghardt Wilsdorf ☎ 03947/63185, Fax 3281 140m 25000 qm
www.klostercamping-thale.de

→ B6 Goslar–Halle Abf. Thale. Im Ort beschildert. ✉ Wendhusenstr. 3 (GPS: 51°45'21" N / 11°02'59" E).
• Hexentanzplatz Roßtrappe. Mythenweg. UNESCO Welterbe Quedlinburg.

Ⓗ1km ⛷3km ⛷6km

Ebene, parzellierte Wiesenfläche mit jungem und altem Baumbestand neben dem Kloster Wendhusen. Platz liegt auf einer Insel, begrenzt durch den Fluss Bode und deren Seitenarm. Die Stellflächen sind durch Rasengitterstein befahrbar. Zeltwiese. Kiosk. Café. Imbiss. Streichelzoo mit Ziegen und Schafen. Kabel-TV. Ausflugsprogramm. Streichelzoo mit Ziegen und Schafen. Ort 1km entfernt. Separater Jugendplatz. Mittagsruhe 13-15 Uhr. Touristen-/Dauerstellplätze 50/20.
2007: (HS) P/N 4.70, K/N 3 bis 14 J. 2.10, C MC-St/N 8.30, T/N 3.60, M/N 1.60, H/N 2.50, WD zuzügl., Strom/N 2.– (16 A). In NS Ermäßigung.

06493 Neudorf, Harz (e6) — 13280
»FERIENPARK BIRNBAUMTEICH« 1.1. bis 31.12.
E.: Birnbaumteich GmbH V.: Fam. Peper ☎ 039484/6243, Fax 40100 400m 70000 qm
www.ferienpark-birnbaumteich.de, info@ferienpark-birnbaumteich.de

→ B242 bis B 184 nach Harzgerode, dann weiter Richtung Neudorf. Hier beschildert. ✉ Am Birnbaumteich 1 (GPS: 51°37'05" N / 11°06'53" E).

⛷2km ⛷5km

Zum Badesee abfallendes und von Wald umgebenes Wiesengelände. Durch Dauercamper und Ferienhäuser geprägt. Voranmeldung erwünscht, da Rezeption nicht ständig besetzt. Aufenthaltsraum für Familienfeiern mietbar. Liegewiese. Tretboote. Trampolin. Separater Jugendplatz. Mittagsruhe 13-15 Uhr. Touristen-/Dauerstellplätze 260/130.
2008: (HS) P/N 3.80, K/N 4 bis 14 J. 2.–, A/N 2.–, C/N 5.80, MC/N 7.50, T/N 4.50, M/N 1.40, H/N 1.40, KT –.40, WD zuzügl., Müllgeb. P/N –.30, Strom/N 2.50 (16 A) oder kWh –.45, Anschlussgeb. 1.60. In NS Erm.
DCC/CCI 10% auf P/N und St/N.

DCC-Vertragsplatz

06493 Dankerode (e6) — 13285
»PANORAMABLICK« 1.12. bis 31.10.
E.: H. Ludwig ☎ 039484/2140, Fax 42341, 20000 qm
www.camping-ludwig.de, Ludwig-Dankerode@Web.de

→ B242 abbiegen Richtung Königerode/Stolberg, abbiegen Richtung Dankerode, beschildert. ✉ Hinterdorf 79 (GPS: 51°35'13" N / 11°08'19" E).
• Burg Falkenstein. Josepskreuz. Hexentanzplatz.

⛷200m ⛷300m Ⓗ500m ⛷3km ⛷8km

Leicht abfallendes, ebenes Wiesengelände am Wald mit Hotel. Stellplatzeigene Sanitärzellen. FW. Zimmer. Kegelbahn nebenan. Kutschfahrten 200m entfernt. Mittagsruhe 13-15 Uhr. Touristen-/Dauerstellplätze 35/5.
2007: (HS) 4 P/N inkl. St/N 18.–, H/N 2.–, KT –.40, WD zuzügl., Müllgeb./Sack 1.50, Strom/kWh –.50 (16 A). In NS Ermäßigung.
DCC 10% auf P/N.

06317 Seeburg bei Eisleben (f6) — 13290
»CAMPING AM SÜSSEN SEE« 1.1. bis 31.12.
E.: Gemeinde ☎ 034774/28281, Fax 41757 100m 28000 qm
www.campingplatz-seeburg.de

→ B 80 Halle–Eisleben. Nach Seeburg abbiegen, beschildert. Für Navigation: Nordufer (GPS: 51°29'47" N / 11°41'05" E).

⛷100m ⛷400m
⛷500m ⛷2km

Langgestrecktes, leicht wellig abfallendes Wiesengelände am See, durch betonierten Entwässerungsgraben zweigeteilt. Durch Dauercamper geprägt. Imbiss. Separater Jugendplatz. Mittagsruhe 12–14 Uhr. Touristen-/Dauerstellplätze 30/170.
2008: P/N 3.–, K/N bis 14 J. 1.40, A/N 1.60, C/N 6.20, MC/N 6.20, T/N 3.–/5.50, M/N 1.20, B/N 1.60, H/N 1.20, WD zuzügl., Strom/N 1.10, kWh –.31 (16 A).

06258 Schkopau OT Ermlitz b. Leipzig (f7) — 13320
»CAMPING ELSTERAUE« 1.5. bis 30.9.
P.: Caravan-Club Leipzig e.V. ☎/Fax 0341/9120504 90m 5000 qm
www.campingplatzLeipzig.de, ccl-camping@web.de

→ A9/E49 und 51 Hof–Leipzig Abf. (17) Großkugel Richtung Merseburg nach Ermlitz, beschildert (GPS: 51°23'19" N / 12°09'34" E).

Ⓗ500m ⛷3km

Ebener, schmaler Wiesenstreifen neben einem Park. Sanitärcontainer beheizbar. Etappenplatz. Ort (Leipzig) 12 km entfernt. Mittagsruhe 12-14 Uhr. Touristen-/Dauerstellplätze 30/20.
2007: P/N 4.50, St/N 6.–, WD inkl., Strom/N (10 A) inkl.

Ruhebewertungen betreffen das Umfeld, nicht aber den inneren Campingplatzbereich.

✉ 06242 Roßbach bei Weissenfels (f7) — 13340

[20] ★★★ »HASSE-CAMPING« — 1.1. bis 31.12.
E.: Gmd. V.: Günther ☎ 034633/22269, 90990 Fax 90590, 909913
www.hasse-see.de, kontakt@hasse-see.de — 30000 qm
→ A 9/E 49 und 51 Hof–Leipzig Abf. (20) Weissenfels auf die B 91 Richtung Halle, über Reicherstwerben abbiegen nach Rossbach, OT. Lunstädt. ✉ Gardinenstr. 33 (GPS: 51°15'33" N / 11°54'43" E).

Leicht wellig ansteigendes Wiesengelände mit einzelnen Bäumen neben dem öffentlichen Strandbad. Extra Platzteil für Hundehalter. Rollschuhbahn. Riesenwasserrutsche. Imbiss. Ort 2 km entfernt. Separater Jugendplatz. Mittagsruhe (Sa/So) 13-15 Uhr. Touristen-/Dauerstellplätze 40/40.
2007: (HS) P/N 5.–, K/N 3 bis 14 J. 3.60, A/N 1.20, C/N 3.60, MC/N 4.50, T/N 2.50, M/N –.60, H/N 1.50, WD zuzügl., Strom/N 2.– oder kWh –.48 (16 A), Anschlussgeb. 2.–. In NS Ermäßigung.

✉ 06679 Granschütz bei Weissenfels (f7) — 13350

[15] ★★ »CAMPING AUENSEE« — 1.1. bis 31.12.
E.: Zimmermann GbR ☎ 0170/3403937, 0173/9932355, 130m — 30000 qm
→ A 9/E 49 und 51 Hof–Leipzig Abf. (20) Weissenfels Richtung Zeitz, nach Hohenmölsen abbiegen. Dann Richtung ARAL-Autohof. beschildert ✉ Am Auensee 19 (GPS: 51°11'27" N / 12°02'44" E).

Leicht welliges, unparzelliertes windgeschütztes Wiesengelände auf einer Waldlichtung oberhalb des Sees mit Strandbad. Kiosk. Ort 750 m entfernt. Separater Jugendplatz. Mittagsruhe 13-15 Uhr. Touristen-/Dauerstellplätze 15/50.
2008: P/N 3.50, K/N 3 bis 16 J. 1.–, A/N 1.–, C/N 2.–, MC/N 3.50, T/N 1.–, M/N –.50, H/N 1.–, WD inkl., Strom/N 1.50 oder kWh –.45 (6/16 A).

Abfahrt

✉ 06618 Naumburg, Saale (f7) — 13360

[20] ★★★ »BLÜTENGRUND« — 1.1. bis 31.12.
E.: Naumburg P: Hamann ☎ 03445/202711, 261144, Fax 200571, 60000 qm
www.campingplatz-naumburg.de, info@campingplatz-naumburg.de — 100m
→ A 9/E 49 und 51 Hof–Leipzig Abf. (21) Naumburg-Osterfeld auf die B 180 nach Naumburg. Hier beschildert. ✉ Blütengrund 6 (GPS: 51°10'31" N / 11°48'14" E).
☼ Naumburger Dom. Saale-Unstrut-Radweg.

Fast ebenes, teilparzelliertes Wiesengelände an der Einmündung der Unstrut in die Saale. Rad- und Wasserwanderstation. Hunde-Betreuung und Programm. Tipi-Dorf. Liegewiesen. Teilweise separate Pkw-Abstellung. Freiluftkegelbahn. Volleyball. Imbiss. Zentrum 2 km entfernt. Separater Jugendplatz. Mittagsruhe 13-15 Uhr. Touristen-/Dauerstellplätze 100/60.
2007: P/N 4.75, K/N 4 bis 16 J. 2.65, A/N 2.10, C/N 4.20, MC/N 6.30, T/N 3.15, M/N 1.60, H/N 2.10, WD zuzügl., Müllgeb. St/N 1.10, Strom/N 2.30 oder kWh –.60 (16 A), Anschlussgeb. 1.05.

✉ 06628 Bad Kösen b. Naumburg, Saale (f7) — 13370

[20] ★★★★ »CAMPING AN DER RUDELSBURG« — 14.3. bis 2.11.
P: Fam. Leps ☎ 034463/28705, Fax 28706 — 120m — 35000 qm
www.campingbadkoesen.de, camp.koesen@aol.com
→ A 9/E 49 und 51 Hof–Leipzig Abf. (21) Naumburg/Osterfeld über Naumburg auf die B 87 nach Bad Kösen. Hier beschildert. Für Navigation: Kukulauer Str. (GPS: 51°07'23" N / 11°43'02" E).
☼ Rudelsburg und Burg Saaleck. Heimatmuseum. Sonnenobservatorium Goseck (Himmelswege). Therme und Erlebnisbad (8km).

Ebenes Wiesengelände mit Anpflanzungen im Saaletal, von einer hohen Pappelreihe und einer am gegenüberliegenden Ufer. Zeltwiese. Imbiss. Für Kanus und Fahrräder Hol- und Bringservice. Ort 3 km entfernt. Separater Jugendplatz. Mittagsruhe 13-15 Uhr. Touristen-/Dauerstellplätze 100/40.
2007: P/N 4.80, K/N 4 bis 16 J. 2.70, C MC-St/N 6.50, T-St/N 3.50, M/N 2.–, H/N 2.–, KT 1.50, WD zuzügl., Müllgeb. St/N –.60, Strom kWh –.60 (16 A), Anschlussgeb. 1.–. Ermäßigung nach Vereinbarung.

✉ 06647 Bad Bibra (f7) — 13380

[20] ★★★ «CAMPING AM WALDSCHWIMMBAD» — April bis 31.10
E.: Lisa Schaepmann ☎ 034465/20211, 20538, Fax 20538, 150m — 22000 qm
✉ Dr. Stockmann-Str. 3 (GPS: 51°12'47" N / 11°36'15" E).
☼ Himmelsscheibe von Nebra.

Leicht unparzelliert ansteigendes, teilweise terrassiertes Wiesengelände neben einem gebührenpflichtigen Freibad (ermäßigter Preis). Überwiegend schattenlos. Ort 1 km entfernt. Separater Jugendplatz. Mittagsruhe 13-15 Uhr. Touristen-/Dauerstellplätze 40/100.
2007: P/N 3.50, K/N bis 14 J. 1.70, A/N 1.–, C MC/N 6.–, T/N 3.–, M/N 1.–, H/N 1.–, WD zuzügl., Müllgeb. –.60, Strom/kWh –.55 (10 A). Anschlussgeb. 1.–.

✉ 06902 Bad Schmiedeberg (g6) — 13420

[20] ★★★ »CAMPINGPARK AM GROSSEN LAUSIGER TEICH«
E.: Gille/Voß Gbr ☎ 034926/57475, Fax 57574 — 100m — 1.4. bis 31.10.
www.lausiger-teiche.de, camping@lausiger-teiche.de — 100000 qm
→ B 182 Dresden–Wittenberg Abf. Bad Schmiedeberg oder B 2 Leipzig–Bad Schmiedeberg über Söllichau Richtung Pretzsch. Beschildert. (GPS: 51°41'10" N / 12°48'03" E).
☼ Lutherstadt Wittenberg. Dessau. Torgau. Ferropolis.

Leicht ansteigendes und durch Hecken und lichtem Baumbestand großzügig parzelliertes Waldgelände. Durch eine Straße von der Zeltwiese getrennt. Separate Zeltwiese. Durch Dauercamper getrennt. Moca-Plätze vor der Schranke. Haltestelle (Rufbus) Ort 4 km entfernt. Mittagsruhe 13-15 Uhr. Touristen-/Dauerstellplätze 90/100.
2008: (HS) P/N 4.–, K/N 1 bis 5 J. 1.–, K/N 6 bis 14 J. 2.–, A/N 3.50, C/N 3.50, MC/N 5.50, T-St/N 3.–/4.–, H/N 3.–, WD keine Angabe, Strom/N 2.50 oder kWh –.50 (16 A). In NS Ermäßigung.

✉ 06842 Dessau-Mildensee (g6) — 13430

[20] ★★ »CAMPING ADRIA« — 1.1. bis 31.12.
E.: Creativ u. Camping Team U. Schlawig ☎ 0340/2304810, Fax 2508774
www.cuct.de, uwe.schlawig@cuct.de, info@cuct.de — 52000 qm
→ A9/E51 Nürnberg–Berlin Abf. (10) Dessau-Ost Richtung Oranienbaum. Ca. 150m nach der Abfahrt rechts. ✉ Waldbad Adria 1 (GPS: 51°48'45" N / 12°18'35" E).
☼ Lutherstadt Wittenberg. Schloss Mosigkau. Dübener Heide. Fläming.

Ebenes, unparzelliertes Wiesen-Sandgelände am Waldrand und bei einem großen Badesee. Günstig gelegener Etappenplatz an der Autobahn. Durch Dauercamper geprägt. Übernachtung vor dem Eingang. Extra Pkw-Parkplätze. Separate Pkw-Abstellung. Zeltwiese. Sandstrand, Liegewiese, Sprungturm und Badesteg. DLRG-Station. Imbiss/Bistro. Brötchenservice. Ort 3 km entfernt. Mittagsruhe 12-15 Uhr. Touristen-/Dauerstellplätze.
2007: P/N 2.–, K/N 4 bis 15 J 1.–, J/N 1.50, C MC-St/N 12.–, T-St/N 6.– bis 8.–, WD zuzügl., Strom/N 2.50 (16 A).

✉ 06791 Möhlau bei Dessau (g6) — 13440

[25] ★★★ »CAMPING MÖHLAUER SEE« — 90m — 15.3. bis 30.9.
P: Creativ u. Camp.Team V: Schlawig ☎ 034953/70435, Fax 0340/2508774
www.cuct.de, uwe.schlawig@web.de — 60000 qm
→ A9/E51 Nürnberg–Berlin Abf. (10) Dessau-Ost. Über Mildensee und Sollnitz nach Möhlau. Hier beschildert. ✉ Campingplatz 1 (GPS: 51°44'26" N / 12°21'18" E / Uferpromenade).

Lichtes, leicht abfallendes Waldgelände oberhalb des Sees. Separate Pkw-Abstellung. Sanitärgebäude beheizbar. Freiluftkegelbahn. Feuerstelle. Ort 2 km entfernt. Separater Jugendplatz. Mittagsruhe 12-15 Uhr. Touristen-/Dauerstellplätze 60/140.
2007: P/N 4.–, K/N 4 bis 15 J. 3.–, J/N 3.50, A/N 3.–, C/N 4.50, MC/N 7.–, T/N 4.–, M/N 2.50, H/N 2.50, WD zuzügl., Strom/N 2.50 (16 A).

Die Gebühren
werden von den Platzhaltern lange vor Erscheinen des Campingführers gemeldet. Daher sind Abweichungen möglich.

*Camping auf Luthers Spuren * In der Tourismusregion Anhalt-Wittenberg * Zwischen Berlin und Leipzig * 3 UNESCO Weltkulturerbe in der Nähe!*

Camping- und Wassersportpark Bergwitzsee (13470)
Das Freilufthotel im Naturpark Dübener Heide

Herzlich Willkommen im Land des Bibers! Auf dem naturnah gestalteten und ökologisch orientierten Familiencampingplatz im Naturpark Dübener Heide werden Sie sich wohl und geborgen fühlen. Moderne Sanitäranlagen, eine Reisemobilstation, Boots- und Fahrradverleih sowie eine ausgezeichnete Gaststätte mit regionalen Spezialitäten stehen Ihnen zur Verfügung. Relaxen Sie am Strand. Nutzen Sie die vielfältigen Freizeitangebote. Wassersport oder Badevergnügen im klaren See, hier ist garantiert immer was los. Sie können jeden Tag auf Entdeckungsreise gehen. Mit dem Fahrrad geht es in die wald- und seenreiche Umgebung oder zu den drei benachbarten UNESCO-Weltkulturerbestätten Wittenberg, Wörlitz und Dessau.

Camping- und Wassersportpark Bergwitzsee · 06773 Bergwitz · Tel.: +49 (0)34921 28228 · Fax: +49 (0)34921 28778 · eMail: reception@bergwitzsee.de

---

DCC-Vertragsplatz

06774 Schlaitz, Mulde-Stausee (g6) 13450
»HEIDE-CAMP SCHLAITZ«
E.: Fam. Berger ☏ 034955/20571, Fax 20656 100 m 1.1. bis 31.12. 130000 qm
www.heide-camp-schlaitz.de, info@heide-camp-schlaitz.de

→ Von Norden A9 Abf. (10) Richtung Oranienbaum B107 Gräfenhainichen, B 100 Schlaitz. Von Süden A 9 Abf. (12) Bitterfeld B183/B100 nach Schlaitz. Dann beschildert. ✉ Am Muldestausee (GPS: 51°38'59'' N / 12°25'15'' E / Seestr.).
❖ Halle. Leipzig. Wittenberg. Dessau.

Ebenes, teilweise parzelliertes Wiesengelände mit einer Geländestufe in Seenähe. Duschzeiten von 8-11 Uhr und von 18-22 Uhr! Zeltwiese. Schiffsrundfahrten. Traktor-Erlebnisfahrten. Veranstaltungen. Volleyball. Imbiss. FW. Ort und Reiten 1 km entfernt. Mittagsruhe 13-14 Uhr. Touristen-/Dauerstellplätze 130/110.
2008: (HS) P/N 6.–, K/N 2 bis 14 J. 4.–, A/N 2.–, C/N 5.–, MC/N 7.–, T/N 3.50, M/N 1.50, H/N 3.–, WD inkl., Strom/N 1.50 oder kWh –.50 (16 A), Anschlussgeb. 1.–. In NS Ermäßigung.
DCC 10% auf P/N, CCI 5% in HS, 10% in NS.

06773 Rotta bei Wittenberg (g6) 13460
»CAMPING UND FERIENHAUSSIEDLUNG KÖNIGSEE«
E.: Gmd. Rotta V.: Richter 1.4. bis 15.10.
☏ 034921/21060, Fax 21250 120 m 190000 qm
www.camping-koenigsee.de, campingplatz-koenigsee@t-online.de

→ B 100 Halle–Wittenberg, über Uthausen oder Rotta abbiegen (GPS: 51°45'10'' N / 12°34'10'' E).

Lichtes, leicht welliges Waldgelände mit drei kleinen Seen. Wanderreiter-Station. Kremserfahrten ab Platz. Ort 6 km entfernt. Jugendplatz. Touristen-/Dauerstellplätze 50/200.
2008: P/N 3.50, K/N bis 16 J. 2.–, A/N 2.50, C/N 4.50, MC/N 7.–, T/N 3.50/4.–, M/N 1.80, H/N 2.50, WD zuzügl., Müllgeb. P/N –.50, Strom/kWh –.40 (16 A), Anschlussgeb. 1.50.

06773 Bergwitz bei Wittenberg (g6) 13470
»CAMPING und WASSERSPORTPARK BERGWITZSEE«
P.: C. Bergwitzsee V.: Friedrich ☏ 034921/28228, Fax 28778 1.1. bis 31.12.
www.bergwitzsee.de, info@bergwitzsee.de 110000 qm

→ B 2 Wittenberg–Bad Düben, in Eutzsch abbiegen Richtung Gräfen-Hainichen. Ab Kreuzung nach Bergwitz beschildert (GPS: 51°47'28'' N / 12°34'16'' E).

Leicht welliges, unparzelliertes Laubwaldgelände oberhalb des Sees mit öffentlichem Badebetrieb. Touristenplätze am Platzeingang. Separater Bereich für Hundebesitzer. Behindertengerechtes Angeln. Imbiss. FW. Ort 1 km entfernt. Touristen-/Dauerstellplätze 100/250.
2008: (HS) P/N 4.40, K/N 4 bis 10 J. 2.20, J/N 11 bis 15 J. 3.30, C MC-St/N 6.–/7.50, T/N 3.20, M/N 3.20, B/N 2.–, H/N 3.–, WD zuzügl., Strom/N 2.– (16 A). Ab 12 N, 1 N gratis, ab 21 N, 3 N gratis. In NS Ermäßigung.
DCC 10%, CCI 5% auf P/N.

06886 Wittenberg (g6) 13480
»BRÜCKENKOPF MARINA-CAMP ELBE«
E.: Familie Schult ☏ 03491/4540, Fax 454199 60 m 15.1. bis 15.12.
www.marina-camp-elbe.de, info@marina-camp-elbe.de 160000 qm

→ A9 Dessau–Berlin Abf. (8) Coswig. B 187 Wittenberg. B2 Wittenberger Brücke, dann beschildert (Brückenkopf). ✉ Brückenkopf 1 (GPS: 51°51'10'' N / 12°38'55'' E).
❖ UNESCO Flaeming, Dessau-Bauhaus, Lutherstadt Wittenberg.

Ebenes, parzelliertes Wiesengelände mit Yachthafen sowie zwei Teichen an der Elbe. Radlerhütten. Freilandschach. FW. Ort 3 km entfernt. Touristen-/Dauerstellplätze 90/10.
2008: P/N 4.–, KN bis 14 J. 3.–, A/N 3.–, C/N 11.–, MC/N 10.–, T/N 7.–, M/N 3.–, B/N 1.–/lfm, H/N 1.50, WD inkl., Strom/kWh –.50 (16 A), Anschlussgeb. 1.–.

Thüringen

In der Nähe von Militär-Flugplätzen und Übungsgeländen ist mit zeitweiligen Ruhestörungen zu rechnen.

37318 Thalwenden, Heiligenstadt (d7) 14000
»CAMPING BERGWIESE« Ostern bis 30.10.
E.: Ursula Deventhal ☏ 036083/41168, 03606/608282, Fax 41167 420 m
www.bergwiese-thueringen.de, bergwiese-thueringen@t-online.de 6000 qm

→ B 80 Witzenhausen–Heiligenstadt, in Uder nach Thalwenden abbiegen. Beschildert ✉ Trift 73 (GPS: 51°21'11'' N / 10°02'33'' E).

Ansteigende, unparzellierte und teilterrassierte Wiese mit Obstbäumen hinter einem Gasthof. Von Waldhöhen umgeben. Sanitäranlage beheizbar. FW. Ort 200 m entfernt. Mittagsruhe 12-15 Uhr. Touristen-/Dauerstellplätze 20/10.
2007: P/N 3.50, K/N 4 bis 10 J. 2.–, J/N 11 bis 16 J. 2.50, A/N 2.–, C/N 4.–, MC/N 5.–, T/N 3.–, M/N 1.–, H/N 1.–, WD inkl., Strom/N 1.50 oder kWh –.35 (16 A). Anschlussgebühr 1.50.

37318 Wahlhausen bei Allendorf (d7) — 14006

»CAMPING OASE« — 1.1 bis 31.12.
E.: Ingo Gastrock-Mey ☎/Fax 036087/98671 — 25 000 qm
www.Camping-Oase.de

→ B27 Witzenhausen–Eschwege, in Allendorf abbiegen. ✉ Kreisstr. 32 (GPS: 51°17'19" N / 9°58'36" E).

Ebenes, teilweise leicht abfallendes, überwiegend schattenloses Wiesengelände mit einzelnen Bäumen zwischen Straße und Werra. Von bewaldeten Hügeln und Feldern umgeben. FW. Ort 400 m entfernt. Separater Jugendplatz. Mittagsruhe 13-15 Uhr. Touristen-/Dauerstellplätze 50/35.
2007: P/N 4.–, K/N 1 bis 16 J. 2.–, C MC-St/N 5.50, T-St/N 4.50, H/N 1.–, WD inkl., Müllgeb. –.50, Strom kWh –.30 (16 A), Anschlussgeb. 1.30.

99735 Nohra bei Sondershausen (e7) — 14020

»AM HÜNSTEIN« — 1.4. bis 31.10.
E.: Dominic Wenkel ☎/Fax 036334/53807 — 10 000 qm
www.CampingHünstein.de, wenkel@t-online.de

→ B80 Witzenhausen–Nordhausen, ca. 15 km vor Nordhausen Richtung Sondershausen abbiegen. Platz ca. 1 km hinter Nohra links neben dem Freibad. ✉ Wollersleber Landstraße (GPS: 51°25'56" N / 10°43'07" E).

Ebenes und unparzelliertes Wiesengelände mit einzelnen Bäumen an einem kleinen See im Wippertal, mit dazugehörendem Freibad. 3 Übernachtungsplätze mit Schwimmbad. Imbiss. Ort 1 km entfernt. Mittagsruhe 13-15 Uhr. Touristen-/Dauerstellplätze 30/40.
2007: P/N 3.60, K/N 4 bis 14 J. 1.90, A/N 1.40, C/N 3.50, MC/N 5.–, T/N 2.30, M/N 1.40, H/N 1.20, WD inkl., Strom/N 1.90 oder kWh –.40 (16 A), Anschlussgeb. 1.–.

99762 Rodishain, Unterharz (e6) — 14030

»CAMPING WOLFSMÜHLE« — 1.1. bis 31.12.
E.: Doris Hempel ☎ 034653/348, Fax 83226 — 400 m 8 000 qm
www.wolfsmuehle.de, info@wolfsmuehle.de

→ B80 Nordhausen–Sangerhausen, in Berga abbiegen Richtung Stolberg bis Rottleberode. Hier abbiegen über Stempeda nach Rodishain. ✉ Mühlweg 51 (GPS: 51°32'15" N / 10°55'40" E).

Hinter dem Hotel ansteigendes, durch Anpflanzungen unterteiltes Wiesengelände. Naturbadeteich. Biergarten. Volleyball. Ort (Rottleberode) 4 km entfernt. Mittagsruhe 13-15 Uhr. Touristen-/Dauerstellplätze 30/40.
2007: P/N 3.50, K/N 6 bis 12 J. 1.50, J/N bis 17 J. 2.50, A/N 1.–, C/N 4.50, MC/N 4.50, T/N 2.–, M/N 1.–, H/N 1.–, WD zuzügl., Strom/N 1.50 oder kWh –.35 (16 A), Anschlussgeb. 1.50.

06537 Kelbra, Kyffhäuser Geb. (e7) — 14040

»SEECAMPING KELBRA« — 1.1. bis 31.12.
E.: Stadt Leeck 1 GmbH V.: Leeck ☎ 034651/45290, Fax 45292 — 80 000 qm
www.SeecampingKelbra.de, info@SeecampingKelbra.de

→ B80 Nordhausen–Sangerhausen, in Berga abbiegen über Kelbra Richtung Sondershausen. ✉ Lange Str. 150 (GPS: 51°25'33" N / 11°00'11" E).
❧ Kyffhäuser, Burgruinen Rothenburg u. Kyffhausen. Barbarossa-Höhle.

Leicht abfallendes, überwiegend schattenloses Wiesengelände zwischen Straße und Stausee. Uferliegewiese. Öffentlicher Badebetrieb. 10 Wanderhütten. Bootsabstellhalle. Ort 2 km entfernt. Separater Jugendplatz. Mittagsruhe 13-15 Uhr. Touristen-/Dauerstellplätze 150/150.
2008: P/N 4.50, K/N bis 14 J. 2.50, A/N 1.50, C/N 5.–, MC/N 6.–, T/N 4.–, M/N 1.–, B/N 1.–, H/N 1.–, WD zuzügl., Müllgeb. 2.–, Strom/N 2.– (16 A).

Wegen oft wechselnden Größenangaben für die einzelnen Stellparzellen durch die Platzhalter veröffentlicht der DCC nur noch die Camping-Gesamtfläche in qm und den Hinweis »parzelliert« oder »unparzelliert«.

99631 Weissensee (e7) — 14055

»CAMPINGPLATZ WEISSENSEE« — 1.4. bis 30.9.
E.: Stadt Weissensee ☎ 036374/36936, Fax 36937 — 210 m 50 000 qm
www.campingplatz-weissensee.de, info@campingplatz-weissensee.de

→ B4 Erfurt–Sondershausen über Straußfurt auf die B86 bis Ortsausgang Weissensee. ✉ Günstedter Str. 4 (GPS: 51°12'22" N / 11°04'2,3" E).

Ebenes, teilweise leicht wellig abfallendes, unparzelliertes Wiesengelände mit Waldteilen zwischen Straße und Freibad. Bungalowanlage. In HS. Ort 1.5 km entfernt. Separater Jugendplatz. Mittagsruhe 13-14.30 Uhr. Touristen-/Dauerstellplätze 70/60.
2007: P/N 4.–, K/N 3 bis 14 J. 2.–, A/N 1.50, C/N 5.–, MC/N 5.–, T/N 3.50, M/N 1.–, H/N 1.–, WD zuzügl., Strom/N 1.50/3.– oder kWh –.40 (10 A).

99636 Rastenberg (f7) — 14070

»CAMPING HASELBERG« — 1.1. bis 31.12.
P.: Dieter Utesch ☎ 036377/4068, Fax 83733 — 22 000 qm

→ B176 Sömmerda–Bad Bibra, in Rothenberga abbiegen nach Rastenberg. ✉ Am Haselberg 65 a (GPS: 51°11'20" N / 11°25'14" E).

Terrassiert ansteigender Hang sowie abfallendes Wiesengelände oberhalb des gebührenpflichtigen Waldschwimmbads. Ort 2 km entfernt. Separater Jugendplatz. Mittagsruhe 13-15 Uhr. Touristen-/Dauerstellplätze 70/50.
2007: (HS) P/N 3.–, K/N 6 bis 16 J. 2.–, A/N 1.50, C/N 4.–, MC/N 5.–, M/N 1.–, H/N 1.50, WD zuzügl., Strom/N 1.50, Anschlussgeb. 2.–. In NS Ermäßigung.

07778 Porstendorf bei Jena (f7) — 14100

»CAMPING BEI JENA« — 1.1. bis 13.12.
E.: Steffen Schreiter ☎ 036427/22556, Fax 22557 — 200 000 qm
www.camping-jena.de, camping-jena@t-online.de

→ A4/E 40 Eisenach–Gera Abf. (54) Jena/Lobeda auf die B88 Richtung Naumburg. Bei Porstendorf über die Bahnlinie abbiegen, beschildert. ✉ Rabeninsel 3 (GPS: 50°58'28" N / 11°39'01" E).

Ebenes und von Bäumen umsäumtes Wiesengelände auf einer Saaleinsel. Durch Hecken in unparzellierte Stellflächen gegliedert. Separater Ferienhüttenteil. FKK für 15 Plätze möglich. Wasserwanderer-Station. Imbiss. Ort (Jena) 9 km entfernt. Separater Jugendplatz. Mittagsruhe 13-15 Uhr. Touristen-/Dauerstellplätze 80/20.
2008: P/N 5.–, A/N 1.50, C/N 6.–, MC/N 7.–, T/N 3.–, M/N 1.–, H/N 4.–, WD inkl., Strom/N 2.50 (10 A).

07749 Jena (f7) — 14105

»CAMPING UNTER DEM JENZIG« — 1.3. bis 1.11.
P.: Hartung & Teichgräuser GbR ☎ 03641/666688, 0173/3719473, Fax 355882 — 13 000 qm
www.camping-jena.com, post@camping-jena.de

→ A4/E 40 Eisenach–Gera Abf. (54) Jena/Lobeda Richtung Zentrum. Dann auf die B7 Richtung Eisenberg/Gera. Am östl. Stadtrand. ✉ Am Erlkönig 3 (GPS: 50°56'10" N / 11°36'30" E).

Ebenes, unparzelliertes und schattenloses Wiesengelände mit öffentlichem Freibad (Für Camper kostenlos) am Fuße des Jenzig. Anmeldung von 8 bis 12 Uhr und von 16 bis 20 Uhr. Reisemobile ganzjährig. Kiosk. Staßenbahn. Günstig für den Besuch von Jena. Zentrum 3 km entfernt. 65 Touristenplätze.
2007: P/N inkl. St/N 7.–, K/N 3 bis 13 J. 3.–, J/N 1.–, H/N 1.–, WD zuzügl., Strom/N 2.50 und kWh –.30 (16 A). In NS Ermäßigung.

DCC-Vertragsplatz

07554 Aga-Gera (f7) — 14110

»CAMPING STRANDBAD AGA« — 1.4. bis 31.10.
E.: Robert Helmer ☎/Fax 036695/20209 — 132 000 qm
www.thueringencamping.de, Aga@ThueringenCamping.de

→ A4/E 40 Eisenach–Chemnitz Abf. (58) Gera auf die B2 Richtung Zeitz, beschildert. ✉ Reichenbacher Str. 14 (GPS: 50°57'13" N / 12°05'13" E).

Ebenes bis leicht welliges Wiesengelände mit altem Baumbestand an einem See mit öffentlichem Badebetrieb, Uferliegewiese und FKK-Strandteil. Brötchenservice. Ort 300 m, Go-Kart-Bahn 1 km entfernt. Mittagsruhe 13-15 Uhr. Touristen-/Dauerstellplätze 150/120.
2007: (HS) P/N 4.–, K/N 3 bis 13 J. 2.–, A/N 1.50.–, C/N 4.50, MC/N 6.–, T/N 4.–, M/N 1.–, WD zuzügl., Strom/N 1.50 oder kWh –.40 (16 A), Anschlussgeb. 2.–. In NS Touristen-/Dauerstellplätze 150/120.
DCC 10% auf P/N.

04617 Pahna bei Altenburg (g7) — 14115

»SEE-CAMPING ALTENBURG-PAHNA« ○━ 1.1. bis 31.12.
E.: Kommunaler Zweckverband V.: Weigel 170 m 80 000 qm
☎ 034343/51914, Fax 51912
www.camping-pahna.de, camping-pahna@t-online.de

→ B93 Altenburg-Borna, in Treben abbiegen nach Pahna. Beschildert (GPS: 51°02'37" N / 12°09'48" E).
❀ Spielkartenmuseum und Schloss Altenburg. Leipzig. Dresden. Meißen.

Ebenes bis leicht welliges, naturbelassenes Laubwaldgelände mit Lichtungen an einem See mit Liegewiese. Hundestrand. Volleyball.Clubraum für 60 Pers. Tauchservice. Ort 2 km entfernt. Touristen-/Dauerstellplätze 100/500.
2007: (HS) P/N 3.50, K/N 3 bis 14 J. 2.50, A/N 3.–, C/N 5.–, MC/N 6.50, T/N 3.–, M/N 1.50, WD zuzügl., Müllgeb. 2.–, Strom kWh –.40 (16 A), Anschlussgeb. 2.–. In NS 10% Ermäßigung.

07570 Weida (f8) — 14120

»NATURCAMP. A. D. AUMATALSPERRE« ○━ 1.1. bis 31.12.
P.: U. Reichelt u. G. Kluge GbR ☎ 036603/62561, Fax 44088 20 000 qm
www.campingplatz-weida.de, kontakt@campingplatz-weida.de

→ A 4/A9 Abf. Triptis-Großebersdorf, B2 Großebersdorf, B175 Weida oder B92/B175 Weida-West Abf. Gewerbegebiet. Beschildert. ✉ An der Aumatalsperre 1 (GPS: 50°46'03" N / 12°01'28" E).

🍴1.7 km 🍽2 km 🐴3 km 🛒5 km

Zur Talsperre leich abfallendes, von Waldhöhen umgebenes, naturnahes Gelände im Vogtland. Öffentlicher Badebetrieb. Wanderherberge. Anmeldung (20.10. bis 1.4.) nur von 9-12 Uhr u. 14-16 Uhr. Lastschrift möglich. Kiosk. Imbiss in HS. Freilandschach. Fitnessraum. Volleyball. Bowling. Kegeln. Minizoo. Naturlehrpfad 1.7 km, Golfanlage 3.5 km, Ort (Weida) 3 km entfernt. Separater Jugendplatz. Mittagsruhe 13-15 Uhr. Touristen-/Dauerstellplätze 63/49.
2007: (HS) P/N 4.30, K/N 3 bis 15 J. 2.80, A/N 1.60, C MC/N 5.80, T/N 3.80, M/N 1.–, H/N 1.–, WD zuzügl., Strom/N 2.– (16 A), Anschlussgeb. 1.–. Ab 3/7 N 10%/15% Ermäßigung. In NS Ermäßigung.

07980 Berga-Clodra bei Weida (f8) — 14125

»AUTOCAMPING AM TÖPFERBERG« ○━ 1.4. bis 31.10.
E.: Georg Rossbach ☎ 036623/20438, Fax 23288 380 m 10 000 qm
www.toepferberg.de, info@toepferberg.de

→ B 175 Weida-Zwickau, nach Clodra abbiegen. ✉ Dorfstr. 35 (GPS: 50°45'34" N / 12°07'28" E).

Unparzelliertes, meist schattenloses Wiesengelände auf einem Höhenrücken am Rand des Elstertals, von Wald begrenzt. Von Senioren bevorzugt. Freilandkegelbahn. Gasverkauf 1 km, Ort (Weida) 5 km, Ort (Gera) 15 km entfernt. Touristen-/Dauerstellplätze 30/5.
2008: P/N 3.50, K/N 2 bis 12 J. 2.–, C MC-St/N 5.50, T-St/N 3.–/5.50, H/N 2.–, WD inkl., Müllgeb. St/N 1.–, Strom/N 2.– (16 A).

07338 Drognitz, Hohenwartetalsp. (f8) — 14153

»CAMPING MUTSCHWIESE« ○━ 1.3. bis 30.11.
E.: Thomas Rauner 400 m 78 000 qm
☎ 036737/3300, Fax 33020

→ Straße Schleiz-Pössneck, in Ziegenrück abbiegen über Liebschütz nach Drognitz, hier ab Ortsende beschildert. ✉ Mutschwiese 1 (GPS: 50°35'45" N / 11°33'44" E).

Leicht abfallendes, teilweise terrassiertes Wiesengelände mit Anpflanzungen in Stauseenähe, von Wald umgeben. Imbiss. Ort 1.5 km entfernt. Separater Jugendplatz. Mittagsruhe 13-15 Uhr. Touristen-/Dauerstellplätze 200/120.
2007: P/N 4.50, K/N 3 bis 14 J. 2.30, A/N 2.30, C/N 3.80, MC/N 4.80, T/N 2.– bis 4.50, M/N 1.80, H/N 2.–, WD zuzügl., Strom/kWh –.55, (16 A), Anschlussgeb. 1.50.

07389 Gössitz, Hohenwartetalsp. (f8) — 14160

»CAMPING NEUMANNSHOF« ○━ 1.1. bis 31.12.
P.: R. Schniz ☎ 036483/7420, Fax 74255 325 m 30 000 qm
www.camping-neumannshof.de, info@camping-neumannshof.de

→ B 281 Saalfeld–Pössneck, in Krölpa abbiegen über Ranis und Schmorda nach Gössitz. Beschildert (GPS: 50°36'02" N / 11°35'35" E).
❀ Burg Ranis. Saalfelder Feengrotten.

Teilweise terrassiert abfallendes, zum Teil parzelliertes Wiesengelände in einem ,von Waldhöhen umgebenen, Tal am Stausee. Imbiss. Freilandschach. Freiland Pit-Pat. Ort 2 km entfernt. Mittagsruhe 13-15 Uhr. Touristen-/Dauerstellplätze 120/100.
2007: (HS) P/N 4.20, K/N 3 bis 11 J. 2.70, A/N 1.60, C/N 4.50, MC/N 5.20, T/N 3.50 bis 4.50, M/N 1.10, B/N 2.50, H/N 2.–, WD zuzügl., Strom/N 2.30 oder kWh –.40 (16 A), Anschlussgeb. 1.50. In NS ab 10 N Ermäßigung. In NS Erm.

07929 Saalburg-Kloster (f8) — 14180

»CAMPING KLOSTER« ○━ 20.3. bis 31.10.
E.: Stadt Saalburg ☎/Fax 036647/22441, 0176/24456480, 50 000 qm
www.saalburg-ebersdorf.de, bb@saalburg-ebersdorf.de

→ A9/E51 Bayreuth–Hermsdorfer Kreuz Abf. (28) Schleiz Richtung Lobenstein. Am Ortsanfang von Saalburg-Kloster beschildert. Kloster 2 (GPS: 50°30'56" N / 11°43'50" E).

Unterhalb der Straße leicht zum Seeufer abfallendes, unparzelliertes und teilweise schattenloses Wiesengelände. Sanitäranlage beheizbar. Imbiss. Ort 2 km entfernt. Mittagsruhe 12-15 Uhr. Touristen-/Dauerstellplätze 130/280.
2007: P/N 4.–, K/N 4 bis 18 J. 3.–, A/N 1.–, C MC/N 4.– bis 10.–, T/N 2.50 bis 8.50, M/N –.50, B/N 1.–, H/N 2.–, KT –.50, WD zuzügl., Strom/N 1.50, Anschlussgeb. 1.50.

07929 Saalburg, Saale Stausee (f8) — 14182

»CAMPING AM STRANDBAD« ○━ 20.3. bis 15.10.
E.: Stadt Saalburg ☎ 036647/22457, 0176/24456481, Fax 29088 35 000 qm
www.saalburg-ebersdorf.de, bb@saalburg-ebersdorf.de

→ A9/E 51 Bayreuth–Hermsdorfer-Kreuz Abf. (28) Schleiz Richtung Lobenstein. Am Stadtende von Saalburg abbiegen. ✉ Am Strandbad 2 (GPS: 50°29'44" N / 11°43'52" E).

Zum Stausee terrassiert und unparzelliertes abfallendes, überwiegend schattenloses Wiesengelände mit öffentlichem Badebetrieb. Ort 1 km entfernt. Mittagsruhe 12-15 Uhr. Touristen-/Dauerstellplätze 50/130.
2007: P/N 4.–, K/N 4 bis 18 J. 3.–, A/N 1.–, C MC/N 4.– bis 10.–, T/N 2.50 bis 8.50, M/N –.50, B/N 1.–, H/N 2.–, KT –.50, WD zuzügl., Strom/N 1.50, Anschlussgeb. 1.50.

99438 Oettern bei Weimar (f7) — 14210

»CAMPING MITTLERES ILMTAL« ○━ 15.4. bis 31.10
E.: H.-J. Weil ☎/Fax 036453/80264, Fax 03643/808519 410 m 12 500 qm
www.camping-Oettern.de, Weil-camping@freenet.de

→ A4/E 40 Eisenach–Gera Abf. (50) Oettern, in Oettern hinter der Brücke noch ca. 600 m ✉ Auf dem Butterberge 1.

Wiesengelände unparzelliert in leichter Hanglage, vom Dauercamperteil durch öffentlichen Weg getrennt. Haltestelle 800 m, Ort (Mellingen) 4 km entfernt. Touristen-/Dauerstellplätze. 50/50.
2008: P/N 4.50, K/N 3 bis 13 J. 2.50, C MC-St/N 5.–, T-St/N 3.10 bis 5.–, H/N 2.–, WD zuzügl., Müllgeb., Strom/N 1.50 (16A). In NS für 7 N, 6 N bezahlen.
CCI 10% auf P/N.

99448 Hohenfelden (e7) 14220

Abfahrt

»FEIZEITPARK STAUSEE HOHENFELDEN GMBH«
E.: Hohenfelden GmbH ☎ 036450/42081, Fax 42082 — 1. 1. bis 31.12.
www.stausee-hohenfelden.de, info@stausee-hohenfelden.de 60 000 qm

→ A4/E 40 Eisenach–Jena Abf. (47) Erfurt-Ost in Richtung Kranichfeld. Ab Abf. (47) beschildert (GPS: 50°52'22" N / 11°10'46" E).

Wellig zum Stausee abfallendes Gelände mit Liegewiese. Touristenbereich im oberen Platzteil unparzelliert auf lichten Terrassen, unterer Platzteil von Dauercampern geprägt. Tagungsraum für 60 Pers. Kur- und Wellnessanwendungen in der Therme. Ort 4.5 km entfernt. Touristen-/Dauerstellplätze 180/500.
2007: P/N 5.70, K/N 3 bis 13 J. 3.60, A/N 2.10, C/N 3.10, MC/N 5.20, T/N 2.60, M/N 1.60, H/N 2.50, WD zuzügl., Strom/N 2.60. **Vorauszahlung!**

99869 Mühlberg (e7) 14230

»CAMPING DREI GLEICHEN«
E.: H.-J. Walter ☎ 036256/22715, Fax 86801 400m — 1.1. bis 31.12.
www.Campingplatz-Muehlberg.de, service@Campingplatz-Muehlberg.de 27 000 qm

→ A4/E 40 Eisenach–Gera Abf. (43) Wandersleben in Richtung Mühlberg noch 1.5 km. ✉ Am Gut Ringhofen (GPS: 50°52'30" N / 10°48'33" E).
∴ Weimar. Gotha. Erfurt. Arnstadt. Thüringer Burgenland.

Ebenes, unparzelliertes Wiesengelände mit Anpflanzungen neben einem kleinen Wald. Kabel-TV. Kiosk. 18-Loch-Golfplatz in 300m, Ort 1 km entfernt. Mittagsruhe 13-15 Uhr. Touristen-/Dauerstellplätze 120/30.
2007: P/N 4.70, K/N 3 bis 16 J. 2.10, A/N 1.60, C/N 5.20, MC/N 6.50, T/N 3.–, M/N 1.10, H/N 2.20, WD zuzügl., Strom/N 1.80 oder kWh –.50 (16A), Anschlussgeb. 1.80.

99869 Wangenheim (e7) 14270

»STAUSEE WANGENHEIM«
E.: Gemeinde Wangenheim 220m — 1.4. bis 30.9.
☎/Fax 036255/8430 (Mo-Fr), 0174/3537882, Fax 80486 30 000 qm
www.Stausee-Wangenheim.de, info@vg-mittleres-nessetal.de

→ A4/E 40 Eisenach–Gera Abf. (42) Auf die B247 Richtung Bad Langensalza. In Warza links Richtung Goldbach auf die L2122 Richtung Wangenheim. ✉ Wangenheimer See 1.
∴ Naturpark Hainisch mit Baumkronenpfad. Wartburg zu Eisenach. Schloss Friedenstein in Gotha. Botanischer Garten in Bad Langensalza.

Ebenes, leicht abfallendes und langestrecktes Wiesengelände an einem Stausee in ländlicher Umgebung. Mit lichtem Laubbaumbestand und von Sträuchern durchzogen. Parzelliert. Extra Pkw-Parkplätze. Keine Kampfhunde. Leinenzwang. Sanitäranlage beheizbar. Brötchenservice. Grillpavillon. Tretboote. Reiten in der Nähe. Separater Jugendplatz. Ort 500m entfernt. Mittagsruhe 13-15 Uhr. Touristen-/Dauerstellplätze 180/45.
2007: P/N 4.50, K/N 2 bis 14 J. 2.50, A/N 2.–, C MC/N 7.–, T/N 5.–, M/N 2.–, B/N 2.–, H/N 2.–, WD zuzügl., Müllgeb. und Strom/N 3.– oder –.40 (16 A), Anschlussgeb. 5.–.

99819 Wilhelmsthal bei Eisenach (e7) 14310

Abfahrt

»CAMPINGPARK EISENACH AM ALTENBERGER SEE«
P: Bernd Töpfer — 1.1. bis 31.12.
☎/Fax 03691/215637, Fax 215607 360m 35 000 qm
www.campingpark-eisenach.de, campingpark-eisenach@t-online.de

→ B19 Eisenach–Meiningen, ca. 1 km hinter Wilhelmsthal abbiegen. ✉ Am Altenberger See 1 (GPS: 50°54'30" N / 10°18'02" E).
∴ Eisenach Wartburg. Gotha Schloss Friedenstein. Oberhof Wintersport.

Vom kleinen See wellig und unparzelliert ansteigendes, teilweise terrassiertes Wald- u. Wiesengelände mit öffentlichem Badebetrieb. Oberste Terrasse teilweise geschottert. Sanitäranlage bei Vollbelegung nicht ausreichend. »Kirche Unterwegs« in HS. 1 x wöchentlich geführte Wanderung. Ort (Eisenach) 9 km entfernt. Mittagsruhe 13-15 Uhr. Touristen-/Dauerstellplätze 100/80.
2007: (HS) P/N 5.50, K/N 4 bis 14 J. 3.–, A/N 2.–, C/N 4.50, MC/N 6.–, T/N 4.–, M/N 1.–, H/N 2.–, WD zuzügl., Strom/N 2.50 oder kWh –.40 (16A). Ab 10 % 10% Ermäßigung, Pauschalangebote und in NS Ermäßigung.
CCI 5% bis 10% auf P/N.

99898 Finsterbergen bei Gotha (e8) 14360

»RENNSTEIG-CARAVAN. VALENTINSTEICH« 1.1. bis 31.12.
E.: Liane Heft ☎ 03623/310775, 0174/6902899, Fax 303430 520m
www.rennsteig-caravaning.de, info@rennsteig-caravaning.de 9000 qm

→ A4 Eisenach–Dresden Abf. Gotha, Gotha-Boxberg oder Waltershausen, weiter bis Engelsbach. In Finsterbergen an der 1. Kreuzung rechts Richtung Freizeitbad. Beschildert. ✉ Friedrichrodaer Weg 3a (GPS: 50°50'26" N / 11°34'54" E).
∴ Eisenach Wartburg. Gotha Schloss Friedenstein. Oberhof Wintersport.

Teilweise parzelliertes, leicht ansteigendes und durch Bäume aufgelockertes Wiesengelände am Waldrand. Familäre Atmosphäre. Nebenan Freizeitbad mit Riesenrutsche, Klima-Therapiezentrum, Kuranwendungen und Imbiss. Seerosenteich mit Liegewiese. Kräuterbeet. Sanitäranlage mit Fußbodenheizung. Brötchen- und Zeitungsservice. Ski- und Trockenraum. Langlaufloipen, Wander- und Radwege ab Platz. Ort (Heilklimatischer Kurort) 500m entfernt. Touristen-/Dauerstellplätze 30/4.
2008: (HS) 2 P/N inkl. C MC-St/N 16.–, inkl. T-St/N 12.–, weitere P/N 5.–, K/N ab 16 J. 2.–, H/N 1.–, KT 1.20, WD und Strom inkl. In NS Ermäßigung.
DCC/CCI 5% auf St/N.

99894 Leinatal-Catterfeld bei Gotha (e8) 14365

»CAMPING PAULFELD« — 1.1. bis 31.12.
E.: Paulfeld GmbH Catterfeld V.: Schmidt 490m 70 000 qm
☎ 036253/25171, Fax 25165
www.paulfeld-camping.de, info@paulfeld-camping.de

→ A4/E 40 Eisenach-Erfurt Abf. (41) Waltershausen auf die B 88 Richtung Ilmenau bis Ortsende Catterfeld. Ab hier noch 3 km, beschildert. (GPS: 50°49'28" N / 10°36'40" E).
∴ Eisenach Wartburg. Gotha Schloss Friedenstein. Oberhof Wintersport.

Von Wald umgebenes Wiesengelände in leichter Hanglange mit Badeteich. Teilweise schattenlos. Imbiss. Wellness und Massagen am Platz. Freiluftschach. Ort 3.5 km entfernt. Touristen-/Dauerstellplätze 150/130.
2007: (HS) P/N 4.50, K/N 2 bis 14 J. 2.50, St/N 7.–, H/N 2.–, WD zuzügl., Müllgeb. P/N –.50, Strom/N 2.– (10 A). In NS Ermäßigung.
CCI 5% auf P/N und St/N.

99887 Georgenthal (e8) 14370

»CAMPING GEORGENTAL« — 1.4. bis 31.10.
P: Familie Keil ☎ 036253/41314, Fax 25207 470m 10 000 qm
www.campingplatz-georgental.de, campingplatz70@hotmail.com

→ A4/E 40 Eisenach-Erfurt Abf. (41) Waltershausen auf die B 88 Richtung Ilmenau bis kurz vor Georgenthal. Beschildert. ✉ Forsthaus am Steiger 3 (GPS: 50°49'41" N / 10°36'53" E).

Ebenes Wiesengelände auf zwei Stufen beim öffentlichen Freibad neben der Straße, von Wald umgeben. Sanitärgebäude beheizbar. Ort 500m entfernt. Mittagsruhe 13-15 Uhr. Touristen-/Dauerstellplätze 36/15.
2007: P/N 4.50, K/N 3 bis 13 J. 3.–, A/N 1.50, C/N 5.–, MC/N 5.50, T/N 3.50 bis 6.–, M/N 1.50, H/N 2.–, KT –.50, WD zuzügl., Strom/N 1.50, kWh –.60 (16A), Anschlussgeb. 1.50.

99330 Frankenhain (e8) 14380

Abfahrt

»OBERHOF CAMP AM LÜTSCHE STAUSEE«
P.: Oberhof Camping GmbH ☎ 036205/76518, Fax 71768 — 1.1. bis 31.12.
www.oberhofcamping.de, info@oberhofcamping.de 700m 100 000 qm

→ A4 Eisenach–Dresden Abf. (42) Gotha auf die B 88 Ohrdruf-Crawinkel-Frankenhain. In Frankenhain Richtung Lütsche-Staussee, ausgeschildert. ✉ Am Stausee 9 (GPS: 50°44'00" N / 10°45'25" E).

S 1.5 km ... 6 km ... 7 km
Von der Talsperre wellig und unparzelliert ansteigendes Gelände in einem von Waldhöhen umgebenen Tal in der Nähe des Wintersportzentrums. Pfingsten und Weihnachten Reservierung empfohlen. Imbiss. Biergarten. FW. Ort 7 km entfernt. Mittagsruhe 13-15 Uhr. Touristen-/Dauerstellplätze. 120/120.
2007: **(HS)** P/N 6.–, K/N 1 bis 13 J. 3.50, C MC-St/N 8.–, T-St/N 6.–, H/N 2.–, KT –.50, WD inkl., Strom (16A) inkl. In NS Ermäßigung.
DCC/CCI 5% auf P/N.

✉ 98693 Manebach bei Ilmenau   14410

20 ★★★ »CAMPINGPARK MEYERSGRUND«   1.1. bis 31.12.
P.: Raddatz KG V.: Blaurock ☏ 036784/50636, Fax 50245   560 m
www.meyersgrund.de, info@meyersgrund.de   80 000 qm
➜ B 4 Ilmenau–Coburg, ca. 3 km hinter Manebach. ✉ Schmücker Str. 91 (GPS: 50°39'06" N / 10°50'35" E).

Großflächig abgestuftes Gelände unter Bäumen und eine fast ebene, schattenlose Wiese im Bachtal, von Waldhöhen sowie angrenzendem Bungalowteil umgeben. Wellnessbereich. Ort 4 km, Schwimmbad und Eissporthalle 7 km entfernt. Separater Jugendplatz. Mittagsruhe 13-15 Uhr. Touristen-/Dauerstellplätze 60/60.
2008: P/N 5.–, K/N 4 bis 12 J. 3.–, J/N 4.50, A/N 1.–, C/N 3.–, MC/N 4.–, T/N 3.–, M/N –.50, H/N 1.–, WD zuzügl., Strom/N 1.50 oder kWh –.50 (16A). In NS Ermäßigung.
DCC/CCI 10% auf P/N.

✉ 98701 Grossbreitenbach (e8)   14430

20 ★★★ »INTERCAMPING GROSSBREITENBACH«   1.1. bis 31.12.
E.: Hasso Grey ☏/Fax 036781/42398   660 m   70 000 qm
www.intercamping-grossbreitenbach.com, info@intercamping-grossbreitenbach.com
➜ B 88 Ilmenau–Saalfeld, bei Gehren südwärts abbiegen nach Grossbreitenbach. Hier am Ortsbeginn rechts, beschildert. ✉ Am Schwimmbad (GPS: 50°35'04" N / 10°59'20" E).
• Rennsteig.

50 m ... 300 m (H) 500 m
Leicht abfallendes und unparzelliertes Wiesengelände auf einer Lichtung. Begrenzt von Dauercampern und einer Bungalowsiedlung neben einem gebührenpflichtigen Freibad. Nachts keine Aufsicht. Ski- u. Schlittenverleih. Billard und Dart. FW. Ermäßigung mit Kurkarte im Bad. Ort 1.5 km entfernt. Separater Jugendplatz. Mittagsruhe 13-15 Uhr. Touristen-/Dauerstellplätze 130/30.
2008: **(HS)** P/N 4.–, K/N bis 14 J. 2.–, A/N 2.–, C/N 4.–, MC/N 4.–, T/N 3.–, M/N –.50, H/N 2.–, KT –.50, WD zuzügl., Strom (16A) keine Angabe. In NS Ermäßigung.
CCI 5% auf P/N.

✉ 98553 Ratscher b. Schleusingen (e8)   14440

25 ★★ »CAMPING BERGSEE RATSCHER«   1.5. bis 3.10.
E.: Bergsee Ratscher GmbH ☏ 036841/40015, Fax 32225
www.bergsee-ratscher.de, rezeption@bergsee-ratscher.de   300 m   10 000 qm
➜ B 247 Zella Mehlis/Suhl-Schleusingen. Hier in Richtung Waldau/Schönbrunn abbiegen, noch ca. 1 km. ✉ Am Bergsee 40 (GPS: 50°29'33" N / 10°47'29" E).

500 m
Wellig abfallendes und unparzelliertes Wiesengelände am Badesee mit Strandbad (gebührenpflichtig) und Wasserrutsche, teilweise schattenlos. Nächtliche Ruhestörung durch Jugendgruppen möglich. Ort 200 m entfernt. Mittagsruhe 13-15 Uhr. Touristen-/Dauerstellplätze 100/50.
2008: P/N 4.–, K/N 3 bis 13 J. 2.–, A/N 3.–, C MC/N 7.–, T/N 5.–, M/N 2–, WD zuzügl., Strom/N 2.–.

✉ 98553 Breitenbach b. Schleusingen (e8) 14450

★★★ »CAMPING AM WALDBAD«   1.1. bis 31.12.
E.: Thomas Salzmann ☏/Fax 036841/41153   500 m   25 000 qm
➜ B 247 Zella Mehlis/Suhl-Schleusingen, ca. 3 km hinter Erlau abbiegen über St. Kilian nach Breitenbach. Beschildert. ✉ Am Waldbad 1 (GPS: 50°32'50" N / 10°46'44" E).

200 m 300 m
Mehrfach ansteigend gestuftes, unparzelliertes Wiesengelände oberhalb des Ortes mit separatem Bungalowteil, überwiegend schattenlos. Imbiss. Gebührenpflichtiges Waldbad 100 m, Ort 200 m entfernt. Mittagsruhe 13-15 Uhr. Touristen-/Dauerstellplätze 40/30.

Idylle am Lütschestausee

Naturcamping im grünen Herzen von Deutschland.
Sie haben bei uns ganzjährig gute Wander-, Sport- und Erholungsmöglichkeiten direkt am Rennsteig

Wassersport

Wintersport

Oberhof Camping

Am Stausee 9
99330 Frankenhain
Tel.: 036205-76518
Fax: 036205-71768
GPS: N 50.7337 E 10.7566
www.oberhofcamping.de

Wandern & Radeln

Miethütten

1.1.–31.12.
ganzjährig geöffnet

(14380)

14 Thüringen

✉ 98553 Erlau bei Suhl (e8)   14460

20 ★★★ »CAMPING AM WALDBAD«   1.1. bis 31.12.
E.: Gerold Karrlein ☏ 036841/48228, Fax 42834   430 m   30 000 qm
www.camping-erlau.de, info@camping-erlau.de
➜ B 247 Zella Mehlis/Suhl-Schleusingen. Am Ortsanfang von Erlau. Beschildert. ✉ Am Waldbad (GPS: 50°32'48" N / 10°45'20" E).

200 m (H) 300 m ... 500 m ... 2 km
Von Wald umgebenes, teilweise terrassiertes Gelände oberhalb des gebührenpflichtigen Waldbads. Angrenzende Bungalowsiedlung. Volleyball. Ort 400 m entfernt. Mittagsruhe 13-15 Uhr. 35 Touristen- und Dauerstellplätze.
2008: P/N 4.–, K/N bis 7 J. 1.50, bis 14 J. 2.–, A/N 2.–, C MC/N 4.–, T/N 3.50, M/N 1.50, H/N 1.50, KT –.30/–.60, WD zuzügl., Strom/kWh –.50, Anschlussgeb. 1.50.

✉ 98617 Meiningen (e8)   14480

20 ★★★ »CAMPING ROHRER STIRN«   1.1. bis 31.12.
E.: Stadtwerke Meiningen ☏ 03693/484421, Fax 484422 450 m 3500 qm
www.stadtwerke-meiningen.de, campingplatz@stadtwerke-meiningen.de
➜ A71 Schweinfurt–Erfurt Abf. Meiningen-Nord, noch ca. 3 km. (Für Navigation Rohrer Str. GPS: 50°34'10" N / 10°26'12" E).

50 m 2 km
Ebenes und schattenloses Terrassengelände mit jungen Anpflanzungen neben dem Schwimmbad. Keine Zelte. Kiosk. Brötchenservice. Kabel-TV. Ermäßigter Eintritt für Frei- und Hallenbad und Sauna. Ort 2 km entfernt. Mittagsruhe 13-15 Uhr. 40 Touristenplätze.
2007: **(HS)** P/N 3.70, K/N 7 bis 17 J. 2.50, A/N 1.20, C/N 4.80, MC/N 6.–, T/N 3.–, M/N 1.20, H/N 1.50, WD und Müllgeb. zuzügl., Strom/kWh –.40 (16A) Pauschalen und in NS Ermäßigung.

DCC – DEIN PARTNER!

Camping in Europa, Nordafrika und Vorderasien

Grenzübertritts-Bestimmungen und andere wichtige Angaben für Auslandsfahrten
Campingplätze im Ausland

Vor einer Auslandsreise zu beachten!

Bitte lesen Sie die für Ihr Urlaubsland gültigen allgemeinen Bestimmungen bezüglich Einreise, Grenzdokumente usw. genau durch.

Devisen: Für die Anreise empfehlen wir einen ausreichenden »Handbestand« an Bargeld mitzuführen. Zur Bezahlung und zur Bargeldbeschaffung im Reiseland empfehlen wir die Bank-Karte, Kreditkarten und Reiseschecks. Erkundigen Sie sich vor der Abreise bei Ihrer Bank über die Möglichkeiten für die jeweiligen Reiseländer.

Das **D-Schild** muss bei allen Auslandsreisen am Pkw und am Caravan angebracht sein. **Achtung:** In folgenden Ländern muss tagsüber mit Abblendlicht gefahren werden: Italien, Dänemark, Norwegen, Österreich, Schweden, Finnland, Polen, Tschech. Republik und Ungarn.

Folgende Länder wurden in dieser Auflage nicht berücksichtigt: Bosnien-Herzegowina, Serbien, Montenegro, Makedonien, Bulgarien, Belarus und die Ukraine.

Campingplatzgebühren: Wenn nichts anderes vermerkt ist, sind die **Gebühren** in der jeweiligen **Landeswährung** angegeben. Die für die laufende Saison genannten Preise wurden uns von den Campingplatzhaltern bzw. Campingorganisationen gemeldet. Änderungen sind möglich. Sollten bei Vertragsplätzen die zugesagten Ermäßigungen verweigert werden, bitten wir Sie um Mitteilung mit beigefügter Platzabrechnung.

Internationale Kraftfahrzeug-Papiere

Obwohl der Internationale Führerschein und die Internationale Zulassung meist zusammen benötigt werden, sind verschiedene Dienststellen für die Ausstellung zuständig.

Den **Internationalen Führerschein** erhalten Sie gegen Gebühr bei der Führerscheinstelle Ihrer örtlichen Kreis- oder Gemeindeverwaltungsbehörde. Mitzubringen sind: Personalausweis oder Reisepass, der nationale Führerschein und ein Passbild 4 x 5 cm.

Die **Internationale Kraftfahrzeugzulassung** muss bei der Zulassungstelle, die das Kennzeichen ausgegeben hat, beantragt werden. Vorzulegen sind der Fahrzeugbrief, der Fahrzeugschein und der Personalausweis oder Reisepass. Für die Ausstellung dieses Dokuments wird ebenfalls eine Gebühr erhoben.

Sowohl für den Intern. Führerschein als auch für die Intern. Kraftfahrzeugzulassung ist persönliches Erscheinen notwendig. Notfalls einen mit Vollmacht und Personalausweis sich legitimierenden Vertreter. Anforderung und Versand der Papiere durch die Post ist nicht möglich.

Zu Ihrer Sicherheit

Im Ausland nie einen Einheimischen an das Steuer des eigenen Fahrzeuges lassen! Es gilt als Zollvergehen und kann zur Beschlagnahme des Fahrzeuges führen.

Ist der Fahrer nicht gleichzeitig der Eigentümer kann, besonders im Ausland, eine Benutzungs-Vollmacht verlangt werden.

Auf bewachten Parkplätzen immer den Parkschein verlangen! Er ist der Beweis, dass der Wagen abgestellt wurde. Nicht alle Parkwächter zwischen Nordkap und Messina sind ehrlich.

Ausweis, Autopapiere und Schutzbrief niemals im Wagen liegenlassen! Der Autodieb kann sich damit leicht als Besitzer oder Mieter des Wagens ausweisen.

Achtung: Immer, auch beim Kurzparken, Autoschlüssel abziehen und den Zweitschlüssel in einem Brustbeutel mit Bargeld bei sich führen.

Die wichtigsten europäischen Fährverbindungen können bei der AvD Reisedienst GmbH angefordert werden.
Lyoner Straße 16, 60528 Frankfurt/Main, Tel. 069/6606710, Fax 6606777, www.avd.de, reisen@avd.de.

Die DCC-Touristikabteilung rät: Lassen Sie von Ihren Personal- und Fahrzeugpapieren Fotokopien anfertigen und nehmen Sie diese zusätzlich auf ihre Reise mit. Aber bitte getrennt von den Originalpapieren aufbewahren! Bei einem eventuellen Verlust Ihrer Dokumente stellen Ihnen die Deutschen Vertretungen im Ausland aufgrund der Fotokopien unbürokratisch Ersatzpapiere aus.

Die für jedes Land gültigen Einreisebestimmungen in ausführlicher Darstellung sind bei der Touristik-Abteilung des DCC gegen Rückporto erhältlich.

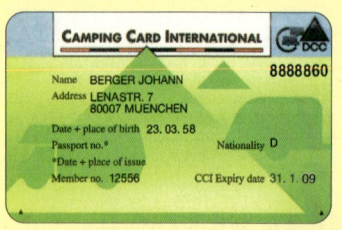

CAMPING-CARD INTERNATIONAL (CCI)

Gilt als Identitätsausweis, (es entfällt die Abgabe Ihres Personalausweises oder Reisepasses bei der Platzverwaltung), als Nachweis der Camping-Haftpflichtversicherung (von vielen ausländischen Platzhaltern gefordert), als Nachweis einer Mitgliedschaft in einem Club (welcher einem oder mehreren internationalen Verbänden angehört) und berechtigt zur Inanspruchnahme der vom Platzhalter zugesagten Ermäßigungen.

Das CCI erhalten Sie als Mitglied beim Deutschen Camping-Club e.V. oder bei einem Automobilclub.

ÖSTERREICH

Übersichtskarte Seite 352/353

Besondere Vorschriften und Regelungen.

Personaldokumente: Gültiger Reisepass oder Personalausweis. Kinder unter 16 Jahren benötigen einen Kinderausweis (mit Vermerk »Deutsch«) oder Eintrag im Familienpass.

Impfbescheinigungen: Werden nicht verlangt.

Dokumente für Haustiere: Für Hunde und Katzen ist der »EU-Heimtierpass« mitzuführen. Er wird von behördlich ermächtigten Tierärzten ausgestellt. Der Pass muss Name und Anschrift des Besitzers enthalten und dem Tier eindeutig zugeordnet werden können; d.h. die Passnummer, die eine Identifizierung ermöglicht, wird dem Tier eintätowiert oder durch einen Mikrochip implantiert. Ein gültiger Tollwutimpfschutz muss ebenfalls im Pass nachgewiesen werden. Die letzte Impfung muss mindestens 30 Tage zurückliegen und darf höchstens 12 Monate vor der Einreise erneuert worden sein. Bei Tieren, die regelmäßig (einmal pro Jahr) geimpft werden, entfällt die 30-Tage-Frist. Empfehlung: Für Hunde einen Maulkorb mitführen ist zwar nicht Pflicht, kann aber individuell verlangt werden. Spezielle Auskünfte erteilt die Botschaft für Österreich: Stauffenbergstr. 1, 10785 Berlin, Tel. 030/202870, Fax 030/2290569.

Kfz: Nationaler Führerschein und Zulassungsschein. Das Nationalitätskennzeichen »D« muss an Fahrzeugen, auch an Anhängern, angebracht sein. Die Mitnahme der »Internationalen Grünen Versicherungskarte« wird empfohlen. Ist der Fahrer nicht der Eigentümer des Fahrzeuges, muss eine Benutzungsvollmacht des Fahrzeughalters mitgeführt werden. Es ist nicht gestattet, einen österreichischen Staatsbürger ans Steuer zu lassen.

Verkehrsvorschriften: Auf engen Passstraßen muss derjenige ausweichen, dem es auf Grund der Fahrzeugbeschaffenheit und der örtlichen Gegebenheit leichter fällt. Bei Schneelage sind unbedingt Winterreifen bzw. Spikereifen (Spikereifen sind vom 15. November bis 1. Montag nach Ostern erlaubt) ratsam und in besonderen Fällen können nicht nur Schneeketten, sondern auch Winterreifen vorgeschrieben werden. Kinder unter 12 Jahren oder kleiner als 1.50 m dürfen im Pkw nicht auf den Vordersitzen befördert werden, außer es ist ein entsprechender Kindersitz eingebaut. Das Anlegen von Sicherheitsgurten ist vorgeschrieben. Beim Abschleppen eines Fahrzeuges darf die Warnblinkanlage nicht eingeschaltet sein. Wohnanhänger dürfen auf öffentlichen Parkplätzen nicht ohne das Zugfahrzeug abgestellt werden. Bleibt ein Auto wegen einer Panne/Unfall liegen, muss der Fahrer beim Verlassen des Fahrzeuges eine reflektierende Warnweste tragen. Außerdem besteht auch tagsüber für alle Kfz auf allen Straßen Lichtpflicht. Promillegrenze 0,5.

Für Wohnanhänger gesperrt sind folgende Streckenabschnitte:
<u>Vorarlberg/Tirol:</u> Arlbergpass, Silvretta-Hochalpenstraße bzw. Bielerhöhe (Partenen-Galtür). Zirler Berg (Zirl-Scharnitz) nur in Nordrichtung, Breitlehner Schlegeis-Stausee (Ginzling-Mayrhofen), Timmelsjoch (Sölden-St. Leonhard/Italien) nur ital. Seite, Gerlosstraße (Zell a. Ziller-Gerlos). Furkajoch (Laterns-Damüls), Hahntennjoch (Boden-Imst). <u>Osttirol:</u> Staller Sattel (Erlsbach-Antholz/Italien). <u>Kärnten:</u> Lesachtal (Kötschach-Mauthen-Luggau), Plöckenpass (ital. Seite), Villacher Alpenstr. (Villach), Wurzenpass (Villach-Kranjska Gora/Jugoslawien), Loiblpass (Unterloibl-Kranj, nicht empfohlen), Nassfeldpass (Tröpolach-Pontebba/Italien). <u>Steiermark:</u> Seeberg (Mariezell-Aflenz, nicht empfohlen), Lahnsattel (Mariazell-Mürzsteg, nicht empfohlen), Sölkpass (Gröbming-Murau).

Straßengebühren: Neben den bestehenden Mautgebühren auf einigen Passstraßen hat Österreich eine Autobahn-Vignette eingeführt. Der Vignettenpreis beträgt für Gespanne und Moca bis 3,5 t (Stand 2007): 10 Tage € 7.60, 2 Monate € 21.80, 1 Kalenderjahr € 72.60.
Eine Autobahnvignette für Wohnwagen wird nicht benötigt, es gilt die Vignette des Zugfahrzeuges.

Tempolimits:
Innerorts:	50 km/h	für Pkw/Motorcaravan/Gespanne
Landstraßen:	100 km/h	für Pkw/Motorcaravan bis 3.5 t/ Gespanne (bis 750 kg Anhängergewicht)
	80 km/h	für Gespanne (bis 3.5 t Anhängergewicht)
	70 km/h	für Motorcaravan über 3.5 t
Autobahnen:	130 km/h	für Pkw/Motorcaravan bis 3.5 t/
	100 km/h	für Gespanne (bis 3.5 t Anhängergewicht)
	80 km/h	für Motorcaravan über 3.5 t

Telefon: Deutschland – Österreich: 0043, dann Durchwahl ohne die erste Null der Ortsnetzkennzahl. Österreich – Deutschland: 0049, dann die deutsche Ortsnetzkennzahl ohne die erste Null.

Unfallnotruf: Polizei: 133, Rettung: 144 oder 112 (über Mobilfunk 112). Pannenpatrouillen des ÖAMTC auf allen wichtigen Straßen: Tel. 120. ADAC-Notrufstation Wien: 01/2512060.

Devisen: Für die Ein- und Ausfuhr von Landes- und Fremdwährung bestehen keine Beschränkungen.

Camping: Österreich verfügt über zahlreiche gut ausgestattete Campingplätze und Zeltmöglichkeiten. Campen außerhalb der offiziellen Plätze ist nur mit Einwilligung des betreffenden Grundstückeigentümers gestattet. Die Gasversorgung ist unproblematisch, die Anschlüsse der dort erhältlichen Gasflaschen sind mit den in Deutschland üblichen identisch. Bereits auf vielen Campingplätzen sind sogenannte Gasstraßen installiert. Dadurch werden die Standplätze direkt mit Gas versorgt. Das Stromnetz ist generell auf 220 Volt (50 Hz) ausgelegt. Die Stromstärke kann auf den Plätzen zwischen 4-16 Ampere variieren. Bei Reservierung ist es ratsam, die Mietbedingungen zu beachten. Auf einigen Plätzen wird volle Vorauszahlung verlangt, die bei Stornierung nicht oder nur teilweise erstattet wird.

Wassersport: Die Bestimmungen für die Benutzung von Motorbooten sind in den einzelnen Bundesländern verschieden. Allgemein sind nur wenige Gewässerabschnitte für den privaten Motorbootverkehr zugelassen. Motorboote mit einer Länge von mehr als 6 m und Boote mit Motoren von mehr als 14,7 kW (20 PS) Leistung müssen registriert sein. Die Schiffspapiere bestehen bei Booten, deren Motorleistung 4,4 kW (5 PS) übersteigt. Führerscheinpflicht besteht bei Booten, deren Motorleistung 4,4 kW (5 PS) übersteigt. Vor Antritt der Reise sollte man mit der für den Zielort zuständigen Gemeindeverwaltung Kontakt aufnehmen. In den Sommermonaten sind alle Seen für den privaten Motorbootverkehr gesperrt.

Allgemeine Informationen:

D	Österreich-Information (Telefon und Fax von Deutschland aus zum Ortstarif!) Postfach 83, 1043 Wien Tel. 0043 1802/101818, Fax 0043 1802/101819 www.austria.info, urlaub@austria.info

Vertretung der Bundesrepublik Deutschland:

A-1130	Wien, Deutsche Botschaft, Metternichgasse 3
A-1037	Wien, Post: Postfach 160 Tel. 0043 1/711 54, Fax 0043 1/713 83 66 www.deubowien.at, diplo@deubowien.at

Ausführliche Einreisebestimmungen mit detaillierten Angaben zu den Themen Reisedokumente, Zoll- und Devisenbestimmungen, Reisen mit dem Kraftfahrzeug, Camping und der Aufenthalt im Urlaubsland sind bei der Touristik-Abteilung des DCC gegen Rückporto erhältlich.

Campingplätze:

Angaben der Gebühren in EURO.
Bei Gebühren-Angaben mit der Vorjahreszahl muss eventuell mit einer Anhebung der Gebühren für das laufende Jahr gerechnet werden. Außerdem können sich die angegebenen Öffnungszeiten verändert haben und es ist möglich, dass angegebene Ermäßigungen nicht mehr gewährt werden.

Außerdem besteht die Möglichkeit, dass manche Campingplätze nur die Sommer-Hauptsaisonpreise angeben. Die Winter-Hauptsaisonpreise sind erfahrungsgemäß höher.

✉ 6900 Bregenz, Vorarlberg   **A 1020/1**

★★★ »SEECAMPING BREGENZ«   15.5. bis 15.9.
☎ 05574/71895, Fax 71896-1   398 m   100000 qm
www.seecamping.at, g.geisselmann@aon.at

→ A14 Abf. 9 Bregenz, hier Richtung Höchst B202, dann seewärts abbiegen. ✉ Hechtweg.

Unparzelliertes und ebenes Wiesengelände. Durch einen öffentlichen Weg zweigeteilt und vom Seeufer mit Liegewiesen und Strand getrennt. Ein Platzteil parkartig mit alten Bäumen, der andere Teil mit jungem Baumbewuchs. Ort 1.5 km entfernt. Touristen-/Dauerstellplätze 420/20.
2007: P/N 5.–, K/N 6 bis 14 J. 3.–, A/N 5.–, C T/N 5.–, MC/N 10.–, M/N 3.–, B/N 5.–, KT 1.24, WD und Strom (16 A) inkl. Ab 3 Nächten DCC/CCI 10% auf N.

✉ 6900 Bregenz, Vorarlberg   **A 1020/2**

★★★ »CAMPING MEXICO AM BODENSEE«   1.5. bis 30.9.
☎ 05574/73260, Fax 75286   395 m   6000 qm
www.camping-mexico.at, info@camping-mexico.at

→ A14 Abf. (9) Bregenz, hier Richtung Höchst B202, dann seewärts abbiegen. Unmittelbar vor Campingplatz »Seecamping«. ✉ Hechtweg 4 (GPS: 47°30'15" N / 9°42'49" E).

Parzelliertes, ebenes Wiesengelände am Seeufer. Familienbad. Imbiss. Kiosk. Brötchenservice. W-LAN/Funkinternet. Billard. Ort 2 km entfernt. Mittagsruhe 12-14 Uhr. Touristen-/Dauerstellplätze 26/12.
2007: (HS) P/N 5.–, K/N 6 bis 14 J. 3.–, St/N 10.–, extra A/N 4.–, kl. T/N 4.50, M/N 2.50, B/N 2.50, H/N 1.50, KT 1.24, WD inkl., Strom/N 2.50 (10 A). Mai, Juni u. Sept. ab 1 Woche 20% und in NS Ermäßigung.

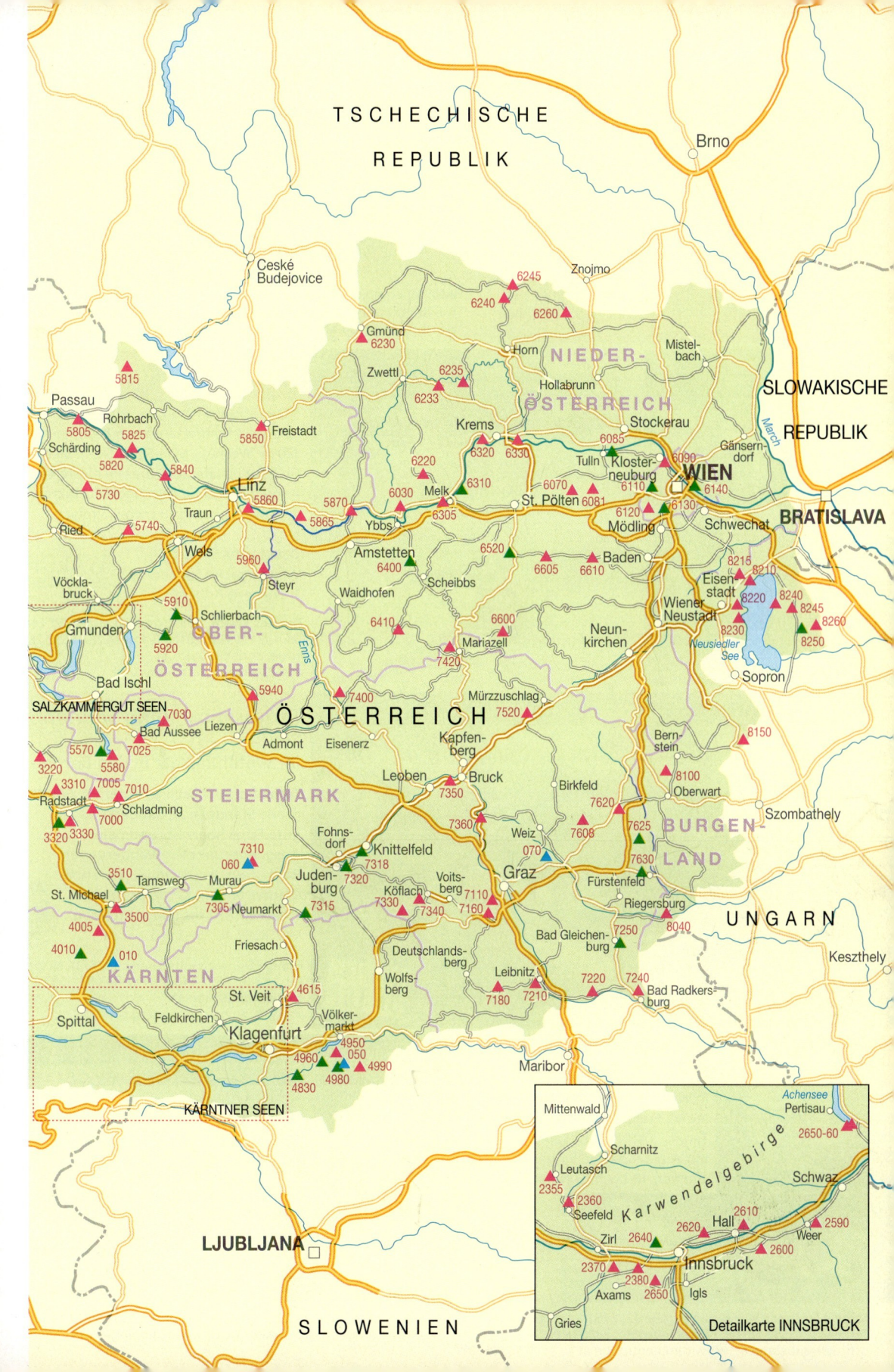

ALPENREGION BLUDENZ
IM SÜDEN VORARLBERGS

Brandnertal – Biosphärenpark Großes Walsertal
Bludenz/Walgau – Klostertal

Abenteuer unter freiem Himmel, Sommer wie Winter!
Wandern – Mountainbike – Golf – Wellness – Wintersport

Info: Alpenregion Bludenz, Rathausgasse 12
A 6700 Bludenz, Tel. +43 (0) 5552 30227
info@alpenregion.at, www.alpenregion.at

Walch's Camping & Landhaus

NEUeröffnung am 01. November 2007 mit höchstem Komfortanspruch & Zeitgeist. 170 m² Wellness, Mini-Shop, Ski- & Bikeraum, Gruppenschlafräume. Braz im Klostertal am Arlberg – Ideal für Ausflüge, Sportaktivitäten vom Biken bis zum 18 Loch-Golfplatz.

Direkt vorm Ski- & Wandergebiet Sonnenkopf & SkiArena Arlberg.

Thomas Walch, Arlbergstraße 101, 6751 Braz
Tel. +43 (0) 5552 28102-0, Fax +43 (0) 5552 28102-2
info@landhauswalch.at
www.campingplatz-arlberg.at

Terrassencamping Sonnenberg

Ihr Wohlfühlplatz in den Bergen

Traumhafter Ausblick, Komfort, Erholung, große Standplätze, Sauberkeit, gute Erreichbarkeit, optimaler Ausgangspunkt für Wanderungen, Radfahren, Ausflüge, ... geführte Wanderungen, Kinderprogramm, Freier Eintritt ins Erlebnisfreibad VAL BLU; ab 15,- Euro

Familie Dünser, Hinteroferst 12, 6714 Nüziders
Tel. +43 (0) 5552 640 35, Fax +43 (0) 5552 339 00
sonnencamp@aon.at
www.camping-sonnenberg.com (A 11

Camping Traube

In einem 2 ha großen Obstgarten gelegen, Freibad, Kinderplanschbecken, Tennis, Tischtennis, Spielplatz. Hotel mit Alpen-Spa, Hallenbad, Komfortzimmer, 18-Loch Golfplatz.

Familie Lorünser, Klostertalerstraße 12, 6751 Braz bei Bludenz
Tel. +43 (0) 5552 28103, Fax +43 (0) 5552 28103-40
office@traubebraz.at, www.campingtraube.at (A 1140)

Camping Grosswalsertal

- Familiencamping auf einer Sonnenterrasse mit herrlicher Aussicht
- Top Sanitäranlagen
- Topmoderner, beheizter Swimmingpool
- Spielplatz, Volleyball, Aufenthaltsraum

Für ausführliche Informationen besuchen Sie bitte unsere Website unter **www.camping-grosswalsertal**

Fam. Zech, Plazera 21, 6741 Raggal, Tel. +43 (0) 5553 209
info@camping-grosswalsertal.at, www.camping-grosswalsertal.at (A 1

Camping deluxe.

ALPEN CAMPING

NENZING ★★★★★

- Terrassen mit Panoramablick
- Gratisbenützung von exklusiven Bädern
- Beheiztes Schwimmbad bis Mitte Oktober
- Freizeitprogramm für Klein & Groß
- Spezialangebote auch in der Nebensaison
- Paradies für Wanderer und Radfahrer
- Gemütliches Blockhüttenrestaurant

Alpencamping Nenzing
Garfrenga 1
A-6710 Nenzing
Tel +43 (0) 5525 62491
Mobil +43 (0) 664 2212449
Fax +43 (0) 5522 51361

info@alpencampingnenzing.at
www.alpencampingnenzing.at

ADAC Super-Platz 2007 (A 1080)

✉ 6850 Dornbirn, Vorarlberg   A 1040

25 ★★★ »CAMPING IN DER ENZ« — April bis Sept.
☎ 05572/29119   450 m   15 000 qm
www.camping-enz.at, camping@camping-enz.at

→ A 14 Bregenz–Feldkirch Abf. Dornbirn/Süd. In Dornbirn der Beschilderung »Karren-Seilbahn« folgen, hier vorbei noch 100 m. ✉ Gütlestr.

Unparzelliertes, ebenes Wiesengelände unter hohen Bäumen mit einer geteilten Lichtung. Von Waldhöhen umgeben. Ort 1 km entfernt. Touristen-/Dauerstellplätze 95/5.
2007: P/N 5.–, K/N 2 bis 14 J. 3.–, A/N 2.50, C T/N 4.50, MC/N 6.50, M/N 1.50, KT –.80, WD inkl., Strom/N 2.50 (6 A).

✉ 6803 Feldkirch-Gisingen, Vorarlberg   A 1060

30 ★★★ »WALDCAMPING FELDKIRCH« — 15.3. bis 31.10.
☎ 05522/76001-3190, Fax 76001-3199   458 m   35 000 qm
www.waldcamping.at, waldcamping@waldcamping.at

→ A14 Bregenz–Bludenz Abf. (36) Rankweil auf die B190 Richtung Feldkirch, ab hier beschildert Richtung Gisingen. ✉ Stadionstr. 9.

Ebenes, gepflegtes und parzelliertes Wiesengelände. In einem Mischwald auf Lichtungen gelegen. Angrenzend an ein Schwimmbad (für Camper kostenlos). Kiosk. Ort 4 km entfernt. Mittagsruhe 12.30-14 Uhr. Touristen-/Dauerstellplätze 66/64.
2007: P/N 5.60, K/N 6 bis 14 J. 3.25, A/N 3.90, C/N 5.75, MC/N 7.10, T/N 4.80, M/N 2.90, H/N 2.60, KT –.87, WD inkl., Strom/N 2.20 (6 A). In NS Ermäßigung.
CCI 10% auf P/N und St/N.

✉ 6710 Nenzing, Vorarlberg   A 1080

EUROPA-PREIS 30 ★★★★★ »ALPENCAMPING NENZING« — 1.1. bis 31.3. und 26.4. bis 31.12.
☎ 05525/62491, Fax 62491-6   680 m   30 000 qm
www.alpencamping.at, office@alpencamping.at

→ A 14 Bregenz–Bludenz Abf. (41) Feldkirch-Frastanz oder Abf. (50) Nenzing. ✉ Garfrenga 1 (GPS: 47°10′57″ N / 9°40′55″ E).

Terrassiert ansteigendes und sehr gepflegtes Gelände auf einer von Wald umgebenen Lichtung. Mit Blick auf die Berge. Parzelliert und teilweise schattenlos. Kindersanitär. Großzügige Kinderspiel- und Sportmöglichkeiten. Zentrale Gasversorgung. Kabel-TV und Telefon-Anschluss. Teilweise separate PKW-Abstellung. Brötchen-Service. In HS Reservierung empfohlen. Massagen. FW. Ort 1 km entfernt. Mittagsruhe 12.30-13.30 Uhr. 168 Touristenplätze.
2008: (HS) P/N 9.–, K/N 2 bis 14 J. 3.–, J/N 15 bis 17 J. 4.–, St/N 11.–, H/N 4.50, KT –.50, WD inkl., Müllgeb. St/N –.70, Strom/kWh –.65 (16 A). Ab 1 Woche und in NS Ermäßigung.

✉ 6714 Nüziders, Vorarlberg   A 1100

30 ★★★★ »TERRASSENCAMP. SONNENBERG« — 26.4. bis 6.10.
☎ 05552/64035, Fax 33900   580 m   19 000 qm
www.camping-sonnenberg.com, sonnencamp@aon.at

→ A 14 Bregenz–Bludenz Abf. (57) Nüziders. ✉ Hinteroferst 12 (GPS: 47°10′11″ N / 9°48′26″ E).

Teils leicht abfallendes, teils terrassiert ansteigendes Gelände. Parzelliert und überwiegend schattenlos. Freier Blick auf eine herrliche Berglandschaft. Teilweise separate Pkw-Abstellung. Befestigte Moca-Stellplätze. Jugendraum. Heimkino. Bücherecke. Kiosk. Brötchenservice. W-LAN/Funkinternet. In HS Reservierung empfehlenswert. Freier Eintritt ins Erlebnisfreibad "Val Blu" (3 km). Ort 500 m entfernt. Mittagsruhe 12.30-14 Uhr. 120 Touristenplätze.
2008: (HS) P/N 6.–, K/N 2 bis 14 J. 3.50, St/N 10.–, H/N 3.50, KT –.50, WD inkl., Strom/N 2.60 (13 A). Ab 14 Nächten und in NS Ermäßigung.

„Wien, Wien, nur du allein" • www.campingwien.at • e. info@campingwien.at • t. +43/1/9142314

(A 6110, A 6130, A 6140)

Unparzelliertes, langgestrecktes und leicht abfallendes Wiesengelände mit einzelnen Bäumen. Im unteren Bereich an die Bundesstraße angrenzend. Ski-Trockenraum. Separate Pkw-Abstellung. Mindestaufenthalt 6 Nächte. Ostern und Weihnachten nur auf Voranmeldung. Schwimmbad für Camper gratis. Ort 500 m entfernt. Mittagsruhe 12-13.30 Uhr. Touristen-/Dauerstellplätze 30/120.
2007: P/N 6.50, K/N 4 bis 14 J. 3.–, St/N 9.–, KT 1.40, WD inkl., Strom/kWh –.60 (13 A).

✉ 6774 Tschagguns, Vorarlberg — A 1530

30 -35 ★★★ »CAMPING ZELFEN«   1.1. bis 31.12.
☎ 0664/2002326   715 m   20 000 qm
www.camping-zelfen.at, kunsttischlerei.tschofen@utanet.at

➔ B 188 (Montafonstraße) Bludenz–Bielerhöhe, an der Ampelkreuzung bei Schruns rechts abbiegen nach Tschagguns. ✉ Zelfenstr. 79.

Unparzelliertes, leicht welliges Wald- und Wiesengelände neben einem Umspannwerk. Hochspannung führt über den Platz. Dampfbad. Kinderspielraum. Kostenloser Skibus-Service. Aktivpark Montafon (300 m) gratis. Ort 1 km entfernt. Touristen-/Dauerstellplätze 70/30.
2007: (So/Wi) St/N inkl. 2 P/N ohne/mit Strom 20.–/23.– (So.) bzw. 22.–/25.– (Wi.), weitere P/N 6.60/7.30, K/N 3 bis 14 J. 4.50/5.20, WD zuzügl., Strom (6 A).

✉ 6793 Gaschurn, Vorarlberg — A 1560

25 ★★★ »CAMPING NOVA«   Pfingsten bis 1 Wo. nach Ostern
☎ 05558/8954, Fax 8962   998 m   10 000 qm
www.campingnova.at, info@campingnova.at

➔ B 188 (Montafonstrasse) Bludenz–Bielerhöhe, hinter St. Gallenkirch ca. 1 km. ✉ Campingstr. 138a.

Unparzelliertes, leicht wellig abfallendes Wiesengelände. Von einem Fluss und Waldhang begrenzt. Der terrassierte vordere Bereich liegt neben der Straße und ist durch Obstbäumen aufgelockert. Der hintere Platzteil ist durch einzelnen Laubbäumen teilweise beschattet. Es führt eine Hochspannungsleitung über den Platz. Kostenloser Skibus-Service. Imbiss. Brötchenservice in HS. W-LAN/Funkinternet. FW. Freizeitpark "Montain Beach" 400 m, Ort 1 km entfernt. Touristen-/Dauerstellplätze 100/50.
2007: P/N 5.60, K/N 2 bis 14 J. 3.90, A/N 1.20, C/N 3.90, MC/N 4.50, T/N 3.70/4.10, M/N 1.10, H/N 2.–, WD zuzügl., Strom/N 2.60 (13 A).

✉ 6600 Reutte, Tirol — A 2010

★★★ »CAMPING REUTTE«   1.1. bis 31.12.
☎ 05672/62809, Fax 62809-4   864 m   22 000 qm
www.camping-reutte.com, camping-reutte@aon.at

➔ B 179 Pfronten–Lermoos, in Reutte abbiegen Richtung Krankenhaus bis zum südlichen Ortsende. ✉ Ehrenbergstr. 53.

Von einer hohen Hecke umgebenes, ebenes und parzelliertes Wiesengelände. Einige, durch Rasengitter befestigte Stellplätzen. Ski-Trockenraum. Kostenloser Skibus-Service. Kabel-TV. Ort 500 m entfernt. Mittagsruhe 12-14 Uhr. Touristen-/Dauerstellplätze 100/65.

✉ 6611 Heiterwang, Tirol — A 2020

30 ★★★ »CAMPING HEITERWANGERSEE«   1.1. bis 31.12.
☎ 05674/5116, Fax 5260   970 m   10 000 qm
www.fischeramsee.at, hotel@fischeramsee.at

➔ B 179 Reutte–Lermoos, in Heiterwang der Beschilderung »Hotel Fischer am See« folgen. ✉ Fischer am See 1.

Unparzelliertes, ebenes und teilweise geschottertes Wiesengelände am See mit Uferliegewiese. Von Baumreihen durchzogen. Badeplattform. Schiffsanlegestelle. Brötchenservice. Massagen. Dampfbad. Wäscheservice. FW. Ort 1 km entfernt. Touristen-/Dauerstellplätze 30/38.
2007: P/N 9.–, K/N bis 14 J. 4.–, St/N 6.–, H/N 2.–, WD inkl., Strom/N 1.– (10 A), Anschlussgeb. 2.–.

Sommer + Winter (A 2070/2)
ERHOLUNGS-UND FREIZEIT-CAMPING
ROSSBACH

Preishit im Winter
Monatsplatz € 48,−
Saisonplatz Okt. - April
€ 480,− incl. Personen

www.campingrossbach.com

A-6465 NASSEREITH • Telefon (0 52 65) 51 54
E-mail: camping.rossbach@aon.at

Idealer Ferienplatz in den Alpen, in ruhiger Lage, umgeben von Wald und Wiesen, durchquert von einem romantischen Wildbach, mit schönem, altem Baumbestand. Eine kultivierte Anlage mit parzellierten Plätzen, modernen Sanitäranlagen, Aufenthaltsraum, Gaststätte, Kinderspielplatz und geheiztem Schwimmbad.

SUPER-Angebote:

incl. 2 Personen, Strom, Dusche, beh. Schwimmbad u. Taxe	7 Tage	14 Tage	21 Tage	28 Tage	extra Pers.	extra Kind
1.4. bis 10.7. / 15.8. bis 30.11.	€ 110,00	€ 215,00	€ 290,00	€ 350,00	€ 4,80	€ 2,90
1.7. bis 15.8. / 1.12. bis 31.3.	€ 130,00	€ 250,00	€ 355,00	€ 450,00	€ 5,20	€ 3,10

✉ 6631 Lermoos, Tirol — A 2030/1

15 ★★★ »LÄRCHENHOF« — Dez. bis April/Mai bis Okt.
☎ 05673/2197, Fax 21975 1000 m 3500 qm
www.camping-lermoos.at, info@camping-lermoos.at

→ B 179 Reutte–Fernpass, am Ortsanfang von Lermoos bei der BP–Tankstelle. ✉ Gries 16.

Unparzelliertes, ebenes bis leicht welliges und schattenloses Wiesengelände. Hinter einer hohen Lärmschutzwand zwischen Bahnlinie und Straße. Ski- und Trockenraum. Whirlpool. Dampfbad. IR-Kabine. Kostenloser Skibus-Service. W-LAN/Funkinternet. Ort 800 m entfernt. Touristen-/Dauerstellplätze 25/20.
2007: P/N 3.50, K/N 1.90, A/N 1.50, C/N 2.30, MC/N 3.50, T/N 2.30, KT 1.10, Müllgeb./N 1.10, Strom/N 1.90 oder kWh −.65.

✉ 6631 Lermoos, Tirol — A 2030/2

30 ★★★ »HAPPY CAMP HOFHERR« — Dez. bis April/Juni bis Okt.
☎ 05673/2980, Fax 2980-5 1004 m 8000 qm
www.camping-lermoos.com, info@camping-lermoos.com

→ B 179 Reutte–Fernpass, am Ortsanfang von Lermoos zur BP-Tankstelle, hier weiter und in Richtung Ehrwald abbiegen. ✉ Garmischer Str. 21 (GPS: 47°24'11" N / 10°53'13" E).

Parzelliertes, leicht ansteigendes Wiesengelände mit Blick auf das Wettersteinmassiv. Durch Bäume und Hecken gegliedert. Durchgang zu den öffentlichen Freizeitanlagen. Zentraler Gasanschluss. TV-Anschluss. Golfplatz (9 Loch) angrenzend. Funkinternet. Ort 200 m. Freibad 500 m entfernt.
2008: (So/Wi) P/N 6.20/7.20, K/N 4 bis 14 J. 4.−/5.−, St/N 7.−/8.50, M/N 3.−, KT 1.30, WD inkl., Müllgeb. P/N −.70, Strom/kWh −.80 (16 A). In NS Erm.

✉ 6632 Ehrwald, Tirol — A 2050/1

30 ★★★ »CAMPING DR. LAUTH« — 1.1. bis 31.12.
☎ 05673/2666, Fax 2666-4 1050 m 10000 qm
www.campingehrwald.at, info@campingehrwald.at

→ B 179 Reutte–Fernpass, in Ehrwald der Beschilderung »Tiroler Zugspitzbahn« bergauf folgen. 1. Platz. ✉ Zugspitzstr. 34.

Unparzelliertes, ansteigendes und teilweise terrassiertes Wiesengelände. Von hohen Tannen umgebend und überwiegend schattenlos. Zentraler Gasanschluss. Kostenloser Skibus-Service. Brötchenservice. W-LAN/Funkinternet. Ort 1 km entfernt. Mittagsruhe 12-14 Uhr. Touristen-/Dauerstellplätze 55/50.
2007: P/N 6.90, K/N 4 bis 14 J. 5.70, St/N 6.20, H/N 2.20, KT 1.25, Müllgeb. P/N −.60, Strom/kWh −.65 (16 A).

✉ 6632 Ehrwald, Tirol — A 2050/2

45 ★★★★★ »TIROLER ZUGSPITZCAMP« — 1.1. bis 31.12.
☎ 05673/2309, Fax 2309-51 1220 m 30000 qm
www.zugspitze.at, camping@zugspitze.com

→ B 179 Reutte–Fernpass, in Ehrwald der Beschilderung »Tiroler Zugspitzbahn« bergauf folgen. ✉ Obermoos 1.

Teils terrassiertes, teils abfallendes Wiesengelände am Hang. Parzelliert und mit einigen geschotterten Stellflächen. Von ausgedehnten Wäldern, unterhalb des Wettersteinmassivs, umgeben. Kindersanitär. Riesentrampolin. Billard. Schwimmhalle. Whirlpool. Dampfbad. Fitnessraum. Hundebad. Ski-Trockenraum. Kostenloser Skibus-Service. Ort 4 km entfernt. Touristen-/Dauerstellplätze 125/75.
2008: (HS) P/N 12.−, K/N 4 bis 15 J. 8.50, St/N 8.−, H/N 4.−, KT 1.30, WD inkl., Müllgeb. P/N −.50, Strom/kWh −.80 (16 A). In NS Ermäßigung.

✉ 6633 Biberwier, Tirol — A 2060/1

30 ★★★★ »FERIENCENTER BIBERHOF« — 1.1. bis 31.12.
☎ 05673/2950, Fax 20105 998 m 20000 qm
www.biberhof.at, reception@biberhof.at

→ B 179 Reutte–Fernpass, in Biberwier Richtung Ehrwald abbiegen, noch ca. 700 m. ✉ Schmitte 8.

Ebenes Wiesengelände mit Laubbäumen. Parzellierte und teilweise geschotterte Stellflächen. Blick auf die Zugspitze. Eine Hochspannungsleitung führt über den Platz. Brötchenservice. Kostenloser Skibus-Service. Riesentrampolin. Fitnessraum. Kletterwand. Rollerskate-Platz. Billard. Ski- und Trockenraum. FW. Haltestelle 200 m, Restaurant und Ort 1 km entfernt. Mittagsruhe 12-14 Uhr. Touristen-/Dauerstellplätze 90/60.
2007: (HS) P/N 6.60, K/N 2 bis 14 J. 5.40, C MC-St/N 6.60, T/N 4.40, H/N 1.80, KT 1.20, WD zuzügl., Strom/N 2.− oder kWh −.70 (16 A). In NS Erm.

✉ 6633 Biberwier, Tirol — A 2060/2

25 ★★★ »ALPENCAMP MARIENBERG« — 1.1. bis 31.12.
☎ 05673/2023-7, Fax 2023-8 1000 m 20000 qm
www.alpencamp-marienberg.at, info@alpencamp-marienberg.at

→ B 179 Reutte–Fernpass, in Biberwier direkt neben dem Marienberglift. ✉ Marienbergweg 15.

Parzelliertes, terrassiertes und gekiestes Gelände. Alle Plätze mit Strom-, Gas-, Frisch- und Abwasseranschluss. Ski- und Snowboardschule, Skiabfahrt und Loipe direkt neben dem Platz. Wohnmobilhafen. Brötchenservice. Sommerrodelbahn 100 m, Ort 1 km entfernt. Touristen-/Dauerstellplätze 40/35.
2008: (HS) P/N 6.−, K/N bis 14 J. 4.70, C-St/N 6.20, T/N 5.−, H/N 2.−, KT 1.20, WD inkl., Müllgeb. P/N −.60, Strom/kWh −.75 (16 A). In NS Erm.

✉ 6465 Nassereith, Tirol — A 2070/1

30 ★★★★ »ROMANTIK-CAMPING SCHLOSS FERNSTEINSEE« — Mai bis Okt.
☎ 05265/5210-157, Fax 52174 1000 m 50000 qm
www.fernsteinsee.at/camping, camping@fernsteinsee.at

→ B 3179 Reutte–Fernpass–Imst. Hinter Hotel und Brücke Fernsteinsee noch 200 m.

Von Berghöhen umgebenes, weitläufiges und naturbelassenes Wiesengelände. In einem Bachtal mit individueller Stellplatzwahl. Ein ebener Platzteil ist parzelliert. Sanitäranlage beheizbar. Kiosk. Boccia. Billard. Kabel-TV. FW. Ort 3 km entfernt. 120 Touristenplätze.
2007: (HS) 2 P/N inkl. St/N 18.− bis 24.−, weitere P/N 5.−, K/N 3 bis 15 J. 2.90, H/N 1.80, KT 1.−, WD inkl., Strom/N 2.80. In NS und ab 3 Nächten Erm.

DCC-Vertragsplatz

✉ **6465 Nassereith**, Tirol   **A 2070/2**

20 ★★★ »CAMPING ROSSBACH«   1.1. bis 31.12.
☎/Fax 05265/5154   830m   10000 qm
www.campingrossbach.com, camping.rossbach@aon.at

→ B 179 Reutte–Fernpass–Imst, bei Nassereith Richtung Innsbruck noch 1.5 km. ✉ Rossbach 325.

Ebenes bis leicht abfallendes Wiesengelände in einem Seitental. Parzelliert und teilweise in Stufen angelegt. Durch Laubbäume günstig aufgelockert. Ski-Trockenraum. Kostenloser Skibus-Service. Brötchenservice. Haltestelle und Ort 1 km entfernt. Mittagsruhe 12-14 Uhr. 86 Touristenplätze.
2008: (HS) P/N 4.20, K/N 2 bis 14 J. 2.80, A/N 3.–, C T/N 3.–, MC/N 5.–, M/N 2.70, H/N 1.50, KT 1.10, Müllgeb. P/N –.60, Schwimmbad und WD inkl., Strom/N 2.10 (6 A). Ab 7 Nächten und in NS Ermäßigung.
DCC/CCI 20% auf P/N.

✉ **6460 Imst**, Tirol   **A 2080/1**

25 ★★★ »INT. CAMPING AM SCHWIMMBAD«   Mai bis Sept.
☎ 05412/66612   825m   16000 qm
www.members.aon.at/camp1/, camp1@gmx.at

→ B 179/ B 189 Reutte–Fernpass–Imst, hier beschildert. ✉ Schwimmbadweg 10.

Wellig abfallende Wiese mit einigen Bäumen. Parzelliert und überwiegend schattenlos. Für Camper ermäßigter Schwimmbadeintritt. Ort 600 m entfernt. Touristen-/Dauerstellplätze 50/15.
2007: (HS) P/N 6.–, K/N 2.50, St/N 6.–, KT/Müllgeb. P/N 1.–, WD inkl., Strom/N 1.50 (6 A). In NS Ermäßigung.

✉ **6460 Imst**, Tirol   **A 2080/2**

25 ★★★ »CAMPINGPARK IMST-WEST«   1.1. bis 31.12.
☎ 05412/66293, Fax 66293-19   800m   10000 qm
www.imst-west.com, fink.franz@aon.at

→ Von A12 Abf. Imst, die B 189 Reutte–Fernpass–Imst, hier Richtung Innsbruck. ✉ Langgasse 62.

Leicht welliges, parzelliertes Wiesengelände mit lockerem Baumbestand und Blick auf die umliegenden Berge. Ski-Trockenraum. Kostenloser Skibus-Service. FW. Kiosk. Brötchenservice. Ort 800 m, Freibad 1.5 km entfernt. Separater Jugendplatz. 70 Touristenplätze.
2008: (HS) P/N 5.–, K/N 2 bis 14 J. 3.30, St/N 7.50, H/N 2.–, KT –.65, WD inkl., Müllgeb. P/N –.35, Strom/N 3.– (6-16 A). Ab 7/14 Nächten 5/14% Ermäßigung auf P/N, ab 21 Nächten auch auf St/N. In NS Ermäßung.

Jahres-Öffnungszeiten
werden uns von den Platzhaltern gemeldet. Sie bemühen sich, die Zeiten einzuhalten. Je nach Wetterlage sind aber spätere Öffnungs- und frühere Schließungszeiten möglich.

DCC-Vertragsplatz

✉ **6574 Pettneu**, Tirol   **A 2090/1**

30 ★★★ »SPORTRANCH CAMPING«   1.1. bis 31.12.
☎ 05448/8352, Fax 8352-4   1200m   6000 qm

→ A12 Innsbruck–Landeck Abf. Fliersch (von Westen Abf. St. Anton) auf S16/L68 nach Pettneu. ✉ Pettneu 45a (GPS: 47°08'53" N / 10°20'31" E).

Ebenes, parzelliertes Wiesengelände. Familiäre Atmosphäre. Ski-Trockenraum. Billard. Pub/Cafe/Imbiss/Brötchenservice. Angelkarten. Kostenloser Skibus-Service. Sommerrodelbahn in der Nähe. Wohnwagen-Unterstellmöglichkeit in einer Halle am Platz. Ort 100 m entfernt. 40 Touristenplätze.
2008: (HS) P/N 6.50, K/N 5 bis 9 J. 3.50, J/N 4.50, St/N 8.–, T/N 4.50, KT 1.50, WD zuzügl., Müllgeb. St/N 1.–, Strom/N 1.50 oder kWh –.70 (13 A). In NS Ermäßigung.
DCC 10% auf P/N, CCI 5% auf St/N.

✉ **6574 Pettneu**, Tirol   **A 2090/2**

45 ★★★★ »CAMPING ARLBERG«   1.1. bis 31.12.
☎ 05448/22266, Fax 22266-30   1228m   50000 qm
www.camping-arlberg.at, info@camping-arlberg.at

→ A12 Innsbruck–Landeck, weiter auf S 16 bis Abf. Pettneu. (Nicht Abf. Pettneu-Fliersch fahren! Für Caravan und Moca nicht geeignet!). ✉ Strohsack 235 c (GPS: 47°08'42" N / 10°20'16" E).

Ebenes und parzelliertes Gelände. Jeder Stellplatz mit eigenem Privat-Badehaus und Abwasser-Anschluss. Befestigte Moca-Plätze. Brötchenservice. SAT-Anschluss. Caravan-Waschhalle. Hundebad. Nebenan Partnerbetrieb „Wellnesspark Arlberg" mit Hallenschwimmbad. Ort 500 m entfernt. Touristen-/Dauerstellplätze 135/10.
2007: (HS) 2 P/N inkl. C-St/N 36.– (Wi)/18.– (So), weitere P/N 7.–, K/N 4 bis 15 J. 4.50, H/N 3.–, KT 1.50, WD inkl., Müllgeb. 2.–, Strom/kWh –.45 (16 A). In NS Ermäßigung.

✉ **6500 Landeck**, Tirol   **A 2100**

25-35 ★★★ »CAMPING RIFFLER«   1.1. bis 30.4./1.6. bis 31.12.
☎ 05442/64898, Fax 64898-4   800m   2500 qm
www.camping-riffler.at, lorenz.schimpfoessl@aon.at

→ A12 Innsbruck–Landeck Abf. Landeck auf die B 171 in Richtung Arlberg. 1. Platz. ✉ Bruggfeldstr. 2.

Ebene und parzellierte Wiese zwischen der Straße und dem Ufer der »Sanna«. Mit Hecken und Laubbäumen aufgelockert. Ski-Trockenraum. Kostenloser Skibus-Service. Ort 500 m entfernt. Mittagsruhe 12-14 Uhr. 36 Touristenplätze.
2007: (So/Wi) P/N 4.80/7.20, K/N 5 bis 14 J. 4.–/5.60, A/N 2.60/3.–, C MC/N 7.90 bis 9.10, T/N 4.70 bis 7.90, M/N 2.40, KT –.70, WD inkl., Müllgeb. St/N 1.–, Strom/N 2.60/3.20 (9 A). In NS und ab 10 Nächten Ermäßigung. Gruppenermäßigung ab 10 Personen.

DCC-Vertragsplatz

6522 Prutz, Oberinntal, Tirol — A2110

35 ★★★★ »AKTIVCAMP PRUTZ« — 1.1. bis 31.12.
☎ 05472/2648, Fax 2648-4 860 m 30 000 qm
www.aktiv-camping.at, info@aktiv-camping.at

→ B 180 Landeck–Reschenpass, in Prutz über die Innbrücke. ✉ Beim Sauerbrunn/Entbruck 70 (GPS: 47°04'49" N / 10°39'34" E).

Ebenes und parzelliertes Wiesengelände mit alten Bäumen. Zwischen einem Waldhang und dem Inn gelegen. Durch einen Versorgungstrakt zweigeteilt. Moca-Übernachtungsplätze. Kiosk. Imbiss. Brötchenservice. Billard. Ski-Trockenraum. Kostenloser Skibus-Service. W-LAN/Funkinternet. Ort 300 m entfernt. Touristen-/Dauerstellplätze 95/20.
2008: (HS) P/N 7.30, K/N 5 bis 14 J. 2.–, C MC-St/N 8.40, T-St/N 7.50, B/N 2.80, WD inkl., Müllgeb. P/N –.60, Strom/N 2.60 (6 A). Summer-Card inkl. In NS Ermäßigung.
DCC 10% auf P/N.

6524 Kaunertal-Platz, Tirol — A2115

25 ★★★ »CAMPING KAUNERTAL« — 15.4. bis 15.11.
☎ 05475/316, Fax 316-65 1275 m 6800 qm
www.weisseespitze.com, info@weisseespitze.com

→ B 180 Landeck–Reschenpass, in Prutz abbiegen ins Kaunertal, ca. 8 km beim Sporthotel Weißseespitze. ✉ Platz 30.

Ebene bis leicht wellige Wiese bei einem Hotel. Parzelliert und überwiegend schattenlos. Von hohen Bergen umgeben. Kiosk. Brötchenservice. Haltestelle 250 m, Ort (Feichten) 3 km entfernt. Mittagsruhe 12-15 Uhr. 50 Touristenplätze.
2008: (HS) P/N 6.–, K/N 4 bis 14 J. 4.–, C MC-St/N 5.–, T-St/N 4.–, H/N 2.–, KT 1.10, WD zuzügl., Müllgeb. 2/3 P/N 1.–/2.–, Strom/N 2.– (6 A). In NS Erm.

DCC-Vertragsplatz

6531 Ried, Oberinntal, Tirol — A2130

30 ★★★★ »CAMPING DREILÄNDERECK« — 1.1. bis 31.12.
☎ 05472/6025, Fax 6025-4 875 m 10 000 qm
www.tirolcamping.at, camping-dreilaendereck@tirol.com

→ B 180 Landeck–Reschenpass. Nach Ried abbiegen. ✉ Gartenland 37.

Ebenes Wiesengelände im Ortsbereich. Mit lockerem Baumbestand. Imbiss. Kiosk. W-LAN/Funkinternet. Kinderspielraum. Billard. Wellness-Bereich. Dampfbad. Ski-Trockenraum. Kostenloser Skibus-Service. FW. Touristen-/Dauerstellplätze 45/30.
2008: (HS) P/N 5.60, K/N 3 bis 14 J. ab 3.10, St/N 11.–, H/N ab 1.80, KT 1.10, WD zuzügl., Müllgeb. P/N –.60, Strom/N 2.70 oder kWh –.60 (15 A). In NS Ermäßigung.
DCC 10% auf P/N.

6543 Nauders, Tirol — A2150

★★★ »ALPENCAMPING NAUDERS« — Dez. bis Okt.
☎ 05473/87266, Fax 87217-50 1395 m 7000 qm
www.camping-nauders.at, alpencamping@tirol.com

→ B 180 Landeck–Reschenpass, südlich von Nauders neben der BP-Tankstelle an der österr.-ital. Grenze.

Ebenes und parzelliertes Wiesengelände an einem kleinen Bach zwischen Straße und Berghang. Fitnessraum. Dampfbad. Kinderspielzimmer. Ski-Trockenraum. Kostenloser Skibus. Haltestelle 50 m, Hallenbad 4 km und Ort 5 km entfernt. 36 Touristenplätze.

DCC-Vertragsplatz

6675 Tannheim, Tirol — A2200

25 ★★★★ »PANORAMACAMP ALPENWELT« — 1.1. bis 15.4.
☎ 05675/4307-0, Fax 4307-77 1100 m und 11.5. bis 1.11.
www.tannheimertal-camping.com, alpenwelt@tirol.com 15 000 qm

→ A7 Ulm–Kempten Abf. (137) Oy-Mittelberg, Richtung Oberjoch/Tannheimer Tal, ca. 1.5 km vor Tannheim. Beschildert. ✉ Kienzerle 3.

Parzelliertes, ebenes und terrassiertes Wiesengelände mit jungen Bäumen. SAT/TV-Anschluss, ISDN-Telefon-Anschluss. Ski-Trockenraum. Kostenloser Skibus. Fitnessraum. Dampfbad. Brötchenservice. FW. Mittagsruhe 13-15 Uhr. Ort 1.5 km entfernt. Touristen-/Dauerstellplätze 70/10.
2007: (HS) P/N 5.–, K/N 2 bis 14 J. 4.–, C MC-St/N 10.–, T-St/N 6.–, H/N 3.–, KT 1.10, WD inkl., Strom/N –.70 (16 A). In NS Ermäßigung.
DCC 10% auf P/N.

6673 Grän, Tannheimertal/Tirol — A2210

40 ★★★★ »COMF.-CAMP TANNHEIMER TAL« — 17.12. bis 22.4.
☎ 05675/6570, Fax 6570-4 1150 m und 19.5. bis 5.11.
www.comfortcamp-gehring.at, comfortcamp@tirol.com 32 000 qm

→ Straße Pfronten–Grän, kurz vor Grän. ✉ Engelstr. 13.

Teils leicht abfallendes, teils terrassiertes und gekiestes Wiesengelände. Unterhalb der Straße gelegen und von Almwiesen und Waldhöhen umgeben. Parzelliert und überwiegend schattenlos. TV-Anschluss. Zentrale Gasversorgung. Moca-Übernachtungsplätze vor der Schranke. Ski-Trockenraum. Kostenloser Skibusservice. Kindersanitär. Kinderspielraum. Jugendraum. Hallenbad mit Wellnessbereich und Aromadampfbad. FW. Ort 800 m entfernt. Mittagsruhe 12-14 Uhr. Touristen-/Dauerstellplätze 165/50.
2007: (HS) P/N 8.50, K/N 5.–, J/N 6.–, St/N 8.– bis 10.–, H/N 2.70, KT 1.10, WD inkl., Strom/kWh –.70 (16 A). In NS Ermäßigung.

6651 Häselgehr, Tirol — A2220

20 ★★★ »CAMPING RUDI« — 1.1. bis 31.12.
☎ 05634/6425, Fax 6425-13 1000 m 8000 qm
www.lechtal-camping-rudi.at, camping.rudi@aon.at

→ B 198 (Lechtalstraße) Reutte–Steeg, in Häselgehr bei der Kirche scharf abbiegen. ✉ Luxnach 122.

Ebenes Wiesengelände auf einer Waldlichtung zwischen einem Bach und dem Lech. Kanuwanderer-Station. Skibus-Service. Brötchenservice. Ort 500 m entfernt. Separater Jugendplatz. Mittagsruhe 12-14 Uhr. Touristen-/Dauerstellplätze.
2007: P/N 4.10, K/N 3 bis 15 J. 2.90, A/N 2.60, C/N 4.20, MC/N 6.–, T/N 2.– bis 5.–, M/N 1.50, H/N 1.50, KT 1.45, WD zuzügl., Müllgeb. P/N –.30, Strom/kWh –.60 (13 A).

6600 Breitenwang, Tirol — A2250/1

25 ★★★ »CAMPING SENNALPE« — 15.12. bis 15.10.
☎ 05672/78115, Fax 63372 980 m 50 000 qm
→ Straße Reutte–Plansee–Oberammergau bis zum See-Ende. 2. Platz.
www.camping-plansee.at, agrar.breitenwang@aon.at

Parzelliertes, ebenes bis leicht welliges und überwiegend schattenloses Wiesengelände. Von Bergen umgeben. Vom Seeteil mit Dauercamperbereich durch Straße getrennt. Billard. Ort 10 km entfernt. Mittagsruhe 12-14 Uhr. Touristen-/Dauerstellplätze 190/160.
2008: P/N 4.50, K/N 3 bis 15 J. 3.50, A/N 2.–, C MC/N 5.–, T/N 4.– bis 5.–, M/N 1.–, H/N 2.50, KT –.80, WD zuzügl., Müllgeb. St/N 1.–, Strom/N 1.50 oder –.50 (12 A), Anschlussgeb. 1.50.

DCC – auch Ihr Camping-Partner!

Deutscher Camping-Club e.V., Postfach 40 04 28, 80704 München

comfort CAMP Grän
(A 2210) — Fam. Gehring — Tannheimer Tal — Tirol

Engetalstr. 13 • A-6673 Grän
Tel +43 (0) 5675 6570
Fax +43 (0) 5675 65704

- Hallenbad
- Saunalandschaft
- Dampfbad
- Solarium
- Privatbadezimmer
- Restaurant
- Minimarkt
- Ferienwohnungen
- Kinderparadies, Jugendraum
- Loipe, Ski- und Wanderbus ab Camping
- 2km zum Freibad Haldensee
- Komfortstellplätze
  mit TV, Strom, Gas, Wasser, Abwasseranschluß

ADAC Auszeichnung 2007

www.comfortcamp-gehring.at • comfortcamp@aon.at

✉ 6600 Breitenwang, Tirol — A 2250/2
★★★ »CAMPING SEESPITZE« — 1.5. bis 15.10.
☎ 05672/78121, Fax 63372 — 985 m — 30 000 qm
www.camping-plansee.at, agrar.breitenwang@aon.at
→ Straße Reutte–Plansee–Oberammergau am See-Anfang, 1. Platz.

Von der Seestraße zum steilen Waldhang terrassiert ansteigendes Wiesengelände. Blick auf den See. Unparzelliert und überwiegend schattenlos. Imbiss. Kiosk. Ort 3.5 km entfernt. Touristen-/Dauerstellplätze 150/15.
2008: P/N 4.50, K/N 3 bis 15 J. 3.50, A/N 2.–, C MC/N 5.–, M/N 1.–, H/N 2.50, KT –.80, WD inkl., Müllgeb. St/N 1.–, Strom/N 1.50 oder kWh –.50 (12 A), Anschlussgeb. 1.50.

✉ 6474 Jerzens, Tirol — A 2300
★★★★ »MOUNTAIN CAMP« — 10.6. bis 1.5.
☎ 05414/87571, Fax 851012 — 960 m — 25 000 qm
www.mountain-camp.at, mountain-camp@aon.at
→ A12/E60 Abf. Imst-Pitztal (132), weiter Richtung Wenns/Jerzen. 1 km vor Jerzens rechts abbiegen. Beschildert.

Ebenes und parzelliertes Wiesengelände zwischen der Straße und einem Fluss. Von Wald- und Wiesenhängen umgeben. Stellplätze schattenlos. Stellplätze mit Strom-, Gas-, winterfesten Wasser- und Abwasseranschluss. Sanitäranlage gemischt. Angel- und Badeteich. Kneipp-Bach. Mehrzweckhalle (zum Skaten, Stockschießen etc.). W-LAN (Leihgeräte). Streichelzoo. Eislaufplatz. Gratis Skibus. Brötchenservice. Familiäre Atmosphäre. Ort 2 km entfernt. 38 Touristenplätze.
2007: (Wi) 2 P/N inkl. St/N 24.–, weitere P/N 5.–, K/N 4 bis 14 J. 3.50, H/N 2.–, KT und WD inkl., Strom/kWh –.50 (16 A). Im Sommer und NS Erm.

Das CCI-Carnet ist im Ausland als Identitäts-Ausweis anerkannt. Im Inland genügt die Vorlage des DCC-Mitgliedsausweises.

✉ 6425 Haiming, Tirol — A 2320
★★★ »CAMPING CENTER OBERLAND« — 1.5. bis 31.10.
☎ 05266/88294, Fax 88294-9 — 680 m — 55 000 qm
www.camping-oberland.at, oberland@tirol.com
→ A12 Landeck–Innsbruck Abf. (123) Ötztal auf die B 171 Richtung Innsbruck, noch ca. 2 km. Bei der BP-Tankstelle abbiegen. ✉ Bundesstr. 9a (GPS: 47°14'30" N / 10°52'39" E).

Teils ebenes, teils leicht ansteigendes und parzelliertes Wiesengelände zwischen Bahnlinie, Straße und bewaldeten Steilhang. Überwiegend schattenlos. Sanitäranlage beheizbar. Kanu/Raftingstation. Ort 2 km entfernt. Separater Jugendplatz. Touristen-/Dauerstellplätze 155/75.
2007: (HS) P/N 5.–, K/N 4 bis 14 J. 3.50, A/N 3.50, C T/N 3.50, MC/N 7.–, M/N 3.60, H/N 3.60, KT 1.20, WD zuzügl. Müllgeb. 1.–, Strom/N 3.60 (10 A). Ab 10 Nächten DCC/CCI 10% Ermäßigung. In NS Ermäßigung.
DCC/CCI 10% auf P/N.

✉ 6422 Stams, Tirol — A 2330
★★★★ »CAMPING EICHENWALD« — 1.1. bis 31.12.
☎/Fax 05263/6159 — 715 m — 20 000 qm
www.tirol-camping.at, info@tirol-camping.at
→ A12 Landeck–Innsbruck Abf. (113) Mötz auf die B 171 Richtung Innsbruck. Bei Stams beschildert. ✉ Schießstandweg 10.

Parzelliertes und terrassiertes Hanggelände oberhalb des Klosters. Teils unter alten Eichen, teils schattenlos. Brötchenservice. Ort 500 m entfernt. Touristen-/Dauerstellplätze 70/30.
2007: zuzügl. 10% MwSt: (So/Wi) P/N 5.–/7.–, K/N 4 bis 14 J. 3.70/5.–, St/N 6.50 bis 8.–/8.50, H/N 2.50, KT –.60, Müllgeb. P/N –.80, Schwimmbad und WD inkl., Strom/N 2.50 (6-12 A). In Mai und Sept. ab 5 Nächten Erm.

6105 Leutasch, Tirol — A2355

»HOLIDAY CAMPING« — 7.12.07 bis 5.4.08/
05214/6570-0, Fax 6570-30   1130 m   3.5.08 bis 8.11.08
www.holiday-camping.at, info@holiday-camping.at   28 000 qm

→ B 177 Scharnitz (Grenze)–Innsbruck, nach Leutasch abbiegen und noch 9 km über Leutasch durch das Tal. ✉ Reindlau 230 b (GPS: 47°23'55" N / 11°10'47" E).

Ebenes und parzelliertes Wiesengelände im Leutaschtal. Durch einen Versorgungstrakt zweigeteilt. Caravan-Waschhalle. Whirlpool. Dampfbad. Hundebad. Ski- und Trockenraum. Kabel-TV. FW. Ort 3.5 km entfernt. 137 Touristenplätze.
2007: (HS) 2 P/N inkl. St/N 24.– (So) / 33.– (Wi), weitere P/N 7.–, K/N 4 bis 14 J. 4.50, H/N 3.–, KT 1.20, WD inkl., Müllgeb. 2.–, Strom/kWh –.75 (12 A). In NS Ermäßigung.

6100 Seefeld, Tirol — A2360

»CAMP-ALPIN-SEEFELD« — 1.1. bis 31.12.
05212/4848, Fax 4868   1200 m   26 000 qm
www.camp-alpin.at, info@camp-alpin.at

→ B 177 Scharnitz (Grenze)–Innsbruck, Richtung Leutasch abbiegen, am nördlichen Ortsende von Seefeld, ca. 500 m vom Zentrum. ✉ Leutascher Str. 810.

Ebenes, schattenloses und parzelliertes Wiesengelände. Von einem Tannenwald umgeben und einem Bach durchzogen. Massagen. Dampfbad. IR-Kabine. Kabel-TV. Gasstraße. Ort 500 m entfernt. Mittagsruhe 12-14 Uhr. Touristen-/Dauerstellplätze 130/10.
2008: P/N 7.–, K/N 3 bis 14 J. 5.–, St/N 7.50, H/N 3.–, KT 1.20, WD inkl., Müllgeb. P./N –.95, Strom/N 2.90, kWh –.75 (16 A), Anschlussgeb. 2.80. In NS Ermäßigung.

6175 Unterperfuss, Tirol — A2370

»FARM-CAMPING« — 1.1. bis 31.12.
05232/2209, Fax 2209-4   580 m   20 000 qm
brangeralm@aon.at

→ A 12 Innsbruck–Telfs, Abfahrten Kranebitten oder Zirl-West Richtung Kematen. Beschilderung »Ober- und Unterperfuß« folgen. ✉ Unterperfuß 32.

Teils ebenes, teils leicht ansteigendes Wiesengelände in der Nähe der Bahnlinie. Von Tannenhecken umgeben und durch Bäume aufgelockert. Ort (Kematen) 2.3 km entfernt. Touristen-/Dauerstellplätze 80/35.

6176 Völs, Tirol — A2380

»CAMPING VÖLS« — März bis Okt.
0512/303533, campingvoels@aon.at   590 m   4000 qm

→ A 12 Innsbruck–Telfs Abf. Kranebitten nach Völs. Hier zur Ortsmitte. ✉ Bahnhofstr. 10.

Ebene Wiese im Ort. Von Häusern umgeben. 40 Touristenplätze.
2007: (HS) P/N 5.50, K/N 2 bis 12 J. 3.60, A C T M/N 5.–, MC/N 10.–, KT –.75, WD inkl., Strom/N 2.50 (6 A).

6441 Umhausen, Ötztal, Tirol — A2420

»ÖTZTAL ARENA CAMP KRISMER« — 1.1. bis 31.12.
/Fax 05255/5390   1036 m   10 000 qm
www.oetztal-camping.at, info@oetztal-camping.at

→ A12 Landeck–Innsbruck Abf. (123) Ötztal auf die B186 ins Ötztal. In Umhausen beschildert. ✉ Mühlweg 32 (GPS: 47°08'07" N / 10°55'54" E). ∴ "Ötzidorf". Stuibenfall (159 m Fallhöhe).

Leicht ansteigendes, parzelliertes Wiesengelände zwischen einem Bach und Feldern. Mit lichtem Baumbestand. Ski-Trockenraum. Kostenloser Skibus-Service. Brötchenservice. "Tabaluga"-Partnerbetrieb. Ort 200 m, Naturbadesee 300 m entfernt. Separater Jugendplatz. Touristen-/Dauerstellplätze 80/20.
2007: (HS) P/N 6.–, K/N 2 bis 13 J. 4.30, St/N 4.20, H/N 2.60, KT 1.20, WD zuzügl., Strom/kWh –.75 (16 A). In NS Ermäßigung.

6444 Längenfeld, Ötztal, Tirol — A2430

»COMFORT CAMPING ÖTZTAL« — 1.1. bis 31.12.
05253/5348, Fax 5909   1180 m   30 000 qm
www.camping-oetztal.com, info@camping-oetztal.com

→ A12 Landeck–Innsbruck Abf. auf die B186 ins Ötztal. In Längenfeld beim "Alten Spritzenhaus" rechts abbiegen. ✉ Unterlängenfeld 220. ∴ Aqua Dome Tirol Therme Längenfeld (10% Rabatt für Camper).

Ebenes und parzelliertes Wiesengelände mit einzelnen Bäumen. Von einem Kiefernwald begrenzt. Kindersanitär. Kinderspielräume. Fitnessraum. Kiosk. Brötchenservice. Ski-Trockenraum. Kostenloser Skibus-Service. Zentrale Gasversorgung. Kabel-TV. W-LAN/Funkinternet. Ort 400 m entfernt. Touristen-/Dauerstellplätze 120/30.
2007: (HS/Wi) P/N 7.40, K/N 4 bis 13 J. 6.10, St/N 8.20 bis 11.60, H/N 3.–, KT 1.20, WD inkl., Strom/kWh –.60 (12 A). Im Sommer und in NS Erm.

6444 Huben, Ötztal, Tirol — A2440

»ÖTZTALER NATURCAMPING« — 1.1. bis 31.12.
05253/5855, Fax 5538   1190 m   10 000 qm
www.oetztalernaturcamping.com, info@oetztalernaturcamping.com

→ A12 Landeck–Innsbruck Abf. (123) Ötztal auf die B186 ins Ötztal. In Huben beschildert. ✉ Huben 241.

Parzelliertes, ebenes bis leicht welliges Wiesengelände. In einem von hohen Waldhängen umgebenen Seitental. Überwiegend schattenlos. Imbiss. Brötchenservice. Ski-Trockenraum. Kostenloser Skibus-Service. Zentrale Gasanschluss. Kabel-TV. FW. Ort 200 m entfernt. 84 Touristenplätze.
2007: (HS) (So/Wi) P/N 5.20/5.40, K/N 4 bis 13 J. 4.20/4.40, A/N 2.60/2.80, C/N 4.60/6.30, MC/N 5.90/7.60, T/N 4.60, H/N 2.–, KT 1.20, Strom/kWh –.60 (6 A). In NS 10% Ermäßigung.

6450 Sölden, Ötztal, Tirol — A2460

30 ★★★★ »CAMPING SÖLDEN« ⚬— 1.1. bis 15.4./
☎ 05254/2627, Fax 2627-5   1380 m   1.7. bis 31.12.
www.camping-soelden.com, info@camping-soelden.com   13 000 qm

→ A12 Landeck–Innsbruck Abf. /123) Ötztal auf die B186 ins Ötztal. In Sölden am südlichen Ortsende links. Zufahrt über den Parkplatz der Ötztaler Gletscherbahn. ✉ Wohlfahrtstr. 22 (GPS: 46°57'28" N / 11°00'43" E).

Teils terrassiertes Wiesengelände an einem Hang, teils ebene und gekieste Stellflächen im Eingangsbereich mit Parzellierung und Anpflanzungen. Schöner Blick auf die umgebenen Höhen. Dampfbad. Fitnessraum. Kletterwand im Haus (10 m). Hundebad. Ski-Trockenraum. Kostenloser Skibus-Service. Kabel-TV und Telefon-Anschluss. W-LAN/Funkinternet. Lebensmittel, Restaurant und Haltestelle 100 m, Ort 500 m, Hallenbad 700 m entfernt. 99 Touristenplätze.
2007: (HS) P/N 6.70, K/N 4 bis 15 J. 4.50, St/N 7.50, H/N 3.–, KT 1.20, WD inkl., Müllgeb. St/N 1.–, Strom/kWh –.60 (10 A). Für Gruppen und in NS Erm.

6335 Thiersee, Tirol — A2510

20 ★★★ »CAMPING RUEPPENHOF« ⚬— 1.4. bis 31.10.
☎/Fax 05376/5694   715 m   10 000 qm
www.rueppenhof.motinfo.com, rueppenhof@tirol.com

→ A12 Kiefersfelden (Grenze)–Innsbruck Abf. Kufstein-Nord Richtung Thiersee, hier weiter bis Hinterthiersee. 2. Platz. ✉ Seebauern 8 (GPS: 47°35'14" N / 12°07'01" E).

Leicht abfallendes Wiesengelände um einen Bauernhof. Direkt am See gelegen. Öffentlicher Badestrand. Bogenschießen (kostenlos). Brötchenservice. Restaurant 200 m, Haltestelle 800 m, Ort 1 km entfernt. Mittagsruhe 12-15 Uhr. Touristen-/Dauerstellplätze 38/42.
2007: (HS) P/N 4.50, K/N 5 bis 15 J. 2.20, A/N 2.–, C/N 2.70, MC/N 4.50, T/N 1.50 bis 2.20, M/N 1.–, N/N 2.–, KT –.85, WD inkl., Müllgeb. P/N –.65, Strom/N 2.50 oder kWh –.50 (16 A), Anschlussgeb. 1.50. In NS und ab 7 Nächten Ermäßigung.

6330 Kufstein, Tirol — A2520

15 ★★★ »CAMPING HAGER« ⚬— 1.1. bis 31.12.
☎/Fax 05372/64170, office@hager-stb.at   500 m   5000 qm

→ A12 Kiefersfelden (Grenze)–Innsbruck Abf. Kufstein/Nord Richtung Innsbruck ca. 2 km, dann abbiegen Richtung Mariastein und Langkampfen, noch ca. 3 km. ✉ Kufsteinerstr. 38.

Ebenes und überwiegend schattenloses Wiesengelände unterhalb der Straße bei einem Segelflugplatz. Parzelliert. Zentraler Gasanschluss. Kabel-TV. Skibus-Service. Stimmersee 300 m, Ort 1.5 km entfernt. Touristen-/Dauerstellplätze 25/10.
2007: P/N 3.65, K/N 3.–, St/N 4.10, KT –.65, WD inkl., Müllgeb./N 1.60, Strom/N 2.50 oder kWh –.55 (10 A).

6330 Schwoich bei Kufstein, Tirol — A2522

20 ★★★ »CAMPING MAIER« ⚬— 1.1. bis 31.12.
☎ 05372/58352   570 m   8000 qm
www.camping-maier.com, info@camping-maier.com

→ A12 Kiefersfelden (Grenze)–Innsbruck Abf. (6) Kufstein-Süd, kurz Richtung Kufstein, dann abbiegen auf die B173 Richtung St. Johann. Bei Schwoich beschildert. ✉ Egerbach 54.

Leicht abfallendes und parzelliertes Wiesengelände mit einer ebenen Geländestufe am Waldrand. Ort 2 km entfernt. Mittagsruhe 12-14 Uhr. Touristen-/Dauerstellplätze 60/20.
2007: P/N 4.–, K/N 5 bis 15 J. 2.70, St/N 6.–, H/N 1.80, KT –.85, WD inkl., Müllgeb. 1.40, Strom/N 2.80, kWh –.55 (12 A). Ab 7 Nächten 10% Erm.

DCC-Vertragsplatz

6323 Bad Häring, Tirol — A2524

25 ★★★ »KUR + SPORTCAMPING SAPPL« ⚬— 1.1. bis 31.12.
☎ 05332/85073, Fax 71096   640 m   15 000 qm
www.camping-sappl.com, hannes_sappl@tirol.com

→ A12 Kiefersfelden (Grenze)–Innsbruck Abf. Kirchbichl Richtung Bad Häring. ✉ Osterndorf 127.

Teils ebenes, teils leicht welliges Wiesengelände. Touristenfläche überwiegend schattenlos. Massagen im Haus. Kabel-TV. Kostenloser Skibus-Service. Ort 600 m entfernt. Touristen-/Dauerstellplätze 40/40.
2007: (HS) P/N 4.50, K/N 2 bis 14 J. 3.60, St/N 6.90, MC/N 7.80, T/N 2.80, M/N 2.10, H/N 1.60, KT –.85, Müllgeb. St/N 1.10, WD inkl., Strom/N 2.80 oder kWh –.75 (10 A). In NS Ermäßigung.
DCC 10% auf P/N.

DCC – DEIN PARTNER!

- Traumhafte Lage direkt am Reintalersee
- Eigene Liegewiese am See, gratis Schwimmen
- Sanitäre Ausstattung der gehobenen Klasse
- Mietbadekabinen, Solarium, Fitnessraum
- Kinderanimation, Spielplatz und Spielzimmer
- W-LAN und TV auf allen Plätzen
- Restaurant mit sehr guter Küche, Terrasse und Kiosk
- Top-Angebote in der Nebensaison
- Wintersaisonstellplätze
- Neue Appartements!
  www.appartements-seehof.at

Camping SEEHOF
Fam. Alois Brunner
A-6233 Kramsach / Moosen 42
Tel. ++43/(0)5337/63541
Fax ++43/(0)5337/63541-20
Internet: www.camping-seehof.com
E-mail: info@camping-seehof.com
GPS: E 11°54,429' / N 47°27,712'

(Beschreibung S. 364, A2530/3)

Seencamping Stadlerhof Terrassencamping Appartements (A 2530/2)

Seencamping Stadlerhof
Familie Sappl
A-6233 Kramsach
Tel. 0043-5337-63371
Fax 0043-5337-65311
E-Mail: camping@tirol.com
www.camping-stadlerhof.at

Eine Oase in mitten des Tiroler Seenlandes. Der richtige Platz für alle, die Erholung suchen. Saunalandschaft, Erlebnisschwimmbad, Wellness, Fitness, Babyraum, großer Spielplatz, Café, Restaurant, geführte Rad- und Wandertouren, gratis Skibus, Super-Skipauschale.

Der erste Platz in Kramsach

EUROPA-PREIS

DCC-Vertragsplatz
✉ 6233 Kramsach, Tirol   A 2530/1

35 ★★★★★ »FERIEN-KOMFORT-CAMPING SEEBLICK TONI«
☎ 05337/63544, Fax 63544-305   560 m   1.1. bis 31.12.
www.camping-seeblick.at, info@camping-seeblick.at   30 000 qm

→ A 12 Kiefersfelden (Grenze)–Innsbruck Abf. (32) Kramsach, ab hier der Beschilderung »Zu den Seen« folgen. Am 1. Platz vorbeifahren, dann noch ca. 300 m. ✉ Moosen 46 (GPS: 47°27'40" N 11°54'24" E).

Ebenes, teilweise leicht abfallendes und parzelliertes Wiesengelände zwischen einem Waldhang und dem See. In einer Talmulde bei einem Bauernhof gelegen. Große Liegewiese am befestigten Seeufer mit Badetreppe und öffentlichem Badebetrieb. Gasanschlüsse für Caravans. Ski-Trockenräume. Skibus-Service. Kinderwaschland mit Aquarium. Großzügiger Kinderspielplatz- und raum. Fitness- und Wellness-Center. Massagen. Kabel-TV. Imbiss. Cafe. Softplay-Anlage. Hundebad. FW. Reiten 200 m, Haltestelle 300 m, Tennis und Ort 3 km entfernt. Separater Jugendplatz. Mittagsruhe 13-15 Uhr. Touristen-/Dauerstellplätze 215/25.
2008: (HS) P/N 8.–, K/N bis 14 J. 6.–, St/N 11.–, H/N 5.50, KT 1.10 Strom inkl., Müllgeb. St/N 2.–, Strom/N 3.50 (10 A), Anschlussgeb. 3.– (ab 3 Tagen). Angebote. In NS Ermäßigung.
DCC 10% auf P/N.

✉ 6233 Kramsach, Tirol   A 2530/2

30 ★★★★★ »SEEN-CAMPING STADLERHOF«   1.1. bis 31.12.
☎ 05337/63371, Fax 65311   560 m   30000 qm
www.camping-stadlerhof.at, camping.stadlerhof@chello.at, camping@tirol.com

→ A 12 Kiefersfelden (Grenze)–Innsbruck Abf. Kramsach, ab hier der Beschilderung »Zu den Seen« folgen. 1. Platz. ✉ Seebühel. 14.

Teils ebenes, teils terrassiertes und parzelliertes Wiesengelände bei einem Bauernhof. In Seenähe und unterhalb eines steilaufragenden Berghanges gelegen. Ski-Trockenraum. Gasanschlüsse für Caravans. Übernachtungsplätze. Beheiztes Erlebnisschwimmbad mit Whirlpool, Dampfbad, IR-Kabine etc. Jugendraum. Umfangreicher Kinderspielplatz. Naheliegendes Strandbad kostenlos. FW. Eigener Strand (kostenlos) 400 m, Ort 1 km entfernt. Separater Jugendplatz. Mittagsruhe 12-14 Uhr. Touristen-/Dauerstellplätze 100/30.
2007: (HS) St/N inkl. 2 P/N 21.80, K/N bis 14 J 4.–, Zweiradwanderer (1 P/N) inkl. T/N 10.–, St/N 3.50, KT 1.–, WD inkl., Müllgeb. St/N 1.–, Strom bis 4 kWh/N inkl. (6-12 A). In NS Ermäßigung.

DCC-Vertragsplatz
✉ 6233 Kramsach, Tirol   A 2530/3

30 ★★★★★ »CAMPING SEEHOF«   1.1. bis 31.12.
☎ 05337/63541, Fax 63541-20   560m   40 000 qm
www.camping-seehof.com, info@camping-seehof.com

→ A 12 Kiefersfelden (Grenze)–Innsbruck Abf. Kramsach, ab hier der Beschilderung »Zu den Seen« folgen, der 2. Platz direkt am See. ✉ Moosen 42 (GPS: 47°27'43" N / 11°54'26" E).

Teils ebenes, teils terrassiertes und parzelliertes Wiesengelände am Reintalersee. Teibereiche des Platzes asphaltiert. Große Liegewiese. Imbiss. Kabel-TV. W-LAN/Funkinternet. Jugendraum. Kinderspielzimmer. Kindersanitär. Fitnessraum. Hundedusche. Ski- und Trockenraum. Kostenloser Skibus. Appartments. Ort 3 km, Minigolf und Tennis 3 km entfernt. Mittagsruhe 12-14 Uhr. Touristen-/Dauerstellplätze 130/40.
2008: (HS) P/N 6.50, K/N 2 bis 14 J. 4.50, St/N 9.50, H/N 3.–, KT 1.–, WD inkl. Müllgeb. St/N 1.50, Strom/N 2.80 oder kWh –.65 (6-13 A). Wochenpauschalen. In NS Ermäßigung.
DCC 10% auf P/N.   Anzeige S. 363

DCC-Vertragsplatz
✉ 6215 Achenkirch, Achensee/Tirol   A 2540/1

30 ★★★ »ALPEN-CARAVANPARK ACHENSEE«   1.1. bis 31.12.
☎ 05246/6239, Fax 6626   930 m   25 000 qm
www.camping-achensee.com, info@camping-achensee.com

→ B 181 Achenpass–Inntalautobahn, nach Achenkirch abbiegen, beschildert. ✉ Achenkirch 17 (GPS: 47°29'53" N / 11°42'16" E).

Teils ebenes, teils leicht welliges Wiesengelände mit einem Waldstreifen am See. Parzelliert ansteigend und mit lockerem Baumbestand. Befestigte Uferzone. Kostenloser Skibus-Service. W-LAN/Funkinternet. Appartements. Ort 1 km entfernt. Separater Jugendplatz. Touristen-/Dauerstellplätze 120/80.
2007: (HS) P/N 6.50, K/N bis 14 J. 4.50, St/N 8.–, H/N 4.–, KT 1.–, WD zuzügl., Müllgeb. St/N 2.–, Strom/N 3.– (17 A), ab 3 Nächten Anschlussgeb. 2.50. Sonderangebote. In NS Ermäßigung.
DCC 10% auf P/N.   Anzeige S. 366

Ferien-Komfort-Camping SEEBLICK Toni

(A 2530/1)

Es gibt viele Campingplätze, aber nur einen **Camping TONI**. Inmitten landschaftlicher Kostbarkeiten, umgeben von höchstem Komfort, wird jeder Urlaubstag zum Genuss!

- **Erstklassige Sanitäranlagen** Komfort-Einzelkabinen mit Waschtisch, Dusche und WC gratis
- Bade-Mietkabinen für Familien
- TV-, Telefon und Internet-Anschlüsse
- Sauna, Dampfbad, Solarium, Hot-Whirlpool der Spitzenklasse
- Fitness-Center, Wellness und Massagen
- Appartements
- Animation, Beachvolleyplatz, Kinder-Erlebnisspielplatz
- **Neu:** Toni's Räuberland für Kinder und Jugendliche. Kinder-Waschland „Aquarium"
- Lebensmittelgeschäft. **Neu:** Bauernladen mit Schnapsbrennerei
- Herrlicher Badesee, gratis schwimmen und Boot fahren
- Eigenes Café-Restaurant mit vorzüglicher Küche
- Reservierung von Dauerplätzen für Wintercamping
- Ermäßigte Preise in der Vor- und Nachsaison
- Fordern Sie unsere kostenlose CD-ROM an!

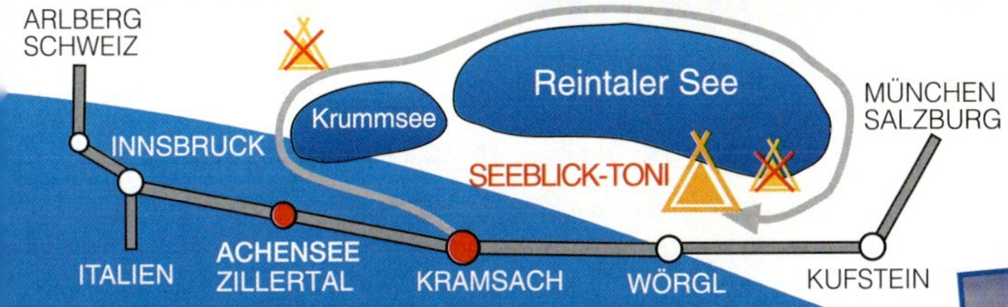

DCC-Europapreis 2002

ADAC Super-Platz 2007

So finden Sie uns:
Von der Inntal-Autobahn bei der Ausfahrt KRAMSACH abfahren, den Schildern „zu den Seen" folgen. Im Seegebiet befinden sich 3-Campingplätze. Unser Platz liegt am Ende des „Reintaler See". **ACHTUNG: Durchfahren Sie den 500-m vor uns liegenden Nachbarplatz.** Erst dann sind Sie beim **Camping TONI**, dem schönsten Platz am See.

A-6233 KRAMSACH - Moosen 46 - REINTALER SEE
Telefon 0043/5337/63544 • Telefax 0043/5337/63544-305
http://www.camping-seeblick.at
E-mail: info@camping-seeblick.at

Alpen-CARAVANPARK Achensee
(Beschreibung S. 365, A2540/1)
★★★★
A-6215 Achenkirch 17
Achensee/Tirol
Tel. 05246-6239 · Fax 05246-6626
www.camping-achensee.com
info@camping-achensee.com

...wo kristallklares Quellwasser und glitzernder Schnee kein Zufall sind.

NEU: Appartements am See

Der Campingplatz liegt idyllisch am Nordufer des Achensees - dem gößten See Tirols - mit direktem Seezugang. Großzügige Stellplätze, moderne Sanitäranlagen, ein eigenes Restaurant und ein Shop warten auf Sie. Günstige Preise, Saisonstellplätze im Sommer und Winter. Einfache Anreise, ideal auch für Reisemobile. Zahlreiche Aktivitäten im Sommer und Winter.
Kinderspielplatz, Baden, Tauchen, Surfen, Segeln, Dampferfahrten, Fischen, Wandern, Paragleiten. Direkter Einstieg zur Langlaufloipe, Top-Skigebiete in unmittelbarer Nähe, kostenloser Skibus, attraktive Winterstellplätze.

6215 Achenkirch, Achensee/Tirol — A2540/2

30 ★★★ »TERRASSENCAMP SCHWARZENAU« — Mai bis Okt.
☎ 05246/6568, Fax 6551   930 m   15 000 qm

→ B181 Achenpass–Inntalautobahn, an Achenkirch vorbei bis ca. 300 m südlich des Achensee-Tunnels. ✉ Achenkirch 1.

Parzelliertes Terrassengelände unter Bäumen. Am See gelegen und mit öffentlichem Badebetrieb. Von öffentlichen Wegen durchzogen. SB-Buffet/Imbiss. Ort 6 km entfernt. 60 Touristenplätze.
2007: (HS) P/N 6.–, K/N 1 bis 14 J. 5.–, A/N 5.–, C T/N 5.–, MC/N 6.– bis 8.–, M/N 2.–, B/N 5.–, H/N 1.50, KT 1.–, Müllgeb./N 1.–, WD zuzügl., Strom/N 2.– (10 A).

6212 Maurach-Buchau, Achensee — A2550

25 ★★★ »SEECAMPING WIMMER« — 1.1. bis 31.12.
☎/Fax 05243/5217   930 m   10 000 qm
www.achensee-camping.at, info@achensee-camping.at

→ B181 Achenpass–Inntalautobahn. Am Südende des Sees. ✉ Buchau 8.

Parzelliertes, leicht abfallendes Wiesengelände am Schilfgürtel. Teilweise gekieste Stellflächen. Brötchenservice. Badestrand 100 m, Ort (Maurach), Minigolf und Tennis 1 km entfernt. Touristen-/Dauerstellplätze 80/10.
2007: P/N 5.–, K/N 2 bis 14 J. 3.–, A/N 4.–, C/N 5.–, MC/N 6.–, T/N 4.–, M/N 1.50, B/N 2.–, KT 1.–, WD zuzügl., Strom/N 1.50 (6 A).

6212 Maurach, Achensee/Tirol — A2560

25 ★★★ »KARWENDEL-CAMPING« — 1.12. bis 31.10.
☎ 05243/6116, Fax 20036   940 m   16 000 qm
www.karwendel-camping.at, info@karwendel-camping.at

→ B181 Achenpass–Inntalautobahn, in Maurach abbiegen Richtung Pertisau. Die letzten 200 m schmale Anfahrt. ✉ Maurach 115 a (GPS: 47°25'18" N / 11°44'25" E).

Parzelliertes, leicht wellig ansteigendes Wiesengelände unterhalb einer steilen Felswand mit angrenzendem Waldstreifen. Skibus-Service. Kabel-TV. Ort 600 m entfernt. Separater Jugendplatz. Touristen-/Dauerstellplätze 50/50.
2008: P/N 4.50, K/N 3 bis 14 J. 3.–, A/N 3.–, C/N 4.50, MC/N 6.–/9.–, T/N 3.–/4.–, M/N 1.50, H/N 1.50, KT 1.–, WD zuzügl., Strom/N 1.90 oder kWh –.50 (10 A).

6200 Wiesing, Tirol — A2570

25 ★★★★ »AKTIV-CAMPING INNTAL« — 1.1. bis 10.11./1.12. bis 31.12.
☎ 05244/62693, Fax 64810   530 m   20 000 qm
www.camping-inntal.at, jbrugger@camping-inntal.at

→ A 12 Kiefersfelden (Grenze)–Innsbruck Abf. Wiesing, ca. 200 m Richtung Achensee. ✉ (GPS: 47°24'21" N / 11°48'19" E).

Parzelliertes Terrassengelände oberhalb der Autobahn. Durch einen Lärmschutzzaun abgeschirmt. Für Übernachtungsgäste Stellfläche am Platzeingang. Whirlpool. IR-Kabine. Teilweise zentrale Gasversorgung. FW. Ort 800 m entfernt. Separater Jugendplatz. Touristen-/Dauerstellplätze 80/70.
2008: (HS) P/N 5.50, K/N 3 bis 14 J. 3.50, St/N 7.50, H/N 2.50, KT 1.–, WD zuzügl., Müllgeb. St/N 1.–, Strom/N 2.50 oder kWh –.60 (12 A). In NS Erm.

6114 Weer, Tirol — A2590

25 ★★★★ »ALPEN-CAMPING-MARK« — 1.4. bis 30.10.
☎ 05224/68146, Fax 68146-6   560 m   20 000 qm
www.alpencampingmark.com, alpcamp.mark@aon.at

→ A 12 Kiefersfelden–Innsbruck Abf. (53), Vomp oder (61) Wattens. Platz liegt genau zwischen beiden Abfahrten an der B 171. ✉ Bundesstr. 12.

Sehr gepflegtes, ebenes und teilweise zum Waldrand leicht ansteigendes Wiesengelände. Parzelliert und mit einigen Bäumen. Familiäre Atmosphäre. Sanitäranlage beheizbar. Kinder-Ponyreiten und Kutschfahrten. Ort 300 m entfernt. Mittagsruhe 12-15 Uhr. Touristen-/Dauerstellplätze 84/12.
2007: (HS) P/N 6.–, K/N bis 14 J. 4.–, St/N 7.–, H/N 3.–, KT –.55, WD inkl., Müllgeb. P/N –.50, Strom/N 2.70 (8-12 A). In NS Ermäßigung.

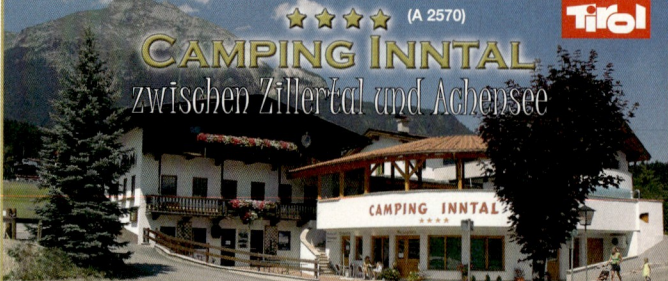

CAMPING INNTAL ★★★★ (A 2570)
zwischen Zillertal und Achensee — Tirol

Das sonnige Ferienziel im Herzen Tirols. Hervorragende Infrastruktur, moderne Sanitäranlagen, viele Sehenswürdigkeiten und Schigebiete in unmittelbarer Umgebung. Idealer Urlaubs- und Übernachtungsplatz. Winterpauschalplätze, Mietcaravans, Ferienwohnung! Fordern Sie unseren Prospekt an oder faxen Sie Ihren Reservierungswunsch.

Fam. Nadine Brugger · 6200 Wiesing/Tirol
Tel. +43(0)5244-62693 · Fax 64810
www.camping-inntal.at
j.brugger@camping-inntal.at

Ihr ★★★★★ Ferienparadies in den Tiroler Alpen bei Innsbruck...

(A 2650)

springlebendig

Natterer See

8 überzeugende Argumente für Ihren Urlaub bei uns:
- die landschaftlich **einzigartige Lage** inmitten unberührter Natur
- die **ideale Erreichbarkeit** - optimal auch auf Ihrem Weg in den Süden
- der **totale Wasser-Spaß** am eigenen Badesee (durchschnittlich 22°C)
- die **Garantie für Sport, Spaß, Unterhaltung und Animation** - ideal für die ganze Familie
- die wochenweisen **Schnäppchenpreise für Senioren** und kühle Rechner und unsere speziellen Mountainbike-Packages
- die komfortablen **Ferienappartements und Gästezimmer** für Freunde und Bekannte
- die zentrale Lage inmitten der **Olympia-Skiregion** Innsbruck / Seefeld / Stubaital
- die **laut ADAC herausragende Gesamtausstattung** des Platzes

Ausstattung • **Parzellierte Terrassenstellplätze** mit Strom und Telefonanschluß, teilweise Wasser- und Kanal-, Sat-TV- und Internet-Anschluss • Wohnmobil-Station • Top Sanitäranlagen • Minimarkt • Pizzeria „da Giorgio" • Restaurant mit Seeterrasse • **Komfortgästezimmer** • **Ferienappartements** • Mini-Club
• Billard • Jugendtreff • Sport- & Spielplätze • Streetball • Beach Volleyball • Indianerlager • **Badesee** mit 66 m Riesenwasserrutsche • Wasser-Trampolin • Mini-Segelboote • Surfbikes • Kanus • Bumper Boats • Kinder-Badebucht • Bogenschießplatz • Tischtennis • Parkschach • MTBike & Fahrradverleih • **Top Animationsprogramm** von Mitte Mai bis Mitte September • schöne Wanderwege

- Ski- und Trockenraum • Eislaufen • Eishockey
- Stockschießen und Rodeln direkt am Platz
- Langlaufloipen
- Olympia-Skiregion • Skibus

Unsere Neuheiten für Sie
▸ neue verbreiterte Zufahrt
▸ neues Zentralgebäude mit
  • Rezeption • Café-Bistro • Lounge
  • Supermarkt • Sanitäreinrichtungen
▸ Luxusplätze 110 bis 150 m²
▸ neuer, größerer „Kids-Club"
▸ neue, größere Jugendräume
Fertiggestellt im Oktober 2007

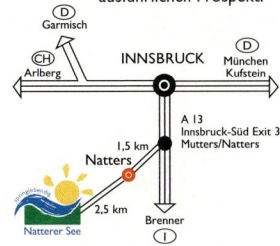

Wir senden Ihnen gerne unseren ausführlichen Prospekt.

```
        D
     Garmisch
CH              D
Arlberg  INNSBRUCK  München
                    Kufstein
              A 13
              Innsbruck-Süd Exit 3
         1,5 km  Mutters/Natters
        Natters
          2,5 km
              Brenner
                I
Natterer See
```

Terrassencamping Natterer See
A-6161 Natters/Tirol/Austria
Tel. ++43(0)512/546732...
Fax ++43(0)512/54673216...

email: info@natterersee.com
http://www.natterersee.com

Fordern Sie unsere kostenlose CD-ROM an!

DCC Europapreis

ADAC Super-Platz 2007

Servus in Österreich

TOP CAMPING AUSTRIA

Tirol

6111 Volders, Tirol — A 2600

30 ★★★★ »SCHLOSS-CAMPING ASCHACH« 1.5. bis 14.9.
☎/Fax 05224/52333 565 m 20 000 qm
www.Schlosscamping.com, info@Schlosscamping.com

→ A 12 Kufstein–Innsbruck Abf. Wattens auf die B 171 Richtung Hall. In Volders beschildert.

Ebenes, teilweise leicht bis stärker wellig ansteigendes Wiesengelände mit altem Baumbestand. Sehr gepflegt und parzelliert. Durch die Schlosszufahrt zweigeteilt. Brötchenservice. Haltestelle 100 m, Ort 300 m entfernt. Mittagsruhe 12-14 Uhr. 160 Touristenplätze.
2008: (HS) P/N 6.50, K/N 2 bis 14 J. 4.–, A/N 4.–, C T/N 4.–, MC/N 8.–, M/N 2.–, H/N 4.–, KT –.60, WD inkl., Strom/N 2.50. In NS Ermäßigung.

6068 Mils bei Hall/Tirol — A 2610

25 ★★★ »MILSERBRÜCKE-RESCHENHOF« 1.1. bis 31.12.
☎ 05223/5860, Fax 586052 570 m 6000 qm
www.reschenhof.at, landhotel@reschenhof.at

→ A 12 Kufstein–Innsbruck Abf. Hall auf die B 171 Richtung Wattens und weiter nach Mils. ✉ Bundesstr. 7.

Leicht welliges Wiesengelände mit Obstbäumen bei einem Hotel. Ski-Trockenraum. Kostenloser Skibus-Service. Beauty-Pavillon. Schnapsbrennerei. Ort (Hall) 2.5 km entfernt. Touristen-/Dauerstellplätze 30/10.
2007: P/N 5.–, K/N 6 bis 12 J. 3.–, St/N 7.– (So) / 10.– (Wi), H/N 3.–, KT –.60, Freibad wd WD inkl., Strom/N 3.– (6 A).

6060 Hall, Tirol — A 2620

25 ★★★ »SCHWIMMBAD-CAMPING« 1.5. bis 30.9.
☎ 05223/454647-5, Fax 454647-7 570 m 10 500 qm
www.stadtwerke-hall.at, h.niedrist@stw-hall.at

→ A 12 Kufstein–Innsbruck Abf. (68) Hall über Hall Richtung Schwimmbad. ✉ Scheidensteinstr. 26 (GPS: 47°17'03'' N / 11°29'47'' E).

Ebenes und parzelliertes Wiesengelände neben einem Schwimmbad. Durch dichte Baumreihen und Hecken gegliedert. 8 Winter-Wohnmobil-Stellplätze (1.10. bis 30.4.). Haltestelle 400 m, Ort 500 m entfernt. 85 Touristenplätze.
2007: (HS) P/N 5.–, K/N 3 bis 14 J. 3.50, C-St/N 6.50, MC-St/N 6.–, T/N 3.50, KT –.60, WD inkl., Strom/N 1.80 (6 A). In NS Ermäßigung.
DCC/CCI 10 % auf P/N.

DCC-Vertragsplatz

6020 Innsbruck-Kranebitten, Tirol — A 2640

25 ★★★ »CAMPING KRANEBITTEN« 1.1. bis 31.12.
☎/Fax 0512/284180 610 m 20 000 qm
www.campinginnsbruck.com, kranebitten@hotmail.com

→ A 12 Kufstein–Telfs Abf. Innsbruck-Kranebitten. ✉ Kranebitter Allee 214.

Stark ansteigendes Wiesengelände unter alten Bäumen in Flughafennähe. Im oberen Bereich überwiegend schattenloser Terrassenteil. An-

CAMPING INNSBRUCK-KRANEBITTEN
Idyllisch am Waldrand gelegen und doch die Stadt ganz nah! Ganzjährig geöffnet, super Busverbindung in die Altstadt von Innsbruck, Inntalradweg 150 m entfernt, Camper Service, Restaurant, Internet-Point, Busfahrkarten, Ausflugs- u. Wandertipps, All Inclusive Innsbruck Card...
Camping Innsbruck-Kranebitten, Kranebitter Allee 214
A-6020 Innsbruck/Tirol, Tel. + Fax +43 512 28 41 80
campinnsbruck@hotmail.com
www.campinginnsbruck.com
(A 2640)

---

grenzend ein großer Spielplatz. Gratis Skibus. Brötchenservice. Haltestelle 150 m, Warmfreibad 3 km, Ort 5 km entfernt. 120 Touristenplätze.
2007: (HS) P/N 5.40, K/N 4 bis 14 J. 3.50, A/N 3.40, C T/N 3.40, MC/N 6.50, M/N 2.50, B/N 3.40, KT –.75, WD inkl., Strom keine Angabe (10 A). In NS Erm.
DCC 10 % auf P/N und CCI 5 % auf P/N.

6161 Natters, Tirol — A 2650

35 ★★★★★ »FERIENPARADIES NATTERER SEE«
☎ 0512/546732, Fax 546732-16 820 m 15.12. bis 31.10.
www.natterersee.com, info@natterersee.com 70 000 qm

EUROPA-PREIS

→ A 12 Kufstein–Innsbruck, bei Innsbruck wechseln auf die A 13 Richtung Brenner, Abf. Innsbruck-Süd über Natters und noch 2.5 km weiter. ✉ Natterer See 1 (GPS: 47°14'18'' N / 11°20'20'' E).

Inmitten von Bergwäldern liegendes, gepflegtes und parzelliertes Terrassengelände. Um einen, durch einen Damm unterteilten, Moorsee gelegen. Liegewiesen und Strandbad (für Camper freier Eintritt) mit abgegrenztem Teil für Kleinkinder. Riesenwasserrutsche. »Bumper« Boote. Luxus-Plätze mit Strom, Frisch- und Abwasser, Telefon, TV und Internet-Anschluss. W-LAN/Funkinternet. Kindergarten. Ski-Trockenraum. Kostenloser Skibus-Service. Ort 2.3 km, Haltestelle 2.5 km, Freibad 3 km, Hallenbad 4 km entfernt. 230 Touristenplätze. **Anzeige S. 367**
2008: (HS) P/N 7.90, K/N 1 bis 13 J. 5.50, St/N 10.–, H/N 3.–, KT –.75, WD inkl., Müllgeb. St/N 2.–, Strom/N 3.50 oder kWh –.65 (6-16 A). Komfortplätze mit Preisaufschlag. In NS bis 50 % Ermäßigung.

6167 Neustift, Stubaital/Tirol — A 2680

25 ★★★ »COMFORT CAMPING STUBAI« 1.1. bis 31.12.
☎ 05226/2537, 2934, Fax 25372, 29342 1040 m 20 000 qm
www.campingstubai.at, info@campingstubai.at

→ A 13 Innsbruck–Brenner Abf. Schönberg. In Neustift beschildert. ✉ Stubaitalstr. 94.

Ebenes, leicht ansteigendes und teilweise terrassiertes Wiesengelände bei einem Bauernhof in Ortslage. Kinderspielraum. Jugendraum. Whirlpool. Dampfbad. Fitnessraum. Ski-Trockenraum. Kostenloser Skibus-Service. W-LAN/Funkinternet. FW. Mittagsruhe 12-14 Uhr. Touristen-/Dauerstellplätze 100/50.
2008: (HS) P/N 5.10, K/N 3 bis 12 J. 3.10, J/N 4.60, C-St/N 5.80, MC/N 5.60, T-St/N 2.60 bis 5.80, M/N 1.90, H/N 2.60, KT 1.–, Müllgeb. einmalig 2.60 bis 4.–, WD inkl., Strom/N 2.90 (6 A). In NS Ermäßigung.

6167 Neustift-Volderau, Tirol — A 2681

20 ★★★ »CAMPING EDELWEIß« 1.1. bis 31.12.
☎/Fax 05226/3484 1130 m 27 000 qm
www.camping-edelweiss.com, info@camping-edelweiss.com

→ A 13 Innsbruck–Brenner Abf. (10) Schönberg/Stubaital. Durch Neustift weiter in Richtung Gletscherbahn bis Volderau. Hier kurz nach dem Ortsschild links. ✉ Volderau 29.

Unparzelliertes, ebenes und schattenloses Gelände zwischen Gebirgsbach und einem steilen, bewaldeten Berghang. Ski-Trockenraum. Kostenloser Skibus-Service. Brötchenservice. W-LAN/Funkinternet. Haltestelle 50 m, Ort 4 km entfernt. Mittagsruhe 11-14 Uhr. Touristen-/Dauerstellplätze 70/60.
2008: P/N 5.–, K/N 1 bis 12 J. 2.60, A/N 1.50, C/N 3.–, MC/N 4.–, T/N 1.50 bis 2.20, M/N 1.–, H/N 1.10, KT 1.–, WD inkl., Müllgeb. P/N –.50, Strom/N 2.– (So) / 2.60 (Wi) (4 A).

DCC-Vertragsplatz

6344 Walchsee, Tirol — A 2710/1

25 ★★★★ »CAMPING SEESPITZ« 1.1. bis 31.12.
☎ 05374/5359, Fax 5845 660 m 30 000 qm
www.camping-seespitz.at, camping.seespitz@netway.at

→ A 93 Inntaldreieck–Kufstein Abf. (59) Oberaudorf auf die B 172 Richtung Reit im Winkl. Am Ortsanfang von Walchsee rechts. ✉ Seespitz 1.

„Kaiserliche Ferien" am Wilden Kaiser (A 2730)

Willkommen im Wander- und Loipenwunderland. Spüren Sie die Kraft der Natur und genießen Sie Ihre Ferien von der ersten Minute an. Wer seinen Hobbys nachgehen oder sich sportlich betätigen möchte, ist hier genau richtig. Wie wär's mit Tennis, Beachvolleyball, einem frischen Bad im beheizten Schwimmbad, Wandern oder einer Radtour. Der riesige Abenteuerspielplatz ist ein Eldorado für Kinder. Zwei Restaurants verwöhnen den Gast mit Hausmannskost und Spezialitäten. Großzügige Stellplätze (80-100 m²) mit Anschlussmöglichkeiten für Strom, Gas, Kabel-TV, Wasser und Abwasser sowie unsere modernst eingerichteten Sanitäranlagen lassen jedes Camperherz höher schlagen. Unser Campingshop, Fernsehraum, Aufenthaltsraum, Sauna, Solarium und Jugendraum sorgen für unbeschwerte Ferien. Im Winter verwandelt sich die Kaiserwinkel-Landschaft und das Euro-Camp in ein Schneeparadies. Langläufer können direkt in das weitläufige Loipennetz einsteigen, Alpinskifahrer finden am 300 m entfernten Unterberg ideale Bedingungen. Wir freuen uns auf Ihr Kommen. Gerne senden wir Ihnen ausführliches Prospektmaterial zu.

30 Jahre 1978-2008 Euro-Camp Jubiläums-Familienwochen 29.06.08-20.07.08 sowie 17.08.08-31.08.08 Ausführliches Programm siehe Internet

Stark ermäßigte Preise von 7.1. bis 28.1.08 von 10.3. bis 20.7.08 von 17.8. bis 9.11.08 Geschlossen 9.11. bis 7.12.08

EURO CAMP Wilder Kaiser
A-6345 Kössen · Tel. 05375/6444 · Fax 05375/2113
www.eurocamp-koessen.com · e-mail: info@eurocamp-koessen.com
TOP CAMPING AUSTRIA

Ebenes Wiesengelände am See. Mit einzelnen Baumgruppen und 200 m langer Uferzone. Liegewiese. Badesteg. Stellflächen teilweise gekiest und schattenlos. Skibus-Service. Ort 350 m entfernt. Mittagsruhe 12 bis 13 Uhr. Touristen-/Dauerstellplätze 120/100.
2008: (HS) P/N 6.–, K/N 3 bis 12 J. 3.50, St/N 5.50, H/N 3.–, KT –.85, WD inkl., Müllgeb. P/N –.30, Strom/N 3.– (6 A). In NS Ermäßigung.
DCC/CCI 10% auf P/N.

6344 Walchsee, Tirol · A2710/2
25 ★★★★ »FERIENPARK TERRASSENCAMPING SÜD-SEE«
05374/5339, Fax 5529 · 660 m · 1.1. bis 31.12.
www.camp-sud-see.com, campingwalchsee@aon.at · 110000 qm

→ A 93 Inntaldreieck–Kufstein Abf. (59) Oberaudorf auf die B 172 Richtung Reit im Winkl. Kurz vor Walchsee rechts abbiegen und noch 2 km zum See-Südufer. Seestr. 76.

Vom Seeufer ansteigendes, terrassiertes Gelände mit zahlreichen Windungen. Die unteren Touristen-Terrassen parzelliert und teilweise gekiest. Umrandet mit Hecken und Bäumen. »Kirche Unterwegs«. FW. Wassersport. Im Winter Schlepphilfe möglich. Kiosk. Brötchenservice. Lebensmittel 1.5 km, Haltestelle 2 km, Ort 2.5 km entfernt. Separater Jugendplatz. Touristen-/Dauerstellplätze 150/150.
2008: (HS) P/N 6.–, K/N bis 11 J. 3.50, St/N 7.–, H/N 3.50, KT –.85, Müllgeb. P/N –.40, WD inkl., Strom/N 3.50. In NS Ermäßigung.

6345 Kössen, Tirol · A 2730
30 ★★★★ »EUROCAMP WILDER KAISER« · 1.1. bis 9.11./
05375/6444, Fax 2113 · 645 m · 7.12. bis 31.12.
www.eurocamp-koessen.com, info@eurocamp-koessen.com · 52000 qm

→ A 93 Inntaldreieck–Kufstein Abf. (59) Oberaudorf auf die B 172 Richtung Reit im Winkl. In Kössen beschildert. Kranebittau 18.

300 m · 500 m

Ebenes und teilweise schattenloses Wiesengelände mit Blick auf das Massiv des Wilden Kaisers und den Unterberg. Von Wald umgeben. Stellflächen parzelliert und teilweise gekiest. Gasstraße. Großzügiger Kinderspielplatz. Kostenloser Skibus-Service. Kabel-TV. W-LAN/Funkinternet. Ort 2 km entfernt. Mittagsruhe 12-14 Uhr. Touristen-/Dauerstellplätze 180/100.
2008: (HS) P/N 7.20, K/N 2 bis 14 J. 5.–, St/N 8.30 bis 9.30, H/N 4.–, KT –.85, WD inkl., Müllgeb. –.85, Strom/kWh –.65 (15 A). In NS Erm. Angebote.

»**Ermäßigung auf alle Gebühren**« umfaßt nicht die Nebenkosten wie Kurtaxe, Müll und Strom

---

www.Campingurlaub.com
TOP-Campingplätze rund um die Alpen

Terrassencamping Schlossberg Itter

(A 2830)

Fam. Ager • A-6305 Itter • Brixentalerstraße 11
Tel. 05335/2181 • Fax 05335/2182
www.camping-itter.at • E-mail: info@camping-itter.at
GPS: N 47.4664° / E 12.1397°

Im Winter: das größte geschlossene Skigebiet Österreichs, die Skiwelt Wilder Kaiser-Brixental. Eigener Baby-Skilift, beleuchtete Natur-Rodelbahn.
Im Sommer: Tischtennis, Riesen-Kinderspielplatz. Kinderbetreuung. Geheiztes Schwimmbad (16 x 8 m) und Kinderplanschbecken. Für Wildwasser-Bootfahrten Ausstieg am Platz.
Neu: Wellness-Hütte, Internet-Ecke, WLAN auf allen Stellplätzen.
Fordern Sie unsere kostenlose CD-ROM an.
★★★★★ Spitzenkomfort zu normalen Preisen. Super-Sanitär-Landschaft

DCC-Vertragsplatz

6384 Waidring, Tirol — A2740
★★★★ »CAMPING STEINPLATTE«
☎ 05353/5345, Fax 5406 — 780 m — 1.1. bis 31.12. — 40 000 qm
www.camping-steinplatte.at, camping-steinplatte@aon.at
→ B 178 St. Johann i. T.–Lofer, erst beim Campinghinweisschild nach Waidring einbiegen. ✉ Unterwasser 43.

Ebenes, parzelliertes Wiesengelände mit Naturbadeteich und öffentlichem Badebetrieb. Von bewaldeten Berghöhen umgeben. Ski-Trockenraum. Kostenloser Skibus-Service. Kabel-TV. Teilweise Gas-Anschluss. Boccia. Billard. Pit-Pat. FW. Ort 1 km entfernt. Mittagsruhe 12-14 Uhr. Touristen-/Dauerstellplätze 180/178.
2007: (Wi/So) P/N 6.30/5.80, K/N 4.30/3.80, St/N 7.80, H/N 4.30/3.60, KT 1.–, WD inkl., Müllgeb. P/N –.50, Strom/N 2.50 (So) oder kWh –.60 (Wi) (10 A). Anschlussgeb. 4.50 (nur Wi). In NS Ermäßigung. Familien-Sparpreise.
DCC 10%, CCI 5% auf P/N.

6391 Fieberbrunn, Tirol — A2760
★★★★★ »TIROL-CAMP«
☎ 05354/56666, Fax 52516 — 820 m — 7.12. bis 13.4. / 9.5. bis 9.11. — 70 000 qm
www.tirol-camp.at, office@tirol-camp.at
→ Straße 164 St. Johann i. T.–Saalfelden, am Ortsausgang Fieberbrunn nahe der Sesselbahn-Talstation abbiegen.

Zum Waldrand ansteigend terrassiertes und parzelliertes Wiesengelände, oberhalb des Ortes. Naturschwimmbad mit Liegewiese. Gasstraßen. 26 Stellplätze mit eigener Sanitäreinheit. Wellnessbereich. Ski-Trockenraum. Kostenloser Skibus-Service. Kabel-TV. FW. Ort 1 km entfernt. Mittagsruhe 12-14 Uhr. Touristen-/Dauerstellplätze 240/100.
2007/08: (Wi/So) P/N 12.–/8.–, P/N ab 60 J. 9.–/7.–, K/N 4 bis 14 J. 5.–, St/N 13.–/9.–, St/N inkl. eigenem Badezimmer 30.–/24.–, T-St/N 5.– (So), H/N 6.–/3.–, KT 1.–, WD inkl., Strom/kWh –.80/–.75 (10 A). Pauschalen und Angebote. In NS Ermäßigung.

6306 Söll, Tirol — A2815
★★★★ »CAMPING FRANZLHOF«
☎ 05333/5117, Fax 5117-17 — 705 m — 15.12. bis 15.11. — 25 000 qm
www.franzlhof.com, info@franzlhof.com
→ B 178 Wörgl–St. Johann i. T. in Söll beschildert. ✉ Dorfbichl 37.

Ebenes bis leicht ansteigendes Wiesengelände mit jungen Bäumen. Familiengeführt. Gas- und TV-Anschluss. FW. Freelax-Wellnessbereich. Squash-Courts. Billard. Pit-Pat. Loipe am Platz. Kostenloser Skibusservice. Ort 500 m entfernt. Touristen-/Dauerstellplätze 40/6.
2008: (HS) P/N 7.–, K/N 1 bis 14 J. 4.50, St/N 8.–, H/N 2.20, KT 1.–, WD inkl., Müllgeb. St/N 1.–, Strom/kWh –.70 (16 A). In NS Ermäßigung.

6380 St. Johann, Tirol — A2820
★★★ »CAMPING-MICHELNHOF«
☎ 05352/62584, Fax 62584-4 — 665 m — 1.1. bis 31.12. — 25 000 qm
www.camping-michelnhof.at, camping@michelnhof.at
→ B 178 Lofer–Wörgl, am Ortsende von St. Johann auf die B 161 Richtung Kitzbühel abbiegen, dann beschildert. ✉ Weiberndorf 6.

Durch Platzeinfahrt zweigeteiltes Wiesengelände bei einem bewirtschafteten Bauernhof. Der untere Platzteil leicht abfallend unter einzelnen Bäumen, der obere Teil leicht ansteigend. Ski-Trockenraum. Kostenloser Skibus-Service. Kinder-Skischule. Bröttchenservice. Haltestelle und Ort 2 km entfernt. Touristen-/Dauerstellplätze 65/65.
2008: (HS) P/N 5.–, K/N 3 bis 14 J. 3.50, St/N 7.50, H/N 4.–, KT –.80, WD zuzügl., Müllgeb. St/N 1.–, Strom/N 2.70 (10 A). Ab 14 N und in NS Erm.

DCC-Vertragsplatz

6305 Itter, Tirol — A2830
★★★★ »TERRASSENCAMPING SCHLOSSBERG ITTER«
☎ 05335/2181, Fax 2182 — 600 m — 1.1. bis 15.11. / 1.12. bis 31.12. — 40 000 qm
www.camping-itter.at, info@camping-itter.at
→ A 12 /E 45 Kufstein–Innsbruck Abf. Wörgl-Ost auf die B 178 Richtung Brixental, nach ca. 4 km bei dem Kreisverkehr rechts auf die B 170 Richtung Brixental, noch ca. 2 km. ✉ Brixentaler Str. 11 (GPS: 47°27'59" N / 12°08'23" E).

Von der Brixenthaler Ache terrassiert zum Schlossberg ansteigendes Wiesengelände um einen Bauernhof. Von Tannenwald umgeben. Familienbäder. Zusätzliche mietbare Whirlpool-Badewanne. Wellnessbereich mit Dampfbad. Hundebad. Jugendraum. Großzügig ausgestatteter Kinderspielplatz. Ski-Trockenraum. Kostenloser Skibus-Service. Skilift am Platz. Beleuchtete Rodelbahn. Kabel-TV. W-LAN/Funkinternet. Ort 2 km entfernt. Mittagsruhe 12-14 Uhr. Touristen-/Dauerstellplätze 150/50.
2008: (HS) P/N 6.50, K/N 1 bis 13 J. 4.50, St/N 10.–, H/N 3.50, KT –.60, WD inkl., Müllgeb. St/N 2.–, Strom/N 2.80 (10 A). In NS Ermäßigung.
DCC 10% auf P/N.

DCC – DEIN PARTNER!

Der familienfreundliche Campingplatz im Brixental in den Kitzbüheler Alpen

(A 2845)

PANORAMA CAMPING
SOMMER WINTER
Tirol
WESTENDORF

Panorama Camping
A-6363 Westendorf
Tel. (05334) 61 66, Telefax (05334) 6843
www.panoramacamping.at
E-mail: info@panoramacamping.at

Panorama Kitzbüheler Alpen. Schwimmbad nur 5 Gehminuten entfernt. Großer Kinderspielplatz, schöne Wanderungen, Reitstall, Minigolf, Tennisplätze, Basketball, Sauna, Solarium, Fahrradverleih, Paragleiten, Internet-Ecke. Restaurant am Platz. Direkt an der Brixentaler Skiwanderloipe. **Skiwelt Wilder Kaiser Brixental** – das größte zusammenhängende und beschneite Wintersportgebiet Österreichs. Diskotheken und Bars im Ort. Campingplatz in herrlicher Lage inmitten der **Sommer- und Wintercamping.** Öffentliches

---

✉ 6361 Hopfgarten, Tirol — A2831

25 ★★★ »CAMPING REITERHOF« — 1.1. bis 31.12.
☎/Fax 05335/3512   720 m   20 000 qm
www.campingreiterhof.at, info@campingreiterhof.at

→ A 12/E 45 Kufstein–Innsbruck Abf. Wörgl-Ost auf die B 170 Richtung Kitzbühel bis Hopfgarten, hier abbiegen Richtung Kelchsau, dann noch ca. 1,5 km. ✉ Kelchsauerstr. 49.

Ebenes bis leicht wellig abfallendes Wiesengelände zwischen der Straße und der Kelchsauer Ache. Überwiegend schattenlos und auf zwei Geländestufen parzelliert. Kiosk. Brötchenservice. Ski-Trockenraum. Kostenloser Skibus-Service. Sommerrodelbahn 100 m, Ort 2 km entfernt. Separater Jugendplatz. Mittagsruhe 12-14 Uhr. Touristen-/Dauerstellplätze 76/64.
2008: (HS) P/N 4.40, K/N 5 bis 10 J. 3.20, A/N 3.30, C/N 3.70, MC/N 5.10, T/N 3.–, M/N 2.20, H/N 2.20, KT 1.25, WD zuzügl., Müllgeb. P/N –.80, Strom/N 2.20 (10 A). In NS Ermäßigung.

✉ 6363 Westendorf, Tirol — A2845

25 ★★★★ »PANORAMA-CAMPING« — Anf. Dez. bis Mitte Nov.
☎ 05334/6166, Fax 6843   784 m   22 000 qm
www.panoramacamping.at, info@panoramacamping.at

→ B 170 Wörgl–Kitzbühel, 5 km hinter Hopfgarten abbiegen. ✉ Mühltal 70.

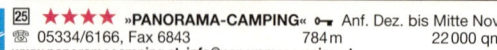

Ebenes und überwiegend schattenloses Wiesengelände. Teilweise leicht ansteigend und parzelliert. Hinter einem schalldämmenden Holzlager und auf drei Stufen mit einigen Bäumen angelegt. Jugendraum. Trampolin. Gasstraße. Kabel-TV. W-LAN/Funkinternet. Brötchenservice. Ort 1 km entfernt. Mittagsruhe 13-15 Uhr. Touristen-/Dauerstellplätze 50/83.
2008: (HS) P/N 5.50, K/N 4 bis 14 J. 3.10, St/N 7.–, H/N 3.30, KT 1.–, WD inkl., Müllgeb. St/N 1.80, Strom/N –.75 plus kWh –.75 (12 A). In NS 15% Ermäßigung auf P/N. Pauschalangebote.

✉ 6364 Brixen im Thale, Tirol — A2850

20-35 ★★★ »CAMPING BRIXEN« — 1.1. bis 31.12.
☎ 05334/8113, Fax 8101   800 m   30 000 qm
www.camping-brixen.at, office@camping-brixen.at

→ B170 Wörgl–Kitzbühel, in Brixen im Thale abbiegen und über die Bahnlinie. ✉ Badhausweg 9.

Leicht wellig ansteigendes, teilweise schattenloses Wiesengelände unterhalb eines Berghangs. Gasanschluss. Skilift am Platz. Ski-Schule. Ski-Trockenraum. Kostenloser Skibus-Service. Durch Dauercamper geprägt. Ort 1,5 km entfernt. Touristen-/Dauerstellplätze 66/184.
2007: (Wi/So) P/N 7.–/4.–, K/N 5 bis 14 J. 4.50/gratis, St/N 9.– bis 11.–/5.– bis 7.–, H/N 3.–/2.50, KT 1.–, WD zuzügl., Müllgeb. St/N 1.50, Strom/N 4.–/2.50 oder kWh –.75 (4-16 A). Im Winter in NS Ermäßigung.

✉ 6370 Kitzbühel, Tirol — A2860

45 ★★★★ »CAMPING-SCHWARZSEE« — 1.1. bis 31.12.
☎ 05356/62806, Fax 6447930   800 m   50 000 qm
www.bruggerhof-camping.at, office@bruggerhof-camping.at

→ B 161 St. Johann i. P.–Mittersill, in Kitzbühel abbiegen auf die B 170 ca. 2 km, dann rechts. ✉ Reitherstr. 24.

Unparzelliertes, ebenes und teilweise leicht wellig ansteigendes Wiesengelände in Seenähe. Hinter dem Hotel Bruggerhof. Von Wald umgeben und teilweise schattenlos. Gasstraße. Ski-Trockenraum. Kostenloser Skibus-Service. Kabel-TV. Abenteuerspielplatz. Pit-Pat. Kinderspielzimmer. Wellnessbereich. Ort 1 km entfernt. Separater Jugendplatz. Touristen-/Dauerstellplätze 150/150.
2007: P/N 10.70, K/N 2 bis 15 J. 7.70, St/N 10.50, H/N 5.–, KT –.71, WD inkl., Müllgeb. P/N 1.50, Strom/N 4.– plus kWh –.80 (16 A).

DCC-Vertragsplatz

✉ 6263 Fügen, Zillertal/Tirol — A2910

40 ★★★★★ »CAMPING HELL« — 1.1. bis 31.12.
EUROPA-PREIS
☎ 05288/62203, Fax 62203-4   545 m   20 000 qm
www.zillertal-camping.at, info@zillertal-camping.at

→ A 12 Kufstein–Innsbruck Abf. Achensee/Zillertal auf die B 169 Richtung Zell am Ziller. Fügen bei Gagering abbiegen. ✉ Fügen 212b (GPS: 47°21'32" N / 11°51'08" E)

Ebenes Wiesengelände zwischen der Straße und einem bewaldeten Berghang. Parzelliert und durch Hecken unterteilt, sowie mit einigen Einzelterrassen. Separater Platzteil für Hundehalter. Kindersanität. Kinderkino. FW. Gasanschluss. W-LAN/Funkinternet. Massagen. Wellnessbereich. Ski-Trockenraum. Kostenloser Skibus-Service. Ort 1 km entfernt. Touristen-/Dauerstellplätze 140/30.
2008: (HS) P/N 6.50, K/N 2 bis 13 J. 4.50, St/N 11.50 bis 17.50, H/N 2.50, KT –.75, WD inkl., Müllgeb. St/N 2.–, Strom/N 3.– (16 A). In NS Erm. **DCC 10% auf P/N.**

✉ 6272 Kaltenbach, Zillertal/Tirol — A2920

25 ★★★ »CAMPING HOCHZILLERTAL« — 1.1. bis 31.12.
☎ 0650/7333398, Fax 05283/20156   5000 qm
www.camping-hochzillertal.at, info@camping-hochzillertal.at

→ A 12 Kufstein–Innsbruck Abf. Achensee/Zillertal auf die B 169 Richtung Zell am Ziller. Abf. Kaltenbach, beschildert. ✉ Kaltenbach 213 (GPS: 47°17'39" N / 11°52'30" E).

Ebenes Wiesengelände mit Bäumen in Ortslage. Separate Pkw-Abstellung. W-LAN/Funkinternet. Tennis, Minigolf, Fahrradverleih und Warmfreibad in der Nähe. Touristen-/Dauerstellplätze 60/60.
2007: (HS) P/N 6.–, K/N bis 14 J. 4.20, St/N 6.–, H/N 2.–, KT 1.–, WD zuzügl., Müllgeb. P/N 1.–, Strom/kWh –.70 (6 A). In NS Ermäßigung.

WOHLFÜHLCAMPING Camping Hell ZILLERTAL (A 2910)

www.zillertal-camping.at

ADAC Auszeichnung 2007
DCC Vertragsplatz

...inderclub mit Minikino · beheiztes Freibad · neues Sanitärgebäude · neuer Minimarkt · neuer Ski- und Skischuhraum ... mietbare Familienbäder · großer Aufenthaltsraum für Jugendliche · 300 m² Saunalandschaft · Ferienwohnungen für 2-5 ...ers. · behindertengerechte Sanitärräume · günstige Pauschalangebote · alle Stellplätze mit Gasanschluss, Stromanschluss, ...asser- und Abwasseranschluss, Wireless LAN und teilweise TV-Anschluss

...ohlfühlcamping Hell · Familie Karin und Alois Hell · A-6263 Fügen Gagering 212b · Tel.: ++43-(0)5288-62203 · Fax: ++43-(0)5288-62203-4
E-Mail: info@zillertal-camping.at · www.zillertal-camping.at

DCC-Vertragsplatz

6274 Aschau, Zillertal/Tirol A 2930

45 ★★★★★ »KOMFORT-CAMPING AUFENFELD« 1.1. bis 2.11.
☎ 05282/2916, Fax 2916-11 540m und 6.12. bis 31.12.
www.camping-zillertal.at, info@camping-zillertal.at 100 000 qm

→ A 12 Kufstein–Innsbruck Abf. Achensee/Zillertal auf die B 169 Richtung Zell am Ziller. In Aschau über die Ziller zum Platz. ✉ Distelberg 1 (GPS: 47°15'47" N / 11°53'59" E).

Ebenes, parzelliertes Wiesengelände bei einem bewirtschafteten Bauernhof. Durch einen kleinen Lärmschutzwall gegen Straße und Bahnlinie geschützt. Der vordere Platzteil überwiegend schattenlos, der hintere Bereich mit Heckenunterteilungen und zum Waldrand hin terrassiert ansteigend. Großer Badeteich. Westernstadt mit Saloon. Fitnessraum. Massagen. Großer Wellnessbereich. Kindersanitär. Jugendraum. Funcourt. Bogenschießen. Riesentrampolin. Pit-Pat. Hundebad. Übungslift. Ski-Trockenräume. Kostenloser Skibus-Service. Kabel-TV. Telefonanschluss. Teilweise Gasanschluss. FW. Ort 500 m entfernt. Mittagsruhe 13-15 Uhr. Touristen-/Dauerstellplätze 370/30.
2007: (So) P/N 9.90, K/N 2 bis 12 J. 6.60, St/N 10.50, H/N 4.–, KT 1.–, WD inkl., Strom/N 2.30 (6 A). Im Winter höhere Preise! Bei Komfortplätzen Preisaufschlag! In NS Ermäßigung.
DCC 10% auf P/N.
Anzeige S. 375

6280 Zell am Ziller, Zillertal/Tirol A 2940

30 ★★★★ »CAMPING HOFER« 1.1. bis 31.12.
☎ 05282/2248, Fax 2248-8 575m 15 000 qm
www.campingdorf.at, info@campingdorf.at

→ A 12 Kufstein–Innsbruck Abf. Achensee/Zillertal auf die B 169 Richtung Zell am Ziller. In Zell beschildert. ✉ Gerlosstr. 33 (GPS: 47°13'40" N / 11°53'10" E).

Ebene bis leicht wellige und parzellierte Wiese mit Obstbäumen. Durch einen Anliegerweg zweigeteilt. Ski-Trockenraum. Kostenloser Skibus-Service. W-LAN/Funkinternet. Ort 500 m und Freizeitpark 800 m entfernt. Mittagsruhe 12-15 Uhr. 100 Touristenplätze.
2008: (HS) P/N 6.60, K/N 1 bis 15 J. 4.20, St/N 6.80, H/N 2.–, KT 1.–, WD inkl., Strom/N 3.– (6-10 A). Wochenpauschalen. In NS Ermäßigung.

> Wegen oft wechselnden Größenangaben für die einzelnen Stellparzellen durch die Platzhalter veröffentlicht der DCC nur noch die Camping-Gesamtfläche in qm und den Hinweis »parzelliert« oder »unparzelliert«.

WINTER + SOMMER · **WINTERRESERVIERUNG!**
CAMPING SCHWARZSEE
A-6370 KITZBÜHEL
Telefon 00 43 (0) 5356 / 62806
Fax 00 43 (0) 5356 / 6447930
www.bruggerhof-camping.at
e-Mail: office@bruggerhof-camping.at

NEU: Wellness- und Fitnessoase mit Hallenbad, Kinderbecken, Whirlpool, Aromasauna, Dampfbädern, Thepidárium, Fitnessraum, Erholungs- und Ruheräumen. **ALLES INKLUSIVE!**

Direkt neben dem Platz einer der modernsten 18 hole intern. Golfplätze Österreichs. Moderner Minigolfpark mit 18 Bahnen, neu erbauter Tennisplatz, wöchentliches Animationsprogramm.
Der Campingplatz Schwarzsee / Kitzbühel liegt in ruhiger sonniger Lage mit eigenem Badestrand am See, umgeben von Wiesen und Wanderwegen. Weltbekanntes großräumiges Skigebiet mit über 100 Liften. Eigener Skibus zum Nulltarif direkt zu den Liften. Langlaufloipe direkt vom Platz auf 72 km Länge. Neu erbaute, modernst eingerichtete sanitäre Anlagen (Warmwasser und Warmwasserduschen zur freien Benutzung), moderne Sauna und Solarium. Einzelwaschkabinen, große Waschhallen, Behindertensanitärzelle, Abflüsse für Chemikalien, Trockenräume, Skiraum, Lebensmittelcenter, erste in Österreich erbaute Gasstraße mit direktem Anschluss für Caravans. Fitnessraum, Restaurant mit internationaler Küche. Ganzjährig geöffnet. Kabelfernsehen, 36 Programme.
NEU: Skischule und Skiverleih für Alpin und Langlauf direkt am Platz. Abenteuerspielplatz, Kinderspielecke, eigener Kinder- und Baby-Waschraum.
(A 2860)

MAYRHOFEN
Sommer- & Wintercamping

Familie Kröll • A-6290 Mayrhofen / Laubichl 125
Tel. +43/5285/62580-51 • Fax +43/5285/62580-60
camping@alpenparadies.com
(A 2950)
www.alpenparadies.com

Unser Campingplatz umgeben von einer herrlichen Bergkulisse liegt in ruhiger, sonniger Lage, direkt am Waldrand, nur wenige Gehminuten vom Zentrum entfernt. Viele Stellplätze mit direkter Trink- und Abwasserversorgung. Mietbare Familienduschen!

Unser Campingplatz ist ein idealer Ausgangspunkt für die schönsten Wanderungen und herrliche Skierlebnisse. Der Gratis-Skibus fährt direkt vom Platz, für Ihre Skikleidung bieten wir Ihnen eine beheizte Skischuhtrocknung. Schneesichere Skigebiete in unmittelbarer Nähe! Unsere Attraktion: das beheizte Freischwimmbad für Sommer und Winter. Für Erholung sorgen Sauna, Solarium, Dampfbad, Ruheraum und eine Infrarotkabine! In unserem Restaurant mit Wintergarten werden Sie mit Tiroler und internationalen Gerichten verwöhnt. Der Campingshop versorgt Sie mit Brot, Gebäck und vieles mehr...

✉ 6290 Mayrhofen, Zillertal/Tirol — A2950
30 ★★★★ »CAMPING KRÖLL MAYRHOFEN« — 1.1. bis 31.10./
☎ 05285/62580-51, Fax 62580-60 630m   16.12. bis 31.12.
www.alpenparadies.com, camping@alpenparadies.com   20000 qm

→ B 169 Inntalautobahn–Zell am Ziller, hier weiter bis kurz vor Mayrhofen. Dort abbiegen Richtung »Zillergrund«. ✉ Laubichl 125.

 200m 600m 800m ◢ 1km 1.3km

Parzelliertes, ebenes bis leicht welliges Wiesengelände zwischen dem Anwesen und einem bewaldeten Steilhang. Kiosk. Ski-Trockenraum. Kostenloser Skibus-Service. IR-Kabine. Billard. W-LAN/Funk-Internet. Ort 1 km entfernt. Mittagsruhe 12-15 Uhr. Touristen-/Dauerstellplätze 150/50.
2008: (HS) P/N 6.50, K/N 3 bis 14 J. 4.40, A/N 2.50, C T/N 4.50, MC/N 7.–, M/N 2.–, H/N 2.–, KT –.90/1.–, WD inkl., Strom/N 2.50/3.50, kWh –.60 (6/12/16 A). In NS Ermäßigung.

✉ 9900 Lienz, Osttirol — A2980
30 ★★★★ »CAMPING FALKEN« — 15.12. bis 30.10.
☎ 04852/64022, Fax 64022-6 676m   25000 qm
www.camping-falken.com, camping.falken@tirol.com

→ B 100 Spittal-italienische Grenze, in Lienz beim Bahnhof Richtung Tristacher See abbiegen. ✉ Eichholz 7 (GPS: 46°49'21" N / 12°46'15" E).

Ebenes, parzelliertes Wiesengelände hinter einem Gasthof. Schöner Blick auf die umliegenden Berge. W-LAN/Funkinternet. Separater Platzteil für Hundehalter. Tennis, Minigolf, Frei- und Hallenbad (ab 3 Nächten gratis) 300 m, Haltestelle 400 m, Ort 1 km entfernt. Separater Jugendplatz. Mittagsruhe 13-15 Uhr. 130 Touristenplätze.
2007: (HS) P/N 5.80, K/N 5 bis 14 J. 4.–, St/N 8.50, H/N 3.–, KT –.70, WD zuzügl., Müllgeb. 1.50, Strom/N 2.50 (6 A). Ab 10 Nächten und in NS Erm.

Jahres-Öffnungszeiten
werden uns von den Platzhaltern gemeldet. Sie bemühen sich, die Zeiten einzuhalten. Je nach Wetterlage sind aber spätere Öffnungs- und frühere Schließungszeiten möglich.

DCC-Vertragsplatz
✉ 9900 Lienz–Tristach, Osttirol — A2982
30 ★★★★ »CAMPING SEEWIESE« — 10.5. bis 25.9.
☎/Fax 04852/69767 830m   20000 qm
www.campingtirol.com, seewiese@hotmail.com

→ B 100 Spittal–italienische Grenze, in Lienz beim Bahnhof Richtung Tristacher See/Lavant abbiegen. Hinter Tristach bergwärts noch ca. 3 km ✉ Tristachersee 2 (GPS: 46°48'37" N / 12°48'16" E).

Leicht wellige und schattenlos abfallende Wiese. Beim Gasthaus oberhalb des Sees - mit Strandbad (für Campinggäste gratis) - gelegen. Von ausgedehnten Wäldern umgeben. Schöner Blick auf die umliegenden Höhen der Lienzer Dolomiten. 12 ebene und geschotterte Moca-Plätze. W-LAN/Funkinternet. Boule-Platz. Ort 5 km entfernt. 110 Touristenplätze.
2007: (HS) 2 P/N inkl. St/N 22.20 (ab 3 Nächte), weitere P/N 6.30, K/N 4 bis 14 J. 4.–, H/N 3.–, WD inkl., Müllgeb. St/N zuzügl., Strom/N 2.50 (6 A). Ab 3 Nächten und in NS Ermäßigung.
DCC 10% auf P/N.

DCC-Vertragsplatz
✉ 9900 Lienz–Amlach, Osttirol — A2984
25 ★★★★ »DOLOMITEN CAMPING« — 1.1. bis 30.10.
☎ 04852/62317, Fax 62317-12   und 15.12. bis 31.12.
www.amlacherhof.at, info@amlacherhof.at   15000 qm

→ B 100 Spittal–ital. Grenze, in Lienz beim Bahnhof Richtung Tristacher See abbiegen, dann weiter Richtung Amlach. ✉ Amlach 5.

Zweistufiges, ebenes Wiesengelände mit jungen Anpflanzungen und schönem Blick auf die Lienzer Dolomiten. Imbiss in HS. Brötchen-Service. W-LAN/Funkinternet. Ort 1.5 km entfernt. Mittagsruhe 12.30-15 Uhr. 84 Touristenplätze.
2007: (HS) P/N 5.60, K/N 3 bis 10 J. 2.90, J/N bis 15 J. 3.60, St/N 7.60, H/N 2.90, KT 1.–, WD zuzügl., Müllgeb. St/N 1.70, Strom/N 2.30 (16 A). In NS Ermäßigung.
DCC 10% auf P/N.

DCC-Vertragsplatz
✉ 9920 Strassen b. Sillian, Osttirol — A2985
25 ★★★★ »CAMPING LIENZER DOLOMITEN« — 1.1. bis 31.12.
☎ 04842/5228, Fax 5228-15   1100 m   20000qm
www.camping-tirol.at, camping-dolomiten@gmx.at

→ Kufstein–Felbertauern–Lienz. Ab Lienz 27 km Richtung Südtirol. Weitere 2 km nach Strassen. ✉ Tassenbach 191.

Ebenes Wiesengelände am Waldrand mit parzellierten Stellflächen. Familiäre Atmosphäre. Streichelzoo. Skibus- und Brötchenservice. Touristen/Dauerstellplätze 180/20.
2007: (HS) 1/2/3/4/5/6 P/N 11.–/19.–/24.–/29.–/34.–/39.–, St/N und WD inkl., H/N 1.50, Müllgeb./N –.50, Strom 1.50 (6 A). In NS und ab 20 Nächten Erm.
DCC 10% P/N.

✉ 9971 Matrei, Osttirol — A2990
30 ★★★ »CAMPING EDENGARTEN« — 1.4. bis 30.10.
☎/Fax 04875/5111   1000 m   8000 qm
www.campingedengarten.at, info@campingedengarten.at

→ B108 Mittersill-Lienz (Felbertauernstr.) Am südlichen Ortsende von Matrei gelegen. Beschildert. ✉ Edenweg 15.

Ebene bis leicht ansteigende Wiese mit Blick auf die umgebenen Berge. Durch Busch- und Baumreihe unterteilt. Kindersanitär. Imbiss. Warmfreibad 500 m, Haltestelle 400 m und Ort 800 m entfernt. Mittagsruhe 12-14 Uhr. 80 Touristenplätze.
2007: (HS) P/N 8.–, K/N 2 bis 14 J. 3.–, A/N 1.20, C/N 2.20, MC/N 3.40, T/N 2.20, M/N 1.–, B/N 2.20, KT 1.35, WD inkl., Strom/N 2.20 (12 A). In NS Erm.

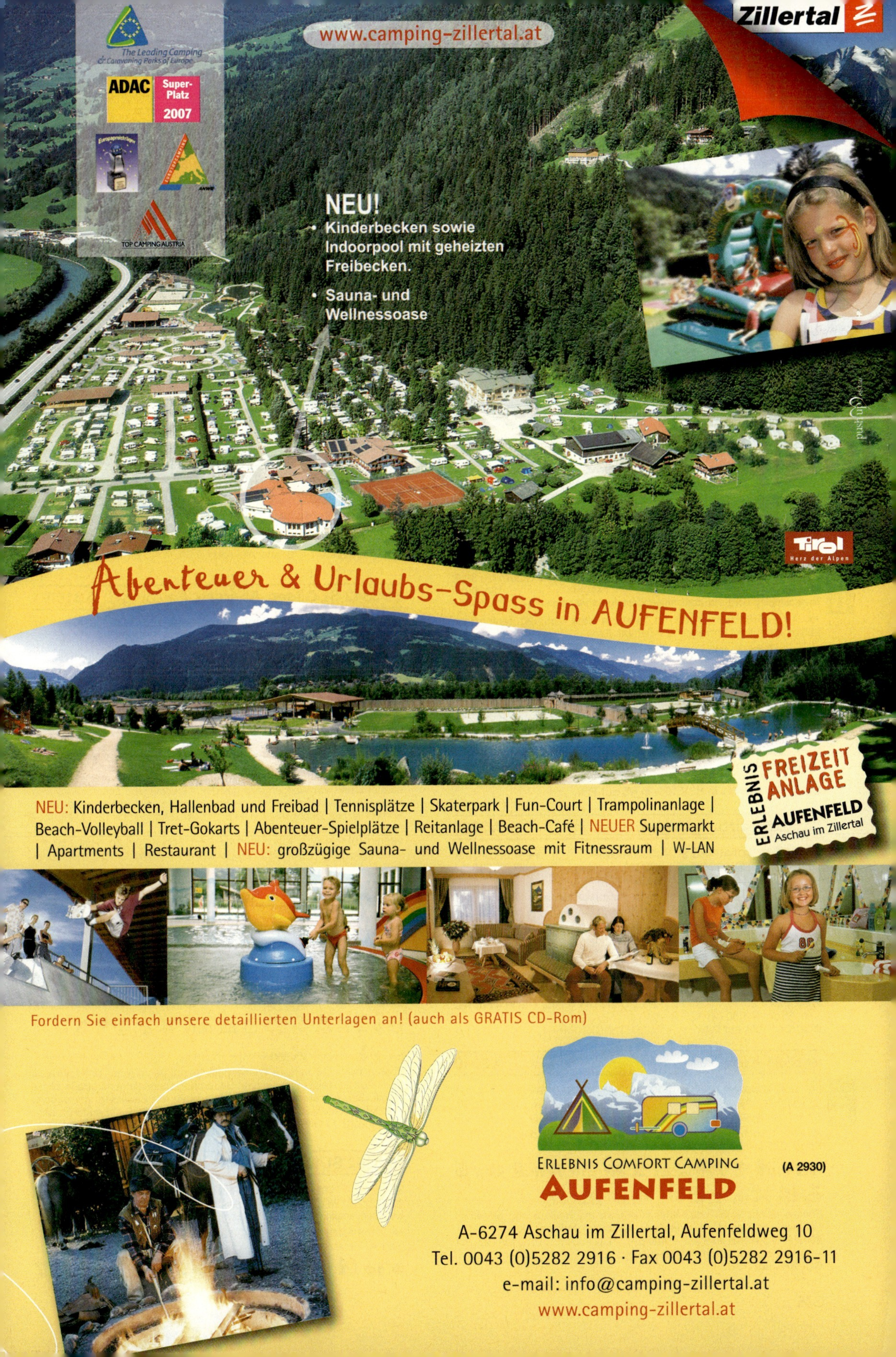
www.camping-zillertal.at
Zillertal
The Leading Camping & Caravaning Parks of Europe
ADAC Super-Platz 2007
TOP CAMPING AUSTRIA
NEU!
• Kinderbecken sowie Indoorpool mit geheizten Freibecken.
• Sauna- und Wellnessoase
Tirol Herz der Alpen
Abenteuer & Urlaubs-Spass in AUFENFELD!
ERLEBNIS FREIZEIT ANLAGE AUFENFELD Aschau im Zillertal
NEU: Kinderbecken, Hallenbad und Freibad | Tennisplätze | Skaterpark | Fun-Court | Trampolinanlage | Beach-Volleyball | Tret-Gokarts | Abenteuer-Spielplätze | Reitanlage | Beach-Café | NEUER Supermarkt | Apartments | Restaurant | NEU: großzügige Sauna- und Wellnessoase mit Fitnessraum | W-LAN
Fordern Sie einfach unsere detaillierten Unterlagen an! (auch als GRATIS CD-Rom)
ERLEBNIS COMFORT CAMPING
AUFENFELD
(A 2930)
A-6274 Aschau im Zillertal, Aufenfeldweg 10
Tel. 0043 (0)5282 2916 · Fax 0043 (0)5282 2916-11
e-mail: info@camping-zillertal.at
www.camping-zillertal.at

9974 Prägraten, Osttirol — A 2995

★★★★ »CAMPING REPLERHOF«
☎ 04877/6345, Fax 5477 — 1300 m — Mai bis Okt. — 9000 qm
www.familiencamping.at, info@replerhof.at

→ B 108 Mittersill–Lienz (Felbertauernstr.) In Matrei abbiegen nach Prägraten, hier ab Ortsmitte beschildert. ✉ St. Andrä 73.

Ebene, teilterrassierte und überwiegend schattenlose Wiese bei gleichnamiger Pension (Kinderhotel) oberhalb des Ortes. Streichelzoo. Ponyreiten. Kiosk. Bar. W-LAN/Funkinternet. Kinderspielraum. Massagen. Dampfbad. Wellnessbereich. Trockenraum. Zimmer. FW. Ort 200 m entfernt. Mittagsruhe 12-14 Uhr. 35 Touristenplätze.

5020 Salzburg–Nord, Salzburg — A 3000

Abfahrt

★★★ »CAMPING STADTBLICK«
☎ 0662/450652, Fax 458018 — 480 m — Dez. bis Jan. und März bis Nov. — 8000 qm
www.panorama-camping.at, info@panorama-camping.at

→ A1/E56 Salzburg–Wien Abf. Salzburg-Nord Richtung Zentrum, am Ausfahrtsende scharf rechts. ✉ Rauchenbichlerstr. 21.

Ebenes Wiesengelände auf zwei Stufen unter Bäumen, sowie schattenlos leicht abfallende Wiese. Schöner Blick über die Stadt. Bushaltestelle 500 m, Zentrum 2 km entfernt. 70 Touristenplätze.

DCC-Vertragsplatz

5023 Salzburg-Nord/Sam, Salzburg — A 3010

Abfahrt

30 ★★★ »CAMPING NORD-SAM«
☎/Fax 0662/660494 — 440 m — Ostern bis 30.9. — 13000 qm
www.camping-nord-sam.com, office@camping-nord-sam.com

→ A 1/E 56 Salzburg–Wien Abf. Salzburg-Nord Richtung Zentrum ca. 200 m, dann links abbiegen. ✉ Samstr. 22a.

Durch Hecken in Stellnischen unterteiltes, ebenes bis leicht abfallendes Wiesengelände. Mit Bäume aufgelockert. Überwiegend gekieste Stellflächen. Wenig befahrene Bahnlinie in Hörweite. Sanitäranlage beheizbar. Günstig für Stadtbesuche. Radweg direkt ab Platz. Gasverkauf 2 km, Zentrum 3 km entfernt. 100 Touristenplätze.
2007: (HS) P/N 7.50, K/N 3 bis 13 J. 5.50, St/N 10.–, H/N 2.–, WD inkl., Strom/N 2.50 (10 A). In NS ab 7 Nächten Ermäßigung.
DCC 10%, CCI 5% in HS / 10% in NS auf P/N.

5026 Salzburg-Aigen, Salzburg — A 3030

Abfahrt

20 ★★★ »CAMPING SCHLOSS AIGEN«
☎ 0662/622079, 633089, Fax 622079 — 400 m — 1.5. bis 30.9. — 25000 qm
www.campingaigen.com, camping.aigen@elsnet.at

→ A10/E55 Salzburg–Villach Abf. (8) Salzburg-Süd, an Anif vorbei über Glasenbach nach Aigen. ✉ Weberbartlweg 20.

Leicht abfallendes Wiesengelände, teilweise unter hohen Pappeln. Zentrum 5 km entfernt. 100 Touristenplätze.
2007: P/N 4.80, K/N 4 bis 16 J. 2.80, C MC-St/N 5.50, T-St/N 4.60, WD inkl., Strom/N 1.50 (16 A).
DCC/CCI 10% auf P/N.

5321 Koppl, Salzburg — A 3040

Abfahrt

15 ★★ »CAMPINGANLAGE KOPPL-HUBERBAUER«
☎/Fax 06221/8300 — 750 m — 1.5. bis 31.10. — 5000 qm
www.camping-koppl.at, camping_huberbauer@hotmail.com

→ A1 München–Salzburg Abf. Salzburg-Nord, auf die B 158 nach Koppl. ✉ Jakobistr. 20.

Ebenes, leicht abfallendes Wiesengelände mit Hecken und einzelnen Bäumen. Ort (Koppl) 500 m entfernt. 40 Touristenplätze.
2007: P/N 3.–, K/N ab 8 J. 2.–, A/N 3.–, C T/N 2.–, MC/N 5.–, M/N 2.–, KT –.80, WD zuzügl., Strom/N 2.50 (12 A).
CCI 10% auf St/N.

5201 Seekirchen-Zell, Salzburg — A 3125

Abfahrt

★★★ »STRANDCAMPING ZELL«
☎/Fax 06212/4080, Mobil 0664/3830926 — 504 m — Mai bis Okt. — 20000 qm
www.salzburg-city.com/klampfer, franz.klampfer@aon.at

→ A1 Salzburg–Wien Abf. Wallersee über Seekirchen Richtung Neumarkt, nach Zell abbiegen.

Leicht wellig abfallendes und ebenes Wiesengelände. Durch Hecken in Stellplatznischen unterteilt. In einem Landschaftsschutzgebiet mit vorgelagertem Strandbad (für Camper freier Eintritt). Sanitäranlage beheizbar. Bahnlinie in Hörweite. Ort (Seekirchen) 5 km entfernt. Separater Jugendplatz. Mittagsruhe 13-15 Uhr. Touristen-/Dauerstellplätze 80/80.

5202 Neumarkt am Wallersee, Salzburg — A 3130

25 ★★★ »SEECAMP NEUMARKT«
☎ 06216/4400, Fax 44044 — 505 m — Mai bis Okt. — 20000 qm
www.seecampwallersee.at, seecampwallersee@aon.at

→ A 1 Salzburg–Wien Abf. Wallersee auf die B 1 Richtung Straßwalchen. Zwischen Henndorf und Neumarkt seewärts abbiegen. ✉ Uferstr. 3.

Ebenes, teilweise leicht welliges Wiesengelände mit Bäumen beim Strandbad (für Camper freier Eintritt). Durch eine Anrainerstraße geteilt und mit Holzbarrieren in mehrere Stellfelder unterteilt. Separate Pkw-Parkstreifen. Sanitäranlage beheizbar. Kabel-TV. Ort 2 km entfernt. Separater Jugendplatz. Mittagsruhe 12-14 Uhr. Touristen-/Dauerstellplätze 70/70.
2007: (HS) P/N 6.–, K/N bis 15 J. 3.–, St/N 9.–, H/N 1.10, KT 1.–, WD zuzügl., Strom/kWh –.70, Anschlussgeb. 1.80. In NS Ermäßigung.

5342 St. Gilgen-Abersee, Salzburg — A 3150/1

25 ★★★ »CAMPING BIRKENSTRAND«
☎/Fax 06227/3029 — 540 m — 15.4. bis 15.10. — 18000 qm
www.birkenstrand.at, camp@birkenstrand.at

→ B 158 Salzburg–Bad Ischl, südlich von St. Gilgen bei Km 32 links abbiegen. 1. Platz. ✉ Schwand 18.

Ebenes bis leicht welliges Wiesengelände beiderseits einer Anrainerstraße. Direkt am Wolfgangsee gelegen. Überwiegend schattenlos. Teils mit jungem Baumbestand. Kleiner Strandbereich mit Badesteg und Liegewiese. Pizzeria/Eisbar. FW. Ort 4 km entfernt. Mittagsruhe 12-14 Uhr. Touristen-/Dauerstellplätze 80/30.
2008: (HS) P/N 4.70, K/N 4 bis 14 J. 2.50, St/N 4.80/6.80, H/N 2.50, KT –.90, WD zuzügl., Strom/N 2.50 oder kWh –.70 (10 A). In NS Ermäßigung.

5342 St. Gilgen-Abersee, Salzburg — A 3150/2

★★★ »WOLFGANGSEE-LINDENSTRAND«
☎ 06227/3205-0, Fax 3205-24s — 540 m — Ostern bis Okt. — 30000 qm
www.lindenstrand.at, camping@lindenstrand.at

→ B 158 Salzburg–Bad Ischl, südlich von St. Gilgen bei Km 32 links abbiegen. 2. Platz. ✉ Schwand 19 (GPS: 47°44'25" N / 13°24'12" E).

Ebenes bis leicht welliges Wiesengelände mit parzellierten und teilweise gekiesten Stellplätzen bei einem Bauernhof. Durch Anrainerstraße zweigeteilt. Seeteil teilweise unter hohen Linden mit Badesteg, der andere Platzteil schattenlos. Sanitäranlage beheizbar. Ort 4.3 km entfernt. Mittagsruhe 12-14 Uhr. Touristen-/Dauerstellplätze 145/55.

5342 St. Gilgen-Abersee, Salzburg — A 3150/3

25 ★★★ »SEECAMPING PRIMUS«
☎ 06227/3228, Fax 3228-4 — 540 m — 1.5. bis 30.9. — 20000 qm
www.seecamping-primus.at, seecamping.primus@aon.at

→ B158 Salzburg–Bad Ischl, südlich von St. Gilgen bei Km 32 links abbiegen. 3 Platz. ✉ Schwand 39.

Ebenes, parzelliertes und gekiestes Wiesengelände am See mit 300 m langen Strandbereich, hier lichter Baumbestand. Die anderen Platzteile überwiegend schattenlos. Restaurant 500 m, Haltestelle 700 m, Ort 4.8 km entfernt. Mittagsruhe 12-14 Uhr. Touristen-/Dauerstellplätze 75/65.
2007: (HS) P/N 4.90, K/N 2 bis 15 J. 2.50, St/N 7.30, B/N –.80, H/N 2.50, KT –.90, WD zuzügl., Strom/kWh –.50 (10 A). In NS ab 15% Ermäßigung.

✉ 5342 St. Gilgen-Abersee, Salzburg — A3150/4

25 ★★★ »CAMPING PRIMUSBAUER« — 1.5. bis 30.9.
☎ 06227/3207, Fax 3207-4 540 m 20 000 qm
www.camping-primusbauer.at, office@camping-primusbauer.at

→ B 158 Salzburg–Bad Ischl, südlich von St. Gilgen bei Km 32 links abbiegen. 4. Platz. ✉ Schwand 43.

Ebenes, parzelliertes und teilweise gekiestes Wiesengelände am See mit Badestrand und Liegewiese. Schöner Blick auf die umliegenden Berge. Ein kleiner Platzteil mit Baumbestand, sonst überwiegend schattenlos. Ort 4.8 km entfernt. Separater Jugendplatz. Mittagsruhe 12-14 Uhr. Touristen-/Dauerstellplätze 80/60.
2008: (HS) P/N 4.90, K/N 2 bis 14 J. 2.50, St/N 7.–, B/N –.80, H/N 2.50, KT –.90, WD zuzügl., Strom/N –.50 (10 A). In NS Ermäßigung.

✉ 5342 St. Gilgen-Abersee, Salzburg — A3150/5

★★★ »SEECAMPING WOLFGANGBLICK« — Mai bis Sept.
☎ 06227/3475, Fax 3218 540 m 21 000 qm
www.wolfgangblick.at, camping@wolfgangblick.at

→ B158 Salzburg–Bad Ischl, 6 km nach St.Gilgen bei Km 34.2 Abf. Abersee abbiegen, noch 1 km zum Platz. ✉ Seestr. 115 (GPS: 47°44'12'' N / 13°25'58'' E).

Parzelliertes, ebenes bis leicht welliges Wiesengelände beiderseits der Straße zum See. Teilweise schattenlos. Uferliegewiese und Badesteg, separater Parkplatz vor der Schranke. Jugendraum. FW. Ort 300 m entfernt. Mittagsruhe 12.30-13.30 Uhr Touristen-/Dauerstellplätze 82/48.

✉ 5342 Abersee-Strobl — A3170

20 ★★★ »TERRASSENCAMPING SCHÖNBLICK« — 1.5. bis 15.10.
☎ 06137/7042, Fax 7042-14 560 m 14 000 qm
www.camping-schoenblick.at, laimer.schoenblick@aon.at

→ B 158 Salzburg–Bad Ischl, hinter Abersee Richtung Schiffsstation abbiegen. 2. Platz. ✉ Gschwendt 33 (GPS: 47°43'34'' N / 13°26'21'' E).

Terrassiert ansteigendes Wiesengelände (oben eben bis leicht wellig) auf einer Anhöhe bei einem alten Anwesen. Stellflächen durch Hecken und Bäume parzelliert und teilweise geebnet. Blick auf St. Wolfgang und den See. Kiosk. Brötchenservice. FW. Ort 5 km entfernt. Mittagsruhe 12-14 Uhr. Touristen-/Dauerstellplätze 50/50.
2008: (HS) P/N 4.80, K/N 5 bis 14 J. 2.50, St/N 6.20, H/N 2.–, KT 1.–, WD zuzügl., Strom/N 1.80 (10 A). In NS Ermäßigung.

✉ 4854 Burgau, Salzburg — A3180

25 ★★★ »CAMPING EITZINGER« — Mai bis Sept.
☎ 07663/769, Handy 0664/5237011 470 m 20 000 qm
www.camping-eitzinger.at, info@camping-eitzinger.com

→ B 152 (Ostuferstr.) Unterach–Steinbach, in Burgau rechts. 1. Platz. ✉ Burgau 4 (GPS: 47°47'37'' N / 13°30'37'' E).

Ebenes Wiesengelände zwischen Waldhang und See, durch die Straße zweigeteilt. Teilweise unter Pappeln oder Obstbäumen. Kiosk. Brötchenservice. Ort (Unterach) 4 km entfernt. Touristen-/Dauerstellplätze 30/40.
2007: (HS) P/N 4.90, K/N 2.70, St/N 9.–, H/N 1.–, WD zuzügl., Strom/N 1.80/2.80, kWh –.70 (10 A). In NS Ermäßigung.

Vorhandene Bungalows und Ferienwohnungen auf Campingplätzen sind von Ermäßigungen ausgenommen.

✉ 5400 Hallein, Salzburg — A3200

30 ★★★★ »CAMPING AUWIRT« — Ostern bis Sept. und 1.12. bis 31.12.
☎ 06245/80417, Fax 84635 460 m 8000 qm
www.auwirt.com, info@auwirt.com

→ A 10 Salzburg–Villach Abf. Hallein auf die B 159 Richtung Salzburg bis Au. ✉ Salzburger Str. 42 (GPS: 47°42'16'' N / 13°04'08'' E).

Unpazellierte, ebene Wiese mit einzelnen Bäumen. Neben der Straße hinter dem gleichnamigen Gasthaus. Ort, Reitmöglichkeit und Freibad 3 km entfernt. 50 Touristenplätze.
2008: (HS) P/N 5.60, K/N 2 bis 12 J. 4.–, A/N 4.20, C/N 4.20, MC/N 9.–, T/N 3.50, M/N 3.50, B/N 4.20, H/N 2.–, WD inkl., Strom/N 2.50 (6-16 A). In NS Ermäßigung

✉ 5440 Golling, Salzburg — A3210

25 ★★ »CAMPING TORRENERHOF« — Anf. Dez. bis Ende Okt.
☎ 06244/5522, Fax 5522-22 470 m 10 000 qm
www.torrenerhof.com, hotel@torrenerhof.com

→ A10 Salzburg–Villach Abf. Golling, im Ort über den Bahnübergang und Brücke, weiter 2 km in Richtung Wasserfall. ✉ Wasserfallstr. 24.

Unparzellierte, leicht wellig zum Waldrand ansteigende, schattenlose Wiese hinter dem gleichnamigen Gasthof. Ort 3 km entfernt. Touristen-/Dauerstellplätze 40/10.
2007: (HS) P/N 5.–, K/N bis 8 J. 2.50, A/N 4.–, C/N 4.–, MC/N 8.–, T/N 4.–, M/N 4.–, B/N 4.–, H/N 2.–, WD inkl., Strom/N 2.50 (16 A). In NS Ermäßigung.
DCC/CCI 5% auf P/N.

✉ 5441 Abtenau, Salzburg — A3220

★★★ »OBERWÖTZLHOF–CAMP« — 1.1. bis 31.12.
☎ 06243/2698, Fax 2698-55 712 m 20 000 qm
www.oberwoetzlhof-camp.at, oberwoetzlhof@sbg.at

→ A 10 Salzburg–Villach Abf. Golling auf die B 162 Richtung Abtenau. Kurz vor Abtenau bei dem Hinweis »Erlfeld-West« links abbiegen und noch 200 m bergauf (9% Steigung). ✉ Erlfeld 37.

Ebenes bis leicht welliges Wiesengelände bei einem Bauernhof. Teils terrassiert mit lockerem Baumbestand, teils schattenlos auf einer Anhöhe. Schöner Blick auf die umliegenden Berge. Imbiss in HS. Brötchenservice. Ski-Trockenraum. Kabel-TV. Hundedusche. Volleyball. Zimmervermietung. Restaurant 1.5 km, Ort 2.5 km entfernt. Separater Jugendplatz. Touristen-/Dauerstellplätze 50/20.

DCC-Vertragsplatz

✉ 5452 Pfarrwerfen, Salzburg — A3300

20 ★★★ »CAMPING VIERTHALER« — 15.4. bis 30.9.
☎ 06468/5657, Fax 5657-4 530 m 10 000 qm
www.camping-vierthaler.at, vierthaler@camping-vierthaler.at

→ A 10 Salzburg–Bischofshofen, von Norden kommend Abf. (43) Werfen, von Süden Abf. (44) Pfarrwerfen/Werfen auf die B 159, ca. 2 km (bei Km 41.6) zum Platz. ✉ Reitsam 8 (GPS: 47°26'13'' N / 13°12'13'' E).

Ebene, unparzellierte Wiesengelände am Ufer der Salzach. Durch Lärmschutzwand von Bahnlinie getrennt. Imbiss. Mittagsruhe 13-15 Uhr. 50 Touristenplätze.
2008: P/N 4.40, K/N 4 bis 14 J. 1.70, St/N 4.80, M/N 1.70, B/N 2.40, WD zuzügl., Strom/N 1.20 (10-16 A). Insgesamt max. 10% Nachlass.
DCC/CCI 10% auf P/N und St/N.

✉ 5531 Eben im Pongau, Salzburg — A3310

★★★ »SEECAMPING SCHNEIDER« — 1.1. bis 31.12.
☎ 06458/8472, Fax 8231, Mobil 0664/4502000 855 m 4000 qm
www.seecamping-schneider.at, info@seecamping-schneider.at

→ A10 Salzburg–Villach Abf. (60) Eben im Pongau, in den Ort und am Ortsende rechts. Von Süden Abf. (63), Knoten Ennstal, dann am Ortsanfang links zum Badesee. ✉ Badeseestr. 54.

Ebenes Wiesengelände am Seeufer in Autobahnnähe. Gas-Direkt-Anschluss. Lagerfeuerplatz. Ski- u. Trockenraum. Kostenloser Skibus-Service. Massagen. FW. Ort 800 m entfernt. Mittagsruhe 12-13 Uhr. Touristen-/Dauerstellplätze 20/20.

DCC-Vertragsplatz

✉ **5541 Altenmarkt,** Salzburg A 3320

30-35 ★★★★ »CAMPING PASSRUCKER« 1.1. bis 31.12.
☎/Fax 06452/7328 856m 10000 qm
www.camping-passrucker.at, campingplatz.passrucker@sbg.at

→ A 10 Salzburg–Villach Abf. Ennstal auf die B99 nach Altenmarkt. 500 m ab Zentrum Richtung Zauchensee. ✉ Zauchenseestr. 341.

Teils ebenes, teils leicht ansteigendes Wiesengelände mit lockerem Baumbewuchs. Gelände durch Hecken gegliedert. Stellflächen parzelliert und teilweise gekiest. Loipe am Platz. Kabel-TV. W-LAN/Funkinternet. Fitnessraum. Wäscheservice. Gästehaus. Volleyball. Ort 800 m entfernt. Mittagsruhe 11-13 Uhr. Touristen-/Dauerstellplätze 40/40.
2008: (So/Wi) P/N 6.50/8.20, K/N 3 bis 12 J. 3.20/4.10, J/N ab 12 J. 4.30/5.40, C MC-St/N 6.50/8.20, T/N 4.–/6.50, H/N 1.50, KT –.67, WD inkl., Strom/kWh –.70 (13 A).
DCC 10% auf P/N.

✉ **5550 Radstadt,** Salzburg A 3330/1

25 ★★★ »TAUERNCAMPING LERCHENHOF« 1.1. bis 31.12.
☎ 06452/4215, Fax 4215-4 856m 15000 qm
www.tauerncamping.at, info@tauerncamping.at

→ A 10 Salzburg–Villach Abf. Ennstal, auf die B99 nach Abf. Radstadt-West, nach 500 m links. ✉ Schlossstr. 17.

Durch öffentliche Straße zweigeteiltes, leicht abfallendes Wiesengelände. Teilweise terrassiert und durch Hecken und Bäume gegliedert. Brötchenservice. Ski- und Trockenraum. Kostenloser Skibus-Service. Streichelzoo. Ort 500 m entfernt. Touristen-/Dauerstellplätze 60/40.
2007: (HS) P/N 5.70, K/N 4 bis 14 J. 3.50, St/N 6.–, KT 1.–, WD zuzügl., Strom/N 2.30 oder kWh –.65 (10 A). Ab 7 Nächten und in NS Ermäßigung.

✉ **5550 Radstadt,** Salzburg A 3330/2

25 ★★★ »FORELLENCAMP« 1.1. bis 31.12.
☎ 06452/7861, Fax 5092 856m 10000 qm
www.forellencamp.com, info@forellencamp.com

→ A 10 Salzburg–Villach Abf. Ennstal, auf die B99 bis Abf. Radstadt-West, nach 500 m links, 2 km hinter Altenmarkt rechts zum Schloss Tandalier. ✉ Gaismairalee 51 (GPS: 47°22'36" N / 13°26'36" E).

Ebenes bis leicht abfallendes Wiesengelände zwischen dem Gasthaus und der Bahnlinie. Blick auf die Berge. Überwiegend schattenlos. Forellenteiche. Ski- und Trockenraum. Kostenloser Skibus-Service. Ort 1 km entfernt. Touristen-/Dauerstellplätze 60/60.
2008: P/N 4.50, K/N 4 bis 15 J. 2.40, A/N 2.40, C/N 4.50, MC/N 6.70, T/N 2.40, M/N 1.50, KT 1.–, Strom/N 1.50, kWh –.75 (16 A).

✉ **5600 St. Johann/**Pongau, Salzburg A 3340/1

25 ★★★ »CAMPING WIESHOF« 1.1. bis 31.12.
☎ 06412/8519, Fax 8292 600m 10000 qm
www.camping-wieshof.at, info@camping-wieshof.at

→ B 311 Bischofshofen–Zell am See, in Höhe von St. Johann rechts neben der Straße, 1. Platz. ✉ Wieshofgasse 8.

Parzellierte, leicht ansteigende und mehrfach gestufte Wiese hinter einem Bauernhof. Skiraum. W-LAN/Funkinternet. Kurhaus mit Massagen und med. Bädern 10 m, Skibus 150 m, Ort 600 m entfernt. Touristen-/Dauerstellplätze 80/60.
2008: P/N 6.–, K/N bis 14 J. 3.–, St/N 6.–, WD zuzügl., Strom/kWh –.50 (16 A).

Die DCC-Inspizienten sind nicht mit Anzeigenwerbung betraut. Sie sind daher unabhängig und nicht beeinflußbar.
Ihren Kontrollen nach unseren Prüfbögen kann vertraut werden.

DCC-Vertragsplatz

✉ **5600 St. Johann/**Pongau, Salzburg A 3340/2

20-30 ★★★★ »HIRSCHENWIRT-CAMPING« 1.1. bis 31.12.
☎ 06412/6012, Fax 6012-8 600m 8000 qm
www.hirschenwirt.com, hirschenwirt@aon.at

→ B 311 Bischofshofen–Zell am See, weiter nach St. Johann. 2. Platz. ✉ Bundesstr. 1 (GPS: 47°20'04" N / 13°11'21" E).

Ebenes, parzelliertes Wiesengelände hinter dem gleichnamigen Gasthaus. Zwischen der Straße und einer Bahnlinie gelegen. Ski-Trockenraum. Kostenloser Skibus-Service. Boccia. Zimmer. Ort 2 km entfernt. Touristen-/Dauerstellplätze 30/30.
2008: (So/Wi) P/N 4.50/5.50, K/N 4 bis 15 J. 2.50, St/N 6.–/9.–, WD inkl., Schwimmbad und Sauna inkl., Strom/kWh –.60 (16 A), Anschlussgeb. 2.–.
DCC/CCI 10% auf P/N und St/N.

✉ **5600 St. Johann/**Pongau, Salzburg A 3340/3

25 ★★★ »CAMPING KASTENHOF« 1.1. bis 31.12.
☎/Fax 06412/5490 620m 20000 qm
www.kastenhof.at, info@kastenhof.at

→ B 311 Bischofshofen–Zell am See, nach St. Johann ins Tal abbiegen. ✉ Kastenhofweg 6.

Ebenes bis leicht welliges Wiesengelände mit Anpflanzungen. In Tallage hinter einem Anwesen. FW. Ort 500 m entfernt. Mittagsruhe 12-14 Uhr. Touristen-/Dauerstellplätze.
2007: (Wi) P/N 6.–, K/N 3 bis 12 J. 3.–, St/N 7.–, KT –.80, WD zuzügl., Strom/kWh –.65 (15 A). Anschlussgeb. 2.50. In NS Ermäßigung.
DCC/CCI 10% auf P/N.

DCC-Vertragsplatz

✉ **5620 St. Veit,** Salzburg A 3350

30 ★★★★ »SONNENTERRASSEN CAMPING ST. VEIT«
☎ 06415/57333, Fax 57303 700m 1.1. bis 31.12.
www.sonnenterrassen-camping-stveit.at 20000 qm
office@sonnenterrassen-camping-stveit.at

→ A 10 Salzburg–Villach Abf. (46) Bischofshofen, weiter auf B311 bis St. Veit. ✉ Bichlwirt 12.

Terrassiertes Wiesengelände zwischen Straße und Wald. Mit jungen Bäumen und Sträuchern. Direkte Gasversorgung, Kabel-TV-Anschluss und Internetzung auf allen Plätzen. Imbiss. Ski- und Trockenraum. Kostenloser Skibus, im Sommer Wanderbus (ab 4 Pers. gratis). Großer Spielraum. Streichelzoo. Ort 1.5 km entfernt. Mittagsruhe 12-14 Uhr. Touristen-/Dauerstellplätze 64/46.
2008: (HS) P/N 5.50, K/N 3 bis 15 J. 4.–, C MC-St/N 9.–, T-St/N 4.–, KT 1.–, WD inkl., Müllgeb. St/N 1.50, Strom/kWh –.70 (16 A), Anschlussgeb. 2.–. In NS Ermäßigung.
DCC 10% auf P/N.

✉ **5630 Bad Hofgastein,** Salzburg A 3370

35 ★★★ »KUR-CAMPING BERTAHOF« 1.1. bis 31.12.
☎ 06432/6701, Fax 6701-6 850m 30000 qm
www.camping-bertahof.at, camping@bertahof.at

→ B 311 St. Johann i.P.–Zell am See, bei Lend abbiegen auf die B 167 ins Gasteinertal. Kurz vor Badgastein rechts neben der Straße. ✉ Vorderschneeberg 15.

Parzelliertes, ebenes und überwiegend schattenloses Wiesengelände im Gasteiner Tal. Stellplätze teilweise gesplittet. Zentrale Gasversorgung. Skiraum. Brötchenservice. Mittagsruhe 13-15 Uhr. Ort 2 km entfernt. Touristen-/Dauerstellplätze 60/55.
2007: (HS) P/N 7.50, K/N 6 bis 15 J. 4.50, St/N 9.50, T/N 3.50, H/N 3.50, KT 1.20, WD inkl., Müllgeb. St/N 1.–, Strom/kWh –.80 (16 A). In NS Erm.

Camping im Schlosspark

PARK GRUBHOF
Camping · Caravaning
Urlaub im Almdorf

A-5092 St. Martin bei Lofer
Tel. +43/6588/8237 • Fax 8237-7
E-mail: camping@lofer.net
www.grubhof.com
(A 3410)

ADAC Auszeichnung 2007

- **NEU:** moderne Sanitäranlagen (2001 & 2006)
- **NEU:** Riesen-Komfortstellplätze mit 180 m^2

Euro 98,00 pro Woche
im Mai, Juni und September
(inkl. 2 Personen, Stellplatz, Strom (exkl. Kurtaxe))

- Idyllisch gelegen im alten Schlosspark
- Direkt am Ufer der Saalach
- Gratis Kinderprogramm
- Getrennte Bereiche für Familien, Camper ohne Kinder und Hundehalter
- Komfortable Almhütten / Chalets ganzjährig zu vermieten
- Ganz in der Nähe: Mozartstadt Salzburg, Großglockner, Berchtesgaden

---

✉ 5640 Bad Gastein, Salzburg — A3380/1

★★ »PUB GASTEIN« — 1.1. bis 31.12.
☎ 06434/2178, Fax 6267 — 900 m — 8000 qm
www.pub-gastein.at, georg@aon.at

→ B 311 St. Johann i.P.–Zell am See, bei Lend abbiegen auf die B 167 ins Gasteinertal. Kurz vor Badgastein links Richtung Badbruck, noch ca. 1 km. ✉ Waggerlgasse 9.

Leicht wellige, überwiegend schattenlose Wiese hinter einem Gasthaus. Voranmeldung erbeten. Kegelbahn. Ort 2 km entfernt. Touristen-/Dauerstellplätze 30/10.
2008: P/N 4.90, K/N 6 bis 15 J. 3.60, C-St/N 6.70, MC T-St/N 6.–, extra kl. T/N 3.–, H/N 2.50, KT 1.30, WD zuzügl., Strom/kWh –.70.
DCC/CCI 10% auf St/N.

DCC-Vertragsplatz

✉ 5640 Bad Gastein, Salzburg — A3380/2

35 ★★★★ »KUR-CAMPING ERLENGRUND« — 1.1. bis 31.12.
☎/Fax 06434/30205, Fax 30208 — 875 m — 24000 qm
www.kurcamping-gastein.at, office@kurcamping-gastein.at

→ B 311 St. Johann i.P.–Zell am See, bei Lend abbiegen auf die B167 ins Gasteinertal. Kurz vor Badgastein links Richtung Badbruck, noch 500 m. ✉ Erlengrundstr. 6.

Ebenes, durch Hecken und einzelne Bäume gegliedertes Wiesengelände in Tallage. Parzellierte und teilweise geplittete Stellflächen. Schöner Blick auf die umgebenen Höhen. Zentrale Gasversorgung (112 Pl.). Ski-Trockenraum. W-LAN/Funkinternet. FW. Ort 3 km entfernt. Mittagsruhe 12-15 Uhr (nur Sommer). Touristen-/Dauerstellplätze 90/15.
2008: (HS) P/N 7.–, K/N 3 bis 12 J. 4.–, C MC-St/N 10.–, T-St/N 5.–, H/N 2.50, KT 1.24, WD inkl., Strom/kWh –.85 (16 A). In NS Ermäßigung.
DCC/CCI 10% auf P/N und St/N.

✉ 5091 Unken, Salzburg — A3400

20 ★★ »CAMPING STEINPASS« — Mai bis Okt.
☎ 0664/5240776 — 500 m — 3300 qm
www.camping-steinpass.at, sabine.moeschl@inode.at

→ B 178 (deutsche Grenze) Steinpass–Lofer, kurz hinter der Grenzstation rechts abbiegen, noch 100 m Richtung Heutal/Unken. ✉ Niederland 17.

Ebenes bis leicht welliges, überwiegend schattenloses Wiesengelände beim Anwesen. Etappenplatz. Restaurant 300 m, Haltestelle 500 m, Ort 2 km entfernt. Mittagsruhe 12-14 Uhr. 50 Touristenplätze.
2008: (HS) P/N 4.80, K/N 2 bis 14 J. 2.80, A/N 2.–, C/N 2.90, MC/N 3.10, T/N 2.80, M/N 1.80, H/N 1.80, WD zuzügl., Strom/kWh –.50. Gruppenermäßigung ab 15 P/N.

✉ 5092 St. Martin bei Lofer, Salzburg — A3410

25 ★★★★ »PARK GRUBHOF« — 25.4. bis 5.10.
☎ 06588/8237-0, Fax 8237-7 — 639 m — 120000 qm
www.grubhof.com, camping@lofer.net

→ B 311 Lofer–Saalfelden, ca. 1 km südlich von Lofer links abbiegen. ✉ (GPS: 47°36′27″ N / 12°42′21″ E)

Parzelliertes, leicht welliges Parkgelände mit Lichtungen und altem Baumbestand am Ufer der Saalach (Wildwasserrevier). Separater Platzteil für Hundehalter. Wasch- und Trockenraum für Kanufahrer. Ort 1 km entfernt. Separater Jugendplatz. Mittagsruhe 12-14 Uhr. Touristen-/Dauerstellplätze 200/10.
2007: (HS) P/N 6.20, K/N bis 15 J. 3.70, A/N 2.70, C/N 3.80, MC/N 6.50, T/N 3.80, M/N 1.80, H/N 1.50, KT 1.–, WD inkl., Strom/N 2.– (10 A). In NS Erm.

✉ 5751 Maishofen, Salzburg — A3420

25 ★★★★ »CAMPING BAD NEUNBRUNNEN AM WALDSEE«
☎ 06542/68548, Fax 68548-8 — 785 m — 1.1. bis 31.12.
www.camping-neunbrunn.at, camping@neunbrunnen.at — 40000 qm

→ B311 Lofer–Zell am See, ca 800 m rechts vor Maishofen. ✉ Neunbrunnen 60.

Ebenes Wiesengelände am Waldrand. Direkt an einem See und bei einem Gasthof gelegen. Durch einzelne Laub- und Nadelbäume aufgelockert. Befestigte Moca-Plätze. Brötchenservice. Gästezimmer. Haltestelle 1 km, Ort 2.5 km entfernt. Mittagsruhe 12-15 Uhr. Touristen-/Dauerstellplätze 80/40.
2007: (HS) P/N 5.–, K/N 4 bis 14 J. 2.80, A/N 2.50, C/N 4.50, MC/N 5.50, T/N 5.50/7.–, M/N 2.–, H/N 1.50, KT –.60, WD inkl., Strom/N 2.20, kWh –.65 (6-16 A). In NS Ermäßigung.

✉ 5752 Viehhofen, Salzburg — A3430

30 ★★★ »CAMPING GLEMMERHOF« — 1.1. bis 31.12.
☎ 06542/68576, Fax 68576-77 — 800 m — 4600 qm
www.glemmerhof.at, glemmerhof.viehofen@aon.at

→ B 311 Lofer–Zell am See. Bei Maishofen in Richtung Saalbach abbiegen.

Leicht abfallendes Wiesengelände im Saalachtal neben der Straße bei einem Gasthof. Kabel-TV. Bogenschießen. Ski-Trockenanlage. Kostenloser Skibus-Service. Brötchenservice. Zimmer. Ort 2.5 km entfernt. Touristen-/Dauerstellplätze 30/10.
2008: (HS) P/N 5.50, K/N 3 bis 12 J. 3.–, St/N 9.–, H/N 1.–, KT –.50, WD inkl., Strom/kWh –.70 (16 A), Anschlussgeb. 2.–. Im Sommer 11=10 Nächte.

✉ 5700 Zell am See, Salzburg — A3440/1

40 ★★★★ »SEECAMP ZELL AM SEE« — 1.1. bis 31.12.
☎ 06542/72115, Fax 72115-15 — 756 m — 30000 qm
www.seecamp.at, zell@seecamp.at

→ B311 Lofer–St. Johann i. Pg., vor Zell a. See abbiegen Richtung Thumersbach. ✉ Thumersbacherstr. 34 (GPS: 12°48′33″ N / 47°20′20″ E).

Ebenes Wiesengelände zwischen Straße und See, mit öffentlichem Durchgang zum Schiffsanleger. Ein Platzteil unter hohen Bäumen, der andere Teil überwiegend schattenlos mit Anpflanzungen. Stellflächen teilweise geplittet. Schöner Blick über den See auf das Kitzsteinhorn. Gasstraße. Kabel-TV. W-LAN/Funkinternet. Ski-Trockenraum. Kostenloser Skibus-Service. Brötchenservice. Haltestelle 3 km, Ort 1.8 km entfernt. Mittagsruhe HS 12.30-13.30 Uhr. Touristen-/Dauerstellplätze 144/16.
2008: (HS) P/N 8.10, K/N 5 bis 14 J. 5.–, St/N 7.70 bis 11.80, T-St/N 4.80, H/N 4.–, KT –.90, WD inkl., Strom/kWh –.70 (16 A), Anschlussgeb. 2.30. In NS 20% auf P/N und St/N.

Ferienparadies Woferlgut
Sportcamp Hotel & Restaurant

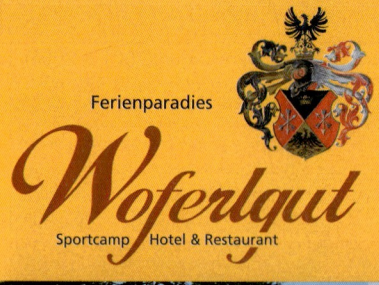

(A 3450)

www.sportcamp.a

Fordern Sie unser Ferienmagazin an, es wird Sie begeistern.

Sportcamp Woferlgut
A-5671 Bruck / Großglockner
bei Zell am See
Telefon 06545-73030 • Telefax 06545-73033
E-mail: info@sportcamp.at

✉ 5700 Zell am See, Salzburg — A 3440/2

»CAMPING SÜDUFER« 1.1. bis 31.12.
06542/56228, Fax 56228-4 750 m 6000 qm
www.camping-suedufer.at, zell@camping-suedufer.at

→ B 311 Lofer–St. Johann i. Pg., südlich von Zell am See abbiegen Richtung Thumersbach, ca. 2 km. ✉ Seeuferstr. 196.

Ebenes Wiesengelände unterhalb eines bewaldeten Berghangs mit schönem Blick auf das Kitzsteinhorngebiet. Stellflächen teilweise gesplittet. Gasverkauf. Kabel-TV. Skibus-Service. FW. Ponyreiten. Ort 3 km entfernt. Mittagsruhe 12-12.30 Uhr. Touristen-/Dauerstellplätze 50/10.
2008: (HS) P/N 6.70, K/N 2 bis 14 J. 4.50, A/N 3.20, C/N 6.–, MC/N 9.20, T/N 5.40 bis 6.–, M/N 2.50, H/N 3.40, KT –.90, WD inkl., Strom/kWh –.65 (16 A), Anschlussgeb. 2.–. In NS bis 25% Ermäßigung.

✉ 5671 Bruck, Salzburg — A 3450

»SPORTCAMP WOFERLGUT« 1.1. bis 31.12.
06545/7303-0, Fax 7303-3 750 m 180000 qm
www.sportcamp.at, info@sportcamp-at

→ B 311 Zell am See–St. Johann i. Pg. Abf. Bruck-Süd/Großglockner, ab hier beschildert. ✉ Krössenbach 40 (GPS: 47°17'02" N / 12°49'01" E).

Parzelliertes, ebenes Wiesengelände mit jungen Anpflanzungen und eigenem Badesee. Von Waldhöhen umgeben. Angrenzend an eine, durch einen Lärmschutzwall abgetrennte, verkehrsreiche Bundesstraße. Über einen kleinen Teil des Platzes führt eine Hochspannungsleitung. Gasstraße. Umfangreiche Kinderbetreuung mit geschultem Personal. Kinderreiten. Familienbäder. Wellnessbereich. Massageeinrichtung. Fitnessstudio. Ski-Trockenraum. Kabel-TV. W-LAN/Funkinternet. Musikveranstaltungen. FW. Ort 500 m entfernt. Touristen-/Dauerstellplätze 220/50.
2008: (HS) P/N 7.90, K/N 2 bis 10 J. 5.90, St/N 12.30, H/N 4.30, KT 1.–, WD inkl., Strom/kWh –.65 (16 A), Anschlussgeb. 2.10. In NS Ermäßigung.

✉ 5672 Fusch, Salzburg — A 3455

»CAMPING LAMPENHÄUSL« Mai bis Okt.
06546/215, Fax 215-302 805 m 10000 qm
www.lampenhaeusl.at, gasthof@lampenhaeusl.at

→ B 107 (Großglocknerstr.) Bruck–Winklern. Am Ortsausgang Fusch. ✉ Großglocknerstr. 15 (GPS: 47°13'30" N / 12°49'37" E).

Ebene, überwiegend schattenlose Wiese mit jungen Bäumen. Zwischen Straße und Bach hinter dem gleichnamigen Gasthaus/Hotel. Ort 100 m entfernt. 60 Touristenplätze.
2008: P/N 5.50, K/N 7 bis 14 J. 3.50, A/N 2.50, C/N 3.50, MC/N 5.50, T/N 2.50, M/N 1.50, WD inkl., Strom/N 2.– oder kWh –.60 (16 A), Anschlussgeb. 2.–.

✉ 5661 Rauris-Wörth, Salzburg — A 3460

»NATIONALPARK CAMPING ANDRELWIRT« 1.1. bis 31.12.
06544/7168, 6411, Fax 7184 965 m 20000 qm
www.andrelwirt.com, andrelwirt@rauris.net

→ B 311 St. Johann i. Pg.–Zell am See, bei Taxenbach abbiegen über Rauris nach Wörth. ✉ Dorfstr. 19.

Ebenes bis leicht abfallendes, parzelliertes Wiesengelände beim gleichnamigen Gasthof im Rauristal. Von Berghöhen umgeben. Ki-osk. Ski-Trockenraum. Kostenloser Skibus-Service. Im Winter Pferdekutschenfahrten. Brötchenservice. Kabel-TV. FW. Ort 4 km entfernt. Mittagsruhe 12.30-14.30 Uhr. Touristen-/Dauerstellplätze 70/30.
2008: (HS) P/N 5.10, K/N bis 15 J. 3.70, A/N 4.80, C/N 5.50, MC/N 7.30, T/N 4.– bis 6.–, M/N 3.70, H/N 3.–, KT –.80, WD inkl., Müllgeb. St/N –.75, Strom/kWh –.75 (16 A). In NS Ermäßigung.

380

5710 Kaprun, Salzburg — A3470

»CAMPING ZUR MÜHLE« — 1.1. bis 31.12.
☎ 06547/8254, Fax 825489 — 750 m — 15000 qm
www.kaprun.at/muehle, muehle@kaprun.at

→ B 161/B 168 Kitzbühel–Zell am See, nach Kaprun abbiegen und hier Richtung Gletscherbahn. ✉ Kaprun 38.

Ebenes, durch Stichwege unterteiltes Wiesengelände an der Kapruner Ache mit lichtem Baumbestand. Dichte Tannenstreifen schirmen gegen die Straße ab. Stellflächen parzelliert und teils gesplittet. Ski-Trockenraum. Skibus-Service. Tennis 500 m, Ort 800 m entfernt. Touristen-/Dauerstellplätze 80/40.
2007: (So/Wi) P/N 6.–/6.50, K/N bis 14 J. 4.–/4.50, C MC-St/N 7.50/9.–, T-St/N 5.50 bis 7.50, H/N 2.–, KT –.75, Freibad und WD inkl., Strom/kWh –.65 (16 A), Anschlussgeb. 2.–. Im Winter ist die Sauna gratis.

5730 Mittersill-Felben, Salzburg — A3480

»CAMPING SCHMIDL« — 1.5. bis 30.9.
☎ 06562/6158 — 769 m — 2000 qm

→ B 161 Kitzbühel–Zell am See, in Mittersill Richtung Golf/Museum.
✉ Museumstr. 6.

Schmaler, parzellierter und ebener Wiesenstreifen bei einem Anwesen. Von Bäumen flankiert. Ort 1 km entfernt. 20 Touristenplätze.
2007: P/N 2.50, K/N bis 14 J. 1.50, A/N 1.–, C T/N 2.80, MC/N 3.70, M/N 1.50, H/N 1.50, KT –.60/–.30, WD und Strom zuzügl. (15 A). Ab 10 Nächten 5% Ermäßigung.

5731 Hollersbach, Salzburg — A3488

»HOLLERSBACHER DORFCAMPING« — 1.1. bis 31.12.
☎ 06562/8474, Fax 8474-4 — 3000 qm
www.dorfcamping-hollersbach.at, info@dorfcamping-hollersbach.at

→ B 161 Kitzbühel–Zell am See, bei Mittersill abbiegen auf die B165 Richtung Gerlos-Pass. In Hollersbach bei der Kirche beschildert.
✉ Hollersbach 9.

5742 Wald, Salzburg — A3490

»S.N.P. - CAMPING« — 1.1. bis 30.10./1.12. bis 31.12.
☎ 06565/8446, Fax 8446-4 — 900 m — 6000 qm
www.snp-camping.at, info@snp-camping.at

→ B 161 Kitzbühel–Zell am See, bei Mittersill abbiegen auf die B165 Richtung Gerlos-Pass. Hinter Wald in Tallage noch ca. 1 km weiter.
✉ Lahn 65 (GPS: 47°14'46" N / 12°13'01" E).

Ebenes bis leicht welliges Wiesengelände, parzelliert mit Anpflanzungen. Schöner Blick auf die umgebenen Berghöhen. Ski-Trockenraum. Kostenloser Skibus-Service. Imbiss. Brötchenservice. Hallen- und Warmfreibad 300 m, Ort 1 km entfernt. Mittagsruhe 13-15 Uhr. Touristen-/Dauerstellplätze 35/15.
2007: (HS) P/N 5.50, K/N 3.50, A/N 2.20, C/N 3.50, MC/N 4.50, T/N 3.20/4.20, M/N 2.10, H/N 2.50, KT –.50/1.50, WD zuzügl., Strom/N 4.–/3.50 (6 A). DCC/CCI 10% auf P/N ab 3 Nacht. In NS Ermäßigung.

5582 St. Michael im Lungau, Salzburg — A3500

»CAMPING ST. MICHAEL« — 1.1. bis 31.12.
☎/Fax 06477/8276 — 1075 m — 4000 qm

→ A 10 Salzburg–Villach Abf. (104) St. Michael auf die B96 Richtung Tamsweg. In St. Michael links. ✉ Waaghausgasse 277.

Ebene, von Bäumen umgebene Wiese beim Sportplatz. Imbiss. Skitrockenraum. Kostenloser Skibus. Ort 100 m entfernt. Mittagsruhe 13-15 Uhr. 40 Touristenplätze.
2008: P/N 4.–, K/N ab 3 J. 2.30, A/N 3.90, C MC T/N 6.–, M/N 2.40, B/N 6.–, WD und Strom keine Angaben.
DCC/CCI 10% auf P/N und St/N.

---

365 TAGE IM JAHR

DAS NEUE 4 STERNE
CAMPING.ERLEBNIS

❄ WINTER ☀ SOMMER

(A 3510)

50 METER ZUR 8ER KABINENBAHN GROSSECK.SPEIERECK

Camping Mauterndorf
Ferienpark Schizentrum

A-5570 MAUTERNDORF, SALZBURG - AUSTRIA, Tel.: +43(0)6472–72023, Fax: +43(0)6472–72023-20, info@camping-mauterndorf.at
www.camping-mauterndorf.at

MALTATAL
Terrassencamping
Neuen Prospekt anfordern !

Camping-Spaß
Einfach kunterbunt

Der Top-Campingpark in Panoramalage auf 800 m Seehöhe zwischen den beiden Nationalparks "Hohe Tauern" und "Nockberge".

Die Anlage wird seit fast 50 Jahren als Familienbetrieb geführt, ist vom ADAC vielfach ausgezeichnet und gilt als besonders kinderfreundlich.

Parzellierte Komfortplätze auf Rasen. Mietwohnwagen - Mobilheime - Appartements • 1 A Sanitäranlagen mit gratis Familienwaschkabinen. • Beheiztes Schwimmbad mit 2 Kinderbecken, Sauna und Dampfbad. Restaurant, Pizzeria, SB-Laden, Kellerbar. • Umfangreiches Sport-, Freizeit- und Abenteuerangebot für die ganze Familie, Spielplatz und Spielhaus • Kinderbauernhof mit Streicheltieren.

Wander- und Erholungsparadies mit über 300 km markierten Wander- und Tourenwegen von 800 bis 3.360 m, unzählige Ausflugsziele und Naturschönheiten. „All Inclusive" mit der **Kärnten-Card** – über 100 Ausflugsziele gratis.

Für Juli und August empfehlen wir eine Platzreservierung. Super Sparangebote in der Vor- und Nachsaison! Einfache Zufahrt: Tauernautobahn (A 10), Abfahrt Gmünd - 6 km.

A-9854 Malta 5D, Kärnten • Telefon 0043/4733/234 • Telefax 0043/4733/23616
www.maltacamp.at • E-Mail: info@maltacamp.at
Gerne senden wir Ihnen auch Prospektmaterial über unser Hotel.

(A 4010)

ADAC Auszeichnung 2007
NationalparkRegion Hohe Tauern KÄRNTEN
www.nationalpark-hohetauern.at

DCC-Vertragsplatz

✉ **5570 Mauterndorf,** Salzburg   **A 3510**

30 ★★★★ »CAMPING MAUTERNDORF« 1.1. bis 31.12.
☎ 06472/72023, Fax 72023-20   1100 m   23 000 qm
www.camping-mauterndorf.at, info@camping-mauterndorf.at

Abfahrt → A 10 Salzburg–Villach Abf. (104) St. Michael auf die B99 Richtung Mauterndorf-Obertrauern. ✉ (GPS: 47°08'35" N / 13°39'53" E).
→ Schloss Mauterndorf und Moosham.

Parzelliertes und ebenes, zu einer Terrasse leicht ansteigendes Wiesengelände, zwischen Straße und Taurach. Direkt neben dem Skizentrum Mauterndorf. Kabel-TV. Kinderspielraum. Wellnessbereich und Massagen. Dampfbad. Kostenloser Skibus-Service. Ski-Trockenraum. Hundedusche. Ort 1.5 km entfernt. 164 Touristenplätze.
2008: (So) P/N 6.–, K/N 6 bis 15 J. 4.–, C MC-St/N 9.–, T-St/N 5.–, H/N 3.–, KT 1.–, WD inkl., Strom/N 2.50 (16 A). Im Winter höhere Preise! In NS Ermäßigung. Pauschalangebote und Aktionswochen.
DCC 10% auf P/N.   Anzeige S. 381

✉ **9863 Rennweg-Gries,** Kärnten   **A 4005**

25 ★★★ »CAMPING RAMSBACHER« 1.1. bis 31.12.
☎ 04734/663, Fax 8239   1150 m   11 000 qm
www.camp-ram.at, camp.ram@utanet.at

Abfahrt → A 10/E55 Salzburg–Villach Abf. Rennweg über Rennweg nach Gries ca. 3 km. → Gries 53.

Parzelliertes, leicht ansteigend gestuftes Wiesengelände hinter dem Schwimmbad, am Ortsrand. Mit Anpflanzungen und durch Hecken gegliedert. Wickeltisch. Skistall. Kostenloser Skibus-Service. Kabel-TV. Touristen-/Dauerstellplätze 53/17.
2007: (HS) P/N 5.20, K/N 6 bis 12 J. 4.–, St/N 6.50, KT 1.50, WD inkl., Strom/N 2.– (6 A). Schwimmbad inkl. In NS Ermäßigung.

DCC-Vertragsplatz

✉ **9854 Malta,** Kärnten   **A 4010**

35 ★★★★★ »TERRASSENCAMPING MALTATAL« 22.3. bis 31.10.
☎ 04733/234-0, Fax 234-16   800 m   35 000 qm
www.maltacamp.at, info@maltacamp.at

Abfahrt → A 10/E55 Salzburg–Villach Abf. Gmünd Richtung Maltatal noch ca. 6 km. → Malta 6 (GPS: 46°56'59" N / 13°30'34" E).
→ Wasserspiele-Landschaft am Fallbach (Österreichs höchster Wasserfall, 200 m Fallhöhe).

Gepflegtes, parzelliertes Terrassengelände mit schönem Blick übers Tal. Kleinkinderprogramm ab 1 Jahr. Kutschfahrten. Bauernhof. Öffentlicher Badebetrieb. In HS Reservierung empfehlenswert. Kinderspielraum. Massagen. Dampfbad. W-LAN/Funkinternet. FW. Ort 500 m entfernt. Touristen-/Dauerstellplätze 211/9.
2008: (HS) P/N 7.50, K/N 2 bis 14 J. 5.10, St/N 8.60, H/N 2.90, KT 1.50, WD inkl., Müllgeb. St/N 1.40, WD, Strom (4-6 A) inkl. Ab 11 Nächten u. in NS Erm.
DCC 10% auf P/N.

✉ **9751 Sachsenburg,** Kärnten   **A 4040**

40 ★★★ »DRAU CAMPING« 1.5. bis 30.9.
☎ 04769/3131, 2925-22, Fax 2925-20   555 m   13 000 qm
www.draucamping.at, info@draucamping.at

Abfahrt → A 10 Salzburg–Villach, beim AB-Knoten Spittal/Millstätter See wechseln auf das Anschlussstück bis Lendorf, weiter auf die B100 nach Sachsenburg, beschildert. ✉ Ringmauergasse 8.

Ebenes, parzelliertes Wiesengelände mit Anpflanzungen am Drau-Ufer. Gegenüber verlaufende Bahnlinie nachts nicht befahren. Wasserwanderer-Station. Kabel-TV. Ort 300 m, Freibad 700 m entfernt (für Campinggäste gratis). 80 Touristenplätze.
2008: (HS) P/N 12.–, K/N 3 bis 15. J. 5.–, J/N 6.–, St/N, WD, Schwimmbad u. Strom inkl. In NS Ermäßigung.

KÄRNTEN
URLAUB BEI FREUNDEN

Das Leben ist südlich.

Camping in Kärnten bedeutet Urlaubsfreude für jeden Geschmack. Sportlich aktiv oder einfach die Seele baumeln lassen. Unzählige Sonnenstunden, bis zu 27 Grad warme Badeseen und eine beeindruckende Berglandschaft erwarten Sie in Österreichs südlichstem Bundesland. Aber auch sonst haben Zelt- und Wohnwagenfans in Kärnten die besten Aussichten: familiäre Campingplätze mit TOP Standards und der Sicherheit, dass keine andere Region Europas von ADAC und ANWB so oft so positiv bewertet wird wie Kärnten.

Den gratis Camping-Katalog und weitere Infos erhalten Sie bei:

Kärnten Information
Casinoplatz 1 · 9220 Velden · Österreich
Tel.: 0043(0)463/3000 · Fax: 0043(0)4274/52100-50
E-Mail: camping@kaernten.at · www.camping.at

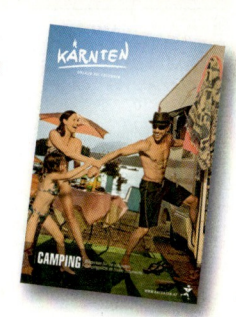

WWW.CAMPING.AT

✉ 9813 Möllbrücke, Kärnten — A4042

★★★ »MÖLLCAMPING«
☎ 04769/4005, 2406, Fax 2783
April bis Okt.
500 m — 6000 qm

→ A10 Salzburg–Villach, beim AB-Kreuz Lieserhofen wechseln auf die B 100 Richtung Greifenburg (Oberdrautal). Hinter Lendorf wechseln auf die B 100 nach Möllbrücke. Beschildert.

Ebenes und parzelliertes Wiesengelände am Möllfluss. Durch Büsche und Bäume aufgelockert. Erlebnisbad Möllbrücke (Eintritt für Campinggäste gratis) 50 m, Ort 200 m entfernt. 40 Touristenplätze.

✉ 9800 Spittal, Kärnten — A4050

25 ★★ »DRAUFLUSSCAMPING«
☎/Fax 04762/2466
1.5. bis 30.9.
600 m — 7000 qm
www.drauwirt.com, drauwirt@aon.at

→ A10 Salzburg–Villach Abf. Spittal Ost, ab Stadtbeginn der Beschilderung »Goldeckseilbahn« und »Camping« bis über die Draubrücke folgen. ✉ Schwaig 10 (GPS: 46°47'07" N / 13°29'11" E).

Ebener Wiesenstreifen an der Drau. Sanitäranlagen beheizbar. Wasserwanderer-Station. Ort 1.5 km entfernt. 75 Touristenplätze.
2007: (HS) P/N 4.70, K/N 2 bis 12 J. 2.70, A/N 3.50, C T/N 3.70, MC/N 7.20, M/N 2.50, B/N 3.50, H/N 1.10, KT 1.40, WD inkl., Strom/N 2.70 (10 A). Ab 7/14/21 Nächten 10/20/30% Erm. DCC/CCI ab 3 Nächten 5 % Erm. NS Erm.

✉ 9500 Villach, Kärnten — A4060

25 ★★★★ »CAMP GERLI«
☎ 04242/57402, Fax 582909
1.1. bis 31.12.
600 m — 23000 qm
www.campgerli.com, gerli.meidl@utanet.at

→ A10 Salzburg–Villach. Abf. Villach-West. Ab hier beschildert. ✉ St. Georgenerstr. 140/Badstr. 23.

Ebenes bis leicht welliges Wiesengelände mit einem Waldstück. Schöne Aussicht auf die Berge. Imbiss. Hundebad. FKK-Liegeterrasse. Ort 3 km entfernt. Mittagsruhe 12-15 Uhr. 100 Touristenplätze.
2008: (HS) P/N 4.90, K/N 3 bis 16 J. 3.50, St/N 4.90, H/N 1.–, KT 1.60, WD zuzügl., Strom keine Angaben (10 A). In NS Ermäßigung.
DCC/CCI 10% auf P/N und St/N.

✉ 9500 Villach, O.T. Klein Vassach — A4070

★★★ »CAMPING SEEHOF«
☎ 04252/4175, 0676/3623438, Fax 04242/2783318
Mai bis Sept.
560 m — 10000 qm
wirtshaus@josef-villach.at

→ A10 Salzburg–Villach Abf. Villach/Ossiacher See auf die Bundesstr. Richtung Spittal ca. 2.5 km. ✉ Campingweg 12.

Abfallendes Wiesengelände zwischen Straße und See hinter dem Gasthof. Imbiss. Kiosk. Durch Dauercamper geprägt. Ort 3 km entfernt. Mittagsruhe 12-14 Uhr. Touristen-/Dauerstellplätze 40/40.

Autoschleuse Böckstein-Mallnitz befördert keine Wohnmobile und Wohnwagen!

✉ 9843 Döllach-Großkirchheim, Kärnten — A4130

20 ★★★ »CAMPING ZIRKNITZER«
☎ 04825/451, Fax 451-17
1.1. bis 31.12
1024 m — 6000 qm
http://web.utanet.at/zirknitp, camping.zirknitzer@utanet.at

→ B 107 (Großglocknerstr.) Bruck–Winklern, kurz vor Döllach rechts. ✉ Döllach 107 (GPS: 46°58'42" N / 12°53'08" E).

Ebenes Wiesengelände mit einzelnen Bäumen am Ufer der Möll. Von Waldhöhen umgeben. Fitnessraum. Familienbäder. Zimmer. Tennis, Minigolf und Reiten 500 m, Haltestelle 800 m, Ort 1 km entfernt. Mittagsruhe 12.30-14.30 Uhr. 60 Touristenplätze.
2008: (HS) P/N 4.–, K/N 3 bis 12 J. 1.50, J/N 2.50, A/N 2.50, C MC/N 4.60, T/N 2.–, M/N 1.50, H/N –.50, KT –.90, WD inkl., Müllgeb. St/N –.50, Strom 2.60 oder kWh –.50 (16 A). Ab 14 Nächten und in NS Ermäßigung.

✉ 9844 Heiligenblut, Kärnten — A4140/1

30 ★★★ »NATIONALPARK CAMPING GROSSGLOCKNER«
☎ 04824/2048, Fax 24622
1.5. bis 30.10.
www.heiligenblut.at/nationalpark-camping 1300 m — im Winter auf Anfrage
nationalpark-camping@heiligenblut.at
15000 qm

→ B 107 (Großglocknerstr.) Bruck–Winklern, in Heiligenblut abbiegen. ✉ Hadergasse 11.

Ebene, schattenlose Rasenflächen auf zwei Geländestufen unterhalb der Wallfahrtskirche mit Heiligenblut zwischen einem Steilhang und der Möll. Ski-Trockenraum. In HS Tanzveranstaltungen. Kostenloser Skibus-Service. Ort 500 m entfernt. 100 Touristenplätze.
2008: (So) P/N 6.90, K/N 3.–, A/N 2.50, C/N 2.50, MC/N 4.–, M/N 2.50, KT –.95, WD inkl., Strom/N 2.50. Im Winter höhere Preise! In NS Erm.

✉ 9844 Heiligenblut, Kärnten — A4140/2

20 ★★★ »MÖLLFLUSS-CAMPING«
☎/Fax 04824/2129
1.6. bis 15.9.
1110 m — 9000 qm
lorenz.schmidl@rbgk.raiffeisen.at

→ B 107 (Großglocknerstr.) Bruck–Winklern. Am südlichen Ortsende von Heiligenblut. ✉ Pockhorn 30.

Zweistufiges, ebenes Wiesengelände am Möll-Ufer. Beheizbare Sanitäranlage. Wintercamping auf Anfrage. Brötchenservice. Ort 2 km entfernt. 50 Touristenplätze.
2007: P/N 5.–, K/N 4 bis 14 J. 3.–, C-St/N 2.80, MC/N 3.–, KT –.95, WD inkl., Müllgeb. St/N 1.50, Strom/N 2.50 oder kWh –.51 (16 A). Ab 21 Nächten DCC 10% auf P/N.

✉ 9761 Greifenburg, Kärnten — A4150

★★★★ »CAMPING AM SEE/FLIEGERCAMP OBERES DRAUTAL«
☎ 04712/8666, Fax 8666-4
April bis Okt.
645 m — 23000 qm
www.fliegercamp.at, fliegercamp@netway.at

→ A10 Salzburg–Villach, Knoten Spittal auf die B 100 Richtung Lienz, am Ortsanfang von Greifenburg beschildert.

Ebenes Wiesengelände neben einem Badesee. Durch Bäume und Sträucher unterteilt. Kindersanitär. W-LAN/Funkinternet. FW. Ort 1 km entfernt. 140 Touristenplätze.

✉ 9771 Berg, Drautal/Kärnten — A4160

25 ★★★ »CAMPING BERGGRUSS«
☎/Fax 04712/615
20.4. bis 30.9.
650 m — 10000 qm
www.berggruss.at, camping.berggruss@aon.at

→ B 100 Lienz–Spittal, am Ortsausgang von Berg unterhalb der Straße. ✉ Berg 49.

Ebenes bis leicht welliges Wiesengelände, mit Anpflanzungen bei einem bewirtschafteten Bio-Bauernhof. Zur Straße durch einen Tannenwaldstreifen abgeschirmt. In HS Imbiss. Brötchenservice. 55 Touristenplätze.
2007: (HS) P/N 6.–, K/N 2 bis 14 J. 3.50, St/N 6.–, H/N 1.50, KT 1.50, Strom/N 2.20 (10 A). In NS Ermäßigung.

✉ 9772 Dellach, Drautal — A4170

30 ★★★★ »CAMPING AM WALDBAD«
☎ 04714/234-18, Fax 234-3
1.5. bis 30.9.
606 m — 20000 qm
www.camping-waldbad.at, info@camping-waldbad.at

→ B 100 Lienz–Spittal. In Dellach abbiegen, noch ca. 300 m. ✉ Dellach 18 (GPS: 46°43'50" N / 13°04'45" E).

Ebenes und parzelliertes Wiesengelände. Von Bäumen und Büschen aufgelockert. Neben einem Sportplatz und Schwimmbad mit Kneipp-Anlage (für Camper gratis). Skater-Platz. Abenteuer-Spielplatz. Hundedusche. W-LAN/Funk-Internet. Ort 500 m entfernt. 200 Touristenplätze.
2007: 1/2 P/N inkl. St/N 13.50/23.–, weitere P/N 7.–, K/N 3 bis 15 J. 4.50, J/N 5.50, H/N 2.50, WD u. Strom inkl.

Rad- Wandercamping Ponderosa (A 4180)

Mitten in der Natur, am Dorfrand gelegen, zwischen der "Kreuzeckgruppe" und den "Karnischen Alpen", ideal für Radtouren (400 km langer Drau-Radweg), Wanderungen und Bergsteigen. Abenteuerurlaub: Rafting, Trekking durch Bergspalten. Persönliche Gästebetreuung. Morgens frische Brötchen. Gepflegter Campingplatz, wo jedes Jahr etwas erneuert wird. 200 m² Gartenterrasse, kleines Restaurant. NEU: Beheizte Einzelsanitärkabinen, behindertengerechte Sanitäranlagen. Stellplätze mit Teil mit Trinkwasser, Abwasser und Stromanschluss. Geöffnet 1.5. bis 30.9.2008. Wir freuen uns auf Ihren Besuch! Fam. Angelika, Ernst, Lisa und Katrin Ebenberger.

Glanz 13, A-9773 Irschen • Tel. 0043-4710-2907
info@rad-wandercamping.at • www.rad-wandercamping.at

DCC-Vertragsplatz

9781 Oberdrauburg, Kärnten — A 4175
30 ★★★ »NATURPARK & FAMILIENCAMPING MARKTGEMEINDE OBERDRAUBURG« — Mai bis Sept.
☎ 04710/2210, 2248-22, Fax 2248-16   620 m   10 000 qm
www.camping.oberdrauburg.info, oberdrauburg.tourist@ktn.gde.dl
→ B 100 Spittal–Lienz, in Oberdrauburg links auf die B110 Richtung Plöckenpass. Am Ortsende wieder links zum Campingplatz/Schwimmbad abbiegen. Beschildert. ✉ Unterberg.

Leicht abfallendes, teils gestuftes Wiesengelände in Ortsrandlage an der Draurad. Blick auf die umliegenden Berge. Parzelliert und durch vereinzelten alten Baumbestand aufgelockert. Dazu gehörend ein öffentliches Freibad (freier Eintritt für Campinggäste - 58 m lange Wasserrutsche). 3 Feuerstellen. Imbiss. Brötchen-Service. Ort 500 m entfernt. Reitstall 750 m entfernt. Touristen-/Dauerstellplätze 52/10.
2008: (HS) 1/2 P/N inkl. St/N 14.–/22.–, weitere P/N 7.–, K/N 5 bis 15 J. 5.–, WD und Strom (16 A) inkl. In NS Ermäßigung.
DCC/CCI 10% auf P/N.

9773 Irschen-Glanz, Kärnten — A 4180
25 ★★★ »RAD-WANDERCAMPING« — 1.5. bis 30.9.
☎ 04710/2907   600 m   5000 qm
www.radwandercamping.at, mail@rad-wandercamping.at
→ B 100 Lienz–Spittal. Zwischen Oberdrauburg und Dellach links einbiegen und noch ca. 300 m (an der B100 beschildert). ✉ Glanz 13.

Leicht ansteigende, teilweise schattenlose Wiese mit einer Geländestufe beim Anwesen im Drautal. Imbiss. Kiosk. Große Spielanlage. 10 ebene und geschotterte Moca-Plätze vorhanden. Ort 2 km entfernt. 50 Touristenplätze.
2008: (HS) 1/2 P/N inkl. St/N 12.–/15.50, weitere P/N 4.90, K/N 3 bis 15 J. 3.30, KT 1.30, WD und Strom inkl. In NS Ermäßigung.

9762 Techendorf, Weißensee/Kärnten — A 4220/1
30 ★★★ »SEECAMPING MÜLLER« — 1.5. bis 15.10.
☎ 04713/2282, Fax 2433   930 m   60 000 qm
www.seecamping-weissensee.at, info@seecamping-weissensee.at
→ B 100 Spittal–Lienz, in Greifenburg abbiegen über Bruggen zum Weißensee (bis 15% Steigung). Vor dem See rechts. ✉ Oberdorf 22.

Ebenes bis leicht welliges Wiesengelände am See. Teils mit Baumgruppen, teils schattenlos. Vielfach um einen Hügel terrassiert. Individuelle Stellplatzwahl. Kindersanitär. Ort 1 km entfernt. 250 Touristenplätze.
2007: (HS) P/N 7.50, K/N 2 bis 15 J. 3.–, St/N 4.–, M/N 1.50, P/N 2.50, WD zuzügl., Strom/N 2.50, kWh –.60 (16 A). In NS Ermäßigung.

9762 Techendorf, Weißensee/Kärnten — A 4220/2
★★★ »CAMPING KNALLER« — Mai bis Okt.
☎ 04713/2234-50, Fax 2234-11   930 m   15 000 qm
www.knaller.at, camping@knaller.at
→ B 100 Spittal–Lienz, in Greifenburg abbiegen über Bruggen zum Weißensee (bis 15% Steigung). Vor dem See rechts, dann geradeaus weiter über Oberdorf nach Techendorf. Hier beschildert. ✉ Techendorf 16.

Ansteigendes, teilweise terrassiertes Wiesengelände hinter dem Strandbad. Mit einzelnen Bäumen aufgelockert. In HS Imbiss. Uhr. Ort 300 m, Tennis 500 m entfernt. Touristen-/Dauerstellplätze 175/5.

9714 Stockenboi, Weißensee-Ost — A 4230
35 ★★★★ »TERRASSENCAMPING RONACHER« — 1.5. bis 10.10.
☎ 04761/256, Fax 256-4   930 m   17 000 qm
www.campingronacher.at, info@campingronacher.at
→ A10 Salzburg–Villach Abf. Spittal-Ost auf die B100 Richtung Villach, bei Mauthbrücken abbiegen über Zlan und Stockenboi zum Ostufer des Weißensees. Teilweise 12% Steigung. ✉ Mösel 6.

Zum Weißensee leicht abfallendes und terrassiertes Wiesengelände mit einzelnen Bäumen. Parzelliert und überwiegend schattenlos. Von Waldhöhen umgeben. Strandbad. Sanitäranlage beheizbar. Kleiner Wellnessbereich. Kinderspielraum. Tischtennisraum. FW. Ort (Zlan) 15 km entfernt. Mittagsruhe 13-15 Uhr. 142 Touristenplätze.
2008: (HS) P/N 8.60, K/N 4 bis 13 J. 4.30, J/N 7.80, St/N 7.40, H/N 2.40, KT 1.16, WD inkl., Strom/kWh –.50 (16 A). Ab 14 Nächten und in NS Erm.

9612 Wertschach bei Nötsch, Gailtal — A 4320
25 ★★★ »CAMPING ALPENFREUDE« — 1.5. bis 30.9.
☎ 04256/2708, Fax 2708-4   800 m   50 000 qm
www.alpenfreude.at, camping.alpenfreude@aon.at
→ A10 Spittal–Villach Abf. Villach-West über Bad Bleiberg. Ab hier beschildert. ✉ Wertschach 27.

Durch eine Straße zweigeteiltes, teilweise ebenes oder terrassiert abfallendes Wiesengelände. Mit Holzzäunen parzelliert. 8 Stellplätze mit separaten WC-Häuschen. Öffentlicher Badebetrieb. FW. (nördl.) 3 km entfernt. Mittagsruhe 12-14 Uhr. Touristen-/Dauerstellplätze 180/11.
2007: (HS) P/N 4.90, K/N 4.–, St/N 6.70, H/N 2.35, KT 1.23, WD inkl., Müllgeb. P/N –.85, Strom/N 2.30 (13 A). Erlebnisbad gratis. In NS Erm.

9620 Hermagor-Pressegger See — A 4330/1
35 ★★★★★ »NATURPARK SCHLUGA-SEECAMPING«
☎ 04282/2760, Wi 2051, Fax 288120   610 m   10.5. bis 20.9.
www.schluga.com, camping@schluga.com   88 000 qm
→ B111 Arnoldstein–Hermagor, ca. 6 km vor Hermagor rechts abbiegen. ✉ (GPS: 46°37'58" N / 13°26'49" E).
• Garnitzenklamm. Geotrail. Ruine Khünburg.

Ansteigendes, teilweise terrassiertes Wald- und Wiesengelände mit vielen separaten Stellplatznischen. Stellplätze leicht gesplittet und parzelliert. In NS kostenlose Caravan-Abstellung. Streichelzoo. Hundedusche. Kinderspielraum. Jugendkino. Geführte Bergtouren. FW. Ort 6 km entfernt. Mittagsruhe 13-15 Uhr. 331 Touristenplätze.
2008: (HS) P/N 8.–, K/N 5 bis 14 J. 5.40, St/N 4.– bis 7.60, H/N 2.60, KT 1.25, WD inkl., Umweltbeitrag St/N 1.70, Strom/N 2.30 (10 A). In NS Erm.

9620 Hermagor-Pressegger See — A 4330/2
20 ★★★ »PRESSEGGER - MAX« — 1.5. bis 1.10.
☎ 04282/2039, 2727, Fax 2039-4   580 m   10 000 qm
www.camping-max.com, info@camping-max.com
→ B 111 Arnoldstein–Hermagor, ca. 6 km vor Hermagor links abbiegen. ✉ Presseggen 5 (GPS: 46°37'50" N / 13°27'11" E).
• Garnitzenklamm. Geotrail. Ruine Khünburg.

Leicht abfallende Wiese unterhalb der Straße mit Obst- und Pappelbäumen. Privatweg zum See mit eigener Uferliegewiese und Strandbad. Kiosk. Tennis 500 m, Ort 6 km entfernt. Mittagsruhe 13-15 Uhr. 60 Touristenplätze.
2007: (HS) P/N 4.–, K/N 3.–, St/N 7.–, H/N 3.–, KT 1.25, WD inkl., Strom/N 2.30 (10 A). DCC ab 5 Nächten 5% auf P/N und St/N. In NS Erm.

www.schluga.com
Top-Qualität zum Top-Preis

SCHLUGA CAMPING WELT
A-9620 Hermagor-Pressegger See · Tel. 00 43 / 42 82 / 20 51
Fax 00 43 / 42 82 / 28 81 20 · e-mail: camping@schluga.com

Unglaublich aber: wir schenken Ihnen **1 URLAUBS TAG GRATIS** auch in der Hochsaison

exkl. Ortstaxe, Umweltabgabe und Strom – gültig nur 1mal im Jahr 2008 pro Familie und Urlaub mit eigener Ausrüstung am Camping bei Vorlage dieses Inserates *bei Ankunft!*

(A 4350/1)

Gesendet auf ZDF

NEU! Luxus-Appartements mit Panorama-Sauna direkt am See zum Top-Preis!

ADAC Super-Platz 2007 · TOP CAMPING AUSTRIA · Camping 2001 · ANWB

9620 Hermagor-Vellach, Kärnten — A 4350/1

 EUROPA-PREIS

★★★★★ »SCHLUGA CAMPING« — 1.1. bis 31.12.
☎ 04282/2051, Fax 288120 — 610 m — 56 000 qm
www.schluga.com, camping@schluga.com

→ B 111 Arnoldstein–Hermagor, ca. 1.5 km vor Hermagor rechts neben der Straße. ✉ Vellach 15 (GPS: 46°37'53" N / 13°23'45" E).
Garnitzenklamm. Geotrail. Ruine Khünburg.

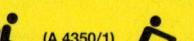

Leicht ansteigendes und parzelliertes Wiesengelände hinter einem bepflanzten Lärmschutzwall. Durch Bäume und Büsche aufgelockert. Kindergarten. Streichelzoo. Jugendkino. Ponyreiten. Tennishalle. Fitnesscenter mit Physiotherapie. Wäsche- und Ski-Trockenräume. Hundebad. In NS kostenlose Caravan-Abstellung. Eigene Uferliegewiese mit FKK-Teil am See (kostenlos). W-LAN/Funkinternet. Appartements und Zimmer. Ort 2 km, See und Wassersport 4 km entfernt. Mittagsruhe 13-15 Uhr. 270 Touristenplätze.
2008: (HS) P/N 8.–, K/N 5 bis 14 J. 5.40, St/N 4.– bis 7.60, H/N 2.60, KT 1.25/1.95, WD inkl., Umweltbeitrag St/N 1.70, Strom/N 2.30 (6-10 A), 3 kWh inkl., kWh –.66 (Wi.). DCC ab 20 Nächten, CCI (außer HS) und in NS Erm.

9620 Hermagor-Vellach, Kärnten — A 4350/2

★★★★ »CAMPING FLASCHBERGER« — 1.1. bis 31.12.
☎ 04282/2020, Fax 2020-88 — 605 m — 20 000 qm
www.flaschberger.at, office@flaschberger.at

→ B 111 Arnoldstein–Hermagor, ca. 1.5 km vor Hermagor rechts einbiegen. ✉ Velach 27.

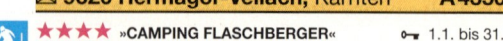

✕ 200 m 🚲 300 m

Leicht abfallende und parzellierte Rasenflächen. Durch Hecken, Büsche und einige Bäume aufgelockert. Kostenloser Skibus-Service. Kegelbahn. Imbiss. W-LAN/Funkinternet. FW. Ort 500 m, Strandbad 4 km entfernt. Mittagsruhe 13-15 Uhr. Touristen-/Dauerstellplätze 100/20.

9622 Weissbriach, Kärnten — A 4360

★★★ »CAMPING ALPENDORF« — 1.1. bis 31.12.
☎/Fax 04286/265 — 814 m — 15 000 qm
www.camping-santner.at, santner_johann@gmx.at

→ B 87 Hermagor–Greifenburg. In Weissbriach beschildert.

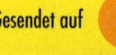 300 m 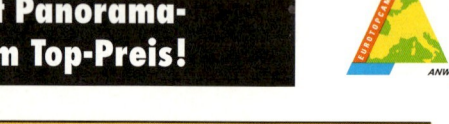 800 m

Leicht welliges und schattenloses Wiesengelände. Kneipp-Kuren. Kostenloser Skibus-Service. Ski- u. Trockenraum. Imbiss. Brötchenservice. Ort 500 m entfernt. Mittagsruhe 13-15 Uhr. 90 Touristenplätze.

9633 Reisach, Gailtal — A 4370

★★★ »ALPENFERIENPARK REISACH« — Jan. bis Okt./Dez.
☎ 04284/301, Fax 302 — 850 m — 30 000 qm
www.alpenferienpark.com, alpenferienpark@hotmail.com

→ B 111 Arnoldstein–Hermagor, in Reisach beim Kriegerdenkmal abbiegen an der Linde links vorbei, noch ca. 1.8 km schmale Straße bergauf (bis 12% Steigung). Für längere Gespanne ungeeignet. ✉ Schönboden 1 (GPS: 46°65'31" N / 13°14'54" E).

Ebenes, teilweise terrassiert abfallendes Gelände mit lichtem Baumbestand. Schöner Blick ins Gailtal. Durch Quellen gespeistes Mineralschwimmbad. 60 Touristenplätze.

9635 Dellach, Gailtal — A 4375

20 NATURPLATZ ★ »CAMPING LEIFLING« — Mai bis Okt.
☎/Fax 04718/364 — 600 m — 5000 qm
www.tillian.naturarena.at, fam.tillian@naturarena.at

→ B 111 Kötschach–Hermagor, ca. 9 km nach Kötschach gelegen. Beschildert. ✉ Leifling 31.

1 km 2 km

Teilweise parzelliertes und leicht abfallendes Wiesengelände. Durch Obstbäume aufgelockert. Kleiner Bauernhof-Campingplatz mit familiärer Atmosphäre. Trampolin. Brötchenservice. FW. Ort 1 km entfernt. Mittagsruhe 13-15 Uhr. Touristen-/Dauerstellplätze 40/35.
2007: P/N 4.–, K/N 2.50, St/N 3.50, H/N –.80, WD inkl., Müllgeb. –.30, Strom/N 1.50 bis 2.– (10 A).
DCC/CCI 5% auf St/N.

DCC-Vertragsplatz

✉ **9640 Kötschach-Mauthen,** Kärnten   **A 4380**

30 ★★★★ »ALPENCAMP«   15.12. bis 31.10.
☎/Fax 04715/429   710 m   14 000 qm
www.alpencamp.at, info@alpencamp.at

→ B 110 Oberdrauburg–Plöckenpass, in Kötschach beim Rathaus rechts abbiegen, noch 400 m. (GPS: 46°39'36" N / 12°59'28" E).

Ebenes Wiesengelände unter Bäumen und parzelliert im Gailtal (Wildwasserrevier). Teilweise schattenlos. Sanitäranlage beheizbar. FW. ST-SAN-Station für Wohnmobile. W-LAN/Funkinternet. Naturerlebnisprogramme. Wellness- und Saunalandschaft. Trockenraum. Ort 500 m entfernt. Mittagsruhe 13-15 Uhr. 80 Touristenplätze.
2008: (HS) P 6.40, K/N 3 bis 13 J. 3.90, St/N 7.40, H/N 2.–, KT 1.50, WD inkl., Strom/N 2.– (16 A). In NS Ermäßigung.
DCC 10% auf P/N.

✉ **9871 Seeboden,** Millstätter See   **A 4410/1**

30 ★★★ »STRANDCAMPING WINKLER«   1.5. bis 10.10.
☎/Fax 04762/81822   580 m   7000 qm
www.tiscover.com/seecamping.winkler, www.campingfuehrer.at

→ A 10 Salzburg–Villach Abf. Millstätter See auf die B 98 Richtung Millstatt. In Seeboden Ortsmitte seewärts abbiegen. 2. Platz. ✉ Seepromenade 33 (GPS: 46°48'56" N / 13°21'12" E).

Leicht parzelliert ansteigendes und schattenloses Wiesengelände oberhalb der Seepromenade. Eigenes Strandbad. Ort 500 m entfernt. Mittagsruhe 12-14 Uhr. 70 Touristenplätze.
2007: (HS) P/N 7.50, K/N 4 bis 14 J. 4.50, J/N 5.–, St/N 5.50/7.50, H/N 1.50, KT 1.95, WD zuzügl., Strom/N 3.– (6 A). In NS Ermäßigung.

✉ **9871 Seeboden,** Millstätter See   **A 4410/2**

35 ★★★ »SEECAMPING HAUPT«   1.5. bis 30.9.
☎ 04762/81963, Fax 81963-2   590 m   11 000 qm
seecamping-haupt@aon.at

→ A 10 Salzburg–Villach Abf. Millstätter See auf die B 98 Richtung Millstatt. In Seeboden am Ortsende rechts. ✉ Hauptstr. 180.

Zwischen Straße und Seeufer (mit Badesteg) leicht abfallendes und teilweise terrassiertes Wiesengelände. Durch Buschreihen parzelliert. Sanitäranlage beheizbar. Slipanlage 100 m, Haltestelle 500 m, Ort 700 m entfernt. Mittagsruhe 13-15 Uhr. Touristen-/Dauerstellplätze 80/10.
2007: (HS) P/N 8.20, K/N 2 bis 14 J. 4.50, St/N 7.–, H/N 1.–, KT 1.95, WD und Strom (10 A) inkl., Müllgeb. 1.50, Strom/N 1.–. Ab 14 N und in NS Erm.

✉ **9871 Seeboden,** Millstätter See   **A 4410/3**

30 ★★ »BERG-SEECAMPING«   Ostern bis Mitte Okt.
☎/Fax 04762/82410   680 m   15 000 qm
www.berg-seecamping.at, info@berg-seecamping.at

→ A 10 Salzburg–Villach Abf. Millstätter See auf die B 98 Richtung Millstatt. Am Ortsende von Seeboden beim Gasthaus bergwärts abbiegen. Letzte Zufahrtstrecke schmal. ✉ Im Winkel 19.

Terrassiert ansteigendes Wiesengelände. Von Waldhöhen umgeben. Imbiss. Kiosk. Brötchenservice. See und Ort 1.5 km entfernt. Separater Jugendplatz. Mittagsruhe 12-15 Uhr. 60 Touristenplätze.
2007: (HS) P/N 6.50, K/N 3 bis 14 J. 4.–, St/N 7.50, H/N gratis, KT 1.74, WD inkl., Strom inkl. (10 A). In NS Ermäßigung.

SONNE, BERGE, STRAND UND SEE!

FKK - und Textilgelände

Wunderschönes Terrassengelände an der Sonnenseite des Millstätter Sees mit eigenem Platzbereich für FKK-Camper. Herrlicher Blick von jeder Ebene auf den See. Ideale Wanderbedingungen für Familien mit Kindern. Grenzenlose Wassersport-möglichkeiten wie Schwimmen, Surfen, Segeln, Parasailing, Wasserski, Rudern, Tauchen, Angeln… Großzügiger Sandstrand, Textil- und FKK-Bereich getrennt.

Info: FKK- und Textil-Terrassencamping Pesenthein, Marktgemeinde, A-9872 Millstatt
Tel. +43 4766 2665, +43 4766 2021-22, Fax +43 4766 2021-20,
camping-pesenthein@aon.at - www.pesenthein.at

(A 4420)

9872 Pesenthein, Millstätter See — A 4420

»TERRASSENCAMPING« — Ostern bis 30.9.
☎/Fax 04766/2665 — 600 m — 30000 qm
www.pesenthein.at, camping-pesenthein@aon.at

→ B98 Seeboden–Radenthein, am Ortsende von Pesenthein links.

Terrassiert zum Waldrand ansteigend parzelliertes Wiesengelände oberhalb der Uferstraße mit eigenem FKK-Teil. Zum gebührenfreien Strandbad mit FKK-Teil durch Straßenunterführung. Brötchenservice. Kinderspielraum. Leseraum mit Bibliothek. Haltestelle 20 m, See 100 m, Ort 2 km entfernt. Separater Jugendplatz. Mittagsruhe 12 bis 14.30 Uhr. 162 Touristenplätze.
2007: (HS) P/N 6.40, K/N 6 bis 14 J. 3.60, St/N 7.20/9.40, KT 1.96, Strom/N 1.60. Ab 10/21 Nächten 5/10% Ermäßigung. "Millstättersee-Inclusive Card" gratis. In NS Ermäßigung. *Anzeige S. 387*

9872 Dellach, Millstätter See — A 4430

»CAMPING NEUBAUER« — Mai bis Okt.
☎ 04766/2532, Fax 2532-4 — 580 m — 15000 qm
www.camping-neubauer.at, info@camping-neubauer.at

→ B98 Seeboden–Radenthein, am Ortsrand von Dellach seewärts abbiegen. ✉ Dellach 3.

Zum See abfallendes Wiesengelände in Ortsrandlage. Neben dem Strandbad gelegen. Uferliegewiese. Durch Baumreihen und Hecken augelockert und umrahmt. Hundedusche. Brötchenservice. FW. Touristen-/Dauerstellplätze 110/10.

DCC-Vertragsplatz

EUROPA-PREIS

9873 Döbriach, Millstätter See — A 4440/1

»KOMFORT-CAMPINGPARK BURGSTALLER« — 1.1. bis 4.11.
☎ 04246/7774, Fax 7774-4 — 580 m — 110000 qm
www.campingpark.at, info@campingpark.at

→ B98 Seeboden–Radenthein, bei Döbriach zum See abbiegen in die Seefeldstraße. Hier links, beschildert. 2. Platz. ✉ Seefeldstr. 16 (GPS: 46°46'11" N / 13°38'53" E).
👁 Schloss Millstadt. Grotte Döbriach. Granatschlucht.

Ebenes, langgestrecktes und parzelliertes Wiesengelände. Parkartig gestaltet. Von Hecken durchzogen und unterteilt. Befestigte Moca-Standplätze. TV-Anschluss. Kabel-TV. W-LAN/Funkinternet. FKK-Terrasse und Erlebniskegelbahn. Familien-Waschkabinen. Kindersanitär. Abenteuerspielplatz. Kinderspielraum. Spielautomaten. Ponyreiten. Hundebad. Trockenraum und Skistall. Platzeigenes Strandbad für Camper kostenlos. Musikveranstaltungen. In NS kostenlose Caravan-Abstellung. Kegelbahn. Wassersport und Warmfreibad 150 m, Ort 1 km entfernt. Touristen-/Dauerstellplätze 570/30.
2007: (HS) P/N 9.–, K/N 4 bis 14 J. 6.50, St/N 4.70 bis 12.50, H/N 2.60, KT 1.88, WD und Strom (6 A) inkl. In NS Ermäßigung. Seniorenrabatt in NS. DCC 10%, CCI 5% auf P/N.

9873 Döbriach, Millstätter See — A 4440/2

»SCHWIMMBAD CAMP. MÖSSLER« — 15.3. bis 31.10.
☎ 04246/7735, Fax 7735-13 — 580 m — 40000 qm
www.moessler.at, camping@moessler.at

→ B98 Seeboden–Radenthein, bei Döbriach zum See abbiegen und die Seefeldstraße durchfahren. Bei der Gabelung Richtung Radenthein noch ca. 500 m. 3. Platz. ✉ Glanzerstr. 24.

Ebenes und gepflegtes Wiesengelände in Seenähe (500 m). Durch Bäume und Büsche parzelliert. Separate PKW-Abstellung. Teilweise gekieste Stellplätze. Sanitäranlagen beheizbar. Erlebnisschwimmbad. Kabel-TV. Landhaus mit 5 FW. Trockenraum. Tennis- und Reitmöglichkeit 700 m, Ort 1 km entfernt. Mittagsruhe 13-14.30 Uhr. Touristen-/Dauerplätze 183/8.
2008: (HS) P/N 8.10, K/N 5 bis 13 J. 5.80, St/N 7.80 bis 13.90, H/N 2.20, KT 1.88, WD u. Strom (4-6 A) inkl. Ab 7 Nächten und in NS Ermäßigung.

9873 Döbriach, Millstätter See — A 4440/3

»SEECAMPING MÖSSLER« — 15.3. bis 31.10.
☎ 04246/7310, Fax 7310-13 — 580 m — 10000 qm
www.moessler.at, camping@moessler.at

→ B98 Seeboden–Radenthein, bei Döbriach zum See abbiegen in die Seefeldstraße. Hier nach 500 m rechts. 4. Platz. ✉ Seefeldstr. 1.

Ebenes Wiesengelände in Seenähe (100 m). Durch Hecken in Stellnischen unterteilt und mit Bäumen aufgelockert. Es stehen alle Anlagen und Angebote des "Schwimmbadcamping Mössler" den Campern ebenfalls zur Verfügung. Ort 1 km entfernt. Mittagsruhe 12-14 Uhr. Touristen-/Dauerstellplätze 68/4.
2008: (HS) P/N 9.45, K/N 5 bis 14 J. 6.10, St/N 8.40 bis 13.90, H/N 2.30, KT 1.88, WD u. Strom (4 A) inkl. Ab 7 Nächten und in NS Ermäßigung.

DCC-Vertragsplatz

9873 Döbriach, Millstätter See — A 4440/4

»BRUNNER AM SEE« — 1.1. bis 31.12.
☎ 04246/7189, 7386, Fax 7189-14 — 580 m — 35000 qm
www.camping-brunner.at, office@camping-brunner.at

→ B98 Seeboden–Radenthein, bei Döbriach zum See abbiegen und die Seefeldstraße bis zur Gabelung durchfahren. Hier Richtung Feistritz, noch 100 m. 5. Platz. ✉ Glanzerstr. 108 (GPS: 46°46'03" N / 13°38'54" E).

Ebenes, teilweise leicht welliges Wiesengelände. In Doppelreihen parzelliert und durch Hecken und Baumreihen unterteilt. Teilweise schattig. Uferliegewiese und Badesteg. Abenteuerspielplatz. Kleinkindersanitär. Kindersanitär. Hundedusche. Trockenraum. Kostenloser Skibus-Service. Grillhütte. W-LAN/Funkinternet. FW. Ort 1 km entfernt. Mittagsruhe 13-15 Uhr. Touristen-/Dauerstellplätze 240/5. *Anzeige S. 390*
2007: (HS) P/N 7.50, K/N 4 bis 14 J. 6.–, J/N 14 bis 18 J. 7.–, St/N 11.30, H/N 3.–, KT 1.88, WD u. Strom (6 A) inkl. Zuschlag für Groß- oder Seeplatz. In NS Spezialangebote für Senioren. Von 9.7. bis 18.8. Mindestgebühr (P/N+St/N) 30.20 (alle Ermäßigungen bereits enthalten). In NS Ermäßigung. DCC/CCI 10% auf P/N.

9873 Döbriach, Millstätter See — A 4440/5

»STRANDCAMPING REGITTNIG« — Ostern bis Okt.
☎ 04246/7715, Fax 7715-5 — 580 m — 7000 qm
www.camping.regittnig.at, regittnig-info@aon.at

→ B98 Seeboden–Radenthein, bei Döbriach zum See abbiegen und die Seefeldstraße bis zur Gabelung durchfahren. Hier Richtung Feistritz noch 200 m weiter. 6. Platz. ✉ Glanzerstr. 31/114.

Ebenes bis leicht welliges, parzelliertes Wiesengelände neben der Schiffanlegestelle und dem Ferndorfer Strandbad mit Uferzone und Badestegen. Sanitäranlage beheizbar. FW. Ort 1.2 km entfernt. Mittagsruhe 12-14 Uhr. Touristen-/Dauerplätze 60/3.

9542 Afritz-Lierzberg, Kärnten — A 4470

»CAMPING BODNER« — 1.5. bis 30.9.
☎ 04247/2579, Fax 29992 — 750 m — 10000 qm
www.camping-bodner.at, office@camping-bodner.at

→ B98 Seeboden (Spittal)–Villach, zur südl. Spitze des Afritzer Sees abbiegen. ✉ Seestr. 27.

Zum See leicht abfallende, überwiegend schattenlose Wiese bei einem bewirtschafteten Bauernhof. Von zwei Wirtschaftswegen unterteilt. Kiosk in HS. Brötchenservice. Ort (Gassen) 2 km entfernt. 80 Touristenplätze.
2007: (HS) P/N 4.50, K/N 3.–, J/N 4.30, H/N 1.50, KT 1.40, WD zuzügl., Müllgeb. St/N –.70, Strom/N 2.50 (6 A). In NS Ermäßigung.

Komfort-Campingpark Burgstaller
am Millstätter See

(A 4440/1)

A-9873 Döbriach Kärnten Austria
Tel.: (0043) 4246 7774 Fax: 77744
Email: info@burgstaller.co.at
Homepage: http://www.campingpark.at

Der Weg ist das Ziel...
(Konfuzius)

...wenn man nicht weiß, wohin man will!
(Burgstaller)

ADAC Super-Platz 2007

DCC-EUROPAPREIS

CARAVANING LESERWAHL 2007
Internationale Wertung:
Platz 1 sympathischster Platz
Platz 2 komfortabelster Platz
Platz 1 umweltfreundlichster Platz
Platz 1 kinderfreundlichster Platz

ADAC-Campingpreis 2006 für Europas unglaublichste Sanitärausstattung...

Der Rest steht auf einer anderen Seite: www.campingpark.at

Rentner-Sonderpreis
25.8. bis 20.12.
10.1. bis 6.7.

ADAC Auszeichnung 2007

Camping BRUNNER am See

Mit der KÄRNTEN CARD gratis kreuz und quer durch Kärnten

Direkt am See – mitten in den Bergen
● Komfortplatz für Sonnenanbeter, Wanderer, Familien
● Aktivprogramm ● Appartements ● Blockhütten
● Beste Infrastruktur ● Reservierungen ●-ganzjährig geöffnet
Sonderpreise für Pensionisten im Frühjahr und Herbst
● DIREKT am Millstätter See

A-9873 Döbriach • Glanzerstr. 108
Telefon 0043/4246/7189 oder 7386 • Fax 7189-14
E-Mail: office@camping-brunner.at • Internet: www.camping-brunner.at (Webcam)

9563 Gnesau, Feldkirchen/Kärnten — A 4500
15 ★★★ »CAMPING HOBITSCH« Mai bis Sept.
04278/368, Fax 368-4   960 m   6000 qm
www.camping-hobitsch.at, camping.hobitsch@aon.at
→ B 95 Feldkirchen–Turracher Höhe, hinter Gnesau nach Sonnleiten abbiegen. Sonnleiten 24 (GPS: 46°46'46" N / 13°57'08" E).

Ebene Wiese in einem von steilen Waldhöhen umgebenen Bachtal mit öffentlichem Freibad (Eintritt für Camper gratis). Sanitäranlage beheizbar. Wig-Wam und Lagerfeuerplatz. Imbiss. Brötchenservice. Ort 700 m entfernt. Mittagsruhe 13-15 Uhr. 25 Touristenplätze.
2008: (HS) P/N 3.50, K/N 5 bis 15 J. 2.50, A/N 2.–, C T/N 1.50, MC/N 2.50, M/N 1.50, H/N –.70, KT 1.37, WD inkl., Müllgeb. P/N 2.–, Strom/N 2.– (16 A). In NS Ermäßigung.

9520 Annenheim, Ossiacher See — A 4510

35 ★★★ »CAMPINGBAD-OSSIACHERSEE« Mitte Mai bis Mitte Sept.
04248/2757, Fax 3606   510 m   54 000 qm
www.camping-ossiachersee.at, office@camping-ossiachersee.at
→ A 10 Salzburg–Villach Abf. Villach/Ossiacher See auf die B 94 Richtung Feldkirchen ca. 1.5 km, dann abbiegen zum Ossiacher See-Süd. Seeuferstr. 109 (GPS: 46°39'22" N / 13°53'30" E).

Ebenes bis leicht welliges Wiesengelände mit öffentlichem Strandbad. Parzelliert und teilweise schattenlos. »Kirche Unterwegs«. Uferliegewiese. W-LAN/Funk-Internet. Ort 500 m entfernt. Mittagsruhe 12-14 Uhr. 300 Touristenplätze.
2007: (HS) P/N 7.65, K/N 3 bis 10 J. 4.90, J/N 5.90, St/N 10.20, B/N 3.20, KT 1.55, WD und Strom (6-10 A) inkl. In NS Ermäßigung.

9551 Bodensdorf, Ossiacher See — A 4530
★★★ »SEECAMPING BLASGE« April bis Nov.
/Fax 04243/613   505 m   15 000 qm
www.blasge.at, info@blasge.at
→ B 94 Villach–Feldkichen, in Bodensdorf hinter der BP-Tankstelle abbiegen und über die Bahnlinie zum See. Fischerweg 6 b.

Leicht abfallendes, parkartiges Wiesengelände mit alten Bäumen. Parzelliert und zwischen Bahnlinie und See gelegen. Uferliegewiese mit Badesteg. FW. Ort 500 m entfernt. Mittagsruhe 13-15 Uhr. Touristen-/Dauerplätze 96/4.

9552 Steindorf, Kärnten — A 4540
★★ »SEECAMPING NAGELE« Juni bis Sept.
/Fax 04243/8314, Mobil 0676/4016999   510 m   10 000 qm
www.seecamping-nagele.at, info@seecamping-nagele.at
→ B 94 Villach–Feldkirchen, in Höhe Steindorf bei Haupteinfahrt Eishalle abbiegen über die Bahnlinie zum See. 1 Platz. Uferweg 32.

Zwischen Bahnlinie und See leicht wellig abfallendes Wiesengelände. Parzelliert und durch einige hohe Bäume aufgelockert. Liegewiese und Badesteg. FW. Ort 300 m entfernt. Mittagsruhe 13-15 Uhr. Touristen-/Dauerstellplätze 60/10.

DCC-Mitgliedsausweis
DCC-Mitgliedern wird geraten, den DCC-Mitgliedsausweis sofort bei der Anmeldung auf den entsprechenden Campingplätzen vorzulegen. Eine spätere Reklamation wegen nichterteilten Mitgliedernachlasses ist infolge Computerabrechnung oft erfolglos.

9523 Villach-Landskron, Oss. See — A 4560/1

35 ★★★★★ »SEECAMPING BERGHOF« — 15.4. bis 20.10.
☎ 04242/41133, Fax 41133-30 510 m 100 000 qm
www.seecamping-berghof.at, office@seecamping-berghof.at

→ A10 Salzburg–Villach Abf. Villach/Ossiacher See Richtung Feldkirchen ca. 1.5 km, dann beim Hinweis »Ossiacher See-Süd« abbiegen Richtung Ossiach. In Heiligen Gestade. 1. Platz. ✉ Süduferstr. 241 (GPS: 46°39'16" N / 13°55'46" E).

Zwischen Waldhang, Straße und See parkartiges und parzelliertes Wiesengelände. Von einem Hügel abfallend und terrassiert. Mit Uferliegewiese und Badesteg. FKK-Sonnenterrasse. Imbiss. Großzügiges Kleinkindersanitär. Kinder- und Jugendraum. Wassertrampolin. Skateranlage. Lagerfeuerplatz. Massagen. W-LAN/Funkinternet. Billard. Ort (Landskron) 3 km entfernt. Mittagsruhe 13-15 Uhr. Touristen-/Dauerstellplätze 485/15.
2008: (HS) P/N 8.–, K/N 2 bis 9 J. 5.50, J/N 10 bis 15 J. 7.–, St/N 11.–, H/N (NS) 3.–, KT 1.60, WD inkl., Müllgeb. St/N 1.–, Strom (6-10 A) inkl. Pauschalwochen. In NS Ermäßigung.

9523 Villach-Landskron, Oss. See — A 4560/2

40 ★★★★ »STRANDCAMPING MENTL« — 1.4. bis 12.10.
☎ 04242/41886, Fax 43850 500 m 20 000 qm
www.mentl.at, camping@mentl.at

→ A10 Salzburg–Villach Abf. Villach/Ossiacher See Richtung Feldkirchen, ca. 1.5 km, dann beim Hinweis »Ossiacher See-Süd« abbiegen Richtung Ossiach. In Heiligen Gestade. 2. Platz. ✉ Süduferstr. 265/267.

Zwischen Waldhang, Straße und See parzelliertes Wiesengelände mit einzelnen Bäumen. Teilweise terrassiert und mit Bäumen und Hecken aufgelockert. Uferliegewiese mit Badesteg. Imbiss. Brötchenservice. Kinderspielraum. Massagen. FW. Ort (Landskron) 3.5 km entfernt. Mittagsruhe 13-15 Uhr. Touristen-/Dauerstellplätze 177/3.
2008: (HS) P/N 7.80, K/N 3 bis 12 J. 5.20, St/N 11.80, KT 1.60, WD und Strom (6 A) inkl. In NS Ermäßigung.

9570 Ossiach, Ossiacher See — A 4570/1

★★★★ »CAMPING KÖLBL« — Ostern bis Ende Okt.
☎ 04243/8223, Fax 8690 und Dez. bis Jan.
www.camping-koelbl.at, camping-koelbl@net4you.at 510 m 15 000 qm

→ Süduferstraße Villach–Ossiach, ca. 1 km hinter Ostriach. Hier 1. Platz. ✉ Ostriach 106.

🚲 200 m 400 m S 800 m Anzeige S. 392

Zum See leicht abfallendes Wiesengelände mit einer Terrasse. Parzelliert und teilweise schattenlos. Uferliegewiese. Boots- und Badesteg. Skitrockenraum. Kostenloser Skibusservice. FW. Ort 1 km entfernt. Separater Jugendplatz. Mittagsruhe 13-15 Uhr. Touristen-/Dauerstellplätze 200/30.

**Noch kein DCC-Mitglied?
Sie wollen »eines« werden und die vielen Vorteile genießen – Anmeldeformular finden Sie in der Kartentasche am Ende des Buches.

Bis bald – wir freuen uns auf Sie!
Ihr DCC-Team**

OSSIACHERSEE
traumhaft campen...

Seecamping Berghof
am Ossiachersee (A 4560/1)
9523 Villach - Landskron AUSTRIA
Ossiacher See Süduferstr. 241
T. 0043/4242/41133
F. 0043/4242/41133-30
www.seecamping-berghof.at
office@seecamping-berghof.at
GPS: 46.39.16,3 N / 013.55.46,2 E

Sport- und Erlebniscamp direkt am See

Brandneues Sanitärgebäude fertiggstellt 2007

Ermäßigung im Mai, Juni, September

Ein Platz der gehobenen Klasse, eigene Wasserski- und Surfschule, Para-Sailing, großer Kinderspielplatz, Wildpark (freier Eintritt), Appartements, Sommerrodelbahn. In den Sommerferien Animation für Kinder und Erwachsene. Vielseitiger Sportplatz. **Tennis:** für unsere Gäste im Mai, Juni und September täglich eine Stunde Tennis gratis, im Juli und August ermäßigte Preise. **NEU:** Eigener Reiterhof, spezielle Angebote für Campinggäste in Europas größtem Reitwegenetz. Geöffnet Ostern bis 31.10. und im Dezember/Januar. Reservierung möglich.

Wohnwagenvermietung

Seecamping Kölbl (A 4570/1)
A-9570 Ossiach
Telefon 04243-8223 • Fax 04243-8690
Internet: www.camping-koelbl.at
E-mail: camping-koelbl@net4you.at

• modern • sauber • kinderfreundlich

9570 Ossiach, Ossiacher See — A 4570/2

40 ★★★★ »TERRASSEN-CAMPING OSSIACH« 1.5. bis 30.9.
☎ 04243/436, Fax 8171   510 m   100 000 qm
www.terrassen-camping.at, martinz@camping.at

→ Süduferstraße Villach–Ossiach, ca. 1.2 km hinter Ostriach. Hier 2. Platz. ✉ Ostriach 67.

Terrassiertes und zum Seeufer abfallendes Wiesengelände mit Parzellierung. Von hohen Hecken durchzogen und teilweise schattenlos. Bade- und Bootsstege. Sanitäranlagen beheizbar. Kindersanitär. Separater Platzteil für Hundehalter. Hundedusche. Ort 1 km entfernt. Separater Jugendplatz. Mittagsruhe 13-15 Uhr. Touristen-/Dauerstellplätze 500/30.
2007: (HS) P/N 7.90, K/N 3 bis 12 J. 5.20, St/N 10.70/11.70, H/N 3.–, KT 1.75, WD u. Strom (4-10 A) inkl. Ab 21 Nächten und in NS Ermäßigung.

9570 Ossiach, Ossiacher See — A 4570/3

35 ★★★★ »WELLNESS-SEECAMPING PARTH« 26.12. bis 8.11.
☎ 04243/2744-0, Fax 2744-15   510 m   18 000 qm
www.parth.at, office@parth.at

→ Süduferstraße Villach–Ossiach ca. 1.6 km hinter Ostriach. Hier 3. Platz. ✉ Ostriach 10 (GPS: 46°39'59" N / 13°58'40" E).

Hügeliges, von Hecken durchzogenes Wiesengelände. Teilweise terrassiert zum See abfallend. Mit Uferliegewiese und Badesteg. Eine der Sanitäranlagen beheizbar. Fitnessraum. Wellnessbereich mit Whirlpool und Massagen. Private Familienbäder. Trockenraum. Hundedusche. Kostenloser Skibus. W-LAN/Funkinternet. FW. Volleyball. Ort 1 km entfernt. Mittagsruhe 13-15 Uhr. Touristen-/Dauerstellplätze 110/30.
2008: (HS) P/N 8.10, K/N 3 bis 10 J. 5.80, J/N 7.10, St/N 10.50, H/N 3.–, KT 1.75, WD und Strom (6 A) inkl. In NS Ermäßigung. Senioren-Angebote.

9570 Alt-Ossiach, Ossiacher See — A 4580/1

35 ★★★ »IDEAL CAMPING LAMPELE« 1.5. bis 30.9.
☎ 04243/529, Fax 529-13   508 m   45 000 qm
www.lampele.at, camping@lampele.at

→ Süduferstraße Villach–Altossiach. ✉ Alt Ossiach 57 (GPS: 46°40'58" N / 13°59'54" E).

Leicht wellig zum Seeufer abfallende Rasenflächen mit einigen Bäumen und Hecken. Im oberen Bereich teilweise terrassiert. Überwiegend schattenlos. Sanitäranlage beheizbar. Bade- und Bootssteg. W-LAN/Funkinternet. Volleyball. Ort (Ossiach) 1.5 km entfernt. Mittagsruhe 13-15 Uhr. Touristen-/Dauerstellplätze 172/25.
2008: P/N 7.60, K/N 3 bis 9 J. 5.40, J/N 10 bis 16 J. 7.10, St/N 10.50, H/N 2.50, KT 1.75, WD und Strom (6-12 A) inkl.

9570 Alt-Ossiach, Ossiacher See — A 4580/2

25 ★★★ »CAMPING KALKGRUBER« 20.4. bis 2.10.
☎/Fax 04243/527   506 m   6000 qm

→ Süduferstraße Villach–Alt Ossiach, nach ca. 12 km beim Forellengasthof »Kärntner Stübl« abbiegen zum Platz. ✉ Alt Ossiach 4.

Mehrfach gestuftes und parzelliert ansteigendes Wiesengelände in Seenähe. Separater Platzteil für Hundehalter. Ort (Ossiach) 3 km entfernt. Mittagsruhe 13-15 Uhr. Touristen-/Dauerstellplätze 27/3.
2007: (HS) P/N 6.–, K/N 3.80, St/N 6.50, H/N 1.50, KT 1.75, WD zuzügl., Strom/N 2.–. In NS Ermäßigung. Seniorenrabatte.

9570 Alt-Ossiach, Ossiacher See — A 4580/3

35 ★★★★ »SEECAMPING JODL« — 20.4. bis 30.9.
☎ 04243/8779, Fax 8779-4 — 505 m — 10 000 qm
www.camping-jodl.at, info@camping-jodl.at

→ Süduferstraße Villach–Altossiach. ✉ Alt Ossiach 6.

Hinter einem Gasthof, zum Seeufer abfallende Rasenfläche mit Badesteg. Schattenlos mit vereinzelten Bäumen und teilweise leicht gestuft. Imbiss. Kiosk. Brötchenservice. W-LAN/Funkinternet. Volleyball. FW. Ort (Ossiach) 3 km entfernt. Mittagsruhe 13-15 Uhr. 90 Touristenplätze.
2007: (HS) P/N 7.20, K/N bis 10 J. 4.50, J/N 10 bis 16 J. 6.–, St/N 9.50, T/N 6.–, H/N 2.–, KT 1.75, WD und Strom (10 A) inkl. In NS Erm. Angebote.

9313 St. Georgen/Längsee, Kärnten — A 4615

★★★ »CAMPING WIESER« — Mai bis Okt.
☎ 04212/3535, Fax 28507 — 540 m — 15 000 qm
www.laengsee.net, camping.wieser@utnet.at

→ B317 Klagenfurt–Neumarkt i. d. Steiermark, hinter St. Veit bei Bernaich abbiegen, noch 200 m. ✉ Bernaich 8.

Leicht ansteigendes, mehrfach gestuftes und parzelliertes Wiesengelände. Durch Baumreihen unterteilt. Imbiss. Eigener Badeteich 300 m, Ort 1.5 km entfernt. Mittagsruhe 13-15 Uhr. Touristen/Dauerstellplätze 70/15.

> Das CCI-Carnet ist im Ausland als Identitäts-Ausweis anerkannt. Im Inland genügt die Vorlage des DCC-Mitgliedsausweises.

9560 Feldkirchen, Maltschacher See — A 4630/1

30 ★★★★ »CAMPING SEEWIRT MALTSCHACHER SEE« — 1.5. bis 30.9.
☎ 04277/2637, Fax 2637-4 — 560 m — 14 000 qm
www.seewirt-spiess.com, info@seewirt-spiess.com

→ B95 Feldkirchen–Klagenfurt, ca. 3 km südlich Feldkirchen abbiegen und über Niederdorf und Sittich zum See. ✉ Maltschach 2.

Vom Waldrand zum See leicht abfallendes Wiesengelände. Durch Hecken und vereinzelte Bäume aufgelockert. Mit öffentlichem Strandbad. Uferliegewiese. Badesteg und Badeinsel. Kabel-TV. Imbiss. Brötchenservice. FW. Ort 6 km entfernt. Mittagsruhe 12-14 Uhr. Touristen-/Dauerstellplätze 40/20.
2007: (HS) 2 P/N inkl. St/N 24.80, H/N 2.20, KT 1.33, WD inkl., Strom keine Angabe (6-16 A). In NS Ermäßigung.

9560 Feldkirchen, Maltschacher See — A 4630/2

35 ★★★ »FAMILY CAMPING MALTSCHACHER SEE« — 1.5. bis 30.9.
☎ 04277/2644, Fax 2644-51 — 570 m — 27 000 qm
www.sotour.at, info@maltschach.at

→ B95 Feldkirchen–Klagenfurt, ab Oberglan der Beschilderung »Feriendorf/Family-Camping Maltschacher See« folgen. ✉ Briefelsdorf 7.

Ebenes bis leicht abfallendes Wiesengelände auf drei Stufen. Parzelliert und durch Hecken gegliedert. Viele Einrichtungen des Feriendorfes, sowie das Strandbad, stehen den Campern kostenlos zur Verfügung. Kegelbahn. Ort 7 km entfernt. Mittagsruhe 13-15 Uhr. Touristen-/Dauerstellplätze 169/26.
2008: (HS) P/N 7.70, K/N 5 bis 15 J. 4.50, St/N 9.70, H/N 2.–, KT 1.33, WD und Strom (6 A) inkl. In NS Ermäßigungen.
CCI 10% auf P/N.

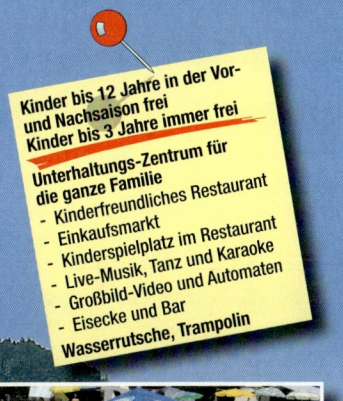

Kinder bis 12 Jahre in der Vor- und Nachsaison frei
Kinder bis 3 Jahre immer frei

Unterhaltungs-Zentrum für die ganze Familie
- Kinderfreundliches Restaurant
- Einkaufsmarkt
- Kinderspielplatz im Restaurant
- Live-Musik, Tanz und Karaoke
- Großbild-Video und Automaten
- Eisecke und Bar
Wasserrutsche, Trampolin

Terrassen Camping Ossiacher See
Familie Martinz • A-9570 Ossiach
Telefon 00 43 - 42 43 - 4 36 • Telefax 00 43 - 42 43 - 81 71

Zufahrt: Autobahnausfahrt VILLACH-OSSIACHER SEE, Ossiacher Süduferstraße bis kurz vor Ossiach (A 4570/2)

http://www.terrassen.camping.at
e-mail: martinz@camping.at

Mietwohnwagen • Mobilhomes • Campingbungalows • Zelte

Direkt am idyllischen Ossiacher See, liegt für Sie unser Familien-Campingplatz. Durch Terrassen, Hecken, Sträucher, Bäume und Bäche, Strände und Teiche wie eine natürliche Parkanlage.
Vom ADAC als „herausragend" beurteilt, parzelliert, große Stellplätze (80-100 m²) alle mit Stromanschluss, 5 moderne Sanitäranlagen, Familienkabinen (Mietbad) auf dem Platz verteilt.
Für Kinder: 5 Kinderspielplätze, idealer Kinderstrand (sehr flach), Kinderbetreuung, Bobo's Kinderclub, Kasperltheater, Videofilme, Hüpfburg, Kinderzelt, Kindersanitärbereich.
Für Sportler: Tennisplätze (Unterricht), Fußball-, Volleyball-, Streetball-, Badmintonplatz, Tischtennistische, Surf- und Segelschule, Radverleih, eigenes Fischwasser, Wassersport, Wanderungen, Sportanimation, Radtouren, Reiten direkt am Platz.
Für die Jugend: Großer Aufenthaltsraum, wöchentlich Disco, Spielautomaten, Großbildvideo, Trampolin.
Rentner-Rabatt in der Vor- und Nachsaison.

EM 2008 Super-Pauschalen

ARNEITZ
DIE ERLEBNISWELT AM FAAKERSEE

- Familien- und Kinderwaschräume in Erlebnisbereichen
- Naturparkähnliches Gelände direkt am See
- Marktrestaurant – Einkaufsmarkt
- Musik – Tanz – Unterhaltung • House of Rock – Bar, Karaoke
- Sportliche Aktivitäten wie Basketball, Sommerstock, Fußball
- Riesen Kindererlebnisspielplatz
- Erlebniswelt Faaker See
- Zufahrt über die Tauernautobahn, Ausfahrt St. Niklas/Faaker See

Fordern Sie bitte unseren Prospekt an !

Geöffnet 24.4. bis 30.9.2008

Strandcamping Arneitz
Seeuferlandesstr. 53
A-9583 Faak am See / Kärnten
Telefon 0043-4254-2137 • Fax -3044
Mobil 0043-664-8515515
außer Saison 0043-4242-26895
oder 0043-4242-2689343
E-mail: camping@arneitz.at
Internet: www.arneitz.at   (A 4660/1

ADAC Auszeichnung 2007

✉ **9580 Drobollach,** Faaker See   **A 4650**

20 ★★★ »CAMPING MARHOF«   1.5. bis 1.10.
☎/Fax 04254/2888, ☎ 06645/434955   580 m   14 000 qm
www.marhof.at, office@marhof.at

Abfahrt → A2 Villach–Italien, Abf. Villach/Faaker See Richtung Faaker See, vor Drobollach links abbiegen. ✉ Greutherweg 19.

 600 m

Ebenes bis leicht abfallendes Wiesengelände auf einem Hügel mit Blick auf die umliegenden Berge. Überwiegend schattenlos. Ort 600 m, Faaker See 2 km entfernt. Mittagsruhe 12-14 Uhr. 80 Touristenplätze.
2007: (HS) P/N 4.70, K/N bis 5 J. 2.–, K/N 6 bis 15 J. 4.50, A/N 1.10, St/N 1.50, C/N 2.30, MC/N 3.70, T/N 2.–, M/N 1.–, B/N 1.–, H/N –.80, KT 1.60, WD inkl., Müllgeb. 1.–, Strom/kWh –.50 (10-12 A). Anschlussgeb. 1.–. In NS Erm.

✉ **9583 Faak,** Faaker See   **A 4660/1**

40 ★★★★★ »STRANDCAMPING ARNEITZ«   24.4. bis 30.9.
☎ 04254/2137, Fax 3044   560 m   60 000 qm
www.arneitz.at, camping@arneitz.at

Abfahrt → A11 Villach–Slowenien Abf. St. Niklas über Egg Richtung Faak. ✉ Seeuferlandesstr. 53.

 500 m

Ebenes bis leicht welliges Fichten- und Laubwaldgelände mit Lichtungen. Gekiesten Stellflächen. Ein Platzteil durch Hecken unterteilt. Sanitäranlage beheizbar. Großzügiges Kleinkindersanitär und Familienkabinen. FKK-Sonnenterrasse. 200 m langer Strand mit Liegewiese. Filmvorführraum. SAT-Anschluss. W-LAN/Funkinternet. Jugendraum. Fitnessraum. Rücken-Therapiezentrum. Massagen. Kindererlebnispark. Volleyball. Ort 1.5 km entfernt. Mittagsruhe 13-15 Uhr. 420 Touristenplätze.
2007: (HS) P/N 7.50, K/N 3 bis 10 J. 7.–, St/N 13.–, KT 1.70, WD und Strom inkl. In NS Ermäßigung.

✉ **9583 Faak,** Faaker See   **A 4660/2**

★★★★ »STRANDCAMPING ANDERWALD«   April bis Okt.
☎ 04254/2297, Fax 22977   560 m   36 000 qm
www.camping-anderwald.at, office@camping-anderwald.at

Abfahrt → A11 Villach–Slowenien Abf. St. Niklas über Egg Richtung Faak. ✉ Strand Nord 4.

400 m 1 km

Ebenes bis leicht abfallendes Fichtenwaldgelände zwischen Straße und See. Gekieste Stellflächen. Strandbereich mit Liegewiese. Kinder-WC. Kinder-Spielraum. Billard. Ort 1 km entfernt. 220 Touristenplätze.

✉ **9583 Faak,** Faaker See   **A 4660/3**

40 ★★★ »STRAND-CAMPING-GRUBER«   Mai bis Sept.
☎ 04254/2298, Fax 2298-7   560 m   25 000 qm
www.strandcamping.at, gruber@strandcamping.at

Abfahrt → A11 Villach–Slowenien Abf. St. Niklas über Egg Richtung Faak.

100 m 500 m S 1.5 km

Ebenes Wald- und Wiesengelände. Liegewiese und öffent. Badebetrieb. Kleinkindersanitär. Kiosk. Ort 1.5 km entfernt. Separater Jugendplatz. Mittagsruhe 13-15 Uhr. 140 Touristenplätze.
2007: (HS) P/N 6.70, K/N 3 bis 12 J. 4.80, St/N 12.– bis 17.50, B/N 1.50, H/N 1.80, KT 1.70, WD inkl., Strom/N 2.30 (10 A). In NS bis 30% Erm.

Die DCC-Inspizienten sind nicht mit Anzeigenwerbung betraut. Sie sind daher unabhängig und nicht beeinflußbar. Ihren Kontrollen nach unseren Prüfbögen kann vertraut werden.

www.camping.woerthersee.com

Wörthersee • 4-Seental Keutschach

1 FKK - Kärntner Lichtbund Turkwiese
A-9074 Seental Keutschach oder A-9010 Klagenfurt, Postfach 76,
Tel. 00 43/42 73/28 38, (1. 6. bis 31. 8.),
Tel. u. Fax 00 43/42 24/812 18 (1. 1. bis 31. 12.),
E-Mail: klb.turkwiese@aon.at, www.klb.at,
Idyllischer FKK-Campingplatz, ruhig gelegen, direkt am See, mit eigenem Badestrand, Buffet.

2 Textilcamping Reichmann
Reauz 5, A-9074 Seental Keutschach, Tel. 00 43/463/281 452,
Fax 00 43/463/21 52 6-34, E-Mail: info@camping-reichmann.at,
www.camping-reichmann.at
Familiär geführter Campingplatz, 12.000 m², ruhig gelegen, inmitten unberührter Natur, direkt am Ostufer des Rauschelesees.
Ideale Ausstattung für Familien mit Kindern. (A 4780/1)

3 Strandcamping Süd
Helga Hannelore Seger, A-9074 Seental Keutschach, Tel. 00 43/42 73/27 73,
Fax 00 43/42 73/27 73-4, Mobiltelefon ab 18 Uhr: 00 43/699/12424403,
E-Mail: info@strandcampingsued.at, www.keutschachsued.at
Wunderschöner familiärer Textilcampingplatz direkt am See und Waldrand mit komfortablen Einrichtungen, Badebrücke - große Liege- und Spielwiese, Buffet und Kidsclub. (A 4770/1)

4 Family-Camping Hafnersee
Sotour-Austria Hotelbetriebs GmbH, Plescherken 5,
A-9074 Seental Keutschach, Tel. 00 43/42 73/23 75-0, Fax 00 43/42 73/23 75-16,
E-Mail: info@hafnersee.at, www.hafnersee.at
Modern und großzügig ausgestatteter, kinderfreundlicher Campingplatz direkt am See, große Liege- und Spielwiese. (A 4760)

5 FKK-Sabotnik
Inhaber Kaufitsch, Dobein 9, A-9074 Seental Keutschach,
Tel. 00 43/42 73/25 09, Fax 00 43/42 73/26 05,
E-Mail: info@fkk-sabotnik.at, www.fkk-sabotnik.at
Familienfreundlicher Campingplatz, ruhige Lage, direkt am See, Animationsprogramm, ganztägige Kinderbetreuung, Sport- und Spielplätze, mehrere Badestege, Massage, Wohnwagenvermietung, Hundeplatz, Streichelzoo, Internetcafe und W-Lan. (A/010/1)

6 FKK-Camping Müllerhof
Familie Safron, Dobein 10, A-9074 Seental Keutschach,
Tel. 00 43/42 73/25 17, Fax 25 17-5, Mobil: 00 43/664/33 55 425,
E-Mail: muellerhof@fkk-camping.at, www.fkk-camping.at
Seit 1991 vom ADAC ausgezeichneter FKK-Platz am ruhigen Ufer des Keutschacher Sees. Wohnwagen buchen bei:
Fa. Gebetsroither GmbH., A-8940 Weißenbach/Liezen, Hauptstraße 6,
Tel. 00 43/3612/26300, Fax: 00 43/3612/26300 4,
E-Mail: office@gebetsroither.com, www.gebetsroither.com (A/010/2)

7 Camping Weisses Rössl
Wörthersee-Süd, A-9220 Velden-Auen, Auenstr. 47,
Tel. 00 43/42 74/28 98, Fax 00 43/42 74/28 98-4,
E-Mail: weisses.roessl@aon.at, http://members.aon.at/weisses.roessl
Idyllisch und ruhig, in besonders schöner Lage zwischen Velden und Maria Wörth gelegen. Eigenes Seebad, 2 Sanitäranlagen mit kostenloser Warmwasserbenutzung in den Duschen und Waschräumen, Kindercamp, Spielplätze. (A 4740)

8 Strandcamping Brückler Nord
Gerhard Seger, A-9074 Seental Keutschach, Tel. 00 43/42 73/23 84,
Fax 00 43/42 73/210 80, E-Mail: camp.brueckler@aon.at, www.brueckler.co.at
Familienfreundlicher Campingplatz direkt am Nordufer des Keutschacher Sees.
Wir akzeptieren Campingschecks. (A 4770/2)

Information: Wörthersee-Tourismus   **Tel.** 00 43/42 74/38 288   **E-mail:** info@woerthersee.com
A-9220 Velden, Villacher Straße 19   **Fax** 00 43/42 74/38 288-19   **woerthersee.com**

Wörthersee

9583 Faak, Faaker See — A 4660/4

Abfahrt

★★★★ »KOMFORT-CAMPING POGLITSCH« — April bis Okt.
☎ 04254/2718, Fax 4144   500 m   60000 qm
www.kindercamping.at, poglitsch@net4you.at
→ A2 Villach–Italien Abf. Villach/Faaker See über Drobollach nach Faak.
✉ Kirchenweg 19.

Leicht wellig ansteigendes Wiesengelände mit einigen Bäumen. Angrenzend ein kleiner Badeteich. Sanitäranlage beheizbar. Kinderspiel- und Jugendraum. Hundedusche. Imbiss. Ort 500 m, Faaker See mit eigenem Strandabschnitt 800 m entfernt. Mittagsruhe 13-15 Uhr. Touristen-/Dauerstellplätze 197/10.

9583 Faak, Faaker See — A 4660/5

[30] ★★★ **»STRANDCAMPING SANDBANK«** — 1.5. bis 31.10.
☎ 04254/2261, Fax 3943   560 m   40000 qm
www.camping-sandbank.at, info@camping-sandbank.at
→ A2 Villach–Italien Abf. Villach/Faaker See über Drobollach nach Faak.
✉ Badeweg 3.

Ebenes und parzelliertes Wiesengelände zwischen Straße und Seeufer. Öffentliches Strandbad mit Liegewiese. Imbiss. Kiosk. SAT-Anschluss. Zimmer. FW. Ort 1 km entfernt. Separater Jugendplatz. Touristen-/Dauerstellplätze 150/36.
2007: (HS) P/N 6.–, K/N 2 bis 12 J. 4.–, St/N 9.–, T/N 6.–, H/N 1.80, KT 1.70, Müllgeb./Wo. 3.–, Strom/N 2.20 (14 A). In NS Ermäßigung.

9581 Ledenitzen, Faaker See/Kärnten — A 4670

[30] ★★★ **»CAMPING FERIEN AM WALDE«** — Mai bis Sept.
☎/Fax 04254/2670 od. 04242/216759   560 m   50000 qm
www.tiscover.com/camping.ferienamwalde, camp.f.a.walde@aon.at
→ A11 Villach–Slowenien Abf. St. Niklas über Egg Richtung Ledenitzen oder St. Jakob in Richtung über Ledenitzen.

Leicht ansteigendes Wiesengelände am Waldrand. Durch Hecken unterteilt und teilweise schattenlos. Waldweg zum Faaker See. Kostenlose Benutzung des Strandes von »Camping Anderwald«. Imbiss. Ort 400 m, See 900 m entfernt. Separater Jugendplatz. Mittagsruhe 13-15 Uhr. Touristen-/Dauerstellplätze 220/5.
2008: (HS) P/N 7.50, K/N 2 bis 10 J. 4.–, J/N 5.50, St/N 6.–/7.–, H/N 2.–, KT 1.70, WD inkl., Strom/N 2.40 (10 A). Ab 14 Nächten und in NS Erm.

9020 Klagenfurt, Kärnten — A 4720

[35] ★★★★ **»CAMPING STRANDBAD«** — 1.5. bis 30.9.
☎ 0463/21169, Fax 21169-93   40000 qm
www.tiscover.at/camping-klagenfurt, camping@stw.at
→ A2 Villach–Klagenfurt Abf. Klagenfurt-See. Hier zum Strandbad abbiegen. ✉ Metnitzstrand 5.

Parkartiges, ebenes bis leicht welliges und parzelliertes Wiesengelände. Von einer Hecke umgeben. Neben dem Erlebnispark »Minimundus«. Strandbadeintritt frei. Mittagsruhe 13-15 Uhr. Ort 4 km entfernt. Touristen-/Dauerstellplätze 400/20.
2008: (HS) P/N 8.–, K/N 3 bis 14 J. 4.20, St/N 9.–, T/N 5.–, KT 1.50, WD und Strom inkl. (10 A). In NS Ermäßigung.

9220 Velden-Auen, Wörther See — A 4740

[35] ★★★ **»CAMPING WEISSES RÖSSL«** — Ostern bis Okt.
☎ 04274/2898, Fax 2898-4   500 m   25000 qm
http://members.aon.at/weisses.roessl, weisses.roessl@aon.at
→ A2 Villach–Klagenfurt Abf. (335) Velden-West über Velden Richtung Maria Wörth. ✉ Auenstr. 47 (46°37'06" N / 14°06'17" E).

Terrassiert abfallendes Wiesengelände oberhalb des Sees. Durch einen öffentlichen Weg zweigeteilt. FW. Ort (Schiefling) 3 km entfernt. Separater Jugendplatz. Mittagsruhe 12-14 Uhr. 150 Touristenplätze.
2008: (HS) P/N 8.–, K/N 3 bis 14 J. 4.–, St/N 5.– bis 7.–, H/N 2.–, KT 1.30, WD inkl., Strom/N 3.– (10/16 A). Ab 6/20 Nächten 10/20% auf P/N in NS Ermäßigung.

9074 Plescherken, Kärnten — A 4760

[35] ★★★ **»FAMILY CAMPING HAFNERSEE«** — 1.5. bis 30.9.
☎ 04273/2375, Fax 2375-16   500 m   120000 qm
www.sotour.at, info@hafnersee.at
→ B91 Klagenfurt–Loiblpass, über Viktring abbiegen Richtung Velden bis Km 13.2. ✉ Plescherken 5.

Leicht abfallendes Wiesengelände. Durch Hecken unterteilt. Mit zwei Badestellen und Uferliegewiese. Badestege. Öffentlicher Badebetrieb. Für Camper freier Zutritt. Imbiss. Jugendraum. FW. Ort (Keutschach) 2 km entfernt. Separater Jugendplatz. Mittagsruhe 13-15 Uhr. Touristen-/Dauerstellplätze 86/182.
2008: (HS) P/N 7.70, K/N 6 bis 15 J. 4.50, St/N 9.70, H/N 2.–, KT 1.60, WD und Strom (6 A) inkl. Vom 17.5. bis 25.5. höhere Preise! In NS Erm. **CCI 10% auf P/N.**

9074 Keutschach am See, Kärnten — A 4770/1

[30] ★★★ **»STRANDCAMPING-SÜD«** — 1.5. bis 30.9.
☎ 04273/2773, Fax 2773-4   508 m   20000 qm
www.strandcampingsued.at, info@strandcampingsued.at
→ B91 Klagenfurt–Loiblpass, über Viktring abbiegen Richtung Velden. In Keutschach links, hier vorbei zum See-Südufer.

Vom Waldrand zum See leicht abfallendes, parzelliertes Wiesengelände, mit einigen Baumgruppen. Öffentlicher Badebetrieb mit Uferliegewiese und Badesteg. Imbiss. Brötchenservice. Massagen. Ort 2 km entfernt. Mittagsruhe 12.30-14.30 Uhr. Touristen-/Dauerstellplätze 120/50.
2007: (HS) P/N 7.–, K/N 4 bis 14 J. 4.50, St/N 8.–, H/N 2.30, KT 1.60, WD inkl., Strom/N 3.35 (10 A). In NS Ermäßigung.

9074 Keutschach am See, Kärnten — A 4770/2

★★★ **»CAMPING BRÜCKLER NORD«** — Mai bis Sept.
☎/Fax 04273/2387   508 m   20000 qm
www.brueckler.co.at, camp.brueckler@aon.at
→ B91 Klagenfurt–Loiblpass, über Viktring abbiegen Richtung Keutschach, hier beschildert.

Ebenes Wiesengelände zwischen Straße und See. Durch Bäume und Büsche aufgelockert. Öffentlicher Badebetrieb. Liegewiese und Badestege. Imbiss. Ort 2 km entfernt. Touristen-/Dauerstellplätze 120/40.

9074 Reauz, Rauschele See — A 4780/1

[30] ★★★ **»CAMPING REICHMANN«** — 1.5. bis 30.9.
☎ 0463/281452-0, Fax 21526-34   508 m   20000 qm
www.camping-reichmann.at, info@camping-reichmann.at
→ B91 Klagenfurt–Loiblpass, über Viktring abbiegen Richtung Keutschach, links abbiegen zum Rauschele See. Beschildert. ✉ Reauz 5 (GPS: 46°34'59" N / 14°13'41" E).

Vom Waldrand zum See leicht wellig abfallende Rasenfläche mit Uferliegewiese, überwiegend schattenlos. Separater Platzteil für Hundehalter. Öffentlicher Badebetrieb. Rollstuhlfahrer-Sanitär nur über eine Stufe erreichbar. Imbiss. Ort (Viktring) 3.5 km entfernt. 170 Touristenplätze.
2007: (HS) 2 P/N inkl. St/N 19.50, weitere P/N 6.75, K/N 6 bis 13 J. 2.75, KT 1.60, WD und Strom inkl.

Die Gebühren werden von den Platzhaltern lange vor Erscheinen des Campingführers gemeldet. Daher sind Abweichungen möglich.

Erlebnis-Bootsfahrten durch die Drau-Auen

Mit Sack und Pack zum südlichsten Campingplatz Österreichs

(A 4830)

www.roz.at

Gotschuchner Kinder- und Familienwochen vom 4.7. bis 25.8. mit tollem Programm und familiengerechten Sonderpreisen

Camping Rosental Rož

Ausgezeichnet mit dem Umweltzeichen

Gotschuchen 34 • A-9173 St. Margareten im Rosental
Tel. 04226-81000 • Fax 04226-810015
E-Mail: camping.rosental@roz.at • Internet: http://www.roz.at/camping.rosental

Ein Familienbetrieb mit besonderem Augenmerk auf Familienurlaub

Großzügige Platzgestaltung: Große, parzellierte Stellplätze (100 bis 130 m²), naturnahe Platzgestaltung, Badesee mitten am Platz, Quelltrinkwasser aus allen Wasserhähnen, außergewöhnliches Preis-Leistungsverhältnis. • **Ruhige Lage**: in unberührter Natur, umgeben von Wäldern, Wiesen und Bächen. • **Ausgezeichnete Sanitärausstattung**: gepflegte Anlagen, zusätzliche Familienwaschräume, Kindersanitäräume, Babywaschräume • **Kinderparadies**: kindergerechter Badesee, Spielplätze, Sportplätze, Streichelzoo, Mini Club, Fernsehraum, Aufenthaltsraum, Abenteuer-Spielpark Nimmerland • **Wanderparadies**: Erholung in den Drau-Auen, gemeinsame Wanderungen zu den Gipfeln der Karawanken, gemeinsame Bergtouren, Kinderwanderungen, Ausflüge • **Radfahrerparadies**: viele Kilometer ebener und autofreier Radwege, Direktanschluß zum Drau-Radweg, eigener Kinder-Radweg, Radeln in den Drau-Auen. • **Spiel- und Sportanlagen**: mit Fußball, Volleyball, Beachvolley, Basketball, Tischtennis • **Hundeparadies**: Eigene Platzteile mit direkten Ausgängen für Hundebesitzer, eingezäunte Hundespielwiesen, Hundedusche, Hundefreibad, Hundetreff und vor allem viel Auslauf.
Alle Campingaktivitäten und Benutzung der Freizeitanlagen kostenlos, Warmwasser und Strom inklusive. • **Internet-Corner**: gratis Surfen für Campinggäste

Internet über WLAN auch auf den Stellplätzen – Zugang KOSTENLOS

✉ 9074 Reauz, Rauschele See　　A4780/2

★★★ »CAMPING REAUTSCHNIGHOF«　　Mai bis Sept.
☎/Fax 0463/281106　　550 m　　10000 qm
www.camping.reautschnighof.at, camping-reautschnighof@gmx.at

→ B91 Klagenfurt–Loiblpass, über Viktring abbiegen Richtung Keutschach, links abbiegen zum Rauschele See. Beschildert. 1. Platz. ✉ Reauz 4.

150 m　　400 m　　3 km

Auf einem Hügel terrassiert abfallendes Wiesengelände. Parzelliert und neben einem bewirtschafteten Bauernhof gelegen. Brötchenservice. Ort (Viktring) 3 km entfernt. 50 Touristenplätze.

✉ 9181 Feistritz im Rosental, Kärnten　　A4815

★★★ »CAMPING JURITZ«　　April bis Okt.
☎ 04228/2115, Fax 21154　　500 m　　25000 qm
www.camping-juritz.at, info@camping-juritz.at

→ A11 Villach–slowenische Grenze Abf. St. Jakob auf die B 85 Richtung Ferlach, kurz vor Feistritz abbiegen. ✉ Campingstr.

800 m　　S1.5 km

Leicht wellig abfallendes, parzelliertes Wiesengelände mit Bäumen und Büschen. Separate Pkw-Abstellung. Brötchenservice. Schwimmhalle. Ort 800 m entfernt. Mittagsruhe 12.30-15 Uhr. 60 Touristenplätze.

Wegen oft wechselnden Größenangaben für die einzelnen Stellparzellen durch die Platzhalter veröffentlicht der DCC nur noch die Camping-Gesamtfläche in qm und den Hinweis »parzelliert« oder »unparzelliert«.

DCC-Vertragsplatz

✉ 9173 Gotschuchen-St.Margareten　　A4830

★★★★★ »CAMPING ROSENTAL ROŽ«　　1.4. bis 15.10.
☎ 04226/8100, Fax 8100-15　　420 m　　110000 qm
www.roz.at, camping.rosental@roz.at

→ B91 Klagenfurt–Loiblpass, in Kirschentheuer abbiegen auf die B85 über Ferlach bis Gotschuchen (ca. 2 km vor St. Margareten). ✉ Gotschuchen 72 (GPS: 46°32'38" N / 14°23'19" E).

Ebene bis leicht abfallende, parzellierte Rasenflächen unter lichten Bäumen oder schattenlos an einem Naturweiher mit Uferliegewiese. Großzügiges Kleinkindersanitär. W-LAN/Funk-Internet. Miniclub. Streichelzoo. Hundebad. Ort 3 km entfernt. Mittagsruhe 13-15 Uhr. Touristen-/ Dauerstellplätze 415/9.
2007: (HS) P/N 7.10, K/N 1 bis 14 J. 5.10, J/N 6.10, St/N 8.20, H/N 2.90, KT 1.–, Müllgeb. –.40, WD und Strom (6 A) inkl. In NS Ermäßigung.
DCC/CCI 10% auf P/N.

✉ 9122 St. Kanzian, Klopeiner See　　A4950

★★★ »CAMPING NORD«　　Mai bis Sept.
☎ 04239/2224-32, Fax 2224-34　　16000 qm
www.camping.nord.at

→ B 70 Klagenfurt–Völkermarkt. Hier abbiegen zum Klopeiner See.

50 m　　300 m　　500 m

Leicht abfallendes, teilweise terrassiertes Wiesengelände zwischen Straße und Strandbad (freier Eintritt). Mehrere unbewachte Eingänge. Ort 1 km entfernt. Mittagsruhe 12.30-14.30 Uhr. Touristen-/Dauerstellplätze 100/60.

DCC-Vertragsplatz

✉ **9123 St. Primus** bei Unternarrach **A 4960**

 ★★★★★ »STRANDC. TURNERSEE BREZNIK-FAMILIENCLUB«
☎ 04239/2350, Fax 2350-32   450 m   ⚷ 13.4. bis 5.10.
www.breznik.at, info@breznik.at   60 000 qm

→ A2 Abf. Grafenstein, nach 4 km auf B70 Richtung Graz/Wien, rechts abbiegen und über Tainach/St. Kanzian Richtung St. Primus zum Westufer des Turner Sees. ✉ Unternarrach 21 (GPS 46°35'08" N / 14°33'58" E).

Auf zwei Geländestufen gelegenes, ebenes bis leicht abfallendes Wald- und Wiesengelände. Durch Hecken und gefällige Bepflanzungen vielfach gegliedert. Parzelliert. Zwischen der Straße und dem Seeufer gelegen. Liegewiese und Badesteg. Separater Platzteil für Hundehalter. Kleinkindersanitär. Zeltaufbewahrung. FW. SAT-Anschluss. Musikveranstaltungen. Erlebniswanderungen. Jugendraum. Streichelzoo mit Feuerstelle. Appartements. Massagen. Mittagsruhe 12.30-14.30 Uhr. Haltestelle und Ort (St. Kanzian) 3 km entfernt. Touristen-/Dauerstellplätz 263/150.
2008: (HS) P/N 8.10, K/N 4 bis 14 J. 5.40, St/N 10.10, H/N 3.20, KT 1.34, WD und Strom inkl. In NS Ermäßigung.
DCC 10% auf P/N.

DCC-Vertragsplatz

✉ **9141 Gösselsdorf** bei Eberndorf **A 4980**

 ★★★ »CAMPING GÖSSELSDORFER SEE« ⚷ 1.5. bis 28.9.
☎ 04236/2168, Fax 04236/2168-4   450 m   70 000 qm
www.goesselsdorfersee.com, office@goesselsdorfersee.com

→ B70/E66 Klagenfurt-Graz, über Völkermarkt abbiegen auf die B82 Richtung Sittersdorf, ca. 2 km südlich von Eberndorf Richtung Gösselsdorfer See. ✉ Seestr. 21-23.

Ebenes, parzelliertes Wiesengelände mit Anpflanzungen, sowie Stellflächen im Kiefernwald. Badeweiher mit Steg und Kanal zum See. Ponyreiten. Hundebad. Jugendraum. Massagen. Strandbad 800 m entfernt (für Camper kostenlos). Mittagsruhe 12.30-14.30 Uhr. Touristen-/Dauerstellplätze 280/70.
2008: P/N 6.10, K/N 3 bis 14 J. 3.50, J/N 4.20, St/N 8.-, H/N 2.50, KT 1.20, WD inkl., Müllgeb. P/N –.30, Strom inkl. (6 A).
DCC/CCI 10% auf P/N.

✉ **9143 Pirkdorf**, Kärnten **A 4990**

★★★ »CAMPING PIRKDORFER SEE«   ⚷ 1.1. bis 31.12.
☎ 04230/321, Fax 321-1   480 m   40 000 qm
www.pirkdorfersee.at, office@pirkdorfersee.at

→ B70/E66 Klagenfurt-Graz, über Völkermarkt abbiegen auf die B82 ca. 6 km südwärts, dann über Bleiburg auf die B81 bis St. Michael. Ab hier beschildert. ✉ Pirkdorf 29.

Ebenes, parzelliertes Wiesengelände direkt am See. Mit jungen Anpflanzungen auf zwei Stufen angelegt. Uferliegewiese und öffentlicher Badebetrieb. Kinderspielraum. Billiardsaal. Ski-Trockenraum. Lagerfeuerplatz. Separater Zeltplatz. Ort (St. Michael) 2.5 km entfernt. Touristen-/Dauerstellplätze 120/100.
2007: P/N 5.10, K/N 3 bis 14 J. 2.50, J/N 3.50, St/N 7.–, H/N 2.50, KT 1.25, WD inkl., Müllgeb. P/N –.30, Strom (12 A) inkl.

✉ **5142 Eggelsberg-Ibm**, Oberösterreich **A 5010**

★★★ »NATURCAMPING SEEWIRT«   ⚷ 1.1. bis 31.12.
☎ 07748/2345, Fax 32345   430 m   15 000 qm
www.camping-seewirt.at, camping-seewirt@aon.at

→ B156 Salzburg–Braunau, kurz vor Eggelsberg zum Ibmer See abbiegen, noch ca. 5.5 km. ✉ Ibm 80.

Ebene und leicht wellige Wiese in Seenähe, auf einer von Wald umgebenen Lichtung. Teilweise parzelliert. Separater Dauercampteil. FW. Ort 4.5 km entfernt. Separater Jugendplatz. Mittagsruhe 12-14 Uhr. Touristen-/Dauerstellplätze 40/53.
2008: (HS) P/N 5.80, K/N 2 bis 6 J. 1.80, K/N 6 bis 14 J. 3.20, A/N 1.50, C/N 3.50, MC/N 4.50, T/N 3.20, M/N 1.–, H/N –.90, WD zuzügl., Strom/N 2.40 (10 A). In NS Ermäßigung.

DCC-Vertragsplatz

✉ **5310 Mondsee**, Oberösterreich **A 5160**

★★★★ »CAMP MOND-SEE-LAND«   ⚷ 1.4. bis 31.10.
☎ 06232/2600, Fax 27218   580 m   25 000 qm
www.campmondsee.at, austria@campmondsee.at

→ A1 Salzburg–Wien Abf. Mondsee auf die B154 Richtung Straßwalchen, nach ca. 1.5 km links abbiegen, noch ca. 2 km. ✉ Punz Au 21 (GPS: 47°52'03" N / 13°18'24" E).

Ebenes, teilweise leicht abfallendes Wiesengelände mit jungen Bäumen. An einem Hügel mit kleinem Teich gelegen und durch Hecken unterteilt. Separater Dauercampteil mit altem Baumbestand. Sanitäranlage beheizbar. Überdachtes Schwimmbad. Streicheltiere. Ort 4 km entfernt. Separater Jugendplatz. Touristen-/Dauerstellplätze 70/70.
2007: (HS) P/N 5.60, K/N 6 bis 15 J 3.90, St/N 5.60 bis 7.60, H/N 3.–, KT 1.–/–.40, WD inkl., Strom/N 3.20. In NS Ermäßigung.
DCC 10% auf P/N.

✉ **5310 Mondsee-St.Lorenz**, Oberösterr. **A 5260**

★★★★ »AUSTRIA-CAMP«   ⚷ Mai bis Sept.
☎ 06232/2927, Fax 2927-4   540 m   30 000 qm
www.jvp.or.at/camp, austria@camping.co.at

→ A1 Salzburg–Wien Abf. Mondsee auf die B154 Richtung St. Gilgen, bei Km 21.4 seewärts abbiegen und der Beschilderung »Austria Camp« folgen. 2. Platz. ✉ Achort 60 (GPS: 47°49'43" N / 13°21'57" E).

(A 5340/3)
Camping Ried – der kleine feine Platz am Wolfgangsee
Familie Leitner · Ried 18 · A-5360 St. Wolfgang
Tel./Fax 0043 6138/3201
E-mail: camping-ried@aon.at
http://members.aon.at/camping-ried
Klein – Familiär – Ruhig – Komfortabel – Zentrumsnah – Neues Sanitärgebäude – Neue Mobilservicestation – Wassersportzentrum angeschlossen
Zimmer und Appartements in Komfortausstattung.

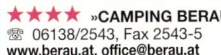

Ebenes, durch Stichwege unterteiltes Wiesengelände am See. Mit schmalem Liegewiesenstreifen und Badesteg. Stellplätze parzelliert und teilweise gekiest. Separate Pkw-Abstellung. Öffentlicher Badebetrieb. Kindersanitär. Kinderspielraum. Massagen. Billard. Spielautomaten. Ort (Mondsee) 5 km entfernt. Separater Jugendplatz. Mittagsruhe 12-15 Uhr. Touristen-/Dauerstellplätze 87/43.

✉ 5360 St. Wolfgang, Oberösterreich   A 5340/1

★★★★ »CAMPING BERAU«   1.1. bis 31.12.
☎ 06138/2543, Fax 2543-5   520 m   20000 qm

→ B158 Salzburg–Bad Ischl, am östlichen See-Ende bei Strobl abbiegen nach St. Wolfgang. 1,4 km vor St. Wolfgang links. ✉ Schwarzenbach 16 (GPS: 47°43'52" N / 13°28'42" E).

Ebenes Wiesengelände zwischen Straße und See. Teilweise unter Bäumen. Stellplätze mit Baumschein parzelliert und teilweise gekiest. Privatbucht mit Uferliegewiese und Badesteg. Öffentlicher Badebetrieb. Wassersportmöglichkeiten. Imbiss. Kindersanitär. Fitnessraum. Massagen. Wellnessbereich. Billard. Kabel-TV. W-LAN/Funkinternet. Kostenloser Skibusservice. Ort 2.5 km entfernt. Touristen-/Dauerstellplätze 140/46.

✉ 5360 St. Wolfgang, Oberösterreich   A 5340/2

[30] ★★★ »CAMPING APPESBACH«   1.4. bis 31.10.
☎ 06138/2206, Fax 2206-33   550 m   22000 qm
www.appesbach.at, camping@appesbach.at

→ B158 Salzburg–Bad Ischl, am östl. Ende des Sees bei Strobl abbiegen nach St. Wolfgang, hier weiter bis kurz vor St. Wolfgang. ✉ Au 99 (GPS: 47°43'59" N / 13°27'53" E).

Zum See leicht abfallende und überwiegend schattenlose Wiese, neben einer verkehrsreichen Straße. Öffentlicher Badebetrieb. Musikveranstaltungen. Anglerkarten erhältlich. Billard. Ort 1 km entfernt. Separater Jugendplatz. Touristen-/Dauerstellplätze 85/30.
2007: (HS) P/N 6.10, K/N 6 bis 15 J. 3.55, St/N 5.– bis 10.–, H/N 2.–, KT –.45/–.90, WD inkl., Strom/N 2.80 oder kWh –.70 (10 A). In NS Ermäßigung. Familien- und Wanderpauschalen.
DCC/CCI 10% auf St/N.

✉ 5360 St. Wolfgang, Oberösterreich   A 5340/3

[25] ★★★ »CAMPING RIED«   1.4. bis 31.10.
☎ /Fax 06138/3201   550 m   4000 qm
http://members.aon.at/camping-ried, camping-ried@aon.at

→ B158 Salzburg–Bad Ischl, am östl. Ende des Sees bei Strobl ab-biegen nach St. Wolfgang, hier weiter durch den Umfahrungstunnel und am See entlang bis zur Sackgasse. ✉ Ried 18 (GPS: 47°43'50" N / 13°28'38" E).

Terrassiertes Wiesengelände mit lockerem Baumbestand am Wolfgangsee. Familiäre Atmosphäre. Kiosk. Kinderspielraum. FW. Zentrum 800 m entfernt. 40 Touristenstellplätze.
2008: (HS) P/N 5.70, K/N 1 bis 12 J. 5.–, St/N 6.90, T/N 4.–, M/N 1.80, B/N 1.50, H/N 1.80, KT –.95, WD zuzügl., Strom/kWh –.55 (16 A).
DCC 5% auf P/N und St/N, CCI 5% auf P/N.

✉ 4866 Unterach/Attersee, Oberösterreich   A 5410

[20] ★★★ »INSELCAMPING«   15.5. bis 15.9.
☎ 07665/8311, Fax 7255   468 m   18000 qm
www.inselcamp.at, camping@inselcamp.at

→ A1 Salzburg–Wien Abf. Mondsee auf die B151 Richtung Attersee. Bei Unterach abbiegen auf die B152, noch ca. 500 m. ✉ Unterburgau 37 (GPS: 47°47'58" N / 13°28'45" E).

Ebenes Wiesengelände beiderseits der Seeache mit Liegewiese und Badesteg. Der Nordteil schattenlos, der Südteil mit hohen Bäumen durchsetzt. Ort 500 m entfernt. Mittagsruhe 12-14 Uhr. Touristen-/Dauerstellplätze 100/41.
2007: (HS) P/N 4.20, K/N 3 bis 14 J. 2.50, A/N 2.50, C/N 3.50, MC/N 5.90, T/N 3.–, M/N 1.60, B/N 3.20, H/N 2.–, KT –.73/–.29, WD zuzügl., Strom/N 1.80 (8 A). In NS Ermäßigung.

Achtung: Der Attersee ist für Motorboote vom 1.7. bis 30.8. gesperrt.

✉ 4865 Nußdorf, Oberöstereich   A 5420

★★★★ »SEECAMPING GRUBER«   April bis Okt.
☎ 07666/8045-0, Fax 8045-6   480 m   26000 qm
www.camping-gruber.at, office@camping-gruber.at

→ A1 Salzburg–Wien, Abf. St. Georgen Richtung Attersee, rechts nach Nußdorf. Beschildert - nach 400 m links außerhalb des Ortes. ✉ Dorfstr. 63 (GPS: 47°52'47" N / 13°31'38" E).

Ansteigend terrassiertes und parzelliertes Wiesengelände mit lichtem Baumbestand. An einem See mit Uferliegewiese, Badestegen und Sprungturm. Öffentlicher Badebetrieb. Fitnessraum. Internet-Hotspot. Ort 500 m entfernt. Separater Jugendplatz. Mittagsruhe 12-14 Uhr. Touristen-/Dauerstellplätze 75/75.

www.campingwelt.com
Camping Welt – Salzkammergut/Austria
Attersee · Hallstätter See · Mondsee · Wolfgangsee · Almfluss

DCC-Vertragsplatz

4853 Steinbach, Oberösterreich — A 5450/1

30 ★★★ »CAMPING SEEFELD« — 1.5. bis 30.9.
☎ 07663/8100, Fax 8100-42   470 m   8000 qm
www.foettinger.at, hotel.foettinger@salzkammergut.at

→ B 152 (Ostuferstr.) Unterach–Weyregg, in Seefeld beim Gasthof Föttinger seewärts abbiegen. ✉ Seefeld 14 (GPS: 47°50'25" N / 13°32'44" E).

Zum See leicht abfallendes Wiesengelände mit Heckenunterteilungen. Im Ortsbereich gegenüber eines Freizeitzentrums. Uferliegewiese mit Badesteg und öffentlichem Badebetrieb. Tauchzentrum. Brötchenservice. Volleyball. Ort 300 m entfernt. Mittagsruhe 13-15 Uhr. Touristen-/Dauerstellplätze 60/60.
2008: (HS) P/N 6.70, K/N 2.20, C MC-St/N 5.50, T-St/N 4.40, B/N 8.–, H/N 4.–, KT –.73, WD zuzügl., Strom/N 2.50 (10/16 A). In NS Ermäßigung.
DCC 10% auf P/N.

4853 Steinbach, Oberösterreich — A 5450/2

25 ★★★ »CAMPING GRABNER« — 1.4. bis 15.10.
☎ 07663/8940, Fax 8940-13   472 m   30 000 qm
www.camping-grabner.at, office@camping-grabner.at

→ A1 Abf. Mondsee, weiter nach Unterach/Att., auf B 152 Steinbach/Att. Oder Abf. Schörfling auf B 152 nach Steinbach. ✉ Seefeld 47 (GPS: 47°50'12" N / 13°32'44" E).

Langgestrecktes, zum See leicht abfallendes Wiesengelände. Badesteg. Ein Platzteil von der Bootsverleihzufahrt durchzogen. Teilweise schattenlos. Kinderspielplatz. W-LAN/Funkinternet. Separater Jugendplatz. Mittagsruhe 12-14 Uhr. Touristen-/Dauerstellplätze 116/110.
2008: (HS) P/N 5.97, K/N 5 bis 14 J. 3.31, C MC-St/N 6.40, B/N 4.–, H/N 1.90, KT –.73/–.29, WD inkl., Strom/N 1.70 oder kWh –.55 (10-16 A). In NS Erm.
CCI 5% in HS und 15% in NS auf Gesamtpreis.

4813 Altmünster, Traunsee — A 5510

25 ★★★ »CAMPING SCHWEIZERHOF« — Mai bis Sept.
☎ 07612/89313, Fax 87276-4   422 m   6400 qm
www.campingfuehrer.at, office@schweizerhof.cc

→ A1/E55 Salzburg–Wien Abf. Regau auf die B145 über Gmunden Richtung Ebensee. Am Ortsanfang von Altmünster links. ✉ Hauptstr. 14.

Ebenes, teilweise gekiestes Wiesengelände mit Baumreihen. Auf drei Stufen zwischen Straße und See. Große Uferliegewiese mit Badesteg. Imbiss. Ort 500 m entfernt. Mittagsruhe 13-15 Uhr. Touristen-/Dauerstellplätze 30/9.
2008: P/N 4.80, K/N 3 bis 14 J. 2.80, A/N 2.30, C/N 6.–, MC/N 7.–, T/N ab 3.50, M/N 1.50, H/N 2.–, KT 1.–/–.30, WD zuzügl., Müllgeb. –.60, Strom/N 2.– (16 A).

DCC-Vertragsplatz

4830 Hallstatt, Hallstätter See — A 5570

30 ★★★ »CAMPING KLAUSNER-HÖLL« — 15.4. bis 15.10.
☎ 06134/8322, Fax 8322-1   5000 qm
www.camping.hallstatt.net, camping@hallstatt.net

→ B 145 Bad Ischl–Hallstatt, nach Durchfahrt des Tunnels bei der Tankstelle rechts neben der Straße. ✉ Lahn 201 (GPS: 47°33'10" N / 13°38'51" E).

Ebenes Wiesengelände am Ortsrand, in einem von steilen Felswänden umgebenen Seitental. In HS Reservierung erforderlich. Imbiss. Kiosk in HS. Kabel-TV. See mit Liegewiese und Restaurant 100 m, Ortszentrum 800 m entfernt.
2007: (HS) P/N 7.–, K/N 4.–, A/N 3.–, C/N 5.–, MC/N 6.– T/N 4.–, M/N 3.–, B/N 4.–, H/N 1.80, KT und WD inkl., Strom/N 3.– (16 A). In NS Ermäßigung. Angebote.
DCC/CCI 10% auf P/N.

DCC – DEIN PARTNER!

4831 Obertraun-Winkl, Hallst. See — A 5580

30 ★★★ »CAMPING AM SEE« — 1.5. bis 30.9.
☎ 06131/265, 06134/8378 (Wi), Fax 06134/8368   500m   15 000 qm
www.camping-am-see.at, relax@camping-am-see.at

→ B 145 Bad Ischl–Hallstatt, weiter Richtung Obertraun bis Ortsanfang Winkl. ✉ Winkl 77.

Parkartiges, ebenes Wiesengelände am Seeufer. Nebenan Strandbad mit FKK-Teil. Imbiss. Kiosk. Brötchenservice. Baumhaus. Ort 1 km entfernt. Mittagsruhe 12-15 Uhr. Touristen-/Dauerstellplätze 40.
2007: P/N 5.50, K/N 4.37, A/N 2.80, C/N 7.–, MC/N 8.50, T/N 5.20, M/N 2.40, B/N 2.40, H/N 2.–, KT 1.30, WD inkl., Strom/N 3.– (10 A).

DCC-Vertragsplatz

5280 Braunau, Inn/Oberösterreich — A 5710

25 ★★★ »CAMPING BRAUNAU« — 15.4. bis 30.9.
☎ 07722/87357, 82448, Fax 82448   350m   20 000 qm
herbert.ranftl@fab.at, daniela.eder@fab.at

→ B 156 Salzburg–Braunau, Richtung Braunau Zentrum abbiegen. Ab hier beschildert. ✉ Quellenweg 10.

Ebenes, parkartiges Wiesengelände mit parzellierten Stellplätzen. Neben dem Sport- und Freizeitzentrum und der Umgehungsstraße. Imbiss. Ort 1 km entfernt. Mittagsruhe 12-14 Uhr. Touristen-/Dauerstellplätze 44/11.
2007: P/N 5.–, K/N 3.–, A/N 2.–, C MC/N 5.–, T/N 3.–, M/N 1.50, H/N 2.–, KT –.60, WD zuzügl., Strom/N 1.50 (10 A).
DCC/CCI 10% auf P/N.

4760 Raab, Oberösterreich — A 5730

20 ★ »ÖTB –CAMPING RAAB« — 1.5. bis 15.10.
☎ 07762/2387   378m   3000 qm

→ B137 Schärding–Wels, in Zell a. d. Pram abbiegen nach Raab. ✉ Marktstr. 230.

Ebene Wiese im Ortslage neben der Straße mit einer Birkenreihe. Etappenplatz. Keine ständige Aufsicht. Ort 300 m entfernt. 40 Touristenplätze.
2007: (HS) P/N 3.60, K/N 2.60, St/N 4.40, T/N 3.60, H/N –.70, KT –.70, WD inkl., Müllgeb. –.70, Strom inkl. In NS Ermäßigung.
DCC/CCI 10% auf St/N.

4713 Gallspach, Oberösterreich — A 5740

20 ★★ »CAMPING TIROLERHOF« — März bis Okt.
☎/Fax 07248/68045   390m   10 000 qm

Abfahrt

→ A8 Wells-Passau Abf. Meggenhofen/Gallspach Richtung Grieskirchen. In Gallspach beschildert. ✉ Jahnstr. 17.

Wiesengelände beim Gasthof mit befestigten Stellplätzen. Ort 1 km entfernt. 25 Touristenplätze.
2007: P/N 2.50, K/N 2.–, St/N 9.–, T/N 7.–, KT 1.10, WD inkl., Strom 2.80 (10 A).

4092 Pyrawang/Esternberg, Oberösterr. — A 5805

15 ★★ »CAMPING FISCHER« — 1.4. bis 31.10.
☎/Fax 07714/6504   300 m   5000 qm

→ B130 Passau–Linz, in Pyrawang neben der Donau-Uferstraße. ✉ Pyrawang 9.

Leicht abfallendes Wiesengelände mit Obstbäumen am Donauradweg. Ort (Esternberg) 4 km entfernt. Mittagsruhe 12-14 Uhr. Touristen-/Dauerstellplätze 30/20.
2007: P/N 3.–, J/N ab 10 J. 1.50, A/N 3.–, C/N 2.50, MC/N 3.–, T/N 1.50, M/N 1.50, B/N 2.50, H/N 1.50, WD zuzügl., Strom/N 1.50 (16 A).

Vorhandene Bungalows und Ferienwohnungen auf Campingplätzen sind von Ermäßigungen ausgenommen.

4163 Klaffer, am Hochficht — A 5815

★★★ »BÖHMERWALD-CAMP«
☎ 07288/7026-13, Fax 7026-15
www.klaffer.at, info@klaffer.ooe.gv.at
642 m — 1.1. bis 31.12. — 35 000 qm

→ Straße Passau-Hauzenberg–Grenzübergang Breitenberg-Klaffer.

500 m

Terrassiertes und parzelliertes Wiesengelände an einem Badesee. Teilweise leicht abfallend und mit Bäumen aufgelockert. Kostenloser Skibus-Service. Skischule. Brötchenservice in HS. Ort 500 m, Haltestelle 2 km entfernt. Mittagsruhe 12-13 Uhr. Touristen-/Dauerstellplätze 20/40.
2008: P/N 2.90, K/N 10 bis 15 J. 1.90, A/N 1.80, C/N 3.–, MC/N 4.–, T/N 2.–, M/N 1.10, KT –.30/–.75, Müllgeb. St/N –.50, WD inkl, Strom/N 2.20. Ab 14 Nächten Ermäßigung.

4085 Wesenufer, Oberösterreich — A 5820

★★★ »NIBELUNGEN CAMPING«
☎/Fax 07718/7589
www.nibelungen-camping.com, nibelungen.camping@utanet.at
285 m — 15.4. bis 30.9. — 12 000 qm

→ B 130 Passau–Linz. An der Ortsausfahrt von Wesenufer beschildert. ✉ Wesenufer 73 (GPS: 48°27'16" N / 13°49'00" E).

100 m 500 m 1 km

Ebenes Wiesengelände, erhöht am Donauufer. Imbiss. Ort 500 m entfernt. Mittagsruhe 12-14 Uhr. Touristen-/Dauerstellplätze 26/33.
2008: P/N 3.20, K/N 1 bis 14 J. 2.–, St/N 4.50, T/N 2.40 – .70, B/N 2.50, H/N –.70, KT –.29/–.15, WD inkl, Müllgeb. P/N –.35, Strom/N 1.80 oder kWh –.60 (12 A). Ab 2 Wochen Aufenthalt 10% Ermäßigung.

4083 Haibach-Schlögen, Oberösterr. — A 5825

★★★★ »TERRASSENCAMPING SCHLÖGEN«
☎ 07279/8241, Fax 8241-22
www.schloegen.at, schloegen.freizeit@netway.at
280 m — 1.4. bis 31.10. — 25 000 qm

→ B 130 Passau–Linz, ca. 6 km hinter Waldkirchen. ✉ Mitterberg 3.

200 m

Terrassiertes Wiesengelände an der Donau. Neben einem Jachthafen und der Straße. Zimmer. Ort 5 km entfernt. Touristen-/Dauerstellplätze 40/50.
2008: (HS) P/N 6.–, K/N 5 bis 15 J. 3.–, C MC-St/N 7.–, T/N 3.–, H/N 1.–, WD inkl, Strom/N 2.–. Ab 5 Nächten in NS Ermäßigung.

4082 Aschach, Oberösterreich — A 5840

★★ »CAMPING KAISERHOF«
☎ 07273/6221-0, 8775, Fax 6221-13
www.pension-kaiserhof.at, kaiserhof@aschach.at
April bis Sept. — 22 000 qm

→ B 130 Passau–Linz, bei Hartkirchen auf die B 131 nach Aschach abbiegen und weiter noch ca. 6 km auf schmaler Straße. ✉ Kaiserau 1.

Gepflegtes und langgezogenes, ebenes Wiesengelände zwischen Waldhang und Donau. Durch Hecken parzelliert. Zimmer. Ort 7 km entfernt. Separater Jugendplatz. Touristen-/Dauerstellplätze 50/135.

4240 Freistadt, Oberösterreich — A 5850

★★★ »CAMPING FREISTADT«
☎ 07942/72570-0, Fax 72570-4
www.freistadt.at/ffc, ffc@nusurf.at
550 m — 1.1. bis 31.12. — 4500 qm

→ B 310 Linz–Freistadt. In Freistadt nach der dritten Ampel im Kreisverkehr Richtung Zwettl/Gmünd auf die B 38 abbiegen, nach 200 m rechts zum FFC Camping Freistadt. ✉ Eglsee 12 (GPS: 48°30'52" N / 14°30'37" E).

2 km

Unparzelliertes, ebenes Wiesengelände am nördlichen Ortsrand. Teilweise von einem Bach, umliegenden Wohnhäusern und einer Freizeitanlage begrenzt. Durch Bäume und Büsche aufgelockert. Imbiss. Brötchenservice. Familiäre Atmosphäre. Sport- und Freizeitangebote. Altstadt 600 m entfernt. Mittagsruhe 13-15 Uhr. 40 Touristenplätze.
2008: P/N 4.–, K/N 6 bis 15 J. 2.50, A/N 1.50, C MC/N 5.50, T/N 3.–, M/N 1.50, H/N –.90, KT –.80/–.20, WD inkl, Müllgeb. –.80, Strom/N 2.– (16 A).
DCC/CCI 10% auf P/N.

4030 Linz, Oberösterreich — A 5860

★★★ »CAMPING PICHLINGER SEE«
☎ 0732/305314, Fax 305314-4
www.camping-linz.at, office@camping-linz.at
260 m — März bis Okt. — 22 000 qm

→ A1/E60 Salzburg–Wien Abf. St. Florian/Asten. ✉ Wiener Str. 937.

300 m 500 m

Ebenes und parzelliertes Wiesengelände in Seenähe. Separater Platzteil für Hundehalter. Zentrum 12 km entfernt. Mittagsruhe NS/HS 12-15/13-15 Uhr. Touristen-/Dauerstellplätze 110/50.
2007: (HS) P/N 4.60, K/N 6 bis 15 J. 2.80, St/N 9.90, H/N 1.90, KT –.75/–.19, WD und Strom (16 A) inkl. DCC/CCI ab 5 Nächten und in NS Ermäßigung.

4332 Au an der Donau bei Naarn, Ober. — A 5865

★★★ »CAMPING AU AN DER DONAU«
☎ 07262/53090
www.naarn.at, camping.audonau@aon.at
240 m — April bis Okt. — 20 000 qm

→ A 1 Linz–Wien Abf. Enns, über Enns/Mauthausen auf die B 3 Richtung Perg, nach Au/Naarn abbiegen. ✉ Hafenstr. 1.

100 m 200 m

Wiesengelände mit einzelnen alten Bäumen und jungen Anpflanzungen. Auf und hinter dem Donaudamm gelegen. Angrenzend Naturbadesee und Yachthafen. Touristen-/Dauerstellplätze 114/12.

4360 Grein, Oberösterreich — A 5870

★★★ »CAMPING GREIN«
☎ 07268/21230, Fax 21230-14
www.camping-info.at, office@camping-info.at
218 m — 1.3. bis 1.11. — 15 000 qm

→ B 3 Linz–Krems. In Grein unterhalb der Burg. ✉ Campingplatz 1 (GPS: 48°13'50" N / 14°51'20" E).

300 m

Ebenes und parzelliertes Wiesengelände in der Nähe der Straße und des Donau-Ufers. SAT-Anschluss. Jugendraum. Billard. Ort und Warmfreibad 200 m entfernt. Touristen-/Dauerstellplätze 73/10.
2007: P/N 4.75, K/N 2 bis 14 J. 3.50, A/N 3.–, C/N 5.–, MC/N 8.–, T/N 3.50, M/N 3.–, H/N 2.–, KT –.75/–.25, WD inkl, Strom/N 3.– (6 A). Wochenpauschalen. In NS Ermäßigung.

DCC-Vertragsplatz

4643 Pettenbach, Oberösterreich — A 5910

★★★★ »ALMTAL-CAMPING«
☎ 07586/8627, Fax 8627-33
www.almtalcamp.at, office@almtalcamp.at
515 m — 1.1. bis 31.12. — 32 000 qm

→ A 1 Salzburg–Linz, beim Voralpenkreuz wechseln auf die A 9 Richtung Graz Abf. Inzersdorf nach Pettenbach u. hier 4 km weiter. ✉ Pettenbach 49.

300 m

Ebenes, parzelliertes Wiesengelände mit Heckenunterteilungen und separatem Dauercamperbereich. Überwiegend schattenlos. Kegelbahn. Kabel-TV. W-LAN/Funkinternet. Kostenloser Skibus-Service. FW. Ort 4 km entfernt. Touristen-/Dauerstellplätze 60/400.
2007: P/N 6.–, K/N 3 bis 14 J. 4.–, St/N 8.–, WD, Schwimmbad, Kabel-TV und Strom inkl. Ab 7 Nächten Pauschalangebote. In NS Ermäßigung.
DCC 10% auf P/N und St/N, CCI 10% auf St/N.

**Noch kein DCC-Mitglied?
Sie wollen »eines« werden und die vielen Vorteile genießen – Anmeldeformular finden Sie in der Kartentasche am Ende des Buches.
Bis bald – wir freuen uns auf Sie!
Ihr DCC-Team**

DCC-Vertragsplatz

✉ **4644 Scharnstein**, Oberösterreich A 5920

25 ★★★★ »CAMPING SCHATZLMÜHLE« ☞ 1.1. bis 31.12.
☎ 07615/20269, Fax 20279 510 m 10 000 qm
www.almcamp.at, office@almcamp.at

→ A 1 Salzburg–Linz, beim Voralpenkreuz wechseln auf die A9 Richtung Graz, Abf. Ried/Traunkreis Voitsdorf nach Pettenbach. Weiter Richtung Scharnstein, 2 km vor Scharnstein rechts nach Viechtwang abbiegen. ✉ Viechtwang 1a (GPS: 47°54'58" N / 13°58'23" E).
→ Schlossruine. Kriminal-Museum. Wildpark. Kinderland Schindlbach.

Ebenes, naturbelassenes Wiesengelände mit Sträuchern und Bäumen direkt am Alm-Fluss. Teilweise parkähnlich angelegt und überwiegend schattenlos. Befestigte Moca-Stellplätze. TV-Anschluss. Kiosk. Disco-Bus. Kinderspielraum. Feuerstelle. Trockenraum. Kostenloser Skibus-Service. Bahnstation 150 m, Ort 1 km entfernt. Separater Jugendplatz. Mittagruhe 12-14 Uhr. Touristen-/Dauerstellplätze 38/35.
2008: (HS) P/N 5.–, K/N 3 bis 13 J. 3.–, C MC-St/N 10.–, T-St/N 4.– bis 7.50, H/N 1.–, KT –.80/–.30, WD inkl., Strom keine Angabe (5 kWh/N inkl.) (16 A). Bei 7 Nächten nur 6 Nächte bezahlen. In NS Ermäßigung.
DCC 10% auf P/N. **CCI 5-15%** auf P/N und St/N.

✉ **4582 Spital am Pyhrn**, Oberösterreich A 5940

25 ★★★ »CAMPING PYHRN-PRIEL« ☞ 1.1. bis 31.12.
☎ 07562/7066, Fax 7192 610 m 10 000 qm
www.pyhrn-priel.at, pyhrn-priel@aon.at

→ A9 Pyhrnautobahn, Abf. (52), dann der Beschilderung "Campingplatz Pyhrn-Priel" folgen. ✉ Gleinkerau Nr. 34.

Ebene Wiese mit Anpflanzungen. Überwiegend schattenlos. Drachen– und Paraflugschule am Platz. Brötchenservice. Ort 3.5 km entfernt. Mittagsruhe 12-14 Uhr. Touristen-/Dauerstellplätze 35/20.
2007: P/N 5.–, K/N 3 bis 6 J. 2.–, K/N 6 bis 15 J. 3.50, C MC-St/N 5.50, T-St/N 4.–, M/N 1.–, B/N 2.–, H/N 1.–, KT 1.15/–.45, Strom/N 2.50 (12 A).

✉ **4400 Steyr-Münichholz**, Oberösterr. A 5960

20 ★★★ »CAMPING FORELLE-STEYR« ☞ 1.4. bis 31.10.
☎/Fax 07252/78008 300 m 6000 qm
www.forellesteyr.com, forellesteyr@gmx.at

→ B 122 Steyr–Amstetten, nach Münichholz abbiegen. Hier beschildert. ✉ Kematmüllerstr. 1a.

Ebenes bis leicht welliges Wiesengelände an der Enns. Ort 1 km entfernt. 50 Touristenplätze.
2007: P/N 4.70, K/N 6 bis 15 J. 2.20, C-St/N 5.80, T MC-St/N 5.10, M/N mit kl. T/N 3.–, H/N 2.20, KT –.19/–.75, WD inkl., Müllgeb. 1.–, Strom/N 2.20 (16 A).
DCC/CCI 5% auf P/N und St/N.

DCC – DEIN PARTNER!

✉ **3671 Marbach**, Niederösterreich A 6030

25 ★★★ »MARBACHER FREIZEITZENTRUM« ☞ 1.4. bis 31.10.
☎ 07413/20733, Fax 27035 3500 qm
www.marbach-freizeit.at, info@marbach-freizeit.at

→ B 3 Linz–Krems. In Marbach am Ortsanfang beschildert. ✉ Granz 51 (GPS: 48°21'16" N / 15°13'50" E).

Ebenes, parzelliertes Wiesengelände zwischen der Straße und der Donau. Durch Bäume und Büsche aufgelockert. Rezeption nicht ständig besetzt. Brötchenservice in HS. Sportboothafen nebenan. Ort 400 m entfernt. Touristen-/Dauerstellplätze 40/10.
2007: P/N 4.50, K/N 6 bis 12 J. 2.–, A/N 3.50, C MC/N 4.50, T/N 4.–, B/N 6.– bis 11.–, KT –.80, WD inkl., Müllgeb. 1.–, Strom/kWh –.50 (16 A). Ab 7 Nächten 10% Ermäßigung.
CCI 10% auf P/N und St/N.

✉ **3040 Neulengbach**, Niederösterreich A 6070

★★★ »CAMPING FINSTERHOF« ☞ 1.1. bis 31.12.
☎/Fax 02772/52130 220 m 30 000 qm
http://tiscover.com/camping.finsterhof, ursula.fischer@utanet.at

→ A1 Linz–Wien Abfahrten St. Christophen oder Altlengbach auf die B 19 Richtung Tulln ca. 9 km. ✉ Inprugg 1.

Ebenes, teilweise leicht welliges Wiesengelände mit einem alten Gutshof. Teilweise schattenlos. Brötchenservice in HS. Haltestelle 200 m, Ort 3 km entfernt. Separater Jugendplatz. Touristen-/Dauerstellplatz 70/120.

✉ **3443 Kracking**, Niederösterreich A 6081

20 ★★ »CAMPING KRACKINGBERG« ☞ 1.1. bis 31.12.
☎ 02274/8344 300 m 15 000 qm

→ A1 Linz–Wien Abf. Preßbaum. Über Preßbaum abbiegen Richtung Sieghartskirchen ca 10 km. ✉ Kracking 4.

Terrassiertes, abfallendes Wiesengelände. Überwiegend schattenlos und von Waldhöhen umgeben. Keine ständige Platzaufsicht. Bushaltestelle 1.5 km, Ort (Rappoltenkirchen) 3 km entfernt. Mittagsruhe 12-14 Uhr. Touristen-/Dauerstellplätze 20/40.
2008: P/N 4.50, K/N 3 bis 13 J. 3.–, A/N 2.–, C/N 3.50, MC/N 5.50, T/N 3.–, M/N 1.–, H/N 1.–, WD zuzügl., Strom/N 1.50 (16 A).

DCC-Vertragsplatz

✉ **3430 Tulln**, Niederösterreich A 6085

35 ★★★★ »DONAUPARK CAMPING TULLN« ☞ 1.4. bis 31.10.
☎ 02272/6520-0, Fax 6520-1 170 m 100 000 qm
www.campingtulln.at, camptulln@oeamtc.at

→ A1 Linz–Wien Abf. St. Christophen auf die B19 nach Tulln. Hier beschildert. ✉ Donaulände 76 (GPS: 48°19'56" N / 16°04'22" E).

In den Donau-Auen gelegenes, parzelliertes Wiesen- und lichtes Waldgelände. Eben bis leicht wellig. Mit angrenzendem Badesee und Freizeitzentrum. Komfort- und Behindertenstellplätze. Sanitäranlagen beheizbar. Kabel-TV. Internet-Funknetz. Geführte Kanuwanderungen. Kinderclub. S-Bahnverbindung und in HS Buspendelverkehr nach Wien. Ort 1 km entfernt. Separater Jugendplatz. Touristen-/Dauerstellplätze 120/120.
2008: (HS) P/N 7.–, K/N 5 bis 14 J. 3.–, C MC-St/N 11.50, T-St/N 2.50 bis 4.50, KT –.80, WD inkl., Strom/N 2.– (6 A). In NS Ermäßigung.
DCC 10% auf P/N.

DCC-Vertragsplatz

✉ **3400 Klosterneuburg,** Niederösterreich **A 6090**

35 ★★★★ »DONAUPARK-CAMPING« ⚬⟵ 15.3. bis 3.11.
☎ 02243/2587-7, Fax 2587-8   192 m   22 500 qm
www.campingklosterneuburg.at, campklosterneuburg@oeamtac.at

➔ B14 (Donauufer–Schnellstraße) Wien–Klosterneuburg, hier beschildert. ✉ In der Au (GPS: 48°18'38" N / 16°19'42" E).

In den Donau-Auen gelegenes, ebenes Wiesengelände. Mit Hecken und lockerem Baumbestand. Parzelliert und mit Rasengittersteinen befestigt. Neben einem Freizeitzentrum (für Camper Preisnachlass). Kabel-TV. Internet-Funknetz. Geführte Kanuwanderungen. Montags Stadtrundfahrt. S-Bahnstation 200 m, Ort 300 m entfernt. 120 Touristenstellplätze.
2008: (HS) P/N 7.–, K/N 5 bis 14 J. 3.–, C MC-St/N 7.50/11.50, T-St/N 4.50, KT –.80, WD inkl., Strom/N 2.– (3/6 A). In NS Ermäßigung.
DCC 10% auf P/N.

DCC-Mitglieder fahren mit Auslands-Schutzpaß! und SIE?

DCC-Vertragsplatz

✉ **1140 Wien,** Wien-West **A 6110**

35 ★★★★ »CAMPING WIEN-WEST« ⚬⟵ 1.1. bis 31.12.
☎ 01/9142314, Fax 9113594   220 m   im Februar geschlossen!
www.campingwien.at, west@campingwien.at   20 000 qm

➔ A1 Linz–Wien, hier auslaufend bis zur Bräuhausbrücke. Dort links abbiegen und die Linzer Straße kreuzend noch ca. 1.5 km. ✉ Hüttelbergstr. 80 (GPS: 48°12'38" N / 16°15'16" E).

Parzelliertes und ebenes Wiesengelände mit Rasengitterflächen. Zwischen der Straße und einem Bach, mit dahinter ansteigendem Hang, gelegen. Sanitäranlage beheizbar. In HS Vorzelte nicht gestattet. W-LAN/Funkinternet. Zentrum 10 km entfernt. 250 Touristenplätze.
2008: (HS) P/N 7.20, K/N 5 bis 14 J. 5.–, C MC-St/N 9.50, T-St/N 5.50 bis 6.50, H/N einmalig 4.50, WD inkl., Strom/N 3.50/4.50 (13 A). Während der Fußball-EM 2008 höhere Preise! In NS Ermäßigung.
DCC/CCI 10% auf P/N.

✉ **1236 Wien,** Wien-Rodaun **A 6120**

30 ★★★ »CAMPING RODAUN« ⚬⟵ auf Anfrage
☎/Fax 01/8884154   5000 qm

➔ A1 Linz–Wien Abf. (23) Pressbaum, rechts auf die B 44, nach 5.3 km rechts auf die B13 Richtung Laab i. Walde, noch 13.3 km. ✉ An der Au 2.

Ebene gepflegte Rasenflächen mit einzelnen hohen Bäumen. Zwischen der aufgestauten Liesing und Wiener-Wald. Sanitäranlage beheizbar. Verkehrsmittel-Haltestellen in der Nähe. Mittagsruhe 12-15 Uhr. Zentrum 10 km entfernt. 60 Touristenplätze.
2007: P/N 6.50, K/N 3 bis 13 J. 3.80, St/N 7.50, M/N 1.30, H/N 1.80, WD zuzügl., Strom/kWh –.80 (6 A).

(A 6110, A 6130, A 6140)

„Wien, Wien, nur du allein" • www.campingwien.at • e. info@campingwien.at • t. +43/1/9142314

DCC-Vertragsplatz

✉ **1230 Wien**   **A 6130**

35 ★★★ »CAMPING WIEN SÜD«   14.3. bis 24.3./1.6. bis 31.8./
☎ 01/8673649, Fax 8675843   29.12. bis 2.1.
www.campingwien.at, sued@campingwien.at   27 000 qm

→ A21 Abf. (36) Brunn am Gebirge, weiter Richtung Liesing, ca. 2 km.
✉ Breitenfurterstr. 269 (GPS: 48°08'57" N / 16°17'56" E).
∴ Schloss Schönbrunn. Astronom. Gartenanlage am St. Georgen-Berg.

Ebenes und parzelliertes Wiesengelände inmitten eines ehemaligen Schlossparks. Warmfreibad 1 km, Stadtzentrum 10 km entfernt. Mittagsruhe 12-15 Uhr. Freibad. 150 Touristenplätze.
2008: P/N 7.20, K/N 5 bis 14 J. 5.–, C MC-St/N 9.50/12.–, T-St/N 5.50 bis 6.50, H/N einmalig 4.50, WD inkl., Strom/N 3.50 (13 A). Während der Fußball-EM 2008 höhere Preise!
DCCI 10% auf P/N und St/N.

DCC-Vertragsplatz

✉ **1220 Wien**   **A 6140**

35 ★★★ »CAMPING NEUE DONAU«   21.4. bis 15.9.
☎ 01/2024010, Fax 2024020   32 000 qm
www.campingwien.at, neuedonau@campingwien.at

→ A2-A23 Süd-Ost-Tangente, Abf. Ölhafen-Lobau. ✉ Am Kleehäufel. (GPS: 48°12'33" N / 16°26'40" E).

Ebenes und parzelliertes Wiesengelände mit jungen Bäumen im Erholungsgebiet „Donauinsel". Billard. Abenteuerspielplatz. W-LAN/Funkinternet. Stadtzentrum 8 km entfernt. Mittagsruhe 12-15 Uhr. 254 Touristenplätze.
2008: (HS) P/N 7.20, K/N 5 bis 14 J. 5.–, C MC-St/N 9.50/12.–, T-St/N 5.50 bis 6.50, H/N einmalig 4.50, WD inkl., Strom/N 3.50 (13 A). Während der Fußball-EM 2008 höhere Preise! In NS Ermäßigung.
DCC/CCI 10% auf P/N.

✉ **3650 Pöggstall,** Niederösterrreich   **A 6220**

25 ★★ »CAMPING MANDLGUPF«   1.6. bis 15.9.
☎ 02758/2383, 2303, Fax 3140   2000 qm
www.poeggstall.at, gemeinde@poeggstall.at

→ B 3 Linz-Krems, hinter Weitenegg abbiegen auf die B216 nach Pöggstall. Hier in Richtung Mehrzweckhalle und Freibad. ✉ Mandlgupfstr.

Ebenes und leicht ansteigendes Wiesengelände mit öffentlichem Freibad und Wasserrutsche. Imbiss. Ort 500 m entfernt. 25 Touristenplätze.
2008: P/N 4.50, K/N 6 bis 15 J. 2.30, A/N 4.–, C MC/N 7.50, T/N 3.10, KT –.55, WD inkl., Strom keine Angabe.

✉ **3950 Gmünd,** Niederösterreich   **A 6230**

20 ★★★★ »CAMPINGPLATZ AM SOLE-FELSEN-BAD«
☎ 02852/202030, Fax 202033   510 m   22.3. bis 5.10.
www.sole-felsen-bad.at, info@sole-felsen-bad.at   4500 qm

→ B38/41 Freistadt–Gmünd, bei Gmünd-Mitte Richtung Albrechts abbiegen, beschildert. ✉ Albrechtser Str. 10.

Ansteigend terrassiertes Wiesengelände neben dem Sole-Felsen-Bad (Ermäßigung für Campinggäste - hier ist auch die Anmeldung). Durch Hecken parzelliert. Brötchenservice. Ort 2 km entfernt. 40 Touristenplätze.
2008: (HS) P/N 3.50, K/N 6 bis 15 J. 2.–, St/N 6.50, H/N 1.–, KT –.76, WD inkl., Strom/N 1.50 (10 A). In NS Ermäßigung.

✉ **3532 Rastenfeld,** Niederösterreich   **A 6233**

20 ★★★ »SEECAMPING OTTENSTEIN«   1.5. bis 30.9.
☎/Fax 02826/416   520 m   35 000 qm
www.ottensteinersee.at, f.j.pusch@telering.at

→ B 37 Krems-Rastenfeld, hier auf die B38 Richtung Horn und über Schloss Ottenstein zum See. Beschildert. ✉ Ottenstein 5 (GPS: 48°35' N / 15° 12' E).

Parzelliertes und terrassiertes Wiesengelände direkt am See. Mit noch jungen Anpflanzungen. Zusätzlich von einer Halbinsel im Waldbestand integrierten Zeltplätze. Separate Pkw-Abstellung. 3 Lagerfeuerstellen. Kiosk. Imbiss. Brötchenservice. Ort 4 km entfernt. Mittagsruhe 12-14 Uhr. Touristen-/Dauerstellplätze 60/15.
2007: P/N 4.–, K/N bis 14 J. 2.50, St/N 4.–/8.–, H/N 1.50, KT –.75, Müllgeb./N –.50, WD zuzügl., Strom/kWh –.40 (6 A).

✉ **3543 Krumau** am Kamp, Niederösterr.   **A 6235**

15 ★★★ »FREIZEITANLAGE KRUMAU«   1.4. bis 15.10.
☎ 02731/8270, Fax 8230-30   370 m   4000 qm
www.krumau.at, gemeinde.krumau@wvnet.at

→ B 37 Krems–Zwettl, über Jaidhof abbiegen und der Beschilderung »Freizeitanlage Krumau« folgen.

Parzelliertes, ebenes Wiesengelände in einem von Waldhöhen umgebenen Tal am Thurnberg-Stausee. Durch Dauercamper geprägt. Imbiss. Brötchenservice. Boccia. Ort 400 m entfernt. Mittagsruhe 12-14 Uhr. Touristen-/Dauerstellplätze 34/46.
2007: P/N 3.20, K/N 6 bis 14 J. 2.10, A/N 1.90, C MC/N 3.20, T/N 3.–, H/N 2.10, KT –.40, WD zuzügl., Strom/kWh –.60 (16 A).

✉ **2093 Geras,** Niederösterreich   **A 6240**

20 ★★★ »CAMPING EDLERSEE«   1.1. bis 31.12.
☎ 02912/7050, 266, Fax 7050-30   25 000 qm
www.geras.at, tourismus@geras.at

→ B 4 Horn–Drosendorf, ca. 1 km vor Geras. ✉ An der Bundesstr. 4 (GPS: 48°47'28" N / 15°39'49" E).

Teilweise terrassiertes, zum Seeufer abfallendes Wiesengelände. Einige Platzteile schattenlos. Durch Dauercamper geprägt. Liegewiese. Ort 1 km entfernt. Mittagsruhe 13-15 Uhr. Touristen-/Dauerstellplätze 30/100.
2008: P/N 4.–, K/N 6 bis 19 J. 3.–, St/N 6.–, KT –.51, WD inkl., Strom/N 1.50 oder kWh –.58 (6 A).

✉ **2091 Langau,** Niederösterreich   **A 6245**

15 ★★★ »SEECAMPING LANGAU«   1.1. bis 31.12.
☎ 0664/3361188   350 m   12 000 qm
www.frewo-mobilheime.at, office@frewo-mobilheime.at

→ B4 Horn–Drosendorf, in Geras abbiegen nach Langau. ✉ Langau 303.

Parzelliertes, langgestrecktes Wiesengelände am Bergwerksee Langau. SAT-Anschluss. Ort 1.5 km entfernt. Mittagsruhe 12.30-14 Uhr. Touristen-/Dauerstellplätze 33/17.
2007: P/N 3.–, K/N 6 bis 12 J. 1.–, A/N 3.–, C/N 3.–, MC/N 3.–, T/N 3.–, Müllgeb./N 1.50, Strom/kWh –.50 (6 A).

✉ **2070 Retz,** Oberretzbach, Niederösterr. **A 6260**

20 ★★★ »WALDCAMPING HUBERTUS«   1.1. 31.12.
☎ 02942/3280, Fax 3280-1   294 m   10 000 qm
waldcamping.hubertus@utanet.at

→ B303 Stockerau-Hollabrunn–tschech. Grenze, bei Güntersdorf auf die B30 nach Retz abbiegen und hier auf die B35 nach Oberretzbach-tschech. Grenze. Beschildert. ✉ Waldstr. 54.
∴ Nationalpark Thayatal.

Unparzelliertes und in Terrassen abfallendes Wiesengelände oberhalb des Ortes bei einem Anwesen. Familiäre Atmosphäre. Brötchenservice. Ort 3.5 km entfernt. Mittagsruhe 12-14 Uhr. Separater Jugendplatz. Touristen-/Dauerstellplätze 30/5.
2007: P/N 4.–, K/N 2.–, A/N 1.50, C MC/N 3.50, T/N 3.–, KT –.22, Müllgeb./N –.50, WD inkl., Strom/kWh –.70 (16 A), Anschlussgeb. 1.50.

»Besichtigungen der Campingplätze und die daraus resultierenden Bewertungen werden durch den DCC-Inspizienten ohne Voranmeldung durchgeführt und garantieren so absolute Objektivität.«

3390 Melk, Wachau, Niederösterreich — A 6305

★★ »CAMPING MELKER FÄHRHAUS« April bis Nov.
☎/Fax 02752/53291   209 m   3000 qm
www.faehrhaus-melk.at, faerhaus@brauhofwieselborg.at

→ A1 Linz–Wien Ausfahrt Melk, Richtung Stift Melk, weiter zum Fährhaus. ✉ Kolomaniau 3.
❖ Kloster Melk. Schallaburg.

Ebenes Wiesengelände am Schiffsanleger beim Melker Fährhaus. Teilweise Schatten durch Bäume. Brötchenservice. Ort 500 m entfernt. Separater Jugendplatz. 40 Touristenplätze.

DCC-Vertragsplatz

3392 Schönbühel, Niederösterreich — A 6310

★★★ »GASTHOF-CAMPING FAMILIE STUMPFER« April bis Okt.
☎ 02752/8510, Fax 8510-17   210 m   10000 qm
www.stumpfer.com, office@stumpfer.com

→ A1/E60 Linz–Wien Abf. Melk über Melk-Nord auf die B33, am rechten Donauufer nach Schönbühel bis Ortsanfang. ✉ Schönbühel 7 (GPS: 48°15'14" N / 15°22'15" E).
❖ Schloss Schönbühel. Kloster Melk.

Leicht welliges und unparzelliertes Wiesengelände mit Obstbäumen. Hinter einem Gasthof an der Donau (Donauradweg) und mit eigenem Bootssteg. FW. Ort 100 m entfernt. Touristen-/Dauerstellplätze 50/10.
2008: P/N 4.80, K/N 6 bis 15 J. 2.60, C MC-St/N 6.– bis 7.50, T/N 2.50 bis 4.–, KT –.80, WD zuzügl., Strom/N 2.40 (16 A). Pauschalangebote.
DCC/CCI 10% auf P/N.

3602 Rossatzbach, Niederösterreich — A 6320

★★★ »CAMPING ROSSATZBACH« Ostern bis 31.10.
☎ 02714/6317, 6217, Fax 6249   200 m   6000 qm
www.rossatz-arnsdorf.at, gemeinde@rossatz-arnsdorf.at

→ B33 (Donau-Uferstraße) Krems–Melk. In Rossatzbach beschildert.

Länglicher Wiesenstreifen mit Bäumen am rechten Donauufer. Wasserwanderer-Station. Überflutung bei Hochwasser möglich. Imbiss. Ort (Rossatz) 1 km entfernt. Mittagsruhe 12-14 Uhr. Touristen-/Dauerstellplätze 50/10.
2008: P/N 3.50, K/N 6 bis 14 J. 1.50, St/N 4.– bis 5.–, T/N 2.– bis 4.–, M/N 1.50, KT –.75, WD inkl., Strom/kwh –.65 (16 A). Bei nur 1 Nacht Zuschlag! Ab 14 Nächten 10% Ermäßigung.

3500 Krems-Stein, Niederösterreich — A 6330

★★★ »ÖAMTC DONAUPARK-CAMPING« 1.4. bis 31.10.
☎/Fax 02732/84455   8000 qm
www.tiscover-com/campingkrems, donaucampingkrems@aon.at

→ A1/E60 Linz–Wien Knoten St. Pölten auf die S33 nach Krems. Hier auf die B3 nach Stein abbiegen. ✉ Yachthafenstr. 19.

Ebenes bis leicht welliges, überwiegend schattenloses Wiesengelände neben einer Sportanlage an der Donau. Imbiss. Keine ständige Aufsicht. Mittagsruhe 13-15 Uhr. Ort 1 km entfernt. 70 Touristenplätze.
2007: P/N 3.80, K/N 2.50, A/N 3.70, C/N 4.40 bis 6.20, MC/N 5.80 bis 9.–, T/N 2.20 bis 4.40, M/N 1.50, B/N 10.–, KT –.76, WD inkl., Müllgeb. 2.–, Strom/N 2.– (16 A).
DCC/CCI 10% auf P/N.

DCC-Vertragsplatz

3251 Purgstall, Niederösterreich — A 6400

★★★★ »AKTIV-CAMP PURGSTALL« 1.1. bis 31.12.
☎ 07489/2015, Fax 2016   290 m   29000 qm
www.tiscover.at/camping, topcamp@aon.at

→ A1 Linz–Wien Abf. Ybbs auf die B25 Richtung Scheibbs. In Purgstall beschildert. ✉ Augasse 8-12 (GPS: 48°03'22" N / 15°07'47" E).

Ebenes Wiesengelände mit jungen Bäumen und parzellierten Stellflächen sowie einem Naturbadeteich. Geeigneter Etappenplatz für Ungarn-Fahrer. Familienzeltplatz. Lagerfeuerplatz. Tippizelte. Workshops. W-LAN/Funkinternet. Brötchenservice. Dampfbad. FW. Mittagsruhe 13-15 Uhr. Ort 300 m, Freibad und Tennisschule 500 m, Kuranwendungen 2 km entfernt. Touristen-/Dauerstellplätze 59/5.
2007: (HS) P/N 6.20, K/N 5 bis 14 J. 3.50, St/N 10.90, H/N 2.–.55, WD inkl. Strom/N 2.50 (6/12 A). In NS Ermäßigung.
DCC/CCI 10% auf P/N.

3293 Lunz am See, Niederösterreich — A 6410

★★ »ÖTSCHERLAND-CAMPING« 1.1. bis 31.12.
☎/Fax 07486/20063, 8413   600 m   10000 qm
www.oetscherlandcamping.at, info@oetscherlandcamping.at

→ A21 Linz–Wien Abf. Ybbs (Exit 100 m), auf die B25 Richtung Scheibbs/Lunz, hier beschildert. ✉ Kleine Seeaustr. 15 (GPS: 47°51'43" N / 15°02'15" E).

Ebenes und teilweise gekiestes Wiesengelände am Ufer der Ybbs. Schattenlos und von Waldhöhen umgeben. Wasserwanderer-Station. Ski-Trockenraum. Gasanschluss am Platz. Ort 500 m entfernt. Mittagsruhe 12-14 Uhr. Touristen-/Dauerstellplätze 40/40.
2007: P/N 4.–, K/N 5 bis 15 J. 2.–, A/N 2.–, C MC/N 6.–, T/N 4.–, M/N 1.–, H/N 1.–, WD zuzügl., Strom (6 A) inkl.

DCC-Vertragsplatz

3160 Traisen, Niederösterreich — A 6520

★★★★ »TERRASSEN CAMPING« 15.2. bis 16.11.
☎ 02762/62900, Fax 62900-4   400 m   21000 qm
www.camping-traisen.at, info@camping-traisen.at

→ A1 Linz–Wien Abf. (59) St. Pölten-Süd auf die B20 Richtung Maria Zell, in Traisen beschildert. Die letzten 300 m bis zu 12% Steigung ✉ Kulmhof 1 (GPS: 48°02'57" N / 15°36'11" E).

Auf einer Anhöhe abfallend terrassiertes Wiesengelände. Um einen zentral gelegenen ehemaligen Bauernhof hufeisenförmig angelegt. Schöner Blick auf die umgebenen Waldhöhen. Mittagsruhe 12-13 Uhr. Ort 500 m entfernt. Separater Jugendplatz. Touristen-/Dauerstellplätze 30/70.
2008: (HS) P/N 6.50, K/N 4 bis 15 J. 4.–, St/N 6.50, H/N 1.–, WD zuzügl., Strom/N 1.50 oder kWh –.50 (6 A). Ab 2 Nächten CCI 10% auf P/N. In NS Ermäßigung.
DCC 10% auf P/N und St/N.

DCC-Vertragsplatz

3195 Kernhof, Niederösterreich — A 6600

★★★ »CAMPING GIPPELBLICK« 1.1. bis 31.12.
☎ 02768/2544   700 m   15000 qm
www.tiscover.com/camping.sommerauer, camping@pgv.at

→ B 21 Mariazell–Wiener Neustadt, in Kernhof beschildert. ✉ Oberkeer 1.

Ebenes bis leicht wellig zum Waldrand ansteigendes Wiesengelände bei einem ehemaligem Bauernhof. Teilweise schattenloses . Ski- und Fahrradabstellung. Caravan-Abstellung. Ort 1 km entfernt. Mittagsruhe 12-14 Uhr. Touristen-/Dauerstellplätze 20/80.
2008: P/N 3.90, K/N 5 bis 15 J. 2.40, St/N 3.90, T/N 3.70, KT –.76, WD zuzügl., Strom/kWh –.58 (10 A).
DCC 10% auf P/N.

3170 Hainfeld, Niederösterreich — A 6605

★★★ »AUWERK-CAMPING« 1.1. bis 31.12.
☎/Fax 02764/2455   440 m   30000 qm
www.tiscover.com/auwerk-camping, auwerk-camping@eunet.at

→ A1 Salzburg–Wien Abf. (59) St. Pölten Süd B20 bis Traisen, B18 Hainfeld.

Ebenes, parkartiges Wiesengelände mit altem Baumbestand, direkt am Gölsen-Traisen-Donau Radweg. Durch Dauercamper geprägt. Ort 1.5 km entfernt. Mittagsruhe 12-14 Uhr. Separater Jugendplatz. Touristen-/Dauerstellplätze 50/70.

✉ 2572 Kaumberg, Niederösterreich — A6610

[20] ★★★ »PARADISE GARDEN CAMPING« — 1.4. bis 31.10.
☎ 0676/4741966, Fax 02765/3883 — 470m — 45000 qm
www.camping-noe.at, grandl@camping-noe.at

→ A1 Salzburg–Wien Abf. (59) St. Pölten-Süd B20 bis Traisen, B18 Hainfeld. Hier weiter in östlicher Richtung bis ca. 4 km hinter Kaumberg. ✉ Höfnergraben 2.

Leicht welliges und schattenloses Wiesengelände beim Anwesen. Von Waldhöhen umgeben. Imbiss. Ort 4 km entfernt. Mittagsruhe 13-15 Uhr. Touristen-/Dauerstellplätze 65/80.
2007: (HS) P/N 5.–, K/N 5 bis 13 J. 2.20, A/N 1.–, C T/N 4.–, MC/N 5.–, KT –.70, WD inkl., Müllgeb. St/N 1.–, Strom/N 3.– (16 A). In NS Erm. DCC/CCI 15% auf P/N und St/N.

✉ 8973 Pichl, Steiermark — A7000

[25] ★★ »REITERALM CAMPING« — Dez. bis Okt.
☎ 06454/7312, Fax 7312-4 — 800m — 15000 qm
www.gasthofbrunner.at, gasthofbrunner@aon.at

→ B 146 Radstadt–Graz, bei Pichl abbiegen über die Bahnlinie und Flussbrücke Richtung Gleiming und Reitergondelbahn zum Platz.

Leicht welliges, überwiegend schattenloses Wiesengelände an der Enns. Brötchenservice. Ski-Trockenraum. Kostenloser Skibus-Service. Ort 2 km entfernt. Mittagsruhe 13-15 Uhr. Touristen-/Dauerstellplätze 50/60.
2008: P/N 6.20, K/N 3 bis 16 J. 4.–, A/N 1.50, C MC/N 4.50, T/N 3.–, KT 1.–, WD zuzügl., Müllgeb. St/N –.80, Strom/kWh –.50 (12-16 A).

✉ 8972 Ramsau am Dachstein/Steierm. — A7005

[25] ★★★ »RAMSAU-BEACH-CAMPING« — 1.1. bis 31.12.
☎ 03687/21010, Fax 03687/81244-13 — 1150m — 5000 qm
www.beach.co.at, office@beach.co.at

→ A10 Salzburg–Villach Abf. Radstadt auf B320 Richtung Graz bis Schladming, weiter nach Ramsau. ✉ Schildlehen 128.

Ebenes, terrassiertes und teilweise parzelliertes Wiesengelände mit jungen Bäumen und Büschen. An einem Badesee mit Freizeitgelände und Waldhochseilgarten. Bäcker- und Lebensmittelservice auf Bestellung. Bar. Brötchenservice. W-LAN/Funkinternet. Skitrockenraum. Riesenschaukel. Tennis 300 m, Ort 1.5 km entfernt. Touristen-/Dauerstellplätze 17/18.
2008: (So/Wi) P/N 6.10/7.80, K/N 5 bis 14 J. 4.30/4.50, St/N 8.40/9.90, KT 3.70, H/N 1.50, KT 1.25, WD inkl., Strom inkl. (6 A). In NS Ermäßigung.

✉ 8970 Schladming, Steiermark — A7010

[40] ★★★ »CAMPING ZIRNGAST« — 1.1. bis 31.12.
☎ 03687/23195, Fax 23195-4 — 747m — 15000 qm
www.zirngast.at, camping@zirngast.at

→ A10 Salzburg–Villach Abf. Eben über Radstadt auf die B320 Richtung Graz. Nach Schladming einbiegen. ✉ Linke Ennsau 633.

Leicht welliges Wiesengelände zwischen Bahnlinie und der Enns. Überwiegend schattenlos. Kanuwanderer-Station. Ski-Trockenraum. Kostenloser Skibus-Service. Brötchenservice. W-LAN/Funkinternet. Hallenbad, Minigolf und Ort 500 m entfernt. Touristen-/Dauerstellplätze So. 40/20, Wi. 30/100.
2008: (HS) 2 P/N wt 27.50, weitere P/N 10.50, K/N 3 bis 6 J. 5.–, K/N 7 bis 14 J. 9.–, St/N 10.–, T/N 3.50 bis 4.50, KT 1.–, WD inkl., Strom 3.50 (6-10 A). "Sommercard" inkl. In NS Ermäßigung.

✉ 8990 Bad Aussee, Steiermark — A7025

[20] ★★★ »CAMPING AN DER TRAUN« — 1.1. bis 31.12.
☎ 03622/54565, Fax 52427 — 670m — 2000 qm
www.aussee.at/staudnwirt, gh.staudnwirt@aussee.at

→ B145 Bad Ischl–Bad Aussee, hier abbiegen Richtung Grundlsee noch ca. 2.5 km. ✉ Grundlseer Str. 21.

Leicht ansteigende Wiese mit Obstbäumen beim Gasthaus Staud'nwirt am Traunufer. Ein Platzteil für Gruppen jenseits der Straße. Im Winter Anmeldung erforderlich. Kiosk. Gratis-Skibus. Ort 3 km entfernt. Separater Jugendplatz. Touristen-/Dauerstellplätze 30/3.
2008: P/N 4.60, K/N 6 bis 14 J. 2.50, St/N 3.–, KT 2.–, WD inkl., Strom/N 2.–. Ab 5 Nächten 10% Ermäßigung.
DCC/CCI 10% auf P/N und St/N.

✉ 8993 Grundlsee-Gössl, Steiermark — A7030/1

★★★ »CAMPING GÖSSL« — Mai bis Okt.
☎ 03622/8181, Fax 8181-4 — 10000 qm
www.campinggoessl.com, office@campinggoessl.com

→ B145 Bad Ischl–Bad Aussee, hier abbiegen Richtung Grundlsee und weiter nach Gössl am See-Ende. Im Kreisverkehr beschildert „Campingplätze", durch den Nachbarplatz „Veit" links zum „Camping Gössl". ✉ Gössl 201.

Ebenes, schattenloses Wiesengelände in Seenähe. Sanitäranlage beheizbar. FW. See und Wassersportmöglichkeiten 50 m, Ort (Grundlsee) 6 km entfernt. Mittagsruhe 12-14 Uhr. Touristen-/Dauerstellplätze 75/7.

✉ 8993 Grundlsee-Gössl, Steiermark — A7030/2

[20] ★★★ »SEECAMPING VEIT-GÖSSL« — 1.5. bis 30.9.
☎ 03622/8689, Fax 8689-4 — 712 m — 2000 qm
www.campingveit.at, office@campingveit.at

→ B145 Bad Ischl–Bad Aussee, hier abbiegen Richtung Grundlsee und weiter nach Gössl am See-Ende. Im Kreisverkehr beschildert „Campingplätze". ✉ Gössl 145.

Vom Seeufer wellig ansteigendes und unparzelliertes Wiesengelände. Überwiegend schattenlos. Durch einen öffentlichen Anreinerweg zweigeteilt. Liegewiese. Öffentlicher Badebetrieb. Familiäre Atmosphäre. Verbot für Kampfhunde. Imbiss. Kiosk. Haltestelle 10 m, Presslluft-Station 50 m, Ort (Grundlsee) 6 km entfernt. Mittagsruhe 12-14 Uhr. 30 Touristenplätze.
2007: P/N 5.–, K/N 3 bis 15 J. 2.50, A/N 2.30, C/N 2.30, MC/N 4.60, T/N 1.60/2.30, M/N 1.20, H/N 1.–, KT 1.–, WD zuzügl., Strom N 2.– oder kWh –.60 (16 A). Frühjahrspauschale.

✉ 8054 Graz-Straßgang, Steiermark — A7110

★★★ »CAMPING CENTRAL« — 1.1. bis 31.12.
☎ 0676/3785102, Fax 0316/697824 — 40000 qm
www.tiscover.com/campingcentral, Freizeit@netway.at

→ A9/E57 Liezen–Maribor Abf. Graz/Webling nach Straßgang. ✉ Martinhofstr. 3.

Ebenes, parzelliertes Wiesengelände unter Bäumen zwischen Waldhang und öffentlichem Schwimmbad mit freiem Zutritt. Ort 6 km entfernt. Touristen-/Dauerstellplätze 60/20.

✉ 8501 Lieboch, Steiermark — A7160

[30] ★★ »CAMPING GRAZ-LIEBOCH« — Mai bis Okt.
☎ 03136/61797 — 3000 qm

→ A2 Graz–Klagenfurt Abf. Lieboch auf die B76 Richtung Graz. ✉ Radlstr. 12.

Welliges Wiesengelände neben der Straße beim Anwesen. Ort 2 km entfernt. 25 Touristenplätze.
2007: (HS) P/N keine Angabe, K/N 4 bis 14 J. 3.50, A/N 5.–, C/N 5.–, MC/N 8.–, T/N 4.– bis 5.–, M/N 2.50, H/N 1.–, KT –.90, WD inkl., Strom/N 3.– (12 A). In NS Ermäßigung.

✉ 8443 Gleinstetten, Steiermark — A7180

★★ »WEINLAND-CAMPING NATURBAD GLEINSTETTEN«
☎ 03457/3344, Fax 0650/8730729 — 300 m — April bis Nov.
www.weinland-camping.at, info@weinland-camping.at — 9000 qm

→ A9/E59 Graz–Maribor Abf. Wilden, weiter auf der 603 nach Preding, dort in Richtung Gleinstetten. ✉ Gleinstätten 230.

Leicht unter Bäumen ansteigend, sowie ebenes, schattenloses Wiesengelände mit jungen Bäumen. Badesee. Liegewiese. Brötchenservice. Ort 500 m entfernt. Mittagsruhe 13-14 Uhr. Touristen-/Dauerstellplätze 50/5.

Die Gebühren

werden von den Platzhaltern lange vor Erscheinen des Campingführers gemeldet. Daher sind Abweichungen möglich.

SOMMER-WINTERCAMPING Olachgut
A-8861 St. Georgen Murau/Steiermark • Fam. Feiel
in der Sonnen- und Skiregion Murau
Tel. (00 43) 35 32/21 62 oder 32 33, Fax 2 16 24
www.olachgut.at • e-mail: olachgut@murau.at
(A 7305)

35 km von der Tauernautobahn (Abfahrt St. Michael), 10 ha großes Wiesengrundstück. Angeln, schöner großer Freizeitteich, Sportwiese, Kindererlebnisplatz. Sauna, Tischtennis, Radfahren, Reiten auf Pferden und Ponys (Unterricht). **Street-Soccer Platz, Inline-Skate-Bahn mit Half-Pipe, Veranstaltungspavillon** für Unterhaltung und gemütliche Abende. Ferienwohnungen und komfortable Gästezimmer. Holzbungalows (auch rollstuhlgerecht). Leihwohnwagen. Flüssiggasanschluß. **Einkaufskiosk. Komfortables Sanitärhaus.** Anschluß an den Murradweg.
Speziell für Familien: Kinderfreundlicher, großer Bauernhof mit vielen Tieren und Almhütte. Tennishalle und -platz in 500 m Entfernung, neue Reithalle, anerkannte Reitschule, Rafting, schönes Ski-Alpin- und Langlaufgebiet.

8430 Leibnitz, Steiermark — A 7210
★★★ »CAMPING LEIBNITZ« — Mai bis Sept.
☎ 03452/82423-30, Fax 71491 — 274 m — 10 000 qm
www.leibnitz.at, leibnitz@camping-steiermark.at

→ A 9/E 59 Graz–Maribor Abf. Leibnitz. In Leibnitz beschildert. ✉ R. H. Bartsch Gasse 33.

Ebenes Wiesengelände mit Heckenunterteilungen unter lichten Bäumen, neben dem Freibad. Brötchenservice. Ort 500 m entfernt. 61 Touristenplätze.

8480 Mureck, Steiermark — A 7220
★★★★ »FAMILIENCAMPING MURECK« — 1.4. bis 3.11.
☎ 03472/2105-12, 2164, Fax 2105-6 — 15 000 qm
www.mureck.gv.at, m.rauch@mureck.steiermark.at

→ A 9/E 59 Graz–Maribor Abf. Gersdorf auf die B 69 Richtung Bad Radkersburg. In Mureck beschildert. ✉ Austr. 9 (GPS: 46°42'17" N / 15°46'20" E).
• Murecker Schiffmühle.

Ebenes, parzelliertes Wiesengelände in einem lichten Wäldchen. Neben einem gebührenpflichtigen Freibad (für Camper gratis) und Sportanlagen mit Behinderteneinrichtung. Jugendherberge. Ort 500 m entfernt. Mittagsruhe 12-15 Uhr. Touristen-/Dauerstellplätze 61/36.
2008: (HS) P/N 5.–, K/N 6 bis 14 J. 2.50, J/N 3.50, St/N 9.–, H/N 3.50, KT 1.–, WD inkl., Strom/N 1.90 (10 A). Ab 10 Nächten und in NS Ermäßigung.

8490 Bad Radkersburg, Steiermark — A 7240
★★★ »CAMPING BAD RADKERSBURG« — 1.2. bis 15.11.
☎ 03476/26775-56, Fax 26775-03 — 10 000 qm
www.parktherme.at, camping@parktherme.at

→ A 9/E 57 Graz–Maribor Abf. Gersdorf auf die B 69 nach Bad Radkersburg. Hier beschildert. ✉ Thermenstr. 20 (GPS: 46°41'15" N / 15°58'29" E).

Ebenes Gelände mit gesplitteten Stellplätzen neben dem Thermalbad. Teilweise schattenlos. 2 Familienbäder. Hundedusche. Brötchenservice. Ort 500 m entfernt. Mittagsruhe 13-15 Uhr. Touristen-/Dauerstellplätze 55/21.
2008: (HS) P/N 6.30, K/N bis 15 J. frei, St/N 8.70, T/N 4.–, KT 2.–, WD inkl., Strom/kWh –.54 (16 A). In NS Ermäßigung.
CCI 10% auf P/N und St/N.

DCC-Vertragsplatz
8344 Bairisch Kölldorf, Steiermark — A 7250
★★★★ »CAMPING IM THERMENLAND« — 1.1. bis 31.12.
☎ 03159/3941, Fax 2884-11 — 50 000 qm
www.bairisch-koelldorf.at, gemeinde.bk@aon.at

→ A 2 Graz–Wien, Abf. Gleisdorf-Ost auf die B 68 bis Feldbach, weiter auf die B 66 nach Bad Gleichenberg. Von hier noch 2.5 km nach Bairisch Kölldorf. ✉ Bairisch Kölldorf 240.

Ebenes Wiesengelände mit jungen Anpflanzungen. Durch Hecken parzelliert. Familienbad. Infrarot-Kabine. Massagebett. SAT-Anschluss. Hundedusche. Brötchenservice. Boule-Bahn. Gratis Citybus. Lebensmittel 100 m, Haltestelle und Ort 500 m entfernt. Mittagsruhe 13-15 Uhr. 124 Touristenplätze.
2007: (HS) P/N 6.15, K/N bis 15 J. frei, J/N ab 15 J. 1.45, C MC-St/N 7.25, T/N 3.99, H/N –.70, KT 1.–, WD inkl., Strom/kWh –.50 (16 A). In NS Erm.
DCC/CCI 10% auf P/N.

DCC-Vertragsplatz
8861 St. Georgen ob Murau/Steiermark — A 7305
★★★★★ »CAMPING OLACHGUT« — 1.1. bis 31.12.
☎ 03532/2162, 3233, Fax 2162-4 — 850 m — 100 000 qm
www.olachgut.at, olachgut@murau.at

→ A 10 Salzburg–Villach Abf. (104) St. Michael auf die B 96/95 u. B 97 über Tamsweg Richtung Murau. ✉ Kaindorf 90 (GPS: 47°06'27" N / 14°08'23" E).

Von Waldhöhen umgebenes Wiesengelände. In drei Ebenen durch dichte Reihen von Laub- und Nadelbäumen gegliedert. Mit Badeteich und Uferliegewiese. Zwischen Mur und Straße gegenüber dem bewirtschafteten Bauernhof. Kinderduschen und Waschbecken. Skiraum. Familiäre Atmosphäre. Veranstaltungshalle. Ausritte. FKK. Ort 2 km entfernt. Separater Jugendplatz. Mittagsruhe 12-15 Uhr. Touristen-/Dauerstellplätze 100/40.
2008: (So/Wi) 2 P/N inkl. C MC-St/N plus 2 kWh Strom/N 18.–/19.–, 1 P/N inkl. T-St/N 7.50, weitere P/N 5.50/6.50, K/N 2 bis 14 J. 3.50, J/N 1.50 bis 2.20, KT 1.–, WD inkl., Strom/kWh –.58 (16 A).
DCC 10% auf P/N.

8832 Oberwölz, Steiermark — A 7310
★★★ »CAMPING BURG ROTHENFELS« — April bis Okt.
☎/Fax 03581/76980 — 800 bis 1300 m — 80 000 qm
www.rothenfels.at, camping@rothenfels.at

→ B 96 Judenburg–Murau, in Niederwölz abbiegen auf die B 75 nach Oberwölz ca. 10 km. Hier beschildert.

Ebene Talwiese mit Badeteich. Mehrere auseinanderliegende, am bewaldeten Schlosshang aufwärts terrassierte Platzteile mit individueller Stellplatzwahl. Sehr schöne Ausblicke. Hauptsanitärgebäude beheizbar. Separater FKK-Platzteil. Imbiss. Brötchenservice in HS. Ort 1 km entfernt. Separater Jugendplatz. Mittagsruhe 13-15 Uhr. Touristen-/Dauerstellplätze 100/20.

DCC-Vertragsplatz
8822 Mühlen, Steiermark — A 7315
★★★ »CAMPING AM BADESEE« — 1.5. bis 30.9.
☎ 03586/2418, Fax 2204 — 960 m — 15 000 qm
www.camping-am-badesee.at, office@camping-am-badesee.at

→ Über die A 10 bis St. Michael, oder B 96/B 97 bis Scheifling, über B 317 bis Neumarkt, Abf. B 92 Richtung Mühlen, von dort beschildert. ✉ Hitzmannsdorf 28.

Unparzelliertes, zum See abfallendes, terrassiertes Wiesengelände mit einzelnen Bäumen. Liegewiese mit eigenem Strand. Einkaufen mit Vorbestellung. Imbiss. Brötchenservice. Streichelzoo. Haltestelle und Reiten 500 m, Ort 1.5 km entfernt. Mittagsruhe 12-14 Uhr. Touristen-/Dauerstellplätze 42/18.
2007: P/N 4.50, K/N 3 bis 14 J. 2.50, extra A/N 2.30, C MC-St/N 6.–, T/N 3.–/3.70, M/N 2.–, H/N 1.50, KT 1.–, WD inkl., Müllgeb. St/N –.80, Strom/N 2.10 (6 A).
DCC 10% auf P/N.

DCC-Mitglieder fahren mit Auslands-Schutzpaß! und SIE?

DCC-Vertragsplatz

✉ **8734 Großlobming**, Steiermark A 7318

25 ★★★★ »CAMPING MURINSEL« ⚷ 1.1. bis 31.12.
☎ 0664/3045045, Fax 03512/60088-4 50000 qm
www.camping-murinsel.at, office@camping-murinsel.at

→ S36 Leoben–Judenburg, Abf. Knittelfeld-Ost, weiter Richtung Köflach. In Großlobming Richtung Sportanlagen. ✉ Teichweg 1.

Ebenes Wiesengelände mit altem Baumbestand an einem Teich. Kiosk. Brötchenservice. Vom 15.10. bis 31.3. Reservierung notwendig! Ort 800 m entfernt. Mittagsruhe 12-14 Uhr. Touristen-/Dauerstellplätze 50/30.
2007: P/N 4.–, K/N 3.–, St/N 4.50 bis 9.–, extra A C T M/N 2.25, WD inkl., Müllgeb. –.25, Strom/kWh –.30 (16 A). In NS bis 30% Ermäßigung. DCC 10% auf P/N und St/N.

DCC-Vertragsplatz

✉ **8741 Weißkirchen**, Steiermark A 7320

25 ★★★★ »50PLUS-CAMPINGPARK FISCHING« ⚷ 20.3. bis 15.10.
☎ 03577/82284, Fax 82284-6 681 m 15000 qm
www.camping50plus.at, www.fisching.at, campingpark@fisching.at

→ S36 Judenburg-Knittelfeld Abf. Zeltweg/Ost auf die B78 Richtung Obdach. Vor Weißkirchen in Fisching abbiegen. ✉ Fisching 9 (GPS: 47°09'47" N / 14°44'18" E).
❖ Burgruine Eppenstein. Wallfahrtskirche Maria Buch. Therme "Aqualux".

Ebenes und parzelliertes Wiesengelände in Ortslage. Mit gekiesten Stellflächen und Anpflanzungen. Kabel-TV. Mikrowelle. Mietkühlschränke. Bioschwimmteich. Gästekräutergarten. Wellnesskurse. Brötchenservice. Kabel-TV. W-LAN/Funkinternet. Campingplatz für Kinder nicht geeignet! FW. Mittagsruhe 12-14 Uhr. 50 Touristenplätze.
2008: (HS) P/N 4.60, St/N 8.70 bis 10.–, H/N 1.–, KT 1.–, WD und Strom inkl. (6 A). Bis 20% Seniorenermäßigung (ab 50 J.). In NS Ermäßigung.
DCC/CCI 10% auf P/N.

✉ **8584 Hirschegg**, Steiermark A 7330

20 ★★ »CAMPING HIRSCHEGG« ⚷ 1.1. bis 31.12.
☎ 03141/2201 900 m 20000 qm
www.camping-hirschegg.at, info@camping-hirschegg.at

→ A2/E66 Graz–Klagenfurt Abf. Modriach, von Süden Abf. Packsattel Richtung Hirschegg. Ab hier beschildert. ✉ Hirschegg 53.

In einem Bachtal leicht ansteigende Wiese, teilweise terrassiert. Ort 200 m entfernt. Mittagsruhe 12-15 Uhr. Touristen-/Dauerstellplätze 30/40.
2007: P/N 4.–, K/N 6 bis 16 J. 2.50, A/N 2.50, C/N 3.–, MC/N 5.50, T/N 2.50, M/N 2.50, KT 1.–, WD zuzügl., Strom/N 2.– (10 A).
CCI 10% auf St/N.

✉ **8591 Maria Lankowitz**, Steiermark A 7340

★★★★ »CAMPING PIBERSTEIN« ⚷ Mai bis Okt.
☎ 03144/70959-50, Fax 70959-74 525 m 56000 qm
www.piberstein.at, office@piberstein.at

→ A2 Graz–Klagenfurt, Abf. (200) Mooskirchen, ab hier B70 Richtung Köflach, weiter Richtung Pack/Pichling bei Köflach rechts abbiegen. ✉ Am See 1.

Ebenes Wiesengelände mit jungen Anpflanzungen, oberhalb der Pibersteiner Badeseen im Bereich der Freizeitinsel Piberstein. Badesee mit Wasserrutschen gratis. Kindersanitär. Mittagsruhe 12-14 Uhr. Touristen-/Dauerstellplätze 100/12.

Als DCC-Mitglied sind Sie immer gut beraten
Deutscher Camping-Club e.V., Postf. 40 04 28, 80704 München

✉ **8600 Oberaich**, Steiermark A 7350

25 ★★★ »CAMPING RADDÖRFL« ⚷ 1.5. bis 15.10.
☎ 03862/51418, Fax 59940 500 m 10000 qm
www.gasthofpichler.at, info@gasthofpichler.at

→ S6 Leoben–Bruck a. d. Mur, Abf. Bruck, auf die B116 nach Oberaich. Beim Gasthaus Pichler. ✉ Bruckerstr. 110.

Ebenes Wiesengelände hinter dem Gasthof zwischen Bundesstraße und Bahnlinie, direkt am Murradweg. Radwanderweg-Etappenplatz. 20 Touristenplätze.
2008: P/N 6.–, K/N 6 bis 12 J. 4.50, J/N 5.–, A/N 3.–, C/N 4.–, MC/N 5.–, T/N 3.–, M/N 3.–, B/N 3.–, H/N 2.–, KT 1.–, Müllgeb. P/N 1.–, WD u. Strom inkl.

✉ **8130 Frohnleiten-Ungersdorf**, Steierm. A 7360

20 ★★★ »CAMPING LANZMAIERHOF« ⚷ 1.4. bis 15.10.
☎ 03126/2360, Fax 4174 420 m 5000 qm
www.lanzmaierhof.farvista.net, lanzmaierhof@tele2.at

→ A9/E 57 Graz–Linz, bei Deutschfeistritz wechseln auf die S35 Richtung Bruck Abf. Frohnleiten (Süd), weiter nach Ungersdorf. ✉ Ungersdorf 16 (GPS: 47°15'07" N / 15°19'05" E).

Leicht wellig ansteigendes Wiesengelände hinter dem gleichnamigen Gasthaus in einem idyllischen romantischen Tal. Brötchenservice. FW. Erlebnis-Freibad 500 m, Ort 2 km entfernt. Touristen-/Dauerstellplätze 26/4.
2008: (HS) P/N 4.20, K/N 6 bis 14 J. 2.10, A/N 2.70, C/N 2.70, MC/N 4.70, T/N 1.60 bis 3.20, M/N 1.40, B/N 2.–, H/N –.90, KT 1.–, WD inkl., Müllgeb. –.30/kg, Strom/N 2.– (10 A). Ab 7 Nächten und in NS Ermäßigung.

✉ **8931 Großreifling**, Steiermark A 7400

★★ »CAMPINGPLATZ WEIBERLAUF« ⚷ Ende April bis Okt.
☎ 03633/2451, Fax 2405 448 m 20000 qm
www.landl.at, tourismus@landl.steiermark.at

→ A1 Linz–Wien Abf. (155) Enns auf die B115 Richtung Steyr/Leoben. In Großreifling auf die B25 Richtung Palfau/Mariazell abbiegen.

In drei Stufen angelegtes, teilweise gekiestes Gelände an der Mündung der Salza/Enns. Wasserwanderer-Station. Imbiss. Brötchenservice. Matratzenlager mit Kojen für 40 Personen. Ducks (zeltähnliche Holzhütten). Restaurant und Ort 2 km entfernt. 50 Touristenplätze.

✉ **8630 St. Sebastian** bei Mariazell A 7420

20 ★★ »CAMPING ERLAUFSEE« ⚷ 1.5. bis 15.9.
☎ 03882/2148, Fax 2148-22 860 m 5000 qm
www.st-sebastian.at, gemeinde@st-sebastian.at

→ B20 St. Pölten–Mariazell, ca. 6 km nördlich von Mariazell in Mitterbach rechts abbiegen. Zufahrt über angrenzenden Hotelparkplatz. ✉ Erlaufsee 3.

Von Fichtenwald umgebenes, ebenes Wiesengelände auf drei Stufen. Rezeption nicht ständig besetzt. Keine ständige Aufsicht. Kiosk. Ort (Mariazell) 3 km entfernt. Mittagsruhe 12-14 Uhr. Touristen-/Dauerstellplätze 60/15.
2008: P/N 4.–, K/N 5 bis 15 J. 2.–, A/N 2.70, C T/N 3.–, MC/N 4.70, M/N 2.–, H/N 1.80, KT 1.–, WD zuzügl., Strom/kWh –.80 (12 A).

✉ **8665 Langenwang**, Steiermark A 7520

20 ★★★ »EUROPA-CAMPING« ⚷ 1.1. bis 31.12.
☎ 03854/2950 638 m 6000 qm
www.campsite.at/europa.camping.langenwang, europa.camping.stmk@aon.at

→ S6 Neunkirchen–Bruck, in Langenwang hinter »Hotel Kohlbacher«. Mit runden Campinghinweisen beschildert. ✉ Siglstr. 5.

Ebenes bis leicht wellig abfallendes Wiesengelände. Durch Hecken und Anpflanzungen parzelliert. Zeltwiese. Wäscheservice. Ort 100 m entfernt. Mittagsruhe 12-16 Uhr. Touristen-/Dauerstellplätze 35/20.
2008: P/N 3.70, K/N 4 bis 15 J. 2.40, A/N 3.30, C T/N 3.30, MC/N 4.75, M/N 1.10, KT 1.–, WD zuzügl., Strom/N 1.90 (16 A). Ab 6 Nächten 10% Erm.

8223 Stubenberg a. See, Steiermark — A 7608

»CAMPING STUBENBERGSEE« 1.1. bis 31.12.
03176/8390, Fax 8390-5 380m 40000 qm

→ B65/B54 Graz–Gleisdorf–Hartberg, hinter Hirnsdorf abbiegen nach Stubensee, noch ca. 4 km. Beschilderung: »Camping Steinmann«. ✉ Buchberg 85.

An einem Hang, in Straßennähe, ansteigend terrassiertes Wiesengelände. Durch Hecken unterteilt und parzelliert. Separater Dauercamperbereich. Touristenflächen teilweise schattenlos. Minigolf 50 m, Ort 1 km entfernt. Mittagsruhe 12-14 Uhr. Touristen-/Dauerstellplätze 100/150.
2008: P/N 6.–, K/N 5 bis 15 J. 4.–, A/N 3.–, C/N 4.50, MC/N 5.–, T/N 4.–, M/N 1.50, H/N 1.50, KT 1.–, WD inkl., Müllgeb. P/N 1.–, Strom/kWh –.80 (10 A).

8230 Hartberg, Steiermark — A 7620

»CAMPING HARTBERG« 1.4. bis 1.11.
03332/603-0, Mobil 0676/9414939, Fax 603-51 12000 qm
www.hartberg.at/herz, camping@hartberg.at

→ A2 Wiener Neustadt–Graz Abf. Hartberg. ✉ Augasse 35.

Ebenes, teilweise welliges Wiesengelände unter alten Kastanien, neben dem Freibad. Rezeption nicht ständig besetzt. Leinenzwang. Ort 250 m entfernt. Touristen-/Dauerstellplätze 50/10.
2008: P/N 4.–, K/N 4 bis 15 J. 2.50, A/N 2.50, C/N 4.–, MC/N 5.50, T/N 3.–, M/N 2.–, H/N 1.–, KT –.75, WD inkl., Strom/N 2.– (16 A).
CCI 10% auf P/N.

DCC-Vertragsplatz

8271 Bad Waltersdorf, Steiermark — A 7625

»THERMENLAND CAMPING« 1.1. bis 31.12.
03333/41424, 0664/3117000, Fax 2876 290m 15000 qm
www.camping-bad-waltersdorf.at, thermenland@camping-bad-waltersdorf.at

→ A2 Wiener Neustadt–Graz Abf. Sebersdorf/Waltersdorf in Richtung Therme Bad Waltersdorf. ✉ Campingweg 316 (GPS: 47°09'43" N / 16°01'23" E).

Parzelliertes und ebenes Wiesengelände mit jungen Anpflanzungen. An einem Bach und einer tagsüber wenig befahrenen Eisenbahnlinie. Familienbad. Kinderspielecke. Billard und Dart. Kostenloser Minibus-Transfer zum Thermalbad. Lagerfeuerplatz. Ort (Bad Waltersdorf) 1.5 km entfernt. Imbiss in HS. Mittagsruhe 12-14.30 Uhr. Touristen-/Dauerstellplätze 84/20.
2008: P/N 5.90, K/N 7 bis 14 J. 3.50, C MC-St/N 7.50, T/N 4.–, H/N 1.50, KT 2.–, WD inkl., Strom/kWh –.52 (12 A). 7 Nächten bleiben, nur 6 Nächte bezahlen. Juli und Aug. Kinder bis 14 J. gratis. In NS Ermäßigung.
DCC 10% auf P/N.

DCC-Vertragsplatz

8280 Fürstenfeld, Steiermark — A 7630

»THERMENLAND CAMPING FÜRSTENFELD« 15.4. bis 15.10.
03382/54940, Fax 51671 173m 30000 qm
www.camping-fuerstenfeld.at, camping.fuerstenfeld@twin.at

→ A2/E59 Wiener Neustadt–Graz Abf. Hainfeld auf die B65/E66 nach Fürstenfeld. Hier den grünen Hinweisschildern folgen. ✉ Campingweg 1.

Teilweise terrassiertes Wiesengelände neben dem großen Naturbad zwischen Buchenwald und der »Feistritz«. Teilweise durch Rasengittersteine befestigte Stellflächen. Keine ständige Aufsicht. Lebensmittel und Restaurant 200 m, Ort 500 m entfernt. Touristen-/Dauerstellplätze 60/31.
2007: P/N 5.50, K/N bis 14 J. 1.50, St/N 5.50, H/N 1.50, KT 1.–, WD inkl., Strom/N 1.80 (10 A).
DCC 10% auf P/N.

8380 Jennersdorf, Burgenland — A 8040

»CAMPING JENNERSDORF« 16.3. bis 31.10.
03329/46133, Fax 4520021 241 m 10000 qm
www.jennersdorf.net, post@jennersdorf.bgld.gv.at

→ B65/E66 Fürstenfeld–ungar. Grenze, bei Eltendorf südwärts abbiegen auf die B 57 nach Jennersdorf. Hier den grünen Hinweisschildern folgen. ✉ Freizeitzentrum 3.
♦ Burg Güssing. Riegersburg.

Ebenes, parzelliertes Wiesengelände mit Anpflanzungen. Gegliedert durch eine kreisförmige Platzstraße. Durchgang zum angrenzenden Freibad. Sanitäranlage beheizbar. Ort 800 m, Therme Loipersdorf (für Camper Ermäßigung) 6 km entfernt. 55 Touristenplätze.
2008: P/N 5.–, K/N 6 bis 15 J. 2.50, St/N 5.–, KT 1.02, WD inkl., Strom/kWh –.60 (16 A). Ab 14/30 N 10/15% Ermäßigung.

7432 Oberschützen, Burgenland — A 8100

»THERMENCAMPING OBERSCHÜTZEN« 1.1. bis 31.12.
03353/26262, Fax 26262-4 364 m 45000 qm
www.thermencamping.co.at, office@thermencamping.co.at

→ A2 Wien–Graz Abf. (95) Friedberg/Pinggau nach Pinkafeld, hier weiter nach Oberschützen. ✉ Am Campingplatz 1.

Terrassiertes Wiesengelände mit einem Schwimmbiotop. Teilweise von Wald umgeben, oberhalb der Therme Bad Tatzmannsdorf. Stellplätze gekiest mit angrenzendem Grünstreifen. Whirlpool. Dampfbad. Stellplätze mit Strom, Frisch-/Abwasser, Kabel-TV und zum Teil mit Internet. Touristen-/Dauerstellplätze 100/20.
2008: P/N 6.20, K/N 6 bis 14 J. 3.50, J/N 5.–, St/N 7.80, T/N 4.–, H/N 2.–, KT –.90, WD inkl., Strom/kWh –.52. In NS Ermäßigung.
DCC/CCI 10% auf P/N und St/N.

7361 Lutzmannsburg, Burgenland — A 8150

»CAMPING SONNENLAND« 14.05. bis 30.9./
02615/87217, 0660/7675660, Fax 87217-4 204 m 1.10. bis 31.3.
www.camping-sonnenland.at, camping@camping-sonnenland.at 10500 qm

→ Aus Richtung Wien/Eisenstadt kommend die S31 nach Oberpullendorf. Weiter Richtung "Sonnentherme-Lutzmannsburg". ✉ Trift 3.
♦ "Sonnentherme-Lutzmannsburg" (900 m).

Parzelliertes und ebenes Wiesengelände mit einem eigenen Naturschwimmteich. Überwiegend schattenlos. Mit jungen Anpflanzungen und von Büschen und Hecken aufgelockert. Badesteg. Liegewiese. Reservierung empfehlenswert. Befestigte Moca-Plätze. Übernachtung vor dem Eingang möglich. Sanitär. Imbiss und Kiosk. W-LAN/Funkinternet. Kinderspielraum. Ort 150 m entfernt. Separater Jugendplatz. Mittagsruhe 12-14 Uhr. Touristen-/Dauerstellplätze 50/300.
2007: (HS) P/N 5.90, K/N 3 bis 15 J. 3.80, St/N 7.90 bis 9.80, H/N 2.90, KT –.80, WD inkl., Strom/N 1.90. In NS Ermäßigung.

7083 Purbach, Neusiedler See — A 8210

»STORCHEN-CAMP PURBACH« April bis Okt.
02683/5170, 5538, Fax 5170-15, 5555-85 72000 qm
www.gmeiner.co.at, office@gmeiner.co.at

→ A4/E60 Wien–Nickelsdorf Abf. Neusiedl auf die B50 Richtung Eisenstadt. In Purbach zum See abbiegen. ✉ Türkenhain.

Überwiegend schattenloses Wiesengelände neben einem Freibad. Durch Dauercamper und Mobilheime geprägt. Jugendherberge. Separater Dauercamperbereich. Ort 1 km entfernt. Mittagsruhe 12-14 Uhr. Touristen-/Dauerstellplätze 50/300.

DCC – auch Ihr Camping-Partner!

Deutscher Camping-Club e.V., Postfach 40 04 28, 80704 München

7082 Donnerskirchen, Burgenland — A 8215

★★★ »CAMPING SONNENWALDBAD« — Mai bis Sept.
☎ 02683/8670, 8541, Fax 8670-4, 8101   120 m   36 000 qm
www.donnerskirchen.at, tourism@donnerskirchen.at

→ A2 Wien–Nickelsdorf Abf. Neusiedl auf die B 50 Richtung Eisenstadt. In Donnerskirchen abbiegen. ✉ Badstr. 25.

Terrassiertes Wiesengelände bei einem Freibad mit großer Wasserrutsche (40 m). Überwiegend schattenlos. Reservierung empfehlenswert. Massagen. Kneippanlage. Boccia. Separater Dauercamperbereich. Mittagsruhe 13-15 Uhr. Ort 1 km entfernt. 50 Touristenplätze.

7063 Oggau, Neusiedler See — A 8220

★★★★ »CAMPING OGGAU« — 23.3. bis 31.10.
☎ 02685/7271, Fax 7271-4   120 m   80 000 qm
www.campingoggau.at, office@campingoggau.at

→ A3 Wien–Eisenstadt, beim Verkehrsknoten Eisenstadt wechseln auf die B50 Richtung Neusiedl. In Schützen nach Oggau abbiegen.

Ebenes, teilweise schattenloses Wiesengelände neben einem Freibad. Durch Hecken parzelliert. W-LAN/Funk-Internet. Separater Mobilheim- und Dauercamperbereich. Ort 1.5 km entfernt. Mittagsruhe 12-14 Uhr. Touristen-/Dauerstellplätze 155/315.
2008: P/N 6.10, K/N 6 bis 9 J. 2.70, J/N 10 bis 15 J. 3.90, St/N 5.20, KT –.90, WD zuzügl., Strom/N 1.85 (10 A).

7071 Rust, Neusiedler See — A 8230

★★★ »STORCHENCAMP RUST« — April bis Okt.
☎ 02685/595, Fax 5952   56 000 qm
www.gmeiner.co.at, office@gmeiner.co.at

→ A3 Wien–Eisenstadt, beim Verkehrsknoten Eisenstadt wechseln auf die Straße 50/52 über St. Margarethen, in Rust beschildert.

Ebenes und parzelliertes Wiesengelände neben einem Freizeitzentrum. Teils schattenlos, teils durch Bäumen aufgelockert. Separater Mobilheim- und Dauercamperbereich. Ort 1.5 km entfernt. Mittagsruhe 12-14 Uhr. Touristen-/Dauerstellplätze 140/356.

7141 Podersdorf, Neusiedler See — A 8240

★★★★ »STRANDCAMPING PODERSDORF« — 1.4. bis 31.10.
☎ 02177/2279, Fax 227916   70 000 qm
www.podersdorfamsee.at, info@podersdorfamsee.at

→ A 4/E60 Wien–Nickelsdorf Abf. Neusiedl über Neusiedl u. Weiden Richtung Podersdorf abbiegen, dann dem Straßenschild Seezufahrt Nord folgen und über den Kreisverkehr hinaus, noch ca. 1 km. ✉ Strandplatz.

Ebenes, langgestrecktes Wiesengelände mit einzelnen Bäumen. Durch Stichstraßen in Stellfelder unterteilt und parzelliert. Teilweise schattenlos. Uferliegewiese mit Badebucht für Kinder. »Kirche Unterwegs«. Ort 300 m entfernt. Mittagsruhe 12.30-13.30 Uhr. Touristen-/Dauerstellplätze 550/200.

7132 Frauenkirchen, Burgenland — A 8245

★★★ »CAMPING PAULA« — 1.5. bis 30.9.
☎/Fax 02172/2878, mobil 06644745826   130 m   50 000 qm
www.camping-paula.at

→ A4 Wien–Nickelsdorf Abf. Mönchhof, Durchfahrt Mönchhof, an der Ortseinfahrt Frauenkirchen rechts abbiegen. ✉ Mönchhoferstr. 17.

Ebenes parzelliertes Wiesengelände mit öffentlichem Freibad (für Camper kostenlos) und Anpflanzungen. Kegelbahn. Kinder-Ponyreiten. Ort 1 km entfernt. Separater Jugendplatz. Touristen-/Dauerstellplätze 80/70.
2007: P/N 5.10, K/N 3 bis 15 J. 3.–, A/N 2.–, C MC/N 3.50, T/N 2.50, M/N 1.50, H/N 1.50, KT –.90, WD inkl., Strom/N 2.20 oder kWh –.70 (12 A).
DCC 10% auf P/N.

DCC-Vertragsplatz

7161 St. Andrä, Zicksee/Burgenland — A 8250

★★★★ »CAMPING ZICKSEE« — 1.4. bis 30.9.
☎/Fax 02176/2144, 2300-5   45 000 qm
www.tiscover.com/st.amdrea-zicksee, info@st.andrea-tourism.or.at

→ A4/E60 Wien–Nickelsdorf Abf. Neusiedl über Neusiedl auf die B51 Richtung Pamhagen, in St. Andrä zum See abbiegen, noch 2 km.

Ebenes, parzelliertes Wiesengelände mit lichtem Baumbestand. Separater Dauercamperbereich. Uferliegewiese. Ort 1.5 km entfernt. Touristen-/Dauerstellplätze 238/100.
2007: P/N 4.40, K/N 6 bis 9 J. 1.10, J/N bis 15 J. 2.20, extra A/N 3.30, St/N 4.– bis 8.70, kl. T/N 3.60, WD zuzügl., Strom/N 1.80 (12 A).
DCC 10% auf P/N.

7166 Andau, Burgenland — A 8260

★★★ »CAMPING PUSZTASEE« — April bis Okt.
☎ 02176/3512, 2301, Fax 230119   19 000 qm

→ A4/E60 Wien–Nickelsdorf, Abf. Mönchhof, über Mönchhof/Halbturn nach Andau.

Ebenes, teilweise parzelliertes Wiesengelände mit jungen Anpflanzungen. Neben einem Freizeitzentrum am See. Überwiegend schattenlos. Brötchenservice. Separater Dauercamperbereich. Separater Platzteil für Hundehalter. Ort 1.5 km entfernt. Separater Jugendplatz. Mittagsruhe 12-14 Uhr. Touristen-/Dauerstellplätze 100/210.

ANDORRA

Übersichtskarte Seite 411

Einreisebestimmungen etc. sind gleichlautend mit denen von Frankreich und Spanien.

Telefon: Vorwahl: Deutschland-Andorra: 00376, dann die Teilnehmer-Rufnummer. Vorwahl: Andorra-Deutschland: 0049.

TAX-Angaben in EURO.

Camping: Bei der nachfolgenden Auswahl der andorranischen Campingplätze haben wir uns nicht nur auf die Plätze beschränkt, die einen vergleichsweise guten Komfort bieten, es sind auch die Anlagen aufgeführt, die sich wegen ihrer verkehrsgünstigen Lage für einen Zwischenstopp eignen. Hier kann allerdings nur mit einfachen Sanitäranlagen und eingeschränktem Service gerechnet werden.

Sant Juliá de Loria — AND 1010

★★ »CAMPING HUGUET« — 1.1. bis Nov.
☎ 843718, Fax 843803   939 m   15 000 qm
campinghuguet@hotmail.com

→ Am südlichen Ortsende, 100 m vor der AVIA–Tankstelle über den Fluss. ✉ Crta. de Fontaneda.

Wiese mit Bäumen zwischen Bergen am Ufer des Gran Valira. Spielplatz. Ort 300 m entfernt. 120 Touristenplätze.

BELGIEN

Übersichtskarte Seite 411
Besondere Vorschriften und Regelungen

Personaldokumente: Gültiger Reisepass oder Personalausweis bis zu einem Aufenthalt von 3 Monaten. Kinder unter 16 Jahren benötigen einen Kinderausweis (mit Vermerk »Deutsch«) oder Eintrag im Familienpass.

Impfbescheinigungen: Werden nicht verlangt.

Dokumente für Haustiere: Für Hunde und Katzen ist der »EU-Heimtierpass« mitzuführen. Er wird von behördlich ermächtigten Tierärzten ausgestellt. Der Pass muss Name und Anschrift des Besitzers enthalten und dem Tier eindeutig zugeordnet werden können; d.h. die Passnummer, die eine Identifizierung ermöglicht, wird dem Tier eintätowiert oder durch einen Mikrochip implantiert. Ein gültiger Tollwutimpfschutz muss ebenfalls im Pass nachgewiesen werden. Die letzte Impfung muss mindestens 30 Tage zurückliegen und darf höchstens 12 Monate vor der Einreise erneuert worden sein. Bei Tieren, die regelmäßig (einmal pro Jahr) geimpft werden, entfällt die 30-Tage-Frist.
Spezielle Auskünfte erteilt die Königlich Belgische Botschaft: 10117 Berlin, Jägerstr. 52-53, Tel. 030/20 64 20, Fax 030/20 64 22 00.

Kfz: Nationaler Führerschein und nationale Zulassung sind ausreichend. Das Nationalitätskennzeichen »D« oder EU-Kennzeichen muss an Fahrzeugen und an Anhängern angebracht bzw. im Nummerschild enthalten sein. Die »Internationale Grüne Versicherungskarte« ist zwar nicht vorgeschrieben, jedoch wird die Mitnahme dringend empfohlen. Ein Warndreieck ist Pflicht. Ist der Fahrer nicht Eigentümer des Fahrzeuges, muss eine Benutzungsvollmacht des Fahrzeughalters vorliegen.

Verkehrsvorschriften: Straßenbahnen haben grundsätzlich Vorfahrt. An Kreuzungen ohne besondere Regelung gilt »rechts vor links« und darf nicht überholt werden. An Bordsteinen, die mit einer gelben Linie gekennzeichnet sind, darf nicht geparkt werden. In den »Blauen Zonen« darf man mit Parkscheinen für eine bestimmte Zeit parken. Kinder unter 12 Jahren dürfen im Pkw nicht auf den Vordersitzen befördert werden (ausgenommen 2-Sitzer). Es besteht auf allen Sitzen Anschnallpflicht. Promillegrenze 0,5.

Tempolimits: Innerorts: Pkw/Gespanne, Moca 50 km/h, Landstraßen: Pkw/Gespanne 90 km/h, Moca bis/über 7,5 t 90/60 km/h, Autobahnen: Pkw/Gespanne 120 km/h, Moca bis/über 7,5 t 120/90 km/h. Erlaubte Geschwindigkeit beim Abschleppen 25 km/h und dann nächste Abfahrt benutzen.

Telefon: Deutschland–Belgien: 0032, dann Durchwahl ohne die erste Null der Ortskennzahl. Belgien–Deutschland: 0049.

Unfallnotruf: Polizei: 101, Unfallrettung: 100. Bei Unfällen empfiehlt es sich in jedem Fall, die Polizei zu rufen. An den Autobahnen sind in kurzen Abständen Notrufsäulen installiert.

Devisen: Es bestehen keinerlei Beschränkungen für die Ein- und Ausfuhr von Zahlungsmitteln.

Camping: Belgien verfügt über ca. 500 offizielle Campingplätze. Sie sind nach einem Sterne-System in fünf Kategorien eingeteilt. Vor allem in touristisch interessanten Gebieten findet man zahlreiche gut ausgestattete Campingplätze, allerdings mit einem großen Anteil Dauercampern. Hier sollte man seinen Ferienplatz rechtzeitig reservieren.
Das Stromnetz ist auf eine Spannung von 220 Volt Wechselstrom (50 Hz) ausgelegt. Es stehen nicht auf allen Campinplätzen Stromanschlüsse an den Stellplätzen zur Verfügung. Campen außerhalb der offiziellen Plätze bedarf der Einwilligung des betreffenden Grundstückeigentümers.

Fortsetzung S. 412

AND

B

✉ Andorra la Vella — AND 1060

★★★ »CAMPING VALIRA« — 1.1. bis 31.12.
☎/Fax 722384 — 1000 m — 20 000 qm
www.campvalira.com, campvalira@andorra.ad

→ An der Umgehungsstraße beschildert. ✉ Av. Salou.

Terrassiertes Wiesengelände an einem Hang oberhalb des Flusses Valira mit Aussicht auf die Stadt. 150 Touristenplätze.

✉ Canillo — AND 1090

★★★ »CAMPING CASAL« — 1.1. bis 31.12.
☎ 851451, Fax 851301 — 1562 m — 4000 qm

→ vom Ort ca. 600 m nordwärts, direkt an der N 2 Richtung französische Grenze. ✉ Crta. General/Principal.

Steiniges Gelände mit einzelnen Bäumen. Wintersportmöglichkeiten. Ort 100 m entfernt. 50 Touristenplätze.

✉ Erts-La Massana — AND 1150

35 ★★★ »CAMPING XIXERELLA-PARK« — 1.1. bis 31.12.
☎ 836613, Fax 839113 — 1350 m — 52 000 qm
www.campingxixerella.com, xixerella@jaire.com

→ Von Andorra la Vella über La Massana Richtung Arinsal. In Erts Richtung Pal ca. 1 km, beschildert. ✉ Crta. de Pal.

Schattenloses Wiesengelände außerhalb des Ortes, zu einem Bach leicht abfallend. Imbiss. Grillplatz. Skibus-Service. Ort 2 km entfernt. 250 Touristenplätze.
2008: P/N 6,20, K/N bis 10 J. 4,80, C MC/St-N 12,40, T/N 6,20, M/N 5,80, H/N 4,20, WD inkl., Strom/N 5,70 (5 A).

Wassersport: Sportboote bis 5,5 m Länge und Surfbretter können zollfrei mitgenommen werden. Für alle anderen Fahrzeuge ist ein Triptik oder Carnet de Passage erforderlich.

Allgemeine Informationen:

D-50667 **Köln**, Tourismus Flandern- Brüssel, Belgisches Haus Cäcilienstr. 46, Tel. 0221/277590, Fax 0221/2709777 www.flandern.com, info@flandern.com

D-50667 **Köln**, Belgien-Tourismus für Brüssel-Wallonie Cäcilienstr. 46, Tel. 0221/277590, Fax 0221/2759100 www.belgien-tourismus.net, info@belgien-tourismus.de

Vertretung der Bundesrepublik Deutschland:

B-1150 **Brüssel**, Deutsche Botschaft, 190 avenue de Tervueren Tel. 0032 2/7741911, 7741900, Fax 0032 2/7723692 zreg@bruedip.auswaertiges-amt.de

Ausführliche Einreisebestimmungen mit detaillierten Angaben zu den Themen Reisedokumente, Zoll- und Devisenbestimmungen, Reisen mit dem Kraftfahrzeug, Camping und der Aufenthalt im Urlaubsland sind bei der Touristik-Abteilung des DCC gegen Rückporto erhältlich.

Campingplätze:

Gebühren-Angaben in EURO.
Bei Gebühren-Angaben mit der Vorjahreszahl muss eventuell mit einer Anhebung der Gebühren für das laufende Jahr gerechnet werden. Außerdem können sich die angegebenen Öffnungszeiten verändert haben und es ist möglich, dass angegebene Ermäßigungen nicht mehr gewährt werden.

✉ 4851 Gemmenich, Liège — B 1050

★★★ »CAMPING KON-TIKI«
☎ 087/785973, Fax 04/2528942
1.1. bis 31.12.
150 000 qm

→ B1/N2 Aachen–Maastricht, in Vaals abbiegen nach Gemmenich. Hier Richtung Sippenaeken, noch ca. 3.5 km westlich. ✉ Rue de Tertraeten 141.

Terrassiert in ein Bachtal abfallendes Wiesengelände mit Angelweiher. Bar. Ort 3.3 km entfernt. Touristen-/Dauerstellplätze 105/430. In NS 25% Erm.

✉ 4900 Spa, Liège — B 1330

25 ★★★ »PARC DES SOURCES«
☎ 087/772311, Fax 475965   360 m   1.1. bis 31.12.
www.campingparcdessources.be, info@campingparcdessources.be
25 000 qm

→ A 27 Verviers–Malmedy Abf. Sart über Spa auf die N 62 Richtung Francorchamps, ca. 1 km hinter Spa. Beschildert. ✉ Rue de la Sauvenière 141.

Leicht wellig abfallendes, überwiegend schattenloses Wiesengelände mit Parzellierung. Durch Heckenstreifen aufgelockert und vom Wald umgeben. Outdoor-Survivalprogramm. Imbiss. Ort 1.5 km entfernt. Touristen-/Dauerstellplätze 90/25.

2007: (HS) 2 P/N inkl. C MC-St/N 16.50, weitere P/N 3.80, K/N bis 15 J. 3.50, H/N 2.–, KT –.80, WD zuzügl., Strom/N 2.75. Reservierungskosten. Ab 7 N und in NS bis 20% Ermäßigung.

✉ 4845 Sart-lez-Spa, Liège — B 1340

20 ★★★★ »CAMPING SPA D'OR TCB«   1.4. bis 1.11.
☎ 087/474400, Fax 475277   330 m   60 000 qm
www.campingspador.be, info@campingspador.be

→ A27/E42 Verviers–Malmedy Abfahrten Spa (8) oder Sart (9). Beschilderung »Camping Spa D'or« folgen. ✉ Stockay 17 (GPS: 50°30'49" N / 05°55'17" E).

Teilweise schattenloses, leicht abfallendes parzelliertes Wiesengelände. Boule. Ort 1.5 km entfernt. Mittagsruhe 13-14 Uhr. Touristen-/Dauerstellplätze 260/50.

2008: (HS) P/N 24.– inkl. St/N 2.–, weitere P/N 5.25, K/N bis 3 J. frei, T/N 3.–, H/N 4.–, WD inkl., Strom (10 A) zuzügl. In NS Ermäßigung. **DCC/CCI 10% auf P/N.**

✉ 4970 Stavelot, Liège — B 1380

20 ★★★ »CAMPING L'EAU ROUGE«   1.1. bis 31.12.
☎/Fax 080/863075, www.eaurouge.nl   380 m   40 000 qm

→ AB Verviers-Malmedy (11) auf die E 42/A27, dann auf die N 68. Campingplatzbeschilderung ignorieren (Achtung sehr schmaler Weg!), weiterfahren und bei der Kreuzung nach rechts abbiegen auf die N 640 Richtung Stavelot. Nach ca. 3km rechts ab Beschildert. ✉ Cheneux 25 (GPS: 50°24'40" N / 5°57'14" E).

Ebenes parzelliertes Wald- und Wiesengelände in einem kleinen Tal am Ufer des L'Eau Rouge. Boule. Bogenschießen. Trampoline. Fahrradverleih in der Nähe. Rennstrecke Francorchamps 2 km, Ort 1 km entfernt. Touristen-/Dauerstellplätze 120/40.

2007: (HS) P/N inkl. Kind bis 4 J. 2.–, St/N 10.–, WD inkl., Strom/N 2.– (10A). **DCC 10% auf St/N.**

✉ 4960 Malmedy-Arimont, Liège — B 1410

20 ★★★ »CAMPING FAMILIAL«   1.1. bis 26.10.
☎/Fax 080/330862   502 m   22 000 qm
www.campingfamilial.be, info@campingfamilial.be

→ N 62 Spa–St. Vith. Ca. 3 km hinter Malmedy steht ein Schild, weiterfahren und danach inks abbiegen. Beschildert. ✉ Rue des Bruyères 19.

Leicht abfallendes, langgestrecktes und parzelliertes Wiesengelände mit engen Wegen. Imbiss. Bogenschießen. Boule. Ort 3 km entfernt. Touristen-/Dauerstellplätze 70/70.

2008: P/N 3.50, K/N bis 12 J. 1.50, A/N 1.75, C/N 5.75 bis 7.25, MC/N 6.50, T/N 4.–, M/N 1.25, H/N inkl., KT –.50, WD inkl., Strom/N 1.50 (4-6A). **CCI in NS 10 % Ermäßigung.**

✉ 4950 Waimes-Bruyères, Liège — B 1420

15 ★★★ »CAMPING ANDEREGG«   1.1. bis 31.12.
☎ 080/679393, Fax 679396   600 m   15 000 qm
www.campinganderegg.be, campinganderegg@skynet.be

→ N62/N632 Malmedy–Waimes–Büttgenbach, hinter Waimes abbiegen Richtung Robertville bis Bruyères. ✉ Bruyères 4 (GPS: 50°26'35" N / 06°07'07" E).

Leicht abfallendes, durch Fichtenreihen unterteiltes, parzelliertes Wiesengelände neben der Straße. Imbiss. Ort 3 km entfernt. Touristen-/Dauerstellplätze 36/54.

2008: P/N 3.75, K/N 2 bis 9 J. 2.50, St/N 6.–, KT inkl., WD zuzügl., Strom/N 1.50, kWh –.25 (6A).

✉ 4950 Robertville, Liège — B 1430

15 ★★★ »CAMPING LA PLAGE«   1.1. bis 31.12.
☎ 080/446658, Fax 446178   694 m   18 000 qm
www.campingLaPlage.be, info@campingLaPlage.be

→ N 62/N 632 Malmedy–St. Vith, über Waimes abbiegen. In Robertville beschildert. ✉ Rue des Bains 33 (GPS: 50°27'02" N / 06°07'04" E).

Parzellierter Terrassenplatz oberhalb einer Trinkwassertalsperre. Überwiegend schattenlos. Imbiss. Ultra-Light-Flights in HS. Ort 400 m entfernt. Touristen-/Dauerstellplätze 65/23.

2008: P/N 3.75, K/N bis 11 J. 2.75, A/N 3.–, C/N 3.25, MC/N 5.50, T/N 3.25, M/N 1.75, H/N 1.25, WD zuzügl., Müllgeb./Sack 2.–, Strom/N 1.75 (2 A), Anschlussgeb. 2.–.

✉ 4760 Büllingen, Liège — B 1450

★★ »CAMPING EDELWEISS«   1.1. bis 31.12.
☎ 080/642051, 647487, Fax 448448   630 m   40 000 qm
www.buellingen.com/test/edelweiss.html, info@buellingen.com

→ N 632 Grenzübergang Losheimergraben–Bütgenbach, vor Büllingen beim Hotel "Haus Tiefenbach" rechts einbiegen. Beschildert.

Terrassenplatz oberhalb eines Bachtals. Teilweise wenig Schatten. Parzelliert. Weiher in der Nähe. Ort 2 km entfernt. Touristen-/Dauerstellplätze 25/75.

6990 Hotton/Deulin, Luxembourg — B 1845

★★★ »CAMPING PONT DE DEULIN« 1.1. bis 31.12.
086/322332, Fax 322333   300 m   30 000 qm
www.pontdedeulin.be, pontdedeulin@skynet.be

→ N 4 Namur–Bastogne, weiter auf die N929 Richtung Durbuy, nach ca. 3 km rechts neben der Brücke. Beschildert. ✉ Rue du Monument 49.

Ebenes, durch Hecken parzelliertes, Wiesengelände an der Ourthe. Separater Gruppenzeltplatz. Ort 700 m entfernt. 55 Touristenplätze.
2008: (HS) P/N inkl. St/N 10.–/11.–, K/N 4 bis 12 J. 3.–, K/N 13 bis 16 J. 3.75, T/N 7.–, H/N 1.50, KT inkl., WD inkl. und Strom (8A) inkl. In NS Erm.

6980 La Roche-en-Ardenne, Luxemb. — B 1850/1

★★★ »CAMPING LOHAN« 1.4. bis 1.11.
084/411545   45 000 qm

→ A 26/E 25 Neufchâteau–Liège Abf. 50 Baraque de Fraiture auf die N 89 nach La Roche. In La Roche weiter Richtung Houffalize. Letzter Platz. ✉ Rue de la Houffalize 20 A.

Ebenes, gepflegtes und parzelliertes Wiesengelände an der Ourthe. Von bewaldeten Hügeln umgeben. FW. Wasserwanderer-Station. Haltestelle 50 m, Ort 3 km. Mittagsruhe 12-14 Uhr. Touristen-/Dauerstellplätze 70/130.
2007: P/N 2.50, St/N 7.–/8.–, WD zuzügl., Müllgeb./Sack –.60 bis 1.–, H/N 1.50 (6A).

6980 La Roche-en-Ardenne, Luxemb. — B 1850/2

★★ »CAMPING DE L'OURTHE« 15.3. bis 15.10.
084/411459, 056/412323, Fax 056/420441   340 m   20 000 qm
www.campingdelourthe.be, info@campingdelourthe.be

→ A 26/E 25 Neufchâteau–Liège Abf. 50 Baraque de Fraiture auf die N 89 nach La Roche. In La Roche über die Brücke, dann rechts. 3. Platz. ✉ Rue des Echavées 10.

Ebenes Wiesengelände am Ourtheufer. Durch Mobilheime geprägt. Wasserwanderer-Station. Haltestelle und Ort 700 m entfernt. Mittagsruhe 12.30-14.30 Uhr. Touristen-/Dauerstellplätze 100/80.
2007: P/N 2.–, K/N bis 12 J. 1.80, St/N 6.–, H/N 1.80, WD zuzügl., Strom/N 1.80.

DCC-Vertragsplatz
6980 La Roche-en-Ardenne, Luxemb. — B 1850/3

★★★★ »CAMPING FLOREAL« 1.1. bis 31.12.
084/219467, Fax 223568   90 000 qm
www.florealclub.be, camping.laroche@florealclub.be

→ A 26/E 25 Neufchâteau–Liège Abf. 50 Baraque de Fraiture auf die N89 nach La Roche. In La Roche weiter Richtung Houffalize, dann 2. Platz. Beschildert. ✉ Route de Houffalize 18.

Langgestrecktes, ebenes und parzelliertes Wiesengelände unterhalb der Straße am Ourtheufer. Durch Stichwege in Stellfeldern unterteilt und schattenlos. Wasserwanderer-Station. Ort 1.5 km entfernt. Touristen-/Dauerstellplätze 280/320.
2008: (HS) P/N 3.25, K/N 3 bis 11 J. 2.50, C MC-St/N 8.30, H/N 3.–, KT 2.25, WD inkl., Strom/N 2.65 (10A). In NS Pauschalen. In NS Ermäßigung.
DCC/CCI 10% auf P/N.

Parc La Clusure ★★★★ Camping Bure (Tellin) (00 32) (0) 84 36 00 50

Idealer Standort für Touren in den Ardennen. Unser Feriengelände zählt zu den schönsten in Belgien. Komfortable Ausstattung, schöne Umgebung, moderne und saubere Sanitäranlagen, große Stellplätze, Schwimmbad, Kinderspielplätze, Tennis, Volleyball, Bar/Restaurant. Ideal für Rad- und Wanderurlauber. Luxus-Bungalows (4/6 Personen) zu vermieten. **(B 1880)**

DCC-Vertragsplatz
6960 Dochamps, Luxembourg — B 1855

★★★★ »PANORAMA CAMPING PETITE SUISSE« 1.1. bis 31.12.
084/444030, Fax 444455   500 m   100 000 qm
www.petitesuisse.be, info@petitesuisse.be

→ A 26/E 25 Liege-Neufchâteau Abf. 50 in Richtung La Roche. Nach ca. 8 km rechts Richtung Dochamps abbiegen. Beschildert. ✉ Al Bounire 27 (GPS: 50°37'33" N / 50°13'52" E).

Teilweise terrassiertes und parzelliertes Gelände am Waldrand mit naturbelassenem Bewuchs. Mehrere Leihcaravans. FW. Boule. Mountain-Bike-Verleih. Kabel-TV. Ort 3 km entfernt. Touristen-/Dauerstellplätze 168/50.
2007: 2 P/N inkl. St/N 25.–, K/N bis 3 J. frei, H/N 4.–, KT –.95, WD inkl., Strom/N 3.50 (10A).
DCC/CCI 10% auf P/N.

6970 Tenneville, Luxembourg — B 1870

★★★ »CAMPING PONT DE BERGUÈME« 1.1. bis 31.12.
084/455443, Fax 456231   340 m   30 000 qm
www.pontbergueme.be, info@pontbergueme.be

→ N4 Bastogne–Marche, kurz vor Tenneville abbiegen Richtung Berguème, noch 1 km. ✉ Berguème 9.

Ebenes bis leicht welliges und parzelliertes Wiesengelände in ländlicher Umgebung. Durch einen Bach mit Uferliegewiese begrenzt. Zeltwiese. Cafeteria. WiFi/Funkinterner. Boule Haltestelle 100 m, Ort 2.5 km entfernt. Touristen-/Dauerstellplätze 95/65.
2007: P/N 3.50, K/N bis 2 J. frei, St/N 5.75, H/N 1.50, WD inkl., Strom/N 1.50 (4-6A), Anschlussgeb. 1.25.
CCI 10% auf P/N.

DCC-Vertragsplatz
6927 Bure-Tellin, Luxembourg — B 1880

★★★★ »PARC LA CLUSURE« 1.1. bis 31.12.
084/360050, Fax 366777   120 000 qm
www.parclaclusure.be, info@parclaclusure.be

→ A 4/E 411 Neufchâteau–Namur Abf. Tellin (23a) über Tellin nach Bure, oder N 803 Rochefort–St. Hubert. ✉ Chemin de la Clusure 30 (GPS: 50°05'47" N / 5°17'8,5" E).

Ebenes, parzelliertes Wiesengelände am Ufer der L'Homme und in der Nähe einer Bahnlinie. Kindersanitär. Bogenschießen. Planwagenfahrten. Kabel-TV. Ort 4 km entfernt. Touristen-/Dauerstellplätze 325/60.
2007: (HS) 2 P/N inkl. St/N 19.– bis 27.–, weitere P/N 5.50, K/N bis 3 J. frei, H/N 5.–, KT –.95, WD inkl., Strom/N 3.50 (16A). Für junge Familien und ab 55 Jahren Ermäßigung. In NS Ermäßigung.
DCC 10% auf P/N.

6660 Houffalize, Luxembourg — B 1920

★★★ »CAMPING DU VIADUC« 1.1. bis 31.12.
061/289067, Fax 289411, campingviaduc@skynet.be   4000 qm

→ A 26 Neufchâteau–Liege Abf. (51) Houffalize, hier Richtung Viaduc. Beschildert. ✉ Rue de la Roche 53.

Ebenes bis leicht welliges, teilweise zum Waldrand terrassiert ansteigendes Wiesengelände. Parzelliert und durch die Ourthe zweigeteilt. Ort 1 km entfernt. Touristen-/Dauerstellplätze 45/115.
2007: (HS) P/N inkl. St/N 13.70, T/N 8.10, H/N frei, KT 1.35, WD zuzügl., Strom/N 1.80 (16A). In NS Ermäßigung.

DCC – DEIN PARTNER!

DCC-Vertragsplatz

✉ **4210 Oteppe,** Liège B 2070

25 ★★★ »L'HIRONDELLE« 21.3. bis 31.10.
☎ 085/711131, Fax 711021 150 m 650000 qm
www.lhirondelle.be, info@lhirondelle.be

→ A15/E 42 Liège–Mons Abf. Andenne (9) kurz Richtung Eghezée. Bei Bierwart auf die N 80 Richtung Hannut, ca. 4 km. Dann rechts abbiegen über Burdinne nach Oteppe. Beschildert. ✉ Rue Du Château 1.

Weitläufiges, ebenes bis leicht welliges parzelliertes Wiesengelände am Rande eines Schlossparks mit mehreren separaten Dauercamper-Platzteilen. Imbiss. Kleinkindersanitär. Großzügiger Kinderspielplatz. Wasserrutsche. Jugendgruppe. Boule. Filmvorführungen. FW. Ort 500 m entfernt. Touristen-/Dauerstellplätze 200/600.
2008: P/N 4.–, St/N 11.50, H/N 2.50, WD zuzügl., Müllgeb. –.75, Strom (6 A) inkl.
DCC/CCI 10% auf P/N und St/N.

✉ **5560 Houyet,** Namur B 2430

20 ★★ »CAMPING DE LA LESSE« 1.4. bis 15.10.
☎ 082/666100, Fax 667214 75000 qm
www.campingdelalesse.be, lafamiale@coolweb.de

→ A 4/E 411 Neufchâteau–Namur Abf. Houyet (21). Kurvenreich ins Tal nach Houyet. Beschildert. ✉ Rue du Camping 1.

Ebenes, langgestrecktes und parzelliertes Wiesengelände zwischen Bahnlinie und der Lesse. Überwiegend schattenlos. Wasserwanderer-Station. Dienstag Ruhetag. Ort 500 m entfernt. Touristen-/Dauerstellplätze 200/80.
2007: 2 P/N und 2 K/N inkl. St/N 15.–19.–, WD und Strom (10-16 A) keine Angabe.

✉ **5580 Ave-et-Auffe,** Namur B 2510

20 ★★★ »CAMPING LE ROPTAI« 1.2. bis 31.12.
☎ 084/388319, Fax 387327 www.leroptai.be, info@leroptai.be 100000 qm

→ A 4/E 411 Neufchâteau–Namur Abf. Wellin (23) auf die N 94. 1.2 km Richtung Dinant, dann rechts abbiegen auf die N 86 Richtung Rochefort. ✉ Rue Roptai 34 (GPS: 50°06'40" N / 5°08'01" E).

Ausgedehntes, welliges Waldgelände sowie abfallender, schattenloser Wiesenhang für Touristen. Durch Mobilheime geprägt. Imbiss. WiFi/Funkinternet. Klettereinrichtung. Bogenschießen. Abseilen. Höhlenforschung. Boule. Ort (Han-sur-Lesse) 5 km entfernt. Touristen-/Dauerstellplätze 150/220.
2007: (HS) P/N 3.50, J/N 3.50, St/N 8.30 bis 10.50, H/N 1.50, KT –.70, WD –.90, Strom/N 1.80 (6 A). In NS Ermäßigung.

DCC-Vertragsplatz

✉ **6760 Virton,** Luxembourg B 2680

20 ★★★ »CAMPING COLLINE DE RABAIS« 1.1. bis 31.12.
☎ 063/571195, Fax 583342 90000 qm
www.campingcollinederabais.be, info@campingcollinederabais.be

→ N 82 Arlon–Virton, hier vorm Ort rechts. Beschildert. ✉ Clos de Horlés 1 (GPS: 49°41'06" N / 5°31'08" E).

Auf einer Anhöhe zum Waldrand ansteigendes Wiesengelände. In 27 terrassierte und parzellierte Stellkreisel gegliedert und mit großen Einzelbäumen. Boule. Kabel-TV. Wifi/Funkinternet. Ort 2 km entfernt. Touristen-/Dauerstellplätze 300/10.
2007: (HS) P/N 4.50, K/N 3.–, C MC/N 3.–, T/N 3.–, M/N 3.–, H/N 5.–, KT –.95, Strom/N 3.– (16A). Pauschalangebote und in NS Ermäßigung.
DCC 10% auf P/N, CCI 5% bis 10% auf P/N.

DCC-Vertragsplatz

✉ **6730 Tintigny,** Luxembourg B 2700

25 ★★★★ »CAMPING DE CHÊNEFLEUR« 1.4. bis 1.11.
☎ 063/444078, Fax 063/445271 70000 qm
www.chenefleur.be, info@chenefleur.be

→ A4/E 25 Luxembourg–Brüssel, Abf. (29) Habay, Richtung Etalle. Hier auf die N 83 Richtung Florenville. In Tintigny beschildert. ✉ Rue Norulle 16.

Geräumiges Wiesengelände in zwei Terrassen am Fluss Semois angelegt. Teilweise leicht abfallend. Mit Hecken, Büschen und Bäumen durchzogen und parzelliert. Bogenschießen. Feuerplatz. Boule. Ort 1 km entfernt. Touristen-/Dauerstellplätze 196/11.
2007: (HS) 2 P/N inkl. St/N 20.–, weitere P/N 4.50, K/N bis 3 J. frei, H/N 4.–, KT –.95, WD zuzügl., Strom/N 3.– (6A). In NS Ermäßigung.
DCC 10% auf P/N.

DCC-Vertragsplatz

✉ **6880 Bertrix,** Luxembourg B 2720

25 ★★★★ »ARDENNEN CAMPING BERTRIX« 30.3. bis 12.11.
☎ 061/412281, Fax 412588 400 m 15000 qm
www.campingbertrix.be, info@campingbertrix.be

→ A4/E411 Luxembourg–Brüssel, Abf. (25) Libramont auf die N 89 Richtung Bouillon. Nach Bertrix abbiegen und hier kurz Richtung Herbeumont. Beschildert. ✉ Route de Mortehan (GPS: 49°50'20,1" N / 05°15'07,6" E).

Hügeliges, von Hecken durchzogenes, Wiesengelände am Waldrand. Parzelliert und teils terrassiert. Blick über die bewaldeten Ardennenhöhen. Kinderbad. Überdachter Kinderspieleraum. Kinderspielwald. Boule. Öffentlicher Badebetrieb. Ort 1.5 km entfernt. Touristen-/Dauerstellplätze 300/200.
2007: (HS) P/N inkl. St/N 17.–, H/N 4.–, Strom/N 3.50 (10A). Ab 55 J. und in NS Ermäßigung.
DCC/CCI 10% auf P/N und St/N.

✉ **3620 Lanaken,** Limburg B 3330

25 ★★★ »JOCOMO PARC« 1.1. bis 31.12.
☎ 089/722884, Fax 733087 310000 qm
www.jocomo.be, info@jocomo.be

→ A2/E314 niederländisch/belgische Grenze–Leuven, Abf. (33) Richtung Lanaken. In Lanaken auf die N77 Richtung Zutendaal. Platz liegt nach 2.4 km auf der rechten Seite. ✉ Maastrichterweg 1.

Ebenes, Wiesengelände mit jungem Baumbestand und Badesee am Rande des Nationalparks "Hoge Kempen". Parzelliert und von Wald umgeben. Zeltwiese. Terrasse und Poolbar. Liegewiese. Imbiss. Spieleraum. Boule. WiFi/Funkinternet. Gut für Maastricht-Besuche geeignet. Ort 2 km entfernt. Touristen-/Dauerstellplätze 57/208.
2007: (HS) P/N 2.50, K/N bis 2 J. frei, St/N 15.–, H/N 1.–, WD inkl., Müllgeb./Sack 1.–, Strom inkl. (4/10 A). In NS Ermäßigung.

✉ **3630 Opgrimbie,** Limburg B 3340

20 ★★★ »RECREATIEOORD KIKMOLEN« 1.4. bis 31.10.
☎ 089/770900, Fax 770908 350000 qm
www.kikmolen.be, kikmolen@skynet.be

→ A2/E314 niederländisch/belgische Grenze–Leuven, Abf. (33) Richtung Lananken. In Lanaken 1. Straße rechts auf die N77 Richtung Zutendaal. Gleich danach wieder rechts in nördlicher Richtung zum Platz abbiegen. Beschildert. ✉ Kikmolenstraat 3 (GPS: 50°57'14" N / 5°39'43" E).

Ebenes Wiesengelände um ein großes Naturschwimmbad und von Wald

Campen in Belgisch Limburg!
Natur genießen bis in die Zehenspitzen

Belgisch Limburg ist das Paradies für Camper. Eine abwechslungsreiche Landschaft mit einmaligen Plätzen, wo Sie mit der Natur eins werden können. Kosten Sie die totale Freiheit, zu Fuß oder mit dem Rad. Breite, gut erhaltene, perfekt ausgeschilderte Radwege, weit weg von Hektik und Gewühl, führen Sie durch eine abwechslungsreiche Natur, malerische Dörfer und interessante Stadtkerne. Auch die Allerkleinsten werden in Limburg ihre Freude haben. Hier können Ihre Lieblinge sicher und unbekümmert herumtoben, spielen, schwimmen und Rad fahren. Limburg, ein zensationelles Erlebnis für die ganze Familie.

www.kampiereninlimburg.be

Die vom DCC ausgewählten limburgischen Campingplätze finden Sie auf den folgenden Seiten.

---

umgeben im Nationalpark "Hoge Kempen". Fahrradradweg "Kempen-Maasland" verläuft beim Platz. Parzelliert. Imbiss. Restaurant-Terrasse mit Sicht auf den Badesee. Liegewiese und Sandstrand. 2 Riesenwasserrutschen. Kletterburg. Spieleraum. Ort 2 km entfernt. Touristen-/Dauerstellplätze 120/680.
2007: P/N 4.50, K/N bis 4 J. frei, K/N 4 bis 15 J. 2.–, St/N 6.–, H/N 2.–, WD zuzügl., Strom/N 1.– (4A).

✉ 3520 Zonhoven, Limburg — B 3380

20 ★★★ »CAMPING HOLSTEENBRON« 1.4. bis 11.11.
☎ 011/817140, Fax 441789 — 40 000 qm
www.holsteenbron.be, camping.holsteenbron@skynet.be

→ A2/E314 niederländisch/belgische Grenze–Leuven, Abf. (29) auf die N 74 nach Zonhoven. Platz liegt im Nordosten von Zonhoven. Beschildert. ✉ Hengelhoefseweg 9 (GPS: 50°59'53" N / 5°25'28" E).

Ebenes, parzelliertes und von Wald umgebenes Wiesengelände am Rande des Naturgebietes "De Teut". Teils schattenlos, teils unter Laubbäumen. Durch Hecken gegliedert. Hunde nach Absprache. Fischteich. Sanitäranlagen beheizbar. Cafeteria. Spielezimmer. Veranstaltungen. Nordic Walking. Natürliche Kläranlage (geführte Besichtigung möglich). Gut für Fahrrad- und Wandertouren geeignet. Ort 4 km entfernt. Touristen-/Dauerstellplätze 60/91.
2007: (HS) Familie inkl. St/N 18.50, weitere P/N 5.–, J/N inkl. Fahrrad und T/N 5.–, H/N 1.–, WD inkl., Strom (6A) inkl. In NS Ermäßigung.

✉ 3660 Opglabbeek, Limburg — B 3400

40 ★★★★ »RECREATIEOORD WILHELM TELL« 1.1. bis 31.12.
☎ 089/854444, Fax 810010 — 40 000 qm
www.wilhelmtell.com, receptie@wilhelmtell.com

→ E 314 Aachen–Brüssel Abf. (32) auf die N730 nach Opglabbeek-Bree. ✉ Hoeverweg 87 (GPS: 51°01'42" N / 05°35'51" E).

Ebenes Wiesengelände mit Laubbäumen in einem Naturgebiet. Große Schwimmlandschaft mit Riesen-Wasserrutsche. Auch Nicht-Camper haben Zugang zum Schwimmbad. Jacuzzi. Wellenbad. Wasserspielgarten.

FW. Disko. Kabel-TV. Gleiche Leitung wie Camping "Zavelbos". Ort 2 km entfernt. Touristen-/Dauerstellplätze 70/70.
2008: (HS) P/N 8.–, K/N bis 12 J. 4.–, St/N 15.–, H/N 4.–, WD zuzügl., Strom (10 A) inkl. In NS 30% Ermäßigung.

✉ 3680 Opoeteren-Maaseik, Limburg — B 3402

30 ★★★★ »CAMPING ZAVELBOS« 1.1. bis 31.12.
☎ 089/758146, Fax 758148 — 47 000 qm
www.zavelbos.com, receptie@zavelbos.com

→ E 314 Aachen–Brüssel Abf. (31) nach Opglabbeek. Dann Richtung Opoeteren. ✉ Kattebeekstraat 1.

Ebenes Wiesengelände mit Laubbäumen in einer naturbelassenen Umgebung. Angelteich mit Halbinsel in der Mitte des Platzes. Gleiche Leitung wie Camping "Wilhelm Tell". Schwimmparadies des 6 km entfernten Campingplatzes kann kostenlos benutzt werden. Snackbar. Boule. FW. Ort 2 km entfernt. Touristen-/Dauerstellplätze 30/99.
2008: (HS) P/N 8.–, K/N bis 12 J. 4.–, St/N 10.–, H/N 4.–, WD zuzügl., Strom (10 A) inkl. In NS 30% Ermäßigung.

✉ 3530 Houthalen-Helchteren, Limburg — B 3430

★★★★ »RECREATIEPARK HENGELHOEF« 1.1. bis 31.12.
☎ 089/382500, Fax 844582 — 3 000 000 qm
www.recreatieparkhengelhoef.be, info@recreatieparkhengelhoef.be

→ A2/B314 Aachen-Brüssel Abf. (30) Park Midden-Limburg. Beschildert. ✉ Tulpenstraat 141.

Durch breite Kieferngürtel voneinander getrennte Wiesenstreifen in einem Wald. An einem See mit Sandstrand und Liegewiesen. Hunde auf Nachfrage. Imbiss. Subtropisches Erlebnisbad mit Whirlpools, Wellenbad und Wasserrutschen (öffentlicher Badebetrieb). Kabel-TV. Skelter. Boule. 470 Touristenplätze.

3941 Eksel bei Hechtel, Limburg — B 3450

20 ★★★ »VACANTIECENTRUM DE LAGE KEMPEN« April bis Okt.
☎ 011/402243, Fax 348812 — 35 000 qm
www.lagekempen.be, info@lagekempen.be

→ A2/E314 niederländisch/belgische Grenze–Leuven, Abf. (29) auf die N 74 Richtung Eindhoven/Hechtel. Durch den Ort fahren. Platz liegt 4 km nördlich von Hechtel. Beschildert ✉ Kiefhoekstraat 19.

Ebenes, parzelliertes Wiesengelände mit hohen Nadelbäumen in einem Naturschutzgebiet. Von einem ausgedehnten Waldgebiet umgeben. Öffentliches Erlebnisbad (gratis) mit subtropischem Flair und 3 Wasserrutschen. Freizeitanlage. Ort 6.5 km entfernt. Touristen-/Dauerstellplätze 63/7.
2008: P/N 4.–, K/N bis 12 J. 3.–, C MC-St/N 6.50, T/N 3.75, M/N 1.50, H/N 2.–, KT –.75, Umweltabgabe –.25, Strom/N 2.50 (10 A).

3950 Bocholt, Limburg — B 3470

40 ★★★★ »CAMPING GOOLDERHEIDE« Ostern bis 31.10.
☎ 089/469640, Fax 464619 — 45 000 qm
www.goolderheide.be, info@goolderheide.be

→ A2/E314 niederländisch/belgische Grenze–Leuven, Abf. (32) auf die N 75 Richtung Bree/Bocholt/Eindhoven. Platz liegt westlich des Ortes in Richtung Kaulille. ✉ Bosstraat 1 (GPS: 51°10'24" N / 6°28'20" E).

Ebenes, parzelliertes und naturnahes Wiesengelände mit mehreren Seen in einem Nadelwald. Sandstrand und Liegewiese. Öffentliches Freibad. Abenteuerspielplatz. Imbiss. Wasserrutschen. Badminton. Volleyball. Boule. Halfpipe. Kegelbahn. Touristen-/Dauerstellplätze 230/750
2008: (HS) P/N 5.70, K/N bis 11. J. 3.20, St/N 19.20, H/N 5.–, KT 1.–, Strom/N 3.50 (10 A). Komfortplatz 29.40, Komfortplätze mit eigenem Sanitär 39.40. in NS Ermäßigung.

(B 3470)
Bosstraat 1, 3950 Bocholt, Belgien
T 0032 89 469640, F 0032 89 464619
E-mail: info@goolderheide.be
Website: www.goolderheide.be
auch für on-line Buchungen
NEU! COMFORT- & HIGH COMFORTPLÄTZE

2400 Mol, Antwerpen — B 3500

★★★★ »RECREATIEPARK ZILVERSTRAND« März bis Nov.
☎ 014/810098, Fax 816685 — 250 000 qm
www.zilverstrand.be, zilverstrand.bvba@pandora.be

→ A 13/E 313 Liège–Antwerpen Abf. Geel (23) über Geel nach Mol. Beschildert. ✉ Kiezelweg 17.

Parzelliertes, ebenes und weitläufiges Wiesen- und Kiefernwaldgelände an einem See. Teilweise schattenlos. Öffentlicher Badebetrieb. 2 Familienkabinen. Kleinkindersanitär. TV-Anschluss. Hundebad. Separater Dauercamperteil. Minigolfanlage 500 m, Ort 5 km entfernt. Touristen-/Dauerstellplätze 102/400.

Als DCC-Mitglied sind Sie immer gut beraten
Deutscher Camping-Club e.V., Postf. 40 04 28, 80704 München

3920 Lommel, Limburg — B 3605/1

★★★★ »CAMPING BLAUWE MEER« 1.1. bis 31.12.
☎ 011/544523, Fax 543769 — 210 000 qm
www.blauwemeer.be, info@blauwemeer.be

→ A2/E314 niederländisch/belgische Grenze–Leuven, Abf. (29) Houthalen auf die N 74 Richtung Eindhoven. Vor der niederländischen Grenze bei Neerpelt abbiegen Richtung Lommel. Beschildert. ✉ Kattebos 169.

Parzelliertes, ebenes und parkartiges Wiesengelände an einem See mit Sandstrand und Liegewiese. Kabel-TV. 414 Touristenplätze.

3920 Lommel, Limburg — B 3605/2

35 ★★★ »RECREATIEPARK PARELSTRAND« 1.4. bis 31.10.
☎ 011/649349, Fax 802257 — 400 000 qm
www.vakantiebundel.info, info@parelstrand.be

→ A2/E314 niederländisch/belgische Grenze–Leuven, Abf. (29) Houthalen auf die N 74 Richtung Eindhoven. Vor der niederländischen Grenze bei Neerpelt abbiegen Richtung Lommel. Beschildert. ✉ Luikersteenweg 313 a (GPS: 51°14'35" N / 5°22'45" E).

Ebenes, parzelliertes Wiesengelände an einem See (Schwimmverbot) und Fischteichen neben einem Nadelwaldgebiet. Stellplätze durch Baumreihen unterteilt. In NS Mindestaufenthalt 7 N. Separater Dauercamperbereich. Sanitäranlage beheizbar. Imbiss. Öffentliches Freibad. Liegewiese und Sandstrand. Riesenwasserrutsche. Festsaal. Boule. Ort 8 km entfernt. Touristen-/Dauerstellplätze 336/435.
2007: (HS) 4 P/N inkl. St/N 24.– bis 32.–, weitere P/N 7.–, H/N 5.–, KT –.79, Strom (10 A) und WD inkl. In NS Ermäßigung.

DCC-Vertragsplatz

2300 Turnhout, Antwerpen — B 3610

25 ★★★★ »CAMPING BAALSE HEI« 15.1. bis 15.12.
☎ 014/448470, Fax 448474 — 360 000 qm
www.baalsehei.be, info@baalsehei.be

→ A 21/E 34 Eindhoven–Antwerpen Abf. (24) Turnhout über den Ring Turnhout auf die N 119 Richtung Breda, noch 1.5 km. Beschildert. ✉ Roodhuisstraat 10 (GPS: 51°21'29" N / 4°57'30" E).

Ebenes, parzelliertes und durch mehrere Baumreihen unterteiltes Wiesengelände mit Badesee in ländlicher Umgebung. Separate Pkw-Abstellung und Dauercamperteil. Ort 4 km entfernt. Touristen-/Dauerstellplätze 61/389.
2008: (HS) P/N inkl. St/N 24.–, H/N 1.25, WD zuzügl., Müllgeb. –.75, Strom/N 1.– (16 A). In NS Ermäßigung.
DCC/CCI 10% auf P/N.

Ruhiges, grünes Gelände direkt am Naturschutzgebiet, zwischen Turnhout und Baarle Nassau. Geräumige, gut ausgestattete Parzellen.
Schwimm-, Ruder- und Angelweiher.
Fuß-, Volley-, Basketball und Tennis.
Gemütliches Caférestaurant.
Direkt an ausgeschilderten Wander- und Fahrradrouten (u. a. Flandern Radroute). 3 km vom Zentrum Turnhout (Museen, Beginenhof,…), 20 Min. bis Bobbejaanland. Ausgezeichnete Lage zum Besuch der Kunststadt Antwerpen. Feststehende Wohnwagen und Trekkinghütten zu mieten. Über E 34 Eindhoven-Antwerpen, Ausfahrt 24 Richtung Turnhout/Breda.

Baalse Hei 't Groene Caravanpark
Roodhuisstraat 10, 2300 Turnhout (Belgiën)
Tel. 00 32 (0) 14 44 84 70 · Fax 00 32 (0) 14 44 84 74
www.baalsehei.be · info@baalsehei.be (B 3610)

✉ 2275 Lille-Gierle, Antwerpen — B 3620

25 ★★★★ »DE LILSE BERGEN« — 1.1. bis 31.12.
☎ 014/557901, Fax 554454 — 600 000 qm
www.lilsebergen.be, info@lilsebergen.be

→ A21/E 34 Abf. Gierle/Beerse (22), kurz Richtung Beerse, dann scharf abbiegen. Beschildert. ✉ Strandweg 6.

Langgestrecktes, leicht welliges und parzelliertes, lichtes Kiefernwaldgelände an einem See mit ausgedehntem Badestrand und durch eine Hängebrücke verbundener Insel. Sportgelände. Minicarverleih. Imbiss. Ort 3 km entfernt. Touristen-/Dauerstellplätze 263/245.
2008: (HS) P/N inkl. St/N 20.–/25.–, H/N 4.–, WD zuzügl., Müllgeb. Sack 1.25, Strom (10 A) inkl. In NS Ermäßigung.

✉ 2050 Antwerpen — B 3650

★★ »CAMPING DE MOLEN« — April bis Sept.
☎ 03/2196090, Fax 2169117 — 12 000 qm

→ Autobahnring R 1 Richtung Gent, durch den Kennedytunnel Abf. Linkeroever (6). Hier im Ort links am Scheldeufer entlang noch ca. 1 km. Beschildert. ✉ Thonetlaan.

Ebenes schattenloses und parzelliertes Wiesengelände in Scheldenähe. Doppelachser Caravans keine Aufnahme. Zentrum ca. 4.5 km entfernt. Touristen-/Dauerstellplätze 46/24.

✉ 1970 Wezembeek-Oppem, Vl. Brabant — B 4300

★★★ »CAMPING PAUL ROSMANT« — April bis Sept.
☎ 02/7821009 — 16 000 qm

→ Autobahnring Brüssel (RO) Abf. Wezembeek/Oppem (2), hinter der Unterführung 2. Abfahrt links. Beschildert. ✉ Warandeberg 52.

Ebenes, teilweise terrassiert abfallendes Wiesengelände, durch Bepflanzungen günstig aufgelockert und parzelliert. Teilweise Fluglärm. Imbiss. Ort 1 km entfernt. Touristen-/Dauerstellplätze 25/66.

✉ 3090 Overijse, Vlaamse Brabant — B 4350

★★★ »CAMPING DRUIVENLAND« — April bis Okt.
☎ 02/6879368, Fax 6875029 — 50 000 qm
camping.druivenland@pandora.be

→ A4/E 411 Namur–Brüssel, Abf. (3), Overijse, Richtung Overijse, nach ca. 1 km rechts Richtung Tombeck/Terlanen und die „Nijvelsbaan", hier noch ca. 1 km rechts (Nr. 80), beschildert. ✉ Nyvelsebaan 80.

Ein Teil abfallendes, beschattetes und parzelliertes Wiesengelände und ein Teil leicht abfallende schattenlose Wiese. Kiosk. Touristen-/Dauerstellplätze 80/70.

✉ 9500 Geraardsbergen, Ostflandern — B 4420

★★★ »CAMPING DE GAVERS« — 1.1. bis 31.12.
☎ 054/416324, Fax 410388 — 100 000 qm
www.degavers.be, gavers@oost-vlaanderen.be

→ A 10/E 40 Brüssel–Gent Abf. Wetteren (17) auf die N 42. Am Ortsanfang Geraadsbergen (Grammon) beschildert. ✉ Onkerzelestraat 280.

Ebenes, parzelliertes Wiesengelände. Durch Bepflanzungen in Stellfeldern unterteilt neben einem See und Freizeitgelände. Unattraktive Touristen-Stellflächen am Platzeingang. Imbiss. Ort 5 km entfernt. Touristen-/Dauerstellplätze 82/303.

✉ 1850 Grimbergen, Vlaamse Brabant — B 4600

20 ★★★ »CAMPING GRIMBERGEN« — 1.4. bis 25.10.
☎ 0479/760378, Fax 02/2701215 — 15 000 qm
camping.grimbergen@telenet.be

→ Autobahnring Brüssel (RO) Abf. (7) Grimbergen. ✉ Veltkantstraat 64.

Ebenes bis leicht wellig parzelliert ansteigendes Wiesengelände neben einem Schwimmbad mit schattenloser Zeltwiese. Ort 500 m entfernt. 90 Touristenplätze.
2007: P/N 4.50, K/N ab 12 J. 1.–, A/N 2.–, C T/N 3.–, MC/N 5.–, H/N 1.–, WD inkl., Strom/N 2.– (10 A).

✉ 9250 Waasmunster, Ostflandern — B 4720

15 ★★★ »V.K.T. CAMPING GERSTEKOT« — 1.1. bis 31.12.
☎ 03/7723424, Fax 7727382 — 20 000 qm
www.vkt-camping-gerstekot.com

→ A14/E17 Gent–Antwerpen Abf. (13) Waasmunster, nach 100 m einbiegen. Beschildert. ✉ Vinkenlaan 30.

Ebenes, gepflegtes Wiesengelände neben der Autobahn auf einer Waldlichtung. Günstiger Etappenplatz. Imbiss. Ort 3 km entfernt. Touristen-/Dauerstellplätze 16/100.
2008: (HS) P/N 3.25, K/N 4 bis 12 J. 1.50, St/N 5.–, H/N 1.50, WD zuzügl., Müllgeb. P/N 1.–, Strom/N 3.50, kWh –.25 (10 A). In NS 10% Erm.
CCI 5% auf P/N.

✉ 9190 Stekene, Ostflandern — B 4780

15 ★★★ »V.K.T. CAMPING REINAERT« — 1.4. bis 31.10.
☎/Fax 03/7798525 — 25 000 qm
www.vkt.be, petervandenbranden@skynet.be

→ N49 Antwerpen–Knokke Heist, über Drie Schouwen abbiegen nach Stekene. ✉ Lunterbergstraat.

Ebenes, von einem Waldstreifen begrenztes, parzelliertes Wiesengelände. Ort (Stekene) 4 km entfernt. Touristen-/Dauerstellplätze 20/115.
2008: P/N 2.50, K/N 4 bis 12 J. 2.–, St/N 5.–, H/N inkl., WD zuzügl., Müllgeb. P/N –.50, Strom/N 2.50 (10 A).
DCC/CCI 10% auf P/N.

✉ 9000 Gent, Ostflandern — B 4800

25 ★★★★ »CAMPING BLAARMEERSEN« — 1.3. bis 15.10.
☎ 09/2668160, Fax 09/2668166 — 60 000 qm
www.gent.be/campingblaarmeersen, camping.blaarmeersen@gent.be

→ A10/E 40 Brüssel–Oostende Abf. (13) Gent/Drongen über Drongen Richtung Gent zum Sport en Recreatiecentrum. ✉ Zuiderlaan 12.

Ebenes, durch Hecken unterteiltes und parzelliertes Wiesengelände in Seenähe im Bereich eines Freizeitgebiets. Wanderhütten. Imbiss. Zentrum 5 km entfernt. 205 Touristenplätze.
2008: P/N 4.50, K/N 4 bis 12 J. 2.50, St/N 5.50/7.–, WD inkl, Müllgeb. –.05, Strom zuzügl. (10 A).

417

DCC-Vertragsplatz

✉ **9700 Oudenaarde,** Ostflandern B 4980

30 ★★★ »KOMPAS-CAMP VLAAMSE ARDENNEN«
☏ 055/315473, Fax 300865 30.3. bis 12.11
www.kompasCamping.be, oudenaarde@kompas-camping.be 230 000 qm

→ N 60 Gent–Ronse, bei Oudenaarde westlich abbiegen auf die N 453 Richtung Petegem, ca. 3 km. Beschildert. ✉ Kortrijkstraat 342.

Ebenes und großflächiges, teilweise terrassiert abfallendes parzelliertes Wiesengelände mit einem 35 ha großen See. Durch Hecken in Stellfelder unterteilt. Angelteich. Sanitäranlagen beiheizbar. Ort 5 km entfernt. Touristen-/Dauerstellplätze 249/150.
2007: (HS) 6 P/N inkl. St/N 28.50, H/N 2.20, WD inkl., Strom/N 2.20 oder kWh –.22 (10 A). In NS Ermäßigung.
DCC 10% auf P/N und St/N.

✉ **8200 Brugge,** Westflandern B 5150

25 ★★★ »CAMPING MEMLING« 1.1. bis 31.12.
☏ 050/355845, Fax 357250 10 000 qm
www.brugescamping.be, info@brugescamping.be

→ E40 Brüssel–Oostende Abf. Oostkamp. ✉ Veltemweg 109.

Ebenes Wiesengelände. Zentrum (Brugge) 3 km entfernt. Touristen-/Dauerstellplätze 80/22.
2008: (HS) P/N 5.–, K/N 3 bis 15 J. 4.–, C MC-St/N 10.–, T/N 5.–, M/N 2.50, H/N 2.–, Strom/N 2.– (5 A). In NS 20% Ermäßigung.

✉ **8301 Knokke-Heist,** Westflandern B 5220/1

★★★ »KAMPEERVERBLIJFPARK DE VUURTOREN«
☏ 050/511782 März bis Okt.
kampvuurtoren@skynet.be 60 000 qm

→ N 34 Knokke–Oostende, am westl. Ortsrand von Heist auf die N300 südwärts abbiegen Richtung Brügge/Ramskapelle. 2. Platz. ✉ Heistlaan 168.

Ebenes, sehr gepflegtes Wiesengelände neben der Straße in Nähe einer Bahnlinie. Teilweise schattenlos. Ort 500 m entfernt. Touristen-/Dauerstellplätze 30/365.

✉ **8301 Knokke-Heist,** Westflandern B 5220/2

★★★ »CAMPING ZILVERMEEUW« März bis Okt.
☏ 050/512706, Fax 512703 70 000 qm
www.camping-zilvermeeuw.com, info.campingzilvermeeuw@skynet.be

→ N 34 Knokke–Oostende, am westl. Ortsrand von Heist auf die N300 südwärts abbiegen Richtung Brügge/Ramskapelle. 1. Platz. ✉ Heestlaan 166.

Ebenes, schattenloses Wiesengelände neben der Straße mit parzellierten und betonierten Stellfächen. Touristenplätze unterhalb eines Bahndamms. Ort 300 m entfernt. Touristen-/Dauerstellplätze 30/430.

✉ **8370 Blankenberge,** Westflandern B 5400

35 ★★★ »CAMPING BONANZA 1« 15.3. bis 15.9.
☏ 050/416658, Fax 50427349 50 000 qm
www.bonanza1.be, bonanza1@kmonet.be

→ A10/E40 Gent–Oostende Abf. (8) Brugge Richtung Blankenberge. In Blankenberge bei der 2. Ampel rechts abbiegen. Beschildert. ✉ Zeebruggelaan 137.

Ebenes und teilweise mit aufgelockertes Wiesengelände neben einer Straße. Durch Hecken gegliedert und überwiegend schattenlos. Separate Zeltwiese. Cafétéria. Sonnenterrasse. Imbiss. Spielautomaten. Boule. Zentrum 1.5 km entfernt. Touristen-/Dauerstellplätze 79/175.
2007: 2 P/N inkl. St/N 20.– bis 29.–, weitere P/N 5.50, K/N 2 bis 12 J. 3.50, WD und Strom (10A) inkl. In NS Ermäßigung.

✉ **8450 Bredene,** Westflandern B 5580/1

30 ★★★ »CAMPING PARK COSTA« 1.3. bis 15.11.
☏ 059/322475, Fax 331130 64 000 qm
www.parkcosta.be, info@parkcosta.be

→ A 10/E40 Gent–Oostende Abf. (6) Jabbeke über Klemskerke abbiegen nach Bredene. Hier den Campinghinweisen folgen. Platz hinter dem Hotel Europa am östlichen Ortsende. ✉ Koningin Astridlaan 53/B.

Ebenes und schattenloses Wiesengelände mit Heckenparzellierung. Für Mocas wenig geeignet. CCI-Ausweis erforderlich. Restaurant in NS nur Sa. u. So. geöffnet. Schwimmen 700 m, Ort 800 m entfernt. Touristen-/Dauerstellplätze 80/320.
2008: 4 P/N inkl. St/N 27.45, weitere P/N 2.50, T/N 9.–, H/N 2.50, WD zuzügl., Müllgeb./Sack 1.–, Strom (10 A) inkl.

✉ **8450 Bredene,** Westflandern B 5580/2

20 ★★★ »CAMPING 17 DUINZICHT« 1.1. bis 31.12.
☏ 059/323871, Fax 330467 90 000 qm
www.campingduinzicht.be, info@campingduinzicht.be

→ A 10/E40 Gent–Oostende Abf. (6) Jabbeke über Klemskerke abbiegen nach Bredene. Hier den Campinghinweisen folgen. Platz an der Küstenstraße. ✉ Rozen Laan 23.

Ebenes Wiesengelände im Zentrum von Bredene mit separatem Dauercamperteil. Gas- u. Lebensmittelverkauf 200 m, Schwimmen 250 m entfernt. Touristen-/Dauerstellplätze 238/404.
2007: (HS) 4 P/N inkl. St/N 22.–, weitere P/N 3.–, K/N bis 10 J. 2.–, H/N frei, WD zuzügl., Strom inkl. (10A). In NS Ermäßigung.

✉ **8450 Bredene,** Westflandern B 5580/3

★★★ »CAMPING JAGERSHOF-KERLINGA« 1.1. bis 31.12.
☏ 059/333342, Fax 332246 17 000 qm
www.kerlinga.be, info@kerlinga.be

→ A10/E 40 Gent–Oostende Abf. (6) Jabbeke Richtung Knokke/Blankenberge auf die N34 Richtung Bredene. ✉ Koningin Astridlaan 57.

Parzelliertes, ebenes und gepflegtes Wiesengelände mit einzelnen Bäumen neben der Küstenstraße. Strand über die Fußgängerbrücke gut erreichbar. Große Kinderspielanlage mit Hüpfburg und Riesenrutsche. Basketball. TV-Anschluss. Imbiss. Touristen-/Dauerstellplätze 900/90.

✉ **8420 De Haan,** Westflandern B 5600/1

★★★ »CAMPING TER DUINEN« März bis Okt.
☏ 050/413593, Fax 416575, www.campingterduinen.be 120 000 qm

→ A10/E 40 Gent–Oostende Abf. (6) Jabbeke Richtung De Haan-Bredene (N 377). ✉ Wenduinesteenweg 143.

Ebenes Wiesengelände am Rand eines Waldgebietes neben einem Freizeitpark mit subtropischem Schwimmparadies. Separater Dauercamperteil. Touristen-/Dauerstellplätze 125/100.

Camping Bonanza 1
Zeebruggelaan 137 • B-8370 Blankenberge
Tel.: +32 / 50 / 41 66 58 • Fax: +32 / 50 / 42 73 49
e-Mail: bonanza1@kmonet.be
(B 5400) www.bonanza1.be

Der Strand, das Meer und das Stadtzentrum der belebten Stadt Blankenberge sind vom Campingplatz Bonanza aus gut zu Fuß zu erreichen. Der Platz verfügt u.a. über einen beheizten Pool im Freien, ein gemütliches Cafétéria-Restaurant mit Sonnenterrasse und moderne, gut gepflegte Sanitäranlagen.
Einen Tag mal keinen Strand... im beschaulichen Polderland lässt es sich herrlich wandern oder radfahren. Brügge liegt 20 km entfernt.

BREDENE
BELGISCHE KÜSTE

CAMPING 17 DUINZICHT ★★ (B 5580)

Der Campingplatz liegt hinter einem einzigartigen Dünengürtel nur 100 m vom Strand, 5 km vom lebendigen Brügge und dem mondänen De Haan entfernt und verfügt über folgende Komfort:
• moderne Sanitäranlagen • Waschsalon • Kühlelemente-Service • Schließfächer zu mieten
• Fahrradverleih • Kabelfernsehen • Liegewiese für Zelte • Wachdienst

Wir verfügen über eine Anzahl von Wohnwagen für 4–6 Personen

Rozenlaan 23 · B-8450 Bredene · tel +32-59.323871 · fax +32-59.330467

DCC-Vertragsplatz

8420 De Haan, Westflandern — **B 5600/2**

★★★ »CAMPING DE HEIDE-MINNE« — 15.3. bis 20.10.
☎/Fax 059/237765, www.deheide.be, info@deheide.net — 20 000 qm

→ A10/E 40 Gent–Oostende Abf. (6) Jabbeke Richtung De Haan-Bredene (N 377). Dann links Richtung Oostende und Klemskerke. In Klemskerke links Richtung Vosselag. ✉ Driftweg 210 a (GPS: 51°15'21" N / 2°59'29" E).

🍽️🅿️♿🚿♻️📷Ⓓ___🔥🔥⛲🎣⛳🍳W🚽W🚻W🛒
♿WC 🛁🧺W🚿W📞📺🧊⚽🚐 ⚔ ✂100m 🏊

🐕400m Ⓗ500m

Unparzellierte Wiese in den Dünen am Rand eines Vogelschutzgebietes. Keine Aufnahme von alleinreisenden Jugendlichen. 33 Touristenplätze.
2007: (HS) P/N 3.50, K/N 3 bis 15 J. 2.50, A/N 2.–, C T/N 9.–, MC/N 10.50, T/N 9.–, H/N 2.–, WD zuzügl., Müllgeb. 1.–, Strom/N 1.75 (16A). In NS Erm.
DCC 10% auf P/N.

8434 Middelkerke, Lombardsijde, Westfl. — **B 5685**

★★★ »CAMPING DE LOMBARDE« — 1.1. bis 31.12.
☎ 058/236839, Fax 239908 — 85 000 qm
www.delombarde.be, info@delombarde.be

→ A18/E 40 Brugge–De Panne Abf. Nieuwpoort Richtung Middelkerke, bei Lombardsijde/Westende abbiegen. Beschildert. ✉ Elisabethlaan 4. (GPS: 51°09'23" N / 2°45'13" E).

🍽️🅿️♿🚿♻️📷Ⓓ___🔥🔥⛲🎣⛳🍳W🚽W🚻W🛒♿
🛁🧺W🚿W📞📺🧊🎰🚐✂HS🏠🎣HS🏸HS⚽🚣

🎣🏓 ♿HS 50m Ⓗ100m 🏊 🚴400m 🚲500m

Ebenes, parzelliertes Wiesengelände mit Heckenunterteilungen an einem Teich. Von den Dünen durch eine Schnellstraße getrennt. Separate Pkw-Abstellung. FW. Golfplatz in der Nähe. Ort 1 km entfernt. Touristen-/Dauerstellplätze 208/152.
2007: (HS) 6 P/N inkl. St/N 28.–. H/N 2.60, WD inkl., Strom (16A) keine Angabe. In NS 20% Ermäßigung.

8434 Westende, Westflandern — **B 5686**

★★★ »KOMPAS-CAMPING WESTENDE« — April bis Nov.
☎ 058/223025, Fax 223028 — 40 000 qm
www.kompas-campings-be, westende@kompascamping.be

→ A 18/ E 40 Brügge–Veurne, Abf. (4), Middelkerke, Richtung Middelkerke; hier an der Kirche links Richtung Westende. Am Ende der 3. Straße rechts nach der Kirche u. Westende-Dorf. Beschildert. ✉ Bassevillestraat 141.

🍽️🅿️♿🚿♻️Ⓓ___🔥🔥⛲🎣⛳🍳W🚻W🛒♿🛁W
🚿W📞📺🧊🎰✂🏠🏸🎣⚽🎾🏓 ✂1km

Ebenes, durch Hecken, Büsche und Bäume gegliedertes Wiesengelände. Beheiztes Hallenbad (400 m entfernt) für Camper gratis. Touristen-/Dauerstellplätze 295/100.

DCC-Vertragsplatz

8670 Koksijde, Westflandern — **B 5750**

★★★★ »CAMPING DE BLEKKER N.V.« — April bis Nov.
☎ 058/511633, Fax 511307 — 31 000 qm
www.deblekker.be, camping.deblekker@belgacom.net

→ A 18/E 40 Brügge–Calais, Abf. (1) Veurne Richtung Koksijde. Beim Kreisverkehr rechts Richtung Kosijde-Dorp und weiter nach Koksijde aan Zee. Beschildert. ✉ Jachtwakersstraat 12 (GPS: 51°06'41" N / 02°39'8,3" E).

🍽️🅿️♿🚿♻️📷Ⓓ___🔥🔥⛲🎣⛳🍳W🚻W🛒♿
🛁W🚿W📞📺🧊🎰🍳✂ ✂W 🎣Ⓗ500m 🏊 🚲1.7km

Durch Busch- und Baumreihen gegliedertes, ebenes Wiesengelände mit einigen Terrassen in den Dünen bei einem großen Naturschutzgebiet. Nur max. ein kleiner Hund erlaubt. Separate Pkw-Abstellung für einen Teil der Plätze. Lebensmittelverkauf 250 m entfernt. Touristen-/Dauerstellplätze 65/135.
2007: (HS) 4 P/N inkl. St/N 30.– , WD zuzügl., Strom (10 A) inkl. In NS Erm.
DCC 10% auf P/N.

8670 Koksijde/Oostduinkerke, Westfl. — **B 5760**

★★ »CAMPING AMAZONE« — 1.4. bis 30.9.
☎ 058/513363, Fax 522512 — 17 000 qm
www.camping-amazone.com, info@camping-amazone.com

→ N 34 Küstenstraße Oostende–De Panne, in Oostduinkerke-Bad abbiegen nach Oostduinkerke-Dorp. Hier rechts Richtung Koksijde. ✉ Westhinderstraat 2.

🍽️🅿️♿🚿♻️📷Ⓓ___🔥🔥⛲🎣⛳🍳W🚻W♿WC🛁
🚿W🛁🧊🎰🚐🚲800m Ⓗ1km

Leicht welliges, überwiegend schattenloses Wiesengelände neben der Straße. Ort 500 m, Strand u. Wassersport 2.5 km entfernt. Touristen-/Dauerstellplätze 22/100.
2007: P/N 3.–, K/N bis 5 J. 2.20, St/N 11.–, WD zuzügl., Strom/N 2.– (10A).

8620 Nieuwpoort, Westflandern — **B 5790**

★★★★ »KOMPAS-CAMPING NIEUWPOORT« — April bis Okt
☎ 058/236037, Fax 232682 — 240 000 qm
www.kompas-camping.be, nieuwpoort@kompas-camping.be

→ A 18/E 40 Brugge–De Panne Abf. Nieuwpoort, hier am Hafen abbiegen auf die N 367 Richtung St. Joris. Beschildert. ✉ Brugsesteenweg 49.

🍽️🅿️♿🚿♻️Ⓓ___🔥🔥⛲🎣⛳🍳W🚻W🛒♿
🛁🧺W🚿W📞📺🧊🎰🚐🍳HS✂HS📺TV🏸HS🎣HS
🚣🏊W⚽🏓🎾🚐🎰🏸 ✂100m 🚲500m

Ebenes Wiesengelände neben einem Staubecken der Ijser (Badeverbot). Durch Hecken und Gehölze in parzellierte Stellfelder unterteilt. Beheizbare Sanitäranlagen. Große Mehrzweckhalle. Ort 2 km entfernt. Touristen-/Dauerstellplätze 478/385.

De Lombarde (B 5685)
www.delombarde.be
Elisabethlaan 4 • B-8434 Lombardsijde-Middelkerke
Tel. 00 32-58-23 68 39 Fax 00 32-58-23 99 08
E-mail: info@delombarde.be

Camping und Ferienhäuser 400 m vom Meer!

• Autofreier, kinderfreundlicher, grüner Campingplatz mit modernen, gepflegten Sanitärgebäuden.
• Ferienhäuser mit allem Komfort und Campinghütten zu vermieten.
• Restaurant, gemütliche Cafeteria, Imbiss und Einkaufsladen.
• Rufen Sie an, wir schicken Ihnen einen Prospekt mit Preisliste zu.

Neuer Spielplatz und Angelteich

Ganzjährig geöffnet! Frühjahrs-, Sommer-, Herbst- und Wintertarife

✉ 8660 De Panne, Westflandern   B 5850

Abfahrt

20 ★★ »CAMPING GREENPARK« ⛓ 21.3. bis 14.9.
☎ 058/420106, Fax 620634   40 000 qm
www.campinggreenpark.be, camping.greenpark@telenet.be

→ A18/E40 Gent–Veurne, hier auf die N 35 abbiegen Richtung De Panne, direkt neben der Straße. ✉ Veurnestraat 177.

Ebenes bis leicht welliges Sand- und Wiesengelände. Durch Bäume und Sträucher unterteilt. Boule. Ort 300 m, Strand 1.4 km entfernt. Mittagsruhe 12-14 Uhr. 210 Touristenplätze.
2007: (HS) 3 P/N inkl. St/N 18.30, WD zuzügl., Strom (6A) inkl. In NS Ermäßigung.

✉ 8660 Adinkerke-De Panne, Westflandern   B 5870

Abfahrt

15 ★★ »CAMPING TER HOEVE« ⛓ 1.1. bis 30.12.
☎ 058/412376, Fax 422232   42 000 qm
www.depanne.be/campingterhoeve, camping.terhoeve@belgacom.net

→ A18/E40 Gent–Veurne, hier abbiegen auf die N 35 über De Panne und weiter Richtung Dunkerque und »Melipark«. Duinhoekstraat 103.

Ebenes, parzelliertes Wiesengelände hinter einem Vergnügungspark mit Hecken unterteilt. Baumreihen durchzogen. Ort 1.5 km entfernt. Touristen-/Dauerstellplätze 120/300.
2007: P/N 3.–, K/N bis 10 J. 2.–, A/N 1.50, C MC/N 3.50, T/N 2.50, M/N 1.–, WD keine Angabe, Strom/N 1.50 (4A).

✉ 8956 Kemmel, Westflandern   B 5880

★★ »CAMPING YPRA« ⛓ 1.1. bis 31.12.
☎ 057/444631, Fax 444881   12 000 qm
www.camping-ypra.be, camping.ypra@pi.be

→ A 19 Kortrijk–Veurne, Abf. (4), Heuvelland/Leper, auf die N 37 Richtung Leper, hier auf die N 331 Richtung Heuvelland/Kemmel. ✉ Pingelaarstraat 2.

Ansteigendes, teilweise durch Hecken, Büsche und Bäume gegliedertes Wiesengelände. Ein Teil schattenlos mit Anpflanzungen. Imbiss. Touristen-/Dauerstellplätze 120/298.

SCHWEIZ

Übersichtskarte Seite 421

Besondere Vorschriften und Regelungen

Personaldokumente: Gültiger Reisepass oder Personalausweis. Kinder unter 16 Jahren benötigen einen Kinderausweis mit Vermerk »Deutsch«, (ab 10 Jahren mit Foto) oder einen Eintrag im Familienpass.

Impfbescheinigungen: Werden nicht verlangt.

Dokumente für Haustiere: Für Hunde und Katzen wird ein tierärztliches Gesundheitszeugnis benötigt. Dieses muss Angaben wie Tierhalter, Name, Adresse und die Beschreibung des Tieres enthalten. Ein Tollwut-Impfzeugnis ist erforderlich. Die Impfung muss mindestens 30 Tage zurückliegen, darf aber nicht älter als ein Jahr sein. Spezielle Auskünfte erteilt die Schweizerische Botschaft: Otto-von-Bismarck-Allee 4,10557 Berlin, Tel. 030/390 40 00, Fax 030/391 10 30.

Kfz: Nationaler Führerschein und die nationale Zulassung sind ausreichend. Das Nationalkennzeichen »D« muss am Fahrzeug angebracht, bzw. im EU-Nummernschild enthalten sein. Die Mitnahme der »Internationalen Grünen Versicherungskarte« wird dringend empfohlen.

Caravans: Bezüglich der Abmessungen von Caravans gelten in der Schweiz besondere Bestimmungen. Alle aufgeführten Maße verstehen sich inkl. Zuggabel (Caravan-Gesamtlänge).

max. Breite/Länge	Geltungsbereich
2,50/8 m	Caravans u. Sportgeräteanhänger sind innerhalb der aufgeführten Abmessungen nicht bewilligungspflichtig. <u>Bei Überschreiten dieser Maße wird die Einreise verweigert.</u>
18 m (vorbehaltlich)	max. Gespannlänge

Achtung: Auf einigen Berg- und Nebenstraßen besteht ein generelles Fahrverbot für Gespanne. Auf einigen Strecken ist nur eine Caravanbreite bis 2.30 m erlaubt. Achten Sie bitte auf die Straßenbeschilderung.

Verkehrsvorschriften: Bergauffahrende Fahrzeuge haben immer Vorrang. Schienenfahrzeuge haben innerorts auf gleichberechtigten Straßen Vorfahrt. Der Gebrauch von Nebelschlussleuchten ist nicht gestattet. Wir empfehlen das Abblendlicht grundsätzlich einzuschalten. Bei Tunnelfahrten muss das Abblendlicht eingeschaltet werden. Außerhalb von Ortschaften darf an Hauptstraßen nicht geparkt werden. In Kurzparkzonen, den »blauen Zonen«, darf nur mit Parkscheibe geparkt werden. Gelbe Linien am Fahrbahnrand bedeuten Halteverbot. Gelbe Kreuze am Fahrbahnrand, die mit einer gelben Linie verbunden sind, bedeuten Parkverbot. Es besteht Anschnallpflicht und für Motorradfahrer Helmpflicht. Promillegrenze 0,5.

Straßengebühren: Die Autobahnen/Nationalstraßen (weiß-grünliche Beschilderung) sind gebührenpflichtig. Für Pkw und Anhänger wird <u>jeweils</u> eine Vignette benötigt. Diese kostet ca. € 27.50 und ist gültig ab 1. Dezember bis einschließlich 31. Januar des nächsten Jahres (14 Monate). Für Mocas über 3,5t gelten Staffelpreise. Die Vignette ist an Grenzübergängen, Postämtern und Tankstellen erhältlich. Im Vorverkauf kann sie bei den deutschen Automobilclubs erworben werden. Das Fahren ohne gültige Vignette kostet Strafe.

Tempolimits:
Innerorts:	50 km/h	für Pkw/Motorcaravan/Gespann
Landstraßen:	80 km/h	für Pkw/Motorcaravan/Gespann
Schnellstraßen:	100 km/h	für Pkw/Motorcaravan unter 3.5t
	80 km/h	für Motorcaravan über 3.5t/Gespann
Autobahnen:	120 km/h	für Pkw/Motorcaravan unter 3.5t
	80 km/h	für Motorcaravan über 3.5t/Gespann

Die Höchstgeschwindigkeit auf Schnellstraßen und Tunnels mit zwei Fahrspuren beträgt in beiden Richtungen 100 km/h, mit einer Fahrspur 80 km/h bzw. entsprechender Ausschilderung. Abschleppfahrten 40 km/h, auf Autobahnen nur bis zur nächsten Ausfahrt.

Telefon: Deutschland–Schweiz 0041. Schweiz–Deutschland 0049, dann jeweils die Durchwahl ohne die erste Null der Ortsnetzkennzahl.

Unfallnotruf: Polizei: 117, Unfallrettung: 144, Mobil: 112. Pannenhilfe: 140 (TCS), Mobil 03 18 50 53 11. Auf den Autobahnen befindet sich alle 1,6 km ein Notruftelefon. Auf den Pass-Straßen gibt es auf abgelegenen Strecken ACS- und TCS-Notruftelefone.

Fortsetzung S. 422

Treffpunkt der Camping-Touristen auf der Fahrt nach Süden und auf der Rückreise:

DCC-Campingpark „Kehl-Straßburg" an der Europa-Brücke!

Besuchen Sie uns – vielleicht bleiben Sie länger als sie vorhatten.

(Beschreibung im Deutschlandteil Nr. 7605, Seite 220 und 223)

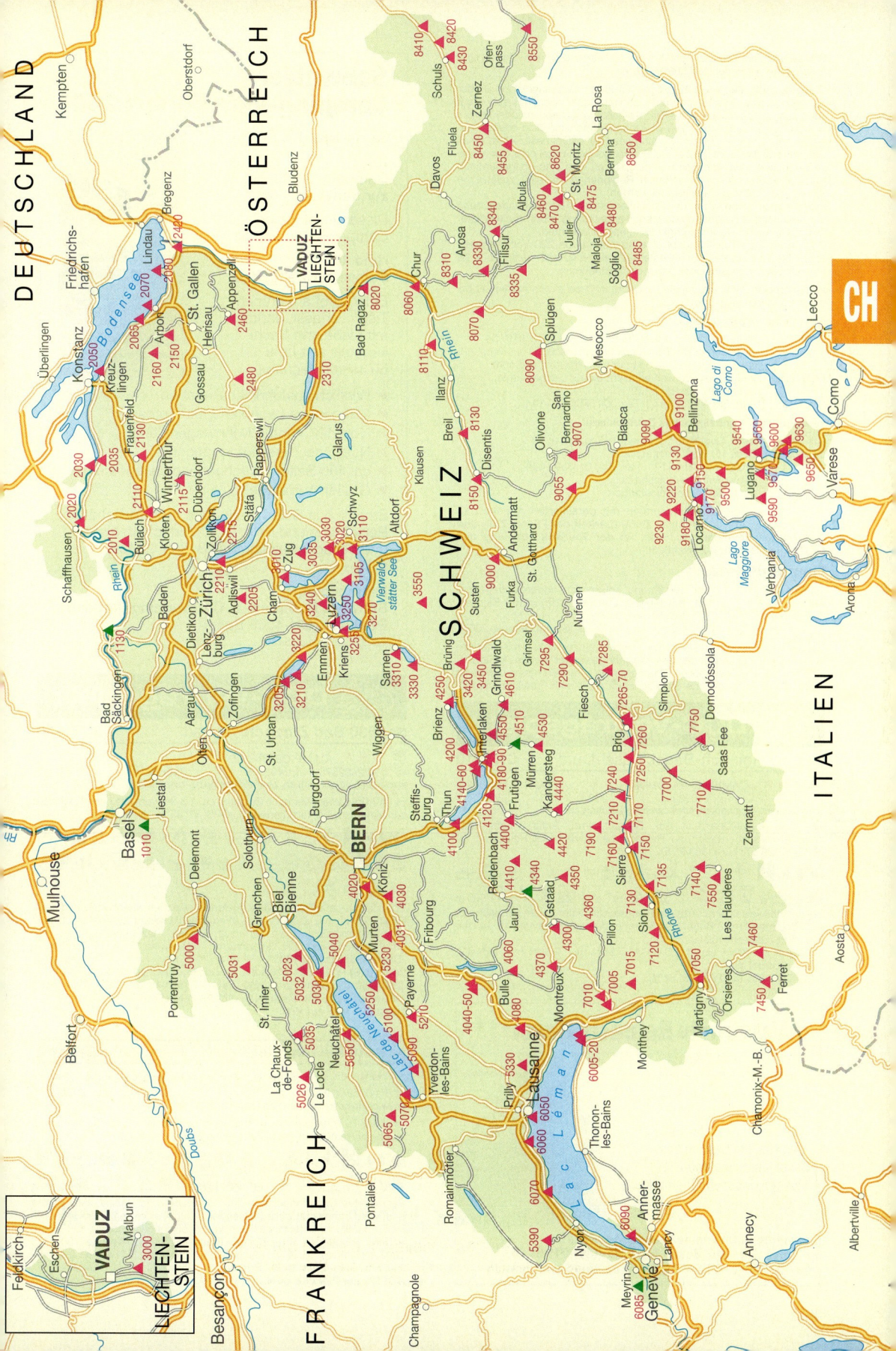

Devisen: Für die Ein- und Ausfuhr von Landes- und Fremdwährung aller Art bestehen keinerlei Beschränkungen.

Camping: Von den ca. 500 gut organisierten Campingplätzen in der Schweiz sind ca. 90 auch im Winter geöffnet, dann allerdings sehr stark von Dauercampern frequentiert. Das Abstellen von Caravans oder Mocas außerhalb von Campingplätzen ist kantonal unterschiedlich erlaubt, geduldet oder verboten. Mit Einwilligung des Grundstücksbesitzers ist freies Campen erlaubt. Es ist ratsam, sich vorher bei der Polizei oder Gemeinde zu informieren. Auf fast allen Campingplätzen wird eine ortsgebundene Kurtaxe erhoben. In verschiedenen Regionen muss eine zusätzliche Staats- bzw. Kantonaltaxe bezahlt werden.

Einige Plätze erheben bei der Reservierung eine Bearbeitungsgebühr, die bei eventueller Stornierung weder angerechnet noch rückvergütet wird. Deshalb die Reservierungsbedingungen beachten.

Das Stromnetz ist generell auf eine Spannung von 220 Volt Wechselstrom (50 Hz) ausgelegt. Schukostecker passen üblicherweise nicht. Es empfiehlt sich deshalb, einen Adapter mitzunehmen.

Wassersport: Grenzdokumente für Boote sind bei einem Aufenthalt bis zu einem Monat nicht erforderlich.

Allgemeine Informationen:

D-60070	**Frankfurt/M.**, Schweiz Tourismus, Postfach 16 07 54 Tel. 00800/10 02 00 30, Fax 00800/10 02 00 31 www.myswitzerland.com, info.de@switzerland.com	
FL-9490	**Vaduz**, Fremdenverkehrszentrale für Liechtenstein Städtle 38, Postfach 139 Tel. 0041 75/232 14 43, Fax 0041 75/392 11 11	

Vertretung der Bundesrepublik Deutschland:

CH-3006	**Bern**, Deutsche Botschaft, Willadingweg 83
CH-3000	**Bern 16**, Post: Postfach 250 Tel. 0041 31/359 41 11, Fax 0041 31/359 44 44 www.deutsche-botschaft.ch, post@deutsche-botschaft.ch

Ausführliche Einreisebestimmungen mit detaillierten Angaben zu den Themen Reisedokumente, Befahrbarkeit der Pässe, Zoll- und Devisenbestimmungen etc. sind bei der Touristik-Abteilung des DCC gegen Rückporto erhältlich.

Campingplätze:

Gebühren-Angaben in Landeswährung, sofern nicht anders angegeben.

Währungseinheit:	1 Schweizer Franken (CHF) = 100 Rappen.
Devisenkurs:	1 CHF = ca. 0.63 Euro
	1 Euro = ca. 1.59 CHF (Stand: Oktober 2007).

Bei Gebühren-Angaben mit der Vorjahreszahl muss eventuell mit einer Anhebung der Gebühren für das laufende Jahr gerechnet werden. Außerdem können sich die angegebenen Öffnungszeiten verändert haben und es ist möglich, dass angegebene Ermäßigungen nicht mehr gewährt werden.

Schweizer Camping-Verzeichnis 2008

65. Jahrgang

Der Camping-Schlüssel zur Schweiz

Dieser vollständige Campingführer enthält

rund 400 Schweizer Zeltplätze.

Er ist nicht am grünen Tisch verfasst, sondern mit Liebe und Sachkenntnis seit über 60 Jahren »erzeltet«.

▶ Wirklich ausführliche Angaben
▶ 250 genaue Lagepläne, 180 Fotos
▶ Über 100 Winter-Wohnwagenplätze
▶ Nützliche Zusatzinformationen
▶ ca. 400 Seiten, durchgehend viersprachig
▶ Großer Auslandteil.

Erhältlich in Buchhandlungen, Sportgeschäften, Reisebüros und beim DCC-Wirtschaftsdienst und Verlag, Mandlstraße 28, 80802 München.
€ 12,–

Herausgeber:
Schweiz. Camping- u. Caravanning-Verband, Postfach, CH-4009 Basel

 DCC-Vertragsplatz

✉ **4153 Reinach-Basel,** Basel-Land **CH 1010**

30 ★★★ **»CAMPING WALDHORT«** ⚡ 1.3. bis 25.10.
☎ 061/7116429, Fax 7139835 290 m 33 000 qm
www.camping-waldhort.ch, info@camping-waldhort.ch

→ A18 Basel–Delemont Abf. Reinach-Nord. Anfahrt zum Platz zwischen Münchenstein und Reinach beschildert. ✉ Heideweg 16 (GPS: 47°29'57'' N / 7°36'07'' E).

⬛ Symbole ⬛ 500 m

Ebenes, teilweise parzelliertes Wiesengelände hinter einem Lärmschutzwall. Schlafsaal mit 8 Betten. Ort 500 m entfernt. Mittagsruhe 12–14 Uhr. Touristen-/Dauerstellplätze 75/135.
2008: P/N 9.–, K/N 6 bis 14 J. 5.–, C MC-St/N 18.–, T-St/N 11.–, H/N 3.–, WD und Strom inkl.
DCC/CCI 10% auf P/N und St/N.

«Waldhort» Reinach/Basel ★★★★

An der Ausfahrt Reinach-Nord der Autobahn Basel-Delémont, 6 km südl. Basel. Ruhiger, erstklassig eingerichteter Platz. Schwimmbad 10 x 4 m. Ein Besuch von Basel lohnt sich: Münster, Museen, Messen, Goetheanum usw.

(CH 1010)

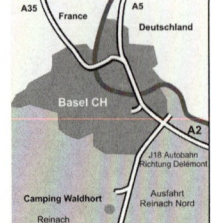

Camping Caravanning Club beider Basel
P.O. Box, CH-4002 Basel, Tel. 0041-(0)61-711 64 29
Fax 0041-(0)61-713 98 35, www.camping-waldhort.ch

DCC-Vertragsplatz

✉ **5330 Bad Zurzach,** Aargau **CH 1130**

20 ★★★ **»CAMP OBERFELD«** ⚡ 24.3. bis 27.10.
☎ 056/2492575, Fax 2492579 325 m 20 000 qm
www.camping-zurzach.ch, oberfeld@camping-zurzach.ch

→ A7 über Waldshut nach Zurzach, ca. 1.3 km vom Ort beim Regionalschwimmbad. ✉ Talacherweg 5. (GPS: 47°35'26'' N / 8°17'27'' E).

[Symbole] 1 km

Ebenes und parzelliertes Wiesengelände zwischen einer Straße und dem Rhein. Durch die Zufahrt zum öffentlichen Freibad zweigeteilt. Übernachtungsmöglichkeit im Ritterzelt. Imbiss. Rezeption montags ab 13 Uhr geschlossen. Ort 1 km entfernt. Mittagsruhe 13–15 Uhr. Touristen-/Dauerstellplätze 40/120.
2007: (HS) P/N 6.50, K/N 6 bis 16 J. 3.25, A/N 2.50, C MC/N 9.–/12.–, T/N 4.50/7.–, M/N 2.–, H/N frei, KT ab 10 J. 1.75, WD inkl., Müllgeb./Sack 3.30, Strom/N 3.– (13 A). In NS Ermäßigung.
DCC/CCI 10% auf P/N.

✉ **8416 Flaach,** Zürich **CH 2010**

30 ★★★ **»TCS-CAMPING STEUBISALLMEND«** ⚡ 20.3. bis 5.10.
☎/Fax 052/3181413, Fax 3182683 350 m 20 000 qm
www.campingtcs.ch, camping.flaach@tcs.ch

→ A4/B15 Schaffhausen–Winterthur, über Andelfingen nach Flaach und hier beim Restaurant Ziegelhaus abbiegen, noch ca. 600 m.

[Symbole]

Parzelliertes Campinggelände am linken Ufer des Rheins. Teils durch Laubwald beschattet, teils Wiesengelände mit einer Terrasse. Separate Pkw-Abstellung. Öffentliches und kostenpflichtiges Freibad. Ort 2 km entfernt. Separater Jugendplatz. Touristen-/Dauerstellplätze 100/140.
2008: (HS) P/N 7.60, K/N 6 bis 15 J. 3.80, St/N 20.–, H/N 4.–, KT 2.–, WD inkl., Müllgeb./Sack 2.50, Strom/N 3.– (6-10 A). In NS Ermäßigung.
CCI 5% auf P/N und St/N.

camping tcs
Das grösste Campingnetz der Schweiz

Kostenlose Unterlagen bei:
Camping TCS
case postale 820
CH-1214 Vernier
tel. +41 22 417 25 20
cpg@tcs.ch

www.campingtcs.ch

✉ 8226 Langwiesen, Schaffhausen   **CH 2020**

30 ★★★ »TCS-CAMPING RHEINWIESE«   18.4. bis 5.10.
☎ 052/6593300, Fax 6593355   400 m   13 000 qm
www.campingtcs.ch, camping.schaffhausen@tcs.ch

→ Straße 13 Schaffhausen–Kreuzlingen, in Langwiesen links abbiegen.

Parzelliertes, teilweise gestuftes und gepflegtes Wiesengelände im Bereich des Strandbades. Direkt am Rhein gelegen und durch hohe Laubbäume aufgelockert und beschattet. Imbiss. Restaurant 450 m, Ort 3 km, Hallenbad 4 km entfernt. Mittagsruhe 12-14 Uhr. Touristen-/Dauerstellplätze 70/38.
2008: (HS) P/N 7.60, K/N 6 bis 15 J. 3.80, St/N 19.–, WD inkl., Strom/N 3.– (4 A). In NS Ermäßigung.
CCI 5% auf P/N und St/N.

✉ 8259 Wagenhausen, Thurgau   **CH 2030**

20 ★★★ »CAMPING WAGENHAUSEN«   1.4. bis 2.11.
☎ 052/7414271, Fax 7414157   45 000 qm
www.campingwagenhausen.ch, campingwagenhausen@bluewin.ch

→ Straße 13 Schaffhausen–Kreuzlingen, ca. 1 km vor Stein a. Rhein. ✉ Hauptstr. 82.

Gepflegtes, teilweise terrassiertes und unparzelliertes Wiesengelände. Mit eigenem Hafen direkt am Rhein gelegen. Durch vereinzelte Bäume und Hecken aufgelockert. Ort 1 km entfernt. Mittagsruhe 12-14 Uhr. Touristen-/Dauerstellplätze 45/240.
2007: P/N 7.–, K/N 2 bis 15 J. 4.–, St/N 11.– bis 14.–, B/N 5.–, H/N 3.–, WD inkl., Strom/N 3.– (10 A).

Wegen oft wechselnden Größenangaben für die einzelnen Stellparzellen durch die Platzhalter veröffentlicht der DCC nur noch die Camping-Gesamtfläche in qm und den Hinweis »parzelliert« oder »unparzelliert«.

✉ 8264 Eschenz, Thurgau   **CH 2035**

25 ★★★★ »CAMPING HÜTTENBERG«   1.3. bis 30.11.
☎ 052/7412337, Fax 7415671   60 000 qm
www.huettenberg.ch, info@huettenberg.ch

→ Straße 13 Schaffhausen–Kreuzlingen. Hinter Stein am Rhein bei Eschenz bergauf abbiegen. Gefällestrecke. ✉ (GPS: 47°38'41" N / 8°51'35" E).

Auf einer Anhöhe gelegenes, terrassiertes Wiesengelände. Mit schönem Blick auf das Rheintal und den Untersee. Am oberen Teil durch Wald begrenzt. Zeltwiese. Jugendraum. Imbiss. W-LAN/Funkinternet. Ort 1 km entfernt. Mittagsruhe 12-14 Uhr. Touristen-/Dauerstellplätze 60/320.
2008: P/N 7.50, K/N 2 bis 16 J. 3.80, A/N 3.–, C/N 11.–, MC/N 10.– bis 13.–, T/N 6.– bis 9.–, M/N 3.–, H/N 3.–, KT, WD u. Schwimmbad inkl., Strom/N 3.– (10 A). In NS Ermäßigung.

✉ 8280 Kreuzlingen, Thurgau   **CH 2050**

35 ★★★★ »CAMPING FISCHERHAUS«   20.3. bis 26.10.
☎ 071/6884903, Fax 6774940   25 000 qm
www.camping-fischerhaus.ch, camping.fischerhaus@bluewin.ch

Abfahrt → Straße 13 Kreuzlingen–Rorschach. In Kreuzlingen-Kurzrickenbach zum Bodensee abbiegen. ✉ Hauptstr. 39 (GPS: 47°38'50" N / 9°11'55" E).

Parzelliertes Wiesengelände direkt am Bodensee. Durch Laub- und Obstbäumen aufgelockert. Vorgelagerte Promenade und Bootshafen. Imbiss. Ort 500 m, Hallenbad mit Sauna 1 km entfernt. Mittagsruhe 12-14 Uhr. Touristen-/Dauerstellplätze 80/95.
2008: P/N 9.50, K/N 6 bis 16 J. 4.50, A/N 5.–, C MC/N 17.– bis 19.50, T/N 8.– bis 16.–, M/N 3.–, WD und Schwimmbad »Hörnli« inkl., Strom inkl.
Anzeige S 424

DCC – DEIN PARTNER!

Camping Fischerhaus – eine Oase der Entspannung in einmaliger Umgebung.

(Beschreibung S. 423, CH 2050)

Camping Fischerhaus Kreuzlingen

www.camping-fischerhaus.ch

Camping Fischerhaus, CH-8280 Kreuzlingen, Fon 0041 (0)71 688 49 03

9322 Wiedehorn-Egnach, Thurgau — CH 2065

★★★ »CAMPING WIEDEHORN« — 21.3. bis 30.9.
071/4771006, Fax 4773006   398 m   24 000 qm
www.wiedehorn.ch, info@wiedehorn.ch

→ Straße 13 Kreuzlingen–Rorschach. Ca. 3 km hinter Romanshorn (GPS: 47°32'07" N / 9°23'57" E).

Ebenes Wiesengelände mit vereinzelten Laub- und Obstbäumen. Durch Bahnlinie vom Seeufer getrennt. Ort 1.5 km entfernt. Mittagsruhe 12-14 Uhr. Touristen-/Dauerstellplätze 70/55.
2008: P/N 8.–, K/N 6 bis 16 J. 3.50, A/N 2.50, C/N 10.– bis 12.–, MC/N 12.– bis 15.–, T/N 7.– bis 13.–, M/N 2.50, H/N 2.50, KT und WD inkl., Strom/N 2.50 (13 A).

9320 Arbon, Thurgau — CH 2070

★★★ »CAMPING BUCHHORN« — Anf. April bis Anf. Okt.
071/4466545, Fax 4464834   400 m   20 000 qm
www.camping-arbon.ch, info@camping-arbon.ch

→ Schnellstr. 1.1 Rorschach–Arbon Abf. Arbon-West und rechts abbiegen. Beschildert (Strandbad). (GPS: 47°31'28" N / 9°25'14" E).

Parzelliertes Wiesengelände zwischen Bahnlinie und befestigtem Seeufer. Durch Laubbäume aufgelockert. Unparzellierte Zeltwiese. Imbiss. Jugendliche bis 16 J. nur in Begleitung von erziehungsberechtigten Personen. Ort 500 m entfernt. Mittagsruhe 12-14 Uhr. Touristen-/Dauerstellplätze 118/32.
2007: P/N 8.–, K/N 6 bis 16 J. 3.50, A/N 4.–, C MC/N 13.50, T/N 6.50 bis 13.50, M/N 1.50, WD inkl., Strom/N 3.– (10 A). Zuschlag für Stellplätze am See.
CCI 18% auf P/N.

9423 Altenrhein, St. Gallen — CH 2080

★★★★ »CAMPINGPLATZ IDYLL« — 1.4. bis 30.9.
/Fax 071/8554213, camping.idyll@freenet.ch   400 m   40 000 qm

→ A1 St. Gallen–St. Margarethen Abf. Rheineck auf die Straße 13 zwischen Rheineck und Staad, beim Flugplatz abbiegen, dann den Schildern folgen. Mennrich 2 (GPS: 47°29'15" N / 9°33'55" E).

Ebene Wiese mit hohen Bäumen am Alten Rhein. Wickelplatz. FW. Ort 500 m entfernt. Mittagsruhe 12.30-14 Uhr. Touristen-/Dauerstellplätze 25/43.
2008: P/N 7.–, K/N 6 bis 15 J. 4.–, C MC-St/N 14.–, T/N 5.– bis 9.–, M/N 2.50, KT 1.–, WD inkl., Strom/N 2.50 (10 A).
CCI 10% auf P/N.

8400 Winterthur, Zürich — CH 2110

★★ »CAMPING AM SCHÜTZENWEIHER« — 1.1. bis 31.12.
/Fax 052/2125260   460 m   80 000 qm
www.ugs.winterthur.ch/campingplatz, campingplatz@win.ch

→ A1 Zürich–St. Gallen Abf. Winterthur-Ohringen und ca. 500 m Richtung Winterthur. Eichlwaldstr. 4.

Ebenes Wiesengelände unter hohen Bäumen. An einem Weiher gelegen.

Günstig für einen Besuch von Zürich. Ort (Winterthur) 3 km entfernt. Touristen-/Dauerstellplätze 60/20.
2008: P/N 7.50, K/N 6 bis 16 J. 3.50, A/N 4.–, C MC/N 7.50, T/N 4.50, M/N 1.–, WD zuzügl., Strom/N 2.50 oder kWh –.40.
DCC ~10% auf P/N.

8489 Wildberg, Turbenthal — CH 2115

★★★ »CAMPING IN DER WEID« — 1.1. bis 31.12.
052/3853388, Fax 3853477   630 m   50 000 qm
www.campingweid.ch, seiler.camping@bluewin.ch

→ Straße 15 Winterthur–Tösstal. In Turbenthal hinter der Spinnerei rechts abbiegen, beschildert.

Familiäre Platz in schöner Höhenlage und teilweise mit Panoramablick. Terrassiert am Hang gelegen. Befestigte Moca-Plätze. Imbiss. 1 Tipizelt für 10 Personen. Erste Hilfe-Posten. Minizoo. Ort 1.5 km entfernt. Mittagsruhe 12-14 Uhr. Touristen-/Dauerstellplätze 12/115.
2007: P/N 6.–, K/N 4 bis 16 J. 1.50, St/N 10.– bis 12.–, H/N 2.–, WD zuzügl., Strom/N –.40, kWh –.40 (10 A).
DCC/CCI 10% auf St/N.

8500 Frauenfeld, Thurgau — CH 2130

★★★ »CAMPING AUMÜHLE« — 1.4. bis 31.10.
052/7210868, www.cctg.ch   418 m   5000 qm

→ A1 Winterthur–St. Gallen Abf. Matzingen in Richtung Frauenfeld. Vor der Ortseinfahrt beschildert. Aumühlestraße.

Unparzelliertes und ebenes Wiesengelände zwischen einer Waldhöhe und der Murg. Überwiegend schattenlos und in einer Auenlandschaft gelegen. Imbiss. Erste Hilfe-Posten. Ort 1 km entfernt. Touristen-/Dauerstellplätze 15/20.
2008: P/N 5.–, K/N 6 bis 16 J. 3.–, St/N 10.–, H/N 2.–, KT inkl., WD zuzügl., Strom/N 4.– (10 A).
DCC/CCI 10% auf P/N.

9304 Bernhardzell bei St. Gallen — CH 2150

★★★ »CAMPING ST. GALLEN-WITTENBACH« — April bis Okt.
071/2984969, Fax 2985069   540 m   15 000 qm
www.ccc-stgallen.ch, campingplatz.stgallen@ccc-stgallen.ch

→ St. Gallen–Wittenbach, nach Bernhardzell abbiegen. (GPS: 47°27'39" N / 9°21'58" E).

Unparzelliertes und ebenes, langgestrecktes Wiesengelände am Sitterufer. Von herrlichem Laubwald umgeben. Imbiss. Mittagsruhe 12-15 Uhr. Touristen-/Dauerstellplätze 60/40.

9220 Leutswil b. Bischofszell — CH 2160

★★★ »CAMPING LEUTSWIL« — 1.4. bis 31.10.
071/4226398, www.cctg.ch   480 m   10 000 qm

→ A1 Winterthur–St. Gallen Abf. Gossau über Hauptwil nach Bischofszell, dort Richtung Sitterbrücke/Leutswil. Beschildert. (GPS: 47°30'07" N / 9°16'30" E).

200 m 800 m 2 km

Unparzelliertes und ebenes Wiesengelände am Sitterufer. Von Laubwald umgeben. Keine ständige Aufsicht. Imbiss. Touristen-/Dauerstellplätze 20/46.
2008: P/N 5.–, K/N 6 bis 16 J. 3.–, St/N 15.–, KT inkl., WD zuzügl., Strom keine Angabe (13 A).
DCC/CCI 10% auf P/N.

✉ 8913 Ottenbach, Zürich   CH 2205
25 ★★★ »TCS CAMPING REUSSBRÜCKE«   ⚓ 20.3. bis 11.10.
☎ 044/7612022, Fax 7612042   386 m   15 000 qm
www.tcs-ccz.ch, reussbruecke@tcs-ccz.ch

→ Ab Zürich über Birmensdorf nach Hedingen. Ca. 600 m hinter der Ortseinfahrt Hedingen, nach der Bäckerei Pfyl rechts ab und über die Bahnlinie nach Ottenbach. Im Ort an der Kreuzung geradeaus. Ca. 80 m vor der Brücke rechts. Beschildert. ✉ Muristr. 32. (GPS: 47°16′49″ N / 8°23′42″ E).

Ebenes, parzelliertes und überwiegend schattenloses Wiesengelände am Fluss Reuss. Imbiss. Separater Zeltplatz. Erster Platz des TCS Camping Club Zürich. Ort 500 m entfernt. Mittagsruhe 12-14 Uhr. Touristen-/Dauerstellplätze 50/60.
2008: (HS) P/N 6.60, K/N 6 bis 15 J. 3.30, A/N 3.50, C/N 14.–, MC/N 16.–, T/N 11.–, M/N 3.50, H/N 2.50, WD zuzügl., Müllgeb./Sack –.90, Strom/N 3.50 (6 A). CCI 10% auf P/N (ausser Juli/Aug.). In NS Ermäßigung.

✉ 8124 Maur, Zürich   CH 2215
25 ★★★ »TCS CAMPING MAURHOLZ«   ⚓ 20.3. bis 11.10.
☎/Fax 044/9800266   440 m   10 000 qm
www.tcs-ccz.ch, maurholz@tcs-ccz.ch

→ A1 Zürich–Winterthur Abf. Wallisellen auf die A53 in Richtung Uster. Nach ca. 800 m Abf. Wangen/Dübendorf nach Fällanden. Ca. 2 km ab Ortsmitte links auf einen Kiesweg zum Platz. ✉ Fällandenstr. (GPS: 47°21′20″ N / 8°39′31″ E).

300 m

Vier Terrassen am Hang mit schönem Blick auf den Greifensee. Überwiegend schattenlos und parzelliert. Imbiss. Ort 2 km entfernt. Mittagsruhe 12-14 Uhr. Touristen-/Dauerstellplätze 35/25.
2008: (HS) P/N 6.60, K/N 6 bis 15 J. 3.30, A/N 3.50, C/N 14.–, MC/N 16.–, T/N 11.–, M/N 3.50, H/N 2.50, WD zuzügl., Müllgeb./Sack –.90, Strom/N 3.50 (10 A). CCI 10% auf P/N (ausser Juli/Aug.). In NS Ermäßigung.

✉ 8877 Murg, Walensee   CH 2310
30 ★★★ »CAMPING AM WALENSEE«   ⚓ Ostern bis Okt.
☎ 081/7381530, Fax 7381542   420 m   20 000 qm
www.murg.ch/vv, info@camping-murg.ch

→ A3 Zürich–Chur Abf. Murg oder Walenstadt. Im Ort beschildert.

200 m

Ebenes Wiesengelände mit einzelnen Laubbäumen und Buschreihen. Direkter Zugang zum Walensee mit imposanter Bergkulisse. Durch die Bahntrasse ist tagsüber mit Lärmbelästigung zu rechnen. Imbiss. Ort 300 m entfernt. Separater Jugendplatz. Touristen-/Dauerstellplätze 20/20.
2007: P/N 6.30, K/N 6 bis 15 J. 2.10, St/N 20.– bis 25.–, H/N 4.20, KT 1.20/–.60, WD inkl., Müllgeb./N 1.20, Strom/N 3.70.

✉ 9410 St. Margrethen, St. Gallen   CH 2420
30 ★★★ »CAMPING BRUGGERHORN«   ⚓ 1.4. bis 31.10.
☎ 071/7442201, Fax 7442757   400 m   40 000 qm

→ A1 St.Gallen–Bregenz Abf. St. Margrethen, beschildert. ✉ Bruggerhorn (GPS: 47°27′03″ N / 9°39′22″ E).

500 m

Ebenes Wiesengelände am Ortsrand zwischen zwei Rheinarmen. Durch Buschreihen unterteilt. Imbiss. Strandbad. Separater Jugendplatz. Mittagsruhe 12-14 Uhr. Touristen-/Dauerstellplätze 35/127.
2008: P/N 8.50, K/N 6 bis 16 J. 5.–, A/N 5.–, C MC/N 12.–, T/N 5.– /12.–, M/N 2.–, WD inkl., Müllgeb./Sack 2.20, Strom/N 2.50 (10 A).
DCC/CCI 10% auf P/N.

✉ 9050 Appenzell-Kau, Inner-Rhoden   CH 2460
25 ★★★ »CAMPING EISCHEN«   ⚓ 1.1. bis 31.12.
☎ 071/7875030, Fax 7875660   1040 m   10 000 qm
www.eischen.ch, info@eischen.ch

→ Straße ab Appenzell ca. 3 km in südöstlicher Richtung. ✉ (GPS: 47°19′19″ N / 9°23′12″ E).

Camping Murg direkt am Südufer des Walensees
• Badestrand • Wanderwege • Velowege
• Kursschiff zum autofreien Quinten
• Segelschule.
Nicht weit von: Sommer-Rodelbahn
• Luftseilbahn • Tauchschule • Thermalbad
• Burgen, Museen   (CH 2310)
Camping, CH-8877 Murg, Tel. 081-738 15 30

W 3 km

Leicht abfallendes Wiesengelände beim Landgasthof Eischen. Überwiegend schattenlos. Webcam. Ort 3 km entfernt. Touristen-/Dauerstellplätze 70/50.
2008: P/N 6.–, K/N 6 bis 16 J. 3.50, A/N 3.50, C/N 12.–/14.–, MC/N 14.–/16.–, T/N 11.–/13.–, M/N 3.–, KT 1.10, Müllgeb./N 1.–, Strom/N (10 A) zuzügl.

CH

✉ 9633 Bächli-Hemberg,   CH 2480
25 ★★★★ »CAMPING BÄCHLI«   ⚓ 1.1. bis 31.12.
☎ 071/3771147, Fax 3772187   850 m   10 000 qm
www.camping-baechli.ch, postmaster@camping-baechli.ch

→ A1 Winterthur–St. Gallen Abf. Herisau, weiter in Richtung Wattwil. In St. Peterzell vor dem Wald links abbiegen nach dem Platz. Beschildert. ✉ Dorf 653 (GPS: 47°18′24″ N / 9°11′40″ E).

100 m

Abfallendes und teilweise terrassiertes Wiesengelände in Ortsrandlage. Parzelliert und schattenlos. Familiäre Atmosphäre. Kabel-TV. FW. Ort (Hemberg) 3.5 km entfernt. Mittagsruhe 12-13.30 Uhr. Touristen-/Dauerstellplätze 60/20.
2008: P/N 6.–, K/N 6 bis 15 J. 3.–, C-St/N 11.–, MC-St/N 15.–, T-St/N 6.– bis 9.–, H/N 1.–, KT 1.–, WD inkl., Müllgeb. P/N 1.–, Strom/N 3.– (10 A).
CCI 10% auf P/N.

✉ 6300 Zug, Zuger See   CH 3010
30 ★★★ »TCS ZUGERSEE«   ⚓ 20.3. bis 5.10.
☎ 041/7418422, Fax 7418430   425 m   11 000 qm
www.camping.tcs.ch camping.zug@tcs.ch

→ Straße von Zug ca. 1 km Richtung Luzern, dann durch Bahnunterführung zum See. Zufahrtshöhe max. 3,17 m. ✉ Chamer Fussweg 36.

200 m S 1 km 3 km

Schmaler Wiesenstreifen zwischen dem Zuger See und einer Bahnlinie. Eingebunden in eine städtische Parkanlage. Durch hohe Bäume aufgelockert und mit Blick auf die Innerschweizer-Alpen. Sandstrand. Ort 1 km entfernt. Mittagsruhe 12-14 Uhr. Touristen-/Dauerstellplätze 53/37.
2008: (HS) P/N 7.80, K/N 6 bis 15 J. 3.90, St/N 20.–, H/N 4.–, KT –.50, WD inkl., Strom/N 4.– (6 A). In NS Ermäßigung.
CCI 5% auf P/N.

✉ 6410 Goldau, Schwyz   CH 3020
15 ★★★ »CAMPING BERNERHÖHE«   ⚓ 1.1. bis 31.12.
☎ 041/8551887   600 m   25 000 qm

→ A4 Zug–Küssnacht–Schwyz Abf. Goldau ca. 600 m in Richtung Lauerz.

W(Da) W

400 m 3 km

Unparzellierter Terrassenplatz in einer schönen Berglandschaft mit Blick auf den Lauzersee. Erste Hilfe-Posten. Durch Dauercamper und Mobilheime geprägt. Ort 2 km entfernt. Mittagsruhe 12-13 Uhr (So 14 Uhr). Touristen-/Dauerstellplätze 20/150.
2008: P/N 5.–, K/N 3 bis 16 J. 3.–, A/N 2.–, C T/N 3.–, MC/N 5.–, M/N –.50, KT –.30, WD inkl., Müllgeb./Sack 1.20, Strom/N 1.50, kWh –.50 (6 A).

✉ 6422 Steinen, Schwyz   CH 3030
20 ★★★ »CAMPING BUCHENHOF«   ⚓ 1.4. bis 31.10.
☎ 041/8321429, Fax 8320436   450 m   20 000 qm
www.camping-buchenhof.ch

→ A4 Zug–Küssnacht–Schwyz Abf. Goldau, in Goldau rechts nach Steinen abbiegen. Beschildert.

Leicht geneigtes Wiesengelände direkt am Lauerzer See. Mit Hecken und Bäumen aufgelockert. Autobahn und Bahnlinie in Hörweite. Haltestelle 1 km, Ort 2 km entfernt. Mittagsruhe 12-14 Uhr. Touristen-/Dauerstellplätze 50/200.
2007: P/N 7.–, K/N 6 bis 16 J. 4.–, A/N 4.–, C/N 6.–, MC/N 9.–, T/N 4.–, M/N 2.–, H/N 2.–, WD inkl., Strom/N 2.– (10 A).

6314 Unteraegeri, Schwyz — CH 3035

25 ★★★★ »CAMPING UNTERAEGERI« — 1.1. bis 31.12.
041/7503928, Fax 7505021 — 725 m — 35 000 qm
www.campingunteraegeri.ch, camping-aegeri@bluewin.ch

→ Straße Zug–Unteraegeri, hier Richtung See abbiegen. Beschildert.
✉ Wilbrunnstr. 81 (GPS: 47°07'38" N / 8°35'26" E).

Gepflegtes Wiesengelände direkt am Ägerisee. Parzelliert und zum Ufer leicht abfallend. Durch Tannen und Laubbäume aufgelockert. Ort 1 km entfernt. Mittagsruhe 12-14 Uhr. Touristen-/Dauerstellplätze 130/170.
2007: (HS) P/N 6.–, K/N 6 bis 16 J. 3.–, A/N 2.–, C/N 13.– bis 16.–, MC/N 16.– bis 18.–, T/N 8.– bis 13.–, M/N 2.–, B/N 2.–, KT –.60/–.30, WD zuzügl., Strom/N 3.– oder kWh –.60 (10 A). In NS Ermäßigung.

6354 Vitznau, Vierwaldstätter See — CH 3105

40 ★★★★ »CAMPING VITZNAU« — 29.3. bis 26.10.
041/3971280, Fax 3972457 — 450 m — 18 000 qm
www.camping-vitznau.ch, info@camping-vitznau.ch

→ Straße Vitznau–Weggis–Brunnen. In Vitznau bei der Kirche abbiegen. Beschildert. ✉ Altdorfstr. 4.

Terrassiertes und gepflegtes Gelände mit herrlichem Blick über den Vierwaldstätter See und zum Bergmassiv des Rigi. Parzelliert und mit Bäumen aufgelockert. Stellplätze begrünt und befestigt. Für große Caravans nicht geeignet. Imbiss. Ort und Haltestelle 500 m entfernt. Mittagsruhe 12-14 Uhr. Touristen-/Dauerstellplätze 70/89.
2007: (HS) P/N 10.–, K/N 4 bis 14 J. 5.–, St/N 26.–, H/N 5.–, KT 1.90, WD inkl., Müllgeb. St/N –.50, Strom/N 4.– (15 A). In NS Ermäßigung.

6440 Brunnen, Schwyz — CH 3110/1

30 ★★ »CAMPING HOPFREBEN« — 20.4. bis 21.9.
041/8201873, camping-brunnen.ch — 437 m — 15 000 qm

Abfahrt → A4 Küssnacht–Brunnen. Hier in Richtung Gersau. Beschildert.

S 500 m ≋ S 1 km

Unparzellierter, schmaler Wiesenstreifen mit einem Mittelweg und unter hohen Bäumen. Neben einem Kieswerk gelegen. Ort 1 km entfernt. Mittagsruhe 13-14 Uhr. Touristen-/Dauerstellplätze 130/20.
2007: P/N 5.50, K/N bis 16 J. 3.–, extra A/N 5.–, C/N 12.–/18.–, MC/N 12.– bis 24.–, T/N 8.–, M/N 3.–, B/N 2.–/5.–, H/N 3.–, KT 1.30/–.65, Müllgeb. P/N –.50, Strom/N 3.– (6 A).

6440 Brunnen, Schwyz — CH 3110/2

20 ★★★ »CAMPING URMIBERG« — 1.4. bis 15.10.
Fax 041/8203327 — 437 m — 8 000 qm
www.campingurmiberg.ch, campingurmiberg@bluewin.ch

Abfahrt → A4/E41 Küssnacht–Brunnen Abf. Brunnen-Nord in Richtung Gersau nach Brunnen. Beschildert. ✉ Gersauerstr. 76.

Ebenes, überwiegend schattenloses Wiesengelände in der Nähe des Vierwaldstätter Sees. Imbiss. Ort 1.2 km entfernt. Mittagsruhe 12-14 Uhr. Touristen-/Dauerstellplätze 60/48.
2007: P/N 5.80, K/N 6 bis 14 J. 2.70, A/N 2.70, C/N 5.20, MC/N 8.30, T/N 3.20 bis 5.20, M/N 2.70, M/N 2.–, KT 1.30, WD inkl., Strom/N 2.20 (6 A).
DCC/CCI 10 % auf P/N.

6210 Sursee, Luzern — CH 3205

20 ★★★ »CAMPING SURSEE WALDHEIM« — 1.4. bis 30.9.
041/9211161, Fax 9211160 — 525 m — 17 000 qm
www.camping-sursee.ch, info@camping-sursee.ch

Abfahrt → A2 Basel–Luzern Abf. Sursee auf die Straße 23 Richtung Huttwil. Bei der 2. Ampel rechts abbiegen, noch ca. 700 m. Beschildert. ✉ Baselstraße.

Ebenes Wiesengelände bei einem Gut und in einem Naturschutzgebiet. Ort 2 km entfernt. Mittagsruhe 12-14 Uhr Touristen-/Dauerstellplätze 45/100.
2007: P/N 6.50, K/N 6 bis 14 J. 3.–, A/N 4.–, C T/N 4.–, MC/N 8.–/–12.–, M/N 2.–, H/N 1.–, KT –.30, WD zuzügl., Strom/N 3.– (10 A).

TERRASSEN-CAMPING VITZNAU

Wunderschöne, ruhige Lage am Vierwaldstättersee mit Sicht auf See und Berge. Ausgangspunkt für Ausflüge mit Schiff und Bergbahnen. 30 Min. bis Luzern. Gepflegte Sanitäranlagen, Waschmaschine, Trockner. Geheizter Swimmingpool, MiniMarket, Café-Bar. Quickstop 20 bis 9 Uhr nur Fr. 20.– (exkl. Juli und August). Familie Zanetti freut sich auf Ihren Besuch.

(CH 3105) Camping Vitznau · CH-6354 Vitznau
Tel. +41 (0)41-397 12 80 · Fax +41-(0)41-397 24 57
www.camping-vitznau.ch · info@camping-vitznau.ch

6207 Nottwil, Sempacher See — CH 3210

20 ★★★ »CAMPING ST. MARGRETHEN« — 20.3. bis 31.10.
041/9371404, Fax 9371865 — 520 m — 13 800 qm
www.camping-nottwil.ch, st-margrethen@swisscamps.ch

Abfahrt → A2 Basel–Luzern, Abfahrten Sursee oder Sempach zum Westufer des Sempacher Sees.

Wiesengelände unter Obstbäumen bei einem Bauernhaus neben einer Bahnlinie. Schwimmen und Wassersport 100 m, Ort 1 km entfernt. Mittagsruhe 12-14 Uhr. Touristen-/Dauerstellplätze 25/83.
2008: (HS) P/N 7.–, K/N 3 bis 6 J. 2.–, K/N 6 bis 12 J. 4.–, A/N 4.–, C/N 4.50, MC/N 7.–, T/N 5.–, M/N 2.50, H/N 2.–, KT –.50, WD inkl., Strom/N 4.– oder kWh –.60 (10 A). In NS Ermäßigung.

6204 Sempach, Sempacher See — CH 3220

40 ★★★ »TCS CAMPING SEELAND« — 20.3. bis 5.10.
041/4601466, Fax 4604766 — 508 m — 52 000 qm
www.campingtcs.ch, camping.sempach@tcs.ch

Abfahrt → A2 Basel–Luzern Abf. Sempach. Im Ort zum Strandbad beschildert.

Unparzelliertes Wiesengelände hinter dem Strandbad. Durch Buschreihen getrennt. Haltestelle 400 m entfernt. Touristen-/Dauerstellplätze 200/235.
2008: (HS) P/N 8.60.–, K/N 6 bis 15 J. 4.30, St/N 22.– /30.–, H/N 4.–, KT 2.–, WD inkl., Strom/N 4.50 (13 A). In NS Ermäßigung.
CCI 5 % auf P/N und St/N.

6402 Merlischachen, Luzern — CH 3240

30 ★★ »CAMPING VIERWALDSTÄTTERSEE« — April bis Okt.
041/8500804, Fax 8505041 — 435 m — 11 000 qm
www.merlischachen-tourismus.ch, vierwaldstaettersee@swisscamps.ch

Abfahrt → A2/E35 Basel–Luzern, Abf. Luzern 10 km Richtung Küssnacht am Rigi oder A4/E41 Zürich–Gotthard Abf. Küssnacht am Rigi, 6 km Richtung Meggen-Luzern. ✉ Luzernerstr. 271.

Neues Sanitärgebäude im Bau! Unparzelliertes Wiesengelände in sehr schöner Lage direkt am Vierwaldstättersee. Vereinzelt mit Bäumen aufgelockert. Unbewachter Badestrand. Ort 500 m entfernt. Mittagsruhe 12-14 Uhr. Touristen-/Dauerstellplätze 60/20.
2007: (HS) P/N 7.40, K/N 2 bis 5 J. 3.–, K/N 6 bis 15 J. 5.–, St/N 16.– bis 20.–, KT –.60, WD inkl., Strom/N 3.– (6 A). In NS Ermäßigung.

6006 Luzern, Vierwaldstätter See — CH 3250

35 ★★★ »CAMPING INTERN. LIDO-LUZERN« — 1.1. bis 31.12.
041/3702146, Fax 3702145 — 435 m — 27 000 qm
www.camping-international.ch, luzern@camping-international.ch

Abfahrt → A2 Basel–Luzern Abf. Luzern-Zentrum, den Wegweisern Verkehrshaus und Camping folgen. ✉ Lidostr. 8.

Durch Laubbäume, Hecken und Büsche parzelliertes Gelände. Befestigte Stellplätze für Caravans und Mocas. Stark frequentierter Platz. Radio-

verbot. Ort 1.5 km entfernt. Mittagsruhe 12-14 Uhr. Touristen-/Dauerstellplätze 250/30.
2008: (HS) P/N 10.–, K/N 6 bis 16 J. 5.–, St/N 10.– bis 25.–, H/N 4.–, KT ab 16 J. 1.70, WD inkl., Müllgeb. P/N –.50, Strom/N 3.–/5.– (16 A). In NS 20% auf St/N.
CCI 10% auf P/N.

✉ 6048 Horw, Luzern — CH 3255

★★★ »TCS CAMPING STEINIBACHRIED« 20.3. bis 5.10.
☎ 041/3403558, Fax 3403556 434 m 20 000 qm
www.campingtcs.ch, campinghorw@tcs.ch

→ A2 Luzern–St. Gotthard Abf. Luzern/Horw. Beim Kreisverkehr Richtung Horw-Süd, beschildert. ✉ Seefeldstr.

Parzelliertes und ebenes Wiesengelände neben dem Sportplatz. In Reihen angelegt und durch Büsche und Bäume unterteilt. Separate Pkw-Abstellung. Imbiss. Ort 800 m entfernt. Mittagsruhe 12-15 Uhr. Touristen-/Dauerstellplätze 100/52.
2008: P/N 8.20, K/N 6 bis 15 J. 4.10, St/N 20.–, H/N 4.–, KT –.30, WD inkl., Strom/N 4.– (6 A). In NS Ermäßigung.
CCI 5% auf P/N und St/N.

✉ 6374 Buochs, Vierwaldstätter See — CH 3270

★★★ »TCS CAMPING SPORTZENTRUM« 20.3. bis 5.10.
☎ 041/6203474, Fax 6206484 465 m 22 000 qm
www.campingtcs.ch, camping.buochs@tcs.ch

→ A2 Luzern–St. Gotthard Abf. Buochs-Beckenried, im Ort beschildert.

Ebenes und schattenloses Wiesengelände neben der Straße zwischen Gewerbegebiet, Sportplatz und Strandbad. Durch einzelstehende Bäume aufgelockert. Separate Moca-Stellplätze. Ort 500 m entfernt. Mittagsruhe 12-14 Uhr. Touristen-/Dauerstellplätze 99/120.
2008: P/N 8.–, K/N 6 bis 15 J. 4.–, St/N 19.–, H/N 4.–, KT 1.10, WD inkl., Strom/N 3.– (4 A). In NS Ermäßigung.
CCI 5% auf P/N und St/N.

✉ 6060 Sarnen, Sarner See — CH 3310

★★★ »CAMPING LIDO SARNEN« 1.1. bis 31.12.
☎ 041/6601866, Fax 6620866 470 m 30 000 qm
camping.sarnen@bluewin.ch

→ Straße Luzern–Interlaken, am Ende der Ausbaustrecke nach Sarnen abbiegen. Beschildert. ✉ Brünigstr. 160.

Ebenes, gepflegtes Wiesengelände am See in schöner Umgebung. Warmwasser an den Waschbecken nur im Winter. Ort 1 km entfernt. Mittagsruhe 12-14 Uhr. Touristen-/Dauerstellplätze 96/144.

✉ 6074 Giswil, Sarner See — CH 3330

★★★ »CAMPING INTERNATIONAL GISWILL SARNER SEE«
☎ 041/6752355, Fax 6752351 470 m 1.4. bis 15.10.
Giswil@camping-international.ch 18 000 qm

→ Straße Luzern–Interlaken, in Giswil abbiegen über Grossteil zum See. ✉ Campingstr. 11 (GPS: 46°51'11" N / 8°11'15" E).

AlpenCamping Meiringen ★★★★

Familienfreundlicher, sonniger Ganzjahresplatz mit erstklassigen Sanitäranlagen. Zentrale Lage inmitten der Alpenpässe Susten, Grimsel und Furka. Ideal für unzählige Ausflüge und Wanderungen in alle Himmelsrichtungen, wie Aareschlucht, Rosenlaui, Grindelwald/ Jungfrauregion u.a. Im Winter verschiedene Skigebiete, das bekannteste davon Meiringen-Hasliberg. Wasserfälle und viel Kultur (Sherlock Holmes Museum, Freilichtmuseum Ballenberg usw.) runden Ihren Aufenthalt zum unvergesslichen Erlebnis ab.

Tel: +41 (0)33 971 36 76, Fax: +41 (0)33 971 52 78
www.alpencamping.ch, info@alpencamping.ch (CH 3420)

Leicht abfallendes Wiesengelände mit geschotterten Stellplätzen und Liegewiese am See entlang. 200 m langen Sandstrand. FW. Mittagsruhe 12-14 Uhr. Touristen-/Dauerstellplätze 100/70.
2008: (HS) P/N 8.50, K/N 2 bis 5 J. 2.–, 6 bis 15 J. 4.–, St/N 19.–, H/N 4.–, KT ab 12 J. 1.20, Müllgeb. P/N –.50, Strom bis 2 Nächte 3.–, ab 3. Nächten kWh –.50 (10 A). In NS 20% Ermäßigung.
CCI 10% auf P/N.

✉ 3869 Meiringen, Berner Oberland — CH 3420

★★★★ »CAMPING BALMWEID« 1.1. bis 31.12.
☎ 033/9715115, Fax 9715117 600 m 25 000 qm
www.camping-meiringen.ch, info@camping-meiringen.ch

→ Straße Interlaken–Innertkirchen Abf. Meiringen. ✉ Balmweidstr. 22.

Ebenes bis leicht ansteigendes Wiesengelände. Von Berghöhen umgeben. Kinderspielplatz mit Dampfbahn. FW. Dauerstellplätze 120/60.

✉ 3862 Innertkirchen, Berner Oberland — CH 3450/1

★★★ »CAMPING GRUND« 1.1. bis 31.12.
☎ 033/9714409, Fax 9714767 640 m 8000 qm
www.camping-grund.ch, info@camping-grund.ch

→ A8/Straße 6/11 Interlaken–Meiringen–Sustenpass. Abf. Innertkirchen. Hier in südl. Richtung ca. 300 m auf schmaler Straße. ✉ Grundstr. 44.

Wiesengelände bei einem Bauernhof am südlichen Ortsrand. Vorwiegend schattenlos. Erste Hilfe-Posten. Ort 200 m entfernt. Mittagsruhe 11.30-13.30 Uhr. Touristen-/Dauerstellplätze 100/20.
2008: P/N 3.90, K/N 2.–, J/N 10 bis 16 J. 2.80, C MC-St/N 15.– bis 19.–, T-St/N 10.– bis 15.–, H/N 1.–, KT 1.20, WD zuzügl. Müllgeb./Sack 1.90, Strom/N 2.– oder kWh –.35 (10 A).

✉ 3862 Innertkirchen, Berner Oberland — CH 3450/2

★★★ »CAMPING AARESCHLUCHT« 1.5. bis 31.10.
☎ 033/9715332, Fax 9715344 630 m 5000 qm
www.camping-aareschlucht.ch, campaareschlucht@bluewin.ch

→ A8/Straße 6/11 Interlaken–Meiringen–Sustenpass. Abf. Innertkirchen. Hier an der Straße nach Meiringen. ✉ Hauptstr. 34.

Ebenes Wiesengelände mit einzelnen Bäumen. Ort und Haltestelle 1 km entfernt. Touristen-/Dauerstellplätze 72/16.
2008: (HS) P/N 4.50, K/N 1 bis 5 J. 1.–, J/N 2.–, C MC-St/N 14.–, T-St/N 7.– bis 14.–, H/N 1.–, KT 1.20, WD zuzügl., Strom/N 2.– (10 A). In NS Erm.
DCC/CCI 10% auf P/N.

✉ 3862 Innertkirchen, Berner Oberland — CH 3450/3

★★★ »CAMPING STAPFEN« April bis Okt.
☎ 033/9713752 620 m 5000 qm
www.camping-stapfen.ch, stapfen@swisscamps.ch

→ A8/Straße 6/11 Interlaken–Meiringen–Sustenpass Abf. Innertkirchen. Hier in nördl. Richtung an der Gabelung der Alpenpässe Grimsel und Susten.

Ebenes unparzelliertes und überwiegend schattenloses Wiesengelände. FW. Touristen-/Dauerplätze 30/15.

✉ 3862 Innertkirchen, Berner Oberland — CH 3450/4

★★ »BAUERNHOF-CAMPING WYLER« 1.4. bis 31.10.
☎ 033/9718451 740 m 3000 qm
www.camping-wyler.com, camping.wyler@dplanet.ch

→ A8/Straße 6/11 Interlaken–Meiringen–Sustenpass. Abf. Innertkirchen. Hier ca. 2 km hinter dem Ort rechts. ✉ Sustenstr. 32.

Ebenes Wiesengelände mit Bäumen. Haltestelle 200 m, Kinderspielplatz 300 m, Ort 2 km entfernt. Touristen-/Dauerstellplätze 30/6.
2007: (HS) P/N 3.90, K/N bis 6 J. 2.–, J/N 2.50, C MC-St/N 13.– bis 15.–, T-St/N 8.– bis 13.–, H/N 1.–, KT 1.80, WD zuzügl., Strom/N 2.– (10 A). In NS Ermäßigung.

Plätze ohne Gebühren-Angabe

Diese Plätze haben seit 2 Jahren und mehr keine Meldung mehr abgegeben. Darum kann auch für die Öffnungszeit nicht garantiert werden.

6390 Engelberg, Obwalden — CH 3550

30 ★★★★ »CAMPING EIENWÄLDLI« ⚷ 1.1. bis 31.12.
☎ 041/6371949, Fax 6374423   1050 m   40 000 qm
www.eienwaeldli.ch, info@eienwaeldli.ch
→ A2 Luzern–St. Gotthard Abf. Stans-Süd nach Engelberg. Hier in Richtung Wasserfall. ✉ Wasserfallstr. 108.

Parzelliertes, ebenes und gepflegtes Wiesengelände in herrlicher Gebirgslandschaft. Durch die Wasserfallstraße zweigeteilt. Befestigte Stellplätze. Reservierung im Winter erforderlich. Kabel-TV. Skitrockenraum. Felsenbad und Saunalandschaft. Golfanage angrenzend. Ort 1.5 km entfernt. Touristen-/Dauerstellplätze 120/120.
2007: (HS) P/N 8.–, K/N 6 bis 15 J. 4.–, A/N 2.–, C/N 12.–, MC/N 14.–, T/N 8.50 bis 12.–, M/N 2.–, H/N 2.–, KT 1.90, Müllgeb. 1.50, Strom/kWh –.50, Anschlussgeb. 2.–. In NS Ermäßigung.

3084 Wabern, Bern — CH 4020

25 ★★ »CAMPING EICHHOLZ« ⚷ 20.4. bis 30.9.
☎ 031/9612602, Fax 9613526   510 m   20 000 qm
www.campingeichholz.ch, info@campingeichholz.ch
→ Autobahnabfahrten A6 Bern Ostring oder N12 Bern Bümplitz in Richtung Flughafen. Beschildert. ✉ Strandweg 49 (GPS: 46°55'59" N / 7°27'22" E).

Unparzelliertes und gepflegtes Wiesengelände unter hohen Bäumen am Flussufer. Neben einer Liegewiese mit Kinderspielplatz. Separate Pkw-Abstellung. Haltestelle 800 m, Ort 2.5 km entfernt. 250 Touristenplätze.
2008: P/N 7.50, K/N 6 bis 16 J. 4.50, J/N 6.50, A/N 3.50, C/N 10.–, MC/N 12.–, T/N 7.–/9.–, H/N frei, KT inkl, WD zuzügl, Strom/N 3.50 (12 A).

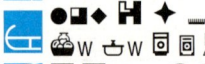

Camping Thörishaus (CH 4030)
Komfort-Ferienplatz 10 km südwestlich von Bern,
Autobahnausfahrt Flamatt
- Ruhige Lage, großzügig eingerichtet
- Badegelegenheit in der Sense (heilkräftiges Wasser)

Camping Thörishaus, CH-3174 Thörishaus
Tel. 0041-31-889 02 71, Fax 0041-31-889 02 96

3174 Thörishaus, Bern — CH 4030

20 ★★★ »CAMPING THÖRISHAUS« ⚷ April bis Okt.
☎ 031/8890271, Fax 8890296   550 m   55 000 qm
→ A12 Bern–Fribourg Abf. Flamatt, unmittelbar an der Brücke über den Fluss Sense. ✉ (GPS: 46°53'35" N / 7°20'02" E)

Parzellierte, ebene und schattenlose Wiesenflächen direkt am romantischen Fluss Sense. Separate Pkw-Abstellung. Ort 2 km entfernt. Mittagsruhe 12-13 Uhr. Touristen/Dauerstellplätze 60/240.
2008: P/N 6.–, K/N bis 15 J. 3.–, A/N 4.–, MC/N 8.–, T/N 6.–/7.–, KT –.60, Strom/N 3.50.

3186 Schiffenen bei Düdingen — CH 4031

★★ »CAMPING SCHIFFENEN« ⚷ April bis Okt.
☎ 026/4931917, Fax 4933474   460 m   90 000 qm
www.camping-schiffenen.ch
→ A12 Bern–Fribourg Abf. Düdingen nach Schiffenen. ✉ Schiffenen 15 (GPS: 46°52'43" N / 7°11'29" E).

Parzelliertes, ebenes Ufergelände zwischen Straße und Schiffener Stausee. Große Liegewiese. Boule. Tretbootverleih. Golf-Trainingsanlage. Ort 3 km entfernt. Mittagsruhe 12-14 Uhr. Touristen-/Dauerstellplätze 60/230.

1643 Gumefens, Fribourg — CH 4040

25 ★★ »CAMPING DU LAC« ⚷ 1.7. bis 31.8.
☎ 026/9152162, Fax 9152168   700 m   12 000 qm
www.campingdulac-gruyere.ch, info@campingdulac-gruyere.ch
→ A12 Fribourg–Bulle Abfahrten Rossens oder Bulle. Im Ort beschildert. ✉ (GPS: 46°40'31" N / 7°05'06" E).

Parzelliertes, abfallendes Wiesengelände mit teilweise engen Platzwegen und kleinen Stellplätzen. In idyllischer Lage direkt am Lac de la Gruyer gelegen. In HS Reservierung erforderlich. Durch Dauercamper geprägt. Der Touristenplatz kann bei Hochwasser überflutet werden. Ort 1 km entfernt. Touristen-/Dauerstellplätze 50/110.
2007: P/N 7.20, K/N 4 bis 12 J. 3.60, J/N 4.70, A/N 2.50, C/N 8.50, MC/N 8.50 bis 10.50, T/N 6.50/8.50, M/N 1.50, KT 1.10, WD zuzügl., Strom/N 2.50 (6 A).

1642 Sorens, Fribourg — CH 4050

20 ★★★ »CAMPING LA FORET« ⚷ 1.1. bis 31.12.
☎ 026/9151882   1010 m   40 000 qm
www.camping-la-foret.ch, info@camping-la-foret.ch
→ A12 Fribourg–Bulle Abfahrten Rossens oder Bulle nach Gumefens hier ca. 1 km Richtung Süden dann rechts zum Ort.

Parzelliertes, terrassiertes Wiesengelände auf einer Hochebene mit schönem Gebirgsblick. Durch Dauercamper geprägt. Touristen-/Dauerstellplätze 30/120.
2007: P/N 6.–, K/N 4.–, A/N 2.50, C T/N 9.–, MC/N 11.–, M/N 2.–, H/N 2.–, KT 1.10, WD inkl., Strom/N 3.– (13 A). Ab 7 Nächten Ermäßigung.

1667 Enney, Fribourg — CH 4060

25 ★★★ »TCS CAMPING HAUTE GRUYERE« ⚷ 29.2. bis 1.12.
☎/Fax 026/9212260   712 m   15 000 qm
www.campingtcs.ch, camping.enney@tcs.ch
→ Straße Bulle–Château-d'Oex, ca. 5 km südlich von Lac la Gruyère abbiegen. Beschildert. ✉ (GPS: 46°33'27" N / 7°05'08" E).

Unparzelliertes, ebenes Wiesengelände mit Schotterwegen zwischen Bahnlinie, Straße und der Sarine. Mehrfach unterteilt und durch Büsche und einzelstehende Bäume aufgelockert. Ort 5 km entfernt. Touristen-/Dauerstellplätze 80/70.
2008: P/N 7.–, K/N 6 bis 15 J. 3.50, St/N 18.–, H/N 4.–, KT 1.10, WD inkl., Strom/N 4.50 (6 A). In NS Ermäßigung.
CCI 5% auf P/N und St/N.

1618 Châtel-St.–Denis, Fribourg — CH 4080

25 ★★★ »CAMPING LE BIVOUAC« ⚷ 15.4. bis 30.9.
☎/Fax 021/9487849   900 m   20 000 qm
www.le-bivouac.ch, info@le-bivouac.ch
→ A12 Freibourg–Montreux Abf. Châtel St.–Denis, 2 km Richtung Les Paccots. ✉ Route des Paccots 21. (GPS: 46°31'31" N / 6°55'0" E).

Parzelliertes, leicht hügeliges Wiesengelände. Teilweise von Wald umgeben. Ort 1 km entfernt. Touristen-/Dauerstellplätze 30/130
2007: (HS) Angaben in EURO: P/N 4.–, K/N 6 bis 16 J. 2.70, St/N 10.–, KT 1.10, WD inkl., Strom/N 2.70 (10 A). In NS Ermäßigung.
DCC/CCI 10% auf P/N und St/N.

3645 Thun-Gwatt, Thuner See — CH 4100

30 ★★★ »TCS CAMPING THUNERSEE« ⚷ 20.3. bis 12.10.
☎ 033/3364067, Fax 3364017   560 m   15 000 qm
www.campingtcs.ch, camping.gwatt@tcs.ch
→ A6 Bern–Interlaken Abf. Thun-Süd, 4 km südlich Thun, kurz vor Gwatt am See. Beschildert.

Ebenes Wiesengelände mit verschilftem Ufer am Ortsrand. Vermietung von Tubes. Mittagsruhe 12-14 Uhr. Touristen-/Dauerstellplätze 85/70.
2008: P/N 8.40, K/N 6 bis 15 J. 4.20, St/N 21.50, H/N 4.–, KT 3.10, WD inkl., Strom/N 3.– (4 A). In NS Ermäßigung.
CCI 5% auf P/N und St/N.

Willkommen / Welcome / Bienvenue
Welkom / Bienvenidos / Benvenuti

www.campinginterlaken.ch

3704 Krattigen, Berner Oberland — CH 4120

»CAMPING STUHLEGG« ★★★ 25
033/6542723, Fax 6546703 750 m
1.1. bis 31.12. 24 000 qm
www.camping-stuhlegg.ch, campstuhlegg@bluewin.ch

→ A6 Bern–Interlaken Abf. Spiez ca. 4 km in südöstlicher Richtung. Stueleggstr. 7 (GPS: 46°39'27" N / 7°43'04" E).

Teilweise schattenloses Wiesengelände oberhalb des Thuner Sees mit schönem Panorama. Separate Moca-Plätze. Schwimmteich. Mittagsruhe 12-14 Uhr. Touristen-/Dauerstellplätze 65/90.
2008: (HS) P/N 6.–, K/N 4 bis 16 J. 4.60, A/N 3.–, C/N 12.– bis 14.–, MC/N 14.– bis 15.–, T/N 8.– bis 14.–, M/N 2.–, B/N 3.–, H/N 3.–, KT 2.20, WD zuzügl., Müllgeb./Sack 1.90, Strom/N 4.– (10/13 A). Familienrabatt. In NS Erm. DCC/CCI 10% auf P/N.

3800 Interlaken-Thunersee — CH 4140

»CAMPING MANOR FARM 1« ★★★★ 45
033/8222264, Fax 8232991, 8222279 560 m
1.1. bis 31.12. 70 000 qm
www.manorfarm.ch, manorfarm@swisscamps.ch, manorfarm@quicknet.ch

→ A8 Spiez–Interlaken Abf. Gunten/Beatenberg, danach Wegweisung zum Campingplatz Nr. 1 folgen. Seestr. 201 (GPS: 46°40'52" N / 7°48'55" E).

Gepflegtes und leicht abfallendes Wiesengelände. Durch die Uferstraße zweigeteilt. Privatgrundstücke im Platzgelände. Ort 3 km, Freiluft- und Hallenbad "Bödeli" (Gratiseintritt für Camper) 3.5 km entfernt. Touristen-/Dauerstellplätze 290/243.
2008: (HS) P/N 10.–, K/N 6 bis 15 J. 4.80, St/N 14.– bis 38.50, B/N 5.– bis 8.–, H/N 4.–, KT 1.80, WD inkl., Strom/N 3.50/4.50 (5/10 A). Monatspauschalen. In NS Ermäßigung.

3800 Interlaken-Unterseen — CH 4150/1

»CAMPING ALPENBLICK« ★★★ 35
033/8227757, Fax 8216045 560 m
1.1. bis 31.12. 20 000 qm
www.camping-alpenblick.ch, alpenblick@gmail.com

→ A8 Spiez–Interlaken Abf. Gunten/Beatenberg, danach Wegweisung zum Campingplatz Nr. 2 folgen. Seestr. 130 (GPS: 46°40'52" N / 7°48'56" E).

Ebenes, unparzelliertes und leicht abfallendes Wiesengelände mit einzelnen Bäumen am Waldrand und am Lombach. Oberhalb der Brücke beim Restaurant und Strandbad. In Seenähe. Wickeltisch. Hundetoilette. Ort und Bahnhof (Interlaken-West) 3 km entfernt. Touristen-/Dauerstellplätze 120/74.
2007: (HS) P/N 6.60, K/N 6 bis 16 J. 3.80, A/N 5.–, C MC/N 22.– bis 30.–, T/N 15.– bis 18.–, M/N 2.–, H/N 3.–, KT 2.40, WD inkl., Strom/N 4.– (6 A). Bei längerem Aufenthalt und in NS Ermäßigung.

3800 Interlaken-Unterseen — CH 4150/2

»CAMPING HOBBY 3« ★★★ 35
033/8229652, Fax 8229657 560 m
1.4. bis 15.10. 12 000 qm
www.campinghobby.ch, info@campinghobby.ch

→ A8 Spiez–Interlaken Abf. Gunten/Beatenberg danach Wegweisung zum Campingplatz Nr. 3 folgen. Lehnweg 16 (GPS: 46°41'08" N / 7°49'52" E).

Leicht abfallendes Wiesengelände mit Laub- und Nadelbäumen. Befestigte Stellplätze für Mocas. Reservierung in HS empfehlenswert. W-LAN/Funkinternet. Ort 2.5 km entfernt. Touristen-/Dauerstellplätze 80/30.
2008: P/N 7.60, K/N 6 bis 15 J. 4.–, St/N 15.– bis 30.–, KT 1.80, WD zuzügl., Strom/N 4.– (10 A). In NS Ermäßigung.

MANOR FARM 1 INTERLAKEN-THUNERSEE

Abwechslungsreiche und erholsame Ferien. Erstklassiger, kinderfreundlicher Campingplatz direkt am Thunersee inmitten einer herrlichen Bergwelt und unversehrter Natur im Herzen des Berner Oberlands.
Ferien- und Wassersportzentrum mit eigenem Badestrand, Segel- und Windsurfingschule, Bootsvermietung.
10.7.–20.8.: Fit & Fun-Ferienprogramm für jung und alt. Zentrale Lage für Ausflüge zu Fuß, mit Auto, Bahn oder Schiff; eigene Tourist-Information. Wintercamping.
Seit 45 Jahren bekannt für Sauberkeit und guten Vollservice. Caravans, Hotelzimmer und Ferienwohnungen zu vermieten. **(CH 4140)** Reservation möglich.

MANOR FARM 1, CH-3800 Interlaken-Thunersee
Tel. 0041-(0)33-822 22 64, Fax 0041-(0)33-823 29 91

3800 Interlaken-Unterseen — CH 4150/3

★★★ »CAMPING LAZY RANCHO 4« 15.4. bis 15.10.
033/8228716, Fax 8231920   570 m   16 000 qm
www.lazyrancho.ch, info@lazyrancho.ch

→ A8 Spiez–Interlaken Abf. (24) Interlaken-West, danach Wegweisung zum Campingplatz Nr. 4 folgen. ✉ Lehnweg 6. (GPS: 46°41'08" N / 7°49'51" E).

Leicht abfallendes Wiesengelände mit Baumreihen. Ort und Kurmöglichkeit 2 km entfernt. Mittagsruhe 12-13.30 Uhr. Touristen-/Dauerstellplätze 90/55.
2008: (HS) P/N 7.50, K/N ab 6 J. 4.50, St/N 30.–, H/N 3.–, KT 1.80, WD inkl., Strom/N 4.– (10 A). In NS Ermäßigung.

3800 Interlaken-Unterseen — CH 4150/4

★★★ »JUNGFRAU CAMP 5«   Mai bis Sept.
☎/Fax 033/8225730   560 m   20 000 qm
www.jungfraucamp.ch, info@jungfraucamp.ch

→ A8 Spiez–Interlaken Abf. Gunten/Beatenberg, danach Wegweisung zum Campingplatz Nr. 5 folgen. ✉ Steindlerstr. 60.

Leicht abfallendes Wiesengelände am Ortsrand. Schöner Blick zur Jungfraugruppe. Ort 1.2 km entfernt. Mittagsruhe 12-14 Uhr. Touristen-/Dauerstellplätze 130/50.

3800 Interlaken-Tiefenau — CH 4160

★★★ »TCS CAMPING INTERLAKEN«   20.3. bis 12.10.
033/8224434, Fax 8224456   595 m   12 000 qm
www.campingtcs.ch, camping.interlaken@tcs.ch

→ Straße Interlaken-Brünigpass Abf. Tiefenau an der Aare.

Schmaler Wiesenstreifen an der Aare. Durch einen öffentlichen Weg zweigeteilt. FW. Mittagsruhe 12-15 Uhr. Touristen-/Dauerstellplätze 105/20.
2008: (HS) P/N 7.–, K/N 6 bis 15 J. 3.50, St/N 19.–/27.50, H/N 4.–, WD inkl., KT 2.40, WD inkl., Strom/N 4.– (6 A). In NS Ermäßigung.
CCI 5% auf P/N und St/N.

3800 Interlaken-Matten — CH 4180

★★★ »CAMPING JUNGFRAUBLICK 7«   Mai bis Sept.
033/8224414, Fax 8221619   575 m   15 000 qm
www.jungfraublick.ch, info@jungfraublick.ch

→ A8 Spiez–Interlaken Abf. Grindelwald, zwischen Interlaken und Wilderswil, beschildert. ✉ Gsteigstr. 80. (GPS: 46°40'25" N / 7°51'59" E).

Schattenloses Wiesengelände neben der Straße. Befestigte Moca-Stellplätze. Ort 1.5 km entfernt. Touristen-/Dauerstellplätze 100/35.
2008: (HS) P/N 6.80, K/N 4 bis 15 J. 4.20, St/N 24.–, H/N 3.–, KT 1.80, WD zuzügl., Strom/N 3.20 (6 A). In NS Ermäßigung.

3800 Interlaken-Wilderswil — CH 4185

★★★ »CAMPING OBEREI 8«   Mai bis Sept.
☎/Fax 0338221335   580 m   5000 qm
www.campingwilderswil.ch, oberei8@swisscamps.ch

→ Straße Interlaken-Grindelwald Abf. Wilderswill. ✉ Obereigasse 9.

Wiesengelände mit einzelnen Obstbäumen im Ort, durch öffentlichen Weg geteilt. Mittagsruhe 12-14 Uhr. 60 Touristenplätze.
2008: (HS) P/N 6.20, K/N bis 6 J. 2.50, J/N 3.80, St/N 10.–/20.–, H/N 1.–, KT 1.40, WD zuzügl., Müllgeb./Sack 1.–, Strom/N 3.– (6 A). In NS Ermäßigung. DCC in NS 10% auf P/N und St/N.

3806 Bönigen, Brienzer See — CH 4190

★★★ »TCS CAMPING SEEBLICK«   20.3. bis 5.10.
☎/Fax 033/8221143, Fax 8221162   575 m   15 000 qm
www.campingtcs.ch, camping.boenigen@tcs.ch

→ Straße Interlaken in Richtung Bönigen, vor der Brücke über die Lutschinenstraße links zum See.

Ebenes, parzelliertes Wiesengelände mit geschotterten Wegen, vom Seeufer durch öffentl. Weg getrennt. Imbiss. Ort 500 m entfernt. Mittagsruhe 12-14 Uhr. Touristen-/Dauerstellplätze 113/12.
2008: P/N 8.–, K/N bis 6 J. 4.–, St/N 21.–, H/N 4.–, KT 2.50, WD inkl., Strom/N 4.– (6 A). In NS Ermäßigung.
CCI 5% auf P/N und St/N.

3852 Ringgenberg, Interlaken — CH 4200

★★★ »CAMPING TALACKER AG«   1.1. bis 31.12.
033/8221128, Fax 8229838   620 m   8000 qm
www.talacker.ch, camping@talacker.ch

→ Straße Interlaken-Brienz Abfahrt Ringgenberg. Die Beschilderung Camping beachten. Links abbiegen und dem 2. Wegweiser folgen.

Ebener Wiesenstreifen, vorwiegend terrassiert und schattenlos, an einem Hang oberhalb des Ortes. Imbiss. Bootsausflüge. Ort 1.2 km entfernt. Mittagsruhe 12-14 Uhr. Touristen-/Dauerstellplätze 70/10.
2008: (HS) P/N 6.60, K/N bis 5 J. 2.50, K/N 6 bis 15 J. 4.–, St/N 10.– bis 19.– KT 1.40, WD zuzügl., Müllgeb./Sack 1.–/1.90, Strom/N 4.– (10 A). In NS Erm.

3855 Brienz, Brienzer See — CH 4250/1

★★★ »CAMPING AAREGG«   April bis Okt.
033/9511843, Fax 9514324   565 m   30 000 qm
www.aaregg.ch, mail@aaregg.ch

→ Straße Brienz in Richtung Meiringen, nach ca. 1 km rechts abbiegen. ✉ (GPS: 46°44'50" N / 8°02'50" E).

Parzellierte, teilweise schattenlose Wiese mit Obstbäumen hinter einem Bauernhof. Direkt am See mit Bootshafen gelegen. Ort 1 km entfernt. Mittagsruhe 11.30-13 Uhr. Touristen-/Dauerstellplätze 250/45.
2008: (HS) P/N 10.–, K/N bis 6 J. 2.–, 6 bis 16 J. 5.–, St/N 10.– bis 34.–, H/N 3.–, KT zuzügl., Strom keine Angabe. In NS Ermäßigung.

3855 Brienz, Brienzer See — CH 4250/2

★★ »CAMPING SEEGÄRTLI«   April bis Okt.
033/0611351   560 m   5000 qm

→ Straße Brienz in Richtung Meiringen, nach ca. 1 km hinter der Bahnunterführung rechts abbiegen. ✉ Strandweg 12.

Zum See abfallende Wiese mit Obstbäumen. Durch eine öffentliche Straße zweigeteilt. An einer Bahnstrecke gelegen. Haltestelle 100 m entfernt. 50 Touristenplätze.
2008: P/N 7.50, K/N 6 bis 16 J. 4.–, A/N 3.–, C MC/N 12.– bis 15.–, T/N 6.– bis 12.–, M/N 2.–, KT 2.60/1.–, WD zuzügl., Müllgeb. P/N 1.–/2.– Strom/N 3.– (10 A). In NS Ermäßigung.

3780 Gstaad, Berner Oberland — CH 4300

★★★ »BELLERIVE CAMPING«   1.1. bis 31.12.
033/7446330, Fax 7446345   1050 m   8000 qm
www.bellerivecamping.ch, bellerive.camping@bluewin.ch

→ A6 Bern–Latterbach Abf. auf die Straße 11 über Zweisimmern nach Gstaad. Ca. 50 m vor der Ortstafel Gstaad rechts abbiegen.

Ebenes Wiesengelände mit einzelnen Bäumen zwischen der Bahnlinie und der Saane. Durch Markierungen parzelliert und mit asphaltierten Straßen. Separate Zeltwiese. Ort 1 km entfernt. Touristen-/Dauerstellplätze 30/20.
2007: (So) P/N 6.50, K/N 6 bis 16 J. 3.20, C MC-St/N 13.50, T/N 5.30, M/N 2.20, H/N 2.70, KT 2.80, WD zuzügl., Müllgeb./Sack 1.–, Strom/N 2.70 (So), Strom/kWh –.70 (Wi). Im Winter höhere Preise. In NS bis 20 % Erm.

DCC-Vertragsplatz

3770 Zweisimmen, Berner Oberld. — CH 4340

★★★★ »CAMPING VERMEILLE«   1.1. bis 31.12.
033/7221940, Fax 7223625   950 m   12 000 qm
www.camping-vermeille.ch, info@camping-vermeille.ch

→ A6 Bern–Spiez Abf. Wimmis und weiter auf der Str. 11 bis kurz vor Zweisimmen. Hier an der Tankstelle links abbiegen. Zweiter Platz hinter dem Bahnübergang. ✉ Gässli 2.

Ebenes Wiesengelände mit Baumbestand. Gekieste Stellplätze für Mocas. Zeltwiese. Bei nassem Wetter stehen Holzroste zur Verfügung. Voranmeldung erwünscht. Ort 1 km, Minigolf und Tennis 1.5 km entfernt. Touristen-/Dauerstellplätze 30/70.
2008: (HS) P/N 7.20, K/N 2.20, J/N 3.80, A/N 4.50, C/N 10.– bis 12.–, MC/N 12.– bis 15.–, T/N 8.– bis 13.–, M/N 3.–, H/N 2.–, KT und WD zuzügl., Strom keine Angabe (10 A). In NS Ermäßigung.
DCC/CCI 10% auf P/N.

✉ 3775 Lenk, Berner Oberland — CH 4350

35 ★★★ »CAMPING SEEGARTEN« 1.12. bis 31.12./1.1. bis 15.4./
☎ 033/7331616, 7334456, Fax 7331610   1070 m   und 15.5. bis 31.10
www.campingseegarten.ch, info@campingseegarten.ch   8000 qm

→ Straße 11 Spiez–Château d'Oex Abf. Zweisimmen nach Lenk. Hinter dem Ortsende. ✉ Seestr. 2.

Schattenloses Wiesengelände in einem Talkessel. Am Ortsrand gelegen. Ski-Abstellraum. Haltestelle 100 m entfernt. Touristen-/Dauerstellplätze 40/100.
2008: (HS) P/N 5.20, K/N 6 bis 16 J. 2.60, C-St/N 10.60, MC-St/N 6.60 bis 8.60, T/N 4.–, KT 2.10, WD zuzügl., Müllgeb./Sack 1.–, Strom/N 3.– (Sommer) oder Strom/N 1.20 plus kWh –.60 (10 A) (Winter). In NS Erm.
DCC/CCI 10% auf P/N.

Familienfreundlicher Ganzjahresplatz mit ausgezeichneten Sanitäranlagen. Herrliche Lage oberhalb Gsteig. Im Sommer zahlreiche Wander- und Klettermöglichkeiten. Ganzjährig Skifahren auf dem Glacier 3000 in unmittelbarer Nähe. Ein tolles Restaurant mit Bar rundet die hervorragende Infrastruktur ab. Hunde sind willkommen. Freie Residenzplätze.

Berg-Camping Heiti, CH-3785 Gsteig bei Gstaad ★★★
Tel. +41 (0)33 755 11 97, Fax +41 (0)33 755 11 47
info@bergcamping.ch, www.bergcamping.ch   **(CH 4360)**

✉ 3785 Gsteig b. Gstaad, Berner Oberl. — CH 4360

★★ »CAMPING HEITI«   Juni bis Sept.
☎/Fax 033/7551197   1200 m   4000 qm
www.swisscamps.ch, campingheiti@bluewin.ch

→ N6 Bern–Thun Abf. Wimmis auf die B11 in Richtung Gstaad nach Gsteig. Beschildert. ✉ Pillon.

Naturbelassenes Wiesengelände. Ort (Gsteig) 1 km entfernt. Touristen-/Dauerstellplätze 40/5.

✉ 1660 Château d'Oex, Vaud — CH 4370

★★★ »CAMPING LE BERCEAU«   1.1. bis 31.12.
☎/Fax 026/9246234   960 m   6000 qm
www.chateau-doex.ch, piscine@chateau-doex.ch

→ Straße 11 Spiez–Château d'Oex. Hier abbiegen in Richtung Col des Mosses, noch 250 m. ✉ Au Berceau.

Langgestreckter und gepflegter Wiesenstreifen an der Sarine. Touristen-/Dauerstellplätze 50/50.

✉ 3714 Frutigen, Berner Oberland — CH 4400

25 ★★★ »CAMPING GRASSI«   1.1. bis 31.12.
☎ 033/6711149, Fax 6711380   800 m   15000 qm
www.camping-grassi.ch, campinggrassi@bluewin.ch

→ A6 Abfahrt Spiez nach Kandersteg. Am Ortsausgang Frutigen rechts abbiegen, noch ca. 1 km. ✉ Grassiweg 60.

Von Wald umgebenes ebenes Wiesengelände bei einem Bauernhof. Imbiss. Fahrradverleih. W-LAN/Funkinternet. Ort 1 km entfernt. Mittagsruhe 11-14 Uhr. Touristen-/Dauerstellplätze 70/70.
2008: P/N 6.40, K/N bis 6 J. 1.50.–, J/N 3.20, St/N 8.– bis 14.–, H/N 1.50, KT zuzügl., Strom/N 2.50/3.–.

(CH 4440)

Ideal gelegener, terrassierter Platz auf 1200 m ü.M. Hervorragender Ausgangspunkt für schöne Wanderungen und Skitouren. (Sesselbahn Oeschinensee). Die herrliche Bergwelt, die ausgezeichnete Infrastruktur und die sprichwörtliche Gastfreundschaft machen aus Ihrem Urlaub ein unvergessliches Erlebnis.

Tel. 0041-(0)33-675 15 34, Fax 0041-(0)33-675 17 37
www.camping-kandersteg.ch, rendez-vous.camping@bluewin.ch

✉ 3757 Schwenden im Diemtigtal — CH 4410

★★★ »CAMPING EGGMATTE«   1.1. bis 31.12.
☎ 033/6841232, 6841136, Fax 6841732   1200 m   10000 qm
www.wuethrich-diemtigtal.ch

→ A6 Bern–Wimmis, hier weiter auf der Str. 11 bis Latterbach. Weiter in südl. Richtung über Oey, Horboden und Zwischenflüh nach Schwenden.

Ansteigend terrassiertes Wiesengelände mit Büschen und Bäumen bei einem Bach und in einem Naturschutzgebiet. Familiäre Atmosphäre. Imbiss. FW. Kinderspielerlebnisweg »Grimmimutz«. Kinderskilift. Ort 2 km entfernt. Separater Jugendplatz. Mittagsruhe 12-14 Uhr. Touristen-/Dauerstellplätze 20/50.

✉ 3715 Adelboden, Berner Oberld. — CH 4420/1

20 ★★ »CAMPING BERGBLICK«   Juni bis Okt./Dez. bis April
☎ 033/6731454, Fax 6733352   1250 m   4000 qm
www.bergblick-adelboden.ch, info@bergblick-adelboden.ch

→ Straße Spiez–Frutigen bis ca. 1.5 km vor Adelboden. ✉ Landstr. 94a.

Ebene, schattenlose Wiese unterhalb der Straße an einem Bach. Fahrradverleih 500 m, Ort 1 km entfernt. Touristen-/Dauerstellplätze 20/23.
2007: P/N 5.50, K/N 6 bis 16 J. 3.50, A/N 3.–, C/N 10.–, MC/N 13.–, T/N 7.–, H/N 2.–, KT 3.10, WD zuzügl., Müllgeb./Sack 1.90, Strom/N 3.– (So), Strom/N 1.60 plus kWh –.60 (10 A) (Winter).

✉ 3715 Adelboden, Berner Oberld. — CH 4420/2

★★★ »CAMPING ALBO«   1.1. bis 31.12.
☎ 033/6731209, Fax 6738182   1400 m   4000 qm
www.albo-adelboden.ch, albo@bluewin.ch

→ Straße Spiez–Frutigen–Adelboden. Im Ort beschildert.

Ebene Wiese mit Bäumen am Ortsrand. Touristen-/Dauerstellplätze 20/24.

✉ 3718 Kandersteg, Berner Oberld. — CH 4440

25 ★★ »CAMPING RENDEZ-VOUS«   1.1. bis 31.12.
☎ 033/6751534, Fax 6751737   1200 m   10000 qm
www.camping-kandersteg.ch, rendez-vous.camping@bluewin.ch

→ Straße Spiez–Frutigen. Hier abbiegen in Richtung Oeschinensee. ✉ (GPS: 46°29'48" N / 7°41'01" E).

Von Ferienhäusern umgebener Terrassenplatz am Fuß der Oeschinen-Seilbahn. Die Sanitäranlagen des angeschlossenen Touristenheims können genutzt werden. Ort, Haltestelle und Bademöglichkeit 800 m entfernt. Touristen-/Dauerstellplätze 80/20.
2008: (HS) P/N 6.30, K/N 6 bis 16 J. 3.–, A/N 3.–, C MC T/N 8.– bis 16.–, M/N 1.–, H/N 3.–, KT 1.20/–.60, WD zuzügl., Strom/kWh –.60 (10 A). Ab 14 Nächten und in NS Ermäßigung.

»Ermäßigung auf alle Gebühren«
umfaßt nicht die Nebenkosten wie
Kurtaxe, Müll und Strom

DCC-Vertragsplatz

✉ 3822 Lauterbrunnen, Berner Oberld. CH 4510/1
35.-40 ★★★★ »CAMPING JUNGFRAU« — 1.1. bis 31.12.
☎ 033/8562010, Fax 8562020   810m   45000 qm
www.camping-jungfrau.ch, info@camping-jungfrau.ch
→ Straße Interlaken–Wengen–Lauterbrunnen. Im Ort beschildert. ✉ Weid (GPS: 46°35'31" N / 7°54'50" E).

Weites, gepflegtes Wiesengelände mit asphaltierten Wegen und angelegten Terrassen. Familienferienplatz getrennt. Ferien- und Durchgangsgäste getrennt. Die Sanitäranlagen des angeschlossenen Touristenheims werden mitbenutzt. Kostenloser Skibus-Service. Hallenbad, Haltestelle und Ort 500 m entfernt. Touristen-/Dauerstellplätze 250/100.
2008: (So/Wi) P/N 9.20/10.90, K/N 6 bis 15 J. 4.40/5.10, A/N 3.50, C MC/N 19.–/21.–, T/N 10.– bis 19.–, kl. T/N 7.–, M/N 2.–, H/N 3.–, KT 2.40/–.90, WD inkl. Strom/N 4.– (So), Strom/N 2.50 plus kWh –.50 (Wi). In NS ab der 6 Nächten 10 % Ermäßigung.
DCC/CCI 10% auf P/N.

✉ 3822 Lauterbrunnen, Berner Oberld. CH 4510/2
★★★ »CAMPING SCHÜTZENBACH« — 1.1. bis 31.12.
☎ 033/8551268, Fax 8551275   830m   23000 qm
→ Straße Interlaken–Wengen–Lauterbrunnen. Ab Lauterbrunnen Richtung Stechelberg. Beschildert.

Ebenes Wiesengelände gegenüber des Staubbach-Wasserfalls. Teilweise schattenlos und mit geschotterten Stellplätzen. Ort 400 m entfernt. Touristen-/Dauerstellplätze 120/80.

✉ 3824 Stechelberg, Berner Oberld. CH 4530/1
25 ★★★ »CAMPING RÜTTI« — Mai bis Sept.
☎ 033/8552885, Fax 8552611   900m   8000 qm
www.campingruetti.ch, campingruetti@stechelberg.ch
→ Straße Interlaken–Wengen–Lauterbrunnen. Am Ende des Lauterbrunnentals.

Ebenes, teilweise schattenloses Wiesengelände in grandioser Bergwelt. Ausgangspunkt für Hochgebirgswanderungen. Hunde an der Leine erlaubt. Kiosk. Imbiss. Mittagsruhe 12-15 Uhr. Touristen-/Dauerstellplätze 70/10.
2008: P/N 6.10, K/N 2.70, St/N 6.– bis 15.–, H/N 2.–, KT 1.10/–.50, Strom/N 3.–.

✉ 3824 Stechelberg, Berner Oberld. CH 4530/2
20 ★★★ »CAMPING BREITHORN« — 1.1. bis 31.12.
☎ 033/8551225, Fax 8553561   850m   10000 qm
breithorn@stechelberg.ch
→ Straße Interlaken–Wengen–Lauterbrunnen. Ab Lauterbrunnen ca. 3 km in Richtung Stechelberg. ✉ Sandbach.

Ebenes schattenloses Wiesengelände. Ort (Lauterbrunnen) 3 km entfernt. Mittagsruhe 12-14 Uhr. Touristen-/Dauerstellplätze 60/45.
2008: P/N 5.–, K/N 6 bis 16 J. 2.50, St/N 10.–/12.–, H/N 1.–, KT 1.70, WD zuzügl., Strom/N 4.–, kWh –.60 (10 A). In NS Ermäßigung.
DCC/CCI 10% auf P/N.

Camping Breithorn
CH-3801 Stechelberg
Tel. 0 33 - 855 12 25 · Fax 0 33 - 855 35 61
www.stechelberg.ch
email: breithorn@stechelberg.ch

In der Nähe der Trümmelbachfälle und Schilthorn-Bahn (2970 m). 3 km vom Dorf-Zentrum Lauterbrunnen und kurz nach den Trümmelbach-Fällen rechts. Sehr ruhige Lage, gute geheizte sanitäre Einrichtungen. Lebensmittel, eigene Bäckerei am Platz. Für Wintercamping eingerichtet.
Wohnwagen und Ferienwohnungen zu vermieten.

(CH 4530)

✉ 3816 Lütschental, Berner Oberland CH 4550
★★★ »DANY'S CAMP« — Mai bis Sept.
☎ 036/531824   7500 qm
→ Straße Interlaken–Grindelwald Abf. Lütschental.

Leicht abfallendes Wiesengelände unter Obstbäumen. Blick auf das Wetterhorn. Ort 1 km, Lebensmittelverkauf 1.5 km entfernt. 40 Touristenplätze.

✉ 3818 Grindelwald, Berner Oberland CH 4610/1
30 ★★★ »CAMPING GLETSCHERDORF« — Mai bis Okt.
☎ 033/8531429, Fax 8533129   1000m   10000 qm
www.gletscherdorf.ch, info@gletscherdorf.ch
→ Straße Interlaken–Wengen–Grindelwald, durch Grindelwald Richtung Gletscherschlucht.

Fast ebene Wiese mit einigen Bäumen am Fuß der Eiger-Nordwand. Ort 1 km entfernt. Touristen-/Dauerstellplätze 70/40.
2008: P/N 7.50, K/N 6 bis 15 J. 3.50, St/N 6.– bis 18.–, KT zuzügl., WD inkl., Strom/N 4.– (10 A).

✉ 3818 Grindelwald, Berner Oberland CH 4610/2
45 ★★★ »CAMPING EIGERNORDWAND« — 1.1. bis 31.12.
☎ 033/8531242, Fax 8535042   955m   12000 qm
www.eigernordwand.ch, camp@eigernordwand.ch
→ Straße Interlaken–Wengen–Grindelwald. Vor Grindelwald in Richtung Grund abbiegen.

Leicht wellig abfallendes Wiesengelände beim Restaurant Bodenwald unterhalb der Eiger-Nordwand. Herrliche Bergkulisse. Für Wintercamping Voranmeldung erforderlich. Touristen-/Dauerstellplätze 140/8.
2008: (HS) P/N 18.–, K/N 3 bis 12 J. 5.50, A/N 3.–, C/N 13.–, MC/N 13.– 17.–, T/N 7.– bis 13.–, M/N 2.–, KT 2.30, WD inkl., Strom/N 4.–. In NS Erm.

Grindelwald – Eigernordwand 27
Der ideale ★★★★ Ort für Ihre Sommer- oder Winterferien!
- Ruhig und sonnig
- Herrlicher Blick in die Berge (Eigernordwand)
- Erstklassige Sanitäranlagen
- Ganzjahres- und Winterplätze
- 3★★★ Hotel Restaurant für Begleitpersonen von Campinggästen.

(CH 4610/2)

Achtung: Vor dem Dorf Richtung Grund abzweigen!
Camping Eigernordwand 27, CH-3818 Grindelwald
Tel. 0041-(0)33-853 12 42, Fax 0041-(0)33-853 50 42
www.eigernordwand.ch, E-mail: camp@eigernordwand.ch

✉ 2883 Montmelon–St.-Ursanne, B. Jura CH 5000
30 ★★★★ »HOTEL-CAMPING TARICHE« — 20.3. bis 31.10.
☎ 032/4334619, Fax 4334575   449m   8000 qm
www.tariche.ch, info@tariche.ch
→ E27 Delémont–franz. Grenze Abf. St. Ursanne. Am Ortseingang nach links und dann ca. 5 km am Fluss Doubs entlang. ✉ (GPS: 47°20'42" N / 7°08'26" E).

Unparzelliertes und zum Fluss Doubs abfallendes, romantisches Wiesengelände beim dazugehörigen Hotel. Schattenlos und mit einzelnen Büschen und Bäumen aufgelockert. In Waldnähe gelegen. Befestigte Moca-Plätze und separate Zeltwiese. FW. Ort 5 km entfernt. Touristen-/Dauerstellplätze 20/20.
2007: (HS) P/N 8.20, K/N 6 bis 16 J. 4.–, C MC-St/N 10.– bis 20.–, T-St/N 8.– bis 20.–, H/N 3.–, WD inkl., Strom/N 3.– (16 A). In NS Ermäßigung.

✉ 2515 Prêles, Berner Jura CH 5023
25 ★★★★ »FREIZEITPARK-CAMPING PRÊLES« — 1.4. bis 31.10.
☎ 032/3151716, Fax 3155160   820m   60000 qm
www.camping-jura.ch, info@camping-jura.ch
→ Ab Biel AB Richtung Delémont. 1. Ausfahrt Frinvillier Richtung Orvin–

(CH 4510/1)

Mountain Holiday Park — Camping Jungfrau
Lauterbrunnen · Schweiz · Switzerland
www.camping-jungfrau.ch

Neu: Public Wireless LAN — swisscom Hotspot

Der ideale, familienfreundliche, über 50-jährige Familienbetrieb zu Füssen der Bergriesen Eiger, Mönch und Jungfrau im Tal der 72 Wasserfälle. Inmitten der weltberühmten Wander- und Skigebiete der «Jungfrauregion». Modernste Einrichtungen. Restaurant, Lebensmittelladen, Kinderspielplatz, gratis Skibus. In der Nähe der Sportanlagen. Für Wohnmobile besonders eingerichtet. Bungalows, Wohnwagen, Zimmer/Frühstück. Wintersaisonplätze. **Das ganze Jahr geöffnet!**

CAMPING JUNGFRAU AG, Familien von Allmen & Fuchs, CH-3822 LAUTERBRUNNEN, Berner Oberland, Tel. ++ 41(0)33 856 20 10 Fax ++ 41(0)33 856 20 20, info@camping-jungfrau.ch, GPS = 3822 Lauterbrunnen, Weid 406, N 46°35.314, E 07°54.504

Lamboing. In Lamboing links Richtung La Neuveville, Prêles. 1 km nach Dorfende Prêles links abbiegen. Route de La Neuveville 61 (GPS: 47°05'08" N / 7°07'04" E).

200m

Leicht abfallendes Wiesengelände. Teilweise parzelliert und vom Wald begrenzt. Durch Dauercamper geprägt. Kurzcamperplätze vor dem Eingang. Ort 1.5 km entfernt. Mittagsruhe 12–14 Uhr. Touristen-/Dauerstellplätze 50/170.
2008: (HS) P/N 8.–, K/N bis 5 J. 2.–, J/N 6 bis 16 J. 4.20, A/N 2.50, C/N 13.–, MC/N 13.–/15.–, T/N 7.–/10.–, M/N 1.50, H/N 2.–, KT 1.–, WD zuzügl., Müllgeb. P/N –.50, Strom/N 3.50 (6 A). In NS Ermäßigung.

2416 Les Brenets, Berner Jura — CH 5026
»CHAMP DE LA FONTAINE« — 1.1. bis 31.12.
079/4710635, Fax 032/9321639 — 850 m — 35 000 qm
www.swisscamps.ch, campingfontaine@bluewin.ch

→ B20 Neuchâtel–La Chaux-de Fonds, weiter über Le Locle nach Les Brenets. Beschildert. Bourg Dessous (GPS: 47°03'56" N / 6°41'56" E).

50m 100m

Parzelliertes und terrassiertes Wiesengelände in Seenähe mit schönem Ausblick. Kabel-TV. Durch Mobilheime und Dauercamper geprägt. Ort 1 km entfernt. Mittagsruhe 12–15 Uhr. Touristen-/Dauerstellplätze 20/100.

2525 Le Landeron, Bieler See — CH 5030
25 ★★★ »CAMPING DES PÊCHES« — 1.4. bis 15.10.
032/7512900, Fax 7516354 — 437 m — 40 000 qm
www.camping-lelanderon.ch, info@camping-lelanderon.ch

→ A5 Solothurn–Neuchâtel Abf. La Neuveville Le Landeron zum Bieler See. Beschildert. Route du Port (GPS: 47°03'10" N / 7°04'11" E).

100m 300m

Von Hecken umgebenes, parzelliertes und gepflegtes Wiesengelände. Der Platz ist vom See durch eine Zufahrtsstraße und ein Wochenendgebiet getrennt. Ort 500 m entfernt. Mittagsruhe 12-13.30 Uhr. 220 Touristenplätze.
2008: P/N 8.–, K/N 6 bis 16 J. 4.–, A/N 4.–, C/N 12.–, MC/N 16.50, T/N 8.50/11.–, M/N 2.–, KT 2.–, WD zuzügl., Strom/N 3.50 (10 A).

2345 Les Breuleux, Jura — CH 5031
30 ★★★ »CAMPING LES CERNEUX« — 1.4. bis 31.10.
032/4869666, Fax 4869667 — 1000 m — 30 000 qm
www.lescerneux.ch, info@lescerneux.ch

→ E27 Basel–Biel Abf. Tavannes in Richtung Les Breuleux. Vor Les Breuleux rechts ca. 15 km. Im Ort beschildert. (GPS: 47°12'31" N / 7°01'38" E).

---

2 km

Ebenes, terrassiertes und gepflegtes Wiesengelände in Waldnähe. Mit einem Badeteich und bei einem ehemaligen Bauernhof gelegen. Parzelliert und überwiegend schattenlos. Separate Zeltwiese. Hundeverbot in Mietobjekten. Kutschfahrten. Kletterwand. Minikino. Volleyball. Basketball. Boccia. Ort 1.5 km entfernt. Mittagsruhe 12.30-14.30 Uhr. Touristen-/Dauerstellplätze 60/40.
2007: P/N 8.–, K/N 6 bis 16 J. 4.–, C MC-St/N 18.–, T-St/N 9.–, KT 1.20, Strom/N 4.–. In NS Ermäßigung.

2523 Lignières, Neuchâtel — CH 5032
30 ★★ »CAMPING FRASO RANCH« — 23.12. bis 31.10.
032/7514616, Fax 7514614 — 800 m — 84 000 qm
camping.fraso-ranch@bluewin.ch

→ B5/AB Biel–Neuchâtel Abf. Le Landeron nach Lignières. Ch. du Grand-Marais (GPS: 47°05'10" N / 7°04'14" E).

Großflächiges, parzelliertes Wiesengelände auf einer Hochebene. Durch Hecken in Stellflächen unterteilt. Animationsprogramm. Whirlpool. Durch Dauercamper geprägt. Ort 500 m entfernt. Mittagsruhe 12.30-14 Uhr. Touristen-/Dauerstellplätze 48/378.
2008: (HS) P/N 8.–, K/N 6 bis 16 J. 4.–, St/N 7.50/15.–, H/N 1.50, KT 2.–, WD zuzügl., Strom/N 3.50 (10 A). In NS Ermäßigung.
CCI 10% auf P/N und St/N.

DCC – DEIN PARTNER!

Moderner, familienfreundlicher Camping am Jura-Südfuss. Ideales Gebiet zum Wandern und Velofahren, für Paragliding, Golf und Reiten. Shop mit Restaurant.

Erstklassige Einrichtungen
Geheiztes Schwimmbad, Kinderplanschbecken, Tennisplätze, Volleyball, Fußballplatz, Boule-Bahnen, Pingpong, Schach, Kinderspielplatz, Parzellengröße 100m².

Rabatt mit CCI, Reservationen

FRASO RANCH
CH-2523 Lignières
Tel. 0041-32-751 46 16
Fax 0041-32-751 46 14

(CH 5032) Internet: mypage.bluewin.ch/camping_lignieres

2301 La Chaux-de-Fonds, Neuchâtel — CH 5035

20 ★★★ »CAMPING BOIS DU COUVENT« — 1.5. bis 30.9.
032/9132555, Fax 032/9144877 — 1060 m — 14 000 qm
gigoncamping@bluewin.ch

→ Straße 20 Neuchâtel–La Chaux de Fonds. Im Ort beschildert. Bois du Couvent 108 (GPS: 47°05'36" N / 6°50'09" E).

Ebenes bis leicht welliges und teilweise terrassiertes Wiesengelände. Durch Nadel- und Laubbäume aufgelockert. Ort 300 m entfernt. Mittagsruhe 12.30-14 Uhr. Touristen-/Dauerstellplätze 40/65.
2007: P/N 4.50, K/N 2.–, A/N 3.–, C MC T/N 14.50, M/N 3.–, H/N –, KT 2.–, WD inkl., Strom/N 5.–.

3236 Gampelen, Neuchâtel — CH 5040

35 ★★★ »TCS CAMPING FANEL« — 20.3. bis 5.10.
032/3132333 Fax 3131407 — 342 m — 111 000 qm
www.campingtcs.ch, camping.gampelen@tcs.ch

→ Straße 10 Bern–Neuchâtel Abf. Gampelen am Bahnhof vorbei. Beschildert. (GPS: 47°00'07" N / 7°02'29" E).
Natur- und Vogelschutzgebiet "Fanel".

Ebene Wiese mit Waldabschnitten direkt am Neuenburger See inmitten eines Naturschutzgebietes. Liegewiese. Zugang zum See über einen Badesteg. Ort 2 km entfernt. Touristen-/Dauerstellplätze 150/750.
2008: (HS) P/N 8.20, K/N 6 bis 15 J. 4.10, St/N 22.–/30.–, H/N 4.–, KT–.90, WD inkl., Strom/N 4.– (6 A). In NS Ermäßigung.
CCI 5% auf P/N und St/N.

2013 Colombier, Neuchâtel — CH 5050

30 ★★★ »CAMPING PARADIS-PLAGE« — März bis Okt.
032/8412446, Fax 8414305 — 430 m — 45 000 qm
www.paradisplage.ch, paradisplage@freesurf.ch

→ Straße 5 Neuchâtel–Yverdon, in Colombier Richtung See beschildert. (GPS: 46°58'03" N / 6°52'12" E).

Parkartiges, parzelliertes Wiesengelände direkt an einem kleinen See. Durch hohe Laubbäume aufgelockert. Touristen- und Dauercamperbereich sind durch eine Autobahnbrücke voneinander getrennt. Ort 1 km entfernt. Separater Jugendplatz. Mittagsruhe 12-14 Uhr. Touristen-/Dauerstellplätze 160/200.
2008: P/N 10.–, K/N 6 bis 15 J. 4.–, A/N 4.–, St/N 13.– bis 17.–, H/N 2.–, KT 2.–, Strom/N 4.– (10 A). Ab 17 Nächten und in NS Ermäßigung.

1453 Bullet, Vaud — CH 5065

25 ★★★ »CAMPING BULLET LES CLUDS« — 1.1. bis 31.12.
/Fax 024/4541440 — 1215 m — 10 000 qm
www.campings.ccyverdon.ch, vd28@campings-ccyverdon.ch

→ Straße Grandson–Maubourget–Ste Croix. Ca. 1 km hinter Bullet. (GPS: 46°50'32" N / 6°33'34" E).

Ebenes bis leicht welliges und Wiesengelände beim gleichnamigen Restaurant. Am Hang gelegend, teilweise terrassiert und von Wald umgeben. Ort 6 km entfernt. Touristen-/Dauerstellplätze 20/80.
2008: P/N 6.–, K/N 6 bis 16 J. 3.–, A/N 3.–, C/N 7.– bis 11.–, MC/N 11.–, T/N 5.– bis 11.–, M/N 2.–, H/N 3.–, KT 1.20, WD zuzügl., Strom/N 4.–/6.–.

1422 Grandson, Vaud — CH 5070

25 ★★★ »CAMPING PÉCOS-GRANDSON« — Ende März bis Okt.
024/4454969, Fax 4462904 — 435 m — 20 000 qm
www.campings.ccyverdon.ch, vd24@campings-ccyverdon.ch

→ Straße 5 Neuchâtel–Yverdon, in Grandson beim Bahnhof abbiegen, noch 500 m. (GPS: 46°48'10" N / 6°38'02" E).

Parzelliertes und ebenes Wiesengelände zwischen Bahnlinie und See. Durch vereinzelte Büsche und Bäume aufgelockert, sowie von Hecken umgeben. Ort 3 km entfernt. Mittagsruhe 12.30-14 Uhr. Touristen-/Dauerstellplätze 100/100.
2008: P/N 7.–, K/N 6 bis 16 J. 3.–, A/N 3.–, C/N 7.– bis 12.–, MC/N 12.–, T/N 6.– bis 12.–, M/N 2.–, B/N 4.–, H/N 3.–, KT –.90, WD zuzügl., Müllgeb. P/N 1.–, Strom/N 4.–/6.– (6 A).

1462 Yvonand, Neuchâtel — CH 5090

30 ★★★ »CAMPING POINTE D'YVONAND« — 1.4. bis 30.9.
024/4301655, Fax 4302463 — 430 m — 50 000 qm
www.campings.ccyverdon.ch, vd8@campings-ccyverdon.ch

→ Straße 5 Neuchâtel–Lausanne Abf. Yverdon in nordöstl. Richtung am See entlang bis Yvonand und weiter in Richtung Estavayer-le-Lac. (GPS: 46°48'11" N / 6°43'03" E).

Gepflegtes Kiefernwaldgelände direkt am Südostufer des Sees. Sandstrand. Wäscheservice. Ort 6 km entfernt. Mittagsruhe 12.15-13.45 Uhr. Touristen-/Dauerstellplätze 400/200.
2008: (HS) P/N 8.60, K/N 6 bis 16 J. 3.–, A/N 3.50, C T/N 7.– bis 15.–, MC/N 10.– bis 12.–, M/N 2.50, B/N 4.– bis 8.–, KT 1.40/1.55, Müllgeb. P/N 1.–, Strom/N 4.–/6.– (6 A). In NS Ermäßigung.

1470 Estavayer-le-Lac, Neuchâtel — CH 5100

35 ★★★ »CAMPING NOUVELLE PLAGE« — März bis Okt.
/Fax 037/6631693 — 436 m — 15 000 qm

→ Straße 5 Neuchâtel–Lausanne Abf. Yverdon in nordöstl. Richtung am See entlang bis Yvonand und weiter bis Estavayer-le-Lac. Beschildert. (GPS: 46°51'21" N / 6°50'53" E).

Parzelliertes, ebenes Sand- und Wiesengelände mit vereinzelten Bäumen und großer Liegewiese am See. Wasserski (Schlepplift-Anlage). Ort 1 km entfernt. Separater Jugendplatz. Touristen-/Dauerstellplätze 60/105.
2007: (HS) P/N 8.80, K/N 4 bis 15 J. 4.40, St/N 23.–, H/N 3.–, Müllgeb./N 1.60, KT 1.55, WD zuzügl., Strom/N 3.50. In NS Ermäßigung.

1530 Payerne, Vaud — CH 5210

★★★ »PISCINE-CAMPING« — April bis Sept.
026/6604322 — 485 m — 25 000 qm

→ Straße 1 Bern–Lausanne, hinter Payerne abbiegen. Beschildert. (GPS: 46°48'38" N / 6°56'37" E).

Unparzelliertes, leicht abfallendes Wiesengelände mit einem öffentlichem Schwimmbad. Von einer Hecke umgeben und mit einzelnen Laubbäumen aufgelockert. Boule. Durch Dauercamper geprägt. Golfplatz nebenan. Ort 1 km entfernt. Touristen-/Dauerstellplätze 40/134.

1580 Avenches, Murtensee — CH 5230

35 ★★★★ »CAMPING PLAGE D'AVENCHES« — 1.4. bis 30.9.
026/6751750, Fax 6754469 — 430 m — 80 000 qm
www.avenches.ch, camping@avenches.ch

→ Straße 1 Bern–Lausanne Abf. zwischen Avenches und Murten in Richtung Salavaux und zum Murtensee. (GPS: 46°45'12" N / 7°03'01" E).

Parzellierte, ebene Wiesenflächen unter Bäumen direkt am Murtensee. Sandstrand mit Liegewiesen. Mehreren Badebuchten. Ort 2 km entfernt. Touristen-/Dauerstellplätze 210/490.
2007: (HS) P/N 8.30, K/N 4 bis 16 J. 5.20, St/N 24.–, kl. T/N 8.–, H/N 3.–, E 1.–, WD inkl., Müllgeb./N 1.–, Strom/N 4.–. Ab 10 Nächten und in NS Erm.

Die DCC-Inspizienten sind nicht mit Anzeigenwerbung betraut. Sie sind daher unabhängig und nicht beeinflußbar. Ihren Kontrollen nach unseren Prüfbögen kann vertraut werden.

1580 Salavaux, Murtensee — CH 5250

★★★ »TCS SALAVAUX PLAGE« — 20.3. bis 5.10.
☎ 037/6771476, Fax 6773744   430m   60000 qm
www.campingtcs.ch camping.salavaux@tcs.ch

→ Straße 1 Bern–Lausanne, bei Avenches abbiegen Richtung Salavaux. ✉ (GPS: 46°54'49" N / 7°02'02" E).

Parzelliertes, ebenes und teilweise sandiges Wiesengelände mit einzelnen Laubbäumen. Durch Dauercamper geprägt. Der Sandstrand ist über einen 50 m langen Waldpfad erreichbar. Ort 1 km entfernt. Separater Jugendplatz. Mittagsruhe 12-13.30 Uhr. Touristen-/Dauerstellplätze 115/450.
2008: (HS) P/N 10.–, K/N 6 bis 15 J. 5.–, St/N 29.50, H/N 4.– KT 1.–, WD inkl., Strom/N 4.– (13 A). In NS Ermäßigung.
CCI 5% auf P/N und St/N.

1072 Forel-Lavaux, Vaud — CH 5330

★★★★ »CAMPING FOREL« — 1.1. bis 31.12.
☎ 021/7811464, Fax 7813126   700m   41000 qm
www.campingforel.ch, camping@campingforel

→ Straße 1 Bern–Lausanne, über Mezieres südlich hinter Forel. Beschildert. ✉ Chemin des Cases 2 (GPS: 46°31'43" N / 6°45'56" E).

Ebenes und gepflegtes Wiesengelände mit Heckenunterteilung. Wasserrutschbahn. FW. Ort 1 km entfernt. Mittagsruhe 12-14 Uhr. Touristen-/Dauerstellplätze 60/135.
2007: (HS) P/N 8.–, K/N 5 bis 15 J. 6.–, St/N 8.– bis 13.–, H/N 2.–, KT –.36, WD inkl., Strom/N 4.– (13 A). In NS Ermäßigung.

1264 St. Cergue, Vaud — CH 5390

★★ »CAMPING LES CHESEAUX« — 1.1. bis 31.12.
☎ 022/3601898   1095m   6000 qm

→ Straße 1 Lausanne–Genf, in Nyon abbiegen Richtung franz. Grenze bis ca. 1 km hinter St.Cergue. ✉ (GPS: 46°26'47" N / 6°08'36" E).

Parzelliertes, ebenes Wiesengelände. Touristen-/Dauerstellplätze 20/40.

1897 Le Bouveret, Genfer See — CH 6005

★★★ »CAMPING RIVE-BLEUE« — 1.4. bis 12.10.
☎ 024/4812161, Fax 4812108   375m   20000 qm
www.camping-rive-bleue.ch, info@camping-rive-bleue.ch

→ Straße 21 Monthey–Seesüdseite–franz. Grenze in Richtung Evian, ca. 1.5 km vor Bouveret abbiegen. Beschildert. ✉ Route de la Plage 130 (GPS: 46°23'13" N / 6°51'38" E).

Parzelliertes, ebenes Wiesengelände mit Laub- und Nadelbäumen am Genfer See. Separater Platzteil für Dauercamper mit öffentlichem Badebetrieb. Aqua-Park 100 m entfernt. Mittagsruhe 12-14 Uhr. 170 Touristenplätze.
2008: (HS) P/N 10.10, K/N 6 bis 16 J. 6.80, A/N 2.10, C/N 12.20, MC/N 14.20 T/N 8.20 bis 11.–, H/N 2.50, KT –.80/–.40, WD u. Schwimmbad inkl., Strom/N 3.80 (ab 8 A). In NS Ermäßigung.

1846 Chessel, Genfer See — CH 6008

★★★ »CAMPING AU GRAND BOIS« — 1.1. bis 31.12.
☎ 024/4814225, Fax 4815113   380m   40000 qm
www.augrandbois.ch, au.grand-bois@bluewin.ch

→ A9/E27/E62 Vevey–Monthey Abf. Villeneuve über Noville oder Rennaz nach Crebelley. Dann weiter die »Route d'Evian« bis Chessel. Im Ort beschildert. ✉ Route Villeneuve (GPS: 46°21'22" N / 6°53'57" E).

Ebene, meist schattenlose Wiese mit Kieswegen entlang des Grand Canal. Unparzelliert und teils in einem Wäldchen angrenzend. Imbiss. Boule. Touristen-/Dauerstellplätze 50/140.
2008: (HS) P/N 6.–, K/N 3 bis 8 J. 2.–, 9 bis 15 J. 3.50, A/N 3.–, C/N 9.–, MC/N 11.–, T/N 5.– bis 9.–, M/N 2.–, KT 1.50, WD zuzügl., Strom/N 3.– (10 A). Ab 2 Wochen in NS Ermäßigung.

1845 Noville, Genfer See — CH 6010

★★★★ »CAMPING LES GRANGETTES« — 1.1. bis 31.12.
☎ 021/9601503, Fax 9602030   375m   60000 qm
www.treyvaud.com, noville@treyvaud.com

→ A9/E27/E62 Vevey–Monthey Abf. Villeneuve nach Noville. Hier zum See abbiegen. ✉ (GPS: 46°23'35" N / 6°53'44" E).

Von Laubwald umrahmtes, ebenes und parzelliertes Wiesengelände direkt am See. Blick auf Montreux. Ort (Villeneuve) 2 km entfernt. Separater Jugendplatz. Mittagsruhe 12.30 bis 14 Uhr. Touristen-/Dauerstellplätze 70/210.
2008: P/N 8.–, K/N 2 bis 6 J. 3.–, K/N 6 bis 15 J. 6.–, A/N 2.–, C/N 10.–, MC/N 11.–, T/N 7.– bis 8.50, M/N 1.50, B/N 3.–, H/N 3.–, KT 1.–, WD inkl., Strom/N 4.– (10 A). In NS Ermäßigung.

1844 Villeneuve, Genfer See — CH 6020

★★★ »CAMPING LES HORIZONS BLEUS« — 1.1. bis 31.12.
☎/Fax 021/9601547   370m   8000 qm

→ A9/E27/E62 Vevey–Monthey Abf. Villeneuve. In Villeneuve zwischen Straße und Ufer. ✉ (GPS: 46°23'42" N / 6°55'18" E).

Parzelliertes, ebenes Gelände unter Laubbäumen an der verkehrsreichen Uferstraße. Imbiss. Ort 200 m entfernt. Mittagsruhe 12.45-14.45 Uhr. Touristen-/Dauerstellplätze 60/35.

1007 Lausanne, Genfer See — CH 6050

★★★ »CAMPING DE VIDY« — 1.1. bis 31.12.
☎ 021/6225000, Fax 6225001   375m   45000 qm
www.clv.ch, info@clv.ch

→ Autobahn-Umgehung in Richtung Genf Abf. »Lausanne Sud« bis zum Kreisel, dann in Gegenrichtung bis zur Ampel. Dort beschildert. ✉ Chemin du Camping 3 (GPS: 46°31'02" N / 6°35'52" E).

Parzelliertes, ebenes und gepflegtes Wiesengelände. Durch eine Promenade vom See getrennt. Ort 5 km entfernt. Mittagsruhe nur in NS 12-17 Uhr. Touristen-/Dauerstellplätze 335/65.
2007: P/N 7.–, K/N 6 bis 15 J. 5.–, A/N 3.50, St/N 13.– bis 14.–, T/N 10.– bis 18.–, M/N 3.–, B/N 3.50, H/N 2.–, KT 1.30/1.20, WD inkl., Müllgeb. St/N 1.–, Strom/N 3.– (10 A).

1110 Morges, Genfer See — CH 6060

★★★★ »TCS CAMPING LE PETIT BOIS« — 23.3. bis 26.10.
☎ 021/8011270, Fax 8033869   32000 qm
www.campingtcs.ch, camping.morges@tcs.ch

→ Lausanne–Genf Abf. Morges West. Beschildert. ✉ (GPS: 46°30'17" N / 6°29'19" E).

Parzelliertes, ebenes und überwiegend schattenloses Wiesengelände neben den Sportanlagen. Direkt am Genfer See gelegen. Städtisches Schwimmbad für Campinggäste kostenlos. Boule. Friseur. Platzbahn. Stündlich Stadtrundfahrten. Haltestelle und Ort 500 m entfernt. Separater Jugendplatz. Mittagsruhe 12-14 Uhr. Touristen-/Dauerstellplätze 170/70.
2008: (HS) P/N 8.–, K/N 6 bis 15 J. 4.–, C-St/N 24.–, MC/N 27.–, H/N 4.–, KT 1.10, WD inkl., Strom/N 4.50/5.50 (6/10 A). In NS Ermäßigung.
CCI 5% auf P/N und St/N.

1180 Rolle, Genfer See — CH 6070

★★★ »CAMPING AUX VERNES« — 31.3. bis 1.10.
☎/Fax 021/8251239   378m   15000 qm
camping@rolle.ch

→ A1 Lausanne–Genf Abf. Rolle in Richtung Lausanne. ✉ (GPS: 46°27'42" N / 6°20'46" E).

Parzelliertes, gepflegtes Wald- und Wiesengelände zwischen der Uferstraße und dem See. Imbiss. Touristen-/Dauerstellplätze
2007: P/N 6.60, K/N 6 bis 15 J. 3.30, C MC-St/N 18.50 bis 23.50, T-St/N 10.50 bis 15.–, H/N 3.–, KT 1.10, WD inkl., Strom/N 3.50 (4 A). In NS Erm.

Komfort-Campingplatz in Genève

«Bois-de-Bay», Genève-Satigny

6 km vom Stadtzentrum, Nähe Palexpo, in landschaftlich reizvoller Lage, von Autobahnausfahrt Bernex signalisiert
- 200 Stellplätze für Touristen
- Moderne Sanitäranlagen mit Gratis-Warmwasser
- Grosser Spielplatz

Auskunft: Camping Bois-de-Bay, CH-1242 Satigny
Tel. 0041-22-341 05 05, Fax 0041-22-341 06 06   (CH 6085)

DCC-Vertragsplatz

✉ 1242 Satigny, Genf — CH 6085

30 ★★★ »CAMPING DU BOIS-DE-BAY« 1.1. bis 31.12.
☎ 022/3410505, Fax 3410606   400 m   28 000 qm
www.sccv.ch, info@sccv.ch

→ A1 Lausanne–Genf Abf. Genève-Vernier und durch Vernier zum Platz. Beschildert. ✉ Route du Bois de Bay 19 (GPS: 46°12'03" N / 6°03'58" E).

Ebenes, parzelliertes Wiesengelände in einem Industriegebiet. Durch Büsche und Bäume aufgelockert. Ort (Genf) 8 km entfernt. Mittagsruhe 12.15 bis 14.30. Touristen-/Dauerstellplätze 150/10.
2008: P/N 8.–, K/N 6 bis 14 J. 4.50, C MC-St/N 15.–, T-St/N 10.–, H/N 2.–, KT 1.50, WD inkl., Strom/N 3.50 oder kWh –.50 (10 A).
DCC/CCI 10% auf P/N.

✉ 1222 Vésenaz, Genfer See — CH 6090

30 ★★★ »TCS CAMP POINTE A LA BISE« 20.3. bis 5.10.
☎ 022/7521296, Fax 7523767   375 m   32 000 qm
www.campingtcs.ch, camping.geneve@tcs.ch

→ Straße Genf–Thonon, ca. 5 km nordöstlich von Genf. Beschildert. (GPS: 46°14'42" N / 6°11'36" E).

Parzelliertes, ebenes Wiesengelände unter Bäumen direkt am See. Mittagsruhe 12-14 Uhr. Touristen-/Dauerstellplätze 200/70.
2008: (HS) P/N 7.–, K/N 6 bis 15 J. 3.50, St/N 26.–, H/N 4.–, KT 1.50, WD inkl., Strom/N 3.80/4.50 (4/6 A). In NS Ermäßigung.
CCI 5% auf P/N und St/N.

✉ 1860 Aigle, Vaud — CH 7005

30 ★★ »LES GLARIERS«   März bis Okt.
☎/Fax 024/4662660   380 m   14 000 qm
www.campingtcs.ch, campingaigle@tcs.ch

→ A9 Montreux–Martigny Abf. Aigle auf die Straße 9 in Richtung Montreux. Beschildert. ✉ (GPS: 46°19'24" N / 6°57'44" E).

Unparzelliertes, ebenes und teilweise schattenloses Wiesengelände neben dem Sportplatz und dem Schwimmbad im Ortsbereich. Mittagsruhe 13-15 Uhr. Touristen-/Dauerstellplätze 75/28.
2007: P/N 7.40, K/N 6 bis 15 J. 3.70, St/N 19.40, H/N zuzügl., KT –.50, WD inkl., Strom/N 3.50 (4 A). In NS Ermäßigung.

✉ 1854 Leysin, Vaud — CH 7010

★★ »CAMPING SÉMIRAMIS/SOLEIL« 1.1. bis 31.12.
☎ 024/4943939, Fax 4942121   1253 m   11 000 qm
www.leysin.ch, info@hotel-du-soleil.ch

→ Straße 20 Aigle–Château-d'Oex, nach Leysin abbiegen. Beim Hotel Sémiramis. ✉ (GPS: 46°20'24" N / 7°00'55" E).

Unparzelliertes, ebenes bis leicht abfallendes Wiesengelände mit dem Charakter einer Almwiese. Unterhalb des Ortes und in schöner Bergwelt gelegen. Hallenkunsteisbahn. In HS Mindestaufenthalt 3 Tage. Ort 800 m entfernt. Touristen-/Dauerstellplätze 30/70.

✉ 1882 Gryon-La Barboleusaz, Vaud — CH 7015

★★★ »CAMPING LES FRASSETTES« 1.1. bis 31.12.
☎/Fax 024/4981088   1210 m   11 000 qm
www.camping-clubvaudois, cce@worldcom.ch

→ Straße 9 Montreux–Martigny Abf. in Richtung Ollon und Villars. Bei der Station Barboleusaz links in Richtung Solalex. Noch ca. 400 m. ✉ (GPS: 46°16'59" N / 7°04'40" E).

Unterhalb der Seilbahn Croix des Chaux. Drei geschotterte Terrassen. Büro von 8-9 Uhr und 17-19 Uhr geöffnet. Durch Dauercamper geprägt. Touristen-/Dauerstellplätze 50/50.

✉ 1920 Martigny, Valais (Wallis) — CH 7050

30 ★★★★ »TCS CAMPING LES NEUVILLES« 20.3. bis 30.11.
☎ 027/7224544, Fax 7223544   476 m   25 000 qm
www.campingtcs.ch, camping.martigny@tcs.ch

→ Straße 9 Montreux–Sion Abf. Martigny in Richtung Großer Sankt Bernhard. Beschildert. **Achtung:** Durchfahrtshöhe nur 3.30 m! ✉ Rue du Levant 68 (GPS: 46°05'48" N / 7°04'44" E).

Parzelliertes, ebenes und gepflegtes Wiesengelände. Durch einzelne Laubbäume aufgelockert. Kurzcamperfläche vor dem Platz. Imbiss. Mittagsruhe nur in NS von 13 bis 14.30 Uhr. Touristen-/Dauerstellplätze 185/40.
2008: (HS) P/N 8.–, K/N 6 bis 15 J. 4.–, St/N 20.–/21.–, H/N 4.–, KT –.80, WD inkl., Strom/N 4.50 (10 A). In NS Ermäßigung.
CCI 5% auf P/N und St/N.

✉ 1963 Vétroz, Valais (Wallis) — CH 7120

35 ★★★★ »CAMPING DU BOTZA« 1.1. bis 31.12.
☎ 027/3461940, Fax 3462535   500 m   30 000 qm
www.botza.ch, info@botza.ch

→ A9 Martigny–Sion Abf. (25) Conthey. Beschildert. ✉ Route du Camping 1 (GPS: 46°12'21" N / 7°16'43" E).

Parzelliertes, ebenes und sehr gepflegtes Wiesengelände mit vereinzelten Bäumen und Hecken. FW. W-LAN/Funkinternet. Ort 3 km entfernt. Mittagsruhe 12-14 Uhr. Touristen-/Dauerstellplätze 125/75.
2008: (HS) P/N 8.20, K/N 6 bis 16 J. 4.10, St/N 14.– bis 24.–, Zweiradwanderer inkl. kl. T/N 8.– bis 13.–, H/N 3.50, KT –.40/–.20, WD inkl., Strom/N 3.30/4.40 (4 A). In NS Ermäßigung.

✉ 1950 Sion, Valais (Wallis) — CH 7130/1

35 ★★★★ »TCS LES ILES« 1.1. bis 2.11./19.12. bis 31.12.
☎ 027/3464347, Fax 3466847   480 m   80 000 qm
www.campingtcs.ch, camping.sion@tcs.ch

→ Straße 9 Martigny–Sierre, 4 km westlich Sion, in Pont de La Morge abbiegen nach Süden. Ca. 1 km hinter der Bahnlinie links. ✉ Route d'Aproz.

Ebenes, parzelliertes Wiesengelände am westl. Ufer der Rhone. Ort 4 km entfernt. Mittagsruhe 12-15 Uhr. Touristen-/Dauerstellplätze 440/130.
2008: (HS) P/N 8.40, K/N 6 bis 15 J. 4.20, St/N 24.50/25.50, H/N 4.–, KT 1.20, WD inkl., Strom/N 3.50 (4 A). In NS Ermäßigung.
CCI 5% auf P/N und St/N.

✉ 1950 Sion, Valais (Wallis) — CH 7130/2

25 ★★★ »CAMPING SEDUNUM« 1.4. bis 31.10.
☎ 027/3464268, Fax 3464257   450 m   30 000 qm
www.camping-sedunum.ch.st, info@camping-sedunum.ch

→ A9 Martigny–Sion Abf. 25 der Str. 9.36 folgen. In Sion unmittelbar vor der Brücke über die Rhone. ✉ Route des Ecussons.

Ebenes Wiesengelände, teilweise im Kiefernwald. Touristen-/Dauerstellplätze 80/80.
2008: (HS) P/N 6.90, K/N 6 bis 16 J. 4.90, A/N 3.–, C/N 9.50, MC/N 12.–, T/N 8.50, KT 1.20/–.60, Strom/N 3.–. In NS Ermäßigung.

1967 Bramois, Valais (Wallis) — CH7135

15 ★★★ »CAMPING VALCENTRE« 1.4. bis 1.12.
027/2031697   470 m   10000 qm

→ Straße 9 Martigny–Sierre Abf. Sion über die Rhone nach Bramois.

Wiese mit Obstbäumen im Zentrum des Wallis. Zahlreiche Ausflugsmöglichkeiten. Separate Pkw-Abstellung. Imbiss. Billard. 60 Touristenplätze.
2008: P/N 4.60, K/N 6 bis 16 J. 2.60, St/N 7.60/10.–, KT 1.20/–.60, Strom/N 2.50. In NS Ermäßigung.

1983 Evolene, Valais (Wallis) — CH7140

20 ★★★ »CAMPING EVOLENE« 1.6. bis 30.10.
027/2831144, Fax 2833255   1380 m   10000 qm
www.camping-evolene.ch, info@camping-evolene.ch

→ A9 Martigny–Sierre Abf. Sion-Est in Richtung Val d'Hérens/Evolene. Beschildert. Route de Lannaz (GPS: 46°06'38" N / 7°29'47" E).

Ebenes, meist schattenloses Wiesengelände inmitten der Walliser Alpen mit direktem Blick auf den Gletscher. Touristen-/Dauerstellplätze 80/5.
2008: (HS) P/N 6.20, K/N 4 bis 15 J. 3.60, A/N C/N 8.–/10.–, MC/N 11.–/13.–, T/N 7.–/10.–, M/N 2.–, H/N 3.–, KT –.80/–.40, WD zuzügl., Müllgeb. 1.–, Strom/N 3.– (6 A). In NS Ermäßigung.

3960 Sierre, Valais (Wallis) — CH7150

30 ★★★ »TCS CAMPING BOIS DE FINGES« 25.4. bis 28.9.
027/4550284, Fax 4553351   550 m   20000 qm
www.campingtcs.ch, camping.sierre@tcs.ch

→ Straße 9 Sion–Brig, Ortsausgang Sierre bis ca. 200 m hinter der Rhonebrücke.

Von der Straße wellig ansteigendes Kiefernwaldgelände, teilweise terrassiert. Imbiss. Ort 1.5 km entfernt. Touristen-/Dauerstellplätze 90/10.
2008: (HS) P/N 6.20, K/N 6 bis 15 J. 3.60, St/N 18.50/20.50, H/N 4.–, KT –.80, WD inkl., Strom/N 3.50 (4 A). In NS Ermäßigung.
CCI 5% auf P/N und St/N.

3970 Sierre-Salgesch, Valais (Wallis) — CH7160

25 ★★★ »CAMPING SWISS PLAGE« 23.3. bis 31.10.
027/4816023, Fax 4813215   543 m   100000 qm
www.swissplage.ch

→ Straße 9 Sion–Brig, kurz hinter Sierre links abbiegen, noch 1.5 km. Campingweg 5.

Ebenes, parzelliertes Wiesengelände an einem Badesee mit Waldteilen und Liegewiese. Ort 3 km entfernt. Mittagsruhe 12-15 Uhr. Touristen-/Dauerstellplätze 270/250.
2008: (HS) P/N 6.90, K/N 4 bis 14 J. 3.50, St/N 18.–, H/N 3.–, KT –.80/–.40, WD zuzügl., Strom/N 3.–. In NS Ermäßigung.

3952 Susten, Valais (Wallis) — CH7170/1

25 ★★★ »CAMPING DU MONUMENT« Mai bis Sept.
027/4731827   620 m   55000 qm
www.campingmonument.ch, ambuehl.christian@bluewin.ch

→ Straße 9 Sierre–Brig, 3 km vor Susten. Kantonsstr.

Wald- und Wiesenflächen in Flussnähe (Rhone). Ort 3 km entfernt. 170 Touristenplätze.
2008: (HS) P/N 7.50, K/N 4.50, St/N 13.–, H/N 3.–, KT 1.–/–.50, WD zuzügl., Strom/N 4.–. In NS Ermäßigung.

> **Die Gebühren**
> werden von den Platzhaltern lange vor Erscheinen des Campingführers gemeldet. Daher sind Abweichungen möglich.

3952 Susten, Valais (Wallis) — CH7170/2

40 ★★★★ »CAMPING BELLA TOLA« 26.4. bis 26.10.
027/4731491, Fax 4733641   750 m   36000 qm
www.bella-tola.ch, info@bella-tola.ch

→ Straße 9 Sierre–Brig, am Ortsanfang von Susten abbiegen. Beschildert. Waldstr. 57. (GPS: 46°17'59" N / 7°38'14" E).

Leicht abfallendes, teilweise terrassiertes Gelände auf halber Höhe des Bella Tola mit Blick ins Rhonetal. In HS Spielraum für Kinder. Öffentlicher Badebetrieb. Ort 2 km entfernt. Touristen-/Dauerstellplätze 197/55.
2008: (HS) P/N 10.–, K/N 2 bis 6 J. 5.–, J/N 6 bis 16 J. 7.–, St/N 15.– bis 26.–, H/N 2.80, KT –.70/–.35, WD und Schwimmbad inkl., Müllgeb./Sack 2.70, Strom/N 3.60 (10/16 A). In NS Ermäßigung.

3952 Susten, Valais (Wallis) — CH7170/3

30 ★★★ »CAMPING GEMMI AGARN« 19.4. bis 18.10.
027/4731154, Fax 4734295   630 m   10000 qm
www.campgemmi.ch, info@campgemmi.ch

→ Straße 9 Sierre–Brig. Beschildert. Briannenstr. 4. (GPS: 46°17'52" N / 7°39'33" E).

Leicht welliges und schattenloses Wiesengelände in Ortsnähe. W-LAN/Funkinternet. Ort 500 m entfernt. Mittagsruhe 12–14 Uhr. Touristen-/Dauerstellplätze 63/7.
2008: (HS) P/N 9.–, K/N 1 bis 5 J. 5.–, J/N 6 bis 16 J. 6.50, St/N 13.– bis 19.–, H/N 2.–, KT –.80/–.40, WD inkl., Strom/N 3.– (16 A). Ab 21 N und in NS Erm.

3954 Leukerbad, Valais (Wallis) — CH7190

25 ★★★ »CAMPING SPORTARENA« 1.5. bis 31.10.
027/4701037, Fax 4701007   1400 m   15000 qm
www.leukerbad.ch/sportarena, info@sportarenatop.ch

→ Straße 9 Sierre–Brig, über Leuk abbiegen nach Leukerbad, durch den Ort zum Sportzentrum.

Ansteigendes, schattenloses Wiesengelände mit schönem Blick auf den Ort und Berge. Ort 500 m entfernt. Mittagsruhe 12-13.30 Uhr. Touristen-/Dauerstellplätze 150/10.
2008: P/N 8.–, K/N 5.–, A/N 5.–, C/N 9.–, MC/N 12.–, T/N 8.–, M/N 3.–, KT 1.50/–.75, Strom/N 4.–.

3945 Gampel, Valais (Wallis) — CH7210

20 ★★★ »CAMPING RHONE« 15.2. bis 31.10.
027/9322041, Fax 9323655   630 m   45000 qm
www.campingrhone.ch, camping.rhone@swissonline.ch

→ Straße 9 Sierre–Brig Abf. Gampel. Hinter der Rhonetalbrücke links und der Straße ins Lötschental folgen. Noch ca. 150 m.

Ebenes, parzelliertes Wiesengelände mit Pappelgruppen hinter dem Rhonedamm. Touristen-/Dauerstellplätze 205/110.
2008: P/N 6.80, K/N 4 bis 6 J. 2.50, 6 bis 16 J. 4.20, C MC T-St/N 7.50, M/N 1.50, H/N 2.–, KT –.60/–.30, Strom/N 3.–. In NS 10% Erm.

3942 Raron, Valais (Wallis) — CH7240/1

25 ★★★ »CAMPING SANTA MONICA« 21.3. bis 31.10.
027/9342424, Fax 9342450   640 m   40000 qm
www.santa-monica.ch, santamonica@rhone.ch

→ Straße 9 Sierre–Brig, kurz vor der Abfahrt nach Raron-Dorf. Kantonstr. 56 (GPS: 46°18'35" N / 7°48'0" E).

Ebenes Wiesengelände zwischen der Straße und einem Berghang. Schriftliche Reservierung obligatorisch. Geheizter Skiraum. Maximal 1 Hund erlaubt. Ort 300 m, Haltestelle 400 m entfernt. Touristen-/Dauerstellplätze 100/100.
2008: P/N 6.50, K/N 6 bis 16 J. 4.50, St/N 12.–/15.–, Zweiradfahrer mit Kleinzelt 6.– zuzügl. P/N, H/N 3.–, KT –.70/–.35, WD zuzügl., Müllgeb./Sack 2.60, Strom/N 3.– (10 A). In NS Ermäßigung.

3942 Raron, Valais (Wallis) CH 7240/2

[20] ★★★ »CAMPING SIMPLONBLICK« ⚷ 1.1. bis 31.12.
☎ 027/9677575, 9343205, Fax 9675012   643 m   42 000 qm
www.camping-simplonblick.ch, simplonblick@bluewin.ch

→ Straße 9/E62 Sierre–Brig, ca. 6.5 km westl. Visp bei einer Tankstelle.

Ebenes Wiesengelände mit teils altem Baumbestand neben der Straße, durch einen Bach zweigeteilt. Liegewiese. Leihzelte. Volleyball. Boccia. Ort 500 m entfernt. Touristen-/Dauerstellplätze 300/100.
2008: P/N 5.50, K/N 6 bis 16 J. 3.80, A/N 2.50, C MC/N 10.80, T/N 9.80, M/N 2.–, H/N 3.–, KT –.70/–.35, WD u. Schwimmbad inkl., Strom/N 3.–.

3930 Visp, Valais (Wallis) CH 7250

[20] ★★★ »CAMPING MÜHLEYE« ⚷ 21.3. bis 31.10.
☎/Fax 027/9462084, Fax 9463469   640 m   11 000 qm
www.camping-visp.ch, info@camping-visp.ch

→ A9/Str. 9 Martigny–Brig Abf. Visp. Beschildert.

Ebenes, parzelliertes Wiesengelände beim Schwimmbad. Kabel-TV. Ort 1.5 km entfernt. Mittagsruhe 12–14 Uhr. Touristen-/Dauerstellplätze 55/25.
2008: (HS) P/N 6.90, K/N 3.90, A/N 2.90, St/N 6.80 bis 13.80, C/N 3.80, MC/N 5.20, T/N 3.30, KT –.70/–.35, WD inkl., Strom/N 3.50(13 A). In NS Erm.

3900 Brigerbad, Valais (Wallis) CH 7260

[25] ★★★ »CAMPING BRIGERBAD« ⚷ 9.5. bis 23.9.
☎ 027/9484848, Fax 9484849   655 m   50 000 qm
www.brigerbad.ch, info@brigerbad.ch

→ Straße 9 Sierre–Brig, bei Eyholz abbiegen und über die Rhone, noch ca. 2.5 km.

Ebenes Wiesengelände mit dichtem Baumbestand neben einem Thermalbad und einer Bahnstrecke. Ermäßigte Badekuren für Camper. Motorräder und Mofas parken vor der Einfahrt. Fitness-Parcours. Biotop. Mittagsruhe 12–14 Uhr Touristen-/Dauerstellplätze 240/160.
2008: P/N 8.–, K/N 4.–, St/N 10.–, KT und WD zuzügl., Strom/N 1.50 plus kWh –.50.

3900 Brig, Valais (Wallis) CH 7265

[25] ★★★ »CAMPING GESCHINA« ⚷ April bis Okt.
☎ 027/9230688   648 m   20 000 qm

→ Straße 9 Sierre–Brig. Hier abbiegen in Richtung Simplonpass.

Terrassiertes Wiesengelände am Bachufer. Ort 500 m entfernt. Imbiss. Mittagsruhe 13–15 Uhr. Touristen/Dauerstellplätze 130/20.
2008: P/N 6.–, K/N 3.–, A/N 6.–, C MC/N 6.– bis 15.–, T/N 6.–, M/N 3.–, H/N 2.–, KT und WD zuzügl., Strom/N 2.50.

3911 Ried-Brig, Valais (Wallis) CH 7270

★★ »CAMPING TROPIC« ⚷ Juni bis Aug.
☎ 027/7242676, Fax 9245805   900 m   5000 qm

→ Straße 9 Sierre–Brig. Ca. 3 km außerhalb Brig an der Simplonstraße.

Leicht welliges Wiesengelände mit schöner Aussicht. Ort 300 m entfernt. 50 Touristenplätze.

3996 Binn, Valais (Wallis) CH 7285

[20] ★★ »CAMPING GIESSEN« ⚷ 1.5. bis 15.10.
☎ 027/9714619, Fax 9414627   1460 m   30 000 qm
camping-giessen.ch, info@camping-giessen.ch

→ Straße 19 Chur–Brig, bei Ernen südwärts abbiegen nach Binn.

Leicht welliges Wiesengelände mit Alpenpanorama. Ort 2.3 km entfernt. Touristen/Dauerstellplätze 100/10.
2008: P/N 7.–, K/N 5.–, A/N 2.–, C MC/N 4.–, T/N 2.–, H/N 2.–, KT 1.–/–.50, WD zuzügl., Strom keine Angaben.

Camping Augenstern ***

- In reizvoller und sehr ruhiger Umgebung im Obergoms (Wallis) zwischen Gletsch und Brig gelegen.
- Direkt an der jungen Rhone
- Furka-Oberalpbahn als öffentliches Verkehrsmittel.
- Idealer Ausgangspunkt für zahlreiche Wanderungen und Bergtouren.
- Die bekannte Rieder- und Bettmeralp in unmittelbarer Nähe.
- Eigenes Restaurant mit vielen Walliser Spezialitäten und herrlicher Terrasse
- Öffentliches Schwimmbad neben dem Platz
- Reservationen möglich
- Chaletvermietung

Camping-Restaurant Augenstern
Arne und Annet Kruit
CH-3998 Reckingen
Tel.: 0041-(0)27-973 13 95
Fax: 0041-(0)27-973 26 77
E-Mail: augenstern1@bluewin.ch
www.campingaugenstern.ch

(CH 7290)

3998 Reckingen, Valais (Wallis) CH 7290

[25] ★★★ »CAMPING AUGENSTERN« ⚷ 1.1. bis 28.3./16.5. bis 17.10.
☎ 027/9731395, Fax 9732677   1330 m   und 12.12. bis 31.12
www.campingaugenstern.ch, info@campingaugenstern.ch   12 000 qm

→ Straße 19 Brig–Grimselpass, in Reckingen bei der Kirche abbiegen, dann noch ca. 1 km. ✉ Im Ellbogen (GPS: 46°27′52″ N / 18°14′41″ E).

Gepflegtes, schattenloses Wiesengelände im Hochgebirge neben einem öffentl. Schwimmbad. Ort 1 km entfernt. Touristen-/Dauerstellplätze 70/60.
2007: P/N 7.50, K/N 4 bis 12 J. 4.–, St/N 9.50, H/N 2.–, KT 1.60, WD zuzügl., Müllgeb./Sack 3.–, Strom/N 4.– (6 A).
CCI 5% auf P/N und St/N in HS, 10% auf P/N und St/N in NS.

3988 Ulrichen, Valais (Wallis) CH 7295

★ »CAMPING NUFENEN« ⚷ Juni bis Sept.
☎/Fax 027/9731437   1340 m   8000 qm
www.rhone.ch/camping-nufenen, camping-nufenen@rhone.ch

→ Straße 19 Brig–Grimselpass, bei Ulrichen abbiegen Richtung Nufenen Pass. Ca. 1 km hinter Nufenen rechts abbiegen.

Wiesengelände von Bäumen umgeben. Ort 1 km entfernt. Mittagsruhe 12–13.30 Uhr. Touristen-/Dauerstellplätze 40/30.

1944 La Fouly, Valais (Wallis) CH 7450

[25] ★★★★ »CAMPING DES GLACIERS« ⚷ 15.5. bis 30.9.
☎ 027/7831705, Fax 7833605   1590 m   70 000 qm
www.camping-glaciers.ch, info@camping-glaciers.ch

→ Straße 21 Martigny–Gr. St. Bernard, abbiegen bei Orsière in das Val Ferret bis zum Talschluss, durch den Ort über die Brücke zum Platz. ✉ (GPS: 45°55′59″ N / 7°05′37″ E).

Von Wald umgebene Almwiese mit grandioser Bergkulisse. Teilweise steinige Geländestufen. Günstig für Bergwanderungen. Kletterwand. Ort und Sessellift 300 m entfernt. 160 Touristenplätze.
2008: (HS) P/N 6.50, K/N bis 2 J. 2.–, K/N 2 bis 12 J. 3.50, St/N 10.– bis 16.–, H/N 1.50, WD inkl., Strom/N 3.50 (8 A). In NS Ermäßigung.

1946 Bourg-St. Pierre, Valais (Wallis) CH 7460

[25] ★★★★ »CAMPING DU GRAND ST. BERNARD« 1.5. bis 30.9.
☎ 079/3709822, Fax 027/7871411   1600 m   10 000 qm
www.campinggrand-st-bernard.ch, grand-st-bernard@swisscamps.ch

→ Str. 21 Martigny–Großer St. Bernhard Abf. Bourg St. Pierre. ✉ (GPS: 45°57′10″ N / 7°12′28″ E).

Parzelliertes Wiesengelände mit einzelnen Bäumen mitten in den Walliser Bergen. Ort 200 m entfernt. Mittagsruhe 12–14 Uhr. Touristen-/Dauerstellplätze 40/15.
2008: (HS) P/N 6.50, K/N 6 bis 16 J. 4.–, A/N 2.–, C MC/N 12.–, T/N 7.50, M/N 4.–, KT –.80/–.40, WD inkl., Strom/N 3.– (6 A). In NS Ermäßigung.

DCC – DEIN PARTNER!

1984 Les Haudères, Valais (Wallis) — CH 7550

»CAMPING MOLIGNON« — 1.1. bis 31.12.
027/2831240, Fax 2831331 — 1380m — 150000 qm
www.molignon.ch, info@molignon.ch

→ Straße 9 Martigny-Sion, ca. 1 km vor Les Haudères rechts abbiegen. (GPS: 46°05'25" N / 7°30'27" E).

Parzelliertes und teilweise leicht gestuftes, natürliches Wiesengelände am Ufer der Borgne. Blick auf die Walliser Alpen. Durch einzelne Laubbäume sowie einigen alten Lärchen aufgelockert. Überdachtes Schwimmbad. Skibus-Service. Aufenthaltsraum mit Kochecke. Tennis und Fahrradverleih 1 km entfernt. Touristen-/Dauerstellplätze 100/30.
2008: P/N 6.80, K/N 4 bis 16 J. 4.–, St/N 9.80/14.90, H/N 3.–, KT –.80/ –.40, WD inkl., Strom/N 3.– (10 A). In NS Ermäßigung.

3925 Niedergrächen, Valais (Wallis) — CH 7700

»CAMPING GRÄCHBIEL« — 1.5. bis 30.10.
027/9563202, Fax 9563202 — 1550m — 8000 qm

→ A9/E62 Martigny-Brig in Visp abbiegen über Stalden nach St. Niklaus dort Richtung Grächen, ca. 3 km Bergstraße (ab St. Nikolaus die Straße größtenteils nur einspurig befahrbar. In Niedergrächen Richtung »Hotel La Collina«. (GPS: 46°11'33" N / 7°49'38" E).

Parzelliertes, terrassiertes und schattenloses Wiesengelände mit jungem Baumbewuchs neben einem Hotel. Sehr schöner Blick auf die Berge. Whirlpool und Saunabenutzung für Camper im Hotel. Skibus. FW. Wintersport und Ort (Grächen) 2 km entfernt. Mittagsruhe 12 bis 17 Uhr. Touristen-/Dauerstellplätze 38/7.
2007: (HS) P/N 8.70, K/N bis 12 J. 4.–, J/N 12 bis 16 J. 5.50, A/N 4.50, C/N 12.–, MC/N 14.–, T/N 5.– bis 11.–, M/N 3.50, H/N 3.–, KT 1.20/–.60, WD inkl., Strom/N 3.– So./5.50 Wi. Ab 7 Nächten und in NS Ermäßigung.

3928 Randa, Valais (Wallis) — CH 7710

»ATTERMENZEN« — 1.1. bis 31.12.
027/9672555, 9671379, Fax 676409 — 1430m — 10000 qm
www.camping-randa.ch, rest.camping@rhone.ch

→ Straße 9 Sion-Brig Abf. Visp in Richtung Zermatt, hinter Randa beschildert. (GPS: 46°05'07" N / 7°46'51" E).

Unparzelliertes, schattenloses Wiesengelände mit Bergpanorama. Guter Ausgangspunkt für Bergwanderungen. FW. Golfplatz 400 m, Ort 1.5 km entfernt. 75 Touristenplätze.
2008: P/N 6.–, K/N 3.–, A/N 3.–, C MC/N 9.–, T/N 5.– bis 8.–, M/N 2.50, KT –.50/1.–, Strom 4.– (6 A).

3910 Saas-Grund, Valais (Wallis) — CH 7750/1

»CAMPING AM KAPELLENWEG« — Mai bis Okt.
027/9574997, Fax 9573316 — 1560m — 7000 qm
www.camping-kapellenweg.ch

→ Straße 9 Sion-Brig Abf. Saas Fee etwa 500 m geradeaus weiter Richtung Almagell. Beschildert. Kapellenweg (GPS: 46°07'00" N / 7°56'17" E).

Unparzelliertes, ebenes Wiesengelände am Fuße einer Felswand. FW. Ort 500 m entfernt. Mittagsruhe 12-13 Uhr. 80 Touristenplätze.
2008: (HS) P/N 6.–, K/N 6 bis 12 J. 4.–, A/N 4.50, C T/N 4.50, MC/N 8.–, M/N 2.50, H/N 2.–, KT –.60, WD inkl., Müllgeb. P/N –.80, Strom/N 3.–. In NS Erm.

3910 Saas-Grund, Valais (Wallis) — CH 7750/2

»CAMPING MISCHABEL« — 1.6. bis 30.9.
027/9572961, Fax 9571981 — 1560m — 20000 qm
www.mischabel.go.to, camping.mischabel@hotmail.com

→ Straße 9 Sion-Brig Abf. Saas Fee etwa 500 m geradeaus weiter Richtung Almagell. Beschildert. (GPS: 46°06'48" N / 7°56'28" E).

Parzelliertes, ebenes und leicht welliges Wiesengelände. Durch einen Bach zweigeteilt und teilweise mit Bäumen aufgelockert. Hallenbad und Ort 1 km entfernt. 100 Touristenplätze.
2007: P/N 5.80, K/N 3 bis 12 J. 3.80, A/N 4.20, C T/N 4.20, MC/N 8.40, H/N 3.–, H/N 2.50, KT –.60/–.30, WD inkl., Müllgeb. –.80, Strom/N 3.– (10 A).

7310 Bad Ragaz, St. Gallen — CH 8020

»CAMPING GIESSENPARK« — 1.1. bis 31.12.
081/3023710, Fax 3023511 — 500m — 10000 qm
www.spavillage.ch, giessenpark@swisscamps.ch

→ A13 Bregenz–Lugano Abf. Bad Ragaz. In Bad Ragaz bei der Brücke über die Tamina aus Richtung Bregenz links abbiegen und der Beschilderung folgen. Sandstrasse. (GPS: 46°59'39" N / 9°31'05" E).

Ebenes Wald- u. Wiesengelände in einem Park mit altem Baumbestand. Imbiss. Ort 1 km entfernt. Touristen-/Dauerstellplätze 45/30.
2008: P/N 7.–, K/N 6 bis 16 J. 3.–, C MC St/N 15.–, T-St/N 9.– bis 12.–, H/N 2.–, KT ab 16 J. 3.10, WD inkl, Müllgeb./Sack 1.50 bis 2.50, Strom (10 A) inkl.

7000 Chur, Graubünden — CH 8060

»CAMP AU CHUR« — 1.1. bis 31.12.
027/2842283, Fax 2845683 — 570m — 30000 qm
www.camping-chur.ch, info@camping-chur.ch

→ A13/E43 Lustenau-Lugano Abf. Chur-Süd. Felsenaustr. 61.

Gepflegtes, ebenes und parkartiges Wiesengelände zwischen Sportzentrum und Rhein am Stadtrand in der Nähe eines Schotterwerkes und der Autobahn. Leihzelte. Mittagsruhe 12-14 Uhr. Touristen-/Dauerstellplätze 100/80.
2008: P/N 7.–, K/N 6 bis 12 J. 3.50, A/N 4.50, C/N 13.20, MC/N 12.– bis 17.–, T/N 6.50 bis 17.70, M/N 3.–, H/N 2.50, KT 1.20, WD inkl., Müllgeb./Sack –.90 bis 2.40, Strom/N 3.50.

7430 Thusis, Graubünden — CH 8070

»CAMPING VIAMALA« — Mai bis Sept.
Fax 081/6512472 — 700m — 45000 qm

→ Str. 13 Chur–Chiasso. in Thusis Richtung Schwimmbad. Canovastr.

Wiesengelände in lichtem Nadelwald neben dem Schwimmbad und Tennisplatz. Ort 500 m entfernt. Mittagsruhe 13-16 Uhr. Touristen-/Dauerstellplätze 100/35.

7435 Splügen, Graubünden — CH 8090

»CAMPING AUF DEM SAND« — 1.1. bis 31.12.
081/6641678, Fax 6641460 — 1460m — 8800 qm
www.campingsplugen.ch, camping@splugen.ch

→ A13 Chur–Lugano Abf. Splügen Richtung Splügen-Dorf. Beschildert. (GPS: 46°33'10" N / 9°19'16" E).

Parzelliertes, leicht welliges und gepflegtes Wiesengelände. In einem Hochgebirgstal direkt am Hinterrhein-Ufer gelegen. Frühstücksservice. Skilift 200 m, Ort 1 km entfernt. Touristen-/Dauerstellplätze 35/107.
2008: 2 P/N inkl. C MC-St/N und Strom 40.– bis 45.–, 2 P/N inkl. T-St/N 25.– bis 30.–, weitere P/N 6.50, K/N 4.–, T/N 7.20, H/N 1.50, WD zuzügl., Strom/N 3.20 (10 A). In NS CCI 10% Ermäßigung.

7018 Flims-Waldhaus, Graubünden — CH 8110

»CAMPING FLIMS« — 1.1. bis 31.12.
081/9111575, Fax 9111630 — 1150m — 13000 qm
www.camping-flims.ch, info@camping-flims.ch

→ N13 Chur–Lugano Abf. Reichenau auf die Strasse 19 Richtung Andermatt. Via Prau la Selva 4.

Ebenes bis leicht hügeliges, meist schattenloses Gelände unterhalb eines Waldhanges am Ortsrand. Separate Zeltwiese. Sommerskigebiet «VORAB» 3 km entfernt. 150 Touristenplätze
2007: (HS) P/N 10.–, K/N 6 bis 12 J. 5.–, A/N 3.–, C/N 15.–, MC/N 15.– bis 18.–, T/N 7.– bis 14.–, M/N 2.50, KT 2.10/2.60, WD inkl., Strom/N 3.50/4.50. In NS Ermäßigung.

»Besichtigungen der Campingplätze und die daraus resultierenden Bewertungen werden durch den DCC-Inspizienten ohne Voranmeldung durchgeführt und garantieren so absolute Objektivität.«

✉ 7166 Trun, Graubünden CH 8130

★★★ »CAMPING TRUN«   ⚷ Mai bis Sept.
☎ 081/9431666   880 m   35000 qm

→ A13 Chur–Lugano Abf. Reichenau auf die Straße 19 Richtung Andermatt, in Trun ab Bahnhof beschildert.

Naturbelassenes, überwiegend schattenloses Wiesengelände. Durch grössere Erlengruppen unterteilt. Imbiss. Touristen-/Dauerstellplätze 200/60.

✉ 7180 Disentis/Mustér, Graubünden CH 8150

30 ★★★ »TCS FONTANIVAS«   ⚷ 25.4. bis 28.9.
☎ 081/9474422, Fax 9474431   1100 m   25000 qm
www.campingtcs.ch, camping.disentis@tcs.ch

→ A13 Chur-Lugano Abf. Reichenau auf die Straße 19 Richtung Andermatt. In Disentis/Mustér abbiegen, noch 2 km Richtung Lukmanierpass.

Naturbelassenes Wiesen- und Waldgelände mit einem Naturschwimmbad unterhalb der Passstraße am Vorderrhein. Imbiss. Erste Hilfe-Posten. Haltestelle 200 m entfernt. Mittagsruhe 12-14 Uhr. Touristen-/Dauerstellplätze 140/15.
2008: P/N 7.60, K/N 6 bis 15 J. 3.80, St/N 19.–, H/N 4.–, KT 1.40, WD inkl. Strom/N 4.50 (13 A). In NS Ermäßigung.
CCI 5% auf P/N und St/N.

✉ 7075 Churwalden, Graubünden CH 8310

30 ★★★ »CAMPING PRADAFENZ«   ⚷ 15.12. bis 29.3./1.6. bis 31.10.
☎/Fax 081/3821921   1230 m   15000 qm
www.pradafenz.ch, camping@pradafenz.ch

→ Straße 3 Chur–St. Moritz, in Churwalden zur Talstation der Bahn abbiegen. ✉ Girabodawäg 34.

Leicht ansteigendes, parzelliertes Wiesengelände mit geschotterten Touristenplätzen, schattenlos. Aufnahme nur bis 17.30 Uhr. Im Winter separate Pkw-Abstellung. Reservierung erforderlich. An Sonntagen und Feiertagen keine Abreise oder Aufnahme! Hundedusche. Gas-Straße. Ort 300 m entfernt. Touristen-/Dauerstellplätze 50/100.
2008: (So/Wi) P/N 7.50/8.–, K/N 2 bis 12 J. 5.–, J/N 12 bis 16 J. 6.–/6.50, A/N 3.–, C/N 10.–/13.–, MC/N 12.–/15.–, T/N 5.– bis 10.–, M/N 2.–, H/N 3.–, KT 1.60/–.80, WD inkl., Strom/N 2.50 (So), kWh –.50 (Wi).
CCI 10 % auf St/N.

✉ 7083 Lenz bei Lenzerheide, Graubd. CH 8330

25 ★★★ »CAMPING ST. CASSIAN«   ⚷ 1.1. bis 30.12.
☎ 081/3842472, Fax 3842489   1500 m   25000 qm
www.st.cassian.ch

→ Straße 3 Chur–St. Moritz, ca. 1 km vor Lenz.

Leicht wellig ansteigendes Gelände mit Hochwald- und Freiflächen. Im Winter Reservierung erforderlich. Kabel-TV. W-LAN/ Funkinternet. Ort 1 km entfernt. Touristen-/Dauerstellplätze 45/120.
2007: P/N 8.–, K/N 6 bis 12 J. 4.50, J/N 12 bis 16 J. 6.–, A/N 2.50, C/N 9.50, MC/N 12.–, T/N 7.–/9.50, M/N 1.50, H/N 1.–, KT inkl., WD zuzügl., Müllgeb. P/N 1.–, Strom/N 3.– (So), Strom/N 5.– (Wi) (10 A).

✉ 7460 Savognin, Graubünden CH 8335

25 ★★★ »JULIA-CAMPING«   ⚷ 1.1. bis 31.12
☎ 081/6841309, Fax 6843606   1170 m   15000 qm
www.savogninbergbahnen.ch, camping.julia@savogninbergbahnen.ch

→ A13 Chur–St. Bernardino Abf. Thusis-Süd nach Tiefencastel und hier auf die Str. 3 Richtung St. Moritz. In Savognin der Beschilderung zu den Bergbahnen folgen. ✉ (GPS: 46°35'51" N / 9°35'28" E).

Parzelliertes, ebenes Wiesengelände direkt bei den Bergbahnen. Mit einzelnen Bäumen aufgelockert und an einem kleinen Badesee sowie dem Fluss Julia gelegen. Durch Dauercampern geprägt. Ort 100 m entfernt. Touristen-/Dauerstellplätze 18/70.
2007: P/N 7.–, K/N 6 bis 16 J. 5.–, C MC-St/N 15.–, KT 2.65/1.35, WD und Strom (12 A) inkl.

✉ 7477 Filisur, Graubünden CH 8340

25 ★★★ »CAMPING ISLAS«   ⚷ April bis Okt.
☎ 081/4041647, Fax 4042259   950 m   15000 qm

→ Straße 3 Chur–St. Moritz Abf. Lantsch/Lenz abbiegen nach Filisur.

Ebenes Wiesengelände zwischen Bergbach und Lärchenwald. Separate Pkw-Abstellung. Imbiss. Grossraumzelt. Erste Hilfe-Posten. Mittagsruhe 12-14 Uhr. Ort 3 km entfernt. Touristen-/Dauerstellplätze 38/104.
2008: P/N 7.50, K/N 6 bis 16 J. 4.20, A/N 3.50, C/N 11.40, MC/N 14.–/16.–, T/N 6.50/8.50, M/N 2.50, KT 1.50.

✉ 7558 Strada, Engadin/Graubünden CH 8410

15 ★★★ »CAMPING-SCHWIMMBAD ARINA«   ⚷ 1.5. bis 10.10.
☎ 081/8663212   1075 m   8000 qm

→ Straße 27 über Schuls Richtung Finstermünzpass/Österreich. In Strada am Ortsausgang rechts abbiegen.

Wiesengelände mit Bäumen. Mittagsruhe 12-14 Uhr. 80 Touristenplätze.
2007: P/N 4.–, K/N 2.–, A/N 4.–, C/N 4.–, MC/N 6.–, T/N 3.–, M/N 2.–, KT 1.20/–.60, WD zuzügl., Müllgeb/Sack 1.–, Strom/N 2.– (6 A)

✉ 7554 Sur En bei Sent, Graubünden CH 8420

30 ★★★ »CAMPING SUR EN«   ⚷ 1.1. bis 31.12.
☎ 081/8663544, Fax 8663767   1124 m   20000 qm
www.sur-en.ch, info@sur-en.ch

→ Straße 27 über Schuls, kurz vor der Post Crusch ins Tal hinunterfahren und über die Holzbrücke zum Platz.

Wellige Wiese am Innufer und Waldrand. Ort (Schuls) 7 km entfernt. Touristen-/Dauerstellplätze 150/50.
2008: (HS) P/N 7.50, K/N 6 bis 15 J. 4.50, C MC-St/N 14.–, T-St/N 10.–, H/N 3.–, KT 2.50, WD inkl., Müllgeb./Sack 1.25, Strom/N 3.– (6-10 A). In NS Ermäßigung.

✉ 7550 Schuls, Graubünden CH 8430

30 ★★★ »TCS CAMPING GURLAINA«   ⚷ 1.1. bis 6.4./9.5. bis 19.10. und 12.12. bis 31.12.
☎ 081/8641501, Fax 8640760   1250 m   20000 qm
www.campingtcs.ch, camping.scuol@tcs.ch

→ Straße 27 Richtung Finstermünzpass/Österreich. In Schuls bei der Opelwerkstatt abbiegen und über die Innbrücke.

Ebenes Wald- und Wiesengelände. Touristen-/Dauerstellplätze 115/45.
2008: (HS) P/N 7.40, K/N 6 bis 15 J. 3.70, St/N 19.–, H/N 4.–, KT 2.40, WD inkl., Strom/N 4.–/5.– (6-10 A). In NS Ermäßigung.
CCI 5% auf P/N und St/N.

✉ 7530 Zernez am Inn/Graubünden CH 8450

★★★★ »CAMPING CUL«   ⚷ Mai bis Okt.
☎/Fax 081/8561462   1475 m   36000 qm
www.camping.cul.ch, info@camping.cul.ch

→ Straße 28 und 27 Davos–St. Moritz, in Zernez am Bahnübergang abbiegen, noch 400 m.

Durch Baumreihen gegliedertes, mehrstufiges Wiesengelände in der Uferzone des Inn. Gartenrestaurant. Ort 800 m entfernt. Mittagsruhe 12-15 Uhr. 350 Touristenplätze.

✉ 7526 Cinuos-Chel, Graubünden CH 8455

25 ★★ »CAMPING CHAPELLA«   ⚷ 1.5. bis 31.10.
☎/Fax 081/8541206   1650 m   20000 qm
www.campingchapella.ch, camping.chapella@bluewin.ch

→ Straße 28 und 27 Davos–St. Moritz Abf. Cinuos-Chel.

Ebenes und unparzelliertes Wiesengelände am Innufer. Wasserwanderer-Station. In Winter Reservierung erforderlich. Gas- und Lebensmittelverkauf. Ort 1.2 km entfernt. Touristen-/Dauerstellplätze 100/20.
2008: (HS) P/N 6.50, K/N 6 bis 11 J. 3.–, 12 bis 16 J. 4.–, C-St/N 13.–, MC-St/N 12.–, T-St/N 10.–, H/N 1.–, KT 1.50, WD inkl., Strom/N 2.– plus kWh –.30 (16 A). In NS Ermäßigung.

7503 Samedan, Graubünden — CH 8460

★★★ »TCS CAMPING PUNT MURAGL« — 1.1. bis 13.4.
☎/Fax 081/8428197   1740 m   23.5. bis 12.10./28.11. bis 31.12.
www.campingtcs.ch, camping.samedan@tcs.ch   20000 qm

→ Straße 27 Zernez–St. Moritz, südlich Samedan Richtung Pontresina abbiegen, noch ca. 100 m.

Ebenes Wiesengelände mit altem Baumbestand, begrenzt vom Fluss Flaz und der Straße nach Pontresina. In HS Reservierung erforderlich. Ort 2 km entfernt. Mittagsruhe 12–14 Uhr. Touristen-/Dauerstellplätze 80/50.
2008: P/N 7.40, K/N 6 bis 15 J. 3.70, St/N 18.80, H/N 4.–, KT 1.70/3.30, WD inkl., Strom/N 4.– (6 A). In NS Ermäßigung.
CCI 5% auf P/N und St/N.

7500 St. Moritz, Graubünden — CH 8470

★★★ »TCS CAMPING OLYMPIASCHANZE« — 15.5. bis 28.9.
☎ 081/8334090, Fax 8344096   1800 m   15000 qm
www.campingtcs.ch, camping.stmoritz@tcs.ch

→ Straße 27 Zernez–Comer See, ab St. Moritz Richtung Champfèr, bei der Olympia-Schanze.

Überwiegend ebenes und parzelliertes, von Wald und Bergen umgebenes Wiesengelände. Der Weg zur Olympia-Schanze führt durch den Platz. Imbiss. Ort 2 km entfernt. 130 Touristenplätze.
2008: P/N 8.20, K/N 6 bis 15 J. 4.10, St/N 20.–/23.–, H/N 4.–, KT 1.90, WD inkl., Strom/N 4.– (6 A). In NS Ermäßigung.
CCI 5% auf P/N und St/N.

7513 Silvaplana, Graubünden — CH 8475

★★★ »CAMPING SILVAPLANA« — 15.5. bis 14.10.
☎ 081/82884   1815 m   40000 qm
www.campingsilvaplana.ch, reception@campingsilvaplana.ch

→ Straße 27 St. Moritz–Comer See. In Silvaplana bei der ESSO–Station abbiegen. Beschildert. ✉ Via da Bos-Cha 15.

Durch einen Bach zweigeteiltes, leicht abfallendes Wiesengelände am See. W-LAN/Funkinternet. Ort 200 m entfernt. Mittagsruhe 12–14 Uhr. Touristen/Dauerstellplätze 140/160.
2008: P/N 9.90, K/N 5 bis 12 J. 4.60, 12 bis 16 J. 7.45, A/N 8.15, C /N 7.15, MC/N 12.25, T/N 5.15, M/N 3.05, H/N 2.05, WD zuzügl., Strom/N 3.55 (16 A).

7516 Maloja, Graubünden — CH 8480

★★ »CAMPING PLAN CURTINAC« — Ende Mai bis Sept.
☎ 081/8243181, Fax 8243173   1817 m   15000 qm
www.campingtcs.ch, campingmaloja@tcs.ch

→ Straße 27/3 St. Moritz–Comer See. Bei Maloja zur Seesüdseite abbiegen und über 1 km schmale Uferstraße.

Leicht ansteigendes Wiesengelände, vom See und Waldhöhen begrenzt. Separate Pkw-Abstellung. Kein Strom. Gasverkauf. Restaurant 2 km entfernt. Touristen/ Dauerstellplätze 110/35.

7606 Bondo, Graubünden — CH 8485

★★★ »CAMPING BONDO« — 1.5. bis 31.10.
☎ 081/8221134   800 m   10000 qm
www.camping-bondo.ch, benvenuti@camping-bondo.ch

→ Straße 3 St. Moritz–Chiavenna, kurz vor der ital. Grenze.

Leicht abfallendes Wiesengelände unter Lärchen. Günstig für Wanderungen. Ort 500 m entfernt. 60 Touristenplätze.
2007: P/N 5.–, K/N 6 bis 12 J. 3.–, A/N 5.–, C/N 5.–, MC/N 10.–, T/N 5.–, M/N 2.–, KT 1.60, WD zuzügl., Strom/N 2.–.

7536 Santa Maria, Graubünden — CH 8550

★★★ »CAMPING PÈ DA MUNT« — 1.5. bis 20.10.
☎ 081/8587133, 8585079   15000 qm
www.sta.maria.ch, campingstamaria@bluewin.ch

→ Straße 28 von Zernez über den Ofenpass nach Santa Maria. ✉ Umbrailstr.

7504 Pontresina, Graubünden — CH 8620

★★★ »CAMPING PLAUNS« — Mitte Dez. bis Mitte April
☎ 081/8426285, Fax 8345136   1856 m   und Ende Mai bis Okt.
www.pontresina.ch/campingplauns, plauns@bluewin.ch   35000 qm

→ Straße 27 vor St. Moritz auf die Straße 29 in Richtung Berninapass. Ca. 4 km hinter Pontresina abbiegen in Richtung Morteratsch, noch 500 m.

Naturbelassenes Wiesen- und Waldgelände auf zwei Stufen in herrlicher Hochgebirgslandschaft mit Baumgruppen und Bach unterhalb der Straße. Ski- und Trockenraum. Ort 3.5 km entfernt. Touristen-/Dauerstellplätze 250/10.
2008: P/N 10.40, K/N 6 bis 11 J. 4.–, J/N 12 bis 15 J. 6.50, C-St/N 15.–, MC-St/N 14.–, T-St/N 11.– bis 13.–, H/N 3.–, Strom/N 3.–/4.50 (So/Wi), kWh –.50.

Pontresina-
Morteratsch »Plauns« (Engadin)
1850 m ü.M. Einer der schönsten alpinen Campingplätze der Schweiz
- Großartiger Ausblick auf Morteratschgletscher und Berninagruppe
- Einmaliges Touren- und Wandergebiet
- Moderne Sanitäranlagen mit geheizten Waschräumen
- Gute Einkaufsmöglichkeiten auf dem Platz

NEU: Jetzt auch im Winter geöffnet!
- direkter Anschluss ans 150 km lange Loipennetz
- Busverbindung in die Skigebiete

Auskunft:
Telefon +41 (0) 81 842 62 85
www.campingplauns.ch
CH-7504 Pontresina   (CH 8620)

7745 Li Cuer, Graubünden — CH 8650

★★★ »CAMPING BOOMERANG« — 1.1. bis 31.12.
☎ 081/8440711, Fax 8441575   980 m   15000 qm
www.camping-boomerang.ch, info@camping-boomerang.ch

→ Str. 29 Pontresina–Tirano, ca. 2.5 km hinter Poschiavo.

Von Häusern und der Straße begrenztes Wiesengelände mit jungen Bäumen an einem Berghang. Überwiegend schattenlos. Ort 2.5 km entfernt. Mittagsruhe 12–14 Uhr. 50 Touristenplätze.
2008: (HS) P/N 13.–, K/N 6 bis 12 J. 4.–, J/N 12 bis 16 J. 5.–, A/N 2.–, C/N 12.–, MC/N 10.– bis 15.–, T/N 2.– bis 6.–, M/N 1.–, H/N 2.–, KT ab 12 J. 1.50, WD inkl., Müllgebühr 1.–, Strom/N 4.– (10 A). In NS Ermäßigung.

6490 Andermatt, Zentralschweiz — CH 9000

★★★ »GOTTHARD CAMPING« — 9.5. bis 19.10.
☎ 079/3892771, Fax 041/8871459   1444 m   9000 qm
www.gotthard-camping.ch, info@gotthard-camping.ch

→ A2 Luzern–Lugano Abf. Göschenen nach Andermatt. Bei der Gemsstockbahn beschildert. ✉ Oberalpstr. 51.

Ebenes, bis leicht welliges und schattenloses Wiesengelände am Ortsrand mit befestigten Plätzen für Mocas und Caravans. Rezeption nur abends geöffnet. Bistro/Kiosk. Ausgangspunkt für Wanderungen. 50 Touristenplätze.
2008: P/N 6.–, K/N 6 bis 16 J. 4.–, A/N 4.–, C/N 5.–, MC/N 8.–, T/N 4.–, M/N 2.–, H/N 1.–, KT 1.80, WD inkl., Strom/N 3.–.

Jahres-Öffnungszeiten werden uns von den Platzhaltern gemeldet. Sie bemühen sich, die Zeiten einzuhalten. Je nach Wetterlage sind aber spätere Öffnungs- und frühere Schließungszeiten möglich.

2200 Stunden Sonne. Nicht nur für die besten Weine

Bei uns finden Sie alle gewünschten Eigenschaften eines familiengeführten *****Campings idealer Grösse mit Liebe zum Detail. Familien- und behindertenfreundlich. Grosse sonnige oder schattige Stellplätze für Wohnwagen und -mobile, beliebtes natürliches Ambiente für Iglus. Zentral gelegener Kinderspielplatz. Grüne Flächen zum Spielen und Ausruhen. Ruhiger Sandstrand neben einer herrlichen Liegewiese direkt am See. Die sanitären Einrichtungen sind in jeder Beziehung hervorragend. Swisscom Public Wireless LAN Hotspot sowie Internetcafé. Dazu originelle Events, Sportanlässe und Kurse für erlebnisreiche Ferien. Kostenlose unbeschränkte Bus- und Schiffsverbindungen nach Locarno. Attraktive Langzeitpauschalen und ADAC-CampCard in der Vor- und Nachsaison.

Öffnungszeit: 7.3. - 26.10.2008

CH-6598 Tenero
Tel. 0041-91-745 21 61
Fax 0041-91-745 66 36
E-Mail: info@campingtamaro.ch
www.campingtamaro.ch

(CH 9150/2)

Camping Tamaro
*****

6764 Chiggiogna, Ticino — CH 9055

25 ★★★ »CAMPING GOTTARDO«   März bis Dez.
☎/Fax 091/8661562, camp@v+xmail.ch   705 m   9000 qm

→ Straße 2 St. Gotthard–Bellinzona über Faido. ✉ (GPS: 46°28'12" N / 8°48'58" E)

Unparzelliertes Wiesengelände oberhalb der Straße. Ort 1 km entfernt. Touristen-/Dauerstellplätze 50/12.
2007: P/N 8.50, K/N 2 bis 9 J. 3.50, K/N 10 bis 12 J. 6.–, C-St/N 14.–, MC-St/N 12.–, T-St/N 10.–, WD inkl. Müllgeb./N 2.–, Strom/N 4.– (10 A).

6716 Lottigna bei Acquarossa, Ticino — CH 9070

★★★ »CAMPING ACQUAROSSA«   1.1. bis 31.12.
☎ 091/8711603   570 m   45000 qm

→ Straße 2 St. Gotthard–Bellinzona, bei Biasca in das Bleniotal abbiegen Richtung Lukmanierpass.

Unparzelliertes Wiesengelände unterhalb der Straße. In zwei großen und mehreren kleinen Geländestufen zum Flussufer abfallend. Kiosk. Ort 1 km entfernt. Touristen-/Dauerstellplätze 90/30.

6702 Claro, Ticino — CH 9090

25 ★★★★ »CAMPING AL CENSO«   April bis Okt.
☎/Fax 091/8631753, Fax 8634022   285 m   25000 qm
www.alcenso.ch, info@alcenso.ch

→ Straße 2 St. Gotthard–Bellinzona, ca. 2 km hinter Cresciano links ab 300 m bergauf. Oder von der Bernardinoroute (N13) Abfahrt Bellinzona-Nord, noch 5 km Richtung St. Gotthard bis hinter Claro, dann rechts. ✉ (GPS: 46°15'55" N / 9°01'12" E).

Parkartiges und unparzelliertes Wiesengelände unterhalb eines bewaldeten Berghanges. Auf zwei Geländestufen ansteigend. Teils mit exotischer Bepflanzung (Palmen etc.). Ruhiger und gepflegter Familienplatz. Whirlpool (NS). Ort 1 km entfernt. Mittagsruhe 12-14 Uhr. 92 Touristenplätze.
2007: P/N 7.–, K/N 1 bis 12 J. 5.20, St/N 18.–, H/N 2.50, KT 2.80, WD inkl. Strom/N 3.50 (6 A).

6500 Molinazzo bei Bellinzona, Ticino — CH 9100

30 ★★★ »TCS CAMP. BOSCO DI MOLINAZZO«   20.3. bis 12.10.
☎ 091/8291118, Fax 8292355   241 m   10000 qm
www.camping.tcs.ch, camping.bellinzona@tcs.ch

→ A13 Chur–Lugano Abf. Bellinzona Nord, vorbei am Hinweisschild Gorduno, noch 100 m dann rechts. ✉ (GPS: 46°12'44" N / 9°02'21" E).

Parzelliertes, ebenes und langezogenes Wiesengelände in einem Wohngebiet. Durch Bäumen aufgelockert. Guter Etappenplatz. Imbiss. Öffnungszeiten der Rezeption: 9 bis 11 Uhr / 17 bis 21 Uhr. Haltestelle 100 m, Ort 200 m entfernt. Touristen-/Dauerstellplätze 80/20.
2008: P/N 8.60, K/N 6 bis 15 J. 4.30, St/N 20.–, H/N 4.–, KT 1.35, WD inkl., Strom/N 4.– (6 A). In NS Ermäßigung.
CCI 5% auf P/N und St/N.

6516 Cugnasco, Ticino — CH 9130

35 ★★★★ »PARK-CAMPING RIARENA«   14.3. bis 25.10.
☎ 091/8591688, Fax 8592885   240 m   32000 qm
www.camping-riarena.ch, camping.riarena@bluewin.ch

→ Straße 13 Bellinzona–Locarno Abf. Cugnasco. Beschildert. ✉ (GPS: 46°10'11" N / 8°54'49" E)

Parzelliertes Wiesengelände unter Eichen mit großzügigen Stellmöglichkeiten. Ort 500 m entfernt. Mittagsruhe 12-14 Uhr. Touristen-/Dauerstellplätze 150/60.
2008: (HS) 2 P/N inkl. St/N 44.–, weitere P/N 8.–, K/N bis 6 J. 4.–, K/N bis 14 J. 5.–, H/N 4.–, KT und WD inkl., Strom/N 4.– (10 A). In NS Erm.

✉ 6598 Tenero, Lago Maggiore — CH9150/1

[40] ★★★★ »CAMPING LIDO MAPPO« — 14.3. bis 19.10.
☎ 091/7451437, Fax 7454808 — 65 000 qm
www.lidomappo.ch, camping@lidomappo.ch

→ A2 Abf. Bellinzona-Süd in Richtung Locarno. Hier Abf. Tenero und der Beschilderung folgen. ✉ Via Mappo (GPS: 46°10'37" N / 8°59'33" E).

Parzelliertes und ebenes Wiesengelände mit lockerem Baumbestand. Direkt am Lago Maggiore. Liegewiese. Sandstrand. Wassersportmöglichkeiten. Haltestelle 500 m, Ort 2.5 km entfernt. Mittagsruhe 13-15 Uhr. Touristen-/Dauerstellplätze 370/85.
2008: (HS) 1-2/3/4/5 P/N inkl. St/N 53.–/61.–/69.–/77.–, weitere P/N 8.–, K/N bis 2 J. frei, B/N ab 25.–, WD und Strom inkl. (10/16 A). Preisaufschlag für Seeplätze. Ab 10 Nächte 5% Ermäßigung (außer Seeplätze). In NS Erm.

✉ 6598 Tenero, Lago Maggiore — CH9150/2

[40] ★★★★ »CAMPING TAMARO« — 7.3. bis 26.10.
☎ 091/7452161, Fax 7456636 — 60 000 qm
www.campingtamaro.ch, info@campingtamaro.ch

→ A2 Abf. Bellinzona-Süd in Richtung Locarno. Hier Abf. Tenero und der Beschilderung folgen. ✉ Via Mappo 32 (GPS: 46°10'34" N / 8°50'46" E).

Ebenes, teilweise durch Baumreihen parzelliertes und zum Seeufer abfallendes Wiesengelände. Liegewiese mit Sandstrand und Badesteg. Boote nicht gestattet. Zeltwiese. Übernachtungsplätze vor dem Eingang. In HS Reservierung erforderlich. Imbiss. Kiosk. W-LAN (Funkinternet). Familiäre Atmosphäre. Ort 1.5 km entfernt. Mittagsruhe 12-14 Uhr. Touristen-/Dauerstellplätze 305/115.
2007: (HS) P/N 7.–, K/N ab 3 J. 6.–, C MC-St/N 41.–, T-St/N 23.–/31.–, KT, WD und Strom (10 A) inkl. Preisaufschlag für Seeplätze. In NS Erm.

DCC – DEIN PARTNER!

✉ 6598 Tenero, Lago Maggiore — CH9150/3

[55] ★★★★ »CAMPING MIRALAGO« — 1.1. bis 31.12.
☎ 091/7451255, Fax 7452878 — 20 000 qm
www.camping-miralago.ch, info@camping-miralago.ch

→ A2 Abf. Bellinzona-Süd in Richtung Locarno. Hier Abf. Tenero und der Beschilderung folgen. ✉ Via Roncaccio. (GPS: 46°10'22" N / 8°50'53" E).

Ebenes und gepflegtes Wiesengelände direkt am Lago Maggiore. Durch einzelstehende Bäume aufgelockert. Liegewiese am Strand. Zelte auf Anfrage. Touristen-/Dauerstellplätze 120/30.
2007: P/N 13.–, K/N 6 bis 14 J. 9.–, St/N 42.– bis 62.–, WD und Strom (10 A) inkl. In NS Ermäßigung.

CH

✉ 6598 Tenero, Lago Maggiore — CH9150/4

[40] ★★★ »CAMPING RIVABELLA« — 1.1. bis 31.12.
☎ 091/7452213/14, Fax 7456638, rivabella@swisscamps.ch — 10 000 qm

→ A2 Abf. Bellinzona-Süd in Richtung Locarno. Hier Abf. Tenero und der Beschilderung folgen. ✉ Via Maviglio 11 (GPS: 46°10'20" N / 8°50'50" E).

Parzelliertes und ebenes Wiesengelände direkt am Lago Maggiore. Durch einzelstehende Bäume aufgelockert. Liegewiese am Strand. Mittagsruhe 12-14 Uhr. Touristen-/Dauerstellplätze 55/14.
2007: P/N 9.–, K/N bis 14 J. 5.–, St/N 20.– bis 29.–, H/N 3.–, WD inkl., Strom 4.– (10 A). In NS Ermäßigung.

Das CCI-Carnet ist im Ausland als Identitäts-Ausweis anerkannt. Im Inland genügt die Vorlage des DCC-Mitgliedsausweises zusammen mit Leistungsscheck 18.

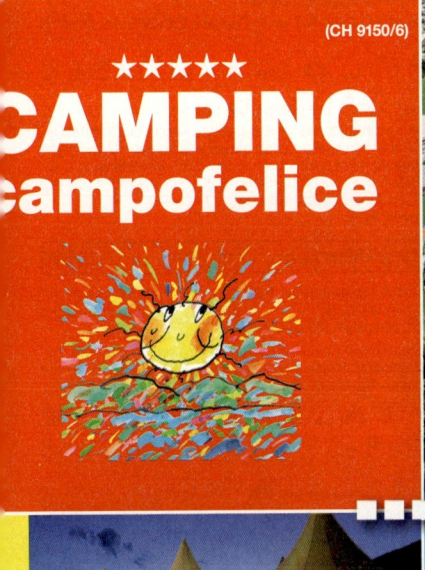
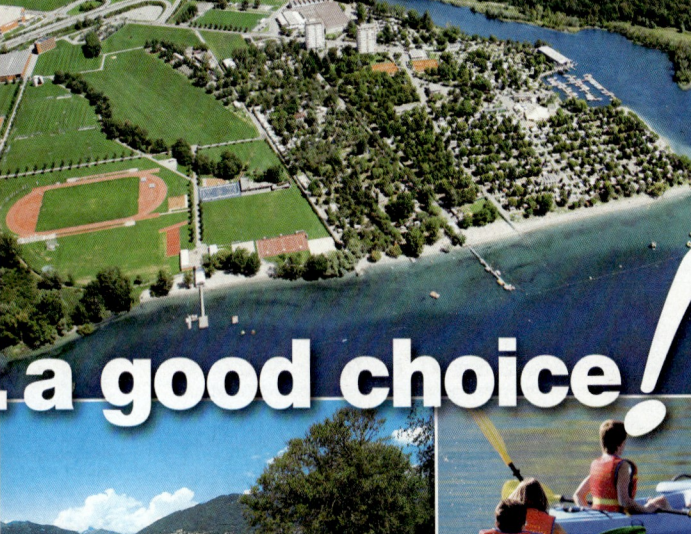

★★★★★ (CH 9150/6)
CAMPING campofelice
...a good choice!

H-6598 Tenero - Lago Maggiore
Tel. +41 91 745 14 17
www.campofelice.ch

6598 Tenero, Lago Maggiore — CH 9150/5

45 ★★★ »CAMPING LAGO MAGGIORE« — März bis Okt.
☎ 091/7451848, Fax 7454318 — 32 000 qm
www.clm.ch, info@clm.ch

→ A2 Abf. Bellinzona-Süd in Richtung Locarno. Hier Abf. Tenero und der Beschilderung folgen. ✉ Via Lido 4.

Parzelliertes und ebenes Wiesengelände direkt am Lago Maggiore. Durch Hecken und hohe Laubbäume aufgelockert. Strand und Liegewiese. Volleyball. Mittagsruhe 13-14 Uhr. Touristen-/Dauerstellplätze 195/15.
2008: (HS) P/N 9.–, K/N 3 bis 14 J. 6.–, St/N 30.– bis 38.–, WD u. Strom inkl. In NS Ermäßigung.

6598 Tenero, Lago Maggiore — CH 9150/6

55 ★★★★★ »CAMPING CAMPOFELICE« — 14.3. bis 27.10.
☎ 091/7451417, Fax 7451888 — 150 000 qm
www.campofelice.ch, info@campofelice.ch

→ A2 Abf. Bellinzona-Süd in Richtung Locarno. Hier Abf. Tenero und der Beschilderung folgen. ✉ Via alle Brere 7 (GPS: 46°10'07" N / 8°51'22" E).

Anzeige S. 443
An zwei Seiten von Wasser umgebenes und gepflegtes Wiesengelände. Durch Hecken und Pappelreihen parzelliert. Großes Strandgelände mit Liegewiese. Kabel-TV. Grossbild-Videoleinwand. Boccia. Mietbare Kühlfächer. Shuttle-Bus nach Tenero. Ort 1 km entfernt. Mindestaufenthalt in HS 3 Nächte. Touristen-/Dauerstellplätze 860/45.
2008: (HS) 3 P/N inkl. St/N 86.–, WD u. Strom (10 A) inkl. In NS Erm.

6600 Locarno, Lago Maggiore — CH 9170

55 ★★★★ »CAMPING DELTA« — 1.3. bis 31.10.
☎ 091/7516081, Fax 7512243 — 60 000 qm
www.campingdelta.com, info@campingdelta.com

→ Straße 13 Bellinzona–Ascona. In Locarno beschildert. ✉ Via Respini 7 (GPS: 46°09'27" N / 8°48'03" E).

Parzelliertes und gepflegtes Wiesengelände unter Laubbäumen und einzelnen Palmen an der Maggia-Mündung mit eigenem Hafen. Fitnessraum. Wellnessangebote. Ort 1.2 km entfernt. Touristen-/Dauerstellplätze 245/40.
2008: (HS) P/N 18.–, K/N 3 bis 15 J. 6.–, ab 3. Kind frei, St/N 47.– bis 57.–, B/N 25.– bis 40.–, KT 1.35, WD inkl, Strom/N 5.– (10 A). In NS Erm.

6616 Losone-Golino, Lago Maggiore — CH 9180

35 ★★★ »CAMPING CAMPEGGIO ZANDONE« — März bis Okt.
☎ 091/7916563, Fax 7910047 — 250 m — 20 000 qm
www.campingzadone.ch, info@campingzadone.ch

→ Straße 13 Locarno–Ascona, nach Losone abbiegen im Vorort Golino. ✉ (GPS: 46°10'36" N / 8°43'43" E).

Ebenes, unparzelliertes Wiesengelände zwischen Straße und Flussdamm in ländlicher Umgebung. Durch Laubbäume aufgelockert. Imbiss. Bushaltestelle vor dem Platz. Restaurant 2 km, Ort 2.5 km entfernt. Separater Jugendplatz. Mittagsruhe 12-14 Uhr. Touristen-/Dauerstellplätze 170/40.
2008: (zuzügl. 3.6% TVA) P/N 10.90, K/N 6 bis 14 J. 7.–, A/N 5.–, C MC-St/N 18.50, T/N 15.50 bis 18.50, M/N 3.90, H/N 6.–, KT 1.80, Müllgeb./N 1.20, Strom/N 5.– (10 A).

6670 Avegno, Ticino — CH 9220

35 ★★★ »CAMPING PICCOLO PARADISO« — 15.3. bis Okt.
☎ 091/7961581, Fax 7963170 — 240 m — 45 000 qm
www.piccolo-paradiso.ch, info@piccolo-paradiso.ch

→ Straße 13 Locarno–Ascona, ins Maggiatal abbiegen bis kurz vor Avegno links. ✉ (GPS: 46°12'01" N / 8°44'39" E).

Parzellierte Bergwiesen mit Büschen und Bäumen. Direkt am Flussufer gelegen. Mittagsruhe 12-14 Uhr. Reitmöglichkeit 4 km entfernt. Touristen-/Dauerstellplätze 240/80.
2008: (HS) P/N 10.–, K/N bis 14 J. 6.–, C MC-St/N 20.–, T-St/N 14.–/18.–, H/N 4.–, KT 1.50, WD zuzügl., Strom/N 4.– (10 A). In NS Ermäßigung.

6672 Gordevio, Ticino — CH 9230

35 ★★★★ »TCS CAMPING BELLARIVA« — 20.3. bis 12.10.
☎ 091/7531444, Fax 7531764 — 313 m — 25 000 qm
www.campingtcs.ch, camping.gordevio@tcs.ch

→ Straße 13 Locarno–Ascona, ins Maggiatal abbiegen. Kurz vor Gordevio. ✉ (GPS: 46°13'18" N / 8°44'30" E).

Teilweise terrassiertes und parzelliertes Gelände zwischen hohen Felshängen und der Maggia. In HS Reservierung erwünscht. Ort 500 m entfernt. Touristen-/Dauerstellplätze 146/40.
2008: (HS) P/N 8.60 bis 15 J. 5.–, St/N 21.–/29.–, H/N 4.–, KT 1.35, WD inkl., Strom/N 4.50 (10 A). In NS Ermäßigung.
CCI 5% auf P/N und St/N.

6849 Mezzovico, Ticino — CH 9500

★★ »CAMPING PALAZZINA« — 1.1. bis 31.12.
☎ 091/9461467, Fax 9463061 — 411 m — 12 000 qm

→ Straße 2 Bellinzona–Lugano, ca. 10 km vor Lugano. ✉ (GPS: 46°05'08" N / 8°55'12" E).

Unparzelliertes Wiesengelände mit dichtem Baumbestand. Zwischen der Bundesstraße und der Autobahn gelegen. Separate Pkw-Abstellung. Bootausflüge. Erste Hilfe-Posten. Touristen-/Dauerstellplätze 30/40.

6951 Cureglia, Ticino — CH 9540

30 ★★ »TCS CAMPING MORETTO« — 20.3. bis 12.10.
☎ 091/9667662, Fax 9667600 — 405 m — 30 000 qm
www.campingtcs.ch, camping.cureglia@tcs.ch

→ Straße 2 Bellinzona–Lugano Abf. nach Cureglia. ✉ (GPS: 46°01'58" N / 8°56'30" E).

An ein Wohngebiet anschließendes Wiesengelände neben der Straße. Unparzelliert und teilweise durch alte Laubbäumen beschattet. Mittagsruhe 12-14 Uhr. Ort 1 km entfernt. Touristen-/Dauerstellplätze 120/30.
2008: P/N 8.20, K/N 6 bis 15 J. 4.10, St/N 18.20, H/N 4.–, KT 1.35, WD inkl., Strom/N 3.– (10 A). In NS Ermäßigung.
CCI 5% auf P/N und St/N.

6933 Lugano-Muzzano, Lug. See — CH 9560

50 ★★★★ »TCS CAMPING LA PIODELLA« — 1.1. bis 31.12.
☎ 091/9947788, Fax 9946708 — 300 m — 47 000 qm
www.campingtcs.ch, camping.muzzano@tcs.ch

→ A2/E35 Belinzona–Como Abf. Lugano-Nord in Richtung Ponte Tresa. Ca. 1.5 km hinter Muzzano zum Luganer See abbiegen. Bei der Suzuki-Garage scharf rechts abbiegen. ✉ Via alla Foce (GPS: 45°59'45" N / 8°54'29" E).

Parzelliertes Wiesengelände mit hohen Pappeln und flachem Sandstrand direkt am Luganer See. Landschaftlich schön gelegene Anlage mit gutem Freizeitangebot. Tagsüber Flugbetrieb! Mittagsruhe 12-14 Uhr. Touristen-/Dauerstellplätze 200/50.
2008: P/N 10.40, K/N 6 bis 15 J. 5.20, St/N 28.– bis 42.–, H/N 5.50, KT 1.35, WD inkl., Strom/N 5.– (10 A). In NS Ermäßigung.
CCI 5% auf P/N und St/N.

6982 Agno-Lugano, Luganer See — CH 9570/1

30 ★★ »EUROCAMPO« — 15.3. bis 31.10.
☎ 091/6052114, Fax 6053187 — 295 m — 36 000 qm
www.eurocampo.ch, eurocampo@ticino.com

→ A2 Bellinzona–Como Abf. Lugano-Nord in Richtung Ponte Tresa. In Agno beschildert. ✉ Via Molinazzo 9 (GPS: 45°59'46" N / 8°54'21" E).

Unparzelliertes, ebenes Wiesengelände mit Baumgruppen in der Flughafeneinflugschneise und im Strandbereich. Kiosk. Cafe 200 m, Ort 500 m, Haltestelle 1 km entfernt. Separater Jugendplatz. Mittagsruhe 13-14 Uhr. Touristen-/Dauerstellplätze 240/80.
2007: P/N 9.–, K/N 2 bis 13 J. 4.–, A/N 4.–, C/N 12.–, MC/N 13.–, T/N 10.–, M/N 1.–, KT 2.–, WD zuzügl., Strom/N 3.–/4.– (6 A).

✉ 6982 Agno-Lugano, Luganer See CH 9570/2
30 ★ »CAMPING GOLFO DEL SOLE« 15.3. bis 17.10.
☎ 091/6054802, Fax 6054306 6000 qm
www.golfodelsole.ch, info@golfodelsole.ch
→ A2 Bellinzona–Como Abf. Lugano-Nord Richtung Ponte Tresa. Bei Agno. ✉ Via Rivera 8 (GPS: 45°59'33" N / 8°53'57" E).

Unparzelliertes Wiesengelände direkt am See. Bahnlinie und stark befahrene Straße in Hörweite. Ort 300 m entfernt. Mittagsruhe 12-14 Uhr. Touristen-/Dauerstellplätze 45/12.
2008: (HS) P/N 10.–, K/N 2 bis 13 J. 4.50, A/N 2.–, C MC/N 13.–, T/N 10.–, M/N 2.–, B/N 5.–, WD zuzügl., Strom/N 4.– (4 A). In NS Ermäßigung.

✉ 6995 Molinazzo di Monteggio CH 9590
35 ★★★★ »CAMPING TRESIANA« 15.3. bis 26.10.
☎ 091/6083342, Fax 6083142 250 m 15 000 qm
www.camping-tresiana.ch, mail@camping-tresiana.ch
→ Straße Lugano–Agno–Ponte Tresa, hier bei der Brücke in Ponte Tresa rechts abbiegen und am Fluss entlang Richtung Luino, noch ca. 5 km. ✉ Alemannenweg 2 (GPS: 45°59'27" N / 8°48'57" E).

Ebenes, parzelliertes und liebevoll gepflegtes Wiesengelände. Angrenzend an den Fluss "Tresa". Schöner Blick auf die Berge. Lagerfeuerstelle. Ort 500 m entfernt. Mittagsruhe 13-14 Uhr. Touristen/Dauerstellplätze 70/34.
2007: P/N 8.–, K/N 2 bis 6 J. 4.50, J/N 5.50, A/N 5.–, C MC N 25.–, M/N 2.–, B/N 5.–, KT 1.50, WD inkl. Müllgeb./Wo. 2.50, Strom/N 3.50 (10 A). In NS Ermäßigung und Angebote.

✉ 6817 Maroggia, Luganer See CH 9600
35 ★★ »CAMPING PIAZZALE MARA« 31.3. bis 15.10.
☎ 091/6497245, Fax 6494717 6000 qm
www.piazzalemara.ch, info@piazzalemara.ch
→ Straße Lugano–Chiasso, hinter Maroggia der Beschilderung zum Seeufer folgen. ✉ Via al Lido (GPS: 45°56'02" N / 8°58'10" E).

Von hohen Bäumen umgebenes, ebenes und parzelliertes Wiesengelände am Luganer See. Veranstaltungen mit Künstlern der Umgebung. Touristen-/Dauerstellplätze 55/10.
2007: P/N 8.40, K/N 6 bis 15 J. 4.20, C MC-St/N 18.80, T/N 9.90, H/N 3.–, KT 1.35, WD inkl., Strom/N 4.– (4 A).

✉ 6818 Melano, Luganer See CH 9630/1
35 ★★★ »CAMPING PARADISO-LAGO« 1.3. bis 30.11.
☎ 091/6482863, Fax 6482944 272 m 30 000 qm
www.camping-paradiso.ch
→ A2 Bellinzona–Como Abf. Melide Richtung Chiasso, ab Ortsanfang Melano beschildert. ✉ Via Pedreto (GPS: 45°55'24" N / 8°58'44" E).

Parzelliertes Wiesengelände unter Bäumen zwischen Autobahn, Bahnlinie und See. Touristen-/Dauerstellplätze 160/40.
2008: P/N 8.60, K/N 3 bis 15 J. 4.30, St/N 20.– bis 27.–, B/N 4.–, KT 1.40, WD inkl., Strom/N 4.– (6 A).

✉ 6818 Melano, Luganer See CH 9630/2
40 ★★★ »CAMPING MONTE GENEROSO« 15.3. bis 19.10.
☎ 091/6498333, Fax 6495264 273 m 20 000 qm
www.montegeneroso.ch, camping@montegeneroso.ch
→ A2 Bellinzona–Como Abf. Melide Richtung Chiasso. In Melano vor der Bahnunterführung rechts abbiegen. Beschildert. ✉ (GPS: 45°55'43" N / 8°58'38" E).

Zum See abfallende, unparzellierte Wiese mit Bäumen. Zwischen Autobahn, Bahnlinie und See gelegen. Ort 1 km entfernt. Touristen-/Dauerstellplätze 100/50.
2008: P/N 8.–, K/N 4 bis 13 J. 4.–, A/N 3.–, C MC T/N 20.– bis 32.–, M/N 3.–, B/N 10.–, H/N 5.–, KT 1.40, WD zuzügl., Strom/N 4.– (10 A).

✉ 6866 Méride, Ticino CH 9650
30 ★★★ »TCS CAMPING PARCO AL SOLE« 25.4. bis 28.9.
☎ 091/6464330, Fax 6460992 530 m 12 500 qm
www.campingtcs.ch, camping.meride@tcs.ch
→ A2 Lugano–Como Abf. Stabio/Varese, dann Abf. Rancante und weiter Richtung Serpiano. ✉ (GPS: 45°53'15" N / 8°56'59" E).

Parzelliertes und interessant gestaltetes Gelände auf mehreren Ebenen in landschaftlich schöner Lage. Angrenzend an einen Bach sowie an einen kleinen Waldsee. Öffentlicher Badebetrieb. Separater Zeltteil. Separate Pkw-Abstellung. Imbiss/Brot- und Getränkeverkauf. Mittagsruhe 13-16 Uhr. Touristen-/Dauerstellplätze 70/10.
2008: P/N 8.– bis 5.– bis J. 4.–, St/N 18.– bis 22.–, H/N 4.–, KT 1.35, WD inkl., Strom/N 4.50 (13 A). In NS Ermäßigung.
CCI 5% auf P/N und St/N.

CZ

TSCHECHISCHE REP.

Übersichtskarte Seite 447
Besondere Vorschriften und Regelungen

Personaldokumente: Deutsche Staatsbürger benötigen für einen Aufenthalt bis zu 90 Tagen einen gültigen Reisepass oder Personalausweis. Kinder bis zum vollendeten 10. Lebensjahr können im Reisepass eines begleitenden Elternteils eingetragen sein oder einen eigenen Kinderpass besitzen (auch bei Kindern unter 10 Jahren mit Lichtbild und dem Vermerk als Nationalität »Deutsch«).
Allgemeiner Hinweis: Alle Reisende müssen bei Ankunft auf Anfrage den Besitz ausreichender Finanzmittel für die Zeit des geplanten Aufenthaltes und für die Rückreise (ca. € 35.– p.P. und Tag) nachweisen können.

Impfbescheinigungen: Werden nicht verlangt.

Visum: Für einen touristischen Aufenthalt bis zu 3 Monaten wird kein Visum verlangt.

Dokumente für Haustiere: Für Hunde und Katzen (maximal 5 Tiere) ist der »EU-Heimtierpass« mitzuführen. Er wird von behördlich ermächtigten Tierärzten ausgestellt. Der Pass muss Name und Anschrift des Besitzers enthalten und dem Tier eindeutig zugeordnet werden können; d.h. die Passnummer, die eine Identifizierung ermöglicht, wird dem Tier eintätowiert oder durch einen Mikrochip implantiert. Ein gültiger Tollwutimpfschutz muss ebenfalls im Pass nachgewiesen werden. Die letzte Impfung muss mindestens 30 Tage zurückliegen und darf höchstens 12 Monate vor der Einreise erneuert worden sein. Spezielle Auskünfte erteilt die Botschaft der Tschechischen Republik, Wilhelm Str. 44. 10117 Berlin, Tel. 030/22 63 80, Fax 030/229 40 33.

Fortsetzung S. 446

Kfz: Nationaler Führer- und Zulassungsschein sind ausreichend. Das Nationalitätskennzeichen (D-Schild) muss am Fahrzeug angebracht oder im EU-Nummernschild enthalten sein. Ist der Fahrer nicht der Eigentümer des Fahrzeuges, muss eine Benutzungsvollmacht des Fahrzeughalters vorliegen. Der Fahrer darf keinen Wohnsitz in der Tschechischen Republik haben. Es besteht Haftpflichtversicherungszwang. Die Mitnahme der »Internationalen Grünen Versicherungskarte« wird empfohlen, da sie als Versicherungsnachweis gilt und im Schadensfall die Abwicklung erleichtert. Kraftfahrzeuge mit erkennbaren Karosserieschaden dürfen nur mit einer polizeilichen Schadensbestätigung das Land verlassen, daher diese bei der Einreise an der Grenze, bzw. an der tschechischen Unfallstelle von der Grenzpolizei/Polizei ausstellen lassen. Im letzten Fall muss im Schadensprotokoll auch vermerkt sein, das keine Einwände gegen die Ausreise bestehen. Die in Deutschland erlaubten Zusatzbremsleuchten müssen abgedeckt oder außer Betrieb gesetzt werden. Ein Set mit Ersatzglühbirnen ist vorgeschrieben. Spikesreifen sind ganzjährig verboten. Es empfiehlt sich für Caravans-und Mocas ein Inventarverzeichnis mitzuführen.

Verkehrsvorschriften: Das im Kreisverkehr befindliche Fahrzeug hat Vorfahrt, solange dies nicht durch Verkehrsschilder aufgehoben wird. An allen Fußgängerüberwegen haben die Fußgänger stets Vorrang. Gegen Parksünder wird streng vorgegangen. <u>Alle Kfz müssen das ganze Jahr über mit Abblendlicht fahren.</u> Bei Unfällen mit Personenschäden, sowie Unfällen mit Sachschaden muss immer die Polizei gerufen werden. Man sollte sich ein Schadensprotokoll erstellen lassen. Kindersitze (bis 12 Jahre und kleiner als 1.50 m) sind Pflicht. Es besteht Anschnallpflicht und absolutes Alkoholverbot.

Straßengebühren: Auf Autobahnen und Schnellstraßen benötigt man eine Autobahn-Vignette, die an den Grenzübergängen, UAMK-Zweigstellen, auf Postämtern, sowie an einigen Tankstellen erhältlich ist.

Tempolimits: Innerorts: Kfz bis 3.5 t/Gespanne 50 km/h, auf Landstraßen: Pkw/Gespanne 90/80 km/h, auf Schnellstraßen und Autobahnen: Pkw/Gespanne 130/80 km/h. Kfz von 3.5 bis 6 t und Gespanne und Autobahnen 80 km/h. An Bahnübergängen alle Fahrzeuge 30km/h. Hohe Geldstrafen drohen bei Überschreitung der zulässigen Höchstgeschwindigkeit.

Telefon: Deutschland–CZ: 00420. CZ–Deutschland: 0049. Bei Telefonaten im Land wird vor der Nummer keine Null gewählt.

Unfallnotruf: Polizei: 158, Rettungsdienst: 155, Feuerwehr: 150. Pannenhilfe leistet der Automobilclub UAMK CR rund-um-die-Uhr unter Tel. 1230. Auf Autobahnen kann die Pannenhilfe über orangefarbene Notrufsäulen (alle 2 km) gerufen werden. ADAC-Notrufstation Tel. 261 10 43 51 (ganzjährig). Die Pannenhilfe ist kostenpflichtig.

Devisen: Die Ein- und Ausfuhr von Fremd- und Landeswährung ist unbeschränkt möglich. Eine Deklaration ist erforderlich, wenn Fremd- und Landeswährung den Gesamtwert von 450000 Kc übersteigt.

Camping: Die Campingplätze unterliegen einer staatlichen Klassifizierung und sind in drei Kategorien eingeteilt. Die sanitären Anlagen sind meist einfach, aber durchaus annehmbar. Nicht auf allen Campingplätzen gibt es Stromanschlüsse. Außerhalb der offiziellen Plätze ist freies Campen verboten. Mit Genehmigung des Eigentümers darf auf Privatgrundstücken nur dann übernachtet werden, wenn eine Toilette vorhanden ist.

Das Stromnetz ist auf 220 Volt (50 Hz) ausgelegt (in Prag teilweise 110 V). Vereinzelt gibt es auch noch 120 Volt. Schukostecker sind kaum verwendbar; es wird empfohlen, ein Adapterkabel mit Flachstecker oder Schukostecker nach französischer Norm mitzuführen.

Wassersport: Für die Einfuhr von Booten und deren Anhänger sind keine Grenzdokumente erforderlich. Sie werden beim Grenzübergang in den Pass eingetragen.

Allgemeine Informationen:

D-10969	**Berlin,** Czech Tourism Friedrichstr. 206, Tel/Fax 030/201 05 15, Fax 204 4770 www.czechtourism.com, romcakova@czechtourism.com
D-80358	**München,** Czech Tourism Prinzregentenstr. 7, Tel. 089/54 88 59 13/14, Fax 089/54 88 59 15 www.visitczechia.cz, www.czech-tourist.de info2-de@czechtourism.com

Vertretung der Bundesrepublik Deutschland:

CZ-11801	**Prag 1,** Deutsche Botschaft
CZ-11801	**Prag 1,** Post: P.O.Box 88 Velvyslanectvi Spolkové, Vlasská 19, Malá Strana Tel. 00420/257 53 14 81, Fax 00420/257 53 40 56 Visaabteilung: Tel. 00420/257 53 12 69 Visaabteilung: Fax 00420/257 53 40 56 www.deutsche-botschaft.cz Zreg@Prag.auswaertiges-amt.de

Ausführliche Einreisebestimmungen mit detaillierten Angaben zu den Themen Reisedokumente, Zoll- und Devisenbestimmungen, Reisen mit dem Kraftfahrzeug, Camping, Wassersport und der Aufenthalt im Urlaubsland sind bei der Touristik-Abteilung des DCC gegen Rückporto erhältlich.

Campingplätze:

TAX-Angaben in Landeswährung, sofern nicht anders angegeben. Währungseinheit: 1 Tschechische Krone (CZK) = 100 Haleru.
Devisenkurs: 1 CZK = ca. 0.036 Euro
1 Euro = ca. 27.51 CZK (Stand: Okt. 2007).

Bei Gebühren mit der Vorjahreszahl muss eventuell mit einer Anhebung der Gebühren für das laufende Jahr gerechnet werden. Außerdem können sich die angegebenen Öffnungszeiten verändert haben und es ist möglich, dass angegebene Ermäßigungen nicht mehr gewährt werden.

✉ 34021 Strázov — CZ 1025

[15] ★★ »CAMPING U DVOU ORECHU« 1.1. bis 31.12.
☎ 376/382421, Mobil 602394496   559 m   25 000 qm
www.camping-tsjechie.nl, info@camping-tsjechie.nl

→ Straße 27/E53 deutsch/tschech. Grenze (Bayerischer Eisenstein)–Klatovy–Plzen Abf. Bresiny in nordwestl. Richtung über Kozi und Lukavice nach Strázov. Hier in Richtung Desenice/Depoltice. In Patraska, ca. 3 km, links den Berg hoch, beschildert. ✉ splz 13. (GPS: 49°16'53" N / 13°14'24" E).
✤ Naturpark Sumava.

Terrassiertes unparzelliertes und eingezäuntes Wiesengelände. Teilweise von Bäumen umgeben. Vom 1. Oktober bis 1. Mai Voranmeldung empfehlenswert. 35 Touristenplätze.
2007: P/N 95.–, A/N 40.–, C/N 90.–, MC/N 125.–, T/N 35.–/ 90.–, M/N 30.–, H/N 30.–, WD inkl., Strom/N 40.–/150.– (6/10 A).
CCI NS/HS 10%/5% auf P/N und St/N.

✉ 34531 Babylon bei Domažlice — CZ 1030

[10] ★★★ »AUTOKEMP BABYLON«   1.5. bis 30.9.
☎/Fax 379793286   14 000 qm
www.babylon-obec.cz/autokemp, tezadom@tiskali.cz

→ Straße 26 Furth im Wald–Plzen, ca. 7 km hinter dem Grenzübergang in Babylon abbiegen, beschildert. ✉ Zahradni 542.

Leicht abfallendes und schattenloses Wiesengelände, von Bungalows und Tannenwald begrenzt. Günstiger Etappenplatz. Ort 500 m entfernt. 100 Touristenplätze.
2007: P/N 30.–, K/N bis 15 J. 20.–, A/N 40.–, C MC/N 90.–, T/N 70.–, M/N 30.–, H/N 40.–, KT 15.–, WD inkl., Strom/N 40.– (10 A).

✉ 34506 Kdyně — CZ 1035

[10] ★★★ »AUTOCAMPING HÁJOVNA«   1.5. bis 30.9.
☎/Fax 379731595   600 m   35 000 qm
www.camphajovna.cz, automotoklub@kdyne.cz

→ Straße 25 Furth im Wald–Plzen Abf. Domažlice nach Kdyně. Hier beschildert. ✉ Na Kobyle 209 (GPS: 49°24'24" N / 13°03'47" E).
✤ Burgruinen Rýzmberg, Herštyn, Prikopy und Netreb.

Unparzelliertes Wald- und Wiesengelände neben einem Schwimmbad. Bungalow-Anlage. Volleyball. Ort 1.5 km entfernt. 90 Touristenplätze.
2007: P/N 40.–, K/N 6 bis 15 J. 25.–, A/N 35.–, C MC/N 65.–, T/N 35.–/ 60.–, M/N 25.–, H/N 30.–, KT 2.–, WD zuzügl., Strom/N 60.– (10 A).

✉ 32300 Plzeň - Malý Bolevec — CZ 1048

[20] ★★★ »AUTOCAMPING OSTENDE«   1.5. bis 30.9.
☎/Fax 377520194   30 000 qm
www.cbox.cz/atc-ostende, atc-ostende@cbox.cz

→ Straße 27/E53 Most–Plzen. Ca. 2 km vor Plzen links abbiegen. Noch ca. 1.2 km, beschildert.

Leicht welliges Wiesengelände zwischen Straße und Seeufer, mittunter unter Bäumen. Volleyball. Haltestelle 600 m, Ort (Plzen) 6 km entfernt. 100 Touristenplätze.
2007: P/N 80.–, K/N 3 bis 15 J. 60.–, A/N 100.–, C MC/N 140.–, T/N 110.– bis 130.–, M/N 80.–, H/N 60.–, KT zuzügl., Strom/N 120.– (10 A).
DCC/CCI 20% auf P/N.

DCC – auch Ihr Camping-Partner!

✉ 34952 Konstantinovy Lázně — CZ 1060

15 ★★★ »CAMP LA ROCCA« 530 m 1.5. bis 30.9.
☎/Fax 374625287 (1.5. bis 30.9.) 50 000 qm
☎/Fax 377440271 (1.5. bis 30.9.)
www.larocca.cz, laroccacamp@seznam.cz, la_rocca@seznam.cz

→ D5/E50 deutsch-tschech. Grenze–Plzen Abf. (128) Bor in nördl. Richtung auf die Straße 21. In Plána u Máriánskych Lázní ca. 20 km in östl. Richtung auf der Str. 201 zum Ort. Hier beschildert.

| 200 m 300 m 3 km

Ebenes, unparzelliertes Wiesengelände mit einzelnen hohen Bäumen in der Nähe der Thermalzone. 100 Touristenplätze.
2007: (HS) P/N 60.–, K/N 2 bis 15 J. 50.–, A/N 50.–, C MC/N 150.–, T/N 120.–/50.–, M/N 40.–, KT 15.–, H/N 80.–, WD inkl., Strom/N 100.– (10 A). In NS Ermäßigung.

DCC-Vertragsplatz
✉ 25246 Vrané nad Vltavou, Prag — CZ 1250

25 ★★★ »CAMP MATYÁŠ« 1.4. bis 31.10.
☎ 257761228, Fax 61154 10 000 qm
www.camp-matyas.com, campmatyas@centrum.cz

→ Straße 4 südl. Prag Abf. Komorany Zbraslav und über die Moldaubrücke. Hinter der Brücke gleich rechts auf die Straße 103 nach Vrané nad Vltavou. (GPS: 49°55'57" N / 14°22'49" E).
♦ Burg Karlstejn, Krivoklat, Schloss Konopiste, Orlik.

| 100 m 700 m

Ebenes bis leicht abfallendes unparzelliertes Wiesengelände am rechten Moldau-Ufer mit einzelnen Büschen und Bäumen. Familiäre Atmosphäre. Zentrum (Prag) 9 km entfernt. 80 Touristenplätze.
2008: (HS) P/N 120.–, K/N 2 bis J. 80.–, A/N 110.–, C/N 170.–, MC/N 280.–, T/N 90.–/130.–/170.–, M/N 70.–, KT 10.–, WD zuzügl., Strom/N 110.– (10 A). In NS Ermäßigung.
DCC 10% auf P/N und St/N.

✉ 14700 Praha - Bránik — CZ 1500

25 ★★ »INTERCAMP KOTVA« 1.1. bis 31.12.
☎ 244461712, Fax 244466110 5000 qm
www.kotvacamp.cz, kotva@kotvacamp.cz

→ Autobahn D5 Plzen–Praha, vor Prag Richtung Brno abbiegen und dann nach ca. 8 km den Hinweisen »Bránik« folgen. Im Ortsteil Bránik beschildert. ✉ U Ledáren 55.

 500 m

 3 km 5 km

Ebenes und schattenloses Gelände mit teilweise geschotterten Stellplätzen am Moldauufer. Zentrum 8 km entfernt. 100 Touristenplätze.
2007: P/N 120.–, K/N 6 bis 15 J. 60.–, A/N 120.–, C/N 230.–, MC/N 255.–T/N 100.–/170.–, M/N 80.–, H/N 60.–, KT 15.–, WD inkl., Strom/N 110.– (16 A).

✉ 15500 Praha - Motol, Prag — CZ 1510

30 ★★ »CARAVANCAMP« April bis Okt.
☎/Fax 257515084 14 000 qm
www.caravancampprague.cz, caravancamp@uskprague.cz

→ Straße 5/E50 Plzen–Prag (später Autobahn D5), vor Prag auf die D605 wechseln in Richtung Zentrum. Ab da beschildert. ✉ ul. Plzenská 279.

 300 m

Ansteigendes, teilweise terrassiertes Wiesengelände mit einigen Bäumen neben der Straße. Sanitäranlage beheizbar. Zentrum 5 km entfernt. 150 Touristenplätze.
2007: P/N 150.–, K/N 6 bis 15 J. 70.–, A/N 120.–, C/N 160.–, MC/N 200.–T/N 100.–, M/N 100.–, H/N 60.–, KT 30.–, WD inkl., Strom/N 120.– (16 A).

DCC-Mitglieder fahren mit Auslands-Schutzpaß! und SIE?

DCC-Vertragsplatz

✉ **15500 Praha - Stodulky,** Prag   **CZ 1511**

35 ★★★ »SUNNYCAMP«   ⚓ 1.1. bis 31.12.
☎/Fax 251652744   14 000 qm
www.sunny-camp.cz, sunny-camp@post.cz

→ Straße 5/E50 Plzeň–Prag Abf. (19) Reporyje/Stodulky. Beschildert. ✉ Smichovska 1989.

Leicht abfallendes Wiesengelände mit Obst- und Laubbäumen in einem Wohngebiet. FW. Brötchenservice. W-LAN. Ort 7 km entfernt. 60 Touristenplätze.
2007: (HS) P/N 180.–, K/N 5 bis 15 J. 70.–, A/N 140.–, C/N 210.–, MC/N 290.– T/N 130.–/170.–, M/N 90.–, H/N frei, WD inkl, Strom/N 70.– (16 A). In NS Erm.
DCC 10% auf P/N.

✉ **15000 Praha - Slivenec,** Prag   **CZ 1512**

20 ★★ »AUTOCAMP SLIVENEC«   ⚓ 1.1. bis 31.12.
☎/Fax 251817442   7500 qm
www.camp-autoservis.cz, info@camp-autoservis.cz

→ Autostraße R1 (Verbindung D5–D1) Abf. Slivenec. Im Ort beschildert. ✉ Pod Rybnikem 25 (GPS: 50°01'09" N / 14°21'22" E).

Welliger Obstgarten und geschotterte Innenhofplätze bei einem ehemaligen Bauernhof. Familiäre Atmosphäre. Zentrum 11 km entfernt. 30 Touristenplätze.
2008: P/N 100.–, K/N 6 bis 15 J. 60.–, A/N 50.–, C T/N 100.–, MC/N 130.–, M/N 50.–, KT 15.–, WD inkl, Strom/kWh 30.– (3 A).

✉ **16000 Vokovice - Džbán,** Prag   **CZ 1515**

25 ★★★ »KEMP DŽBÁN«   ⚓ 1.1. bis 31.12.
☎ 0235359006, Fax 235351365   200 000 qm
www.campdzban.eu, rezervace@skarimta.cz

→ Straße 8/E55 Teplice–Praha. Hier in Richtung Zentrum. Hinter der Moldaubrücke rechts abbiegen in Richtung Chomutov und Flughafen. Im Ortsteil Džbán beschildert. ✉ Nad lávkou 5.

Leicht ansteigendes, schattenloses Wiesengelände in Seennähe beim Sportzentrum. Separater Dauercampteil. Kart-Bahn, Golfplatz, Zentrum 8 km entfernt. 320 Touristenplätze.
2007: (HS) P/N 135.–, K/N 3 bis 12 J. 80.–, A/N 120.–, C/N 160.–, MC/N 230.–, T/N 130.–, M/N 80.–, H/N 60.–, KT 15.–, WD zuzügl, Strom 90.– in NS Ermäßigung.

✉ **15000 Praha - Smichov,** Prag   **CZ 1517**

20 ★★★ »CAMPING CISAŘSKÁ LOUKA«   ⚓ 1.1. bis 31.12.
☎/Fax 257318763, Fax 317555   200 m   11 000 qm
www.caravancamping.cz, campcsk@mbox.vol.cz

→ Im Süden der Stadt im Ortsteil Smichov auf einer der Moldau-Inseln, beschildert. ✉ Cisařská louka 162.

Ebenes, unparzelliertes und schattenloses Wiesengelände auf einer Moldau-Insel. Imbiss. Zentrum 2 km entfernt. 60 Touristenplätze.
2007: P/N 95.–, K/N 3 bis 15 J. 50.–, A/N 90.–, C/N 150.–, MC/N 210.–, T/N 90.–/120.–, M/N 50.–, H/N 60.–, KT 15.–, WD inkl, Strom 85.– (6 A).

✉ **17100 Praha - Troja,** Prag   **CZ 1520**

25 ★★★ »CAMP SOKOL TROJA«   ⚓ 1.1. bis 31.12.
☎ 283850486, Fax 233542908   5000 qm
www.camp-sokol-troja.cz, tj.sokol.troja@quick.cz

→ Straße 8/D8/E55 Teplice–Prag, hier Richtung Zentrum. Vor der Moldaubrücke rechts abbiegen nach Troja. Ab hier beschildert. ✉ Trojská 171 a.

Ebenes Wiesengelände neben der Straße, von Häusern und einigen Bäumen umgeben. Imbiss. FW. Zentrum 8 km entfernt. 70 Touristenplätze.
2007: (HS) P/N 120.–, K/N 90.–, A/N 90.–, C MC/N 200.–, T/N 170.–, M/N 80.–, H/N 50.–, WD inkl, Strom N 150.– (16 A). In NS Ermäßigung.
DCC/CCI 5%-10% auf P/N.

DCC-Vertragsplatz

✉ **18400 Praha - Dolni Chabry,** Prag   **CZ 1525**

35 ★★★ »TRIOCAMP PRAHA«   ⚓ 1.1. bis 31.12.
☎ 283850793, Fax 284681180   10 000 qm
www.triocamp.cz, triocamp.praha@telecom.cz

→ Straße D8/E55 Teplice–Prag, Abf. (1) Zdiby abbiegen auf die Straße 608 in Richtung Dolní Chabry, beschildert. ✉ Obslužná ulice 33 / Ústecka st (GPS: 50°09'09" N / 14°27'00" E).
• Schlösser Veltrusy. Mělník. Nelahozeves.

Leicht wellig abfallendes Wiesengelände unter Obstbäumen. Imbiss. Organisierte Stadtrundfahrten. Trampolin. Zentrum 10 km entfernt. Mittagsruhe 12-13 Uhr. 130 Touristenplätze.
2008: (HS) P/N 180.–, K/N 5 bis 15 J. 100.–, A/N 150.–, C/N 220.–, MC/N 280.–, M/N 100.–, H/N 780.–, KT 15.–, WD inkl, Strom/N 90.– (6-10 A). In NS Ermäßigung.
DCC/CCI 10% aufP/N.

DCC-Vertragsplatz

✉ **19012 Praha - Dolni Počernice,** Prag   **CZ 1527**

35 ★★★ »CAMPING SOKOL«   ⚓ 1.4. bis 31.10.
☎ 777553543, Fax 281931112   250 m   11 000 qm
www.campingsokol.cz, info@campingsokol.cz

→ Straße 12 Prag–Kolin, ca. 10 km östl. des Stadtzentrums, beschildert. ✉ Národnich hrdinu 290. (GPS: 50°05'30" N / 14°35'01" E).

Ebenes, unparzelliertes und teilweise schattenloses Wiesengelände in der Nähe eines Schlossparks mit dem größten Prager Fischteich. Trampolin. Zentrum 12 km entfernt. 70 Touristenplätze.
2007: (HS) P/N 180.–, K/N 5 bis 15 J. 120.–, St/N 390.–, H/N 60.–, KT 10.–, WD inkl, Strom/N 90.– (10/16 A) inkl. In NS Ermäßigung.
DCC 10% auf P/N.

DCC-Vertragsplatz

✉ **25241 Dolni Břežany,** Prag   **CZ 1530**

35 ★★★★ »CAMPING OASE PRAHA«   ⚓ 20.4. bis 20.9.
☎/Fax 241932044   280 m   15 000 qm
www.campingoase.cz, info@campingoase.cz

→ Autobahn D1 Prag–Brno Abf. (11) Jesenice auf die Straße 101 nach Jesenice. In Jesenice nach Zlatniky abbiegen. Hier im Kreisverkehr die 3. Ausfahrt in Richtung Liben und weiter zum Platz. Beschildert. ✉ Zlatniky Liben (GPS: 49°57'05" N / 14°28'27" E).

Ebenes Wiesengelände mit einzelnen Bäumen. Günstig für Prag-Besuch. Familiendusche. Fitnessraum. Ort (Prag) 10 km entfernt. 120 Touristenplätze.
2008: (HS) P/N 120.–, K/N bis 12 J. 90.–, St/N 600.–, H/N 60.–, KT 10.–, WD und Strom (6 A) inkl. Bei Barzahlung 6% Nachlass. In NS Ermäßigung.
DCC 10% auf P/N.

✉ **29001 Poděbrady,** Prag   **CZ 1550**

10 ★ »AUTOCAMPING GOLF«   ⚓ April bis Okt.
☎ 3242833, Fax 2993   35 000 qm
www.kemp-golf.cz, kemp@kemp-golf.cz

→ Autobahn D11/E67 Prag–Poděbrady–Hradec Králové Abf. (42) Poděbrady v. Hier nach Poděbrady abbiegen, beschildert.

Ebenes bis leicht welliges und unparzelliertes Wiesengelände mit einzelnen Baumgruppen in der Nähe der Elbe. Ort 1 km entfernt. 120 Touristenplätze.
2007: P/N 40.–, A/N 40.–, C/N 56.–, MC/N 65.–, T/N 50.–, KT 15.–, WD inkl., Strom/N 50.–.

Plätze ohne Gebühren-Angabe
Diese Plätze haben seit 2 Jahren und mehr keine Meldung mehr abgegeben. Darum kann auch für die Öffnungszeit nicht garantiert werden.

PRAG - Camping ◽ Bungalows ◽ Mobilheime

Willkommen in Prag, der wunderschönen Stadt im Herzen Europas. Unsere 3 Campingplätze liegen in naturschöner Umgebung. Wir bieten einen hochwertige Einrichtungen und hervorragende Möglichkeiten, die "Stadt der 100 Türme" zu erkunden.

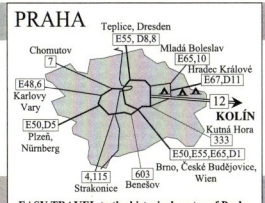

www.campingprague.com
(CZ 1527)

Camping Sokol Praha
Národních hrdinù 290
Praha 9 - Dolní Pocernice
Tel.: 00420777553543
www.campingsokol.cz

Camping Marino Holidays
Nad Rybníkem 445
Praha 9 - Dolní Pocernice
Tel.: 00420773553543
www.campingmarino.com

Camping Praha Klánovice
V Jehlicine 391
Praha 9 - Klanovide
Tel.: 00420774553542
www.campingpraha.cz

Erleben Sie die bezaubernde Atmosphäre der Geschichte Prags!

CZ

✉ 28401 Kutná Hora — CZ 1580
[20] ★★ »CAMPING SANTA BARBARA« ⚓ 1.4. bis 31.10.
☎ 327512051 — 4600 qm
www.santabarbara.web.worldonline.cz, ivan.karlovsky@iol.cz

→ Straße 38 Mladá Boleslav–Jihlava, hinter Kolin auf die Straße 2 abbiegen. In Kutná Hora beschildert. ✉ Česká ulica.

🌕🅿️◆ H ✝ ▬ ♨ ☕ ⚓W ▶W ⛵ ✕ ❙ 🚋 300 m
Leicht welliges Gelände mit Anpflanzungen auf einer Anhöhe am Stadtrand. Sanitärcontainer Imbiss. Zentrum 800 m entfernt. 15 Touristenplätze.
2007: P/N 90.–, K/N bis 15 J. 50.–, A/N 70.–, C/N 120.–, MC/N 130.–, T/N 60.–, M/N 50.–, H/N 50.–, WD inkl., Strom/N 70.– (10 A). CCI ab 2 Nächte Aufenthalt 10% Ermäßigung.

✉ 53401 Holice, Pardubice — CZ 1600

[10] ★★★ »AUTOCAMP HLUBOKÝ« ⚓ 1.1. bis 31.12.
☎/Fax 466682284 — 20000 qm
www.camp-hluboky.cz, camp-hluboky@iol.cz

→ Straße 35/E 442 Hradec Králové–Olomouc (Olmütz), ca. 2 km vor Holice bei einem Waldausläufer links abbiegen, ca. 300 m von der Hauptstraße entfernt, beschildert. ✉ Podlesi 89.

🌕🅿️◆ H ✝ ▬ Ⓓ ⛱ ▬ ♨ ☕ ⚓W ▶W ♿WC
⚌⛵W 🅱 🔥 🚋 ✕ 🏠TV 🎣 ⚓ 🚣 ❖ 🏟 ❙ Ⓗ 1 km
Leicht welliges Waldgelände an einem See mit 60 m langer Wasserrutsche. FW. Ort 3 km entfernt. 130 Touristenplätze.
2007: P/N 50.–, K/N 6 bis 15 J. 30.–, A/N 40.–, C MC/N 60.–, T/N 50.–/60.–, M/N –.30, H/N 50.–, KT 10.–, WD zuzügl., Strom/N 80.– bis 95.–.

✉ 78985 Mohelnice, Mähren — CZ 1700
[10] ★★★ »AUTOCAMP MORAVA« ⚓ 1.1. bis 31.12.
☎ 583430129 Mobil 774962666 — 50000 qm
www.atc-morava.cz, info@atc-morava.cz

→ Straße 35/E 442 Hradec–Králové (Königgrätz)–Olomouc (Ölmütz). Am Ortsanfang von Mohelnice abbiegen, beschildert. ✉ Člklova 279.

🌕🅿️◆ H ✝ ▬ ♨ ☕ ⚓W ▶W ⛵W 🚋HS ✕ 🎣 🎣
🏟 🎣 🏟
Ebenes, überwiegend schatteloses Wiesengelände am Waldrand neben einem Motel mit öffentlichem Freibad. Ort 1 km entfernt. 100 Touristenplätze.
2007: P/N 50.–, K/N 5 bis 12 J. 30.–, A/N 40.–, C MC/N 80.–, T/N 40.– bis 60.–, M/N 30.–, H/N 40.–, KT 10.–, WD inkl., Strom/N 40.– (10 A).

✉ 79862 Rozstáni — CZ 1740
[15] ★★★ »CAMPING BALDOVEC« ⚓ 1.1. bis 31.12.
☎ 582395440 — 685 m — 7500 qm
www.baldovec.cz, baldovec@atlas.cz

→ D1/R 46/E 462 Brno–Olomouc Abf. Prostejov in westl. Richtung Straße 377 über Plumlov nach Drahany. Hinter Drahany abbiegen auf die Straße 378 nach Rozstáni. Beschildert. ✉ Baldovec 319 (GPS: 49°24'44" N / 16°48'24" E).

🌕🅿️◆ H ✝ ▬ ♨ ☕ ⚓W ▶W ⛵ W ⚌W 🅱
⚓ 🚋 ✕ 🏠 🎣 🎣 🏟 ⚓ 🎣 🏟 🚴
Abfallendes Wiesengelände mit drei ebenen Terrassen und einzelnen Bäumen am Waldrand. Kiosk. Billard. Ort 3 km entfernt. 80 Touristenplätze.
2007: P/N 80.–, K/N 6 bis 15 J. 40.–, C-St/N 80.–, MC/N 120.–, kl. T/N 60.–, H/N 40.–, WD zuzügl., Strom/N 80.–.

✉ 75301 Hranice, Přerov — CZ 1750
[10] ★★ »AUTOCAMP HRANICE« ⚓ 15.5. bis 15.9.
☎/Fax 581601633, www.campinghranice.wz.cz — 255 m — 19000 qm

→ Straße 35/E 445 Olomouc (Olmütz)–Val. Mezřčri Abf. Hranice beschildert. Durchfahrtshöhe durch Bahnunterführung 3,2 m. Auf den letzten Metern verwinkelte, enge Anfahrt. ✉ Pod Hurkou 12.

🌕🅿️◆ H ✝ ▭ Ⓓ ▬ ♨ ☕ ⚓W ▶W ♿ ⚌ ⚓W
⚌W ⚓ ✕ 🎣 ⚓ 🚣 🏟 ❙ 🚋 Ⓗ 500 m
Leicht ansteigendes Wiesengelände an einer vielbefahrenen Bahnlinie und von Bungalows umgeben. Ort 1 km entfernt. 51 Touristenplätze.
2008: P/N 45.–, K/N 5 bis 15 J. 30.–, A/N 45.–, C/N 90.–, MC/N 105.–, T/N 50.–, M/N –.40, H/N 35.–, WD zuzügl., Strom/N 60.–.
DCC/CCI 10% auf P/N und St/N.

✉ 75661 Rožnov pod Radhoštěm — CZ 1800
[20] ★★★ »CAMPING ROŽNOV« ⚓ 1.1. bis 31.12.
☎ 571648001, Fax 571620513 — 39000 qm
www.camproznov.cz, info@camproznov.cz

→ Straße 18/E 442 Valašske Meziřiči–Makov (Slowak. Rep.) in Rožnov bis Ortsende, beschildert. ✉ ul. Radhoštská 940. (GPS: 49°28'31" N / 18°10'10" E).

🌕🅿️◆ H ✝ Ⓓ ▬ ♨ ☕ ⚓W ▶W ♿ ⚌W 🅱 🎣
⚓ 🚋HS ✕HS ⚓ ⚌WHS ⚽ 🎣 🎣 🏟 🚴 ❙
⚓ 200 m 🐎 3 km
Ebenes, teilweise parzelliertes Wiesengelände neben der Straße. Ort 2 km entfernt. 160 Touristenplätze.
2007: P/N 90.–, K/N 3 bis J. 70.–, A/N 50.–, C/N 125.–, MC/N 175.–T/N 80.–, M/N –.40, H/N 40.–, KT 15.–, WD inkl., Strom/N 100.– (16 A).
DCC/CCI 10% auf P/N und St/N.

✉ 35101 Františkovy Lázně, Cheb — CZ 2100
[25] ★★★ »ERHOLUNGSORT JADRAN« ⚓ 1.1. bis 31.12.
☎/Fax 354542412 — 450 m — 50000 qm
www.atcjadran.cz, info@atcjadran.cz

→ Straße 21/E 49 Cheb–Vojtanov Abf. Františkovy Lázně, beschildert. ✉ Jezerni 84/12 (GPS: 50°06'50" N / 12°20'12" E).

🌕🅿️◆ H ✝ J Ⓓ ▬ ♨ ☕ ⚓W ▶W ♿ ⚌W 🅱
⚓ 🚋 ✕ 🎣 ⚓ ▬ ⚓ ⛵ 🏟 🚐 🚴 ❙ 🎣
⛵ 500 m ⛽ 5 km
Ebenes, teilweise parzelliertes und schatteloses Wiesengelände am See beim gleichnamigen Hotel. Ort 3 km entfernt. Mittagsruhe 13-15 Uhr. 180 Touristenplätze.
2007: (HS) P/N 120.–, K/N 5 bis 15 J. 60.–, A/N 60.–, C/N 180.–, MC/N 210.–, T/N 120.–, M/N 60.–, H/N 60.–, KT 15.–, WD, Schwimmbad und Strom (16 A) inkl. Ab 7 Nächten 10% und in NS Ermäßigung.

CAMP SOKOL TROJA
CZ-17100 Praha 7, Trojská 171a
Tel./Fax 0 04 20-233 542 908
0 04 20-283 850 486
Ganzjährig geöffnet.
Plätze für Zelte u. Wohnwagen, Bungalows, Zimmer
(CZ 1520)

35099 Dřenice, Cheb — CZ 2120

★★★ »AUTOKEMPINK DŘENICE« — 1. Maiwoche bis 20.9.
☎ 354431591 — 450 m — 30 000 qm
www.atc-drenice.cz, autokempink@atc-drenice.cz

→ Straße 6/E 49 Cheb–Karlovy Vary Abf. Jesenice in südl. Richtung zum Stausee Jesenice, beschildert. ✉ Jesenice u Chebu.

Ebenes, schattenloses Wiesengelände von Wald umgeben und am Stausee Jesenice. Ort 5 km entfernt. 140 Touristenplätze.
2007: (HS) P/N 50.–, K/N 25.–, St/N 210.–, H/N 30.–, KT 10.–, WD inkl., Strom 55.–. In NS Ermäßigung.

35002 Cheb - Podhrad — CZ 2130

★★★★ »CAMPING AM SEE "VÁCLAV"« — 25.4. bis 21.9.
☎/Fax 354435653 — 450 m — 50 000 qm
www.kempvaclav.cz, info@kempvaclav.cz

→ Straße 6/E 49 Cheb–Karlovy Vary Abf. (164) Dolny Dvory. Ab hier in Richtung Podhrad und Jesenice-Stausee. Am Jesenice-Stausee abbiegen, beschildert (GPS: 50°04'50" N / 12°41'42" E).

Leicht wellig zum Seeufer abfallendes, teilweise terrassiertes und parzelliertes Wiesengelände mit jungen Anpflanzungen. Von Wald begrenzt. Imbiss. Jugendhaus. Organisierte Ausflüge. Kiosk. Volleyball. Ort (Cheb) 5 km entfernt. Touristen-/Dauerstellplätze 140/10.
2008: (HS) P/N 120.–, K/N 2 bis 11 J. 95.–, A/N 80.–, C/N 165.–, MC/N 210.–, T/N 150.–, M/N 70.–, H/N 60.–, KT ab 18 J. 10.–, WD inkl., Müllgebühr P/N 12.–, Strom/N 90.– (10 A). In NS Ermäßigung.

35471 Velká Hled'sebe, Cheb — CZ 2150

★★ »AUTOCAMP LUXOR« — 1.5. bis 30.9.
☎ 354/623504, 777/724810, Fax 377/431227 — 600 m — 70 000 qm
www.luxor.karlovarsko.com, autocamping.luxor@seznam.cz

→ Straße 21 Cheb–Plzeň, in Velká Hled'sebe in westlicher Richtung abbiegen, noch 2 km. Beschildert. ✉ Plzeňská (GPS: 49°57'39" N / 12°40'14" F)

Leicht welliges Wiesengelände auf Lichtungen mit separatem Bungalowteil. 150 Touristenplätze.
2007: P/N 60.–, K/N 6 bis 15 J. 30.–, A/N 50.–, C/N 100.–, MC/N 150.–T/N 60.–, M/N 30.–, H/N 15.–, KT 15.–, WD inkl., Strom/N 90.– (10 A).
DCC/CCI 15% auf P/N.

35301 Mariánské Lázně — CZ 2170

★★★ »CAMPING STANOWITZ« — 21.3. bis 30.10.
☎/Fax 354/624673, Mobil 604280136 — 650 m — 30 000 qm
www.stanowitz.com, info@stanowitz.com

→ Straße 21 Cheb–Plzeň, abbiegen auf die Straße 24 nach Mariánské Lázn. Hier oberhalb der Stadt. Beschildert. ✉ Stanoviště 9. (GPS: 49°56'38" N / 12°43'40" E).

Leicht welliges Wiesengelände mit Bäumen bei einer Pension mit Blick auf die Stadt. Ort 1.2 km entfernt. 25 Touristenplätze.
2007: (HS) P/N 80.–, K/N 3 bis 14 J. 40.–, A/N 60.–, C MC/N 150.–, T/N 60.– M/N 40.–, H/N 30.–, KT 15.–, WD inkl., Strom/N 100.– (10 A). In NS Erm.

36261 Sadov, Karlovy Vary — CZ 2230

★★★ »AUTOCAMP SASANKA« — 1.4. bis 31.10.
☎ 353590130 — 450 m — 36 000 qm
campsadov@seznam.cz

→ Straße 25 deutsch/tschech. Grenze–Oberwiesenthal–Karlovy Vary, weiter auf der Straße 13 bis Abf. Sadov. Beschildert. ✉ Sadov 7.

Ebenes bis leicht welliges und schattenloses Wiesengelände mit einzelnen Nadelbäumen. Imbiss. Ort (Karlovy Vary) 5 km entfernt. 150 Touristenplätze.
2007: P/N 80.–, K/N 6 bis 15. J. 40.–, A/N 80.–, C/N 120.–, MC/N 150.–, T/N 80.–, M/N 40.–, H/N 50.–, KT 5.–, WD inkl., Strom/N 60.– (16 A). Ab 3 Nächte 10% Ermäßigung.

36272 Radošov bei Kyselka — CZ 2235 NEU

★★★ »AUTOCAMP NA ŠPIČI« — 1.4. bis 1.9.
☎ 0031365323400, 353941152, Fax 353941285 — 360 m — 20 000 qm
www.naspici.ic.cz, naspici@quick.cz

→ Straße 6/E48 deutsch/tschech. Grenze Schirnding-Cheb-Karlovy Vary, weiter auf der Straße 13 Ostrov-Chomutov. In Bor Richtung Velichov abbiegen. In Radosov beschildert. ✉ Radošov 87 (GPS: 50°16'106" N / 12°59'36" E).

Leicht abfallendes, teilweise terrrassiertes und parzelliertes Wiesengelände mit Bäumen bei einem Hotel am Fluss Eger. Ort (Ostrov) 8 km entfernt. 70 Touristenplätze.
2007: P/N 80.–, K/N 6 bis 16. J. 40.–, C MC-St/N 150.–, T/N 80.–, M/N 50.–, H/N 75.–, KT 10.–, WD inkl. (Schlüsselkaution 500.–), Strom/N 80.– (6 A).

36272 Kyselka — CZ 2236

★★ »AUTOCAMPING ONTARIO« — 1.5. bis 20.9.
☎ 353/941181, Fax 941258 — 16 000 qm
www.camp.cz/ontario, naspici@quick.cz

→ Straße 6/E48 deutsch/tschech. Grenze Schirnding-Cheb-Karlovy Vary, weiter auf der Straße 13 Ostrov-Chomutov. In Bor Richtung Velichov abbiegen und über Radosov nach Kyselka. Hier beschildert. (GPS: 50°15'57" N / 13°00'48" E).

Ansteigendes, teilweise terrrassiertes Wiesengelände in einer Waldlichtung. Bungalowanlage. Brötchenservice. Trampolin. Russisches Kegeln. Volleyball. Ort 500 m entfernt. 40 Touristenplätze.
2007: P/N 70.–, K/N 6 bis 15 J. 35.–, A/N 60.–, C MC-St/N 140.–, T/N 50.–/70.–, M/N 45.–, H/N 70.–, WD inkl., Strom/N 70.– (6 A).

27033 Jesenice, Rakovník — CZ 2250

★★ »AUTOCAMPING JESENICE« — April bis Sept.
☎/Fax 313599381, Mobil 608029189 — 50 5 000 qm
www.czech-camping.com, Atcjesenice@seznam.cz

→ Straße 6/E48 Karlovy Vary Abf. auf die Straße 27 in Richtung Plzeň. Weiter bis zum Ortsende Jesenice. Beschildert. ✉ Plzeňská 368.

Zum Waldrand ansteigendes, teilweise terrassiertes Wiesengelände, von Bungalows begrenzt. Ort 1 km entfernt. 130 Touristenplätze.
2007: P/N 30.–, K/N 6 bis 15 J. 20.–, A/N 55.–, C/N 75.–, MC/N 85.–, T/N 50.–, M/N 20.–, H/N 35.–, KT 15.–, WD inkl., Strom/N 30.–/35.– (10 A).

27101 Nové Strašeci — CZ 2255 NEU

★★★ »CAMPING BUCEK« — 27.4. bis 15.9.
☎ 353/564212 — 430 m — 50 000 qm
www.campingbucek.cz

→ Straße 6/E48 Karlsbad–Prag, ca. 2 km östlich von Rernicov, beschildert.

Leicht zu einem kleinen See abfallendes Wiesengelände mit jungen Bäumen. Teilweise leicht terrassiert. Liegewiese. Vier Stellplätze mit eigenem Sanitär. FW. Brötchenservice. Kinderspielraum. Trampolin. Volleyball. Ort (Rernicov) 2 km entfernt. 100 Touristenplätze.
2007: P/N 85.–, K/N bis 12 J. 50.–, St/N 350.–/550.–, H/N 60.–, KT 5.–, WD inkl., Strom inkl. (6 A).

41181 Brozany nad Ohri, Litoměřice — CZ 2400

★★★ »AUTOKEMPINK BROZANY« — 1.4. bis 31.10.
☎/Fax 416861263 — 40 000 qm
www.autokemp.com, information@autokemp.com

→ Autobahn D8/E55 Usti nad Labem–Prag Abf. 35 nach Doksany. Hier am Ortsbeginn nach Brozany nad Ohri abbiegen, beschildert. ✉ Brozany 372 (GPS: 50°27'028" N / 14°09'29" E).

 1 km
Ebenes, zweistufiges Wiesengelände unter Bäumen auf einer Insel der Eger (Ohře), von Wald umgeben. FW. Kegelbahn. Ort 1 km entfernt. 120 Touristenplätze.
2008: P/N 75.–, K/N 5 bis 15 J. 50.–, A/N 75.–, C/N 75.–, MC/N 150.–, T/N 60.–, M/N 50.–, H/N 50.–, WD zuzügl., Strom/N 85.– (10 A).
DCC/CCI 10% auf P/N.

41201 Litoměřice — CZ 2410

[15] ★★★ »AUTOKEMP "SLAVOJ" LITOMĚŘICE« 1.5. bis 30.9.
☏ 416734481 3800 qm
www.autokempslavojlitomerice.w1.cz, kemp.litomerice@post.cz

→ Straße 8/E55 Teplice–Prag Abf. 48 Lovosize-Z. auf die Straße 15 nach Litoměřice. Dort über die Elbbrücke und dann links, beschildert. ✉ Střelecký ostrov.

300 m 900 qm 1 km

Ebenes unparzelliertes Wiesengelände am Elbe-Ufer, von hohen Bäumen umgeben und durch Hütten begrenzt. Ort 1.2 km entfernt. 40 Touristenplätze.
2007: (HS) P/N 80.–, K/N 6 bis 12 J. 50.–, A/N 55.–, C/N 75.–, MC/N 100.–, T/N 45.–/70.–, M/N 30.–, H/N 30.–, WD inkl., Strom/N 65.– (8 A). In NS Ermäßigung.
DCC 5% auf St/N.

27746 Veltrusy — CZ 2430

[20] ★★ »KEMP OBORA« 1.1. bis 31.12.
☏/Fax 315781195 Mobil 724985493 45000 qm
www.corbaskempobora.cz, corbas_sro@seznam.cz

→ Straße 8/E55 Teplice–Prag Abf. (18) Nová Ves in Richtung Kralupy. Am Ortsanfang Veltrusy rechts abbiegen, noch ca. 1 km. Beschildert.

1 km 4 km

Ebenes bis leicht welliges Wiesengelände unter hohen Bäumen am Ufer des Flusses Vltava. Durch zahlreiche Bungalows geprägt. Busfahrten nach Prag. Ort 2 km entfernt. 100 Touristenplätze.
2007: (HS) (€) P/N 2.50, K/N 6 bis 12 J. 1.50, A/N 4.–, C/N 5.–, MC/N 7.–, T/N 3.50/5.–, M/N 1.50, H/N 2.–, WD inkl., Strom/N 3.– (10 A). In NS Erm.

29306 Kosmonosy, Mladá Boleslav — CZ 2480

[10] ★★★ »AUTOCAMP KOSMONOSY« Mai bis Sept.
☏ 326724134, Fax 326321344 30000 qm
www.akskoda.cz, camp@akskoda.nl

→ Schnellstraße 10/E65 Prag–Liberec Abf. Mladá Boleslav/Kosmonosy, beschildert. ✉ Pod Oborou.

50 m

Leicht welliges, teilweise ansteigendes Wiesengelände unter Bäumen am Waldrand oberhalb der Škoda-Werke. Brötchenservice. Kiosk. Ort (Mladá Boleslav) 4 km entfernt. 80 Touristenplätze.
2007: P/N 55.–, K/N 5 bis 14 J. 25.–, St/N 40.– bis 150.–, H/N 30.–, WD inkl., Strom/N 60.–.

46352 Osečná — CZ 2500

[25] ★★★ »CAMPING 2000« 15.5. bis 15.9.
☏ 485179621 450 m 60000 qm
www.camping2000.com, camping2000@wanadoo.nl

→ Straße 35 Zittau–Liberec, hier über Jested nach Osečná, beschildert. ✉ Januv Dul 15 (GPS: 50°42'16" N / 14°56'24" E).

2 km

Ebenes, leicht welliges Wiesengelände mit Anpflanzungen. Günstig aufgelockert und parzelliert. Separate Zeltwiese und Jugendplatz. Sanitäranlage beheizbar. Imbiss. Kiosk. Brötchenservice. Jugendraum. Ort 2 km entfernt. 150 Touristenplätze.
2007: (€) 2 P/N und 2 K/N 17.85, St/N inkl., H/N 3.–, WD inkl., Strom/N 2.20 (6 A).
DCC 10% auf St/N.

DCC – DEIN PARTNER!

46001 Liberec — CZ 2510

[20] ★★ »AUTOCAMPING PAVLOVICE« 1.1. bis 31.12.
☏/Fax 485123468 440 m 32000 qm
www.autocamp-liberec.cz, info@autocamp-liberec.cz

→ Straße 13 Děčin–Liberec. In Liberec am Kreisel abbiegen, beschildert. ✉ ul. Letná.

50 m 200 m

Ebenes Wiesengelände mit teilweiser Heckenparzellierung neben einer Speedwaybahn (3 mal jährlich Veranstaltungen). Von Straße und Häusern begrenzt. Separater Bungalowteil. Ort 2.3 km entfernt. 120 Touristenplätze.
2007: (HS) P/N 80.–, K/N 6 bis 14 J. 50.–, A/N 60.–, C MC/N 120.–/140.–, T/N 80.–/100.–/120.–, M/N 40.–, H/N 50.–, WD zuzügl., Strom/N 80.– (10 A). In NS Ermäßigung.
CCI 10% auf P/N.

DCC-Vertragsplatz

51246 Harrachov, Riesengebirge — CZ 2515

[20] ★★★ »CAMPING JISKRA HARRACHOV« 1.1. bis 31.12.
☏/Fax 481529536 650 m 20000 qm
www.camp.harrachov.cz, camping@harrachov.cz

→ Str. 10/E65 Turnov–poln. Grenze, in Harrachov, ca. 8 km vor der poln. Grenze, beschildert. ✉ Harrachov 257. (GPS: 50°46'45" N / 15°25'39" E).
♣ Glasfabrik. Glasmuseum. Skimuseum.

100 m 200 m

Ebenes, leicht ansteigendes, teilweise trassiertes und unparzelliertes Wiesen- und Birkenwaldgelände. Teilweise schattenlos. Imbiss. Sportartikelverleih. Zentrum 1 km entfernt. 150 Touristenplätze.
2008: (HS) P/N 90.–, K/N 3 bis 15 J. 45.–, A/N 65.–, C/N 95.–, MC/N 120.–TN 60.– bis 100.–, M/N 30.–, H/N 30.–, KT 15.–, WD inkl., Strom/N 70.– oder kWh 5.– (10 A). In NS Ermäßigung.
DCC 10% auf P/N.

51262 Karlovice Sedmihorky, Turnov — CZ 2520

[10] ★★★ »AUTOCAMP SEDMIHORKY« 1.1. bis 31.12.
☏ 481389162, Fax 481389160 60000 qm
www.sedmihorky.cz

→ Straße 35/E 442 Liberec–Jičin, ca. 3 km hinter Turnov. Beschildert. (GPS: 50°33'34" N / 15°10'52" E).

Leicht wellig zum Badeteich abfallendes schattenloses Wiesengelände. Von Wald umgeben. Separater Bungalowteil. Volleyball. Ort (Turnov) 7 km entfernt. 80 Touristenplätze.
2007: P/N 50.–, K/N 6 bis 15 J. 40.–, A/N 70.–, C/N 55.–, MC/N 100.–/135.–, T/N 60.–/70.–, M/N 50.–, H/N 50.–, KT 15.–, WD zuzügl., Strom keine Angabe.

DCC-Vertragsplatz

54362 Dolni Branná bei Vrchlabi — CZ 2530

[30] ★★★★ »HOLIDAY PARK LIŠČI FARMA« 1.12. bis 31.3.
☏ 499421473, Fax 499421656 460 m und 1.5. bis 31.10.
www.liscifarma.cz, info@liscifarma.cz 80000 qm

→ Straße 16 Mladá Boleslav–Trutnov, hinter Nová Paka abbiegen auf die Straße 293/295 in Richtung Vrchlabi. Ca. 1 km vor Vrchlabi erreicht man Dolni Branná, beschildert. ✉ Dolni Branná 350. (GPS: 50°36'32" N / 15°36'00" E).

400 m
1 km 4 km

Abfallendes, welliges, teilweise auch ebenes und parzelliertes Wiesengelände mit Bäumen am Waldrand und bei einem Hotel. Separater Bungalowteil. Quick-Camp. Non-Stop-Plätze vor der Einfahrt. Imbiss. Kiosk. Skibusservice. Massagen. Boccia. Billard. Bogenschießen. Ort (Vrchlabi) 1 km entfernt. 260 Touristenplätze.
2008: (HS) P/N 115.–, K/N 4 bis 14 J. 90.–, St/N 410.–/570.–, H/N 90.–, KT 10.–, WD zuzügl., Strom inkl. (6/10 A). In NS Ermäßigung.
DCC 10% auf P/N.

54351 Špindlerův Mlýn, Riesengeb. CZ 2540

[20] ★★★ »AUTOKEMPINK SPRÁVY KRNAP« 1.1. bis 31.12.
☎ 499523534 750 m 25 000 qm
www.krnap.cz, tesspindl@krnap.cz

→ Straße 16 Mladá Boleslav–Trutnov. Ca. 6 km hinter Nová Paka Abf. auf die Straße 293 (nach ca. 5 km Straße 295) nach Vrchlabí und weiter nach Špindlerův Mlýn. Ab hier beschildert.

Ebenes bis leicht ansteigendes, meist schattenloses Wiesengelände oberhalb des Kurortes. Von Waldhöhen umgeben und durch einen Bach begrenzt. Sanitäranlage beheizbar. Aquapark 200 m, Ort 1.5 km entfernt. 160 Touristenplätze.
2007: (HS) P/N 120.–, K/N 3 bis 15 J. 60.–, C MC-St/N 170.–, T-St/N 70.– /100.–, H/N 60.–, KT 15.–, WD zuzügl., Strom 50.– (16A). In NS Ermäßigung.

54701 Náchod-Běloves CZ 2600

[10] ★★ »AUTOKEMPING BĚLOVES« 1.5. bis 20.9.
☎ 491423014, Mobil 607188100 12 000 qm
www.sweb.cz/kemp-nachod

→ Straße 33/E67 Hradec–Králové–poln. Grenze. In Náchod vor der Abbiegung nach Běloves, beschildert.

Ebenes Wiesengelände zwischen Fluss und Berghang. Günstig für Ausflüge in das Falken- und Adlergebirge. Ort 2 km entfernt. 20 Touristenplätze.
2007: (HS) P/N 35.–, K/N 25.–, A/N 25.–, C/N 65.–, MC/N 80.–, T/N 45.–, M/N 20.–, H/N 25.–, KT 5.–, WD zuzügl., Strom/N 40.–.

51791 Destne v O. H., Adlergebirge CZ 2650

[15] ★★★ »AUTOKEMP ZÁKOUTÍ« 1.11. bis 15.04.
☎/Fax 494663335 650 m und 1.6. bis 30.9.
www.zakouti.cz, zakouti@destnenet.cz 6000 qm

→ Straße 11 Hradec Kralove–Sumperk Abf. Castolovice auf die Str. 321 in nordöstl. Richtung nach Destne. ✉ Zákoutí 427. (GPS: 50°18'05" N / 16°22'15" E).

Ebenes bis ansteigendes Waldgelände an einem Fluss mit dazugehöriger Pension. FW. Naturschwimmbad. 40 Touristenplätze.
2007: P/N 60.–, K/N 6 bis 15 J. 40.–, A/N 50.–, C/N 75.–, MC/N 100.–, T/N 60.–, M/N 30.–, H/N 40.–, KT 7.–, WD zuzügl., Strom/kWh 4.– (15 A).

38226 Horní Planá, Lipno-Stausee CZ 3010/1

[15] ★★★ »CARAVAN CAMPING« 1.4. bis 31.10.
☎ 380/738339 720 m 20 000 qm
www.caravancamping-hp.cz, anderlep@quick.cz

→ Straße 12/4 Grenze Philippsreut–Strážny Abf. Nová Houžná auf die Straße 39 über Volary, Chlum und Zelnava nach Horní Planá. Im Ort beschildert.
♦ Burg Český Krumlov.

Ebenes Gelände am Moldau-Stausee Lipno mit asphaltierten Stellplätzen. Liegewiese. Bungalowanlage. Ort 500 m entfernt. Touristen-/Dauerstellplätze 179/8.
2008: (HS) P/N 90.–, K/N bis 15 J. 50.–, A/N 80.–, C/N 90.–, MC/N 160.–, T/N 80.–, M/N 50.–, H/N 50.–, KT 12.–, WD zuzügl., Strom/N 80.– (10 A). In NS Ermäßigung.

38226 Horní Planá, Lipno-Stausee CZ 3010/2

[15] ★★ »AUTOKEMP KARLOVY DVORY II« 15.4. bis 31.10.
☎ 774423116, Fax 380738052 740 m 20 000 qm
www.karlovydvory.wz.cz, info@campingkarlovydvory.wz.cz

→ Straße 12/4 Grenze Philippsreut–Strážny Abf. Nová Houžná auf die Straße 39 über Volary, Chlum und Zelnava nach Horní Planá. Im Ort beschildert. (GPS: 48°45'02" N / 14°03'11" E).
♦ Burg Český Krumlov.

38223 Černá v Pošumaví, Lipno-Stausee CZ 3020

[25] ★★★ »CAMPING VILLA BOHEMIA« 27.4. bis 30.9.
☎ 380744004 735 m 35 000 qm
www.villabohemia.cz, camp@villabohemia.cz

→ B126 ab Linz in nördl. Richtung bis zur tschech. Grenze. Weiter auf dieser Straße (ab Grenze Straße 161) über Vyšší Brod und Frymbork nach Cerna v Posumavi am Lipno-Stausee. ✉ Bližna 16.

Gepflegtes, terrassiertes und zum Seeufer abfallendes Wiesengelände mit einzelnen Bäumen am Lipno-Stausee und dem dazugehörigen Hotel. Durch Steine parzelliert und durch Anpflanzungen günstig aufgelockert. Zeltwiese. 1000 m langer Strand mit Uferliegewiese. Sanitäranlage beheizbar. Imbiss. Brötchenservice. Bocciabahn. Trampolin. Ort 2 km entfernt. 130 Touristenplätze.
2007: (HS) P/N 90.–, K/N bis 12 J. 60.–, St/N 300.–/380.–/480.–, H/N 60.–, KT ab 18 J. 15.–, WD zuzügl., Strom/N 50.– (10 A). In NS Ermäßigung.

Zum Lipno-Stausee abfallendes, teilweise terrassiertes und unparzelliertes Wiesengelände im Naturschutzgebiet Šumava. Kiosk. Ort (Horny Planá) 2 km entfernt. Touristen-/Dauerstellplätze 105/15.
2007: (HS) P/N 70.–, K/N bis 15 J. 40.–, A/N 60.–, C/N 110.–, MC/N 130.–, T/N.–/80.–/100.–, M/N 40.–, H/N 40.–, KT –.12, WD zuzügl., Strom/N 80.– (10/16 A). In NS Ermäßigung.
DCC/CCI 5% auf P/N.

38279 Frymburk, Lipno-Stausee CZ 3030

[25] ★★★ »CAMPING FRYMBURK« 25.4. bis 30.9.
☎ 380735284, Fax 380735283 735 m 45 000 qm
www.campingfrymburk.cz

→ Straße B125/E55 Linz–České Budějovice Abf. kurz hinter der österr./tschech. Grenze auf die Straße 163 über Vyšší Brod nach Frymbork am Lipno-Stausee. ✉ Frymburk 184.

Zum Stausee abfallendes, teilweise terrassiertes Wiesengelände mit 800 m langem Ufer-Liegewiesenbereich. Separater Bungalowteil. 4 Plätze mit eigenem Sanitär. Holländische Leitung. Surfbrettverleih. Volleyball. Wassertrampolin. Mittagsruhe 12.30-13.30. Ort 800 m entfernt. 168 Touristenplätze.
2008: (HS) P/N 100.–, K/N 1 bis 12 J. 60.–, St/N 420.–, B/N 30.–, H/N 60.–, KT –.12, WD zuzügl., Strom inkl. (6 A). In NS Ermäßigung.

38278 Lipno nad Vltavou, Lipno-Stausee CZ 3040

[15] ★★ »AUTOCAMP MODŘIN« 1.5. bis 30.9.
☎ 380/736272, Fax 73605 100 000 qm
www.lipno.info, camp@lipno.info

→ Straße B125 Linz–České Budějovice. Kurz hinter der tschech. Grenze auf die Straße 163 über Vyšší Brod nad Vltavouz, beschildert. (GPS: 48°39'18" N / 14°10'19" E).

Leicht abfallendes, parzelliertes Wiesengelände am Lipno-Stausee, überwiegend schattenlos. In der Nähe die dazugehörige Marina Lipno und Aquaworld. Ort 1 km entfernt. 350 Touristenplätze.
2007: (HS) P/N 60.–, K/N 5 bis 15 J. 40.–, St/N 280.–, B/N 30.–, H/N 40.–, KT –.15, WD zuzügl., Strom inkl. (6 A). In NS Ermäßigung.

37341 Hluboka nad Vltavou CZ 3060

[10] ★★★ »AUTOKEMPINK KŘIVONOSKA« Mai bis Sept.
☎/Fax 387965285 465 m 50 000 qm
www.krivonoska.cz, info@krivonoska.cz

→ Straße 20/E49 Plzeň–České Budějovice. Hier ca. 4 km vorher links nach Hluboka abbiegen und am Ort vorbei in Richtung Tyn nad Vltavou, beschildert (GPS: 49°04'28" N / 14°24'31" E).

Leicht welliges und unparzelliertes Wiesen- und Kiefernwaldgelände an einem See mit Liegewiese und separater Bungalowanlage. Uferbereich durch Schilfstreifen unterteilt. Öffentlicher Badebetrieb. Reservierung der Bungalows nur per E-mail. Ort 3 km entfernt. 150 Touristenplätze.
2007: P/N 50.–, K/N 6 bis 15 J. 35.–, A/N 35.–, C MC/N 90.–, T/N 60.–, M/N 25.–, H/N 40.–, KTab 18 J. –.15, WD inkl., Strom/N 60.– (16 A).
DCC/CCI 10% auf P/N.

✉ 37901 Třeboň — CZ 3075

15 ★ »AUTOKEMP TŘEBOŇSKÝ RÁJ« ⛳ Mai bis Sept.
☎/Fax 384722586 25 000 qm
www.autocamp-trebon.cz, info@autocamp-trebon.cz
→ Straße 34/E551 Čes. Budějovice–Jindř. Hradek, in Třeboň abbiegen auf die Straße 155 in Richtung Borovany und Domanin. Beschildert.

Leicht welliges und unparzelliertes Wiesengelände mit separatem Bungalowteil. Ort 1 km entfernt. 200 Touristenplätze.
2007: P/N 50.–, K/N 5 bis 18 J. 30.–, A/N 50.–, C/N 120.–, MC/N 100.–/170.–, T/N 50.–, M/N 50.–, H/N 50.–, WD zuzügl., Strom/N 45.– (6/10 A).

✉ 37804 Chlum u Třeboně — CZ 3077

15 ★★★ »CAMPING SEVER« ⛳ 20.4. bis 31.10.
☎/Fax 384797189 500 m 15 000 qm
www.campsever.cz, post@campsever.cz
→ Straße 3/E55 Tabor–Čes. Budějovice, hinter Veseti abbiegen über Třeboň auf die E49 Richtung Wien bis kurz hinter Majdalena. Hier abbiegen nach Chlum. ✉ Chlum 443 (GPS: 48°57'37" N / 14°56'17" E).

Unparzelliertes, leicht welliges Wiesengelände von großen Laubbäumen umgeben am Ufer des Sees Hejtman. Imbiss. Ort 500 m entfernt. 70 Touristenplätze.
2008: (HS) P/N 60.–, K/N 5 bis 15 J. 50.–, A/N 40.–, C/N 120.–, MC/N 130.–, T/N 80.–, M/N 20.–, H/N 20.–, WD zuzügl., Strom/N 60.– (6 A). In NS Ermäßigung.
DCC/CCI 10% auf P/N.

✉ 37804 Staňkov, Chlum u Třeboně — CZ 3080

10 ★★ »AUTOCAMP OASA« ⛳ 1.5. bis 15.9.
☎ 606832100, Fax 384797555 500 m 20 000 qm
www.campoasa.cz, stankov@campoasa.cz
→ Straße 3/E55 Tabor–Čes. Budějovice, hinter Veseti abbiegen über Třeboň auf die E49 Richtung Wien bis kurz hinter Majdalena. Hier abbiegen über Chlum und Staňkov zum See. ✉ Staňkov 072. (GPS: 48°58'43" N / 14°57'30" E).

Leicht wellig abfallendes, unparzelliertes Wiesengelände. Vom Strand und Seeufer durch einen Waldstreifen getrennt. Ort 2.8 km entfernt. Touristen-/Dauerstellplätze 200/50.
2007: P/N 30.–, A/N 30.–, C MC T/N 30.–, M/N 30.–, H/N 30.–, KT 10.–, WD zuzügl., Strom/N 30.–/60.–/90.– (2/4/6 A).

✉ 39301 Pelhřimov — CZ 3200

10 ★★★ »CAMP VALEK« ⛳ 1.5. bis 31.8.
☎ 565394104 500 m 10 000 qm
http://home.tiscali.cz/campvalek, svalkova@seznam.cz
→ Straße 19 Tábor–Pelhřimov Abf. Leskovice in Richtung Moraveč ca. 2 km, beschildert. ✉ Moraveč 16 (GPS: 49°24'32" N / 15°03'56" E).

Meist schattenloses Wiesengelände mit einzelnen Bäumen. Sanitäranlage beheizbar. Ort 100 m entfernt. 40 Touristenplätze.
2007: P/N 60.–, K/N 5 bis 15 J. 40.–, A/N 40.–, C/N 70.–, MC/N 90.–, T/N 50.–, M/N 30.–, H/N 30.–, WD inkl., Strom/N 70.– (16 A).
DCC/CCI 10% auf P/N.

Als DCC-Mitglied sind Sie immer gut beraten
Deutscher Camping-Club e.V., Postf. 40 04 28, 80704 München

✉ 25601 Benešov — CZ 3250

20 ★★★ »AUTOCAMP KONOPIŠTĚ« ⛳ Mai bis Sept.
☎ 317729083, Fax 723887 10 000 qm
www.hotelkonopiste.cz, reserve@cckonopiste.cz
→ Autobahn D1/E50 Praha–Brno Abf. (21) Mirosovice in Richtung Tábor. An Benešov vorbei noch 2 km weiter, beschildert. ✉ Milevská 7.

Terrassiert ansteigendes Gelände bei einem Motel. Fitnesszentrum. Badminton. Ort 1.5 km entfernt. 60 Touristenplätze.
2007: P/N 135.–, K/N 3 bis 11 J. 98.–, A/N 30.–, C/N 85.–, MC/N 110.–, T/N 30.–/85.–, M/N 25.–, H/N 25.–, WD inkl., Strom/N 100.– (10 A).

✉ 67528 Opatov na Morave, Moravien — CZ 3320

20 ★★★ »CAMPING VIDLAK« ⛳ 1.1. bis 31.12.
☎ 736/678678 600 m 20 000 qm
www.campingvidlak.cz, campingvidlak@tiscali.cz
→ Wien–Znaim, ab tschech. Grenze die Straße 38 in Richtung Jihlava bis zur Kreuzung mit der Straße 23 in Richtung Třebič–Brno. In Předin links abbiegen nach Opatov. Beschildert. ✉ Opatov 322.

Zum Seeufer leicht abfallendes unparzelliertes Wiesengelände am Vidlak-See mit eigenem Badestrand. Angrenzend schönes Gelände. FW. Brötchenservice. Badminton. Ort 2 km entfernt. 50 Touristenplätze.
2007: P/N 135.–, K/N 3 bis 11 J. 98.–, A/N 30.–, C/N 85.–, MC/N 110.–, T/N 30.–/85.–, H/N 25.–, KT 10.–, WD inkl., Strom/N 100.– (10 A).

✉ 66471 Veverská Bityška, Moravien — CZ 3352

20 ★★★ »CAMPING HANA« ⛳ April bis Sept.
☎/Fax 549420331 300 m 8800 qm
www.campinghana.com, camping.hana@quick.cz
→ AB D1/E50 Prag–Brno (Brünn) Abf. Ostrovacice in Richtung Kurim, noch ca. 10 km, beschildert. ✉ Dlouhá str. U mlýna.
⚜ Rundflüge über Brünn.

Ebenes und parzelliertes Wiesengelände mit einzelnen Bäumen am Fluss Svratka. Günstig für Brünn-Besuch. Kiosk. Brötchenservice. Imbiss. W-LAN. Ort 1 km entfernt. 55 Touristenplätze.
2007: P/N 80.–, K/N 4 bis 12 J. 40.–, A/N 60.–, C/N 70.–/90.–/130.–, MC/N 130.–/170.–, T/N 40.–/70.–, H/N 40.–, KT 10.–, WD inkl., Strom/N 50.– (10 A).

✉ 69122 Pasohlávky — CZ 3360

15 ★★★ »AUTOCAMP MERKUR« ⛳ April bis Sept.
☎ 519/427714, Fax 427501 175 m 40 000 qm
www.pasohlavky.cz, camp@pasohlavky.cz
→ E461/52 Brno–Mikulov na Morave. Ca. 6 km hinter Pohorelice in südwestlicher Richtung abbiegen zum Ort, noch ca 1.2 km. (GPS: 48°54'19" N / 16°34'35" E).
⚜ Muschau-Kirche.

Ebenes und parzelliertes Wiesengelände mit einzelnen Bäumen am Flussufer. Archäologische Ausstellung am Platz. Imbiss. Kiosk. Brötchenservice. Kino. Trampolin. Tretbootverleih. 400 Touristenplätze.
2007: P/N 60.–, K/N 3 bis 12 J. 30.–, A/N 40.–, C/N 100.–, MC/N 140.–, T/N 60.–/90.–, H/N 60.–, KT 15.–, WD und Strom zuzügl. (5 A).

Noch kein DCC-Mitglied?
Sie wollen »eines« werden und die vielen Vorteile genießen – Anmeldeformular finden Sie in der Kartentasche am Ende des Buches.
Bis bald – wir freuen uns auf Sie!
Ihr DCC-Team

DÄNEMARK

Übersichtskarte Seite 455

Besondere Vorschriften und Regelungen

Personaldokumente: Gültiger Reisepass oder Personalausweis bis zu einem Aufenthalt von 3 Monaten. Kinder unter 16 Jahren benötigen einen Kinderausweis (im KA der Vermerk »Deutsch«) oder Eintrag im Familienpass.

Impfbescheinigungen: Nicht erforderlich. Dies gilt auch für die Faröer-Inseln und Grönland.

Dokumente für Haustiere: Für Hunde und Katzen ist der »EU-Heimtierpass« mitzuführen. Er wird von behördlich ermächtigten Tierärzten ausgestellt. Der Pass muss Name und Anschrift des Besitzers enthalten und dem Tier eindeutig zugeordnet werden können; d.h. die Passnummer, die eine Identifizierung ermöglicht, wird dem Tier eintätowiert oder durch einen Mikrochip implantiert. Ein gültiger Tollwutimpfschutz muss ebenfalls im Pass nachgewiesen werden. Die letzte Impfung muss mindestens 30 Tage zurückliegen und darf höchstens 12 Monate vor der Einreise erneuert worden sein. Bei Tieren, die regelmäßig (einmal pro Jahr) geimpft werden, entfällt die 30-Tage-Frist. Pitbull Terrier und Tosas's dürfen nicht eingeführt werden. Zu den Faröer-Inseln dürfen Hunde und Katzen nicht mitgenommen werden. Spezielle Auskünfte erteilt die Botschaft für Dänemark: Rauchstr. 1, 10787 Berlin, Tel. 030/50 50 20 00, Fax 030/50 50 20 50.

Kfz: Deutscher Führerschein und Zulassung sind ausreichend. Das Nationalkennzeichen »D« oder EU-Kennzeichen muss am Fahrzeug und am Anhänger, bzw. in Nummernschild enthalten sein. Wird das Fahrzeug nicht vom Eigentümer selbst benutzt, muss der Fahrer im Besitz einer Benutzungsvollmacht des Eigentümers sein. Es besteht Haftpflichtversicherungszwang. Die Mitnahme der »Internationalen Grünen Versicherungskarte« wird empfohlen.

Verkehrsvorschriften: Kreisverkehr hat Vorfahrt. Eine quer über die Fahrbahn verlaufende Reihe aus weißen Dreiecken bedeutet »Vorfahrt gewähren«. Sicherheitsgurte müssen auch auf den Rücksitzen angelegt werden. Das Abblendlicht muss auch tagsüber eingeschaltet sein. Promillegrenze 0,5.

Tempolimits: Innerorts: Pkw/Gespanne 50 km/h, Haupt- u. Schnellstraßen: Pkw/Gespanne 80/70 km/h, Autobahnen: Pkw/Gespanne 110-130/80 km/h.

Telefon: Deutschland–Dänemark: 0045, (Faröer-Inseln: 00298, Grönland 00299). Dänemark–Deutschland 0049, dann die Ortsvorwahl ohne Null und die Teilnehmernummer.

Unfallnotruf: Polizei und Unfallhilfe: 112. ADAC Auslandsnotruf, c/o Falck Euro-Service (deutschsprachig): Tel. 0045/79 42 42 85, Fax 0045/75 72 78 79 täglich von 8.30-18 Uhr.

Devisen: Die Ein- und Ausfuhr von Landes- und Fremdwährung ist in unbeschränkter Höhe möglich.

Camping: Die Plätze in Dänemark sind überwiegend sehr gut eingerichtet und äußerst sauber. Es ist ein Campingpass (ca. € 13.–) notwendig, um auf einem der ca. 510 anerkannten Campingplätze Urlaub zu machen. Diesen kann man auf dem ersten Übernachtungsplatz erwerben und gilt für ein Jahr. Zugleich ist dieser Campingpass eine Rabattkarte für weitere Vergünstigungen (nähere Auskünfte erteilt die Dän. Fremdenverkehrsbüro). Campen außerhalb der offiziellen Campingplätze ist nur mit Genehmigung der betreffenden Grundstückeigentümers gestattet. Verboten ist der Campingaufenthalt am Strand, in den Dünen und auf Park- und Rastplätzen. Das Stromnetz ist generell auf eine Spannung von 220 Volt Wechselstrom (50 Hz) ausgelegt. Adapter sind nicht erforderlich. Fast alle Steckdosen sind mit einem Kippschalter versehen, damit man den Strom ein-/ausschalten kann. Da dänische Gasflaschen andere Anschluss-Systeme haben, wird die Mitnahme von Gasadaptern empfohlen.

Wassersport: Für die vorübergehende Einfuhr von Booten und deren Anhänger sind keine Grenzdokumente erforderlich.

Allgemeine Informationen:

D-20095   **Hamburg,** Dänisches Fremdenverkehrsamt
             Glockengießerwall 2
             Tel. 040/32 02 10, Fax 040/54 76 10-26/27/28
             www.visitdenmark.com, daninfo@dt.dk

Vertretung der Bundesrepublik Deutschland:

DK-2100   **Kopenhagen,** Deutsche Botschaft
           Tysklands Ambassade, Stockholmsgade 57

DK-2100   **Kopenhagen,** Post: Postfach 2712
           Tel. 0045 35/45 99 00, Fax 0045 35/26 71 05
           www.kopenhagen.diplo.de, tyskeamba@email.dk

Ausführliche Einreisebestimmungen mit detaillierten Angaben zu den Themen Reisedokumente, Zoll- und Devisenbestimmungen, Reisen mit dem Kraftfahrzeug, Camping und der Aufenthalt im Urlaubsland sind bei der Touristik-Abteilung des DCC gegen Rückporto erhältlich.

Campingplätze:

Gebühren-Angaben in Landeswährung oder in Euro.
Währungseinheit: Dänische Kronen (dkr) = 100 Öre.
Derzeitiger Devisenkurs: 1 € = 7.45 dkr
                            1 dkr = 0,13 € (Stand Sept. 2007)

Bei Gebühren-Angaben mit der Vorjahreszahl muss eventuell mit einer Anhebung der Gebühren für das aktuelle Jahr gerechnet werden. Außerdem können sich die angegebenen Öffnungszeiten verändert haben und es besteht die Möglichkeit, dass angegebene Ermäßigungen nicht mehr gewährt werden.

✉ 6270 Møgeltønder, Jütland   DK 1002

★★★ »MØGELTØNDER CAMPING«   1.1. bis 31.12.
☎ 74738460, Fax 74738043   40 000 qm

→ A 7/E 3 Flensburg-Kolding Abf. Kruså auf die Straße 8 und vor Tønder auf die 11 Richtung Ribe. 4 km westlich von Tønder an der Straße nach Højer, in Møgeltønder Richtung Rudbøl abbiegen. ✉ Sønderstrengvej 12.

Ebenes, von Hecken durchzogenes, Wiesengelände. 200 Touristenplätze.

✉ 6261 Bredebro, Jütland   DK 1004

[25] ★★ »KIG-NØJ -CAMPING«   Mai bis Sept.
☎ 74711450, Fax 74711449   20 000 qm

→ Straße 11 Tønder–Ribe, vor Brederbro abbiegen Richtung Harres. ✉ Bergvej 13.

Von Wald umgebenes, ebenes Wiesengelände. Ort 500 m entfernt. Mittagsruhe 12-14 Uhr. 73 Touristenplätze.
2007: (HS) P/N 60.–, K/N bis 12 J. 25.–, St/N inkl., H/N 5.–, KT 5.–, WD zuzügl., Strom/N 25.–.
DCC/CCI 10% auf P/N.

✉ 6792 Mølby-Havneby, Insel Rømø   DK 1008

★★★★ »CAMPING KOMMANDØRGÅRDEN«   1.1. bis 31.12.
☎ 74755122, Fax 74755922   110 000 qm
www.kommandoergaarden.dk, info@kommandoergaarden.dk

→ auf dem Südteil der Insel, südlich Kirkeby, beim gleichnamigen Hotel. ✉ Havnebyvej 201.

Teilweise durch Hecken unterteiltes, schattenloses Wiesengelände. In der Nähe FKK-Strand. Separater Jugendplatz. Touristen-/Dauerstellplätze 420/280.

✉ 6792 Toftum b. Kongsmark, Insel Rømø   DK 1010

★★★ »RØMØ FAMILIE CAMPING «   April bis Okt.
☎ 74755154, Fax 74756418   98 000 qm
www.romocamping.dk, romo@romocamping.dk

→ auf der Insel bei der Ampelkreuzung rechts abbiegen, noch ca. 1 km. ✉ Vestervej 13.

Ebenes, durch Bepflanzungen in Stellfelder unterteiltes, Dünengelände. Ort 1 km entfernt. Touristen-/Dauerstellplätze 260/70.

✉ 6792 Rømø-Lakolk, Insel Rømø   DK 1011

[30] ★★ »LAKOLK STRAND CAMPING«   14.3. bis 19.10.
☎ 74755228, Fax 74755352   1 300 000 qm
www.lakolkcamping.dk, lakolk@c.dk

→ am Ende der zur Insel führenden Straße. ✉ Lakolk 2.

Ebenes, parzelliertes und schattenloses Gelände hinter der Düne. Separater Jugendplatz. Minigolf in 50 m, Haltestelle 500 m, Bademöglichkeit 800 m entfernt. Touristen-/Dauerstellplätze 600/400.
2008: (HS) P/N 75.–, K/N 1 bis 11.– J. 45.–, St/N inkl., H/N 15.–, WD inkl., Strom/N 26.– (10A). In NS Ermäßigung.

✉ 6760 Ribe, Jütland — DK 1014

★★★ »RIBE CAMPING«
☎ 75410777, Fax 75410001
🌐 www.ribecamping.dk, gjelstrup@jubiimail.dk
🕐 März bis Okt.
48 000 qm
→ Straße 11 Ribe–Varde, nach ca. 1 km abbiegen Richtung Farup.
✉ Farupvej 2.

Ebenes, durch Baumreihen und Hecken unterteiltes Wiesengelände. Ort 1.5 km entfernt. Mittagsruhe 12–14 Uhr. Touristen-/Dauerstellplätze 240/60.

✉ 6740 St. Darum b. Bramming, Jütland — DK 1015

★★ »ST. DARUM CAMPING«
☎ 75179116, Fax 75179122
🕐 1.1. bis 31.12.
40 000 qm
→ Straße 24 Ribe–Esbjerg, nach St. Darum abbiegen. ✉ Alsædevej 24.

Mit Hecken und Bäumen durchzogenes Gelände mit Waldlichtungen. Imbiss. Ort 400 m entfernt. Mittagsruhe 12–14 Uhr. Touristen-/Dauerstellplätze 60/20.

6700 Esbjerg-Sædding, Jütland — DK 1019

★★★ »ÅDALENS CAMPING« 1.1. bis 31.12.
75158822, Fax 75159793, www.adal.dk, info@adal.dk
70000 qm

→ Straße 24 Ribe–Esbjerg, hier am nördlichen Ortsrand. ✉ Gudenåvej 20.

EUROPA-PREIS

Ebenes Wiesengelände mit Anpflanzungen. Parzelliert und in einzelne Stellfelder unterteilt. Restaurant 500 m, Ort 6 km entfernt. Mittagsruhe 12-15 Uhr. Touristen-/Dauerstellplätze 170/30.
2007: (HS) P/N 69.–, K/N 1 bis 11 J. 41.–, St/N 30.–, H/N 10.–, Strom/N 28.– (10 A).

6720 Nordby, Insel Fanø — DK 1020

★★★ »TEMPO CAMPING« 1.5. bis 15.9.
75162251, Fax 75161251
50000 qm
www.tempo-camping.dk, tempo-camping@mail.dk

→ Vom Fähranleger Richtung Fanø Vesterhavsbadet. ✉ Strandvejen 34.

Wiesengelände gegenüber eines Freizeitzentrums. Durch Hecken und Büsche in windgeschützte Boxen unterteilt. Bungalowanlage. Ort 1 km entfernt. Touristen-/Dauerstellplätze 125/125.
2008: (HS) P/N 65.–, K/N bis 13 J. 33.–, St/N inkl., WD zuzügl., Strom/N 21.– (10 A).

6720 Rindby, Insel Fanø — DK 1022/1

★★★ »FELDBERG FAMILIE CAMPING« 14.3. bis 19.10.
75163680, Fax 75163333
30000 qm
www.feldbergcamping.dk, feldbergcamp@familie.tele.dk

→ vom Fähranleger ca. 2 km Richtung Sønderho, dann abbiegen nach Rindby-Strand. Hier noch ca. 300 m. ✉ Kirkevejen 5.

Durch Hecken und Holzzäune unterteiltes Wiesengelände. Bungalowanlage. Ort 2 km entfernt. Touristen-/Dauerstellplätze 150/75
2008: (HS) P/N 67.–, K/N bis 2 J. 27.–, K/N bis 13 J. 37.–, St/N 15.–, WD zuzügl., Strom/N 25.– (10 A).

6720 Rindby, Insel Fanø — DK 1022/2

★★★ »FELDBERG STRAND CAMPING« 7.4. bis 22.10.
75162490, Fax 75163333
17000 qm
www.feldbergcamping.dk, feldbergcamp@familie.tele.dk

→ Vom Fähranleger über Sønderho nach Rindby-Strand. ✉ Kirkevejen 37.

Durch Hecken und Holzzäune unterteiltes Dünengelände. Bowling. Ort 3 km entfernt. Touristen-/Dauerstellplätze 70/30.
2007: (HS) P/N 69.–, K/N 2 bis 13 J. 35.–, St/N inkl., WD zuzügl., Strom/N 26.– (16 A).

6720 Sønderho, Insel Fanø — DK 1025

★★★ »SØNDERHO-NYCAMPING« 1.4. bis Okt.
75164144, Fax 75164433
40000 qm
www.nycamping.dk, nycamping@mail.dk

→ Vom Fähranleger nach Sønderho, vor dem Ort ostwärts abbiegen. ✉ Gammeltoft Vej 3.

Durch hohe Hecken windgeschütztes Wiesengelände bei einem Bauernhof. Schöner Blick auf das Meer. Café (HS). Ort 1.5 km entfernt. Mittagsruhe 13-15 Uhr. Touristen-/Dauerstellplätze 170/80.
2008: (HS) P/N 58.–, K/N 2 bis 14 J. 29.–, St/N 20.–, H/N 10.-, WD zuzügl., Strom/N 20.– (6 A).

6857 Blåvand, Jütland — DK 1030/1

★★★★★ »HVIDBJERG STRAND-CAMPING« 14.3. bis 19.10.
75279040, Fax 75278028
310000 qm
www.hvidbjerg.dk, info@hvidbjerg.dk

→ Straßen 12–463 und 431 Esbjerg–Billum, ab Oksby Richtung Hvidbjerg Strand. Beschildert. ✉ Hvidbjerg Strandvej 27.

Ebenes Wiesengelände mit Heckenunterteilungen. Durch einen Deich vom Sandstrand getrennt. Kleinkindersanitär. »Kirche Unterwegs« in HS. In HS stark frequentiert. Bungalowanlage. Spielhaus. Erlebnisbad mit Wasserrutsche. Ort 1.5 km entfernt. Touristen-/Dauerstellplätze 610/20.
2008: (HS) P/N 75.–, K/N bis 11 J. 55.–, St/N 190.–, H/N 27.–, Hallenbad und WD inkl., Strom inkl. (6/10 A). Ab 55 J. und in NS Ermäßigung.

6857 Blåvand, Jütland — DK 1030/2

★★★ »BLÅVAND CAMPING« 20.3. bis 19.10.
75279040, Fax 75278028
10000 qm
www.hvidbjerg.dk, info@hvidbjerg.dk

→ Straßen 12–463 und 431 Esbjerg–Billum, ab Oksby Richtung Hvidbjerg. ✉ Hvidbjerg Strandvej 31.

Ebenes und schattenloses Wiesengelände hinter dem Deich. Rezeption und Leitung auf »Hvidbjerg-Strandcamping«. Ort 2.5 km entfernt. 94 Touristenplätze.
2007: (HS) P/N 75.–, K/N bis 11 J. 55.–, St/N 65.–, H/N 27.–, WD inkl., Strom/N 36.– (6 A). Seniorenangebote. In NS Ermäßigung.

6857 Ho-Blåvand, Jütland — DK 1031

★★ »HO CAMPING« 15.5. bis 1.9.
75279157
20000 qm

→ Str. 11 Skjern–Varde, in Varde auf die 431 nach Blåvand, dann nach Ho abbiegen, 1 km hinter Ho. Beschildert. ✉ Skallingvej 8.

Ebenes, parzelliertes, durch Tannenhecken und Wald umgebenes Gelände am Dünenrand. Ort 1 km, Badestrand 2 km entfernt. Mittagsruhe 12-14 Uhr. Touristen-/Dauerstellplätze 95/35.
2007: P/N 48.–, K/N bis 11 J. 28.–, St/N inkl., WD zuzügl., Strom/N 25.– (6A).

6853 Vejers Strand, Jütland — DK 1032

★★★ »VEJERS STRAND CAMPING« April bis Sept.
75277050, Fax 75277750
70000 qm
www.vejersstrandcamping.dk, info@vejersstrandcamping.dk

→ Straßen 12–463 und 431 Esbjerg–Billum. Ab Oksbøl nach Vejers Strand. Hier bei der Tankstelle nach Süden abbiegen, noch 1 km. ✉ Vejers Sydstrand 3.

Teilweise welliges Dünengelände in Strandnähe. Unparzelliert. Ort 500 m entfernt. Mittagsruhe 12.30-14 Uhr. Touristen-/Dauerstellplätze 500/200.

6840 Børsmose, Jütland — DK 1033

★★★ »BØRSMOSE STRAND CAMPING« April bis Sept.
75277070, Fax 75277770
230000 qm
www.publiccamp.dk/borsmose, borsmose-camping-dk@nethotel1.dk

→ Straßen 12–463 und 431 Esbjerg–Billum. Ab Oksbøl 10 km nordwestlich, dann beschildert. ✉ Børsmosevej 3.

Großflächiges, naturbelassenes Gelände hinter einem Dünengürtel mit schönem Strand. Ort 10 km entfernt. Mittagsruhe 12.30-14 Uhr. Touristen-/Dauerstellplätze 400/200.

DCC – auch Ihr Camping-Partner!

Deutscher Camping-Club e.V., Postfach 40 04 28, 80704 München

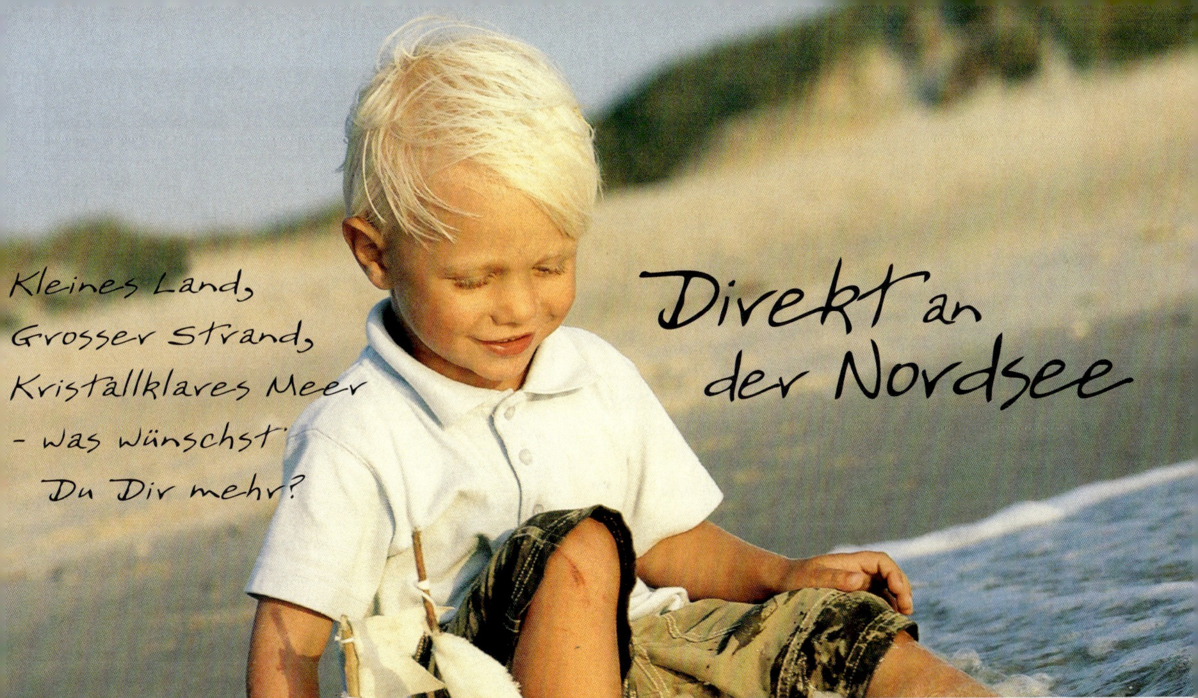

Kleines Land, Grosser Strand, Kristallklares Meer – was wünschst Du Dir mehr?

Direkt an der Nordsee

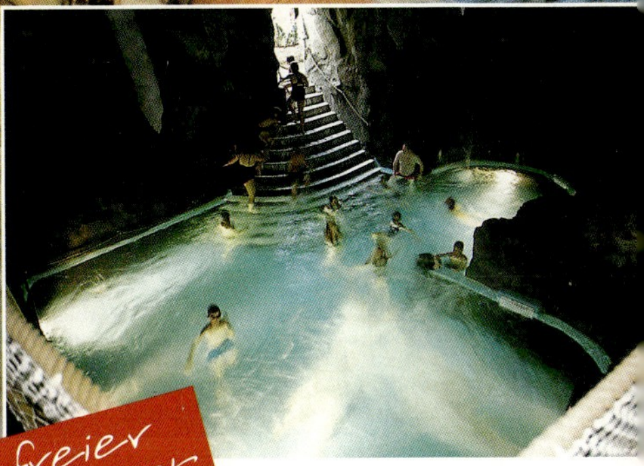

freier Eintritt

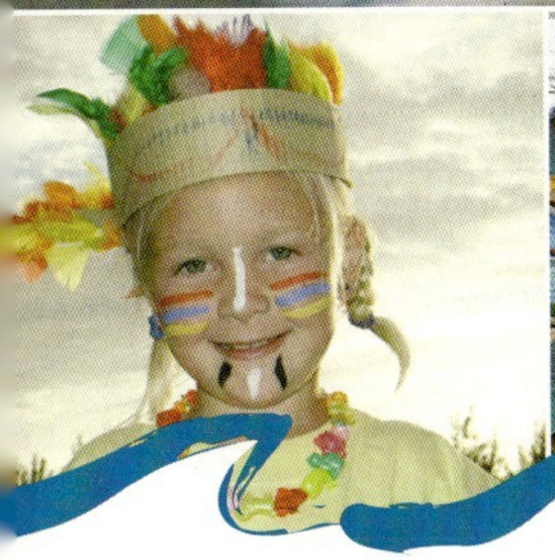

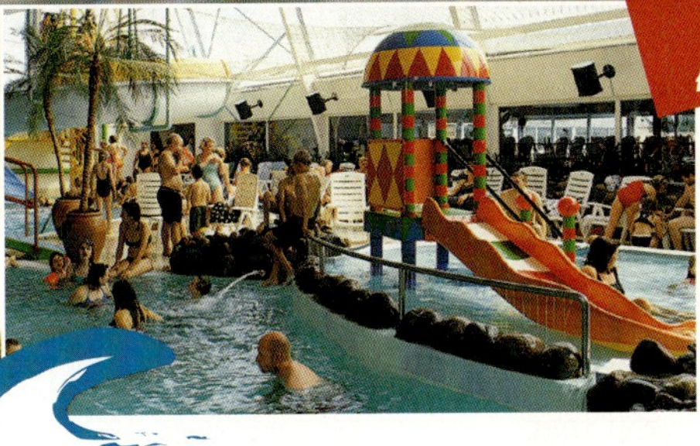

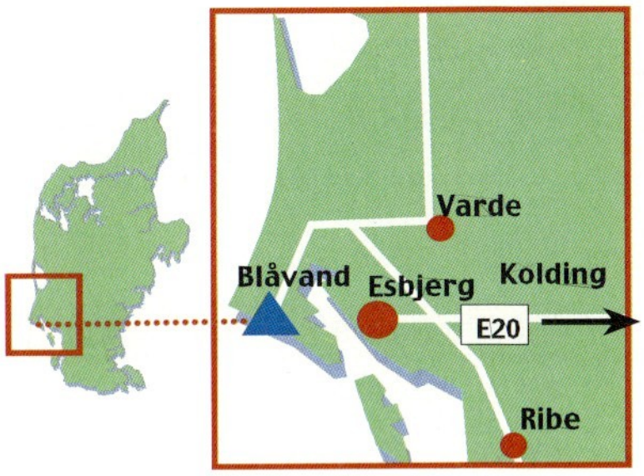

- Animationsprogramme für Kinder
- Wattwanderungen mit Führer
- Reitcenter
- **Seniorensparpreis: Sie sparen bis 24%**
  Beispiel: 8 Tage, 2 Personen 55+
  Inklusive Strom
  Inklusive morgens Schwimmen / Sauna / Whirlpool
  Nebensaison
  Preis: € 211,-

(DK 1030/1)

★★★★★

Hvidbjerg Strand FERIEPARK

Hvidbjerg Strand Feriepark
Hvidbjerg Strandvej 27 · DK-6857 Blåvand
Tel.: +45 75 27 90 40 · Fax: +45 75 27 80 28
E-mail: info@hvidbjerg.dk

Mehr Info finden Sie unter **www.hvidbjerg.dk**

6854 Henneby, Jütland — DK 1034

★★★★ »HENNEBY CAMPING«
75255163, Fax 75256501
14.3. bis 26.10.
40 000 qm
www.hennebycamping.dk, info@hennebycamping.dk

→ Straße 181 und 465 Varde–Hennestrand, nach Henneby abbiegen, noch etwa 200 m. Hennebysvej 20 (GPS: 55°44'01" N / 8°13'20" E).

Durch Hecken unterteiltes welliges Wiesengelände zwischen Feldern und Buschwald. Reiten 300 m, Restaurant, Strand u. Ort 3 km entfernt. Touristen-/Dauerstellplätze 134/40.
2008: (HS) P/N 72.–, K/N bis 12 J. 44.–, St/N 40.–, H/N 15.–, WD zuzügl., Strom/N 30.– (13 A). In NS Ermäßigung.

6854 Henne-Strand, Jütland — DK 1035

★★★★ »HENNE-STRAND CAMPING«
75255079, Fax 75255094
14.3. bis 26.10.
42 000 qm
www.hennestrandcamping.dk, post@hennestrandcamping.dk

→ Straße 181 und 465 Varde–Hennestrand, geradeaus zum Henne-Strand. Strandvejen 418 (GPS: 55°44'15" N / 8°11'27" E).

Sand-Wiesengelände in den Dünen. Windschutzzäune. Öffentliches Hallenbad. Ort 400 m, Strand 800 m entfernt. Touristen-/Dauerstellplätze 250/50.
2008: (HS) P/N 75.–, K/N bis 11 J. 53.–, St/N 75.–, H/N 15.–, WD zuzügl., Strom/N 30.– (16 A). Seniorenangebote. In NS Ermäßigung.

6830 Houstrup, Nørre Nebel/Jütland — DK 1036

★★ »HOUSTRUP CAMPING«
75288340, Fax 75287588
April bis Okt.
65 000 qm
www.houstrup-camping.com, info@houstrup-camping.com

→ Straße 181 Varde–Nymindegab. Nördlich von Nørre Nebel links nach Houstrup abbiegen. Houstrupvej 90.

Ebenes Sand- und Wiesengelände, durch Büsche und Holzzäune windgeschützt. In große Boxen unterteilt. Strand und Ort 5 km entfernt. Touristen-/Dauerstellplätze 150/70.

6830 Nørre Nebel, Jütland — DK 1038

★★★ »NYMINDEGAB FAMILIE CAMPING«
75289183, Fax 75289430
31.3. bis 30.9.
70 000 qm
www.nycamp.dk, info@nycamp.dk

→ Am Ortsanfang Nørre Nebel Richtung Nymindegab links abbiegen. Lyngtoften 12.

Ebenes bis leicht welliges Sandgelände. Durch Waldstreifen und Buschgruppen aufgelockert. In HS stark frequentiertes Badelandschaft. Ort 500 m entfernt. Touristen-/Dauerstellplätze 250/60.
2007: (HS) P/N 69.–, K/N 40.–, St/N 25.–/45.–, H/N 5.–, WD zuzügl., Strom/N 25.– (16 A). In NS Ermäßigung.

6960 Bjerregård-Hvide Sande, Jütl. — DK 1040

★★★ »BJERREGAARD CAMPING«
97315044, Fax 97315344
März bis Okt.
63 000 qm
www.bjerregaardcamping.dk, info@bjerregaardcamping.dk

→ Straße 181 Varde–Nymindegab. Sdr. Klitvej 185.

Ebenes, schattenloses Dünen– und Wiesengelände am Ringkøbing Fjord. Eigene Fischräucherei. Touristen-/Dauerstellplätze 190/40.

DCC-Mitgliedsausweis

DCC-Mitgliedern wird geraten, den DCC-Mitgliedsausweis sofort bei der Anmeldung auf den entsprechenden Campingplätzen vorzulegen. Eine spätere Reklamation wegen nichterhaltenen Mitgliedernachlasses ist infolge Computerabrechnung oft erfolglos.

DCC-Vertragsplatz

6960 Hvide Sande, Jütland — DK 1042/1

★★★★ »NORDSØ CAMPING«
96591722, Fax 96591717
25.4. bis 26.10.
12 000 qm
www.nordsoe-camping.dk, info@nordsoe-camping.dk

→ Küstenstraße 181 Varde-Søndervig, ca. 15 km nördlich von Nymindegab. Tingodden 3 (GPS: 55°56'57" N / 8°08'57" E).

Leicht welliges Wiesengelände hinter einem Dünengürtel. Durch niedrige Zäune unterteilt. Bungalowanlage. Ort 6 km entfernt. Touristen-/Dauerstellplätze 280/20.
2008: (HS) P/N 72.–, K/N bis 11 J. 45.–, St/N 55.–, H/N 20.–, Umweltgebühr 7.–, WD inkl., Strom/N 30.– (10 A). In NS Ermäßigung.
DCC 15% auf P/N.

6960 Hvide Sande, Jütland — DK 1042/2

★★★ »NØRRE LYNGVIG CAMPING«
97311231, Fax 97313113
1.1. bis 31.12.
5 m
440 000 qm
www.Lyngvigcamping.dk, Nr.Lyngvig.camping@image.dk

→ Küstenstraße 181 Nymindegab–Søndervig abbiegen nach Nørre Lyngvig beim Leuchtturm. Holmsland Klitvej 81.

Weitläufiges, ebenes, schattenloses Dünengelände zwischen der Küstenstraße und einem Sandstrand. Steiler Sandweg über eine hohe Düne zum Strand. »Kirche Unterwegs«. Ort 3 km entfernt. Touristen-/Dauerstellplätze 500/100.
2008: (HS) P/N 67.–, K/N 1 bis 12 J. 39.–, St/N 27.–, H/N 21.–, WD zuzügl., Strom/N 25.– (6 A). In NS Ermäßigung.

6960 Hvide Sande, Jütland — DK 1042/3

★★★ »FDM CAMPING HOLMSLAND KLIT«
97311309, Fax 97313520
29.3. bis 19.10.
50 000 qm
www.fdmcamping.dk, c-Holmsland@fdm.dk

→ Küstenstraße 181 Nymindegab–Søndervig. In Årgab in den Søholmvej abbiegen. Tingodden 141.

Leicht welliges, von Mulden durchsetztes, Wiesen- und Sandgelände in den Dünen. Durch einen 20 m hohen und 80 m breiten Dünengürtel vom Sandstrand getrennt. Familienbäder. Ort (Hvide Sande) 4.5 km entfernt. Mittagsruhe 12-15 Uhr. Touristen-/Dauerstellplätze 110/15.
2008: P/N 76.–, K/N 2 bis 12 J. 45.–, St/N 35.–, H/N 15.–, WD zuzügl., Strom/N 30 oder kWh 3.– (10 A).

6893 Hemmet, Jütland — DK 1050

★★★ »BORK HAVN«
75280037, Fax 75280636
20.3. bis 1.11.
40 000 qm
www.sitecenter.dk/bork_havn_camping, bork_havn_camping@mail.tele.dk

→ Straße 423 Nørre–Tarm, nördlich von Nørre Bork Richtung Bork Havn abbiegen. Beschildert. Kirkehøjvej 9 a (GPS: 55°50'53" N / 8°16'58" E).

Ebenes, durch Hecken unterteiltes Wiesengelände in der Nähe eines Sportboot- und Fischereihafens. Vogelschutzgebiet in der Nähe. Mittagsruhe 12-13.30 Uhr. Touristen-/Dauerstellplätze 110/110.
2008: (HS) P/N 65.–, K/N bis 13 J. 33.–, St/N inkl., WD zuzügl., Strom/N 20.–. Ab 10 N 10% Ermäßigung. In NS Ermäßigung.

6880 Vostrup, Jütland — DK 1052

★★★★ »SKAVEN CAMPING«
97374069, Fax 97374469
Ostern bis Okt.
55 000 qm

→ Straße A 11 Varde–Holstebro. In Tarm links ab auf der Str. 423 Richtung Lønborg/Nørre Nebel. In Vostrup rechts ab nach Skaven Strand, 3 km. Skavensvej 32.

Ein herrlicher Campingplatz direkt an der Nordsee

NR. LYNGVIG CAMPING
Holmsland Klitvej 81 • DK-6960 Hvide Sande
Tel. (00 45) 97 31 12 31 • Fax (00 45) 97 31 31 13
www.lyngvigcamping.dk
E-Mail: post@lyngvigcamping.dk

Unter deutscher Leitung

Ein herrlicher Campingplatz direkt am wunderschönen Nordseestrand, mitten in einem 44 ha großen Dünengebiet. Keine festen Stellplätze – man sucht sich selbst den Platz aus. Reservierung nicht nötig. Supermarkt, 3 große, interessante Spielplätze. Hervorragende Möglichkeiten zum Surfen, Angeln und Reiten. Der ideale Platz für Naturfreunde und Aktiv-Urlauber. Hütten zu vermieten. Ganzjährig geöffnet.

(DK 1042/2)

 200 m

Ebenes parzelliertes Wiesengelände direkt am Ringkøbing Fjord. Großzügige Sportanlage. FW. Mittagsruhe 12.30-14 Uhr. Touristen-/Dauerstellplätze 150/50.

✉ 6950 Ringkøbing, Jütland — DK 1054
25 ★★★ »ÆBLEHAVENS CAMPING« — 28.3. bis 28.9.
☎/Fax 97320420 — 74 500 qm
www.dk-camp.dk/ablehave, ablehave@post12.tele.dk

→ Straße 15 Herning–Søndervig. Ca. 5 km vor Ringkøbing in einen Sandweg abbiegen. Beschildert. ✉ Herningvej 105.

[icons] 500 m

Windgeschütztes Waldgelände mit Lichtungen. Guter Familienplatz. Ort 4.5 km entfernt. Mittagsruhe 14.30-14.30 Uhr. Touristen-/Dauerstellplätze 75/50.
2007: (HS) P/N 65.–, K/N bis 12 J. 33.–, St/N 10.–, H/N 10.–, WD zuzügl., Strom/N 27.– (10A). In NS Ermäßigung.

✉ 6950 Søndervig bei Ringkøbing, Jütl. DK 1056
30 ★★★ »SØNDERVIG CAMPING« — 20.3. bis 26.10.
☎ 97339034, Fax 97339044 — 32 000 qm
www.soendervigcamping.dk, post@soendervigcamping.dk

→ Straße 15 Ringkøbing–Søndervig, hier noch ca. 500 m südlich.
✉ Solvej 2 (GPS: 56°06'43" N / 8°07'02" E).

[icons] 300 m

[icons] 500 m ✗ 600 m

Wiesengelände mit Heckenrosenunterteilung als Windschutz. Nur für Familien und Paare. Ort 600 m entfernt. Touristen-/Dauerstellplätze 165/30.
2008: (HS) P/N 67.–, K/N bis 12 J. 34.–, St/N 30.–, H/N 10.–, WD zuzügl., Strom/N 16.– und kWh 2.–. In NS Ermäßigung.

✉ 6990 Ulfborg-Thorsminde, Jütland — DK 1064
30 ★★★ »THORSMINDE CAMPING« — 1.4. bis 21.10.
☎ 97497056, Fax 97497118 — 46 000 qm
www.thorsmindecamping.dk, mail@thorsmindecamping.dk

→ Straße 181 Søndervig–Lemvig, in Thorsminde hinter der Schleuse rechts, direkt am Nissum Fjord. Beschildert. ✉ Klitrosevej 4.

[icons] 200 m

Durch Holzzäune unterteiltes, schattenloses Wiesengelände in der Nähe eines Fischereihafens. Kostenlose Schwimmbadbenutzung. Restaurant 50 m, Ort 100 m entfernt. Touristen-/Dauerstellplätze 144/90.
2007: (HS) P/N 65.–, K/N bis 11 J. 35.–, St/N 25.–, H/N 5.–, Strom/N 28.– (3A).

DCC-Vertragsplatz

✉ 7500 Holstebro, Jütland — DK 1065
35 ★★★ »DCU-CAMPING MEJDAL« — 15.3. bis 19.10.
☎ 97422068, Fax 97412492 — 21 000 qm
www.camping-mejdal.dk, mejdal@DCU.dk

→ Von der Umgebung Holstebro (Ostseite) abbiegen. ✉ Birkevej 25.

[icons]

Leicht abfallendes Wiesengelände. Durch Baumreihen und Gebüsch unterteilt. Gutes Angelgewässer. Ort 1 km entfernt. Mittagsruhe in HS 12-14 Uhr. Touristen-/Dauerstellplätze 85/20.
2008: P/N 68.–, K/N bis 11 J. 44.–, St/N 40.–, H/N 10.–, Strom/N 8.– und kWh 2.75 (3A).
DCC 10% auf P/N.

»Ermäßigung auf alle Gebühren« umfaßt nicht die Nebenkosten wie Kurtaxe, Müll und Strom

Vesterhavs Camping ★★★

(DK 1072) Flyvholmvej 36, Langerhuse, DK-7673 Harboøre
Telefon 0045-97834704 • Fax 0045-97834071
E-mail: camping@lauritzen-ferie.dk

Ausführliche Informationen, Preise, Fotos usw. finden Sie unter
www.lauritzen-ferie.dk

DCC-Vertragsplatz — *DCC-Mitglieder sparen hier bares Geld!*

In sehr ruhiger Umgebung, direkt hinter den Dünen und mit der Nordsee als nächstem Nachbarn liegt dieser windgeschützte Platz mit vielen modernen Einrichtungen und Aktivitäten, Whirlpool, Sauna und Solarium, Familienbadezimmer. Kinderspielzimmer. Außerdem gibt es am Platz: WLAN, Laden, Münzwäscherei, Babywickelraum, Aufenthaltsraum mit Satelliten-TV, Spiel- und Fußballplatz, Tennis, Basketball, Minigolf, Bowling, Tischtennis, Billard, Grill- und Lagerfeuerplatz. Sehr gute Möglichkeiten zum Baden, Angeln, Surfen, Segeln sowie Wandern und Radtouren. Eigener direkter Zugang zum neu ausgebauten, 3 km langen Sandstrand. Vermietung von Luxus-Campinghütten mit Küche und Badezimmer.

7470 Karup, Jütland — DK 1066

★★★ »HESSELLUND SØ CAMPING«
97101604, Fax 9761
März bis Sept.
150 000 qm
www.627.dk, info@hessellund-camping.dk

→ Straße 12 Herning–Viborg. In Karup links abbiegen. Beschildert. ✉ Hessellundvej 12.

Weitläufiges, terrassiertes Wiesengelände an drei Naturseen (Fischteiche). Durch Hecken und Bäume aufgeteilt. Streichelzoo. Touristen-/Dauerstellplätze 150/120.
2008: P/N 70.–, K/N 1 bis 12 J. 40.–, St/N 40.–, H/N frei, WD zuzügl., Strom/N 30.– (10 A).

7830 Vinderup, Jütland — DK 1067

★★★ »DCU-CAMPING EJSING«
97446113, Fax 97446321
15.3. bis 19.10.
56 000 qm
www.camping.ejsing.dk, ejsing@dcu.dk

→ Straße 189 Holstebro–Skive, 5 km nördlich von Vinderup nach Ejsing abbiegen. ✉ Ejsingholmvej 13.

Durch Hecken und Buschreihen in verschiedene Felder unterteiltes Wiesengelände an der Limfjord in der Venø-Bucht. Ort 5 km entfernt. Mittagsruhe 12-14 Uhr. Touristen-/Dauerstellplätze 220/30.
2008: P/N 68.–, K/N bis 11 J. 44.–, St/N 40.–, H/N 10.–, Strom/N 8.– und kWh 2.75.

7860 Spøttrup-Ålbæk-Strand, Jütl. — DK 1069

★★★ »LIMFJORDS CAMPING«
97560250, Fax 97560654
1.1. bis 31.12.
120 000 qm
www.limfjords.dk, camping@limfjords.dk

→ Straße 189 u. 591 Vinderup–Roslev. In Kjærgårdsholm nach Westen abbiegen und über Brodal–Lihme weiter. ✉ Ålbæk Strandvej 5.

Wiesengelände durch Heckenrosen in mehrere große windgeschützte Felder unterteilt, etwas erhöht am Limfjord. Wassersportmöglichkeiten 100 m entfernt. Touristen-/Dauerstellplätze 175/125.
2007: P/N 63.–, K/N bis 11 J. 37.–, St/N 25.–, H/N frei, WD inkl., Strom/N 28.–.

7800 Skive, Jütland — DK 1070

★★★ »FDM CAMPING SKIVE FJORD«
97514455, Fax 97514475
15.3. bis 12.10.
120 000 qm
www.fdmcamping.dk, c-skive@fdm.dk

→ Straße 13 Vejle–Aalborg Abf. Viborg Richtung Skive. In Skive auf die Straße 551. Nördlich der Stadt, beschildert. ✉ Marienlyst Strand 15 (GPS: 55°33'46" N / 11°09'54" E).

Terrassenförmig angelegtes, leicht geneigtes und durch Heckenrosen unterteiltes Wiesengelände an einem Südhang. Blick auf die Förde. Familienbäder. Erlebnisbad. Trampolin. Mittagsruhe 12-15 Uhr. Ort (Skive) 3 km entfernt. Touristen-/Dauerstellplätze 210/25.
2008: P/N 77.–, K/N bis 11 J. 42.–, St/N 35.–, H/N 12.–, WD inkl. Strom/N 30.– oder kWh 3.– (10 A).

7620 Lemvig, Jütland — DK 1071/1

★★★★ »LEMVIG STRAND CAMPING«
97820042, Fax 97810456
14.3. bis 14.9.
40 000 qm
www.lemvigstrandcamping.com, lemvig@dk-camp.dk

→ Straße 28 Uffborg–Lemvig, hier am Hafen noch ca. 2 km nach Norden. Beschildert. ✉ Vinkelhagevej 6.

Durch Hecken und Lattenzäune unterteiltes, schattenloses Wiesengelände am "Limfjord". Blick auf Bucht und Ort. Kindersanitär und Familienräume. Hüpfkissen. Kletterwand. Touristen-/Dauerstellplätze 250/50.
2008: (HS) P/N 76.–, K/N bis 11 J. 42.–, St/N 35.–, WD zuzügl., Strom /N 30.–. In NS Ermäßigung.

7620 Lemvig, Jütland — DK 1071/2

★★★ »BOVBJERG CAMPING«
97895120, Fax 97895343
März bis Sept.
40 000 qm
www.bovbjergcamping.dk, bc@bovbjergcamping.dk

→ Straße 181 Thorsminde–Lemvig, in Fjaltring abbiegen nach Ferring. ✉ Julsgårdvej 13.

Leicht abfallendes, von Heckenrosen umgebenes, Wiesengelände. Touristen-/Dauerstellplätze 105/25.

DCC-Vertragsplatz

7673 Langerhuse bei Harboøre, Jütl. — DK 1072

★★★ »VESTERHAVS CAMPING«
97834704, 97836405 Fax 834071
31.3. bis 16.9.
38 000 qm
www.lauritzen-ferie.dk, camping@lauritzen-ferie.dk

→ Straße 181 Lemvig–Thyborøn, bei Harboør links abbiegen in den Flyvholmvej, ca. 3 km. ✉ Flyvholmvej 36.

Ebenes, schattenloses Wiesengelände hinter den Dünen. Durch hohe Holzzäune unterteilt und windgeschützt. Kinder- und Jugendspieleraum. Whirlpool. Bowling. Billard. W-LAN. Ort 2 km entfernt. Touristen-/Dauerstellplätze 160/15.
2007: (HS) P/N 70.–, K/N bis 12 J. 35.–, St/N inkl., WD zuzügl., Strom/N 20.– (10 A). In NS Ermäßigung.
DCC 15% auf P/N.

Vorhandene Bungalows und Ferienwohnungen auf Campingplätzen sind von Ermäßigungen ausgenommen.

Gib der Familie ein Erlebnis fürs Leben

Für DCC-Mitglieder gibt's 10% Rabatt

Klim Strand bedeutet Luxusferien mit Riesen-Spieleland, Badeland und der Nordsee direkt vor der Tür

Angebot
1 Woche buchen = freier Eintritt ins Spieleland.
Wert: **Euro 24,-** pro Person
2 Wochen buchen = freier Eintritt ins Spieleland und Badeland.
Wert: **Euro 96,-** pro Person

Freuen Sie sich über eine Menge **spannender Neuheiten** an den frischen Wogen der Nordsee. Kommen Sie und erleben Sie Nordjütlands größtes **Indoor Themen-Spieleland** mit **Klippen-Kletterwand**, tauchen Sie ein in unser neues **Indoor Badeland**, lassen Sie sich verwöhnen mit Massage, Dampfbad, Whirlpool (oder vielleicht ein Bierbad) in unserem neuen **exklusiven Wellness-Center**...und vieles vieles mehr.

Alles sehen und direkt buchen auf www.klimstrand.dk

(DK 1084)

CAMPING, HÜTTEN UND WELLNESS
DK-9690 Fjerritslev · Telefon +45 98 22 53 40
www.klimstrand.dk · ksc@klimstrand.dk

VisitNordjylland.dk
-Zeit zum Leben

7790 Thyholm, Jütland — DK 1075

[25] ★★★ »TAMBOSUND-CAMPING« 20.3. bis 1.10.
☎/Fax 97871772 32000 qm
www.tambosundcamping.dk

→ A11 Holstebro–Thisted, über Uglev oder Hvidbjerg abbiegen zur Halbinsel Jegindø. ✉ Jegindøvej 27.

Ebenes Wiesengelände am Limfjord. Ort 4 km entfernt. Touristen-/Dauerstellplätze 80/80.
2008: P/N 67.–, K/N 1 bis 12 J. 35.–, St/N inkl., WD zuzügl., Strom/N 25.– (10 A).

7770 Vestervig-Agger, Jütland — DK 1076

★★★ »KRIK-VIG-CAMPING« April bis Sept.
☎ 97941496, Fax 97942496 63000 qm

→ A11 Helstebro–Thisted, bei Ydby abbiegen auf die Straße 527 nach Vestervig, dann beschildert. ✉ Krikvej 112.

Durch Heckenrosen unterteiltes Wiesengelände mit Waldstücken. Von einem Kanal begrenzt. Beheizbare Sanitäranlagen. Touristen-/Dauerstellplätze 200/40.

7900 Nykøbing-Mors, Jütland — DK 1077

★★★★ »JESPERHUS FERIECENTER« 1.1. bis 31.12.
☎ 97723701, Fax 97710255 110000 qm
www.jesperhus.dk, info@jesperhus.dk

→ Straße 26 Skive–Thisted, nach Nykøbing abbiegen. Ca. 6 km südlich Nykøbing in der Nähe der Sallingsund-Fähre. ✉ Legindvej 30.

Ebenes und schattenloses Wiesengelände sowie Terrassen mit Heckenunterteilung. Größter nördlicher Blumenpark "Jesperhus Blomsterpark" in der Nähe. Fitnessraum. Streichelzoo. Ort 5 km entfernt. Touristen-/Dauerstellplätze 540/30.

7950 Dragstrup-Mors, Jütland — DK 1078

[30] ★★★ »DRAGSTRUP CAMPING« 29.3. bis 28.9.
☎ 97744249, Fax 97744549 10000 qm
www.dk-camp.dk/dragstrup, dragstrup.camping@mail.dk

→ Straße 26 Nikøbing–Thisted, bei Øster Jølby westwärts abbiegen. Beschildert. ✉ Dragstrupvej 87.

Niedriger Föhrenwall mit Stellplatzkojen sowie schattenloses Wiesengelände. Strand 200 m, Gaststätte 4 km, Ort 5 km entfernt. Mittagsruhe 12.30-14 Uhr. Touristen-/Dauerstellplätze 150/50.
2008: (HS) P/N 69.–, K/N bis 11 J. 40.–, St/N 25.–, H/N 10.–, WD zuzügl., Strom/N 26.– (13 A). In NS Ermäßigung.

7700 Thisted, Jütland — DK 1079

★★ »THISTED CAMPING« Ostern bis Sept.
☎ 97921635 32000 qm

→ Straße 26 Viborg–Thisted, östlich Thisted am Limfjord. ✉ Iversensvej 3.

Durch Fliederbuschhecken unterteiltes Wiesengelände mit den Bungalowsiedlung oberhalb des Limfjords. Durch öffentlichen Weg vom Strand getrennt. Ort 1.5 km entfernt. Touristen-/Dauerstellplätze 150/20.

DCC-Vertragsplatz

7700 Klitmøller, Jütland — DK 1081

[35] ★★★ »NYSTRUP CAMPING« 1.3. bis 1.11.
☎ 97975249, in NS 97722033, Fax 97975752 95000 qm

→ Straße 557 Thisted-Klitmøller, hier Richtung Vangså, nach 600 m rechts abbiegen, dann etwa 400 m zum Platz. ✉ Trøjborgvej 22.

Ebene Stellplatzkojen am Dünenrand. Von Kiefern umgeben. Ort 1 km entfernt. Touristen-/Dauerstellplätze 220/30.
2007: (HS) P/N 75.–, K/N 2 bis 11 J. 45.–, St/N 25.–, H/N frei, WD zuzügl. Strom zuzügl. (13 A). In NS Ermäßigung.
DCC 10% auf P/N.

7742 Øsløs-Vesløs, Jütland — DK 1083

★★★ »BYGHOLM CAMPING« 1.1. bis 31.12.
☎ 97993139, Fax 97993802 30000 qm
www.dk-camp.dk/bygholm, bygholm@1031.inard.dk

→ A11 Thisted–Ålborg, in Øsløs beschildert. ✉ Bygholmvej 27.

In Felder unterteiltes Wiesengelände mit gutem Windschutz. Hobbywerkstatt. Fischräucherei. Ort 500 m, Strand 800 m entfernt. Mittagsruhe 12-14 Uhr. 145 Touristenplätze.

9690 Klim Strand bei Fjerritslev/Jütland — DK 1084

EUROPA-PREIS
[45] ★★★★★ »KLIM STRAND« 1.1. bis 31.12.
☎ 98225340, Fax 98225475 240000 qm
www.klimstrand.dk, info@klimstrand.dk

→ A11 Thisted–Ålborg, in Fjerritslev abbiegen, noch ca. 5 km über Klim nach Klim Strand. ✉ Havvejen 167 (GPS: 57°08'00" N / 9°10'14" E).

Gepflegtes Wiesen- und Dünengelände. Durch hohe Hecken windgeschützt und in Stellfelder unterteilt. Mocaplätze für 1 Nacht vor dem Eingang. Bungalowanlage. Wellnessbereich. Dampfbad. Fitnessraum. Café mit Backshop und integrierter Kinderspielhalle. Konferenzräume. W-LAN/Funkinternet. Ort 10 km entfernt. Touristen-/Dauerstellplätze 600/38.
2007: (HS) P/N 75.–, K/N 1 bis 14 J. 55.–, St/N 115.–, H/N 25.–, WD zuzügl., Strom/N 30.– (10 A). In NS Ermäßigung.
DCC 10% auf P/N und St/N. Anzeige S. 461

9690 Fjerritslev, Jütland — DK 1085

★★★ »SVINKLØV CAMPING« April bis Sept.
☎ 98217180, Fax 98217183 134000 qm
www.svinkloev.camping.dk, svinkloev.camping@post.tele.dk

→ A11 Thisted–Ålborg, am Ortsende von Fjerritslev abbiegen in Richtung Svinklov. ✉ Svinkløvvej 541.

Naturbelassenes, parzelliertes Dünengelände. Durch hohe Nadelbäume windgeschützt. Familienplatz. Wandermöglichkeiten im Waldgebiet. Ökologische Betriebsführung. Restaurant und Sandstrand 300 m, Ort 3 km entfernt. Touristen-/Dauerstellplätze 270/50.

9460 Brovst, Jütland — DK 1086

[35] ★★★ »DCU-CAMPING SKOVLY/TRANUM« 1.1. bis 31.12.
☎ 98235476, Fax 98235600 30000 qm
www.camping-skovly.dk, skovly@DCU.dk

→ A11 Thisted–Iborg, in Brovst abbiegen Richtung Tranum. ✉ Solsortevej 2 A.

Von Hecken und Büschen unterteiltes Wiese auf zwei Geländestufen in einem Waldgebiet. Mittagsruhe 12-14 Uhr (HS). Ort 600 m entfernt. Touristen-/Dauerstellplätze 120/30.
2008: (HS) P/N 68.–, K/N 1 bis 11 J. 44.–, St/N 40.–, H/N 10.–, Strom/N 8.– WD auch 2.75 (3 A).

9490 Rødhus bei Pandrup, Jütland — DK 1087

★★★ »RØDHUS KLIT CAMPING« April bis Sept.
☎ 98248630, Fax 98209300 80000 qm

→ Straße 55 Ålborg–Løkken, vor Kås abbiegen nach Rødhus. ✉ Rødhusvej 25.

800 m
Ebenes Wiesengelände sowie Stellplatzkojen in einem Kiefernwäldchen in einem Dünengebiet. Mittagsruhe 12-14 Uhr. Touristen-/Dauerstellplätze 200/40.

9490 Hune bei Pandrup, Jütland — DK 1088

★★★ »RIMMENSGAARDS CAMPING« — März bis Sept.
98249157, Fax 98249723 — 120 000 qm
www.rimmensgaard.dk, info@rimmensgaard.dk

→ Straße 55 Ålborg–Løkken, vor Kås abbiegen bis kurz vor Rødhus, dann rechts in Richtung Hune noch ca. 4 km. ✉ Kystvejen 52.

3 km
Ebenes und schattenloses Wiesengelände bei einem Bauernhof. Durch Tannen windgeschützt. Ort 4 km entfernt. Touristen-/Dauerstellplätze 225/75.

9492 Blokhus, Jütland — DK 1089

★★★ »BLOKHUS CAMPING« — April bis Sept.
98249096, Fax 98249739 — 50 000 qm

→ Straße 55 Ålborg–Løkken, nördlich von Pandrup abbiegen über Hune nach Blokhus. ✉ Aalborgvej 62.

200 m
Durch Tannenwald windgeschütztes, hügeliges Wiesen- und Dünengelände. Ort 500 m entfernt. Touristen-/Dauerstellplätze 220/110.

9493 Saltum, Jütland — DK 1090/1

★★★★ »JAMBO VESTERHAV CAMPING« — Ostern bis Sept.
98881666, Fax 98881808 — 130 000 qm

→ Straße 55 Ålborg–Løkken, nördlich von Saltum bei der Kirche zum Strand abbiegen und nach 2 km links noch 500 m. ✉ Solvejen 58.

500 m 2.5 km
Ebenes, von Wald und Feldern umgebenes Wiesengelände mit Hecken- und Zaununterteilung. Fitnessraum. Kletterwand. Ort 3 km entfernt. Touristen-/Dauerstellplätze 375/100.

9493 Saltum, Jütland — DK 1090/2

Naturplatz 25 ★★★ »GULDAGER CAMPING« — 15.3. bis 21.9.
98881512, Fax 98881933 — 34 000 qm
www.guldagercamping.dk, guldager@mail.tele.dk

→ Straße 55 Ålborg–Løkken. Von der Kirche 100 m Richtung Strand, dann rechts abbiegen. Zuletzt 1 km Feldweg. Beschildert. ✉ Bondagervej 67.

1 km
Durch Mulden und Tannen windgeschütztes Gelände in ländlicher Umgebung. Ort 4 km entfernt. Touristen-/Dauerstellplätze 110/30.
2008: (HS) P/N 67.–, K/N ab 11 J. 38.–, St/N inkl., WD zuzügl., Strom/N 12.– und kWh 15% (10 A). In NS 15% Ermäßigung für Senioren. In NS Erm.

9480 Grønhøj bei Løkken, Jütland — DK 1091

25 ★★★ »GRØNHØJ STRAND CAMPING« — 15.3. bis 7.9.
98884433, Fax 98883644 — 150 000 qm
www.gronhoj-strand-camping.dk, info@gronhoj-strand-camping.dk

→ Straße 55 Ålborg–Løkken, 1 km nördlich von Saltum abbiegen Richtung Grønhøj Strand dann noch ca. 2 km. ✉ Kettrupvej 125 (GPS: 57°19'14" N / 9°40'39" E).

700 m 2 km
Ebenes Wiesengelände neben der Straße. Durch Fichtenreihen gegliedert und mit Holzbalken parzelliert. Kabel-TV. Ort 3 km entfernt. Touristen-/Dauerstellplätze 300/50.
2008: (HS) P/N inkl. St/N 68.–, K/N 2 bis 12 J. 32.–, WD zuzügl., Strom/N 25.– (13 A). In NS Ermäßigung.
DCC 10% auf P/N.

9480 Løkken, Jütland — DK 1092/1

★★★ »LEDETGÅÅRD CAMP. OG MOTEL« — 1.1. bis 31.12.
98996014, Fax 98996226 — 43 000 qm
www.ledetgaard-camping.dk, lcm@891.dk

→ Straße 55 Ålborg–Løkken–Hjørring, ca. 3 km hinter Løkken seewärts abbiegen. ✉ Løkkensvej 898.

3 km
Leicht abfallende, durch Hecken windgeschützte Wiese. Ort 2.5 km entfernt. 200 Touristenplätze.

9480 Løkken, Jütland — DK 1092/2

30 ★★★ »LØKKEN STRAND CAMPING« — 9.5. bis 7.9.
98991804, Fax 98991236 — 32 000 qm
www.loekkencamping.dk, info@loekkencamping.dk

→ Straße 55 Ålborg–Løkken–Hjørring, nördlich von Løkken seewärts abbiegen auf die Straße Furreby Kirkevej noch 900 m. ✉ Furreby Kirkevej 97.

1 km
Leicht welliges, schattenloses Gelände oberhalb der Steilküste. Strandtreppe. Windschutzzäune. Familiäre Atmosphäre. Haltestelle 1 km, Ort und Kurmöglichkeit 1.2 km entfernt. Touristen-/Dauerstellplätze 194/6.
2008: P/N inkl. St/N ab 12 J. 40.–, St/N inkl., H/N frei, WD zuzügl., Strom/N 30.– (10 A). In NS Ermäßigung.
CCI 5% auf P/N.

9480 Nørre Lyngby bei Løkken, Jütland — DK 1093

★★★ »CAMPING GL. KLITGÅRD« — 1.1. bis 31.12.
98996566, Fax 98996206 — 80 000 qm
www.gl-klitgaard.dk, camping@gl-klitgaard.dk

→ von der A11 nördlich Løkken der Beschilderung Nørre Lyngby folgen. ✉ Lyngbyvej 331.

500 m
Hügeliges, durch Baumreihen, Tannenhecken und Holzzäunen unterteiltes Wiesen- und Dünengelände. Trampoline. Steichelzoo. Zum tieferliegenden Strand über eine Treppe. Ort (Løkken) 5.5 km entfernt. Mittagsruhe 13-15 Uhr. Touristen-/Dauerstellplätze 350/50.

9850 Tornby bei Hirthals, Jütland — DK 1094

★★★ »TORNBY STRAND-CAMPING« — 1.1. bis 31.12.
98977877, Fax 98977881 — 100 000 qm

→ Straße 55 Hjørring–Hirthals, nördlich von Tornby bei der Tankstelle abbiegen, noch 300 m. ✉ Strandvejen 13.

50 m 1.2 km
Langgestrecktes Wald- und Dünengelände mit Baumreihen, Hecken- und Holzzäunen unterteilt und windgeschützt. Ort 4 km entfernt. Touristen-/Dauerstellplätze 400/80.

9850 Hirtshals, Jütland — DK 1095

25 ★★★ »HIRTSHALS-CAMPING« — 27.4. bis 16.9.
98942535, Fax 98943343 — 30 000 qm
www.hirtshals-camping.dk, webmaster@hirtshals-camping.de, hirtshals@dk-camp.dk

→ Straße 13 Hjørring–Hirtshals, hier Richtung Fyr unterhalb des Leuchtturms. Beschildert. ✉ Kystvejen 6.

400 m 1 km
Teilweise terrassiert abfallendes sowie mit Büschen bewachsenes Dünengelände. Durch Mulden unterteilt mit herrlichem Seeblick. Ort 500 m entfernt. Touristen-/Dauerstellplätze 160/10.
2007: (HS) P/N inkl. St/N 65.–, K/N ab 11 J. 39.–, H/N 10.–, KT 10.–, WD zuzügl., Strom/N 25.– (10 A). In NS Ermäßigung.

Ruhebewertungen
betreffen das Umfeld, nicht aber den inneren Campingplatzbereich.

DK

9850 Kjul, Jütland — DK 1096

★★★ »KJUL CAMPING«
☎ 98949103, Fax 98949198
Straße 597 Hirtshals–Albæk/Skagen, nach 5.5 km abbiegen.
✉ Kjulvej 12.
20.5. bis 5.9.
50 000 qm

Ebenes, teilweise leicht abfallendes Wiesengelände bei einem Bauernhof. 412 Touristenplätze.
2007: P/N 55.–, K/N bis 12 J. 35.–, St/N 30.–/40.–, B/N 30.–, H/N 10.–, WD zuzügl., Strom/N 30.–.

9881 Tversted, Jütland — DK 1097/1

★★★ »AABO CAMPING«
☎ 98931234, Fax 98931888
www.aabo-camping.dk, info@aabo-camping.dk
Straße 597 Hirtshals–Albæk, in Tversted Richtung Strand abbiegen. Nach 500 m links. Beschildert. ✉ Aabovej 18.
15.3. bis 30.8.
130 000 qm

Durch Hecken, Wälle und Holzzäune großflächig gegliedertes Wiesengelände. Von Waldstreifen und einem Naturschutzgebiet in über 1 km Breite gegen das Meer abgeschirmt. Touristen-/Dauerstellplätze 390/60.
2008: (HS) P/N 80.–, K/N bis 11 J. 50.–, St/N –.60, WD zuzügl., Strom/N 25.– (10 A). In NS Ermäßigung.

9881 Tversted, Jütland — DK 1097/2

★★★ »TANNISBY CAMPING«
☎ 98931250, Fax 98931286
Straße 597 Hirtshals–Albæk. Am Ortsanfang Tversted ca. 1 km in Richtung Strand.
April bis Sept.
30 000 qm

Ebenes Wiesengelände im Ort, durch Weidenhecken und Büsche mehrfach unterteilt. Ort 1 km entfernt. Touristen-/Dauercamper 160/40.

9982 Skiveren, Jütland — DK 1099

★★★★ »SKIVEREN CAMPING«
☎ 98932200, Fax 98932160, www.skiveren.dk, info@skiveren.dk
Straße 597 Hirtshals–Albæk, in Tuen abbiegen nach Skiveren. Beschildert. ✉ Niels Skiverensvej 5-7.
14.3. bis 30.9.
184 000 qm

Von Strandwald umgebenes Wiesengelände. Durch einen ca. 300 m breiten Wiesenstreifen vom Strand getrennt. Teilweise Tannen-Stellplatznischen. Veranstaltungshalle. Kinderbaderaum. Touristen-/Dauerstellplätze 560/70.
2008: (HS) P/N 75.–, K/N bis 11 J. 53.–, St/N 60.– bis 130.–, H/N 10.–, WD inkl., Strom/N 27.– bis 37.– (6 A). Seniorenangebote. In NS Erm.

6340 Kruså, Jütland — DK 1101/1

★★★ »KRUSAA CAMPING«
☎ 74671206, Fax 74671205
Grenzübergang Umgehung Flensburg–Kruså, hier an der Straße 170 im nördlichen Ortsbereich. ✉ Åbenråvej 7.
1.1. bis 31.12.
100 000 qm

Welliges Wiesengelände mit Heckenunterteilung. Von hohen Baumgruppen umgeben. Ort 600 m entfernt. Mittagsruhe 12-16 Uhr. Touristen-/Dauerstellplätze 300/70.

6340 Kruså, Jütland — DK 1101/2

★★★ »FDM CAMPING KOLLUND«
☎ 74678515, Fax 74678385
www.kollund.fdmcamping.dk, www.fdmcamping.kd, c-kollund@fdm.dk
E 170 Grenzübergang Flensburg–Kruså. 500 m östlich von Kollund, beschildert. ✉ Fjordvejen 29 A.
15.3. bis 12.10.
38 000 qm

Leicht abfallendes, von Laubbäumen umgebenes, Wiesengelände mit Blick auf die Flensburger Förde. Ort (Kruså) 2 km, Golfplatz 10 km entfernt. Mittagsruhe 12-15 Uhr. Touristen-/Dauerstellplätze 160/25.
2008: P/N 70.–, K/N bis 11 J. 42.–, St/N 35.–, H/N 12.–, WD inkl., Strom/N 30.– oder kWh 3.– (10 A).

6300 Rinkenæs, Gråsten — DK 1110

★★★ »LÆRKELUNDEN CAMPING«
☎ 74650250, Fax 74650225
www.laerkelunden.dk, info@laerkelunden.dk
Straße 8 Kruså–Sønderborg, bei Rinkenæs zur Bucht abbiegen. Beschildert. ✉ Neder Byvej 17-25.
April bis Okt.
50 000 qm

Von Hecken unterteiltes Wiesengelände, leicht abfallend auf zwei Geländestufen mit schönem Blick auf die Flensburger Förde. Wassersport. Ort 2 km entfernt. Touristen-/Dauerstellplätze 200/50.
2007: P/N 80.–, K/N bis 11 J. 50.–, St/N inkl., WD inkl., Strom/N 30.–.

6310 Broager, Jütland — DK 1114/1

★★★★ »GAMMELMARK STRAND CAMPING«
☎ 7444/1742, Fax 7444/2971
www.gammelmark.dk, www.gammelmark.de, info@gammelmark.dk
Straße 8 Kruså–Sønderborg, hinter Broager nach Skelde abbiegen. In Dynt beschildert, noch ca. 4 km zum Platz. ✉ Gammelmark 20.
16.3. bis 19.8.
48 000 qm

Ebenes, leicht ansteigendes, parzelliertes, viergeteiltes Wiesengelände hinter einem Dünengürtel. Teilweise terrassiert und durch hohe Bäume größtenteils windgeschützt. Islandpferde. Ort 3 km entfernt. Touristen-/Dauerstellplätze 260/100.
2008: P/N 67.–, K/N bis 1 12 J. 34.–, St/N 35.–, H/N 10.–, WD inkl., Strom/N 15.– und kWh 3.– (13 A).

6310 Broager, Jütland — DK 1114/2

★★★ »SPAR ES CAMPING«
☎/Fax 74441418
www.spar-es.com, spar-es-camping@mail.dk
Straße 8 Kruså–Sønderborg, hinter Broager nach Skelde abbiegen. In Dynt beschildert; rechts weiter noch ca. 5 km zum Platz. ✉ Skeldebro 32.
1.1. bis 31.1.
28 000 qm

Ebenes parzelliertes Wiesengelände mit Heckenumrandung am Strand. Teilweise von Wald umgeben. Ort 5 km entfernt. Mittagsruhe 12–14 Uhr. Touristen-/Dauerstellplätze 75/65.

DCC-Vertragsplatz

6470 Skovby-Sydals Als — DK 1127/1

★★★★ »LYSABILDSKOV CAMPING«
☎ 74404398, Fax 74404386
www.dk-camp.dk/lysabildskov, lysabildskov@dk-camp.dk
Straße 427 Sønderborg–Kegnæs, ca. 2 km vor Skovby nach Lysabild abbiegen. Beschildert. ✉ Skovforten 4.
15.3. bis 30.9.
42 000 qm

Ebenes Wiesengelände, durch Baumreihen und Hecken parzelliert und unterteilt. FW. Imbiss. Ort 3 km entfernt. Mittagsruhe 12-14 Uhr. Touristen-/Dauerstellplätze 192/42.
2007: P/N 78.–, K/N bis 11 J. 41.–, St/N inkl., H/N 10.–, WD zuzügl., Strom/N 28.– (10A).
DCC 10% auf P/N.

Als DCC-Mitglied sind Sie immer gut beraten
Deutscher Camping-Club e.V., Postf. 40 04 28, 80704 München

Skiveren – direkt an der Nordsee (DK 1099)

In Wald- und Strandnähe
Skiveren Camping liegt wunderschön – direkt am besten und breitesten Sandstrand im Gebiet von Skagen und mitten in ausgedehnten Naturschutzgebieten, weit weg vom Verkehrslärm und vom Schmutz der Städte. Ein moderner Familienplatz mit allen Einrichtungen. Hervorragende Sanitäranlagen. Große, abgeschirmte Stellplätze sichern ein ruhiges und ungestörtes Familienleben. Ideal für Ausflüge, Surfen, Angeln, Radtouren und Wanderungen in der herlichen Natur der Umgebung.

Aktivitäten
Schwimmbecken, Wellness Center mit Sauna, Dampfbad und Whirlpools, Sonnenbank, Fitness Center, Tennisplatz, Internetcafé, Spielplätze, Kinderspielraum, und die schönste 18-Loch-Minigolfanlage Dänemarks. Großer EDEKA-Supermarkt. Reizvolles Strandcafé.

Neu im 2008: Aktivitätshalle mit vielseitigen Angeboten.

Wir freuen uns, Sie auf Skiveren Camping begrüßen zu können.
Die Familie Rytter Skiveren

Skiveren Camping A/S · DK-9982 Aalbæk · Tel. +45 9893 2200 · info@skiveren.dk · www.skiveren.dk

DCC-Vertragsplatz

6470 Skovby-Sydals Als — **DK 1127/2**
30 ★★★★ »SKOVMOSE CAMPING« — 25.4. bis 26.10. — 43000 qm
74404133, Fax 74404138
www.skovmose-camping.dk, info@skovmose-camping.dk
→ A 8 Egernsund–Frynshav, hinter der Sonderburger Brücke auf die Str. 427 Richtung Kegnæs abbiegen. In Skovby rechts, nach 500 m links Richtung Strand. Skovmosevej 8.

1 km
Ebenes und parzelliertes, von Büschen durchzogenes, Wiesengelände am Strand. Windgeschützt. Imbiss. Hüpfkissen. Luxus-Häuschen. Ort 1 km entfernt. Mittagsruhe 12-14 Uhr. Touristen-/Dauerstellplätze 120/140.
2008: (HS) P/N 65.–, K/N 3 bis 14 J. 38.–, St/N 25.–, WD zuzügl., Strom/N 25.– (10 A). In NS Ermäßigung.
DCC 10% auf P/N.

6470 Sydals, Als — **DK 1129**
25 ★★★ »SØNDERBY STRAND CAMPING« — 15.3. bis 3.10. — 26000 qm
74405313, Fax 74405513
www.aukschun.dk, info@aukschun.dk
→ Straße 427 Sønderborg–Sønderby über Skovby und Kegnæs.

500 m
Ebenes, durch die Strandzufahrt zweigeteiltes Wiesengelände. Ort 500 m entfernt. Mittagsruhe 12.30-14.30 Uhr. Touristen-/Dauerstellplätze 65/65.
2008: P/N 66.–, K/N bis 11 J. 33.–, B/N 15.–, H/N frei, WD zuzügl., Strom/N 25.–. Für Gruppen ab 12 Personen Ermäßigung.

6440 Fynshav, Als — **DK 1133**
★★ »LILLEBÆLT CAMPING« — 1.4. bis 1.10. — 30000 qm
74474840, Fax 74474835
www.lillebaeltcamping.dk, info@lillebaeltcamping.dk
→ Straße 8 Kruså–Sønderborg–Fynshav, hier vor dem Ortsanfang abbiegen Richtung Skovby, noch ca. 1 km. Beschildert. Lillebæltvej 4.

300 m 500 m
Leicht abfallendes, überwiegend schattenloses Wiesengelände mit Heckengliederung. Durch einen öffentlichen Weg geteilt. Radwanderweg und Golf in der Nähe. Ort 1 km entfernt. Touristen-/Dauerstellplätze 81/67.

6430 Nordborg, Als — **DK 1135/1**
30 ★★★ »AUGUSTENHOF STRAND CAMPING« — 1.1. bis 31.12. — 70000 qm
/Fax 74450304
www.augustenhof.dk-camp.dk, augustenhof@dk-camp.dk
→ Straße 405 Augustenborg–Nordborg, hier im Ort den Schildern Pøl, Købingsmark und Augustenhof folgen. Augustenhofvej 30.

Wiesengelände oberhalb der Steilküste bei einem Leuchtturm und ehemaligen Bauernhof. Ort 4 km entfernt. Touristen-/Dauerstellplätze 95/80.
2008: (HS) P/N 66.75, K/N bis 12 J. 34.50, St/N 27.50, H/N 8.50, WD zuzügl., Strom/N 25.– (10A). In NS keine Stellplatzgebühren.

6430 Nordborg, Als — **DK 1135/2**
★★★ »LAVENSBY STRAND-CAMPING« — April bis Sept. — 24000 qm
/Fax 74451914
→ Straße 405 Augustenborg–Nordborg. Ca. 2.5 km vor Nordborg nach Osten abbiegen nach Lavensby. Beschildert. Arnbjergvej 49.

Von Hecken umgebenes und unterteiltes Wiesengelände sowie fünf Terrassen. Ort 3 km entfernt. Mittagsruhe 13-15 Uhr. Touristen-/Dauerstellplätze 70/70.

6360 Tinglev, Jütland — **DK 1138**
25 ★★ »CAMPING UGE LYSTFISKERI« — 1.1. bis 31.12. — 180000 qm
74644498, Fax 74644448, www.uge-Lystfiskeri.dk, uge@mail.dk
→ A 7/E 45 Harrislee–Aabenraa Abf. Kliplev Richtung Tinglev. Aabenraavej 95.

Ebenes Wiesengelände an einem Angelsee. Ort 5 km entfernt. Mittagsruhe 12-14 Uhr. Touristen-/Dauerstellplätze 70/70.
2008: P/N 60.–, K/N bis 12 J. 30.–, St/N inkl., H/N 10.–, WD zuzügl., Strom/N 25.– oder kWh 2.25 (16 A).

6200 Åbenrå, Jütland — **DK 1140**
★★★ »FJORDLYST CAMPING« — April bis Okt. — 30000 qm
74622699, Fax 74622939 — 40 m
www.fjordlyst.dk, mailfjordlyst.dk
→ Straße 170 Flensburg–Hadersle. In Aabenra auf die Straße 24 abbiegen in Richtung Ribe. Ab Kreuzung beschildert. Sønderskovvej 100.

500 m
Ebenes, terrassiertes und teilweise parzelliertes Wiesengelände. Von Bäumen umgeben auf dem Jugendherbergsgelände. Mittagsruhe 12-14 Uhr. Touristen-/Dauerstellplätze 70/30.

Augustenhof Strand Camping
DK-6430 Nordborg/Als
Telefon 74 45 03 04
www.dk-camp.dk/augustenhof

Der neue »Danfoss-Erlebnispark« ganz in der Nähe

Ein ehemaliger Bauernhof ist heute Versorgungszentrum des 4-ha großen Platzes mit 150 Stellplätzen und Blick zum 70 m entfernten Sandstrand. Schöner Spielplatz mit Luftkissen, Sportwiese und Minigolf, Lebensmittelgeschäft, großer Aufenthaltsraum mit Satelliten-TV, sowie Warmwasser und Babywickelraum sind bei uns selbstverständlich. Alle Wassersportarten sind möglich. Wohnwagen und Campinghütten zu vermieten. Wohnmobilentsorgung.

Herzlich willkommen bei Eva und Chris Bomholt Sørensen.

(DK 1135/1)

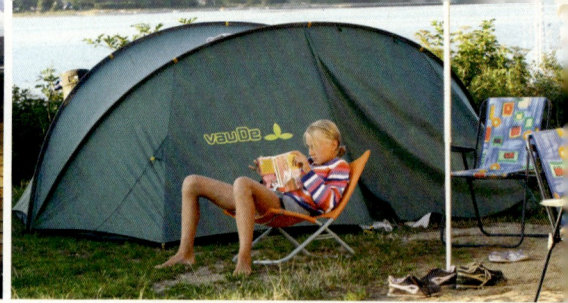

Vore gæster gør forskellen **Unsere Gäste machen den Unterschied** *Our guests make the difference*

ADAC Auszeichnung 2007

(DK 1144)

Vikær-Diernæs Strand CAMPING ★★★

Dundelum 29 – Diernæs - 6100 Haderslev - Tel.: +45 7457 5464 - info@vikaercamp.dk - www.vikaercamp.dk

---

✉ **6100 Haderslev**, Jütland **DK 1144**

[30] ★★★★ »VIKÆR-DIERNÆS-STRAND CAMP« ⚬— 15.3. bis 18.10.
☎ 74575464, Fax 74576208   15 500 qm
www.vikaercamp.dk, info@vikaercamp.dk

→ E 45 Flensburg–Kolding, Abf. Åbenrå–Nord zur Str. 170 Richtung Haderslev. In Hoptrup abbiegen nach Djernæs, beschildert. ✉ Dundelum 29.

Ebenes leicht welliges parzelliertes Wiesengelände an einer Bucht mit Steilküste sowie flachem Strand. Bungalowanlage. Separater Übernachtungsplatz mit Strom. Ort 5 km entfernt. Touristen-/Dauerstellplätze 230/100.
2008: (HS) P/N 67.–, K/N bis 12 J. 45.–, St/N 55.–, WD inkl., Strom/N 28.– (ab 10 A). In NS Ermäßigung.

✉ **6100 Haderslev-Kelstrup**, Jütland **DK 1146**

★★★ »KELSTRUP CAMPING« ⚬— April bis Sept.
☎ 74582246, Fax 74583070, Kelstrup-camp@posttele.dk   27 000 qm

→ A 10/E45 Flensburg–Kolding Abf. Haderslev, im Ort bei der FALCK-Station zweimal rechts Richtung Kelstrup. Nach 7 km rechts Richtung Boskov. ✉ Blokhuskoven 51.

Parzelliertes, windgeschütztes Wiesengelände am Waldrand. Erhöht über dem Meer mit herrlichem Blick über den Kleinen Belt. Eigener Zugang zum Strand. Ort 700 m entfernt. Mittagsruhe 12-14 Uhr. Touristen-/Dauerstellplätze 60/60.

✉ **6100 Årøsund-Haderslev**, Jütland **DK 1148/1**

★★★ »ÅRØSUND CAMPING« ⚬— 1.1. bis 31.12.
☎ 74584297, Fax 74584299   80 000 qm
www.aaroesund-camping.dk, aaroesund@get2net.dk

→ Straße Haderslev–Årøsund über Starup und Øsby. Vor Årøsund rechts abbiegen. ✉ Gammelbrovej 74.

Ebenes bis leicht ansteigendes Wiesengelände mit Blick auf den Sund. Ort 1 km entfernt. Touristen-/Dauerstellplätze 260/125.

✉ **6100 Årøsund-Haderslev**, Jütland **DK 1148/2**

★★★ »GAMMELBRO CAMPING « ⚬— März bis Okt.
☎ 74584170, Fax 74584725   80 000 qm

→ Straße Haderslev–Årøsund über Starup und Øsby.

Durch unterschiedlich hohe Hecken mehrfach unterteiltes Wiesengelände mit schönem Strand. Touristen-/Dauerstellplätze 300/300.

✉ **6100 Knud-Fjelstrup**, Jütland **DK 1153**

★★★★ »SANDERSVIG CAMPING « ⚬— März bis Sept.
☎/Fax 74566225   96 000 qm
www.sandersvig.dk, sandersvig@dk-camp.dk

→ A 10/E3 Åbenrå–Kolding Abf. Christiansfeld über Fjelstrup bis ca. 2 km östlich von Knud. ✉ Espagervej 15-17.

Gepflegtes, ebenes Wiesengelände mit Heckenunterteilung bei einem Bauernhof. Freiareal mit Pferden, Hühnern und Kaninchen und Wildgehege mit Hirschen. Tropische Badelandschaft mit Whirlpool und Wasserrutsche. Hüpfkissen. Imbiss. 2 Fischküchen für Angler. Großes Spingkissen. Touristen-/Dauerstellplätze 270/200.

DCC-Mitglieder fahren mit Auslands-Schutzpaß! und SIE?

466

✉ 6093 Sjølund — DK 1162

35 ★★★ »GRØNNINGHOVED STRAND« — Ostern bis 15.9.
☎ 75574045, Fax 75574345 — 61 000 qm
www.gronninghoved.dk, info@gronninghoved.dk

→ Straße 170 Haderslev–Kolding, abbiegen über Sjølund Richtung Hejlsminde, dann beschildert. ✉ Mosvigvej 21.

Leicht wellig abfallendes Wiesengelände mit Obstbäumen und Hecken. Von Wald und einer Ferienhaussiedlung umgeben. Blick auf den Belt. Bowlingbahn. Wasserrutsche. Ort 4 km entfernt. Touristen-/Dauerstellplätze 210/125.
2008: P/N 70.–, K/N bis 11 J. 40.–, St/N 40.–, WD zuzügl., Strom/N 30.– (10A).

✉ 6091 Binderup Strand, Jütland — DK 1163

40 ★★★ »STENSAGER STRAND CAMPING« — 19.3. bis 14.9.
☎ 75572231, Fax 75572784 — 56 000 qm
www.stensagerstrandcamping.de, stensager@dk-camp.dk

→ Straße 170 Haderslev–Kolding, in Taps abbiegen über Grønninghoved und Skamling zum Strand. ✉ Oluf Rauns Vej 16.

Leicht abfallendes, teilweise terrassiertes Wiesengelände mit Blick auf den kleinen Belt. Von Hecken umgeben und unterteilt. Touristen-/Dauerstellplätze 140/130.
2008: (HS) P/N 72.–, K/N bis 11 J. 40.–, St/N 75.–, WD inkl, Strom/N 31.–. In NS Ermäßigung.

✉ 6000 Kolding, Jütland — DK 1164

30 ★★★ »KOLDING CITY CAMP« — 1.1. bis 31.12.
☎ 75521388, Fax 75524529 — 40 000 qm
www.koldingcitycamp.dk, info@koldingcitycamp.dk

→ E45 Abf. (65) Kolding-Süd, 1. Ampel rechts, Richtung Vonsild/Haderslev, Weg 170. ✉ Vonsildvej 19 (GPS: 55°27'49" N / 9°28'28" E).

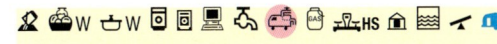

Gepflegtes Wiesengelände neben der Straße. Durch hohe Laub- und Nadelbäume unterteilt. Bungalowanlage. Ort 3.5 km entfernt. Touristen-/Dauerstellplätze 180/45.
2007: (HS) P/N 70.–, K/N bis 11 J. 40.–, St/N 27.–, H/N 10.–, Umweltgeb. 7.–, WD inkl., Strom/N 30.– (10 A). In NS Ermäßigung.
DCC 15% auf P/N.

✉ 6600 Vejen, Jütland — DK 1165

★★ »VEJEN CAMPING« — April bis Sept.
☎/Fax 75362099 — 28 000 qm

→ E 66 Kolding–Esbjerg, in Vejen Richtung Vojens abbiegen noch 1.3 km. Beschildert. ✉ Vorupvænget 2.

Von Laubbäumen umgebenes Wiesengelände in der Nähe der Bahnlinie. Durch mehrere Heckenreihen unterteilt. Ort 500 m entfernt. Mittagsruhe 12.30-14.30 Uhr. Touristen-/Dauerstellplätze 75/10.

✉ 6623 Vorbasse, Jütland — DK 1167

30 ★★ »DCU-CAMPING VORBASSE« — 1.1. bis 31.12.
☎ 75333693, Fax 75333933, — 40 000 qm
www.camping-vorbasse.dk, vorbasse@DCU.dk

→ E 66 Kolding–Esbjerg, bei Lunderskov abbiegen auf die Straße 469 Richtung Grinsted, vor Vorbasse links noch ca. 800 m. ✉ Drivvejen 28 (GPS: 55°37'33" N / 9°04'57" E).

Durch Hecken und Anpflanzungen parzelliertes ebenes Wiesengelände am Waldrand. Überwiegend schattenlos. Ort 900 m entfernt. Mittagsruhe 12-14 Uhr. Touristen-/Dauerstellplätze 120/30.
2008: (HS) P/N 68.–, K/N bis 11 J. 44.–, St/N 40.–, H/N 10.–, Strom/N 8.– und kWh 2.75.

DK

DCC – DEIN PARTNER!

Gammelbro Camping

Inga u. Johannes Knudsen
Gammelbrovej 70 • Årøsund
DK-6100 Haderslev
Tel. 74584170 • Fax 74584725
E-Mail: info@gammelbro.dk
Internet: www.gammelbro.dk

DK-CAMP

Das Paradies für Kinder und Wassersportler

▲ Ruhiger Familienplatz, 15 km östlich von Haderslev, direkt an einem sehr schönen und sauberen Badestrand. Gute Möglichkeiten für Wassersport, Angeln und Spaziergänge.

▲ Schnelles Aussetzen von Booten auf eigener Bootsrutsche. Gute Freizeiteinrichtungen, u.a. Schwimmhalle, Grillplatz, Spielplätze, 340 m² Spielhaus für Kinder, Tennis, Minigolf, Tischtennis, Mooncars, Trampoline, Luftkissen, Fernsehstube und Aufenthaltsraum, Gammelbro Grill, neue Cafeteria. Hütten mit 14 - 20 m² und fließend Warmwasser.

▲ **Geöffnet von Ostern bis Mitte Oktober.**

7190 Billund, Jütland — DK 1168

[40] ★★★ »FDM-CAMPING BILLUND« — 1.1. bis 31.12.
☏ 75331521, Fax 75353736, 137 000 qm
www.fdmcamping.dk, c-billund@fdm.dk

→ Straße 28 Vejle-Grinsted, in Billund abbiegen Richtung Flughafen.
✉ Ellehammers Alle 2.

Ebenes, gepflegtes Wiesengelände. Durch Büsche und Nadelbäume in Parzellen unterteilt. Kostenloser Eintritt zum Billund-Bad (500 m). Streichelzoo. Ponyreiten. Legoland 200 m, Ort 1 km entfernt. Touristen-/Dauerstellplätze 120/30.
2008: (HS) P/N 76.–, K/N 2 bis 12 J. 42.–, St/N 50.–, H/N 12.–, WD inkl., Strom/N 30.– oder kWh 3.– (10 A).

7200 Grindsted, Jütland — DK 1169

[30] ★★★ »GRINDSTED-AKTIV CAMPING« — 20.3. bis 1.10.
☏ 75321751, Fax 75324575, 16 000 qm
www-dk-camp.dk/grindsted, grindsted@dk-camp.dk

→ Straße 30 Esbjerg-Give. ✉ Søndre Boulevard 15.

Ebenes Wiesengelände am Ortsrand mit großzügig angelegten Kinderspielplätzen. Durch Hecken gegliederte Doppelstellplätze. Ort 1 km entfernt. Touristen-/Dauerstellplätze 90/15.
2008: (HS) P/N 62.–, K/N bis 11 J. 31.–, St/N 20.–, H/N 15.–, WD zuzügl., Strom/N 28.–

7300 Jelling, Jütland — DK 1170

[30] ★★★ »JELLING CAMPING« — 1.4. bis 2.9.
☏ 75871653, Fax 75872082, 58 000 qm
www.jellingcamping.dk, jelling@dk-camp.dk

→ Straße 18 Vejle-Herning, in Jelling abbiegen Richtung Mølvang.
✉ Mølvangvej 55.

Durch Hecken unterteiltes Wiesengelände neben der Straße, Bahnlinie und dem öffentlichen Freibad (für Campinggäste ermäßigter Eintritt). Bungalowanlage. Ort 800 m entfernt. Mittagsruhe 12.30–14 Uhr. Touristen-/Dauerstellplätze 250/40.
2007: (HS) P/N 62.–, K/N bis 11 J. 35.–, St/N 25.–, H/N 5.–, WD zuzügl., Strom/N 25.– (10 A).

7000 Fredericia, Jütland — DK 1172

[35] ★★★ »COLOR CAMP TRELDE NÆS« — 1.1. bis 31.12.
☏ 75957183, Fax 75957578, 95 000 qm
www.colorcamp.dk, trelde@colorcamp.dk

→ Straße 421 Fredericia-Vejle, bei Egeskov abbiegen über Trelde.
✉ Trelde Næsvej 297.

Leicht welliges von Hecken durchzogenes Wiesengelände am Waldrand und an der Steilküste mit schöner Aussicht. Strand über eine Treppe erreichbar. Erlebnisbad mit Wasserrutschbahn, Türkischem Bad, Whirlpool und Café. Hüpfburgen und Trampoline. FW. Haltestelle am Platz. Touristen-/Dauerstellplätze 500/150.
2007: P/N 69.–, K/N 3 bis 12 J. 45.–, St/N 50.–, H/N 14.–, WD zuzügl., Strom/N 25.– (10 A).

7140 Juelsminde-Vest, Jütland — DK 1177

[25] ★★★ »LØGBALLE« — 5.4. bis 16.9.
☏/Fax 75691200, 45 000 qm
www.logballe.dk, camping@logballe.dk

→ Straße 23 Vejle-Juelsminde, zwischen Stouby und Barrit bei Hyrup abbiegen. ✉ Løgballevej 12.

Leicht welliges Wiesengelände. 100 Touristenplätze.
2007: P/N 64.–, K/N bis 13 J. 32.–, St/N inkl., WD zuzügl., Strom/N 23.–

Husodde Strand Camping
Husoddevej 85
DK-8700 Horsens
Tel. 0045-75 65 70 60

Ein schönes Naturgebiet, direkt am Horsens Fjord. Surfschule und Minigolf. Sport, Kunst, Kultur, Galerien, Museen. Zentrale Lage zu den großen Attraktionen in Jütland und auf Fünen.
(DK 1186)

7130 Juelsminde, Jütland — DK 1178

[35] ★★★ »JUELSMINDE STRAND CAMPING« — 18.3. bis Sept.
☏ 75693210, Fax 75693228, 40 000 qm
www.juelsmindecamping.dk, juelsmin@image.dk

→ Straße 23 Vejle-Juelsminde bis zum Fährhafen, ab hier beschildert.
✉ Rousthøjsallé 1.

Windgeschütztes Sand- und Wiesengelände hinter einem kleinen Erdwall. Durch Baumgruppen und Hecken unterteilt. Ort 500 m entfernt. 264 Touristenplätze.
2008: P/N 75.–, K/N bis 13 J. 45.–, St/N inkl., WD zuzügl., Strom/N 15.–, kWh 1.50 (10 A).

7323 Give-Riis, Jütland — DK 1180

[35] ★★★ »TOPCAMP RIIS — 15.3. bis 28.9.
☏ 75731433, Fax 75735866, 50 000 qm
www.topcamping.dk, info@topcamping.dk

→ Straße 18 Vejle-Herning, ca. 5 km hinter Givskud in Riis Richtung Farre abbiegen, noch ca. 1.5 km. ✉ Østerhovedvej 43 (GPS: 55°49'55" N / 9°03' E).

Durch hohe Tannen in Felder unterteiltes und parzelliertes Wiesengelände. Mittagsruhe 12–14 Uhr. Ort 4 km entfernt. 279 Touristenplätze.
2008: P/N 72.–, K/N bis 11 J. 48.–, St/N 50.–, H/N 12.–, WD zuzügl., Strom/N 30.– (6 A).

7361 Ejstrupholm, Jütland — DK 1181

[25] ★★★ »RØRBÆK SØ CAMPING« — 1.5. bis 1.9.
☏ 75736161, Fax 75736261, www.roerbak.dk, info@roerbak.dk 55 000 qm

→ Straße 13 Vejle-Viborg, in Nørre Snede abbiegen. Ca. 800 m Richtung Ejstrupholm und dann nach Rørbæksø. ✉ Rørbækvej 62 (GPS: 55°56'09" N / 9°20'24" E).

Großzügige Stellkreise mit je 10 Parzellen neben einem Tannenwald zwischen dem Kulsø u. dem Rørbæksø. »Legoland« und »Löwenpark« in der Nähe. Ort 5 km entfernt.
2008: (HS) P/N 60.–, K/N bis 11 J. 30.–, St/N inkl., H/N 5.–, WD zuzügl., Strom kWh 2.– (16 A). Für 7/14 Nächte 6/11 Nächte bezahlen. In NS Erm.

DCC-Vertragsplatz

7362 Hampen, Give/Jütland — DK 1182

[30] ★★★★ »HAMPEN SØ CAMPING« — 1.1. bis 31.12.
☏ 75775255, Fax 75775266, 90 000 qm
www.hampencamping.dk, info@hampen-soe-camping.dk

→ Straße 13 Vejle-Viborg nach Nørre Snede links auf die 176. Beschildert.
∴ Legoland, Oldtimer-Eisenbahn, Löwenparkzoo. ✉ Hovedgaden 31 (GPS: 56°00'51" N / 9°21'49" E).

Teilweise parzelliertes, ebenes bis leicht welliges Wiesengelände. Von Buschreihen durchzogen. Restaurant in NS nur am Wochenende geöffnet. Ort 500 m entfernt. Touristen-/Dauerstellplätze 165/60.
2008: (HS) P/N 67.–, K/N bis 11 J. 35.–, St/N inkl., H/N 10.–, Umweltgeb. 7.–, WD inkl., Strom/N 30.– (10 A). In NS Ermäßigung.
DCC 15% auf P/N.

8700 Horsens, Jütland — DK 1186

★★★ »HUSODDE STRAND CAMPING« — 5.4. bis 21.9.
☎ 75657060, Fax 75655072 — 104 000 qm
www.husodde-camping.dk, husodde@dk-camp.dk

→ E 45 Vejle–Århus Abf. (56) Horsens auf die Straße Richtung Odder. Nach Husodde abbiegen. Beschildert. ✉ Husoddevej 85.

Ebenes, unparzelliertes Wiesengelände zwischen Wald und Strand mit Badesteg. Von Buschgruppen und Heckenrosen durchzogen. Hüpfburg. Ort 4 km entfernt. Touristen-/Dauerstellplätze 225/40.
2008: (HS) P/N 69.–, K/N bis 12 J. 36.–, St/N 30.–, WD zuzügl., Strom/N 26.– (10/13/16 A). In NS Ermäßigung.

8752 Østbirk, Jütland — DK 1187

★★★ »CAMPING VESTBIRK« — 15.3. bis 28.9.
☎ 75781292, Fax 75780211, www.vestbirk.dk, info@vestbirk.dk — 150 000 qm

→ E 45 Horsens–Århus Abf. (55) auf die Straße 461 über Østbirk nach Vestbirk. ✉ Møllhøjvej 4.

Leicht welliges, mehrfach unterteiltes und parzelliertes Wiesengelände in Seenähe bei einem nicht bewirtschafteten Bauernhof. Von drei Seiten vom Fluss „Gudenau" umgebene. Öffentlicher Badebetrieb. Imbiss. Familienräume. Minizoo. Whirlpool. Hüpfkissen. Billard. Grillbar. Bademöglichkeit 250 m, Restaurant und Ort 4 km entfernt. Touristen-/Dauerstellplätze 133/50.
2008: (HS) P/N 72.–, K/N 1 bis 11 J. 45.–, St/N 50.–, H/N 10.–, WD zuzügl., Schwimmbad inkl., Strom/N 28.– (10 A). In NS Ermäßigung.

8680 Ry, Jütland — DK 1188/1

★★★ »BIRKHEDE CAMPING« — 19.3. bis 15.9.
☎ 86891355, Fax 86890313 — 105 000 qm
www.birkhede.dk, info@birkhede.dk

→ Straße 445 Skanderborg–Silkeborg, in Ry nordöstlich abbiegen. Die letzten 500 m unbefestigt ansteigend. Beschildert. ✉ Lyngvej 14.

Parkartig abfallendes, gepflegtes Gelände am Knudsø. Vom Strand durch einen Waldstreifen getrennt. Ort 3 km entfernt. Touristen-/Dauerstellplätze 240/10.
2008: (HS) P/N 74.–, K/N bis 11 J. 46.–, St/N 50.–, B/N 20.–, H/N 5.–, WD zuzügl., Strom/N 18.–, kWh 2.75 (10 A). In NS Ermäßigung.

8680 Ry, Jütland — DK 1188/2

★★★ »HOLMENS CAMPING« — 13.3. bis 28.9.
☎ 86891762, Fax 86891712 — 59 000 qm
www.holmes-camping.dk, info@holmes-camping.dk

→ Straße 445 Skanderborg–Silkeborg, in Ry südlich abbiegen Richtung Øm Kloster, noch ca. 2 km. Die letzten 200 m Schotterstr. ✉ Klostervej 148.

Terrassiertes, durch Hecken unterteiltes Gelände auf einer Halbinsel im Rye–Mølle See. Überdachbares Schwimmbad. Massagen. Sanitäranlagen beheizbar. Grillplatz. Billard. Ort 2 km entfernt. Touristen-/Dauerstellplätze 250/70.
2007: (HS) P/N 75.–, K/N 3 bis 11 J. 42.–, St/N 25.–, B/N 20.–, WD zuzügl., Strom/N 27.– (6A). In NS Ermäßigung.

8660 Skanderborg, Jütland — DK 1189

★★★ »SKANDERBORG SØ CAMPING« — April bis Okt.
☎ 86511311, Fax 86511733 — 90 000 qm
www.campingskankerborg.dk, info@skanderborg.dk

→ Straße E45/170 Horsens–Århus Abf. Skanderbor. ✉ Horsensvej 21.

Von Wald umgebenes Gelände zwischen Straße und Bahnlinie. Restaurant 500 m, Ort 3 km entfernt. Mittagsruhe 12-13 Uhr. 160 Touristenplätze.

8300 Odder, Jütland — DK 1190

★★★ »SAKSILD STRAND CAMPING« — 1.4. bis 19.10.
☎ 86558130, Fax 86558414 — 33 000 qm
www.saksild.dk, saksild@mobilixmet.dk

→ E 45 Horsens–Århus. In Odder abbiegen nach Saksild. ✉ Kystvejen 5.

Von Hecken umgebenes, unparzelliertes und schattenloses Wiesengelände. Durch die Küstenstraße vom Strand getrennt. Internet-Hotspot. Ort 7 km entfernt. Touristen-/Dauerstellplätze 110/80.
2007: (HS) P/N 80.–, K/N bis 11 J. 45.–, St/N 30.–, H/N frei, WD zuzügl., Strom/N 25.– (10 A). In NS Ermäßigung.

8300 Bovlstrup, Jütland — DK 1191

★★★ »ODDER STRAND CAMPING« — 20.3. bis 21.9.
☎ 86556306, Fax 86556560 — 33 000 qm
www.odderstrandcamping.dk, info@odderstrandcamping.dk

→ Straße 451 Horsens–Århus, in Odder abbiegen Richtung Hov. ✉ Toldvejen 50.

Ebenes, gepflegtes Wiesengelände, durch Heckenrosen unterteilt und überwiegend schattenlos. Reservierung empfehlenswert. Touristen-/Dauerstellplätze 130/70.
2008: (HS) P/N 79.–, K/N bis 11 J. 42.–, St/N inkl., H/N 10.–, WD inkl., Strom/N 25.– (10 A). In NS Ermäßigung.

8300 Hou bei Odder, Jütland — DK 1192

★★★ »HOU CAMPING« — 15.3. bis 14.9.
☎ 86556162, Fax 86556522 — 45 000 qm
www.houcamping.dk, info@hou-camping.dk

→ E 45 Horsens–Århus, Abf. (53) Skanderborg auf die 445 über Odder Richtung Hou. Vor der Ortschaft Hou den Hinweisschildern folgen. ✉ Spøttrupstrandvej 35.

Ebenes, von Buschreihen unterteiltes und durch eine öffentliche Strandzufahrt zweigeteiltes Wiesengelände. Imbiss. Ort 2 km entfernt. Touristen-/Dauerstellplätze 135/70.
2008: (HS) P/N 79.–, K/N 1 bis 12 J. 48.–, St/N 35.–, H/N 10.–, WD inkl., Strom/N 28.– (10 A). In NS Ermäßigung.

8600 Laven, Jütland — DK 1194

★★★ »TERRASSEN-CAMPING« — April bis Sept.
☎ 86841301, Fax 86841655 — 55 000 qm
www.terrassen.dk, info@terrassen.dk

→ Straße 445 Skanderborg–Silkeborg, in Ry Richtung Laven St. abbiegen, ca. 5 km, dann bergwärts zum Platz. ✉ Himmelbjergvej 9.

Von hohen Bäumen umgebenes, in sechs Terrassen gegliedertes Gelände mit herrlichem Blick auf den tieferliegenden See. Ort 1 km entfernt. Touristen-/Dauerstellplätze 245/15.

8600 Sejs, Silkeborg — DK 1196/1

★★★ »SEJS BAKKER CAMPING« — 20.3. bis 16.9.
☎ 86846383, Fax 86846382 — 39 000 qm
www.sejs-bakker-camping.dk, sbc@ferie.dk

→ Straße Skanderborg–Silkeborg über Ry und Svejbaæ. ✉ Borgdalsvej 15-17.

Ebenes, von Hecken und Wald umgebenes, Wiesengelände. Ort 1 km entfernt. Mittagsruhe 12-15 Uhr. Touristen-/Dauerstellplätze 50/180.
2008: (HS) P/N 69.–, K/N bis 11 J. 34.50, St/N inkl., WD zuzügl., Strom/N 28.– (10 A). In NS Ermäßigung.
DCC/CCI 10% auf P/N.

8600 Resenbro, Silkeborg — DK 1196/2

★★★ »RESENBRO CAMPING« März bis Okt.
☏ 86853176, Fax 86853184 100 000 qm
www.resenbrocamping.dk, camping@resenbrocamping.dk

→ Straße 15 Silkeborg–Århus oder Straße 52 Horsens-Viburg nach Silkeborg. Richtung Resenbro, beschildert.

500 m

Welliges bis leicht geneigtes von Hecken und Laubbäumen durchzogenes Wiesengelände in einem seenreichen Waldgebiet. Streichelzoo. Familienbäder. Ort (Resenbro) 1 km entfernt. Mittagsruhe 12-15 Uhr. Touristen-/Dauerstellplätze 260/90.

8600 Silkeborg-Funder, Jütland — DK 1197

35 ★★★ »DCU-CAMPING HESSELHUS« 1.1. bis 31.12.
☏ 86865066, Fax 86865949 94 000 qm
www.camping-hesselhus.dk, hesselhus@DCU.dk

→ Straße 15 Silkeborg–Herning. Über Funder Richtung Engesvang abbiegen. Wenige km nach Funderkirkeby. ✉ Moselundvej 30 (GPS: 56°08'59" N / 9°23'49" E).

Durch Heckenwälle unterteiltes Wiesengelände, teilweise terrassiert. Ort 10 km entfernt. Mittagsruhe 12-14 Uhr (HS). Touristen-/Dauerstellplätze 310/30.
2008: (HS) P/N 70.–, K/N bis 11 J. 45.–, St/N 40.–, H/N 10.–, Strom/N 8.– und kWh 2.75 (3 A).

8270 Højbjerg bei Århus, Jütland — DK 1201

35 ★★★★ »DCU-CAMPING BLOMMEHAVEN« 14.3. bis 19.10.
☏ 86270207, Fax 86274522 78 000 qm
www.camping-blommehaven.dk, blommehaven@dcu.dk

→ E 45 Abf. (50) Richtung Hafen Århus. Hier südlich den Strandweg entlang und dann weiter durch den Wald. ✉ Ørneredevej 35 (GPS: 56°06'36" N / 10°13'57" E).

100 m

Zweiteiliges, hügeliges Wiesengelände an einer Bucht, windgeschützt durch Hecken. Ort (Århus) 4 km entfernt. Mittagsruhe 12-14 Uhr (HS). Touristen-/Dauerstellplätze 390/5.
2008: (HS) P/N 70.–, K/N bis 11 J. 45.–, St/N 40.–, H/N 10.–, WD inkl., Strom/N 8.– und kWh 2.75

8200 Lisbjerg bei Aarhus, Jütland — DK 1202

NATUR PLATZ
30 ★★★ »AARHUS CAMPING« 1.1. bis 31.12.
☏ 86231133, Fax 86231131 70 000 qm
www.aarhuscamping.dk, info@aarhuscamping.dk

→ E 45 Abf. (46) Århus-N bis zum Kreisverkehr bei Ikea, dann Str. 180, noch ca. 2.8 km. ✉ Randersvej 400 (GPS: 56°13'57" N / 10°09'55" E).

300 m

Zwei windgeschützte Mulden, von Tannenhecken durchzogen. Bungaowanlage. Imbiss. Restaurant 4 km, Ort (Århus) 8 km entfernt. Mittagsruhe 12-14 Uhr. Touristen-/Dauerstellplätze 150/50.
2007: (HS) P/N 71.–, K/N bis 11 J. 38.–, H/N 10.–, Strom/N 15.– und kWh 2.25 (10 A).

8420 Fuglsø-Ebeltoft, Jütland — DK 1207

30 ★★★ »SØLYSTGAARD CAMPING« 31.3. bis 23.9.
☏/Fax 86351239 90 000 qm
www.solystgaard.dk, mail@solystgaard.dk

→ Straße Århus–Grenå, abbiegen über Rønde und Femmøller nach Süden Richtung Helgenæs. ✉ Dragsmervej 15.

Hügeliges und schattenloses Wiesengelände um einen Bauernhof bei einer Bucht. Eigener Badestrand. Ideal zum Angeln. Wasserrutsche. Whirlpool. Trampolin. Billard. Volleyball. Mittagsruhe 13-15 Uhr. Touristen-/Dauerstellplätze 270/70.
2007: (HS) P/N 79.–, K/N bis 13 J. 39.–, St/N inkl., H/N 0.–, WD zuzügl., Strom/N 25.– (6 A).

DCC-Vertragsplatz

8400 Ebeltoft, Jütland — DK 1212/1

35 ★★★ »DCU-MOLS CAMPING« 1.1. bis 31.12.
☏ 86341625, Fax 86340832 92 000 qm
www.camping-mols.dk, mols@dcu.ck

→ Straße 15 Århus–Grenå. Dem Schild „Volkspladsen, VUC" folgen, dann weiter, beschildert. ✉ Dråbyvej 13 (GPS: 56°12'54" N / 10°41'20" E).

100 m

Terrassiertes Gelände mit Mulden und halbhohen Kiefern. Ort 1.4 km entfernt. Mittagsruhe 12-14 Uhr. Touristen-/Dauerstellplätze 350/50.
2008: (HS) P/N 70.–, K/N bis 11 J. 45.–, St/N 40.–, H/N 10.–, Strom/N 8.– und kWh 2.75.
DCC 10% auf P/N.

8400 Ebeltoft, Jütland — DK 1212/2

35 ★★★ »KRAKÆR CAMPING« 1.1. bis 31.12.
☏ 86362118, Fax 86362187 74 000 qm
www.krakaer.dk, info@krakaer.dk

→ Straße Århus–Grenå. In Femmøller abbiegen nach Lyngsbæk. Beschildert. ✉ Gl. Kærvej 18.

200 m

Mehrere Waldlichtungen, aufgeteilt für Wohnwagen und Zelte, in hügeliger Heidelandschaft. Meer 2 km entfernt. 260 Touristenplätze.
2008: (HS) P/N 79.–, K/N bis 11 J. 42.–, St/N inkl., H/N frei, Strom/N 28.– (13 A).

8400 Rugaard, Ebeltoft/Jütland — DK 1214

30 ★★★ »RUGAARD CAMPING« 30.3. bis 16.9.
☏/Fax 86336025 102 000 qm
www.rugaard.dk, rugaard@mail.tele.dk

→ Straße 15 Århus–Grenå, bei Tirstrup abbiegen über Hyllested zur Küste. ✉ Rugaardsvej 4.

Terrassiert abgestuftes Wiesengelände an einer Bucht. Mittagsruhe 13-15 Uhr. Touristen-/Dauerstellplätze 91/84.
2007: P/N 68.–, K/N bis 12 J. 34.–, St/N 25.–, WD zuzügl., Strom/N 27.–.

8500 Grenå, Jütland — DK 1215/1

40 ★★★ »GRENAA STRAND CAMPING« 19.3. bis 14.9.
☏ 86321718, Fax 86309555 220 000 qm
www.GrenaaStandCamping.dk, info@GrenaaStandCamping.dk

→ Straße 15 Århus–Grenå, ab Grenå 2 km südlich. ✉ Fuglsangvej 58.

100 m

Ebenes, naturbelassenes und parzelliertes Wiesengelände mit Hecken und Bäumen. Von Dünen– und Strandwaldstreifen umgeben. Separate Platzteile für Caravans und Zelte mit eigenen Sanitäreinrichtungen. Trimm-Dich-Pfad und Abenteuerspielplätze. Separater Jugendplatz. Ort 2 km entfernt. Touristen-/Dauerstellplätze 500/79.
2008: (HS) P/N 70.–, K/N bis 11 J. 48.–, St/N 60.–, H/N 15.–, KT 5.–, WD inkl., Strom/N 30.– (10 A).

8500 Grenå, Jütland — DK 1215/2

★★★★ »FORNÆS CAMPING« März bis Sept.
☏ 86332330, Fax 86332423 92 000 qm
www.dk-camp.dk/fornaes, fornaes@1031.inord.dk

→ Auf der Straße 15 oder 16 bis Grenå-Fährhafen; in den Kattegatvej abbiegen Richtung Fornaes, beschildert, auf den Stensmarkvej noch 4 km. ✉ Stensmarkvej 36.

Ebenes, von Feldern umgebenes Wiesengelände, zum Strand leicht abfallend und durch Heckenrosenreihen gegliedert. Ausblick auf die See. Whirlpool. Ort 5 km entfernt. Touristen-/Dauerstellplätze 210/80.

8500 Gjerrild, Jütland — DK 1217

35 ★★★ »GJERRILD NORDSTRAND CAMPING« — 31.3. bis 16.9.
☎ 86384200, Fax 86383086, www.gnc.dk, info@gnc.dk
10 000 qm

→ Straße 15 Århus–Grenå, vor Grenåden den Schildern Gjerrild Nordstrand folgen, ca. 13 km nach Norden. ✉ Langholmvej 26 (GPS: 56°31'41" N / 10°48'37" E).

350 m

Durch Hecken und Baumreihen gegliedertes ebenes Wiesengelände. Einige Stellplätze im hinteren Bereich in einem Kiefernwäldchen. Ort 3 km entfernt. Touristen-/Dauerstellplätze 180/100.
2008: (HS) P/N 86.–, K/N bis 11 J. 55.–, St/N inkl., H/N 12.–, WD inkl., Strom/N 28.– (10A).

8585 Glesborg-Bønnerup Stand, Jütld. — DK 1218

★★★ »ALBERTINELUND CAMPING« — 1.1. bis 31.12.
☎ 86386233, Fax 86386562
120 000 qm
www.dk-camp.dk/albertinelund, albertinelund@mail.tele.dk

→ Straße 16 Grenå–Randers Abf. auf die Straße 547 über Hemmed nach Bønnerup Strand, beschildert. ✉ Albertinelund 3.

150 m

Ebenes, parzelliertes und teilweise schattenloses Wiesengelände mit Waldflächen bis einem Bauernhof. Zimmervermietung. Kinderspielhalle in einer Scheune. Fußweg durch die Steilküste zum Strand. Separater Jugendplatz. Trampoline. Sporthalle. FW. Touristen-/Dauerstellplätze 100/150.

8585 Fjellerup bei Glesborg, Djursland — DK 1219

35 ★★★ »FDM CAMPING HEGEDAL STRAND« — 15.3. bis 14.9.
☎ 86317750, Fax 86317740
22 000 qm
www.fdmcamping.dk, c-hegedal@fdm.dk

→ Str. 16 Grenå–Randers, abbiegen auf die Straße 547 Richtung Fjellerup. Ca. 3 km westl. von Fjellerup in Richtung Strand abbiegen. ✉ Ravnsvej 3.

300 m

Ebenes bis leicht geneigtes, von Kiefern, Heide und Wildrosen durchsetztes, Wiesengelände. Einige Stufen zum kinderfreundlichen Strand. Familienbäder. Trampolin. Ort (Fjellerup) 3 km entfernt. Mittagsruhe 12–15 Uhr. Touristen-/Dauerstellplätze 65/50.
2008: (HS) P/N 76.–, K/N 2 bis 12 J. 42.–, St/N 35.–, H/N 12.–, WD inkl., Strom/N 30.– (10A).

8900 Randers, Jütland — DK 1221

★★ »FLADBRO CAMPING« — März bis Okt.
☎ /Fax 86429361
60 000 qm

→ Straße 16 Randers–Viborg, westl. von Randers abbiegen. ✉ Hedevej 9.

Hügeliges Wiesengelände auf Lichtungen im Mischwald sowie unter Baumgruppen. Angelmöglichkeit und Golf in der Nähe. Ort 6 km entfernt. Touristen-/Dauerstellplätze 200/30.

8961 Allingåbro, Jütland — DK 1222

30 ★★★ »DALGÅRD CAMPING« — 15.3. bis 14.9.
☎ 86317013, Fax 86137313
30 000 qm
www.dk-camp.dk/dalgaard, dalgaard@dk-camp.dk

→ Straße 16 Randers–Grenå, bei Fausing abbiegen nach Allingåbro. ✉ Nordkystvejen 65.

2,5 km

Ebenes, von Buschwald umgebenes und durchzogenes Wiesengelände am Grund-Fjord. Familienbäder. Billard. Hüpfburg. Petanque. Vogelvoliere. Ort 2.5 km entfernt. Mittagsruhe 13–15 Uhr. Touristen-/Dauerstellplätze 74/50.
2008: (HS) P/N 74.–, K/N bis 11 J. 42.–, St/N inkl., WD zuzügl., Strom/N 25.– (10A).

DCC – DEIN PARTNER!

8830 Vammen, Jütland — DK 1224

35 ★★★★ »VAMMEN CAMPING« — 1.5. bis 1.9.
☎ 86690152, Fax 86690358
65 000 qm
www.vammencamping.dk, info@vammencamping.dk

→ Straße 13 Viborg–Ålborg, ca. 8 km von Viborg Richtung Vammen und Rødding abbiegen. Beschildert. ✉ Langsøvej 15 (GPS: 56°12'00" N / 11°41'59" E).

1.5 km

Mehrere, teilweise von Hecken umgebene Geländestufen mit schönem Seeblick. Separate Pkw-Abstellung für den Platzteil am Strand. Brötchenservice. Liegewiese. Badefloß. Diverse Veranstaltungen. Ort 1.5 km entfernt. 100 Touristenplätze.
2007: (HS) P/N 75.–, K/N bis 12 J. 40.–, St/N inkl., WD inkl., Strom/N 22.– (6A).

8800 Viborg, Jütland — DK 1225

35 ★★★ »DCU-CAMPING VIBORG SØ« — 14.3. bis 19.10.
☎ 86671311, Fax 86673529
40 000 qm
www.camping-viborg.dk, viborg@dcu.dk

→ Straße 16 Randers–Viborg, kurz vor Viborg abbiegen, noch 1.5 km. ✉ Vinkelvej 36 b (GPS: 56°26'15" N / 9°25'16" E).

300 m

Gepflegtes, durch Heckenrosen und Büsche unterteiltes, Wiesengelände am Søndersø. Von Wald teilweise begrenzt. Ort 3 km entfernt. Mittagsruhe 12–14 Uhr. Touristen-/Dauerstellplätze 200/50.
2008: (HS) P/N 68.–, K/N bis 11 J. 44.–, St/N 40.–, H/N 10.–, Strom/N 8.– und kWh 2.75 (3 A).
DCC 10% auf P/N.

8832 Skals, Jütland — DK 1228

★★★ »CAMPING ULBJERG« — Mai bis Okt.
☎ 86697093, Fax 86697499, camping@ulbjerg.dk
35 000 qm

→ Straße 533 Viborg–Løgstør, 1 km hinter Ulbjerg zur Küste abbiegen, noch ca. 1.5 km. ✉ Skrahedevej 6.

800 m

Leicht welliges Heidegelände mit Blick auf den Fjord. Ort 2 km entfernt. Mittagsruhe 12–14 Uhr. Touristen-/Dauerstellplätze 128/30.

9500 Hobro, Jütland — DK 1229

30 ★★★ »HOBRO CAMPING GATTENBORG« — 20.3. bis 28.9.
☎ 98523288, Fax 98525661
45 000 qm
www.hobrocamping.dk, hobro@dk-camp.dk

→ E 45 Randers–Ålborg Abf. (35) Hobro auf die B 579 Richtung Hobro, noch 2.5 km. Beschildert. ✉ Skivevej 35.

500 m 2 km

Terrassiertes Wiesengelände mit einigen, von Erdwällen eingerahmten Stellkreiseln. Blick auf das Panorama der Stadt. Mittagsruhe 12–14 Uhr. Ort 1 km entfernt. Touristen-/Dauerstellplätze 95/30.
2008: (HS) P/N 60.–, K/N bis 11 J. 35.–, St/N inkl., WD zuzügl., Strom/N 25.– (13A).

9550 Mariager, Jütland — DK 1230

30 ★★★ »MARIAGER CAMPING« — 20.3. bis 21.9.
☎ 98541342, Fax 98542768
30 000 qm
www.mariagercamping.dk, info@mariagercamping.dk

→ Straße 555 Hobro–Mariager. Im Ort an der Umgehungsstraße. ✉ Ny Havnegade 5A.

150 m 500 m

Leicht hügeliges, schattenloses Gelände am Fjord neben den Hafenanlagen. Von einem Fahrweg geteilt. Touristen-/Dauerstellplätze 115/35.
2008: (HS) P/N 78.–, K/N 1 bis 12 J. 39.–, St/N inkl., WD zuzügl., Strom/N 25.– (10A). In NS Ermäßigung.

9520 Rebild, Skørping/Jütland — DK 1232

★★ »SAFARI CAMPING« — 1.1. bis 31.12.
☎ 98391110, Fax 98391794 — 43 000 qm
www.safari-camping.dk, info@safari-camping.dk

→ A 10 Hobro–Ålborg, Richtung Skørping abbiegen nach Rebild.
✉ Rebildvej 17 A.

Durch Hecken unterteiltes Wiesengelände in der Nähe des National-parks. Ort 2 km entfernt. Touristen-/Dauerstellplätze 150/50.

DCC-Vertragsplatz

9640 Farsø-Myrhøj b. Strandby, Jütland — DK 1234

25 ★★★★ »MYRHØJ HYTTEBY & CAMPING LIMFJORDEN«
☎ 98636065, Fax 98636070 — ab 15.3.
myrhoj@c.dk, infofjordside@mail.dk — 43 000 qm

→ A 45 Kolding–Vejle, Abf. (59) auf die 13 Richtung Viborg, dann auf die 533 Richtung Løgstør hinter Strandby, dort ca. noch 200 m. ✉ Løgstørvej 69.

Ebenes, leicht abfallendes, parzelliertes Wiesengelände mit Bäumen und Büschen und ebene unparzellierte Wiese in der Nähe eines Fjordes. Hüpfburg. Außenbowlingbahn. Große Spiellandschaft mit Schwebebahn. Internetzugang bei Anfrage. Imbiss. Im Winter (1.11. bis 15.3.) tel. Anmeldung erforderlich. Ort 500 m entfernt. Touristen-/Dauerstellplätze 60/25.
2007: (HS) P/N 60.–, K/N bis 11 J. 30.–, St/N inkl., WD zuzügl., Müllgeb. St/N 10.–, Strom/N 25.– (10-16A). In NS Ermäßigung.
DCC/CCI 10% auf P/N.

9640 Farsø, Jylland — DK 1235

★★★★ »HVALPSUND FAMILIE CAMPING« — April bis Okt.
☎ 98638123, Fax 98638771 — 52 000 qm
www.hvalpsundcamp.dk, hvalpsundcamp@dk

→ Straße 533 Viborg–Løgstø nach Hvalpsund Str. 187 abbiegen in Hvalpsund beschildert. ✉ Overgaden 24.

Ebenes, durch Hecken unterteiltes Wiesengelände am Limfjord und einem kleinen Wäldchen. Ort 1 km entfernt. Touristen-/Dauerstellplätze 110/60.

9560 Hadsund, Jütland — DK 1237

★★★★ »TOFT CAMPING« — März bis Sept.
☎ 98588032, Fax 98588773 — 205 000 qm

→ Straße 541 Hadsund–Egensee, 2 km nördlich Øster Hurup.

Leicht welliges Heide- und Dünengelände zwischen der Küstenstraße und dem breiten Strand. Ort 2 km entfernt. Touristen-/Dauerstellplätze 380/80.

9280 Mou-Storvorde, Jütland — DK 1242

35 ★★★ »FRYDENSTRAND MOU CAMPING« — 1.1. bis 31.12.
☎/Fax 98311139 — 26 000 qm
www.dk-camp.dk/frydenstrand, frydenstrand@dk-camp.dk

→ Straße 595 Ålborg–Egense, bei Mou Richtung Skellet abbiegen.
✉ Frydenstrand 58.

Von Bäumen durchsetztes, parkartig gepflegtes Wiesengelände bei einem ehemaligen Bauernhof. Windgeschützt durch Hecken. Ort 2 km entfernt. Mittagsruhe 12-14 Uhr. Touristen-/Dauerstellplätze 65/35.
2008: P/N 68.–, K/N 1 bis 11 J. 34.–, St/N 30.–, H/N 10.–, KT 5.–, WD keine Angabe, Strom/N 15.–, kWh 2.50 (13A).

Jahres-Öffnungszeiten
werden uns von den Platzhaltern gemeldet. Sie bemühen sich, die Zeiten einzuhalten. Je nach Wetterlage sind aber spätere Öffnungs- und frühere Schließungszeiten möglich.

9000 Aalborg, Jütland — DK 1244

35 ★★★ »ÅLBORG FAMILIE CAMPING STRANDPARKEN«
☎ 98127629, Fax 98127673 — 20.3. bis 14.9.
www.strandparken.dk, info@strandparken.dk — 50 000 qm

→ In Ålborg von der E3 abbiegen, beschildert. Busverbindung zum Stadtzentrum. ✉ Skydebanevej 20.

Von einem Wall umgebenes, ebenes Wiesengelände neben einem Yachthafen und einer Pferderennbahn. Ort 3 km entfernt. 250 Touristenplätze.
2008: (HS) P/N 68.–, K/N bis 11 J. 40.–, St/N 20.–/25.–, H/N 5.–, WD zuzügl., Strom/N 25.– (10 A).

9340 Aså, Jütland — DK 1255

★★★ »CAMPING ASÅ« — April bis Okt.
☎ 98851340, Fax 98850038 — 50 000 qm
www.asaacamping.dk, asaa@dk-camp.dk

→ E 3 Ålborg–Frederikshavn, in Hjallerup abbiegen nach Aså, hier zum südlichen Ortsrand. ✉ Vodbindervej 13.

Ebenes, parzelliertes Wiesengelände. Ort 500 m, Strand 800 m entfernt. Touristen-/Dauerstellplätze 150/35.

9300 Sæby, Jütland — DK 1257

30 ★★★★ »HEDEBO STRAND CAMPING« — 15.3. bis 7.9.
☎ 98461449, Fax 98401313 — 140 000 qm
www.hedebocamping.dk, hedebo@dk-camp.dk

→ E 3 Ålborg–Frederikshavn, ca. 2 km nördlich von Sæby. ✉ Frederikshavnsvej 108.

Leicht am breiten Strand abfallendes Wiesengelände. Ein Platzteil durch Pappelreihen gegliedert. Wassersport. Surfschule. Ort 2 km entfernt. Touristen-/Dauerstellplätze 400/200.
2007: (HS) P/N 70.–, K/N 1 bis 12 J. 40.–, St/N 40.–, H/N frei, WD zuzügl., Strom/N 30.– (13A). In NS Ermäßigung.

9900 Sæby-Frederikshavn, Jütland — DK 1258

35 ★★★ »SVALEREDEN CAMPING & HYTTEBY« — 1.1. bis 31.12.
☎ 98461937, Fax 98462853 — 44 000 qm
www.svalereden.dk, svalereden@dk-camp.dk

→ E 45 Ålborg–Frederikshavn Abf. (13) auf die B 180 ca. 3 km nördlich von Sæby. ✉ Frederikshavnsvej 112.

Ebenes, von Strandwald umgebenes und teilweise durchzogenes Wiesengelände. Bunalowanlage. Ort 3 km entfernt. Touristen-/Dauerstellplätze 135/40.
2008: P/N 70.–, K/N 1 bis 12 J. 40.–, St/N 40.–, WD zuzügl., Strom/N 30.– (10-16A). In NS Ermäßigung.

9900 Frederikshavn, Jütland — DK 1260

★★★★ »NORDSTRAND CAMPING« — März bis Okt.
☎ 98429350, Fax 98434785 — 80 000 qm
www.nordstrand-camping.dk, info@nordstrand-camping.dk

→ E 3 Ålborg–Frederikshavn, hier auf die Straße 40 Richtung Skagen bis zum nördlichen Ortsende. Beschildert. ✉ Apholmenvej 40.

Ebenes, gegliedertes Wiesengelände am Rand eines Wäldchens. Ort 3 km entfernt. Touristen-/Dauerstellplätze 370/70.

9870 Sindal, Jütland — DK 1270/1

25 ★★★ »TOLNE CAMPING« — 1.1. bis 31.12.
☎ 98930266, Fax 98930210 — 50 000 qm
www.tolne.camping.dk, tolne@camping.dk

→ Straße 35 Frederikshavn-Hjørring. Vor Sindal bei Tolne. Beschildert. ✉ Stenderupvej 46.

Naturbelassenes, weitläufiges Wiesengelände. Ort 2 km entfernt. Touristen-/Dauerstellplätze 133/30.
2007: (HS) P/N 55.–, K/N bis 13 J. 30.–, St/N inkl., WD zuzügl., Strom/N 25.–.

DCC-Vertragsplatz

✉ 9870 Sindal, Jütland — DK 1270/2

★★★★ »SINDAL CAMPING« — 1.1. bis 31.12.
☎ 98936530, Fax 98936930 — 30 m — 46 000 qm
www.sindal-camping.de, info@sindal-camping.dk

→ E 39 Aalborg–Hirtshals Abf. (3) Richtung Frederikshavn. Vor Sindal rechts abbiegen. Platz liegt 1 km westlich von Sindal. ✉ Hjørringvej 125 (GPS: 57°28'07" N / 10°10'70" E).

Ebenes parzelliertes, von Hecken umgebenes, Wiesengelände neben einem Wald. Guter Etappenplatz zu den Fähren. 5 Spielplätze. Spielturm. Steichelzoo. Ort 1 km, Golf 5 km entfernt. Touristen-/Dauerstellplätze 150/30.
2007: (HS) (Euro) P/N 7.33, K/N 4.67, St/N 4.–, WD zuzügl., Strom/N –.67 und kWh –.33 (13 A). Ab 7 N 20% Ermäßigung. In NS Ermäßigung.
DCC 15% auf P/N.

✉ 9960 Østerbyhavn, Insel Læsø — DK 1280

★★ »ØSTERBY CAMPING« — Mai bis Sept.
☎ 98498074, Fax 98498073 — 22 000 qm
www.oesterbycamping.dk, mail@oesterbycamping.dk

→ 90 Minuten Schifffahrt Frederikshavn–Læsø. Auf der Insel der Beschilderung Østerbyhavn folgen. ✉ Campingpladsvej 8.

Leicht welliges Wiesen- und Sandgelände. Von Einzelkiefern durchsetzt. 95 Touristenplätze.

✉ 9940 Vesterø Havn, Læsø — DK 1281

35 ★★★ »LÆSØ CAMPING & HYTTEBY« — 1.5. bis 1.10.
☎ 98499495, Fax 98499455 — 28 000 qm
www.dk-camp.dk/laesoe, Laesoe@dk-camp.dk

→ 90 Minuten Schifffahrt Frederikshavn–Læsø. Ab Vesterø Havn ca. 1.5 km Richtung Byrum. ✉ Agersigen 18 A.

Durch Bäume und dichte Bepflanzung windgeschütztes Wiesengelände. Ort 1.2 km entfernt. 110 Touristenplätze.
2008: P/N 65.–, K/N bis 12 J. 37.–, St/N 30.–, WD keine Angabe, Strom/N 30.– (10 A). In NS Ermäßigung.

✉ 9982 Ålbæk, Jütland — DK 1290

35 ★★★ »FDM ÅLBÆK STRAND« — 26.4. bis 14.9.
☎ 98489261, Fax 98488934, — 110 616 qm
www.fdmcamping.dk, c-aalbaek@fdm.dk

→ Straße 40 Frederikshavn–Skagen. Zum Platz etwa 2 km südl. von Albæk. ✉ Jerupvej 19.

Ebenes Heidegelände unter Nadelbäumen zwischen Straße und Strand. Kinderfreundlicher Badestrand mit windgeschützten Mulden. Ort 1 km, Golfplatz 5 km entfernt. Mittagsruhe 12-15 Uhr. Touristen-/Dauerstellplätze 600/100.
2008: P/N 73.–, K/N 2 bis 12 J. 42.–, St/N 35.–, H/N 12.–, WD inkl., Strom/N 30.– oder kWh 3.– (10 A).

✉ 9990 Skagen, Jütland — DK 1299/1

35 ★★★ »GRENEN CAMPING« — 1.5. bis 14.9.
☎ 98442546, Fax 98446546 — 53 000 qm
www.grenencamping.dk, grenen@postb.tele.dk

→ Straße 40 von Skagen zur nördlichen Spitze von Dänemark. ✉ Fyrvej 16.

Durch Hecken und Zäune unterteiltes Gelände zwischen Straße und Düne. Ort 1.5 km entfernt. Mittagsruhe 12.30-14.30 Uhr (NS). 270 Touristenplätze.
2007: (HS) P/N 81.–, K/N bis 13 J. 47.–, H/N 10.–, WD zuzügl., Strom/N 31.– (10 A). In NS Ermäßigung.

✉ 9990 Skagen, Jütland — DK 1299/2

35 ★★★ »POUL EEG CAMPING« — 29.4. bis 7.9.
☎ 98441470, Fax 98451460 — 90 000 qm
www.pouleegcamping.dk, pouleegcamping@mail.dk

→ Straße 40 von Skagen zur nördlichen Spitze von Dänemark. In Skagen der Beschilderung folgen. ✉ Batterivej 21.

Ebenes und weitläufiges Gelände, mehrfach durch Hecken unterteilt. In HS oft frühzeitig vollbelegt. Ort 1.5 km entfernt. Touristen-/Dauerstellplätze 320/100.
2008: (HS) P/N 81.–, K/N bis 12 J. 44.–, H/N 10.–, WD zuzügl., Strom/N 31.– (10 A).

✉ 9990 Skagen, Jütland — DK 1299/3

35 ★★★ »RABJERG MILE CAMPING« — Ostern bis 19.10.
☎ 98487500, Fax 98487588 — 20 000 qm
www.990.dk, info@990.dk

→ Straße 40 von Skagen zur nördlichen Spitze von Dänemark. ✉ Kandestedvej 55.

Ebenes, von Hecken durchzogenes Gelände, zwischen Dünen, Wald und Heide. Nordsee 2 km, Ort 12 km entfernt. Touristen-/Dauerstellplätze 350/90.
2008: P/N 76.–, K/N 2 bis 11 J. 50.–, St/N inkl., H/N 10.–, WD zuzügl., Strom/N 30.– (10 A).

✉ 5500 Middelfart-Røjle Klint, Fünen — DK 2005

30 ★★★ »RØJLE KLINT NATUR CAMPING« — 1.1. bis 31.12.
☎ 64401381, Fax 64401384 — 35 000 qm

→ E 66 Kolding–Odensee, nach Passieren der Lillebæltbrücke an der ersten Abfahrt links in Richtung Strib und weiter den Hinweisen Røjle, Røjle Skov und Røjle Klint folgen. ✉ Røjleklintvej 29.

Leicht zur Steilküste abfallendes, teilweise durch Baumreihen gegliedertes Wiesengelände. Ort 3 km entfernt. Touristen-/Dauerstellplätze 80/30.
2008: P/N 72.–, K/N 2 bis 11 J. 35.–, St/N inkl., H/N 3.–, WD zuzügl., Strom/N 30.– (10 A).

✉ 5466 Asperup, Fünen — DK 2007

25 ★★★ »BÅRINGSKOV CAMPING« — 1.1. bis 31.12.
☎/Fax 64481053 — 24 000 qm
www.baaringskov.dk, baarings@mail.dk

→ Straße 317 Middelfart–Bogense, bei Båring abbiegen in Richtung Båringskov, noch ca. 1.5 km bis zur Bucht. ✉ Kystvejen 4.

Leicht zur Steilküste abfallendes Wiesengelände. Von Hecken durchzogen und Wald umgeben. Imbiss. Ort 3 km entfernt. Mittagsruhe 12-15 Uhr. 60 Touristenplätze.
2008: (HS) P/N 65.–, K/N bis 12 J. 35.–, WD zuzügl., Strom/N 20.–.

DCC – auch Ihr Camping-Partner!

Deutscher Camping-Club e.V., Postfach 40 04 28, 80704 München

5500 Middelfart, Fünen — DK 2008

★★★ »GALS KLINT CAMPING« — 15.3. bis 19.10.
☎ 64412059, Fax 64418159 — 7 400 qm
www.galsklint.dk, mail@galsklint.dk

→ E 20 Kolding–Odensee Abf. (59) Richtung Middelfart. Über die alte Brücke des kleinen Belts, die 1. Straße rechts bis Gals Klint. ✉ Galsklintvej 11.

Ebenes, von Wald umgebenes und durch Hecken unterteiltes Wiesengelände am Kleinen Belt in der Nähe der alten Beltbrücke. Ökologische Betriebsführung. Imbiss. Bootsanliegestelle. Ideal für Angler und Wassersportler. Kostenloses Einfrieren von Fangfischen. Ort 6 km entfernt. Mittagsruhe 12-14 Uhr. Touristen-/Dauerstellplätze 180/70.
2007: P/N 68.–, K/N 1 bis 11 J. 35.–, St/N inkl., H/N 15.–, WD zuzügl., Strom/N 28.– (10 A).

5580 Nørre Åby, Fünen — DK 2010

★★★ »RONÆS-STRAND CAMPING« — 1.4. bis 14.9.
☎ 64421763, Fax 64421773 — 40 000 qm
www.camping-ferie.dk, camping@ferie.dk

→ E 66 Kolding–Odensee Abf. Assens in Richtung Assens bis Føns, dann beschildert. ✉ Ronasvej 10.

Von Laubbaumstreifen umgebenes und durch Hecken unterteiltes Wiesengelände am Gamborg Fjord. Ort 6 km entfernt. Mittagsruhe 12.30-14 Uhr. Touristen-/Dauerstellplätze 130/60.
2008: P/N 65.–, K/N 1 bis 11 J. 40.–, St/N 50.–, H/N 10.–, WD zuzügl., Strom/N 25.– (5 A).

5610 Assens, Fünen — DK 2015

★★★ »SANDAGER NÆS CAMPING« — 20.3. bis 14.9.
☎ 64791156, Fax 64791856 — 37 000 qm
www.sangagernaes.dk, info@sandagernaes.dk

→ Straße 313 Middelfart–Assens, in Sandager abbiegen zum Kleinen Belt noch ca. 4 km, gut beschildert. ✉ Strandgardvej 12.

Leicht abfallendes Wiesengelände. Imbiss. Mittagsruhe 12-14 Uhr. Ort 3 km entfernt. Touristen-/Dauerstellplätze 110/40.
2008: (HS) P/N 66.–, K/N bis 11 J. 42.–, St/N 60.–, H/N 15.–, WD zuzügl., Strom/N 18.– und kWh 2.50 (10-13 A). In NS Ermäßigung.

5260 Odense, Fünen — DK 2020

Abfahrt

★★ »DCU-CAMPING ODENSE« — 1.1. bis 31.12.
☎ 66114702, Fax 65917343 — 45 000 qm
www.camping-odense.dk, odense@dcu.dk

→ E 66 Kolding–Nyborg Abf. Odense C, noch ca. 3 km in nördlicher Richtung bis zur Texaco-Tankstelle. Beschildert. ✉ Odensevej 102 (GPS: 55°22'13" N / 10°23'31" E).

Durch hohe Hecken unterteiltes Wiesengelände. Ort 4.5 km entfernt. Mittagsruhe 12-14 Uhr (HS). Touristen-/Dauerstellplätze 250/30.
2008: (HS) P/N 70.–, K/N bis 11 J. 45.–, St/N 40.–, H/N 10.–, WD inkl., Strom/N 8.– und kWh 2.75 (3 A).

5800 Nyborg, Fünen — DK 2025/1

Abfahrt

★★★ »NYBORG STRANDCAMPING« — April bis Sept.
☎ 65310256, Fax 65310756 — 35 000 qm
www.strandcamping.dk, mail@strandcamping.dk

→ E 66 Odense–Nyborg Abf. Nyborg/Ost Richtung Fährhafen. ✉ Hjejlevej 99.

Wiesengelände mit hohen Fichten am Großen Belt. Bungalows. Touristen-/Dauerstellplätze 150/30.

5610 Nyborg, Fünen — DK 2025/2

★★★ »GRØNNEHAVE STRAND CAMPING« — 12.4. bis 21.9.
☎ 65361550, Fax 65361235 — 45 000 qm
www.gronnehave.dk, info@gronnehave.dk

→ E 20 Middelfart–Nyborg, abbiegen auf die Straße 165 Richtung Kerteminde noch 4 km. ✉ Rejstrupvej 83.

Ebenes Wiesengelände in Strandnähe. Zentrum 5 km entfernt. Mittagsruhe 12-14 Uhr. Touristen-/Dauerstellplätze 120/50.
2008: P/N 66.–, K/N bis 11 J. 37.–, St/N 35.–, H/N 10.–, WD zuzügl., Strom/N 28.– (10 A).

5631 Ebberup, Fünen — DK 2032/1

★★★ »AA-STRAND CAMPING« — April bis 15.9.
☎/Fax 64741003, www.aa-strand.dk, aa-strand@dk-camp.dk — 50 000 qm

→ Straße 323 Assens–Hårby, ca. 4 km von Assens südwärts abbiegen. Beschildert. ✉ Strandvej 61.

Durch Heckenrosen gegliedertes und windgeschütztes Wiesengelände auf einem Höhenrücken am Kleinen Belt in einem Naturschutzgebiet. Trampolin. Hüpfkissen. Familienbad. Ort 3 km entfernt. Mittagsruhe 12-14 Uhr. Touristen-/Dauerstellplätze 125/50.
2007: P/N 60.–, K/N bis 11 J. 32.–, St/N 28.–, WD zuzügl., Strom/N 25.– (10 A).

5631 Ebberup, Fünen — DK 2032/2

★★★ »HELNÆS CAMPING« — 1.4. bis 1.10.
☎ 64771339, Fax 64771354 — 32 000 qm
www.helnaes-camping.dk, info@helnaes-camping.dk

→ Straße 323 Assens–Hårby, über Ebberup nach Helnæs. Beschildert. ✉ Strandbakken 21 (GPS: 55°07'52" N / 10°02'11" E).

In Stufen abfallendes Wiesengelände, von Bäumen und Hecken umgeben. Imbiss. Ort 2 km entfernt. Touristen-/Dauerstellplätze 158/40.
2007: (HS) P/N 67.–, K/N 3 bis 12 J. 36.–, St/N inkl., WD inkl., Strom/N 25.– (6A). Für 4 Nächte 3 Nächte bezahlen (außer Wochenende). In NS Erm.

5600 Faaborg, Fünen — DK 2040/1

★★★★ »BØJDEN STRANDCAMPING« — März bis Okt.
☎ 62601284, Fax 62601294 — 58 000 qm
www.bojden.dk, info@bojden.dk

→ Straße 8 Fährhafen Fynshav (Als) übersetzen nach Bøjden (Fünen). Ab hier noch 1.3 km östlich. ✉ Bøjden Landevej 12.

Leicht gestuftes und parzelliert abfallendes Wiesengelände. Teilweise durch Hecken windgeschützt. Kinderspielraum. Internetcafé. Touristen-/Dauerstellplätze 175/90.

5600 Faaborg, Fünen — DK 2040/2

★★★ »FALDSLED STRAND-CAMPING« — Mai bis Sept.
☎ 62681095, Fax 62617461 — 30 000 qm
faldsled-strand-camping.dk, faldsled-strand-camping@mail.dk

→ Straße 329 Hårby–Fåberg, in Faldsled beschildert. ✉ Assensvej 461.

Waldgelände mit Lichtungen und Stellplatznischen. Touristen-/Dauerstellplätze 140/2.

Wegen oft wechselnden Größenangaben für die einzelnen Stellparzellen durch die Platzhalter veröffentlicht der DCC nur noch die Camping-Gesamtfläche in qm und den Hinweis »parzelliert« oder »unparzelliert«.

5700 Svendborg-Thurø, Fünen — DK 2047

»FDM CAMPING THURØ« — 12.4. bis 14.9.
62205254, Fax 62205278 — 54 000 qm
www.fdmcamping.dk, c-thuroe@fdm.dk

→ E 9/E 44 Svendborg über den Deich zur Insel Thurø. Hinter den Ort Thurø in Richtung Smørmosen. Beschildert. ✉ Smørmosevej 7.

Ebenes, von Hecken durchzogenes, Wiesengelände auf einer, mit dem Festland verbundenen, Insel mit Sandstrand. Mittagsruhe 12-15 Uhr. Ort 4 km entfernt. 300 Touristenplätze.
2008: P/N 76.–, K/N 2 bis 12 J. 42.–, St/N 35.–, H/N 12.–, WD inkl., Strom/N 30.– oder kWh 3.– (10 A).

5881 Skårup, Fünen — DK 2049

»DCU-CAMPING ÅBYSKOV STRAND« — 15.3. bis 19.10.
62231320, Fax 62231377 — 47 000 qm
www.camping-aabyskov.dk, aabyskov@dcu.dk

→ Straße 163 Svendborg–Nyborg, in Vejstrup meerwärts abbiegen. ✉ Skårupøre Strandvej 74 (GPS: 55°04'19" N / 10°44'37" E).

Durch Hecken unterteiltes, gepflegtes Wiesengelände zwischen Küstenstraße und Strand. Schöner Blick nach Langeland. Mittagsruhe 12-14 Uhr. Ort 500 m entfernt. Touristen-/Dauerstellplätze 135/35.
2008: P/N 70.–, K/N bis 11 J. 45.–, St/N 40.–, H/N 10.–, WD keine Angabe, Strom/N 8.– und kWh 2.75.

5883 Oure, Fünen — DK 2050

»KNARREBORG MØLLE CAMPING« — April bis Sept.
62281056, Fax 62281861 — 50 000 qm
www.knarreborg.dk, mail@knarreborg.dk

→ Straße 163 Svendborg–Nyborg, in Oure bei der Kirche Richtung Meer in den Tanghavej abbiegen und weiter über den Bolsmusevej und Karreborgmollevej, ca. 3 km. ✉ Knarreborg Møllevej 25.

An drei Seiten von Bäumen und Büschen umgebenes, leicht abfallendes Wiesengelände. Mittagsruhe 12-14 Uhr. Touristen-/Dauerstellplätze 150/100.

5874 Hesselager, Fünen — DK 2052/1

»LUNDEBORG STRAND-CAMPING« — 12.4. bis 14.9.
62251450, Fax 62252022, — 10 000 qm
www.lundeborg.dk, ferie@lundeborg.dk

→ Str. 163 Svendborg–Nyborg, nach Lundeborg abbiegen und vor dem Hafen links noch ca. 500 m bis zum Ende des Weges. ✉ Gl. Lundeborgvej 46 (GPS: 55°08'41" N / 10°46'54" E).

Von Hecken umgebenes und gegliedertes Wiesengelände. Durch eine Straße zweigeteilt. Zum Strand über eine Treppe. Ort 700 m entfernt. Touristen-/Dauerstellplätze 130/50.
2008: P/N 68.–, K/N bis 12 J. 40.–, St/N 45.–, H/N 12.–, WD zuzügl., Strom/N 30.– (6 A).

5874 Hesselager, Fünen — DK 2052/2

»BØSØRE STRAND FERIENPARK« — April bis Okt.
62251145, Fax 62251146 — 250 000 qm
www.bosore.dk, info@bosore.dk

→ Straße 163 Svendborg–Nyborg, in Langå nach Vormark und Hesselager abbiegen zum Bøsøre-Strand. ✉ Bøsørevej 16.

Weitläufiges, mit Hecken durchzogenes, Wiesengelände am Meer und Waldrand. Badesteg. Feuchtbiotop. Kinderspielraum. Kinderdisco. Märchenspielplatz. Großzügige Badelandschaft mit Wasserrutsche und Whirlpool. Kino. Streichelzoo. Surf- und Segelsport. Touristen-/Dauerstellplätze 250/50.

5871 Tårup-Frørup, Fünen — DK 2053

»TÅRUP STRANDCAMPING« — April bis Sept.
65371199 — 50 000 qm

→ Straße 163 Svendborg–Nyborg, über Tårup meerwärts abbiegen noch ca. 4 km. ✉ Lersey Alle 25.

Etwas hügeliges und mit Mulden durchsetztes Gelände oberhalb der Steilküste. Von Hecken unterteilt. Ort 3 km entfernt. Touristen-/Dauerstellplätze 113/48.

5450 Otterup-Agernæs, Fünen — DK 2055

»DCU-CAMPING FLYVESANDET« — 15.3. bis 21.9.
64871320, Fax 64871303 — 70 000 qm
www.camping-flyvesandet.dk, flyvesandet@DCU.dk

→ Straße 162 Bogense–Odense über Otterup, Krogsbølle u. Flyvesandet. Agernaes, Flyvesandsvej 37 (GPS: 55°37'13" N / 10°18'03" E).

Ebenes Wiesen- und Dünengelände, mit niedrigen Kiefern durchsetzt. Besonders geeignet für einen längeren Familienaufenthalt. Ort 2.5 km entfernt. Mittagsruhe 12-14 Uhr. Touristen-/Dauerstellplätze 260/50.
2008: P/N 68.–, K/N bis 11 J. 44.–, St/N 40.–, H/N 10.–, WD inkl., Strom (3 A) 8.– und kWh 2.75.
DCC 10 % auf P/N.

5380 Dalby bei Kerteminde, Fünen — DK 2058

»BØGEBJERG STRAND-CAMPING« — 19.3. bis 28.9.
65341052, Fax 65341152 — 120 000 qm
www.bogebjerg.dk, info@bogebjerg.dk

→ Straße 315 Kerteminde in Richtung Måle. ✉ Blaesenborgvej 200.

Ebenes Wiesengelände mit einzelnen Eichenbäumen auf einem Höhenrücken. Durch viele Hecken unterteilt. Schöner Blick auf den Großen Belt. Großes Spielgelände. Internetcafé. Familiäre Atmospäre. Ort 5 km entfernt. Touristen-/Dauerstellplätze 335/40.
2008: (HS) P/N 75.–, K/N bis 11 J. 55.–, C MC-St/N 60.–, T-St/N 35.–, B/N 30, H/N 20.–, WD zuzügl., Müllgeb. P/N 7.–, Strom/N 32.– (14 A). Seniorenangebote. In NS Ermäßigung.

5390 Martofte-Nordskov, Fünen — DK 2060

»FYNS HOVED CAMPING« — 1.1. bis 31.12.
65341014, Fax 65342514 — 100 000 qm
www.fynshovedcamping.dk, fynshoved@dk-camp.dk

→ Straße 315 Kerteminde–Nordsko und weiter zum nördlichen Ende der Halbinsel Hindsholm. ✉ Fynshovedvej 748.

Vom Wald umgebenes, windgeschütztes Wiesengelände. Ort 1.5 km entfernt. Touristen-/Dauerstellplätze 200/80.

5700 Svendborg, Insel Tåsinge — DK 2210

»VINDEBYØRE CAMPING« — April bis Okt.
62225425, Fax 62225426 — 50 000 qm
www.dk-camp.dk/vindebyoere, vindebyoere@dk-camp.dk

→ Straße 9 Svendborg–Rudkøbing. Hinter der Sundbrücke bei der ersten Kreuzung links, dann nochmals links abbiegen, weiter über Vindeby an der Fährstation vorbei. ✉ Vindebyørevej 52.

Mehrere gepflegte Rasenflächen in einem städtischen Park ohne Begrenzungen. Ort 5 km entfernt. Touristen-/Dauerstellplätze 170/12.

Das CCI-Carnet ist im Ausland als Identitäts-Ausweis anerkannt. Im Inland genügt die Vorlage des DCC-Mitgliedsausweises.

DCC – DEIN PARTNER!

5900 Spodsberg bei Rudkøbing/Langel. DK 2310

»FÆRGEGÅRDENS CAMPING« — 1.1. bis 31.12.
☎ 62501136, Fax 62502636 — 28 000 qm
www.spodsbjerg.dk, info@spodsbjerg.dk

→ Straße 9 Fünen–Lolland, in Spodsbjerg 150 m neben dem Fähranleger nach Tårs. ✉ Spadsbjergvej 335 (GPS: 54°55′40″ N / 10°49′51″ E).

Wiesengelände mit Baumbestand um einen Bauernhof. Ort 8 km entfernt. Mittagsruhe 12–14 Uhr. Touristen-/Dauerstellplätze 123/60.
2007: (Euro) P/N 8.75, K/N bis 11 J. 5.–, St/N 2.25, H/N 2.08, KT 1.11, WD zuzügl., Strom/N 3.47 (6 A).
DCC/CCI 20% auf P/N und St/N.

5953 Tranekær, Langeland DK 2315

»EMMERBØLLE STRAND« — Ostern bis 24.10.
☎ 62591226, Fax 62591228 — 100 000 qm
www.emmerbolle.dk, info@emmerbolle.dk

→ Straße 305 Rudkøbing–Lohals, in Lejbølle abbiegen. ✉ Emmerbøllevej 24.

Von Bäumen umgebenes und gegliedertes Wiesengelände. Teilweise terrassiert, neben einem Dünen–Naturschutzgebiet. Internetcafé. Ort 5 km entfernt. Touristen-/Dauerstellplätze 210/20.
2008: (HS) P/N 74.–, K/N bis 11 J. 48.–, St/N 55.–, H/N 15.–, KT 10.–, WD zuzügl., Strom/N 23.– (10 A). In NS Ermäßigung.

5953 Lohals, Langeland DK 2318

»LOHALS CAMPING« — April bis Sept.
☎ 62551460, Fax 62551419 — 25 000 qm
www.lohalscamping.dk, info@lohalscamping.dk

→ Straße 305 Rudkøbing–Lohals, hier beschildert. ✉ Birkevej 11.

Durch Baum- und Buschreihen windgeschütztes Wiesengelände in der Nähe des Hafens. Ort 500 m entfernt. Mittagsruhe 12–14 Uhr. Touristen-/Dauerstellplätze 140/40.

5932 Humble-Ristinge, Langeland DK 2330

»RISTINGE CAMPING« — April bis Sept.
☎/Fax 62571329, www.ristinge.dk, info@ristinge.dk — 60 000 qm

→ Straße 305 Rudkøbing–Bagenkop, in Humble abbiegen über Hesselberg nach Ristinge. ✉ Ristingevej 104.

Wiesengelände auf einem Hügel, von Büschen und Bäumen unterteilt. Ort 5 km entfernt. Touristen-/Dauerstellplätze 240/10.

5935 Bagenkop, Langeland DK 2340

»STRANDGÅRDENS CAMPING« — Ostern bis Sept.
☎ 62561295, Fax 62551675 — 60 000 qm

→ Straße 305 Rudkøbing–Bagenkop. In Bagenkop Richtung Vestervej bis 300 m vor dem Fähranleger Bagenkop–Kiel.

Welliges Wiesengelände, teilweise von Hecken umgeben und unterteilt. Touristen-/Dauerstellplätze 150/50.

5970 Ærøskøbing, Insel Ærø DK 2410

»ÆRØSKØBING CAMPING« — Mai bis Sept.
☎ 62521854, Fax 62522557 — 35 000 qm

→ Fährverbindung von Fåborg und Svendborg täglich. Auf Ærø ca. 1 km vom Fähranleger. Beschildert. ✉ Sygenkusvej 40 B.

Durch hohe Buschhecken unterteiltes Wiesengelände. Überwiegend schattenlos. Ort 800 m entfernt. Mittagsruhe 12.30–15 Uhr. Touristen-/Dauerstellplätze 230/20.

5960 Marstal, Insel Ærø DK 2420

»MARSTAL CAMPING« — 1.4. bis 28.10.
☎ 63526369, Fax 62533640 — 16 000 qm
www.marstalcamping.dk, marstal.camping@mail.tele.dk

→ Fährverbindung von Fåborg und Svendborg täglich. Auf Ærø am Ostende, südlich des Hafens. ✉ Egehovedvej 1.

Ebenes Wiesengelände mit Heckenwindschutz. Ort 300 m entfernt. Mittagsruhe 13–15 Uhr. Touristen-/Dauerstellplätze 150/10.
2007: P/N 65.–, K/N bis 16 J. 32.–, St/N inkl., H/N frei, WD inkl., Strom/N 22.– (16 A) oder kWh 1.75.
DCC/CCI 10 % auf P/N.

4242 Boeslunde, Seeland DK 3003

»CAMPINGGÅRDEN« — 1.4. bis 30.9.
☎ 58140208, Fax 58140340 — 40 000 qm
www.campinggaarden.dk, info@campinggaarden.dk

→ Str. 265 Korsør–Skælskor. In Boeslunde rechts abbiegen noch ca. 2 km. ✉ Rennebjergvej 110 (GPS: 55°28′57″ N / 11°26′30″ E).

Gepflegtes Wiesengelände neben der Straße, von Hecken und Büschen unterteilt. Wellness. Ort 1.5 km entfernt. Touristen-/Dauerstellplätze 100/40.
2008: P/N 70.–, K/N bis 11 J. 40.–, St/N 30.–, H/N 5.–, WD zuzügl., Strom/N 28.– (10A).

4180 Sorø, Seeland DK 3004

»SORØ CAMPING« — 1.3. bis 31.10.
☎ 57830202, Fax 57821102 — 60 000 qm
www.sorocamping.dk, info@sorocamping.dk

→ E 66 Korsør–Ringsted, am Ortsanfang von Sorø beschildert. ✉ Udbyhøjvej 10 (GPS: 55°26′48″ N / 11°32′46″ E).

Leicht zum Seeufer abfallendes Wiesengelände. Teilweise parzelliert und durch Hecken unterteilt. Bon-Bon Werkstatt. Ort 1 km entfernt. Mittagsruhe 12–15 Uhr. Touristen-/Dauerstellplätze 110/70.
2007: P/N 75.–, K/N bis 13 J. 40.–, St/N inkl., WD zuzügl., Strom/N 30.– (10A).

4100 Ortved bei Ringsted, Seeland DK 3008

» SKOVLY CAMPING« — April bis Sept.
☎ 57528261, Fax 57528625 — 42 000 qm

→ Straße 14/E 66 Ringsted–Roskilde, ca. 8 km. ✉ Nebs Møllevej 65.

An drei Seiten von Wald umgebenes, welliges Wiesengelände. Ort 7 km entfernt. Mittagsruhe 12–14 Uhr. Touristen-/Dauerstellplätze 60/60.

4000 Roskilde b. København, Seeland DK 3010

»ROSKILDE CAMPING« — April bis Sept.
☎ 46757996, Fax 46754426 — 100 000 qm
www.roskildecamping.dk, camping@roskildecamping.dk

→ E 21 Holbæk–København, Abf. 10 oder 11 auf die Str. 6 in nördlicher Richtung nach Roskilde-Veddelev. ✉ Baunehøjvej 7.

Welliges, von Bäumen umgebenes Wiesengelände, vor den Dünen am Roskilde Fjord. Schmaler, langer Sand-Kiesstrand mit 2 Badestegen und Liegewiese. Imbiss. Ziegen-Streichelgehege. Hüpfkissen. FW. Restaurant, Minigolf und Marina in der Nähe. Ort 4 km entfernt. Mittagsruhe 12–15 Uhr. 105 Touristenplätze.

2635 Ishøj bei København, Seeland DK 3013

Abfahrt

»FDM CAMPING TANGLOPPEN« — 29.3. bis 19.10.
☎ 43540767, Fax 43540764 — 27 000 qm
www.fdmcamping.dk, c-tangloppen@fdm.dk

→ E 20/E 47/E 55 Køge–København Richtung Ishøj Strand. Südlich von København, beschildert. ✉ Ishøj Havn.

Von Büschen umgebenes Wiesengelände auf einer Halbinsel bei einem großen Wassersport-Freizeitzentrum in der Køge-Bucht. Bootsrampe für kleinere Boote. Ort (København) 14 km entfernt. Mittagsruhe 12–15 Uhr. 110 Touristenplätze.
2008: P/N 77.–, K/N 2 bis 12 J. 42.–, St/N 35.–, H/N 12.–, WD inkl., Strom/N 30.– (3 A).

✉ 2610 Rødovre bei København, Seeland DK 3015

35 ★★★ »DCU-ABSALON CAMPING «   1.1. bis 31.12.
☎ 36410600, Fax 36410293   126 000 qm
www.camping-absalon.dk, absalon@DCU.dk

→ E 47 København–Helsingør Abf. Rødovre/Glostrup Richtung Rødovre. Nach ca. 400 m abbiegen. Beschildert. ✉ Korsdalsvej 132 (GPS: 55°40'20" N / 12°25'54" E).

Ebenes, durch Hecken vielfach unterteiltes Wiesengelände in Autobahnnähe. Ort 11 km entfernt. Mittagsruhe 12-14 Uhr (in HS). 680 Touristenplätze.
2008: P/N 70.–, K/N bis 11 J. 45.–, St/N 40.–, H/N 10.–, WD inkl, Strom 8.– und kWh 2.75 (3 A).

✉ 2850 Nærum bei København, Seel. DK 3033

35 ★★ »DCU-NÆRUM CAMPING «   15.3. bis 19.10.
☎ 45801957, Fax 45801178   55 000 qm
www.camping-naerum.dk, naerum@DCU.dk

→ E 4 København–Helsingør Abf. Nærum. ✉ Ravnebakken, Langebjerg 5 (GPS: 55°48'28" N / 12°31'50" E).

Ebenes bis leicht welliges Wiesengelände zwischen Autobahn und einem bewaldeten Hügel. Durch Buschhecken vielfach unterteilt. Ort 1 km entfernt. Mittagsruhe 12-14 Uhr (in HS). Touristen-/Dauerstellplätze 260/21.
2008: P/N 68.–, K/N bis 11 J. 44.–, St/N 40.–, H/N 10.–, WD inkl. und kWh 2.75 (3 A).

✉ 4480 Store Fuglede, Seeland DK 3042

35 ★★★ »FDM CAMPING BJERGE SYDSTRAND«   1.1. bis 31.12.
www.fdmcamping.dk, c-bjerge@fdm.dk   27 000 qm
☎ 59597803, Fax 59593720

→ E 22 Slagelse–Kalundborg. In Bjerge Richtung Großer Belt auf die Filipsdalsvej, danach auf die Osvejen, beschildert. ✉ Osvejen 30.

Teils schattenloses Wiesengelände mit Nadelbäumen am Sandstrand. Gute Angelmöglichkeiten im Meer und in Seen. Familienbäder. Mittagsruhe 12-15 Uhr. 119 Touristenplätze.
2008: P/N 77.–, K/N 2 bis 12 J. 42.–, St/N 35.–, H/N 15.–, WD inkl, Strom/N 30.– oder kWh 3.– (10 A).

✉ 4450 Jyderup, Seeland DK 3043

★★★ »SKARRESØ CAMPING JYDERUP«   März bis Sept.
☎ 59248680, Fax 59655035   8000 qm
www.skarroecamping.dk, info@skarroecamping.dk

→ Straße 23 Kalundborg–Kopenhagen, Abf. Jyderup, noch 1 km. ✉ Slagelsevej 40.

Ebenes bis leicht welliges Wiesengelände am Skarresø zwischen Hochwald und Schilfufer. Touristen-/Dauerstellplätze 75/30.

✉ 4534 Hørve, Seeland DK 3050

35 ★★★ »DCU-SANDDOBBERNE CAMPING«   24.3. bis 23.9.
www.camping-sanddobberne.dk, sanddobberne@DCU.dk   56 000 qm
☎ 59653535, Fax 59655035

→ Straße 225 Jyderup–Nikøbing, ca. 10 km hinter Snertinge. ✉ Fårevejle, Kalundborgvej 28 (GPS: 55°46'33" N / 11°22'54" E).

Wiesen- und Dünengelände im Naturschutzgebiet, mit Krüppelkiefern und Eichenwaldstreifen. Über das flache Wasser führt ein Steg zu einer Sandbank. Touristen-/Dauerstellplätze 168/72.
2008: P/N 68.–, K/N bis 11 J. 44.–, St/N 40.–, H/N 10.–, WD keine Angabe, Strom/N 8.– und kWh 2.75.

✉ 4592 Sejerø, Insel Sejerø DK 3053

★★ »SEJERØ CAMPING «   April bis Sept.
☎/Fax 59590138   30 000 qm

→ Fährverbindung ab Havnsø (Kattegat). ✉ Sejerøvej 3.

Ebenes Wiesengelände, durch Buschreihen unterteilt und von Bäumen und Sträuchern umgeben. Imbiss. Ort 1 km entfernt. Mittagsruhe 12-14 Uhr. Touristen-/Dauerstellplätze 180/15.

✉ 4300 Holbæk, Seeland DK 3067

35 ★★★ »FDM CAMPING HOLBÆK«   1.1. bis 31.12.
☎ 59435064, Fax 59435014   52 200 qm
www.fdm.camping.dk, c-holbaek@fdm.dk

→ E 20 Slagelse-Ringsted, bei Sorø auf die Straße 57 nach Norden Richtung Holbæk. In Holbæk beschildert. ✉ Sofiesminde Allé 1.

Ebenes bis leicht geneigtes, von Bäumen umgebenes, Wiesengelände zwischen dem Jachthafen und dem Golfplatz. Blick auf den Fjord. Mittagsruhe 12-15 Uhr. 184 Touristenplätze.
2008: P/N 77.–, K/N 2 bis 12 J. 42.–, St/N 35.–, H/N 12.–, WD inkl. Strom/N 30.– oder kWh 3.– (10 A).

✉ 4500 Nykøbing, Seeland DK 3069/1

40 ★★★ »FDM-CAMP. NYKØBING NORDSTRAND«   15.3. bis 28.9.
☎ 59911642, Fax 59914774   42 000 qm
www.fdmcamping.dk, c-nykoebing@fdm.dk

→ Straße 225 Nykøbing–Rørvig, in Nykøbing abbiegen über den Nordstrandvej. ✉ Nordstrandsvej 107.

Überwiegend naturbelassenes, leicht abfallendes Wiesengelände mit vereinzelten Bäumen. Durch die Strandstraße zweigeteilt. Ort 1 km entfernt. Mittagsruhe 12-15 Uhr. Touristen-/Dauerstellplätze 250/90.
2008: P/N 77.–, K/N 2 bis 12 J. 42.–, St/N 35.–, H/N 12.–, WD inkl. Strom/N 30.– oder kWh 3.– (10 A).

✉ 4500 Nykøbing, Seeland DK 3069/2

35 ★★★ »DCU-CAMPING SKÆRBY «   15.3. bis 19.10.
☎ 59910850, Fax 59910875   16 600 qm
www.camping-skaerby.dk, skaerby@DCU.dk

→ E 20 Slagelse–Ringsted, bei Sorø auf die Straße 57 nach N. Richtung Holbæk. Hinter Nykøbing Richtung Rørvig. 1. Platz rechts. ✉ Skærbyvej 2 (GPS: 55°56'27" N / 11°41'21" E).

Ebenes, von ausgedehntem Nadelwald umgebenes, Gelände an einer Stichstraße und am Sandstrand. Fähre nach Hundested. Separater Jugendplatz. Mittagsruhe 12-14 Uhr (HS) Touristenplätze 360.
2008: P/N 68.–, K/N bis 11 J. 44.–, St/N 40.–, H/N 10.–, WD inkl. Strom/N 8.– und 2.75.

✉ 3630 Jægerspris, Seeland DK 3075

35 ★★ »DCU-KULHUSE CAMPING «   15.3. bis 19.10.
☎ 47530186, Fax 47535128   45 000 qm
www.camping-kulhuse.dk, kulhuse@DCU.dk

→ Straße 207 Frederikssund–Kulhuse bis kurz vor dem Fähranleger am Isefjord. ✉ Kulhusevej 199 (GPS: 55°55'49" N / 11°54'34" E).

Ebenes, teilweise hügeliges, von Büschen umgebenes Wiesengelände. Beheizbare Sanitäranlagen. Ort (Jægerspris) 10 km entfernt. Mittagsruhe 12-14 Uhr. Touristen-/Dauerstellplätze 140/120.
2008: P/N 68.–, K/N bis 11 J. 44.–, St/N 40.–, H/N 10.–, WD inkl. Strom/N 8.– und kWh 2.75 (3 A).

3210 Vejby, Heatherhill-Seeland — DK 3083

»DCU-CAMPING-RÅGELEJE« — 15.3. bis 19.10.
☎ 48715640, Fax 48715685 — 49 000 qm
www.camping-raageleje.dk, raageleje@DCU.dk

→ Küstenstraße 237 zwischen Vejby und Rågeleje. ✉ Heatherhill, Hostrupsvej 2 (GPS: 56°05'20" N / 12°08'52" E).

Von Wald umgebenes leicht abfallendes Wiesengelände. Durch Hecken gegliedert. Ort 2 km entfernt. Mittagsruhe 12-14 Uhr (in HS). Touristen-/Dauerstellplätze 200/50.
2008: P/N 68.–, K/N bis 11 J. 44.–, St/N 40.–, H/N 10.–, WD inkl., Strom/N 8.– und kWh 2.75 (3 A).

3120 Dronningmølle, Seeland — DK 3085

»DRONNINGMØLLE STRANDCAMPING« — 15.3. bis 14.9.
☎ 49719290, Fax 49719893 — 100 000 qm
www.dronningmolle.dk, camping@dronningmolle.dk

→ Küstenstraße 237 Helsingør–Gilleleje. ✉ Strandkrogen 2 B.

Durch eine Straße geteiltes Wiesengelände oberhalb der kleinen Steilküste. Durch Unterführung zum Strand. Sanitäranlage beheizbar. Familienbad. Restaurant und Ort 400 m entfernt. Touristen-/Dauerstellplätze 250/50.
2008: (HS) P/N 75.–, K/N bis 11 J. 50.–, St/N 75.–, KT inkl., WD keine Angabe, Strom/N 35.–. In NS Ermäßigung.

3100 Hornbæk, Seeland — DK 3090

»DCU-CAMPING-HORNBÆK« — 1.1. bis 31.12.
☎ 49700223, Fax 49702391 — 70 000 qm
www.camping-hornbaek.dk, hornbaek@DCU.dk

→ Küstenstraße 237 Helsingør–Gilleleje. In Hornbæk Richtung Saunte abbiegen. ✉ Planetvej 4 (GPS: 56°05'03" N / 12°28'21" E).

Von Wald umgebenes, leicht welliges und parzelliertes Wiesengelände. Ort 1.5 km entfernt. Mittagsruhe 12-14 Uhr. Touristen-/Dauerstellplätze 300/50.
2008: P/N 68.–, K/N bis 11 J. 44.–, St/N 40.–, H/N 10.–, WD inkl., Strom/N 8.– und kWh 2.75 (3 A).

4943 Torrig-Kragenæs, Lolland — DK 3110

»KRAGENÆS HAVN OG CAMPING« — 14.3. bis 28.9.
☎ 54937056, 21477456, 30550824, Fax 54937084 — 30 000 qm
www.224.dk, campingplads@mail.dk

→ E47 Rødby–Maribo, Abf. (48) auf die Str. 9/289. Bei Birkelt Richtung Kragenæs. In Kragenæs beschildert. ✉ Kragenæsvej 84 (GPS: 54°55'00" N / 11°21'06" E).

Ebenes, parzelliertes und von Hecken durchzogenes Wiesengelände mit eigener Marina und Hafenpromenade. Angrenzend kleiner Wald. Fähre nach Fejø und Femø. Badesteg. Duschräume mit Fußbodenheizung. Minifahrräder. Hüpfkissen. Boule. Handball. Hotspot. Separater Jugendplatz. Ort 100 m entfernt. Mittagsruhe 12-14 Uhr. Touristen-/Dauerstellplätze 70/30.
2008: (HS) P/N 65.–, K/N 2 bis 11 J. 35.–, St/N 20.–, H/N inkl., WD zuzügl., Strom 25.–. In NS ab 3 N 30% Ermäßigung auf P/N. In NS Ermäßigung.

4900 Nakskov, Lolland — DK 3115/1

»HESTEHOVEDET CAMPING« — 15.3. bis 21.9.
☎ 54951747, Fax 54956920 — 20 000 qm
www.hestehovedetcamping.dk, hestehovedet@tdcadsl.dk

→ In Naskov Richtung Hafen. Beschildert. ✉ Hestehovedet 2.

Gepflegtes Wiesengelände mit asphaltiertem Rundweg. Durch Buschreihen unterteilt inselartige Touristen-/Dauerstellplätze 25/15.
2007: P/N inkl. St/N 60.–, K/N bis 12 J. 30.–, WD keine Angabe, Strom/N 25.– (10 A).

4900 Nakskov, Lolland — DK 3115/2

»ALBUEN STRANDCAMPING« — April bis Sept.
☎ 54948762, Fax 54949027 — 130 000 qm
www.albuen.dk, mail@albuen.dk

→ Von Nakskov südwestl. Richtung Langø ca. 11 km, dann beschildert. ✉ Vesternæsvej 70.

Naturbelassenes, ebenes Wiesengelände in Strandnähe. Von Buschgruppen durchsetzt. Ort 4 km entfernt. Mittagsruhe 12-14 Uhr. Touristen-/Dauerstellplätze 140/40.

4970 Rødby, Lolland — DK 3117

»RØDBY LYSTSKOV CAMPING« — 1.1. bis 31.12.
☎ 54601216, Fax 54601220 — 10 500 qm
www.rodbycamping.dk, info@rodbycamping.dk

→ E 47 Abf. (49) auf die Str. 153 nach Rødby, noch ca. 2 km, dann beschildert. ✉ Strandvej 3.

Ebenes, parzelliertes und gepflegtes Wiesengelände mit Laubbäumen. Günstig gelegener Etappenplatz nach Skandinavien. Babywickeltisch. Frühstücksbestellung. Filmvorführungen. FW. Ort 200 m, Fähre 5 km entfernt. Mittagsruhe 12-14 Uhr. Touristen-/Dauerstellplätze 42/6.
2008: P/N 65.–, K/N 2 bis 12 J. 35.–, St/N 20.–, WD zuzügl., Strom/N 25.– oder kWh 2.50 (16A). In NS Ermäßigung.

4930 Maribo, Lolland — DK 3118

»MARIBO SØ CAMPING« — April bis Okt.
☎ 54780071, Fax 54784771 — 20 000 qm
www.maribo-camping.dk, camping@maribo-camping.dk

→ E 4 Rodbyhavn–København Abf. Maribo, ca. 1 km in Richtung Stadt. ✉ Bangshavevej 25.

Gepflegtes, windgeschütztes Wiesengelände auf einer Landzunge am Søndersø. Ort 500 m entfernt. Mittagsruhe 13-15 Uhr. 151 Touristenplätze.

4880 Nysted, Lolland — DK 3135

»NYSTED CAMPING« — März bis Sept.
☎ 54870917, Fax 54871429 — 10 000 qm
www.nysted-camping.dk, nystedcamping@post.tele.dk

→ Straße 297 Holeby–Nykøbing, abbiegen über Herritslev oder Kettinge. In Nysted beschildert. ✉ Skansevej 38.

Ebenes Wiesengelände an einer Bucht mit Blick auf den Ort. Baumreihen als Windschutz. Touristen-/Dauerstellplätze 110/20.

4873 Væggerløse, Falster — DK 3141

»FDM-CAMPING ØSTERSØPARKEN« — 31.3. bis 19.10.
☎ 54136786, Fax 54136190 — 42 000 qm
www.fdmcamping.dk, c-oestersoe@fdm.dk

→ E 64 Gedser–Nykøbing, bei Marrebæk abbiegen zur Küste über Bøtø By südwärts. ✉ Bøtøvej 243.

Strandwaldgelände hinter einer Dünenmulde mit Buschheckenunterteilung. Ort 4 km entfernt. Mittagsruhe 12-15 Uhr. Touristen-/Dauerstellplätze 200/60.
2008: P/N 77.–, K/N 2 bis 11 J. 42.–, St/N 35.–, H/N 12.–, WD inkl., Strom/N 30.– oder kWh 3.– (10 A).

DCC – DEIN PARTNER!

Natur – Ruhe – Gemütlichkeit

- Der Spitzenplatz auf Seeland • Streichel-Zoo, 21.000 m²
- Direkt am kinderfreundlichen Sandstrand • Plätze mit Meeresblick
- Viele Angebote, z.B.
- **Familien-Spar-Preise:** Euro 223,83 pro Woche für 4 Personen
- **Senioren-Spar-Preise:** Euro 71,17 - 4 Tage für 2 Personen

Bitte kostenlosen Prospekt anfordern (DK 3159/2)

TopCamp Feddet
Feddet 12 • DK-4640 Fakse
Tel.: 0045 5672 5206 • Fax: 0045 5672 5790
www.feddetcamping.dk
E-mail: info@feddetcamping.dk
GPS: N 55.10472 E 12.06150

ADAC Auszeichnung 2007

4872 Idestrup, Falster — DK 3143
★★★ »CAMPINGGÅRDEN ULSLEV« April bis Sept.
☎ 54148350, Fax 54148347 81 000 qm
www.dk-camp.dk/ulslev, ulslev@dk-camp.dk
→ Vom Südrand Nyköbing Richtung Idestrup und weiter über Ulslev zum Ulslev Strand. ✉ Strandvejen 3.

Ebenes, durch Hecken in kleine und größere Stellfelder unterteiltes Wiesengelände. Langer und breiter, feiner Sandstrand. Kinderbad. Hüpfburg. Volley- u. Basketball. Billard. Bowlingcenter, Go-Kartbahn und Golfplätze in der Nähe. Ort 1.5 km entfernt. Touristen-/Dauerstellplätze 243/45.

4871 Horbelev, Falster — DK 3144
★★★ »ØSTFALSTERS FAMILIECAMPING« April bis Sept.
☎ 54445219 36 000 qm
→ Straße 271 Nyköbing–Stubbeköbing, über Falkerslev und Horbelev abbiegen nach Bregninge. Beschildert.

Durch Hecken umgebenes und gegliedertes Wiesengelände. Mittagsruhe 12-14 Uhr. Touristen-/Dauerstellplätze 100/27.

4760 Vordingborg, Seeland — DK 3147
★★★ »ORE STRAND CAMPING APS« 1.1. bis 31.12.
☎ 553770603, Fax 55372300 30 000 qm
→ E 64 Nyköbing–Nørre Alslev–Vordingborg, direkt hinter der Storstromsbrücke auf Sjælland (Seeland) links abbiegen. ✉ Orevej 145.

Weitläufiges, durch Hecken unterteiltes Gelände am Masnedø-Sund. Ort 2 km entfernt. Touristen-/Dauerstellplätze 150/15.

4792 Askeby, Insel Møn — DK 3150
35 ★★★ »CAMPING VESTMØN« 25.4. bis 7.9.
☎ 55817595, Fax 55817445 www.camping-vestmoen.dk 35 000 qm
→ Straße 287 Farø (Storstrømsbrücke)–Damsholte, Richtung Hårbølle abbiegen, noch ca. 5 km. Hårbollevej 87.

Ebenes bis leicht welliges, naturbelassenes Wiesengelände am Grønsund. In HS Kiosk. Ort 2 km entfernt. Mittagsruhe 12-15 Uhr. Touristen-/Dauerstellplätze 60/10.
2007: P/N 70.–, K/N bis 11 J. 50.–, St/N 30.–, H/N 10.–,WD zuzügl, Umweltbeitrag 15.–, Strom/N 30.– (10 A).

4791 Magleby bei Borre, Insel Møn — DK 3155
★★★ »CAMPING MØNS KLINT« April bis Okt.
☎ 55812025, Fax 55812797, www.klintholm.dk 70 000 qm
→ Straße 287 Stege–Borre–Magleby zur östl. Inselhälfte. ✉ Klintevej 544.

4780 Keldby, Insel Møn — DK 3156
★★ »MØNS FAMILIE CAMPING« Ostern bis Sept.
☎ 55813456 48 000 qm
→ Straße 287 Stege–Borre, am Ortsende von Keldby nördlich abbiegen.

Ebenes Wiesengelände mit Baumreihen. Ort 5 km entfernt. Touristen-/Dauerstellplätze 100/25.

4750 Lundby, Seeland — DK 3157
★★★ »SVINØ STRAND CAMPING« April bis Sept.
Fax 55769212 35 000 qm
→ Str. 22 Vordingborg–Næstved, nach Svinø abbiegen. ✉ Campingvej 1.

Leicht abfallendes Wiesengelände in einer Mulde am Strand. Imbiss. Touristen-/Dauerstellplätze 100/80.

4640 Fakse, Seeland — DK 3159/1
25 ★★★ »VEMMETOFTE STRAND CAMPING« 1.1. bis 31.12.
☎ 56710226, Fax 56710259 66 000 qm
www.vemmetofte.dk/camping.htm, camping@vemmetofte.dk
→ E 4 Nyköbing–Køge Abf. Rennede über Fakse weiter nach Fakse Ladeplads, ca. 8 km nordöstlich von Fakse-Ladeplads am Vemmetofte-Strand. ✉ Ny Strandskov 1.

Durch Anpflanzungen parzelliertes Gelände im Naturschutzgebiet. Von Wald umgeben. Ort 8 km entfernt. Touristen-/Dauerstellplätze 150/150.
2008: P/N 50.–, K/N bis 14 J. 30.–, St/N keine Angabe, KT 38.–, WD zuzügl., Strom N 25.–.

4640 Fakse, Seeland — DK 3159/2
35 ★★★★ »FEDDET CAMPING« 1.1. bis 31.12.
☎ 56725206, Fax 56725790 120 000 qm
www.feddetcamping.dk, info@feddetcamping.dk
→ E 55 Abf. (38) nach Tappernoje zur Str. 209 Præstø-Fakse. Südlich von Vindyholt in Richtung Halbinsel Feddet abbiegen. ✉ Feddet 12.
⁂ Vergnügungspark BonBon Land. Schloss Gavnø.

Ebenes Wiesengelände mit einzelnen Bäumen auf einer kleinen naturnahen Halbinsel mit Wald- u. Moorgebieten sowie ausgedehnten Sandstränden. Ökologisch orientierte Betriebsweise. Sanitäranlage beheizbar. Imbiss. Spielgelände mit Kletterwand. Kajak- und Rollschuhverleih. Streichelzoo. 400 Touristenplätze.
2007: (HS) P/N 67.–, K/N bis 11 J. 46.–, St/N 95.–, H/N 15, WD inkl., Strom/N 30.– (10 A). In NS Ermäßigung.

DK

479

4600 Køge, Seeland — DK 3165

Abfahrt

★★ »VALLØ CAMPING« 20.3. bis 28.9.
☎ 56652851, Fax 56651025   150 000 qm
www.valloecamping.dk, vallo.camp@mail.dk

→ E 4 Nykøbing–København Abf. Køge–Süd. In Køge zum südöstlichen Ortsende Richtung Store Heddinge. ✉ Strandvejen 102.

...400 m

Hochwaldgelände mit Einzelkojen. Teilweise freies Wiesengelände. Bungalowanlage. Ort 1 km entfernt. Touristen-/Dauerstellplätze 235/200.
2007: P/N 67.–, K/N 2 bis 12 J. 36.–, St/N 28.–, WD zuzügl., Strom/N 32.– (10 A).

2670 Greve Strand bei København — DK 3170

Abfahrt

★★★ »HUNDIGE STRAND FAMILIECAMPING« April bis Okt.
☎ 43903185, Fax 43903186   57 000 qm
www.hsfc.dk, info@hundigecamping.dk

→ E 47 Nykøbing–København Abf. 27 Hundige/Greve-N oder Landstraße 151. ✉ Hundige Strandvej 12.

...500 m

Großflächiges, ebenes bis leicht welliges Wiesengelände. Von Bäumen begrenzt. Ort 1 km entfernt. Touristen-/Dauerstellplätze 150/60.

3700 Rønne, Insel Bornholm — DK 4001/1

★★★ »GALLØKKEN CAMPING« 1.5. bis 31.8.
☎ 56952320, Fax 56953766   25 000 qm
www.gallokken.dk, info@gallokken.dk

→ Am südlichen Stadtrand in Richtung Flughafen, hinter der Windmühle rechts abbiegen zum Strand. ✉ Strandvejen 4.

Ebenes Wiesengelände mit einzelnen Bäumen. Strand 300 m, Ort 1.5 km entfernt. Touristen-/Dauerstellplätze 106/10.
2008: P/N 66.–, K/N bis 11 J. 33.–, St/N 25.–, H/N 10.–, WD inkl., Strom/N 25.–.

3700 Rønne, Insel Bornholm — DK 4001/2

NATUR PLATZ

35 ★★★ »RØNNE NORDSKOV CAMPING« 1.5. bis 14.9.
☎ 56952281, Fax 56953150   39 000 qm
www.nordskoven.dk, info@nordskoven.dk

→ Nördlich des Ortes an der Straße nach Allinge. ✉ Antoinettevej 2.

...300 m

Naturbelassenes Wiesengelände mit einzelnen Birkengruppen am Waldrand. Bungalowanlage. Ort 500 m entfernt. Touristen-/Dauerstellplätze 147/10.
2007: P/N 65.–, K/N bis 11 J. 33.–, C MC-St/N 30.–, T-St/N 25.–, H/N 10.–, WD zuzügl., Strom/N 25.– (10 A).

3730 Neksø-Balke Strand, Bornholm — DK 4005

35 ★★★★ »FDM CAMPING BALKA STRAND« 26.4. bis 14.9.
☎ 56488074, Fax 56488675   32 000 qm
www.fdmcamping.dk, c-balka@fdm.dk

→ Von Rønne über Åkirkeby nach Balka an der Ostküste. ✉ Snogebæk. Klynevej 6.

...600 m

(H) 300 m ✗ 500 m

Zweigeteiltes Gelände in einem lichten Kiefernwald. Für HS wird Vorbestellung empfohlen. Durch Bäume windgeschützt (Snogebak) 500 m entfernt. Mittagsruhe 12-15 Uhr. Touristen-/Dauerstellplätze 215/20.
2008: P/N 77.–, K/N 2 bis 12 J. 42.–, St/N 35.–, H/N 15.–, Strom/N 30.– oder kWh 3.– (10 A).

3730 Neksø-Dueodde, Bornholm — DK 4007/1

NATUR PLATZ

★★★★ »BORNHOLMS FAMILIECAMPING« Mai bis Sept.
☎ 56488150, Fax 56488151   30 000 qm
www.bornholms-familiecamping.dk, mail@bornholms-familiecamping.dk

→ Straße Åkirkeby–Pedersker–Snogebæk, hier nach Dueodde. beschildert. ✉ Krogegårdsvejen 2.

Lichtes und naturbelassenes Kiefernwaldgelände direkt am Sandstrand. FW. Fitnessraum. Ort 2.8 km entfernt. Mittagsruhe 12-14 Uhr 150 Touristenplätze.

3730 Neksø-Dueodde, Bornholm — DK 4007/2

★★★ »DUEODDE CAMPING« April bis Okt.
☎ 56488119, Fax 56488112   35 000 qm

→ Straße Åkirkeby–Pedersker–Snogebæk, hier nach Dueodde, beschildert. ✉ Skrokkegardsvejen 17.

✗ 50 m ... 100 m

Dünen- und Waldgelände. Ort 4 km entfernt. 150 Touristenplätze.

3730 Neksø-Dueodde, Bornholm — DK 4007/3

35 ★★★ »MØLLERS DUEODDE CAMPING« 15.5. bis 20.9.
☎ 56488149, Fax 56488169   40 000 qm
www.dueodde-camp.dk, moeller@dueodde-camp.dk

→ Straße Åkirkeby–Pedersker–Snogebæk, hier nach Dueodde beschildert. ✉ Duegardsvej 2 (GPS: 54°59'44" N / 15°04'43" E).

✗ (H) 200 m

Durch Bäume und Büsche in Parzellen unterteilter Platz im Dünengelände in einem ausgedehnten Nadelwald. Bungalowanlage. Strand 400 m, Ort 5 km entfernt. Mittagsruhe 12-14 Uhr. 200 Touristenplätze.
2008: (HS) P/N 66.–, K/N 38.–, St/N 45.–, WD 2.–, Strom/N 25.– (10 A). In NS Ermäßigung.

3740 Svaneke, Insel Bornholm — DK 4010

NATUR PLATZ

30 ★★★ »HULLEHAVNCAMPING« 15.5. bis 31.8.
☎ 56496363, Fax 56496390   60 000 qm
www.hullehavn.dk, mail@hullehavn.dk

→ Küstenstraße 158 Neksø–Listed. Am Ortsanfang von Svaneke. Beschildert. ✉ Sydskovvej 9.

... 50 m (H) 300 m

Welliges Gelände zwischen Straße und Ufer in einem lichten Wald. Ort 500 m entfernt. 150 Touristenplätze.
2007: (HS) P/N 64.–, K/N bis 11 J. 32.–, C MC-St/N 25.–, WD zuzügl., Strom/N 25.–. In NS Ermäßigung.

3760 Gudhjem, Insel Bornholm — DK 4012/1

NATUR PLATZ

30 ★★★ »CAMPING STRANDLUNDEN« 15.5. bis 15.9.
☎/Fax 56485245   35 000 qm
www.strandlundencamping.dk, strandlunden@mail.dk

→ Küstenstr. 158 Svaneke–Allinge, kurz vor Gudhjem. ✉ Melstedvej 33-35.

(H) 200 m

Durch Baum- und Buschreihen gegliedertes Gelände in einem Wald mit Lichtungen. Ort 1 km entfernt. Mittagsruhe 12-15 Uhr. Touristen-/Dauerstellplätze 80/50.
2007: (HS) P/N 60.–, K/N 1 bis 12 J. 30.–, A/N 20.–, C/N 30.–, MC/N 30.–, T/N 20.–, M/N 10.–, H/N 25.–, Strom/N 25.– (6/10 A). In NS Ermäßigung.

3760 Gudhjem, Insel Bornholm — DK 4012/2

40 ★★★★ »SANNE'S-FAMILIECAMPING« 31.3. bis 23.9.
☎ 56485211, Fax 56485252   250 000 qm
www.familiecamping.dk, sannes@familiecamping.dk

→ Von Rønne in Richtung Gudhjem, bei Stavehøl rechts abbiegen nach Melsted. ✉ Mestedvej 39.
❖ Wasserfall. Rundkirche. Räuchereien.

✗ HS ... 500 m

Leicht welliges, parzelliertes, Wiesengelände an der Felsenküste Bornholms. Familiäre Atmosphäre. Kindersanitär. Kinderfernsehraum. Fitnessraum. Massagen. Mikrowelle. Billard. Hüpfkissen. Gokart. Grillplatz mit Räucherofen. Ort 1.5 km entfernt. 120 Touristenplätze.
2007: (HS) P/N 75.–, K/N bis 12 J. 45.–, C MC-St/N 60.–, T-St/N 30.–, WD zuzügl., Strom/N 25.– (6/10 A). In NS Ermäßigung.

3770 Allinge, Insel Bornholm — DK 4015

★★★★ »LYNGHOLT FAMILIE CAMPING« — Mai bis Sept.
☎ 56480574, Fax 56480174 — 120 000 qm
www.lyngholt.dk/camping, camping@lyngholt.dk
→ Küstenstr. 159 Rønne–Allinge. Ca. 3 km vor Allinge. ✉ Borrelyngvej 43.

3 km
Leicht abfallendes, lichtes Waldgelände. Im Winter Voranmeldung erforderlich. Bungalowanlage. Ort 3 km entfernt. Touristen-/Dauerstellplätze 183/15.

3790 Hasle, Insel Bornholm — DK 4020

★★★ »HASLE FAMILIE CAMPING« — Mai bis Sept.
☎ 56964202, Fax 56964231 — 30 400 qm
www.hasle-familiecamping.dk, info@hasle-familiecamping.dk
→ Ab Rønne nördlich ca 10 km durch den Wald. ✉ Faelledvej 30.

Ebenes Wiesengelände mit Baumbestand am Meer. 160 Touristenplätze.

SPANIEN

Übersichtskarte Seite 482/483, 485, 501

Besondere Vorschriften und Regelungen

Personaldokumente: Gültiger Reisepass oder Personalausweis bis zu einem Aufenthalt von 3 Monaten. Kinder unter 16 Jahren benötigen einen Kinderausweis (mit dem Vermerk »Deutsch«) oder Eintrag im Familienpass.

Impfbescheinigungen: Werden nicht verlangt.

Dokumente für Haustiere: Für Hunde und Katzen ist der »EU-Heimtierpass« mitzuführen. Er wird von behördlich ermächtigten Tierärzten ausgestellt. Der Pass muss Name und Anschrift des Besitzers enthalten und dem Tier eindeutig zugeordnet werden können; d.h. die Passnummer, die eine Identifizierung ermöglicht, wird dem Tier eintätowiert oder durch einen Mikrochip implantiert. Ein gültiger Tollwutimpfschutz muss ebenfalls im Pass nachgewiesen werden. Die letzte Impfung muss mindestens 30 Tage zurückliegen und darf höchstens 12 Monate vor der Einreise erneuert worden sein. Bei Tieren, die regelmäßig (einmal pro Jahr) geimpft werden, entfällt die 30-Tage-Frist. Für Hunde besteht Maulkorbzwang. Spezielle Auskünfte erteilt die Spanische Botschaft: Schöneberger Ufer 89, 10785 Berlin, Tel. 030/254 00 70, Fax 030/25 79 95 57.

Kfz: Nationaler Führerschein und Zulassung sind ausreichend. Das Nationalitätskennzeichen »D« muss am Fahrzeug und an Anhängern angebracht sein, bzw. im EU-Nummernschild enthalten sein. Haftpflichtversicherung besteht für Personenschäden. Die »Internationale Grüne Versicherungskarte« sollte mitgeführt werden. Ersatzglühbirnen und zwei genormte Warndreiecke sind Vorschrift. Ist der Fahrer nicht der Eigentümer des Fahrzeuges, muss eine notariell beglaubigte Benutzungsvollmacht des Fahrzeughalters vorliegen.

Verkehrsvorschriften: Rechtsverkehr. Überholverbot gilt 100 m vor und hinter einer Kuppe. Auf Bergstraßen ist Überholen mit Wohnanhängergespann verboten; im Zweifelsfall hat das bergauffahrende Fahrzeug Vorfahrt. Auf gut beleuchteten Straßen darf nur mit Standlicht gefahren werden. Bahnübergänge sind vielfach nicht gesichert, deshalb ist größte Vorsicht geboten. Parkscheine sind in größeren Städten erforderlich. Es besteht Anschnallpflicht. Bleibt ein Auto wegen einer Panne/Unfall liegen, muss der Fahrer beim Verlassen des Fahrzeuges eine reflektierende Warnweste tragen. Promillegrenze 0,5.

Straßengebühren: Auf Autobahnen werden in der Regel Gebühren erhoben. Die Bezahlung ist mit Euro/Mastercard möglich, jedoch sollte auch Bargeld griffbereit sein.

Tempolimits: Innerorts: Pkw/Gespanne 50 km/h, Landstraßen: Pkw/Gespanne 90/70 km/h, Schnellstraßen (4-spurig): Pkw/Gespanne 100/80 km/h, Autobahnen: Pkw/Gespanne 120/80 km/h.

Telefon: Deutschland–Spanien: 0034, dann Durchwahl mit der ersten Ziffer 9. Spanien–Deutschland: 0049, dann Weiterwahl ohne die erste Ziffer der Ortsnetzkennzahl (0).

Unfallnotruf: Polizei: 112, Unfallrettung/Notarzt: 061. Die Pannenhilfe des Automobilclubs RACE kann landesweit unter 915 93 33 33 oder 900 11 22 erreicht werden. ADAC-Notrufstationen (deutschsprachig) Barcelona: 935 08 28 28, Madrid: 915 93 00 41. Der Abschleppdienst ist kostenpflichtig. Das Abschleppen durch Privatfahrzeuge ist verboten.

Hinweise für Autofahrer: In der Urlaubszeit werden verstärkt Überfälle auf Touristen entlang der spanischen Autobahnen gemeldet. Sicherheitshinweise für Autofahrer sind an den Mautstationen ausgelegt.

Devisen: Die Ein- und Ausfuhr von Landes- und Fremdwährung ist unbeschränkt gestattet. Eine Deklaration ist jedoch erforderlich, wenn bei Ein- und Ausfuhr von Fremd- und Landeswährung der Betrag von € 6.010.– überschritten wird.

Camping: Spanien verfügt über zahlreiche, gut ausgestattete Campingplätze, die im Einzugsgebiet von Großstädten oft stark von Dauercampern frequentiert sind. 70% der spanischen Campingplätze befinden sich in der autonomen Region Katalonien, wovon wiederum 80% an der Mittelmeerküste liegen. Gutes Trinkwasser, von Ausnahmen abgesehen, ist an der Mittelmeerküste meistens knapp. Daher besteht die Möglichkeit, dass die Sanitäranlagen auf Campingplätzen zum Teil mit Meerwasser versorgt werden.
Die Einrichtungen vieler spanischer Campingplätze entsprechen einem erfreulich hohen Standard, einige Anlagen können als mustergültig bezeichnet werden. Außerhalb der Saison ist der Service allerdings oftmals stark eingeschränkt. Bei den nachfolgend beschriebenen Plätzen handelt es sich um eine Auswahl, die in erster Linie nach touristischen Gesichtspunkten getroffen wurde. Campingplätze mit einem geringen Platzangebot für Touristen wurden nicht berücksichtigt. Das Stromnetz ist auf eine Spannung von 220 V Wechselstrom (50 Hz) ausgelegt. Auf vielen Campingplätzen ist Campinggas nur in blauer Flasche (Butan) erhältlich. Propangas in grauer Flasche der Anbieter Repsol und Cepsa sind bei verschiedenen Tankstellen erhältlich. Dazu ist jedoch ein Adapterset erforderlich
Freies Campen ist in Spanien verboten. Auf Privatgelände darf nur mit Genehmigung des Eigentümers übernachtet werden.
Bei Reservierungen unbedingt auf die Bedingungen achten, da in Spanien bei einigen Plätzen die Vorauszahlung bei Stornierung oder vorzeitiger Abreise nicht erstattet wird.
In Spanien wird keine Kurtaxe erhoben, jedoch auf den meisten Campingplätzen muss die Mehrwertsteuer (IVA in Höhe von 7 %) bezahlt werden.

Hinweise zu Katalonien: In der autonomen Region Katalonien wurden die Ortsnamen und Landschaftsbezeichnungen von der spanischen in die katalanische Sprache abgeändert. Die Straßenbeschilderung in diesem Landesteil ist katalanisch. In der folgenden Beschreibung der Campingplätze sind die Ortsnamen dieser neuen, offiziellen Schreibweise angepasst.

Wassersport: Für die vorübergehende Einfuhr von Booten und deren Anhänger sind Grenzdokumente nicht erforderlich. Führerscheinpflicht besteht bei Booten, deren Motorleistung vier Steuer-PS übersteigt. Der deutsche Bootsführerschein wird anerkannt.

DCC-Beratung: In besonders wichtigen Fällen ist die spanische DCC-Vertretung zur Hilfestellung bzw. Beratung bereit. Die Anschrift lautet: Siegfried Heinze Latzke, Servicios Turisticos, Calle Angli 31, 3°, E-08017 Barcelona, Tel.: 0034 93/2 80 40 44, Fax: 0034 93/205 63 90. Anspruch auf diese Hilfeleistung besteht allerdings nicht.
Deutsch sprechender Rechtsanwalt (Vertrauensanwalt des deutschen Generalkonsulates) für Rechtsschutzangelegenheiten bei Verkehrsdelikten usw.: Francisco Olivellas, Calle Rosellon 216, 14. Stock, Barcelona, Telefon 0034 93/2 15 65 55.

Fortsetzung S. 484

Keine Reise nach oder von Spanien, Frankreich und Italien
ohne unseren überaus günstig liegenden Campingplatz zu wählen (Autobahn A5, Abfahrt Müllheim/Neuenburg). Aller Komfort, beheiztes, gebührenfreies Hallenschwimmbad mit attraktivem Wellnessbereich. Arzt auf dem Platz. Massagen, Sauna, Dampfbad, Solarium, Kosmetikbehandlungen. Spielplatz, Tennis, gepflegtes Restaurant, LM-Shop. Ganzjährig geöffnet. www.camping-gugel.de • e-Mail: info@camping-gugel.de

Campingpark Gugel, 79395 Neuenburg, Südbaden — Telefon (0 76 31) 77 19 — Fax (0 76 35) 33 93
Siehe auch Eintragung Nr. 7884 und Inserat im Deutschland-Teil!

Treffpunkt der Camping-Touristen auf der Fahrt nach Süden und auf der Rückreise:

DCC-Campingpark „Kehl-Straßburg" an der Europa-Brücke!
Besuchen Sie uns – vielleicht bleiben Sie länger als sie vorhatten.
(Beschreibung im Deutschlandteil Nr. 7605, Seite 220 und 223)

Allgemeine Informationen:

D-10707 **Berlin,** Span. Fremdenverkehrsamt, Kurfürstendamm 63
Tel. 030/882 65 43, Fax 030/882 66 61
www.spain.info, berlin@tourspain.es

D-40237 **Düsseldorf,** Span. Fremdenverkehrsamt,
Grafenberger Allee 100
Tel. 0211/680 39 80, Fax 0211/680 39 85/86
www.spain.info, dusseldorf@tourspain.es

D-60323 **Frankfurt/M.,** Span. Fremdenverkehrsamt, Myliusstr. 14
Tel. 069/72 50 33, 72 50 38, Fax 069/72 53 13
www.spain.info, frankfurt@tourspain.es

D-80051 **München,** Span. Fremdenverkehrsamt, Postfach 151940
Tel. 089/530 74 60, Fax 089/53 07 46 20
www.spain.info, munich@tourspain.es

Vertretung der Bundesrepublik Deutschland:

E-28010 **Madrid,** Deutsche Botschaft, Calle de Fortuny 8
Tel. 0034 91/557 90 00, Fax 0034 91/3 10 21 04
www.embajada-alemania.es,
zreg@madri.auswaertiges-amt.de

Ausführliche Einreisebestimmungen mit detaillierten Angaben zu den Themen Reisedokumente, Zoll- und Bestimmungen, Reisen mit dem Kraftfahrzeug, Camping und der Aufenthalt im Urlaubsland sind bei der Touristik-Abteilung des DCC gegen Rückporto erhältlich.

Campingplätze:

Gebühren-Angaben in EURO.
Bei Gebühren-Angaben mit der Vorjahreszahl muss eventuell mit einer Anhebung der Gebühren für das laufende Jahr gerechnet werden. Außerdem können sich die angegebenen Öffnungszeiten verändert haben und es ist möglich, dass angegebene Ermäßigungen nicht mehr gewährt werden.

✉ 17469 Colera, Girona — E 1000/1

30 ★★ »PLATJA DE GARBET« ⚬⟶ 15.3. bis 30.9.
☎ 972/389001, Fax 128059 8200 qm
www.campinggarbet.com, garbet@telefonica.net

→ C252 Figueres–Port Bou. Kurz vor Colera, nach passieren der Bahnunterführung, meerwärts abbiegen. ✉ Platja de Garbet s/n (GPS: 42°23'41" N / 3°09'11" E)

Ebenes Gelände unterhalb von Straße und Bahnlinie. Durch Hecken gegliedert. Ort 3 km entfernt. Touristen-/Dauerstellplätze 50/40.
2008: P/N 5.60, K/N bis 10 J. 4.80, A/N 5.60, C MC/N 5.75, T/N 5.60, M/N 4.80, WD inkl., Strom/N 3.50 (8 A).

✉ 17469 Colera, Girona — E 1000/2

★★★ »SANT MIQUEL« ⚬⟶ März bis Okt.
☎/Fax 972/389018 35 000 qm
www.campingsantmiquel.com, info@campingsantmiquel.com

→ C252 Figueres–Port Bou. In Colera beschildert. ✉ Pozzo, 22.

Ebenes Wiesengelände mit Anpflanzungen nahe einer Bahnlinie. 222 Touristenplätze.

✉ 17490 Llançá, Girona — E 1010

★★ »CAMPING L'OMBRA« ⚬⟶ 1.1. bis 31.12.
☎ 972/380335, Fax 120261, lombra@lycos.es 12 000 qm

→ C252 Figueres–Port Bou, nördlich von Llançá bei dem Hotel Gri-Mar landeinwärts abbiegen, noch 100 m. ✉ Ctra. Bisbal–Portbou, Km. 13.

Ebenes Wiesengelände mit Bäumen in Meeresnähe. Eine Bahnlinie grenzt an einen Platzteil. Ort 500 m entfernt. Touristen-/Dauerstellplätze 100/30.

✉ 17489 Port de la Selva, Girona — E 1020

35 ★★ »PORT DE LA SELVA« ⚬⟶ 1.6. bis 15.9.
☎ 972/387287, 387386, Fax 387548 30 000 qm
www.campingselva.com, info@campingselva.com

→ Küstenstraße Llançá–Cadaques. Ca. 1.5 km vom Ort entfernt. ✉ Ctra. Cadaqués, Km 1.

Ebenes Wiesengelände, durch ein trockenes Bachbett zweigeteilt. Hinterer Platzteil nur über enge Brücke und steile Rampen erreichbar. FKK-Strand. Touristen-/Dauerstellplätze 290/20.
2008: (HS) (zuzügl. 7% IVA) P/N 7.30, K/N bis 9 J. 5.–, A/N 7.30, C/N 8.30, MC/N 9.60, T/N 7.30, M/N 5.–, H/N 2.70, WD inkl., Strom/N 3.50 (3 A). In NS Ermäßigung.
DCC/CCI 10% auf P/N und St/N.

✉ 17780 Garriguella, Girona — E 1030

35 ★★★ »CAMPING VELL EMPORDA« ⚬⟶ 1.2. bis 30.11.
☎ 972/530200, Fax 552343 70 000 qm
www.vellemporda.com, vellemporda@vellemporda.com

→ C252 Figueres–Garriquella über Perelada. ✉ Ctra. de Vilajuiga.

Leicht welliges Wiesengelände. 210 Touristenplätze.
2007: (HS) P/N 5.75, K/N 2 bis 12 J. 4.75, St/N 12.– bis 15.–, H/N 2.–, WD inkl., Strom (6/10 A) keine Angabe. In NS Ermäßigung.

CAMPING VELL EMPORDÁ
Ctra. Roses - La Jonquera s/n
E-17780 GARRIGUELLA
(Girona) COSTA BRAVA
Tel. (34) 972 53 02 00
Fax (34) 972 55 23 43
Tel (winter) (34) 972 57 06 31
www.vellemporda.com (E 1030)

✉ 17750 Capmany, Girona — E 1040

30 ★★ »LES PEDRES« ⚬⟶ 1.1. bis 31.12.
☎/Fax 972/510362 100 m 75 000 qm
www.campinglespedres.net, recep@campinglespedres.net

→ A7 Perpignan–Figueres Abf. (2) weiter auf N-11 Richtung Figueres bis Capmany. Beschildert. ✉ C/Darnius, 15.

Ebenes, leicht abfallendes Gelände mit Korkeichen und Pinien. TV-Anschluss. Gasverkauf nur blaue Flasche. Ort 500 m entfernt. Touristen-/Dauerstellplätze 100/60.
2008: (HS) P/N 5.90, A/N 4.80, C/N 6.40, MC/N 11.20, M/N 3.45, WD keine Angabe, Strom/N 3.45 (6/10 A). In NS Ermäßigung.

✉ 17488 Cadaqués, Girona — E 1050

★★ »CAMPING CADAQUÉS« ⚬⟶ April bis Sept.
☎ 972/258126, Fax 159383 21 000 qm
www.campingcadaques.com, info@campingcadaques.com

→ C260 Figueres–Roses, abbiegen auf die C600. Auf dieser bis Cadaqués. Am Ortseingang Richtung Port Lligat, noch 1 km schmale Straße zum Platz, für Caravans schwierig. ✉ Ctra. Port-Lligat, 17.

Teilweise terrassiertes, durch niedrige Mauern unterteiltes Gelände, oberhalb von Cadaqués. Wäscheservice. 196 Touristenplätze.

✉ 17480 Roses, Girona   E 1060/1

★★★ »CAMPING SALATA«   1.1. bis 31.12.
☎ 972/256086, Fax 150233   14 000 qm
www.campingsalata.com, info@campingsalata.com

→ C 260 Figueres–Roses, bei der Kreuzung Roses-Vilajuiga links abbiegen, weiter am westlichen Ortsanfang von Roses rechts abbiegen. ✉ Ctra. Besalú–Roses, Km 42.5.

Ebenes, teilweise terrassiertes Gelände mit zahlreichen Laubbäumen und Sträuchern. Von hohen Mauern umgeben. Ort 2 km entfernt. 283 Touristenplätze.

✉ 17480 Roses, Girona   E 1060/2

40 ★★★ »CAMPING RODAS«   1.6. bis 30.9.
☎ 972/257617, Fax 152466, 151293   31 000 qm
www.campingrodas.com, info@campingrodas.com

→ C 260 Figueres–Roses, bei der Kreuzung Roses-Vilajuiga links abbiegen, am westlichen Ortsanfang von Roses rechts abbiegen. ✉ Punta Falconera, 62.

Durch Bäume und Sträucher aufgelockertes Wiesengelände. Von Mauern umgeben. Großer Supermarkt direkt gegenüber der Einfahrt. Imbiss. Ort 1 km entfernt. 293 Touristenplätze.
2008: P/N 6.–, K/N 3 bis 10 J. 4.50, St/N 18.50, H/N frei, WD und Strom (6 A) inkl.

Am Rand von Empuriabrava befindet sich ein Sportflughafen. Deshalb sind zeitweilige Ruhestörungen möglich.

Camping Nautic Almata
Ctra. Giv-6216   1ª Cat
17486 Castelló d'Empuries
Costa Brava-Girona-España
Tel:(34)972 454477
Fax:(34)972 454686
info@almata.com
E 3° 05' 10"
N 42° 12' 45"   www.almata.com   (E 1070/1)

✉ 17486 Castelló d'Empúries, Girona   E 1070/1

55 ★★★★ »CAMPING NAUTIC ALMATÁ«   3.5. bis 14.9.
☎ 972/454477, Fax 454686   220 000 qm
www.almata.com, info@almata.com

→ C 260 Figueres–Roses. Vor Castelló d'Empúries rechts abbiegen Richtung Sant Pere Pescador. Nach 6 km meerwärts abbiegen, über 2.5 km Schotterstraße. ✉ Ctra. Sant Pere Pescador, Km 11.6 (GPS: 42°12'45" N / 3°05'10" E).

Ebenes Wiesengelände an einem Kanal des Riu Fluvia. Durch Anpflanzungen unterteilt. Teilweise schattenlos und steinig. Breiter Sandstrand. Wäscheservice. Ort 3 km entfernt. 1109 Touristenplätze.
2008: (HS) P/N 4.30, St/N 42.80, B/N 11.50, H/N 6.–, WD und Strom (10 A) inkl. In NS 15% Ermäßigung auf P/N.

17486 Castelló d'Empúries, Girona — E 1070/2

50 ★★★ »CAMPING CASTELL MAR« — 17.5. bis 21.9.
☎ 972/450822, Fax 452330 — 40000 qm
www.campingparks.com, cmar@campingparks.com

→ C260 Figueres–Roses, bei Km 40.5 rechts abbiegen, noch 2 km geschotterter Feldweg. ✉ Platja de la Rubina.

Ebenes Wiesengelände mit Anpflanzungen hinter den Dünen in Sporthafennähe. Überwiegend schattenlos. Platz unter deutscher Leitung. Strand ca. 500 m und Ort 1 km entfernt. 310 Touristenplätze.
2008: (HS) P/N 4.–, K/N 3 bis 10 J. 3.–, St/N 36.–, WD und Strom (5 A) inkl. In NS Ermäßigung.

17486 Castelló d'Empúries, Girona — E 1070/3

45 ★★★ »CAMPING MAS NOU« — 15.3. bis 28.9.
☎ 972/454175, Fax 454358 — 78000 qm
www.campingmasnou.com, info@campingmasnou.com

→ C260 Figueres–Roses, bei der Kreuzung Ampuriabrava landwärts abbiegen. ✉ Ctra. Figueres a Roses, Km 38 (GPS: 42°15'56" N / 3°06'09" E).

Parzelliertes Wiesengelände mit Pappeln. Ärztl. Betreuung. In den Bungalows Hundeverbot. Ort 2.5 km, Meer 3 km entfernt. Touristen-/Dauerstellplätze 450/450.
2008: (HS) (zuzügl. 7% IVA) P/N 4.70, K/N 4 bis 12 J. 3.30, St/N 27.30, H/N 2.10, WD inkl., Strom/N 4.40 (10 A). Pauschalen und in NS Ermäßigung.

Ruhebewertungen betreffen das Umfeld, nicht aber den inneren Campingplatzbereich.

17486 Castelló d'Empúries, Girona — E 1070/4

55 ★★★★ »CAMPING LAGUNA« — 13.3. bis 30.9.
☎ 972/450553, Fax 450799 — 146000 qm
www.campinglaguna.com, info@campinglaguna.com, reserves@campinglaguna.com

→ C260 Figueres–Roses, Richtung Sant Pere Pescador abbiegen. Kurz nach dieser Kreuzung meerwärts noch ca. 4 km. Beschildert. ✉ Apartat de Correus 55 (GPS: 42°14'23" N / 3°07'28" E).

Weitläufiges, parzelliertes und ebenes Wiesen-Sandgelände mit Pinien, Olivenbäumen und Orleanderbüschen in einem Naturschutzgebiet. Durch eine längliche Lagune zweigeteilt. An einem breiten Sandstrand und einer Flussmündung gelegen. Durch Sträucher und einzelne Bäume aufgelockert. Umweltorientierte Betriebsführung. Spielhalle. Pkw-Waschanlage. Wäscheservice. Boule. WiFi. Geführte Ausritte. Catamarankurse. Segelregatten. Ort 5 km entfernt. Touristen-/Dauerstellplätze 730/50.
2007: (HS) (zuzügl. 7% IVA) P/N 7.90, K/N 3 bis 10 J. 5.85, H/N inkl., St/N 35.10, WD inkl., Strom/N 3.50. Für Rentner, Langzeitaufenthalte und in NS Ermäßigung.

17487 Empúriabrava, Girona — E 1080

40 ★★★★ »CAMPING INTER. AMBERES« — 1.4. bis 15.10.
☎ 972/450507, Fax 451772 — 88000 qm
www.campingamberes.com, info@campingamberes.com

→ C260 Figueres–Roses, durch Ampuriabrava, abbiegen nach ca. 800 m, dann beim Mavrici-Center links und der Beschilderung »Sector Marine« 2 km folgen. ✉ Platja de la Rubina (GPS: 42°25'26" N / 3°13'13" E).

Ebenes Wiesengelände mit Bäumen neben dem Wassersport-Freizeitgebiet »Empuriabrava«. Ort 500 m entfernt. 800 Touristenplätze.
2008: (HS) (zuzügl. 7% IVA) P/N 3.80, St/N 27.80, H/N 3.10, WD und Strom (10 A) inkl. In NS Ermäßigung.

Das Ferienparadies für die ganze Familie!

Direkt an einem traumhaften Sandstrand gelegener Campingplatz und Bungalowpark. Das Ferienparadies für die ganze Familie. Unendliche Vergnügungsmöglichkeiten und Animationsprogramm für Groß und Klein. Die modernsten sanitären Einrichtungen und ein großes Einkaufszentrum, wo es an nichts fehlt.

(E 1090/2)

Camping Las Dunas - E-17470 - Sant Pere Pescador - Costa Brava
Tel. (+34) 972 521 717 - Fax (+34) 972 550 046
E-mail: info@campinglasdunas.com

Ihre Kontaktperson in Deutschland: Sylvia Berg
Tel/Fax: 089 700 59 666 sylvia@campinglasdunas.com

www.campinglasdunas.com

GPS
N 42° 09' 43"
E 03° 06' 32"

100% sol y playa

- Geniessen Sie Ihre Ruhe und Ihr Privatleben auf einem unserer einzigartigen Stellplätze mit eigenen Sanitäranlagen.
- Direkt am kilometerlangen Sandstrand unter der spanischen Sonne bieten wir Ihnen ein weites Spektrum an Dienstleitungen und Freizeitangeboten für Jung und Alt. Schwimmbäder, Tennisplatz, Restaurant, Self-Service, Disco-Bar, Supermarkt und Kindergarten. Eines unserer Sanitärgebäude ist beheizt.
- Stellplätze v. 95 bis 180 m², Bungalows und Mobilheime warten auf Sie.
- Wir sprechen Deutsch.
- Geöffnet vom 05/04 - 30/09

Spezialangebot

Kinder (05/04 - 20/06, 28/08 - 30/09)	Rentner (05/04 - 20/06, 28/08 - 30/09)
Kinder unter 10 J. GRATIS	10 T. = 9 T. zahlen 14 T. = 12 T. zahlen 18 T. = 14 T. zahlen 22 T. = 15 T. zahlen

10 % Ermässigung auf gesamtem Aufenthalt. Ansehnliche Ermässigung auf Bungalows und Mobilheime
10% Nachlass mit CCI carnet auf Stellpl. Tar. (ausser Juli/Aug)

L'Àmfora camping & bungalow park — Costa Brava-España (E 1090/1)

Av. Josep Tarradellas, 2 - E-17470 Sant Pere Pescador - Costa Brava (Girona) España
Auskünfte - Reservierung: +34 972 52 05 40 • +34 972 52 05 42 • Fax: +34 972 52 05 39
www.campingamfora.com — e-mail: info@campingamfora.com

17470 Sant Pere Pescador, Girona — E 1090/1

55 ★★★★ »CAMPING L'AMFORA« — 5.4. bis 30.9.
972/520540/42, Fax 520539 — 90000 qm
www.campingamfora.com, info@campingamfora.com

→ A7 frz. Grenze–Girona Abf. (3) Figueres-Nord auf die C260 Figueres –Roses. Vor Castell d'Empries rechts abbiegen Richtung L'Escala. Kurz hinter der Flussbrücke von Sant Pere Pescador. ✉ A. J. Tarradellas, 2 (GPS: 42°10'54" N / 3°06'14" E).

Ebenes Gelände mit Heckenunterteilungen, hinter einem Dünengürtel, am Strand. 64 Stellplätze mit eigenen Sanitärzellen. In HS stark frequentiert. Umweltfreundliche Betriebsführung. Imbiss. Kiosk. Veranstaltungen. Ort 2 km entfernt. 550 Touristenplätze.
2008: (zuzügl. 7% IVA) P/N 4.80, K/N 2 bis 9 J. 3.80, St/N 39.–, H/N 4.70, WD u. Strom (10 A) inkl. DCC/CCI 10% auf St/N in NS.

17470 Sant Pere Pescador, Girona — E 1090/2

★★★★★ »CAMPING LAS DUNAS« — Mai bis Sept.
972/520400, Fax 550046 — 179000 qm
www.campinglasdunas.com, info@campinglasdunas.com

EUROPA-PREIS

→ A7 frz. Grenze–Girona Abf. (5) L'Escala, ca. 2 km vor L'Escala nach St. Martí d'Empuries abbiegen, noch ca. 4.5 km.

Großflächiges, leicht abfallend parzelliertes Gelände unter Bäumen. Durch drei Hauptwege gegliedert. Langer, breiter Strand. Wäscheservice. Ort 5 km entfernt. 1575 Touristenplätze.
Anzeige S. 487

DCC – DEIN PARTNER!

17470 Sant Pere Pescador, Girona — E 1090/3

50 ★★★★★ »CAMPING LA BALLENA ALEGRE« — 10.5. bis 21.9.
902/510520, Fax 510521 — 240000 qm
www.ballena-alegre.com, INFB2@ballena-alegre.com

EUROPA-PREIS

→ A7 frz. Grenze–Girona Abf. (5) l'Escala/Empuries Richtung l'Escala, ca. 20 km zum Kreisverkehr Richtung Sant Martí d'Empuries, noch ca. 2 km (GPS: 42°09'08" N / 3°06'42" E).

Parallel zum breiten Strand angelegtes, ebenes Wiesengelände mit einigen Laubbaumstreifen. Eingangsbereich gärtnerisch ansprechend gestaltet. Hundeduschen. Wäscheservice. Ort 5 km entfernt. 1670 Touristenplätze.
2008: P/N 4.10, K/N bis 9 J. 3.25, St/N 44.50, H/N 4.30, WD und Strom inkl. (5-10 A). Für Senioren Ermäßigung.

17470 Sant Pere Pescador, Girona — E 1090/4

50 ★★★★ »CAMPING AQUARIUS« — 15.3. bis 31.10.
972/520003, Fax 550216 — 68000 qm
www.aquarius.es, camping@aquarius.es

→ A7 franz. Grenze–Girona Abf. (3) Figueres-Nord auf die C260 Figueres–Roses. Bei Km 35.5 rechts ab Richtung L'Escala, und hinter St. Pere Pescador über die Flussbrücke zum Strand, noch 1.5 km. ✉ Playa Can Cristiá (GPS: 42°10'06" N / 3°06'05" E).

200 m

Rechtwinklig zum kilometerlangen Strand verlaufenes ebenes Wiesengelände mit Bäumen im rückwärtigen Bereich. Deutsche Leitung. Familiäre Atmosphäre. Hundeverbot am Strand. Ort 2.5 km entfernt. 455 Touristenplätze.
2008: (HS) (zuzügl. 7% IVA) P/N 3.85, K/N 2 bis 12 J. 2.65, St/N 34.55, H/N 3.70, WD inkl., Strom/N 3.15 (6 A). In NS Ermäßigung.
CCI 10% auf P/N und St/N.
Anzeige S. 490

DIREKT AM MEER - QUALITÄT FÜR DIE GANZE FAMILIE

Sonderangebote sehen Sie auf unserer Webseite

CAMPING & BUNGALOW PARK

Direkt neben dem Naturschutzpark Aiguamolls de l'Empordà und der Ruinenstadt Empuries befindet sich der ideale Campingplatz für Ihren Familienurlaub; direkt an einem feinen, 1700 m langen Sandstrand gelegen, mit einem fantastischen Animationsprogramm und allen Serviceleistungen, damit Sie wirklich erholsame und vergnügliche Urlaubstage genießen können.

Anfahrt: A-7=E15, Ausfahrt Nr. 5, Richtung L'Escala. Landstrasse (GI-623), Km. 18,5 Abzweigung nach St. Martí d'Empuries.

www.ballena-alegre.com

(E 1090/3)

COSTA BRAVA

La Ballena Alegre 2. E-17470 St. Pere Pescador (Girona)
Tel. 34 / 902 510 520 Fax 34 / 902 510 521

17470 Sant Pere Pescador, Girona — E 1090/5

»CAMPING LAS PALMERAS« ★★★★ — 15.3. bis 11.10.
972/520506, Fax 550285 — 45 000 qm
www.campinglaspalmeras.com, info@campinglaspalmeras

→ A7 franz. Grenze–Girona Abf. (3) Figueras-Nord auf die C260 Figueres–Roses. Bei Km 35.5 rechts ab Richtung L'Escala und hinter St. Pere Pescador über die Flussbrücke zum Strand. Ctra. de la Platja.

Ebenes, parzelliertes Wiesengelände mit Pappelreihen in ländlicher Umgebung. Ort 1.2 km entfernt. Touristen-/Dauerstellplätze 229/5.
2008: (HS) (zuzügl. 7% IVA) P/N 4.–, K/N 2 bis 10 J. 2.30, St/N 26.90, H/N 4.–, Strom/N 3.30 (5 A). In NS Ermäßigung.
CCI 10% auf St/N.

17470 Sant Pere Pescador, Girona — E 1090/6

»CAMPING LA GAVIOTA« ★★ — 15.3. bis 26.10.
972/520569, Fax 550348 — 16 000 qm
www.lagaviota.com, info@lagaviota.com

→ A7 franz. Grenze–Girona Abf. (3) Figueras-Nord auf die C260 Figueres–Roses. Bei Km 35.5 rechts ab Richtung L'Escala und ab St. Pere Pescador beschildert. Ctra. de la Platja (GPS: 42°11'20" N / 3°06'31" E).

Ebenes Wiesengelände. Ort 2 km entfernt. Touristen-/Dauerstellplätze 150/50.
2008: (HS) (zuzügl. 7% IVA) P/N 3.50, K/N bis 10 J. 2.50, St/N 36.–, WD inkl., Strom/N 3.40 (6 A). In NS Ermäßigung.

17470 Sant Pere Pescador, Girona — E 1090/7

»CAMPING RIU« ★★★ — 1.4. bis 16.9.
972/520216, Fax 550469 — 35 000 qm
www.campingriu.com, info@campingriu.com

→ A7 franz. Grenze–Girona Abf. (3) Figueras-Nord auf die C260 Figueres–Roses. Bei Km 35.5 rechts ab Richtung L'Escala und hinter St. Pere Pescador über die Flussbrücke zum Strand. Ctra. de la Platja (GPS: 42°11'25" N / 3°05'34" E).

Ebenes Wiesengelände mit Bäumen. Ort 1.5 km entfernt. Touristen-/Dauerstellplätze 150/100.
2007: (HS) (zuzügl. 7% IVA) P/N 3.75, K/N bis 9 J. 2.90, St/N 23.10, B/N 6.75, H/N 2.90, WD inkl., Strom/N 3.50 (5 A). Für Senioren, längere Aufenthalte und in NS Ermäßigung.
CCI 5% auf P/N und St/N.

17130 L'Escala, Girona — E 1100/1

»CAMPING MAITE« ★★ — 1.6. bis 15.9.
Fax 972/770544, 686/978699 — 60 000 qm
www.campings.net/maite, maite@campings.net

→ A7 franz. Grenze–Barcelona Abf. (5) nach L'Escala. Hier auf die Umgehungsstraße bis zum Ortsende und weiter Richtung Port Escala. Beim Verteiler am Meer abbiegen nach Cala Montgó. Avda. Montgó, 66.

17130 L'Escala, Girona — E 1100/2

»CALA MONTGÓ« ★★★ — 1.1. bis 31.12.
972/770866, 770718, Fax 774340 — 120 000 qm
www.betsa.es, betsa@betsa.es, calamontgo@betsa.es

→ A7 franz. Grenze–Barcelona Abf. (5) nach L'Escala. Hier auf die Umgehungsstraße bis zum Ortsende und weiter Richtung Port Escala. Beim Verteiler am Meer abbiegen nach Cala Montgó. Avda. Montgó.

Leicht hügeliges, teilweise terrassiertes Gelände in einem Pinienwald. Durch eine Straße geteilt. Wäscheservice. 700 Touristenplätze.

17130 L'Escala, Girona — E 1100/3

»CAMPING NEUS« ★★★ — 31.5. bis 14.9.
972/770403, 208667, Fax 222409 — 40 000 qm
www.campingneus.cat

→ A7 Abf. (5) Richtung L'Escala. In L'Escala Richtung Cala Montgo. Punta milá (GPS: 42°10'30" N / 3°15'50" E).

Ebenes, teilweise hügeliges Gelände im dichten Pinienwald. Durch Holzzäune unterteilt. Billard. Ort 2 km entfernt. 248 Touristenplätze.
2008: (HS) P/N 5.–, K/N 5 bis 10 J. 3.–, St/N 25.–, H/N 1.50, WD inkl., Strom/N 3.50 (10 A). Für Senioren und in NS Ermäßigung.

17130 L'Escala, Girona — E 1100/4

»CAMPING PARADIS« ★★★★ — 17.3. bis 14.10.
972/770200, Fax 772031 — 64 000 qm
www.campingparadis.com, info@campingparadis.com

→ A7 franz. Grenze–Barcelona Abf. (5), in L'Escala Avenija Riells bis zum Strand »Platja de Montgó«. Avda. de Montgó, 260.

Parzelliertes Gelände im Pinienwald. Familiäre Atmosphäre. Gasverkauf. Strand 200 m, Ort 3 km entfernt. Touristen-/Dauerstellplätze 325/25.
2007: (HS) (zuzügl. 7% IVA) P/N 5.–, K/N 3 bis 10 J. 3.50, St/N 23.60, H/N 3.20, WD inkl., Strom/N 3.50 (5 A). In NS Ermäßigung.

17258 Estartit, Girona — E 1110/1

»CAMPING ESTARTIT« ★★ — April bis Sept.
972/751909, Fax 750991, www.campingestartit.com — 25 000 qm

→ A7 franz. Grenze–Barcelona Abf. (5) Richtung L'Escala, dann über Torroella de Montgri nach Estartit. Hier beschildert. Villa Primavera, 12.

CAMPING LAS PALMERAS
COSTA BRAVA
(E 1090/5)

- Mitten in der Natur
- Beheiztes Schwimmbad, Bungalows ...
- Einrichtungen für Babys und Kleinkinder
- In der Nähe vom Strand
- In ruhiger Lage, kleiner und gemütlicher Familienplatz

E-17470 Sant Pere Pescador (Girona)
Tel.(34) 972 52 05 06
Fax(34) 972 55 02 85
Open: 10.03 - 11.10
www.campinglaspalmeras.com
info@campinglaspalmeras.com

✕100 m ⚓200 m Ⓗ300 m

Terrassiertes, überwiegend parzelliertes Hanggelände in einem schmalen Tal am Ortsrand. Durch einen Regenwasser-Auffanggraben unterteilt. In HS separate Pkw-Abstellung. Imbiss in HS. Ort 150 m und Strand 400 m entfernt. 180 Touristenplätze.
2007: (HS) (zuzügl. 7% IVA) P/N 5.–, K/N 2 bis 10 J. 3.35, A/N 5.–, C/N 5.60, MC/N 9.–, T/N 4.35, M/N 3.40, WD zuzügl., Strom/N 2.50/3.40 (2 A/6 A) zuzügl. Schwimmbad inkl. In NS für 1/2/3 Wochen 40%/45%/50 Erm.

✉ **17258 Estartit**, Girona **E 1110/2**

50 ★★★ »CAMPING CASTELL MONTGRI« ⚷ 17.5. bis 28.9.
☎ 972/751630, Fax 750906 225 000 qm
www.campingparks.com, cmontgri@campingparks.com

→ A7 franz. Grenze–Barcelona Abf. (5) Richtung L'Escala, über Torroella de Montgri nach Estartit. Kurz vor Estartit links. ✉ Ctra. Estartit, Km 4.7.

1.5 km

Ebenes sowie hügeliges Pinien– und Laubwaldgelände neben einem Sport- und Vergnügungspark. Teilweise terrassiert und parzelliert. In HS eine Woche Mindestaufenthalt. Busservice zum Strand. Ort 1 km entfernt. Touristen-/Dauerstellplätze 1270/10.
2008: (HS) P/N 4.–, K/N 3 bis 10 J. 3.–, St/N 38.–, B/N 9.–, H/N frei, WD und Strom (6A) inkl. Angebote. NS Ermäßigung.

✉ **17258 Estartit**, Girona **E 1110/3**

★★ »CAMPING TER« ⚷ April bis Sept.
☎ 972/751110, Fax 750609 20 000 qm
www.campingter.com, ter@campingter.com

→ A7 franz. Grenze–Barcelona Abf. (5) Richtung L'Escala, dann über Torroella de Montgri nach Richtung Estartit, ca. 4 km vor Estartit.
✉ Ctra. Torroella, Km 4.3.

⚓200 m
Ebenes Gelände mit Pappeln. Ort 900 m, Meer 2.5 km entfernt. 187 Touristenplätze.

✉ **17258 Estartit**, Girona **E 1110/4**

25 ★ »CAMPING RIFORT« ⚷ 1.4. bis 8.10.
☎ 972/750406, Fax 751722 17 000 qm
www.campingrifort.com, campingrifort@campingrifort.com

→ A7 franz. Grenze–Barcelona Abf. (5) Richtung L'Escala, dann über Torroella de Montgri nach Estartit. Kurz vor Estartit. ✉ Apt. Correus 15.

Ⓗ100 m
Terrassenanlage unter dichten Pinien am westlichen Ortsrand. Strand 800 m entfernt. 139 Touristenplätze.
2007: (HS) P/N 4.60, K/N bis 10 J. 3.40, St/N 11.90, H/N 1.70, Strom/N 3.30 (6 A). In NS Ermäßigung.

✉ **17258 Estartit**, Girona **E 1110/5**

40 ★★★★ »CAMPING LES MEDES« ⚷ 1.1. bis 31.10.
☎ 972/751805, Fax 750413 und 1.12. bis 31.12.
www.campinglesmedes.com, info@campinglesmedes.com 26 000 qm

→ A7 franz. Grenze–Barcelona Abf. (5) Richtung L'Escala, dann über Torroella de Montgri nach Estartit. Hinter Torroella de Montgri nach 5 km rechts bei Jocs abbiegen, noch ca. 1.5 km. ✉ Paratge Camp de l'Arbre (GPS: 42°02'53" N / 3°11'16" E).

800 m
Von Feldern umgebenes, ebenes Wiesengelände mit Anpflanzungen und Heckenunterteilung. Gefällig gestalteter Eingangs- und Freibadbereich. Reiten 500 m, Ort 2 km entfernt. 172 Touristenplätze.
2008: (HS) P/N 7.50, K/N bis 10 J. 5.30, St/N 16.90, H/N 2.30, WD inkl., Strom/N 4.30 (6 A). In NS Ermäßigung. Anzeige S. 492

Plätze ohne Gebühren-Angabe
Diese Plätze haben seit 2 Jahren und mehr keine Meldung mehr abgegeben. Darum kann auch für die Öffnungszeit nicht garantiert werden.

(E 1100/3)
CAMPING neus L'ESCALA PUNTA mila
850m vom Strand von Cala Montgó, l'Escala, gelegen, in äußerst ruhiger Lage in einem schönen Pinienwald, entfernt von belebten Ortschaften. Ein familiärer Platz mit grossen Plätzen (100qm).
www.campingneus.cat 42°10'50,7"N 3°15'83,8"E COSTA BRAVA

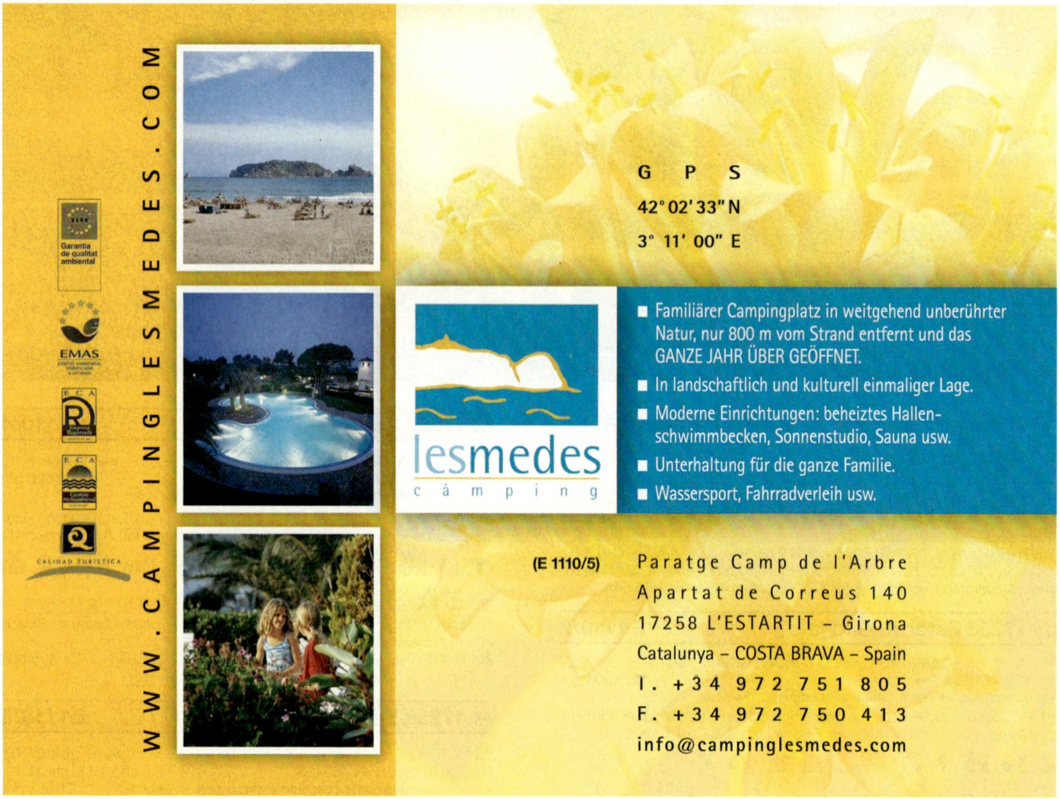

lesmedes càmping

www.campinglesmedes.com

GPS
42° 02' 33" N
3° 11' 00" E

- Familiärer Campingplatz in weitgehend unberührter Natur, nur 800 m vom Strand entfernt und das GANZE JAHR ÜBER GEÖFFNET.
- In landschaftlich und kulturell einmaliger Lage.
- Moderne Einrichtungen: beheiztes Hallenschwimmbecken, Sonnenstudio, Sauna usw.
- Unterhaltung für die ganze Familie.
- Wassersport, Fahrradverleih usw.

(E 1110/5)

Paratge Camp de l'Arbre
Apartat de Correus 140
17258 L'ESTARTIT – Girona
Catalunya – COSTA BRAVA – Spain
T. +34 972 751 805
F. +34 972 750 413
info@campinglesmedes.com

✉ 17257 Torroella de Montgri, Girona — E1120

EUROPA-PREIS

[55] ★★★★★ »CAMPING EL DELFIN VERDE« 🔑 15.3. bis 30.3.
☎ 972/758454, Fax 760070 und 26.4. bis 28.9.
www.eldelfinverde.com, info@eldelfinverde.com 350 000 qm

➔ A7 franz. Grenze–Barcelona. Abfahrten (5) oder (6) über Torroella de Montgri. Weiter auf C31 Richtung Palafrugell, bei Km 346.5 nach Mas Pinell abbiegen, dann noch ca. 3.5 km. ✉ Ctra. Torroella–Pals, Km 12.5 (GPS: 42°00'45" N / 3°11'18" E).

Leicht welliges, überwiegend schattenloses Wiesengelände mit Parzellierung und Blick auf die Medas-Inseln. Betonierte Regenwasserrinnen. FW. Wäscheservice. Ort 8 km entfernt. Touristen-/Dauerstellplätze 1300/60.
2008: P/N 5.–, K/N 3 bis 10 J. 4.50, St/N 43.–, H/N 4.–, WD und Strom inkl.

✉ 17256 Platja de Pals, Girona — E1130/1

[55] ★★★★★ »CAMPING CYPSELA« 🔑 15.5. bis 21.9.
☎ 972/667696, Fax 667300 200 000 qm
www.cypsela.com, info@cypsela.com

➔ A7 franz. Grenze–Barcelona Abfahrten (5) oder (6) über Torroella de Montgri Richtung Palafrugell, bei Km 12.5 links. In Pals nach Platja de Pals abbiegen. ✉ Ctra. Platja de Pals, Km 3 / Rodors, 7 (GPS: 41°59'15" N / 3°10'15" E).

Durch Mauern in viele Stellfelder unterteiltes Gelände unterschiedlichster Strukturen, wie schattiger Pinienwald oder freie Wiesenabschnitte. Wäscheservice. Separate Pkw-Abstellung. Caravanunterstellung und Wartung im Winter. Ort 3 km entfernt. 978 Touristenplätze.
2008: (HS) P/N 6.–, K/N 1 bis 10 J. 4.60, St/N 40.–, WD inkl., Strom (6 A) keine Angabe. Für 13/20 N 5%/10% Ermäßigung. In NS Ermäßigung.

✉ 17256 Platja de Pals, Girona — E1130/2

[50] ★★★★ »CAMPING MAS PATOXAS« 🔑 18.1. bis 21.12.
☎ 972/636928, Fax 667349 55 000 qm
www.campingmaspatoxas.com, info@maspatoxas.com

➔ A7 franz. Grenze–Barcelona Abfahrten (5) oder (6) über Torroella de Montgri Richtung Palafrugell, bei Km 12.5 links und in Pals nach Platja de Pals abbiegen. Etwa 1.5 km südlich von Platja de Pals. ✉ Camargas, 16.

An einem Hügel ansteigendes Wiesengelände. Teilweise terrassiert und parzelliert. Wäscheservice. Caravanunterstellung im Winter. Ort 1 km, Meer 6 km entfernt. 317 Touristenplätze.
2008: (HS) (zuzügl. 7% IVA) 2 P/N inkl. St/N 42.–, weitere P/N 5.75, K/N 1 bis 7 J. 4.–, H/N 3.20. WD und Strom (5 A) inkl. In NS und ab 7 N Erm.

✉ 17256 Platja de Pals, Girona — E1130/3

[50] ★★★★ »CAMPING PLAYA BRAVA« 🔑 12.5. bis 16.9.
☎ 972/636894, Fax 636952 110 000 qm
www.playabrava.com, info@playabrava.com

➔ A7 franz. Grenze–Barcelona Abfahrten (5) oder (6) über Torroella de Montgri Richtung Palafrugell, bei Km 12.5 links. In Pals nach Platja de Pals abbiegen. Ca. 800 m vor Platja de Pals links zum Platz. ✉ Avda. del Grau 1.

Ebenes Gelände mit Pinienwald und Pappeln. Von einem Fluss flankiert. Strand direkt zugänglich. Ort 7 km entfernt. 500 Touristenplätze.
2007: (HS) (zuzügl. 7% IVA) P/N 3.–, K/N 2 bis 9 J. 2.–, St/N 33.–/38.–, WD und Strom (5 A) inkl. In NS Ermäßigung. **Anzeige S. 494**

DCC – DEIN PARTNER!

17256 Platja de Pals, Girona — E 1130/4

55 ★★★ »CAMPING INTER PALS« — 15.3. bis 30.9.
☎ 972/636179, Fax 667476 — 74 000 qm
www.interpals.com, interpals@interpals.com

→ A7 franz. Grenze–Barcelona Abfahrten (5) oder (6) über Torroella de Montgri Richtung Palafrugell, bei Km 12.5 links. Nördlich von Pals Richtung Platjade Pals abbiegen. ✉ Avda. Mediterránea (GPS: 41°58'52" N / 3°11'59" E).

Terrassiertes Pinienwaldgelände am Strand. Wassersportmöglichkeit 300 m, Ort 4.5 km entfernt. Touristen-/Dauerstellplätze 600/40.
2008: (HS) P/N 6.10, K/N 3 bis 12 J. 3.60, St/N 32.10, H/N 3.20, Strom/N (5 A) inkl. In NS Ermäßigung. In NS DCC/CCI 10% auf P/N und St/N.

17255 Begur, Girona — E 1140/1

30 ★★★ »CAMPING CARAVANING BEGUR« — 15.4. bis 28.9.
☎ 972/623201, Fax 624566 — 40 000 qm
www.campingbegur.com, info@campingbegur.com

→ A7 franz. Grenze–Barcelona Abf. (6) über Palafrugell zur Küste bis ca. 1.5 km südlich von Begur. ✉ Ctra. D'Esclanyá, Km 2 (GPS: 41°56'25" N / 4°49'56" E).

Ebenes, teilweise an einem Hang terrassiertes Gelände unter Bäumen (34 verschiedene Arten). Fitnessraum. Haltestelle 50 m, Ort 1.5 km entfernt. 317 Touristenplätze.
2007: P/N 4.30, K/N bis 10 J. 2.20, St/N 13.40, H/N 4.20, WD inkl., Strom/N (10 A) inkl.
CCI 5% auf P/N und St/N.

17255 Begur, Girona — E 1140/2

40 ★★★ »CAMPING EL MASET« — 17.3. bis 21.9.
☎ 972/623023, Fax 623901 — 12 000 qm
www.campingelmaset.com, info@campingelmaset.com

→ A7 franz. Grenze–Barcelona Abf. (6) über Palafrugell zur Küste. Auf die Umgehungsstraße Richtung Sa Riera, nach 800 m links abbiegen und ca. 2.5 km lange Serpentinenstraße abwärts zum Meer. Für Caravans über 5 m nicht geeignet. ✉ Platja de Sa Riera (GPS: 41°06'58" N / 3°35'12" E).

Gepflegtes Terrassengelände unter Pinien mit Stellnischen. In Freibadnähe. FKK-Strand. Ort 2 km entfernt. 109 Touristenplätze.
2008: (HS) (zuzügl. 7% IVA) P/N 7.–, K/N bis 10 J. 5.–, A/N 6.–, C/N 8.50, MC/N 9.–, T/N 8.–, M/N 4.50, Schwimmbad u. WD inkl., Strom/N 7.– (6 A). Ab 7/14/21 N 10%/15%/20% Ermäßigung und in NS Ermäßigung.

17211 Palafrugell-Llafranc, Girona — E 1150

50 ★★★ »KIM'S CAMPING S. A.« — Ostern bis 30.9.
☎ 972/301156, Fax 610894 — 60 000 qm
www.campingkims.com, info@campingkims.com

→ A7 franz. Grenze–Barcelona Abf. (6) über Palafrugell Richtung Tamariu. Nach Llafranc abbiegen. ✉ Pont d'en Xeco, 1 (GPS: 41°54'02" N / 3°11'21" E).

Terrassiertes Hanggelände sowie fast ebene Plateaufläche. Teilweise bewaldet. Schlepphilfe für Caravans. Ort 500 m entfernt. Touristen-/Dauerstellplätze 275/50.
2007: (HS) (zuzügl. 7% IVA) P/N 6.–, K/N 3 bis 10 J. 3.–, St/N 26.–, WD u. Strom inkl. (5 A). In NS Ermäßigung.
DCC/CCI 10% auf P/N.

17212 Palafrugell-Tamariu, Girona — E 1160

30 ★★ »CAMPING TAMARIU« — Mai bis Sept
☎ 972/620422, Fax 620592 — 20 000 qm
www.campingtamariu.com, info@campingtamariu.com

→ A7 franz. Grenze–Barcelona Abf. (6) über Palafrugell Richtung Tamariu. Nach Llafranc abbiegen. In Tamariu links abbiegen. ✉ Costa Rica 2.

Terrassenanlage im Fichten– und Pinienwald. Bungalows. Ort 200 m entfernt. 170 Touristenplätze.
2008: (HS) P/N 6.40, K/N bis 12 J. 3.75, A/N 4.80, C/N 6.40, MC/N 8.55, T/N 5.35, M/N 3.75, WD inkl., Strom/N 3.50 (6/10 A). In NS Erm.

(E 1140/1) **CAMPING BEGUR** CARAVANING-BUNGALOW
CRTA. D'ESCLANYÁ KM2, E-17255 BEGUR - COSTA BRAVA
TEL. +34 972 623 201 - FAX +34 972 624 566
E-MAIL: INFO@CAMPINGBEGUR.COM
GPS: 41.9404°N 3.1989° E

WWW.CAMPINGBEGUR.COM

INTERNACIONAL DE CALONGE

1. Kat. (E 1190/2)
CALONGE
COSTA BRAVA – (Girona)
Tel. (34) 972 65 12 33 - 972 65 14 64
Fax: (34) 972 65 25 07
www.intercalonge.com
info@intercalonge.com
Postadr.: Apto. de Correos 272,
E-17250 Platja d'Aro
Anfahrt/access: den Schildern folgen/follow signs "Sant Antoni-Platja d'Aro" und "Platges".

Seine privilegierte Lage im Herzen der Costa Brava und die hervorragenden Einr. (einschl. 3 Schwimmbäder, Restaurant, Bar, Supermarkt, Tennis, Friseur, gratis Warmduschen usw.) machen diesen Platz zum idealen Ziel für frohe, unbeschwerte Ferien. Tag und Nacht bewacht. Ganzjährig offen. Wir sprechen Deutsch. Reserv. mögl. Kompl. ausgest. Mobilheime u. Zelte zu vermieten.

Spezial-tarife
(01.01 - 05.07
23.08 - 31.12)

DCC Europa Preis 2002

17253 Montras, Girona — E 1170

35 ★★ »CAMPING RELAX-GE« — 31.5. bis 31.8.
☎ 972/301549, Fax 601100 — 22 000 qm
www.campingrelaxge.com, campingpal@grn.es

→ A7 franz. Grenze–Barcelona Abf. (6) auf die C 255 Richtung Palamós. Bei Km 38.7 links abbiegen. ✉ C-31, Km 329.

Parzelliertes Wiesengelände unter Pappeln und Olivenbäumen in ländlicher Umgebung. Ort 2 km, Meer 4 km entfernt. 188 Touristenplätze.
2008: P/N 5.70, K/N bis 10 J. 4.20, St/N 17.50, H/N 2.50, WD u. Freibad inkl., Strom 3.– (2 A).

17230 Palamós, Girona — E 1180/1

45 ★★★★ »CAMPING INTERNACIONAL PALAMÓS« — 15.3. bis 30.9.
☎ 972/314736, Fax 317626 — 52 000 qm
www.internacionalpalamos.com, info@internacionalpalamos.com

→ A7 franz. Grenze–Barcelona Abf. (6) auf die C 255 bis Palamós-Norte, weiter in Richtung Strand „Playa de la Fosca" (GPS: 41°51'26" N / 3°08'17" E).

Gestuftes Gelände unter Bäumen. Wassersportmöglichkeiten 300 m, Ort 1 km entfernt. 380 Touristenplätze.
2008: P/N 3.65, K/N bis 10 J. 2.65, St/N 30.–, WD inkl., Strom/N 4.90 (4 A).

17230 Palamós, Girona — E 1180/2

40 ★★★ »CAMPING CASTELL PARK« — 15.3. bis 14.9.
☎/Fax 972/315263 — 47 000 qm
www.campingcastellpark.com, info@campingcastellpark.com

→ A7 franz. Grenze–Barcelona Abf. (6) auf die C 255 Richtung Palamós bis 3 km südlich von Montras (GPS: 41°52'55" N / 3°08'27" E).

Leicht abfallendes Wiesengelände, parzelliert und teilweise terrassiert neben der Straße. Ort 2.5 km entfernt. 195 Touristenplätze.
2008: (HS) P/N 5.15, K/N bis 10 J. 3.20, St/N 21.70, WD, Schwimmbad u. Strom (3 A) inkl. In NS Ermäßigung.

17251 Calonge, Girona — E 1190/1

55 ★★★★ »CAMPING CARAVANING TREUMAL« — 15.3. bis 30.9.
☎ 972/651095, Fax 651671 — 70 000 qm
www.campingtreumal.com, info@campingtreumal.com

→ A7 franz. Grenze–Barcelona Abf. (6) auf die C 66/31 über Palamós noch ca. 3 km Richtung Sant Feliu. ✉ CC. 253, Km 47.5 (GPS: 41°11'50" N / 3°13'05" E).

Anzeige S. 496

Parkartiges, teilweise terrassiertes bzw. naturbelassenes Pinienwaldgelände. Parzelliert. Oberhalb von drei felsumrahmten Strandbuchten mit Treppen. Für Zeltler teilweise separate Pkw-Abstellung. Ort 2 km entfernt. 579 Touristenplätze.
2007: (HS) (zuzügl. 7% IVA) P/N 7.50, K/N 4 bis 10 J. 4.20, St/N 26.70/28.40, WD und Strom (6/10 A) inkl. In NS Ermäßigung.

17251 Calonge, Girona — E 1190/2

55 ★★★★ »INTERNACIONAL DE CALONGE« — 1.1. bis 31.12.
☎ 972/651233, Fax 652507 — 110 000 qm
www.intercalonge.com, info@intercalonge.com

EUROPA-PREIS

→ A7 franz. Grenze–Barcelona Abf. (6) auf die C 66/31 nach Palamós. Ca. 4 km hinter Palamós. ✉ Ctra. San Feliu de Guixols-Palamós, Km 7.5 (GPS: 41°50'00" N / 3°05'03" E).

Terrassiertes, sehr gepflegtes und parzelliertes Pinienwaldgelände an einem teilweise steilen Hang. Zum Strand über eine Holzbrücke. Wassersportmöglichkeit 200 m, Ort 2 km entfernt. Touristen-/Dauerstellplätze 600/20.
2008: P/N 7.55, K/N 3 bis 10 J. 4.25, St/N 24.65 bis 33.25, H/N 3.90, WD und Strom (5 A) inkl.

✉ 17252 Sant Antoni de Calonge, Girona E 1200

50 ★★★★ »EURO-CAMPING« ⚷ 26.4. bis 21.9.
☎ 972/650879, Fax 661987 130 000 qm
www.euro-camping.com, info@euro-camping.com

→ A7 franz. Grenze–Barcelona Abf. (6) Girona-Nord, über die C66 und C31 Richtung Palamós/Sant Feliu, Abf. Palamós-Est/Sant Antoni. Am Ortseingang von Sant Antoni im Kreisverkehr die erste Ausfahrt rechts. ✉ Avinguda Catalunya 15 (GPS: 42°24'42 N / 3°09'51" E).

Ebenes Gelände mit Parzellierung in Straßennähe. Kurzcamperplätze vor dem Platzeingang. Fitness. Spieleraum. Volleyball. Musikveranstaltungen und Filmvorführungen. Platzbahn. Ort 100 m entfernt. Touristen-/Dauerstellplätze 600/150.
2008: (HS) P/N 6.50, K/N 3 bis 9 J. 4.45, St/N 30.30, H/N 3.60, WD und Strom (10 A) inkl. In NS Ermäßigung.

✉ 17250 Calonge-Platja d'Aro, Girona E 1210

55 ★★★★ »CAMPING CALA GOGO« ⚷ 26.4. bis 28.9.
☎ 972/651564, Fax 650553 170 000 qm
www.calagogo.es, calagogo@calagogo.es

→ AP7 franz. Grenze–Barcelona Abf. (7) über die C65 nach St. Feliu, hier auf die C253 Richtung Platja d'Ara-Palamos. Bei Km 47 beschildert. ✉ Ctra. Sant Feliu-Palamós (GPS: 41°49'52 N / 3°05'12" E).

Terrassiertes Pinienwaldgelände an einem Hang. Durch eine Straße unterteilt. Zum Strand führt eine Unterführung. Teilweise separate Pkw-Abstellung. Gasverkauf nur blaue Flasche. Boule. Ort 2 km entfernt. Touristen-/Dauerstellplätze 650/20.
2008: (HS) P/N 6.90, K/N 3 bis 12 J. 3.50, St/N 30.15, H/N 2.–, WD und Strom (10 A) inkl. In NS Ermäßigung.

✉ 17250 Platja d'Aro, Girona E 1220

50 ★★★ »CAMPING VALLDARO« ⚷ 14.3. bis 28.9.
☎/Fax 972/817515, Fax 816662 200 000 qm
www.valldaro.com, info@valldaro.com

→ A7 franz. Grenze–Barcelona Abf. (7) auf die C250 über Llagostera nach Santa Cristina. Hier abbiegen auf die GE 662 nach Platja d'Aro. Im Ort beschildert. ✉ Avda. Castell d'Aro, 63 (GPS: 41°48'51 N / 3°02'40" E).

Ebenes, gepflegtes Wiesengelände mit Pinien, Palmen und Laubbäumen. Whirlpool. Ort 1 km entfernt. Touristen-/Dauerstellplätze 1200/400.
2008: P/N 6.50, K/N 3 bis 12 J. 3.70, C MC-St/N 30.–, T/N 3.75, M/N 5.30, H/N 2.70, WD u. Strom (5-10 A) inkl. Ab 7 N Angebote.

DCC-Vertragsplatz

✉ 17220 Sant Feliu de Guixols, Girona E 1230

55 ★★★★ »CAMPING SANT POL« ⚷ 15.3. bis 2.11.
☎ 972/327269, Fax 222409 17 000 qm
www.campingsantpol.cat, info@campingsantpol.cat

→ A7 Girona–Barcelona Abf. (9) auf die C253 und C250 nach Sant Feliu de Guixols. Weiter auf der C253 Richtung Palamos, zwischen Sant Feliu und S'Agaró. ✉ Doctor Fleming 1 (GPS: 41°47'12" N / 3°02'29" E).

Von einer Anhöhe terrassiert abfallendes Gelände. Durch Büsche und Bäume aufgelockert. Parzelliert. Ort 500 m entfernt. 125 Touristenplätze.
2008: (HS) P/N 7.–, K/N 5 bis 10 J. 4.–, St/N 36.–, H/N 2.–, WD inkl, Strom/N 4.– (10 A) inkl. In NS Ermäßigung.
DCC 10% auf P/N.

Eurocamping — COSTA BRAVA

Geöffnet: 26.04 - 21.09

In ruhiger Umgebung, im Herzen der **Costa BRAVA** neben den schönsten Stränden gelegen. Erstkl. Einr., asphaltierte Straßen. Ausgez. Sanitär m. Einzelkab. (Dusche, WC u. Waschb.) u. gratis Warmw. **3 Schwimmb der.**

Vermietung von Mobilheimen und Bungalows

(E 1200)

Avinguda Catalunya 15, E-17252 SANT ANTONI DE CALONGE (Girona) Costa Brava
Tel. (34) 972 65 08 79 Fax (34) 972 66 19 87 ¥ info@euro-camping.com •www.euro-camping.com

---

- Spezielle Angebote außer Saison. Fragen Sie Ihr Angebot per E-Mail an
- Beheiztes Schwimmbad
- Direkt am Meer

Cala GOGO — CAMPING - BUNGALOW PARK

Apartat Correus 80
E-17250 Platja d'Aro - GIRONA
Tel.: +34 972 65 15 64 · Fax: +34 972 65 05 43
calagogo@calagogo.es
www.calagogo.es
(E 1210)

Cala Llevadó

Camping der 1. Kategorie.
Privilegierte Lage im schönsten Teil der Costa Brava. Isoliert und ruhig. 4 Strände. Schwimmbad, Kinderspielplatz, Bar, Restaurant, Supermarkt, Wäscherei, Friseursalon, Arztdienst.
Außerordentliche Sanitäranlagen mit Kinderbadewannen, Einzelwaschkabinen und Toiletten für Rollstuhlfahrer. Warmwasser frei überall. Nummerierte Stellplätze.
Sport und Animation: Schwimmbad, Tennis, Wasserski, Tischtennis, Windsurfing, Tauchen, Pressluftflaschen, Bootsausflüge, Miniglof, Korbball, Besondere Aktivitäten für Kinder im Juli-August, Reservierungsservice.
Bungalows und Appartements zu mieten.

EMAS
ICICT CERT
Grupo TÜV Rheinland
UNE EN ISO 14001
Nº Reg.: 3.00.00018
ADAC Auszeichnung

Schreiben Sie an:
Camping **Cala Llevadó**
Apartado 34, 17320
Tossa de Mar - Spanien
COSTA BRAVA
Tel. 00 34 972 34 03 14
Fax 00 34 972 34 11 87
E-mail: info@calallevado.com
Web: www.calallevado.com

(E 1260/1)

Cala Llevadó camping ★★★

(E 1280/1)

S'ABANELL
E-17300 BLANES (Girona)
COSTA BRAVA
Tel.: (34) 972 33 18 09
Fax: (34) 972 35 05 06
info@sabanell.com · www.sabanell.com
- Idealer Familienplatz
- ganzjährig geöffnet
- Gratis Warmwasser
- Am Strand gelegen
- Busstop am Eingang
- Nachlass ausser Saison

Außer Saison SONDERPREISE u.
NACHLASS f. PENSIONIERTE

✉ 17246 Santa Cristina d'Aro, Girona — E 1240
★★★★★ »CAMPING MAS ST. JOSEP« — 24.5. bis 11.9.
☎ 972/835108, Fax 837018 — 350 000 qm
www.campingmassantjosep.com, info@campingmassantjosep.com

→ A7 franz. Grenze–Barcelona Abf. (7) auf die C250 Richtung St. Feliu. Bei Km 30 neben der Straße. ✉ Ctra. Sta. Christina a Platja d'Aro, Km 2 (GPS: 41°48'40" N / 3°01'06" E).

Ebenes, parzelliertes Gelände bei einem ehemaligen Herrensitz. Von Pinienreihen durchzogen. Angrenzend Freizeitgelände mit Fitnesseinrichtungen. Strand 2 km, Ort 3 km entfernt. Touristen-/Dauerstellplätze 222/450.
2007: (HS) (zuzügl. 7% IVA) P/N 7.–, K/N 2 bis 10 J. 4.67, St/N 17.76, WD, Schwimmbad und Strom (10 A) inkl. In NS Ermäßigung.

✉ 17240 Llagostera, Girona — E 1250
★★ »CAMPING RIDAURA« — 1.6. bis 15.9.
☎ 972/830265 — 40 000 qm
www.my-camping.com, ridaura@my-camping.com

→ C250 Girona–St. Feliú de Guixols, ca. 5 km hinter Llagostera bei Km 25 nordwärts abbiegen.

Ebenes, leicht abfallendes Waldgelände. Ort 2 km, Meer 10 km entfernt. 260 Touristenplätze.
2008: (HS) P/N 3.–, St/N 23.–, WD u. Strom (10 A) inkl. In NS Ermäßigung. DCC/CCI 10% auf P/N.

DCC-Vertragsplatz

✉ 17320 Tossa de Mar, Girona — E 1260/1
★★★★ »CAMPING CALA LLEVADÓ« — 1.5. bis 30.9.
☎ 972/340314, Fax 341187 — 170 000 qm
www.calallevado.com, info@calallevado.com

→ A7 Girona–Barcelona Abf. (9) über Vidreres nach Lloret de Mar. Hier auf die Küstenstraße GI 682 Richtung Tossa de Mar. Bei Km 18 rechts abbiegen. ✉ Ctra. Tossa-Lloret, Km 3.

Parzellierter Terrassenplatz in reizvoller Lage an der steil abfallenden Felsenküste. Vier in sich abgeschlossene Strände, die über Stufen oder Kletterpfade zu erreichen sind. Für Zeltler separate Pkw-Abstellung. Kompressorstation für Taucher. Wäscheservice. Geldautomat. Postamt. Gasverkauf nur blaue Flasche. In HS Reservierung erforderlich. Ort 3 km entfernt. Touristen-/Dauerstellplätze 574/10.
2008: (HS) P/N 9.10, K/N 4 bis 12 J. 4.95, A/N 9.10, C/N 9.70, MC/N 13.95, T/N 9.10, Sp/N 9.10, H/N 4.60, WD inkl., Strom/N 4.95 (10 A). In NS Erm. DCC/CCI 10% auf P/N.
Anzeige S. 497

✉ 17320 Tossa de Mar, Girona — E 1260/2
★★★ »CAMPING CAN MARTI« — Mai bis Sept.
☎ 972/340851, Fax 342461 — 95 000 qm
www.campingcanmarti.net, campingcanmarti@terra.es

→ A7 Girona–Barcelona Abf. (9) über Vidreres nach Tossa de Mar. Hier auf die Küstenstraße GE681 Richtung St. Feliu. Direkt hinter der Brücke links abbiegen. ✉ Avda. Pau Casals s/n (GPS: 41°43'43" N / 02°55'33" E).

Ebenes, schattenloses Wiesengelände mit Anpflanzungen und Parzellierung. Ein terrassierter Platzteil an einem Hang unter Pinien und Korkeichen. FKK-Strand. Ort 300 m entfernt. 657 Touristenplätze.

✉ 17310 Lloret de Mar, Girona — E 1270/1
★★★ »CAMPING CANYELLES« — 1.4. bis 30.9.
☎ 972/364504, Fax 368506 — 100 000 qm
www.ccanyelles.com, info@ccanyelles.com

→ A7 Girona–Barcelona Abf. (9) über Vidreres nach Lloret de Mar. Hier noch ca. 2 km auf der GE 682 Richtung Tossa de Mar, dann meerwärts abbiegen. ✉ Playa de Canyelles.

Terrassierte Hänge in einem schmalen Seitental. Teilweise wenig Schatten. Platzstraßen teilweise steil und eng. Schlepphilfe für Caravans. Ort 3 km entfernt. 301 Touristenplätze.
2008: (HS) P/N 6.65, K/N 2 bis 10 J. 4.55, A/N 6.65, C T/N 7.95, MC/N 9.95, M/N 5.70, H/N 1.60, WD inkl., Strom/N 3.75. In NS Ermäßigung. DCC/CCI 10% auf P/N.

✉ 17310 Lloret de Mar, Girona — E 1270/2
★★★★ »CAMPING SANTA ELENA CIUTAT« — 1.1. bis 31.12.
☎ 972/364009, Fax 674495, 367954 — 120 000 qm
www.betsa.es, santaElena@betsa.es

→ A7 Girona–Barcelona Abf. (9) über Vidreres nach Lloret de Mar. Hier noch ca. 2 km auf der GE682 Richtung Blanes ca. 1.2 km, dann landwärts abbiegen. ✉ Ctra. Villa de Blanes (GPS: 41°41'59" N / 02°49'61" E).

Geschottertes, ebenes Gelände um einen mit Pinien und Laubbäumen bestandenen Hügel. Teilweise parzelliert und mit gemauerten Terrassen. Individuelle Stellnischen. Eingangsbereich am Hauptweg ansprechend gärtnerisch gestaltet. Gasverkauf nur blaue Flasche. Wäscheservice. Arztdienst in HS. Pkw-Waschplatz. Telebank. FKK-Strand. Ort 300 m, Strand 700 m entfernt. 602 Touristenplätze.
2007: (HS) P/N 8.65, K/N 5.50, A/N 8.65, C/N 8.65, MC/N 13.90, T/N 8.65, M/N 4.50, WD inkl., Strom/N 3.90 (5 A). In NS Ermäßigung.

DCC – auch Ihr Camping-Partner!

Deutscher Camping-Club e.V., Postfach 40 04 28, 80704 München

17300 Blanes, Girona — E 1280/1

[45] ★★★ »CAMPING S'ABANELL«   7.1. bis 23.12.
☎ 972/331809, Fax 350506   35 000 qm
www.sabanell.com, info@sabanell.com

→ AP7 Girona–Barcelona Abf. (9) auf die NII nach Blanes. Beim Kreisverkehr Richtung Blanes auf die GI 600. Am Stadtrand den Hinweisschildern Hotels/Campings folgen (Avda. Europa). 4. Straße rechts in Blanes-Sur auf die Avda. De La Madrid. Platz liegt auf der linken Seite. ✉ Avda. Villa de Madrid, 7-9 (GPS: 41°39'59" N / 02°49'61" E).

Ebenes, durch eine Straße unterteiltes Gelände am Strand. Ort 1 km entfernt. Touristen-/Dauerstellplätze 270/90.
2008: (zuzügl. 7% IVA) P/N 6.70, K/N bis 10 J. 5.60, St/N 19.50, H/N 1.–, Strom (3/6/10 A) inkl. CCI ab 7 N 10% auf P/N und St/N. In NS Erm.

17300 Blanes, Girona — E 1280/2

[45] ★★★★ »CAMPING LA MASIA«   15.1. bis 15.12.
☎ 972/331013, Fax 333128   77 000 qm
www.campinglamasia.com, info@campinglamasia.com

→ AP7 Girona–Barcelona Abf. (9) auf die NII nach Blanes. Beim Kreisverkehr Richtung Blanes auf die GI 600. Am Stadtrand den Hinweisschildern Hotels/Campings folgen (Avda. Europa). 4. Straße rechts in Blanes-Sur auf die Avda. De La Madrid. Platz liegt auf der rechten Seite. ✉ C/Colon, 44. Aptdo. Correos 95 (GPS: 41°39'49" N / 02°46'30" E).

Langgestrecktes, überwiegend schattenloses Gelände, teils unter Pappeln. Gasverkauf nur blaue Flasche. Fitness. Wellnessbereich. Jacuzzi. Massagen. Telebank. Boule. Ort 1 km entfernt. Touristen-/ Dauerstellplätze 407/350.
2007: (HS) (zuzügl. 7% IVA) P/N 6.50, K/N 2 bis 10 J. 5.60, St/N 23.20, H/n inkl., WD und Strom (5 A) inkl. Ab 14 N 30% und in NS Ermäßigung.

17300 Blanes, Girona — E 1280/3

★★★ »CAMPING ROCA«   April bis Sept.
☎ 972/650236, 330540, Fax 330540   26 000 qm
www.campingroca.com, info@campingroca.com

→ AP7 Girona–Barcelona Abf. (9) auf die NII nach Blanes. Beim Kreisverkehr Richtung Blanes auf die GI 600. Am Stadtrand den Hinweisschildern Hotels/Campings folgen (Avda. Europa). ✉ Avda. de Colón, 50.

Ebenes Wiesengelände unter Laubbäumen. 200 Touristenplätze.

17300 Blanes, Girona — E 1280/4

[40] ★★★ »CAMPING BLANES«   1.1. bis 31.12.
☎ 972/331591, Fax 337063   20 000 qm
www.campingblanes.com, info@campingblanes.com

→ AP7 Girona–Barcelona Abf. (9) auf die NII nach Blanes. Beim Kreisverkehr Richtung Blanes auf die GI 600. Am Stadtrand den Hinweisschildern Hotels/Campings folgen (Avda. Europa). 4. Straße rechts in Blanes-Sur auf die Avda. De La Madrid. Platz liegt fast am Ende auf der linken Seite. ✉ Avda. Villa de Madrid, 33 (GPS: 41°39'33" N / 2°46'78" E).

Parzelliertes Pinienwaldgelände am ausgedehnten Sandstrand. Gasverkauf nur blaue Flasche. Ort 1 km entfernt. 206 Touristenplätze.
2008: (HS) P/N 6.70, K/N bis 10 J. 5.70, St/N 19.50, WD und Strom (6 A) inkl. In NS Ermäßigung.

17300 Blanes, Girona — E 1280/5

[50] ★★★★ »CAMPING BELLA TERRA«   15.3. bis 30.9.
☎ 972/348017, 348023, Fax 348275   103 000 qm
www.cbellaterra.com, cbellaterra@cbellaterra.com

→ AP7 Girona–Barcelona Abf. (9) auf die NII nach Blanes/Lloret. Beim Kreisverkehr Richtung Blanes auf die GI 600. Am Stadtrand den Hinweisschildern Hotels/Campings folgen (Avda. Europa). 4. Straße rechts in Blanes-Sur auf die Avda. De La Madrid. Platz liegt eben links und rechts. ✉ Platja de S'Abanell. Apartat 69 (GPS: 41°39'29" N / 02°46'45" E).

Durch Strandstraße zweigeteiltes Gelände. Strandteil im dichten Pinienwald, sonst teilweise schattenlos. Parzelliert. Gasverkauf nur blaue Flasche. Teilweise TV-Anschluss. Ort 1.3 km entfernt. Touristen-/Dauerstellplätze 693/150.
2008: (HS) P/N 5.80, K/N bis 10 J. 3.80, St/N 28.40, H/N 4.50, WD und Strom (5 A) inkl. In NS Ermäßigung.

17300 Blanes, Girona — E 1280/6

★★★ »CAMPING VORA-MAR«   April bis Sept.
☎ 972/331805, Fax 336927   25 000 qm
www.campingvoramar.com, campingvoramar@terra.es

→ AP7 Girona–Barcelona Abf. (9) auf die NII nach Blanes/Lloret. Beim Kreisverkehr Richtung Blanes auf die GI 600. Am Stadtrand den Hinweisschildern Hotels/Campings folgen (Avda. Europa). 4. Straße rechts in Blanes-Sur auf die Avda. De La Madrid. Enge Platzeinfahrt. ✉ Avda. Villa de Madrid, 37.

Ebenes und schattenloses Gelände am Strand sowie naturbelassenes Gelände unter Pinien. Bungalows. Ort 1.5 km entfernt. Touristen-/Dauerstellplätze 200/50.

17300 Blanes, Girona — E 1280/7

[40] ★★★ »CAMPING EL PINAR BEACH CAMP«   15.3. bis 28.9.
☎ 972/331083, Fax 331100   70 000 qm
www.elpinarbeach.com, camping@elpinarbeach.com

→ AP7 Girona–Barcelona Abf. (9) auf die NII nach Blanes/Lloret. Beim Kreisverkehr Richtung Blanes auf die GI 600. Am Stadtrand den Hinweisschildern Hotels/Campings folgen (Avda Europa). 4. Straße rechts in Blanes-Sur auf die Avda De La Madrid. ✉ Avda. Villa de Madrid, 39.

Durch die Küstenstraße zweigeteiltes Gelände. Schattenloser Strandteil. Extra Platzteil für Hundehalter. Keine Aufnahme von Motorradfahrern mit Zelt. Pkw-Autowäsche. Ort 1 km entfernt. 410 Touristenplätze.
2007: (HS) (zuzügl. 7% IVA) P/N 5.80, K/N 2 bis 10 J. 5.–, St/N 18.– WD u. Strom (5 A) inkl. In NS Ermäßigung.
DCC/CCI 10% auf P/N.

Camping · Caravaning
Der Platz des
DCC-Spanien-Rally 1998

BON REPOS

E-08398 SANTA SUSANNA (Barcelona)
COSTA DEL MARESME • Tel. (34) 93 767 84 75 u. 767 86 07

Mit vielen schattenspendenden Bäumen bepflanzter, am Meer und Sandstrand gelegener, gut ausgestatteter Platz.
Völlig flaches Gelände mit Gras bewachsen, in ruhiger Lage.
<u>Tag und Nacht bewacht.</u>
Ideal auch für den Besuch von Barcelona und Umgebung

• 2 Tennispl. • 2 Schwimmbäder • Vermietung v. Bungalows
• 50% Rabatt v. 1.11 bis 31.5. • Ganzjährig geöffnet.
• Wir sprechen deutsch.   (E 1290)

www.campingbonrepos.com • info@campingbonrepos.com

Provinz Barcelona

Von der franz. Grenze bis Barcelona befinden sich viele Campingplätze entweder in Nähe der Eisenbahnstrecke oder an der geräuschvollen Hauptstraße in landschaftlich wenig ansprechender Lage.

DCC-Vertragsplatz

✉ **08398 Santa Susanna,** Barcelona   E 1290

[50] ★★★ »CAMPING BON REPÒS«   1.1. bis 31.12.
☎ 937/678475, Fax 678526   60 000 qm
www.campingbonrepos.com, info@campingbonrepos.com

➔ A 7 Girona–Barcelona Abf. (10) über Tordera auf die N II abbiegen Richtung Barcelona. Bei Km 675.9 meerwärts abbiegen. Am Ende beschildert. ✉ Passeig Maritim S/N.

200 m (H) 300 m 500 m

Ebenes Strandgelände und parzelliertes Gelände im Pinienwald. Gasverkauf nur blaue Flaschen. In HS Arzt. Tele-Bank. Ort 500 m entfernt. Touristen-/Dauerstellplätze 350/50.

2007: (HS) (zuzügl. 7% IVA) P/N 4,50, K/N 2 bis 10 J. 3.60, St/N 31.–, H/N 2.60, WD inkl., Strom/N 6.– (10 A). In NS Ermäßigung.

DCC 10% auf P/N.   Anzeige S. 499

✉ **08397 Pineda de Mar,** Barcelona   E 1300/1

★★★ »CAMPING EL CAMELL«   Mai bis Sept.
☎ 937/671520, Fax 670270, campingcamell@teleline.es   22 000 qm

➔ A 7 Girona–Barcelona Abf. (10) über Tordera auf die N II abbiegen Richtung Barcelona. Bei Km 670 meerwärts abbiegen, noch 500 m Feldweg. ✉ Avda. dels Tarongers.

350 m (H) 900 m

Parzelliertes, ebenes Gelände unter Laubbäumen in der Nähe des Hotels Taurus. Von Hecken umgeben. Ort 1 km entfernt. Touristen-/Dauerstellplätze 150/80.

✉ **08397 Pineda de Mar,** Barcelona   E 1300/2

★★★ »CAMPING ENMAR«   März bis Okt.
☎ 937/671730, 624871, Fax 670763   40 000 qm
www.campingenmar.com, info@campingenmar.com

➔ A 7 Girona–Barcelona Abf. (10) über Tordera auf die N II abbiegen Richtung Barcelona. Bei Km 670 meerwärts abbiegen. ✉ Av. de la Mercè.

250 m

Parzelliertes Gelände unter Bäumen. Umgeben von Plantagen und Häusern. Ort 400 m entfernt. Touristen-/Dauerstellplätze 254/30.

Die Gebühren
werden von den Platzhaltern lange vor Erscheinen des Campingführers gemeldet. Daher sind Abweichungen möglich.

✉ **08397 Pineda de Mar,** Barcelona   E 1300/3

[30] ★★★ »CAMPING BELL SOL«   15.3. bis 12.10.
☎ 93/7671778, 7679213, Fax 625336   30 000 qm
www.campingbellsol.com, info@campingbellsol.com

➔ A 7 Girona–Barcelona Abf. (9) Malgrat, auf die N II abbiegen Richtung Barcelona. Im Ort meerwärts abbiegen. Beschildert. ✉ Passeig Maritim, 46 (GPS: 41°37'55" N / 2°40'44" E).

300 m

400 m (H) 1 km

Parzelliertes Sandgelände unter Bäumen. Zum Strand über eine Straße. Snack-Bar. Autowäsche. Boule. WiFi. Ort 1 km entfernt. Separater Jugendplatz. Touristen-/Dauerstellplätze 190/85.

2008: (HS) P/N 5.60, K/N 3 bis 10 J. 5.–, St/N 11.–, H/N 2.50, WD inkl., Strom/N 5.– (5 A). In NS Ermäßigung.

✉ **08370 Calella,** Barcelona   E 1310/1

★★★ »CAMPING EL FAR«   1.4. bis 30.9.
☎ 937/690967, Fax 693197   25 000 qm
www.publintur.es/elfar.htm, elfar@reset.es

➔ A 7 Girona–Barcelona Abf. (10) über Tordera auf die N II abbiegen Richtung Barcelona. Hinter Calella bei Km 666 landwärts einbiegen. Steile Platzzufahrt. Schlepphilfe vorhanden.

300 m

Mit Bäumen und Büschen bestandener, terrassierter Felshang, mit herrlicher Sicht über den Ort und das Meer. Ort 100 m entfernt. Touristen-/Dauerstellplätze 162/25.

✉ **08370 Calella,** Barcelona   E 1310/2

[35] ★★★ »CAMPING ROCA GROSSA«   1.4. bis 30.9.
☎ 937/691297, Fax 661556   70 000 qm
www.rocagrossa.com, rocagrossa@rocagrossa.com

➔ A 7 Girona–Barcelona Abf. (10) über Tordera auf die N II abbiegen Richtung Barcelona. Hinter Calella bei Km 665 landwärts einbiegen. Beschildert. Steile Platzzufahrt. Schlepphilfe vorhanden (GPS: 41°36'22" N / 2°38'20" E).

150 m

Langgestrecktes Terrassengelände in einem Seitental mit steilen Platzstraßen. Zugang zur Badebucht durch Fußgängertunnel. Ort 1 km entfernt. Touristen-/Dauerstellplätze 200/200.

2007: (HS) P/N 6.45, K/N 5.70, A/N 6.45, C T/N 6.45, MC/N 12.85, M/N 5.70, H/N 3.80, WD inkl., Strom/N 5.30 (6 A). In NS Ermäßigung.

✉ **08370 Calella,** Barcelona   E 1310/3

[35] ★★★★ »BOTANIC BONA VISTA (KIM)«   1.1. bis 31.12.
☎ 937/692488, Fax 695804   28 500 qm
www.botanic-bonavista.net, info@botanic-bonavista.net

➔ A 7 Girona–Barcelona Abf. (10) über Tordera auf die N II abbiegen Richtung Barcelona. Hinter Calella bei Km 665.8 landwärts einbiegen. Schlepphilfe vorhanden. Steile Platzstraßen (GPS: 41°36'23" N / 2°38'22" E).

500

08140 Caldes de Montbui, Barcelona — E 1318

★★★ »CAMPING EL PASQUALET« — 15.1. bis 15.12.
93/8654695, Fax 8653896 — 300 m — 55 700 qm
www.elpasqualet.com, elpasqualet@elpasqualet.com

→ A7/E 15 Girona–Barcelona Abf. (16) Santa Perpètua auf die BV-5154 Richtung Gallecs, danach auf die C 155 über Palau-Solita nach Caldes de Montui. ✉ Ctra. Sant Sebastiá de Montmajor, Km 0.3.

Ebenes, leicht abfallendes und unparzelliertes Wiesengelände. Von bewaldeten Bergen umgeben. Familiäre Atmosphäre. Zeltwiese. Spielothek. Kletterwand. Gute Busverbindung nach Barcelona. Thermalquellen und Ort 1 km entfernt. Separater Jugendplatz. Touristen-/Dauerstellplätze 52/120.
2008: (HS) P/N 6.–, K/N 3 bis 10 J. 4.60, St/N 10.–, WD inkl. und Strom (6 A) inkl. In NS Ermäßigung.

08184 Palau de Plegamans, Barcelona — E 1320

★★★ »CAMPING PALAU S.A.« — Juni bis Sept.
938/645611, Fax 645086, campingpalau@terra.es — 120 000 qm
→ A 7 Girona–Barcelona Abf. (13) Richtung Palou, dann auf die C 155 Richtung Sabadell abbiegen. Beschildert.

Leicht welliges Wiesengelände unter Bäumen. Ort 2 km entfernt. Touristen-/Dauerstellplätze 80/360.

08304 Mataró, Barcelona — E 1325

★★★★ »CAMPING PLAYASOL« — 7.3. bis 30.11.
937/904720, Fax 937/410282 — 6 m — 40 000 qm
www.campingplayasol.com, info@campingplayasol.com
→ C 32 Tordera–Mataró Abf. Sant Vicenc de Montalt (104 und 108) auf die BV 5034 Richtung Caldes d'Estrac. Dann auf die N II Carretera de Madrid Richtung Montalt Parc. Platz befindet sich nordöstlich von Mataró. ✉ Ctra. N II, Km 650 (GPS: 41°33'02" N / 2°29'00" E).

Ebenes, parzelliertes Wiesengelände mit überwiegend Laubbäumen und schöner Aussicht auf das Meer. Tiergehege mit Eseln, Schafen und Kaninchen. Snackbar. Pendelbus in HS alle 30 min. zum Strand. Gute Busverbindungen nach Barcelona. Ort 2 km entfernt. Separater Jugendplatz. Touristen-/Dauerstellplätze 200/180.
2008: (HS) (zuzügl. 7% IVA) P/N 7.50, K/N 3 bis 10 J. 6.–, St/N 25.–, H/N 4.–, WD inkl., Strom/N 5.– (6 A). Ab 7 N 10% Ermäßigung. In NS Erm. DCC/CCI 20% auf P/N.

DCC – DEIN PARTNER!

ROCA CALELLA GROSSA camping

Ein sehr schön gelegener Platz, zwischen Meer und Bergen. Bequeme Zufahrt über die N-II (km 665), 1 km von Calella, intern. Ferienort an der Costa de Maresme und 40 km von Barcelona. 24 Stunden Warmw. und moderne, ausgezeichnete Einr. Schwimmbad.

Crta. N-II km. 665 · E-08370 CALELLA (Barcelona)
Tel.: (34) 93 769 12 97 · Fax: (34) 93 766 15 56
www.rocagrossa.com · rocagrossa@rocagrossa.com

Geräumige Stellplätze · Bungalows (E 1310/2)

08320 El Masnou, Barcelona — E 1330

★★ »CAMPING MASNOU« 1.1. bis 31.12.
☎/Fax 935/551503, masnou@campingsonline.es 20 000 qm

→ N II Girona–Barcelona. Am südlichen Ortsende von Masnou bei Km 633 landwärts abbiegen. ✉ Camil Fabra, 33.

350 m

Terrassenplatz mit Laubbäumen oberhalb der Straße und Bahnlinie. In der Nähe des Yachthafens. Warmwasser an Duschen größtenteils mit Salzwasser vermischt. Gute Busverbindung nach Barcelona. 120 Touristenplätze.

DCC-Vertragsplatz

08850 Gavà, Barcelona — E 1350

NATUR PLATZ

40 ★★★ »CAMPING TRES ESTRELLAS« 15.3. bis 15.10.
☎ 936/330637, Fax 331525 80 000 qm
www.camping3estrellas.com, fina@camping3estrellas.com

→ A 7 Girona–Barcelona hier auf die A 2 und später auf die Schnellstraße C31 Richtung Castelldefels wechseln. Bei Km 186,200 abbiegen. Beschildert ✉ Carretera C-31, km 186,200.

100 m 300 m

Parkähnlicher Eingangsbereich, anschließend überwiegend naturbelassenes Pinienwaldgelände. Schattenlose Strandrandflächen. Erste-Hilfe-Raum. Gut für Barcelonabesuche geeignet. Ort 4 km entfernt. Touristen-/Dauerstellplätze 372/35.
2007: (HS) P/N 6.89, K/N 4.57, A/N 7.84, C T/N 7.84, MC/N 15.70, M/N 5.12, H/N 3.94, WD inkl., Strom/N 4.81 (5 A). In NS Ermäßigung.
DCC/CCI 10% auf P/N.

Raum Barcelona

In dieser Gegend, im Baix Llobregat, ist die größte und modernste Kläranlage Europas entstanden, wodurch die Strände unmittelbar südlich von Barcelona jetzt zu den saubersten im gesamten spanischen Mittelmeerraum gehören.
Alle Plätze sind durch den Flugverkehr des nahen Flughafens von Barcelona geringfügig betroffen.

08870 Sitges, Barcelona — E 1360/1

25 ★★★ »CAMPING SITGES« März bis Okt.
☎ 938/941080, Fax 949852 28 000 qm
www.campingsitges.com, info@campingsitges.com

→ C246 Barcelona–Castelldefels–Sitges, bei Km 38 abbiegen.

1 km

Sandgelände mit vereinzelten Bäumen. In Bungalows Hundeverbot. Ort 2 km entfernt. Touristen-/Dauerstellplätze 170/50.
2007: (HS) P/N 5.–, K/N bis 9 J. 4.50, CMC-St/N 12.–, T-St/N 6.–, WD inkl., Strom/N 4.– (4 A). In NS Ermäßigung.
CCI 10% auf P/N.

08870 Sitges, Barcelona — E 1360/2

45 ★★★ »CAMPING EL GARROFER« 25.1. bis 19.12.
☎ 938/941780, Fax 110623 80 000 qm
www.garroferpark.com, info@garroferpark.com

→ C246 Barcelona–Castelldefels–Sitges, bei Km 39 meerwärts abbiegen. ✉ Carretera C-246 a, km 39 (C-31a) (GPS: 41°14'02" N / 01°46'50" E).

1 km

Langgestrecktes Gelände unter Pinien und Laubbäumen am Ortsrand. Teilweise schattenlos. FKK-Strand. Ort 2 km entfernt. Touristen-/Dauerstellplätze 376/150.
2008: (HS) (zuzügl. 7% IVA) P/N 5.–, K/N 3 bis 11 J. 3.90, C MC-St/N 19.70, T/N 7.70, M/N 4.40, H/N 3.25, WD inkl., Strom/N 3.20. In NS Ermäßigung.
CCI 15% auf St/N.

08800 Vilanova i la Geltrú, Barcelona — E 1370

EUROPA-PREIS

55 ★★★★★ »CAMPING VILANOVA PARK« 1.1. bis 31.12.
☎ 938/933402, Fax 935528 350 000 qm
www.vilanovapark.com, info@vilanovapark.com

→ A 7/E 15 Barcelona–Tarragona Abf. (29) auf die C 15 Richtung Vilanova. Weiter auf C31 Richtung Cubelles, Abf. Vilanova Oeste/L'Arboç Km 153, auf BV-2115 Richtung L'Arboç. ✉ Ctra. Arboç, Km 2.5 (GPS: 41°13'56" N / 1°41'26" E).

4 km

Gestuft abfallendes, parkartiges Gelände. Gärtnerisch sehr schön gestaltet. Stellenweise Sicht auf das etwas entfernte Meer. Spa. Fitnessraum. Überdachtes Schwimmbad (29°). 2 Whirlpools. Kindergarten. Ort 4 km entfernt. Touristen-/Dauerstellplätze 800/400.
2008: (HS) P/N 8.–, K/N 4 bis 11 J. 5.50, St/N 23.–/26.–, M/N 3.20, H/N 2.60, WD und Strom (6 A) inkl. Für 7/14/21 N, 6/10/17 bezahlen, In NS Erm.
DCC 10% auf St/N.

08880 Cubelles, Barcelona — E 1380

40 ★★★ »CAMPING LA RUEDA« 15.3. bis 11.9.
☎ 938/950207, Fax 950347 60 000 qm
www.la-rueda.com, larueda@la-rueda.com

→ A7 Barcelona–Tarragona Abf. (29) auf die C15 über Vilanova auf die C 31, zwischen Cubelles und Cunit meerwärts abbiegen. ✉ C31, Km 146.2 (GPS: 41°12'27" N / 1°40'23" E).

100 m

Ebenes Wiesengelände zwischen Straße und Bahnlinie. Zum Strand (300 m) durch einen Fußgängertunnel. Ort 600 m entfernt. 370 Touristenplätze.
2008: (HS) P/N 6.03, K/N bis 9 J. 4.22, St/N 18.09, B/N 6.46, H/N 3.13, WD inkl., Strom/N 6.03 (4 A). In NS Ermäßigung.
DCC/CCI 20% auf P/N.

Als DCC-Mitglied sind Sie immer gut beraten
Deutscher Camping-Club e.V., Postf. 40 04 28, 80704 München

VILANOVA park (E 1370)

Sehr ruhig gelegen, 50 km südliche von Barcelona, in Kataloniens Wein und Sekt Region. Sehr moderne Anlagen. Zwei große Schwimmbäder (1.000 m2) und Kinderschwimmb. Großer Farbspringbrunnen (abends beleuchtet). Ein sehr gutes Restaurant in altem Katalanischen Landhaus. Kinderprogramme und Aktivitäten. Grosse Stellpl. mit electr. und viele auch mit Wasser. 40Ha großer Privatpark mit Pinien und über 600 Palmen. Ideales Klima. Busdienst zum Strand. Golfplatz 1 km. Bedeutender Nachlass für Rentner von September bis Juni auf Stellpl. und Bungalows, 100 m Klimaanlage. Autobahn Barcelona-Tarragona, AP-7 Ausfahrt 29, von Tarragona nach Barcelona Ausfahrt 31, Richtung Barcelona C-32, Ausfahrt 16.

GOLFTURNIER 1 KM. IN VILANOVA PARK
ÜBERDACHTES SCHWIMMBAD UND SPA
YACHTHAFEN IN VILANOVA I LA GELTRÚ
GANZJÄHRIG GEÖFFNET

WiFi ZONE

Apartado 64 · E-08800 Vilanova i la Geltrú (Barcelona) · Tel.: (34) 93 893 34 02 · Fax: (34) 93 893 55 28
www.vilanovapark.es · info@vilanovapark.es · reservas@vilanovapark.es

SUBTROPISCHE EXOTIK AN SPANIENS GOLDKÜSTE
PARK PLAYA BARÁ
Ein botanischer Garten
Ein Campingparadies

• Ein sehr schöner Platz mit gutem Preis-Qualitätsverhältnis. • Schöne, komplett einger. Bungalows mit unterirdischer Garage. • Alle Sportarten (Tennis, usw.), Disco, Amphitheater, Animationsprogramme durch TOPTEAM. **GPS: E 1° 28' 10" N 41° 10' 20"**

E-43883 RODA DE BARÀ (TARRAGONA)
Tel.: (34) 977 802 701 • Fax: (34) 977 800 456
info@barapark.es www.barapark.es
Geöffnet: 07.03 - 28.09

PARK PLAYA BARA bietet stets maximale Qualität.... und hier ist der Beweis:
• Silberorden für touristische Verdienste (Spanisches Touristikministerium 1980)
• Verdienstdiplom der autonomen katalanischen Regierung (1981)
• Silbermedaille der DCC 1982
• ANWB - ‚Camping van het Jaar' 1991
• Touristikverdienstmedaille von Katalonien 1994
• DCC-Europapreis 1999
• ADAC Campingunternehmer-Auszeichnung 2002
• ADAC Supercamping 2004-2007
• Offiziell von vielen europäischen Clubs empfohlen.

(E 1420/1)

Und wir arbeiten jedes Jahr an neuen Überraschungen, um Ihnen und Ihrer Familie unvergessliche Ferien zu ermöglichen.

✉ **43881 Cunit**, Tarragona   **E 1390**
★★ »CAMPING MAR DE CUNIT«   Ostern bis Sept.
☎ 977/674058, Fax 675006   19 000 qm
www.mardecunit.com, mardecunit@seker.es
→ A 7 Barcelona–Tarragona Abf. (29) über C244 und C246 in Richtung Tarragona. Vor Cunit bei Km 52.6 links abbiegen. ✉ Avda. Tarragona 146.

Ebenes, schattenloses Sandgelände ohne Bepflanzung, von Hochhäusern flankiert und von einer Bungalowreihe begrenzt. Bis 100 m breiter Strand. Imbiss. Ort 200 m entfernt. 190 Touristenplätze.

✉ **43710 Santa Oliva**, Tarragona   **E 1410**
★★ »CAMPING SANTA OLIVA«   1.1. bis 31.12.
☎ 977/679576, Fax 679228   19 000 qm
→ A7 Barcelona–Tarragona Abf. (31) über El Vendrell in nördlicher Richtung nach San Jaime dels Domenys, ca. 4 km. ✉ Balmes, 122.

Gelände unter Bäumen in ländlicher Umgebung. Ort 500 m, Meer 7 km entfernt. Touristen-/Dauerstellplätze 35/105.

✉ **43880 Sant Salvador** bei Coma-Ruga   **E 1400**
30 ★★★ »CAMPING SANT SALVADOR«   18.3. bis 30.9.
☎/Fax 977/680804   29 600 qm
www.campingsantsalvador.com, campingsantsalvador@troc.es
→ A 7 Barcelona–Tarragona Abf. (31) auf die N 340 Richtung Tarragona über Comarruga. ✉ Avda. Palfuriana, 68.

Ebenes, parzelliertes Gelände unter verschiedenartigen Bäumen an der Uferstraße. Hundebad. Touristen-/Dauerstellplätze 200/120.
2007: (HS) (zuzügl. 7% IVA) P/N 5.90, K/N 2 bis 10 J. 4.–, A/N 5.90, C T/N 5.90, MC/N 10.–, M/N 4.–, H/N 1.50, WD inkl., Strom/N 2.–/4.– (1-4 A). Angebote. In NS Ermäßigung.
DCC 10% auf P/N.

Die DCC-Inspizienten sind nicht mit Anzeigenwerbung betraut. Sie sind daher unabhängig und nicht beeinflußbar. Ihren Recherchen nach unseren Prüfbögen kann vertraut werden.

✉ **43883 Roda de Bará**, Tarragona   **E 1420/1**
55 ★★★★★ »CAMPING PARK PLAYA BARÁ«   7.3. bis 28.9.
☎ 977/802701, Fax 800456   145 000 qm
www.barapark.es, info@barapark.es
→ A 7 Barcelona–Tarragona Abf. (31) auf die N 340 Richtung Tarragona. Beim Triumphbogen Arco de Bará meerwärts abbiegen. ✉ Ctra. N 340, Km 1183 (GPS: 41°10'20" N / 1°28'10" E).

Ebenes und gärtnerisch sehr gepflegtes Parkgelände mit vielen individuellen Stellnischen. Interessante Sehenswürdigkeiten in der Nähe. Ein Platzteil mit Radio- und Fernsehverbot. Fitnessraum mit Trainer. Massagen. WiFi. Friseur. Zum Sandstrand durch eine Unterführung. Ort 1 km entfernt. Touristen-/Dauerstellplätze 750/70.
2007: (HS) (zuzügl. 7% IVA) P/N 9.40, K/N 1 bis 9 J. 6.60, A/N 9.40, C T/N 9.40, MC/N 16.10, T/N 9.40, M/N 6.60, WD inkl., Strom/N 3.20 (5 A). In NS Angebote für Rentner. In NS Ermäßigung.
DCC 10% auf P/N, CCI 10% in NS ab 10 N.

camping + bungalows ARC de BARÁ
RODA DE BARÀ (TARRAGONA)

E-43883 Roda de Bara (Tarragona)
Tel. (34) 977 800 902
Fax (34) 977 801 552
www.campingarcdebara.com
camping@campingarcdebara.com

Autobahn A-7, Ausfahrt 31, dann weiter auf der CN-340 Richtung Tarragona, km 1.182 (200 m vom Triumphbogen "Arc de Barà" entfernt)
- ganzjährig geöffnet
- 60 m zum breiten, feinsandigen und langsam abfallenden Strand
- 60 Holzbungalows
- beheiztes Schwimmbad
- 3 hervorragend ausgestattete Sanitärgebäude

(E 1420/2)

43883 Roda de Bará, Tarragona — E 1420/2

35 ★★★ »CAMPING ARC DE BARÁ« — 1.1. bis 31.12.
977/800902, Fax 801552 — 30 000 qm
www.campingarcdebara.com, info@campingarcdebara.com
→ A 7 Barcelona–Tarragona Abf. (31) auf die N340 Richtung Tarragona. Ca. 200 m nach dem Triumphbogen, beschildert.

Parzelliertes, langgestrecktes Gelände mit Mattendächern und Laubbäumen. Familiäre Atmosphäre. In den Bungalows Hundeverbot. Strand 200 m, Ort 1.5 km entfernt. Touristen-/Dauerstellplätze 60/250.
2007: (HS) P/N 5.70, K/N bis 9 J. 3.60, A/N 5.70, C T/N 5.70, MC/N 9.40, M/N 3.60, B/N 2.50, H/N 2.50, WD inkl., Strom/N 3.40 (5 A). In NS Erm.

43883 Roda de Bará, Tarragona — E 1420/3

★★★★ »CAMPING STEL« — März bis Sept.
977/802002, Fax 800525 — 120 000 qm
www.stel.es, rodadebara@stel.es
→ A 7 Barcelona–Tarragona Abf. (31) auf die N340 Richtung Tarragona. Etwa 300 m hinter dem Triumphbogen Arco de Bará meerwärts abbiegen. Ctra. N 340, Km 1182.

Durch verschiedenartige Bepflanzung sehr schön aufgelockertes, ebenes Gelände. Eingangsbereich großzügig und gärtnerisch ansprechend gestaltet. Auf einem Platzteil Radio- und Fernsehverbot. Zum Strand durch eine Unterführung. Ort 2 km entfernt. Touristen-/Dauerstellplätze 750/500.

43839 Creixell, Tarragona — E 1430

★★★ »CAMPING GAVINA« — April bis Okt.
977/801503, Fax 800527, www.gavina.net, info@gavina.net — 60 000 qm
→ A 7 Barcelona–Tarragona Abf. (31) auf die N340 Richtung Tarragona. Bei Creixell meerwärts abbiegen. Platja Creixell.

Von Hecken umgebenes und unterteiltes Wiesengelände mit lichtem Palmenbestand. Breiter und mehrere hundert Meter langer Strand. Gegen Straße und Bahnlinie durch Lärmschutzwand abgeschirmt. Ort 1.5 km entfernt. Touristen-/Dauerstellplätze 300/100.

43830 Torredembarra, Tarragona — E 1440/1

30 ★★ »CAMPING LA NORIA« — 15.3. bis 30.9.
977/640453, Fax 645272 — 80 000 qm
www.camping-lanoria.com, camping@lanoria.com, info@camping-lanoria.com
→ A 7 Barcelona–Tarragona Abf. (31) auf die N340 Richtung Barcelona. Bei Torredembarra meerwärts abbiegen. Ctra. N 340, Km 1178.

Ebenes Gelände unter Pinien zwischen Straße und Bahnlinie. Unterführung zum Strand. Familiäre Atmosphäre. Touristen-/Dauerstellplätze 220/220.
2007: (HS) (zuzügl. 7% IVA) P/N 4.15, K/N bis 10 J. 3.80, St/N 15.50, WD keine Angabe, Strom/N 3.35 (6 A). In NS Ermäßigung.

43830 Torredembarra, Tarragona — E 1440/2

★★★ »CAMPING CREIXELL« — März bis Okt.
977/800620, Fax 800650 — 40 000 qm
www.campingcreixell.com, info@campingcreixell.com
→ A 7 Barcelona–Tarragona Abf. (31) auf die N 340 Richtung Tarragona. Bei Creixell meerwärts abbiegen. Ctra. N 340, Km 1180.

Ebenes Gelände mit Anpflanzungen zwischen Straße und Bahnlinie. Teilweise separate Pkw-Parkplätze. Strand 300 m, Ort 500 m entfernt. Touristen-/Dauerstellplätze 250/250.

43893 Altafulla, Tarragona — E 1450/1

30 ★★ »CAMPING DON QUIJOTE« — 14.3. bis 30.9.
/Fax 977/650205 — 26 000 qm
www.donquijote.es, direccion@donquijote.es
→ A7 Barcelona–Tarragona Abf. (32) auf die N340 Richtung Tarragona. Bei Altafulla meerwärts abbiegen. Achtung: Unterführung zum Platz (2.70 m breit, 2.30 m hoch). Via Herculea 30, Ctra. N 340, Km 1174.

Teilweise terrassiertes Wiesengelände mit Olivenbäumen. Restaurant und Ort 200 m entfernt. Touristen-/Dauerstellplätze 70/160.
2007: (HS) (zuzügl. 7% IVA) P/N 5.10, K/N 1 bis 10 J. 4.40, A/N 5.10, C T/N 6.30, MC/N 7.80, T/N 6.30, M/N 3.50, WD inkl., Strom/N 4.20 (5 A). In NS Ermäßigung.

»**Ermäßigung auf alle Gebühren**« umfaßt nicht die Nebenkosten wie Kurtaxe, Müll und Strom

Camping STEL - Roda de Barà
Ctra. N-340, Km. 1182
E-43883 Roda de Barà (Tarragona)
Tel 977 80 20 02 - Fax 977 80 05 25
e-mail: rodadebara@stel.es
GPS: N 41° 10.199' - E 001° 27.852'

(E 1420/3)

www.stel.es

(E 1460/3)

STRAND TAMARIT
Tarragona
Costa Daurada
Spanien
T: +34 977 650 128
resort@tamarit.com

www.tamarit.com

TAMARIT
BUNGALOWS·CAMPING·RESORT

GPS
41° 07' 56.17" N
01° 20' 29.01" E

✉ 43893 Altafulla, Tarragona — E 1450/2

[30] ★★★ »CAMPING SANTA EULALIA« — 1.4. bis 30.9.
☎ 977/650213, Fax 651246 — 40 000 qm

→ A 7 Barcelona–Tarragona Abf. (32) auf die N 340 Richtung Tarragona. Bei Altafulla meerwärts abbiegen. ✉ Ctra. de la Playa.

Ebenes Gelände mit Büschen und Bäumen. 290 Touristenstellplätze.
2007: (zuzügl. 7% IVA) P/N 5.20, K/N bis 11 J. 4.20, A/N 4.20, C/N 6.90, MC/N 7.10, T/N 6.30, M/N 3.10, H/N inkl., WD inkl., Strom/N 3.80.

✉ 43008 Tamarit, Tarragona — E 1460/1

★★★ »CAMPING CALEDONIA« — ~ April bis Okt.
☎ 977/650098, Fax 652867 — 37 000 qm
caledonia@camping-caledonia.com

→ A 7 Barcelona–Tarragona Abf. (32) auf die N 340 Richtung Tarragona. Bei Tamarit (ca. 8 km vor Tarragona) abbiegen. ✉ Ctra. N 340, Km 1172.

Teilweise terrassiertes Gelände. Ort 1 km, Wassersportmöglichkeiten 1.5 km entfernt. Touristen-/Dauerstellplätze 100/80.

✉ 43008 Tamarit, Tarragona — E 1460/2

★★ »CAMPING TRILLAS PLATJA TAMARIT« — März bis Okt.
☎ 977/650249, Fax 650926 — 53 000 qm
www.campingtrillas.com, info@campingtrillas.com

→ A 7 Barcelona–Tarragona Abf. (32) auf die N 340 Richtung Tarragona. Ca. 8 km vor Tarragona, bei Km 1171.5 meerwärts abbiegen über einen 7 m breiten Bahnübergang auf einen teilweise schmalen, noch etwa 1.2 km langen Fahrweg. ✉ Playa Tamarit.

Terrassengelände unterhalb der Burg von Tamarit und neben einem Bauernhof. Strand 100 m, Ort 2 km entfernt. Touristen-/Dauerstellplätze 228/200.

✉ 43008 Tamarit, Tarragona — E 1460/3

[55] ★★★★ »CAMPING TAMARIT PARK« — 14.3. bis 12.10.
☎ 977/650128, Fax 650451 — 160 000 qm
www.tamarit.com, tamaritpark@tamarit.com

→ A 7 Barcelona–Tarragona Abf. (32) auf die N 340 Richtung Tarragona. Ca. 8 km vor Tarragona, bei Km 1171.5 meerwärts abbiegen über einen 7 m breiten Bahnübergang auf einen teilweise schmalen, noch etwa 1.2 km langen Fahrweg, dann nach links abbiegen. ✉ Playa Tamarit.

Unterhalb der Burg von Tamarit gärtnerisch gestaltetes, gepflegtes Gelände. Direkt am Strand. Einige schattenlose Stellplätze. Wassersport. Imbiss. Ort 2 km entfernt. 710 Touristenstellplätze.
2007: (HS) (zuzügl. 7% IVA) P/N 5.–, K/N 4.–, St/N 33.– bis 48.–, H/N 3.–, WD und Strom keine Angabe. Ab 7 N, für Senioren und in NS Erm.

✉ 43080 Tarragona, Tarragona — E 1470/1

[55] ★★★ »CAMPING LAS PALMERAS« — 15.3. bis 12.10.
☎ 977/208081, Fax 207817 — 159 000 qm
www.laspalmeras.com, camping@laspalmeras.com

→ A 7 Barcelona–Tarragona Abf. (32) auf die N 340. Ca. 4 km vor Tarragona meerwärts abbiegen auf einen 200 m langen Fahrweg und über einen bewachten Bahnübergang. ✉ Ctra. Barcelona, Km 1168.

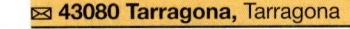 300 m

Langgestrecktes Gelände unter Pinien, Laubbäumen bzw. freie Wiese mit Einzelbäumen zwischen einer Bahnlinie und dem 800 m langen Strand. Öffentlicher Badebetrieb. WiFi. Ort 4 km entfernt. Touristen-/Dauerstellplätze 650/50.
2007: (HS) P/N 9.–, K/N 6.–, St/N 27.–, WD inkl., Strom inkl. Ab 7 N 10% Ermäßigung.

✉ 43080 Tarragona, Tarragona — E 1470/2

[35] ★★ »CAMPING LAS SALINAS« — 15.4. bis Sept.
☎ 977/207628, Fax 207209 — 9700 qm
campinglasalinas@hotmail.com

→ A 7 Barcelona–Tarragona Abf. (32) auf die N 340. Kurz vor Tarragona meerwärts abbiegen. ✉ Playa Larga.

500 m

Ebenes, schattenloses Strandgelände. Ort 4 km entfernt. 98 Touristenplätze.
2008: P/N 5.50, K/N 4 bis 10 J. 4.–, A/N 6.–, C/N 7.–, MC/N 9.25, T/N 4.50, M/N 3.50, WD inkl., Strom/N 4.– (3.5A).

✉ 43080 Tarragona, Tarragona — E 1470/3

[50] ★★★ »CAMPING TORRE DE LA MORA« — April bis Okt.
☎ 977/650277, Fax 652858 — 70 000 qm
www.torredelamora.com, info@torredelamora.com

→ A 7 Barcelona–Tarragona Abf. (32) auf die N 340. 7 km nördlich von Tarragona Richtung Meer abbiegen. Enge Zufahrt. ✉ Ctra. N 340, Km 1171.

20 m   100 m

Teils am Waldhang (über einer Felsenbucht) terrassiertes, und teils am Strand gelegenes Gelände. Teilweise parzelliert. **Achtung:** Leitungswasser salzhaltig. Ort 2 km entfernt. 450 Touristenplätze.
2007: (HS) (zuzügl. 7% IVA) P/N 7.50, K/N 3 bis 11 J. 4.30, St/N 25.– bis 28.–, H/N 2.50, Strom/N 3.75 (6A). In NS Ermäßigung.

43439 Vilanova de Prades, Tarragona — E 1480

»CAMPING SERRA DE PRADES« — 1.1. bis 31.12.
☎/Fax 977/869050 — 900 m — 50 000 qm
www.serraprades.com, info@serraprades.es

→ A2 Barcelona–Lleida Abf. (9) Montblanc auf der N240 bis Vimbodi, dort abbiegen nach Vilanova de Prades. ✉ C/. Sant Antoni (GPS: 41°20'34" N / 0°57'34" E).

Sandgelände unter einzelnen Bäumen. Kabel-TV. Bogenschießen und Klettergarten. WiFi/Funkinternet. Ort 100 m entfernt. Touristen-/Dauerstellplätze 145/70.
2008: (HS) (zuzügl. 7% IVA) P/N 6.15, K/N 3 bis 10 J. 5.25, A/N 6.15, C/N 6.15, MC/N 11.55, T/N 6.15, M/N 5.25, WD inkl., Strom/N 5.20 (6 A). In NS Ermäßigung.
DCC/CCI 10% auf P/N.

43840 Salou, Tarragona — E 1490/1

»CAMPING LA SIESTA« — März bis Nov.
☎ 977/380852, Fax 383191, siesta@tinet.fut.es — 55 000 qm

→ A7 Barcelona–Valencia Abf. (35) nach Salou. Am Verteiler in Salou abbiegen. ✉ Calle Norte, 37.

Ebenes, teilweise leicht abfallendes Gelände unter verschiedenen Baumarten. Durch eine Geländestufe gegliedert und von Wohnblocks, hochliegender Straße sowie einer Bahnlinie begrenzt. Wäscheservice. Strand u. Wassersport 400 m entfernt. Touristen-/Dauerstellplätze 550/50.

43840 Salou, Tarragona — E 1490/2

»CAMPING SANGULI« — 14.3. bis 2.11.
☎ 977/381641, Fax 384616 — 230 000 qm
www.sanguli.es, mail@sanguli.es

→ A7 Barcelona–Valencia Abf. (35) nach Salou. Vom Verteilerring (Kreisverkehr) im Ort meerwärts, dann rechts abbiegen. Der Beschilderung nach Sanguli folgen. Schmale Straße. Bahnübergang ✉ Prolongació carrer E (GPS: 41°04'31" N / 1°07'01" E).

Ebenes, parzelliertes Gelände unter Palmen und Laubbäumen hinter einer Wohnblockreihe. Ein Platzteil grenzt an die Bahnlinie. Gasverkauf nur blaue Flasche. Fitnessraum. Massage. Boule. Autowäsche. Computerclub. Filmvorführungen. Arzt. WiFi. Römisches Amphitheater. In HS Reservierung empfehlenswert. Ort 800 m entfernt. 1041 Touristenplätze.
2007: (HS) (zuzügl. 7% IVA) P/N 6.–, K/N 4 bis 12 J. 4.–, St/N 43.–, WD und Strom (8-10 A) inkl. In NS Ermäßigung.

43840 Salou, Tarragona — E 1492

»CAMPING LA PINEDA DE SALOU« — 1.1. bis 31.12.
☎ 977/373080, Fax 373081 — 336 m — 40 000 qm
www.campinglapineda.com, dcp@campinglapineda.com

→ A7 Barcelona–Valencia Abf. (35). Am Verteiler in Salou in Richtung La Pineda oder Acquapark abbiegen. ✉ Ctra. Costa Tarragona–Salou, Km 5.
• Kloster Poblet Ysantes, Vergnügungspark »Port Aventura«.

Sandgelände unter Bäumen. Ort 700 m entfernt. 336 Touristenplätze.

43850 Cambrils, Tarragona — E 1500/1

»CAMPING PLAYA CAMBRILS« — 15.3. bis 12.10.
☎ 977/361490, Fax 364988 — 110 000 qm
www.playacambrils.com, camping@playacambrils.com

→ A7 Tarragona–Valencia Abf. (35) auf die C 240 über Salou nach Cambrils. ✉ Ctra. Cambrils-Salou, Km 1.5 (GPS: 41°04'00" N / 1°05'00" E).

Parzelliertes, ebenes und ausgedehntes Gelände unter Pappeln beiderseits der Küstenstraße. Ein Platzteil reicht bis an den Strand. Wassersportmöglichkeit 60 m, Ort 1 km entfernt. 1065 Touristenplätze.
2008: (HS) P/N 4.80, K/N bis 9 J. 3.65, St/N 27.60, B/N 7.20, H/N 4.20, WD und Strom inkl. (5 A). In NS ab 6 N 25 % Ermäßigung. In NS Erm.

43850 Cambrils, Tarragona — E 1500/2

»CAMPING CAMBRILS PARK« — 14.3. bis 28.9.
☎ 977/351031, Fax 352210 — 170 000 qm
www.cambrilspark.es, mail@cambrilspark.es

→ A7 Tarragona–Valencia Abf. (35) Salou Richtung Salou. Am ersten Kreisverkehr weiter Richtung Cambrils, beschildert. ✉ Ctra. Salou-Cambrils, Km 1 (GPS: 41°04'35" N / 1°06'33" E).
• römische Siedlungsruinen in Tarragona.

Von einer Mauer umgebenes, überwiegend ebenes Gelände unter Palmen und Olivenbäumen. Gasverkauf nur blaue Flasche. Sportanlagen. Abenteuerspielplatz. Imbiss. Arzt. Bäckerei. Computerclub. Ort 2 km entfernt. 678 Touristenplätze.
2007: (HS) (zuzügl. 7% IVA) P/N 6.–, K/N 4 bis 12 J. 4.–, St/N 43.–, WD und Strom inkl. (10 A). In NS Ermäßigung.

43850 Cambrils, Tarragona — E 1500/3

»CAMPING JOAN« — 1.3. bis 19.10.
☎ 977/364604, Fax 794214 — 60 000 qm
www.campingjoan.com, info@campingjoan.com

→ A7 Tarragona–Valencia Abf. (35) auf die N340 Richtung Amposta. Hinter Cambrils links abbiegen. ✉ Passeo Maritimo,88, Ctra. N 340, Km 1141 (GPS: 41°03'32" N / 1°01'40" E).

Piniengelände am Strand. Mobilheime. Haltestelle 300 m, Ort 2 km entfernt. Touristen-/Dauerstellplätze 240/100.
2008: (HS) P/N 5.67, K/N bis 10 J. 4.71, St/N 24.88, WD inkl., Strom/N 3.65 (5 A). In NS ab 7/14/30 N 10%/20%/35% Ermäßigung. In NS Erm.
DCC/CCI 10% auf P/N und St/N.

43892 Montroig, Tarragona — E 1510/1

»CAMPING OASIS MAR« — März bis Okt.
☎ 977/179595, Fax 179516 — 30 000 qm
www.oasismar.com, info@oasismar.com

→ A7 Tarragona–Valencia Abf. (37) auf die N 340 Richtung Amposta. Etwa 5 km hinter Cambrils meerwärts abbiegen, dann noch 400 m. ✉ Ctra. N 340, Km 1139.

Durch Blumen und Hecken unterteiltes, ebenes Gelände unter Bäumen am Meer. Extra Platzteil für Hundehalter. Wäscheservice. Mobilheim-Park. Ort 5 km entfernt. Touristen-/Dauerstellplätze 240/25.

43892 Montroig, Tarragona — E 1510/2

»CAMPING MARIUS« — Ostern bis Mitte Okt.
☎ 977/810684, Fax 179658 — 45 000 qm
www.campingmarius.com, schmid@teleline.es

→ A7 Tarragona–Valencia Abf. (37) auf die N340 Richtung Amposta. Ca. 6.5 km hinter Cambrils meerwärts abbiegen, durch eine Bahnunterführung (3.65 m hoch). ✉ Ctra. N 340, Km 1137.

Ebenes Gelände zwischen Straße und Meer, durch verschiedenartige Bepflanzung aufgelockert. Dort ein betoniertes Bachbett zweigeteilt. Radfahren und Fußballspielen nicht erlaubt. Separater Platzteil für Hundehalter. Ort 6 km entfernt. 340 Touristenplätze.

DCC – DEIN PARTNER!

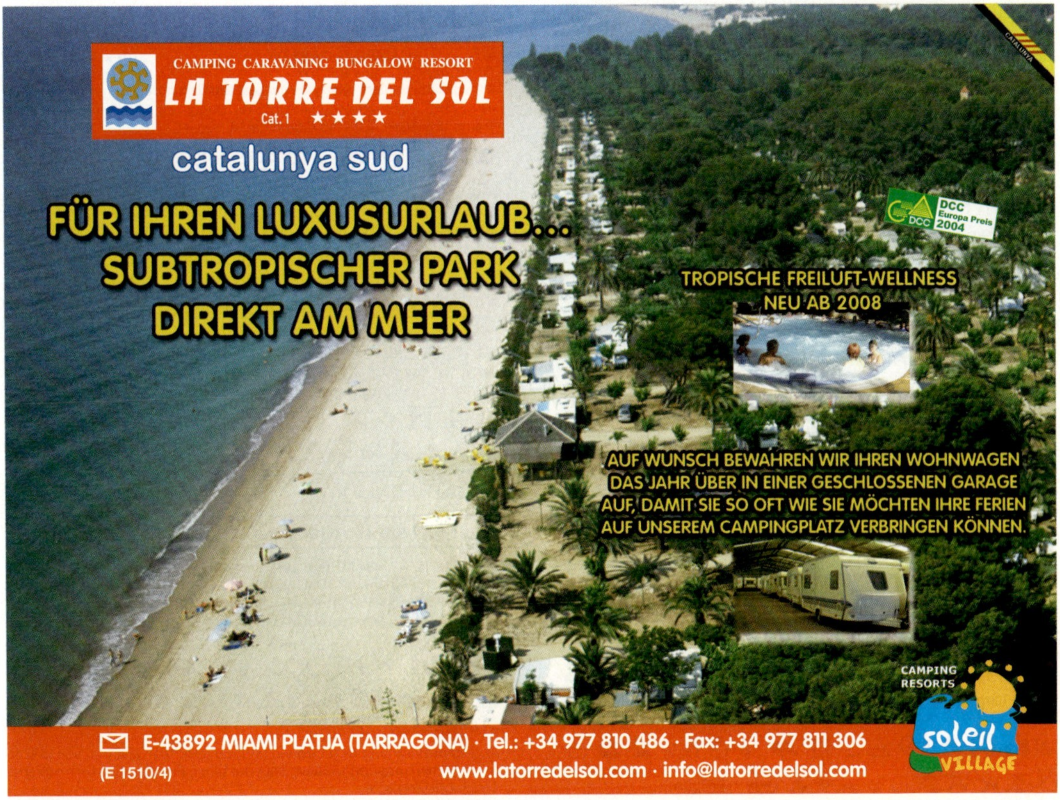
CAMPING CARAVANING BUNGALOW RESORT
LA TORRE DEL SOL
Cat. 1 ★★★★
catalunya sud
FÜR IHREN LUXUSURLAUB...
SUBTROPISCHER PARK
DIREKT AM MEER
DCC Europa Preis 2004
TROPISCHE FREILUFT-WELLNESS
NEU AB 2008
AUF WUNSCH BEWAHREN WIR IHREN WOHNWAGEN DAS JAHR ÜBER IN EINER GESCHLOSSENEN GARAGE AUF, DAMIT SIE SO OFT WIE SIE MÖCHTEN IHRE FERIEN AUF UNSEREM CAMPINGPLATZ VERBRINGEN KÖNNEN.
CAMPING RESORTS
soleil VILLAGE
E-43892 MIAMI PLATJA (TARRAGONA) · Tel.: +34 977 810 486 · Fax: +34 977 811 306
(E 1510/4)
www.latorredelsol.com · info@latorredelsol.com

E

✉ 43892 Montroig, Tarragona E 1510/3

45 ★★★ »**CAMPING ELS PRATS**« 9.3. bis Mitte Okt.
☎ 977/810027, Fax 170901 30 000 qm
www.campingelsprats.com, info@campingelsprats.com

→ A7 Tarragona–Valencia Abf. (37) auf die N340 Richtung Amposta. Ca. 6.5 km hinter Cambrils meerwärts abbiegen durch eine Bahnunterführung (3.65 m hoch), dann rechts, beschildert. ✉ Ctra. N 340, Km 1137 (GPS: 41°02'20" N / 0°58'50" E).

W W W WC W W HS HS 200 m

Wiesengelände unter Bäumen am bis zu 50 m breitem Strand. Separater Platzteil für Hundehalter. TV- u. Radioverbot. FW. Ort 4 km entfernt. 188 Touristenplätze.
2007: (HS) (zuzügl. 7% IVA) P/N 6.–, K/N bis 10 J. 4.–, St/N 20.–, WD und Strom (5 A) inkl. Angebote für Jubiläre. In NS Ermäßigung.

EUROPA-PREIS

✉ 43892 Montroig, Tarragona E 1510/4

55 ★★★★★ »**CAMPING LA TORRE DEL SOL**« 15.3. bis 22.10.
☎ 977/810486, Fax 811306 240 000 qm
www.latorredelsol.com, info@latorredelsol.com

→ A7 Tarragona–Valencia Abf. (37), weiter N340 Richtung Valencia und rechts einbiegen. Einfahrt nach 7 km. ✉ Ctra. N 340, Km 1136.

W W W W W TV W S (HS) S

Gepflegtes, palmenbestandenes und ebenes Wiesengelände auf zwei weitläufigen Geländestufen. Mit tropischen und subtropischen Pflanzen gärtnerisch gestaltet. Ein weiterer Platzteil zwischen Straße und Bahnlinie (mit Unterführung Breite 3 m, Höhe 3.20 m). Gasverkauf nur blaue Flasche. Kino/Fernsehsaal. Großzügige Schwimmbadanlage. Nachts Radio- und TV-Verbot. Imbiss. Kino. Massage in HS. Fitnessraum. Sqash. Bogenschießen. Jacuzzi. Boule. Arzt. Frisör. Autowäsche. FW. Ort ca. 5 km entfernt. 1390 Touristenplätze.
2008: (HS) St/N inkl. 2 P/N 34.30 bis 61.15, weitere P/N 7.25/9.35, K/N bis 10 J. 5.55/7.15, WD u. Strom (6/10 A) inkl. In NS Ermäßigung.

EUROPA-PREIS

✉ 43892 Montroig, Tarragona E 1510/5

55 ★★★★★ »**CAMPING PLAYA MONTROIG**« 14.3. bis 2.11.
☎ 977/810637, Fax 811411 350 000 qm
www.playamontroig.com, info@playamontroig.com

→ A7 Tarragona–Valencia Abf. (38) auf die N340 Richtung Tarragona. 9 km vor Cambrils meerwärts abbiegen. ✉ Ctra. N 340, Km 1139 (GPS: 41°02'00" N / 0°58'04" E).

W W W TV W W S S S 200 m

Hervorragend ausgestattete weitläufige Anlage mit abwechslungsreicher Bepflanzung. Durch Straße und Bahnlinie (mit Unterführung) in drei Platzteile gegliedert. 1000 m langer und bis 50 m breiter Strand mit 2 künstlichen Badeinseln und mehreren Bühnen. Radio- und TV-Verbot. Ort 3 km entfernt. 1950 Touristenplätze. **Anzeige S. 509**
2008: (HS) (zuzügl. 7% IVA) 2 P/N inkl. St/N 53.–, weitere P/N 6.50, WD und Strom (10 A) inkl. Für Senioren 50% und in NS 45% Ermäßigung.

✉ 43890 L'Hospitalet de L'Infante, Tarr. E 1520

Abfahrt

NATUR PLATZ

45 ★★★ »**CAMPING CALA D'OQUES**« 1.1. bis 31.12.
☎ 977/823254, Fax 820691 27 000 qm
www.fut.es, eroller@tinet.org

→ A7 Tarragona–Valencia Abf. (38) weiter auf der N340 nach Hospitalet del Infante. Im Ort auf der Uferstraße in südlicher Richtung. ✉ Via Augusta (GPS: 40°58'40" N / 0°54'14" E).

J Res W W W W HS HS HS HS W HS

Terrassiertes und teilweise schattenloses Gelände zwischen der Küstenstraße und dem Meer. 50 m breiter Strand. Pension. Radio- und TV-Verbot. Ort 2.5 km entfernt. Touristen-/Dauerstellplätze 237/14.
2008: (HS) P/N 8.25, K/N bis 10 J. frei, A/N 8.25, C T/N 8.25, MC/N 12.50, M/N 8.25, B/N 8.25, H/N 2.95, WD inkl., Strom/N 3.90. Ab 55 J. und in NS Ermäßigung. CCI 1% Ermäßigung.

Abfahrt

43860 L'Ametlla de Mar, Tarragona — E 1530

40 ★★★★ »CAMPING L'AMETLLA VILLAGE PLATJA«
977/267784, Fax 267868 — 1.1. bis 31.12.
www.campingametlla.com, info@campingametlla.com — 80000 qm
→ A7 Tarragona–Valencia Abf. (39) über N340 nach L´Ametlla de Mar, neben der Bahnlinie entlang. Zufahrtsstraße gut befahrbar. Paratge Stes Creus.

Ebenes und terrassiertes Gelände unter Oliven- und Nadelbäumen nahe der Bahnlinie und Autobahn. Parzelliert. Kiesstrand. Ärztliche Versorgung. In Bungalows Hundeverbot. Fitnessraum. Ort 2.5 km entfernt. Touristen-/Dauerstellplätze 350/20.
2008: (HS) (zuzügl. 7% IVA) P/N 5.64, K/N bis 9 J. 4.61, St/N 20.19, WD und Strom (5 A) inkl. In NS Ermäßigung.
CCI 5% bis 20% auf P/N.

43895 Ampolla, Tarragona — E 1540

★★ »CAMPING CAP-ROIG« — April bis Sept.
℡/Fax 977/460102, campingcaproig@wanadoo.es — 43000 qm
→ A7 Tarragona–Valencia Abf. (39) auf die N340 Richtung Amposta. Ca. 4 km hinter Ampolla meerwärts abbiegen. Beschildert.

Terrassenplatz am Meer. Ort 2.5 km entfernt. 268 Touristenplätze.

43530 Alcanar, Tarragona — E 1550/1

★★★ »CAMPING LOS ALFAQUES« — März bis Sept.
977/740561 — 25000 qm
→ A7 Tarragona–Valencia Abf. (41) auf die N340 Richtung Castellón. Hinter Sant Carlos de la Rapita meerwärts abbiegen. Ctra. N 340, Km 1059.

Leicht zum Strand abfallendes Gelände unter Oliven- und Laubbäumen, zwischen Straße und Meer. Ort 3 km entfernt. Touristen-/Dauerstellplätze 245/40.

43530 Alcanar, Tarragona — E 1550/2

45 ★★ »CAMPING ESTANYET« — 1.1. bis 31.12.
℡/Fax 977/737268, www.estanyet.com, info@estanyet.com — 13000 qm
→ A7 Tarragona–Valencia Abf. (41) auf die N340 Richtung Castellón. Hinter Sant Carlos de la Rapita meerwärts abbiegen. Ctra. N340, Km 1059 (GPS: 40°54'06" N / 0°51'79" E).

Gepflegtes, durch Hecken unterteiltes Gelände unter Bäumen. Ort 1 km entfernt. Touristen-/Dauerstellplätze 100/20.
2008: (HS) (zuzügl. 7% IVA) P/N 7.–, K/N bis 10 J. 5.–, St/N 19.–, WD inkl., Strom/N 4.50, kWh –.27 (6-10 A). Für Senioren in NS Ermäßigung. In NS Erm.
DCC 20% auf P/N und St/N.

25737 Foradada, Lleida — E 1570

★ »CAMPING CEL DE RUBIO« — April bis Okt.
973/291031 — 8000 qm
→ C1313 Lleida–Ponts, bei Km 48 abbiegen. Noch ca. 5 km Feldweg. Für Gespanne sehr schwierig.

Terrassengelände mit Laubbäumen am Südufer des Rio Segre. Ort 5 km entfernt. 50 Touristenplätze.

DCC – DEIN PARTNER!

25630 Talarn, Lleida — E 1580

25 ★★ »CAMPING GASET« — 1.4. bis 15.10.
973/650737, Fax 650102 — 36000 qm
www.pallarsjussa.net/Gaset, campinggaset@pallarsjussa.net
→ C147 Lleida–Balaguer–Pobla de Segur, ca. 3.5 km nördlich von Tremp abbiegen. Ctra Comarcal 13, Km 91.

Zum Stausee »San Antonio« leicht gestuft abfallendes Gelände mit Korkeichen. Teilweise parzelliert. Imbiss. Ort 5 km entfernt. 320 Touristenplätze.
2007: (HS) P/N 5.–, K/N 1 bis 10 J. 4.60, C MC-St/N 13.20, T/N 5.–, M/N 4.60, WD inkl., Strom/N 4.10 (4 A). In NS 10% Ermäßigung.

25514 Senterada, Lleida — E 1590

★★ »CAMPING SENTERADA« — 1.1. bis 31.12.
973/661818, Fax 676/660094 — 25000 qm
→ C147 Lleida–Balaguer–Tremp–Sort. In Pobla de Segur abbiegen auf die C 144 Richtung Senterada, noch 5 km. Ctra. Local 503, Km 5.

Leicht welliges Wiesengelände am Flussufer. Ort 400 m entfernt. Touristen-/Dauerstellplätze 100/5.

25551 La Bordeta bei Vilamós, Lleida — E 1600

30 ★★★★ »CAMPING BEDURÁ-PARK« — Juni bis Ende Sept.
973/648293, Fax 647038 850 m — 35000 qm
www.bedurapark.com, info@bedurapark.com
→ N230 franz. Grenze–Lleida. Bei Km 174.4 am »Vall d'Aran« abbiegen. Ctra. N230.

An einem Berghang terrassiertes und parzelliertes Gelände, von bewaldeten Höhen umgeben. Gasverkauf nur blaue Flasche. Ort 4 km entfernt. 150 Touristenplätze.
2008: P/N 5.–, K/N bis 10 J. 4.60, St/N 13.– bis 18.–, WD inkl., Strom/N 4.10 (6 A).

25597 Espot, Lleida — E 1610

30 ★★★ »CAMPING SOL I NEU« — 24.6. bis 15.9.
973/624001, Fax 624107, 1300 m — 15000 qm
www.solineu.com, camping@solineu.com
→ C147 Lleida–Balaguer–Tremp–Sort. Bei Llavorsi weiter bis ca. 6 km hinter Escald, dann nach Espot abbiegen. Ctra. Espot-Lleida.

Leicht abfallendes Wiesengelände inmitten einer Wald- und Gebirgslandschaft. Parzelliert und durch einen Gebirgsbach zweigeteilt. Ort 300 m entfernt. 100 Touristenplätze.
2008: (HS) P/N 5.10, K/N 3 bis 10 J. 4.70, St/N 13.20, H/N 3.50, WD inkl., Strom/N 5.– (6 A). In NS Ermäßigung.
CCI 10% auf St/N.

25570 Ribera de Cardós, Lleida — E 1620

★★★ »CAMPING CARDÓS« — April bis Sept.
973/623112, Fax 623183 900 m — 30000 qm
www.campingdelcardos.eon
→ C147 Lleida–Balaguer–Tremp–Sort, bei Llavorsi nach Ribera de Cardós abbiegen, noch ca. 10 km talaufwärts. Ctra. Llavorsi-Tavascásan, Km 85.

Langgezogenes Wiesengelände am Ufer des Rio Noguera Pallaresa. Sehr gepflegt mit Parzellierung und Pappelreihen. Ort 600 m entfernt. 192 Touristenplätze.

(E 1550/2)
camping & bungalows estanyet

Hübscher, kleiner Familienplatz zwischen Tarragona und Castelló

E-43569 Les Cases d'Alcanar
Tarragona · Costa Daurada · Catalunya · Spain
Tel/Fax: 0034 977 73 72 68
www.estanyet.com · reservas@estanyet.com

DAS IDEALE URLAUBSZIEL FÜR IHRE FERIEN

PLAYA MONTROIG
Camping Resort

VERLOCKENDE ANGEBOTE

Pensionäre 60+, Nachlässe bis zu -50%
Langzeitaufenthalte, Ermäßigungen bis zu -30%
Konsultieren Sie unsere Web: **www.playamontroig.com**

(E 1510/5)

Zufriedene Gäste jeden Alters. Eine bestens gestaltete Umgebung, damit sich hier sowohl unsere kleinsten Gäste als auch die Älteren in aller Ruhe an der Natur und dem einzigartigen Klima erfreuen können.

Sein hohes Niveau an Sicherheit, Reinlichkeit und die Qualität seiner Serviceangebote und Einrichtungen erlauben es Ihnen den Zauber unseres Camping Resorts zusammen mit Ihrer Familie zu genießen.

"Camping in style"

Apartado de Correos 3 - E - 43300 Montroig
Tarragona - Spanien - info@playamontroig.com
Tel. +34 977 810 637 - Fax +34 977 811 411

25515 Torre de Capdella, Lleida — E 1630

★★ »CAMPING VALL FOSCA« — 1.1. bis 31.12.
☎ 973/663002, Fax 663080 950 m 15000 qm

→ C147 Lleida–La Pobla de Segur. Ab hier C144 bis Senterada, dort auf die L 503 Richtung Capdella abbiegen.

Leicht abfallendes Wiesengelände am Ufer eines Gebirgsbachs. Gas u. Lebensmittelverkauf. 65 Touristenplätze.

25560 Sort, Lleida — E 1640

★★ »CAMPING NOGUERA PALLARESA« — 1.1. bis 31.12.
☎ 973/620820, Fax 621204 650 m 30000 qm
canopa@jazzfree.com

→ C147 Lleida–Balaguer–Tremp–Sort. Am Nordrand von Sort abbiegen.

Wiesengelände unterhalb der Straße zwischen einem Kanal und dem Rio Noguera Pallaresa. Mit altem Baumbestand. Kanu- u. Raftingsportstation. Ort 200 m entfernt. Touristen-/Dauerstellplätze 225/75.

25799 La Farga de Moles, Lleida — E 1645

★★★ »CAMPING FRONTERA PARK« — 1.1. bis 31.12.
☎ 973/351427, Fax 355830 540 m 80000 qm
www.fronterapark.com

→ N145 La Seu d'Urgell–Andorra. Bei der Beschilderung abbiegen. Platz liegt ca. 300 m südlich der spanisch-andorranischen Grenze. ✉ Ctra. N 145, Km 8 (GPS: 42°25'41" N / 1°27'44" E)

Parzelliertes, überwiegend ebenes und langestrecktes Wiesengelände am Fluss Valira. Ein Teil mit Laubbäumen, der andere meist schattenlos. Von hohen Bergen umgeben. Verkehrsreiche Straße gegenüber des Flusses. Bar. Tischfußball. Billard. Ort 300 m entfernt. Touristen-/Dauerstellplätze 115/115.

25727 Prullans, Lleida — E 1650

★★★ »CAMPING LA CERDANYA« — 1.1. bis 31.12.
☎ 973/510260, Fax 510672 1000 m 75000 qm

→ C1313 franz. Grenze–Seu d'Urgell. 20 km hinter Prullans abbiegen.

Leicht ansteigendes Wiesengelände. Durch einen Fluss zweigeteilt. Parzelliert und teilweise terrassiert. Wäscheservice. Ort 1.5 km entfernt. Touristen-/Dauerstellplätze 150/200.

25720 Bellver de Cerdanya, Lleida — E 1660

★★★★ »CAMPING SOLANA DEL SEGRE« — 1.1. bis 31.12.
☎ 973/510310, Fax 510698 1000 m 65000 qm
www.solanadelsegre.com, info@solanadelsegre.com

→ C1313 franz. Grenze–Seu d'Urgell, ca. 1 km hinter Belver de Cerdanya. ✉ Ctra. N 260, Km 198.

Zum Rio Segre mit zwei Geländestufen leicht abfallendes Wiesengelände neben der Straße. Parzelliert. Ort 1 km entfernt. 300 Touristenplätze.

17528 Guils de Cerdanya, Girona — E 1670

★★★★ »CAMPING PIRINEUS« — 22.6. bis 11.9.
☎ 972/881062, Fax 882471 1200 m 50000 qm
www.stel.es, guils@stel.es

→ N260 nordwestlich von Puigcerdá, bei Km 180.

Von Laubbäumen durchzogenes, parzelliertes Wiesengelände. Ort 1 km entfernt. Touristen-/Dauerstellplätze 255/20.
2007: P/N 5.89, K/N 3 bis 10 J. 5.14, St/N 21.40, WD inkl., Strom/N 4.01 (7.5 A).

DCC – DEIN PARTNER!

17520 Puigcerda, Girona — E 1680

★★★★ »CAMPING STEL« — 1.6. bis 30.9.
☎ 972/882361, Fax 140419 1200 m 70000 qm
www.stel.es, puigcerda@stel.es

→ N152 franz. Grenze–Barcelona, hinter Bourg Madame, auf die C 1313 abbiegen und noch ca. 3 km. ✉ Ctra. Llivia.

Terrassiertes Gelände mit Anpflanzungen. Ort 2 km entfernt. Touristen-/Dauerstellplätze 300/300.
2007: P/N 5.89, K/N 3 bis 10 J. 5.14, St/N 21.40, WD inkl., Strom/N 4.01 (7.5 A).

08600 Berga, Barcelona — E 1690

★★★★ »BERGA RESORT« — 1.1. bis 31.12.
☎ 938/211250, Fax 222388 700 m 53000 qm
www.bergaresort.com, bergaresort@bergaresort.com

→ Abf. Berga-Süd auf die C-16 bis Km 96.3 (GPS: 42°05'24" N / 1°51'17" E).

Terrassiertes Wiesengelände mit Laubbäumen. Kindersanitär. Sport- und Wellnesscenter: Spinning, Fitnessraum, Squash, Aerobic, Jacuzzi, Bad. 3 Schwimmbäder. Von Dauercampern geprägt. Ort 1 km entfernt. Touristen-/Dauerstellplätze 20/180.
2007: (HS) (zuzügl. 7% IVA) P/N 8.50, K/N 1 bis 10 J. 7.50, St/N 24.–, WD und Strom inkl. (6 A). In NS Ermäßigung.

17500 Ripoll, Girona — E 1700

★★★ »CAMPING SOLANA DEL TER« — April bis Okt.
☎ 972/701062, Fax 714343 680 m 8000 qm
www.solanadelter.com, camping@solanadelter.com

→ N152 franz. Grenze–Barcelona, ca. 2 km südlich von Ripoll. ✉ CC 17, Km 92.50.

Ebenes Gelände zwischen einem Hotel, dem Fluss Ter und neben dem öffentlichen Schwimmbad. Ort 2 km entfernt. 80 Touristenplätze.

17174 Sant Feliu de Pallerols, Girona — E 1710

★★ »CAMPING LA VALL D'HOSTOLES« — 1.1. bis 31.12.
☎ 972/444104 5600 qm
www.campingvalldhostoles.com, valldhostoles@terra.es

→ C152 Olot–Anglés, bei "les Planes d' Hostales" östlich abbiegen. ✉ Pla del Bastons.

Ebenes, leicht gestuftes Wiesengelände unter Laubbäumen. Zeltwiese. Bar. Ort 500 m entfernt. Touristen-/Dauerstellplätze 26/16.

17855 Montagut, Girona — E 1720

★★★ »CAMPING MONTAGUT« — 31.3. bis 21.10.
☎ 972/287202, Fax 287201 15000 qm
www.campingmontagut.com, info@campingmontagut.com

→ Über die Nationalstraße N260. In Montagut Richtung Sadernes abbiegen. ✉ Ctra. Sadernes, Km 2 (GPS: 42°14'50" N / 2°35'33" E).
♣ Monumentale Dörfer Besalú. Naturpark im Vulkangebiet. Figueras.

Terrassenförmig angelegter Platz mit schönem Ausblick auf die umgebende Landschaft. Touristen/Dauerstellplätze 75/15.
2008: (HS) P/N 6.35, K/N 5 bis 10 J. 5.30, A/N 5.90, C T/N 6.90, MC/N 10.40, T/N 5.55, M/N 4.15, H/N 3.–, WD inkl., Strom/N 3.90 (6 A). In NS 10% bis 20% Ermäßigung.

Jahres-Öffnungszeiten
werden uns von den Platzhaltern gemeldet. Sie bemühen sich, die Zeiten einzuhalten. Je nach Wetterlage sind aber spätere Öffnungs- und frühere Schließungszeiten möglich.

CAMPING TORRE LA SAL '2

1ª

CIUDAD DEPORTIVA

(E 2090/2)

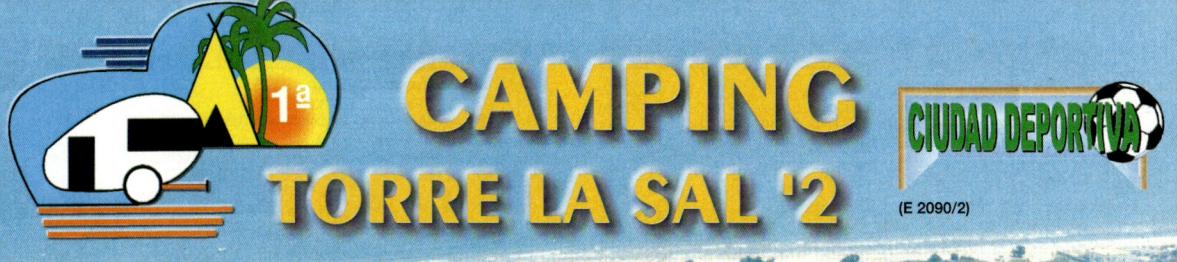

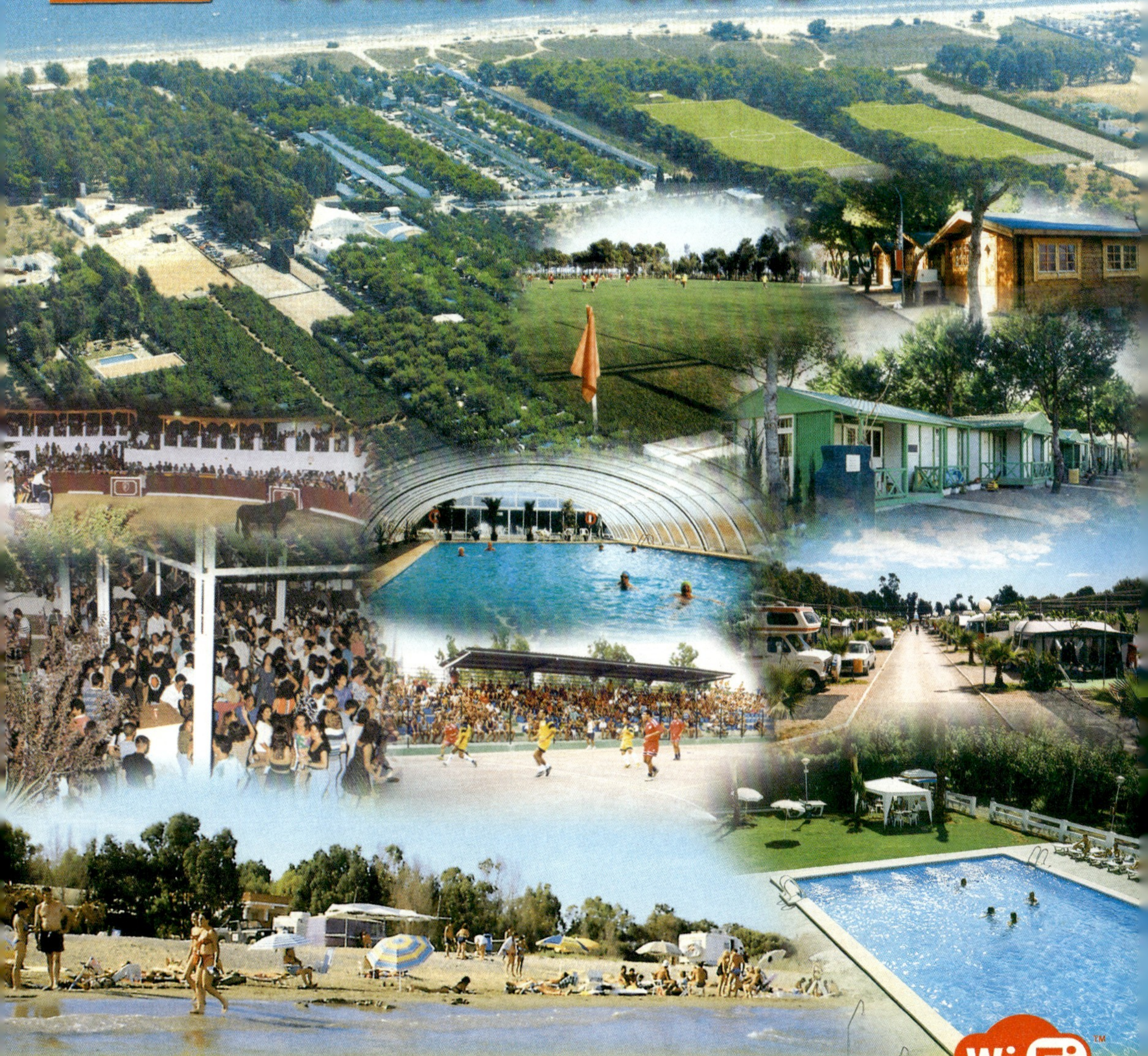

Wi Fi ZONE

In einer paradiesischen Landschaft gelegen, direkt am Strand und 1 km vom Naturpark vom Prat del Cabanes, 2 km vom Badeort Marina D'Or, 3 km von Oropesa de Mar. Ideales Klima das ganze Jahr. Familiärer Platz in parkähnlicher Anlage mit 435 Stellpl. und 91 Bungalows (50, Nordicos' mit Heizung und 41, Gitotel de Luxe' mit Klimaanlage). Die Maulbeerbäume bieten im Sommer viel Schatten und viel Sonne im Winter. Unser Platz ist in durch Hecken voneinander getrennte Stellpl. von 80 bis 140 qm aufgeteilt. 282 der Stellpl. verfügen über Spülbecken. 5 Sanitäranlagen mit gratis Warmwasser und im Winter beheizt. 4 Schwimmbäder (davon 2 im Winter beheizte Hallenbäder), Tennispl, Squash, Sportplatz mit künstl. Gras, Frisör, 2 autom. Wasch- und Trockenmaschinen, im Winter Sauna, Jacuzzi und Massagesalon, Gymnastik f. Rentner, Aufenthaltsraum, 2 Kinderspielpl. (großer mit Aufsicht und Aktivitäten in Saison), Tischtennis, Supermarkt, 2 Restaurant/Bars (eins am Strand und das andere an den Schwimmbädern), mehrere Parkplätze, Freiluftdisco mit Blumen und Pflanzen ganzjährig und Stierkampfarena wo der Mut der junge Stiere auf der Probe gestellt werden kann (ohne Gewalt). Außerdem Animateure (Aerobic, Sport und Tanz...). Gleich neben dem Campingplatz nur für unsere Gäste "Ciudad Deportiva" mit 2 Fussballpl. (105 x 64 m und 80 x 50 m). Abstellpl. für Wohnwagen. Neue Webseite.

Sonderrabatte außer Hochsaison

* Reservieren möglich
* Spezielle Tarife für Rentner vom 1. September bis 30. Juni.

LEITUNG: FERNANDO FENOLLOSA MATEU

CAMI L'ATALL, S/N
E-12595 RIBERA DE CABANES (CASTELLON)
A-7 Ausfahrt 44 (12,5 km südlich)
Ausfahrt 45 (1,5 km nördlich). N-340 km 1000
TEL (34) 964319744 - 964319567 FAX (34) 964319744
camping@torrelasal2.com
www.torrelasal2.com

GANZJÄHRIG GEÖFFNET • IDEAL AUCH FÜR SONNIGE WINTERFERIEN AM STRAND

17832 Esponella, Girona — E 1730

★★★ »CAMPING ESPONELLA« — 1.1. bis 31.12.
972/597074, Fax 597132 50000 qm
www.campingesponella.com, informa@campingesponella.com

→ C260 Figueres–Besalú, in Cabanelles südlich abbiegen nach Esponella. Von hier aus noch 400m auf steinigem Feldweg zum Platz.
✉ Ctra. Banyoles–Figueres, Km 8.

Ebenes bis leicht abfallendes Wiesengelände am Ufer des aufgestauten Flusses Fluvia in Dorfnähe. 232 Touristenplätze.
2007: (HS) (zuzügl. 7% IVA) P/N 6.40, K/N 4 bis 10 J. 4.75, St/N 12.80, H/N 1.70, WD keine Angabe, Strom/N 4.05 (5 A). In NS Ermäßigung.

17458 Fornells de la Selva, Girona — E 1740

★★ »CAMPING CAN TONI MANESCAL« — 15.7. bis 15.9.
972/476117, Fax 476735 10500 qm
www.campinggirona.com, campinggirona@campinggirona.com

→ A7 Figueras–Barcelona Abf. (7) Girona-Süd Richtung Quart, rechts abbiegen auf N2 Richtung Barcelona, dann weiter nach Fornells.
✉ Ctra. Llambilles, Km 2.

Ebenes Gelände in Flussnähe. Ort 2 km entfernt. 45 Touristenplätze.
2007: (HS) P/N 4.95, K/N bis 10 J. 4.50, A/N 4.95, C T/N 4.95, MC/N 9.90, M/N 4.95, B/N 4.95, WD inkl., Strom/N 3.20 (5 A). In NS für 7 N, 6 N bezahlen. In NS Ermäßigung.

12580 Benicarló, Castellón — E 2000

★★ »CAMPING ALEGRIA DEL MAR« — 1.1. bis 31.12.
/Fax 964/470871, www.campingalegria.com 6000 qm

→ N 340 Vinaroz–Castellón. Vor Benicarló meerwärts abbiegen.

Gelände unter Bäumen. Ort 1.5 km entfernt. 48 Touristenplätze.

12598 Peñiscola, Castellón — E 2030

★★★ »CAMPING INT. AZAHAR RESIDENCIAL« — 1.1. bis 31.12.
/Fax 964/475480 20000 qm
www.campingazahar.com, info@campingazahar.com

Abfahrt → A7 Tarragona–Valencia Abf. (43) Richtung Benicarló, nach ca. 1.5 km auf der linken Seite. ✉ Partida Villarroyos s/n (40°24'8" N / 0°22'54" E).

2.5 km

Ebenes Gelände unter Baumreihen. Kleiner Zoo. Whirlpool. FW. Ort 2.5 km entfernt. Separater Jugendplatz. Touristen-/Dauerstellplätze 70/61.

12579 Alcossebre, Castellón — E 2060/1

★★★★★ »CAMPING PLAYA TROPICANA« — 1.5. bis 31.10.
964/412463, 412448, Fax 412805 35000 qm
www.playatropicana.com, www.playatropicana.eu, info@playatropicana.com

Abfahrt → A7 Tarragona–Valencia Abf. (44), dann 3 km auf der N340 Richtung Alcossebre. Bei Km 109 meerwärts abbiegen, noch 7.5 m schmale Straße.

Ebenes, teils gestuftes Gelände unter schattigen Bäumen. Durch Hecken und Blumenbeete sehr ansprechend unterteilt. Vom Meer durch die Strandstraße getrennt. Wifi. TV-Verbot in HS. FW. Bademöglichkeit 50 m, Ort 2.5 km entfernt. 300 Touristenplätze.
2007: (HS) (zuzügl. 7% IVA) 2 P/N inkl. St/N 44.– bis 60.–, weitere P/N 7.–, K/N 1 bis 10 J. 6.–, WD u. Strom inkl. (6 A) In NS Ermäßigung.

Wegen oft wechselnden Größenangaben für die einzelnen Stellparzellen durch die Platzhalter veröffentlicht der DCC nur noch die Camping-Gesamtfläche in qm und den Hinweis »parzelliert« oder »unparzelliert«.

12579 Alcossebre, Castellón — E 2060/2

★★★ »CAMPING RIBAMAR« — Juli bis Dez.
619780731, Fax 964/761163 22000 qm
www.campingribamar.com, campingribamar@telfonica.net

→ A7 Tarragona–Valencia Abf. (44), dann 3 km auf der N340 Richtung Alcossebre. Bei Km 109 meerwärts abbiegen Richtung Playa de las Fuentes. ✉ Partida Ribamar.

Leicht abfallendes Gelände mit teilweise geschotterten Stellflächen. Durch Bäume aufgelockert und teilweise mit Hecken gegliedert. Strand 150 m, Ort 2.5 km entfernt. Touristen-/Dauerstellplätze 117/30.

12595 Ribera de Cabanes, Castellón — E 2090/1

★★★ »CAMPING TORRE LA SAL 1« — 1.1. bis 31.12.
964/319596, Fax 319629 35000 qm
www.campingtorrelasal.com, info@campingtorrelasal.com

Abfahrt → A7 Tarragona–Valencia Abf. (45) auf die N340 Richtung Torreblanca. Dann meerwärts abbiegen, noch ca. 1.8 km. ✉ L'Atall s/n.

H 1 km

Parzelliertes, ebenes Gelände unter Eukalyptusbäumen. Stellenweise gekieste Flächen. Langgestreckter Strand bis 25 m breit. Ort 4 km entfernt. 300 Touristenplätze.
2007: (zuzügl. 7% IVA) P/N 4.65, K/N 4.20, A/N 4.20, C/N 7.90, MC/N 12.10, T/N 7.90, M/N 4.20, WD inkl., Strom/N 3.75 oder kWh –.25 (10 A).

12595 Ribera de Cabanes, Castellón — E 2090/2

★★★★ »CAMPING TORRE LA SAL II« — 1.1. bis 31.12.
964/319744, 319567, Fax 319/44 120000 qm
www.torrelasal2.com, camping@torrelasal2.com

→ A7 Tarragona–Valencia Abf. (45) auf die N340 Richtung Torreblanca. Dann meerwärts abbiegen, noch ca. 1.8 km. Beschildert.

H 500 m

Parzelliertes und ebenes Gelände mit Bäumen am Meer. Durch eine Straße zweigeteilt und durch Hecken und Sträucher gegliedert. Stellenweise gekieste Flächen. Squash. Friseur. Whirlpool (im Winter). Ort 3.5 km entfernt. 530 Touristenplätze.
Anzeige S. 511

12560 Benicasim, Castellón — E 2120

★★★★ »CAMPING BONTERRA« — 1.1. bis 31.12.
964/300007, Fax 300008 52000 qm
www.campingbonterra.com, info@campingbonterra.com

→ A7 Tarragona–Valencia Abf. (45) auf die N340 Oropesa–Benicasim. Hier bei der Rotkreuz-Station meerwärts abbiegen und nach der Bahn-Überführung rechts. Im Ort meerwärts abbiegen. ✉ Avda. de Barcelona, 47 (GPS: 40°03'29" N / 0°04'33" E).

H 200 m   400 m

Parkartiges, langgestrecktes Gelände zwischen Bahnlinie und Strand am Ortseingang. Mit Laubbäumen bewachsen und durch Hecken abgeteilt. Kinderspielzimmer. Wäscheservice. Ort 300 m entfernt. 490 Touristenplätze.
2008: (HS) (zuzügl. 7% IVA) P/N 5.15, K/N 3 bis 9 J. 4.20, St/N 35.80, H/N –.80, WD inkl., Strom/N 3.50 o. kWh –.29 (6/10 A). In NS Erm. DCC/CCI 5% auf P/N und St/N.

12593 Moncofa, Castellón — E 2180/1

★★★ »CAMPING MONMAR« — 1.1. bis 31.12.
/Fax 964/588592 50000 qm
http://perso.wanadoo.es/campingmonmar, campingmonmar@terra.es

Abfahrt → A7 Valencia–Castellón Abf. (49) Moncofa, Moncofa durchfahren. ✉ C/. Serratelles (GPS: 39°48'32" N / 0°07'31" W).

200 m

Ebenes, gekiestes und parzelliertes Gelände mit Baumalleen am Stadtrand, neben einem kleinen Aquapark. Touristen-/Dauerstellplätze 120/60.
2008: (HS) P/N 7.50, St/N 26.–, WD und Strom inkl. (6 A). In NS Erm. DCC 20% auf P/N.

✉ 12593 Moncofa, Castellón — E 2180/2

★★ »CAMPING LOS NARANJOS« — 1.1. bis 31.12.
☎ 964/580337, Fax 766237 — 25 000 qm
www.campinglosnaranjos.com, info@campinglosnaranjos.com

→ A7 Valencia–Castellón Abf. (49) Moncofa, weiter Richtung Moncofa, noch ca. 3 km, beschildert. ✉ Cami de Cabres (GPS: 39°46'53" N / 0°08'56" W).

Rechteckiges, ebenes und gekiestes Gelände unter Baumalleen. Parzelliert. Bibliothek. Bar. Touristen-/Dauerstellplätze 46/106.
2008: (HS) (zuzügl. 7% IVA) P/N 4.25, K/N bis 10 J. 3.75, A/N 4.10, C/N 5.45, MC/N 8.85, T/N 4.55, M/N 3.75, WD inkl., Strom/N 4.10. In NS bis 30% Erm.

✉ 46317 Villargordo del Cabriel, Valencia — E 2210

★★★ »KIKO PARK RURAL« — 1.1. bis 31.12.
☎ 962/139082, 831892 Fax 139317 — 800 m — 20 000 qm
www.kikopark.com/rural, kikoparkrural@kikopark.com

→ A3 Valencia–Madrid Abf. Villargordo del Cabriel. ✉ Ctra. Embalse de Contreras, Km 3.

Terrassiertes, leicht abfallendes und parzelliertes Gelände neben einem Stausee mit jungem Baumbestand. Ort 3 km entfernt. 90 Touristenplätze.
2007: (HS) (zuzügl. 7% IVA) P/N 5.75, K/N ab 10 J. 4.–, St/N 13.–, H/N –.60, WD inkl., Strom/N (6A) 3.10. In NS Ermäßigung.
DCC/CCI 10% auf P/N und St/N.

✉ 46500 Sagunto, Valencia — E 2240

25 ★★★ »CAMPING MALVARROSA DE CORINTO« — 1.1. bis 31.12.
☎ 962/608906, Fax 608975 — 120 000 qm
www.malvacorinto.com, camalva@ctv.es

→ A7 Barcelona–Valencia Abf. (49) Vall D'Uxo auf die N340 bis Almenara Playa, weiter Richtung Casablanca/Malvarrosa de Corinto. ✉ Camino Malvarrosa (GPS: 39°43'08" N / 0°11'38" W).

Leicht welliges Wiesengelände unter Palmen, Pinien und Orangenbäumen. Ca. 50 m breiter Strand mit Kies und Sand. Familiäre Atmosphäre. Sportstudio. Ort 4 km entfernt. Touristen-/Dauerstellplätze 70/80.
2007: (HS) (zuzügl. 7% IVA) P/N 3.80, K/N bis 10 J. 3.20, A/N 3.90, C/N 4.70, MC/N 5.–, T/N 3.90, M/N 2.70, H/N 2.20, WD inkl., Strom/N 3.70 (5 A). In NS 5% bis 20% Ermäßigung.

✉ 46530 Pucol, Valencia — E 2300/1

★★★ »CAMPING VALENCIA« — Juni bis Sept.
☎ 961/465806, Fax 466029 — 66 000 qm
www.campingvalencia.com, info@campingvalencia.com

→ A7 Tarragona–Valencia, bei Sagunto wechseln auf die Küstenstraße Abf. (4) nach Playa de Pucol, noch ca. 3 km. ✉ Playa de Puzol, C/. 4-A.

Von Plantagen umgebenes, ebenes Gelände unter verschiedenartigen Bäumen. Teilweise mit gekiesten Stellflächen. Strand und Wassersport 500 m, Ort 3 km entfernt. 494 Touristenplätze.

✉ 46530 Pucol, Valencia — E 2300/2

35 ★★★ »CAMPING PUZOL« — 5.2. bis 15.12.
☎ 961/121527, Fax 465586 — 34 000 qm
www.campingpuzol.com, info@campingpuzol.com

→ A7 Tarragona–Valencia, bei Sagunto wechseln auf die Küstenstraße Abf. (4) nach Playa de Pucol, noch ca. 3 km.

Ebenes Gelände mit Strand. Touristen/Dauerstellplätze 75/75.
2008: (HS) (zuzügl. 7% IVA) P/N 6.–, K/N bis 10 J. 5.50, A/N 6.–, C/N 8.–, MC/N 11.–, T/N 7.50, M/N 5.50, H/N 4.–, WD inkl., Strom/N 5.– (4 A). In NS Ermäßigung.

✉ 46410 Sueca, Valencia — E 2330

35 ★★★ »CAMPING BARRAQUETES« — 15.1. bis 1.12.
☎ 961/760723, Fax 963/760130 — 12 000 qm
www.barraquetes.com, info@barraquetes.com

→ A7 Valencia–Alicante Abf. Algemesi auf die Küstenstraße Valencia-Cullera, bei Km 21.5 abbiegen. ✉ Playa de Sueca.

Leicht welliges Gelände. Bar. Bibliothek. Gut für Valencia-Besuche geeignet. Ort 2 km entfernt. Touristen-/Dauerstellplätze 100/100.
2008: (zuzügl. 7% IVA) P/N 6.–, K/N bis 10 J. 5.50, A/N 6.–, C T/N 8.50, MC/N 16.–, M/N 5.–, H/N 4.–, WD inkl., Strom/N 5.50.

Plätze ohne Gebühren-Angabe
Diese Plätze haben seit 2 Jahren und mehr keine Meldung mehr abgegeben. Darum kann auch für die Öffnungszeit nicht garantiert werden.

CAMPINGS & BUNGALOWS GRUPO MARTIN
www.campingsdevalencia.com

CAMPING PUZOL
Playa de Puzol. ESPAÑA
46530-Puzol (Valencia)
Tno.: 00 34 96 142 15 27
Fax.: 00 34 96 146 55 86
www.campingpuzol.com

CAMPING COLL VERT
Playa de Pinedo. ESPAÑA
46012-PINEDO (Valencia)
Tno.: 00 34 96 183 00 36
Fax.: 00 34 96 183 00 40
www.collvertcamping.com

(E 2330) **CAMPING BARRAQUETES**
Playa de Sueca. ESPAÑA
Mareny de Barraquetes.
46410-SUECA (Valencia)
Tno.: 00 34 96 176 07 23
Fax.: 00 34 96 176 01 30
www.barraquetes.com

CAMPING SANTA MARTA
Paraje Natural Santa Marta
Playa del Racó "Cullera". ESPAÑA
46400-CULLERA (Valencia)
Tno.: 00 34 96 172 14 40
Fax.: 00 34 96 173 08 20
www.santamartacamping.com

SPEZIELLER NACHLASS
In 2007 Oct. und in 2008 Febr., März, April u. Mai:
2 Erw., Autocar. oder Car., Auto Strom
ein Monat für 250€ Mwst. incl.

EUROCAMPING liegt direkt am Meer, am weitläufigen, sauberen und feinkörnigen Sandstrand von Oliva. Schattige Parzellen durch dichten Baumbestand. Neue komfortable Sanitäranlagen mit kostenlos warmem Wasser. **DAS GANZE JAHR ÜBER GEÖFFNET. BUNGALOWS.**
Tel. +34 96 285 40 98 - Fax +34 96 285 17 53   Apartado n° 7 46780 OLIVA (Valencia)
e-mail: eurocamping@interbook.net   www.eurocamping-es.com   (E 2510/2)

46400 Cullera, Valencia — E 2360

[35] ★★★ »CAMPING SANTA MARTA« — 15.1. bis 15.12.
☎ 961/721440, Fax 730820 — 40 000 qm
www.santamartacamping.com, campingsm@ecullera.org

→ A7 Valencia–Alicante Abf. (59) nach Cullera, und hier ca. 3 km Richtung Leuchtturm (Faro). ✉ Ctra. Faro, Km 2.

Terrassenplatz unter Pinien an einem Hügel. Nur für Zelte und kleine Caravans geeignet. Teilweise separate Pkw-Abstellung. Imbiss. Bibliothek. Autoverleih. Ort 2 km entfernt. 200 Touristenplätze.
2008: (zuzügl. 7% IVA) P/N 6.–, K/N 5.50, A/N 6.–, C/N 8.50, MC/N 16.–, T/N 8.50, M/N 5.–, H/N 4.–, WD inkl., Strom/N 5.50 (10 A).

S300 m

46770 Xeraco, Valencia — E 2390

★★ »CAMPING SAN VICENTE« — 1.1. bis 31.12.
☎ 962/888188, Fax 888147 — 5000 qm
www.campingsanvicente.com, consultas@campingsanvicente.com

→ A7 Valencia–Alicante Abf. (60) auf die N332 Richtg. Alicante. In Xeraco bei Km 231/232 meerwärts abbiegen, noch ca. 4 km. ✉ Avda. de la Mota 24.

Von Häusern umgebenes, ebenes Gelände unter Bäumen. Eine Düne schirmt den breiten Strand ab. Ort 3 km entfernt. 42 Touristenplätze.

46730 Gandia-Playa, Valencia — E 2420

[45] ★★★ »CAMPING L'ALQUERIA« — 1.1. bis 31.12.
☎ 962/840470, Fax 841063 — 44 000 qm
www.lalqueria.com, lalqueria@lalqueria.com

→ A7 Valencia–Alicante Abf. (60) über die N332 nach Gandia. Hier der Beschilderung Playa folgen, noch ca. 4 km. ✉ Ctra. Gandia (GPS: 38°59'10" N / 0°09'49" W).

46842 Rugat, Valencia — E 2480

★★★ »CAMPING NATURA« — 1.1. bis 31.12.
☎/Fax 962/814166 — 27 000 qm
www.CampingNatura.com, CampingNatura@wanadoo

→ A7 Valencia–Alicante Abf. (60) über Gandia auf die N 320 landeinwärts, ca. 20 km nach Rugat.

Welliges Gelände unter Bäumen in einem Seitental. Hundeverbot in Bungalows. Ort 500 m entfernt. Touristen-/Dauerstellplätze 50/15.

03791 La Vall de Laguar, Valencia — E 2490

[30] ★★★ »CAMPING VALL DE LAGUAR« — 1.1. bis 31.12.
☎ 965/577490, 699/773509, Fax 965/577490 — 17 000 qm
www.campinglaguar.com, info@campinglaguar.com

→ A7 Valencia–Alicante Abf. (62) Denia auf die CN 332 Richtung Ondara /Pedreguer. Dann über Pedreguer, Orba, Murla zum Platz. ✉ Sant Antoni, nr. 24 (GPS: 38°46'39" N / 01°53'38" W).

500 m

Ebenes und kiesiges Gelände mit vereinzelten Laubbäumen in den Bergen des "Marina Alta" Gebietes mit Blick über das Tal von Laguar. Parzelliert, terrassiert und teilweise von Steinmauern durchzogen. Ideal für Wandertouren. Familiäre Atmosphäre. Keine Kampfhunde. Separater Jugendplatz. Touristen-/Dauerstellplätze 50/15.
2008: (HS) (zuzügl. 7% IVA) P/N 4.65, A/N 4.65, C/N 6.20, MC/N 9.10, T/N 5.35, M/N 3.42, H/N 1.28, WD inkl., Strom/N 2.73 (5 A). Für Senioren und in NS Ermäßigung.
CCI 10% auf P/N.

Erleben Sie das herrliche Mittelmeer...

PLAYA OLIVA

KIKOPARK
Camping · Caravaning · Apartments (E 2510/1)

Neu: Wellness Bereich

Am weißen, feinsandigen Strand von Oliva gelegen, Der Platz bietet luxuriöse Einrichtungen: Bungalows, Supermarkt, Cafeteria, Bar, vorbildliche Sanitäranlagen (tadellos sauber und heißes Wasser 24 Std.), Waschraum, Kinderspielplatz, Beheiztes Schwimmbad, Strand-Volleyball, Animationsprogramm, Wassersport-Aktivitäten (Vermietung von Wassersportausrüstungen) und Vermietung v. Mountain bikes. Restaurant KIKO PORT mit Blick aufs Meer, wo Sie es sich bei der typischen Paella Valenciana schmecken lassen können. **Ganzjährig geöffnet.**

...und die Berge im...

PUEBLO RURAL

DCC Europa Preis 2008

KIKOPARK
Camping · Caravaning · Apartments (E 2210)

Im erst kürzlich geöffneten Campingplatz KIKO PARK RURAL bieten wir Ihnen großräumige und komfortable Einrichtungen. In bevorzugte Lage, umgeben von fantastischen Landschaften, steht eine große Auswahl an sportliche Aktivitäten zu Ihrer Verfügung: Rafting, Wildwasserkanu, Kanu, Schnitzeljagd, Wanderungen, Bungee.-jumping, Reiten, Angeln, Mountain Bike, Windsurfing, usw...

KIKO PARK 46780 PLAYA DE OLIVA - OLIVA (Valencia) SPANIEN Tel. +34 96 285 09 05 - Fax: +34 96 285 43 20 kikopark@kikopark.com
KIKO PARK RURAL 46317 VILLARGORDO DEL CABRIEL (Valencia) SPANIEN Tel. +34 96 213 90 82 - Fax: +34 96 285 43 20 kikoparkrural@kikopark.com
www.kikopark.com

DCC-Vertragsplatz

✉ **46780 Oliva,** Valencia E 2510/1

55 ★★★★★ »CAMPING KIKO PARK OLIVA« ⚬ 1.1. bis 31.12.
☎ 962/850905, Fax 854320 30000 qm
www.kikopark.com, kikopark@kikopark.com

→ A7 Valencia–Alicante Abf. (61) auf die CN 332 nach Oliva. ✉ Assagador de Carro, 2 (GPS: 38°55'57" N / 0°05'53" W).

Ebenes Gelände mit Pappeln und Oleanderbüschen hinter den Dünen am Strand und bei einem Yachthafen. Von Orangen-Plantagen umgeben. Familiäre Atmosphäre. Ideal zum Überwintern. Mini-Zoo. Paella-Kochkurse. Spa-Bereich (Türk. Bad). Ort 2 km entfernt. Touristen-/Dauerstellplätze 214/214.
2008: (HS) (zuzügl. 7% IVA) P/N 6.10, K/N bis 10 J. 5.40, St/N 28.50, H/N 2.50, WD inkl., Strom/kWh –.35 (16 A). In NS Ermäßigung.
DCC/CCI 10% auf P/N.

✉ **46780 Oliva,** Valencia E 2510/2

45 ★★★ »EURO-CAMPING« ⚬ 1.1. bis 31.12.
☎ 962/854098, Fax 851753 45000 qm
www.eurocamping-es.com, info@eurocamping-es.com

→ A7 Valencia–Alicante Abf. (61) auf die CN 332 nach Oliva. 2 km hinter Oliva vor einer »CAMPSA« Tankstelle meerwärts abbiegen. ✉ Playa de Oliva.

Mehrteiliges, überwiegend parzelliertes Gelände unter Pappeln und Eukalyptusbäumen auf einem Dünenwall zwischen Orangenplantagen. WiFi. Ort 3 km entfernt. 315 Touristenplätze.
2008: (HS) (zuzügl. 7% IVA) P/N 4.40, K/N bis 10 J. 3.05, St/N 30.65, H/N 1.95, WD inkl., Strom/N 3.70 (6 A). In NS bis 60% Ermäßigung.
CCI 5% auf P/N.

✉ **46780 Oliva,** Valencia E 2510/3

30 ★★★ »CAMPING RIO-MAR« ⚬ 1.1. bis 31.12.
☎ 962/854097, Fax 839132 7500 qm
www.campingriomar.com, riomar@campingriomar.com

→ A7 Valencia–Alicante Abf. (61) auf die CN 332 nach Oliva. Von der N 332 bei Km 208 meerwärts abbiegen. ✉ Playa de Oliva (GPS: 38°53'14" N / 0°02'16" W).

Ebenes bis leicht welliges Gelände hinter einer Düne am Strand. Durch Bäume und Hecken gegliedert. Teilweise mit gekiesten Stellflächen. Ort 6 km entfernt. 68 Touristenplätze.
2007: (HS) (zuzügl. 7% IVA) P/N 4.60, K/N bis 10 J. 3.50, St/N 12.50, H/N 1.80, WD inkl., Strom/N 3.70 (6 A). Pauschalen und in NS Ermäßigung.

✉ **46780 Oliva,** Valencia E 2510/4

30 ★★★ »CAMPING AZUL« ⚬ 1.1. bis 31.12.
☎ 962/854106, Fax 854096 25000 qm
www.campingazul.com, campingazul@ctv.es

→ A7 Valencia–Alicante Abf. (61) auf die CN 332 nach Oliva. Hinter Olivia im Kreisverkehr meerwärts abbiegen. ✉ C/. Camping Azul, 1 (GPS: 38°54'25" N / 0°04'07" W).

Anzeige S. 516

Ebenes parzelliertes Gelände mit Büschen und Bäumen am Strand. Bar. Ort 4 km entfernt. 130 Touristenplätze.
2007: (HS) (zuzügl. 7% IVA) P/N 4.20, K/N bis 10 J. 3.70, St/N 14.60, WD inkl., Strom/N 2.80 oder kWh –.31 (10 A). In NS bis 55% Ermäßigung.

»Besichtigungen der Campingplätze und die daraus resultierenden Bewertungen werden durch den DCC-Inspizienten ohne Voranmeldung durchgeführt und garantieren so absolute Objektivität.«

(E 2510/4)

CAMPING & BUNGALOWS AZUL playa de oliva

C/. Camping Azul, nº 1. - E-46780 OLIVA (Valencia)
Tel. (34) 962 854 106 - Fax (34) 962 854 096
campingazul@ctv.es - www.campingazul.com

Erstklassiger Campingplatz, direkt am Meer und feinsandigen Strand. Ganzjährig geöffnet. Vermietung von komplett ausgestatteten Bungalows. Neue Sanitäranlagen mit speziellen Räumen für Wintergäste. Neue schönere grössere Parzellen. Spezielle Tarife im Winter.

Info in Deutschland: H.P. CLEMENS AM PARK 14 • 54413 BEUREN • TEL/FAX (06586) 992599

03770 Vergel bei Denia, Alicante — E 2540

*** »CAMPING LOS LLANOS« — April bis Aug.
965/755188 20 000 qm

→ A7 Valencia–Alicante Abf. (62) auf die N332 Richtung Vergel, bei Km 176.3-4 meerwärts abbiegen, noch ca. 200 m staubige Kiesstraße.

Von Mauern umgebenes Wiesengelände, unter Pinien und Laubbäumen, neben einer Orangenplantage. Zum Strand über die Straße. Ort 2 km entfernt. 101 Touristenplätze.

03730 Jávea, Alicante — E 2570

** »CAMPING JÁVEA« — 1.1. bis 31.12.
965/791070, Fax 460507 50 000 qm
www.campingjavea.com, info@campingjavea.com

→ A7 Valencia–Alicante Abf. (62) über Ondara und Gata nach Jávea. Hier Richtung Strand. ✉ Partida Pla, 7.

Ebenes Gelände, durch Bäume und Hecken aufgelockert, inmitten von Orangenplantagen. 300 Touristenplätze.

03590 Altea, Alicante — E 2630

*** »CAMPING CAP-BLANCH« — 1.1. bis 31.12.
965/845946, Fax 5844556 40 000 qm
www.camping-capblanch.com, capblanch@ctv.es

→ A7 Valencia–Alicante Abf. (64) auf die N332 Richtung Benidorm. In Altea abbiegen und weiter Richtung Albir. ✉ Playa del Albir.

Ebenes Gelände unter Olivenbäumen neben der Küstenstraße. Fitness. Boule. Bibliothek. Veranstaltungen. Ort 2 km entfernt. 250 Touristenplätze.
2008: (HS) (zuzügl. 7% IVA) P/N 6.–, K/N bis 12 J. 5.–, St/N 26.– WD inkl., Strom/N 5.– (5 A). In NS Ermäßigung.

03580 Alfaz del Pi, Alicante — E 2660

*** »CAMPING EXCALIBUR« — 1.1. bis 31.12.
966/867139, Fax 866928 120 000 qm
www.complejoexcalibur.com, c-m@camping-medieval.com

→ A7 Valencia–Alicante Abf. (65) Benidorm, weiter auf der N332. Im Ort Richtung Benidorm/Playa Levante abbiegen. Der Beschilderung „Castillo Conde de Alfaz" folgen. ✉ Camino Viejo de Albir.

Großflächiger Campingplatz mit mittelalterlichen Bauten. Parzelliertes und teilweise terrassiertes Gelände. Gekieste Stellplätze. Imbiss. Jacuzzi. Fitnessraum. Mobilheimverkauf. 500 Touristenplätze.

DCC-Vertragsplatz

03500 Benidorm, Alicante — E 2690/1

35 *** »CAMPING ARMANELLO« — 1.1. bis 31.12.
965/853190, Fax 853100 16 000 qm
www.camping-arenablanca.es, armanello@camping-arenablanca.es

→ A7 Valencia–Alicante Abf. (65) Benidorm nach Benidorm. Hier nordwärts abbiegen. ✉ Avda. Comunidad Valenciana.

Ebenes, parzelliertes und mehrfach abgestuftes Gelände unter Palmen und Olivenbäumen. Neben einer Orangenplantage. Ort 1 km, Strand 1.5 km entfernt. Touristen-/Dauerstellplätze 100/20.
2007: (HS) (zuzügl. 7% IVA) P/N 5.50, K/N bis 12 J. 5.–, St/N 16.–, WD inkl., Strom/N 3.– (10 A). In NS Ermäßigung.
DCC 10% auf P/N.

03500 Benidorm, Alicante — E 2690/2

*** »CAMPING VILLAMAR« — 1.1. bis 31.12.
966/811255, Fax 813540 100 000 qm
www.campingvillamar.com, camping@campingvillamar.com

→ A7 Valencia–Alicante Abf. Levante, bei der 1. Ampel links, 2. Ampel rechts, 3. Ampel links. ✉ Ctra. del Albir, Km 0.3.

Parzelliertes Gelände mit Bäumen. Ort 300 m entfernt. 700 Touristenplätze.

DCC-Vertragsplatz

03500 Benidorm, Alicante — E 2690/3

35 *** »CAMPING ARENA BLANCA« — 1.1. bis 31.12.
965/861889, Fax 861107 25 000 qm
www.campingarenablanca.com, arenablanca@ctv.es

→ N332 Valencia–Alicante, Richtung Benidorm abbiegen. ✉ Avda. Dr. Severo Ochoa, 44 (GPS: 38°33'4" N / 0°05'48" W).

Camping Jávea (E 2570)
Ctra. Cabo de la Noa km. 1 Apdo. Correos, 83
E-03730 XÀBIA/JÁVEA (Alicante)

GANZJÄHRIG GEÖFFNET · SEHR NIEDRIGE TARIFE FÜR LÄNGERE AUFENTH. IM WINTER.

In Javea-Xabia, einer der schönsten Orte des Landes Valencia, 40 km v. Benidorm und Terra Mítica, 90 km v. Alicante und 110 v. Valencia. Gut erreichbar via der Autobahn A-7.

Schwimmbad (25 x 12.5m) und Kinderschwimmbad mit 1.000 m2 Sonnenwiese, Palmen, usw. Stellpl. bis 80 m2 mit Schatten und sonnige für Winteraufenthalt. Anlagen mit Warmw. und Heizung. Bar-Restaurant (nur Osterwoche u. Sommer). Kinderspielpl., Sportzone, Aufenthaltsraum, Autowaschpl., Waschmaschinen, usw. Tel. (m. Münzen u. Karten), Fax, Post, Wertsachendepot, Zahlung mögl. m. Visa u. Master.

Tel: (34) 96 646 05 07 • Fax: (34) 96 646 05 07 • www.camping-javea.com • info@camping-javea.com

Machen Sie es wie die Sonne, Verbringen Sie Ihre Ferien auf dem...

Camping Internacional La Marina
CARAVANING - BUNGALOW PARK
1ª CATEGORIA

EMPFOHLEN DURCH DIE BESTEN EUROPÄISCHEN FÜHRER

An den Stränden von Elche gelegen, inmitten der Natur, in der Nähe eines wunderschönen feinsandigen Strandes, der für die Qualität seines Wassers mit der blauen CEE Flagge ausgezeichnet wurde. Wir bieten luxuriöse Installationen: 3000 m² thematische Schwimmanlage, beheiztes Schwimmbad, Fitness Center, vorbildliche Sanitäranlagen, Animationsprogramm von hoher Qualität für Kinder, Jugendliche und Erwachsene. Für unsere Kunden ist all dieses Kostenlos. Preise je nach Saison und Aufenthaltsdauer angepasst. Ganzjährig geöffnet.

www.campinglamarina.com

Information und Reservierungen
Ctra. N-332a Km.76 - E-03194 LA MARINA (Alicante) SPAIN
Telf.: (34) 96 541 92 00 - Fax: (34) 96 541 91 10 • info@campinglamarina.com

(E 2780)

100m

Mehrfach gestuftes und parzelliertes Gelände, von einzelnen Bäumen durchzogen. Gasstraße. Ärzte-Service. Strand 2 km entfernt. Touristen-/Dauerstellplätze 100/55.
2007: (HS) (zuzügl. 7% IVA) P/N 5.50, K/N bis 10 J. 5.–, St/N 16.–, WD inkl., Strom/N 3.–, kWh –.30 (16 A). Anschlussgeb. 3.–. In NS bis 60% Erm.
DCC 10%, CCI 15% auf P/N.

✉ **03560 Campello,** Alicante   **E 2720**
40 ★★★ »CAMPING COSTA BLANCA« ⊶ 1.1. bis 31.12.
☎/Fax 965/630670   11 000 qm
www.campingcostablanca.com, contacto@campingcostablanca.com

➔ N332 Valencia–Alicante. Bei der Großtankstelle meerwärts abbiegen, noch 500 m. ✉ Calle Convento 143 (GPS: 38°26'08" N / 1°36'42" W).

600m 800m

Von Mauern umgebenes, ebenes und parzelliertes Gelände unter alten Oliven- und Eukalyptusbäumen. An einer Bahnlinie. Für Zeltler separate Pkw-Abstellung. Ort 300 m entfernt. Touristen-/Dauerstellplätze 80/20.
2008: (HS) (zuzügl. 7% IVA) P/N 5.62, K/N 1 bis 10 J. 4.49, A/N 5.62, C/N 8.31, MC/N 12.18, T/N 5.62, M/N 4.49, WD u. Schwimmbad inkl., Strom keine Angabe (6 A). In NS bis 69% Ermäßigung.

DCC-Vertragsplatz

✉ **03130 Santa Pola,** Alicante   **E 2750**
35 ★★★ »CAMPING BAHIA DE SANTA POLA« ⊶ 1.1. bis 31.12.
☎ 965/411012, Fax 416790   60 000 qm
campingbahia@santapola.com

➔ N332 Alicante–Cartagena. Auf die C3317 Santa Pola–Elche rechts abbiegen, noch ca. 200 m. ✉ Ctra. N 332 Elche–Santa Pola, Km 1 (GPS: 38°12'11" N / 0°34'17" W).

100m 500m 1.5km

Parzelliertes und abgestuftes Gelände unter alten Bäumen in Straßennähe. Ein neuer Platzteil mit Anpflanzungen an einem terrassierten Hang. Auch im Winter ideal. Ort 1 km entfernt. Touristen-/Dauerstellplätze 284/150.
2008: (HS) P/N 5.–, K/N bis 10 J. 4.–, St/N 20.–, WD inkl., Strom/N 2.50 (10 A). In NS Ermäßigung.
DCC/CCI 10% auf P/N.

DCC-Vertragsplatz

✉ **03194 La Marina,** Alicante   **E 2780**
55 ★★★★★ »CAMPING INTERN. LA MARINA« ⊶ 1.1. bis 31.12.
☎ 965/419200, Fax 419110   60 000 qm
www.campinglamarina.com, info@campinglamarina.com

➔ A7 Valencia–Alicante, Abf. (72) auf die N 332 Richtung Cartagena. In La Marina weiter Richtung Guardamar, noch ca. 1.5km. Platz liegt 8 km hinter Santa Pola, bei Km 76 (GPS: 38°07'47" N / 0°38'59" W).

400m

In breiten Geländestreifen terrassiert abfallendes Gelände unter Zitronen- und Eukalyptusbäumen. Ein 500 m breiter Pinienwald trennt den Platz vom Meer. Große Poollandschaft mit Wasserfällen, Rutschen und Tierfiguren. Whirlpool. Am Strand Hundeverbot. Bar. Bibliothek. Kabel-TV. Fitnessraum. Ortszentrum 1.5 km entfernt. Touristen/Dauerstellplätze 283/90.
2008: (HS) (zuzügl. 7% IVA) P/N 7.50, K/N bis 10 J. 5.–, St/N ab 35.–, H/N 2.–, WD inkl., Strom (16 A) inkl. In NS bis 68% Ermäßigung.
DCC 10% auf P/N.

DCC-Mitglieder fahren mit Auslands-Schutzpaß! und SIE?

517

Ctra. N-332, Km.73,4
03140 Guardamar del Segura (Alicante) · Spain
Telf. 0034 96 672 70 70 / 0034 96 672 50 22
Fax : 0034 96 672 66 95 · camping@marjal.com
(E 2810/1)

AP-7 Salida 730 Catral-Crevillente (Alicante) Spain
Telf.: 0034 902 240 360 · Fax: 0034 96 672 66 95
camping@marjalnatura.com

✉ 03140 Guardamar del Segura, Alican.   E 2810/1

55 ★★★★ »CAMPING MARJAL« — 1.1. bis 31.12.
☎ 966/727070, Fax 726695   20000 qm
www.campingmarjal.com, camping@marjal.com
→ Ctra. N332 Alicante–Cartagena. Bei Km 73.4 abbiegen (GPS: 38°06'33" N / 0°39'17" W).

500 m

Weitflächiges ebenes Sand-Gelände mit jungen Bäumen an der Mündung der Segura und am Naturpark von Las Dunas de Guardamar. 15 km langer Sandstrand in der Nähe. Schwimmbad-See mit 1100 qm. Kindergarten. Turnhallen. Sportzone. Tanzstudio. Klinik. Thalassotherapie. UVA-Strahlen. Akupunktur. Physiotherapie. Touristen-/Dauerstellplätze 180/12.
2008: (HS) (zuzügl. 7% IVA) P/N 8.–, K/N bis 12 J. 5.–, St/N 35.–, H/N 3.–, WD inkl., Strom/N 3.–, kWh –.30 (16 A). In NS Ermäßigung.

✉ 03140 Guardamar del Segura, Alican.   E 2810/2

★★ »CAMPING PALM MAR« — Juni bis Sept.
☎ 965/728856, Fax 424535   20000 qm
→ N332 Alicante–Murcia, bei Guardamar del Segura meerwärts abbiegen noch ca. 400 m. ✉ Ctra. Cartagena–Alicante, Km 70.

Ebenes bis leicht abfallendes Gelände. Parzelliert unter Eukalyptusbäumen und einzelnen Pinien zwischen Straße und Meer. Kilometerlanger, bis zu 30 m breiter Strand. Ort 1 km entfernt. 203 Touristenplätze.

✉ 03330 Crevillente, Alicante   E 2840

30 ★★ »INTERNACIONAL LAS PALMERAS« — 1.1. bis 31.12.
☎ 965/400188, Fax 680664   4500 qm
www.laspalmeras-sl.com, laspalmeras@laspalmeras-sl.com
→ N340 Alicante, ca. 10 km hinter Elche am Ortsrand von Crevillente (GPS: 38°14'26" N / 6°48'44" W).

1 km

Parzelliertes Gelände mit einzelnen Bäumen neben der Straße. Öffentlicher Badebetrieb. Touristen-/Dauerstellplätze 40/20.
2007: (HS) (zuzügl. 7% IVA) P/N 3.80, K/N bis 10 J. 3.20, St/N 12.80, WD inkl., Strom/N 3.90. In NS Ermäßigung.

Camping auf den Balearischen Inseln

Fähren SPANIEN–BALEAREN (ohne Gewähr):

Barcelona–Palma mehrmals wöchentlich	Dauer der Überfahrt ca. 8 Stunden
Barcelona–Ibiza mehrmals wöchentlich	Dauer der Überfahrt ca. 9,5 Stunden
Barcelona–Mahón mehrmals wöchentlich	Dauer der Überfahrt ca. 9 Stunden

✉ 07820 Bahía de San Antonio, Ibiza   E 2900

★★ »CAMPING CALA BASSA« — April bis Okt.
☎ 971/344599, Fax 347469   9000 qm
www.campingcalabassa.com, info@campingcalabassa.com
→ Straße Ibiza–San Antonio, ab hier südwärts über Port del Torrent. ✉ Ctra. Cala Bassa, final.

50 m   250 m

Terrassenplatz mit Blick auf Meer und Felsenküste. Familiäre Atmosphäre. Ort 8 km entfernt. Touristen-/Dauerstellplätze 120/120.

✉ 07840 Santa Eulalia del Rio, Ibiza   E 2950

★★★ »CAMPING VACACIONES ES CANAR« — Mai bis Okt.
☎ 971/332117, Fax 339972   15000 qm
→ Straße Ibiza–Santa Eulalia del Rio, dann Richtung Playa Es Cana. ✉ Ctra. Es Caná.

300 m

Gelände unter Pinien. Ort 300 m entfernt. 90 Touristenplätze.

30626 Baños de Fortuna, Murcia — E3000

20 ★★★ »CAMPING FUENTE« — 1.1. bis 31.12.
☎ 968/685017, Fax 685125 — 10000 qm
www.campingfuente.com, info@campingfuente.com

→ A7 Alicante–Almeria, Abf. (83) Santomera, weiter auf die C3223 Richtung Fortuna. Hinter dem Ort ca. 3.5 km nördlich beschildert. ✉ Cam. Bacomina.

Ebenes Wiesengelände, parzelliert und von Feldern umgeben. Keine Aufnahme für Zeltler. Ort 300 m entfernt. Touristen-/Dauerstellplätze 64/11.
2007: P/N 3.25, K/N 3 bis 12 J. 1.25, St/N 8.– bis 10.–, H/N 1.–, WD inkl., Strom/N 1.50 o. kWh –.22 (10 A). Auf Langzeitaufenthalte Erm.

30440 Moratalla, Murcia — E3015

★★★ »CAMPING LA PUERTA« — 1.1. bis 31.12.
☎ 968/730008, Fax 706345 — 600 m — 50000 qm
www.campinglapuerta.com, lapuerta@foroditigal.com

→ Von Murcia auf der C415 nach Mula/Caravaca und weiter nach Moratalla. Beschildert. ✉ Ctra. del Canal, Km 8.

Zum einen Teil ebenes und parzelliertes Gelände für Camper unter Pinien und Laubbäumen, zum anderen Teil Bungalows in Hanglage. Von Wald umgeben und am Fluss »Alharabe« gelegen. Geführte Wanderungen. Ort 8 km entfernt. Touristen-/Dauerstellplätze 170/30.

30370 La Manga, Mar Menor — E3060

35 ★★★ »CAMPING CARAVANING LA MANGA« — 1.1. bis 31.12.
☎ 968/563014-19, Fax 563426 — 320000 qm
www.caravaning.es, caravaning-lamanga@kludasch.es

→ N332 Alicante–Cartagena, in Algar abbiegen Richtung Cabo de Palos, vor La Manga beschildert. ✉ Autovia de la Manga, salida 11.

Ebenes, parzelliertes Gelände am Binnenmeer »Mar Menor«. Durch Hecken und Sträucher unterteilt. Warmwasser nur bei einem Teil der Waschbecken. Wäscheservice. Fitnessraum, Whirlpool. Imbiss. Ort 2 km entfernt. Touristen-/Dauerstellplätze 1200/500.
2008: (HS) 2 P/N inkl. St/N 25.75–/33.–, weitere P/N 4.80, K/N 4 bis 11 J. 3.85, H/N 1.25, WD inkl. und Strom (10 A) inkl. Für Langzeitaufenthalte und in NS Ermäßigung.

30868 Isla Plana, Murcia — E3090

35 ★★★★ »CAMPING LOS MADRILES« — 1.1. bis 31.12.
☎ 968/152151, Fax 152092 — 55000 qm
www.campinglosmadriles.com, camplosmadriles@terra.es

→ N340 Murcia–Almeria, ab Totana auf die C3315 Richtung Mazarrón–Cartagena meerwärts abbiegen Richtung Isla Plana. ✉ Ctra. La Azohía, Km 4.5.
(GPS: 37°34'41" N / 1°11'47" W).

30860 Bolnuevo-Mazarrón, Murcia — E3120

45 ★★★ »CAMPING PLAYA DE MAZARRÓN« — 1.1. bis 31.12.
☎ 968/150660, Fax 150837 — 75000 qm
www.playamazarron.com, playamazarron@turinet.net

→ N340 Murcia–Almeria, ab Totana auf die C3315 über Mazarrón nach Puerto de Mazarrón, hier abbiegen Richtung Bolnuevo, noch 3 km. ✉ Av. Pedro Lopez Meca S/N.

Ebenes und parzelliertes Gelände mit Eukalyptusbäumen und Palmen am Golf von Mazarrón. Direkter Zugang zum Strand. Ort 50 m entfernt. Touristen-/Dauerstellplätze 530/20.
2008: (HS) P/N 4.80, K/N bis 10 J. 3.85, St/N 26.–, WD inkl., Strom (6 A) keine Angabe. In NS Ermäßigung.

DCC-Vertragsplatz

30860 Puerto de Mazarrón, Murcia — E3140

30 ★★★ »CAMPING LAS TORRES« — 1.1. bis 31.12.
☎ 968/595225, Fax 595516 — 50000 qm
www.campinglastorres.com, info@campinglastorres.com

→ N340 Murcia–Almeria, ab Totana auf die C3315 über Mazarrón nach Puerto de Mazarrón. Vor dem Ort Richtung Cartagena N332 bis Km 29.

Ebenes, leicht abfallendes parzelliertes Gelände. Teilweise unter Orangenbäumen. Gekieste Stellplätze. Zwischen Bergen und Meer. Strand und Wassersport 1 km, Ort 2 km entfernt. Touristen-/Dauerstellplätze 200/20.
2007: (HS) (zuzügl. 7% IVA) P/N 3.–, K/N 2.50, St/N 14.–, WD u. Strom inkl. (6 A). In NS Ermäßigung.
DCC 10% auf P/N.

30880 Aguilas, Murcia — E3170

25 ★★★ »CAMPING BELLAVISTA« — 1.1. bis 31.12.
☎/Fax 968/449151 — 10000 qm
www.campingbellavista.com, info@campingbellavista.com

→ E15 Murcia–Almeria, Abf. Lorca auf die 322 abbiegen nach Aguilas, weiter Richtung Vera, nach 3 km beschildert. ✉ Ctra. de Vera, Km 3.

Ebenes, parzelliertes Gelände mit Anpflanzungen. Bungalow. Ort 2 km entfernt. 53 Touristenplätze.
2007: (HS) (zuzügl. 7% IVA) P/N 3.90, K/N bis 12 J. 3.30, A/N 3.90, C/N 5.10, MC/N 7.50, T/N 4.40, M/N 3.30, B/N 3.30, H/N –.85, WD inkl., Strom/N 4.25 (10 A). In NS Ermäßigung.

(E 3060)
Ctra. de El Algar a Cabo de Palos, km 12.
E-30370 La Manga del Mar Menor
Cartagena (Murcia)
Tel.: (34) 968 56 30 19 / 968 56 30 14
Fax: (34) 968 56 34 26
www.caravaning.es
e-mail: lamanga@caravaning.es

Ein Paradies zwischen zwei Meeren. Verbringen Sie einen unvergeßlichen und warmen Winter am Ufer des »Mar Menor«, mit mehr als 3000 Stunden Sonne im Jahr. Bis zu 50% Ermäßigung im Winter. Im Winter überdachtes Schwimmbad, Jacuzzi, Sauna und Turnhalle.
Servicebüro in Deutschland – Info u. Buchung La Manga,
Tel.: 02161/671386 · Fax: 02161/671388

04618 Palomares, Almeria — E 3200

★★★ »CAMPING CUEVAS MAR« 1.1. bis 31.12.
☎/Fax 950/467382, cuevasmar@arrakis.es 30 000 qm

→ N340 Murcia–Almeria, in Richtung Cuevas de Almanzara weiter nach Palomares. ✉ Ctra. Villaricos–Garrucha.

Ebenes Gelände mit Buschreihen durchzogen. Liegewiese. Jacuzzi. Strand 100 m, Ort (Cuevas de Almanzara) 6 km entfernt. 123 Touristenplätze.

04638 Mojácar, Almeria — E 3230

★★★ »CAMPING EL QUINTO« 1.1. bis 31.12.
☎ 950/478704, Fax 472148, camping-elquinto@hotmail.com 10 000 qm

→ N340 Murcia–Almeria, in Vera oder in Los Gallardos abbiegen nach Mojácar. ✉ El Quinto, 2.

Teilweise parzelliertes, ebenes Gelände mit Mandelbäumen. Familiäre Atmosphäre. 52 Touristenplätze.

04116 Las Negras, Almeria — E 3260

35 ★★★ »CAMPING NAUTICO LA CALETA« 1.1. bis 31.12.
☎ 950/525237, Fax 165116 50 000 qm
www.vayecamping.net/lacaleta, campinglacaleta@arrakis.es

→ N340/E15 Murcia-Almeria Abf. (487) Fernan Perez über Campohermoso nach Las Negras. ✉ Calle de Cuervo (GPS 36°52'36" N / 02°00'52" W).

800 m

Parzelliertes, zum Meer leicht abfallendes Gelände zwischen Berghängen. Mit jungen Bäumen und Hecken durchsetzt. Ort 500 m entfernt. 250 Touristenplätze.
2007: (HS) (zuzügl. 7% IVA) P/N 5.50, K/N 3 bis 10 J. 5.20, A/N 5.50, C/N 6.50, MC/N 9.50, T/N 6.50, M/N 5.50, H/N 2.30, Strom/N 3.80 (10 A). In NS für Langzeitaufenthale bis 50% Ermäßigung. In NS Ermäßigung.

04118 Los Escullos-San José bei Nijar — E 3290

35 ★★★ »CAMPING LOS ESCULLOS-SAN JOSÉ« 1.1. bis 31.12.
☎/Fax 950/389811 41 000 qm
www.losescullossanjose.com, info@losescullossanjose.com

→ N340/N344 Murcia–Almeria Abf. Nijar meerwärts abbiegen.

Welliges, baumbestandes Gelände. Durch Hecken parzelliert. Strand 700 m und Ort 5 km entfernt. Touristen-/Dauerstellplätze 200/50.
2007: (HS) (zuzügl. 7% IVA) P/N 5.90, K/N bis 14 J. 4.80, St/N 12.50, H/N 2.40, WD inkl., Strom/N 4.20. In NS Ermäßigung.
DCC/CCI 5% auf P/N.

04150 Cabo de Gata, Almeria — E 3320

30 ★★★ »CAMPING CABO DE GATA« 1.1. bis 31.12.
☎ 950/160443, Fax 520003 36 000 qm
www.campingcabodegata.com, info@campingcabodegata.com

→ Autovia del Mediterraneo N340/E 15 Abf. (467) Cabo de Gata und (471) San Jose und (479) San Isidro. ✉ Ctra. Cabo de Gata (GPS 36°48'03" N / 02°14'46" W).

1 km

Ebenes, parzelliertes Gelände in Strandnähe und neben einem Bauernhof. Mit Bäumen und Palmen durchsetzt. Wassersportmöglichkeiten 900 m, Ort 1 km entfernt. Touristen-/Dauerstellplätze 220/30.
2008: (HS) (zuzügl. 7% IVA) P/N 5.50, K/N 2 bis 10 J. 5.–, St/N 12.–, H/N 2.60, WD inkl., Strom/N 4.05 (16 A). In NS bis 65% Ermäßigung.
DCC/CCI 10% auf P/N.

DCC – auch Ihr Camping-Partner!

04770 Adra, Almeria — E 3380/1

★★ »CAMPING LA HABANA« 1.1. bis 31.12.
☎ 619/454134, Fax 522274 20 000 qm

(Naturplatz)

→ N340 Almeria–Motril, bei Km 64 meerwärts abbiegen. Für große Gespanne beschwerlich. ✉ Paraje la Habana.

100 m

Ebenes Gelände unter verschiedenen Baumarten zwischen Feldern, Schilf und Sandstrand. Winter-Caravanabstellung möglich. Ort 8 km entfernt. 104 Touristenplätze.

04770 Adra, Almeria — E 3380/2

★★ »CAMPING LAS GAVIOTAS« 1.1. bis 31.12.
☎/Fax 950/400660 20 000 qm
www.campinglasgaviotas.com, info@campinglasgaviotas.com

→ N340 Almeria–Motril, bei Km 64 meerwärts abbiegen. Ca. 2 km hinter Adra. ✉ Ctra. N 340, Km 386.

Terrassierter und parzellierter Hügel. Teils unter Laubbäumen und von Hecken durchzogen, teils ohne Bewuchs. Meerblick. Ort 2 km entfernt. 135 Touristenplätze.

18750 Castillo de Banos, Granada — E 3410

30 ★★ »CAMPING CASTILLO DE BANOS« 1.1. bis 30.9.
☎ 958/829528, Fax 829768 2m 27 000 qm
www.campingcastillo.com, info@campingcastillo

→ N340 Almeria–Motril, bei Km 360 Junto a la Playa abbiegen (GPS 36°44'46" N / 03°18'08" W).

500 m

Ebenes Gelände unter verschiedenartigen Bäumen und Sträuchern. Zum Meer terrassiert abfallend. Ort 1 km entfernt. 240 Touristenplätze.
2008: (HS) P/N 6.–, K/N 4 bis 10 J. 5.30, St/N 11.30, H/N 2.20, WD inkl., Strom/N 3.70 (5 A). Für Langzeitaufenthalte und In NS Ermäßigung.
DCC/CCI 10% auf P/N und St/N.

18730 Carchuna bei Motril, Granada — E 3425

35 ★★★ »CAMPING DON CACTUS« 1.1. bis 31.12.
☎ 958/623109, Fax 624294 40 000 qm
www.doncactus.com, camping@doncactus.com

→ N340 Almeria–Motril. In Carchuna meerwärts abbiegen. ✉ Ctra. 340, Km 343.

75 m 500 m

Ebenes langgezogenes Gelände, landeinwärts verlaufend, zwischen Feldern und Gewächshäusern. Vom Strand durch kaum befahrene Straße getrennt. Whirlpool. Ort 500 m entfernt. Touristen-/Dauerstellplätze 300/20.
2008: (HS) P/N 6.–, K/N 4 bis 10 J. 5.70, St/N 14.–, H/N 2.20, WD inkl., Strom/N 4.30 oder kWh –.32 (5-12 A). Für Langzeitaufenthalte 70% Ermäßigung. In NS Ermäßigung.
DCC/CCI 10% auf P/N und St/N.

18600 Motril, Granada — E 3440

25 ★★★ »PLAYA DE PONIENTE« 1.1. bis 31.12.
☎ 958/820303 Fax 604191 24 000 qm
www.infonegocio.com/camplapo, camplapo@infonegocio.com

→ Bei der Kreuzung N323 (Granada) mit der N340 nach Puerto de Motril abbiegen. ✉ Playa de Poniente (GPS: 36°43'06" N / 03°32'47" W).

Ebenes Gelände, durch Bäumen bestanden. Über einen Parkplatz zum Strand. Aerobic. Wassersport 100 m, Ort 2 km entfernt. 210 Touristenplätze.
2007: (HS) P/N 4.75, K/N bis 12 J. 4.50, St/N 10.–, WD inkl., Strom/N 3.–. In NS Ermäßigung.

Das CCI-Carnet ist im Ausland als Identitäts-Ausweis anerkannt. Im Inland genügt die Vorlage des DCC-Mitgliedsausweises.

CAMPING CABO DE GATA

Der Campingplatz Cabo de Gata liegt im Südosten der Provinz Almeria inmitten eines vulkanischen Gebietes, das dem Besucher herrliche Strände, unglaubliche Landschaften, traditionelle Küche und jede Menge an Sonne und ruhigen Plätzen bietet. Vom Campingplatz aus können Sie den Naturpark, die Wüste von Tabernas (die einzige Wüste in ganz Europa), die Sorbas Höhlen (der wichtigste Gipskarst der Welt), Minihollywood (wo Sie einen Tag lang der tollste Cowboy sein werden) und noch viel mehr besichtigen. Besuchen Sie uns und viel Spaß! • Bar-Restaurant, Supermarkt, Aufenthaltsraum, Tennis, Boul & Volleyball, Schwimmbad. • Strand 900 m. entfernt • Wir sprechen Englisch.

PARQUE NATURAL Cabo de Gata – Níjar
costa de almería
Andalucía - Spain
Tel.: (34) 950 16 04 43
Fax: (34) 950 52 00 23
Ctra. Cabo de Gata, s/n. - Cortijo Ferrón
E-04150 CABO DE GATA (Almería)

GANZJÄHRIG GEÖFFNET

SPEZIALANGEBOT HERBST-WINTER-FRÜHLING
2 Erwachsene + Auto & Wohnwagen oder Wohnmobil + Strom (6 Amp.)
1.1./30.6.2008 und 1.9/31.12.2008
Aufenth. über 8 Nächte – 16.15 p. Nacht
Aufenth. über 16 Nächte – 14.81 p. Nacht   +7%
Aufenth. über 31 Nächte – 10.71 p. Nacht   BTW
Aufenth. über 61 Nächte – 9.76 p. Nacht
Strom extra: 10 Amp. + 0,55 € p.Tag ; 16 Amp. + 0,91 € p.Tag

Bungalows

Spezialangebote im Frühling, Winter und Herbst für Bungalows: 2 Personen

1 monat: 525 €   2 monate: 987 €   +7%
3 monate: 1.344 €   4 monate: 1.764 € BTW

www.campingcabodegata.com
info@campingcabodegata.com   (E 3320)

18417 Trevélez, Granada — E 3455

25 ★★ »CAMPING TREVÉLEZ«
☎/Fax 958/858735   1.1. bis 31.12.
                                1500 m   13 000 qm
www.campingtrevelez.org, info@trevelez.net

→ N323 (Granada) bei Km 38 Richtung Lanjarón abbiegen. In Lanjarón weiter Richtung Pampaneira/Trevelez. ✉ Carr. Trevelez-Orgiva, Km 35.5.

Teils ebenes, teils terrassiertes Gelände in Hanglage unter Pappeln und Pinien. Ort 1 km entfernt. 100 Touristenplätze.
2007: (HS) P/N 4.50, K/N bis 12 J. 3.–, A/N 3.50, C/N 5.–, MC/N 7.–, T/N 4.–, M/N 2.50, WD inkl., Strom/N 2.50 (4-6A). In NS 10% Ermäßigung.

18160 Guejar Sierra, Granada — E 3470

★★★★ »CAMPING LAS LOMAS«
☎/Fax 958/484742   1.1. bis 31.12.
                                          28 000 qm
www.campinglaslomas.com, laslomas@campings.net

→ Granada–Circunvalación Richtung Motril, Abf. (132) nach Ronda Sur, weiter nach Güejar Sierra, bei Km 6.5 abbiegen.

Ebenes, von Bergen umgebenes, Wiesengelände mit Bäumen bei einem Stausee. Liegewiese. Brötchenservice. Ort 6 km entfernt. 100 Touristenplätze.

18014 Granada — E 3485

35 ★★★ »CAMPING MOTEL SIERRA NEVADA«   1.3. bis 1.11.
☎ 958/150062, Fax 150954   700 m   31 000 qm
www.campingsierranevada.com, campingmotel@terra.net

→ A44/E902 Madrid–Granada Abf. (123) Estación Autobus, unter der Autobahn durchfahren, dann 3. Weg rechts ab. Beschildert. Noch 1 km zum rechts liegenden Platz. ✉ Avd. Madrid, 107 (GPS: 37°11'53" N / 03°37'03" W).

Überwiegend ebenes und teilweise parzelliertes Gelände unter verschiedenen Laubbäumen. Beim gleichnamigen Motel am Stadtrand. Zwei große Swimmingpools. Boule. Basketball. Ort 3 km entfernt. 158 Touristenplätze.
2008: P/N 5.70, K/N 3 bis 10 J. 4.85, C MC-St/N 13.10, T/N 5.70, M/N 4.85, WD inkl., Strom/N 3.90 (10 A).

18220 Albolote, Granada — E 3500

★★ »CAMPING CUBILLAS«   1.1. bis 31.12.
☎ 958/453328, Fax 453265, taei@wanadoo.es
                                           50 000 qm

→ N323 Granada–Madrid Abf. (116) Richtung El Chaparral. ✉ Ctra. Madrid N323, Km 116.

Wiesengelände mit Laubbäumen und Pinienwald. Ort 10 km entfernt. 500 Touristenplätze.

29749 Almayate, Málaga — E 3530

★★★ »CAMPING ALMAYATE-COSTA«   April bis Sept.
☎ 952/556289, Fax 453265   24 000 qm
www.campings.net/almayatecosta, almayatecosta@campings.net

→ N340 Malaga–Markella, bei Alamayate meerwärts abbiegen. ✉ Ctra. N 340, Km 267.

Ebenes Gelände unter Laubbäumen mit modernen Anlagen in Strandnähe. Ort 1 km entfernt. 235 Touristenplätze.

29620 Torremolinos, Málaga — E 3560

40 ★★ »CAMPING TORREMOLINOS«   1.1. bis 31.12.
☎/Fax 952/382602, campingtorrole@telefonica.net
                                           10 000 qm

→ N340 Málaga–Estepona, ca. 3 km vor Torremolinos. ✉ Ctra. de Cádiz, Km 228 (C/. Loma del Paraiso N° 2).

Parzellierter und terrassierter Durchgangsplatz mit Eukalyptusbäumen neben der Straße. Von Häusern umgeben. Strand 700 m entfernt, Ort 2 km entfernt. 103 Touristenplätze.
2007: (HS) 2 P/N inkl. St/N 33.70, WD inkl., Strom (6 A) zuzügl. In NS Erm. DCC/CCI 10% auf P/N.

CAMPING CARAVANING Restaurante
LAS LOMAS
(E 3470)
SCHWIMMBAD
BUNGALOWS

Strasse Güejar-Sierra, km 6,5
E-18160 GÜEJAR-SIERRA
Tel. 0034 958 48 47 42
Fax 0034 958 48 47 42
info@campinglaslomas.com
www.campinglaslomas.com

Ein erstkl. Platz mit allen Einr., sehr ruhige Lage mitten in der Natur. Regelm. Busverbindung n. Granada.
ERLEBEN sie die SIERRA NEVADA und GRANADA Strasse .....

Fähren SPANIEN–MAROKKO (ohne Gewähr):

Algeciras–Ceuta mehrmals täglich	Dauer der Überfahrt ca. 1,5 Stunden
Algeciras–Tanger mehrmals täglich	Dauer der Überfahrt ca. 2 Stunden
Málaga–Melilla 6 mal wöchentlich	Dauer der Überfahrt ca. 7,5 Stunden

✉ 29649 Mijas-Costa, Málaga — E 3590

★★ »CAMPING LOS JARALES«
☎/Fax 952/830003
22 000 qm
1.1. bis 31.12.

→ N 340 Málaga–Estepona. Etwa 15 km hinter Torremolinos bei Km 197 ca. 100 m Richtung Sitio de Calahonda meerwärts nach Mijas/Costa abbiegen.

Ebenes Gelände unter Pinien in Einkaufszentrumsnähe. Liegewiese. Ärztliche Versorgung. Kabel-TV. Touristen-/Dauerstellplätze 30/145.

✉ 29600 Marbella, Málaga — E 3620/1

[45] ★★★ »CAMPING MARBELLA PLAYA«
☎ 952/833998, Fax 833999
67 000 qm
1.1. bis 31.12.
www.campingmarbella.com, recepcion@campingmarbella.com

→ N 340 Málaga–Estepona. Bei Km 192.8 meerwärts abbiegen.

Ebenes, parzelliertes Gelände mit einigen Bäumen in Strandnähe. Strand 150 m, Ort 10 km entfernt. Touristen-/Dauerstellplätze 400/30.
2007: (HS) (zuzügl. 7% IVA) P/N 5.05, K/N 1 bis 10 J. 4.45, St/N 24.05, WD inkl., Strom/N 3.70 (10 A). In NS Ermäßigung.
CCI 10% auf P/N.

✉ 29600 Marbella, Málaga — E 3620/2

[35] ★★★ »CAMPING CABOPINO«
☎ 952/834373, Fax 8501
60 000 qm
1.1. bis 31.12.
www.campingcabopino.com, info@campingcabopino.com

→ N 340 Málaga–Cadiz. Bei Km 194.7 nach Salida Cabopino abbiegen (GPS 36°29'19"N / 04°44'34"W).

Parzelliertes und terrassiertes Gelände unter Pinien. Strand und Wassersport 175 m, Ort 12 km entfernt. 320 Touristenstellplätze.
2008: (HS) (zuzügl. 7% IVA) P/N 5.86, K/N 4.90, A/N 5.86, C/N 8.45, MC/N 13.38, T/N 8.45, M/N 5.86, H/N 1.50, WD inkl. Strom/N (10 A) 3.64. Ab 7 N 10% Ermäßigung. In NS Ermäßigung.

✉ 29400 Ronda, Málaga — E 3680

[30] ★★★ »CAMPING EL SUR«
☎ 952/875939, Fax 877054
40 000 qm
1.1. bis 31.12.
www.elsur.es, info@campingelsur.com

→ C 369 Ronda–Algeciras, ca. 2 km nach Ronda über Umgehungsstraße, bei Km 3 abbiegen. ✉ Ctra. Ronda-Algeciras, Km 2.8.

Leicht abfallendes Hanggelände, parzelliert unter Olivenbäumen und Eichen. In NS keine Parzellierung. Brötchenservice. Ort 2 km entfernt. 100 Touristenplätze.
2008: (HS) (zuzügl. 7% IVA) P/N 4.50, K/N bis 10 J. 4.–, A/N 4.–, C T/N 4.–, MC/N 8.–, M/N 2.–, H/N 2.–, WD inkl., Strom/N 4.– (5/10 A). In NS Erm.

✉ 11380 Tarifa, Cádiz — E 3710/1

[30] ★★★ »CAMPING TORRE DE LA PEÑA I«
☎ 956/684903, Fax 689088
30 000 qm
1.1. bis 31.12.
www.campingtp.com, info@campingtp.com

→ N 340 Algeciras–Cádiz. Hinter Tarifa bei Km 78 meerwärts abbiegen (beim viereckigen Torre de la Peña).

Terrassiertes und parzelliertes Gelände mit Laubbäumen, durch die Straße geteilt. Südlichster Campingplatz Spaniens mit Sicht auf die afrikanische Küste und das Atlasgebirge. Verbot für Kampfhunde. Surfer-Treffpunkt. Felsensteilküste mit Strandbuchten. Brötchenservice. Ort 7.5 km entfernt. Touristen-/Dauerstellplätze 195/15.
2007: (HS) (zuzügl. 7% IVA) P/N 5.80, K/N 2 bis 12 J. 4.20, A/N 3.20, C T/N 3.50, MC/N 5.60, M/N 2.70, H/N 1.–, WD inkl., Strom/N 3.30. In NS Erm.

✉ 11380 Tarifa, Cádiz — E 3710/2

[30] ★★★ »CAMPING RIO JARA«
☎/Fax 956/680570, campingriojara@terra.es
30 000 qm
1.1. bis 31.12.

→ N340 Algeciras–Cádiz Richtung Tarifa. Bei Km 81.2 meerwärts abbiegen.

Ebenes, parzelliertes Wiesengelände mit Büschen und Hecken in Stellfelder unterteilt und von einer Mauer umgeben. Hundeverbot im August. Verbot für Kampfhunde. Kiosk. Bar. Wäscheservice. Ort 4 km entfernt. 303 Touristenplätze.
2007: (HS) P/N 7.–, K/N 5.–, St/N 6.–, 50, M/N 3.50, WD inkl., Strom/N 3.– (5 A). Für Guppen ab 10 Personen Ermäßigung. In NS Ermäßigung.
DCC/CCI 10% bis 35 % auf P/N.

✉ 11150 Vejer de la Frontera, Cádiz — E 3725

NATURPLATZ
★★★ »CAMPING VEJER«
☎ 956/450098
8000 qm
Juni bis Sept.
www.campingvejer.com, info@campingvejer.com

→ N 340 Tarifa–Cádiz. Bei Km 38 meerwärts abbiegen.

Parzelliertes, naturbelassenes und leicht welliges Gelände unter Pinien, Korkeichen und Olivenbäumen. Ort 4 km entfernt. 43 Touristenplätze.

✉ 11140 Conil de la Frontera, Cádiz — E 3740/1

[45] ★★★ »CAMPING LA ROSALEDA«
☎ 956/443327, Fax 443385
50 000 qm
1.1. bis 31.12.
www.campinglarosaleda.com, info@campinglarosaleda.com

→ N340 Tarifa–Cádiz, nach Conil abbiegen (ca. 1.5 km). Im Ort beschildert. ✉ Ctra. del Pradillo, Km 13

Gepflegte, mit asphaltierten Wegen durchzogene Anlage. Teils ebene, teils leicht abfallende parzellierte Wiesenstellflächen. Durch Laubbäume aufgelockert. Ort und Meer 1 km entfernt. 280 Touristenplätze.
2008: (HS) P/N 8.–, K/N bis 10 J. 5.50, St/N 20.–, WD und Strom kWh –.15. In NS Ermäßigung.

✉ 11140 Conil de la Frontera, Cádiz — E 3740/2

[30] ★★★ »CAMPING ROCHE«
☎ 956/442216, 609526233, Fax 956/232319
35 000 qm
1.1. bis 31.12.
www.campingroche.com, info@campingroche.com

→ N340 Tarifa–Cádiz, bei Km 19 der Beschilderung zum Platz folgen. Das letzte Stück Straße geschottert. Platz liegt im Nordosten des Ortes. ✉ Carril Pilahito, s/n (GPS 36°18'38"N / 6°06'49"W).

Ebenes, parzelliertes und sandiges Wiesengelände mit einzelnen Bäumen neben einem Pinienwald. Asphaltische Wege. Liegewiese. Spielautomaten. Poolbillard. Ort 3 km entfernt. 240 Touristenplätze.
2008: (HS) P/N 6.–, K/N bis 11 J. 5.–, C MC-St/N 14.–, T/N 7.–, M/N 4.30, 3.75, WD inkl., Strom/N 5.–. In NS Pauschalen. In NS 40% Ermäßigung.

✉ 11500 El Puerto de Santa Maria, Cádiz — E 3770

Abfahrt
[25] ★★★ »CAMPING-PLAYA LAS DUNAS DE SAN ANTÓN«
☎ 956/872210, Fax 860112, 860117
132 000 qm
1.1. bis 31.12.
www.lasdunascamping.com, campinglasdunas@terra.es

→ A4 Sevilla–Cádiz Abf. (6) auf die N IV Richtung Puerto de Santa Maria. Bei Km 652 meerwärts abbiegen (GPS 36°35'14"N / 06°14'27"W).

Sandiges, welliges und ausgedehntes Piniengelände. Parzelliert. Neben einem Sportzentrum. Ort 1.5 km entfernt. 400 Touristenplätze.
2008: (HS) P/N 4.79, K/N bis 10 J. 4.09, A/N 4.09, C/N 5.22, MC/N 6.88, T/N 4.79, M/N 3.32, WD inkl., Strom/N 5.46 (10A). In NS Ermäßigung.
DCC/CCI 10% auf St/N.

21130 Mazagón, Huelva — E 3800/1

★★★ »CAMPING PLAYA DE MAZAGÓN« — 1.1. bis 31.12.
☎ 959/376208, Fax 536256 — 80000 qm
www.campingplayamazagon.com, info@campingplayamazagon.com

→ A 49 Sevilla–Huelva Abf. San Juan del Puerto in Richtung Moguer und weiter über Palos de la Frontera nach Süden. ✉ Cuesta de la Barca.

Lichtes Pinienwaldgelände auf einer Düne, teilweise naturbelassen und parzelliert. Vom Strand durch eine Straße getrennt. Ort 100 m entfernt. 750 Touristenplätze.

21130 Mazagón, Huelva — E 3800/2

40 ★★★ »CAMPING DONANA PLAYA« — 15.1. bis 15.12.
☎ 959/536281, Fax 536313 — 240000 qm
www.campingdonana.com, info@campingdonana.com

→ A 49 Sevilla–Huelva Abf. San Juan del Puerto in Richtung Moguer und weiter über Palos de la Frontera nach Mazagon. Platz liegt 9km südöstlich von Mazagon in Richtung Matalascañas. ✉ Ctra. Huelva-Matalascanas, Km 35.5. Parque Nacional de Doñana.

150m

Weiträumiges, lichtes Pinienwaldgelände am Rande des Nationalparks "Doñana". Durch eine Böschung vom ausgedehnten weißen Sandstrand getrennt. Eben und parzelliert. Bungalowanlage. Bar und Disko in HS. Reiten in der Nähe. Ort (Mazagon) 9 km entfernt. Separater Jugendplatz. Touristen-/Dauerstellplätze 1000/325.
2007: (HS) P/N 7.25, K/N 6.15, A/N 7.25, C/N 7.25, MC/N 10.75, T/N 7.25, M/N 7.25, H/N 4.–, WD inkl., Strom/N 5.11 (12 A). In NS Erm.
CCI 10% auf P/N.

41700 Dos Hermanas, Sevilla — E 3860/1

25 ★★ »CAMPING CLUB DE CAMPO« — 1.1. bis 31.12.
☎ 954/720250, Fax 726308 — 10000 qm
www.terra.es/personal7/camping.motel, camping.motel@terra.es

→ N IV Madrid–Sevilla. Bei Km 554,8 abbiegen Richtung Isla Menor. Platz liegt ca. 20 km südlich von Sevilla. ✉ Avd. de la Liebertad 13.

Wiesengelände. Restaurant. Haltestelle 20m, Ort (Sevilla) 20 km entfernt. 100 Touristenplätze.
2007: P/N 4.15, K/N bis 3.15, A/N 4.15, C/N 5.–, MC/N 5.–, T/N 4.15, M/N 3.20, H/N frei, WD inkl., Strom/N 3.20.
CCI 7% auf P/N.

41700 Dos Hermanas, Sevilla — E 3860/2

★★★ »CAMPING VILLSOM« — 1.1. bis 31.12.
☎/Fax 954/720828 — 100m — 23000 qm

→ Ctra. N IV Madrid–Cádiz, Km 554,8, Abf (555) Dos Hermanas/Isla Menor.

Überwiegend ebenes und parzelliertes Gelände mit Orangenbäumen, Palmen und Zierpflanzen durchsetzt. Imbiss. Kiosk. Bar. Brötchenservice. Gute Busverbindung nach Sevilla. Ort (Sevilla) 4.5 km entfernt. 180 Touristenplätze.

14100 La Carlota, Córdoba — E 3885

30 ★★★ »CAMPING CARLOS III« — 1.1. bis 31.12.
☎ 957/300338, Fax 300697 — 180m — 80000 qm
www.campingcarlosiii.com, camping@campingcarlosiii.com

→ N IV Córdoba–Sevilla Abf. (432) La Carlota. Beschildert. ✉ Antigua Ctra. N IV, km. 430.

Ebenes bis leicht geneigtes, parzelliertes Gelände mit lichtem Laubbaumbestand. Gut für Cordobabesuche geeignet. Bereich für Zeltcamper. Bungalowanlage. Öffentliches Freibad. Frisör. Boule. Ort 700 m entfernt. Touristen-/Dauerstellplätze 200/100.
2008: (HS) (zuzügl. 7% IVA) P/N 5.–, K/N 3 bis 12 J. 3.75, A/N 4.50, C/N 5.–, MC/N 6.80, T/N 4.70, M/N 3.70, H/N inkl., WD inkl., Strom/N 3.70 (5 A). In NS Ermäßigung.
DCC/CCI 5% auf P/N, DCC/CCI 10% auf St/N.

14012 Córdoba — E 3890

35 ★★★ »CAMPING MUNICIPAL EL BRILLANTE« — 1.1. bis 30.12.
☎ 957/403836, Fax 282165 — 25000 qm
www.campingelbrillante.net, elbrillante@campings.net

→ N IV Madrid–Sevilla. In Córdoba stadteinwärts abbiegen. ✉ Avda. del Brillante, 50.

(H) 50m

Ebenes, teils gestuftes Gelände mit Bäumen. Parzelliert und von einem Bach geteilt. Kiosk. Gute Busverbindung. Touristen-/Dauerstellplätze 150/150.
2008: (HS) (zuzügl. 7% IVA) P/N 5.–, K/N bis 10 J. 3.25, St/N 18.–/19.–, WD inkl., Strom/N 3.75 (6/10 A).

23213 Santa Elena, Jaen — E 3920

25 ★★★ »CAMPING DESPEÑAPERROS« — 1.1. bis 31.12.
☎/Fax 953/664192 — 40000 qm
www.campingdespenaperros.com, info@campingdespenaperros.com

→ N IV Madrid–Sevilla Abf. Km 258 auf die N IV/E05 abbiegen, noch ca. 1 km Richtung Santa Elena. ✉ Ctra. Infanta Elena.

(H) 200m

Leicht geneigtes, parzelliertes Gelände in einem Pinienwald. Eine Hälfte des Platzes nicht windgeschützt. Internet-Café. Bar. Touristen-/Dauerstellplätze 95/25.
2008: (HS) P/N 4.25, K/N bis 10 J. 3.45, A/N 4.20, C T/N 4.20, MC/N 8.50, M/N 2.70, WD inkl., Strom/N 3.60 (10 A). In NS Ermäßigung.

23470 Cazorla, Jaen — E 3950

★★★ »COMPLESO TOUR. PUENTE DE LAS HERRERIAS« — 1.1. bis 31.12.
☎/Fax 953/727090 — 800 m — 100000 qm
www.puentedelasherrerias.com, PuenteH@infoegocio.com

→ C323 von Baza Richtung Linares. In Peal de Becerro nach Cazorla abbiegen. ✉ Ctra. Nacimiento del Guadalquivir, Km 2.

Ebenes Wiesengelände mit Bäumen am Waldrand und am Fluss. 400 Touristenplätze.

06800 Mérida, Badajoz — E 4000

★★ »CAMPING MERIDA« — 1.1. bis 31.12.
☎ 924/303453, Fax 300398 — 238 m — 40000 qm
www.pagina.de/campingmerida, proexcam@jet.es

→ A5/E90 Madrid–Portugal, Abf. (333) nach Mérida. Noch ca. 3.5 km zum links liegenden Platz.

Ebenes, parzelliertes Wiesengelände mit Pappeln. Ort 2 km entfernt. 80 Touristenplätze.

10100 Miajadas, Cáceres — E 4100

★★★ »CAMPING EL 301« — 1.1. bis 31.12.
☎ 927/347914, 161529, Fax 161529 — 10000 qm

→ N V/E90 Madrid–Badajoz (Lissabon) bei Km 301.

Ebenes Wiesengelände mit Laubbäumen. Gasverkauf. Restaurant. 60 Touristenplätze.

Noch kein DCC-Mitglied?
Sie wollen »eines« werden und die vielen Vorteile genießen – Anmeldeformular finden Sie in der Kartentasche am Ende des Buches.

Bis bald – wir freuen uns auf Sie!
Ihr DCC-Team

10005 Cáceres, Cáceres — E4130

25 ★★★ »CAMPING CUIDAD DE LA CÁCERES« ⚬─ 1.1. bis 31.12.
927/233100, Fax 107911   500 m   50 000 qm
www.campingcaceres.com, info@campingcaceres.com
→ A66 Salamanca–Mérida, Abf. (542) nach Cáceres. ✉ Ctra. N-630, Km 549.

Ebenes, parzelliertes und rechteckig geordnetes Gelände. Von Grünflächen mit vereinzelten Bäumen und einem Palmenhain umgeben. Jede Parzelle mit separater Einzelwaschkabine. Freilandschach. Bibliothek. W-LAN. 129 Touristenplätze. Ort 2 km entfernt.
2007: (HS) P/N 3.70, K/N 3.20, St/N 10.–, WD und Strom ink. In NS Erm. DCC/CCI 5% auf P/N.

10140 Guadalupe, Cáceres — E4200

★★ »CAMPING LAS VILLUERCAS« ⚬─ März bis Nov.
927/367139, Fax 3675561   450 m   19 000 qm
→ A5/N5 Madrid–Navalmoral, über Talavera abbiegen auf die Straße 502 bis La Nava. Hier abbiegen auf die CM 411 bis Puerto de San Vicente. Dann die EX 102 nach Guadalupe. ✉ Ctra. Villanueva.

Ebenes, parzelliertes Gelände unter Bäumen. Kiosk. 50 Touristenplätze. Ort 2.5 km entfernt.

10740 Aldeanueva d. Camino, Cáceres — E4300

★★ »CAMPING ROMA« ⚬─ März bis Okt.
927/479132, Fax 484015   12 000 qm
→ N630 Cáceres–Salamanca, bei Km 435 abbiegen.

Ebenes Wiesengelände mit Bäumen. 40 Touristenplätze.

10860 Gata, Cáceres — E4400

★★★ »SIERRA DE GATA« ⚬─ 1.1. bis 31.12.
Fax 927/672168, cgata@turiex.com   32 000 qm
→ Str. C-526 Cáceres–Ciudad Rodrigo, bei Km 4.1 abbiegen.

Teilweise parzelliertes und ebenes Wiesengelände unter Bäumen. Ort 4 km entfernt. Separater Jugendplatz. Touristen-/Dauerstellplätze 51/30.

05417 Guisando, Ávila — E4500

★★ »CAMPING LOS GALAYOS« ⚬─ 1.1. bis 31.12.
920/374021   6000 qm
→ C501 Madrid–Plasencia, in Arenas de San Pedro nach Guisando abbiegen, vor dem Ort rechts abbiegen, noch ca. 1.5 km. ✉ Ctra. Linarejos.

Stufenartiges Waldgelände in einem engen Gebirgstal. Ein von Felsen umgebenes Natur-Schwimmbad liegt nebenan. 80 Touristenplätze.

37660 Miranda del Castañar, Sal. — E4525

25 ★★ »CAMPING EL BURRO BLANCO« ⚬─ 1.4. bis 1.10.
Fax 923/161200   650 m   35 000 qm
www.elburroblanco.internet-rural.com, camping.elburroblanco@gmail.com
→ C515 Béjar–Ciudad Rodrigo, abbiegen auf die C512 Salamanca/Coria zum Ort. ✉ Camino de las Norias (GPS 40°28'29"N / 6°00'00"W).

Terrassiertes naturbelassenes Wiesengelände mit Eichen und teilweise jungen Bäumen. Ort 1 km entfernt. 30 Touristenplätze.
2007: (HS) (zuzügl. 7% IVA) P/N 4.80, K/N bis 6 J. 3.–, St/N 8.–, WD inkl., Strom/N 1.50 (2 A). Ab 7/14 Nächten 10%15% Ermäßigung.

37200 La Fuente de San Esteban, Sal. — E4550

20 ★★ »CAMPING EL CRUCE« ⚬─ 15.6. bis 30.9.
923/440130, campingelcruce@yahoo.es   770 m   5500 qm
→ A62/E80/N620 Salamanca–portug. Grenze Abf. (293), weiter nach La Fuente de San Esteban. ✉ Ctra. Burgos–Portugal, Km 291.

Ebenes, unparzelliertes Wiesengelände mit einzelnen Bäumen. Ort 1.5 km entfernt. 40 Touristenplätze.
2008: P/N 3.50, K/N bis 10 J. 3.–, A/N 3.50, C/N 4.–, MC/N 5.50, T/N 3.–, M/N 2.50, WD inkl., Strom/N 3.– (6 A).

37009 Santa Marta de Tormes, Sal. — E4575

20 ★★★ »CAMPING REGIO« ⚬─ 1.1. bis 31.12.
923/138888, Fax 138044   30 000 qm
www.campingregio.com, reception@campingregio.com
→ A62/E80 Burgos–Salamanca. Autobahn westl. der Stadt. Über die Brücke (Rio Tormes) dann gleich abbiegen. Der N501 Avilla–Madrid folgen. Nach dem 4. Kreisverkehr noch ca. 3 km. Beim Schild "Santa Marta de Tormes" abbiegen, dann noch ca. 1km zum Platz. ✉ Ctra. Madrid, Km 4.

Leicht abfallendes und parzelliertes, großzügig gestaltetes Wiesengelände. Von Baumreihen durchzogen. Hinter einem Hotel. Bar. Liegewiese. Autowaschanlage. Gut für Salamanca-Besuche geeignet. Ort (Salamanca) 4 km entfernt. 274 Touristenplätze.
2007: (HS) (zuzügl. 7% IVA) P/N 3.20, K/N bis 12 J. 2.80, A/N 3.20, C/N 3.20, MC/N 5.50, T/N 3.20, M/N 2.80, WD inkl., Strom/N 3.20 (10 A). In NS Erm.

37193 Cabrerizos, Salamanca — E4600

20 ★★ »CAMPING DON QUIJOTE« ⚬─ 1.3. bis 31.10.
Fax 923/209052   40 000 qm
www.campingdonquijote.com, info@donquijote.com
→ Straße Salamanca–Aldealengua. Bei Km 4.8 der Provinzialstraße SA 804 abbiegen, noch 6 km (GPS 40°58'30"N / 5°36'11"W).

Ebenes Pappelwaldgelände am Ufer des Rio Tormes. Ort 4 km entfernt. 110 Touristenplätze.
2008: (HS) P/N 3.80, K/N ab 3 J. 3.30, A/N 3.40, C/N 3.80, MC/N 6.–, T/N 3.80, M/N 3.10, WD und Schwimmbad inkl., Strom/N 3.45 (10 A). In NS Erm. DCC/CCI 10% auf P/N.

(E 4600) CAMPING Don Quijote
Ctra. Aldealengua, km 4
E-37193 CABRERIZOS (Salamanca)
Tel./Fax: (34) 923 209 052
(34) 923 209 801
Handy: 669 850 391
GPS: W 05 36 11
N 40 58 30
info@campingdonquijote.com
www.campingdonquijote.com

37184 Villares de la Reina, Salamanca — E4625

★★★ »CAMPING RUTA DE LA PLATA« ⚬─ 1.1. bis 31.12.
Fax 923/289574   12000 qm
www.campingrutadelaplata.com, recepcion@campingrutadelaplata.com
→ N620 Salamanca–Tordesillas. Am Stadtrand beim Fußballplatz abbiegen. ✉ Camino Villares-Villamayor.

Ebenes Wiesengelände mit dichtem Baumbestand. Ort 2 km entfernt. 70 Touristenplätze.

47100 Tordesillas, Valladolid — E4650

35 ★★★ »CAMPING EL ASTRAL« ⚬─ 15.3. bis 30.9.
Fax 983/770953   700 m   30000 qm
www.campingelastral.com, info@campingelastral.com
→ N620 Valladolid–Salamanca. Im Südwesten von Tordesillas. ✉ Camino de Pollos, 8 (GPS: 41°29'43" N / 5°0'19" W).

COMPLEJO SILOE
Strafle Villanueva – E-10140 GUADALUPE (Caceres)
Tel. (34) 9 27 36 71 39 u. 9 27 36 75 61

(E 4200)

In einer Ecke v. Spanien, wo die Natur noch belassen ist, inmitten von Wäldern u. fantastischen Landschaften gelegen. Gute Einr., Warmw. Duschen, Schwimmbad u. Planschb. m. Liegewiese u. Terrasse, Tennis, Restaurant m. typischen Gerichten der Region. Idealer Platz, um Spaniens Inland u. Kultur kennenzulernen!

Ebenes, parzelliertes Wiesengelände mit Laubbäumen, langgestreckt zwischen Straße und dem Rio Duero. Ort 1 km entfernt. Touristen-/Dauerstellplätze 102/30.
2008: (HS) P/N 6.40, K/N bis 12 J. 5.30, A/N 5.30, C/N 6.40, MC/N 9.50, T/N 6.40, M/N 5.30, H/N 2.35, Schwimmbad und WD inkl., Strom/N 3.50 (6 A). In NS Ermäßigung.

47290 Cubillas de Santa Marta, Vallad. — E 4675
★★ »CAMPING CUBILLAS« Jan. bis Dez.
983/585002, Fax 585002, 585016 760 m 37 000 qm
www.campingcubillas.com, info@campingcubillas.com

→ N620 Burgos–Valladolid, ca. 12 km hinter Dueñas bei Km 102 westwärts abbiegen.

Ebenes, parzelliertes Wiesengelände, teils steiniger Lehmboden mit einzelnen Bäumen. Ort 4 km entfernt. Touristen-/Dauerstellplätze 62/70.

24200 Valencia de Don Juan, León — E 4700
25 ★★★ »CAMPING PICO VERDE« 15.6. bis 8.9.
/Fax 987/750525 860 m 27 000 qm
campingpicoverde@terra.es

→ N630 León–Salamanca, bei Km 32 ostwärts nach Valencia de Don Juan abbiegen. Ctra. Astorga–Mayorga, Km 26.7.

Ebenes, parzelliertes Wiesengelände, durch Pappelreihen unterteilt. Ort 1 km entfernt. 177 Touristenplätze.
2008: (zuzügl. 7% IVA) P/N 4.40, K/N bis 10 J. 4.15, A/N 4.40, C T/N 4.40, MC/N 8.80, M/N 4.15, WD und Schwimmbad inkl., Strom keine Angabe. Ab 15 Nächten Ermäßigung.

24286 Hospital de Orbigo, León — E 4725
★★ »DON SUERO DE QUIÑONES« Mai bis Sept.
987/361018 Fax 388236 700 m 15 000 qm

→ N120 León–Astorga, in Hospital de Orbigo beschildert. Terrenos de la Vega, A 500.

Waldgelände in der Nähe vom Rio Orbigo. 150 Touristenplätze.

09280 Pancorbo, Burgos — E 4750
20 ★★ »CAMPING EL DESFILADERO« 1.1. bis 31.12.
/Fax 947/354027, Fax 354235 550 m 13 000 qm
hceldesfiladero@teleline.es

Abfahrt

→ A68/A1 Bilbao–Burgos Abf. (4) Pancorbo auf die N1 Richtung Vitoria/Bilbao, noch ca. 2 km. Steile Zufahrt. Ctra. N 1, Km 305.

Terrassiertes Hanggelände mit Laubbäumen, von Hecken durchzogen. Ort 2.5 km entfernt. Touristen-/Dauerstellplätze 40/35.
2007: (zuzügl. 7% IVA) P/N 3.80, K/N bis 14 J. 3.–, A/N 3.50, C T/N 3.80, MC/N 5.50, M/N 3.–, WD inkl., Strom/N 3.20 (6A).
CCI 10% auf St/N.

09193 Burgos — E 4800
★★★ »CAMPING FUENTES BLANCAS« 1.1. bis 31.12.
/Fax 947/486016 856 m 46 000 qm
www.campingburgos.com, info@campingburgos.com

→ N1 von Norden Richtung Stadt. Calle de Vitoria ca. 7 km folgen. Am Plaza Del Rey links ab. Rechts vor der Brücke abbiegen, dann links abbiegen. Ab hier beschildert. Noch ca. 2.5 zum links liegenden Platz. Ctra. Cartuja de Miraflores, Km 3.5.

Langgestrecktes, ebenes und parzelliertes Wiesengelände im östlichen Stadtbereich unter hohen Pappeln. Reservierung im Winter. Ort 3 km entfernt. 300 Touristenplätze.

09400 Aranda de Duero, Burgos — E 4825
30 ★★★ »CAMPING COSTAJAN« 1.1. bis 31.12.
344/7502070, Fax 7511354 840 m 16 000 qm
www.circulopyme.com/costajan, campingcostajan@camping-costajan.com

→ N1 Burgos–Madrid. Bei Km 162 am nördlichen Stadtrand von Aranda de Duero abbiegen. Ctra. N1, Km 162 (GPS 41°42'12" N / 3°04'01" W).

Ebenes, naturbelassenes Pinienwaldgelände neben einem Schwimmbad. Ort 3 km entfernt. 75 Touristenplätze.
2007: (zuzügl. 7% IVA) P/N 4.65, K/N 3 bis 10 J. 4.40, A/N 4.65, C T/N 4.65, MC/N 7.90, M/N 4.40, H/N 2.25, WD inkl., Strom/N 4.25.

40004 Segovia — E 4850
30 ★★★ »CAMPING EL ACUEDUCTO« Ostern bis 30.9.
Fax 921/425000 1010 m 30 000 qm
www.campingacueducto.com, campingsg@navegalia.com

→ N601 Valladolid–Madrid, ca. 1 km südöstlich von Segovia. Ctra. C.L. 601, Km 112 (GPS 40°55'52" N / 4°05'32" W).

Terrassiertes u. parzelliertes meist sonnenloses Gelände neben der Straße und mit Blick auf die Sierra. Imbiss in HS. Autowaschplatz. Gut für Segovia-Besuche geeignet. Ort 3 km entfernt. 200 Touristenplätze.
2008: (HS) P/N 5.40, K/N bis 10 J. 4.40, A/N 5.40, C/N 6.–, MC/N 8.20, T/N 5.40, M/N 4.40, WD inkl., Strom/N 4.40 (6 A). In NS Ermäßigung.

36202 Islas Cíes/Insel, Pontevedra — E 5000
30 ★★ »CAMPING ISLAS CÍES« 15.6. bis 15.9.
986/687630, 43835811, Fax 227557 40 000 qm

→ Schiffsverbindung von Vigo. Überfahrt 45 Min.

Zeltplatz auf einer vorgelagerten Insel. Ort 9 km entfernt. 200 Touristenplätze.
2007: P/N 6.95, K/N bis 10 J. 5.10, T/N 6.95, WD zuzügl.

36350 Nigrán, Pontevedra — E 5050
★★★ »CAMPING PLAYA AMERICA« März bis Okt.
986/365404, 367161, Fax 365404 40 000 qm
www.campingplayaamerica.com, oficina@campingplayaamerica.com

→ Küstenstraße C 550 Vigo–Bayona, bei Km 49.2 abbiegen.

Ebenes, parzelliertes Wiesengelände mit verschiedenartigen Bäumen. Von Villen umgeben. Ort 300 m entfernt. Touristen-/Dauerstellplätze 400/30.

36300 Bayona, Pontevedra — E 5075
★★★ »CAMPING BAYONA-PLAYA« 1.1. bis 31.12.
986/350035, Fax 352952 40 000 qm
www.mtmt.com, CampingBayona, CampingBayona@bme.es

→ Küstenstraße C 550 Vigo–La Guardia, bei Km 36 abbiegen. Playa Ladeira-Sabaris.

Ebene Landzunge mit lichtem Baumbestand und Parzellierung. Schmal und langgezogen zwischen einer Flussmündung und dem Meer mit breitem Sandstrand. Öffentliches Schwimmbad mit großer Wasserrutsche. Ort 500 m entfernt. Touristen-/Dauerstellplätze 500/50.

✉ 36989 El Grove, Pontevedra — E 5100/1

★★ »CAMPING O'ESPIÑO«
☎/Fax 986/738048, Fax 738365
1.1. bis 31.12.
12 000 qm

→ Küstenstraße C550 Pontevedra–El Grove, hier abbiegen Richtung S. Vicente Mar, ca. 5 km.

Waldgelände am Meer. FKK-Strand. 130 Touristenplätze.

Camping O'ESPIÑO

Anfahrt: Nationalstraße, wenig Verkehr. Mit Pinien bepflanzt, viel Schatten und Grünzonen. In einer malerischen Landschaft gelegen, in der Nähe des Fischer- u. Yachthafens, Strände, Wälder u. Inseln. Touristische Sehenswürdigkeiten. **Ganzjährig geöffnet.**

E-36988 SAN VICENTE DO MAR O'GROVE (Prov. Pontevedra)
Telefon (34) 986 73 83 65 • Fax (34) 986 73 80 48
(E 5100/1)

✉ 36989 El Grove, Pontevedra — E 5100/2

★★ »CAMPING MOREIRAS«
☎ 986/731691, Fax 732026
1.1. bis 31.12.
16 000 qm

→ Küstenstraße C550 Pontevedra–El Grove, hier abbiegen nach S. Vicente Mar, ca. 3 km.

Ebenes Gelände unter Bäumen am Strand. Imbiss. 124 Touristenplätze.

✉ 36970 Sanxenxo, Pontevedra — E 5125

★★★ »CAMPING PAXARIÑAS«
☎ 986/723055, 690749, Fax 723066
www.sanxexotur/paxarinas.com
Juni bis Sept.
35 000 qm

→ Küstenstraße C550 Pontevedra–El Grove, hinter La Lanzada bei Km 22 abbiegen.

300 m
Leicht abfallendes Gelände zwischen Straße und der Felssteilküste mit einigen hohen Bäumen. Ort 1 km entfernt. 220 Touristenplätze.

✉ 15931 Puebla do Caramiñal, La Cor. — E 5150

★★★ »CAMPING RIA DE AROSA«
☎ 981/831305, Fax 833293
www.camping.riadearosa.com, info@camping.riadearosa.com
1.1. bis 31.12.
28 000 qm

→ N550 Pontevedra–Santiago, In Padron auf die Küstenstraße C550 nach Puebla do Caramiñal abbiegen. ✉ Playa de Cabio.

Parzelliertes Wiesengelände unter Bäumen in Ortslage. Strand und Wassersport 300 m, Ort 1.5 km entfernt. Touristen-/Dauerstellplätze 200/100.

✉ 15270 Cee, La Coruña — E 5200

25 ★★ »CAMPING RUTA DE FINISTERRE«
☎/Fax 981/746302, www.rutafinisterre.com
15.6. bis 15.9.
20 000 qm

→ C552 La Coruña–Corcubión. Hier Richtung Finisterre.

50 m
Terrassenplatz in einem von der Straße ansteigenden Pinienwald mit Blick auf Küste und Meer. Ort 5 km entfernt. 64 Touristenplätze.
2007: P/N 5.–, K/N 4 bis 12 J. 3.80, A/N 5.–, C/N 5.60, MC/N 9.10, T/N 5.–, M/N 3.80, WD inkl., Strom/N 3.20.

✉ 15704 Santiago de Compostela, La Cor. — E 5250

★★★★ »CAMPING AS CANCELAS«
☎ 981/580266, Fax 575553
1.1. bis 31.12.
20 000 qm

→ N550 Pontevedra–La Coruña. In Santiago de Compostela am nördlichen Stadtrand. ✉ Rúa 25 de Xullo, 35.

Terrassiertes Wiesengelände, durch Hecken und Bäume parzelliert. Ideal für den Besuch von Santiago. Innerhalb des Platzes ca. 13% Steigung. Ort 2 km entfernt. 160 Touristenplätze.

DCC-Mitglieder fahren mit Auslands-Schutzpaß! und SIE?

✉ 15624 Ares, El Ferrol/La Coruña — E 5300

★★ »CAMPING EL RASO«
☎ 981/460676
Juni bis Sept.
10 000 qm

→ N651 Betanzos–El Ferrol, ca. 5 km hinter Pontedeume nach Ares abbiegen und hier zum Strand Playa el Raso. ✉ Playa el Raso, 5-6.

300 m
Zweiteiliges Gelände oberhalb der Küste. Ort 2.5 km entfernt. Touristen-/Dauerstellplätze 50/25.

✉ 15552 Valdoviño, La Coruña — E 5350

35 ★★★ »CAMPING VALDOVIÑO«
☎ 981/487076, 486131, Fax 486131
1.5. bis 30.9.
20 000 qm

→ C646 El Ferrol–Cedaira, in Valdorino meerwärts abbiegen, noch ca. 700 m. ✉ Ctra. Ferrol-Cadeira, Km 13.

Leicht ansteigendes Wiesengelände. Von Villen umgeben. Durch Hecken und Sträucher parzelliert. Strand 400 m entfernt. 120 Touristenplätze.
2008: (zuzgl. 7% IVA) P/N 5.50, K/N bis 13 J. 4.20, St/N 16.64, A/N 5.75, C/N 6.–, MC/N 11.50, T/N 5.75, M/N 4.60, WD inkl., Strom/N 3.80 (15 A).

✉ 27837 Vivero, Lugo — E 5400

★★ »CAMPING VIVERO«
☎/Fax 982/560004, c.viveiro@turinet.net
Juni bis Sept.
12 000 qm

→ Küstenstraße C642 (westl. Costa Verde) Ribadeo–El Ferrol. In Viveiro bei der Flussbrücke meerwärts abbiegen, noch ca. 700 m. ✉ Cantarrana.

200 m
Ebenes, parzelliertes Wiesengelände mit Anpflanzungen, sowie hochstämmiger Laubwald neben einem Sportplatz. Gasverkauf 50 m, Ort 1 km entfernt. 95 Touristenplätze.

✉ 27279 Reinante bei Barreiros, Lugo — E 5450

20 ★★★ »CAMPING PLAYA REINANTE«
☎ 982/134005
1.1. bis 31.12.
22 000 qm

→ N634 Oviedo–La Coruña, bei Km 391 meerwärts abbiegen, noch 1km. ✉ Estrada da Costa 42.

800 m
Langgestrecktes Gelände hinter einem Dünenwall am schönen Sandstrand. Wassersportarten. Touristen-/Dauerstellplätze 375/75.
2008: (HS) P/N 3.50, K/N bis 7 J. 3.25, St/N 8.50, A/N 3.50, MC/N 8.50, T/N 3.–, H/N frei, WD zuzügl., Müllgeb. –.50, Strom/N 3.50 (10 A). Ab 10 N 10% auf DCC, ab 20 N 20% auf CCI Ermäßigung. Für Behinderte und in NS Ermäßigung.

✉ 33700 Luarca, Asturias — E 5500/1

25 ★★★ »CAMPING LOS CANTILES«
☎/Fax 985/640938
www.campingloscantiles.com, cantiles@campingloscantiles.com
1.1. bis 31.12.
23 000 qm

→ N634 San Sebastian–Santiago de Compostela, bei Km 502.7 ca. 3 km vor Luarca hinter einer Tankstelle meerwärts abbiegen, noch 2.5 km. ✉ Avda. Los Cantiles.

500 m 700 m
Ebenes, parzelliertes Wiesengelände an der Steilküste mit einigen Nadelbäumen und einer etwas tieferliegenden Zeltterrasse. Für diese separate Pkw-Abstellung. 70 m tieferliegende Bucht. Ort 1.5 km entfernt. 230 Touristenplätze.
2008: (HS) P/N 4.20, K/N bis 10 J. 3.50, A/N 4.20, C/N 5.50, MC/N 8.–, T/N 4.20, WD inkl., Strom/N 2.50 (6 A). In NS Pauschalen und Ermäßigung.

BUNGALOWS UND LÄNDLICHE FERIENHÄUSCHEN

CAMPING "AS CANCELAS"

Im Norden der Stadt gelegen, Anfahrt über San Cayetano und Avenida del Camino Francés.

GANZJÄHRIG GEÖFFNET (E 5250)

In ruhiger Lage, aber doch nicht weit von der historischen Pilgerstadt (berühmte Kathedrale) und mit einer guten Busverbindung. Erstklassige Einrichtungen. Renovierte Sanitäranlagen mit individuellen Kabinen und Warmwasser in allen Einrichtungen

Ruo de 25 de Xulio, 35   E-15704 SANTIAGO DE COMPOSTELA (La Coruña)
Tel.: (34) 9 81 58 02 66 - 9 81 58 04 76 • Fax. (34) 9 81 57 55 53

✉ 33700 Luarca, Asturias — E 5500/2

20 ★★ »CAMPING PLAYA DE OTUR« — 1.1. bis 31.12.
☎/Fax 985/640117 — 13500 qm
www.inicia.es/de/cotur, campingotur@wanadoo.es

→ N634 Santander–Coruña, bei Km 511 abbiegen. ✉ Ctra. Playa de Ortur.
⚜ Castro Coaña, keltische Ruinen.

300 m / 600 m

Leicht abfallendes, parzelliertes Wiesengelände. Teilweise terrassiert. Ort 6 km entfernt. 80 Touristenplätze.
TAX 2006 (zuzügl. 7% IVA) P/N 3.45, K/N bis 9 J. 3.10, A/N 3.45, C/N 4.15, MC/N 5.90, T/N 3.60, M/N 2.55, WD inkl., Strom/N 2.55 (3 A). In NS Erm.

✉ 33491 Perlora-Candas, Asturias — E 5600

25 ★★★ »CAMPING PERLORA« — 1.1. bis 31.12.
☎/Fax 985/870048 — 14 000 qm

→ A66/A8 Oviedo–Gijon, hier auf die N 632 und 7 km westlich von Gijon abbiegen auf die Küstenstraße, noch 5 km bis Candas. ✉ Orilla de la Costa.

200 m / 1.3 km

Teilweise terrassiertes Wiesengelände mit einigen Laubbäumen. Ort 800 m entfernt. 88 Touristenplätze.
2008: P/N 4.81, K/N bis 10 J. 3.21, A/N 3.42, C/N 5.02, MC/N 6.74, T/N 4.49, M/N 2.35, WD inkl., Strom/N 3.21 (5 A).

✉ 33344 Caravia Alta, Asturias — E 5700

★★★ »CAMPING ARENAL DE MORIS« — Juni bis Sept.
☎/Fax 985/853097, 853050 — 50000 qm
www.arenaldemoris.com, camoris@teleline.es

→ Küstenstraße N632 Ribadesella–Gijon.

150 m

Welliges, überwiegend schattenloses Wiesengelände. Ort 1.5 km entfernt. Touristen-/Dauerstellplätze 280/60.

✉ 33500 Llanes, Asturias — E 5800

35 ★★ »CAMPING RIO PURON« — 1.4. bis 30.9.
☎ 985/417199, Fax 417216 — 20000 qm
www.riopuron.com, info@riopuron.com

→ N634 Santander–Oviedo. Vor Llanes wechseln auf die N632 Richtung Gijon. Bei Km 91 neben der Straße. ✉ Ctra. N 634, Km 296 (GPS 43°25'14" N / 4°45'01" E).

500 m

Zweigeteiltes Gelände mit erheblichem Höhenunterschied und einigen Bäumen. Teilweise terrassiert. Meer 3 km, Ort 5 km entfernt. 320 Touristenplätze.
2007: (HS) (zuzügl. 7% IVA) P/N 4.–, K/N 1 bis 10 J. 3.50, St/N 9.–, WD inkl., Strom/N 2.50 (3-10A). In NS Ermäßigung.

> Wegen oft wechselnden Größenangaben für die einzelnen Stellparzellen durch die Platzhalter veröffentlicht der DCC nur noch die Camping-Gesamtfläche in qm und den Hinweis »parzelliert« oder »unparzelliert«.

✉ 33591 Garaña bei Llanes, Asturias — E 5900

★★★ »CAMPING PALACIO DE GARAÑA« — Mai bis Sept.
☎ 985/410075, Fax 410298 — 20000 qm
www.campingpalacio.com, info@campingpalacio.com

→ N 634 Santander–Oviedo. Bei Km 319 meerwärts abbiegen, noch ca. 3 km.

1 km

Von Mauern umgebenes, überwiegend schattenloses Wiesengelände bei einem ehemaligen Palast. Hunde nur bis 20 kg Gewicht erlaubt. Ort 3 km entfernt. 160 Touristenplätze.

✉ 39540 San Vicente de la Barquera, Cant. — E 6000

NATURPLATZ
★★ »CAMPING EL ROSAL« — Mai bis Okt.
☎ 942/710165, Fax 710011 — 48000 qm
www.campingelrosal.jazztel.es

→ N634 Santander–Oviedo. Bei Km 63 (große Flussbrücke) meerwärts abbiegen, noch ca. 800 m.

30 m

Naturbelassener und welliger Pinienhochwald hinter einem Dünengürtel. Teilweise parzelliert. Separate Pkw-Abstellung. Ort 1.3 km entfernt. 250 Touristenplätze.

✉ 39527 Ruiloba, Cantabria — E 6050

NATURPLATZ
25 ★★★ »CAMPING EL HELGUERO« — 1.4. bis 30.9.
☎ 942/722124, Fax 721020 — 65000 qm
www.campingelhelguero.com, campingelhelguero@campingelhelguero.com

→ A8 Abf. (249) Cabezon de la Sal, weiter auf der CA 135 Richtung Comillas, bei Km 7 auf die CA 359 nach Barrio de la Iglesia, abbiegen auf die CA 358 Richtung Sierra (GPS: 43°22'58,4" N/ 4°14'50" W).
⚜ Monte Corona, Picos de Europa.

2 km

Teilweise schattenloses Wiesengelände. Von Pinienwald umgeben. Hundeverbot in Bungalows. Ort 3 km entfernt. 240 Touristenplätze.
2008: (zuzügl. 7% IVA) P/N 4.70, K/N 4.–, St/N 10.10, WD inkl., Strom (6A) keine Angabe.

✉ 39330 Santillana del Mar, Cantabria — E 6100

★★ »CAMPING SANTILLANA« — 1.1. bis 31.12.
☎ 942/818250, Fax 840183 — 70000 qm
www.cantabria.com/complejosantillana.com, complejosantillana@cantabria.com

→ N 611 Santander–Torrelavega, abbiegen auf die C 6316 bis zum Ortsanfang von Santillana.
⚜ Historisches Dorf Santillana del Mar, Höhlen von Altamira.

5 km

Ebenes bis leicht abfallendes Wiesengelände mit einzelnen Bäumen. Öffentlicher Weg zum Restaurant. Ort 300 m entfernt. Touristen-/Dauerstellplätze 350/350.

527

39180 Noja, Cantabria — E 6150

★★ »CAMPING SUACES« April bis Sept.
☎ 942/630324 10 000 qm

→ N634 Bilbao–Santander. In Gama oder Beranga meerwärts abbiegen. Ab Noja zum Playa de Ris. ✉ Playa de Ris.

Ebenes Sand- und Wiesengelände in einem Dünenstreifen. Von einer niedrigen Mauer umgeben. 85 Touristenplätze.

39770 Laredo, Cantabria — E 6200/1

★★ »CAMPING CARLOS V.« Mai bis Sept.
☎ 942/605593 10 000 qm

→ N634 Bilbao–Santander. Bei Km 171.6 meerwärts abbiegen, in Laredo beim »Plaza Carlos V.«. ✉ Paya de Ris.

Ebenes Gelände mit vielfältigen Anpflanzungen im Ort. Von Mauern und Häusern umgeben. Strand und Ort 500 m entfernt. Touristen-/Dauerstellplätze 100/25.

39770 Laredo, Cantabria — E 6200/2

25 ★★★ »CAMPING PLAYA DEL REGATÓN« 8.3. bis 28.9.
☎/Fax 942/606995 18 000 qm
www.campingplayaregaton.es, campingregaton@wanadoo.es

→ N634 Bilbao–Santander, ca. 3 km vor Laredo. ✉ El Regatón, 8.

Ebenes, parzelliertes Gelände am Sandstrand. Kabel-TV. Ort 4 km entfernt. Separater Jugendplatz. Touristen-/Dauerstellplätze 125/40.
2008: (zuzügl. 7% IVA) P/N 3.75, K/N bis 10 J. 3.30, St/N 10.40, WD inkl., Strom/N 2.70 (5A). In NS Ermäßigung.

39798 Islares, Cantabria — E 6250

30 ★★★ »CAMPING PLAYA ARENILLAS« 15.3. bis 30.9.
☎/Fax 942/863152 30 000 qm
www.playaarenillas.com, cueva@mundivia.es

→ N634 Bilbao–Santander. Bei Km 155.8 meerwärts abbiegen und ca. 100m steil bergab. (Für Caravans schwierig.) ✉ Arenillas, 43.

Wiesengelände mit einzelnen Ahornbäumen unterhalb der Straße. Von felsigen Hügeln umgeben. Ort 8 km entfernt. Touristen- /Dauerstellplätze 200/100.
2008: (HS) P/N 4.80, K/N 3 bis 10 J. 3.94, St/N 12.38, WD inkl., Strom/N 3.96 (5 A). In NS Ermäßigung.

39700 Castro Urdiales, Cantabria — E 6300

25 ★★ »CAMPING ORIÑON« 1.4. bis 30.9.
☎ 942/878630 22 000 qm
www.campingorinon.com, info@campingorinon.com

→ N634 Bilbao–Santander. Bei Km 163 meerwärts abbiegen, ca. 800 m auf schmaler Straße links am Ort Oriñon vorbei. ✉ Playa de Oriñon.

Wiesengelände unter Eukalyptusbäumen am Strand einer felsigen Meeresbucht. 60 Touristenplätze.
2007: P/N 4.50, K/N 1 bis 10 J. 3.–, St/N 9.–, WD inkl. Strom N 3.– (3 A).

48630 Górliz, Vizcaya — E 6500

30 ★★ »CAMPING ARRIEN S.A.« 1.3. bis 2.11.
☎ 946/771911, 770878, Fax 74480 20 000 qm
www.campingarrien.com, arrien@terra.es

→ Küstenstraße Bilbao–Algorta–Plencia–Góliz. ✉ Uresaranse Bidea (GPS: 43°24'84" N / 2°56'03" W).

Wiesengelände in Ortslage. Ort und Meer 700 m entfernt. Touristen-/Dauerstellplätze 160/40.
2007: (HS) (zuzügl. 7% IVA) P/N 5.20, K/N bis 10 J. 3.80, A/N 4.90, C/N 7.60, MC/N 10.30, T/N 5.20, M/N 3.60, B/N 4.90, H/N 1.–, WD inkl., Strom/N 3.95 (6/10/15 A). In NS Ermäßigung. DCC/CCI 3% bis 30% Erm.

48360 Mundaka, Vizcaya — E 6550

30 ★★ »CAMPING PORTUONDO« 28.1. bis 17.12.
☎ 946/877701, Fax 877828 22 000 qm
www.campingportuondo.com, recepcion@campingportuondo.com

→ A8 San Sebastian–Bilbao Abf. Amorebieta über Guernica und Luno Richtung Bermeo. Bei Km 43 abbiegen. Teilweise steile Zufahrt. Schlepphilfe vorhanden. ✉ Barrio Portundo.

Terrassiertes Wiesengelände in 100 m Entfernung von der Küste. Von Bäumen und Sträuchern durchzogen. Imbiss. Ort 1 km entfernt. Touristen-/Dauerstellplätze 100/35.
2008: P/N 5.70, K/N bis 10 J. 5.–, St/N 11.50, WD inkl., Strom (6 A) keine Angabe.

20830 Mutriku, Gipuzkoa — E 6600

25 ★★ »CAMPING AITZETA« 1.5. bis 31.9.
☎ 603356, Fax 603106 500 m 15 000 qm

→ A8 San Sebastian–Bilbao Abf. Deva auf die Küstenstraße C 6212. Bei Km 56.1 östlich von Motrico abbiegen.

Terrassierter und parzellierter Hang mit Laubbäumen in den Küstenbergen. Rundblick über das Meer. Ort 500 m entfernt. 120 Touristenplätze.
2007: (HS) P/N 4.50, K/N 2 bis 10 J. 4.–, A/N 4.50, C/N 5.25, MC/N 9.–, T/N 4.50, M/N 4.–, WD inkl., Strom/N (4 A) 3.–.

20829 Itziar-Deba, Gipuzkoa — E 6650

25 ★★ »CAMPING ITXASPE« 1.4. bis 30.9.
☎/Fax 943/199377, www.campingitxaspe.com 19 000 qm

→ A8 San Sebastian–Bilbao Abf. (13) auf die N 634. Bei Km 37.5 neben der Straße. ✉ Ctra. N 634, Km 38.

Leicht abfallendes Wiesengelände mit einzelnen Bäumen zwischen Hügeln und von einer Mauer umgeben. Appartments. WiFi/Funkinternet. Meer 1 km, Ort 7 km entfernt. Touristen-/Dauerstellplätze 90/10.
2007: (HS) P/N 4.60, K/N bis 10 J. 3.80, St/N 10.–, M/N 4.–, WD inkl., Strom/N 3.–.

20800 Zarautz, Guipuzcoa — E 6700/1

★★ »CAMPING TALAI-MENDI« Juni bis Sept.
☎ 943/830042 38 000 qm

→ A8 San Sebastian–Bilbao Abf. Zarautz auf die N634. Bei Km 19 meerwärts abbiegen.

Wiesengelände mit einzelnen Platanen. Lebensmittelverkauf. Restaurant. Strand 500 m, Ort 1 km entfernt. 320 Touristenplätze.

20800 Zarautz, Guipuzcoa — E 6700/2

35 ★★★ »GRAN CAMPING ZARAUTZ« 1.1. bis 31.12.
☎ 943/831238, Fax 132486 20 000 qm
www.grancampingzarautz.com, info@grancampingzarautz.com

→ A8 San Sebastian–Bilbao Abf. Zarautz auf die N634. Bei Km 16.5 meerwärts abbiegen, noch ca. 800 m. ✉ Monte Talai-Mendi (GPS 43°17'22"N / 2°08'48"W).

Terrassiertes Hanggelände mit Laubbäumen und Hecken. Ort 2 km entfernt. Touristen-/Dauerstellplätze 400/100.
2008: (HS) P/N 4.80, K/N bis 12 J. 3.50, A/N 4.80, C/N 5.30, MC/N 10.10, T/N 5.30, M/N 3.50, WD inkl., Strom/N 3.50 (6A). In NS Ermäßigung.

20810 Orio, Gipuzkoa — E 6800

★★ »CAMPING PLAYA ORIO« März bis Nov.
☎ 943/834801, Fax 133433 52 000 qm
www.oriora.com/camping, kanpina@terra.es

→ A8 San Sebastian–Bilbao Abf. (11) Zarauz auf die N634 in Richtung Orio, hier über 2 Flussbrücken, dahinter 1. Straße links meerwärts abbiegen.

Zweigeteiltes, ebenes und schattenloses Wiesengelände. Von Hecken umgeben und durchzogen. Der Strand wird von Felsen und einer Flussmündung begrenzt. Ort 1 km entfernt. Touristen-/Dauerstellplätze 260/100.

camping ERROTA-EL MOLINO MENDIGORRIA (E 7200)

Der erstklassige Campingplatz in der Nähe von Pamplona!

Der Platz hat eine Kapazität für 1.500 Pers. und verfügt über freie und getrennte Stellplätze; alle mit Anschl. f. Elektr., Wasser u. Abwass. Vermietung v. Bungalows und Mobilheimen. Herberge m. Zimmer (Etagenbetten), Sonderpreise f. Voll- u. Halbpension. Warmwasser frei. Im Zentrum v. Navarra: ideale Lage f. Ausflüge z.d. Pyrenäen, dem Wald v. Irati (zweitgrösster Wald v. Europa) u. im Süden die Bardenas Reales (Halbwüste), beides Naturschutzgebiete. Ganzjährig geöffnet – spezielle Tarife in Vor- und Nachsaison.

Schnellstr. A-12 (Pamplona-Logroño) · Ausfahrt-24, Mendigorria
Tel. (34) 948 34 06 04 · Fax (34) 948 34 00 82
info@campingelmolino.com · www.campingelmolino.com

Umweltgerecht geleitet nach ISO 14001

20190 Igueldo bei San Sebastian, Gipuzk. E 6850

»CAMPING IGUELDO« 1.1. bis 31.12.
943/214502, 280490, Fax 217841, 280411 270 m 40 000 qm

→ A8 franz. Grenze–Bilbao Abf. San Sebastian nach Igueldo. Ab hier über die Strandstraße und weiter der Beschilderung »Monte Igueldo« bergauf folgen, ca. 4.5 km kurvenreiche Strecke. ✉ Aita Orkolaga Pasealekua. 69 (GPS 43°18'16"N / 2°02'45"W).

Terrassenplatz unter Bäumen auf dem Monte Igueldo. Durch Hecken parzelliert. Brötchenservice. Kindereinrichtungen. Autowaschanlage. Ort 5 km entfernt. 261 Touristenplätze.
2008: (HS) 2 P/N inkl. St/N 16.20 bis 29.10, weitere P/N 4.60, K/N 3 bis 10 J. 3.30, WD u. Strom inkl. In NS Ermäßigung.

20280 Hondarriba, Gipuzkoa E 6900

»CAMPING JAIZKIBEL« 1.1. bis 31.12.
943/641679, Fax 642653 11 000 qm
www.campingseukadi.com, recepcion@campingjaizkibel.com

→ A8 franz. Grenze–San Sebastian Abf. Irun über Hondarriba–Fuenterrabia Richtung Guadalupe, bei Km 22. ✉ Crtra. Guadalupe, Km 22

Wiesengelände mit einzelnen Laubbäumen. Ort 500 m entfernt. Touristen-/Dauerstellplätze 100/20.
2008: P/N 4.60, K/N 2 bis 10 J. 4.25, St/N 27.05, WD inkl./Strom/N 4.35 (6 A).

31870 Lecumberri, Navarra E 7000

»CAMPING ARALAR« Juni bis Sept.
Fax 948/504011 560 m 13 000 qm
www.campingaralar.com, info@campingaralar.com

→ N240 Tolosa–Pamplona. Bei Km 32.8 ostwärts abbiegen. ✉ Plazaola, 9.

Durch einen Bach unterteiltes, gepflegtes und parzelliertes Wiesengelände. Auf zwei Geländestufen in einem von Waldhöhen umgebenen Tal. In NS nur an Feiertagen und am Wochende geöffnet. Ort 200 m entfernt. Touristen-/Dauerstellplätze 120/10.

31194 Eusa, Navarra E 7100

»CAMPING EZCABA« 1.1. bis 31.12.
948/330315, Fax 331316 500 m 20 000 qm
www.campingezcaba.es, info@campingezcaba

→ N121 Pamplona–Irun. 7 km vor Pamplona in Richtung Berriosuso abbiegen, hinter der Flussbrücke rechts bergwärts. ✉ Ctra. Berriosuso (GPS: 42°51'26" N / 1°37'27" W).

Teils ebenes, teils leicht abfallendes Wiesengelände an einem mit Laubbäumen bestandenen Höhenrücken. Durch Bäume und Hecken parzelliert. Ort 7 km entfernt. Touristen-/Dauerstellplätze 170/10.
2007: P/N 4.49, K/N bis 12 J. 3.91, A/N 4.23, C/N 5.24, MC/N 7.38, T/N 4.76, M/N 3.69, H/N 2.25, WD inkl., Strom/N 4.12.

31150 Mendigorria, Navarra E 7200

»CAMPING EL MOLINO« Jan. bis Nov.
948/340604, Fax 340082 675 m 115 000 qm
www.campingelmolino.com, info@campingelmolino.com

→ N 111 Pamplona–Logroño, in Puente la Reina südwärts nach Mendigorra abbiegen. ✉ Ctra. P. la Reina a Larraga.

Teilparzelliertes Wiesengelände am Ufer des Arga-Flusses. FW. Ort 500 m entfernt. Touristen-/Dauerstellplätze 130/70.

26300 Nájera, La Rioja E 7500

»CAMPING EL RUEDO« 1.4. bis 10.9.
941/360102 5000 qm

→ N 120 Logroño–Burgos, in Náera vor der Steinbrücke über den Rio Najerilla abbiegen, noch etwa 500 m. ✉ Paseo San Julian, 24.

Gelände im Pappelwald neben der Stierkampfarena. Ort 100 m entfernt. 50 Touristenplätze.
2008: (HS) P/N 5.–, K/N bis 10 J. 4.80, A/N 4.80, C T/N 5.–, MC/N 9.80, M/N 3.50, WD und Strom inkl.

26125 Villoslada de Cameros E 7600

»CAMPING LOS CAMEROS« März bis Okt.
941/747021, Fax 747091 40 000 qm
www.camping-loscameros.com, info@los cameros.com

→ N111 Logrono–Soria. ✉ Ctra. de la Virgen, Km 3.

Wiesengelände im Naturschutzgebiet der Cebollera. Ort (La Virgen) 3 km entfernt. Touristen-/Dauerstellplätze 50/125.

42165 Valdeavellano de Tera, Soria E 7700

»CAMPING ENTRERROBLES« 1.1. bis 31.12.
975/180800, Fax 220927 80 000 qm
www.enterrobles.freeservers.com, enterrobles@hotmail.com

→ N111 Pamplona–Soria, ca. 8 km hinter Almarza abbiegen auf die C 840 nach Valdeavellano de Tera. ✉ Ctra. Molinos-Valdeavellano.

Ebenes, unparzelliertes Wiesengelände mit Laubbäumen. Von bewaldeten Hügeln umgeben. Ort 800 m entfernt. Touristen-/Dauerstellplätze 20/130.
2007: (HS) P/N 4.–, K/N bis 10 J. 2.50, St/N 10.–, WD inkl., Strom/N 4.50. CCI Ermäßigung nach Anfrage. In NS Ermäßigung.

Als DCC-Mitglied sind Sie immer gut beraten
Deutscher Camping-Club e.V., Postf. 40 04 28, 80704 München

E

529

✉ 28751 La Cabrera, Madrid — E 8000

[30] ★★★ »CAMPING PICO DE LA MIEL« — 1.1. bis 31.12.
☎ 918/688082, Fax 688541 — 100 000 qm
www.picodelamiel.com, pico-miel@picodelamiel.com

→ N1 Burgos–Madrid, etwa 20 km hinter Buitrago del Lozoya oder 58 km vor Madrid. ✉ Ctra. N1, Km 58.

Ebenes, teilweise gärtnerisch angelegtes Wiesengelände mit altem Baumbestand. Günstiger Etappenplatz. In Bungalows Hundeverbot. Touristen-/Dauerstellplätze 100/300.
2007: (HS) P/N 5.80, K/N 3 bis 9 J. 5.–, A/N 5.80, C/N 5.80, MC/N 9.10, T/N 5.80, M/N 5.–, WD keine Angabe, Strom/N 4.20 (6 A). In NS Pauschalen. In NS Ermäßigung.
DCC/CCI 10% auf P/N.

✉ 28729 Navalafuente, Madrid — E 8050

[30] ★★★ »CAMPING PISCIS« — 1.1. bis 31.12.
☎ 918/432253, 432268, Fax 432253 — 200 000 qm
www.campiscis.com, campiscis@campiscis.com

→ N1 Burgos–Madrid Abf. (50) Richtung Guadalix de La Sierra, nach ca. 9 km abbiegen nach Navalafuente. ✉ Ctra. Guadalix Sierra–Navalufuente, Km 20.9 (GPS: 40°48'29" N / 3°41'30" W).

Ebenes, naturbelassenes Waldgelände mit einzelnen Lichtungen. Ort 2.5 km entfernt. Touristen-/Dauerstellplätze 100/200.
2008: (HS) P/N 5.60, K/N bis 9 J. 4.60, A/N 5.60, C MCT/N 5.60, M/N 2.–, B/N 5.60, WD zuzügl., Strom/N 3.40 (3A). Für 7/14 N 5%/10% Ermäßigung. In NS Ermäßigung.

✉ 28280 El Escorial, Madrid — E 8100

[40] ★★★★★ »CAMPING-CARAVANING EL ESCORIAL«
☎ 918/902412, Fax 961062 — 1000 m — 1.1. bis 31.12.
— 400 000 qm
www.campingelescorial.com, info@campingelescorial.com

→ A6 El Escorial–Guadarrama Abf. (47), dann auf die M 600 Richtung El Escorial, bei Km 4.5.
‹ Kloster El Escorial, Bürgerkriegsmonument und Franco-Grabstätte.

Ebenes, parzelliertes und weitläufiges Gelände mit alten Korkeichen. Von Kampfstierweiden umgeben. Bar. Diverse Sportanlagen. Kleinkinderbetreuung. Autowaschplatz. Empfehlenswert für den Besuch von Madrid. Wintersportmöglichkeiten in der Sierra de Guadarrama. Freilichtkino. Ort 7 km entfernt. Touristen-/Dauerstellplätze 750/744.
2007: (HS) P/N 6.–, K/N bis 10 J. 5.90, St/N 18.–, WD inkl., Strom/N 3.75 (5 A).
DCC 10% auf P/N.

✉ 28670 Villaviciosa de Odón, Madrid — E 8150

[35] ★★★ »CAMPING ARCO IRIS« — 1.1. bis 31.12.
☎ 916/160387, Fax 160059 — 40 000 qm
www.bungalowarcoiris.com, madrid@bungalowarcoiris.com

→ A5 Burgos–portug. Grenze, Abf. von der Umgehung Madrid auf die A5 Madrid–Talavera de la Reina, bei Alcorcón abbiegen nach Villaviciosa. ✉ Ctra. de Boadille del Mate a Villaviciosa km 7,100 (GPS: 40°23'27" N / 3°53'50" W).

Terrassiertes und parzelliertes, langgestrecktes Gelände mit schattigem Baumbestand. Ort 2 km entfernt. Touristen-/Dauerstellplätze 80/100.
2007: (HS) P/N 6.42, K/N bis 11 J. 5.60, A/N 6.42, C/N 6.42, MC/N 9.63, T/N 6.42, M/N 5.35, H/N 5.–, WD inkl., Strom/N 4.50. Pauschalen und in NS Ermäßigung.

Die Gebühren

werden von den Platzhaltern lange vor Erscheinen des Campingführers gemeldet. Daher sind Abweichungen möglich.

✉ 28906 Getafe, Madrid — E 8200

[35] ★★ »CAMPING ALPHA« — 1.1. bis 31.12.
☎ 916/958069, Fax 6831659 — 620 m — 50 000 qm
www.campingalpha.com, info@campingalpha.com

→ NIV Madrid–Cordoba Abf. Getafe, noch ca. 400 m. ✉ Ctra. de Andalucía, Km 12.400.

Ebenes Wiesengelände mit hohen Laubbäumen. Durch Hecken und Sträucher unterteilt. Zentrum (Madrid) 12 km entfernt. Busverbindung. Touristen-/Dauerstellplätze 300/50.
2007: (HS) P/N 6.80, K/N bis 10 J. 5.70, A/N 6.80, C/N 7.–, MC/N 11.80, T/N 7.–, M/N 6.80, H/N frei, WD inkl., Strom/N 5.90. In NS Ermäßigung.

✉ 28300 Aranjuez, Madrid — E 8250

[35] ★★★ »INTERNATIONAL ARANJUEZ« — 1.1. bis 31.12.
☎ 918/911395, Fax 914197 — 33 000 qm
www.campingaranjuez.com, info@campingaranjuez.com

→ NIV Madrid–Cordoba, bei km 39 nach Aranjuez abbiegen. In Aranjuez ab dem Ortszentrum beschildert. ✉ Soto de Rebollo s/n.
‹ UNESCO Weltkulturerbe "Spanisches Versailles" mit königlichen Palästen, Gärten und kulturellen Landstrichen.

Zweigeteiltes, ebenes Parkgelände am Fluss Tajo. Mit gepflegten Rasenflächen und mächtigen Bäumen in einem Teil des Schlossgartens. Bar. Ort 1.5 km entfernt. 270 Touristenplätze.
2007: (HS) P/N 4.50, K/N bis 10 J. 3.50, St/N 12.–, WD inkl., Strom/N 3.50 (10A). In NS Ermäßigung.

✉ 45004 Toledo — E 8500

[30] ★★★ »CAMPING EL GRECO« — 1.1. bis 31.12.
☎/Fax 925/220090 — 720 m — 25 000 qm
www.campingelgreco.ya.st, elgreco@retemail.es

→ N400/CM 400 Abf. (73) Santa Barbara. Über den Tajo. 4 mal über den Kreisverkehr geradeaus (Av. de la Cava). Ein 2. mal über den Tajo, dann rechts abbiegen Richtung La Pueblo-Grego folgen. Beim Kreisverkehr rechts ab, noch ca. 700 m. ✉ Ctra. Comarcal 4.000, Km 0.7.
‹ Alcazar (im span. Bürgerkrieg heftig umkämpft).

Parzelliertes, durch Hecken und Baumreihen unterteiltes, ebenes Gelände. Zum tieferen Tajotal einige Terrassen unter Bäumen. Teilweise asphaltierte Wege. Schöner Blick über Toledo. Gut für Toledo-Besuche geeignet. Bar. Kiosk. Brötchenservice. Öffentliches Telefon. Gute Busverbindung nach Toledo. Ort 2.5 km entfernt. 140 Touristenplätze.
2008: P/N 5.94, K/N bis 10 J. 5.12, A/N 5.74, C T/N 5.74, MC/N 11.19, M/N 4.77, WD inkl., Strom/N 3.95 (10 A).

✉ 16147 Cuenca, La Mancha — E 8600

[30] ★★★★ »CAMPING CARAVANING CUENCA« — 14.3. bis 12.10.
☎/Fax 969/231656 — 920 m — 230 000 qm
www.campingcuenca.com, info@campingcuenca.com

→ A 40 Madrid–Taracon–Cuenca Abf. (178). Beim Kreisverkehr auf die CM 2110. Nach ca. 8 km rechts ab auf die CM 2104. Ab hier beschildert. ✉ Ctra. Cuenca-Tragacete, Km 8.

Teils ebenes, teils terrassiertes und parzelliertes Pinienwald- und Wiesengelände bei einem Fluss. Überwiegend naturbelassen. Whirlpool. Ort (Cuenca) 8 km entfernt. 375 Touristenplätze.
2008: (zuzügl. 7% IVA) P/N 4.80, K/N bis 11 J. 3.80, A/N 4.40, C/N 5.80, MC/N 7.–, T/N 4.80/5.80, M/N 3.80, H/N 1.–, WD inkl., Strom/N 3.– (6-15A).

✉ 50210 Nuévalos, Zaragoza — E 9000

[30] ★★ »CAMPING LAGO-PARK« — 1.4. bis 30.9.
☎/Fax 976/849038 — 550 m — 30 000 qm

→ A2 Madrid–Zaragoza. In Alhama de Aragón südwärts Richtung Monasterio de Piedra abbiegen, bei Km 39. ✉ Ctra. Cillas de Alhama, Km. 39.

530

CAMPING CARAVANING

El Escorial
BUNGALOW PARK
(E 8100)

E-28280 EL ESCORIAL (MADRID)
Gebührenfreie A-6, Ausf. 47.
Straße Guadarrama-El Escorial M-600, km 3,500
Apartado de correos nº 8
Tel. (34) 918 90 24 12
Fax (34) 918 96 10 62
www.campingelescorial.com
info@campingelescorial.com

Unbedingt einen Zwischenstop wert auf dem Weg in den Süden. Gelegen in der schönsten Gegend der kastilianischen Hochebene, 3 km vom beeindruckenden Nationalmonument **Valle de los Caidos** (Tal der Gefallenen) und 8 km vom berühmten Kloster **San Lorenzo de El Escoria**l, Pantheon der spanischen Könige seit Karl I (u. V. von Deutschland), auf Spaniens geschichtsträchtigsten Boden. Ideal auch f. einen Besuch von Madrid, Segovia, Toledo, Avila, Aranjuez, usw. Beheizte Sanitäranl., Restaurant, Superm., viele Sportmöglichk., geräumige Stellpl., komfortable Holzbungalows, im Sommer 3 Schwimmbäder und alle Einr. eines Superplatzes. **1998 mit dem DCC-EUROPA-PREIS** ausgezeichnet.
Ganzjährig geöffnet.

CAMPINGS DE CALIDAD DE MADRID
AGRUPACION DE INTERES ECONOMICO

Terrassenplatz in Seenähe unterhalb steil aufragender Felsen. Umgebung reich an historischen Monumenten. Ort 600 m, Naturpark 2 km entfernt. 300 Touristenplätze.
2007: (HS) (zuzügl. 7 % IVA) P/N 5.60, K/N 3 bis 10 J. 5.50, A/N 5.80, C/N 6.–, MC/N 9.90, T/N 5.80, M/N 4.50, WD inkl., Strom/N 4.70. Ab 5 N und in NS Ermäßigung.

22003 Huesca — E9100
25 ★★ »CAMPING SAN JORGE« 15.3. bis 15.10.
Tel/Fax 974/227416 7000 qm
www.campingsanjorge.com, coniacto@campingsanjorge.com

→ N123/330 franz. Grenze–Zaragoza, ca. 1.5 km südlich von Huesca.
✉ Prolongación calle Ricardo del Arco.

Wiesengelände unter Laubbäumen. Neben einem Sportzentrum. Von einer Mauer umgeben. Straße und Bahnlinie in der Nähe. Ort 500 m entfernt. 70 Touristenplätze.
2007: P/N 3.90, K/N 3 bis 10 J. 3.10, A/N 3.90, C/N 4.20, MC/N 5.80, T/N 3.90, M/N 3.10, WD inkl., Strom/N 3.40 (10A).

50682 Sigües, Zaragoza — E9200
★★ »CAMPING MAR DEL PIRINEO« Ostern u. Juni bis Sept.
Tel 948/398074, Fax 887177, 398073 28700 qm
aytosigues@hotmail.com

→ N240 Pamplona–Huesca. Bei Km 335 zum See Embalse de Yesa abbiegen.

Zum Seeufer abfallendes Gelände unter Nadelbäumen. Sulfathaltige Quelle am Platz. Ort 7 km entfernt. 565 Touristenplätze.

22660 Escarrilla, Huesca — E9250
★★★★ »CAMPING ESCARRA« 1.1. bis 31.12.
Tel 974/487154, Fax 487642 1185m 45000 qm
www.valledetena.com, escarra@oem.es

→ N134 Pau (Frankr.)–Huesca (Span.), in Gan (Frankr.) abbiegen auf die D934 über die span. Grenze auf die C136 nach Escarrilla.

Ebenes Wiesengelände in einem von Berghöhen umgebenen Tal. 220 Touristenplätze.

Besuchen Sie Aranjuez, die Spanische Versailles

Camping Internacional Aranjuez
C/ Soto del Rebollo, s/n
E-28300 Aranjuez (Madrid) SPAIN
Telf.: (+34) 91 891 13 95
Fax: (+34) 91 892 04 06
info@campingaranjuez.com
(E 8250)
WiFi ZONE
www.campingaranjuez.com

✉ 22378 Viu de Linas, Huesca — E 9300

★★ »CAMPING VIU«   1.1. bis 31.12.
☎ 974/486301, Fax 486373   12 000 qm

→ N330 Huesca–Jaca, bei Sabinánigo abbiegen Richtung Biescas. Weiter auf der N260 (teilweise 10% Steigung) bis Km 484.
❀ Nationalpark von Ordesa

Leicht welliges Gelände, von bewaldeten Hügeln umgeben. Ort 5 km entfernt. Touristen-/Dauerstellplätze 80/20.

✉ 22639 Gavín-Biescas, Huesca — E 9350

[35] ★★★★ »CAMPING GAVÍN«   1.1. bis 31.12.
☎ 974/485090, Fax 485017   850 m   72 000 qm
www.campinggavin.com, info@campinggavin.com

→ N330/N260 Huesca–franz. Grenze. Bei Biescas abbiegen Richtung Broto. ✉ Ctra. N 260, Km 503 (GPS 42°62'03"N / 0°31'10"W).
❀ Ordesa–Naturpark

Terrassiertes, leicht abfallendes Wiesengelände mit Bäumen an einem Wald. Cafeteria. Appartments. Ort 1 km entfernt. 150 Touristenplätze.
2008: (HS) (zuzügl. 7% IVA) P/N 6.–, K/N bis 2 J. frei, A/N 6.–, C T/N 6.–, MC/N 10.30, M/N 5.60, H/N 1.–, WD inkl., Strom/N 5.60 (10 A). In NS bis 30% Ermäßigung.

✉ 22370 Oto, Huesca — E 9400

[25] ★★ »CAMPING OTO«   1.3. bis 15.10.
☎ 974/486075, Fax 486347   39 000 qm
www.campingoto.com, info@campingoto.com

→ N330/C136 Huesca–franz. Grenze. Bei Biescas abbiegen auf die kurvenreiche C 140 mit teilweise 10% Steigung nach Broto. Hier noch 1.5 km asphaltierte Zufahrt. ✉ Ctra. N 260, Valle de Broto (GPS 42°35'51"N / 0°07'51"W).
❀ Ordesa–Naturpark in 8 km.

Gelände im Tal des Rio de Ara. Familiäre Atmosphäre. Ort 200 m entfernt. 281 Touristenplätze.
2008: P/N 4.20, K/N bis 10 J. 3.70, A/N 3.70, C T/N 4.20, MC/N 6.20, M/N 3.70, WD inkl., Strom/N 3.70 (6 A).

✉ 22340 Boltaña, Huesca — E 9450

[30] ★★★★ »CAMPING BOLTAÑA«   12.1. bis 21.12.
☎ 974/502347, Fax 502023   650 m   60 000 qm
www.campingboltana.com, info@campingboltana.com

→ N240 Huesca-Lleida, in Barbastro abbiegen auf die N 123/A138. In Ainsa nach Boltaña. abbiegen. ✉ Ctra. N 260, Km 442, Ctra. Margudgued.

Terrassiertes und parzelliertes Wiesengelände im Tal des Rio Ara. Ort (Ainsa) 5 km entfernt. Touristen-/Dauerstellplätze 200/25.
2007: (HS) (zuzügl. 7% IVA) P/N 5.45, K/N bis 10 J. 4.65, A/N 5.80, C T/N 5.80, MC/N 10.50, M/N 4.80, H/N 2.70, WD inkl., Strom/N 4.60 (4/6/10 A). In NS Ermäßigung.

DCC-Vertragsplatz

✉ 22360 Labuerda, Huesca — E 9500

[40] ★★★★ »CAMPING PEÑA MONTAÑESA«   1.3. bis 10.12.
☎ 974/500032, Fax 500991   560 m   10 000 qm
www.penamontanesa.com, info@penamontanesa.com

→ N138 Barbastro–Ainsa, weiter auf der D173, ca. 2 km nördl. Ainsa. ✉ Ctra. Aínsa-Bielsa, Km 2.

Ebenes, parzelliertes Wiesengelände mit Blick auf die Berge. Ort 2 km entfernt. 288 Touristenplätze.
2007: (HS) (zuzügl. 7% IVA) P/N 5.90, K/N 1 bis 9 J. 4.80, St/N 18.50, H/N 3.75, WD inkl., Strom/N 5.– (6 A). In NS für DCC Pauschalen. In NS Erm. DCC 10% auf P/N.

DCC-Vertragsplatz

✉ 22482 La Puebla de Roda, Huesca — E 9550

[20] ★★★ »CAMPING ISABENA«   9.4. bis 10.12.
☎/Fax 974/544530   750 m   10 000 qm
www.camping-isabena.de, pbadia@t-online.de, campisabena@hotmail.com

→ C230 Lleida–franz. Grenze, in Benabarre abbiegen über Laguarres nach La Puebla de Roda, hier beschildert. ✉ Ctra. Campurruego.
❀ Kathedrale v. Roda (12. Jahrh.).

Ebenes bis leicht welliges Wiesengelände mit altem Eichenbestand. Ort 500 m entfernt. 120 Touristenplätze.
2007: (HS) (zuzügl. 7% IVA) P/N 3.90, K/N bis 10 J. 3.40, A/N 4.–, C 4.20, MC/N 7.50, T/N 4.–, M/N 3.30, WD inkl., Strom/N 3.50. In NS Erm. DCC 10% auf P/N.

✉ 22435 La Puebla de Castro, Huesca — E 9560

[36] ★★★ »CAMPING LAGO DE BARASONA«   1.3. bis Nov.
☎/Fax 974/545148   600 m   20 000 qm
www.lagobarasona.com, info@lagobarasona.com

→ N240 Huesca–Lleida, in Barbastron auf die C 139 nach Graus abbiegen. Vor Graus beschildert. ✉ Ctra. N 123A, Km 25 (GPS 42°08'35"N / 0°18'54"W).

Zum Westufer des »Lago de Barasona« terrassiertes abfallendes Wiesengelände. Parzelliert. Vom Ufer mit Liegewiese durch die Straße getrennt. Strand 80 m, Ort 5 km entfernt. 150 Touristenplätze.
2008: (HS) (zuzügl. 7% IVA) P/N 5.80, K/N bis 10 J. 4.85, A/N 6.–, C T/N 6.–, MC/N 11.–, M/N 4.85, H/N 2.80, Strom/N 5.60 (6A). Ab 14 N 5% und in NS Ermäßigung.

Kanarische Inseln

Fähren SPANIEN–KANARISCHE INSELN (ohne Gewähr):
Cádiz – Las Palmas – Tenerife
Samstag
Tenerife – Las Palmas – Arrecife – Cadiz
Mittwoch

Dauer der Überfahrt
ca. 2 Tage

✉ 38631 Cañada Blanca, Tenerife — E 9800

[25] ★★★ »CAMPING NAUTA«   1.1. bis 31.12.
☎ 922/785118, Fax 795016   120 000 qm
www.campingnauta.com, codetusa@terra.es

→ Schnellstraße Santa Cruz–Arona, nach Las Galletas abbiegen bis zum Ortsanfang. ✉ Cañada Blanca (GPS 28°01'42"N / 16°39'52"W).

Gelände auf zwei Terrassen an der Südspitze der Insel. Ort und Meer 2 km entfernt. Touristen-/Dauerstellplätze 80/150.
2008: (HS) P/N 4.40, K/N bis 10 J. 3.40, A/N 4.40, C/N 6.05, MC/N 6.40, T/N 4.40, M/N 3.40, B/N 6.40, WD inkl., Strom/N 3.40 (10 A). In NS Erm. DCC/CCI 10% auf P/N.

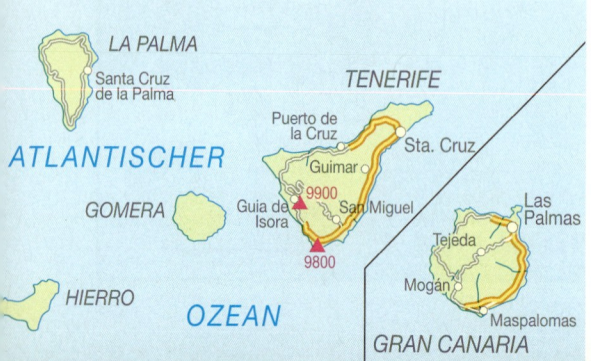

DCC – DEIN PARTNER!

✉ **38680 Guia de Isora,** Tenerife　　　　**E 9900**

★★　»CAMPING EL CASTILLO DE HIMECHE«　⚷　1.1. bis 31.12.
☏/Fax 922/693063　　　　　　　　380 m　　　　13 800 qm

→ TF 1 (Autopista del Sur) Santa Cruz–Los Cristianos. Weiter auf der Str. 822 an Adeje vorbei und über Tejina nach Guia de Isora. Hier gegenüber der Tankstelle links abbiegen. Beschildert.

Terrassenplatz umgeben von Plantagen und schönem Ausblick auf das entfernte Meer und die Insel Gomera. Teilweise parzelliert. Kabel-TV. Ort 3 km, Meer 7 km entfernt. Touristen-/Dauerstellplätze 50/50.

ESTLAND

Übersichtskarte Seite 533

Besondere Vorschriften und Regelungen

Personaldokumente: Deutsche Staatsbürger benötigen für die Dauer des Aufenthaltes einen gültigen Reisepass, Personalausweis oder Kinderausweis (im KA muss als Nationalität »Deutsch« vermerkt sein). Der Eintrag in dem Reisepass eines Elternteils wird ebenfalls anerkannt, wenn bei Kindern ab dem 7. Lebensjahr ein Lichtbild angebracht ist.
Je nach Transitland müssen Reisende entsprechende Transitvisa besitzen.

Krankenversicherung: Alle Reisenden müssen eine Auslandsreise-Krankenversicherung nachweisen können. Die Unterlagen sind im Original mitzuführen. Für EU-Staatsangehörige genügt als Nachweis die Europäische Krankenversicherungskarte. Zusätzlich empfehlen wir vor Reiseantritt eine private Auslandsreisekrankenversicherung für die Dauer des Aufenthalts abzuschließen, die weitere Leistungen wie zum Beispiel einen Rettungsflug abdeckt.

Visum: Bis zu einem Aufenthalt von 3 Monaten ist für Deutsche Staatsbürger kein Visum erforderlich.

Impfbescheinigungen: Im internationalen Reiseverkehr werden keine Impfbescheinigungen verlangt. Wir empfehlen aber Tetanus, Diphterie, Polio und unbedingt FSME.

Dokumente für Haustiere: Für Hunde und Katzen ist der »EU-Heimtierpass« mitzuführen. Er wird von behördlich ermächtigten Tierärzten ausgestellt. Der Pass muss Name und Anschrift des Besitzers enthalten und dem Tier eindeutig zugeordnet werden können; d.h. die Passnummer, die eine Identifizierung ermöglicht, wird dem Tier eintätowiert oder durch einen Mikrochip implantiert. Ein gültiger Tollwutimpfschutz muss ebenfalls im Pass nachgewiesen werden. Die letzte Impfung muss mindestens 30 Tage zurückliegen und darf höchstens 12 Monate vor der Einreise erneuert worden sein. Bei Tieren, die regelmäßig (einmal pro Jahr) geimpft werden, entfällt die 30-Tage-Frist. Für Jungtiere (bis 3 Monate) wird ein Gesundheitsattest vom Tierarzt benötigt, das bei der Einreise nicht älter als 10 Tage sein darf. Außerdem ist ein amtstierärztliches Gesundheitszeugnis in englischer, russischer oder estnischer Sprache erforderlich. Das Mindestalter des einführenden Tieres beträgt 10 Wochen. Spezielle Auskünfte erteilt die Botschaft der Republik Estland: Hildebrandtstr. 5, 10785 Berlin, Tel. 030/25 46 06 00, Fax 030/25 46 06 01.

Kfz: Für Reisende aus EU-Ländern ist für einen vorübergehenden Aufenthalt der nationale Führerschein und die nationale Zulassung ausreichend. Ist der Fahrzeugführer nicht der Besitzer des Kfz, muss eine Benutzungsvollmacht des Eigentümers vorliegen. Das Nationalitätskennzeichen »D« muss am Fahrzeug angebracht oder im EU-Nummernschild enthalten sein. Es besteht Haftpflichtversicherungszwang. Für Kfz aller Art ist das Kennzeichen eines Mitgliedstaates der EU ausreichend als Nachweis des EU-weiten Versicherungsschutzes. Die Mitnahme der »Internationalen grünen Versicherungskarte« wird jedoch empfohlen, da sie im Schadensfall die Abwicklung erleichtert. Auf ihr muss Estland (EST) aufgeführt sein. Da mit niedrigen Deckungssummen zu rechnen ist, wird dringend angeraten, im Heimatland eine Kurzkasko- und Insassen-Unfallversicherung abzuschließen. Ein Feuerlöscher im Auto ist Vorschrift.

Verkehrsvorschriften: Fahrzeuge im Kreisverkehr sind wartepflichtig. Straßenbahnen und Omnibusse haben immer Vorfahrt. Überholen ist im Bereich von Kreuzungen und Eisenbahnübergängen verboten. Alle Kfz und Motorräder müssen auch tagsüber mit Abblendlicht fahren. Die Benutzung von Mobiltelefonen ist nur mit Freisprechanlage erlaubt. Es dürfen 10 Liter Kraftstoff pro Kfz im Reservekanister mitgeführt werden. Bei Unfällen muss immer die Polizei verständigt werden. Es besteht Anschnallpflicht und absolutes Alkoholverbot!

Tempolimits: Innerorts: Pkw/Gespanne 50 km/h, Landstraßen: Pkw/Gespanne 90/70 km/h, Schnellstraßen/Autobahnen: Pkw/Gespanne 110/90 km/h. Bei Führerscheinbesitz unter 2 Jahren Höchstgeschwindigkeit 70 km/h.

Telefon: Deutschland–Estland: 00372. Estland–Deutschland: 80049.

Unfallnotruf: Polizei: 110, Unfallrettung: 112.
Pannenhilfe leistet der Straßenhilfsdienst des Eesti Autoclubi rund-um-die-Uhr unter Tel. 69691 88, Mobil 1888.

Ärztliche Hilfe: Tallinn: Teet Lainevee (spricht englisch), Kuldnoka Str. 14-19, 06/559387, priv. 559680.

Devisen: Bei der Ein- und Ausreise dürfen ohne Deklaration in Landes- und Fremdwährung Noten und Münzen bis 80 000 eek mitgeführt werden. Ab 200 000 eek ist eine Deklaration erforderlich.

Camping: Campingplätze mit westeuropäischen Standard gibt es zunehmend. Zeltplätze mit bescheidenem Komfort sind in allen 3 baltischen Staaten zu finden. Manche Campingplätze sind mit kleinen Miet-Holzhütten ausgestattet, jedoch gibt es zunehmend solche mit einer in Deutschland üblichen Ausstattung. Neue Campingplätze kommen ständig dazu. In den Nationalparks darf man nur auf den ausgewiesenen Plätzen campieren. Außerhalb von Campingplätzen, auf Straßen, Rastplätzen, Bauernhöfen oder im freien Gelände (Besitzer um Erlaubnis fragen) ist Campen mit Einschränkungen meist geduldet.
Das Stromnetz ist auf 220 V Wechselstrom (50 Hz) ausgelegt. Es empfiehlt sich die Mitnahme eines Adapters.

Wassersport: Bei der Mitnahme von Booten sollte man bei der Botschaft von Estland anfragen.

Allgemeine Informationen:

D-10711　　Berlin, Baltikum Tourismus Zentrale
　　　　　　Katharinenstraße 19-20, Tel. 030/89009091,
　　　　　　Fax 030/89009092, www.baltikuminfo.de,
　　　　　　www.gobaltic.de, info@gobaltic.de

Vertretung der Bundesrepublik Deutschland:

EE-15048　　Tallinn, Deutsche Botschaft, Toom-Kuninga 11
　　　　　　Tel. 00372 6/27 53 00, Fax 27 53 04
　　　　　　Visastelle: Tel. 27 53 03, Fax 27 53 05
　　　　　　www.germany.ee, saksaaa@online.ee

Ausführliche Einreisebestimmungen mit detaillierten Angaben zu den Themen Reisedokumente, Zoll- und Devisenbestimmungen, Reisen mit dem Kraftfahrzeug, Camping und der Aufenthalt im Urlaubsland sind bei der Touristik-Abteilung des DCC gegen Rückporto erhältlich.

Campingplätze ab Seite 534

Gebühren in Landeswährung, sofern nichts anderes angegeben.
Währungseinheit:　　　1 Estnische Krone (EEK) = 100 sents
Devisenkurs:　　　　　1 Euro = ca. 15,65 EEK
　　　　　　　　　　　1 EEK = ca. 0,06 Euro (Stand: Oktober 2007).

Bei Gebühren mit der Vorjahreszahl muss eventuell mit einer Anhebung für das laufende Jahr gerechnet werden. Außerdem können sich die angegebenen Öffnungszeiten verändert haben und es ist möglich, dass angegebene Ermäßigungen nicht mehr gewährt werden.
Bei Gebühren in Euro können sich unter Umständen Schwankungen im Umrechnungskurs ergeben.

EST

76401 Laagri bei Tallinn, Harjumaa — EST 1200

»CAMPING UND HOTEL SALZBURG« — 1.1. bis 31.12.
6503965, Fax 6503900 — 20 m — 5000 qm
www.salzburg.ee, info@salzburg.ee

→ Straße Tallinn–Pärnu Abf. Saue dann in nördl. Richtung. ✉ Pärnu mnt. 555.

800 m

Teils kiesig harter Grund, teils Wiesengelände mit einzelnen Bäumen beim dazugehörigen Hotel. Befestigte Moca-Plätze. Imbiss. W-LAN. Wäscheservice. Ort (Tallinn) 12 km entfernt. 40 Touristenplätze.
2007: (€) 2 P/N inkl. St/N, WD und Strom (10 A) 20.–.

11911 Tallinn-Pirita, Harjumaa — EST 1251

NEU

»PIRITA SADAMA KÄMPING« — 1.1. bis 31.12.
372/6398980 — 7000 qm
www.piritatop.ee, sadam@piritatop.ee

→ Straße 1 Tallinn-Zentrum ca. 5 km in nordöstlicher Richtung zum Ortsteil Pirita. Hier zum Hafen, beschildert. ✉ Regabi pst. 1 (GPS: 59°27'50" N / 24°49'15" E).

100 m — 500 m

Platz im Bootshafengelände mit asphaltierten Flächen und Wiesenteilen für Zelte. Zentrum 5 km entfernt. 60 Touristenplätze.
2007: P/N inkl. A/N 75.–, C MC/N 200.–, T/N 50.–, WD und Strom (10 A) inkl.

10187 Tallinn, Harjumaa — EST 1253

»TALLIN CITY CAMPING« — 22.5. bis 15.9.
372/6052044, Fax 6137429 — 7000 qm
www.tallinn-city-camping.ee, info@tallinn-city-camping.ee

→ Ab Zentrum Tallinn ca. 2 km zum Messegelände. Auf dem Areal des Messegeländes, beschildert. ✉ Pirita tee 28. (GPS: 59°26'55" N / 24°48'30" E).

100 m — 1 km

Ebenes und schattenloses Asphalt- und Wiesengelände mit einzelnen Büschen am Waldrand und in Meernähe. Imbiss. Bar. Zentrum 3 km entfernt. 50 Touristenplätze.
2008: P/N 50.–, K/N 4 bis 12 J. 25.–, St/N 200.–, H/N 50.–, WD inkl, Strom 60.– (16 A).

45501 Käsmu-Vösu, Lääne-Virumaa — EST 1320

»CAMPING EESTI KARAVAN« — 2.5. bis 30.9.
372/5052053, Fax 3244265 — 30 000 qm
www.zone.ee/karavanid, karavaniklubi@hot.ee

→ M1/E20 Tallinn–Narva Abf. Loksa/Vösu, nach ca. 12 km in Richtung Vösu abbiegen. Noch ca. 10 km, beschildert. ✉ Lepispea küla 3 (GPS: 59°34'35" N / 25°56'10" E).

50 m

1 km

Ebenes, teilweise parzelliertes und von Büschen und Bäumen umrandetes Wiesengelände mit eigenem flachem Sandstrand (Vösu-Strand). Clubplatz des Estnischen Caravan Club/Eesti Karavan. Familiäre Atmosphäre. Telefon für Gäste. Trampolin. Wäscherei. Ort (Vösu) 1 km entfernt. 200 Touristenplätze.
2007: P/N inkl., St/N 190.–, kl. T/N pro P/N 50.–, WD und Strom (16 A) inkl.

92111 Kassari, Insel Hiiumaa — EST 1420

»CAMP VETSI TALLI HOLIDAYS VILLAGE« — April bis Okt.
4622550 — 5000 qm
www.vetsitall.ee, info@vetsitall.ee

→ P80 Helterma–Kärdla Abf. bei Sunremöisu auf die P83 abbiegen in Richtung Kassari-Emmate. Bei Vaemla auf die Insel Kassari abbiegen. Der Platz liegt am westlichen Ortsrand an der Straße.

1 km

Wiesengelände mit einzelnen Bäumen in Ortslage. Zeltwiese. Sportmöglichkeiten. Volleyball. Bungalows in Fässer-Form. FW. Ort 1 km entfernt. 40 Touristenplätze.
2007: P/N inkl. St/N, WD und Strom (10 A) 250.–.

92212 Köpu, Hiiumaa — EST 1440

»CAMPING PIHLA TALU« — April bis Okt.
372/56470091 — 25 000 qm
www.hot.eelpihla.ee, pihla@hot.ee

→ Straße 80 Helterma–Kärdla–Luidja Abf. in Richtung Köpu-Euletorn. Auf die Beschilderung »Pihla Talu« achten

200 m — 3 km

Ebene Wiese mit Bäumen bei einem Bauernhof. Familiäre Atmosphäre. Imbiss. W-LAN. FW. Volleyball. Ort 500 m entfernt. 30 Touristenplätze.
2007: P/N inkl. St/N 320.–, WD zuzüglich, Strom (10 A) inkl.

93501 Kärla, Insel Saaremaa — EST 1530

»CAMPING KARUJÄRVE« — Mai bis Sept.
372/4542034, 4542181
www.karujärve.ee, jyri.kuwsk@mail.ee

→ P74 Kuivastu–Kuressaare, hier auf die P78 Richtung Kihelkonna Abf. Kärla, noch ca. 6 km.

Wiesengelände mit Büschen und Bäumen. Separate kostenlose Pkw-Abstellung - sonst Gebühr. Imbiss. Bar. 50 Touristenplätze.
2007: P/N inkl., A/N 60.–, C MC/N 170.–, T/N 35.–, WD zuzüglich, Strom keine Angabe.

93826 Lilbi küla, Insel Saaremaa — EST 1560

NEU

»CAMPING SUURE TÕLLU PUHKEKÜLA« — 1.5. bis 31.8.
/Fax 372/4545404 — 50 000 qm
www.suurtoll.ee, suurtoll@suurtoll.ee

→ Straße 74 Kuivastu–Kuressaare, bei Lilbi beschildeter Abzweig.

250 m — 3.5 km

Wiesengelände mit einzelnen Bäumen und geschotterten Stellflächen. FW. Kegelbahn. Korbball. Ort (Kuressaare) 5 km entfernt. 20 Touristenplätze.
2007: P/N inkl., C MC-St/N 110.–, inkl. T-St/N 50.–, WD und Strom (16 A) inkl.

93816 Kuressaare, Insel Saaremaa — EST 1570

NEU

»CAMPING KURESSAARE CITY HARBOUR« — 1.4. bis 1.10.
372/4533450, 4533440, Mobil 5031953 — 4000 qm
sadam@sivainvest.ee

→ Straße 74 Kuivastu–Kuressaare. Hier zum Yachthafen, beschildert. (GPS: 58°14'37" N / 22°28'15" E).
• Bischofsburg.

200 m — 800 m

Ebenes asphaltiertes Gelände mit angrenzendem Wiesenstreifen beim Yachthafen. W-LAN. Ort 1 km entfernt. 40 Touristenplätze.
2007: P/N inkl., St/N 180.–, WD und Strom (16 A) inkl.

93822 Mändjala/Kuressaare, Insel Saa. — EST 1580

»CAMPING MÄNDJALA« — 1.6. bis 31.8.
372/5225300, Fax 4533669 — 5 m — 150 000 qm
www.mandjala.ee, mandjala@saaremaa.ee

→ P77 Kuressaare–Sörve Abf. Mändjala. Am westl. Ortsrand bei der Bushaltestelle von der P77 meerwärts abbiegen. Der Beschilderung »Kämping« folgen. ✉ Kaarma parish (GPS: 58°13'06" N / 22°20'00" E).

200 m — 3 km

Kiefernbewachsene Dünenstreifen zwischen Strand und Bungalowsiedlung. Öffentlicher Zugang zum Strand über den Platz. Zeltwiese. Sportmöglichkeiten. Ort 500 m entfernt. 50 Touristenplätze.
2007: (HS) P/N 35.–, K/N 4 bis 12 J. 25.–, A/N 25.–, C MC/N 155, T/N 25.–, M/N 25.–, H/N 100.–, WD zuzügl., Strom/N 30.–. (10 A). In NS Ermäßigung.

Das CCI-Carnet ist im Ausland als Identitäts-Ausweis anerkannt. Im Inland genügt die Vorlage des DCC-Mitgliedsausweises.

93201 Tehumardi-Salme, Insel Saa. — EST 1590

[15] ★★★ »CAMPING TEHUMARDI« 1.1. bis 31.12.
☎/Fax 372/4571666, Mobil 5105150 5 m 75 000 qm
www.tehumardi.ee, info@tehumardi.ee

→ P77 Kuressaare–Tehumardi. Hier zum Erholungszentrum Tehumardi. ✉ Salme vald (GPS: 58°10'55" N / 22°15'16" E).

300 m 2 km 7 km
10 km 16 km

Überwiegend ebenes und teilweise parzelliertes Wald- und Wiesengelände mit Wacholderbüschen, Kiefern und einem Teich in Ostseenähe. Familiäre Atmosphäre. Kabel-TV. W-LAN. Trimmpfad. FW. Separater Jugendplatz. Ort (Salme) 2.3 km entfernt. Separater Jugendplatz. 50 Touristenplätze.
2008: (HS) P/N inkl., C MC-St/N 180.–, T-St/N 35.–, WD zuzügl., Strom/N 36.– (16 A). In NS Ermäßigung.
DCC 10% auf P/N.

86002 Häädemeeste-Kabli, Pärnumaa — EST 1650

[20] ★★ »LEPANINA HOTELL« 1.1. bis 31.12.
☎/Fax 4465024 5 m 75 000 qm
www.lepanina.ee, lepanina@lepanina.ee

→ Straße 4/E67 Ikla–Tallinn Abf. Häädemeeste-Kabli. ✉ Häädemeeste vald (GPS: 57°59'50" N / 24°25'18" E).

600 m 2 km

Wiesengelände in einem Kiefernwäldchen, teilweise geschotterte Stellflächen hinter dem dazugehörigen Hotel. W-LAN. Bungalowdorf mit weiterem Sanitärangebot 200 m, Ort 2 km entfernt. 50 Touristenplätze.
2008: (HS) P/N inkl., C MC-St/N 260.–, T-St/N 200.–, H/N 150.–, WD und Strom (16 A) inkl. In NS Ermäßigung.
DCC 10% auf St/N.

86509 Tahkuranna, Pärnumaa — EST 1660

[10] ★★ »TACKENDORF PUHKEMAJA« 1.1. bis 31.12.
☎ 372/4457411, Mobil 5219722 5000 qm
www.tackendorf.ee, info@tackendorf.ee

→ Straße 4/E67 Ikla–Tallinn Abf. ca. 5 km hinter Vöista nach Tahkuranna, beschildert. (GPS: 58°14'40" N / 24°28'40" E).

700 m 2 km 2.5 km 5 km

Ebenes, schattenloses Wiesengelände bei einem Gutshof in Strandnähe. Brötchenservice. W-LAN. Volleyball. Ort (Vöista) 5 km entfernt. 40 Touristenplätze.
2007: P/N inkl., St/N 150.–, WD inkl., Strom/N 50.– (10 A).

80021 Pärnu, Pärnumaa — EST 1665

[15] ★★★ »CAMPING KONSE« 1.1. bis 31.12.
☎ 372/53435092, Fax 4475561 6000 qm
www.konse.ee, info@konse.ee

→ Straße 4/E67 Ikla–Tallinn Abf. Pärnu. Weiter in die Stadt (nicht die Umfahrung) und bis zum Maxima. Hinter dem Maxima rechts und dann links in die Suur-Joe abbiegen, beschildert. ✉ Suur-Joe 44a (GPS: 58°23'05" N / 24°31'35" E).

300 m
500 m 700 m

Ebenes Wiesengelände mit einzelnen Bäumen bei einem Motel. Ergänzt durch asphaltierte Flächen. Imbiss. W-LAN. Zentrum 1 km entfernt. 80 Touristenplätze.
2008: 2 P/N und 2 K/N inkl. C MC-St/N 200.–, weitere P/N 60.–, K/N bis 12 J. 30.–, T-St/N 60.–, WD inkl., Strom/N 15.– oder kWh 1.40.
CCI 5% auf P/N.

90506 Haapsalu, Läänemaa — EST 1682

[15] ★★★ »CAMPING PIKSEKE« 1.1. bis 31.12.
☎ 372/4755779 7500 qm
www.campingpikseke.com, info@campingpikseke.com

→ M17 Tallinn–Haapsalu. Hinter dem Ortseingang Haapsalu der Beschilderung folgen. Immer unmittelbar nach den Hinweisschildern in die angegebene Richtung abbiegen. Aus Richtung Pärnu kommend kurz hinter dem Ortseingang gegenüber einer Tankstelle links in die Männiku-tee einbiegen, noch ca. 300 m. ✉ Männiku tee 34 (GPS: 58°55'40" N / 23°32'15" E).

100 m 150 m 2 km

Ebenes Gartengelände mit Büschen und Bäumen am südwestlichen Stadtrand von Haapsalu. Familiäre Atmosphäre. Brötchenservice in HS. W-LAN. Massagen. Korbball. Trampolin. Ort 1.7 km entfernt. 40 Touristenplätze.
2007: P/N 15.–, C MC-St/N 140.–, T-St/N 140.–/120.–, WD inkl., Strom/N 30.– (10 A).

91202 Tuksi-Elbiku, Läänemaa — EST 1685

[20] ★ »ROOSTA PUHKEKÜLA HOLIDAY VILLAGE« 1.1. bis 31.12.
☎ 4797230, Fax 4797245 12 000 qm
www.roosta.ee, roosta@roosta.ee 5 m

→ Straße 9 Haapsalu–Tallinn Abf. nach ca. 5 km auf die Straße 17. bei Linnamäe links in Richtung Dirhami abbiegen, beschildert. ✉ Noarootsi vald

6 km 10 km

Kiefernwaldgelände mit langen Sanddünen am Meer bei dem dazugehörigen Hotel. Befestigte Caravan- und Mocaplätze. Bungalow-Anlage. Imbiss. Veranstaltungen. W-LAN. Wäscheservice. Boccia- und Kegelbahn. Bowling. Ort (Dirhami) 5 km entfernt. 50 Touristenplätze.
2008: (HS) P/N zuzügl., K/N 6 bis 12 J. zuzügl., C MC-St/N 250.–, T/N 100.–, M/N 100.–, B/N 100.–, H/N 150.–, WD und Strom inkl. In NS Erm.
DCC/CCI 10% auf P/N.

41001 Alajöe-Remniku, Ida-Virumaa — EST 1735

[10] ★★ »CAMPING PUHKEKESKUS SUVI« 1.1. bis 31.12.
☎ 3393119, Fax 3393131 100 000 qm
www.peipsi-suvi.ee, info@peipsi-suvi.ee

→ Straße 3 Tartu–Jöhvi Abf. Kauksi nach Uusküla und weiter über Alajöe nach Remniku.

50 m 3 km

Unparzelliertes Wiesengelände mit schönem Sandstrand am Peipsi-See. Telefon für Gäste. Wassersportmöglichkeiten. Bocciabahn. Ort (Alajöe) 4 km entfernt. 30 Touristenplätze.
2007: P/N inkl., St/N 150.–, WD und Strom inkl.

41702 Toila, Ida-Virumaa — EST 1750

[20] ★★★ »CAMPING TOILA SANATOORIUM« 1.1. bis 31.12.
☎ 3342903, 3342920 5 m 8000 qm
www.toilasanatoorium.ee, info@toilasanatoorium.ee, camping@toilaspa.ee

→ A1/E20 Tallinn–Narva Abf. ca. 6 km hinter Jöhvi nach Toila, beschildert. ✉ Ranna 12 (GPS: 59°25'35" N / 27°30'55" E).

50 m 1 km

Ebenes Wiesengelände mit einigen Bäumen an der Steilküste und beim Toila Spa Hotel. Zum Strand über eine steile Treppe. W-LAN. Whirlpool. Massagen. Fitnessraum. Wäscheservice. Ort 1 km entfernt. 40 Touristenplätze.
2007: (€) P/N 4.–, St/N 7.50, WD und Strom (13 A) inkl.

70101 Viljandi, Viljandimaa — EST 1838

[10] ★★ »SAMMULI PUHKEKÜLA« 1.1. bis 31.12.
☎ 372/5044298, Fax 5136599 39 000 qm
www.toilasanatoorium.ee, info@t

→ Straße 2/49 Tallinn–Viljandi Abf. Karksi Nuia, am See beschildert.

150 m 5 km

Gepflegtes Wiesengelände am See Viljandi. FW. Bar. W-LAN. Basketball. Zentrum 8 km entfernt. 50 Touristenplätze.
2007: P/N inkl., C MC-St/N 150.–, T-St/N 50.–, WD u. Strom (10 A) inkl.

61510 Elva, Tartumaa — EST 1850

[10] ★★★ »CAMPING WAIDE MOTELL KAOKÜLA« 1.5. bis 1.10.
☎ 372/7303606, Fax 7303605 2500 qm
www.waide.ee, info@waide.ee

Straße 3 Valga–Tartu, in Elva beschildert. ✉ Käküla (GPS: 58°13'10" N / 26°22'15" E).

3 km

Ebenes Wiesengelände hinter dem motel, von Büschen und Bäumen umgeben. Imbiss. FW. W-LAN. Strandbad 500 m, Ort 3 km entfernt. 50 Touristenplätze.
2007: (€) P/N inkl., C MC-St/N 13.–, T-St/N 7.–, WD zuzügl. Strom (10 A) inkl.

EST

FRANKREICH

Übersichtskarte Seite 538/539, 555, 569, 587, 593

Besondere Vorschriften und Regelungen

Personaldokumente: Gültiger Reisepass oder Personalausweis bis zu einem Aufenthalt von 3 Monaten. Kinder unter 16 Jahren benötigen einen Kinderausweis (mit Vermerk »Deutsch«) oder Eintrag im Familienpass.

Impfbescheinigungen: Werden nicht verlangt.

Dokumente für Haustiere: Für Hunde und Katzen ist der »EU-Heimtierpass« mitzuführen. Er wird von behördlich ermächtigten Tierärzten ausgestellt. Der Pass muss Name und Anschrift des Besitzers enthalten und dem Tier eindeutig zugeordnet werden können; d.h. die Passnummer, die eine Identifizierung ermöglicht, wird dem Tier eintätowiert oder durch einen Mikrochip implantiert. Ein gültiger Tollwutimpfschutz muss ebenfalls im Pass nachgewiesen werden. Die letzte Impfung muss mindestens 30 Tage zurückliegen und darf höchstens 12 Monate vor der Einreise erneuert worden sein. Bei Tieren, die regelmäßig (einmal pro Jahr) geimpft werden, entfällt die 30-Tage-Frist. Im Reiseverkehr dürfen höchstens drei, nicht zur Abgabe an Dritte bestimmte, Tiere mitgeführt werden, darunter jedoch höchstens ein Jungtier zwischen 4 und 6 Monaten. Tiere unter 4 Monaten benötigen eine Einfuhrerlaubnis. Einfuhrverbot besteht für Hunderassen wie z.B. Pitbull und Boerbull. Da über die betroffenen Rassen widersprüchliche Angaben existieren, sollte vor Reiseantritt nochmal bei der Botschaft nachgefragt werden.
Spezielle Auskünfte erteilt die Französische Botschaft: Pariser Platz 5, 10117 Berlin, Tel. 030/590039 00, Fax 030/590039110.

Kfz: Nationaler Führerschein und nationale Zulassung sind ausreichend. Das Nationalkennzeichen »D« muss an allen Fahrzeugen, auch an den Anhängern, angebracht sein. Oder es ist im EU-Nummernschild enthalten. Wird das Fahrzeug nicht vom Eigentümer selbst benutzt, muss der Fahrer im Besitz einer Benutzungsvollmacht des Eigentümers sein. Es besteht Haftpflichtversicherungszwang. Das amtl. deutsche Kennzeichen (keine Zollnummer) genügt als Nachweis einer bestehenden Kfz-Haftpflichtversicherung. Die Mitnahme der »Internationalen Grünen Versicherungskarte« wird jedoch dringend empfohlen, da sie im Schadensfall die Abwicklung erleichtert.

Verkehrsvorschriften: Straßenbahnen und Fahrzeuge im Kreisverkehr haben immer Vorfahrt. An gelb gestreiften Fahrbahnrändern besteht generelles Parkverbot. Beim Parken in den Städten ist zu beachten, dass entsprechend den Monatszeiten nur auf der linken oder auf der rechten Seite geparkt werden darf (Hinweisschilder). Parken in der »Zone Bleue« ist nur mit Parkscheibe gestattet. Abblendlicht ist bei Regen und Schnee und bei Tunnelfahrten vorgeschrieben. Auf dreispurigen Straßen dürfen Fahrzeuge oder Gespanne über 3,5 t nicht auf der äußeren linken Fahrspur überholen. Für Motorradfahrer besteht Helmpflicht. Es besteht Anschnallpflicht. Promillegrenze: 0,5.

Tempolimits: Innerorts: Pkw/Gespanne 50 km/h, Landstraßen: Pkw/Gespanne 90 (bei Nässe 80) km/h, Schnellstraßen (2-spurig): 110 (bei Nässe 100) km/h, Autobahnen: Pkw/Gespanne 130 (bei Nässe 110) km/h.

Telefon: Deutschland–Frankreich: 0033, dann die regionale Kennziffer, gefolgt von der 8-stelligen Rufnummer. Frankreich–Deutschland: 0049.

Unfallnotruf: Polizei/Unfallrettung (police secours): 17.
Allgemeiner Notruf europaweit: 112, Notarzt: 15, Feuerwehr: 18.
Pannenhilfe auf Autobahnen kann man über die Notrufsäulen erreichen. Auf Landstraßen, in Ortschaften und Städten (außer Autobahnen) rundum-die-Uhr Tel. 04/72 17 12 22 (auch in deutscher Sprache).

Devisen: Für die Ein- und Ausfuhr von Fremdwährung bestehen keine Beschränkungen. Werden Beträge über € 7600.– ein- und ausgeführt, ist eine Deklaration erforderlich.

Camping: In Frankreich gibt es mehr als 9000 Campingplätze. Es ist damit das Land mit den meisten Campingplätzen in Europa. 1100 davon befinden sich in den touristisch interessanten Gebieten und an den Wegen dorthin. Diese haben wir auf den nachfolgenden Seiten beschrieben. Viele Gemeinden haben kommunale Campingplätze eingerichtet die zwar überwiegend einfach ausgestattet, aber preiswert sind und sich als Etappenplätze anbieten. Die Campingplätze in Küstennähe sind in der Hochsaison stark frequentiert. Aus diesem Grund raten wir zu einer rechtzeitigen Buchung.
Wir weisen daraufhin, dass bei vorzeitiger Abreise oftmals die vorausgezahlten Reservierungs- und Platzgebühren nicht erstattet werden. Wir empfehlen die Camping Card International (CCI) mitzunehmen, da diese auf vielen Campingplätzen verlangt wird. Generell gilt sie als Legitimation und kann anstelle der Personalpapiere während der Aufenthaltsdauer bei der Platzverwaltung hinterlegt werden. Für den Platzhalter ist sie wichtig, weil mit ihr eine Camping-Haftpflichtversicherung nachgewiesen wird. Freies Campen ist in Frankreich und Korsika nicht erlaubt. Ausnahme: Einmaliges Übernachten auf Park- und Rastplätzen. Es sollten jedoch nach Möglichkeit Campingplätze, besonders im südlichen Landsteil und Korsika angefahren werden, um ein mögliches Sicherheitsrisiko auszuschließen.
Das Stromnetz ist auf ein Spannung von 220 Volt Wechselstrom (50 Hz) ausgelegt. Auf vielen Campingplätzen wurde die Euro-CEE-Stecker noch nicht eingeführt, deshalb sollte ein Adapter mitgenommen werden.
Wassersport: Boote dürfen innerhalb eines Zeitraums von 12 Monaten für sechs Monate zollfrei eingeführt werden. Grenzdokumente sind erforderlich für Boote ab 5.50 m Länge ohne Motor und für Boote mit Motoren über 92 ccm. Es besteht Führerscheinpflicht nach deutschen Bestimmungen.

Allgemeine Informationen:

D-60325 **Frankfurt/M,** Franz. Fremdenverkehrsamt, Westendstr. 47
D-60001 **Frankfurt/M,** Post: Postfach 100 128
Tel. 069/97 58 01 31, Fax 069/74 55 56
Info-Abtl. Tel. 0190/57 00 25, Fax 0190/59 90 61 (€ –.62/Min.)
www.franceguide.com, franceinfo@mdlf.de

Vertretung der Bundesrepublik Deutschland:

F-75008 **Paris,** Deutsche Botschaft, 13/15 Avenue Franklin D. Roosevelt
Tel. 00 33 1/53 83 45 00, Fax 00 33 1/43 59 74 18
www.amb-allemagne.fr, ambassade@amb-allemagne.fr

F-75116 **Paris,** Außenstelle der Deutschen Botschaft
Rechts- u. Konsularabteilung , 28, rue Marbeau
Tel. 00 33 1/53 83 45 00, Fax 00 33 1/40 67 93 53
service-consulaire@amb-allemagne.fr

Ausführliche Einreisebestimmungen mit detaillierten Angaben zu den Themen Reisedokumente, Zoll- und Devisenbestimmungen, Reisen mit dem Kraftfahrzeug, Camping, Wassersport und der Aufenthalt im Urlaubsland sind bei der Touristik-Abteilung des DCC gegen Rückporto erhältlich.

Campingplätze:

Gebühren-Angaben in EURO.
Bei Gebühren-Angaben mit der Vorjahreszahl muss eventuell mit einer Anhebung der Gebühren für das laufende Jahr gerechnet werden. Außerdem können sich die angegebenen Öffnungszeiten verändert haben und es ist möglich, dass angegebene Ermäßigungen nicht mehr gewährt werden.

✉ 59123 Bray-Dunes, Nord — F 1010

★★★ »CAMPING CLUB PERROQUET« — April bis Sept.
☎ 03/28583737, Fax 28583701 — 280 000 qm
www.campingperroquet.com, camping-perroquet@wanadoo.fr

→ N39/N1 Veurne–Dunkerque, über Bray–Dunes abbiegen auf die D 60 bis zur belgischen Grenze. Hier links.

Ausgedehntes, überwiegend naturbelassenes und welliges Gelände in den Dünen. Ort 5 km entfernt. Touristen-/Dauerstellplätze 850/200.

✉ 59123 Zuydcoote — F 1012

★★ »CAMPING DE L'ESTRAN« — Feb. bis Nov.
☎ 03/28265644, Fax 28268651 — 60 000 qm
www.campingdeléstran.com, campingestran@wanadoo.fr

→ D 60 Bray-Dunes–Dunkerque, in Zuydcoote beschildert. ✉ Route des dunes Prolongée.

Leicht welliges, parzelliertes Dünengelände mit direktem Strandzugang. Privatstrand 150 m, Ort 500 m entfernt. Touristen-/Dauerstellplätze 88/70.

Als DCC-Mitglied sind Sie immer gut beraten
Deutscher Camping-Club e.V., Postf. 40 04 28, 80704 München

Treffpunkt der Camping-Touristen auf der Fahrt nach Süden und auf der Rückreise:

DCC-Campingpark „Kehl-Straßburg" an der Europa-Brücke!

Besuchen Sie uns – vielleicht bleiben Sie länger als sie vorhatten.
(Beschreibung im Deutschlandteil Nr. 7605, Seite 220 und 223)

Nacht AB 14€ FÜR CAMPING*

Freie Natur und großer Komfort – Ferien ganz nach Wunsch im Yelloh ! Village.

Yelloh ! Village ist die erste Kette von Luxuscamping-dörfern und bietet in 39 Dörfern in verschiedenen Regionen Frankreichs und zwei Dörfern in Spanien Service und Anlagen von hoher Qualität und eine ehrgeizige Verpflichtungs-Charta.
Jedes Yelloh ! Village garantiert Ihnen:
- Wasserspaß: Meer, Ozean, Pool, Fluss, See…
- Außergewöhnlich schöne Lage und gepflegte natürliche Umgebung.
- Service, Animationen, Aktivitäten für alle, vom ersten bis zum letzten Öffnungstag.
- Komfortable, wählbare Stellplätze und Mietunterkünfte.
- Sorgfältige Betreuung, individuelle Informationen, Internet-Buchung.

Im Yelloh ! Village können Sie die neue Dimension der "Freilufthotellerie" neu oder wieder entdecken und Ihre Ferien in Yelloh ! Color so richtig genießen.

DDB Travel & Tourism - Fotos: D. Narbeburu / M. Huynh / DR.

Nacht AB 29€ IM COTTAGE* FÜR 4/6 PERS.

* Siehe Angebot des betreffenden Campingdorfs.

NÄHERE INFORMATIONEN
www.yellohvillage.com
INFORMATION - RESERVIERUNG
0033 466 739 739

Urlaub in Yelloh ! Color

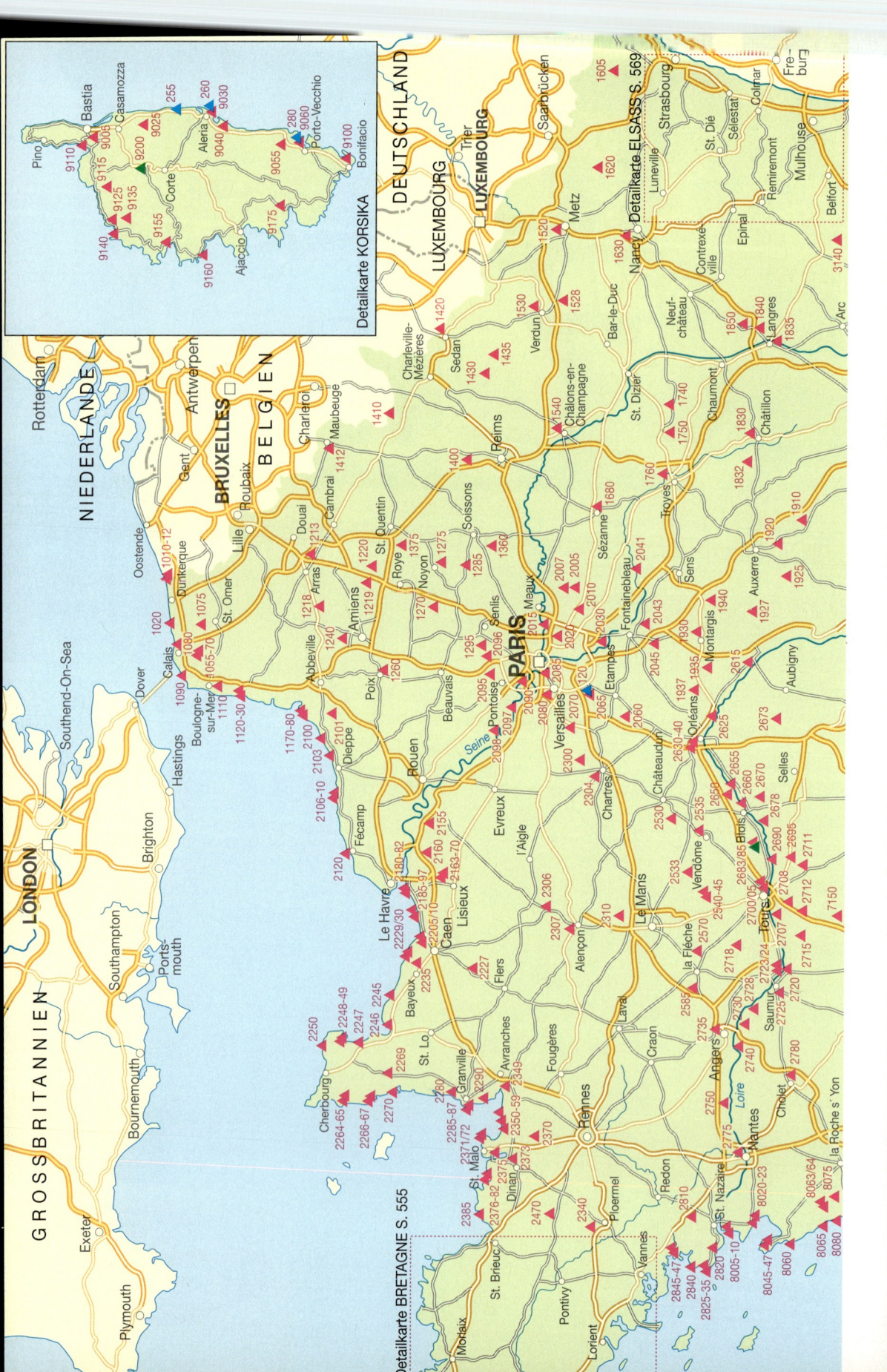

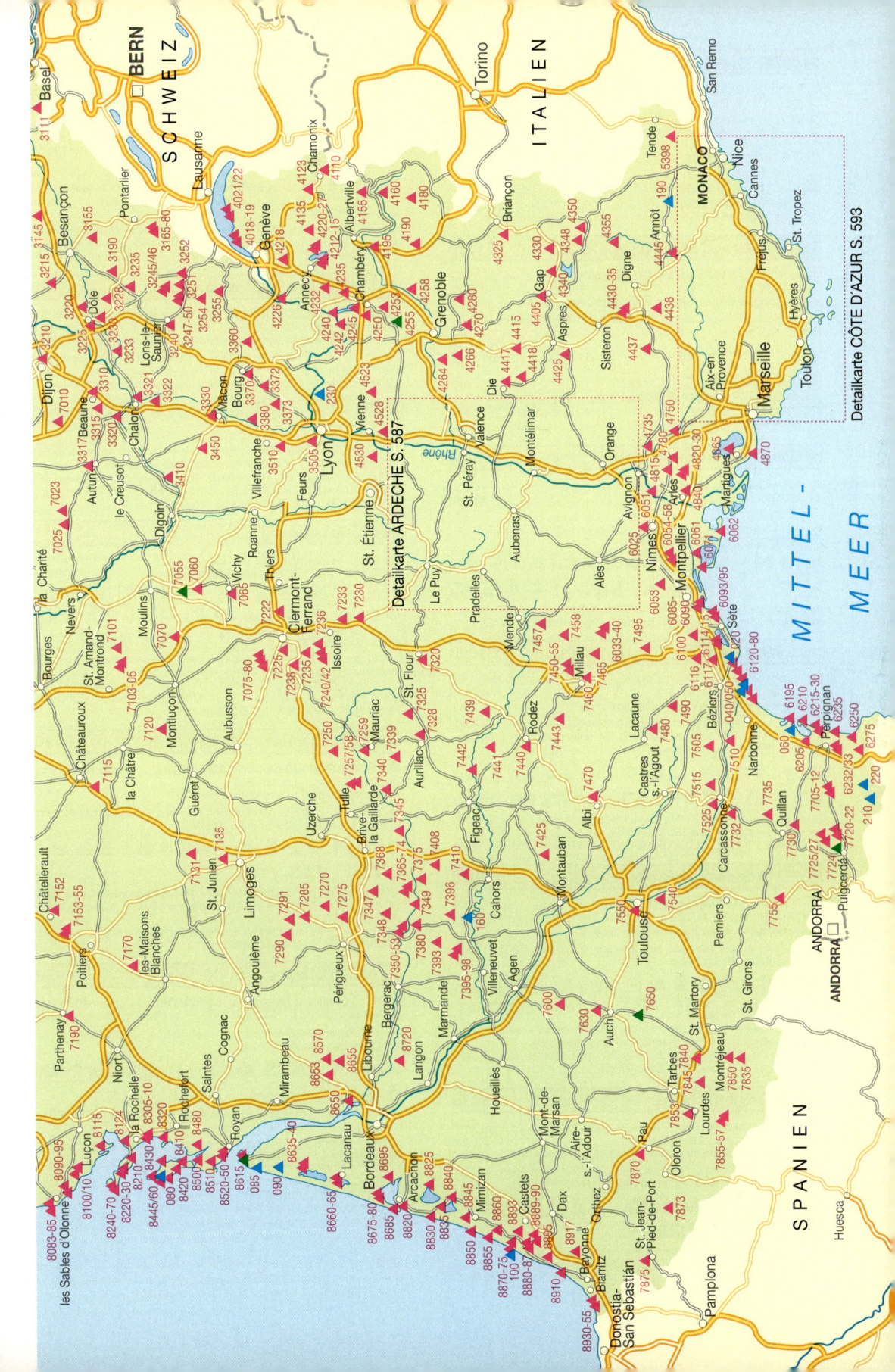

59240 Dunkerque, Nord — F1015

★★★ »CAMPING LA LICORNE« — März bis Nov.
☎ 03/28692668, Fax 28695621 — 100 000 qm

➜ N1/E40 belgische Grenze–Calais. In Dunkerque zum Ortsteil Malo abbiegen. Beschildert. ✉ 1005, Boulevard de l'Europe.

Leicht welliges Wiesengelände am Dünenrand mit Buschgruppen, durch Holzgestelle parzelliert. Zentrum 1 km entfernt. 500 Touristenplätze.

59123 Grand Fort Philippe, Nord — F1020

★★★ »CAMPING MUNICIPAL DE LA PLAGE« — 1.4. bis 31.10.
☎ 03/28653195, Fax 28653599 — 15 000 qm
www.camping-de-la-plage.info, camping.delaplage@wanadoo.fr

➜ A16 Calais–belg. Grenze Abf. (22) über Gravelines. ✉ 118, Rue Maréchal Foch.

Wiesengelände. Ort 500 m entfernt. 84 Touristenplätze.
2008: P/N 4.30, K/N bis 7 J. 1.90, J/N 3.25, St/N 3.36, H/N 1.73, WD inkl., Strom/N 3.25 (10 A).

62890 Tournehem, Pas-de-Calais — F1055

★★★ »CAMPING BAL CARAVANING« — April bis Okt.
☎ 03/21356590, Fax 21351857 — 16 000 qm
Philippe.baudens@wanadoo.fr

➜ A26/E15 Paris–Calais Abf. (2) Nordausques auf die D218. Beschildert. ✉ 500, Rue du Vieux Château.

Ansteigendes, parzelliertes Wiesengelände neben einem Hotel und Freizeitzentrum. Ort 500 m entfernt. Touristen-/Dauerstellplätze 43/20.

62610 Autingues, Pas-de-Calais — F1060

★★ »CAMPING SAINT LOUIS« — 22.3. bis 15.10.
☎ 03/21354683, Fax 21001978 — 17 000 qm
www.campingstlouis.com, domirine@aol.com

➜ A26/E15 Paris–Calais Abf. Tournehem/Nordaus. über die N43 Richtung Calais. In Ardres südwestl. auf D224 abbiegen, noch 2 km. Beschildert. ✉ 223, Rue Leulène.

Leicht welliges und parzelliertes Wiesengelände mit alten Eichen. Ort 1 km entfernt. Touristen-/Dauerstellplätze 25/59.
2007: P/N 4.–, K/N bis 7 J. 2.–, St/N 9.–, KT 1.–, WD inkl. Strom/N 3.– (6 A).

62340 Guines, Pas-de-Calais — F1070

★★★ »CAMPING LA BIEN ASSISE« — 12.4. bis 26.9.
☎ 03/21352077, Fax 21367920 — 150 000 qm
www.camping-bien-assise.fr, castels@bien-assise.fr

➜ A26/E15 Arras–Calais Abf. Nordausques auf die Str. D231 in westl. Richtung über Ardres zum Ort.

Wellig abfallendes und parzelliertes Wiesengelände bei einem Schlosspark. Gasverkauf. Ort 2 km entfernt. 140 Touristenplätze.
2008: (HS) P/N 5.50, K/N bis 13 J. 4.–, St/N 14.–, H/N 2.–, KT –.40, WD inkl., Strom/N 4.50 (6 A). In NS Ermäßigung.

62910 Éperlecques, Pas-de-Calais — F1075

★★★ »CAMPING CHATEAU DU GANDSPETTE« — 1.4. bis 30.9.
☎ 03/21934393, Fax 21957498 — 110 000 qm
www.chateau-gandspette.com, contact@chateau-gandspette.com

➜ N43 St. Omer–Calais, hinter Moulle auf die D219 abbiegen zum Ort. ✉ 133, rue de la Gandspette (GPS: 59°49'17" N / 2°10'58" E).

Leicht welliges Wiesengelände mit Parkcharakter bei einem alten Herrenhaus. Ponys. Ort 3 km entfernt. Touristen-/Dauerstellplätze 90/60.
2008: P/N 6.–, K/N bis 6 J. 4.–, St/N 11.–, H/N 1.–, KT u. WD inkl., Strom/N 4.– (6 A).

62100 Calais, Pas-de-Calais — F1080

★★ »CAMPING MUNICIPAL« — April bis Okt.
☎ 03/21978979, Fax 21347325 — 30 000 qm

➜ A16 Calais–Boulogne, Abf. (14) Bleriot-Plaje; es folgen fünf Kreisverkehre. Zunächst Bleriot-Plage, dann der Campingplatzbeschilderung folgen. Nach dem 5. Kreisverkehr rechts, dann noch 50 m rechts zum Cpl. ✉ Avenue Raymond Poincaré.

Leicht ansteigendes, parzelliertes und schattenloses Wiesengelände mit Blick auf den Fährhafen. Bei ungünstigem Wind Abgasbelästigung durch Fähren. Meer 50 m, Zentrum 1.5 km entfernt. 245 Touristenplätze.

62179 Escalles, Pas-de-Calais — F1090

★★ »CAMPING CÔTE D'OPALE CAP BLANC NEZ« — 15.3. bis 15.11.
☎/Fax 03/21852738 — 10 500 qm
camping.blancnez.free.fr, camping.blancnez@laposte.net

➜ D940 Calais–Boulogne-s.-Mer, in Escalles abbiegen. Beschildert. ✉ 18, rue de la Mer.
Englandtunnel (»Tunnel sous la Manche«) bei Sangatte (4 km).

Parzellierte ansteigende Wiese mit einzelnen Bäumen. Von Hügeln und Feldern umgeben. FW. Zimmer. Familiäre Atmosphäre. Haltestelle 100 m, Meer 300 m, Ort 2 km entfernt. Touristen-/Dauerstellplätze 50/60.
2007: P/N 4.–, K/N bis 12 J. 2.30, C MC-St/N 5.–, T-St/N 4.–, H/N 1.40, KT –.20, WD zuzügl., Strom/N 3.85 (4/6/10 A).

62360 Isques, Pas-de-Calais — F1110

★★ »CAMPING LES CYTISES« — 1.4. bis 15.10.
☎/Fax 03/21311110, campcylises@orange.fr — 26 000 qm

➜ A16 Abf. (28), noch 1 km. Beschildert. ✉ Rue de l'Eglise.

Leicht parzelliert abfallende, schattenlose Wiesenflächen auf zwei geländestufen unterhalb des Dorfes. Haltestelle 100 m, Gasverkauf 2 km, Ort (Isques-s.-M.) 4 km entfernt. Touristen-/Dauerstellplätze 70/30.
2007: (HS) P/N 3.40, K/N bis 7 J. 1.80, St/N 6.80, H/N frei, KT –.20, WD inkl., Strom/N 2.70 (6 A). In NS Ermäßigung.

62176 Camiers, Pas-de-Calais — F1120

★★ »CAMPING LA DUNE BLANCHE« — April bis Nov.
☎ 03/21097848, Fax 21097959 — 110 000 qm
www.lesdomaines.org, duneblanche@wanadoo.fr

➜ D940 Boulogne–Le Touquet Abf. Camiers in Richtung Meer. In der Bucht "De Cauche". Route d' Etaples.

Wiesengelände mit Bäumen in einem Naturschutzgebiet in der Bucht von De Cauche. Imbiss. In HS Pendelzug zum Strand. Touristen-/Dauerstellplätze 160/110.
2007: (HS) P/N inkl. St/N 15.–, K/N bis 3 J. gratis, H/N 2.50, WD inkl., Strom/N 6.– (6 A). In NS Ermäßigung.

62630 Etaples, Pas-de-Calais — F1125

★★★ »CAMPING MUNICIPAL LA PINEDE« — Mitte Feb. bis Dez.
☎/Fax 03/21943451 — 30 000 qm

➜ N1 Abbeville–Boulogne-sur-M. Abf. Beutin auf die N39 zum Ort. ✉ Chemin Départemental 940.

Welliges Wiesengelände mit Baumbestand. Ort 1 km entfernt. 129 Touristenplätze.

62520 Le Touquet, Pas-de-Calais — F1130

★★ »CAMPING MUNICIPAL STONEHAM« — Feb. bis Nov.
☎ 03/21051655, Fax 21050648 — 42 000 qm
www.letouquet.com, caravaning.stoneham@letouquet.com

➜ D940 Boulogne–Berck, bei Etaples abbiegen nach Le Touquet, hier zum Paris-Plage. Beschildert. ✉ Avenue Francois Godin.

Ebenes, durch Hecken parzelliertes Wiesengelände. Imbiss. Mobilheime. Ort und Meer 1 km entfernt. 200 Touristenplätze.

CAMPING-ATTITUDE

Ferien sollen einfach nur Ferien sein!
Village Center lädt Sie ein seine 27 Campingplätze in ganz Frankreich kennen zu lernen und bietet Ihnen gleichzeitig die Gelegenheit diese Ferien auf drei verschiedene Arten zu erleben: Zen, Freizeit und Entdeckungen begleitet von Sonne und Wasser.

Informationen, Reservierungen:
+33 (0)4 99 57 21 21
www.village-center.com

Village center
FERIEN SOLLON EINFACH
NUR FERIEN SEIN

www.village-center.com
contact@village-center.com

CAMPING LA TORTILLE
80200 CLÉRY-SUR-SOMME
Tel.: 00 33 (0)3 22 83 17 59 • Fax: 00 33 (0)3 22 83 04 14
Ruhiger Campingplatz mit herzlichem Empfang im Haute-Somme-Tal gelegen, 5 km von der Autobahnausfahrt A1(Paris-Lille Nr. 13-1) in Richtung Péronne.
Geöffnet: vom 1. April bis zum 31. Oktober
Mobilheimvermietung.

Camping Château de l'OSERAIE ★★★
Mitten im Haute-Somme-Tal gelegen, zwischen Albert und Péronne, 3 km von der Autobahnausfahrt der A1 (Paris-Lille Nr. 13-1). Jeglicher Komfort - Label "Camping Qualité" –Bar – Schnellimbiss – Spielsaal – Wäscheraum – Supermarkt – Freizeitprogramm. Während der Hochsaison frisches Brot. 2 Tennisplätze – Multisportgelände. 50 Minuten von EuroDisney entfernt. Geöffnet: vom 1.04. bis zum 31.10. **Mobilheimvermietung.**
Tel. Saison: 03 22 83 17 59 Tel. Nebensaison: 03 22 84 10 45
Fax: 03 22 83 04 14 - E-Mail: jsg-bred@wanadoo.fr
www.camping-chateau-oseraie.com

80230 St. Valery-sur-Somme, Somme — F1170
[45] ★★★ »CAMPING DOMAINE DE DRANCOURT« — 1.4. bis 2.11.
☎ 03/22269345, Fax 22268587 — 150000 qm
www.camping-drancourt.com, chateau.drancourt@wanadoo.fr
→ D940 Boulogne–Dieppe, nach Drancourt abbiegen, noch ca. 2 km. Beschildert.

Gepflegtes, durch Hecken parzelliertes Wiesengelände unter Bäumen in einem Schlosspark. Ein Platzteil fast schattenlos. Ort 1.5 km, Meer 8 km entfernt. 326 Touristenplätze.
2008: (HS) 2 P/N inkl. St/N 34.–, weitere P/N 7.–, K/N bis 5 J. 5.–, WD u. Strom inkl. In NS Ermäßigung.

80410 Brighton, Somme — F1180
[25] ★★ »CAMPING LE BOIS DE PINS« — 1.4. bis 11.11.
☎ 03/22267104, Fax 22266081 — 40000 qm
camping.leboisdePins@orange.fr
→ D940 Boulogne–Dieppe, hinter St. Valery auf die D3 nach Cayeux abbiegen. Im Ort. ✉ rue Guillaume le Conquérant.

Parzelliertes, welliges Wiesengelände mit gekiesten Flächen am Dünenrand. Keine Aufnahme von Zeltern. Ort 2.5 km entfernt. 163 Touristenplätze.
2007: 3 P/N inkl. St/N 22.–, weitere P/N 3.90, K/N ab 1 J. 1.70, T/N 1.70, M/N 1.70, B/N 1.70, H/N 1.50, WD u. Strom inkl.

62156 Boiry Notre Dame, P. d. Calais F1213
[25] ★★★ »CAMPING LA PAILLE HAUTE« — 1.4. bis 31.10.
☎ 03/21481540, Fax 21220724 — 51000 qm
www.la-paille-haute.com, lapaillehaute@wanadoo.fr
→ D939 Arras–Cambrai Abf. auf die D34 in nördl. Richtung zum Ort. ✉ 145, rue de Sailly.

Ebenes Wiesengelände. Ort 1 km entfernt. Touristen-/Dauerstellplätze 60/90.
2007: (HS) 2/3/4 P/N inkl. St/N 21.–/24.–/27.–, WD inkl., Strom inkl. (6 A). In NS Ermäßigung.

62760 Warlincourt les Pas, Pas-de-Calais F1218
★★★ »CAMPING LA KILIENNE« — April bis Okt.
☎ 03/21730303, Fax 226414 — 160m — 70000 qm
→ A1/E17 Lille–Paris Abf. Fresnes les Montauban in westl. Richtung auf die N50/D260. Arras nördlich umfahren. Weiter auf dieser Straße (jetzt N25) in Richtung Doullens. Ca. 12 km vor Doullens in südl. Richtung auf die D25 abbiegen, noch ca. 3 km.

Wiesengelände mit Bäumen am Fluss. Imbiss. 144 Stellplätze.

80200 Feuilleres, Somme F1219
[20] ★★★ »CAMPING CHÂTEAU DE L'OSERAIE« — 1.4. bis 31.10.
☎ 03/22831759, Fax 22841464, 22830414 — 20000 qm
www.camping-chateau-oseraie.com, jsg-bred@wanadoo.fr
→ A 1/E 15 Lille–Paris, Abf. (13.1) Albert auf die D 938/D 146 in südl. Richtung zum Ort. ✉ 12, rue de Château. (GPS: 49°56'52" N / 2°50'39" E)

Gepflegtes Wiesengelände mit Bäumen zwischen Seen. Imbiss. Bahnhof (TGV) 10km, Euro-Disney 50 min. entfernt. Touristen-/Dauerstellplätze 17/46.
2007: P/N 3.60, K/N bis 7 J. 2.–, C T-St/N 6.–, MC/N 6.80, B/N 1.90, H/N 1.10, WD zuzügl., Strom/N 2.90 (6 A).

80200 Péronne, Somme F1220
[25] ★★★ »CAMPING DU PORT DE PLAISANCE« — 1.3. bis 31.10.
☎ 03/22841931, Fax 22733637 — 22000 qm
www.camping-plaisance.com, contact@camping-plaisance.com
→ A1 Lille–Paris Abf. Péronne oder N17 Arras–Péronne, beschildert. ✉ Route du Paris.

Wiesengelände auf einer Halbinsel zwischen einem Yachthafen und dem Canal du Nord. Wassersportmöglichkeiten. Ort 1.5 km entfernt. Touristen-/Dauerstellplätze 78/12.
2008: (HS) 2 P/N inkl. St/N 21.–, weitere P/N 3.50, K/N bis 7 J. frei, H/N 1.20, WD inkl., Strom/N 3.80 (6 A). In NS Ermäßigung.

80260 Bertangles, Somme F1240
[20] ★★ »CAMPING DU CHÂTEAU« — 25.4. bis 8.9.
☎ 03/60656836, Fax 22936836 — 8000 qm
www.chateaubertangles.com, camping@chateaubertangles.com
→ N25 Arras–Amiens. Ca. 10 km vor Amiens abbiegen. Beschildert. ✉ Rue du Château (GPS: 49°58'00" N / 2°17'00" E).

Wiesengelände mit einzelnen Bäumen. 33 Touristenplätze.
2007: (HS) P/N 3.45, K/N bis 7 J. 1.70, A/N 2.40, C T/N 3.50, MC/N 5.80, M/N 2.40, KT –.20, WD inkl., Strom/N 2.80 (5 A). Ab 7 Nächten in NS Erm. CCI 5% auf P/N.

80290 Poix de Picardie, Somme F1260
★★★ »CAMPING LE BOIS DES PÊCHEURS« — April bis Sept.
☎ 03/22901171, Fax 22903291 — 25000 qm
www.ville-poix-de-picardie.fr, camping@ville-poix-picardie.fr
→ N 29 Amiens–Neufchâtel-en-Bray. Ab Zentrum von Poix de Picardie beschildert. ✉ Route de Forges les Eaux.

Ebenes Wiesengelände an einer Bahnlinie, einer Straße u. Canal de Bieffe. Warmduschen. Ort 500 m entfernt. Touristen-/Dauerstellplätze 125/10.

60490 Orvillers-Sorel, Oise F1270
★★★ »CAMPING DE SOREL« — Feb. bis Mitte Dez.
☎/Fax 03/44850274 — 30000 qm
→ A1 Lille–Paris Abf. (11) auf die N 17, ca. 6 km nordwärts. Beschildert. ✉ 24, rue S. Claude.

Ebenes Wiesengelände, teilweise unter hohen Bäumen, bei einem Schloss. Ort 3 km entfernt. Touristen-/Dauerstellplätze 40/40.

60170 Carlepont, Oise F1275
★★ »CAMPING LES ARAUCARIAS« — 1.1. bis 31.12.
☎ 03/44752739, Fax 44752600 — 13000 qm
www.les-araucarias.com, camping-les-araucarias@wanadoo.fr
→ A1 Lille–Paris Abf. (10) Compiégne in Richtung Noyon. Weiter auf der D 130 und D 16 nach Carlepont. ✉ 870, rue du Gal Leclerc.

Wiesengelände mit Bäumen u. Büschen. Ort 1 km, Wassersportmöglichkeiten 5 km, Tauchbasis 7 km entfernt. Touristen-/Dauerstellplätze 35/15.

02290 Ressons le Long, Aisne F1285
★★★ »CAMPING LA HALTE DE MAINVILLE« — 1.1. bis 31.12.
☎ 03/23742669, Fax 23740360 — 50000 qm
→ A4 Reims–Paris Abf.(20) auf N31 bis Soissons. Weiter in Richtung Compiegne, nach ca.10 km beschildert. ✉ 18, route du Routy.

Ebenes, teilweise schattenloses Wiesengelände mit einzelnen Büschen und Bäumen. Ort 2 km entfernt. 78 Touristenplätze.

60340 St. Leu D'Esserent, Oise — F 1295

»CAMPING CAMPIX« ★★★ — 10.3. bis 30.11.
☎ 03/44560848, Fax 44562875   200 m   70 000 qm
www.campingcampix.com, campix@orange.fr

→ N16 Paris–Amiens. In Chantilly westlich abbiegen, noch ca. 3 km. ✉ 37, chemin de la Carrière.
❖ Parc Asterix.

Von Bäumen durchzogenes, teilweise unruhiges steiniges Sandgelände in einem alten stillgelegten Steinbruch. Clubhaus. Cafeteria. Imbiss. Ort 500 m entfernt. 160 Touristenplätze.
2008: P/N 5.50, K/N ab 9 J. 3.50, St/N 5.50, H/N 2.–, WD inkl., Strom/N 3.50 (6 A). In NS Ermäßigung.

02600 Villers-Hélon, Aisne — F 1360

★★★ **»CAMPING CASTEL DES BICHES T.A.C.«** — März bis Okt.
☎ 03/23729393, Fax 23729330   10 000 qm
www.castel-des-biches.com, accveil@castel-des-biches.com

→ N2 Soissons–Paris, bei Villers-Cotterêts auf der D80 abbiegen in Richtung Longpont, noch ca. 2 km. ✉ Parc du Chateau Alexandre Dumas.

Parkgelände (Park Chateau Alexandre Dumas) bei einem Schloss. Touristen-/Dauerstellplätze 25/75.

02790 Seraucourt-Le-Grand, Aisne — F 1375

»CAMPING LE VIVIER AUX CARPES« ★★★ — 1.3. bis 31.10.
☎ 03/23605010, Fax 23605169   30 000 qm
www.camping-picardie.com, camping.du.vivier@wanadoo.fr

→ A26/E19 Reims–Calais Abf. (11) Richtung Gauchy, dann D321.
✉ 10, rue Charles Voyeux (GPS: 49°46'54" N / 3°12'42" E).

Parkartiges, ebenes Wiesengelände am Ortsrand. Von drei Weihern umgeben. Durch Hecken parzelliert. Deutsche Leitung. Golfplatz 11 km entfernt (Sonderkondition für Green Fee). Touristen-/Dauerstellplätze 40/19.
2008: 2 P/N inkl. St/N 18.–, weitere P/N 3.50, K/N ab 10 J. 2.50, H/N 1.–, WD und Strom inkl. (6 A).

02190 Guignicourt, Aisne — F 1400

★★ **»CAMPING MUNICIPAL«** — April bis Sept.
☎ 03/2379745-8, Fax 2379745-5   20 000 qm
www.guignicourt.fr, mairie-guignicourt@wanadoo.fr

→ A26/E17 Reims–Loan Abf. Berry-au-Bac in westl. Richtung über Neufchatel-s.-A. zum Ort. ✉ 14, rue des Godins.

Ebenes, teilweise parzelliertes Wiesengelände mit zum Teil altem Baumbestand. In Ortsrandlage an einem kleinen Fluss gelegen. 190 Touristenplätze.

08380 Signy-le-Petit, Ardennes — F 1410

★★ **»DOMAINE DE LA MOTTE«** — 1.1. bis 31.12.
☎ 03/24535473, Fax 24529006   5100 qm
www.domainedelamotte.eu, campingprehugon@wanadoo.fr

→ N43 Cambrai–Hirson, hinter Signy-le-Petit abbiegen.

Vom Wald umgebenes Gelände in ländlicher Gegend. Lebensmittelverkauf und Ort 1.2 km entfernt. 80 Touristenplätze.
2007: 2 P/N inkl. St/N 15.–, weitere P/N 3.50, K/N ab 12 J. 2.–, T/N 2.–, H/N 1.50, WD inkl., Strom/N 3.50 (6 A).

59600 Maubeuge, Nord — F 1412

★★★ **»CAMPING MUNICIPAL DU CLAIR DE LUNE«** — Feb. bis Dez.
☎/Fax 03/27622548   20 000 qm

→ N6/N2 Mons–Laon Abf. Maubeuge. Der Beschilderung zum städt. Campingplatz folgen. In Sedan zur Maas abbiegen. ✉ 212, Route de Mons.

Wiesengelände mit einzelnen Bäumen in Innenstadt- und Seenähe. Ca. 6 km von der Belgischen Grenze entfernt. 92 Touristenplätze.

08200 Sedan, Ardennes — F 1420

★★ **»CAMPING MUNICIPAL«** — April bis Sept.
☎/Fax 03/24271305   15 000 qm

→ N43 Metz–Charleville–Mézieres. In Sedan zur Maas abbiegen. ✉ Boulevard Fabert.

Unparzelliertes Wiesengelände am Maasufer und an einem kleinen See. Vereinzelt mit hohem Baumbewuchs. Ort 400 m entfernt. Touristen-/Dauerstellplätze 80/20.

08390 Le Chesne, Ardennes — F 1430

★★★ **»CAMPING DU LAC DE BAIRON«** — 1.1. bis 31.12.
☎/Fax 03/24301166   70 000 qm
campinglacdebairon@cg.08

→ N43 Metz–Charleville–Mézieres, hinter Sedan südlich auf die D977 abbiegen. In Le Chesne beschildert.

Zwischen Straße und See langgestreckt verlaufendes Wiesengelände mit einer Terrasse und Heckenunterteilung. Am Platz Badeverbot. Ort 2 km entfernt. 150 Touristenplätze.
2007: P/N 3.20, K/N 4 bis 10 J. 1.60, A/N 1.55, C T/N 3.20, MC/N 4.75, M/N 1.55, H/N 1.20, Strom/N 2.65/4.60 (6/10 A).

08240 Buzancy, Ardennes — F 1435

★★★ **»CAMPING LA SAMARITAINE«** — 30.4. bis 28.9.
☎ 03/24300888, Fax 24302939   176 m   25 000 qm
www.campinglasamaritaine.com, info@campinglasamaritaine.com

→ A 4 Metz–Reims Abf. Verdun nach Stenay und weiter auf der D 947 nach Buzancy. ✉ Du Stade (GPS: 49°25'58" N / 4°56'41" E).

Naturbelassenes Wiesengelände unter Bäumen nahe am Wasser. In HS Imbiss. Ort 1.5 km entfernt. 101 Touristenplätze.
2008: (HS) P/N 4.–, K/N ab 10 J. 3.–, St/N 10.–, H/N 2.50, KT –.55, WD inkl., Müllgeb. P/N –.40, Strom/N 3.50 (10 A). In NS Ermäßigung.

57000 Metz, Moselle — F 1520

★★★ **»CAMPING MUNICIPAL DE METZ-PLAGE«** — Mai bis Sept.
☎ 03/87682648, Fax 87326126   35 000 qm
campingmetz@mairie-metz.fr

→ A 4 deutsche Grenze–Verdun Abf. Metz-Zentrum. Hier Richtung Luxembourg. Vor der Moselbrücke abbiegen und der Beschilderung folgen. ✉ Allée de Metz Plage.

Teilweise parzelliertes und leicht geneigtes Wiesengelände am Moselufer. Unter Laubbäumen neben einer Jugendherberge und der städtischen Schwimmhalle. Aufnahme ab 14 Uhr. 150 Touristenplätze.

Camping Municipal du Clair de Lune ★★★ (F 1412)

212 route de Mons F-59600 **Maubeuge**

Tel./Fax: +33 (0)3 27 62 25 48
camping@ville-maubeuge.fr

- 92 schattige, ruhige und im Grünen gelegene Stellplätze
- 1 km vom Stadtzentrum entfernt
- komplett renovierte Sanitäranlagen

55320 Sommedieue, Meuse — F1528

★★ »ESPACE TOURISTIQUE DES EPICHÉES« — April bis Sept.
☎/Fax 03/29876045 — 100000 qm
www.camping.sommedieue.chez.tiscali.fr, camping.epichees@wanadoo.fr.
→ A4/E50 Metz–Reims Abf. (31) Verdun auf die D964 über Dieue-s.-Meuse zum Ort. ⌂ Patis des Epichées.

Wiesengelände bei einem See. 180 Touristenplätze.

55100 Verdun, Meuse — F1530

[25] ★★ »CAMPING LES BREUILS« — 1.4. bis 30.9.
☎ 03/29861531, Fax 29867576 — 5500 qm
www.camping-lesbreuils.com, contact@camping-lesbreuils.com
→ A4/E50 Metz–Reims Abf. (31) Verdun. Hier zum südwestl. Stadtrand. ⌂ 8, Allée des Breuils (GPS: 49°09'15" N / 5°21'57" E).

Durch Hecken parzelliertes Wiesengelände mit einigen Bäumen an einem Fischteich. Basket- und Volleyball. Ort 1 km entfernt. Touristen-/Dauerstellplätze 144/18.
2007: P/N 5.50, K/N bis 10 J. 3.50, St/N 4.50, WD inkl. Strom/N 4.– (6 A). In NS Ermäßigung.
DCC/CCI 10% auf P/N.

51000 Châlons-en-Champagne, Marne — F1540

★★★ »CAMPING MUNICIPAL« — April bis Okt.
☎ 03/26683800, Fax 26683890 — 70000 qm
www.chalons-en-champagne.net, camping.mairie.chalons@wanadoo.fr
→ A4 Verdun–Reims Abf. Châlons-en-Champagne Ost. Über N44 von Châlons-en-Champagne Richtung Vitry-le-Francois/D60 und D60 route de Sharry. Beschildert. ⌂ Rue de Plaisance.

Gepflegtes, parkähnliches Wiesengelände mit Teich am Südrand der Stadt. Imbiss. Ort 3 km entfernt. 131 Touristenplätze.

67110 Oberbronn, Bas Rhin — F1605

[20] ★★★★ »CAMPING L'OASIS« — 16.3. bis 11.11.
☎ 03/88097196, Fax 88099787, oasis.oberbronn@laregie.fr — 40000 qm
→ A4 Strasbourg–Metz Abf. Brumath/Nord über Haguenau auf die N62 bis Niederbronn-les-Bains. Hier zum Ort abbiegen, noch ca. 3 km. ⌂ 3, rue du Frohret (GPS: 48°55'42" N / 7°36'14" E).

3 km

Ebenes, teilweise leicht abfallendes Wiesengelände am Waldrand. Überdachtes Schwimmbad. Ort 1 km entfernt. Touristen-/Dauerstellplätze 110/40.
2007: P/N 3.80, K/N bis 7 J. 2.30, A/N 1.90, St/N 2.50, M/N 1.90, H/N 1.90, KT –.20, WD inkl., Strom/N 3.90. In NS Ermäßigung.

57340 Morhange, Moselle — F1620

★★★ »SITE TOURISTIQUE DE LA MUTCHE« — April bis Okt.
☎ 03/87862158, Fax 87862488 — 100000 qm
www.morhange.fr, mutche@wanadoo.fr
→ A4 Strasbourg–Metz Abf. Sarreguemines, ca. 4 km nördlich abbiegen auf die N74 in Richtung Nancy.

Parkgelände am See. Ort 5 km entfernt. Touristen-/Dauerstellplätze 95/15.

54600 Villers-les-Nancy, M.-et-Moselle — F1630

[20] ★★ »CAMPING DE BRABOIS« — 1.4. bis 15.10.
☎ 03/83271828, Fax 83400643 — 60000 qm
www.camping-brabois.com, campeoles.brabois@orange.fr
→ A31 Umfahrung Nancy Abf. Nancy-Brabois auf die D92A abbiegen. ⌂ 2301, avenue Paul Muller (GPS: 48°39'25" N / 6°08'25" E).

100m

Weitläufiges, parkartiges Gelände auf einem Hügel. Ort 5 km entfernt. 190 Touristenplätze.
2008: (HS) 2 P/N inkl. St/N 14.20, H/N 2.60, KT –.20, WD inkl., Strom/N 3.60 (5 A). In NS Ermäßigung.

51120 Sézanne-Le Meix St Epoing, Marne — F1735

★★★ »CAMPING DE LA TRACONNE« — 1.1. bis 31.12.
☎ 03/26807076, Fax 26427498 — 160m — 35000 qm
→ N4 Nancy–Paris Abf. Moeurs ca. 3 km hinter Sézanne in südwestl. Richtung über die D239E und über Launat zum Ortsteil Le Meix St Epoing. ⌂ Le Meix St Epoing.

Wald- und Wiesengelände am Fluss und mit Teich in einem kleinen Weiler. Teilweise schattenlos. Gästezimmer. Bar. Ort (Sézanne) 6 km entfernt. 60 Touristenplätze.

10200 Soulaines-Dhuys, Aube — F1740

[15] ★★ »CAMPING LA CROIX BADEAU« — 1.4. bis 30.9.
☎ 03/25270543 — 10000 qm
www.croix-badeau.com, steveheusghem@hotmail.com
→ A26 Reims–Troyes Abf. 30 Arcis-sur-Aube auf die D441 nach Brienne-le-Château und weiter auf die D960 nach Solaines-Dhuys, hier links in die Rue du Plessis und dann rechts in die Rue Croix Badeau abbiegen. ⌂ 6, rue Croix Badeau (GPS: 48°22'29" N / 4°44'10" E).

500m

Gepflegtes, ebenes und durch Hecken parzelliertes Wiesengelände. Stellplätze gekiest. Durch einzelstehende Laubbäume und Büsche aufgelockert. Boule. Volleyball. Snack-Bar. Ort 500m entfernt. 39 Touristenplätze.
2007: (HS) 2 P/N inkl. St/N 11.–, weitere P/N 2.70, K/N bis 7 J. 2.20, H/N 1.–, WD inkl., Strom/N 2.50 (10 A). In NS Ermäßigung.

10500 Dienville, Aube — F1750

[20] ★★★ »CAMPING DU TERTRE« — 13.3. bis 15.10.
☎/Fax 03/25922650 — 35000 qm
www.campingdutertre.fr, campingdutertre@wanadoo.fr
→ A26 Troyes–Autobahndreieck Langres Abf. Magnant auf die D443 über Vendeuvre nach Dienville. ⌂ Route de Radonvilliers.

Durch Hecken parzelliertes Wiesengelände in Seenähe. Ort 200m entfernt. Touristen-/Dauerstellplätze 40/156.
2007: (HS) P/N 3.80, K/N bis 10 J. 2.60, St/N 8.–, H/N 1.–, KT –.20, WD inkl., Müllgeb. P/N –.12, Strom/N 2.80 (6 A). In NS Ermäßigung.
DCC/CCI 5% auf P/N.

10150 Pont Ste Marie, Aube — F1760

[20] ★★★ »CAMPING MUNICIPAL DE TROYES« — 1.4. bis 15.10.
☎/Fax 03/25810264 — 38000 qm
www.troyescamping.net, info@troyescamping.net
→ D960 Nancy–Troyes, der Beschilderung Pont Ste Marie folgen. ⌂ 7, rue Roger Salengro (GPS: 48°18'40" N / 4°05'49" E).

100m — 800m

Gepflegtes Rasengelände mit Bäumen neben dem Canal de Labeurat. Durch Hecken und einzelne Bäumen aufgelockert. In HS Imbiss. Billard. Ort 2 km entfernt. 110 Touristenplätze.
2007: P/N 4.40, K/N 3.–, St/N 5.90, H/N 1.–, WD inkl., Strom/N 2.70 (5 A). In NS ab 3 Nächten 2.– €/N Ermäßigung.

21400 Châtillon-sur-Seine, Côte-d'Or — F1830

[15] ★★★ »CAMPING MUNICIPAL LOUIS RIGOLY« — 1.4. bis 30.9.
☎ 03/80910305, Fax 80912146 — 8000 qm
www.mairie-chatillon-sur-seine.fr, tourism-chatillon-sur-seine@wanadoo.fr
→ N71 Bar-sur-Seine–Dijon Abf. Châtillon-s.-Seine. ⌂ Rue Esplanade de Saint Vorles (GPS: 47°51'34" N / 4°34'48" E).

Wiesengelände auf einem Hügel beim Schwimmbad. Mit Baumreihen und Hecken parzelliert. Ort 700 m entfernt. 54 Touristenplätze.
2008: P/N 3.10, K/N bis 10 J. 1.30, A/N 1.40, C T/N 3.15, MC/N 4.55, M/N 1.–, KT –.20, WD inkl., Stom keine Angabe (4/6 A).

21330 Marcenay, Côte-d'Or — F1832

[20] ★★★ »CAMPING LES GREBES DU LAC DE MARCENAY«
☎ 03/80816172, Fax 80816199 — 205m — 1.5. bis 30.9.
www.campingmarcenaylac.com, info@campingmarcenaylac.com — 38000 qm
→ N71 Bar-sur-Seine–Dijon Abf. Châtillon-s.-Seine. Weiter auf der D965 Richtung Laignes. Bei Marcenay zum See abbiegen, beschildert. ⌂ Rue du Lac (GPS: 47°52'15" N / 4°24'20" E).

LE TERTRE
F-10500 DIENVILLE
(F 1750)

Bungalows mit Garten und Parkplatz. Der schattige Campingplatz liegt nur 100 m vom Meer entfernt auf einer ebenen Grasfläche. Angeln und Wassersport. Animation in der Hochsaison. Beheizte Schwimmbäder.

20% Ermäßigung außer im Juli und August.

Tel: 00 33 (0)3 25 92 26 50
campingdutertre@wanadoo.fr
www.campingdutertre.fr

---

150 m
Locker parzelliertes und ebenes Wiesengelände direkt am See. In Stellkreisen angelegt und durch Büsche und teils hohe Laubbäume umrahmt. In ländlicher Umgebung mit Weinanbau gelegen. Kanus kostenlos. Brötchenservice. Billard. Snooker. Spieleraum. Bibliothek. Ort 7 km entfernt. Separater Jugendplatz. 90 Touristenplätze.
2007: P/N 3.50, K/N 2 bis 11 J. 2.50, St/N 5.50, H/N –.50, KT –.25, WD inkl., Strom/N 3.– (10 A). In NS ab 3 Nächten Ermäßigung.

52200 Langres, Haute Marne — F 1835
35 ★★★ »CAMPING LAC DE LA LIEZ« 1.4. bis 15.10.
☎ 03/25902779, Fax 25906679 40 000 qm
www.campingliez.com, campingliez@free.fr
→ A31/E17/E21 Nancy–Dijon Abf. Langres in südl. Richtung auf der N19 zum Ort. Rue du Camping (GPS: 47°31'23" N / 5°13'43" E).

Wiesengelände mit Bäumen. Imbiss. 135 Touristenplätze.
2008: (HS) P/N 8.–, K/N 4.50, St/N 9.–, H/N 3.–, KT –.45, WD inkl., Strom/N 5.– (10 A). In NS Ermäßigung.

52360 Bannes, Haute Marne — F 1840
★★★ »CAMPING HAUTOREILLE« 1.1. bis 31.12.
☎/Fax 03/25848340 400 m 35 000 qm
www.campinghautoreille.com, campinghautoreille@free.fr
→ A31 Toul–Dijon Abf. (8) Montigny-le-Roi auf die D74 in Richtung Langres. 6, rue du Boutonnier.

Ebenes bis leicht abfallendes und parzelliertes Wiesengelände mit einzelnen Laubbäumen. Ort 700 m entfernt. 100 Touristenplätze.

Jahres-Öffnungszeiten
werden uns von den Platzhaltern gemeldet. Sie bemühen sich, die Zeiten einzuhalten. Je nach Wetterlage sind aber spätere Öffnungs- und frühere Schließungszeiten möglich.

52140 Montigny le Roi, Haute Marne — F 1850
Abfahrt 15 ★★★ »CAMPING DU CHATEAU« 15.4. bis 15.10.
☎/Fax 03/25873893 350 m 6000 qm
www.mairie-val-de-meuse.fr, campingmontigny52@wanadoo.fr
→ A31/E21 Toul–Langres Abf. (8), noch ca. 1 km. Rue Hubert Collot (GPS: 48°00'02" N / 5°29'48" E).

1 km
Hügeliges Waldgelände mit schöner Aussicht. Ort 200 m entfernt. Touristen-/Dauerstellplätze 55/20.
2007: (HS) P/N 4.–, K/N bis 7 J. 2.50, C MC-St/N 4.–, T-St/N 3.20, H/N frei, WD inkl., Strom/N 2.– (5 A). In NS Ermäßigung.

89200 Avallon, Yonne — F 1910
Abfahrt 15 ★★ »CAMPING SOUS-ROCHE« 1.4. bis 15.10.
☎/Fax 03/86341039, campingsousroche@ville-avallon.fr 20 000 qm
→ A6 Paris–Chalon-s.-Saône Abf. Avallon.

Terrassengelände mit einzelnen Bäumen. Kinderspielplatz. Ort 2 km entfernt. 100 Touristenplätze.
2007: P/N 3.–, K/N bis 7 J. 1.50, A/N 2.–, C/N 2.–, MC/N 4.–, KT –.20, WD inkl., Strom/N 3.–.

89270 Vermenton, Yonne — F 1920
15 ★★★ »CAMPING MUNICIPAL LES COULLEMIÉRES«
☎/Fax 03/86815302 1.4. bis 30.9.
www.vermenton.fr, camping.vermont@orange.fr
→ N6 Auxerre–Vincelles Abf. Vermento. 15 000 qm

Wald- und Wiesengelände am Flussufer. Ort 500 m entfernt. 50 Touristenplätze.
2007: P/N 3.–, K/N bis 7 J. 1.50, A/N 1.50, C T/N 3.–, MC/N 4.50, M/N 1.50, H/N 1.–, KT –.20, WD inkl., Strom/N 2.50 (6 A).

F

CAMPING DU CHATEAU
F-52140 VAL DE MEUSE
DE MONTIGNY LE ROI
CAMPING ★★★ (F 1850)
AUSSERGEWÖHNLICH

Der ideale "Halt" auf dem Weg in die Ferien. Schauen Sie vorbei! Gelegen in dem vom Mittelalter geprägten Maas-Tal. Ein 6 ha großer, hügeliger und waldiger Platz, der Raum für 75 Stellplätze bietet. Außergewöhnliche Aussicht, ruhig, komfortabel (Warmwasserduschen, Tennis, Spiele).
Internet: www.campingduchateau.com
E-Mail: campingmontigny52@wanadoo.fr
Tel./Fax: 03 25 87 38 93
GEÖFFNET vom 15.4. bis zum 15.10. SCHAUEN SIE VORBEI!

89480 Andryes, Yonne — F1925

★★★ »CAMPING AU BOIS JOLI« — 1.4. bis 1.11.
☎/Fax 03/86817048 — 5000 qm
www.campingauboisjoli.com, info@campingauboisjoli.com

→ N151 Auxerre-Nevers vorbei an Coulanges/Yonne und weiter auf der D 39 bis Andryes. ✉ Route de Villeprenoy (GPS: 47°30'59" N / 3°28'47" E).

Ebenes Wiesengelände mit Bäumen. In HS Restaurant. Boulebahn. Volleyball. Ort 500 m entfernt. 65 Touristenplätze.
2008: (HS) P/N 3,80, K/N bis 9 J. 2,80, extra A/N 2,20, C MC-St/N 8,20, H/N 2.–, KT –.50, WD inkl. Müllgeb. P/N –.50, Strom/N 3.– (6 A). In NS Erm.

89350 Villeneuve les Genets, Yonne — F1927

★★★ »CAMPING LE BOIS GUILLAUME« — 1.1. bis 31.12.
☎ 03/86454541, Fax 86454920 — 80000 qm
www.bois-guillaume.com, camping@bois-guillaume.com

→ A6/E15/E60 Paris–Auxerre Abf. Joigny auf die D943 Richtung Montargis ca. 4 km, dann abbiegen über Charny, Campignelles u. Tannerre zum Ort (GPS: 47°45'30" N / 3°05'59" E).

Unparzelliertes, ebenes bis leicht welliges Laubwaldgelände in ländlicher Umgebung. Teils unter Bäumen, teils mit Lichtungen und mit einem Angelteich. Ort 3 km entfernt. Touristen-/Dauerstellplätze 40/40.
2008: P/N 3,80, K/N bis 7 J. 1,90, A/N 2,70, C-St/N 2,80, MC-St/N 2,70, H/N 1,30, KT –.20, WD inkl., Strom/N 2.80/4.20 (5/10 A).
DCC/CCI 5% auf P/N und St/N.

45200 Montargis, Loiret — F1930

★★★ »CAMPING DE LA FORÊT« — Feb. bis Nov.
☎ 02/38980020 — 55000 qm

→ N 60 Sens–Orléans, kurz vor Montargis rechts abbiegen und noch ca. 3 km. Beschildert. ✉ 36, avenue Chautemps.

Leicht welliges Waldgelände neben einem Freibad. Ort 800 m entfernt. 100 Touristenplätze.

45260 Lorris, Loiret — F1935

★★★ »CAMPING ETANG DES BOIS« — 1.4. bis 30.9.
☎ 02/38923200, Fax 38468292 — 120 m — 25000 qm
www.canal.orleans.monsite.wanadoo.fr, canal.orleans@wanadoo.fr

→ D952 Chateauneuf-s.-Loire–Gien Abf. Les Bordes auf die D961 zum Ort und weiter nach Vieilles-Masons-sur-Joudry am "Etang de Bois".

Leicht welliges und parzelliertes Wiesengelände am Waldrand und bei einem Teich. Imbiss. Touristen-/Dauerstellplätze 120/30.
2008: P/N 3.–, K/N bis 7 J. 1,50, C-St/N 5,40, MC-St/N 6.–, WD inkl., Strom/N 4.–.

45530 Combreux, Loiret — F1937

★★ »CAMPING L'ETANG DE LA VALLEÉ« — 1.4. bis 30.9.
☎ 02/38593577, Fax 38468292 — 120 m — 28000 qm
www.canal.orleans.monsite.wanadoo.fr, canal.orleans@wanadoo.fr

→ N60 Chateauneuf-s.-Loire–Montargis Abf. Le Pont-des-Besniers auf die D114 und D909 nach Combreux und zum "Etang de Vallée".

Ebenes und parzelliertes Wiesengelände am Waldrand und bei einem Teich. Touristen-/Dauerstellplätze 130/20.
2008: P/N 3.–, K/N bis 7 J. 1,50, C-St/N 5,40, MC-St/N 6.–, WD inkl., Strom/N 4.–.

89120 Charny, Baurgogne — F1940

★★★ »CAMPING DES PLATANES« — 15.3. bis 31.10.
☎/Fax 03/86918360 — 130 m — 10000 qm
www.campingdesplatanes.com, campingdesplatanes@wanadoo.fr

→ A6/E15 Paris Auxerre Abf. (18) Joigny in südwestlicher Richtung auf die D943. Nach ca. 3 km halblinks auf die D16 Richtung Chevillon. Weiter über Prunoy nach Charny. ✉ 41, route de la Rothe.

Ebenes, unparzelliertes Wiesengelände mit einzelnen Bäumen am Ufer der Ouanne. Spielhaus. Imbiss. Kiosk. Reitmöglichkeit und Fischteiche in der Nähe. Ort 500 m entfernt. Touristen-/Dauerstellplätze 49/10.
2007: (HS) P/N 3,50, K/N bis 11 J. 2,50, extra A/N 1,50, St/N 4.–, H/N 1,50, WD inkl., Strom/N 3,50 (10 A). In NS Ermäßigung.
DCC/CCI 5% auf P/N.

77540 Plessis-Feu-Aussous, Seine et M. — F2005

★★★ »CHATEAU DE CHAMBONNIERES« — 1.1. bis 31.12.
☎ 01/64041585, Fax 64041336 — 50000 qm

→ A4 Paris–Provins Abf. D231 Marne la Vallee. Beschildert.

Parkgelände mit gekiesten Wegen. Ort 12 km entfernt. 150 Touristenplätze.

77515 Pommeuse, Seine et Marne — F2007

★★★ »CAMPING LE CHÊNE GRIS« — Ende März bis Okt.
☎ 01/64042180, Fax 64200589 — 55 m — 60000 qm
www.lechenegris.com, info@lechenegris.com

→ N24 Paris–Sézanne Abf. Mouroux in südwestl. Richtung auf die D216 nach Pommeuse, beschildert. ✉ 24, place de la Gare de Faremoutiers.

Terrassiertes und durch Hecken parzelliertes Wald- und Wiesengelände in Hanglage und Flussnähe. Angrenzende Bahnlinie mit Bahnhof. Beheizte Sanitäranlagen. Imbiss. Bar. In HS Reservierung empfehlenswert. Günstig für einen Paris- oder Disneyland-Besuch. Golf 5 km entfernt. 199 Touristplätze.
2008: (HS) 2 P/N inkl. St/N 37.–, weitere P/N 3,75, K/N 3,25, H/N 2,50, KT –.55, WD und Strom inkl. In NS Ermäßigung.

77610 Crévecœur-en-Brie, Seine et M. — F2010

★★★ »CAMPING DES 4 VENTS« — 1.3. bis 1.11.
☎ 01/64074111, Fax 64074507 — 100000 qm
www.caravaning-4vents.fr, f.george@free.fr

→ A4 Paris–Reims Abf. (13), weiter auf der D231 Richtung Provins, im Ort beschildert. ✉ Rue de Beauregard.
• Disneyland Paris (ca. 20 km).

Rechteckiges, ebenes und gärtnerisch gestaltetes Wiesengelände in ländlicher Umgebung. Durch symmetrische Baumreihen und Hecken parzelliert. Günstig für einen Paris- oder Disneyland-Besuch. Großer Spieleraum. Reitschule 50 m, Ort 1 km entfernt. Touristen-/Dauerstellplätze 120/80.
2008: (HS) St/N inkl. 2 P/N 25.–, weitere P/N 5.–, K/N bis 5 J. gratis, H/N 3.–, Strom inkl. In NS Ermäßigung.

77200 Torcy, Paris — F2015

★★ »CAMPING LE PARC DE LA COLLINE« — 1.1. bis 31.12.
☎ 01/60054232, Fax 64800517 — 100000 qm
www.camping-de-la-colline.com, camping.parc.de.la.colline@wanadoo.fr

→ A4 Metz–Paris Abf. Croissy-Beaubourg auf die A104 in nördl. Richtung. Dann Abf. (10A) Torcy in Richtung »Centre Loisirs«. ✉ Route de Lagny.

Terrassierter und durch Bäume und Hecken unterteilter Etappenplatz mit betonierten Wegen. In Seenähe und im Freizeitzentrum. Imbiss. Bushaltestelle 500 m, U-Bahn 2 km entfernt. Touristen-/Dauerstellplätze 340/10.
2008: P/N 7,10, K/N bis 7 J. 5,10, St/N 14,50, H/N 4,60, WD und Strom inkl. (6 A).

94500 Champigny-s.-Marne, Paris-Ost — F2020

★★ »CAMPING DU TREMBLAY« — 1.1. bis 31.12.
☎ 01/43974397, Fax 48890794 — 70000 qm
www.campingparis.fr, champigny@campingparis.fr

→ A4 Paris–Metz Abf. Pont de Nogent in südöstl. Richtung auf den Boulevard de Stalingrad und weiter nach Champigny-s. Marne. ✉ Boulevard des Allies.

Waldgelände am Marne-Ufer gegenüber Sportzentrum Nogent-sur-Marne. Verbindung zur Pariser City und Disneyland. 550 Touristenplätze.
2007: 2 P/N inkl. St/N 29,90. Keine weiteren Angaben.

77000 Melun, Seine–et–Marne — F2030

»CAMPING LA BELLE ÉTOILE« — 30.3. bis 19.10.
01/64394812, Fax 64372555 — 35 000 qm
www.campinglabelleetoile.com, info@campinglabelleetoile.com

→ A6 Paris–Lyon Abf. 14 Ury auf die N 152 bis Fontainebleau. Weiter auf der N 7, D 142 + N 6 in Richtung Melun und vor dem Restaurant Buffalo Grill in Richtung La Rochette abbiegen. Der Beschilderung »Camping« folgen. ✉ Quai Joffre (GPS: 48°37'37" N / 1°50'43" E).

Wiesengelände mit einzelnen Bäumen am Ufer der Seine. Ort 1.5 km entfernt. 190 Touristenplätze.
2008: (HS) P/N 6.20, K/N 3 bis 11 J. 4.50, St/N 6.30, H/N 1.50, Strom/N 3.30 (6 A). In NS Ermäßigung.

77480 Bray sur Seine, Seine–et–Marne — F2041

»CAMPING LA PEUPLERAIE« — April bis Okt.
01/60571224 — 75 000 qm
www.lapeupleraie.com, camping.lapeupleraie.fr

→ A B Paris–Troyes Abf. Bray sur Seine in nördlicher Richtung zum Ort. ✉ Rue des Pâtures.

Wiesengelände mit einzelnen Bäumen am Ufer der Seine. Ort (Provins) 2 km entfernt. Touristen-/Dauerstellplätze 170/110.

77690 Montigny sur Loing — F2043

»CAMPING LE PARC DU GUÉ« — 15.3. bis 31.11.
164/458779, Fax 783146 — 26 000 qm
www.camping-parcdugue.com, contact@camping-parcdugue.com

→ A6/E15 Paris–Auxerre Abf. Nemours auf Die D40 in nördlicher Richtung durch Montcourt Fromonville nach La Genevraye. Hier weiter auf der D58 zum Ort. ✉ 12, route de Montigny.

Wiesengelände mit einzelnen Bäumen. Kinderspielplatz. Haltestelle 300 m entfernt. 77 Touristenplätze.
2007: (HS) 2 P/N inkl. St/N 16.–, weitere P/N 6.50, K/N 2 bis 6 J. 4.10, H/N 3.50, Strom/N 3.50. In NS Ermäßigung.

77880 Grez-sur-Loing, Seine-et-Marne — F2045

»CAMPING LES PRÉS« — März bis Nov.
Fax 01/64457275, camping-grez@wanadoo.fr

→ A6 Paris–Lyon Abf. Fontainebleau auf die N 7 und noch ca. 3 km in Richtung Fontainebleau, dann abbiegen. ✉ Chemin des Prés.

Parkähnliches Wiesengelände am Loingufer. Ort 1 km entfernt. Touristen-/Dauerstellplätze 50/80.

91930 Monnerville, Essonne — F2060

»CAMPING LE BOIS DE LA JUSTICE« — 1.2. bis 30.11.
01/64950534, Fax 64951731 — 55 000 qm
www.camping-boislajustice.com, piequetfredo@orange.fr

→ N20 Paris–Orléans, südlich Angerville östlich abbiegen. Beschildert.

Lichtes Wiesen- und Kiefernwaldgelände. Imbiss in HS. Ort 2 km entfernt. Touristen-/Dauerstellplätze 40/110.
2007: P/N 6.–, K/N bis 10 J. 3.–, A/N 2.50, C T/N 5.–, MC/N 7.50, M/N 2.50, H/N 1.–, WD inkl., Strom/N 2.50 (5 A).

91530 Saint Chéron, Essonne — F2065

»CAMPING PARC DES ROCHES« — April bis Okt.
01/64566550, Fax 64565450 — 230 000 qm
www.parcdesroches.com, contact@parcdesroches.com

→ D 116 Arpajon–Dourdan Abf. St. Chéron.

Waldgelände. Imbiss. Volley- u. Basketball. Ort 3 km entfernt. Touristen-/Dauerstellplätze 80/300.

78120 Rambouillet, Yvelines — F2070

»HUTTOPIA RAMBOUILLET« — 29.6. bis 30.9.
01/30410734, Fax 30410017 — 80 000 qm
www.huttopia.com, ingo@huttopia.com

→ N10 Versailles–Chartres Abf. Rambouillet. ✉ Route du Chateau d'Eau (GPS: 48°37'35" N / 1°50'38" E).
∴ Schlösser Rambouillet. Breteuil Dampierre Maintenon.

Teilweise parzelliertes Wiesengelände in einem Eichenwald am See "L'Etang d'Or". Durch Hecken und Büsche gegliedert und von Wald (Rambouillet Nationalpark) umgeben. Zahlreiche Wander- u. Fahrradwege. Direkte Zugverbindung nach Paris (30 Minuten). Ort 3 km entfernt. 220 Touristenplätze.
2007: (HS) P/N 5.50, K/N 2 bis 7 J. 3.50, St/N 8.90, H/N 3.50, Strom/N 4.20/6.20 (6/10 A). In NS Ermäßigung.

78000 Versailles, Paris — F2080

»CAMPING HUTTOPIA VERSAILLES« — 28.3. bis 2.11.
01/39512361, Fax 39536829 — 45 000 qm
www.huttopia.com, versailles@huttopia.com

→ A13 und später A12 Paris–Versailles (westl. Autobahnring). Ab Versailles beschildert. Im Vorort Porchefontaine. ✉ 31, rue Berthelot (GPS: 48°47'39" N / 2°09'38" E).

Leicht welliges Gelände im Laubwald. Aufenthaltsraum mit Holzofen und Bücherecke. Brötchenservice. Ort 1 km entfernt. 180 Touristenplätze.
2007: (HS) P/N 7.90, K/N bis 7 J. 4.–, St/N 13.90, H/N 3.50, KT –.20, WD inkl., Strom/N 4.20/6.20 (6/10 A). In NS Ermäßigung.

75016 Paris, Paris-West — F2085

»CAMPING BOIS DE BOULOGNE« — 1.1. bis 31.12.
01/45243000, Fax 42244295 — 70 000 qm
www.abccamping.com/campingparis.htm, resa@mobilhome-paris.com

→ Pariser Ringautobahn Abf. Port Maillot. Ab Restaurant Loree du Bois beschildert. ✉ 2, allée du Bord de l'eau.

Leicht welliges, gekiestes Gelände unter alten Bäumen zwischen der Seine und einer vielbefahrenen Straße. Aufnahme bis 2 Uhr nachts. In HS oft wegen Überfüllung schon vormittags geschlossen. Busverbindung zur Metro. Zentrum 4 km entfernt. 510 Touristenplätze.

78600 Maisons-Laffitte, Paris — F2090

»INTERNATIONAL MAISONS LAFFITTE« — 16.3. bis 31.10.
01/39122191, Fax 39127050 — 70 000 qm
www.campint.com, ci.mlafitte@wanadoo.fr

→ A13/E05 Abf. (7) Poissy, auf die N13 Richtung St. Germain-en-Laye. Weiter auf der N184/D 308 in Maisons-Laffitte beschildert. ✉ 1, rue Johnson (GPS: 48°56'23" N / 2°08'44" E).

Ebenes Gelände unter Baumreihen, auf einer Seine-Halbinsel. Günstig für Paris-Besuch. Bahnstation 800 m, Ort (Paris) 18 km entfernt. 192 Touristenplätze.
2007: (HS) 2 P/N inkl. St/N 26.–, weitere P/N 6.–, K/N 4 bis 8 J. 3.–, KT –.46, WD inkl., Strom/N 3.– (6 A). In NS Ermäßigung.

95690 Nesles-la-Vallée, Val-d'Oise — F2095

»PARC DE SEJOUR DE L'ETANG« — 1.3. bis 31.10.
Fax 01/34706289 — 60 000 qm
www.campingparcset.com, brehinier1@hotmail.com

→ A15/N14 Paris Rouen Abf. Pontoise in nördl. Richtung auf die D4 und bei L'Isle d'Adam auf die D 64 abbiegen. Am Ortsanfang rechts, noch 500 m. ✉ 10, chemin des Belles Vues.

Ebenes, parzelliertes und parkartig gestaltetes Wiesengelände an einem Teich. Durch Bäume und Büsche aufgelockert. Ländlich gelegen. Ort 800 m entfernt. Separater Jugendplatz. Touristen-/Dauerstellplätze 65/100.
2008: P/N 4.50, K/N bis 7 J. 3.–, St/N 4.50, H/N 1.–, Strom/N 4.15 (3/9 A). DCC/CCI 10% auf P/N.

95270 Asnieres sur Oise, Val d'Oise — F2096

★★ »CAMPING LES PRINCES« — März bis Okt.
☎/Fax 01/30354092 — 16 000 qm
www.lesdomaines.org, g4s@residence2000.com

→ A16 Amiens–Paris Abf. (12) Persan Chambly auf die D922 in östl. Richtung an Beaumonts s. Oise und Noisy s. Oise vorbei zum Ort. ✉ Route des Princes.

Wiesengelände unter vielen Bäumen in Flussnähe. Angeln 300 m entfernt. 100 Stellplätze.
2007: 1 P/N inkl. St/N 9.50, weitere P/N 3.50, K/N bis 7 J. 2.50, H/N 2.50, WD zuzügl., Strom/N 3.50 (5 A).

78480 Verneuil sur Seine, Yvelines — F2097

★★ »CAMPING LE VAL DE SEINE« — 15.4. bis 30.9.
☎ 139/281620, Fax 711860 — 35 000 qm
www.valdeseine78.com, contact@valdeseine.78.com

→ A13/E05 Paris–Rouen Abf. (7) Poissy auf die D154 an Villenne sur Seine und Medan vorbei zum Ort. ✉ Chemin du Rouillard.

Teilweise schattenloses Ufergelände an der Seine mit einem Teich. Wassersportmöglichkeiten. Touristen-/Dauerstellplätze 94/16.
2007: P/N 3.75, K/N bis 4 J. frei, A/N 1.60, C/N 4.80, MC/N 5.30, T/N 4.20, M/N 1.60, B/N 1.60, H/N 2.–, WD inkl., Strom/N 4.25 (10 A).

78270 Mousseaux sur Seine, Yvelines — F2098

★★ »CAMPING LOISIRS DES GROUX« — 1.4. bis 30.11.
☎ 01/34793386 — 35 000 qm
www.loisirsdesgroux.com, infos@loisirsdesgroux.com

→ A13/E5 Paris–Rouen Abf. (13) Rosny sur Seine in nördl. Richtung auf die N13/D124. Weiter über Rosny sur Seine und Méricourt zum Ort. ✉ Chemin de Vetheuil.
• Haus des Impressionisten Claude Monet.

Ufergelände mit vielen Bäumen an der Seine. Reservierung empfohlen. See und Golfplatz (18 Loch) 500 m entfernt. Wassersportmöglichkeiten. Touristen-/Dauerstellplätze 94/16.
2007: P/N 3.80, K/N bis 7 J. 1.60, St/N 6.50, WD inkl., Strom/N 1.90 (10 A).

76470 Le Tréport, Seine Maritime — F2100

★★★ »CAMPING PARC INTERNAT. DU GOLF« — 1.4. bis 20.9.
☎ 02/2728015-0, Fax 2728015-1 — 30 000 qm

→ D925 Abbeville–Dieppe, hinter Eu zum Ort abbiegen. Beschildert. Unbequeme Zufahrt. ✉ 102, route de Dieppe (GPS: 50°03'29" N / 1°22'23" E).

Parkartiges, von Baumreihen durchzogenes, ebenes Wiesengelände. Oberhalb des Ortes. Durch Holzgestelle oder Anpflanzungen parzelliert. In HS Imbiss. Ort 900 m entfernt. Touristen-/Dauerstellplätze 150/10.
2007: P/N 7.50, K/N bis 7 J. 3.50, St/N inkl., H/N –., KT –.30, WD inkl., Strom/N 4.60 (5A). In NS Ermäßigung.
DCC 10% auf St/N.

80220 Gamaches, Somme — F2101

★★ »CAMPING LES MARGUERITES« — Mai bis Nov.
☎ 03/22308951 — 30 000 qm

→ D925 Abbeville–Dieppe, Abf. Le Tréport landeinwärts in südöstlicher Richtung nach Gamaches. ✉ Rue A. Gombert.

Wiesengelände mit Bäumen südlich der Somme-Mündung. Imbiss. Meer und Ort (Le Tréport) 15 km entfernt. Touristen-/Dauerstellplätze 120/80.

76370 St. Martin en Campagne, S. M. — F2103

★★★ »CAMPING LES GOÉLANDS« — 1.4. bis 31.10.
☎ 02/35838290, Fax 35832179 — 40 000 qm
www.lesdomaines.org, g4sdomaine@wanadoo.fr

→ D925 Abbeville–Dieppe, nach St. Martin abbiegen. Beschildert. ✉ Rue des Grèbes.

76980 Veules les Roses, S. Maritime — F2106

★★ »CAMPING MUNICIPAL LES MOUETTES« — 1.3. bis 30.11.
☎ 02/35976198, Fax 35973344 — 36 000 qm
www.veules-les-roses.fr, camping-mouettes@veules-les-roses.fr

→ D925 Dieppe–Fécamp in Veules les Roses meerwärts abbiegen. ✉ Avenue Jean Moulin.

Ebenes bis leicht abfallendes Dünengelände in Strandnähe. Ort 500 m entfernt. Touristen-/Dauerstellplätze 92/60.
2007: (HS) 2 P/N inkl. St/N 16.–, weitere P/N 4.20, K/N bis 10 J. 3.–, H/N 1.35, KT –.50, WD inkl., Strom/N 4.45 (6 A). In NS Ermäßigung.

76740 St. Aubin-s.-Mer, Seine Maritime — F2110

★★★ »CAMPING MUNICIPAL LE MESNIL« — April bis Okt.
☎ 02/35830283 — 20 600 qm

→ D925 Dieppe–Fécamp, in Bourg-Dun abbiegen. Beschildert.

Ebenes, teils terrassiertes Hanggelände, durch Hecken parzelliert. Sanitäranlage beheizbar. Imbiss. Ort 2 km entfernt. Touristen-/Dauerstellplätze 55/60.

76400 Fécamp, Seine Maritime — F2120

★★★ »CAMPING MUNICIPAL DE RENÉVILLE« — 1.4. bis Nov.
☎ 02/35282097, Fax 35290909 — 45 000 qm
www.campingdereneville.com, camping-de-reneville@tiscali.fr

→ D925 Dieppe–Fécamp. In Fécamp ab Hafen in Richtung Etretat, beschildert. Für Caravans teilweise unbequeme Zufahrt. ✉ Rue Chemin de Nesmond.

Terrassierter, überwiegend schattenloser Steilhang mit Blick auf das Meer. Im oberen Bereich ein Platzteil unter Bäumen. Imbiss. Haltestelle 300 m, Ort 4 km entfernt. 157 Touristenplätze.
2007: 2 P/N inkl. St/N 12.60/15.10, KT –.20, WD und Strom inkl. (6 A).

27310 Bourg-Achard, Eure — F2155

★★ »CAMPING LE CLOS NORMAND« — April bis Sept.
☎ 02/32563484 — 15 000 qm

→ A13 Rouen–Caen Abf. Bourg-Archard, hier abbiegen auf die N175 Richtung Pont-Audemer. Beschildert. ✉ 235, route de Pont-Audemer.

Leicht zu einem Waldstreifen abfallendes Wiesengelände. Imbiss. Ort 500 m entfernt. 85 Touristenplätze.

27500 Pont Audemer, Calvados — F2160

★★★ »CAMPING RISLE-SEINE LES ETANGS« — 15.3. bis 15.11.
☎/Fax 02/32424665 — 5000 qm
www.ville-pont-audemer.fr, camping@ville-pont-audemer.fr

→ A13 Rouen–Caen Abf. Beuzeville oder Bourneville. Beschildert. ✉ 19, route des Etangs (GPS: 49°21'59" N / 0°29'15" E).

Wiesengelände mit einzelnen Bäumen am Ufer der Risle. Volleyball. Autoverleih. 61 Touristenplätze.
2008: P/N 2.96, K/N bis 7 J. 1.55, C-St/N 6.18, MC-St/N 7.55, WD inkl., Strom/N 3.57 (10 A).

14590 Moyaux, Calvados — F2163

★★★★ »CASTEL CAMPING LE COLOMBIER« — Mai bis Sept.
☎ 02/31636308, Fax 31631597 — 100 000 qm
www.camping-lecolombier.com, mail@camping-lecolombier.com

→ A13 Rouen–Caen Abf. Beuzeville. Ab hier südwärts über Cormeilles nach Moyaux. Beschildert.

Camping ★★★ Loisirs des Groux

78270 Mousseaux sur Seine
Phone: 00 33 (0)1 34 79 33 86 (F 2098)

45 min von Paris über die A13: Besichtigung der Hauptstadt und des Versailles-Schlosses.

45 min von Rouen über die A13: Besichtigung der "Stadt der 100 Glockentürme".

15 min von Giverny entfernt: Die Impressionisten-Straße und das Monet-Museum.

In 500 m: Freizeitpark nahe eines Schwimmbades und eines 18 Loch-Golfplatzes.

Es wird deutsch gesprochen.

www.loisirsdesgroux.com E-Mail: infos@loisirsdesgroux.com

Leicht parzelliert ansteigendes, gepflegtes Wiesengelände am Rand eines alten Herrensitzes, dessen Räume teilweise mit zur Verfügung stehen. Spiel- u. TV-Raum für Kinder. Bibliothek. Familiäre Atmosphäre. Ort 4 km entfernt. 180 Touristenplätze.

✉ 14130 Le Brèvedent bei Pont-l'Evêque — F2170

★★★ »CASTEL CAMPING LE BRÈVEDENT« — Mai bis Sept.
☎ 02/31647288, Fax 31643341 — 60000 qm
www.campinglebrevedent.com, contac@campinglebrevedent.com

→ A13 Rouen–Caen Abf. Pont-l'Evêque in Richtung Lisieux. Auf die D51 abbiegen über Blangy le Château Richtung Moyaux. Beschildert.

Leicht zum Teichufer abfallend parzelliertes Schlossparkgelände. In HS Reservierung erforderlich. Touristen-/Dauerstellplätze 100/40.

✉ 14600 Equemauville, Calvados — F2180

[35] ★★★★ »CAMPING LA BRIQUERIE« — 1.4. bis 30.9.
☎ 02/31892832, Fax 31890852 — 80000 qm
www.campinglabriquerie.com, info@campinglabriquerie.com

→ A13 Rouen–Caen Abf. Pont-l'Evêque auf die D579 Richtung Honfleur. Beschildert. Route de Trouville (GPS: 49°23'52" N / 0°12'31" E).

Ebenes, parzelliertes Wiesengelände mit Anpflanzungen und Hecken unterteilt. Ort 2.5 km, Meer 3 km entfernt. Touristen-/Dauerstellplätze 190/230.
2007: 2 P/N inkl. St/N 26.80, weitere P/N 7.40, K/N 2 bis 7 J. 4.–, St/N 8.–, B/N 2.–, KT –.40, WD und Strom (5 A) . Für 7/14 Nächte nur 6/12 Nächte bezahlen. In NS Ermäßigung.

✉ 27210 Fiquefleur Equainville, Calvados — F2182

[35] ★★★ »CAMPING DOMAINE CATINIÈRE« — 5.4. bis 22.9.
☎ 02/32576351, Fax 32421257 — 38000 qm
www.camping-catiniere.com, info@camping-catiniere.com

→ A29/E44 Le Havre–Beuzeville Abf. La Riviere St. Sauveur in östl. Richtung auf die D580/D22 nach Fiquefleur Equainville. Route d'Honfleur (GPS: 49°24'01" N / 0°18'37" E).

Ebenes Wiesengelände, von zwei Bachläufen begrenzt und von Waldhöhen umgeben. Imbiss in HS. Ort 5 km entfernt. Touristen-/Dauerstellplätze 52/40.
2008: (HS) 2 P/N inkl. St/N 25.–, weitere P/N 6.–, K/N bis 7 J. 4.–, H/N 2.–, WD und Strom (4 A) inkl. In NS Ermäßigung.

✉ 14800 Deauville/St-Arnoult/Calvados — F2185

[40] ★★★★ »CAMP LA VALLÉE DE DEAUVILLE« — 1.4. bis 31.10.
☎ 02/31885817, Fax 31881157 — 190000 qm
www.camping-deauville.com, contact@camping-deauville.fr

→ A13/E 46 Rouen–Caen Abf. Pont L'Evêque auf die N177 Richtung Deauville. Nach St Arnoult abbiegen. Beschildert. Avenue de la Vallée GPS: 49°19'43" N / 00°05'10" E.

Ebenes, parzelliertes und durch Hecken in Stellflächen unterteiltes Wiesengelände mit parkartigem Charakter. Fischteich. Wasserrutsche. Ort (Deauville) 3 km, Meer 5 km entfernt. 385 Touristenplätze.
2007: (HS) P/N 9.–, K/N bis 7 J. 5.–, St/N 12.–, H/N 4.–, KT –.20, WD inkl., Strom/N 4.– (10 A). In NS Ermäßigung.

✉ 14510 Houlgate, Calvados — F2197

★★★ »CAMPING DE LA VALLÉE« — April bis Sept.
☎ 02/31244069, Fax 31280829 — 110000 qm
www.campinglavallee.com, camping.lavallee@wanadoo.fr

→ A13/E46 Caen Abf. (29) Cabourg auf die D400 nach Houlgate, hier beschildert. 88, rue de la Vallée.

Wellig ansteigendes und durch Hecken parzelliertes Wiesengelände. Imbiss. Ort und Meer 1 km entfernt. Touristen-/Dauerstellplätze 160/190.

✉ 14810 Gonneville-en-Auge, Calvados — F2205

★★★ »CAMPING LE CLOS TRANQUILLE« — März bis Sept.
☎ 02/31242136, Fax 31242880 — 13000 qm
www.leclostranquille.com, leclostranquille@wanadoo.fr

→ D513 Cabourg–Caen, nach Gonneville abbiegen. Beschildert. Sur D 95 A. 17, route du Twarn.

Durch Hecken parzelliertes Wiesengelände in einem Obstgarten. Imbiss. Meer u. Ort (Merville-Franceville) 5 km entfernt. Touristen-/Dauerstellplätze 65/13.

✉ 14150 Ouistreham, Calvados — F2210

★★★ »CAMPING MUNICIPAL LES POMMIERS« — Feb. bis Dez.
☎ 02/31971266 — 60000 qm

→ A13 Rouen–Caen Abf. Pont-l.-Eveque auf die D515/D514 in Richtung Quistreham, hier am Ortsanfang beim Fährhafen. Beschildert. 1, rue de la Haie Breton.

Ebenes, parzelliertes Wiesengelände mit hohen Hecken und Bäumen. Ort 500 m entfernt. 423 Touristenplätze.

✉ 14220 Thury Harcourt, Calvados — F2227

[20] ★★★ »CAMPING DU TRASPY« — 1.4. bis Sept.
☎/Fax 02/31796180, www.campingtraspy.com — 15000 qm

→ D 562 Caen–Thury Harcourt, hier am Ortsanfang abbiegen, beschildert. Rue du Pont Benôit.

Zweistufiges, ebenes und leicht ansteigendes Wiesengelände in einem Bachtal und bei einem kleinen See. (Badeverbot) Ort 500 m entfernt. 93 Touristenplätze.
2007: (HS) P/N 4.60, K/N bis 12 J. 2.90, St/N 4.60, H/N 2.70, WD inkl., Strom/N 3.80 (6 A). In NS Ermäßigung.
DCC/CCI 5% auf P/N.

14750 St. Aubin sur Mer, Calvados — F2229

»CAMPING DE LA CÔTE DE NACRE« — 21.3. bis 14.9.
02/31971445, Fax 31972211 — 80000 qm
www.camping-cote-de-nacre.com, camping-cote-de-nacre@wanadoo.fr

→ D514 Quistreham–Port-en-Bessin, in St. Aubin beschildert. ✉ 17, rue du General Moulton (GPS: 49°19'34" N / 0°23'24" W).

Ebenes Wiesengelände mit Anpflanzungen. Imbiss. Kabel-TV. Reservierung empfehlenswert. Wassersportmöglichkeiten, Strand und Ort 200 m entfernt. 447 Touristenplätze.
2008: 2 P/N inkl. St/N 42.–, weitere P/N 8.–, K/N 2 bis 7 J. 5.–, H/N 4.–, KT –.40, WD und Strom (10 A) inkl.

14990 Bernières-s.-Mer, Calvados — F2230

★★★ **»CAMPING LE HAVRE DE BERNIÈRES«** — April bis Okt.
02/31966709, Fax 31973106 — 65000 qm
www.camping-normandie.com, campingnormandie@aol.com

→ D514 Quistreham–Courselles-sur-Mer. In Bernières beschildert. ✉ Chemin de Quintefeuille.

Ebenes bis leicht welliges, parzelliertes Wiesengelände. Durch Hecken unterteilt. Separater Mobilheimteil. Sanitäranlage beheizbar. Meer 200 m, Ort 300 m entfernt. 240 Touristenplätze.

14740 Martragny, Calvados — F2235

★★★ **»CAMPING CHÂTEAU DE MARTRAGNY«** — 1.5. bis 15.9.
02/31802140, Fax 31081491 — 50000 qm
chateau-martragny.com, chateau.martragny@wanadoo.fr

→ N13 Caen–Bayeux Abf. Martragny. Beschildert. ✉ 5, rue de l'ormelet (GPS: 49°14'58" N / 0°36'09" W).

Ebene bis leicht abfallende Rasenflächen in einem Schlosspark mit altem Bäumen. Teilweise durch Hecken parzelliert. Bibliothek für Gäste. Imbiss. Bar. Gasverkauf. Ort (Bayeux) 7 km entfernt. 160 Touristenplätze.
2008: (HS) P/N 6.–, K/N bis 7 J. 3.50, St/N 12.10, KT –.20, WD inkl., Strom/N 3.50 (6 A). In NS Ermäßigung.

14710 Vierville-sur-Mer, Calvados — F2245

★★★ **»CAMPING OMAHA BEACH«** — Mitte April bis Sept.
02/31224173 — 60000 qm

→ N13/E14 Bayeux–Cherbourg, Abfahrt D30A, direkt an der Nationalstraße. Beschildert.

Wiesenflächen auf drei Geländestufen oberhalb der Klippen, teils leicht abfallend u. durch Hecken parzelliert. Zum Strand ca. 5 Minuten Abstieg. Wassersportmöglichkeiten. Meer 200 m, Ort 1 km entfernt. 293 Touristenplätze.

14230 Isigny-sur-Mer, Calvados — F2246

★★★ **»CAMPING MUNICIPAL LE FANAL«** — 1.4. bis 30.09.
02/31213320, Fax 31221200 — 11 500 qm
www.camping-lefanal.com, info@camping-lefanal.com

→ N13 Bayeux–Cherbourg Abf. Isigny-sur-Mer. ✉ Rue du Fanal.

Ebenes, parzelliertes Wiesengelände. Durch Anpflanzungen gefällig gestaltet. Badeverbot im See nebenan - Angeln möglich. Snack-Bar in HS. Ort 1 km entfernt. 114 Touristenplätze.
2007: (HS) 1 P/N inkl. St/N 20.– bis 25.–, weitere P/N 5.–, K/N bis 12 J. 4.–, H/N 4.–, WD und Strom/N 3.– (10 A) inkl. In NS Ermäßigung.

Jahres-Öffnungszeiten werden uns von den Platzhaltern gemeldet. Sie bemühen sich, die Zeiten einzuhalten. Je nach Wetterlage sind aber spätere Öffnungs- und frühere Schließungszeiten möglich.

50480 Ravenoville-Plage, Manche — F2247

★★★ **»CAMPING LE CORMORAN«** — 1.4. bis 28.9.
02/33413394, Fax 33951608 — 65000 qm
www.lecormoran.com, lecormoran@wanadoo.fr

→ N13/E3 Cherbourg–Carentan Abf. St.Mère Eglise, hier auf die D15 abbiegen. In Ravenoville-Plage beschildert. ✉ Rue de Cormoran (GPS: 49°28'00" N / 1°15'31" W).

Ebenes, parzelliertes Wiesengelände hinter einem kleinen Deich. Familiäre Atmosphäre. Imbiss. Alle Wassersportmöglichkeiten. Strand 20 m, Ort 9 km entfernt. Touristen-/Dauerstellplätze 80/126.
2007: (HS) 2 P/N inkl. St/N 28.–, H/N 3.–, WD inkl., Strom/N 4.– (6 A). In NS Ermäßigung.

50550 Saint-Vaast la Hougue, Manche — F2248

★★ **»CAMPING LA GALLOUETTE«** — 1.4. bis 30.9.
233/542057, Fax 541671 — 23000 qm
www.lagallouette.com, contact@camping-lagallouette.fr

→ N13/E46/E3 Caen–Cherbourg Abf. Valognes in nordöstlicher Richtung auf der D902 über Montaigu la Brisette nach Quettehou. Hier in westlicher Richtung auf der D1 bis zum Ort. ✉ Rue de la Gallouette (GPS: 49°35'04" N / 1°16'05" W).

Wiesen- und Sandgelände am Meer. Touristen-/Dauerstellplätze 90/70. Ort 400 m entfernt. Touristen-/Dauerstellplätze 90/70.
2007: P/N 5.80, K/N bis 10 J. 3.50, St/N 10.–, H/N 1.60, KT –.20, WD inkl., Strom/N 3.70/4.50 (6/10 A).

50330 Maupertus-sur-Mer, Manche — F2250

★★★ **»CAMPING L' ANSE DU BRICK«** — 1.4. bis 30.9.
02/33543357, Fax 33544966 — 170000 qm
www.anse-du-brick.com, welcome@anse-du-brick.com

→ Küstenstraße D116 Cherbourg Richtung Bretteville, Le Bécquet. 10 km östlich von Cherbourg. ✉ 18, l'Anse du Brick (GPS: 49°40'03" N / 1°29'14" W).

Ansteigendes, teils terrassiertes Dünengelände und naturbelassenes Waldgelände oberhalb der Küstenstraße. Wasserrutsche. Wassersportmöglichkeiten und Strand 100 m, Ort 2 km entfernt. Touristen-/Dauerstellplätze 110/70.
2008: 2 P/N inkl. St/N 35.–, weitere P/N 7.20, K/N bis 12 J. 5.30, H/N 2.60, KT –.40, WD und Strom inkl. (10 A). In NS Ermäßigung.
CCI 5% auf P/N und St/N.

50340 Le Rozel, Manche — F2264

★★★ **»CAMPING LE RANCH«** — 1.4. bis 31.10.
02/33100710, Fax 33100711 — 4000 qm
www.camping-leranch.com, contact@camping-leranch.com

→ D904 Cherbourg–Carteret Abf. D 62 in westl. Richtung nach Le Rozel. ✉ 2, le Ranch.

Leicht welliges und teilweise terrassiertes, schattenloses Wiesengelände. Touristen-/Dauerstellplätze 72/58.
2007: (HS) 2 P/N inkl. St/N 25.40, weitere P/N 6.20, K/N bis 12 J. 5.–, H/N 2.30, KT –.20, Strom/N 4.20. Ab 21 Nächten und in NS Ermäßigung.

Die DCC-Inspizienten sind nicht mit Anzeigenwerbung betraut. Sie sind daher unabhängig und nicht beeinflußbar. Ihren Kontrollen nach unseren Prüfbögen kann vertraut werden.

50340 Les Pieux, Manche — F 2265

**** »CAMPING LE GRAND LARGE« — 12.4. bis 16.9.
02/33524075, Fax 33525820 — 40 000 qm
www.legrandlarge.com, le-grand-large@wanadoo.fr

→ D904 Cherbourg–Les Pieux, hier abbiegen noch ca. 4 km. Beschildert. Anse de Sciotot. Pointe de Mousterlin (GPS: 49°29'37" N / 1°50'33" W).

Ebenes bis leicht welliges, parzelliertes Gelände hinter einer Düne am Meer mit ausgedehntem Strand. Familiäre und ruhige Atmosphäre. Ort 4 km entfernt. 236 Touristenplätze.
2007: 2 P/N inkl. St/N 30.–, weitere P/N 6.–, K/N bis 7 J. 3.50, WD inkl., Strom/N 4.– (6 A).

50580 St. Lô d'Ourville, bei Portbail — F 2266

*** »CAMPING LES CAROLINS« — März bis Okt.
02/33048485, Fax 33940357 — 35 000 qm
camping.carolins.free.fr, camping.les.carolins@wanadoo.fr

→ D650 Barneville–Carteret–Lessay, hinter Portbail abbiegen in Richtung Lindbergh-Plage. Beschildert. 2, avenue de la Mer.

Leicht welliges und parzelliertes Wiesengelände hinter den Dünen. Teilweise bewaldet. Boccia. Tanzabende in HS. Strand und Ort (Portbail) 1.5 km entfernt. Touristen-/Dauerstellplätze 25/50.

50270 St. George de la Riviere, Manche — F 2267

*** »CAMPING LES DUNES« — 1.5. bis 30.9.
02/33520384 — 20 000 qm

→ D904 Cherbourg–Barneville Abf. St. George de la Riviere, noch ca. 3 km. 2, chemin Grande Mielle.

150 m

Wiesengelände mit einzelnen Bäumen in Strandnähe. Ort 2 km entfernt. Touristen-/Dauerstellplätze 65/65.
2008: P/N 5.30, K/N bis 6 J. 3.60, St/N 6.70, H/N 2.20, KT u. WD inkl., Strom/N 4.40.

50250 La Haye du Puits, Manche — F 2269

*** »CAMPING L' ETANG DES HAIZES« — 1.4. bis 15.10.
02/33460116, Fax 33472280 — 35 000 qm
www.campingetangdeshaizes.com, info@campingetangdeshaizes.com

→ D903 Carentan–Barneville–Carteret, in La Haye abbiegen. Beschildert. 43, rue de Cauticotte (GPS: 49°30'06" N / 1°54'58" W).

Leicht vom Seeufer ansteigendes Wiesengelände mit Heckenparzellierung. Badeanlage mit Wasserrutschen. Ort 1 km, Lebensmittelverkauf 2 km entfernt. 98 Touristenplätze.
2007: (HS) P/N 6.–, K/N bis 4 J. frei, St/N 14.–, H/N 2.–, WD inkl., Strom/N 5.– (10 A). Bei 7 Nächten nur 6 Nächte bezahlen. In NS Erm.

50430 St. Germain-s.-Ay, Manche — F 2270

*** »CAMPING AUX GRANDS ESPACES« — 1.5. bis 15.9.
02/33071014, Fax 33072259 — 150 000 qm
www.auxgrandsespaces.com, auxgrandsespaces@orange.fr

→ D900 St. Lô–Lessay, hier über die D650/D306 zur Küste. Beschildert. 6, rue du Camping.

Leicht welliges Dünengelände, durch Hecken unterteilt und von Mobilheime geprägt. Reservierung ab 7 N. Meer 400 m, Ort 500 m entfernt. Touristen-/Dauerstellplätze 180/400.
2008: P/N 5.30, K/N bis 7 J. 3.60, St/N 6.70, H/N 2.20, WD inkl., Strom/N 4.40 (4 A).

50290 St. Martin-de-Bréhal, Manche — F 2280

**** »CAMPING DE LA VANLÉE« — Mai bis Sept.
02/33616380, Fax 33618718 — 110 000 qm
www.wdirectfr/vanlee.htm, camping.vanlee@wanadoo.fr

→ D971 Coutances–Granville, in Bréhal meerwärts abbiegen auf die D 592 nach St. Martin, dort beschildert.

Leicht welliges, parzelliertes Dünengelände am Meer mit einigen Piniengruppen und weitläufigem Strand. Familiäre Atmosphäre. Imbiss. Tennis und Ort 1 km entfernt. 480 Touristenplätze.

50380 St. Pair-sur-Mer, Manche — F 2285

**** »CASTEL CAMPING LEZ-EAUX« — 31.1. bis 30.9.
02/33516609, Fax 33519202 — 120 000 qm
www.lez-eaux.com, bonjour@lez-eaux.com

→ A 84/E 401 bzw. N 175 Rennes–Caen, bei Avranches auf die D 973 in Richtung Granville, nach 18 km Einfahrt zum Cpl. St. Aubin des Préaux.

3 km

Ebenes und parzelliertes, leicht bis stärker welliges Wiesengelände in einem ehemaligen Schlosspark mit Herrensitz. Imbiss. Hallen-Aqua-Land. Ort (St. Aubin-des Préaux) 4 km entfernt. 239 Touristenplätze.
2007: (HS) 2 P/N inkl. St/N 14.– bis 30.–, weitere P/N 8.50, K/N bis 7 J. 6.50, H/N frei, WD inkl., Strom/N 7.– (10 A). Ab 14 N und in NS Erm.

50530 Genets, Manche — F 2287

*** »CAMPING LES COQUES D'OR« — April bis Sept.
02/33708257, Fax 33708683 — 50 000 qm
www.campinglescoquesdor.com, contact@campinglescoquesdor.com

→ D911 Granville–Avranches Abf. Genets, beschildert. 14, route du Bec d'Andaine.

500 m

1 km 1.5 km 2 km 5 km

Anzeige S. 552

Gepflegtes und parzelliertes Wiesengelände mit Büschen und Bäumen. Imbiss und Bar in HS. Schwimmbad beheizt (15. 5. bis 15. 9.). Bouleplatz. Diskothek. Ort 500 m entfernt. Touristen-/Dauerstellplätze 64/161.

CAMPING ★★★
LES COQUES D'OR
14, Route de Bec d'Andaine – F-50530 GENÊTS

Tel.: 02 33 70 82 57 – Fax: 02 33 70 86 83
Internet: www.campinglescoquesdor.com
E-mail: information@campinglescoquesdor.com

1.800 m vom Strand entfernt. Ein gastfreundlicher Campingplatz. Schwimmbad, Spielplatz, Tischtennis, Volleyball. Fertigmahlzeiten. Tanzabende während der Saison.

Geöffnet vom 1. 4. bis zum 30. 9.
(Beschreibung S. 551, F 2287)

✉ 50350 Donville-les-Bains, Manche — F 2290

[20] ★★★ »CAMPING DE L'ERMITAGE« 15.4. bis 15.10.
☎ 02/33500901, Fax 33508819   67 000 qm
www.camping_ermitage.com, camping_ermitage@wanadoo.fr

→ D971 Coutances–Granville, in Donville meerwärts abbiegen. Beschildert. ✉ Rue l'Ermitage (GPS: 48°51′09″ N / 1°34′51″ W).

Leicht abfallendes, parzelliertes Wiesengelände mit einzelnen Bäumen hinter einer kleinen Düne. Bowling 20 m, Sandstrand 50 m, Ort 500 m entfernt. Touristen-/Dauerstellplätze 315/35.
2007: P/N 4.10, K/N bis 11 J. 2.35, St/N 6.60, B/N 1.60, H/N 1.70, KT –.50, WD und Strom inkl. (10 A).

✉ 28130 Villiers le Morhier, Eure-et-Loir — F 2300

[25] ★★★ »LES ILOTS DE ST. VAL« 1.1. bis 31.12.
☎ 02/37827130, Fax 37827767   10 000 qm
www.campingilesilotsdestval.com, lesilots@campingilesilotsdestval.com

→ A11/E50 Paris–Chartres Abf. (1) Chartres auf die D906 bis Maintenon. Hier auf die D983, nach ca. 4 km rechts ab (D101) zum Ort. ✉ (GPS: 48°36′32″ N / 1°32′51″ W)

Ebenes bis leicht welliges, teils schattenloses Wiesengelände im Flussbett des Eure. Freizeitmöglichkeiten in der Nähe. Touristen-/Dauerstellplätze 30/123.
2008: P/N 5.20, K/N bis 7 J. 2.60, St/N 5.20, H/N 1.50, WD inkl., Strom/N 3.60/6.– (6/10 A).

✉ 28000 Chartres, Eure-et-Loir — F 2304

Abfahrt

[15] ★★ »MUNICIPAL DES BORDS DE L'EURE« 10.4. bis 15.11.
☎ 02/37827943, Fax 37910359   30 000 qm
www.auxbordsdeleure.com, camping-roussel-chartres@wanadoo.fr

→ A10/11 Paris–Le Mans Abf. Chatres-Est auf die N 154 Richtung Orleans, beschildert. ✉ 9, rue de Launay.

Ebenes Wiesengelände am Eure-Ufer unter hohen Bäumen neben der Straße und einer Bahnlinie. Ort 1.5 km entfernt. 96 Touristenstellplätze.
2007: P/N 3.60, K/N bis 7 J. 1.50, St/N 3.60, H/N 1.–, KT –.55, WD inkl., Strom/N 3.– (6 A).

✉ 61500 Sées, Normandie — F 2306

★★★ »CAMPING LE CLOS NORMAND« Mai bis Sept.
☎ 02/33288737   200 m 12 000 qm

→ N 138 Rouen–Le Mans Abfahrt Sées.

Wiesengelände mit einzelnen Bäumen am Ortsrand. 46 Touristenplätze.

> Das CCI-Carnet ist im Ausland als Identitäts-Ausweis anerkannt. Im Inland genügt die Vorlage des DCC-Mitgliedsausweises zusammen mit Leistungsscheck 18.

✉ 61000 Alençon, Orne — F 2307

[15] ★★★ »CAMPING MUNICIPAL DE GUERAME« 1.4. bis 30.9.
☎ Fax 02/33263495   20 000 qm

→ N138 Rouen–Le Mans, in Alençon beschildert. ✉ 65, rue de Guerama.

Ebenes bis leicht abfallendes Wiesengelände unter hohen Bäumen am Sarthe-Ufer. Ort 1 km entfernt. 87 Touristenplätze.
2007: P/N 2.35, K/N bis 10 J. 1.75, St/N 5.–, H/N 1.75, WD inkl., Strom/N 2.95 (6 A).

✉ 72190 Neuville-s.-Sarthe, Le Mans — F 2310

★★★ »CAMPING LE VIEUX MOULIN« Juni bis Aug.
☎ 02/43253182, Fax 43253811   48 000 qm
www.lemanscamping.net, info@lemanscamping.net

→ A 11 Chartres–Angers Abf. Le Mans-Nord in Richtung Alençon, nach 300 m abbiegen und ca. 5 km der Beschilderung folgen. ✉ Rue du Vieux Moulin.

Ebenes, durch verschiedene Busch- u. Baumarten günstig aufgelockertes und parzelliertes Wiesengelände. Ort 500 m entfernt. 100 Touristenplätze.

✉ 56800 Taupont, Morbihan — F 2340

★★★ »CAMPING DU LAC« April bis Sept.
☎/Fax 2/97740122   30 000 qm
www.camping-du-lac-ploermel.com, camping.du-lac@wanadoo.fr

→ N 24 Rennes–Ploermel. Hier auf die D766 E/D8E. Ploermel umfahren bis zur Abfahrt Taupont. Dann weiter zum Lac au Duc. ✉ Les belles rives.

Ebenes Wiesengelände mit Bäumen am See Lac au Duc. Bungalow-Anlage. Volleyball. 155 Touristenplätze.

✉ 50220 Pontaubault, Manche — F 2349

[25] ★★ »CAMPING VALLÉE DE LA SELUNE« 1.4. bis 20.10.
☎/Fax 02/33603900   16 000 qm
www.camping-norway.com, campselune@wanadoo.fr

→ N 175 Avranches–Rennes Abf. Pontaubault, ab hier noch 4 km zum Ort. Beschildert. ✉ 7, rue Maréchal-Leclerc (GPS: 48°37′46″ N / 2°38′59″ W).

Leicht ansteigendes, teilweise schattenloses Wiesengelände in Ortslage an der Selune. Touristen-/Dauerstellplätze 66/12.
2008: (HS) P/N 3.–, K/N bis 14 J. 1.50, A/N 3.–, C/N 3.–, MC/N 6.–, T/N 2.–/3.–, M/N 1.50, B/N 1.50, H/N 1.30, WD inkl., Strom/N 3.– (10 A). In NS Erm. DCC/CCI 10% auf P/N.

✉ 50116 Le Mont St.-Michel, Manche — F 2350

★★★ »CAMP. DU MONT ST.-MICHEL« Mitte Feb. bis Nov.
☎ 02/33602210, Fax 33602002   50 000 qm
www.le-mont-saint-michel.com, contact@camping-montsaintmichel.com

→ D976 Pontorson–Le Mont St.-Michel, an der Kreuzung mit der D275.

Durch die Straße zweigeteiltes, ebenes Wiesengelände bei einem Hotel, teilweise unter alten Bäumen. In HS sehr stark frequentiert. Cafétéria. Le Mont St.-Michel) 2 km entfernt. 350 Touristenplätze.

✉ 50220 Courtils, Manche — F 2352

[25] ★★★ »CAMPING ST. MICHEL« 15.3. bis 12.10.
☎ 02/33709690, Fax 33709909   30 000 qm
www.campingsaintmichel.com, infos@campingsaintmichel.com

→ Küstenstraße D 43 Pontaubault–Le Mont St. Michel, in Courtils am Ortsende. Beschildert. ✉ 35, route du Mont-Saint-Michel.
♣ Le Mont St. Michel.

Von der Straße leicht abfallendes und parzelliertes Wiesengelände. Durch Hecken teilweise unterteilt und mit Bäumen aufgelockert. Imbiss. Gasverkauf. Ort 400 m entfernt. 100 Touristenplätze.
2008: P/N 6.–, K/N bis 7 J. 2.50, St/N 6.–, H/N 1.–, KT –.20, WD inkl., Strom/N 3.–. (6 A).
CCI 10% auf P/N.

CAMPING DU LAC
Les Belles Rives • 56800 TAUPONT – PLOERMEL
Tel./Fax: 00 33 (0) 297 74 01 22

Im Herzen der Bretagne. Außergewöhnlicher Campingplatz mit familiärer Atmosphäre ganz in der Nähe des Waldes Brocéliande. 3 km von Ploermel. 155 Stellplätze. Man spricht englisch. Ruhig und schattig mit direktem Zugang zum Strand, See (250 Ha).
Auf dem Platz: Laden, Bar, Wäscherei, Wassersport, Badeüberwachung, Angeln, Kinderspiele, Tennis, Tischtennis.
In der Nähe: Reiten, Golf, Go-kart, Schwimmbad, Wasserrutschen, Ultra-Leicht-Flieger. Vermietung von Chalets und Mobilheimen. Ermäßigung außerhalb der Saison.
Geöffnet vom 1. April bis 30. Oktober
(F 2340)

50170 Beauvoir, Manche — F2354

»CAMPING AUX POMMIERS« — 20.3. bis 12.11. — 20 000 qm
℡/Fax 02/33601136
www.camping-auxpommiers.com, pommiers@aol.com

→ D 976 Pontorson–Le Mont St. Michel Abfahrt Beauvoir. Beschildert. ✉ 28, rue du Mont-Saint-Michel (GPS: 48°35'46" N / 1°30'45" W).

Ebenes Wiesengelände mit Obstbäumen. Imbiss. Touristen-/Dauerstellplätze 83/24.
2007: P/N 4.50, K/N bis 10 J. 2.50, St/N 5.20, H/N 1.20, KT –.20, WD inkl. Strom/N 3.– (6 A). Ab 2 Nächten DCC/CCI 10% Ermäßigung.

35120 Dol de Bretagne, Ille-et-Vilaine — F2356

»DOMAINE DES ORMES« — 17.5. bis 6.9. — 150 000 qm
℡ 02/99735300, Fax 99735355
www.lesormes.com, info@lesormes.com

→ D 795 Dol-de-Bretagne–Combourg, ca. 6 km südlich von Dol-de-Bretagne ostwärts abbiegen. Beschildert. ✉ Château des Ormes (48°29'28" N / 1°43'36" W).

Leicht wellig ansteigendes Wiesengelände mit Teichen bei einem Schloss. Parzelliert, teilweise naturbelassen mit Freiflächen oder Waldteilen. Imbiss. Abenteuer-Schwimmbad. 18-Loch-Golfplatz. Ort (Dol) 8.5 km entfernt. 150 Touristenplätze.
2008: P/N 7.50, K/N 2 bis 13 J. 4.60, St/N 25.–, H/N 2.–, KT –.25, WD inkl. Strom/N 4.60 (6 A).

35120 Baguer-Pican, Ille-et-Vilaine — F2359

»CAMPING LE VIEUX CHÊNE« — 31.3. bis 22.9. — 120 000 qm
℡ 02/99480955, Fax 99481337
www.camping-vieuxchene.fr, vieux.chene@wanadoo.fr

→ N176 (alte Strecke) Pontorson–Dol de Bretagne. Beschildert. ✉ (GPS: 48°32'58" N / 1°41'03" W).

Gepflegtes, parkartiges Wiesengelände mit zwei Fischteichen, leicht abfallend und parzelliert. Imbiss. Ort (Dol de Bretagne) 4 km entfernt. Touristen-/Dauerstellplätze 190/10.
2007: (HS) P/N 5.75, K/N bis 12 J. 3.90, St/N 17.50, H/N 1.50, KT –.25, WD inkl. Strom/N 4.– (10 A). In NS Ermäßigung.

35190 La Chapelle aux Filtzmeens — F2370

»DOMAINE DU LOGIS« — 23.3. bis 31.10. — 200 000 qm
℡ 02/99452545, Fax 99453040
www.domainedulogis.com, domainedulogis@wanadoo.fr

→ N137 Rennes–St. Malo, in St. Domineuc Richtung Combourg abbiegen. ✉ (GPS: 48°22'52" N / 1°49'58" W).

Ebenes Wiesengelände am Waldrand und bei einem Schloss gelegen. Von geschotterten Wegen durchzogen und durch Hecken parzelliert. 18-Loch-Golfplatz. Ort 5 km entfernt. Touristen-/Dauerstellplätze 120/60.
2008: P/N 5.–, K/N bis 12 J. 3.50, St/N 18.–, H/N 2.–, KT –.20, WD inkl. Strom/N 4.– (10 A). In NS CCI 5% auf P/N.

35350 St. Coulomb, Ille-et-Vilaine — F2371

»CAMPING DES CHEVRETS« — 7.4. bis 1.11. — 100 m — 170 000 qm
℡ 02/99890190, Fax 99890116
www.campingdeschevrets.com, campingdeschevrets@wanadoo.fr

→ D 355 St. Malo–Cancale, Abf. St. Coulomb. ✉ La Guimorais.

Wiesengelände im Naturschutzgebiet mit direktem Strandzugang. Panoramablick auf das Meer. Imbiss. Wassersportmöglichkeiten. Ort 4 km entfernt. Touristen-/Dauerstellplätze 261/339.
2007: 2 P/N inkl. St/N 21.95, weitere P/N 3.35, K/N bis 12 J. 1.52, KT –.56, WD inkl. Strom/N 3.35 (6/16 A).

35260 Cancale, Ille-et-Vilaine — F2372/1

»CAMPING LE BOIS PASTEL« — März bis Sept. — 25 000 qm
℡ 02/99896610, Fax 99896011
www.campingboispastel.fr, camping.bois-pastel@wanadoo.fr

→ N317 Chateauneuf–Cancale. Beschildert. ✉ 13, rue de la Corgnais.

Ebenes, leicht abfallendes Wiesengelände in ländlicher Umgebung. Teils unter Bäumen, teils schattenlos mit Büschen und Hecken. Imbiss. Schwimmbecken überdachbar. Meer 800 m, Ort 2.5 km entfernt. Touristen-/Dauerstellplätze 149/50.

DCC-Mitglieder fahren mit Auslands-Schutzpaß! und SIE?

(F 2300) Les ilots de St Val
Caravaning de loisir ★★★ NN
GPS. Längengrad: 1,5476° Breitengrad: 48,6089°

5 km nordwestlich von Maintenon gelegen. Dieser ruhige, familiäre Camping erstreckt sich auf über 10 ha mit 150 schattigen, 120 qm großen Stellplätzen. Interessante touristische Umgebung. Nur 4 km entfernt: Geschäfte, Golf, Schwimmbad, Tennis, Angeln im Fluß (1km) und Teich, Pony-Club. Besichtigung von Schlössern, der historischen Stadt Chartres und deren berühmten Dom und der 20 km entfernten königlichen Kappelle in Dreux. Eine Auto- oder Zugstunde von Paris. 5% Ermäßigung für Inhaber der Club-Karte. Ganzjährig geöffnet.

28130 Villiers le Morhier • Tel.: 02 37 82 71 30 • Fax: 02 37 82 77 67 • www.campinglesilotsdestval.com • lesilots@campinglesilotsdestval.com

35260 Cancale, Ille-et-Vilaine — F2372/2

★★★ »CAMP NOTRE DAME DU VERGER« — Mai bis Sept.
02/99897284, Fax 99896011 — 20 000 qm

→ N137 Rennes–St. Malo, bei Châteauneuf auf die D 76. Beschildert. St. Malo

Durch Hecken unterteiltes, terrassiertes Hanggelände oberhalb der Steilküste. Steiler Abstieg zum Strand. Schwimmen 400 m, Ort 3 km entfernt. 56 Touristenplätze.

22100 Taden bei Dinan, Côtes d'Armor — F2373

25 ★★★★ »CAMPING INTERN. LA HALLERAIS« — 10.3. bis Nov.
02/96391593, Fax 96399464 — 100 000 qm
www.wdirect.fr/hallerais.ht, camping.la.hallerais@wanadoo.fr

→ N157 Le Mans–Rennes Abf. Brieuc in Richtung Dinan. Beschildert. 4, rue de la Robardais.

Wiesengelände um einen ehemaligen Bauernhof in leichter Hanglage. Teilweise terrassiert, durch Hecken unterteilt und mit altem Baumbestand. Ort (Dinan) 4 km entfernt. 230 Touristenplätze.
2008: P/N 3.80, K/N bis 7 J. 1.65, C MC-St/N 11.90, T-St/N 8.90, KT ca. –.40, WD u. Strom inkl. (6 A). In NS Ermäßigung.

35430 St. Jouan des Guérêts, Ille-et-V. — F2375

45 ★★★★ »CAMPING LE P'TIT BOIS« — 5.4. bis 13.9.
02/99211430, Fax 99817414 — 60 000 qm
www.ptitbois.com, camping.ptitbois@wanadoo.fr

→ N137 St. Malo–Châteauneuf de Ille et Vilaine. Hier weiter zum Ort. (GPS: 48°41'34" N / 1°59'17" W).

Ebenes, durch Hecken parzelliertes Wiesengelände mit Büschen und Bäumen. Ort 4 km entfernt. Touristen-/Dauerstellplätze 174/100.
2008: (HS) P/N 8.–, K/N bis 6 J. 6.50, St/N 19.–, H/N 5.–, WD inkl., Strom N 4.– (10 A). In NS Ermäßigung.

35800 Dinard, Ille-et-Vilaine — F2376/1

★★★ »CAMPING DE PORT BLANC« — April bis Sept.
02/99461074, Fax 99169091 — 60 000 qm
camping.municipale@ville-dinard.fr, dinard.camping@free.fr

→ N137 Rennes–St. Malo, hier abbiegen und über den Sperrdamm nach Dinard. Im Ort beschildert. Rue du Sergent Boulanger.

Durch einen öffentlichen Weg zweigeteiltes und überwiegend schattenloses Wiesengeländ. Leicht wellig und mehrfach gestuft, sowie an einer von Küstenfelsen seitlich begrenzten Badebucht gelegen. Imbiss. Ort 2 km entfernt. 373 Touristenplätze.

35800 Dinard, Ille-et-Vilaine — F2376/2

★★★ »CAMPING LA VILLE MAUNY« — April bis Sept.
02/99469473, Fax 99881468 — 50 000 qm
www.lavillemauny.com, laville.mauny@wanadoo.fr

→ N137 Rennes–St. Malo, hier abbiegen und über den Sperrdamm nach Dinard. Im Ort beschildert.

Von Wald umgebenes, ebenes und parzelliertes Wiesengelände. Mit einigen Obstbäumen und Hecken neben einem Teich gelegen. Imbiss. Ort und Strand 2 km entfernt. 220 Touristenplätze.

35800 St. Lunaire, Ille-et-Vilaine — F2378

★★★ »CAMPING LONGCHAMP« — Mai bis Sept.
02/99463398, Fax 99460271 — 50 000 qm
www.camping-longchamp.com

→ Küstenstraße D786 Dinard–Brieuc, in St. Lunaire beschildert. Boulevard de Saint-Cast.

Ebenes, teilweise leicht ansteigendes Wiesengelände, von Bäumen und Hecken durchzogen. Ort 700 m entfernt. 300 Touristenplätze.

22770 Lancieux, Côtes d'Armor — F2381

★★★ »CAMPING MUNICIPAL "LES MIELLES"« — April bis Sept.
02/96862298, Fax 96862820 — 20 500 qm
www.mairie-lancieux.fr, mairie lancieux@wanadoo.fr

→ Küstenstraße D786 Dinard–Brieuc, in Lancieux beschildert.

Ebenes, teilweise leicht abfallendes, parzelliertes und schattenloses Wiesengelände. Ort 200 m, Meer 500 m entfernt. 175 Touristenplätze.

22380 St. Cast-le-Guildo, Côtes d'Arm. — F2382/1

40 ★★★★ »CAMPING LE CHÂTELET« — 28.4. bis 12.9.
02/96419633, Fax 96419799 — 86 000 qm
www.lechatelet.com, chateletcp@aol.com

→ Küstenstraße D786 Dinard–St. Brieuc, auf die D19 nach St. Cast-Guildo abbiegen, beschildert. Rue des Nouettes (GPS: 48°38'15" N / 2°16'10" W).

Abfallend terrassiertes Wiesengelände hoch über dem Meer mit einem kleinen Teich. Durch Büsche und Bäume aufgelockert und mit Hecken parzelliert. Schöner Blick auf die Bucht. Imbiss in HS. Billard. Spielautomaten. Strand 200 m, Ort 1 km entfernt. 119 Touristenplätze.
2007: (HS) P/N 6.30, K/N bis 7 J. 4.20, St/N 12.50 bis 20.–, H/N 3.80, KT –.36, WD inkl., Strom/N 4.30 (6/8 A). In NS Ermäßigung.

22380 St. Cast-le-Guildo, Côtes d'Arm. — F2382/2

35 ★★★ »CAMPING CHATEAU DE GALINÉE« — 3.5. bis 12.9.
02/96411056, Fax 96410372 — 130 000 qm
www.chateaudegalinee.com, chateaugalinee@wanadoo.fr

→ D786 Dinard–St. Brieuc, kurz vor Martignon abbiegen. Beschildert. (GPS: 48°35'02" N / 2°15'26" W).

Ebenes bis leicht welliges, teilweise von alten Bäumen und Hecken durchzogenes Wiesengelände bei einem Schloss. Bungalowanlage. Ort 3 km, Strand 4 km entfernt. 242 Touristenplätze.
2008: P/N 6.20, K/N bis 6 J. 4.30, St/N 16.–, H/N 3.50, KT –.38, WD inkl., Strom/N 4.80.

22430 Erquy, Côtes d'Armor — F2385/1

★★★★ »CAMPING LE VIEUX MOULIN« — April bis Sept.
02/96723423, 06/308187, Fax 96723663 — 45 000 qm
www.camping-vieux-moulin.com, camp.vieux.moulin@wanadoo.fr

→ D786 Dinard–St. Brieuc, im Ort in Richtung Les Hôpitaux. Beschildert. 14, rue des Moulins.

Leicht abfallendes, durch Hecken parzelliertes, Wiesengelände unter einzelnen Bäumen. Bungalowanlage. Fitnessraum. Wasserrutsche. Strand 1.2 km, Ort 2 km entfernt. 173 Touristenplätze.

22430 Erquy, Côtes d'Armor — F2385/2

25 ★★★ »CAMPING DE LA PLAGE DE ST. PABU« — 1.4. bis 10.10.
02/96722465, Fax 96728717 — 55 000 qm
www.saintpabu.com, camping@saintpabu.com

→ Küstenstraße D786 Dinard–Brieuc, vor Erguy auf die Umgehung D34, dann nach St. Pabu abbiegen. Beschildert.

DCC – DEIN PARTNER!

Ebenes und terrassiert ansteigendes Wiesengelände mit Heckenunterteilungen in einer weiten Bucht. Zum Strand über die Uferstraße. Ort 4 km entfernt. 409 Touristenplätze.
2008: P/N 5.–, K/N bis 7 J. 2.50, St/N 9.–, H/N 1.50, KT –.50, WD inkl., Strom/N 3.50 (6 A).

22000 St. Brieuc, Côtes d'Armor F 2388

★★★ »CAMPING DES VALLÈES« — März bis Okt.
☎/Fax 02/96940505, campingdesvallees@wanadoo.fr — 40 000 qm
→ N 12/E 50 Rennes–Brest Abf. St. Brieuc, ab Centre Ville beschildert.
✉ Rue Paul Domer.

Ebenes, parzelliertes Wiesengelände in einem Bachtal. Befestigte Mocaplätze. Hunde an der Leine. Imbiss in HS. Zentrum 800 m, Schwimmen 4 km entfernt. 108 Touristenplätze.
2007: (HS) 1 P/N 12.–, weitere P/N 4.60, K/N 2 bis 7 J. 3.–, H/N 2.50, WD inkl., Strom/N 3.90 (10 A). In NS Ermäßigung.

22520 Binic, Côtes d'Armor F 2392

★★★ »CAMPING DES PALMIERS INTERNATIONAL CLASS« — 15.6. bis 30.9.
☎/Fax 02/96737259
www.campingpalmiers.com, campingpalmiers.chantal@laposte.net 10 000 qm
→ D 786 St. Brieuc–Paimpol, in Binic beschildert. ✉ Rue du Menic.

Terrassiert abfallendes Wiesengelände oberhalb des Ortes mit andalusischem Flair. Strand und Ort 1 km entfernt. 50 Touristenplätze.
2007: (HS) 2 P/N inkl. St/N 16.–, weitere P/N 7.–, H/N 2.–, KT –.17, WD inkl., Strom/N 5.– (6 A). In NS Ermäßigung.
DCC/CCI 5% auf P/N.

22680 Etables-s.-Mer, Côtes d'Armor F 2394

★★★ »CAMPING L'ABRI-CÔTIER« — Mai bis Sept.
☎ 02/96706157, Fax 96706523 — 20 000 qm
www.perso.wanadoo.fr/abricotier, campingabricotier@wanadoo.fr
→ D 786 St. Brieuc–Paimpol, nach Etables-s.-M. abbiegen. Beschildert.
✉ Rue de la Ville es Rouxel.

Durch eine Straße zweigeteiltes, leicht ansteigend parzelliertes Wiesengelände, von hohen Hecken und alten Mauern begrenzt. Imbiss. Strand 500 m, Ort 800 m entfernt. 140 Touristenplätze.

22410 St.-Quay-Portrieux, Côtes d'Armor F 2396

★★★ »CAMPING BELLEVUE« — 26.4. bis 16.9.
☎ 02/96704184, Fax 96705546 — 35 000 qm
www.campingbellevue.net, campingbellevue@free.fr
→ D 786 St. Brieuc–Paimpol, am nördl. Stadtrand abbiegen. Beschildert. ✉ 68, boulevard du Littoral (GPS: 48°39'46" N / 2°50'40" W).

Leicht welliges, durch Hecken unterteiltes, teils terrassiert abfallendes Wiesengelände oberhalb der Steilküste. Teilweise Meerblick. Imbiss. Meer und Ort 800 m entfernt. 195 Touristenplätze.
2008: (HS) P/N 5.–, K/N bis 7 J. 3.20, St/N 7.80, H/N 1.–, KT –.35, WD inkl., Strom/N 3.– (6 A). In NS Ermäßigung.

22580 Plouha, Côtes d'Armor F 2397

★★★ »CAMPING DOMAINE DE KERAVEL« — 15.6. bis 30.9.
☎ 02/96224913 — 50 000 qm
www.keravel.com, keravel@wanadoo.fr
→ D 786 St. Brieuc–Paimpol. In Plouha bei der Kirche abbiegen, noch ca. 2.5 km. Beschildert. ✉ Route de Port Hoguer.

Leicht bis stärker abfallendes, teilterrassiertes unbefestigtes Wiesengelände in einem ehemaligen Schlosspark. Wege nur teilweise geschottert. Imbiss. Wassersportmöglichkeiten. Meer 1 km, Ort 3 km entfernt. 115 Touristenplätze.
2008: (HS) P/N 6.60, K/N bis 7 J. 3.60, St/N 10.90, H/N 3.–, KT –.35, WD inkl., Strom/N 3.80. In NS bis 20% Ermäßigung.

22610 Pleubian, Côtes d'Armor F 2399

★★★ »CAMPING PORT LA CHAINE« — 5.4. bis 13.9.
☎ 02/96229238, Fax 96228792 — 50 000 qm
www.portlachaine.com, info@portlachaine.com
→ D 786 Paimpol–Lannion, hinter Lézardrieux auf die D 33 abbiegen bis ca. 1.5 km nördlich von Pleubian. Beschildert. ✉ (GPS: 48°51'20" N / 3°07'58" W).

Zum Meer abfallend terrassiertes Wiesengelände, durch Hecken parzelliert und mit Ziersträuchern gefällig gestaltet. Imbiss. Ort 2 km entfernt. Touristen-/Dauerstellplätze 190/10.
2008: (HS) P/N 5.70, K/N 2 bis 7 J. 3.70, St/N 10.–, H/N 2.90, WD inkl., Strom/N 4.10 (6 A). In NS Ermäßigung.
CCI 5-10% auf P/N.

22700 Perros-Guirec, Côtes d'Armor F 2400

★★ »CAMPING TRESTRAOU« — 1.5. bis 30.9.
☎ 02/96230811, Fax 96232606 — 39 000 qm
www.trestraou-camping.com, campingtrestraou@yahoo.fr
→ D 11 Lannion (Flughafen)–Trégastel, hier abbiegen auf die D 788 nach Perros–Guirec. Am Ortsanfang zum »Plage Testraou« beschildert. ✉ 89, avenue du Casino.

Ebenes bis leicht abfallendes, teils terrassiertes Wiesengelände, überwiegend schattenlos. Mobilheime. Strand 200 m, Ort 600 m entfernt. 180 Touristenplätze.
2007: (HS) P/N inkl. St/N 12.50, K/N bis 7 J. 6.–, J/N 7 bis 18 J. 8.–, H/N 2.–, KT –.25, WD inkl., Strom/N 3.– (6-16 A). In NS Ermäßigung.

22700 Perros-Guirec, Côtes d'Armor F 2405

★★★★ »CAMPING LE RANOLIEN« — 31.3. bis 16.09.
☎ 02/96916565, Fax 96914190 — 160 000 qm
www.leranolien.fr, info@yellohvillage-ranolien.com
→ D 11 Lannion (Flughafen)–Trégastel, hier abbiegen auf die D 788 Richtung Perros-Guirec. Im Ortsteil Ploumanach beschildert. ✉ Route de la Corniche (GPS: 48°49'42" N / 3°28'31" W).

Welliges, durch Hecken unterteiltes Wiesengelände bei einem alten Landsitz. Teilweise naturbelassen und mit einzelnen Felsblöcken durchsetzt. Badelandschaft mit Whirlpool und mehreren Rutschen. Dampfbad. Turnhalle. Musikveranstaltungen. Bücherei. Ort 3.5 km entfernt. Touristen-/Dauerstellplätze 200/340.
2007: 2 P/N inkl. St/N 39.–, weitere P/N 8.–, K/N 2 bis 7 J. 6.–, H/N 2.–, KT –.25, WD und Strom (6 A) inkl.

DCC-Vertragsplatz

22560 Trébeurden, Côtes d'Armor — F2415/1
★★★ »CAMPING ARMOR LOISIRS« — Ostern bis 30.9.
02/96235231, Fax 96154036 — 23 000 qm
www.armorloisirs.com, info@armorloisirs.com

→ D786 Paimpol–Morlaix Abf. Lannion und auf der D65 nach Trébeurden. Hier beschildert. Rue de Kernevez Pors-Mabo.

Abfallendes Wiesengelände an einem Hang, durch Hecken parzelliert, teils terrassiert, mit Blick über die Bucht. Imbiss. Hunde mit Impfung u. angeleint. Ort 500 m, Strand 1 km entfernt. Touristen-/Dauerstellplätze 72/50.
2007: 2 P/N inkl. St/N 21.–, weitere P/N 6.–, K/N bis 7 J. 2.50, extra A/N 2.50, H/N 1.50, KT –.25, WD u. Strom inkl. (10 A).
DCC 10% auf P/N.

22560 Trébeurden, Côtes d'Armor — F2415/2
★★★ »CAMPING DE L´ESPERANCE« — 1.4. bis 30.9.
Fax 02/96919505 — 10 000 qm
www.camping-esperance.com, accueil@camping-esperance.com

→ D786 Paimpol–Morlaix Abf. Lannion und auf der D65 nach Trébeurden. Hier beschildert. Rue de Keralegan (GPS: 48°47'27" N / 3°33'29" W).

Vom Meer durch eine Straße getrenntes ebenes und meist schattenloses Wiesengelände mit einzelnen Büschen und Bäumen. In der Nähe touristische Zentren. In HS Reservierung empfohlen. Familiäre Atmosphäre. Imbiss. Bar. Teich 500 m, Fluss 5 km entfernt. 61 Touristenplätze.
2007: (HS) 2 P/N inkl. St/N 15.–, weitere P/N 4.40, K/N bis 7 J. 2.50, H/N 1.50, KT –.25, WD inkl., Strom/N 3.50 (10 A). In NS Ermäßigung.

22300 Lannion, Côtes d'Armor — F2418
★★★ »CAMP LES PLAGES DE BEG LEGUER« — 1.4. bis 31.10.
02/96472500, Fax 96472777 — 50 000 qm
www.campingdesplages.com, info@campingdesplages.com

→ D786 Paimpol–Morlaix, in Lannion abbiegen auf die D65 Richtung Trébeurden. Ca. 9 km hinter Lannion links Richtung Beg Leguer. Beschildert. Route de la Côte (GPS: 48°44'20" N / 3°32'37" W).

Wiesen- und Sandgelände am Meer. Familiäre Atmosphäre. Wassersportmöglichkeiten. Ort 4 km entfernt. Touristen-/Dauerstellplätze 140/40.
2008: P/N 6.–, St/N 8.–, H/N 1.–, KT –.25, WD inkl., Strom/N 3.– (6 A).
CCI 5% (HS) / 10% (NS) auf P/N.

22300 St. Michel-en-Grève, C. d'Armor — F2420
★★★ »CAMPING LES CAPUCINES« — 15.3. bis 5.11.
02/96357228, Fax 96357898 — 40 000 qm
www.lescapucines.fr, les.capucines@wanadoo.fr

→ D786 Lannion–Morlaix. Vor St. Michel-en-Grève abbiegen, beschildert. Kervourdon (GPS: 48°41'34" N / 3°33'25" W).

Leicht abfallendes Wiesengelände. Von Hecken durchzogen. Parzelliert u. teilweise terrassiert. Mobilheime. Ort 1 km entfernt. 100 Touristenplätze.
2007: (HS) P/N inkl. St/N 26.60, weitere P/N 4.40, K/N bis 7 J. 2.80, H/N 2.–, KT –.35, WD u. Strom inkl. (7 A). In NS Ermäßigung.

22310 St. Efflam bei Plestin-les-Grèves — F2425
★★★ »CAMPING MUNICIPAL« — 1.4. bis 30.9.
02/96356215, Fax 96350975 — 40 000 qm
www.camping-municipal-bretagne.com, campingmunicipalplestin@wanadoo.fr

→ D786 Lannion–Morlaix, in St. Efflam beschildert. Rue Lan-Carré.

Parzelliert ansteigender Wiesenhang mit Anpflanzungen, teilweise terrassiert. Im oberen Bereich an Wald angrenzend mit Blick über die Bucht. Imbiss. Haltestelle 100 m, Ort (Plestin-les-Grèves) 3 km entfernt. 190 Touristenplätze.
2007: (HS) P 2.70, K/N 1 bis 10 J. 1.70, St/N 3.50, H/N 1.20, KT –.35, WD inkl., Strom/N 2.40 (10 A). In NS Ermäßigung.

29630 Plougasnou, Finistère — F2435/1
★★★ »CAMPING DE MESQUÉAU« — Juli und Aug.
02/98673745 — 40 000 qm

→ N12/E50 St. Brieuc–Brest Abf. Morlaix auf die D46, ca. 3.5 km vor Plougasnou abbiegen. Beschildert. 1. Platz. Route de Mesquéau.

Ebenes bis leicht abfallendes, durch Hecken unterteiltes Wiesengelände in der Nähe eines Stausees. Baden nur eingeschränkt möglich. Imbiss. Ort 4 km entfernt. 100 Touristenplätze.

29630 Plougasnou, Finistère — F2435/2
★★ »CAMPING DU TRÉGOR« — 1.4. bis 31.10.
02/98673764 — 10 000 qm
www.campingdutregor.com, bookings@campingdutregor.com

→ N12/E50 St. Brieuc–Brest Abf. Morlaix auf die D46, ca. 3.5 km vor Plougasnou abbiegen. Beschildert. 2. Platz. 130, route de Cosquerou.

Leicht ansteigendes, von Hecken umgebenes und unterteiltes Wiesengelände, teils unter hohen Kiefern. Lebensmittelverkauf 1 km, Ort 1.5 km, Strand 2 km entfernt. 60 Touristenplätze.
2008: (HS) P/N 3.40, K/N bis 13 J. 2.–, extra A/N 1.60, St/N 3.60, H/N –.80, KT –.20, WD inkl., Strom/N 3.– (10 A). In NS Ermäßigung.

29630 Plougasnou, Finistère — F2435/3
★★★ »CAMPING MUNICIPAL DE LA MER« — 1.6. bis 30.9.
02/98723706, www.mairie-plougasnou.fr — 19 000 qm

→ N12/E50 St. Brieuc–Brest Abf. Morlaix auf die D46 in Richtung Plougasnou. Am Kreisverkehr vor Plougasnou in Richtung Trégastel abbiegen. 15, rue de Karrez an Ty.

Leicht zum Strand abfallendes Wiesengelände auf drei Geländestufen, von Hecken unterteilt. Blick auf das Meer und die umgebenden Felsformationen. Ort 4 km entfernt. 63 Touristenplätze.
2007: (HS) 2 P/N inkl. St/N 15.60, weitere P/N 3.40, K/N 3 bis 10 J. 1.70, H/N –.90, KT –.20, WD zuzügl., Strom inkl. In NS Ermäßigung.

29660 Carantec, Finistère — F2440
★★★★ »CAMPING LES MOUETTES« — 17.5. bis 7.9.
02/98670246, Fax 98783146 — 70 000 qm
www.les-mouettes.com, camping@les-mouettes.com

→ N12/E50 St. Brieuc–Brest Abf. St. Pol-de-Lion nach Carantec. Hier ab dem südlichen Ortsrand beschildert. La Grande Grève (GPS: 48°39'23" N / 3°55'29" W).

Ebenes bis leicht welliges Wiesengelände. Mit Büschen und Bäumen aufgelockert. Parzelliert und teilweise terrassiert. Von Hecken durchzogen. Vom Strand durch eine Straße getrennt. Badelandschaft mit Riesenrutsche. Imbiss. Tischtennisraum. Ort 1.5 km entfernt. 273 Touristenplätze.
2008: (HS) 2 P/N inkl. St/N 44.–, weitere P/N 7.–, K/N bis 1/7 J. in NS/HS frei, H/N 5.–, KT (HS) –.30, WD und Strom inkl. In NS Ermäßigung.

29430 Tréflez, Finistère — F2450

★★★ »CAMPING MUNICIPAL DE KEREMMA« — Juli bis Aug.
02/98616279, 98614572 — 45 000 qm

→ D10 Plouescat–Lesneven, in Tréflez-Keremma am Ortsende. Beschildert.

Leicht welliges Gelände hinter einem Dünenstreifen, durch Büsche und Hecken in Stellnischen unterteilt. Ort 8 km entfernt. 240 Touristenplätze.

29890 Brignogan Plage, Finistère — F2453/1
★★★ »CAMPING COTE DES LEGENDES« — Ostern bis Okt.
02/98834165, Fax 98835994 — 30 000 qm
www.campingcotedeslegendes.com, camping-cote-des-legendes@wanadoo.fr

→ N12 Brest–St. Brieuc Abf. Landerneau in nördl. Richtung über Ploudanie und Lesneven nach Brignogan Plage. Keravezan.

Wiesengelände am Meer. Imbiss. 110 Touristenplätze.

29890 Brignogan Plage, Finistère — F 2453/2

[20] ★★ »CAMPING DU PHARE« — 1.4. bis 30.9.
☎ 02/98834506, Fax 98835219 — 40 000 qm
www.camping-du-phare.com, camping_du_phare@caramail.com

→ N 12 Brest–St. Brieuc Abf. Landerneau in nördl. Richtung über Ploudanie und Lesneven nach Brignogan Plage. ✉ Plage du Phare (GPS: 48°40'31" N / 4°20'43" W).

Ebenes Sand- und Wiesengelände mit Sandstrand direkt am Meer. Durch Hecken und Baumreihen windgeschützt. Imbiss. 144 Touristenplätze.
2007: (HS) P/N 3.25, K/N bis 7 J. 2.–, C T-St/N 4.–, MC-St/N 6.50, H/N 1.50, KT –.20, WD zuzügl., Strom/N 2.50 (6 A). In NS Ermäßigung.

29870 Landéda, Finistère — F 2455

[20] ★★★ »CAMPING DES ABERS« — 28.4. bis 30.9.
☎ 02/98049335, Fax 98048435 — 45 000 qm
www.camping-des-abers.com, camping-des-abers@wanadoo.fr

(NATUR PLATZ)

→ D 13 Brest–Lannilis Abf. Landéda noch ca. 3 km. Beschildert. ✉ 51, rue Toull Tréaz (GPS: 48°35'35" N / 4°36'11" W).

Welliges und durch Hecken unterteiltes Dünengelände auf der Halbinsel St. Marguerite zwischen verschiedenen Meeresbuchten am Strand. Weiter Blick über das Meer. Imbiss. Wassersportmöglichkeiten. Ort 2.5 km entfernt. Touristen-/Dauerstellplätze 160/20.
2007: (HS) P/N 3.30, K/N bis 6 J. 1.80, extra H/N 1.60, St/N 6.–, M/N 1.20, H/N 1.80, KT ab 13 J. –.20, WD zuzügl., Strom/N 2.50 (6 A). In NS bis 10% Ermäßigung.

22530 Caurel, Côtes d'Armor — F 2460

[30] ★★★ »CAMPING NAUTIC INTERNATIONAL« — 15.5. bis 25.9.
☎ 02/96285794, Fax 96260200, www.campingnautic.fr — 36 000 qm

→ N 164 Loudéac–Rostrenen Abf. Caurel in Richtung »Lac de Guerlédan«, beschildert. ✉ Route de Beau Rivage (GPS: 48°12'32" N / 3°03'03" W).

An einem Steilhang terrassiert zum Stauseeufer abfallendes, parzelliertes Wiesengelände, von einem Waldgebiet umgeben. Fitnessraum. Haltestelle 2 km, Ort 6 km entfernt. 120 Touristenplätze.
2008: (HS) P/N 6.–, K/N bis 7 J. 3.30, St/N 9.–, H/N 1.60, KT –.20, WD inkl., Strom/N 4.60 (10 A). In NS Ermäßigung.

DCC-Mitglieder fahren mit Auslands-Schutzpaß! und SIE?

22230 Merdrignac, Cotes d'Armor — F 2470

[15] ★★★ »CAMPING LE VAL DE LANDROUET« — 1.6. bis 30.9.
☎ 02/96284798, Fax 96265544 — 20 000 qm
www.valdelandrouet.com, valdelandrouet@free.fr

→ N 12 Rennes–St. Brieuc, hinter Montauban abbiegen auf die N 164 Richtung Loudéac. In Merdrignac beschildert. ✉ 14, rue du Gouet.

Parkartiges, leicht abfallendes Wiesengelände an einem Badeteich. Ort 500 m entfernt. 50 Touristenplätze.
2007: P/N 3.–, K/N bis 7 J. 1.70, St/N 3.70, H/N 1.–, WD inkl., Strom/N 2.40 (5 A).

28220 Cloyes-sur-le-Loir, Eure-et-Loir — F 2530

[30] ★★★ »PARC DE LOISIRS "LE VAL FLEURI"« — 15.3. bis 15.11.
☎ 02/37985053, Fax 37983384 — 50 000 qm
www.parc-de-loisirs.com, info@parc-de-loisirs.com

→ N 10 Chartres–Tours, am Ortsanfang von Cloyes-s.-l.-Loir rechts abbiegen in Richtung Montigny-Le-Gannelon. ✉ Route de Montigny.

Von hohen Bäumen umgebenes Wiesengelände am Ufer der Loire, neben einem Sportzentrum. Mobilheime. Ort 1 km entfernt. Touristen-/Dauerstellplätze 100/100.
2008: (HS) P/N 5.75, K/N bis 7 J. 3.55, St/N 8.90, H/N 1.80, WD inkl., Strom/N keine Angabe (5 A). In NS 10% Ermäßigung.

72310 Bessé sur Braye, Sarthe — F 2533

[15] ★★★ »CAMPING DU VAL DE BRAYE« — 15.3. bis Mitte Sept.
☎ 02/43353113, Fax 43630902 — 20 000 qm
www.besse-sur-braye.fr.st/, camping.bessesurbraye@orange.fr

→ N 157 Orleans–Le Mang Abf. St. Calais auf die D 303 zum Ort. ✉ 25, rue du Val de Braye.

Ebenes Wiesengelände mit Büschen und Bäumen am Braye-Ufer. Ort 200 m entfernt. 120 Touristenplätze.
2007: (HS) P/N 2.50, K/N bis 10 J. 1.–, A/N 1.50, C/N 1.50, MC/N 2.50, T/N 1.50, WD inkl., Strom/N 2.– (13 A). In NS Ermäßigung.
CCI 10% auf P/N und St/N.

41100 Vendome, Loir-et-Cher — F 2535

[15] ★★ »CAMPING DES GRANDS PRÉS« — 14.5. bis 16.9.
☎ 02/54894122, 54770027, Fax 54894101 — 30 000 qm
campings@cpvendome.com

→ N 157 Orleans–Fontaine Abf. auf die N 10 in südl. Richtung zum Ort. ✉ Rue Geoffroy Martel.

Ebenes, teils schattenloses Gelände. Ort 500 m entfernt. 180 Touristenplätze.
2007: 2 P/N inkl. St/N 11.–, weitere P/N 3.30, K/N bis 13 J. 1.70, H/N 1.–, KT –.35, WD inkl., Strom/N 3.20/4.60 (4/6 A). Ab 5 Nächten Ermäßigung.

72340 La Chartre sur le Loir, Sarthe — F2540

★★★ »CAMPING DU VIEUX MOULIN« — 1.4. bis 31.10.
02/43444118, Fax 43442406 — 30 000 qm
www.lachartre.com, camping@lachartre.com

→ A11 Paris–Le Mans Abf. (6) auf die D304 in Richtung Grand-Lucé zum Ort, dort beschildert. ✉ Chemin des Bergivaux (GPS: 47°43'58" N / 0°34'16" E).

Ebenes Wiesengelände am Ufer der Loir mit altem Baumbestand. Ort 500 m, Minigolf und Tennis 1 km entfernt. 140 Touristenplätze.
2007: 2 P/N inkl. St/N 12.–, weitere P/N ca. 3.–, K/N bis 11 J. ca. 2.–, H/N 1.–, KT –.30 (HS), WD inkl., Strom/N 4.–/5.– (5/10 A). In NS Ermäßigung. DCC/CCI 5% auf P/N und St/N.

72340 Marçon, Sarthe — F2545

★★★ »CAMPING DU LAC DES VARENNES« — März bis Okt.
02/43441372, Fax 43445431 — 50 000 qm
www.villa-marcon.fr, camping.des.varennes-marcon@wanadoo.fr

→ D138 Le Mans–Tours, südlich von Château-du-Loir abbiegen auf die D305 Richtung La Chartre-s.-l.-Loir. Beschildert.

Wiesengelände am Loire-Ufer, durch Hecken parzelliert. Ein Platzteil unter Pappeln. Ort 1 km entfernt. 250 Touristenplätze.

72000 Luché Pringé, Sarthe — F2570

★★★ »CAMP. MUNICIPAL LA CHABOTIERE« — 1.4. bis 15.10.
☎/Fax 02/43451000 — 20 000 qm
www.ville-luche-pringe.fr, lachabotiere@ville-luche-pringe.fr

→ A11 Paris–Angers Abf. La Flèche in Richtung Le Mans in Clermont-Creans in Richtung Ort, dort beschildert.

Wiesengelände mit einzelnen Bäumen an der Loire. Bungalows ganzjährig geöffnet. Ort 100 m entfernt. 85 Touristenplätze.
2008: P/N 3.10, K/N bis 10 J. 1.60, St/N 2.10, H/N 1.50, KT –.40, WD inkl., Strom/N 1.75 (10 A).

49430 Durtal, Maine-et-Loire — F2585

★★★ »CAMPING INTERNATIONAL« — Ostern bis 30.9.
02/41763180 — 25 000 qm
www.camping-durtal.com, contact@camping-durtal.com

→ A11 Chartres–Angers Abf. Durtal, noch ca. 1.5 km. Beschildert. ✉ 9, rue du Camping.

Wiesen- und Waldgelände am Ufer der Loire. Ort 500 m entfernt. 125 Touristenplätze.
2007: 2 P/N inkl. St/N 10.65, weitere P/N 3.20, K/N bis 7 J. 1.65, H/N 1.80, WD u. Strom inkl. (6 A).

45500 Gien, Loiret — F2615

★★★ »CAMPING LES BOIS DU BARDELET« — 1.4. bis 30.9.
02/38674739, Fax 38382716 — 120 000 qm
www.bardelet.com, contact@bardelet.com

→ N7/D940 Montargis–Bourges. Abf. Gien ca. 3 km in südwestl. Richtung. Beschildert. ✉ Route de Bourges (47°38'30" N / 2°36'53" E).

Ebenes Wiesengelände bei einem Bauernhof. Teilweise unter hohen Bäumen, direkt an einem See gelegen. Imbiss. Fitnessraum. Volleyball. Ort 6 km entfernt. 260 Touristenplätze.
2008: (HS) 2 P/N inkl. St/N 35.20, weitere P/N 6.20, K/N bis 2 J. frei, H/N 4.–, WD inkl., Strom/N 5.70 (6/16 A). In NS Ermäßigung.

45150 Jargeau, Loiret — F2625

★★★ »CAMPING L'ISLE AUX MOULINS« — März bis Nov.
02/38597004, Fax 38594223 — 70 000 qm
www.membres.lycos.fr/camping.jargeau, campras@aol.com

→ D921 Pithiviers–La Ferté-St. Aubin Abf. Jargeau. Beschildert. ✉ 8, rue de la Poterie.

Weitläufiges Wiesengelände am Loire-Ufer. Ort 500 m entfernt. Touristen-/Dauerstellplätze 200/50.

45160 Olivet, Loiret — F2630

★★★ »CAMPING MUNICIPAL OLIVET« — April bis Okt.
02/38635894, Fax 38635896, camping.olivet@wanadoo.fr

→ A10 Paris–Orleans Abf. Olivet in Richtung Orleans–La Source am Einkaufszentrum But vorbei. Beschildert. ✉ Rue du Pont Bouchet.

Parkartiges Wiesengelände auf einer Halbinsel am Loire-Ufer. Ort 2.5 km entfernt. 46 Touristenplätze.

45140 St.-Jean-de-la-Ruelle, Orléans — F2640

★★★ »MUNICIPAL GASTON MARCHAND« — Juli bis Aug.
02/38883939, sports@ville-saintjeandelaruelle.fr — 15 000 qm

→ A10 Paris–Orléans Abf. Orléans-Centre auf die N152 Richtung Blois. Beschildert. ✉ Chemin de la Roche.

Schmaler Streifen etwas erhöht über der Loire mit geschotterten Wegen. Günstig für Kanufahrer. Zentrum (Orléans) 2 km entfernt. 80 Touristenplätze.

41500 Suevres, Loir-et-Cher — F2650

★★★★ »CHÂTEAU DE LA GRENOUILLERE« — 26.4. bis 6.9.
02/54878037, Fax 54878421 — 11 000 qm
www.camping-loire.com, la.grenouillere@wanadoo.fr

→ A10 Paris–Tours Abf. (01) auf die N152 in Richtung Blois. Beschildert.

Ebenes Parkgelände beim gleichnamigen Schloss. Stellflächen unter hohen Bäumen. Teilweise unter Obstbäumen oder auf schattenloser Wiese in der Nähe einer Straße und Bahnlinie. Riesenrutsche. In HS Ponyreiten. Bus zur Loire. Ort 3 km entfernt. 250 Touristenplätze.
2008: 2 P/N inkl. St/N 37.–, weitere P/N 7.–, K/N bis 7 J. 5.–, H/N 3.–/4.–, WD inkl., Strom/N 4.–(6/10 A).

41500 Muides-sur-Loire, Loir-et-Cher — F2655

★★★★ »CHÂTEAU DES MARAIS« — Mai bis Sept.
02/548705-42, Fax 548705-43 — 120 000 qm
www.chateau-des-marais.com, chateau.des.marais@wanadoo.fr

→ A10 Paris–Tours Abf. (16) Chambord/Mer nach Mer und weiter auf der D112 über die Loire nach Muides-sur-Loire. Beschildert. ✉ 27, rue de Chambord.

Um ein Herrenhaus aus dem 17. Jh. angelegtes, ebenes Parkgelände. Teilweise durch verschiedene Laubbäume beschattet und mittels Hecken parzelliert. Angelteich. Großzügige Badelandschaft mit 2 Rutschen. Einer der 4 Swimmingpools ist überdacht. Billard. Tischfussball. Ort 200 m entfernt. 230 Touristenplätze.

41350 Vineuil, Blois/Loir-et-Cher — F2660

★★★ »CAMPING DES CHATEAUX DE LAC DE LOIRE« — Mai bis Sept.
02/54788205, Fax 54786203 — 300 000 qm
www.agglo-blois.fr, agglopolys@agglo-blois.fr

→ A10 Orléans–Tours Abf. Blois. In Blois den Hinweisschildern »Lac de Loire« folgen über die Loirebrücke zur D951 Richtung Orléans.

Ebenes, sehr langgezogenes und zweigeteiltes Gelände am linken Loire-Ufer unterhalb der stark befahrenen Straße. Teilweise schattenlos. Mit öffentlichem Freibad und mehreren Kinderspielplätzen neben einem Wassersportzentrum. Ort 4 km entfernt. 190 Touristenplätze.

✉ 41700 Cheverny, Loir et Cher — F2670

30 ★★★ »CAMPING LES SAULES« — 28.3. bis 30.9.
☎ 2/54799001, Fax 54792834 — 80 000 qm
www.camping-cheverny.com, contact@camping-cheverny.com

→ A10/E5/E60 Orléans–Tours Abf. Blois Richtung Vierzon Cheverny - Richtung Chateaux. ✉ 102, route de Contres (GPS: 47°30'00" N / 1°27'40" E).

Wiesengelände mit Bäumen umgeben von den Schlössern der Loire. Rad- und Wanderwege. Golfplatz in der Nähe. 60 Touristenplätze.
2008: (HS) 2 P/N inkl. St/N 25.50, H/N 2.–, KT –.40, WD inkl., Strom keine Angabe (6 A). In NS Ermäßigung.

✉ 41300 Pierfitte s. Sauldre, Loire-et-Cher — F2673

45 ★★★★ »CAMP SOLOGNE PARC DES ALICOURTS«
☎ 02/54886314, Fax 54885840 — 28.4. bis 8.9.
www.sologne-parc-alicourts.com, parkdesalicourts@yellohvillage.com — 25 000 qm

→ N20 Orleans–Lamotte–Nouan–Fuzetier. Weiter auf der D 122 in östl. Richtung zum Ort, ca. 9 km.

Sandiges Wiesengelände unter Bäumen in Flussnähe. Ort 5 km entfernt. 200 Touristenplätze.
2007: 2 P/N inkl. St/N 41.–, weitere P/N keine Angabe, WD inkl., Strom keine Angabe.

✉ 41120 Candé-s.-Beuvron, L.-et-Cher — F2678

40 ★★★ »CAMPING LA GRANDE TORTUE« — 7.4. bis 22.9.
☎ 02/54441520, Fax 54441945 — 60 000 qm
www.la-grande-tortue.com, grandetortue@wanadoo.fr

→ D 751 Blois–Amboise, ca. 3 km vor Chaumont. ✉ 3, route de Pont Leroy.

Leicht ansteigendes Wiesengelände mit vielen Bäumen. Ort 500 m entfernt. 169 Touristenplätze.
2007: (HS) 2 P/N inkl. St/N 30.–, weitere P/N 7.50, K/N 3 bis 9 J. 5.50, H/N 3.70, KT –.30, WD u. Strom inkl. (10 A). In NS Ermäßigung.

DCC-Vertragsplatz

✉ 41150 Onzain, Loir-et-Cher — F2683

45 ★★★★ »CAMPING DE DUGNY« — 1.1. bis 31.12.
☎ 02/54207066, Fax 54337169 — 80 000 qm
www.dugny.fr, info@dugny.fr

→ A 10 Orléan–Tours Abf. 17 Richtung Blois-Süd. Vor der Loire-Brücke rechts auf die N 152 bis Onzain, D 45 Richtung Chambon sur Cisse. Beschildert. ✉ Route de Chambon.

Zweigeteiltes Wiesengelände von Wald umgeben in Nähe der Loire. Ein Teil mit Büschen und Bäumen, der andere Teil mit Anpflanzungen. Zeitweilige Beeinträchtigung durch Autorennen. Imbiss. Ort 4 km entfernt. 226 Touristenplätze.
2007: P/N 14.–, K/N bis 14 J. 9.–, St/N 9.–, H/N 4.50, KT, WD inkl., Strom/N 5.50 (10 A). In NS Ermäßigung. CCI 10% auf P/N in HS.
DCC 10% auf P/N.

✉ 41150 Mesland, Loir-et-Cher — F2685

★★★★ »CAMP LE PARC DU VAL DE LOIRE« — April bis Nov.
☎ 02/54702718, Fax 54702171 — 13 000 qm
www.parc.duvaldeloire.com, parcduvaldeloire@wanadoo.fr

→ A 10 Orleans–Tours Abf. (17) in Richtung Blois-Süd. Vor der Loire-Brücke rechts auf die N152 über Onzain nach Mesland. Beschildert. ✉ 155, route de Fleuray.

Leicht abfallendes Wald- und Wiesengelände im Herzen des Loire-Schlösser-Gebietes. Riesenrutsche. Sportmöglichkeiten. Imbiss. Minizoo. Kutschfahrten. Ort 6 km entfernt. 300 Touristenplätze.

✉ 37400 Amboise, Indre-et-Loire — F2690

★★★ »CAMPING MUNICIPAL l'ILE D'OR« — Ostern bis Ende Sept.
☎ 02/47572337, Fax 47231980 — 85 000 qm
www.ville-amboise.fr, sports.loisirs@ville-amboise.fr

→ A 10 Orleans–Tours Abf. (18) auf die D 31, vor der Loire-Brücke auf die N 152. Vor der Brückenmitte, dor alton Loire Brücke, abbiegen. Beschildert. ✉ Rue de l'Ile d'Or.

Weitläufiges Wiesengelände auf einer Loire-Insel mit Pappeln. Keine Aufnahme von Fahrzeugen mit Tandemachse. Imbiss. Öffentliches beheiztes Schwimmbad und Kinderbecken 100 m, Ort 200 m entfernt. Touristen-/Dauerstellplätze 120/420.

✉ 37150 Bléré, Indre-et-Loire — F2695

★★★ »CAMPING MUNICIPAL DE LA GÂTINE« — April bis Okt.
☎ 02/47579260 — 40 000 qm

→ N76 Tours-Vierzon Abf. Bléré an der Cher-Brücke vorbei, noch 500 m. ✉ Rue de la Roche.

Ebenes Wiesengelände am Fluss Cher neben den öffentlichen Freizeitanlagen mit Freibad und Stadion. Durch eine Lärmschutzmauer abgeschirmt. Ort 300 m entfernt. 270 Touristenplätze.

✉ 37210 Vouvray, Indre-et-Loire — F2700

15 ★★★ »CAMPING DU BEC DE CISSE« — 26.4. bis 29.9.
☎ 02/47526881 — 25 000 qm

→ N152 Blois-Tours Abf. Vouvray.

Ebenes und parzelliertes Wiesengelände mit lockerem Baumbewuchs. Ort 1 km entfernt. 50 Touristenplätze.
2008: P/N 3.30, K/N 2.10, St/N 5.–, H/N 1.10, WD inkl., Strom/N 3.20 (10 A).

✉ 37550 St. Avertin bei Tours, Indre-et-L. — F2705

20 ★★★ »CAMPING LES RIVES DU CHER« — 1.4. bis 15.10.
☎ 02/47272760, Fax 47258289 — 30 000 qm
www.camping-lesrivesducher.com, contact@camping.lesrivesducher.com

→ A10 Orléans–Poitiers Abf. (22) Tours/St. Avertin in Richtung Stadtteil St. Avertin, dort beschildert. ✉ 61, rue de Rochepinard.

Ebenes Wiesengelände neben der Straße, zwischen einem See und dem Cher-Ufer auf einer Halbinsel. Fahrzeuge über 1 t Gewicht werden nicht aufgenommen. Ort 400 m entfernt. 90 Touristenplätze.
2008: P/N 3.80, K/N 2.50, St/N 3.80, A/N 2.50, C/N 4.35, MC/N 5.–, M/N 2.50, H/N 1.25, WD inkl., Strom/N 3.15/5.– (4/10 A).

DCC – auch Ihr Camping-Partner!

Deutscher Camping-Club e.V., Postfach 40 04 28, 80704 München

37510 Ballan-Mire, Indre-et-Loire — F2707

★★★★ »CAMPING LA MIGNARDIERE« — März bis Sept.
02/47733100, Fax 47733101 — 38000 qm
www.mignardiere.com, info@mignardiere.com

→ D 751 Tours–Azay Abf. Ballan Mire. ✉ 22, avenue des Aubépines.

Durch Hecken unterteiltes, ebenes Wiesengelände in Seenähe. Ein Platzteil unter Eichen. Günstig für den Besuch des Loire-Tals. Ponyreiten. Miniaturzug. Ort (Tours) 8 km entfernt. Touristen-/ Dauerstellplätze 157/20.

37250 Montbazon, Indre-et-Loire — F2708

★★★ »CAMPING DE LA GRANGE ROUGE« — Mai bis Sept.
02/47260643, Fax 47260313 — 90m — 30000 qm
www.camping-montbazon.com, ma.widd@wanadoo.fr

→ A10 Abf. (23) Richtung Montbazon.

Wiese unter Bäumen. Restaurant. Grillplatz. 108 Touristenplätze.

37310 Azay-le-Rideau, Indre-et-Loire — F2711

15 ★★★ »CAMPING MUNICIPAL LE SABOT« — 22.3. bis 1.10.
02/47454272, Fax 47454911, camping.lesabot@wanadoo.fr — 90000 qm

→ D 751 Tours–Chinon, im Ort ostwärts am Schloss vorbei. Beschildert. ✉ Rue du Stade (GPS: 47°15'33" N / 0°28'11" E).

Ebenes Wiesengelände mit Büschen und alten Bäumen am Stadtrand. Sportmöglichkeiten. Ort 200 m entfernt. 228 Touristenplätze.
2007: (HS) 2 P/N inkl. St/N 10.20, weitere P/N 3.20, K/N bis 7 J. 1.90, H/N frei, KT –.35, WD inkl., Strom/N 3.40 (10 A). Ab 15 N un d in NS Erm. DCC/CCI 5% auf P/N und St/N.

37800 Ste. Catherine-de-Fierbois, I.-et-L. — F2712

45 ★★★★ »CAMPING PARC DE FIERBOIS« — 28.4. bis 12.9.
02/47654335, Fax 47654375 — 20000 qm
www.fierbois.com, parc.fierbois@wanadoo.fr

→ A10 Tours–Poitiers Abf. Ste. Maure-de-Touraine auf die N 10 Richtung Tours. In Ste. Catherine-de-Fierbos abbiegen. ✉ (GPS: 47°08'54" N / 0°39'17" E).

Wiesengelände auf einer Lichtung und teils im Wald. Vom ca. 5 ha großen Stausee durch einen Waldgürtel getrennt. Sportmöglichkeiten. Ponyreiten. Poollandschaft mit Wasserrutschen. Spielautomaten. Billard. Bogenschießen. Ort 1 km entfernt. 320 Touristenplätze.
2007: 2 P/N inkl. St/N 40.–, Strom/N 4.30.

37220 Trogues, Indre-et-Loire — F2715

30 ★★★ »CAMP DU CHATEAU DE LA ROLANDIERE« — 10.4. bis 30.9.
Fax 02/47585371 — 40000 qm
www.larolandiere.com, contact@larolandiere.com

→ A10/E5 Tours–Chatellerault Abf. (25) Sainte-Maure-de-Touraine in westlicher Richtung auf die D 760 zum Ort. ✉ Chateau de la Rolandiere (GPS: 47°06'25" N / 0°30'36" E).

Ebenes Parkgelände mit altem Eichenbestand bei einem Schloss an der Loire. 30 Touristenplätze.
2007: (HS) P/N 6.–, K/N 3.50, St/N 9.–, H/N 3.–, KT –.25, Strom/N 4.– (10 A). In NS Ermäßigung.

Wegen oft wechselnden Größenangaben für die einzelnen Stellparzellen durch die Platzhalter veröffentlicht der DCC nur noch die Camping-Gesamtfläche in qm und den Hinweis »parzelliert« oder »unparzelliert«.

37340 Rillé, Indre-et-Loire — F2717

35 ★★★ »HUTTOPIA RILLÉ« — 28.3. bis 2.11.
Fax 02/47246297, Fax 47246361 — 100m — 80000 qm
www.huttopia.com, rille@huttopia.com

→ N 152 Tours–Saumur und bei Langeais auf die D57 Richtung Noyant. ✉ Lac de Rillé, beschildert (GPS: 47°27'27" N / 0°3'05" E).

Ebenes und locker parzelliertes Gelände in einem lichten Mischwald. Direkt am See und in einem Naturschutzgebiet gelegen. Sandstrand und Liegewiese. Separate Pkw-Abstellung. Sanitäranlage gemischt. Imbiss/Pizzeria in HS. Spieleraum. Aufenthaltsraum mit Holzofen und Bücherecke. Volleyball. Geführte Exkursionen (Wandern/Radfahren/Kanuvermietung) in die Natur. Ort 3 km entfernt. 120 Touristenplätze.
2007: (HS) P/N 6.–, K/N 2 bis 7 J. 3.80, St/N 10.– bis 17.–, H/N 3.50, WD inkl., Strom/N 4.20/6.20 (6/10 A). In NS Ermäßigung.

37420 Savigny en Véron, Indre-et-Loire — F2720

★★★★ »CAMPING LA FRITILLAIRE« — Mai bis Sept.
02/47937878, 475890379, Fax 47580381 — 25000 qm
www.cc-veron.fr/camping, camping@cc-veron.fr

→ E60/A85 Angers–Tours Abf. (5) Bourg in südlicher Richtung ca. 4 km auf der D749. Dann rechts ab in südwestlicher Richtung auf die D418 bis zum Ort. ✉ Rue Basse.

Gepflegtes und ebenes Wiesengelände mit vielen Bäumen bei einem Teich in einem Naturschutzgebiet im Loiretal. Separate Pkw-Abstellung. Beheizte Sanitäranlage. In HS Reservierung empfehlenswert. Squash, Tennis und Reiten in der Nähe. Touristen-/ Dauerstellplätze 96/4.

49730 Varennes sur Loire, Maine-et-L. — F2723

40 ★★★★ »CASTEL CAMPING CARAV.-L'ETANG DE LA BRÈCHE« — 12.5. bis 15.9.
02/41512292, Fax 41512274 — 80000 qm
www.etang-breche.com, etang.breche@wanadoo.fr

→ N 152 Saumur–Jours Abf. Varennes sur Loire. ✉ (GPS: 47°16'00" N / 0°00'00" E).

Ebenes parzelliertes Wiesengelände, von hohen Bäumen begrenzt und durchzogen. Überdachtes Schwimmbad. Wasserrutsche. Ort 5 km entfernt. 201 Touristenplätze.
2007: (HS) 2 P/N inkl. St/N 31.–, weitere P/N 7.–, K/N 3.50, KT –.20, WD inkl., Strom/N 3.– (10 A). In NS Ermäßigung.

49730 Montsoreau, Maine-et-Loire — F2724

25 ★★★ »CAMPING DE L'ISLE VERTE« — 22.3. bis 30.9.
02/41517660, Fax 41510883 — 20000 qm
www.campingisleverte.com, isleverte@cutloisirs.fr

→ D947 Saumur–Candes-St. Martin, 12 km östl. Saumur am Orsanfang von Montsoreaund. ✉ Avenue de la Loire (GPS: 47°13'05" N / 0°03'10" E).

Wiesengelände unter Bäumen am linken Loire-Ufer im Ortsbereich. 105 Touristenplätze.
2008: (HS) 2 P/N inkl. St/N 18.–, weitere P/N 3.–, K/N bis 10 J. 2.50, KT –.25, WD inkl., Strom/N 3.– (16 A). In NS Ermäßigung.
CCI 5% auf P/N und St/N.

49400 Saumur, Maine-et-Loire — F2725

35 ★★★★ »CAMPING L'ILE D'OFFARD« — 1.3. bis 15.11.
02/41403000, Fax 41673781 — 45000 qm
www.cutloisirs.fr, iledoffard@cutloisirs.fr

→ N 147 Angers–Poitiers, in Saumur ab Ile d'Offard (N 152) beschildert. ✉ Rue de Verden (GPS: 47°15'36" N / 0°03'53" W).

Ebenes, langgestrecktes Wiesengelände auf einer Loire-Insel mit Blick auf das Schloss. Ort 1.5 km entfernt. 258 Touristenplätze.
2008: (HS) 2 P/N inkl. St/N 25.50, weitere P/N 5.–, K/N bis 10 J. 2.50, KT –.25, WD inkl., Strom/N 3.50 (10 A). In NS Ermäßigung.
CCI 5% auf P/N und St/N.

✉ 49350 Gennes, Maine-et-Loire F 2728

15 ★★ »CAMPING AU BORD DE LOIRE« — 26.4. bis 30.9.
☎ 02/41380467, Fax 41380712 25 000 qm
www.camping-auborddeloire.com, auborddeloire@free.fr

→ D751 Saumur–Angers Abf. Gennes. Beschildert. ✉ 11, avenue des Cadets de Saumur.

Ebenes Wiesengelände mit Bäumen am Loire-Ufer. Imbiss in HS. Familiäre Atmosphäre. 140 Touristenplätze.
2007: (HS) 2 P/N inkl. St/N 8.–, weitere P/N 2.80, K/N bis 10 J. 1.80, H/N –.60, WD inkl., Strom/N 2.70 (10 A). In NS Ermäßigung.
DCC/CCI 5% auf P/N.

✉ 49320 Coutures, Maine-et-Loire F 2730

★★★ »PARC DE MONTSABERT« — April bis Sept.
☎ 02/41579163, Fax 579002   50 m   100 000 qm
www.parcdemontsabert.com, camping@parcdumontsabert.com

→ N260/N160 Angers–Cholet Abf. Haute Perche auf die D751 in südöstl. Richtung zum Ort.

Ebenes, durch Hecken parzelliertes Wiesengelände in einem Schlosspark oberhalb der Loire. Imbiss. Ort 1 km entfernt. Touristen-/Dauerstellplätze 148/10.

✉ 49000 Angers, Maine-et-Loire F 2735

20 ★★★★ »CAMPING PARC DU LOISIRS DU LAC DE MAINE« — 25.3. bis 10.10.
☎ 02/41730503, Fax 41730220 30 000 qm
www.camping-angers.fr, camping@lacdemaine.fr

→ A11 Le Paris–Nantes Abf. Angers-West (Lac de Main) auf die N23 durch Angers. Im Südwesten der Stadt beschildert. ✉ Avenue du Lac de Maine.

Überwiegend schattenloses und terrassiertes Wiesengelände mit Anpflanzungen in der Nähe des Lac de Maine. Stellplätze mit Gras- und Kieselsteinuntergrund. Schwimmbad geöffnet von 15.6. bis 15.9. Basketball. Volleyball. Ort 5 km entfernt. 162 Touristenplätze.
2008: 2 P/N inkl. St/N 17.–, weitere P/N ca. 3.–, K/N bis 13 J. ca. 2.–, H/N 2.–, KT –.55, WD inkl., Strom/N 3.40 (10 A).
CCI 10% auf P/N.

✉ 49290 Chalonnes s. Loire, Maine et Loire F 2740

★★ »CAMPING MUNICIPLAL DE CHALONNES« — Mai bis Sept.
☎ 2/41780227, Fax 2/41741080 25 000 qm
www.chalonnes-sur-loire.fr, mairie-chalonnes.sur.loire@wanadoo.fr

→ A11/E60 Angers–Nantes Abf. St. Jean de Linieres auf die N23 über St. Martin du Fouilloux nach St. Georges sur Loire. Hier in südlicher Richtung auf die D961 abbiegen zum Ort. ✉ Route de Rochefort.

Ebenes, teilweise schattenloses Ufergelände an der Loire. Wassersportmöglichkeiten. 200 Touristenplätze.

✉ 44156 Ancenis, Loir-Atlantique F 2750

★★★ »CAMPING DE I'ILE MOUCHET« — April bis Okt.
☎ 02/40830843, Fax 40831619 35 000 qm
www.camping-estivance.com, efberthelot@wanadoo.fr

→ A11 Nantes–Le Mans Abf. Ancenis in südl. Richtung zum Ort. ✉ La Charbonniere.

Wiese mit Bäumen am Loire-Ufer. Volleyball. Ort 800 m entfernt. 130 Touristenplätze.

✉ 44300 Nantes, Loire Atlantique F 2775

25 ★★★ »CAMPING DU PETIT PORT« — 1.1. bis 31.12.
☎ 02/40744794, Fax 40742306 65 000 qm
www.nge-nantes.fr, camping-petit-port@nge-nantes.fr

→ A11 Angers–Nantes Abf. Carqueto auf die nördliche Umgehung von Nantes, dann weiter Richtung Rennes. Beschildert. ✉ 21, bd. du petit port.

Gepflegte Parkanlage mit Blumenrabatten, gekiesten Caravanstellflächen und separaten Platzteilen für Zelte. Am nördlichen Stadtrand in der Nähe verkehrsreicher Straßen. Imbiss in HS. Straßenbahnhaltestelle 100 m, Ort 3 km entfernt. 200 Touristenplätze.
2008: P/N 3.50, K/N bis 10 J. 2.25, A/N 2.50, C MC/N 9.–, T/N 7.80, M/N 2.50, H/N 1.50, KT –.35, WD inkl., Strom/N 3.50 (16 A).

✉ 49300 Cholet, Maine-et-Loire F 2780

25 ★★★★ »CAMPING DU LAC DE RIBOU« — 1.4. bis 30.9.
☎ 02/41497430, Fax 41582122 5000 qm
www.lacderibou.com, info@lacderibou.com

→ N160 Angers–La Roche, bei Cholet über die Umgehungsstraße zum Südosten der Stadt. Beschildert. ✉ Allée Léon Mandin.

Leicht abfallende, teilweise terrassierte Wiese mit Anpflanzungen, oberhalb eines Stausees (Badeweiher). Ort 5 km entfernt. 178 Touristenplätze.
2008: (HS) 2 P/N inkl. St/N 19.30, weitere P/N 4.80, H/N 2.20, KT –.31, WD inkl., Strom/N 5.20 (10 A). In NS Ermäßigung.
CCI 5% auf P/N und St/N.

✉ 44160 Ste. Reine Pontchâteau, Loire Atl. F 2810

30 ★★★★ »CAMPING CHÂTEAU DU DEFFAY« — 1.5. bis 30.9.
☎ 02/40880057, Fax 40016755 120 000 qm
www.camping-le-deffay.com, campingdudeffay@wanadoo.fr

→ N165 Nantes–Vannes, über Pontchâteau auf die D33 ca. 8 km in Richtung Herbignac, dann beschildert.

Teilweise terrassiertes Schlossparkgelände unter hohen alten Bäumen um einen Weiher. Überdachtes Schwimmbad. Ort 7 km entfernt. Touristen-/Dauerstellplätze 120/17.
2008: (HS) P/N 5.10, K/N bis 12 J. 3.50, St/N 11.60, KT –.40, WD inkl., Strom/N 4.– (6 A). In NS Ermäßigung.

✉ 44500 La Baule, Loire Atlantique F 2820/1

★★★ »CAMPING CARAVANING LA BAULE« — Feb. bis Okt.
☎ 02/40601740, Fax 40601148 50 000 qm

→ N171 St. Nazaire–Le Croisic, im Stadtbereich von La Baule beschildert.

Leicht welliges Gelände in Ortslage an einer Bahnstrecke. Separate Zeltwiese. Wassersportmöglichkeiten. Ort 1 km entfernt. 250 Touristenplätze.

✉ 44500 La Baule, Loire Atlantique F 2820/2

30 ★★★ »CAMPING LES AJONCS D`OR« — 1.4. bis 30.9.
☎ 02/40603329, Fax 40244437 56 000 qm
www.ajoncs.com, contact@ajoncs.com

→ N 165 Le Mans–Nantes–St. Nazaire–La Baule, dort beschildert. ✉ Chemin du Rocher (GPS: 47°17'37'' N / 2°22'43'' W).

Terrassiertes und durch Hecken parzelliertes Wiesengelände unter Bäumen. Ort 1.5 km entfernt. Touristen-/Dauerstellplätze 183/39.
2007: (HS) 2 P/N inkl. St/N 20.–, weitere P/N 6.–, K/N 3.–, H/N –.95, KT –.36, WD inkl., Strom/N 3.– (6 A). In NS Ermäßigung.

DCC – DEIN PARTNER!

44740 Batz-sur-Mer, Loire Atlantique — F2825

★★★ »CAMPING LA GOVELLE« April bis Sept.
☎/Fax 02/40239163 6000 qm

→ N171 St. Nazaire–Le Croisic, über Le Pouliguen auf die Küstenstraße abbiegen bis Ortsende La Govelle. ✉ 10, route de la Govelle.

Strandgelände mit einzelnen Bäumen und durch Hecken parzelliert. Direkter Zugang zum Meer. Ort 2 km entfernt. 52 Touristenplätze.

44350 Guerande, Loire Atlantique — F2830/1

★★★ »LE PRÉ DU CHÂTEAU DE CAREIL« Ende Mai bis Sept.
☎/Fax 02/40602299 20000 qm
www.pays-blanc-com/camping-careil, chateau.careil@free.fr

→ N171 St. Nazaire–Le Croisic, auf die D92 über La Baule abbiegen. Nach ca. 2 km in Richtung Schloss beschildert.

Parkgelände unter alten Bäumen um einen alten Landsitz. Gasverkauf u. Ort 1.5 km entfernt. Touristen-/Dauerstellplätze 49/1.

44350 Guerande, Loire Atlantique — F2830/2

★★★ »CAMPING PARC DE LEVENO« 5.4. bis 30.9.
☎ 02/40247930, Fax 40620123 120000 qm
camping-leveno.com, domaire.leveno@wanadoo.fr

→ N171 St. Nazaire–Le Croisic, auf die D92 abbiegen und über La Baule. Östlich von Guerande, beschildert. ✉ Route de Etang de Sardun.

Leicht abfallendes Wiesengelände unter Bäumen, teilweise mit Anpflanzungen und durch Mobilheime geprägt. 260 Touristenplätze.
2008: (HS) P/N 6.–, K/N bis 7 J. 4.–, St/N 18.–, H/N 4.–, KT –.55, WD und Strom (6 A) inkl. NS Ermäßigung.

44490 Le Croisic, Loire Atlantique — F2832/1

★★★★ »CAMPING L'OCÉAN« 5.4. bis Sept.
☎ 02/40230769, Fax 40157063 75000 qm
www.camping-ocean.com, info@camping-ocean.com

→ N171 St. Nazaire–Le Croisic, dort beschildert. ✉ 15, route de la maison rouge.

Ebenes, durch Hecken parzelliertes Wiesengelände mit Bäumen an der Nordwestspitze einer Halbinsel. Ort 1 km entfernt. Touristen-/Dauerstellplätze 300/100.
2008: (HS) 2 P/N inkl. St/N 40.–, weitere P/N 8.–, K/N bis 7 J. 6.50, H/N 6.50, KT –.35, WD u. Strom inkl. (6 A). In NS Ermäßigung.

44490 Le Croisic, Loire Atlantique — F2832/2

★★★ »CAMPING DE LA PIERRE-LONGUE« 1.1. bis 31.12.
☎ 02/40231344, Fax 40232313, lapierrelongue@orange.fr 35000 qm

→ N171 St. Nazaire–Le Croisic, dort beschildert. ✉ Rue Henri Dunant.

Ebenes Wiesengelände mit Bäumen auf der Halbinsel. Touristen-/Dauerstellplätze 70/70.
2007: 2 P/N inkl. St/N 19.90, weitere P/N 6.50, K/N bis 7 J. 3.–, K/N 7 bis 12 J. 4.50, H/N 2.–, KT –.20, WD inkl., Strom/N 3.50/5.– (6/10 A).

44420 La Turballe, Loire Atlantique — F2835

★★★★ »CAMPING PARC SAINTE BRIGITTE« 1.4. bis 1.10.
☎ 02/40248891, Fax 40156572 100000 qm
www.campingsaintebrigitte.com, saintebrigitte@wanadoo.fr

→ N171 St. Nazaire–La Baule, hier auf die D99 abbiegen über Guerande bis kurz hinter den Ort Clis. ✉ Bréhet route Guérande (GPS: 47°20'48" N / 2°30'30" W).

Gepflegtes, ebenes Wald- und Wiesengelände in einem ehemaligen Schlosspark. Streichelzoo. Überdachbares Schwimmbad. Wassersportmöglichkeiten. Ort 2.5 km entfernt. 150 Touristenplätze.
2008: (HS) P/N 6.–, K/N bis 7 J. 4.90, St/N 6.90, A/N 3.20, MC/N 3.20, M/N 3.20, H/N 1.60, KT –.50, WD inkl., Strom/N 6.70. In NS bis 15% Erm.

44420 Piriac-sur-Mer, Loire Atlantique — F2840

★★★★ »CAMPING PARC DU GUIBEL« Ostern bis Sept.
☎ 02/40235267, Fax 40155024 100000 qm
www.pacduguibel.com, camping@parcduguibel.com

→ N171 St. Nazaire–La Baule Abf. auf die D99 über Guerande und La Turballe nach Piriac-sur-Mer. Ca. 2 km östl. des Ortes. Beschildert.

Durch Anliegerstraße zweigeteiltes Gelände in ländlicher Umgebung. Ein Teil mit Stellnischen im Kiefernwald, der andere auf einer fast schattenlosen Wiese. Volleyball. Basketball. 450 Touristenplätze.

56760 Pénestin-sur-Mer, Morbihan — F2845/1

★★★ »CAMPING DOMAINE D'INLY« 7.4. bis 23.9.
☎ 02/99903509, Fax 99904093 30000 qm
www.camping-inly.com, inly-info@wanadoo.fr

→ N165 Nantes–Vannes, ca. 8 km hinter La Roche Bernard nach Pénestin-s.-M. abbiegen. Hier noch ca. 3 km südwärts, dann beschildert. ✉ Route de Coname.

Weitläufiges, teils abfallendes Wiesengelände mit Stellkreisel neben einem Teich (Badeverbot). In HS Mindestaufenthalt 12 Tage. Schwimmen 1.8 km, Ort 2 km entfernt. Touristen-/Dauerstellplätze 500/20.
2007: (HS) P/N 6.70, K/N bis 2 J. 1.55, 2 bis 13 J. 3.30, K/N 11.50, B/N 2.60, H/N 2.20, KT –.50, WD inkl., Strom/N 3.40 (10 A). In NS bis 30% Erm.

56760 Pénestin-sur-Mer, Morbihan — F2845/2

★★★ »CAMPING LE CENIC« 15.4. bis 15.9.
☎ 02/99903314, Fax 99904505 40000 qm
www.lecenic.com, info@lecenic.com

→ N165 Nantes–Vannes, ca. 8 km hinter La Roche Bernard nach Pénestin-s.-M. abbiegen. Ca. 1 km hinter Pénestin-s.-M.

Von Wald umgebenes Wiesengelände. Ort 1 km entfernt. 120 Touristenplätze.
2007: (HS) P/N 6.–, K/N bis 7 J. 3.–, St/N 15.–, H/N 2.50, KT –.50, Strom/N 4.– (6 A). In NS Ermäßigung.

56760 Pénestin-sur-Mer, Morbihan — F2845/3

★★★★ »CAMPING LES ILES« 4.4. bis 18.10.
☎ 02/99903024, Fax 99904455 45000 qm
www.camping-des-iles.fr, contact@camping-des-iles.fr

→ N165 Nantes–Vannes, ca. 8 km hinter La Roche Bernard nach Pénestin-s.-M. abbiegen. Hier noch ca. 4 km südwärts zum Pointe du Bile. ✉ (GPS: 47°26' N / 2°29' E).

Durch Hecken parzelliertes Wiesengelände mit vielen Bäumen. Haltestelle 1.5 km, Ort 4.5 km entfernt. 184 Touristenplätze.
2008: (HS) 2 P/N inkl. St/N 35.–, weitere P/N 5.–, K/N bis 2 J. 1.–, K/N 2 bis 7 J. 2.50, H/N 3.–, KT –.50, WD inkl., Strom/N 3.50 (6 A). In NS Erm.

56190 Arzal, Morbihan — F2847

★★ »CAMPING KERNÉJEUNE« April bis Sept.
☎ 02/97450160, Fax 97450542 18000 qm
www.camping-de-kernejeune.com

→ N 165/E 60 Nantes–Vannes zwischen Muzillac u. Marzan, Kreuzung in südl. Richtung, ca. 3 km zum Ort (GPS: 47°20'50" N / 2°26'01" W).

Ebenes und durch Hecken unterteiltes Wiesengelände unter Bäumen. In Meernähe. Basketball. Ponys. Touristen-/Dauerstellplätze 43/17.
2008: (HS) P/N 4.–, K/N bis 7 J. 2.70, St/N 6.–, B/N 2.50, H/N 2.–, Strom/N 2.80 (8 A).
DCC/CCI 5% auf P/N und St/N.

56610 Arradon, Morbihan — F 2859

★★★★ »CAMPING DE PENBOCH« — 5.4. bis 20.8.
02/97447129, Fax 97447910 — 40000 qm
www.camping-penboch.fr, info@camping-penboch.fr

→ D101 Auray–Vannes, nach Arradon abbiegen, dort beschildert. 9, Chemin de Penboch (GPS: 47°37′21″ N / 2°48′04″ W).

Ebenes, teils gestuft abfallendes Wiesengelände mit Heckenunterteilungen. Durch eine Straße zweigeteilt und von Eichenwald begrenzt. Schwimmbad mit Riesenrutsche. Wassersportmöglichkeiten. Meer 200 m, Ort 2 km entfernt. Touristen-/Dauerplätze 105/70.
2007: (HS) P/N 6.–, K/N bis 7 J. 4.20, St/N 20.80, H/N 3.50, KT –.45, WD inkl., Strom/N 3.20/4.20 (6/10 A). In NS Ermäßigung.

56870 Baden, Morbihan — F 2863

★★★★ »CAMPING MANÉ GUERNEHUÉ« — 5.4. bis 30.9.
02/97570206, Fax 97571543 — 55000 qm
www.camping-baden.com

→ D101 Auray–Vannes, in Baden beschildert. 52, rue Mane Er Groez (GPS: 47°36′50″ N / 2°55′31″ W).

An einem Hügel leicht abfallendes, teils terrassiertes Wiesengelände mit Heckenunterteilungen. Ein ebener Platzteil unter Obstbäumen. Schwimmbad mit Riesenrutsche. Fitnessraum. Ort 500 m, Meer 3 km entfernt. 200 Touristenplätze.
2007: (HS) P/N 6.80, K/N bis 7 J. 4.90, St/N 19.20, H/N 3.60, KT –.40, Strom/N 4.40 (10 A). In NS Ermäßigung.

56342 Carnac, Morbihan — F 2865/1

★★★★ »CAMPING LA GRANDE MÉTAIRIE« — 31.3. bis 8.9.
02/97522401, Fax 97528358 — 150000 qm
www.lagrandemetairie.com, info@lagrandemetairie.com

→ D768 Auray–Quiberon, auf die D119 abbiegen Richtung Carnac. Kurz vor dem Ort nach links in die D196. Beschildert. Route des Alignements de Kermario.
♣ Prähistorische Steine.

Leicht welliges, durch Hecken in Stellnischen unterteiltes, weitläufiges Wiesengelände. Von Wald umgeben und durch verschiedene Bepflanzungen ansprechend gestaltet. Bungalow-Anlage. Streichelzoo. Musikveranstaltungen. Alle Wassersportmöglichkeiten. Haltestelle 100 m, Strand und Ort 3 km entfernt. Touristen-/Dauerstellplätze 180/394.
2007: P/N 7.30, K/N bis 7 J. 5.40, St/N 23.90, H/N 2.–, KT –.55, WD u. Schwimmbad inkl., Strom keine Angabe (6 A). In NS Ermäßigung.

56342 Carnac, Morbihan — F 2865/2

★★★ »CAMPING DE L'ETANG« — 1.4. bis 15.10.
02/97521406, Fax 97522319 — 20000 qm

→ D186 Ploemel–La Trinité-s.-M. Beschildert.

Ebenes, durch hohe Hecken in Stellnischen unterteiltes Wiesengelände. Imbiss. Wassersportmöglichkeiten. Riesenrutsche. Ort 1.5 km, Meer 2.5 km entfernt. Touristen-/Dauerstellplätze 150/15.
2007: (HS) P/N 5.–, K/N bis 7 J. 2.50, St/N 6.70, H/N 1.–, KT –.55, WD inkl., Strom/N 3.–. In NS Ermäßigung.

56342 Carnac, Morbihan — F 2865/3

★★★ »CAMPING LES BRUYÉRES« — 1.4. bis 15.10.
/Fax 02/97523057, camping.les.bruyeres@wanadoo.fr — 20000 qm

→ D768 Auray–Quiberon, ca. 2 km hinter Plouharnel abbiegen. Beschildert. (GPS: 47°36′28″ N / 3°05′26″ W).

Ebenes und parzelliertes, durch Hecken unterteiltes Wiesengelände in ländlicher Umgebung. Wassersportmöglichkeiten. Ort 2 km, Meer 2.8 km entfernt. 112 Touristenplätze.
2007: P/N 4.20, K/N bis 7 J. 2.35, St/N 7.80, H/N –.85, KT –.45, WD inkl., Strom/N 2.75 (4 A).

56342 Carnac, Morbihan — F 2865/4

★★★ »CAMPING DU LAC« — April bis Sept.
02/97557878, Fax 97558603 — 25000 qm
www.camping-carnac.com, camping.dulac@wanadoo.fr

→ D186 Ploemel–La Trinité-s.-M. Beschildert.

Leicht welliges Wiesengelände unter Bäumen am Ufer eines flachen Sees, von Wald umgeben. Meer 4 km, Ort 7 km entfernt. 140 Touristenplätze.

56170 Quiberon, Morbihan — F 2868

★★★ »CAMPING BOIS D'AMOUR« — Ende März bis Okt.
02/97501352, Fax 97500784 — 45000 qm
www.homairvacances.com, info@homair-vacances.fr

→ D768 Auray–Quiberon, hier der Beschilderung »Institut de Thalassothérapie« folgen. Rue St. Clément.

Langgestrecktes, ebenes bis leicht welliges Sand- und Wiesengelände mit Anpflanzungen, von Hecken und einem Schilfgürtel begrenzt. Ort 1 km entfernt. 290 Touristenplätze.

56410 Erdeven, Morbihan — F 2870

★★★ »CAMPING DES MEGALITHES« — 1.5. bis 15.9.
02/97556876 — 50000 qm

→ D781 Port-Louis–Carnac, ca. 1.5 km hinter Erdeven am »Camping de Kerzerho« vorbei und noch ca. 500 m weiter. Beschildert.
♣ Prähistorische Steine.

Ebenes bis leicht ansteigendes, schattenloses Wiesengelände mit Anpflanzungen in ländlicher Umgebung. Ort 1.5 km, Meer 2 km entfernt. 100 Touristenplätze.
2008: (HS) P/N 5.–, K/N bis 7 J. 3.–, St/N 10.–, H/N 2.–, KT –.45, WD inkl., Strom/N 4.– (10 A). In NS Ermäßigung.

Eine **Gasfüllstation** befindet sich in 56530 Queven. Tel. 02/97051582.

56250 Vannes-Meucon, Morbihan — F 2871

★★★ »CAMPING DU HARAS« — 1.1. bis 31.12.
02/97446606, Fax 97444941 — 10000 qm
www.campingvannes.free.fr, camping-vannes@wanadoo.fr

→ N165/E 60 Quimper–Vannes Abf. Vannes und weiter nach Va.-Meucon. Aerodrome Vannes-Meucon (GPS: 47°43′51″ N / 2°43′40″ W).

Ebenes, teilweise leicht wellig abfallendes, überwiegend schattenloses Wiesengelände. Imbiss. Wasserrutschbahn. Zentrum 500 m entfernt. 50 Touristenplätze.
2008: (HS) P/N 4.–, K/N bis 7 J. 3.–, St/N 3.–, A/N 2.–, C/N 4.–, MC/N 6.–, T/N 3.–, M/N 2.–, B/N 2.–, H/N 4.–, KT, WD u. Schwimmbad inkl., Strom/N 3.–/6.– (4/10 A). In NS Ermäßigung.

Vorhandene Bungalows und Ferienwohnungen auf Campingplätzen sind von Ermäßigungen ausgenommen.

DCC – DEIN PARTNER!

56260 Kerderff bei Larmor-Plage, Lorient — F 2873

»CAMPING DE LA FONTAINE« ★★★ 1.1. bis 31.12.
02/97337128, Fax 97337032
www.camping-la-fontaine.com, camping-la-fontaine@sellor.com
40 000 qm

→ N165/E 60 Quimper–Vannes Abf. Lorient in Richtung Larmor-Plage (GPS: 47°42'33" N / 3°23'29" W). Beschildert.

Ebenes, teilweise leicht welliges, überwiegend schattenloses Wiesengelände. Mit Anpflanzungen und durch Hecken unterteilt. Imbiss in HS. Volleyball. Internet-Anschluss (WiFi). Ort (Larmor-Plage) 1 km entfernt. 123 Touristenplätze.

29360 Le Pouldu bei Lorient — F 2874/1

»CAMPING KERANQUERNAT« ★★★ 10.5. bis 10.9.
02/98399232, 98899292, Fax 98399984
www.camping-keranquernat.com, camping.keranquernat@wanadoo.fr
15 000 qm

→ N165/E 60 Lorient–Quimper Abf. Quimperle meerwärts über die D16 und D24 zum Ort.

Durch Hecken parzelliertes Wiesengelände. Wassersportmöglichkeiten. Haltestelle 1 km, Meer 600 m, Ort 700 m entfernt. 100 Touristenplätze.
2008: (HS) P/N 4.–, K/N bis 7 J. 3.–, St/N 8.50, H/N –.50, KT –.85, WD inkl., Strom/N 3.– (6 A). In NS Ermäßigung.

29360 Le Pouldu bei Lorient — F 2874/2

»CAMPING LES GRANDS SABLES« ★★★ 5.4. bis 14.9.
02/98399443, Fax 98399747
www.camping-lesgrandssables.com, campinggrandssables@tiscali.fr
24 000 qm

→ N165 Nantes–Lorient Abf. Guidel in Richtung Ort. Dort zum Strand. Beschildert. 22, rue Philosophe Alain.

Leicht welliges Wiesengelände mit Baumbestand. Wassersportmöglichkeiten. Ort 150 m entfernt. 147 Touristenplätze.
2008: (HS) P/N 4.50, K/N bis 7 J. 2.70, St/N 6.50, H/N –.50, KT –.20, WD inkl., Strom/N 3.20 (6 A). In NS Ermäßigung.

29910 Trégunc, Finistère — F 2875/1

»CAMPING LA POMMERAIE« ★★★ Mai bis Sept.
02/98500273, Fax 98500791
www.campingdelapommeraie.com, pommeraie@club-internet.fr
70 000 qm

→ D 783 Concarneau–Quimperle, in Trégunc abbiegen auf die D 1 nach St. Philibert. Beschildert. Saint Philibert.

Leicht welliges Wiesengelände neben der Straße. Teilweise unter Obstbäumen. Imbiss. Strand 1.2 km, Ort (Trégunc) 6 km entfernt. Touristen-/Dauerstellplätze 78/120.

29910 Trégunc, Finistère — F 2875/2

»CAMPING DES ETANGS DE TREVIGNON« ★★★ 1.5. bis 15.9.
Fax 02/98500041
www.camping-etangs.com, camp.etangtrevignon@wanadoo.fr
30 000 qm

→ D 783 Concarneau–Quimperle, in Trégunc abbiegen auf die D1 Richtung Concarneau, beschildert. (GPS: 45°48'38" N / 3°51'00" W)

Wiesengelände mit Büschen und Bäumen. Surfbrettverleih. Wasserrutsche. Wassersportmöglichkeit entfernt 800 m, Haltestelle 2 km, Ort (Trégunc) 6 km entfernt. 172 Touristenplätze.
2008: P/N 5.95, K/N bis 7 J. 3.70, extra A/N 1.75, St/N 6.75, M/N 1.75, H/N 1.85, KT –.45, WD inkl., Strom/N 3.20 (5 A).
DCC 5% auf P/N und St/N.

Als DCC-Mitglied sind Sie immer gut beraten
Deutscher Camping-Club e.V., Postf. 40 04 28, 80704 München

29920 Névez, Finistère — F 2885/1

»AIROTEL LE RAGUÉNÈS PLAGE« ★★★★ 1.4. bis 30.9.
02/98068069, Fax 98068905
www.camping-le-raguenes-plage.com, info@camping-le-raguenes.plage.com
65 000 qm

→ D783 Concarneau–Quimperle, hinter Trégunc abbiegen über Névez Richtung Raguénès. Beschildert. 19, rue des Iles à Reguénès.

Ebenes bis leicht abfallendes Wiesengelände. Mit Hecken und Bäumen parzelliert. Wasserrutsche. Volley- und Basketball. Trampolin. Hunde an der Leine erlaubt. Ort 2.5 km entfernt. 287 Touristenplätze.
2007: (HS) 2 P/N inkl. St/N 28.–, weitere P/N 5.70, K/N bis 7 J. 3.30, St/N 16.60, H/N 2.50, KT –.50, WD u. Schwimmbad inkl., Strom/N 3.50 (6 A). In NS Ermäßigung.

29920 Névez, Finistère — F 2885/2

»CAMPING LES DEUX FONTAINES« ★★★★ 13.5. bis 15.9.
02/98068191, Fax 98067180
www.les2fontaines.fr, info@les2fontaines.fr
50 000 qm

→ D783 Concarneau–Quimperle, hinter Trégunc abbiegen über Névez Richtung Raguénès. Beschildert. Raguenez.

Ebenes, teilweise leicht welliges Wiesengelände in ländlicher Umgebung. Durch Buschhecken in Stellfelder unterteilt, teilweise unter hohen Bäumen. Imbiss in HS. Mehrere Schwimmbecken und 2 Riesenrutschen. Bogenschießen. Billard. Strand 1 km, Ort 3 km entfernt. Touristen-/Dauerstellplätze 280/13.
2007: (HS) P/N 5.80, K/N bis 7 J. 3.90, extra A/N 3.40, St/N 15.40, H/N 3.50, KT –.50, WD inkl., Strom/N 3.50 (6 A). In NS Ermäßigung.

29920 Névez, Finistère — F 2885/3

»CAMPING L´OCÉAN« ★★★ 15.5. bis 15.9.
02/98068713, Fax 98067826, campingocean@orange.fr
22 500 qm

→ D783 Concarneau–Quimperle, hinter Trégunc abbiegen über Névez Richtung Raguénès. Beschildert. Rue Raguénès.

Leicht abfallendes, durch Hecken parzelliertes Wiesengelände mit direktem Zugang zum Strand und Blick auf das Meer. Bowlingbahn. Ort 3 km entfernt. 150 Touristenplätze.
2008: (HS) P/N 5.30, K/N bis 7 J. 3.40, St/N 9.40, H/N 1.50, KT –.45, WD inkl., Strom/N 3.50. In NS Ermäßigung.

29920 Névez, Finistère — F 2885/4

»CAMPING DES CHAUMIERES« ★★ 15.5. bis 15.9.
02/98067306, Fax 98067834
campingdeschaumieres@wanadoo.fr
3 000 qm

→ D783 Concarneau–Quimperle, hinter Trégunc abbiegen über Névez Richtung Raguénès. Beschildert. Hameau de Kerascoet.

Wiesengelände am Meer. Ort 3 km entfernt. 110 Touristenplätze.
2007: P/N 4.40, K/N bis 7 J. 2.14, St/N 6.50, H/N 1.20, KT –.20, WD inkl., Strom/N 2.80 (6 A). In NS 10% Ermäßigung.

29920 Névez, Finistère — F 2885/5

»CAMPING VIEUX VERGER-TY-NOUL« ★★ Ostern bis Sept.
02/98068317, Fax 98067614
www.campingduvieuxverger.com, contact@campingduvieuxverger.com
25 000 qm

→ D783 Concarneau–Quimperle, hinter Trégunc abbiegen über Névez Richtung Raguénès. Beschildert. Raguenes Plage.

Ebenes, teils schattenloses Wiesengelände. Durch Hecken gegliedert und mit einzelstehenden Bäumen aufgelockert. Familiäre Atmosphäre. Wassersportmöglichkeiten. Appartement. 130 Touristenplätze.
2007: (HS) P/N 4.30, K/N bis 7 J. 2.30, St/N 4.–, KT –.20, WD inkl., Strom/N 3.–/3.60/4.– (4/6/10 A). In NS 10% Ermäßigung.

56320 Le Faouët, Morbihan — F 2895

»CAMPING MUNICIPAL BEG ER ROCH« — März bis Sept.
02/97231511, Fax 97231166, camping.lefaouet@wanadoo.fr — 35000 qm

→ D769 Carhaix–Plouguer–Lorient, 1.5 km hinter Le Faouët. Beschildert. Route de Lorint.

Parkartiges, leicht zum Flussufer abfallendes und parzelliertes Wiesengelände. Ort 1.5 km entfernt. 65 Touristenplätze.
2007: P/N 3.80, K/N bis 7 J. 1.70, St/N 3.35, H/N 1.05, KT –.20, WD inkl., Strom/N 1.70/3.– (3/5 A).
DCC/CCI 5% auf P/N und 10% auf St/N.

29900 Concarneau, Finistère — F 2900

»CAMPING LES SABLES BLANCS« — 1.4. bis 30.9.
Fax 02/98971644 — 30000 qm
www.camping-lessables-blancs.com, contact@camping-lessablesbblancs.com

→ D783 Quimper–Quimperle. In Concarneau abbiegen auf die D6 in Richtung Fouesnant. Beschildert. Plage des sables blancs.

Wiesen- und Sandgelände am Meer mit feinem Sandstrand. Imbiss. Zentrum 500 m entfernt. 150 Stellplätze.
2007: 2 P/N inkl. St/N 16.–, weitere P/N ca. 4.–, K/N bis 7 J. ca. 2.–, H/N 2.–, KT –.40, WD inkl., Strom/N 3.50 (3 A).

29940 La Forêt-Fouesnant, Finistère — F 2905/1

»YELLOH CAMPING CLUB DU ST. LAURENT« — Mai bis Dez.
02/98569765, Fax 98569251 — 50000 qm
www.camping-du-saint-laurent.fr
info@camping-du-saint-laurent.fr

→ D783 Quimper–Concarneau, nach La Forêt abbiegen und hier am Kreisverkehr in Richtung Kerleven. Beschildert. Kerleven.

Von einer Anhöhe zur Bucht von La Forêt abfallend terrassiertes Wiesengelände unter alten, hohen Bäumen mit Sicht auf das Meer. Großer Mobilhometeil. Direkter Zugang zum Strand. Riesenimbiss. Wassersportmöglichkeiten. Fitnessraum. Ort (La Forêt) 5 km entfernt. 250 Touristenplätze.

29940 La Forêt-Fouesnant, Finistère — F 2905/2

»CAMPING LES SAULES STEREDEN VOR« — Mai bis Sept.
02/98569857, Fax 98568660 — 10000 qm
www.caming-les-saules.com, caming-les-saules@wanadoo.fr

→ D783 Quimper–Concarneau Abf. La Forêt und beim Kreisverkehr nach Kervelen abbiegen. Beschildert. Route de la Plage.

Ebenes Sand- und Wiesengelände direkt am Meer. Durch Baumreihen parzelliert. Imbiss. Ort 300 m entfernt. Touristen/Dauerstellplätze 80/5.

29170 Fouesnant, Finistère — F 2907

»CAMPING L'ATLANTIQUE« — 25.4. bis 7.9.
02/98561444, Fax 98561867 — 90000 qm
www.latlantique.fr, surelia@latlantique.fr

→ D 34/D 45 Quimper–Beg Meil, bei Fouesnant abbiegen auf die D145 in Richtung Mousterlin. Beschildert. Route de Mousterlin (GPS: 47°51'22" N / 4°01'12" W).

Ebenes, parzelliertes Wiesengelände in ländlicher Umgebung, durch Hecken gegliedert. Separater Mobilheimteil. Große Wasserrutsche. Schwimmen 400 m, Ort 4.5 km entfernt. 429 Touristenplätze.
2007: (HS) P/N 7.–, K/N bis 10 J. 4.–, St/N 39.–, B/N 4.–, KT –.52, WD und Strom inkl. (6 A). Ab 7 Nächten und in NS Ermäßigung.

Plätze ohne Gebühren-Angabe
Diese Plätze haben seit 2 Jahren und mehr keine Meldung mehr abgegeben. Darum kann auch für die Öffnungszeit nicht garantiert werden.

29170 Beg Meil bei Fouesnant, Finistère — F 2910/1

»CAMPING LE VORLEN« — 20.5. bis 20.9.
02/98949736, Fax 98949723 — 100000 qm
www.vorlen.com, info@vorlen.com

→ D34/D45 Quimper–Beg-Meil, hier beim Hotel Au Bon Accuel rechts abbiegen. Beschildert. Plage de Kerambigorn.

Ebenes bis leicht abfallendes, durch Hecken unterteiltes Wiesengelände. Teilweise unter alten Bäumen oder schattenlosen Freiflächen. Wasserrutsche. Strand 300 m, Ort 1 km entfernt. Touristen-/Dauerstellplätze 550/50.
2008: (HS) P/N 6.25, K/N bis 7 J. 3.50, St/N 12.50, H/N 2.–, KT –.45, WD inkl., Strom/N 3.– (5 A). In NS Ermäßigung.

29170 Beg Meil bei Fouesnant, Finistère — F 2910/2

»CAMPING DE LA ROCHE PERCÉE« — April bis Sept.
02/98949415, Fax 98944805 — 20000 qm
www.camping-larochepercee.com, contact@camping-larochepercee.com

→ D34/D45 Quimper–Beg-Meil, am Ortseingang von Beg-Meil. Beschildert. 30, Hent Kerveltrec.

Leicht wellig abfallendes, parzelliertes Wiesengelände, durch Hecken unterteilt. Surfbrettverleih. Ort 1 km entfernt. Touristen-/Dauerstellplätze 80/73.

29950 Bénodet, Finistère — F 2920/1

»CAMPING DU LETTY« — 15.6. bis 6.9.
02/98570469, Fax 98662256 — 100000 qm
www.campingduletty.com, reception@campingduletty.com

→ D 44 Fouesnant–Pont l'Abbé, vor Bénodet meerwärts abbiegen. Beschildert. (GPS: 47°57'02" N / 4°05'27" W).

Ebenes bis leicht zum Strand abfallendes, durch hohe Hecken in Stellfelder unterteiltes, Wiesengelände an einer schönen Badebucht. Großes Freizeit- und Sportangebot. Fitnessraum. Bibliothek. Musikveranstaltungen. Imbiss. Haltestelle 400 m, Ort 1.5 km entfernt. 493 Touristenplätze.
2008: (HS) P/N 6.50, K/N bis 6 J. 3.25, exta A/N 2.–, St/N 9.–, M/N 1.20, H/N 2.30, KT –.46, WD zuzügl., Strom/N 1.50 bis 4.– (1 bis 10 A). In NS Erm.

29950 Bénodet, Finistère — F 2920/2

»CAMPING LA POINTE ST. GILLES« — 30.4. bis 7.9.
02/98570537, Fax 98572752 — 70000 qm
www.stgilles.fr, surelia@stgilles.fr

→ D 44 Fouesnant–Pont l'Abbé Abf. Bénodet und weiter zum Ort. In Bénodet beschildert. Corniche de la mer (GPS: 47°51'47" N / 4°05'45" W).

Leicht abfallendes Wiesengelände, parzelliert mit Heckenunterteilung. Imbiss. Separate große Sport- und Spielflächen. Wassersportmöglichkeiten. Strand 50 m, Ort 2.5 km entfernt. 100 Touristenplätze.
2008: (HS) 2 P/N inkl. St/N 38.–, weitere P/N 7.–, K/N bis 10 J. 4.–, KT –.46, WD u. Strom inkl. (6/10 A). In NS Ermäßigung.

29740 Lesconil, Finistère — F 2923/1

»CAMPING DES DUNES« — Ende Mai bis Mitte Sept.
02/98878178, Fax 98822705 — 28000 qm

→ D785 Quimper–Penmarch Abf. Pont-l'Abbé südwärts auf die D102 über Plobannalec. In Lesconil beschildert. 67, rue Paul Langevin.

Ebenes und leicht welliges Wiesengelände hinter einer Düne mit Heckenunterteilung. Von einem Wassergraben durchzogen. Wassersportmöglichkeiten. Gasverkauf 800 m, Ort 700 m entfernt. 120 Touristenplätze.
2007: 2 P/N inkl. St/N 20.15, weitere P/N 4.60, K/N bis 7 J. 2.95, H/N 1.95, KT –.35, WD inkl., Strom/N 3.40 (6-10 A).

29740 Lesconil, Finistère — F 2923/2

25 ★★★ »CAMPING DE LA GRANDE PLAGE« 1.5. bis 30.9.
☎/Fax 02/98878827, campinggrandeplage@hotmail.com   25 000 qm

→ D785 Quimper–Penmarch Abf. Pont-l'Abbé südwärts auf die D102 über Plobannalec. In Lesconil beschildert. Neben »Camping des Dunes«. ✉ 71, rue Paul Langevin (GPS: 47°47'52" N / 4°13'45" W).

Leicht abfallendes, durch Hecken unterteiltes Wiesengelände, hinter einem Dünenstreifen. Schwimmen 200 m, Ort 1 km entfernt. 100 Touristenplätze.
2008: 2 P/N inkl. St/N 17.40, weitere P/N 4.35, K/N bis 7 J. 2.25, extra A/N 2.25, M/N 1.40, H/N 1.65, KT –.35. WD inkl., Strom/N 3.45 (6 A).

29740 Plobannalec, Lesconil/Finistère — F 2925

45 ★★★★ CAMPING YELLOH VILLAGE LE MANOIR DE KERLUT« 26.4. bis 30.9.
☎ 02/98822389, Fax 98822649   120 000 qm
www.domainemanoirdekerlut.com
info@campingbretagnesud.com, info@yellohvillage-manoir-de-kerlut.com

→ D 785 Quimper–Penmarch, abbiegen über Pont-l' Abbé auf die D 102 bis kurz hinter Plobannalec. Beschildert.

Ebenes bis leicht welliges, parzelliertes Wiesengelände bei einem Schloss mit Anpflanzungen. Durch Wälle, Schlossmauer und einen Meeresarm begrenzt. Fitnessraum. Kostenloser Strandbus. Ort 1 km entfernt. Touristen-/Dauerstellplätze 152/88.
2007: 2 P/N inkl. St/N 39.–, weitere P/N 7.–, K/N bis 10 J. frei, H/N 4.50, KT –.40, Strom inkl. In NS Ermäßigung.

29120 Plomeur, Finistère — F 2930/1

★★★ »CAMPING LA TORCHE«   April bis Sept.
☎ 02/98586282, Fax 98588969   40 000 qm
www.campingdelatorche.fr, info@campingdelatorche.fr

→ D785 Quimper–Penmarch, ab Plomeur in Richtung La Torche. Beschildert. ✉ Roz an Tremen.

Durch Hecken und einzelne Felsbrocken unterteiltes, ebenes Wiesengelände. Familiäre Atmosphäre. Imbiss. Ort 3 km entfernt. Touristen-/Dauerstellplätze 150/4.

29120 Plomeur, Finistère — F 2930/2

20 ★★★ »CAMP KERALUIC AIRE NATURELLE«   1.4. bis 30.9.
☎/Fax 02/98821022, www.keraluic.fr, info@keraluic.fr   10 000 qm

→ D 785 Quimper–Pont-l'Abbé. Kurz vor Pont-l'Abbé im Kreisverkehr Richtung Plomeur. Beim zweiten Kreisverkehr weiter nach St. Jean Tromilmon. Nach ca. 1.6 km links beschildert (abbiegen nach rechts).

Ebenes Wiesengelände mit vereinzeltem Baumbestand und zwei renovierten Bauernhäusern. Brötchenservice in HS. FW. Ort 2.5 km und Meer 6 km entfernt. 25 Touristenplätze.
2007: P/N 3.90, K/N bis 7 J. 1.90, St/N 4.80, H/N 1.50, KT –.20, WD inkl., Strom 2.90 (4 A).

29730 Le Guilvinec, Finistère — F 2935

50 ★★★★ »CAMPING YELLOH VILLAGE DE LA PLAGE«
☎ 02/98586190, Fax 98588906, www.villagelaplage.com   5.4. bis 15.9.
info@campingsbretagnesud.com, info@yellohvillage-la-plage.com   4 000 qm

→ D785 Quimper–Penmarch, in Plomeur abbiegen auf die D 57 nach Le Guilvinec, hier westwärts 2 km Richtung Penmarch. Beschildert.

Ebene, parzellierte Strandwiesengelände hinter einem Dünenstreifen. Von Bäumen umgeben und durch Buschhecken gegliedert. Ort 2 km entfernt. 250 Touristenplätze.
2008: 2 P/N inkl. St/N 40.–, weitere P/N 7.–, K/N 5.–, H/N 4.50, KT –.40, Strom (5 A) inkl.

29000 Quimper, Finistère — F 2950

50 ★★★★ »L' ORANGERIE DE LANNIRON«   15.5. bis 15.9.
☎ 02/98906202, Fax 98521556   45 000 qm
www.lanniron.com, camping@lanniron.com

→ N165/E60 Brest–Lorient, in Quimper ab Innerer Ring Richtung Lanniron beschildert. ca. 2.5 km südl. der Stadt. ✉ Allée de Lanniron (GPS: 47°58'34" N / 4°06'39" W).

Wellig ansteigendes, parzelliertes Wiesengelände mit gärtnerisch vielfältiger Bepflanzung auf einer Schlossparklichtung. Aquapark mit Balnéo. Imbiss. Musikveranstaltungen. Ort 2 km entfernt. 199 Touristenplätze.
2008: (HS) P/N 7.10, P/N bis 9 J. 4.50, extra A/N 4.40, St/N 13.20 bis 27.70, H/N 4.–, KT zuzügl., WD und Strom inkl. (10 A). In NS Ermäßigung.

29310 Locunolé bei Arzano, Finistère — F 2953

50 ★★★ »CAMPING LE TY-NADAN«   30.3. bis 6.9.
☎ 02/98717547, Fax 98717731   125 000 qm
www.camping-ty-nadan.fr, infos@camping-ty-nadan.fr

→ D 22 Quimperle–Plouay. In Arzano westlich abbiegen Richtung Locunolé. Beschildert. ✉ Route d'Arzano.

Ebenes, teils leicht terrassiert abfallendes Wiesengelände in einem Flusstal. Von Hecken durchzogen. Wasserrutsche. Abenteuerpark. Ort (Arzano) 3 km entfernt. Touristen-/Dauerstellplätze 105/220.
2007: (HS) P/N 8.70, K/N bis 7 J. 5.40, St/N 22.–, H/N 5.60, WD inkl., Strom/N 6.50 (10 A). In NS Ermäßigung.
DCCI/CCI 5 % auf P/N.

29710 Landudec, Finistère — F 2955

30 ★★★★ »CAMPING DOMAINE DE BEL AIR«   1.5. bis 30.9.
☎ 02/98915027, Fax 98915582   70 000 qm
www.belaircamping.com, camping-dubelair@wanadoo.fr

→ D 784 Quimper–Audierne, 1.5 km hinter Landudec südwärts abbiegen noch ca. 500 m. Beschildert. ✉ Parc de Loisirs (GPS: 47°59'30" N / 4°21'12" W).

Parkartiges, zum See abfallend terrassiertes Wiesengelände mit alten Laubbäumen. Eintritt in den nahen Vergnügungspark für Camper frei. Fitnessraum. Hunde an der Leine erlaubt. Ort 2 km entfernt. Touristen-/Dauerstellplätze 80/110.
2008: (HS) 2 P/N inkl. St/N 23.–, weitere P/N 6.50, K/N bis 7 J. 5.50, H/N 2.–, KT –.40, WD und Strom inkl. (10 A). In NS Ermäßigung.

29710 Plozévet, Finistère — F 2958/1

★ »CAMPING DE CORNOUAILLE«   Juni bis Sept.
☎ 02/98913081   20 000 qm

→ D784 Quimper–Audierne, in Plozévet abbiegen Richtung Pont l'Abbé. Beschildert. ✉ Route de Pont l'Abbé.

Leicht abfallendes Wiesengelände, durch Hecken in Stellflächen unterteilt. Strand u. Ort 1.5, Gasverkauf 2 km entfernt. 80 Touristenplätze.

29710 Plozévet, Finistère — F 2958/2

30 ★★★ »CAMPING LA CORNICHE«   5.4. bis 27.9.
☎ 02/98913394, Fax 98914153   20 000 qm
www.campinglacorniche.com, info@campinglacorniche.com

→ D784 Quimper–Audierne Abf. Plozévet. Im Ort beschildert. ✉ Chemin de la corniche (GPS: 47°58'50" N / 4°25'43" W).

Ebenes bis leicht ansteigendes Wiesengelände. Parzelliert, von Hecken durchzogen und umgeben. Ort 500 m entfernt. 120 Touristenplätze.
2008: (HS) P/N 4.50, K/N bis 7 J. 3.–, A/N 2.–, St/N 6.–, MC/N 14.50, H/N 2.20, KT –.35, WD inkl., Strom/N 3.20 (6 A). In NS Ermäßigung.

DCC – DEIN PARTNER!

29100 Douarnenez, Poullan-sur-Mer — F 2965

★★★★ »CAMPING LE PIL-KOAD« — März bis Sept.
☎ 02/98742639, Fax 98745597 — 87000 qm
www.pil-koad.com, info@pil-koad.com

→ D 107 Châteaulin–Douarnene, hier abbiegen über den Ortsteil Tréboul nach Poullan-sur-Mer beschildert. ✉ Route de Douarnenez.

Ebenes bis leicht abfallendes, durch Hecken unterteiltes Wiesengelände. Imbiss. Ort 400 m entfernt. 110 Touristenplätze.

29550 Plonévez-Porzay, Finistère — F 2970/1

★★★ »CAMPING INTERN. DE KERVEL« — Mai bis Sept.
☎ 02/98295154, Fax 98925496 — 70000 qm
www.kervel.com, camping.kervel@wanadoo.fr

→ D 107 Châteaulin–Douarnenez, ca. 3 km hinter Plonévez-Porzay zum Plage de Kervel abbiegen. Beschildert.

Leicht ansteigendes, durch Hecken unterteiltes Wiesengelände. Wasserrutsche. Ort 4 km entfernt. Touristen-/Dauerstellplätze 150/180.

29550 Plonévez-Porzay, Finistère — F 2970/2

★★ »CAMPING TRÉGUER-PLAGE« — 15.6. bis 15.9.
☎ 02/98925352, Fax 98925489 — 60000 qm
www.camping-treguer-plage.com, camping-treguer-plage@wanadoo.fr

→ D 107 Châteaulin–Douarnenez Abf. Plonévez. Hier auf die D 61 Richtung Ste. Anne-la-Palud. Beschildert. ✉ Ste. Anne-la-Palud.

Leicht welliges, parzelliertes Wiesengelände am Dünenrand. Imbiss. Ort 4 km entfernt. 220 Touristenplätze.
2007: P/N 3.80, K/N bis 7 J. 2.60, extra A/N 2.60, St/N 5.20, M/N 1.30, H/N 1.60, KT –.20, WD inkl., Strom/N 2.70 (6 A).

29550 Plonévez-Porzay, Finistère — F 2970/3

★★ »CAMPING TREZMALAOUEN« — März bis Okt.
☎ 02/98925424, Fax 98925424 — 65000 qm
www.camping-trezmalaouen.com

→ D 107 Châteaulin–Douarnenez Abf. Plonévez. Hier auf die D 61 Richtung Ste. Anne-la-Palud. Beschildert. ✉ 20, route de la Baie.

Sand- und Wiesengelände in einer Bucht mit Blick auf das Meer. In der Nähe ein Naturschutzgebiet. 140 Touristenplätze.

DCC-Vertragsplatz

29550 Plomodiern, Finistère — F 2975/1

★★★★ »CAMPING DE L'IROISE« — 15.4. bis 30.9.
☎ 02/98815272, Fax 98812610 — 25000 qm
www.camping-iroise.com, campingiroise@aol.com

→ D 887 Châteaulin–Crozon, auf die D 47 nach Plomodiern abbiegen, hier zum Strand Pors-Ar-Vag. Beschildert. ✉ Plage de Pors-Ar-Vag. (GPS: 48°10'09" N / 4°17'22" W).

Terrassiert ansteigendes und schattenloses Wiesengelände. Von Hecken durchzogen und mit Blick auf die Bucht. Imbiss. Strand 200 m, Lebensmittelverkauf und Ort 5 km entfernt. Touristen-/Dauerstellplätze 122/10.
2008: P/N 6.50, K/N bis 7 J. 4.10, St/N 12.10, H/N 2.–, KT –.35, WD inkl., Strom/N 3.80/4.80 (6/10 A). In NS bis 25% Ermäßigung.
DCC 10% auf P/N, CCI 5% auf P/N.

29550 Plomodiern, Finistère — F 2975/2

★★★ »CAMPING LA PLAGE DE PORS AR VAG« — April bis Okt.
☎ /Fax 02/98815142, pors-ar-vag@ifrance.com — 10000 qm

→ D 887 Châteaulin–Crozon, auf die D 47 nach Plomodiern abbiegen.

Hier zum Strand Pors-Ar-Vag, beschildert. ✉ Plage de Pors-Ar-Vag.

Wiesengelände mit Bäumen und direktem Zugang zum Meer. Reservierung wird empfohlen. Wassersportclub in der Nähe. 72 Stellplätze.

29550 Pentrez-Plage, Finistère — F 2980

★★★ »CAMPING LES TAMARIS« — Mai bis Sept.
☎ 20/98265375, Fax 98265248 — 10000 qm
www.le-tamaris.com, le-tamaris@wanadoo.fr

→ D 887 Châteaulin–Crozon, Abf. St.-Nic. An der Küstenstraße beschildert.

Leicht ansteigendes, durch Hecken unterteiltes Wiesengelände. Über eine öffentliche Straße zum Strand. Ort 2 km entfernt. 65 Touristenplätze.

29560 Telgruc-s.-Mer, Finistère — F 2985/1

★★★ »CAMPING LE PANORAMIC« — Juni bis Sept.
☎ /Fax 02/98277841, Fax 98273610 — 40000 qm
www.camping-panoramic.com, info@camping-panoramic.com

→ D 887 Châteaulin–Crozon Abf. Telgruc, noch 2 km. Beschildert. ✉ Route de la Plage.

Steil terrassiert ansteigendes Gelände, durch Anliegerstraße und Strandweg dreigeteilt. Teilweise Blick auf die Bucht. Reservierung empfehlenswert. Imbiss. Ort 1.5 km entfernt. 180 Touristenplätze.

29560 Telgruc-s.-Mer, Finistère — F 2985/2

★★ »CAMPING ARMORIQUE« — 1.4. bis 30.9.
☎ 02/98277733, Fax 98273838 — 25000 qm
www.campingarmorique.com, campingarmorique@club.fr

→ D 887 Châteaulin–Crozon Abf. Telgruc, noch ca. 2 km. Beschildert. Steile Zufahrt. Für Caravaner gesonderte Zufahrt! ✉ 112, rue de la Plage.

Terrassierter Wiesenhang unter Kiefern mit Lichtungen. Fitnessraum. Strand 700 m, Ort 1 km entfernt. 100 Touristenplätze.
2007: P/N 5.50, K/N bis 7 J. 3.50, St/N 10.–, H/N 2.50, KT –.40, WD inkl., Strom/N 3.50 (6 A).

29160 Crozon, Finistère — F 2990/1

★★★ »PLAGE DE TREZ ROUZ« — 15.3. bis 15.10.
☎ 02/98279396, Fax 98278454 — 30000 qm
www.trezrouz.com, contact@trezrouz.com

→ D 8 Crozon–Camaret-s.-Mer, hier abbiegen auf die D 355 Richtung »Pointe des Espagnols« ca. 2 km. Beschildert. ✉ Route de la pointe des espagnols (GPS: 48°17'16" N / 4°33'54" W).

Von Hecken durchzogenes, ansteigendes Wiesengelände. Durch eine Straße vom Strand getrennt. Schöner Blick auf das Meer. Strand 50 m, Ort (Camaret-s.-Mer) 3 km entfernt. 80 Touristenplätze.
2008: (HS) P/N 5.–, K/N bis 7 J. 3.–, St/N 4.50, A/N 2.–, M/N 1.50, B/N 2.–, H/N 1.50, KT –.40, WD inkl., Strom/N 3.30 (16 A). In NS Ermäßigung.

29160 Crozon, Finistère — F 2990/2

★★★ »CAMPING PLAGE DE GOULIEN« — 15.6. bis 15.9.
☎ 02/98262316 — 28000 qm
www.presquile-crozon/camping-plae-goulien
camping.delaplage.degoulien@presquile-crozon.com

→ D 308 Crozon–Pointe de Dinan zum Ortsteil Kernavéno. Beschildert. ✉ Route de Kernavéno.

Leicht ansteigendes Wiesengelände oberhalb einer Bucht, teils terrassiert mit Heckenunterteilung. Ort 4 km entfernt. 114 Touristenplätze.
2007: P/N 4.10, K/N bis 7 J. 2.80, A/N 2.25, H/N 4.30, H/N 1.75, WD inkl., Strom/N 3.30 (5 A).

CAMPING MUNICIPAL ★★★ (F 3003)
1, rue de Berlin - 67210 Obernai
Tel.: 03 88 95 38 48 - Fax: 03 88 48 31 47
E-mail: camping@obernai.fr
Internet: www.obernai.fr
GANZJÄHRIG GEÖFFNET

✉ 29570 Camaret-sur-Mer, Finistère — F 2995

★★★★ »CAMP GRAND LARGE LAMBÉZEN« — April bis Sept.
☎ 02/98279141, Fax 98279372 — 28 000 qm
www.campinglegrandlarge.com, contact@campinglegrandlarge.com

→ D8 Crozon–Camaret-sur-Mer, hier beim Kreisverkehr abbiegen ca. 2 km in Richtung Pointe des Espagnols. Beschildert.

Leicht abfallendes, durch Hecken unterteiltes Wiesengelände auf einem Hügel. Teilweise freier Blick über die Bucht. Fitnessraum. Imbiss. Wasserrutsche. Strand 450 m, Ort 2.5 km entfernt. 123 Touristenplätze.

✉ 67210 Obernai, Bas-Rhin — F 3003

20 ★★★ »CAMPING MUNICIPAL LE VALLON DE L´ EHN«
☎ 03/88953848, Fax 88483147 — 1.1. bis 31.12.
www.obernai.fr, camping@obernai.fr — 30 000 qm

→ A35 Strasbourg–Colmar, Abf. (12) Obernai, weiter auf die D422. Am Ortsanfang Richtung Ottrot, dann beschildert. ✉ 1, rue de Berlin (GPS: 48°27'52" N / 7°28'01" E).

Ebenes Wiesengelände am Ortsrand. Von Feldern und Weinbergen umgeben, und zum Teil durch Bäume und Büsche parzelliert. Kabel-TV. Kiosk. Volleyball. Zentrum 1 km entfernt. 150 Touristenplätze.
2008: (HS) P/N 3.80, K/N bis 13 J. 1.90, St/N 4.70, KT –.20, WD inkl., Strom/N 3.70 (16 A). Bei 10 Nächten Aufenthalt eine Nacht gratis. In NS Erm. CCI 5% (HS), 10% (NS) auf P/N.

✉ 67140 Barr, Bas-Rhin — F 3004/1

★★ »CAMP L. REFLETS DU MONT ST. ODILE« — Ostern bis Nov.
☎ 03/88080238, Fax 89586431 — 300 m — 20 000 qm

→ D854 Barr–Mont Sainte Odile Abf. Barr. ✉ Rue de la Valleé.

Gelände in Flussnähe und am Fuße des Mont Sainte Odile. Imbiss. Ort 2 km entfernt. Touristen-/Dauerstellplätze 65/5.

✉ 67140 Barr, Bas-Rhin — F 3004/2

15 ★★★ »CAMPING SAINT MARTIN« — 15.5. bis 10.10.
☎/Fax 03/88080045 — 200 m — 5000 qm
www.pays-de-barr.com/saintmartin, nicolas.kieffer@tiscali.fr

→ D854 Barr–Mont Sainte Odile Abf. Barr. Im Ort über die Rue de l'Ile in Richtung Zentrum. ✉ 1, rue de l'Ecole (GPS: 48°55'41" N / 7°36'14" E).

Wiesengelände am Flussufer. Basketball. Ort 500 m, Gasverkauf und Tennis 1 km entfernt. 25 Touristenplätze.
2007: P/N 3.20, K/N bis 7 J. 1.60, St/N 1.80, A/N 1.70, C T/N 1.80, MC/N 3.40, KT –.20, WD inkl., Strom/N 3.– (6 A).

✉ 67140 Le Hohwald, Bas-Rhin — F 3005

 20 ★★ »CAMPING MUNICIPAL« — 1.1. bis 31.12.
☎/Fax 03/88083090 — 600 m — 20 000 qm
www.lecamping.herrenhaus@orange.fr

→ N 422 Straßburg–Sélestat, in Gertwiller abbiegen auf die D 854 nach Le Hohwald. ✉ 28, rue du Herrenhaus.

Wiesengelände mit Bäumen am Flussufer. Kinderspielplatz. Tennis. Ort 1 km entfernt. Touristen-/Dauerstellplätze 60/40.
2007: P/N 3.45, K/N bis 13. J. 1.80, St/N 2.10, A/N 1.70, C MC T/N 2.–, M/N 1.70, H/N 1.70, KT –.20, WD inkl., Strom (2/4 A) keine Angabe.

✉ 68660 Liepvre, Haut-Rhin — F 3007

15 ★★★ »CAMPING DU HAUT KOENIGSBOURG« — 15.3. bis 15.10.
☎ 03/89584320, Fax 89589829 — 10 000 qm
www.valdargent.com/camping-ht-koenigsbourg
camping.haut-koenigsbourg@wanadoo.fr

→ A35/E25 Strasbourg–Colmar Abf. (17) Chátenois (Selestat) auf die N59 Richtung St. Die. ✉ Rue de la Vancelle (48°16'23" N / 7°17'25" E).

Wiesengelände mit Anpflanzungen bei Schloss Haut Koenigsberg. Chalets. Touristen-/Dauerstellplätze 67/10.
2008: 2 P/N inkl. St/N 9.50, weitere P/N 3.40, K/N bis 13 J. 1.80, H/N 1.50, KT –.20, WD inkl., Strom/N 2.50/3.50 (4/8 A).

✉ 67140 Saint Pierre, Bas-Rhin — F 3008

15 ★★ »CAMPING MUNICIPAL BEAU SEJOUR« — 15.5. bis 1.10.
☎/Fax 03/88085224 — 147 m — 6000 qm
www.pays-de-barr.com/beausjour, camping.saintpierre@laposte.net

→ A 35 Obernai–Selestat Abf. (13) St. Pierre Andlau ca. 2 km auf der N 422 in Richtung Epfing, ca. 7 km südlich Obernai. ✉ Rue de l'Eglise (GPS 48°22'55" N / 7°28'30" E).

Ebenes Wiesengelände mit Anpflanzungen am Flussufer. Ort 200 m entfernt. 47 Touristenplätze.
2008: 2 P/N inkl. St/N 10.50, 1 P/N inkl. T-St/N 6.–, weitere P/N 3.–, K/N bis 13 J. 1.50, H/N 1.50, KT –.20, WD inkl., Strom/N 2.50 (6 A).

✉ 67650 Dambach la Ville, Bas-Rhin — F 3009

★★ »CAMPING MUNICIPAL« — Juni bis Sept.
☎ 03/88924860, 88924105, Fax 88926009 — 18 000 qm
www.pays-de-barr.com, info.tourisme@dambach-la-ville.fr

→ N 422 Sélestat–Obernai, abbiegen auf die D210 in westlicher Richtung zum Ort. ✉ Route d'Ebersheim.

Leicht welliges Gelände unter Bäumen. In HS Reservierung erforderlich. Ort (Sélestat) 7 km entfernt. 120 Touristenplätze.

✉ 67860 Boofzheim, Bas-Rhin — F 3010

★★ »CAMPING LE RIED« — April bis Sept.
☎ 03/88746827, Fax 88746289 — 240 m — 13 000 qm
www.camping-ried.com, info@camping-ried.com

→ N83 Colmar–Strasbourg Abf. Benfeld auf die D5 nach Boofzheim. ✉ 1, rue du Camping.

Wiesengelände an einem Bach. Ort 1 km entfernt. Touristen-/Dauerstellplätze 150/120.

✉ 68150 Ribeauville, Haut-Rhin — F 3020

20 ★★★ »CAMPING PIERRE DE COUBERTIN« — 15.3. bis 15.11.
☎/Fax 03/89736671 — 30 000 qm
www.camping-alsace.com/ribeauville/index.htm, campingribeauville@wanadoo.fr

→ N83 Colmar–Sélestat, bei Guémar nach Ribeauville abbiegen. Ab Ortsmitte gut beschildert. ✉ 23, rue de Lasndau (GPS: 48°11'41" N / 7°20'09" E).

Ebenes parkartiges Wiesengelände unter hohen Bäumen, bei einem Sportplatz. Ort 1.5 km entfernt. 260 Touristenplätze.
2008: P/N 3.80, K/N bis 6 J. 1.90, St/N 4.–, H/N 1.–, WD inkl., Strom/N 2.50/4.– (2/6 A).

DCC – DEIN PARTNER!

✉ 68600 Biesheim, Haut-Rhin   F 3030

20 ★★★ »CAMPING L'ILE DU RHIN«   April bis Okt.
☎ 03/89725795, Fax 89721421   30 000 qm
www.campingiledurhin.com, camping@paysdebrisach.fr

→ D 415 Breisach-Colmar, direkt hinter dem deutsch/franz. Grenzübergang auf der Rheinbrücke, rechts abbiegen zum Platz.

[icons]

Parkartiges, parzelliertes Wiesengelände auf einer Rhein-Insel bei einem Wassersportzentrum. Aufnahme bis 16.30 Uhr. Sanitäranlagen nicht nach Geschlechtern getrennt. Ort 5 km entfernt. Touristen-/Dauerstellplätze 65/186.
2007: 1/2 P/N inkl. St/N 7.70/13.55, weitere P/N 4.15, K/N bis 7 J. 2.10, KT –.33, WD inkl., Strom/N 4.30 (6 A).

✉ 68600 Neuf-Brisach, Haut-Rhin   F 3035

15 ★★ »CAMPING MUNICIPAL VAUBAN«   1.4. bis 1.10.
☎ 03/89725425   43 000 qm

→ D 415 Breisach-Colmar, in Neuf-Brisach am linken Ufer des Rhein-Rhône-Kanals.

[icons] 500 m

Ebenes und parzelliertes Wiesengelände mit einigen Bäumen beim öffentlichen Schwimmbad. Ort 1 km entfernt. Touristen-/Dauerstellplätze 100/70.
2007: P/N 3.10, K/N bis 13 J. 2.10, St/N 3.50, KT –.20, WD zuzügl., Strom/N 2.50 (6 A).

✉ 68180 Colmar-Horbourg, Haut-Rhin   F 3040

15 ★★★ »CAMPING DE L'ILL«   21.3. bis 21.12.
☎/Fax 03/89411594   25 000 qm
www.campingdelill.com, camping.ill@calixo.net

→ D 415 Colmar-Breisach, nach ca. 2 km stadtauswärts abbiegen über die Brücke zum rechten Illufer. ✉ 1, alleé du Camping.

[icons] NEU

[icons] 200 m 300 m

Ebenes und langgestrecktes Wiesengelände mit Büschen und Bäumen am Ufer der L'Ill. Separater Caravanteil. Badeverbot im Fluss. Ort 2 km entfernt. Touristen-/Dauerstellplätze 190/10.
2007: P/N 3.30, K/N bis 10 J. 2.–, A/N 1.65, C MC/N 3.65, T/N 2.–, M/N 2.–, H/N 1.80, KT –.20, WD inkl., Strom/N 3.25/4.25 (3/6 A).

»Besichtigungen der Campingplätze und die daraus resultierenden Bewertungen werden durch den DCC-Inspizienten ohne Voranmeldung durchgeführt und garantieren so absolute Objektivität.«

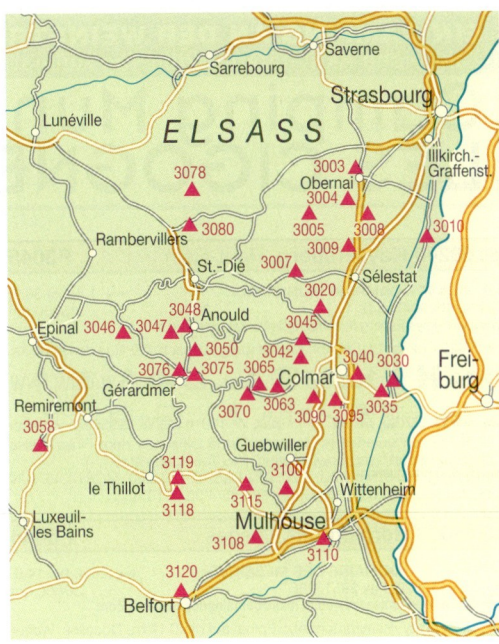

✉ 68230 Turckheim, Haut-Rhin   F 3042

15 ★★★ »CAMPING MUNICIPAL LES CIGOGNES«
☎ 03/89270200, Fax 89808693   220 m   Ostern bis 31.10.
www.camping-turckheim.com, municipc@calixo.net   25 000 qm

→ D 415 Colmar–Gérardmer, in Wintzenheim Richtung Turckheim abbiegen. Im Ort beschildert. ✉ 4, quai de la Gare (GPS: 48°05'07" N / 7°16'18" E).

[icons] 1 km 5 km

Parzelliertes, ebenes Wiesengelände mit Büschen und verschiedenartigen Bäumen in der Nähe der Straße und einer Bahnlinie. Durch Hecken umrahmt und gegliedert, sowie von einem Seitenkanal der Fecht durchzogen. Schöner Blick auf die Weinberge. Gerne auch von Störchen besucht. Sanitäranlage beheizbar. Boulebahn. Ort 500 m entfernt. Touristen-/Dauerstellplätze 105/6.
2007: P/N 3.60, K/N bis 7 J. 1.80, St/N 3.90, H/N 1.55, KT –.40, WD inkl., Strom/N 3.20/5.– (5/10 A).   Anzeige S. 570

Kommen Sie und entdecken Sie das wahre Elsass von allen seinen Seiten...

Alle Farben, Düfte und Reichtümer des Elsass: malerische Dörfer, tiefe Wälder, reichhaltige Gastronomie, bekannte Weine, traditionelle Feste, Schlösser, hundertjährige Gebäude...

Barr: Camping Les Reflets du Mont Sainte-Odile** 65 Stellplätze • www.les-reflets.com • reflets@calixo.net
Camping Saint-Martin** 25 Stellplätze • www.pays-de-barr.com/saint-martin • nicolas.kieffer@tiscali.fr
Dambach-la-Ville: Camping Les Reflets du Vignoble** 120 Stellplätze • www.les-reflets.com • reflets@calixo.net
Le Hohwald: Camping Herrenhaus** 100 Stellplätze • www.pays-de-barr.com • lecamping-herrenhaus@orange.fr
Saint-Pierre: Camping Beau Séjour** 47 Stellplätze • www.pays-de-barr.com/beau-sejour • camping.saintpierre@laposte.net

Pays de Barr et du Bernstein
Place de l'Hôtel de Ville
F 67140 BARR
Tél. (+33) 03 88 08 66 65
Fax (+33) 03 88 08 66 51
www.pays-de-barr.com
tourisme@pays-de-barr.com

Vivre l'Alsace

EIN CAMPING AN DER WEINSTRASSE UND AM FUSSE DER VOGESEN
Zahlreiche Aktivitäten, jeden Tag Animationsprogramm für Jung und Alt. Tennis

Camping Municipal LES CIGOGNES
(Beschreibung S. 569, F3042)

Quai de la Gare 68230 TURCKHEIM
Tel: 00 33 (0)3 89 27 02 00
Fax 00 33 (0)3 89 80 82 12
www.turckheim.fr
ot.turckheim@tiscali.fr

68240 Kaysersberg, Haut-Rhin — F3045
[20] ★★★ »CAMPING MUNICIPAL«
☎/Fax 03/89471447   250m   1.4. bis 30.9.   15000 qm
www.ville-kaysersberg.fr, camping@ville-kaysersberg.fr
→ N415 Colmar–St. Dié Abf. Kaysersberg-Alspach. ✉ Rue des Acacias.

Durch Hecken unterteiltes Wiesengelände zwischen dem Fluss Weiss und einem Sportplatz. Bowlingbahn. 115 Touristenplätze.
2007: P/N 3.60, K/N bis 7 J. 1.70, A/N 1.85, C T/N 2.60, MC/N 4.45, H/N (NS) 2.–, KT –.30, WD inkl, Strom/N 3.35/4.25 (8/13 A).

88600 Herpelmont, Vosges — F3046
[35] ★★★ »DOMAINE DES MESSIRES«   26.4. bis 14.9.
☎ 03/29585629, Fax 29516286   20500 qm
www.domainedesmessires.com, mail@domainedesmessires.com
→ N57 Nancy–Remiremont Abf. Epinal auf die D11 bis Docelles. Weiter auf der D44 bis Bruyères. In der D423 bis Laveline. Dort in südl. Richtung nach Herpelmont. ✉ 1, rue la Feigne (GPS: 48°10'44" N / 6°44'36" E).

Ebenes ausgedehntes Wiesen- und Waldgelände an einem See. Imbiss. 115 Touristenplätze.
2008: (HS) P/N 6.–, K/N bis 6 J. 3.–, St/N 12.50, H/N 3.–, KT ab 12 J. –.55, WD und Strom inkl (6 A). Müllgeb. –.20, CCI in NS 15% auf P/N. In NS Erm.

88430 Corcieux, Vosges — F3047
 [20] ★★ »CAMPING LE CLOS DE LA CHAUME«   April bis Sept.
☎/Fax 03/29507676   35000 qm
www.camping-closdelachaume.com, info@camping-closdelachaume.com
→ N415 Colmar–St. Dié Abf. Anould in Richtung Corcieux. ✉ 21, rue d'Alsace (GPS: 48°10'06" N / 6°53'23" E).

Ebenes und parzelliertes Wiesengelände mit Bäumen an einem Bach. Ort 600m entfernt. 65 Touristenplätze.
2007: (HS) P/N 4.30, K/N 2.80, St/N 5.30, H/N 1.30, KT –.34, WD inkl., Strom/N 3.60 (6 A). In NS Ermäßigung.
DCC/CCI 5% in P/N.

88650 Anould, Vosges — F3048
[15] ★★★ »CAMPINGS LES ACACIAS«   5.12. bis 10.10.
☎/Fax 03/29571106   530m   25000 qm
www.acaciascamp.com, contact@acaciascamp.com
→ N415 St. Dié–Anould, hier ca. 200m hinter der Straßenkreuzung Saint-Die-Gerardmer in Richtung Fraize. ✉ 191, rue Leonardo de Vinci (GPS: 48°11'04" N / 6°57'29" E).

Ebenes Wiesengelände mit altem Baumbestand, bestehend aus zwei Plätzen „Caravaneige" mit 70 Touristenplätzen und „Camping Nature" ca. 1km entfernt mit 32 Touristenplätzen. Imbiss. Wintersport.
2008: (HS) P/N 3.60, K/N bis 7 J. 2.–, A/N 1.80, C MC T/N 1.80, B/N 1.80, H/N 1.–, KT u. WD inkl., Strom/N 3.50 (6 A). In NS Ermäßigung.

68160 Ste Marie aux Mines, Haut-Rhin — F3050
★★★ »CAMPING LES REFLETS DU VAL D'ARGENT«
☎ 03/89586431, 89586431, Fax 89586431   1.1. bis 31.12.
                                          30000 qm
www.les-reflets.com, reflets@calixo.net
→ A35 Strasbourg–Mulhouse Abf. (17) Sélestrat Ouest in westl. Richtung auf die N59. An Châtenois vorbei, über Lièpvre und Ste Croic aux Mines nach Ste Marie aux Mines. ✉ 20, rue d'Untergrombach.
❖ Silberbergwerke.

88370 Plombières Les Bains, Haut-Rhin — F3058
[20] ★★★ »CAMPING L'HERMITAGE«   1.4. bis 15.10.
☎ 03/29300187, Fax 29300401   8000 qm
www.hermitage-camping.com, camping.lo@wanadoo.fr
→ N 57 Nancy–Besancon, Abf. Plombières les Bains. ✉ 54, rue du Boulot (GPS: 47°57'55" N / 6°25'00" E).

Ebenes, teils welliges Wiesengelände unter Bäumen. 100 Touristenplätze.
2007: (HS) P/N 4.20, K/N bis 7 J. 2.80, St/N 4.60, H/N 1.50, WD inkl., Strom/N 3.–/3.70/4.90 (4/6/10 A). In NS Ermäßigung.
DCC/CCI 5% auf P/N und St/N.

68230 Wihr-au-Val, Haut-Rhin — F3063
[15] ★★ »CAMPING LA ROUTE VERTE«   28.4. bis 30.9.
☎ 3/89711010
www.camping-routeverte.com, info@camping-routeverte.com
→ A35/E25 Strassburg–Basel Abf. Colmar in westl. Richtung auf die D11 bis Turckheim. Hier weiter in südöstlicher Richtung auf die D 417 und das letzte Stück D2 zum Ort. ✉ 13, rue de la Gare (GPS 48°03'06" N / 7°12'19" E).

Ebenes Wiesengelände mit Hecken und gemischtem Baumbestand in Ortslage.
2008: (HS) P/N 2.70, K/N 1.70, St/N 3.65, H/N 1.30, KT –.20, WD inkl. Strom/N 2.65 (4 A). In NS Ermäßigung.

68140 Munster, Haut-Rhin — F3065
★★★ »CAMPING DU PARC DE LA FECHT«   Mai bis Sept.
☎/Fax 03/89773108   380m   40000 qm
camping.munster@worldonline.fr
→ D 417 Colmar–Remiremont, in Munster Richtung Schwimmbad abbiegen. ✉ 12, route de Gunsbach.

Durch Bäume und Hecken unterteiltes Wiesengelände. Tennis und Ort 1km entfernt. 254 Touristenplätze.

Noch kein DCC-Mitglied?
Sie wollen »eines« werden und die vielen Vorteile genießen – Anmeldeformular finden Sie in der Kartentasche am Ende des Buches.
Bis bald – wir freuen uns auf Sie!
Ihr DCC-Team

Als DCC-Mitglied sind Sie immer gut beraten
Deutscher Camping-Club e.V., Postf. 40 04 28, 80704 München

CAMPING- CARAVANING

Domaine des Messires ★★★★

88600 Herpelmont
Tel: 33 (0) 329 58 56 29
Fax: 33 (0) 329 51 62 86   (F 3046)
Tel./Fax: 00 31/321 33 14 56 (wenn geschlossen)
www.domainedesmessires.com

Ein ruhiger 4-Sterne Campingplatz mitten im Grünen.
Privater See zum Angeln, Bootfahren & Schwimmen.
Ideal zum Erkunden der Vogesen und des Elsass.
Wir sprechen deutsch.

✉ **68140 Luttenbach**, Haut-Rhin   **F 3070**

★★★ »CAMPING LES AMIS DE LA NATURE«   1.1. bis 31.12.
☎ 03/89773860, Fax 89772572, camping.an@wanadoo.fr   95 000 qm
→ D417 Colmar–Remiremont, in Munster auf die D10 abbiegen, noch 1 km. ✉ 4, rue du Château (GPS: 48°01'50" N / 7°06'48" E).

Ebenes und parzelliertes Wiesengelände in hügeliger Landschaft. Teils mit Bäumen aufgelockert, teils schattenlos und an einem Bach gelegen. FW. Ort 2 km entfernt. Touristen-/Dauerstellplätze 200/200.
2007: P/N 3.35, K/N bis 13 J. 1.90, St/N 1.50, H/N 1.40, KT –.40, WD inkl., Strom/N 3.10 (6 A).
DCC/CCI 10% auf P/N und St/N.

✉ **88400 Xonrupt-Longemer**, Vosges   **F 3075/1**

★★★ »CAMPING LES JONQUILLES«   15.4. bis 10.10.
☎ 03/29633401, Fax 600928   740 m   40 000 qm
→ D 417 Colmar–Remiremont, in Gérardmer abbiegen zum Südwest-ufer des Lac de Longemer. ✉ Route du Lac.

Von Wäldern umgebenes Wiesengelände am Lac de Longemer. Imbiss. Viele Spazierwege. Ort 2 km entfernt. 240 Touristenplätze.
2008: (HS) 2 P/N inkl. St/N 12.–, H/N 1.10, KT –.20, WD inkl., Strom/N 3.– (6 A). In NS Ermäßigung.

✉ **88400 Xonrupt-Longemer**, Vosges   **F 3075/2**

★★★ »MUNICIPAL DOMAINE LONGEMER«   1.1. bis 31.12.
☎ 03/29630730, Fax 29632710   10 000 qm
camping.dudomaine@wanadoo.fr
→ D 417 Colmar–Remiremont Abf. Gérardmer. ✉ 121, route de la Plage.

Ebenes bis leicht abfallendes Seeufergelände. 100 Touristenplätze.

LES ACACIAS ★★★
2 CAMPINGS

VOGESEN 88650 ANOULD
TEL/FAX: 00 33 (0)3 29 57 11 06   (F 3048)
www.acaciascamp.com • contact@acaciascamp.com

Vermietung von Chalets - Bungalows Sommer wie Winter

CARAVANEIGE
Der Campingplatz liegt im Dorf ANOULD – 17 km von GERARDMER, 40 km von COLMAR und der Weinstraße entfernt – mitten in den Vogesen zwischen MULHOUSE und STRASSBURG. Ebenfalls gibt es schöne mittelalterliche Dörfer zu besichtigen. **Komfortable Sanitäranlagen – Bar – Restaurant – Schwimmbad.** Geöffnet vom 5.12. bis zum 5.10.

CAMPING NATURE LES ACACIAS
Dieser Campingplatz liegt einen Kilometer weiter im Wald. Er bietet geräumige Stellplätze, liegt sehr **ruhig und ländlich** und verfügt über sehr gute Sanitäranlagen, mit einem **neuen Gebäudekomplex**. Alle Einrichtungen des anderen Campingplatzes können mitbenutzt werden. Geöffnet: 15.6. - 15.9.

F-68240 KAYSERSBERG
Camping Municipal
★★★★   (F 3045)

Geburtsstadt des Dr. Albert Schweitzer, im Elsaß, 10 km von Colmar entfernt.
Schwimmbad in 500 m Entfernung.

Telefon 03.89.47.14.47
Fax 03.89.47.14.47
www.ville-kaysersberg.fr
camping@ville-kaysersberg.fr

CAMPING LES REFLETS DU VAL D'ARGENT   (F 3050)

Mmmh!!! Das Val d'Argent-Tal, wenn Sie nur hier wären!!!!!!

20, rue d'Untergrombach
68160 SAINTE MARIE AUX MINES • www.les-reflets.com
Tel : 00 33 (0)389 586 483 • Fax : 00 33 (0)389 586 431

Lauschen Sie, nichts als Stille und Ruhe und atmen Sie diesen Duft der Tannen und frisch geschnittenen Kräutern.

Sie befinden sich im Herzen der Vogesen, im Zentrum des Elsass, am Fuße der größten bewaldeten Massive, Ausgangspunkt für Wanderungen, zu Pferd, zu Fuß und Skitouren. Eingebettet in einem noch unberührten Tal, rühmt sich dieser Camping "Les Reflets du Val d'Argent" das Prunkstück dieser Region zu sein. Er vereint Komfort und Qualität in einzigartiger Lage.

VIEL FRISCHE LUFT FÜR DIE LUNGEN IM GEBIET DER SEEN VON PIERRE-PERCEE

Camping des Lacs (F 3078)

Geöffnet vom 1.4. bis zum 30.9.

Spiele für Kinder, Geschäft, Bar, Imbiss, Freizeitprogramm, TV, Strand, überwachtes Schwimmen, Wassersport, Wanderwege, Geländefahrräder, Angeln im See und im Fluss, Freizeitzentrum

Vermietung von Chalets und Zeltbungalows (für 4 und 5 Personen) (für 5 Personen)

Reservierung und Information:
CAMPING DES LACS • BP 3 • F-88110 CELLES-SUR-PLAINE • Tél. 03 29 41 28 00 • Fax 03 29 41 18 69 • www.paysdeslacs.com • E.mail: camping@paysdeslacs.com

---

88400 Gérardmer, Vosges F 3076

20 ★★★ »CAMPING DE RAMBERCHAMP«   15.4. bis 15.9.
☎ 03/29630382, Fax 29632609   35 000 qm
www.camping-de-ramberchamp.com, boespflug.helene@wanadoo.fr

→ D 417 Colmar–Remiremont, in Gérardmer zur südlichen Uferstraße des Lac de Gérardmer abbiegen. ✉ 21, chemin du Tour du Lac.

Ebenes bis leicht abfallendes Seeufergelände. Mobilheime. Haltestelle und Ort 1.5 km entfernt. 250 Touristenplätze.
2007: 2 P/N inkl. St/N 16.–, WD inkl., Strom keine Angabe.

88110 Celles sur Plaine, Lorraine F 3078

25 ★★★ »CAMPING DES LACS«   1.4. bis Sept.
☎ 03/29412800, Fax 29411869   340 m   30 000 qm
www.infopaysdeslacs.com, camping@sma_pierre_percee.fr

→ N420 Strasbourg–St. Dié, über Schirmeck nördlich abbiegen Richtung Raon-L'etape. ✉ 6, place de la Gare.

Wiese in See- und Flussnähe. Imbiss. Volleyball. Schwimmen u. Angeln 400 m, Ort 1 km entfernt. 135 Touristenplätze.
2007: (HS) P/N 5.15, K/N bis 7 J. 3.30, St/N 5.15, H/N 1.30, KT –.40, WD inkl., Strom/N 2.60. In NS Ermäßigung.

88420 Moyenmoutier F 3080

★★★ **»CAMPING VOSGINA«**   April bis Sept.
☎/Fax 03/29414763   360 m   48 000 qm
www.vogesen-camping.de, camping-vosgina@wanadoo.fr

→ A31/E21 Metz–Lunéville Abf. Autobahnende bei Lunéville auf die E52. Hinter Lunéville auf die N59 und über St. Clément und Baccarat bis kurz vor Etival Clairefontaine. Hier links ab auf die D424 nach Moyenmoutier. Hier Richtung Raon-L'Etape. Der Camping-Beschilderung folgen. ✉ 1, rue de la Cheville (GPS: 48°23'40" N / 6°51'42" E).

Ebenes und teilweise schattenloses Terrassengelände mit altem Baumbestand am Waldrand. Durch Hecken und Baumreihen parzelliert. Zeltwiese. Separate Pkw-Parkplätze. Unter deutscher Leitung. Familiäre Atmosphäre. Brötchenservice. Eigenes Quellwasser aus den Vogesen. Bar in HS. Ort 2.5 km entfernt. Touristen-/Dauerstellplätze 30/20.

68420 Eguisheim, Haut-Rhin F 3090

20 ★★ »CAMP. LES TROIS CHATEAUX«   15.3. bis 5.10.
☎ 03/89231939, Fax 89241019   18 000 qm
www.eguisheimcamping.fr, camping.eguisheim@wanadoo.fr

→ N 83 Colmar–Mulhouse, ca. 5 km südlich Colmar westlich auf die D 14 abbiegen. Im Ort beschildert. ✉ 10, rue du Bassin.

Inmitten von Weinbergen mit Blick auf drei Schlösser abfallendes Wiesengelände. CCI obligatorisch. Hunde an der Leine erlaubt. Ort 300 m entfernt. 125 Touristenplätze.
2008: (HS) 2 P/N inkl. St/N 13.50, weitere P/N 4.50, K/N bis 8 J. 2.50, St/N 4.50, H/N 1.50, WD inkl., Strom/N 3.– (6 A). In NS Ermäßigung.

68127 Ste-Croix-en-plaine, Haut-Rhin F 3095

25 ★★★ »CAMPING CLAIR VACANCES«   15.4. bis 20.10.
☎ 03/89492728, Fax 89493137, 89492155   200 m   30 000 qm
www.clairvacances.com, clairvacances@wanadoo.fr

→ A35/E25 Colmar–Mulhouse Abf. (27) Ste-Croix-en-plaine, weiter auf die D1 Richtung Herrlisheim bei Colmar. Nach ca. 2 km Zufahrt zum Platz. ✉ D1, route de Herrlisheim (GPS: 48°00'59" N / 7°21'03" E).

Ebenes und durch Sträucher parzelliertes Wiesengelände an der elsässischen Weinstraße. Von Wald umgeben. Mit Büschen und verschiedenen Laubbäumen aufgelockert, sowie mit Blumenrabatten teilweise gärtnerisch gestaltet. Volleyball. Ort 2 km entfernt. 135 Touristenplätze.
2007: 2 P/N inkl. St/N 20.–, weitere P/N 5.–, K/N 3 bis 7 J. 3.–, J/N 4.–, WD inkl., Strom/N 3.– (4 A). In NS Ermäßigung.

68700 Wattwiller, Haut-Rhin F 3100

35 ★★★ »CAMPING LES SOURCES«   3.4. bis 10.10.
☎ 03/89754494, Fax 89757198   15 000 qm
www.camping-les-sources.com, camping.les.sources@wanadoo.fr

→ N66 Mulhouse–Remiremont Abf. Cernay auf die D5 nach Wattwiller. ✉ Route des Grêtes.

Von Wald umgebenes Terrassengelände an einem Berghang mit alten Bäumen. Ort 5 km entfernt. Touristen-/Dauerstellplätze 350/20.
2008: P/N 7.–, K/N bis 7 J. 5.–, St/N 9.–, H/N 3.–, KT –.30, WD u. Schwimmbad inkl., Strom/N 3.50 (5 A).

68116 Guewenheim, Haut-Rhin F 3108

★★★ **»CAMPING DE LA DOLLER«**   April bis Okt.
☎ 03/89825690, Fax 89828231   340 m   8 000 qm
www.campingdoller.com, campeurs-doller@wanadoo.fr

→ A36/E54/E60 Mulhouse–Belfort Abf. Burnhaupt auf die N466/D466 in nordwestl. Richtung zum Ort. ✉ 1, rue du Commandant Charpy.

Ebenes Wiesengelände unter Bäumen am Fluss Doller. Ort 1.5 km entfernt. 40 Touristenplätze.

68200 Mulhouse, Haut-Rhin F 3110

★★★ **»CAMPING MUNICIPAL DE L'ILL«**   April bis Okt.
☎ 03/89062066, Fax 89611804   55 000 qm
www.camping-de-lill.com, campingdelill@wanadoo.fr

→ A5 Karlsruhe–Basel Abf. Dornach nach Mulhouse. ✉ 1, rue Pierre de Coubertin (GPS: 47°44'03" N / 7°19'26" E).

Ebenes, durch Hecken und Bäume parzelliertes Wiesengelände in der Nähe einer Bahnlinie. 250 Touristenplätze.

68480 Bendorf, Mulhouse/Haut-Rhin — F3111

★★★ »CAMPING DES HETRES« — Mai bis Okt.
☎/Fax 03/89403472 — 650 m — 3600 qm

→ A36 Mulhouse–Belfort Abf. Burnhaupt auf die D466 und D432 über Altkirch nach Ferette. Hier kurz auf die D41 Richtung Delémont, dann abbiegen nach Bendorf. Steile Platzzufahrt. ✉ 2, rue des Champs. ❀ Burgruine in Ferrette.

Durch Hecken parzelliertes Terrassengelände an einer Anhöhe. Ort (Ferrette) 5 km entfernt. Touristen-/Dauerstellplätze 30/100.

68690 Moosch, Mulhouse/Haut-Rhin — F3115

[15] ★★ »CAMPING LA MINE D'ARGENT« — 15.4. bis 15.10.
☎/Fax 03/89823066 — 20000 qm
camping-la-mine-argent.com, moosch@camping-la-mine-argent.com

→ N 66 Mulhouse–Remiremont, ca. 7 km nordwestlich Thann. ✉ Rue de la Mine d'Argent.

Von Bergen umgebenes Sand-, Kies- und Wiesengelände mit einzelnen Bäumen. Ort 1.5 km entfernt. Touristen-/Dauerstellplätze 35/40.
2008: P/N 3.60, K/N bis 13 J. 1.75, St/N 3.60, H/N –.60, KT –.20, WD inkl., Strom/N 3.65 (6 A).
DCC/CCI 5% auf P/N und St/N.

88560 St. Maurice-sur-Moselle, Vosges — F3118

[20] ★★★ »CAMPING LES DEUX BALLONS« — 15.4. bis 15.9.
☎ 03/29251714, Fax 29252751 — 500 m — 40000 qm
www.camping-deux-ballons.fr, stan@camping-deux-ballons.fr

→ N66 Mulhouse–Remiremont Abf. St. Maurice-sur-Moselle. ✉ 17, rue du Stade (GPS: 47°51'16" N / 6°48'36" E).

Durch einen Bach unterteiltes Wiesengelände mit einigen Terrassen am Fuße des Ballon d'Alsace. Haltestelle 500 m, Ort 1 km entfernt. Touristen-/Dauerstellplätze 150/30.
2008: P/N 4.90, K/N bis 7 J. 3.65, St/N 5.10, H/N 2.70, KT –.37, WD inkl., Strom/N 4.15 (4 A).

88540 Bussang, Vosges — F3119

★★★ »CAMPING DOMAINE DE CHAMPÉ« — 1.1. bis 31.12.
☎ 03/29616151, Fax 29615690 — 625 m — 35000 qm
www.domaine-de-champe.com, info@domaine-de-champe.com

→ N66 Mulhouse–Remiremont Abf. Bussang. ✉ 14, rue des Champs-Navets.

Ebenes bis leicht welliges Wiesengelände mit einzelnen Bäumen an der Moselle. Von bewaldeten Bergen umgeben und in Seenähe (1 km). Veranstaltungen. Bar. Whirlpool. Wasserrutsche. Schwimmbad beheizt von Mai bis September. Bogenschießen. Ort 400 m entfernt. 100 Touristenplätze.

90000 Belfort, Territoire de Belfort — F3120

[20] ★★★ »CAMPING L´ ETANG DES FORGES« — 7.4. bis 30.9.
☎ 03/84225492, Fax 84227655 — 45000 qm
www.camping-belfort.com, contact@camping-belfort.com

→ A36 Mulhouse–Besancon Abf. Belfort in Richtung historisches Zentrum. Beschildert. ✉ 4, rue du Général Béthouart (GPS: 47°51'18" N / 6°48'36" E).

Ebenes Wiesengelände an einem Weiher, nahe des historischen Stadtzentrums. Wassersport in der Nähe. Ort 1 km entfernt. 90 Touristenplätze.
2008: P/N 3.80, K/N 4 bis 10 J. 3.10, St/N 8.50, H/N 1.50, WD inkl., Strom/N 3.– (6 A).
DCC 5% auf P/N.

25680 Bonnal, Doubs — F3140

★★★★ »CAMPING LE VAL DE BONNAL« — April bis Sept.
☎ 03/81869087, Fax 81860392 — 150000 qm
www.val-de-bonnal.com, val-de-bonnal@wanadoo.fr

→ A36 Mulhouse–Besançon Abf. Baume-les-Dames auf die Straße D 492 bis ca. 3.5 km nördlich, vor Rougemont beschildert.

Von Wäldern umgebenes Wiesengelände mit Freizeitzentrum im Flusstal der Ognon an vier großen Baggerseen. Überwiegend schattenlos. Ort 3.5 km entfernt. 320 Touristenplätze.

25680 Huanne Montmartin, Doubs — F3145

★★★ »DES ETANGS DU BOIS DE REVEUGE« — April bis Sept.
☎ 03/81843860, Fax 81844404 — 200000 qm
www.campingduboisdereveuge.com, info@campingduboisdereveuge.com

→ A36 Belfort–Besançon Abf. Baumes-les-Dames in Richtung Rougemont Villersexel ca. 9 km auf der D50.

Von Wäldern umgebenes Wiesengelände mit geschotterten Fahrwegen. Reservierung empfehlenswert. Imbiss. Ort 5 km entfernt. Touristen-/Dauerstellplätze 200/80.

25290 Ornans, Doubs — F3155

[25] ★★★ »CAMPING DOMAINE LE CHANET« — 29.3. bis 3.11.
☎ 03/81622344, Fax 81621397 — 15000 qm
www.lechanet.com, contact@lechanet.com

→ D67 Besançon–Pontalier, in Ornans südlich abbiegen. Beschildert. ✉ 9, chemin du Chanet.

Wiesengelände am Waldrand und in einem Seitental. Günstig für Kanuwanderer (100 m zum Fluss). Imbiss. Ort 1.5 km entfernt. 95 Touristenplätze.
2008: (HS) 2 P/N inkl. St/N 17.40, weitere P/N 3.70, K/N bis 10 J. 2.70, H/N 1.50, KT –.30, WD inkl., Strom/N 3.50 (6 A). In NS Ermäßigung.
DCC/CCI 5% auf P/N.

25160 Malbuisson, Doubs — F3165

[30] ★★★ »CAMPING LES FUVETTES« — 1.4. bis 30.9.
☎ 03/81693150, Fax 81697046 — 900 m — 60000 qm
www.camping-fuvettes.com, les-fuvettes@wanadoo.fr

→ N 57 Besançon–Lausanne, in Pontalier abbiegen auf die D 437 Richtung Lac de St. Point–Malbuisson. ✉ 24, rue de la Plage et des Perrières.

Ebenes teils abfallendes Wiesengelände am Seeufer. Imbiss. Wasserrutsche. Volleyball. Motorboote nicht erlaubt. Wasserrutsche. Ort 1 km entfernt. Touristen-/Dauerstellplätze 220/100.
2007: (HS) 2 P/N inkl. St/N 21.–, weitere P/N 4.90, K/N 2 bis 7 J. 2.70, H/N 1.50, KT –.30/–.15, WD inkl., Strom/N 3.50/4.– (4/6 A). In NS Erm.

25160 Labergement St. Marie, Doubs — F3180

[20] ★★ »CAMPING DU LAC« — 1.5. bis 30.9.
☎ 0381/693124 — 13000 qm
www.camping-lac-remoray.com, camping.lac.remoray@wanadoo.fr

→ N57/E23 Besancon–Vallorbe Abf. les Hopitaux-Neufs auf die D9 zum Ort. ✉ 10, rue du Lac.

Ebenes Wiesengelände mit Bäumen in Seenähe. 70 Touristenplätze.
2007: (HS) 2 P/N inkl. C MC-St/N 14.50, weitere P/N 3.50, K/N bis 7 J. 2.50, H/N 1.50, KT –.30, WD inkl., Strom/N 3.50 (6 A). In NS Ermäßigung.

25440 Rennes sur Loue, Doubs — F3190

[15] ★★ »CAMPING RENNES« — April bis Okt.
☎ 03/81635262, Fax 81637554 — 250 m — 15000 qm
www.amiesenfranchecomte.com, c.tribut@amiesenfranchecomte.com

→ N 83 Besançon–Poligny. In Quingey auf die D17 abbiegen bis Buffard. Hier weiter auf der D12 nach Rennes-sur-Loue. ✉ Place du Village.

Ebenes Wiesengelände mit lockerem Baumbestand am Ufer der Loue. Wassersportmöglichkeiten. Ort 6 km entfernt. 50 Touristenplätze.
2007: 2 P/N inkl. St/N 9.50, weitere P/N 3.–, K/N bis 7 J. 2.–, H/N 1.–, WD inkl., Strom/N 2.50 (6 A).

✉ 21000 Dijon, Côte d'Or — F3210

Abfahrt

★★ »CAMPING DU LAC«   April bis Okt.
☎/Fax 03/80435472   30 000 qm

→ A31 Metz–Lyon Abf. Dijon. In Dijon den Autobahnhinweisen A 38 Richtung Paris folgen. Im westl. Stadtbereich beschildert. ✉ 3, boulevard Chanoine Kir.

Ebenes Wiesengelände auf einer Flussinsel. In HS Imbiss. Ort 1.5 km entfernt. 121 Touristenplätze.

✉ 70150 Marnay, Haute Saone — F3215

★★★ »CAMPING VERT LAGON«   15.4. bis 15.10.
☎/Fax 03/84317316   216 m   30 000 qm
www.besancon-tourisme.com/marnay/vertlagon.htm, sldmarnay@wanadoo.fr

→ A36/E60 Besancon–Dole Abf. (3) Besancon–Quest auf die D67 in nordwestl. Richtung. An Audeux, Recologne und Ruffey le Château vorbei nach Marnay. ✉ Route de Besancon.

Ebenes Wiesengelände mit vielen Bäumen am Fluss und See. Imbiss. Bar. Abendveranstaltungen. Touristen-/Dauerstellplätze 70/30.

✉ 39700 Rochefort-sur-Nenon, Jura — F3220

25 ★★★ »CAMPING LES MARRONNIERS«   1.4. bis 31.10.
☎ 03/84705037, Fax 84705505   38 000 qm
www.camping-les-marronniers.com, reservation@camping-les-marronniers.com

→ A36 Besancon–Beaune Abf. Dôle. In Dôle auf die N73 ca. 8 km Richtung Besançon, dann nach Rochefort-sur-Nenon abbiegen.

Ebenes, parzelliertes Wiesengelände im Park des Schlösschens von Nenon. Ort 6 km entfernt. 130 Touristenplätze.
2008: (HS) P/N 12.50 bis 15.–, weitere P/N 6.–, K/N bis 7 J. 3.–, B/N 2.–, H/N 1.–, KT –.70, WD inkl., Müllgeb. 1.–, Strom/N 2.50 (6 A). In NS 5% Ermäßigung.

✉ 39100 Dôle, Jura — F3225

Abfahrt

20 ★★★ »CAMPING DU PASQUIER«   15.3. bis 15.10.
☎ 03/84720261, Fax 84792344   20 000 qm
www.camping-du-pasquier.com, lala@camping-le-pasquier.com

→ A 36 Besancon–Beaune Abf. Dôle und zum südöstlichen Stadtbereich. Beschildert. ✉ 18, chemin Thevenot.

Ebenes Wiesengelände neben einem Sportplatz am Ufer des Doubs. Ort 2 km entfernt. 120 Touristenplätze.
2007: (HS) 2 P/N inkl. St/N 11.– bis 13.90, weitere P/N 3.20, K/N bis 10 J. 2.–, H/N 1.–, KT –.25, WD inkl., Strom/N 3.– (10 A). Ab 10/20 Nächten 5/15% Ermäßigung. In NS Ermäßigung.

✉ 39380 Ounans, Jura — F3228/1

★★★ »CAMPING LA PLAGE BLANCHE«   April bis Mitte Okt.
☎ 03/84376963, Fax 84376021   200 m   60 000 qm
www.la-plage-blanche.com, reservation@la-plage-blanche.com

→ A36 Besancon–Beaune Abf. auf die D31 in Richtung Arc et Senans. Am Ortsausgang von Ounans in Richtung Montbarrey. ✉ 3, rue de la Plage.

Ebenes Wiesengelände an einem 500 m langem Strand am Loue-Ufer. Fahrradverleih. Ort 1 km entfernt. 220 Touristenplätze.

✉ 39380 Ounans, Jura — F3228/2

20 ★★★ »CAMPING LE VAL D' AMOUR«   1.4. bis 30.9.
☎ 03/84376189, Fax 8437 7869   200 m   36 500 qm
www.levaldamour.com, contact@levaldamour.com

→ A36 Besançon–Beaune Abf. auf die D31 in Richtung Arc et Senans. Weiter auf der D 32 in Richtung Villers-Farlay. Beschildert. ✉ 1, rue du Val d'Amour.

Wiesengelände mit Bäumen. Imbiss. Volleyball. Ort 200 m, Wassersportmöglichkeiten 1 km entfernt. 100 Touristenplätze.
2007: (HS) P/N 4.60, K/N bis 10 J. 2.45, St/N 4.95, H/N 1.10, KT –.80, WD inkl., Strom/N 3.– (10 A). In NS bis 50% Ermäßigung.

✉ 39100 Parcey, Dôle/Jura — F3230

20 ★★★ »CAMPING LES BORDS DE LOUE«   April bis Sept.
☎ 03/84710382, Fax 84710342   180 000 qm
www.jura-camping.com, contact@jura-camping.com

→ A 36 Besançon–Beaune Abf. Dôle auf die D 405 nach Parcey. Hier beschildert.

Wiesengelände unter Bäumen am Ufer der Loue. Imbiss. Privatstrand. Ort 7 km entfernt. Touristen-/Dauerstellplätze 244/20.
2007: P/N 4.30, K/N bis 7 J. 2.–, St/N 4.90, H/N 1.20, KT –.23, WD inkl., Strom/N 2.40 (6 A).

✉ 71270 Lays sur le Doubs, Jura — F3233

15 ★★★ »CAMPING DES PECHEURS«   15.4. bis 30.9.
☎/Fax 03/85728232   180 m   3000 qm
www.campinglespecheurs.com, contact@campinglespecheurs.com

→ N73 Dole–Chalon. In Pourlans auf die D203 nach Lays-sur-le-Doubs abbiegen. Beschildert. ✉ 3, rue du Pont.

Naturbelassenes Wiesengelände inmitten eines Vogelschutzgebietes am Wildfluss Doubs. Caravanservice. In HS Restaurant. Ort 5 km entfernt. Touristen-/Dauerstellplätze 37/33.
2008: P/N 3.–, K/N bis 5 J. 1.50, St/N 4.–, H/N 1.–, WD inkl., Strom/N 2 –/3.50/5.50 (3/6/10 A).

✉ 39600 Arbois, Jura — F3235

★★ »CAMPING MUNICIPAL DES VIGNES«   Mai bis Sept.
☎/Fax 03/84661412, camping@arboise.fr   290 m   50 000 qm

→ N 83 Besançon–Lons-le-Saunier, in Arbois abbiegen die D107 Richtung Pont-d'-Hery. ✉ Avenue du Général Leclerc.

Abfallende Terrassen mit Bäumen neben dem olympischen Schwimmbad. Kinderspielplatz. Imbiss in HS. Ort 800m entfernt. 139 Touristenplätze.

✉ 39000 Lons-le-Saunier, Jura — F3240

25 ★★★ »CAMPING LA MARJORIE«   1.4. bis 15.10.
☎ 03/84242694, Fax 84240840   255 m   90 000 qm
www.camping-marjorie.com, info@camping-marjorie.com

→ N 83 Besançon–Lons-le-Saunier, hier am nördlichen Ortsrand neben dem Schwimmbad. Beschildert. ✉ 640, boulevard de l'Europe (GPS: 46°41'05" N / 5°34'10" E).

Teilweise terrassiertes und durch einen Bach zweigeteiltes Wiesengelände an stark befahrener Straße. Haltestelle und Warmfreibad 200 m, Ort 1.5 km entfernt. 200 Touristenplätze.
2007: (HS) 2 P/N inkl. St/N 13.60 bis 17.90, weitere P/N 4.–, K/N bis 10 J. 2.40, H/N 1.20, KT –.20, WD u. Strom inkl. Ab 7 Nächten und in NS Erm.

CAMPING L ABBAYE ★★★ (F3251)

Im Herzen der Seenlandschaft gelegen, nur 500 m zum See von Bonlieu und 2 Minuten vom eindrucksvollen Wasserfall "du Hérisson" entfernt. Der Camping und seine Umgebung garantieren unvergessliche Ferien in einer einzigartigen Landschaft wo Wanderer, Fahrradfahrer und Urlauber alles finden um auf ihre Kosten zu kommen.

2, Route du Lac F-39130 Bonlieu • Tel. 0033 (0)3 84 25 57 04 • Fax 0033 (0)3 84 25 50 82

CAMPING-CARAVANING ★★★
"La Grisière et Europe Vacances" (F 3250/1)

BP 19 - F-39130 Clairvaux Les Lacs
Tel : 03 84 25 80 48 • Fax : 03 84 25 22 34

Ruhiger und schattiger 11 ha großer 3-Sterne-Campingplatz am Ufer eines Sees. 554 Stellplätze, Spielplatz, Bar. Self-Service, Croissanterie, Eisverkauf, Fertiggerichte, Vermietung von Mobilheimen.

Inmitten einer Region mit 19 Seen und Wasserfällen, im Land der Wälder, Geschichte und Kultur, im Land des Geschmackes und der Traditionen, ein Land voller Abenteuer mit zahlreichen Möglichkeiten für Sportaktivitäten und Freizeitvergnügen für alle.

bailly@la-grisiere.com • www.la-grisiere.com

✉ 39130 Doucier, Jura — F3245
★★★★ »CAMPING DOMAINE DE CHALAIN« — Mai bis Sept.
03/84257878, Fax 84257006 — 528 m — 200 000 qm
www.chalain.com, chalain@chalain.com
→ D471 Lons-le-Saunier–Champagnole. In Pont-du-Navoy südlich abbiegen auf die D27 Richtung Lac de Chalain. ✉ (GPS: 46°24'02" N / 5°29'14" E).

Ebenes Wiesengelände am Seeufer mit separatem FKK-Teil. Von Wald begrenzt. Wassersportmöglichkeiten. Ort 3km entfernt. 800 Touristenplätze.
2007: 3 P/N inkl. St/N 30.–, weitere P/N 6.–, K/N 4 bis 15 J. 5.–, H/N 2.80, KT –.26, WD inkl. Strom/N 2.80.

✉ 39130 Marigny, Lac de Chalain/Jura — F3246
★★★★ »CAMPING LA PERGOLA« — 1.5. bis 15.9.
03/84257003, Fax 84257596 — 120 000 qm
www.lapergola.com, contact@lapergola.com
→ N 83 Besançon–Lons, hier auf die D 471 in östlicher Richtung. In Pont du Navoy auf die D 27, ab hier beschildert. ✉ 1, rue des Vernois.

Terrassiertes, langgestrecktes Waldgelände am Seeufer. Sanitäranlage nicht nach Geschlechtern getrennt. 150 Touristenplätze.
2007: (HS) 2 P/N inkl. St/N 21.–, H/N 4.–, KT –.30, WD inkl., Strom keine Angabe. In NS Ermäßigung.

✉ 39130 Pont de Poitte, Jura — F3247
★★ »CAMPING DES PECHEURS« — 1.5. bis 30.9.
03/84483133, Fax 84483499 — 420 m — 35 000 qm
www.camping-pecheurs.com, contact@camping-pecheurs.com
→ N 78 Lons-le Saunier–St. Laurent, am Ortseingang von Pont des Pecheurs links abbiegen. ✉ 9, chemin de la Plage.

Ebenes und parzelliertes Wiesengelände. Von der schönen Jura-Landschaft (Seenregion) umgeben. Teils durch Hecken gegliedert, teils unter Bäumen und am Fluss Ain gelegen (50 m). Boccia. Spielezimmer. Abendveranstaltungen. Ort 300 m entfernt. 212 Touristenplätze.
2008: (HS) 2 P/N inkl. St/N 14.–, weitere P/N 4.–, K/N 2 bis 13 J. 2.–, Strom/N 3.– (5 A). In NS Ermäßigung.

✉ 39130 Patornay, Jura — F3248
★★★ »CAMPING LE MOULIN« — 30.4. bis 7.9.
03/84483121, Fax 84447121 — 50 000 qm
www.camping-moulin.com, contact@camping-moulin.com
→ N 78 Lons-le Saunier–St. Laurent, nach Patornay abbiegen.

Abgestuftes Gelände mit Anpflanzungen und Heckenunterteilung am Ufer des Ain, von Wald umgeben. Ort 100m entfernt. 250 Touristenplätze.
2008: (HS) 2 P/N inkl. St/N 28.–, weitere P/N 5.–, K/N 2 bis 13 J. 3.–, H/N 2.–, KT –.30, WD inkl., Strom/N 3.– (6 A). In NS Ermäßigung.

✉ 39130 Clairvaux les Lacs, Jura — F3250/1
★★★ »LA GRISIERE ET EUROPE VACANCES« — Mai bis Sept.
03/84258048, Fax 84252234 — 550 m — 110 000 qm
www.la-grisiere.com, bailly@la-grisiere.com
→ N 78 Lons-le-saunier-St. Laurent, im Ort Richtung Châtel-de-Joux abbiegen, dann noch 800m zum Platz. ✉ Chemin Langard.

Leicht zum See abfallendes Wiesengelände mit Bäumen. Ort 800 m entfernt. 655 Touristenplätze.

✉ 39130 Clairvaux les Lacs, Jura — F3250/2
★★★ »CAMPING MUNICIPAL FAYOLAN« — 16.5. bis 9.9.
03/84252619, Fax 84252620 — 540 m — 170 000 qm
www.relaisoleiljura.com, reservation@rs139.com
→ N 78 Lons-le-saunier-St. Laurent, im Ort Richtung Châtel-de-Joux dann zum Lac de Clairvaux abbiegen. Beschildert. ✉ Chemin du Langard.

Lichter Tannenwald und parzelliertes, teilweise terrassiertes Wiesengelände am Seeufer. Strandteil beiderseits von Schilf begrenzt. Ort 800 m entfernt. 510 Touristenplätze.
2007: 2 P/N inkl. St/N 17.– bis 32.–, weitere P/N 6.50, K/N bis 11 J. 4.–, J/N 5.–, H/N 3.50, KT –.40, WD und Strom inkl.

✉ 39130 Clairvaux les Lacs, Jura — F3250/3
★★★ »CAMPING LE GRAND LAC« — Mai bis Sept.
03/84252619, Fax 84252620 — 60 000 qm
www.yellohvillage-fayolan.com, info@yellohvillage-fayolan.com
→ N 78 Lons-le-saunier-St. Laurent, im Ort Richtung Châtel-de-Joux dann zum Lac de Clairvaux abbiegen. Beschildert. ✉ Chemin du Langard.

Wiesengelände mit vielen Bäumen am Seeufer. Direkter Zugang zum öffentlichen Strand. 180 Touristenplätze.

✉ 39130 Bonlieu, Jura — F3251
★★★ »CAMPING DE L'ABBAYE« — 1.5. bis 30.9.
03/84255704, Fax 84255082 — 35 000 qm
www.camping-abbaye.com, camping.abbaye@wanadoo.fr
→ N78 Lons-le-Saunier–La-Chaux-du-Dombief - ca. 32 km bis Bonlieu. Nach dem Ortsausgang noch ca. 1.5 km, dann nach rechts zum Platz abbiegen. ✉ 2, route du Lac (GPS: 46°35'48" N / 5°52'16" E).

Ebenes, bis leicht abfallendes Wiesengelände in der Nähe eines kleinen Sees. Durch Hecken und lockere Baumreihen parzelliert. Boulebahn. Volleyball. Ort 1.5 km entfernt. 77 Touristenplätze.
2007: 1/2 P/N inkl. St/N 9.–/13.–, weitere P/N 4.20, K/N 9 J. 2.30, H/N –.80, WD inkl., Strom/N 3.– (6 A).

DCC – DEIN PARTNER!

✉ 39150 St. Laurent-en-Grandvaux, Jura F3252

[15] ★★ »CAMP MUNICIPAL CHAMP DE MARS« ⚬ 15.12. bis 00.9.
☎ 03/84601930, Fax 84601972 906 m 30000 qm
www.st.laurent39.fr, champmars.camping@wanadoo.fr

→ N 5 Champagnole–Morez, 200 m außerhalb des Ortes Richtung Morez. ✉ 8, rue du Camping (GPS: 46°34'30" N / 5°57'45" E).

Von mittelhohen Bergen umgebenes Gelände. Bungalow. Ort 400 m entfernt. Touristen-/Dauerstellplätze 120/30.
2007: P/N 2.85, K/N bis 8 J. 1.90, St/N 2.60, H/N frei, KT –.20, WD inkl., Strom/N 2.10 (6 A).

✉ 39260 Maisod, Jura F3254

[25] ★★★ »TRÉLACHAUME« ⚬ 19.4. bis 6.9.
☎/Fax 03/84420326, Fax 09/59737470 60000 qm
www.camping-trelachaume.com, info@camping-trelachaume.com

→ N 83 Besançon–Lyon, in Lons-le-Saunier auf die D 470 abbiegen, an der Ostseite des Lac de Vouglans.

Ebenes Wiesengelände unter Bäumen am Lac de Vouglans. Von Wald und Wiesen umgeben. Imbiss. See 800 m, Haltestelle 3 km, Ort 6 km entfernt. Touristen-/Dauerstellplätze 169/11.
2007: (HS) 2 P/N inkl. St/N St/N 13.70, weitere P/N 3.30, K/N bis 4 J. frei, H/N 1.50, KT –.41, WD inkl., Strom/N 2.70 (6 A). In NS Ermäßigung.

✉ 39200 St. Claude, Jura F3255

[15] ★★★ »CAMPING MUNICIPAL DU MARTINET« ⚬ 1.5. bis 31.9.
☎ 03/84450040 (HS), 84412900 (NS) 440 m 30000 qm

→ D436 Oyonnax–Morez, hinter St. Claude auf die D124 südlich.

Leicht abfallendes Gelände auf mehreren Terrassen im Tal des Taçon. Durch Bäume aufgelockert. Ort 3 km entfernt. 128 Touristenplätze.
2007: P/N 2.80, K/N bis 10 J. 1.50, St/N 3.80, KT –.15, WD inkl., Strom/N 2.30 (6 A).

✉ 21200 Vignoles, Côte d'Or F3310

Abfahrt

[15] ★★ »CAMPING LES BOULEAUX« ⚬ 1.1. bis 31.12.
☎ 03/80222688 14000 qm

→ A 6 Paris–Lyon Abf. (24.1) Beaune Süd-Ost, weiter auf der N973 Richtung Dole. Nach der Überquerung der AB erste Straße links, beschildert. ✉ 11, rue Jaune.

Ebenes und parzelliertes Wiesengelände mit Baumreihen und Hecken. In ländlicher Umgebung an einem Bach gelegen. Ort 100 m entfernt. 46 Touristenplätze.
2007: P/N 3.50, K/N bis 7 J. 2.40, A/N 1.60, St/N 2.80, KT –.15, Strom/N 2.20/3.40 (3/6 A).

✉ 21190 Meursault, Côte d'Or F3315

[20] ★★★ »CAMPING LA GRAPPE D'OR« ⚬ 1.4. bis 15.10.
☎ 03/80212248, Fax 80216574 5000 qm
www.camping-meursault.com, info@camping-meursault.com

→ A 6 Dijon–Lyon Abf. Beaune über Beaune auf die N 74 Richtung Chagny. ✉ 2, route de Volnay (GPS: 46°59'09" N / 4°46'07" E).

Parkartiges, gepflegtes Gelände. Haltestelle und Ort 500 m entfernt. Touristen-/Dauerstellplätze 110/45.
2008: 2 P/N inkl. St/N 13.50, weitere P/N ca. 3.70, H/N 1.30, WD inkl., Strom/N 3.50 (15 A). In NS Ermäßigung.

✉ 71400 Autun, Sâone-et-Loire F3317

[20] ★★★ »CAMPING MUNICIPAL DE LA PORTE D'ARROUX«
03/85521082, Fax 85528856 ⚬ 1.4. bis 31.10.
www.camping-autun.com, contact@camping-autun.com 340 m 25000 qm

→ A 6 Dijon–Lyon Abf. Beaune-Centre Richtung Autun auf die D973. Beschildert. ✉ Route de Saulieu.

✉ 71150 Chagny, Saône-et-Loire F3320

[20] ★★★ »CAMPING DU PAQUIER FANÉ« ⚬ 1.4. bis 31.10.
☎/Fax 03/85872142 15000 qm
www.camping-bourgogne.eu, campingchagny@orange.fr

→ A 6 Dijon–Lyon Abf. Châlon-sur-Saône/Nord auf die N 6 nach Chagny. Hier westlich vom Ort an der Dheune. ✉ 20, rue du Paquier Fané.

Ebenes Wiesengelände einer neben vielbefahrenen Bahnlinie an der Dheune. Durch hohe Hecken unterteilt. 85 Touristenplätze.
2008: P/N 3.80, K/N bis 14 J. 2.20, St/N 5.20, KT –.30, WD inkl., Strom/N 3.20 (6 A).
DCC/CCI 5% auf P/N.

✉ 71380 Saint Marcel, Saône-et-Loire F3321

NEU

[20] ★★★ »CAMPING DU PONT DE BOURGOGNE«
03/85482686, Fax 85485063 ⚬ 29.3. bis 30.9.
www.camping-chalon.com, campingchalon71@wanadoo.fr 15000 qm

→ A 6 Dijon–Lyon Abf. (26) Châlon-sur-Saône/Sud und im ersten Kreisverkehr an der zweiten Ausfahrt Richtung Louhans/St. Marcel abbiegen. Beim nächsten Kreisverkehr an der vierten Ausfahrt Richtung "Roseraie St. Nicolas" abbiegen bis "Les Chavannes". Beschildert. ✉ Rue Julien Leneveu (GPS 46°47'03" N / 4°52'20" E).

Ebenes, durch Hecken parzelliertes Wiesengelände am Ufer der Saône. Durch einen öffentlichen Weg und Zaun von der Saône getrennt. Stellplätze teils sonnig, teils durch Laubbäume beschattet. Golfplatz und Yachthafen in der Nähe. Volleyball. WiFi/Funkinternet. 93 Touristenplätze.
2008: (HS) 1 P/N inkl. St/N 10.20, weitere P/N 4.50, K/N bis 7 J. 3.–, H/N 2.20, Strom/N 4.20.

✉ 71240 Gigny sur Saône, Saône-et-Loire F3322

[35] ★★★★ »CHÂTEAU DE L'EPERVIÈRE« ⚬ 29.3. bis 30.9.
☎ 03/85941690, Fax 85941697 100000 qm
www.domaine-eperviere.com, info@domaine-eperviere.com

→ A 6 Dijon–Lyon Abf. Châlon/Sud, dann Ring Richtung Macon. Ab Sennecey Le Grand der Cpl. Beschilderung folgen, ca. 5 km.

Ebenes, parkartig angelegtes Wiesengelände bei einem alten Schloss mit zwei Fischweihern. Stellplätze größtenteils unter verschiedenartigen Bäumen und mit Hecken parzelliert und teils auf offener Wiese. Spieleraum. Whirlpool. FW. Touristen-/Dauerstellplätze 100/40.
2008: P/N 7.70, K/N bis 7 J. 5.30, St/N 11.50, H/N 3.–, KT u. WD inkl., Strom/N 5.10 (10 A). In NS Ermäßigung.

✉ 71000 Mâcon, Saône-et-Loire F3330

★★★ »CAMPING MUNICIPAL« ⚬ März bis Okt.
☎ 03/85381622, Fax 393918 175 m 40000 qm
camping@ville-macon.fr

→ A6/E15 Dijon–Lyon Abf. zwischen St. Jean le Priche und Sennece les Mâcon auf die N72/N6 in Richtung Mâcon, noch ca. 2 km. ✉ Ville de Macon.

Gepflegtes, parzelliertes Wiesengelände neben einer Tankstelle. Ort 1 km entfernt. 285 Touristenplätze.

✉ 01250 Hautecourt Romanèche, Ain F3360

★★★ »CAMPING DE CHAMBOD« ⚬ Mai bis Sept.
☎ 04/74372541, Fax 74372828 25 000 qm
www.campingilechambod.com, camping.chambod@free.fr

→ A 40/E21 Macon–Geneve Abf. Tossiat auf die N75/D64 nach Tossiat. Hier weiter auf der D 52/D 979/D 973 über Revonnas und Bohas zum Ort.

● 🅿 ♦ 🅷 ✈ ⛺ ♨ 🛒 ☕W 🚿W 🍴W 🛁W ♿ 📺 💻
🍺 🚿HS ⚒HS 🍴 🐕HS 🐕HS ⛵ 🏊 🚴 🏄 ⛰ 🌲 ≋100m

Wiesengelände mit Bäumen am Fluss »Gorges de l´Ain«. Kinderspielzimmer. Imbiss. Ort 5 km entfernt. Touristen-/Dauerstellplätze 116/5.

✉ **01000 Bourg-en-Bresse,** Ain   F 3370

20 ★★★ »CAMPING MUNICIPAL DE CHALLES« ⚬— 1.4. bis 15.10.
☎ 04/74453721, Fax 74455995   240 m   27 000 qm
camping-municipal-bourgenbresse@wanadoo.fr

→ N 83 Lyon–Lons-le-Saunier, am Ortsende von Bourg-en-Bresse beim Schwimmbad. Beschildert. ✉ 5, allée du centre Nautique (GPS: 46°12'33" N / 5°14'20" E).

● 🅿 ♦ 🅷 ✈ Ⓓ 🛒 ☕ ☕W 🚿W 🍴W ♿
☕W 🛁W ⚒ ⛵ 🏄 🅷200m

Von hohen Bäumen umgebenes Gelände an einer stark befahrenen Straße. Separater Caravanbereich. Ort 1 km entfernt. 103 Touristenplätze.
2008: **(HS)** P/N 3.20, K/N 2 bis 13 J. 1.60, C MC-St/N 6.45, T-St/N 5.45, KT –.30, WD inkl., Strom/N 2.20 (6 A). Ab 7 Nächten und in NS Erm. **DCC/CCI 10% auf P/N und St/N.**

✉ **01240 Saint Paul de Varax,** Ain   F 3372

25 ★★★ »CAMPING ETANG DU MOULIN« ⚬— 18.6. bis 31.8.
☎ 04/74425330, Wi. 984865, Fax 74425157   320 000 qm
www.camping-etang-du-moulin.fr, moulin@campingendombes.fr

→ N 83 Lyon–Bourg-en-Bresse, ca. 14 km nach Villars les Dombes rechts in den Ort Saint Paul de Varax abbiegen. Der Beschilderung zur Freizeitanlage folgen.
∴ Dombes - Region der tausend Teiche.

● 🅿 ♦ 🅷 ✈ 🐕 Ⓓ ⛺ ♨ ⛺ ♨ 🛒 ☕W 🍴W ♿ 📺 💻
🍺 🏠 ⛵ ⚒ 🚿 🚴 ⛵ 🏊 🏄 ⛰ 🌲 ≋10m

Ebenes Wiesengelände neben einer Freizeitanlage und einem Aquapark mit großem Schwimmbecken (5500 qm) und einer großen Wasserrutsche (120 m) - für Camper kostenlos. Durch Laubbäume teilweise beschattet und mit lockeren Hecken gegliedert. Snack-Bar 10 m, Ort 500 m entfernt. 200 Touristenplätze.
2008: P/N 4.50, K/N bis 12 J. 3.–, St/N 11.–, KT –.20, WD u. Strom (6 A) inkl. **CCI 10% auf P/N und St/N.**

**DCC-Mitglieder fahren mit
Auslands-Schutzpaß! und SIE?**

Guter Übernachtungs-Campingplatz, nur 1 km zur Stadtmitte von Chalon sur Saône. Einfache Anfahrt ab Autobahn A6 (Abfahrt 26-Chalon Sud).

(F 3321)

CAMPING - RESTAURANT DU PONT DE BOURGOGNE
RUE JULIEN LENEVEU   71380 SAINT MARCEL
TEL : 00 33 385482686   FAX : 00 33 385485063
CAMPINGCHALON71@WANADOO.FR
WWW.CAMPING-CHALON.COM

01330 Villars-les-Dombes, Ain — F3373

★★★ »CAMPING INTERCOMMUNAL DES AUTIERES«
☎ 04/74980021, Fax 74980582 — 3.5. bis 14.9.
www.campingendombes.fr, autieres@campingendombes.fr
45 000 qm

→ N 83 Lyon–Bourg-en-Bresse. ✉ 164, avenue des Nations.
♣ Dombes - Region der tausend Teiche.

Parkartiges Gelände, durch Hecken vielfach unterteilt. Öffentlicher Badebetrieb. Haltestelle und Ort 500 m entfernt. Touristen-/Dauerstellplätze 100/140.
2008: P/N 4.–, K/N bis 12 J. 2.50, St/N 10.50, H/N 2.50, KT –.20, WD u. Strom inkl. (6 A).
CCI 10% auf St/N.

01140 Thoissey, Ain — F3380

★★★ »CAMPING MUNICIPAL LA PLAGE« — Ostern bis Sept.
☎ 04/74040297, Fax 74697613, thoissey@wanadoo.fr
15 000 qm

→ A 6 Dijon–Lyon Abf. Mâcon/Süd auf die N 6 Richtung Lyon, abbiegen nach Thoissey, noch ca. 4 km.

Wiesengelände innerhalb des städtischen Strandbades. Ort 800 m entfernt. Touristen-/Dauerstellplätze 408/117.

71430 Palinges, Saône-et-Loire — F3410

★★★ »CAMPING DU LAC« — 1.4. bis 30.10.
☎ 03/85881449, Fax 85881296
16 000 qm
camping.palinges@hotmail.fr

→ Auf der Str. RN 70, 10 km südlich von Montceau-les-Mines Abf. Palinges. Weiter auf die Str. D985 und über Génelard nach Palinges. Beschildert. ✉ (GPS: 46°33'70" N / 4°13'50" E).

Terrassiertes und parzelliertes Wiesengelände. An einem Badesee mit Sandstrand und Liegewiese gelegen. Durch Büsche und Bäume aufgelockert. Kiosk. Ort 800 m entfernt. 45 Touristenplätze.
2007: 2 P/N inkl. St/N 16.–, H/N 1.50, WD und Strom inkl. (10 A).

71520 Dompierre les Ormes, Saône-et-L. — F3450

★★★ »CAMPING LE VILLAGE DES MEUNIERS« — 1.5. bis 30.9.
☎ 03/85503660, Fax 85503661
40 000 qm
www.villagedesmeuniers.com, contact@villagedesmeuniers.com

→ A 6 Chalon s. S.–Lyon Abf. Macon Sud auf die RN 79 über Cluny, Charolles und Nevers nach Dompierre les Ormes.

Terrassiertes und durch Anpflanzungen parzelliertes Wiesengelände. Ort 500 m entfernt. 113 Touristenplätze.
2007: P/N 8.–, K/N 2 bis 13 J. 4.80, St/N 9.60, H/N 1.50, KT –.35, WD inkl., Strom/N 4.80 (15 A).
CCI 10% auf P/N und St/N.

69570 Dardilly, Rhône — F3505

★★★ »CAMPING PORTE DE LYON« — 1.1. bis 31.12.
☎ 04/78356455, Fax 72170426
60 000 qm
www.camping-indigo.com, lyon@camping-indigo.com

→ A 6 Dijon–Lyon Abf. Porte de Lyon/Limonest auf die N 6 zum Centre Commersial, ca. 9 km nördlich von Lyon.

Ebenes bis leicht abfallendes Gelände neben der Autobahn. Teilweise asphaltierte Stellplätze. Kinderbetreuung in HS im Schwimmbad. Wasserrutsche. Günstig zum Besuch von Lyon (10 km entfernt). 215 Touristenplätze.
2007: (HS) P/N 3.72, K/N 2 bis 7 J. 2.88, St/N 10.20, H/N 2.40, Strom/N 4.– (10 A). In NS Ermäßigung.

69480 Anse, Rhône — F3510

★★★★ »LES PORTES DU BEAUJOLAIS« — 1.3. bis Okt.
☎ 04/74671287, Fax 74099097 — 200 m — 100 000 qm
www.camping-beaujolais.com, campingbeaujolais@wanadoo.fr

→ A6/E15 Villefranche sur Saône–Lyon. Von Norden kommend Abf. (32) Anse, von Süden kommend Abf. (31) Villefranche. Weiter Richtung Anse. ✉ Avenue Jean Vacher (GPS: 45°56'25" N / 4°43'36" E).

Ebenes bis leicht abfallendes Wiesengelände an der Saône und der Azergues. Teils mit Baumreihen, teils mit Büschen und Bäumen locker bepflanzt. Tipis: Ort 500 m entfernt. 120 Touristenplätze.
2007: P/N 4.80, K/N bis 7 J. 3.60, St/N 6.20, H/N 3.–, KT –.20, WD inkl., Strom/N 3.20 (6 A).
DCC/CCI 5% auf P/N und St/N.

74140 Messery, Haute-Savoie — F4018

★★★ »CAMPING RELAIS DU LEMAN« — 1.4. bis 1.10.
☎ 04/50947111, Fax 50947766 — 430 m — 35 000 qm
www.relaisduleman.com, info@relaisduleman.com

→ N206 Genf–Annemasse Abf. Douvaine auf die D25. Beschildert. ✉ Rte de Tepingons.

Waldgelände mit Lichtungen. Ort 1 km entfernt. Touristen-/Dauerstellplätze 40/60.
2007: (HS) P/N 6.–, K/N bis 10 J. 4.–, St/N 7.50, H/N 3.–, KT –.20, WD inkl., Strom/N 4.–. In NS Ermäßigung.

74140 Excenevex, Haute-Savoie — F4019

★★★ »CAMPING MUNICIPAL LA PINÈDE« — April bis Okt.
☎ 04/50728505, Fax 50729300
120 000 qm
www.campeoles.fr, cplpinede@atciat.com

→ N 5 Genf–Thonon les Bains Abf. Sciez auf die D25 zum Ort.

Weitläufiges Gelände zwischen Straße und See mit Uferliegewiese, durch Bäume und Büsche vielfach unterteilt. Imbiss. Ort 1 km entfernt. Touristen-/Dauerstellplätze 340/279.

74200 Thonon les Bains, Ht.-Savoie — F4021

★★★ »CAMPING DE SAINT DISDILLE« — 1.4. bis 30.9.
☎ 04/50711411, Fax 50719367
120 000 qm
www.disdille.com, camping@disdille.com

→ N 5 Genf–Montreux Abf. Thonon les Bains in Richtung See. ✉ 117, avenue de Saint Disdille (GPS: 46°23'58" N / 6°30'15" E).

Wiesengelände unter Bäumen am Südufer des Genfer Sees und in der Nähe des Flusses »La Dranse«. Ort 3 km entfernt. Touristen-/Dauerstellplätze 414/200.
2008: (HS) 2 P/N inkl. St/N 18.–, weitere P/N 4.–, K/N bis 10 J. 2.50, H/N 2.–, KT –.20, WD inkl., Strom/N 4.–. In NS Ermäßigung.

74500 Amphion-les-Bains, Ht.-Savoie — F4022

★★★ »CAMPING DE LA PLAGE« — Jan. bis 4.11.
☎/Fax 04/50700046, Fax 50708445 — 375 m — 10 000 qm
www.camping-hautesavoie.com, info@camping-dela-plage.com

→ N 5 Thonon les Boins–Evian, bei Km 27.2 seewärts abbiegen. ✉ 304, rue de Garenne (GPS: 46°23'44" N / 6°32'05" E).

Wiesengelände unter Obstbäumen, durch eine Straße zweigeteilt. Ort 500 m entfernt. 42 Touristenplätze.
2008: 2 P/N inkl. St/N 23.–, weitere P/N 6.50, K/N bis 8 J. ca. 3.20, H/N frei, KT –.20, WD inkl., Strom/N 4.50 (6 A). In NS Ermäßigung.
DCC/CCI 10% auf P/N und St/N.

74400 Chamonix, Haute-Savoie — F4110/1

★★★ »CAMPING LES ROSIÈRES« — 8.6. bis 10.9.
☎ 04/50531042, Fax 50532955 — 1050 m — 16000 qm
www.campinglesrosieres.com, info@campinglesrosieres.com

→ A 40 Genf–Chamonix. Hier auf der N 506 nordwärts, noch ca. 2 km. ✉ 121, Clos des Rosières.

Ebenes, parzelliertes und von Bergen umgebenes Wiesengelände mit Blick auf den Mont-Blanc. Ort 1 km entfernt. Touristen-/Dauerstellplätze 112/35.
2007: (HS) P/N 6.40, K/N bis 3 J. frei, St/N 6.60, KT –.40, WD inkl., Strom/N 3.10/3.50 (4/10 A). In NS Ermäßigung.

74400 Chamonix, Haute-Savoie — F4110/2

★★★ »CAMPING DE LA MER DE GLACE« — 25.4. bis 5.10.
☎ 04/50534403, Fax 50536083 — 1050 m — 22000 qm
www.chamonix-camping.com, info@chamonix-camping.com

→ D506 kurz vor Les Praz abbiegen. Achtung! Max. 2,60 m Durchfahrtshöhe durch Bahnunterführung. Am Ortsende von Chamonix beschildert. ✉ 200, chemin de la Bagna (GPS: 45°56'18" N / 6°53'24" E).

Parkartiges Wiesengelände. Imbiss. Ort 500 m entfernt. 150 Touristenplätze.
2008: (HS) P/N 6.40, K/N bis 3 J. frei, St/N 7.– bis 10.–, H/N frei, KT –.40, WD inkl., Strom/N 2.80/3.20/3.70 (3/6/10 A). In NS Ermäßigung.

74400 Chamonix, Haute-Savoie — F4110/3

★★★ »CAMPING LES DEUX GLACIERS« — Mitte Dez. bis Nov.
☎ 04/50531584, Fax 50559081 — 1050 m — 16000 qm
claciers@clubinternet.fr

→ A40 Genf–Chamonix Abf. auf die N205. Von dieser bei der Abf. Les Bossons/Taconnaz abbiegen und noch 200 m bergwärts. Beschildert. ✉ 80, route des Tissières.

Terrassiertes und parzelliertes Gelände unterhalb des Mont-Blanc-Massivs. Trockenraum. Ort 3 km entfernt. 135 Touristenplätze.

74190 Passy, Haute-Savoie — F4123

★★★ »CAMPING MUNICIPAL DES ILES« — Juni bis Sept.
☎/Fax 04/50584536 — 41000 qm

→ N 205/A 40 Genf–Chamonix, in Sellanches abbiegen. Beschildert.

Wiesengelände am See mit Bäumen und Hecken. Blick auf das Mont-Blanc-Massiv. Wassersportmöglichkeiten. Ort 3 km entfernt. 260 Touristenplätze.

74220 La Clusaz, Haute-Savoie — F4135

★★★ »DOMAINE DU FERNUY« — 23.12. bis 29.4. und 16.6. bis 9.10.
☎ 04/50024475, Fax 50326702 — 1200 m — 13000 qm
www.plandufernuy.com, fernuy@francelor.fr

→ A40 Genf–Chamonix Abf. Roche s. Foron auf die D12 und D909 nach La Clusaz. ✉ 1800, route des Confirs (GPS: 45°54'34" N / 6°27'08" E).

Kiesig harter Grund mit einzelnen Bäumen. Warmfreibad und Ort 2 km entfernt. Touristen-/Dauerstellplätze 52/28.
2007: 2 P/N inkl. St/N 20.– bis 23.50, weitere P/N 5.50, K/N bis 2 J frei. H/N 2.20, KT –.50, WD inkl., Strom/N 3.90 (4 A).

73700 Bourg-St. Maurice, Savoie — F4155

★★★ »CAMPING LE VERSOYEN« — 29.5. bis 3.11./15.12. bis 2.5.
☎ 04/79070345, Fax 79072541 — 1100 m — 35000 qm
www.leversoyen.com, leversoyen@wanadoo.fr

→ N90 Albertville–Ital. Grenze (Kl. St. Bernhard) über Moûtiers und Aime, ca. 1.5 km östlich des Ortes.

Ebenes bis leicht abfallendes Wiesengelände mit Baumgruppen in herrlicher Gebirgslandschaft. Ort 1.5 km entfernt. Touristen-/Dauerstellplätze 180/20.
2008: (HS) 2 P/N inkl. St/N 11.– bis 13.90, weitere P/N 4.65, K/N bis 7 J. 3.45, K/N 5 bis 7 13 J. 4.50, H/N 1.–, KT –.61, WD inkl., Strom/N 4.70 (6 A). In NS Ermäßigung.
DCC/CCI 10% auf P/N.

73210 Peisey-Nancroix, Savoie — F4160

★★★ »CAMPING LES LANCHETTES« — Mai bis Sept.
☎ 04/79079307, Fax 79078833 — 22000 qm
www.camping-lanchettes.com, lanchettes@free.fr

→ N 90 Albertville–Jourg St. Maurice, in Landry rechts abbiegen, ca. 7 km.

Leicht welliges Gelände beim Nationalpark de la Vanoise. Ort 3 km entfernt. Touristen-/Dauerstellplätze 80/10.

73710 Pralognan la Vanoise, Savoie — F4180

★★ »CAMPING ISERTAN« — Ende Mai bis Nov./und Mitte Dez. bis Ende April
☎ 04/79087524, Fax 79087413 — 1450 m — 45000 qm
www.camping-isertan.com, info@camping-isertan.com

→ N 90 Albertville–Montiers Abf. auf die D915 bis Pralognan la Vanoise. ✉ (GPS: 45°22'36" N / 6°43'20" E).

Dreistufiges Wiesengelände in einem Hochgebirgstal. Ort 400 m entfernt. 228 Touristenplätze.
2007: 2 P/N inkl. St/N 18.–, weitere P/N 5.40, K/N 2 bis 5 J. 2.80, K/N 5 bis 10 J. 3.50, H/N 1.–, WD inkl., Strom/N 3.50 bis 5.50 (2-10 A). Ab 7 Nächten und in NS Ermäßigung.

73130 Saint Martin la Chambre, Savoie — F4190

★ »CAMPING LE BOIS JOLI« — April bis Sept.
☎/Fax 04/79562128, www.campinglebosijoli.com — 40000 qm

→ N6 Chambéry–ital. Grenze, auf die D99 nach Chambre abbiegen.

Naturbelassener Eichenwald. Imbiss in HS. Ort 2 km entfernt. 116 Touristenplätze.

73250 Saint-Pierre-d'Albigny, Savoie — F4195

★★★ »CAMPING DU LAC DE CAROUGE« — 1.5. bis 15.9.
— 300 m — 17000 qm
www.campinglacdecarouge.com, campinglacdecarouge@orange.fr

→ A43 Chambéry–St-Jean-de-Maurienne Abf. (24) Saint-Pierre-d'Albigny, ab hier beschildert (noch 3.5 km). ✉ Base de Loisirs (GPS: 45°33'31" N / 6°10'10" E).
∴ Nationalpark Bauges.

Ebenes Campinggelände direkt an einem kleinen See und am Fuße des "Massif des Bauges". Von Feldern umgeben. Teils sonniges Wiesengelände, teils im Halbschatten unter Bäumen. Durch Hecken und Büsche gegliedert. Gemischte Sanitäranlage. Familiäre Atmosphäre. Bar. Ort 3.5 km entfernt. 80 Touristenplätze.
2007: (HS) 2 P/N inkl. St/N 15.–, weitere P/N 4.–, K/N 2 bis 7 J. 3.–, H/N 1.50, WD inkl., Strom/N 3.–/4.– (6/10 A). In NS Ermäßigung.

74320 Severier, Haute-Savoie — F4212

★★★ »LE PANORAMIC LES BERNETS« — 27.4. bis Sept.
☎/Fax 04/50524309 — 500 m — 25000 qm
www.camping-le-panoramic.com, info@camping-le-panoramic.com

→ N508 Annecy–Severier Abf. Severier in Richtung Cole du Leschaux, noch ca. 3 km. ✉ 22, chemin des Bernets.

Parzellierter Terrassenplatz unter Platanen. 220 Touristenplätze.
2007: P/N inkl. St/N 18.70, weitere P/N 3.50, K/N bis 7 J. 2.–, H/N 1.60, KT –.20, WD inkl., Strom/N 3.20 (4 A).

Die DCC-Inspizienten sind nicht mit Anzeigenwerbung betraut. Sie sind daher unabhängig und nicht beeinflußbar. Ihren Kontrollen nach unseren Prüfbögen kann vertraut werden.

74410 Saint Jorioz, Haute-Savoie — F 4215/1

25 ★★★★ »INTERN. DU LAC D'ANNECY« — 15.5. bis 15.9.
☎/Fax 04/50686793, Fax 50090122   450m   20 000 qm
www.campannecy.com, campannecy@wanadoo.fr

→ N 508 Annecy–Albertville. Ca. 1.2 km südlich St. Jorioz. ✉ 1184, route d'Albertville.

Ebenes bis leicht welliges Wiesengelände. Imbiss. Ort 12 km entfernt. 128 Touristenplätze.
2007: (HS) 2 P/N inkl. St/N 21.–, H/N 2.–, KT –.20, WD inkl. Strom/N 3.40 (6 A). In NS Ermäßigung.

74410 Saint Jorioz, Haute-Savoie — F 4215/2

30 ★★★ »CAMPING EUROPA« — 30.4. bis Sept.
☎ 04/50685101, Fax 50685520   40 000 qm
www.camping-europa.com, info@camping-europa.com

→ N 508 Annecy–Albertville. Ca. 1 km südlich St. Jorioz. ✉ 1444, route d'Albertville (GPS: 45°49'48" N / 6°10'55" E).

Von einer Baumreihe durchzogenes Wiesengelände. Wassersport 400 m, Ort 1 km entfernt. Touristen/Dauerstellplätze 160/50.
2007: P/N 5.90, K/N ab 4 J. 5.10, St/N 20.–, H/N 3.–, KT –.20, WD inkl., Strom keine Angabe (6 A). In NS Ermäßigung.

74570 Groisy, Haute-Savoie — F 4218

Abfahrt

20 ★★★ »CAMPING MOULIN DOLLAY« — 1.5. bis 30.9.
☎/Fax 04/50680031   580 m   30 000 qm
www.moulindollay.fr, moulin.dollay@orange.fr

→ A 41/712 Genf–Annecy Abf. (18) Cruseilles auf die D 2 in Richtung Villy le Pelloux und weiter nach Groisy le Plot. Hier in nördl. Richtung auf der D 3 nach Groisy. ✉ 206, rue du Moulin Dollay (GPS: 46°00'08" N / 6°11'27" E).

Gärtnerisch ansprechend gestaltetes ebenes Wiesengelände mit Büschen und Bäumen bei einer alten Mühle am Fluss La Filière. Separate Zeltwiese. Kindersanitär. Imbiss. Ort 1 km entfernt. 30 Touristenplätze.
2007: (HS) 2 P/N inkl. St/N 16.–, weitere P/N 4.–, K/N bis 7 J. 2.–, H/N ca. 1.–, Strom/N 3.– (6 A). In NS Ermäßigung.

74210 Lathuile, Haute-Savoie — F 4220

★★★ »CAMPING LE VERGER FLEURI« — Mai bis Sept.
☎ 04/50443182, Fax 50329541   15 000 qm
levergerfleuri.free.fr, levergerfleuri@free.fr

→ N 508 Annecy–Albertville. Am südl. Ende de Lac d' Annecy auf die D180 abbiegen, noch ca. 1 km. ✉ Route du Bout du Lac Chef lieu.

Ebenes Wiesengelände mit Obstbäumen. Ort 2 km entfernt. 100 Touristenplätze.

74210 Doussard, Haute-Savoie — F 4225/1

35 ★★★★ »INTERNATIONAL DU LAC BLEU« — April bis Sept.
☎ 04/50443018, Fax 50448435   440 m   33 000 qm
www.camping-lac-bleu.com, lac-bleu@nwc.fr

→ N 508 Annecy–Albertville, am Lac d' Annecy beschildert. ✉ Route de la Plage.

Ebenes Wiesengelände zwischen Straße und See. Appartments/Studios. Ort 1 km entfernt. 221 Touristenplätze.
2007: (HS) 2 P/N inkl. St/N 26.40, weitere P/N 5.80, H/N 4.–, KT –.35, WD inkl., Strom/N 3.80 (8 A). Bei 10/14 Nächten = 8/10 Nächte bezahlen. In NS Ermäßigung.

DCC – auch Ihr Camping-Partner!

74210 Doussard, Haute-Savoie — F 4225/2

35 ★★★ »CAMPING LA SERRAZ« — 1.5. bis 15.9.
☎ 04/50443068, Fax 50448107   40 000 qm
www.campinglaserraz.com, info@campinglaserraz.com

→ N 508 Annecy–Albertville, am Lac d' Annecy beschildert.

Durch Hecken unterteiltes Wiesengelände mit Blumenrabatten. Ort 300 m entfernt. 197 Touristenplätze.
2007: 2 P/N inkl. St/N 17.– bis 27.50, weitere P/N 5.80, K/N 2 bis 6 J. 4.80, H/N 3.–, KT –.35, WD inkl., Strom/N 3.– (6 A).

74290 Talloires, Haute-Savoie — F 4227

★★ »CAMPING LE LANFONNET« — Mai bis Sept.
☎/Fax 04/50607212   447 m   23 000 qm
www.camping-le-lanfonnet.com, camping-le-lanfonnet@wanadoo.fr

→ A 41 Genf–Aix Abf. Annecy/Süd über Annecy auf D 909 und D 909 A. Beschildert.

Leicht abfallendes Wiesengelände neben der Straße mit schönem Blick auf Berge und See. Ort 800 m entfernt. 170 Touristenplätze.

73410 Albens, Savoie — F 4232

15 ★★ »CAMPING BEAUESÉJOUR« — 1.6. bis 30.9.
☎ 04/79541520   300 m   20 000 qm
www.campingbeausejour-allens.com

→ Straße Aix-les-Bains–Annecy. Beschildert. ✉ La Rippe.

Fast ebenes Wiesengelände auf einer Anhöhe. Ort 600 m entfernt. 100 Touristenplätze.
2007: P/N 2.20, K/N bis 7 J. 1.70, A C T M N 2.–, MC/N 4.–, B/N 2.–, H/N frei, KT –.20, WD inkl., Strom/N 3.– (10 A).

73100 Aix-les-Bains, Savoie — F 4235

Abfahrt

★★★ »CAMPING DU SIERROZ« — März bis Nov.
☎/Fax 04/79612143   55 000 qm
www.aixlesbains.com/campingsierroz, campingsierroz@aixlesbains.com

→ A 41 Genf–Chambéry Abf. (15) Aix-les-Bains. In Aix-les-Bains Richtung See, beschildert. ✉ Boulevard Barrier.

Durch Baumreihen und Hecken mehrfach unterteiltes und parzelliertes Wiesengelände. Vom See durch Straße und Gebäude getrennt. Kabel-TV. Ort 3 km entfernt. 330 Touristenplätze.

73310 Chanaz, Savoie — F 4240

★★ »CAMPING DES ILES« — März bis Mitte Dez.
☎/Fax 04/79545851   230 m   40 000 qm

→ A41 Annecy–Chambery Abf. (15) Aix-les-Bains/Nord auf die N201/D991 Richtung Chindrieux, weiter auf die D57/D921 zum Ort. Beschildert.

Wiesengelände mit Bäumen am See. Wassersportmöglichkeiten. Touristen-/Dauerstellplätze 25/80.

01300 Massignieu de Rives, Savoie — F 4242

★★★★ »CAMPING LAC DU LIT DU ROI« — April bis Okt.
☎ 04/79421203, Fax 79421994   240 m   30 000 qm
www.camping-savoie.com, acamp@wanadoo.fr

→ A 43/E 70 Lyon–Chambery, Abf. Chimilin auf die D 592 nach Aoste. Hier in nordöstl. Richtung auf der N 516 nach Yenne. Weiter in nördl. Richtung auf der D 37 zum Ort. ✉ La Tuilliere.

Terrassiertes und ebenes, leicht zum See abfallendes Wiesengelände unter vielen Bäumen. Ort 5 km entfernt. Touristen-/Dauerstellplätze 90/20.

73370 Le Bourget-du-Lac, Savoie — F4245

★★★ »CAMPING INT. L'LLE AUX CYGNES « Mai bis Sept.
☎ 04/79250176, Fax 79253294 40000 qm
www.bourgetdulac.com, camping@bourgetdulac.com
→ A 41 Genf–Chambéry Abf. Chambéry auf die D 914 zum Südufer des Sees, ab Ortsmitte beschildert. ✉ 501, boulevard Ernest Coudurier

Wiesengelände mit Bäumen am Seeufer. Ort 1 km entfernt. 267 Touristenplätze.

73610 Lépin-le-Lac, Savoie — F4250/1

[20] ★★★ »CAMPING LE CURTELET« 15.5. bis 30.9.
☎/Fax 04/79441122 400 m 13000 qm
www.camping-le-curtelet.com, lecurtelet@wanadoo.fr
→ A 43 Chambéry–Lyon, hinter dem Tunnel Lepin rechts abbiegen Richtung Aiguebelette le Lac. ✉ (GPS: 45°32'24" N / 5°46'45" E).

800m

Ebenes Wiesengelände an See mit Anpflanzungen. Ort 1 km entfernt. Touristen-/Dauerstellplätze 90/4.
2008: (HS) 2 P/N inkl. St/N 12.–, weitere P/N 3.90, K/N 1 bis 6 J. 2.40, extra A/N 1.50, St/N 2.80, M/N 1.40, H/N 1.40, KT –.20, WD inkl., Strom/N 2.30/2.70/3.– (2/4/6 A). In NS Ermäßigung.

73610 Lépin-le-Lac, Savoie — F4250/2

[15] ★★ »CAMPING FERRAND« 1.5. bis 31.10.
☎ 04/79360150 390 m 30000 qm
→ A 43 Aix-les-Bains–Lyon Abf. Aiguebelette Richtung Lépin.

Ufergelände am See Aiguebelette. Schöner Badesee. Ort 3 km entfernt. 20 Touristenplätze.
2007: 2 P/N inkl. St/N 10.–, weitere P/N 3.–, K/N bis 7 J. 2.–, H/N frei, KT –.20, WD inkl., Strom/N 2.50 (6 A).

73160 St.-Jean-de-Couz, Savoie — F4253

[15] ★★ »CAMPING LA BRUYERE« 20.4. bis 10.10.
☎ 04/79657911, Fax 79657427 600 m 10000 qm
www.camping-labruyere.com, camping-labruyere@orange.fr
→ N 6 Chambéry–Les Echelles, nach 15 km links abbiegen. Beschildert.

500m

Ebenes Wiesengelände. Durch einzelne Bäume aufgelockert und von Wald umgeben. Ort und Freibad 6 km entfernt. Touristen-/Dauerstellplätze 50/10.
2007: (HS) P/N 3.10, K/N bis 10 J. 2.–, St/N 3.–, H/N 1.–, WD inkl., Strom/N 2.90 (4-6 A). In NS Ermäßigung.
DCC 5% auf P/N und St/N.

DCC-Vertragsplatz

38380 Entre-deux-Guiers, Isère — F4255

[20] ★★★ »CAMPING L'ARC-EN-CIEL« 1.3. bis 15.10.
☎/Fax 04/76660697 380 m 12000 qm
www.camping-arc-en-ciel.com, info@camping-arc-en-ciel.com
→ N 6/520 Chambéry–Voiron. In Chambéry N 6 Richtung Lyon fahren. In Les Echelles hinter der Brücke abbiegen. ✉ Chemin des Berges (GPS: 45°26'04"N / 5°45'23" E).

200m

Parkartiges, sehr gepflegtes Wiesengelände. Ort 500 m entfernt. 50 Touristenplätze.
2007: (HS) 2 P/N inkl. St/N 14.–, weitere P/N 4.60, K/N bis 7 J. 3.50, H/N 1.–, KT u. WD inkl., Strom/N 2.40/4.10 (2/4 A). In NS Ermäßigung.
DCC/CCI 10% auf P/N.

38570 Theys bei Goncelin, Isère — F4258

[25] ★★★ »CAMPING LES 7 LAUX « 1.6. bis 15.9.
☎ 04/76710629, Fax 76710885 820 m 27000 qm
www.camping-7-laux.com, camping.les7daux@wanadoo.fr
→ A 41 Chambery–Lyon Abf. Le Touvet auf die D 29 und N 89 nach Tencin. Hier weiter in östlicher Richtung auf der D 30. Beschildert. Die letzten 10 km stetig bergauf! (GPS: 45°16'39" N / 5°59'12" E).

Teilweise terrassiertes Gelände mit Anpflanzungen, von Wald umgeben. Ort 4 km entfernt. 61 Touristenplätze.
2008: (HS) 2 P/N inkl. C MC T-St/N 15.80, 2 P/N als Zweiradfahrer inkl. T-St/N 14.–, weitere P/N 5.20, K/N 3 bis 7 J. 3.20, H/N 1.80, KT –.30, Strom/N 3.20/4.60/5.10 (4/6/10 A). In NS Ermäßigung.

38880 Autrans, Isère — F4264

[35] ★★★ »CAMPING AU JOYEUX REVEIL« 1.12. bis 31.3.
☎ 04/76953344, Fax 76957298 1040 m und 1.5. bis 30.9.
www.camping-au-joyeux-reveil.fr 20000 qm
camping-au-joyjeux-reveil@wanadoo.fr
→ N532 Grenoble–Sassenage über die D531 nach Lans en Vercors, dort auf die D106 nach Autrans. Beschildert. ✉ Rue le Chateau (GPS: 45°10'30" N / 5°32'52" E).

Wiesengelände mit einzelnen Bäumen. Haltestelle und Ort 300 m entfernt. Touristen-/Dauerstellplätze 70/30.
2008: (HS) 2 P/N inkl. St/N 30.–, weitere P/N 5.–, K/N bis 6 J. 3.50, KT –.23, WD inkl., Strom/N 2.–/7.70 (2/6 A). In NS Ermäßigung.

38250 Villard de Lans, Isère — F4266

★★★ »CAMPING L'OURSIERE« Dez. bis Sept.
☎ 04/76951477, Fax 76955811 1040 m 42000 qm
www.camping-oursiere.fr, info@camping-oursiere.fr
→ N 532 Grenoble–Parc, in Sassenage auf die D 531 abbiegen. Beschildert. ✉ 1080, rue du General de Gaulle.

Ebenes Hochplateaugelände mit vereinzelten Birken, von einem kleinen Bach durchzogen. Imbiss. Ort 600 m entfernt. 50 Touristenplätze.

38119 Saint Theoffrey, Isère — F4270

[20] ★★★ »AU PRÉ DU LAC« 1.3. bis 31.10.
☎ 04/76839134 900 m 35000 qm
www.aupredulac.nl, info@aupredulac.nl
→ A480/A51 Lyon–Grenoble Abf. (8) Richtung Vizille und Gap (Route Napoleon). Ca. 3 km nach Laffrey links abbiegen, beschildert. ✉ (GPS: 45°00'04" N / 5°46'23" E).

Parzelliertes, ebenes und terrassiertes Wiesengelände direkt am See von Laffrey. Durch Hecken und verschiedene, hohe Bäume günstig aufgelockert bzw. beschattet. Privatstrand. Kindersanitär. Trampolin für Kinder. Boccia. Jugendraum. Imbiss. Bar. Wäscheservice. Niederländische Platzleitung. Ort 3 km entfernt. Separater Jugendplatz. Touristen-/Dauerstellplätze 74/6.
2007: P/N 3.60, K/N bis 12 J. 2.50, St/N 6.–, H/N 1.70, KT –.20, Strom/N 3.60 (10 A). In NS 15% auf CCI.

38520 Rochetaillee b. Brg. d'Oisans, Isère — F4280

[35] ★★★ »CAMPING LE CHATEAU« 13.5. bis 14.9.
☎ 04/76110440, Fax 76802123 25000 qm
www.camping-le-chateau.com, jcp@camping-le-chateau.com
→ von Grenoble über die N 85/N 91 Rochetaillee auf die D526 Richtung Col de la Croix de Fer. Beschildert. ✉ Chemin de Boothéon Rochtaillée (GPS: 45°06'55" N / 6°00'20" E).

500m

Wiesengelände im Park eines Herrenhauses am Flussufer. Ort 7 km entfernt. 130 Touristenplätze.
2008: 2 P/N inkl. St/N 26.–, weitere P/N 6.50, K/N bis 10 J. 4.20, H/N –.90, KT –.35, WD zuzügl., Strom/N 3.90 (6 A).

05120 Prelles-Briançon, Hautes-Alpes — F4325

★★★ »CAMPING ISCLE DE PRELLES« Mitte Mai bis Sept.
☎/Fax 04/92202866 1156 m 40000 qm
→ N94 Briançon–Gap. Abf. ca. 5 km südlich von Briançon.

Leicht zum Flussufer abfallende Wiese unter Bäumen. Fitnessraum. Ort 5 km entfernt. 150 Touristenplätze.

05200 Embrun, Hautes-Alpes — F4330

★★★ »CAMPING MUNICIPAL DE LA CLAPIERE« — Mai bis Sept.
☎ 04/92430183, Fax 92435022
60 000 qm
www.camping-embrun-clapiere.com

→ N 94 Briançon–Gap Abf. ca. 2.5 km südwestlich Embrun.

Steiniges Kiefernwaldgelände neben dem städt. Freizeitzentrum. Zum See über die Uferstraße. Ort 2.5 km entfernt. 367 Touristenplätze.

05230 Prunieres, Hautes-Alpes — F4340/1

★★★ »CAMPING ROUSTOU« — Mai bis Sept.
☎ 04/92506263   800m   110 000 qm
www.campinglerouston.com, info@campingleroustou.com

→ N 94 Briançon–Gap, ca. 4 km hinter Savines. Beschildert.

Mehrfach abgestuftes und terrassiertes Gelände zwischen Straße und Stausee. Imbiss. Ort 5 km entfernt. 180 Touristenplätze.

05230 Prunieres, Hautes–Alpes — F4340/2

★★ »CAMPING LE NAUTIC« — 15.5. bis 15.9.
☎ 04/90506249, Fax 92535842   800m   25 000 qm
www.campinglenautic.com, campinglenautic@orange.fr

→ N94 Briançon–Gap Abf. Prunieres und weiter »Lac de Serre Poncon«.

Leicht zum See abfallendes, teilweise terrassiertes Wiesengelände. Durch Büsche und Bäume aufgelockert. 100 Touristenplätze.
2007: 2 P/N inkl. St/N 18.50, weitere P/N 5.80, K/N 1 bis 7 J. 3.20, K/N 7 bis 12 J. 4.30, H/N 1.50, WD inkl., Strom/N 3.– (6 A). In NS Ermäßigung.

04340 Méolans d. Barcelonnette, A.d.H.P. — F4348

★★★ »CAMPING LE RIOCLAR« — Mitte Juni bis Aug.
☎/Fax 04/92811032, www.rioclar.com, rioclar@wanadoo.fr   80 000 qm

→ D 900 B/D 900 Gap–Barcelonnete, ca. 8km vor Barcelonette nach Meolans Revel nordwärts abbiegen. Beschildert.

Wiesengelände mit hohen Bäumen. 200 Touristenplätze.

04400 Barcelonnette, A.-d.-Hte.-Prov. — F4350

★★★ »CAMPING TAMPICO« — 1.1. bis 31.12.
☎/Fax 04/92810255   1135m   23 000 qm
letampico.free.fr, le-tampico@wanadoo.fr

→ D 900 B/D 900 Gap–Barcelonnete, hier abbiegen auf die D 902 in Richtung Pra-Loup. Beschildert. ✉ 70, avenue Emile Aubert.

Wiesengelände mit hohen Bäumen. Ort 1 km entfernt. Touristen-/Dauerstellplätze 70/20.
2008: P/N 3.50, K/N bis 7 J. 2.–, extra A/N 1.50, St/N 3.–, H/N 1.50, KT –.20, WD inkl., Strom/N 2.80 (6 A).

04370 Villars-Colmars, A.-d.-Hte.-Prov. — F4355

★★★ »CAMP LE HAUT-VERDON« — 10.5. bis 21.9.
☎ 04/92834009, 92835661   1225 m   35 000 qm
www.lehautverdon.com, campinglehautverdon@wanadoo.fr

→ N 85 Gap–Cannes, bei Barrême abbiegen nach St. André-les-Alpes und ab hier nordwärts über die D 955 u. D 908 bis ca. 2 km vor Colmars. ✉ 908, Route Départementale.

Kiefernwaldgelände zwischen der Straße und dem Fluss Verdon. Hunde an der Leine erlaubt. Ort 800 m entfernt. 130 Touristenplätze.
2007: (HS) P/N 4.–, K/N bis 7 J. 3.–, St/N 12.–, H/N 2.– KT u. WD inkl., Strom/N 3.–/4.– (6/10 A). In NS Ermäßigung.
DCC/CCI 5% auf P/N und St/N.

05000 Gap, Hautes-Alpes — F4405

★★★★ »CAMPING ALPES DAUPHINÉ« — 1.4. bis 1.11.
☎ 04/92512995, Fax 92535842   60 000 qm
www.alpesdauphine.com, alpes.dauph@wanadoo.fr

→ N85 Grenoble–Cannes, im nördlichen Stadtbereich von Gap. ✉ Route Napoléon.

Leicht abfallendes, teilweise terrassiertes Wiesengelände. Teilweise durch Laubbäume beschattet. Etappenplatz. Günstig für Ausflüge. Ort 2 km entfernt. Touristen-/Dauerstellplätze 145/40.
2008: (HS) P/N 5.90, K/N bis 7 J. 3.80, J/N 4.70, St/N 6.90, H/N 2.–, WD inkl., Strom/N 3.– (6 A). In NS Ermäßigung.

26620 Lus-la-Croix-Haute, Drôme — F4415

★★★ »CAMPING CHAMP LA CHEVRE« — 26.4. bis 28.9.
☎ 04/92585014, Fax 92585592   1030m   37 000 qm
www.campingchamplachevre.com, info@campingchamplachevre.com

→ N 75 Grenoble–Serres, hinter La-Croix-Haute ostwärts abbiegen, noch 1 km.

Leicht abfallendes Wiesengelände. Imbiss in HS. Ort 200 m entfernt. 100 Touristenplätze.
2008: (HS) P/N 4.40, K/N bis 10 J. 2.70, St/N 6.20, H/N 2.–, KT –.35, WD inkl., Strom/N 3.90 (6 A). In NS Ermäßigung.

26150 Die, Drôme — F4417

★★★★ »CAMPING LA PINEDE« — 29.3. bis 14.9.
☎ 04/75221777, Fax 75222273   13 000 qm
www.camping-pinede.com, info@camping-pinede.com

→ D 111/D 93 Valence–Gap, in Die abbiegen. Beschildert. ✉ Quartier du Pont Neuf.

Langgestrecktes, kiesiges Gelände am Ufer der Drôme. Ort 1.5 km entfernt. 110 Touristenplätze.
2007: 2 P/N inkl. St/N 19.–, P/N 7.–, K/N bis 7 J. 5.50, H/N 2.–, WD inkl., Strom/N 3.50 (5 A).

26310 Recoubeau-Jansac, Drôme — F4418

★★★ »CAMPING LE COURIOU« — Juni bis Aug.
☎ 04/75213323, Fax 75213842   70 000 qm
www.campinglecouriou.com, camping.lecouriou@wanadoo.fr

→ D 111/D 93 Valence–Gap, ca. 13 km hinter Die.

Wiesengelände am Drôme-Ufer. Ort 1 km entfernt. 112 Touristenplätze.

05700 Serres, Hautes-Alpes — F4425

★★★ »CAMPING DOMAINE DES 2 SOLEILS« — 1.5. bis 30.9.
☎ 04/92670133, Fax 92670802   800 m   120 000 qm
www.domaine-2soleils.com, dom.2.soleils@wanadoo.fr

→ N 75 Grenoble–Sisteron. Am südl. Ortsrand auf eine Privatstraße abbiegen, beschildert. Teilweise steile und enge Anfahrt.

Weitläufiges und terrassiertes Hanggelände mit schönem Ausblick. Ort 3 km entfernt. 75 Touristenplätze.
2007: (HS) 2 P/N inkl. St/N 17.90, H/N 2.–, KT ab 13 J. –.35, WD inkl., Strom/N 3.35. In NS Ermäßigung.

04290 Volonne, Alpes-de-Hte.-Prov. — F4430

★★★★ »CAMPING L'HIPPOCAMPE« — 22.3. bis 30.9.
☎ 04/92335000, Fax 92335049   80 000 qm
www.l-hippocampe.com, camping@l-hippocampe.com

→ N 85 Gap–Cannes, südl. Sisteron bei Château-Arnoux abbiegen (GPS: 44°06'22" N / 6°00'56" E).

Von Gärten und Feldern umgebene, baumbestandene Geländestreifen am Stauseeufer. Reservierung empfehlenswert. Im See Badeverbot. Imbiss. Ort 600 m entfernt. 447 Touristenplätze.
2008: (HS) 2 P/N inkl. St/N 21.–, weitere P/N 6.50, K/N bis 4 J. frei, H/N 4.–, KT und WD inkl., Strom/N 3.– (10 A). In NS Ermäßigung.

04160 Château Arnoux, A.-de-Hte.-Pr. F4435

35 ★★ »CAMPING LES SALETTES« 1.6. bis Dez.
☎ 04/92640240, Fax 92335049 440 m 40 000 qm
www.lessalettes.com, info@lessalettes.com

→ N 85 Gap–Cannes Abf. Château-Arnoux. Ab Château Arnoux ca. 2 km nördlich, dann rechts ab über die Bahnlinie. Beschildert.

Ebenes Wiesengelände am Stauseeufer mit asphaltierten Wegen. Im See Badeverbot. Ort 400 m entfernt. Touristen-/Dauerstellplätze 300/65.
2007: 2 P/N inkl. St/N 26.–, P/N 5.–, WD inkl., Strom/N 4.– (10 A).

04300 Forcalquier, A.-de-Haute. Prov. F4437/1

35 ★★★ »CAMP LE MOULIN DE VENTRE« 5.4. bis 30.9.
☎ 04/92786331, Fax 92798692 373 m 30 000 qm
www.moulin-de-ventre.com, moulindeventre@aol.com

→ A 51/E 712 Gap–Aix-en-Provence, Abf. (19). Weiter auf die N 100 Richtung Ort, ca. 3 km östl. von Niozelles. Beschildert. ✉ (GPS: 43°56'01" N / 5°52'05" E).

Ebenes Gelände unter Bäumen am Seeufer (Badeverbot). Haltestelle und Ort 2.5 km entfernt. 100 Touristenplätze.
2008: 2 P/N inkl. St/N 26.70, weitere P/N 6.–, K/N ab 2 J. 3.–, H/N 3.–, WD und Strom (10 A) inkl.

04300 Forcalquier, A.-de-Haute. Prov. F4437/2

30 ★★★ »CAMPING INDIGO FORCALQUIER« 28.3. bis 19.10.
☎ 04/92752794, Fax 92751810 500 m 40 000 qm
www.camping-indigo.com, forcalquier@camping-indigo.com

→ A 51/E 712 Gap–Aix-en-Provence, Abf. (19). Weiter auf die N 100 Richtung Ort. Beschildert. ✉ Route de Sigonce (GPS: 43°56'01" N / 5°52'05" E).

Größtenteils parzelliertes und ebenes Wiesengelände am Rande des Nationalparks "Lubéron". Durch Büsche und Bäume aufgelockert. Volleyball. Boule-Bahn. Brötchenservice.
2007: (HS) P/N 5.50, K/N 2 bis 7 J. 3.70, St/N 8.50 bis 10.50, H/N 3.30, WD inkl., Strom/N 4.20/6.20 (6/10 A). In NS Ermäßigung.

04700 Puimichel, Alpes-de-Haute. Prov. F4438

20 ★★ »CAMPING LES MATHERONS« 20.4. bis 1.10.
☎/Fax 04/92796010 550 m 40 000 qm
www.campinglesmatherons.com, lesmatherons@wanadoo.fr

→ A 51/E 712 Gap–Aix-en-Provence, Abf. (19) Richtung La Brillanne/Oraison und auf der D12 weiter nach Puimichel. Ca. 2 km vor Puimichel rechts abbiegen. Beschildert. ✉ (GPS: 43°57'37" N / 6°00'27" E).

Unparzelliertes, naturbelassenes Campinggelände mit Büschen und durch Bäumen beschattet. Familiäre Atmosphäre. Brötchenservice. Bar. Niederländische Platzleitung. Ort 2 km entfernt. 25 Touristenplätze.
2007: (HS) P/N 4.–, K/N bis 9 J. 3.–, St/N 7.50, H/N 1.10, WD inkl., Strom/N 2.50 (3 A). In NS Ermäßigung.

04360 Moustiers s. Marie, A.-de-Hte.-Prov. F4439

★★★ »CAMPING MANAYSSE« April bis Nov.
☎ 04/92746671, Fax 92746228 550 m 15 000 qm
www.camping-manaysse.com

→ D952 Riez–Castellane (Grand Canyon Du Verdon) Abf. Moustiers s. M.

Wiesengelände mit vereinzelten Bäumen. Familiärer Platz. Volleyball. Ort 1 km, Ste Croix-See 4 km entfernt. 97 Touristenplätze.

04170 St. Julien d. Verdon, A.-d.-Hte.-Prov. F4445

★★ »CAMPING CARAVANING DU LAC« April bis Sept.
☎/Fax 04/92890793 10 000 qm
http://campdulac.monsite.wanadoo.fr, campdulac@wanadoo.fr

→ N 85 Digne–Cannes, in Castellane nordwärts nach St. Julien abbiegen. ✉ Route de Nice.

Teils ebenes, teils hügeliges Wiesengelände unter Bäumen am Seeufer. Ort 500 m entfernt. Touristen-/Dauerstellplätze 70/7.

04120 Castellane, Alpes-de-Hte.-Prov. F4450/1

45 ★★★★ »CAMP DU VERDON« 7.5. bis 15.9.
☎ 04/92836129, Fax 92836937 140 000 qm
www.camp-du-verdon.com, contact@camp-du-verdon.com

→ N85 Digne–Cannes, in Castellane auf die D952 abbiegen Richtung Verdon-Schlucht. ✉ Domain du Verdon (GPS: 43°50'21" N / 6°29'38" E).

Ausgedehntes, von einem Bach durchzogenes Wiesengelände mit schönem Baumbestand und zwei kleinen Seen. Wassersport-Wasserrutsche. möglichkeiten. Ort 1.2 km entfernt. Touristen-/Dauerstellplätze 200/35.
2008: (HS) 3 P/N inkl. St/N 38.– bis 43.–, weitere P/N 12.–, K/N bis 4 J. frei, H/N 2.50, Strom inkl. In NS Ermäßigung (2 P/N inkl. St/N nur in NS).

04120 Castellane, Alpes-de-Hte.-Prov. F4450/2

30 ★★★ »CAMPING CHASTEUIL-PROVENCE« 1.5. bis 1.9.
☎ 04/92836512, Fax 92837662 643 m 70 000 qm
www.chasteuil-provence.com, contact@chasteuil-provence.com

→ N 85 Digne–Cannes, in Castellan auf die D 952 abbiegen und noch ca. 8 km westlich. ✉ Route des Gorges du Verdon (GPS: 43°49'00" N / 6°25'00" E).

Von Bergen umgebenes Wiesengelände am Ufer des Verdon. Ort 8 km entfernt. 210 Touristenplätze.
2007: (HS) 3 P/N inkl. St/N 21.90 bis 27.20, weitere P/N 4.80, K/N bis 4 J. 2.60, H/N frei, KT –.40, WD und Strom (3/10 A) inkl. In NS Ermäßigung.

04120 Castellane, Alpes-de-Hte.-Prov. F4450/3

25 ★★★ »CAMP GORGES DU VERDON« 1.5. bis Sept.
☎ 04/92836364, Fax 92837472 660 m 40 000 qm
www.camping-gorgesduverdon.com, aremus@camping-gorgesduverdon.com

→ N 85 Digne–Cannes, in Castellan auf die D 952 abbiegen, noch ca. 10 km. ✉ (GPS: 43°49'21" N / 6°25'53" E).

Parzelliertes Wiesengelände am Verdonufer. Größtenteils von Kiefern beschattet. Volleyball.
2008: 3 P/N inkl. St/N 24.–, weitere P/N 5.20, K/N bis 4 J. 2.–, H/N frei, KT –.40, WD inkl., Strom/N 4.20 (6 A). In NS Ermäßigung.

04120 Castellane, Alpes-de-Hte.-Prov. F4450/4

45 ★★★★ »RCN LES COLLINES DE CASTELLANE« 21.4. bis 22.9.
☎ 04/92836896, Fax 92837540 960 m 80 000 qm
www.rcn-campings.fr, info@rcn-lescollinesdecastellane.fr

→ N 85 Digne–Cannes, in Castellan auf die RN85 ca. 5 km bis La Garde, hier noch 1 km weiter und dann rechts, beschildert. ✉ Route de Grasse (GPS: 43°49'27" N / 6°34'11" E).

Terrassiertes Gelände in einem Pinien- und Laubwald. An einem Hang gelegen. Parzelliert und von Büschen und Hecken durchzogen. Kindersanitär. Wasserrutschen. Balneo. Boule. Imbiss/Kiosk. Bibliothek. Volleyball. Billard. W-LAN/Funkinternet. Kühlschrankverleih. In NS stark frequentiert - Reservierung empfohlen bzw. Voranmeldung erwünscht. Niederländische Platzleitung. Ort 6 km entfernt. Touristen-/Dauerstellplätze 161/39.
2007: (HS) 2/6 P/N inkl. St/N 41.–/44.50, H/N 4.–, KT 2.–, WD und Strom (10 A) inkl. In NS Ermäßigung.

583

83135 Regusse, Var — F 4470

★★★ »CAMPING LES LACS DU VERDON« Ende April bis Sept.
☎ 04/94701795, Fax 94705179 60000 qm
www.leslacsduverdon.com, info@leslacsduverdon.com

→ A 8 Aix–Cannes Abf. Brignoles auf die D 554 nordwärts, ab Tavernes auf die D 13 bis Montmeyan. Hier östlich abbiegen nach Règusse. Ab hier noch ca. 2.5 km.

Wiesengelände unter Bäumen. Ort 2 km, Tennis und Reitmöglichkeit 2.4 km entfernt. 300 Touristenplätze.

DCC-Vertragsplatz

83630 Les Salles-sur-Verdon, Var — F 4478/1

30 ★★★★ »CAMPING LES PINS« 1.4. bis 18.10.
☎ 04/98102380, Fax 94842327 20000 qm
www.campinglespins.com, camping.les.pins@wanadoo.fr

→ A 51 Sisteron–Aix Abf. Manosque auf die D 6 über Riez nach Moustiers, hier südlich nach Salles. (GPS: 43°46'56" N / 6°12'50" E).

Ansteigend terrassiertes Gelände unterhalb des Ortes. Durch einen Weg vom See getrennt. Unterer Platzteil für Zelte. Ort 200 m entfernt. 104 Touristenplätze.
2007: (HS) P/N 5.15, K/N bis 8 J. 2.50, C-St/N 11.–, MC/N 8.80, T-St 5.60, H/N 1.75, KT –.35, WD inkl., Strom keine Angabe. In NS Ermäßigung.
DCC 10% auf P/N, CCI 5% auf P/N.

83630 Les Salles-sur-Verdon, Var — F 4478/2

20 ★★★ »CAMPING LA SOURCE« 22.3. bis 10.10.
☎ 04/94702040, Fax 94702074 20000 qm
www.provence-campings.com/verdon/lasource

→ A 51 Sisteron–Aix Abf. Manosque auf die D 6 über Riez nach Moustiers, hier südlich nach Salles. (GPS: 43°46'32" N / 6°12'26" E).

100 m 200 m 2 km

Zum Lac de Ste. Croix abfallendes Gelände, teilweise terrassiert. Vom See durch einen Weg getrennt. 89 Touristenplätze.
2007: (HS) P/N 4.90, K/N 2 bis 8 J. 2.50, St/N 5.60 bis 11.60, H/N 2.–, KT –.35, WD inkl., Strom/N 3.50 (10 A). In NS Ermäßigung.

38440 St. Jean de Bournay, Isère — F 4523

20 ★★ »CAMPING LE MOULIN« 15.4. bis 30.9.
☎ 04/74593034, Fax 74583612 423 m 15000 qm
www.camping-meyrieu.com, basedeloisirs.du.moulin@wanadoo.fr

→ A7/E15 Lyon–Vienne Abf. Vienne-Nord auf die D502 in östlicher Richtung.

Wiesengelände am Ufer eines kleinen Sees. 94 Touristenplätze.
2007: (HS) P/N 4.70, K/N bis 12 J. 2.60, St/N 4.70, H/N 1.60, KT –.40, Strom/N 3.60 (6 A). In NS Ermäßigung.

38150 Vernioz, Isere — F 4528

30 ★★★★ »CAMPING DU BONTEMPS« April bis Sept.
☎ 04/74578352, Fax 74578370 230 m 8000 qm
www.campingbontemps.com, infos@campingbontemps.com

→ A7/E15 Lyon–Valence Abf. (9) Vienne, weiter auf der N7 Richtung Valence, in Le Clos links auf die D37 und über Cheyssieu nach Vernioz.

Ebenes Wiesengelände in Fluss- und Waldnähe. Zahlreiche Sportmöglichkeiten. Wasserrutsche. Volleyball. Ort 3 km entfernt. Touristen-/Dauerstellplätze 120/80.
2007: (HS) P/N 6.–, K/N bis 7 J. 3.–, A/N 2.–, C/N 7.–, MC/N 10.–, T/N 7.–, M/N 2.–, H/N 2.–, KT –.40, Strom/N 3.– (6 A). In NS Ermäßigung.

42410 Pelussin, Rhône — F 4530

25 ★★★ »CAMPING BEL EPOQUE DU PILAT« 1.4. bis 30.9.
☎ 04/74876660, Fax 74877381 420 m 35000 qm
www.camping-belepoque.fr, camping-belepoque@orange.fr

→ A7 Lyon–Valence Abf. Vienne auf die N86 nach Pelussin. Route de Malleval (GPS: 45°24'50" N / 4°21'29" E).

Wiesengelände unter Bäumen mit schönem Panorama. Familiäre Atmosphäre. Schwimmen 500 m, Haltestelle 1.5 km entfernt. Touristen-/Dauerstellplätze 50/15.
2007: (HS) P/N 4.50, K/N bis 7 J. 3.20, St/N 7.50, B/N 2.–, WD inkl., Strom/N 3.50 (6 A). In NS Ermäßigung.
CCI 10% auf P/N und St/N.

42220 Saint-Julien Molin Molette, Loire — F 4535

★★ »CAMPING DU VAL TERNAY« April bis Okt.
☎/Fax 04/77515076 7000 qm
http://valduternay.site.voila.fr, valduternay@voila.fr

→ N86 Vienne–Serrières Abf. St Pierre de Boeuf auf die D503 zum Ort. 3, rue du pre Batoin.

Wiesengelände mit Bäumen im „Parc Du Pilat". Imbiss. Touristen-/Dauerstellplätze 40/20.

26140 Anneyron, Drôme — F 4538

25 ★★★ »CAMPING LA CHÂTAIGNERAIE« 1.4. bis 30.9.
☎ 04/75314333, Fax 75038467 330 m 20000 qm
www.chataigneraie.com, contact@chataigneraie.com

→ A 7 Lyon–Valence Abf. Chanas auf die N 7 in Richtung St. Vallier, bei St. Rambert abbiegen nach Anneyron und noch ca. 3.5 km in Richtung Mantaille. Route de Mantaille (GPS: 45°15'18" N / 4°54'14" E).

Von Wald, Feldern und Obstbäumen umgebenes Wiesengelände. Durch Hecken parzelliert und mit einzelnen Bäumen aufgelockert. Kiosk. Ort 3.5 km entfernt. Touristen-/Dauerstellplätze 41/30.
2008: (HS) 2 P/N inkl. St/N 19.–, weitere P/N 5.–, K/N 3 bis 7 J. 2.60, K/N 8 bis 14 J. 3.80, H/N 2.20, WD inkl., Strom/N 3.90/4.50 (6/10 A). In NS Erm.

26140 Albon, Drôme — F 4540

30 ★★★ »CAMPING CHATEAU DE SENAUD« 1.4. bis 15.10.
☎ 94/75031131, Fax 75030806 30000 qm
www.chateau-de-senaud.com, camping.de.senaud@wanadoo.fr

→ A 7 Lyon–Valence Abf. Chanas auf die N 7 in Richtung St. Vallier, bei Creux-Thine abbiegen auf die D 301 nach Albon.

Abfahrt

Gepflegtes Gelände bei einem Schlosspark. Ort 3 km entfernt. Touristen-/Dauerstellplätze 95/45.
2008: P/N 6.85, K/N bis 6 J. 3.50, St/N 9.30, WD inkl., Strom/N 5.– (10 A).

26330 Saint Avit, Drôme — F 4542

25 ★★★ »CAMPING LA GARENNE« 29.3. bis Sept.
☎ 04/75686226, Fax 75686002 100000 qm
www.domaine-la-garenne.com, garenne.drome@wanadoo.fr

→ A7/E15 Vienne–Valence Abf. Chanas auf die N 7 über St. Rambert d'Albon bis St. Vallier. Weiter auf der D 51 bis Chateauneuf de Galaure. Hier in südl. Richtung auf die D 53 und D 207 zum Ort. (GPS: 45°12'29" N / 4°57'24" E).

Weitläufiges Terrassengelände unter Bäumen am Flussufer. Imbiss. Ort (Chateauneuf de Galaure) 3 km entfernt. Touristen-/Dauerstellplätze 50/50.
2008: (HS) 2 P/N inkl. St/N 16.–, weitere P/N 5.–, K/N bis 7 J. 3.–, H/N 2.–, WD inkl., Strom/N 3.–/4.– (3/6 A). In NS Ermäßigung.

DCC – DEIN PARTNER!

26300 Châteauneuf sur Isère, Drôme — F4548

30 ★★★ »CAMPING LE SOLEIL FRUITÉ« 26.4. bis 14.9.
☎ 04/75841970, Fax 75780585 35 000 qm
www.lesoleilfruite.com, contact@lesoleilfruite.com

→ A7 Lyon–Montélimar Abf. (14) Valence-Nord weiter der Beschilderung Châteauneuf sur Isère folgen. Beschildert. ✉ Les Pêches.

300 m

Durch Hecken und Büsche parzelliertes und ebenes Wiesengelände in hügeliger Landschaft. Mit Pfirsich-, Aprikosen- und Olivenbäumen aufgelockert. Kindersanitär. Kiosk mit Brötchenservice. Bar. Mini-Club. In HS Abendveranstaltungen. Ort 3 km, 18-Loch Golfplatz 5 km entfernt. 100 Touristenplätze.
2008: 2 P/N inkl. St/N 22.90, weitere P/N 6.45, K/N 6 bis 13 J. 4.70, H/N ca. 2.– (NS), KT –.35, Strom/N 4.– (6 A).

26000 Valence, Drôme — F4550

★★★ »CAMPING L'EPERVIERE« Mitte Jan. bis Mitte Dez.
☎ 04/75423200, Fax 75562067, eperviere@vacanciel.com 35 000 qm

→ A7 Lyon–Montélimar Abf. Valence/Süd auf die N 7 nordwärts. Beim Casino links abbiegen. Beschildert. ✉ Chemin de l'Eperviere.

800 m

Naturbelassenes Laubwaldgelände zwischen Autobahn und Rhône. Übernachtungsplatz. Bowling. Ort 2.5 km entfernt. Touristen-/Dauerstellplätze 130/20.

26120 Chabeuil, Drôme — F4552

35 ★★★★ »CAMPING SUNELIA GRAND LIERNE« 27.4. bis 9.9.
☎ 04/75598314, Fax 75598795 48 000 qm
www.grandlierne.com, contact@grandlierne.com

→ A7 Lyon–Montélimar Abf. Valence/Süd über Valence ostwärts nach Chabeuil. Beschildert. ✉ (GPS: 44°55'00" N / 5°04'00" E).

Ebenes Wiesengelände unter Eichen in ländlicher Umgebung. Imbiss. Gasverkauf. Ort 4.5 km entfernt. Touristen-/Dauerstellplätze 135/5.
2007: P/N 8.50, K/N bis 7 J. 6.20, extra A/N 3.–, St/N 6.–, M/N 3.–, KT –.35, WD inkl., Strom/N 4.30 (6 A).

26400 Crest, Drôme — F4554

20 ★★★ »CAMPING LES CLORINTHES« 1.4. bis 30.9.
☎ 04/75250528, Fax 75767509   800 m   40 000 qm
www.lesclorinthes.com, clorinthes@wanadoo.fr

→ A 7 Valence–Montélimar Abf. Loriol/Pouzin, in östlicher Richtung auf der D 104 zum Ort. ✉ (GPS: 44°43'25" N / 5°01'39" E).

Ebenes Wiesengelände unterhalb der Straße am Ufer der »Drôme«. Ort 600 m entfernt. 160 Touristenplätze.
2007: (HS) P/N inkl. St/N 16.90, H/N 2.20, KT –.30, Strom/N 3.60 (6 A). In NS Ermäßigung.

26400 Mirabel et Blacons, Drôme — F4555

25 ★★★ »GERVANNE CAMPING« 1.4. bis 30.9.
☎ 04/75400020, Fax 75400397   185 m   35 000 qm
www.gervanne-camping, info@gervanne-camping.com

→ A 7 Lyon–Montélimar, Abf. Valence-Süd auf die D111 bis Crest. Hier auf die D104/D164 bis zum Ort. ✉ (GPS: 44°25'36" N / 5°03'15" E).

Von Laubbäumen beschattetes, ebenes Wiesengelände am Ufer der »Drôme«. Touristen-/Dauerstellplätze 128/22.
2008: (HS) P/N 5.30, K/N bis 7 J. 2.70, A/N 2.80, C T-St/N 4.70, MC/N 7.50, H/N 2.–, KT –.30, WD inkl., Strom/N 2.80/3.40 (4/6 A). In NS Ermäßigung.

Die Gebühren werden von den Platzhaltern lange vor Erscheinen des Campingführers gemeldet. Daher sind Abweichungen möglich.

26740 La Coucourde-Derbieres, Drôme — F4560

15 ★★ »CAMPING FLORAL« 1.1. bis 31.12.
☎ 06/83033404 10 000 qm
www.campingfloral.com, deminfo@campingfloral.com

→ A7 Valence–Orange Abf. Montélimar/Nord auf die N7 Richtung Montélimar, am Ortsende von La Coucourde. ✉ 75, route Nationale 7 (GPS: 44°22'56" N / 4°27'52" E).

Wiesengelände unter Bäumen an der N7. FW. Haltestelle 500 m, Ort 4 km entfernt. 30 Touristenplätze.
2007: P/N 3.–, K/N bis 8 J. 1.50, St/N 5.50, H/N 1.–, WD inkl., Strom/N 3.– oder kWh –.15 (6 A).

30630 Goudargues, Gard — F4593/1

25 ★★ »CAMPING LA GRENOUILLE« April bis Okt.
☎ 04/66822136, Fax 66822777 10 000 qm
www.camping-la-grenouille.com, camping-la-grenouille@wanadoo.fr

→ A 7 Montélimar–Orange Abf. Bollène über D 94 und N 86 nach Bagnols, hier nordwestlich auf die D 980 abbiegen nach Goudargues.

Ebenes Waldgelände am Ufer der Cèze. 50 Touristenplätze.
2008: (HS) 2/3/4 P/N inkl. St/N 18.–/20.50/23.–, H/N 1.–, Strom/N 2.50 (6 A). In NS Ermäßigung.

30630 Goudargues, Gard — F4593/2

★★★ »CAMPING LE ST. MICHELET« April bis Sept.
☎ 04/66822499, Fax 66825096 50 000 qm
camping.st.michelet@wanadoo.fr

→ A 7 Montélimar–Orange Abf. Bollène über D 94 und N 86 nach Bagnols, hier nordwestlich auf die D980 abbiegen nach Goudargues. ✉ Route de Frigoulet.

500 m

Waldgelände am Ufer der Cèze. Ort 500 m entfernt. 160 Touristenplätze.

30630 Goudargues, Gard — F4593/3

25 ★★★ »CAMPING LES AMARINES II« 1.4. bis 15.10.
☎ 04/66822492, Fax 66823864 35 000 qm
www.campinglesamarines.com, contact@campinglesamarines.com

→ A 7 Montélimar–Orange Abf. Bollène über D 94 und N 86 nach Bagnols, hier nordwestlich auf die D 980 abbiegen nach Goudargues. ✉ Cornillon (GPS: 44°13'11" N / 4°28'48" E).

Leicht zum Fluss abfallendes Wiesengelände unter Bäumen. Imbiss. Touristen-/Dauerstellplätze 108/18.
2007: (HS) 2 P/N inkl. St/N 18.40, weitere K/N bis 7 J. 2.–, H/N 1.60, KT –.20, WD und Schwimmbad inkl., Strom/N 3.50 (6 A). In NS Ermäßigung.

30130 St. Paulet-de-Caisson, Gard — F4594

★★★ »CAMPING LES OLIVIERS« April bis Okt.
☎ 04/66821413   70 m   15 000 qm
www.camping-lesoliviers.net, info@camping-lesoliviers.net

→ A 7 Montélimar–Orange Abf. Bollène/Pont-Saint-Esprit. Im Ort St. Paulet-de-Caisson Richtung St. Julien-de-Peyrolas. Nach ca. 2 km rechts, beschildert. ✉ Chemin de Tête Grosse (GPS: 44°16'23" N / 4°34'46" E).

Ebenes, parzelliertes und terrassiertes Wiesengelände mit vielen Bäumen. Reservierung im Sommer empfehlenswert. Volleyball. Fluss 200 m entfernt. 50 Touristenplätze.

30200 Bagnols-sur-Cèze, Gard — F4595

25 ★★★ »CAMPING LES GENÊTS D'OR« 1.4. bis 30.9.
☎/Fax 04/66895867 40 000 qm
www.camping-genets-dor.com, info@camping-genets-dor.com

→ A 7 Montélimar–Orange Abf. Bollène über D 94 und N 86 nach Bagnols. Hier am nördlichen Ortseingang bei der Tankstelle abbiegen, noch ca. 1.5 km Richtung Carmignan. ✉ Route de Carmignan.

Hoher Laubwald an der Cèze auf zwei Geländestufen. Tennis 1.5 km, Ort 2 km entfernt. 120 Touristenplätze.
2007: 2 P/N inkl. St/N 21.20, WD inkl., Strom/N 2.86 (3 A). In NS Erm.

43400 Le Chambon sur Lignon, Haute L. F4600

★★ »CAMPING CLUB A TOU VERT« April bis Okt.
☎ 04/71597286, Fax 67363920   1000 m   20000 qm

→ A7/E15 Lyon–Montélimar Abf. Valence auf die D533 nach Le Chambon sur Lignon. ✉ Route du Stade.

Wiesengelände unter Bäumen am Ufer des Lignon in Waldnähe. Touristen-/Dauerstellplätze 70/30.

07190 St. Sauveur de Montagut, Ard. F4608

35 ★★★ »L'ARDECHOIS CAMPING« 25.4. bis 30.9.
☎ 04/75666187, Fax 75666367   37000 qm
www.ardechois-camping.fr, ardechois.camping@wanadoo.fr

→ N 86 Valence–Montélimar, bei Beauchastel abbiegen über die D120 und D102 Richtung Mezilhac. (GPS: 44°49'44'' N / 4°31'19'' E).

Terrassiertes Wiesengelände an der Gluèyre. Piano-Bar. Ort 8 km entfernt. 106 Touristenplätze.
2008: 2 P/N inkl. St/N 27.50, weitere P/N 6.25, K/N bis 3 J. frei, KT –.35, WD u. Strom inkl. (10 A).

07360 Les Ollières sur Eyrieux, Ard. F4610/1

40 ★★★ »CAMPING DOMAINE DES PLANTAS« 5.4. bis 4.10.
☎ 04/75662153, Fax 75662102   70000 qm
www.camping-franceloc.fr, plantas.ardeche@wanadoo.fr

→ N 86 Valence–Montélimar, bei Beauchastel westwärts abbiegen auf die D120, noch 20 km. Im Ort beschildert. Für Caravans schwierige Zufahrt (Schlepphilfe).

Terrassierter Berghang bei einem Schlösschen an der Eyrieux mit schönem Sandstrand. Bungalowanlage. Ort 2.5 km entfernt. 127 Touristenplätze.
2007: 2 P/N inkl. St/N 31.–, weitere P/N 7.50, K/N bis 4 J. 3.–, H/N 3.–, KT –.30, WD und Strom inkl. (10 A).

07360 Les Ollières sur Eyrieux, Ard. F4610/2

30 ★★★ »CAMPING LE CHAMBOURLAS« 1.5. bis 1.10.
☎ 04/75662431, Fax 75662122   35000 qm
www.chambourlas.com, info@chambourlas.com

→ N 86 Valence–Montélimar, bei Beauchastel westwärts abbiegen auf die D120, noch 20 km. Im Ort beschildert. ✉ Chambon de Bavas.

Wiesengelände an einem See, umgeben von Mischwald. Ort 5 km entfernt. 75 Touristenplätze.
2008: (HS) 2 P/N inkl. St/N 24.–, weitere P/N 5.90, K/N bis 12 J. 5.–, H/N 2.50, KT –.30, WD und Strom (10 A) inkl. In NS Ermäßigung.

07000 Privas, Ardèche F4615

25 ★★★ »ARDECHE CAMPING« 1.4. bis 15.9.
☎ 04/75640580, Fax 75645968   295 m   50000 qm
www.ardechecamping.fr, geray@wanadoo.fr

→ A7 Lyon–Valence Abf. Loriol s. D. auf die N304 bis Privas. Weiter auf der D2 in Richtung Montélimar. Beschilderung »Schwimmbad« folgen. ✉ Boulevard de Paste (GPS: 44°43'34'' N / 4°35'54'' E).

Leicht abfallendes, parzelliertes und teilterrassiertes Wiesengelände. Teilweise mit älterem Baumbestand oder Anpflanzungen. 166 Touristenplätze.
2007: 2 P/N inkl. St/N 19.50, weitere P/N 5.–, K/N bis 6 J. 3.50, WD inkl., Strom/N 3.50 (10 A).

07170 Villeneuve-de-Berg, Ardèche F4620

40 ★★★★ »CAMPING LE POMMIER« Mitte April bis Okt.
☎ 04/75948281, Fax 75948390   300 m   30000 qm
www.campinglepommier.com, info@campinglepommier.com

→ N 102 Montelimar–Aubenas über Le Teil bis ca. 2 km vor Villeneuve-de-Berg, beschildert.

07200 Aubenas, Ardèche F4623/1

35 ★★★ »CAMP DOMAINE DU CROS D'AUZON« 5.4. bis 15.9.
☎ 04/75377586, Fax 75370102, cros.d.auzon@wanadoo.fr   20000 qm
www.camping-cros-auzon.com, www.hôtel-cros-auzon.com

→ N 102 D 579 Montélimar–Aubenas, hier abbiegen auf die D 579 nach St. Maurice d'Ardèche.

Ebenes Wiesengelände an der Ardèche. Ziertech. Teilweise durch Bäume beschattet. Mehrere Schwimmbecken. Bungalowanlage. Ort 1 km entfernt. 186 Touristenplätze.
2007: (HS) 2 P/N inkl. St/N 27.80, weitere P/N 6.70, K/N bis 10 J. 4.70, H/N 2.50, KT –.41, WD und Strom (6 A) inkl. In NS Ermäßigung.

07200 Aubenas, Ardèche F4623/2

30 ★★★ »CAMPING LE PLAN D' EAU« 28.4. bis 16.9.
☎/Fax 04/75354498   25000 qm
www.campingleplandeau.com, leplandeau@wanadoo.fr

→ N 102 Montélimar–Aubenas, hier abbiegen auf die N 304 Richtung Privas ca. 5 km bis zum Ortsteil St. Privat. ✉ Route de Lussas.

Wiesengelände am Ufer der Ardèche. Imbiss. 100 Touristenplätze.
2007: (HS) 2 P/N inkl. St/N 24.–, weitere P/N 5.50, K/N bis 10 J. 3.70, H/N 2.50, WD inkl., Strom/N 4.20 (8 A). In NS Ermäßigung.

07110 Largentière, Ardèche F4628

50 ★★★★ »CAMPING LES RANCHISSES« 12.4. bis 2.11.
☎ 04/75883197, Fax 75883273   40000 qm
www.lesranchisses.fr, reception@lesranchisses.fr

→ Straße D 104 Aubenas-Joyeuse, bei Lachapelle oder La Croisette abbiegen. ✉ Route de Rocher.

Ebenes Wiesengelände am Flussufer mit Anpflanzungen. Spa - Hamam. Imbiss. Ort 2 km entfernt. 150 Touristenplätze.
2008: (HS) 2 P/N inkl. St/N 38.50 bis 40.50, weitere P/N 8.–, K/N bis 1 J. frei, H/N 3.–, WD u. Strom inkl. (10 A). In NS Ermäßigung.

07260 Rosières, Ardèche F4630/1

25 ★★★ »ARLEBLANC CAMPING« 20.3. bis 11.11.
☎ 04/75395311, Fax 75399398   70000 qm
www.arleblanc.com, info@arleblanc.com

→ D 104 Aubenas–Ales, 21 km südlich Aubenas. In Rosières südostwärts abbiegen noch ca. 3 km. Beschildert.

Waldgelände mit Lichtungen an der Beaume (Nebenfluss der Ardèche). Kanu-Station. Ort 3 km entfernt. 167 Touristenplätze.
2007: (HS) 2 P/N inkl. St/N 23.–, weitere P/N 5.50, K/N bis 10 J. 2.20, H/N frei, KT –.35, WD inkl., Strom/N 3.75. In NS Ermäßigung.

07260 Rosières, Ardèche F4630/2

15 ★★★ »CAMPING LES OLIVIERS« 1.4. bis 30.9.
☎ 04/75395542, Fax 06/78264219   140 m   9000 qm

→ D 104 Aubenas-Ales, 21 km südlich Aubenas. In Rosières Richtung Intermarché. Beschildert. ✉ Les Vernades.

Kleiner Campingplatz mit ebenem Waldgelände nahe (300 m) der Beaume (Nebenfluss der Ardèche). In den Bungalows Hundeverbot. FW. Gemischte Sanitärbenutzung. Ort 900 m entfernt. Touristen-/Dauerstellplätze 35/5.
2008: (HS) 2 P/N inkl. St/N 11.–, weitere P/N 2.50, K/N bis 5 J. 1.50, H/N 1.20 (NS), WD inkl., Strom/N 2.50/3.– (6/10 A). In NS Ermäßigung.

📧 07260 Joyeuse, Ardèche F 4632

★★★ »CAMPING LA NOUZAREDE« April bis Sept.
☎ 04/75399201, Fax 75394327   20 000 qm
www.camping-nouzarede.fr, campingnouzarede@wanadoo.fr

➔ D104 Lablachere–Aubenas nach Joyeuse. Beschildert.

Wiesengelände mit Bäumen am See. 103 Touristenplätze.

📧 07120 St. Alban-Auriolles, Ardèche F 4634

55 ★★★★ »CAMPING LE RANC DAVAINE« 15.3. bis 14.9.
☎ 04/75396055, Fax 75393850   110m   120 000 qm
www.camping-ranc-davaine.fr, camping.ranc.davaine@wanadoo.fr

➔ D 104 Aubenas–Joyeuse, bei Bellevue abbiegen auf die D 4 bis Ruoms, hier weiter auf die D 208 Richtung Chandolas bis St. Alban–Auriolles. 📧 (GPS: 44°24'49" N / 4°16'19" E).

Ebenes bis leicht abfallendes Wiesengelände am Fluss Chassezac. Imbiss. FW. Überdachtes Schwimmbad. Ort 1.5 km entfernt. Touristen-/Dauerstellplätze 156/200.
2008: 2 P/N inkl. St/N 41.–, weitere P/N 9.80, KT –.55, WD und Strom (6 A) inkl.

📧 07120 Balazuc, Ardèche F 4636

20 ★★ »CAMPING DE LA FALAISE« 1.4. bis 30.9.
☎/Fax 04/75377427   7000 qm
www.campingdelafalaise.com, camping.falaise@wanadoo.fr

➔ N102 Aubenas–Montelimar Abf. Aubenas in südl. Richtung auf der D104. Hinter Aubenas auf die D579 wechseln und weiter Richtung Ruoms. Ca. 2 km nach St. Maurice-d'Ardeche rechts abbiegen nach »Les Salles«.

Parzelliertes und ebenes Wiesengelände am Fuße hoher Kalkfelsen. Am Flussufer gelegen und durch Bäume beschattet, sowie mit lichten Hecken unterteilt. Imbiss. Volleyball. Tennis in der Nähe. Ort 2 km entfernt. 40 Touristenplätze.
2007: 2 P/N inkl. St/N 15.50, weitere P/N 4.50, K/N bis 10 J. 3.–, H/N 1.50, KT –.30, WD inkl., Strom/N 3.50 (10 A). In NS Ermäßigung.

📧 07120 Pradons, Ardèche F 4637

30 ★★★★ »LES COUDOULETS« 26.4. bis 15.9.
☎ 04/75939495, Fax 75396589   25 000 qm
www.coudoulets.com, camping@coudoulets.com

➔ N102 Aubenas–Montelimar Abf. Aubenas in südl. Richtung auf der D104. Hinter Aubenas auf die D579 wechseln und weiter bis zum Ort. 📧 Chemin de l'Ardeche (GPS: 44°28'36" N / 4°21'32" E).

Ebenes, teils schattenloses Wiesengelände an der Ardeche. Freizeitprogramme. Imbiss. 94 Touristenplätze.
2007: (HS) 2 P/N inkl. St/N 23.50, weitere P/N 5.70, K/N bis 7 J. 4.50, H/N 2.50, WD inkl., Strom/N 3.80 (10 A). In NS Ermäßigung.

📧 07120 Ruoms, Ardèche F 4638

45 ★★★ »CAMPING ALUNA VACANCES« 21.3. bis 14.9.
☎ 04/75939315, Fax 75939090   60 000 qm
www.alunavacances.fr, alunavacances@wanadoo.fr

➔ D559 St Etienne (südl. Aubenas)–Vallon Pont-d'Arc, südl. von Ruoms. 📧 Route de Lagorce.

Wiesengelände mit Bäumen. Badelandschaft mit Wasserfall und Wasserrutschen. Whirlpool. Freizeitprogramme. Ort 2 km entfernt. Touristen-/Dauerstellplätze 160/10.
2008: 2 P/N inkl. St/N 41.–, weitere P/N 9.80, H/N 4.10, KT –.50, WD und Strom (6 A) inkl.

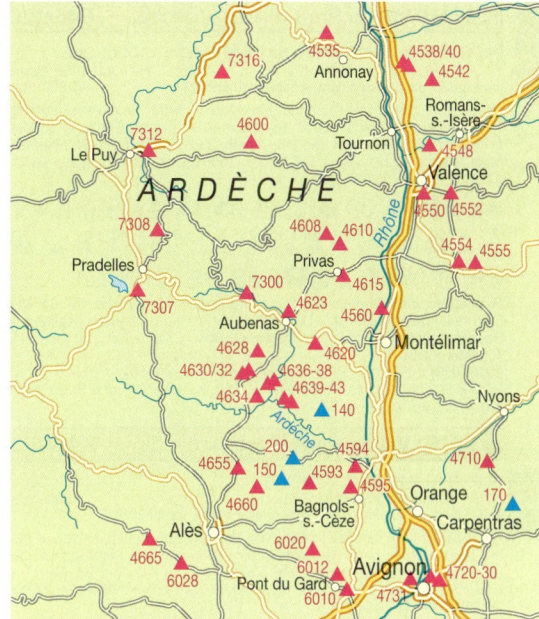

📧 07120 Sampzon bei Ruoms, Ardèche F 4639/1

50 ★★★★ »RCN LA BASTIDE EN ARDECHE« April bis Nov.
☎ 04/75396472, Fax 75397328   115m   80 000 qm
www.rcn-campings.fr, info@rcn.labastideardeche.fr

➔ D 579 Aubenas–Rooms–Vallon Pont d'Arc Abf. Sampzon, noch ca. 2 km. 📧 (GPS: 44°15'08" N / 4°11'30" E).

Parzelliertes, ebenes Wiesengelände an der Ardèche mit altem Baumbestand. Fitnessraum. Boule. Bibliothek. Kühlschrank- und Grillverleih. Survivalpark 3 km entfernt. Separater Jugendplatz. 300 Touristenplätze.
2007: 2/6 P/N inkl. St/N 44.50/49.50, H/N 4.–, KT 2.–, WD und Strom (5 A) inkl. In NS Ermäßigung.

📧 07120 Sampzon bei Ruoms, Ardèche F 4639/2

45 ★★★★ »CAMPING SOLEIL VIVARAIS« 5.4. bis 14.9.
☎ 04/75396756, Fax 75396469   80 000 qm
www.soleil-vivarais.com, info@soleil-vivarais.com

➔ D 579 Aubenas–Rooms–Vallon Pont d'Arc Abf. Sampzon. 📧 Route de Vallon Pont d'Arc. 📧 (GPS: 44°25'44" N / 4°21'18" E).

Ebenes, durch Hecken parzelliertes Wiesengelände unter Laubbäumen an der Ardèche. Kindersanitär. Ort 3 km entfernt. 200 Touristenplätze
2008: (HS) 2 P/N inkl. St/N 43.–, H/N 4.50, KT –.40, WD u. Strom inkl. (10 A). In NS Ermäßigung.

📧 07150 Vallon Pont d'Arc, Ardèche F 4640/1

★★★ »CAMPING LE PROVENCAL« April bis Sept.
☎ 04/75880048, Fax 75880200   120 000 qm
www.camping-le-provencal.fr, camping.le.provencal@wanadoo.fr

➔ A7/E15 Montelimar–Orange. Von Norden Abf. Malataverne auf die N 7 über Donzere nach Pierrelatte. Hier weiter in westl. Richtung auf die D13/D59 nach Bourg St. Andeol. Weiter auf die D 4 über St. Remeze nach Vallon Pont d'Arc. 📧 Route des Gorges.

Ebenes Wiesengelände am Anfang der Ardècheschlucht. Ort 1 km entfernt. 300 Touristenplätze.

587

07150 Vallon Pont d'Arc, Ardèche — F 4640/2

EUROPA-PREIS

55 ★★★★★ »CAMPING NATURE PARC L'ARDÈCHOIS«
☎ 04/75880663, Fax 75371497 120m Ostern bis Sept.
www.ardechois-camping.com, ardecamp@bigfoot.com 60000 qm

→ A7/E15 Montelimar–Orange. Von Norden Abf. Malataverne auf die N7 über Donzere nach Pierrelatte. Hier weiter in westl. Richtung auf die D13/D59 nach Bourg St. Andeol. Weiter auf die D4 über St. Remeze nach Vallon Pont d'Arc. ✉ Route Touristique des Gorges (GPS: 44°23'52" N / 4°23'56" E).

Gepflegtes, ebenes und rechteckig angelegtes Wiesengelände am Anfang der Ardècheschlucht. Durch Baumreihen und Hecken gegliedert. Badelandschaft mit mehrere Schwimmbecken. Ort 1 km entfernt. 244 Touristenplätze.
2008: (HS) 2 P/N inkl. St/N 42.–, weitere P/N ca. 8.50, K/N bis 2 J. ca. 6.20, K/N 2 bis 13 J. ca. 6.70, H/N ca. 6.50, KT –.55, WD und Strom (6 A) inkl. In NS Ermäßigung.

07150 Vallon Pont d'Arc, Ardèche — F 4640/3

★★★★ »MONDIAL CAMPING«
☎ 04/75880044, Fax 75371373 80 m April bis Sept.
www.mondial-camping.com, reserv-info@mondial-camping.com 42000 qm

→ A7/E15 Montelimar–Orange. Von Norden Abf. Malataverne auf die N 7 über Donzere nach Pierrelatte. Hier weiter in westl. Richtung auf die D13/D59 nach Bourg St. Andeol. Weiter auf die D4 über St. Remeze nach Vallon Pont d'Arc. ✉ Route des Gorges de l'Ardèche (GPS: 44°23'49" N / 4°24'05" E).

Waldgelände am Ufer der Ardèche mit Mobilheimpark. Beheizbare Sanitäranlagen. Ort 1 km entfernt. 240 Touristenplätze.

07150 Vallon Pont d'Arc, Ardèche — F 4640/4

★★★ »CAMPING LA PLAGE FLEURIE«
☎ 04/75880115, Fax 75881131 Ende Mai bis Sept.
www.laplagefleurie.com, info@laplagefleurie.com 120000 qm

→ A7/E15 Montelimar–Orange. Von Norden Abf. Malataverne auf die N 7 über Donzere nach Pierrelatte. Hier weiter in westl. Richtung auf die D13/D59 nach Bourg St. Andeol. Weiter auf die D4 über St. Remeze nach Vallon Pont d' Arc.

Ebenes Wiesengelände auf drei Geländestufen, unterer Platzteil am Ardècheufer mit dichtem Baumbestand. Separate Pkw-Abstellung. Imbiss. Ort 2 km entfernt. 300 Touristenplätze.

»Ermäßigung auf alle Gebühren« umfaßt nicht die Nebenkosten wie Kurtaxe, Müll und Strom

---

07150 Vallon Pont d'Arc, Ardèche — F 4640/5

30 ★★★ »CAMPING ARC EN CIEL« 1.5. bis 6.9.
☎ 0475/880465 120m 50 000 qm
www.arcenciel-camping.com, info@arcenciel-camping.com

→ A7/E15 Montelimar–Orange, Abf. Bollene auf die D994 in westl. Richtung nach Pont St. Esprit. Weiter auf der N86/D201/D4 über St. Just d'Ardeche, Bidon und St. Reneze zum Ort. Quartier Les Mazes. ✉ Route de Ruoms.

Zur Ardèche leicht abfallendes, unparzelliertes Wiesen- und Sandgelände unter Bäumen mit eigenem Strand. 218 Touristenplätze.
2007: 2 P/N inkl. St/N 23.50, weitere P/N 5.20, K/N bis 10 J. 4.20, H/N 3.–, KT –.55, WD inkl., Strom/N 3.50 (6 A).

07150 Vallon Pont d'Arc, Ardèche — F 4640/6

★★ »DES TUNNELS« April bis Okt.
☎ 04/75880022, Fax 75880388 20000 qm

→ A7/E15 Montelimar–Orange, Abf. Bollene auf die D994 in westl. Richtung nach Pont St. Esprit. Weiter auf der N86/D201/D4 über St. Just d'Ardeche, Bidon und St. Reneze zum Ort. ✉ Route des Gorges.

Teilweise schattenloses Wiesengelände in Flussnähe. Direkter Zugang zur Ardèche. Imbiss. Touristen-/Dauerstellplätze 81/19.

07150 Vallon Pont d'Arc, Ardèche — F 4640/7

★★★ »CAMPING BONHOMME« 1.1. bis 31.12.
☎ 04/75880462, Fax 75371595 3500 qm

→ A7/E15 Montelimar–Orange, Abf. Bollene auf die D994 in westl. Richtung nach Pont St. Esprit. Weiter auf der N86/D201/D4 über St. Just d'Ardeche, Bidon und St. Reneze zum Ort.

Ebenes Wiesengelände unter Bäumen am Fluss. Imbiss. Touristen-/Dauerstellplätze 75/25.

07150 Salavas, Ardèche — F 4643/1

★★★ »INTERNATIONAL CAMP« Mai bis Sept.
☎ 04/75880099, Fax 75880567 18000 qm

→ D 579 Aubenas–Gorges de l'Ardèche, ca. 1 km hinter Pond d' Arc.

Leicht zum Ardèche-Ufer abfallendes Wiesengelände, von Baumreihen in Stellflächen unterteilt. Ort 1 km entfernt. 130 Touristenplätze.

07150 Salavas, Ardèche — F 4643/2

25 ★★★ »CAMPING LE CHAUVIEUX« 28.4. bis Sept.
☎/Fax 04/75880537 18000qm
www.camping-le-chauvieux.com, camping.chauvieux@wanadoo.fr

→ D 579 Aubenas–Gorges de l'Ardèche, ca. 1 km hinter Pont de Arc. Beschildert.

⛺W🚰🚿🏊🍴✗🚻HS🚹HS🚗⚽🔍🏠🚐

Ebenes Wiesengelände, durch Baumreihen unterteilt. Ardècheufer 200 m, Haltestelle und Ort (Vallon) 1 km entfernt. 100 Touristenplätze.
2007: (HS) 2 P/N inkl. St/N 20.–, weitere P/N ca. 5.–, K/N bis 9 J. ca. 4.50, H/N 2.–, KT –.40, WD inkl., Strom/N 4.– (6 A). In NS Ermäßigung.

✉ 30500 St. Ambroix/Cèze, Gard F 4655

25 ★★★ »CAMPING BEAU RIVAGE« ⚷ 1.4. bis 15.9.
☎ 04/66241017, Fax 66242137   150 m   30 500 qm
www.camping-beau-rivage.fr, marc@camping-beau-rivage.fr

➔ D 981 Avignon–Alès Abf. Uzès nordwärts abbiegen auf die D 979 und D 37 über Lussan bis 3 km vor St. Ambroix. ✉ (GPS: 44°14'15" N / 4°12'07" E).

●🅿◆H✦🐕🅳⛰🏊🛏♨️👶⛲🚽W🚿W♿
🚣🍴W⛺W🚰🚽🏊⚓🛶🚣|🅿800m✗3km

Terrassierter Abhang vom Cèzeufer und ebener Ufer-Platzteil mit Akazienbäumen. Ort 3 km entfernt. 130 Touristenplätze.
2007: (HS) P/N 6.–, K/N bis 7 J. 3.–, St/N 5.–, KT –.50, WD inkl., Strom/N 2.75 (4 A). In NS Ermäßigung.

✉ 30500 Boisson, Allegre F 4660

★★★★ »CAMPING CHÂTEAU DE BOISSON« ⚷ April bis Sept.
☎ 04/66248561, Fax 66248014   75 000 qm
www.chateauboisson.com, reception@chateaudeboisson.com

➔ D 981 Avignon–Alès, in Uzès nordwärts abbiegen auf die D 979 und D 37 über Lussan bis ca. 11 km südlich St. Ambroix. In Boisson beschildert.

●🅿◆H✦🐕🅳⛰♨️🚽W🚿W⚽🚣⛺W⛺W
🚰🚽🚿✗🚻HS🚗🛏🏊🛶🏠🏡🚲

Teilweise terrassiertes Wald- und ebenes Wiesengelände im Park eines alten Schlosses. 160 Touristenplätze.

✉ 30270 St. Jean du Gard, Gard F 4665

★★★ »CAMPING MAS DE LA CAM« ⚷ Ende April bis Sept.
☎ 04/66851202, Fax 66853207   190 m   60 000 qm
www.masdelacam-fr, camping@masdelacam.fr

➔ N 110 Ales–Montpellier, Abf. St.Christol auf die D910/907 bis zum Ort. ✉ Route de Saint André de Valborgne.

●🅿◆H✦⛰🚣🏊⛺W🅿W🚰🚽🚿✗🏠TV🚻HS
🚗🏊⚓🛶🏠

Leicht zum Flussufer abfallendes Wiesengelände unter Bäumen. 140 Touristenplätze.

✉ 84110 Vaison la Romaine, Vaucluse F 4710/1

40 ★★★ »CAMP CARPE DIEM INTERNAT.« ⚷ 7.1. bis 23.12.
☎ 04/90360202, Fax 90363690   200 m   100 000 qm
www.campings-franceloc.fr, contact@camping-carpe-diem.com

➔ A 7 Valence–Orange Abf. Bollene auf die N 94 in Richtung Tulette und weiter zum Ort. ✉ Route de Saint-Marcellin B. P. 68 (GPS: 44°14'03" N / 5°05'25" E).

●🅿◆H✦🛎NS🅳⛰♨️⛲🚽W🚿W♿🚣
🚰W⛺W🚰🚽💻🍴🚗🚗🚻HS🚹HS🚗🛏🏊
⚽🔍🎾🏠🏡🚐🚲|🅗1km

Leicht ansteigendes Wiesengelände mit Anpflanzungen. Badelandschaft. Imbiss. Ort 1 km entfernt. 232 Touristenplätze.
2007: (HS) 2 P/N inkl. St/N 29.–, weitere P/N 7.–, K/N bis 10 J. 4.20.–, H/N 4.30, KT –.40/–.25, WD inkl., Strom/N 3.70 (6 A).

✉ 84110 Vaison la Romaine, Vaucluse F 4710/2

30 ★★★ »CAMPING DU THEATRE ROMAIN« ⚷ 15.3. bis 5.11.
☎ 04/90287866, Fax 90287876   250 m   12 500 qm
www.camping-theatre.com, info@camping-theatre.com

➔ A 7 Valence–Orange Abf. Bollene auf die N 94 in Richtung Tulette und weiter zum Ort. Beschildert. ✉ Chemin du Brusquet (GPS: 44°14'42" N / 5°04'43" E).
⚜ Römische Ruinen.

●🅿◆H✦🚽♨️⛲🚽W🚿W🏊♿
🚰W⛺W🚰🚽🚿🍴🚗🍴🏊⚽🚐🚿✗500m

Ebener, durch Hecken und Baumreihen parzellierter Campingplatz in Ortsrandlage am Fuße des Mount Ventoux (1909 m). Windgeschützte Stellplätze. Billard. Boule. Haltestelle und Ort 500 m entfernt. 75 Touristenplätze.
2008: (HS) P/N 6.–, K/N bis 7 J. 4.80, St/N 8.–, H/N 2.–, WD inkl., Strom/N 2.80 (5 A). In NS Ermäßigung.

84270 Vedene, Vaucluse — F4720

»CAMPING LE FLORY« ★★★ — 15.3. bis 30.9.
☎ 04/90310051, Fax 90234619 — 65 000 qm
www.campingflory.com, info@campingflory.com

→ A7 Orange–Marseille Abf. Avignon/Nord ca. 600 m auf der D942 Richtung Carpentras, dann rechts abbiegen. ✉ Route d'Entraigues (GPS: 43°59′26″ N / 4°54′47″ E).

Zu einem Höhenrücken ansteigendes Gelände unter Pinien. Teilweise schattenlos. Ort 1 km entfernt. Touristen-/Dauerstellplätze 130/6.
2007: 2 P/N inkl. St/N 18.–, weitere P/N 5.50, K/N bis 7 J. 3.–, H/N 2.50, WD inkl., Strom/N 4.– (10 A).

84130 Le Pontet, Vaucluse — F4725

»CAMPING LE GRAND BOIS« ★★ — 1.5. bis 15.9.
☎ 04/90313744, Fax 90314653 — 20 000 qm

→ A 7 Orange–Marseille Abf. Avignon-Nord, weiter auf schmaler Teerstraße. ✉ Chemin du Grand-Bois.

Wiesengelände beim gleichnamigen Hotel, nahe der AB-Ausfahrt. Ort 2 km entfernt. 110 Touristenplätze.
2007: P/N 4.–, K/N bis 10 J. 2.–, A/N 1.50, C MC T/N 8.–, M/N 1.50, H/N 1.50, WD inkl., Strom/N 2.50 (5 A).
DCC/CCI 5% auf St/N.

84000 Avignon, Vaucluse — F4730

»CAMPING BAGATELLE« ★★★ — 1.1. bis 31.12.
☎ 04/90863039, Fax 90271623 — 25 000 qm
www.campingbagatelle.com, camping.bagatelle@wanadoo.fr

→ A7 Orange–Marseille Abf. Avignon/Nord, vom Zentrum Richtung Pont du Gard/Bagnols, auf der Rhônebrücke nach rechts zur Insel abbiegen. Noch ca. 1 km. ✉ 25, allée Antoine Pinay (GPS: 43°57′08″ N / 4°47′57″ E).

Wiesengelände unter Laubbäumen auf 2 Ebenen im Norden der Stadt. Asphaltierte Wege. Ort 600 m entfornt. Touristen-/Dauerstellplätze 215/12
2007: (HS) 2 P/N inkl. C MC-St/N 18.62, 2 P/N inkl. T-St/N 17.42, weitere K/N bis 12 J. 3.40, H/N 2.20, KT –.34, WD inkl., Strom/N 2.60 (6/10 A). In NS Erm.
DCC/CCI 5% auf P/N und St/N.

30400 Villeneuve Lez Avignon, Gard — F4731

»CAMPÉOLE ILE DES PAPES« ★★★★ — 31.3. bis 2.11.
☎ 04/90151590, Fax 90151591 — 20 000 qm
www.avignon-camping.com, cpiliedespapes@atciat.com

→ A 9 Orange-Nimes Abf. 22 Roquemaure, weiter Richtung Pujaut, nach ca. 2 km links auf die D177. In Pujat links auf die D242 Richtung Sauveterre. Nach ca. 3 km rechts auf die D980. Beschildert. ✉ (GPS: 43°58′36″ N / 4°47′40″ E).

Ebenes, teils leicht abfallendes Wiesengelände auf einer Insel mit Anpflanzungen. Von der alten Rhône und dem Rhône-Kanal begrenzt. Ort 4.5 km entfernt. 300 Touristenplätze.
2007: (HS) 2 P/N inkl. St/N 25.10, weitere P/N 6.90, K/N bis 5 J. 4.–, H/N ca. 3.50, KT –.40, WD inkl., Strom/N 4.– (10 A). In NS Ermäßigung.

84800 L'Isle sur La Sorgue, Vaucluse — F4735

»CAMPING AIROTEL LA SORGUETTE« ★★★ — 15.3. bis 15.10.
☎ 04/90380571, Fax 90208461 — 50m — 25 000 qm
www.camping-sorguette.com, sorguette@wanadoo.fr

→ AB-Abf. Avignon-Süd auf die N 100 bis ca. 1 km hinter L'Isle sur La Sorgue Richtung Apt. ✉ Route d'Apt (GPS: 43°54′54″ N / 5°04′21″ E).

Ebenes Wiesengelände an der Sorgue. Durch Bäume und Hecken parzelliert. Yourte und Tipi zu mieten. Ort 1.5 km entfernt. 164 Touristenplätze.
2008: (HS) P/N 7.–, K/N bis 7 J. 3.50, St/N 6.30, H/N 2.80, KT ca. –.41, WD inkl., Strom/N 4.30 (4 A). In NS Ermäßigung.
DCC/CCI 5% auf P/N und St/N.

84300 Cavaillon, Vaucluse — F4750

»CAMPING DE LA DURANCE« ★★ — April bis Sept.
☎ 04/90711178, Fax 90719877 — 40 000 qm
www.guideweb.com/provence/, camping.cavaillon@wanadoo.fr

→ A7 Orange–Marseille Abf. Cavillon. In Cavillon südostwärts abbiegen, noch 800 m. ✉ 495, avenue Boscodomini.

Ebenes Wiesengelände außerhalb des Ortes bei der Pferderennbahn, teilweise schattenlos. Lärmbelästigung durch nahe Verkehrsstraße und Lautsprecherdurchsagen. Ort 2 km entfernt. 125 Touristenplätze.

13370 Mallemort, Bouches-du-Rhone — F4765

»CAMPING DURANCE-LUBERON« ★★★ — 1.4. bis 15.10.
☎ 04/90591336, Fax 90574662 — 43 000 qm
www.campingduranceluberon.com, duranceluberon@orange.fr

→ A7 Orange–Salon de Provence Abf. Senas auf der N7 zum Ort. ✉ Domaine du Vergon.

Parzelliertes Wiesengelände mit Einzelbäumen. Angeln 1 km, Ort 2 km entfernt. 100 Touristenplätze.
2007: (HS) 2 P/N inkl. St/N 18.–, weitere P/N 4.80, K/N bis 10 J. 2.80, H/N 1.70, KT –.31, WD inkl., Strom/N 3.–/3.60 (6/10 A). In NS Erm.
CCI 5% (NS) und 10% (HS) auf P/N und St/N.

13640 La Roque d'Anthéron, B.–du-Rh. — F4772

»CAMPING DOMAINE DES ISCLES« ★★★ — April bis Sept.
☎ 04/42504425, Fax 42505629 — 100 000 qm
www.village-center.com, iscles@village-center.com

→ A 7 Orange–Marseille Abf. Sénas auf die N 7 Richtung Aix, später auf die N 561 nach La Roque d'Anthron abbiegen. Hier ca. 2.5 km nördlich des Ortes. ✉ Lieu dit La Durance.

Ebenes, langgestrecktes Wiesengelände mit Bäumen in den Flussniederungen der Durance. Ort 1.5 km entfernt. 300 Touristenplätze.

84160 Cadenet, Vaucluse — F4774

»CAMPING VAL DE DURANCE« ★★★ — März bis Sept.
☎ 04/90683775, Fax 90681634 — 30 500 qm
www.homair-vacances.com, www.homair-vacances.fr
→ von Carallon auf der D 973 über Merindol. ✉ Les routes.

Teils schattenloses Wiesengelände. Ort 2 km entfernt. 232 Touristenplätze.

13100 Aix-en-Provence, B.–du-Rh. — F4775

»CAMPING ARC EN CIEL« ★★ — 1.4. bis 30.9.
☎ 04/42261428, www.campingarcenciel.fr — 30 000 qm

→ A7 Orange–Marseille Abf. Aix-Est/Les 3 Sautets. Ab Aix auf der N 7 in Richtung Nizza unmittelbar hinter der Autobahnunterführung, rechte Straßenseite. ✉ 50, avenue Malacrida (GPS: 43°30′46″ N / 5°28′19″ E).

Terrassiertes Gelände beiderseits des Flüsschens Arc unter hohen Bäumen neben der Autobahn. Zentrum ca. 2 km entfernt. 50 Touristenplätze.
2007: P/N 6.10, K/N bis 7 J. 3.30, St/N 5.60, KT –.20, WD inkl., Strom/N 3.10 (6 A).

13810 Eygalieres, Bouches–du-Rhône — F4780

»CAMPING LES OLIVIERS« ★★ — April bis Okt.
☎/Fax 04/90959186 — 4700 qm
www.camping-les-oliviers.com, www.reservation@camping-les-oliviers.com

→ N 99 Cavaillon–Tarascon, südwärts nach Eygalières abbiegen, noch ca. 4 km. ✉ Avenue Jean Jaurès.

Leicht welliges Waldgelände. Ort 100 m entfernt. Touristen-/Dauerstellplätze 30/2.

13210 Saint Remy de Prov., B.-du-Rh. F4815/1

30 ★★★ »CAMPING MAS DE NICOLAS« 15.3. bis 15.10.
☎ 04/90922705, Fax 90923683   30 000 qm
www.camping-masdenicolas.com, camping-masdenicolas@nerim.fr

→ N 99 Cavaillon–Tarascon, nördlich des Ortes. Beschildert. ✉ Avenue Plaisance du Touch (GPS: 43°47'44" N / 4°50'21" E).

Wiesengelände mit Anpflanzungen. Ort 800 m entfernt. 140 Touristenplätze.
2007: 2 P/N inkl. St/N 19.–, weitere P/N 6.30, K/N bis 10 J. 3.70, H/N 1.70, WD inkl., Strom/N 3.50 (6 A).

13210 Saint-Remy de Prov., B.-du-Rh. F4815/2

25 ★★ »CAMPING MONTPLAISIR« 1.3. bis 3.11.
☎ 04/90922270, Fax 90921857   28 000 qm
www.camping-montplaisir.fr, reception@camping-montplaisir.fr

→ N99 Cavaillon–Tarascon, ca. 1 km nördlich Saint-Rémy an der D 5 nach Miellane. ✉ Chemin Montplaisir.

Mit Büschen und Hecken parzelliertes Wiesengelände. Durch verschiedene Baumarten günstig aufgelockert. Kindersanitär. In HS Imbiss. Ort 1 km entfernt. 130 Touristenplätze.
2007: (HS) 2 P/N inkl. St/N 18.20, K/N bis 7 J. 4.20, H/N 1.70, KT –.50, WD inkl., Strom/N 3.40 (6 A). In HS ab 11 Nächte 10% und in NS Erm.

13210 Saint-Remy de Prov., B.-du-Rh. F4815/3

25 ★★★ »CAMPING PEGOMAS« 1.3. bis 31.10.
☎/Fax 04/90920121   20 000 qm
www.campingpegomas.com, contact@campingpegomas.com

→ N99 Cavaillon–Tarascon Abf. Saint Remy de Prov. ✉ 3, avenue Jean Moulin (GPS: 43°47'30" N / 4°50'47" E).

Ebenes Gelände in ländlicher Umgebung. Beheizbare Sanitäranlage. Ort 300 m entfernt. 105 Touristenplätze.
2008: P/N 6.–, K/N bis 2 J. frei, St/N 6.–, H/N 1.70, KT –.50, WD inkl., Strom/N 3.30 (6 A). In NS Ermäßigung.

13520 Maussane les Alpilles, B.-d.-Rh F4820

★★★ »MUNICIPAL LES ROMARINS« Mitte März bis Okt.
☎ 04/90543360, Fax 90544722   35 000 qm
camping-municpial-maussane@wanadoo.fr

→ N113 Marseille–Arles, auf die D5 nordwärts abbiegen über Mouriès nach Maussane les Alpilles. Ab der Ortsmitte beschildert. ✉ Route de Saint Rémy.

Ebenes, gepflegtes Wiesengelände unter Obstbäumen, durch Hecken in Stellnischen unterteilt. Ort 200 m entfernt. 150 Touristenplätze.

13890 Mouriès, Bouches-du-Rhône F4830

20 ★★★ »CAMPING LE DEVENSON« 29.3. bis 15.9.
☎ 04/90475201, Fax 90476309   35 000 qm
www.camping-devenson.com, devenson@libertysurf.fr

→ N113 Marseille–Arles Abf. auf die D5 nach Mouriès. Nördlich des Ortes. ✉ Quartier du Devenson (GPS: 43°42'04" N / 4°51'28" E).

Terrassenplatz mit Olivenbäumen und Kiefern, etwas abseits der Straße in schöner Lage. Zeitweilig Flugbetrieb. Reservierung in HS empfehlenswert. Mindestaufenthalt (HS/NS) 7/3 Nächte. Ort 1.5 km entfernt. 60 Touristenplätze.
2008: P/N 4.50, K/N bis 10 J. 3.–, St/N 5.50, H/N 1.80, KT –.20, WD inkl., Strom/N 3.– (5 A).

13200 Arles, Bouches-du-Rhône F4840

20 ★★ »CAMPING CITY« 1.4. bis 30.9.
☎ 04/90930886, Fax 90939107   16 000 qm
www.camping-city.com, contact@camping-city.com

→ N 113 Arles–Marseille, ca. 1 km vom Zentrum links. ✉ 67, route de la Crau.

13500 Martigues, Bouches-du-Rhône F4865

25 ★★ »CAMPING LES MOUETTES« 1.4. bis 30.9.
☎/Fax 04/42807001   20 000 qm
www.campinglesmouettes.fr, campinglesmouettes@wanadoo.fr

→ A7/A55 Marseille–Martigues Abf. Martigues. ✉ Ste. Croix La Couronne (GPS: 43°11'53" N / 5°27'17" E).

Wiesengelände mit Bepflanzung. Studios. Wassersportmöglichkeiten. Touristen-/Dauerstellplätze 30/70.
2008: (HS) P/N 5.20, K/N bis 7 J. 2.70, St/N 7.–, H/N 2.50, WD inkl., Strom/N 3.50/4.30 (3/6 A). In NS Ermäßigung.

13500 La Couronne, B.-d.-Rhône F4870

★★★★ »CAMPING LE MAS« März bis Okt.
☎ 04/42807034, Fax 42807282   60 000 qm
www.camping-le-mas.com, camping.le-mas@wanadoo.fr

→ D 5 Marseille–Martigues, nach La Couronne abbiegen. ✉ Plage de Ste. Croix La Couronne.

Teilweise auf einem steinigen Plateau mit Blick übers Meer. Der untere Teil wird windgeschützt in Strandnähe. Ort 2 km entfernt. Touristen-/Dauerstellplätze 280/20.

13790 Peynier, Bouches-du-Rhône F5005

★★★ »CAMPING LE DEVANÇON« 1.1. bis 31.12.
☎ 04/42531006, Fax 42530479 300 m 20 000 qm
www.ledevancon.com, Jeans.Dupuis@wanadoo.fr

→ A 8 Aix–Cannes Abf. Le Canet auf die D 6 Richtung Trets, nach Peynier abbiegen.

Leicht welliges Waldgelände. Ort 1 km entfernt. Touristen-/Dauerstellplätze 40/30.

83110 Sanary-sur-Mer, Var F5140/1

50 ★★★ »CAMPASUN PARC MOGADOR« 15.3. bis 6.11.
☎ 04/94745316, Fax 94741058   und 20.12. bis 3.1.
www.campasun.com, mogador@campasun.com   27 000 qm

→ A 50 Marseille–Toulon Abf. Bandol über die D 559 nach Sanary-s.-Mer. ✉ 167, chemin de Beaucours.

Parzelliertes Wiesengelände mit erhöhten Standplätzen und einzelnen Bäumen. Imbiss. Boccia. Reservierung empfehlenswert. Haltestelle 100 m, Meer 800 m, Ort 1.5 km entfernt. Touristen-/Dauerstellplätze 100/100.
2007: 2 P/N inkl. St/N 31.– bis 42.–, weitere P/N 7.40, K/N 1 bis 7 J. 6.40, H/N 2.10 (NS), WD inkl., Strom inkl. (10 A). In NS Ermäßigung.

83110 Sanary-sur-Mer, Var F5140/2

50 ★★★★ »CAMPASUN MAS DE PIERREDON« 5.4. bis 15.9.
☎ 04/94742502, Fax 94746142   40 000 qm
www.campasun.com, pierrecon@campasun.com

→ A50 Marseille–Toulon Abf. La Seyne-s.-M. nach Sanary-s.-Mer. ✉ 652, chemin Raoul Coletta (GPS: 43°07'54" N / 5°48'52" E).

Wiesengelände unter Bäumen. Volleyball. Hunde an der Leine erlaubt. Ort 3 km, Meer 2.5 km entfernt. 120 Touristenplätze.
2008: (HS) 2 P/N inkl. St/N 31.– bis 42.–, weitere P/N 7.40, K/N 1 bis 7 J. 6.40, H/N 4.10, WD inkl., Strom inkl. (10 A). In NS Ermäßigung.

DCC – DEIN PARTNER!

Die Campingplätze La Presqu'île de Giens ★★★ Côte d'Azur

Die beiden Campingplätze LA PRESQU'ILE DE GIENS liegen auf der traumhaften Halbinsel Giens am Mittelmeer unweit von Hyères les Palmiers und im äußersten Süden der Côte d'Azur.

Der Campingplatz LA TOUR FONDUE: am Meer gegenüber den drei Goldinseln: Porquerolles, Port-Cros, Le Levant. Ideal für Tieftaucher (der Campingplatz verfügt über einen eigenen Tauchclub) und Meerfreunde.

Der Campingplatz LA PRESQU'ILE: zwischen zwei feinen Sandstränden. Auf dem Campingplatz: Supermarkt, Bar, Restaurant, Bäckerei, Kinderspielplatz… facettenreiches Animationsprogramm in der Saison.

VERMIETUNG VON MOBILHOMES UND BUNGALOWS
Prospekt, Informationen und Preisliste auf Anfrage.
20 bis 50% Preisnachlass außerhalb der Saison.

153, route de la Madrague - Giens - 83400 HYÈRES
Tél. 00 33 494 58 22 86 - Fax. 00 33 494 58 11 63
www.camping-giens.com - E-mail: info@camping-giens.com
(F 5165/2)

✉ 83110 Sanary-sur-Mer, Var — F5140/3
[35] ★★★ »CAMPING LES GIRELLES« — 4.4. bis 28.9.
☎ 04/94741318, Fax 94746004, www.lesgirelles.com — 21 000 qm

→ A 50 Marseille–Toulon Abf. Bandol über die D559 nach Sanary-s.-Mer. Dann meerwärts abbiegen zum nordwestlichen Ortsrand. Beschildert.
✉ 1003, Chemin de Beaucours.

Parzelliertes, lichtes und leicht wellig abfallendes Pinienwaldgelände. Teilweise terrassiert. CCI erforderlich. Ort 2.5 km entfernt. 170 Touristenplätze.
2008: (HS) 2 P/N inkl. St/N 25.–, weitere P/N 7.–, K/N bis 5 J. 5.–, H/N 3.–, WD inkl., Müllgeb. P/N 1.–, Strom/N 5.50 (6 A). In NS Ermäßigung.

✉ 83140 Six-Fours Les Plages, Var — F5145/1
★★★ »CAMPING SAINT JEAN« — 1.1. bis 31.12.
☎ 04/94875151, Fax 94062823 — 235m — 35 000 qm
www.campingstjean.com, info@campingstjean.com

→ A 50 Marseille–Toulon Abf. La Seyne über die D559 nach Südwesten auf die D16 zum Ort. Vom Zentrum Six Fours Les Plages in nordöstl. Richtung und bei der Tankstelle »Station elf« links abbiegen. ✉ 1155, avenue de la Collégiale.

Teils terrassiertes Wiesengelände unterhalb der Festung. Boccia. Ort 2 km, Schwimmen 3 km entfernt. Touristen-/Dauerstellplätze 180/30.

✉ 83140 Six-Fours Les Plages, Var — F5145/2
★★★ »CAMPING LES PLAYES« — 1.1. bis 31.12.
☎ 04/94255757, Fax 94071990 — 235m — 15 000 qm
www.camplayes.com, camplayes@wanadoo.fr

→ A50 Marseille–Toulon Abf. La Seyne über die D559 nach Südwesten. Dann auf die D63 landeinwärts einbiegen, noch ca. 800m. ✉ 419, rue Grand.

Terrassenplatz an einem steilen Hang im Norden des Ortes. Ort 1.5 km entfernt. 100 Touristenplätze.

✉ 83140 Six-Fours-Les-Plages, Var — F5145/3
★★★ »CAMP ORLY D'AZUR« — Jan. bis Okt.
☎ 04/94255941, Fax 94258862 — 235m — 19 000 qm
www.camping-orly.fr, camping.orly@wanadoo.fr

→ A 50 Marseille–Toulon Abf. La Seyne. Ca. 5 km östlich von Sanary. ✉ 136, chemin de Pépiole.

Fast ebenes Wiesengelände mit Anpflanzungen. Ort 2 km entfernt. Touristen-/Dauerstellplätze 32/68.

✉ 83260 La Crau, Var — F5155
[30] ★★★ »LES BOIS DE MONT-REDON« — 15.6. bis 15.9.
☎ 04/94667334, Fax 94660966 — 50 000 qm
www.montredon.com, montredon@wanadoo.fr

→ A 57 Toulon–Cannes Abf. La Farlède nach La Crau. Hier 2 km vom Ort an der D 29 in Richtung Pierrefeu. ✉ 480, chemin de Mont-Redon.

Terrassengelände mit Pinien. Ort 3 km entfernt. 166 Touristenplätze.
2007: (HS) 2 P/N inkl. St/N 23.50, weitere P/N 5.50, K/N 2 bis 7 J. 3.30, H/N 3.–, WD inkl., Strom/N 4.50 (6 A). In NS Ermäßigung.

✉ 83400 Giens, Var — F5165/1
★★★ »CAMP INTERN. LA RESERVE« — März bis Okt.
☎ 04/94589016, Fax 94589050 — 70 000 qm
www.international-camping.com, ThierryCoulomb@wanadoo.fr

→ A 57/A570 Toulon–Hyères. Hier in südl. Richtung auf die D559 nach Giens. Hier abbiegen in Richtung La Madrague. ✉ 1737, route de la Madrague.

Ebenes bis leicht ansteigendes Wiesengelände, durch Sträucher und Hecken unterteilt. Touristen-/Dauerstellplätze 340/120.

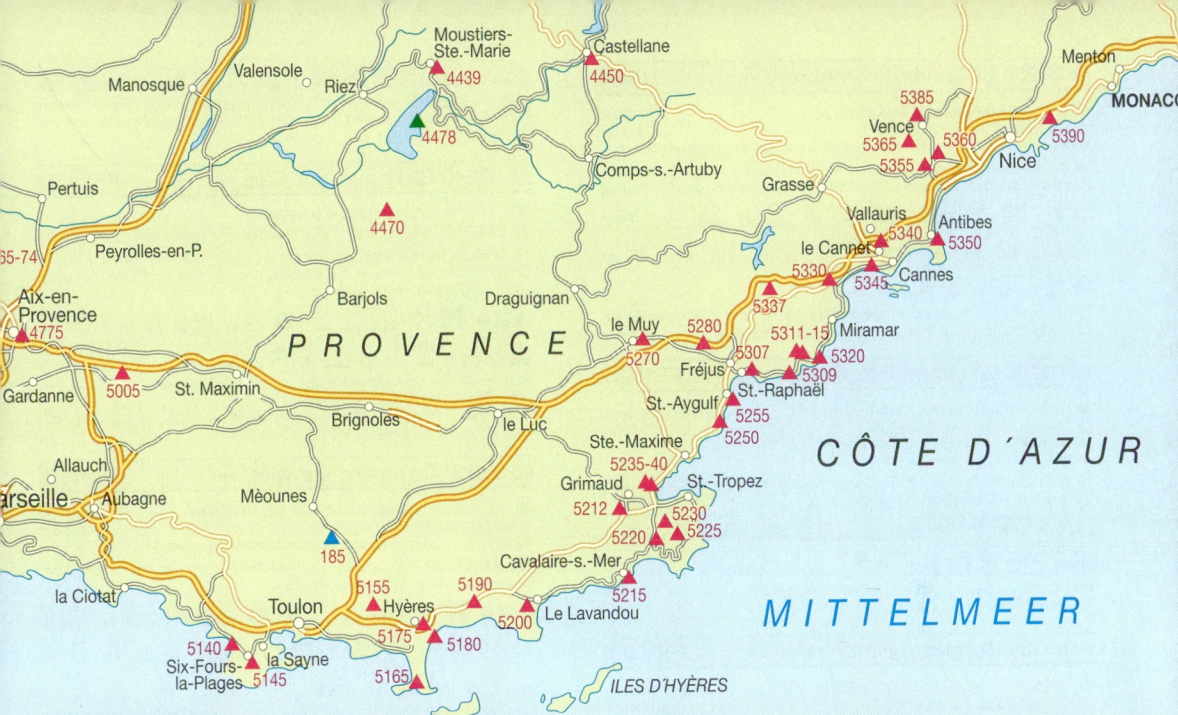

83400 Giens, Var — F 5165/2

★★★ »LA PRESQU'ILE DE GIENS« — 22.3. bis 5.10.
04/94582286, Fax 94581163 — 70000 qm
www.camping-giens.com, info@camping-giens.com

→ A 57/A 570 Toulon–Hyères. Hier in südl. Richtung auf die D559 nach Giens. ✉ 153, route de la Madrague (GPS: 43°02'27" N / 6°08'35" E).

Parzelliertes Gelände auf mehreren Terrassen zwischen zwei Sandstränden. Volleyball. Boccia. Ort 2 km entfernt. Touristen-/Dauerstellplätze 300/160.
2008: (HS) 2 P/N inkl. St/N 20.90, weitere P/N 6.60, K/N bis 5 J. frei, H/N 2.80, KT –.41, WD inkl., Strom/N 4.90 (16 A). In NS Ermäßigung.

83400 Giens, Var — F 5165/3

★★★ » CAMPING LA TOUR FONDUE« — 22.3. bis 2.11.
04/94582286, Fax 94581163 — 25000 qm
www.camping-giens.com, info@camping-giens.com

→ A 57/A 570 Toulon–Hyères. Hier in südl. Richtung auf die D559 nach Giens. ✉ Avenue des Arbanais.

Leicht hügelig, durch Schilffelder unterteilte Terrassen. Ausweichplatz von »Camping Presqu'ile«. Alle Wassersportmöglichkeiten. Eigener Tauchclub. Ort 2 km entfernt. 150 Touristenplätze.
2008: (HS) 2 P/N inkl. St/N 20.90, weitere P/N 6.60, K/N bis 5 J. frei, H/N 2.80, KT –.41, WD inkl., Strom/N 4.70 (6 A). In NS Ermäßigung.

83400 Hyères-Giens, Var — F 5175

★★★ »CAMPING DES ÎLES D'OR« — 1.6. bis 30.9.
04/94582055, Fax 94589050 — 16000 qm
www.camping-iles-d-or.de

→ N98 Toulon–Cannes Abf. Hyères. Hier weiter in Richtung Le Port - Presqu' Île de Giens. ✉ »La Bodine« 194, boulevard Alsace-Lorraine.

Ebenes Wiesen- und Sandgelände im Pinienwald. In HS Mindestaufenthalt 15 Nächte. Imbiss. Bouleplatz. Teich 1 km, Ort (Giens) 2 km entfernt. Touristen-/Dauerstellplätze 120/30.
2007: 2 P/N inkl. St/N 16.–, KT –.21, WD inkl., Strom/N 4.– (3 A).

83400 Hyères-Ayguade, Var — F 5180/1

★★★ »DOMAINE DU CEINTURON 3« — 16.3. bis 30.9.
04/94663265, Fax 94664843, ceinturon3@securmail.net — 50000 qm
www.provence-campings-com/azur/ceinturon3.htm

→ N98 Toulon–Cannes, bei Hyères auf die D 42 meerwärts und vor Hyères-Plage landeinwärts abbiegen. Beschildert. ✉ 4, rue des Saraniers (GPS: 43°06'11" N / 6°10'19" E).

Ebenes Laubwald- oder schattenloses Wiesengelände. In HS 5 Nächte Mindestaufenthalt. Haltestelle 100 m, Flughafen 800 m, Ort 4 km entfernt. 164 Touristenplätze.
2008: P/N 5.35, K/N bis 7 J. 2.90, St/N 11.50, B/N 5.40, H/N 3.70, KT –.42, WD inkl, Strom/N 3.–/4.– (6/10 A).

83400 Hyères-Ayguade, Var — F 5180/2

★★★ »DOMAINE DU CEINTURON 2« — März bis Okt.
04/94663966, Fax 94664730 — 48000 qm
www.camping-ceinturon2.com, info@camping-ceinturon2.com

→ N98 Toulon–Cannes, bei Hyères auf die D 42 meerwärts und vor Hyères-Plage landeinwärts abbiegen. Beschildert.

Ebenes Wiesengelände unter einzelnen Laubbäumen. Volley- u. Basketball. Flughafen 700m, Ort 5km entfernt. Touristen-/Dauerstellplätze 260/100.

(F 5175/2)

l'île d'Or
Entdecken... Träumen... Lieben!

An der unberührten Südspitze gelegen
300m vom Meer entfernt
Mobilheime
Schattige Plätze

Bd Alsace-Lorraine - 83400 Giens
Tél/fax : 00 33 (0)4 94 58 20 55 - 00 33 (0)4 94 58 90 16
Mail : thierry.coulomb@wanadoo.fr - www.camping-iles-d-or.com

83250 La Londe-les-Maures, Var — F5190/1

★★★ »CAMPING LE PANSARD« April bis Sept.
☎ 04/94668322, Fax 94665612
www.provence-campings.com/azur/pansard, pansardcamping@aol.comhttp 65000 qm

→ N 98 Toulon–Cannes, von der Ortsumgehung abbiegen, bei der 1. Ampelkreuzung meerwärts. Beschildert. ✉ Chemin des Moulieres.

Ebenes, langgestrecktes Gelände mit eigenem Strand, teils unter Pinien. Grillen verboten. Ort 2 km entfernt. 400 Touristenplätze.

83250 La Londe-les-Maures, Var — F5190/2

★★★ »CAMPING MIRAMAR« April bis Sept.
☎ 04/94668058, Fax 89668098 30000 qm
www.provence-campings.com/azur/miramar
camping.miramar.lalonde@wanadoo.fr

→ N98 Toulon–Cannes Abf. La Londe meerwärts auf die D42, noch ca. 3 km. ✉ 1026, boulevard Louis Bernard.

Parzelliertes Wiesengelände in einem Laubwald. Ort 3 km entfernt. 241 Touristenplätze.

83230 Bormes-les Mimosas, Var — F5200/1

EUROPA-PREIS

★★★★ »CAMP DU DOMAINE« 15.3. bis 31.10.
☎ 04/94710312, Fax 94151867 380000 qm
www.campdudomaine.com, mail@campdudomaine.com

→ N98 Toulon–Cannes Abf. auf die D559 in Richtung Le Lavandou. Dann südwärts auf die D298 in Richtung Cap Benat nach La Favière. ✉ Route de Benat (GPS: 43°37'04" N / 6°21'04" E)

Großes Feriengelände in einem ansteigenden Pinienwald mit Sandstrand. Teilweise terrassiert. Bungalows mit Meerblick. Imbiss. Viele Wassersportmöglichkeiten. Ort 500 m entfernt. 1200 Touristenplätze.
2007: (HS) 2 P/N inkl. C MC-St/N 36.–, 2 P/N inkl. T-St/N 30.–, K/N bis 7 J. ca. 3.80, WD und Strom inkl. In NS Ermäßigung.

83230 Bormes-les Mimosas, Var — F5200/2

★★★ »CAMPING CLAU-MAR-JO« März bis Okt.
☎ 04/94715339 10000 qm
www.sudestvacances.fr, clau-mar-jo@wanadoo.fr

→ N 98 Toulon–Cannes, auf die N 559 abbiegen Richtung La Faviere dann rechts, noch ca. 500 m Feldweg. ✉ 895, chemin de Bénat.

Gepflegtes Wiesengelände zwischen Weinfeldern. Ort 1.2 km entfernt. Touristen-/Dauerstellplätze 45/26.

83310 Cogolin, Var — F5212

★★★ »CAMPING L'ARGENTIERE« April bis Sept.
☎ 04/94546363, Fax 94540615 80000 qm
www.camping-argentiere.com, camping–largentiere@wanadoo.fr

→ N 98 Toulon–Cannes. Ab Cogolin auf der D 48 in Richtung Le Luc ca. 1.5 km. Beschildert. ✉ Chemin de l'Argentière.

Naturbelassener Korkeichenwald um eine teilweise terrassierte Anhöhe, sowie ebenes Wiesengelände mit Anpflanzungen. Familiäre Atmosphäre. Ort 2 km entfernt. 193 Touristenplätze.

83240 Cavalaire-sur-Mer, Var — F5215/1

★★★★ »CAMPING DE LA BAIE« März bis Nov.
☎ 04/94640815, Fax 94646610 64000 qm
www.camping-baie.com, campbaie@club-internet.fr

→ N98 Toulon–Cannes Abf. auf die D559 zum Ort. Beschildert. ✉ Boulevard Pasteur.

Gelände in Ortslage mit vielen Einzelterrassen. Von den oberen Plätzen Sicht auf die Bucht. Imbiss. Mobilheime. Wassersportmöglichkeiten und Strand 400 m entfernt. 480 Touristenplätze.

83240 Cavalaire-sur-Mer, Var — F5215/2

25 ★★★ »CAMPING LA PINEDE« 15.3. bis 15.10.
☎ 04/94641114, Fax 94641925, le-camping-la-pinede.com 20000 qm

→ N98 Toulon–Cannes Abf. auf die D559 zum Ort. Hier am westlichen Ortsende landeinwärts in die Chemin des Mannes abbiegen, noch ca. 200 m. ✉ Chemin des Mannes.

Ebenes Wiesengelände mit Büschen und Laubbäumen. Ort 300 m entfernt. 165 Touristenplätze.
2007: (HS) 2 P/N inkl. St/N 21.–, weitere P/N 5.–, K/N bis 7 J. 3.10, WD inkl., Strom/N 3.– (5 A). In NS Ermäßigung.

83240 Cavalaire-sur-Mer, Var — F5215/3

30 ★★★★ »CAMPING CROS DE MOUTON« 15.3. bis 4.11.
☎ 04/94641087, Fax 94646312 60000 qm
www.crosdemouton.com, campingcrosdemonton@wanadoo.fr

→ N98 Toulon–Cannes Abf. auf die D559 zum Ort. Im Ortszentrum landeinwärts abbiegen, noch ca. 1.5 km.

Gepflegte Terrassenanlage mit separaten Stellnischen im Buschwald. Ort 1.5 km entfernt. 199 Touristenplätze.
2007: P/N 7.50, K/N bis 7 J. 4.10, St/N 7.50, WD inkl., Strom/N 4.10 (10 A).

83240 Cavalaire-sur-Mer, Var — F5215/4

40 ★★★★ »CAMPING BONPORTEAU« 13.3. bis 15.10.
☎ 04/94640324, Fax 94641862 30000 qm
www.bonporteau.fr, contact@bonporteau.fr

→ N98 Toulon–Cannes Abf. auf die D559 zum Ort. Hier bei der FINA-Tankstelle landeinwärts abbiegen. Beschildert.

Parkartiges, terrassiertes Hanggelände unter Pinien- und Eucalyptusbäumen. Ort 800 m entfernt. 240 Touristenplätze.
2007: 3 P/N inkl. St/N 38.–, 2 P/N inkl. T-St/N 25.–, B/N 10.–, H/N 4.50, KT –.40, WD inkl., Strom/N 5.– (10 A).

83240 Cavalaire-sur-Mer, Var — F5215/5

★★ »CAMPING DE LA TREILE« Mitte März bis Okt.
☎ 4/94643181, Fax 4/94154064 17000 qm

→ N98 Toulon–Cannes Abf. auf die D559 zum Ort. Im Ortszentrum landeinwärts abbiegen, noch ca. 1.5 km. ✉ Chemin des Canissons.

Sand- und Wiesengelände mit Bäumen am Meer. Touristen-/Dauerstellplätze 85/15.

83420 Croix-Valmer, Var — F5220

★★★ »SÉLECTION CAMPING« März bis Okt.
☎ 04/94551030, Fax 94551039 38000 qm
www.selectioncamping.com, camping-selection@wanadoo.fr

→ N 98 Toulon–Cannes, wechseln auf die N 559 und bei Croix-Valmer bergwärts abbiegen, noch ca. 150 m. ✉ 12, boulevard de la Mer.

Terrassiertes Pinienwaldgelände mit asphaltierten Wegen. Reservierung empfehlenswert. Ort 3 km entfernt. 210 Touristenplätze.

Vorhandene Bungalows und Ferienwohnungen auf Campingplätzen sind von Ermäßigungen ausgenommen.

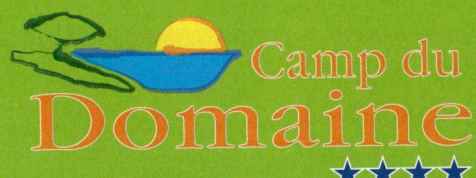

Var - Provence Côte d'Azur

Bungalows mit Blick aufs Meer
Gegenüber den "Îles d'Or"
Animation
Geschäfte

Wohnmobile
Wohnwagen
Stellplätze für Zelte
Mobilheime

Direkter Zugang zu einem der schönsten Strände der Côte d'Azur.

(F 5200/1)

BP 207 La Favière - 83230 Bormes les Mimosas
Tel. +33 (0)4 94 71 03 12 - Fax : +33 (0)4 94 15 18 67
E-mail@campdudomaine.com   GPS : N : 43° 37' 04" S : 6° 21' 04"
Online-Reservierung **www.campdudomaine.com**

Les Tournels Village Club ★★★★ (F 5225/3)

Entspannungsbereich: Jacuzzi, Hamam, Sauna, Fitness

Golfe de St-Tropez

Herzlich willkommen im Golf von St-Tropez, inmitten eines 20 ha großen Pinienwaldes, durchzogen mit Korkeichen und nur 1,5 km entfernt vom Strand von Pampelonne…

Vermietung von Bungalows und Mobilheimen

600 qm großes beheiztes Schwimmbad

yelloh! VILLAGE

Route de Camarat - 83350 Ramatuelle - Tel.: 00 33 (0) 4 94 55 90 90 - Fax: 00 33 (0) 4 94 55 90 99 - www.tournels.com

---

✉ 83350 Ramatuelle, Var — F 5225/1

★★★ »CAMPING LA CROIX DU SUD« April bis Okt.
☎ 04/94555123, Fax 94798921 25 000 qm
www.campeole.com, cplcroixdusud@atciat.com

→ D559 Le Lavandou–Port Grimaud, vor Port Grimaud meerwärts auf die N98 Richtung St. Tropez dann noch ca. 2 km auf der D93 Richtung Ramatuelle. Beschildert. ✉ Route des Plages.

1.5 km

Parkartiger, parzellierter Terrassenplatz mit Pinien und asphaltierten Wegen. Ort 2 km entfernt. Touristen-/Dauerstellplätze 88/32.

✉ 83350 Ramatuelle, Var — F 5225/2

★★★ »CAMPING KON TIKI« April bis Okt.
☎ 04/94559696, Fax 94559695 70 000 qm
www.campazur.com, kontiki@wanadoo.fr

→ D559 Le Lavandou–Port Grimaud, vor Port Grimaud meerwärts auf die N98 Richtung St. Tropez dann noch ca. 2 km auf der D93 Richtung Ramatuelle. Beschildert. ✉ Plage de Pampelonne.

Teils schattenloses Wiesengelände am Strand, durch Schilfreihen unterteilt. Reservierung notwendig. Bei Aufenthalt über 7 Nächte ist Beitritt zum Palm-Beach-Club obligatorisch. Ort 6 km entfernt. 700 Touristenplätze.

✉ 83350 Ramatuelle, Var — F 5225/3

NATURPLATZ 45 ★★★★ »CAMPING LES TOURNELS« 15.3. bis 9.1.
☎ 04/94559090, Fax 94559099 200 000 qm
www.tournels.com, info@tournels.com

→ D559 Le Lavandou–Port Grimaud Abf. vor Port Grimaud meerwärts auf die N98 Richtung St. Tropez. Dann Richtung Cap Camarat. ✉ Route de Camarat.

300m 1.5 km

Teilweise terrassiertes, steiles Pinienwaldgelände, parzelliert am platzeigenen Weinberg. Pendelbus zum Einkaufszentrum und zum Strand. In HS ärztliche Betreuung. Ort 4 km entfernt. Touristen-/Dauerstellplätze 870/105.
2007: 2 P/N inkl. St/N 40.– bis 44.–, weitere P/N 8.–, K/N 2 bis 7 J. 4.–, Strom keine Angabe (5 A).

✉ 83580 Gassin, Var — F 5230

NATURPLATZ ★★★ »PARC SAINT-JAMES GASSIN« April bis Sept.
☎ 04/94552020, Fax 945634477 13 000 qm
www.camping-parcsaintjames.com, gassin@camping-parcsaintjames.com

→ N 559 Le Levandou–Port Grimaud, nach Gassin abbiegen, oder A 8 bis Fréjus, N 98 Richtung St. Tropez. ✉ Route de Bourrian.

3 km

Terrassiertes Hanggelände mit gepflegten Grünanlagen. In HS Reservierung erforderlich. Ort 2 km entfernt. 400 Touristenplätze.

✉ 83310 Port Grimaud, Var — F 5235

★★★ »CAMPING LES PRAIRIES DE LA MER« April bis Okt.
☎ 04/94790909, Fax 94790910 200 000 qm
www.campazur.com, prairies@campazur.com

→ N 98 Toulon–Cannes, in Kreuzungsnähe der N 98 und N 559, zweite Einfahrt direkt vom Kreisverkehr aus.

Ebenes Gelände an der Bucht von St. Tropez zwischen Straße und Strand. In HS Reservierung empfehlenswert. Touristen-/Dauerstellplätze 850/450.

✉ 83310 Saint-Pons-les-Mûres, Var — F 5240

50 ★★★ »DOMAINE DES NAIADES« 5.4. bis 1.11.
☎ 04/94556780, Fax 94556781 27 000 qm
www.lesnaiades.com, info@lesnaiades.com

→ N 98 Toulon–Cannes, bis St. Pons landeinwärts abbiegen und noch ca. 400 m. Beschildert. ✉ (GPS: 43°17'07" N / 6°34'47" E).

Weitläufiges, terrassiertes Gelände mit Korkeichen und asphaltierten Straßen. Schöner Blick auf St. Tropez. Reservierung empfehlenswert. Haltestelle 600 m, Schwimmen 900 m, Ort 2 km entfernt. Touristen-/Dauerstellplätze 106/200.
2008: (HS) 3 P/N inkl. St/N 28.– bis 48.–, H/N 5.–, KT –.60, WD und Strom (10 A) inkl. In NS Angebote (10=7 Nächte).

✉ 83380 Les Issambres, Var — F 5250

35 ★★★★ »AU PARADIS DES CAMPEURS« 28.3. bis 16.10.
☎ 04/94969355, Fax 94496299 70 000 qm
www.paradis-des-campeurs.com

→ A 8 Aix–Cannes Abfahrten Puget oder Fréjus auf die N 98 Richtung Ste. Maxime. ✉ La Gaillarde Plage (GPS: 43°21'57" N / 6°42'44" E).

30 m 50 m

Gelände unterhalb der Küstenstraße mit Platanen und vielfältiger Bepflanzung. Zum Sandstrand durch eine Straßenunterführung. Imbiss. Kindersanitär. FW. Familiäre Atmosphäre. Ort 1.8 km entfernt. 180 Touristenplätze.
2007: (HS) 2 P/N inkl. St/N 16.– bis 26.–, weitere P/N 6.–, K/N bis 7 J. 3.–, WD inkl., Strom/N 3.50 (6 A). In NS Ermäßigung.

✉ 83370 St. Aygulf, Var — F 5255/1

55 ★★★★ »CAMPING L'ETOILE D'ARGENS« 1.4. bis 30.9.
☎ 04/94810141, Fax 94812145 110 000 qm
www.etoiledargens.com, info@etoiledargens.com

→ A 8 Aix–Cannes Abfahrten Puget oder Fréjus auf die N 98 Richtung Ste. Maxime. Bei St. Aygulf hinter der Argens-Brücke landeinwärts auf die D.8 abbiegen. ✉ Chemin des Etangs.

2 km 2.5 km

Ebenes Wiesengelände an der Argens mit dichtem Baumbestand und An-

pflanzungen. Durch Hecken unterteilt. Badelandschaft. Bootsverkehr zum Strand (gratis). Ort 3.5 km entfernt. Touristen-/Dauerstellplätze 400/100.
2008: (HS) 3 P/N inkl. St/N 54.–, weitere P/N 8.50, K/N bis 7 J. 6.50, H/N 5.–, KT –.55, WD u. Strom inkl. (10/16 A). In NS Ermäßigung.

83370 St. Aygulf, Var — F 5255/2

⟨35⟩ ★★★ »CAMPING LES LAURIERS ROSES« — 19.4. bis 30.9. 20000 qm
☎ 04/94812446, Fax 94817963
www.info-lauriersroses.com, camp.leslauriersroses@wanadoo.fr
→ A 8 Aix–Cannes Abfahrten Puget oder Fréjus auf die N 98 Richtung Ste. Maxime. In St. Aygulf auf die D7 landeinwärts abbiegen, noch ca. 2 km.
✉ D7, Route de Roquebrune.

Terrassiertes Gelände unter Pinien und Laubbäumen. Mit Büschen und Hecken gegliedert und aufgelockert. Haltestelle 100 m, Schwimmen 2.5 km, Ort 3 km entfernt. 95 Touristenplätze.
2007: P/N 6.95, K/N bis 7 J. 5.25, St/N 10.70, H/N 1.85, KT –.44, WD inkl., Strom/N 3.50 (6 A).

83370 St. Aygulf, Var — F 5255/3

★★★ »CAMPING DE ST. AYGULF« — April bis Okt.
☎ 04/94176249, Fax 494810316, www.camping-cote-azur.com 22000 qm
→ A 8 Aix–Cannes Abf. Fréjus auf die N98 bis zum Ort. ✉ 270, avenue Salvarelli.

Gelände am Meer (Sandstrand) mit Bäumen. 160 Touristenplätze.

83490 Le Muy, Var — F 5270

⟨50⟩ ★★★★ »RCN DOMAINE DE LA NOGUIÈRE« — 22.3. bis 1.11. 50 m 140 000 qm
☎ 04/94451378, Fax 494459295
www.rcn-campings.fr, info@rcn-domainedelanoguiere.fr
→ A 8 Aix-en-Provence–Nice Abf. (37) Richtung Puget Sur Argens/Fréjus. Beim Kreisverkehr auf die N7 Richtung Roquebrune/Le Muy, nach ca. 8 km rechts zum Platz. ✉ (GPS: 43°28'06" N / 6°35'31" E).

Parzelliertes und leicht welliges Wiesen- und Waldgelände mit Ausblick auf das Roquebrune (Berge bis 1200 m). Teilweises durch Pinien und Olivenbäume beschattet. Fischteich. Wasserrutschen. Boule. Volleyball. Spielzimmer. Spielautomaten. FW. Reservierung empfehlenswert. Ort 1 km und Meer 18 km entfernt. Touristen-/Dauerstellplätze 165/20.
2007: (HS) St/N inkl. 2/6 P/N 44.50/49.50, H/N 4.–, KT 2.–, WD und Strom (6 A) inkl. In NS Ermäßigung und Spezialangebote. Seniorenermäßigung.

83480 Puget-sur-Argens, Var — F 5280/1

★★★ »CAMPING DES AUBRÈDES« — Mai bis Sept.
☎ 04/94455146, Fax 94452892   38 000 qm
www.campingaubredes.com, campingaubredes@wanadoo.fr
→ A 8 Aix–Cannes Abf. nach Puget. Hinter Puget links abbiegen und die AB überqueren. Beschildert.

Leicht welliges Gelände unter Pinien. Ort 1 km, Meer 4.5 km entfernt. Touristen-/Dauerstellplätze 150/50.

Das Meer, die Sonne und die feinsandigen Strände direkt am Camping!

PARC CAMPING DE SAINT AYGULF PLAGE
270, avenue Salvarelli · F-83378 Saint-Aygulf-Plage

Dieser großflächige 22 ha große Park am Mittelmeer und die Seen von Villepey bieten Ihnen einen Platz mit angenehmer Frische inmitten der Pinien.

VERMIETUNG VON STELLPLÄTZEN ZUM CAMPEN, FÜR MOBILHEIME UND FÜR CHALETS.

Vielseitiges Serviceangebot, sportliche Aktivitäten, Freizeitprogramm.

Tel.: 04 94 17 62 49 · Fax: 04 94 81 03 16
Handy: 06 12 44 36 52
Internet: http://www.camping-cote-azur.com
(F 5255/3)

83480 Puget-sur-Argens, Var — F 5280/2

⟨45⟩ ★★★ »CAMPING LA BASTIANE« — 21.3. bis 18.10.
☎ 04/94555594, Fax 94555593   35000 qm
www.labastiane.com, info@labastiane.com
→ A 8 Aix–Cannes Abf. nach Puget. Hinter Puget links abbiegen und die AB überqueren. Beschildert. ✉ 1056, chemin de Souviers (GPS: 43°28'11" N / 6°40'42" E).

Hügeliges Gelände im Pinienwald. Meer 7 km, Ort 3 km entfernt. Touristen-/Dauerstellplätze 134/50.
2008: (HS) 2 P/N inkl. St/N 18.30 bis 37.30, weitere P/N 7.17, K/N 3 bis 13 J. 4.50, H/N 4.–, KT –.33, WD u. Strom inkl. (6 A). In NS Ermäßigung. CCI 5% (HS) und 10% (NS) auf P/N und St/N.

83600 Fréjus, Var — F 5300/1

★★★ »CAMPING LE GRAND CALME« — Ende März bis Sept.
☎ 04/94812181, Fax 94817649   90000 qm
www.ycvacances.com, info@camping-legrandcalme.asso.fr
→ A 8 Aix–Cannes Abf. Fréjus auf die N 98 Richtung Ste. Maxime. In St. Aygulf abbiegen auf die D 7 Richtung Roquebrune. ✉ Route Départementale 7.

Ebenes Wiesen- und Sandgelände. Mobilheime. Ort 500m, Meer 1.2 km entfernt. Touristen-/Dauerstellplätze 40/329.

83600 Fréjus, Var — F 5300/2

★★★ »CAMPING DE MONTOUREY« — April bis Sept.
☎ 04/94532641, Fax 94532675   50 000 qm
www.campingmontourey.com, montourey@wanadoo.fr
→ A 8 Aix–Cannes Abf. Puget nach Fréjus. Bei der 2. Ampel abbiegen auf die D 4 Richtung Bagnols-en-Forêt, nach 500 m rechts, die 2. geteerte Straße. ✉ Quartier Montourey.

Großflächiges Wiesengelände unter Bäumen. Reservierung empfohlen. Bungalowanlage. Ort 3 km entfernt. 199 Touristenplätze.

CAMPING AU PARADIS DES CAMPEURS

Direkter Zugang zum Sandstrand (40 m)
Familiäre Atmosphäre, Komfort, Ruhe, Sauberkeit, neue Sanitäranlagen, Golfplätze 4 km entfernt

Wifi Spot

35% Ermäßigung vom 25.3.–30.6. und vom 1.9.–16.10.
(F 5250)

La Gaillarde Plage
F-83380 Les Issambres
Tel. 04.94.96.93.55
www.paradis-des-campeurs.com

Der Spezialist für die Nebensaison

Calanque (150 m)   Plage de la Gaillarde (40 m)

Komfort und Entspannung inmitten von Eichen und Pinien ... ganz in der Nähe der schönsten Strände des Ozeans

(F 5300/3)

- Abgegrenzte, schattige, große Stellplätze mit Stromanschluß -
Gut ausgestattete Sanitärgebäude (beheizt) mit Warmwasser nach Bedarf in Toiletten, Duschen, Spülbecken und Waschbecken -
Einkaufszentrum.
STELLPLÄTZE MIT INDIVIDUELLEN SANITÄRANLAGEN (Dusche, Waschbecken, Spülbecken mit Warmwasser, WC).

LES PINS PARASOLS ★★★★
Route de Bagnols, D4 · 83600 FRÉJUS
Tel.: 00 33 494 40 88 43
Fax: 00 33 494 40 81 99
lespinsparasols@wanadoo.fr
www.lespinsparasols.com

SCHWIMMBAD - beheiztes Planschbecken - **WASSERRUTSCHE** - **TENNIS** - **HALF-COURT, SPIELFELD**. Vermietung von Mobilheimen.

✉ 83600 Fréjus, Var — F 5300/3

 Abfahrt

35 ★★★★ »CAMPING LES PINS PARASOLS«
☎ 04/94408843, Fax 94408199
5.4. bis 27.9.
45 000 qm
www.lespinsparasols.com, lespinsparasols@wanadoo.fr.
→ A8 Aix–Cannes Abf. (38) auf die D4. Beschildert. ✉ Route de Bagnols (43°27'46" N / 6°43'33" E).

Terrassiert ansteigendes Gelände unter Pinien mit Anpflanzungen. Haltestelle 500 m, Ort 2.5 km, Schwimmen 6 km entfernt. 189 Touristenplätze.
2008: (HS) 2 P/N inkl. St/N 26.40, weitere P/N 6.15, K/N bis 7 J. 3.75, H/N 2.73, KT –.55, WD und Strom (6 A) inkl. In NS Ermäßigung.

✉ 83600 Fréjus, Var — F 5300/4

35 ★★★ »CAMPING LA PIERRE VERTE«
☎ 04/94408830, Fax 94407541
5.4. bis 29.9.
300 000 qm
www.campinglapierreverte.com, info@campinglapierreverte.com
→ A8 Aix–Cannes Abf. Fréjus auf die D 4 Richtung Bagnols. Nach Passieren der Kaserne rechts abbiegen, noch 500 m. ✉ Avenue des Anciens Combattants (GPS: 43°29'01" N / 6°43'14" E).

Lichtes Pinienwaldgelände mit separatem Mobilheimteil. Imbiss. Haltestelle 1 km, Ort 4 km, Strand 7 km entfernt. Touristen-/Dauerstellplätze 400/40.
2007: (HS) 2 P/N inkl. St/N 28.–, weitere P/N 7.–, K/N bis 7 J. 5.–, H/N 3.–, KT –.55, WD inkl., Strom/N 4.– (6 A). In NS Ermäßigung.

✉ 83600 Fréjus, Var — F 5300/5

55 ★★★ »CAMPING HOLIDAY GREEN«
☎ 04/94198830, Fax 94198831
29.3. bis 30.9.
150 000 qm
www.holiday-green.com, info@holiday-green.com
→ Straße D4 Route de Bagnols-en-Foret. ✉ Route de Bagnols.

Wiesengelände unter Pinien und Laubbäumen. Großes Schwimmbad (1000 qm) mit Wasserrutschen. Whirlpool. Fitnessraum. WiFi/Funkinternet. In HS kostenloser Bus zum Strand. Reservierung empfehlenswert. Haltestelle 100 m, Ort 7 km entfernt. 690 Touristenplätze.
2008: 2 P/N inkl. St/N 37.– bis 47.–, weitere P/N 9.–, K/N bis 6 J. 6.–, H/N 5.–, KT –.55, WD und Strom inkl. (6 A).
CCI 10% auf P/N und St/N.

✉ 83600 Fréjus, Var — F 5300/6

★★★★ »RÉSIDENCE DU CAMPEUR«
☎ 04/94810159, Fax 94810164
April bis Sept.
100 000 qm
www.residence-campeur.com, info@residence-campeur.com
→ A 8 Aix–Cannes Abf. Fréjus auf die D4 Route de Bagnols-en-Foret in nördliche Richtung nach Fayence. Beschildert. ✉ Route de St. Aygulf á Roquerbrune.

Parzellierte, ebenes Wiesengelände mit Bäumen. In HS Reservierung erforderlich. See 300 m, Meer 2.5 km und Ort 4 km entfernt. Touristen-/Dauerstellplätze 50/401.

✉ 83700 Boulouris, Var — F 5307

35 ★★★ »INTERNATIONAL DE L'ILE D'OR«
☎/Fax 04/94955213
20.3. bis 20.11.
100 000 qm
→ A8 Aix–Cannes Abf. Puget über Fréjus auf die N98 in Richtung Cannes.

Eingefriedete, terrassierte Anlage mit herrlichem Blick auf das Meer mit der Ile d'Or und dem Cap du Dramont. Strand vom Platz durch Straße und Eisenbahn getrennt. Hunde an der Leine erlaubt. Ort 2 km entfernt. Touristen-/Dauerstellplätze 130/220.
2007: (HS) 2 P/N inkl. St/N 25.90, weitere P/N 5.60, K/N bis 7 J. 2.70, B/N 2.80, H/N 3.80, KT –.22, WD inkl., Strom/N 3.50. In NS 30-40% Erm.

✉ 83530 Agay bei Le Dramont, Var — F 5309

40 ★★★ »CAMPING LE DRAMONT«
☎ 04/94820768, Fax 94827530
17.3. bis 13.10.
65 000 qm
www.campeoles.fr, cpldramont@atciat.com
→ A8 Aix–Cannes Abf. Puget über Fréjus auf die N98 in Richtung Cannes. ✉ Route Nationale 98 (GPS: 43°25'02" N / 6°50'53" E).

Hügeliger Pinienwald und schattenloses Gelände am Cap du Dramont. Zum Strand über eine Treppe. Ort 6 km entfernt. 400 Touristenplätze.
2008: (HS) 2 P/N inkl. St/N 38.50, WD inkl., Strom keine Angabe. In NS Erm.

✉ 83530 Camp Long-Agay, Var — F 5311

★★★ »ROYAL-CAMPING«
☎/Fax 04/94820020
Feb. bis Okt.
6000 qm
→ A8 Aix–Cannes Abf. Puget über Fréjus auf die N98 in Richtung Cannes, bei Km 97.

Leicht abfallendes, durch einen öffentlichen Weg zweigeteiltes Gelände zwischen Mauern und Hecken an einer kleinen, geschützten Sandbucht. Ort 2 km entfernt. 45 Touristenplätze.

✉ 83530 Agay, Var — F 5315/1

35 ★★★ »CAMPING AGAY-SOLEIL«
☎ 04/94820079, Fax 94828870
15.3. bis 5.11.
7200 qm
www.agay-soleil.com, camping-agay-soleil@wanadoo.fr
→ A 8 Aix–Cannes Abf. Puget über Fréjus auf die N 98 Richtung Cannes. ✉ 1152, boulevard de la Plage.

Teils leicht abfallendes, teils terrassiertes Gelände mit hohen Bäumen. Ort 200 m, Sandstrand 3km entfernt. 53 Touristenplätze.
2007: (HS) 3 P/N inkl. St/N 27.90, weitere P/N ca. 5.50, K/N bis 5 J. ca. 3.–, H/N (NS) 2.–, KT –.49, WD inkl., Strom/N 3.30 (6 A). In NS Erm.

83530 Agay, Var — F 5315/2

30 ★★★ »CAMPING LE MAS DU RASTEL« — 1.4. bis 30.9.
☎ 04/94448584, Fax 94448743 — 13000 qm
www.camping-lemasdurastel.fr, camping-rastel@orange.fr
→ A 8 Aix–Cannes Abf. Puget über Fréjus auf die N 98 Richtung Cannes. Ca. 1 km hinter Camping »Les Rives de l'Agay« landeinwärts abbiegen.
✉ 1496, route du Gratadis (GPS: 43°26'50" N / 6°51'07" E).

Terrassengelände mit Bäumen. Ort 1.5 km, Schwimmen 10 km entfernt. 43 Touristenplätze.
2007: (HS) 3 P/N inkl. St/N 26.–, H/N 4.–, KT –.49, WD inkl. Strom/N 4.– (10 A). In NS Ermäßigung.

83530 Agay, Var — F 5315/3

55 ★★★★ »ESTEREL CARAVANING« — April bis Okt.
☎ 04/94820328, Fax 94828737 — 12500 qm
www.esterel-caravaning.fr, contact@esterel-caravaning.fr
→ A 8 Aix–Cannes Abf. Puget über Fréjus auf die N 98 Richtung Cannes. Bei Agay-Plage landeinwärts Richtung Valescure abbiegen, noch ca. 3 km.
✉ Avenue des Golfs.

Leicht terrassiertes abfallendes Gelände um einen Hügel im Esterel-Gebirge. Keine Zelte. Ort 7 km entfernt. 220 Touristenplätze.
2007: 2 P/N inkl. St/N 46.–, weitere P/N 8.50, K/N bis 7 J. 6.50, H/N 2.–, KT –.49, WD und Strom (6/10 A) inkl.

83700 Antheor, Var — F 5320

★★★ »CAMPING AZUR RIVAGE« — April bis Sept.
☎ 04/94448312, Fax 94448439, www.camping-azur-rivage.com — 10000 qm
→ A 8 Aix–Cannes Abf. Puget über Fréjus auf die N 98 Richtung Cannes. Bei Km 103/IV unter dem Eisenbahnviadukt hindurch. ✉ RN 98.

Langgestrecktes Wiesengelände zwischen Bahnlinie und Küstenstraße, teilweise terrassiert. 66 Touristenplätze.

06210 Mandelieu, Alpes-Maritimes — F 5330/1

45 ★★ »CAMPING LES PRUNIERS« — 1.4. bis 15.10.
☎ 04/93499923, Fax 93493745 — 8000 qm
www.bungalow-camping.com, contact@bungalow-camping.com
→ A 8 Aix–Cannes Abf. Mandelieu, hier vor der Siagne-Brücke rechts ab. ✉ 118, rue de la Pinéa.

Parzelliertes Ufergelände an der Siagne. Wassersport 400 m, Ort 600 m entfernt. 28 Touristenplätze.
2007: (HS) P/N 5.–, K/N bis 5 J. 2.50, K/N 5 bis 18 J. 4.–, A/N 4.–, C/N 23.–, MC/N 26.–, T/N 19.–, M/N 4.–, H/N 1.50, KT –.20, Strom/N 4.– (20 A). In NS Ermäßigung.

06210 Mandelieu, Alpes-Maritimes — F 5330/2

35 ★★★ »CAMPING PLATEAU DES CHASSES« — 1.4. bis 1.10.
☎/Fax 04/93492593 — 40000 qm
www.campingduplateaudeschasses.fr, plateau3@wanadoo.fr
→ A 8 Aix–Cannes Abf. Mandelieu auf die N 7. Hier beim km 4/II bergwärts, noch ca. 1.2 km. ✉ 1198, rue Jean Monnet.

Parzelliertes Terrassengelände auf einer Anhöhe nahe der AB. Kindergarten. Ort 800 m entfernt. Touristen-/Dauerstellplätze 98/46.
2007: (HS) P/N 4.50, K/N bis 5 J. 3.–, A/N 4.50, C MC/N 15.–, T/N 10.– bis 12.–, KT –.25, WD inkl. Strom/N 5.–. In NS Ermäßigung.

06210 Mandelieu, Alpes–Maritimes — F 5330/3

50 ★★★ »CAMPING LES CIGALES« — 1.1. bis 31.12.
☎ 04/93492353, Fax 93493045 — 20000 qm
www.lescigales.com, campingcigales@wanadoo.fr
→ A 8 Aix–Cannes Abf. Mandelieu Richtung Napoule-Plage. In La Napoule (Kreisverkehr) nach Westen. Beschildert. ✉ 505, avenue de la Mer.

Ebenes Wiesengelände mit Laubbäumen und kleinem Hafen für Segelboote. Familiäre Atmosphäre. Studios. Strand 800 m entfernt. 115 Touristenplätze.
2008: (HS) 2 P/N inkl. St/N 41,50, weitere P/N 6.–, K/N bis 5 J. 3.–, M/N 2.50, B/N 12.50, H/N 1.–, WD inkl. Strom/N 4.50 (6 A). In NS Erm.

83600 Les Adrets-de-l'Estere, Var — F5337

»CAMPING LES PHILIPPONS« — 1.4. bis 30.9.
☎ 04/94409067, Fax 94193592 — 53000 qm
www.philipponscamp.com, info@philipponscamp.com
→ A8/E80 Cannes–Fréjus Abf. (39) auf die D837/D237 zum Ort. Route Departementale 237 (GPS: 43°31'28" N / 6°48'47" E).

Wiesengelände mit Bepflanzung. Touristen-/Dauerstellplätze 138/12.
2007: (HS) 2 P/N inkl. St/N 19.–, weitere P/N 5.–, K/N bis 7 J. 3.50, H/N 2.–, KT –.20, WD inkl., Strom/N 2.70/3.50/5.– (3/6/10 A). In NS Erm.

06110 Le Cannet, Alpes-Maritimes — F5340/1

»RANCH CAMPING« — Juni bis Okt.
☎ 04/93460011, Fax 93464430 — 20000 qm
→ A8 Aix–Nice Abf. Cannes, südwärts auf die D809 abbiegen, im Ortsteil Rocheville. Beschildert. ✉ Chemin St-Joseph.

Leicht ansteigendes Gelände an einem Hügel unter Laubbäumen. Lärmbelästigung durch Flughafennähe. Ort 2 km, Meer 2.5 km entfernt. 130 Touristenplätze.
2007: P/N 6.–, K/N bis 12 J. 3.–, St/N 11.– bis 17.–, B/N 3.– H/N 1.–, KT –.20, WD inkl., Strom/N 6.–.

06110 Le Cannet, Alpes-Maritimes — F5340/2

»CAMPING LE GRAND SAULE« — Mai bis Sept.
☎ 04/93905510, 93472455 — 10000 qm
www.legrandsaule.com, info@legrandsaule.com
→ A8 Aix–Nice Abf. Cannes/Ost auf die D 9 Richtung Pègomas-Grasse. ✉ 24-26, Boulevard Jean Moulin.

Wiesengelände unter Bäumen. Ort 1 km entfernt. 55 Touristenplätze.

06150 Cannes, Alpes–Maritimes — F5345

»CAMPING PARC BELLEVUE« — April bis Sept.
☎ 04/93472897, Fax 93486625 — 40000 qm
www.parcbellevue.com, contact@parcbellevue.com
→ A8 Aix–Nice Abf. Cannes. Im Ort. ✉ 67, avenue Maurice Chevalier.

Waldgelände. Volleyball. Touristen-/Dauerstellplätze 201/100.

06600 Antibes-La Brague, A.–M. — F5350/1

»CAMPING DU PYLÔNE« — 1.1. bis 31.12.
☎ 04/93335286, Fax 93333054 — 100000 qm
www.campingpylone.com, camping.pylone@wanadoo.fr
→ A 8 Cannes–Nice Abf. Antibes auf die N 7 Richtung Nice. Bei La Brague abbiegen. Beschildert. ✉ 189, avenue du Pylone.

Gepflegtes Wiesengelände neben einer verkehrsreicher Straße. Durch Hecken und Bäume parzelliert. Ort (Antibes) 2 km entfernt. Touristen-/Dauerstellplätze 150/200.
2007: (HS) 2 P/N inkl. St/N 19.50, weitere P/N 5.–, K/N bis 8 J. 3.–, WD und Strom (10 A) inkl. In NS bis 15% Ermäßigung.

06600 Antibes-La Brague, A.–M. — F5350/2

»CAMPING LES EMBRUNS« — 15.6. bis 20.9.
☎ 04/93333335, Fax 93744670 — 9000 qm
→ A 8 Cannes–Nice Abf. Antibes auf die N 7 Richtung Nice. Bei La Brague abbiegen. Beschildert. ✉ 63, route de Biot.

Wiesengelände unter Bäumen. Ort 2 km entfernt. 50 Touristenplätze.
2007: (HS) P/N 6.–, K/N bis 5 J. 3.–, St/N 8.– bis 11.–, WD inkl., Strom/N 3.– (5 A). In NS Ermäßigung.

06600 Antibes-La Brague, A.–M. — F5350/3

»CAMPING ANTIPOLIS« — 8.4. bis 17.9.
☎ 04/93339399, Fax 92910200 — 40000 qm
www.camping-antipolis.com, contact@camping-antipolis.com
→ A 8 Cannes–Nice Abf. auf die N 7 Richtung Nice. Bei La Brague abbiegen. Beschildert. ✉ Avenue du Pylone.

Ebenes Wiesengelände mit Pappeln in Straßennähe. Mobilheime. Strand 600 m, Ort (Antibes) 3 km entfernt. 260 Touristenplätze.
2007: (HS) P/N 8.–, K/N 6.50, A/N 4.–, KT –.30, WD inkl., Strom/N 2.– (10 A). In NS Ermäßigung.

06270 Villeneuve-Loubet-Plage, A.–M. — F5355/1

»CAMPING LA VIEILLE FERME« — 1.1. bis 31.12.
☎ 04/93334144, Fax 93333728 — 28000 qm
www.vieilleferme.com, info@vieilleferme.com
→ A 8 Cannes–Nice Abf. Antibes auf die N 7 Richtung Nice. Beim Parc de Vaugrenier abbiegen, noch ca. 200 m. ✉ 296, boulevard des Groules.

Ebene, fast schattenlose Wiese für Caravans. Terrassierte Stellflächen am Hang für Zelte. Schwimmen 1.5 km, Ort 4 km entfernt. Touristen-/Dauerstellplätze 134/10.
2008: (HS) 2 P/N inkl. C MC-St/N 31.–, 2 P/N inkl. T-St/N 25.–, weitere P/N 5.–, K/N bis 5 J. 3.–, M/N 2.–, H/N 2.–, KT –.47, WD inkl., Strom/N 2.50 /4.–/6.– (2/6/10 A). In NS Ermäßigung.

06270 Villeneuve-Loubet-Plage, A.–M. — F5355/2

»L'OREE DE VAUGRENIER« — Ostern bis 15.10.
☎ 04/93335730 — 9000 qm
→ A 8 Cannes–Nice Abf. Antibes auf die N 7 Richtung Nice. Zwischen Antibes und Villeneuve–Loubet. ✉ 500, boulevard des Groules.

Ebenes, parzelliertes Wiesengelände mit teilweise gekiesten Stellflächen. Freizeitpark, Bahnlinie und Stellplätze in Platznähe. Keine Aufnahme von Zeltlern. Ort 5 km entfernt. 50 Touristenplätze.
2007: (HS) 1/2/3/4 P/N inkl. St/N 13.45/17.45/21.10/23.25, weitere P/N 3.70, K/N bis 5 J. 2.90, H/N 2.90, KT –.40, Strom/N 2.15/2.30/2.75/3.30 /3.40 (2/3/5/6/10 A). In NS Ermäßigung.

06270 Villeneuve-Loubet-Plage, A.–M. — F5355/3

»PARC DES MAURETTES« — 10.1. bis 15.11.
☎ 04/93209191, Fax 93732270 — 20000 qm
www.parcdesmaurettes.com, info@parcdesmaurettes.com
→ A 8 Cannes–Nice Abf. Antibes auf die N7 landeinwärts abbiegen, noch ca. 300 m. ✉ 730, avenue du Docteur Lefebvre (GPS: 43°37'51" N / 7°07'47" E).

Terrassenplatz in einem Pinienwald. An drei Seiten von Häusern begrenzt. Familiäre Atmosphäre. Für Zeltcamper separate Pkw-Abstellung. Ort 1 km entfernt. 140 Touristenplätze.
2007: (HS) 2 P/N inkl. St/N 29.–, weitere P/N 4.85, K/N bis 6 J. 3.20, H/N 1.85, KT –.40, WD inkl., Strom/N 5.20 (10 A). In NS Ermäßigung.

06270 Villeneuve-Loubet-Plage, A.–M. — F5355/4

»MOTEL CAMPING HIPPODROME« — 1.1. bis 31.12.
☎ 04/93200200, Fax 92132007 — 7800 qm
www.meublecamping-hippodrome.com, blsced@aol.com
→ A 8 Cannes–Nice Abf. Antibes auf die N 7 Richtung Nice. In Villeneuve meerwärts abbiegen. Beschildert. ✉ 5, avenue des Rives.

Durch eine Straße zweigeteiltes Wiesengelände bei einem Motel. 53 Touristenplätze.

06800 Cagnes-sur-Mer, A.–M. — F5360

»CAMPING LA RIVIERE« — 1.3. bis 31.10.
☎ 04/93206227, Fax 93207253, www.campinglariviere06.fr — 12000 qm
→ A 8 Cannes–Nice Abf. Cagnes-s.-Mer, 4 km nördlich des Ortes am Flüsschen Cagne. ✉ 168, chemin des Salles.

✉ **06480 La Colle-sur-Loup,** A.-M. **F 5365/1**

★★★ »CAMPING LE VALLON ROUGE« — April bis Sept.
☎ 04/93328612, Fax 93328009 32000 qm
www.auvallonrouge.com, auvallonrouge@aol.com

→ N 85 Cannes-Grasse, hier auf die D 6 Richtung Roquefort. Ab La Colle noch 3 km westwärts. ✉ Route de Grèolières.

Waldgelände in einem Talkessel. Ort 3 km entfernt. 105 Touristenplätze.

✉ **06480 La Colle-sur-Loup,** A.-M. **F 5365/2**

35 ★★★★ »CAMPING LES PINEDES« — 15.3. bis 30.9.
☎ 04/93329894, Fax 93325020 38000 qm
www.lespinedes.com, camplespinedes@aol.com

→ N 85 Cannes-Grasse, hier auf die D6 Richtung Roquefort. In La Colle beschildert. ✉ Route du Pont de Pierre.

Terrassiertes lichtes Mischwaldgelände oberhalb der Straße hinter dem Restaurant. Ort 1 km, Meer 7 km entfernt. 150 Touristenplätze.
2008: (HS) P/N 5.20, K/N bis 5 J. 3.30, A/N 4.20, C/N 14.40, MC/N 18.60, T/N 12.40, M/N 2.40, H/N 2.90, KT –.19, WD inkl., Strom/N 3.90/4.50 (6/10 A). In NS Ermäßigung.

✉ **06480 La Colle-sur-Loup,** A.-M. **F 5365/3**

25 ★★ »CAMPING MONTMEUILLE« — 1.5. bis 15.9.
☎ 04/93328429 12000 qm
www.camping-montmeuille.blogspot.com, camping.montmeuille@gmail.com

→ N 85 Cannes-Grasse, hier auf die D 6 Richtung Roquefort. In La Colle bei der Total Tankstelle der Beschilderung folgen. ✉ 400, chemin de Montmeuille (43°40'55" N / 07°05'49" E).

Leicht gestuftes Gelände unter Bäumen. Ort 400 m entfernt. 44 Touristenplätze.
2007: (HS) P/N 4.90, K/N bis 5 J. 3.60, A/N 4.40, C/N 4.40, MC/N 8.80, T/N 4.40, M/N 4.40, B/N 4.40, N 3.–, KT –.20, WD inkl., Strom/N 3.50 (6 A). In NS Ermäßigung.

✉ **06140 Vence,** Alpes-Maritimes **F 5385**

40 ★★★ »DOMAINE DE LA BERGERIE« — 25.3. bis 15.10.
☎ 04/93580936, Fax 93598044 130000 qm
www.camping-domainedelabergerie.com,
camping-domainedelabergerie.com

→ A8 Cannes-Nice Abf. Cagnes-s.-Mer nach Vence. Hier auf die D2210 westwärts abbiegen, beschildert. ✉ 1330, chemin de la Sine (GPS: 43°42'42" N / 7°05'26" E).
✿ Vence. Moustiers Ste. Marie. Schluchten von Verdon.

Hügeliges Wiesengelände mit dichtem Baumbestand. Imbiss. Haltestelle (nur in HS) 300 m, Ort 3 km, Meer 10 km entfernt. 450 Touristenplätze.
2007: (HS) 2 P/N inkl. St/N 25.– bis 31.–, weitere P/N 5.–, K/N bis 7 J. 3.30, H/N frei, KT –.20, WD u. Strom (2/5 A) inkl. In NS Ermäßigung.

✉ **06360 Eze,** Alpes-Maritimes **F 5390**

★★ »CAMPING LES ROMARINS« — April bis Sept.
☎ 04/93018164, Fax 93767043 470 m 11 500 qm
www.campingromarins.com, romarins06@aol.com

→ A8 Nice-Monaco Abf. (57) La Turbie, weiter Richtung Nice, noch ca. 8 km. ✉ Grande Corniche D2564 (GPS: 43°43'23" N / 7°20'11" E).

Am Hang gelegenes, unebenes und terrassiertes Gelände mit weitem Blick über das Meer. Durch Pinien und Laubbäumen beschattet und mit Rosmarin-Büschen aufgelockert. Bar. Ort 4 km und Strand 5 km entfernt. 41 Touristenplätze.

Côte d'Azur • Camping-Caravaning * • F-06140 Vence**
DOMAINE DE LA BERGERIE
Tel.: 00 33 4 93 58 09 36 - Fax: 00 33 4 93 59 80 44
www.camping-domainedelabergerie.com

Michelin-Karte Nr. 84 – Pfalz 9
VENCE – KUR- und URLAUBSORT
Geöffnet vom 25.3. - 15.10.

Ihre Ferien im Grünen, in einem 14 ha großen schattigen Park zwischen Meer und Bergen, in der Nähe von Nizza, Cannes und St. Paul de Vence. Komfort – Sauberkeit – viel Ruhe – Sanitäranlagen im provenzalischen Stil – Zugang für Behinderte. (Saison) Bar – Restaurant – Lebensmittelverkauf – TENNIS – 2 Schwimmbäder (10 x 20 m und 6 x 14 m) kostenlos. Waschmaschine – Duschen – Baby-Wickeltisch. Busverbindung Vence – Nizza und zurück. Vermietung von Mobilheimen und Winterabstellmöglichkeit für unbewohnte Wohnwagen.
Kreditkarte: VISA, EUROCARD, MASTERCARD, MAESTRO. Autobahnausfahrt Nr. 47: CAGNES-SUR-MER und weiter in Richtung VENCE.

✉ **06380 Sospel,** Alpes-Maritimes **F 5398**

25 ★★★ »DOMAINE SAINTE MADELEINE« — 29.3. bis 4.10.
☎ 04/93041048, Fax 93041837 5000 qm
www.camping-sainte-madeleine.com, camp@camping-sainte-madeleine.com

→ A8 Nice–ital. Grenze Abf. Menton auf die D2566 nach Sospel. Für Caravans wenig geeignet, da sehr kurvenreich. ✉ Route de Moulinet.

Wiesengelände mit einzelnen Bäumen bei einem Landgut. Bar/Imbiss. In Bungalows Hundeverbot. Ort 4 km entfernt. 90 Touristenplätze.
2007: (HS) 2 P/N inkl. St/N 19.–, weitere P/N ca. 4.20, K/N bis 6 J. 2.40, H/N 1.40, KT –.20, WD zuzügl., Müllgeb. –.50, Strom/N 2.90 (15 A). In NS Erm.

✉ **30210 Remoulins,** Pont-du-Gard **F 6010**

30 ★★★ »CAMPING LA SOUSTA« — 1.3. bis 31.10.
☎ 04/66371280, Fax 66372369 14 000 qm
www.lasousta.com, info@lasousta.com

→ A9 Orange-Nimes Abf. Remoulins. Im Ort bei der Brücke auf die D981 abbiegen, noch ca. 2 km Richtung Pont du Gard. ✉ Avenue du Pont du Gard.

Leicht abfallendes Pinienwaldgelände am Garufer. Ort 2 km entfernt. 380 Touristenplätze.
2007: (HS) 2 P/N inkl. St/N 19.50, weitere P/N ca. 6.30, H/N 2.–, KT –.55, WD inkl., Strom/N 3.– (6 A). In NS Ermäßigung.

✉ **30210 Vers,** Pont-du-Gard **F 6012**

★★ »CAMPING INT. GORGES DU GARDON« — März bis Okt.
☎ 04/66228181, Fax 66229012 40000 qm
www.le-camping-international.com, camping.international@wanadoo.fr

→ D 981 Remoulins–Uzès ca. 5 km, dann südwärts abbiegen noch ca. 800 m auf schmaler Straße. ✉ Chemin de la Barque Vieille (GPS: 43°57'19" N / 4°30'53" E).

Mehrere Geländestufen unter Laubbäumen am Garufer. Ort 4 km entfernt. 180 Touristenplätze.

✉ **30700 St.-Quentin-la-Poterie,** Gard **F 6020**

★★★ »CAMPING LE MOULIN NEUF« — März bis Sept.
☎ 04/66221721, Fax 66229182 50000 qm
www.le-moulin-neuf.com, le.moulin.neuf@wanadoo.fr

→ D981 Remoulins–Ales, bei Uzès abbiegen auf die D 982 Richtung Bagnols. Bei Km 52 Richtung St. Quentin noch 1.5 km. Beschildert.

Weitläufiges Wiesengelände unter hohen Laubbäumen. Öffentliches Schwimmbad. Ort 2.5 km entfernt. 130 Touristenplätze.

30900 Nimes, Gard — F6025

Abfahrt

25 ★★★ »DOMAINE DE LA BASTIDE« — 1.1. bis 31.12.
☎ 04/66620582, Fax 66620583 — 50000 qm
www.camping-bastide.com, immocamp@wanadoo.fr

→ A9 Orange–Montpellier Abf. (25) Nimes-Ouest Richtung Centre Ville, an der ersten Ampel rechts abbiegen, beschildert. ✉ Route de Generac (GPS: Allée du Mas de la Bastide).

In Stellkreise gegliedertes ebenes Wiesengelände. Von hohen Bäumen begrenzt und durch Hecken und Blumenbeete günstig aufgelockert. Großes Schwimmbad 3 km, Ort 5 km entfernt. Touristen-/Dauerstellplätze 236/30.
2007: 1/2/3/4 P/N inkl. St/N 11.95/16.–/21.55/25.90, weitere P/N 4.40, H/N 2.50, KT –.15/–.08, WD und Strom (16 A) inkl.

30140 Anduze, Gard — F6028/1

25 ★★★ »CAMPING CEVENNES-PROVENCE« — 20.3. bis 1.11.
☎ 04/66617310, Fax 66616074   125 m   300000 qm
www.camping-cevennes-provence.com, marais@camping-cevennes-provence.com

→ N 110 Alès–Montpellier, in St. Christol-les-Alès abbiegen auf die D910 nach Anduze, hier nordwestlich abbiegen auf die D 907 Richtung Saint-Jean-du-Gard, noch ca. 4 km. ✉ (GPS: 44°04'40" N / 3°57'53" E).

Terrassiertes Wiesengelände am Flussufer. Durch Büsche unterteilt und mit Bäumen aufgelockert. Hundebad. Imbiss. Ort 4 km entfernt. 230 Touristenplätze.
2008: (HS) 2 P/N inkl. St/N 19.80, weitere P/N 4.70, K/N 2 bis 7 J. 3.20, H/N 2.10, KT –.30, Strom/N 3.10/3.60/4.30 (3/6/10 A). In NS Ermäßigung.

30140 Anduze, Gard — F6028/2

35 ★★★★ »CAMPING DE L'ARCHE« — 15.3. bis 30.9.
☎ 04/66617408, Fax 66618894 — 100000 qm
www.camping-arche.fr, camping.arche@wanadoo.fr

→ N110 Alès–Montpellier, in St. Christol-les-Alès abbiegen auf die D910 nach Anduze, hier nordwestlich abbiegen auf die D907 Richtung St. Jean-du-Gard, nach ca. 2 km rechts abbiegen. ✉ 1105, chemin de Recoulin (GPS: 44°04'13" N / 3°58'37" E).

Ebenes, parzelliertes Wiesengelände sowie ansteigend terrassierter Hang mit dichtem Bewuchs. Badestellen zwischen Felsen. Sanitäranlage beheizbar. Ort 2 km entfernt. 250 Touristenplätze.
2008: (HS) 2 P/N inkl. St/N 27.50, weitere P/N 6.80, K/N 2 bis 10 J. 4.40, H/N 3.50, WD inkl., Strom/N 5.– (6 A). In NS Ermäßigung.

30440 St. Julien-de la-Nef, Gard — F6033

20 ★★★ »CAMPING ISIS-EN-CÉVENNES« — 1.4. bis Nov.
☎ 04/67738028, Fax 67738848 — 60000 qm
www.isisencevennes.com, dcc@isisencevennes.com

→ D999 Nîmes–Le Vigan, ca. 5 km hinter Ganges zum Ort. Beschildert.

Ebenes Wiesengelände am Flussufer in der Nähe des Nationalparks der Cevennen. Familiäre Atmosphäre. Ort (Ganges) 5 km entfernt. Touristen-/Dauerstellplätze 20/130.
2007: (HS) 1 P/N inkl. St/N 10.70, weitere P/N 3.90, K/N 4 bis 6 J. 2.50, KT –.20/–.25, WD inkl., Strom/N 3.–/3.70 (3/6 A). In NS Ermäßigung.

30570 Pont d'Hérault, Gard — F6035

★★ »LES MAGNANARELLES« — 1.1. bis 31.12.
☎ 04/67824013, Fax 67825061 — 20000 qm
www.maxfrance.fr, info@maxfrance.com

→ D 999 Nîmes–Le Vigan. Beschildert.

Wiesengelände mit Obstbäumen, von Bergen umgeben am Ufer eines kleinen Flusses. Viadukt einer nachts nicht befahrenen Bahnlinie führt über den Platz. Ort 5 km entfernt. 80 Touristenplätze.

30120 Le Vigan, Gard — F6040

25 ★★ »CAMPING LE VAL DE L'ARRE« — 1.4. bis 30.9.
☎ 04/67810277, Fax 67817123 — 40000 qm
www.valdelarre.com, valdelarre@wanadoo.fr

→ D 999 Nîmes–Le Vigan. Ca. 2 km vor Le Vigan abbiegen. Beschildert. ✉ Route du Pont de la Croix (GPS: 43°59'49" N / 3°38'24" E).

Wiesengelände mit Obst- und Laubbäumen am Flussufer. Freibad. Ort 2.5 km entfernt. 180 Touristenplätze.
2007: 2 P/N inkl. St/N 16.–, weitere P/N 5.–, K/N bis 7 J. 3.–, H/N 2.–, KT –.20, WD inkl., Strom/N 3.50 (10 A).

30300 Vallabregues, Gard — F6051

25 ★★ »CAMPING LOU VINCEN« — 1.4. bis 31.10.
☎ 04/66592129, Fax 66590741 — 14000 qm
www.campinglouvincen.com, contact@campinglouvincen.com

→ D999 Nîmes–Tarascon. Ab Tarascon nordwärts auf der D81A nach Vallabreques. ✉ (GPS: 43°51'18" N / 4°37'33" E).

Ebenes Wiesengelände mit Heckenunterteilung unter Bäumen in Seenähe. Freibad. Ort 100 m entfernt. 75 Touristenplätze.
2008: (HS) 2 P/N inkl. St/N 15.80, weitere P/N 5.30, K/N 2 bis 7 J. 3.20, H/N 1.30, KT –.30, WD inkl., Strom/N 3.30 (6 A). In NS Ermäßigung.

30250 Junas, Gard — F6053

20 ★★★ »CAMPING L'OLIVIER« — Mai bis Sept.
☎ 04/66803952   70 m   10000 qm
www.campingolivier.fr, contact@campingolivier.fr

→ A9 Nîmes–Montpellier Abf. Gallargues, weiter Richtung Aubais und Junas. Beschildert. ✉ Route de Congenies.

Kleiner, terrassierter und parzellierter Campingplatz unter alten Olivenbäumen. Sanitär nicht nach Geschlechtern getrennt. Imbiss. Ort 200 m entfernt. Touristen-/Dauerstellplätze 41/6.
2008: (HS) 2 P/N inkl. St/N 13.–, weitere P/N 4.–, K/N 2 bis 6 J. 2.20, H/N 2.10, KT –.20, WD inkl., Strom/N 3.10 (6 A). In NS Ermäßigung.

30660 Gallargues-le-Montueux, Gard — F6054

★★★ »CAMPING LES AMANDIERS« — April. bis Sept.
☎ 04/66352802, Fax 66514857 — 30000 qm
www.camping-lesamadiers.com, campamandiers@wanadoo.fr

→ A9 Nîmes–Montpellier Abf. Gallargues zum südwestlichen Ortsrand. ✉ Rue des stades.

Ebenes Wiesengelände mit vielen Bäumen in Nähe einer Bahnlinie. Volleyball. Ort 800 m entfernt. 150 Touristenplätze.

34400 Lunel, Hérault — F6058

★★★ »CAMPING BON PORT« — April bis Okt.
☎ 04/67711565, Fax 67836027

→ A9 Nîmes–Montpellier Abf. Gallargues über Lunel in Richtung La-Grande-Motte ca. 2 km. Beschildert. ✉ Route de la petite Camargue.

Ebenes Wiesengelände in ländlicher Umgebung mit Obstbäumen und Weinstöcken. Ort 2 km entfernt. Touristen-/Dauerstellplätze 270/30.

30220 Aigues Mortes, Gard — F6061

55 ★★★★ »CAMPING LA PETITE CAMARGUE« — 26.4. bis 20.9.
☎ 04/66539898, Fax 66539880   10 m   130000 qm
www.yellohvillage-petite-camargue.com, info@yellohvillage-petite-camargue.com

→ A9 Nîmes–Montpellier Abf. Gallargues Richtung Aigues-Mortes. Hier Schnellstr. D 62 in Richtung La Grande Motte. Hinter Aigues Mortes nach ca. 300 m rechts abbiegen. ✉ Quartier du Môle.

Ebenes Wiesengelände mit Pappeln in einem Weinbaugebiet. Mobil-

(F 6071/2)

l'ESPIGUETTE
CAMPING CARAVANING

Direkt am Meer und an einem riesigen feinsandigen Strand, an der Pforte zur Camargue, liegt dieser Camping weit ab von den großen Verkehrsadern. Ganz in der Nähe: ein bekannter Nudistenstrand. **Wasserbecken** (mit natürlichem Meerwasser). **Private Bootsanlegestelle mit Zugang zum Meer.** Einkaufszentrum. **Bungalowdorf »GITOTEL« und Vermietung von Mobilheimen.** Servicestation für Wohnmobile.

Ermäßigung außerhalb der Saison
CAMPING DE L'ESPIGUETTE
30240 Le Grau-du-Roi
Tel. 04 66 51 43 92 - Fax 04 66 53 25 71
www.campingespiguette.fr
reception@campingespiguette.fr

Splash! PARC AQUATIQUE

---

heimsiedlung. Kostenloser Bus zum Strand. Trimmpfad. Streichelzoo. Kosmetiksalon. Friseur. Diskothek. Ort 3.5 km, Wassersportmöglichkeiten 3.8 km entfernt. 150 Touristenplätze.
2008: (HS) 2 P/N inkl. St/N 43.–, weitere P/N 8.–, H/N 3.–, KT –.21, WD und Strom inkl. (6 A). In NS Ermäßigung.

13731 Sain. Maries-d.-la-Mer, B.-d.-Rh. F 6062/1
★★ »CAMPING DE LA BRISE« Dez. bis Nov.
04/90978467, Fax 90977201, labrise@saintesmarier.com 220 000 qm
→ N 570 Arles–Saintes Maries, hier östlich des Ortes.

Schattenloses Strandgelände. Günstig gelegen für Ausflüge in die Camargue. Ort 300 m entfernt. 1240 Touristenplätze.

13731 Sain. Maries-d.-la-Mer, B.-d.-Rh. F 6062/2
★★★ »CAMPING LE CLOS DU RHÔNE« März bis Sept.
04/90978599, Fax 90977885, leclos@saintesmarier.com 70 000 qm
→ N 570 Arles–Saintes Maries. Abf. Saintes Maries. Beschildert.

Schattenloses Gelände am Meer. Ort 2 km entfernt. 448 Touristenplätze.

30240 Le Grau-du-Roi, Gard F 6071/1
55 ★★★★ »CAMPING ABRI DE CAMARGUE« 1.4. bis 30.9.
04/66515483, Fax 66517642 40 000 qm
www.abridecamargue.fr, contact@abridecamargue.fr

→ A9 Nimes–Montpellier Abf. Gallargues Richtung Aigues-Mortes. Hier nach Le Grau und dann der Beschilderung »Port Camargue« und »L'Espiguette« folgen. ✉ 320, route du Phare de l' Espiguette (GPS: 43°31'21" N / 4°08'57" E).

Ebenes Wiesengelände unter Pappeln und Olivenbäumen hinter einem Lärmschutzwall. In HS Reservierung empfehlenswert. Volleyball. Kostenloser Strandbus. Strand 900 m, Ort 3 km entfernt. 277 Touristenplätze.
2008: (HS) 1-2/3-5 P/N inkl. St/N 54.–/59.–, H/N 7.–, WD u. Strom inkl. (6 A). In NS Ermäßigung.

30240 Le Grau-du-Roi, Gard F 6071/2
★★★ »CAMPING DE L'ESPIGUETTE« April bis Okt.
04/66514392, Fax 66532571 420 000 qm
www.campingespiguette.fr, reception@campingespiguette.fr

→ A9 Nimes–Montpellier Abf. Gallargues Richtung Aigues-Mortes. Hier nach Le Grau und dann der Beschilderung »Port Camargue« und »L'Espiguette« folgen.

Ebenes Sandgelände am Meer. Meerwasserbecken. CCI obligatorisch. Gas- u. Lebensmittelverkauf. Wassersportmöglichkeiten. 2250 Touristenplätze.

30240 Le Grau-du-Roi, Gard F 6071/3
50 ★★★★ »CAMPING LE BOUCANET« 22.3. bis 4.10.
04/66514148, Fax 66514187 75 000 qm
www.lebaucanet.com, campingbaucanet@wanadoo.fr

→ A9 Nimes–Montpellier Abf. Gallargues nach Aigues-Mortes. Hier auf die D 255 in Richtung Le Grau-du-Roi. Der Beschilderung »Le Boucanet« folgen. ✉ Route de Carnon.

Gepflegtes Sandgelände am Meer mit ca. 500 m langem und ca. 30 m breitem Strand. Durch Hecken, Büsche und Bäume günstig aufgelockert. Familiäre Atmosphäre. Unterhaltungsprogramme. Ort 2 km entfernt. 328 Touristenplätze.
2007: 2 P/N inkl. St/N 37.70, weitere P/N 8.70, K/N bis 7 J. 7.70, KT –.30, WD und Strom inkl. (6 A).

Camping Montpellier Plage ★★★ Palavas les flots

Ein 3 Sterne- Campingplatz mit Restaurant Bar, Mitnehm-mahlzeiten, Schwimmbad, dessen Eingang sich nur 50 m vom Strand befindet. 2 km zum Stadtzentrum von Palavas, 10 km von Montpellier entfernt.

Montpellier Plage ★★★
95, avenue Saint-Maurice
34250 Palavas les Flots
Tél.: (00 33) 04 67 68 00 91
Fax: (00 33) 04 67 68 10 69
www.domaine-saint-maurice.com

(F 6090)

34970 Lattes, Hérault — F 6085

★★★★ »EDEN CAMPING« — Mai bis Ende Aug.
04/67151105, Fax 67151131 — 60 000 qm
www.eden-camping.com, lemasdelaplage@wanadoo.fr

→ A9 Nimes–Narbonne Abf. Montpellier/Süd auf die D 986 Richtung Palavas ca. 5 km. ✉ Route de Palavas.

Ebenes Wiesengelände neben einer verkehrsreichen Straße unter hohen Pappeln. Reservierung empfehlenswert. Ort 2 km, Meer 3 km entfernt. 260 Touristenplätze.

34250 Palavas-les-Flots, Hérault — F 6090

★★★ »CAMPING MONTPELLIER PLAGE« — Mitte April bis Sept.
04/67680091, Fax 67681069 — 100 000 qm
www.domaine-saint-maurice.com, camping.montpellier.plage@wanadoo.fr

→ A 9 Nimes–Narbonne Abf. Montpellier/Süd auf die D 986 nach Palavas. ✉ 95, avenue Saint Maurice.

Wiesen- und Sandgelände mit einzelnen Bäumen. Meer und Zentrum 50 m entfernt. Touristen-/Dauerstellplätze 150/550.

34110 Vic La Gardiole, Hérault — F 6093

★★★★ »CAMPING L'EUROPE« — Mitte Juni bis Sept.
04/67871150, Fax 67784859 — 50 000 qm
www.campingleurope.com, campingdeleurope@wanadoo.fr

→ N112 Montpellier–Sete. Hinter Mireval auf die D114 abbiegen. Beschildert.

Ebenes Gelände mit Anpflanzungen. Kostenloser Bus zum Strand. Musikveranstaltungen im Freien. In NS/HS 3/7 Nächte Mindestaufenthalt. Ort 800 m entfernt. 324 Touristenplätze.
2007: 2 P/N inkl. St/N 32.–, weiter P/N 6.–, K/N bis 5 J. frei, H/N 3.–, WD inkl. Strom keine Angabe. In NS Ermäßigung. Preise gültig nur bis 16.02.07.

34110 Frontignan-Plage, Hérault — F 6095/1

★★ »CAMPING MEDITERRANÉE« — 1.4. bis 15.9.
℡/Fax 04/99049232 — 15 000 qm

→ N112 Montpellier–Sète, vor Frontignan meerwärts abbiegen. Beschildert. ✉ 11, avenue des Vacances.

Parzelliertes Wiesengelände mit Weiden und Tamarisken. Offenes Sanitär. Ort 2 km entfernt. 88 Touristenplätze.
2008: (HS) 3 P/N inkl. St/N 15.–, weitere K/N bis 3 J. 1.50, H/N 1.50, KT –.22, WD inkl., Strom/N 3.50 (6 A). In NS Ermäßigung.

DCC – DEIN PARTNER!

34110 Frontignan-Plage, Hérault — F 6095/2

★★★★ »CAMPING LES TAMARIS« — 28.3. bis 27.9.
04/67434477, Fax 67189790 — 45 000 qm
www.les-tamaris.fr, les-tamaris@wanadoo.fr

→ AB-Abf. St. Jean de Védas. N 112 Montpellier–Sète. Vor Frontignan meerwärts abbiegen Richtung Frontignan-Palge. ✉ 140, avenue d'Ingril (GPS: 43°26'59" N / 3°48'21" E).

Ebenes, parzelliertes Gelände hinter einer zum Strand vorgelagerten Düne. Durch Tamarisken in dreieckige Stellflächen unterteilt. Ort 5 km entfernt. 250 Touristenplätze.
2007: (HS) 2 P/N inkl. St/N 38.–, H/N 3.–, KT –.50, WD und Strom (10 A) inkl. In NS Ermäßigung.

34560 Poussan, Hérault — F 6100

★★ »CAMPING LE GAREL« — 3.5. bis 30.9.
℡/Fax 04/67782221 — 15 000 qm
www.campinglegarel.com, camping.legarel@wanadoo.fr

→ A 9 Montpellier–Narbonne Abf. Sète auf die N113 und weiter auf die D2 nordwärts nach Poussan. ✉ Route de Gigean D119.

Ebenes Wiesengelände unter Pappeln in ländlicher Umgebung. Ort 1.6 km entfernt. 100 Touristenplätze.
2007: (HS) 2 P/N inkl. St/N 20.–, weitere P/N 3.50, K/N bis 3 J. frei, H/N 2.40, KT –.20, WD und Strom inkl. (3-5 A). In NS Ermäßigung.
DCC/CCI 5% auf P/N und St/N.

34140 Loupian, Hérault — F 6114

★★★ »CAMPING MUNICIPAL DE LOUPIAN« — 1.5. bis 30.9.
04/67435767 (1.5.-30.9.), 67438207 (1.8.-30.4.) — 15 000 qm
www.loupian.fr, camping@loupian.fr

→ A 9 Montpellier–Narbonne Abf. (33) Sète auf die RD613 Richtung Meze, nach ca. 6 km rechts nach Loupian, beschildert. ✉ Route de Meze.

Parzelliertes und ebenes Wiesengelände. Durch Hecken gegliedert und meist durch verschiedenartige Bäume beschattet. Imbiss/Snack-Bar. Boule-Bahn. Familiäre Atmosphäre. Ort 300 m entfernt. 100 Touristenplätze.
2007: (HS) P/N 3.55, K/N 3 bis 12 J. 2.70, St/N 4.30, H/N –.75, WD inkl. Strom/N 2.20 (6 A). In NS Ermäßigung.

34140 Mèze, Hérault — F 6115

★★ »CAMPING BEAU RIVAGE« — April bis Sept.
04/67438148, Fax 67436670 — 30 500 qm
www.camping-beaurivage.fr, reception@camping-beaurivage.fr

→ A 9 Montpellier–Narbonne Abf. Sète auf die N 113 nach Mèze.

Wiesengelände zwischen der Nationalstraße und dem Etang de Thau. 234 Touristenplätze.

Camping Beauregard a Sud ★★★

380, chemin de l'Airette
34340 MARSEILLAN - PLAGE
Tel. & Fax: 00 33 (0)4 67 77 18 68
00 33 (0)4 67 01 20 80
www.beauregard-a-sud.com
camping@beauregard-a-sud.com
(F 6120/2)

FAMILIÄRER CAMPINGPLATZ DIREKT AN EINEM FEINSANDIGEN STRAND GELEGEN. NATUR UND RUHE AM RANDE DER DÜNEN. GROSSZÜGIGE STELLPLÄTZE. WIR SPRECHEN DEUTSCH UND ENGLISCH. KOMFORTABLE SANITÄREINRICHTUNGEN. GESCHÄFTE UND FREIZEITANLAGEN IN DER NÄHE.

34120 Pézenas, Hérault — F6116

★★★ »CAMPING ST. CHRISTOL« 15.4. bis 15.9.
04/67980900, Fax 67988261   15 000 qm
www.campingsaintchristol.com, saintchristol@worldonline.fr
→ A9 Montpellier–Narbonne Abf. Agde auf die D13 nach Pézenas.
✉ Route de Nizas.

Wiesengelände unter Bäumen. Ort 1 km entfernt. 96 Touristenplätze.
2007: (HS) P/N 3.40, K/N bis 7 J. 2.–, St/N 8.60, H/N 1.40, KT –.17, Strom/N 2.80 (10 A). In NS Ermäßigung.

34290 Montblanc, Hérault — F6117

★★ »CAMPING LE REBAU« 1.3. bis 31.10.
04/67985078, Fax 67986863   30 000 qm
www.camping-lerebau.fr, gilbert@camping-lerebau.fr
→ N 113 Béziers–Pézenas, in La Bégude südwärts auf die D 18 abbiegen.

Durch eine Straße zweigeteiltes Gelände unter Bäumen mit Heckenunterteilung. Imbiss in HS. Haltestelle 500 m, Ort 800 m entfernt. Touristen-/Dauerstellplätze 146/15.
2008: (HS) 2/4/6 P/N inkl. St/N 20.50/26.50/33.–, weitere P/N 5.–, H/N 2.80, Strom/N 4.70. In NS Ermäßigung.

34340 Marseillan-Plage, Hérault — F6120/1

★★★ »CAMPING BEAUREGARD EST« 1.4. bis 30.9.
04/67771545, Fax 67012178 95 m 30 000 qm
www.camping-beauregard-est.com, campingbeauregardest@wanadoo.fr
→ N9 Montpellier–Narbonne Abf. Age, hier in Richtung Cap d'Agde weiter nach Marseillan Plage. ✉ 250, chemin de l´airette.

Durch Schilfrohr parzelliertes Wiesengelände hinter einer Düne am Marseillan Plage mit Zugang zum Meer und feinem Sand, am Ortsrand. Naturschutzgebiet. Reservierung in HS erforderlich. Familienbäder. 200 Touristenplätze.
2007: (HS) 2 P/N inkl. St/N 28.–, weitere P/N ca. 5.–, K/N bis 1 J. frei, KT –.33, WD u. Strom inkl. (6 A). In NS Ermäßigung.

Ganz in der Nähe aller Geschäfte und in naturbelassener Umgebung, direkt an einem feinsandigen Strand werden Sie Ihre Ferien ganz zwanglos in familiärer Atmosphäre genießen können.
(F 6120/1)

34340 Marseillan-Plage, Hérault — F6120/2

★★★ »CAMPING BEAUREGARD A SUD« 22.3. bis 15.10.
/Fax 0467771868   31 500 qm
www.beauregard-a-sud.com, camping@beauregard-a-sud.com
→ N 9 Montpellier–Narbonne Abf. Age über Age auf die N 112 Richtung Sète. Bei der Canal du Midi-Mündung rechts. ✉ 380, chemin de l´Airette.

Parzelliertes Wiesengelände hinter einer Düne mit Zugang zum Meer und am Ortsrand. Reservierung in HS erforderlich. Imbiss. Bar. 200 Touristenplätze.
2007: (HS) 2 P/N inkl. St/N 29.–, weitere P/N 5.50, K/N bis 1 J. frei, KT –.33, WD und Strom inkl. (6 A). In NS Ermäßigung.

34340 Marseillan-Plage, Hérault — F6120/3

EUROPA-PREIS

★★★★ »CAMPING NOUVELLE FLORIDE« 25.4. bis 27.9.
04/67219449, Fax 67218105   75 000 qm
www.lesmediterranees.com, info@nouvelle-floride.com
→ A9 Montpellier–Narbonne Abf. Agde auf die N312 bis zur N112 und dann über Agde in Richtung Sète bis Marseillan Plage. Dort Richtung Avenue des Campings, hier dem Hinweis »Campings« folgen. ✉ 262, avenue des Campings.
Anzeige S. 606

Ebenes, durch kleine Straße zweigeteiltes Gelände am Meer. Beheizte Sanitäranlagen. Musikveranstaltungen. WiFi/Funkinternet. Ort 500 m, Aqualand und Tennis 5 km entfernt. 465 Touristenplätze.
2008: (HS) 2 P/N inkl. St/N 44.–, weitere P/N 8.–, K/N bis 7 J. frei, H/N 4.–, KT –.33, WD und Strom inkl. (6 A). In NS Ermäßigung.

34340 Marseillan-Plage, Hérault — F6120/4

★★★★ »CAMPING CHARLEMAGNE« 31.3. bis 29.9.
04/67219449, Fax 67218611   66 000 qm
www.lesmediterranees.com, info@charlemagne-camping.com
→ A9 Montpellier-Narbonne Abf. Agde auf die N312 bis zur N112 und dann über Agde in Richtung Sète bis Marseillan Plage. Dort Richtung Avenue des Campings, hier dem Hinweis »Campings« folgen. ✉ Avenue du Camping.

Ebenes Wiesengelände mit Laubbäumen, durch Hecken unterteilt. Musikveranstaltungen. Schönes Schwimmbad mit Rutsche. Ort 500 m entfernt. 136 Touristenplätze.
Anzeige S. 606
2007: (HS) 2 P/N inkl. St/N 44.–, weitere P/N ca. 8.–, K/N bis 1 J. frei, H/N 4.–, KT –.33, WD, Schwimmbad u. Strom inkl. (10 A). In NS Ermäßigung.

DCC-Mitgliedsausweis

DCC-Mitgliedern wird geraten, den DCC-Mitgliedsausweis sofort bei der Anmeldung auf den entsprechenden Campingplätzen vorzulegen. Eine spätere Reklamation wegen nichterhaltenen Mitgliedernachlasses ist infolge Computerabrechnung oft erfolglos.

Geöffnet von 25. April bis 27. September 2008

COOL ODER AKTIV

Stellplätze ab 14 €/Nacht

Ferienunterkünfte ab 27 €/Nacht

- Direkter Zugang zum Meer
- Cottage mit 3 Zimmern
- 2 Swimmingpools (davon 1 beheizter)
- Cottage 4 Personen

Les Méditerranées
Charlemagne - Nouvelle Floride
CAMPING VILLAGE ★★★★
www.lesmediterranees.com
34340 Marseillan-Plage - France

Tel.: 00 33 825 08 08 19 / 00 33 467 21 94 49 - Fax: 00 33 467 21 81 05

(F 6120/4)

34340 Marseillan-Plage, Hérault — F6120/5

★★★★ »CAMPING LA PLAGE« — 10.3. bis 1.11.
04/67219264, Fax 67016357 — 18000 qm
www.laplage-camping.net, info@laplage-camping.net

→ A9 Montpellier-Narbonne Abf. Agde auf die N312 bis zur N112 und dann über Agde in Richtung Sète bis Marseillan Plage. Dort Richtung Avenue des Campings, hier dem Hinweis »Campings« folgen. 69, chemin du Pairollet (GPS: 43°18'35" N / 3°32'45" E).

Sandiges Ufergelände mit einzelnen Bäumen auf einer befestigten Düne mit Meerblick. Familiäre Atmosphäre. Ort 500 m entfernt. 105 Touristenplätze.
2008: (HS) 2 P/N inkl. St/N 29.–, weitere P/N 5.–, K/N bis 2 J. frei, H/N 4.–, KT –.33, WD inkl., Strom/N 2.– (10 A). In NS Ermäßigung.

34340 Marseillan-Plage, Hérault — F6120/6

★★★ »CAMPING LA CREOLE« — 1.4. bis 15.10.
04/67219269, Fax 67265816 — 15000 qm
www.campinglacreole.com, campinglacreole@wanadoo.fr

→ A9 Montpellier-Narbonne Abf. Agde auf die N312 bis zur N112 und dann über Agde in Richtung Sète bis Marseillan Plage. Dort Richtung Avenue des Campings, hier dem Hinweis »Campings« folgen. 74, avenue des Campings (GPS: 43°18'35" N / 3°32'44" E).

Sandiges Ufergelände, teils unter Bäumen. Familiäre Atmosphäre. Imbiss. Gas- u. Lebensmittelverkauf 50 m entfernt. 110 Touristenplätze.
2007: 2 P/N inkl. St/N 25.75, weitere P/N 4.80, H/N 3.–, KT –.33, WD inkl., Strom/N 2.85 (6 A). In NS Ermäßigung.
CCI 10% auf P/N.

34340 Marseillan-Plage, Hérault — F6120/7

★★★ »CAMPING EUROP 2000« — April bis Okt.
Fax 04/67219285 — 20000 qm
www.camping-europ2000.com, contact@camping-europ2000.com

→ A9 Montpellier-Narbonne Abf. Agde auf die N312 bis zur N112 und dann über Agde in Richtung Sète bis Marseillan Plage. Dort Richtung Avenue des Campings, hier dem Hinweis »Campings« folgen. 960, avenue des Campings.

Ebenes, zum Meer leicht abfallendes Wiesengelände, teilweise unter Bäumen. Imbiss. 176 Touristenplätze.

Geöffnet vom 01.04. bis zum 08.10.

CAMPING ★★★ LA CREOLE

(F 6120/8)

74 avenue des campings
34340 MARSEILLAN-PLAGE

Tél. 04 67 21 92 69 - Fax : 04 67 26 58 16

E-mail : campinglacreole@wanadoo.fr
Site : www.campinglacreole.com

FAMILIENCAMPING. Ideale Ferien, erholsam und nicht zu teuer. Schattig – direkt am Meer, am wunderschönen, feinsandigen Strand von Marseillan (Hérault)

Außerhalb der Saison 40% Ermäßigung auf Hochsaisonpreise

CAMPING-CARAVANING EUROP 2000 ★★★

34340 MARSEILLAN-PLAGE
Tel.: 04 67 21 92 85 - Fax: 04 67 21 92 85
www.camping-europ2000.com
E-mail: contact@camping-europ2000.com

Bestens ausgestatteter Camping mit schattigen und sonnigen Stellplätzen in der Nähe von CAP D'AGDE. Zum feinsandigen Strand 100 m, zum Schwimmbad 500 m und zum Reiten 1 km. *In der Nähe:* Diskothek, Apotheke, Restaurant, Bar und Einkaufszentrum. Geräumige, mit Fliesen ausgestattete Sanitäranlagen.
Geöffnet vom 1. 4. bis zum 20.10.

(F 6120/9)

34300 Agde, Hérault — F 6125/1

★★★ »CAMPING LA CLAPE« — Ende März bis Ende Sept.
04/67264132, Fax 67264525 — 75 000 qm
www.camping-laclape.com, contact@camping-laclape.com

→ A9 Montpellier–Narbonne Abf. Agde in Richtung Cape d'Agde. ✉ 2, rue du Gouverneur (GPS: 43°17′13″ N / 3°31′17″ E).

Gepflegtes, überwiegend schattenloses, mit Oleanderbüschen parzelliertes Strandgelände. Ort 800 m entfernt. 450 Touristenplätze.
2007: 2 P/N inkl. St/N 23.–, weitere P/N 5.50, K/N ab 4 J. 3.–, H/N 3.–, KT –.40, WD inkl., Strom/N 3.90 (10 A).

34300 Agde, Hérault — F 6125/2

★★★ »CAMPING MER ET SOLEIL« — 5.4. bis 11.10.
04/67942114, Fax 67948194 — 75 000 qm
www.camping-mer-soleil.com, contact@camping-mer-soleil.com

→ A9 Montpellier–Narbonne Abf. Agde. Bei Agde von der Umfahrungsstraße in Richtung Le Grau d'Agde abbiegen. ✉ Route de Rochelongue.

Ebenes, überwiegend schattenloses Gelände. Kabel-TV. Überdachtes Schwimmbad. Wasserrutsche. Fitnessraum. Imbiss. Volleyball. Ort 1 km entfernt. Touristen-/Dauerstellplätze 300/137.
2008: (HS) 2 P/N inkl. St/N 42.–, weitere P/N 7.–, K/N 2 bis 10 J. 4.–, H/N 4.–, KT 1.–, WD und Strom (6 A) inkl. In NS Angebote und Ermäßigungen.

34300 Agde, Hérault — F 6125/3

★★★ »CAMPING LES SABLETTES« — April bis Sept.
04/67943665, Fax 67017539, www.campinglessablettes.fr — 25 000 qm

→ A9 Montpellier–Narbonne Abf. Agde. Bei Agde von der Umgehungsstraße in Richtung Le Grau d'Agde abbiegen. ✉ Chemin de Baluffe.

Ebenes, sandiges und teilweise schattenloses Wiesengelände. Ort 1.5 km entfernt. Touristen-/Dauerstellplätze 188/30.

34300 Agde, Hérault — F 6125/4

★★★ »CAMPING LE NEPTUNE« — 1.4. bis 30.9.
04/67942394, Fax 67944877 — 10 000 qm
www.campingleneptune.com, info@campingleneptune.com

→ A9 Montpellier–Narbonne Abf. Agde. Von der Umgehungsstraße in Richtung Le Grau d'Agde abbiegen. Beschildert. ✉ Route du Grau (GPS: 43°17′55″ N / 3°27′08″ E).

Ebenes, überwiegend schattenloses Wiesengelände, teils mit hartem Untergrund. Ort 1.5 km entfernt. Touristen-/Dauerstellplätze 165/30.
2007: (HS) 2 P/N inkl. St/N 27.20, weitere P/N 5.60, K/N bis 13 J. 2.80, H/N 3.–, KT –.40, Müllgeb. –.11, WD und Strom inkl. (6/10 A). In NS Erm.

34300 Agde, Hérault — F 6125/5

★★★ »INTERNATIONAL DE L'HÉRAULT« — April bis Sept.
04/67941283, Fax 67944284, www.interdelherault.com — 110 000 qm

→ A9 Montpellier–Narbonne Abf. Agde. Dann westl. Agde ca. 2 km an der Hérault entlang. ✉ Route de la Tamarissière.

Durch Hecken unterteiltes ebenes Wiesengelände unter Pappeln zwischen der Hérault und der Ortsumgehung. Öffentliches Schwimmbad. Restaurant 200 m, Ort 1.5 km entfernt. Touristen-/Dauerstellplätze 417/100.

34300 Agde, Hérault — F 6125/6

★★★ »CAMPING LA TAMARISSIERE« — Mitte April bis Sept.
04/67949746, Fax 67947823 — 120 000 qm

→ A9 Montpellier–Narbonne Abf. Agde. Bei Agde von der Umgehungsstraße in Richtung Le Grau d'Agde abbiegen. Beschildert.

Wiesen- und Sandgelände mit Wald hinter den Dünen mit direktem Zugang zum Strand. Imbiss. 700 Stellplätze.

Camping-Club ★★★ MER et SOLEIL de ROCHELONGUE

2008 Kinder unter 10 Jahren gratis vom 5. 4. bis 4.7. und 30.8 bis 11. 10.

ANGEBOT 1 Woche bezahlen = 1 Woche kostenlos vom 5. 4. bis 21. 6. und vom 6. 9. bis 21. 10.

yelloh! VILLAGE

(F 6125/2) **Route de Rochelongue F-34300 AGDE**
Tel: 00.33.04.67.94.21.14 • Fax: 00.33.04.67.94.81.94
www.camping-mer-soleil.com • contact@camping-mer-soleil.com

34450 Vias-Plage, Hérault — F 6130/1

★★★★★ »YELLOH VILLAGE FARRET« 31.3. bis 22.9.
04/67216445, Fax 67217049
110 000 qm
www.yellohvillage-club-farret.com, farret@wanadoo.fr

→ A9 Montpellier–Narbonne Abf. Agde–Pézenas über N 312 bis hinter Bessan. Hier auf die D 137 in südlicher Richtung über Vias nach Vias-Plage. Ab Informationsparkplatz Hinweise beachten.

Ebenes, durch Straße zweigeteiltes Wald- u. Wiesengelände am Meer. 350 m langer, 25 m breiter, feiner Sandstrand. Mal-Töpfer-Mosaik-Atelier. Catamaran und Surfen gratis. Panoramarestaurant. FW. Musikveranstaltungen. Reitmöglichkeit 500 m, Ort 2 km entfernt. 753 Touristenplätze.
2007: (HS) 2 P/N inkl. St/N 44.–, weitere P/N 8.–, H/N 3.–, WD und Strom inkl. (6 A). In NS Ermäßigung.

34450 Vias-Plage, Hérault — F 6130/2

★★★ »CAMPING CLUB CAP SOLEIL« 1.1. bis 31.12.
04/67216477, Fax 67217066
50 000 qm
www.capsoleil.fr, cap.soleil@wanadoo.fr

→ A9 Montpellier–Narbonne Abf. Agde–Pézenas über N 312 bis hinter Bessan. Hier auf die D 137 in südlicher Richtung über Vias nach Vias-Plage. Ab Informationsparkplatz Hinweise beachten.

Ebenes Gelände unter Bäumen. Tropisches Erlebnisbad. Wasserrutsche. Ort 3 km entfernt. Touristen-/Dauerstellplätze 200/100.

34450 Vias-Plage, Hérault — F 6130/3

★★★★ »CALIFORNIE PLAGE« März bis Okt.
04/67216469, Fax 67215462
50 000 qm
www.californie-plage.fr, californie.plage@wanadoo.fr

→ A9 Montpellier–Narbonne Abf. Agde–Pézenas über N 312 bis hinter Bessan. Hier auf die D 137 in südlicher Richtung über Vias nach Vias-Plage. Ab Informationsparkplatz Hinweise beachten.

Ebenes, lichtes Pappelwaldgelände sowie vom Strand leicht ansteigendes, schattenloses Wiesengelände mit Strandtreppen. Tropisches Erlebnisbad. Wasserrutsche. Ort 3 km entfernt. 380 Touristenplätze.

34450 Vias-Plage, Hérault — F 6130/4

★★★★ »CAMPOTEL LA CARABASSE« Mitte April bis Sept.
04/67216401, Fax 67217687
200 000 qm
www.lacarabasse.fr, reservations@lacarabasse.fr

→ A9 Montpellier–Narbonne Abf. Agde/Pèzenas über Vias Richtung Vias Plage, beschildert. Route Farinette.

Ebenes Wald- u. Wiesengelände bei einem Vergnügungspark. Schwimmbad mit Rutsche. Trampoline. Ort 2 km entfernt. 850 Touristenplätze.

34450 Vias-Plage, Hérault — F 6130/5

★★★★ »CAMPING MÉDITERRANÉE PLAGE« 22.3. bis 21.9.
04/67909907, Fax 67909917
70 000 qm
www.mediterranee-plage.com, contact@mediterranee-plage.com

→ A9 Montpellier–Narbonne Abf. Béziers/Ost. Richtung Portivagnes Plage nach Bruche Kanal du Midi links abbiegen. Beschildert. Côte Ouest.

Ebenes Wiesengelände hinter einer flachen Düne. Musikveranstaltungen. Ort 5 km entfernt. Touristen-/Dauerstellplätze 180/230.
2007: (HS) 2 P/N inkl. St/N 35.90, weitere P/N 6.–, K/N bis 10 J. 4.50, H/N 3.50, KT, WD und Strom inkl. In NS Ermäßigung.

34450 Vias, Hérault — F 6130/6

★★★★ »CAMP DOMAINE DE LA DRAGONNIERE« 30.4. bis 30.9.
04/67010310, Fax 67217339
230 000 qm
www.dragonniere.com, dragonniere@wanadoo.fr

→ A9 Montpellier–Narbonne Abf. Béziers/Ost über die RN112 Richtung Vias, der Beschilderung Flughafen folgen.

Teils schattenloses, ebenes Wiesengelände. Kostenloser Strandbus. Bungalowanlage. Ort 5 km entfernt. Touristen-/Dauerstellplätze 446/100.
2007: (HS) 3 P/N inkl. St/N 39.–, H/N 5.50, KT –.57, WD und Strom inkl. (6 A). In NS Ermäßigung.

34450 Vias-Plage, Hérault — F 6130/7

★★ »CAMPING CLUB L'AIR MARIN« 12.4. bis 20.9.
04/67216490, Fax 67217679
55 000 qm
www.camping-air-marin.fr, info@camping.air.marin.fr

→ A9 Montpellier–Narbonne Abf. Agde, auf der N312 über Bessan Richtung Vias-Plage. An der Ostküste. Beschildert.

Ebenes bis leicht welliges Wiesengelände unter Bäumen. Chalets. Schwimmen 800 m entfernt. Touristen-/Dauerstellplätze 150/156.
2008: (HS) 2 P/N inkl. St/N 35.–, weitere P/N ca. 7.–, K/N bis 4 J. frei, H/N 3.–, WD und Strom (6 A) inkl. In NS Ermäßigung.

34450 Vias-Plage, Hérault — F 6130/8

★★★ »CAMPING LES FLOTS BLEUS« April bis Sept.
04/67216480, Fax 67017812
50 000 qm
www.camping-flotsbleus.com, camping-flotsbleus@wanadoo.fr

→ A9 Montpellier–Narbonne Abf. Agde, auf der N312 über Bessan Richtung Vias-Plage. An der Ostküste. Beschildert. Côte ouest.

Ebenes Gelände unter Bäumen. 317 Touristenplätze.

GEÖFFNET VOM 24. APRIL
BIS 11. OKTOBER 2008

NEU FÜR 2008
Reservierung von Stellplätzen

L'Esprit de Famille

(F 6130/1)

Im Club Farret kann sich Ihr Familienleben in voller Freiheit entfalten.

In einer blumenreichen und äußerst gepflegten Umgebung bieten Ihnen unsere Stellplätze und komfortablen Ferienunterkünfte Erholung und Wohlbefinden. Hier können Sie sich wie zu Hause fühlen.

Von April bis Oktober kann sich jeder sein eigenes Freizeitmenü zusammenstellen und Wasser in vollen Zügen genießen - beheizbarer Pool und das Mittelmeer direkt zu Ihren Füssen.

Fragen Sie schnell nach unserer Broschüre.

Le Club Farret
★★★★
CAMPING PLAGE
Languedoc - Méditerranée

L'Esprit DE Famille

Le Club Farret - 34450 VIAS PLAGE
Tel. : +33 (0)4 67 21 64 45
Fax : +33 (0)4 67 21 70 49
E-mail : farret@wanadoo.fr
www.camping-farret.com

yelloh! VILLAGE
CAMPING VILLAGES

Le Clos Virgile
Camping Club ★★★★

Sérignan plage • Mittelmeer

400 m vom STRAND !
Lebendige Familienatmosphäre • Animationsprogramm
VERMIETUNG VON MOBILHEIMEN UND CHALETS
Sonderangebot Nachsaison -50%
Wasserpark : 2 Schwimmbecken, 1 Planschbecken

LE CLOS VIRGILE • F-34410 Sérignan-Plage
✆ +33 4 67 32 20 64 • Fax +33 4 67 32 05 42
www.leclosvirgile.com

(F 6160/2)

34420 Portiragnes, Hérault — F6155

55 ★★★★ »CAMPING LES SABLONS« — 1.4. bis 30.9.
☎ 04/67909055, Fax 67908291 — 130 000 qm
www.les-sablons.com, contact@les-sablons.com

→ A 9 Montpellier–Narbonne Abf. Béziers/Ost über die N 112 und D 37 nach Portiragnes, ab hier beschildert. ✉ Avenue des Mûriers.

Parzelliertes, ebenes Wald- und Wiesengelände. Durch Hecken gegliedert und von einem Binnensee mit Schilfufer begrenzt. Eigener Strand mit Zugang durch ein Privatgelände. Wasserrutschen. Whirlool. Kindergarten. Musikveranstaltungen. WiFi/Funkinternet. Ort 200 m entfernt. Touristen/ Dauerstellplätze 600/200.
2007: 2 P/N inkl. St/N 43.–, weitere P/N ca. 8.–, H/N ca. 3.–, KT ca. –.50, WD, Schwimmbad u. Strom inkl. (5 A).

34410 Sérignan-Plage, Hérault — F6160/1

55 ★★★★ »CAMPING LE SÉRIGNAN-PLAGE« — 24.4. bis 21.9.
☎ 04/67323533, Fax 67322636, 67326830 — 160 000 qm
www.leserignanplage.com, info@leserignanplage.com

→ A 9 Montpellier–Narbonne Abf. Béziers/Ost über die N 112 und D 37 nach Sérignan-Plage, hier beschildert (GPS: 43°15'50" N / 3°19'16" E).

Dreigeteiltes, ebenes Wiesengelände. Ein Platzteil für FKK. 300 m langer und bis 100 m breiter Strand. Poollandschaft. Wellnesscenter. Fitnessraum. Musikveranstaltungen. Ort 6 km entfernt. Touristen-/Dauerstellplätze 595/350.
2008: (HS) 2 P/N inkl. St/N 44.–, weitere P/N 7.–, H/N 4.–, KT –.50, WD, Schwimmbad und Strom inkl. (6 A). In NS Ermäßigung.

34410 Sérignan-Plage, Hérault — F6160/2

★★★★ »CAMPING LE CLOS VIRGILE« — Mai bis Sept.
☎ 04/67322064, Fax 67320542 — 50 000 qm
www.leclosvirgile.com, le.clos.virgile@wanadoo.fr

→ A 9 Montpellier–Narbonne Abf. Béziers/Ost Richtung Serignan, dann Serignan Strand.

Ebenes Wiesengelände unter zahlreichen Bäumen. Familiäre Atmosphäre. Safevermietung. Frühstücksmöglichkeit. Strand 400 m, Ort 4 km entfernt. Touristen-/Dauerstellplätze 249/50.

34410 Sérignan-Plage, Hérault — F6160/3

★★★ »CAMPING LES VIGNES D'OR« — Mai bis Sept.
☎ 04/67323718, Fax 67320080 — 4000 qm
www.vignesdor.com, info@vignesdor.com

→ A 9 Montpellier–Narbonne Abf. Béziers/Ost über die N 112 und D 37 nach Sérignan-Plage. Hier weiter Richtung Valras. ✉ Route de Valras.

Waldgelände vor der Küste. Ort 1 km entfernt. Touristen-/Dauerstellplätze 150/100.

34410 Sérignan-Plage, Hérault — F6160/4

30 ★★★ »CAMPING LE PARADIS« — 1.4. bis 30.9.
☎/Fax 04/67322403 — 20 000 qm
www.camping-paradis.com, paradiscamping34@aol.com

→ A9 Montpellier–Narbonne Abf. Béziers/Ost Richtung Valras. ✉ Route de Valras.

Ebenes Wiesengelände unter Laubbäumen und von Hecken durchzogen. Einkaufsmöglichkeit 300 m, Ort 1 km entfernt. Touristen-/Dauerstellplätze 107/22.
2008: (HS) P/N 4.50, K/N bis 6 J. 3.–, St/N 15.50, KT –.44, Strom/N 3.50 (6 A). In NS Ermäßigung.
CCI 5% auf P/N und St/N.

34410 Sérignan-Plage, Hérault — F6160/5

★★★ »CAMPING-CARAVANING BEAUSÉJOUR« — April bis Sept.
☎ 04/67395093, Fax 67320196 — 80 000 qm

→ A 9 Montpellier–Narbonne Abf. Béziers/Ost über die N 112 und D 37 Richtung Sérignan-Plage.

Ebenes Wiesengelände mit Büschen und Bäumen. Ort 4 km entfernt. 380 Touristenplätze.

34350 Valras-Plage, Hérault — F6165/1

30 ★★★ »CAMPING L'OCCITANIE« — 26.5. bis 8.9.
☎ 04/67395906, Fax 67325820 — 60 000 qm
www.campingoccitannie.com, campingoccitanie@wanadoo.fr

→ A9 Montpellier–Narbonne Abf. Béziers/Ost über die D19 nach Valras-Plage-Ost, ca. 200 m vor dem Ort (GPS: 43°15'42" N / 3°17'16" E).

Ebenes, vielfach schattenloses Gelände, von Weinbergen umgeben. Musikveranstaltungen. Strand 900 m, Gasverkauf und Ort 1 km entfernt. Touristen-/Dauerstellplätze 300/100.
2007: (HS) 2 P/N inkl. St/N 27.–, weitere P/N 4.50, K/N bis 7 J. 2.50, H/N 3.–, KT –.44, WD u. Strom inkl. (5 A). Ab 7 Nächten und in NS Erm.

34350 Valras-Plage, Hérault — F6165/2

50 ★★★★ »CAMPING DE LA YOLE« — 26.4. bis 20.9.
☎ 04/67373387, Fax 67374489 — 200 000 qm
www.campinglayole.com, info@campinglayole.com

→ A9 Montpellier–Narbonne Abf. Béziers/Ost über die D19 nach Valras-Plage. Ca. 2 km westl. des Ortes an der D37 in Richtung Vendres. Beschildert. ✉ (GPS: 43°14'15" N / 3°15'42" E).

Ebenes, parzelliertes Gelände mit dichtem Baumbestand. In HS Reservierung empfohlen. Kindergarten und Spielcenter. Musikveranstaltungen. Ort 3 km entfernt. Touristen-/Dauerstellplätze 650/350.
2008: 2 P/N inkl. St/N 41.10, K/N bis 6 J. 2.10, J/N 7 bis 16 J. 4.20, H/N 3.95, KT –.44, WD und Strom (5 A) inkl.

34350 Valras-Plage, Hérault — F 6165/3

»CAMPING LOU VILLAGE« ★★★ — 28.4. bis 9.9. — 80000 qm
04/67373379, Fax 67375356
www.louvillage.com, info@louvillage.com

→ A9 Montpellier–Narbonne Abf. Béziers/Ost über die D 19 nach Valras-Plage. Ca. 2 km westlich des Ortes an der D 37 in Richtung Vendres-Plage. Beschildert.

Ebenes Sand- und Wiesengelände mit einem Bade- und Surfersee. Strandzugang durch einen Dünengürtel. Wassersportmöglichkeiten. Ort 1.5 km entfernt. Touristen-/Dauerstellplätze 450/150.
2007: (HS) 2 P/N inkl. St/N 19.50 bis 39.50, weitere P/N 6.90, K/N bis 7 J. 3.60, H/N 4.–, WD und Strom keine Angabe. In NS Ermäßigung.

34350 Valras-Plage, Hérault — F 6165/4

»CAMPING LES SABLES« ★★★ — Mai bis Sept. — 60000 qm
04/67323386, Fax 67395151
www.campinglessables.com, info@campinglessables.com

34350 Valras-Plage, Hérault — F 6165/5

→ A9 Montpellier–Narbonne Abf. Beziers-Ost in Richtung Valras/Beziers.

Waldgelände in einem Pappelwald. Imbiss. Spielsaal. Wasserrutsche (85 m). Ort 500 m entfernt. 380 Touristenplätze.

»LA PLAGE ET DU BORD DE MER« ★★★ — Juni bis Sept. — 110000 qm
04/67373438, Fax 67374114
www.campinglaplage.com

→ A9 Montpellier–Narbonne Abf. Beziers-West in Richtung Valras, am westlichen Ortsrand. Beschildert. Route de Vendres (GPS: 43°14'01" N / 03°16'07" E).

Parzelliertes, ebenes Wiesen- und Sandgelände mit Anpflanzungen. Schutzwall zum Meer. Wassersport am ca. 550 m langen und 120 m breiten Strand. In Hörweite Diskotheken. Bushaltestelle 50 m, Ort 2 km entfernt. Touristen-/Dauerstellplätze 650/40.

Am schönsten Strand des Mittelmeeres

LA PLAGE et du BORD de MER

CAMPING CARAVANING ★★★
Route de Vendres 34350 VALRAS-PLAGE
Tel. außer Saison: 04.67.30.36.37;
Fax: 04.67.31.50.15 • Saison: 04.67.37.34.38

550 m Privatstrand - 6 luxuriöse Sanitärgebäude mit Blumeninnenhöfen - Warmwasser kostenlos - Bar, Restaurant, Pizzeria - kleiner Supermarkt, Boutiquen - Tennis, Minigolf, Volleyball - hervorragend geeignet zum Surfen - für 2007: Schwimmbad geplant - Hundeverbot

20% Ermäßigung im Juni und September.

Geöffnet: 26. 05. – 08. 09. (F 6165/5)

34350 Valras-Plage, Hérault — F 6165/6

55 ★★★ »CAMPING BLUE BAYOU« — März bis Sept.
☎ 04/67374197, Fax 67375300 — 60 000 qm
www.bluebayou.fr, bluebayou@infonie.fr

→ A9 Montpellier–Narbonne Abf. Béziers/Ost über die D19 nach Valras-Plage. Hier auf der D37 nach Vendres Plage (GPS: 43°13'38" N / 3°14'37" E).

Sand- und Wiesengelände mit Anpflanzungen in Meernähe. Wasserrutschen. Whirlpool. Aquagymnastik. Spielraum. Imbiss. Boulebahn. Touristen-/Dauerstellplätze 200/100.
2007: (HS) 2 P/N inkl. St/N 45.–, weitere P/N 9.–, KT –.44, WD und Strom (10 A) inkl. In NS Ermäßigung.

34350 Grau-de-Vendres, Hérault — F 6170

45 ★★★★ »CAMPING LES VAGUES« — 31.3. bis 30.9.
☎ 04/67020253, Fax 67594219 — 90 000 qm
www.lesvagues.net, contact@lesvagues.net

→ A9 Montpellier–Narbonne Abf. Béziers/West über Valras-Plage Richtung Grau-de-Vendres. Beschildert. ✉ Chemin les Montilles.

Durch einen Strandzugang zweigeteiltes Gelände mit Anpflanzungen und Bäumen. Teilweise schattenlos. Imbiss. Beheiztes Wellenschwimmbad. Musikveranstaltungen. Ort 3 km entfernt. 480 Touristenplätze.
2007: (HS) 2 P/N inkl. St/N 42.–, WD inkl., Strom keine Angabe. In NS Erm.

11100 Narbonne-Plage, Aude — F 6180/1

★★ »CAMPING LA CÔTE DES ROSES« — Juni bis Ende Aug.
☎ 04/68498365, Fax 68498570 — 160 000 qm

→ A9 Béziers–Perpignan Abf. Narbonne/Ost auf die D168 über Narbonne-Plage Richtung Gruissan. Beschildert. ✉ Avenue des Vacances.

Ebenes Wiesengelände am Etang de Mateille. Durch Hecken in mehrere Großflächen unterteilt. Zum Meer direkter Kanalzugang. Ort 1.5 km entfernt. 808 Touristenplätze.

11100 Narbonne, Aude — F 6180/2

45 ★★★ »CAMPING LA NAUTIQUE« — 15.2. bis 15.11.
☎ 04/68904819, Fax 68907339 — 160 000 qm
www.campinglanautique.com, info@campinglanautique.com

→ A9 Béziers–Perpignan Abf. (38) Narbonne-Süd in Richtung »La Nautique«. ✉ (GPS: 43°08'50" N / 3°00'14" E).

Leicht abfallendes Wiesengelände mit Mischwald in der Nähe eines großen Sees. Wassersrutsche. 390 Touristenplätze.
2008: (HS) P/N 7.50, K/N bis 7 J. 5.50, St/N 22.–, H/N 3.50, KT –.30, WD und Strom inkl. (10 A). In NS Ermäßigung.

11100 Narbonne-Plage, Aude — F 6180/3

★★★ »CAMPING LA FALAISE« — April bis Sept.
☎ 04/68498077, Fax 68494044 — 80 000 qm

→ A9 Béziers–Perpignan Abf. Narbonne/Ost auf die D168 nach Narbonne-Plage In Narbonne-Plage beschildert. ✉ Avenue des Vacances.

Durch Hecken unterteiltes, ebenes Gelände am westlichen Ortsrand. Teilweise dichter Baumbestand. 382 Touristenplätze.

11100 Narbonne-Plage, Aude — F 6180/4

★★ »CAMPING SOLEIL D'OC« — April bis Mitte Okt.
☎ 04/68498621, Fax 68493055 — 30 000 qm
www.soleildoc.fr, soleil-doc@wanadoo.fr

→ A9 Béziers–Perpignan Abf. Narbonne-Ost auf D168 nach Narbonne-Plage. Ab hier nochmals ca. 2.5 km. ✉ Route de Gruissan.

Überwiegend schattenloses Gelände. Ort 1.5 km entfernt. 208 Touristenplätze.

11100 Narbonne-Plage, Aude — F 6180/5

Abfahrt **35** ★★★ »CAMPING LES MIMOSAS« — 24.3. bis 31.10.
☎ 04/68490372, Fax 68493945 — 50 000 qm
www.lesmimosas.com, info@lesmimosas.com

→ A9 Béziers–Perpignan Abf. Narbonne-Süd zum Kreisverkehr in Richtung La Nautique, hier weiter Richtung Mandirac. ✉ Chaussée de Mandirac.

Ebenes Wiesengelände. Fitnessraum. Binnensee »Etang de Bages« 300 m, Ort 6 km entfernt. Touristen-/Dauerstellplätze 220/30.
2007: (HS) 2 P/N inkl. St/N 27.–, weitere P/N 5.90, K/N bis 7 J. 4.50, H/N 3.–, KT –.30, WD inkl., Strom/N 6.– (6 A). In NS Ermäßigung.

11370 Leucate-Plage, Aude — F 6195

25 ★★ »CAMPING MUNICIPAL CAP LEUCATE« — 1.2. bis 30.11.
☎ 04/68400137, Fax 68401834 — 50 000 qm
www.leucate.net/capleucate, cap.leucate@wanadoo.fr

→ A9 Narbonne–Perpignan Abf. Leucate, in Leucate-Plage am Ortsanfang. ✉ Chemin de Mouret.

Ebenes, größtenteils schattenloses und mit Schilfrohr unterteiltes Gelände. Durch Bäume aufgelockert. Freiluftkino. Boulebahn. Ort 800 m entfernt. Touristen-/Dauerstellplätze 181/80.
2007: (HS) 2 P/N inkl. St/N 15.50, weitere P/N 5.20, K/N bis 10 J. 2.–, H/N 2.–, KT –.20, WD und Strom (6 A) inkl. In NS Ermäßigung.

66600 Salses, Pyrenées-Or. — F 6205

★★ »INTERNATIONAL DU ROUSSILLON« — 1.1. bis 31.12.
☎ 04/68386072, Fax 68527546 — 18 000 qm
www.camping-roussillon.com, camping-roussillon@wanadoo.fr

→ A9 Narbonne–Perpignan Abf. Leucate auf die N9 bis ca. 1 km vor Salses. ✉ RN 9, Le Plasal.

Ebenes, unparzelliertes Gelände mit asphaltierten Wegen neben der Hauptstraße beim Rasthaus. Größtenteils mit Pinien bestanden. Ort 1 km entfernt. Touristen-/Dauerstellplätze 75/20.

66420 Le Barcarès, Pyrenées-Or. — F 6210/1

★★★ »LE FLORIDE ET L'EMBOUCHURE« — April bis Sept.
☎ 04/68861175, Fax 68860750 — 100 000 qm
www.floride.fr, campingfloride@aol.com

→ A9 Narbonne–span. Grenze Abf. Perpignan-Nord auf die D83 und die D90 nach Le Barcarès. Hier noch ca. 1 km in südlicher Richtung. ✉ Route de St. Laurent de la Sque.

Ebenes, durch die Zufahrtstraße zweigeteiltes Mischwaldgelände mit Stellnischen. Musikveranstaltungen. Schwimmen 100 m, Ort 400 m entfernt. Touristen-/Dauerstellplätze 532/100.

66420 Le Barcarès, Pyrenées-Or. — F 6210/2

40 ★★★★ »CAMPING LE SOLEIL BLEU« — Anf. April bis Nov.
☎ 04/68861550, Fax 68864090 — 30 000 qm
www.lesoleilbleu.fr, infos@lesoleilbleu.com

→ A9 Narbonne–span. Grenze Abf. Perpignan-Nord auf die D83 und die D90 nach Le Barcarès. Hier noch ca. 1.5 km in südlicher Richtung.

Ebenes Wiesengelände neben der Straße unter Pappeln mit Stellnischen. Bungalowanlage. Musikveranstaltungen. Ort 900 m entfernt. 176 Touristenplätze.
2007: P/N inkl. St/N 20.– bis 40.–, H/N 3.–, KT –.55, WD u. Strom (6 A) inkl.

Als DCC-Mitglied sind Sie immer gut beraten
Deutscher Camping-Club e.V., Postf. 40 04 28, 80704 München

Sunélia LES TROPIQUES ★★★★

(F 6215/2)

Boulevard de la Méditerranée
66440 Torreilles Plage

Tel. 04 68 28 05 09
Fax 04 68 28 48 90

www.campinglestropiques.com
contact@campinglestropiques.com

✉ 66420 Le Barcarès, Pyrénées-Or.   F6210/3

35 ★★★★ »CAMPING CALIFORNIA«   1.4. bis 9.9.
☎ 04/68861608, Fax 68861820   50 000 qm
www.camping-california.fr, camping-california@wanadoo.fr

→ A9 Narbonne–span. Grenze Abf. Perpignan-Nord auf die D83 und die D90 nach Le Barcarès. Hier in südlicher Richtung, beschildert.
✉ Route de St. Laurent.

Ebenes Wiesengelände unter verschiedenartigen Bäumen, durch Hecken unterteilt. Musikveranstaltungen. Meer 1.2 km, Ort 1.5 km entfernt. 256 Touristenplätze.
2007: (HS) 2 P/N inkl. St/N 22.–, weitere P/N 5.–, K/N 4 bis 13 J. 3.–, H/N 5.–, KT –.55, WD inkl., Strom/N 6.– (10 A). In NS Ermäßigung.

✉ 66420 Le Barcarès, Pyrénées-Or.   F6210/4

50 ★★★ »CAMPING LAS BOUSIGUES«   29.3. bis 28.9.
☎ 04/68861619, Fax 68862844   30 000 qm
www.camping-barcares.com, lasbousigues@wanadoo.fr

→ A9 Narbonne–span. Grenze Abf. Perpignan-Nord auf die RD83 und die D90 nach Le Barcarès. Hier nordwärts Richtung Etang de Salses.
✉ Avenue des Corbières (GPS: 42°47'11" N / 3°01'31" E).

Ebenes bis welliges Gelände mit einzelnen Bäumen. Ort 600 m, Schwimmen 1 km entfernt. Touristen-/Dauerstellplätze 150/40.
2007: (HS) 2 P/N inkl. St/N 43.–, weitere P/N 7.–, K/N bis 10 J. 4.–, H/N 4.–, KT –.55, WD und Strom (10 A) inkl. In NS Ermäßigung.
CCI 5% auf P/N und St/N.

✉ 66420 Le Barcarès, Pyrénées-Or.   F6210/5

55 ★★★ »CAMPING CLUB L'EUROPE«   1.1. bis 31.12.
☎ 04/68861536, Fax 68864788   60 000 qm
www.europe-camping.com, reception@europe-camping.com

→ A9 Narbonne–span. Grenze Abf. Perpignan-Nord auf die D83/D90 nach Le Barcarès. ✉ Route de St. Laurent.

Weitläufiges, parzelliertes Gelände mit vielen Bäumen und Hecken. Durch Mobilheime geprägt. Haltestelle 100 m, Schwimmen 500 m, Ort 2 km entfernt. Touristen-/Dauerstellplätze 90/270.
2007: 2 P/N inkl. St/N 43.20, weitere P/N 7.50, K/N bis 5 J. 5.30, H/N 6.50, KT –.55, WD inkl., Strom/N 4.20 (16 A).

✉ 66440 Torreilles Plage, Pyrenées-Or.   F6215/1

55 ★★★★ »VILLAGE CAMPING SPA MARISOL«   5.4. bis 30.9.
☎ 04/68280547, Fax 68281823   120 000 qm
www.camping-marisol.com, marisol@camping-marisol.com

→ A9 Narbonne-Perpignan Abf. Leucate über die D83 zur Küstenstraße D81 Le Barcarès-Canet, meerwärts abbiegen nach Torreilles–Plage.
✉ Boulevard de la Plage (GPS: 42°47'01" N / 03°01'59" E).

Wiesen- und Kiesgelände mit verschiedenartigen Büschen und Bäumen. Bungalowanlage. Wasserrutsche. Wellnessbereich mit Spa. Fitnesskurse. Fitnessräume. Boulebahn. Ort 1 km entfernt. Touristen-/Dauerstellplätze 177/200.
2007: (HS) 2 P/N inkl. St/N 44.50, weitere P/N 8.40, K/N bis 3 J. 5.90, H/N 6.90, KT –.33, WD u. Strom inkl. (10 A). In NS Ermäßigung.

✉ 66440 Torreilles Plage, Pyrenées-Or.   F6215/2

45 ★★★ »CAMPING SUNELIA LES TROPIQUES«   31.3. bis 7.10.
☎ 04/68280509, Fax 68284890   60 000 qm
www.camping-las-tropiques.com, contact@camping-las-tropiques.com

→ A9 Narbonne–Perpignan Abf. Leucate über die D83 zur Küstenstraße D81 Le Barcarès-Canet, meerwärts abbiegen nach Torreilles-Plage.

Ebenes Wiesengelände mit Anpflanzungen. Wasserrutsche. Imbiss. Bar. Fitnessraum. W-LAN/Funkinternet. Gasverkauf. Haltestelle 50 m, Strand und Wassersport 400 m, Ort 3 km entfernt. Touristen-/Dauerstellplätze 150/300.
2007: (HS) 2 P/N inkl. St/N 35.50.–, weitere P/N 8.20, K/N bis 13 J. 5.80, KT zuzügl., WD u. Strom inkl. (6 A). In NS Ermäßigung.

✉ 66470 Ste Marie La Mer-Plage, Pyr.-Or.   F6220/1

★★★ »CAMPING LA PERGOLA«   Juni bis Sept.
☎ 04/68730307, Fax 68730240   30 000 qm
www.campinglapergola.com, camping-la-pergola@wanadoo.fr

→ A9 Narbonne–Perpignan Abf. Perpignan/Nord auf die D83 und weiter zur D81 in Richtung Le Barcarès-Canet. Vor Ste-Marie meerwärts abbiegen. ✉ 21, av. Frederic Mestral Ste Marie 66.

Ebenes und parzelliertes Gelände mit Pappeln. Ort 1 km entfernt. 181 Touristenplätze.

✉ 66470 Ste Marie La Mer-Plage, Pyr.-Or.   F6220/2

45 ★★★★ »CAMPING LE PALAIS DE LA MER«   10.5. bis 23.9.
☎ 04/68730794, Fax 68735783   28 000 qm
www.palaisdelamer.com, contact@palaisdelamer.com

→ A9 Narbonne–Perpignan Abf. Perpignan/Nord über die D83 und weiter zur D81 in Richtung Le Barcarès-Canet. Vor Ste-Marie meerwärts abbiegen. ✉ Avenue de Las Illes (GPS: 42°44'24" N / 3°02'01" E).

Zweigeteiltes Wiesen- und Sandgelände hinter einer flachen Düne am Meer, durch Hecken und Büsche unterteilt. Fitnessraum. Musikveranstaltungen. Volleyball. Ort 1 km entfernt. 180 Touristenplätze.
2008: (HS) 2 P/N inkl. St/N 33.50, weitere P/N 7.–, K/N bis 7 J. 4.–, H/N 4.75, KT –.44, WD inkl., Strom/N 2.– (10 A). In NS Ermäßigung.

Jahres-Öffnungszeiten
werden uns von den Platzhaltern gemeldet. Sie bemühen sich, die Zeiten einzuhalten. Je nach Wetterlage sind aber spätere Öffnungs- und frühere Schließungszeiten möglich.

66140 Canet-en-Roussillon, Pyr.-Or. F6225

[40] ★★★★ »CAMPING MA PRAIRIE« — 5.5. bis 25.9.
☎ 04/68732617, Fax 68732882 45000 qm
www.maprairie.com, ma.prairie@wanadoo.fr

→ A9 Narbonne–Perpignan Abf. (41) Perpignan-Zentrum auf die D83/D81 bis Canet-en-Roussillon. Hier beim Kreisverkehr auf die D617 ca. 300 m in Richtung Perpignan zu Abf. (5). Hier auf die D11 in Richtung St. Nazaire bis zum Kreisverkehr, dann rechts ab zum Platz. ✉ Avenue des Côteaux.

Wiesengelände in einer Mulde mit Heckenunterteilung und Bäumen. FKK-Terrasse. Ort 600 m entfernt. 260 Touristenplätze.
2007: (HS) 2 P/N inkl. St/N 30.–, weitere P/N 7.–, K/N bis 3 J. 4.–, K/N bis 9 J. 6.–, H/N 2.80, KT –.40, Strom/N 5.– (10 A). In NS Ermäßigung.

66140 Canet-Plage, Pyrenées-Or. F6230/1

EUROPA-PREIS

[50] ★★★★★ »CAMPING VILLAGE BRASILIA« — 26.4. bis 27.9.
☎ 04/68802382, Fax 68733147 150000 qm
www.brasilia.fr, camping-le-brasilia@wanadoo.fr

→ A9 Narbonne–Perpignan Abf. Perpignan/Nord auf die D83 Richtung le Barcares, später ab die D81 Richtung Hafen, hier beschildert. (GPS: 42°42'28" N / 3°02'09" E).

Ebenes und durch Hecken parzelliertes Gelände. Gärtnerisch gestaltet und mit teilweise hohen Bäumen aufgelockert. Platzbereich im Strandnähe überwiegend schattenlos und durch Mattenzäune windgeschützt. Feinsandige und ca. 400 m langer Sandstrand. Imbiss. Musikveranstaltungen. Ort 2 km entfernt. 534 Touristenplätze.
2008: (HS) 2 P/N inkl. St/N 44.–, weitere P/N ca. 8.–, K/N 1 bis 3 J. ca. 4.–, K/N ca. 4.–, WD u. Strom inkl. (6 A). In NS Ermäßigung.

66140 Canet-Plage, Pyrenées-Or. F6230/2

[35] ★★★ »CAMPING CLUB MAR-ESTANG« — 26.4. bis 14.9.
☎ 04/68803553, Fax 68733294 150000 qm
www.marestang.com, marestang@wanadoo.fr

→ A9 Narbonne–Perpignan Abf. Perpignan/Nord auf die D83 Richtung le Barcares. Vor Canet-Plage Richtung Küstenstraße. ✉ Route de St Cyprien.

Ebenes Gelände auf der Landzunge zwischen Etang-de-Canet und dem Meer. Eigene Straßenunterführung zum Strand. Musikveranstaltungen. Ort 2 km entfernt. Touristen-/Dauerstellplätze 400/200.
2008: 2 P/N inkl St/N 15.– bis 30.–, H/N bis 4.–, KT –.31, Strom/N 7.– (5 A).

66140 Canet-Plage, Pyrenées-Or. F6230/3

[40] ★★★ »CAMPING LES PEUPLIERS« — 1.6. bis 20.9.
☎ 04/68803587, Fax 68733875 40000 qm
www.camping-les-peupliers.fr, contact@camping-les-peupliers.fr

→ A9 Narbonne–Perpignan Abf. Perpignan/Nord auf die D83 Richtung le Barcares. Vor Canet-Plage nördlich. ✉ Voie de la Crouste.

Ebenes, langgestrecktes und parzelliertes Wiesengelände. Durch Pappeln und Hecken unterteilt. Imbiss. Haltestelle 500 m, Ort 3 km entfernt. 245 Touristenplätze.
2007: 2 P/N inkl. St/N 30.–, weitere P/N ca. 6.90, K/N bis 3 J. ca. 3.65, H/N 3.65, KT –.31, WD inkl., Strom/N 4.10 (8 A).

66200 Alenya, Pyrenées-Orientales F6232

NEU

[25] ★★★ »CAMPING CAP SUD« — 1.4. bis 31.10.
☎ 04/68221726 18000 qm
camping.capsud.free.fr, camping.capsud@free.fr

→ A9 Narbonne–Perpignan Abf. Perpignan/Süd in Richtung Argelès auf die N114, bei Abf. d'Elne weiter auf die D11 nach Alenya. Beschildert. ✉ Avenue de la Mer.

Parzelliertes und ebenes Gelände unter verschiedenartigen Bäumen. Von einer Hecke umgeben. Gemischte Sanitärbenutzung. Bar. WIFI (Funkinternet). Billard. Boule. Ort 250 m, See 3 km und Meer/Strand 4 km entfernt. 80 Touristenplätze.
2007: (HS) 2 P/N inkl. St/N 18.40, weitere P/N 4.50, K/N bis 3 J. 1.50, K/N 3 bis 10 J. 3.–, H/N 2.–, WD inkl. –.50, Strom/N 3.50 (10 A). In NS Erm.

66180 Villeneuve de la Raho, Pyrenées-Or. F6233

[20] ★★★ »LES RIVES DU LAC« — März bis Nov.
☎ 04/68558351, Fax 685558637 2500 qm
camping.villeneuveraho@wanadoo.fr

→ A9 Narbonne–Perpignan Abf. Perpignan/Süd in Richtung Le Boulou, nach Auchan rechts in Richtung Villeneuve de la Raho. Beschildert. ✉ Chemin de la Serre.

Ebenes, zum Wasser abfallendes Gelände. 158 Touristenplätze.
2007: (HS) 2 P/N inkl. St/N 13.60, weitere P/N 3.10, K/N bis 7 J. 2.20, H/N 1.60, KT –.30, Strom/N 3.10 (6 A). In NS Ermäßigung.

66750 St. Cyprien-Plage, Pyrenées-Or. F6235

[40] ★★★★ »CAMPING CALA GOGO« — 10.5. bis 20.9.
☎ 04/68210712, Fax 68210219 80000 qm
www.campmed.com, camping.calagogo@wanadoo.fr

→ A9 Narbonne–Perpignan Abf. Perpignan-Nord über Canet nach St.Cyprien-Plage und weiter Richtung Grand Stade. Beschildert. ✉ Avenue Armand Lanoux - Les Capellans (GPS: 42°35'58" N / 3°02'15" E).

Ebenes Wiesengelände mit Anpflanzungen hinter einer flachen Düne. Direkter Zugang zum Strand. Nebenan freier FKK-Strand. **Einrichtungen für Blinde und Sehbehinderte.** Musikveranstaltungen. Ort 5 km entfernt. Touristen-/Dauerstellplätze 454/200.
2008: (HS) P/N 8.60, K/N bis 5 J. frei, St/N 12.60, H/N 3.70, KT –.35, WD inkl., Strom/N 3.40 (6 A). In NS Ermäßigung.

66702 Argelès-sur-Mer, Pyrenées-Or. F6250/1

NATUR PLATZ

[40] ★★★★ »CAMPING LE SOLEIL« — 10.5. bis 20.9.
☎ 04/68811448, Fax 68814434 160000 qm
www.campmed.com, camping.lesoleil@wanadoo.fr

→ N114 Perpignan–Port Vendres über Argelès-s.-M. an der Küstenstraße nach St Cyprian. ✉ Route du Littoral (GPS: 42°34'14" N / 3°02'27" E).

Naturbelassenes und parzelliertes Küstengelände bei einer Flussmündung und dem Lunapark. **Einrichtungen für Blinde und Sehbehinderte.** Musikveranstaltungen. Ort 1.5 km entfernt. 836 Touristenplätze.
2008: (HS) P/N 8.60, K/N bis 5 J. frei, St/N 12.90, KT –.53, Strom/N 3.40 (6 A). In NS 25 % Ermäßigung.

66702 Argelès-sur-Mer, Pyrenées-Or. F6250/2

[45] ★★★ »CAMPING LES GALETS« — 22.3. bis 30.9.
☎ 04/68810812, Fax 68816876 50000 qm
www.campmed.com, lesgalets@campinglesgalets.fr

→ N114 Perpignan–Port Vendres, über Argelès-s.-M. an der Küstenstraße nach St. Cyprien, bei Argelès-s.-M. am Nordstrand. Beschildert. ✉ Route de Taxo à la Mer (GPS: 42°34'34" N / 3°01'37" E).

Ebenes, durch Hecken und Bäume unterteiltes Wiesengelände. Musikveranstaltungen. Whirlpool. Schwimmen 1.5 km, Ort 3.5 km entfernt. Touristen-/Dauerstellplätze 200/33.
2008: (HS) 2 P/N inkl. St/N 35.–, weitere P/N 7.50, K/N bis 5 J. 3.50, K/N ab 5 J. 6.50, H/N 4.–, KT –.53, WD u. Strom inkl. In NS Ermäßigung.

Die DCC-Inspizienten sind nicht mit Anzeigenwerbung betraut. Sie sind daher unabhängig und nicht beeinflußbar. Ihren Recherchen nach unseren Prüfbögen kann vertraut werden.

DIREKT AM STRAND!

Camping ★★★★
Route du Littoral
F-66702
Argelès sur Mer
www.campmed.com

(F 6250/1)

Direkter Zugang zum Strand. Kalifornisches Schwimmbecken. Schattige Stellplätze. Kinder-Club. Club-Unterhaltung. 20 km bis Spanien. Feinschmecker-Restaurant. Reitstall auf dem Platz.

- 30% im Mai, Juni und September auf den Campingplatz.

VERMIETUNG VON MOBILHEIMEN.

Vom 10/05 bis 20/09
✆ +33 4 68 81 14 48 • Fax +33 4 68 81 44 34
Vom 20/09 bis 10/05
✆ +33 4 68 95 94 62 • Fax +33 4 68 95 92 81

66702 Argelès-sur-Mer, Pyrenées-Or. F 6250/3

45 ★★★ »CAMPING LA SIRENE« 19.4. bis 27.9.
☎ 04/68810461, Fax 68816974 150 000 qm
www.camping-lasirene.fr, contact@camping-lasirene.fr
→ N114 Perpignan–Port Vendres, über Argelès-s.-M. an der Küstenstraße nach St. Cyprien. Bei Argelès-s.-M. zum Nordstrand, beschildert. ✉ Route de Taxo (GPS: 42°32'52" N / 3°03'15" E).

Ebenes Wiesengelände mit Bäumen und Heckenunterteilung. Musikveranstaltungen. Erlebnisbad „Aqualand". Ort 2.5 km entfernt. Touristen-/Dauerstellplätze 200/70.
2008: (HS) 3 P/N inkl. St/N 43.–, weitere P/N 9.–, K/N bis 5 J. 6.–, H/N frei, KT –.53, WD inkl., Strom/N 3.– (6 A). In NS Ermäßigung.

66704 Argelès-sur-Mer, Pyrenées-Or. F 6250/4

35 ★★★★ »CAMPING LE DAUPHIN« Mai bis Sept.
☎ 04/68811754, Fax 68958260 75 000 qm
www.campingledauphin.com, info@camping.ledauphin.com
→ N114 Perpignan–Port Vendres, über Argelès-s.-M. an der Küstenstraße nach St. Cyprien. 1 km vor Argelès im Kreisverkehr abbiegen nach Taxo à la Mer, noch ca. 700 m. ✉ Route de Taxo à la Mer.

Ebenes Pappelwaldgelände und Heckenunterteilung. Musikveranstaltungen. Ort 3 km entfernt. Touristen-/Dauerstellplätze 190/120.
2008: (HS) 2 P/N inkl. St/N 25.90, weitere P/N 6.30, K/N bis 5 J. 4.30, H/N 3.50, KT –.53, WD inkl., Strom/N 4.10 (10 A). In NS Ermäßigung.

66702 Argelès-sur-Mer, Pyrenées-Or. F 6250/5

★★★ »CAMPING LE NEPTUNE« Juni bis Sept.
☎ 04/68810298, Fax 68810041 41 800 qm
www.aquaticamp.com/neptune.htm
→ N 114 Perpignan–Port Vendres, über Argelès-s.-M. an der Küstenstraße nach St. Cyprien, nördlich von Argelès-s.-M. ✉ Chemin du Tamariguer Plage Nord.

Ebenes Wiesengelände mit Heckenunterteilung. Musikveranstaltungen. Ort 800 m entfernt. 215 Touristenplätze.

66702 Argelès-sur-Mer, Pyrenées-Or. F 6250/6

30 ★★★ »CAMPING DE LA COSTE ROUGE« 1.6. bis 15.9.
☎ 04/68810894, Fax 68959417 37 000 qm
www.lacosterouge.com, info@lacosterouge.com
→ N114 Perpignan–Port Vendres, über Argelès-s.-M. an der Küstenstraße nach St. Cyprien. Ca. 3.5 km südlich Argelès-s.-Mer von der N 114 landeinwärts abbiegen. ✉ Route de Collioure.

Lichter Korkeichenwald hinter einem Hotel. Ort 2.5 km entfernt. Touristen-/Dauerstellplätze 111/34.
2008: (HS) 2 P/N inkl. St/N 23.50, weitere P/N 4.80, K/N bis 4 J. 3.20, H/N 2.30, KT –.40, WD inkl., Strom/N 3.90 (6 A). In NS Ermäßigung.

66702 Argelès-sur-Mer, Pyrenées-Or. F 6250/7

30 ★★★ »CAMPING DE PUJOL« 1.6. bis 15.9.
☎ 04/68810025, Fax 68812121 45 000 qm
www.campingdepujol.com
→ N114 Perpignan–Port Vendres, über Argelès-s.-M. an der Küstenstraße nach St. Cyprien. Ca. 1 km nördlich Argelès-s.-M. Beschildert. ✉ Route du Tamariguer.

Ebenes Wiesengelände unter alten Bäumen. Musikveranstaltungen. Ort 1 km entfernt. 247 Touristenplätze.
2008: (HS) P/N 6.–, K/N bis 3 J. 3.–, St/N 10.50, KT –.40, WD inkl., Strom/N 3.– (6 A). In NS Ermäßigung.

66702 Argelès-sur-Mer, Pyrenées-Or. F 6250/8

30 ★★★ »CAMPING LES OMBRAGES« 1.6. bis 30.9.
☎ 04/68812983, Fax 68958187 40 000 qm
www.les-ombrages.com, les-ombrages@freesurf.fr
→ N114 Perpignan–Port Vendres, über Argelès-s.-M. an der Küstenstraße nach St. Cyprien. Ab Argelès-s.-M. noch 2.5 km südostwärts. ✉ Avenue du Général de Gaulle.

Wiesengelände mit Bäumen. Bibliothek. Ort 300 m entfernt. 269 Touristenplätze.
2007: 2 P/N inkl. St/N 24.–, weitere P/N ca. 5.20, K/N bis 5 J. ca. 2.50, KT ca. –.40, WD und Strom (10 A) inkl.

66702 Argelès-sur-Mer, Pyrenées-Or. F 6250/9

30 ★★★ »CAMPING LA MASSANE« 15.3. bis 15.10.
☎ 04/68810685, Fax 68815918 38 000 qm
www.camping-massane.com, camping.massane@infonie.fr
→ N114 Perpignan–Port Vendres, über Argelès-s.-M. an der Küstenstraße nach St. Cyprien. Bei Argelès-s.-M. abbiegen und weiter auf der D2 Richtung Meer. ✉ Avenue Molière (GPS: 42°55'06" N / 3°03'04" E).

Wiesengelände unter Bäumen, teilweise schattenlos. Ort 500 m entfernt. 184 Touristenplätze.
2008: (HS) 2 P/N inkl. St/N 25.–, weitere P/N 5.–, K/N bis 3 J. 2.–, H/N 2.–, KT –.40, WD und Strom (6 A) inkl. In NS Ermäßigung.
DCC/CCI 5% auf P/N.

»**Ermäßigung auf alle Gebühren**« umfaßt nicht die Nebenkosten wie Kurtaxe, Müll und Strom

66701 Argelès-sur-Mer, Pyrénées-Or. F6250/10

40 ★★★ »LES CRIQUES DE PORTEILS« — 31.3. bis 29.9.
☎ 04/68811273, Fax 68958576   50 m   45 000 qm
www.lescriques.com, contact@lescriques.com

→ N114 Perpignan–Port Vendres, bei Abf. (13) Richtung Collioure. Nach ca. 500 m rechts beim Hotel "Le Golfe" zum Campingplatz abbiegen, beschildert. ✉ Corniche de Collioure (GPS: 42°31'51" N / 3°04'23" E).

Mit Natursteinmauern und unterschiedlicher Beflanzung terrassiertes Campinggelände an der Steilküste. Teils in Richtung Meer (Meerblick), teils in Richtung Berge ausgerichtet. Zwei steile Betontreppen führen die Klippen hinab zu drei, von Felsen eingerahmten Badebuchten mit Kiesstrand. Eine Straße und Bahnlinie führen hörbar am Eingangsbereich vorbei. Wäscherei. Volleyball. Boule. Ententeich. Ort 4 km entfernt. Separater Jugendplatz. 210 Touristenplätze.
2007: (HS) 2 P/N inkl. St/N 29.–, weitere P/N 9.–, K/N bis 6 J. 6.–, St/N 5.–, WD inkl., Strom/N 6.– (5 A). In NS Ermäßigung.

66740 Laroque des Alberes, Pyr.-Or. F6275

25 ★★ »CAMPING LAS PLANES« — 15.6. bis 31.8.
☎/Fax 04/68892136   25 000 qm
www.lasplanes.com, info@lasplanes.com

→ D11 Argeles-sur-Mer–Cyprien. Abf. Laroque des Alberes. ✉ 117, Avenue du Vallespir.

Wiesengelände unter Bäumen. Ort 1.5 km entfernt. 95 Touristenplätze.
2007: P/N 5.–, St/N 6.50, H/N 2.50, WD inkl., Strom/N 3.50 (6 A).

21320 Vandenesse en Auxois, Côte d'Or F7010

★★★★ »LE LAC DE PANTHIER« — Ende April bis Sept.
☎ 03/80492194, Fax 80492580   17 000 qm
www.lac-de-panthier.com, info@lac-de-panthier.com

→ A6 Paris–Lyon, beim AB-Dreieck Pouilly en Auxois auf die A 38 Richtung Dijon bis zur 1. Abfahrt. Dann noch ca. 5 km in südöstlicher Richtung zum Lac de Panthier.

Wiesengelände am Lac de Panthier. Ort 3 km entfernt. 100 Touristenplätze.

58120 Corancy Nièvre F7023

15 ★★★ »CAMPING MUNICIPAL LES SOULINS« — 1.4. bis 1.11.
☎ 03/86780162, Fax 80780190   350 m   11 200 qm
www.corancy.com, campingcorancy@orange.fr

→ D978 Nevers–Autun Abf. Château Chinon auf die D 37 in nördl. Richtung zum Ort.

Ebenes und terrassiertes Wiesengelände mit einzelnen Bäumen und befestigten Wegen. Von Wald umgeben am See Pannecière und an einem Bach. Bar. Spielzimmer mit Billard, Flipper usw. 42 Touristenplätze.
2008: P/N 3.50, K/N bis 15 J. 2.–, St/N 4.50, H/N 1.–, KT –.40, Strom/N 2.50/4.– (unter 5 A/über 5 A).

58110 St. Péreuse en Morvan, Nièvre F7025

★★★★ »CASTEL CAMPING LE MANOIR DE BÉZOLLE« — Mai bis Sept.
☎ 03/86844255, Fax 86844377   80 000 qm
www.bezolle.com, info@bezolle.com

→ D 978 Nevers–Autun, nach St-Péreuse abbiegen. Beschildert.

Parzelliertes, teilterrassiertes und parkartiges Wiesengelände um einen alten Herrensitz. Bushaltestelle 100 m, Fahrradverleih 8 km, Ort 10 km entfernt. 140 Touristenplätze.

DCC – DEIN PARTNER!

03500 Châtel-de-Neuvre, Allier F7055/1

15 ★★★ »CAMPING DENEUVRE« — 1.4. bis 30.9.
☎ 04/70420451   250 m   10 000 qm
www.deneuvre.com, campingdeneuvre@wanadoo.fr

→ N9 Moulins–Clermont-Ferrand, in Châtel-de-Neuvre abbiegen.

Wiesengelände mit einzelnen Bäumen in Flussnähe. Haltestelle und Ort 600 m, Tennis 1 km entfernt. 75 Touristenplätze.
2008: (HS) P/N 3.60, K/N bis 10 J. 2.60, St/N 3.60, H/N 1.–, WD inkl., Strom/N 2.70 (5 A). In NS Ermäßigung.

DCC-Vertragsplatz

03500 Châtel-de-Neuvre, Allier F7055/2

15 ★★★ »CAMPING DE LA COURTINE« — 1.1. bis 31.12.
☎ 04/70420621, Fax 70428289   220 m   16 000 qm
www.camping-lacourtine.com, camping-lacourtine@club-internet.fr

→ D2009 Moulins–Clermont Ferrand. Im Dorfzentrum Chatel du Neuvre abbiegen Richtung N7. Beschildert. ✉ 7, rue de Saint Laurent (GPS: 46°24'12" E / 3°18'52" N).

Ebenes parzelliertes Wiesengelände mit alten Bäumen an der Allier. Imbiss. Hunde nur mit Tätowierungsnachweis. Hotspot. Ort 400 m entfernt. Touristen-/Dauerstellplätze 60/5.
2008: (HS) P/N 3.–, K/N 1 bis 10 J. 2.–, St/N 3.–, H/N 1.–, WD inkl., Strom/N 2.50 (6 A). Ab 7 Nächten und in NS Ermäßigung.
DCC 10% auf P/N und St/N.

03150 Varennes-sur-Allier, Allier F7060

★★★ »CHÂTEAU DE CHAZEUIL« — April bis Okt.
☎/Fax 04/70450010   15 000 qm
www.camping-de-chazeuil.com, info@camping-deschazeuil.com

→ N 7 Nevers–Lyon, ca. 2 km vor Varennes-s.-A. bei der Verkehrsampel östlich abbiegen, noch 500 m.

Parkgelände mit hohen Bäumen. Ort 2 km entfernt. 60 Touristenplätze.

03700 Bellerive-sur-Allier, bei Vichy F7065/1

25 ★★★ »LES ACACIAS AU BORD DU LAC« — 1.4. bis 15.10.
☎ 04/70323622, Fax 70598852   30 000 qm
www.campingacacias.com, campingacacias@club-internet.fr

→ A71 Orléans–Clermont-Ferrand Abf. 12 auf die A719/N209 Richtung Vichy. In Bellerive-s.-A. vor der Allierbrücke rechts am Fluss entlang. Beschildert. ✉ Rue Claude Decloitre (GPS: 46°11'38" N / 3°42'33" E)

Durch Straße geteiltes Wiesengelände mit Heckenunterteilung bei einem Sportplatz. Musikveranstaltungen. Ort 1.5 km entfernt. 150 Touristenplätze.
2008: (HS) P/N 5.–, K/N bis 7 J. 3.50, St/N 5.90, H/N 1.–, KT –.22, WD inkl., Strom/N 3.– (10 A). In NS Ermäßigung.

03700 Bellerive-sur-Allier, bei Vichy F7065/2

20 ★★★ »CAMPING BEAU RIVAGE« — 23.3. bis Sept.
☎ 04/70322685, Fax 320394   15 000 qm
www.camping-beaurivage.com, camping-beaurivage@wanadoo.fr

→ A71 Orléans–Clermont-Ferrand Abf. 12 auf die A719/N209 Richtung Vichy. In Bellerive-s.-A. vor der Allierbrücke rechts am Fluss entlang. ✉ Rue Claude Decloitre (GPS: 46°11'13" N / 3°40'25" E).

Wiesengelände mit Laubbäumen am Ufer der Allier. Befestigte Mocaplätze. Ort 1 km entfernt. Touristen-/Dauerstellplätze 75/5.
2008: (HS) P/N 3.80, K/N bis 7 J. 2.80, St/N 3.80, H/N 1.–, KT –.22, WD inkl., Strom/N 3.– (10 A). In NS Ermäßigung.

03390 Sazeret-Montmarault, Allier — F7070

25 ★★★★ »CAMPING LE PETITE VALETTE« 1.4. bis 31.10.
☎ 04/70076457, Fax 70072548 498 m 40 000 qm
www.valette.nl, la.petite.valette@wanadoo.fr

→ A71 aus Paris/Orleans Abf. (11) im Kreisverkehr den Schildern folgen oder über N 145 (Moulins) im Kreisverkehr Montmarault der Camping-Beschilderung folgen (Richtung Vichy).

Ebenes, parzelliertes Wiesengelände mit kleinem Badeteich in ländlicher Umgebung. Ort 4 km entfernt. Touristen-/Dauerstellplätze 54/6.
2008: (HS) P/N 4.95, K/N bis 8 J. 3.95, St/N 7.95, H/N 1.50, KT –.85, WD inkl., Müllgeb. P/N –.90, Strom/N 2.95 (6 A). In NS Ermäßigung.

63410 Loubeyrat, Puy-de-Dôme — F7075

10 ★★ »CAMPING COLOMBIER« 1.4. bis 30.9.
☎ 04/73866694, www.campingcolombier.com 15 000 qm

→ A71 Bourges–Clermont-Ferrand Abf. Riom, weiter über Chatelguyon nach Loubeyrat, beschildert.

Wiesengelände in hügeliger Landschaft. Ort 1.5 km entfernt. 50 Touristenplätze.
2007: P/N 2.30, K/N bis 7 J. 1.15, St/N 2.30, H/N frei, WD inkl., Strom/N 2.40 (3 A).

63530 Volvic, Puy-de-Dôme — F7078

20 ★★★ »CAMPING DE VOLVIC« 1.5. bis 30.9.
☎ 04/73335016, Fax 73335498 500 m 15 000 qm
www.ville-volvic.fr, camping@ville-volvic.fr

→ A71 Orleans–Clermont-Ferrand Abf. Riom/Volvic. Durch Riom auf die D986 nach Volvic. Beschildert. ✉ Rue de Chancelas.

Ebenes, parzelliertes und terrassiertes Wiesengelände in hügeliger Landschaft. Abendveranstaltungen. Ort 1 km entfernt. 70 Touristenplätze.
2007: (HS) 2 P/N inkl. St/N 13.–, P/N ca. 4.50, K/N bis 12 J. 2.50, H/N 1.50, WD inkl., Strom/N 3.50 (10 A). In NS Ermäßigung.
DCC/CCI 5% auf P/N.

63230 St-Ours, Puy-de-Dôme — F7080

20 ★★ »CAMPING BEL-AIR SARL« 1.5. bis 5.10.
☎ 04/73887214 20 000 qm
www.camping.belair.free.fr, camping.belair@free.fr

→ D 941 Clermont-Ferrand–Limoges, kurz vor Pontgibaud abbiegen.
✉ (GPS: 45°50'40" N / 2°52'36" E).

Wiesengelände mit Buschgruppen in hügeliger Landschaft. Ort 1 km entfernt. 60 Touristenplätze.
2008: P/N 4.50, K/N bis 10 J. 2.60, St/N 4.–, H/N 1.–, KT –.30, WD inkl., Strom/N 3.20/4.– (6/10 A).

LES GRANDS PINS ★★★
(F 7115)

Von November bis März am Wochenende nicht geöffnet. Jedes Jahr im Januar und Februar geschlossen.

CAMPING LES GRANDS PINS
Les Maisons Neuves
D 920
Les Maisons-Neuves
F-36330 Velles
Tel. 02.54.36.61.93
Fax 02.54.36.10.09
www.les-grands-pins.fr
contact@les-grands-pins.fr

03360 Isle-et-Bardais, Allier — F7101

10 ★★★ »CAMPING LES ECOSSAIS« 1.4. bis 30.9.
☎ 04/70666257, Fax 70666399, campingecossais@aol.com 15 000 qm

→ A71 Bourges–Clermont-Ferrand Abf. (8) St. Amand-Montrand auf die D951 Richtung Charenton. Weiter auf der D953. Dann links ab auf die D64/D411 zum Ort. Beschildert.

Wiesengelände in hügeliger Landschaft an einem See. In Stellkreisen angeordnet und durch Hecken parzelliert. Von Wald umgeben. Ort 200 m entfernt. 70 Touristenplätze.
2008: (HS) P/N 2.64, K/N bis 10 J. 1.25, St/N 1.25, H/N –.74, KT –.22, WD inkl., Strom/N 2.87. In NS Ermäßigung.

03360 Saint-Bonnet-Tronsais, Allier — F7103

20 ★★★ »CAMPING DE CHAMP FOSSÉ« 1.4. bis 30.10.
☎ 04/70061130, Fax 70061501 35 000 qm
www.campingstroncais.com, champfosse@aol.com

→ A71 Bourges–Clermont-Ferrand Abf. (8) St. Amand-Montrand auf die D101 Richtung Braize, dort auf die D250 zum Ort. Beschildert. ✉ Place du Champ de Foire.

Leicht zum See abfallendes Wiesengelände mit Bäumen in hügeliger Landschaft. Teils von Wald umgeben. Wasserrutschen. Volleyball. Boulebahn. Imbiss. Ort 200 m entfernt. 120 Touristenplätze.
2007: P/N 4.–, K/N bis 10 J. 2.87, St/N 4.–, H/N –82, KT –.22, WD inkl., Strom/N 3 (10 A).

03360 Braize, Allier — F7105

20 ★★★ »CAMPING CHAMP DE LA CHAPELLE« Mitte April bis Ende Okt.
☎/Fax 04/70061545 56 000 qm
www.champdelachapelle.com, champdelachapelle@wanadoo.fr

→ A71/E11 Bourges–Clermont-Ferrand Abf. Orral/St. Amand über St. Amand auf der D101 nach Braize. ✉ (GPS: 46°50'01" N / 2°23'51" E).

Teilweise parzelliertes Eichenwaldgelände mit einzelnen Lichtungen. Babywickeltisch. Kiosk. Imbiss. Kleiner flacher Swimmingpool. Ort 5 km entfernt. 80 Touristenplätze.
2007: St/N (100m²) inkl. 1 P/N 9.75, St/N (200 m²) inkl. 2 P/N 15.50, weitere P/N 2.75, K/N bis 5 J. 1.50, K/N 6 bis 12 J. 2.–, H/N 1.–, WD inkl., Strom/N 2.50 (16 A).
DCC/CCI 5% (HS) und 10% (NS) auf P/N und St/N.

36330 Velles, Indre — F7115

25 ★★ »LES GRANDS PINS« 1.3. bis 30.12.
☎ 02/54366193, Fax 4361009 5000 qm
www.les-grands-pins.fr, contact@les-grands-pins.fr

→ N 20 Châtauroux–Limoges Abf. (14) oder (15) auf die D920 zum Les Maisons Neuves. ✉ (GPS: 46°44'30" N / 01°37'15" E).

Wiesengelände unter hohen Pinienbäumen. Morgendlicher Brot-Service. Spielfeld. Ort 7 km entfernt. 50 Touristenplätze. Vom 15.11. bis 15.3. an Wochenenden geschlossen.
2008: P/N 4.70, K/N bis 7 J. 3.20, C-St/N 4.70, MC/N 7.–, H/N 1.50, WD und Schwimmbad inkl., Strom/N 4.20 (10 A).

23600 Boussac-Bourg, Limousin — F7120

35 ★★★★ »CAMPING CHATEAU DE POINSOUZE« 10.5. bis 14.9.
☎ 05/55650221/55658649 420 m 300 000 qm
www.camping-de-poinsouze.com, info.camping-de-poinsouze@wanadoo.fr

→ A71/E11 Paris-Clermont Ferrand, Abf. (10) Montlucon auf die N145/E62 bis Domerat, weiter auf D916 Richtung Boussac. Beschildert. ✉ Route de la Châtre (GPS: 46°22'21" N / 02°12'28" E).

Parzelliertes, ebenes und überwiegend schattenloses Wiesengelände in sanft hügeliger Landschaft. Bei einem kleinen Schloss mit schöner Parklandschaft und See gelegen. Von Hecken umrahmt. 102 Touristenplätze.
2007: (HS) 2 P/N inkl. St/N 28.–, weitere P/N 6.–, K/N bis 7 J. 5.–, H/N (NS) 3.–, WD und Strom (6 A) inkl. In NS Ermäßigung.
DCC 10% auf P/N und St/N.

87250 Saint Pardoux, Haute–Vienne — F7131

★★★ »CAMPING FREAUDOUR« — Juni bis Sept.
☎ 05/55765722, Fax 55712393 — 35 000 qm
www.locsaint-pardoux.com, locsaintpardoux@wanadoo.fr

→ N 20 Limoges–Châteauroux, in La Crouzille westwärts abbiegen auf die D 5 nach Compreignac.

Wiesengelände. Ort 1 km entfernt. 250 Touristenplätze.

87270 Bonnac-la-Côte, Hte.–Vienne — F7135

★★★ »CAMPING CHATEAU LEYCHOISIER« — April bis Sept.
☎/Fax 05/55399343 — 40 000 qm
www.leychoisier.com, contact@leychoisier.com

→ N20 Limoges–Châteauroux, auf die D97 westwärts abbiegen. Beschildert. ✉ 1, route de Leychoisier.

Von Wäldern umgebenes, leicht abfallendes Gelände bei einem Schloss oberhalb eines Sees. Musikveranstaltungen. 90 Touristenplätze.

86220 Ingrandes-sur Vienne, Vienne — F7150

[30] ★★★ »LE PETIT TRIANON DE ST. USTRE« — 20.5. bis 20.9.
☎ 05/49026147, Fax 49026881 — 68 000 qm
www.petit-trianon.fr, chateau@petit-trianon.fr

→ N10 Châtellerault–Tours, nördlich Ingrandes abbiegen, beschildert. ✉ 1, rue du Moulin du Saint Ustre (GPS: 46°53′13″ N / 0°35′17″ E).

Ebenes bis leicht abfallendes Wiesen- und Parkgelände um ein kleines Schloss, das teilweise mitbenutzt wird. 95 Touristenplätze.
2008: (HS) P/N 7.–, K/N pro 7 J. 3.50, St/N 4.20, H/N 2.10, KT –.19, WD inkl., Strom/N 4.20/4.60 (6/10 A). Ab 14 Nächten und in NS Ermäßigung.

86100 Chatellerault, Vienne — F7152

★★★★ »CAMPING LE RELAIS DU MIEL« — Mai bis Aug.
☎ 05/49020627, Fax 49932576 — 70 000 qm
www.lerelaisdumiel.com, camping@lerelaisdumiel.com

→ A10 Tours–Bordeaux, Abf. (26) Chatellerault/Nord auf die N 10 Richtung Antran. Beschildert. ✉ Route d'Antran.

Parzelliertes Wiesengelände, in niedrigen Geländestufen leicht abfallend mit Bäumen neben einem Park. Durch eine Mauer vom Fluss Vienne getrennt. Ort 2 km entfernt. 80 Touristenplätze.

86130 St. Georges Les Baillargeaux, Vien. — F7153

[20] ★★★★ »CAMPING LE FUTURISTE« — 1.1. bis 31.12.
☎ 05/49524752, Fax 49372333 — 40 000 qm
www.camping-le-futuriste.fr, camping-le-futuriste@wanadoo.fr

→ A10/E5 Tours–Saintes Abf. (29) Poitiers-Nord in nördl. Richtung über Chasseneuil zum Ort. ✉ Rue du Chateau.

Leicht abfallendes, durch Hecken parzelliertes Wiesengelände auf einer Anhöhe mit schöner Aussicht auf einen Park. Wasserrutsche. Ort 600 m entfernt. 112 Touristenplätze.
2008: 3 P/N min. St/N 20.60, weitere P/N ca. 2.60, H/N 1.90, KT –.15/–.07, WD inkl., Strom/N 3.70 (6 A).

86130 Jaunay Clan, Vienne — F7155

★★★ »CAMPING LA CROIX DU SUD« — April bis Sept.
☎ 05/49625814, Fax 49625720 — 40 000 qm
www.la-croix-du-sud.fr, camping@la-croix-du-sud.fr

→ A 10 Tours–Poitiers Abf. (28) (Futuroscope), nach der Zahlstelle links zum Ort. ✉ Route de Neuville.

Parzelliertes Wiesengelände nahe des Futuroscope Themenparks. Ort 1 km entfernt. 184 Touristenplätze.

86700 Couhé, Vienne — F7170

[35] ★★★ »CAMPING LES PEUPLIERS« — 2.5. bis 30.9.
☎ 05/49592116, Fax 49379209 — 160 000 qm
www.lespeupliers.fr, info@lespeupliers.fr

→ N10 Poitiers–Angoulême, ca. 1 km nördlich von Couhé abbiegen (GPS: 46°18′44″ N / 0°10′56″ E).

Gepflegtes Wiesengelände in einem Flusstal. Von Bäumen umgeben und von einem Felshang begrenzt. Ort 1 km entfernt. 160 Touristenplätze.
2007: (HS) P/N 7.–, K/N pro 10 J. 4.–, St/N 9.50, Strom/N 4.– (10 A). In NS Ermäßigung.

79200 Parthenay, Deux-Sevres — F7190

[25] ★★★ »CAMPING DU BOIS VERT« — 1.3. bis 31.11.
☎ 05/49647843, Fax 49959668 — 160 000 qm
www.camping-boisvert.com, boisvert@cvtloisirs.fr

→ A10 Tours–Bordeaux, Abf. 29 und weiter auf die E62 nach Parthenay. Hier durch die Stadt Richtung Roche sur Yon und nach der Steinbrücke über den „Le Thouet" rechts abbiegen. Beschildert. ✉ 14, rue Boisseau.

Durch Hecken und Bäume großzügig parzelliertes, ebenes Wiesengelände in der Nähe des Flusses Thouet (500 m). Boccia. Ort 2 km entfernt. 90 Touristenplätze.
2007: (HS) 2 P/N inkl. St/N 19.50, weitere P/N 5.–, K/N 2 bis 10 J. 2.50, WD und Strom (10 A) inkl. In NS Ermäßigung.

63111 Dallet, Puy de Dôme — F7222

[25] ★★★ »CAMPING LES OMBRAGES« — 12.5. bis 15.9.
☎/Fax 04/73831097 — 350 m — 40 000 qm
www.lesombrages.com, lesombrages@hotmail.com

→ A720/A72 Clermont-Ferrand–Thiers Abf. (1) Lempdes auf die N89 Richtung Pont-du-Chateau, nach 500 m rechts nach Dallet. Beschildert. ✉ Route de Pont-du-Chateau.

Parzelliertes und ebenes Wiesengelände direkt an der Allier. Durch Bäume beschattet. Bar/Imbiss. 90 Touristenplätze.
2008: (HS) P/N 5.–, K/N pro 7 J. 3.50, St/N 7.50, WD inkl., Strom/N 3.50 (6 A). In NS Spezialangebote.

63130 Royat, Puy de Dôme — F7225

[35] ★★★★ »CAMPING INDIGO ROYAT« — 5.4. bis 19.10.
☎ 04/73359705, Fax 73356769 — 450 m — 70 000 qm
www.camping-indigo.com, royat@camping-indigo.com

→ A75 Clermont-Ferrand–Montpellier Abf. (2) Bordeaux, weiter über die N 189 Richtung Bordeaux bis Abf. Ceyrat Center, dann auf die D 941c, nach 4 km beschildert. ✉ Route de Gravenoire.

Wiesengelände mit einzelnen Bäumen. In HS Reservierung empfehlenswert. Volleyball. Pendelbus zur Thermalstation. 200 Touristenplätze.
2007: (HS) P/N 5.–, K/N pro 7 J. 3.20, St/N 9.80, H/N 2.90, KT –.30, WD inkl., Strom/N 4.50/6.20 (6/10 A). In NS Ermäßigung.

43410 Lempdes, Haute-Loire — F7230

★★★ »CAMPING MUNICIPAL RENE FILIOL« — Juni bis Sept
☎ 04/71765369 — 20 000 qm

→ A75/E11 Clermont-Ferrand–Milau Abf. Lempdes (20) noch ca. 2 km. ✉ Route de Chambezon.

Parzelliertes Wiesengelände mit einzelnen Bäumen in einem Tal am Fluss Alagnon. Imbiss. 80 Touristenplätze.

DCC – DEIN PARTNER!

63340 Nonette, Puy de Dôme — F7233

»CAMPING LES LOGES« — Ostern bis Sept.
☎ 04/73716582, Fax 73716723 — 30 000 qm
www.lesloges.com, camping.les.loges.@wanadoo.fr

→ A75/E11 Clermont-Ferrand–Montpellier, Abf. (17) auf die D214 in östl. Richtung. Nach ca. 6 km auf die D123 zum Ort.

Ebenes Wiesengelände unter Bäumen. Volleyball. 126 Touristenplätze.

63450 Aydat, Puy de Dôme — F7235

»CAMPING LE CHADELAS« — 1.4. bis 30.9.
☎ 04/73793809, Fax 73793412 — 70 000 qm
www.camping-lac-aydat.com, info@camping-lac-aydat.com

→ N89 Clermont-Ferrand–Thiers, auf die D90 südwärts abbiegen. (GPS: 45°24'26" N / 2°35'32" E).

Mischwaldgelände in Nähe des Lac d'Aydat. Ort 2 km entfernt. Touristen-/Dauerstellplätze 140/10.
2008: (HS) 2 P/N inkl. St/N 16.–, weitere P/N 5.–, K/N bis 12 J. 3.–, J/N 3.–, H/N 1.50, KT –.20, WD inkl., Strom/N 5.– (10 A). In NS Ermäßigung.

63710 St. Nectaire, Puy de Dôme — F7236

»CAMPING MUNICIPAL LE VIGINET« — Mai bis Sept.
☎ 04/73347553, Fax 73347094 — 35 000 qm
www.camping-massivcentral.com, sogeval@wanadoo.fr

→ A75 Clermont-Ferrand–Issoire Abf. (6) Plauzat nach Champeix, weiter auf der D996 zum Ort. Beschildert.

Ebenes Wiesengelände mit Bäumen in hügeliger Landschaft. Imbiss. Ort 1 km entfernt. 60 Touristenplätze.
2007: (HS) 1/2 P/N inkl. St/N 15.80/17.80, weitere P/N 4.20, K/N 2 bis 7 J. 3.30, H/N 1.50, KT –.30, WD inkl., Strom/N 3.60 (10 A). In NS Ermäßigung.

63210 Nébouzat, Puy de Dôme — F7238

»CAMPING LES DÔMES« — 1.5. bis 15.9.
☎ 04/73871406, 06/80239273, Fax 73354829 — 10 000 qm
www.les-domes.com, camping.les-domes@wanadoo.fr

→ N89 Clermont-Ferrand–Ussel, in Néborzat südwärts abbiegen auf die D216. ✉ Les 4 routes de Nebouzat (GPS: 45°43'54" N / 02°53'40" E).

Gepflegtes Wiesengelände mit Bäumen. Überdachbares Schwimmbecken. Restaurant 100 m, Haltestelle 300 m, Ort 1.3 km entfernt. 65 Touristenplätze.
2008: (HS) 1 P/N inkl. St/N 10.–, weitere P/N 6.50, K/N bis 5 J. 3.–, H/N frei, KT –.40, WD inkl., Strom/N 5.– (10 A). In NS Ermäßigung.

63790 Murol, Lac Chambon, P.d.D. — F7240/1

»CAMPING LES FOUGERES« — 24.4. bis 16.9.
☎ 04/73886708, Fax 73886463 — 20 000 qm
www.les-fougeres.com, camping-les-fougeres@wanadoo.fr

→ A75 Clermont-Ferrand–Issoire, auf die D978 abbiegen über Champeix nach Murol. Hier abbiegen zur Westseite des Lac Chambon. ✉ Le Marais.

Wiesengelände mit einzelnen Bäumen. See 500 m, Ort 1 km entfernt. 75 Touristenplätze.
2007: 2 P/N inkl. St/N 10.50, K/N bis 5 J. 2.–, H/N 1.30, WD inkl., Strom/N 4.– (6 A).

63790 Murol, Lac Chambon, P.d.D. — F7240/2

»CAMPING LE PRÉ BAS« — 1.5. bis 30.9.
☎ 04/73886304, Fax 73886595 — 35 000 qm
www.camping-auvergne.com, prebas@campingauvergne.com

→ A75 Clermont-Ferrand–Issoire Abf. (6), auf die D978 abbiegen über Champeix nach Murol. Hier abbiegen zur Westseite des Lac Chambon. ✉ (GPS: 45°34'31" N / 02°54'51" E).

Ebenes Wiesengelände unter Bäumen. Bibliothek. Volleyball. Ort 3 km entfernt. 180 Touristenplätze.
2007: (HS) 2 P/N inkl. St/N 15.10, weitere P/N 5.40, K/N bis 5 J. 3.60, H/N 2.–, WD inkl., Strom/N 4.50 (6 A). In NS Ermäßigung.

63790 Chambon sur Lac, Puy de Dôme — F7242

»CAMPING DE SERRETTE« — Juni bis Sept.
☎ 04/73886767, Fax 73888173 — 1000 m — 29 050 qm
http://perso.wanadoo.fr/camping.de.serrette/, camping.de.serrette@wanadoo.fr

→ A75 Clermont-Ferrand–Issoire Abf. (6), auf die D978 abbiegen über Champeix nach Chambon sur Lac. Hier weiter Richtung Col de la Croix St. Robert. Beschildert. ✉ (GPS: 45°34'16" N / 02°53'26" E).

Am Hang terrassiertes Wiesengelände mit Büschen und Baumbestand. Teils Blick auf den See von Chambon und das Schloss von Murol. Überdachbarer Swimmingpool. Familiäre Atmosphäre. See 3 km, Ort 5 km entfernt. Touristen-/Dauerstellplätze 65/10.

19160 Neuvic, Corrèze — F7250

»DOMAINE LE MIALARET« — April bis Nov.
☎ 05/55460250, Fax 55460265 — 40 000 qm
www.lemialaret.com, info@lemialaret.com

→ N89/E70 Clermont-Ferrand–Tulle Abf. Ussel auf die D982 in südl. Richtung zum Ort. ✉ Route de Egletons.

Weitläufiges Gelände in Seenähe. Teilweise schattenlos. Imbiss. See 4 km entfernt. 100 Touristenplätze.

19320 Champagnac la Noaille, Corrèze — F7257

»CAMPING LALLÉ« — 15.4. bis 15.10.
☎ 05/55278418 — 580 m — 10 000 qm
www.campinglalle.com, Josvanhoeijen@aol.com

→ A89 Clermont-Ferrand–Tulle, Abf. 22 Egletons und auf die N89 bis Montaignac-St. Hippolyte, weiter auf der D10 Richtung Clergoux, nach ca. 5 km links auf die D60, beschildert. ✉ (GPS: 45°18'27" N / 1°58'18" E).

Kleiner und familiärer Platz. Teilweise durch Bäume und Büsche parzelliertes und aufgelockertes, ebenes Wiesengelände. Zeltwiese. Sanitäranlage gemischt. Verbot für Kampfhunde. Brötchenservice in HS. Bibliothek. Boccia. Niederländische Platzleitung. Ort 4 km entfernt. 40 Touristenplätze.
2007: (HS) P/N 3.20, K/N bis 7 J. 2.–, St/N 4.20, H/N –.50, WD inkl., Strom/N 2.50 (4 A). In NS Ermäßigung.

19320 Marcillac-la-Croisille, Corrèze — F7258

»CAMPING MUNICIPAL DU LAC« — Juni bis Okt.
☎ 05/55278138 — 530 m — 35 000 qm
www.campingdulac19.com, campingdulac19@wanadoo.fr

→ N89 Ussel–Tulle in Egletons südwärts abbiegen auf die D18 nach Marcillac-la-Croisille. Hier Richtung See. ✉ Route du Viaduc.

Teilweise terrassiertes Waldgelände an einem Stausee. In NS eingeschränkt bewirtschaftet. Ort 2.5 km entfernt. 236 Touristenplätze.

15200 Mauriac, Corrèze — F7259

»CAMPING VAL SAINT JEAN« — Mai bis Sept.
☎ 04/71673113, Fax 75347599 — 25 000 qm
www.camping-massivcentral.com, info@camping-massifcentral.com

→ N89/D992 Clermont-Ferrand–Mauriac. In Mauriac auf die D678 zum Platz, beschildert.

Leicht abfallendes Wiesengelände bei einem See. 9 Loch-Golfplatz. Ort 1 km entfernt. 110 Touristenplätze.
2007: (HS) 1 P/N inkl. St/N 17.–, 2 P/N inkl. St/N 19.50, weitere P/N 5.40, K/N 2 bis 7 J. 3.30, H/N 1.50, WD inkl., Strom/N 3.60 (10 A). In NS Erm.

Wegen oft wechselnden Größenangaben für die einzelnen Stellparzellen durch die Platzhalter veröffentlicht der DCC nur noch die Camping-Gesamtfläche in qm und den Hinweis »parzelliert« oder »unparzelliert«.

24390 Tourtoirac, Dordogne — F 7270

★★★ »CAMPING LES TOURTERELLES« — April bis Sept.
☎ 05/53511117, Fax 53505344 300 m 120 000 qm
www.les-tourterelles.com, les-tourterelles@tiscali.fr
→ N89/E70 Périgueux–Brive-la-Gaillarde Abf. St. Rabier auf die D704 nach Hautefort, dann auf die D62/D5 zum Ort. Beschildert.

Durch Bäume aufgelockertes Gelände. Ort 1.5 km entfernt. Touristen-/Dauerstellplätze 70/38.

24330 St. Antoine d'Auberoche, Dord. — F 7275

★★ »CAMPING DE LA PÉLONIE« — 1.4. bis Okt.
☎ 05/53070518, Fax 53037327 30 000 qm
www.lapelonie.com, lapelonie@aol.com
→ N89 Périgueux–Brive-la-Gaillarde Abf. St. Antoine d'Auberoche. ✉ Rue la Bourgie.

Teils schattenloses Wiesengelände neben der Straße. Ort 5 km entfernt. 60 Touristenplätze.
2007: P/N 4.80, K/N bis 10 J. 3.80, St/N 6.50, H/N 1.80, WD inkl., Strom/N 3.10 (6 A).
CCI 20% auf P/N und 10% auf St/N.

24800 Thiviers, Dordogne — F 7285

★★★ »CAMPING MUNICIPAL LE REPAIRE« — 1.5. bis 30.9.
☎/Fax 05/53526975 11 000 qm
→ N21 Limoges–Perigueux, in Thiviers westwärts abbiegen auf die D707. ✉ Rue Le Repaire.

Wiesengelände mit Anpflanzungen. Ort 1 km entfernt. 100 Touristenplätze.
2007: (HS) P/N 4.–, K/N bis 12 J. 2.40, St/N 6.–, H/N 1.60, KT –.20, WD inkl., Strom/N 3.– (3 A). In NS Ermäßigung.

24470 Champs Romain, Dordogne — F 7290

★★★★ »CHATEAU LE VERDOYER« — 21.4. bis 8.10.
☎ 05/53569464, Fax 53563870 170 000 qm
www.verdoyer.fr, chateau@verdoyer.fr
→ N21 Limoges–Périgueux Abf. La Coquille in westlicher Richtung auf die D79 und über St. Soud Lacoussiere zum Ort. ✉ (GPS: 45°33'05" N / 0°47'41" E).

Leicht abfallendes Parkgelände neben einem alten Schloss an einem Badesee mit ausgedehnter Liegewiese. Familiäre Atmosphäre. Musikveranstaltungen. 150 Touristenplätze.
2007: (HS) 2 P/N inkl. St/N 29,–, weitere P/N 6.–, K/N bis 7 J. 4.–, H/N 3.–, KT –.40, WD inkl., Strom/N 2.60 (5 A). In NS Ermäßigung.

24800 St. Jory de Chalais, Dordogne — F 7291

★★★ »CAMPING MAISONNEUVE« — 1.4. bis 31.10.
☎/Fax 05/53551063 200 m 105 000 qm
www.camping-maisonneuve.com, camping.maisonneuve@wanadoo.fr
→ N21 Limoges–Périgueux Abf. Mavaleix auf die D98 nach St. Jory de Chalais. Beschildert. ✉ 1, chemin de Maisonneuve (GPS: 45°30'02" N / 0°54'20" E).

Ebenes bis welliges Wiesengelände und von Wald umgebenes Wiesengelände. Teilweise parzelliert. Familiäre Atmosphäre. Ort 500 m entfernt. Touristen-/Dauerstellplätze 43/43.
2008: (HS) P/N 5.50, K/N bis 7 J. 4.50, J/N 5.–, St/N 9.–, H/N 1.–, KT –.40, WD inkl., Strom/N 3.50 (10 A). In NS Ermäßigung.
DCC/CCI 10% auf P/N und St/N.

DCC – DEIN PARTNER!

07380 Meyras, Ardèche — F 7300

★★ »CAMPING LE VENTADOUR« — April bis Sept.
☎/Fax 04/75941815 30 000 qm
www.leventadour.com, jplai2@wanadoo.fr
→ N102 Pradelles-Aubenas, vor Pont de Labeaume auf die D536. Beschildert. ✉ Pont de Rolandy.

Teilweise schattenloses Wiesengelände. Durch Hecken gegliedert und mit Bäumen aufgelockert. Imbiss in HS. Ort 1 km entfernt. 142 Touristenplätze.

48300 Langogne, Languedoc — F 7307

★★★ »CAMPING LES TERRASSES DU LAC DE NAUSSAC« —
☎ 04/66692962, Fax 66692478 950 m 1.5. bis 30.9. 58 000 qm
www.naussac.com, info@naussac.com
→ A7/E15 Lyon–Avignon Abf. Montélimar auf die N102 über Aubenas zum Ort.

Leicht welliges Wiesengelände am See mit einzelnen Bäumen und Büschen. Bibliothek. 180 Touristenplätze.
2007: (HS) 2 P/N inkl. St/N 13.50, weitere P/N 3.50, K/N 2 bis 6 J. 1.50, H/N 1.–, KT –.30, WD inkl., Strom/N 2.50 (6-10 A). In NS Ermäßigung.

43150 Goudet, Haute-Loire — F 7308

★★★ »LE CAMPING AU BORD DE L'EAU« — Mitte Juni bis Sept.
☎ 04/71571682, 78916684 50 000 qm
→ N88 Le Puy–Mende Abf. Costaros, noch ca. 7 km. Beschildert.

Wiesengelände unter Platanen am Loire-Ufer. Ort 500 m entfernt. 90 Touristenplätze.

43700 Brives-Charensac, Haute-Loire — F 7312

★★★ »CAMPING AUDINET« — 15.4. bis 18.9.
☎ 04/71091018, Fax 71094110 45 000 qm
www.brives-charensac.fr, camping.audinet@orange.fr
→ N88 Le Puy–St. Etienne, ca 5 km auf der D15 zum Ort. Beschildert. ✉ Plaine de Audinet.

Wiesengelände mit Bäumen am Fluss. Günstig für den Besuch von Le Puy-en-Velay. Ort 200 m, Bushaltestelle 300 m entfernt. 177 Touristenplätze.
2007: (HS) P/N 7.– bis 10.40, weitere P/N 2.50, K/N 4 bis 14 J. 1.90, J/N 15 bis 17 J. 2.50, H/N frei, KT –.35, WD inkl., Strom/N 2.50 (6 A). Ab 14/21 Nächten 5/10% Ermäßigung.

43600 Sainte-Sigolène, Haute-Loire — F 7316

★★★ »CAMPING LE VAUBARLET« — 1.5. bis 30.9.
☎ 04/71666495, Fax 71661198 580 m 140 000 qm
www.vaubarlet.com, camping@vaubarlet.com
→ N88 Le Puy–St. Etienne, Abf. Sainte-Sigolène (D44). Im Kreisverkehr am Ortseingang von Sainte-Sigolène rechts nach Grazac (D43) abbiegen. Noch ca. 6 km. Beschildert. ✉ Route de Grazac, D43 (GPS: 45°12'58" N / 4°12'45" E).

Ebenes und großzügig parzelliertes Wiesengelände. In einem bewaldeten Tal an einem kleinen Fluss (La Dunière) gelegen. Teilweise durch Bäume beschattet. Imbiss/Bar. In HS Abendveranstaltungen. Ort 6 km entfernt. 102 Touristenplätze.
2008: (HS) 2 P/N inkl. St/N 18.–, weitere P/N 4.–, K/N bis 7 J. 2.–, H/N inkl., Strom/N 3.– (6 A). In NS bis 25% Ermäßigung.

15100 St. Flour, Cantal — F 7320

★★★ »INTERNATIONAL LA ROCHE MURAT« — 1.4. bis 31.10.
☎ 04/71604363, Fax 71600210 30 000 qm
www.camping-saint-flour.fr, courrier@camping-saint-flour.fr
→ N9/E11 Clermont-Ferrand–Marvejols Abf. (28), ca. 3 km nördl. St. Flour. ✉ RN 9 (GPS: 45°03'02" N 2°06'28" E).

Terrassiertes Wiesengelände mit Anpflanzungen. Ort 2 km entfernt. 120 Touristenplätze.
2007: 2 P/N inkl. C MC-St/N 13.20, 2 P/N inkl. T-St/N 10.65, weitere P/N 2.75, K/N 5 bis 10 J. 1.45, WD und Strom (10 A) inkl.

15800 Vic-sur-Cère, Cantal — F7325

35 ★★★★ »CAMPING LA POMMERAIE« — April bis Sept.
☎ 04/71475418, Fax 71496330 680m 40000 qm
www.camping-la-pommeraie.com, contact@camping-la-pommeraie.com

→ N122 Aurillac–Murat. Bei Vic-s.-Cère abbiegen auf die D154. Enge und kurvenreiche Zufahrt.

Terrassierter Hang mit einzelnen Bäumen oberhalb des Ortes. Ort 1.8 km entfernt. 100 Touristenplätze.
2007: (HS) 2 P/N inkl. St/N 25.–, weitere P/N 6.–, K/N bis 3 J. frei, H/N 2.–, WD inkl., Strom/N 4.– (6 A). In NS Ermäßigung.

15000 Aurillac, Cantal — F7328

★★★ »CAMPING MUNICIPAL L'OMBRADE« — Mai bis Sept.
☎ 04/71482887 60000 qm

→ N122 Figeac–Murat. In Aurillac am nordöstl. Stadtrand. Beschildert.

Wiesengelände unter Bäumen sowie einige schattenlose, mit Blumen geschmückte Terrassen. Ort 1.5 km entfernt. 200 Touristenplätze.

46190 Calviac — F7339

★★★★ »CAMPING LES TROIS SOURCES« — April bis Sept.
☎ 05/65330301, Fax 65330645 75000 qm
www.les-trois-sources.com, info@les-trois-sources.com

→ A 20/E 9 Limoges–Cahors Abf. (54) Martel in südöstl. Richtung auf die N 140. Über Montvalent bis ca. 1.5 km vor Blanat. Hier in östl. Richtung auf die D 673 nach Alvignac abbiegen. Weiter über St. Géré und Sousceyrac nach Calviac.

Ebenes bis leicht ansteigendes Wiesengelände mit vielen Bäumen. Zeltwiese. Bungalow-Anlage. Familiäre Atmosphäre. Bibliothek. Pannenhilfe. Wäscherei und Tennis kostenlos. Ort 12 km entfernt. 122 Touristenplätze.

19400 Argentat, Corrèze — F7340/1

25 ★★★★ »CAMPING LE GIBANEL« — 1.6. bis 6.9.
☎ 05/55281011, Fax 55288162 60000 qm
www.camping-gibanel.com, contact@camping-gibanel.com

→ N 120 Tulle–Aurillac, in Argentat Richtung Egletons auf die D 18 abbiegen, noch ca. 4 km.

Parkähnliches, teilweise terrassiertes Wiesengelände am Schloss und an der Dordogne. FW. Musikveranstaltungen. Ort 4 km entfernt. 250 Touristenplätze.
2007: (HS) P/N 5.35, K/N 2 bis 7 J. 2.70, St/N 6.50, H/N 1.50, WD inkl., Strom/N 3.20 (6 A). In NS Ermäßigung.

19400 Argentat, Corrèze — F7340/2

25 ★★★ »CAMPING AU SOLEIL D'OC« — 20.3. bis 16.11.
☎ 05/55288484, Fax 55281212 36000 qm
www.dordogne-soleil.com, info@dordogne-soleil.com

→ N120 Tulle–Aurillac. Ab Argentat ca. 6 km auf der D18. ✉ (GPS: 45°04'31" N / 1°55'08" E).

Ebenes Wiesengelände am Dordogneufer. Durch Bäume und Büsche günstig aufgelockert. Hunde an der Leine erlaubt. Boulebahn. Volley- und Basketball. WiFi/Funkinternet. Ort 4 km entfernt. 120 Touristenplätze.
2008: (HS) P/N 5.90, K/N bis 7 J. 3.50, K/N ab 6 J. 3.90, K/N 5.–, H/N 3.–, KT –.40, WD inkl., Strom/N 4.– (2 A). Ab 7 Nächten und in NS Ermäßigung.
DCC/CCI 10% auf P/N und St/N.

19400 Argentat, Corrèze — F7340/3

30 ★★★ »CAMPING LE VAURETTE« — 1.5. bis 21.9.
☎ 05/55280967, Fax 55288114 40000 qm
www.vaurette.com, info@vaurette.com

→ N120 Tulle–Aurillac, in Argentat Richtung Beaulieu auf die D12. ✉ (GPS: 45°02'44" N / 1°53'02" E).

Ebenes bis leicht an der Dordogne abfallendes Wiesengelände. Teilweise unter Bäumen. WiFi/Funkinternet. Ort 9 km entfernt. 120 Touristenplätze.
2007: (HS) 2 P/N inkl. St/N 21.20, weitere P/N 5.–, K/N bis 2 J. frei, H/N 3.50, KT –.40, WD inkl., Strom/N 3.20 (6 A). In NS Ermäßigung.

46110 Vayrac, Lot — F7345

★★★ »CAMPING LES GRANGES« — Mai bis Sept.
☎ 05/65324658, Fax 65325794 50000 qm
www.les.granges.com, info@les-granges-com

→ D 940 Tulle–Figeac Abf. Bretenoux auf die D 703. In Vayrac südwärts zum Fluss.

Wiesengelände unter Bäumen am Ufer der Dordogne. Ort 3 km entfernt. 150 Touristenplätze.

24290 La Chapelle Aubareil, Dordogne — F7347

25 ★★★★ »CAMPING LA FAGE« — 1.5. bis 30.9.
☎/Fax 05/53507650 25000 qm
www.camping-lafage.com, camping.lafage@wanadoo.fr

→ N 89 Brive–Perigueux Abf. Le Lardin auf die D 704 nach Montignac.

Wiesengelände mit einzelnen Bäumen. Ort 1 km entfernt. 60 Touristenplätze.
2007: (HS) P/N 5.–, K/N bis 7 J. 3.50, St/N 6.50, H/N 1.50, KT –.30, WD inkl., Strom/N 2.50 (6 A). In NS Ermäßigung.
DCC/CCI 5% auf P/N und St/N.

24290 St. Léon-sur-Vézère, Dord. — F7348

35 ★★★★★ »CAMPING LE PARADIS« — 22.3. bis 25.10.
☎ 05/53507264, Fax 53507590 70000 qm
www.le-paradis.com, le-paradis@perigord.com

→ N 89 Brive-la-Gaillarde–Périgueux. In Le Lardin auf die D 704 abbiegen über Montignac weiter auf der D 706 noch ca. 13 km. ✉ (GPS: 45°00'06" N / 1°04'16" E).

Parkähnliches, ebenes Wiesengelände am Fluss Vézère. Durch Hecken unterteilt. Musikveranstaltungen. Ort 8 km entfernt. 200 Touristenplätze.
2007: (HS) P/N 7.20, K/N 3 bis 12 J. 6.20, St/N 11.60, H/N 2.–, KT –.30, WD inkl., Strom/N 3.50 (10 A). In NS Ermäßigung.

24250 La Roque Gageac, Dordogne — F7349

25 ★★★ »CAMPING VILLAGE BEAU RIVAGE« — 1.4. bis 30.9.
☎ 05/53283295, Fax 53296356 80 m 80000 qm
www.camping-beau-rivage.com, camping.beau.rivage@wanadoo.fr

→ A 20/E 9 Limoges–Souillac Abf. Souillac auf die D703/704 nach Sarlat la Caneda. Hier auf die D 57 nach Vezac. Von dort auf der D 703 zum Ort. ✉ Lieu dit Gaillardou (GPS: 44°48'58" N / 1°12'51" E).

Gepflegtes Wiesengelände mit Baumbestand. Ort 8 km entfernt. 166 Touristenplätze.
2007: P/N 5.30, K/N bis 4 J. 3.05, St/N 7.20, H/N 2.–, KT –.30, WD inkl., Strom/N 4.05 (6 A). DCC/CCI 2% auf P/N.

DCC – auch Ihr Camping-Partner!

24620 Tursac-les-Eyzies, Dordogne — F7350

★★★ »CAMPING LE VÉZÈRE PÉRIGORD«   15.4. bis 30.10.
☎ 05/53069631, Fax 53067966   60 000 qm
www.levezereperigord.com, info@levezereperigord.com

→ N 89 Brive-la-Gaillarde–Périgueux. In Le Lardin auf die D 704 abbiegen über Montignac weiter auf der D 706 nach Tursac. ✉ Route de Montignac (GPS: 44°58'54" N / 1°02'78" E).
Grotte von Lascaux.

Terrassiertes Gelände an einem Hang. Musikveranstaltungen. Ort 800 m entfernt. 103 Touristenplätze.
2007: P/N 6.–, K/N bis 1 J. frei, St/N 8.–, H/N 1.–, KT –.40, WD inkl. Strom/N 3.– (10 A).
CCI 5% auf P/N und St/N.

24260 Le Bugue, Dordogne — F7352

★★★★★ »CAMPING SAINT AVIT LOISIRS«   April bis Sept.
☎ 05/53026400, Fax 53026439   230 m   45 000 qm
www.saint-avit-loisirs.com, contact@saint-avit-loisirs.com

→ N 89 Périgueux–Brive. Ab Niversac auf die D 710 südwärts bis etwa 3 km vor Le Bugue, hier abbiegen nach St. Avit-de-Vialard, noch 3 km.

Leicht welliges Wiesengelände auf einem Höhenrücken im lichten Laubwald. Musikveranstaltungen. Ort 4 km entfernt. 199 Touristenplätze.

24220 Le Coux et Bigaroque, Dordogne — F7353

★★★ »CAMPING LES VALADES«   April bis Okt.
☎ 05/53291427, Fax 53281928   110 000 qm
www.lesvalades.com, info@valades.com

→ N 710 Perigueux in südl. Richtung über Le Bugue zum Ort. Beschildert.

Terrassiertes und weitläufiges Waldgelände am Seeufer. Separater Mobilheimteil. Bade- und Angelteich. Imbiss in HS. Ort 5 km entfernt. 53 Touristenplätze.
2007: 2 P/N inkl. St/N 22.–, P/N 5.20, K/N bis 7 J. 3.70, H/N 2.70, KT –.20, WD und Strom (10 A) inkl.

24200 Sarlat-la-Canéda, Dordogne — F7365/1

★★★ »CAMPING LE MOULIN DU ROCH«   30.4. bis 13.9.
☎ 05/53592027, Fax 53592095   80 000 qm
www.moulin-du-roch.com, moulin.du.roch@wanadoo.fr

→ N 89 Périgueux–Brive. In Le Lardin südwärts auf die D 704 abbiegen. Ab Sarlat in Richtung Les Eyzies. ✉ Route des Eyzies (44°54'29" N / 1°06'55" E).

Gepflegtes und ebenes, teilweise leicht abfallendes Wiesengelände bei einer alten Mühle in hügeliger Landschaft. Stellplätze durch Hecken parzelliert und mit Bäumen aufgelockert. Teilweise terrassiert und im naturbelassenen Wald gelegen. Das Restaurant (in der alten Mühle) liegt mit seiner Terrasse direkt am Mühlbach. Bibliothek. Fischteich. Musikveranstaltungen. Ort 10 km entfernt. 195 Touristenplätze.
2008: (HS) 2 P/N inkl. St/N 15.– bis 28.–, weitere P/N 9.–, K/N bis 7 J. 4.–, KT –.40, WD inkl., Strom/N 4.– (6 A). In NS Ermäßigung.

24200 Sarlat-la-Canéda, Dordogne — F7365/2

★★★ »CAMPING LES PÉRIÈRES«   Ostern bis 30.9.
☎ 05/53590584, Fax 53285751   220 m   11 000 qm
www.lesperieres.com, les-perieres@wanadoo.fr

→ N 89 Périgueux–Brive. In Le Lardin südwärts auf die D 704 abbiegen. Ab Sarlat in Richtung Les Eyzies. ✉ Route de Ste-Nathalène.

Terrassierte Steilhänge mit Blick auf den Ort. In HS Restaurant und Imbiss. Musikveranstaltungen. Ort 1 km entfernt. 100 Touristenplätze.
2007: 3 P/N inkl. St/N 34.40, WD u. Strom (6 A) inkl.

24590 St. Geniès, Dordogne — F7368

★★★★ »CAMPING LA BOUQUERIE«   19.4. bis 19.9.
☎ 05/53289822, Fax 53291975   150 m   80 000 qm
www.labouquerie.com, labouquerie@wanadoo.fr

→ N 89 Périgueux–Brive. In Le Lardin südwärts auf die D 704 abbiegen, ca. 22 km bis St. Geniès. ✉ (GPS: 44°59'53" N / 1°14'49" E).

Großzügiges Wald- und Wiesengelände an einem Badeweiher. Ort 1.5 km entfernt. 180 Touristenplätze.
2008: (HS) P/N 6.50, K/N bis 7 J. 4.50, St/N 9.–, H/N 2.50, KT –.30, WD inkl., Strom/N 3.50 (10 A). In NS Ermäßigung.

24200 Carsac, Dordogne — F7374

★★★ »CAMP. LE PLEIN AIR DES BORIES«   1.5. bis 21.9.
☎/Fax 05/53281567   32 000 qm
www.camping-lesbories.com, contact@camping-lesbories.com

→ N 89 Périgueux–Brive. In Le Lardin auf die D 704 abbiegen. Ca. 8 km hinter Sarlat in südl. Richtung nach Carsac. Hier ca. 500 m westl. des Ortes.

Ebenes Gelände an der Dordogne. Überdachbares Schwimmbecken. Ort 600 m, Haltestelle 800 m entfernt. 110 Touristenplätze.
2007: (HS) P/N 5.60, K/N bis 7 J. 3.–, St/N 6.10, H/N 1.–, KT –.30, WD inkl., Strom/N 2.80 (6 A). In NS Ermäßigung.

24250 Groléjac, Dordogne — F7375

★★★★ »CAMPING LES GRANGES«   29.4. bis 15.9.
☎ 05/53281115, Fax 53285713   65 000 qm
www.lesgranges-fr.com, lesueur.francine@wanadoo.fr

→ N 89 Périgueux–Brive. In Le Lardin südwärts auf die D 704 abbiegen. Über Sarlat in Richtung Gourdon. Am Ortsanfang Grolejac beschildert.

Terrassiertes und leicht abfallendes Wiesengelände unter Bäumen. Mit Sträuchern aufgelockert und an einem Bach gelegen. 2 Wasserrutschen. Musikveranstaltungen. Volleyball. Badminton. Boule. Billard. Ort 200 m, Dordogne 500 m entfernt. 120 Touristenplätze.
2007: 2 P/N 15.– bis 23.60, P/N 7.20, H/N 3.–, KT –.25, WD inkl., Strom/N 3.50 (6 A).

24170 Belvès, Dordogne — F7380/1

★★★★ »RCN LE MOULIN DE LA PIQUE«   12.4. bis 11.10.
☎ 05/53290115, Fax 53282909   80 m   150 000 qm
www.rcn-campings.fr, info@rcn-lemoulindelapique.fr

→ D 710 Périgueux–Fumel Abf. Belvès. ✉ (GPS: 44°45'43" N / 1°00'52" E).

Gepflegtes Parkgelände. Wasserrutschen. In HS Reservierung erforderlich. Musikveranstaltungen. Boulebahn. Ort 2 km, Golfplatz 7 km entfernt. 155 Touristenplätze.
2008: (HS) 6 P/N inkl. St/N 51.50, H/N 4.–, WD und Strom (6 A) inkl. In NS Ermäßigung.

24170 Belvès, Dordogne — F7380/2

★★★ »CAMPING LES NAUVES«   April bis Sept.
☎/Fax 05/53291264   40 000 qm
www.lesnauves.com, campinglesnauves@hotmail.com

→ D 710 Périgueux–Fumel Abf. Belvès auf die D 53, beschildert. ✉ Rue le bos rouge.

Ebenes bis leicht abfallendes Wiesengelände auf einem Hügel. Bar. Gasverkauf und Ort 4 km entfernt. 100 Touristenplätze.

24170 Belvès, Dordogne — F7380/3

★★★★ »LES HAUTS DE RATEBOUT« 26.4. bis 13.9.
☎ 05/53290210, Fax 53290828   120 000 qm
www.hauts-ratebout.fr, camping@hauts-ratebout.fr

→ D 710 Périgueux–Fumel. Ca. 2 km südlich Belvès auf die D 54 abbiegen (3 km schmale Straße), beschildert. ✉ Sainte Foy de Belvès.

Teils nicht abfallendes, teils terrassiertes Wiesengelände mit lockerem Baumbestand bei einem restaurierten Bauernhof. In ländlicher Umgebung auf einer Anhöhe gelegen. Schöner Blick auf die bewaldeten Hügel der Umgebung. Stellplätze durch Hecken parzelliert. Badelandschaft mit Wasserrutschen. Musikveranstaltungen. Ort 6 km entfernt. 200 Touristenplätze.

24540 Gaugeac, Dordogne — F7393

[35] ★★★★ »CAMPING LE MOULIN DE DAVID« 19.5. bis 15.9.
☎ 05/53226525, Fax 53239976   140 000 qm
www.moulin-de-david.com, info@moulin-de-david.com

→ D660 Bergerac–Monpazier. Hier auf die D2 südwestwärts ca. 4 km. Dann der Beschilderung in ein kleines Seitental folgen. ✉ (GPS: 44°35'35" N / 0°52'44" E).

Durch einen Bach geteiltes Wiesengelände unter Laubbäumen. Musikveranstaltungen. Ort 4 km entfernt. 160 Touristenplätze.
2007: P/N 6.95, K/N bis 2 J. frei, St/N 5.30 bis 13.–, H/N 2.95, KT –.30, WD inkl., Strom/N 3.50/4.15 (3/6 A). In NS Ermäßigung auf CCI.

24540 Biron, Dordogne — F7395

★★★ »CAMPING LE MOULINAL« April bis Sept.
☎ 05/53408460, Fax 53408149   100 000 qm
www.lemoulinal.com, lemoulinal@perigord.com

→ D660 Bergerac–Monpazier. Weiter auf D2 bis Le Cambou. Hier auf die D 53 nach Biron, noch ca. 3 km.

Wiesengelände mit Bäumen an einem kleinen See. Gärtnerisch gestaltet. Musikveranstaltungen. Wassersport. Ort 2 km entfernt. 290 Touristenplätze.

47500 Sauveterre La Lémance, L.-e.-Gar. — F7396

★★★★ »CAMPING MOULIN DU PÉRIÉ« April bis Sept.
☎ 05/53406726, Fax 53406246   50 000 qm
www.camping-moulin.perie.com, moulinduperie@wanadoo.fr

→ Ab Perigueux auf der D 710 in südlicher Richtung nach Sauveterre. ✉ Route de Loubejac.

Ebenes Wiesengelände mit Uferliegewiese an einem kleinen See. Teils mit Anpflanzungen und von einem Bach durchzogen. Musikveranstaltungen. Ort 3 km entfernt. Touristen-/Dauerstellplätze 95/40.

47150 Salles b. Monflanquin, Dordog. — F7398

[30] ★★★★ »CAMPING DES BASTIDES« 1.5. bis 15.9.
☎ 05/53408309, Fax 53408176   30 000 qm
www.campingdesbastides.com, info@campingdesbastides.com

→ N21 Bergerac–Villeneuve s. Lot Abf. Cancon auf die D124 Richtung Montflanquin. Hier auf D150 Richtung Salles/La Capelle Biron, beschildert.

Parzelliertes, terrassiertes und leicht abfallendes Wiesengelände, teilweise unter Bäumen. 80 Touristenplätze.
2007: (HS) 2 P/N inkl. St/N 24.–, weitere P/N 5.50, K/N 2 bis 12 J. 2.75, H/N 2.–, KT –.35, WD und Strom inkl. (6 A). In NS Ermäßigung.

46300 Le Vigan, Lot — F7408

[20] ★★★ »CAMPING LE REVE« 25.4. bis 15.9.
☎ 05/65412520   85 000 qm
www.campinglereve.com, info@campinglereve.com

→ N20/E09 Sonillac–Cahors Abf. entweder auf die D673 oder D39 in westl. Richtung (Gourdin) zum Ort. ✉ (GPS: 44°46'24" N / 1°26'09" E).

Parzelliertes Wiesengelände, teils unter Bäumen. In leicht hügeliger Landschaft gelegen und umgeben von Wäldern. Ort 5 km entfernt. 60 Touristenplätze.
2007: (HS) P/N 4.60, K/N bis 7 J. 2.60, St/N 6.25, H/N –.75, KT –.30, WD inkl., Strom/N 2.60 (6 A). In NS Ermäßigung.

46090 St. Pierre Lafeuille, Lot — F7410/1

[25] ★★★ »QUERCY-VACANCES« 1.4. bis 31.10.
☎ 05/65368715, Fax 65360239   30 000 qm
www.quercy-vacances.com, quercyvacances@wanadoo.fr

→ N 20 Cahors-Brive, ca. 12 km nördlich von Cahors. Beschilderte Abbiegung. ✉ Le Mas de la Combe.

Wiesengelände mit einem Höhenrücken mit weitem Blick. Musikveranstaltungen. Ort 8 km entfernt. 80 Touristenplätze.
2007: (HS) P/N 5.–, K/N bis 10 J. 4.–, St/N 8.80, H/N 1.50, KT –.15, Strom/N 3.30 (6 A). In NS Ermäßigung.

46090 St. Pierre Lafeuille, Lot — F7410/2

[20] ★★★ »CAMPING LES CRAVES« 1.4. bis 30.10.
☎ /Fax 05/65368312   10 000 qm
www.camping-lesgraves.com, infos@camping-legraves.com

→ A 20 Montauban–Cahors Abf. Cahors-Nord, noch ca. 12 km.

Wiesengelände mit einzelnen Bäumen. Imbiss. 20 Touristenplätze.
2007: (HS) P/N 4.–, K/N bis 10 J. 2.50, St/N 5.50, H/N 1.–, WD inkl., Strom/N 3.50 (10 A). In NS Ermäßigung.

82140 St. Antonin-Noble-Val, Tarn-e.-Gar. — F7425

[30] ★★★ »CAMPING LES TROIS CANTONS« 15.4. bis 30.9.
☎ 05/63319857, Fax 63312593   40 000 qm
www.3cantons.fr, info@3cantons.fr

→ D926 Caussade-Villefranche, zwischen Caussade und Caylus. ✉ (GPS: 44°11'38" N / 1°41'47" E).

Ebenes, teils bewaldetes Gelände. Lebensmittelverkauf. Ort 7 km entfernt. 99 Touristenplätze.
2008: (HS) P/N 6.40, K/N 9 J. 4.20, St/N 8.20, H/N 1.25, KT –.35, WD inkl, Strom/N ab 2.70 (3-10 A). In NS Ermäßigung.

12210 Montpeyroux, Aveyron — F7439

[25] ★★★ »CAMPING LA ROMIGUIÈRE« 5.4. bis 4.10.
☎ 05/65444464, Fax 65448637   600 m   25 000 qm
www.laromiguiere.com, campinglaromiguiere@wanadoo.fr

→ A75 Clermont-Ferrand–Millau Abf. (28) St. Flour, weiter auf der D 921 Richtung Rodez. Bei Laguiole abbiegen nach Soulage (D541) und weiter zum "Lac de la Selve", beschildert. ✉ (GPS: 44°39'32" N / 2°42'24" E)

Teils ebenes und zum See abfallendes, teils terrassiertes Sand- und Wiesengelände. Durch eine Straße zweigeteilt. Mit alten Laubbäumen durchsetzt. Liegewiese mit kleinem Sandstrand. Familiäre Atmosphäre. Niederländische Leitung. Außerhalb des Campingplatzes extra Pkw-Parkplatz. Kiosk mit Brötchenservice. Kinderspielraum. Spielautomaten. Volleyball. Tennis, Reiten und Golf in der Nähe. Ort 6 km entfernt. Touristen-/Dauerstellplätze 50/12.
2008: 2 P/N inkl. St/N 18.90, K/N 2 bis 10 J. 4.20, H/N 2.–, KT –.20, Strom/N 3.20 (10 A).

12000 Rodez, Aveyron — F7440

[15] ★★★ »CAMPING MUNICIPAL DE LAYOULE« ⚬— 1.6. bis 30.9.
☎ 05/65670952, Fax 65671143   630 m   30000 qm

→ N 140 Figeac–Rodez, hier beschildert.

Durch Hecken unterteiltes Wiesengelände mit einigen Zelt-Terrassen unterhalb des Ortes. Zentrum 3 km entfernt. 80 Touristenplätze.
2007: C-St/N inkl. 3 P/N 13.–, MC-St/N inkl. 3 P/N 11.–, T-St/N inkl. 2 P/N 4.–, weitere P/N 2.– bis 3.–, KT –.30, WD inkl., Strom/N 3.– (6 A) inkl.

12320 Sénergues-par-Conques, Aveyr. — F7441

[20] ★★★ »CAMPING L'ETANG DU CAMP« ⚬— 1.4. bis 30.9.
☎ 05/65460195   610 m   50000 qm
www.etangducamp.fr, stuart-robinson@orange.fr

→ A75/E11 Clermont Ferrand–Millau Abf. (42) Séverac auf die N88 in westl. Richtung nach Rodez. Weiter auf der D901 nach St. Cyprien, hier auf die D46 Richtung Sénergues. Nach ca. 6 km (stetige Steigung) links auf die D242 abbiegen, noch ca. 100 m. ✉ (GPS: 44°33'30" N / 2°27'42" E).

Ebenes, parkähnliches Wiesengelände an einem großen Teich. Parzelliert und durch verschiedene Laubbäume aufgelockert. Boule. Ort 3 km entfernt. 60 Touristenplätze.
2007: (HS) P/N 3.–, K/N 2 bis 7 J. 2.50, A/N 2.–, C T/N 6.–, MC/N 8.–, M/N 1.50, H/N 1.50, WD inkl., Strom/N 3.– (6A). In NS Ermäßigung.

12300 Flagnac, Aveyron — F7442

★★★ »CAMPING LE PORT DE LACOMBE« ⚬— April bis Sept.
☎ 05/65641008, Fax 65641147   15000 qm
www.campingportdelacombe.com, info@campingportdelacombe.com

→ A75/E11 Clermont Ferrand–Millau Abf. (42) Séverac auf die N88 in westl. Richtung nach Rodez. Weiter in nordwestlicher Richtung auf die N140 über Firmi nach Decazeville. Hier nördlich abbiegen auf die D963 und über Les Estaques nach Flagnac.

Ebenes Wiesengelände mit Bäumen am Fluss Lot und einem Teich. Familiäre Atmospäre. Hunde an der Leine. Ort 1.5 km entfernt. 97 Touristenplätze.

12410 Salles-Curan, Aveyron — F7443

[35] ★★★★ »CAMPING BEAU RIVAGE« ⚬— 15.4. bis 30.9.
☎ 05/65463332, Fax 65463396   20000 qm
www.beau-rivage.fr, camping-beau-rivage@wanadoo.fr

→ N 88 Rodez-Carmaux, bei La Primaube auf die D 911 bis hinter Pont-de-Salars, dann südwärts abbiegen nach Salles-Curan. Hier beschildert. ✉ Route de Vernhes, Lac de Pareloup (44°12'06" N / 02°46'38" E).

Terrassiertes Wiesengelände am Ufer des Lac de Pareloup. Reservierung empfohlen. Ort 2 km entfernt. 80 Touristenplätze.
2007: (HS) 2 P/N inkl. St/N 26.–, weitere P/N ca. 6.–, K/N bis 7 J. ca. 4.–, H/N 3.–, KT –.22, WD inkl., Strom/N 3.– (10 A). In NS Ermäßigung.

12640 Rivière-sur-Tarn, Aveyron — F7450/1

[30] ★★★ »CAMPING DE PEYRELADE« ⚬— 15.5. bis 6.9.
☎ 05/65626254, Fax 65626561   40000 qm
www.campingpeyrelade.com, campingpeyrelade@wanadoo.fr

Abfahrt
→ N 9 St. Flour–Millan Abf. Aguessac auf die D 907 abbiegen. Im Ort beschildert. Platzzufahrt mit starkem Gefälle. ✉ Route des Gorges du Tarn (GPS: 44°11'30" N / 3°09'23" E).

Teils terrassiertes, teils leicht abfallendes Wiesengelände um einen Hügel und an der Tarn gelegen. Durch Laubbäume teilweise beschattet und mit Büsche aufgelockert. Ort 3 km entfernt. 190 Touristenplätze.
2008: 2 P/N inkl. St/N 25.–, weitere P/N ca. 5.–, K/N bis 5 J. ca. 3.–, H/N 2.–, WD inkl., Strom/N 4.– (6 A). In NS Ermäßigung.

12640 Rivière-sur-Tarn, Aveyron — F7450/2

[35] ★★★★ »CAMPING LE PEUPLIERS« ⚬— 1.4. bis 30.9.
☎ 05/65598517, Fax 65610903   15000 qm
www.campinglespeupliers.fr, lespeupliers12640@wanadoo.fr

→ A 75 Agussac, D 907 Route des Gorges du Tarn. Am Ortsanfang von Rivière-sur-Tarn beschildert. ✉ Rue de la Combe (GPS: 44°11'06" N / 3°07'41" E).

Ebenes Wiesengelände unter Bäumen mit parzellierten Stellflächen am Ufer der Tarn. Volleyball. FW. 150 Touristenplätze.
2008: (HS) 2 P/N inkl. St/N 28, weitere P/N 7.–, K/N 2 bis 7 J. 4.–, H/N 2.50, WD und Strom (6 A) inkl. In NS Ermäßigung.

12720 Mostuejouls, Aveyron — F7455

[20] ★★★ »CAMPING LES BORDS DU TARN« ⚬— 1.5. bis 30.9.
☎ 05/65626294, Fax 65618350   420 m   30000 qm
www.campinglesbordsdutarn.com, lesbordsdutarn@wanadoo.fr

→ N9 St. Flour–Millau. 6 km nördl. Millau in Aguessac auf die D907 abbiegen, noch 12 km. ✉ (GPS: 44°11'53" N / 3°11'41" E).

Waldgelände am Ufer der Tarn. Ort 1.5 km entfernt. 110 Touristenplätze.
2007: 2 P/N inkl. St/N 13.80, weitere P/N 4.–, K/N bis 5 J. 2.50, H/N 2.–, KT –.40, WD inkl., Strom/N 3.– (6 A). In NS Ermäßigung.

48320 Ispagnac, Lozère — F7457

[20] ★★★ »CAMPING LE PRÉ MORJAL« ⚬— 1.4. bis 31.10.
☎/Fax 04/66442377   520 m   30000 qm
www.leoremorjal.fr, contact@lepremorjal.fr

→ N 106 Mende–Alès Abf. Ispagnac, beim Ortsausgang links. ✉ Route des Campings.
❊ Parc National des Cevennes. Gorges du Tarn.

Durch Hecken parzelliertes, ebenes Wiesengelände mit größtenteils dichtem Baumbestand. Kinderanimat. Snack-Bar. Brötchenservice. Internet-Café. Jugendraum. Wäscherservice. Beach-Volleyball. Billard. Boccia. Spielautomaten. Bücher-Verleih. In HS Reservierung empfohlen. Spezielle Angebote und Hilfestellungen für Motorradfahrer, Wanderer, Mountenbiker und Kayakfahrer. Deutsche Platzleitung. Ort 100 m entfernt. 125 Touristenplätze.
2007: (HS) 2 P/N inkl. St/N 13.–, weitere P/N 3.50, K/N 2 bis 10 J. 2.–, H/N 1.–, KT –.45, WD u. Schwimmbad inkl., Strom/N 3.– (16 A). In NS Erm.

48150 Meyrueis, Lozère — F7458

[25] ★★★ »CAMPING LE CAPELAN« ⚬— 30.4. bis 15.9.
☎/Fax 04/66456050, 90533445   45000 qm
www.campingcapelan.com, camping.le.capelan@wanadoo.fr

→ N 9/E 11 St. Flour–Millau Abf. Aguessac, weiter in östlicher Richtung über die D 907 und D 996 zum Ort. ✉ (GPS: 44°11'09" N / 3°25'11" E).

Ebenes Wiesengelände mit Büschen und Bäumen am Jonte-Ufer. Gasverkauf. Ort 1 km entfernt. 120 Touristenplätze.
2008: (HS) 2 P/N inkl. St/N 20.–, weitere P/N 4.40, K/N bis 6 J. 3.–, KT –.33, WD u. Schwimmbad inkl., Strom/N 3.– (6 A). In NS Ermäßigung.

12100 Millau, Aveyron — F7460/1

★★★ »CAMPING MILLAU-PLAGE« ⚬— April bis Sept.
☎ 0565/601097, Fax 601688   50000 qm
www.campingmillauplage.com, info@campingmillauplage.com

→ A75/N9 Béziers–St. Flour Abf. Millau. Ca. 2 km hinter der nördlichen Stadtgrenze. ✉ Route de Millau Plage.

Ebenes Wiesengelände am linken Ufer der Tarn. Ort 2 km entfernt. 240 Touristenplätze.

DCC – DEIN PARTNER!

12100 Millau, Aveyron — F7460/2

»CAMPING LES RIVAGES« 1.4. bis 15.10.
☎ 05/65610107, Fax 65590356 70000 qm
www.campinglesrivages.com, campinglesrivages@wanadoo.fr

→ A75/N9 Béziers–St. Flour Abf. Millau in Richtung Nant. Beschildert. ✉ Avenue de l´Aigoual.

Ebenes und parzelliertes Wiesengelände am Fluss. Durch Büsche und Bäume aufgelockert. Umfangreiches Freizeitprogramm. Volleyball. Basketball. Ort 1.5 km entfernt. 320 Touristenplätze.
2008: (HS) 2 P/N inkl. St/N 26.60, weitere P/N 4.80, K/N bis 3 J. frei, H/N 3.50, WD und Strom inkl. (6 A). In NS Ermäßigung.

12100 Millau, Aveyron — F7460/3

»CAMPING DU VIADUC« 25.4. bis 29.9.
☎ 05/65601575, Fax 65613651 50000 qm
www.camping-du-viaduc.com, info@camping-du-viaduc.fr

→ A75/N9 Béziers–St. Flour Abf. Millau. Hier zum östl. Stadtrand. ✉ 121, avenue de Millau Plage. ✉ (GPS: 44°06'20" N / 3°05'40" E).

Ebenes Wiesengelände mit vielen Blumen und Bäumen und privatem Sandstrand am Fluss Tarn. Bar. Freizeitprogramm. Volleyball. Basketball. Zentrum und Viadukt 1 km entfernt. 237 Touristenplätze.
2008: 2 P/N inkl. St/N 23.–, weitere P/N 5.50, K/N 2 bis 5 J. 3.50, H/N 2.50, KT und WD inkl., Strom/N 3.– (6 A). In NS Ermäßigung.
CCI 5% (HS) und 10% (NS) auf P/N und St/N.

12230 Nant, Aveyron — F7465

»RCN - VAL DE CANTOBRE« 14.4. bis 6.10.
☎ 0565/584300 800 m 65000 qm
www.rcn-campings.fr, info@rcn-valdecantobre.fr

→ A75/N9 Clermont-Ferrand–Béziers Abf. (47) La Cavalerie, weiter nach Nant. Hier auf die D991 nach 4 km rechts, beschildert. ✉ (GPS: 44°02'40" N / 3°18'08" E).

Ebenes, terrassiertes Wald- und Wiesengelände an einem Berghang im Gorges du Dourbie-Tal. Schöner Ausblick. Parzelliert und durch Büsche und Bäume gegliedert. In HS stark frequentiert - Reservierung empfohlen bzw. Voranmeldung erwünscht. Imbiss/Kiosk. Niederländische Platzleitung. Ort 4 km entfernt. Touristen-/Dauerstellplätze 210/100.
2007: (HS) 2/6 P/N inkl. St/N 44.50/49.50, H/N 4.–, KT 2.–, WD und Strom (6 A) inkl. In NS Ermäßigung.

81000 Albi, Tarn — F7470

»CAMPING DE CAUSSELS« 1.4. bis 15.10.
☎/Fax 05/63603706 15000 qm

→ N 88 Toulouse-Rodez, in Albi im östlichen Stadtbereich an der D 100. ✉ Allée du Camping.

Parzelliertes und ebenes Gelände, von einem Eichenwald umgeben. Haltestelle 300 m, Ort 800 m entfernt. 103 Touristenplätze.
2007: 2 P/N inkl. St/N 12.–, weitere P/N 3.50, K/N bis 5 J. 1.–, KT –.20, WD inkl., Strom/N 3.–/4.80 (4/10 A).

81320 Nages, Tarn — F7480

»CAMPING INDIGO RIEUMONTAGNE« 14.6. bis 14.9.
☎ 05/63372471, Fax 63371542 800 m 90000 qm
www.camping-indigo.com, rieumontagne@camping-indigo.fr

→ D999 Albi–Millau, 11 km nach Alban rechts abbiegen auf die D607 nach Lacaune. Kurze vor Lacaune auf die D622 nach la Trivalle und hier auf die D62 nach Nages und weiter zum See. ✉ Lac de Laouzas.

Auf einer Halbinsel am Hang gelegenes, lichtes Laub- und Nadelwaldgelände. Terrassiert angelegt und teilweise durch Hecken parzelliert. Naturbelassener Platz. Von der Restaurantterrasse schöner Ausblick über den See und die umliegenden Bergen. Volleyball. Boulebahn. Spielothek. Tennis in der Nähe. Ort 1 km entfernt. 170 Touristenplätze.
2007: (HS) P/N 5.50, K/N 2 bis 7 J. 3.50, St/N 10.70 bis 18.–, H/N 3.30, WD inkl., Strom/N 4.–/6.– (6/10 A). In NS Ermäßigung.

34600 Les Aires, Hérault — F7490

»CAMPING LE GATINIÉ« März bis Nov.
☎ 04/67957195, Fax 67956573 30000 qm

→ D909 Béziers–Bédarieux. Kurz vor Bédarieux auf die D908 nach Lamalou und weiter südwärts auf der D160 nach Les Aires. ✉ Route de Gatinié.

Waldgelände in Flussnähe. Reservierung in HS empfehlenswert. Ort (Lamalou-les-Baines) 1 km entfernt. 103 Touristenplätze.

34700 Soubes, Hérault — F7495

»CAMPING DES SOURCES« Mai bis Sept.
☎/Fax 04/67443202 10000 qm
www.campingdessources.cjb.net, jlsources@wanadoo.fr

→ N9/E11 Clermont-l'Hérault–le Caylar, ca. 3 km hinter Lodève rechts abbiegen nach Soubes. In Soubes erste Straße rechts Richtung Fozieres, beschildert. ✉ Chemin d´Aubaygues (GPS: 43°45'44" N / 3°21'24" E).

Terrassiertes Wiesengelände an einem Fluss mit Anpflanzungen. In HS Reservierung empfehlenswert. Imbiss. Ort 800 m entfernt. 35 Touristenplätze.

34210 Cesseras, Hérault — F7505

»CAMPING BASTIBARRES« 1.4. bis 1.11.
☎ 04/68911166, Fax 68913243 120 m 20000 qm
www.le-mindervois.com/bastibarres, bastibarres@tiscali.fr

→ A9 Beziers-Narbonne Abf. Narbonne/Est auf die D607. Weiter auf der D610 über Olanzac zum Ort, beschildert. ✉ Route de Fauzan.

Ebenes Wiesengelände. Ort 500 m entfernt. Touristen-/Dauerstellplätze 46/22.
2007: (HS) 2 P/N inkl. St/N 18.–, weitere P/N 4.–, K/N bis 7 J. 3.–, H/N 2.–, KT –.70, WD inkl., Strom/N 2.50 (6 A). In NS Ermäßigung.

11200 Lézignan-Corbieres, Aude — F7510

»DE LA PINEDE« 1.3. bis 30.10.
☎/Fax 04/68270508 35000 qm
www.campinglapinede.fr, campinglapinede@wanadoo.fr

→ A61 Narbonne–Toulouse Abf. Lézignan-Corbières nordwärts über die D611 auf die N113. Am Ortsausgang in Richtung Carcassonne. ✉ Avenue Gaston Bonheur (GPS: 43°12'17" N / 2°45'08" E).

Von Weingärten umgebenes, von einem Hügel ansteigend terrassiertes Gelände. Ort 500 m entfernt. Touristen-/Dauerstellplätze 85/15.
2007: P/N 4.40, K/N bis 10 J. 3.30, St/N 7.60, H/N 1.50, WD und Strom(6 A) inkl. Ab 7 Nächten Aufenthalt Ermäßigung.
DCC/CCI 10% auf P/N.

11600 Villegly-En-Minervois, Aude — F7515

»LE MOULIN DE SAINTE ANNE« März bis Dez.
☎ 04/68722080, Fax 68722716 16000 qm
www.moulindesainteanne.com, campingstanne@wanadoo.fr

→ A61/E80 Toulouse–Narbonne Abf. Carcassonne-Ost auf die D620 über Carcassonne und Villalier nach Villegly. ✉ 9, chemin de Sainte Anne.

Wiesengelände mit einzelnen Bäumen. Imbiss. Ort (Carcassonne) 10 km entfernt. 60 Touristenplätze.

Das CCI-Carnet ist im Ausland als Identitäts-Ausweis anerkannt. Im Inland genügt die Vorlage des DCC-Mitgliedsausweises zusammen mit Leistungsscheck 18.

11610 Pennautier, Aude — F7525/1

Abfahrt

★★★ »CAMPING LES LAVANDIERES« — Mai bis Sept.
☎ 04/68254166, gaillard.thierry@club-internet.fr — 10 000 qm
→ A 61 Narbonne–Toulouse Abf. Carcassonne-West auf die N113 ca. 4 km in Richtung Toulouse. Dann abbiegen, beschildert. ✉ 1, chemin de Carcassonne.

Wiesengelände. Eis- und Getränkeverkauf. Frühstücksservice. Boule. Ort 5 km entfernt. 36 Touristenplätze.

11610 Pennautier, Aude — F7525/2

Abfahrt

★★ »CAMPING DU CHATEAU DE PENNAUTIER« — Mai bis Sept.
☎ 04/68254166, Fax 68471123 — 10 000 qm
www.chateaudepennautier.com
→ A 61 Narbonne–Toulouse Abf. Carcassonne-West auf die N 113 ca. 4 km in Richtung Toulouse, dann abbiegen. Beschildert. ✉ Chemin de Carcassonne.

Wiesengelände mit Bäumen bei einem Schloss und dem Canal du Midi. Restaurant u. Weinbar 100 m entfernt. 36 Touristen-/Dauerstellplätze 32/4.

31450 Deyme, Haute-Garonne — F7540

★★★ »CAMPING LES VIOLETTES« — 1.1. bis 31.12.
☎ 0033/561/817207, Fax 271731 — 25 000 qm
campingleviolettes@wanadoo.fr
→ N113 Toulouse–Narbonne Abf. Deyme.

Durch Gebäude und hohe Hecke gegen den Straßenlärm abgeschirmtes Wiesengelände mit Pappeln. Touristen-/Dauerstellplätze 40/40.

31200 Toulouse, Haute-Garonne — F7550

Abfahrt

★★ »CAMPING MUNICIPAL DU RUPÉ« — 1.1. bis 31.12.
☎ 0033/561/700735, Fax 700071 — 40 000 qm
campinglerupe31@wanadoo.fr
→ A 61/62 Bordeaux–Carcassonne Abf. Sesquieres auf die N 20 nordwärts. Beschildert. ✉ 21, chemin du Pont de Rupé.

Ebenes Wiesengelände mit Bäumen zwischen Bahnlinie und Straße bei einem Freizeitzentrum. Ort 6 km entfernt. Touristen-/Dauerstellplätze 82/100.

32700 Lectoure, Gers — F7600

★★★ »CAMPING LAC DES TROIS VALLÉES« — Mai bis Sept.
☎ 05/62688233, Fax 62688882 — 85 000 qm
www.lac-des-3-vallees.com, lac.des.trois.vallees@wanadoo.fr
→ A61/62 Bordeaux–Toulouse Abf. (7) Agen auf die N21 Richtung Auch. In Lectoure beschildert.

Teilweise terrassiertes, ebenes Wiesengelände mit Baumbestand. Strand 10 km, Ort 2 km entfernt. Touristen-/Dauerstellplätze 390/60.

32810 Roquelaure, Gers — F7630

★★★★ »CAMPING LE TALOUCH« — April bis Sept.
☎ 05/62655243, Fax 62655368 — 140 m — 90 000 qm
www.camping-talouch.com, info@camping-talouch.com
→ N124 Toulouse–Auch. In Auch auf die N21 Richtung Agen, nach Preignan auf die D148 Richtung Roquelare abbiegen. Beschildert.

Langgestrecktes und durch Hecken und Büsche parzelliertes Wiesengelände. Teils gärtnerisch gestaltet und mit Laubbäumen aufgelockert. 3 befestigte Moca-Plätze. Whirlpool und Hamam (türk. Dampfbad). Trampolin. Bauernhof. Volleyball. Unter niederländischer Leitung. Ort (Auch) 8 km entfernt. 170 Touristenplätze.

DCC – DEIN PARTNER!

 DCC-Vertragsplatz

32260 Seissan, Gers — F7650

[30] ★★★ »CAMPING LAC DE SEISSAN« — 1.1. bis 31.12.
☎ 0033/562/662794, Fax 0033/562/662184 — 190 m — 140 000 qm
www.camping-lac-de-seissan.com, camping.lacdeseissan@wanadoo.fr
→ N124 Toulouse–Auch Hier in südl. Richtung auf der D929 zum Ort.

Eichenwaldgelände mit altem Baumbestand am See Seissan. Ort 800 m entfernt. 80 Touristenplätze.
2007: (HS) P/N 6.50, K/N 5 bis 13 J. 3.25, St/N 6.50, H/N 3.50, WD inkl., Strom/N 4.– (10 A). In NS Ermäßigung.
DCC 10% auf P/N und St/N.

66320 Espira de Conflent, Pyr.-Or. — F7705

[25] ★★★ »CAMPING LE CANIGOU« — 1.4. bis 31.10.
☎ 04/68058540, 68058620 — 40 000 qm
www.canigou-espira.com, canigou@yahoo.com
→ N116 Perpignan–Andorra Abf. Vinca auf die D25. Weiter auf der D55 in Richtung Espira de Conflent. Beschildert. ✉ (GPS: 42°37'02" N / 2°30'04" E).

Leicht welliges Wiesengelände unter Bäumen. Ort 500 m entfernt. 115 Touristenplätze.
2008: 2 P/N inkl. St/N 20.–, weitere P/N 4.50, K/N bis 3 J. frei, H/N 2.–, KT –.20, WD inkl., Müllgeb. P/N –.50, Strom/N 3.– (6 A).

66500 Ria-Sirach bei Prades, Pyr.-Or. — F7710

[15] ★★★ »CAMPING BELLEVUE« — 1.4. bis 30.9.
☎/Fax 04/68964896 — 400 m — 25 000 qm
www.camping-bellevue-riasirach.com, bellevue.camping@wanadoo.fr
→ N 116 Perpignan–Andorra, ca. 2 km hinter Prades links bergauf, ca. 1.6 km. Die letzten 600 m schwierige Zufahrt für Caravans. ✉ 8, rue Bellevue.

Terrassiertes Gelände unter Bäumen. Ort 1 km entfernt. 94 Touristenplätze.
2007: P/N 3.15, K/N bis 7 J. 1.80, St/N 3.60, H/N –.90, WD inkl., Strom/N 2.20/2.80 (3/6 A).
CCI 5% auf P/N und St/N.

66820 Vernet les Bains, Pyrénées-Or. — F7712

[25] ★★★ »CAMPING L'EAU VIVE« — 1.4. bis 31.10.
☎ 04/68055414, Fax 68057814 — 580 m — 20 000 qm
www.leau-vive.com, campingleauvive@orange.fr
→ N 116 Perpignan–Andorra bis Villefranche de Conflent, hier nach Verne les Bains links abbiegen. Beschildert. ✉ Chemin St Saturnin.

Unparzellierter, kleiner und schön gelegener Familien- und Naturcampingplatz mit Blick auf den Canigou (2.784 m). An einen kleinen Fluss angrenzendes, gestuftes Wiesengelände mit Büschen und Obstbäumen. Künstlicher Teich (850 qm) mit "Naturwasser". Separate Zeltwiese. Gemischte Sanitärbenutzung. Ort 1.2 km entfernt. Touristen-/Dauerstellplätze 70/20.
2007: (HS) 2 P/N inkl. St/N 21.50, weitere P/N 2.50, K/N bis 4 J. frei, H/N 2.50, WD inkl., Strom/N 3.50 (6 A). In NS und ab 3 Wo. Ermäßigung.

66800 Saillagouse, Pyrénées-Or. — F7720

[20] ★★★ »CAMPING LE CERDAN« — 1.1. bis 30.9.
☎ 04/68047046, Fax 68040526 — 1300 m — und 1.11. bis 31.12.
www.lecerdan.com, lecerdan@lecerdan.com — 7800 qm
→ N 116 Perpignan–Andorra, in Saillagouse nordwärts abbiegen, noch ca. 500 m. Beschildert. ✉ 11, route d´Estavar.

Wiese unter Obstbäumen auf zwei Geländestufen. Ort 300 m entfernt. 52 Touristenplätze.
2008: 2 P/N inkl. St/N 12.40, weitere P/N 3.80, K/N bis 10 J. 3.–, H/N 1.–, KT –.25, Strom/N 3.– (3 A).

66800 Err, Pyrénées-Orientales — F7722

★★★ »CAMPING LAS CLOSAS« 1.1. bis 31.12.
☎ 04/68047142, Fax 68040720 1350 m 20 000 qm
www.camping-las-closas.com, camping.las.closas@wanadoo.fr

→ N116 Perpignan–Andorra. Zwischen Saillagouse und Bourg Madame abbiegen nach Err. ✉ 1, place St. Genis.

Wiesengelände mit einzelnen Bäumen. Touristen-/Dauerstellplätze 60/50.

DCC-Vertragsplatz

66760 Bourg-Madame, Pyrénées-Or. — F7724

25 ★★★ »CAMPING MAS PIQUES« 1.1. bis 31.12.
☎ 04/68046211, Fax 68046832 1100 m 15 000 qm
campiques@wanadoo.fr

→ N116 Perpignan–Andorra, in Bourg-Madame abbiegen, noch ca. 400 m. ✉ Rue Du Train Jaune.

Wiesengelände mit einzelnen Bäumen. Ort 300 m entfernt. 103 Touristenplätze.
2007: P/N 3.90, K/N bis 7 J. 2.90, St/N 4.70, H/N 1.30, WD inkl., Strom/N 3.– (3 A).
DCC 10% auf P/N.

66800 Estavar, Pyrénées-Orientales — F7725

30 ★★★ »CAMPING L'ENCLAVE« 3.3. bis 25.9.
☎ 04/68047227, Fax 68040715 1200 m 35 000 qm
www.camping-lenclave.com, lenclave@camping-lenclave.com

→ N 116 Perpignan–Andorra. In Bourg Madame abbiegen auf die D33 nach Estavar. ✉ 2, rue de Vinyals (GPS: 42°28'18" N / 2°00'01" E).

Ebenes, teils leicht gestuftes Wiesengelände unter Bäumen. Ort 150 m entfernt. Touristen-/Dauerstellplätze 190/10.
2008: 2 P/N inkl. St/N 22.–, weitere P/N 5.40, K/N bis 7 J. 3.90, H/N 1.52, KT –.25, WD inkl., Strom/N 3.50/5.–/7.20 (3/6/10 A). In NS Ermäßigung.

66120 Font-Romeu, Pyrénées-Orient. — F7727

20 ★★★ »HUTTOPIA FONT-ROMEU« 4.7. bis 28.9.
☎ 04/68300932, Fax 68045639 1800 m 70 000 qm
www.huttopia.com, font-romeu@huttopia.com

→ N 116 Perpignan–Andorra. In La Cabanasse abbiegen auf die D618 nach Font-Romeu. Beschildert. ✉ Route de Mont-Louis.

Teils leicht abfallendes, teils terrassiertes Almwiesengelände in Ortsrandlage. Durch Nadelbäume aufgelockert und teilweise beschattet. Naturbelassener Platz. 229 Touristenplätze.
2007: (HS) P/N 4.–, K/N 2 bis 7 J. 2.50, St/N 6.–, H/N 1.50, KT –.20, WD inkl., Strom/N 3.20 (6 A). In NS Ermäßigung.

11140 Axat, Aude — F7730

20 ★★ »CAMPING LA CRÉMADE« Ostern bis Ende Sept.
☎ 04/68205064, www.lacrémade.com 400 m 30 000 qm

→ N 117 Perpignan–Lavelanet, kurz vor Axat abbiegen, noch ca. 600 m.

Leicht ansteigendes, welliges Kiefernwaldgelände. Ort 3 km entfernt. 95 Touristenplätze.
2008: 2 P/N inkl. St/N 11.40, weitere P/N 3.80, K/N bis 10 J. 2.–, H/N 1.–, KT (HS) –.20, WD inkl., Strom/N 2.30 (6 A).

AIROTEL GRAND SUD
Im Land der Sonne und der guten Laune
Camping-Caravaning ★★★
F-11250 PREIXAN (F 7732)
Vermietung von Mobilheimen & Chalets
Tel: +33 (0)4 68 26 88 18 - Fax: +33 (0)4 68 26 85 07
E-mail: air.hotel.grand.sud@wanadoo.fr • www.camping-grandsud.com

11250 Preixan, Aude — F7732

35 ★★★ »CAMPING AIR HOTEL GRANDSUD« 1.4. bis 31.10.
☎ 04/68268818, Fax 68268507 110 000 qm
www.camping-grandsud.com, air.hotel.grand.sud@wanadoo.fr

→ D118 Carcassonne–Limoux, in südlicher Richtung. ✉ 118, route de Limoux (GPS: 43°09'31" N / 2°17'36" E).

Wiesengelände an einem Privatsee. Reservierung empfehlenswert. Imbiss. Volleyball. 100 Touristenplätze.
2008: (HS) 2 P/N inkl. St/N 28.–, weitere P/N ca. 5.50, K/N 2 bis 6 J. ca. 4.50, H/N ca. 3.50, WD inkl., Strom keine Angabe. In NS Ermäßigung.

11580 Alet les Bains, Aude — F7735

20 ★★★ »CAMPING LE VAL D'ALETH« 1.1. bis 31.12.
☎ 04/68699040, Fax 68699460 5000 qm
www.valdaleth.com, camping@valdaleth.com

→ D118 Carcassonne–Quillan, ca. 9 km südlich Limoux. ✉ Chemin de la Paoulette (GPS: 42°59'41" N / 02°15'20" E).

Wiesengelände am Flussufer. Zimmer. 37 Touristenplätze.
2007: (HS) 2 P/N inkl. St/N 13.–, weitere P/N 3.50, K/N bis 10 J. 2.15, H/N 1.35, WD inkl., Strom/N 3.–/4.–/5.– (4/6/10 A). AB 3/7/15/21 Nächten 10/15/20/25% Ermäßigung. In NS Ermäßigung.

09400 Tarascon, Ariège — F7755

40 ★★★★ »CAMPING LE PRÉ LOMBARD« 22.3. bis 11.11.
☎ 05/61056194, Fax 61057893 35 000 qm
www.prelombard.com, leprelombard@wanadoo.fr

→ N 20 Foix–Andorra Abf. Tarascon, beschildert. ✉ Route d'Ussat (GPS: 42°50'23" N / 1°36'42" E).

Parzelliertes, ebenes Wiesengelände unter Laubbäumen am Ariège-Ufer. Musikveranstaltungen. Ort 800 m entfernt. Touristen-/Dauerstellplätze 120/180.
2008: (HS) 2 P/N inkl. St/N 29.50, weitere P/N 8.50, K/N 2 bis 7 J. 6.50, H/N 2.–, KT –.30, WD und Strom inkl. (10 A).
CCI 10% (HS) und 15% (NS) auf P/N und St/N.

65240 Arreau, Hautes-Pyrénées — F7835

20 ★★ »CAMPING REFUGE INTERNATIONAL« 15.6. bis 15.9.
☎/Fax 05/62986334 700 m 50 000 qm
www.perso.wanadoo.fr/camping.international.arreau
camping.international.arreau@wanadoo.fr

→ D929 Auch–span. Grenze. Kurz vor Arreau (schwierige Anfahrt). ✉ Route dep. 929.

Von bewaldeten Hügeln umgebenes terrassiertes Wiesengelände zwischen Straße und Flussufer. Ort 1.5 km entfernt. 100 Touristenplätze.
2008: P/N 3.50, K/N bis 10 J. 1.90, St/N 5.80, H/N 1.–, KT –.22, WD inkl., Strom/N 2.–/3.40/4.30 (3/6/8 A). In NS Ermäßigung.
DCC/CCI 5% auf St/N.

65130 Capvern, Hautes-Pyrénées — F7840

★★★ »CAMPING LES CRAOUES« April bis Anf. Nov.
☎ 05/62390254, www.camping-les-craoues.net 15 000 qm

→ N 117 St. Gaudens–Tarbes, in Capvern an der Kreuzung mit der D 933.

Parzelliertes Wiesengelände am Waldrand bei einem Bauernhof. Günstiger Etappenplatz. Ort 600 m entfernt. 78 Touristenplätze.

»Besichtigungen der Campingplätze und die daraus resultierenden Bewertungen werden durch den DCC-Inspizienten ohne Voranmeldung durchgeführt und garantieren so absolute Objektivität.«

65200 Trebons, Hautes-Pyrénées — F7845

[15] ★★★ »CAMPING PARC DES OISEAUX« — 1.4. bis 30.10.
☎ 05/62953026 — 28 000 qm

→ N117 St. Gaudens–Pau, bei Tarbes abbiegen auf die D935 Richtung Bagnères-d.-B., vor dem Ortseingang von Pouzac rechts ab, noch ca. 1 km.

2.5 km

Leicht abfallendes, parzelliertes Wiesengelände unter Bäumen. Ort 800 m entfernt. Touristen-/Dauerstellplätze 60/20.
2007: (HS) P/N 3.–, K/N bis 7 J. 1.50, A/N 2.–, C/N 2.–, MC/N 6.–, T/N 2.–, M/N 2.–, H/N 1.50, WD inkl., Strom/N 3.– (10 A). In NS Ermäßigung.
DCC/CCI 10% auf St/N.

65410 Sarrancolin, Hautes-Pyrénées — F7850

[15] ★★★ »CAMPING D´ESPLANTATS« — 1.1. bis 31.12.
☎/Fax 05/62987920 — 650 m — 20 000 qm
www.perso.wanadoo.fr/camping.international.arreau
camping.esplantats.sarrancolin@wanadoo.fr

→ A64/E80 Tarbes–Toulouse Abf. Lannemezan in südlicher Richtung auf die D929 zum Ort. ✉ Route Departementale 929.

20 m

Parzelliertes Wiesengelände mit Bäumen in Ortslage. Touristen-/Dauerstellplätze 56/10.
2008: (HS) P/N 4.60, K/N bis 7 J. 2.20, St/N 4.20, H/N 1.–, KT –.22, WD inkl., Strom/N 3.10/4.20 (4/6 A). In NS Ermäßigung.
DCC/CCI 5% auf St/N.

65100 Lourdes, Hautes-Pyrénées — F7853/1

★★ »CAMPING THEIL« — März bis Okt.
☎ 05/62942459 — 10 000 qm

→ N 21 Tarbes–Lourdes, hier zur Innenstadt (Sarsan). An der N 21 Richtung Argelès-Gazost. Beschildert. ✉ 23, chemin St. Pauly.

500 m   1 km

Ebenes Wiesengelände. Ort 2 km entfernt. 40 Touristenplätze.

65100 Lourdes, Hautes-Pyrénées — F7853/2

[20] ★★ »CAMPING MOULIN DU MONGE« — 1.4. bis 15.10.
☎ 05/62942815, Fax 62422054 — 15 000 qm
www.camping-lourdes.com, camping.moulin.monge@wanadoo.fr

→ N 21 Tarbes–Lourdes von Lourdes. ✉ Avenue Jean Moulin (GPS: 43°11'58" N / 0°03'15" E).

Ebenes Wiesengelände. Ort 3 km entfernt. 67 Touristenplätze.
2007: P/N 4.60, K/N bis 7 J. 2.90, St/N 4.60, H/N frei, WD inkl., Strom/N 4.– (6 A).

65100 Lourdes, Hautes-Pyrénées — F7853/3

★★★ »CAMPING CARAVANING DE SARSAN« — Juni bis Aug.
☎/Fax 05/62944309 — 18 000 qm

→ N21 Tarbes–Lourdes. In Lourdes beschildert. ✉ Avenue Jean Moulin.

Ebenes Gelände unter Bäumen. Ort 1.5 km entfernt. Touristen-/Dauerstellplätze 67/4.

65100 Lourdes, Hautes-Pyrénées — F7853/4

[15] ★★ »CAMPING DOMEC« — 1.4. bis 15.10.
☎/Fax 05/62940879 — 18 000 qm
www.pyrenees65, campingdomec@free.fr

→ N21 Tarbes–Lourdes. Ab Lourdes in Richtung de Julos beschildert. ✉ 3, route de Julos.

Leicht ansteigendes Wiesengelände unter Bäumen. Ort 2 km entfernt. 100 Touristenplätze.
2007: P/N 2.30, K/N bis 7 J. 1.15, C T-St/N 2.40, MC/N inkl. 2 P/N 8.–, KT –.20, WD zuzügl., Strom/N 1.70/2.50/4.10 (2/3/6 A).

65400 Ayzac-Ost, Hautes-Pyrénées — F7855

[15] ★★ »CAMPING BELLEVUE« — 1.6. bis 30.9.
☎/Fax 05/62975881, camping.bellevue65@wanadoo.fr — 450 m — 12 900 qm

→ N21 Lourdes–Argelès-Gazost Abf. Ayzac-Ost. Beschildert. ✉ 24, chemin de la Plaine.

300 m   500 m   2 km

Ebenes unparzelliertes Wiesengelände. Haltestelle 300 m, Ort 1 km entfernt. 25 Touristenplätze.
2007: P/N 2.70, K/N bis 7 J. 1.50, St/N 3.–, H/N 1.–, KT –.22, WD inkl., Strom/N 2.10/2.40/3.80 (2/3/6 A). In NS Ermäßigung.

65400 Arcizans-Avant, Hautes-Pyr. — F7857

[25] ★★★ »CAMPING DU LAC« — 25.5. bis 15.9.
☎/Fax 05/62970188, campinglac65.fr, campinglac@campinglac65.fr — 640 m — 30 000 qm

→ N 21 Tarbes–span. Grenze, südlich von Argelès-Gazost abbiegen und über St. Savin nach Arcizans-Avant. ✉ 29, chemin d'Azun (GPS: 42°59'14" N / 0°06'22" W).

2 km

Wiesengelände mit Bäumen. Ort 2 km entfernt. 90 Touristenplätze.
2007: (HS) P/N 6.20, K/N bis 7 J. 4.–, St/N 6.20, H/N 2.–, KT –.42, WD inkl., Strom/N 4.50 (5 A). In NS Ermäßigung.
CCI 5% auf P/N.

64230 Lescar, Pau/Pyr.-Atl. — F7870

[20] ★★★ »CAMPING LE TERRIER« — 1.1. bis 31.12.
☎ 05/59810182, Fax 59812683 — 52 000 qm
www.camping-terrier.com, contact@camping-terrier.com

→ N117 Pau–Orthez Abf. Lescar auf die D501 Richtung Monein ✉ Avenue du Vert Galant (GPS: 43°11'33" N / 0°16'13" W).

800 m   1 km

Durch eine Straße zweigeteiltes Wiesengelände mit Heckenunterteilung Kiosk. Imbiss in HS. Ort 1 km entfernt. Touristen-/Dauerstellplätze 100/10.
2007: P/N 3.50, K/N bis 10 J. 2.–, St/N 5.50, H/N 1.50, KT –.30, WD inkl., Strom/N 2.20 (3 A).

64470 Tardets, Pau/Pyr.-Atl. — F7873

[20] ★★ »CAMPING DU PONT D'ABENSE« — Ostern bis Nov.
☎ 05/59285876, 06/78735959 — 15 000 qm
www.camping-pontabense.com, camping.abense@wanadoo.fr

→ A64 Tarbes–Orthez Abf. (10) Pau auf die N134 über Gan auf die D24/D919 zum Ort. Beschildert.

Gelände mit Bäumen. Ort 500 m entfernt. 50 Touristenplätze.
2008: (HS) P/N 4.60, K/N bis 10 J. 2.80, St/N 4.60, H/N 2.–, KT –.20, WD inkl., Strom/N 3.60 (10 A). In NS Ermäßigung.
DCC/CCI 10% auf P/N.

64220 St. Jean-Pied-de-Port, Pyr.-Atl. — F7875

[25] ★★★★ »EUROP CAMPING« — 1.4. bis 30.9.
☎ 05/59371278, Fax 59372982 — 16 800 qm
www.europ-camping.com, europcamping64@orange.fr

→ A 63 Bayonne–Hendaye Abf. Bayonne-Süd auf die D 932 über Cambo-les-Baines in Richtung St.-Jean-Pied-de-Port. Beschildert. ✉ Ascarat.

2 km

Am Hang gelegenes, ebenes Wiesengelände mit Anpflanzungen. Durch einzelnen Baumgruppen aufgelockert und überwiegend schattenlos. Durch Hecken gegliedert und umrahmt. Separate Zeltwiese. Ort 1.5 km entfernt. 93 Touristenplätze.
2007: (HS) P/N 5.60, K/N bis 10 J. 2.80, St/N 7.80, H/N 2.–, KT –.30, WD inkl., Strom/N 4.– (6 A). In NS Ermäßigung.

Vorhandene Bungalows und Ferienwohnungen auf Campingplätzen sind von Ermäßigungen ausgenommen.

44250 St. Brévin-les-Pins, Loire-Atl. — F 8005/1

[15] ★★ »CAMPING LA COURANCE« — 1.1. bis 31.12.
☎/Fax 02/40272291 — 39 000 qm
www.campinglacourance.fr, info@campinglacourance.fr

→ D213 St.-Nazaire–Pornic, südlich von St.-Brévin. Beschildert. ✉ 110, avenue Maréchal Foch.

Hügeliges Waldgelände zwischen zwei verkehrsreichen Straßen am Meer. Ort 800 m entfernt. 160 Touristenplätze.
2007: 2 P/N inkl. St/N 10.70, weitere P/N 3.05, K/N bis 9 J. 2.05, H/N 1.50, KT –.20, WD inkl., Strom/N 3.40 (5 A).

44250 St. Brévin-les-Pins, Loire-Atl. — F 8005/2

[45] ★★★★ »CAMPING LE FIEF« — 1.4. bis 15.10.
☎ 02/40272386, Fax 40644619 — 76 000 qm
www.lefief.com, camping@lefief.com

→ D213 Nantes–St. Nazaire. Zentrum Leclerc Abf. in Richtung St.-Brévin L'Ocean-La Courance. Beim Kreisverkehr in Richtung Le Fief. Beschildert. ✉ 57, chemin du Fief (GPS: 47°14'05" N / 2°10'01" W).

Ebenes, teilweise parkartiges Wiesengelände mit einzelnen Bäumen und Heckenparzellierung. Ein Platzteil mit Versorgungseinrichtung jenseits der Straße. Ort 900 m entfernt. Touristen-/Dauerstellplätze 243/70.
2008: 2 P/N inkl. St/N 37.–, weitere P/N 9.–, K/N bis 7 J. 4.50, H/N ca. 5.–, WD inkl., Strom/N 6.– (5 A).

44730 St. Michel-Chef-Chef, Loire-A. — F 8010

[25] ★★ »CAMPING CLOS MER ET NATURE« — 1.4. bis 20.10.
☎ 02/40278571, Fax 40394189 — 40 000 qm
www.camping-clos-mer-nature.com, info@camping-clos-mer-nature.com

→ D213 St.-Nazaire–Pornic, nach St-Michel-C.-C. abbiegen. Hier am südlichen Ortsrand Richtung Tharon-Plage. ✉ 103, route de Tharon (GPS: 47°10'23" N / 2°09'30" W).

Ebenes Wiesengelände mit altem Baumbestand. Strand 400 m, Ort 800 m entfernt. 200 Touristenplätze.
2008: (HS) 2 P/N inkl. St/N 19.50, weitere P/N 5.–, K/N bis 7 J. 4.–, H/N 3.–, KT –.20, WD inkl., Strom/N 3.50/5.– (6/10 A). In NS Ermäßigung.

44210 Pornic, Loire-Atlantique — F 8020/1

★★★★ »CAMPING LE PATISSEAU« — April bis Sept.
☎ 024821039, Fax 822281 — 40 000 qm
www.lepatisseau.com, contact@lepatisseau.com

→ D213 St-Nazaire–Pornic. Hier vom Kreisverkehr abbiegen. Beschildert. ✉ 29, rue du Patisseau.

Ebenes, leicht abfallendes Wiesengelände. Begrenzt durch eine nur am Tage befahrene Bahnlinie. Musikveranstaltungen. Meer 2.3 km, Ort 2.5 km entfernt. 236 Touristenplätze.

44210 Pornic, Loire-Atlantique — F 8020/2

[40] ★★★★ »CAMPING LA BOUTINARDIÈRE« — 5.4. bis 28.9.
☎ 02/40820568, Fax 40824901 — 60 000 qm
www.camping-boutinardiere.com, info@laboutinardiere.com

→ D213 St. Nazaire-Pornic. Hier auf die D13. Beschildert. ✉ 23, rue de la Plage de la Boutinardière.

Wiesengelände mit Büschen und Bäumen. Musikveranstaltungen. Touristen-/Dauerstellplätze 250/150.
2007: (HS) 2 P/N inkl. P/N 31.–, weitere P/N ca. 6.–, K/N ca. 5.–, H/N 5.–, KT –.48, WD inkl., Strom/N 4.–/6.– (6/10 A). In NS Ermäßigung.

44760 La Bernerie-en-Retz, Loire-A. — F 8023

[40] ★★★ »CAMPING LES ÉCUREUILS« — 15.4. bis 30.9.
☎ 02/40827695, Fax 40647952 — 55 000 qm
www.camping-les-ecureuils.com, camping.les-ecureuils@wanadoo.fr

→ D751 Nantes–Pornic Abf. Bernerie. Beschildert. ✉ 24, Avenue Gilbert Burlot.

Überwiegend schattenloses Wiesengelände. Mobilheime. Strand- und Wassersport 350 m, Ort 400 m entfernt. 324 Touristenplätze.
2008: (HS) 2 P/N inkl. St/N 31.–, weitere P/N 6.50, K/N bis 10 J. ca. 5.–, H/N (bis 10 kg) 4.–, KT –.40, WD inkl., Strom/N 4.– (10 A). In NS Ermäßigung.

85630 Barbâtre, Ile de Noirmoutier — F 8045/1

[30] ★★★ »CAMPING DES ONCHERES« — 1.4. bis 30.9.
☎ 02/51398131, Fax 51397365 — 100 000 qm
www.les-oncheres.com, camping@les-oncheres.com

→ D38 St.Jean-de-Monts–Ile de Noirmoutier über die Fromentine-Brücke. Der Platz liegt südlich des Ortes. Beschildert.

Welliges Piniengelände hinter einem Dünengürtel mit öffentlichem Badebetrieb. CCI erforderlich. Bungalowanlage. Ort 1 km entfernt. Touristen-/Dauerstellplätze 460/100.
2007: (HS) P/N 6.70, K/N bis 7 J. ca. 3.35, St/N 6.70, H/N 2.–, KT –.54, WD inkl., Strom/N 3.– (10 A). In NS Ermäßigung.

85630 Barbâtre, Ile de Noirmoutier — F 8045/2

★★★ »CAMPING MUNICIPAL DU MIDI« — April bis Sept.
☎ 0251/396374, Fax 395863 — 130 000 qm
www.camping-du-midi.com, camping-du-midi@wanadoo.fr

→ D38 St.Jean-de-Monts–Ile de Noirmoutier über die Fromentine-Brücke dann noch ca. 4 km weiter nach Barbatre. Beschildert. ✉ Rue du Camping.

Leicht welliges Gelände. Ort 400 m entfernt. 704 Touristenplätze.

85680 La Gueriniere, Ile de Noirmoutier — F 8046

★★★ »CAMPING LA SOURDERIE« — April bis Okt.
☎ 02/51395138, Fax 51395797 — 55 000 qm
www.campingsourderie.com, la-sourderie@yahoo.fr, campingsourderie@free.fr

→ D38 St.Jean-de-Monts–Ile de Noirmoutier über die Fromentine-Brücke und weiter zum Ort. ✉ Rue des Moulins.

Kiefernwald- u. Dünengelände. Eigene Zugänge zum Meer mit öffentl. Badebetrieb. Restaurant. Ort 1 km entfernt. Touristen-/Dauerstellplätze 236/70.

85330 Noirmoutier, Vendée — F 8047

[25] ★★★ »CAMPING INDIGO NOIRMOUTIER« — 28.3. bis 28.9.
☎ 02/51390624, Fax 51359763 — 120 000 qm
www.camping-indigo.com, noirmoutier@camping-indigo.com

→ D38 St. Gilles-Croix-de-Vie–Ile de Noirmoutier. In Noirmoutier-en- L'Ile auf die RN748, beschildert. ✉ 23, allée des Saubleaux (GPS: 46°59'50" N / 2°13'16" W).

Parzelliertes, ebenes Pinienwaldgelände in Ortsrandlage auf der Insel Noirmoutier. Durch eine Brücke mit dem Festland verbunden. Zwischen der Straße und dem Meer gelegen. Stellplätze teils schattenlos, teils in einem lichten Pinienwald. Sanitäranlage nicht nach Geschlechtern getrennt. Kiosk/Brötchen. Imbiss. Boulebahn. Reiten und Minigolf in der Nähe. Restaurant 100 m entfernt. 530 Touristenplätze.
2007: (HS) P/N 4.20, K/N 2 bis 7 J. 2.10, St/N 8.90 bis 12.–, Plätze mit Meerblick 3.20 Aufschlag. H/N 2.60, WD inkl., Strom 3.30/4.50 (6/10 A) inkl. In NS Ermäßigung.

DCC – DEIN PARTNER!

85160 St. Jean-de-Monts, Vendée — F 8060/1

35 ★★★★ »CAMPING L'ABRI DES PINS« 15.6. bis 16.9.
☎ 02/51588386, Fax 51593047 30 000 qm
www.abridespins.com, contact@abridespins.com

→ D38 St. Gilles-Croix-de-Vie-Ile de Noirmoutier. Ca. 3 km nördlich St. Jean-de-Monts abbiegen zum Strand.

Gepflegtes Gelände, durch Büsche und Bäume unterteilt. Ort 3 km entfernt. 243 Touristenplätze.
2007: 3 P/N inkl. St/N 33.70, weitere P/N 6.10, K/N bis 5 J. 4.10, H/N 3.50, KT –.44, WD und Strom (10 A) inkl.

85160 St. Jean-de-Monts, Vendée — F 8060/2

30 ★★★ »AUX COEURS VENDÉENS« 1.5. bis 21.9.
☎ 02/51588491, Fax 28112075 20 000 qm
www.coeursvendeens.com, info@coeursvendeens.com

→ Auf Noirmoutier über Notre Dame vor St.-Jean-de-Monts. Beschildert. ✉ 251, route de St. Jeans de Monts (GPS: 46°48'35" N / 2°06'37" W).

Ebenes, durch Hecken unterteiltes Wiesengelände zwischen Straße und Dünengürtel. Haltestelle 100 m, Ort 3 km entfernt. 80 Touristenplätze.
2007: (HS) 2 P/N inkl. St/N 25.50, weitere P/N 4.80, K/N bis 5 J. 3.–, H/N 2.90, KT –.44, WD inkl., Strom/N 3.30 (10 A). In NS Ermäßigung.

85160 St. Jean-de-Monts, Vendée — F 8060/3

40 ★★★★ »CAMPING LES AMIAUX« 1.5. bis 30.9.
☎ 02/51582222, Fax 51582609 130 000 qm
www.amiaux.fr, accveil@amiaux.fr

→ D38 St. Gilles-Croix-de-Vie-Ile de Noirmoutier. Ca. 1 km nördlich St.-Jean-de-Monts abbiegen. ✉ 223, route de Notre Dame de Monts (GPS: 46°48'27" N / 2°06'18" W).

Durch Büsche und Pappeln unterteiltes ebenes Wiesengelände. Ort 3 km entfernt. Touristen-/Dauerstellplätze 260/280.
2008: (HS) P/N 7 J. 2.50, St/N 25.–, H/N 2.50, KT –.44, WD u. Strom inkl. (10 A). In NS Ermäßigung.

85160 St. Jean-de-Monts, Vendée — F 8060/4

NATUR PLATZ
35 ★★★ »CAMPING LA FORÊT« 1.4. bis 20.9.
☎/Fax 02/51588463 10 000 qm
www.hpa-laforet.com, camping-la-foret@wanadoo.fr

→ D38 St. Gilles-Croix-de-Vie-Ile de Noirmoutier. Ca. 4 km nördl. St. Jean-de-Monts in Richtung Meer, dann rechts abbiegen. Beschildert. ✉ 190, chemin de la Rive (GPS: 46°49'06" N / 0°12'47" W).

Langgestrecktes, gepflegtes Gelände hinter einem Dünengürtel. Von zwei Straßen begrenzt. Haltestelle 200 m, Ort 1 km entfernt. 61 Touristenplätze.
2007: (HS) P/N 5.–, K/N bis 7 J. 3.50, St/N 16.50, H/N 2.50, KT –.44, WD inkl., Strom/N 3.80 (6 A). In NS Ermäßigung.

85160 St. Jean-de-Monts, Vendée — F 8060/5

40 ★★★★ »CAMPING LE ZAGARELLA« 16.5. bis 10.9.
☎ 02/51581982, Fax 51593528 42 000 qm
www.zagarella.fr, zagarella@wanadoo.fr

→ D38 St. Gilles-Croix-de-Vie-Ile de Noirmoutier. Nördlich St.-Jean-de-Monts abbiegen. Beschildert. ✉ Route des Sables d'Olonne (GPS: 46°46'52" N / 2°01'01" W).

Ebenes und teilweise parzelliertes Gelände unter Bäumen. Fitnessraum. Wasserrutsche. Ort 3 km entfernt. Touristen-/Dauerstellplätze 50/155.
2007: 3 P/N inkl. St/N 35.20, KT –.44, WD und Strom (10 A) inkl.

85220 Apremont, Vendée — F 8063

★★★ »CAMPING LES PRAIRIES DU LAC« Juni bis Ende Aug.
☎ 0251/557058, Fax 557604 60 000 qm
www.camping-les-prairies-du-lac.com, infos@les-prairies-du-lac.com

→ D38 Brem sur Mer-St. Hilaire vor St. Gilles auf die D38B weiter auf der D6 Richtung Aizenay bei Coex auf die D40 zum Ort. ✉ Route de Maché.

Gelände unter Bäumen. Touristen-/Dauerstellplätze 170/30.

85220 Coex, Vendée — F 8064

NEU
50 ★★★★ »RCN LA FERME DU LATOIS« 12.4. bis 11.10.
☎ 0251/546730, Fax 545374 210 000 qm
www.rcn-campings.fr, info@lafermedulatois.fr

→ Von La Roche-sur-Yon. auf der D948 Richtung St.-Gilles-Croix-de-Vie. In Coex beim Kreisverkehr auf der D40 Richtung Bretignolles sur Mer. Nach 1.5 km links abbiegen, beschildert. → (GPS: 46°40'36" N / 1°46'08" W).

Parzelliertes, ebenes Wiesen- und Waldgelände mit zwei Angelteichen. Teils durch Büsche und Bäume unterteilt. Kleinkindersanität. Kiosk/Imbiss. Boccia. Volleyball. 2 Wasserrutschen. Bibliothek. Sportplatz. Separate Pkw-Abstellung. WiFi/Funkinternet. Appartements. Voranmeldung erwünscht. Niederländische Leitung. Golfplatz (18-Loch) und Ort 2.5 km entfernt. 175 Touristenplätze.
2007: (HS) St/N inkl. 2/6 P/N 41.–/46.–, H/N 4.–, KT 2.–, WD und Strom (6-10 A) inkl. In NS Ermäßigung.

85270 St. Hilaire-de-Riez, Vendée — F 8065/1

★★★★ »CAMPING LES BICHES« Mai bis Sept.
☎ 02/51543982, Fax 51543074 100 000 qm
www.campingdesbiches.com, campingdesbiches@wanadoo.fr

→ D38 St. Gilles-Croix–Ile de Noirmoutier. 1.5 km nördlich von St. Hilaire auf die D 83 abbiegen, noch 500 m, dann links. ✉ Route de Notre Dame de Riez.

Welliges Waldgelände mit Heckenunterteilung. Durch einen öffentlichen Weg vom Mobilheimteil und der Bungalowanlage getrennt. Imbiss. Kraftraum. Ort 2 km entfernt. 400 Touristenplätze.

85270 St. Hilaire-de-Riez, Vendée — F 8065/2

★★★★ »CAMPING LA PUERTA DEL SOL« April bis Sept.
☎ 02/51491010, Fax 51498484 50 000 qm
www.campinglapuertadelsol.com, info@campinglapuertadelsol.com

→ D38 St. Gilles-Croix–Ile de Noirmoutier. In St. Hilaire-de-Riez im Ortsteil Les Bordieres, beschildert.

Parkartiges Gelände. Ort 5 km, Meer 6 km entfernt. 216 Touristenplätze.

85270 St. Hilaire-de-Riez, Vendée — F 8065/3

35 ★★★ »CAMPING DE LA PARÉE PRÉNEAU« 8.5. bis 10.9.
☎ 02/51543384, Fax 51552957 35 000 qm
www.camping-lapareepreneau.com, campinglapareepreneau@wanadoo.fr

→ D38 St. Gilles-Croix–Ile de Noirmoutier Abf. St. Hilaire-de-Riez ✉ 23, Avenue de la Parée Preneau.

Wiesengelände mit Bäumen. Imbiss. Ort 2 km entfernt. Touristen-/Dauerstellplätze 156/50.
2007: P/N 4.60, K/N bis 5 J. ca. 2.60, St/N 19.30, H/N 2.10, KT –.35, Strom/N 2.20 (10 A).

Als DCC-Mitglied sind Sie immer gut beraten
Deutscher Camping-Club e.V., Postf. 40 04 28, 80704 München

85270 St. Hilaire-de-Riez, Vendée — F 8065/4

»CAMPING LA PRAIRIE« — 15.4. bis 15.9.
02/51540856, Fax 51559702 — 45 000 qm
www.campingscollinet.com, campinglaprairie@campingscollinet.com

→ D38 St. Gilles-Croix-Ile de Noirmoutier nach St. Hilaire-de-Riez. Hier weiter Richtung La Pège, nach ca. 4 km abbiegen in die Ave. des Mimosas, dann rechts in die Ch. des Rosselières. ✉ Chemin des Rosselières (GPS: 46°44'42" N / 2°00'20" W).

Parzelliertes und ebenes Wiesengelände. Mit Hecken und Laubbäumen gegliedert. Kiosk. Imbiss/Bar. Wasserrutsche. Kinderbillard. Fußballkicker. Durch Dauercamper und Mobilheime geprägt. Ort 5.2 km entfernt. Touristen-/Dauerstellplätze 60/180.
2007: (HS) 3 P/N inkl. St/N 26.–, weitere P/N 5.10, K/N bis 5 J. 2.55, H/N 1.70, KT –.35, Strom/N 4.– (10 A). In NS Ermäßigung.

85270 St. Hilaire-de-Riez, Vendée — F 8065/5

»CAMPING LE CLOS DES PINS« — 15.4. bis 15.9.
02/51543262, Fax 51559702 — 40 000 qm
www.campingscollinet.com, campinglaclosdespins@campingscollinet.com

→ D38 St. Gilles-Croix-Ile de Noirmoutier nach St. Hilaire-de-Riez. Hier weiter Richtung La Pège, nach ca. 4 km abbiegen in die Ave. des Mimosas, dann rechts in die Ch. des Rosselières. ✉ Chemin des Rosselières (GPS: 46°44'53" N / 2°00'02" W).

Ebenes bis leicht welliges und terrassiertes Dünengelände in einem lichten Kiefern- und Pinienwäldchen. Parzelliert. Kiosk. Imbiss/Bar. Wasserrutschen. Kinderbillard. Fußballkicker. Boule. Durch Dauercamper und Mobilheime geprägt. Ort 5.3 km entfernt. Touristen-/Dauerstellplätze 50/150.
2007: (HS) 3 P/N plus 2 K/N inkl. St/N 26.–, weitere P/N 5.10, K/N bis 5 J. 2.55, H/N 1.70, KT –.45, Strom/N 4.– (10 A). In NS Ermäßigung.

85270 St. Hilaire-de-Riez, Vendée — F 8065/6

»CAMPING DE LA PLAGE« — 15.4. bis 25.9.
02/51543393, Fax 51559702 — 57 000 qm
www.campingscollinet.com, campinglaplage@campingscollinet.com

→ D38 St. Gilles-Croix-Ile de Noirmoutier nach St. Hilaire-de-Riez. Hier weiter Richtung La Pège, nach ca. 4 km abbiegen in die Ave. des Mimosas, dann in die Ave. de la Pège. ✉ 106, Avenue de la Pège (GPS: 46°44'42" N / 2°00'31" W).

Parzelliertes und ebenes Wiesengelände. Mit Hecken und Bäumen gegliedert und durch eine Anliegerstraße zweigeteilt. Kiosk. Imbiss/Bar. Wasserrutsche. Whirlpool. Spielautomaten. Boule-Bahn. Durch Dauercamper und Mobilheime geprägt. Ort 5.5 km entfernt. Touristen-/Dauerstellplätze 50/247.
2007: (HS) 2 P/N inkl. St/N 22.–, weitere P/N 5.10, K/N bis 5 J. 2.55, H/N 1.85, KT –.45, Strom/N 3.50 (10 A). In NS 10% Ermäßigung.

85150 St. Julien-des-Landes, Vendée — F 8075/1

»CASTEL CAMPING LA GARANGEOIRE« — 26.4. bis 27.9.
02/51466539, Fax 51466985 — 15 000 qm
www.camping-la-garangeoire.com, info@garangeoire.com

→ N 160 La Roches-Yon-Les Sables-d'Olonne, in La Mothe-Achard auf die D 12 nach St. Julien-des-Landes abbiegen und noch 3 km weiter.

Gepflegtes Schlossparkgelände an einem See. Mit Heckenunterteilungen. Riesenrutsche. Ort 3 km entfernt. 330 Touristenplätze.
2008: (HS) 2 P/N inkl. St/N 35.– bis 37.50, weitere P/N 7.60, K/N bis 10 J. 3.50, H/N 3.50, KT –.51, WD und Strom (8 A) inkl. In NS Ermäßigung.

85150 St. Julien-des-Landes, Vendée — F 8075/2

»VILLAGE DE LA GUYONNIÈRE« — Ende April bis Ende Sept.
02/51466259, Fax 51466289 — 30 000 qm
www.laguyonniere.com, info@laguyonniere.com

→ N 160 La Roches-Yon-Les Sables-d'Olonne, in La Mothe-Achard auf die D 12 nach St. Julien-des-Landes abbiegen. Beschildert. ✉ (GPS: 46°39'10" N / 1°45'2" E).

Ebenes Wiesengelände in der Nähe eines Stausees. Ort 4 km entfernt. Touristen-/Dauerstellplätze 167/20.
2007: 2 P/N inkl. St/N 29.40, weitere P/N 5.40, K/N bis 10 J. 3.30, H/N 2.90, KT –.51, WD inkl., Strom/N 3.50 (6 A). Angebote.

85470 Brétignolles-s.-Mer, Vendée — F 8080

»CAMPING LES DUNES« — 1.4. bis 11.11.
/Fax 02/51905532 — 120 000 qm
www.campinglesdunes.com, campinglesdunes@free.surf.fr

→ D38 St.Gilles-Croix–Les Sables d'Olonne. Ca. 2 km südlich von Brétignolles-s.-Mer meerwärts abbiegen. ✉ 50, avenue des Dunes.

Durch Hecken und Zäune unterteiltes ebenes, teils schattenloses Gelände hinter den Dünen. Ort 3 km entfernt. Touristen-/Dauerstellplätze 350/400.
2008: (HS) 2 P/N inkl. St/N 35.50, weitere P/N 7.50, K/N bis 10 J. 4.50, H/N 4.50, KT –.49, WD und Strom (6 A) inkl. In NS Ermäßigung.

Das CCI-Carnet ist im Ausland als Identitäts-Ausweis anerkannt. Im Inland genügt die Vorlage des DCC-Mitgliedsausweises zusammen mit Leistungsscheck 18.

(F 8083/2) Le Trianon — Camping - caravaning ★★★★
VERMIETUNG UND STELLPLÄTZE: ZELTBUNGALOWS TRIGANO
MOBILHEIME – CHALETS – COTTAGES FÜR 2 BIS 7 PERSONEN
Langzeitvermietung und -stellplätze für Ihr Mobilheim oder Chalet.
Tél. 02 51 23 61 61
Fax 02 51 90 77 70
95 rue du Maréchal Joffre
85430 OLONNE SUR MER
Internet : www.camping-le-trianon.com
Email : campingletrianon@wanadoo.fr

Nur 5 km von Les Sables d'Olonne gelegen, bietet Ihnen Le Trianon eine breitgefächerte Auswahl an Unterkünften (Mobilheime, Chalets und Cottages mit 2 bis 3 Zimmern) sowie grosse Stellplätze in einer halbschattigen und grünen Umgebung. Beheiztes Freibad und beheiztes überdachtes Schwimmbecken. Wasserrutschen, tagsüber und abends Animationsprogramm. Fussball, Volleyball, Basketball, Boule, Kinder- und Jugendclub, Disko...

85340 Olonne-sur-Mer, Vendée — F 8083/1

»CAMPING LA LOUBINE« ★★★★ (35)
☎ 02/51331292, Fax 51331271
www.la-loubine.fr, camping.la.loubine@wanadoo.fr
1.4. bis 30.9.
80 000 qm

→ D80/D38 Les Sables-d'Olonne–St.Gilles-Croix, in Olonne-s.-M. meerwärts in Richtung La Chaume abbiegen. ✉ 1, route de la Mer.

Leicht abfallendes und durch Hecken unterteiltes Wiesengelände. 5 Wasserrutschen und mehrere Wasserbecken. Fitnessraum. Ort 3 km entfernt. 160 Touristenplätze.
2007: 2 P/N inkl. St/N 26.60, weitere P/N 5.–, K/N bis 2 J. frei. WD inkl., Strom/N 3.60. In NS Ermäßigung.

85340 Olonne-sur-Mer, Vendée — F 8083/2

NEU
»CAMPING AIROTEL LE TRIANON« ★★★★ (35)
☎ 02/51236161, Fax 51907770
www.camping-le-trianon.com, campingletrianon@wanadoo.fr
1.4. bis 27.10.
120 000 qm

→ D80/D38 Les Sables-d'Olonne–St.Gilles-Croix/Château de Pierre Levée, in Olonne-s.-M. beschildert. ✉ 95, rue Maréchal Joffre.

S 4 km **Anzeige S. 631**

Ebenes Wald- und Wiesengelände bei einem Teich. Durch Hecken gegliedert und mit Bäumen aufgelockert. Wasserrutschen. Bar. Imbiss. Spielzimmer. Billard. Ort 1 km entfernt. 546 Touristenplätze.
2007: (HS) 2 P/N inkl. St/N 28.90, weitere P/N 5.80, K/N bis 7 J. 3.90, H/N 3.90, WD inkl., Strom/N 2.20/3.20/5.–/6.70 (4/6/10/16 A). In NS Erm.

85100 Les Sables d'Olonne, Vendée — F 8085/1

»CAMPING LES PIRONS« ★★★
☎ 02/51952675, Fax 51339317
www.camping-les-pirons-com, contact@camping-les-pirons.com
März bis Okt.
65 000 qm

→ D949 Fontenay–Les-Sables d'Olonne, ca. 3 km südöstlich des Ortes abbiegen. Beschildert. ✉ 27, rue des Marchais.

300 m 1.5 km

Ebenes, teils abfallendes Wiesengelände, durch Bäume und Hecken unterteilt. Kabel-TV. Ort 4 km entfernt. Touristen-/Dauerstellplätze 325/110.

85100 Les Sables d'Olonne, Vendée — F 8085/2

»CAMPING LES ROSES« ★★★ (30)
☎ 02/51951042, Fax 51339404
www.chadotel.com, chadotel@wanadoo.fr
7.4. bis 4.11.
33 000 qm

→ D949 Fontenay–Les-Sables d'Olonne. Im östlichen Stadtbereich bei der Tankstelle in den Boulevard Ampère einbiegen und nach ca. 300 m rechts abbiegen. Beschildert. ✉ Rue des Roses (GPS: 46°29'23" N / 1°45'56" W).

400 m

Leicht abfallendes, teilweise terrassiertes Wiesengelände neben einer Mauer umgebenes Wiesengelände neben dem Krankenhaus. Riesenrutsche. Ort 500 m entfernt. Touristen-/Dauerstellplätze 170/30.
2007: 2 P/N inkl. St/N 24.20, weitere P/N 5.80, K/N bis 5 J. 3.80, H/N 3.–, KT –.38, WD inkl., Strom/N 4.70 (6 A).

85100 Les Sables d'Olonne, Vendée — F 8085/3

»CAMPING LE PETIT PARIS« ★★★
☎ 02/51220444, Fax 51331704
www.campingpetitparis.com, petitparis@wanadoo.fr
April bis Sept.
25 000 qm

→ D949 Fontenay–Les-Sables d'Olonne. Hier auf die D32 meerwärts abbiegen. ✉ 41, rue du Petit Versailles.

Wiesengelände mit einzelnen Bäumen. Meer 3 km, Ort 5 km entfernt. 127 Touristenplätze.

85440 Talmont-St.-Hilaire, Vendée — F 8090

»CAMPING LE LITTORAL« ★★★★
☎ 02/51220464, Fax 51220537
www.campinglelittoral.com, info@campinglelittoral.com
19.4. bis 14.9.
85 000 qm

→ D 949 Fontenay–Les Sables d'Ollone. Ca 3 km westlich von Talmont meerwärts abbiegen. Beschildert. ✉ Le Porteau.

80 m

Ebenes bis leicht abfallendes Wiesengelände unter Bäumen. Teils schattenlos mit Anpflanzungen. Musikveranstaltungen. Wassersportmöglichkeiten. Ort 5 km entfernt. 300 Touristenplätze.
2008: (HS) 2 P/N inkl. St/N 36.–, weitere P/N 6.–, K/N bis 1 J. frei, H/N 4.–, KT (HS) –.61, WD und Strom inkl. (10 A). In NS Ermäßigung.

85520 Jard-sur-Mer, Vendée — F 8095

»CAMPING LES ECUREUILS« ★★★ (40)
☎ 02/51334274, Fax 51339114
www.camping-ecureuils.com, camping-ecureuils@wanadoo.fr
10.4. bis 25.9.
40 000 qm

→ D21 Talmont-St.-Hilaire–Longeville, im Ort beschildert. ✉ 16, route des Goffineaux.

200 m 300 m

Durch Hecken parzelliertes, ebenes Gelände unter Eichen und Kiefern. Imbiss in HS. Whirlpool. Fitnessraum. Billard. Ort 700 m entfernt. 261 Touristenplätze.
2008: P/N 6.90, K/N bis 4 J. 2.–, K/N ab 5 J. 4.70, St/N 16.–, KT (HS) –.55, WD und Strom inkl. (10 A).

85560 Longeville-sur-Mer, Vendée — F 8100/1

»CAMPING JARNY-OCEAN« ★★★★
☎ 02/51334221, Fax 51339537, jarny-ocean@wanadoo.fr
Mai bis Sept.
80 000 qm

→ D21/D105 Talmont-St-Hilaire–La Tranche-sur-Mer, westlich von Longeville bei La Raisinière nach Süden abbiegen. Beschildert.

100 m 800 m

Ebenes, durch Hecken unterteiltes Wiesengelände neben einem Ferienzentrum. Alle Wassersportmöglichkeiten. Ort 2.5 km entfernt. Touristen-/Dauerstellplätze 230/70.

85560 Longeville-sur-Mer, Vendée — F 8100/2

»CAMPING LE ZAGARELLA« ★★★★
☎ 02/51333060, Fax 51333709
www.campingzagarella.com, camping.zagarella@wanadoo.fr
Mai bis Sept.
55 000 qm

→ D21/D105 Talmont-St-Hilaire–La Tranche-sur-Mer, westlich von Longeville bei La Raisinière nach Süden abbiegen. Beschildert. ✉ Route de la Tranche.

3.5 km

Ebenes und parzelliertes Gelände. Bungalow-Siedlung. Fitnessraum. Whirlpool. Wasserrutsche. Ort 1.5 km entfernt. 100 Touristenplätze.

85360 La Tranche-sur-Mer, Vendée — F 8110/1

»CAMPING BEL« ★★★ (30)
☎ 02/51304739, Fax 51277281, campbel@wanadoo.fr
24.5. bis 6.9.
35 000 qm

→ D 105 Talmont-St-Hilaire–La Tranche-s.-M., beim Kreisverkehr Richtung Zone Artisanale abbiegen. Noch ca. 500 m. ✉ 4, rue du Bottereau.

50 m 150 m 400 m

Ebenes Wiesengelände in einem Siedlungsgebiet. Mit Hecken eingerahmt und von Baumreihen durchzogen. Alle Wassersportmöglichkeiten. Ort 400 m entfernt. Touristen-/Dauerstellplätze 200/200.
2008: 2 P/N inkl. St/N 22.–, KT –.55, Strom/N 4.– (10 A).

85360 La Tranche-sur-Mer, Vendée — F 8110/2

»CAMPING DE LA BAIE D'AUNIS« — 1.5. bis 14.9.
☎ 02/51274736, Fax 51274454 — 24 500 qm
www.camping-baiedaunis.com, info@camping-baiedaunis.com

→ D105 Talmont-St-Hilaire–La Tranche-s.-M., beim Kreisverkehr Richtung Zone Artisanale abbiegen. An der Kreuzung D105 und D46 Richtung Centre Ville abbiegen. Beschildert. ✉ 10, rue du Pertuis Breton.

Ebenes Gelände unter teilweise hohen Bäumen. Angrenzend eine stark befahrene Straße. In HS Reservierung empfehlenswert. Ort 500 m entfernt. 135 Touristenplätze.
2008: (HS) 2 P/N inkl. St/N 25.40, weitere P/N 6.10, K/N bis 5 J. 3.40, H/N (NS) 2.20, KT –.55, WD inkl., Strom/N 4.20 (10 A). In NS Ermäßigung.

85360 La Tranche-sur-Mer, Vendée — F 8110/3

»CAMPING LE COTTAGE FLEURI« — 1.4. bis 15.10.
☎ 02/51303457, Fax 51277477 — 75 000 qm
www.camping-lecottagefleuri.com, lecottagefleuri@wanadoo.fr

→ D105 Talmont-St-Hilaire–La Tranche-s.-M., beim Kreisverkehr Richtung Zone Artisanale abbiegen. An der Kreuzung D105 und D46 meerwärts abbiegen, noch ca. 1.5 km. ✉ La Grière Plage.

Ebenes Wiesengelände unter einzelnen Bäumen. Alle Wassersportmöglichkeiten. Ort 2 km entfernt. Touristen-/Dauerstellplätze 130/190.
2007: St/N inkl. 2 P/N 28.–, weitere P/N 9.–, K/N bis 6 J. 7.–, H/N 3.–, KT –.55, WD und Strom (6 A) inkl.

85360 La Tranche-sur-Mer, Vendée — F 8110/4

»CAMPING ESCALE DU PERTUIS« — April bis Sept.
☎ 02/51303896, Fax 51277148 — 60 000 qm

→ D105 Talmont-St-Hilaire–La Tranche-s.-M., beim Kreisverkehr Richtung Zone Artisanale abbiegen. An der Kreuzung D105 und D46 meerwärts abbiegen.

Ebenes Wiesengelände mit Bäumen. Ort 2 km entfernt. 384 Touristenplätze.

85460 L'Aiguillon-sur-Mer, Vendée — F 8115

»CAMPING BEL AIR« — Ostern bis Sept.
☎ 02/51564405, Fax 51971558 — 70 000 qm
www.camping-belair.com

→ D46/D746 La Tranche-s.-Mer–Luçon Abf. L'Aiguillon auf die D44. Ca. 500 m in Richtung Grues. ✉ Route de Grues.

Ebenes, durch eine Wassergraben geteiltes und durch Baumreihen in mehrere Felder unterteiltes Wiesengelände. Familiäre Atmosphäre. Musikveranstaltungen. Ort 800 m, Meer 2 km entfernt. Touristen-/Dauerstellplätze 90/250.

17137 L'Oumeau, Charente–Marente — F 8124

»AU PETIT PORT DE L'OUMEAU« — April bis Sept.
☎ 05/46509082, Fax 46500211 — 20 000 qm
www.aupetitport.com, info@aupetitport.com

→ N137 Rochefort–La Rochelle, hier fortlaufend N237 (Umgehung von La Rochelle). Abf. Lagord auf die D104 nordwärts ca. 4.5 km nach L'Houmeau, noch ca. 600 m Richtung Nieul. Beschildert. ✉ Rue des Sartieres.

Leicht abfallendes Wiesengelände auf einer Anhöhe mit Anpflanzungen. Wassersport. Haltestelle 100 m, Ort 5 km entfernt. 132 Touristenplätze.

Wegen oft wechselnden Größenangaben für die einzelnen Stellparzellen durch die Platzhalter veröffentlicht der DCC nur noch die Camping-Gesamtfläche in qm und den Hinweis »parzelliert« oder »unparzelliert«.

17740 Ste-Marie-de-Ré, Ile de Ré — F 8210

»CAMPING LES CHARDONS BLEUS« — 1.1. bis 31.12.
☎ 05/46302375, Fax 46301873 — 35 000 qm
www.orange.orange.fr/chardons.bleus, chardons.bleus@orange.fr

→ Insel »Ile de Ré«, hinter der Brücke in südl. Richtung zum Ort, dort beschildert. ✉ Route de la Flotte.

Leicht welliges Gelände mit altem Baumbestand. Haltestelle 300 m, Ort 500 m, Fahrradverleih und Meer 1.5 km, Wassersportmöglichkeiten 2 km entfernt. Touristen-/Dauerstellplätze 200/60.
2007: (HS) 3 P/N inkl. St/N 25.–, H/N 1.–, KT –.36, WD u. Strom inkl. (10 A). In NS Ermäßigung.

17580 Le Bois-Plage, Ile de Ré — F 8220/1

»CAMPING ANTIOCHE« — 5.4. bis Sept.
☎ 05/46092383, Fax 46094334 — 27 000 qm
www.antioche.com, camping.antioche@wanadoo.fr

→ D201 Inselfährhafen–La Couarde-s.-M. Vor Le Bois beschilderte Abbiegung, dann 200 m auf einer Sandstraße zum Platz. ✉ Chemin de la Pierre-qui-Vire (46°10'06" N / 1°21'50" W).

Hügeliges, teilweise terrassiertes Dünengelände. Impfnachweis für Hunde erforderlich. Musik- und Filmveranstaltungen. Wassersportmöglichkeit 300 m, Ort 3 km entfernt. 132 Touristenplätze.
2007: 3 P/N inkl. St/N 36.–, weitere P/N 8.–, K/N bis 7 J. 6.–, H/N 6.–, KT –.46, WD u. Strom inkl. (6 A).
DCC/CCI 5% auf P/N und St/N.

17580 Le Bois-Plage, Ile de Ré — F 8220/2

»CAMPING INTERLUDE« — 5.4. bis 28.9.
☎ 05/46091822, Fax 46092338 — 68 000 qm
www.interlude.fr, infos@interlude.fr

→ Beim Kreisverkehr vor Le Bois meerwärts abbiegen, noch ca. 700 m. ✉ Plage de Gros Jonc (GPS: 46°10'27" N / 1°22'43" W).

Welliges Dünengelände, teilweise unter Kiefern und Pappeln. Whirlpool. Aquagymnastik. Boulebahn. Ort 1.5 km entfernt. Touristen-/Dauerstellplätze 310/80.
2008: 2 P/N inkl. St/N 46.–, weitere P/N ca. 10.–, K/N bis 2 J. frei, H/N 8.–, KT ab 16 J. –.46, WD u. Strom inkl. (6 A).

17580 Le Bois-Plage, Ile de Ré — F 8220/3

»CAMPING LES VARENNES« — April bis Sept.
☎ 05/46091543, Fax 46094727, es-varennes@wanadoo.fr — 25 000 qm

→ D201 Inselfährhafen–La Couarde-s.-M. Hinter dem Kreisverkehr, vor Le Bois links abbiegen. Beschildert.

Ebenes Dünengelände mit Baumbestand. Wassersportmöglichkeit 300 m, Ort 800 m entfernt. 148 Touristenstellplätze.

17670 La Couarde, Ile de Ré — F 8230

»CAMPING DE L'OCÉAN« — 5.4. bis 28.9.
☎ 05/46298770, Fax 46299213 — 70 000 qm
www.campingdelocean.com, campingdelocean@wanadoo.fr

→ D735 Inselfährhafen–Nordspitze Insel Ré Abf. La Couarde. Beschildert. ✉ 50, route d'Ars (GPS: 46°12'12" N / 1°28'02" W).

Ebenes, überwiegend schattenloses Wiesengelände, teilweise durch hohe Hecken unterteilt. Zum Strand über die Straße. Musikveranstaltungen. Ort 2.5 km entfernt. 338 Touristenplätze.
2007: 3 P/N inkl. St/N 38.20, weiter P/N 9.65, H/N 4.55, KT –.50, WD inkl., Strom/N 5.20 (10 A). Vorauszahlung!

Camping LA PROVIDENCE
Route de la Trousse-Chemise
17880 LES PORTES-EN-RE • ILE-DE-RE
Tel: 05 46 29 56 82 / Fax: 05 46 29 61 80

LA PROVIDENCE
Hôtellerie de Plein Air ★★

- Waschmaschinen, Trockner
- Spielfeld- und Saal
- Wickeltisch
- Schnellimbiß – Fahrradverleih
- Minigolf – Servicestation für Wohnmobile

(F 8270)

50 m von einem feinsandigen Strand entfernt
Außerhalb der Saison Sanitäranlage (mit viel Komfort und Bodenheizung) *Reservierung empfohlen für Juli und August*

AUSSERGEWÖHNLICH SCHÖNE LAGE!

Internet: www.campingprovidence.com
E-mail : campingproviding@wanadoo.fr

✉ 17590 Ars-en-Ré, Ile de Ré — F8240

★★★★ »CAMPING LE CORMORAN« — April bis Sept.
☎ 05/46294604, Fax 46292936 — 30 000 qm
www.cormoran.com, info@cormoran.com

→ D735 Inselfährhafen–Nordspitze Insel Ré Abf. Ars, am südl. Ortsrand.
✉ Route de Radia.

Ebenes bis leicht ansteigendes Zypressenwaldgelände. Strand 500 m, Ort 1 km entfernt. 140 Touristenplätze.

✉ 17590 St Clément des Baleines, Ile de Ré — F8245

20 ★★ »CAMPING LE CÔTE SAUVAGE« — 1.4. bis 30.9.
☎ 05/46294663, Fax 46568062 — 78 000 qm
www.lesbalconsverts.com, contact@lesbalconsverts.com

→ D735 Inselfährhafen–Nordspitze Insel Ré Abf. St Clément des Baleines. ✉ 336, rue de la Forêt.

Ebenes Strandgelände mit Zypressen und Pinien in einem Naturschutzgebiet mit Weinbergen am Meer. Zwei direkte Strandzugänge. Imbiss in HS. Bouleplatz. 350 Touristenplätze.
2007: 2 P/N inkl. St/N 16.–, H/N 3.–, WD inkl., Strom/N 3.80 (10 A).

✉ 17880 Les Portes en Ré, Ile de Ré — F8270

★★★ »CAMPING LA PROVIDENCE« — April bis Okt.
☎ 546/295682, Fax 296180 — 60 000 qm
www.campinglaprovidence.com, campinglaprovidence@wanadoo.fr

→ D735 Inselfährhafen–Nordspitze Insel Ré bis Les Portes en Ré.
✉ Route de la Trousse-Chemise.

Ebenes, parzelliertes und teilweise schattenloses Sand- und Wiesengelände in Meernähe und beim Wald Trousse-Chemise. In HS Reservierung empfehlenswert. Touristen-/Dauerstellplätze 210/90.

✉ 17690 Angoulins, Charente–Maritime — F8305

★★★ »CAMPING LES CHIRATS« — April bis Sept.
☎ 05/46569416, Fax 46566595 — 40 000 qm
www.campingchirats.fr, contact@campinglechirats.fr

→ D923 (Küstenstr.) La Rochelle–Châtelaillon-Plage. ✉ Route de la Platère.

Wiesengelände mit einzelnen Bäumen. Wassersportmöglichkeiten. Ort 1.5 km entfernt. Touristen-/Dauerstellplätze 190/40.

Plätze ohne Gebühren-Angabe
Diese Plätze haben seit 2 Jahren und mehr keine Meldung mehr abgegeben. Darum kann auch für die Öffnungszeit nicht garantiert werden.

✉ 17340 Châtelaillon-Plage, Ch.–M. — F8310

★★★ »CAMPING LE CLOS DES RIVAGES« — Juni bis Sept.
☎ 05/46562609 — 34 000 qm

→ D923 (Küstenstr.) La Rochelle–Châtelaillon-Plage. In Châtelaillon auf die D202 in Richtung Les Boucholeurs. ✉ Boulevard Georges Clémenceau.

Ebenes Wiesengelände mit Hecken und vielen Bäumen an einem kleinen Weiher (keine Bademöglichkeit). Angrenzend eine wenig befahrene Bahnlinie. Ort 600 m entfernt. 150 Touristenplätze.

✉ 17450 Fouras, Charente-Maritime — F8320

25 ★★★ »CAMPING LE CADORET« — 1.1. bis 31.12.
☎ 05/46821919, Fax 46845159 — 75 000 qm
www.campings-fouras.com, campinglecadoret@mairie17.com

→ N137 La Rochelle–Rochefort, über die N137c abbiegen nach Fouras. Hier am nördlichen Ortsrand. ✉ Boulevard de Chaterny (GPS: 45°59'35" N / 1°05'12" W).

Wiesengelände mit Laubbäumen und einem kleinen Pinienwald. Stellplätze mit Heckenparzellierung. Teilweise hinter Dünen mit Blick auf den Hafen. Durch Dauercamper und Mobilheime geprägt. Wassersportmöglichkeiten. Ort 800 m entfernt. Touristen-/Dauerstellplätze 329/190.
2007: 2 P/N inkl. St/N 19.10, weitere P/N 4.80, K/N bis 5 J. 2.50, H/N 2.30, KT –.45, WD inkl., Strom/N 2.90/4.70 (6/10 A).

✉ 17480 Le Château-d'Oléron, Ile d'O. — F8410/1

★★ »CAMPING LES REMPARTS« — März bis Okt.
☎ 05/46476193, Fax 46477365 — 30 000 qm
www.les-remparts.com, camping@les-remparts.com

→ D728/D734 Saintes-Ile-d'Oléron, am nördl. Ortsende von Le Château. ✉ Boulevard Philippe Daste.

Welliges Wiesengelände. Unbewachte Eingänge. Ort 300 m entfernt. 200 Touristenplätze.

✉ 17480 Le Château-d'Oléron, Ile d'O. — F8410/2

40 ★★★ »CAMPING LA BRANDE« — 15.3. bis 15.11.
☎ 05/46476237, Fax 46477170 — 45 000 qm
www.camping-labrande.com, info@camping-labrande.com

→ D728/D734 Saintes-Ile-d'Oléron, am nördl. Ortsende von Le Château. An der Uferstraße nördlich von Le Château. ✉ Route des Huitres (GPS: 45°54'16" N / 1°12'55" W).

Von einer Hecke umgebenes ebenes Wiesengelände mit Baumbestand bei einem Bauernhof. Zum Strand über Straße. Musikveranstaltungen. Riesenrutsche. Ort 2.5 km entfernt. Touristen-/Dauerstellplätze 140/60.
2007: (HS) 2 P/N inkl. St/N 36.–, weitere P/N ca. 5.60, K/N bis 2 J. frei, H/N 2.30, WD inkl., Strom/N 3.20 (6 A). In NS Ermäßigung.

17550 Dolus, Ile d'Oléron — F 8420/1

★★★ »CAMPING OSTRÉA« — 15.3. bis 30.9.
☎ 05/46476236, Fax 46752001 — 20 000 qm
www.camping-ostrea.com, camping-ostrea@wanadoo.fr

→ D728/D734 Saintes–Ile-d'Oléron, ca. 3,5 km nordwestl. von Le Château an der Küstenstraße. Beschildert. ✉ Route des Huitres (GPS: 45°54'46" N / 1°13'26" W).

Ebenes, teilweise welliges Gelände hinter einem Dünengürtel mit vereinzelten Bäumen und verschiedenen Büschen. Zum kleinen Strand 20 m über Küstenstraße. Billard. Überdachbarer Swimmingpool. Boulebahn. Wassersportmöglichkeiten. Ort 3,5 km entfernt. Touristen-/Dauerstellplätze 89/23.
2007: (HS) 2 P/N inkl. St/N 21.65, weitere P/N ca. 5.60, K/N bis 2 J. frei, H/N 2.35, KT −.20, WD inkl., Strom/N 3.50/4.50 (3/6 A). In NS Erm.

17550 Dolus, Ile d'Oléron — F 8420/2

★★★ »CAMPING L'OCÉAN« — Juni bis Mitte Sept.
☎ 05/46753170, Fax 46756072, camping.locean@wanadoo.fr — 20 000 qm

→ D728/D734 Saintes–Ile-d'Oléron, ca. 3,5 km nordwestl. von Le Château an der Küstenstraße. Ab Dolus über La Perroche in Richtung St. Trojan. ✉ 50, avenue grande baie la Perroche.

Ebenes, teilweise schattenloses Wiesengelände. Wassersportmöglichkeiten. Ort 3 km entfernt. 150 Touristenplätze.

17550 Dolus, Ile d'Oléron — F 8420/3

★★ »CAMPING LES CHÊNES VERTS« — April bis Sept.
☎ 05/546753288, Fax 546477265 — 40 000 qm
www.les-chenes-verts.com, camping@les-chenes-verts.com

→ D728/D734 Saintes–Ile-d'Oléron, ca. 3,5 km nordwestl. von Le Château an der Küstenstraße. Hinter der Brücke am 2. Kreisverkehr rechts abbiegen nach La Passe de l'Ecuissière. ✉ Passe de l'Ecuissière.

Leicht welliges Gelände unter Pinien und Eichen. Ort 2,5 km entfernt. 200 Touristenplätze.

17190 Boyardville, Ile d'Oléron — F 8430

★★★ »CAMPING SIGNOL« — April bis Sept.
☎ 05/46470122, Fax 46472346 — 70 000 qm
www.signol.com, contact@signol.com

→ D734 Le Château–Nordspitze der Insel, in Dolus auf die D126 nach Boyardville, hier abbiegen, noch ca. 600 m. Beschildert.

Welliges Dünengelände unter Kiefern. Musikveranstaltungen. 320 Touristenplätze.

17310 St.-Pierre d'Oléron, Ch.-Marit. — F 8445

★★★ »CAMPING LA PIERRIÈRE« — April bis Sept.
☎ 05/46470829, Fax 46751282 — 40 000 qm
www.camping-la-pierriere.fr, camping-la-pierriere@wanadoo.fr

→ A10 Paris–Niort-Sud Abf. (23), (24) St. Jean d'Angely oder (25) Saintes in Richtung Ile d'Oléron. Hinter der Brücke in Richtung St. Pierre bis zur 3. Ampel, hier rechts. Beschildert. ✉ 18, route de Saint-Georges.

Gepflegtes, ebenes und mit altem Baumbestand bewachsenes Wiesengelände. Bungalowanlage. Ort 300 m entfernt. 140 Touristenplätze.

17190 St-Georges d'Oléron, Ch.-M. — F 8460

★★★★★ »CAMPING LES GROS JONCS« — 20.3. bis 18.10.
☎ 05/46765229, Fax 46766774 — 50 000 qm
www.camping-les-gros-joncs.fr, info@les-gros-joncs.fr

→ D734 Le Château–Nordspitze der Insel, ca. 2 km südwestlich von St-Georges. Ab Domino ca. 2 km auf der Küstenstraße nach Süden Richtung La Cotinière. Beschildert. ✉ 850, route de Ponthezieres (GPS: 45°57'13" N / 1°22'47" W).

Teilweise terrassiertes Dünengelände mit verschiedenen Laub- und Nadelbäumen. Durch Hecken parzelliert. Badelandschaft (teilweise überdacht) mit Wasserrutsche. Aqua-Phyto-Balneotherapie. Fitnessraum. Ort 2 km entfernt. Touristen-/Dauerstellplätze 73/180.
2008: (HS) 3 P/N inkl. St/N 41.30, weitere P/N 11.50, K/N bis 7 J. 7.10, H/N 3.−, KT −.32, WD und Schwimmbad inkl., Strom/N 3.− (10 A). In NS Erm.

17320 Saint-Just-Luzac, Ch.-M. — F 8480

★★★★ »CASTEL CAMPING SEQUOIA PARC« — 8.5. bis 14.9.
☎ 05/46855555, Fax 46855556 — 45 000 qm
www.sequoiaparc.com, sequoia.parc@wanadoo.fr

→ A10 Bordeaux-Tours Abf. Saintes, weiter Richtung Royan/Ile d'Oléron (D728) bis St-Just. Beschildert. ✉ Rue La Josephine (GPS: 45°48'39" N / 1°03'40" W).

Parzelliertes und ebenes Wiesengelände bei einem Eichenhain. Von tropischen Pflanzen umgebene Badelandschaft. Ort 2 km entfernt. 426 Touristenplätze.
2008: (HS) 2 P/N inkl. St/N 43.−, weitere P/N 9.−, K/N bis 11 J. 5.−, B/N 4.−, H/N 5.−, WD und Strom inkl. (6 A). In NS Ermäßigung.

Jahres-Öffnungszeiten
werden uns von den Platzhaltern gemeldet. Sie bemühen sich, die Zeiten einzuhalten. Je nach Wetterlage sind aber spätere Öffnungs- und frühere Schließungszeiten möglich.

Der internationale Camping LES GROS JONCS, im Dünengelände, mitten in der Natur und inmitten vieler Blumen gelegen, bietet Ihnen eine familiäre Atmosphäre für Ihre Erholung und Ihre Ruhe: Schwimmbad - Unterhaltungsprogramm - Spa (Balneotherapie, Beauty-Salon...) - Sauna - alle Einkaufsmöglichkeiten - Restaurant - Geldwechsel. (Alle Einrichtungen geöffnet von Mai bis September).
Ganzjährige Vermietung von Mobilheimen mit Telefon und Satellit-TV, Holzhäusern und Chalets (mit Zentralheizung ausgestattet). Ermäßigung außerhalb der Saison.

Eröffnung Mitte April 2006: Erneuertes beheiztes Außenschwimmbad, Wasserrutsche, Fluss
Eröffnung Mitte Juni 2006: Beheiztes Hallenschwimmbad - das ganze Jahr über Lagune, Relaxliegen, Gegenstromfluss... Fitnesscenter, Geräteraum und Hamam. Balneotherapie, Phytotherapie, Naturheilkunde... (F 8460)

LES GROS JONCS ★★★★
Les Sables Vignier - B.P. 17 17190 SAINT GEORGES D'OLERON
Tel : 00 33 (0)5 46 76 52 29 - Fax : 00 33 (0)5 46 76 67 74
http://www.camping-les-gros-joncs.com/
info@camping-les-gros-joncs.com

Direkt am Meer. Beheiztes Schwimmbad.

✉ 17390 Ronce-les-Bains, Char.-Mar.   F 8500

★★★ »CAMPING LA CLAIRIERE«   Mai bis Sept.
☎ 05/46363663, Fax 46360674   80 000 qm
www.camping_la_clairiere.com, Clairiere.la@wanadoo.fr

→ D728 Saintes–Marennes–La Tremblade, hier abbiegen nach Ronce les Bains. ✉ Rue des Roseaux.

Parzelliertes Wiesengelände in Küstennähe. Ort 1.5 km entfernt. 147 Touristenplätze.

✉ 17570 Les Mathes, Char.-Mar.   F 8510/1

[45] ★★★ »CAMPING L'ORÉE DU BOIS«   26.4. bis 14.9.
☎ 05/46224243, Fax 46225476   60 000 qm
www.camping-orce-du-bois.fr, info@camping-orce-du-bois.com

→ A10/E05 Niort–Bordeaux Abf. (35) Saintes in westl. Richtung auf die N150 bis Saujon. Weiter auf der D14 bis kurz vor Etaules. Hier in südl. Richtung abbiegen auf die D145/D141 zum Ort. ✉ 225, route de la Bouvenie.

Ebenes, lichtes Mischwaldgelände. Badelandschaft. Ort 4 km, Meer 5 km entfernt. Reservierung empfehlenswert. In HS 7 Nächte Mindestaufenthalt. Touristen-/Dauerstellplätze 250/150.
2008: (HS) 2 P/N inkl. St/N 37.–, weitere P/N 7.50, K/N bis 10 J. 5.50, H/N 4.50, KT –.40, WD u. Strom inkl. (6 A). In NS Ermäßigung.

✉ 17570 Les Mathes, Char.-Mar.   F 8510/2

[40] ★★★ »CAMPING PARC DE LA CÔTE SAUVAGE«   1.5. bis 15.9.
☎ 05/46224018, Fax 46224305   140 000 qm
www.parc-cote-sauvage.com, contact@parc-cote-sauvage.com

→ A10/E05 Niort–Bordeaux Abf. (35) Saintes in westl. Richtung auf die N150 bis Saujon. Weiter auf der D14 bis kurz vor Etaules. Hier in südl. Richtung abbiegen auf die D145/D141 zum Ort. Beschildert. ✉ (GPS: 45°41'50" N / 1°13'42" W).

Sehr welliges unterteiltes Buschwaldgelände zwischen Dünen mit direktem Strandzugang. Haltestelle 200 m, Ort 3 km entfernt. 550 Touristenplätze.
2008: (HS) 2/3 P/N inkl. St/N 31.50/35.50, weitere P/N 8.80, K/N 3 bis 10 J. 5.70, H/N (NS) 3.–, KT –.40, WD inkl., Strom/N 5.20/6.20 (6/10 A). In NS Erm.

✉ 17570 Les Mathes, Char.-Mar.   F 8510/3

[35] ★★★★ »CAMPING BONNE ANSE PLAGE«   17.5. bis 3.9.
☎ 05/46224090, Fax 46224230   170 000 qm
www.campingbonneanseplage.com, bonne.anse@wanadoo.fr

→ A10/E05 Niort–Bordeaux Abf. (35) Saintes in westl. Richtung auf die N150 bis Saujon. Weiter auf der D14 bis kurz vor Etaules. Hier in südl. Richtung abbiegen auf die D145/D141 zum Ort. Beschildert.

Parzelliertes, leicht hügeliges Pinienwaldgelände in der Nähe einer Austernzucht. Alle Wassersportmöglichkeiten. Ort 1 km entfernt. CCI erforderlich. 850 Touristenplätze.
2007: (HS) 2/3 P/N inkl. St/N 31.–/35.–, weitere P/N 8.50, K/N bis 1 J. frei, KT –.40, WD inkl., Strom/N 6.50 (6 A). In NS Ermäßigung.

✉ 17570 Les Mathes, Char.-Mar.   F 8510/4

[30] ★★★ »CAMPING BEAUSOLEIL«   15.4. bis 15.9.
☎ 05/46223003, Fax 46223004   44 000 qm
www.campingbeausoleil.com, camping.beausoleil@wandoo.fr

→ A10/E05 Niort–Bordeaux Abf. (35) Saintes in westl. Richtung auf die N150 bis Saujon. Weiter auf der D14 bis kurz vor Etaules. Hier in südl. Richtung abbiegen auf die D145/D141 zum Ort. ✉ 20, avenue de la Coubre.

Pinienwaldgelände. Imbiss. Alle Wassersportmöglichkeiten. Ort 200 m, Strand 400 m entfernt. 244 Touristenplätze.
2008: (HS) 3 P/N inkl. St/N 26.–, KT –.40, WD inkl., Müllgeb. St/N –.20, Strom/N 4.20/4.90 (6/10 A).

✉ 17570 Les Mathes, Char.-Mar.   F 8510/5

[25] ★★★ »CAMPING LA PALOMBIÈRE«   1.4. bis 31.10.
☎ 05/46226925, Fax 46224458   100 000 qm
www.camping.lapalombiere.com, camping.lapalombiere@wanadoo.fr

→ A10/E05 Niort–Bordeaux Abf. (35) Saintes in westl. Richtung auf die N150 bis Saujon. Weiter auf der D14 bis kurz vor Etaules. Hier in südl. Richtung abbiegen auf die D145/D141 zum Ort. ✉ 1551, route de la Fouasse.

Ebenes und teilweise terrassiertes Wiesengelände in einem Pinien- und Eichenwald. Boulebahn. Familiäre Atmosphäre. Touristen-/Dauerstellplätze 120/30.
2007: (HS) 2 P/N inkl. St/N 21.–, weitere P/N 5.–, K/N 1 bis 7 J. 3.–, H/N 3.–, KT –.40, WD inkl., Strom/N 4.– (6 A). In NS Ermäßigung.
CCI 10% auf P/N und St/N.

✉ 17420 St-Palais-sur-Mer, Char.-Mar.   F 8520

[45] ★★★ »AIROTEL PUITS DE L'AUTURE«   Mai bis Sept.
☎ 05/46232031, Fax 46232638   60 000 qm
www.camping-puitsdelauture.com, camping-lauture@wanadoo.fr

→ D25 Royan–Pointe de la Coubre. Ca. 2 km hinter St-Palais. Beschildert. ✉ 151, avenue de la Grande Cote.

Leicht ansteigendes, welliges Wiesengelände mit vielen alten Bäumen. Ort 2 km entfernt. 400 Touristenplätze.
2007: (HS) 2 P/N inkl. St/N 37.–, weitere P/N 7.–, K/N bis 3.– frei, WD u. Strom inkl. (6 A). In NS Ermäßigung.

✉ 17200 Royan, Charente-Maritime   F 8540

★★★★ »CAMPING CLAIREFONTAINE«   Mai bis Sept.
☎ 05/46390811, Fax 46381379   45 000 qm
www.camping-clairefontaine.com, camping.clairefontaine@wanadoo.fr

→ N150 Saintes–Royan, hier auf die D25 wechseln und im nordwestlichen Stadtteil Pontaillac landeinwärts abbiegen. Beschildert. ✉ 6 rue du Colonel Lachaud.

Parkartiges, ebenes und parzelliertes Wiesengelände mit altem Baumbestand in Ortslage. Imbiss. Hunde nur auf Anfrage. Zentrum 1.5 km entfernt. Separater Jugendplatz. 300 Touristenplätze.

✉ 17110 St-Georges-de-Didonne   F 8550/1

★★★★ »CAMPING BOIS-SOLEIL«   April bis Okt.
☎ 05/46050594, Fax 46062743   87 000 qm
www.bois-soleil-com, camping.bois.soleil@wanadoo.fr

→ D25 Royan–Talmont, südöstlich St. Georges meerwärts abbiegen. ✉ 2, avenue de Suzac.

Hügeliges Waldgelände, teilweise terrassiert und durch öffentliche Fahrwege dreigeteilt. Musikveranstaltungen. Ort 2 km entfernt. CCI obligatorisch. Touristen-/Dauerstellplätze 220/200.

✉ 17110 St-Georges-de-Didonne   F 8550/2

[30] ★★ »CAMPING LES CATALPAS«   28.4. bis 16.9.
☎ 05/46058497, 45644552, Fax 45644574   24 000 qm

→ A10 Paris–Bordeaux Abf. Saint-Georges-de-Didonne. ✉ 45, chemin d'Englias.

Ebenes Gelände mit lockerem Baumbewuchs. Bar. Teich 300 m, Ort 1.2 km entfernt. 136 Touristenplätze.
2007: (HS) 2 P/N inkl. St/N 22.50, weitere P/N 4.50, H/N 3.–, KT –.20, WD und Strom inkl. In NS Ermäßigung.

17270 Le Fouilloux, Charente-Maritime — F 8570

★★★ »CAMPING LA MOTTE« — April bis Sept.
☎/Fax 05/46040839, 05/46492896 — ca. 8000 qm
www.lamottecamping.com, enquiries@lamottecamping.com

→ N10 Abf. Montlieu-la-Garde, weiter Richtung Montguyon auf der N730 bis Le Fouilloux, hier beschildert.

Parzelliertes und teils ebenes, teils welliges Wiesengelände am Waldrand. Durch Bäume beschattet. Fischteich. Kiosk. Familäre Atmosphäre. Zweiachsige Caravans nur auf Anfrage! Tippi-Zeltverleih. Englische Platzleitung. Ort 5 km entfernt. 25 Touristenplätze.
2007: P/N 4.20, K/N 2.80, C-St/N 5.20, MC-St/N 5.50, T-St/N 4.–, H/N 1.80, WD inkl., Strom/N 4.50 (10 A).

33123 Le Verdon-sur-Mer, Gironde — F 8610

★★★★ »CAMPING LA POINTE DU MEDOC« — April bis Okt.
☎ 05/56733999, Fax 56733996 — 70000 qm
www.camping-lapointedumedoc.com, info@camping-lapointedumedoc.com

→ Fähre Royan–Le Verdon-sur-Mer (30 Min.) oder N 215 Bordeaux–Le Verdon-sur-Mer. ✉ Avenue de la Pointe Grave.

Ebenes Gelände mit vereinzelten Büschen und Bäumen. Yoga und Tai-Chi. Wassergymnastik. Kreativitätswerkstätte. Basketball. Billard. Boulebahn. Bibliothek. Wassersportmöglichkeiten. Gemüsegarten und Minibauernhof. Ort 1 km, Meer 1.5 km entfernt. 260 Touristenplätze.

33780 Soulac-sur-Mer, Gironde — F 8615/1

★★★ »CAMPING PALACE« — Mai bis Sept.
☎ 05/56098022, Fax 56098423 — 160000 qm

→ Fähre Royan–Le Verdon (30 Min.) oder N215 Bordeaux–Le Verdon. Im Ort in südl. Richtung auf der D101 in Richtung L' Amélie-s.-Mer. Beschildert. ✉ 65, boulevard J. Marsan de Montbrun.

Welliges Dünengelände mit vielen alten Bäumen. Grillen verboten. Ärztliche Versorgung. Ort 2 km entfernt. Touristen-/Dauerstellplätze 500/50.

33780 Soulac-sur-Mer, Gironde — F 8615/2

★★★ »CAMPING LES SABLES D'ARGENT« — April bis Sept.
☎ 05/56098287, Fax 56099482 — 26000 qm
www.sables-d.argent.com, sables@lelilhan.com

→ Lyon–Bordaux. Hier Abf. (7) in Richtung Soulac-sur-Mer. ✉ 33, boulevard d l´Amélie.

Hügeliges, sandiges Waldgelände bei hohen Dünen, direkt am Meer gelegen. Ort 1.5 km entfernt. Touristen-/Dauerstellplätze 140/10.

33780 Soulac-sur-Mer, Gironde — F 8615/3

30 ★★★ »CAMPING L'AMÉLIE PLAGE« — 1.3. bis 31.10.
☎ 05/56098727, Fax 56736426 — 85000 qm
www.camping-amelie-plage.com, camping.amelie.plage@wanadoo.fr

→ Fähre Royan–Le Verdon (30 Min.) oder N215 Bordeaux–Le Verdon. Ca. 4 km südlich von Soulac in Richtung L'Amélie-sur-Mer. ✉ Bord de Mer.

Leicht hügeliges, parzelliertes Dünengelände im Mischwald. Ort 5 km entfernt. Touristen-/Dauerstellplätze 350/150.
2008: 2 P/N inkl. St/N 21.–, weitere P/N 4.50, K/N 2 bis 10 J. 3.50, H/N 2.75, KT –.50, WD inkl., Strom/N 4.20 (10 A).

DCC-Vertragsplatz

33780 Soulac-sur-Mer, Gironde — F 8615/4

20 ★★★ »CAMPING LES GENÊTS« — Ostern bis 30.9.
☎ 05/56098579, Fax 56099309 — 42000 qm
camping.lesgenets@wanadoo.fr

→ Fähre Royan–Le Verdon (30 Min.) oder N215 Bordeaux–Le Verdon. Südlich Soulac Richtung Amélie Plage.

Leicht welliges Pinienwaldgelände an einer Straße. Reservierung erwünscht. Wassersportmöglichkeiten. Ort 4.5 km entfernt. Touristen-/Dauerstellplätze 250/100.
2007: (HS) P/N 4.25, K/N 2 bis 10 J. ca. 2.90, St/N 5.30, B/N 2.80, H/N 2.40, KT –.50, WD inkl., Strom/N 4.– (10 A). In NS Ermäßigung.
DCC 10% auf P/N.

33780 Soulac-sur-Mer, Gironde — F 8615/5

★★★ »CAMP DE L'OCÉAN« — Juni bis Sept.
☎ 05/56097610, Fax 56097475 — 60000 qm
www.perso.wanadoo.fr/camping.ocean/, camping.ocean@wanadoo.fr

→ Fähre Royan–Le Verdon (30 Min.) oder N215 Bordeaux–Le Verdon. Ca. 2 km südlich Soulac in Richtung L'Amélie-s.-Mer. Beschildert. ✉ 62, allée de la Négade.

Ebenes Sandgelände im Kiefernwald. Wassersportmöglichkeiten. Meer 300 m, Ort 4 km entfernt. 300 Touristenplätze.

33780 Soulac-sur-Mer, Gironde — F 8615/6

★★★ »CAMPING DES PINS« — April bis Sept.
☎ 05/56098252, Fax 56736558 — 32000 qm
www.campingdespins.fr, contact@campingdespins.fr

→ Fähre Royan–Le Verdon (30 Min.) oder N215 Bordeaux–Le Verdon. Südl. Soulac in Richtung L'Amélie-sur-Mer. ✉ 213, Passe de Formose.

Hügeliges Sandgelände mit altem Baumbestand. Wassersport. Ort 2.5 km entfernt. 150 Touristenplätze.

Airotel Camping Caravaning Côte d'Argent ★★★★
3.500 m² großer Wasserpark mit Rutschen und Whirlpools, überdachtem und beheiztem Schwimmbecken
Hourtin Plage – Aquitanien – Süd-Atlantik
WIFI - Hotel - Geschäfte - Restaurant Bar - Lebensmittel - Sportanimation - Tennis - Reiten - Bogenschießen - Mini-Club - Spielzimmer - Segeln (4 km) - Surfen (300 m)

Der Campingplatz La Côte d'Argent ist eine wunderschöne Ferienanlage auf einem hügeligen Gelände von 20 Hektar, das sich im Herzen eines Pinienwaldes befindet und nur 300 m vom langgestreckten Meeresstrand entfernt ist. Der Feriendorf-Club ist durch Dünen und Wald vor Wind geschützt und profitiert somit von einem idealen Klima für ruhige Ferien in der freien Natur.

(F 8635)

Airotel Camping Caravaning de la Côte d'Argent - 33990 Hourtin Plage
Tél : 00033 (0)5.56.09.10.37   Fax : 00033 (0)5.56.09.24.69
www.camping-cote-dargent.com – www.cca33.com – www.campingcoteouest.com

Sun, Life and fun

33780 Soulac-sur-Mer, Gironde — F8615/7

★★★ »CAMPING LE LILHAN« April bis Sept.
05/56097763, 56098287, Fax 56099482 40 000 qm
www.lelilhan.com, contact@lelilhan.com

→ Südl. Soulac auf der D101 bis zur Kreuzung L'Amélie, links abbiegen. ✉ 8, allée Michel Montaigne.

Ebenes, weitläufiges Gelände in einem Eichenwald. Wassersportmöglichkeiten. Grillplatz. Meer 2 km, Ort 3.5 km entfernt. Touristen-/Dauerstellplätze 167/3.

33990 Hourtin-Plage, Gironde — F8635

[50] ★★★ »CAMPING DE LA CÔTE D'ARGENT« 17.5. bis 14.9.
05/56091025, Fax 56092496 200 000 qm
www.cca33.com, info@camping-cote-dargent.com

→ D101 Soulac–Hourtin, ca. 3 km vor Hourtin auf die D101/E7 abbiegen, noch 8.5 km. ✉ La Plage.

600 m Anzeige S. 637

Hügeliges, sehr sandiges Gelände im lichten Laub- und Kiefernwald, teilweise terrassiert. Vorauszahlung erforderlich. Hundeverbot in Mobilheime. 750 Touristenplätze.
2007: (HS) 2 P/N inkl. St/N 41.–, weitere P/N 6.50, K/N 2 bis 9 J. 5.50, H/N 5.50, KT –.51, WD inkl., Strom 5.50 (6 A). In NS Ermäßigung.

33990 Hourtin, Gironde — F8640

[25] ★★★ »CAMPING LES OURMES« 1.4. bis 30.9.
05/56091276, Fax 56092390 70 000 qm
www.lesourmes.com, lesourmes@free.fr

→ D3 Lacanau–Lesparre–Medoc, in Hourtin Richtung Lac d'Hourtin abbiegen. Beschildert. ✉ 90, avenue du Lac (GPS: 45°10'55" N / 1°04'34" W).

200 m 400 m

Ebenes Mischwaldgelände durch Sträucher und Blumenbeete aufgelockert. Musikveranstaltungen. Haltestelle 100 m, Ort 1 km entfernt. 270 Touristenplätze.
2008: 2 P/N inkl. St/N 21.–, K/N bis 2 J. frei, H/N 3.–, KT –.51, WD inkl., Strom 3.– (6 A).

33240 St. André de Cubzac, Gironde — F8650

[20] ★★ »CAMPING PORT NEUF« 1.5. bis 30.9.
/Fax 05/57431644 25 000 qm
http://perso.orange.fr/camping.port.neuf, camping.port.neuf@wanadoo.fr

→ A10 Saintes–Bordeaux Abf. St. André de Cubzac auf die D669 Richtung Bourg. Beschildert. ✉ 1125, route Port Neuf (GPS: 45°00'27" N / 0°28'39" W).

Ebenes Wiesengelände. Ort 3 km entfernt. Touristen-/Dauerstellplätze 42/8.
2008: P/N 4.–, St/N 4.–, H/N 1.–, WD inkl., Strom/N 2.– (6 A).
DCC 5% auf P/N und St/N.

33620 Laruscade, Gironde — F8653

★★★ »CAMPING RELAIS DU CHAVAN« Mitte Mai bis Sept.
05/57686305 36 000 qm

→ N 10 Angoulême–Bordeaux, ca. 8 km vor Cavignac.

200 m

Ebenes, durch Hecken parzelliertes Wiesengelände mit Bäumen am Waldrand. Ort (Cavignac) 8 km entfernt. 100 Touristenplätze.

33230 Bayas, Gironde — F8655

[20] ★★ »CAMPING LE CHÊNE DU LAC« 1.4. bis 31.10.
05/57691378, Fax 56571165, lechenedulac@wanadoo.com 50 000 qm

→ D 910 Libourne–Montguion, in Guitres abbiegen auf D 247 nach Bayas. ✉ 3, lieu di Châteauneuf (GPS: 45°04'47" N / 0°12'23" W).

Leicht abfallendes Wiesengelände zu einem See, teilweise unter Bäumen. Ort 2 km entfernt. 80 Touristenplätze.
2007: P/N 3.80, K/N bis 7 J. 2.80, St/N 4.60, H/N 2.–, WD inkl., Strom/N 5.– (10 A).

33680 Lacanau, Gironde — F8660/1

[25] ★★★ »CAMPING LE TEDEY« 26.4. bis 20.9.
05/56030015, Fax 56030190 14 000 qm
www.le-tedey.com, camping@le-tedey.com

→ N215/D6 Bordeaux–Lacanau–Océan, hinter Le Moutchic südwärts zur Westseite des »Lac de Lacanau« abbiegen. ✉ Route de Longarisse (GPS: 44°59'13" N / 1°08'07" W).

Ebenes Föhrenwaldgelände zwischen zwei Hügeln am Westufer des Sees. Ca. 80 m breiter Sandstrand, ideal für Kinder. In HS Reservierung empfehlenswert. Musikveranstaltungen. Wassersportmöglichkeiten. Reiten und Haltestelle 2 km, Restaurant 3 km, Ort 5 km entfernt. 700 Touristenplätze.
2007: (HS) 2 P/N inkl. St/N 20.50, K/N bis 10 J. 3.10, KT –.50, WD inkl., Strom/N 4.– (10 A). In NS Ermäßigung.

33680 Lacanau, Gironde — F8660/2

★★★★ »CAMPING DE TALARIS« April bis Sept.
05/56030415, Fax 56262156 84 500 qm
talaris-vacances.com, talarisvacances@free.fr

→ N215/D6 Bordeaux–Lacanau–Océan. Ab Le Moutchic ca. 1.2 km meerwärts. Beschildert. ✉ Route de l'Ocean.

1 km

Ebenes Wiesengelände in einem Laubwald mit Angelteich. Teilweise von einer Straße begrenzt. Ort 4 km entfernt. Touristen-/Dauerstellplätze 296/40.

33680 Lacanau-Océan, Gironde — F8665/1

★★★★ »CAMPING AIROTEL DE L'OCÉAN« April bis Sept.
05/56032445, Fax 57700187 95 000 qm
www.airotel-ocean.com, airotel.lacanau@wanadoo.fr

→ N215/D6 Bordeaux–Lacanau–Océan. Beschildert. ✉ 24, rue du Repos.

500 m

Teilweise hügeliges Kiefernwaldgelände. Bungalowanlage. In HS Reservierung empfehlenswert. Wassersport. Ort 500 m entfernt. 550 Touristenplätze.

33680 Lacanau-Océan, Gironde — F8665/2

[55] ★★★★ »CAMPING LES GRANDS PINS« 26.4. bis 20.9.
05/56032077, Fax 57700389 100 000 qm
www.lesgrandspins.com, reception@lesgrandspins.com

→ N215/D6 Bordeaux–Lacanau–Océan weiter meerwärts. Beschildert. ✉ (GPS: 45°00'42" N / 1°11'35" W).

350 m 1 km

Hügeliges Sandgelände in einem Pinienwald mit direktem Zugang zum Meer. Separater Pkw-Parkplatz. Fitness-Programm. Wassersportmöglichkeiten. Ort 1 km entfernt. Touristen-/Dauerstellplätze 570/30.
2008: (HS) 2 P/N inkl. St/N 43.–, weitere P/N 9.–, K/N 4 bis 12 J. 5.–, H/N 4.–, KT –.50, WD u. Strom inkl. In NS Ermäßigung.

33740 Arès, Gironde — F8675/1

[30] ★★★ »CAMPING LA CIGALE« 5.5. bis 30.9.
05/56602259, Fax 57704166 30 000 qm
www.camping-lacigale-ares.com, campinglacigaleares@wanadoo.fr

→ D106 Bordeaux–Cap Ferret in Richtung Arès. Dort ca. 500 m nördlich des Ortes. ✉ 53, rue du General de Gaulle.

Ebenes, gepflegtes Wiesengelände mit Anpflanzungen, teils im Hochwald. Ort 500 m entfernt. Touristen-/Dauerstellplätze 80/15.
2007: (HS) 2 P/N inkl. St/N 25.–, weitere P/N 5.–, K/N bis 7 J. 3.–, KT –.22, WD inkl., Strom/N 5.– (4-6 A). In NS Ermäßigung.

33740 Arès, Gironde — F8675/2

★★★ »CAMPING LA CANADIENNE« — Jan. bis Nov.
05/56602491, Fax 57704085 — 24 000 qm
www.lacanadienne.com, camping-la-canadienne@wanadoo.fr

→ D106 Bordeaux–Cap Ferret in Richtung Arès. In Arès im Ortsbereich. 82, Rue du General de Gaulle.

Kiefern- und Eichenwaldgelände. Familiäre Atmosphäre. Ort 1 km entfernt. 112 Touristenplätze.

33950 Claouey, Gironde — F8680/1

★★★★ »CAMPING AIROTEL LES VIVIERS« — April bis Sept.
05/56607004, Fax 57703777 — 330 000 qm

→ D106 Bordeaux–Cap Ferret, 1 km hinter Claouey.

Ebenes, weitverzweigtes Pinienwaldgelände am Ufer des Bassin d'Arcachon mit langem Sandstrand. Durch mehrere Kanäle unterteilt. Imbiss. Musikveranstaltungen. Ort 1 km, Atlantikküste 5 km entfernt. Touristen-/Dauerstellplätze 550/300.

33950 Claouey, Gironde — F8680/2

★★★ »CAMPING MUNICIPAL LES EMBRUNS« — Febr. bis Dez.
05/56607076, Fax 56600479 — 180 000 qm
campinglesembruns@ville-lege-capferret.fr

→ D106 Bordeaux–Cap Ferret. In Claouey an der ersten Ampel rechts, noch 500 m. Beschildert.

Ebenes, teilweise welliges Gelände im Kiefernhochwald. Wassersportmöglichkeiten. Strand 800 m entfernt. 804 Touristenplätze.

33970 Cap Ferret, Gironde — F8685

25 ★★★ »CAMPING DU TRUC VERT« — 1.5. bis 1.10.
05/56608955, Fax 56609947 — 100 000 qm
www.truc-vert.com, camping.truc-vert@worldonline.fr

→ D106 Bordeaux–Cap Ferret, in Les Jacquets rechts abbiegen, noch ca. 4 km. Beschildert. Route Forestiere du Truc Vert.

Hügeliges, lichtes Föhrenwaldgelände. Teilweise terrassiert. Am Strand auch FKK-Möglichkeit. Musikveranstaltungen. Strand 300 m, Ort 6 km entfernt. 480 Touristenplätze.
2007: (HS) P/N 3.–, St/N 12.50, B/N 2.50, KT –.55, WD inkl. Müllgeb. –.20, Strom/N 3.05 (6A). In NS Ermäßigung.

33510 Andernos-les-Bains, Gironde — F8695

★★★ »CAMPING FONTAINE-VIEILLE« — April bis Sept.
05/56820167, Fax 56820981 — 126 000 qm
www.fontaine.vieille.com, fontaine-vieille-sa@wanadoo.fr

→ D3 Arès–Biganos, vom südlichen Ortsende Andernos in Richtung Facture. Beschildert. 4, boulevard du Colonel Wurtz.

Ebenes Mischwaldgelände mit 400 m langem Strand. Musikveranstaltungen. Ort 3 km entfernt. Touristen-/Dauerstellplätze 720/80.

33420 Rauzan, Gironde — F8720

30 ★★ »CAMPING DU VIEUX CHATEAU« — 1.4. bis 1.10.
05/57841538, Fax 57841834 — 26 000 qm
www.vieux-chateau.com, hoekstra.camping@wanadoo.fr

→ N89/E70 Bordeaux-Perigueux in Libourne auf die D670 zum Ort. Beschildert. Route 123.

Gelände mit Bäumen. Ort 500 m entfernt. Touristen-/Dauerstellplätze 50/11.
2007: 2 P/N inkl. St/N 17.–, WD inkl., Strom keine Angabe (6 A).

33115 Pyla-sur-Mer, Gironde — F8820/1

★★★ »PYLA-CAMPING« — April bis Sept.
05/56227456, Fax 56221031 — 100 000 qm
www.pyla-camping.com, info@pyla-camping.com

→ D218 Arcachon–Biscarrosse-Plage, in Pyla-sur-Mer beschildert. Route de Biscarrose.

Ebenes bis hügeliges und weiches Sandgelände im Kiefernwald hinter der Düne von Pyla. Wassersport 300 m, Ort 8 km entfernt. 400 Touristenplätze.

33115 Pyla-sur-Mer, Gironde — F8820/2

★★★ »CAMPING DE LA DUNE« — Mai bis Sept.
/Fax 05/56227217 — 60 000 qm
www.campingdeladune.fr, campingdeladune@wanadoo.fr

→ D218 Arcachon–Biscarrosse-Plage, in Pyla-sur-Mer beschildert. Route de Biscarrose.

Kiefernwaldgelände vor der Düne von Pyla. Reservierung für Juli/August erforderlich. Musikveranstaltungen. Ort 7 km entfernt. 328 Touristenplätze.

33115 Pyla-sur-Mer, Gironde — F8820/3

35 ★★★ »CAMPING LE PETIT NICE« — 1.4. bis Sept.
05/56227403, Fax 56221431 — 55 000 qm
www.petitnice.com, info@petitnice.com

→ D218 Arcachon–Biscarrosse-Plage, in Pyla-sur-Mer Beschildert. Route de Biscarrose.

Ebenes Kiefernwaldgelände mit platzeigenem Strandzugang an der größten Düne Europas. Bungalowanlage. Ort 8 km entfernt. 225 Touristenplätze.
2007: (HS) 2 P/N inkl. St/N 28.–, weitere P/N 7.–, K/N 2 bis 5 J. 4.–, K/N 6 bis 11 J. 6.–, H/N 3.–, KT –.40, WD inkl., Strom/N 4.– (5 A). In NS Erm.

33115 Pyla-sur-Mer, Gironde — F8820/4

★★★★ »CAMPING PANORAMA« — April bis Okt.
05/56221044, Fax 56221012 — 150 000 qm
www.camping-panorama.com, mail@camping-panorama.com

→ D218 Arcachon–Biscarrosse-Plage, in Pyla-sur-Mer beschildert. Route de Biscarrose.

Teilweise terassiertes Kiefernwaldgelände an der über 100 m hohen Düne von Pyla. Standort für Drachenflieger. Zum Strand über eine steile Holztreppe. Musikveranstaltungen. Ort 8 km entfernt. 450 Touristenplätze.

Ruhebewertungen

betreffen das Umfeld, nicht aber den inneren Campingplatzbereich.

✉ 40460 Sanguinet, Landes — F 8825

★★★★ »MUNICIPAL LOU BROUSTARICQ« — 1.1. bis 31.12.
☎ 05/58827482, Fax 58821074 — 190000 qm
www.lou-broustaricq.com, loubrousta@wanadoo.fr
→ D652 La Teste–Biscarrosse Abf. Sanguinet, noch 2 km. Beschildert.
✉ 2315, route de Langeot.

Ebenes Wiesengelände unter hohen Kiefern in Seenähe. Poollandschaft mit Wasserrutschen. Imbiss. Ort 2 km entfernt. Touristen-/Dauerstellplätze 435/120.

✉ 40600 Biscarrosse-Plage, Landes — F 8830

★★ »CAMPEOLE PLAGE SUD« — Mai bis Sept.
☎ 05/58782124, Fax 58783423 — 350000 qm
www.campeoles.fr, cplplagesud@atciat.com
→ D652 La Teste–Biscarrosse, hier abbiegen bis zum Ortsanfang von Biscarrosse-Plage. ✉ 230, rue des Becasses.

Ebenes Pinienwaldgelände am Ortsrand. Wassersportmöglichkeiten 1 km entfernt. 1387 Touristenplätze.

✉ 40600 Biscarrosse, Landes — F 8835/1

★★★★ »CAMPING DOMAINE LA RIVE« — April bis Sept.
☎ 05/58781233, Fax 58781292 — 150000 qm
www.larive.fr, info@camping-de-la-rive.fr
→ N652 La Teste–Biscarrosse. Ca. 8 km hinter Sauguinet zum »Lac de Cazaux« abbiegen. Beschildert. ✉ Route de Bordeaux.

Ebenes Gelände in einem Kiefernwald am See von Sauguinet mit eigenem Bootshafen u. Privatstrand. Erlebnisbad mit Wasserrutschen und mehreren Becken. Musikveranstaltungen. Chalets. Ort 5 km, Gasverkauf 10 km entfernt. Touristen-/Dauerstellplätze 460/50.

✉ 40600 Biscarrosse, Landes — F 8835/2

★★★★ »CAMPING YELLOH VILLAGE MAYOTTE« — 1.5. bis 24.9.
☎ 05/58780000, Fax 58788391 — 150000 qm
www.mayottevacances.com, mayotte@yellohvillage.com
→ N652 La Teste–Biscarrosse. Ca. 8 km hinter Sauguinet zum »Lac de Cazaux« abbiegen. Beschildert. ✉ 368, chemin des Roseaux.

Ebenes Wiesen- und Sandgelände im Pinienwald und am Seeufer mit 400 m langem Strand. In HS Reservierung erforderlich. Surfbrett- und Wasserskiverleih. Musikveranstaltungen. Bungalow- mit Mobilheim-Anlage. Ort 5 km entfernt. Touristen-/Dauerstellplätze 630/140.
2008: (HS) 2 P/N inkl. St/N 41.–, H/N 5.–, WD und Strom (10 A) inkl. In NS Ermäßigung.

✉ 40160 Gastes, Landes — F 8840

★★★★ »CAMPING LA RÉSERVE« — Ende April bis Sept.
☎ 05/58097479, Fax 58097871 — 320000 qm
www.reserve.fr, reservahors@reserve.fr
→ D652 Biscarrosse–Mimizan. Hinter Gastes abbiegen. Im Ort beschildert. ✉ 1229, avenue Felix Ducournau.

Ebener, lichter Föhrenwald am See von Biscarrosse mit 100 m breitem Strand, ideal für Kinder. Musikveranstaltungen. Grillen verboten. Wassersportmöglichkeiten. Ort 2 km entfernt. 350 Touristenplätze.

✉ 40200 Aureilhan, Landes — F 8845/1

NATURPLATZ ★★★★ »PARC SAINT-JAMES EUROLAC« — 5.4. bis 27.9.
☎ 05/58090287, Fax 58094189 — 150000 qm
www.camping-parcsaintjames.com, info@camping-parcsaintjames.com
→ N10 Bordeaux–Biarritz, in Labouheyre auf die D626 in Richtung Mimizan abbiegen. In Aureilhan beschildert. ✉ Promenade de l'Etang.

Ebenes Wiesengelände in Seenähe. Teilweise unter Bäumen. Zum Strand über eine Straße. Grillen verboten. Kindergarten. Musikveranstaltungen. Ort 400 m entfernt. 620 Touristenplätze.
2007: (HS) 2 P/N inkl. St/N 29.–, weitere P/N ca. 7.–, K/N 2 bis 5 J. ca. 4.–, K/N 6 bis 11 J. ca. 6.–, H/N 5.–, WD inkl., Strom keine Angabe (5 A).

✉ 40200 Aureilhan, Landes — F 8845/2

NATURPLATZ ★★★ »CAMPING AURILANDES« — Mai bis Sept.
☎ 05/58091088, Fax 580901893 — 60000 qm
www.campingterreoceane.com, info@campingterreoceane.com
→ N10 Bordeaux–Biarritz, in Labouheyre auf die D626 in Richtung Mimizan abbiegen. In Aureilhan beschildert. ✉ 1001, promenade de l'Etang.

Ebenes Wiesengelände mit vielen Pappeln, durch schmale Straße vom Lac d'Aureilhan getrennt. Hochwassergefährdet. Ort 3 km entfernt. 520 Touristenplätze.

✉ 40200 Mimizan-Plage, Landes — F 8850/1

★★★★ »CAMPING CLUB MARINA« — 25.4. bis 15.9.
☎ 05/58091266, Fax 58091640 — 90000 qm
www.marinalandes.com, contact@clubmarina.com
→ N10 Bordeaux–Biarritz, bei Cap de Pin auf die D44 meerwärts abbiegen. In Mimizan-Plage in Richtung Plage-Sud. Beschildert. ✉ Rue Marina (GPS: 44°12'23" N / 01°17'47" W).

Ebenes bis leicht welliges Dünengelände im Mischwald. Abwässer einer nahen Papierfabrik verunreinigen das Meer, Geruchsbelästigung bei Südwind. Musikveranstaltung. In HS Mindestaufenthalt 1 Woche. Reservierung empfehlenswert. Sauna 200 m, Haltestelle 1 km, Ort 700 m entfernt. 500 Touristenplätze.
2007: (HS) 3 P/N inkl. St/N 37.–, weitere P/N 8.–, K/N bis 3 J. frei, K/N ab 3 J. 6.–, H/N 4.–, KT –.55, WD inkl., Strom/N 3.– (10 A). In NS Ermäßigung.

✉ 40200 Mimizan-Plage, Landes — F 8850/2

★★★ »CAMP. MUNICIPAL DE LA PLAGE« — 4.4. bis 28.9.
☎ 05/58090032, Fax 58094494 — 160000 qm
contact@mimizan-camping.com
→ N10 Bordeaux–Biarritz, bei Cap de Pin auf die D44 meerwärts abbiegen. Im Ort nordwärts abbiegen. ✉ Boulevard de l'Atlantique.

Welliges Dünengelände im Föhrenwald. Reiten und Ort 300 m entfernt. Touristen-/Dauerstellplätze 651/89.
2007: P/N 8.–, K/N ab 3 J. 6.–, St/N 7.– bis 11.–, H/N 1.80, KT –.55, WD inkl., Strom/N 3.– (10 A).

✉ 40170 Contis-Plage, Landes — F 8855

★★★ »CAMPING LOUS SEURROTS« — 2.4. bis 29.9.
☎ 05/58428582, Fax 58424911 — 170000 qm
www.lous-seurrots.com, info@lous-seurrots.com
→ D652 Mimizan–Léon 1.5 km vor St. Julien-en-Born meerwärts abbiegen, noch 7.5 km. Beschildert.

Ebenes, teils hügeliges Föhrenwaldgelände zwischen Straße, Flussmündung und Meer. Gymnastikraum. Ort 200 m entfernt. 610 Touristenplätze.
2007: 2 P/N inkl. St/N 32.–, weitere P/N 6.–, K/N bis 7 J. 4.–, H/N 3.–, KT –.57, Strom/N 4.– (10 A).

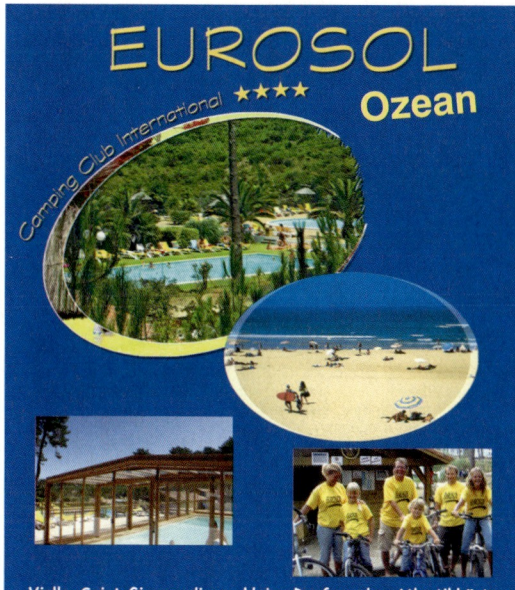

Vielle-Saint Girons, dieses kleine Dorf an der Atlantikküste, das inmitten eines immensen Waldgebietes liegt, heißt Sie entweder am See oder aber am Meer herzlich willkommen. Zwei 4-Sterne-Campingplätze bieten Ihnen großzügige Stellplätze und Mietobjekte im Schatten der Mittelmeerpinien. Schwimmbäder und ein vielseitiges Freizeitprogramm für Groß und Klein machen aus diesem angenehmen Familiencamping das ideale Ferienziel.

Camping Eurosol - Pierre Albaladejo
40560 SAINT GIRONS Plage
Tel. (33)5 58 47 90 14 Fax. (33)5 58 47 76 74
www.camping-eurosol.com
(F 8870)

Camping le Col Vert - Lac de Léon
40560 VIELLE-SAINT GIRONS
08 90 71 00 01(0,15€/minute) Fax. (33)5 58 42 91 88
www.colvert.com
(F 8875/2)

40170 Lit-et-Mixe, Landes — F 8860/1

40 ★★★ »CAMPING UNIVERS« 1.2. bis 30.11.
05/58428337, Fax 58424128 100000 qm
www.camping-univers.com, camping-univers@wanadoo.fr

→ D652 Biscarrosse–Léon, südlich St. Julien-en Born. Route des Lacs.

Ebenes Parkgelände. Mobilheime. Haltestelle 200 m, Ort 500 m entfernt. 300 Touristenplätze.
2007: P/N 5.70, K/N bis 10 J. 4.20, St/N 18.50, H/N 3.95, KT –.55, Strom/N 3.85 (5 A).

40170 Lit-et-Mixe, Landes — F 8860/2

25 ★★★ »CAMPING DU CAP DE L'HOMY« 15.4. bis 15.10.
05/58428347 130000 qm
www.camping-cap.com, contact@camping-cap.com

→ D652 Biscarrosse–Léon, südlich von St. Julien-en Born. 1 km südlich von Lit-et-Mixe Richtung Cap-lel'Homy abbiegen. Beschildert. 600, avenue de l'Ocean.

Leicht welliges, dünenartiges Pinienwaldgelände mit asphaltierten Wegen. Wassersportmöglichkeiten. Ort 7 km entfernt. 444 Touristenplätze.
2007: (HS) 2 P/N inkl. St/N 16.30, weitere P/N ca. 4.75, H/N 2.10, KT –.55, WD und Strom (6 A) inkl. In NS Ermäßigung.

40170 Lit-et-Mixe, Landes — F 8860/3

★★★★ »CAMPING LES VIGNES« Juni bis Sept.
05/58428560, Fax 58427436 150000 qm
www.les-vignes.com, contact@les-vignes.com

→ D652 Biscarrosse–Léon, südlich von St. Julien-en Born. 1 km südlich von Lit-et-Mixe zum Cap de l'Homy abbiegen. Route de la plage du Cap de l'Homy.

Ebenes Wiesengelände mit einzelnen Bäumen. Bungalowanlage. Musikveranstaltungen. Ort 2.5 km, Meer 5 km entfernt. 420 Touristenplätze.

40560 St-Girons-Plage, Landes — F 8870

35 ★★★★ »CAMPING EUROSOL« 10.5. bis 13.9.
05/58479014, Fax 58477674 180000 qm
www.camping-eurosol.com, contact@camping-eurosol.com

→ N10 Bordeaux–Biarritz. Bei Castets abbiegen auf die D42 über St-Girons nach St-Girons-Plage. Hier in Richtung Strand, noch ca. 4 km. Route de la Plage (GPS: 43°57'10" N / 1°21'09" W).

Ebenes, teilweise hügeliges Kiefernwaldgelände mit befestigten Stellflächen. Imbiss. Musikveranstaltungen. Ort 4 km entfernt. Touristen-/Dauerstellplätze 530/20.
2008: (HS) P/N 5.20, K/N bis 4 J. frei, St/N 18.–, H/N 2.50, KT –.61, WD inkl., Strom/N 5.– (10 A). In NS Ermäßigung.

40560 Vielle-St-Girons, Landes — F 8875/1

25 ★★ »CAMPÉOLE LES TOURERELLES« 1.5. bis Sept.
05/58479312, Fax 58479203 100000 qm
www.campeole.com, cpltourterelles@atciat.com

→ N10 Bordeaux–Biarritz. Bei Castets abbiegen auf die D42 über St-Girons nach St-Girons-Plage. Hier in Richtung Strand beschildert. (GPS: 43°56'23" N / 1°19'35" W).

Leicht welliger, lichter Pinienwald im Dünengelände. Ort 200 m entfernt. 822 Touristenplätze.
2007: (HS) 2 P/N inkl. St/N 18.40, weitere P/N 5.40, K/N 3.40, H/N 2.30, KT –.22, WD inkl., Strom/N 4.– (10 A). In NS Ermäßigung.
DCC 10% P/N und St/N.

40560 Vielle-St-Girons, Landes — F 8875/2

»CAMPING LE COL VERT« — 8.4. bis 21.9.
☎ 05/58429406, Fax 58429188 — 300000 qm
www.colvert.com, contact@colvert.com

→ D652 Mimizan–Léon, in Vielle zum Etang de Léon abbiegen. Beschildert. ✉ (GPS: 43°54'09" N / 1°18'37" W).

Ebenes bis leicht abfallendes, lichtes Kiefernwaldgelände. Durch einen Bach zweigeteilt. Musikveranstaltungen. Ort 4 km entfernt. Touristen-/Dauerstellplätze 730/70.
2008: P/N 6.40, K/N 3 bis 13 J. 5.40, St/N 17.80, H/N 4.30, KT –.61, WD inkl., Strom/N 4.10 (3 A).

40550 Léon, Landes — F 8880

»CAMPING AIROTEL LOU PUNTAOU« — April bis Okt.
☎ 05/58487430, Fax 58487042 — 150000 qm
www.loupuntaou.com, reception@loupuntaou.com

→ D 652 Mimizan–Léon. Hier abbiegen zum See. Beschildert. ✉ Au bord du lac.

Ebenes Mischwaldgelände an einer Straße in Seenähe. Musikveranstaltungen. Touristen-/Dauerstellplätze 375/22.

40660 Moliets-Plage, Landes — F 8885

»CAMPING AIROTEL SAINT MARTIN« — 19.3. bis 11.11.
☎ 05/58485230, Fax 58485073 — 180000 qm
www.camping-saint-martin.fr, contact@camping-saint-martin.fr

→ D 652 Mimizan–Léon, in Moliets abbiegen nach Moliets-Plage, noch ca. 2.5 km. ✉ Avenue de l'Océan.

Leicht welliges Dünengelände. Teilweise unter hohen Kiefern mit befestigten Wegen. Imbiss. Whirlpool. Sportplatz. Musikveranstaltungen. Ort 2.5 km entfernt. Touristen-/Dauerstellplätze 660/10.
2008: (HS) 2 P/N inkl. St/N 38.– bis 43.20, weitere P/N 6.–, K/N bis 10 J. 4.–, H/N 3.50, KT –.43, WD u. Strom (10 A) inkl. In NS Ermäßigung. **CCI 10% auf P/N und Strom**

EUROPA-PREIS

40660 Messanges, Landes — F 8887/1

»CAMPING LE VIEUX PORT« — 1.4. bis Sept.
☎ 01/72039160, Fax 05/58480169 — 300000 qm
www.levieuxport.com, contact@levieuxport.com

→ D652/D79 Mimizan–Boucau Abf. Messanges. Hier meerwärts abbiegen. ✉ Plage Sud (GPS: 43°47'52 N / 1°24'04" W).

Ebenes bis leicht welliges Kiefernwaldgelände zwischen einem See und dem Meer mit direktem Strandzugang. Minieisenbahn zum Strand. Badelandschaft mit 6 Schwimmbädern und 3 Wasserrutschen. Musikveranstaltungen. Ort 1 km entfernt. 1400 Touristenplätze.
2008: (HS) 2 P/N inkl. St/N 39.–, weitere P/N 7.–, K/N bis 10 J. 5.–, H/N 4.50, KT –.55, WD inkl., Strom/N 7.– (6 A). In NS Ermäßigung.

40660 Messanges, Landes — F 8887/2

»CAMPING LOU PIGNADA« — 1.4. bis Sept.
☎ 01/72039160, Fax 05/58482653 — 80000 qm
www.loupignada.com, contact@loupignada.com

→ D652/D79 Mimizan–Boucau, beim Ort meerwärts abbiegen. Beschildert. ✉ Route d'Azur (43°47'52" N / 1°24'04" W).

Ebenes Wiesengelände mit Bäumen. Fitnessraum. Musikveranstaltungen. Ort 2 km entfernt. 430 Touristenplätze.
2007: (HS) 2 P/N inkl. St/N 36.–, weitere P/N 7.–, K/N bis 10 J. 5.–, H/N 4.50, KT –.55, WD inkl., Strom/N 7.– (6 A). In NS Ermäßigung.

40660 Messanges, Landes — F 8887/3

»CAMPING ALBRET PLAGE« — 1.4. bis 15.10.
☎ 05/58480367, Fax 58482191 — 600000 qm
www.albretplage.fr, albretplage@wanadoo.fr

→ D652/D79 Mimizan–Boucau ca. 3 km südl. Messanges meerwärts abbiegen. 1 km nördl. Vieux-Boucau. ✉ Route de la plage sud (GPS: 43°47'52 N / 1°24'04" W).

Welliges Wiesengelände unter einzelnen Pinien hinter einem Dünenstreifen. Wassersportmöglichkeit. Meer 300 m, Haltestelle und Ort 1 km entfernt. Touristen-/Dauerstellplätze 134/266.
2007: (HS) P/N 4.20, K/N bis 13 J. 2.80, St/N 5.50, H/N 1.80, KT –.53, WD inkl., Strom/N 3.90 (6 A). In NS Ermäßigung.

40660 Messanges, Landes — F 8887/4

»CAMPING DE LA CÔTE« — 1.4. bis 30.9.
☎ 05/58489494, Fax 58489444 — 30000 qm
www.campinglacote.com, info@campinglacote.com

→ D652/D79 Mimizan–Boucau, beim Ort meerwärts abbiegen. Beschildert.

Ebenes, parzelliertes Wiesen- und Sandgelände durch Hecken unterteilt. Ort 1.5 km entfernt. Touristen-/Dauerstellplätze 113/30.
2008: (HS) 2 P/N inkl. St/N 17.20, weitere P/N 4.70, K/N bis 7 J. 3.20, H/N 2.–, KT –.55, Strom/N 3.50 (6 A). In NS Ermäßigung.

40660 Messanges, Landes — F 8887/5

»CAMPING LES ACACIAS« — 19.3. bis 19.10.
☎ 05/58480178, Fax 58482312 — 20000 qm
www.lesacacias.com, lesacacias@lesacacias.com

→ D652/D79 Mimizan–Boucau, im Ort beschildert. ✉ Route d'Azur (GPS: 43°47'55" N / 1°22'35" W).

Ebenes Wiesen- u. Sandgelände. Familiäre Atmosphäre. Imbiss. Caravan-Service. Zentrum ca. 1.5 km entfernt. Touristen-/Dauerstellplätze 80/48.
2008: (HS) 2 P/N inkl. St/N 14.–, weitere P/N 3.60, K/N bis 7 J. 2.60, H/N 1.80, KT –.55, WD inkl., Strom/N 3.30/4.– (5-6/10 A). In NS Ermäßigung.

40660 Messanges, Landes — F 8887/6

»CAMPING DOMAINE DE LA MARINA« — 1.5. bis Sept.
☎ 172039160, Fax 05/58490041 — 30000 qm
www.domainedelamarina.com, contact@domainedelamarina.com

→ D652/D79 Mimizan–Boucau, im Ort beschildert. ✉ Route de la Plage Sud (GPS: 43°47'52" N / 1°24'04" W).

Ebenes Wiesen- und Sandgelände. Zentrum 1 km entfernt. 223 Touristenplätze.
2007: (HS) 2 P/N inkl. St/N 25.–, weitere P/N 7.–, K/N bis 10 J. 5.–, H/N 4.50, KT –.55, WD inkl., Strom/N 7.– (6 A). In NS Ermäßigung.

40140 Azur, Landes — F 8889

»CAMPING LA PAILLOTTE« — 26.5. bis 22.9.
☎ 05/58481212, Fax 58481073 — 70000 qm
www.paillotte.com, info@paillotte.com

→ N10 Bordeaux–Biarritz, bei Castet meerwärts abbiegen über Moliets und Messanges nach Azur. Beschilderung zum Nordufer des Etang de Soustons. ✉ Route des Campings.

Ebenes Wiesengelände zwischen Waldrand und Seeufer. Durch Hecken

und Bäume günstig aufgelockert. Musikveranstaltungen. Ort 1.5 km entfernt. 300 Touristenplätze.
2007: (HS) 2 P/N inkl. St/N 15.– bis 37.–, weitere P/N keine Angabe, K/N bis 4 J. frei, KT –.40, WD u. Strom inkl. (10 A). In NS Ermäßigung.

40140 Soustons, Landes — F 8890

»CAMPING L'AIRIAL« 1.4. bis 15.10.
05/58411248, Fax 58415383 120000 qm
www.camping-airial.com, contact@camping-airial.com

➔ N10 Bordeaux–Biarritz, über Magescq abbiegen auf die D116 nach Soustons. Noch ca. 2 km auf D652 Richtung Vieux–Boucau. Beschildert. 61, route de Porte d'Albret.

Ebenes, leicht welliges Kiefernwaldgelände bei einem See (Badeverbot). Ort 2 km entfernt. 400 Touristenplätze.
2007: P/N 4.90, K/N bis 7 J. 3.20, St/N 10.–, H/N 3.–, KT –.50, WD inkl., Strom/N 4.70 (10 A).

CAMPING
MUNICIPAL LE GRANDJEAN
★★★
F-40260 LINXE
Tel.: 05.58.42.90.00, Fax: 05.58.42.94.67
E-mail: camping.grandjean@wanadoo.fr

1990 errichtet – 100 Stellplätze auf ebenem, mit Pinien bewachsenem Gelände. Strom- und Wasseranschluss für Wohnwagen/Reisemobile erlaubt. 1 km entfernt: Lebensmittel, Geldwechsel, Arzt, Tennis, Freizeitangebot. Ozean 10 km entfernt, Lac de Léon 6 km. Reservierung. Zufahrt: RN 10 bis Castets, dann die CD 42 in Richtung LINXE.
Geöffnet vom 24. 6. – 2. 9.
(F 8893)

40260 Linxe, Landes — F 8893

»CAMPING MUNICIPAL LE GRANDJEAN« 23.6. bis 1.9.
05/58429000, Fax 58429467 27000 qm
camping.grandjean@wanadoo.fr

➔ N10 Bordeaux–Biarritz, über Castets abbiegen auf die D42 bis ca. 500 m hinter Linxe. Beschildert. 190, route de Mixe.

Ebenes Gelände unter Pinien. Familiäre Atmosphäre. Ort 1 km, Lac de Léon 6 km entfernt. 100 Touristenplätze.
2007: P/N 2.96, K/N bis 8 J. 1.22, St/N 5.92, WD u. Strom inkl (4 A).

40510 Seignosse, Landes — F 8895/1

»CAMPING LES CHEVREUILS« 1.6. bis 15.9.
/Fax 05/58433280, Wi /Fax 59901049 80000 qm
www.chevreuils.com, contact@chevreuils.cegetel.dsl.com

➔ D79 Vieux–Boucau–Hossegor, bei Le Penon landeinwärts abbiegen. Route de Hossegor à Vieux Boucau.

Ebenes Pinienwaldgelände. Familiäre Atmosphäre. Für HS Reservierung erforderlich. Musikveranstaltungen. Tennis kostenlos. Ort 3 km entfernt. Touristen-/Dauerstellplätze 220/20.
2008: (HS) P/N 6.30, K/N 4 bis 11 J. 5.30, St/N 7.–, H/N 3.50, KT –.30, WD und Schwimmbad inkl., Strom/N 4.30/5.30 (8/12 A). In NS Erm.

40510 Seignosse, Landes — F 8895/2

»CAMPING OCELIANCES« April bis Sept.
05/58433030, Fax 58416421 150000 qm
www.oceliances.com, oceliances@wanadoo.fr

➔ D79 Vieux–Boucau–Hossegor. Hinter Penon meerwärts abbiegen. Avenue des Tucs.

Ebenes Kiefernwaldgelände. Bar. Spielautomaten. Billard. Ort 1.5 km entfernt. 350 Touristenplätze.

40530 Labenne-Océan, Landes — F 8910/1

»CAMPING LA MER« Ostern bis Sept.
05/59454209, Fax 59454307 64 000 qm
www.campinglamer.com, campinglamer@wanadoo.fr

➔ N10 Bordeaux–Biarritz, in Labenne auf die D126 nach Labenne-Océan abbiegen. Beschildert.

Welliges, von einem Kanal durchzogenes Gelände im Pinienwald. Ort 4 km entfernt. 375 Touristenplätze.

40530 Labenne-Océan, Landes — F 8910/2

»CAMPING LE BOUDIGAU« Mai bis Sept.
05/59454207, Fax 59457776 60000 qm
www.boudigau.com, info@baudigau.com

➔ N10 Bordeaux–Biarritz, in Labenne auf die D126 nach Labenne-Océan abbiegen. In Labenne-Océan hinter der Brücke rechts ab.

Ebenes Wiesengelände im lichten Kiefernwald. Musikveranstaltungen. Ort 3 km entfernt. 308 Touristenplätze.

Wegen oft wechselnden Größenangaben für die einzelnen Stellparzellen durch die Platzhalter veröffentlicht der DCC nur noch die Camping-Gesamtfläche in qm und den Hinweis »parzelliert« oder »unparzelliert«.

40530 Labenne-Océan, Landes — F 8910/3

★★★ »CAMPING CÔTE D'ARGENT« — April bis Okt.
☎ 05/59454202, Fax 59457331 — 40 000 qm
www.camping-cotedargent.com, info@camping-cotedargent.com

→ N10 Bordeaux–Biarritz, in Labenne auf die D126 nach Labenne-Océan abbiegen. In Labenne-Océan beschildert. ✉ 60, Avenue de l'Océan.

Ebenes, lichtes Mischwaldgelände. Strand 900 m, Ort 2.5 km entfernt. Touristen-/Dauerstellplätze 170/45.

40530 Labenne-Océan, Landes — F 8910/4

45 ★★★ »CAMPING SYLVAMAR« — 26.4. bis 17.9.
☎ 05/59457516, Fax 59454639 — 150 000 qm
www.sylvamar.fr, camping@sylvamar.fr

→ D216 Labanne Abf. in Richtung Labanne-Plage. Beschildert. ✉ Avenue de l'Océan.

Ebenes Mischwaldgelände. Fitnessraum. Badelandschaft mit Wasserrutsche. Aquagymnastik. Boulebahn. Billard. Ort 2 km entfernt. 440 Touristenplätze.
2007: 2 P/N inkl. St/N 38.–, P/N 7.–, K/N bis 7 J. 5.–, H/N 5.–, WD und Strom (10 A) inkl.

40390 St. Martin de Seignanx, Landes — F 8917

★★★ »LOU P'TIT POUN« — Juni bis Sept.
☎ 05/59565579, Fax 59565371 — 34 000 qm
www.louptitpoun.com, contact@louptitpoun.com

→ A63/E05/E70 St. Geours de Maremne–Biarritz Abf. (6.1) Ondres bis in den Ort Ondres. Weiter in westl. Richtung. ✉ 110, avenue du Quartier Neuf.

Ebenes Gelände mit Baumbestand. Reservierung empfohlen. Familiäre Atmosphäre. Ort 1.5 km entfernt. 168 Touristenplätze.

64200 Biarritz, Pyr.-Atlantiques — F 8930

Abfahrt

30 ★★★ »BIARRITZ CAMPING« — 10.5. bis 15.9.
☎ 05/59230012, Fax 59437467 — 30 000 qm
www.biarritz-camping.fr, biarritz.camping@wanadoo.fr

→ A63 Bayonne–span. Grenze Abf. Biarritz auf die N10 Richtung Spanien dann Abf. 6. ✉ 28, rue d'Harcet (GPS: 43°27'43" N / 1°34'01" W).

Leicht abfallendes, teilweise terrassiertes Wiesengelände. Imbiss. Haltestelle (HS/NS) 20 m/500 m, Ort 3 km entfernt. 196 Touristenplätze.
2008: (HS) 2 P/N inkl. St/N 24.–, weitere P/N 5.–, K/N bis 7 J. 1.60, KT –.20, WD inkl., Strom/N 4.– (10 A). In NS Ermäßigung.

CAMPING - CARAVANING
UR-ONEA ★★★
(F 8935/5)

In einem Park von 5 ha, in Terrassen angelegt, nur 500 m vom Strand. Vermietung von Wohnwagen, Mobilheimen und Chalets.

Entspannende Familienferien in aller Ruhe... Wäscherei, Lebensmittel, Bar, Mitnehmmahlzeiten, Kinderspielplatz, TV, verschiedene Aktivitäten, Schwimmbad...

F-64210 BIDART
Tel.: 05.59.26.53.61 • Fax: 05.59.26.53.94
www.uronea.com • uronea@wanadoo.fr

64210 Bidart, Pyr.-Atlantiques — F 8935/1

Abfahrt

55 ★★★★ »CAMPING LE PAVILLON ROYAL« — 15.5. bis 25.9.
☎ 05/59230054, Fax 59234447 — 50 000 qm
www.pavillon-royal.com, info@pavillon-royal.com

→ A63 Bayonne–span. Grenze Abf. Biarritz/Bidart auf die N10 Richtung Bidart, der Sammelbeschilderung folgen. ✉ Avenue du Prince de Galles.

Langgezogenes, teilweise terrassiertes Wiesengelände in einem meerwärts verlaufenden Taleinschnitt und im Kiefernwald. Eine Treppe führt zum tieferliegenden Strand. Musikveranstaltungen. Ort 3 km entfernt. 303 Touristenplätze.
2007: (HS) 2 P/N inkl. St/N 43.–, weitere P/N ca. 8.–, K/N bis 4 J. frei, KT –.50, WD und Strom (5 A) inkl. In NS Ermäßigung.

64210 Bidart, Pyr.-Atlantiques — F 8935/2

30 ★★★ »AIROTEL RÉSIDENCE DES PINS« — 8.5. bis 20.9.
☎ 05/59230029, Fax 59412459 — 70 000 qm
www.campingdespins.com, contact@campingdespins.com

→ A63 Bayonne–span. Grenze Abf. Biarritz/Bidart auf die N10 Richtung Bidart, der Sammelbeschilderung folgen. ✉ Avenue de Biarritz.

Terrassiertes Hanggelände sowie leicht welliges Wiesengelände, ein Platzteil grenzt an die Straße. Reitmöglichkeit und Ort 2 km entfernt. 400 Touristenplätze.
2007: (HS) 2 P/N inkl. St/N 24.50, weitere P/N 5.80, K/N bis 2 J. frei, KT –.50, WD inkl., Strom/N 5.10 (10 A). In NS Ermäßigung.

64210 Bidart, Pyr.-Atlantiques — F 8935/3

★★★★ »CAMPING LE RUISSEAU« — April bis Sept.
☎ 05/59419450, Fax 59419573 — 150 000 qm
www.camping-le-ruisseau.fr, francoise.dumont3@wanadoo.fr

→ A63 Bayonne–span. Grenze Abf. Biarritz/Bidart auf die N10 Richtung Bidart, der Sammelbeschilderung folgen.

Terrassiertes Hanggelände unter alten Eichen und schattenloses Wiesengelände. Musikveranstaltungen. Reitmöglichkeit, Ort u. Strand 2 km entfernt. 440 Touristenplätze.

64210 Bidart, Pyr.-Atlantiques — F 8935/4

30 ★★★ »CAMPING ERREKA« — 15.6. bis 15.9.
☎ 05/59549364, Fax 59477046 — 60 000 qm
www.camping-erreka.fr, camping.erreka@laposte.net

→ A63 Bayonne–span. Grenze Abf. Biarritz/Bidart auf die N10 Richtung Bidart, der Sammelbeschilderung folgen. ✉ 450, av. de Cumba (GPS: 49°26'45" N / 1°34'57" W).

Hügeliges Wiesengelände mit Bäumen. Ort 800 m entfernt. Touristen-/Dauerstellplätze 160/55.
2008: (HS) 2 P/N inkl. St/N 21.60, weitere P/N 5.65, K/N bis 10 J. 2.40, KT –.50, WD inkl., Strom/N 4.10 (6 A). In NS Ermäßigung.

64210 Bidart, Pyr.-Atlantiques — F 8935/5

30 ★★★ »CAMPING UR-ONEA« — 5.4. bis 15.9.
☎ 05/59265361, Fax 59265394 — 50 000 qm
www.uronea.com, uronea@wanadoo.fr

→ A63 Bayonne–span. Grenze Abf. Biarritz/Bidart auf die N10 Richtung Bidart, der Sammelbeschilderung folgen. ✉ Rue de la Chapelle (GPS: 43°26'04" N / 1°35'44" W).

Terrassiertes Wiesengelände mit Büschen und Bäumen. 80 Touristenplätze.
2008: 2 P/N inkl. St/N 24.50, H/N 2.–, KT –.50, WD inkl., Strom/N 3.50/5.– (10 A).

64500 St-Jean-de-Luz, Pyr.-Atlant. F 8940/1

★★★ »CAMPING INTER-PLAGES« 1.4. bis 30.9.
05/59265694, www.campinginterplages.com
22000 qm

→ A63 Bayonne–span. Grenze Abf. St. Jean-de-Luz/Nord auf die N 10 Richtung Bayonne. Über Acotz meerwärts abbiegen. Beschildert.

Wiesengelände unter alten Laubbäumen oberhalb der Steilküste. Durch eine Straße geteilt. Ort 400 m entfernt. 90 Touristenplätze.
2007: (HS) 2 P/N inkl. St/N 24.–, weitere P/N 8.–, H/N 3.–, KT –.50, WD und Schwimmbad inkl., Strom/N 4.–/6.– (6/10 A). In NS Ermäßigung.

64500 St-Jean-de-Luz, Pyr.-Atlant. F 8940/2

★★★ »INTERNATIONAL D'ERROMARDIE« April bis Okt.
05/59260774, Fax 59511211
40000 qm
www.erromardie.com, camping-international@wanadoo.fr

→ A63 Bayonne–span. Grenze Abf. St. Jean-de-Luz/Nord auf die N10 Richtung Saint-Jean-de-Luz. Über Erromardie abbiegen. Beschildert.
✉ Plage d´Erromardie.

Ebenes bis leicht abfallendes Wiesengelände oberhalb der Steilküste, durch einen Bach geteilt. Ein Platzteil grenzt an die Straße. Bahnlinie in der Nähe. Ort 2 km entfernt. Touristen-/Dauerstellplätze 110/93.

64500 St-Jean-de-Luz, Pyr.-Atlant. F 8940/3

★★★ »CAMPING FERME ERROMARDIE« 15.3. bis 15.10.
05/59263426, Fax 59512602
20000 qm
www.camping-erromardie.com, contact@camping-erromardie.com

→ A63 Bayonne–span. Grenze Abf. St. Jean-de-Luz/Nord auf die N10 in Richtung Saint-Jean-de-Luz. Über Erromardie abbiegen. Beschildert.
✉ Plage d'Erromardie.

Ebenes Wiesengelände oberhalb der Steilküste, durch Hecken parzelliert. Wassersportmöglichkeiten 100 m, Ort 2 km entfernt. Touristen-/Dauerstellplätze 146/30.
2007: (HS) 2 P/N inkl. St/N 21.–, weitere P/N ca. 5.30, K/N 2 bis 10 J. ca. 3.50, WD inkl., Strom/N 2.80/3.50 (4/6 A). In NS Ermäßigung.

64500 St-Jean-de-Luz, Pyr.-Atlant. F 8940/4

★★★ »CAMPING MERKO-LACARRA« 31.3. bis 30.10.
05/59265676, Fax 59547381
25000 qm
www.merkolacarra.com, contact@merkolacarra.com

→ A63 Bayonne–span. Grenze Abf. St. Jean-de-Luz/Nord auf die N10 Richtung Bayonne. Über Acotz meerwärts abbiegen, beschildert.
✉ Plage d'Acotz.

Von der Steilküste leicht abfallendes Wiesengelände, überwiegend schattenlos. Ort 4.5 km entfernt. 142 Touristenplätze.
2007: (HS) 2 P/N inkl. St/N 26.–, weitere P/N 6.–, K/N bis 7 J. 3.50, H/N 1.50, KT –.50, WD inkl., Strom/N 4.– (16 A). In NS Ermäßigung.

64500 St-Jean-de-Luz, Pyr.-Atlant. F 8940/5

★★ »CAMPING MAYA« Juni bis Sept.
05/59265491, CampingMaya@aol.com
15000 qm

→ A63 Bayonne–span. Grenze Abf. St. Jean-de-Luz/Nord auf die N10 Richtung Bayonne. Über Acotz meerwärts abbiegen. Beschildert.
✉ Quartier Acotz.

Terrassiertes Wiesengelände unter vielen Bäumen an einer Bahnlinie. Ort 5 km entfernt. 110 Touristenplätze.

DCC-Mitglieder fahren mit Auslands-Schutzpaß! und SIE?

64500 St-Jean-de-Luz, Pyr.-Atlant. F 8940/6

★★★ »CAMPING ITSAS MENDI« April bis Sept.
05/59265650, Fax 59548840
55000 qm
www.itsas-mendi.com, itsas@wanadoo.fr

→ A63 Bayonne–span. Grenze Abf. St. Jean-de-Luz/Nord auf die N10 Richtung Bayonne. Über Acotz meerwärts abbiegen. Beschildert.

Wiesengelände mit vielen Bäumen ca. 300 m vor der Steilküste. Musikveranstaltungen. 340 Touristenplätze.

64500 St-Jean-de-Luz, Pyr.-Atlant. F 8940/7

★★★ »CAMPING PLAGE SOUBELET ACOTZ« April bis Okt.
05/59265160, www.soubelet-plage.com
250000 qm

→ A63 Bayonne–span. Grenze Abf. St. Jean-de-Luz/Nord auf die N10 Richtung Bayonne. Über Acotz meerwärts abbiegen. Beschildert.
✉ Rue de la Mer.

Leicht abfallendes Wiesengelände mit einzelnen Bäumen in Strandnähe. Direkter Zugang zum Meer. Ort 4 km entfernt. 150 Touristenplätze.

64500 St-Jean-de-Luz, Pyr.-Atlant. F 8940/8

★★★ »CAMPING PLAYA« April bis Nov.
☎/Fax 05/59265585, www.camping-playa.com
20000 qm

→ A63 Bayonne–span. Grenze Abf. St. Jean-de-Luz/Nord auf die N10 Richtung Bayonne. Über Acotz meerwärts abbiegen. Beschildert.

Terrassiertes Gelände an der Felsenküste, durch eine Straße zweigeteilt. Sanitäre Anlagen liegen auf der Klippe, für die unteren Terrassen weiter Weg. Bungalowanlage. Ort 4 km entfernt. 100 Touristenplätze.

64500 St-Jean-de-Luz, Pyr.-Atlant. F 8940/9

★★ »CAMPING BORD DE MER« März bis Okt.
☎/Fax 05/59262461
10000 qm

→ A63 Bayonne–span. Grenze Abf. St. Jean-de-Luz/Nord auf die N10 Richtung St-Jean-de-Luz. Über Erromardie abbiegen. Beschildert.
✉ Quartier Erromardie.

Teilweise Sand, teilweise Wiesengelände mit direktem Strandzugang. Wassersport und Meer 300 m, Ort 2 km entfernt. 78 Touristenplätze.

64500 St-Jean-de-Luz, Pyr.-Atlant. F 8940/10

★★★ »CAMPING ATLANTICA« 1.4. bis 30.9.
05/59477244, Fax 59547227
30500 qm
www.campingatlantica.com, info@campingatlantica.com

→ A63 Bayonne–span. Grenze Abf. St. Jean-de-Luz/Nord auf die N10 Richtung Bayonne. Über Acotz meerwärts abbiegen. Beschildert.
✉ Quartier Acotz.

Ebenes Wiesengelände in grüner Umgebung. Durch Hecken parzelliert und mit Laubbäumen beschattet. Poollandschaft. Imbiss. Musikveranstaltungen. Badelandschaft. Spielautomaten. Ort 4 km entfernt. Touristen-/Dauerstellplätze 146/48.
2007: (HS) 2 P/N inkl. St/N 26.–, weitere P/N 6.–, K/N bis 7 J. 3.50, H/N 2.50, KT –.50, WD inkl., Strom/N 4.20. In NS Ermäßigung.

»Besichtigungen der Campingplätze und die daraus resultierenden Bewertungen werden durch den DCC-Inspizienten ohne Voranmeldung durchgeführt und garantieren so absolute Objektivität.«

64500 St-Jean-de-Luz, Pyr.-Atlant.　　F 8940/11

35　★★　»CAMPING DUNA MUNGUY«　　15.2. bis 15.11.
☎ 05/59477070, Fax 59477882　　　　5000 qm
www.camping-dunamunguy.com

→ A63 Bayonne–span. Grenze Abf. St. Jean-de-Luz/Nord auf die N10 Richtung Bayonne. Über Acotz meerwärts abbiegen. Beschildert. ✉ Quartier Acotz, Plage Senix (GPS: 43°25′05″ N / 1°37′16″ W).

Wiesengelände, meist schattenlos. Meer 200 m, Ort 3 km entfernt. 35 Touristenplätze.
2007: (HS) 2 P/N inkl. St/N 25.–, weitere P/N 7.–, K/N bis 6 J. 5.50, H/N 3.–, KT –.50, WD inkl. Strom/N 4.– (6 A.). In NS Ermäßigung.

64700 Hendaye-Plage, Pyr.-Atl.　　F 8950

★★★　»CAMPING ESKUALDUNA«　　Juni bis Sept.
☎ 05/59200464　　　　100000 qm

→ A63 Bayonne–span. Grenze, in Hendaye meerwärts abbiegen auf die N10c in Richtung Biarritz. ✉ Route de la Corniche.

Welliges Wiesengelände unter Bäumen mit mehreren Eingängen. Ort 2 km entfernt. 285 Touristenplätze.

64122 Socoa-Urrugne, Hendaye　　F 8955

★★　»CAMPING JUANTCHO«　　Mai bis Sept.
☎/Fax 05/59471197　　　　9000 qm
www.juantcho.com, camping@juantcho.com

→ A63 Bayonne–span. Grenze Abf. St-Jean-de-Luz–Süd auf die D912 über Hendaye Richtung Socoa–Ciboure. ✉ Route de la Corniche.

Überwiegend schattenloses, teilweise terrassiertes Wiesengelände an der Küstenstraße. Ort 500 m entfernt. 300 Touristenplätze.

Korsika

Wie für Frankreich wird auch für Korsika die Mitnahme des Internationalen Camping-Carnets (CCI) dringend empfohlen. Campen außerhalb der offiziellen Campingplätze ist nur mit Einverständnis des betreffenden Grundstückseigentümers gestattet.

Die Textilplätze auf Korsika entsprechen nicht immer den Erwartungen. Die besten Ausstattungen findet man auf den FKK-Plätzen. Informationen darüber finden Sie im FKK-Teil dieses Campingführers.

Fährverbindungen und Überfahrtzeiten

– vom französischen Festland:
Marseille	– Bastia	12 Std.
	– Ajaccio	11 Std.
Toulon	– Bastia	7 Std. (nachts 9 Std.)
	– Calvi	7 Std. (nachts 9 Std.)
Nizza	– Bastia	6 Std. (nachts 10 Std.)
	– L'Ile Rousse	5 Std. (nachts 10 Std.)
	– Calvi	5 Std. (nachts 10 Std.)
	– Ajaccio	7 Std. (nachts 10 Std.)

– vom italienischen Festland:
San Remo	– Bastia	7 Std.
	– Calvi	6 Std.
Genua	– Bastia	8 Std.
La Spezia	– Bastia	7 Std.
Livorno	– Bastia	5 Std.
Piombino	– Bastia	3 Std.

Fährdienste nur im Sommer.

Weitere Informationen über Fährverbindungen erhalten Sie bei der AvD-Reisedienst GmbH, Lyoner Str. 16, 60528 Frankfurt/Main Tel. 069/6606710, Fax 6606777, www.avd.de, reisen@avd.de

20620 Biguglia, Corse　　F 9005

30　★★★　»CAMPING SAN DAMIANO«　　1.4. bis 31.10.
☎ 04/95336802, Fax 95308410　　　　120000 qm
www.campingsandamiano.com, san.damiano@wanadoo.fr

→ N198 Bastia–Bargo, in Furiani Richtung Lido de la Marana abbiegen. Beschildert. ✉ Lido de la Marana (GPS: 42°22′36″ N / 9°17′22″ E).

Ebenes Gelände, bestehend aus 2 Plätzteilen, teilweise parzelliert in einem Kiefernwald. Direkter Zugang zum Meer. Kindersanitär. W-LAN/Funkinternet. Boulebahn. Bushaltestelle (2 x täglich). Ort (Bastia) 9 km entfernt. 280 Touristenplätze.
2007: P/N 7.–, K/N bis 8, St/N 7.–, H/N –.70, WD inkl. Strom/N 3.20 (6 A).

20230 San Nicolao, Corse　　F 9025

★★★　»CAMPING MERENDELLA«　　Mai bis Okt.
☎ 04/95385347, Fax 95384401　　　　90000 qm
www.merendella.com, Merendel@club-internet.fr

→ N193/N198 Bastia–Bonifacio, 1 km südl. Moriani-Plage beschildert. ✉ Moriani-Plage.

Ebenes Gelände unter Laubbäumen neben der Straße. Ort 800 m entfernt. 196 Touristenplätze.

20270 Aléria, Corse　　F 9030

40　★★★　»CAMPING MARINA D'ALÉRIA«　　26.4. bis 11.10.
☎ 04/95570142, Fax 95570429　　　　10000 qm
www.marina-aleria.com, info@marina-aleria.com

→ N193/N198 Bastia–Bonifacio, nördlich von Aléria meerwärts abbiegen. Beschildert.

Wiesengelände unter Bäumen am Meer. Imbiss. Familiäre Atmosphäre. Musikveranstaltungen. Billard. Ort 3 km entfernt. 200 Touristenplätze.
2007: 2 P/N inkl. St/N 31.50, H/N 3.–, WD inkl. Strom/N 3.70 (9 A).

20240 Ghisonaccia, Corse　　F 9040/1

50　★★★★　»CAMPING ARINELLA BIANCA«　　12.4. bis 13.9.
☎ 04/95560478, Fax 95561254　　　　90000 qm
www.arinellabianca.com, arinella@arinellabianca.com

→ N198 Aléria–Solenzara, in Ghisonaccia meerwärts abbiegen, noch 4 km. ✉ Route de la Mer.

Parzelliertes, lichtes Waldgelände von Kanälen unterteilt. Weitläufiger, feinsandiger Strand. Einige nicht schalldichte Diskotheken liegen in unmittelbarer Nähe. Boulebahn. Ort 4 km entfernt. 220 Touristenplätze.
2008: (HS) 2 P/N inkl. St/N 37.–, weitere P/N 10.–, K/N 2 bis 7 J. 6.–, H/N 5.–, KT –.50, WD inkl. Müllgeb. P/N –.20, Strom/N 5.– (6 A). In NS Erm.

20240 Ghisonaccia, Corse　　F 9040/2

★★　»CAMP. MARINA D'ERBA ROSSA«　　Anf. April bis Okt.
☎ 04/95562514, Fax 95562723　　　　160000 qm
www.marina-erbarossa.com, info@marina-aleria.com

→ N198 Aléria–Solenzara, in Ghisonaccia meerwärts abbiegen, noch 4 km. ✉ Route de la Mer.

Ebenes, von Bäumen und Hecken durchzogenes Ufergelände mit Strand. Diskothek in Hörweite. Kinderclub. Boulebahn. Ort 4 km entfernt. 250 Touristenplätze.

20144 Sainte Lucie de Porto Vecchio　　F 9055

★★★　»CAMPING SANTA LUCIA«　　Mai bis Sept.
☎/Fax 04/95714528　　　　30000 qm
www.campingsantalucia.com, informations@campingsantalucia.com

→ N198 Ghisonaccia–Porto Vecchio, kurz vor Sainte Lucie abbiegen, dann Richtung Porto Vecchio. ✉ Lieu dit Mulindinu.

Wiesengelände mit Bäumen. Lebensmittelverkauf 100 m, Ort 400 m, Strand 5 km entfernt. Boulebahn. Billard. 135 Touristenplätze.

CAMPING ★★★★ BUNGALOWS
MARINA d'ALERIA
KORSIKA • CAMPING – BUNGALOWS - MOBILHEIME

- Direkt am Meer
- Abgegrenzte Stellplätze
- Mobilheime und Chalets mit Sanitäreinrichtungen direkt am Meer
- 1 km langer herrlicher Sandstrand
- Sauber, ruhig und gastfreundlich
- Sanitäreinrichtungen mit gratis Warmwasser
- Restaurant, Pizzeria, Lebensmittelverkauf
- Waschmaschinen
- Tennis, Minigolf, Kinderspielplatz, Fernsehen, Beach-volley
- Ausgangspunkt für herrliche Ausflüge über die ganze Insel
- Reservierung empfohlen.
- Geöffnet: 26.4. – 11.10.

B.P. 11 - F-20270 ALERIA (Korsika)
Tel.: (00 33) 4 95 57 01 42 Fax: (00 33) 4 95 57 04 29
www.marina-aleria.com • info@marina-aleria.com
(F 9030)

20137 Porto Vecchio, Corse — F9060/1
★★★ »CAMPING GOLFO DI SOGNO« — Mai bis Okt.
04/95700898, Fax 95704143 — 170 000 qm
www.golfo-di-sogno.fr, reception@golfo-di-sogno.fr

→ N 198 Ghisonaccia–Porto Vecchio, ca. 5 km vor Porto Vecchio in La Trinité meerwärts abbiegen, noch 2 km.

Ebenes, weitläufiges Gelände unter Bäumen sowie eine flache Düne im Platzzentrum. FW. Bei Windstille Mückenplage. Ort 5 km entfernt. 650 Touristenplätze.

20137 Porto Vecchio, Corse — F9060/2
25 ★★★ »CAMPING LES ILOTS D'OR« — 15.4. bis 15.10.
/Fax 04/95700130, /Fax (NS) 95369175 — 40 000 qm
www.campinglesilotsdor.fr, campinglesilotsdor@wanadoo.fr

→ N 198 Ghisonaccia–Porto Vecchio, ca. 5 km vor Porto Vecchio. Ab La Trinité noch ca. 1.5 km. La Trinite-Rue Pezza Cardo.

Wiesengelände mit Eichen- und Eukalyptusbäumen. Musikveranstaltungen. Boulebahn. Ort 5 km entfernt. 180 Touristenplätze.
2007: (HS) P/N 6.50, K/N bis 7 J. 3.–, A/N 2.50, C/N 3.50, MC/N 6.–, T/N 3.–, M/N 1.30, WD inkl., Strom/N ca. 3.– (6 A). In NS Ermäßigung. CCI 5% auf St/N.

20169 Bonifacio, Corse — F9100/1
40 ★★★ »CAMPING U FARNIENTE PERTAMINA« — Mai bis Okt.
04/95730547, Fax 95731142, Wi. 03/80416265 — 30 000 qm
www.camping-pertamina.com, pertamina@wanadoo.fr

→ N 198 Porto Vecchio-Bonifacio, ca. 5 km vor Bonifacio. Beschildert.

Hügeliges Buschwaldgelände, teilweise terrassiert, in ländlicher Umgebung. Musikveranstaltungen. Volleyball. Boulebahn. Ort 4 km entfernt. 150 Touristenplätze.
2008: 2 P/N inkl. St/N 31.–, K/N bis 8 J. ca. 5.80, H/N 3.–, KT –.50/–.60, WD und Strom (6 A) inkl.

20169 Bonifacio, Corse — F9100/2
25 ★★★ »CAMPING BÉTOILES« — April bis Mitte Okt.
04/95730309, Fax 95731994 — 50 000 qm
www.campingdiliccia.com, info@campingdiliccia.com

→ N198 Porto Vecchio-Bonifacio. 5 km vor Bonifacio westwärts abbiegen. Beschildert. Route de Porto-Vecchio.

Wiesengelände. Boulebahn. Billard. Meer und Ort 4 km entfernt. 161 Touristenplätze.
2007: P/N 6.–, K/N bis 10 J. 2.70, A/N 2.50, C/N 3.60, MC/N 4.95, T/N 2.60, M/N 1.90, B/N 2.–, H/N –.80, KT –.25, WD inkl., Strom keine Angaben (4/10 A).

20217 St. Florent, Corse — F9110/1
25 ★★★ »CAMPING UPEZZO« — 1.4. bis 15.10.
/Fax 04/95370165 — 20 000 qm
www.upezzo.com, jean-marc.wohlgemuth@wanadoo.fr

→ D 81 Bastia-Calvi, in St. Florent bis zur Brücke, dann rechts abbiegen auf eine schmale asphaltierte Straße. Route de la Roya.

Ebenes, teilweise terrassiertes Gelände am Golf von St. Florent, durch eine Straße vom Strand getrennt. Ort 1 km entfernt. 145 Touristenplätze.
2007: P/N 5.–, K/N bis 7 J. 3.–, A/N 3.–, C/N 4.–, MC/N 7.–, T/N 3.–, M/N 3.–, B/N 3.–, WD inkl., Strom/N 3.50 (16 A).

DCC – DEIN PARTNER!

(F 9040/2)

VILLAGE CLUB CAMPING ★★★★

In einem herrlich schattigen Park gelegen, angrenzend an einen feinsandigen Strand. Schwimmbad 400 qm - verschiedene Sportaktivitäten - Boutiquen. Vermietung von Mobilheimen und Bungalows mit starken Ermäßigungen außerhalb der Saison. Service-Station für Wohnmobile. Vermietung von Mobilheimen

www.marina-erbarossa.com · info@marina-aleria.com

Öko-Park mit freilebenden Tieren

Costa Serena

ROUTE DE LA MER - F-20240 GHISONACCIA - Tel.: 04.95.56.25.14. - Fax: 04.95.56.27.23.

20217 St. Florent, Corse — F9110/2

★★ »CAMPING KALLISTE« April bis Okt.
☎ 04/95370308, Fax 95371977 35 000 qm

→ D81 Bastia–Calvi. Hinter St. Florent noch ca. 700 m.

Durch Hecken unterteiltes Gelände. FW. Ort 1 km entfernt. 171 Touristenplätze.

20226 Palasca, Belgodère/Corse — F9115

30 ★★ »CAMPING DE L'OSTRICONI« Ostern bis 15.10.
☎ 04/95601005, Fax 95600147 60 000 qm
www.village-ostriconi.com, info@village-ostriconi.com

→ N 197 Calvi–Ile Rousse Abf. Palasca meerwärts. ✉ Route du Bord de Mer, R.D. 81.

Gelände an einer Felsenbucht mit Sandstrand. Wäscheservice. Ort (Ile-Rousse) 14 km entfernt. 134 Touristenplätze.
2007: P/N 7.30, K/N bis 7 J. 3.65, A/N 3.–, C T/N 3.–, MC/N 6.–, M/N 2.70, WD inkl. Strom/N 3.80 (4 A).

20260 Lumio, Corse — F9125

25 ★★★ »CAMPING LE PANORAMIC« 1.5. bis 30.9.
☎/Fax 04/95607313 60 000 qm
www.le-panoramic.com, panoramic@web-office.fr

→ N197 Calvi–Ile Rousse, ca. 200 m hinter Lumio auf die D71 abbiegen noch 1.5 km. Steile Zufahrt. ✉ Route de Lavatoggio.

Gepflegte Terrassenanlage mit schönem Berg- und Küstenpanorama. Ort 5 km entfernt. 150 Touristenplätze.
2007: P/N 6.20, K/N bis 7 J. 3.10, A/N 2.–, C/N 4.40, MC/N 5.30, T/N 2.40, M/N 1.60, H/N 1.–, KT –.16, WD inkl. Strom/N 3.40 (6 A).

20214 Calenzana, Corse — F9135

25 ★★★ »CAMPING PARADELLA« 15.4. bis 30.9.
☎ 04/95650097, Fax 95651111 50 000 qm
www.camping-paradella.fr, info@camping-paradella.fr

→ N197 Calvi–Ile Rousse, auf die D81 südl. abbiegen Richtung Porto-Galéria bis 2 km hinter dem Flughafen Calvi. ✉ Route de la Foret de Bonifato.

Weitläufiges Gelände unter Bäumen. Offenes Sanitär. Imbiss und Frühstück. Ort 10 km entfernt. 132 Touristenplätze.
2007: (HS) P/N 6.40, K/N bis 7 J. 3.40, A/N 2.30, C/N 3.10, MC/N 5.80, M/N 2.30, KT –.25, WD inkl. Strom/N 3.20 (3 A). In NS Ermäßigung.

20260 Calvi, Corse — F9140

30 ★★★ »CAMPING PADUELLA« 10.5. bis 15.10.
☎ 04/95650616, Fax 95314399 45 000 qm
www.campingpaduella.com, campin.paduella@wanadoo.fr

→ N197 Calvi–Ile Rousse, ca. 1.5 km hinter dem Ortsende Calvi. ✉ Route de Bastia (GPS: 42°33'14" N / 8°45'53" E).

Terrassiertes Gelände unter Kiefern neben der Straße. Imbiss. Ort 1.7 km entfernt. 130 Touristenplätze.
2008: (HS) P/N 7.50, K/N bis 7 J. 3.75, A/N 3.–, C T/N 3.–, MC/N 7.20, M/N 2.10, WD inkl. Strom/N 3.65 (6/10 A). In NS Ermäßigung.

DCC-Mitglieder fahren mit Auslands-Schutzpaß! und SIE?

20150 Porto, Corse — F9155/1

30 ★★ »CAMPING LES OLIVIERS« 28.3. bis Nov.
☎ 04/95261449, Fax 95261249 50 000 qm
www.camping-oliviers-porto.com, lesoliviersporto@wanadoo.fr

→ D81 Cargèse–Galeria Abf. Porto bei der Brücke über den Fluss Porto.

Terrassenplatz mit Bäumen. Wellnessbereich. Fitnessraum. Whirlpool. Massagen. Dampfbad. Canyoning im Fluss Porto. Ort 200 m, Haltestelle 300 m, Meer 1.5 km entfernt. 250 Touristenplätze.
2007: P/N 8.80, K/N bis 7 J. 4.50, A/N 3.50, C/N 3.50, MC/N 6.50, T/N 3.50, M/N 2.–, B/N 2.–, KT –.31, WD inkl. Strom/N 4.– (4/10 A).

20150 Porto, Corse — F9155/2

25 ★★★ »CAMPING SOLE E VISTA« 1.4. bis 30.10.
☎ 04/95261571, Fax 95261079 35 000 qm
www.camping-sole-e-vista.com

→ D81 Cargèse–Galeria, in Porto beim Supermarkt Banco abbiegen. Beschildert. Steile Zufahrt.

Terrassiertes Hanggelände mit schönem Ausblick auf die Bucht. Schlepphilfe vorhanden. Imbiss. Für 2006/2007 Bungalows in Planung. Haltestelle 100 m, Ort 500 m entfernt. 170 Touristenplätze.
2007: P/N 5.50, K/N 3.–, St/N 2.50, MC/N 5.50, KT –.30, WD inkl. Strom/N 3.20 (16 A).
DCC/CCI 5% auf P/N.

20130 Cargèse, Corse — F9160

25 ★★★ »CAMPING TORRACCIA« 26.4. bis 30.9.
☎/Fax 04/95264239 35 000 qm
www.camping-torraccia.com, contact@camping-torraccia.com

→ D81 (Küstenstr.) Ajaccio–Porto, ca. 4 km hinter Cargèse. ✉ Bagghiuccia.

Terrassierte Anhöhe mit Buschwald, teilweise schattenlos. Ein Platzteil grenzt an die Straße. Ort 4 km entfernt. 90 Touristenplätze.
2007: P/N 7.50, K/N bis 7 J. 3.90, A/N 3.10, C/N 3.50, MC/N 6.80, T/N 3.10, M/N 2.–, B/N 3.30, KT –.30, WD inkl. Strom/N 3.10 (6 A).

20113 Olmeto-Plage, Corse — F9175

30 ★★★ CAMPING L'ESPLANADE« Mai bis Okt.
☎ 04/95760503, Fax 95761622 50 000 qm
www.camping-esplanade.com, campinglesplanade@club-internet.fr

→ Von der N 196 Bonifatio–Ajaccio ca. 5 km nach Propriano auf die Küstenstraße D 157 abbiegen, noch ca. 1 km. Beschildert.

Terrassiertes Gelände unter alten Olivenbäumen, Steineichen, Eukalyptus- und Pinien. Direkter Weg zum Meer. Reitmöglichkeit 200 m, Haltestelle 2 km, Ort 6 km entfernt. 90 Touristenplätze.
2007: (HS) P/N 7.30, K/N bis 7 J. 3.75, A/N 3.20, C/N 4.–, MC/N 5.–, T/N 3.–, B/N 2.50, KT –.30, WD inkl. Strom/N 3.–. In NS Ermäßigung.

DCC-Vertragsplatz

20236 Francardo, Corse — F9200

25 ★★★ »CAMPING CAMPITA« 15.3. bis 15.10.
☎ 04/95474415, Fax 95474376 20 000 qm
www.campita.fr, battista.campita@wanadoo.fr

→ N193 Bastia–Ponte Leccia, ca. 1.3 km hinter Francardo am Fluss Golo.

Naturbelassenes Wiesengelände mit dichtem Steineichen-Bestand am Fluss Golo. Im Sommer hier Bademöglichkeit. Günstiger Ausgangspunkt für Wanderungen in die umliegende Bergwelt. Kanu- und Kajakfahrten auf den Flüssen. FW. Brötchenservice. Ort 1.5 km entfernt. 25 Touristenplätze.
2006: P/N 8.–, K/N bis 7 J. 5.–, St/N inkl. Strom/N 3.– (10 A).
DCC 10% auf P/N.

DCC – DEIN PARTNER!

FINNLAND

Übersichtskarte Seite 649
Besondere Vorschriften und Regelungen

Personaldokumente: Gültiger Reisepass oder Personalausweis bis zu einem Aufenthalt von 3 Monaten. Kinder unter 16 Jahren benötigen einen Kinderausweis (mit Vermerk »Deutsch«) oder Eintrag im Familienpass.

Impfbescheinigungen: Werden nicht verlangt.

Dokumente für Haustiere: Für Hunde und Katzen ist der »EU-Heimtierpass« mitzuführen. Er wird von behördlich ermächtigten Tierärzten ausgestellt. Der Pass muss Name und Anschrift des Besitzers enthalten und dem Tier eindeutig zugeordnet werden können; d.h. die Passnummer, die die Identifizierung ermöglicht, wird dem Tier eintätowiert oder durch einen Mikrochip implantiert. Ein gültiger Tollwutimpfschutz muss ebenfalls im Pass nachgewiesen werden. Die letzte Impfung muss mindestens 30 Tage zurückliegen und darf höchstens 12 Monate vor der Einreise erneuert worden sein. Bei Tieren, die regelmäßig (einmal pro Jahr) geimpft werden, entfällt die 30-Tage-Frist. Für die direkte Einreise nach Finnland wird zusätzlich ein tierärztliches Attest über eine Behandlung gegen den Bandwurm „Echinococcus mulitilocurlaris" benötigt, die mindestens 72 Stunden und max. 30 Tage vor der Einreise durchgeführt worden sein muss. Es ist zu beachten, das bei Einreise über Schweden weitaus umfangreichere Bestimmungen gelten.
Spezielle Auskünfte erteilt die Finnische Botschaft: Rauchstr. 1, 10787 Berlin, Tel. 030/50 50 30, Fax 030/50 50 33 33.

Kfz: Deutscher Führerschein und deutsche Zulassung sind ausreichend. Nationalitätszeichen »D« muss am Fahrzeug- auch an Anhänger- angebracht, oder im EU-Nummernschild enthalten sein. Ist der Fahrer nicht Eigentümer des Fahrzeuges, muss eine Benutzungsvollmacht des Fahrzeughalters vorliegen. Es besteht Haftpflichtversicherungszwang. Die »Internationale grüne Versicherungskarte« ist bei Kfz aller Art mit amtl. deutschen Kennzeichen zwar nicht Pflicht, jedoch wird die Mitnahme trotzdem dringend empfohlen.

Verkehrsvorschriften: In Finnland gilt grundsätzlich rechts vor links. Straßenbahnen und Busse haben immer Vorfahrt. Tagsüber muss inner- und außerorts mit Abblendlicht gefahren werden. Anschnallpflicht gilt für alle Insassen. Beim Verlassen des Fahrzeuges bei einer Panne ist es Pflicht, eine reflektierende Warnweste zu tragen. Promillegrenze 0,5.

Tempolimits: Innerorts: Pkw/Gespanne 50 km/h, Landstraßen: Pkw-Gespanne 80-100/80 km/h, Autobahnen: Pkw 120 km/h. Pkw außerorts mit gebremsten Anhänger, Wohnmobile, Gespanne, Omnibusse und Lkw 80 km/h.

Telefon: Deutschland – Finnland: 00358. Finnland – Deutschland 0049.

Unfallnotruf: Feuerwehr und Ambulanz: 112. Auskünfte über Abschleppdienst- und Pannendienst Tag und Nacht über Telefon 09/77 47 64 00. Der Pannenhilfstdienst des »Autolitto« ist an Feiertagen und von Fr 18 Uhr bis So 22 Uhr unter 02 00 80 80 erreichbar.

Devisen: Für die Ein- und Ausfuhr von Landes- und Fremdwährungen bestehen keine Beschränkungen.

Camping: Finnland hat etwa 350 bewachte Campingplätze. Die Campingsaison beginnt im Mai und endet im September. Falls angefahrene Plätze schon geschlossen sind, kann man oftmals über die Stadtverwaltung Informationen über Campingmöglichkeiten erhalten. Das Übernachten ist außerhalb eines Campinggeländes (für eine Nacht) zwar nicht verboten, jedoch muss Rücksicht genommen werden auf Wiesen, Anpflanzungen und landwirtschaftliche Nutzflächen, die dadurch Schaden nehmen könnten. Auf privatem Boden ist die Einwilligung des Grundstückseigentümers einzuholen. Die finnischen Campingplätze sind überwiegend naturbelassen. Aus diesem Grund haben wir in diesem Land auf das Naturplatzzeichen verzichtet.
Das Stromnetz ist auf 220 Volt (50 Hz) Wechselstrom ausgelegt. Es stehen allerdings nicht auf allen Campingplätzen für Caravans und Zelte Stromanschlüsse zur Verfügung. Die meisten Plätze haben separate Areale mit Stromversorgung an den Stellplätzen eingerichtet. Ausländische Gasflaschen werden bei finnischen Tankstellen nicht ausgetauscht. Es empfiehlt sich daher, das für den Aufenthalt benötigte Gas mitzubringen. Butangas ist in Finnland nicht erhältlich.

Wassersport: Finnland mit seinen 187.888 Seen ist ein Paradies für Wassersportler. Boote über 5,5 m Länge sind bei der Einreise zu deklarieren (für teuere Boote muss meistens eine Kaution hinterlegt werden). Für Rennfahrzeuge ist ein »Carnet de Passage« erforderlich, das bei den deutschen Automobilclubs erhältlich ist. Campingplätze und Feriendörfer vermieten Kanus und Ruderboote.

Allgemeine Informationen:

D-60325	**Frankfurt/M,** Finnische Zentrale für Tourismus Lessingstr. 5, Tel. 069/50 07 01 57, Fax 069/724 17 25 www.visitfinland.de, finnland.info@mek.fi

Vertretung der Bundesrepublik Deutschland:

FIN-00340	**Helsinki,** Deutsche Botschaft, Krogiuksentie 4 B
FIN-00331	**Helsinki,** Post: PL 5 Tel. 00358 9/45 85 80, Fax 00358 9/45 85 82 58 www.helsinki.diplo.de, saska@germanembassy.fi

Ausführliche Einreisebestimmungen mit detaillierten Angaben zu den Themen Reisedokumente, Zoll- und Devisenbestimmungen, Reisen mit dem Kraftfahrzeug, Camping und der Aufenthalt im Urlaubsland sind bei der Touristik-Abteilung des DCC gegen Rückporto erhältlich.

Campingplätze:

Gebühren-Angaben in EURO
Bei Gebühren-Angaben mit der Vorjahreszahl muss eventuell mit einer Anhebung der Gebühren für das laufende Jahr gerechnet werden. Außerdem können sich die angegebenen Öffnungszeiten verändert haben und es ist möglich, dass angegebene Ermäßigungen nicht mehr gewährt werden

22100 Mariehamn, Insel Åland — FIN 1030

★★★ »CAMPING GRÖNA UDDEN« — Mitte Mai bis Mitte Sept.
☎ 018/21121, Fax 14960 — 50 000 qm
www.supertravelnet.com/fin/grona-udden, www.campa-it.se/grona-udden

→ in Mariehamn am Hafen, beschildert. ✉ Gröna Udden.

Wiesengelände im lichten Hochwald. Restaurant 450 m, Ort 1 km entfernt. Touristen-Dauerstellplätze 480/20.

21100 Naantali, Westfinnland — FIN 1040

★★★ »NAANTALI CAMPING«
☎ 02/4350855, Fax 4350052,
www.naantalinmatkailu.fi, www.topcamping.net
April bis Sept.
84 000 qm

→ Straße E 18 Richtung Hafen (Satama). Beschilderter Abzweig. ✉ Leirintäalueentie 1.

Abfallendes, gekiestes Waldgelände in der Nähe des Fährhafens. Öffentlicher Strandzugang. Imbiss. Billardgolf. Ort 1 km entfernt. 120 Touristenplätze.

20100 Turku, Westfinnland — FIN 1050

★★ »RUISSALO CAMPING«
☎ 02/2625100, Fax 2625101
Juni bis Aug.
160 000 qm

→ 9 km südwestlich von Turku auf der Insel Ruissalo. Beschildert. ✉ Ruissalo.

Nicht eingezäuntes, ebenes, teilweise asphaltiertes Gelände. Öffentlicher Strandzugang. Imbiss. Zimmer. Ort 10 km entfernt. 600 Touristenplätze.

10960 Hanko, Südfinnland — FIN 1150

25 ★★ »HANKO CAMPING SILVERSAND«
☎ 019/2485500, Fax 09/713713,
www.fontana.fi/camping, sales@fontana.fi
30.5. bis 31.8.
100 000 qm

→ 4 km nordöstlich vom Zentrum. Beschildert ab Straße 25, nach der Abbiegung nach Tammisaari/Ekenäs. ✉ Silversand Pohjoinen (GPS: 59°51'9.9" N / 23°00'1.5" E).

Ebenes, bis leicht abfallendes Gelände im Nadelwald am Finnischen Meerbusen. Imbiss. Ort 4 km entfernt. 400 Touristenplätze.
2008: P/N 4.–, K/N bis 3 J. frei, St/N 12.–, WD inkl., Strom/N 5.– (16 A).
CCI 10% auf St/N.

02740 Espoo, Südfinnland — FIN 1170

25 ★★★ »ESPOO CAMPING OITTAA«
☎ 09/8632585, Fax 713713,
www.fontana.fi/camping, sales@fontana.fi
19.5. bis 31.8.
60 000 qm

→ Str. 1/E 18 Ring III Ausfahrt Espoo, beschildert, noch ca. 4 km in nördlicher Richtung zum Bodomjärvi. ✉ Kunnarlantie (GPS: 60°14'19" N / 24°39'35" E).

Ebenes Wiesengelände am Bodomsee. Imbiss. 125 Touristenplätze.
2008: P/N 4.–, K/N bis 3 J. frei, St/N 12.–, WD inkl., Strom/N. 5.– (16A).
CCI 10% auf St/N.

00980 Helsinki, Südfinnland — FIN 1180

30 ★★★ »RASTILA CAMPING«
☎ 09/31078517, Fax 31036675
www.hel.fi/liv/rastila, rastilacamping@hel.fi
1.1. bis 31.12.
90 000 qm

→ Von Ringstraße 1 oder Straße 170 in östl. Richtung, gut beschildert, liegt ca. 12 km östl. des Stadtzentrums. ✉ Karavaanikatu 4 (GPS: 60°12'24" N / 25°07'16" E).

Ebenes bis leicht ansteigendes Gelände zwischen Stadt und Meeresarm. Ort 12 km entfernt. 265 Touristenplätze.
2008: (HS) P/N 5.–,K/N bis 15 J. 1.–, St/N 15.–, WD inkl., Strom/N 4.50 (16 A). In NS Ermäßigung.

11130 Riihimäki, Südfinnland — FIN 1190

★★ »LEMPIVAARA MATKAILUKESKUS«
☎ 019/719200, Fax 722640
www.lempivaara.com, info@lempivaara.com
1.1. bis 31.12.
10 000 qm

→ Str. 3/E 12 Helsinki–Tampere. ✉ Karhintie 196.

Ebenes, teils leicht abfallendes Wiesengelände mit Bäumen, teilweise auch terrassiert mit festen Stellflächen für Caravans und Mocas an mehreren kleinen Badeseen. Wasserrutsche. Gasverkauf. Grillplätze. Reitschule 3 km entfernt. 200 Touristenplätze.

37600 Valkeakoski, Westfinnland — FIN 1350

★★★ »APIANLAHTI CAMPING«
☎/Fax 03/5842441
www.valkeakoski.fi/matkailu/majoitus.htm, pitopalvelu@mansikkainen.inet.fi
1.1. bis 31.12.
16 000 qm

→ Str. 3/E 12 Tampere–Helsinki, ca. 30 km südl. von Tampere nach Valkeakoski abbiegen, im Ort beschildert. ✉ Pälkäneentie 43.

Unparzelliertes, ebenes bis leicht welliges Wiesengelände mit altem Baumbestand an einem See. Zeitweise Geruchsbelästigung durch Papierfabrik möglich. Kiosk. Strandsauna. Zimmer. Ort 1 km entfernt. 60 Touristenplätze.

33900 Tampere, Westfinnland — FIN 1400

25 ★★ »CAMPING HÄRMÄLÄ«
☎ 03/2651355, Fax 03/2660365
www.fontana.fi/camping, sales@fontana.fi
16.5. bis 31.8.
80 000 qm

→ ca. 5 km südlich der Stadt, am Seeufer des Pyhäjärvi. ✉ Leirintäkatu 8 (GPS: 61°26'18" N / 23°44'20" E).

Gepflegte Anlage am Waldrand. Bungalowanlage. Ort 4 km entfernt. 400 Touristenplätze.
2008: P/N 4.–, K/N bis 3 J. frei, St/N 12.–, WD inkl., Strom/N 5.– (16A).
CCI 10% auf St/N.

34260 Kämmenniemi, Westfinnland — FIN 1430

25 ★★★ »CAMPING TAULANIEMI«
☎ 03/3785753, Fax 3785752
www.taulaniemi.fi, taulaniemi@yritys.soon.fi
23.5. bis 7.9.
25 000 qm

→ von Tampere Str. 9/E 63 Richtung Jyväskylä abbiegen auf Str. 338 Richtung Ruovesi, nach Kämmenniemi beschilderte Abbiegung. ✉ Taulaniementie 357.

Hügeliges Wiesengelände. Ort 6.5 km entfernt. 30 Touristenplätze.
2007: P/N 4.–, K/N bis 15 J. 2.–, St/N 12.–, H/N inkl., WD inkl., Strom/N 5.– (10 A).

28840 Pori, Westfinnland — FIN 1500

20 ★★★ »CAMPING LEIRINTÄ YYTERI«
☎ 02/6345700, Fax 6345747
www.pori.fi/vav/yyteri, leirinta.yyteri@pori.fi
1.1. bis 31.12.
12 000 qm

→ von Pori aus Straße 2, ca. 18 km in nordwestlicher Richtung nach Mäntyluoto. Beschildert. ✉ Yterinsantojentie 1.

Wiesengelände mit schönem Sandstrand. Bungalowanlage. Spielzimmer. Rollerskateweg. Wasserrutsche. Golfplatz in der Nähe. Ort 18 km entfernt. Touristen-/Dauerstellplätze 285/220.
2007: (HS) P/N 3.–, St/N 10.–/12.–, WD inkl., Strom/N 3.50 (16A). In NS Erm.
DCC 10% auf St/N.

✉ 26100 Rauma, Westfinnland — FIN 1600

★★ »POROHOLMA CAMPING« — Mai bis Aug.
☎ 02/83882500, Fax 83882400, poroholma@kalliohovi.fi — 40 000 qm
→ durch die Stadt, über das Eisenbahngleis, gut beschildert. ✉ Poroholmantie 1.

Schönes Wiesengelände im Laubwald. Cafeteria. Kiosk. Ort 2 km entfernt. 150 Touristenplätze.

✉ 23500 Uusikaupunki, Westfinnland — FIN 1690

★★★ »SANTTIORANNAN LEIRINTÄALUE« — 1.6. bis 31.8.
☎ 02/8423862, Fax 8412887, www.kpi.uusikaupunki.fi — 20 000 qm
→ ca. 2 km nördlich der Stadt. ✉ Kalalokkikuja 14.

Gelände in einem Nadelwald. Kiosk. Ort 1.5 km entfernt. 50 Touristenplätze.

✉ 15240 Lahti, Südfinnland — FIN 2100

★★★ »MUKKULA CAMPING« — 1.1. bis 31.12.
☎ 03/7535380, Fax 7535381 — 64 000 qm
www.mukkulacamping.fi
→ Halbinsel Mukkula am Ufer des Sees Vesijärvi. Beschildert, etwa 3.5 km vom Zentrum. ✉ Ritaniemenkatu 10.

Wiesengelände am See. Imbiss. Ort 4 km entfernt. Touristen-/Dauerstellplätze 270/30.

DCC-Vertragsplatz

✉ 19600 Hartola, Südfinnland — FIN 2200

[20] ★★★ »GASTHAUS-CAMPING KOSKENNIEMI« — 1.1. bis 31.12.
☎ 03/7161135, Fax 03/7161086 — 50 000 qm
www.koskenniemi.com, email@koskenniemi.com
→ Str. 4/E75 Helsinki–Jyväskylä, südlich von Hartola seewärts abbiegen. Beschildert. ✉ Koskenniementie 66 (GPS: 61°33'46" N / 25°59'54" E).

Ebenes Wiesengelände mit einzelnen Bäumen am Fluss Tainiouvirta. Zimmer. 100 Touristenplätze.
2007: P/N 3.–, K/N bis 15 J. 1.–, St/N 10.–, H/N inkl., WD inkl., Strom/N 4.– oder kWh –.25 (16 A).
DCC/CCI 10% auf P/N.

✉ 50180 Mikkeli, Ostfinnland — FIN 2300

★★ »VISULAHTI-CAMPING« — 1.1. bis 31.12.
☎ 015/18281, Fax 176209 — 360 000 qm
www.visulahdenmatkailu.fi, visulahti@pp.inet.fi
→ Straße Nr. 5 Mikkeli–Kuopio, ca. 5 km vom Ort an der rechten Seite der Straße. ✉ Visulahdenkatu 1.
❖ Dinosaurier-Park, Oldtimer-Museum, Motor Park.

Gelände am Saimaa-Ufer. TV im Restaurant. Ort 5 km entfernt. 500 Touristenplätze.

✉ 40200 Jyväskylä, Westfinnland — FIN 2450

★★★ »TUOMIOJÄRVI CAMPING« — Juni bis Aug.
☎/Fax 014/624895 — 67 000 qm
→ Beschilderte Abbiegung von der Straße 4/E 75 am nördlichen Stadtrand. ✉ Taulumäentie 47.

Leicht abfallendes Wiesengelände am Waldrand. Cafe und Imbiss. Ort 2 km entfernt. 150 Touristenplätze.

✉ 42700 Keuruu, Westfinnland — FIN 2470

★★★★ »KEURUU CAMPING NYYSSÄNNIEMI« — Juni bis Aug.
☎ 014/720067, 0407002308, Fax 771115 — 50 000 qm
railam@sunpoint.net
→ An der Straße 58, ca. 2.5 km südlich des Ortes. Beschildert. ✉ Nyssänniementie 78.

Waldgelände mit zwei Stufen und herrlichem Blick auf den See. Imbiss. Ort 2.5 km entfernt. 50 Touristenplätze.

✉ 34600 Ruovesi, Westfinnland — FIN 2480

[25] ★★★ »HAAPASAAREN LOMAKYLÄ« — 1.1. bis 31.12.
☎ 03/4861388, 044/0800290, Fax 4861444 — 80 000 qm
www.haapasaari.fi, lomakyla@haapasaari.fi
→ von der Straße 66 beschildert. ✉ Haapasaarentie 5 (GPS: 61°39'24" N / 24°06'54" E).

Fast schattenloses Wiesengelände. Bungalowanlage. Imbiss in HS. Ort 1.5 km entfernt. 100 Touristenplätze.
2008: (HS) P/N 4.–, K/N bis 15 J. 1.50, St/N 13.–, WD inkl., Strom/N 4.–. In NS Ermäßigung.
DCC 10% auf P/N, CCI 20% auf P/N.

✉ 34800 Virrat, Westfinnland — FIN 2490/1

[20] ★★★ »LAKARI-CAMPING« — 1.5. bis 30.9.
☎03/4758639, Fax 4758667 — 180 000 qm
www.virtainmatkailu.fi, lakari@virtainmatkailu.fi
→ von der Straße 66 bei der Abbiegung Pihjaslahti/Hauhuu 6 km südlich Virrat abbiegen und noch ca. 1.5 km. Beschildert. ✉ Lakarintie 405 (GPS: 62°12'19" N / 23°50'36" E).

Wiesengelände zwischen zwei See in einem lichten Mischwald. Badesteg. Kiosk. Steichelzoo. Trampoline. Golf 1 km, Ort 2 km entfernt. 100 Touristenplätze.
2008: P/N 2.–, K/N 1.–, St/N 12.–, WD inkl., Strom/N 4.– (16 A). DCC/CCI 2.– Ermäßigung auf St/N.

✉ 34800 Virrat, Westfinnland — FIN 2490/2

★★ »VANKKURIMÄNNIKKÖ, SFC« — 1.1. bis 31.12.
☎03/4758672, www.virrat.fi/vankkurimannikko — 76 000 qm
→ von der Straße 66 ca. 6 km südlich Virrat abbiegen. Beschildert. ✉ Lakarintie 580.

Weitläufiges, ebenes Wald- und Wiesengelände. Imbiss. Ort 7 km entfernt. 300 Touristenplätze.

FIN

DCC – auch Ihr Camping-Partner!

Deutscher Camping-Club e.V., Postfach 40 04 28, 80704 München

29900 Merikarvia, Westfinnland — FIN 2495

★★★ »MERI-CAMPING« — Juni bis Aug.
☎/Fax 02/5511283, 0400719589
20 000 qm
www.merikarvia.fi, www.merikarvianmatkailu.fi, mericamping.merikamping@luukku.fi

→ von der Straße 8 Pori-Vaasa in Höhe von Tuorila 8 km nach Westen. Dann über die Straße noch 1.8 km. Beschildert. ✉ Palosaarentie.

Ebenes bis leicht welliges Wald- und Wiesengelände mit Bootsanlegestelle und Sandstrand. Von drei Seiten vom Meer umgeben. Bootstouren in die Schären. Beheizte Sanitäranlagen. Wanderhütten. Cafeteria. Ort 3 km entfernt. 120 Touristenplätze.

64100 Kristiinankaupunki, Westfinnland — FIN 2497

★★ »PUKINSAARI-BOCKHOLMEN CAMPING« — 16.5. bis 31.8.
☎ 06/2211484, www.virrat.fi/vankkurimannikko
→ von der Straße 8 Pori-Vaasa nach Kristiinankaupunki abbiegen. ✉ Salantie 32.

Ebenes, unparzelliertes Wald- und Wiesengelände am Meer mit Badestrand und Sprungturm. Ort 1.5 km entfernt.
2008: P/N 2.50, K/N bis 15 J. 1.50, St/N 13.–, WD inkl., Strom/N 4.80. DCC 1.60 Ermäßigung pro Nacht.

43100 Saarijärvi, Westfinnland — FIN 2500

★★★ »AHVENLAMPI CAMPING« — 24.5. bis 26.8.
☎ 0400/505768, Fax 014/439583
150 000 qm
www.ahvenlampicamping.net, ahvenlampi@luukku.com

→ an der Straße 13 Jyväskylä–Kokkola, ca. 8 km nordwestlich des Ortes Saarijärvi. Beschildert. ✉ Ahvenlammentie 62.

Im lichten Nadelwald am Seeufer. Bungalowanlage. Imbiss. Ort 8 km entfernt. 100 Touristenplätze.
2008: P/N 3.–, K/N bis 14 J. 1.50, St/N 12.–, WD inkl., Strom/N 3.– (16 A). CCI 10% auf P/N.

44200 Suolahti, Westfinnland — FIN 2520

★★ »HANKALA-LOMAKESKUS CAMPING« — Mai bis Sept.
☎ 014/542327, 0400547772
50 000 qm
www.camping-hankala.com, hankala.lomakeskuscamping@co.inet.fi

→ ca. 31 km nördlich Jyväskylä auf Str. 69 abbiegen. In Suolathi Richtung Sumiainen, nach 2 km links Richtung Ruotinkylä, nach der Abbiegung noch 2.5 km. ✉ Hankalantie 30.

Leicht abfallendes bis ebenes Wiesengelände am Keitele-See, durch Büsche und Bäume aufgelockert. Restaurant. Zimmer. Ort 5 km entfernt. Touristen-/Dauerstellplätze 200/60.

65170 Vaasa, Westfinnland — FIN 2600

★★★★ »TOP CAMPING VAASA« — 25.5. bis 11.8.
☎ 06/2111255, Fax 2111428
100 000 qm
www.topcamping.fi/vaasa, vaasa@topcamping.fi

→ ca. 2 km vom Stadtzentrum auf der Insel Vaskiluoto, abseits der Straße zum Fährhafen. ✉ Niemeläntie 1.

Leicht welliges bis ebenes Gelände in einem Birkenwald mit Badebucht. Bungalowanlage. Imbiss. Ort 2 km entfernt. 350 Touristenplätze.
2007: (HS) P/N 5.–, K/N 2 bis 15 J. 3.– St/N 10.–/12.–, WD inkl., Strom/N 5.– (16 A). In NS Ermäßigung.

06100 Porvoo, Südfinnland — FIN 3000

★★ »PORVOO CAMPING KOKONNIEMI« — 30.6. bis 31.8.
☎ 019/581967, Fax 9713713
90 000 qm
www.fontana.fi/camping, sales@fontana.fi

→ Straße 7/E18 Helsinki-Kotka Abf. Helsinki/Porvoo, der Beschilderung folgen, noch ca. 6 km. ✉ Porvoo (GPS: 60°22'46" N / 25°40'12" E).

Teilweise parzelliertes, parkartiges, leicht abfallendes Wiesengelände in einem Waldgebiet. Ort 2 km entfernt. 87 Touristenplätze.
2008: P/N 4.–, K/N bis 3 J. frei, St/N 12.–, WD inkl., Strom/N 5.– (16A). CCI 10% auf St/N.

45200 Kouvola, Südfinnland — FIN 3100

★★★★ »TYKKIMÄKI CAMPING« — 23.5. bis 31.8.
☎ 05/3211226, Fax 3211203
80 000 qm
www.fontana.fi/camping, www.tykkimaki.fi, sales@fontana.fi, camping@tykkimaki.fi

→ Von der Str. 6 nördlich Kouvola auf die Str. 15 abbiegen. Platz liegt neben dem Vergnügungspark "Tykkimäki Amused Park". ✉ Rantatie 20 (GPS: 60°53'16" N / 26°46'28" E).

Ebenes, teilweise leicht abfallendes Gelände am Käyrälampi-See. Stellplätze teils durch Hecken unterteilt, teils befestigt. Durch eine Brücke über die Straße mit dem Vergnügungspark verbunden. Basketball. Ort 5 km entfernt. 123 Touristenplätze.
2008: (HS) P/N 4.–, K/N bis 3 J. frei, St/N 12.–, WD inkl., Strom/N 5.– (16A). CCI 10% auf St/N.

54510 Uro b. Luumäki, Südfinnland — FIN 3150

★★ »TAAVETIN LOMAKESKUS & CAMPING« — 2.6. bis 10.8.
☎ 05/6152500, Fax 9713713
34 000 qm
www.fontana.fi/camping, sales@fontana.fi

→ Str. 6 Kuovola-Lappenranta, ca. 3 km nach Taavetti zum See abbiegen. Beschildert. ✉ Rantsilanmäki 49 (GPS: 60°56'19" N / 27°38'36" E).

Zum See stark abfallendes Wiesengelände am Kivijärvi-See. Bungalowanlage. Ort 5 km entfernt. 200 Touristenplätze.
2008: P/N 4.–, K/N bis 3 J. frei, St/N 10.–, WD inkl., Strom/N 5.– (16A). CCI 10% auf St/N.

53810 Lappeenranta, Südfinnland — FIN 3200

★★★ »HUHTINIEMI CAMPING« — 16.5. bis 15.9.
☎ 05/4515555, Fax 4515558
126 000 qm
www.huhtiniemi.com, huhtiniemi@loma-oksa.inet.fi

→ 2 km westlich der Stadt in Richtung Helsinki. ✉ Kuusimäenkatu 16.

Überwiegend ebenes Wiesengelände oberhalb des Saimaa–Sees, neben der Skisprungschanze und in der Nähe eines Schießstandes. Jugendherberge. Kiosk. FW. Haltestelle 100 m, Ort 2 km entfernt. 200 Touristenplätze.
2008: P/N 4.50, K/N bis 15 J. 2.–, St/N 12.–, WD inkl., Strom/N 4.–/5.– oder kWh –.25 (16 A).
DCC/CCI 15 % auf St/N.

54990 Suur-Saimaa, Südfinnland — FIN 3220

★★★ »SUUR-SAIMAAN LOMAK. & CAMPING« — 9.6. bis 8.8.
☎ 05/4145081, Fax 4145145
18 000 qm
www.fontana.fi/camping, sales@fontana.fi

→ Str. 6 Kouvola–Imatra, nach Lappenranta links abbiegen auf Str. 408 Taipalsaari, hier weiter nach Suur-Saimaa. ✉ Taipalsaari (GPS: 61°16'32" N / 28°03'27" E).

Naturbelassenes Waldgelände am Seeufer. 50 Touristenplätze.
2008: P/N 4.–, K/N bis 3 J. frei, St/N 9.–, WD inkl., Strom/N 5.– (16A). CCI 10% auf St/N.

✉ 55420 Imatra, Südfinnland — FIN 3230

★★★ »IMATRA CAMPING UKONNIEMI« — Juni bis Aug.
☏/Fax 05/4724055, Fax 09/713713
100 000 qm

→ Straße 6 Kouvola–Parikkala. Im Ort beschildert. ✉ Leiritie.

Hügeliges Waldgelände. Bungalowanlage. Restaurant 500 m, Ort 5 km entfernt. 170 Touristenplätze.

DCC-Vertragsplatz

✉ 52200 Puumala, Ostfinnland — FIN 3300

[20] ★★★ »CAMPING KOSKENSELKÄ LOMAKYLÄ« — 15.5. bis 15.9.
☏ 015/4681119, Fax 4681809
10 000 qm
www.koskenselka.fi, koskenselka@lomavinkki-oy.inet.fi

→ nach der Brücke von Puumala links ab, nach 2 km wieder links und noch 500 m. Beschildert. ✉ Koskenseläntie 98.

2,5 km

Wiesengelände im Hochwald am Saimaa-See. Im Winter Aufenthalt auf Anfrage. Bungalowanlage. FW. Zimmer. Ort 2.5 km entfernt. 75 Touristenplätze.
2007: P/N 3.–, St/N 11.–, B/N 10.–, WD inkl., Strom/N 3.– (16 A).
DCC/CCI 10% auf P/N.

✉ 57600 Savonlinna, Ostfinnland — FIN 3420

[25] ★★ »SAVONLINNA CAMPING VUOHIMÄKI« — 30.5. bis 31.8.
☏ 015/537353, Fax 09/713713,
306 000 qm
www.fontana.fi/camping, sales@fontana.fi

→ Straße Savonlinna Richtg. Mikkeli, nach 5 km abbiegen. Beschildert (GPS: 61°51'44" N / 28°48'18" E).

100 m ✕ 6 km

Ebenes, leicht terrassiertes, durch Büsche aufgelockertes Wiesengelände am Pihlajavesisee. Imbiss. Ort 6 km entfernt. 250 Touristenplätze.
2008: (HS) P/N 4.–, K/N bis 3 J. frei, St/N 12.–, WD inkl., Strom/N 5.– (16A).
CCI 10% auf St/N.

✉ 58550 Putikko-Punkaharju, Ostfinnl. — FIN 3450

★★★ »KULTAKIVI CAMPING U. FERIENDORF« — Mai bis Aug.
☏ 015/645151, Fax 645141
23 000 qm

→ von Lappeenranta, auf Straße 6 bis Parikkala, dann Straße 14 noch ca. 11 km in Richtung Punkaharju.

Ausgedehntes Wiesen- und Kiefernwaldgelände im Vier-Seen-Gebiet mit separaten Caravan-Stellflächen und eigenem Strand. 10 neue Hütten. Ort 7 km entfernt. 200 Touristenplätze.

✉ 58450 Punkaharju, Ostfinnland — FIN 3455

★★ »PUNKAHARJUN LOMAKESKUS« — 1.1. bis 31.12.
☏ 015/739611, Fax 441784
100 000 qm

→ von Punkaharju (2 km) kommend links der Straße 14 nach Savonlinna, noch 26 km. ✉ Tuunaansaarentie 4.

300 m ✕ 7 km

Wellig zum Seeufer abfallendes Waldgelände neben einem Freizeitpark. In NS eingeschränker Service. Ort 7 km entfernt. 500 Touristenplätze.
2008: P/N 4.–, K/N bis 3 J. frei, St/N 12.–, WD inkl., Strom/N 5.– (16A).
DCC/CCI 1 Euro auf P/N, St/N frei.

DCC – DEIN PARTNER!

✉ 82360 Onkamo, Ostfinnland — FIN 3480

[15] ★★★ »ONKAMO CAMPING« — 1.6. bis 10.8.
☏/Fax 040/5801258
20 000 qm
www.travel.fi/fin/onkamo, onkamo.camping@oppivat.net

→ in Onkamo 1 km auf der Straße 6, abbiegen nach Tohmajärvi. Beschildert. ✉ Kangaslammintie 59.

500 m

Wiesengelände am Ufer des Kangaslampi. Café. Boccia. 50 Touristenplätze.
2008: 2 P/N u. 2 K/N inkl. St/N 15.–, WD inkl., Strom 3.– oder kWh 1.60 (16 A).
DCC/CCI 10 % auf St/N.

✉ 80110 Joensuu, Ostfinnland — FIN 3500

★★★ »CAMPING LINNUNLAHTI« — Juni bis Aug.
☏ 013/126272, Fax 223337
6000 qm
www.linnunlahticamping.fi, info@linnunlahticamping.fi

→ vom Ort ca. 1 km in Richtung Kuopio, dann abbiegen zum See. Beschildert. ✉ Linnunlahtentie 1.

100 m 200 m ✕ 1 km

Parkähnliches, sehr gepflegtes Gelände am Pyhäselkä-See. Imbiss. Ort 1.5 km entfernt. 100 Touristenplätze.

✉ 83960 Koli, Ostfinnland — FIN 3550

★★ »LOMA-KOLI CAMPING« — Juni bis Aug.
☏ 013/673212
100 000 qm

→ von Koli ca. 7 km in nördlicher Richtung. ✉ Merilänrannantie, 65.

✕ 1 km

Teilweise parzelliertes Wiesengelände am See. Imbiss. Ort 5 km entfernt. 150 Touristenplätze.

✉ 78250 Varkaus, Ostfinnland — FIN 3600

[25] ★★★ »CAMPING TAIPALE« — 26.5. bis 24.8.
☏/Fax 017/5526644
40 000 qm
www.campingtaipale.fi, tuija.jalkanen@campingtaipale.inet.fi

→ ca. 2.5 km vom Stadtzentrum, auf der Straße 23 in Richtung Joensuu, vor der Kirche links ab. Beschildert. ✉ Leiritie 1.

500 m ✕ 2 km

Gepflegtes Gelände am See. Imbiss. Kiosk. Ort 3 km entfernt. 90 Touristenplätze.
2008: P/N 3.50 K/N 2 bis 15 J. 1.–, St/N 10.–, WD inkl., Strom/N 4.–.

✉ 71150 Riistavesi, Ostfinnland — FIN 3640

[20] ★★★ »CAMPING ATRAIN« — 1.6. bis 15.8.
☏ 017/723038
62 000 qm
www.campingatrain.com, info@campingatrain.com

→ an der Str. 17, ca. 30 km von Kuopio in Richtung Joensuu. ✉ Pelonniementie 53.

Gelände an einem Badesee. Bungalows. FW. Imbiss. Kiosk. Bogenschiessen. Ort 1 km entfernt. Touristen-/Dauerstellplätze 50/15.
2008: P/N inkl. St/N 13.–/17.–, WD inkl., Strom/N 3.–.

✉ 70700 Kuopio, Ostfinnland — FIN 3700

[25] ★★★★ »MATKAILUKESKUS RAUHALAHTI« — 21.5. bis 2.9.
☏ 017/473000, Fax 473099
26 000 qm
www.rauhalahti.com, rauhalahti.camping@kuipio.fi

→ Str. 5/E 63 Varkaus–Kuopio. Südlich der Stadt zum Ferienzentrum Rauhalahti abbiegen. ✉ Kiviniementie.

300 m

Gepflegtes Wiesengelände am See Kallavesi. Ort 5 km entfernt. 237 Touristenplätze.
2007: P/N 4.– K/N 2.–, St/N 11.–, WD inkl., Strom N 5.– (16 A). CCI 2.– Ermäßigung auf P/N.

✉ 74120 Iisalmi, Ostfinnland — FIN 3750

★★★ »KOLJONVIRTA CAMPING« — Mai bis Sept.
☎ 017/825252, 050/3213846 — 165 000 qm
www.campingkoljonvirta.fi, info@campingkoljonvirta.fi

→ 5 km nördl. der Stadtmitte, von der Str. 5 beschildert. ✉ Ylemmäisentie 6.

Weitläufiges von Bäumen umgebenes Wiesengelände an einem Fluss und See. Kiosk. Cafeteria. Gute Sportmöglichkeiten. Trampolin. Samstags Tanz im Freien. Zimmer. Reiten in der Nähe. Ort 5 km entfernt. Touristen-/Dauerstellplätze 195/25.

✉ 75500 Nurmes, Ostfinnland — FIN 3780

★★★ »HYVÄRILÄ-CAMPING« — Mai bis Sept.
☎ 013/6872500, Fax 6872510 — 100 000 qm
www.hyvarila.com, matkailu@nurmes.fi

→ von der Straße 73 nach Lieksa nach ca. 2 km abbiegen. Beschildert. ✉ Lomatie 12.

Wiesengelände am Pielinensee mit Wanderherberge und Hotel. Golfplatz in der Nähe. Joggingpfad. Ort 4 km entfernt. 100 Touristenplätze.

✉ 85100 Kalajoki, Oulu-Region — FIN 4090

★★★ »TOP-CAMPING KALAJOKI« — Juni bis Aug.
☎ 08/4692400, Fax 4692211 — 30 000 qm
www.hiekkasarkat.fi, markkinointi@hiekkasarkat.fi

→ von Kokkola auf Straße 8 in Richtung Oulu. Bei der Tankstelle abbiegen in Richtung Hotelli. Platz liegt ca. 7 km südlich des Ortes. Tuomipakkaintie 58.

Ausgedehntes Gelände am Meer mit Sandstrand. Café. Steichelzoo. Freizeitzentrum. Ort 8 km entfernt. Touristen-/Dauerstellplätze 800/80.

✉ 88340 Manamansalo, Oulu-Region — FIN 4130

★★★ »MANAMANSALO CAMPING« — 1.1. bis 31.12.
☎ 08/874138, Fax 874198 — 75 000 qm

→ Str. 5/22 Kajaani–Oulu nach Kivesjärvi links zum Ort abbiegen, über eine Brücke. ✉ Teeriniementie 156.

Naturbelassenes Gelände unter Bäumen am westlichen Seeufer. Ort 5 km entfernt. Touristen-/Dauerstellplätze 280/140.

✉ 90500 Oulu, Oulu-Region — FIN 4150

★★★★ »NALLIKARI CAMPING« — 1.1. bis 31.12.
☎ 08/55861350, Fax 55861713 — 140 000 qm
www.nallikaricamping.fi, nallikari.camping@ouka.fi

→ beim Strandbad Nallikari auf der Insel Hietassaari, vor der Bahnunterführung abbiegen. Beschildert. ✉ Leiritie 10.

Birkenwald mit Wiesenlichtungen am Sandstrand. Bungalowanlage. Imbiss in HS. Ort 3 km entfernt. Touristen-/Dauerstellplätze 182/105.
2007: P/N 4.– K/N 1 bis 15 J. 1.–, St/N 10.–/14.–, WD inkl., Strom/N 4.– (16 A). CCI Ermäßigung auf P/N.

»Besichtigungen der Campingplätze und die daraus resultierenden Bewertungen werden durch den DCC-Inspizienten ohne Voranmeldung durchgeführt und garantieren so absolute Objektivität.«

✉ 91140 Olhava, Oulu-Region — FIN 4200

★★★ »SELJÄNPERÄN LEIRINTÄ CAMPING« — 15.5. bis 20.9.
☎/Fax 08/8175257, 040/5616425 — 65 000 qm

→ an der Straße 4 in Richtung Seljänperä beschildert. ✉ Leiritie 50.

Zur Bucht leicht abfallendes Waldgelände. Café. Restaurant u. Ort 13 km entfernt. Ort 1 km entfernt. 50 Touristenplätze.
2007: 2 P/N u. 2 K/N inkl. St/N 20.–, WD inkl., Strom/N 5.–. (16 A). DCC/CCI 5 % auf P/N.

✉ 97700 Ranua, Lappland — FIN 4250

★★★ »RANUANJÄRVEN LEIRINTÄALUE« — Juni bis Aug.
☎ 04/05436011 — 40 000 qm
ranuanjarven.leirinta@ranua.fi (HS), anitta.jaakola@ranua.fi (NS)

→ Str. 78 (Pudasjärvi–Rovaniemi) bis Ranua. Von Ranua 2 km in Richtung Posio, am Ranuasee. ✉ Leirintäalueentie 5.

Föhrenwaldgelände am Seeufer. Restaurant u. Ort 3 km entfernt. 70 Touristenplätze.

✉ 95420 Tornio, Lappland — FIN 4300

★★★ »CAMPING TORNIO« — 15.5. bis 15.8.
☎ 016/445945, Fax 445030 — 130 000 qm
www.campingtornio.com, camping.tornio@co.inet.fi

→ In Tornio östl. des Flusses von der E 55 nach Süden abbiegen, noch ca. 1 km. ✉ Matkailijantie.

Ebenes Sand- u. Wiesengelände am Flussufer auf einer bewaldeten Insel, durch eine Brücke miteinander verbunden. Café. Ort 2.5 km entfernt. 160 Touristenplätze.
2007: P/N 4.–, K/N 1 bis 15 J. 1.–, St/N 10.–, WD inkl., Strom/N 3.–. (16 A).

✉ 89200 Puolanka, Oulu-Region — FIN 4470

★★★ »CAMPING PUOLANKAJÄRVI« — 1.1. bis 31.12.
☎ 08/751096, Fax 751731, markku.ylitepsa@kainuumedia.fi — 40 000 qm

→ Str. 78 Paltamo–Rovaniemi, am nordwestl. Ortsrand abbiegen. Beschildert. ✉ Leiritie 1.

Wiesengelände unter Bäumen am Seeufer. Ort 1 km entfernt. 50 Touristenplätze.

✉ 89600 Suomussalmi-Ämmänsaari, Oulu — FIN 4500

★★★ »KIANTAJÄRVI CAMPING« — 1.6. bis 30.8.
☎ 0440/711209, Fax 08/626775 — 40 000 qm
kiantajarvi@camping.viesti.net

→ etwa 4 km südöstlich vom Zentrum Ämmänsaari, bei der Fähre Haukiperä. ✉ Leirintä. KY, Juntusrannantie 24

Ebenes Wiesengelände im Wald an einem See. Imbiss. Restaurant u. Ort 3 km entfernt. 50 Touristenplätze.
2008: P/N 2.50, St/N 11.–, WD inkl., Strom 4.– (10 A). DCC/CCI 1.– Ermäßigung auf St/N.

Noch kein DCC-Mitglied?
Sie wollen »eines« werden und die vielen Vorteile genießen – Anmeldeformular finden Sie in der Kartentasche am Ende des Buches.
Bis bald – wir freuen uns auf Sie!
Ihr DCC-Team

96200 Rovaniemi, Lappland — FIN 4800

30 ★★★ »OUNASKOSKI CAMPING« — Mai bis Sept.
☎/Fax 016/345304 — 14 000 qm
→ von Str. 4/E 75 im Kreisverkehr in Richtung Ranua, Str. 78, abbiegen. Beschildert. ✉ Jäämerentie 1.

100m 200m 500m
Gestuftes Wiesengelände am Flussufer Kemijoki. Imbiss. Ort 1.2 km entfernt. 140 Touristenplätze.
2008: P/N 5.– K/N bis 15 J. 2.50, St/N 14.–, Strom/N 4.– (16 A).
DCC/CCI 5% auf P/N.

97540 Tiainen, Lappland — FIN 4850

25 ★★★ »CAMPING KORVALAN KESTIKIEVARI« — 15.5. bis 30.9.
☎ 016/737211, Fax 737212 — 150 000 qm
www.korvala.fi, korvalan.kestikievari@co.inet.fi
→ Ca. 60 km nördl. Rovaniemi in Richtung Sodankylä. ✉ Korvalapolku 5.

500m
Wiesengelände an einem See mit Badesteg. 36 Touristenplätze.
2007: (HS) P/N 3.–, K/N bis 15 J. 1.50, St/N 10.–/12.–, WD inkl., Strom/N 4.50 (16 A). In NS Ermäßigung.
DCC/CCI 10 % auf P/N und St/N.

99600 Sodankylä, Lappland — FIN 4950

25 ★★★ »CAMPING NILIMELLA SODANKYLÄ« — 1.6. bis 31.8.
☎ 016/612181, 040/5223007 — 50 000 qm
www.naturex-ventures.fi, artti.rintala@naturex-ventures.fi
→ E 75 Rovaniemi–Inari, nach Sodankylä abbiegen. Beschildert.
✉ Kelukoskentie 5 (GPS: 67°25'05" N / 26°36'48" E).

50m 800m
Wiesengelände in Ortslage unweit des Flusses Kitinen. FW. Ort 800 m entfernt. 90 Touristenplätze.
2008: P/N 4.–, K/N 2 bis 15 J. 2.–, St/N 10.–, WD inkl., Strom/N 3.50.–.

99801 Ivalo, Lappland — FIN 5500

★★★ »CAMPING UKONJÄRVEN LOMAKYLÄ« — Mai bis Sept.
☎ 016/667501, Fax 667516, www.ukolo.fi, nuttu@ukolo.fi — 60 000 qm
→ Straße 4/E 75 Kemi–Karigasniemi (norweg. Grenze) ca. 10 km nördlich Ivalo abbiegen zum Ukonjärvi. ✉ Ukonvärventie 141.

1km
Gelände im lichten Föhrenwald am Ufer des Ukonjärvi, beim Feriendorf. Bungalowanlage. Ort 10 km entfernt. 50 Touristenplätze.

99870 Inari, Lappland — FIN 5550

15 ★★★ »URUNIEMI CAMPING« — 1.6. bis 20.9.
☎ 016/671331, 050/3718826, Fax 020/64026570 — 40 000 qm
www.saariselka.fi/uruniemi, www.uruniemi.com, pentti.kangasniemi@uruniemi.com
→ südl. des Ortes, 200 m abseits der Str. 4. ✉ Uruniementie 7 (GPS: 68°54'09" N / 27°04'60" E).

200m
Wiesengelände am See. FW. Zimmer. Restaurant u. Ort 2 km entfernt. 50 Touristenplätze.
2008: 2 P/N inkl. St/N 14.–, WD zuzügl., Strom/N 4.50 (10 A).
DCC/CCI 5% auf St/N.

Das CCI-Carnet ist im Ausland als Identitäts-Ausweis anerkannt. Im Inland genügt die Vorlage des DCC-Mitgliedsausweises.

LIECHTENSTEIN

Übersichtskarte Seite 421

Einreisebestimmungen etc. sind gleichlautend mit denen der Schweiz.

9495 Triesen bei Vaduz — FL 3000

40 ★★★ »CAMPING MITTAGSSPITZE« — 1.1. bis 31.12.
☎ 00423/3923677, 3922688, Fax 3923680 — 480 m — 40 000 qm
www.campingtriesen.li, info@campingtriesen.li
→ N 13 Vaduz–Bad Ragaz Abf. Sevelen oder Trübbach, zwischen Triesen und Balzers bergwärts. Beschildert. ✉ Sägastr. 29.

300m 1km 6km
Terrassiertes Wiesengelände mit vereinzelten Laubbäumen am Fuße eines Berges. Eigene Tanksäule (Diesel). Brötchenservice. Mittagsruhe 12-14 Uhr. Ort (Triesen) 1 km, Ort (Vaduz) 7 km entfernt. Touristen-/Dauerstellplätze 100/100.
2007: (zusätzl. 3,6% MwSt.) P/N 8.50, K/N 3 bis 14 J. 4.–, A/N 4.–, C/N 8.–, MC/N 10.–, T/N 5.–/8.–, M/N 2.–, H/N 4.–, KT –.60, WD inkl., Müllgeb. St/N 2.50, Strom/N 5.– (6 A).

GROSSBRITANNIEN u. NORDIRLAND

Übersichtskarte Seite 657
Besondere Vorschriften und Regelungen

Personaldokumente: Für die Dauer des Aufenthaltes gültiger Reisepass oder Personalausweis; für Kinder unter 15 Jahren Kinderausweis (mit Bild und Vermerk »Deutsch«) oder Eintrag im Familienpass.

Impfbescheinigungen: Werden nicht verlangt.

Dokumente für Haustiere: Die Einfuhr einiger Hunderassen (Kampfhunde) nach Grossbritannien ist verboten. Im Rahmen des Pet Travel Scheme (Pets) können Hunde und Katzen aus EU-Ländern nach GB eingeführt werden, ohne in Quarantäne gegeben werden zu müssen. Hierzu muss der EU-Heimtierpass mitgeführt werden.
Er wird von behördlich ermächtigten Tierärzten ausgestellt. Der Pass muss Name und Anschrift des Besitzers enthalten und dem Tier eindeutig zugeordnet werden können; d.h. die Passnummer, die eine Identifizierung ermöglicht wird dem Tier eintätowiert oder durch einen Mikrochip implantiert. Ein gültiger Tollwutimpfschutz muss ebenfalls im Pass nachgewiesen werden. Die letzte Impfung muss mindestens 30 Tage zurückliegen und darf höchstens 12 Monate vor der Einreise erneuert worden sein. Bei Tieren, die regelmäßig (einmal pro Jahr) geimpft werden, entfällt die 30-Tage-Frist.
Da noch weitere Bedingungen erfüllt werden müssen, sind für die Vorbereitungszeit ca. 7 Monate nötig. Detaillierte Angaben sind in den Einreisebestimmungen für Grossbritannien (GB) aufgeführt, die bei der DCC-Touristikabteilung erhältlich sind. Spezielle Auskünfte erteilt auch der Brit. Botschaft: Wilhelmstr. 70-71, 10117 Berlin, Tel. 030/20 45 70, Fax 030/20 45 75 76, www.britischebotschaft.de, info@britischebotschaft.de.

Kfz: Nationaler Führerschein und nationale Zulassung sind ausreichend. Das Nationalitätszeichen »D« muss am Fahrzeug und am Anhänger angebracht bzw. im EU-Nummernschild enthalten sein. Ist der Fahrer nicht Eigentümer des Fahrzeuges, muss eine Benutzungsvollmacht des Fahrzeughalters vorliegen. Es besteht Haftpflichtversicherungszwang. Die Mitnahme der »Internationalen Grünen Versicherungskarte« wird empfohlen.

Fortsetzung S. 656

Verkehrsvorschriften: Linksverkehr! Rechts überholen. Überholverbot an Kreuzungen und Zebrastreifen. Kreisverkehr hat Vorfahrt. Ununterbrochene weisse Doppellinie an Straßeneinmündungen bedeutet: Vorfahrt gewähren. Weisse, durchgezogene Linie bedeutet: Stopp. Parkverbot vor Klinik- und Arzteingängen, an Feuerwehrstationen und Feuerwehrhydranten. Sicherheitsgurte müssen angelegt werden. Promillegrenze 0,8. ACHTUNG: Wegen örtlicher Gegebenheiten im Land bestehen bei Caravans und Motorcaravans Maßbeschränkungen: Die Breite für beide von 2,30 und die Länge Caravan (ohne Deichsel) von 7m bzw. Länge Motorcaravan von 12 m darf nicht überschritten werden.

Kanaltunnel: Caravanverladung zu jeder Tageszeit ohne Voranmeldung für den »Le Shuttle« ab beschildertem Terminal westlich von Calais. Rückfahrt M20 Abf. 11a bei Folkestone. Nähere Informationen im Reisebüro.

Tempolimits: Innerorts: Pkw/Gespanne 48 km/h, Landstraßen (2-spurig): Pkw/Gespanne 96/80 km/h, Schnellstraßen (4-spurig): Pkw/Gespanne 112/96 km/h, Autobahnen: Pkw/Gespanne 112/97 km/h.

Telefon: Deutschland–Grossbritannien: 0044, dann die Ortsnetzkennzahl ohne die erste Null. Großbritannien – Deutschland 0049, dann Durchwahl ohne die erste Null der Ortskennzahl.

Unfallnotruf: Polizei und Unfallrettung: 999 oder 112. Pannenhilfe leisten die Automobilclubs AA und RAC rund-um-die-Uhr. Tel. 0800/028 90 18 (AA-gebührenfrei), mit Mobiltelefon 01622/76 23 42 oder 0800/82 82 82 (RAC).

Devisen: Für die Ein- und Ausfuhr von Landes- und Fremdwährungen bestehen keine Beschränkungen.

Camping: In allen Teilen Großbritanniens findet man zahlreiche, gut ausgestattete Campingplätze, die jedoch zum überwiegenden Teil von Dauercampern belegt sind. Die mit »Camping site« bezeichneten Plätze nehmen nur Zelte auf, während »Caravan site« auf reine Wohnwagenplätze hinweist. Bei der Bezeichnung »Camping and Caravan site« handelt es sich um Plätze, die sowohl Zelte als auch Wohnwagen aufnehmen.
Auf den vielen guten Campingplätzen des »Camping Club & Caravaning of Great Britain and Ireland Ltd.« werden nur Camper aufgenommen, die im Besitz eines Internationalen Campingausweises (CCI) sind. Ersatzweise kann auf dem zuerst besuchten Campingplatz eine befristete Mitgliedschaft beim Britischen Campingclub eingegangen werden. Auch »The Caravan Club« verfügt über 180 eigene Plätze, die sehr gut ausgestattet sind. Hier und auf einer großen Anzahl von Bauernhöfen (max. 5 Stellplätze) ist für ausländische Besucher das CCI erforderlich.
Freies Campen außerhalb der offiziellen Plätze ist nur mit Genehmigung des Grundstückeigentümers gestattet. In Schottland ist freies Campen in Zelten erlaubt. Lokale Einschränkungen sind möglich.
Das Stromnetz ist auf 240 Volt Wechselsrom (50 Hz) ausgelegt. Da in Großbritannien dreipolige flache Stecker üblich sind, muss ein Adapter mitgeführt werden.

Allgemeine Informationen:

D- 10117   Berlin, Visit Britain, Dorotheenstraße 54,
           Tel. 01801/46 86 42 (Ortstarif), Fax 030/31 57 19 10
           www.visitbritain.com/de, gb-reisebranche@visitbritain.org

Die Nordirische Fremdenverkehrszentrale ist mit der Zentrale der Republik Irland zu einer gesamtirischen Auskunftsstelle zusammengeschlossen (Tourism Ireland).

D-60329   Frankfurt, Irland Information, Tourism Ireland
           Gutleutstr. 32
           Tel. 069/66 80 09 50, Fax 069/92 31 85 88
           www.entdeckeirland.de, www.tourismireland.com,
           info@irland-ferien.de

Vertretung der Bundesrepublik Deutschland:

GB-   London, Deutsche Botschaft
           23, Belgrave Square, SW1X 8PZ
           Tel. 0044 20/78 24 13 00, Fax 0044 20/78 24 14 35
           Fax: Pass-u. Visastelle: 0044 20/78 24 14 49
           www.london.diplo.de, info@london.diplo.de

Ausführliche Einreisebestimmungen mit detaillierten Angaben zu den Themen Reisedokumente, Zoll- und Devisenbestimmungen, Reisen mit dem Kraftfahrzeug, Camping und der Aufenthalt im Urlaubsland sind bei der Touristik-Abteilung des DCC gegen Rückporto erhältlich.

Campingplätze:

Gebühren-Angaben in Landeswährung, sofern nicht anders angegeben. Währungseinheit: Pfund Sterling (GBP) = 100 New Pence.
Derzeitiger Devisenkurs: 1.–£   = ca. 1.44 €
                           1.–€   = ca. –.69 £   (Stand Okt. 2007)

Bei Gebühren-Angaben mit der Vorjahreszahl muss eventuell mit einer Anhebung der Gebühren für das aktuelle Jahr gerechnet werde. Außerdem können sich die angegebenen Öffnungszeiten verändert haben und es besteht die Möglichkeit, dass angegebene Ermäßigungen nicht mehr gewährt werden.

Die Gebühren werden von den Platzhaltern lange vor Erscheinen des Campingführers gemeldet. Daher sind Abweichungen möglich.

✉ Birchington-on-Sea, Kent CT7 0HD   GB 1010

35 ★★★★ »TWO CHIMNEYS CARAVAN PARK«   Ostern bis Okt.
☎ 01843/841068, Fax 848099   40 000 qm
www.twochimneys.co.uk, info@twochimneys.co.uk

→ A 28 Margate–Canterbury, bei Birchington auf die B2049 abbiegen, von Acol noch ca. 50 m zum Platz. ✉ Shottendan Rd.

Ebenes Wiesengelände in der Nähe des Sandstrandes. Reservierung im Sommer empfohlen. Imbiss. Bar. Ort 3 km entfernt. 220 Touristenplätze.
2007: (HS) P/N inkl. St/N 22.–, B/N 2.50, WD inkl., Strom (5A) inkl. in NS Erm.

✉ Canterbury, Kent CT3 4AB   GB 1040

40 ★★★ »CAMPING & CARAVAN. CLUB SITE«   1.1. bis 31.12.
☎ 01227/463216, 0870/2433331   70 000 qm
www.campingandcaravanningclub.co.uk

→ A 2 Dover–Canterbury Abf. Canterbury, 1. Ampelkreuzung rechts und dann der Beschilderung folgen. ✉ Bekesbourne Lane.

Teilweise abfallendes, schattenloses Wiesengelände. Befestigte Zufahrtsstraße. Ort 2.4 km entfernt. 210 Touristenplätze.
2007: (HS) P/N 7.25, K/N 2.25, St/N 5.65, WD und Strom keine Angabe. In NS Ermäßigung.

✉ Martin Mill, Dover/Kent CT15 5LA   GB 1050

40 ★★★ »HAWTHORN FARM«   1.3. bis Nov.
☎ 01304/852658, Fax 853417   110 000 qm

→ A 258 Dover–Deal, am Ortsende Dover landwärts abbiegen. ✉ Station Rd.

Hügeliges, von Hecken umgebenes, Wiesengelände neben einer Bahnlinie (nachts ohne Zugverkehr). Ort 6 km entfernt. Touristen-/Dauerstellplätze 250/160.
2007: (HS) P/N 3.50, St/N 14.50, B/N 2.–, H/N 1.50, WD inkl., Strom (10A) keine Angabe. In NS Ermäßigung.

✉ Capel-le-Ferne, Folkestone CT18 7JF   GB 1060

★★★★ »LITTLE SATMAR HOLIDAY PARK«   April bis Okt.
☎/Fax 01303/251188   25 000 qm

→ A 20 Dover–Folkestone, in Capel le Ferne landeinwärts abbiegen. Beschildert. ✉ Winehouse Lane.

Parkartiges, gegen Seewind geschütztes, Gelände in Nähe der Kreidefelsenküste. In HS Reservierung erforderlich. Ort 1 km entfernt. Touristen-/Dauerstellplätze 40/90.

✉ Densole b. Folkestone, Kent CT18 7BG   GB 1065

★★★ »CARAVAN BLACK HORSE FARM«   1.1. bis 31.12.
☎ 01303/892665, Fax 894573   65 000 qm

→ A 260 Folkestone Richtung Densole zum westlichen Ortsrand, beschildert. ✉ 385 Canterbury Rd.

Parzelliertes, ebenes Wiesengelände mit Bäumen neben der Straße. Teilweise durch Hecken unterteilt. Ort 6.5 km entfernt. 103 Touristenplätze.

✉ Folkestone, Kent CT19 6PS   GB 1070/1

★★★ »LITTLE SWITZERLAND«   März bis Okt.
☎ 01303/252168   20 000 qm
www.caravancampingsites.co.uk, BTony328@aol.com

→ A 20 Dover–Folkestone, hier zum Hafen. ✉ Wear Bay Rd.

Hochgelegener Platz in den Kreidefelsen mit Blick zur französischen Küste. Direkter Strandzugang. Separater Jugendplatz. Ort 2 km entfernt. Touristen-/Dauerstellplätze 20/13.

Folkestone, Kent CT19 6PS — GB 1070/2

★★★ »CAMPING & CARAVANNING CLUB SITE THE WARREN«
☎ 01303/255093, ✉ CT19 6PT   16 000 qm   ⚬— März bis Okt.
www.campingandcaravanningclub.co.uk

→ A 20 Dover–Folkestone, beim Kreisverkehr Dover Hill Richtung Folkestone Harbour, dann gut beschildert. Steile Zufahrt für Motorcaravans.

Wiesengelände oberhalb der Steilküste. Direkter Strandzugang. Separate Pkw-Abstellung. Wäscherei. Ort 1,5 km entfernt. 80 Touristenplätze.

Hastings, East Sussex TN35 5DX — GB 1120

★★★ »SHEAR BARN HOLIDAY PARK«   ⚬— März bis Dez.
☎ 01424/716474, Fax 718976   70 000 qm
www.thriftwoodleisure.co.uk

→ A 259 Folkestone–Hastings, hier im östlichen Ortsbereich über die Gurth Road und die Barley Lane. Beschildert. ✉ Barley Lane.

Hügeliges, schattenloses Wiesengelände. Teilweise Blick aufs Meer. Abendliche Veranstaltungen im gegenüberliegenden Holiday-Park. Wassersportmöglichkeiten und Ort 5 km entfernt. 450 Touristenplätze.

Pevensay Bay, East Sussex BN24 6PP — GB 1125

⓬ ★★ »CAMPING NORMAN'S BAY«   ⚬— 30.3. bis 30.10.
☎ 01323/761190, 0870/2433331   43 000 qm
www.campingandcaravanclub.co.uk

→ A 259 Hastings–Eastbourne, in Pevensay Bay nordöstl. auf die Coast Road Richtung Beachlands abbiegen und noch ca. 2,5 km. ✉ Normans Bay.

Schattenloses, ebenes Wiesengelände hinter einem Dünenstreifen in Nähe einer Bahnlinie. 200 Touristenplätze.
2007: (HS) P/N 8,25, K/N 2,15, St/N 5,65, H/N frei, WD inkl., Strom zuzügl. In NS Ermäßigung.

Abbey Wood, Greater Lond. PL26 6LL — GB 1150

★★★ »ABBEY WOOD CARAV. CLUB SITE«   ⚬— 1.1. bis 31.12.
☎ 0181/3102233   39 000 qm

→ A2 Dover–London, bei Bexley nördlich abbiegen auf die A 206 nach Abbey Wood. Beschildert.

Lichtes, leicht abfallendes Laubwaldgelände. Günstige Lage für Londonbesuche. In HS Reservierung empfehlenswert. Zentrum (London) 18 km entfernt. Touristen-/Dauerstellplätze 300/60.

London, O.T. Stratford E15 2EN — GB 1160

★★ »LEE VALLEY CYCLE CIRCUIT«   ⚬— April bis Okt.
☎/Fax 0181/5346085   8 000 qm

→ A2 Dover–London, hier mündend in die A 102 (M) und durch den »Thames-Tunnel«. Nach ca. 5 km östlich auf die A106 (Ruckholt Road). Dann rechts abbiegen in die Temple Mills Lane. ✉ Temple Mills Lane.

Einfacher, schattenloser Wiesenplatz ohne Strom. In HS Reservierung empfehlenswert. Tennis. Restaurant. Gut für Londonbesuche geeignet. Zentrum 6 km entfernt. 80 Touristenplätze.

Crews Hill, Greater London EN7 5HS — GB 1165

㉚ ★★★ »THEOBALD'S PARK CAMPING«   ⚬— 30.3. bis 30.10.
☎ 01992/620604, 0870/2433331   14 000 qm
www.campingandcaravanningclub.co.uk

→ M25 Dartford–London/Nord bis Kreuzung 25. Weiter auf der A10 dem Schild »Crews Hill« folgen. Bis zum Ende der Bullsmore Lane. Dort die M25 unterqueren und noch ca. 400 m. ✉ Bullsmore Lane.

Ebenes, von einem Weg umgebenes, Wald- und Wiesengelände. Unparzelliert. Ort 2 km entfernt. London ca. 20 km entfernt. 90 Touristenplätze.
2007: (HS) P/N 5,55, K/N 2,15, St/N 5,55, H/N frei, WD inkl., Strom zuzügl. In NS Ermäßigung.

London, O.T. Crystal Palace SE19 1UF — GB 1170

★★★ »CRYSTAL PALACE CARAVAN SITE«   ⚬— 1.1. bis 31.12.
☎ 0208/7787155, Fax 6760980   30 000 qm
www.caravanclub.co.uk

→ A 205 Eltham–Wandsworth (südlicher Ring), bei Dulwich südwärts abbiegen und den Schildern »Crystal Palace« folgen. ✉ Crystal Palace Parade.

Ebenes Parkgelände in Funkturmnähe neben der Straße. Rasenflächen für Zelte, gekieste Flächen für Caravans. Günstige Lage für Londonbesuche. 180 Touristenplätze.

Stansted b. Wrotham, Kent TN15 7PD — GB 1185

★★★ »THRIFTWOOD CARAVAN + CAMPING PARK«   ⚬— März bis Jan.
☎ 01732/822261, Fax 824636   100 000 qm
www.thriftwoodleisure.co.uk, booking@thriftwoodleisure.co.uk

→ M 20 Folkestone–London Abf. 2, ab Ausfahrt beschildert. ✉ Plaxdale Green Rd.

Abfallendes Wiesengelände unter Bäumen, teilweise in Stellnischen unterteilt. Reservierung empfehlenswert. Ort 3 km entfernt. 150 Touristenplätze.

Chertsey bei London KT16 8JX — GB 1190

★★★ »CAMPING & CARAV. CLUB SITE«   ⚬— 1.1. bis 31.12.
☎ 01932/562405   48 500 qm

→ M 25 (Londoner Ringautobahn) Leatherhead–Egham/Staines Abf. (11). In Chertsey Richtung Shepperton, hinter der Tankstelle. ✉ Bridge Rd.

Parkartiges Gelände an einem Seitenarm der Themse in Nähe der Autobahn M 3. Ort 500 m entfernt. 200 Touristenplätze.

Riseley b. Reading, Berkshire RG7 1SP — GB 1195

★★★ »WELLINGTON COUNTRY PARK«   ⚬— März bis Nov.
☎ 0118/9326444, Fax 9326445   35 000 qm
www.wellington-country-park.co.uk, info@wellington-country-park.co.uk

→ M 4 London–Bristol Abf. (11) auf die A33 Richtung Reading/Basingstoke. Nach ca. 7 km links auf die B3349 abbiegen und der Beschilderung zum Platz folgen. ✉ Odiham Road.

Ebenes und unparzelliertes Waldgelände in einem ausgedehnten Freizeitgelände (freier Eintritt) mit Wildtiergehege, Streichelzoo und Fischweiher. In HS Mindestaufenthalt 2 N. Ideal für Familien mit Kindern. Café. Naturpfade. Abenteuerspielplatz. Miniatur-Lokomotive. W-LAN. Golf 5 km, Ort 9 km entfernt. 72 Touristenplätze.

Chingford-London, Greater L. E4 7RA — GB 1202

★★★ »LEE VALLEY CAMPSITE«   ⚬— April bis Okt.
☎ 0208/5295689, Fax 5594070   50 000 qm
www.leevalleypark.org.uk, scs@leevalleypark.org.uk

→ M25 (Londoner Ringautobahn) Dartford-Tunnel–Cheshunt Abf. (26) auf die A121 nach Cheshunt. Hier südwärts auf die A112 nach Chingford abbiegen. Beschildert. ✉ Sewardstone Rd.

Leicht welliges Wiesengelände. Ort 3 km entfernt. 200 Touristenplätze.

Edmonton, Greater London N9 0AS — GB 1204

★★★ »LEE VALLY LEISURE CENTRE«   ⚬— Jan. bis Dez.
☎ 0208/8036900, Fax 88844975   24 000 qm
www.leevalleypark.com, leisurecentre@leevalleypark.org.uk

→ A 406 Waltham Forest–Brent (nördlicher Ring) Abf. Tottenham/Edmonton auf die A1010 nach Edmonton bis zur Ampel. Ab hier der Beschilderung »Picketts Lock Centre« folgen. ✉ Lee Valley Leisure Centre. Meridian Way.

Zweiteiliger, schattenloser Wiesenplatz auf dem Gelände eines großen Sportzentrums. Zentrum 5 km entfernt. 160 Touristenplätze.

Hoddesdon, Hertfordshire EN11 0AS GB 1205

★★★ »LEE VALLEY CARAVAN PARK« März bis Okt.
☎/Fax 01992/462090 92 000 qm

→ A10 London–Cambridge Abf. Hoddesdon. Hier beim zweiten Kreisverkehr links abbiegen. Beschildert. ✉ Essex Rd.

Wiesengelände an einem Flussufer und in Nähe einer Bahnlinie nördlich von London. Ort 3 km entfernt. 100 Touristenplätze.

Comberton, Cambridge GB23 7DG GB 1214

★★★ »HIGHFIELD FARM TOURING PARK« 16.3. bis 31.10.
☎/Fax 01223/262308, 33 000 qm
www.highfieldfarmtouringpark.co.uk, enquiries@highfieldfarmtouringpark.co.uk

→ M11 London–Cambridge Abf.(12), weiter in westlicher Richtung auf der A 603 und der B 1046 zum Ort. ✉ Long Rd (GPS: 52°11'42" N / 0°01'52" E).

Von Hecken umgebenes, parzelliertes Wiesengelände bei einem Bauernhof in ländlicher, hügeliger Umgebung. Gut für Cambridge Besuche geeignet. In HS Reservierung empfehlenswert. Ort 8 km entfernt. 120 Touristenplätze.
2008: (HS) 2 P/N inkl. St/N 14.–, weitere P/N 3.–. K/N 14 bis 16 J. 2.–, H/N 1.–, WD zuzügl., Strom/N 2.50 (10 A). In NS und für Senioren Erm.

Huntingdon, Cambridge PE18 9AJ GB 1216

★★ »QUIET WATERS CARAVAN PARK« März bis Okt.
☎/Fax 01480/463405 4000 qm
www.quietwaterscaravanpark.co.uk, quietwaters.park@btopenworld.com

→ A14 Cambridge–Birmingham. Platz liegt ca. 25 km nordwestl. von Cambridge. Beschildert. ✉ Hemingford Abbots.

Ebenes, von einzelnen Bäumen durchsetztes, Wiesengelände an einem Fluss. Ort 4 km entfernt. 20 Touristenplätze.
2007: (HS) 2 P/N und 2 K/N inkl. St/N 16.–, H/N 1.75, WD zuzügl., Strom/N 2.20 (16A). In NS Ermäßigung.

Ipswich, Suffolk IP10 0JT GB 1230

★★★ »PRIORY PARK« 1.1. bis 31.12.
☎ 01473/727393, Fax 278372 35 000 qm

→ A45 Ipswich–Felixstowe. Nach Passieren der »Orwell-Bridge« Abf. Nacton Road Industrial Estate. Ab dort beschildert.

Ebenes Wiesengelände. Günstige Lage zum Fährhafen Felixstowe. Ort 5 km entfernt. Touristen-/Dauerstellplätze 30/80.

Waldringfield, Suffolk IP12 4PP GB 1250

★★★ » MOON AND SIXPENCE« 1.4. bis 31.10.
☎ 01473/736650, Fax 736270 350 000 qm
www.moonandsixpence.eu, info@moonandsixpence.eu

→ A12 Ipswich–Lowestoft, östlich von Ipswich abbiegen. ✉ Newbourne Rd.

Terrassengelände unter Laubbäumen um einen Teich (Badeverbot). Ort 6 km entfernt. Touristen-/Dauerstellplätze 65/200.
2007: P/N inkl. St/N 11.– bis 13.–, H/N 1.–, WD und Strom (5 A) inkl.

Leiston, Suffolk IP16 4PE GB 1260

★★★ »CAKES AND ALE PARK« April bis Okt.
☎ 01728/831655, 01473/736270 25 000 qm
www.cakesandale.net, cake.ale@virgin.net

→ A12 Ipswich–Lowestoft, in Saxmundham ostwärts auf die B 1119 abbiegen, noch ca. 5 km. Beschildert. ✉ Abbey Lane.

Von Wald und Feldern umgebenes, ebenes Wiesengelände mit Heckenunterteilung. Ort 4 km entfernt. Touristen-/Dauerstellplätze 60/150.

Sea Palling, Norfolk NR12 0AL GB 1280

★★★ »GOLDEN BEACH HOLIDAY CENTER« April bis Okt.
☎ 01692/598269, Fax 598693

→ Bei Norwich auf die A 1151 über Wraxham nach Stallham. In Stallham links auf die B 1151 nach Sea Palling zum Platz. ✉ Beach Road.

Ebenes, parzelliertes Rasengelände mit einzelnen Bäumen vor den Dünen. Bar/Imbiss. Ort 4 km entfernt. Touristen/Dauerstellplätze 38/111.

Cawston, Norwich-Norfolk NR10 4PN GB 1290

★★★ »HAVERINGLAND HALL PARK« März bis Okt.
☎ 01603/871302, Fax 879223 110 000 qm
www.haveringhall.co.uk, info@haveringhall.co.uk

→ A 140/B 1149 Norwich-Holt, auf die B 1145 westwärts abbiegen, der Beschilderung »Haveringlands« folgen.

Wiesengelände mit einzelnen Bäumen und Büschen in einem ausgedehnten Park mit Fischteich. Ort 2 km entfernt. Touristen/Dauerstellplätze 60/60.

Spalding, South Lincolnshire PE12 0HU GB 1300

★★★ »FOREMANS BRIDGE CARAVAN PARK« März bis Nov.
☎/Fax 01945/440346 25 000 qm

→ A16 Stamford–Boston Abf. Spalding.

Wiesengelände mit einzelnen Bäumen. Ort 3.5 km entfernt. 40 Touristenplätze.

Hunstanton, Norfolk PE36 5BB GB 1330

★★★ »SEARLES HOLIDAY CENTRE« Feb. bis Nov.
☎ 01485/534211, Fax 533815 200 000 qm
www.searles.co.uk, bookings@searles.co.uk

→ A 149 Kings Lynn–Cromer. Am südlichen Ortsanfang von Hunstanton meerwärts abbiegen. Beschildert. ✉ South Beach Rd.

Ebenes Wiesengelände an der Nordostecke von »The Wash« neben einem großen Mobilheimpark. Ort 1 km entfernt. Touristen-/Dauerstellplätze 300/50.

Brighton, East Sussex BN2 5TS GB 1445

★★★ »SHEEPCOTE VALLEY CARAVAN CLUB SITE«
☎ 01273/626546, www.caravcanclub.co.uk 1.1. bis 31.12.

→ A 23 London–Brighton. In Brighton auf die B2123 nach "East Brigthon Park".

Von sanften Hügeln und kleinem Wäldchen umgebenes gepflegtes Rasengelände. Kiosk. Bus und Bahn beim Platz. Golfplatz in der Nähe. Marina mit Piers in Brighton 3 km entfernt. 170 Touristenplätze.

Washington, West Sussex RH20 4AJ GB 1450

★★★ »WASHINGTON CARAVAN & CAMP. PARK«
☎ 01903/892869, Fax 893242 18 000 qm 1.1. bis 31.12.
www.washcamp.com, washcamp@amserve.com

→ A 24 Worthing–Horsham, in Washington ostwärts abbiegen auf die A 283 bis außerhalb des Ortes. ✉ London Rd.

Wiesengelände. In HS Reservierung empfehlenswert. Reitzentrum. Ort 12 km entfernt. 100 Touristenplätze.
2007: P/N 3.–, St/N 8.–, WD zuzügl., Strom –.50.

Als DCC-Mitglied sind Sie immer gut beraten
Deutscher Camping-Club e.V., Postf. 40 04 28, 80704 München

Hamble, Hants SO31 4HB — GB 1480

»RIVERSIDE PARK«
☎ 02380/453220, Fax 453611
www.riversideholidays.co.uk, enquiries@riversideholidays.co.uk
März bis Okt. — 22 000 qm

→ M27 Southampton–Brighton Abf. (8) südwärts in Richtung Hamble. Am Kreisverkehr links in die B 3397 abbiegen. ✉ Satchell Lane.

Ebenes Wiesengelände am Hamble-Ufer. Ort (Southampton) 8 km entfernt. Touristen-/Dauerstellplätze 50/21.
2007: (HS) 2 P/N inkl. St/N 11.– bis 18.–, K/N 4 bis 16 J. 2.–, weitere P/N 2.–, B/N 2.–, H/N 1.50, WD und Strom inkl., (15 A). In NS Ermäßigung.

Bembridge, Isle of Wight PO35 5PL — GB 1508

»WHITECLIFFE BAY HOLIDAY PARK«
☎ 01983/872671
Ostern bis Okt. — 80 000 qm

→ A 3055 Ryde–Sandown Abf. Brading auf die B 3395, der Beschilderung Whitcliffe Bay folgen.

Weitläufiges, durch eine Straße zweigeteiltes Wiesengelände oberhalb der Steilküste. Verschiedene Platzteile für Mocas, Caravans und Zelte. Nur Aufnahme von Ehepaaren und Familien. Strand 650 m, Ort 3 km entfernt. Touristen-/Dauerstellplätze 250/150.

Sandown, Isle of Wight PO36 0HL — GB 1512

»ADGESTONE CAMPING PARK«
☎ 01983/403432, Fax 404955
März bis Okt. — 65 000 qm

→ A 3055 Ryde–Shanklin Abf. Sandown. Beschildert. ✉ Lower Adgestone Rd.

Parzelliertes, ebene bis leicht geneigtes Wiesengelände mit einzelnen Palmen an einem Fluss in Strandnähe. Von Bäumen und Hecken durchzogen. Imbiss. Freilandschach. Boule. Ort 2 km entfernt. 270 Touristenplätze.
2007: (HS) P/N inkl. St/N 8.40, K/N 4.85, St/N 5.65, WD und Strom (10 A) inkl. In NS Ermäßigung.

Shanklin, Isle of Wight PO37 7PH — GB 1516

»LANDGUARD CAMPING«
☎ 01983/867028, Fax 865988
www.landguard-camping.co.uk, landguard@wellnet.com
Ostern bis Sept. — 23 000 qm

→ A 3055 Ryde–Ventnor, vor Shanklin auf die A 3056 Richtung Newport abbiegen, bei der Fabrik links ab in die Whitcross Lane, noch 500 m. ✉ Landguard Manor Road.

Ebenes, von Bäumen durchsetztes Wiesengelände. Ort 1 km entfernt. 150 Touristenplätze.
2007: (HS) P/N inkl. St/N 8.–, K/N 2 bis 14 J. 4.20, WD und Strom (10 A) inkl. In NS Ermäßigung.

Newbridge, Isle of Wight PO41 0TS — GB 1528

»THE ORCHARDS HOLIDAY PARK«
☎ 01983/531331, Fax 531666
Feb. bis Jan. — 16 000 qm

→ A 3054 Yarmouth–Newport, in Höhe Shalfleet, ca. 6 km östlich von Yarmouth, südwärts nach Newbridge abbiegen.

Durch Buschreihen in Felder aufgeteiltes, leicht abfallendes Wiesengelände am Ortsrand. Ort 6 km entfernt. Touristen-/Dauerstellplätze 175/65.

Freshwater, Isle of Wight PO39 0AN — GB 1530

»HEATHFIELD FARM CAMP SITE«
☎/Fax 01983/756750, web@heathfieldcamping.co.uk
1.5. bis 30.9. — 10 000 qm

→ A 3020 Cowes–Newport weiter in westlicher Richtung auf die A 3054 Newport–Yarmouth, nach Yarmouth Richtung Freshwater-Totland-Road. Beschildert. ✉ Heathfied Rd.

Wiesengelände mit einzelnen Bäumen. 60 Touristenplätze.
2007: (HS) P/N 5.–, K/N 3 bis 14 J. 2.25, St/N 5.– (10 A), H/N 1.50, WD und Strom (10 A) inkl. In NS Ermäßigung.

Salisbury, Wiltshire SP1 3RR — GB 1535

»CAMPING & CARAVANNING CLUB SITE HUDSON'S FIELD«
☎ 01722/320713, 0870/2433331
www.campingandcaravanningclub.co.uk
30.3. bis 30.10. — 20 000 qm

→ A36 Southampton–Bath, in Salisbury nordwärts abbiegen auf die A345 in Richtung Amesbury. Beschildert. ✉ Castle Rd.

Ebenes, teils abfallendes Wiesengelände auf einem Hügeln am Ortsrand. 100 Touristenplätze.
2007: (HS) P/N 7.25, K/N 6 bis 17 J. 2.25, St/N 5.65, H/N frei, WD inkl. Strom zuzügl. In NS Ermäßigung.

Holton Heath, Dorset BH16 6JZ — GB 1550

»SANDFORD HOLIDAY PARK«
☎ 01202/631600, Fax 625678
www.traceyrutlandalweststarholidays.co.uk
23.3. bis 15.11. — 240 000 qm

→ A 351 Bournemouth–Swanage, ca. 5 km nördlich von Wareham bei der Tankstelle abbiegen.

Parzelliertes, ebenes, teilweise stufenartig ansteigendes Wiesengelände mit Heckenunterteilung. Mobilheimpark nebenan. Ort und Haltestelle 1 km entfernt. Touristen-/Dauerstellplätze 440/35.
2007: 6 P/N inkl. St/N 12.75 bis 33.50, B/N 5.–, H/N 5.–, WD und Strom inkl.

Burton Bradstock, Dorset DT6 4PT — GB 1580

»FRESHWATER BEACH HOLIDAY PARK«
☎ 01308/897317, Fax 897336
www.freshwaterbeach.co.uk, office@freshwaterbeach.co.uk
15.3. bis 30.10. — 250 000 qm

→ A35 Dorchester–Bridport Abf. B 3157 zum Meer, noch ca. 3.5 km. ✉ Burton Bradstock.

Teilweise hügeliges und steiniges Wiesengelände. Leihcaravan-Anlage. Ort 2 km entfernt. 400 Touristenplätze.
2007: (HS) P/N inkl. St/N 31.–, B/N 2.50, WD inkl., Strom/N 2.– (10A). In NS Ermäßigung.

Charmouth, Dorset DT6 6QB — GB 1590

»MANOR FARM HOLIDAY CENTRE«
☎ 01297/560226, Fax 560429
www.manorfarmholidaycentre.co.uk
1.1. bis 31.12. — 61 000 qm

→ A35 Bridport–Lyme Regis am östlichen Ortsrand von Charmouth.

Durch Hecken in zwei Felder unterteiltes Wiesengelände. Imbiss. Touristen-/Dauerstellplätze 225/29.

Woodbury, Devon EX5 1EA — GB 1593

»WEBBERS FARM CAR. & CAMP. PARK«
☎ 01395/232276, Fax 233389
www.webberspark.co.uk, reception@webbersfarm.co.uk
März bis Okt. — 25 000 qm

→ M5 Taunton–Exeter Abf. (30) auf die A 376 Richtung Exmouth, abbiegen auf die B 3179 Richtung Woodbury, beschildert. ✉ Castle Lane.

Ebenes Wiesengelände mit lockerer Bepflanzung. Kiosk. In HS Reservierung empfehlenswert. Ort 1 km entfernt. 100 Touristenplätze.

Exeter, Devon EX6 7YN — GB 1595

»KENNFORD INT. CARAVAN PARK«
☎/Fax 01392/833046
1.1. bis 31.12. — 25 000 qm

→ M 5 Taunton–Exeter Abf. 31 auf die A 38 Richtung Plymouth, ca. 6 km südlich von Exeter bei der Tankstelle abbiegen.

Ebenes Wiesengelände mit Heckenunterteilung und Blumenrabatten neben der Straße. Ort 8 km entfernt. 120 Touristenplätze.
2007: (HS) 2 P/N inkl. St/N 14.–, weitere P/N 2.–, K/N ab 3 J. 2.–, H/N 1.–, WD u. Strom (10A) inkl. In NS Ermäßigung.

Bishopsteignton, Devon TQ14 9PT — GB 1600

★★ »WEAR FARM CARAVAN PARK« — April bis Okt.
☎ 01626/779265, Fax 775249 — 51 000 qm

→ A 380 Exeter–Torbay, vor Newton Abbot abbiegen auf die A381 Richtung Teignmouth. In Bishopsteignton enge Zufahrt z. Platz. ✉ Newton Rd.

Zwei zum Meer hin abfallende Wiesen am River Teign. Ort 4 km entfernt. Touristen-/Dauerstellplätze 150/200.

Stoke Gabriel, Devon TQ9 6QB — GB 1605

★★★ »RAMSLADE TOURING PARK« — März bis Okt.
☎ 01803/782575, Fax 782828 — 34 000 qm

→ A 380 Exeter–Torbay, hier auf die Ortsumgehung A3022, später auf die A385 Richtung Totness. Bei Callaton St. Mary südwärts abbiegen nach Stoke Gabriel. ✉ Stoke Rd.

Leicht abfallendes Gelände in einer Wiesenmulde. Von Hecken umgeben und schattenlos. Ort 4 km entfernt. 135 Touristenplätze.

Dartmouth, Devon TQ6 0RF — GB 1610

★★★ »DEER PARK HOLIDAY ESTATE« — März bis Nov.
☎ 01803/770253, Fax 770320 — 9000 qm
www.deerparkinn.co.uk, info@deerparkinn.co.uk

→ A 379 Dartmouth–Kingsbridge, vor Stoke Fleming landeinwärts abbiegen. ✉ Dartmouth Rd.

Von einem Geländerücken zur Straße abfallendes, schattenloses Wiesengelände mit Parzellierung. Teilweise Blick aufs Meer. Reservierung empfehlenswert. Ort 4 km entfernt. 160 Touristenplätze.

Salcombe, Devon TQ7 3BJ — GB 1620

[20] ★★ »ALSTON FARM CAMP. & CARAVAN SITE« — 15.3. bis Ende Okt.
☎/Fax 01548/561260 — 64 000 qm
www.alstoncampsite.co.uk, campsite@alstoncampsite.co.uk

→ A 381 Totness–Salcombe, hinter Marlborough abbiegen. Beschildert. Letzte Zufahrtsstrecke steil und eng, für Gespanne schwierig. ✉ Malborough, Kingsbridge.

Durch einen Bach zweigeteiltes Wiesengelände in einer Mulde. Gasverkauf. Haltestelle 1 km, Ort 3 km entfernt. Touristen-/Dauerstellplätze 150/80.
2007: (HS) 2 P/N inkl. St/N 11.–/13.–, WD zuzügl., Strom 2.– (5A). In NS Ermäßigung.

Sticklepath, Devon EX20 2NT — GB 1630

★★ »OLDITCH CARAVAN & CAMP. PARK« — März bis Okt.
☎ 01837/840734, Fax 840877 — 15 000 qm

→ A 30 Exeter–Laungeston, bei Whiddon Down auf der alten Streckenführung nach Sticklepath.

Wiesengelände mit einzelnen Bäumen am Nordrand vom »Dartmoor–National Park«. Ort 5 km entfernt. Touristen-/Dauerstellplätze 32/20.

Tavistock, Devon PL19 9LS — GB 1640

[25] ★★★ »HARFORD BRIDGE HOLIDAY PARK« — 1.1. bis 31.12.
☎ 01822/810349, Fax 810028 — 65 000 qm
www.harfordbridge.com, enquiry@harfordbridge.co.uk

→ A 386 Plymouth–Tavistock und weiter Richtung Okehampton, ca. 2.5 km nördlich Tavistock nach Peter Tavy abbiegen.

Weitläufiges, parkartiges Gelände am Tavy-Ufer. Mehrere Leihcaravans. Reservierung in HS empfehlenswert. Ort 4 km entfernt. Touristen-/Dauerstellplätze 120/53.
2007: (HS) 2 P/N inkl. St/N 10.50, weitere P/N 4.–, K/N ab 3 N 2.50, H/N 1.–, WD inkl., Strom 2.– (16A) . In NS Ermäßigung.
DCC/CCI 10% auf P/N.

Landrake, Cornwall PL12 5AF — GB 1645

[25] ★★★ »DOLBEARE CARAVAN PARK« — 1.1. bis 31.12.
☎ 01752/851332, Fax 547871 — 35 000 qm
www.dolbeare.co.uk, reception@dolbeare.co.uk

→ A 38 Plymouth–Liskeard, in Landrake Richtung Blunts abbiegen und noch ca. 1.6 km.

Leicht abfallendes, schattenloses Wiesengelände in ländlicher Umgebung. Gute Wandermöglichkeiten. Kiosk. Separater Hundeplatz. Volleyball- u. Boulesplatz. Ort 7 km entfernt. Golfplatz, Schwimmbad und Angelmöglichkeit in der Nähe. 60 Touristenplätze.
2008: 2 P/N inkl. St/N 17.– bis 19.80, weitere P/N 3.50, K/N 5 bis 15 J. 2.25, B/N 2.50, H/N 1.50, WD inkl., Strom (16 A) zuzügl. In NS 10% Ermäßigung.

Looe, Cornwall PL13 2JS — GB 1650

★★★ »OAKLANDS PARK« — März bis Sept.
☎ 01503/262425, Fax 265811 — 80 000 qm
www.oaklands-park.co.uk, info@oaklands-park.co.uk

→ A 38 Plymouth–Liskeard, hinter Tideford südwärts auf die A 387 abbiegen nach Looe.

Unterteiltes Wiesengelände mit schönem Ausblick ins Landesinnere. Ort 3 km entfernt. Touristen-/Dauerstellplätze 500/50.

Pentewan b. St. Austell PL26 6BT — GB 1660/1

★★★★ »PENTEWAN SANDS HOLIDAY PARK« — März bis Nov.
☎ 01726/843485, Fax 844142 — 120 000 qm

→ B 3273 St. Austell–Mevagissey, zwischen Pentewan und Mevagissey meerwärts abbiegen.

Weitläufiges Wiesengelände in hügeliger Landschaft an einer schönen Bucht. Viele Wassersportarten. Filmvorführungen. Ort 1 km entfernt. 460 Touristenplätze.

Pentewan b. St. Austell PL26 6BT — GB 1660/2

★★★ »PENHAVEN TOURING PARK« — April bis Okt.
☎ 01726/843687, Fax 843870 — 25 000 qm

→ B 3273 St. Austell–Mevagissey, zwischen Pentewan und Mevagissey meerwärts abbiegen. 1 km vor Pentewan. ✉ Pentewan Rd.

Parzelliertes, ebenes Wiesengelände zwischen dem White River und der Straße. Von Laubwald umgeben. Ort 1 km entfernt. 105 Touristenplätze.

Gorran Haven, Cornwall PL26 6LL — GB 1665

[35] ★★★★ »SEA VIEW INTERNATIONAL PARK« — April bis Okt.
☎ 01726/843425, Fax 843358, — 65 000 qm
www.SeaViewintenational.com, holidays@SeaViewinternational.com

→ B 3273 St. Austell–Gorran Haven Abf. Mevagissey. Beschildert. ✉ Boswinger.

Durch Hecken unterteiltes, überwiegend ebenes Wiesengelände. Vom Mobilheimpark durch eine Straße getrennt. In HS Reservierung empfehlenswert. Imbiss. Ort 5 km entfernt. 172 Touristenplätze.
2008: (HS) P/N inkl. St/N 22.– bis 34.–, B/N 2.50, H/N 3.–, WD und Strom (16 A) inkl. In NS Ermäßigung.

DCC-Mitglieder fahren mit Auslands-Schutzpaß! und SIE?

GB

Helston, Penzance TR13 9NN — GB 1680

★★★ »POLDOWN CAMPING & CAR. PARK« — April bis Sept.
☎/Fax 01326/574560 — 13 000 qm
www.poldown.co.uk, stay@poldown.co.uk

→ A30 Bodmin–Penzance Abf. Camborne auf die B3303 nach Helston, weiter auf die B3302, dann die erste rechts, beschildert (GPS: 50°07'18" N / 05°19'01" W).

Ebenes, leicht abfallendes Wiesengelände durch Büsche und Bäume aufgelockert. In HS Reservierung empfohlen. Ort 3 km entfernt. 20 Touristenplätze.
2007: (HS) 2 P/N inkl. St/N 12.50, weitere P/N 2.75, K/N 3 bis 16 J. 1.85, H/N 1.–, WD inkl., Strom/N 2.50 (10 A). In NS Ermäßigung.
DCC/CCI 5% auf St/N.

St. Buryan, Penzance TR19 6BZ — GB 1690

★★★ »CAMPING TOWER PARK« — 7.3. bis 31.10.
☎ 01736/810286, Fax 810954 — 25 000 qm
www.towerparkcamping.co.uk, enquiries@towerparkcamping.co.uk

→ A30 Penzance–Land's End Abf. Drift auf die B3283 in Richtung St. Buryan. Hier ab der Kirche beschildert. ✉ St. Buryan.

Schattenloses Wiesengelände am Ortsrand. Von begrünten Steinwällen umgeben. Ort 1 km entfernt. Touristen-/Dauerstellplätze 112/5.
2007: (HS) P/N 2.–, K/N 5 bis 15 J. 1.75, St/N 3.75 bis 6.50, H/N 1.25, WD zuzügl., Strom/N 2.– (16 A). Für Wanderer und Fahrradcamper Ermäßigung. In NS Ermäßigung.

Hayle, Cornwall TR27 5AW — GB 1750/1

★★★ »BEACHSIDE HOLIDAY PARK« — Ostern bis Sept.
☎ 01736/753080, Fax 757252 — 24 000 qm
www.beachside.co.uk, reception@beachside.demon.co.uk

→ A 30 Penzance–Hayle. Hier von der Umgehungsstraße abbiegen und der Beschilderung »Sands« folgen, noch 1 km.

Weitläufiges Dünengelände mit leicht abfallender Touristenwiese und Blick auf die St. Ives Bay. Ort 1 km entfernt. 90 Touristenplätze.
2007: (HS) P/N inkl. St/N 9.– bis 27.–, WD inkl., Strom (10 A) zuzügl. In NS Erm.

Hayle, Cornwall TR27 5AW — GB 1750/2

★★★★ »ST. IVES BAY HOLIDAY PARK« — Mai bis Sept.
☎ 01736/752274, Fax 754523, ✉ TR27 5BH — 200 000 qm
www.stivesbay.co.uk, stivesbay@dral.pipex.com

→ A30 Penzance–Hayle. Vor Hayle auf die B 3301 wechseln nach Upton Towans. Bei der Tankstelle abbiegen, noch ca. 600 m. ✉ 73 Loggans Rd.

Ebenes Wiesen- und Dünengelände. Blick auf den Leuchtturm und die St. Ives Bay. Imbiss. Ort (Hayle) 1 km entfernt. Touristen/Dauerstellplätze 250/400.

Gwinear, Hayle/Cornwall TR27 5LE — GB 1760

★★★ »PARBOLA HOLIDAY PARK« — Ostern bis Sept.
☎/Fax 01209/831503 — 68 000 qm
www.parbola.co.uk, bookings@parbola.co.uk

→ A 30 Redruth–Penzance, hinter Camborne Richtung Connor Downs abbiegen, dann über Carnhell Green nach Gwinear. ✉ Wall.

Durch Hecken unterteiltes Wiesengelände. In HS Reservierung empfohlen. Mehrere Leihcaravans. Imbiss. 110 Touristenplätze.

Newquay, Cornwall TR8 4NY — GB 1770

★★★ »HENDRA HOLIDAY PARK« — April bis Okt.
☎ 01637/875778, Fax 879017 — 160 000 qm

→ A30 Launceston–Redruth Abf. Indian Queens auf die A392 nach Newquay. Hier südwärts abbiegen auf die A 3075 noch ca. 1.5 km.

Großflächiges Wiesengelände durch hohe Bäume und Heckengegliedert. Öffentliches Freizeit-Unterhaltungszentrum am Platz. Imbiss. Ort 2 km entfernt. 600 Touristenplätze.

Bude, Cornwall EW23 9HJ — GB 1852

★★★ »WOODA FARM CARAVAN PARK« — April bis Okt.
☎ 01288/352069, Fax 355258 — 48 000 qm

→ A 39 Bideford–Wadebridge, vor Stratton meerwärts über Poughill abbiegen zur Küstenstraße. Hier zum »Combe Valley«. ✉ Poughill.

Wiesengelände an und auf einem Hügel mit schönem Meerblick. Durch einen Weg zweigeteilt. Hundewiese. Billard. Ort 3 km entfernt. Touristen-/Dauerstellplätze 200/55.

Barnstaple, Devon EX31 4AU — GB 1860

★★★ »TARKA HOLIDAY PARK« — März bis Nov.
☎ 01271/343691, Fax 326355 — 33 000 qm
www.tarkaholidaypark.co.uk, info@tarkaholidaypark.co.uk

→ A 377 Exeter–Barnstaple Abf. A361 in Richtung Braunton, noch ca. 3 km. ✉ Braunton Rd.

Schattenloses Wiesengelände neben einer verkehrsreichen Straße. Durch Hecken unterteilt. Ort 4 km entfernt. Touristen/Dauerstellplätze 35/70.

Bridgwater, Somerset TA7 8PP — GB 1895

★★★ »THE FAIRWAYS INTERNATIONAL CAMPING PARK & CARAVAN PARK« ☎/Fax 01278/685569 — 1.3. bis Mitte Nov.
www.fairwaysinternational.co.uk, holiday@fairwaysinternational.co.uk — 23 000 qm

→ A 39 Glastonbury–Bridgwater. Bei Woolavington rechts abbiegen auf die B3141 in nördlicher Richtung. Platz befindet sich auf der rechten Seite hinter der "Bawdrip Service Station". ✉ Bath Road, Bawdrip.
∴ Glastonbury Abbey. Cheddar Gorge (Felsschluchten). Dunster Castle.

Ebenes, unparzelliertes Wiesengelände mit vereinzelten Laubbäumen am Rande der "Polden Hills". Gekieste Wege. Spieleraum. Billard. Wifi/Funk-internet. Restaurants in der Nähe. Ort 5 km entfernt. Touristen/Dauerstellplätze 150/50.
2007: (HS) 2 P/N inkl. St/N 13.– bis 16.50, weitere P/N 2.–, K/N 3 bis 16 J. 1.–, WD keine Angabe, Strom inkl (10 A). In NS Angebote und für Senioren Ermäßigung.

Wick, Somerset BA6 8JS — GB 1940

★★★ »THE OLD OAKS TOURING PARK« — 1.3. bis Nov.
☎ 01458/831437 — 20 000 qm
www.theoldoaks.co.uk, info@theoldoaks.co.uk

→ Von Glastonbury auf der A361 nach Shepton Mallet. Danach links und der Beschilderung nach Wick folgen.

Terrassiertes Wiesengelände mit Eichen- und Walnussbäumen. Keine Aufnahme von Gruppen, Kindern und Jugendlichen. Ort 3 km entfernt. 50 Touristenplätze.
2008: (HS) P/N 4.50, St/N 4.50 bis 7.50, H/N 1.–, WD inkl., Strom/N 2.– (10 A). In NS und für Senioren Ermäßigung.

Cheddar, Somerset BS27 3DB — GB 1950

★★★ »BROADWAY HOUSE HOLIDAY« — März bis Nov.
☎ 01934/742610, Fax 744950 — 120 000 qm

→ M5 Exeter–Bristol Abf. (21), kurz westwärts halten, dann südostwärts über West Wick auf die A 371 Weston Super Mare-Wells. Zwischen Axbridge und Cheddar.

Durch Baumreihen unterteiltes, leicht abfallendes Wiesengelände oberhalb der Mobilheime. Abenteuerspielplatz. Nur Aufnahme von Ehepaaren und Familien. Ort 3.2 km entfernt. 180 Touristenplätze.

Jahres-Öffnungszeiten

werden uns von den Platzhaltern gemeldet. Sie bemühen sich, die Zeiten einzuhalten. Je nach Wetterlage sind aber spätere Öffnungs- und frühere Schließungszeiten möglich.

Bath, Avon BA1 3JT — GB 1980

★★★ »BATH MARINA AND CARAVAN PARK« 1.1. bis 31.12.
☎/Fax 01225/424301   16 000 qm
www.bathcaravanpark.co.uk

→ M4 Swindon–Bristol Abf. (18) über die A46 in Bath auf die A4 Richtung Bristol, zum westlichen Ortsende. ✉ Brassmill Lane.

Parkartiges Gelände mit betonierten Stellflächen. Keine Zelte. Ort 3 km entfernt. 88 Touristenplätze.

Lacock-Chippenham, Wiltshire SN15 2LP — GB 1985

20 ★★★ »PICCADILLY CARAVAN PARK« 1.4. bis 31.10.
☎ 01249/730260   55 m   10 000 qm
piccadillylacock@aol.com

→ M4 London–Bristol, Abf. (17) auf die A350 Richtung Chippenham abbiegen. Hier der Beschilderung folgen. ✉ Folly Lane West.

Ebenes und parzelliertes Wiesengelände mit einzelnen Bäumen. Befestigte Stellplätze. Reservierung in HS empfehlenswert. Hundeauslaufwiese. Beheizbare Sanitäranlagen. Gut für Besuche nach Bath geeignet. Golfplatz in der Nähe. Ort 5 km entfernt. 43 Touristenplätze.
2008: 2 P/N inkl. St/N 14.50, weitere P/N 2.–, K/N bis 5 J. frei. WD inkl., Strom (10 A) keine Angabe.

Oxford, Oxfordshire OX1 4XN — GB 2010

★★★ »OXFORD CAMPING«   1.1. bis 31.12.
☎ 01865/244088, 0870/2433331   20 000 qm
www.campingandcaravanningclub.co.uk

→ M40 London–Oxford bis zum 1. Kreisverkehr Oxford-Headington, hier direkt links auf die A4142 Ring Road, nach 5 km die 2. Ausfahrt Abingdon Road, dann die erste links. Ab Tankstelle beschildert. ✉ Abingdon Rd 426.

Ebenes bis leicht welliges Wiesengelände in der Nähe von Straße und Bahnlinie. Ort 2 km entfernt. 129 Touristenplätze.

Little Billing, Northampton NN3 9DA — GB 2035

★★★ »BILLING AQUADROME«   März bis Nov.
☎ 01604/408181, Fax 784412   1 350 000 qm

→ M1 London–Northampton Abf. (15) über die A508 nordostwärts auf die A45 ca. 4 km in Richtung Wellingborough.

Weitläufiges, ebenes Wiesengelände. Durch Baumreihen und Büsche aufgelockert. Im angrenzenden Fluss sowie in den Teichen und Seen besteht Badeverbot. Musikveranstaltungen. Im Eingangsbereich Spielotheken sowie ein Rummelplatz. Ort 6 km entfernt. Touristen-/Dauerstellplätze 750/1150.

Stratford-upon-Avon, CV37 7AG — GB 2050

★★ »RIVERSIDE CARAVAN PARK«   Ostern bis Okt.
☎ 01789/292312, Fax 415280   60 000 qm
www.stratfordcaravans.co.uk, info@stratfordcaravans.co.uk

→ A34 Oxford–Birmingham, in Stratford nordostwärts auf die B4086 Richtung Tiddington abbiegen. ✉ Tiddington.

Von Bäumen und hohen Hecken umgebenes Wiesengelände. Restaurant 1 km, Ort 2 km entfernt. Touristen-/Dauerstellplätze 135/115.

Whatstandwell, Derbyshire DE4 5HP — GB 2200

25 ★★ »HAYTOP COUNTRY PARK«   1.1. bis 31.12.
☎/Fax 01773/852063   250 000 qm

→ A6 Derby–Manchester etwa 7 km nach Belper. In Whatstandwell hinter der Brücke links abbiegen.

Von Büschen und Bäumen umgebenes Wiesengelände. Haltestelle 1 km, Ort 8 km entfernt. 60 Touristenplätze.
2007: 2 P/N inkl. St/N 10.–/12.–, weitere P/N 4.50, K/N bis 12 J. 3.–, M/N 1.–, H/N 2.–, WD zuzügl., Strom (10A) keine Angabe.

Matlock-Tansley, Derbyshire DE4 5GF — GB 2205

25 ★★ »LICKPENNY TOURING PARK«   1.1. bis 31.12.
☎/Fax 01629/583040   64 000 qm
www.lickpennycaravanpark.co.uk, lickpenny@btinternet.com

→ A6 Derby–Manchester. In Matlock beim Kreisverkehr auf die A617. Hinter Tansley links abbiegen auf die B6014. Auf dem Hügel rechts, am "Scotland Nurseries Garden Centre" vorbei, zum Platz. ✉ Lickpenny Lane.

Ebenes Wiesengelände in hügeliger Landschaft. Von Laub- und Nadelbäumen umrandet. Durch Hecken mit überwiegend blühenden Rhododendren parzelliert. Keine Aufnahme von Zeltcampern. Übernachtungsplätze vor dem Eingang. Befestigte, großzügige Stellplätze. Kiosk. Hundeauslaufwiese. Bushaltestelle in der Nähe. Ort (Tansley) ca. 2 km entfernt. 100 Touristenplätze.
2007: (HS) 2 P/N inkl. St/N 17.–, weitere P/N 4.–, K/N 4 bis 14 J. 1.50, H/N inkl., WD und Strom (16A) inkl. In NS Ermäßigung.

Teversal, Nottinghamshire NG17 3JJ — GB 2215

20 ★★★ »SHARDAROBA CARAVAN PARK«   1.1. bis 31.12.
☎ 01623/551838, Fax 552174   60 000 qm
www.shardaroba.co.uk, www.campingandcaravanningclub.co.uk
stay@shardaroba.co.uk

→ M1 Nottingham–Leeds Abf. (28) auf die A38, dann über die B6027 zur B6014 nach Teversal. ✉ Silverhill Lane.

Eben bis leicht abfallendes Wiesengelände mit einzelnen Bäumen und Büschen in hügeliger Umgebung. Parzellierte und befestigte Stellplätze. Hunde-Auslaufwiese. Kinderanimation. Minigolf, Tennis und Golf in der Nähe. Ort 2 km entfernt. Mittagsruhe 12-16 Uhr. 100 Touristenplätze.
2007: (HS) P/N 7.–, K/N 6 bis 18 J. 3.–, WD inkl., Strom/N 3.–. Ab 55 J. und in NS Ermäßigung.

Lincoln, Lincolnshire LN6 0EY — GB 2240

20 ★★ »HARTSHOLME COUNTY PARK«   März bis Okt.
☎ 01522/873578, Fax 873577   80 000 qm
www.lincoln.gov.uk, hartsholmecp@lincoln.gov.uk

→ A46 Leicester–Grimsby. Vor Lincoln auf die B1378 zur Skellingthorpe Road abbiegen. Platz liegt südwestlich von Lincoln, 300 m vom Eingang des Hartsholme County Parkes entfernt. ✉ Skellingthorpe Road.

Ebenes, durch Bäume und Heckenreihen geschütztes, Wiesengelände. In der Nähe einige Naturreservate mit Seen und Wäldern. Café. Ort ca. 4.5 km entfernt. Mittagsruhe 12-16 Uhr. 50 Touristenplätze.
2007: (HS) P/N inkl. C MC-St/N 9.80 bis 11.40, 2 P/N inkl. T-St/N 6.60 bis 9.80, zusätzl. A/N 1.90, WD inkl., Strom/N 2.60 (10A). In NS Ermäßigung.

York, North Yorkshire YO3 6TZ — GB 2303

★★★ »RAWCLIFFE MANOR CARAVAN PARK«   1.1. bis 31.12.
☎ 01904/624422, Fax 640845   22 000 qm

→ A19 York–Sowerby. Beim Stadtausgang von York ostwärts Richtung Thirsk abbiegen. Beschildert. ✉ Manor Lane, Shipton Rd.

Ebene Wiese mit Bäumen auf dem Gelände eines ehemaligen Flugplatzes. Imbiss. Ort 3 km entfernt. 13 Touristenplätze.

Harrogate-Follifoot, N. Yorks. HG3 1JH — GB 2340

35 ★★★★ »RUDDING HOLIDAY PARK«   März bis Jan.
☎ 01423/870439, Fax 870859   120 000 qm
www.ruddingpark.com, holiday-park@ruddingpark.com

→ A658/A59 Leeds–York, abbiegen Richtung Harrogate. Platz liegt ca. 5 km südlich von Harrogate in Follifoot (GPS: 53°58'03" N / 1°29'06" E).

Leicht welliges, durch Hecken unterteiltes, Wiesengelände in einer Parklandschaft. Sanitäranlagen beheizbar. Pub. Golfplatz in der Nähe. Ort 5 km entfernt. 141 Touristenplätze.
2007: P/N inkl. St/N 16.– bis 33.–, WD inkl., Strom keine Angabe.

Oswaldkirk, North Yorksh. YO62 5YQ — GB 2380

[20] ★★★ »GOLDEN SQUARE CAR. & CAMP. PARK« — 1.3. bis 31.10.
☎ 01439/788269, Fax 788236 — 55 000 qm
www.goldensquarecaravanpark.com, reception@goldensquarecaravanpark.com

→ A1 Leeds–Newcastle, abfahren auf A168, nach zweitem Schild Richtung Thirsk abbiegen, im Kreisverkehr auf A19 Richtung York. Beschilderung „Caravan Route" folgen. Nach Ampleforth Richtung Helmsley.

Leicht welliges Wiesengelände in hügeliger Landschaft. Ort, Schwimmbad, Reiten u. Tennis 4 km entfernt. Touristen-/Dauerstellplätze 90/40.
2007: (HS) 2 P/N u. 2 K/N bis 10 J. inkl. St/N 15.50, H/N –.50, WD zuzügl., Strom (10 A) inkl. In NS Ermäßigung.

Helmsley, North Yorksh. YO62 5JG — GB 2385

[20] ★★ »FOXHOLME TOURING CARAVAN PARK« — April bis Nov.
☎ 01439/771241, 770416, 771696, Fax 771744   20 m   10 000 qm

→ A1 Leeds–Newcastle, vor Wetherby auf die A164 Richtung York/Malton. Bei Flaxton in nördlicher Richtung nach Helmsley zum Platz.

Ebenes und parzelliertes Gelände in einem kleinen Nadelwald in ländlicher Umgebung am Rande des "North York Moors National Park". Nur für Erwachsene. Meist befestigte Stellplätze. Leinenzwang für Hunde. Laden mit Tiefkühlkost. Golfplatz in der Nähe. Ort 6 km entfernt. 30 Touristenplätze.
2007: (HS) 2 P/N inkl. St/N 12.50, weitere P/N 1.50, WD zuzügl., Strom (10 A) inkl. In NS Ermäßigung.

Brecon, Powys, Wales LD3 7SH — GB 2500

★★★★ »BRYNICH CARAVAN PARK« — März bis Okt.
☎/Fax 01874/623325 (9-18 Uhr)   145 m   8 300 qm
www.brynich.co.uk, holidays@brynich.co.uk

→ A40 Abergavenny–Brecon. Der Platz liegt an der A470, 200 m von der Kreuzung mit der A40 entfernt, 2 km östlich von Brecon.

Ebenes und großzügig parzelliertes Rasengelände mit einzelnen Bäumen und mit Blick auf die Berge des "Brecon Beacons Nationalpark's". Ideal für Wandertouren in den Bergen. Bar. Ort 2 km entfernt. 130 Touristenplätze.

Llandovery, Wales SA20 0RD — GB 2505

[20] ★★★ »ERWLON CARAVAN & CAMP. PARK« — 1.1. bis 31.12.
☎ 01550/720332, 721021, Fax 721021   20 000 qm
www.erwlon.co.uk, peter@erwlon.fsnet.co.uk

→ A40 Brecon–Carmarthen, ca. 500 m östlich Llandovery zum Platz.
✉ Brecon Road (GPS: 51°59'36" N / 3°46'56" W).

Ebenes bis leicht welliges, unparzelliertes Wiesengelände mit einzelnen Laubbäumen am Rande des "Brecon Beacons Nationalpark". Ort 500 m entfernt. Touristen-/Dauerstellplätze 70/30.
2007: (HS) P/N inkl. St/N 12.–, WD keine Angabe, Strom/N 2.50. In NS Ermäßigung.

Llangadog, Dyfed SA19 9NG — GB 2510

[20] ★★★ »ABERMARLAIS CARAVAN PARK« — 16.3. bis 16.11.
☎ 01550/777868, www.ukparks.co.uk/abermarlais   16 000 qm

→ A40 Llandovery–Carmarthen, nach Llangadog südwärts abbiegen.

Ebene bis leicht abfallende Wiese bei einem Bach in einem von einer alten Mauer umgebenen Hof beim "Brecon Beacons Nationalpark". Kinderanimation. Ort 3 km entfernt. 88 Touristenplätze.
2007: P/N 1.50, St/N 6.–, WD inkl., Strom/N 2.–. (10 A).

DCC – DEIN PARTNER!

Porthcawl, Glamorgan CF32 0NG — GB 2520

★★★ »HAPPY VALLEY CARAVAN PARK« — April bis Sept.
☎ 01656/782144, Fax 782146   81 000 qm
→ M4 Cardiff–Swansea Abf. (37) über die A4229 nach Porthcawl.

Welliges Wiesengelände. Befestige Mocastellplätze. Ort 4 km entfernt. 100 Touristenplätze.

Swansea, Wales SA6 6QL — GB 2525

★★ »RIVERSIDE CARAVAN PARK« — 1.1. bis 31.12.
☎ 01792/775587   28 000 qm
→ M4 Cardiff–Swansea Abf (45), nach ca. 200 m Richtung Morriston abbiegen, beschildert.

Ebenes, geschütztes Wiesengelände. Hunde nach Absprache. Gas- u. Lebensmittelverkauf. Schwimmbad. Ort 4 km entfernt. 120 Touristenplätze.

Tavernspite, Dyfed SA34 0NS — GB 2530

[25] ★★ »PANTGLAS FARM CARAVAN PARK« — März bis Okt.
☎ 01834/831618, Fax 831193   40 000 qm
www.pantglasfarm.co.uk, .pantglasfarm@btinternet.co.uk

→ A477 St. Clears–Pembroke, nordwestwärts bei Red Roses auf die B4314. In Tavernspite beschildert.

Von Büschen und Bäumen umgebenes Wiesengelände. Leinenzwang für Hunde. Bar. Spielautomaten. Ort 5 km entfernt. 75 Touristenplätze.
2007: (HS) P/N 2.50, K/N 2 bis 15 J. 1.50, St/N 8.– bis 12.–, B/N 1.–, H/N 1.50, WD zuzügl., Strom (10 A) keine Angabe. In NS Ermäßigung.

Fishguard, Pembrokeshire SA65 9ET — GB 2550

★★★ »FISHGUARD BAY CARAVAN PARK« — März bis Nov.
☎ 01348/811415, Fax 811425   24 000 qm
www.fishguardbay.com, enquiries@fishguardbay.com

→ A487 Newport–Fishguard, kurz vor Fishguard seewärts abbiegen. Enge Zufahrtsstrecke.

Eben bis sanft geneigte Rasenfläche auf einer Klippe mit herrlicher Aussicht über die Bucht. Spieleraum mit Billard und Videospielen. Ort 5 km entfernt. Touristen-/Dauerstellplätze 50/50.

Fishguard, Dyfed SA65 9QF — GB 2552

★★ »TREGROES PARK« — April bis Okt.
☎/Fax 01348/872316   20 000 qm
→ A487 Fishguard–St. David Abf. Manorowen.

Wiesengelände. Ort 1.5 km entfernt. 45 Touristenplätze.

Aberaeron, Mid Wales SA46 0JF — GB 2610

[25] ★★★ »AERON COAST CARAVAN PARK« — 1.3. bis 31.10.
☎ 01545/570349, Fax 571289   22 000 qm
www.aeroncoast.co.uk, enquiries@aeroncoast.co.uk

→ A487 Aberystwyth–Fishguard. Platz liegt gut beschildert im Norden von Aberaeron. ✉ North Road.

Ebenes, langestrecktes und geordnetes Rasengelände neben einem Mobilheimpark. Unparzelliert und schattenlos. Tankstelle vor dem Eingang. Reservierung in HS empfehlenswert. Im August Mindestaufenthalt von 4 Nächten. Veranstaltungs- und Kinderspieleraum. Spielautomaten. Poolbillard. Haltestelle, Hafen, Ponyreiten, Angeln und Golfen in der Nähe. Touristen-/Dauerstellplätze 100/200.
2007: (HS) 4 P/N inkl. St/N 14.– bis 23.–, weitere P/N 2.–, WD und Strom (10 A) inkl. In NS Ermäßigung.

Llanon, Aberystwyth/Dyfed SY23 5LX GB 2620

★★ »WOODLANDS CARAVAN PARK« März bis Okt.
☎/Fax 01974/202342 40 000 qm
→ A 487 Aberystwyth–Fishguard Abf. ca. 15 km südl. von Aberystwyth.

250 m 750 m
Durch die Zufahrtsstraße zweigeteiltes Wiesengelände hinter einem Mobilheimpark. Ort 750 m entfernt. Touristen-/Dauerstellplätze 40/40.

Barmouth, Gwynedd LL42 1YR GB 2660

30 ★★★ »HENDRE MYNACH CARAVAN PARK« 1.3. bis 9.1.
☎ 01341/280262, Fax 280586 40 000 qm
www.hendremynach.co.uk, mynach@lineone.net
→ A 496 Llanelltyd–Harlech, kurz hinter dem nördlichen Ortsende von Barmouth seewärts abbiegen in die Harlech Road. Steile Zufahrt. ✉ Llanaber Barmouth.

200 m 400 m 1.5 km
Unterhalb der Straße an der Bahnstrecke langgezogenes Wiesengelände mit kleiner Zeltterrasse neben einem Berg. Hundebereich. Imbiss. Ort 1 km entfernt. 240 Touristenplätze.
2007: P/N inkl. St/N 10.– bis 28.–, WD und Strom (10 A) inkl.

Bala, Gwynedd Snowdonia LL23 7ST GB 2730

25 ★★★ »GLANLLYN-LAKESIDE CARAVAN AND CAMPINGPARK«
☎ 01678/540227, 540441, Fax 540527 15.3. bis 12.10.
www.glanllyn.com, info@glanllyn.com
→ A494 Dolgellau–Ruthin. Platz liegt ca. 5 km südwestlich von Bala. ✉ Llanuwchllyn.

Ebenes Wiesengelände mit einzelnen Laubbäumen am See "Llyn Tegid" im Snowdonia National Park. Von Bergen umgeben. Fahrrad- und Bootsverleih sowie eine Historische Eisenbahn in der Nähe. 2 Golfplätze, Freizeit- und Wassersportzentrum in Bala. Ort 5 km entfernt. 150 Touristenplätze.
2008: 2 P/N inkl. St/N 15.–, WD inkl., Strom/N 3.– (10 A).

Chester, Cheshire CH4 9LF GB 2785

★★ »CHESTER SOUTHERLY CARAVAN PARK« März bis Nov.
☎ 01839/270697, 270791 32 000 qm
→ M56 Manchester–Chester, vor Chester wechseln auf den M 53 Abf. (12). Hier auf die A 55 bis zur Kreuzung mit der A 483 südlich von Chester. ✉ Balderton Lane.

Schattenloses Wiesengelände mit geschotterten Stellflächen zwischen zwei Schnellstraßen. Gas- u. Lebensmittelverkauf. Kinderspielplatz. Ort 4.8 km entfernt. 92 Touristenplätze.

Conwy, North Wales LL32 8UX GB 2800

★★★ »CONWY TOURING PARK« Ostern bis Sept.
☎ 01492/592856, Fax 580024 70 000 qm
www.conwytouring.co.uk, sales@conwytouring.com
→ A55 Colwyn Bay–Bangor. In Cowny beim Kreisverkehr links auf die B 5106 in Richtung "Cowny Castle". ✉ Trefriw Road.

Parzelliertes und terrassiertes Wiesengelände mit einzelnen Bäumen bei einer Burg in der Nähe der Irischen See und am Rande des Snowdonia National Parks. Bar. Spielezimmer. Ort ca. 2.5 km entfernt. Separater Jugendplatz. Touristen-/Dauerstellplätze 300/28.

Blackpool, Lancashire FY4 5JU GB 2850/1

★★ »GILLETT FARM CARAVAN PARK« März bis Okt.
☎ 01253/761676 50 000 qm
→ M55 Preston–Blackpool Abf. (4), kurz auf die A583 und dann abbiegen in die Peel Road. ✉ Peel Rd.

Leicht abfallendes Wiesengelände. Lärmbelästigung durch einen in der Nähe befindlichen Flughafen. Ort 3 km entfernt. Touristen/Dauerstellplätze 38/100.

Blackpool, Lancashire FY4 5JU GB 2850/2

25 ★★★ »KNEPS FARM HOLIDAY PARK« 1.3. bis 15.11.
☎ 01253/823632, Fax 863767 40 000 qm
www.knepsfarm.co.uk, enquiries@knepsfarm.co.uk
→ beim Kreisverkehr auf die A585 Richtung Little Thornton. Rechts in die "Stanah Road" Richtung River Wyre. ✉ River Rd.

Ebenes, teilweise leicht zum Wyreufer abfallendes Wiesengelände. Ort 10 km entfernt. Touristen-/Dauerstellplätze 70/80.
2007: (HS) P/N 3.75, K/N 4 bis 14 J. 3.–, St/N 10.–, H/N –.75, WD inkl., Strom (16A) inkl. Ab 7 N 10% Ermäßigung. In NS Ermäßigung.

Windermere, Cumbria LA23 3DL GB 3005/1

★★★★ »FALLBARROW PARK« März bis Nov.
☎ 015394/44428, Fax 88736, www.fallbarrow.co.uk 129 000 qm
→ A 591 Kendal–Windermere. In Windermere südwärts auf die A 592 abbiegen bis Bowness, beschildert. ✉ Rayrigg Rd.

Gepflegtes Parkgelände im Seengebiet. Mit alten Bäumen und von Hecken umrahmte Touristenwiese. Keine Zelte. Ort 1 km entfernt. Touristen-/Dauerstellplätze 81/180.

Windermere, Cumbria LA23 3DL GB 3005/2

★★★ »LIMEFITT PARK« April bis Okt.
☎ 015394/32300, Fax 32848 120 000 qm
www.camping-windermere.co.uk
→ A 592 Penrith ca. 6.5 km bis Troutbeck. Anfahrt für Gespanne aus nördlicher Richtung wegen 20%iger Steigungen nicht zu empfehlen.

4.5 km
Abfallendes Wiesengelände am Ufer der Troutbeck im Seengebiet des Nationalparks. Ort 5 km entfernt. Touristen-/Dauerstellplätze 165/20.

Ormside bei Appleby/Cumb. CA16 6EJ GB 3010

★★★★ »WILD ROSE PARK« 1.1. bis 31.12.
☎ 017683/51077, Fax 52551 160 000 qm
→ M6 Morecambe–Penrith Abf. 38 auf die B 6260 nordwärts. Kurz vor Appleby in Westmorland nach Ormside abbiegen. Beschildert.

Leicht abfallendes, sehr gepflegtes Wiesengelände. Separater Mobilheimteil. Teilweise geschotterte Caravanplätze. Ort 5 km entfernt. Touristen-/Dauerstellplätze 240/250.

Poley Bridge, Cumbria CA10 2NA GB 3020

40 ★★★ »PARK FOOT CAR. & CAMP. PARK« März bis Okt.
☎ 01768/486309, Fax 486041 40 000 qm
www.parkfoottullswater.co.uk, holiday@parkfoottullswater.co.uk
→ A66 Penrith–Keswick Abf. A592 ca. 5 km in südl. Richtung nach Poley Bridge. Hier bei der Kirche rechts, noch 2 km. ✉ Howtown Rd.

Leicht welliges Wiesengelände in der Nähe des Ullswater Sees. Ort 10 km entfernt. Touristen-/Dauerstellplätze 300/130.
2007: (HS) P/N 5.50, K/N 4 bis 15 J. 2.50, A/N 4.–, C/N 8.50, MC/N 8.–, T/N 4.–, M/N 4.–, B/N 4.–, H/N 1.–, WD zuzügl., Strom/N 3.– (16A). In NS Erm.

Keswick, Cumbria CA12 5EP GB 3040

40 ★★★ »THE CAMPING + CARAVAN CLUB SITE KESWICK«
☎ 01768/772392, 0870/2433331 2.2. bis 27.11.
www.campingandcaravanningclub.co.uk 46 000 qm
→ M6, Abf. (40), weiter auf A 66 Richtung Keswick. Am Kreisverkehr links zum südlichen Ortsrand. Beschildert. ✉ Crow Park Rd.

Wiesengelände mit Laubbäumen am Seeufer. Für Zelter keine Aufnahme. Ort ca. 1 km entfernt. 253 Touristenplätze.
2007: (HS) P/N 8.25, K/N 2.25, St/N 5.65, H/N frei, WD inkl., Strom (10A) zuzügl. In NS Ermäßigung.

St. Bees, Cumbria CA27 0ES — GB 3050

★★★ »SEACOTE PARK« — 1.1. bis 31.12.
☎ 01946/822777, Fax 824442 — 15000 qm

→ A595 Cockermouth–Whitehaven, ab hier auf der Küstenstraße B 5345 ca. 7 km in südl. Richtung. Beschildert. ✉ Seacote Park.

Zum Meer abfallendes Wiesengelände. Gas- u. Lebensmittelverkauf. Kies- und Felsstrand 100 m, Ort 6 km entfernt. 50 Touristenplätze.

Penrith, Cumbria CA10 2JB — GB 3090

★★★ »LOWTHER CARAVAN PARK« — März bis Nov.
☎ 01768/863631, Fax 868126 — 200000 qm

→ M6 Kendal–Carlisle Abf. 40. In Penrith auf die A6 in südlicher Richtung abbiegen. Beschildert. ✉ Eamont Bridge.

Waldgelände zwischen einem Fluss und der Straße. Separater Touristenteil. Zelte auf schattenlosem Hügel. Ort 1.6 km entfernt. Touristen-/Dauerstellplätze 221/403.

Gretna, Dumfr. and Gallow. DG16 5DQ — GB 3300

20 ★★★ »THE BRAIDS CARAVAN PARK« — 1.1. bis 31.12.
☎/Fax 01461/337409 — 20000 qm
www.thebraidscaravanpark.co.uk, enquiries@thebraidscaravanpark.co.uk

→ A74 Carlisle–Glasgow in Gretna am westl. Ortsrand. ✉ Annan Rd.

Leicht abfallendes, parzelliertes Wiesengelände mit Anpflanzungen. Ort 500 m entfernt. 84 Touristenplätze.
2008: P/N inkl. St/N 14.–, K/N 4 bis 12 J. 2.50, WD zuzügl., Strom/N (10 A) inkl.

Ecclefechan, Dumf. & Gall. DG11 3DR — GB 3350

★★★ »CRESSFIELD CARAVAN PARK« — 1.1. bis 31.12.
☎/Fax 01576/300702, 300599, www.cressfield.co.uk — 73000 qm

→ A74 Carlisle–Glasgow Abf. 19 nach Ecclefechan, am südlichen Ortsrand. Beschildert.

Sehr gepflegtes, schattenloses, parzelliertes Wiesengelände zwischen Hügeln neben einem Sportplatz. Teilweise geschotterte Stellflächen. Separater Zeltplatz. Ort 400 m entfernt. Touristen-/Dauerstellplätze 50/50.

Castle Douglas, Dumfries DG7 1EZ — GB 3400

★★★ »LOCHSIDE CAR. & CAMP. PARK« — Ostern bis Okt.
☎/Fax 01556/502949 — 25000 qm

→ A75 Dumfries–Stranraer Abf. Castle Douglas. Beschildert.

Zweigeteiltes Gelände neben dem städtischen Erholungszentrum. Wiesengelände unter Bäumen. Teilweise betonierte Stellplätze. Ort 1 km entfernt. 161 Touristenplätze.

Crocketford, Dumfries DG2 8RG — GB 3420

★★★★ »PARK OF BRANDEDLEYS« — März bis Okt.
☎ 01556/690250, Fax 690681 — 65000 qm

→ A75 Dumfries–Stranraer Abf. kurz hinter Crocketford. Beschildert.

Leicht abfallendes Wiesengelände mit Anpflanzungen. Teilweise geschotterte Stellflächen. Ort 1 km entfernt. Touristen-/Dauerstellplätze 80/15.

Parton, Dumfr. and Gallow. DG7 3NE — GB 3430

★★★ »LOCH KEN HOLIDAY PARK« — 1.1. bis 31.12.
☎ 01644/470282, Fax 470267 — 30000 qm
www.lochkenholidaypark.freeserve.co.uk

→ A713 Castle Douglas–Ayr Abf. Parton. Beschildert.

Zum Ufer des Loch Ken abfallendes, terrassiertes Wiesengelände. Ort 10 km entfernt. Touristen-/Dauerstellplätze 35/35.

Kirkcudbright, Dumfr. a. Gallow. DG6 ATT — GB 3440

30 ★★★★ »BRIGHOUSE BAY HOLIDAY PARK« — 1.1. bis 31.12.
☎ 01557/870267, Fax 870319 — 121000 qm
www.gillespie-leisure.co.uk, dcc@gillespie-leisure.co.uk

→ A755 Kirkcudbright–Gatehouse, südwärts abbiegen über Borgue nach Brighouse Bay, beschildert. ✉ Borgue Rd.

Wiesengelände mit einigen Bäumen zwischen Hügeln und in der Nähe einer Bucht. Meer 200 m entfernt. Touristen-/Dauerstellplätze 120/120.
2007: P/N 2.10, K/N 4 bis 15 J. 1.40, St/N 12.50 bis 17.60, H/N 2.–, WD inkl., Strom/N 3.60.

Stranraer, Dumfries DG9 8RN — GB 3460

25 ★★★ »AIRD DONALD CARAVAN PARK« — 1.1. bis 31.12.
☎ 01776/702025 — enquiries@aird-donadl.co.uk — 48000 qm

→ A75 Dumfries–Stranraer, im östlichen Ortsbereich. ✉ Off London Rd.

Zwischen Bach und Bahnlinie ausgedehntes Wiesengelände. Von Hecken und Baumreihen umgeben und unterteilt. Freizeitgelände mit vielen Sportmöglichkeiten in der Nähe. Ort 1.6 km entfernt. 100 Touristenplätze.
2008: 2 P/N inkl. C MC-St/N 13.–, 2 P/N inkl. T-St/N 10.–/12.–, weitere P/N 1.–, H/N frei, WD zuzügl., Strom/N 2.20 (10 A).

Bellingham, Northumberland NE4 2JY — GB 3600

★★★ »BROWN RIGG CARAVAN & CAMP. PARK« — Ostern bis 31.10.
☎ 01434/220175, www.northumberlandcaravanparks.com
enquiries@northumberlandcaravanparks.com

→ A69 Newcastle–Carlisle. Bei Hexham auf die A6079, in Chollerford auf die B6320 nach Bellingham. Platz befindet 1km südlich von Bellingham.
✿ Hadrians Wall (2000 J. alt). Northumberland National Park.

Ebenes und parzelliertes Wiesengelände mit vereinzelten Bäumen in leicht hügeliger, ländlicher Umgebung am Rande des "Northumberland National Parks". Einige befestigte Stellplätze. Golfmöglichkeit und Ort 1 km entfernt. Touristen-/Dauerstellplätze 50/12.

Otterburn, Northumberland NE19 1TF — GB 3605

★★ »BORDER FOREST CARAVAN PARK« — März bis Okt.
☎ 01830/520259 — 220 m — 35000 qm
www.borderforest.com, borderforest@btinternet.com

→ A696/A68 Newcastle–Hawick. Platz liegt ca. 3km nordwestlich von Rochester und ca. 10km südöstlich der schottischen Grenze. ✉ Cottonshopeburnfoot.
✿ Hadrians Wall (2000 J. alt). Northumberland National Park.

Ebenes und unparzelliertes Wiesengelände an einem Nadelwald am Rande des "Northumberland National Parks". Asphaltierte Wege. Familiäre Atmosphäre. Ideal für Hundebesitzer und Naturliebhaber. Sanitäranlagen beheizbar. Bed & Breakfast Unterkünfte. Golf, Surf- und Angelmöglichkeiten in der Nähe. Ort (Rochester) 3km entfernt. Touristen-/Dauerstellplätze 36/19.

Moffat, Dumfr. and Gallow. DG10 9QL — GB 3640

40 ★★★ »CAMPING HAMMERLANDS FARM« — März bis Okt.
☎ 01683/220436 — 30000 qm
www.campingandcaravanningclub.co.uk

→ A74 Carlisle–Glasgow Abf. Moffat. Im Ort beschildert.

Wiesengelände mit Anpflanzungen. 200 Touristenplätze.
2007: (HS) P/N 7.25, K/N 2.25, St/N 5.65, H/N frei, WD inkl., Strom (10 A) zuzügl. In NS Ermäßigung.

Hawick-Hornshole Bridge, Bor. TD9 8SY — GB 3700

30 ★★★ »RIVERSIDE CARAVAN PARK« — 1.3. bis 31.10.
☎ 01450/373785, Fax 375922 — 11000 qm
www.riversidehawick.co.uk, riversidehawick@yahoo.co.uk

→ A7 Carlisle–Edinburgh, in Hawick auf die A698 ostwärts abbiegen, noch ca. 4.5 km. ✉ Hornshole Bridge.

Ebenes, parzelliertes Wiesengelände zwischen Straße und Flussufer. Ort 2 km entfernt. 44 Touristenstellplätze.
2007: (HS) 2 P/N inkl. C MC-St/N 17.–, 2 P/N inkl. T-St/N 15.–, WD und Strom (10 A) inkl. In NS Ermäßigung.

Bamburgh, Northumberl. NE69 7AW — GB 3730
★★★ »GLORORUM CARAVAN PARK« — April bis Nov.
☎ 01668/214457 — 80 000 qm
→ A 1 Alnwick–Berwick Upon Tweed. Nördlich Warenford seewärts auf der B 1341 nach Bamburgh.

Ebenes Wiesengelände in Strandnähe. In HS Voranmeldung empfehlenswert. Ort 1 km entfernt. Touristen-/Dauerstellplätze 100/150.

North Berwick, East Lothian EH39 5NJ — GB 3780
★★★ »TANTALLON CARAVAN & CAMP. PARK« — 18.3. bis 31.10.
☎ 01620/893348, Fax 895623 — 80 000 qm
www.meadowhead.co.uk, tantallon@meadowhead.co.uk
→ A 198 Edinburgh–North Berwick. Platz liegt ca. 2 km östlich von North Berwick. ✉ Dunbar Road, Tantallon Road.

400 m
Ebenes, leicht abfallendes und meist schattenloses Rasengelände mit vereinzelten Büschen und Bäumen an der felsigen Steilküste. Strand ist durch einen Fußpfad zu erreichen. Spieleraum. Golfplatz und Bushaltestelle nebenan. Tennis, Hallenbad und Minigolf in der Nähe. Touristen-/Dauerstellplätze 400/52.
2007: P/N inkl. St/N 10.– bis 20.–, H/N 1.–, WD inkl., Strom teilweise inkl.

Levenhall b. Musselb., Loth. EH21 8JS — GB 3802
★★★ »DRUM MOHR CARAVAN PARK« — 1.3. bis 31.10.
☎ 0131/6656867, Fax 6536859 — 40 000 qm
www.drummohr.org, bookings@drummohr.org
→ A 199 Edinburgh–North Berwick, ca. 2.5 km östlich von Musselburgh.

500 m, 1.8 km
Ebenes, parzelliertes Wiesengelände. Von hohen Bäumen umgeben und durch Anpflanzungen unterteilt. Teilweise befestigte Mocastellplätze. Reservierung in HS empfehlenswert. Ort (Musselburgh) 13 km entfernt. 120 Touristenstellplätze.
2007: (HS) P/N inkl. St/N 18.–, weitere P/N 2.–, H/N 1.–, WD inkl., Strom/N (15 A) keine Angabe. In NS Ermäßigung.

Stirling-Blairlogie FK9 5PX — GB 3880
★★★ »WITCHES CRAIG CARAVAN PARK« — 1.4. bis 31.10.
☎ 01786/474947, Fax 447286 — 50 000 qm
www.witchescraig.co.uk, info@witchescraig.co.uk
→ M 9 Edinburgh–Sterling Abf. (9). Platz liegt ca. 5 km nordöstlich von Stirling an der A 91.

50 m, 3 km
Ebenes, teils parzelliertes Wiesengelände mit einzelnen Büschen und Bäumen neben einer Straße. Eine Seite des Platzes grenzt an ein steiles Bergmassiv, die andere an eine ebene, ländliche Gegend. Einige befestigte Stellplätze. Beheizbare Sanitäranlage. Hunde-Auslaufbereich. Golfplatz 2 km, Ort 5 km entfernt. 60 Touristenstellplätze.
2007: (HS) 2 P/N inkl. St/N 16.50, weitere P/N 2.–, K/N 2 bis 13 J. 1.–, WD und Strom inkl. In NS Ermäßigung.

Guardbridge-St.Andr., Fife KY16 9YE — GB 3965
★★★ »CLAYTON CARAVAN PARK« — März bis Okt.
☎ 01334/870242, Fax 870057 — 30 000 qm
→ A 91 ca. 5 km östlich von Dairsie or Osnaburgh. Beschildert.

Wiesengelände bei einem Bauernhof. Durch Baumreihen unterteilt. Bahnlinie und Straße in der Nähe. Ort 7 km entfernt. Touristen-/Dauerstellplätze 30/30.

Dunkeld, Perthshire PH8 0JR — GB 3980
★★ »INVER MILL FARM CARAVAN PARK« — Ende März bis Ende Okt.
☎/Fax 01350/727477 — 60 m
www.visitdunkeld.com/perthshire-caravan-park.htm, invermill@talk21.com
→ A 9 Perth-Inverness. Bei Dunkeld links auf die A 822 Richtung Crieff abbiegen. Dann gleich rechts der Beschilderung Richtung Inver folgen. Noch ca. 1 km über eine Brücke bis zum Platz.

1.6 km
Ebenes Rasengelände mit einzelnen Büschen und Bäumen in leicht hügeliger Landschaft am Fluss Braan. Keine Aufnahme von Zeltgruppen. Sanitäranlage beheizbar. Schwimmbad und Sauna in der Nähe. Golfmöglichkeit und Ort 1.6 km entfernt. 50 Touristenplätze.
2007: 2 P/N inkl. St/N 11.– bis 13.–, weitere P/N 1.–, WD und Strom (16 A) inkl.

Kenmore, Tayside PH15 2HN — GB 3990
★★★ »KENMORE CAR. AND CAMP. PARK« — März bis Okt.
☎ 01887/830226, Fax 830211 — 50 000 qm
www.taymouth.co.uk, info@taymouth.co.uk
→ A 9 Perth–Pitlochry, bei Ballinluig westwärts abbiegen auf die A 827 über Aberfeldy nach Kenmore. Hier beschildert.

500 m
Leicht ansteigendes Hügelgelände zwischen einem Hochwaldrücken und dem River Tay. Ort 500 m entfernt. Touristen-/Dauerstellplätze 100/100.

Pitlochry, Perthshire PH16 5NA — GB 4117
★★★ »MILTON OF FONAB CARAVAN SITE« — Ostern bis Okt.
☎ 01796/472882, Fax 474363 — 15 000 qm
www.fonab.co.uk, info@fonab.co.uk
→ A 9 Perth–Inverness. Platz liegt 800 m südlich von Pitlochry gegenüber der Bell's Destillery. ✉ Bridge Road.

1 km
Parzelliertes und ebenes, gepflegtes Rasengelände in der Nähe einer Burg, des Flusses "Tummel" und des Stausees "Loch Faskally" mit Staudamm. Von Büschen und Bäumen umrandet sowie von Bergen umgeben. Bungalowanlage. Tennis, Golf, Bowling und Ponyreiten in der Nähe. Ort 1 km entfernt. 154 Touristenplätze.
2007: (HS) 2 P/N inkl. St/N 16.–, weitere P/N 2.50, K/N bis 5 J. frei, WD inkl., Strom (16 A) keine Angabe. Pauschalen und in NS Ermäßigung.

Blair Atholl, Tayside PH18 5TE — GB 4120
★★★★ »BLAIR CASTLE CARAVAN PARK« — März bis Nov.
☎ 01796/481263, Fax 481587 — 126 000 qm
www.blaircastlecaravanpark.co.uk, info@blaircastlecaravanpark.co.uk
→ A 9 Perth–Kingussie Abf. Blair Atholl. In Blair Atholl hinter der »Tilt-Brücke« rechts abbiegen. Beschildert.

250 m
Im Park des gleichnamigen Schlosses. Leicht welliges und parzelliertes, von Wald umgebenes Wiesengelände. Imbiss. Zentrum 300 m entfernt. Touristen-/Dauerstellplätze 283/112.

Aboyne, Grampian AB34 5BR — GB 4130
★★★ »ABOYNE LOCH HOLIDAY PARK« — April bis Okt.
☎ 01339/886244 — 32 000 qm
→ A 93 Ballater–Aberdeen östlich von Aboyne abbiegen. Beschildert.

Naturbelassenes Gelände auf einer bewaldeten Halbinsel am Loch Aboyne. Ort und Restaurant 1.5 km entfernt. Touristen-/Dauerstellplätze 60/70.
2007: P/N inkl. C MC-St/N 15.–, P/N inkl. T-St/N 10.–, WD inkl., Strom/N 2.–.

Das CCI-Carnet ist im Ausland als Identitäts-Ausweis anerkannt. Im Inland genügt die Vorlage des DCC-Mitgliedsausweises.

Grantown on Spey, Gramp. PH26 3JQ — GB 4210

★★★ »GRANTOWN ON SPEY CAR. PARK« — März bis Okt.
☎ 01479/872474, Fax 873696
81 000 qm

→ A 9 Perth–Inverness Abf. A95 über Aviemore zum Ort. Ab dem Zentrum in nördl. Richtung bis zum Gebäude der Bank of Scotland, noch ca.1 km. ✉ Seafield Avenue.

Ebenes Wiesengelände mit einzelnen Bäumen. Ort 1 km entfernt. 150 Touristenplätze.

Lossiemouth, Grampian IV31 6SP — GB 4265

★★★ »SILVER SANDS LEISURE PARK« — April bis Okt.
☎ 01343/813262, Fax 815205
210 000 qm

→ A 96 Keith–Inverness. In Elgin nordwärts auf die A 941 abbiegen nach Lossiemouth. Hier zum Leuchtturm. Beschildert.

Teils steiniges, teils sandiges Wiesengelände in Strandnähe. Reservierung empfehlenswert. Ort 3 km entfernt. Touristen-/Dauerstellplätze 140/185.

Inverness, Highland IV1 2XQ — GB 4280/1

[20] ★★★ »AUCHNAHILLIN CAR. & CAMP. PARK« — April bis Okt.
☎/Fax 01463/772286
16 000 qm
www.auchnahillin.co.uk, info@auchnahillin.co.uk

→ A 9 Aviemore–Inverness. Vor Daviot auf die B 9154 in Richtung Moy abbiegen. Beschildert. ✉ Daviot East.

Schattenlose, ebene Wiese in einer Hügel- und Waldlandschaft. Blick auf die umgebenden Höhen. Ort 10 km entfernt. Touristen-/Dauerstellplätze 65/35.
2008: (HS) P/N inkl. C MC-St/N 12.50, T-St/N 10.–, H/N –.50, WD zuzügl., Strom/N 2.50 (6A). In NS Ermäßigung. DCC/CCI 1 £ Ermäßigung auf P/N.

Inverness, Highland IV3 5SR — GB 4280/2

[25] ★★★ »BUGHT PARK CARAVAN SITE« — Ostern bis 8.10.
☎ 01463/236920, Fax 234293
19 000 qm
www.invernesscaravanpark.com, bookings@invernesscaravanpark.com

→ A 9 Aviemore–Inverness, hier der Beschilderung nach Fort William folgen, hinter der Brücke links, dann noch ca. 1.6 km am Fluss entlang. ✉ Bught Drive.

Ebenes Wiesengelände neben bewaldetem Hügel am Stadtrand. Internetcafé. Golfplatz in der Nähe. Ort 2 km entfernt. 172 Touristenplätze.
2008: 2 P/N inkl. C MC-St/N 12.–, T-St/N 10.–, weitere P/N 5.–, H/N 1.–, WD inkl., Strom/N 3.– (12A).

Dornoch, Highland IV25 3LX — GB 4340

NATURPLATZ [20] ★★★ »DORNOCH CARAVAN & CAMPING« — April bis Okt.
☎ 01862/810423
100 000 qm
www.dornochcaravans.co.uk, info@dornochcaravans.co.uk

→ A 9 Inverness–Wick, bei Evelix auf die A 949 nach Dornoch abbiegen.

Naturbelassenes Wiesen- und Dünengelände. Reservierung empfehlenswert. 150 Touristenplätze.
2008: P/N inkl. C MC-St/N 12.50, P/N inkl. T-St/N 11.–, WD inkl., Strom/N 2.– (10A).
CCI 10% Ermäßigung.

Embo, Highland IV25 3QD — GB 4350

★★★ »GRANNIE'S HEILAN HAME« — März bis Okt.
☎ 01862/810383, Fax 810368
180 000 qm
www.parkdean.com, enquiries@parkdean.com

→ A 9 Inverness–Wick, bei Evelix auf die A 949 nach Dornoch abbiegen. Ab Dornoch nordwärts bis Embo.

Leicht welliges Wiesengelände hinter einem Dünenstreifen auf einer Landzunge. Ort 2.8 km entfernt. Touristen-/Dauerstellplätze 250/104.

Culzean, Strathclyde KA19 8JX — GB 4410

[40] ★★★ »CAMP. CULZEAN CASTLE CLUB SIDE« — März bis Okt.
☎ 01655/760627, 2433331
25 000 qm
www.campingandcaravanningclub.co.uk

→ A 77 Glasgow–Ayr, hier auf die A 719 abbiegen und ab der südlichen Stadtgrenze den Hinweisen »Culzean Castle« folgen.

Von Laubwald umgebenes Wiesengelände oberhalb der Steilküste im Park des »Culzean Castle«. Blick über den »Firth of Clide«. Ort 3.5 km entfernt. 90 Touristenplätze.
2007: (HS) P/N 7.25, K/N 2.25, St/N 5.65, H/N inkl., WD zuzügl., Strom (16 A) zuzügl. In NS Ermäßigung.

Balloch, Strathclyde G83 8QP — GB 4450

★★★ »LOCH LOMOND WORDS HOLIDAY PARK« — Dez. bis Okt.
☎ 01389/759475, Fax 755563
55 000 qm

→ A 82 Glasgow–Arden, ca. 6 km nördlich von Dumbarton abbiegen auf die A 811. Ab Balloch beschildert.

Leicht hügeliges Wiesengelände in der Nähe vom »Loch Lomond«, durch einen Bach und Mauern geteilt. Ort 400 m entfernt. Touristen-/Dauerstellplätze 140/40.

Inveraray, Strathclyde PA32 8XT — GB 4500

★★★ »ARGYLL CAR. & CAMP. PARK« — April bis Okt.
☎ 01499/302285
220 000 qm

→ A 83 (Loch Fyne-Uferstraße) Arrochar–Loch Gilphead, ca. 4 km hinter Inveraray.

Zum Ufer des »Loch Fyne« abfallendes Wiesengelände. Von Wald umgeben. Keine Bademöglichkeit. Ort 3.5 km entfernt. 160 Touristenplätze.

Glencoe, Highland PA39 4HP — GB 4600

★★★ »INVERCOE CARAVAN & CAMPING PARK« — März bis Nov.
☎/Fax 01855/811210
20 000 qm

→ A 82 Dumbarton–Fort William, bei Glencoe auf die B 863 abbiegen, noch ca. 400 m.

Welliges Wiesengelände am »Loch Leven«. Ort 500 m entfernt. Touristen-/Dauerstellplätze 60/5.

Fort William, Highland PH33 6SX — GB 4615

[25] ★★★ »GLEN NEVIS CAR. & CAMP. PARK« — 15.3. bis 31.10.
☎ 01397/702191, Fax 703904
120 000 qm
www.glen-nevis.co.uk, holidays@glen-nevis.co.uk

→ A 82 Dumbarton–Fort Augustus, am nördlichen Ortsausgang von Fort William in das »Glen Nevis Tal« abbiegen, noch 3 km. Beschildert (GPS: 56°48'22" N / 5°04'35" E).

Ebenes Wiesengelände mit Laub- und Nadelbäumen am Fuß des "Ben Nevis". Teils in leichter Hanglage. Start und Zielpunkt des "West Highland Ways". Reservierung in HS empfohlen. Kiosk. Brötchenservice. Ort 4 km entfernt. 380 Touristenplätze.
2007: (HS) P/N 2.50, K/N 1.30, C MC-St/N 9.–/12.–, T-St/N 8.50, H/N inkl., WD inkl. Strom/N 3.– (16A). In NS Ermäßigung.

Corpach, Highland PH33 7NL — GB 4620

★★★★ »LINNHE LOCHSIDE HOLIDAYS« — Jan bis Okt.
☎ 01397/772376, Fax 772007
80 000 qm
www.linnhe-lochside-holidays.co.uk, holidays@linnhe.demon.co.uk

→ A 82 Dumbarton–Fort Augustus. Hinter Fort William abbiegen auf die A 830, ca. 2.5 km westlich von Corpach. Beschildert.

In Terrassen zum Steilufer des »Loch Eil« abfallendes Gelände. Große Anzahl Leihcaravans. Ort 8 km entfernt. Touristen-/Dauerstellplätze 65/100.

Fort Augustus, Highland PH32 4DS — GB 4640

[20] ★★★ »FORT AUGUSTUS CAMP. PARK« — Mitte April bis End. Sept.
☎ 01320/366618, Fax 366360   20 000 qm
www.campinglochness.co.uk, info@campinglochness.co.uk
→ A 82 Fort William–Inverness, bei Market Hill-Fort Augustus abbiegen.
✉ Market Hill.

Wiesengelände in der Nähe des Caledonian Kanals. Ort 1 km entfernt. 50 Touristenplätze.
2007: P/N 5.50, K/N 3 bis 12 J. 2.75, St/N inkl., H/N frei, WD inkl., Strom/N 2.25. (10 A).

Invermoriston, Highland IV3 6YE — GB 4650

★★★ »LOCH NESS CAR. & CAMP. PARK« — März bis Jan.
☎/Fax 01320/351207, 351399   15 000 qm
www.lochnesscaravanandcampinpark.co.uk, bob@girvan7904.freeserve.co.uk
→ A82 Fort Augustus–Inverness Abf. ca. 2 km vor Invermoriston.

Von Höhen umgebenes, schattenloses Wiesengelände zwischen der Straße und dem Loch Ness-Ufer. Ort 30 km entfernt. 85 Touristenplätze.

Balmacara, Highland IV 40 8DH — GB 4670

[20] ★★★ »RERAIG CARAVAN SITE« — Mai bis Sept.
☎ 01599/566215, www.reraigcs.co.uk, warden@reraig.com   10 000 qm
→ A 87 Shiel Bridge–Kyle of Lochalsh (Uferstraße am Loch Duich und Loch Alsh), nach Balmacara abbiegen. Beschildert. (GPS: 57°16'40" N / 05°37'50" W).

Wiesengelände auf einem Höhenrücken hinter dem Balmacara-Hotel. Fährhafen zur »Isle of Sky« in der Nähe. Nur kleine Zelte in HS erlaubt. Keine Vorzelte und Trailer. Bar. Lebensmittelverkauf 100 m, Ort (Kyle) 5 km entfernt. 45 Touristenplätze.
2007: 2 P/N inkl. St/N 10.30, WD zuzügl., Strom/N 1.20 (10 A).

Carbost-Glenbr., Isle of Skye IV55 8WT — GB 4685

[25] ★★ »GLENBRITTLE CARAVAN CAMP SITE« — Ostern bis Anf. Okt.
☎ 01478/640404, Fax 1470/521205   25 000 qm
www.dunregancastle.com, glenbrittlecampsite@yahoo.co.uk
→ A 850 Kyle of Lochals–Portree, etwa 8 km westl. Sligachan von der A863 auf die B 8009 abbiegen. Nach 2 km Richtung Glenbrittle abbiegen. Noch 11 km auf schmaler Straße. Für Caravans ungeeignet (GPS: 57°12'40" N / 6°19'15" W).

Welliges, naturbelassenes Wiesengelände unterhalb der »Cuillin Hills« an der »Brittle Bay«. Günstiger Ausgangspunkt für Bergwanderungen. Ort 5 km entfernt. 80 Touristenplätze.
2007: (HS) P/N 5.–, K/N bis 16 J. 3.–, H/N 1.–, WD inkl., Strom/N 3.–. In NS Ermäßigung.

Arnisort, Isle of Skye IV51 9PS — GB 4693

★★ »LOCH GRESHORNISH CAMP SITE« — Ostern bis 30.9
☎/Fax 01470/582230   20 000 qm
www.skyecamp.com, info@skyecamp.com
→ A850 Portree–Dunvegan Abf. Arnisort.

Welliges Wiesengelände mit Blick auf Loch Greshornish. Ort 2 km entfernt. 130 Touristenplätze.
2007: P/N 3.50, K/N 5 bis 9 J. 1.25, J/N 10 bis 15 J. 2.25, St/N 1.50 bis 2.–, H/N frei, WD inkl., Strom/N 2.–. (10 A).

»Besichtigungen der Campingplätze und die daraus resultierenden Bewertungen werden durch den DCC-Inspizienten ohne Voranmeldung durchgeführt und garantieren so absolute Objektivität.«

Gairloch, Highland IV21 2DL — GB 4740

★★★ »SANDS HOLIDAY CENTRE« — April bis Okt.
☎ 01445/712152, Fax 712518   240 000 qm
www.highlandcaravancamping.co.uk, Litsanas@aol.com
→ A 832 Kinlochewe–Talladale–Poolewe. Bei Gairloch auf die B 8021 abbiegen in Richtung North Erradale. Beschildert.

Ebenes, teils hügeliges u. durch Sanddünen geschütztes Wiesengelände am Loch Gairloch. Ort 5 km entfernt. Touristen-/Dauerstellplätze 310/20.

Poolewe, Highland IV22 2LF — GB 4745

[25] ★★ »CAMPING & CAR. CLUB SITE INVEREWE GARDENS« — 29.3. bis 29.10.
☎ 01445/781249, 0845/1307633   8000 qm
www.campingandcaravanningclub.co.uk
→ A 832 Gairloch–Laide, in Poolewe bei der Tankstelle.

Steiniges Wiesengelände mit Laubbäumen in der Nähe vom »Loch Ewe«. Ort 200 m entfernt. 55 Touristenplätze.
2007: (HS) P/N 4.90 bis 7.25, K/N 2.05 bis 2.25, St/N 5.65, H/N inkl., WD zuzügl., Strom/N 2.75 (16 A). In NS Ermäßigung.

Ullapool, Highland IV26 2TR — GB 4750/1

[20] ★★★ »BROOMFIELD HOLIDAY PARK« — Ostern bis Ende Sept.
☎ 01854/612020, 664, Fax 613151   40 000 qm
www.broomfieldhp.com, spross@broomfieldhp.com
→ A9/A835 Inverness–Conon Bridge-Ullapool. ✉ Shore Street.

Schattenloses Wiesengelände zwischen Ort und Fähranleger am Loch Broom. 140 Touristenplätze.
2007: 2 P/N inkl. C MC-St/N 12.– bis 13.–, T-St/N 11.– bis 13.–, WD zuzügl., Strom/N 2.50 (16 A).

Ullapool, Highland IV26 2TR — GB 4750/2

★★★ »ARDMAIR POINT CARAVAN SITE« — Mai bis Sept.
☎ 01854/612054, Fax 612757, ✉ IV26 2TN   20 000 qm
www.ardmair.com, P.Fraser@btinternet.com
→ A9/A835 Inverness–Conon Bridge-Ullapool. 5 km nördlich von Ullapool.

Wiesengelände auf einer Landzunge am Loch Broom. Imbiss. Ort 3 km entfernt. 45 Touristenplätze.

Wick, Caithness Highlands KW1 5SR — GB 4800

[25] ★★ »WICK CARAVAN AND CAMPING SITE« — April bis Okt.
☎ 01955/605420, www.caravanclub.co.uk, cc55@gofornet.co.uk
→ A 9 Wick–John o'Groats. Auf die A882 Richtung Thurso abbiegen. Platz liegt am südlichen Stadtrand von Wick. ✉ Janetstown, Riverside Drive. ❖ Pulteney Wiskey Destillerie. Castle of Mey.

Ebenes, parzelliertes Wiesengelände mit einzelnen Bäumen in ländlicher Umgebung in der Nähe des Flusses Wick. Einige befestigte Stellplätze. Leinenzwang für Hunde. Ort 1 km entfernt. 90 Touristenplätze.
2008: P/N inkl. C MC-St/N 15.–, WD zuzügl., Strom/N 2.– (16 A).

John o'Groats, Caithness KW1 4YR — GB 4810

[20] ★★★ »JOHN O'GROATS CARAVAN SITE« — April bis Sept.
☎/Fax 01955/611329, 611744   15 000 qm
www.johnogroatscampsite.co.uk, info@johnogroatscampsite.co.uk
→ A 9 Wick–John o'Groats. (Duncansby Head).

Ebenes Wiesengelände mit Blick auf die Orkney-Inseln. 90 Touristenplätze.
2007: 2 P/N inkl. St/N 11.–, H/N frei, WD zuzügl., Strom/N 2.– (16 A).

Thurso, Caithness KW14 7JY — GB 4830

★★★ »THURSO CARAVAN & CAMP. PARK«
☎ 01847/894631, 01955/607771, Fax 604524
April bis Sept.
18 000 qm
→ A 836 Castlehill–Buldoo, am westlichen Ortsausgang von Thurso.

[icons] 250 m

Leicht abfallendes Wiesengelände über der Steilküste mit schönem Blick auf das Meer und die Orkney-Inseln. Imbiss. Ort 500 m entfernt. 100 Touristenplätze.

Bettyhill, Sutherland KW14 7SP — GB 4840

[20] ★★ »CRAIGDHU CARAVAN & CAMPING«
☎ 01641/521273
1.4. bis 30.9.
20 000 qm
→ A 836 Thurso–Tongue, in Bettyhill zum östlichen Ortsrand.

[icons] 500 m 1 km

Leicht welliges, schattenloses Wiesengelände an der hügeligen Küste mit Sandstränden. Schwimmigpool in der Nähe.
2007: P/N inkl. St/N 10.– bis 12.–, H/N frei, WD inkl., Strom keine Angabe.

Durness, Sutherland IV27 4PP — GB 4860

★★★ »SANGO SANDS OASIS«
☎ 01971/511262, 511222 Fax 511205
keith.durness@btinternet.com
April bis Okt.
40 000 qm
→ A 838 Thurso–Durness, hier im Zentrum beschildert.

[icons] 200 m

Zur Steilküste abfallendes, schattenloses Wiesengelände. Herrlicher Blick über Küste und Meer. Ort 300 m entfernt. 82 Touristenplätze.

Scourie, Sutherland IV27 4TG — GB 4870

★★★ »SCOURIE CAR. & CAMP. PARK«
☎ 01971/502060
Ostern bis Sept.
16 000 qm
→ A 894 Kylestrome–Laxford Bridge, in Scourie beschildert. ✉ Harbour Rd.

[icons] 200 m 300 m

Terrassiert zur Steilküste hin abfallendes Wiesengelände hinter einer Mauer. Ort 500 m entfernt. 85 Touristenplätze.

Ballycastle, Nord-Irland BT54 6DB — GB 5210

★★★ »SILVERCLIFFS HOLIDAY VILLAGE«
☎ 01265/762550
März bis Okt.
112 000 qm
→ A 26/A 44 Ballymena–Ballycastle, hier beschildert.

[icons] 1 km

Leicht abfallendes Wiesengelände. Ort 1 km entfernt. Touristen-/Dauerstellplätze 130/50.

Portrush, Nord-Irland BT56 8LS — GB 5250

★★★ »CARRICK DHU CARAVAN PARK«
☎ 01265/823712, Fax 53489
April bis Okt.
93 000 qm
→ A2 Londonderry–Coleraine, hier nordwärts abbiegen auf die A29, ca. 1.6 km westlich von Portrush.

[icons]

Parzelliertes Wiesengelände. Reservierung empfehlenswert. Ort 2 km entfernt. Touristen-/Dauerstellplätze 65/410.

Lisna Fermanagh, N.-Irland BT94 1PP — GB 5500

★★★ »CASTLE ARCHDALE COUNTRY PARK«
☎/Fax/ 013656/28686
Ostern bis Okt.
55 000 qm
→ B 82 Enniskillen–Kesh Abf. Lisna Fermanagh.

[icons]

Gepflegtes Wiesengelände am Lough Erne. 108 Touristenplätze.

GRIECHENLAND

Übersichtskarte Seite 671

Besondere Vorschriften und Regelungen

Personaldokumente: Bis zu einem Aufenthalt von 3 Monaten gültiger Reisepass oder Personalausweis. Kinder unter 16 Jahren Eintrag in den Reisepass eines Elternteils, Kinderausweis oder maschinenlesbarer Kinderreisepass. Als Nationalität muss jeweils »Deutsch« vermerkt sein.

Impfbescheinigungen: Werden nicht verlangt.

Dokumente für Haustiere: Für Hunde und Katzen ist der »EU-Heimtierpass« mitzuführen. Er wird von behördlich ermächtigten Tierärzten ausgestellt. Der Pass muss Name und Anschrift des Besitzers enthalten und das Tier eindeutig zugeordnet werden können, d.h. die Passnummer, die eine Identifizierung ermöglicht, wird dem Tier eintätowiert oder durch einen Mikrochip implantiert. Ein gültiger Tollwutimpfschutz muss ebenfalls im Pass nachgewiesen werden. Die letzte Impfung muss mindestens 30 Tage zurückliegen und darf höchstens 12 Monate vor der Einreise erneuert worden sein. Bei Tieren, die regelmäßig (einmal pro Jahr) geimpft werden, entfällt die 30-Tage-Frist. Hunde sind an der Leine zu führen. Spezielle Auskünfte erteilt die Griechische Botschaft, Jägerstr. 54/55, 10117 Berlin, Tel. 030/206260, Fax 030/20626444.

Kfz: Nationaler Führerschein und nationale Zulassung sind ausreichend. Das Nationalitätszeichen »D« muss am Fahrzeug und an Anhängern angebracht bzw. im EU-Nummernschild enthalten sein. (Bei Transit durch Nicht-EU-Länder ist nur das »D« Zeichen gültig). Ist der Fahrer nicht Eigentümer des Fahrzeugs, muss er im Besitz einer Benutzungsvollmacht des Eigentümers sein. Es besteht Haftpflichtversicherungszwang. Die Mitnahme der »Internationalen Grünen Versicherungskarte« wird empfohlen. Zum Abschluss einer Kurzkaskoversicherung und Insassenunfallversicherung im Heimatland wird dringend geraten.
Höchstmaße für Caravans: Länge 12 m, Breite 2.50 m, Höhe 3.80 m, Achslast 9 t.

Verkehrsvorschriften: Geringe Geschwindigkeitsüberschreitungen werden mit sofortigen Geldbußen geahndet. Verkehrswidriges Parken wird mit empfindlichen Geldstrafen belegt. Die Polizei montiert an falsch geparkten Fahrzeugen die Nummernschilder ab, die nur durch die Zahlung der Geldstrafe wieder ausgehändigt werden. Gelbe Linien an den Straßenrändern und das Schild »Vorfahrtstraße« bedeuten Parkverbot. Akustische Warnsignale sind bei Dunkelheit untersagt. Es besteht Anschnallpflicht. Promillegrenze 0,5.

Tempolimits: Innerorts: Pkw und Gespanne 50 km/h, außerhalb: Pkw/Gespanne 90–110/80 km/h, Autobahnen und Schnellstraßen: Pkw/Gespanne 120/80 km/h.

Telefon: Deutschland–Griechenland: 0030. Auch bei Ortsgesprächen muss die jeweilige Vorwahl mitgewählt werden. Griechenland–Deutschland: 0049, dann die deutsche Ortsnetzkennzahl ohne die erste Null.

Unfallnotruf: Europaweite Notrufnummer 112. Polizei: 100, Touristenpolizei: 171. Unfallrettung 166. Feuerwehr 199.
Pannenhilfe: Autoclub ELPA 104004.
Deutschsprachiger Notrufdienst des ADAC 2109601266.

Devisen: Für die Ein- und Ausfuhr von Landes- und Fremdwährung besteht keine Beschränkung. Deklaration bei der Einfuhr von Fremd- und Landeswährung im Gegenwert von 10000.– Euro, sowie bei der Ausfuhr von Fremd- und Landeswährung im Gegenwert von 2000.– Euro.

Camping: Der Standard der griechischen Campingplätze ist sehr unterschiedlich. Gerade in den letzten Jahren sind neben den älteren Anlagen mit einfachsten Ausstattungen mustergültige Campingplätze entstanden. Dementsprechend sind auch die Preisunterschiede. Die Mitnahme des Internationalen Camping-Carnets (CCI) wird empfohlen, da viele Campingplätze auf CCI Ermäßigung gewähren und zudem dieses als Legitimation anstelle des Personalausweises gilt. Es gibt Campingplätze, auf denen die Mehrwertsteuer gesondert berechnet wird. Es kann auch vorkommen, dass eine Gemeindesteuer erhoben wird. Freies Campen ist nicht gestattet. Das Übernachten am Strand ist nicht erlaubt. Das Stromnetz ist auf 220 V (50 Hz) ausgelegt. In einigen ländlichen Gebieten und auf einigen Inseln gibt es noch 110 V Gleichstrom. Die Mitnahme eines Adapters wird empfohlen.

Wassersport: Sportboote aller Art und Surfboards dürfen für einen Zeitraum von sechs Monaten ohne besondere Grenzdokumente eingeführt werden. Sie werden beim Grenzübertritt in die Reisedokumente eingetragen. Es ist darauf zu achten, dass die Eintragungen bei der Ausreise wieder gelöscht werden.

Allgemeine Informationen:

D-60311 **Frankfurt/M.**, Griechische Zentrale für Fremdenverkehr
Neue Mainzer Str. 22, Tel. 069/2578270, Fax /25782729
www.gzf-eot.de, info@gnto.gr

D-10789 **Berlin**, Griechische Zentrale für Fremdenverkehr
Wittenbergplatz 3 a, Tel. 030/2176262/3,
Fax /2177965, info-berlin@gzf-eot.de

D-80333 **München**, Griechische Zentrale für Fremdenverkehr
Pacellistr. 5, Tel. 089/222035/6, Fax /297058
info-muenchen@gzf-eot.de

✉ 63077 Possidi, Chalkidiki — GR 1035

★★ »CAMPING KALANDRA-POSSIDI« ⚷ 1.1. bis 31.12.
☎ 23740/41550, 2310/265026 42 000 qm

→ Straße Thessaloniki–Halbinsel Kassandra, 8 km hinter dem Kanal Potidea rechts abbiegen, noch ca. 9 km.

Ebene und gepflegte Rasenflächen an einem einsamen Strand. Toiletenanlagen für Strandgäste zugänglich. 180 Touristenplätze.

✉ 63077 Kryopigi, Chalkidiki — GR 1040

★★★ »CAMPING KRYOPIGI« ⚷ Mai bis Okt.
☎ 23740/51037 26 000 qm

→ Straße Thessaloniki–Halbinsel Kassandra, ab Kryopigi noch ca. 1.5 km auf Betonstraße abwärts zum Meer.

Langgestrecktes Gelände zwischen Strand und einem Pinienhain. Für Caravans betonierte Stellflächen. 180 Touristenplätze.

✉ 63100 Gerakini Beach, Chalkidiki — GR 1060

★★★ »CAMPING KOUYON« ⚷ Mai bis Sept.
☎ 23710/52226, Fax 52052 20 000 qm
www.campsite.gr, kouyoni@acn.gr

→ Straße Thessaloniki–Halbinsel Sithonia. Ab Gerakina beschildert.

Wiesengelände mit Oliven- und Obstbäumen. Ort 1.5 km entfernt. Touristen-/Dauerstellplätze 85/30.

✉ 63100 Metamorfosis, Chalkidiki — GR 1070

★★★ »CAMPING SITHON« ⚷ Mai bis Sept.
☎ 23750/98302, Fax 98301 50 000 qm

→ Straße Thessaloniki–Halbinsel Sithonia über Mudania, ca. 14 km hinter Gerakini bei einer Flussbrücke rechts ab, noch ca. 3.5 km auf schlechter Straße.

Terrassiertes Gelände in einem Pinienwald. Ort 3 km entfernt. 120 Touristenplätze.

✉ 63081 Neos Marmaras, Chalkidiki — GR 1080

[30] ★★★ »CAMPING MARMARA« ⚷ 10.5. bis 30.9.
☎ 23750/71901, 71402, Fax 71346 25 000 qm
www.campingmarmaras.gr, campmarm@otenet.gr

→ Straße Thessaloniki–Halbinsel Sithonia, ab Marmaras beschildert. ✉ Patision 184 (GPS: 40°05'40" N / 23°46'58" E).

(H) 300 m

Terrassengelände an einer kleinen Bucht. Schwierige Zufahrt zu den Stellplätzen. Ort 500 m entfernt. Touristenstellplätze 160/40.
2008: (HS) P/N 6.20, K/N 4 bis 10 J. 3.10, A/N 1.50, C/N 6.70, MC/N 8.50, T/N 6.40, WD inkl., Strom/N 3.– (12 A). In NS 20% Ermäßigung. DCC/CCI 10% auf P/N und St/N.

✉ 63078 Vourvourou-Sithonia, Chalkidiki — GR 1090/1

[25] ★★★ »CAMPING REA« ⚷ 1.5. bis 30.9.
☎ 23750/91100, Fax 22052 20 000 qm
www.camping-rea.gr, rea.camping@gmail.com

→ Straße Thessaloniki–Halbinsel Sithonia, hier ca. 2 km hinter Nikiti zur östlichen Küstenstraße abbiegen, noch ca. 11 km.

Ebenes Sandgelände am Meer. Wassersportmöglichkeiten. Ort (Nikiti) 2 km entfernt. Touristenstellplätze 50/50.
2007: P/N 5.–, K/N 4 bis 10 J. 3.–, C MC-St/N 9.–, T-St/N 8.–, WD inkl., Strom/N 3.–. Ab 2 Wochen Aufenthalt 10% Ermäßigung.

✉ 63078 Vourvourou-Sithonia, Chalkidiki — GR 1090/2

★★★ »CAMPING DIONISOS« ⚷ Mai bis Sept.
☎ 23750/91314 40 000 qm

→ ca. 2 km hinter Nikiti zur östlichen Küstenstraße abbiegen, noch 11 km.

Wiesengelände mit hohen Laubbäumen. 320 Touristenplätze.

✉ 63088 Nikiti, Chalkidiki — GR 1092

[30] ★★★ »CAMPING LACARA« ⚷ Mai bis Sept.
☎ 23750/91444, Fax 91456 76 000 qm
www.lacara-camp.gr, info@lacara-camp.gr

→ Straße Thessaloniki–Halbinsel Sithonia, hier Richtung Sarti, ca. 8 km hinter Vourvouround.

(H) 100 m

Ebenes Sandgelände unter Kiefern und Olivenbäumen am Meer. Bei einem Aufenthalt bis 3 Nächte 20% Aufschlag. Vermietung von Bambushütten. Wassersportmöglichkeiten. 220 Touristenplätze.
2007: P/N 6.20, K/N 2 bis 10 J. 3.60, A/N 3.60, C/N 6.70, MC/N 8.20, T/N 6.20, M/N 2.60, B/N 3.10, WD inkl., Strom/N 3.40 (6 A).
DCC/CCI 10% auf P/N und St/N.

✉ 63072 Kalamitsi, Chalkidiki — GR 1095

★★★ »CAMPING KALAMITSI« ⚷ Mai bis Sept.
☎ 23750/41411, Fax 41410, kalamitsi@aias.gr 60 000 qm

→ Straße Thessaloniki–Halbinsel Sithonia. Hier zum Ende der östl. Küstenstraße über Sarti.

Großes Wiesen- und Sandgelände unter Bäumen. Breiter Sandstrand. Mindestaufenthalt 3 Nächte. Ort 1 km entfernt. Touristen-/Dauerstellplätze 600/500.

✉ 63072 Sikia, Chalkidiki — GR 1096

[20] ★★★ »CAMPING MELISSI« ⚷ 1.1. bis 31.12.
☎ 23750/41631, Fax 20087 11 500 qm
www.camping-melissi.gr, info@camping-melissi.gr

→ Straße Thessaloniki–Halbinsel Sithonia. Hier bis Sikia/Linaraki-Beach, beschildert. ✉ Sikia Beach.

(H) 1.5 km

Ebenes, parzelliertes Wiesengelände unter Bäumen am Meer mit Sandstrand. Touristen-/Dauerstellplätze 100/50.
2007: (HS) P/N 4.30, K/N 1 bis 15 J. 2.60, A/N 2.60, C/N 3.60, MC/N 5.–, T/N 3.40, M/N 1.70, WD inkl., Strom/N 3.– (6A). In NS Ermäßigung.

✉ 57021 Aspróvalta, Makedonia — GR 1160

★★★ »ACHILLES CAMPING« ⚷ 1.1. bis 31.12.
☎/Fax 23970/22259 25 000 qm

→ N2/E90 Thessaloniki–Kavala, ca. 6 km hinter Aspróvalta.

Terrassenplatz mit Platanen, Pappeln und Olivenbäumen. Zum Strand über die Straße. Ort 6 km entfernt. Touristen-/Dauerstellplätze 150/120.

✉ 65000 Kavala, Makedonia — GR 1200/1

★★★ »CAMPING AKTI KAVALA« ⚷ 1.1. bis 31.12.
☎ 2510/245918, Fax 245690, www.batis-sa.gr 40 000 qm

→ N2/E90 Thessaloniki–Alexandroupolis Abf. Kavala, noch ca. 4 km.

Gepflegtes, parzelliertes Gelände mit Büschen und Bäumen und öffentlichem Strandbad. Ort 3,5 km entfernt. 125 Touristenplätze.

Als DCC-Mitglied sind Sie immer gut beraten
Deutscher Camping-Club e.V., Postf. 40 04 28, 80704 München

64002 Limenaria, Insel Thassos — GR 1280

★★★ »CAMPING PEFKARI« — 15.4. bis 30.9.
☎/Fax 25930/51190, campingpefkari@hotmail.com — 16 000 qm

→ Fähre Kavala–Insel Thassos. Hier westliche Küstenstraße 69 über Kalives bis ca. 2.5 km hinter Limenaria, beschildert.

Strandgelände, teilweise unter Pinien. Ort 2 km entfernt. 100 Touristenplätze.
2007: P/N 3.80, K/N 4 bis 10 J. 2.40, C MC-St/N 5.40, T-St/N 4.80, WD inkl., Strom keine Angabe.

64002 Sotiras, Thassos — GR 1282

★★★★ »DAEDALOS CAMPING« — Mai bis Sept.
☎ 71365 — 15 000 qm

→ Fähre Kavala–Insel Thassos. Hier westliche Küstenstraße 69 über Kalives, Limenaria und Prinas ca. 5 km in Richtung Potos.

Gepflegtes Sandgelände mit 200 m langem Strand. 100 Touristenplätze.

67063 Fanárion, Komotini/Thrace — GR 1310

★★★ »CAMPING FANARI« — Mai bis Sept.
☎ 25350/31217, 31219, Fax 31270 — 55 000 qm

→ N2/E90 Kavala–Alexandroupolis, hinter Lagos meerwärts abbiegen und noch ca. 6 km.

Wiesengelände mit Pappeln. Ort 500 m entfernt. 180 Touristenplätze.

68100 Alexandroupolis, Thrace — GR 1350

★★★ »CAMPING ALEXANDROUPOLIS« — 1.1. bis 31.12.
☎/Fax 25510/28735, www.ditea.gr, camping@ditea.gr — 70 000 qm

→ N2/E90 Kavala–Alexandroupolis bis ca. 2 km vor der Stadt. ✉ Makpis Avenue.

Langgestrecktes ebenes Sand- und Wiesengelände am Strand. Unter vielen schattenspendenden Bäumen. Teilweise gärtnerisch gestaltet. Ein Bereich durch Büsche parzelliert. Abendveranstaltungen. Sportmöglichkeiten. Ort 4 km entfernt. 216 Touristenplätze.
2007: (HS) P/N 5.–, K/N 4 bis 10 J. 3.–, A/N 3.–, C/N 4.50, MC/N 5.70, T/N 3.95, M/N 3.–, WD inkl., Strom/N 3.40 (6A). In NS Ermäßigung.
CCI 10% auf P/N.

Loutr, Insel Samothraki — GR 1400

★★★ »CAMPING SAMOTHRAKI« — Juni bis Sept.
☎ 25510/41491 — 20 000 qm

→ Fähre Kavala–Samothraki oder Alexandroupolis–Samothraki. Ab Fähranleger 5 km, beschildert.

Ebenes und steiniges Strandgelände mit Anpflanzungen. Für Nichtschwimmer ungeeignet. 450 Touristenplätze.

42200 Kalambáka, Thessalia — GR 2050/1

★★★ »CAMPING KALAMBÁKA« — 1.1. bis 31.12.
☎ 24320/22309 — 36 000 qm

→ N6/E92 Lárissa–Kalambáka über Trikala, am Ortsanfang rechts abbiegen, noch ca. 500 m.

Terrassiertes Gelände auf einem Hügel. Schöne Aussicht auf die Meteora-Felsen und die Stadt. Ort 1 km entfernt. Touristen-/Dauerstellplätze 40/120.

42200 Kalambáka, Thessalia — GR 2050/2

★★★ »CAMPING RIZOS INTERNATIONAL« — 1.1. bis 31.12.
☎ 24320/22239, 22775, Fax 22239 — 13 000 qm
www.meteorarizoscamp.gr, info@meteorarizoscamp.gr

→ N 6/E92 Lárissa–Kalambáka über Trikala bis ca. 2 km vor Kalambáka.

Ebenes Wiesengelände mit lichtem Baumbestand. 120 Touristenplätze.

42200 Kalambáka, Thessalia — GR 2050/3

★★★ »PHILOXENIA CAMPING« — 1.1. bis 31.12.
☎ 24320/24466, Fax 24944 — 15 000 qm
svavitsa@sch.gr

→ N6/E92 Lárissa–Kalambáka über Trikala, ca. 2 km südöstlich Kalambáka, beschildert.

Ebenes Wiesengelände mit einzelnen Bäumen. 85 Touristenplätze.

42200 Kastraki, Thessalia — GR 2100/1

[25] ★★★ »CAMPING VRACHOS KASTRAKI« — 1.1. bis 12.12.
☎ 24320/22293, Fax 23134, 240 m — 22 000 qm
www.campingmeteora.gr, campingkastraki@yahoo.com

→ N6/E92 Lárissa–Kalambáka über Trikala. In Kalambáka abbiegen Richtung Kastraki, noch ca. 1 km. Beschildert.
♣ Metéora-Klöster.

Ebenes Wiesengelände mit alten Olivenbäumen beim gleichnamigen Restaurant und mit Blick auf die Meteórafelsen. Ort 500 m entfernt. 160 Touristenplätze.
2007: P/N 5.50, K/N 4 bis 10 J. 4.–, A/N 1.–, C T/N 2.–, MC/N 4.–, M/N 2.–, B/N 2.–, WD und Strom keine Angaben.
DCC/CCI 10% auf P/N.

42200 Kastraki, Thessalia — GR 2100/2

★★★ »CAMPING METÉORA GARDEN« — 1.1. bis 31.12.
☎ 24320/75566, 22727, Fax 43223119 — 12 000 qm

→ N6/E92 Lárissa–Kalambáka. Ab Kalambáka beschildert.
♣ Metéora-Klöster.

Ebenes und parzelliertes Gelände an der Hauptstraße mit schönem Blick auf die Metéorafelsen. Ort (Kalambáka) 1 km entfernt. 65 Touristenplätze.

45001 Ioánnina, Epirus — GR 2150

★★★ »CAMPING LIMNOPOULA« — 1.1. bis 31.12.
☎ 26510/25265, Fax 38060 — 10 000 qm

→ N6/E92 Kalambáka–Igoumenitsa, am nördlichen Stadtrand von Ioánnina bei der 2. Tankstelle zum See abbiegen.

Leicht abfallendes Ufergelände am See mit hohen Silberpappeln. Nebenan öffentlicher Badebetrieb. Ort 1.3 km entfernt. 90 Touristenplätze.

46100 Platariá-Igoumenitsa — GR 2220/1

★★★ »CAMPING KALAMI BEACH« — März bis Okt.
☎ 26650/71911, Fax 71245 — 26 000 qm
www.epirus.gr/kalamibeach

→ E55 Igoumenitsa–Margariti. Vor Platariá scharf rechts zum Meer abbiegen, kurz vor der Abbiegung beschildert.

Stark terrassiertes Sandgelände, teilweise unter Bäumen. Buchungsmöglichkeit für Fährschiffe nach Italien. Ort 8 km entfernt. 85 Touristenplätze.

46100 Platariá-Igoumenitsa — GR 2220/2

★★★ »CAMPING NAUTILOS« — April bis Okt.
☎ 26650/71417 — 25 m — 45 000 qm

→ E55 Igoumenitsa–Margariti. In Platariá meerwärts abbiegen Richtung Sivota.

Terrassiertes und teilweise parzelliertes Sandgelände am Meer. Separater Jugendplatz. Ort (Igoumenitsa) 13 km entfernt. Touristen-/Dauerstellplätze 200/30.

GR

✉ 46100 Sivota, Igoumenitsa — GR 2230

★★★ »CAMPING SIVOTA« Mai bis Okt.
☎/Fax 26650/93275 12 000 qm
www.sunshine-camping.gr, casivota@otenet.gr

→ N6/E92 Igoumenitsa–Margariti, kurz hinter Plataria nach Sivota abbiegen.

Vier Terrassen unter Bäumen. Ort 300 m entfernt. Touristen-/Dauerstellplätze 94/4.

✉ 49100 Corfu, Insel Kérkira (Korfu) — GR 2320

★★★ »KARDA BEACH CAMPING« 20.4. bis 30.10.
☎/Fax 26610/93595 26 000 qm
www.kardacamp.gr, campco@otenet.gr

→ 11 km nördlich der Hauptstadt Corfus. ✉ Dassia Village

50 m 150 m 400 m

Teilweise welliges Gelände mit Orangen- und großen Olivenbäumen. Meer 15 m, Ort 1 km entfernt. Touristen-/Dauerstellplätze 76/51.
2008: (HS) P/N 6.50, K/N 4 bis 10 J. 3.70, A/N 4.10, C/N 5.70, MC/N 8.30, T/N 4.80, M/N 2.60, B/N 3.30, WD inkl., Strom/N 4.20 (16 A). In NS Erm. DCC/CCI 10% auf P/N und St/N.

✉ 49081 Roda, Insel Kérkira (Korfu) — GR 2350

★★★★ »RODA BEACH CAMPING« April bis Okt.
☎ 26630/63120, Fax 63081 20 000 qm
www.otenet.gr/camping, camping@otenet.gr

→ im nördlichen Teil der Insel, ab Ipsos beschildert.

400 m

Wiesengelände unter Pappeln und Olivenbäumen, von Feldern umgeben. 100 Touristenplätze.

✉ 48060 Parga, Epirus — GR 2420/1

★★★ »ENJOY LICHNOS CAMPING« März bis Okt.
☎ 2684/031371, 031171, Fax 032076 50 000 qm
holidays@enjoy-lichnos.net

→ Straße Igoumenitsa–Preveza bei Morfi Richtung Küste abbiegen. 3 km vor Parga Richtung Enjoy Lichnos. Steile Serpentinen. Schlepphilfe vorhanden.

500 m

Gepflegtes Terrassiertes Sandgelände in einem Olivenhain mit getrennten Arealen für Caravans und Zelte. Parzellierte Caravanstellflächen unter Schattendächern und Schilfmatten. Separate Pkw-Abstellung. FW. Wassersportmöglichkeiten. Ort (Parga) 3 km entfernt. 200 Touristenplätze.

✉ 48060 Parga, Epirus — GR 2420/2

★★★ »VALTOS CAMPING« April bis Sept.
☎ 2684/031287, 031131, Fax 031131 10 000 qm
info@campingvaltos.gr

→ von Parga auf schmaler Straße nach Valtos Beach. Beschildert.

170 m 1 km

Teilweise terrassiertes und ebenes Wiesengelände mit Oliven-, Laub- und Zitronenbäumen. Imbiss. Supermarkt. Wassersportmöglichkeiten. Ort (Parga) 2 km entfernt. 92 Touristenplätze.

✉ 48100 Préveza, Epirus — GR 2450

★★★ »CAMPING KALAMITSI BEACH« 1.1. bis 31.12.
☎ 26820/23268 18 000 qm

→ Straße Igoumenitsa–Préveza, ca. 3 km nördlich Préveza auf einen Kiesweg abbiegen, noch ca. 800 m.

Parzelliertes Wiesengelände. Strand 300 m entfernt. 130 Touristenplätze.

DCC – DEIN PARTNER!

✉ 31100 Kariotes, Lefkas — GR 2510

★★★ »CAMPING KARIOTES BEACH« April bis Sept.
☎/Fax 26450/71103 6000 qm
www.lefrados.com, campcar@otenet.gr

→ Lefkas–Nydrion Abf. ca. 8 km hinter Lefkas. Beschildert. (GPS: 38°48'05" N / 20°42'48" E).

Wiesengelände mit Bäumen. Haltestelle 500 m, Ort 2 km entfernt. 102 Touristenplätze.

✉ 31100 Vlichon, Lefkas — GR 2530

★★★ »CAMPING SANTA MAURA« 1.1. bis 31.12.
☎ 26450/95007, Fax 95493 16 000 qm
www-lefkada.biz/campingsantamaura

→ von Lefkas nach Nidri ca. 2,5 km meerwärts abbiegen. Steile Anfahrt.

Leicht welliges Gelände an einer Bucht unter Oliven- und Orangenbäumen. Ort 2.5 km entfernt 58 Touristenplätze.

DCC-Vertragsplatz

✉ 30500 Katafourkon, Amfilochia — GR 2620

★★★ »STRATIS BEACH CAMPING« 15.4. bis 15.10.
☎ 26420/51123, Fax 51165 25 000 qm
www. camping.gr/stratis, stratisb@otenet.gr

→ Hauptstraße Ioannina–Athen. 15 km vor Amfilochia.

Terrassengelände mit schönem Blick über die Bucht. Zum 60 m tieferliegenden Strand über eine Treppe und Straße. Ort 8 km entfernt. 150 Touristenplätze.
2007: (HS) P/N 4.50, K/N 4 bis 10 J. 2.80, A/N 2.50, C/N 4.50, MC/N 5.30, T/N 3.50, M/N 1.50, WD inkl., Strom/N 3.10 (4 A). In NS Ermäßigung. DCC 10% auf P/N.

✉ 30200 Antirrion, Navpaktos — GR 2650

★★ »CAMPING DOUNIS BEACH« Mai bis Okt.
☎ 26340/31665, 31565, Fax 31131 14 000 qm

→ 2 km hinter Antirrion in Richtung Delfi. ✉ Skufastr. 125.

Ebenes Wiesengelände mit Pappeln. Ort 8 km entfernt. 90 Touristenplätze.

✉ 33058 Agios Nicolaos, Eratini — GR 2670

★★★ »CAMPING DORIC VILLAGE« Mai bis Sept.
☎ 22660/31722, Fax 31196 20 000 qm

→ Straße 48 Navpaktos–Delfi bei Km 47. Schwierige Caravanzufahrt.

300 m

Terrassiertes Gelände mit Olivenbäumen an einem Hang. Ort 500 m entfernt. 75 Touristenplätze.

✉ 60200 Plaka Litochoro, Pierias — GR 3010/1

★★★ »CAMPING OLYMPOS BEACH« April bis Sept.
☎ 23520/22112, Fax 22300 22 000 qm
www.olympos-beach.gr, info@olympos-beach.gr

→ Nationalstraße Athen–Thessaloniki, 8 km nach der Straßenzollstelle von Leptokarya, zur Küste v

on Plaka Litochoron abbiegen. Richtung Plaka noch 500 m.

Zum schmalen Kiesstrand leicht abfallendes Gelände mit Hecken und gemischtem Baumbestand. Teilweise Pinienwaldgelände. Bungalow-Anlage. Ort 5 km entfernt. Touristen-/Dauerstellplätze 107/50.

Plätze ohne Gebühren-Angabe
Diese Plätze haben seit 2 Jahren und mehr keine Meldung mehr abgegeben. Darum kann auch für die Öffnungszeit nicht garantiert werden.

60200 Plaka Litochoro, Pierias — GR 3010/2

35 ★★★ »CAMPING OLYMPIOS-ZEUS« Mai bis Sept.
☎ 23520/22115 35000 qm

→ 20 km südlich von Katerini an der E92, Thessaloniki–Athen. Abbiegung Richtung Plaka, ca. 500 m zum Platz.

Teilweise schattenloses Wiesengelände an einem breiten Strand. Ort 3 km entfernt. 250 Touristenplätze.

In **Vergina bei Veria** befindet sich in Zentrumsnähe ein Stellplatz. Der Beschilderung Parkplatz folgen. Ganzjährig geöffnet. Es wird deutsch gesprochen. Günstig für den Besuch der Ausgrabungen.

60065 Platamon, Pierias — GR 3100/1

★★★★ »CASTLE CAMPING« April bis Sept.
☎ 23520/41252, 41792, Fax 41994 40000 qm

→ Nationalstraße Saloniki–Athen, in Höhe der Burg von Platamon Richtung Meer abbiegen, beschildert.

Ebenes Gelände unter Bäumen am Meer neben einer vielbefahrenen Eisenbahnlinie. Führungen auf den Olymp ab Litochoron. Ort 2 km entfernt. 224 Touristenplätze.

60065 Platamon, Pierias — GR 3100/2

★★★ »CAMPING POSEIDON BEACH« März bis Okt.
☎ 23520/41654, Fax 41994 25000 qm
www.poseidonbeach.net, info@poseidonbeach.net

→ Straße Katerini–Larissa. Hinter der Bahnlinie links abbiegen, beschildert.

Wiesengelände mit Bäumen am Sandstrand. Bungalow-Anlage. Ort 2 km entfernt. Touristen-/Dauerstellplätze 248/30.

DCC-Vertragsplatz

38500 Kato Gatsea, Volos — GR 3150/1

NATURPLATZ

30 ★★★★ »CAMPING SIKIA-FIGTREE« 1.4. bis 31.10.
☎ 24230/22279, Fax 22720 30000 qm
www.camping-sikia.gr, info@camping-sikia.gr

→ 17 km südöstl. Volos, Richtung Kala Ner. Beschildert.

100 m

Durch Mauern befestigte Terrassen in einem Olivenhain. Flach abfallender Strand, auch für Kleinkinder geeignet. Extra Badebucht an der Steilküste für Tauchsport. Schöne Aussicht auf den Ort und die Bucht. FW. Ort 2 km entfernt. Touristen-/Dauerstellplätze 120/130.
2008: (HS) P/N 6.–, K/N 4 bis 12 J. 3.50, J/N 5.–, A/N 3.10, C/N 4.80, MC/N 7.–, T/N 3.50, M/N 2.20, WD inkl., Strom/N 3.90 (16 A). In NS Erm. DCC 10% auf P/N und St/N, CCI 10% auf P/N.

38500 Kato Gatsea, Volos — GR 3150/2

30 ★★★ »CAMPING HELLAS« 1.4. bis 31.10.
☎ 24230/22267, Fax 22492 25000 qm
www.campinghellas.gr, info@campinghellas.gr

→ Ca. 17 km südöstlich Volos. An der Uferstraße. Beschildert.

50 m

Zweigeteiltes, zum Strand abfallendes, Wiesengelände in einem Olivenhain. Ort 1.5 km entfernt. Touristen-/Dauerstellplätze 110/20.
2008: (HS) P/N 7.–, K/N 4 bis 10 J. 4.–, J/N 5.50, A/N 2.90, C/N 5.–, MC/N 8.–, T/N 3.50, M/N 1.90, WD inkl., Strom/N 4.– (16 A). In NS Ermäßigung. DCC/CCI 10% auf P/N.

35300 Stylis, Lamia — GR 3200

30 ★★★ »INTERSTATION CAMPING« 1.1. bis 31.12.
☎/Fax 22380/23828 50000 qm
www.interstation.com, interstation@hotmail.com

→ An der Nationalstraße in Richtung Volos, ca. 3 km östlich Stylis.

Wiesengelände mit Bäumen am Meer. Ort 3 km entfernt. Touristen-/Dauerstellplätze 94/94.
2008: P/N 6.45, K/N 4 bis 10 J. 3.95, A/N 3.95, C/N 5.75, MC/N 7.27, T/N 5.–, M/N 2.52, B/N 2.90, WD inkl., Strom/N 3.60 (10 A).
DCC/CCI 10% auf P/N.

33054 Delphi, Fokis — GR 3320/1

30 ★★★★ »CAMPING APOLLON« 1.1. bis 31.12.
☎ 22650/82762, Fax 82888 20000 qm
www.apolloncamping.gr, apollon4@otenet.gr

→ 500 m vor Delphi, aus Itea kommend. ✉ Apollonos 70 (GPS: 38°48'23" N / 22°47'33" E).

Ebene und terrassierte Wiesenflächen mit jungen Bäumen und geteerte Flächen. Schöner Blick über die Bucht. Ort 1.5 km entfernt. 120 Touristenplätze.
2007: P/N 7.–, K/N 4 bis 10 J. 5.–, A/N 4.–, C/N 4.50, MC/N 7.50, T/N 4.–, M/N 2.–, B/N 6.–, WD inkl. Strom 3.50 (16 A).

33054 Delphi, Fokis — GR 3320/2

30 ★★★ »DELPHI CAMPING« 1.4. bis 15.10.
☎ 22650/82209, Fax 82363 350 m 22000 qm
www.delphicamping.com, info@delphicamping.com

→ Straße Delphi–Amphissa, ca. 4 km hinter Delphi. (GPS: 38°28'42" N / 22°28'29" E).

Parzelliertes und durch Pinien und Eukalyptusbäume aufgelockertes Terrassengelände unterhalb der Straße. Schöner Blick auf den Golf von Korinth und das Parnass-Gebirge. Ort 4 km entfernt. 80 Touristenplätze.
2007: (HS) P/N 6.40, K/N 4 bis 10 J. 4.30, A/N 3.50, C/N 4.60, MC/N 7.20, T/N 4.30, B/N 4.30, WD inkl., Strom 3.90 (6 A). In NS Ermäßigung.
DCC/CCI 10% auf P/N.

33054 Delphi, Fokis — GR 3320/3

30 ★★★ »CHRISSA CAMPING« 1.1. bis 31.12.
☎ 22650/82050, Fax 83148, 16000 qm
www.chrissacamping.gr, info@chrissacamping.gr

→ Straße Delphi–Itea. In Richtung Itea, ca. 7 km westlich Delphi. (GPS: 38°28'25" N / 22°27'32" E).

300 m

Terrassiertes Gelände mit Bäumen in bergiger Gegend mit Blick auf Itea und den Golf von Itea. Imbiss. Ort 1 km entfernt. 63 Touristenplätze.
2008: (HS) P/N 6.–, K/N 4 bis 10 J. 3.50, A/N 3.50, C/N 5.–, MC/N 7.–, T/N 4.50, M/N 2.50, B/N 4.–, WD inkl., Strom/N 4.–. In NS Ermäßigung.
DCC 15% auf P/N, CCI 10% auf P/N.

33200 Itea-Kirra, Fokis — GR 3340

★★ »CAMPING AYANNIS« April bis Okt.
☎ 22650/32555, 32948 30000 qm

→ 2.5 km östlich Itea, beschildert.

Durch Olivenbäume aufgelockertes Gelände. 220 Touristenplätze.

Die Gebühren werden von den Platzhaltern lange vor Erscheinen des Campingführers gemeldet. Daher sind Abweichungen möglich.

GR

DCC – auch Ihr Camping-Partner!

Deutscher Camping-Club e.V., Postfach 40 04 28, 80704 München

12136 Peristeri bei Athen/Attika — GR 3430

35 ★★★ »CAMPING ATHENS« — 1.1. bis 31.12.
☎ 210/5814114, Fax 5820353 — 14 000 qm
www.campingathens.com.gr, info@campingathens.com.gr
→ Hauptstr. Athen–Korinth Abf. Peristri. (GPS: 38°00′31″ N / 23°40′19″ E).

Wiesengelände unter Bäumen. Günstig für Athen-Besuch. Zentrum (Athen) 7 km entfernt. Touristen-/Dauerstellplätze 66/10.
2008: P/N 8.–, K/N bis 10 J. 4.–, A/N 4.–, C/N 5.–, MC/N 8.–, T/N 5.– bis 6.–, M/N 3.–, B/N 4.–, WD inkl., Strom/N 4.– (16 A).

14564 Nea Kifissia, Athen — GR 3445

★★★ »CAMPING NEA KIFISSIA« — 1.1. bis 31.12.
☎/Fax 210/8075579, camping@hol.gr — 22 000 qm
→ Ca. 16 km nördl. Athen, in der Nähe der Nationalstraße Abf. Elon.

Schmale Terrassen an einem Steilhang. Ort (Athen) 16 km entfernt. 63 Touristenplätze.

19007 Marathon, Attika — GR 3450

★★★ »CAMPING RAMNOUS« — April bis Okt.
☎ 22940/55855, Fax 55244 — 12 000 qm
www.tgrr.com/camping-ramnous-otenet, ramnous@otenet.gr
→ 6 km hinter dem Dorf Nea Makri rechts in Richtung Skinia abbiegen.

Ebenes Gelände mit Pappeln am Strand. Flughafennähe. Ort 5 km entfernt. Touristen-/Dauerstellplätze 100/35.

19009 Rafina, Attika — GR 3460

★★★ »CAMPING KOKKINO LIMANAKI« — April bis Okt.
☎ 22940/31604, Fax 31603 — 12 000 qm
→ Str. 54 Athen–Rafina oder Str. 83 Marathon–Rafina. Im Ort, nördlich des Hafens, beschildert.

Gelände an einer Bucht. Meer 200 m, Ort 1.5 km entfernt. 75 Touristenplätze.

34008 Eretria, Insel Euböa — GR 3500

30 ★★★★ »MILOS CAMPING« — April bis Sept.
☎ 22290/60420, 60421, Fax 60360 — 18 000 qm
www.camping-in-evia.gr, camping-in-evia@gr
→ Straße Halkida–Eretria, ca. 1 km vor Eretria. Beschildert.

Ebenes und parzelliertes Wiesengelände mit Anpflanzungen am Kieselstrand mit schönem Blick über das Meer bis zum Festland. Ort 1 km entfernt. Touristen-/Dauerstellplätze 64/20.
2007: (HS) P/N 5.90, K/N 4 bis 10 J. 3.30, A/N 3.30, C/N 6.–, MC/N 7.–, T/N 4.40, M/N 2.50, B/N 3.20, WD inkl., Strom/N 3.80 (16 A). In NS Erm. DCC/CCI 10% auf P/N.

84300 Naxos, Insel Naxos, Kykladen — GR 3550

★★★ »NAXOS CAMPING« — Mai bis Okt.
☎ 22850/23500, 23501, www.naxos-camping.gr — 13 000 qm
→ Am Strand von Agios Georgios.

Sandgelände mit Bäumen am Meer. 300 Touristenplätze.

84700 Thira, Insel Santorini, Kykladen — GR 3565

★★★ »SANTORINI CAMPING« — Mai bis Okt.
☎ 22860/22944, Fax 25065 — 11 000 qm
www.santorinicamping.gr, santocam@otenet.gr
→ Nur mit Fähre zu erreichen.

Teils ebenes, teils schattenloses Gelände mit einzelnen Bäumen. Ort 350 m entfernt. 100 Touristenplätze.

20100 Almiri, Korinth — GR 4050

★★★ »CAMPING BIARRITZ« — April bis Okt.
☎ 27410/33441, www.biarritz.gr, info@biarritz.gr — 10 000 qm
→ von Korinth ca. 10 km südlich Richtung Kato Almyri.

Ebenes Wiesengelände mit Pinien. Ort 2 km entfernt. 100 Touristenplätze.

20011 Lecháion, Korinth — GR 4100

30 ★★★ »CAMPING BLUE DOLPHIN« — 1.4. bis 30.10.
☎ 27410/25766, Fax 85959 — 13 000 qm
www.camping-blue-dolphin.gr, skousopos@otenet.gr
→ 6 km westlich von Korinth, an Autobahn und Küstenstraße beschildert. (GPS: 37°55′57″ N / 22°52′40″ E).

Abfahrt

Ebenes Gelände am Meer mit Privatstrand. Ort 6 km entfernt. Touristen-/Dauerstellplätze 222/74.
2008: (HS) P/N 6.50, K/N 4 bis 10 J. 4.50, A/N 3.50, C/N 6.–, MC/N 10.–, T/N 5.–/6.–, M/N 2.–, B/N 5.–, WD inkl., Strom/N 3.90 (6 A). In NS Erm. DCC/CCI 10% auf P/N und St/N.

20100 Isthmia Korinthias — GR 4110

30 ★★★★ »ISTHMIA BEACH CAMPING« — 1.4. bis 15.10.
☎ 27410/37447, 37720, Fax 37710 — 25 000 qm
www.campingisthmia.gr, info@campingisthmia.gr, isthmia@otenet.gr
→ AB Athen–Patra Abf. Epidaurus, noch ca. 5 km. Kurz vor dem Kanal von Korinth (Isthmos).

Abfahrt

Durch zwei Terrassen gegliedertes, ebenes bis leicht abfallendes und durch Büsche parzelliertes Sand- und Grasgelände. Unter Zitronen- und Orangenbäumen am Meer mit 800 m langem Strand. Ort 3.5 km entfernt. 100 Touristenplätze.
2007: P/N 6.–, K/N 4 bis 10 J. 3.50, A/N 3.50, C/N 5.20, MC/N 6.80, T/N 4.50, M/N 2.50, B/N 2.50, WD inkl., Strom/N 3.80 (10 A). DCC/CCI 10% auf P/N.

21059 Paleá Epidavros, Argolis — GR 4125

★★★ »CAMPING VERDELIS BEACH« — April bis Okt.
☎ 27530/41425, Fax 41633 — 10 000 qm
→ von Korinth auf Straße 70 in südl. Richtung nach Paleá Epidavros. Vom Ort noch ca. 1.5 km Richtung Giaslasi, die letzten 200 m Feldweg.

Ebenes Sand- und Wiesengelände mit Pappeln zwischen Straße und Meer. 40 Touristenplätze.

21200 Mykines, Argolis — GR 4150

★★ »CAMPING MYKENAE« — 1.1. bis 31.12.
☎ 27510/76247, Fax 76850 — 3600 qm
www.ecogriek.nldars@arg.forthnet.gr
→ Zufahrt zwischen den Häusern der Ortschaft in der Nähe der archäologischen Stätte.

Ebenes, steiniges Sandgelände, von Hecken umsäumt in Ortslage. Zentrum 500 m entfernt. 20 Touristenplätze.

21100 Pálea Assini, Nauplia — GR 4230/1

★★★ »CAMPING KASTRAKI« — April bis Okt.
☎ 27520/59386, 59387 — 20 000 qm
→ Str. 7 Athen–Argos–Nauplia Abf. Argos nach Nafplion. Hier weiter in Richtung Tolon. In Assini beschildert.

Ebenes bis leicht abfallendes Gelände mit enger Parzellierung unter Pinien und Eukalypten am Meer. Touristen-/Dauerstellplätze 120/10.

21100 Pálea Assini, Nauplia — GR 4230/2

★★★ »CAMPING XENI BEACH«
☎ 27520/59338, 36511, Fax 59665
www.xenicamp-holidays.com, xenicamping@tolo-guide.gr
1.1. bis 31.12.
7000 qm

→ Str. 7 Athen–Argos–Nauplia Abf. Argos nach Nafplion. Hier weiter In Richtung Tolon. In Assini beschildert.
• Antikes Gräberfeld.

Ebenes schmales Terrassengelände unter Weindächern und Olivenbäumen. Durch eine unbefestigte Straße vom Strand getrennt. Familiäre Atmosphäre. Kinderbetreuung in HS. Wassersport. Ort 1 km entfernt. 80 Touristenplätze.

21100 Tolo, Argolis — GR 4250

★★★ »CAMPING LIDO II«
☎ 27520/59396-
Mai bis Okt.
25 000 qm

→ vor dem Ortsanfang Tolon von Navplion kommend links ab.

Terrassengelände im Olivenhain. 150 Touristenplätze.

21060 Drepanon, Nauplia — GR 4260/1

★★★ »PLAKA-BEACH«
☎ 27520/92194
April bis Okt.
26 000 qm

→ von Navplion in Richtung Tolon, nach 8 km links abbiegen und noch etwa 4 km zum Platz.

Ebenes Wiesengelände in einem Mandarinenhain. 150 Touristenplätze.

21060 Drepanon, Nauplia — GR 4260/2

★★★ »CAMPING ARGOLIC STRAND«
☎ 27520/92376
1.1. bis 31.12.
12 000 qm

→ von Navplion nach Drepanon. Ausschilderung Plaka Beach folgen.

Ebenes Gelände mit Orangenbäumen und Akazien. 70 Touristenplätze.

Paralia Irion, Nauplia — GR 4280

★★★ »CAMPING IRIA BEACH«
☎ 27520/94254, Fax 94253
www.iriabeach.com, iriabeach@naf.forthnet.gr
März bis Okt.
14 600 qm

→ von Navplion in Richtung Epidauros. Hinter Pirgiotika Richtung Kandia. Hier auf die Küstenstr. Richtung Paralia Irion, noch ca. 4 km. Beschildert.

Ebenes, parzelliertes kiesig-sandiges Gelände mit hohen Bäumen am Meer. Zum Strand über die wenig befahrene Zufahrtsstraße. Imbiss. Ort 1 km entfernt. Touristen-/Dauerstellplätze 80/20.

23100 Mistras, Sparta — GR 4420/1

★★ »CAMPING PALEOLOGIO MISTRAS«
☎ 27310/22724, Fax 25256
alexiaba@hotmail.com
1.1. bis 31.12.
8000 qm

→ In Sparta Richtung Mistras abbiegen, noch ca. 2.5 km.

Kiesiges Gelände unter Orangen- und Olivenbäumen. Imbiss. Schwimmbad. Ort (Mistras) 2.5 km entfernt. Touristen-/Dauerstellplätze 60/80.

23100 Mistras, Sparta — GR 4420/2

★★★ »CASTLE VIEW CAMPING«
☎ 27310/83303, Fax 20028
www.castleview.gr, info@castleview.gr
April bis Okt.
12 000 qm

→ In Sparta in Richtung Mistras abbiegen, ca. 5 km.

Ebenes Gelände in einem naturbelassenen Olivenhain. Ort 2 km entfernt. 150 Touristenplätze.

23200 Gythion, Peloponnes — GR 4430/1

★★★ »GYTHION BAY CAMPING«
☎ 27330/22522, 23441, Fax 23523
www.gythiocamping.gr, info@gythiocamping.gr
1.1. bis 31.12.
40 000 qm

→ Ca. 4 km südlich der Straße Sparta–Gythion. ✉ Mavrovouni Beach.

Wiesengelände mit Baumreihen am Sandstrand. Ort 4 km entfernt. 200 Touristenplätze.
2007: (HS) P/N 5.50, K/N 4 bis 10 J. 4.-, A/N 3.30, C/N 6.–, MC/N 8.–, T/N 4.50, M/N 2.20, B/N 3.30, WD inkl. Strom/N 3.60. In NS 15 % Erm.

23200 Gythion, Peloponnes — GR 4430/2

★★★ »CAMPING MELTEMI«
☎ 27330/23260, 22833, Fax 23833
www.campingmeltemi.gr, info@campingmeltemi.gr
1.4. bis 20.10.
20 000 qm

→ Straße Sparta–Gythion. Ca. 3 km südlich Gythion.

Sand- und Wiesengelände in Meernähe, teilweise unter Bäumen und mit Schattendächern. Ort 3.5 km entfernt. Touristen-/Dauerstellplätze 96/96.
2007: (HS) P/N 5.50, K/N 4 bis 10 J. 4.-, A/N 3.50, C/N 6.–, MC/N 7.–, T/N 5.–, M/N 2.50, WD inkl. Strom/N 3.50. In NS Ermäßigung.

23200 Gythion, Peloponnes — GR 4430/3

★★★ »CAMPING MANI BEACH«
☎ 27330/23450, Fax 25400
www.manibeach.gr, mani2002@otenet.gr
1.1. bis 31.12.
32 000 qm

→ Straße Sparta–Gythion Abf. Gythion.

Ebenes Wiesengelände mit Büschen und Bäumen am Meer mit Sandstrand. Familiäre Atmosphäre. Wassersport. Musikveranstaltungen. 238 Touristenplätze.

24006 Methoni, Peloponnes — GR 4510

★★ »CAMPING METHONI«
☎ 27230/31228
Mai bis Okt.
18 000 qm

→ von Pylos auf der Straße 9 nach Methoni. Im Ort beschildert.

Ebenes und steiniges Gelände. 150 Touristenplätze.

24500 Kyparissia, Peloponnes — GR 4530

★★★ »CAMPING KYPARISSIA«
☎ 27610/23491, Fax 24519
www.campingkyparissia.com, info@campingkyparissia.com
April bis Okt.
18 000 qm

→ Str. 9 Patras–Pirgos–Pilos Abf. Kyparissia. Ab dem Hafen beschildert.

Leicht abfallendes Terrassengelände mit Büschen, durch eine Wiesenmulde zweigeteilt in Strandnähe. Ort 1 km entfernt. 108 Touristenplätze.

27065 Olympia, Peloponnes — GR 4650/1

★★★★ »CAMPING ALPHIOS«
☎ 26240/22951, 22952, Fax 22550
alphios@otenet.gr
April bis Okt.
20 000 qm

→ westl. des Ortes Richtung Flokas/Drouva abbiegen.

Wiesengelände oberhalb von Olympia mit schöner Aussicht. Ort 700 m entfernt. 100 Touristenplätze.

DCC – DEIN PARTNER!

GR

✉ 27065 Olympia, Peloponnes — GR 4650/2

★★★ »CAMPING DIANA« — 1.1. bis 31.12.
☏ 26240/22314, 22425, Fax 22425 — 7000 qm
→ in Olympia beschildert.

Terrassiertes Gelände unter Pinien. Ort 200 m entfernt. 55 Touristenplätze.

✉ 27200 Palouki-Amalias, Peloponnes — GR 4690/1

★★★ »CAMPING PARADISE« — April bis Sept.
☏ 26220/22721, Fax 24092 — 20000 qm
→ Straße 9/E 55 Patras–Pirgos Abf. ca. 2 km südlich von Kourouta bei Km 83, beschildert.

Ebenes, unparzelliertes Wiesen- und Sandgelände mit Laubbäumen am flachen Sandstrand. Ort 6 km entfernt. 300 Touristenplätze.

✉ 27200 Palouki-Amalias, Peloponnes — GR 4690/2

★★★ »CAMPING PALOUKI« — 1.3. bis 10.11.
☏ 26220/24942, Fax 24943 — 12000 qm
www.camping-palouki.gr, info@camping-palouki.gr
→ Straße 9/E 55 Patras–Pirgos Abf. ca. 2 km südlich von Kourouta bei km 83, beschildert. Gegenüber Camping Paradise. (GPS: 38°15'23" N / 21°30'37" E).

Ebenes parzelliertes Wiesengelände mit Büschen und vielen Eukalyptusbäumen am flachen Strand. FW. Diskothek. Ort 6 km entfernt. 65 Touristenplätze.
2008: (HS) P/N 6.–, K/N 4 bis 10 J. 3.–, A/N 3.–, C/N 6.–, MC/N 7.50, T/N 4.–, M/N 2.50, B/N 3.–, WD inkl., Strom/N 3.80 (10 A). In NS Ermäßigung.
CCI NS/HS 10%/5% Ermäßigung.

✉ 27200 Amaliás, Peloponnes — GR 4700

★★★ »MUNICIPAL CAMPING KOUROUTA« — April bis Okt.
☏ 26220/28276, 28543 — 30000 qm
→ Abf. (2) Kourouta, zum Camping Kourouta, beschildert.

Teilweise welliges Wiesengelände. Durch einen Kanal geteilt. 250 Touristenplätze.

✉ 27050 Glifa, Ilias/Peloponnes — GR 4710

★★★★ »CAMPING IONION BEACH« — 1.1. bis 31.12.
☏ 26230/96395, Fax 96425 — 54000 qm
www.ionion-beach.gr, ioniongr@otenet.gr
→ Straße 9/E 55 Patras–Pirgos Abf. über Gastouni und Lygia nach Glifa. Südlich von Glifa beschilderte Abfahrt, noch ca. 1 km.

Ebenes, teilweise leicht abfallendes und durch Bäume und Oleanderbüsche parzelliertes Wiesengelände mit Blumenschmuck am Sandstrand. FW. Ort 1 km entfernt. Touristen-/Dauerstellplätze 210/12.
2007: (HS) P/N 6.–, K/N 4 bis 12 J. 4.–, A/N 3.50, C/N 6.50, MC/N 9.50, T/N 6.–/4.–, M/N 2.50, WD inkl., Strom/N 4.– (16 A). Ab 10 Nächte 10% und in NS Ermäßigung.
DCC 10% auf St/N.

✉ 27050 Lygia, Ilias/Peloponnes — GR 4715

★★★ »CAMPING AGINARA BEACH« — 1.1. bis 31.12.
☏ 26230/96211, 96411, Fax 96157 — 38000 qm
→ Straße 9/E 55 Patras–Pirgos Abf. über Gastouni und Lygia nach Glifa. Südlich von Glifa beschilderte Abfahrt, noch ca. 1.5 km.

Terrassiertes Hügelgelände mit nischenartigen Stellplätzen an einer Bucht mit Sandstrand. Bepflanzt mit Tamarisken, Akazien und verschiedenartigen Büschen. Ort 1.5 km entfernt. 120 Touristenplätze.

✉ 25002 Káto Alissos, Achaia — GR 4740/1

★★★ »CAMPING KÁTO-ALISSOS« — 1.4. bis 25.10.
☏ 26930/71249, Fax 71150 — 12000 qm
www.camping-kato-alissos.gr, demiris-cmp@otenet.gr
→ bei Km 20 südlich Patras zum Meer abbiegen, noch ca. 400 m. (GPS: 38°08'59" N / 218°34'39" E).

Ebenes Wiesengelände unter Oliven- und Orangenbäumen oberhalb der Steilküste mit Treppe zum Strand. Teilweise Stellplätze mit Satellitenempfang. Ort 2 km entfernt. 60 Touristenplätze.
2007: (HS) P/N 5.70, K/N 4 bis 10 J. 3.50, A/N 3.50, C/N 5.10, MC/N 6.60, T/N 4.60, M/N 2.50, B/N 2.50, WD inkl., Strom/N 3.60 (10 A). In NS Erm.
DCC/CCI 10% auf P/N.

✉ 25002 Káto Alissos, Achaia — GR 4740/2

★★★ »CAMPING GOLDEN SUNSET« — 1.4. bis 21.9.
☏ 26930/71276 Fax 71556 — 80000 qm
www.patrascampings.gr, goldensunset@patrascampings.gr
→ 20 km südwestlich Patras, an der alten Nationalstraße Patras–Pygos.

Wiesengelände oberhalb der Steilküste. Ort 3 km entfernt. Touristen-/Dauerstellplätze 237/237.
2007: P/N 7.20, K/N 4.–, A/N 3.80, C/N 5.–, MC/N 80.–, T/N 3.50, M/N 2.–, WD inkl., Strom/N 4.–.
DCC/CCI 5% auf P/N.

✉ 26500 Rion-Patras, Peloponnes — GR 4830

★★★ »CAMPING RION BEACH« — Jan. bis Dez.
☏ 2610/991585, Fax 993388 — 5000 qm
→ ca. 8 km von Patras entfernt. In der Nähe der Fähre Rion–Antirion.

Ebenes Wiesengelände mit Bäumen. Ort 500 m entfernt. 44 Touristenplätze.

✉ 25006 Akrata, Peloponnes — GR 4900

★★★ »AKRATA BEACH CAMPING« — April bis Okt.
☏ 26960/31988, Fax 34733 — 7000 qm
www.akrata-beach-camping.gr, tzabcamp@otenet.gr
→ AB Patras–Athen Abf. Akrata, im Ort beschildert. ✉ Porrovitsa

Wiesengelände mit Bäumen in Meernähe. Touristen-/Dauerstellplätze 20/25.

✉ 71001 Gouves, Kreta — GR 5060

★★★ »CRETA CAMPING« — Mai bis Okt.
☏ 28970/41400 — 20000 qm
→ Ca. 16 km östlich Heraklion, am Strand von Gouves, beschildert.

Zum Meer leicht abfallendes Wiesengelände. Zum Strand über die zum Platz führende Zufahrtstraße. 90 Touristenplätze.

✉ 70014 Chersonissos, Kreta — GR 5070

★★★ »CAMPING CARAVAN« — April bis Sept.
☏ 28970/22025 — 4000 qm
→ Ca. 28 km östlich Heraklion, an der Hauptstaße nach Aj. Nikolaos.

Harter Boden mit Anpflanzungen zwischen zwei Sandbuchten am Meer. 60 Touristenplätze.

Die DCC-Inspizienten sind nicht mit Anzeigenwerbung betraut. Sie sind daher unabhängig und nicht beeinflußbar. Ihren Recherchen nach unseren Prüfbögen kann vertraut werden.

✉ **72200 Ierapetra, Kreta**   **GR 5100**

★★★ »CAMPING KOUTSOUNARI«
☎ 28420/61213, 61186   ⚬━ 1.1. bis 31.12.
www.camping-koutsounari.epimlas.gr, camping-k@ier.forthnet.gr   14 000 qm

→ Fähre Piräus–Chania. Hier in Richtung Ierapetra, beschildert.

Ebenes, leicht abfallendes und parzelliertes Gelände in einem Olivenhain und am Meer, vom Strand durch Uferstraße getrennt. Wassersportmöglichkeiten. Pool-Bar. Ort (Ierapetra) 7 km entfernt. Touristen-/Dauerstellplätze 98/60.

UNGARN

Übersichtskarte Seite 681, 685
Besondere Vorschriften und Regelungen

Personaldokumente: Bis zu einem Aufenthalt von 3 Monaten gültiger Reisepass oder Personalausweis. Kinder unter 16 Jahren Eintrag in den Reisepass eines Elternteils, Kinderausweis oder maschinenlesbarer Kinderreisepass. Als Nationalität muss jeweils »Deutsch« vermerkt sein.

Impfbescheinigungen: Werden nicht verlangt.

Dokumente für Haustiere: Für Hunde und Katzen ist der »EU-Heimtierpass« mitzuführen. Er wird von behördlich ermächtigten Tierärzten ausgestellt. Der Pass muss Name und Anschrift des Besitzers enthalten und dem Tier eindeutig zugeordnet werden können; d.h. die Passnummer, die eine Identifizierung ermöglicht, wird dem Tier eintätowiert oder durch einen Mikrochip implantiert. Ein gültiger Tollwutimpfschutz muss ebenfalls im Pass nachgewiesen werden. Die letzte Impfung muss mindestens 30 Tage zurückliegen und darf höchstens 12 Monate vor der Einreise erneuert worden sein. Bei Tieren, die regelmäßig (einmal pro Jahr) geimpft werden, entfällt die 30-Tage-Frist. Maulkorb und Leine müssen mitgeführt werden. Sog. »Kampfhunde« z.B. Pittbull-Terrier dürfen nach Ungarn nicht eingeführt werden. Spezielle Auskünfte erteilt die Ungarische Botschaft, Unter den Linden 76, 10117 Berlin, Tel. 030/203100, Fax 030/2291314.

Kfz: Natonaler Führerschein und nationale Zulassung sind ausreichend, jedoch wird empfohlen, zusätzlich den Intern. Führerschein mitzunehmen. Das Nationalitätszeichen »D« muss am Fahrzeug angebracht, oder in der EU-Plakette enthalten sein. Es besteht Haftpflichtversicherungszwang. Die Mitnahme des »Internationalen Grünen Versicherungskarte« wird empfohlen. Zum Abschluss einer Kurzkaskoversicherung und Insassenunfallversicherung im Heimatland wird dringend geraten. Ist der Fahrer nicht Eigentümer des Fahrzeugs, muss er im Besitz einer Benutzungsvollmacht des Eigentümers sein. Die Mitnahme von Warndreieck, Verbandskasten und Ersatzglühlampen-Set sind Vorschrift.

Verkehrsvorschriften: Außerhalb geschlossener Ortschaften ist auch tagsüber mit Abblendlicht zu fahren. Diese Regelung ist unabhängig von der Tageszeit oder den Witterungsverhältnissen. Überholverbot in Kurven, auf Kreuzungen und an Eisenbahnübergängen. Gelbe Fahrbahnmarkierung am Fahrbahnrand bedeutet Halteverbot! Bei einem Unfall sollten Sie, auch wenn nur Sachschaden entstanden ist, die Polizei rufen. Ohne polizeiliche Feststellung des Verschuldens wird vom ungarischen Versicherungsträger keine Leistung gewährt und es können bei der Ausreise Schwierigkeiten auftreten. Kinder unter 12 Jahren dürfen nicht auf den Vordersitzen befördert werden. Es besteht Anschnallpflicht und absolutes Alkoholverbot.

Straßengebühren: Für die Benutzung von Autobahnen ist eine Vignette erforderlich, die an den Grenzübergängen, an den Tankstellen entlang der Autobahnen und bei den ungarischen Postämtern erhältlich ist.

Tempolimits: Innerorts: Pkw/Gespanne 50 km/h, außerhalb: Pkw/Gespanne 90/70 km/h, Schnellstraßen: Pkw/Gespanne 110/70 km/h, Autobahn: Pkw/Gespanne 130/80 km/h. Vor Bahnübergängen gilt innerorts ein Tempolimit von 30 km/h und außerorts 40 km/h. Überquerung mit einer Höchstgeschwindigkeit von 5 km/h.

Telefon: Vorwahl Deutschland–Ungarn: 0036. Die Budapester Telefonnummern sind sieben-, Provinzanschlüsse achtstellig. Bei Inlandsgesprächen muss die 06 vorgewählt werden, Freizeichen abwarten. Ungarn–Deutschland: 0049, dann Ortsvorwahl ohne die Null.

Unfallnotruf: Polizei: 107, Unfallrettung: 104. Feuerwehr 105, Notruf in den Mobilfunknetzen 112.
Pannenhilfe leistet landesweit der Automobilclub MAK: 188, Handy 061/13451744.
ADAC/MAK-Notruf ganzjährig über Budapest: 061/345 1717. An Autobahnen stehen vereinzelt Notrufsäulen.

Devisen: Für die Ein- und Ausfuhr von Landes- und Fremdwährung besteht keine Beschränkung. Eine Deklaration ist erforderlich, wenn bei der Ein- und Ausfuhr von Fremd- und Landeswährung der Gegenwert von 1 Million Forint mitgeführt wird.

Camping: Ein gut ausgebautes Netz von Campingplätzen erwartet die Touristen am Balaton, in Budapest, am Donauknie, in Transdanubien, in der großen Tiefebene und im nordungarischen Bergland. In der Nähe von mehreren Campingplätzen befinden sich Thermal-Heilbäder für zahlreiche gesundheitliche Beschwerden. Wegen der starken Nachfrage wird in der Hauptsaison eine vorherige Platzreservierung bis Mitte April empfohlen. Freies Campen ist verboten. Kurtaxe wird auf den Campingplätzen üblicherweise erst ab der 2. Nacht erhoben. Die Stromversorgung ist auf 220 Volt Wechselstrom (50 Hz) ausgerichtet. Die Gasversorgung ist unproblematisch und mit Deutschland vergleichbar.

Wassersport: Grenzdokumente sind für alle Wasserfahrzeuge erforderlich. Davon ausgenommen sind Kanus ohne Motor und Kajaks bis zu 5,5 m Länge und Surfbretter ohne Segel. Motorboote sind am Platten- und Velencesee verboten.

Allgemeine Informationen:

D-60528   **Frankfurt/M.,** Ungarisches Tourismusamt
Lyoner Str. 44-48 (Arabella Center)
Tel. 069/9288460, Fax /928 8461 3
Kostenloses Infotelefon: 00800/36 00 00 00
Prospektbestellung: 0900/1864276
www.ungarn-tourismus.de
frankfurt@ungarn-tourismus.de

D-10117   **Berlin,** Ungarisches Tourismusamt
Wilhelmstr. 61
Tel. 030/24 31 46 0, Fax /24 31 46 13
Kostenloses Infotelefon: 00800/36 00 00 00
Prospektbestellung: 0900/1864276
www.ungarn-tourismus.de,
berlin@ungarn-tourismus.de

Vertretung der Bundesrepublik Deutschland:

H-1014   **Budapest,** Deutsche Botschaft, Uri utca 64-66
H-1440   **Budapest,** Post: Postfach 40
Tel. 00361/488 35 00, 488 35 67
Visastelle: Tel. 00361/488 35 55, 375 22 03, 488 35 71
Fax: 00361/4673505
www.deutschebotschaft-budapest.hu

Ausführliche Einreisebestimmungen mit detaillierten Angaben zu den Themen Reisedokumente, Zoll- und Devisenbestimmungen, Reisen mit dem Kraftfahrzeug, Camping und der Aufenthalt im Urlaubsland sind bei der Touristik-Abteilung des DCC gegen Rückporto erhältlich.

Campingplätze:

Gebühren in Landeswährung, sofern nicht anders angegeben.
Währungseinheit: 1 Ungarischer Forint (HUF) = 100 Filler
Devisenkurs: 1 Ft = ca. 0.004 €
         1 € = ca. 251.9 Ft (Stand: Okt. 2007)

Bei Gebühren mit der Vorjahreszahl muss eventuell mit einer Anhebung für das laufende Jahr gerechnet werden. Außerdem können sich die angegebenen Öffnungszeiten verändert haben und es ist möglich, dass angegebene Ermäßigungen nicht mehr gewährt werden.
Bei Gebühren in Euro können sich unter Umständen Schwankungen im Umrechnungskurs ergeben.

✉ **9200 Mosonmagyaróvár,** Transdan.   **H 1000**

[15] ★★ »KIS-DUNA«   ⚬━ 1.1. bis 31.12.
☎/Fax 96/216433, www.hotels.hu/kis_duna   10 000 qm

→ Grenzübergang A/H (Nickelsdorf–Hegyeshalom) auf Straße 1 Richtung Györ bis Ortsende Masonmagyarovar. ✉ Gabonarakpart 6 (GPS: 47°50′32″ N / 17°17′11″ E).

Ebene Wiese mit einigen jungen Bäumen. Schattenlos neben der Straße. An der Mosoni-Duna. Wäscheservice. Etappenplatz (Im Winter Sanitäranlagen im Hotel). Ort 1 km entfernt. 40 Touristenplätze.
2008: P/N 800.–, K/N 700.–, St/N 1200.–, H/N 500.–, KT 300.–, WD inkl. Strom/N 500.– (16 A).
DCC/CCI 10% auf St/N.

✉ 9011 Györ-Kertváros, Transdanubien — H 1035

20 ★★★ »PIHENÖ CAMPING« — 1.4. bis 30.10.
☎/Fax 96/316461, 529984 — 20 000 qm
www.piheno.hu, info@piheno.hu

→ An der Straße 1 Györ–Komarom, ca. 3 km nach Györ bei Km 118. Beschildert. ✉ Dunasor 1.

Parzelliertes, leicht abfallendes Wiesengelände in einem lichten Waldgebiet hinter dem Hotel und Restaurant. Brötchenservice. Whirlpool. FW. Ort 5 km entfernt 40 Touristenplätze.
2008: (€) P/N 4.40, K/N 3 - 6 J. 2.20, ab 6 J. 3.20, St/N 3.40, KT 1.20, WD zuzügl., Strom/N 1.50 (4 A).

DCC-Vertragsplatz

✉ 9090 Pannonhalma, Transdanubien — H 1040

20 ★★★ »PANORAMA CAMPING« — 1.5. bis 15.9.
☎ 96/471240, Fax 470561 — 12 000 qm
www.panorama-camping.hu, akosprikkel@axelero.hu

→ Straße 82 Györ–Balaton. In Écs abbiegen, noch 4 km. Letztes Teilstück ca. 14% Steigung. ✉ Fenyvesalla 4 a.
♣ 1000 jähriges Benediktinerkloster mit großer Bibliothek.

An einem Hang unterhalb des Benediktinerklosters ansteigend terrassiertes Wiesengelände. Gepflegt und durch Hecken gliedert. Überwiegend schattenlos. Schöner Ausblick. Ort 200 m entfernt. Touristen-/Dauerstellplätze 70/10.
2007: P/N 1000.–, K/N 2 bis 14 J. 500.–, St/N 1100.–, H/N 450.–, KT 150.–, WD inkl., Strom/N 700.– (10 A).
DCC 10% auf P/N und St/N.

✉ 2900 Komárom, Transdanubien — H 1050/1

25 ★★★ »THERMÁL CAMPING« — 1.1. bis 31.12.
☎ 34/342447, Fax 341222 — 30 000 qm
www.komturist.hu, thermalhotel@komturist.hu

→ Str. 10 Györ–Budapest, in Komárom beschildert. ✉ Táncsics M. u. 38.

Ebenes bis leicht welliges Wiesengelände mit Motel neben dem gebührenpflichtigen Thermalbad mit direktem Zugang. Von Bäumen umrahmt. Tennis 500 m, Ort 1 km entfernt. 180 Touristenplätze.
2007: (HS) P/N 1500.–, K/N 6 bis 14 J. 800.–, A/N 1350.–, C MC/N 1550.–, T/N 1350.–, M/N 1350.–, B/N 1350.–, H/N 250.–, KT 300.–, WD u. Strom inkl. Für Behinderte 20% Ermäßigung auf P/N.
DCC 10% auf P/N.

✉ 2900 Komárom, Transdanubien — H 1050/2

★★★ »CAMPING JUNO« — April bis Okt.
☎/Fax 34/344939 — 9 000 qm
www.junohotel.hu, , junohotel@vivamail.hu

→ Straße 10 Györ–Budapest, in Komárom der Beschilderung »Thermál Camping« folgen. Der Platz liegt auf der rechten Seite. ✉ Bem J. u. 5.

Ebenes, parzelliertes Wiesengelände mit angeschlossenem Hotel. Mit einzelnem Baumbestand und überwiegend schattenlos. Tennis 500 m, Ort 1 km entfernt. 30 Touristenplätze.

✉ 2900 Komárom, Transdanubien — H 1050/3

★★★ »SOLARIS CAMPING« — 1.1. bis 31.12.
☎/Fax 34/342551 — 40 000 qm
www.komthermal.hu, komthermal@komthermal.hu

→ Straße 10 Györ–Budapest, in Komárom der Beschilderung »Thermál Camping« folgen. Der Platz liegt direkt neben dem Thermalbad. ✉ Táncsics M. u. 34-36.

Ebenes, unparzelliertes Wiesengelände. Teils unter Bäumen. Stellplätze teilweise gekiest. FW. Tennis 300 m, Ort 1 km entfernt. 75 Touristenplätze.

✉ 2544 Neszmély, Transdanubien — H 1065

20 ★★★ »EDEN-CAMPING« — 1.4. bis 31.10.
☎ 33/474183, Fax 474327 — 65 000 qm
www.edencamping.com, eden@mail.holop.hu

→ Str. 10 Komárom–Budapest. 3 km nach Neszmely auf der linken Seite. ✉ Dunapart.

Ebenes und parzelliertes Wiesengelände, teils mit Bäumen, zwischen Straße und Donau. Separater Jugendplatz. Ort 3 km entfernt. 240 Touristenplätze.
2008: (HS) P/N 625.–, K/N 2 bis 12 J. 415.–, A/N 480.–, C T/N 2580.–, M/N 480.–, H/N 470.–, KT zuzügl., WD inkl., Strom/N 525.– (6 A). In NS Erm.

DCC-Vertragsplatz

✉ 2500 Esztergom, Transdanubien — H 1070

25 ★★★ »GRAN CAMPING« — 1.5. bis 30.9.
☎ 33/402513, Fax 411953 — 30 000 qm
www.grancamping-fortanex.hu, fortanex@t-online.hu

→ Straße 11 Esztergom–Budapest, hier im Kreisverkehr Richtung Štúrovo (Slowakei) abbiegen. Dann beschildert. ✉ Nagyduna Sétány 3.
♣ Basilika.

Ebenes und parzelliertes Wiesengelände mit befestigten Moca-Plätzen. auf der Primás-Insel. Ort 900 m entfernt. 160 Touristenplätze.
2007: P/N 1300.–, K/N 6 bis 14 J. 700.–, C MC-St/N 1400.–, T-St/N 1200.–, H/N 400.–, KT 347.–, WD inkl., Strom/N 300.– (6-10 A). Ab 10 Nächte Aufenthalt 1 Nacht frei.
DCC/CCI 10% auf P/N.

✉ 2051 Biatorbágy, Transdanubien — H 1080

25 ★★ »MARGARÉTA-BIA KEMPING« — 15.4. bis 30.9.
☎ 23/312465, Mobil 30-5057524 — 5000 qm
web.t-online.hu/biacamping, biacamping@t-online.hu

→ Straße 1 Györ–Budapest, bei Km 14 am Kreisverkehr nach Biatorbágy abbiegen. Im Ort beschildert. ✉ Bethlen Gábor u. 25.

Parzelliertes und leicht terrassiertes Wiesengelände mit einigen Obstbäumen. Eigener Weinkeller. Familäre Atmosphäre. Brötchenservice. FW. Boccia. Kegelspiel. Bus ca. stündlich nach Budapest (20 km). Ort 500 m entfernt. 14 Touristenplätze.
2008: P/N 1000.–, K/N 6 bis 14 J. 500.–, A/N 750.–, C/N 1250.–, MC/N 2000.–, T/N 1000.–, H/N 250.–, WD inkl., Strom/N 500.– (6 A).
DCC/CCI 10% auf P/N.

✉ 9400 Sopron, Transdanubien — H 1100

★★★ »ÓZON CAMPING« — April bis Okt.
☎ 99/523370, Fax 523371 — 14 000 qm
www.ozoncamping.hu, ozoncamping@sopron.hu

→ Straße 84 österr./ung. Grenze–Sopron, Richtung Brennbergbányo abbiegen. ✉ Erdei Malmköz 3.

Wiesengelände auf drei Terrassen. Mit einigen jungen Laubbäumen in einem Waldgebiet. Touristen-/Dauerstellplätze 60/40.

✉ 9494 Balf, Transdanubien — H 1110

20 ★★★ »CAMPING CASTRUM SOPRON-BALF« — 1.1. bis 31.12.
☎/Fax 99/339124 — 8000 qm
www.sopron-balf-castrum.hu, castrum.sopron-balf@t-online.hu

→ Straße 84 Sopron–Balaton, ca. 3.5 km hinter Sopron bei Kóphaza nach Balf abbiegen. ✉ Fürdö sor 59-61.

Ebenes, teilweise ansteigendes Wiesengelände in ländlicher Umgebung beim Thermalbad und der Pensin. TV-Anschluss. Imbiss. FW. Ort 400 m entfernt. 69 Touristenplätze.
2007: P/N 900.– bis 1000, K/N 2 bis 10 J. 560.– bis 680.–, St/N 750.– bis 1850, KT 200.–, WD inkl., Strom/N 750.– .

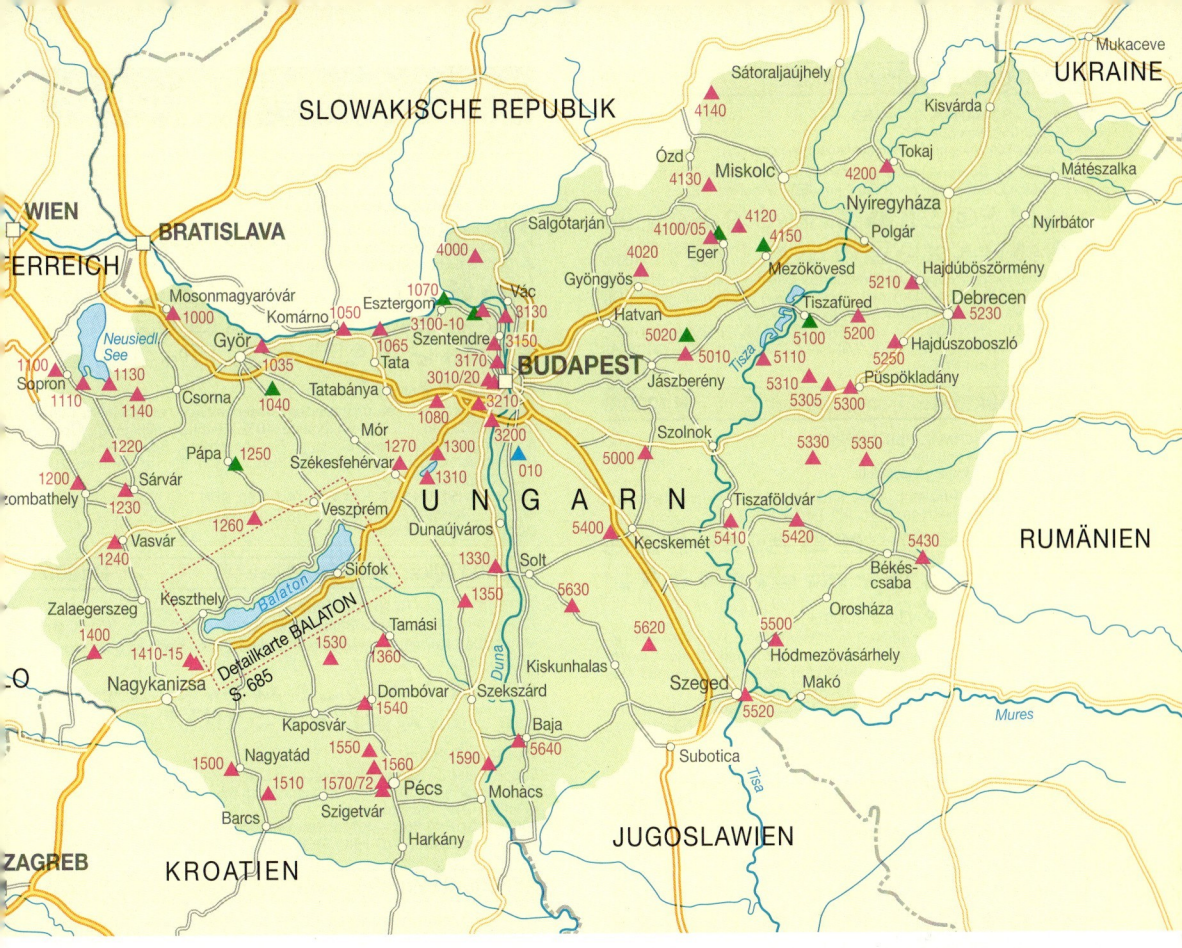

✉ 9437 Hegykö, Transdanubien — H 1130/1

★★★ »TERMÁL KEMPING« — 15.4. bis 15.10.
☎ 99/376818 — 7000 qm
www.termalkemping.hu, termalkemping@freemail.hu

→ Straße 85 Sopron–Györ, nach Hegykö abbiegen, noch ca. 4.5 km.
✉ Fürdö u. 1.

Leicht abfallende Wiese mit Anpflanzungen zwischen Straße und Thermalbad. Ort 1 km entfernt. 40 Touristenplätze.
2007: P/N 650.–, K/N 3 bis 18 J. ca. 400.–, C MC-St/N 600.–, T-St/N 400.–, KT 300.–, WD inkl., Strom/N 400.– (3 A).

✉ 9437 Hegykö, Nördl. Transdanubien — H 1130/2

★★★ »SÁ-RÁ TERMÁL KFT« — 1.1. bis 31.12.
☎ 99/540-220, Fax 540-229 — 30 000 qm
www.saratermal.hu, info@saratermal.hu

→ Straße 85 Györ–Sopron, nach Hegykö abbiegen, nach 5 km beschildert. ✉ Fürdö u. 5.
♣ Schloss Esterhazy, Schloss Szecheri.

Leicht abfallendes Wiesengelände mit Baumbestand. Therapieleistung. Imbiss. FW. Ort 500 m entfernt. Touristen-/Dauerstellplätze 100/20.
2007: P/N 1250.–, K/N ab 7 J. 800.–, C-St/N 850.–, MC/N 750.–, T-St/N 500.–, H/N 200.–, KT 300.–, WD und Thermalbad inkl., Strom/N 500.– (6 A).
DCC 5% auf P/N.

DCC – DEIN PARTNER!

✉ 9330 Kapuvár, Transdanubien — H 1140

★★★ »HANSÁG CAMPING« — April bis Sept.
☎/Fax 96/241524 — 15 000 qm

→ Straße 85 Sopron–Györ, am östlichen Ortsende von Kapuvár links abbiegen. ✉ Veszkenyi u. 17.

Ebene Rasenflächen. Teilweise unter Bäumen. Ort 1 km entfernt. Touristen-/Dauerstellplätze 60/40.

✉ 9700 Szombathely, Transdanubien — H 1200

★★★ »TÓPART CAMPING« — Mai bis Sept.
☎ 94/509038, Fax 509039 — 20 000 qm

→ Str. 84 Sopron–Balaton, bei Hegyfalu abbiegen auf die Str. 86/E65 nach Szombathely. Hier zum nordwestlichen Stadtbereich. ✉ Kenderesi u. 6.

Welliges, gepflegtes und parzelliertes Wiesengelände beim Freibadgelände. Teilweise durch Hecken unterteilt. Ort 2.5 km entfernt. 80 Touristenplätze.

✉ 9740 Bükfürdö, Transdanubien — H 1220/1

★★★ »THERMAL EVA CAMPING« — 1.1. bis 31.12.
☎/Fax 94/358970 — 24 000 qm
www.evacamping.com, info@evacamping.com

→ Straße 84 Sopron–Balaton, hinter Simaság bei der Jet-Tankstelle nach Bükfürdö abbiegen, noch ca. 7 km. ✉ Termal Krt. 22.

Ebenes Wiesengelände unter Bäumen neben dem kostenpflichtigen Thermalbad. Ort 3 km entfernt. Touristen-/Dauerstellplätze 75/30.
2007: P/N 3.–, K/N ab 8 J. 2.50, A/N 1.20, C MC/N 5.–, T/N 3.–, H/N frei, KT 1.40, WD u. Strom (10 A) inkl.

H

681

9740 Bükfürdö, Transdanubien — H 1220/2

»ROMANTIK CAMPING« — 1.1. bis 31.12.
94/558-050, Fax 558-051 — 50000 qm
www.romantikcamping.hu, info@romantikcamping.com

→ Straße 84 Sopron–Balaton, hinter Simaság bei der Jet-Tankstelle nach Bükfürdö abbiegen, noch ca. 7 km. Termal krt. 12.

Ebenes bis leicht welliges, unparzelliertes Wiesengelände in Thermalbadnähe. Von Bäumen durchsetzt, und teils von Feldern umgeben. Ort 500 m entfernt. Touristen-/Dauerstellplätze 360/40.
2007: P/N 900.–, K/N 6 bis 14 J. 570.–, A/N 430.–, C MC/N 1100.–, T/N 900.– M/N 270.–, H/N 490.–, KT 345.–, WD inkl., Strom/kWh 100.– (10/16 A).
DCC/CCI 10% auf P/N.

9740 Bükfürdö, Transdanubien — H 1220/3

»THERMAL HEILCAMPING« — 1.1. bis 31.12.
94/558356, Fax 558359 — 24000 qm
www.bukfurdo.hu, camping@spabuk.hu

→ Straße 84 Sopron–Balaton, nach Simaság bei der Jet-Tankstelle nach Bükfürdö abbiegen, noch ca. 7 km. Termál Krt. 2.

Ebenes Wiesengelände mit gemischtem Baumbestand und teilweise geschotterten Stellflächen. Direkt neben dem Thermalbad, dessen Einrichtungen während der Öffnungszeit (8-19 Uhr) kostenlos mitbenützt werden können. Ort 3 km entfernt. 150 Touristenplätze.
2007: (HS) (€) P/N 5.80, K/N 4 bis 14 J. 3.–, C MC-St/N 8.–, T-St/N 6.–, H/N 2.–, KT zuzügl., WD inkl., Strom/N 2.70 (4-13 A). Ab 21 Nächten und in NS Ermäßigung.
DCC/CCI 10% auf P/N.

9600 Sárvár, Transdanubien — H 1230/1

»THERMÁL CAMPING« — 1.1. bis 31.12.
95/320292, Fax 523612 — 55000 qm
www.thermalcamping.com, info@thermalcamping.com

→ Straße 84 Sopron–Balaton, in Sárvár beschildert. Vadkert u. 1.

Ebenes bis leicht ansteigendes Wiesengelände unter altem Baumbestand. Gekieste parzellierte Stellflächen. Sanitäranlage beheizbar. Whirlpool. Massagen. Dampfbad. Fitnessraum. Wellnessbereich. Boccia. Heil- und Wellnessbad gegebenüber. FW. Ort 1 km entfernt. 89 Touristenplätze.
2007: (HS) P/N 2000.–, K/N 6 bis 16 J. 1250, St/N 1800.–, H/N 400.–, KT 300.–, WD inkl., Strom/N 725.– (16 A). In NS Ermäßigung.
DCC/CCI 10% auf St/N.

9600 Sárvár, Transdanubien — H 1230/2

»THERMAL CAMPING VADKERT« — 1.1. bis 31.12.
95/320-045 — 6000 qm
www.vadkertfogado.hu, vadkertfogado@freemail.hu

→ Straße 84 Sopron–Balaton, in Sárvár beschildert. Vadkert u. (am Ende der Straße).

Welliges, leicht ansteigendes und parzelliertes Wiesengelände. Mit einzelstehenden Bäumen und jungen Anpflanzungen. Ort 1 km entfernt. 60 Touristenplätze.

9800 Vasvár, Transdanubien — H 1240

»SZENTKUT THERMAL CAMPING« — April bis Sept.
94/370534, Fax 99/508920 — 15000 qm
www.euroqualitas.hu, liget@euroqualitas.axelero.net

→ Straße 8 Körmend–Veszprém. In Vasvár beschildert. Járdányi út.

Ebene Wiese mit Anpflanzungen gegenüber dem Thermalbad. FW. Ort 500 m entfernt. 80 Touristenplätze.

DCC – DEIN PARTNER!

DCC-Vertragsplatz

8500 Pápa — H 1250

»PÁPA TERMÁLCAMPING« — 1.1. bis 31.12.
Deutschland: 06403/1548, Fax 61084 — 40000 qm
www.due-reisen.de, info@due-reisen.de

→ M1 bei Györ Abf. Pápa, weiter auf der B83 bis Pápa. Beschilderung Termalcamping folgen. Várkert ut 7 (GPS: 47°20'19" N / 17°28'26" E). Schloss. Barockbauten. Museum.

Ebenes, durch Hecken parzelliertes Wiesengelände neben einem Thermal-Erlebnisbad (für Campinggäste 10% Eintrittsermäßigung). Übernachtungsplatz vor dem Eingang. Gas-Anschluss. Sat-TV-Anschluss. Hundetoilette. Deutsch-ungarische Leitung. Ort 800 m entfernt. 204 Touristenplätze.
2008: (€) **(HS)** P/N 3.70, K/N 4 bis 14 J. 2.80, St/N 7.50, H/N 2.–, KT 1.30, WD inkl., Strom/N 2.50 (16 A). In NS Ermäßigung.
DCC/CCI 10% auf P/N.

8400 Ajka, Transdanubien — H 1260

»STRAND CAMPING« — 1.1. bis 31.12.
/Fax 88/212173, avarakft@mail.uti.hu — 15000 qm
→ Straße 8 Körmend–Veszprém. In Bakonyyepes nach Ajka abbiegen. Szt. István u. 1a.

Ebene Wiese im Stadtpark neben dem Schwimmbad. Durch niedere Hecken parzelliert. Imbiss und Fitnessraum im Bad. Boccia. Billard. Ort 500 m entfernt. 66 Touristenplätze.
2007: (HS) P/N 850.–, K/N 2 bis 14 J. 490.–, C-St/N 1460.–, T-St/N 1230.– bis 1340.–, WD inkl., Strom/N 570.– (6 A). In NS Ermäßigung.

8000 Székesfehérvár, Transdanubien — H 1270

»IFJÚSÁGI SZABADIDÖKÖZP. CAMPING« — April bis Okt.
22/313433, Fax 329435 — 5000 qm
→ Straße 81 Györ–Székesfehérvár, neben dem Jugend-Sportzentrum (Ifjúsági Sportközpont). Bregyó Köz 1.

Gepflegtes, ebenes Wiesengelände neben einem Sportzentrum. Teilweise unter hohen Bäumen. Ort 1.5 km entfernt. 120 Touristenplätze.

2481 Velence, Transdanubien — H 1300

»PANÓRÁMA CAMPING« — April bis Sept.
22/472043, Fax 472964 — 70000 qm
www.campingpanorama.hu, info@campingpanorama.hu

→ AB M7/E71 Budapest–Balaton Abf. Velence, hier abbiegen Richtung Kápolnásnyék, dann noch ca. 2.5 km. Kemping u. 1.

Ebenes, durch Hecken teilweise parzelliertes Wiesengelände am Ufer des Velence-Sees mit lockerem Baumbestand. Hundedusche. Imbiss. Ort 1 km entfernt. Touristen-/Dauerstellplätze 500/30.

2484 Agárd, Transdanubien — H 1310

»PARK STRAND CAMPING« — Mai bis Sept.
/Fax 22/370308 — 183 m — 80 000 qm
www.parkcamping.hu, parkcamping@freemail.hu

→ AB M7/E71 Budapest–Balaton Abf. Székesfehérvárkelet/Agárd. Weiter auf der Str. 7 nach Agárd. Im Ort zum See abbiegen. Chernel István 56-58.

Leicht welliges und unparzelliertes Wiesengelände mit lichtem Baumbestand. Zwischen Bahnlinie/Straße und See mit einem öffentl. Strand. Seeufer mit Betonplatten befestigt. Große Liegewiesen. Imbiss. Platz tagsüber für Strandgäste zugänglich. Ort 1 km entfernt. 350 Touristenplätze.

7020 Dunaföldvár, Transdanubien — H1330

★★★ »KÉK-DUNA KEMPING« 1.1. bis 31.12.
☎/Fax 75/541-107 7500 qm
www.dunafoldvar.hu, postmaster@camping-gyogyfurdo.axelero.hu
→ Str. 6/E73 Budapest–Pécs abbiegen auf Str. 52 Richtung Kecskemét. Vor der Donaubrücke rechts abbiegen zum Donau-Ufer. ✉ Hösök tere 23.

200m 500m
Leicht welliges Wiesengelände am Donau-Ufer. Beach-Volleyball im Bad. Ort 500 m entfernt. 50 Touristenplätze.

7041 Vajta, Transdanubien — H1350

30 ★★★ »AUCOST HOLIDAY PARC« 22.4. bis 22.9.
☎/Fax 25/229700, www.aucost.nl, holidayparc@aucost.nl 35000 qm
→ Str. 63 Székesfehérvár–Szekszárd. In Vajta beschildert. ✉ Termálsor 1.

W400m 600m 2 km
Leicht wellige und etwas abfallende Wiese mit jungen Anpflanzungen. Von Feldern und Wiesen umgeben. Imbiss. Brötchenservice. Kiosk. Boccia. Ort 2 km entfernt. 80 Touristenplätze.
2007: (€) (HS) P/N 4.25, K/N 3 bis 12 J. 3.65, St/N 14.–, H/N 2.75, KT –.60, WD und Strom (6 A) inkl. In NS DCC 35% auf P/N. In NS Ermäßigung.

7090 Tamási, Transdanubien — H1360

★★ »TERMÁL CAMPING« Mai bis Okt.
☎ 74/471-738, Fax 471-312, trizmu@enternet.hu 20000 qm
→ Straße 65 Siófok–Szekszárd, ca 38 km von Siófok. ✉ Hársfa u. 1.

200m
Ebenes, teilweise schattenloses Wiesengelände neben dem Thermalbad und Motel. FW. Ort 1 km entfernt. 80 Touristenplätze.

8960 Lenti, Transdanubien — H1400

20 ★★★ »THERMALCAMPING CASTRUM LENTI« 1.1. bis 31.12.
☎/Fax 92/351368 18000 qm
www.castrum-group.hu, lenti@castrum.group.hu
→ Straße 75 Keszthely–slowen. Grenze, in Lenti bis Ortsende. ✉ Táncsics M u. 18-20.

W W 100m 300m
Ebenes, parzelliertes Wiesengelände neben dem Thermalbad. W-LAN/Funk-Internet. Massagen. FW. Ort 1.5 km entfernt. 146 Touristenplätze.
2008: (€) P/N 4.–, K/N 2 bis 10 J. 3.–, St/N 2.80 bis 8.–, H/N 3.–, KT 1.50, WD inkl., Strom/N 3.– (6 A).

8754 Galambok b. Zalakaros, Transd. — H1410

25 ★★★ »KURCAMPING CASTRUM« 1.1. bis 31.12.
☎ 93/358610, Fax 93/558009 20000 qm
www.castrum-group.hu, zalakaros@castrum.group.hu
→ Straße 7/E71 Budapest–Nagykanizsa, nach Zalakaros abbiegen. Hier beschildert. ✉ Ady u. 113.

W W 800m 2 km
Ebenes und von Wald umgebenes Wiesengelände mit jungen Anpflanzungen und Pension. Brötchenservice. Ort 2.5 km entfernt. 140 Touristenplätze.
2007: (€) P/N 4.–, K/N 2 bis 10 J. 3.–, St/N 4.– bis 10.–, H/N 3.–, KT 1.50, WD inkl., Strom/N 3.– (6 A).

8749 Zalakaros, Transdanubien — H1415

25 ★★ »BALATONTOURIST THERMAL CAMPING« 1.4. bis 31.10.
☎/Fax 93/340105 40000 qm
www.balutontourist.hu, termal@balatontourist.hu
→ Straße 7/E71 Budapest–Nagykanizsa, nach Zalakaros abbiegen. In Zalakaros beschildert. ✉ Gyógyfürdő tér 6. (GPS: 46°33'29" N / 17°07'20" E).

W W
W W 70 m 150 m
200 m 300 m
Ebenes bis leicht welliges Wiesengelände neben dem Hotel in Thermalbadnähe. Parzelliert unter lichten Bäumen. Gasfüllservice. Teils befestigte Stellplätze. FW. Wäscheservice. Ort 200 m entfernt. 279 Touristenplätze.
2008: (HS) P/N 1200.–, K/N 2 bis 14 J. 600.–, St/N 1350.– bis 1850.–, H/N 600.–, KT 320.–, WD und Strom inkl. In NS Ermäßigung.
DCC/CCI 5% auf P/N und St/N.

7500 Nagyatád, Transdanubien — H1500

20 ★★★ »THERMALCAMPING CASTRUM« 1.5. bis 30.9.
☎/Fax 82/452-136 15000 qm
www.castrum-group.hu, nagyatad@castrum-group.hu
→ Straße 68 Marcali–Barcs, in Nagyatád Richtung Thermalbad. ✉ Zrinyi u. 75.

W W W 50m 300m
Ebenes Wiesengelände mit jungen Bäumen neben dem Thermalbad. Kiosk. Whirlpool im Bad. Ort 300 m entfernt. 150 Touristenplätze.
2008: (€) P/N 3.60, K/N 2 bis 10 J. 2.80, St/N 3.20 bis 8.–, H/N 2.80, KT 1.50, WD inkl., Strom/N 3.– (6 A).

7555 Csokonyavisonta, Transdanubien — H1510

20 ★★ »THERMÁL CAMPING« 1.1. bis 31.12.
☎/Fax 82/475-024 160 m 15000 qm
www.csokonyavisontafurdo.hu, esokonya@t-online.hu
→ Straße 68/E661 Marcali–Barcs, vor Csokonyavisonta rechts. ✉ Thermalfürdő Kft./Csokonyavisonia.

100m
Ebenes bis leicht welliges Wiesengelände. Am Thermalbad mit direktem Zugang. FW. Zimmer. Whirlpool. Ort 1 km entfernt. 200 Touristenplätze.
2007: P/N 850.–, K/N 400.–, A/N 200.–, C/N 900.–, T/N 600.–, KT 200.–, MwSt. 15% zuzügl., WD u. Strom (10 A) inkl. Ab 20 Nächte Ermäßigung.
CCI 10% auf P/N und St/N.

7275 Igal, Transdanubien — H1530

★★ »HÖFORRÁS CAMPING« Mai bis Sept.
☎/Fax 82/372025 16000 qm
www.hoforrascamping.hu, info@hoforrascamping.hu
→ Straße 67 Balatonlelle–Kaposvár, in Mernye nach Igal abbiegen. In Igal beschildert. ✉ Acsai u. 1.

200m
Ebenes, sowie wellig ansteigendes Wiesengelände. Mit Baumgruppen und teilweise mit Heckenunterteilung. FW. Ort 2 km entfernt. 100 Touristenplätze.

7200 Dombóvár, Transdanubien — H1540

25 ★★ »KURCAMPING CASTRUM BAD GUNARAS« 1.5. bis 30.9.
☎/Fax 74/465523 25000 qm
www.castrum-group.hu, gunaras@castrum-group.hu
→ Straße 61 Nagykanizsa–Dombóvár, ab hier beschildert. ✉ Tó u. 5.

W 100m 300m 500m
Leicht abfallendes Wiesengelände mit einzelnen Bäumen. Befestigte Caravanplätze neben dem Thermalbad am Ortsrand. FW. Ort 400 m entfernt. 100 Touristenplätze.
2007: (€) P/N 4.–, K/N 2 bis 10 J. 3.–, St/N 2.80 bis 10.–, H/N 3.–, KT 1.50, WD inkl., Strom/N 3.– (6 A).

7394 Magyarhertelend, Transdanubien — H1550

15 ★★ »CAMPING FORRÁS« 1.5. bis 30.9.
☎ 72/521-110, Fax 521-111 19000 qm
www.tomaatenet.nl/~h.verweij, bojtmeforras@freemail.hu
→ Str. 66 Pécs–Kaposvár, in Magyarszék abbiegen. ✉ Bokrèta u. 105.

NATURPLATZ

W 200m 1.5km
Leicht wellig ansteigendes Wiesengelände in Badnähe. Mit Anpflanzungen und teilweise durch kleine Hecken parzelliert. Familiäre Atmosphäre. Ort 1 km entfernt. 80 Touristenplätze.
2007: (HS) P/N 850.–, K/N 2 bis 14 J. 520.–, A/N 350.–, C/N 650.–, MC/N 1100.–, T/N 520.–, M/N 200.–, H/N 520.–, KT 250.–, WD inkl., Strom/N 650.– (6 A). Ab 2 Nächte 10% auf alle Gebühren außer KT und in NS Erm.
Ab 2 Nächte DCC/CCI 10% auf P/N.

✉ 7677 Orfü, Transdanubien — H1560

★★ »PANORAMA CAMPING«
☎/Fax 72/378434, ☎ 378501 450 m Mai bis Sept.
www.panoramacamping.hu, campingorfu@freemail.hu 110 000 qm

→ Straße 6 Szekszárd–Barcs, in Pécs nach Orfü abbiegen, noch ca. 16 km. ✉ Dollár u. 1.

Terrassiertes, zum Waldrand ansteigendes Wiesengelände. Oberhalb des »Pécser Sees« gelegen und durch Hecken parzelliert. Ort 1 km entfernt. 200 Touristenplätze.

✉ 7627 Pécs, Transdanubien — H1572

★★★ »FAMILIA CAMPING«
☎ 72/327034 1.1. bis 31.12.
www.panoramacamping.hu, campingorfu@freemail.hu 20 000 qm

→ Straße 6 Pécs–Budapest, nahe Km 194 beim Puskin-Platz (tér) abbiegen, noch ca. 200 m. Beschildert. ✉ Gyöngyös István út. 6.

Wiesengelände mit Obst- und Laubbäumen. Befestigte Stellplätze. FW. Ort 1.5 km entfernt. 20 Touristenplätze.

✉ 7815 Harkány, Transdanubien — H1580

[20] ★★★ »THERMAL CAMPING«
☎ 72/580038, Fax 580037 15.4. bis 15.10.
www.harkanymecsektours.hu, harkany@mecsektours.hu 7000 qm

→ Straße 58 Pécs–kroat. Grenze, in Harkány links abbiegen. ✉ Bajcsy-Zsilinszky u. 6.

Ebenes, parkartiges Wiesengelände unter teilweise hohen Bäumen in Thermalbadnähe. Ort 1 km entfernt. 250 Touristenplätze.
2008: P/N 850.–, K/N 3 bis 15 J. 640.–, C-St/N 1900.–, T-St/N 850.– H/N 500.–, KT 330.–, WD inkl., Strom/N 400.– (6 A).
DCC/CCI 10% auf P/N.

✉ 7712 Dunaszekcső, Transdanubien — H1590

★★ »ARÉNA CAMPING«
☎/Fax 69/335161, arenacamp@freemail.hu 1.1. bis 31.12.
 42 000 qm

→ Str. 56/E73 Szekszárd–Mohács, in Dunaszekcső am südlichen Ortsende. ✉ Petőfi u. 146.

Leicht welliges Wiesengelände in einem Talkessel sowie einige Terrassenplätze. Separater FKK-Teil. Ort 500 m entfernt. 150 Touristenplätze.

✉ 8174 Balatonkenese, Plattensee — H2000

[20] ★★ »ROMANTIC CAMPING«
☎/Fax 88/482360, romanticcamping@invitel.hu 1.5. bis 10.9.
 43 000 qm

→ AB M7 Budapest–Siófok Abf. Lépsény auf die Straße 71 Richtung Balatonfüred. Am Ortsende von Balatonkenese abbiegen. ✉ Gesztenye fasor 1.

Welliges von Lösswänden und Wald umgebenes Wiesengelände. Teilweise terrassiert ansteigend und überwiegend schattenlos. Ort 2 km entfernt. 200 Touristenplätze.
2007: (HS) P/N 800.–, K/N 2 bis 14 J. 500.–, A/N 400.–, C/N 1000.–, MC/N 1200.–, T/N 800.–, M/N 350.–, H/N 400.–, KT 250.–, WD inkl., Strom/N 400.– (16 A). In NS Ermäßigung.
DCC/CCI 10% auf P/N.

✉ 8220 Balatonalmádi, Plattensee — H2010

[30] ★★★★ »BALATONTOURIST CAMPING YACHT«
☎ 88/584101, Fax 584102 1.5. bis 14.9.
www.balatontourist.hu, yacht@balatontourist.hu 27 000 qm

→ Straße 71 Balatonkenese–Balatonfüred, in Balatonalmádi über die Bahnlinie abbiegen. ✉ Véghely u. 18 (GPS: 47°01'34" N / 18°00'42" E).

Ebenes und parzelliertes Wiesengelände unter Bäumen zwischen Straße, Bahnlinie und Seeufer. Durch Hecken unterteilt. Badetreppen führen über die grobsteinige Uferbefestigung. Yachthafen mit Bootliegeplätzen angrenzend. Ort 600 m entfernt. 160 Touristenplätze.
2008: (HS) P/N 1090.–, K/N 2 bis 14 J. 890.–, St/N 3490.– bis 4050.–, H/N 890.–, KT 330.–, WD und Strom (4-10 A) inkl. In NS Ermäßigung.

✉ 8226 Alsóörs, Plattensee — H2030

[35] ★★★ »BALATONTOURIST CAMPING EUROPA«
☎ 87/555021, Fax 555022 10.5. bis 14.9.
www.balatontourist.hu, europa@balatontourist.hu 200 000 qm

→ Straße 71 Balatonkenese–Balatonfüred, bei Km 31.5 über die Bahnlinie abbiegen. Beschildert. (GPS: 46°59'20" N / 17°58'31" E).

Teilweise mit hohen Bäumen durchzogenes Wiesengelände. Durch Hecken unterteilt. Am See, mit ca. 200 m langem, durch grobe Steine befestigten Uferbereich. Öffentlicher Badebetrieb. Separater Platzteil für Hundehalter. Hundedusche. Badesteg. Kindersanitär. Imbiss. W-LAN. Ort 2 km entfernt. 730 Touristenplätze.
2007: (HS) P/N 1130.–, K/N 2 bis 14 J. 920.–, St/N 3800.– bis 4900.–, H/N 920.–, KT 310.–, WD und Strom (6-10 A) inkl. In NS Ermäßigung.

✉ 8230 Balatonfüred, Plattensee — H2040

[45] ★★★ »BALATONTOURIST CAMPING FÜRED«
☎ 87/580241, Fax 580242 12.4. bis 15.10.
www.balatontourist.hu, fured@balatontourist.hu 210 000 qm

→ Straße 71 Balatonalmadi–Keszthely, am westlichen Stadtrand von Balatonfüred abbiegen. ✉ Széchenyi u. 24 (GPS: 46°45'36" N / 17°21'22" E).

Ebenes Wiesengelände, teils unter großen Bäumen, teils schattenlos. Ein Platzteil durch Hecken parzelliert. Großflächige Uferliegewiesen. Grobsteinige Uferbefestigung mit Badetreppen. Tauchlehrgang. Massagen. W-LAN. Ort 1.5 km entfernt. 906 Touristenplätze.
2008: (HS) P/N 1550.–, K/N 2 bis 14 J. 1150.–, St/N 3300.– bis 5600.–, KT 340.–, WD und Strom (6-10 A) inkl. In NS Ermäßigung.

DCC-Vertragsplatz

✉ 8241 Aszófő, Plattensee — H2050

[25] ★★★★ »DIANA CAMPING«
☎/Fax 87/445013 6.5. bis 16.9.
dianacamping@freemail.hu 120 000 qm

→ Straße 71 Balatonfüred–Keszthely, in Aszófő nordwärts abbiegen. Beschildert.

Teils welliges und lichtes Waldgelände, teils leicht abfallendes Wiesengelände mit Heckenunterteilungen. Kindersanitär. Lagerfeuerplatz. Brötchenservice. Plattensee ca. 4 km, Ort (Balatonfüred) 7 km entfernt. 150 Touristenplätze.
2007: (HS) P/N 1090.–, K/N 6 bis 14 J. 750.–, C MC-St/N 1950.–, T-St/N 1550.–, H/N 550.–, KT 150.–, WD und Strom (6 A) inkl. In NS Ermäßigung.
DCC 10% auf P/N.

✉ 8243 Balatonakali, Plattensee — H2100

[30] ★★★ »BALATONTOURIST CAMPING STRAND-HOLIDAY«
☎ 87/544021, 544031, Fax 544022 4.4. bis 5.10.
www.balatontourist.hu, strand@balatontourist.hu 90 000 qm

→ Straße 71 Balatonfüred–Keszthely, ca. 1 km vor Balatonakali seewärts abbiegen, noch 500 m. Beschildert. (GPS: 46°52'52" N / 17°45'15" E).

🚴 ⛺ | (H)500m

Zweigeteiltes, ebenes Wiesengelände zwischen Bahnlinie und verschilftem Ufer. Ein Teil langgestreckt und teilweise unter Bäumen mit einem durch grobe Steine befestigtem Seeufer (Badetreppen). Der andere Teil teilweise durch Hecken parzelliert und mit einzelnen Bäumen. Hundedusche. Kleinkindersanitär. Imbiss. Trampolin. Massagen. Wäscheservice. Internet-Café und Ort 1 km entfernt. 556 Touristenplätze.
2008: (HS) P/N 1080.–, K/N 2 bis 14 J. 870.–, St/N 3100.– bis 3860.–, H/N 870.–, KT 330.–, WD und Strom (4-10 A) inkl. In NS Ermäßigung.

✉ 8252 Balatonszepezd, Plattensee   H2110

30 ★★★ »BALATONTOURIST CAMPING VENUS«
☎ 87/568061, Fax 568062   🗝 16.5. bis 7.9.
www.balatontourist.hu, venus@balatontourist.hu   28 000 qm

→ Straße 71 Balatonfüred–Keszthely, bei Balatonszepezd über die Bahnlinie abbiegen. (GPS: 46°51'04" N / 17°39'31" E).

Ebenes Wiesengelände unter hohen, lichten Bäumen. Teilweise mit Hecken parzelliert. Zwischen Bahnlinie und durch grobe Steine befestigtem Seeufer. Kleine Liegewiesenhalbinsel. Badetreppen. Ort 1 km entfernt. 150 Touristenplätze.
2007: (HS) P/N 1130.–, K/N 2 bis 14 J. 820.–, St/N 3170.– bis 3470.–, KT 300.–, WD und Strom (4-10 A) inkl. In NS Ermäßigung.

✉ 8253 Révfülöp, Plattensee   H2120

35 ★★★★ »BALATONTOURIST CAMPING NAPFÉNY«
☎ 87/563031, Fax 464309   🗝 1.5. bis 30.9.
www.balatontourist.hu, napfeny@balatontourist.hu   72 000 qm

→ Straße 84 Sopron–Balaton, hier abbiegen auf die Straße 71 Richtung Balatonfüred bis zum Ortsende von Révfülöp. Beschildert. Halasz u 1 (GPS: 46°49'45" N / 17°38'24" E).

📏 200m 🏠 500m (H) 700m

Ebenes und durch Hecken gegliedertes Wiesengelände. Teilweise unter Bäumen. Zwischen Bahnlinie und verschilftem Ufer. Badestelle durch Plattenweg und grobe Steinkante befestigt. Hundedusche. Imbiss. Massagen. Billard. Badetreppen. Liegewiese. Badestrand für Kinder. Ort 500 m entfernt. 435 Touristenplätze.
2008: (HS) P/N 1150.–, K/N 2 bis 14 J. 850.–, St/N 2700.– bis 4500.–, H/N 850.–, KT 340.–, WD und Strom (6-10 A) inkl. In NS Ermäßigung.

Ruhebewertungen
betreffen das Umfeld, nicht aber den inneren Campingplatzbereich.

✉ 8262 Badacsonylábdihegy, Plattensee   H2150

30 ★★★★ »ELDORADO CAMPING«
☎/Fax 87/432369   🗝 1.5. bis 15.9.
www.balatoneldoradocamping.hu, balaton@balatoneldoradocamping.hu   40 000 qm

→ M84 Sopron–Balaton, hier abbiegen auf die M71 Richtung Balatonfüred, ca. 2 km vor Badacsony. ✉ Vizpart 1.

(H)100m

Ebenes Wiesengelände mit Bäumen zwischen Straße, Bahnlinie und See. Erlebnisbad. FW. Ort 2 km entfernt. 80 Touristenplätze.
2007: (HS) P/N 1100.–, K/N 2 bis 14 J. 860.–, C MC-St/N 2700.–/3900.–, T-St/N 1150.–, H/N 860.–, KT 150.–, WD und Strom (10 A) inkl. In NS Ermäßigung. Frühstücksbüffet gratis.

✉ 8313 Balatongyörök, Plattensee   H2200

25 ★★★ »CAMPING CASTRUM«
☎ 83/346666, Fax 314422   🗝 1.5. bis 30.9.
www.castrum-group.hu, balatongyorok@castrum-group.hu   60 000 qm

→ Straße 84 Sopron–Balatonederics, hier auf die Straße 71 Richtung Keszthely abbiegen bis kurz vor Balatongyörök. ✉ Szépkilátó.

Ebenes Wiesengelände zwischen Bahnlinie und verschilftem Seeufer. Teilweise unter Bäumen und durch Hecken parzelliert. Rezeption nicht ständig besetzt. Badestelle mit kleinem Sandstrand. Öffentlicher Badebetrieb. Spielfeld. Ort 2 km entfernt. 380 Touristenplätze.
2007: (€) (HS) P/N 4.–, K/N 2 bis 10 J. 3.–, St/N 2.80 bis 10.–, H/N 3.–, KT 1.50, WD inkl., Strom/N 3.– (6 A).

UNGARN Camping + FH
D.U.E. Reisen GmbH

D.U.E.-Stellplätze parzelliert und numeriert 60–120 qm. Stellplätze am Plattensee (auch FKK) mit Stromanschluss. Appartement und FH direkt am Plattensee. NEU: Thermalcamping Pápa/H 1250 Spitzenplatz und DCC-Vertragsplatz

Reservierung, komplette Buchungsabwicklung und Betreuung:

D.U.E. Reisen GmbH Am Wartweg 12, D-35415 Pohlheim, Telefon 0 64 03/15 48, Fax 6 10 84
Homepage: www.due-reisen.de
E-Mail: info@due-reisen.de

H

8314 Vonyarcvashegy, Plattensee H2210

»BALATONTOURIST PARK CAMPING« 19.4. bis 30.9.
Fax 83/348044 42 000 qm
www.balatontourist.hu, vocamp@balatontourist.hu

→ Straße 84 Sopron–Balaton, hier abbiegen auf die Straße 71 Richtung Keszthely. Bei Vonyarcvashegy seewärts abbiegen, noch ca. 800 m lange, schmale Zufahrt mit Ausweichstellen. Szent Mihály-domb (GPS: 46°45'04" N / 17°20'00" E).

Leicht welliges und parzelliertes Wiesengelände zwischen einem Waldhang und dem Schilfgürtel mit Badestelle. Teilweise unter Bäumen. Uferbestigung und Badetreppen. Imbiss. W-LAN. Massagen. Friseur. Ort 2 km entfernt. 120 Touristenplätze.
2008: (HS) P/N 1250.–, K/N 2 bis 14 J. 750.–, C MC-St/N 2100.– bis 3000.–, T-St/N 1200.–, H/N 750.–, KT 330.–, WD u. Strom (6-16 A) inkl. In NS Erm.

8315 Gyenesdiás, Plattensee H2220/1

»CARAVAN CAMPING« 1.4. bis 15.10.
83/316020, 30/3918307, Fax 316382 14 000 qm
www.caravancamping.hu, caravancamping@freemail.hu

→ Straße 84 Sopron–Balaton, hier abbiegen auf die Straße 71 Richtung Keszthely, im Ort beschildert. Madách u. 43.

Ebenes und teilweise parzelliertes Wiesengelände unter großen Bäumen. W-LAN/Funk-Internet. Ort 500 m entfernt. 100 Touristenplätze.
2007: (HS) P/N 950.–, K/N 2 bis 14 J. 650.–, St/N 800.–, KT 330.–, WD inkl., Strom/N 350.– (16 A). In NS Ermäßigung.

8315 Gyenesdiás, Plattensee H2220/2

»ST. ILONA CAMPING« April bis Okt.
Fax 83/316403, www.extra.hu/St.Ilona, st.Ilona@freemail.hu 20 000 qm

→ Straße 84 Sopron–Balaton, hier abbiegen auf die Straße 71 Richtung Keszthely bis Ortsende von Gyenesdiás rechts. Lótéri út. 36.

Welliges, naturbelassenes Wiesengelände bei einem ehemaligen Bauernhof. Familiäre Atmosphäre. Kabel-TV. Mopedverleih. Ort 1.5 km, Plattensee 1.8 km entfernt. 80 Touristenplätze.

8315 Gyenesdiás, Plattensee H2220/3

»WELLNESS PARK GYENESDIÁS« Ostern bis 10.10.
Fax 83/316483, www.josef.hu, josef@josef.hu 40 000 qm

→ Straße 84 Sopron–Balaton, hier abbiegen auf die Straße 71 Richtung Keszthely. In Gyenesdiás links. Zufahrt teilweise eng. Napfény utca 6 (GPS: 46°46'13" N / 17°17'53" E).
Tropfsteinhöhle Tapolca.

Ebenes, leicht abfallendes Wiesengelände zwischen Wiesen und Häusern. Brötchenservice. Massagen. Whirlpool. Wellnessbereich. Friseur. FW. Ort 300 m, Plattenseeufer 400 m, Strandbad und Wassersportmöglichkeiten 1 km entfernt. Touristen-/Dauerstellplätze 80/10.
2008: (€) 2 P/N inkl. St/N 13.–, K/N bis 14 J. 2.–, H/N 1.–, WD inkl., Strom/N 2.– (16 A). Im Restaurant 10% für Camper.

8360 Keszthely, Plattensee H2230/1

»CAMPING CASTRUM« 1.4. bis 31.10.
83/312120, Fax 314422 20 000 qm
www.castrum-group.hu, keszthely@castrum-group.hu

→ Straße 84 Sopron–Balaton, hier abbiegen auf die Straße 71 Richtung Keszthely. Am Ortsanfang links. Móra F. u. 48.

Ebenes und parzelliertes Wiesengelände am Stadtrand. Teilweise unter Bäumen. Bahnlinie in der Nähe. Rezeption nicht ständig besetzt. Massagen. Öffentlicher Badebetrieb. Ort 1 km entfernt. 176 Touristenplätze.
2007: (€) P/N 4.–, K/N 2 bis 10 J. 3.–, St/N 2.80 bis 10.–, H/N 3.–, KT 1.50, WD inkl., Strom/N 3.– (6 A).

8360 Keszthely, Plattensee H2230/2

»BALATONTOURIST CAMPING ZALA« 19.4. bis 30.10.
Fax 83/312782 72 000 qm
www.balatontourist.hu, keszthely@balatontourist.hu

→ Straße 84 Sopron–Balaton, hier abbiegen auf die Straße 71 nach Keszthely bis zum südlichen Stadtende. Balaton-part (GPS: 46°44'48" N / 17°14'39" E).

Langgestrecktes, ebenes und parzelliertes Wiesengelände. Teils unter Bäumen. Zwischen Bahnlinie und Schilfgürtel. Uferliegewiese. Badestelle mit steiniger Uferbefestigung und Treppenübergängen. Imbiss. Fitnessraum. Massagen. Wäscheservice. Ort 3 km entfernt. 270 Touristenplätze.
2008: (HS) P/N 1250.–, K/N 2 bis 14 J. 750.–, C MC-St/N 2100.– bis 3300.–, T-St/N 1200.–, H/N 750.–, KT 345.–, WD u. Strom (10 A) inkl. In NS Erm.

8372 Cserszegtomaj bei Heviz H2240

»PANORAMA CAMPING« 1.4. bis 31.10.
Fax 83/330215 11 400 qm
www.panoramacamping.com, matuska78@freemail.hu

→ Straße Keszthely–Héviz–Sümeg, ca. 3.5 km nördl. von Héviz. Panoráma köz 1.

Terrassenplatz an einem Steilhang in einem Weinberg. Mit jungen Anpflanzungen in ländlicher Umgebung. Schöner Ausblick. Brötchenservice. Ort 3 km entfernt. 55 Touristenplätze.
2007: (HS) P/N 2.50, K/N bis 18 J. 2.–, A/N 1.10, C MC/N 5.–, T/N 4.–, M/N 1.10, H/N 1.–, KT 1.10, WD inkl., Strom/N 2.40 (10-16 A). In NS Erm. DCC/CCI 10% auf P/N.

8380 Héviz, Plattensee H2250

»KURCAMPING CASTRUM« 1.1. bis 31.12.
83/343198, Fax 540263 28 000 qm
www.castrum-group.hu, heviz@castrum-group.hu

→ Straße 84 Sopron–Balaton bis Keszthely. Hier nach Héviz abbiegen. Tó Part.

Ebenes Wiesengelände unter teilweise hohen Bäumen. Mittels Hecken parzelliert und gekiest. Durch einen breiten Thermalbadsee-Abflussgraben zweigeteilt, über den eine befahrbare Brücke führt. Rezeption nicht ständig besetzt. FW. Thermalsee 250 m, Ort 1 km, Balaton 6 km entfernt. 250 Touristenplätze.
2007: (€) P/N 5.–, K/N 2 bis 10 J. 4.–, St/N 2.80 bis 9.60, H/N 4.–, KT 1.50, WD inkl., Strom/N 3.– (6 A).

8395 Héviz-Felsöpáhok H2260

»FORTÚNA CAMPING« 1.4. bis 31.10.
83/344630, Fax 340363 4000 qm
www.fortuna-camping.hu, fortuna-camping@gmail.com

→ Straße 76 Körmend–Zalaegerszeg–Balaton, Richtung Heviz abbiegen. In Felsöpáhok beschildert. Szent István u. 89.

Ebenes Wiesengelände mit jungen Anpflanzungen. In zwei Terrassen gestuft und parzelliert. Brötchenservice. W-LAN. Ort 3 km entfernt. 30 Touristenplätze.
2007: (HS) P/N 3.80, K/N 6 bis 16 J. 2.80, St/N 4.70, H/N 1.–, KT –.70, WD und Strom (10 A) inkl. 15 bis 29 Nächte 5%, ab 30 Nächte 10% und in NS Ermäßigung.
CCI 5% auf St/N.

Plätze ohne Gebühren-Angabe
Diese Plätze haben seit 2 Jahren und mehr keine Meldung mehr abgegeben. Darum kann auch für die Öffnungszeit nicht garantiert werden.

8380 Hévíz-Alsópáhok, Plattensee — H2270

★★★ »SOLAR KURCAMPING« ⛺ 1.1. bis 31.12.
☎ 83/343365, Fax 340911 60 000 qm
www.evip.hu/solar, bsonja@axelero.hu

→ Straße 84 Sopron–Balaton, hier auf die Straße 71 über Keszthely, weiter auf Straße 75 Richtung Zalapáti. In Alsópáhok abbiegen, noch ca. 3 km.
❧ Festetics-Schloss, Kurbad.

Ebenes, überwiegend schattenloses Wiesengelände am Ortsrand. Teilweise durch Hecken parzelliert. Massagen. Pendelverkehr zum Thermalbad. Ort 1.5 km, Balaton 6 km entfernt. 92 Touristenplätze.

8640 Fonyód-Bélatelep, Plattensee — H2310

30 ★★ »BALATONTOURIST CAMPING NAPSUGÁR« ⛺ 25.5. bis 2.9.
☎ 85/361211, Fax 361024 95 000 qm
www.balatontourist.hu, napsugar@balatontourist.hu

→ Str. 7/E71 Budapest–Nagykanizsa, in Bélatelep rechts. ✉ Wekerle u. 5 (GPS: 46°44'21" N / 17°33'03" E).

Ebenes Wiesengelände unter lichten, hohen Bäumen. Teilweise durch Hecken parzelliert. Separate Bungalowanlage. Liegewiesen am Seeufer. Zum eigenen Strand über einen unbeschrankten Bahnübergang. Imbiss. W-LAN. Zimmer. Ort 3 km entfernt. 184 Touristenplätze.
2008: (HS) P/N 850,–, K/N 2 bis 14 J. 650,–, St/N 2300.– bis 3900.–, H/N 650.–, KT 200.–, WD u. Strom (6-10 A) inkl. In NS Ermäßigung.

8630 Balatonboglár, Plattensee — H2330

★★ »SELLÖ CAMPING« ⛺ Mai bis Sept.
☎ 85/550-367, Fax 550-368 16 000 qm
www.balatonihajozas.hu, sellocamp@balatonihajozas.hu

→ Straße 7/E71 Budapest–Nagykanizsa, in Boglárlelle beim Bahnhof über die Bahnlinie abbiegen. ✉ Kikötö u. 3.

Ebenes Wiesengelände unter Bäumen. Auf einer Landzunge neben einem Bootshafen mit Liegeplatzmöglichkeit. In HS oft überbelegt. Ort 500 m entfernt. 150 Touristenplätze.

8636 Balatonszemes, Plattensee — H2400/1

25 ★★★ »BALATONTOURIST CAMPING LIDÓ« ⛺ 9.5. bis 7.9.
☎/Fax 84/360112 18 000 qm
www.balatonihajozas.hu, lido@balatontourist.hu

→ Straße 7/E71 Budapest–Nagykanizsa, in Balatonszemes zum See abbiegen. ✉ Ady E. u. 8 (GPS: 46°48'46" N / 17°46'24" E).

Ebenes Wiesengelände unter Bäumen am See. Teilweise durch Hecken parzelliert. 2-Bettzimmer für 80 Personen in 5 Häusern. Imbiss. Billard. Ort 300 m entfernt. 180 Touristenplätze.
2007: (HS) P/N 850,–, K/N 2 bis 14 J. 650,–, St/N 2700.–, bis 3300.– H/N 650.–, KT 300.–, WD u. Strom (16 A) inkl. In NS Ermäßigung.

8636 Balatonszemes, Plattensee — H2400/2

30 ★★★ »BALATONTOURIST CAMPING VADVIRÁG« ⛺ 18.4. bis 7.9.
☎ 84/360114, Fax 360115 160 000 qm
www.balatontourist.hu, vadvirag@balatontourist.hu

→ Straße 7/E71 Budapest–Nagykanizsa, hinter Balatonszemes bei Km 134 über die Bahnlinie zum See abbiegen. ✉ Arany J. u (GPS: 46°48'316" N / 17°46'31" E).

Ausgedehntes und ebenes Wiesengelände unter Bäumen. Zwischen Bahnlinie und See gelegen. Teilweise durch Hecken parzelliert. Uferliegewiesen. Wasserrutsche. Imbiss. Ort 5 km entfernt. 380 Touristenplätze.
2008: (HS) P/N 1050.–, K/N 2 bis 14 J. 750.–, St/N 2800.– bis 3600.–, H/N 750.–, KT 300.–, WD u. Strom (16 A) inkl. In NS Ermäßigung.

8636 Balatonszemes, Plattensee — H2400/3

25 ★★★ »HATTYÚ CAMPING« ⛺ 28.4. bis 25.9.
☎/Fax 84/360031 102 m 7500 qm
www.balatonihajozas.hu, marketing@balatonihajozas.hu

→ Straße 7/E71 Budapest–Nagykanizsa, hinter Balatonszemes bei Km 130 zum See abbiegen, an zweiter Ampel rechts, 150 m nach der Bahnlinie. ✉ Kikötö u. 1.

Ebenes Wiesengelände am See mit eigenem Strand. Ort 200 m entfernt. 100 Touristenplätze.
2007: (HS) P/N 1350.–, K/N 2 bis 14 J. 675.–, A/N 400.–, C MC/N 1900.–, T/N 1200.–, H/N 700.–, KT 300.–, WD u. Strom inkl. (6 A). In NS Ermäßigung.

8622 Szántód, Plattensee — H2440

★★★ »RÉV CAMPING« ⛺ Juni bis Aug.
☎/Fax 84/348859 20 000 qm
www.payacamping.hu, kovari.pal@payacamping.hu

→ AB M7 Budapest–Balaton Abf. Zamárdi, auf die Straße 7/E71, bei Zamardi Richtung Fähre abbiegen bis kurz hinter »Camping Autós« rechts. ✉ Tihany u.1.

Ebenes Wiesengelände mit einzelnen Bäumen und Liegewiese am Seeufer. Öffentlicher Badebetrieb. Ort 800 m entfernt. 100 Touristenplätze

8621 Zamárdi, Plattensee — H2445

20 ★★★ »BALATONTOURIST CAMPING AUTÓS« ⛺ 9.5. bis 14.9.
☎/Fax 84/348863 67 000 qm
www.balatontourist.hu, autos@balatontourist.hu

→ AB M7 Budapest–Balaton, Abf. Zamárdi auf die Straße 7/E71, bei Zamárdi in Richtung Fähre abbiegen. ✉ Szt. István u. (GPS: 46°53'05" N / 17°57'21" E).

Langgestrecktes und ebenes Wiesengelände unter hohen Laubbäumen. Durch Hecken parzelliert. Am See mit Uferliegewiesen. Öffentlicher Badebetrieb. In HS Reservierung erforderlich. Hundedusche. W-LAN. Diskothek am Platzeingang. Ort 2 km, Reiten 4 km entfernt. 460 Touristenplätze.
2008: (HS) P/N 1000.–, K/N 2 bis 14 J. 750.–, St/N 3100.– bis 3800.–, H/N 750.–, KT 300.–, WD u. Strom (10 A) inkl. In NS Ermäßigung.

8600 Siófok, Plattensee — H2470

35 ★★★ »BALATONTOURIST CAMPING ARANYPART«
☎ 84/352-519, Fax 352-801 ⛺ 25.4. bis 14.9.
www.balatontourist.hu, aranypart@balatonrourist.hu 91 000 qm

→ AB M7/E71 Budapest–Balaton Abf. Siófok-Kelet auf die Straße 7 Richtung Siófok-Szabadifürdo. Bei Km 108 über die Bahnlinie abbiegen. ✉ Szent László u. 183-185 (GPS: 46°55'39" N / 17°06'11" E).

Ebenes Wiesengelände mit einzelnen Bäumen am See. Teilweise durch Hecken parzelliert. Uferliegewiesen. FW. Badminton. Ort 4 km entfernt. 656 Touristenplätze.
2007: (HS) P/N 1130.–, K/N 2 bis 14 J. 920.–, St/N 3680.– bis 4390.–, H/N 920.–, KT 340.–, WD u. Strom (10-16 A) inkl. In NS Ermäßigung.

Als DCC-Mitglied sind Sie immer gut beraten

Deutscher Camping-Club e.V., Postf. 40 04 28, 80704 München

8604 Siófok-Sóstó, Plattensee — H 2480

Abfahrt

25 ★★ »BALATONTOURIST CAMPING IFJÚSÁG«   23.5. bis 7.9.
☎ 84/352851, Fax 352571   82 000 qm
www.balatontourist.hu, ifjusag@balatontourist.hu

→ AB M7/E71 Budapest–Balaton Abf. Siófok-Kelet auf die Straße 7 Richtung Siófok. Nach der Autobahnüberführung rechts abbiegen. Beschildert. ✉ Pusztatorony tér (GPS: 46°55'39" N / 17°06'11" E).

Ebenes bis leicht welliges Wiesengelände mit einzelnen alten Bäumen am »Sóstó-See« (Badeverbot). Durch Hecken parzelliert. Zum Balaton durch Bahndamm-Unterführung (Höhe: 2.9 m). Wäscheservice. Ort 8 km entfernt. 560 Touristenplätze.
2007: (HS) P/N 870.–, K/N 2 bis 14 J. 670.–, St/N 2550.– bis 3060.–, H/N 670.–, KT 340.–, WD u. Strom (10 A) inkl. in NS Ermäßigung.

1039 Budapest — H 3010

★★ »MINI CAMPING«   Mai bis Sept.
☎ Mobil 30/2003752   7000 qm

→ Straße 11 Budapest–Szentendre, bei Shell-Tankstelle zum Donauufer abbiegen. ✉ Királyok útja 307.

Ebenes Wiesengelände mit einigen Obstbäumen nahe dem Donau-Ufer gelegen. 36 Touristenplätze.

1121 Budapest — H 3020/1

35 ★★ »ZUGLIGETI NICHE CAMPING«   1.1. bis 31.12.
☎/Fax 1/2008346   20 000 qm
www.campingniche.hu camping.niche@t-online.hu

→ Autobahnring MO, Abf. Budakeszi, ca. 14 km nordwärts der Beschilderung »Niche Camping« folgen. ✉ Zugligeti út 101.

In einem engen Waldtal leicht ansteigendes Gelände (ehem. Straßenbahndepot). Mit einer ebenen Caravanfläche und einem terrassierten Steilhang für Zelter. Vor dem Platz Sesselbahn-Station auf den Johannesberg. Organisierte Stadtrundfahrten. Zentrum 5 km entfernt. 150 Touristenplätze.
2007: (HS) P/N 1800.–, K/N 3 bis 14 J. 700.–, A/N 1500.–, C/N 2500.–, MC/N 3200.–, T/N 1500.–, M/N 700.–, H/N 600.–, WD inkl., Strom/N 1400.– (6 A). In NS Ermäßigung.
CCI 10% auf P/N.

1121 Budapest — H 3020/2

★★★ »CAMPING CSILLEBÉRCI«   Mai bis Sept.
☎ 1/3956527, Fax 3957321   450 m   3500 qm
www.datanet.hu/csill, csill@mail.datanet.hu

→ AB M1 Györ–Budapest, hier einordnen zum Zentrum. Ab Moskauer Platz/Südbahnhof westwärts zum Schwabberg ca. 7 km hochfahren. Oben beschildert. ✉ Konkoly-Thege-Miklos út 21.

Weitläufiges Parkgelände eines Jugendzentrums. Von Wald umgeben. Mit einer kleinen, zum Teil terrassierten Rasenfläche für Camper. Zentrum 10 km entfernt. 25 Touristenplätze.

DCC-Vertragsplatz

2027 Dömös, Donauknie — H 3100

20 ★★★ »DÖMÖS CAMPING«   1.5. bis 15. 9.
☎ 33/482319, Fax 33/414800   19 000 qm
www.domoscamping.hu, info@domoscamping.hu

→ Str. 11 Esztergom–Budapest, in Dömös beschildert. ✉ Duna-Part (GPS: 47°45'56" N / 18°54'54" E).

Ebenes Wiesengelände in Ufernähe. Durch Hecken und Laubbäumen aufgelockert. Von bewaldeten Hügeln umgeben und mit Blick auf die Donau.

2025 Visegrád, Donauknie — H 3110

★★ »JURTA CAMPING«   Mai bis Okt.
☎ 26/398217, Fax 398237   25 000 qm
www.kemping.hu/jurta, zkissg@freemail.hu

→ Straße 11 Budapest–Esztergom, vor Visegrád beim Hinweisschild abbiegen und die Panoramastraße ca. 3 km hochfahren. ✉ Mogyoróhegy. ♦ Ruine »Burg Visegrád«.

Zum Waldrand anschließendes, zweistufiges Wiesengelände. Neben einem Kinder-Landschulheim. Schöner Ausblick in das Donautal. Imbiss. 1 Jurte mit 5 Schlafplätzen. Ort 5.5 km entfernt. 100 Touristenplätze.

2022 Tahitótfalu, Donauknie — H 3130

★★★ » DUNA CAMPING«   April bis Okt.
☎ 26/385216, Fax 33/412294, www.dunacamping.tsx.org   15 000 qm

→ Straße 11 Budapest–Esztergom, in Tahitótfalu rechts abbiegen. ✉ Kemping u. 1.

Ebenes Wiesengelände in Nähe des Donau-Nebenarms. Durch Pappelreihen parzelliert. Billard. Ort 500 m entfernt. 60 Touristenplätze.

2000 Szentendre, Donauknie — H 3150

★★★ »CAMPING PAP-SZIGET«   April bis Okt.
☎ 26/310697, 310909 (Wi), Fax 313777   35 000 qm
www.pap-sziget.hu, info@pap-sziget.hu

→ Straße 11 Budapest–Esztergom, in Szentendre am Ortsende.

Leicht welliges, parkartiges Wiesengelände mit parzellierten Stellflächen. Neben einem Strandbad und Motel auf einer Insel des Donau-Nebenarms gelegen. Konferenzraum. Ort 1 km entfernt. 120 Touristenplätze.

2096 Üröm bei Budapest — H 3170

25 ★★★ »JUMBO CAMPING«   1.4. bis 31.10.
☎/Fax 26/351251, www.jumbocamping.hu   10 000 qm

→ Straße 10 Komárom–Budapest, am Stadtrand von Budapest nach Üröm abbiegen und durch Üröm. ✉ Budakalászi út 23-25.

Terrassiert ansteigende Rasenflächen mit Laubbäumen. Durch niedrige Hecken parzelliert und teilweise von einer Mauer umgeben. Mittels Pflasterstreifen befestigte Caravanstellplätze. Brötchenservice. Ort (Üröm) 500 m, Budapest 15 km entfernt. 55 Touristenplätze.
2007: (HS) P/N 1250.–, K/N 14 J. 780.–, St/N 1750.–, KT 300.–, WD inkl., Strom/N 630.– (6 A). In NS Ermäßigung.

2030 Érd bei Budapest — H 3200

25 ★★ » BLUE FLAMINGÓ CAMPING«   4.1. bis 30.10.
☎ 36/303364003, 23362690, Fax 23375328   7000 qm
www.campinginform.hu/flamingo-erd, flamingocamp@t-online.hu

→ AB M1/M7/MO Abf. Diósd/Székesfehérvár auf der Straße 7 in Richtung Székesfehérvár. ✉ Fürdö u. 4.

Kleine ebene Wiese am Ortsrand. Von Hecken und alten Laubbäumen durchzogen. CEE-Steckdosen. Ort 2 km entfernt. Busverbindung und organisierte Busfahrten nach Budapest. 50 Touristenplätze.
2007: (HS) P/N 1200.–, K/N 3 bis 12 J. 1000.–, St/N 2000.–, H/N 1000.–, KT 150.–, WD inkl., Strom/N 1000.– (16 A). In NS Ermäßigung.
DCC/CCI 10% auf P/N und St/N.

**»Ermäßigung auf alle Gebühren«
umfaßt nicht die Nebenkosten wie
Kurtaxe, Müll und Strom**

2045 Törökbálint bei Budapest — H3210

★★★ »FORTUNA CAMPING« — 1.1. bis 31.12.
☎ 23/335364, Fax 339697 — 28 000 qm
www.fortunacamping.hu, fortunacamping@axerlero.hu

→ AB M1/M0 Abf. Törökbálint ca. 3 km. ✉ Dósza Gy. u. 164.

1,5 km / 2 km

Wellig abfallendes und ansteigendes Wiesengelände zwischen Straße und Waldrand. Teilweise terrassiert und durch Hecken parzelliert. Von verschiedenen Laubbäumen durchzogen. Familiäre Atmosphäre. Brötchenservice. FW. Ort 1 km entfernt. 170 Touristenplätze.
2007: (€) P/N 6.–, K/N 4 bis 14 J. 4.–, St/N 5.–, H/N 2.–, KT 1.–, WD inkl. Müllgeb. 1.–, Strom/N 2.– (16 A). Ab 10 Nächten 10% Ermäßigung.

2643 Diósjenö, Börzsöny-Gebirge — H4000

★★ »DIÓSJENÖ CAMPING« — 1.1. bis 31.12.
☎ 35/364-134, Mobil 306009220, Fax 525000 — 450 m / 10 000 qm
www.patakpart.hu, kemping@patakpart.hu

→ Straße 2 Vác–Nagyorosz, nach Diósjenö nordwestwärts abbiegen.
✉ Petöfi u. 61. (GPS: 47°34' 11" N / 19°01'04" E)

50 m / 1 km

Leicht wellig ansteigendes Wiesengelände oberhalb des Schwimmbads, von Waldhöhen umgeben und überwiegend schattenlos. Eigene medizinische Station mit umfangreicher Ausrüstung (Dialyse etc.) Ort 1 km entfernt. 20 Touristenplätze.

3232 Mátrafüred-Sásto, Nord-Ungarn — H4020

★★ »MÁTRA CAMPING SÁSTO« — 1.1. bis 31.12.
☎/Fax 37/374-025 — 650 m / 25 000 qm
www.sasto.elpak.hu, sasto@elpak.hu

→ Autobahn M3/E71 Budapest–Gyöngyös, hier auf die Straße 24 abbiegen Richtung Parád. Ca. 3 km hinter Mátrafüred. Bei Sástó-Etterem beschildert. ✉ Farkas u. 4.
♣ Mátra-Berge und Naturpark.

100 m

Ebenes, teilweise hügeliges Wiesengelände bei einem See (Badeverbot) und dem dazugehörigen Motel. Einige Stellplätze sind mit Rasengittersteinen befestigt. Ort (Gyöngyös) 10 km entfernt. 140 Touristenplätze.

3300 Eger, Nord-Ungarn — H4100

★★ »TULIPÁN CAMPING« — 1.4. bis 31.10.
☎/Fax 36/410580 — 2 000 qm
www.home-zonnet.nl/tulipan, hotel-rubinia.hu, info@hotelrubinia.hu

→ Straße 3/E71 Budapest–Miskolc, in Kerecsend abbiegen auf die Straße 25 nach Eger. Hier beschildert. ✉ Szépasszony-völgy 71.

20 m / 200 m

Ansteigendes Wiesengelände mit lockerem Baumbestand, teils durch Büsche parzelliert und teilweise terrassiert. Familiäre Atmosphäre. Campingplatz liegt im Ort. Das dazugehörige Hotel Rubinia liegt ca. 200 m vom Platz entfernt. Dortige Anlagen können auch von den Campern benutzt werden. 50 Touristenplätze.
2007: (€) P/N 3.60, K/N 2.40, A/N 1.20, C MC/N 3.60, T/N 2.–, M/N 1.20, H/N –.80, KT 1.20, WD inkl., Strom/N 2.– (10 A).

DCC-Vertragsplatz

3323 Eger-Szarvaskö, Nord-Ungarn — H4105

★★★ »ÖKO-PARK PANZIÓ KEMPING ÉS KALANDPARK« — 15.3. bis 15.11.
☎/Fax 36/352201 — 350 m / 5 000 qm
www.oko-park.hu, info@oko-park.hu

→ Straße 25 Eger-Ózd, ca. 9 km nach Eger. Beschildert. ✉ Borsod út 91 (GPS: 47°59'21" N / 20°19'46" E).

100 m

Schmales Wiesengelände an einem Bach zwischen Straße und Bahnlinie. Teilweise durch junge Hecken parzelliert, mit Bäumen durchsetzt und mit einem kleinen Teich mit Wasserfall. Kletterwand und Kletterfelsen. Verschiede Freizeitaktivitäten. Kegeln. Ort 150 m entfernt. 47 Touristenplätze.
2008: (€) (HS) P/N 4.40, K/N 6 bis 15 J. 2.90, C MC-St/N 11.20, T-St/N 5.60, H/N 2.90, KT 1.–, WD inkl., Strom/N 4.– (16 A). Angebot: 2 P/N inkl. St/N, WD und Strom 14.90. In NS Ermäßigung.
DCC 10% auf St/N.

3325 Noszvaj, Nord-Ungarn — H4120

★★★ »NOMÁD CAMPING« — Mai bis Sept.
☎ 36/463363, Fax 563008 — 356 m / 10 000 qm
www.nomadhotel.hu, nomad@nomadhotel.hu

→ M3 oder Str. 3 Budapest–Miskolc, bei Füzesabony abbiegen auf die Str. 25 nach Eger u. hier nach Noszvaj abbiegen (ca. 10 km). ✉ Síkfökút 5-7.

100 m / 200 m

Ebenes, leicht ansteigendes Wiesengelände mit Anpflanzungen bei einem kleinen Hotel. Familiäre Atmosphäre. Brötchenservice. W-LAN. Fitnessraum. Wellnessbereich. Wäscheservice. Ort 1 km entfernt. 20 Touristenplätze.

3348 Szilvásvárad, Nord-Ungarn — H4130

★★★ »HEGYI CAMPING« — April bis Okt.
☎/Fax 36/355207 — 345 m / 26 500 qm
www.hegyicamping.com, hegyi@axelero.hu

→ M3/E71 Budapest–Eger, hier auf die Straße 25 abbiegen zum Ort. ✉ Egri ut 36 a.

20 m / S 200 m

Wiesengelände mit Bäumen. Imbiss 20 m, Ort 500 m entfernt. 140 Touristenplätze.

3759 Aggtelek, Nord-Ungarn — H4140

★★ »CAMPING BARADLA« — April bis Okt.
☎/Fax 48/503005, www.anp.hu, aggtelek@tourinform.hu — 30 000 qm

→ Straße 26 Miskolc–slow. Grenze, bei Bánréve abbiegen über Kelemér und Ragály nach Aggtelek. ✉ Baradla Oldal 1.
♣ »Baradla Tropfsteinhöhle« (26 km lang).

500 m

Ebenes bis leicht ansteigendes Wiesengelände im »Nationalpark Aggtelek«. Durch Laubbäume aufgelockert. FW. Ort 1 km entfernt. 100 Touristenplätze.

DCC-Vertragsplatz

3400 Mezökövesd, Nord-Ungarn — H4150

★★★ »ZSÓRY CAMPING« — 15.4. bis 15.10.
☎ 49/500387, Fax 411436 — 60 000 qm
www.zsory-camping.lhcom.hu, zsorycamping@freemail.hu

→ Straße 3/E71 Budapest–Miskolc, ca. 3 km vor Mezökövesd links abbiegen. ✉ Mátyás király út 112.

200 m / 300 m

Ebenes Wiesengelände mit Anpflanzungen. Ort 4 km entfernt. 500 Touristenplätze.
2007: (HS) P/N 850.–, K/N 7 bis 14 J. 450.–, J/N 600.–, A/N 300.–, C MC-/N 1200.–, T/N 400.–, KT 300.–, WD inkl., Strom/N 550.– (16 A). Die 14. Nacht ist frei. In NS Ermäßigung.
DCC 10% auf P/N und St/N.

3910 Tokaj, Nord-Ungarn — H4200

★★★ »TISZAVIRÁG CAMPING« — April bis Okt.
☎/Fax 47/352626, Mobil 30/9788149 — 10 000 qm
www.tokaji.hu, tiszavir@axelero.hu

→ Straße 37 Miskolc–Sárospatak, nach Tokaj auf die Straße 38 abbiegen. Im Ort über die Theissbrücke, dann linker Platz. ✉ Horgász u. 11 a.

50 m

Ebenes Wiesengelände mit lichtem Baumbestand am Theiss-Ufer. Befestigte Moca-Plätze. Familiäre Atmosphäre. Imbiss. Kiosk. FW. Ort 300 m entfernt. 100 Touristenplätze.

✉ 2700 Cegléd, Große Tiefebene — H 5000

[20] ★★★ »THERMÀLCAMPING CASTRUM« ⚬⇁ 16.4. bis 15.10.
☎ 53/501177, Fax 501178 12 000 qm
www.castrum-group.hu, cegled@castrum-group.hu, camping@cegleditermal.hu
→ Straße 4 Budapest–Szolnok nach Cegléd, weiter Richtung "Thermálfürdö", beschildert. ✉ Fürdö u. 27-29.

Ebenes Wiesengelände neben dem Thermalbad. Durch Hecken parzelliert und mit vereinzelten Bäumen aufgelockert. FW. Ort 6 km entfernt. 120 Touristenplätze.
2008: (€) P/N 3.60, K/N 2 bis 10 J. 2.80, St/N 4.80 bis 6.40, H/N 2.80, KT 1.50, WD inkl., Strom/N 3.– (6 A).
DCC/CCI 10% auf P/N und St/N.

✉ 5130 Jászapáti, Große Tiefebene — H 5010

★★ »TÖLGYES CAMPING« ⚬⇁ April bis Okt.
☎ 57/441187, Fax 540380 12 000 qm
www.jaszapati.hu, jaszapati1@vnet.hu
→ Straße 31 Jászberény–Füzesabony, in Jászapáti beschildert. ✉ Gyöngyvirág út 11.

Ebenes Wiesengelände neben dem Thermalbad (für Campinggäste kostenlos) am Ortsrand. Teilweise durch Hecken parzelliert. Ort 1 km entfernt. 140 Touristenplätze.

✉ 5136 Jászszentandrás, Gr.Tiefebene — H 5020/1

[15] ★★★ »TERMÁL CAMPING« ⚬⇁ 1.5. bis 15.10.
☎ 57/446025 20 000 qm
→ Straße M3 oder Straße 3 Budapest–Miskolc bis Hatvan. Wechseln auf Straße 32 nach Jászbereny, auf Straße 31 bis Jászapati, abbiegen nach Jászszentandrás. ✉ Mártírok út 14.

Ebenes, parzelliertes Wiesengelände neben dem Thermalbad mit freiem Zugang für Camper. Imbiss. Billard. Lebensmittelverkauf 50 m entfernt. 92 Touristenplätze.
2007: (HS) P/N 682.–, K/N 605.–, C MC-St/N 770.–, T-St/N 660.–, H/N 150.–, KT 300.–, WD inkl., Strom/N 250.– bis 400.– (10/16 A). In NS Erm.
DCC 10% auf P/N.

✉ 5136 Jászszentandrás, Gr.Tiefebene — H 5020/2

★★★ »ROMANTIK PARK CAMPING« ⚬⇁ Mai bis Sept.
☎ 57/446098 15 000 qm
→ Straße M3 oder Straße 3 Budapest–Miskolc bis Hatvan. Wechseln auf Straße 32 nach Jászbereny, auf Straße 31 bis Jászapati, abbiegen nach Jászszentandrás. Im Ort der Beschilderung »Romantik Park« folgen, ca. 2 km. ✉ Járási Iskola u. 27.

Ebenes, parkartig gestaltetes und im Campingbereich parzelliertes Wiesengelände. Mit immergrünen Bepflanzungen und Obstbäumen. Tiefkühlschränke für Camper. Ort 2 km entfernt. 16 Touristenplätze.

✉ 5350 Tiszafüred, Große Tiefebene — H 5100/1

[15] ★★★ »THERMÁL CAMPING« ⚬⇁ 1.4. bis Okt.
☎/Fax 59/352911 32 000 qm
www.tiszafured.hu, thermalcamping@vipmail.hu
→ M3 oder Straße 3 Budapest–Miskolc, bei Füzesabony auf Straße 33 nach Tiszafüred abbiegen. Hier am Ortsanfang links. ✉ Fürdö u. 2.

Ebenes, teilweise parzelliertes Wiesengelände. Neben dem Thermalbad mit freiem Zugang. Ort 800 m entfernt. 140 Touristenplätze.
2007: (HS) P/N 870.–, K/N 4 bis 15 J. 580.–, C MC-St/N 740.–, T-St/N 710.–, H/N 350.–, KT 250.–, WD inkl., Strom/N 580.–. In NS Ermäßigung.
DCC 10% auf P/N.

✉ 5241 Abádszalók, GroßeTiefebene — H 5110

★★★ »FÜZES CAMPING« ⚬⇁ Mai bis Sept.
☎/Fax 59/535345 30 000 qm
www.fuzes.fw.hu, fuzes@fw.hu
→ Straße 4/E 60 Szolnok–Karcag, in Kenderes auf die Straße 34 bis Kunhegyes, ab hier in nördlicher Richtung nach Abádszalók. Im Ort beschildert. ✉ Strand út 2.

Ebenes Wiesengelände in Seenähe, überwiegend schattenlos. Kegelbahn. Whirlpool. FW und Zimmer. Ort 500 m. Reitmöglichkeit 8 km entfernt. 400 Touristenplätze.

✉ 4071 Hortobágy, Große Tiefebene — H 5200

★★ »PUSZTA CAMPING HORTOBÁGY« ⚬⇁ Mai bis Sept.
☎/Fax 59/369300 10 000 qm
→ Straße 3/E 71 Budapest–Miskolc, bei Füzesabony abbiegen auf die Straße 33 nach Debrecen. In Hortobágy gleich nach der Brücke rechts.
❧ Hortobágy-Puszta.

Ebenes Wiesengelände unter Bäumen neben zwei einfachen Thermalwasserbecken. 100 Touristenplätze.

✉ 4220 Hajduböszörmény, Gr.Tiefebene — H 5210

[20] ★★★ »THERMÀLCAMPING CASTRUM« ⚬⇁ 1.5. bis 30.9.
☎ 20/9591931, Fax 52/561921 12 000 qm
www.castrum-group.hu, hajduboszormeny@castrum-group.hu
→ Str. 35 Debrecen in Richtung Miskolc, beschildert. ✉ Uzsok Platz 1.

Ebenes Wiesengelände neben dem Thermalbad. Durch Hecken parzelliert und mit vereinzelten Bäumen aufgelockert. Sanitäranlage beheizbar. FW. Wellnessbereich im Bad. Mopedverleih. Zimmer. Ort 1.5 km entfernt. 120 Touristenplätze.
2008: (€) P/N 3.60, K/N 2 bis 10 J. 2.80, St/N 3.20 bis 8. , H/N 1.–, KT 1.–, WD inkl., Strom/N 2.– (6 A).
DCC/CCI 10% auf P/N und St/N.

✉ 4200 Hajduszoboszló, Gr. Tiefebene — H 5250/1

★★ »HAYDÚ CAMPING« ⚬⇁ April bis Sept.
☎/Fax 52/557851, 557852 40 000 qm
www.hungarospa-rt.hu, hajdukemping@hungarospa-rt.hu
→ Straße 4/E573 Budapest–Debrecen, in Hajduszoboszlo neben der Straße. ✉ Debreceni útfel 6.

Ebenes bis leicht welliges Wiesengelände unter einzelnen Bäumen. Separater Bungalowteil. Ort 500 m entfernt. 150 Touristenplätze.

✉ 4200 Hajduszoboszló, Gr. Tiefebene — H 5250/2

★★★ »THERMAL CAMPING« ⚬⇁ 1.1. bis 31.12.
☎/Fax 52/558552 40 000 qm
www.hungarospa-rt.hu, kemping@hungarospa-rt.hu
→ Straße 4/E573 Budapest–Debrecen, in Hajduszoboszlo vor dem Freibad links abbiegen. ✉ Böszörményi u. 35a.

Ebenes Wiesengelände mit jungen Bäumen beim Thermalbad mit Aquapark. 314 Touristenplätze.

✉ 4150 Püspökladány, Gr. Tiefebene — H 5300

★★★ »ÁRNYAS CAMPING« ⚬⇁ April bis Okt.
☎/Fax 54/451329 20 000 qm
www.arnyascamping.hu, arnyascamping@externet.hu
→ Straße 4 Budapest–Debrecen, wechseln auf Straße 42 nach Püspökladány, nach ca. 3 km Bahnübergang, dann gleich rechts abbiegen, am Thermalbad rechts vorbei. ✉ Petöfi u. 62.

Ebenes Wiesengelände mit einigen Bäumen und jungen Anpflanzungen. Kleiner Angelteich. Thermalbadbenutzung kostenlos. Whirlpool. Ort 1 km entfernt. 70 Touristenplätze.

✉ 5300 Karcag, Große Tiefebene H 5305

20 ★★★ »CAMPING KARCAG« ⚷ 1.4. bis 31.10.
☎ 59503011, Fax 59313777 20 000 qm
www.nkvizkft.hu, nkvizkft@axelero.hu

→ Straße 4/E 573 Budapest–Debrecen, in in Karcag am östlichen Ortsrand, Bad und Campingplatz beschildert. ✉ Fürdo út 3 (GPS: 47°19'18" N / 20°54'32" E).

Ebenes Wiesengelände mit jungen Anpflanzungen neben dem Thermalbad mit freiem Zugang. FW. Ort 500 m entfernt. 100 Touristenplätze.
2007: P/N 870.–, K/N 6 bis 3 J. frei, J/N 950.–, A/N 340.–, C MC/N 760.– T/N 320.–/600.–, H/N 460.–, KT 345.–, WD inkl., Strom/N 460.– (16 A). Ab 30 Nächte Aufenthalt 2 Nächte frei.

✉ 5309 Berekfürdö, Große Tiefebene H 5310

25 ★★ »CAMPING BEREKFÜRDÖ« ⚷ 1.1. bis 31.12.
☎/Fax 59/319162, www.berekfurdo.hu, tesz@mail.datanet.hu 100 000 qm
→ Str. 4/E 573 Budapest–Debrecen, bei Karcag abbiegen. ✉ Kemping u. 2.

Leicht welliges Wiesengelände neben einem Thermalbad mit direktem Zugang. Ort 200 m entfernt. 250 Touristenplätze.
2007: (HS) P/N 1400.–, K/N 6 bis 18 J. 1100.–, A/N 400.–, C MC/N 1100.–, T/N 700.–, H/N 300.–, KT 340.–, WD inkl., Strom/N 600.– (16 A). In NS Erm. **DCC 10% auf P/N.**

✉ 5420 Turkeve, Große Tiefebene H 5330

★★★ »TERMÁL KEMPING« ⚷ April bis Okt.
☎ 56/362608, Fax 361313 20 000 qm
www.turkeveternal.hu, termal@externet.hu

→ Straße 4 Budapest–Debrecen, in Törökszentmiklós abbiegen auf die Staße 46 Richtung Mezötúr. Bei der Kreuzung nach 13 km links abbiegen, noch 17 km nach Turkeve. Hier zum östlichen Ortsrand. Beschildert.

Ebenes Wiesengelände mit jungen Anpflanzungen. Teilweise durch Hecken parzelliert. Direkter Zugang zum Thermalbad. Ort 500 m entfernt. 120 Touristenplätze.

✉ 5525 Füzesgyarmat, Große Tiefebene H 5350

20 ★★★ »KASTÉLYPARK FÜRDÖ« ⚷ 1.4. bis 31.10.
☎/Fax 66/491148 115 m 11 000 qm
www.fuzesgyarmat.hu, kastelyfurdo@globonet.hu

→ Straße 4/E 60 Budapest–Szolnok/Oradea. Nach Kisújszállás Richtung Bucsa rechts abbiegen, weiter nach Füzesgyarmat. ✉ Kossuth u. 88.

Ebenes, durch Hecken parzelliertes Wiesengelände mit vereinzeltem Baumbestand. Neben einem Thermalbad. Motel beim Bad. FW 50 m, Ort 1.5 km entfernt. 110 Touristenplätze.
2007: P/N 650.–, J/N 450.–, C MC-St/N 2000.–, T-St/N 1000.–, KT 300.–, WD und Strom inkl. (6-10 A).

✉ 6000 Kecskemét, Große Tiefebene H 5400

★★ »AUTÓS-CAMPING« ⚷ Mai bis Sept.
☎/Fax 76/329598 30 000 qm

→ Str. 5/E 75 Budapest–Szeged, in Kecskemét auf die Str. 52 Richtung Dunaföldvár abbiegen. Nach ca. 3 km beim Hinweis »Shauna Hotel« einbiegen, noch 200 m. Nur teilweise beschildert. ✉ Csabai Géza Krt. 5.

Ebenes, überwiegend schattenloses Wiesengelände. Zwischen Straße, Thermalbad, Schwimmbad, Bahnlinie und einem See (Badeverbot). Ort 1.5 km entfernt. 300 Touristenplätze.

✉ 5465 Cserkeszölö, Große Tiefebene H 5410

25 ★★★ »TERMÁL CAMPING« ⚷ 1.1. bis 31.12.
☎ 56/568450, Fax 568464 30 000 qm
www.cserkeszolo.hu, hotelcamping@cserkeszolo.hu

→ Straße 44 Kecskemét–Békéscsaba, in Cserkeszölö am Ortsende links. ✉ Beton út 5 (GPS: 46°51'52" N / 26°12'09" E).

Ebenes Wiesengelände mit Laubbäumen direkt neben dem Thermalbad mit freiem Zugang. Überwiegend schattenlos. Imbiss. Kegelbahn. Ort 500 m entfernt. 280 Touristenplätze.
2008: P/N 1500.–, K/N 3 bis 14 J. 1200.–, C MC-St/N 1300.–, T-St/N 1000.–, H/N 500.–, KT 350.–, WD inkl., Strom/N 700.– (10 A). **DCC/CCI 10% auf P/N.**

✉ 5540 Szarvas, Große Tiefebene H 5420

★★★ »LIGET CAMPING« ⚷ April bis Okt.
☎ 66/311969, 216141 60 000 qm
www.ligetpanzio.hu, liget@szarvas.hu

→ Straße 44 Kecskemét–Békéscsaba. Am Ortsanfang nach der Shell-Tankstelle rechts. ✉ Erzsébet-liget.

Ebenes Wiesengelände bei der gleichnamigen Pension gelegen. Teilweise schattig am Fluss Körös. Imbiss. Wellnessbereich. Ort 500 m entfernt. 100 Touristenplätze.

✉ 5700 Gyula, Große Tiefebene H 5430/1

★★ »MÁRK CAMPING« ⚷ 1.1. bis 31.12.
☎ 66/463380 7000 qm

→ Straße 44 Kecskemét–Békéscsaba nach Gyula, hier beschildert. ✉ Vár u. 5.

Leicht wellige Hauswiese unter einzelnen Bäumen. Beim Anwesen in Burg- und Thermalbadnähe. Familiäre Atmosphäre. Imbiss. Ort 300 m entfernt. 50 Touristenplätze.

✉ 5700 Gyula, Große Tiefebene H 5430/2

★★ »THERMAL CAMPING & MOTEL« ⚷ 1.1. bis 31.12.
☎/Fax 66/463551 32 000 qm
www.gyulacamping.hu, gyulacamping@t-online.hu

→ Straße 44 Kecskemét–Békéscsaba nach Gyula, in Gyula der Beschilderung »Thermal Camping« folgen. ✉ Szélsö útca 16.

Ebenes Wiesengelände bei einem Motel am Stadtrand. Durch Rasengittersteine befestigte Stellplätze teils unter hohen Bäumen. Imbiss. Thermalbad 700 m, Ort 1.7 km entfernt. 400 Touristenplätze.

✉ 6800 Hódmezóvásárhely, Gr. Tiefebene H 5500

★★ »THERMAL CAMPING« ⚷ April bis Okt.
☎ 66/245033 16 000 qm
www.thermal-camping.com, hodstrand@hodstrand.hu

→ Straße 47 Szeged–Békéscsaba, in Hódmezóvásárhely rechts neben der Straße. ✉ Ady Endre u. 1.

Ebene, teilweise schattenlose Wiese im Thermalbadgelände Ort 300 m entfernt. 50 Touristenplätze.

DCC – DEIN PARTNER!

6728 Szeged, Große Tiefebene — H 5520

★★ »CAMPING NAPFÉNY« — 1.1. bis 31.12.
☎ 62/421800, Fax 467579 — 65000 qm
www.hotels.hu/napfenyszeged, hotelnapfeny@mail.tiszanet.hu

→ Straße 5/E75 Kecskemét–Szeged, am Stadtrand rechts neben der Straße. ✉ Dorozsmai u. 4.

Ebenes bis leicht welliges, parkartiges Wiesengelände. Am Rande eines Industriegebietes hinter einem Motel und Hotel. Von Reisebussen stark frequentiert. Ort 3 km entfernt. 80 Touristenplätze.

6120 Kiskunmajsa, Gr. Tiefebene — H 5620

★★★ »JONATHERMÁL CAMPING« — 1.1. bis 31.12.
☎ 77/481855, 481245, Fax 481013 — 50000 qm
www.jonathermal.hu, jonathermal@mail.datanet.hu

→ Straße M5/E75 oder Straße 5 Budapest–Szeged, in Kiskunfélegyháza abbiegen nach Kiskunmajsa, nach 18 km liegt der Platz ca. 3 km nördl. des Ortes. ✉ Kökút 26.
∴ Bugacpuszta, Nationalpark Ópusztaszer.

Ebene, teils schattenlose Wiese mit altem Laubbaumbestand. Motel am Platz. Separater Platzteil für Hundehalter. Sanitäranlage beheizbar. Bar. Kiosk. Whirlpool. Massagen. Fitnessraum. Wellnessbereich. Riesenschach. Ort 2.5 km entfernt. 200 Touristenplätze.

6200 Kiskörös, Große Tiefebene — H 5630

★★ »TERMÁL CAMPING« — Mai bis Sept.
☎ 78/312077, Fax 3120766, korosvizkft@emitelnet.hu — 15000 qm

→ Straße 6 Budapest–Szekszárd. In Dunaföldvár auf Straße 52 über die Donau und ca. 13 km auf der Straße 53 nach Kiskörös wechseln. ✉ Erdőtelki út 17.

Ebenes Wiesengelände mit jungen Anpflanzungen und einigen älteren Bäumen auf dem Thermalbadgelände. Imbiss. Ort 500 m entfernt. 40 Touristenplätze.

6501 Baja, Große Tiefebene — H 5640

★★★ »SUGOVICA HOTEL u. CAMPING« — Mai bis Sept.
☎ 79/321755, Fax 323155 — 36000 qm
www.hotelsugovica.hu, sugovica@enternet.hu

→ Straße 56/E73 Szekszárd–Mohács, bei Bataszék nach Baja abbiegen. Hier beschildert. ✉ Petőfi Sziget.

Ebenes, parkartiges Wiesengelände auf einer Donauinsel. Beim »Sugovica Hotel«, dessen Freizeiteinrichtungen mitbenutzt werden können. Befestigte Moca-Stellplätze. Kegelbahn. Ort 500 m entfernt. 200 Touristenplätze.

KROATIEN

Übersichtskarte Seite 693

Besondere Vorschriften und Regelungen

Personaldokumente: Gültiger Reisepass, Personalausweis oder Kinderausweis für die gesamte Aufenthaltsdauer. Bei Kindern unter 16 Jahren ist der Eintrag im Familienpass ausreichend oder ein eigener Kinderausweis. Im KA muss der Vermerk »Deutsch« stehen und, auch unter 10 Jahren, muss er ein Lichtbild enthalten.

Vorgeschriebene/empfohlene Impfungen: Keine/Hepatitis A.

Dokumente für Haustiere: Für Hunde und Katzen ist der »EU-Heimtierpass« mitzuführen. Er wird von behördlich ermächtigten Tierärzten ausgestellt. Der Pass muss Name und Anschrift des Besitzers enthalten und dem Tier eindeutig zugeordnet werden können; d.h. die Passnummer, die eine Identifizierung ermöglicht, wird dem Tier eintätowiert oder durch einen Mikrochip implantiert. Für Hunde, älter als 3 Monate, ist der Nachweis einer Tollwutimpfung notwendig. Die Impfung muss mindestens 15 Tage alt sein und darf höchstens 6 Monate vor der Einreise erneuert worden sein. Spezielle Auskünfte erteilt die Botschaft der Republik Kroatien: Ahornstr. 4, 10787 Berlin, Tel. 030/21915514, Fax 030/23628965.

Kfz: Nationaler Führerschein und nationale Zulassung sind notwendig. Das Nationalitätszeichen »D« muss am Fahrzeug angebracht sein, auch wenn es bereits im EU-Nummernschild enthalten. Ist der Fahrer nicht Eigentümer des Fahrzeugs, muss er im Besitz einer Benutzungsvollmacht des Eigentümers sein. Es besteht Haftpflichtversicherungszwang. Die Mitnahme der »Internationalen Grünen Versicherungskarte« wird empfohlen. Zum Abschluss einer Kurzkaskoversicherung und Insassenunfallversicherung im Heimatland wird dringend geraten. Die Mitnahme von Ersatzbirnen und Warndreieck ist vorgeschrieben.

Verkehrsvorschriften: Schienenfahrzeuge und Linienbusse haben beim Einfädeln stets Vorrang. Kolonnenspringen ist nicht erlaubt. Während des kompletten Überholvorgangs muss geblinkt werden. Jeder Unfall ist der Polizei mitzuteilen. Man sollte sich eine polizeiliche Unfallbestätigung (Potvrda) ausstellen lassen. Blechschäden am Fahrzeug, auch wenn sie bereits in Deutschland verursacht wurden, sind an der Grenze zu melden. Es wird dann eine Schadensbestätigung ausgestellt, ohne die das Land nicht verlassen werden kann. Beim Verlassen des Pannenfahrzeugs müssen von allen Insassen Warnwesten angelegt werden. Motorradfahrer müssen einen Schutzhelm tragen. Kfz und Motorradfahrer müssen auch tagsüber mit Abblendlicht fahren. Es besteht Anschnallpflicht und absolutes Alkoholverbot.

Straßengebühren/Tankstellen: Bei Benutzung von Autobahnen und teilweise auch Schnellstraßen werden Gebühren erhoben. Die Tankstellen sind normalerweise von 7–20 Uhr geöffnet.

Tempolimits: Innerorts: Pkw/Gespanne 50 km/h, Landstraßen: Pkw/Gespanne 80 km/h, Schnellstraßen: Pkw/Gespanne 100/80 km/h, Autobahnen: Pkw/Gespanne: 130/80 km/h.

Autofähren: Sind Campingplätze auf Inseln beschrieben finden Sie an diesen Stellen Angaben zu den Autofähren die diese Inseln mit dem Festland verbinden. Die Fahrtzeiten und die Fahrtstrecken können von den Reedereien während des Jahres geändert werden.
Da die Reedereien nur sehr niedrigen Summen haften und die Vollkaskoversicherungen für Kraftfahrzeuge nicht alle Seetransportschäden abdecken, raten wir zu einer zusätzlichen Seetransportversicherung. Außerdem bitten wir zu beachten, dass die Schifffahrtsgesellschaften keine Haftung für Gepäck und Wertgegenstände, die sich im Auto befinden, übernehmen. Beachten Sie bitte, dass die Mitnahme von Kraftstoff in Reservekanistern verboten ist. Mitgeführte Gasflaschen müssen fest verzurrt, die Hähne geschlossen und die Zuleitungen unterbrochen sein.

Telefon: Deutschland–Kroatien: 00385, dann Durchwahl ohne die erste Null der Ortsnetzkennzahl. Kroatien–Deutschland Vorwahl 0049 ohne die erste Null der Ortsnetzkennzahl.

Unfallnotruf: Allgemeiner Notruf: 112, Polizei: 92, Feuerwehr: 93, Notarzt: 94. Pannenhilfe leistet der Kroatische Automobilclub (HAK): Tel. 987, (Mobil 01987). ADAC-Notrufstation 01/3440666.

Ärztliche Hilfe: Zagreb: Dr. Toni Vuinac (spricht Deutsch), Klenovnicka 23, Zagreb, Tel. 325917.

Krankenversicherung: Es sollte der Auslandskrankenschein HR/D 111 mitgeführt werden. Damit ist eine ärztliche Behandlung bei einem Vertragsarzt möglich. Zusätzlich empfehlen wir vor Reiseantritt eine private Auslandsreisekrankenversicherung abzuschließen, die weitere Leistungen wie zum Beispiel einen Ambulanz-Rettungsflug abdeckt.

Devisen: Für die Ein- und Ausfuhr von Fremdwährungen bestehen keine Beschränkungen. Die Landeswährung ist die Kuna. (HKR). Es dürfen bei der Ein- und Ausreise bis zu 15000 Kuna mitgeführt werden.

Geldautomaten: sind weit verbreitet. Mit EC-Karte (Maestro) und Kreditkarte kann Bargeld abgehoben werden.

Sperrnotruf: Deutsche können ihre EC-Karte, Kreditkarte und auch Handys rund um die Uhr über die Sperr-Notruf-Nummer 0049/116116 sperren lassen.

Camping: Kroatien verfügt über ca. 530 gut ausgestattete Campingplätze, davon befinden sich ca. 50 auf der Halbinsel Istrien. Campen ist nur auf Campingplätzen gestattet. Freies Übernachten auf Straßen, Rastplätzen oder im freien Gelände ist verboten. Die Stromversorgung ist auf 220 V Wechselstrom (50 Hz) ausgelegt.

Wassersport: Boote unter 3 m Länge und mit einem Motor bis 4 KW benötigen keine Fahrgenehmigung. Der Führerschein gilt nach den in Deutschland geltenden Bestimmungen.

Allgemeine Informationen:

D-60311	**Frankfurt/M.**, Kroatische Zentrale für Tourismus Kaiserstr. 23, Tel. 069/238 53 50, Fax 069/23 85 35 20 www.croatia.hr, kroatien-info@gmx.de	
D-80469	**München**, Kroatische Zentrale für Tourismus Rumfordstr. 7, Tel. 089/22 33 44, Fax 089/22 33 77 www.croatia.hr, kroatien-tourismus@t-online.de	

Vertretung der Bundesrepublik Deutschland:

HR-10000	**Zagreb**, Deutsche Botschaft, Ulica grada Vukovara 64
HR-10000	**Zagreb**, Post: p.p. 207 Tel. 00385 1/630 01 00/02, Fax /615 55 36 Tel. Pass-und Visastelle: 00385 1/630 01 04, Fax Pass-und Visastelle: /615 81 03 www.zagreb.diplo.de deutsche.botschaft.zagreb@inet.hr

Ausführliche Einreisebestimmungen mit detaillierten Angaben zu den Themen Reisedokumente, Zoll- und Devisenbestimmungen, Reisen mit dem Kraftfahrzeug, Camping und der Aufenthalt im Urlaubsland sind bei der Touristik-Abteilung des DCC gegen Rückporto erhältlich.

Campingplätze:

Gebühren in Landeswährung und Euro.

Währungseinheit:	1 Kroatischer Kuna (HKR) = 100 Lipa.
Devisenkurs:	1 Kuna = ca. 0,14 Euro
	1 Euro = ca. 7,30 Kuna (Stand: Okt. 2007)

Bei Gebühren mit der Vorjahreszahl muss eventuell mit einer Anhebung der Gebühren für das aktuelle Jahr gerechnet werden. Außerdem können sich die angegebenen Öffnungszeiten verändert haben und es besteht die Möglichkeit, dass angegebene Ermäßigungen nicht mehr gewährt werden.

✉ **47250 Duga Resa**, Mrežnički Brig **HR 1015**

★★★ »**AUTOCAMP SLAPIC**«   April bis Okt.
☎/Fax 047/854700, ☎ 098/860601, 756677   220 m   20 000 qm
www.inet.hr/~autocamp, autocamp@inet.hr

Abfahrt → D23 Duga Resa–Senj. In Belavici den Fluss über die große Holzbrücke überqueren, weiter nach Mrežnički Brig, hier beschildert.

Ebenes und parzelliertes Wiesengelände am Fluss Mrežnica (kleine Inseln). Durch junge Baumreihen aufgelockert in leicht hügeliger Umgebung. Ort 5 km entfernt. 50 Touristenplätze.

✉ 53231 Rakovica bei Plitvička Jezera — HR 1025

35 ★★★ »CAMPING KORANA« ⚬― 1.4. bis 15.10.
☏ 053/751888, Fax 751882   300 m   350 000 qm
www.np-plitvicka-jezera.hr, info@np-plitvicka-jezera.hr
→ Str. 1/E 71 Karlovac–Gracac Abf. Rakovica, beschildert.

Weitläufiges, teils ebenes, hügeliges, welliges und unparzelliertes Wiesengelände mit Büschen und Bäumen. Stellplätze auf welliger Wiese, Schotterflächen oder Betonflächen. Günstig für Besuch der Plitvicer Seen (Busverbindung). Imbiss. Ort 7 km entfernt. 500 Touristenplätze.
2007: (€) **(HS)** P/N 9.–, K/N 7 bis 12 J. 6.30, A/N 2.–, C MC/N 6.–, T/N 3.–, M/N 1.–, H/N 3.–, KT zuzügl., WD und Strom inkl. In NS Ermäßigung.

✉ 52475 Savudrija, Istrien — HR 1150

35 ★★ »CAMPING PINETA« ⚬― 25.4. bis 4.10.
☏ 052/709550, Fax 709559   170 000 qm
www.istracamping.com, camp.pineta@istraturist.hr
→ Küstenstraße Nr. 2 Koper–Pula ca. 2.5 km hinter der Grenze abbiegen in Richtung Savudrija, noch 12 km. (GPS: 45°29′13″ N / 13°29′31″ E).

Wiesengelände unter Pinien mit schönem Strand. In HS unter 3 Nächte Aufenthalt 20% Aufschlag. Touristen-/Dauerstellplätze 200/300.
2008: (€) **(HS)** P/N 6.20, K/N 5 bis 11 J. 3.50, St/N 13.–, H/N 3.20, KT –.90, WD und Strom (10 A) inkl. In NS Ermäßigung.
DCC+/CCI 5% bis 10% auf P/N und St/N.

Das CCI-Carnet ist im Ausland als Identitäts-Ausweis anerkannt. Im Inland genügt die Vorlage des DCC-Mitgliedsausweises.

✉ 52470 Umag, Istrien — HR 1180/1

35 ★★★ »CAMPING STELLA MARIS« ⚬― 20.3. bis 2.11.
☏ 052/710900, Fax 710909   58 000 qm
www.istracamping.com, camp.stella.maris@istracamping.com,
→ Triest–Pula Abf. Umag, noch ca. 10 km. Beschildert. (GPS: 45°26′59″ N / 13°31′10″ E).

Schattenloses Sandgelände und dichter Fichtenhain. In HS unter 3 Nächte Aufenthalt 20% Aufschlag. Bungalow-Anlage. Ort 2 km entfernt. Touristen-/Dauerstellplätze 200/200.
2008: (€) **(HS)** P/N 6.50, K/N 5 bis 11 J. 4.–, St/N 15.–, H/N 3.20, KT –.90, WD und Strom (10 A) inkl. In NS Ermäßigung.
DCC/CCI 5% bis 10% auf P/N und St/N.

✉ 52470 Umag, Istrien — HR 1180/2

35 ★★ »CAMPING FINIDA« ⚬― 25.4. bis 4.10.
☏ 052/725950, Fax 725969   33 000 qm
www.istracamping.com, camp.finida@istraturist.hr
→ Ab Umag ca. 4 km in Richtung Novigrad. ✉ Krizine 55a. (GPS: 45°23′34″ N / 13°32′31″ E).

Unebenes, leicht abfallendes Gelände am Meer. In HS unter 3 Nächte Aufenthalt 20% Aufschlag. Ort (Umag) 6 km entfernt. Touristen-/Dauerstellplätze 170/210.
2008: (€) **(HS)** P/N 6.20, K/N 5 bis 11 J. 3.50, St/N 15.50, B/N 3.–, H/N 3.20, KT –.90, WD und Strom (10 A) inkl. In NS Ermäßigung.
DCC/CCI 5% bis 10% auf P/N und St/N.

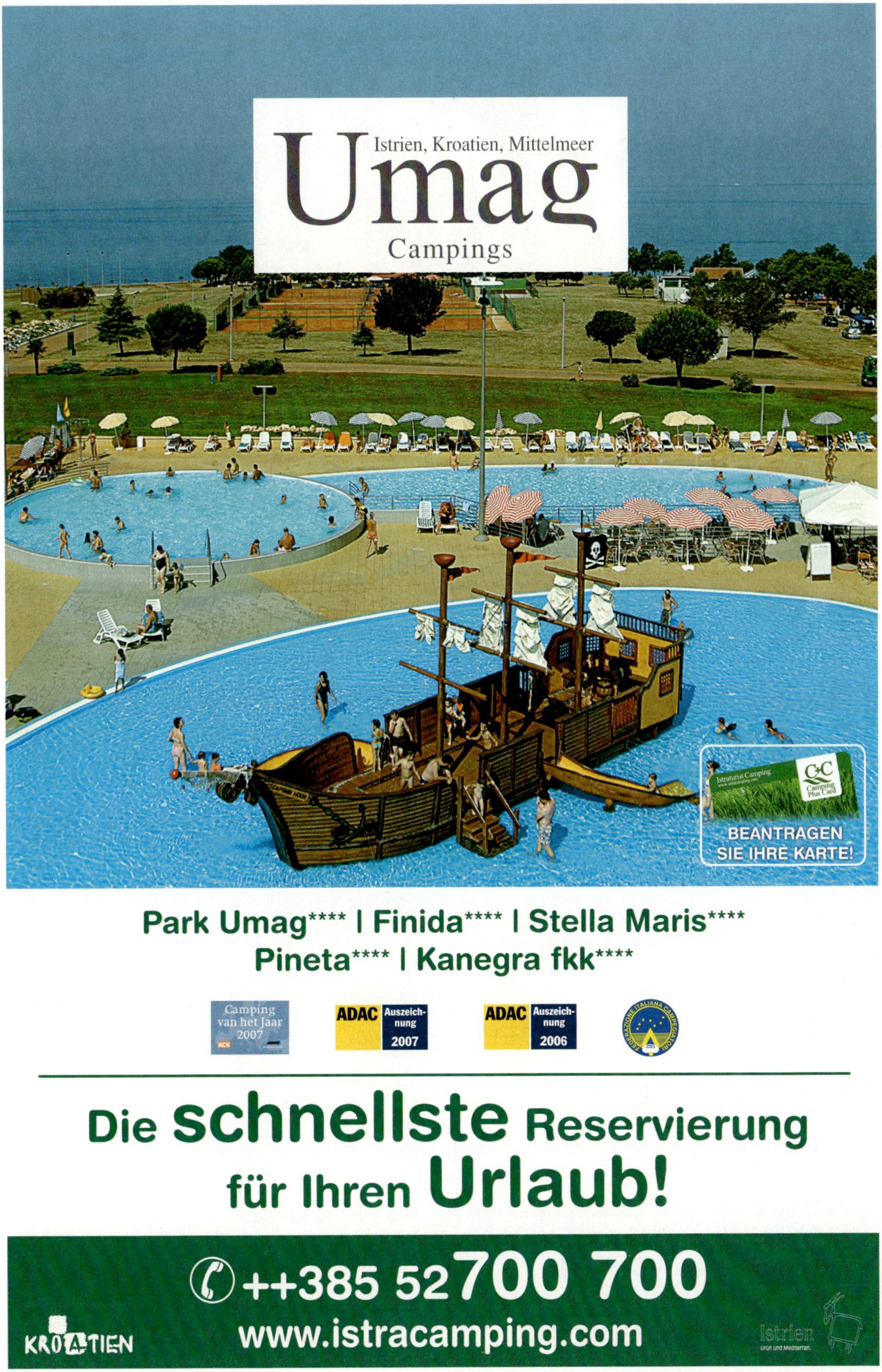
Istrien, Kroatien, Mittelmeer
Umag
Campings
Istraturist Camping
Camping Plus Card
BEANTRAGEN SIE IHRE KARTE!
Park Umag**** I Finida**** I Stella Maris****
Pineta**** I Kanegra fkk****
Camping van het Jaar 2007
ADAC Auszeichnung 2007
ADAC Auszeichnung 2006
Federazione Italiana Campeggiatori
Die schnellste Reservierung für Ihren Urlaub!
++385 52 700 700
www.istracamping.com
KROATIEN
Istrien
Grün und Mediterran.

HR

Istrien

PLAVA LAGUNA

POREČ

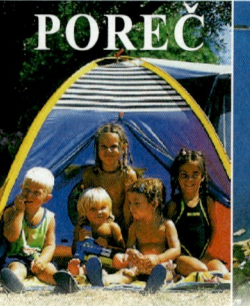

- **KINDER GRATIS**
  - ✓ 0-3,99 Jahre - ganze Saison
  - ✓ 4-9,99 Jahre in der Vor- und Nachsaison
- **ERMÄSSIGUNGEN**
  - ✓ In der Vor- und Nachsaison
  - ✓ Zusätzlich 10 % Nachlass für längere, ununterbrochene Aufenthalte in der Vor- und Nachsaison
  - ✓ Nachlässe für Mietglieder von Laguna Club, CCI, Auto-Clubs und Naturistenverbänden

- **ATTRAKTIVE ANGEBOTE FÜR SCHÖNE FERIEN:**
  - ✓ Sport und Animation
  - ✓ Eingerichtete Strände (Blaue Fahne Anerkennung)
  - ✓ Swimmingpools
  - ✓ Komfortable Sanitäranlagen
  - ✓ Parzellierte Plätze
  - ✓ Bootsliegeplätze
  - ✓ Restaurants

CAMPING ZELENA LAGUNA **** Außerordentliches Naturerlebnis / CAMPING BIJELA UVALA **** Familien-Ferienplatz mit zwei Swimmingpools / NATURIST CENTER ULIKA **** Naturist-Zentrum mit neuen Mobilheimen / CAMPING PUNTICA ** Grün und ruhig (HR 1250)

Plava Laguna, HR-52440 Poreč, R. Končara 12, Tel. 00385 /52/ 410-102, fax: 00385 /52/ 451-044 www.plavalaguna.hr

---

✉ 52470 Umag, Istrien HR 1180/3
40 ★★★★ »CAMPING PARK UMAG« 25.4. bis 4.10.
☎ 052/725040, Fax 725053 127 000 qm
www.istracamping.com, camp.park.umag@istraturist.hr
→ ca. 8 km südlich Umag meerwärts in Richtung Novigrad abbiegen. (GPS: 45°22'02" N / 13°32'49" E).

Ⓗ 200 m
Parzelliertes und leicht abfallendes Wiesengelände. Teilweise mit Büschen und einzelnen Bäumen. Felsstrand mit Betonplateaus. In HS unter 3 Nächte Aufenthalt 20% Aufschlag. Hundebad. Touristen-/Dauerstellplätze 1400/400.
2008: (€) **(HS)** P/N 7.50, K/N 5 bis 11 J. 4.50, St/N 18.50, H/N 3.20, KT –.90, WD und Strom (10 A) inkl. In NS Ermäßigung.
DCC/CCI 5% bis 10% auf P/N und St/N.

✉ 52466 Novigrad, Istrien HR 1220/1
30 ★★★ »CAMPING SIRENA« 1.4. bis 30.9.
☎ 052/757159, Fax 757076 70 000 qm
www.laguna-novigrad.hr, camping@laguna-novigrad.hr
→ 1 km vom Ort entfernt an der Straße nach Poreč. (GPS: 45°18'56" N / 13°34'32" E).

150 m 200 m
Schattenloses Wiesengelände und Pinienwald am Meer mit dazugehörigem Hotel. Touristen-/Dauerstellplätze 365/235.
2007: (€) **(HS)** P/N 5.90, K/N 5 bis 10 J. 3.50, St/N 5.50 bis 10.90, B/N 3.–, H/N 4.50, KT 1.–, WD inkl., Strom/N 3.– In NS Ermäßigung.
DCC/CCI 10% auf P/N.

✉ 52466 Novigrad, Istrien HR 1220/2
30 ★★★ »CAMPING MAREDA« 30.3. bis 30.9.
☎ 052/735291, Fax 735035 170 000 qm
www.laguna-novigrad.hr, camping@laguna-novigrad.hr
→ ca. 3 km nördlich Novigrad in Dajla, beschildert. (GPS: 45°20'36" N / 13°32'53" E).

Weitläufiges Wald- und Wiesengelände. Der felsige Strand hat betonierte Liegeplätze. Ort 4 km entfernt. Touristen-/Dauerstellplätze 500/300.
2007: (€) **(HS)** P/N 5.90, K/N 5 bis 10 J. 3.50, St/N 5.70 bis 9.90, B/N 3.–, H/N 4.50, KT 1.–, WD inkl., Strom/N 3.– In NS Ermäßigung.
DCC/CCI 10% auf P/N.

EUROPA-PREIS

✉ 52440 Poreč, Istrien HR 1250/1
★★★★ »LANTERNACAMP« April bis Okt.
☎ 052/465110, Fax 451440 900 000 qm
www.valamar.com, camping-porec@valamar.com
→ von der Küstenstraße bei der INA-Tankstelle, etwa 10 km nördlich Poreč, zum Meer abbiegen. Noch ca. 3 km. ✉ V. Nazora 9. (GPS: 45°17'48" N / 13°35'39" E).

S 500 m
Teilweise terrassiertes und parzelliertes Wiesengelände mit lichtem Pinienwald über einer Bucht neben einem Ferienzentrum. Hundebad. Ort 12 km entfernt. Touristen-/Dauerstellplätze 2280/653.

Jahres-Öffnungszeiten
werden uns von den Platzhaltern gemeldet. Sie bemühen sich, die Zeiten einzuhalten. Je nach Wetterlage sind aber spätere Öffnungs- und frühere Schließungszeiten möglich.

DCC – DEIN PARTNER!

Neue Mobilheime

camping lanterna***
istrien · lanterna / poreč

(HR 1250/1)

Genießen Sie das Meer, die Sonne
und glückliche Familienaugenblicke

T +385 52 465 010   F +385 52 451 440
E camping@valamar.com
www.camping-adriatic.com

52440 Poreč, Istrien — HR 1250/2

★★★ »CAMPING ZELENA LAGUNA«
☎ 052/410700, Fax 410601
www.plavalaguna.hr, mail@plavalaguna.hr
April bis Okt.
115 000 qm

→ 2 km südlich des Ortes von der Straße nach Vrsar abbiegen, noch ca. 1.0 km. (GPS: 40°11'41" N / 18°00'21" E).

Parzelliertes und terrassiertes Wiesengelände bei der gleichnamigen Hotelsiedlung, deren Freizeiteinrichtungen mitbenutzt werden können. Größtenteils unter Pinien gelegen und direkt am Meer. Öffentliches Freibad. FKK-Strand. Gasverkauf 500 m, Ort 5 km entfernt. Touristen-/Dauerstellplätze 1000/200.

52440 Poreč, Istrien — HR 1250/3

★★★ »CAMPING BIJELA UVALA«
☎ 052/410551, Fax 410600
April bis Okt.
450 000 qm

→ ca 3.5 km südl. des Ortes in Richtung Vrsar. (GPS: 45°11'31" N / 13°35'49" E).

Gelände unter Bäumen am Meer. Tauchschule 2 km, Ort 5 km entfernt. Touristen-/Dauerstellplätze 800/400.

52450 Vrsar, Istrien — HR 1258/1

★★★ »CAMPING VALKANELA«
☎ 052/445216, Fax 445394
www.anita.hr, valkanela@anita.tdr.hr
April bis Okt.
550 000 qm

→ Straße Poreč–Vrsar, zwischen Funtana und Vrsar. ✉ Petalon. (GPS: 45°09'54" N / 13°36'28" E).

Wiesengelände mit Büschen und Bäumen an einer Felsbucht. Kindersanitär. Hundebad. Ort 2 km entfernt. Touristen-/Dauerstellplätze 1270/1100.

52450 Vrsar, Istrien — HR 1258/2

★★ »CAMPING PUNTICA«
☎ 052/445270, Fax 451044
April bis Okt.
450 000 qm

→ am nördlichen Ortsrand, 150 m nach dem Ortsschild meerwärts abbiegen, noch 400 m. (GPS: 45°10'38" N / 13°36'19" E).

Leicht welliges Gelände in einem Pinienwald am Meer. Tauchen 400 m, Ort 500 m entfernt. Touristen-/Dauerstellplätze 383/117.

52450 Vrsar, Istrien — HR 1258/3

★★★ »CAMPING TURIST«
☎ 052/441330, Fax 441010
www.riviera.hr, kturist@furiere.hr
April bis Okt.
300 000 qm

→ am westlichen Ortsende beim Hafen oder 700 m nördlich des Ortes an der Küstenstraße. (GPS: 45°09'00" N / 13°36'38" E).

Von Felsen durchsetztes, hügeliges Gelände auf einer Halbinsel. Ort 500 m entfernt. Touristen-/Dauerstellplätze 633/200.

52450 Vrsar, Istrien — HR 1258/4

★★★ »CAMPING PORTO SOLE«
☎ 052/441198, Fax 441830
April bis Okt.
276 000 qm

→ Straße Triest–Koper–Buje–Vrsar. Richtung Koversada, beschildert. (GPS: 45°08'30" N / 13°36'07" E).

Teilweise ebenes Wiesengelände mit Büschen und Bäumen am Meer. FW. Ort 800 m entfernt. Touristen-/Dauerstellplätze 322/120.

52210 Rovinj, Istrien — HR 1290/1

★★★ »CAMPING POLARI«
☎ 052/801501, Fax 811395
www.istra.com/jadranturist, polari@jadran.tdr.hr
April bis Okt.
600 000 qm

→ Ca. 2.5 km südlich Rovinj. An der Ortseinfahrt beschildert. (GPS: 45°03'57" N / 13°39'53" E).

Ebenes bis leicht abfallendes Gelände im Pinienwald um eine Bucht. FKK-Teil auf einer Halbinsel. Angrenzend eine Freizeitanlage, deren Angebot den Campern zur Verfügung steht. Hundedusche. Ort 2.5 km entfernt. Touristen-/Dauerstellplätze 1325/325.

52210 Rovinj, Istrien — HR 1290/2

★★★ »CAMPING VEŠTAR«
☎ 052/829150, Fax 829151
www.maistra.hr, vestar@maistra.hr
April bis Sept.
150 000 qm

→ Polari in Richtung Kosiči. Aus Richtung Norden beschildert. (GPS: 45°03'15" N / 13°41'10" E).

Anzeige S. 701

Schattenloses, terrassiertes, leicht abfallendes und weitgehend naturbelassenes Gelände am Meer mit Büschen und Bäumen. Teilweise lange Stromkabel erforderlich. Hundedusche. Ort 5 km entfernt. Touristen-/Dauerstellplätze 700/100.

camping orsera★★★
istrien · vrsar

(HR 1258/3) T +385 52 465 010   F +385 52 451 440
E camping@valamar.com
www.camping-adriatic.com

Camping Porto Sole *Vrsar* (HR 1258/4)

Einige Schritte vom Stadtzentrum entfernt! Familienpaket: beinhaltet Unterkunft mit Preisnachlass, Sportleistungen und vielfältige Animation
ONLINE BOOKING

Diese versteckte Oase mit kristallklarem Meer und wunderbarer Unterwasserwelt ist eine wahre Entdeckung für alle Liebhaber eines aktiven Urlaubs.

tel: +385 (0)52 441 198 / fax: 441 830 / e-mail: petalon-portosole@maistra.hr   www.maistra.hr   *maistra*

Camping Polari *Rovinj* (HR 1290/1)

Neue Stellplätze! Kinderclubs, neue Kinderspielplätze! Vielfältiges Animationsprogramm!
ONLINE BOOKING

Eine malerische Bucht, die wie geschaffen ist für all jene, die gerne den leichten Schatten der Olivenbäume und das sauberste Wasser des Mittelmeeres genießen.

tel: +385 (0)52 801 501 / fax: 811 395 / e-mail: polari@maistra.hr   www.maistra.hr   *maistra*

Campingplatz VALDALISO ★★★ — Rovinj (HR 1290/3) Istrien

Gegenüber der Altstadt von Rovinj, liegt im Schatten von Olivenbäumen und Kiefern der Campingplatz Valdaliso. Er besitzt einen eigenen 1,5 km langen steinigen Strand und ist mit neuen, modernen Sanitäranlagen ausgestattet, 2 Restaurants, einer Strandbar, einem Geschäft, einer Pizzeria, mit Möglichkeiten zum Tennis, Strandvolley, Surfen, Tischtennis und mit einem Taucherzentrum. Es gibt ein Hotel mit Fitness-Center, Räumen zum Spielen, unterhaltsame Tages- und Abendprogramme, sowie Mobile Homes, ausgestattet mit Klima und Sat-TV.

tel.: 00385 52 805 505 / fax: 00385 52 811 541 / e-mail: info@rovinjturist.hr
www.valdaliso.info

52210 Rovinj, Istrien — HR 1290/3
★★★ »AUTOCAMP VALDALISO« — April bis Okt. — 90 000 qm
☏ 052/811025, Fax 811541
www.rovinjturist.hr, info@rovinjturist.hr
→ vor Rovinj links abbiegen in Richtung Monsena nach Valdaliso. Ca. 3 km nordwestlich Rovinj, beschildert. (GPS: 45°06'36" N / 13°37'31" E).

Leicht abfallendes, durch einen Hotelkomplex zweigeteiltes Gelände am Meer. Teils Wiese mit Eichen und Kiefern, teils Pinienwald. Öffentlicher Felsstrand mit betonierten Liegeflächen. Ort (Rovinj) 3 km entfernt. Touristen-/Dauerstellplätze 210/120.

52210 Rovinj, Istrien — HR 1290/4
★★★ »CAMPING PORTON BIONDI« — März bis Okt. — 61 000 qm
☏ 052/813557, Fax 811509
→ vor Rovinj links abbiegen in Richtung Monsena. Nach ca. 500 m rechts abbiegen, beschildert. ✉ Aleja Porton Biondi 1. (GPS: 45°05'42" N / 13°38'30" E).

Leicht ansteigendes, terrassiertes Gelände in einem lichten Wald aus Kiefern, Eichen und Pinien. Durch eine Straße vom Strand (betonierte Liegeflächen) getrennt. Teilweise schöner Blick auf Rovinj und das Meer. Ort (Rovinj) 700 m entfernt. 532 Touristenplätze.

52210 Rovinj, Istrien — HR 1290/5
★★ »CAMPING AMARIN« — Mai bis Sept. — 125 000 qm
☏ 052/802000, Fax 813354
www.maistra.hr, ac-amarin@maistra.hr
→ Straße 2/E751 Kroat. Grenze–Pula Abf. Brajkovici nach Rovinj. Hier weiter in Richtung Valalta. Nach ca. 2 km links, dann nochmals 2 km. ✉ Monsena bb.

Teilweise bewaldetes Ufergelände mit Blick auf Rovinj. Imbiss am Strand. Hundebad. Bungalow-Anlage. Ort 4 km entfernt. Touristen-/Dauerstellplätze 440/220.

52210 Rovinj, Istrien — HR 1290/6
★★★ »MINI CAMPING ULIKA« — April bis Okt. — 7000 qm
☏ 052/817320, 319487, Fax 830743
www.cel.hr/ulika, sandi.zovic@pu.t-com.hr
→ Vor Rovinj die erste Kreuzung links bis zum Kreisverkehr. Weiter Richtung Villas Rubin/Polari. Beschildert. ✉ Polari bb.

Parzelliertes und ebenes Wiesengelände, umgeben von Weinbergen und Ackerfeldern. Durch alte Olivenbäume, Büsche und Hecken aufgelockert. Mit 2 m hoher Umzäunung. Familiäre Atmosphäre. Im Juli und August Bäcker-Stand. Meer 600 m, Ort 3 km entfernt. Touristen-/Dauerstellplätze 31/18.

52212 Fazana, Istrien — HR 1320
★★★★ »CAMPING BI-VILLAGE« — 1.1. bis 31.12. — 500 000 qm
☏ 052/380700, Fax 380711
www.bivillage.com, info@bivillage.com
→ Koper–Pula Abf. Vodnjan in Richt. Fazana, beschildert. ✉ Dragonja 155. (GPS: 44°55'02" N / 13°48'40" E).

Ebenes bis leicht abfallendes Gelände am Meer mit Blick auf die Brijuni-Inseln. In zwei Teile unterteilt und parzelliert. Ein Teil mit Hotelanlage, Bungalowsiedlung und Schwimmbad, der andere Teil ist der Campingplatz mit junger Bepflanzung. Hundeverbot im Hotel- und Bungalowbereich. Mindestaufenthalt in HS 7 Nächte. Ort (Pula) 7 km entfernt. Touristen-/Dauerstellplätze 1023/100.

52100 Stoja bei Pula, Istrien — HR 1330
★★★ »CAMPING VILLAGE STOJA« — 30.3. bis 15.9. — 160 000 qm
☏ 052/52387144, Fax 52387748
www.arenaturist.hr, marketing@arenaturist.hr
→ Zufahrt durch Pula in Richtung Stoja, beschildert. ✉ Stoja 37 (GPS: 44°51'35" N / 13°48'52" E).

Kiefernwaldgelände auf einer Halbinsel mit öffentlichem Strand neben einem Schwimmbad. Trampolin. Hundebad. Zentrum 3 km entfernt. Touristen-/Dauerstellplätze 719/40.
2007: (€) (HS) P/N 7.20, K/N 4 bis 12 J. 4.50, St/N 10.– bis 14.90, B/N 4.–, H/N 4.50, KT zuzügl., WD inkl., Strom/N 3.– (10 A) inkl. In NS Ermäßigung.
DCC 5%, CCI 10% auf P/N.

52100 Pula, Istrien — HR 1340
★★ »CAMPING PUNTIZELA« — 1.4. bis 31.10. — 24 000 qm
☏ 052/517490, Fax 517399
www.puntizela.hr, info@puntizela.hr
→ Pula–Fazana Abf. Fazana, beschildert. ✉ Puntizela 155. (GPS: 44°53'54" N / 13°48'30" E).

Leicht ansteigendes Gelände in einem lichten Wald. Teils mit Kiefern, Eichen und Pinien bewachsen. Teilweise schöner Blick auf die Brijuni-Inseln und das Meer. In der Platzmitte Restaurant und eine kleine Hotelanlage. Ort 5 km entfernt. Touristen-/Dauerstellplätze 350/70.
2007: P/N 39.–, K/N 3 bis 14 J. 28.–, A/N 18.–, C MC T/N 18.–, M/N 13.–, H/N 20.–, KT 4.–, WD inkl., Strom/N 21.– (16 A).
DCC/CCI 5% auf P/N und St/N.

52100 Banjole bei Pula, Istrien — HR 1350
★★★ »CAMPING VILLAGE INDIJE« — 20.4. bis 20.9. — 50 000 qm
☏/Fax 052/573066, Fax 573274
www.arenaturist.hr, marketing@arenaturist.hr
→ 6 km vor Pula in Richtung Premantura bis zu einer Kreuzung. Hier rechts ab, noch ca. 2.5 km. (GPS: 44°49'29" N / 13°51'04" E).

Camping Veštar Rovinj (HR 1290/2)
Istrien – Grün und Mediterran · KROATIEN

Höchsten Ansprüchen genügende Sanitäranlagen! Parzellen mit Wasseranschluss/-abfluss!
ONLINE BOOKING

Dieser Campingplatz mit seinem besonderen Charme und der bezaubernden Kieselsteinbucht mit pittoreskem Ausblick heißt Sie herzlich willkommen.

tel: +385 (0)52 829-150 / fax: 829 151 / e-mail: vestar@maistra.hr
www.maistra.hr — *maistra*

Hügeliger Pinienwald am Meer. Vorgelagerte Inseln. Tauchzentrum. In HS 20% Zuschlag für Stellplätze in Strandlage. Touristen-/Dauerstellplätze 350/30.
2007: (€) **(HS)** P/N 6.50, K/N 4 bis 12 J. 4.–, St/N 9.– bis 13.40, B/N 3.60, H/N 4.–, KT zuzügl., WD inkl., Strom/N 3.– (10 A) inkl. In NS Ermäßigung. DCC 5%, CCI 10% auf P/N.

52100 Pomer bei Pula, Istrien — HR 1370
★★★ »CAMPING POMER«
☎ 052/573128, 573062
April bis Sept.
150 000 qm
www.tiengholidays.com, tiengo@pu.htnet.hr

→ Straße Pula–Pomer, beschildert. (GPS: 44°49'13" N / 13°54'08" E).

Hügeliges und langgezogenes Gelände mit Kiefern und öffentl. Radweg auf einer Halbinsel am Meer. Öffentl. Strand. Tauchzentrum. Ort (Medulin mit Diskothek) 3 km entfernt. 156 Touristenplätze.

52100 Premantura bei Pula, Istrien — HR 1380/1
[35] ★★★ »CAMPING VILLAGE STUPICE«
☎/Fax 052/575111
15.3. bis 3.11.
270 000 qm
www.arenaturist.hr, marketing@arenaturist.hr

→ ca. 13 km südlich Pula, bis in den Ort. Hinter der Kirche links. (GPS: 52°24'09" N / 9°52'20" E).

Hügeliges Pinienwaldgelände mit teils steinigem Boden auf einer Halbinsel. FKK-Badegelegenheit. In HS 20% Zuschlag für Stellplätze in Strandlage. Touristen-/Dauerstellplätze 900/100.
2007: (€) **(HS)** P/N 6.50, K/N 4 bis 12 J. 4.–, St/N 9.– bis 13.40, B/N 3.60, H/N 4.–, KT zuzügl., WD inkl., Strom/N 3.– (10A). In NS Ermäßigung. DCC 5%, CCI 10% auf P/N.

DCC – DEIN PARTNER!

Camping Amarin Rovinj (HR 1290/5)
Istrien – Grün und Mediterran · KROATIEN

Familienpaket: beinhaltet Unterkunft mit Preisnachlass, Sportleistungen, Wasserrutsche und vielfältige Animation!
ONLINE BOOKING

Die einzigartige Natur, mit der diese Region beschenkt wurde, ist nur ein Teil des Rahmens für einen perfekten Sommerurlaub voller Erlebnisse.

tel: +385 (0)52 802 000 / fax: 813 354 / e-mail: ac-amarin@maistra.hr
www.maistra.hr — *maistra*

HR

52100 Runke, Premantura bei Pula — HR 1380/2

★★ »CAMPING RUNKE« — 27.4. bis 15.9.
☎/Fax 052/575022 — 80 000 qm
www.arenaturist.hr, marketing@arenaturist.hr

→ Pula–Premantura Abf. Medulin, beschildert. (GPS: 44°48'26" N / 13°55'09" E).

300 m

400 m 800 m 2 km

Leicht ansteigendes und bewaldetes Gelände auf einer Landzunge. Ort 800 m entfernt. Touristen-/Dauerstellplätze 740/246.
2007: (€) (HS) P/N 6.10, K/N 4 bis 12 J. 3.80, St/N 8.50 bis 12.70, B/N 3.40, H/N 3.80, KT zuzügl., WD inkl., Strom/N 3.– (10 A). In NS Ermäßigung.
DCC 5%, CCI 10% auf P/N.

52203 Medulin bei Pula, Istrien — HR 1390/1

★★ »CAMPING MEDULIN« — 30.3. bis 15.9.
☎ 052/572801, Fax 576042, ☎ 052/529400, Fax 529401 — 220 000 qm
www.arenaturist.hr, marketing@arenaturist.hr

→ Pula–Medulin. In Medulin beschildert. (GPS: 44°48'51" N / 13°55'57" E).

200 m

Parzelliertes Pinienwaldgelände auf einer Halbinsel. Von Jugendlichen und Gruppen bevorzugt. Touristen-/Dauerstellplätze 1076/30.
2007: (€) (HS) P/N 7.20, K/N 4 bis 12 J. 4.50, St/N 10.– bis 14.90, B/N 4.–, H/N 4.50, KT zuzügl., WD inkl., Strom/N 3.–. In NS Ermäßigung.

52203 Medulin bei Pula, Istrien — HR 1390/2

★★★ »CAMPING VILLAGE KAŽELA« — April bis Okt.
☎ 052/576050, Fax 577460 — 1 100 000 qm
www.kampkazela.com, info@kampkazela.com

→ Straße Pula–Medulin. Ab Pula in südöstlicher Richtung durch den Vorort Pragrande und an Valdebek vorbei nach Medulin. Hier noch ca. 400 m südlich zum Meer. Beschildert. (GPS: 44°48'26" N / 13°57'00" E).

S 200 m 400 m

Ebenes parzelliertes, leicht zum Meer abfallendes, Wiesengelände. Durch einen Wall geteilt und durch lichten Baumbestand und junge Anpflanzungen günstig aufgelockert. Zeltwiese und Liegewiese. Am Strand ebene Felsplatten. Vorgelagert eine kleine Insel mit Sandstrand. FKK-Strand. Pressluftstation für Taucher. Kindersanitär. Imbiss. Kiosk. Bar. Internet-Café. Massagen. FW. Ort 2 km entfernt. 1300 Touristenplätze.
2007: (€) (HS) P/N 7.–, K/N 6 bis 12 J. 4.–, C T-St/N 5.20 bis 14.70, MC/N 4.60 bis 13.50, B/N 2.– bis 8.–, H/N 3.–, KT 1.–, WD und Strom (16 A) inkl. In NS Ermäßigung.
CCI 10% auf P/N.

52220 St. Marina bei Labin, Istrien — HR 1450

★★★ »CAMPING MARINA« — Ostern bis Okt.
☎ 052/879058, Fax 879044 — 50 000 qm
www.rabac-hotels.com, camping@rabac-hotels.com

→ Straße Labin–Drenje Abf. St Marina. Ca. 4 km lange steile Zufahrt. (GPS: 45°02'06" N / 14°09'22" E).

200 m

Meist schattenloses, überwiegend ebenes Gelände mit festem Erdboden, einzelnen Büschen und Bäumen. Auf der Halbinsel St. Marina oberhalb des Meeres. Tauchzentrum. Ort (Labin) 10 km entfernt. Touristen-/Dauerstellplätze 250/70.

Die DCC-Inspizienten sind nicht mit Anzeigenwerbung betraut. Sie sind daher unabhängig und nicht beeinflußbar. Ihren Kontrollen nach unseren Prüfbögen kann vertraut werden.

52221 Rabac, Istrien — HR 1480

★★ »CAMPING OLIVA« — April bis Okt.
☎/Fax 052/872258 — 56 000 qm

→ Küstenstr. Nr. 2 Rijeka–Pula Abf. Labin, noch ca. 6 km. (GPS: 45°04'51" N / 14°08'45" E).

50 m 2 km

Ebenes Gelände im Olivenhain neben einem Strandbad. Touristen-/Dauerstellplätze 750/100.

52417 Mošćenička Draga, Istrien — HR 1520

★★ »AUTOCAMP M. DRAGA« — März bis Okt.
☎ 051/737523, Fax 737339 — 22 000 qm
www.croatica.net/autocamp-i, autocamp-i@ri.hinet.hr

→ südlich Lovran in einer Kurve der Küstenstraße. (GPS: 45°14'24" N / 14°15'06" E).

100 m 300 m 2 km

Teilweise terrassiertes Gelände in einer Bucht unterhalb der Küstenstraße. Ort 200 m entfernt. Touristen-/Dauerstellplätze 100/60.

52416 Medveja, Istrien — HR 1550

★★★ »AUTOCAMP MEDVEJA« — 1.4. bis 15.10.
☎ 051/291191, Fax 292471 — 100 000 qm
www.liburnia.hr, medveja@liburnia.hr

→ Küstenstr. Rijeka–Pula, zwischen Km 188 und Km 189 zum Meer abbiegen. (GPS: 45°16'10" N / 14°16'18" E).

40 m

200 m 3 km

Ebenes Wiesengelände mit Büschen und Bäumen in einer Talmulde. Von bewaldeten Bergen umgeben. Zum Kiesel-Strand durch eine Unterführung. Wassersportmöglichkeiten. Verleih von Wassersportgeräten. Ort (Lovran) 2 km entfernt. Touristen-/Dauerstellplätze 980/140.
2007: (€) (HS) P/N 5.20, K/N 5 bis 12 J. 3.50, A/N 3.50, C/N 5.–,MC/N 6.40, T/N 3.50, M/N 3.–, B/N 3.50, H/N 5.–, KT 1.–, WD inkl., Strom/N 3.50, Anschlussgebühr 1.–. In NS Ermäßigung.
DCC/CCI 10% auf P/N.

Inseln Cres und Lošinj (Plätze HR 1630 bis HR 1780)

Die Inseln Cres und Lošinj sind durch eine Brücke verbunden.
Fährverbindungen (ohne Gewähr)
Brestova–Porozina (Cres) 15 bis 18x täglich
– erste Abfahrt 0.30 Uhr
– letzte Abfahrt 22.30 Uhr
Porozina (Cres)–Brestova 15 bis 18x täglich
– erste Abfahrt 4.00 Uhr
– letzte Abfahrt 24.00 Uhr
Valbiska (Krk)–Merag (Cres) 12 bis 14x täglich
– erste Abfahrt 0.01 Uhr
– letzte Abfahrt 22.00 Uhr
Merag (Cres)–Valbiska (Krk) 12 bis 14x täglich
– erste Abfahrt 1.00 Uhr
– letzte Abfahrt 22.30 Uhr

51557 Cres, Insel Cres — HR 1630

★★★ »CAMPING KOVAČINE« — 15.3. bis 15.10.
☎ 051/573150, Fax 571086 — 230 000 qm
www.camp-kovacine.com, campkovacine@kovacine.com

→ vom Fährhafen Porozina ca. 27 km zum Hafen von Cres, von hier an Hotels vorbei zum Platz. Melin I/20.

S 1 km

Ebene und parzellierter Olivenhain gegenüber dem Leuchtturm. FKK-Teil. Ort 1 km entfernt. Mittagsruhe 14–17 Uhr. Touristen-/Dauerstellplätze 1100/150.
2008: (€) P/N 9.60, K/N 3 bis 12 J. 3.50, St/N 8.40, H/N 3.–, WD und Strom (12 A) inkl. Vom 15.3. bis 5.7. und 23.8 bis 15.10. für 7/14 Nächte nur 6/12 Nächte bezahlen. Ab 7 Tage Aufenthalt Fährkostenerstattung.
DCC/CCI 10% auf P/N.

KROATIEN

Flughafentransfer: Rijeka – Cres/Hin und retour pro Person nur € 19,99

CAMP KOVAČINE CRES-CHERSO
(HR 1630)

Glasklares Meer, herrliche Badestrände und schattige Tannen- und Olivenbäume bieten den Besuchern eine unvergleichliche Atmosphäre. Der Campingplatz Kovačine liegt auf einer Halbinsel, wenige Schritte vom Fischerstädtchen Cres entfernt und verfügt über 1.500 modern ausgestattete Stellplätze. **Zimmer mit Frühstück direkt am Strand mit Meerblick.**

Wir freuen uns Ihnen anzubieten:

- Bar, Buffet, Restaurant, SB-Laden
- Moderne neu ausgestattete Sanitäranlagen
- Bootsliegeplätze und Bootskräne
- Kinderanimation
- Tauchen, Tauchschule (deutschsprachig)
- Verschiedene Sportmöglichkeiten
- Erste-Hilfe-Station vor Ort

Mobilheime – bequem wie zu Hause in der Freiheit des Campingplatzes. Platzreservierung möglich!

Camping »Kovačine« Cres • HR-51557 Cres • Tel. 00-385/51/573-150 • Fax 00-385/51/571-086
E-Mail: campkovacine@kovacine.com • web: www.camp-kovacine.com

51556 Martinščica, Insel Cres — HR 1680

»AUTOCAMP SLATINA«
051/574127, Fax 574167
www.camps-cres-losinj.com, info@camp-slatina.com
20.3. bis 20.10.
150 000 qm

→ ca. 18 km südlich des Ortes Cres in Richtung Stivan–Martinščica abbiegen, noch ca. 9 km. Steile Zufahrt. (GPS: 44°48'57" N / 14°20'29" E).

Terrassiertes Hanggelände mit schönem Blick auf das Meer. Café. Pizzeria. Ort 1 km entfernt. Touristen-/Dauerstellplätze 400/100.
2008: (€) (HS) P/N 7.31, K/N 3 bis 6 J. 2.20, J/N 7 bis 13 J. 3.40, St/N 4.40/5.50/7.70, B/N 2.20, H/N 3.–, KT 1.–, WD und Strom inkl., Anschlussgebühr 1.–. In NS Ermäßigung.

52554 Osor, Insel Cres — HR 1710

»CAMPING BIJAR«
/Fax 051/237027
www.camp-cres-losinj.com, info@camp-bijar.com
25.4. bis 1.10.
25 000 qm

→ nördlich der Straßenbrücke, beschildert. (GPS: 44°41'51" N / 14°23'43" E).

Hügeliges Kiefernwaldgelände. Hundedusche. Ort 500 m entfernt. 350 Touristenplätze.
2008: (€) (HS) P/N 7.31, K/N 3 bis 6 J. 2.20, J/N 7 bis 13 J. 3.40, St/N 4.90/6.50/7.35, H/N 2.90, KT 1.–, WD und Strom (10 A) inkl., Anschlussgebühr 1.–. In NS Ermäßigung.

52554 Nerezine, Insel Lošinj — HR 1750

»CAMPING RAPOČA«
051/237146, Fax 237146
www.losinjplov.hr, rapoca@lostur.t-com.hr
1.4. bis 31.10.
44 000 qm

→ ab Osor noch etwa 3 km, am Ortseingang beschildert. (GPS: 44°39'50" N / 14°24'20" E).

Parzelliertes Wiesengelände in einem Föhrenhain. Touristen-/Dauerstellplätze 150/150.
2008: (HS) P/N 60.–, K/N 4 bis 12 J. 40.– St/N 25.–, H/N 30.–, KT 7.–, WD inkl., Strom/N 20.– (10 A). In NS Ermäßigung.
DCC/CCI 10% auf P/N.

51550 Mali-Lošinj, Insel Lošinj — HR 1780/1

»AUTOCAMP POLJANA«
051/231726, Fax 231728
www.poljana.hr, info@poljana.hr
30.3. bis 21.10.
160 000 qm

→ Straße Osor-Veli-Losinj Abf. Mali-Losinj, noch ca. 2.5 km. Beschildert. (GPS: 44°31'46" N / 14°28'05" E).

Terrassiertes und leicht abfallendes Gelände in einem lichten Pinienwald auf der Landenge von Privlaka. Etwa 1000 m Felsstrand mit betonierten Liegeflächen und einer kleinen Kiesbucht. Separater FKK-Strand. Imbiss. Unterhaltungs- und Sportprogramme. Ort 4 km entfernt. Touristen-/Dauerstellplätze 270/150.
2007: (€) (HS) 2 P/N inkl. St/N 30.–, weitere P/N 7.60, K/N 3 bis 12 J. 6.60 H/N 4.–, KT 1.–, WD und Strom (6 A) inkl. In NS Ermäßigung.

51550 Mali-Lošinj, Insel Lošinj — HR 1780/2

»CAMPING ČIKAT«
/Fax 051/231708
www.camps-cres-losinj.com, info@camp-cikat.com
25.3. bis 20.10.
250 000 qm

→ Straße Osor-Veli-Losinj Abf. Mali-Losinj. Im Ort beschildert, noch ca. zwei km. (GPS: 44°32'04" N / 14°26'41" E).

Terrassiertes und leicht abfallendes Pinienwaldgelände an einer Meeresbucht. Felsiger Strand mit betonierten Liegeflächen und zwei Kiesbuchten. Öffentlicher Badebetrieb. Kindersanitär. Unterhaltungsprogramm für Kinder. Musikveranstaltungen. Imbiss. Campingartikelverkauf. Ort 2 km entfernt. Touristen-/Dauerstellplätze 800/300.
2007: (€) (HS) P/N 7.48, K/N 3 bis 6 J. 2.25, bis 12 J. 5.24, St/N 5.95/6.50/7.35, B/N 5.20, H/N 2.72, KT 1.–, WD und Strom (16 A) inkl., Anmeldegebühr 1.–. In NS Ermäßigung.

51266 Selce — HR 1920

»AUTOCAMP SELCE«
051/764038, Fax 764066
http:jadran-crikvenica.com, kamp-selce@ri.t-com.hr
1.4. bis 31.10.
80 000 qm

→ Küstenstraße 2 Crikvenica–Sen. Bei Km 252.4 abbiegen. Jasenova 19.

Steiniges Gelände mit einzelnen Bäumen. Ort 500 m, Haltestelle 1 km entfernt. Touristen-/Dauerstellplätze 500/100.
2008: (HS) P/N 42.–, K/N 5 bis 13 J. 24.–, St/N 65.–, B/N 40.–, H/N 16.–, KT 7.–, WD inkl., Strom/N 22.–. In NS Ermäßigung. CCI ab 3 Nächte 10% auf P/N.

51250 Novi Vinodolski — HR 1950

»AUTOCARAVANING ZAGORI«
051/244644, Fax 244622
Mai bis Sept.
200 000 qm

→ Küstenstraße Nr. 2 Crikvenica-Senj. Bei Km 256 zum Meer abbiegen.

Teilweise ebenes Gelände im lichten Föhrenwald an der Steilküste. Ort 1.5 km entfernt. Touristen-/Dauerstellplätze 500/100.

51270 Senj — HR 2010

»CAMPING UJČA«
/Fax 0592/882193
April bis Okt.
2000 qm

→ Straße E7 Rijeka–Zadar Abf. Senj. Ca. 4 km in Richtung Meer. Schmale, teilweise geschotterte und steile Zufahrt! Mit schwachen Zugfahrzeugen nicht zu empfehlen. Breite Wohnwagen können den Tunnel unterhalb der Küstenstraße nicht passieren.

Strandgelände unter Bäumen. Imbiss. Brötchenservice. Ort 4 km entfernt. 30 Touristenplätze.

Insel Krk (Plätze HR 2030–HR 3010)

Straßenverbindung	über die Straßenbrücke bei Kraljevica (Straßengebühr)
Fährverbindungen	(ohne Gewähr)

Valbiska (Krk)–Merag (Cres) 12 bis 14x täglich
– erste Abfahrt 00.01 Uhr
– letzte Abfahrt 22.00 Uhr
Merag (Cres)–Valbiska (Krk) 12 bis 14x täglich
– erste Abfahrt 1.00 Uhr
– letzte Abfahrt 22.30 Uhr
Baška (Krk)–Lopar (Rab) 2 bis 5x täglich (1.6. bis 24.9.)
– erste Abfahrt 7.30 Uhr
– letzte Abfahrt 20.00 Uhr
Lopar (Rab)–Baška (Krk) 2 bis 5x täglich (1.6. bis 24.9.)
– erste Abfahrt 7.30 Uhr
– letzte Abfahrt 18.00 Uhr

51523 Baška, Insel Krk — HR 2030

»AUTOCAMP ZABLACE«
051/856909, Fax 856604
www.campzablace.info, campzablace@hotelibaska.hr
19.4. bis 30.9.
47 000 qm

→ Straße Kraljevika über die Insel Krk nach Baška. E. Geistlicha 38.

Ebenes, schattenloses und durch eine Straße zweigeteiltes Wiesengelände an einer Bucht mit Sand- und Kiesstrand. Ort 500 m entfernt. Touristen-/Dauerstellplätze 800/200.
2008: (HS) P/N 45.–, K/N 7 bis 18 J. 22.–, St/N 130.–, H/N 25.–, KT 10.50, WD, Schwimmbad, Wellness und Strom (10 A) inkl. In NS Ermäßigung.
DCC/CCI 5% auf P/N.

Die Gebühren

werden von den Platzhaltern lange vor Erscheinen des Campingführers gemeldet. Daher sind Abweichungen möglich.

Sonne, Natur und viel Meer!

Inseln Cres & Lošinj

(HR 1680) ❶ Camping Slatina
HR-51556 Martinšćica, Tel: +385 (0) 51 574 127
Fax: +385 (0) 51 547 167, E-Mail: info@camp-slatina.com

(HR/090) ❷ FKK Camping Baldarin
HR-51554 Nerezine, Tel: +385 (0) 51 235 680
Fax: +385 (0) 51 235 646, E-Mail: info@camp-baldarin.com

(HR 1780/2) ❸ Camping Čikat
HR-51550 Mali Lošinj, Tel: +385 (0) 51 232 125
Fax: +385 (0) 51 231 708, E-Mail: info@camp-cikat.com

(HR 1710) ❹ Camping Bijar - Preko Mosta
HR-51542 Osor, Osor 76, Tel: +385 (0) 51 237 027
Fax: +385 (0) 51 237 027, E-Mail: info@camp-bijar.com

Mieten Sie ein Mobilheim oder einen Wohnwagen der Firma Gebetsroither auf einem unserer Campingplätze. Buchen Sie unter: Gebetsroither GmbH, Hauptstraße 6, A-8940 Weißenbach/Liezen,
Tel: +43 (0) 3612 / 26 300,
Fax: +43 (0) 3612 / 26 300-4,
E-Mail: office@gebetsroither.com

Herzlich Willkommen!
Dobro Došli!

Campingfreunde finden auf den Inseln Cres & Lošinj das perfekte Angebot.

Die Campingplätze liegen alle direkt am Meer und den Gästen stehen Restaurants, Supermärkte, Spielplätze für Kinder sowie Sportanlagen für Beachvolleyball, Tischtennis usw. zur Verfügung. Auf allen Plätzen ist es möglich, Sonderstellplätze vorab zu reservieren. (unterschiedlich ausgestattet: Strom- und/od. Wasser- und/od. Abwasseranschluss) Machen Sie Urlaub auf einer der schönsten Urlaubsinseln in Kroatien und genießen Sie das saubere Meer und wunderschöne Strände in einer herrlichen Naturlandschaft!

www.camps-cres-losinj.com

51512 Njivice, Insel Krk — HR 2050

»AUTOCAMP NJIVICE« 1.5. bis 30.9.
051/846168, Fax 846116
www.hotelnjivice.hr, hotelnjivice@ri.tel.hr
160 000 qm

→ Hauptstraße Omisalj–Krk beim Schild »Njivice 1 km« rechts abbiegen, noch 900 m.

Waldgelände am Meer mit betonierten Liegeflächen an der Felsküste. Touristen-/Dauerstellplätze 250/410.
2007: (HS) (€) P/N 4.70, K/N 3 bis 14 J. 2.90, J/N 4.–, A/N 2.70, C/N 4.80, MC/N 5.80, T/N 3.50, M/N 2.20, B/N 1.50, H/N 3.–, KT 1.–, WD inkl., Strom/N 2.30. In NS Ermäßigung.
DCC 10% auf P/N und St/N, CCI 10% auf P/N.

51500 Krk, Insel Krk — HR 2070

»CAMPING JEŽEVAC« 20.3. bis 15.10.
051/221081, Fax 221362
www.camping-adriatic.com, jezevac@valamar.com
110 000 qm

→ Straße Omisalj–Baska Abf. Krk in Richtung Hafen. Beschildert. ✉ Plavnicka bb.

Pinienhaine in Hafen- und Strandnähe, teilweise schattenlos. Haltestelle 300 m entfernt. 500 Touristenplätze.
2008: (€) P/N 6.10, K/N 4 bis 9 J. 4.10, St/N 7.70 bis 15.50, B/N 3.10, H/N 4.10, KT 1.–, WD inkl., Strom/N 4.– (10 A).
CCI 10% auf P/N.

51521 Punat, Insel Krk — HR 3000

»CAMPING PILA« 21.3. bis 14.10.
/Fax 051/854020
www.hoteli-punat.hr, pila@hoteli-punat.hr
67 000 qm

→ im Ort zur Küstenstraße. ✉ Šetalište Ivana Brusica 2. (GPS: 45°00'58" N / 14°37'43" E).

200 m 3 km
Leicht abfallende Wiese mit Baumgruppen beim Strandbad. Ort 1 km entfernt. Hundebad. Touristen-/Dauerstellplätze 120/140.
2008: (HS) P/N 45.–, K/N 5 bis 12 J. 30.–, St/N 100.–, B/N 30.–, H/N 22.–, KT 7.–, WD und Strom (10 A) inkl., Anmeldegebühr 7.35. In NS Ermäßigung.
CCI 10% auf P/N.

51515 Šilo, Insel Krk — HR 3010

»AUTOCAMP TIHA ŠILO« Mai bis Okt.
/Fax 051/852120, 850234, Fax 850259
gpp-mikic@ri.htnet.hr
200 000 qm

→ Straße 2/E65 Rijeka–Zadar Abf. Kraljevika über die Straßenbrücke zur Insel Krk. Im Ort Richtung Hafen, beschildert. ✉ Konjska bb.

Schattenloses, terrassiertes Hanggelände mit jungen Anpflanzungen. Teils Felsstrand mit betonierten Liegeflächen, teils Kiesstrand. Zentrum 1 km entfernt. 200 Touristenplätze.

Insel Rab (Plätze HR 3030 und HR 3060)

Fährverbindungen (ohne Gewähr)
Baška (Krk)–Lopar (Rab) 2 bis 5x täglich (1.6. bis 24.9.)
 – erste Abfahrt 7.30 Uhr
 – letzte Abfahrt 20.00 Uhr
Lopar (Rab)–Baška (Krk) 2 bis 5x täglich (1.6. bis 24.9.)
 – erste Abfahrt 6.00 Uhr
 – letzte Abfahrt 18.00 Uhr
Jablanac–Mišnjak (Rab) 12 bis 22x täglich
 – erste Abfahrt 6.15 Uhr (Juni-Sept.) 5.30 Uhr
 – letzte Abfahrt 22.00 Uhr (Juli-Aug.) 23.00 Uhr
Mišnjak (Rab) –Jablanac 12 bis 22x täglich
 – erste Abfahrt 5.45 Uhr (Juni-Sept.) 5.00 Uhr
 – letzte Abfahrt 21.30 Uhr (Juli-Aug.) 22.30 Uhr

51280 Lopar, Insel Rab — HR 3030

»AUTOCAMP SAN MARINO« 1.4. bis 30.9.
051/775133, Fax 775290
www.rab-camping.com, ac-sanmarino@imperial.hr
90 000 qm

→ Straße Rab–Lopar. Vor Lopar rechts abbiegen.

800 m
Wiesengelände unter Pinien an der Bucht von Lopar. Direkt am Meer mit 1.5 km langem Sandstrand. Bei Aufenthalt in HS unter 3 Nächten 20% Aufschlag. Ort 200 m entfernt. Touristen-/Dauerstellplätze 1200/50.
2007: (HS) (€) P/N 5.30, K/N bis 4 J. 2.–, 5 bis 12 J. 3.20, A/N 2.30, C/N 4.40, MC/N 8.70, T/N 3.50, M/N 1.20, B/N 2.50, H/N 3.60, KT 1.–, WD inkl., Strom/N 3.60. In NS Ermäßigung.

51280 Rab-Banjol, Insel Rab — HR 3060

»AUTOCAMP PADOVA III« 20.3. bis 30.10.
051/724355, Fax 724559
www.rab-camping.com, padova3@imperial.hr
65 000 qm

→ Vom Fährhafen Misnjak (Puderica) ca. 9 km in westlicher Richtung.

500 m
Teils leicht abfallendes und teilweise ebenes Terrassengelände mit Nadelbäumen zwischen Strandbad und Straße in Ortslage. Schmaler, öffentlicher Kiesstrand um eine Bucht. Für Zelter separate Pkw-Abstellung. Touristen-/Dauerstellplätze 400/40.
2007: (HS) (€) P/N 5.30, K/N bis 4 J. 2.–, 5 bis 12 J. 3.10, A/N 2.30, C/N 4.40, MC/N 8.70, T/N 3.50, M/N 1.20, B/N 3.30, KT 1.–, WD inkl., Strom/N 3.60. In NS Ermäßigung.
CCI 10% auf P/N.

23244 Starigrad-Paklenica — HR 4030/1

»CAMPING PAKLENICA« 15.3. bis Nov.
023/209050, Fax 209073
www.bluesunhotels.com, alan@bluesunhotels.com
250 000 qm

→ Küstenstraße 2/E65 Rijeka–Zadar bei km 393 an der INA-Tankstelle abbiegen, beim Hotel Alan. ✉ ul Dr. Franje Tudmana 14.

100 m
Ebenes Wiesengelände mit Büschen und Bäumen neben dem Hotel Alan. Ort 500 m entfernt. 800 Touristenplätze.
2008: (€) (HS) P/N 6.90, K/N 3 bis 12 J. 4.50, A/N 5.90, C/N 7.50, MC/N 9.90, T/N 6.50, M/N 4.40, B/N 3.50, H/N 4.50, KT 1.–, WD und Strom (10-16 A) inkl. In NS Ermäßigung.
DCC/CCI 10% auf P/N.

23244 Starigrad-Paklenica — HR 4030/2

»CAMPING PINUS« 1.5. bis 30.9.
/Fax 023/658652
www.camping-pinus.com, info@camping-pinus.com
4000 qm

→ Küstenstraße 2/E65 Rijeka–Zadar Abf. Starigr.-Pakl. ✉ Ive Senjanina 5.

Abfallendes, parzelliertes Terrassengelände mit einzelnen Bäumen. Touristen-/Dauerstellplätze 40/10.
TAX 2005 P/N 25.–, K/N 5 bis 12 J. 13.–, A/N 17.–, C/N 25.–, MC/N 27.–, T/N 21.–, M/N 16.–, H/N 12.–, KT 7.–, WD inkl., Strom/N 17.–. In NS Erm.
DCC/CCI 10% auf P/N und St/N.

Insel Pag (Plätze HR 4050 und HR 4060)

Straßenverbindung über Posedarje, ca. 23 km vor Zadar
Fährverbindungen (ohne Gewähr)
Prizna–Zigljen (Pag) 18 bis 22x täglich
 – erste Abfahrt 00.30 Uhr
 – letzte Abfahrt 23.30 Uhr
Zigljen (Pag)–Prizna 18 bis 22x täglich
 – erste Abfahrt 00.00 Uhr
 – letzte Abfahrt 23.00 Uhr

DCC-Vertragsplatz

53291 Novalja, Insel Pag — HR 4050

»AUTOCAMP STRAŠKO« 15.4. bis Sept.
053/661380, Fax 663430
www.turno.hr, turno@turno.hr
550 000 qm

→ Fährhafen Zigljen auf die Straße Novalja–Pag. Hier rechts abbiegen und dann links zum Platz, beschildert. (GPS: 44°32'35" N / 14°53'06" E).

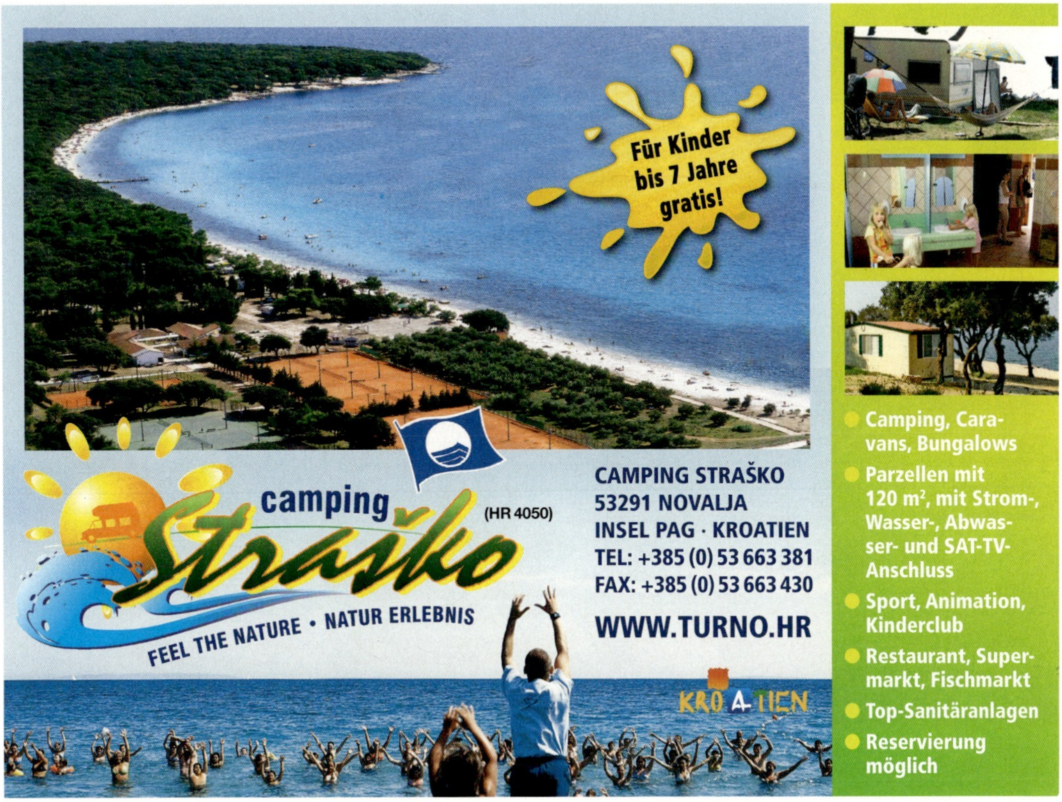

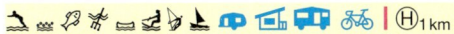

Für Kinder bis 7 Jahre gratis!
camping Straško
(HR 4050)
FEEL THE NATURE · NATUR ERLEBNIS
CAMPING STRAŠKO
53291 NOVALJA
INSEL PAG · KROATIEN
TEL: +385 (0) 53 663 381
FAX: +385 (0) 53 663 430
WWW.TURNO.HR
KROATIEN
Camping, Caravans, Bungalows
Parzellen mit 120 m², mit Strom-, Wasser-, Abwasser- und SAT-TV-Anschluss
Sport, Animation, Kinderclub
Restaurant, Supermarkt, Fischmarkt
Top-Sanitäranlagen
Reservierung möglich

Ⓗ 1 km

Weitläufiges, leicht abfallendes Wiesengelände unter Pinien, Eichen und Olivenbäumen. Stellplätze durch niedrige Natursteinmäuerchen parzelliert. Direkt am Meer gelegen und mit einem schmalen, öffentlichen Sand- und Kiesstrand (ca. 2 km). Separater FKK-Teil. Kinderwaschbecken. Internet-Cafe. Ort 2 km entfernt. 1500 Touristenplätze.
2007: (HS) (€) P/N 6.30, K/N 7 bis 12 J. 3.90, St/N 12.50/18.–, H/N 4.–, KT zuzügl., WD und Strom inkl. In NS Ermäßigung.
DCC 10% auf P/N.

✉ 23251 Šimuni, Insel Pag — HR 4060

★★ **»CAMPING ŠIMUNI«** — April bis Okt.
☏ 051/896226, **uzorit@zg.td.hr** — 200 000 qm

➔ Straße Pag–Novalja Abf. Šimuni, östlich des Ortes. Beschildert.

Ⓗ 400 m

Weitläufiges Naturgelände mit vielen Eichen und einzelnen Pinien am Meer und teilweise terrassiert am Hang. 900 m lange Badebucht mit Kiesstrand. Imbiss. Brötchenservice. Ort (Pag) 10 km entfernt. Touristen-/Dauerstellplätze 345/160.

✉ 23248 Ražanac, Dalmatien — HR 6000

20 ★★★ **»AUTOCAMP PLANIK«** — 12.4. bis 27.9.
☏ 098/272187, Fax 023/653393 — 60 000 qm
www.planik.hr, info@planik.hr

➔ Straße 2/E27 Rijeka–Zadar Abf. Posedarie in Richtung Ražanac.

Grasgelände und kiesig harter Grund. Ort 500 m entfernt. 700 Touristenplätze.
2008: (€) **(HS)** P/N 4.10, K/N 5 bis 12 J. 2.90, A/N 3.50, C/N 3.80, MC/N 7.–, T/N 2.60, M/N 2.50, B/N 2.25, H/N 2.90, KT –.55, WD inkl., Strom/N 2.20 (6-10 A). Anschlussgebühr 1.–. In NS Ermäßigung.
DCC/CCI 5% auf P/N.

✉ 23233 Privlaka — HR 6005

20 ★★★ **»CAMP MARITIME«** — 15.4. bis 15.10.
☏/Fax 023/367003 — 40 000 qm
www.camp-maritime.com, marcello-m@t-online.de

➔ Küstenstraße Zadar–Nin–Privlaka. Beschildert. (GPS: 44°15'38" N / 15°07'53" E).

Ⓗ 50 m, 100 m, 5 km, 7 km

Ebenes parzelliertes Gelände mit Schotterwegen, teilweise Pinienhochwald und einzelnen Bäume in Ortslage. An einer Bucht mit flachem Sand- und Kiesstrand. Reservierung ab 7 Nächte Aufenthalt. Imbiss. Familiäre Atmosphäre. Spielzimmer. Separater Jugendplatz. Touristen-/Dauerstellplätze 429/20.
2008: (€) **(HS)** P/N 3.20, K/N 2 bis 15 J. 1.60, St/N 6.40, B/N 3.60, H/N 2.15, KT –.75/–.37, WD zuzügl., Müllgeb. P/N –.60, Strom/N 1.80 (8 A bis 16 A). In NS Ermäßigung.

✉ 23232 Nin — HR 6020/1

45 ★★★★ **»CAMPING HOLIDAY VILLAGE ZATON«** — 1.5. bis 30.9.
☏ 023/280215 Fax 280310 — 250 000 qm
www.zaton.hr, camping@zaton.hr

➔ 16 km nordwestlich Zadar an der Straße nach Nin.

Ⓗ 2 km

Ebenes, teilweise parzelliertes Sandgelände unter Pinien. Direkt am Meer. Sandstrandbereich für Kinder aufgeschüttet. Liegewiese. Aufblasbare Spiel- und Badeinseln. Ort 2 km entfernt. 1400 Touristenplätze.
2007: (HS) (€) P/N 9.10, K/N bis 2 J. 5.10, 3 bis 12 J. 7.10, C MC-St/N 22.–, T-St/N 15.90, B/N 11.20, H/N 8.–, KT 1.–/–.80, WD und Strom (10 A) inkl. In NS Ermäßigung.
CCI 5% auf P/N.
Anzeige S. 708

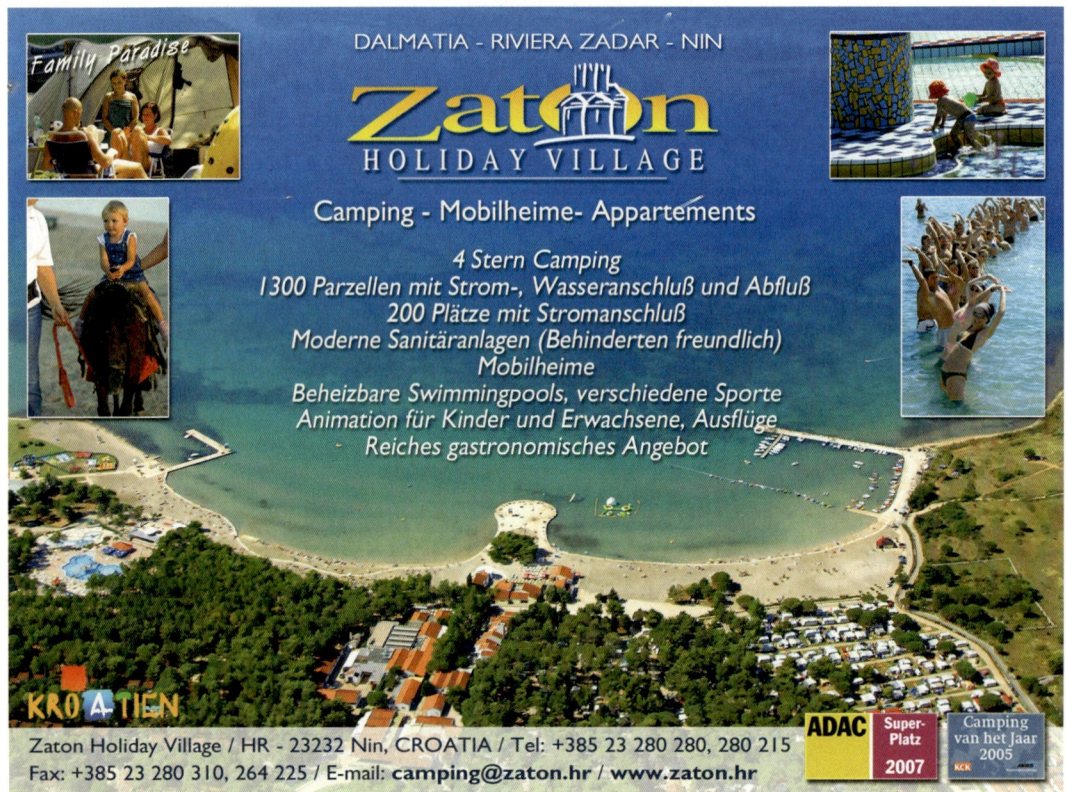

✉ 23232 Nin — HR 6020/2

★★★ »AUTOCAMP NIN« ☎ 023/264031 ⚬ Mai bis Sept. 5000 qm

→ 18 km nordwestlich Zadar. Hinter dem Ortskern Nin, beschildert.

⛺150 m 🏖300 m

Leicht abfallendes und schattenloses Wiesengelände mit schöner Aussicht. Familiäre Atmosphäre. Ort 500 m entfernt. Touristen-/Dauerstellplätze 40/15.

✉ 23000 Zadar — HR 6040/1

★★★ »AUTOCAMP BORIK« ☎ 023/332074, Fax 332065 ⚬ Mai bis Sept. 95000 qm

→ Im Ortsteil Borik, ca. 5 km nordwestlich vom Zentrum Zadar. In Borik beschildert.

300 m

Wiesengelände mit jungen Laubbäumen und hochstämmigem Föhrenwald, neben dem Strandbad am Meer. Ort 3 km entfernt. Touristen-/Dauerstellplätze 1800/600.

✉ 23000 Zadar — HR 6040/2

★★★ »NAUTIK-CAMPING ROSEMARY« ☎/Fax 023/331766, www.rosemary-hr.info, ante.dukic@rosemary-hr.info ⚬ Juni bis Okt. 10000 qm

→ Zentrum Zadar ca. 3 km in Richtung Ortsteil Borik, beschildert.
✉ Emanuel Vidovic 2. (GPS: 44°07'54" N / 15°12'36" E).

100 m

Wiesengelände am Meer mit breiten Zufahrtswegen und großen Stellflächen neben einem Hotel mit Diskothek. Wassersportmöglichkeiten. 20 Touristenplätze.

✉ 23000 Zadar — HR 6040/3

★★★ »CAMPING PUNTA BAJLO« ☎ 023/22336 ⚬ Mai bis Sept. 22000 qm

→ Umgehungsstraße 2 in Richtung Stadt abbiegen. Am Ende der Zufahrtsstraße auf einer schmalen Einbahnstraße durch einen alten Stadtteil, noch ca. 1.5 km.

Föhrenwald auf einer kleinen Halbinsel. Lange Stromkabel erforderlich. Zentrum 2 km entfernt. 250 Touristenplätze.

✉ 23312 Novigrad — HR 6045

25 ★★★ »CAMPING NOVIGRAD« ☎ 00385/23375111, 0043/6641000974, Fax 00385/23375619, www.adriasol.com, office@adriasol.com ⚬ 15.4. bis 15.10. 20000 qm

→ Straße 1/27/54 Zagreb–Zadar Abf. Posedarje in südöstl. Richtung weiter auf der Straße 8 an der Bucht entlang zum Ort. (GPS: 44°11'25" N / 15°32'50" E).

200 m

Ebenes Wiesen- und Sandgelände am Meer mit einzelnen Bäumen und flachem Kiesstrand. Ort 200 m entfernt. 50 Touristenplätze.
2008: (€) **(HS)** P/N 5.–, K/N 6 bis 14 J. 3.–, A/N 3.–, C/N 4.–, MC/N 7.–, T/N 4.–, M/N 2.–, B/N 3.10, H/N 1.–, KT zuzügl., WD inkl., Müllgeb. P/N 2.– Strom/N 3.– (16A). In NS Ermäßigung.

✉ 23207 Filip Jakov — HR 6050/1

25 ★★★ »AUTOCAMP MOČE« ☎/Fax 023/388436, www.camping-moce.com, info@camping-moce.com ⚬ 1.4. bis 30.10. 4000 qm

→ Küstenstr. 2/E27 Zadar–Sibenik. Ca. 3 km vor Biograd hinter dem Ortsschild Filip Jakov rechts abbiegen zur Ortsmitte. Dann hinter dem Hotel Mayica links abbiegen, beschildert. ✉ Put Primorja 8.
❀ Krka–Wasserfälle. Naturpark Kornaten.

Ebenes und parzelliertes Wiesengelände mit Büschen, Feigen- und Mandelbäumen am Meer. Familiäre Atmosphäre. Ort 500 m entfernt. 30 Touristenplätze.
2007: (€) (HS) P/N 5.50, K/N bis 7 J. 3.–, bis 12 J. 3.50, A/N 3.–, C T/N 5.–, MC/N 6.–, M/N 3.–, H/N 2.–, KT 1.–, WD inkl. Strom/N 3.– (16 A). In NS Erm. DCC/CCI 5% auf P/N.

✉ 23207 Filip Jakov — HR 6050/2
★★★ »AUTOCAMP FILIP« April bis Okt.
☎/Fax 023/389196 3000 qm
→ Küstenstr. 2/E27 Zadar–Sibenik. Ca. 3 km vor Biograd hinter dem Ortsschild Filip Jakov rechts abbiegen zur Ortsmitte. Dann hinter dem Hotel Mayica links abbiegen, beschildert. ✉ Put primorja 10a.
• Krka–Wasserfälle, Naturpark Kornaten.

300 m 500 m
Ebenes, parzelliertes Wiesengelände mit Büschen, Feigen-, Oliven- und Mandarinenbäumen am Meer. Familiäre Atmosphäre. Ort 400 m entfernt. 22 Touristenplätze.

✉ 23210 Biograd — HR 6060
★★★ »CAMPING SOLINE« 1.5. bis 1.10.
☎ 023/383351, Fax 384823 120 000 qm
www.campsoline.com, ilirijad@globalnet.hr
→ Str. 2/E27 Zadar–Sibenik, bei der INA–Tankstelle abbiegen. ✉ Put Solina 17.

200 m 500 m
Weitläufiges, meist ebenes Gelände in einem Kiefernhain. Haltestelle 800 m entfernt. 700 Touristenplätze.
2008: (€) (HS) P/N 7.20, K/N 2 bis 6 J. 4.30, 7 bis 12 J. 5.90, St/N 17.–, H/N, 5.–, KT 1.–, WD und Strom (16 A) inkl. In NS Ermäßigung.
CCI 5% auf P/N und St/N.

✉ 23211 Pakoštane — HR 7010/1
★★★ »CAMPING NORDSEE« April bis Nov.
☎/Fax 023/381438 10 000 qm
→ Str. 8/E65 Zadar–Sibenik Abf. ca. 2 km hinter der Abfahrt nach Crvena Luka. In südl. Richtung abbiegen und noch ca. 500 m. Beschildert.

400 m
Leicht abfallendes und durch Laubbäume parzelliertes Wiesengelände am östlichen Ortsrand. Fels- und Kiesstrand mit betonierten Liegeflächen. Deutsche Leitung. Imbiss. Zentrum 400 m entfernt. 60 Touristenplätze.

✉ 23211 Pakoštane — HR 7010/2
★★★ »CAMPING KOZARICA« April bis Sept.
☎ 023/381070; Fax 381068 2 m 65 000 qm
www.adria-more.hr, kozarica@adria-more.hr
→ Str. 8/E65 Zadar–Sibenik Abf. ca. 2 km hinter der Abfahrt nach Crvena Luka. In südl. Richtung abbiegen und noch ca. 500 m. Beschildert.

Ebenes bis leicht welliges und terrassiertes Hügelgelände in einem Pinienwald. Fels- und Kiesstrand mit betonierten Liegeflächen. Imbiss. Bar. FW. Zentrum 300 m entfernt. Touristen-/Dauerstellplätze 400/50.

✉ 23210 Vransko Jezero — HR 7020
[20] ★★★ »AUTOCAMP CRKVINE« Mai bis Okt.
☎ 023/636194, Mobil 0911893765 18 000 qm
→ E27 Zadar–Sibenik hinter Pakostane Abf. in östl. Richtung nach Vransko, beschildert.

Überwiegend ebenes und schattenloses Wiesengelände am Meer. 200 Touristenplätze.
2007: (HS) P/N 27.–, K/N bis 6 J. 10.–, 7 bis 15 J. 20.–, A/N 22.–, C/N 30.–, MC/N 28.–/55.–, T/N 23.–, M/N 15.–, H/N 15.–, B/N 20.–, KT 7.–, WD inkl. Strom/N 20.–. In NS Ermäßigung.

✉ 22213 Pirovac, Dalmatien — HR 7025
★★★ »CAMP MIRAN« Mai bis Okt.
☎ 022/467064, Fax 466803, 467022 25 000 qm
www.rivijera.hr, rivijera@si.htnet.hr
→ Küstenstraße Zadar–Sibenik, vor dem Ortsanfang Pirovac rechts abbiegen, beschildert. ✉ Zagrebacka bb.

Ferienanlage mit Bungalowsiedlung und Campingplatz gegenüber der Halbinsel Murter. Abgegrenzte Badezone, asphaltierte Hauptwege. 180 Touristenplätze.

✉ 22240 Tisno — HR 7030
★★ »AUTOCAMP JAZINA« Mai bis Sept.
☎ 022/438558, 438920, autocamp-jazina@4xmm.com 23 000 qm
→ vor der Straßenbrücke zur Insel Murter rechts abbiegen, noch 1.2 km.

Ebenes bis leicht welliges Wiesengelände in einem Olivenhain am Meer. Sand- und Kiesstrand (10 m breit, ca. 500 m lang). Ort 1 km entfernt. 250 Touristenplätze.

✉ 22242 Jezera, Insel Murter — HR 7040
[25] ★★★ »CAMPING JEZERA-LOVIŠCA« 26.4. bis 11.10.
☎ 022/439600, Fax 439215 151 000 qm
www.jezera-kornati.hr, info@jezera-kornati.hr
→ Str.2/E27 Zadar–Sibenik Abf. Pirovac der Beschilderung zur Insel Murter folgen. Ab der Brücke noch ca. 1 km. ✉ Zaratic Nr.1

500 m
Windgeschütztes Gelände am Rand eines Pinienwaldes. Ort 1 km entfernt. 1200 Touristenplätze.
2007: (€) P/N 7.40, K/N 3 bis 12 J. 5.50, C-St/N 13.–, MC/N 12.30, T-St/N 11.30, B/N 11.70, H/N 6.10, KT 1.–, WD inkl, Strom/N 3.85 (16A). DCC/CCI ab 7 Nächte 5% auf P/N.

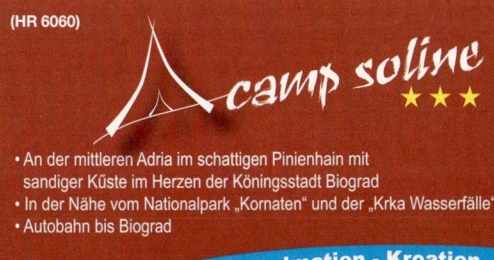

(HR 6060) camp soline ★★★
- An der mittleren Adria im schattigen Pinienhain mit sandiger Küste im Herzen der Köningstadt Biograd
- In der Nähe vom Nationalpark „Kornaten" und der „Krka Wasserfälle"
- Autobahn bis Biograd

Biograd - Dalmatien - Kroatien
KROATIEN Ilirija d.d. www.campsoline.com

NEU: MOBILHEIME
T. +385 (0)23 383 351
e-mail: ilirijad@globalnet.hr

HR

SOLARIS · ŠIBENIK · KROATIEN

INFO: Solaris d.d. Hr-22000 Šibenik, Kroatien
Tel.: 00385/22/364 000, 361 007, 361 001
Fax: 00385/22/361 800
info@solaris.hr, sales@solaris.hr • www.solaris.hr

Kroatiens einzigartiges Ferienerlebnis

Das "Auto Kamp Solaris" ist ein Teil der Solaris Tourist Siedlung und befindet sich 4 km von Šibenik und nur 4 km ab Ausfahrt der neuen Autobahn. Die National Parks "Krka Wasserfälle", "Plitvice Seen" und "Paklenica" liegen ganz in der Nähe.
Das Kamp bietet einen wunderschönen Strand, Schwimmbad für Kinder und Erwachsene, moderne Sanitär-Anlagen (Warm-/Kaltwasser), Restaurants, Pizzerias, Kaufladen und Souvenirshop.
In der Anlage des Auto Kamps befinden sich auch moderne Appartements und in der Nähe ist ein Wellness Zentrum, eines der größten in Kroatien. Im Kamp angeboten wird noch: Animationsprogramm für Kinder und Erwachsene, Kleinfussball, Sand-Volleyball, Basketball, Tennis, Bocchia, Kegelbahn, Mini-Golf, Tischtennis und Wassersport.

(HR 7060)

22244 Betina, Insel Murter — HR 7045

★★★ »AUTOCAMP MATIJA« — Juni bis Sept.
022/434795, Fax 022/434252 — 10 000 qm
www.autocamp-matija.com, nedjeljko.brkic@si.t-com.hr

→ Küstenstraße 8/E65 Abf. Dubrava Kod Tisnoga in südwestlicher Richtung zur Insel Murter. Über Ivinj und hinter Tisno über die Brücke. Dann ca. 5 km zum Westen der Insel, beschildert. ✉ P. Kresimira IV.

100 m / 1 km

Ebenes, teilweise parzelliertes und durch eine Straße zweigeteiltes Gelände unter Olivenbäumen am Meer. Zeltwiese. Reservierung empfehlenswert. Günstig für den Besuch der Nationalparks Kornati und Krka. Familiäre Atmosphäre. Hundebad. Hundeverbot für Kampfhunde. Imbiss. Bar. Brötchenservice. Grillabende. Bocciabahn. 47 Touristenplätze.
2007: P/N 38.–, K/N 6 bis 12 J. 24.–, C-St/N 65.–, MC/N 60.–, T-St/N 30.–, B/N 30.–, KT 7.–, WD inkl., Strom/N 28.–. Ab 7/20 Nächte 5/10% auf P/N.

22211 Vodice — HR 7055

★★ »CAMPING IMPERIJAL« — Mai bis Sept.
022/83128 — 15 000 qm

→ bei der Hotelsiedlung Riviera Vodice, beschildert.

Wiesengelände unter Föhren- und Olivenbäumen. Waschgelegenheiten nicht überdacht. 250 Touristenplätze.

22000 Šibenik — HR 7060

★★★ »AUTOCAMP SOLARIS-ŠIBENIK« — März bis Okt.
022/364000, Fax 361801, 361800 — 230 000 qm
www.solaris.hr

→ Straße 2/E27 ca. 3 km südlich Šibenik meerwärts abbiegen. Noch ca. 3 km, beschildert.

800 m / 3 km

Steiniges unparzelliertes Gelände im Pinienwald. Zum Strand über einige Terrassen. Kiesig, steiniger Felsstrand mit betonierten Liegeflächen und mehreren flachen Strandabschnitten. Von Dauercampern geprägt. Imbiss. Kiosk. Diskothek. Wassersportmöglichkeiten. Shuttlebus nach Šibenik. Günstig für den Besuch des Nationalparks Krka. Ort (Šibenik) 6 km entfernt. Touristen-/Dauerstellplätze 300/30.

Im Anschluss an die Ferienanlage Solaris befindet sich der **Campingplatz Zablace**.»

22202 Primošten — HR 7070

★★★★ »CAMPING ADRIATIC« — Mai bis Okt.
022/70319, Fax 70325 — 100 000 qm

→ 2 km nördlich des Ortes von der Küstenstraße zum Meer abbiegen. Auf der Halbinsel Punta Maslin.

Vom felsigen Strand ansteigender Hang mit schönem Blick auf das Meer. Unparzelliert und gepflegt. Imbiss. Ort 2 km entfernt. Touristen-/Dauerstellplätze 1000/150.

21218 Seget Donji bei Trogir — HR 7080

★★★ »CAMPING VRANJICA-BELVEDERE« — 15.4. bis 15.10.
021/894141, 798222, Fax 894151 — 70 000 qm
www.vranjica-belvedere.hr, vranjica-belvedere@st.t-com.hr

→ Str. 8/E65 Split–Šibenik Abf. ca. 5 km vor Trogir. Beschildert. ✉ Seget Vranjica bb.

200 m

Großzügiges und gepflegtes Terrassengelände. Am Strand befestigte Liegeflächen. Ort 5 km entfernt. 500 Touristenplätze.
2008: (€) **(HS)** P/N 4.93, K/N 6 bis 12 J. 3.08, A/N 3.63, C/N 4.73, MC/N 7.53, T/N 4.11, M/N 2.74, B/N 4.38, H/N 2.19, KT –.82/–.41, WD inkl., Strom/N 3.22 (16 A). In NS Ermäßigung.
CCI 5% auf St/N.

21220 Okrug Gornji bei Trogir — HR 7082

★★★ »KAMP ROŽAC« — 1.4. bis 1.11.
/Fax 021/882757 — 25 000 qm
www.camp-rozac.hr, camprozac@dalmacija.net

→ Str. 8/E65 Split–Šibenik Abf. Trogir (enge Ortsdurchfahrt) in südl. Richtung über zwei Brücken zur Insel Čiovo, beschildert

200 m / 8 km

Leicht ansteigendes, teilweise terrassiertes und teilweise parzelliertes Pinienwaldgelände, durch eine Straße zweigeteilt. Teilweise Flacher Kies-Sandstrand mit öffentlichem Badebetrieb, teilweise felsiges Ufer. In HS stark frequentiert. Reservierung empfehlenswert. Familiäre Atmosphäre. Imbiss. Bar. Pizzeria. Musikveranstaltungen. Zeltanlage. Ort (Trogir) 2 km entfernt. Touristen-/Dauerstellplätze 130/50.
2008: (€) **(HS)** P/N 4.50, K/N 5 bis 12 J. 3.80, A/N 4.80, C MC/N 6.50, T/N 4.50, M/N 2.50, B/N 10.–, H/N 2.50, KT –.82/–.62, WD inkl., Strom/N 3.50 (16 A). In NS Ermäßigung. Bei längerem Aufenthalt (7, 14 oder 21 Nächte) in NS Ermäßigung von 7, 14 oder 21%.
DCC/CCI 5% auf P/N und St/N.

21311 Stobreč bei Split — HR 7085

★★★ »CAMPING STOBREČ-SPLIT« — 1.4. bis 31.10.
021/325426, Fax 325452 — 50 000 qm
www.campingsplit.com, camping.split@gmail.com

→ A1 Sibenik–Split. Am Autobahnende bei Split auf die Straße 1/E71 und weiter in Richtung Split. An Split vorbei und noch ca. 4 km. ✉ Ul Sv. Louvre 6.

Ebenes Gelände, teilweise mit dichtem Baumbestand. Betonierte Platzstraßen und betonierte Liegeflächen am Strand. Parzellierte Touristenstellplätze. Separater Jugendplatz. Wassersportmöglichkeiten 500 m, Ort 5 km entfernt. Touristen-/Dauerstellplätze 333/333.
2007: (€) **(HS)** P/N 4.35, K/N bis 5 J. frei, J/N 2.60, A/N 3.40, C/N 4.55, MC/N 6.75, T/N 3.70, M/N 2.35, B/N 2.95, H/N 2.75, KT –.70, WD inkl., Strom/N 2.90 (16 A). In NS Ermäßigung.

DCC – DEIN PARTNER!

21310 Omiš — HR 7090

★ »CAMPING GALEB« Juni bis Sept.
☎ 021/864430, Fax 864458 90 000 qm
www.galeb.hr, galeb@st.tel.hr
→ zwischen Küstenstraße und Meer an der Ortseinfahrt aus Richtung Split.

Welliges Ufergelände mit Bäumen. Ort 500 m entfernt. 800 Touristenplätze.

21432 Stomorska — HR 8000

★★★ »MIDO-CAMP« April bis Okt.
☎/Fax 021/636103 1500 qm
→ Fähre Split–Insel Šolta. Ab Fährhafen Rogac noch ca. 10 km.

 200 m

Waldgelände an teils kiesig steinigem, teils felsigem Strand. Wassersportmöglichkeiten. Ort 100 m entfernt. 25 Touristenplätze.

Insel Brač (Plätze HR 8010, HR 8020 und HR 8025)

Fährverbindungen (ohne Gewähr)
Split–Supetar (Brač) 7 bis 14x täglich
  – erste Abfahrt 00.01 Uhr
  – letzte Abfahrt 21.00 Uhr
Supetar (Brač)–Split 7 bis 14x täglich
  – erste Abfahrt 1.30 Uhr
  – letzte Abfahrt 20.30 Uhr

21420 Bol, Insel Brač — HR 8025

★★★ »CAMPING KITO« 1.1. bis 31.12.
☎/Fax 021/635551 4000 qm
www.bolnabracu.com, kamp_kito@inet.hr
→ Straße Supetar–Nereziska. Ab Nereziska in Richtung Selca. Dann Hinweis Bol in südl. Richtung beachten. Ca. 200 m hinter dem Ortsschild Bol links zum Platz abbiegen. ✉ Bracke Ceste bb.

Ebenes bis leicht ansteigendes unparzelliertes Gelände in Meernähe. Durch viele Anpflanzungen und Weinreben aufgelockert. Reservierung erwünscht. Zeltverleih. Meer 300 m, Zentrum 400 m entfernt. 50 Touristenplätze.

21320 Baška Voda — HR 8030

★★★ »AUTOCAMP BAŠKO POLJE« Mai bis Okt.
☎ 021/612088, kamp.baskopolje@club-adriatic.hr 126 000 qm
→ Bei Km 647 von der Küstenstraße abbiegen, noch ca. 500 m.

500 m 2 km

Steiniges, zum Meer hin abfallendes Piniengelände. Ort 1 km entfernt. 3000 Touristenplätze.

DCC-Mitglieder fahren mit Auslands-Schutzpaß! und SIE?

Insel Hvar (Plätze HR 8050–HR 8060)

Fährverbindungen zur Insel Hvar (ohne Gewähr)
Split–Stari Grad (Hvar)– 3 bis 7x täglich
  – erste Abfahrt 1.30 Uhr
  – letzte Abfahrt 20.30 Uhr
Stari Grad (Hvar)–Split 3 bis 7x täglich
  – erste Abfahrt 5.30 Uhr
  – letzte Abfahrt 23.00 Uhr
Drvenik–Sućuraj (Hvar) 6 bis 12x täglich
  – erste Abfahrt 00.30 Uhr
  – letzte Abfahrt 22.30 Uhr
Sućuraj (Hvar)–Drvenik 6 bis 12x täglich
  – erste Abfahrt 00.01 Uhr
  – letzte Abfahrt 21.30 Uhr

21469 Sućuraj, Insel Hvar — HR 8050

★★ »AUTOCAMP MLASKA« 1.1. bis 31.12.
☎ 098/211997, Fax 021/773371, www.mlaska.com 15 000 qm
→ Ab Fährhafen Sućuraj ca. 5 km, beschildert.

Mit niedriegen Naturstein-Mäuerchen terrassiertes Gelände unter Pinien. Direkt am Meer. Extra FKK-Teil. Uferzone befestigt. 100 Touristenplätze.

21465 Jelsa, Insel Hvar — HR 8055/1

★★ »AUTOCAMP MINA« April bis Okt.
☎ 021/76210 20 000 qm
→ Fähre Split – Stari Grad, 10 km bis Jelsa oder ab Drvenik mit der Autofähre nach Sućuraj. Dann noch 50 km nach Jelsa.

 100 m

Terrassenanlage östlich des Ortes. In HS Sanitäranlagen nicht ausreichend. 400 Touristenplätze.

21465 Jelsa, Insel Hvar — HR 8055/2

[30] ★★★ »CAMP GREBIŠĆE« 1.5. bis 30.9.
☎/Fax 021/761191 30 000 qm
www.grebisce.hr, camp@grebisc.hr
→ Str. 116 Fährhafen Starigrad–Sućuraj Abf. Jelsa, beschildert.

 200 m

Terrassengelände unter Kiefern mit betonierten Wegen und zwei Sandstränden. Separater Jugendplatz. FW. Wäscherei. Bügelraum. Bar. Ort (Jelsa) 1.5 km entfernt. 80 Touristenplätze.
2007: (€) **(HS)** P/N 4.40, K/N 2 bis 12 J. 3.–, St/N 10.60 bis 26.–, WD inkl., Strom/N 2.–. In NS Ermäßigung.

21460 Stari Grad, Insel Hvar — HR 8060

★ »CAMPING JURJEVAC« Mai bis Sept.
☎ 021/765866, Fax 765128, hoteli-helios@st.htnet.hr 50 000 qm
→ Autofähre von Split zum Fährhafen Stari Grad.

150 m

Föhrenwald in Hafennähe. Ort 500 m entfernt. 200 Touristenplätze.

(HR 7085)

Camping Stobreč-Split
Sv. Lovre 6
21 000 Split / Stobreč
Hrvatska

tel: + 385 21 325 426
fax: + 385 21 325 452

www.campingsplit.com
camping.split@gmail.com

Harmonie der Natur, Kultur und des Vergnügens

KROATIEN

✉ 21450 Hvar, Insel Hvar — HR 8065

★★★ »AUTOCAMP VIRA« — Mai bis Okt.
☎ 021/741803, Fax 750751 — 116 000 qm
www.suncanihvar.com, viracamp@suncanihvar.com

→ Autofähre von Split zum Fährhafen Stari Grad. Ab hier weiter in westl. Richtung über Selca, Velo Grablje und Brusje nach Hvar. Von dort ca. 4 km in nordwestl. Richtung nach Vira.

Terrassiertes, teilweise parzelliertes und zum Meer abfallendes Wiesengelände mit vielen Bäumen beim dazugehörigen Hotel. 100 m langer flacher Kiesstrand. Ort 4 km entfernt. 170 Touristenplätze.

✉ 21334 Zaostrog — HR 8070

★★ »CAMPING DALMACIJA« — März bis Okt.
☎/Fax 021/629300 — 14 000 qm
www.zaostrog.net, info@zaostrog.net

→ zwischen Küstenstraße und Strand. Schwierige Zufahrt für Caravans.

Terrassenplatz unter Olivenbäumen am Meer. 100 Touristenplätze.

Halbinsel Pelješac (Plätze HR 8090–HR 9050)

Fährverbindungen zur Halbinsel Pelješac (ohne Gewähr)
Ploče–Trpanj (Pelješac) 4 bis 7x täglich
– erste Abfahrt 5.00 Uhr
– letzte Abfahrt 20.00 Uhr
Trpanj (Pelješac)–Ploče 4 bis 7x täglich
– erste Abfahrt 6.15 Uhr
– letzte Abfahrt 21.00 Uhr

✉ 20230 Ston, Pelješac — HR 8090

★★★ »AUTO-CAMP PRAPRATNO« — Mai bis Sept.
☎ 020/754000, Fax 754344, 356161 — 45 000 qm
www.duprimorje.hr, dubrovacko-primorje.dd@inet.hr

→ Jadranska Magistrale Abf. ca. 3 km südlich Mali Voz dann durch Ston, noch ca. 3 km.

Gelände in einem Olivenhain und am Meer mit felsig-steinigem Strand. Ort 4 km entfernt. 500 Touristenplätze.

✉ 20240 Trpanj, Pelješac — HR 9030

[20] ★★★ »CAMPING VRILA« — 1.1. bis 31.12.
☎ 098/225675, Fax 020/743700, jebemest@net.hr — 5000 qm

→ Straße–Ston–Janija–Trpanj. Beschildert.

Ebenes Wiesengelände mit Pinien am Meer. Ort 1 km entfernt. 30 Touristenplätze.
2007: (€) **(HS)** P/N 4.–, K/N 7 bis 12 J. 3.–, A/N 2.–, C MC/N 4.–, T/N 2.–, M/N 1.–, KT 1.–, WD inkl., Strom/N 2.– (16 A). In NS Ermäßigung.
DCC/CCI 10% auf P/N.

✉ 20250 Orebič, Pelješac — HR 9040

[20] ★★★ »CAMPING GLAVNA PLAŽA« — 1.6. bis 1.10.
☎ 020/713399, Fax 713390 — 2000 qm
www.glavnaplaza.com, info@glavnaplaza.com

→ Ab Fährhafen Orebič in südlicher und dann in östlicher Richtung bis zum Ort. Beschildert. ✉ K. Domagoja 49.

Parzelliertes und sandiges Gelände mit Bäumen am Sand-/Kiesstrand und an der Promenade. FW. Ort 400 m entfernt. 25 Touristenplätze.
2008: (€) **(HS)** P/N 3.50, K/N bis 18 J. 2.08, A/N 2.78, C MC/N 3.10, T/N 3.55, M/N 2.08, KT –.97, WD inkl., Strom/N 4.17 (16 A).

✉ 20267 Kučište, Pelješac — HR 9050

[25] ★★★ »CAMPING PALME« — 1.1. bis 31.12.
☎/Fax 020/719164 — 13 000 qm
www.kamp-palme.com, info@kamp-palme.com

→ ab Fährhafen ca. 3.5 km nach Kučište.

Kiesgelände mit einzelnen Bäumen und 200 m langem eigenem Strand

sunčani hvar hotels
creating sunsational experiences every day (HR 8065)

Ich bin Naturliebhaber! Und glauben Sie mir eins, es gibt keinen besseren Ort um die Sonne, das Meer und die bezaubernde Schönheit von Hvar zu genießen!

Camp Vira, Sunčani Hvar Hotels
Dolac br., 21450 Hvar

Für Reservierungen kontaktieren Sie uns unter: +385(0)21 718 063; +385(0)21 717 446 viracamp@suncanihvar.com oder setzen Sie sich mit Ihrem Reisebüro in Verbindung.
Für weitere Informationen besuchen Sie uns im Internet: www.suncanihvar.com

neben dem Hotel Komodor. Ort 1 km entfernt. 130 Touristenplätze.
2008: (€) **(HS)** P/N 4.85, K/N 5 bis 12 J. 2.95, A/N 4.15, C/N 5.95, MC/N 7.55, T/N 4.65, M/N 2.50, H/N 2.–, KT –.55, WD inkl. Strom/N 3.25. In NS Ermäßigung.
DCC 4% auf P/N.

Insel Korčula (Plätze HR 9060 und HR 9065)

Fährverbindungen zur Insel Korčula (ohne Gewähr)
Orebič–Dominče (Korčula)   Bis 17x täglich
– erste Abfahrt 00.30 Uhr
– letzte Abfahrt 22.30 Uhr
Dominče (Korčula)–Orebič – Bis 17x täglich
– erste Abfahrt 00.00 Uhr
– letzte Abfahrt 22.00 Uhr

✉ 20260 Korčula, Insel Korčula   HR 9060
★★ »AUTOCAMP KALAC«   Mai bis Sept.
☎ 020/711182, 711746   28 000 qm
➔ Ab Fährhafen ca. 1 km, beschildert.

Ebenes, teilweise terrassiertes Gelände in einem Pinienwald und am Meer. Ort 300 m entfernt. 200 Touristenplätze.

✉ 20270 Vela Luka, Insel Korčula   HR 9065
★ »CAMPING MINDEL«   1.1. bis 31.12.
☎ 020/812494, 098/1636409, www.mindel.hr   20 000 qm
➔ Ab Fährhafen ca. 5 km, beschildert.
☼ Grotte Vela Spilja.

Kies und Sand-Gelände. Durch Oliven- und Mandelbäumen teilweise beschattet. Ort 6 km entfernt. 150 Touristenplätze.

✉ 20233 Trsteno   HR 9068
★ »CAMPING TRSTENO«   April bis Nov.
☎ 020/751060, Fax 751010   50 000 qm
www.trsteno.hr, camping-trsteno@st.hr
➔ Straße 8 Split-Dubrovnik Abf. Trsteno, beschildert.
☼ Botanischer Garten.

Unparzelliertes Terrassengelände am Hang mit einzelnen Bäumen in Meernähe. Imbiss. Meer 2 km entfernt. 100 Touristenplätze.

✉ 21331 Zivogosce   HR 9075
★★ »AUTOCAMP DOLE«   Mai bis Sept.
☎ 021/628749, Fax 628750   70 000 qm
www.hotelizivogosce.com, hoteli-zivogosce@st.htnet.hr
➔ E65 Split–Dubrovnik Abf. Zivogosce.

Terrassenplatz mit Bäumen zwischen Küste und Straße. Eigener Kiesstrand. Boccia. Ort 500 m entfernt. 800 Touristenplätze.

✉ 20000 Dubrovnik   HR 9080
★★★ »CAMPING SOLITUDO«   April bis Nov.
☎ 020/448686, Fax 448688   15 000 qm
www.babinkuk.com, sales.department@babinkuk.com
➔ Dubrovnik auf die Halbinsel Lapad. Bei Babin Kuk in westl. Richtung zum Hotel Dubrava, beschildert. ✉ Vatroslava Lisinskog 17.

150 m (H) 170 m

Abfallendes, teilweise terrassiertes Gelände mit unterschiedlichen Bäumen neben einem Hotel. Günstig für den Stadtbesuch. 220 Touristenplätze.

Jahres-Öffnungszeiten
werden uns von den Platzhaltern gemeldet. Sie bemühen sich, die Zeiten einzuhalten. Je nach Wetterlage sind aber spätere Öffnungs- und frühere Schließungszeiten möglich.

ITALIEN

Übersichtskarte S. 714/715, 717, 725, 735, 745
Besondere Vorschriften und Regelungen

Personaldokumente: Bei einem Aufenthalt bis zu 90 Tagen benötigen Sie einen gültigen Personalausweis oder Reisepass. Für Kinder unter 16 Jahren ist ein Eintrag im Familienpass oder ein Kinderausweis notwendig. In diesem muss die Nationalität »Deutsch« vermerkt sein.

Impfbescheinigungen: Werden nicht verlangt.

Dokumente für Haustiere: Für Hunde und Katzen ist der »EU-Heimtierpass« mitzuführen. Er wird von behördlich ermächtigten Tierärzten ausgestellt. Der Pass muss Name und Anschrift des Besitzers enthalten und dem Tier eindeutig zugeordnet werden können; d.h. die Passnummer, die eine Identifizierung ermöglicht, wird dem Tier eintätowiert oder durch einen Mikrochip implantiert. Ein gültiger Tollwutimpfschutz muss ebenfalls im Pass nachgewiesen werden. Die letzte Impfung muss mindestens 30 Tage zurückliegen und darf höchstens 12 Monate vor der Einreise erneuert worden sein. Bei Tieren, die regelmäßig (einmal pro Jahr) geimpft werden, entfällt die 30-Tage-Frist. Für Hunde sind Maulkorb und Leine mitzuführen. Spezielle Auskünfte erteilt die Italienische Botschaft, Hiroshimastraße 1, 10785 Berlin, Tel. 030/25 44 00, Fax 030/25 44 01 20.

Kfz: Nationaler Führerschein und Nationale Zulassung sind ausreichend. Das Nationalitätszeichen »D« muss am Fahrzeug und am Anhänger angebracht oder im Nummernschild enthalten sein. Wird das Fahrzeug vom Eigentümer nicht selbst benutzt, muss der Fahrer im Besitz einer Benutzungsvollmacht des Eigentümers sein. Die Mitnahme der »Internationalen Grünen Versicherungskarte« wird dringend empfohlen. Bei evtl. Schadensfällen oder Polizeikontrollen wird sie oft verlangt. Für die Zeit des Aufenthaltes sollte unbedingt eine Kurzkaskoversicherung abgeschlossen werden.

Verkehrsvorschriften: Straßenbahnen und Linienbusse haben grundsätzlich Vorfahrt. Beim Überholen außerhalb geschlossener Ortschaften muss geblinkt werden. Wir empfehlen, das Abblendlicht immer eingeschaltet zu lassen. Privates Abschleppen auf der Autobahn ist verboten. Es sind nur akustische Warnsignale erlaubt, Lichtsignale sind verboten. Dachlasten und Ladungen, die nach hinten über das Fahrzeug hinausragen, müssen mit einer 50x50 großen rot-weiss-gestreiften Warntafel gekennzeichnet sein. Es besteht Anschnallpflicht. Bleibt ein Auto wegen einer Panne/Unfall liegen, ist es in Italien gesetzlich vorgeschrieben, dass jede Person, die den Wagen verlässt, eine Warnweste tragen muss. Promillegrenze 0,5.

Straßengebühren: Bei Benutzung von Autobahnen wird eine Gebühr erhoben, die mit allen gängigen Kreditkarten entrichtet werden kann.

Tempolimits: Innerorts: Pkw/Gespanne 50 km/h, Landstraßen: Pkw/Gespanne 90/70 km/h, Autobahnen: Pkw/Gespanne 130/80 km/h.

Telefon: Deutschland–Italien: 0039, dann Durchwahl mit der ersten Null der Ortsnetzkennzahl. Italien–Deutschland: 0049 ohne die erste Null der Ortskennzahl.

Unfallnotruf: Polizei: 112, Rettungsdienst: 118. Pannenhilfe landesweit: (vom Fest- und Mobilnetz) 800 116 800. ADAC-Notrufstation: (deutschsprachig) Tel. 02/66 15 91.

Devisen: Für die Ein- und Ausfuhr von Landes- und Fremdwährungen bestehen keine Beschränkungen. Deklaration von Fremd- und Landeswährung ist beim ital. Grenzzollamt erforderlich, wenn der Gegenwert von € 10.000.– überschritten wird.

Camping: Italien verfügt über ca. 2000 Campingplätze. Während der Hauptreisezeit sind die Campingplätze in den touristisch interessanten Gebieten sehr stark frequentiert und oftmals überbelegt. Rechtzeitige Reservierung ist ratsam. Lebensmittelgeschäfte und Restaurants auf den Campingplätzen sind meist nur in der Saison bewirtschaftet. Die bei den nachstehend beschriebenen Campingplätzen genannten Öffnungszeiten basieren auf den Angaben der Campingplatzhalter. Die Erfahrung zeigt jedoch, dass man sich nicht immer darauf verlassen kann. Wenn Sie außerhalb der Saison unterwegs sind, empfiehlt es sich vor dem Besuch eines Campingplatzes dort anzurufen. Bereits bezahlte Platzgebühren werden bei Nichtbenützung einbehalten. Das Gleiche gilt für reservierte und nicht benützte Stellplätze.
Die Mitnahme des Internationalen Campingausweises (Camping Card International) ist empfehlenswert, da dieser auf sehr vielen Plätzen verlangt wird und auch als Legitimation anstelle des Personalausweises anerkannt wird. Für den Campingplatzhalter ist der Ausweis wichtig, weil er der Nachweis einer Camping-Haftpflichtversicherung ist.
Camper, die ihren Hund mitnehmen wollen, sollten beachten, dass auf sehr vielen Campingplätzen in Italien Hundeverbot besteht. An allen öffentlich genutzten Badestränden besteht ein generelles Hundeverbot. Freies Campen ist nicht gestattet. Aus Sicherheitsgründen wird dringend empfohlen, grundsätzlich offizielle und bewachte Campingplätze aufzusuchen. Einmaliges Übernachten auf ausgewiesenen Park- oder Rastplätzen ist erlaubt. Die Stromspannung ist in der Regel auf 110 bis 220 Volt (Rom 125 oder 220 V, Mailand 220 V) ausgelegt. Die in Deutschland üblichen Schukostecker können nicht verwendet werden, daher ist die Mitnahme eines Adapters zu empfehlen. Camping-Gas ist fast überall in der blauen Flasche erhältlich.

Fortsetzung S. 716

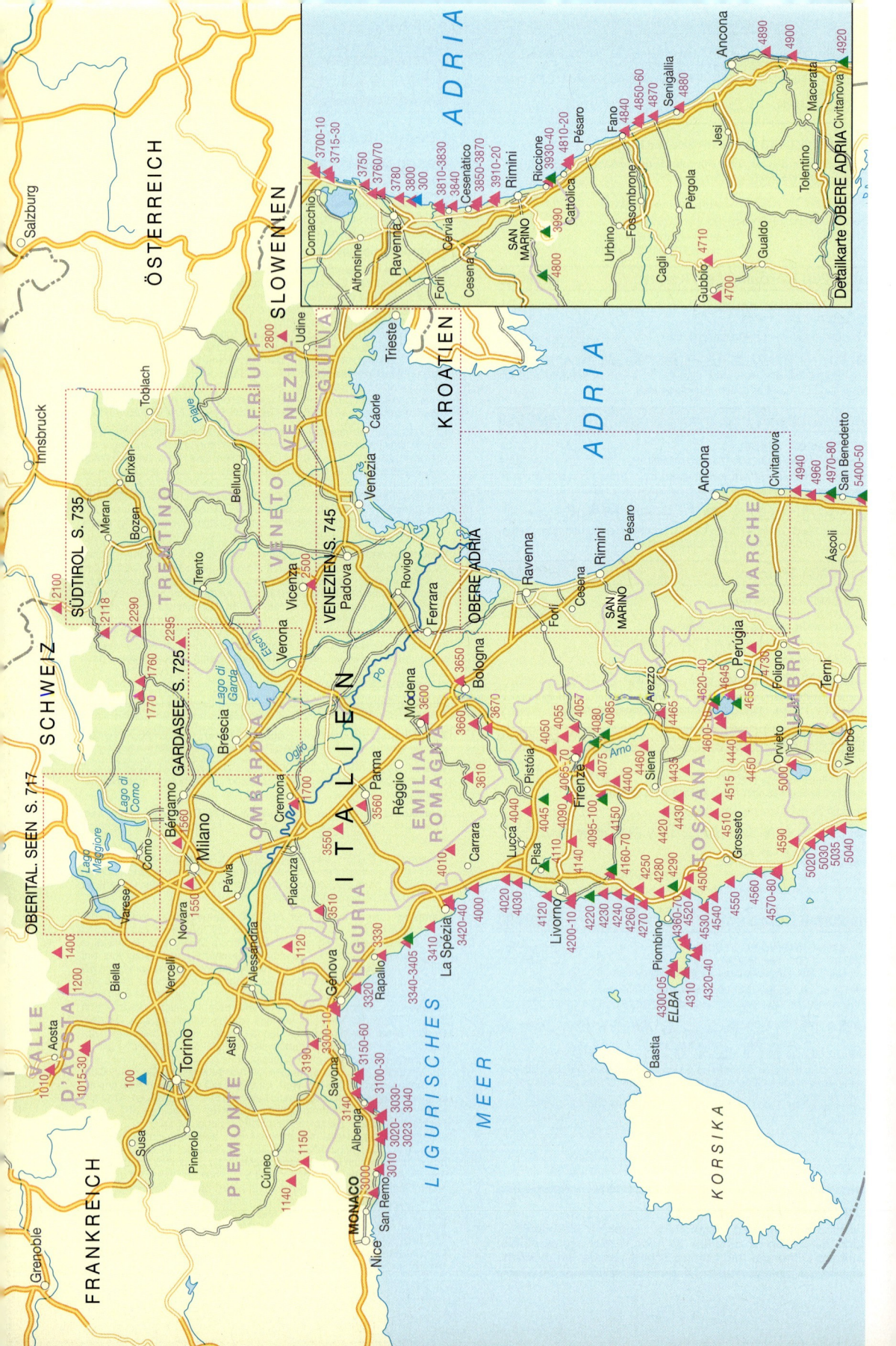

Wassersport: Für die vorübergehende Einfuhr von Wasserfahrzeugen (ohne Motor bis 5.50 m) bestehen keine Beschränkungen. Grenzdokumente sind nicht erforderlich. Für deutsche Bootsführer besteht Führerscheinpflicht nach den deutschen Bestimmungen.

Allgemeine Informationen:

D-10117	**Berlin**, Staat. Ital. Fremdenverkehrsamt -Enit-Friedrichstraße 187, Kontorhaus Mitte, 5. Stock Tel. 030/24 78 398, Fax 030/24 78 399 Tel. 00800-0048 25 42 (gebührenfrei) www.enit.de, Enit-berlin@t-online.de	
D-60329	**Frankfurt/M.**, Staat. Ital. Fremdenverkehrsamt -Enit-Kaiserstr. 65, Tel. 069/23 74 34, Fax 069/23 28 94 Tel. 00800-00 48 25 42 (gebührenfrei) www.enit.de, Enit.ffm@t-online.de	
D-80333	**München**, Staatl. Ital. Fremdenverkehrsamt - Enit-Lenbachplatz 2, Tel. 089/53 13 17, Fax 089/53 45 27 Tel. 00800-00 48 25 42 (gebührenfrei) www.enit.de, enit-muenchen@t-online.de	

Vertretung der Bundesrepublik Deutschland:

I-00185	**Rom**, Deutsche Botschaft Via San Martino della Battaglia 4 Tel. 0039 06/49 21 31 Konsularreferat Fax 0039 06/49 21 33 20 www.rom.diplo.de info@rom.diplo.de	

Ausführliche Einreisebestimmungen mit detaillierten Angaben zu den Themen Reisedokumente, Zoll- und Devisenbestimmungen, Reisen mit dem Kraftfahrzeug, Camping, Wassersport und der Aufenthalt im Urlaubsland sind bei der Touristik-Abteilung des DCC gegen Rückporto erhältlich.

Campingplätze:

TAX-Angaben in EURO.
Bei TAX-Angaben mit der Vorjahreszahl muss eventuell mit einer Anhebung der Gebühren für das laufende Jahr gerechnet werden. Außerdem können sich die angegebenen Öffnungszeiten verändert haben und es ist möglich, dass angegebene Ermäßigungen nicht mehr gewährt werden.

✉ 11010 Sarre, Aosta — I 1010/1

★★★ »CAMPING MONTE BIANCO« — 1.4. bis 30.9.
☎ 0165/257523, Fax 257275   630 m   7500 qm
www.campingmontebianco.it, info@campingmontebianco.it

→ Straße Aosta–Margex, ca. 4 km westlich Aosta. ✉ Fraz. St. Maurice, 15.

Wiesengelände in einem Obstgarten. Durch Hecken unterteilt. Ort 500 m entfernt. 70 Touristenplätze.
2008: P/N 5.–, K/N 4 bis 10 J. 3.70, A/N 3.–, C T/N 4.50, MC/N 6.50, M/N 2.20, WD –.50, Strom/N 2.50 (6 A).

✉ 11010 Sarre, Aosta — I 1010/2

★★★ »CAMPING INT. TOURING« — 15.5. bis 20.9.
☎/Fax 0165/257061   630 m   60000 qm
www.campingtouring.com, campingtouring@libero.it

→ Straße Aosta–Margex, in Sarre beschildert. ✉ Arensod n. 66.

Pinienhaingelände. Ort 500 m entfernt. Touristen-/Dauerstellplätze 250/10.
2007: P/N 6.30, K/N 4 bis 10 J. 4.20, A/N 4.30, C T/N 5.60, MC/N 8.50, M/N 2.–, WD inkl., Strom/N 2.50 (3 bis 6 A), Anschlussgeb. 2.50.

✉ 11012 Lillaz, Aosta — I 1015

★★★ »CAMPING AL SOLE« — 1.1. bis 31.12.
☎ 0165/74237   1600 m   6000 qm
campingalsole@interfree.it

→ SS26 Aosta–Sarre, hier abbiegen auf die SR47 in das Valle di Cogne, in Lillaz beschildert. ✉ Frazione Lillaz, 129.

Wiesengelände am Talende mit Blick auf die Gran Paradiso Gruppe. Ort 3 km entfernt. Touristen-/Dauerstellplätze 74/45.

✉ 11012 Valnontey di Cogne, Aosta — I 1030

★★★ »CAMPING LO STAMBECCO« — Mai bis Sept.
☎ 0165/74152, Fax 749213   1670 m   20000 qm
www.campinglostambecco.com, campinglostambecco@tiscali.it

→ SS26 Aosta–Sarre, hier abbiegen auf die SR47 in das Valle di Cogne. ✉ Loc. Valnontey, 7.

An einem Berghang gelegene Almwiese. Terrassiert und mit Nadelbäumen durchsetzt. Separate Pkw-Abstellung. Ort 2 km entfernt. Touristen-/Dauerstellplätze 125/25.

✉ 15050 Garbagna (Alessandria), Piemonte — I 1120

★★ »CAMPING E MAIEU« — April bis Sept.
☎ Mobil 3391466287   293 m   25000 qm
www.camping.it/piemonte/emaieu, emaieu@camping.it

→ A7 Milano–Genua, Abf. Tortona Richtung Garbagna. Durch die Ortsmitte zum Campingplatz. Beschildert. ✉ Strada Ramero, 8.

Terrassiertes und teilweise parzelliertes Wiesengelände mit altem Baumbestand. Ruhiger Naturpark mit familiärer Atmosphäre am Waldrand. FW. Nur kleine Hunde erlaubt. Ort 300 m entfernt. Touristen-/Dauerstellplätze 20/5.

✉ 12010 Entráque, Piemonte — I 1140

★★★ »CAMPING VALLE GESSO« — 1.1. bis 31.12.
☎/Fax 0171/978247   900 m   33000 qm
www.campingvallegesso.com, info@campingvallegesso.com

→ A6/E717 Torno–Savona Abf. Mondovi, weiter auf SS564 Richtung Cuneo. Dann auf die SS20 Richtung franz. Grenze und über Valdieri nach Entráque. Beschildert. ✉ Strada Provinciale per Valdieri, 3.

Ebenes Gelände unter Bäumen und in der Nähe des Flusses. Ort 500 m entfernt. Touristen-/Dauerstellplätze 140/89.

✉ 12015 Limone, Piemonte — I 1150

★★ »CAMPING LUIS MATLAS« — 1.1. bis 31.12.
☎/Fax 0171/927565   1010 m   15000 qm

→ Straße Cuneo–Nice, am Nordende von Limone. ✉ Corso Torino, 39.

Übernachtungsplatz. 10 Tg. im März und 20 Tage im Okt. geschlossen. Ort 400 m entfernt. Touristen-/Dauerstellplätze 10/100.
2007: P/N 5.50, K/N 4 bis 12 J. 4.–, C MC-St/N 6.50, T-St/N 4.–, H/N 2.–, WD –.80, Strom/N 2.50 oder kWh –.45, Anschlussgeb. 2.50.

✉ 13020 Riva Valdóbbia, Vercelli — I 1200

★★★ »CAMPEGGIO ALAGNA« — 1.1. bis 31.12.
☎ 0163/922947, Fax 922975   1100 m   16000 qm
www.campeggioalagna.it, info@campeggioalagna.it

→ SS299 südlich von Alagna. ✉ Loc. Miniera, 3.

Gelände unter Bäumen unterhalb des Monte Rosa Massivs. Ort 500 m entfernt. Touristen-/Dauerstellplätze 40/80.
2008: P/N 4.75, K/N bis 10 J. 2.75, C-St/N 6.75, MC/N 5.75, T-St/N 4.75, WD und Strom (6 A) inkl.

DCC – DEIN PARTNER!

Treffpunkt der Camping-Touristen auf der Fahrt nach Süden und auf der Rückreise:

DCC-Campingpark „Kehl-Straßburg" an der Europa-Brücke!

Besuchen Sie uns – vielleicht bleiben Sie länger als sie vorhatten.
(Beschreibung im Deutschlandteil Nr. 7605, Seite 220 und 223)

✉ 28016 Orta San Giulio, Lago d'Orta, Novara I 1310

★★★★ »CAMPING ORTA« ⚬ 1.1. bis 31.12.
☏/Fax 0322/90267 40 000 qm
www.campingorta.it, info@campingorta.it
➔ SS229 Omegna–Gozzano, in Orta beschildert. ✉ Domodossola, 28. (GPS: 8°25'12" N / 45°48'00" E).

Zweigeteilte Anlage beiderseits der Uferstraße. Oberer Teil in Terrassen. Autovermietung. Ort 1 km entfernt. Touristen-/Dauerstellplätze 70/70.

✉ 28028 Pettenasco, Lago d'Orta, Novara I 1320

★★★ »CAMPING PUNTA DI CRABBIA« ⚬ 1.1. bis 31.12.
☏/Fax 0323/89117 20 000 qm
www.campingpuntacrabbia.it, infotiscali@campingpuntacrabbia.it
➔ SS229 Omegna–Gozzano bei km 48,5.

Schöne Terrassenanlage mit asphaltierten Wegen oberhalb der Uferstraße. Blick über den See. Zum Strand über die Straße. Bootsrundfahrten. Ort 1.5 km entfernt. Touristen-/Dauerstellplätze 40/105.

✉ 28053 Castelletto Ticino, Lago Magg. I 1330

30 ★★★ »CAMPING ITALIA LIDO« ⚬ 1.3. bis 31.10.
☏/Fax 0331/923032 30 000 qm
www.campingitalialido.it, campingitalialido.campin@tin.it
➔ SS33 Arona–Sesto Calende. Beschildert. ✉ Via Cicognala, 104.

⎯ S ⎯ S 300m (H) 1km

Leicht welliges Wiesengelände mit Laubbäumen am See. Separate Pkw-Abstellung. Ort 2 km entfernt. Touristen-/Dauerstellplätze 55/130.
2007: P/N 5.10, K/N bis 3 J. frei, C MC-St/N 11.70, B/N 4.60, H/N 3.90, WD zuzügl., Strom/N 2.50. CCI 5-10% Ermäßigung.

✉ 28040 Dormelletto, Lago Magg., Novara I 1340/1

35 ★★★★ »CAMPING LAGO AZZURRO« ⚬ 1.1. bis 31.12.
☏/Fax 0322/497197 25 000 qm
www.campinglagoazzurro.it, info@campinglagoazzurro.it
➔ SS33 Stresa–Arona und weiter Richtung Sesto Calende. ✉ Via Enrico Fermi, 2.

(H) 3,5 km

Teilweise leicht abfallendes Gelände unter Pappeln. Eigener Sandstrand. Ort 3 km entfernt. Touristen-/Dauerstellplätze 90/120.
2008: (HS) P/N 7.50, K/N 2 bis 8 J. 4.50, C-St/N 10.50, MC-St/N 11.50, B/N 3.50, H/N 4.–, WD –.60, Strom/N 3.– (3 A). Schwimmbad inkl. DCC/CCI Ermäßigung. In NS Ermäßigung.

✉ 28040 Dormelletto, Lago Magg., Novara I 1340/2

40 ★★★ »CAMPING LAGO MAGGIORE« ⚬ 19.3. bis 30.9.
☏ 0322/497193, Fax 498600 50 000 qm
www.lagomag.com, info@lagomag.com
➔ SS 33 Stresa–Arona, weiter Richtg. Sesto Calende. ✉ Via Leonardo da Vinci, 7. (GPS: 45°44'01" N / 08°34'39" E).

(H) 100 m

Ebenes Wiesengelände mit Laubbäumen. Durch Sträucher unterteilt. Geschotterte Wege. Separate Pkw-Abstellung. Bungalowanlage. Öffentlicher Strand, vom Platz aus zugänglich. Offenes Sanitär. Ort 3 km entfernt. Touristen-/Dauerstellplätze 100/200.
2007: (HS) P/N 8.50, K/N 2 bis 6 J. 5.–, St/N 14.–, M/N 3.–, B/N 6.–, H/N 5.–, WD zuzügl., Strom/N 3.– (6 A). In NS Ermäßigung.

✉ 28040 Dormelletto, Lago Magg., Novara I 1340/3

55 ★★★ »CAMPING LIDO HOLIDAY INN« ⚬ 1.4. bis 31.3.
☏/Fax 0322/497047 35 000 qm
www.campingholidayinn.com, info@campingholidayinn.com
➔ SS33 Stresa–Arona und weiter Richtung Sesto Calende. ✉ Via Marco Polo, 1.

(H) 200 m

Ebenes, parzelliertes Wiesengelände mit Laubbäumen direkt am See. Separate Pkw-Abstellung. Ort 2 km entfernt. Touristen-/Dauerstellplätze 110/50.
2007 (HS): P/N 12.–, K/N bis 8 J. 6.–, St/N 20.–, M/N 4.–, B/N 20.–, H/N 10.–, WD inkl., Strom/N 5.– (3 A). In NS Ermäßigung.

LAGO AZZURRO CAMPING

GANZJÄHRIG GEÖFFNET
(I 1340/1)

VIA ENRICO FERMI · I-28040 DORMELLETTO (NOVARA)
TEL. UND FAX 0039 0322497197 · FUNKMOBIL 0039 347 9057827 - 335 5447599
HTTP: WWW.CAMPINGLAGOAZZURRO.IT
E-MAIL: INFO@CAMPINGLAGOAZZURRO.IT

MAXICARAVAN ANGEBOT
Vom September 2007 bis Juni 2008
7 Nächte = 6 Nächte / 14 Nächte = 11 Nächte

Der Campingplatz ist ideal für Ihren Urlaub zu jeder Jahreszeit, direkt am See gelegen mit eigenem Sandstrand. Er verfügt über ruhige, schattige Plätze im Grünen und bietet verschiedene Unterhaltungsmöglichkeiten: großes Schwimmbad mit Rutschbahn, Mini-Fußballplatz mit Grasboden, Tennisplatz mit Gras und Sand, Beachvolley, Tischtennis, erneuerter Kinderspielplatz, Erwachsenen- und Kinderanimation, Videogames. Idealer Ausgangspunkt für Ausflüge (auch mit dem Boot) zu den Sehenswürdigkeiten des Lago Maggiore. Restaurant, Bar und Pizzeria mit Steinofen komplett renoviert. Des weiteren gibt es einen Minimarkt, Garküche, Sat-TV, Telefonzellen, Faxdienst, Zeitungskiosk und Tabakladen. Die Sanitäranlagen mit Warmwasserduschen sind völlig renoviert und es gibt behinderten Toiletten. Außerdem stehen Waschmaschinen und Bügelplatz zur Verfügung. **Maxicaravan für max. 7 Personen mit Bad, Klimaanlage und Satellit-TV.**

NEUE SANITÄRANLAGEN

CAMPING SMERALDO ★★★ DORMELLETTO

SS. Sempione Km 61
Corso Cavour 131 • I-28040 Dormelletto (Novara)
Tel. 0039/0322497031 • Fax 0039/0322497031   (I 1340/4)
www.camping-smeraldo.com • info@camping-smeraldo.com

Herzlich und sympathisch sind zwei Adjektive, die genau beschreiben was Sie in unserem grünen und ruhigen Park erwarten. Das Camping besitzt einen Tennisplatz, einen Volleyballplatz sowie ein Tischtennisspiel. Wer gerne Wassersport treibt findet bei uns Wasserski, Segelschule oder kann an einen Schwimmkurs teilnehmen. Nicht weit von unserem Camping entfernt befinden sich verschiedene Reitplätze mit einmalige Ausflugsmöglichkeiten. Das Camping ist Ausgangspunkt für herrliche Ausflüge an den Lago Maggiore oder Lago d'Orta und ist leicht zu erreichen von der Ausfahrt Castelletto Ticino der Autobahn A26.

NEU 2007: SCHWIMMBAD

✉ **28040 Dormelletto,** Lago Magg., Novara **I 1340/4**

★★★ »CAMPING SMERALDO« ⚷ März bis Ende Okt.
☎ /Fax 0322/497031   24 000 qm
www.camping-smeraldo.com, info@camping-smeraldo.com
→ SS 33 Stresa–Arona, weiter Richtung Sesto Calende. ✉ Via Cavour, 131.

Ebenes, parzelliertes Gelände zwischen Straße und See. Ort 500 m entfernt. Touristen-/Dauerstellplätze 40/125.

✉ **28040 Dormelletto,** Lago Magg., Novara **I 1340/5**

[35] ★★★ »CAMPING RÖSE« ⚷ 1.3. bis 10.10.
☎ 0322/497979, Fax 498970   17 000 qm
www.campingrose.it, info@campingrose.it
→ SS33 Stresa–Arona, weiter Richtung Sesto Calende. ✉ Via E. Fermi, 3.

Leicht welliges, parzelliertes Wiesengelände am See. Imbiss. Ort 2 km entfernt. Touristen-/Dauerstellplätze 25/95.
2008: (HS) P/N 6.50, K/N bis 4 J. 3.50, bis 10 J. 4.50, A/N 4.50, C T/N 6.50, MC/N 11.–, M/N 3.50, B/N 4.50, H/N 5.–, WD zuzügl., Strom/N 2.50 oder kWh –.30 (6 A). In NS Ermäßigung.

✉ **28040 Solcio di Lesa,** Novara   **I 1350**

Abfahrt

★★★ »CAMPING SOLCIO« ⚷ März bis Okt.
☎ 0322/7497, Fax 7566   200 m   15 000 qm
www.campingsolcio.com, info@campingsolcio.com
→ SS 33 Stresa–Arona. Hier abfahren durch den Ort zum See. Beschildert. ✉ Via Al Campeggio.

Ebenes Wiesengelände unter Bäumen mit Sandstrand. Zentrum 200 m entfernt. Touristen-/Dauerstellplätze 100/20.

✉ **28879 Vanzone con S. Carlo,** Novara   **I 1400**

★ »CAMPING MONTE ROSA« ⚷ Juni bis Ende Sept.
☎ /Fax 0324/828971   670 m   15 000 qm
www.digilander.libero.it/camp.monterosa, campeggiomonterosa@libero.it
→ SS 33 Domodóssola–Stresa, über Piedimutera abbiegen auf die SS549 Richtung Macugnaga.

Welliges Wiesengelände in einem Tal. Von bewaldeten Höhen umgeben. Ort, Restaurant u. Lebensmittelverkauf 200 m entfernt. 25 Touristenplätze.

✉ **28831 Baveno,** L. Maggiore, Verbano   **I 1460/1**

[35] ★★★ »CAMPING PARISI« ⚷ 14.3. bis 10.10.
☎ 0323/923156, Fax 924150   6000 qm
www.campingparisi.it, campingparisi@tiscali.it
→ SS34/SS33 Verbania–Stresa, in Baveno beschildert. ✉ Via Piave 50. (GPS: 45°54'00" N / 8°30'00" E).

100 m (H) 300 m 1 km 4 km
Ebenes Wiesengelände mit Laubbäumen. Neben einem öffentlichen Strandbad. Internetpoint im Hotel neben dem Platz. Ort 200 m entfernt. 62 Touristenplätze.
2007: (HS) P/N 7.–, K/N 3 bis 12 J. 4.60, A/N 4.50, C T/N 5.50, MC/N 10.–, M/N 3.50, H/N 2.10, WD inkl., Strom/N 2.40 (6 A). In NS Ermäßigung.
DCC 10% auf P/N, CCI 5% auf P/N.

✉ **28831 Baveno,** L. Maggiore, Verbano   **I 1460/2**

[30] ★★★ »CAMPING TRANQUILLA« ⚷ 15.3. bis 10.10.
☎ /Fax 0323/923452, www.tranquilla.com, info@tranquilla.com 18 000 qm
→ SS34/SS33 Verbania–Stresa, in Baveno beschildert. Oberhalb des Ortes. ✉ Via Cave. (GPS: 45°54'45" N / 08°29'19" E).

500 m 800 m 1 km
Parzelliertes Terrassengelände. Ort 300 m, Baveno 1 km entfernt. Touristen-/Dauerstellplätze 56/55.
2008: (HS) P/N 6.50, K/N bis 3 J. 3.50, 4 bis 12 J. 5.20, St/N 10.–, H/N 2.50, WD inkl., Strom/N 2.40 (6 A). In NS Ermäßigung.
DCC 10% auf P/N und St/N, CCI 5% auf P/N und St/N.

Camping Solcio (I 1350)

Via al Campeggio, I-28040 Solcio di Lesa
Information unter:
Tel. 0039/03227497 • Fax 0039/03227566
info@campingsolcio.com
www.campingsolcio.com

Liegt in einer ruhigen, herrlichen Bucht zwischen Stresa und Arona, verfügt über einen Privatstrand mit Anlegeplatz für Boote. Der Platz erstreckt sich auf einer Fläche von 15.000 qm mit Baumbestand und ist mit modernen Sanitäranlagen ausgestattet. Am Platz: Restaurant, Pizzeria, Bar, auch für Kunden außerhalb des Campings geöffnet. Verleih von Caravan und Mobilhomes mit Sanitäreinrichtungen.
Sonderpreis vom 01.04 bis 30.04

NEU Neue Sanitaranlage

Geöffnet ab 07/03/08 bis 20/10/08

Campingplatz liegt am malerischen **Lago di Mergozzo**, dem saubersten See Europas, ...m vom **Lago Maggiore** entfernt. Der Sandstrand, lang und ruhig, ist für Kinder bestens ...ignet. Bar, Bar am Strand, Restaurant, Supermarkt, gratis Warmwasserdusche, Kinder-...elplatz, Beachvolley, Fussballplatz, Basketball- und Volleyballfeld, 2 Tennisplätze (gratis ...utzung), Tischtennis, **Animation**, Internet-Point. **Verleih von:** Fahrrädern, Kanus, Tret-...ten, Mobilheime und Zimmer zu mieten. **Zufahrt:** von Verbania Richtung Fondotoce. ...m Kreisverkehr Richtung Gravellona noch 100 m. **NEUIGKEITEN AB 2006:** 1.200 m² ...WIMMBAD für Erwachsene und Kinder mit NEUE RUTSCHEN, Wellenbad mit Whirlpool ...d schneller Strömung, kostenlose Liegen und Sonnenschirme.

(I 1480/3)

CAMPING CONTINENTAL LIDO

Campingangebot
- **5 NÄCHTEN** vom 19.03. bis 01.05. und vom 13.09. bis 22.09.08
- **7 NÄCHTEN** vom 01.05. bis 28.06. und vom 30.08. bis 13.09.08

KINDER GRATIS
0-2 Jahre ganze Saison.
3-5 Jahre bis zum 05.07. und vom 23.08.08

Lago di Mergozzo
Lago Maggiore

Via 42 Martiri, 156
I-28924 FONDOTOCE
DI VERBANIA (VB)
Tel. 0039/0323 496300
Fax 0039/0323 496218

ANIMATION vom 26.04. bis 07.09.08
CHWIMMBAD vom 26.04. bis 14.09.08

info@campingcontinental.com • www.campingcontinental.com

✉ **28835 Feriolo,** Lago Maggiore, Verbano **I 1470/1**

[45] ★★★ »CAMPING CONCA D'ORO« 🗝 20.3. bis 28.9.
0323/28116, Fax 28538 36 000 qm
www.concadoro.it, info@concadoro.it

→ SS34/SS33 Verbania–Stresa. ✉ Via Quarantadue Martiri, 26.

Ebenes, meist schattenloses Wiesengelände am Lago Maggiore. Ort 800 m entfernt. Touristen-/Dauerstellplätze 220/10.
2008: (HS) P/N 7.50, K/N 2 bis 13 J. 6.50, St/N 22.50, B/N 16.–, H/N 4.50, WD inkl., Strom/N 2.50 (6 A). DCC/CCI in NS 5% auf P/N. Ab 7 N Ermäßigung.

✉ **28835 Feriolo,** Lago Maggiore, Verbano **I 1470/2**

[40] ★★★ »CAMPEGGIO ORCHIDEA« 🗝 15.3. bis 5.10.
0323/28257, Fax 28573 42 000 qm
www.campingorchidea.it, info@campingorchidea.it

→ SS34/SS33 Verbania–Stresa, am Ortsausgang beschildert. ✉ Via 42 Martiri, 20.

Ebenes, parzelliertes Wiesengelände mit lichtem Baumbestand. FW. Ort 500 m entfernt. Touristen-/Dauerstellplätze 190/60.
2008: (HS) P/N 7.60, K/N 2 bis 13 J. 5.50, A/N 5.–, C MC-St/N 16.50, M/N 3.50, B/N 8.–, H/N 5.–, WD inkl., Strom/N 2.60 (6 A). In NS Ermäßigung. CCI 10% auf P/N.

CAMPING TRANQUILLA ★★

GÜNSTIGE ANGEBOTE FÜR DIE VOR- UND NACHSAISON

Der Campingplatz befindet sich am Fuße der Berge und nur 800 m vom Strand und Hafen des unvergleichlichen Lago Maggiore entfernt. Er verfügt über ein Schwimmbad mit Kinderbecken, Camperservice, Wäscherei, ausgezeichnetes Restaurant, Bar und Pizzeria. Moderne Sanitäranlagen. Warme Duschen und Nutzung der öffentlichen Kühlschränke gratis. Kinderspielplatz, Supermarkt und Geschäft für Campingartikel ist 300 m entfernt. Möglichkeiten zum Wandern und Mountainbiken. Nur 1 km von der Einschiffungsstelle zu den Inseln entfernt. An der Rezeption wird deutsch gesprochen. Idealer Familien-Campingplatz. *Ideal für den, der Ruhe sucht!*

Via Cave 2 • I-28831 Baveno (VB) • LAGO MAGGIORE
Tel./Fax 0039/0323923452 • Im Winter: 0039/0323923344
Http: www.tranquilla.com • E-mail: info@tranquilla.com

SONDERANGEBOTE IN DER VOR- UND NACHSAISON
vom 20.03. bis 30.06. und vom 01.09. bis 10.10.2006:
6 Nächte = 1 Nacht gratis • 13 Nächte = 3 Nächte gratis
20 Nächte = 5 Nächte gratis

SENIOREN +65 Jahre zahlen nur 50% des Personentarifes
Für Mitglieder von „Camping Card ACSI": 1 Stellplatz + 2 Erwachsenen + Strom = Euro 14 alles imbegriffen
10% Rabatt für ECC Mitglieder • 5% Rabatt für C.C.I.
Empfohlen Camping Anwb, Tcb, Guide de Routarde und Alan Roger's Good Camps.

GRATIS BABY 0–1 JAHR die ganz Saison
GRATIS KINDER 1–7 JAHRE
bis zum 10.07. und vom 20.08.2006

(I 1460/2)
Geöffnet: 20. 03.–10. 10.

28835 Feriolo, Lago Maggiore, Verbano I1470/3

★★★ »CAMPING HOLIDAY« 25.4. bis 21.9.
☎/Fax 0323/28164   200 m   5800 qm
www.miralago-holiday.com, info@miralago-holiday.com

→ SS 34/SS 33 Verbania–Stresa, Abf. Baveno bis zum Ort. ✉ Via 42 Martiri, N. 28. (GPS: 45°56'08" N / 08°29'08" E).

Ebenes, parzelliertes Sand- und Wiesengelände mit Bäumen am See. Restaurant 200 m, Ort 500 m entfernt. Touristen-/Dauerstellplätze 49/9.
2008: (HS) P/N 6.–, K/N 2 bis 12 J. 5.–, St/N 15.–, B/N 10.50, H/N 4.50, WD inkl., Strom/N 2.40 (6 A). CCI in NS 10% auf P/N. In NS weitere Ermäßigung.

28835 Feriolo, Lago Maggiore, Verbano I1470/4

★★★ »CAMPING MIRALAGO« 20.3. bis 5.10.
☎/Fax 0323/28226   200 m   8500 qm
miralago-holiday.com, miralago@miralago-holiday.com

→ SS34/SS 33 Verbania–Stresa, Abf. Baveno bis zum Ort. Neben Camping Holiday. ✉ Via 42 Martiri, N. 24.

Ebenes, parzelliertes Sand- und Wiesengelände am See. Boccia. Ort 500 m entfernt. Touristen-/Dauerstellplätze 60/12.
2008: (HS) P/N 6.50, K/N 2 bis 12 J. 5.50, St/N 16.–, B/N 13.–, H/N 5.50, WD inkl., Strom/N 2.30 (3/4/6 A). In NS Ermäßigung.

28924 Fondotoce, Lago Maggiore I1480/1

★★★★ »CAMPING VILLAGE ISOLINO« 19.3. bis 22.9.
☎ 0323/496080, Fax 496414   120000 qm
www.isolino.it, isolino@isolino.it

→ SS34/SS33 Verbania–Stresa. Schlechte Zufahrtstr. ✉ Per Feriolo, 25. (GPS: 45°56'34" N / 08°29'13" E).

Ebenes Wiesengelände direkt am See mit Sandstrand. Wassergymnastik in HS. FW. Autogastankstelle an der Zufahrtstelle (auch für Gasflaschen). Neue Dacharena für Veranstaltungen. Hunde in HS (28.6. bis 23.8.) nur auf Anfrage. Ort 2 km entfernt. Touristen-/Dauerstellplätze 648/45.
2008: (HS) 3 P/N inkl. St/N 41.75, weitere P/N 7.60, K/N 3 bis 11 J. 6.20, B/N 8.30, H/N 7.60, WD und Strom (6 A) inkl. In NS Ermäßigung.

28924 Fondotoce, Lago Maggiore I1480/2

★★★ »CAMPING LIDO TOCE« 1.4. bis 30.9.
☎ 0323/496298, Fax 496220   20000 qm
www.tiscali.it/lidotoce, perucchinigiovanna@tiscali.it

→ A26 Verbania–Mailand Abf. Gravellona Toce. ✉ Via per Feriolo, 41.

Ebenes Wiesengelände an der Toce-Flussmündung, umgeben von Parks und Naturreservaten. Clubhaus und Spielsaal. Bar. Ort (Feriolo) 1 km entfernt. Touristen-/Dauerstellplätze 800/20.
2007: (HS) P/N 5.60, K/N 2 bis 14 J. 4.30, St/N 11.20, B/N 3.–, H/N 3.50, WD inkl., Strom/N 2.90 (6 A). In NS Ermäßigung.

28924 Fondotoce, Lago Maggiore I1480/3

★★★★ »CAMPING CONTINENTAL LIDO« 19.3. bis 22.9.
☎ 0323/496300, Fax 496218   90000 qm
www.campingcontinental.com, info@campingcontinental.com

→ SS34/SS33 Verbania–Stresa. Richtung Gravellona abbiegen, schlaglochreiche Zufahrt. ✉ Via 42 Martiri, 156.
(GPS: 45°56'58" N / 08°28'52" E).

Ebenes Gelände unter Bäumen am Mergozzosee. Separater Durchgangsplatzteil. Ort 2 km entfernt. Touristen-/Dauerstellplätze 600/15.
2008: (HS) 3 P/N inkl. St/N 38.–, weitere P/N 7.30, K/N 2 bis 11 J. 5.85, H/N 5.85, WD und Strom (6 A) inkl. In NS Ermäßigung. **Anzeige S. 719**

28924 Fondotoce, Lago Maggiore I1480/4

★★★ »CAMPING LA QUIETE« April bis Sept.
☎ 0323/496139   210 m   28000 qm
www.campinglaquiete.it

→ In Fondotoce kurz vor dem Kreisverkehr in Richtung Mergozzo abbiegen, noch ca. 1 km. ✉ Via F. Turati, 72.

Von Wald umgebenes Wiesengelände am See mit Sandstrand. In HS Mindestaufenthalt 1 Woche. Ort 1 km entfernt. Touristen-/Dauerstellplätze 160/20.

28822 Cannóbio, L. Maggiore, Verbania I1490/1

★★★ »BOSCO BOSCHETTO HOLIDAY« 1.4. bis 30.9.
☎ 0323/71597 od. 3389168390, Fax 0323/739647   8000 qm
www.boschettoholiday.it/bosco, bosco@boschettoholiday.it

→ von Norden erster Platz hinter der Grenze (ca. 5 km).

Terrassenplatz oberhalb der Straße mit Unterführung zum Strand. Ort 1 km entfernt. 54 Touristenplätze.
2007: (HS) P/N 7.–, K/N 3 bis 11 J. 4.50, St/N 10.50, H/N 3.50, WD –.50, Strom/N 3.– (4 A). In NS Ermäßigung.
DCC/CCI 5% auf P/N und St/N.

28822 Cannóbio, L. Maggiore, Verbania I1490/2

★★★★ »CAMPING RESIDENCE CAMPAGNA« 15.3. bis 31.10.
☎ 0323/70100, Fax 71190   10000 qm
www.campingcampagna.it, info@campingcampagna.it

→ an der Straße Richtung schweizer Grenze. ✉ Via Casali Darbedo, 20/22. (GPS: 46°04'17" N / 08°41'36" E).

Durch Hecken parzelliertes Wiesengelände am See. Ca. 300 m breiter Strand. Ort 800 m entfernt. Touristen-/Dauerstellplätze 90/10.
2008: (HS) P/N 7.50, K/N bis 11 J. 4.50, C T/N 6.50, MC/N 13.–, M/N 4.–, B/N 6.–, H/N 4.50, WD inkl., Strom/N 3.50 (6 A). In NS Ermäßigung.

28822 Cannóbio, L. Maggiore, Verbania I1490/3

★★★ »CAMPING INTERN. PARADIS« März bis Nov.
☎ 0323/71227, Fax 72591   12500 qm
www.campinglagomaggiore.it, info@campinglagomaggiore.it

→ an der Straße Richtung schweizer Grenze. ✉ Via Casali Darbedo, 12.

Leicht gewelltes, gepflegtes Wiesengelände. Gasverkauf. FW. Restaurant 50 m, Ort 100 m entfernt. Touristen-/Dauerstellplätze 100/20.

28822 Cannóbio, L. Maggiore, Verbania I1490/4

★★★★ »CAMPING RIVIERA« 15.3. bis 31.10.
☎/Fax 0323/71360   30000 qm
www.riviera-valleromantica.com, riviera@riviera-valleromantica.com

→ von der schweizer Grenze kommend der 3. Platz links am Ufer vor der Brücke über den Fluss Cannobio. ✉ Via C. Darbedo, 2.

Ebenes, zum kiesigen Seeufer leicht abfallendes Sand- und Wiesengelände. Mit befestigten Wegen. Teils parzelliert unter alten Pappeln. Komfortstellplätze. FW. Zentrum 200 m entfernt. Touristen-/Dauerstellplätze 220/10.
2007: (HS) P/N 7.50, K/N bis 11 J. 4.50, St/N 12.–, M/N 4.–, B/N 4.50, H/N 4.–, KT u. WD inkl., Strom/N 3.50 (4-6 A), Anschlussgeb. 3.50.

28822 Cannóbio, L. Maggiore, Verbania I1490/5

★★★ »CAMPING VALLE ROMANTICA« 15.3. bis 30.9.
☎/Fax 0323/71249   50000 qm
www.riviera-valleromantica.com, valleromantica@riviera-valleromantica.com

→ Straße nach Verbania, hinter dem Ort abbiegen, noch 2 km. ✉ Via Valle Cannobina.

ISOLINO camping village

Leicht abfallender Sandstrand, deshalb sehr für Kinder geeignet - sehr ruhig gelegen mit herrlichem Panorama • Bar • Pool bar • Restaurant • Supermarkt • Gratis Warmwasserduschen • Baby-Room • Kinderspielplatz • Tischtennis • Windsurfschule • Verleih von: Fahrrädern, Tretbooten, Kanus, Booten, Surfbrettern • Vermietung von: Bungalow, Mobilheimen und Wohnungen • Animation • Internet Point • Internet Wireless.

Campingangebot

AB 5 NÄCHTEN - Vom 19.03. bis 01.05. und vom 13.09. bis 22.09.08

AB 7 NÄCHTEN - Vom 01.05. bis 28.06. und vom 30.08. bis 13.09.08

(I 1480/1)

Hunde nur auf Anfrage vom 28.06 bis zum 30.08.08 erlaubt

1000 qm Schwimmbad vom 28.04. bis zum 21.09.08 geöffnet und Freizeitprogramm vom 28.04. bis zum 08.09.08

NEU ÜBERDACHTE ARENA!

KINDER GRATIS 0-2 ganze Saison. 3-5 bis zum 05.07. und vom 23.08.08

Via Per Feriolo, 25 • I-28924 Fondotoce di Verbania • Tel. 0039/0323496080 • Fax 0039/0323496414

info@isolino.com • www.isolino.it

Wiesengelände am Flussufer. FW. Ort 1,2 km, See 2 km entfernt. Touristen-/Dauerstellplätze 188/10.
2007: P/N 7.50, K/N bis 11 J. 4.50, St/N 12.–, M/N 4.–, B/N 4.50, H/N 4.–, KT u. WD inkl., Strom/N 3.50 (4-6 A), Anschlussgeb. 3.50.

📧 21018 Sesto Calende, Varese   I 1500/1

40 ★★★ »CAMPING LA SFINGE«   🔑 10.1. bis 30.10.
☎/Fax 0331/924531   60 000 qm
www.campeggiolasfinge.it, info@campeggiolasfinge.it

→ A8/E62 Südspitze Lago Maggiore–Mailand Abf. Vergiate in Richtung Sesto Calende. 📧 Per Angera, 1.

Wiesengelände mit vielen Bäumen. Separate Pkw-Abstellung. 2 Hausboote für 6 Personen mit oder ohne Skipper zu mieten. Ort 1 km entfernt. Touristen-/Dauerstellplätze 20/120.
2008: (HS) P/N 9.–, K/N bis 12 J. 5.–, J/N 7.–, St/N 11.–, M/N 4.–, B/N 25.–, H/N 4.–, WD inkl., Strom (4 A) keine Angabe. In NS Ermäßigung.
DCC 10% auf P/N und St/N.

📧 21018 Sesto Calende, Varese   I 1500/2

★★★ »CAMPING OKAY«   🔑 März bis Okt.
☎/Fax 0331/974235, campingokay@camping-okay.com   28 000 qm

→ A 8/E 62 Südspitze Lago Maggiore–Mailand Abf. Vergiate in Richtung Sesto Calende, weiter Richtung Angera. 📧 Via Angera, 113.

Terrassiertes und parzelliertes Gelände mit einigen Bäumen am See. Liegewiese. Imbiss. Pizzeria. Ort und Reitschule 1 km entfernt. Touristen-/Dauerstellplätze 20/120.

DCC-Vertragsplatz

📧 21010 Maccagno, L. Maggiore, Varese   I 1530/1

45 ★★★ »AZUR PARKCAMPING MACCAGNO«   🔑 15.3. bis 15.11.
P.: AZUR-Freizeit GmbH, ☎ 0332/560203, Fax 561263   15 000 qm
www.azur-freizeit.de, www.azur-camping.de, maccagno@azur-camping.de

→ Straße Bellinzona–Luino am Ostufer des Lago Maggiore, von Norden etwa 150 m hinter der Brücke über den Fluss Giona, Via al Lago. Die letzten 400 m Anfahrtstrecke durch ein Wohngebiet, oft schmal und winklig. 📧 Via Corsini, 3. (GPS: 46°02'16" N / 08°44'05" E).

Ebenes Ufergelände am Fluss Giona. Grober Kiesstrand. Restaurant 50 m, Ort 1 km entfernt. Touristen-/Dauerstellplätze 88/20.
2008: (HS) P/N 8.40, K/N 2 bis 12 J. 6.50, St/N 11.80 bis 16.80, M/N 2.50, H/N 2.80, WD inkl., Strom/N 2.80. In NS für 14 Nächte nur 12 Nächte bezahlen (außer Strom). Ermäßigung auf einige Club-Cards. In NS Ermäßigung.
DCC 10%, CCI 5% auf P/N.

📧 21010 Maccagno, L. Maggiore, Varese   I 1530/2

35 ★★★ »CAMPING LIDO«   🔑 April bis Sept.
☎/Fax 0332/560250   8000 qm
www.boschettoholiday.it/lido, lido@boschettoholiday.it

→ im Ort abbiegen in Richtung See. Beschildert. 📧 Via Pietraperzia, 13.

Ebenes Wiesengelände. Vom See durch einen Drahtzaun getrennt. Ort 500 m entfernt. Touristen-/Dauerstellplätze 76/4.
2008: (HS) P/N 8.–, K/N 2 bis 11 J. 6.–, C MC-St/N 10.50, T/N 7.–, M/N 2.50, H/N 3.–, WD inkl., Strom/N 3.– (3 A). In NS Ermäßigung.
CCI 10% auf P/N und St/N.

20153 Milano, Milano | 1550

Abfahrt

35 ★★★ »CAMPING VILLAGE CITTÀ DI MILANO« ⚷ 1.2. bis 30.11.
☎ 02/48200134, Fax 48202999 50 000 qm
www.campingmilano.it, info@campingmilano.it
→ In Mailand die Tangenziale Ovest A1-A7 Abf. San Siro, weiter auf der Via Novara stadteinwärts, dann jeweils rechts in die S. Romanello und Via Airaghi. Beschildert. ✉ Via Gaetano Airaghi, 61.
∴ Wasser-Vergnügungspark „Aquatica".

Parzelliertes, ebenes Wiesengelände mit jungen Bäumen. Basket- u. Volleyball. Ort 8 km entfernt. 244 Touristenplätze.
2007: (HS) P/N 7.50, K/N bis 3 J. 5.50, A/N 2.50, C MC-St/N 8.50, T-St/N 6.50 bis 8.50, M/N 1.50, B/N 8.50, H/N 2.–, WD inkl., Strom keine Angabe (6 A). In NS Ermäßigung.
CCI 10% auf P/N.

20052 Monza, Milano | 1560

★★ »CAMPING AUTODROMO« ⚷ April bis Sept.
☎ 039/387771, Fax 2102145 34 000 qm
→ 12 km von Milano, Provinzstraße Monza–Carate, im Ortsteil Biassono. ✉ Loc. Villa Reale.

Gelände im Park von Monza nicht bei der Autorennbahn. Ort 1 km entfernt. Touristen-/Dauerstellplätze 200/20.

22018 Porlezza, Lago di Lugano, Como | 1600

35 ★★★ »CAMPING DARNA« ⚷ 1.4. bis 31.10.
☎/Fax 0344/61597, www.campingdarna.com 60 000 qm
→ an der Uferstraße nach Como. ✉ Via Osteno, 50.

Wiesengelände zwischen Uferstraße und See. Teilweise unter Laubbäumen. Ort 1 km entfernt. Touristen-/Dauerstellplätze 300/60.
2007: P/N 7.–, K/N 2 bis 10 J. 5.50, St/N 13.–, B/N 8.–, H/N 3.–, WD inkl., Strom keine Angabe.

22017 Menaggio, Lago di Como, Como | 1610

25 ★★ »CAMPING EUROPA« ⚷ 1.4. bis 30.9.
☎ 0344/31187 5000 qm
→ von SS340 Richtung Menaggio Centro abfahren, zwischen alter Straße und dem See. ✉ Dei Cipressi, 16.

Leicht abfallende, teilweise terrassierte Wiese mit eigenem Strand. Ort 200 m entfernt. Touristen-/Dauerstellplätze 35/60.
2007: (HS) P/N 5.70, K/N bis 10 J. 5.–, C/N 4.–, C/N 7.–, MC/N 7.– T/N 4.–, M/N 3.50, WD zuzügl., Strom/N 1.50. In NS Ermäßigung.

22014 Dongo, Lago di Como | 1616

★★★ »CAMPING MAGIC LAKE« ⚷ April bis Okt.
☎/Fax 0344/80282 200 m 6000 qm
www.magiclake.it, camping@magiclake.it
→ SS36 Chiavenna–Mandello del Lario Abf. Nuova Olonia in westl. Richtung auf die SS 402. Auf dieser am westl. Seeufer des Comer Sees entlang über Gera Lavio, Gravedona und Consiglio di Rumo nach Dongo. ✉ Via Vigna del Lago, 60.

Ebenes, parzelliertes Wiesengelände mit einzelnen Bäumen am Comer See. FW. Ort 1,5 km entfernt. Touristen-/Dauerstellplätze 26/25.

22013 Domaso, Lago di Como, Como | 1620

25 ★★★ »CAMPING GARDENIA« ⚷ 1.4. bis 30.9.
☎ 0344/96162, Fax 83381 20 000 qm
www.domaso.biz, info@domaso.biz
→ am Nordufer des Sees. Beschildert. ✉ Via Case Sparse, 164.
(GPS: 46°09'10" N / 09°20'04" E).

22010 Sorico, Lago di Como, Como | 1630/1

★★★ »CAMPING AU LAC DE COMO« ⚷ 1.1. bis 31.12.
☎ 0344/84035, Fax 84802 260 m 17 000 qm
www.aulacdecomo.com, infoaulac@aulacdecomo.com
→ am Nordufer, an der Straße nach Chiavenna. ✉ Via C. Battisti, 18.

Leicht abfallendes Wiesengelände mit Bootssteg und großer Liegewiese in Ortslage. Touristen-/Dauerstellplätze 68/150.

22010 Sorico, Lago di Como, Como | 1630/2

★★★ »CAMPING LA GRANDE QUIETE« ⚷ März bis Okt.
☎/Fax 0344/84041, www.lagrandequiete.it
→ von der Mera–Flussbrücke (Straßengabelung Splügen/Sondrio Como) seewärts abbiegen, 400 m holpriger Feldweg. ✉ Via Boschetto, 193.

Wiesengelände mit dichtem Baumbestand am Nordufer des Sees. FW. Separate Pkw-Abstellung. Ort 2 km entfernt. Touristen-/Dauerstellplätze 30/120.

23025 Campo Mezzola, L. di Mezz. | 1640

30 ★★★ »CAMPING EL RANCHERO« ⚷ 1.5. bis 15.10.
☎/Fax 0343/44169 10 000 qm
→ 12 km südlich Chiavenna an der Straße nach Lecco. ✉ Via Nazionale, 211. (GPS: 45°12'33" N / 09°27'19" E).

Abfallendes und zweigeteiltes Gelände zwischen Straße und See. Ort 100 m entfernt. Touristen-/Dauerstellplätze 100/50.
2007: P/N 5.–, K/N bis 8 J 4.–, A/N 5.–, C/N 7.– bis 10.–, MC/N 10.– bis 15.–, T/N 5.– bis 7.–, M/N 4.–, B/N 5.–, WD zuzügl., Strom/N 5.– (2 A).

23020 Piuro, Sondrio | 1650

30 ★★★ »CAMPING ACQUAFRAGGIA« ⚷ 1.1. bis 31.12.
☎/Fax 0343/36755 500 m 10 000 qm
www.campingacquafraggia.com, info@campingacquafraggia.com
→ Straße 37 ital./schw. Grenze–Chiavenna Abf. Piuro. Beschildert. ✉ S. Abbondio 1/B. (GPS: 46°19'50" N / 09°25'59" E).

Naturbelassenes, terrassiertes Gelände am Acqua-Fraggia-Wasserfall. Von Wald umgeben. Ort 3 km entfernt. Touristen-/Dauerstellplätze 40/20.
2008: (HS) P/N 6.–, K/N bis 14 J. 4.–, St/N 8.–, H/N 2.–, WD inkl., Strom/N 2.–. In NS Ermäßigung.

23811 Ballabio, Lecco | 1670

★★★★ »CAMPING GRIGNA« ⚷ 1.1. bis 31.12
☎ 0341/232045, Fax 232631 730 m 22 000 qm
www.campinggrigna.it, campinggrigna@libero.it
→ Östliche Uferstraße des Comer Sees. Ab Lecco in nordöstlicher Richtung Valsássina nach Ballabio. ✉ Via Prato Caminaccio, 1.

Ebenes Wiesengelände mit einzelnen Bäumen. Separate Pkw-Abstellung. Gasverkauf. Sportliches Freizeitprogramm. Bocciabahn. Fitnessraum. Ort 3 km, Skisport 5 km entfernt. 5 Touristen-/Dauerstellplätze 45/30.

23900 Lecco, Chiuso/Lago di Garlate | 1680

30 ★★★ »CAMPING RIVABELLA« ⚷ 25.4. bis 30.9.
☎/Fax 0341/421143 25 000 qm
www.rivabellalecco.3000.it, rivabellalecco@libero.it
→ an der Straße nach Bergamo. ✉ Via alla Spiaggia, 35.

Ebenes Wiesengelände am See mit Laubbäumen. Öffentlicher Badebetrieb. Restaurant u. Ort 500 m entfernt. 50 Touristenplätze.
2007: P/N 5.50, K/N bis 10 J. 4.–, C MC-St/N 10.–, B/N 5.–, H/N 3.–, WD zuzügl., Strom keine Angabe (3 A).

22040 Civate, Lago di Annone, Lecco — I1690

★★★ »CAMPING 2 LAGHI«
☎/Fax 0341/550101   250m   März bis Sept.   35 000 qm

→ SS639 Lecco–Como Abf. Isella. Beschildert. ✉ Via al Lago, 34.

Naturbelassenes Gelände auf einer Halbinsel zwischen 2 Seen (Badeverbot). Ort 500 m entfernt. Touristen-/Dauerstellplätze 70/90.

26100 Cremona, Cremona — I1700

★★ »CAMPING PARCO AL PO«
☎ 0372/21268, Fax 27137   April bis Sept.   12 500 qm
www.campingcremonapo.it, campingcr@libero.it

→ A21 Abf. Castelvetro, ca. 7 km in Richtung Cremona. ✉ Via Lungo Po Europa 12/A.

Parzelliertes, ebenes Wiesengelände am Ufer des Po unter hohen Bäumen. In der Nähe eines Vergnügungsparks. Kiosk. Boccia. Ort 2 km entfernt. 180 Touristenplätze.

25049 Iseo, Lago d'Iseo, Brescia — I1720/1

45 ★★★ »CAMPING SASSABANEK«
☎ 030/980300, Fax 9821360   1.4. bis 30.9.   30 000 qm
www.sassabanek.it, camping@sassabanek.it, sassabanek@sassabanek.it

→ A 4 Bergamo–Brescia Abfahrten Palazzolo oder Rovato nach Iseo. ✉ Via Colombera, 2.

Ebenes Wiesengelände mit Laubbäumen neben einem Naturschutzgebiet. In Kreisform angelegt. Teilweise separate Pkw-Abstellung. FW. Ort 1 km entfernt. Touristen-/Dauerstellplätze 160/150.
2007: (HS) P/N 8.10, K/N 3 bis 12 J. 6.30, St/N 17.–, B/N 6.–, WD u. Strom (3 A) inkl. In NS Ermäßigung.

25049 Iseo, Lago d'Iseo, Brescia — I1720/2

45 ★★★★ »CAMPEGGIO DEL SOLE«
☎ 030/980288, Fax 9821721   24.4. bis 28.9.   65 000 qm
www.campingdelsole.it, info@campingdelsole.it

→ A 4 Bergamo–Brescia Abfahrten Palazzolo oder Rovato nach Iseo. ✉ Via per Rovato, 26.

Teils ebenes, teils zum See leicht abfallendes und gepflegtes Wiesengelände. Durch Hecken und Laubbäume parzelliert. Teilweise mit hohen Pappeln. Separate Pkw-Abstellung. FW. Ort 1 km entfernt. Touristen-/Dauerstellplätze 160/130.
2008: (HS) P/N 8.50, K/N 5 bis 12 J. und Senjoren ab 60 J. 6.90, St/N 17.70 bis 18.20, B/N 4.–, H/N 3.–, WD u. Strom (3 A) inkl. In NS Ermäßigung.

25049 Iseo, Lago d'Iseo, Brescia — I1720/3

★★★★ »CAMPING ISEO«
☎/Fax 030/980213   März bis Nov.   7000 qm
www.campingiseo.it, info@campingiseo.it

→ A 4 Bergamo–Brescia Abfahrten Brescia oder Rovato nach Iseo. ✉ Via Antonioli, 57. (GPS: 45°39'50" N / 10°03'26" E).

Ebenes, bis leicht abfallendes Wiesengelände mit Olivenbäumen und Weinstöcken am Seeufer. Imbiss. Wassersportmöglichkeiten. FW. Tiefgarage (30 Pkw). Ort 500 m entfernt. 66 Touristenplätze.

25049 Iseo, Lago d'Iseo, Brescia — I1730

30 ★★★ »CAMPEGGIO QUAI«
☎ 030/9821610, Fax 981161   1.4. bis 30.9.   13 000 qm
www.campingquai.it

→ zwischen Iseo und Pilzone am See. ✉ Via Antonioli, 73.

Ebener Wiesenstreifen unter Bäumen zwischen Bahnlinie und See. Restaurant 800 m, Ort 1 km entfernt. Touristen-/Dauerstellplätze 80/27.
2007: (HS) P/N 5.–, K/N bis 12 J. 3.50, St/N 13.–, B/N 5.–, WD inkl, Strom keine Angabe. In NS Ermäßigung.

25054 Marone, Lago d'Iseo, Brescia — I1740

35 ★★★ »CAMPING RIVA DI SAN PIETRO«
☎/Fax 030/9827129   1.5. bis 30.9.   20 000 qm
www.rivasanpietro.it, info@rivasanpietro.it

→ A4/E66 Mailand–Brescia Abf. Ospitaletto auf die SS510 Richtung Iseo-See bis Marone. Hier am südlichen Ortsrand. ✉ Via Cristini, 9.

Ebenes, parzelliertes Wiesengelände am Iseo-See unter jungem und altem Baumbestand. Liegewiese. Separater Pkw-Abstellplatz. Imbiss. Zentrum 200 m entfernt. Touristen-/Dauerstellplätze 80/40.
2007: (HS) P/N 6.–, K/N bis 12 J. 4.50, C MC-St/N 14.–, T-St/N 13.–, B/N 6.– bis 8.–, H/N 3.–, WD und Strom inkl. In NS Ermäßigung.
DCC/CCI 10% auf P/N. DCC/CCI 15%/5% auf St/N.

25055 Pisogne, Lago d'Iseo, Brescia — I1750

30 ★★★ »CAMPING EDEN«
☎/Fax 0364/880500   2.4. bis 28.9.   25 000 qm
www.campeggioeden.com, info@campeggioeden.com

→ in Lovere abbiegen, noch ca. 6 km. ✉ Via Piangrande, 3 A.

Ebenes, parzelliertes Gelände. Von Bäumen durchzogen. Ort 100 m entfernt. Touristen-/Dauerstellplätze 80/20.
2007: P/N 6.–, K/N bis 10 J. 4.–, A/N 2.50, C/N 9.–, MC/N 11.50, T/N 5.20, M/N 2.–, B/N 3.– bis 7.–, H/N 1.30, WD inkl., Strom/N 1.30/2.60 (2/6 A).

25048 Edolo, Brescia — I1760

35 ★★ »CAMPING ADAMELLO«
☎/Fax 0364/71694   1.1. bis 31.12.   12 000 qm
www.campingadamello.com, info@campingadamello.com

→ SS38 ca. 2 km westlich von Edolo an der Straße zum Aprica–Pass. Steile und schmale Zufahrt. ✉ Via Campeggio, 10.

Wiesengelände um einen Hügel. Blick auf den tieferliegenden Ort. Spezialpreise für Motorradfahrer. Imbiss. Ort 1 km entfernt. Touristen-/Dauerstellplätze 30/30.
2007: (HS) P/N 6.–, K/N bis 10 J. 4.10, C T-St/N 12.–, MC-St/N 13.–, H/N 3.–, WD inkl., Strom keine Angabe. In NS Ermäßigung.

25040 Corteno, Brescia — I1770

35 ★★★ »CAMPING APRICA«
☎ 0342/710001   1150m   1.1. bis 31.12.   21 000 qm
www.apricaonline.com/camping, info@campingaprica.it

→ unterhalb der Aprica-Passstr. in Richtung Edolo. ✉ Via Nazionale, 507.

Teils hügeliges Gelände mit Baumbestand, teils ebenes Wiesengelände. Individuelle Stellplatzwahl. Ort 200 m entfernt. Touristen-/Dauerstellplätze 41/65.
2007: (HS) P/N 7.–, K/N 2 bis 12 J. 6.–, St/N 7.50 bis 12.–, H/N 3.50, WD u. Strom (4 A) inkl. In NS Ermäßigung.

DCC – DEIN PARTNER!

25070 Anfo, Lago d'Idro, Brescia **I1800**

★★★ »CAMPING PILU«
☎ 0365/809037, Fax 809207
www.pilu.it, info@pilu.it
Karfreitag bis 30.9.
370 m   20000 qm

→ in Anfo bei der Kirche zum See abbiegen. ✉ Via Venturi, 4.

Zum See sanft abfallendes Wiesengelände. Von Bäumen durchzogen und parzelliert. FW. Ort 500 m entfernt. Touristen-/Dauerstellplätze 189/50.
2008: P/N 6.50, K/N 2 bis 10 J. 5.–, St/N 13.50, B/N 3.–, H/N 4.50, WD und Strom (3 A) inkl.

25074 Idro, Lago d'Idro, Brescia **I1810**

★★★ »CAMPING VENUS«
☎ 0365/83190, Fax 839838
www.campingvenus.it, info@campingvenus.it
22.4. bis 15.9.
17000 qm

→ Straße Pieve–Anfo, nach Idro rechts abbiegen. ✉ Via Trento, 94. (GPS: 45°44'25" N / 10°27'56" E).

Teils ebenes, teils leicht ansteigendes Wiesengelände auf einer Halbinsel. Unterhalb der Uferstraße. Durch einige verschiedenartige Bäume aufgelockert. Volleyball. Ort 1 km, Tennis 2 km entfernt. Touristen-/Dauerstellplätze 90/30.
2007: (HS) P/N 6.–, K/N 2 bis 10 J. 5.–, St/N 11.50, H/N 3.50, WD und Strom (3 A) inkl. In NS Gruppenermäßigung.

25074 Idro-Vantone, L. d'Idro, Brescia **I1820/1**

★★★ » CAMPING BELVEDERE«
☎ 0365/83303
www.camping-belvedere.com, info@camping-belvedere.com
10.4. bis 30.9.
370 m   9000 qm

→ in Idro Richtung Capovalle abbiegen, am See entlang. ✉ Via Vantone, 33.

Leicht abfallendes Wiesengelände. Von verschiedenartigen Bäumen aufgelockert. Imbiss. Ort 2 km entfernt. Touristen-/Dauerstellplätze 64/3.
2007: (HS) P/N 6.50, K/N 2 bis 10 J. 4.00, St/N 12.50, H/N 4.–, WD inkl., Strom (3 6 A) keine Angabe. In NS Ermäßigung.

25074 Idro-Vantone, L. d'Idro, Brescia **I1820/2**

★★★ »CAMPING VANTONE PINETA«
☎/Fax 0365/823385
www.vantonepineta.it, campingpineta@libero.it
31.3. bis 30.9.
20000 qm

→ wie Cpl. Belvedere, an der östlichen Seeseite. ✉ Via Vantone, 39.

Leicht zum See hin abfallendes Wiesengelände. Teils unter Pinien, teils mit lockerem Baumbewuchs. Ort 1,5 km entfernt. Touristen-/Dauerstellplätze 124/6.
2008: (HS) P/N 6.50, K/N 10 J. 5.–, St/N 13.50, Strom (3 A) keine Angabe. In NS Ermäßigung.
DCC/CCI 5% auf P/N und St/N.

DCC-Vertragsplatz

25074 Idro-Vantone, L. d'Idro, Brescia **I1820/3**

★★★★ »AZUR CAMPING IDRO RIO VANTONE «
P.: AZUR-Freizeit GmbH, Tel. 0711/4093-511
☎ 0365/83125, Fax 823663
www.azur-camping.de, idro@azur-camping.de
15.3. bis 15.11.
370 m   45000 qm

→ in Idro (Pieve) rechtwinklig zum See abbiegen, am See entlang. Nach dem Felstunnel der dritte Platz. Anfahrt für Gespanne Vantone–Storo nicht empfehlenswert. ✉ Via Vantone, 45. (GPS: 45°45'14" N / 10°29'51" E).

Leicht zum Seeufer abfallendes Wiesengelände mit Kiefern und Weinre-

ben. Asphaltierte Wege. Ort 3 km entfernt. 250 Touristenplätze. Information und Reservierung: Stuttgart (0711) 409359.
2008: (HS) P/N 8.40, K/N 2 bis 12 J. 6.60, St/N 10.80 bis 28.80, M/N 2.50, H/N 2.80, KT zuzügl., WD inkl., Strom/N 2.80 (6 A). In NS für 14 Nächte nur 12 Nächte bezahlen (außer Strom). Ermäßigung auf einige Club-Cards. In NS Ermäßigung.
DCC 10%, CCI 5% auf P/N.

38066 Riva, Lago di Garda/Trentino **I2001/1**

★★ »CAMPING BAVARIA«
☎ 0464/552524, Fax 559126
www.bavarianet.it, info@bavarianet.it
April bis Okt.
6000 qm

→ zwischen Riva und Torbole an der SS 240 bei Km 18.5. ✉ Viale Rovereto, 100.

Wiesengelände mit Bäumen hinter einem Restaurant. Ort 1 km entfernt. 74 Touristenplätze.
2007: (HS) P/N 7.50, K/N 3 bis 12 J. 6.–, St/N 10.–, H/N 2.–, WD u. Strom (3 A) inkl.
DCC 10% auf P/N u. St/N.

38066 Riva, Lago di Garda/Trentino **I2001/2**

★★★ »CAMPING MONTE BRIONE«
☎ 0464/520885, Fax 520890
www.campingbrione.com, info@campingbrione.com
1.4. bis 30.9.
33000 qm

→ SS240 kurz hinter Riva ins Landesinnere abbiegen. Beschildert. ✉ Via Brione, 32.

Teils terrassiertes, teils ebenes gepflegtes Wiesengelände. Unterhalb eines alten Olivenhügels. Durch gemischten Baumbestand aufgelockert. Imbiss. Ort 3 km entfernt.
2007: (HS) P/N 8.50, K/N 4 bis 12 J. 5.50, St/N 9.– bis 11.50, H/N 4.–, WD, Schimmbad und Strom (6 A) inkl. In NS Ermäßigung.

38069 Torbole, Lago di Garda/Trentino **I2008/1**

★★★ »CAMPING AL PORTO«
☎/Fax 0464/505891
www.campingalporto.it
15.3. bis 2.11.
10000 qm

→ A22 Brenner–Modena Abf. Roverto Süd, SS240 Richtung Lago di Garda, bei 1. Kreuzung rechts, dann noch 300 m.
(GPS: 45°52'37" N / 10°52'39" E).

Ebenes, rechtwinkliges Wiesengelände in Ortslage. Parzelliert. Durch gemischten Baumbestand aufgelockert. Familiäre Atmosphäre. Imbiss. Zentrum 300 m entfernt. 67 Touristenplätze.
2008: (HS) P/N 7.30, K/N 1 bis 12 J. 5.30, St/N 10.–, H/N 2.50, WD inkl., Strom/N 2.– (5 A). In NS Ermäßigung.

38069 Torbole, Lago di Garda/Trentino **I2008/2**

★★★ »CAMPEGGIO MAROADI«
☎ 0464/505175, Fax 506291
www.campingmaroadi.it, info@campingmaroadi.it
11.3. bis Nov.
29000 qm

→ an der Straße nach Riva. Beschildert. ✉ Via Gardesana, 13.
(GPS: 45°52'32" N / 16°52'07" E).

Ebenes Wiesengelände am Ufer unter Olivenbäumen, Palmen und anderen Bäumen. Von Hecken durchzogen. Parzelliert. Imbiss. FW. Ort 100 m entfernt. 271 Touristenplätze.
2007: P/N 8.–, K/N 2 bis 12 J. 5.60, St/N 10.–, H/N 2.50, WD u. Strom (6 A) inkl.

37018 Malcesine, L. di Garda, Verona **I2016/1**

★★★ »CAMPING CLAUDIA«
☎/Fax 045/7400786
www.campingclaudia.it, info@campingclaudia.it
20.3. bis 12.10.
10000 qm

→ SS249 Richtung Peschiera im Ortsteil Campagnola von Malcesine, Einfahrt gleich hinter dem Restaurant »Da Bianca«. Beschildert.

Ebenes Wiesengelände in Seenähe. Von Olivenbäumen durchsetzt. Ort 3 km entfernt. Touristen-/Dauerstellplätze 75/20.
2007: P/N 7.–, K/N 4.–, St/N 12.–, H/N 2.50, WD u. Strom (6 A) inkl.

📪 37018 Malcesine, L. di Garda, Verona   I 2016/2

35 ★★★ »CAMPING LOMBARDI«   Ostern bis Okt.
☎/Fax 045/7400849   11 000 qm
www.campinglombardi.com, info@campinglombardi.com

→ SS249 Richtung Peschiera im Ortsteil Campagnola von Malcesine, Einfahrt gleich hinter dem Restaurant »Da Bianca«, hinter Cpl. Claudia. Beschildert. 📪 Via Navene Vecchia, 141. (GPS: 45°78'49" N / 10°82'17" E).

Detailkarte GARDASEE

Ebenes Wiesengelände in einem Olivenhain. Imbiss. Separater Übernachtungsplatz für Mocas. Ort 2,5 km entfernt. 82 Touristenplätze.
2007: (HS) P/N 6.50, K/N 2 bis 10 J. 4.–, St/N 12.–, H/N frei, WD und Strom (4 A) inkl. In NS Ermäßigung.

📪 37018 Cassone, Lago di Garda, Verona   I 2022

★★★ »CAMPING BELLAVISTA«   1.1. bis 31.12.
☎/Fax 045/7420244   27 000 qm
www.campingbellavistamalcesine.com,
info@campingbellavistamalcesine.com

→ an der Straße nach Bardolino. 📪 Loc. Vendemme, Via Gardesana.

Terrassiertes Hanggelände oberhalb der Uferstraße. Blick auf den See. In einem Olivenhain. Unterführung zum See. Etappenplatz. FW. Tennis 100 m, Ort 300 m entfernt. Touristen-/Dauerstellplätze 128/60.

📪 37010 Castelletto di Brenzone, L. di G.   I 2031

35 ★★★ »CAMPING SAN ZENO«   1.5. bis 30.9.
☎/Fax 045/7430231   13 800 qm
www.campingsanzeno.it, info@campingsanzeno.it

→ SS249 Richtung Peschiera, ca. 4 km südlich Porto di Brenzone. 📪 Via A. Vespucci, 97.

Stark terrassiertes Wiesengelände an einem Hang. Durchsetzt von alten Olivenbäumen. Über eine Straße zum Strand mit Privatsteg. FW. Ort 1 km entfernt. Touristen-/Dauerstellplätze 60/50.
2007: P/N 7.50, K/N bis 10 J. 5.50, St/N 11.50, WD inkl., Strom keine Angabe (4 A).

DCC – DEIN PARTNER!

Camping Bungalows Caravaning
SERENELLA

CAMPING SERENELLA

Loc. Mezzariva 19 • I-37011 BARDOLINO (VR)
Tel. 0039/0457211333 • Fax 0039/0457211552
Http: www.camping-serenella.it
E-mail: serenella@camping-serenella.it

Ferienangebot mit Appartementen, Mobilheimen, Wohnwagen, kleine Bungalows, Schwimmbad, Kinderspielplatz, kostenlose Kurse für Windsurf und Kanu, Kinderanimation, Turniere und Unterhaltungsabende. Wasserskischule und Parafly. Familienfreundlich mit deutschsprechendem Personal, Reservierungsmöglichkeit.

Ab dem 19.11.07 stehen wir Ihnen für Reservierungen zur Verfügung. (I 2040/1)

GARDASEE

37011 Bardolino, L. di Garda/Verona — I 2040/1

45 ★★★ »CAMPING SERENELLA« — 8.3. bis 19.10.
☎ 045/7211333, Fax 7211552 — 50 000 qm
www.camping-serenella.it, serenella@camping-serenella.it

Abfahrt → zwischen der Uferstraße nach Garda u. dem See. ✉ Loc. Mezzariva, 19.

Unterhalb der Gardesana (Uferstraße) leicht zum See abfallendes Wiesengelände. Durch Laubbäume parzelliert. Keine Aufnahme von Motorrädern. Ort 1 km entfernt. Touristen-/Dauerstellplätze 290/40.
2007: (HS) P/N 8.50, K/N bis 5 J. 4.–, St/N 16.50, WD inkl., Strom keine Angabe. In NS Ermäßigung.
Anzeige S. 725

37011 Bardolino, L. di Garda/Verona — I 2040/2

40 ★★★ »CAMPING CONTINENTAL« — 1.4. bis 6.10.
☎ 045/7210192, Fax 7211756 — 30 000 qm
www.campingarda.it, continental@campingarda.it

Abfahrt → an der Straße nach Peschiera. Beschildert. ✉ Loc. Reboin / Gardesana Orientale

Zum See leicht abfallendes, ebenes und parzelliertes Wiesengelände. Teils von Olivenbäumen, teils von Pappeln und anderen Laubbäumen durchzogen. Ort 500m entfernt. Touristen-/Dauerstellplätze 156/100.
2007: P/N 7.30, K/N bis 5 J. 5.60, St/N 15.80, WD u. Strom inkl. (3 A).

DCC – DEIN PARTNER!

37011 Bardolino, L. di Garda/Verona — I 2040/3

45 ★★★ »LA ROCCA CAMP« — 14.3. bis 6.10.
☎ 045/7211111, Fax 7211300 — 80 600 qm
www.campinglarocca.com, info@campinglarocca.com

Abfahrt → unterhalb und oberhalb der Uferstraße (SS 249), im Ortsteil San Pietro. Beschildert. ✉ Loc. San Pietro. (GPS: 45°33'52" N / 10°42'46" E).

Mehrfach unterteiltes Wiesengelände mit gemischtem lockeren Baumbestand an der Uferpromenade. Teils terrassiert, teils eben unter Olivenbäumen und Palmen. FW. Ort 1 km entfernt. Touristen-/Dauerstellplätze 471/60.
2007: P/N 7.90, K/N 2 bis 4 J. 5.50, J/N 6.50, St/N 16.50, B/N 13.–, H/N 4.90, WD inkl., Strom keine Angabe (6 A).
CCI 5% auf P/N.

37011 Bardolino, L. di Garda/Verona — I 2040/4

★★★ »CAMPING EUROPA« — Ostern bis Okt.
☎ 045/7211089, Fax 7210073 — 16 000 qm
www.campingarda.it, europa@campingarda.it

Abfahrt → AS Affi–Cisano, dann Richtung Garda. Zwischen der Uferstraße und dem See, nahe der ESSO-Tankstelle. ✉ Via S. Cristina, 12.

Ebenes Wiesengelände mit gemischten lockeren Baumbestand. Restaurant. Imbiss. Ort 500 m entfernt. Touristen-/Dauerstellplätze 110/25.

»Besichtigungen der Campingplätze und die daraus resultierenden Bewertungen werden durch den DCC-Inspizienten ohne Voranmeldung durchgeführt und garantieren so absolute Objektivität.«

CARAVANING BUNGALOWS ★★★★ Camping CISANO
CARAVANING BUNGALOWS ★★★★ Camping S. VITO
(I 2043/1)

Via Peschiera • I-37010
CISANO DI BARDOLINO (VR)
Tel. 0039/0456229098
Fax 0039/0456229059
www.camping-cisano.it
cisano@camping-cisano.it

Direkt am Gardasee mit Sandstrand. Ideal für Ihre Kinder. Ideal für Wassersport. Ruhiger Platz mit erstklassigen Einrichtungen und Service. **Zu unserem Service gehören** auch: Kostenlose Windsurfkurse, Schwimmunterricht, Aerobic-Kurse, Tennisunterricht, Kinderkino, Animation mit Spielen, Festen, geselligen Abenden für alle. **Und noch vieles mehr. Reservierungen möglich.**

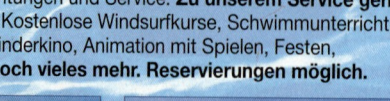

BEI BARDOLINO - GARDASEE

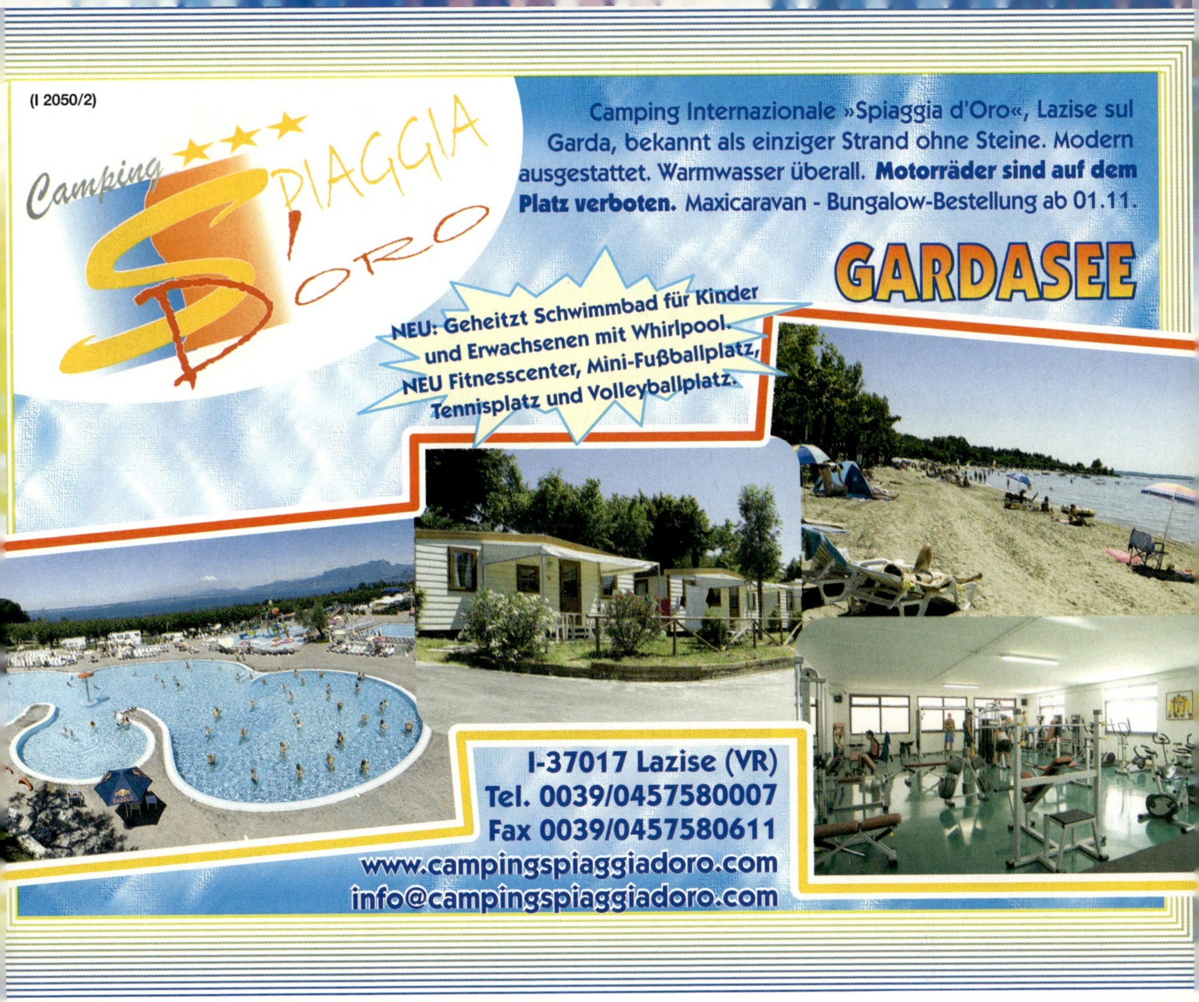

(I 2050/2)

Camping SPIAGGIA D'ORO

Camping Internazionale »Spiaggia d'Oro«, Lazise sul Garda, bekannt als einziger Strand ohne Steine. Modern ausgestattet. Warmwasser überall. **Motorräder sind auf dem Platz verboten.** Maxicaravan - Bungalow-Bestellung ab 01.11.

GARDASEE

NEU: Geheiztes Schwimmbad für Kinder und Erwachsenen mit Whirlpool.
NEU Fitnesscenter, Mini-Fußballplatz, Tennisplatz und Volleyballplatz.

I-37017 Lazise (VR)
Tel. 0039/0457580007
Fax 0039/0457580611
www.campingspiaggiadoro.com
info@campingspiaggiadoro.com

✉ 37010 Cisano di Bardolino, Verona — I2043/1

 55 ★★★ »CAMPING CISANO« ⚬— 8.3. bis 5.10.
☎ 045/6229098, Fax 6229059   140 000 qm
www.camping-cisano.it, cisano@camping-cisano.it
→ AB Brenner–Verona Abf. Affi, noch ca. 4 km. ✉ Via Peschiera, 48.

Zum See hin leicht abfallendes Gelände mit Olivenbäumen beiderseits der Uferstraße. Keine Aufnahme von Motorrädern. Ort 500 m entfernt. Touristen-/Dauerstellplätze 777/20.
2008: P/N 10.50, K/N 2 bis 5 J. 4.–, St/N 19.–, B/N 15.–, WD u. Strom inkl. (6 A).

✉ 37010 Cisano di Bardolino, Verona — I2043/2

 55 ★★★ »CAMPING SAN VITO« ⚬— 8.3. bis 5.10.
☎ 045/6229026, Fax 6229059   63 000 qm
www.camping-cisano.it, cisano@camping-cisano.it
→ Gardasee-Uferstraße SS 249 Pieschera–Garda, neben Camping Cisano. ✉ Via Pralesi.

Zum See leicht abfallendes Wiesengelände mit gemischtem Baumbestand. Keine Aufnahme von Motorrädern. Ort 500 m entfernt. 200 Touristenplätze.
2008: P/N 10.50, K/N 2 bis 5 J. 4.–, St/N 19.–, B/N 15.–, WD u. Strom inkl. (6 A).

✉ 37017 Lazise, Lago di Garda/Verona — I2050/1

 ★★★ »CAMPING DU PARC« ⚬— März bis Okt.
☎ 045/7580127, Fax 6470150   58 790 qm
www.campingduparc.com, duparc@camping.it
→ südl. des Ortes an der SS 249. Beschildert. ✉ Loc. Sentieri.

Leicht abfallendes bis stark geneigtes Wiesengelände. Teilweise terrassiert und mit Olivenbäumen, Pappeln, Weinreben und Zierpflanzen bepflanzt. Touristenplätze parzelliert. Strand mit Badesteg und Uferliegewiese. Ort 500 m entfernt. Touristen-/Dauerstellplätze 280/30.

✉ 37017 Lazise, Lago di Garda/Verona — I2050/2

 45 ★★★ »CAMPING SPIAGGIA D'ORO« ⚬— 23.3. bis 15.10.
☎ 045/7580007, Fax 7580611   149 000 qm
www.campingspiaggiadoro.com, info@campingspiaggiadoro.com
→ an der Uferstraße nach Peschiera. ✉ Via Sentieri, 2.
(GPS: 45°29'50" N / 10°44'16" E).

Zum See leicht abfallendes Wiesengelände. Von Baumreihen durchzogen und gegliedert. Teilweise leicht terrassiert. Mit eigenem, bis zu 10 m breiten Strand. Keine Aufnahme von Motorrädern. Whirlpool. Ort 500 m entfernt. Touristen-/Dauerstellplätze 830/20.
2007: P/N 8.80, K/N 1 bis 7 J. 5.–, St/N 18.50, B/N 12.–, H/N 7.–, WD inkl., Strom keine Angabe. (6 A).

PIANI DI CLODIA ★★★★

Always on the run!

(I 2050/5)

  ADAC Super-Platz 2007 The Leading Camping & Caravanning Parks of Europe

(I 2050/5)

www.pianidiclodia.it

Località Bagatta - 37017 Lazise (Verona) Italy
T. +39 045 7590456 - F. +39 045 7590939
info@pianidiclodia.it

 GS 490 • Via Peschiera (Lazise)
• Località Bagatta (Lazise)

✉ **37017 Lazise,** Lago di Garda/Verona **I 2050/3**

★★★★ »CAMPING LA QUERCIA« — April bis Okt.
☎ 045/6470577, Fax 6470243 200 000 qm
www.laquercia.it, laquercia@laquercia.it

Abfahrt → Uferstraße Lazise in Richtung Peschiera. Beschildert.

Zum See stufig abfallendes Wiesengelände unter einzelnen Bäumen. Mit schönem, breitem Sandstrand. Geeignet für einen längeren Familienaufenthalt. Fitnessraum. Ort 1.5 km entfernt. Touristen-/Dauerstellplätze 1050/50.

✉ **37017 Lazise,** Lago di Garda/Verona **I 2050/4**

EUROPA-PREIS

★★★★ »CAMPING PIANI DI CLODIA« — Mitte März. bis Okt.
☎ 045/7590456, Fax 7590939 23 500 qm
www.pianidiclodia.it

Abfahrt → Straße SS249, Abf. bei Km 30.4 bzw. 30.2. ✉ Loc. Bagatta.

Leicht abfallendes, teilweise terrassiertes Wiesengelände am See. Von Baumreihen durchsetzt. 5 verschieden geformte Schwimmbecken. Whirlpool. Gasverkauf 1 km, Ort u. Reitmöglichkeit 3 km entfernt. Touristen-/Dauerstellplätze 950/30.

✉ **37017 Lazise,** Lago di Garda/Verona **I 2050/5**

★★★ »CAMPEGGIO FOSSALTA« — April bis Sept.
☎ 045/7590231, Fax 7590999 61 000 qm
www.fossalta.com, info@fossalta.com

→ Einfahrt von der Uferstraße oder neben Camping Belvedere. ✉ Loc. Fossalta, 10. (GPS: 45°28'49" N / 10°43'21" E).

Wiesengelände mit Weinreben und Pappeln, erhöht über dem See mit Fahrweg und Treppe zum Strand. Offenes Sanitär. Ort 3 km entfernt. Touristen-/Dauerstellplätze 241/10.

✉ **37017 Lazise,** Lago di Garda/Verona **I 2050/6**

40 ★★★ »CAMPING BELVEDERE« — Ostern bis 30.9.
☎ 045/7590228, Fax 6499084 57 000 qm
www.campingbelvedere.it, info@campingbelvedere.com

→ an der Uferstraße nach Peschiera. Beschildert. ✉ Loc. Belvedere, 9. (GPS: 45°28'46" N / 10°43'22" E).

Teils ebenes, teils abfallendes bzw. terrassiertes Wiesengelände über dem See. Von Baumreihen durchzogen. Ort 2 km entfernt. Touristen-/Dauerstellplätze 280/20.
2007: P/N 7.50, K/N bis 8 J. 4.40, St/N 15.–, B/N 7.–, H/N 5.50, WD inkl., Strom keine Angabe (4A).

✉ **37017 Lazise,** Lago di Garda/Verona **I 2050/7**

45 ★★★★ »CAMPING PARK DELLE ROSE« — 19.4. bis 30.9.
☎ 045/6471181, Fax 7581356 92 000 qm
www.campingparkdellerose.it, info@campingparkdellerose.it

Abfahrt → A 22 Brenner–Bologna, Abf. Affi/Lago die Garda Süd, noch ca. 7 km; oder A 4 Milano–Venezia Abf. Peschiera, SS 249 ca. 6 km Richtung Lazise, südlich des Ortes zum See abbiegen. Beschildert. ✉ Loc. Vanon

Leicht abfallendes, terrassenähnliches Wiesengelände mit Büschen und Bäumen, sowie Hecken zur Stellplatzbegrenzung. Eigener Sandstrand mit Badesteg. Motorräder nicht erlaubt. FW. Basketball. Boccia. Bogenschiessen. Ort 2,5 km entfernt. Touristen-/Dauerstellplätze 410/20.
2007: (HS) P/N 8.–, K/N 4 bis 10 J. 4.50, St/N 15.– bis 17.–, B/N 8.–, WD u. Strom inkl. (4/6 A). In NS Ermäßigung.

Herzlich willkommen!

Anniversario 50
1958-2008

Das Camping **Nr. 1** des Gardasees!

Feiern Sie mit uns das Highlight des Jahres!

... mehr Feste, mehr Gadgets, mehr Geschenke für alle!

Ein großes Preisausschreiben: Gewinnen Sie einen Gratisaufenthalt für das Jahr 2009!

— EIN KOMPLETTES ANGEBOT —

Schattige Stellplaetze – Beheizte Waschhaeuser fuer Erwachsene und Kinder – Warmwasser den ganzen Tag – Restaurant – Pizzeria – Cocktail Bar – Funny Bar am Strand – Schwimmbaeder mit Wasserrutschen – Whirpool – Comfortable Maxicaravans und Bungalows fuer 4-5 Personen mit Blick auf den See – Weitlaeufiger Sandstrand am See – Theater – Supermarkt – Fleisch- und Wurstwarenabteilung – Baeckerei und Konditorei – Typische Produkte der Gegend – Taeglich frisches Obst und Gemuese – Tabakladen – Zeitungskiosk mit internationalen Zeitungen – Autovermietung – Fax zur privaten Nutzung – Berufsanimateure – Animation fuer Kinder und Jugendliche – Tennis – Kanu – Bogenschiessen – Windsurfen – Judo – Fussball – Fitnesstudio – Fechten – Spinning – Reiten.

- **6500** QUADRATMETER SAUBERER UND SICHERER PRIVATSTRAND, UNWEIT DER SERVICEEINRICHTUNGEN.
- **900** SCHATTIGE STANDPLÄTZE INMITTEN IMMER GEPFLEGTEM GRÜN.
- **18** BESTENS AUSGESTATTETE SPORT- UND FREIZEITANLAGEN.

(I 2050/3)

CAMPING ★★★★ LA QUERCIA
...mehr als ein Camping!

LAZISE SUL GARDA
VERONA - ITALIEN

Informationen und Reservierungen:

 +39.045.6470577
 info@laquercia.it www.laquercia.it

37010 Pacengo, Lago di Garda/Verona 12053/1

★★★ »CAMPING LIDO« April bis Mitte Okt.
045/7590611, Fax 7590030 100 000 qm
www.campinglido.it, info@campinglido.it

→ an der Uferstraße nach Lazise. Beschildert.

Weitläufiges, teils ebenes, teils zum See abfallendes bzw. in größeren Terrassen angelegtes Wiesengelände. Durch Baumreihen und Hecken parzelliert. Separater Caravanteil. Teilweise einsehbare Waschgelegenheiten. Fitnesscenter mit Sauna, Türkischem Bad und Sporthalle. Touristen-/Dauerstellplätze 594/62.

37010 Pacengo, Lago di Garda/Verona 12053/2

(40) ★★★ »CAMPING LE PALME« 15.3. bis 19.10.
045/7590019, Fax 7590554 24 600 qm
www.lepalmecamping.it, info@lepalmecamping.it

→ Brennerautobahn Abf. Affi-Lago di Garda Sud und weiter zum Ort. Via del Tronchetto, 2. (GPS: 45°27′53″ N / 10°42′53″ E).

Zum See leicht abfallendes Gelände unter Pinien. Zum Teil terrassiert. Durch Bäume, Hecken und Holzzäune parzelliert und gegliedert. Ort 300 m entfernt. Whirlpool. Touristen-/Dauerstellplätze 114/40.
2008: (HS) P/N 7.90, K/N 1 bis 7 J. 4.50, St/N 13.90, H/N 4.50, WD inkl., Strom keine Angabe (6 A). In NS Ermäßigung.

37019 Peschiera, Lago di Garda/Verona 12058/1

Abfahrt (55) ★★★★ »CAMPING DEL GARDA« 22.3. bis 30.9.
045/7550504, 7551899, Fax 6400711 204 000 qm
www.campingdelgarda.com, prenotazioni@camping-delgarda.com

→ an der Straße nach Pacengo. Via Marzan.

Weitläufiges, ebenes Wiesengelände unter Pinien. Keine Aufnahme von Motorrädern. FW. Ort 1.5 km entfernt. Touristen-Dauerstellplätze 560/250.
2008: P/N 10.–, K/N 4 bis 8 J. 5.50, St/N 22.–, WD inkl., Strom keine Angabe.

37019 Peschiera, Lago di Garda/Verona 12058/2

Abfahrt (45) ★★★ »CAMPING CAPPUCCINI« 15.3. bis 28.9.
/Fax 045/7551592 30 000 qm
www.camping-cappuccini.com, info@camp-cappuccini.com

→ im Ort an der Straße nach Sirmione. Beschildert. Via Arrigo Boito, 2. (GPS: 45°26′70″ N / 10°41′84″ E).

Ebenes, in zwei Terrassen angelegtes Wiesengelände. Durch Baumreihen gegliedert. Leicht erhöht am See. Zugang zum Strand. Hunde nach Absprache. Ort 500 m entfernt. Touristen-/Dauerstellplätze 148/10.
2007: P/N 8.–, K/N 2 bis 10 J. 5.50, St/N 16.–, WD inkl., Strom keine Angabe (3 A).

37019 Peschiera, Lago di Garda/Verona 12058/3

Abfahrt (55) ★★★★ »CAMPEGGIO BELLA ITALIA« 8.3. bis 12.10.
045/6400143, Fax 6401410 300 000 qm
www.camping-bellaitalia.it, bellaitalia@camping-bellaitalia.it

→ an der Straße nach Sirmione. Beschildert. Via Bella Italia, 2.

Weitläufiges Wiesengelände am See. Durch Baumreihen und Hecken gegliedert und parzelliert. Neben einer Bungalowanlage. Schöne Uferpromenade. Keine Aufnahme von Motorrädern. »Kirche Unterwegs«. FW. Ort 1 km entfernt. Touristen-Dauerstellplätze 650/411.
2008: (HS) P/N 12.–, K/N 3 bis 5 J. 5.–, St/N 22.–, WD u. Strom inkl. (6 A).

37019 Peschiera, Lago di Garda/Verona 12058/4

Abfahrt (50) ★★★ »CAMPING BERGAMINI« 24.4. bis 21.9.
/Fax 045/7550283, www.campingbergamini.it 15 000 qm

→ an der Straße nach Sirmione, im Ortsteil San Benedetto di Lugana. Loc. S. Benedetto di Lugana, Porto Bergamini, 51.

Teils ebenes, teils zum See leicht abfallendes Wiesengelände. Von Pappelreihen durchzogen. Ort 2 km entfernt. 70 Touristenplätze.
2008: (HS) P/N 10.–, K/N bis 10 J. 7.–, St/N 17.–, WD u. Strom inkl. (6 A). In NS Ermäßigung.

37019 Peschiera, Lago di Garda/Verona 12058/5

Abfahrt ★★★ »CAMPING WIEN« Ostern bis Sept.
/Fax 045/7550379 40 000 qm
www.campingwien.it, campingwien@libero.it

→ westlich des Ortes an der Straße nach Sirmione. Loc. Fornaci.

Ebenes Gelände mit Pappeln. Erhöht über dem See. Mit eigenem Zugang. Waschgelegenheiten einsehbar. FW. Ort 3 km entfernt. 100 Touristenplätze.

25019 Lugana, Lago di Garda/Brescia 12063

★★ »CAMPING LUGANA MARINA« März bis Okt.
030/919173, Fax 9905779 9000 qm
www.luganamarina.it, info@luganamarina.it

→ an der Uferstraße nach Sirmione. Beschildert. Via Verona 127/C.

Wiesengelände mit Pappeln. FW. Ort 3 km entfernt. 30 Touristenplätze.

25010 Colombare, L. di Garda, Brescia 12065

★★★ »CAMPING SIRMIONE« März bis Okt.
/Fax 030/919045 34 760 qm
www.camping-sirmione.com, info@camping-sirmione.com

→ an der Straße nach Sirmione. Via Sirmioncino, 9.

Zum See hin leicht abfallendes Gelände mit eigenem Strand. Whirlpool. Touristen-/Dauerstellplätze 120/60.

25010 Rivoltella del Garda, Brescia 12070

★★★★ »CAMPING SAN FRANCESCO« Ende März bis Sept.
030/9110245, Fax 9119464 85 000 qm
www.campingsanfrancesco.it, info@campingsanfrancesco.it

→ zwischen der Uferstraße und dem See. Str. Vicinale S. Francesco.

Ebenes Wiesengelände unter Laubbäumen. Parzelliert. Gut geeignet für Familien mit Kindern. Kiosk. 322 Touristenplätze.

25080 Padenghe del Garda, Brescia 12073

(35) ★★★★ »CAMPEGGIO LA CA'« 1.3. bis 30.10.
030/9907006, Fax 9907693 20 000 qm
www.campinglaca.it, info@campingcaca.it

→ SS572 Desenzano-Salo, nördlich von Padenghe zum See abbiegen. Beschildert. Unübersichtliche Ausfahrt. Via S. Cassiano, 12.

Terrassiertes Hanggelände am See mit Pappeln. Whirlpool. Ort 2 km entfernt. Touristen-/Dauerstellplätze 133/12.
2007: (HS) P/N 6.80, K/N bis 3 J. 3.–, K/N 4 J. bis 12 J. 4.50, St/N 9.– bis 13.70, B/N 7.50, H/N 4.–, WD inkl., Strom/N 1.90.

(I 2058/3)

Der **Camping Village Bella Italia** wird von mächtigen Bäumen eingefasst und liegt direkt am romantischen Strand des Gardasees, nur ein paar Schritte vom malerischen Zentrum des Städtchens Peschiera del Garda entfernt. Hier können Sie sich in Ruhe im Grünen entspannen und bei unserem professionellen Animationsprogramm vergnügen. Zu unserem Service gehören auch: Schwimmunterricht, kostenlose Windsurfkurse, Aerobickurse, Tennisunterricht, Kinderkino, Animation mit Spielen, Festen und geselligen Abenden für alle. **Und noch viel mehr... NEUHEIT 2007 FAMILIEN HOTEL.**

Via Bella Italia, 2 • I-37019 Peschiera del Garda (Verona)
Tel. 0039.0456400688 • Fax 0039.0456401410
E-mail: bellaitalia@camping-bellaitalia.it
www.camping-bellaitalia.it

25019 Desenzano del Garda, Brescia — I 2075

»VILLAGGIO TURISTICO VÒ«
030/9121325, 9121487, Fax 9120773,
www.voit.it, vo@voit.it

März bis Okt. — 25000 qm

→ A4/E70 Venedig–Milano Abf. Desenzano, Desenzano Zentrum, beim 3. Kreisverkehr links bis zum Seeufer, dann links abbiegen. ✉ Via Vò, 9.

200 m

Parzelliertes, zum See leicht abfallendes Wiesengelände mit parkartigem Bewuchs. Privater Strand. Bewachtes Bootslager. Reihenhäuschen und Wohnungen zu mieten. Teils offenes Sanitär. Reservierung ab 7 Nächten. Nur kleine Hunde erlaubt. Ort 1.8 km entfernt. Touristen-/Dauerstellplätze 50/50.

25080 Moniga, Lago di Garda/Brescia — I 2080/1

»CAMPEGGIO SAN MICHELE«
0365/502026, Fax 503443
www.campingsanmichele.it, info@campingsanmichele.it

März bis Nov. — 32000 qm

→ an der Uferstraße Salo–Desenzano. ✉ Via San Michele, 8.

Zum See abfallendes Gelände in einem Pappel- und Olivenhain mit Treppe zum eigenen Strand. Nur kleine Hunde erlaubt. Ort 1 km entfernt. Touristen-/Dauerstellplätze 30/150.

25080 Moniga, Lago di Garda/Brescia — I 2080/2

»CAMPING FONTANELLE«
0365/502079, Fax 503324
www.campingfontanelle.it, info@campingfontanelle.it

26.4. bis 21.9. — 45000 qm

→ im Ort abbiegen zum See. Beschildert. ✉ Via del Magone, 13. (GPS: 45°31'51" N / 10°32'57" E).

1 km

Zum See in Terrassen abfallendes Wiesengelände. Teils mit Olivenbäumen, teils mit Pappeln. Asphaltierter Hauptweg. Ort 1 km entfernt. 166 Touristenplätze.
2007: (HS) P/N 8.–, K/N 3 bis 7 J. 6.20, St/N 11.– bis 20.–, B/N 10.– bis 17.–, H/N 6.–, WD u. Strom inkl. (6 A). In NS Ermäßigung.

25080 Moniga, Lago di Garda/Brescia — I 2080/3

»CAMPING SERENO«
0365/502080, Fax 503893
www.sereno.info, info@sereno.info

31.3. bis 6.10. — 50000 qm

→ in Moniga abbiegen zum See. Beschildert. ✉ Via San Sivino, 72.

50 m / 100 m

Ebenes Wiesengelände. Durch Baumreihen gegliedert. Erhöht über dem See. Treppe und Zufahrtsstraße zum Strand mit Parkplatz. Im Sommer Bus zum Ort (gratis). Baden und Wassersport 200 m, Ort 1.5 km entfernt. Touristen-/Dauerstellplätze 26/150.
2007: (HS) P/N 8.–, K/N 4 bis 12 J. 4.–, A/N 4.–, C T/N 10.–, MC/N 12.–, M/N 3.–, WD inkl., Strom/N 2.–.
DCC/CCI 10% auf P/N.

DCC – DEIN PARTNER!

731

DCC-Vertragsplatz

✉ 25080 Manerba, Lago di Garda/Brescia I2083/1

40 ★★★★ »CAMPING ZOCCO« ⚿ 19.4. bis 21.9.
☎ 0365/551605, Fax 552053 50000 qm
www.campingzocco.it, info@campingzocco.it
→ zwischen Manerba und Moniga zum Strand abbiegen. Beschildert. ✉ Via del Zocco, 43. (GPS: 45°32'38" N / 10°33'36" E).

Mehrfach terrassiertes Gelände. Teilweise im Olivenhain. Asphaltierte Hauptstraße. Bootssteg. FW. Ort 2 km entfernt. Touristen-/Dauerstellplätze 210/30.
2008: (HS) P/N 7.50, K/N 3 bis 11 J. 6.50, St/N 14.50, B/N 5.50, H/N 4.–, WD, Schwimmbad u. Strom inkl. (4 A). In NS Ermäßigung.
DCC/CCI 10%/5% auf P/N.

✉ 25080 Manerba, Lago di Garda/Brescia I2083/2

★★★ »CAMPING BELVEDERE« ⚿ April bis Okt.
☎ 0365/551175, Fax 552350 20000 qm
www.camping-belvedere.it, info@camping-belvedere.it
→ SS 572 Desenzano–Sal Abf. Manerba. ✉ Via Cavalle, 5.

Gepflegter Terrassenplatz. Von Laubbäumen durchzogen. Teilweise Blick über den See. Ort 1 km entfernt. Touristen-/Dauerstellplätze 90/30.

✉ 25080 Manerba, Lago di Garda/Brescia I2083/3

55 ★★★ »CAMPING SAN BIAGIO« ⚿ Ostern bis 30.9.
☎ 0365/551549, Fax 551046 27000 qm
www.campingsanbiagio.net, info@campingsanbiagio.net
→ SS 572 Desenzano–Salo Abf. Manerba, im Ort beschildert. ✉ Via Cavalle, 19.

Ufergelände auf einer Halbinsel mit schönem Blick über den See. Durch verschiedene Baumarten aufgelockert. Teilweise terrassiert. Ort 1 km entfernt. 165 Touristenplätze.
2007: (HS) P/N 9.–, K/N 3 bis 11 J. 7.–, St/N 25.–, B/N 12.–, H/N 5.–, WD inkl., Strom/kWh –.25 (16 A). In NS Ermäßigung.

✉ 25080 Manerba, Lago di Garda/Brescia I2083/4

35 ★★ »CAMPING IL FARO« ⚿ 15.4. bis 15.9.
☎ 0365/651704, campeggioilfaro@virgilio.it 9700 qm
→ in Pieve di Manerba zum Strand abbiegen. ✉ Via Repubblica, 52.

Wiesengelände mit einzelnen Bäumen. See 100 m, Ort 1.5 km entfernt. Touristen-/Dauerstellplätze 92/40.
2007: P/N 6.50, K/N 3 bis 10 J. 4.50, St/N 11.50, WD inkl., Strom keine Angabe. In NS Ermäßigung.

✉ 25080 Manerba, Lago di Garda/Brescia I2083/5

45 ★★★ »CAMPING ROMANTICA« ⚿ Ostern bis Sept.
☎ 0365/651668, 654444, Fax 651668 60000 qm
www.campingromantica.com, info@campingromantica.com
→ ca. 9 km südlich Salo, am Ufer des Sees entlang. ✉ Via G. Verdi, 17.

Ebenes, zum See in breiten Terrassen leicht abfallendes Wiesengelände. Mit Olivenbäumen und Pappeln. FW. Ort 3 km entfernt. 326 Touristenplätze.
2007: (HS) P/N 10.–, K/N bis 10 J. 7.–, A/N 5.–, C MC/N 12.– bis 14.–, T/N 5.–, M/N 3.–, B/N 6.–, H/N 3.–, WD inkl., Strom/N 2.–.

✉ 25080 Manerba, Lago di Garda/Brescia I2083/6

40 ★★★ »CAMPEGGIO LA ROCCA« ⚿ 15.3. bis 28.9.
☎ 0365/551738, Fax 552045 50000 qm
www.laroccacamp.it, info@laroccacamp.it
→ SS 572 Desenzano Abf. Manerba. Zwischen der Halbinsel S. Biagio und Rocca di Manerba. Beschildert. ✉ Via Cavalle, 22. (GPS: 45°33'44" N / 10°33'53" E).

Leicht abfallendes Wiesengelände oberhalb einer Bucht. Von Laubbäumen umgeben. FW. Ort 1 km entfernt. Touristen-/Dauerstellplätze 150/50.
2007: (HS) P/N 7.50, K/N 3 bis 11 J. 5.50, St/N 13.–, B/N 15.–, H/N 4.50, WD u. Schwimmbad inkl., Strom/N 2.– (4 A). In NS Ermäßigung.

✉ 25080 Manerba, Lago di Garda/Brescia I2083/7

35 ★★★ »CAMPING ROLLI« ⚿ April bis Sept.
☎/Fax 0365/651353 30000 qm
www.gardalake.it/campingrolli, campingrolli@virgilio.it
→ Hauptstraße Salo–Desenzano Abf. Manerba. Beschildert. ✉ Via Dell'Edera N 18.

Parzelliertes und ebenes Wiesengelände am Waldrand. Durch Bäume und Büsche aufgelockert. Ort 1 km entfernt. Touristen-/Dauerstellplätze 63/80.
2007: (HS) P/N 6.80, K/N 2 bis 10 J. 4.60, St/N 10.80, B/N 5.–, H/N 2.50, WD u. Schwimmbad inkl., Strom/N 1.50 (4 A). In NS Ermäßigung.
DCC/CCI 10% auf P/N.

DCC-Vertragsplatz

✉ 25010 S. Felice del Benaco, Brescia I2085/1

50 ★★★★ »CAMPING EUROPA-SILVELLA« ⚿ 28.4. bis 16.9.
☎ 0365/651095, Fax 654395 70000 qm
www.europasilvella.it, info@europasilvella.it
→ Hauptstraße Salo–Desenzano Abf. nach S. Felice del Benaco. Enge Zufahrt zum Platz (2.50 m). ✉ Via Silvella, 10.

Auf zwei Terrassen angelegtes Gelände. Ein Teil auf See-Ebene, der andere erhöht über dem See. Durch Oliven, Eichen, Robinien sowie Büschen aufgelockert und gegliedert. Wassersport. Fitnessraum. Mindestaufenthalt 3 Tage. Ort 800 m entfernt. Touristen-/Dauerstellplätze 328/22.
2007: (HS) P/N 8.50, K/N bis 4 J. 7.50, St/N 21.50, B/N (Boje) 20.–, H/N 7.50, WD u. Strom inkl. (4 A). In NS Ermäßigung.
DCC 10% auf P/N.

DCC-Vertragsplatz

✉ 25010 S. Felice del Benaco, Brescia I2085/2

45 ★★★ »VILLAGGIO LA GARDIOLA« ⚿ 15.3. bis 20.10.
☎ 0365/559240, Fax 557625 3700 qm
www.baiaholiday.com, info@lagardiola.com
→ Von der SS 572 nach S. Felice del Benaco abbiegen. ✉ La Gardiola, 36.

Terrassiertes, zweigeteiltes Wiesengelände in Strandnähe. Ein Teil unter Olivenbäumen, ein anderer durch Hecken, Büsche und Bäume parzelliert. Ort 1.5 km entfernt. 20 Touristenplätze.
2007: (HS) 2 P/N inkl. St/N 36.20, weitere P/N 8.20, K/N bis 10 J. 7.10, B/N 6.50, H/N 6.50, WD u. Strom inkl.
DCC/CCI 10% auf P/N.

✉ 25010 S. Felice del Benaco, Brescia I2085/3

50 ★★★★ »VILLAGGIO IDEAL MOLINO« ⚿ 15.3. bis 30.9.
☎ 0365/62023, Fax 559395 17000 qm
www.campingmolino.it, info@campingmolino.it
→ 6 km südlich Salo, Portese–San Felice. ✉ Via Gardiola, 1.

Liegt direkt am Ufer des Gardasees in einer zauberhaften Lage zwischen den Orten Manerba und Moniga. Appartements und Bungalows mit Mauerwerk. Restaurant und Pizzeria. Weiterhin bietet er großzügige Grünflächen mit großer Vielfalt an Pflanzen, 2 Tennisplätze, Fußballplatz, Bocciabahn, Ping-Pong, Boje, Kinderspielplatz, Schwimmbäder, Privatsteg und Bootsrutsche. Langer Strand. **SONDERANGEBOT 2008: Forfait für 2 Personen + Stellplatz + Strom: 15 Euro pro Tag vom 19.04. bis 30.04. und vom 07.09. bis 21.09.2008.**

**Informationen und Reservierungen:
Camping Zocco, via del Zocco
I-25080 MANERBA (BS)
Tel. 0039/0365551605
Fax 0039/0365552053
E-mail: info@campingzocco.it
Http: www.campingzocco.it**

150 m, 1 km
Teils terrassiertes, teils leicht abfallendes Wiesengelände bei einer alten Mühle. Durch Bäume und Büsche parzelliert und gegliedert. Reservierung erwünscht. Ort 1 km entfernt. 85 Touristenplätze.
2007: (HS) P/N 8.70, K/N bis 9 J. 6.95, St/N 18.15 bis 20.–, B/N 8.70, WD u. Strom inkl. (4 A). In NS Ermäßigung.

25010 S. Felice del Benaco, Brescia   I 2085/4
[45] ★★★★ »FORNELLA CAMPING«   28.4. bis 21.9.
0365/62294, Fax 559418   90 000 qm
www.fornella.it, fornella@fornella.it
→ im Ort beschildert. Via Fornella, 1. (GPS: 45°35'10" N / 10°33'92" E).

2 km
Weitläufiges, terrassiertes Wiesengelände auf einem kleinen, flachen Hügel mit altem Baumbestand. Direkt am See. Volleyball. Ort 2 km entfernt. Touristen-/Dauerstellplätze 292/9.
2007: (HS) P/N 8.50, K/N bis 3 J. 7.20, St/N 17.– bis 23.–, H/N 7.–, WD u. Strom inkl. In NS Ermäßigung.

25010 Porto Portese, L. di Garda, Brescia   I 2088
★★★ »CAMPING EDEN«   April bis Sept.
0365/62093, Fax 559311   44 000 qm
www.camping-eden.it, eden@gsnet.it
→ zwischen Salo und S. Felice am Ufer des Sees. Via Preone, 45.

Abfallendes, mehrfach unterteiltes Terrassengelände mit Olivenbäumen. Ort 1 km entfernt. Touristen-/Dauerstellplätze 237/100.

25080 Maderno, Lago di Garda, Brescia   I 2092
[40] ★★★ »CAMPING RIVIERA«   1.4. bis 30.9.
/Fax 0365/643039   campingriviera@gmail.com   38 000 qm
→ an der Gardesana Occidentale. Via Promontorio, 59.
(GPS: 45°37'57" N / 10°36'58" E).

200 m
Schmales, zum See leicht abfallendes Wiesengelände. Touristen-/Dauerstellplätze 160/160.
2008: P/N 8.–, K/N ab 5 J. 5.–, St/N 14.–, H/N frei, WD u. Strom inkl. (3 A).

DCC – DEIN PARTNER!

25088 Toscolano, L. di Garda/Brescia   I 2094
★★★ »CAMPING TOSCOLANO«   April bis Sept.
0365/641584, Fax 642519   60 000 qm
www.hotelh.com, horstmann.hotel@tin.it
→ im Ort zum See abbiegen.

Ebenes Gelände hinter einer hohen Mauer. Von Baumreihen durchzogen. Teilweise am See. Restaurant. FW. Touristen-/Dauerstellplätze 200/100.

39020 St. Valentin a.d.H., Bozen   I 2100
[25] ★★★ »CAMPING THÖNI«   1.1. bis 31.12.
0473/634020, Fax 634121   1470 m   5000 qm
www.camping-thoeni.it, thoeni.h@rolmail.net
→ Reschenpass–Graun–St. Valentin, neben der Hauptstraße am Dorfanfang rechts abbiegen. Landstraße, 83. Via Principale.
(GPS: 46°46'11" N / 10°31'57" E).

100 m, 300 m, 5 km
Ebenes Wiesengelände. Familiär geführter Betrieb. Skiraum. Ort 300 m entfernt. 30 Touristenplätze.
2008: (HS) P/N 5.–, K/N bis 12 J. 3.50, C MC-St/N 9.50, T-St/N 8.50, WD inkl., Strom/N 1.50. In NS Ermäßigung.

DCC-Vertragsplatz

39024 Mals, Bozen   I 2105
[40] ★★★★ »CAMPING MALS«   1.1. bis 31.12.
0473/835179, Fax 845172   990 m   8000 qm
www.campingmals.it, info@campingmals.it
→ Reschenpass–Glurns, auf ca. halber Strecke in Mals auf die SS40 Richtung Glurns abbiegen. Beschildert. Bahnhofstr. 51.

100 m

200 m
Parzelliertes und terrassiertes Wiesengelände mit Bäumen und Büschen. Imbiss. Freier Eintritt im Hallen- und Freibad. Kegelbahn. Saunalandschaft. Skibus gratis. 44 Touristenplätze.
2008: (HS) P/N 7.50, K/N bis 3 J. 3.–, 3 bis 12 J. 5.50, St/N 15.–, H/N 4.–, WD inkl., Strom inkl. (16 A). In NS Ermäßigung.
DCC 10% auf P/N.

Ruhebewertungen
betreffen das Umfeld, nicht aber den inneren Campingplatzbereich.

(I 2150/1)

Schlosshof
FERIENRESORT ★★★★ SUPERIOR — GENIESSER- & COMFORTCAMPING

ADAC Auszeichnung 2007
Auszeichnung seit 2002

Eine Welt öffnet sich

In unserer Oase zum Wohlfühlen finden Sie erlesenen Komfort verbunden mit Südtiroler Gastfreundschaft. Lassen Sie sich verwöhnen, genießen Sie den unverwechselbaren Charme unserer inmitten von Obstgärten gelegenen Anlagen und erleben Sie mediterranes Ambiente in familiär herzlicher Atmosphäre.
Schlosshof ist ein Ort der Lebensfreude, wo persönliches Gastgeben noch gelebt wird – designed to stay!

- **Komfortstellplätze**: Alle Stellplätze mit Strom, Frisch- & Abwasser, Kabel-TV sowie Wireless LAN Anschluss (Internet).
- **Wohlfühlen im "Beautybath"**: Modernste Sanitäranlagen mit Einzelwaschkabinen, Privatbäder, Babyraum, Behindertenbad. Räume für Träume.
- **Kulinarische Genüsse**: Gepflegtes Speisen im Restaurant „La Dolce Vita" mit mediterraner Terrasse. Flair des Südens.
- **Relax, Wellness & Fun**: mediterranes Freibad (V-X), großes Hallenbad mit Olympiamaßen & Sauna/Solarium, Massage, Kinderspielplatz, Kinderspielraum "Bambinilandia", 5 vollautomatische Kegelbahnen, Kinderanimation im Sommer: Hits for Kids, Fernsehraum mit Großbildschirm …
For happy people.

Unsere Welt - Ihr Zuhause: **CAMPINGRESORT SCHLOSSHOF ★★★★S**
I - 39011 Lana bei Meran - Post: Jaufenstraße 10
Achtung Anfahrt in Lana KEIN GPS:
Einfahrt Feldgatterweg Nordseite, *bei "Gasthof Tennis" abbiegen*.
Tel.: 0039 0473 561469 - Fax: 0039 0473 563508
www.schlosshof.it - E-Mail: info@schlosshof.it

vom Traum zum Glück.

✉ **39020 Trafoi**, Bozen **I2118**

30 ★★ »CAMPING TRAFOI«
☎/Fax 0473/611533 1570m 1.7. bis 15.9. 10000 qm
www.camping-trafoi.com, camping.trafoi@rolmail.net

→ SS 38 ab Sponding ca. 14 km in Richtung Stilfserjoch. ✉ Via Paese, 146.

Leicht welliges, zum Teil abfallendes Wiesengelände an einem Berghang. Ort 1 km entfernt. 80 Touristenplätze.
2007: (HS) P/N 6.–, K/N 2 bis 10 J. 3.50, J/N 11 bis 15 J. 4.50, A/N 3.–, C T/N 5.50, MC/N 8.50, M/N 2.–, H/N 2.–, WD inkl., Strom/N 2.50 (4 A).

 EUROPA-PREIS

✉ **39026 Prad/Prato allo Stelvio**, Bozen **I2120/1**

40 ★★★★ »CAMPING APPARTEMENTS SÄGEMÜHLE«
☎ 0473/616078, Fax 617277 900m 20.12. bis 8.11. 25000 qm
www.campingsaegemuehle.com, info@campingsaegemuehle.com

→ SS38 Schlanders–Stilfserjoch. In Prad abbiegen. ✉ Dornweg 12.
(GPS: 10°35'28" N / 46°37'1" E).

Wiesengelände in einem Obstgarten. FW. Whirlpool. Dampfbad. Hundedusche. Skibus. Skitrockenräume. Ort 200 m entfernt. 130 Touristenplätze.
2008: (HS) P/N 8.–, K/N 2 bis 10 J. 5.–, J/N 15 bis 15 J. 6.50, S/N 11.–, H/N 3.–, WD inkl., Strom/N 2.50 oder –.60 (6 A). In NS Ermäßigung.
DCC 10% auf P/N.

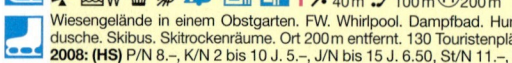

✉ **39026 Prad/Prato allo Stelvio**, Bozen **I2120/2**

30 ★★★ »CAMPING KIEFERNHAIN«
☎ 0473/616422, Fax 617277 900m 20.3. bis 5.10. 25000 qm
www.camping-kiefernhain.it, kiefernhain@rolmail.net

→ SS38 Schlanders–Stilfserjoch, in Prad abbiegen. ✉ Kiefernhainweg 37. (GPS: 10°35'28" N / 46°37'1" E).

Ebenes Gelände in einem Kiefernhain. Direkt neben dem Freibad und den Tennis- u. Sportanlagen (gratis). Gleiche Leitung wie Cpl. Sägemühle. 200 Touristenplätze.
2008: (HS) P/N 6.50, K/N 2 bis 10 J. 4.50, J/N bis 15 J. 5.50, St/N 10.–, H/N 3.50, WD inkl., Strom/N 2.50 oder kWh –.60. In NS Ermäßigung.
DCC 10% auf P/N.

✉ **39023 Laas**, Bozen **I2122**

★★★ »CAMPING BADLERHOF«
☎ 0473/628159 1030m 1.1. bis 31.12. 6000 qm
www.camping-badlerhof.it, info@camping-badlerhof.it

→ SS 38 Meran–Borneo Abf. Lasa Ovest und weiter nach Lasa zum Camping Badlerhof. ✉ Kugelgasse 4 b.
♣ Kloster Marienberg. Archeopark.

Gepflegtes, ebenes und parzelliertes Wiesengelände mit Apfel- und Birnbäumen in Ortslage neben dem dazugehörigen Bauernhof. Separate PkW-Abstellung. Familiäre Atmosphäre. Wellnessbereich. Cafè. Zentrum 200 m entfernt. 40 Touristenplätze.

39020 Goldrain, Bozen — I2130

★★★ »CAMPING CEVEDALE« 15.3. bis 8.11.
☎ 0473/742132, Fax 740584   660 m   5500 qm
www.camping-cevedale.com, info@camping-cevedale.com

→ SS38 Schlanders–Meran Abf. Goldrain, hier südlich des Ortes hinter dem Eisenbahnübergang rechts an der Tankstelle vorbei, dann links. ✉ Vinschgauerstr. 59. (GPS: 46°37'04" N / 10°49'06" E).

200 m 300 m 3 km

Ebenes, auf zwei Terrassen angelegtes Wiesengelände. Durch Laubbäume und Büsche aufgelockert. Parzelliert. Ort 300 m entfernt. 51 Touristenplätze.
2008: (HS) P/N 5,80, K/N bis 12 J. 4,40, St/N 12.–, H/N 3,90, WD inkl., Strom/N 2,60 (6 A). In NS Ermäßigung.

39021 Latsch, Bozen — I2135

★★★★ »CAMPING LATSCH A. D. ETSCH« 1.1. bis 31.12.
☎ 0473/623217, Fax 622333   639 m   20 000 qm
www.camping-latsch.com, info@camping-latsch.com

→ SS38 Schlanders–Meran Abf. Latsch. Im Ort beim Restaurant. ✉ Reichstr. 4. (GPS: 46°37'20" N / 10°51'50" E).

100 m 300 m

Wiesengelände an der Etsch unterhalb der Straße. Am Ufer der Etsch. FW. Türkisches Dampfbad. Kegelbahn. Spiel- und Jugendraum. Tiefgarage. Ort 1 km entfernt. 130 Touristenplätze.
2007: (HS) P/N 7,40, K/N 3 bis 12 J. 6,40, St/N 10,40 bis 13,40, H/N 5,20, WD inkl., Müllgeb. P/N –.30, Strom/N 2,50 (6 A). In NS Ermäßigung ab 15 N.

39025 Naturns, Bozen — I2140/1

★★★ »CAMPING BUNGALOWS ADLER« 8.3. bis Nov.
☎ 0473/667242, Fax 668346   554 m   15 000 qm
www.campingadler.com, info@campingadler.com

→ SS38 Schlanders–Meran, Abf. Naturns-Zentrum. Im Ort beim Hotel „Prokulus" links abbiegen in die Industriestraße. ✉ Lidostr. 14. (GPS: 46°38'51" N / 11°00'26" E).

200 m

Parzelliertes Wiesengelände mit Obst- und Nadelbäumen. Reservierung erforderlich. Zentrum 200 m entfernt. 72 Touristenplätze.
2007: (HS) P/N 6.–, K/N bis 12 J. 4.–, St/N 12.–, H/N 2,50, WD inkl., Strom/N 2,50 (4 bis 6 A), Anschlußgeb. 2,50. In NS Ermäßigung.

39025 Naturns, Bozen — I2140/2

★★★★ »WALDCAMPING« Mitte März bis Nov.
☎ 0473/667298, Fax 668072   554 m   20 000 qm
www.waldcamping.com

→ SS38 Reschen–Meran Abf. Naturns-Ost. Im Ort beim Hotel „Prokulus" links abbiegen in die Industriestraße. ✉ Dornsbergerweg 8.

Detailkarte SÜDTIROL

39012 Meran, Bozen — I2145

★★ »CAMPING MERAN« 17.3. bis 3.11.
☎ 0473/231249, Fax 235524   15 000 qm
www.meran.eu, info@meran.eu

→ SS38 Schlanders–Bozen Abf. Meran. Im Ort in Richtung Stadtteil Untermais. Einfahrt zum Platz 200 m hinter einer Tankstelle bei den öffentlichen Tennisplätzen. ✉ Piavestr. 44.

Gepflegtes Wiesengelände. Durch hohe Pappeln und Hecken gegliedert. Zentrum 500 m entfernt. 150 Touristenplätze.
2008: (HS) P/N 7,20, K/N 4 bis 12 J. 3,40, A/N 4.–, C/N 6,70, MC/N 9,30, T/N 5,80, M/N 3,40, H/N 3,40, WD inkl., Strom/N 2,10 bis 2,40. In NS Erm.

Das CCI-Carnet ist im Ausland als Identitäts-Ausweis anerkannt. Im Inland genügt die Vorlage des DCC-Mitgliedsausweises.

735

GAMP (I 2165)

Familiärer Campingplatz auf dem Bauernhof am Eingang des Grödnertales
2008 feiern wir 50 Jahre Camping GAMP!

Familie Schöpfer
Griesbruck 10
I-39043 Klausen
Tel. +39 0472 847425
Fax +39 0472 845067
info@camping-gamp.com
www.camping-gamp.com

In summer and winter, open 365 days

✉ 39010 St. Martin - Saltaus, Bozen — I 2147

★★★★ »CAMPING PASSEIERTAL-MERAN« — 20.3. bis 15.11.
☏/Fax 0473/645454 — 13000 qm
www.campingpasseiermeran.com, info@campingpasseiermeran.com

→ Straße Bozen–Meran Abfahrt Sinigol (Meran–Süd) auf die SS 44 in Richtung Rifiano und Passeiertal, noch ca. 9 km. ✉ Pseirerstr. 10.

Ebenes, durch junge Bepflanzung parzelliertes Wiesengelände am Ortsrand im Passeiertal. Von der Passer getrennt durch einen Radwanderweg und in unmittelbarer Nähe des Paraglider-Landeplatzes. Zeltwiese. Familiäre Atmosphäre. Kiosk. Wellness-Anlage mit Bäderanwendung und Sauna in der dazugehörigen Pension Untersaltaushof 200 m, 18-Loch-Golfplatz 5 km und Ort (Meran) 9 km entfernt. 53 Touristenplätze.
2007: (HS) P/N 5.50, K/N bis 3 J. 2.–, bis 14 J. 4.–, C-St/N 16.–, MC/N 11.–, T/N 8.– bis 11.–, H/N 2.50, KT St/N 1.–, WD inkl., Strom/N 2.50 (6/10 A). Ab 14/21 N 5/10% Ermäßigung.

✉ 39011 Lana, Bozen — I 2150/1

★★★★ »KOMFORTCAMPING SCHLOSSHOF«
☏ 0473/561469, Fax 563608 — 1.3. bis 15.11.
www.schlosshof.it, info@schlosshof.it — 350 m — 15000 qm

→ Schnellstraße Mebo (Meran–Bozen) in Richtung Meran, Abf. Lana. In Lana beschildert. Einfahrt Nordseite, Feldgatterweg. ✉ Jaufenstr./Via Giovo, 10. (GPS: 46°36'72" N / 11°10'10" E).

Ebenes, parzelliertes Wiesengelände. Familiäre Atmosphäre. In HS stark frequentiert. Stellplatz mit SAT-TV-Anschluss und W-Lan (Funk Internet). Kostenloser Lieferservice vom Restaurant zum Stellplatz. Kegelbahnen. Sanitärgebäude beheizbar. Zimmer. Zubringerdienst (gratis) zum örtlichen Golfplatz. Massageraum. Kinderspielraum. Guter Ausgangspunkt zu Ausflugszielen. Geführte Wanderungen. Ort 700m entfernt. 105 Touristenplätze.
2008: (HS) 2 P/N inkl. St/N 29.–, weitere P/N 7.–, K/N 5 bis 10 J. 4.–, J/N 10 bis 15 J. 5.–, H/N frei, WD u. Schwimmbad inkl., Strom/kWh –.50 (10 A). Ab 14 N und in NS Ermäßigung. **Anzeige S. 734**

✉ 39011 Lana, Bozen — I 2150/2

★★★ »CAMPING ARQUIN« — März bis Okt.
☏ 0473/561187, Fax 561857 — 300 m — 11 000 qm
www.camping-arquin.com, info@camping-arquin.com

→ SS38 Meran–Bozen Abf. Burgstall in Richtung Lana. Beschildert. ✉ Feldgatterweg 25.

Ebenes, parzelliertes Wiesengelände mit Obstbäumen. Ort 500m entfernt. 90 Touristenplätze.

✉ 39011 Völlan bei Lana, Bozen — I 2151

★★★ »CAMPING VÖLLAN« — 15.3. bis 3.11.
☏ 0473/568056, Fax 557249 — 650 m — 10 000 qm
www.camping-voellan.com, info@camping-voellan.com

→ Schnellstraße Bozen-Meran Abf. Lana in Richtung Gampenpass. Nach ca. 4 km rechts ab in Richtung Völlan. Nach ca. 1.5 km, beschildert. ✉ Zehentweg 4 (GPS: 46°35'58" N / 11°08'46" E).
· Gärten von Schloss Trauttmannsdorff, Schloss Tirol, Ötzi Museum

Naturbelassenes Terrassengelände um einen Hügel. Von Weinbergen und Obstplantagen umgeben. Schöner Alpenblick. Schlepphilfe ist möglich. Familiäre Atmosphäre. Ortsmitte 1 km, Golfplatz 5 km und Meran 15 km entfernt. 40 Touristenplätze.
2007: (HS) P/N 6.50, K/N bis 12 J. 3.–, A/N 2.–, C/N 7.50 bis 8.50, MC/N 10.50, T/N 8.50, M/N 1.50, H/N 3.–, WD inkl., Strom/N 2.50 oder kWh –.60 (4 bis 8 A). Ab 14 Nächte 10% und in NS Ermäßigung.

✉ 39010 Vilpian, Bozen — I 2155

★★★ »CAMPING GANTHALER« — 15.3. bis 5.11.
☏ 471/678716, Fax 677491 — 265 m — 3500 qm
www.campingganthaler.com, info@campingganthaler.com

→ A22/E45 Abf. Bozen–Süd auf die SS38 in Richtung Meran Abf. Vilpian. ✉ Meranerstr. 50.

Kiesgelände mit Büschen und Bäumen. Pizzeria. Ort 500m entfernt. 20 Touristenplätze.
2008: (HS) P/N 6.50, K/N bis 12 J. 3.–, A/N 3.50, C/N 11.–, MC/N 14.50, T/N 6.50, M/N 2.–, H/N 2.50, WD u. Strom (6 A) inkl. in NS Ermäßigung.

✉ 39040 Vahrn/Brixen, Bozen — I 2160

★★★★ »CAMPING LÖWENHOF« — Ende März bis Okt.
☏/Fax 0472/836216, Fax 801337 — 560 m — 5000 qm
www.loewenhof.it, info@loewenhof.it

→ A22/E45 Abf. Brixen, im Ort beim gleichnamigen Gasthof. ✉ Via Brennero, 60.

Ebenes Wiesengelände, durch Bäume und Büsche aufgelockert. Im Hotel: Whirlpool. Dampfbad. Schwimmgrotte und Thermarium. Pizzeria. Ort 1.5 km entfernt. 50 Touristenplätze.
2008: (HS) P/N 8.–, K/N 3 bis 12 J. 4.50, A/N 5.–, C MC/N 15.–, T/N 8.–, M/N 2.–, H/N 5.–, WD inkl., Strom/N 1.80.
DCC 5% auf St/N.

DCC-Vertragsplatz

✉ 39043 Klausen, Bozen — I 2165

★★★★ »CAMPING GAMP« — 1.1. bis 31.12.
☏ 0472/847425, Fax 845067 — 500 m — 6000 qm
www.camping-gamp.com, info@camping-gamp.com

→ A22/E45 Abf. Chiusa/Klausen, noch 800 m. ✉ Griesbruck 10.

Wiesengelände mit einzelnen Bäumen beim Gasthof Gamp. Verkehrslärm durch Autobahn und Straße. Eigener Moca-Stellplatz. Ort 500 m entfernt. 60 Touristenplätze.
2008: (HS) P/N 7.–, K/N 3 bis 9 J. 3.90, J/N 10 bis 14 J. 4.90, A/N 5.–, C MC-St/N 10.50 bis 14.–, T/N 5.20, M/N 3.80, H/N 4.–, WD inkl., Strom/N 1.90, kWh –.70 (6 bis 10 A).
DCC 10% auf P/N.

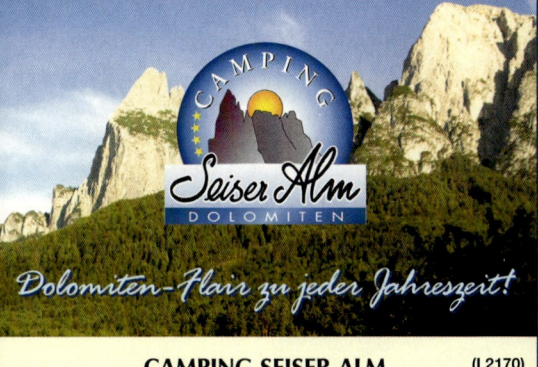

CAMPING SEISER ALM (I 2170)
I-39050 VÖLS am Schlern, St. Konstantin 16 (BZ)
Tel. 0039 0471 706459 · Fax 0039 0471 707382
info@camping-seiseralm.com
www.camping-seiseralm.com

DCC-Vertragsplatz

✉ **39050 Völs am Schlern,** Bozen   I2170

[35] ★★★★ »CAMPING SEISERALM«   ⚷ 20.12. bis 3.11.
☎ 0471/706459, Fax 707233   900m   25000 qm
www.camping-seiseralm.com, info@camping-seiseralm.com

→ A22/E45 Abf. Bozen-Nord über Blumau in Richtung Völs. 11 km lange Steigung bis 12%. ✉ St. Konstantin, 16.
(GPS: 46°32'005" N / 11°32'021" E).

Ebenes, windgeschütztes Gelände mit einigen Terrassen. Kindersanität. Hundedusche. Whirlpool. Skitrockenraum. Kostenloser Skibusservice. Teilweise Gasanschluss. FW. Ort 3 km entfernt. 150 Touristenplätze.
2007: (HS) P/N 8.–, K/N 2 bis 9 J. 4.70, J/N 6.50, St/N 10.50, H/N 4.–, WD inkl., Müllgeb./St/N 1.–, Strom/kWh –.60 (16 A).
DCC 10% auf P/N.

DCC-Vertragsplatz

✉ **39100 Bozen,** Bozen   I2175

[45] ★★★★ »CAMPING MOOSBAUER«   ⚷ 1.1. bis 31.12.
☎ 0471/918492, Fax 204224   265m   12000 qm
www.moosbauer.com, info@moosbauer.com

→ A22/E45 Abf. Bozen-Süd auf der Schnellstraße ca. 4 km Richtung Meran, Abf. Eppan, dem Hinweis „Krankenhaus" folgen, dann beschildert. ✉ Via S. Maurizio, 83. (GPS: 46°30'03" N / 11°18'00" E).

Wiesengelände in einem Obst- und Weingarten. TV-Sat-Anschluss. Busverbindung zur Stadt. Ort 5 km entfernt. 89 Touristenplätze.
2008: (HS) P/N 8.40, K/N 2 bis 11 J. 5.90, J/N 12 bis 16 J. 7.30, St/N 16.–, H/N 4.–, WD u. Strom inkl. (5 A). In NS Ermäßigung.
DCC 10% auf P/N.

DCC-Vertragsplatz

✉ **39055 Leifers,** Bozen   I2180

[40] ★★★★ »CAMPING STEINER«   ⚷ 8.3. bis 2.11.
☎ 0471/950105, Fax 593141   250m   25000 qm
www.campingsteiner.com, info@campingsteiner.com

→ A22 Meran–Bozen Abf. Bozen-Süd. Der Wegweisung Leifers folgen, noch ca. 8 km beim Gasthof Steiner. Beschildert. ✉ Kennedystr. 32.
∴ „Ötzi"- 5.000 Jahre alte Gletschermumie in Bozen.

Parzelliertes und gekiestes Gelände unter Weinreben und Ulmenreihen. Asphaltierten Hauptwege. Reservierung in HS ab 1 Woche Aufenthalt. Einfache Schwimmhalle. Ort 500 m entfernt. 200 Touristenplätze.
2008: (HS) P/N 7.–, K/N 2 bis 9 J. 5.–, St/N 14.–, H/N 5.–, WD u. Strom inkl. (6 A). In NS Ermäßigung.
DCC 10% auf P/N.

★★★ Camping - Park STEINER SÜDTIROL

Ulmenpark mit Weinlauben, 8 km von der Autobahnausfahrt Bozen Süd, am Orteingang von Leifers mit großem Freibad, Hallenbad, Privatsafes, Tischtennis, Leihbücherei, Mini-Market, Hotel-Restaurant und Pizzeria-Stüberl mit Restaurant, Rustikale Holzbungalows, Ausflüge: Dolomiten, Meran, Vinschgau, Gröden, Seiseralm, Gardasee und einige Wanderungen. NEUES SANITÄRGEBÄUDE 2006.

Wir freuen uns auf Sie! Rufen Sie für Infos doch einfach an oder senden Sie eine e-mail. Ihr Gastgeber: Fam. Pfeifer.

Geöffnet vom 09.03 bis zum 09.11.2008

Kennedystr. 32 · 39055 Leifers · Südtirol – Italien   (I 2180)
Tel. 0039 0471 950105 · Fax 0039 0471 593141 · info@campingsteiner.com · www.campingsteiner.com

39040 Kurtatsch/Cortaccia, Bozen — I2183

★★★ »CAMPING OBSTGARTEN« — 15.3. bis 5.11.
☎/Fax 0471/880709   250m   3800 qm
www.camping-obstgarten.it, info@camping-obstgarten.it

→ A22 Bozen–Trento Abf. Neumarkt/Auer, weiter Richtung Kurtatsch, noch ca. 7 km. ✉ Breitbach, 9. (GPS: 46°18'25" N / 11°13'38" E).
❖ „Ötzi" - 5000 Jahre alte Gletschermumie in Bozen. Erdpyramiden.

Parzelliertes, ebenes Wiesengelände mit jungen Laubbäumen. Von Obstwiesen umgeben. Großer Naturbadeteich. Hunde in HS nach Absprache erlaubt. Ort 1.5 km entfernt. 25 Touristenplätze.
2008: (HS) P/N 6.30, K/N 3 bis 12 J. 3.70, St/N 12.50, H/N 4.–, WD inkl., Strom/N 2.50 (6 A). Ab 14 N 10% und in NS Ermäßigung. Seniorenrabatt.

39052 Kaltern/Caldaro, Bozen — I2185

★★★ »CAMPING ST. JOSEF AM KALTERER SEE«
☎/Fax 0471/960170   225m   Mitte März bis Nov.
www.kalterersee.com/camping, camping@kalterersee.com   14 000 qm

→ A22/E45 Abf. Neumarkt–Auer in Richtung Kaltern/Caldaro. In Höhe des Sees der Beschilderung folgen. ✉ Weinstr. 75.

Parzelliertes Wiesengelände mit lockerem Baumbestand. Von Wald, Weinbergen und Wiesen umgeben. Asphaltierter Hauptweg. Für Zelte separates Areal. Zugang zum See (Badeplattform) durch einen 200 m breiten Schilfgürtel. Ort 4 km entfernt. 120 Touristenplätze.

39030 St. Sigmund/Kiens, Bozen — I2190

★★★ »CAMPING GISSER« — 1.5. bis 15.10.
☎ 0474/565250, Fax 569657   758m   20 000 qm
www.hotelgisser.com, info@hotelgisser.com

→ A22/E45 Abf. Brixen auf die SS 49 in Richtung Bruneck bis zum Ort. ✉ Via Pusteria, 26.

Teilweise schattenloses, ebenes Wiesen- und Waldgelände. In HS Reservierung erforderlich. Ort 2 km entfernt. 120 Touristenplätze.
2008: (HS) P/N 6.–, K/N bis 2 J. 4.–, A/N 4.–, C/N 6.–, MC/N 10.–, T/N 6.–, M/N 2.50, WD inkl., Strom/N 2.–. In NS Ermäßigung.
DCC/CCI 5% auf P/N.

DCC-Vertragsplatz

39030 St. Lorenzen, Bozen — I2195

★★★★ »ANSITZ CAMPING WILDBERG« — 1.1. bis 30.3./
☎ 0474/474080, Fax 474626   810m   1.5. bis 9.11. / 6.12. bis 31.12.
www.campingwildberg.com, info@campingwildberg.com   15 000 qm

→ A22/E45 Abf. Brixen auf die SS49 in Richtung Bruneck bis zum Ort. Vom westl. Ortsrand bis hinter die Bahnunterführung, dann links abbiegen.

Ebenes Wiesengelände an einem bewaldeten Berghang. Teilweise terrassiert. Kostenloser Skibus. Tennis u. Ort 300 m entfernt. 84 Touristenplätze.
2008: (HS) P/N 8.–, K/N bis 12 J. 3.–, St/N 10.–, H/N 3.–, WD zuzügl., Strom/N 2.50 (6 A). Ab 14 N 10%. In NS Ermäßigung.
DCC 10% auf P/N.

DCC-Vertragsplatz

39030 St. Vigil/Enneberg, Bozen — I2200

★★★★ »CAMPING AL PLAN« — 5.12. bis 30.3.
☎ 0474/501694, Fax 506550   1200 m   und 30.5. bis 31.10.
www.campingalplan.com, camping.alplan@rolmail.net   10 000 qm

→ von Bruneck auf der SS 244 in südlicher Richtung zum Ort. ✉ Catarina Lanz, 63.

Leicht abfallendes, terrassiertes Gelände mit einzelnen Nadelbäumen. Teilweise parzelliert. Appartments. Kostenloser Skibus. Ort 700 m entfernt. Touristen-/Dauerstellplätze 60/20.
2007: (HS) P/N 8.–, K/N 3 bis 12 J. 5.50, C MC-St/N 12.50, T-St/N 8.–, H/N 3.–, WD u. Strom inkl. (3 A). In NS Ermäßigung.
DCC 10% auf P/N.

---

www.Campingurlaub.com
TOP-Campingplätze rund um die Alpen

- **19 Ferienwohnungen für 2-6 Personen**
- **Exklusive Saunawelt mit Zirbel-Kräutersauna,**
  finnische Stubensauna, Dampfbad, Sole-Bad, Solarium, Whirlpools,
  Kneippbecken, Massagen • Komfortable Sanitäranlagen
- Familienbäder • Spielplatz • Gemütliches und rustikales Restaurant
- Beheiztes Freischwimmbad (26°C) bis 20.10.06 • Kinderanimation
- Skiarena Kronplatz - Südtirols Skiberg Nr. 1 • Skilanglauf • Gratis Skibus
- Super Pauschal- und Familienangebote in Sommer und Winter!
- Paradies für Wanderer, Mountainbiker, Nordic Walking • Tennis und Golf.

Auskünfte: Familie W. Prugger
I-39030 Rasen/Antholz (BZ)
T. 0039/0474496490
F. 0039/0474498250
www.corones.com • info@corones.com

Original kanadische Blockhäuser!

Geschlossen
vom 30.03.08
bis 03.05.08
und vom 25.10.08
bis 06.12.08

39030 St. Kassian/S. Cassiano, Bozen — I2205

★★★ »CAMPING SASS DLACIA« — 1.1. bis 31.12.
0471/849527, Fax 849244 — 1670 m — 40000 qm
www.campingsassdlacia.it, info@campingsassdlacia.it

→ SS 49 (Hochpustertalstraße) abbiegen ins Badiatal in Richtung St. Kassian, ca. 3.5 km hinter dem Ort beschildert. Sare/Sciare, 11.

Leicht ansteigendes Naturgelände mit Fichten. Günstig für Hochgebirgswanderungen. Ort 3.5 km entfernt. Touristen-/Dauerstellplätze 300/100.

39031 Bruneck, Bozen — I2215

★★ »CAMPING SCHIEßSTAND« — 1.5. bis 30.9.
0474/401326 — 900 m — 8000 qm

→ SS49 (Hochpustertalstr.) Brixen–Toblach, ca. 2 km hinter Bruneck. Via Dobbiaco, 4.

1.5 km / 2 km

Teils Hochwald, teils ebenes Wiesengelände. Imbiss. 50 Touristenplätze.
2007: P/N 5.50, K/N 5 bis 10 J. 3.50, A/N 3.–, C/N 5.–, MC/N 6.–, T/N 3.–, M/N 1.50, WD inkl., Strom/N 2.– (4 bis 6 A).

39033 Colfosco bei Corvara, Bozen — I2210

★★★ »CAMPING COLFOSCO« — 1.12. bis 6.4. u. 18.5. bis 5.10.
0471/836515, Fax 830801 — 1650 m — 20000 qm
www.campingcolfosco.org, info@campingcolfosco.org

EUROPA-PREIS

→ SS 49 Abf. Brixen/Gadertal Richtung Bruneck. In St. Lorenzen rechts ins Gadertal. Ca. 26 km bis Corvara, links abbiegen. Via Sorega, 15.

200 m

Leicht abfallendes, teils gekiestes Wiesengelände. Günstig für Hochgebirgswanderungen. Imbiss in HS. Ort 500 m entfernt. 130 Touristenplätze.
2008: (HS) P/N 6.50, K/N 3 bis 10 J. 5.50, A/N 5.50, C MC/N 13.50, T/N 11.50, M/N 2.50, H/N 2.50, WD inkl., Müllgeb./P/N –.50, Strom/kWh –.50, (10 A). Ab 21 N 10% Ermäßigung.

»Ermäßigung auf alle Gebühren« umfaßt nicht die Nebenkosten wie Kurtaxe, Müll und Strom

DCC-Vertragsplatz

39030 Rasen/Rasun, Bozen — I2220

★★★★★ »CAMPING CORONES« — 1.1. bis 30.3./ 3.5. bis 28.10.
0474/496490, Fax 498250 — 1040 m — 25000 qm
www.corones.com, info@corones.com

→ SS49 (Hochpustertalstraße) Brixen–Toblach, ca. 10 km hinter Bruneck Abf. in Richtung Rasen/Antholz, noch 2 km. Rasun, 124 / Niederrasen 124.

500 m

Von Wald umgebenes Wiesengelände mit vereinzelten Nadelbäumen. Kindersanitär. FW. Ski- u. Trockenraum. Saunalandschaft. Kabel-TV. Ort 1.2 km entfernt. 135 Touristenplätze.
2007: (HS) 2 P/N inkl. St/N 25.50, weitere P/N ab 15 J. 7.20, K/N 3 bis 10 J. 5.80, J/N 10 bis 15 J. 6.50, H/N 3.60, KT, Schwimmbad und WD inkl., Müllgeb. St/N –.55, Strom/kWh –.60 (16 A). In NS Ermäßigung.
DCC 10% auf P/N.

Camping ganzjährig geöffnet! **Super – Winterangebot!**

Familia Wieser
I-39030 Antholz/Obertal 34
Tel. 0474492204
Fax 0474492444
info@camping-antholz.com
www.camping-antholz.com
(I 2225)

Ruhig und sonnig, problemlos zu erreichen, inmitten des Rieserferner Naturparks, vorbildlicher Sanitärbereich, gemütliches Restaurant, Wanderparadies, verbesserter Gratis Skibus, Kronplatz (Skigebiet Nr.1), Riepenlift für Familien, Biathlon – Langlaufzentrum, eigene beleuchtete Naturrodelbahn, Eislaufplatz und Eisstockschießen Kinderspielplatz, (Tennis, Fußball, Volleyball 200m)
Biathlon - Schnupperkurse

Biathlon Worldcup 2009 vom 14.01. bis 20.01. mit tollem Rahmenprogramm

DCC-Vertragsplatz

39030 Antholz-Obertal, Bozen I 2225

»CAMPING ANTHOLZ« 1.1. bis 31.12.
0474/492204, Fax 492444 1240 m 20 000 qm
www.camping-antholz.com, info@camping-antholz.com

→ SS 49 (Hochpustertalstraße) Brixen–Toblach, ca. 10 km hinter Bruneck Abf. in Richtung Antholz. ✉ Nr. 34

500 m

Ebenes und parzelliertes, teilweise leicht abfallendes Wiesengelände. Zwischen Straße und Berghang. Skibus-Service. Spielhalle. Friseur-Kosmetikkabinen. Beleuchtete Rodelbahn. Ort 500 m entfernt. 180 Touristenplätze.
2007: (HS) P/N 7.–, K/N 4 bis 10 J. 4.80, J/N 10 bis 15 J. 5.80, St/N 13.50, Zweiradwanderer inkl. kl. T-St/N 7.60, H/N 3.–, WD inkl., Strom (4 A) inkl., 16 A –.50. In NS Ermäßigung.
DCC 10% auf P/N.

39034 Toblach/Dobbiaco, Bozen I 2230/1

»INT. CAMPING OLYMPIA« 1.1. bis 31.12.
0474/972147, Fax 972713 1250 m 46 000 qm
www.camping-olympia.com, info@camping-olympia.com

→ SS 49 (Hochpustertalstraße) Brixen–Toblach, ca. 2 km vor Toblach. Camping, 1. (GPS: 46°44'5" N / 12°11'35" E).

100 m 700 m

Parzelliertes Wiesengelände. Von Tannen durchzogen und umgeben. Günstig für Ausflüge in die Dolomiten. FW. Touristen/ Dauerstellplätze 250/100.
2008: (HS) P/N 9.50, K/N 3 bis 12 J. 7.50, A/N 3.–, C MC-St/N 12.–, T-St/N 5.–, M/N 1.50, H/N 4.50, WD u. Strom inkl. (6 A). In NS Ermäßigung.

39034 Toblach/Dobbiaco, Bozen I 2230/2

»CAMPING TOBLACHER SEE« 1.1. bis 31.12.
0474/973138, 972294, Fax 976647 1259 m 25 000 qm
www.toblachersee.com, camping@toblachersee.com

→ SS 49 (Hochpustertalstraße) Brixen–Toblach hier auf die SS 51 in Richtung Cortina d´ Ampezzo. Nach ca. 2 km abbiegen zum Toblacher See.

1.5 km

Ebenes und parzelliertes Tannenwaldgelände am Toblacher See. Teilweise terrassiert. 192 Touristenplätze.

39030 Sexten/Sesto, Bozen I 2235

»CARAVAN PARK SEXTEN« 1.1. bis 31.12.
0474/710444, Fax 710053 1450 m 60 000 qm
www.caravanparksexten.it, info@caravanparksexten.it

→ Sexten–Moos ca. 3.5 km in Richtung Kreuzbergpass (Passo di Monte Croce). Nach 1.5 km 12% Steigung. ✉ St.-Josef-Str. 54.
(GPS: 46°40'00" N / 012°23'54" E).

Leicht zum Bach abfallendes, mehrfach gestuftes Wiesengelände. Parzelliert und von Hecken durchzogen. Günstig für Hochgebirgswanderungen. Im Winter Bus-Service zum Skigebiet. Wellness-Oase. "Kristallbad". Ort 3 km entfernt. 268 Touristenplätze.
2008: (HS) P/N 12.–, K/N 2 bis 10 J. 6.50, J/N bis 15 J. 10.–, St/N 20.–, H/N 6.–, WD inkl., Müllgeb./St/N 1.–, Strom/kWh –.70 (16 A). In NS Erm.

DCC-Vertragsplatz

38010 Sarnonico, Trentino I 2250

»CAMPING PARK BAITA DOLOMITI« 1.6. bis 30.9.
Fax 0463/830109 1080 m 60 000 qm
www.baita-dolomiti.it, info@baita-dolomiti.it

→ A 22/E 45 Abf. S. Michele/Mezzocorona auf die SS 43 über Dermulo und Cavareno Richtung Fondo zum Ort. Von Meran über die SS 238 (Gampenjoch). ✉ Via C. Battisti, 18.

100 m

Ebenes und durch einen Bach zweigeteiltes Wiesengelände mit Anpflanzungen. Parzelliert. Zentrum 100 m entfernt. 160 Touristenplätze.
2007: (HS) P/N 7.–, K/N bis 10 J. 7.–, St/N 13.–, H/N 5.–, WD, Schwimmbad u. Strom inkl. (3A).
DCC 10% auf P/N.

38030 Pera di Fassa, Trentino I 2260

»CAMPING SOAL« 1.1. bis 31.12.
Fax 0462/764519 1350 m 36 000 qm
www.campingsoal.com, info@campingsoal.com

→ am nördlichen Ortsausgang an der SS 48. ✉ Via Dolomiti, 32.

300 m

Kiesiges Gelände mit Tannen am Avisio im Fassatal. Bergtouren in Begleitung von erfahrenen Bergführern. Skibus. Imbiss. Ort 1 km entfernt. Touristen-/Dauerstellplätze 122/25.
2007: (HS) P/N 8.–, K/N 2 bis 12 J. 5.50, A/N 3.50, C MC T/N 9.–, M/N 2.–, H/N 2.50, WD u. Strom inkl. (6 A). In NS Ermäßigung.

38036 Pozza di Fassa, Trentino I 2265/1

»CAMPING CATINACCIO ROSENGARTEN«
0462/763305, Fax 763501 1290 m 12.6. bis 30.9. / 1.11. bis 13.11. 29 000 qm
www.catinacciorosengarten.com, info@catinacciorosengarten.com

→ SS 48 Bozen–Cortina de Ampezzo in Pozza di Fassa beschildert. ✉ Avisio, 15. Loc. Puccia. (GPS: 46°25'573" N / 11°41'165" E).

50 m 100 m 200 m 300 m 1 km

Ebenes und parzelliertes Wiesengelände in Ortsrandlage. Von einzelnen Nadelbäumen durchzogen. Angrenzend an den eingefassten Fluss Avisio. Günstiger Platz für Bergtouren. Kindersanität. Hundedusche. Ski- und Trockenraum. Café. Ort 300 m entfernt. Touristen-/Dauerstellplätze 159/60.
2008: (HS) P/N 9.–, K/N bis 12 J. 6.50, St/N 9.–, H/N 4.–, WD inkl., Müllgeb./St/N –.50, Strom/kWh –.35 (10 A). In NS Ermäßigung.

38036 Pozza di Fassa, Trentino — I 2265/2

★★★★ »CAMPING VIDOR« Jan. bis April/Juni bis Dez.
0462/763247, Fax 764780   1290 m   24 000 qm
www.campingvidor.it, info@campingvidor.it

→ SS 48 Bozen–Cortina de Ampezzo in Pozza di Fassa beschildert.
Loc. Vidor, 5. (GPS: 46°25'19" N / 11°42'45" E).

Teilweise ansteigende Wiese in Hanglage mit zwei parzellierten Geländestufen. Moca-Stellplätze mit Rasengittersteinen. Schöner Blick auf die umliegenden Berge. Kostenloser Skibus. Café. FW. Ort 2 km entfernt. Touristen-/Dauerstellplätze 90/40.

DCC-Vertragsplatz

38037 Predazzo, Trentino — I 2270

★★★ »CAMPING VALLE VERDE«   1.5. bis 30.9.
☎/Fax 0462/502394   1050 m   16 000 qm
www.campingvalleverde.it, camping.valleverde@tin.it

→ A 22 Bozen–Trient Abf. Auer/Ora, auf der SS 48 über Cavalese/Tesero zum Ort. Beschildert. Strada al Bersagli, 3.

In einem kleinen Tal gelegenes, ebenes und parzelliertes Wiesengelände am Waldrand. Pizzeria. Ort 2 km entfernt. 122 Touristenplätze.
2008: (HS) P/N 7.20, K/N 3 bis 12 J. 6.20, C MC-St/N 10.50, M/N inkl. T-St/N 8.50, H/N 3.–, WD inkl. Strom/N 1.50. In NS Ermäßigung.
DCC/CCI 10% auf P/N.

38030 Bellamonte, Trentino — I 2275

★★★ »CAMPING BELLAMONTE«   15.12. bis 15.3. u.
0462/576119, Fax 502118   15.6. bis 15.9.
www.campingbellamonte.it, info@campingbellamonte.it   60 000 qm

→ zwischen Predazzo (6 km) und Paneveggio an der Dolomitenstraße 50, bei Km 110.4. Via Cece, 16.

Wiesengelände mit Lärchen und Fichten. Blick auf die Dolomiten. In HS Reservierung empfehlenswert. Ort 300 m entfernt. 308 Touristenplätze.
2008: P/N 7.80, K/N 2 bis 12 J. 6.80, C MC-St/N 11.50, T-St/N 3.50, H/N 1.50, WD u. Strom inkl.

38058 S. Martino di Castrozza, Trentino — I 2280

★★★ »CAMPING SASS MAOR«   1.1. bis 31.12.
☎/Fax 0439/68347   1446 m   20 000 qm
www.campingsassmaor.it, info@campingsassmaor.it

→ im Ort abbiegen bei Hotel Sass Maor (SS 50), dann noch ca. 500 m Richtung Sessellift zum Malga Ces. Via Laghetto, 48.

Teilweise schattenloses, aufgeschüttetes Gelände bei der Talstation des Lifts zum Malga Ces. Separater Hundeteil. Ort 800 m entfernt. Touristen-/Dauerstellplätze 53/119.

DCC-Vertragsplatz

38025 Dimaro, Trentino — I 2285

  ★★★★★ »DOLOMITI DI BRENTA«   17.5. bis 4.10. /
0463/974332, Fax 973200   6.12. bis 7.4.
www.campingdolomiti.com, info@campingdolomiti.com   800 m   30 000 qm

→ A 22, Abf. Michele all'Adige, auf SS 43 und 42 Richtung Val di Sole-Passo Tonale. Beschildert. Via Gole, 105.

Teils ebenes und terrassiertes, teils leicht abfallendes Wiesengelände. Von Bäumen durchzogen und mit asphaltierten Wegen. Separater Dauercamperteil. Zentrale Gasversorgung. Separate Pkw-Abstellung. FW. Skitrockenraum. Kanu- u. Raftingschule. Bergführer. Ort 500 m entfernt. Touristen-/Dauerstellplätze 130/65.
2007: (HS) P/N 9.–, K/N bis 13 J. 6.80, St/N 13.50, kl. T-St/N 7.–, H/N 3.–, WD inkl. Strom/N 1.30 (4 bis 10 A). In NS Ermäßigung.
DCC 10% auf P/N.

38026 Fucine di Ossana, Trentino — I 2287

★★★ »CAMPING CEVEDALE«   1.1. bis 31.12.
☎/Fax 0463/751630   987 m   30 000 qm
www.campingcevedale.it, info@campingcevedale.it

→ SS 42 Malé–Passo del Tonale, im Ort beschildert. Via di Sotto Pila, 2-4. (GPS: 46°18'51" N / 10°44'17" E).

Teils ebenes bis leicht abfallendes Gelände mit hohen Nadelbäumen. Teils terrassierter Platzteil. Durch einen Fluss getrennt. Kostenloser Skibus-Service. Ort 500 m entfernt. Touristen-/Dauerstellplätze 101/110.
2008: (HS) P/N 9.–, K/N bis 8 J. 7.–, St/N 13.–, WD u. Strom inkl. (3 A). In NS CCI 5% Ermäßigung.

38020 Pejo, Trentino — I 2290

★★★★ »CAMPING VAL DI SOLE«   1.12. bis 5.5.
0463/753177, Fax 753176   1250 m   und 1.6. bis 5.11.
www.camping.it/trentino/valdisole, valdisole@camping.it   23 000 qm

→ SS 42 Bozen–Comer See, vor Fucine nordwärts abbiegen über Cogolo nach Pejo. Ab Cogolo beschildert. Loc. Dossi di Cavia. (GPS: 46°21'53" N / 10°40'88" E).

Teils ebenes und leicht abfallendes, teils an einem Nordhang terrassiertes Wiesengelände mit Nadelbaumreihen. Grasterrassen nur für Zelte. Blick auf das tieferliegende Cogol und die Berge. Imbiss. Restaurant und Ort 1.5 km entfernt. Touristen-/Dauerstellplätze 70/90.
2008: P/N 7.–, K/N 2 bis 12 J. 5.–, St/N 8.50, H/N 2.–, WD inkl., Strom/kWh –.22. (10 A).
CCI 10% auf P/N und St/N.

38080 Darè, Trentino — 12295

★★★ »CAMPING VAL RENDENA«
☎/Fax 0465/801669 610 m
www.campingvalrendena.com, info@campingvalrendena.com
Dez. bis März und Mai bis Sept.
22 000 qm

→ A22 Bozen–Trento Abf. Trento auf die SS 45, in Sarche auf die SS 237 nach Tione di Trento. Weiter auf SS 239 Richtung Pinzolo Madonna di Campiglio, in Darè beschildert. ✉ Via Civico, 117.
(GPS: 46°04'15" N / 10°43'11" E).

Ebenes Wiesengelände unter Bäumen im Val Rendena. Im nahen Bach ist Angeln möglich. Ort 300 m entfernt. Touristen-/Dauerstellplätze 60/26.

38018 Molveno, Lago di Molv./Trentino — 12300

★★★ »SPIAGGIA LAGO DI MOLVENO«
☎ 0461/586978, Fax 586330 854 m
www.campingmolveno.it, camping@molveno.it
1.1. bis 31.12.
40 000 qm

→ an der Uferstraße des Molveno-Sees, im Ort beschildert. ✉ Lungolago, 27. (GPS: 46°08'16" N / 10°57'27" E).

Wiesengelände mit Strandzone am See in den Dolomiti di Brenta. Von Baumreihen durchzogen. Direkt angrenzend das großzügige Schwimmbad und Freizeitgelände der Gemeinde mit Hafenanlage. Ort 1 km entfernt. Touristen-/Dauerstellplätze 114/150.
2008: (HS) P/N 9.50, K/N 3 bis 8 J. 5.–, J/N 9 bis 14 J. 6.–, St/N 22.–, WD u. Strom inkl. (6 A). In NS Ermäßigung.

DCC-Vertragsplatz

38070 Terlago, Trentino — 12305

★★★ »CAMPING LAGHI DI LAMAR«
☎ 0461/860423, Fax 861698 800 m
www.laghidilamar.com, campeggio@laghidilamar.com
1.3. bis 30.10.
20 000 qm

→ E45/A11 Bozen–Verona Abf. Trento-Centro in westl. Richtung über Cadine und Terlago zum Ort. ✉ Via Aqua Selva Faeda, 15.
(GPS: 46°06'38" N / 11°02'53" E).

Teils ebenes bis leicht welliges, teils terrassiertes Wiesengelände. Durch Bäume parzelliert und von Nadelwäldern umgeben. Blick auf die Berge. See 800 m, Ort 5 km entfernt. Touristen-/Dauerstellplätze 686/20.
2008: (HS) P/N 8.–, K/N 2 bis 12 J. J. 6.–, St/N 11.–, H/N 2.50, WD, Schwimmbad u. Strom inkl. (3 A). In NS Ermäßigung.
DCC/CCI 10% auf P/N.

38070 Pietramurata, Trentino — 12310

★★★ »CAMPING DAINO«
☎/Fax 0464/507451 16 000 qm
www.gardaqui.net/campingdaino, campingdaino@gardaqui.it
20.3. bis 5.11.

→ an der Straße zwischen Trento und Riva. ✉ Viale Daino, 17.

Ebenes Wiesengelände am Fuße eines steilen Berghangs. Von Baumreihen durchzogen und durch Büsche aufgelockert. Ort 1 km entfernt. Touristen-/Dauerstellplätze 128/20.
2007: (HS) P/N 7.–, K/N bis 10 J. 6.–, St/N 9.–, H/N 3.–, WD inkl., Strom/N 2.–.

38062 Arco, Trentino — 12315

★★★ »CAMPING ARCO«
☎ 0464/517491, Fax 515525
www.arcoturistica.com, arco@arcoturistica.it
März bis Nov.
40 000 qm

→ an der SS 45 bei Km 121.5 der Straße Richtung Riva. ✉ Loc. Prabi.
(GPS: 45°55'0" N / 10°53'0" E).

Zum Teil parkartiges Wiesengelände in einem kleinen Wald neben einem Fluss (Sarca). Überdachte Kletterwand. Boccia. Ort 800 m entfernt. 210 Touristenplätze.
2007: (HS) P/N 8.–, K/N 3 bis 11 J. 7.–, St/N 11.20, H/N 4.–, WD u. Strom inkl. In NS Ermäßigung.

DCC-Vertragsplatz

38060 Molina di Ledro, Trentino — 12317

★★★ »CAMPING AL SOLE«
☎/Fax 0464/508496 655 m
www.campingalsole.it, info@campingalsole.it
8.4. bis 8.10.
30 000 qm

→ an der Nordseite des Sees Richtung Riva. ✉ Via Maffei.

Größtenteils ebenes, teilweise welliges Wiesengelände am See. Durch gemischten Baumbestand aufgelockert. Ort 500 m entfernt. Touristen-/Dauerstellplätze 180/20.
2008: (HS) P/N 8.50, K/N 2 bis 11 J. 5.50, St/N 10.– bis 14.–, H/N 2.–, WD und Strom inkl. (3/6 A). In NS Ermäßigung.
DCC 10% auf P/N.

38060 Polsa di Brentonico, Trentino — 12320

★★★ »CAMPEGGIO POLSA«
☎ 0464/867177, Fax 421003 1260 m
www.campingpolsa.it, camping.polsa@email.it
April bis Dez.
33 000 qm

→ AB-Abf. Lago di Garda Nord/Rovereto Richtung Gardasee, in Mori bergwärts Richtung Brentonico und weiter nach Polsa. Beschildert. Kurvenreiche Bergstraße mit 10% Steigung.

Schattenloses Wiesengelände in zwei Terrassen. Alle Stellplätze mit Frischwasser-/Abwasser-/Gas-/Strom- und SAT-TV-Anschluss. FW. Basketball. Ort (Brentonico) 12 km entfernt. Touristen-/Dauerstellplätze 157/90.

38057 Pergine, Trentino — 12325/1

★★★ »CAMPING PUNTA INDIANI«
☎ 0461/548062, Fax 548607 15 000 qm
www.campingpuntaindiani.it, info@campingpuntaindiani.it
9.5. bis 30.9.

→ SS 47 Trento–Padova. Im Ort Richtung Calceranica abbiegen. Eisenbahnunterführung 3.50 m hoch. Beschildert.

Durch eine Bahnlinie (nur tagsüber befahren) zweigeteiltes Wiesengelände. Platzteile durch eine Fußgänger-Unterführung miteinander verbunden. Unterer Platzteil zum Seeufer leicht abfallend und teilweise unter Bäumen. Oberer Platzbereich terrassiert ansteigend. Ort 100 m entfernt. 115 Touristenplätze.
2008: P/N 9.–, K/N 2 bis 12 J. 5.–, St/N 13.–, WD inkl., Strom keine Angabe. In NS St/N kostenlos.

DCC-Vertragsplatz

38057 Pergine, Trentino — 12325/2

★★★ »CAMPING S. CRISTOFORO«
☎ 0461/512707, Fax 707381 25 000 qm
www.campingclub.it, info@campingclub.it
1.6. bis 14.9.

→ Im Ort nach S. Cristoforo abbiegen. ✉ Via dei Pescatori.

Ebenes Wiesengelände mit Laubbäumen. Vom Strand durch eine Straße getrennt. In HS Mindestaufenthalt 2 Wochen. Volleyball. Ort 1 km entfernt. 158 Touristenplätze.
2008: P/N 9.–, K/N 2 bis 5 J. 5.50, J/N 6 bis 11 J. 8.50, St/N 14.–, H/N 3.–, WD u. Strom inkl. (3 A).
DCC 10% auf P/N.

DCC – DEIN PARTNER!

CAMPING Fleiola Caldonazzosee

Der Campingplatz erstreckt sich über 300 m am Ufer des Caldonazzosees. Nur 5 Minuten zu Fuß vom Dorf Calceranica entfernt. Zur Anlage gehören: Café, Minimarkt, Kinderspielplatz, Volleyball, grüne Zone, Barbecue, Animation und 16 Bungalows.
Die Familie Tomasi, die seit mehr als 40 Jahren den Campingplatz leitet, freut sich Sie als Gast begrüßen zu können.

TRENTINO ITALIA

Via Trento, 42 • I-38050 Calceranica al Lago (TN) • Tel. 0039/0461723153
Fax 0039/0461724386 • www.campingfleiola.it • info@campingfleiola.it

Reservierungen nur telefonisch 5 Tage vor Ankunft möglich. (I 2340/4)

VALSUGANA LA FORMA MIGLIORE DELLA VACANZA

DCC-Vertragsplatz

✉ **38056 Levico Terme,** Trentino I 2330/1

 ★★★★ »CAMPING 2 LAGHI« ⚓ 10.5. bis 7.9.
☎ 0461/706290, Fax 707381 100 000 qm
www.campingclub.it, info@campingclub.it

→ von der SS 47 abbiegen, gut beschildert. ✉ Loc. Costa, 3.
(GPS: 46°00'27" N / 11°17'12" E).

Gepflegtes und parzelliertes Wiesengelände. Teils mit vereinzeltem Baumbewuchs, teils unter Birkenalleen. Von einem Berghang begrenzt und von Feldern umgeben. Eigener Strand. Basketball. Ort 1,2 km entfernt. Touristen-/Dauerstellplätze 426/10.
2008: (HS) P/N 10.–, K/N 2 bis 8 J. 5.–, J/N bis 16 J. 7.–, St/N 18.–, H/N 3.–, WD u. Strom inkl. (3/6 A).
DCC 10% auf P/N.

DCC-Vertragsplatz

✉ **38056 Levico Terme,** Trentino I 2330/2

35 ★★★★ »CAMPING JOLLY« ⚓ 1.4. bis 16.9.
☎/Fax 461/706934, Fax 700227, Wi ☎/Fax 701933 35 000 qm
www.campingjolly.com, info@campingjolly.com

→ von der SS 47 abbiegen. Beschildert. ✉ Loc. Pleina, 6.

Rechteckiges und ebenes Wiesengelände. Von Bäumen durchzogen und von Obstwiesen umgeben. Separate Pkw-Abstellung. Animation mit »Camping Levico«. Ort 1 km entfernt. Touristen-/Dauerstellplätze 135/25.
2007: P/N 8.–, K/N 3 bis 11 J. 5.–, St/N 9.–, H/N 3.50, WD u. Strom inkl. (6 A).
DCC 10% auf P/N.

DCC-Vertragsplatz

✉ **38056 Levico Terme,** Trentino I 2330/3

 ★★★★ »CAMPING LEVICO« ⚓ 5.4. bis 5.10.
☎ 0461/706491, Fax 707735 50 000 qm
www.campinglevico.com, info@campinglevico.com

→ von der SS 47 abbiegen. Beschildert. ✉ Loc. Pleina, 5.

Ebenes, parzelliertes Gelände am See unter Bäumen. Durch einen öffentlichen Weg geteilt. Ort 1 km entfernt. Touristen-/Dauerstellplätze 260/25.
2008: (HS) P/N 9.–, K/N bis 12 J. 6.–, J/N bis 13., H/N 5.–, WD u. Strom inkl. (6 A). In NS Ermäßigung.
DCC 10% auf P/N.

✉ **38052 Caldonazzo,** Trentino I 2335

★★★ »CAMPING MARIO« ⚓ Mitte Mai bis Sept.
☎ 0461/723341, Fax 723106 35 000 qm
www.campingmario.com, direzione@campingmario.com

→ vom Ort Richtung Bahnhof und See. ✉ Via Lungolago, 4.

Ebenes Wiesengelände am See. Durch Baum- und Buschreihen parzelliert. Imbiss. Einsehbare Waschgelegenheiten. Zum eigenen Strand über die Straße. Ort 1.5 km entfernt. Touristen-/Dauerstellplätze 125/35.

✉ **38050 Calceranica,** Trentino I 2340/1

40 ★★★ »CAMPING PENISOLA VERDE« ⚓ 1.5. bis 14.9.
☎ 0461/723272, Fax 1820746 14 500 qm
www.penisolaverde.it, info@penisolaverde.it

→ SS 47 Trento–Bassano. Nach Pergine zum See abbiegen. ✉ Via Penisola Verde 9.

Ebenes Gelände unter hohen Pappeln an einer Landzunge. Ort 300 m entfernt. Touristen-/Dauerstellplätze 100/30.
2007: P/N 8.50, K/N bis 12 J. 6.50, St/N 11.50, H/N 3.50, WD inkl., Strom keine Angabe (3 bis 6 A). In NS Ermäßigung.

✉ **38050 Calceranica,** Trentino I 2340/2

★★★ »CAMPING SPIAGGIA« ⚓ Mitte April bis Sept.
☎ 0461/723037, Fax 723524 460 m 15 000 qm
www.campingspiaggia.net, info@campingspiaggia.net

→ A22 Abf. Trento Nord auf SS 47 Richtung Padova/Lago di Caldonazzo. ✉ Viale Venezia, 12.

Ebenes Wiesengelände am See. Von Baumreihen durchzogen. Imbiss. Zum eigenen Strand über die Straße. Touristen-/Dauerstellplätze 72/32.

✉ **38050 Calceranica,** Trentino I 2340/3

35 ★★★ »CAMPING RIVIERA« ⚓ Ostern bis 15.9.
☎ 0461/724464, Fax 718689 18 000 qm
www.campingriviera.net, riviera@dnet.it

→ von der SS 47 Trient–Levico (22 km) abbiegen, ca. 3 km zum See. ✉ Viale Venezia, 12.

Schmaler parzellierter Wiesenstreifen. Von Baumreihen durchzogen. Offenes Sanitär. Ort 2 km entfernt. Touristen-/Dauerstellplätze 110/30.
2007: (HS) P/N 8.–, K/N 2 bis 12 J. 5.50, St/N 11.–, H/N 3.20, WD inkl., Strom (3 A) keine Angabe.

Jahres-Öffnungszeiten
werden uns von den Platzhaltern gemeldet. Sie bemühen sich, die Zeiten einzuhalten. Je nach Wetterlage sind aber spätere Öffnungs- und frühere Schließungszeiten möglich.

38050 Calceranica, Trentino 12340/4

»CAMPING FLEIOLA« — 1.4. bis 5.10.
0461/723153, Fax 724386 — 12 000 qm
www.campingfleiola.it, info@campingfleiola.it

→ im Ortsteil Punta, direkt am See. Bahnunterführung 3 m hoch, 2.80 m breit. Via Trento, 42. (GPS: 46°00'24" N / 11°14'42" E).

Leicht abfallendes Gelände am See. In Nähe einer Bahnlinie. Ort 200 m entfernt. Touristen-/Dauerstellplätze 89/30.
2008: (HS) P/N 8.–, K/N 3 bis 11 J. 6.–, St/N 11.–, H/N 4.–, WD inkl., Strom (3 A) keine Angabe. In NS Ermäßigung.

38050 Calceranica, Trentino 12340/5

»CAMPING AL PESCATORE« — 10.5. bis 14.9.
0461/723062, Fax 724212 — 38 000 qm
www.campingpescatore.it, trentino@campingpescatore.it

→ an der Landseite der Uferstraße. Beschildert. Dei Pescatori, 1.

Zweigeteiltes, gepflegtes Wiesengelände mit Baumreihen. Durch eine Straße getrennt. Boccia. Ort 500 m entfernt. Touristen-/Dauerstellplätze 215/30.
2008: (HS) P/N 8.–, K/N 3 bis 12 J. 7.–, St/N 11.–, H/N 3.–, WD u. Strom inkl. In NS Ermäßigung.

DCC-Vertragsplatz

38050 Calceranica, Trentino 12340/6

»CAMPING PUNTA LAGO« — Ende April bis Sept.
Fax 0461/723229, Fax 724478 — 20 000 qm
www.campingpuntalago.com, puntalago@camping.it

→ an der Landseite der Uferstraße. Via Lungo Lago, 70.

Ebenes, rechtwinkliges Wiesengelände. Durch Baumreihen parzelliert. Direkt am See. Ort 1.5 km entfernt. Touristen-/Dauerstellplätze 150/15.
2007: (HS) P/N 8.50, K/N 3 bis 12 J. 7.50, St/N 13.– bis 15.–, H/N 3.–, WD u. Strom inkl. (3/6 A). In NS Ermäßigung.
DCC 10% auf P/N.

38046 Lavarone-Chiesa, Trentino 12345

»CAMPING LAGO DI LAVARONE« — Dez. bis Nov.
Fax 0464/783300, Fax 780724 — 1200 m — 35 000 qm
www.campinglagodilavarone.it, info@campinglagodilavarone.it

→ A22 Bozen–Verona Abf. Trento auf SS349 über Vigolo und Vattaro nach Lavarone. Via Trieste, 36.

Teilweise terrassiertes, schattenloses Gelände in einer größeren Waldlichtung. Lavarone-Card für viele Ermäßigungen. Ort 600 m entfernt. Touristen-/Dauerstellplätze 153/138.

32040 Santo Stefano di Cadare, Belluno 12400

»CAMPING COMELICO« — Juni bis Okt.
0435/62466, Fax 428029 — 940 — und Dez. bis März
camping.comelico@virgilio.it — 30 000 qm

→ SS48 Cortina–Lozzo di Cad. über Auronzo di Cad. nach Santo Stefano di Cadore, dort auf die SS355 nach Sappada abbiegen, vor "Alimentari" rechts über die Brücke und dann gleich links zum Platz. Loc. Mas, 68.

Ebenes Gelände unter Bäumen. Ort 1 km entfernt. Touristen-/Dauerstellplätze 50/150.

DCC – DEIN PARTNER!

32043 Cortina d'Ampezzo, Belluno 12420/1

»INT. CAMPING OLYMPIA« — 1.1. bis 31.12.
Fax 0436/5057 — 1225 m — 40 000 qm
www.campingolympiacortina.it, info@campingolympiacortina.it

→ Von der SS 51 Dobbiaco–Cortina beschilderte Abbiegung, ca. 2.5 km nörlich des Ortes. Loc. Fiames, 1.

Ebenes Wiesengelände mit gemischtem Baumbewuchs am Fluss. Ort 4 km entfernt. Touristen-/Dauerstellplätze 164/150.
2007: (HS) P/N 7.50, K/N bis 10 J. 4.–, St/N 9.–, H/N 1.–, WD inkl., Strom keine Angabe. In NS Ermäßigung.
DCC/CCI 10% auf P/N.

32043 Cortina d'Ampezzo, Belluno 12420/2

»CAMPING CORTINA« — 1.1. bis 31.12.
0436/867575, Fax 867917, campcortina@tin.it — 1180 m — 45 000 qm

→ südlich Cortina von der SS51 abbiegen. Beschildert. Via Campo, 2. (GPS: 46°31'18" N / 12°08'04" E).

Wiesengelände und Lärchenwald. Teilweise schattenlos. Pizzeria. Skibus. Trockenraum. Ort 2 km entfernt. Touristen-/Dauerstellplätze 157/200.
2007: (HS) P/N 8.–, K/N 1 bis 6 J. 4.–, St/N 9.–, WD u. Strom inkl. (3 A). In NS Ermäßigung.

32043 Cortina d'Ampezzo, Belluno 12420/3

»CAMPING ROCCHETTA« — 5.12. bis 10.4.
Fax 0436/5063 — 1180 m — und 1.6. bis 20.9.
www.campingrocchetta.it, camping@sunrise.it — 25 000 qm

→ südlich Cortina von der SS51 abbiegen. Via Campo, 1. (GPS: 46°31'21" N / 12°08'03" E).

Wiesengelände und Tannenwald mit herrlicher Bergkulisse. Beheizbare Sanitäranlagen. Imbiss. Zimmer. Ort 2 km entfernt. 196 Touristenplätze.
2007: (HS) P/N 7.50, K/N bis 6 J. 4.–, St/N 9.–, WD u. Strom inkl. (2.5 A). In NS Ermäßigung.

32043 Cortina d'Ampezzo, Belluno 12420/4

»CAMPING DOLOMITI« — 1.6. bis 20.9.
0436/2485, Fax 5403 — 1180 m — 54 000 qm
www.campeggiodolomiti.it, campeggiodolomiti@tin.it

→ südlich Cortina von der SS51 abbiegen. Beschildert. Sacus 1.

Wiesengelände auf zwei Terrassen im Lärchen- und Fichtenwald. Ort 3 km entfernt. 400 Touristenplätze.
2008: P/N 7.50, K/N bis 6 J. 4.–, St/N 9.–, WD, Schwimmbad u. Strom inkl. (3 A).

32100 Nevegal-Belluno, Belluno 12440

»PARK-CAMPING NEVEGAL« — 1.1. bis 31.12.
0437/908143, Fax 908144 — 1018 m — 30 000 qm
www.dolomiti.it, camping.nevegal@tin.it

→ SS51, Cortina–Belluno. Bei der Kreuzung mit der SS50 Richtung Ponte nelle Alpi, dann noch ca. 15 km Richtung Nevegal. Via Nevegal, 347.

Terrassiertes und gepflegtes Wiesengelände auf einem Hochplateau. Teilweise gekieste Stellplätze. Ort 12 km entfernt. 350 Touristenplätze.

32030 Arsiè, Belluno 12450

»CAMPING GAJOLE« — 1.4. bis 30.9.
0439/58555 — 310 m — 15 000 qm
www.campinggayole.it, campinggayole@libero.it

→ Brenner–Trento–Padova. Nach ca. 60 km Abbiegung Richtung Belluno/Cortina. Nach Tunnel (3 km lang) zum Cpl. abbiegen. Loc. Soravigo.

⚽🎾🏊...🚴 |—200m Ⓗ 3km
Teils ebenes, teils terrassiertes Wiesengelände. Am Berghang mit Bewaldung hinziehend. Getrennte Stellflächen für Caravans und Zelte. Imbiss. Ort 3 km entfernt. Touristen-/Dauerstellplätze 130/70.
2007: P/N 6.–, K/N 1 bis 8 J. 3.50, St/N 8.–, WD inkl., Strom keine Ang. (4 A).

✉ 32030 Rocca di Arsiè, Belluno   12460

★★★ »CAMPING AL LAGO« ⚷ April bis Okt.
☎ 0439/58540, Fax 58471   11 000 qm
www.campingallago.bl.it, campingallago@libero.it

→ SS47 Trento–Primolàno, weiter auf SS50 Richtung Belluno. Nach Tunnel-Ende beschildert. ✉ Via Campagna, 14.
(GPS: 45°57'54" N / 11°45'48" E).

[icons]
[icons] HS ... HS ...

🛏 500 m
In einem Tal gelegenes, langgezogenes Wiesengelände mit Laubbäumen. Blick auf den See und die Berge. Gleitschirmfliegen, Kanufahren und Reiten in der Nähe. Ort 3 km entfernt. 120 Touristenplätze.

✉ 36100 Vicenza, Vicenza   12500

[40] ★★★ »CAMPING VICENZA« ⚷ 1.4. bis 30.9.
☎ 0444/582311, Fax 582434   30 000 qm
www.ascom.vi.it/camping, camping@viest.it

→ A 4 Abf. Vicenza-Est. Hinter der Mautstelle, noch vor dem Kreisverkehr, rechts abbiegen. Noch ca. 300 m, nicht beschildert. ✉ Strada Pelosa, 239.

[icons]
[icons] Ⓗ 1 km

Durch befestigte Wege in Reihen angelegtes Wiesengelände mit einzelnen Laubbäumen. Mit Büschen aufgelockert. Zentrum 8 km entfernt. 72 Touristenplätze.
2007: (HS) P/N 7.40, K/N 3 bis 8 J. 4.30, C MC-St/N 15.–, T-St/N 7.50, M/N 10.60, H/N frei, WD inkl., Strom keine Angabe (3 A). In NS Ermäßigung.
DCC/CCI 10% auf P/N.

✉ 37139 Verona, Verona   12520

★★★ »CAMPING ROMEO E GIULIETTA« ⚷ März bis Ende Nov.
☎ 045/8510243, camping_verona@tin.it   32 000 qm

→ ca. 4 km von Verona in Richtung Brescia. A22 Bozen–Verona Abf. Verona-Nord, Richtung Borgo Trento auf SS11, ca. 2 km Richtung Zentrum. ✉ Via Bresciana, 54.

[icons]

Teilweise parzelliertes Wiesengelände mit Bäumen und Hecken. Busservice und Ticketverkauf für die Arena. Ort 5 km entfernt. 208 Touristenplätze.

✉ 35036 Montegrotto Terme, Padova   12540

[40] ★★★ »CAMPING SPORTING CENTER« ⚷ 5.3. bis 12.11.
☎ 049/793400, Fax 8911551   65 000 qm
www.sportingcenter.it, info@sportingcenter.it

→ A13 Padova–Bologna, Abf. Terme Eugnee. Im Ort hinter der Kirche rechts abbiegen, dann noch etwa 2 km. ✉ Via Roma, 123/125.

[icons]
[icons]

| 🚐 300 m ⛽ 1 km
Ebenes, geschottertes Gelände mit Pappeln. Auf einer Seite für je 2-4 Stellplätze eine Sanitäreinrichtung (extra Dusche und Geschirrspüler). Ort 1 km entfernt. 185 Touristenplätze.
2007: P/N 7.80, K/N 3 bis 5 J. 4.50, C MC-St/N 15.50, T-St/N 12.–, WD u. Strom inkl.
CCI 5% auf P/N.

✉ 35030 Baone, Veneto   12545

[25] ★★★ »CAMPING AGRITURISMO ALBA« ⚷ 1.1. bis 31.12.
☎/Fax 0429/4480   40 m   6000 qm
www.agriturismoalba.it, info@agriturismoalba.it

→ A13 Padova–Bologna, Abf. Monsélice auf die SP 5 durch den Ort Monsélice und ca. 7 km weiter auf dieser Straße (Strada Provinciale di cá Borini) nach Baone. ✉ Via Madonnetta delle Ave, 14.
(GPS: 45°13'46" N / 11°42'12" E).

[icons]
[icons] 300 m 🏊 10 km

Ebenes und parzelliertes Wiesengelände mit befestigten Stellplätzen und angrenzenden Bäumen in einer Berglandschaft. Günstiger Etappenplatz. Familiäre Atmosphäre. Voranmeldung erwünscht. Imbiss. Ort 4 km entfernt. 25 Touristenplätze.
2007: (HS) P/N 4.–, K/N ab 4 J. 2.–, C MC-St/N 10.–, T-St/N 7.–, H/N frei, WD zuzügl., Strom inkl. (16 A). In NS 10% Ermäßigung.

✉ 45010 Rosolina Mare, Rovigo   12560/1

★★★ »CAMPING ROSAPINETA« ⚷ Mai bis Sept.
☎ 0426/68033, Fax 68105   500 000 qm
www.rosapineta.it, info@rosapineta.it

→ von der Strada Romea südlich Chioggia über die Straßenbrücke zum Meer abbiegen (ca. 8 km). ✉ Strada Nord, 24.

[icons]
[icons]
[icons]

Überwiegend sandiges Gelände unter Pinien und Pappeln mit weitläufigem Strand. Bei einem großen Bungalow-Dorf mit Sport- und Unterhaltungsmöglichkeiten. Separate Pkw-Abstellung. Ort 100 m entfernt. 1172 Touristenplätze.

✉ 45010 Rosolina Mare, Rovigo — 12560/2

★★ »CAMPING LA MARGHERITA« — Mai bis Sept.
℡ 0426/68212, Fax 329016 — 70 000 qm
www.lamargherita.it, lamargherita@lamargherita.it

→ Strada Romea südlich Chioggia über die Straßenbrücke zum Meer, noch ca. 8 km. ✉ Via Foci Adige, 10.

Teilweise schattenloses und ebenes Gelände hinter den Dünen. Parzelliert. Ein Teil im Pinienwald ohne Stromanschlüsse. Ort 3 km entfernt. 372 Touristenplätze.

✉ 44100 Ferrara, Emil. Romagna — 12600

25 ★★★ »CAMPING COMUNALE ESTENSE« — 1.1. bis 7.1. u.
℡/Fax 532/752396 — 33 000 qm — 28.2.bis 31.12.
www.ferrarainfo.it, campeggio.estense@libero.it

→ A13 Bologna–Padova, Abf. Ferrara-Nord Richtung Zentrum, der Beschilderung folgen. ✉ Via Gramicia, 76.

Ebenes Wiesengelände mit Baumbestand. Außerhalb der alten Stadtmauern im nördlichen Bereich der Stadt. 50 Touristenplätze.
2008: P/N 5.–, K/N 5 bis 10 J. 3.50, C MC-St/N 8.–, T-St/N 6.50 bis 8.–, H/N 1.50, WD inkl., Strom /N 3.– (6 A).
CCI 10% auf P/N.

✉ 30015 S. Anna di Chioggia, Venezia — 12630

★★★★★ »VILLAGGIO TURISTICO ISAMAR« — Mai bis Sept.
℡ 041/5535811, Fax 490440, — 300 000 qm
www.villaggioisamar.com, info@villaggioisamar.com

→ 4 km von der SS Romea, an der Adria, an der linken Mündung der Etsch. ✉ Via Isamar, 9.

Ebenes, parzelliertes Wiesengelände. Durch Baumalleen unterteilt. Vom Strand durch einen Bungalowstreifen abgegrenzt. Privatstrand. Mindestaufenthalt eine Woche. Kindersanitär. Internet-Cafe. Ausflugs-Büro. Gottesdienst (HS). Fitness-Center. Ort 7 km entfernt. 700 Touristenplätze.

✉ 30019 Sottomarina Lido, Venezia — 12640/1

40 ★★★ »CAMPING MIRAMARE« — 22.4. bis 21.9.
℡/Fax 041/490610 — 70 000 qm
www.miramarecamping.com, campmir@tin.it

→ von der Strada Romea abbiegen u. ca. 600 m von der Straße zum Lido. ✉ Via A. Barbarigo, 103.

Schmales, zweigeteiltes Wiesengelände mit Pappeln. Musikveranstaltungen. Wassersportmöglichkeiten am Privatstrand. Ort 1 km entfernt. Touristen-/Dauerstellplätze 346/70.
2007: P/N 7.40, K/N bis 5 J. 3.80, C MC-St/N 16.20, T-St/N 10.90, WD inkl., Strom keine Angabe (6 A).

✉ 30019 Sottomarina Lido, Venezia — 12640/2

40 ★★★ »CAMPING INTERNAZIONALE« — 21.4. bis Sept.
℡ 041/491444, Fax 5543373 — 20 000 qm
www.campinginternazionale.net, campeggiointern.le@libero.it

→ von der Strada Romea nach Sottomarina Lido abbiegen, dann rechts ab, noch ca. 1 km. Beschildert. ✉ Via A. Barbarigo, 117.

Zweigeteilte Anlage mit Mittelstraße. Platz ist in Boxen eingeteilt. FW. Ort 1 km entfernt. 180 Touristenplätze.
2008: (HS) P/N 7.20, K/N ab 2 J. 5.–, C MC-St/N 16.20, T-St/N 10.25, WD u. Strom (6 A) inkl. In NS Ermäßigung.
DCC/CCI 5% auf P/N.

✉ 30019 Sottomarina Lido, Venezia — 12640/3

★★★ »CAMPING OASI« — März bis Sept.
℡ 041/5541145, Fax 490801 — 30 000 qm
www.campingoasi.com, info@campingoasi.com

→ von der Straße zum Lido ca. 1.2 km. An der Mündung der Brenta. ✉ Via A. Barbarigo, 147. (GPS: 12°18'27" N / 45°10'48" E).

Gepflegtes Wiesengelände mit Pappeln. Separater Platzteil für Hundehalter. Musikveranstaltungen. Viele Wassersportmöglichkeiten. Ort 2 km entfernt. Touristen-/Dauerstellplätze 150/120.

✉ 30019 Sottomarina Lido, Venezia — 12640/4

40 ★★★ »CAMPING ADRIATICO« — Ostern bis 30.9.
℡ 041/492907, Fax 5548567 — 20 000 qm
www.campingadriatico.com, adriatic@cbn.it

→ zwischen der Küstenstraße und dem Lido. ✉ Via Lungomare, 82.

Sandiges Gelände. Zum Teil unter Bäumen. Zum eigenen Strand über die Straße. Ort 500 m entfernt. Touristen-/Dauerstellplätze 150/30.
2007: (HS) P/N 7.–, K/N bis 6 J. 3.50, C MC-St/N 17.–, T-St/N 10.–, WD inkl., Strom keine Angabe (5 A). In NS Ermäßigung.

✉ 30030 Fusina, Venezia — 12650

45 ★★★ »CAMPING FUSINA« — 1.1. bis 31.12.
℡ 041/5470055, Fax 5470050 — 50 800 qm
www.camping-fusina.com, info@camping-fusina.com

→ SS 309 Richtg. Ravenna, in Malcontenta abbiegen. ✉ Via Moranzani, 93. (GPS: 45°19'92" N / 12°20'53" E).

Ebenes Wiesengelände mit Bäumen und Sträuchern. Besonders von Jugendlichen bevorzugter Platz. Stündl. Busverbindung und in HS alle 30 Minuten Schiffsverbindung nach Venedig. 250 Touristenplätze.
2007: P/N 9.–, K/N 5 bis 12 J. 4.50, A/N 5.–, C/N 9.–, MC/N 14.–, T/N 9.–, M/N 2.50, B/N 10.–, WD inkl., Strom keine Angabe. (6 A).

✉ 30030 Oriago, Venezia — 12660

40 ★★★ »CAMPING CARAVANNING DELLA SERENISSIMA«
℡ 041/921850, Fax 920286 — bis 10.11.
www.campingserenissima.com, campingserenissima@shineline.it — 20 000 qm

→ an der SS11 nach Padua , 4 km von Mestre entfernt. ✉ Via Padana, 334/a. (GPS: 45°45'23" N / 12°18'33" E).

Gepflegte Anlage mit Pappeln. Ort 500 m entfernt. 120 Touristenplätze.
2007: (HS) P/N 7.80, K/N 3 bis 12J. 5.50, C-St/N 12.–, MC-St/N 13.–, T-St/N 6.–, WD inkl., Strom keine Angabe. (10 A).
DCC/CCI 10% auf P/N.

✉ 30175 Marghera, Venezia — 12670

★★ »CAMPING JOLLY DELLE QUERCE« — 1.1. bis 31.12.
℡/Fax 041/920312 — 16 000 qm
www.jollycamping.com, info@jollycamping.com

→ AB-Abf. Venedig, am Kreisverkehr und Beginn der Strada Romea. ✉ Via A. de Marchi, 7.

Gepflegtes Wiesengelände mit gekiesten Wegen. Ort 800 m entfernt. 123 Touristenplätze.

Plätze ohne Gebühren-Angabe
Diese Plätze haben seit 2 Jahren und mehr keine Meldung mehr abgegeben. Darum kann auch für die Öffnungszeit nicht garantiert werden.

30170 Mestre, Venezia — 12680

★★★ »CAMPING VENEZIA« — 1.1. bis 31.12.
☎/Fax 041/5312828 — 20 000 qm
www.veneziavillage.it, info@veneziavillage.it

→ rechts der Straße nach Triest, hinter der Abzweigung nach Treviso.
✉ Via Orlanda, 8. (GPS: 45°48'00" N / 12°275'15" E).

100 m

Ebenes Wiesengelände unter Pappelreihen. Günstig zum Besuch von Venedig. Ort 3 km entfernt. 119 Touristenplätze.
2007: P/N 8.–, K/N bis 10 J. 4.–, C MC-St/N 13.–, T-St/N 8.–, WD u. Strom inkl.
DCC/CCI 10% auf P/N.

30030 Mestre-Campalto, Venezia — 12690

★★ »CAMPING RIALTO« — März bis Nov.
☎/Fax 041/900785, www.campingrialto.com — 18 000 qm

→ rechts an der Straße nach Triest. ✉ Via Orlanda, 16.

Ebenes Wiesengelände. Busverbindung nach Venedig. Zentrum 1 km entfernt. 85 Touristenplätze.

30030 Ca'Noghera, Venezia — 12700

★★★ »CAMPING ALBA D'ORO« — Februar bis Nov.
☎ 041/5415102, Fax 5415971 — 70 000 qm
www.ecvacanze.it, albadoro@tin.it

→ Richtung Flughafen, dann Richtung Jesolo, an der SS 14 bei Km 10 beschildert. ✉ Via Triestina, 214/B.

Wiesengelände mit Pappeln. Zwischen der verkehrsreichen Hauptstraße und dem Kanal in Flughafennähe. Idealer Platz zur Besichtigung von Venedig (Direkte Busverbindung, bzw. eigener Shuttle-Bus stündlich). Bootskran. Ort (Venedig) 12 km entfernt. 160 Touristenplätze.

30010 Punta Sabbioni, Venezia — 12710/1

★★★★ »CAMPING MARINA DI VENEZIA« — 19.4. bis 30.9.
☎ 041/5302511, Fax 966036 — 70 000 qm
www.marinadivenezia.it, camping@marinadivenezia.it

→ Über Jesolo–Cavallino nach Punta Sabbioni am Ende der Halbinsel. Beschildert. ✉ Via Montello, 6. (GPS: 45°26'25" N / 12°26'28" E).

3 km

Teilweise sandiges Wiesengelände unter Pappeln mit befestigten Wegen und schönem breiten Strand. Bungalowanlage. Separater Hundeplatzteil. Hundeverbot am Strand. »Kirche Unterwegs«. Teilweise Fluglärm. Mindestaufenthalt in NS/HS 2/7 Nächte. Keine Aufnahme von alleinreisenden Jugendlichen. Kajakanlage. Liegestuhlvermietung am Pool und Strand. Ort 3 km entfernt. 2885 Touristenplätze.
2007: (HS) P/N 8.25, K/N 1 bis 5 J. 6.70, St/N 20.05, H/N 2.60, WD inkl., Strom keine Angabe. Seniorenrabatt ab 60 J. In NS Ermäßigung.

30010 Punta Sabbioni, Venezia — 12710/2

★★★ »CAMPING MIRAMARE« — April bis Nov.
☎ 041/966150, Fax 5301150 — 10 000 qm
www.camping-miramare.it, info@camping-miramare.it

→ Über Jesolo–Cavallino nach Punta Sabbioni am Ende der Halbinsel. Beschildert. ✉ Lungomare Dante Alighieri, 29.

Ebenes, parzelliertes Wiesengelände unter Pappeln und Pinien. Zum Strand über einen Fahrweg. Mindestaufenthalt in NS/HS 2/3 Nächte. Shuttle-Service zum großen Strand und zur Schiffsanlegestelle. Ort 1 km entfernt. 130 Touristenplätze.

DCC – DEIN PARTNER!

30010 Treporti, Venezia — 12720/1

★★★★ »CAMPING CA'PASQUALI« — 18.4. bis 22.9.
☎ 041/966110, Fax 5300797 — 90 000 qm
www.capasquali.it, info@capasquali.it

→ links der Straße nach Punta Sabbioni. ✉ Via Poerio, 33.

800 m

Parzelliertes Wiesengelände. Ein Teil nahe am Strand mit kleinen Bäumen, ein anderer unter Pinien und Pappeln. Ort 3 km entfernt. 450 Touristenplätze.
2007: P/N 8.80, K/N bis 5 J. 6.20, St/N 22.90, WD und Strom inkl. (6 /10 A).

30010 Treporti, Venezia — 12720/2

★★★ »CAMPING SCARPILAND« — 24.4. bis 20.9.
☎/Fax 041/966488, www.scarpiland.com, info@scarpiland.com — 45 000 qm

→ links der Straße nach Punta Sabbioni. ✉ Via A. Poerio, 14.
(GPS: 45°27'20" N / 12°29'20" E).

50 m / 300 m

Wiesengelände mit Pappeln. Öffentlicher Strandzugang über den Platz. Separater Platzteil für Hundehalter. Mindestaufenthalt NS/HS 2/5 N. Ort 3 km entfernt. Touristen-/Dauerstellplätze 196/100.
2008: (HS) P/N 7.50, K/N bis 5 J. 4.40, St/N 7.10 bis 16.70, H/N 1.50, WD u. Strom inkl. (6 A). In NS Ermäßigung. Anzeige S. 749

30010 Treporti, Venezia — 12720/3

★★★★ »CAMPING MEDITERRANEO« — 18.4. bis 28.9.
☎ 041/966721, Fax 966944 — 164 000 qm
www.campingmediterraneo.it, mediterraneo@vacanze-natura.it

→ links der Straße nach Punta Sabbioni. ✉ Via delle Batterie, 38.
(GPS: 45°27'15" N / 12°28'53" E).

300 m

Teilweise leicht welliges Gelände am breiten Sandstrand. Wassersport. Ort 2 km entfernt. 900 Touristenplätze.
2008: P/N 9.–, K/N bis 5 J. 6.85, J/N 7 bis 12 J. 8.15, C MC-St/N 22.50, T-St/N 18.60, WD inkl., Strom keine Angabe.

30010 Treporti, Venezia — 12720/4

★★★★ »CAMPING AL BOSCHETTO« — 1.5. bis 15.9.
☎ 041/966145, Fax 5301191 — 70 000 qm
www.alboschetto.it, info@alboschetto.it

→ links der Straße in Richtung Punta Sabbioni. ✉ Via delle Batterie, 18.
(GPS: 45°27'16" N / 12°28'25" E).

700 m

Ebenes Gelände in einem Pappel- und Pinienhain. Gärtnerisch angelegter Hauptweg. Ort 2 km entfernt. 354 Touristenplätze.
2008: P/N 8.50, K/N 2 bis 6 J. 7.20, St/N 20.–, WD inkl., Strom keine Angabe (6 A). In NS Ermäßigung.

30013 Cavallino-Treporti, Venezia — 12720/5

★★★★ »CAMPING DEI FIORI« — April bis Sept.
☎ 041/966448, Fax 96672 — 106 000 qm
www.deifiori.it, fiori@vacanze-natura.it

→ links der Straße nach Punta Sabbioni. ✉ Via V. Pisani, 52.
(GPS: 45°26'56"N / 12°28'15"E)

400 m

Sandiges Gelände unter Pinien und Laubbäumen. Zum Teil gärtnerisch mit Blumen und Sträuchern angelegt. Breiter Sandstrand. Whirlpool. Musikveranstaltungen. Mindestaufenthalt in HS 5 Nächte. Ort 2 km entfernt. 400 Touristenplätze.
2007: (HS) P/N 9.–, K/N 2 bis 6 J. 7.60, J/N 6 bis 12 J. 8.20, C MC-St/N 22.20, T-St/N 17.85 bis 20.30, WD u. Strom inkl. (6-10 A). In NS Ermäßigung.

(I 2730/4)
SILVA CAMPING DIREKT AM MEER
LIDO DEL CAVALLINO
Tel. 0039/041968087 - VENEZIA

Der gut beschattete Campingplatz liegt direkt am Meer zwischen Venedig und Lido di Jesolo mit einem feinsandigen Strand; er ist der ideale Ferienplatz für alle, die einen ruhigen und erholsamen Urlaub suchen. *Caravans zu vermieten!*
Geöffnet: 29.04. – 15.09.
Via F. Baracca, 53 - I-30013 Cavallino Lido (VE)
Tel. und Fax 0039/041968087
Fax im Winter 0039/0414569633
www.campingsilva.it

30010 Treporti, Venezia — I 2720/6

★★★★ »CAMPING CA'SAVIO« — Mai bis Sept.
☎ 041/966017, 966570, Fax 5300707 — 280000 qm
www.casavio.it, info@casavio.it

→ links der Straße nach Punta Sabbioni. ✉ Via di Ca' Savio, 77.

Ebenes Wiesengelände unter Pappeln- und Pinienreihen. Sandstrand. Mini-Club. Mindestaufenthalt 7 Nächte. 1000 Touristenplätze.

30010 Treporti, Venezia — I 2720/7

★★★★ »EUROCAMPING STELLA MARIS« — April bis Sept.
☎ 041/966251, Fax 5300943 — 45000 qm
www.campingstellamaris.com, stellamaris@mclink.it

→ Straße Cavallino-Punta Sabbione. ✉ Via del Batterie, 116.

Ebenes, parzelliertes Wiesengelände. Teils in Strandnähe unter halbhohen Bäumen, teils im Pinienwald. Ein öffentlicher Weg führt über den Platz zum Strand. Sat-Anschluss. Restaurant. 3 Nächte Mindestaufenthalt. Ort 5 km entfernt. 280 Touristenplätze.

30010 Treporti, Venezia — I 2720/8

★★★★ »CAMPING ENZO« — April bis Sept.
☎ 041/966030, Fax 5300943 — 30000 qm
www.camping-enzo.com, camp.enzo@mclink.it

→ Straße Cavallino-Punta Sabbione. ✉ Via delle Batterie, 100.

Ebenes, parzelliertes Wiesengelände. Von Hecken und Pinien durchzogen. Ein platzeigener Weg führt zum Strand. Mitbenutzung des Schwimmbades und der Spiel- u. Sporteinrichtungen vom Nachbarplatz. Sat-Anschluss. 3 Nächte Mindestaufenthalt. Ort 5 km entfernt. 90 Touristenplätze.

30013 Cavallino, Venezia — I 2730/1

[45] ★★★ »CAMPING VILLA AL MARE« — 23.4. bis 26.10.
☎ 041/968066, 5370044, Fax 5370576 — 20000 qm
www.villaalmare.com, info@villaalmare.com

→ nach der Brücke 2. Platz links. ✉ Via del Faro, 12.
(GPS: 45°28'45" N / 12°34'52" E).

50m 200m
Wiesengelände mit Pappeln beim Leuchtturm. Mindestaufenthalt 3 Nächte. Sat-Anschluss. FW. Ort 2.5 km entfernt. 117 Touristenplätze.
2007: (HS) P/N 7.50, K/N 2 bis 5 J. 6.80, St/N 7.50 bis 18.50, WD u. Strom inkl. (6,4 A). In NS Ermäßigung.

30013 Cavallino, Venezia — I 2730/2

[40] ★★★ »CAMPEGGIO SAN MARCO« — 24.4. bis 20.9.
☎ 041/968163, Fax 968999 — 20000 qm
www.campingsanmarco.it, info@campingsanmarco.it

→ nach der Brücke 1. Platz links. ✉ Via del Faro, 10.
(GPS: 45°28'50" N / 12°34'48" E).

50m 300m
Wiesengelände am Strand. FW. Ort 2.5 km entfernt. 144 Touristenplätze.
2008: (HS) P/N 7.–, K/N 3 bis 6 J. 6.–, C MC-St/N 17.–, T-St/N 15.–, H/N 3.–, WD und Strom (6/4 A) inkl. In NS Ermäßigung.

30013 Cavallino, Venezia — I 2730/3

[50] ★★★★ »CAMPING RESIDENCE VILLAGE« — 1.5. bis 20.9.
☎ 041/968027, Fax 5370164 — 70000 qm
www.residencevillage.com, info@residencevillage.com

→ gleich nach der Brücke vor Cavallino nach links zum Strand, ca. 1 km. ✉ Via F. Baracca, 47.

100m
Ebenes, parzelliertes Wiesengelände unter Pappeln. Mit direktem Zugang zum Meer. Für große Caravans schwieriges Rangieren. Ort 1.5 km entfernt. 300 Touristenplätze.
2007: P/N 8.70, K/N 3 bis 10 J. 6.70, St/N 21.10, WD inkl., Strom keine Angabe (10 A).

30013 Cavallino, Venezia — I 2730/4

[40] ★★★ »CAMPING SILVA« — 29.4. bis Sept.
☎/Fax 041/968087 — 33000 qm
www.campingsilva.it, info@campingsilva.it

→ nach der Brücke vor Cavallino nach links abbiegen zum Meer, noch ca. 1.2 km. ✉ Via Baracca, 53.

Ebenes Wiesengelände mit Pappeln und asphaltierten Hauptwegen zwischen Straße und Meer. Bar. Ort 1.5 km entfernt. 276 Touristenplätze.
2007: (HS) P/N 7.–, K/N 2 bis 6 J. 4.50, St/N 16.–, WD u. Strom inkl. (6 A). In NS Ermäßigung.

30013 Cavallino, Venezia — I 2730/5

[50] ★★★★ »CAMPING GARDEN PARADISO« — 23.4. bis 30.9.
☎ 041/968075, Fax 5370282 — 150000 qm
www.gardenparadiso.it, info@gardenparadiso.it

→ nach der Brücke vor Cavallino nach links zum Strand, noch ca. 1.5 km. ✉ Via F. Baracca, 55. (GPS: 45°28'45" N / 12°33'50" E).

2 km
Gepflegtes Wiesengelände. Durch Baumreihen parzelliert und zum Teil gärtnerisch angelegt. Bewachter, eingezäunter Parkplatz. Mindestaufenthalt 2 Nächte. Touristen-/Dauerstellplätze 835/20.
2007: P/N 8.75, K/N 3 bis 5 J. 5.60, K/N 6 bis 12 J. 6.80, St/N 22.–, WD u. Strom inkl. (6 A). In NS Ermäßigung.

DCC – DEIN PARTNER!

www.cavallinoqualitycamping.com

UMWELT-TOURISMUS-MANIFEST VENETO
CAVALLINO QUALITY CAMPING 2008

Die Sensibilität der Unternehmer vom Veneto zu der einzigartigen und kostbaren Umgebung ihrer Region, hat dazu beigetragen, dass sich diese Umweltschutzinitiative vom Umwelt-Tourismus-Manifest Veneto entwickelt hat, die bis heute das greifbarste Beispiel vom umweltverträglichen Tourismus in Europa ist.

www.campingeuropa.com
info@campingeuropa.com

CAMPING VILLAGE EUROPA

Via Fausta, 332
30013 Cavallino Venezia · Italy
Tel.: +39 041 968069/968261
Fax: +39 041 5370150

(I 2730/7)

www.campingitaly.it
info@campingitaly.it

Familiärer Campingplatz, direkt am Adriastrand, für ungezwungene, sonnige Ferientage in italienischer Atmosphäre.
Restaurant - Pizzeria - Bar - Supermarkt
Bazar - Terrasse mit Strandbar,
Bungalows - MobileHomes - MaxiCaravans
beheiztes Schwimmbad mit Whirlpool
Animation - Kinderclub.

Via Fausta, 272
30013 CAVALLINO VENEZIA ITALIA
Tel. +39 041 968090 Fax +39 041 5370876

(I 2730/8)

SCARPILAND
★★★ camping & village

Via A. Poerio, 14   (I 2720/2)
I - 30013 CAVALLINO
(Loc. CA' PASQUALI)
Tel. + Fax 0039/041966488
E-mail: info@scarpiland.com

• CAMPING   • ANIMATION   • MAXICARAVAN   • BUNGALOW

...nicht nur Camping für deinen Urlaub am Meer
Eine Reise mit der Familie...ein Urlaub in einer Ferienanlage direkt am Meer, an der adriatischen Küste von Venetien. Camping Village Scarpiland ist ein wahrer Ferienpark an der Küste von Cavallino, an einem schönen Sandstrand der Adria. Die weltweit einzigartige Stadt Venedig liegt nur 40 Minuten vom Camping entfernt. Die Ferienanlage mit familiärem Flair wird seit mehr als dreißig Jahren von der Familie Scarpi geleitet. Camping, Bungalow, Chalet, Cottage, Maxicaravan und Apartement: Eine grosse Auswahl...ideal für deinen Urlaub mitten in der Natur.

www.scarpiland.com

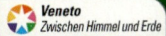

30013 Cavallino, Venezia — I2730/6

★★★★ »CAMPING SANT' ANGELO VILLAGE« — Mai bis Sept.
☎ 041/968882, Fax 5370242 200 000 qm
www.santangelo.it, info@santangelo.it

→ nach der Brücke links ab Richtung Meer. ✉ Via F. Baracca, 63.

Ebenes, sandiges Gelände unter Pinien, Pappeln und anderen Bäumen. Gärtnerisch angelegter Hauptweg und Promenade. In NS eingeschränkter Betrieb. FW. Ort 150 m entfernt. 550 Touristenplätze.

30013 Cavallino, Venezia — I2730/7

[45] ★★★ »CAMPING EUROPA« — 22.3. bis 30.9.
☎ 041/968261, 968069, Fax 5370150 107 000 qm
www.campingeuropa.com, info@campingeuropa.com

→ an der Straße nach Punta Sabbioni. ✉ Via Fausta, 332.

Ebenes Wiesen- und Sandgelände unter Pappeln. Asphaltierter Hauptweg mit Ladenstraße. Imbiss. Musikveranstaltungen. Sat-Anschluss. Ort 500 m entfernt. 600 Touristenplätze.
2007: P/N (HS) 7.70, K/N bis 5 J. 6.70, St/N 20.–, B/N 6.50, H/N 4.30, WD inkl., Strom keine Angabe. In NS Ermäßigung.

30013 Cavallino, Venezia — I2730/8

[45] ★★★ »ITALY CAMPING VILLAGE« — 23.4. bis 20.9.
☎ 041/968090, Fax 5370076 39 000 qm
www.campingitaly.it, info@campingitaly.it

→ Lido di Jesolo–Cavallino, ca. 2 km nordwestl. hinter Cavallino im OT Ca´ di Valle. Beschildert. ✉ Via Fausta, 272.

Wiesengelände unter Pappelreihen am Meer. Familiäre Atmosphäre. Gäste können das Sportcenter des Cpl. Union Lido nebenan mitbenützen. Ort 2.5 km entfernt. Touristen-/Dauerstellplätze 260/40.
2008: (HS) P/N 7.90, K/N 1 bis 5 J. 6.10, St/N 20.80, WD inkl., Strom keine Angabe. In NS Ermäßigung.

Jahres-Öffnungszeiten
werden uns von den Platzhaltern gemeldet. Sie bemühen sich, die Zeiten einzuhalten. Je nach Wetterlage sind aber spätere Öffnungs- und frühere Schließzeiten möglich.

30013 Cavallino, Venezia — I2730/9

EUROPA-PREIS

[55] ★★★★★ »CAMPING UNION-LIDO« — 24.4. bis 27.9.
☎ 041/2575111, Fax 5370355 600 000 qm
www.unionlido.com, info@unionlido.com

→ 12 km westlich Jesolo in Richtung Punta Sabbioni, 3 km nach Cavallino. ✉ Via Fausta, 258.

Weitläufiges Wiesengelände mit unterschiedlichen Bäumen an einem 1 km langen Strand. Discothek gegenüber dem Platzeingang. Motorboote verboten. Musikveranstaltungen. Bogenschießen. Trimmpfad. Whirlpool (beheizt). Ort 2.5 km entfernt. 3017 Touristenplätze.
2008: P/N 10.–, K/N 1 bis 5 J. 6.90, K/N 6 bis 11 J. 8.50, C MC-St/N 22.80 bis 26.20, T-St/N 22.80, Schwimmbad zuzügl., WD u. Strom inkl. (6 A).

30013 Cavallino, Venezia — I2730/10

[40] ★★★★ »VELA BLU CAMPING-VILLAGE« — 23.4. bis 15.9.
☎ 041/968068, Fax 5371003 32 000 qm
www.velablu.it, info@velablu.it

→ links der Straße Richtung Punta Sabbioni. ✉ Via Radaelli, 10.

Naturbelassenes und sandiges Gelände. Teils schattenlos, teils mit Pinien und Laubbäumen. Mindestaufenthalt 3 Nächte. Keine Motorräder. Kabel-TV. Ort 2 km entfernt. Touristen-/Dauerstellplätze 190/40.
2007: P/N 7.50, K/N bis 5 J. 6.50, K/N 6 bis 10 J. 7.30, St/N 16.20, H/N 4.40, WD inkl., Strom keine Angabe.

30013 Cavallino, Venezia — I2730/11

EUROPA-PREIS

[50] ★★★★ »CAMPING CAVALLINO« — März bis Okt.
☎ 041/5301210, 966133, Fax 5304012 80 000 qm
www.baiaholiday.com, info@baiaholiday.com

→ An der Straße nach Punta Sabbioni beschildert. ✉ Via delle Batterie, 164. (GPS: 45°27'24" N / 12°30'02" E).

Ebenes und parzelliertes Wiesengelände unter hohen Pinien. Durch einen Privatweg zweigeteilt. Der ca. 400 m lange Strand ist durch eine Mauer abgegrenzt. Musikveranstaltungen. Ort 5 km entfernt. 500 Touristenplätze.
2007: (HS) 2 P/N inkl. St/N 37.80, weitere P/N 9.–, K/N 3 bis 9 J. 8.–, WD u. Strom inkl. (6 A).

(I 2760)

UMWELT-TOURISMUS-MANIFEST VENETO - CAVALLINO QUALITY CAMPING 2008

PARK & RESORT
CAMPING
LODGING
HOTEL
★★★★ www.unionlido.com

(I 2730/9)

Union Lido Vacanze liegt inmitten der grünen Landzunge von Cavallino, zwischen der wunderschönen Lagune von Venedig und dem Adriatischen Meer.

Geöffnet vom 24. April bis 27. September.

- Venedig und die bezaubernden Laguneninseln sind täglich auf dem Wasserweg (ungefähr 30 Minuten) zu erreichen.
- Geräumige und gepflegte Stellplätze.
- Hochmoderne Sanitäranlagen, auch für Rollstuhlfahrer ausgestattet sowie Baby-rooms für unsere kleinsten Gäste.

BUNGALOWS, MOBILE HOMES, MAXI CARAVANS MIT BESTEM KOMFORT VERSEHEN.

- Hotelzimmer und Hotelapartments in höchster Qualität im Park Hotel, dem einzigen 4 Sterne Hotel am Litorale, mit eigenem Hotelpool, Whirlpool und Minipool für Kinder.
- Gourmet Club Union Lido mit 8 Restaurants und 11 Bars.
- 2 Supermärkte und weitere 20 Geschäfte mit unterschiedlichstem Angebot.
- Exklusiver Sandstrand aus einem Kilometer feinstem Sand als idealer Spielplatz für die Kinder.
- Zwei AQUA PARKS auf einer Fläche von insgesamt 11.000 qm; der Eintrittspreis ist in den Aufenthaltsgebühren inbegriffen!
- Wellnesscenter MARINO WELLNESS CLUB mit Meerblick, eine Oase aus Salzwasser und exklusiven Behandlungen.
- Animationsprogramm und Sportaktivitäten für Kinder und Erwachsene. Tauchschule, Surfschule, Golf Academy, Reiten, Bogenschiessen, Multi-Sport-Bahn. Ausflüge und Fahrten zu unvergesslichen Zielen.

Besuchen Sie uns auf unserer Homepage unter www.unionlido.com um unsere Sonderangebote und Pakete kennen zu lernen, welche preisgünstig und für Ihre Bedürfnisse geschaffen wurden. Beachten Sie unsere Last Minute Angebote... um unschlagbare Gelegenheiten zu entdecken!

NEWS 2008
- Klimaanlagen für unsere Bungalow Lido.
- Erfolg der Beach Card für den Verleih von Sonnenliegen und Sonnenschirmen am Strand bestätigt.
- Security Service des Campingplatzes verstärkt.
- 36 Camping Homes Patio: das Maximum an Technologie auf 40 m² enthüllt einen neuen Lifestyle.
- 200 Stellplätze der Kategorie B und C verfügbar für die Reservierung on-line.

30013 CAVALLINO
VENEZIA - ITALIA
Camping Park & Resort
Tel. Camping +39 041 25 75 111
Tel. Park Hotel +39 041 96 80 43
Telefax +39 041 53 70 355
info@unionlido.com
booking@unionlido.com

✉ **30017 Jesolo Lido,** Venezia **I2740**

 ★★★★★ »CAMPING JESOLO INTERNATIONAL«
☎ 0421/971826, Fax 972561   24.4. bis 30.9.
www.jesolointernational.it, info@jesolointernational.it   105 000 qm

→ Richtung Cavallino, am Meer beim Leuchtturm. ✉ Viale A. Giussano,1. (GPS: 45°29'04" N / 12°35'13" E).

Teilweise parzelliertes Gelände mit hohen Pappeln. In der Nähe vom Leuchtturm, direkt am Meer. Keine Zeltcamper. Kabel-TV. Fitness-Center. Whirlpools. Boccia. Ärztliche Betreuung. Strand-Sportzentrum. Golfschule. Wassersportmöglichkeiten. 550 Touristenplätze.
2008: (HS) P/N 11.–, K/N 1 bis 5 J. 4.–, St/N 25.50, WD inkl., Strom keine Angabe (10 A). In NS Ermäßigung.

✉ **30017 Jesolo-Pineta,** Venezia **I2750/1**

 ★★★★ »CAMPING MALIBU BEACH«   Mai bis September
☎ 0421/362212, Fax 961338,   100 000 qm
www.campingmalibubeach.com, info@campingmalibu.com

→ rechts der Straße Jesolo Lido–Jesolo Pineta. ✉ Viale Oriente, 78.

Ebenes Wiesengelände unter Pinien. Neben einem großen Bungalowdorf. Separater Caravanplatz. Ort 4 km entfernt. 270 Touristenplätze.
2007: P/N 7.75, K/N bis 7 J. 6.30, C MC-St/N 21.20, T-St/N 16.65, KT, WD u. Strom inkl. (6 A).

✉ **30017 Jesolo-Pineta,** Venezia **I2750/2**

 ★★★ »CAMPING WAIKIKI«   30.4. bis 14.9.
☎ 0421/980186, Fax 378040   52 000 qm
www.campingwaikiki.com, info@campingwaikiki.com

→ an der Küstenstraße von Lido di Jesolo nach Cortellazzo gelegen. Beschildert. ✉ Viale Oriente, 144. (GPS: 45°31'27" N / 12°43'19" E).

Ebenes Wiesengelände unter Pinien an der Flussmündung. Teilweise parzelliert. Durch Hecken und Büsche aufgelockert. Breiter Sandstrand. Mindestaufenthalt 2 Nächte. Fitness-Raum. Ort 3 km entfernt. 230 Touristenplätze.
2007: (HS) P/N 6.80, K/N 2 bis 7 J. 4.75, C MC-St/N 18.40, T-St/N 14.55, WD u. Strom inkl. (6 A). In NS Ermäßigung.

✉ **30020 Eraclea Mare,** Venezia **I2760**

 ★★★★ »PORTOFELICE CAMPING VILLAGE«   2.5. bis 16.9.
☎ 0421/66411, Fax 66021   180 000 qm
www.portofelice.it, info@portofelice.it

→ A4 Abf. Noventa di Piave, San Dona di Piave. ✉ Viale dei Fiori, 15. (GPS: 45°33'13" N / 12°45'59" E).

Teils schattenloses Wiesengelände, teils unter Pinien. Kindersanitär. Hydromassage im Bad. Ort 1 km entfernt. 400 Touristenplätze.
2008: (HS) P/N 9.75, K/N 1 bis 5 J. 7.–, St/N 21.50, WD u. Strom inkl. (6 bis 8 A). Ab 22 N Ermäßigung.

30021 Porto S. Margherita bei Caorle — I2770

»CENTRO VACANZE PRA' DELLE TORRI« ★★★★★ (50)
☎ 0421/299063, Fax 299035 — 23.4. bis 27.9.
www.pradelletorri.it, torri@vacanze-natura.it — 270 000 qm
→ SS14, in S. Dona di Piave abbiegen zum Meer. ✉ Viale Altanea, 201.

Parzelliertes, teils schattenloses Wiesengelände mit asphaltierten Hauptwegen. Neben einem Bungalowdorf und Golfplatz. Mindestaufenthalt 2 Nächte. Badelandschaft mit Whirlpool. Mountainbike-Bahn. Boccia. Basketball. Bogenschießen. Ort 3.5 km entfernt. 720 Touristenplätze.
2008: (HS) P/N 9.–, K/N bis 5 J. 6.50, St/N 22.–, WD inkl., Strom keine Angabe. In NS Ermäßigung.

30020 Porto S. Margherita, Venezia — I2775

»CAMPING SAN FRANCESCO« ★★★★
☎ 0421/2982, 299333, Fax 299284 — Mitte April bis Okt.
www.villaggiosfrancesco.com, info@villaggiosfrancesco.com — 350 000 qm
→ A4 Abf. S. Stino di Livenza. Ca. 5 km westlich von Porto S. Margherita.

Ebenes, parzelliertes Wiesengelände mit verschieden Laubbäumen und Büschen. Ca. 500 m langer und 30 m breiter Privatstrand. Whirlpools. Friseur. Arztpraxis. Fitnesscenter. Mindestaufenthalt 2 Nächte. Hunde nur in ausgewiesenen Zonen erlaubt. Ort 5 km entfernt. Touristen-/Dauerstellplätze 900/150.

30020 Bibione Pineda, Venezia — I2780/1

»CAMPING LIDO« ★★★★ (45)
☎ 0431/438480, 447386, Fax 439193 — 8.5. bis 14.9.
www.bibionemare.com, lido@bibionemare.com — 80 000 qm
→ SS14 Venedig–Triest, vor Latisana abbiegen, am Westufer des Tagliamento zum Meer. ✉ Viale dei Ginepri, 115.

Zum Teil naturbelassenes Sand- und Wiesengelände in einem Pinienhain. Teilweise durch Hecken gegliedert. Ort 500 m entfernt. 440 Touristenplätze.
2008: (HS) P/N 8.50, K/N 1 bis 4 J. 3.60, 5 bis 10 J. 5.50, St/N 16.–, Strom keine Angabe. In NS Ermäßigung.

30020 Bibione Pineda, Venezia — I2780/2

»CAMPING VILLAGE CAPALONGA« ★★★★★ (55)
☎ 0431/438351, 447190, Fax 438370 — 24.4. bis 28.9.
www.bibionemare.com, capalonga@bibionemare.com — 180 000 qm
→ SS14 Venedig–Triest, bei Km 82 abbiegen zum Meer. ✉ Viale della Laguna, 16.

Ebenes bis leicht welliges Mischwaldgelände. Zum Teil gärtnerisch gestaltet. Parzelliert auf einer Landzunge zwischen dem Meer und der Lagune. In HS Mindestaufenthalt 7 Nächte. Ort 500 m entfernt. 897 Touristenplätze.
2008: (HS) P/N 10.50, K/N 1 bis 4 J. 5.–, 5 bis 10J. 8.–, St/N 20.– bis 24.–, B/N 8.50 bis 12.–, Strom keine Angabe. In NS Ermäßigung.

30020 Bibione Pineda, Venezia — I2780/3

»CAMPING RESIDENCE IL TRIDENTE« ★★★★ (50) NATURPLATZ — 8.5. bis 14.9.
☎ 0431/439600, 447393, Fax 446245 — 54 000 qm
www.bibionemare.com, tridente@bibionemare.com
→ SS14 Venedig–Triest, bei Km 82 abbiegen zum Meer. Beschildert. ✉ Via Baseleghe, 12.

Ebenes bis leicht welliges und parzelliertes Pinienwaldgelände mit Lichtungen. Größtenteils naturbelassen. Filmvorführungen und Musikveranstaltungen. Suiten. Ort 500 m entfernt. 415 Touristenplätze.
2008: (HS) P/N 10.–, K/N 1 bis 4 J. 4.50, K/N 5 bis 10 J. 6.50, St/N 19.–, Strom keine Angabe. In NS Ermäßigung.

30020 Bibione, Venezia — I2790

»CAMPING INTERNAZIONALE« ★★★★★ (55) — 24.4. bis 28.9.
☎ 0431/442611, Fax 442699, www.vti.it, info@vti.it — 130 000 qm
→ SS14 bei Km 82 abbiegen in Richtung Bibione. Beschildert. ✉ Via delle Colonie, 2. (GPS: 41°12'0" N / 15°01'45" E).

Teils parzelliertes, ebenes Wiesengelände mit halbhohen Pinien, Büschen und Hecken. Teils sandiges Pinienwaldgelände. Breiter Sandstrand. Mindestaufenthalt in NS 3 Tage, in HS 7 Tage. Fitnessraum. Beitrritt zum Platzclub obligatorisch. In HS sehr stark frequentiert, dann Überlastung der Warmwasserversorgung möglich. FW. Ort 100 m entfernt. 288 Touristenplätze.
2008: (HS) P/N 9.70, K/N bis 5 J. 7.30, A/N 5.–, C MC/N 25.–, T/N 6.–, M/N 5.–, B/N 5.–, H/N 7.–, WD inkl., Strom keine Angabe. (10 A). In NS Ermäßigung.

33013 Gemona del Friuli, Friuli/Udine — I2800

»CAMPING AI PIOPPI« ★★★ (30) — 15.3. bis 15.11.
☎/Fax 0432/980358 — 11 000 qm
www.aipioppi.it, bar-camping-taxi@aipioppi.it
→ Westlich des Ortes. Beschildert. Ca. 1 km. ✉ Via Bersaglio, 118. (GPS: 46°17'26" N / 13°07'46" E).

Teilweise schattenloses Wiesengelände. Günstiger Durchgangsplatz. Stellplätze für Moca. Ort 1.4 km entfernt. 50 Touristenplätze.
2008: (HS) P/N 5.50, K/N 5 bis 16 J. 4.50, C-St/N 9.–, MC/N 7.50, T-St/N 5.50, WD u. Strom inkl. (2 bis 5 A). In NS Ermäßigung.
DCC/CCI 5% auf St/N.

(I 2790) **Villaggio Turistico Internazionale** ★★★★
Villen - Camping - Maxi-Caravans - Suiten - Animation
30020 Bibione (VENEZIA) Tel 0431.442611 - Fax 0431.442699 - e-mail: info@vti.it — www.vti.it

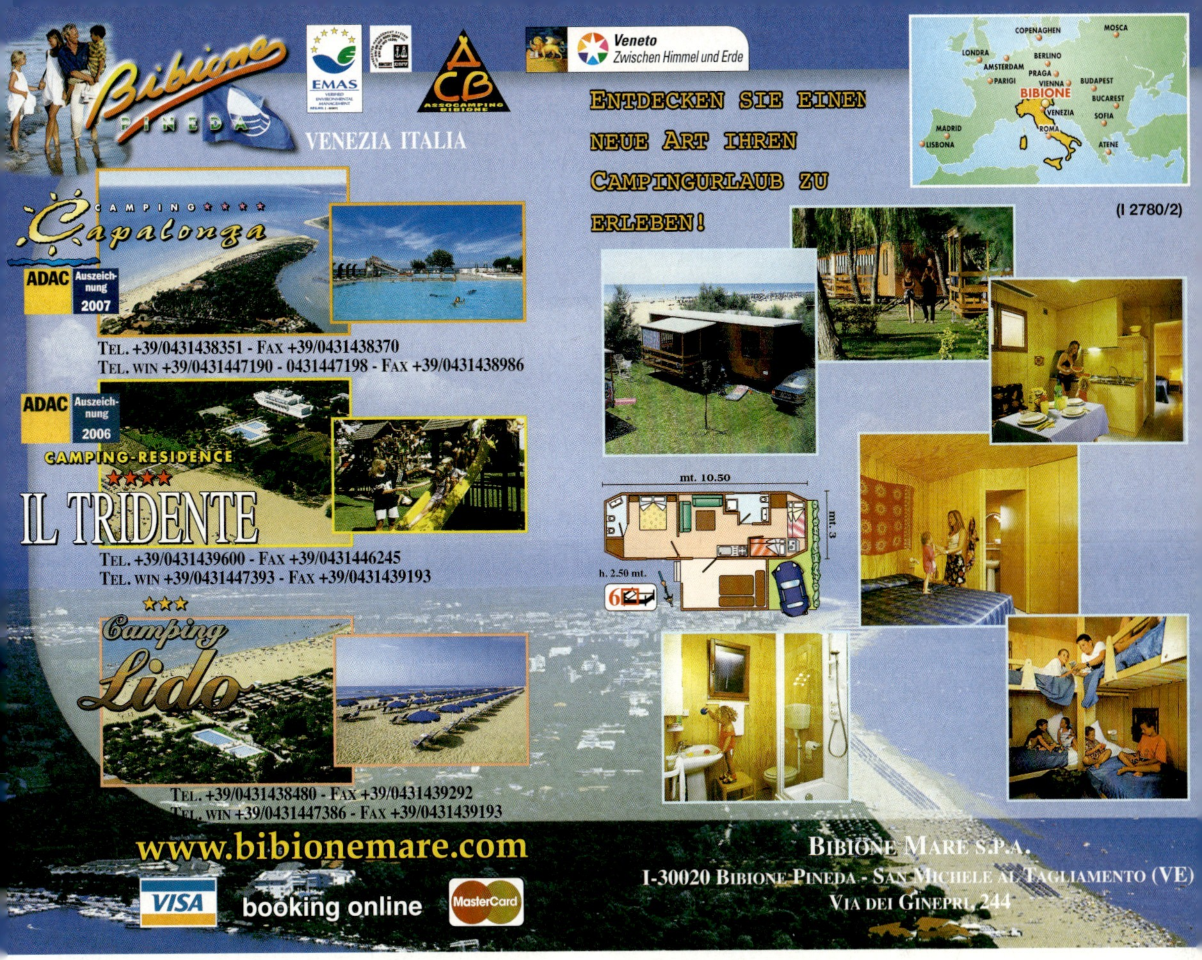

Bibione Pineda — VENEZIA ITALIA

ENTDECKEN SIE EINEN NEUE ART IHREN CAMPINGURLAUB ZU ERLEBEN!

(I 2780/2)

CAMPING Capalonga ★★★★
ADAC Auszeichnung 2007
Tel. +39/0431438351 - Fax +39/0431438370
Tel. win +39/0431447190 - 0431447198 - Fax +39/0431438986

CAMPING-RESIDENCE IL TRIDENTE ★★★★
ADAC Auszeichnung 2006
Tel. +39/0431439600 - Fax +39/0431446245
Tel. win +39/0431447393 - Fax +39/0431439193

Camping Lido ★★★
Tel. +39/0431438480 - Fax +39/0431439292
Tel. win +39/0431447386 - Fax +39/0431439193

www.bibionemare.com — booking online — VISA — MasterCard

Bibione Mare S.p.A.
I-30020 Bibione Pineda - San Michele al Tagliamento (VE)
Via dei Ginepri, 244

DCC-Vertragsplatz
✉ **33054 Lignano**, Friuli/Udine — **I 2820/1**

[45] ★★★★ »CAMPING SABBIADORO« — 15.3. bis 28.9. — 130 000 qm
☎ 0431/71455, 71710, Fax 721255
www.campingsabbiadoro.it, campsab@lignano.it

→ A4 Venedig (Mestre)–Triest Abf. Latisana in Richtung Meer. Der Beschilderung vor Lignano folgen. ✉ Via Sabbiadoro, 8.

Zweigeteiltes Gelände unter Bäumen. Durch Hecken und Sträucher parzellierte Stellflächen. Hydromassage. Fitness-Center. Ort 500 m entfernt. In HS 3 N Mindestaufenthalt. 1200 Touristenplätze.
2007: (HS) P/N 9.–, K/N bis 12 J. 5.–, St/N 15.50, H/N (NS) 2.–, WD inkl., Strom/N 1.– (5 A). In NS Ermäßigung.
DCC 10% auf P/N, CCI 15% auf P/N.

Anzeige S. 754

Noch kein DCC-Mitglied?
Sie wollen »eines« werden und die vielen Vorteile genießen – Anmeldeformular finden Sie in der Kartentasche am Ende des Buches.

Bis bald – wir freuen uns auf Sie!
Ihr DCC-Team

✉ **33054 Lignano**, Friuli/Udine — **I 2820/2**

[50] ★★★ »CAMPING PINO MARE« — 19.4. bis Sept. — 160 000 qm
☎ 0431/424424, Fax 424427
www.campingpinomare.it, pinomare@sil-lignano.net

→ Ortseingang Lignano rechts nach Pineta zum Strand, gut beschildert.
✉ Lungomare Riccardo Riva, 15. (GPS: 45°38'56" N / 13°06'02" E).

Welliges Sand- und Wiesengelände mit Pinien an der Mündung des Tagliamento. Gegen den Strand hohe Betonmauer. Ort 1.5 km entfernt. 1022 Touristenplätze.
2008: P/N 9.20, K/N 3 bis 8 J. 6.20, A/N 7.40, C MC T-St/N 21.80, M/N 5.50, B/N 7.40, H/N 3.70, WD inkl., Strom keine Angabe.
DCC/CCI 10% auf P/N.

DCC-Vertragsplatz
✉ **33051 Aquileia**, Friuli/Udine — **I 2830**

[35] ★★★ »CAMPING AQUILEIA« — 15.5. bis 15.9. — 32 000 qm
☎ 0431/91042, Fax 919583
www.campingaquileia.it, info@campingaquileia.it

→ Str. Cervignano–Grado in Aquileia abbiegen nach Gorizia–Triest, nach 400 m rechts. ✉ Via Gemina, 10.

Parkähnliches Wiesengelände mit alten Bäumen. Ort 500 m entfernt. 140 Touristenplätze.
2007: (HS) P/N 6.90, K/N 3 bis 12 J. 4.50, St/N 10.20, H/N 4.50, WD u. Strom inkl. (3 A).
DCC/CCI 10% auf P/N.

753

CAMPING SABBIADORO

Via Sabbiadoro, 8 • I-33054 LIGNANO SABBIADORO (UDINE) • Tel. 0039/043171455-043171710
Fax 0039/0431721355 • E-mail: campsab@lignano.it

(I 2820/1)

Idealer Campingplatz für Familien. 13 Hektar Pinienwald und schattiger Park mit getrennten Stellplätzen m TV Sat und Internetanschluß. **Privatstrand für Kinde besonders geeignet. Neuer Wellness- und Fitnessbereich Neues geheiztes Sprudelbecken mit Unterwassermassag und Wasserspielen und neu überdachtes und geheizte Kinderbecken mit Rutsche. Neuer Erlebnis Kinderspielplatz. Internet Point.**

Mobilheime: Bequem wie zu Hause in der Freiheit de Campingplatzes. Komplett eingerichtet.

centro vacanze ALBATROS

Via Sabbiadoro, 1 • C.P. 6
I-33054 LIGNANO SABBIADORO (UD
Tel. 0039/043171508-70077-72017
Fax 0039/043172045
E-mail: albatros@lignano.
www.albatroslignano.

Angrenzendes Feriendorf m Bungalows, Ferienwohnungen un Miniappartamente in absolut ruhiger Lage, mitten in Gr nen und doch wenige Schritte vom Stadtzentrum entfern

www.campingsabbiadoro.it

DCC-Vertragsplatz

✉ **33051 Belvedere di Grado**, Friuli/Udine I 2840

50 ★★★★ »CAMPING BELVEDERE PINETA« 26.4. bis 30.9.
☎ 0431/91007, Fax 918641 500 000 qm
www.belvederepineta.it, info@belvederepineta.it

→ ca. 1 km vor dem Damm nach Grado links abbiegen.
(GPS: 45°43'43" N / 13°24'03")

⬢■◆ H ✦ Ⓓ ≋ ≋ ◯◯◯ 🔌 🚿W 🚾W 🚻W ♿ 🏖 W 🛁W 📺 🖥 🛒 🍳 🛻 🍽 🍴 ⛺ ⛺HS 🎾HS 🚣 🌊
⚽ 🛶 🎾 🎣 🛵 🚲 🏕 🚻 🛶 ⛵ 🏇 🚤
☀ ⛵ 🚶150m Ⓗ800m

Weitläufiges, parkartiges Gelände unter Pinien in einem Naturpark. An der Lagune durch Zaun und Straße vom Strand getrennt. Privatstrand. Kiosk. Strandbar. Miniclub. Ort 5 km entfernt. Touristen-/Dauerstellplätze 851/50.
2007: (HS) P/N 8.50, K/N 2 bis 10 J. 6.30, St/N 20.–, H/N 7.20, WD u. Strom inkl. (4/6 A). In NS Ermäßigung.
DCC 10% auf P/N.

✉ **34073 Grado**, Friuli/Gorizia I 2850/1

55 ★★★★ »CAMPING TENUTA PRIMERO« 1.5. bis 21.9.
☎ 0431/896900, Fax 896901 200 000 qm
www.tenuta-primero.com, info@tenuta-primero.com

→ An der Straße Monfalcone–Grado. Beschildert. ✉ Via Monfalcone 14.

⬢■◆ H ✦ 🐕 Ⓓ ≋ ≋ ◯◯◯ 🔌 🚿W 🚾W ♿ 🏖 W 🛁W 📺 🖥 🛒 🍳 🛻 🍽 🍴 ⛺ ⛺HS 🎾HS 🚣 🌊W 🌊W
⚽ 🎾 🎣 🛵 🛶 🚲 ⛵ 🏇 🚤 🛶 Ⓗ500m

Wiesengelände unter Pappeln am Sandstrand. Grillhütte. Physiotherapie am Platz. Boccia. Wäscherei. Ort 5 km entfernt. Touristen-/Dauerstellplätze 690/200.
2008: (HS) P/N 11.–, K/N 3 bis 11 J. 7.–, J/N 9.–, St/N 18.–, B/N 8.–, WD inkl., Strom keine Angabe. In NS Ermäßigung.
CCI 10% auf P/N.

✉ **34073 Grado**, Friuli/Gorizia I 2850/2

50 ★★★★ »VILLAGGIO TURISTICO EUROPA« 25.4. bis 28.9.
☎ 431/80877, Fax 82284 220 000 qm
www.villaggioeuropa.com, info@villaggioeuropa.com

→ An der Straße Monfalcone–Grado. Beschildert. ✉ Via Monfalcone, 12.
(GPS: 45°41'48" N / 13°27'19" E).

⬢■◆ H ✦ Ⓓ ≋ ≋ ◯◯◯ 🔌 🚿W 🚾W 🚻W ♿ 🏖 W 🛁W 📺 🖥 🛒 🍳 🛻 🍽 🍴 ⛺HS 🎾HS
🛶 🌊W ⛵W ⚽ 🎣 🏸 🎾 🛶 🌊 🚤 🏇 🚣 🚵 Ⓗ500m 🅿5km

Anzeige S. 756

Teils Pinienwald- und teils Wiesengelände mit Pappeln. Für Platzteil im Pinienwald separate Pkw-Abstellung. In Strandnähe naturbelassen. Ort 5 km entfernt. Touristen-/Dauerstellplätze 450/150.
2008: (HS) P/N 10.–, K/N 3 bis 11 J. 6.50, J/N 12 bis 16 J. 9.–, St/N 18.50, M/N 3.50, B/N 7.–, H/N 6.–, WD u. Strom inkl. (4-8 A). In NS Ermäßigung.

✉ **34073 Grado**, Friuli/Gorizia I 2850/3

★★★★ »CAMPING PUNTA SPIN« März bis Sept.
☎ 0431/80732, Fax 83530 150 000 qm
www.puntaspin.it, info@puntaspin.it

→ an der Straße Grado-Monfalcone. ✉ Monfalcone, 10.

⬢■◆ H ✦ Ⓓ ≋ ≋ ◯◯◯ 🔌 🚿W 🚾W 🏖 ♿ 🏖 W 🛁W 📺 🖥 🛒 🍳 🛻 🍽 ⛺HS 🍴 ⛺HS 🎾HS
🏓 🛶 🌊W ⛵W 🎾 ⚽ 🎣 🏸 🛶 🌊 🚤 🚣 🏇 🚵
🛻 🏕 🛶 🅿4km

Ebenes, teilweise leicht welliges Sand- u. Wiesengelände. Von einem Pinienstreifen durchzogen am Meer. Teilweise separate PKW-Abstellung. Ort 4 km entfernt. Touristen-/Dauerstellplätze 220/270.

DCC – DEIN PARTNER!

34073 Grado, Friuli/Gorizia — I 2850/4

★★★ »CAMPING ISOLA DEL PARADISO« — 25.4. bis Sept.
☎ 0431/82061, Fax 876900, 50 000 qm
www.grado.it, isoladelparadiso@grado.it

→ AB-Abf. Palmanova, SS 352 Richtung Grado. Nach Aquileia 4 km in Richtung Grado, neben dem Restaurant „Da Piero" in Grado-Belvedere.

Ebenes und parzelliertes Wiesengelände unter Bäumen. Auf einer kleinen Insel (durch eine Privatstraße mit dem Festland verbunden) mit eigenem Strand und Marina. Ort 400 m entfernt. Touristen-/Dauerstellplätze 130/130.
2008: (HS) P/N 9.–, K/N 3 bis 12 J. 6.50, St/N 13.–, B/N 6.–, H/N 6.50, WD u. Strom inkl. In NS Ermäßigung.

34019 Sistiana, Friuli/Trieste — I 2870

★★★ »CAMPING MARE PINETA-BAIA SISTIANA« — 15.3. bis 20.10.
☎ 040/299264, Fax 299265 108 000 qm
www.baiaholiday.com, info@marepineta.com

→ A 4 Venedig–Triest Abf. Duino Richtung Sistiana. ✉ Sistiana 60/d. (GPS: 45°46'04" N / 13°37'41" E).

Pinienwaldgelände 60 m über dem Meer. Stündlich Bus zum Strand (gratis). Tauchschule. Volley- u. Basketball. Tischfussball. Strand 600 m, Ort 1 km entfernt. Touristen-/Dauerstellplätze 350/140.
2007: (HS) 2 P/N inkl. St/N 29.– bis 40.–, weitere P/N 8.10, K/N 3 bis 9 J. 6.60, H/N 7.–, WD u. Strom inkl. (3-5 A). In NS Ermäßigung.

34011 Aurisina, Friuli/Trieste — I 2880

★★★ »CAMPING IMPERIAL« — 1.6. bis 30.9.
☎/Fax 040/200459 12 000 qm
www.campingimperialcarso.it, campimperial@libero.it

→ direkt an der Straße Sistiana–Aurisina. ✉ Aurisina - Cave, 55.

Terrassiertes Wiesengelände unter Bäumen. Halbstündlicher Bus zum Meer. Ort 1.5 km entfernt. 35 Touristenplätze.
2007: (HS) P/N 6.50, K/N 3 bis 12 J. 4.50, A/N 7.50, C T/N 5.–, MC/N 12.–, M/N 5.–, B/N 3.–, H/N 2.–, WD inkl., Strom/N 1.50 (2 A). DCC in NS ab 3 Nächten 15% Ermäßigung.

34151 Villa Opicina-Trieste, Friuli/Trieste — I 2900

★★★ »OBELISCO CAMP. CLUB TRIESTE« — 1.1. bis 31.12.
☎/Fax 040/212744 25 000 qm
www.campeggiobelisco.it, campeggioclubtrieste@tin.it

→ 200 m von der SS 202. Zufahrt für Caravan schwierig. ✉ Strada Nuova per Opicina, 37.

Terrassierte Anlage am Berghang über der Stadt. Zentrum 6 km entfernt. Touristen-/Dauerstellplätze 30/120.
2007: (HS) P/N 4.50, K/N bis 10 J. 2.50, A/N 2.50, C/N 4.50, MC/N 6.–, T/N 3.–, M/N 2.–, H/N 2.20, WD inkl., Strom/kWh 1.80. In NS Ermäßigung.
CCI 10% auf P/N.

Wegen oft wechselnden Größenangaben für die einzelnen Stellparzellen durch die Platzhalter veröffentlicht der DCC nur noch die Camping-Gesamtfläche in qm und den Hinweis »parzelliert« oder »unparzelliert«.

10% Rabatt für CCI Inhaber
Frühbucher-Rabatt 10%
nur unsere Dienste nicht für Personen und Stellplatz

In Grado, der vollendeste Campingplatz an der Adria. **Tenuta Primero** lädt Sie in einen außerordentlichen Naturkontext zu einem Aufenthalt mit viel Unterhaltung, Komfort und italienischer Küche ein.

- 900 schattige Zeltplätze
- 40 Bungalows
- 10 Suiten mit Blick auf Golf und Marina
- 3 Restaurants Take away/Gourmet
- 6 Cafés/Discos/Pubs
- 2 Schwimmbecken
- 580 Bootsanlegestellen
- 27-Loch-Golfplatz
- 1000 Meter Strand
- Sportausstattungen
- Direkt am Meer

(I 2850/1)

TENUTA PRIMERO
Holiday and sport Club

Grado/Italia – Tel. +39 0431 896900
tenuta-primero.com

Villaggio Turistico EUROPA

**VILLAGGIO TURISTICO
CAMPING EUROPA** (I 2850/2)
I-34073 GRADO (GORIZIA)
Tel. 0039/043180877-043182284
Fax 0039/043182284
Http: www.villaggioeuropa.com
E-mail: info@villaggioeuropa.com

**NEUE EINGERICHTETE STELLPLÄTZE
NEUE SANITÄRANLAGEN**

AQUAPARK

Der Platz liegt in einem Park von 200.000 qm und verfügt über einen Privatstrand an der Adria sowie über einen beheizten Aquapark. Bungalows, Chalets, Maxi Caravans und Villini stehen zur Verfügung. Zur Anlage gehören Restaurant, Pizzeria, Self Service, Bar, Supermarkt, Eisdiele sowie Sportanlagen für Tennis, Fußball, Volleyball, Schwimmbad am Meer und ein Bootsanlegeplatz. Animation. Es werden Ausflüge organisiert. Verlangen Sie bitte unseren Prospekt und Dvd.

**10% Rabatt in April, Mai und September bei Mindestauf. auf dem Campingplatz von 10 Tagen.
10% Rabatt in Bungalows (im gleichen Zeitraum) bei Mindestaufenthalten von 14 Tagen.**

✉ **18019 Vallecrosia,** Imperia   I 3000

40 ★★★ »CAMPING VALLECROSIA«   Ostern bis 31.9.
☎/Fax 0184/295591   www.campingvallecrosia.it   4000 qm
→ Im Ort nach der SS1 meerwärts abbiegen. Beschildert. ✉ Lungomare Marconi, 149.

Gepflegte, parzellierte und zweistufige Anlage am Strand. Neben einer Gärtnerei. Zum Kiesstrand über eine Straße. Ort 300 m entfernt. 55 Touristenplätze.
2007: (HS) P/N 9.–, K/N bis 6 J. 6.–, St/N 10.50, H/N (NS) 3.–, WD inkl., Strom/N 3.–.

✉ **18038 San Remo,** Imperia   I 3010

55 ★★★★ »CAMPING VILLAGGIO DEI FIORI«   1.1. bis 31.12.
☎ 0184/660635, Fax 662377   33000 qm
www.villaggiodeifiori.it, info@villaggiodeifiori.it
→ A10/E 80 Genua–Monaco Abf. San Remo-West auf die SS 1 zum westl. Stadtrand. Dort meerwärts abbiegen. ✉ Via Tiro a Volo, 3. (GPS: 43°48'07" N / 07°44'92" E).

Ebenes gepflastertes Gelände, teilweise unter Bäumen und Weinlauben. Platz unterhalb der Straße am Meer. Platzeigenes Motorboot. Zentrum 2.5 km entfernt. Touristen-/Dauerstellplätze 200/10.
2008: (HS) 4 P/N inkl. St/N 28.– bis 58.–, K/N bis 2 J. frei, WD inkl., Strom/N 2.– (3 A). In NS Ermäßigung.

✉ **18100 Porto Maurizio-Imperia,** Imperia   I 3020

★★★ »CAMPING DE WIJNSTOK«   1.1. bis 31.12.
☎/Fax 0184/64986   10000 qm
www.campingdewijnstok.com, info@campingdewijnstok.com
→ An der SS 1 San Remo–Savona. ✉ Via Poggi, 2.

Parzelliertes Gelände unter Eukalyptus- und Laubbäumen. Pizzeria. Zum Strand durch eine Straßenunterführung. Ort 1.5 km entfernt. Touristen-/Dauerstellplätze 50/50.

✉ **18100 Imperia,** Imperia   I 3023

30 ★★ »CAMPING EUCALYPTUS«   1.1. bis 31.12.
☎/Fax 0183/61534   7500 qm
www.campingeucalyptus.com, info@campineucalyptus.com
→ AB-Abf. Imperia-Ovest, nach 300 m. ✉ G. d'Annunzio 32.

Wiesengelände mit Eukalyptus-, Zitronen- und Orangenbäumen. Teilweise terrassiert. Übernachtungsplatz. 100 Touristenplätze.
2008: (HS) P/N 7.–, K/N 3 bis 10 J. 6.–, A/N 2.–, C MC/N 6.–, T/N 5.–, M/N 1.50, H/N 1.50, WD inkl., Strom/N 1.50 (3 A). In NS bis 40% Ermäßigung.

✉ **18016 S. Bartolomeo al Mare,** Imperia   I 3030

45 ★★★ »CAMPING ROSA«   1.1. bis 31.12.
☎ 0183/400473, Fax 400475   15000 qm
www.campingrosa.it, info@campingrosa.it
→ A10 Abf. S. Bartolomeo al Mare. Via Aurelia (SS1) bei der Brücke über die Steria bergwärts abbiegen, ca. 200 m. ✉ Via al Santuario, 8.

Wiesengelände am Meer mit Eukalyptus- und Olivenbäumen. Imbiss. Fitnessraum. Spielraum (Video-Games). Whirlpool. FW. Ort 200 m entfernt. Touristen-/Dauerstellplätze 30/120.
2007: (HS) 4 P/N inkl. St/N 42.–, WD zuzügl., Strom keine Angabe (6 A). In NS Ermäßigung.

18010 Cervo, Imperia — I3040

★★★★ »CAMPING LINO« — März bis Okt.
☎ 0183/400087, Fax 400089 — 11 000 qm
www.campinglino.de, www.campinglino.com, info@campinglino.it

→ Via Aurelia (SS1) bei Km 637.5 zum Meer abbiegen oder AB-Abf. S. Bartolomeo al Mare. Mocas nur bis max. 3.30 m Höhe! (GPS: 43°55'26" N / 08°06'30" E).

Parzelliertes Gelände mit Blumenrabatten unter Weinlauben. Von Büschen und Hecken durchzogen. Bademöglichkeit für Kinder in einer seichten Lagune. Appartments. Sat-Anschluss. Hundedusche. FW. Ort 300 m entfernt. Touristen-/Dauerstellplätze 90/12.

17031 Albenga, Savona — I3100/1

★★★ »CAMPING DELFINO« — Ostern bis 30.9.
☎ 0182/51998, Fax 555085 — 17 000 qm
www.campingdelfino.it, info@campingdelfino.it

→ Von der SS1 beschilderte Abfahrt. ✉ Via Aurelia, 22.

In Reihen angelegtes, ebenes Gelände unter Weinlauben und Schattendächern. Zwischen Straße und Eisenbahn. Strandzugang durch Bahnunterführung. Ort 500 m entfernt. Touristen-/Dauerstellplätze 165/30.
2007: 4 P/N inkl. St/N 45.–, weitere P/N 7.50, WD –.50, Strom keine Angabe.

17031 Albenga, Savona — I3100/2

★★ »PARCO VACANZE SOLE« — April bis Sept.
☎ 0182/51957, 555175, Fax 51719 — 4600 qm
www.residencesole.it, info@residencesole.it

→ südlich des Ortes zwischen einem Bahndamm und dem Meer. ✉ Via Michelangelo, 16.

Ebenes Gelände am Meer unter Schattendächern. Privatstrand. FW. Ort 500 m entfernt. Touristen-/Dauerstellplätze 26/20.

17031 Albenga, Savona — I3100/3

★★★ »CAMPING ROMA« — 1.4. bis 30.9.
☎ 0182/52317, Fax 555075 — 10 000 qm
www.campingroma.it, info@campingroma.com

→ im Ort an der linken Seite des Flusses Centa bis zur Mündung. Beschildert. ✉ Reg. Foce, 5. (GPS: 44°02'589" N / 08°13'423" E).

Gepflegter Platz mit Blumenrabatten und lockerem Baumbestand. Über die Uferstraße zum Privatstrand. In HS separate Pkw-Abstellung. Volleyball. Boccia. Ort 1 km entfernt. Touristen-/Dauerstellplätze 68/40.
2007: (HS) P/N 7.–, K/N 2 bis 6 J. 4.50, St/N 19.–, T-St/N 9.50, WD zuzügl., Strom inkl. (4 A). In NS Ermäßigung.

17031 Albenga, Savona — I3100/4

★★★ »CAMPING GREEN VILLAGE« — 20.3. bis 28.5.
☎ 0182/559248, Fax 554396 — 18 000 qm
www.greenvillagealbenga.it, greenvillage@greenvillagealbenga.it

→ von Ortsmitte bis zur Q8-Tankstelle, hier meerwärts abbiegen. Beschildert. ✉ Viale Che Guevara, 17.

Ebenes Gelände mit Laubbäumen. Durch die Uferstrasse vom Privatstrand getrennt. Ort 500 m entfernt. Touristen-/Dauerstellplätze 40/120.
2007: P/N 7.–, K/N bis 4 J. frei, A/N 6.–, C MC-St/N 22.–, M/N 4.–, B/N 6.–, WD zuzügl., Strom inkl. (6 A).

17038 Villanova d'Albenga, Savona — I3110

★★★ »CAMPING C'ERA UNA VOLTA« — April bis Sept.
☎ 0182/580461, Fax 582871 — 130 000 qm
www.campingceraunavolta.it, info@villaggioceraunavolta.it

→ SS1 Savona–Impéria, in Albenga Richtung Villanova abbiegen.

An einem Hügel terrassiertes und parzelliertes Wiesengelände. Mit lockerem verschiedenartigen Baumbestand. In der Nähe eines Sportflughafens. Whirlpool. Reiten 1 km, Ort 2.5 km entfernt. Touristen-/Dauerstellplätze 161/8.

17031 Siamo in Albenga, Savona — I3120

★★★ »CAMPING LA PINETA« — 1.1. bis 31.12.
☎ 0182/20493, Fax 589797 — 19 000 qm
www.lapinetavacanze.it, lapinetacamping@libero.it

→ AB-Abf. Albenga in Richtung Garessio, nach ca. 3 km rechts abbiegen. Beschildert. ✉ Reg. Roberti, 17 - Salea. (GPS: 44°04'52" N / 08°10'22" E).

Terrassiertes Gelände unter Pinien mit hartem Boden. Nur kleine Hunde erlaubt. Fitnessraum. Motorradverleih. Ort 500 m, Meer 5 km entfernt. Touristen-/Dauerstellplätze 14/85.
2008: (HS) 3 P/N inkl. St/N 40.–, K/N bis 2 J. frei, B/N 6.50, WD –.20, Strom/N inkl. (3 A). In NS Ermäßigung.
DCC/CCI 10% auf P/N.

17023 Ceriale, Savona — I3130

★★★★ »CAMPING BACICCIA« — 1.1. bis 31.12.
☎ 0182/990743, Fax 993839 — 12 000 qm
www.campingbaciccia.it, info@campingbaciccia.it

→ Via Aurelia (SS1) bei Km 612.5 bergwärts, ca. 200 m. ✉ Via Torino,19. (GPS: 44°04'53" N / 08°13'02" E).

Ebenes und parzelliertes Wiesengelände mit Pappeln und tropischen Pflanzen. Ort 1 km entfernt. Touristen-/Dauerstellplätze 135/10.
2007: (HS) P/N 8.–, K/N bis 2 J. frei, St/N 16.–, H/N 4.–, KT, WD u. Strom inkl. (6 A). In NS 10-30% Ermäßigung.
CCI 5% bis 15% auf St/N.

17027 Pietra Ligure, Savona — I3140/1

★★★ »CAMPING PIAN DEI BOSCHI« — 1.1. bis 31.12.
☎/Fax 019/625425 — 40 000 qm
www.piandeiboschi.it, info@piandeiboschi.it

→ A10 Imperia–Genua Abf. Pietra Ligure. Beschildert. ✉ Via Ponti, 1.

Wiesengelände mit Laubbäumen und Pinien. Spielraum. Meer 700 m, Ort 1 km entfernt. Touristen-/Dauerstellplätze 200/40.

17027 Pietra Ligure, Savona — I3140/2

★★ »CAMPING DEI FIORI« — Dez. bis Sept.
☎/Fax 019/625636, ☎ Wi 625260 — 20m — 25 000 qm
www.campingdeifiori.it, info@campingdeifiori.it

→ A10 Imperia–Genua Abf. Pietra Ligure. Im Ort beschildert. ✉ Viale Riviera, 15.

Gelände unter Laubbäumen und Pinien. Meer 550 m, Ort 1 km entfernt. Touristen-/Dauerstellplätze 40/162.

DCC – DEIN PARTNER!

17024 Finale Ligure, Savona — I3150

★★★ »EUROCAMPING CALVISIO« — Ostern bis Nov.
☎ 019/601240, 600491, Fax 60124 — 20 000 qm
www.eurocampingcalvisio.it, eurocampingcalvisio@libero.it
→ im Ort in Richtung Calvisio abbiegen, noch ca. 1 km. ✉ Via Calvisio, 37.

Ebenes und überwiegend schattenloses Wiesengelände. Teilweise terrassiert. Mit verschiedenen Baumarten aufgelockert. FW. Whirlpool. Ort 1.5 km entfernt. Touristen-/Dauerstellplätze 80/50.

17029 Varigotti, Savona — I3160

★★★★ »CAMPING SAN MARTINO« — 1.1. bis 31.12.
☎/Fax 019/698250 — 60 000 qm
www.campingsanmartino.it, campingsanmartino@campingsanmartino.it
→ A10 Imperia–Genua Abf. Spotorno nach Le Marie. Beschildert. Die Beschilderung in Finale Ligure (SS1 ca. 5 km hinter Finale Ligure) ist eng und kurvig und daher nicht zu empfehlen.

Teils ebenes und terrassiertes, teils naturbelassenes und welliges Wiesengelände. Mit verschiedenartigem Baumbestand und von Hecken durchzogen. Ort 5 km entfernt. Touristen-/Dauerstellplätze 57/100.

17028 Spotorno, Savona — I3170

★★ »CAMPING LEO« — März bis Okt.
☎/Fax 019/745184 — 8 000 qm
www.campingleo.it, info@campingleo.it
→ A10 Imperia–Genua, Autostrada Dei Fiori, Abf. Spotorno. Beschildert.

Ebenes Wiesengelände mit Obstbäumen. Von Mauern umgeben. Ort 200 m entfernt. Touristen-/Dauerstellplätze 50/40.

17040 Stella San Giovanni, Savona — I3190

★★★ »CAMPING DOLCE VITA« — April bis Sept.
☎/Fax 019/703269 — 10 000 qm
www.campingdolcevita.it, campingdolcevita@libero.it
→ SS334 zwischen Albisola und Sassello, ca. 100 m neben der Straße. ✉ Rio Basco, 46.

Teils ebenes Wiesengelände mit verschiedenen Baumarten, teils Pinienwaldgelände in einem kleinen Tal. Ort 5 km entfernt. Touristen-/Dauerstellplätze 50/40.

16158 Genova Vesima, Genova — I3300

★★ »CARAVAN PARK LA VESIMA« — 1.1. bis 31.12.
☎ 010/6199672, Fax 6199686 — 17 000 qm
www.caravanparklavesima.it, info@caravanparklavesima.it
→ A 26 Abf. Genua/Voltri bis ca. 1 km vor Arenzano. ✉ Via Rubens 50 R. (GPS: 44°24'52" N / 08°42'17" E).

Ebenes Gelände mit verschiedenartigen Bäumen. Günstig für Besuch von Genua. Zum Strand durch eine Eisenbahnunterführung. 160 Touristenplätze.
2007 (HS): P/N 8.80, K/N bis 5 J. 4.–, A/N 6.80, C MC T/N 13.50, M/N 4.–, WD –.50, Strom inkl. (3 A). In NS Ermäßigung.

16156 Genova-Pegli, Genova — I3310

★★★ »CAMPING VILLA DORIA« — 31.1. bis 29.12.
☎/Fax 010/6969600 — 4500 qm
www.camping.it/liguria/villadoria, villadoria@camping.it
→ Via Aurelia, beim Grand Hotel Mediterrane bergwärts abbiegen durch eine Unterführung (Achtung nur 3 m Höhe!). ✉ Via al Camp. Villa Doria, 15.

Schmaler, langgestreckter Wiesenstreifen mit hohen Laubbäumen. In einem Taleinschnitt. Separate Pkw-Abstellung. Parzellierte Stellflächen. Ort 1 km entfernt. 46 Touristenplätze.
2008: P/N 9.–, K/N bis 6 bis 12 J. 4.50, A/N 3.–, C MC T/N 9.– bis 12.–, M/N 2.–, Strom keine Angabe (3 bis 10 A).

(I 3330/1)
Ermässigte Preise in der Nachsaison

Der Camping Miraflores ist wunderbar gelegen in einer grünen Umgebung, 2000 m vom Meer und 200 m von der A12 entfernt. Der Campingplatz ist der perfekte Ausgangspunkt für die "Cinque Terre" Besichtigung. Der Campingplatz verfügt über Bar, Bazar, Restaurant, Pizzeria, Schwimmbad, Internet Point, Spielplatz und hat ausserdem vertragsgebundene Preise mit den angrenzenden Gemeindeschwimmbäder. Renovierte Sanitäranlagen. **Mobilheime zu vermieten für 2 bis 6 Personen.**

Via Savagna 10 • I-16035 RAPALLO (GENOVA)
Tel. und Fax 0039/0185263000 • Http: www.campingmiraflores.it
E-mail: camping.miraflores@libero.it

16032 Bogliasco, Genova — I3320

★★★ »CAMPING GENOVA EST« — 15.3. bis 15.10.
☎/Fax 010/3472053 — 120 m — 12 000 qm
www.camping-genova-est.it, info@camping-genova-est.it
→ A7 Mailand–Genua, vor Genua auf die A12 in Richtung La Spezia. Hier Abf. Genova/Mervi. Beschildert. ✉ Loc. Cassa, Via Marconi. (GPS: 44°22'508" N / 09°04'20,3" E).

Terrassiertes Wiesengelände unter Bäumen. Eigener Busservice. Ort 1.5 km entfernt. 60 Touristenplätze.
2008: (HS) P/N 6.10, K/N 3 bis 10 J. 4.20, A/N 3.50, C/N 6.90, MC/N 9.20, T/N 5.90, M/N 2.90, WD inkl., Strom/N 2.30.
DCC 5% auf P/N.

16035 Rapallo, Genova — I3330/1

★★★ »CAMPING MIRAFLORES« — 1.1. bis 31.12.
☎/Fax 0185/263000 — 9 000 qm
www.campingmiraflores.it, camping.miraflores@libero.it
→ bei der AB–Einfahrt in Richtung Genua. ✉ Via Savagna, 10.

Terrassenplatz mit Obstbäumen. Ort 1 km, Schwimmen 1,5 km entfernt. Touristen-/Dauerstellplätze 95/15.
2007 (HS): P/N 6.–, K/N 2 bis 9 J. 3.–, C MC T-St/N 11.50, B/N 8.–, WD zuzügl., Strom/N 1.80 (3-6 A).

16035 Rapallo, Genova — I3330/2

★★★ »CAMPING RAPALLO« — 1.3. bis 31.12.
☎/Fax 0185/262018 — 12 000 qm
www.campingrapallo.it, campingrapallo@libero.it
→ A12/E 80 Genua–La Spezia Abf. Rapallo. ✉ Via S. Lazzaro, 4/d.

Parzelliertes und ebenes Wiesengelände mit Laubbäumen. TV im Café. Ort 2 km entfernt. Touristen-/Dauerstellplätze 120/26.
2007: (HS) P/N 6.50, K/N 3 bis 10 J. 3.–, C MC-St/N 11.50, T-St/N 9.– bis 11.50, WD inkl., Strom keine Angabe (4 A).

16039 Sestri Levante, Genova — I3340

★★★ »CAMPING FOSSA LUPARA« — 1.1. bis 31.12.
☎/Fax 0185/43992 — 12 500 qm
→ Via Costa neben der Autobahn. ✉ Via Costa, 31.

Terrassengelände. Im August kostenloser Busservice zum Strand. Ort 1 km entfernt. Touristen-/Dauerstellplätze 30/100.

SONDERANGEBOT 2008
2 PERSONEN + STELLPLATZ + STROM:
15,00 € PRO TAG
VOM 01.01. BIS ZUM 31.03.
VOM 16.04. BIS ZUM 31.05. UND
VOM 15.09. BIS ZUM 30.10.

Camping - Villaggio Turistico
ARENELLA

Loc. Arenella • I-19013 DEIVA MARINA (SP)
Tel. 0039/0187825259 • Tel. Winter 0039/0187825234
Fax 0039/0187826884 • Fax Winter 0039/0187815861
info@campingarenella.it • www.campingarenella.it

Der Campingplatz liegt in einem malerischen, ruhigen Tal ca. 1,5 km vom Meer entfernt. Er bietet seinen Gästen alle erdenklichen Annehmlichkeiten wie: Warmwasser für Duschen, Waschbecken, Abwasch und Bidet, Lebensmittelmarkt, Bar, Pizzeria und Spaghetteria. Bustransfer vom Campingplatz zum Meer kostenlos. Sehenswerte Ausflugziele in der Umgebung. Zugverbindung von Deiva nach Cinque Terre in 15 Minuten. (I 3400/2)

✉ **16030 Moneglia-Preata,** Genova — **I3350**

★★★ »VILLAGGIO-CAMPING SMERALDO« ⚬⤳ 1.1. bis 31.12.
☏ 0185/49375, Fax 490484 — 12 000 qm
www.villaggiosmeraldo.it, info@villlaggiosmeraldo.it

→ zwischen der Küstenstraße und dem Meer. Enge, rechtwinklige Ausfahrt aus einem Tunnel der SS 370. Beschildert. ✉ Loc. Preata.

Unterhalb eines steilen, bewaldeten Felshanges terrassiert ansteigendes Gelände. Schöner Ausblick auf Ort und Küste. In HS separate Pkw-Abstellung. Pressluftstation für Taucher. Ort 1 km entfernt. Touristen-/Dauerstellplätze 86/30.

DCC-Vertragsplatz

✉ **19013 Déiva Marina,** La Spezia — **I3400/1**

★★★★ »CAMPING LA SFINGE« ⚬⤳ 1.1. bis 31.12.
☏/Fax 0187/825464 — 18 000 qm
www.campinglasfinge.com, info@campinglasfinge.com

→ A12 Genua–La Spezia Abf. Deiva Marina. ✉ Loc. Gea, 5.
(GPS: 44°13'20" N / 9°33'4" E).

Leicht welliges Gelände unter Pinien. Separate Terrassen für Zelte. 15 Mietzelte für 2 Personen. In HS kostenloser Busservice. Meer 3 km, Ort 2,5 km entfernt. Touristen-/Dauerstellplätze 65/35.
2008: (HS) P/N 7.–, K/N 3 bis 12 J. 3.50, A/N 3.50, C MC/N 14.–, T/N 9.50, M/N 2.–, H/N 2.–, WD u. Strom inkl. (3 A). In NS Ermäßigung.
DCC/CCI 10% auf P/N.

✉ **19013 Déiva Marina,** La Spezia — **I3400/2**

40 ★★★ »CAMPING VILLAGGIO ARENELLA« ⚬⤳ 1.1. bis Nov.
☏ 0187/825259, Fax 826884 — 30m — 16 000 qm
www.campingarenella.it, info@arenella.it

→ A12 Genua–La Spezia Abf. Deiva Marina. ✉ Loc. Arenella.

Terrassiertes Hanggelände mit verschiedenartigem Baumbestand. Teilweise parzelliert. Bustransfer gratis. FW. Ort 1.8 km entfernt. Touristen-/Dauerstellplätze 90/60.
2007: (HS) P/N 9.–, K/N bis 5 J. 4.–, A/N 2.–, C MC/N 9.–, T/N 8.–, M/N 1.50, WD inkl., Strom/N 2.– (3 A). In NS Erm. CCI ab 5 N 10% auf P/N.

✉ **19013 Déiva Marina,** La Spezia — **I3405/1**

45 ★★★ »CAMPING VALDEIVA« ⚬⤳ 1.1. bis 31.12.
☏ 0187/824174, Fax 825352 — 60m — 20 000 qm
www.valdeiva.it, camping@valdeiva.it

→ A12 Genua–La Spezia Abf. Deiva Marina, noch ca. 2 km. ✉ Loc. Ronco.
(GPS: 44°13'48" N / 09°33'10" E).

Teils ebenes, teils terrassiertes Waldgelände zwischen Flussbett u. Berghang. Boccia. Bustransfer gratis. In Bungalows Hundeverbot. Ort 3 km entfernt. Touristen-/Dauerstellplätze 45/120.
2008: (HS) P/N 6.–, K/N bis 6 J. frei, St/N 23.–, WD inkl., Strom keine Angabe (3 A). In NS Ermäßigung.

Ruhebewertungen betreffen das Umfeld, nicht aber den inneren Campingplatzbereich.

Zwischen den berühmten **"Cinque Terre"** und **Portofino** liegt Camping LA SFINGE in einer der schönsten Wandergegenden Italiens nur 3 km von Deiva Marina's Strand und Bahnhof entfernt - kostenloser Campingbus, ganzjährig! Idealer Ausgangspunkt für den Besuch des Nationalparks. Die mittlere Grösse der Anlage verspricht eine angenehme und familiäre Atmosphäre, sehr saubere und gepflegte Platzeinrichtungen, sowie besonders zuvorkommendes Personal. Ganzjährig geöffnet. **Neu: Mobilheime für 2-3 und 4-5 Personen!**

Loc. Gea • I-19013 Deiva Marina (LA SPEZIA) • Tel. und Fax 0039/0187825464
(I 3400/1) **Http: www.campinglasfinge.de • E-mail: info@campinglasfinge.de**

19013 Déiva Marina/Framura, La Spezia — 13405/2

45 ★★★ »CAMPING FRAMURA« — Ostern bis 31.10.
0187/815030, Fax 816433 — 8000 qm
www.5terre.com, hotelriviera@hotelrivieradeivamarina.it

→ A12 Genua–La Spezia Abf. Deiva Marina, weiter Richtung La Spiaggetta, nach 6 km über die Brücke (Eisenbahn), dann die zweite Abbiegung links, noch 600 m. Beschildert. ✉ Loc. La Spiaggetta.

Langgestrecktes Sand- und Wiesengelände zwischen dem Meer und einem Berghang. Privatstrand. Bar. Ort 650 m entfernt. Touristen-/Dauerstellplätze 25/172.
2008: (HS) P/N 10.50, K/N 4 bis 12 J. 8.–, A/N 4.–, C MC/N 11.50, T/N 9.50, M/N 2.–, WD inkl., Strom/N 1.–.

19015 Levanto, La Spezia — 13410/1

40 ★★★ »CAMPING PIAN DI PICCHE« — 20.3. bis 30.9.
☎/Fax 0187/800597, piandipicche@libero.it — 10000 qm

→ A12 Genua–La Spezia Abf. Carródano–Lévanto. ✉ Loc. Pian di Picche.

Ebenes, durch Laubbäume und niedrige Hecken parzelliertes Wiesengelände. Mit einigen Terrassen für Zelter. Eine Platzseite durch einen Bach begrenzt. Ort 800 m entfernt. 100 Touristenplätze.
2007: (HS) P/N 4.–, K/N bis 12 J. 5.–, A/N 4.–, C MC/N 11.50, T/N 6.– bis 8.–, M/N 3.–, WD zuzügl., Strom/N inkl. (2 A). In NS Ermäßigung.

19015 Levanto, La Spezia — 13410/2

★★★ »CAMPING ACQUA DOLCE STEFANINI« — März bis Jan.
☎/Fax 0187/808465, 807365 — 12000 qm
www.campingacquadolce.com, acquadolce@tin.it, info@campingacquadolce.it

→ A12 Genua–La Spezia Abf. Carródano–Lévanto. ✉ Via Guido Semenza.

Parzelliertes und terrassiertes Sand- und Wiesengelände. Teilweise mit altem Baumbestand. In Ortsrandlage. Größtenteils sehr kleine Stellplätze, für Caravans ungeeignet. Zentrum 100 m entfernt. 100 Touristenplätze.

19032 Lerici, La Spezia — 13420

50 ★ »CAMPING MARALUNGA« — 1.6. bis 30.9.
☎/Fax 0187/966589, www.campeggiomaralunga.it — 10000 qm

→ Straße Lerici–Sarzan, oberhalb Lerici in einer Spitzkehre in Richtung Tellaro abbiegen. Nach ca. 500m in Richtung Maralunga abbiegen. ✉ Via Carpanini, 61.

Terrassiertes Gelände an einem Berghang unter Olivenbäumen. Treppe zum Meer. Ort 2 m entfernt. 75 Touristenplätze.
2007: (HS) P/N 10.50, A/N 9.–, C MC/N 15.50, T/N 15.–, M/N 7.50, WD inkl., Strom keine Angabe. Ab 10 N 5% auf P/N.

19038 Sarzana, La Spezia — 13430

40 ★★★ »CAMPING IRON GATE« — 1.1. bis 31.12.
0187/676370, 676380, Fax 675014 — 120000 qm
www.marina3b.it, marina3b@libero.it

→ A12 Genua–La Spezia Abf. Sarzana, dann SS1 Richtung Pisa, der Beschilderung nach Marinella folgen. ✉ Viale XXV Aprile, 54.

Gepflegtes Wiesengelände unweit von Autobahn und Schnellstraße. Segelbootverleih. Bungalowanlage. Kostenloser Boottransport und Bus-Service. Ort 5 km entfernt. Touristen-/Dauerstellplätze 150/300.
2008: (HS) P/N 8.20, K/N bis 10 J. 5.30, A/N 5.70, C/N 8.10, MC/N 12.90, T/N 8.80, M/N 4.60, B/N 6.–, H/N 3.–, WD inkl., Strom keine Angabe. In NS Ermäßigung.

19031 Ameglia, La Spezia — 13440

50 ★★★ »CAMPING RIVER« — April bis Okt.
0187/65920, Fax 65183 — 2 m — 50000 qm
www.campingriver.com, info@campingriver.it

→ A12 Genova–Livorno Abf. Sarzana in Richtung Bocca di Magra. Bei Km 7.3 beschilderter Abzweig. Die letzten 1.2 km nur 2.50 m breite Straße. ✉ Loc. Armezzone. (GPS: 44°4'35" N / 9°58'13" E).

Wiesengelände mit Bäumen am Fluss Magra. Durch einen Feldweg geteilt. Touristenplätze parzelliert. Whirlpool. Ort 1 km, Golf 5 km entfernt. Touristen-/Dauerstellplätze 120/80.
2007: P/N 9.20, K/N bis 10 J. 7.–, A/N 5.–, C MC-St/N 43.80 bis 45.80, T-St/N 32.50, M/N 2.–, WD inkl., Strom keine Angabe.

29022 Bobbio, Piacenza — 13510

30 ★★★ »CAMPING PONTE GOBBO TERME« — 1.1. bis 31.12.
0523/936927, Fax 960610 — 300 m — 50000 qm
www.campingpontegobbo.it, camping.pontegobbo@iol.it

→ A1 Mailand–Bologna Abf. Piacenza-Süd, dann Richtung Piacenza-Ost/Parma, hier auf SS 45 Richtung Genua, 2 km hinter Bobbio links abbiegen. ✉ S. Martino 4.

Naturbelassener weitläufiger Platz am Fuße des Apennins im Val Trebbia. Familiäre Atmosphäre. Boccia. Spielautomaten. Ort 1,5 km entfernt. Touristen-/Dauerstellplätze 100/130.
2007: (HS) P/N 4.–, K/N bis 10 J. 3.50, A/N 1.50, C MC/N 12.–, MC/N 13.–, T/N 11.–, M/N 1.50, WD zuzügl., Strom/N 2.– (4 A).
DCC/CCI 10% auf P/N und St/N.

43030 Tabiano Terme, Parma — 13550

40 ★★★ »CAMPING ARIZONA« — 20.3. bis 15.10.
0524/565648, Fax 567589 — 130000 qm
www.camping-arizona.it, info@camping-arizona.it

→ A1 Modena–Mailand Abf. Fidenza–Salsomaggiore. In Fidenza noch ca. 15 km in Richtung Tabiano. Beschildert. ✉ Via Tabiano, 42/A. (GPS: 44°48'379" N / 10°00'578" E).

Zum Teil terrassiertes Wiesengelände in hügeliger Landschaft. Von Raumreihen durchzogen und gegliedert. Whirlpool. Wasserrutsche. Boccia. Basketball. Taverne. Ort 500 m entfernt. Touristen-/Dauerstellplätze 200/80.
2007: (HS) P/N 8.–, K/N bis 8 J. 6.25, St/N 13.–, H/N 2.50, WD u. Strom inkl. (3 A). In NS Ermäßigung.

43100 Parma — 13560

★★ »CAMPING CITTADELLA« — April bis Okt.
0521/961434 — 4000 qm

→ AB-Abf. Parma zur Zitadelle im südl. Stadtteil. Beschilderung weiss mit Campingsymbol u. Zusatz "Ostello". ✉ Via Passo Buole 7.

Wiesengelände mit altem Baumbestand. Bei der alten Zitadelle und den Sportanlagen. Ort 1 km entfernt. 30 Touristenplätze.

41100 Modena-Bruciata — 13600

35 ★★ »INTERN. CAMPING MODENA« — 15.1. bis 15.12.
059/332252, Fax 823235 — 26000 qm
www.internationalcamping.org, internationalcamping.int@tin.it

→ AB-Abf. Modena-Nord, noch ca. 300 m. ✉ Via Cave di Ramo, 111. (GPS: 44°39'18" N / 10°52'03 E).

Ebenes Wiesengelände. Die Sportanlagen des angrenzenden Freizeitzentrums können von den Campern benutzt werden. Günstiger Etappenplatz. Ort 6 km entfernt. 40 Touristenplätze.
2008: P/N 7.–, K/N bis 9 J. 6.–, St/N 11.–, Strom keine Angabe.

41025 Montecreto, Modena — 13610

35 ★★★ »PARCO DEI CASTAGNI« — 1.1. bis 31.12.
0536/63595, Fax 63630 — 860 m — 9000 qm
www.parcodeicastagni.it, camping@parcodeicastagni.it

→ A1 Modena–Bologna, Abf. Modena-Süd Richtung Maranello/Pavulla nach Montecreto. Beschildert. ✉ Via del Parco, 5.

AUSSERORDENTLICH!
STELLPLÄTZE GOLD: 100 m², inklusive Dusche, Waschbecken, Geschirrspülbecken, Küche, Kühlschrank, Internet Wi-Fi, Stromanschluß 16 Ampere, Sat-Tv, Eintritt zum Wellness-Park (siehe unsere Preisliste)

(I 3700)
I - 44020 - Lido delle Nazioni (FERRARA) Italien
Tel. 0039/0533 379500
Fax 0039/0533 379700
www.campingtahiti.com/de

ÖFFNUNGSZEITRAUM 2008: vom 18.04. bis 21.09.

Spezial Angebot: "40° JUBILÄUM"
(dieser Gutschein brauchen Sie ein zu lösen an der Reception beim Ankunft)

165,90 € anstatt 245,70 € für 7 Tage
Stellplatz "C": 100 m², Stromschluß 10 Amp./2500 Watt, Wasser- und Abwasseranschluß, Tv/Sat, gültig für 2 Personen + 1 Gratis Eintritt zum "Giardini del Benessere"
Gültig: vom 23.05. bis zum 30.06.2008.

Unterkünfte: 462,00 € anstatt 693,00 € für 7 Tage in Maxicaravan Typ "Cottage"
586,00 € anstatt 875,00 € für 7 Tage in Maxicaravan Typ "Prestige"
497,00 € anstatt 742,00 € für 7 Tage in Bungalow Typ "B"
Max. 4 Personen + 1 Gratis Eintritt zum "Giardini del Benessere"
Gültig: vom 23.05. bis zum 15.06.2008.

STELLPLÄTZE 23,70 € anstatt 35,10 € pro Tag 2 Personen - 100 m²

UNTERKÜNFTE ab 66,00 € anstatt 99,00 € pro Tag 4 Personen - Klima

---

Terrassiertes und teilweise parzelliertes Wiesengelände am Rande eines Kastanienwaldes. Kinderspielecke. Indianische Kanuschule. Ort 400 m entfernt. Touristen-/Dauerstellplätze 43/28.
2007: (HS) P/N 8.–, K/N bis 12 J. 5.–, C MC-St/N 10.–, T-St/N 6.–, M/N 3.–, H/N 3.–, WD u. Strom inkl. (3/6 A). In NS Ermäßigung.

✉ 40127 Bologna, Bologna   I3650
50 ★★★ »CAMPING CITTÀ DI BOLOGNA«   8.1. bis 19.12.
051/325016, Fax 325318   63400 qm
www.hotelcamping.com, info@hotelcamping.com

→ nördlich der Stadt, Abf. Bologna auf die Tangenziale. Hier Abf. (8), noch ca. 1 km. Beschildert. ✉ Via Romita, 12.
(GPS: 44°31'24" N / 11°22'24" E).

Ebenes Wiesengelände mit jungen Bäumen. Separate Moca-Stellplätze. Direkte Busverbindung zum Zentrum (4 km). 120 Touristenplätze.
2008: (HS) P/N 7.50, K/N bis 9 J. 4.50, St/N 14.–, H/N 2.–, WD u. Strom inkl., (6 A). DCC/CCI in NS 5% auf P/N und St/N. In NS Ermäßigung.

✉ 40043 Sirano di Marzabotto, Bologna   I3660
★★★ »CAMPING PICCOLO PARADISO«   1.1. bis 31.12.
051/842680, Fax 6756581   65000 qm
www.campingpiccoloparadiso.com, piccoloparadiso@aruba.it

→ A1 Bologna–Firenze Abf. Sasso Marconi, noch ca. 2 km.

Gepflegtes Wiesengelände mit schönem Baumbestand in einem Freizeit-Zentrum. Guter Etappenplatz. Separate Pkw-Abstellung. Reitmöglichkeit 300 m entfernt. Touristen-/Dauerstellplätze 100/140.

✉ 40040 Rioveggio, Bologna   I3670
25 ★★★ »CAMPING RIVA DEL SETTA«   1.4. bis 30.9.
/Fax 051/6777749   28000 qm
www.rivadelsetta.com, info@rivadelsetta.com

→ A1 Bologna–Firenze Abf. Sasso Marconi oder Rioveggio, noch ca. 2 km. ✉ Via Ginepri, 65.

Schattenloses Wiesengelände für Touristen, Eichenhain für Dauercamper. Imbiss. Pizzeria. Ort 2 km entfernt. 140 Touristenplätze.
2008: (HS) P/N 5.50, K/N bis 12 J. 4.50, A/N 3.50, C/N 4.–, MC/N 8.–, T/N 4.–, M/N 3.50, H/N 3.50, WD zuzügl., Strom/N 2.–.
DCC/CCI 10% auf P/N.

✉ 44020 Lido delle Nazioni, Ferrara   I3700
45 ★★★★★ »CAMPING PARK TAHITI«   12.4. bis 24.9.
0533/379500, Fax 379700   120000 qm
www.campingtahiti.com, info@campingtahiti.com, tahiti@camping.it

→ Strada Romea SS 309 bei Km 32.5 meerwärts abbiegen und noch ca. 2.5 km bis zum Platz. ✉ Viale Libia, 133.

Parzelliertes, parkartiges Mischwaldgelände. Stellplätze teils mit eigener WC-Zelle. In HS Reservierung ratsam. Kostenloser Strandzubringer-Service. Musikveranstaltungen. Wellness. Ort 1.5 km entfernt. 490 Touristenplätze.
2007: (HS) P/N 8.90, K/N bis 2 J. 3.90, K/N 2 bis 8 J. 6.60, St/N ab 14.90, WD inkl., Strom keine Angabe (10 A). In NS Ermäßigung.

✉ 44020 Lido di Pomposa, Ferrara   I3705/1
50 ★★★★ »CAMPING VIGNA SUL MAR«   24.4. bis 21.9.
0533/380216, Fax 380082   140000 qm
www.campingvignasulmar.com, info@campingvignasulmar.com

→ von der Strada Romea abbiegen nach Lido delle Nazioni. Der Beschilderung folgen. ✉ Via Capanno Garibaldi, 20.
(GPS: 44°43'41" N / 12°14'11" E).

Ebenes, weitläufiges Küstengelände. 500 m langer Sandstrand. Wassersport. Ort 1.5 km entfernt. 842 Touristenplätze.
2008: P/N 9.30, K/N bis 10 J. 6.–, St/N 18.30, H/N 6.–, WD inkl., Strom keine Angabe.

✉ 44020 Lido di Pomposa, Ferrara   I3705/2
45 ★★★ »CAMPING I TRE MOSCHETTIERI«   18.4. bis 21.9.
0533/380376, Fax 380377   110000 qm
www.tremoschettieri.com, info@tremoschettieri.com

→ zwischen der Straßenstraße von Lido Pomposa nach Lido delle Nazioni und dem Strand. ✉ Via Capanno di Garibaldi, 22.

Sandiges Gelände unter Bäumen mit Anpflanzungen. Ort 1 km entfernt. Touristen-/Dauerstellplätze 450/150.
2008: (HS) P/N 9.–, K/N 2 bis 8 J. 6.–, St/N 16.–, B/N 6.–, H/N 4.–, WD inkl., Strom keine Angabe. (4 A). In NS Ermäßigung.

✉ 44020 Lido degli Scacchi, Ferrara   I3710/1
45 ★★★ »CAMPING FLORENZ«   15.3. bis 5.10.
0533/380193, Fax 381456   80000 qm
www.campingflorenz.com, info@campingflorenz.com

→ 3 km nördlich von Porto Garibaldi, bei Km 29 von der SS 309 (Strada Romea) auf einen Privatweg zum Meer abbiegen, noch 1 km. ✉ Via Alpi Centrali, 199. (GPS: 44°42'14" N / 12°14'11" E).

Ebenes, sandiges und parzelliertes Gelände mit Pappeln hinter einer Düne. Separater Platzteil für Hundehalter. Ort 500 m entfernt. Touristen-/Dauerstellplätze 500/170.
2008: (HS) P/N 9.–, K/N 3 bis 10 J. 5.60, St/N 16.60, H/N 5.30, WD inkl., Strom keine Angabe. In NS Ermäßigung.

Die Gebühren
werden von den Platzhaltern lange vor Erscheinen des Campingführers gemeldet. Daher sind Abweichungen möglich.

44020 Lido degli Scacchi, Ferrara — 13710/2

Abfahrt

★★ »CAMPING ANCORA« April bis Sept.
0533/381276, Fax 381445   44 000 qm
www.campingancora.it, ancora@campingancora.it

→ AB bis Ferrara-Süd, Abf. nach Porto Garibaldi, dann Richtung Venedig. ✉ Via Rep. Marinare, 25.

Teils ebenes, leicht am Hang gelegenes Sand- u. Wiesengelände. Parzelliert unter Pinien und Laubbäumen. Hunde nur an der Leine. Billard. Spielautomaten. Ort 8 km entfernt. Touristen-/Dauerstellplätze 300/150.

44029 Porto Garibaldi, Ferrara — 13715

45 ★★★ »CAMPING SPIAGGIA E MARE« 24.4. bis 21.9.
0533/327431, Fax 325620   120 000 qm
www.campingspiaggiamare.com, info@campingspiaggiamare.com

→ von der Strada Romea in Richtung Porto Garibaldi. ✉ Strada Prov. Ferrara-Mare, 4. (GPS: 44°41'19" N / 12°14'17" E).

Teilweise sandiges Gelände mit befestigten Wegen und Anpflanzungen. Ort 800 m entfernt. 582 Touristenplätze.
2007 (HS): P/N 8.90, K/N 2 bis 10 J. 5.60, St/N 17.20, H/N 5.60, WD u. Strom inkl. In NS Ermäßigung.

44029 Lido di Spina, Ferrara — 13720

40 ★★★★ »INTERN. CAMPING MARE PINETA« 16.4. bis 21.9.
0533/330110, Fax 330052   160 000 qm
www.campingmarepineta.com, info@campingmarepineta.com

→ 1.3 km abseits der Strada Romea. ✉ Viale Acacie, 67.
(GPS: 44°39'35" N / 12°14'43" E).

Pinien- u. Laubwaldgelände. 150 m breiter und 300 m langer Sandstrand. Nur kleine Hunde erlaubt. Wassersport 150 m, Ort 1.5 km entfernt. 1130 Touristenplätze.
2008: (HS) P/N 8.50, K/N 2 bis 8 J. 6.50, St/N 14.20, M/N 3.20, H/N 4.30, WD inkl., Strom/N 2.50 (6 A). Schwimmbad (HS) zuzügl. In NS Erm.

44024 Lido di Spina, Ferrara — 13730

★★★★ »SPINA-CAMPING« April bis Sept.
0533/330179, Fax 333566   240 000 qm
www.campingspina.it, info@clubdelsole.com

→ von der Strada Romea abbiegen, nach Lido di Spina, der Beschilderung folgen. ✉ Via del Campeggio, 99.

Weitläufiges, teilweise welliges Gelände. Massage- und Fitness-Zentrum. Kostenloser Pendelverkehr (HS) zum 600 m entfernten Strand innerhalb des eigenen Geländes. Separater Platzteil für Hundehalter. Ort 1 km entfernt. 744 Touristenplätze.

48010 Casal Borsetti, Ravenna — 13750/1

40 ★★★ »CAMPING ADRIA« 25.4. bis Sept.
0544/445217, Fax 442014   44 000 qm
www.villaggiocampingadria.it, adria@camping.it

→ von der Strada Romea bei Km 13 zum Meer abbiegen. ✉ Via Spallazzi, 30.

Wiesengelände unter Laubbäumen. Ort 800 m entfernt. 526 Touristenplätze.
2007: P/N 7.80, K/N 2 bis 9 J. 5.30, St/N 13.70, H/N 6.–, WD inkl., Strom keine Angabe. (10 A).

»Ermäßigung auf alle Gebühren« umfaßt nicht die Nebenkosten wie Kurtaxe, Müll und Strom

48010 Casal Borsetti, Ravenna — 13750/2

35 ★★★ »CAMPING RENO« 1.4. bis 31.10.
0544/445020, Fax 442056   33 600 qm
www.campingreno.it, info@campingreno.it

→ von der SS 309 (Strada Romea) von Venedig aus 11 km vor Ravenna links abbiegen Richtung Meer. ✉ Via Spallazzi, 11.

Gelände zwischen Küstenstraße und Meer in einem Pinienwald. Ort 1.5 km entfernt. 340 Touristenplätze.
2008: (HS) P/N 7.–, K/N 2 bis 8 J. 5.10, St/N 11.30, H/N 4.50, WD inkl., Strom/N 3.50 (4 A). In NS Ermäßigung.
DCC/CCI 5% auf P/N und St/N.

48023 Marina Romea, Ravenna — 13760

40 ★★★ »CAMPING VILLAGGIO DEL SOLE« 24.4. bis 15.9.
0544/446037, Fax 446107   68 000 qm
www.gestionecampeggi.it, villagiodelsole@gestionecampeggi.it

→ 10 km von Ravenna in nordöstlicher Richtung am Meer, links des Canale Corsini. Zufahrt von der neuen Küstenstraße nach Casal Borsetti. ✉ Viale Italia.

Ebenes Gelände im Pinienwald abseits der Küstenstraße. Ort 3 km entfernt. Touristen-/Dauerstellplätze 243/240.
2007: P/N 7.90, K/N 2 bis 8 J. 5.10, St/N 13.70, M/N 3.20, WD u. Strom inkl. CCI 10% auf P/N.

48100 Marina di Ravenna, Ravenna — 13770/1

35 ★★ »INT. CAMPING PIOMBONI« 24.4. bis 14.9.
0544/530230, Fax 538618   50 000 qm
www.campingpiomboni.it, info@campingpiomboni.it

→ 2 km südlich Marina di Ravenna bzw. 2 km nördlich Punta Marina. ✉ Viale Della Pace, 421.

In einem Pinienwald, vom Strand durch die Hauptstraße getrennt. Kampfhunde verboten. Eigener Strand. Ort 2 km entfernt. 450 Touristenplätze.
2007: (HS) P/N 7.40, K/N 2 bis 7 J. 5.10, C MC-St/N 12.90, T-St/N 11.50, M/N 2.90, B/N 6.–, H/N 4.60, WD inkl., Strom keine Angabe. In NS Erm.

48023 Marina di Ravenna, Ravenna — 13770/2

40 ★★★ »CAMPING RIVAVERDE« 24.4. bis 15.9.
0544/530491, Fax 531863   60 000 qm
www.gestionecampeggi.it, rivaverde@gestionecampeggi.it

→ an der Küstenstraße nördlich Punta Marina. ✉ Viale delle Nazioni, 301.

Sandiges Gelände im Pinienwald. Wassersport 100 m entfernt. 500 Touristenplätze.
2007: P/N 8.10, K/N 2 bis 8 J. 5.10, St/N 13.90, M/N 3.20, B/N 4.80, WD u. Strom inkl. CCI 10% auf P/N.

48020 Punta Marina Terme, Ravenna — 13780/1

★★★★ »CAMPING PARK ADRIANO« April bis Sept.
0544/437230, Fax 438510   140 000 qm
www.campingadriano.com, info@campingparkadriano.com

→ von SS16 oder SS309 in Höhe Ravenna der Wegweisung Lidi Sud folgen. Weiter nach Lido Adriano–Punta Marina. ✉ Via dei Campeggi, 7.

Leicht welliges, sandiges Wiesengelände unter Pinien und Pappeln. Kabel-TV. Strand 250 m, Ort 800 m entfernt. Touristen-/Dauerstellplätze 380/200.

Mare e Pineta
International Camping - Bungalow - Appartamenti

International Camping MARE E PINETA (I 3720)
I-44029 Lido di Spina
Comacchio (FERRARA)
Tel. 0039/0533330110
Fax 0039/0533330052
Http: www.campingmarepineta.com
E-mail: info@campingmarepineta.com

- ♦ NEU 2008: STROMANSCHLUẞ 6 AMPÉRE
- ♦ Direkt am Meer
- ♦ Natürlich gewachsener Pinienwald
- ♦ In der Ortsmitte gelegen
- ♦ 4 Schwimmbäder ♦ Wassersport
- ♦ Sportwettbewerbe ♦ Animation
- ♦ Mobilheime ※ mit 6/4/2 Schlafplätzen
- ♦ Bungalows und Wohnungen ※ mit TV-Sat
- ♦ Organisierte Ausflüge ♦ Fahrräder
- ♦ Sporthalle ♦ Spinning ♦ Sauna
- ♦ Unterwassermassage ♦ Massage
- ♦ Solarium ♦ Arzt ♦ Fangokur
- ♦ Schönheitsalon ♦ Physiotherapie

✉ 48020 Punta Marina Terme, Ravenna I 3780/2

★★★ »CAMPING COOP 3« April bis Sept.
☎ 0544/437353/63, Fax 438144 70 000 qm
www.campingcoop3.it, info@campingcoop3.it

→ von SS 16 oder SS 309 in Höhe Ravenna der Wegweisung Lido Sud folgen. Weiter nach Lido Adriano–Punta Marina. ✉ Via dei Campeggi, 8.

Ebenes, parzelliertes Piniengelände mit Lichtungen. Ort 1 km entfernt. Touristen-/Dauerstellplätze 80/610.

✉ 48020 Punta Marina Terme, Ravenna I 3780/3

★★★ »VILLAGGIO DEI PINI« April bis Sept.
☎ 0544/437115, Fax 439515 39 200 qm
www.gestionecampeggi.it, villaggiodeipini@gestionecampeggi.it

→ von SS 16 oder SS 309 in Höhe Ravenna der Wegweisung Lido Sud folgen. Weiter nach Lido Adriano–Punta Marina. ✉ Via Bella Fontana.

Ebenes, sandiges Wiesengelände mit halbhohen Bäumen direkt am Meer. Parzelliert. Ort 1 km entfernt. Touristen-/Dauerstellplätze 172/188.

✉ 48020 Lido di Dante, Ravenna I 3800/1

[50] ★★★ »CAMPING CLASSE« 20.3. bis 10.10.
☎/Fax 0544/492005, 492058 40 000 qm
www.campingclasse.it

→ von der SS 16 etwa 2 km südlich Ravenna bei Km 154.5 abbiegen zum Meer, noch 7 km. ✉ Via Catone. (GPS: 44°13'51" N / 12°11'22" E).

Wiesengelände unter Bäumen bei einem umgebauten Bauernhaus. (FKK-Teil I/300). Boccia. Fitness. 350 Touristenplätze.
2008: (HS) P/N 10.–, K/N bis 8 J. 6.–, A/N 5.50, C T/N 10.–, MC/N 15.–, M/N 10.–, B/N 5.50, H/N 3.50, WD u. Schwimmbad inkl., Strom/N 2.50 (4 A).

✉ 48020 Lido di Dante, Ravenna I 3800/2

★★ »CAMPING RAMAZZOTTI« Mai bis Sept.
☎ 0544/492250, Fax 492009, ✉ 48100 30 000 qm
www.campingramazzotti.it, info@campingramazzotti.it

→ bei Km 154.5 links abbiegen in Richtg. Marabina, 2 km südlich Ravenna. ✉ Via Paolo e Francesca.

Ebenes und meist sandiges Gelände. Von einem Pinienwald umgeben. Tennis 200 m, Ort 7 km entfernt. 315 Touristenplätze.

✉ 48020 Lido di Savio, Ravenna I 3810

[30] ★★★ »NUOVO INTERNATIONAL CAMPING« 24.4. bis Sept.
☎ 0544/949014, Fax 949085 50 900 qm
www.camping-international.it, info@camping-international.it

→ SS 16 südlich Ravenna bei Km 168.4 zum Meer abbiegen, dann noch ca. 2.5 km zum Platz. ✉ Via Lord Byron, 98.

Ebenes Wiesengelände mit Mischwald. Ort 500 m entfernt. 483 Touristenplätze.
2007: P/N 6.–, K/N 2 bis 8 J. 4.–, St/N 11.–, WD u. Schwimmbad inkl., Strom/N 1.– oder kWh –.70 (3 A).

✉ 48016 Milano Marittima, Ravenna I 3820/1

[45] ★★★ »CAMPING ROMAGNA« 6.4. bis Sept.
☎ 0544/949326, Fax 949345 40 000 qm
www.campeggioromagna.it, info@campeggioromagna.it

→ vom Ort aus beschildert. ✉ Viale Matteotti, 190.

Ebenes und sandiges Wiesengelände, durch verschiedenen Baumarten beschattet. Ort 500 m entfernt. 350 Touristenplätze.
2007: (HS) P/N 8.80, K/N 2 bis 8 J. 5.50, C MC-St/N 14.–, T-St/N 12.–, WD u. Strom inkl. (6 A).

✉ 48016 Milano Marittima, Ravenna I 3820/2

[45] ★★★ »VILLAGGIO PINETA« 20.4. bis 15.9.
☎ 0544/949341, Fax 948177 28 800 qm
www.gestionecampeggi.it, villaggiopineta@gestionecampeggi.it

→ vom Ort aus beschildert. ✉ Viale Matteotti, 186.

Ebenes und sandiges Wiesengelände unter Pinien und anderen Bäumen. Parzelliert. Ort 2 km entfernt. Touristen-/Dauerstellplätze 151/45.
2007: P/N 8.70, K/N 2 bis 8 J. 5.90, St/N 14.50, kl. T-St/N 8.10, M/N 3.70, WD u. Strom (4 A) inkl.
CCI 10% auf P/N.

✉ 48015 Cervia, Ravenna I 3830

[40] ★★★ »CAMPING ADRIATICO« 23.4. bis 14.9.
☎ 0544/71537, Fax 72346 34 000 qm
www.campingadriatico.net, info@campingadriatico.net

→ 500 m von der SS Adriatica über die Via Caduti Liberta zu erreichen. Gut ausgeschildert. ✉ Via Pinarella, 90. (GPS: 44°24'76" N / 12°35'89" E).

Gepflegtes Rasengelände. Durch verschiedenen Baumarten beschattet. Ort 800 m entfernt. Touristen-/Dauerstellplätze 200/80.
2008: (HS) P/N 8.30, K/N bis 8 J. 5.50, St/N 14.–, H/N 5.50, WD u. Strom inkl. (6 A). In NS Ermäßigung.
DCC/CCI 5% auf P/N und St/N.

DCC – DEIN PARTNER!

48015 Pinarella di Cervia, Ravenna — I 3840

»CAMPING PINARELLA«
Tel/Fax 0544/987408
www.campingpinarella.com, campingpinarella@libero.it
April bis Sept. 18 000 qm

→ Viale Abruzzi, 52.

Ebenes Wiesengelände mit Pappeln. Ort 1 km entfernt. 167 Touristenplätze.
2007: P/N 7.60, K/N 5.10, St/N 12.50, Strom keine Angabe.

47042 Cesenatico, Forli — I 3850/1

»CAMPING CESENATICO«
0547/81344, Fax 672452
www.campingcesenatico.com, info@campingcesenatico.com
1.1. bis 31.12. 180 000 qm

→ A 14 Bologna–Rimini, Abf. Cesena-Süd auf die S16 meerwärts zum Ort. Beschildert. Via Mazzini, 182.

Parzelliertes, ebenes Gelände mit Pappeln und asphaltierten Wegen. Teilweise schattenlos. Von Dauercampern geprägt. Nur kleine Hunde erlaubt. Ort 3 km entfernt. Touristen-/Dauerstellplätze 300/520.

47042 Cesenatico, Forli — I 3850/2

»CAMPING MOTEL«
0547/672344, Fax 84702
www.campingmotel.it, ravaldini@campingmotel.it
1.4. bis 25.9. 30 000 qm

→ Von der SS 16 bei Km 181 über die Bahnlinie Richtung Ort abbiegen, bis zur AGIP-Tankstelle. Viale Cavour, 1. (GPS: 44°12'25'' N / 12°23'25'' E).

Vielfach unterteiltes Gelände mit altem Baumbestand. Zum Privatstrand über die Straße. Familienfreundliche Atmosphäre. Ort 600 m entfernt. 310 Touristenplätze.
2007: (H3) P/N 9.–, K/N 3 bis 8 J. 7.–, C MC-St/N 18.–, T-St/N 9.50, H/N 7.–, WD inkl., Strom/N 2.–. Wochenend-Ermäßigung.
DCC/CCI 10% auf P/N.

47043 Gatteo Mare, Forli — I 3860

»CAMPING DELLE ROSE«
0547/86213, Fax 87583
www.villaggiorose.com, info@villaggiorose.com
25.4. bis 21.9. 40 000 qm

→ an der Strada Adriatica SS16 bei Km 186.2. Via Naz. Adriatica, 29. (GPS: 44°09'59'' N / 12°25'53'' E).

Ebenes Gelände unter Pappeln und anderen Laubbäumen. Meer 600 m, Ort 300 m entfernt. 310 Touristenplätze.
2008: (HS) P/N 9.–, K/N 4 bis 10 J. 7.–, A/N 8.10, C MC-St/N 14.–, M/N 5.–, H/N 8.10, WD inkl., Strom/N 3.– (3 A).
DCC/CCI 10% auf P/N.

47039 Savignano Mare, Forli — I 3870

»VILLAGGIO RUBICONE«
0541/346377, Fax 346999
www.campingrubicone.com, info@campingrubicone.com
10.5. bis 27.9. 130 000 qm

→ abbiegen von der Via Adriatica bei Km 187 in Richtung San Mauro a Mare. 4 km südlich von Cesenatico, nach der Bahnlinie links zum Platz abbiegen. Via Matrice Destra, 1. (GPS: 44°09'53'' N / 12°26'28'' E).
San Marino, Ravenna.

Durch einen Kanal zweigeteiltes, gepflegtes Gelände unter Bäumen. Größtenteils gärtnerisch angelegt. Am Meer mit eigenem Strand. Fitnesscenter. Golf-Übungsplatz. Ort 500 m entfernt. 570 Touristenplätze.
2008: P/N 9.50, K/N 2 bis 8 J. 7.70, St/N 16.–, WD inkl., Strom/N 2.40 (6 A).

47814 Bellaria, Rimini — I 3910

»HAPPY CAMPING«
0541/346102, Fax 346408
www.happycamping.it, info@happycamping.it
1.1. bis 31.12. 35 000 qm

→ Küstenstraße (SS 16) bis Bellaria, hier beschildert. Viale Panzini, 228.

Parzelliertes, ebenes und teilweise schattenloses Wiesengelände am Meer in Ortsrandlage. Teilweise separate Pkw-Abstellung. Hunde sind immer an der Leine zu führen. FW. Boccia. Ort 700 m entfernt. 220 Touristenplätze.

47813 Igea-Marina, Rimini — I 3920

»CAMPING RICCARDO«
0541/331503, Fax 330464, campingriccardo@libero.it
Ostern bis Sept. 21 000 qm

→ A 14 Forli–Riccione Abf. Rimini-Nord, weiter über die SS 16 zur Küstenstraße. Beschildert. Viale Pinzon, 310.

Ebenes Gelände lockerem Baumbestand in bebautem Gebiet. Zum Meer über die Küstenstraße. Ort 800 m entfernt. 228 Touristenplätze.

DCC-Vertragsplatz

47838 Riccione, Rimini — I 3930/1

»CAMPING RICCIONE«
0541/690160, Fax 690044
www.campingriccione.it, info@campingriccione.it
6.4. bis 16.9. 65 000 qm

→ etwa 200 m von der SS 16 im südlichen Ortsteil. Via Marsala, 10. (GPS: 43°59'7,85'' N / 12°40'43'' E).

Camping Alberello
Viale Torino, 80 (I 3930/3)
47838 Riccione (RN) Italy
0541-615402 Fax 0541-615248
direzione@alberello.it
www.alberello.it
WiFi INTERNET POINT

PRESENTIEREN SIE DIESE WERBUNG BEIM ANREISE AN DER RECEPTION UND SIE ERHALTEN EINE ERMÄSSIGUNG VON 10% AUF DER PREIS PRO PERSON PRO NACHT. AUSNAHME: 1-20 AUGUST

Direkt am Meer — Neue Mobilheime

Ebenes Wiesengelände. Durch verschiedene Anpflanzungen mehrfach unterteilt. Zwischen Straße und Bahnlinie. Strand 400 m, Ort 2 km entfernt. 515 Touristenplätze.
2008 (HS): P/N 8.80, K/N 3 bis 12 J. 6.90, St/N 23.60 bis 45.90, WD inkl., Strom inkl. In NS Ermäßigung.
DCC 10% auf P/N.

✉ 47838 Riccione, Rimini — I3930/2

40 ★★★ »CAMPING FONTANELLE« ⚓ 22.4. bis Sept.
☎ 0541/615449, Fax 610193   59 900 qm
www.campingfontanelle.net, info@campingfontanelle.net

→ an der Küstenstraße südlich von Riccione. ✉ Via Torino, 56.
(GPS: 43°59'22" N / 12°40'53" E).

Wiesengelände mit Laubbäumen neben der Küstenstraße. Straßenunterführung zum Strand. Ort 1.5 km entfernt. 617 Touristenplätze.
2007 (HS): P/N 8.40, K/N bis 10 J. 6.60, St/N 14.40, H/N 2.60, WD inkl., Strom/N 2.85 (6/10 A). In NS Ermäßigung. DCC/CCI 3% auf P/N.

✉ 47838 Riccione, Rimini — I3930/3

45 ★★★ »CAMPING ALBERELLO« ⚓ 20.3. bis 29.9.
☎ 0541/615402, Fax 615248   40 000 qm
www.alberello.it, direzione@alberello.it

→ an der Küstenstraße südl. des Ortes in Richtg. Cattolica. ✉ Via Torino, 80.
(GPS: 43°59'14" N / 12°41'18" E).

Ebenes, parzelliertes Wiesengelände mit Laubbäumen. Teils gärtnerisch angelegt. Fußgängertunnel zum Strand. Ort 500 m entfernt. Touristen-/Dauerstellplätze 183/150.
2008 (HS): P/N 8.80, K/N bis 8 J. 6.90, St/N 15.10, WD inkl., Strom/N 2.50 (4 A). In NS Ermäßigung.

✉ 47046 Misano Adriatico, Rimini — I3940

35 ★★★ »CAMPING MISANO ADRIATICO« ⚓ 1.4. bis Okt.
☎ 0541/614330, Fax 613502   70 000 qm
www.campingmisano.it, info@campingmisano.it

→ an der Uferstraße nach Cattolica, bei Km 216. ✉ Via Litoranea Sud, 60.
(GPS: 43°58'29" N / 12°42'39" E).

Zweigeteiltes Wiesengelände mit Pappeln. Zum Strand über die Straße. Ort 400 m entfernt. Touristen-/Dauerstellplätze 600/40.
2008: (HS) P/N 7.10, K/N bis 8 J. 5.40, A/N –, C MC-St/N 10.50, T/N 5.–, M/N 4.–, H/N 2.–, WD inkl., Strom/N 2.70. In NS Ermäßigung.
DCC 5% auf P/N.

DCC-Vertragsplatz

✉ 47893 San Marino, Republik SM — I3990

45 ★★★★ »CENTRO VACANZE SAN MARINO« ⚓ 1.1. bis 31.12.
☎ 00378/549/903964, Fax 907120   100 000 qm
www.centrovacanzesanmarino.com, campegg@centrovacanzesanmarino.com

→ A14 Bologna–Ancona Abf. Rimini-Süd auf die SS 72 nach San-Marino. Beschildert. ✉ Strada San Michele, 50. (GPS: 43°57'33" N / 12°27'40" E).

Terrassiertes Wiesengelände mit lockerem Baumbestand. Gekieste, in Reihen angelegte Stellflächen. Musikveranstaltungen. SAT-Anschluss. Autovermietung. Ort 5 km entfernt. 200 Touristenplätze.
2008: (HS) P/N 9.50, K/N 2 bis 9 J. 6.–, A/N 4.–, C/N 12.50, MC/N 14.50, T/N 8.50, M/N 4.–, H/N 5.–, WD u. Strom inkl. (5 A). In NS Ermäßigung.
DCC 10% auf P/N, CCI 5% auf P/N.

✉ 54037 Marina di Massa, Massa — I4000

45 ★★★ »INTERN. CAMPING PARTACCIA 1« ⚓ Ostern bis 30.9.
☎ 0585/780133, Fax 784728   43 000 qm
www.partaccia.it, mircogen@tin.it

→ A12 La Spezia–Pisa Abf. Massa meerwärts zur Küstenstraße und hier in Richtung Marina di Carrara. Bei der Gastankstelle durch die AB-Unterführung. ✉ Viale delle Pinete, 394. (GPS: 44°01'37" N / 10°04'10" E).

Ebenes Gelände unter Pinien. Durch die Küstenstraße vom Strand getrennt. FW. Ort 2 km entfernt. Touristen-/Dauerstellplätze 90/250.
2007: (HS) P/N 7.–, K/N 4 bis 8 J. 4.–, St/N 22.–, WD zuzügl., Strom inkl. In NS Ermäßigung.

✉ 55034 Gorfigliano, Lucca — I4010

35 ★★ »CAMPING LAGO PARADISO« ⚓ 1.4. bis 30.9.
☎ 0583/610696-662, Fax 610106   670 m   15 000 qm
www.campeggiolagoparadiso.it, campeggiolagoparadiso@tin.it

→ A15 Parma–La Spezia Abf. südl. Babaraso auf die S 62/S 63 bis kurz vor Gassano. Hier auf die S 445 (kurvenreiche Strecke mit 8% bis 12% Steigung) bis Casola in Lunigiana. Weiter in südöstl. Richtung über Minucciano und Gramalozza zum Ort. ✉ Via della Piana 1.

Wiesen- und Sandgelände mit Bäumen am See. 120 Touristenplätze.
2008: (HS) P/N 7.50, K/N bis 10 J. 4.50, C MC-St/N 11.–, T-St/N 8.–, B/N 8.–, H/N 2.50, WD inkl., Strom keine Angabe (16 A). In NS Ermäßigung.

»Besichtigungen der Campingplätze und die daraus resultierenden Bewertungen werden durch den DCC-Inspizienten ohne Voranmeldung durchgeführt und garantieren so absolute Objektivität.«

CAMPING VIAREGGIO (I 4020)

Via COMPARINI, 1 • I-55049 VIAREGGIO (LUCCA) • ITALIEN
Tel. und Fax 0039/0584391012 • campingviareggio@tin.it
info@campingviareggio.it • www.campingviareggio.it

Der Campingplatz liegt etwa 1500 m. vom Zentrum der Stadt entfernt. Der Strand, nur 700 m. weit von hier, ist in wenigen Minuten vom Campingplatz durch den Wald erreichbar. Die Familienführung versichert eine gastfreundliche Atmosphäre und eine herzliche Aufnahme. Der Campingplatz vermietet Bungalow für 5 Personen. Supermarkt, neue Sanitäranlagen, Bazar, Spielhalle, TV, Büglerei und Kühlschrank. Die wunderbare Anlage des Campingplatzes ist der ideale Ausgangspunkt für touristische, naturelle und kulturelle Sehenswürdigkeiten. Im April, Mai, Juni und September sind kleine Hunde erlaubt. Internet Point. Schwimmbad. Der Camping ist vom 20.03. bis 30.09.2008 geöffnet.

55049 Viareggio, Lucca — I 4020

40 ★★★ »CAMPING VIAREGGIO« — 18.3. bis Sept.
☎/Fax 0584/391012 — 35 000 qm
www.campingviareggio.it, info@campingviareggio.it
→ E1 Genua–La Spezia Abf. Viareggio. ✉ Via Comparini, 1.

50 m | 100 m | H 50 m | 700 m | 4 km

Von Bäumen umgebenes Gelände. Ort 1.5 km entfernt. 350 Touristenplätze.
2007: (HS) P/N 9.–, K/N bis 8 J. 6.–, St/N 12.–, H/N 4.–, WD zuzügl., Strom inkl. (4 A).
CCI 10% auf P/N.

55048 Torre del Lago Puccini, Lucca — I 4030/1

★★★ »CAMPING BOSCO VERDE« — April bis Sept.
☎ 0584/359343, Fax 341981 — 55 000 qm
www.boscoverde.com, info@boscoverde.com
→ SS1 bei Km 351 zum Meer abbiegen. ✉ Viale Kennedy, 5.

50 m | 800 m

Parzelliertes Pappelwaldgelände in Straßennähe. Ort 1,5 km entfernt. Touristen-/Dauerstellplätze 170/250.

55048 Torre del Lago Puccini, Lucca — I 4030/2

40 ★★★ »CAMPING EUROPA« — 22.3. bis 11.10.
☎ 0584/350707, Fax 342592 — 60 000 qm
www.europacamp.it, info@europacamp.it
→ AB-Abf. Pisa-Nord, Richtung Viarreggio. In Marina di Torre del Lago bei der 1. Ampel links in die Via Garibaldi, dann rechts. ✉ Viale dei Tigli. (GPS: 43°49'51" / N 10°16'14" E).

50 m | 700 m | 2.5 km

Ebenes, teilweise sandiges Wiesengelände unter Pappelreihen. FW. Ort 1,5 km entfernt. Touristen-/Dauerstellplätze 200/200.
2007: (HS) P/N 9.–, K/N 2 bis 10 J. 4.50, St/N 12.–, H/N 2.– (NS) WD zuzügl., Strom keine Angabe (6 A). CCI 10 bis 20% im Juli und August. Ab 1 Wo. Aufenthalt 5 % und in NS Ermäßigung.
DCC 10% auf P/N und St/N.

55048 Torre del Lago Puccini, Lucca — I 4030/3

40 ★★★ »CAMPING ITALIA« — 16.4. bis 28.9.
☎ 0584/359828, Fax 341504 — 90 000 qm
www.campingitalia.net, info@campingitalia.net
→ SS1 Via Aurelia, durch das Zentrum an der 2. Ampel links, über die Brücke, am Kreisverkehr links. ✉ Viale dei Tigli, 52.

100 m

Wiesengelände mit Pappeln. In Bungalows Hundeverbot. Kostenloser Pendelbus zum Meer. Ort und Meer 1 km entfernt. Touristen-/Dauerstellplätze 100/471.
2008: (HS) P/N 9.50, K/N 2 bis 10 J. 5.–, K/N ab 10 J. 8.50, St/N 11.50, WD –.50, Strom keine Angabe. CCI in HS 5% und NS 10% auf St/N. Studentenrabatt.

55048 Torre del Lago Puccini, Lucca — I 4030/4

45 ★★ »CAMPING DEI TIGLI« — April bis Sept.
☎ 0584/359182, Fax 341278 — 90 000 qm
www.campingdeitigli.com, info@campingdeitigli.com
→ an der Viale dei Tigli, Landseite. ✉ Viale dei Tigli, 54.

H 200 m | 800 m | 1 km

Ebenes, parzelliertes Wiesengelände unter Pappeln. Zweigeteilt durch öffentliche Straße und durch Dauercamper geprägt. FW. Ort 200 m entfernt. Touristen-/Dauerstellplätze 200/300.
2007: (HS) P/N 9.–, K/N bis 6 J. 7.–, St/N 15.–, H/N 6.–, WD zuzügl., Strom keine Angabe. In NS Ermäßigung.
DCC/CCI 10% auf P/N.

51016 Montecatini Terme, Firenze — I 4040

35 ★★★ »CAMPING BELSITO« — 17.3. bis 30.9.
☎/Fax 0572/67373 — 250 m — 33 000 qm
www.campingbelsito.it, info@campingbelsito.it
→ A11 Florenz–Lucca Abf. Montecatini Terme ca. 3 km in Richtung Montecatini Alto. Beschildert. ✉ Via delle Vigne, 1/A.

H 100 m

Ebene, parzellierte Terrassenanlage auf einem Hügel unter Oliven- und Nussbäumen. In HS separater Pkw-Abstellplatz für Zeltler. 64 Komfortstellplätze mit eigener Sanitärkabine. Imbiss. Ort 3 km entfernt. 150 Touristenplätze.
2008: (HS) P/N 8.–, K/N 1 bis 6 J. 4.–, A/N 5.–, C/N 9.–, MC/N 14.–, T/N 8.–, M/N 4.–, WD inkl., Strom/N 1.50 (15 A). In NS Ermäßigung.
CCI 10% auf P/N.

DCC-Vertragsplatz

51030 S. Baronto di Lamporecchio, Pist. — I 4045

45 ★★★★ »CAMPING BARCO REALE« — 1.4. bis 30.9.
☎ 0573/88332, Fax 856003 — 120 000 qm
www.barcoreale.com, info@barcoreale.com
→ A1 Bologna AB-Kreuz Florenz-Nord, hier abbiegen auf die A11 Richtung Pistoia, dort weiter in Richtung Vinci ca. 14 km. Steile Anfahrt, Schlepphilfe wird gestellt. ✉ Via Nardini, 11/13. (GPS: 43°50'34" N / 10°54'42" E).

700 m

Terrassenplatz an einem Hügel und in einem Pinienwald. Bus-Service nach Florenz, Pisa und Lucca. Whirlpool. Kindersanitär. Hundedusche. Basketball. Boccia. Spielautomaten. Ort 700 m entfernt. 215 Touristenplätze.
2008: (HS) P/N 9.90, K/N bis 2 J. 4.70, 3 bis 11 J. 6.20, St/N 14.80 bis 15.50, WD u. Strom inkl. (10 A). In NS ab 5 N Ermäßigung.
DCC 10% auf P/N.

Im Herzen der Toskana (I 4045)

Der Campingplatz liegt auf einem Hügel in einem Wald aus Pinien und Eichen und bietet ein herrliches Panorama. Das Geburtshaus von Leonardo da Vinci und die berühmten Städte der Toskana liegen ebenfalls nicht weit entfernt. Barco Reale ist ein idealer Platz für einen angenehmen Urlaub wegen des Klimas, des kulturellen Angebots, der geführten Wanderungen unter Olivenhainen und Weingeländen.

Via Nardini, 11/13 • I-51030 S. Baronto (PT)
Tel. 0039/057388332 • Fax 0039/0573856003
info@barcoreale.com • www.barcoreale.com

50021 Barberino di Mugello, Firenze — I 4050

★★★ »CAMPING IL SERGENTE« — 1.1. bis 31.12.
055/8423018, Fax 8423907 — 30 000 qm
www.campingilsergente.it, info@campingilsergente.it

→ A1 Abf. Barberino Mugello auf die SS 65 Richtung Futa. Bei Km 42.4 Loc. Monte di Fó. ✉ Loc. Monte di Fó.

Parzelliertes, terrassiertes Wiesengelände unter Bäumen am Waldrand. FW. Touristen-/Dauerstellplätze 20/56.

50037 San Piero a Sieve, Firenze — I 4055

40 ★★★ »CAMPING MUGELLO VERDE« — 1.1. bis 31.12.
055/848511, Fax 8486910 — 120 000 qm
www.florencecamping.com, mugelloverde@florencecamping.com

→ A1/E6 Bologna–Firenze, Abf. (18) Barberino, ca. 12 km in östlicher Richtung zum Platz. Beschildert. ✉ Via Massorondinaio, 39. (GPS: 48°57'41" N / 11°18'37" E).

(H)2 km 🚲 5 km

Terrassiertes Wiesengelände mit verschiedenem Baumbestand an einem Hang. Busverbindung nach Florenz. Ort 2 km entfernt. 250 Touristenplätze.
2007: (HS) P/N 7.50, K/N bis 12 J. 4.–, C MC-St/N 13.50, T-St/N 12.50, WD inkl., Strom keine Angabe.

50039 Vicchio, Firenze — I 4057

★★ »CAMPING VECCHIO PONTE« — Mai bis Sept.
055/8448306, Fax 579205 — 10 000 qm
www.campingvecchioponte.it, info@campingvecchioponte.it

→ A1 Abf. Barberino di Mugello weiter nach Borgo San Lorenzo, danach noch 6 km bis Vicchio. Beschildert. ✉ Via Costoli, 16.

(H) 1 km

Ebenes und parzelliertes Wiesengelände mit Bäumen. Separater Jugendplatz. 80 Touristenplätze.

50014 Fiesole, Firenze — I 4065

★★★ »CAMPING PANORAMICO FIESOLE« — 1.1. bis 31.12.
055/599069, Fax 59186 — 50 000 qm
www.florencecamping.com, panoramico@florencecamping.com

→ 1 km nördl. des Ortes Fiesole in Richtung Faenza. Sehr schwierige Zufahrt, teilweise 18% Steigung! Schlepphilfe vorhanden. ✉ Via Peramonda, 1. (GPS: 43°48'23" N / 11°18'23" E).

Gelände an einem Hügel. Mit zahlreichen Terrassen und schönem Blick auf Florenz. Shuttlebus zum Ort. Ort 1.5 km entfernt. 200 Touristenplätze.

50125 Firenze, Firenze — I 4070

45 ★★★ »CAMPEGGIO MICHELANGELO« — 1.1. bis 31.12.
055/6811977, Fax 689348 — 40 000 qm
www.ecvacanze.it, michelangelo@ecvacanze.it

→ A 1 Mailand–Rom, Abf. Firenze-Süd oder Firenze Certosa, den Schildern Piazzale Michelangelo folgen, dort beschildert. ✉ Viale Michelangelo, 80.

50 m

Terrassiertes Gelände unter Olivenbäumen mit Blick auf die Stadt. Stark frequentiert. Imbiss. 10 Minuten Fußweg zur Stadt. Zentrum 1 km entfernt. 240 Touristenplätze.
2008: P/N 10.30, K/N 2 bis 12 J. 5.20, A/N 5.90, C/N 7.90, MC/N 13.80, T/N 6.40, M/N 4.90, H/N 2.–, WD inkl., Strom keine Angabe (2 A).

50029 Firenze-Bottai, Firenze — I 4075

★★★ »CAMPING INTERNAZIONALE FIRENZE«
055/2374704, Fax 2373412 — 1.1. bis 31.12.
www.florencecamping.com, internazionale@florencecamping.com — 60 000 qm

→ Autostrada del Sole Abf. 22 Cerbosa, südlich Firenz, links abbiegen, dann noch ca. 1.2 km. Beschildert. ✉ S. Cristofano, 2. (GPS: 43°43'25" N / 11°13'09" E).

Unebenes, teilweise abfallendes Terrassengelände an einem Hang. Teilweise schattenlos. Billard. Ort 5 km entfernt. 360 Touristenplätze.

Camping Village Il Poggetto (I 4080)

Gute Busverbindung nach Florenz

Der terrassenförmig angelegte Platz liegt in der Nähe von Florenz und bietet einen herrlichen Ausblick auf die Toskana. Große Stellplätze und sehr gute Sanitäranlagen garantieren einen angenehmen Aufenthalt. Er verfügt über Schwimmbad mit Kinderbecken, Pizzeria, Restaurant und Fahrradverleih. Idealer Ausgangspunkt für Ausflüge nach Florenz (Busverbindung ins Zentrum), Siena, Pisa und Arezzo. Probieren Sie den weltberühmten Chianti in einem der vielen Weingüter. Privatbäder, Bungalows, Zimmer, Maxicaravans und Ferienwohnungen. Anfahrt: Autobahn A1 Bologna-Rom, Ausfahrt Incisa und nach rechts abbiegen und 4 Km lang wie beschildert fahren. Nach links abbiegen und zum Campingplatz wie beschildert fahren. Geöffnet vom 18.03. bis zum 15.10.2008.

GPS: N 43° 42' 05" - E 11° 24' 19"

Via Il Poggetto, 143 • I-50067 Troghi (FI) • Tel. und Fax 0039/0558307323
www.campingilpoggetto.com • info@campingilpoggetto.com

TORRE PENDENTE CAMPING VILLAGE
(I 4110)

GPS: N 43° 43' 27" - E 10° 22' 59"

Der Campingplatz befindet sich nur 800 m von den welt-berühmten Schiefen Turm und Stadtzentrum entfernt, aber auch nur 2 km von dem erstaunlichen Naturpark San Rossore, den zu Fuss oder mit dem Fahrrad einfach erreichbar ist. Wir sind auch 5 Minuten von San Rossore Haltbahnhof: von hier koennen Sie schnell Florenz und Lucca mit dem Zug erreichen. Ca 10 km bis zu den Badenorten Marina di Pisa und Tirrenia und 20 km bis zum Hafen von Livorno (Fähren nach Korsika, Elba und Sardinia). Unser Campingplatz erstreckt sich über eine von Bäumen geschattete Grasfläche und ist eine ideale Lage für junge Familien mit Kinder (Animation in Hochsaison), für Senioren aber auch für Aktivurlauber! Geöffnet vom 18.03. bis dem 15.10.2008.

Via delle Cascine, 86 • I-56122 Pisa
Tel. 0039/050561704 • Fax 0039/050561734
www.campingtorrependente.it • info@campingtorrependente.it

Schwimmbad mit Whirlpool

DCC-Vertragsplatz
50067 Troghi, Firenze — I4080

[40] ★★★★ »CAMPING IL POGGETTO« — 18.3. bis 15.10.
☎/Fax 055/8307323 — 270 m — 45 000 qm
www.campingilpoggetto.com, info@campingilpoggetto.com

→ A1/E35 Florenz - Monterachi Abf. Incisa Vald´Arno rechts auf die SS 69. Nach ca. 4 km beschildert. ✉ Via il Poggetto, 143. (GPS: 43°42'05" N / 11°24'19" E).

Naturbelassener, weitläufiger Platz. Viele Sportmöglichkeiten. Fitnessraum. Öffentlicher Badebetrieb. Volleyball. Boccia. Bus-Service nach Florenz und Siena. Ort 1 km entfernt. 100 Touristenplätze.
2007: (HS) P/N 9.–, K/N bis 10 J. 6.–, St/N 14.50, H/N 2.20, WD inkl., Strom keine Angabe. In NS Ermäßigung.
DCC 10% auf P/N.

DCC-Vertragsplatz
50063 Figline Valdarno, Firenze — I4085

EUROPA-PREIS

[50] ★★★★ »NORCENNI GIRASOLE CLUB« — 24.3. bis 29.10.
☎ 055/915141, Fax 9151402 — 140 000 qm
www.ecvacanze.it, girasole@ecvacanze.it

→ A1/E35 Florenz-Rom Abf. Incisa auf die SS 69 bis Figline Valdarno. Hier Richtung Greve. Beschildert. ✉ Via Norcenni, 7. (GPS: 43°22'1" N / 11°16'11" E).

Sandiges Wiesengelände unter Weinreben, Laub- und Olivenbäumen. Bus-Service 2 x täglich nach Florenz. Ort 2.5 km entfernt. Touristen-/Dauerstellplätze 350/20.
2007: (HS) P/N 11.–, K/N 2 bis 12 J. 6.50, St/N 15.20, WD u. Strom inkl. (6 A).
DCC 10% auf P/N.

50050 Limite sull' Arno, Firenze — I4090

★★★ »CAMPING SAN GIUSTO« — März bis Okt.
☎ 055/8712304, Fax 8711856 — 400 m — 25 000 qm
www.campingsangiusto.it, info@campingsangiusto.it

→ A1 Bologna–Roma, Abf. Florenz-Signa, auf Superstrada Fi-Pi-Li Richtung Pisa, Abf. Montelupo. ✉ Via Castra, 71.

Welliges, unparzelliertes Wiesengelände. Separate Pkw-Abstellung. Boccia. Ort 5,5 km entfernt. Touristen-/Dauerstellplätze 70/30.

DCC-Vertragsplatz
50020 Marcialla-Certaldo, Firenze — I4095

[35] ★★★ »CAMPING PANORAMA DEL CHIANTI« — 20.3. bis Sept.
☎/Fax 0571/66934 — 374 m — 22 000 qm
www.panoramadelchianti.it, toscolverdi@virgilio.it

→ SS V-Fi-Si Florenz–Siena Abf. Tavernelle in Richtung Marcialla. In Marcialla ab Kirchplatz in Richtung Fiano, noch ca. 1 km. Beschildert. Letzte Anfahrtsstrecke kurvenreich und schmal. ✉ Via Marcialla, 349.

Terrassiertes Wiesengelände mit jungen Anpflanzungen inmitten der toskanischen Hügellandschaft. Separate Pkw-Abstellung. Kinderpark. Ort 800 m entfernt. 70 Touristenplätze.
2007: (HS) P/N 8.–, K/N 1 bis 9 J. 5.–, St/N 10.50, H/N 2.–, WD u. Schwimmbad inkl., Strom/N 2.– (4 A). In NS Ermäßigung.
DCC 10% auf P/N.

50021 Barberino Val d´ Elsa, Firenze — I4100

★★★ »CAMPING SEMIFONTE« — Ostern bis Okt.
☎/Fax 05580/75454 — 400 m — 16 000 qm
www.semifonte.it, semifonte@semifonte.it

→ SS Florenz–Siena Abf. Tavernelle auf die SS 2 in südl. Richtung, noch ca. 8 km. Beschildert. Steile abschüssige Zufahrt.

Parzelliertes Wiesengelände und sandiger Grund mit einzelnen Bäumen. An einem Hügel. Ort 300 m entfernt. Touristen-/Dauerstellplätze 76/14.

DCC-Vertragsplatz
56122 Pisa, Pisa — I4110

[40] ★★★ »CAMPING TORRE PENDENTE« — 18.3. bis 15.10.
☎ 050/561704, Fax 561734 — 10 m — 24 000 qm
www.campingtorrependente.it, info@campingtorrependente.it

→ A 12 Abf. Pisa-Nord Richtung „Pisa Centro" auf der SS 1. Beschildert. ✉ Viale delle Cascine, 86. (GPS: 43°43'27" N / 10°22'59" E).

Ebenes Wiesengelände mit einzelnen Bäumen. Günstiger Platz für den Besuch von Pisa. Whirlpool. Ort 500 m entfernt. 220 Touristenplätze.
2008: (HS) P/N 9.–, K/N 3 bis 10 J. 5.–, A/N 5.–, C/N 8.50, MC/N 13.–, T/N 8.–, M/N 2.–, B/N 3.–, H/N 1.60, WD inkl., Strom keine Angabe. (5 A).
DCC 10% auf P/N.

56018 Tirrenia, Pisa — I4120

★★ »CAMPING SAINT MICHAEL« — Juni bis Mitte Sept.
☎ 050/33103, Fax 33041 — 30 000 qm
www.campingst.michael.com, campstm@iol.it

→ SS 224 in Richtung Livorno, ca. 2 km vor Tirrenia. ✉ Via delle Biganiera.

Ort 2 km entfernt. Touristen-/Dauerstellplätze 120/30.

Vorhandene Bungalows und Ferienwohnungen auf Campingplätzen sind von Ermäßigungen ausgenommen.

Im Herzen der Kunst
Vor- und Nachsaison Sonderangebote

(I 4140)

CAMPINGPLATZ TOSCANA Village

MONTOPOLI (PISA)

PISA — Km 30 — Schnellstraße FI-PI-LI — Km 45 — FLORENZ
Ausfahrt Montopoli / Richtung Montopoli

Zentral gelegen zwischen Pisa, Florenz, Lucca, Pistoia und anderen Kunststädten. Moderne Ausstattungen warten auf Sie im besten Ort, aus dem viele toskanische Kunststädte zu besichtigen sind; und auch das Meer ist nicht weit entfernt.

Schönes Schwimmbad.
Mobilheime zu mieten.

2007: Neues Sanitärgebäude

Tel. 0039/0571449032
Fax 0039/0571449449-0258322402
info@toscanavillage.com
www.toscanavillage.com

56018 Calambrone-Tirrenia, Pisa — I 4130

[35] ★★★ »CAMPING MARE & SOLE« — April bis Sept.
050/32757, Fax 30488 — 50 000 qm
www.campingmareesole.it, info@campingmareesole.it
→ SS 224 Livorno–Pisa, Richtung Tirrenia. Beschildert. Viale del Tirreno.
(GPS: 43°35'13" N / 10°17'58" E).

Teilweise noch schattenloses Gelände mit jungen Bäumen am Meer, zum Teil durch Tamarisken unterteilt. Separate Pkw-Abstellung. Waschgelegenheiten einsehbar. Boccia. Spielautomaten. Nur kleine Hunde erlaubt. Ort 4 km entfernt. Touristen-/Dauerstellplätze 120/140.
2007: (HS) P/N 7.–, K/N 3 bis 10 J. 5.50, St/N 14.–, WD inkl., Strom keine Angabe (3 A). In NS Ermäßigung. CCI in HS 10% und NS 20% auf P/N.

56020 Montopoli in Val d'Arno, Pisa — I 4140

[40] ★★★ »TOSCANA VILLAGE« — 1.1. bis 31.12.
0571/449032, Fax 449449 — 60 m — 35 000 qm
www.toscanavillage.com, info@toscanavillage.com
→ Schnellstraße Florenz–Livorno Abf. Montopoli in Val d'Arno in südl. Richtung, noch ca. 3 km. Beschildert. Via Fornoli, 9.
(GPS: 43°40'34" N / 10°45'10" E).

Terrassiertes Wiesengelände mit einzelnen Bäumen. Imbiss. Volleyball. Ort 800 m entfernt. 83 Touristenplätze.
2008: (HS) P/N 8.–, K/N bis 11 J. 5.–, St/N 13.20, WD inkl., Strom/N 2.30 (6 A). In NS Ermäßigung.

56048 Volterra, Pisa — I 4150

[30] ★★ »CAMPING LE BALZE« — April bis Mitte Okt.
0588/87880, Fax 90463 — 500 m — 30 000 qm
www.campinglebalze.com, campinglebalze@hotmail.it
→ am nordwestl. Ortsrand Richtung Pisa/San Cipriano, unmittelbar neben der Schlucht Le Balze. Beschildert. Via di Mandringa, 15.

400 m
Leicht abfallendes Wiesengelände mit weitem Ausblick. Ort 1 km entfernt. 100 Touristenplätze.
2007: (HS) P/N 7.–, K/N 4 bis 10 J. 4.–, A/N 3.–, C MC/N 9.–, T/N 6.–, M/N 2.–, WD inkl., Strom keine Angabe (6 A).

56040 Montescudaio, Livorno — I 4160

[50] ★★★★ »CAMPING MONTESCUDAIO« — 30.4. bis Sept.
0586/683477, Fax 630932 — 250 000 qm
www.camping-montescudaio.it, info@camping-montescudaio.it
→ Via Aurelia SS 1 Abf. Cecina-Centro, den Hinweisschildern Guardistallo folgen. Beschildert. Via del Poggetto km 2.
(GPS: 43°18'56" N / 10°33'15" E).

1 km — 5 km
Weitgehend naturbelassener Platz im Buschwald. Fitnessraum. Bungalowanlage. Whirlpool. W-Lan/Funk-Internet. Ort (Cecina) 2 km entfernt. Touristen-/Dauerstellplätze 400/60.
2008: (HS) P/N 7.50, K/N 7.50, St/N 23.50, Schwimmbad u. WD inkl., Strom keine Angabe (5 A). In NS Ermäßigung.

2 Restaurant - Pizzeria
Minimarkt - Bazar
2 Bars - 2 Große Schwimmbaeder
2 Kleine Schwimmbaeder - 2 Tennisplätze
Fussball und Volleyball Platz
Spielplätze - Videospiele und Tischtennis
Miniclub - Animation
Satelitenfernsehen - Fahrradverleih
Waschmaschine und Buegeleinrichtungen
Grillplatz - Briefkasten
Autovermietung - Rent Scooter
Geldautomat - Internet point
Radtourenverzeichnis
Ausfluege nach Rom, Florenz, Insel Elba
Wanderrungen - Minikreuzfahrt um die Insel

(I 4170)

valle gaia

I-56040 Casale Marittimo (PI)
Tel. 0039/0586681236
Fax 0039/0586683551
E-mail: info@vallegaia.it
Http: www.vallegaia.it

DCC-Vertragsplatz

EUROPA-PREIS

✉ **56040 Casale Marittimo**, Pisa — **14170**

40 ★★★★ »CAMPING VALLE GAIA« — ☞ 15.3. bis 11.10.
☎ 0586/681236, Fax 683551 — 43 000 qm
www.vallegaia.it, info@vallegaia.it

→ SS1 Via Aurelia, Abf. Cecina Center, links Richtung Cesale, noch ca. 5 km. Beschildert. ✉ Via Cecinese, 87.

Abfahrt

Gepflegtes Gelände umgeben von Olivenhainen. Leicht abfallender Hang mit Baumbestand unterhalb eines Bungalowdorfes. Reservierung empfohlen. Sanitäranlage beheizbar. FW. Volleyball. Boccia. Ort 3.5 km, Meer 10 km entfernt. 150 Touristenplätze.
2008: (HS) P/N 7.75, K/N ab 2 J. 5.61, St/N 13.97, H/N 3.–, WD inkl., Strom keine Angabe (4-6 A). In NS Ermäßigung.
DCC 10% auf P/N. — Anzeige S. 769

✉ **57128 Antignano**, Livorno — **14200**

50 ★★★ »CAMPING MIRAMARE« — ☞ 1.1. bis 31.12.
☎ 0586/580402, Fax 587462 — 33 000 qm
www.campingmiramare.it, info@campingmiramare.it

→ zwischen der Via Littorale und dem Meer. 1 km nach dem Vorort Antignano. ✉ Via del Littorale, 220.

Gelände an einer Steilküste. Durch Hecken u. Bäume getrennt. Friseur. Massagen. Sat-Anschluss. Ort 2 km entfernt. Touristen-/Dauerstellplätze 115/5.
2007: (HS) P/N 14.–, K/N 2 bis 10 J. 6.–, St/N 9.– bis 45.–, WD inkl., Strom N 3.– (2 A).

✉ **57018 Vada**, Livorno — **14220/1**

45 ★★★★ »CAMPING TRIPESCE« — ☞ 15.3. bis 18.10.
☎ 0586/788167, Fax 789159 — 65 000 qm
www.campingtripesce.it, info@campingtripesce.com

→ Strandstraße, ab Vada in südl. Richtung 1 km, dann meerwärts abbiegen. ✉ Via dei Cavelleggeri, 88.

Ebenes, mit Schilfmatten gedecktes Gelände hinter einer Düne. Boccia. Ort 1 km entfernt. Touristen-/Dauerstellplätze 285/15.
2007: P/N 8.–, K/N bis 7 J. 4.–, A/N 4.–, C T/N 16.–, MC/N 18.–, M/N 2.–, WD inkl., Strom keine Angabe (4 A).
CCI 5 % auf P/N.

✉ **57018 Vada**, Livorno — **14220/2**

★★★ »CAMPING RADA ETRUSCA« — ☞ April bis Sept.
☎ 0586/788344, Fax 788052 — 65 000 qm
www.radaetrusca.it, info@radaetrusca.it

→ Strandstraße, ab Vada in südl. Richtung 2 km, dann meerwärts abbiegen, der Beschilderung folgen. ✉ Via Cavalleggeri, 28.

Ebenes und parzelliertes Gelände unter Pappeln am Meer. Separater Pkw-Abstellplatz. Ort 800 m, Tennis 1 km entfernt. Touristen-/Dauerstellplätze 218/180.

DCC-Vertragsplatz

✉ **57018 Vada**, Livorno — **14220/3**

40 ★★★★ »CAMPING MOLINO A FUOCO« — ☞ 19.4. bis 18.10.
☎ 0586/770150, Fax 770031 — 50 000 qm
www.campingmolinoafuoco.com, info@campingmolinoafuoco.com

→ 3 km südlich Vada an der Küstenstraße. ✉ Via Cavalleggeri, 32. (GPS: 43°19'55" N / 10°27'35" E).

Ebenes Wiesengelände mit einzelnen Laubbäumen. Begrenzt durch einen Pinienwald. Ort 2 km entfernt. Touristen-/Dauerstellplätze 150/70.
2008: (HS) P/N 8.–, K/N bis 10 J. 5.50, St/N 16.–, B/N 7.–, H/N 2.–, WD u. Strom inkl. (4 A).
DCC 10% auf P/N, CCI 5% auf P/N u. St/N.

DCC-Vertragsplatz

✉ **57018 Vada**, Livorno — **14220/4**

45 ★★★ »CAMPO DEI FIORI« — ☞ 22.3. bis 14.9.
☎ 0586/770096, Fax 770323 — 150 000 qm
www.campingcampodeifiori.it, campofiori@multinet.it

→ südl. Vada auf die Strandstraße, nach 2.5 km links abbiegen. Beschildert. ✉ Loc. Campo al Fiori, 4. (GPS: 43°20'09" N / 10°27'54" E).

Ebenes Wiesengelände mit Pappeln und Pinien. Offenes Sanitär. Bungalowanlage. Schwimmen 700 m, Ort 1.5 km entfernt. Touristen-/Dauerstellplätze 450/250.
2007: (HS) P/N 11.–, K/N bis 10 J. 6.–, C T-St/N 10.–, MC-St/N 11.–, H/N 8.–, WD inkl., Strom keine Angabe (3 A). In NS Ermäßigung.
DCC 10% auf P/N.

✉ **57018 Vada**, Livorno — **14220/5**

45 ★★★ »CAMPING RIFUGIO DEL MARE« — ☞ 25.4. bis 21.9.
☎ 0586/770091, Fax 770268 — 56 000 qm
www.rifugiodelmare.it, info@rifugiodelmare.it

→ südl. Vada auf die Strandstraße, nach 2.5 km links. ✉ Loc. Mozzi, 100. (GPS: 43°19'51" N / 10°27'50" E).

Ebenes, parzelliertes Wiesengelände. Durch Dauercamper geprägt. In NS separate Pkw-Abstellung. Ort 2 km entfernt. Touristen-/Dauerstellplätze 130/120.
2008: P/N 9.50, K/N bis 10 J. 6.50, C-St/N 13.–, MC-St/N 13.50, T-St/N 12.–, H/N 7.–, WD u. Strom inkl. (6 A).

✉ **57023 Cecina Mare**, Livorno — **14230/1**

★★★ »CAMPING MAREBLU« — ☞ März bis Okt.
☎ 0586/629191, Fax 629192 — 100 000 qm
www.campingmareblu.com, info@campingmareblu.com

→ SS1 Aurelia in Richtung Rom. Im Zentrum ab Quercianella Schnellstr. bis Abf. Vada in Richtung La Mazzanta. ✉ Via dei Campilunghi.

Ebenes, parzelliertes Pinienwaldgelände mit Lichtungen. Bungalowanlage. Musikveranstaltungen. Volleyball. Boccia. Ort 2.5 km entfernt. Touristen-/Dauerstellplätze 280/60.

✉ **57023 Cecina Mare**, Livorno — **14230/2**

★★★★ »CAMPEGGIO DELLE GORETTE« — ☞ Ostern bis Sept.
☎ 0586/622460, Fax 620045, gorette@supereva.it — 100 000 qm

→ nördl. Cecina bei Km 281.3 von der Via Aurelia meerwärts. ✉ Via dei Campilunghi.

Wiesengelände mit einzelnen Bäumen. FW. Boccia. Schwimmen 100 m, Ort 5 km entfernt. Touristen-/Dauerstellplätze 250/250.

✉ **57023 Cecina Mare**, Livorno — **14230/3**

40 ★★★ »NEW CAMPING LE TAMERICI« — ☞ 1.5. bis 31.12.
☎ 0586/620629, 620801, Fax 687811 — 80 000 qm
www.letamerici.it, info@letamerici.it

→ A12/E80, Abf. Rosignano/Cecina auf die SS1 Richtung Cecina Mare. Ab hier beschildert. Achtung! In Cecina Eisenbahn-Unterführung. Maximale Durchfahrthöhe 2.50 m. ✉ Via Della Recinella, 5.

Camping Tripesce (I 4220/1)
Via Cavalleggeri, 88
I-57018 VADA (LI)
Tel. 0039/0586788167
Tel. 0039/0586788017
Fax 0039/0586789159

Der Camping Tripesce, direkt am Meer gelegen, hat direkten Zugang zu einem herrlichen Strand aus weißem Sand, der die landschaftliche Schönheit des Campings noch hervorhebt. Von diesem Platz im Herzen der Toskana erreichen Sie in kürzester Zeit die schönsten Kunststädte. Das milde Klima der toskanischen Küste ermöglicht einen Aufenthalt in unserem Camping während der gesamten Öffnungszeit. Am Platz: Restaurant, Bar, Market und für unsere kleinen Gäste ein Spielgelände mit Rutschbahn, Schaukel und Tischtennis. Wenn Sie Bewegung lieben, können Sie an unseren Wochenkursen für Jazzgymnastik oder lateinamerikanische Tänze teilnehmen. Der Camping Tripesce verfügt außerdem über einen Volleyball- und einen Basketballplatz. Für alle, die ohne eigene Ausrüstung anreisen, stehen herrliche und mit jedem Komfort eingerichtete Ferienwohnungen und Maxicaravan zur Verfügung. **Hundeverbot von 03.05. bis 06.09.** Öffnungszeit vom 15.03. bis 18.10.
E-mail: info@campingtripesce.com • Http: www.campingtripesce.com

Neue Mobilheime

150 m — 500 m
Ebenes Wiesengelände mit Büschen und Bäumen. Restaurant. Volleyball. Boccia. Ort 2 km entfernt. Touristen-/Dauerstellplätze 142/70.
2007: P/N 8.–, K/N bis 8 J. 5.–, A/N 4.–, C T/N 11.50, MC/N 13.50, M/N 2.50, WD inkl., Strom keine Angabe (3 A).
DCC/CCI 5% auf P/N.

57020 Marina di Bibbona, Livorno I 4240/1
50 ★★★ »CAMPING LE CAPANNE« 24.4. bis 28.9.
☎ 0586/600064, Fax 600198 60 000 qm
www.campinglecapanne.it, info@campinglecapanne.it
→ Via Aurelia (SS1) bei Km 273 ca. 300 m landeinwärts. Beschildert.
✉ Via Aurelia, Km 273.

1 km
Parzelliertes Wiesengelände mit vielfältigem Blumenschmuck und verschiedenen Bäumen. In HS Pendelbus zum Strand von Marina di Bibbona. FW, Zimmer. Whirlpool. Meer 1.5 km, Ort 2.5 km entfernt. Touristen-/Dauerstellplätze 239/80.
2008: (HS) P/N 10.–, K/N bis 10 J. 7.80, St/N 16.20, H/N 7.80, WD inkl. Strom keine Angabe (3-10 A). In NS Ermäßigung.

57020 Marina di Bibbona, Livorno I 4240/2
50 ★★★ »CAMPING LE ESPERIDI« 15.3. bis 15.10.
☎ 0586/600196, Fax 681985, 140 000 qm
www.esperidi.it, info@esperidi.it
→ Via Aurelia (SS1) nach Marina di Bibbona abbiegen. Im Ort rechts. Beschildert. ✉ Via dei Cavalleggeri Nord, 25.
(GPS: 43°9'7" N / 10°19'0" E).

50 m
Leicht welliges Pinienwaldgelände direkt am Meer. Freizeitprogramm. Massagen. Fitnessraum. Wellnessbereich. Boccia. Zentrum 500 m entfernt. Touristen-/Dauerstellplätze 600/80.
2008: (HS) P/N 10.80, K/N bis 8 J. 6.90, A/N 5.30, C T/N 13.80, MC/N 17.50, M/N 4.30, H/N 3.–, WD inkl., Strom keine Angabe (6 A).

57020 Marina di Bibbona, Livorno I 4240/3
★★★ »CAMPING IL CAPANNINO« März bis Sept.
☎ 0586/600252, Fax 600720 30 000 qm
www.capannino.it, capannino@capannino.it
→ Via Aurelia (SS1) bei Km 272.5 zum Meer abbiegen. Beschildert.

300 m
Pinienwaldgelände. Hunde auf Anfrage. Bungalowanlage. Zentrum 700 m entfernt. Touristen-/Dauerstellplätze 50/150.

57020 Marina di Bibbona, Livorno I 4240/4
50 ★★★ »CAMPING CASA DI CACCIA« 15.3. bis 25.10.
☎ Fax 0586/600000 35 000 qm
www.campingcasadicaccia.com, info@campingcasadicaccia.com
→ von der Via Aurelia (SS1) nach Marina di Bibbona abbiegen. Im Ort beim Kreisverkehr rechts, nach ca. 250 m links. Beschildert. ✉ Via del Mare, 40. (GPS: 43°14'48" N / 10°31'32" E).

Pinien- u. Eukalyptuswaldgelände. Weitgehend naturbelassen. Verbot für Motorboote. Mindestaufenthalt in der HS 10 Nächte. Imbiss. Zentrum 500 m entfernt. 160 Touristenplätze.
2008: (HS) P/N 10.50, K/N bis 8 J. 6.50, A/N 5.–, C T/N 13.–, MC/N 18.–, M/N 4.–, WD zuzügl., Strom keine Angabe (6 A).

57020 Marina di Bibbona, Livorno I 4240/5
★★★ »CAMPING DEL FORTE« Ostern bis Sept.
☎ 0586/600155, Fax 600123 80 000 qm
www.campeggiodelforte.it, campeggiodelforte@campeggiodelforte.it
→ Via Aurelia (SS1) Abf. Marina di Bibbona. ✉ Via dei Platani, 58.

200 m — 400 m
Ebenes, parzelliertes Sand- und Wiesengelände. FW. Ärztliche Betreuung. Ort 500 m entfernt. Touristen-/Dauerstellplätze 90/390.

Loc. Mazzanta • I-57023 CECINA MARE (LIVORNO)
Tel. 0039/0586629191 • Fax 0039/0586629192
info@campingmareblu.com • www.campingmareblu.com

TOSCANA — **MAREBLU CAMPING VILLAGE** ★★★ (I 4230/1)

NEUE MOBILHEIME

Der "Campingplatz Mareblu" befindet sich in Cecina Mare, am toskanischen Küstenstreifen nicht weit von berühmten Kunststädten wie Florenz, Pisa oder Siena entfernt. Auch zu den vorgelagerten Inseln ist es nur ein Katzensprung. Der Campingplatz liegt inmitten eines schattigen Pinienhaines und erstreckt sich über rund 100.000 mq. Der Fußpfad, der Sie an den Strand führt, durchquert einen Pinienwald mit jahrhundertealten Bäumen, der ca. 300 m breit ist und zum Naturschutzpark erklärt wurde. Große Stellplätze mit Stromanschluss, interner Parkplatz, 5 Bad- und Toilettenkomplexe, Supermarkt und Bazar, Obstgeschäft, Metzgerei, Zeitungs- und Tabakwarengeschäft, Bar, Restaurant, Selbstbedienungsrestaurant und Pizzeria. Kinderspielplatz und Fußballplatz, Fahrradverleih, Tischtennis, Bocciabahnen, Schwimmbad, Kinderplanschbecken, Animation. In der Nähe finden Sie zudem Tennisplätze, eine Windsurfschule, ein Tauchzentrum und Reitmöglichkeiten. Mobilheime können auch gemietet werden. Hundeverbot von 05.07. bis 30.08.2008.

57020 Marina di Bibbona, Livorno — 14240/6

»CAMPING FREE BEACH« — 23.4. bis 18.9.
☎ 0586/600388, Fax 602984 — 350 m — 90 000 qm
www.campingfreebeach.it, info@campingfreebeach.it

→ Via Aurelia (SS 1) Abf. Marina di Bibbona. ✉ Via Cavalleggeri Nord, 88.

Sand- und Wiesengelände mit Bäumen, in reservierten Zonen, am Meer. Bungalowanlage. Ort 150 m entfernt. Touristen-/Dauerstellplätze 200/250.
2007: (HS) P/N 11.–, K/N 1 bis 9 J. 7.50, C MC-St/N 15.–, T-St/N 10.–, H/N 5.–, WD inkl., Strom keine Angabe.

57020 Marina di Bibbona, Livorno — 14240/7

»CAMPING FREE TIME« — 23.4. bis 5.10.
☎ 0586/600934, Fax 602682 — 28 000 qm
www.freetimecamping.it, info@freetimecamping.it

→ Via Aurelia (SS 1) nach Marina di Bibbona abbiegen. ✉ Via dei Cipressi.

Ebenes Wiesengelände mit jungen Anpflanzungen. Von halbhohen verschiedenen Baumarten durchzogen. Fahrradverleih bei Cpl. Free Beach. Ort 800 m entfernt. 73 Touristenplätze.
2007: (HS) P/N 12.–, K/N 1 bis 9 J. 8.–, C MC-St/N 16.–, T-St/N 11.–, WD u. Strom inkl. (3 A).

57022 Castagneto Carducci, Livorno — 14250

»CAMPING LE PIANACCE« — 24.4. bis 28.9.
☎ 0565/763667, Fax 766085 — 95 000 qm
www.campinglepianacce.it, info@campinglepianacce.it

→ Via Aurelia (SS 1) bei Km 264 abbiegen Richtung Castagneto Carducci. Vor Ortsbeginn links, nach 500 m rechts abbiegen. ✉ Loc. Le Pianacce.

Überwiegend naturbelassene Terrassenanlage im Pinienwald. Für Caravans schwieriges Gelände. Rangierhilfe wird geboten. Fitnesspfad. Ort 2 km entfernt. 213 Touristenplätze.
2008: (HS) P/N 9.50, K/N bis 10 J. 7.50, St/N 15.50, WD inkl., Strom keine Angabe (3 bis 10 A). In NS Ermäßigung.

57024 Marina di Castagn. Donoratico — 14260/1

»INT. CAMPING ETRURIA« — 1.4. bis 30.9.
☎ 0565/744254, Fax 744494 — 150 000 qm
www.campingetruria.it, info@campingetruria.it

→ Via Aurelia (SS 1) bei Km 264.5 nach Marina di Castagn. Donoratico abbiegen. Vor Ortsbeginn rechts abbiegen, noch ca. 1.5 km. ✉ Via della Pineta. (GPS: 43°11'17" N / 10°32'28" E).

Weitläufiges Piniengelände am Meer mit breitem Sandstrand. Ort 500 m entfernt. Touristen-/Dauerstellplätze 100/500.
2008: (HS) P/N 11.–, K/N 2 bis 8 J. 8.–, H/N 7.–, WD zuzügl., Strom inkl. (3 A). In NS Ermäßigung.

57024 Marina di Castagn. Donoratico — 14260/2

»CAMPING CONTINENTAL« — April bis Sept.
☎/Fax 0565/744014 — 160 000 qm
www.campingcontinental.it, info@campingcontinental.it

→ Via Aurelia (SS 1) Abf. Donoratico in Richtung Marina di Castagneto. Noch 800 m. Beschildert. ✉ Via 1. Maggio.

Teils Wiesen-, teils Sandgelände mit Bäumen. Separate Pkw-Abstellung. Basketball. Ort 300 m entfernt. Touristen-/Dauerstellplätze 360/205.

DCC – DEIN PARTNER!

57027 San Vincenzo, Livorno — 14270/1

»CAMPING PARK ALBATROS« — 24.4. bis 5.10.
☎ 0565/701018, Fax 701400 — 220 000 qm
www.ecvacanze.it, parkalbatros@ecvacanze.it

→ Via Aurelia (SS 1) in San Vincenzo auf die Küstenstraße Richtung Piombino abbiegen, nach ca. 1 km landeinwärts. ✉ Via della Principessa. (GPS: 43°04'38" N / 10°32'18" E).

Ebenes, größtenteils naturbelassenes Pinienwaldgelände. Hunde auf Anfrage. Kostenloser Strandzubringer (800 m). Ort 8 km entfernt. Touristen-/Dauerstellplätze 618/60.
2008: (HS) P/N 12.–, K/N 2 bis 12 J. 9.–, C MC-St/N 17.–, T-St/N 14.–, H/N 3.50, WD u. Strom inkl. (6 A). In NS Ermäßigung.

57027 San Vincenzo, Livorno — 14270/2

»AGRITURISMO-CAMPING SAN BARTOLO« — März bis Okt.
☎/Fax 0565/704096 — 60 000 qm
www.agriturismosbartolo@tiscali.it, campingsbartolo@alice.it

→ Via Aurelia (SS 1) Abf. San Vinzcenzo-Süd, 500 m Richtung Livorno, dann rechts abbiegen Richtung San Carlo, ca. 2 km. ✉ Strada S. Bartolo, 35.

Hügeliges Gelände in ländlicher Umgebung mit Blick auf das Meer und die toskanische Inselgruppe. Autovermietung. Ort 2 km entfernt. 120 Touristenplätze.

57021 Campiglia Marittima, Livorno — 14280

»CAMPING BLUCAMP« — 17.5. bis 7.9.
☎/Fax 0565/838553, 0574/574272 — 35 000 qm
www.blucamp.it

→ Via Aurelia SS 1 bis 1 km hinter S.Vincenzo, dann links abbiegen. ✉ Via Tutti Venti. (GPS: 43°03'25" N / 10°36'29" E).

Am Hang terrassiertes Wiesengelände. Zum Teil unter Kastanien- und Eichenbäumen, zum Teil in einem Olivenhain. W-LAN. Ort 700 m entfernt. Touristen-/Dauerstellplätze 80/25.
2008: (HS) P/N 8.35, K/N bis 8 J. 5.75, St/N 10.60 bis 15.25, H/N 5.95, Schwimmbad, WD u. Strom inkl. (4 A). In NS bis 30% Ermäßigung.
DCC/CCI 5% auf P/N.

57020 Vignale Riotorto/Livorno — 14290/1

»CAMPING RIOTORTO« — 24.4. bis 21.9.
☎ 0565/21008, Fax 21118 — 45 000 qm
www.campingriotorto.com, info@campingriotorto.com

→ Via Aurelia (SS 1) abbiegen in Richtung Riotorto. Beschildert. ✉ Campo al Fico, 15. (GPS: 42°58'00" N / 10°39'02" E).

Ebenes Wiesengelände mit Anpflanzungen. Teilweise geschottert. Kostenloser Minibus zum Strand. Mietzelte. Ort 3 km entfernt. Touristenstellplätze 87/141.
2007: (HS) P/N 10.–, K/N 2 bis 10 J. 8.– bis 15.–, H/N 5.–, WD u. Strom inkl. In NS Ermäßigung.

DCC-Vertragsplatz

57020 Vignale Riotorto/Livorno — 14290/2

»CAMPING PAPPASOLE« — 22.3. bis 18.10.
☎ 0565/20414, Fax 20346 — 200 000 qm
www.pappasole.it, info@pappasole.it

→ Via Aurelia (SS 1) bis Abf. Follonica-Nord, abbiegen Richtung Piombino, dann beschildert. ✉ Via di Carbonifera, 14.
(GPS: 42°57'03" N / 10°41'08" E).

INTERNATIONAL CAMPING ETRURIA

Der Campingplatz liegt in einem herrlichen Pinienwald am Strand, beschattet von mächtigen Pinien, Wacholder und einer dichten Vegetation. Der Strand ist sehr breit und leicht abfallend. Fläche ca. 140.000 m², Privatstrand, Auto beim Zelt, sehr moderne Sanitäranlagen, Bungalows, Sanitätsraum, Bar, Restaurant, verschiedene Geschäfte, Markt, Unterhaltungszone. Täglich und abends professionelle Animation für Erwachsene und Kinder. 500 m entfernt: Tennis, Kinderspielplatz, Reitgelegenheit, Trocken-Bootsplätze. Bankautomat.

I-57024 Marina di Castagneto (LIVORNO)
Tel. 0039/0565744254 • Fax 0039/0565744494
E-mail: info@campingetruria.it
Http: www.campingetruria.com
Http: www.campingetruria.it

(I 4260/1)

300 m, 2 km, 10 km

Ebenes Wiesengelände mit Baumgruppen. Durch Hecken parzellierte Stellflächen am Rand eines Pinienwaldes. In der Nähe einer Bahnlinie. Bungalowanlage. Stellplätze mit Sanitärkomplettzelle und Küche. Separater Pkw-Abstellplatz. Ärztliche Betreuung. Friseur. Boccia. Hundedusche. Ort (Riotorto) 7 km entfernt. Touristen-/ Dauerstellplätze 477/70.
2008: (HS) P/N 13.–, K/N bis 9 J. 8.50, St/N 30.50, H/N 9.–, WD inkl., Strom keine Angabe (3-10 A). In NS Ermäßigung.
DCC 10% auf P/N.

✉ 57037 Portoferraio, Elba — I 4300/1

55 ★★★★ »CAMPING ACQUAVIVA« — April bis Okt.
☎ 0565/919103, Fax 915592 — 18 000 qm
www.campingacquaviva.it, campingacquaviva@elbalink.it

→ hinter Portoferraio rechts abbiegen.

300 m

Ebenes Gelände mit einigen Terrassen an einer schönen Badebucht. Ort 3.5 km entfernt. 80 Touristenplätze.
2007: (HS) P/N 13.–, K/N 3 bis 8 J. 11.–, A/N 3.50, C/N 15.–, MC/N 17.–, T/N 14.–, M/N 2.50, H/N 5.–, WD inkl., Strom/N 2.80. In NS Ermäßigung.
CCI 10% Ermäßigung.

✉ 57037 Portoferraio, Elba — I 4300/2

★★★ »CAMPING LA SORGENTE« — Ostern bis Sept.
☎/Fax 0565/917139 — 12 000 qm
www.campinglasorgente.it, info@campinglasorgente.it

→ an der Straße nach Enfola. Schmale Zufahrt.

100 m, 400 m

Terrassiertes Gelände oberhalb der Küste. Über Kletterpfad zu zwei einsamen Stränden. Imbiss. Ort 6 km entfernt. 70 Touristenplätze.

✉ 57037 Portoferraio, Elba — I 4300/3

55 ★★★ »ENFOLA CAMPING« — Ostern bis Okt.
☎ 0565/939001, Fax 918613 — 8000 qm
www.campingenfola.it, info@campingenfola.it

→ hinter Portoferraio rechts abbiegen. Beschildert. ✉ Loc. Enfola.

800 m

Stark terrassiertes Gelände an einem Berghang. Von Laubbäumen durchzogen. Füllstation für Tauchsportflaschen. Ort 6 km entfernt. 50 Touristenplätze.
2007: (HS) P/N 12.90, K/N bis 8 J. 9.80, A/N 3.–, C T/N 16.20, MC/N 17.20, M/N 2.70, B/N 10.–, H/N 3.–, WD inkl., Strom/N 2.50.

✉ 57037 Portoferraio, Elba — I 4300/4

55 ★★★★ »CAMPING SCAGLIERI« — 1.4. bis 15.10
☎ 0565/969940, Fax 969834 — 17 000 qm
www.campingscaglieri.it, info@campingscaglieri.it

→ von der Straße nach Procchio zum Platz abbiegen. Zufahrt für größere Gespanne schwierig. ✉ Loc. Biodola, 1.

200 m, 1 km

Terrassengelände mit Bäumen über der Bucht von Biodola. Zum eigenen Strand über eine steile Treppe. FW. Ort 6 km entfernt. 110 Touristenplätze.
2007: (HS) P/N 13.50, K/N 3 bis 10 J. 10.50, A/N 4.–, C MC/N 19.–, T/N 18.–, M/N 3.–, H/N 4.–, WD inkl., Strom/N 3.50. In NS Ermäßigung.

✉ 57037 Ottone b. Portoferráio, Elba — I 4305

★★★★ »CAMPING ROSSELBA LE PALME« — Mai bis Sept.
☎ 0565/933101, Fax 933041 — 300 000 qm
www.rosselbalepalme.it, info@rosselbalepalme.it

→ Portoferráio in Richtung Porto Azzurro, noch 5 km Richtung Bagnáia. ✉ Loc. Ottone, 3.

50 m, 400 m

Großzügige Terrassenanlage unterhalb des Folterráio mit Palmengarten und Blick aufs Meer. Bungalowanlage. Öffentlicher Badebetrieb. FW. Whirlpool. Mietzelte. Ort 7 km entfernt. 250 Touristenplätze.

✉ 57034 Marina di Campo, Elba — I 4310/1

50 ★★★ »CAMPING DEL MARE« — 1.4. bis 31.10.
☎ 0565/976237, Fax 977850 — 8000 qm
www.campingdelmare.it, info@campingdelmare.it

→ Von Portoferraio nach Procchio, hier abbiegen Richtung Marina di Campo, an der Sandbuchte. ✉ Via della Foce, 295.
(GPS: 42°45'02" N / 10°14'71" E).

50 m, 100 m, S 200 m, 600 m

Ebenes Gelände an der Bucht von La Foce. Ort 1.5 km entfernt. 34 Touristenplätze.
2008: (HS) P/N 11.50, K/N bis 3 J. 3.50, K/N 3 bis 9 J. 9.–, A/N 3.50, C T/N 13.–, MC/N 15.–, M/N 2.50, H/N 5.–, WD inkl., Strom/N 2.50. In NS Erm.
DCC/CCI 10% auf St/N.

DCC – auch Ihr Camping-Partner!

57034 Marina di Campo, Elba — 14310/2

★★★★ »CAMPING VILLE DEGLI ULIVI« — April bis Okt.
☎ 0565/976098, Fax 976048 — 50 000 qm
www.villedegliulivi.it, info@villedegliulivi.it

→ Von Portoferráio nach Procchio, hier abbiegen in Richtung Marina di Campo. Dort bis zum östl. Ortsrand, dann meerwärts. Beschildert. ✉ Via della Foce, 89.

100 m

Terrassengelände, leicht abfallendes Gelände mit verschiedenartigen Bäumen und Oleanderhecken. Separate Pkw-Abstellung. FW. Kindersanitär. Wellnessbereich mit Whirlpool und türk. Bad. Fitnessraum. Massagen. Imbiss. Hundedusche. Ort 1 km entfernt. Touristen-/Dauerstellplätze 185/100.

57034 Marina di Campo, Elba — 14310/3

55 **★★★ »CAMPING LA FOCE«** — 1.1. bis 31.12.
☎ 0565/976456, Fax 977385 — 16 000 qm
www.campinglafoce.com, info@campinglafoce.com

→ Von Portoferráio nach Procchio, hier abbiegen in Richtung Marina di Campo. Dort bis zum östl. Ortsrand, dann meerwärts. Beschildert. ✉ Loc. La Foce, 379. (GPS: 42°44'58" N / 10°14'43" E).

20 m 100 m 500 m

Teils leicht abfallendes, teils ebenes terrassiertes Sandgelände. Von Pinien und verschiedenen Laubbäumen beschattet. Über eine kleine öffentliche Zufahrtsstraße zum Sandstrand. Ort 1.5 km entfernt. 100 Touristenplätze.
2007: (HS) P/N 12.70, K/N bis 3 J. 3.50, K/N 3 bis 10 J. 9.50, A/N 3.50, C/N 15.–, MC/N 17.50, T/N 12.–, M/N 3.–, H/N 4.–, WD inkl., Strom/N 2.50 (4/6 A). In NS Ermäßigung.

57037 Lacona, Elba — 14320/1

★★★★ »CAMPING LACONA« — Ostern bis Sept.
☎ 0565/964161, Fax 964330 — 26 000 qm
www.camping-lacona.it, info@camping-lacona.it

→ 8 km von Portoferraio auf der Südseite der Insel.

100 m 200 m 600 m

Terrassiertes und parzelliertes Hanggelände. Teilweise unter Pinien. Fitnessraum. Billard. Kiesstrand 100 m, Sandstrand 400 m, 12 Bungalows 500 m, 10 FW 1 km, Ort (Portoferráio) 8 km entfernt. Touristen-/Dauerstellplätze 176/9.

57031 Lacona, Elba — 14320/2

55 **★★★★ »CAMPING TALLINUCCI«** — 8.3. bis 31.10.
☎ 0565/964069, Fax 964333 — 14 000 qm
www.campingtallinucci.it, info@campingtallinucci.it

→ an der Südseite der Insel, in der Bucht von Lacona. Am Ende des Strandes Richtung Marina di Campo. ✉ Via del Mare, 213. (GPS: 42°45'40" N / 10°18'00" E).

200 m 400 m

Ebenes Gelände am Golf von Lacona mit einigen Eukalyptusbäumen. Kindersanitär. 30 Appartments. Sport- u. Spielfeld. Geführte Wanderungen. Ort (Lacona) 800 m entfernt. 100 Touristenplätze.
2007: (HS) P/N 13.–, K/N bis 8 J. 9.50, A/N 3.–, C T/N 14.50, MC/N 17.50, M/N 2.–, H/N 6.–, WD inkl., Strom/N 1.50 (3 A). In NS Ermäßigung.

57037 Lacona, Elba — 14320/3

50 **★★★ »CAMPING LACONELLA«** — 15.3. bis 31.10.
☎ 0565/964228, Fax 964080 — 13 200 qm
www.campinglaconella.it, info@campinglaconella.it

→ am Ende der Straße von Lacona in Richtung Marina di Campo, ca. 400 m staubiger Fahrweg bergwärts. ✉ Via Laconella. (GPS: 42°75'89" N / 10°29'71" E).

57037 Lacona, Elba — 14320/2

100 m 300 m 500 m

Terrassengelände über dem Felsstrand. Teilweise Blick über die Bucht. Hunde in HS auf Anfrage. Boccia. Ort (Lacona) 500 m entfernt. 107 Touristenplätze.
2007: (HS) P/N 11.50, K/N bis 10 J. 8.50, A/N 3.50, C T/N 12.–, MC/N 15.50, M/N 2.50, H/N 4.– (NS), WD inkl., Strom/N 1.60 (3 A). In NS Ermäßigung.

57037 Lacona, Elba — 14320/4

50 **★★★ »CAMPING CASA DEI PRATI«** — 1.4. bis 15.10.
☎ 0565/964060, Fax 915266 — 17 800 qm
www.casadeiprati.it, casadeiprati@elbalink.it

→ Portoferraio ca. 700 m in Richtung Porto Azzurro bis zu einer Ampel, hier rechts abbiegen nach Lacona, noch ca. 3 km. ✉ Via colle Recigo, 236.

50 m

100 m 300 m 2 km

Teils leicht abfallendes und terrassiertes Wiesengelände, teils ebene parzellierte Stellplätze. Unter Laub- u. Nadelbäumen durchzogen. An der Bucht von Lacona. Familiäre Atmosphäre. FW. Alle Wassersportarten. Ort (Lacona) 500 m entfernt. 80 Touristenplätze.
2007: (HS) P/N 12.–, K/N 3 bis 11 J. 10.–, A/N 2.80, C/N 13.50, MC/N 16.10, T/N 12.50, M/N 2.20, H/N 8.–, WD (HS) zuzügl., Strom/N 2.80 (3 A). In NS Ermäßigung.
DCC/CCI 10% auf P/N.

57037 Lacona, Elba — 14320/5

★★★ »CAMPING STELLA MARE« — April bis Okt.
☎/Fax 0565/964007 — 67 000 qm
www.stellemare.it, niki@stellamare.it

→ an der Südseite der Insel in der Bucht von Lacona. ✉ Loc. Lacona, 177.

100 m 1 km

Terrassiertes Gelände um einen Hügel mit Blick über die Bucht. Einige Terrassen nur für Zelte. Teilweise separate Pkw-Abstellung. Von den beiden Badestränden ist die kleinere Bucht auch für FKK zugelassen. FW. Ort (Lacona) 500 m entfernt. 247 Touristenplätze.

57031 Capoliveri, Elba — 14330/1

★★★ »CAMPING LE CALANCHIOLE« — April bis Okt.
☎ 0565/933488, 933494, Fax 915999 — 40 000 qm
www.lecalanchiole.it, info@lecalanchiole.it

→ von der Straße nach Porto Azzurro abbiegen, noch ca. 800 m.

600 m 1 km

Terrassiertes Gelände über dem Golfo di Stella. Separate Pkw-Abstellung. FW. Zimmer. Ort (Porto Azzurro) 3 km entfernt. 274 Touristenplätze.

57031 Capoliveri, Elba — 14330/2

★★★ »CAMPING LIDO« — April bis Okt.
☎ 0565/933414, Fax 940001 — 14 000 qm
www.elbacampinglido.it, campinglido@elbalink.it

→ von der Straße Portoferráio–Porto Azzurro nach Lido di Capoliveri abbiegen. Beschildert. ✉ Loc. Lido di Capoliveri.

80

m 100 m 500 m 600 m

Teilweise terrassiertes Gelände direkt am Strand. Mit Pinien, Stemmeichen und Eucalyptusbäumen bewachsen. FW. Ort (Porto Azzurro) 3 km entfernt. 100 Touristenplätze.

57031 Capoliveri, Elba — 14330/3

55 **★★★ »CAMPING EUROPA«** — 1.4. bis 31.10.
☎/Fax 0565/940121 — 36 000 qm
www.elbacampingeuropa.it, europa@elbalink.it

→ von der Straße Portoferráio-Porto Azzurro nach Lido di Capoliveri abbiegen. Beschildert. ✉ Loc. Lido di Capoliveri.

Camping Tallinucci

FERIENWOHNUNGEN LACONA - Isola d'Elba

Unser Campingplatz liegt im Süden der Insel, direkt am Sandstrand von Lacona, im Nationalpark des toskanischen Archipels. Es ist der ideale Ort für Wassersport und Spiel, Radfahren und Wandern auf panoramareichen Wegen, für Familien, die einen angenehmen und erholsamen Urlaub verbringen möchten. Eine neue, grosszügige Sanitäranlage, die mit einer modernen Solaranlage betrieben wird, sorgt immer für warmes Wasser, angenehme Belüftung und in der kühleren Jahreszeit für die Fußbodenheizung. Für unsere kleinen Gäste haben wir einen eigenen, kindergerechten Toilettenraum eingerichtet. Zur Anlage gehören Sat-TV Raum, Tennisplatz, Spielplatz, Mini-Fußballplatz, Verleih von Sonnenschirmen, Liegestühlen, Tretbooten und Kanus. Vermietung von komplett ausgestatteten Ferienwohnungen für 2-6 Personen. Reservierung ab Januar möglich. Wir sprechen deutsch.

Via del Mare 213 - Loc. Lacona - I-57031 Capoliveri (LI) - ISOLA D'ELBA
Tel. 0039/0565.964069-964066-964126 - Fax 0039/0565.964289-964333
E-Mail: info@campingtallinucci.it - Http: www.campingtallinucci.it

2008: im Frühling und Herbst wandern wir mit unseren Gästen, entdecken Sie die Multisport Wochen im April

(I 4320/2)

Terrassiertes und mit Bäumen bewachsenes Gelände an einem Hügel. Separate Pkw-Abstellung. Boccia. Billard. Spielautomaten. Ort (Porto Azzurro) 3 km entfernt. 274 Touristenplätze.
2007: (HS) P/N 13.50, K/N 2 bis 8 J. 9.–, A/N 3.50, C T/N 17.–, MC/N 18.–, M/N 2.60, H/N 5.–, WD inkl., Strom/N 2.20 (3 A). In NS Ermäßigung.

✉ 57031 Morcone, Elba — I 4340

★★★ »CAMPING CROCE DEL SUD«   ⚓ 1.4. bis 31.10.
☎ 0565/968640, Fax 935756   10 000 qm
www.campingcrocedelsud.it, info@campingcrocedelsud.it
→ Capoliveri in Richtung Morcone. ✉ Loc. Morcone, 23.

Terrassenplatz, durch ein ausgetrocknetes Bachbett zweigeteilt. Ort (Capoliveri) 3 km entfernt. 63 Touristenplätze.
2007: (HS) P/N 12.–, K/N bis 8 J. 6.–, A/N 3.50, C T/N 12.–, MC/N 14.–, M/N 2.–, WD inkl., Strom/N 2.– (3 A). In NS Ermäßigung.

✉ 57038 Rio Marina, Elba — I 4360

★★★ »CAMPING CANAPAI«   ⚓ April bis Okt.
☎/Fax 0565/939165   40 000 qm
www.campingcanapai.it, cornetito@tiscalinet.it
→ ca. 800 m vor Rio nell'Elba rechts abbiegen. Beschildert. ✉ Loc. Ortano, 14.

Terrassenplatz mit schönem Blick auf das Meer. Für Caravans schwierige Zufahrt. Offenes Sanitär. Boccia. Ort 4 km entfernt. 74 Touristenplätze.

✉ 57039 Nisporto, Elba — I 4370

★★★ »CAMPING SOLE E MARE«   ⚓ April bis Okt.
☎ 0565/934907, Fax 961180   20 000 qm
www.soleemare.it, info@soleemare.it
→ von Portoferraio über Bagnaia, dann über eine Bergkette (Schotterstraße), oder von Rio Marina nach Rio nell'Elba und weiter nach Nisporto. Beschildert.

Teils ebenes und terrassiertes, teils abfallendes Gelände in einer Bucht mit Kiesstrand. Mit Büschen durchzogen. FW. Pizzeria. Billard. Musikveranstaltungen. Strandservice. Ort 5 km entfernt. Touristen-/Dauerstellplätze 100/10.

✉ 53011 Castellina in Chianti, Siena — I 4400

★★★ »CAMPING LUXOR«   ⚓ 17.5. bis Sept.
☎ 0577/743047, Fax 743131   30 000 qm
www.luxorcamping.com
→ von der Schnellstraße (SGC) Florenz–Siena, Abf. Monteriggioni geradeaus, nach ca. 1 km beschildert. Zufahrt über 2.5 km lange, schmale Staubstraße mit einigen Haarnadelkurven. Für Caravans schwierig.
✉ Loc. Trasqua-Monteriggioni.

Teils terrassiertes Eichenwaldgelände auf einem Hügel. Ausflugsbetrieb. Separate Pkw-Abstellung. Ort (Scolo) 7 km entfernt. 100 Touristenplätze.
2008: (HS) P/N 8.–, K/N 4 bis 12 J. 4.20, A/N 3.40, C/N 4.60, MC/N 4.80, T/N 4.30, M/N 2.10, WD –.50, Strom/N 1.– (6 A).

✉ 53018 Sovicille, Siena — I 4420

★★★ »CAMPING LA MONTAGNOLA«   ⚓ Ostern bis Sept.
☎/Fax 0577/314473   25 000 qm
www.campingtoscana.it/montagnola, montagnolacamping@libero.it
→ ab Siena SS 73 Richtung Roccastrada, nach Sovicille abbiegen. Beschildert.

Teilweises terrassiertes Eichenwaldgelände mit Parkcharakter. Ort 800 m, Siena 10 km entfernt. 66 Touristenplätze.

✉ 53016 Casciano di Murlo, Siena — I 4430

★★★ »CAMPING LE SOLINE«   ⚓ 1.1. bis 31.12.
☎/Fax 0577/817415   550 m   60 000 qm
www.lesoline.it, camping@lesoline.it
→ A 1 Firenze-Roma, Abf. Firenze/Certosa, auf Superstrada nach Siena, hier auf die SS 223 Richtung Grosseto, bei Km 52 abbiegen nach Fontazzi/Casciano. ✉ Via delle Soline, 51. (GPS: 43°15'52" N / 11°33'23" E).

Ebenes teils gestuftes Wiesengelände in leichter Hanglage unter verschieden hohen Bäumen. Öffentl. Badebetrieb. Aufschlag bei 1 Nacht. Für Kurzcamper (1 Nacht) Stellplätze vor dem Eingang. FW. Ort 1 km entfernt. 140 Touristenplätze.
2008: (HS) P/N 7.50, K/N 2 bis 12 J. 5.–, A/N 1.50, C/N 6.50, MC/N 7.–, T/N 6.50, M/N 1.–, H/N 1.–, WD zuzügl., Strom/N 1.50 (6 A). In NS Erm. DCC/CCI 10% auf P/N ab 3 Nächten.

✉ 53020 San Giovanni d'Asso, Siena — I 4435

★★ »CAMPING IN TUSCANY«   ⚓ 1.4. bis Sept.
☎/Fax 0340/3664359   130 m   6000 qm
www.camptuscany.co.uk, enquiries@camptuscany.co.uk
→ A 1 Florenz-Rom, Abf. Val di Chianna/Bettolle Richtung Sinalunga. Weiter nach Trequanda - Montisi - San Giovanni d'Asso. Hier beschildert.

Ebenes und parzelliertes Wiesengelände. Von hohen Bäumen umgeben. Brötchenservice. Kiosk. Ort 1 km entfernt. 50 Touristenplätze.
2007: (HS) 2 P/N inkl. St/N 27.50, weitere P/N 3.–, WD u. Strom inkl. (6 A). In NS Ermäßigung.
DCC 5% auf P/N.

✉ 53043 Chiusi Lago, Siena — I 4440

★★ »CAMPING LA FATTORIA«   ⚓ April bis Sept.
☎ 0578/21407, Fax 20644   10 000 qm
www.la-fattoria.it, info@la-fattoria.it
→ AB-Abf. Chiusi in Richtung Chiusi Lago. Nach ca. 2 km links ab. Dann noch ca. 3 km. ✉ Loc. Paccianese, 48.

Leicht abfallendes, terrassiertes Gelände. Teilweise Blick zum See. Ort 2 km entfernt. 52 Touristenplätze.

✉ 53047 Sarteano, Siena　　　I4450

55　★★★★ »PARCO DELLE PISCINE«　　　19.3. bis 30.9.
☎ 0578/26971, Fax 265889　　　150 000 qm
www.parcodellepiscine.it, info@parcodellepiscine.it

→ AB-Abf. 29 (Chiusi–Chianciano Terme), noch 6 km. Beschildert »Piscine«. ✉ Via del Bagno Santo, 29. (GPS: 42°35'33" N / 11°31'08" E).

Wiesengelände mit Pappeln in einem Park. Thermalschwimmbad. Bungalowanlage. Ort 200 m entfernt. 450 Touristenplätze.
2008: (HS) P/N 14.50, K/N 3 bis 10 J. 8.50, A/N 7.–, C T/N 14.50, MC/N 21.50, M/N 5.–, WD inkl., Strom/N 5.– (6 A). In NS Ermäßigung.

✉ 52020 Capannole, Arezzo　　　I4460

★★★★ »CAMPING LA CHIOCCIOLA «　　　März bis Okt.
☎/Fax 055/995776　　　250 m　　　30 000 qm
www.campinglachiocciola.com, tourcountry@virgilio.it

→ A1 Milano–Roma, Abf. 25 Valdamo, weiter Richtung Montevarchi - Levane - Bucine nach Capannole. ✉ Via Giulio Cesare. (GPS: 43°26'42" N / 11°37'06" E).

Ebenes bis leicht abfallendes Wiesengelände unter Bäumen. Durch Hecken parzelliert. In ländlicher Lage. Wäscherei. FW. Geführte Touren (Bus 9 Plätze). Ort 200 m, Bucine 3 km entfernt. Öffentliches Freibad. 133 Touristenplätze.

✉ 52100 Arezzo, Arezzo　　　I4465

40　★★★ »VILLAGGIO LE GINESTRE«　　　1.2. bis 31.12.
☎ 0575/363566, Fax 366949　　　500 m　　　22 000 qm
www.campingleginestre.it, info@campingleginestre.it

→ A1 Abf. Firenze–Roma, Abf. Arezzo, 2 km Richtung Battifolle/Ruscello. Beschildert. ✉ Loc. Ruscello, 100. (GPS: 43°26'97" N / 11°47'39" E).

500 m 4 km

Ebenes, teils leicht terrassiertes Wiesengelände mit jungem und altem Baumbestand. Volleyball. Ort (Arezzo) 6 km entfernt. 40 Touristenplätze.
2007: (HS) P/N 8.–, K/N 3 bis 12 J. 6.–, C MC-St/N 13.–, kl. T/N 10.–, WD u. Schwimmbad inkl., Strom keine Angabe. In NS Ermäßigung.
DCC 10% auf P/N.

✉ 58023 Gavorrano, Grosseto　　　I4500

★★★ »CAMPING LA FINORIA«　　　1.1. bis 31.12.
☎/Fax 0566/844381　　　400 m　　　77 000 qm
www.campeggiolafinoria.com, finoria@ouverture.it

→ SS1 S. Vincenco–Grosetto Abf. Gavorrano, noch 5 km in östlicher Richtung. Sehr steile Anfahrt - für Gespanne ungeeignet. ✉ Via di Monticello, 66.

Ebenes Waldgelände auf einem Hügel. Ort 1 km, Meer 12 km entfernt. 120 Touristenplätze.

✉ 58047 Monticello Amiata, Grosseto　　　I4510

35　★★★ »CAMPING LUCHERINO«　　　1.5. bis 15.10.
☎/Fax 0564/992975　　　720 m　　　12 000 qm
www.campinglucherino.it, meichu@tiscoli.it

→ SS 223 Grosseto–Siena, bei Paganico auf die SP 64 Richtung Monte Amiata. Nach ca. 21 km bei Casalino rechts abbiegen nach Monticello Amiata. ✉ Loc. Lucherino.

Terrassiertes und parzelliertes Wiesengelände unter Kastanien. In ländlicher Umgebung. Für Caravans wenig geeignet. Separate Pkw-Abstellung. Ort 500 m entfernt. Touristen-/Dauerstellplätze 68/2.
2008: (HS) P/N 7.50, K/N bis 10 J. 5.–, St/N 9.50, H/N 2.50, WD u. Strom inkl. (10 A).

✉ 58033 Castel del Piano, Grosseto　　　I4515

30　★★★ »CAMPING AMIATA«　　　1.1. bis 31.12.
☎ 0564/956260, Fax 955107　　　650 m　　　42 500 qm
www.amiata.org

→ SS Grosseto–Siena, bei Paganico auf die SP 64 Richtung Monte Amiata. Castel del Piano. Im Ortsteil Montoto. ✉ Via Roma, 15. (GPS: 42°53'7,4" N / 11°32'16,4" E).

300 m　400 m

Ebenes bis leicht ansteigendes Wiesengelände unter Baumreihen. Separate Pkw-Abstellung. Separater Platzteil für Hundehalter. FW. Hydromassage-Becken. Whirlpool. Pizzeria. Ort 500 m entfernt. Touristen-/Dauerstellplätze 220/35.
2008: (HS) P/N 6.40, K/N bis 6 J. 5.–, St/N 6.40, H/N 2.60, WD u. Strom inkl. (6,3 A). In NS Ermäßigung.
DCC/CCI 5% auf P/N und St/N.

✉ 58020 Scarlino, Grosseto　　　I4520

★★★ »CAMPING RIVA DEI BUTTERI«　　　Mai bis Sept.
☎ 0566/54006, Fax 269283　　　25 000 qm
www.rivadeibutteri.it, info@rivadeibutteri.it

→ an der SS 322 (SP 158) ca. 800 m südlich Follonica. Beschildert. ✉ Via del Buttero, 2.

Ebenes und parzelliertes Wiesengelände mit Akazien. Zum Strand über die Straße (100 m). Separate Pkw-Abstellung. Bücherei. Tennis 20 m, Ort 800 m entfernt. Touristen-/Dauerstellplätze 152/9.

✉ 58040 Punta Ala, Grosseto　　　I4530/1

50　★★★ »CAMPING BAIA VERDE«　　　21.4. bis 13.10.
☎ 0564/922298, 921220, Fax 923044　　　200 000 qm
www.baiaverde.com, info@baiaverde.it

→ SS322 (SP 158) Follonica–Castiglione della Pescaia, abbiegen nach Punta Ala, nach 2 km rechts. ✉ Loc. Casetta Civinini.

Pinienwaldgelände mit Blick auf Elba. Parzelliert. In HS Mindestaufenthalt 7 Tage. Separate überdachte Pkw-Parkplätze. Ort 3 km entfernt. Touristen-/Dauerstellplätze 1024/114.
2008: P/N 11.–, K/N bis 7 J. 8.–, C MC-St/N 16.–, T-St/N 15.–, H/N 3.– (NS), WD inkl., Strom (3 A) keine Angabe.

✉ 58040 Punta Ala, Grosseto　　　I4530/2

★★★ »CAMPING PUNTALA«　　　April bis Okt.
☎ 0564/922294, Fax 920379　　　270 000 qm
www.campingpuntala.it, info@campingpuntala.it

→ SS322 (SP 158) Follonica–Punta Ala, bei Km 11.6 abbiegen. Beschildert. (GPS: 42°50'29" N / 10°46'47" E).

5 km

Piniengelände mit viel Buschwerk. Herrliche Badebucht mit Blick auf Elba. Separate Pkw-Abstellung. Bungalowanlage. TV- und Radioverbot. In HS Mindestaufenthalt 7 Nächte. Reservierung bis Mai erbeten. W-Lan/Funk-Internet. Ort 5 km entfernt. 500 Touristenplätze.

✉ 58043 Castiglione della Pescaia　　　I4540/1

50　★★★ »CAMPING MAREMMA SANS SOUCIS«　　　20.3. bis 31.10.
☎ 0564/933765, Fax 935759　　　100 000 qm
www.maremmasanssoucis.it, info@maremmasanssoucis.it

→ SS322 (SP 158) Pescaia–Follonica, bei Km 21. (GPS: 42°46'23" N / 10°50'48" E).

Durch Büsche u. Pinien parzelliertes Ufergelände. Direkter Zugang zum Meer. Reservierung empfohlen. Begrenzte Aufnahme von Mocas. Keine Dauergäste oder Wochenendcamper. Ort 2.5 km entfernt. 415 Touristenplätze.
2007: (HS) P/N 11.–, K/N 3 bis 5 J. 8.–, St/N 15.–, H/N in NS 2.–, WW u. Strom inkl. In NS Ermäßigung.

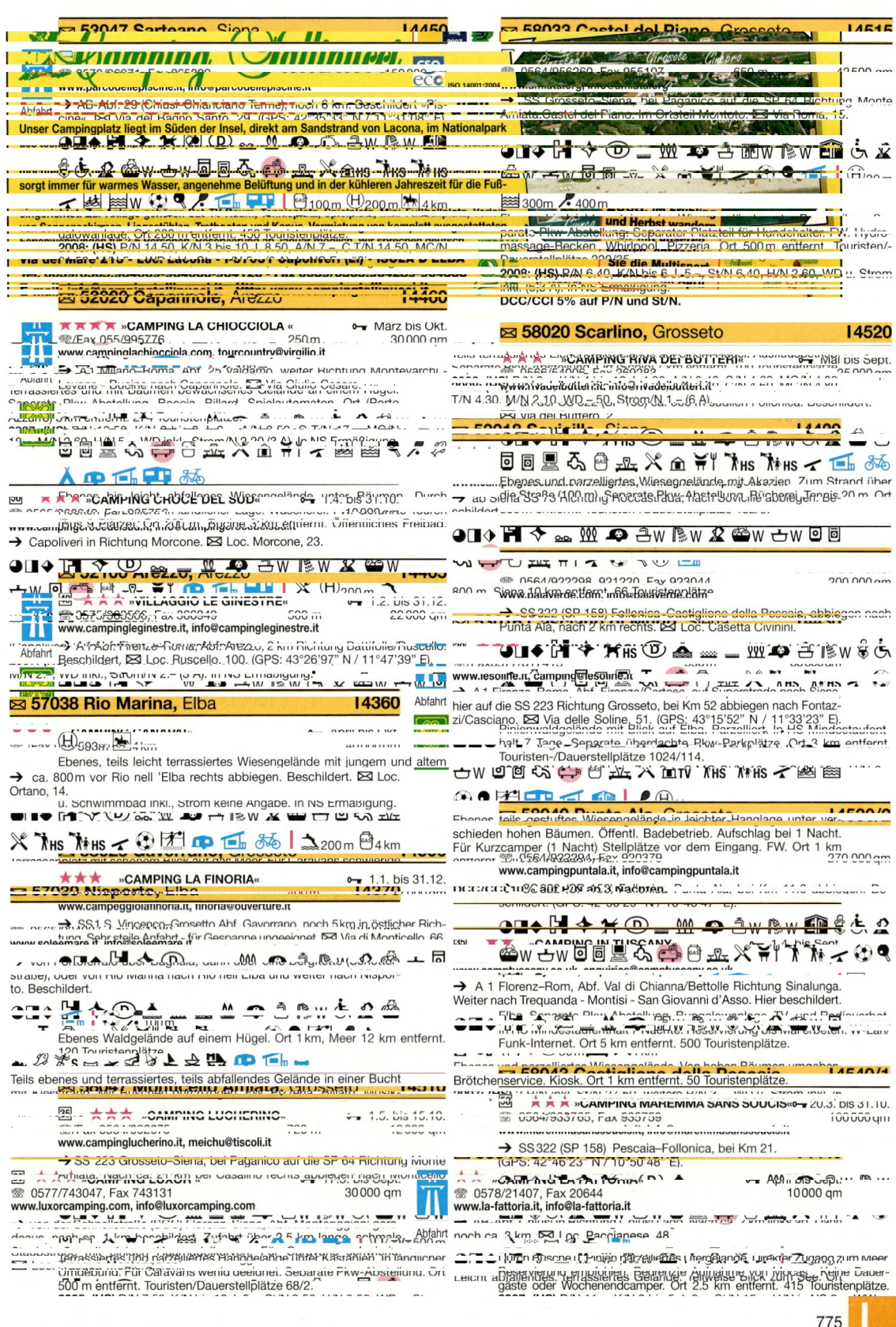

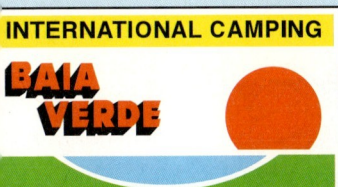

INTERNATIONAL CAMPING BAIA VERDE

58040 Punta Ala • GROSSETO
Tel. +39/0564922298 - 0564923314
Tel. +39/0564921220 • Fax +39/0564923044
E-mail: info@baiaverde.com
http: www.baiaverde.com

Toskana

(I 4530/1)

Reservierung bis 30.05. möglich.

Der Campingplatz liegt an der tyrrhenischen Küste, gegenüber der Insel Elba und im Herzen der Maremma, in einem dichten Pinienwald direkt am Meer. Das milde Klima der Maremma schafft schon im Frühjahr und im Herbst, aber natürlich auch im Sommer, ideale Bedingungen für den Familienurlaub. Der lange private Sandstrand fällt sanft ins Wasser ab und ist daher für Kinder besonders geeignet. Idealer Ausgangspunkt für alle Art von Ausflügen (z.B. Elba, Rom, Siena, etc.). Der Campingplatz von 200.000 m² Gesamtfläche ist vollständig umzäunt, angenehm schattig, ruhig, komfortabel und gastfreundlich. • Camper-Service • Bar • Strandbar • Restaurant • Pizzeria • Bazar • Supermarket • Tabakwaren • Zeitungskiosk • Wäscherei • Spielhalle • Kinderspielplatz • Friseur • Abendunterhaltung mit Animation • Fahrradverleih und anderes mehr. **Vermietung von Wohnwagen und Mobilheime mit Bad.**

Maremma Promotion
CONSORZIO TURISTICO
TOSCANA

✉ 58043 Castiglione della Pescaia — I 4540/2

★★★ »CAMPING VILLAGE ROCCHETTE« — April bis Okt.
☎ 0564/941123, 948906, Fax 941213 — 79 000 qm
www.rocchette.com, booking@rochette.com
→ SS322 (SP 158) Pescaia–Follonica, ca. 5 km nördl. Castiglione della Pescaia. ✉ S.P. delle Rocchette.

Welliges Gelände mit Pinien und Pappeln. Wellnessbereich. Whirlpool. 225 Touristenplätze.

✉ 58043 Castiglione della Pescaia — I 4540/3

45 ★★★ »CAMPING SANTAPOMATA« — 1.4. bis Okt.
☎ 0564/941037, Fax 941221 — 60 000 qm
www.campingsantapomata.it, info@campingsantapomata.it
→ Richtung Follonica an der Straße nach delle Rocchette. ✉ Strada delle Rochette.

Gelände mit einigen Terrassen und hohem Pinienwald. Teilweise von einer hohen Felswand begrenzt. Separate Pkw-Abstellung. Supermarkt. Pizzeria. Ort 6 km entfernt. 345 Touristenplätze.
2007: (HS) P/N 10.–, K/N 1 bis 6 J. 7.–, St/N 14.–, H/N 2.– (NS), WD u. Strom (3 A) inkl. In NS Ermäßigung.

✉ 58043 Castiglione della Pescaia — I 4540/4

55 ★★★★ »CAMPING STELLA DEL MARE« — 23.4. bis 19.10.
☎/Fax 0564/947100 — 40 000 qm
www.stelladelmarecamping.it, info@stelladelmarecamping.it
→ SS322 (SP 158) Pescaia–Follonica, ca. 5 km nördl. Castiglione della Pescaia.

Ebenes und mehrfach gestuftes Wiesengelände unter Pinien und Olivenbäumen. Schwimmen 150 m, Ort 7 km entfernt. Touristen-/Dauerstellplätze 150/10.
2008: P/N 12.–, K/N bis 8 J. 8.–, St/N 16.–, WD inkl., Strom (3 A) keine Angabe.

✉ 58043 Castiglione della Pescaia — I 4540/5

★★★ »CAMPING VILLAGE BAIA AZZURRA« — Ostern bis Okt.
☎ 0564/941092, Fax 941242 — 100 000 qm
www.baiaazzurra.it/com, info@baiaazzurra.it
→ SS322 (SP 158) Pescaia–Follonica Abf. Castiglione della Pescaia.

Wiesengelände mit einzelnen Bäumen. Bungalowanlage. Ort 7 km entfernt. Touristen-/Dauerstellplätze 220/30.

DCC – DEIN PARTNER!

Das CCI-Carnet ist im Ausland als Identitäts-Ausweis anerkannt. Im Inland genügt die Vorlage des DCC-Mitgliedsausweises.

(I 4550/4)

Das Feriendorf "Il Sole" liegt in der Maremma Toskana, angrenzend an den Naturpark der Maremma und am Meer, welches den toskanischen archeologischen Park zwischen dem Argentario und Castiglione della Pescaia einnimmt. In den Schatten von mächtigen Pinienbäumen sind die Bungalows und die Mobilheime mit Klimaanlage gelegen. Ausgestattet mit Stellplätzen für Zelte und Wohnwägen und Vergnügungspark. Strandanlage "Tropical". Haustiere sind im Inneren des Feriendorfs nicht erlaubt.

I-58100 Marina di Grosseto (GROSSETO) • Tel. 0039/0564.34344 • Fax 0039/0564.330826
Tel. Winter 0039/0564.491573 • Fax Winter 0039/0564.491892 • www.campingilsole.it • campingilsole@libero.it

---

58046 Marina di Grosseto, Grosseto — I 4550/1

»ROSMARINA CAMPING« — 1.5. bis 16.9.
0564/36319, Fax 34758 — 14 000 qm
www.campingrosmarina.it, info@campingrosmarina.it

→ SS322 (SP 158) Castiglione–Grosseto am nördl. Ortsrand von Marina di Grosseto abbiegen, noch 1 km. ✉ Via delle Colonie, 37.

Teilweise terrassiertes Pinienwaldgelände. In HS separate Pkw-Abstellung. Ort 1 km entfernt. Touristen-/Dauerstellplätze 86/10.
2007: (HS) P/N 11.–, K/N 2 bis 8 J. 8.–, C MC-St/N 14.–, T-St/N 8.–, WD zuzügl., Strom inkl. (6 A).

58046 Marina di Grosseto, Grosseto — I 4550/2

»CAMPING CIELO VERDE« — 12.5. bis 23.9.
0564/321611, Fax 30178 — 600 000 qm
www.cieloverde.it, info@cieloverde.it

→ SS322 Castiglione–Grosseto, bei Km 35/I Richtung Principina, noch ca. 2 km. ✉ Via della Trappola, 180.

Weitläufiges Gelände im lichten Pinienwald. Befestigte Wege. Strandbus. Separate Pkw-Abstellung. Ort 3 km entfernt. Touristen-/Dauerstellplätze 1120/190.
2007: (HS) P/N 13.–, K/N bis 6 J. 8.–, C MC-St/N 17.–, T-St/N 16.–, WD u. Strom (3 A) inkl. In NS Ermäßigung.

58046 Marina di Grosseto, Grosseto — I 4550/3

»CAMPING LE MARZE« — Ende April bis Okt.
0564/35501, Fax 35534 — 120 000 qm
www.ecvacanze.it, lemarze@ecvacanze.it

→ SS322 (SP 158) Castiglione–Grosseto. ✉ Str. delle Collacchie Km 30.

Weitläufiges Pinienwaldgelände auf der Landseite der Küstenstraße. Separate Pkw-Abstellung. Imbiss. Privatstrand. Ort 5 km entfernt. Touristen-/Dauerstellplätze 406/30.

58046 Marina di Grosseto, Grosseto — I 4550/4

»CAMPING IL SOLE« — April bis Sept.
0564/34344, Fax 330826 — 70 000 qm
www.campingilsole.it, campingilsole@libero.it

→ SS322 DP 158) Castiglione–Grosseto. ✉ Via Cavalleggeri.

Ebenes parzelliertes Gelände unter einzelnen Pinien. Boccia. Ort 1 km entfernt. Touristen-/Dauerstellplätze 225/135.

58010 Talamone, Grosseto — I 4560

»INTERN. CAMPING TALAMONE« — April bis Sept.
0564/887026, Fax 887170 — 80 000 qm
www.talamonecampingvillage.com, info@talamonecampingvillage.com

→ SS1 in Richtung Talamone. Beschildert. ✉ Strada Talamonese.

Terrassiertes Gelände mit hartem Erdboden. Durch verschiedenartige Bäumen aufgelockert. Separate Pkw-Abstellung. Fitnessraum. Volley- u. Basketball. Boccia. Bogenschiessen. Privatstrand 500 m, Wassersportmöglichkeiten 1 km (Shuttle-Service), Ort 1.5 km entfernt. Touristen-/Dauerstellplätze 280/20.

58010 Albinia, Grosseto — I 4570/1

»CAMPING ACAPULCO« — 1.5. bis 15.9.
Fax 0564/870165 — 20 000 qm
campeggioacapulco.interfree.it, campeggioacapulco@virgilio.it

→ An der Parallelstraße zur SS 1 (Via Aurelia). Beschilderung „Zona Camping". ✉ Via Aurelia, Km 155.

Pinienwald am Meer. Separate Pkw-Abstellung. Volleyball. Ort 5 km entfernt. Touristen-/Dauerstellplätze 49/70.
2007: (HS) P/N 10.–, K/N bis 6 J. 5.50, St/N 13.–, WD zuzügl., Strom keine Angabe (5 A). In NS Ermäßigung.

58010 Albinia, Grosseto — I 4570/2

»CAMPING IL GABBIANO« — April bis Sept.
Fax 0564/870202 — 30 000 qm
www.ilgabbianocampingvillage.com, info@ilgabbianocampingvillage.com

→ An der Parallelstraße zur SS 1 (Via Aurelia). Beschilderung „Zona Camping".

Sandiger Pinienwald. Separate Pkw-Abstellung. Ort 1 km entfernt. Touristen-/Dauerstellplätze 145/35.

58010 Albinia, Grosseto — I 4570/3

»CAMPING VILLAGE MARINA CHIARA« — April bis Sept.
0564/870304, Fax 870108 — 65 000 qm
www.marinachiara.it, info@marinachiara.it

→ An der Parallelstraße zur SS 1 (Via Aurelia). Beschilderung „Zona Camping". ✉ Via Aurelia, Km 153.

Welliges Gelände in einem Pinienwald. Separate Pkw-Abstellung. Ärztl. Ambulanz. Volley- u. Basketball. Ort 3 km entfernt. 150 Touristenplätze.

Toscana   Lazio
Coste della Maremma • Costa d'Argento

Pavilions • Bungalows • Caravans • Campingplatz

TALAMONE
Camping Village (I 4560)
58010 TALAMONE (GR)
TEL 0564 / 88 70 26   FAX 0564 / 88 71 70
www.talamonecampingvillage.com
info@talamonecampingvillage.com

Direkter Zugang an das Meer!
ARGENTARIO
Camping Village (I 4580/2)
58010 ALBINIA (GR)
TEL 0564 / 87 03 02   FAX 0564 / 87 13 80
www.argentariocampingvillage.com
info@argentariocampingvillage.com

Direkter Zugang an das Meer!
IL GABBIANO
Camping Village (I 4570/2)
58010 ALBINIA (GR)
TEL 0564 / 87 02 02   FAX 0564 / 87 02 02
www.ilgabbianocampingvillage.com
info@ilgabbianocampingvillage.com

Direkter Zugang an das Meer!
CLUB DEGLI AMICI
Camping Village (I 5020)
01010 PESCIA ROMANA (VT)
TEL 0766 / 83 02 50   FAX 0766 / 83 17 49
www.clubdegliamicicampingvillage.com
info@clubdegliamicicampingvillage.com

Direkter Zugang an das Meer!
CALIFORNIA
Camping Village
01014 MARINA DI MONTALTO (VT)
TEL 0766 / 80 28 48   FAX 0766 / 80 12 10
www.californiacampingvillage.com
info@californiacampingvillage.com

Die Einrichtungen der GITAV-Gruppe liegen am Meeresufer unter jahrhundertealten Pinien.

Sie befinden sich in einer gerne besuchten Gegend von großem landschaflichem, historischem und archäologischem Interesse mit Natur- und Küstenparks, mittelalterlichen Dörfern, etruskischen Grabstätten u.v.a.m.

Privatstrand
Sonnenschirme, Liegestühle
Kanus, Kajaks, Tretboote
Schwimmbad, Schwimmkurse
Whirlpool
Golfübungsplatz
Minifußball und Volleyballplatz
Tennis und Basketball
Bogenschießen
Fitnessgerät
Segeln und Tauchen
Miniclub
Tanzschule
und weitere Aktivitäten

CENTRO PRENOTAZIONI GITAV   C.P. 71   I - 58010 ALBINIA (GR)
TEL 0039 - 0564 870068   FAX 0039 - 0564 870470   info@gitav.com

www.gitav.com

58010 Albinia, Grosseto 14570/4

★★★ »CAMPING VOLTONCINO« April bis Sept.
☎ 0564/870158, Fax 870415 20 000 qm
www.voltoncino.it, info@voltoncino.it

→ An der Parallelstraße zur SS 1 (Via Aurelia). Beschilderung „Zona Camping". ✉ Via Aurelia, Km 153.

Welliges Pinienwaldgelände. Bungalowanlage. Separate Pkw-Abstellung. Volley- u. Basketball. Ort 3 km entfernt. Touristen-/Dauerstellplätze 264/30.

58010 Torre Saline-Albinia, Grosseto 14580/1

[50] **★★★ »CAMPING BOCCHE D'ALBEGNA«** 13.3. bis 30.9.
☎ 0564/870097 25 000 qm
www.bocchedalbegna.com, boccheal@ouverture.it

→ SS1 (Via Aurelia) bei Km 150/VII zum Meer abbiegen, noch 700 m. ✉ Loc. Torre Saline. (GPS: 42°30'00" N / 11°11'38"E).

Wiesengelände. Separate Pkw-Abstellung. FW. Ort 1 km entfernt. Touristen-/Dauerstellplätze 83/30.
2008: P/N 7.–, K/N 1 bis 6 J. 3.50, C MC-St/N 25.–, T-St/N 12.50, H/N frei, WD u. Strom inkl. (6 A).
DCC/CCI 10% auf P/N und St/N.

58010 Torre Saline-Albinia, Grosseto 14580/2

★★★ »CAMPING VILLAGE ARGENTARIO« März bis Sept.
☎ 0564/870302, Fax 871380 80 000 qm
www.argentariocampingvillage.com, info@argentariocampingvillage.com

→ SS 1 (Via Aurelia) Km 150/VII, nördliche Abf. in Richtung S. Stefano, ca. 700 m.

Pinienwald am Meer beim Hafen S. Stefano. Separate Pkw-Abstellung. FW. Whirlpool. Fitnessraum. Bogenschiessen. Ort 1 km entfernt. 400 Touristenplätze.

58010 Capalbio-Scalo, Grosseto 14590

[55] **★★ »CAMPING DI CAPALBIO«** April bis Sept.
☎ 0564/890101, Fax 890437 56 000 qm
www.ilcampeggiodicapalbio.it, mauro.ricci@ilcampeggiodicapalbio.it

→ SS1 bei Km 124 meerwärts abbiegen, noch 5 km. ✉ Loc. Chiarone.

Ebenes Gelände mit sandigem, harten Boden. Am Wald der Maremma und am Meer gelegen. Direkt teils mit Hecken parzelliert. Separate Pkw-Abstellung. Bar. Ort 8 km entfernt. Touristen-/Dauerstellplätze 175/50.
2008: P/N 13.–, K/N 2 bis 8 J. 8.–, St/N 13.– bis 15.–, Strom keine Angabe.

06061 Borghetto, Perugia 14600

[30] **★★★ »CAMPING BADIACCIA«** 1.4. bis 30.9.
☎ 075/9659097, Fax 9659019 55 000 qm
www.badiaccia.com, info@badiaccia.com

→ von der SS71 (Abzweig Castiglione del Lago) ca. 1 km in östlicher Richtung nach Borghetto. ✉ Via Pratovecchio 1.
(GPS: 43°10'50" N / 12°00'59" E).

Wiesengelände mit altem Baumbestand am Trasimeno See. Massagepraxis. Fitnessraum. Ort 6 km entfernt. Touristen-/Dauerstellplätze 180/15.
2008: (HS) P/N 7.–, K/N 2 bis 9 J. 5.50, A/N 2.50, C/N 7.–, MC/N 7.50, T/N 6.50, M/N 1.50, B/N 5.–, H/N 2.–, WD inkl., Strom keine Angabe (4 A). In NS Ermäßigung.
DCC/CCI in NS 10% auf P/N und 5% auf St/N.

06061 Castiglione del Lago, Perugia 14610

Naturplatz

[20] **★★★ »CAMPING LISTRO«** 1.4. bis 30.9.
☎/Fax 075/951193 350 m 10 000 qm
www.listro.it, listro@listro.it

→ A1 Firenze–Roma Abf. Valdichiana nach Castiglione del Lago, hier noch ca. 5 km südlich. ✉ Via Lungolago. (GPS: 43°08'04" N / 12°02'39" E).

50 m / 200 m (H) 800 m
Ebenes Wiesengelände mit Bäumen am Seeufer. Ausflugsmöglichkeiten. Ort 500 m entfernt. 110 Touristenplätze.
2008: P/N 4.90, K/N bis 3 J. frei, A/N 2.–, C MC T/N 4.90, M/N 1.50, WD inkl., Strom keine Angabe (3 A).

DCC-Vertragsplatz

06069 Tuoro sul Trasimeno, Perugia 14620

[35] **★★★ »CAMPING PUNTA NAVACCIA«** 15.3. bis 31.10.
☎ 075/826357, Fax 8258147 70 000 qm
www.puntanavaccia.it, navaccia@camping.it

→ N 75b Abf. Tuoro sul Trasimeno. Beschildert. ✉ Via Navaccia, 4. (GPS: 43°11'38" N / 12°04'37" E).

(H) 500 m
Wiesengelände auf einer Halbinsel. Teilweise mit Pappeln aufgelockert. Ort 1 km entfernt. Touristen-/Dauerstellplätze 400/200.
2008: (HS) P/N 8.50, K/N 2 bis 9 J. 6.–, A/N 2.50, C MC/N 9.–, T/N 8.–, M/N 2.–, B/N 5.–, H/N frei, WD inkl., Strom keine Angabe (3-6 A). In NS Erm.
DCC/CCI 10% auf P/N.

06065 Passignano, Perugia 14630/1

[35] **★★★ »KURSAAL CAMPING HOTEL«** 20.3. bis 31.10.
☎ 075/828085, Fax 827182 10 000 qm
www.camping.it/umbria/kursaal, kursaalcamp@libero.it

→ am östlichen Ortsausgang Richtung Perugia. ✉ Via Europa, 24. (GPS: 43°11'42" N / 12°07'48" E).

(H) 500 m
Ebenes Wiesengelände mit meist alten und hohen Bäumen am Lago Trasimeno. Ort 500 m entfernt. 70 Touristenplätze.
2008: (HS) P/N 7.50, K/N bis 3 J. frei, K/N bis 10 J. 5.50, A/N 2.–, C T/N 10.–, MC/N 11.–, M/N 2.–, H/N 1.50, WD u. Schwimmbad inkl., Stromanschlussgeb. 2.– (6 A). In NS Ermäßigung.
DCC/CCI in NS 15% auf P/N.

06065 Passignano, Perugia 14630/2

[30] **★★★ »CAMPING EUROPA«** 1.4. bis 10.10.
☎/Fax 75/827405 25 000 qm
www.camping-europa.it, info@camping-europa.it

→ an der nördl. Seeseite zwischen Arezzo und Perugia östl. des Ortes. ✉ Loc. S. Donato, 8. (GPS: 43°10'55" N / 12°09'57" E).

(H) 500 m
Schmales, gepflegtes Gelände am See. Ort 2 km entfernt. 110 Touristenplätze.
2008: (HS) P/N 6.50, K/N 3 bis 10 J. 5.50, A/N 3.–, C/N 7.–, MC/N 7.50, T/N 6.30, M/N 2.20, H/N frei, WD u. Strom inkl. (6 A). In NS Ermäßigung.
DCC/CCI 10% auf P/N.

06065 Passignano, Perugia 14630/3

[30] **★★★ »CAMPING LA SPIAGGIA«** 20.3. bis 30.9.
☎/Fax 075/827246 16 000 qm
www.campinglaspiaggia.it, info@campinglaspiaggia.it

→ SS Siena–Perugia Abf. Passignano-Est. Am östlichen Ortsausgang Richtung Perugia. Beschildert. ✉ Via Europa, 22. (GPS: 43°11'02" N / 12°08'55" E).

06060 Monte del Lago, Perugia — I 4640

25 ★★ »CAMPING CERQUESTRA« — Ostern bis Oktober
☎ 75/8400100, Fax 75/8400409 — 50 000 qm
www.campingcerquestra.it, info@campingcerquestra.it

→ A1/E 35 Florenz–Rom Abf. Val di Chiana auf die SS 75 in Richtung Perugia. In Torricella abbiegen. ✉ Strada Prov. le Torricella.

Wiesengelände am Seeufer. Ort 2 km entfernt. 100 Touristenplätze.
2007: (HS) P/N 5.20, K/N 4 bis 10 J. 3.50, A/N 2.10, C MC/N 5.70, T/N 5.20, M/N 2.10, H/N 1.60, WD inkl., Strom (16 A) keine Angabe. In NS Erm.
DCC/CCI 10 % auf P/N und St/N.

06060 San Feliciano-Magione, Perugia — I 4645

★★★ »VILLAGGIO PARCO DEI PINI« — April bis Sept.
☎ 075/8476270, Fax 8476255 — 280 m — 7000 qm
www.villaggioparcodeipini.it, parcodeipini@tiscali.it

→ N 75 Perugia–Bettolle, Abf. Torricella. ✉ Via Gandhi, 1.

Ebenes Gelände unter Pinien am See mit privater Liegewiese. Touristen/Dauerstellplätze 20/25.

06060 Sant Arcangelo, Perugia — I 4650/1

40 ★★★★ »CAMPING & VILLAGE VILLAGIO ITALGEST«
☎ 075/848238, Fax 848085 — 21.3. bis 30.9.
www.italgest.com, camping@italgest.com — 55 000 qm

→ A1 Abf. Val Di Chiana auf die SS 75 in Richtung Perugia/Magione, Abf. Magione, weiter Richtung Chiusi. Beschildert. ✉ Via Martiri di Cefalonia. (GPS: 43°05'18" N / 12°09'23" E).

Gelände am Ufer des Trasimeno-Sees. Wasserrutsche. Whirlpool. Hundesitter. Scooter-Vermietung. Ort 500 m entfernt. Touristen-/Dauerstellplätze 220/28.
2008: (HS) P/N 8.50, K/N 3 bis 9 J. 6.50, St/N 7.– bis 11.50, B/N 5.50, H/N 2.50, WD u. Strom inkl. (6 A). In NS Ermäßigung.
DCC 10% auf P/N und St/N. CCI in NS 5% auf P/N.

Ebenes Wiesengelände unter Laubbäumen. Am nördlichen Seeufer gelegen. Privatstrand. Bar/Imbiss. Ort 800 m entfernt. 50 Touristenplätze.
2008: (HS) P/N 7.–, K/N 3 bis 10 J. 5.50, A/N 2.50, C/N 7.50, MC/N 8.–, T/N 7.–, M/N 2.–, H/N 1.–, WD u. Strom inkl. (6 A). In NS Ermäßigung.
DCC/CCI 5% auf P/N.

06060 Sant Arcangelo, Perugia — I 4650/2

30 ★★★ »CAMPING POLVESE« — 20.3. bis 30.9.
☎ 075/848078, Fax 848050 — 50 000 qm
www.polvese.com, polvese@polvese.com

→ A1 Abf. Val Di Chiana auf SS 75 in Richtung Perugia/Magione, Abf. Castiglione del Lago, weiter Richtung Magione bis Sant Arcangelo. Beschildert. ✉ Via Montivalle.

Gelände am Ufer des Trasimeno-Sees. In HS Babyclub. Boccia. Kino. Bootssteg. FW. Ort 500 m entfernt. Touristen-/Dauerstellplätze 93/46.
2008: (HS) P/N 6.50, K/N 3 bis 10 J. 4.50, A/N 2.–, C/N 6.–, MC/N 7.50, T/N 5.–, M/N 1.–, WD und Strom (6-10 A) inkl. In NS Ermäßigung.

06024 Gubbio, Perugia — I 4700

40 ★★★ »CITTA DI GUBBIO« — 19.3. bis 26.3. u. 19.4. bis 15.9.
☎ 075/9272037, Fax 9276620 — 420 m — 25 000 qm
www.gubbiocamping.com, info@gubbiocamping.com

→ E 45 Cesena–Perugia, Abf. Piandassino auf SS 219/298 nach Gubbio. ✉ Fraz. Cipolleto, 49. (GPS: 43°19'18" N / 12°34'08" E).

Ebenes, parzelliertes Wiesengelände mit Laubbäumen. Neben den Freizeitanlagen des Country-Clubs. Imbiss. FW. Hydromassage. Garten-Schach. An der Rezeption kann man den kleineren benachbarten Platz »Camping Villa Ortoguidone« (4 Sterne) buchen. Ort 3 km entfernt. 100 Touristenplätze.
2008: (HS) P/N 8.50, K/N 2 bis 7 J. 6.–, A/N 2.50, C T/N 8.50, MC/N 10.–, M/N 2.50, H/N 2.50, Strom/N 2.50 (3 A). In NS Ermäßigung.
DCC/CCI 5% auf P/N.

06021 Costacciaro, Perugia — I 4710

35 ★★★ »CAMPING RIO VERDE« — 18.4. bis 30.9.
☎/Fax 075/9170181 — 30 000 qm
www.campingrioverde.it, info@campingrioverde.it

→ SS 3 Fano–Fossombrone–Foligno. Abf. Costacciaro. ✉ Loc. Fornace, 1. (GPS: 43°21'03" N / 12°41'04" E).

Ebenes Wiesengelände. Ort 3 km entfernt. 50 Touristenplätze.
2008: (HS) P/N 7.50, K/N ab 3 J. 5.–, A/N 3.50, C/N 8.–, MC/N 10.–, T/N 7.50, M/N 2.50, WD u. Strom inkl. In NS Gruppenermäßigung.
DCC/CCI 10% auf P/N und St/N.

06081 Assisi, Perugia — I 4730/1

★★ »CAMPING FONTEMAGGIO« — 1.1. bis 31.12.
☎ 075/813636, Fax 813749 — 500 m — 100 000 qm

→ etwa 1 km außerhalb der Stadt Assisi in Richtung der Einsiedelei (Eremo Carceri) bei Hl. Franziskus. Ein Teilstück ungewöhnlich steil (15%). ✉ Via Eremo delle Carceri, 8.

Terrassengelände mit Olivenbäumen. Schlafräume für Gruppen. Ort 1 km entfernt. 180 Touristenplätze.

06081 Assisi, Perugia — 14730/2

45 ★★★★ »CAMPING INTERNATIONAL ASSISI« — 14.3. bis 2.11.
☎ 075/816816, 813710, Fax 812335 — 30000 qm
www.campingassisi.it, info@campingassisi.it

→ A1/E35 Florenz–Rom Abf. Val di Chiana auf die SS 75 in Richtung Perugia. Bei Km 64 in die SS 147 abbiegen, noch ca. 10 km. ✉ Via Campiglione, 110.

Ebenes Wiesengelände unter Bäumen. Sportmöglichkeiten. Busservice nach Assisi. Ort 2 km entfernt. 150 Touristenplätze.
2008: (HS) P/N 10.–, K/N 3 bis 9 J. 5.–, A/N 4.–, C/N 9.– bis 12.–, MC/N 10.– bis 12.–, T/N 8.–, M/N 3.–, H/N 2.–, WD inkl., Strom/N 4.– (6 A). In NS Erm.

DCC-Vertragsplatz

61017 Novafeltria, Pesaro — 14800

40 ★★★★ »CAMPING PERTICARA« — 19.4. bis 27.9.
☎ 0541/927602, Fax 927707 — 30000 qm
www.campingperticara.com, info@campingperticara.com

→ A14 Bologna-Ancona Abf. Rimini-Süd, weiter Richtung Rimini, dann links nach San Leo/Sansepolcro (SS 258) und weiter nach Perticara. Beschildert. ✉ Via Serra Massini, 10/d. (GPS: 43°53'45.89" N / 12°14'34.87" E).

Parzelliertes, terrassenförmiges Wiesengelände in Panoramalage. Restaurant. FW. Ort 600 m entfernt. 70 Touristenplätze.
2008: (HS) P/N 8.–, K/N 4 bis 12 J. 6.–, St/N 15.–, WD, Schwimmbad und Strom inkl. (10 A). In NS Ermäßigung.
DCC 10% auf P/N.

61010 Casteldimezzo, Pesaro — 14810

★★★ »CAMPING PARADISO« — März bis Dez.
☎/Fax 0721/208579 — 10000 qm
www.campingparadiso.it, info@campingparadiso.it

Abfahrt → A14 Rimini-Fano Abf. Cattolica, ca. 3 km SS 16 Richtung Pesaro, dann auf die Panoramica SP 44. ✉ Via Rive del Faro, 2.

Wiesengelände in einem Naturpark. Ort 5 km entfernt. 100 Touristenplätze.

61010 Fiorenzuola di Focara, Pesaro — 14820

45 ★★★ »CAMPING PANORAMA« — 1.5. bis Sept.
☎ 721/208145, Fax 209860 od. 68676 — 22000 qm
www.campingpanorama.it, info@campingpanorama.it

→ SS 16 Rimini–Pesaro. Bei Km 229 oder 231 meerwärts abbiegen, noch 10 km. Beschildert. ✉ Strada Panoramica S. Bartolo.

Terrassiertes Hanggelände. Zum Strand ein etwas beschwerlicher Privatweg. Schwimmen 300 m, Ort 7 km entfernt. 150 Touristenplätze.
2007: (HS) P/N 9.–, K/N 6 J. 5.50, A/N 2.50, C T/N 10.50, MC/N 15.–, M/N 2.50, H/N 2.50, WD inkl., Strom/N 2.50. DCC/CCI 10% in NS ab 7 N.

61032 Fano, Pesaro — 14840

40 ★★★ »CAMPING MADONNA PONTE« — 7.4. bis 14.9.
☎ 0721/804520 — 23000 qm

→ 1 km südlich Fano links Richtung Ancona. ✉ Via delle Brecce, 25.
www.campingmadonnaponte.it, info@campingmadonnaponte.it

Ebenes, durch Büsche unterteiltes Wiesengelände zwischen dem erhöhten Bahndamm und dem Meer. Separate Pkw-Abstellung. Ort 2 km entfernt. 150 Touristenplätze.
2007: (HS) P/N 8.50, K/N 6 J. 4.–, St/N 14.50, H/N 3.–, WD inkl., Strom/N 3.–.
DCC 10% auf P/N.

61032 Metaurilia di Fano, Pesaro — 14850

35 ★★★ »CAMPING FANO« — 1.4. bis 21.9.
☎ 0721/802652, Fax 823464 — 45000 qm
www.campingfano.it, info@campingfano.it

→ ca. 3 km südlich des Ortes von der SS 16 nach der Brücke abbiegen zum Meer, ca. 400 m. ✉ Via Foce del Metauro, 1.

Meist steiniges, mit Tamarisken bestandenes Gelände. Zwischen Bahnlinie und Meer (900 m langer Strand). 60 Stellplätze mit eigenem Sanitärblock. Ort 2 km entfernt. Touristen-/Dauerstellplätze 100/200.
2007: P/N 7.50, K/N bis 6 J. 4.–, A/N 3.50, C T/N 7.50, MC/N 11.–, M/N 1.50, B/N 5.50, WD inkl., Strom/N 2.– (3 A).

61032 Torrette di Fano, Pesaro — 14860/1

45 ★★★★ »CAMPING STELLA MARIS« — 5.4. bis 30.9.
☎ 0721/884231, 884464, Fax 884269 — 28000 qm
www.campingstellamaris.it, stellamaris@camping.it

→ von der SS 16 (5 km südl. Fano) bei Km 258.4 abbiegen. Durch die Bahnunterführung, dann rechts zum Platz. ✉ Via A. Cappellini, 5.

Gepflegtes, schattenloses Gelände zwischen Eisenbahn und Meer. Breiter Sandstrand. Kindersanitär. Ort 5 km entfernt. Touristen-/Dauerstellplätze 119/60.
2007: (HS) P/N 9.10, K/N 2 bis 6 J. 6.70, St/N 16.–, WD und Strom (3 A) inkl. In NS Ermäßigung.

61032 Torrette di Fano, Pesaro — 14860/2

45 ★★★ »CAMPING VERDE LUNA« — 12.4. bis 21.9.
☎/Fax 0721/884133 — 15000 qm
www.campingverdeluna.it, verdeluna@tin.it

→ 7 km südlich Fano an der Strada Adriatica. Zwischen Straße und Eisenbahn. Beschildert. ✉ Strada Nazionale Adriatica Sud, 251. (GPS: 43°29'00" N / 13°03'01" E).

Ebenes Wiesengelände mit Pappeln. Kindersanitär. Schwimmen 50 m, Ort 500 m entfernt. Touristen-/Dauerstellplätze 42/98.
2007: (HS) P/N 8.50, K/N bis 6 J. 5.–, St/N 15.–, WD inkl., Strom keine Angabe.
DCC/CCI 10% auf P/N und St/N.

61035 Marotta, Pesaro — 14870/1

★★★ »CAMPING DEL GABBIANO« — April bis Sept.
☎/Fax 0721/96691 — 19000 qm
www.campingdelgabbiano.it, info@campingdelgabbiano.it

→ 11 km südlich Fano von der SS 16 bei Km 261.2 abbiegen zum Meer. Beschildert. ✉ Via Faá di Bruno, 95.

Gelände mit Tamarisken zwischen Straße und Bahnlinie. Zum Strand über die Straße. Ort 500 m entfernt. Touristen-/Dauerstellplätze 80/120.

61035 Marotta, Pesaro — 14870/2

★★★ »CAMPING-CLUB CESANO« — April bis Sept.
☎/Fax 0721/960730 — 10000 qm
www.campingclubcesano.it, info@campingclubcesano.it

→ von der SS 16 bei Km 263.7 in Marotta über den straßengleichen Bahnübergang, dann rechts weiter zum Cpl. Die Bahnunterführungen bei Km 264.4 und 266.4 sind 2.65 m bzw. 2.70 m hoch. ✉ Via Ugo Foscolo, 22.

Gepflegtes, ebenes Waldgelände zwischen der Bahnlinie und einem Feriendorf. Ort 2 km entfernt. Touristen-/Dauerstellplätze 73/55.

60019 Senigallia, Ancona — 14880
★★★ »VILLAGGIO TURISTICO SUMMERLAND«
☎ 071/7926816, Fax 7927758 — Juni bis Sept.
www.camping.it/marche/summerland — 45 000 qm
→ südlich des Ortes landeinwärts abbiegen. ✉ Via Podesti, 336.

Ebenes, parzelliertes Wiesengelände mit Pappelreihen. Bahnunterführung zum Strand. Ort 1.8 km entfernt. 176 Touristenplätze.

60026 Marcelli di Numana, Ancona — 14890
★★★ »CAMPING NUMANA BLU«
☎ 071/7390993, Fax 7391793 — Mai bis Sept.
www.numanablu.it, info@numanablu.it — 80 000 qm
→ Küstenstraße Richtung Porto Recanati. In Numana abbiegen, noch ca. 300 m. ✉ Via Costaverde, 37.

Ebenes Wiesengelände mit teils dichtem Baumbestand. Pendelbus zum Strand. Restaurant. Schwimm- und Tenniskurse gratis. Ort 3 km entfernt. Touristen-/Dauerstellplätze 260/170.

62017 Portorecanati, Macerata — 14900
50 ★★★ »CAMPING BELLAMARE«
☎ 071/976628, Fax 977586 — 25.4. bis 30.9.
www.bellamare.it, info@bellamare.it — 50 000 qm
→ nördlich Porto Recanati am Meer Richtung Numana. ✉ Via Scossicci 13.

Wiesengelände mit Bäumen am rechten Mündungsufer der Mosone. Ort 3 km entfernt. 450 Touristenplätze.
2007: (HS) P/N 11.–, K/N bis 4 J. frei, C MC-St/N 16.–, T-St/N 13.–, WD zuzügl., Strom/N 3.–.

DCC-Vertragsplatz
63018 Porto Sant'Elpidio, Ascoli Pic. — 14920/1
45 ★★★ »CENTRO VACANZE LA RISACCA« — 17.5. bis 12.9.
☎ 0734/991423, Fax 997276 — 80 000 qm
www.larisacca.it, info@larisacca.it
→ AB–Abf. Civitavone Marche, etwa 5 km nördlich des Ortes bei Km 345 zum Meer abbiegen. Caravan-Einfahrt 500 m weiter südlich. ✉ Via Gabbie, 6.

Ebenes und schattenloses, gepflegtes Wiesengelände mit erhöhten Stellplätzen. Parzelliert. Separate Pkw-Abstellung. Volleyball. Boccia. Ort 3 km entfernt. 449 Touristenplätze.
2008: (HS) P/N 8.–, K/N 2 bis 6 J. 4.–, St/N 17.–, WD und Strom inkl. In NS Ermäßigung.
DCC 10% auf P/N, CCI NS/HS 10%/5% auf P/N.

DCC-Vertragsplatz
63018 Porto Sant'Elpidio, Ascoli Pic. — 14920/2
50 ★★★ »CAMPING LE MIMOSE« — 1.1. bis 31.12.
☎ 0734/900604, Fax 992958 — 33 000 qm
www.villaggiolemimose.it, info@villaggiolemimose.it
→ südlich des Ortes bei Km 351.5 zum Meer abbiegen. AB–Abf. Civitanova Marche. ✉ Via Faleria, 15. (GPS: 43°14'28" N / 13°46'39" E).

Ebenes, gepflegtes Wiesengelände mit befestigten Wegen. Durch Baumreihen beschattet. In Ortsrandlage. Bungalowanlage. Nur kleine Hunde erlaubt. Motorcaravans nicht zugelassen. 130 Touristenplätze.
2007: (HS) P/N 8.50, K/N 2 bis 6 J. 5.–, St/N 20.–, kl. H/N 3.–, WD inkl., Strom/N 2.50. In NS Ermäßigung.
DCC/CCI 10% auf P/N.

63023 Fermo, Ascoli Piceno — 14940
★★★ »CENTRO VACANZE CAMPING SPINNAKER«
☎ 0734/53412, Fax 53737 — Ende Mai bis Sept.
www.camping.vacanzespinnaker.it, info@vacanzespinnaker.it — 60 000 qm
→ 1 km von der AB–Abf. Porto S. Giorgio–Fermo entfernt. Von der SS 16 meerwärts abbiegen. ✉ Loc. S. Maria a Mare, 27.

Ebenes Wiesengelände mit Pappeln. Ort 2 km entfernt. 373 Touristenplätze.

63010 Altidona, Ascoli Piceno — 14960
★★★ »CAMPING RIVA VERDE«
☎ 0734/932012, Fax 931979 — Mai bis Sept.
www.rivaverde.it, rivaverde@camping.it — 170 000 qm
→ A14 Abf. San Giorgio, auf SS 16 Richtung Pescara, bei Km 365, beschildert. Steile Zufahrt. ✉ Via Aprutina, 75.

Langgezogenes, terrassiertes Gelände am Steilhang. 42 Stellplätze mit eigener Sanitärkabine. Bungalowanlage. Ort 1 km entfernt. Touristen-/Dauerstellplätze 323/117.

63012 Cupra Marittima, Ascoli Piceno — 14970/1
★★★ »CAMPING LED ZEPPELIN« — April bis Sept.
☎ 0735/778125, Fax 778987 — 86 000 qm
www.camping.it/marche/ledzeppelin, ledzeppelin@camping.it
→ AB–Abf. Pedaso, dann auf SS 16 Richtung Süden, noch ca. 6 km. Beschildert. ✉ C. da Boccabianca, 5.

Durch Bahnlinie zweigeteiltes Gelände. 700 m langer Strand. Ort 800 m entfernt. Touristen-/Dauerstellplätze 500/50.

63012 Cupra Marittima, Ascoli Piceno — 14970/2
55 ★★★ »CAMPING CALYPSO« — 1.4. bis 30.9.
☎ 0735/778686, Fax 778106 — 26 000 qm
www.campingcalypso.it, calypso@camping.it
→ A 14/E 55 Ancona–Gulianova Abf. Pedaso auf die SS 16. Dann ca. 2 km vor Cupra Marittima rechts auf die SP 58 und weiter zum Platz, noch ca. 600 m. Beschildert. ✉ Via Boccabianca, 7. (GPS: 43°02'24" N / 13°50'50" E).

Drei ebene mit Gras bewachsene und nicht zusammenhängende Platzteile unter Pinien, Palmen und Pappeln. Leicht abfallender, ca. 1000 m langer und 12 m breiter Kies- und Sandstrand. Bungalowanlage. Schalldichte Diskothek. Musikveranstaltungen. Filmvorführungen. Boccia. Volleyball. Touristen-/Dauerstellplätze 100/120.
2008: (HS) P/N 12.50, K/N 3 bis 6 J. 8.–, St/N 18.–, WD inkl., Strom/N 3.50. In NS Ermäßigung.

ÖFFNUNGSZEITEN 2008: vom 01.04. bis zum 30.09.

DIREKT AM MEER

Camping Village

SONDERANGEBOTE 2008
vom 01.04. bis zum 07.06. und 06.09. bis zum 30.09.
BUNGALOWANGEBOT: Drei-Zimmer-Bungalow für 4 Personen € 250 pro Woche
CAMPINGANGEBOT: 4 Personen + Wohnmobil oder Auto mit Wohnwagen + Strom € 130 pro Woche

Via Boccabianca, 7 • I-63012 Cupra Marittima (AP)
Tel. +39.0735778686 • Fax +39.0735778106
E-mail: calypso@camping.it

DCC-Vertragsplatz

✉ **63013 Grottammare,** Ascoli Piceno **14980**

55 ★★★ »CAMPING VILLAGE DON DIEGO«   ⚬⟶ 25.5. bis 20.9.
☎ 0735/581285, Fax 583166   24000 qm
www.campingdondiego.it, dondiego@camping.it

→ AB–Abf. A14/E55 'Grottammare', noch ca. 1.5 km in südl. Richtung. ✉ Lungomare di Gasperi, 124. (GPS: 42°58'19" N / 13°52'35" E).

Wiesengelände mit Pappeln und reicher Vegetation zwischen Bahnlinie und Straße, unmittelbar am feinsandigen Strand. Ideal für Familien mit Kindern. Pizzeria. Ort 1.5 km entfernt. 190 Touristenplätze.
2008: (HS) P/N 12.–, K/N 3 bis 6 J. 7.50, St/N 18.–, WD inkl., Strom/N 3.–.
In NS Ermäßigung.
DCC 10% auf P/N und 5% auf St/N, CCI 10% auf P/N.

✉ **01023 Bolsena,** Viterbo **15000/1**

35 ★★ »LIDO CAMPING-VILLAGE«   ⚬⟶ 19.4. bis 30.9.
☎ 0761/799258, Fax 796105   305 m   100000 qm
www.bolsenacamping.it, lidocamping@bolsenahotel.it

→ SS2 Firenze–Rom, bei Km 111 abbiegen. ✉ Via Cassia Km 111.

Ebenes großflächiges Gelände mit altem Baumbestand am Seeufer. Kindersanitär. FW. Boccia. Basketball. Spielautomaten. Kino/Miniclub. 2x/Wo Tanzmusik. Ort 2 km entfernt. 600 Touristenplätze.
2008: (HS) P/N 7.50, K/N bis 10 J. 5.30, A/N 3.50, C MC T/N 11.50, B/N 5.50, WD zuzügl., Strom keine Angabe (3 A). In NS Ermäßigung.
CCI 5% auf P/N

✉ **01023 Bolsena,** Viterbo **15000/2**

30 ★★★ »BLU INTERNATIONAL CAMPING«   ⚬⟶ 18.4. bis 30.9.
☎/Fax 0761/798855 (1.5.-30.9.), ☎/Fax799197 (1.1.-31.12.)   30000 qm
www.blucamping.it, info@blucamping.it

→ SS 2 Firenze–Rom Via Cassia bei Km 111.6 seewärts abbiegen. (GPS: 42°37'52" N / 11°59'40" E).

Ebenes, großflächiges Wiesengelände mit Laubbäumen. Offenes Sanitär. Ort 1 km entfernt. 70 Touristenplätze.
2008: (HS) 2 P/N inkl. St/N 24.–, K/N 2 bis 6 J. 3.60, H/N 2.60, WD u. Schwimmbad inkl., Strom keine Angabe (6 A). In NS Ermäßigung.
DCC/CCI 5% auf P/N und St/N.

✉ **01023 Bolsena,** Viterbo **15000/3**

35 ★★★ »CAMPING MASSIMO«   ⚬⟶ Ostern bis Ende Sept.
☎/Fax 0761/798738   310 m   10000 qm
www.massimo.info, heinz.reul@t-online.de

→ SS2 Firenze–Rom, Via Cassia nach Bolsena, Richtung San Lorenzo, bei Km 116.17 zum Cpl. abbiegen. ✉ Via Cassia Nord 116+700.

Parzelliertes, ebenes Wiesengelände mit altem Baumbestand. Direkt am See mit Sandstrand. FW. Pizzeria. Kiosk. Segelbootverleih. Ort 3.5 km entfernt. 50 Touristenplätze. Reservierung im Winter in Deutschland Tel. 0911/ 5982486, Fax 0911/5982487.
2007: (HS) P/N 8.–, K/N 3 bis 6 J. 4.50, St/N 10.–. H/N frei, WD u. Strom inkl. (3 A). In NS Ermäßigung.

✉ **01010 Pescia Romana,** Viterbo **15020**

★★★ »CAMPING CLUB DEGLI AMICI«   ⚬⟶ Mai bis Sept.
☎/Fax 0766/830250   30000 qm
www.gitav.com, info@clubdegliamicicampingvillage.com

→ SS1 bei Km 118.5 von Süden, bei Km 122.5 von Norden meerwärts abbiegen, noch ca. 5.2 km. Teilweise schwierige Anfahrt.

Sandiges Gelände mit breitem Sandstrand. Durch Bäume beschattet. Sportfeld. Volleyball. Boccia. Billard. Bogenschiessen. Ort 4 km entfernt. 226 Touristenplätze.

✉ **01014 Montalto di Castro,** Viterbo **15030**

45 ★★★ »CAMPING PIONIER ETRUSCO«   ⚬⟶ 1.4. bis 30.9.
☎ 0766/802807, Fax 801214   60000 qm
www.campingpionieretrusco.it, info@campingpionieretrusco.it

→ Umfahrungsstraße nach Montalto–Marina abbiegen. ✉ Via Vulsina, 1.

Pinienwaldgelände mit Pinien, vom Strand durch eine Straße getrennt. Touristen-/Dauerstellplätze 210/40.
2008: (HS) 2 P/N inkl. St/N 36.–, WD und Strom inkl. (3 A). In NS Erm.

✉ **01016 Riva dei Tarquini,** Viterbo **15035**

45 ★★★ »CAMPING EUROPING«   ⚬⟶ 25.4. bis 30.9.
☎ 0766/814010, Fax 814075   26000 qm
www.europing.it, europing@europing.it

→ SS1 bei Km 102 meerwärts Richtung Riva dei Tarquini abbiegen. Nach dem Bahnübergang rechts, noch ca. 2 km. ✉ Via Aurelia Km 102.

Ebenes Sandgelände unter Pinien. Separate Pkw-Abstellung. Kur- und Pflegecenter mit Thermalbecken und Krankengymnastik. Fitnessraum. Friseur. Boccia. Basketball. Bar. Ort 10 km entfernt. Touristen-/Dauerstellplätze 450/250.
2007: (HS) P/N 10.–, K/N 3 bis 5 J. 6.–, St/N 12.–, WD inkl., Strom/N 3.–. (3 A). In NS Ermäßigung.

✉ **01010 Tarquinia Lido,** Viterbo **15040**

45 ★★★ »CAMPING TUSCIA TIRRENICA«   ⚬⟶ 1.4. bis 31.10.
☎ 0766/864294, Fax 864200   100000 qm
www.campingtuscia.it, tusciat@tin.it

→ Von der SS 1 bei Km 92.200 meerwärts abbiegen. Beschildert. ✉ Via delle Nereidi.

Ebenes Gelände unter Pinien. Separate Pkw-Abstellung. Boccia. Basketball. Ort 200 m entfernt. Touristen-/Dauerstellplätze 350/170.
2007: (HS) P/N 10.–, K/N bis 6 J. 6.50, A/N 5.–, C T/N 9.–, MC/N 12.–, M/N 3.–, WD zuzügl., Strom/N 3.– (3 A). In NS Ermäßigung.

✉ **00062 Bracciano,** Roma **15100/1**

35 ★★★ »ROMA FLASH SPORTING CAMPING«   ⚬⟶ 1.4. bis 30.9.
☎/Fax 06/99805458, www.romaflash.it, info@romaflash.it   70000 qm

→ an der Westseite des Lago di Bracciano, ca. 3 km nördlich des Ortes. ✉ Via Settevene Palo Km 19.800. (GPS: 42°07'46" N / 12°10'24" E).

Wiesengelände in einem Laubwald. Separater Platzteil für Hundehalter. Ort 4 km entfernt. 250 Touristenplätze.
2007: (HS) 2 P/N inkl. St/N 21.– bis 30.–, K/N bis 10 J. 5.–, H/N 5.–, WD inkl., Strom keine Angabe (6 A). In NS Ermäßigung.

✉ **00062 Bracciano,** Roma **15100/2**

30 ★★★ »CAMPING PORTICCIOLO«   ⚬⟶ 1.4. bis 30.9.
☎ 06/99803060, Fax 99803030   165 m   32000 qm
www.porticciolo.it, info@porticciolo.it

→ A 1 Abf. Magliano Sabina. Beschildert. ✉ Via del Porticciolo.

Bewaldetes Wiesengelände am Bracciano-See mit Privatstrand. Ort 1.5 km entfernt. 170 Touristenplätze.
2007: (HS) P/N 6.–, K/N bis 10 J. 4.50, A/N 3.–, C T/N 6.–, MC/N 7.–, M/N 2.–, B/N 3.–, H/N 4.–, WD zuzügl., Strom/N 2.40 (3 u. 15 A). In NS Erm.

CAMPING INTERNAZIONALE - LAGO DI BRACCIANO ★★★

SPEZIAL ANGEBOT: (I 5105)
14 €
pro Nacht für 2 Personen + Ausrüstung + Elektrizität + Warme Dusche. Vom 01.04 bis 07.07 und vom 18.08 bis 30.09.2008

Der Campingplatz Internazionale befindet sich auf dem wunderschönen Ufer von dem Bracciansee, ausgestattet mit alle Komfort um ein fabelhaften Urlaub zu verbringen. Exklusive Stellplätze und Mobilheime am Seeufer in einer grünen Oasis und nur 30 km Entfernung von Rom.

www.camping-inter-lagodibracciano.com

Via Settevene Palo, km 7.400 • Trevignano Romano (ROMA) • Tel. 0039/069985032 • Fax 0039/0699826749 • robertocarrano@tin.it

00069 Trevignano Romano, Roma — I5105

35 ★★★ »CAMPING INT. LAGO DI BRACCIANO« — 1.4. bis Sept.
06/9985032, Fax 99826749 — 160 m — 20000 qm
www.camping-inter-lagodibracciano.com, roberto@tin.it

Abfahrt → SS 2 Rom–Vetralla Abf. Sette Vene Nord in südwestl. Richtung über Grotta del Pianovo nach Trevignano Romano. ✉ Via Settevene Palo km 7,4. (GPS: 42°08'48" N / 12°16'09" E).

Ebenes, parzelliertes und gärtnerisch gestaltetes zum See abfallendes Wiesengelände unter Bäumen. Pizzeria. Touristen-/Dauerstellplätze 110/20.
2008: (HS) P/N 7.–, K/N 3 bis 10 J. 5.50, A/N 3.50, C/N 14.–, MC/N 13.50, T/N 7.20, M/N 2.50, H/N 3.70, WD inkl., Strom keine Angabe (6 A). In NS Ermäßigung.

00061 Anguillara-Sabazia, Roma — I5110/1

35 ★★★ »CAMPING PARCO DEL LAGO« — 1.4. bis 30.9.
06/99802003, Fax 99802000 — 30000 qm
www.parcodellago.com, info@parcodellago.com

Abfahrt → an der östlichen Uferstraße, 4 km nördlich des Ortes. ✉ Lungolago di Poolline, 75. (GPS: 42°07'17" N / 12°16'58" E).

Parzelliertes Wiesengelände zwischen Straße und See. Mit Pappeln aufgelockert. Ort 4 km entfernt. Touristen-/Dauerstellplätze 128/40.
2008: (HS) P/N 8.20, K/N 3 bis 12 J. 6.20, St/N 10.20, WD inkl., Strom keine Angabe (3/6 A). In NS Ermäßigung.

00061 Anguillara-Sabazia, Roma — I5110/2

30 ★★ »CAMPING VIGNA DI VALLE« — 1.4. bis 30.9.
Fax 06/9968645 — 14000 qm

Abfahrt → A1 Florenz–Rom, Abf. Magliano Sabina in Richtung Nepi. Weiter auf die Via Cassia, Abf. Lago di Bracciano. Über Anguillara nach Vigna di Valle. ✉ Lungolago delle Muse, 12.

Ⓗ 400 m
Gelände am See mit eigenem Sandstrand. Ort 3.5 km entfernt. Touristen-/Dauerstellplätze 84/25.
2007: (HS) P/N 5.–, K/N 2 bis 10 J. 5.–, St/N 9.–, H/N 4.–, WD zuzügl., Strom keine Angabe.
DCC/CCI 5% auf P/N.

00065 Fiano Romano, Roma — I5120

★★★★ »CAMPING BUNGALOWPARK PINI« — März bis Nov.
076/5453349, Fax 5453057 — 128 m — 40000 qm
www.ecvacance.it, ipini@ecvacance.it

Abfahrt → A1 Firenze–Rom Abf. Fiano Romano auf die Via Tiberina Richtung Fiano Romano. Beschildert. ✉ Via delle Sassette, 1/A.
∴ Ausgrabungsstätte »Lacus Feronia«

Parzelliertes, ebenes bis leicht abfallendes Wiesengelände. Mit Bäumen aufgelockert. Teilweise terrassiert und an einen alten Eichenwald grenzend. Bungalowdorf. Gasverkauf. Günstig gelegen für Rombesuch. 137 Touristenplätze.

00188 Roma, Roma — I5130

★★★ »CAMPING TIBER« — Mitte März bis Okt.
06/33610733, Fax 33612314 — 50000 qm
www.campingtiber.com

Abfahrt → A1 Richtung Roma-Nord, Abf. Fiano–Romano. Der Tiberina-Straße nach Rom folgend. ✉ Via Tiberina Km 1.400.

Ebenes Wiesengelände mit Pappeln. Stark besucht von intern. Jugendgruppen. Zentrum 15 km entfernt. Pendelbus (gratis) zur Metrostation alle 30 Minuten. 300 Touristenplätze.

00191 Roma, Roma — I5132

40 ★★ »CAMPING SEVEN HILLS« — 10.3. bis 1.11.
06/30310826, 30362751, Fax 30310039 — 50000 qm
www.sevenhills.it, info@sevenhills.it

Abfahrt → AB-Ring Grande Raccordo Anulare Abf. (3). ✉ Via Cassia, 1216. (GPS: 41°59'02" N / 12°24'28" E).

Hügeliges Gelände, mehrfach gestuft und teilweise terrassiert. In ländlicher Umgebung. Bus-Service in die Stadt. Zentrum 13 km entfernt. 320 Touristenplätze.
2007: P/N 9.50, K/N 3 bis 12 J. 7.50, A/N 4.50, C/N 12.–, MC/N 10.50, T/N 6.–, M/N 3.–, WD inkl., Strom keine Angabe. Ab 5 N DCC/CCI 10% auf P/N.

Als DCC-Mitglied sind Sie immer gut beraten

Deutscher Camping-Club e.V., Postf. 40 04 28, 80704 München

SEVEN HILLS VILLAGE ★★★★

BUNGALOW • CAMPING • MOBILHOME • APPARTAMENTS • RESORT

Via Cassia 1216 • I-00191 ROMA
Tel. 0039.0630362751
Tel. 0039.0630310826
Fax 0039.0630310039
info@sevenhills.it
www.sevenhills.it (I 5132)

Besucht uns und entscheidet dann

Villaggio Seven Hills befindet sich 1,5 km vom Ausfahrt Nr. 3 der G.R.A. (Grande Raccordo Anulare), Richtung Viterbo, und hat gute Verbindungen zu Rom Stadtzentrum das man mit den Verkehrmitteln wie Metro und Bus in nur 20 Minuten erreichen kann. Die Stellplätze für Camper und Caravan sind auf von unterschiedlicher Vegetation umgebene Terrassen angeordnet. Man kann außerdem Bungalows, Mini-Apartments (mit Klimaanlage, Television und Telefon) und Mobilheime mit Sanitäranlagen mieten. Am Platz: Bar, Internetsaal, Restaurant, Pizzeria, Diskothek, Tabakwarengeschäft, Arzt-Service uns ein fabelhafter von Palmen und exotischen Pflanzen umgebene Swimmingpool (35 x 15 m). Sie verschiedene Sportarten wie Beach-Volleybal, Tischtennis und Golf (das Campo dell'Olgiata liegt weniger als 2 km entfernt) ausüben. Seven Hills ist für Gruppen ein idealer Ferienort, Spaß wird garantiert. Öffentliche Verkehrsmittel und U-Bahn alle 15 Minuten. Unterkunftsmöglichkeit für Gruppe mit Sonderpreisen und kostenloser Übernachtung für den Reise Führer und den Busfahrer und kostenlosem Parkplatz für den Bus.

NEUHEIT 2007: ONLINE-RESERVIERUNGEN

NEUHEIT 2008: INTERNET WI-FI + NEUES STEAKHOUSE

✉ 00123 Roma, Roma — 15134

★★★ »HAPPY CAMPING«
☎ 06/33626401, Fax 33613800
www.happycamping.net, info@happycamping.net
März bis Nov.
36 000 qm

→ von der SS2 Via Cassia, bis vor der Umfahrung von Rom (Grande raccordo anulare) in die Via Giustiniana abbiegen. ✉ Via Prado della Corte, 1915. (GPS: 42°00'20" N / 12°27'18" E).

Terrassengelände mit Akazien. Pendelbus (gratis) zur Metrostation. Günstig für den Besuch von Rom. Zentrum 8 km entfernt. 135 Touristenplätze.

✉ 00189 Roma, Roma — 15136

50 ★★★★ »FLAMINIO VILLAGE«
☎ 06/3332604, Fax 3330653
www.villageflaminio.com, info@villageflaminio.com
1.1. bis 31.12.
80 000 qm

→ AB-Ring Grande Raccordo Anulare Abf. (6) in Richtung Zentrum, nach ca. 3.5 km rechts zum Platz. ✉ Via Flaminia Nuova, 821.

Ebenes, teilweise leicht geneigtes Gelände. Beliebt bei Besuchergruppen. Bungalowanlage. In HS 3 Nächte Mindestaufenthalt. Ort 1.2 km entfernt. 300 Touristenplätze.
2007: (HS) P/N 13.30, K/N 3 bis 12 J. 8.70, 12 bis 16 J. 11.–, A/N 4.20, C/N 16.–, MC/N 6.10, T/N 7.30, M/N 5.–, WD, Schwimmbad im Sommer u. Strom inkl. (6A).

✉ 00165 Roma, Roma — 15138

★★★ »CAMPING VILLAGE ROMA«
☎ 06/6623018, Fax 66418147
www.ecvacanze.it, campingroma@ecvacanze.it
1.1. bis 31.12.
70 000 qm

→ AB-Ring Grande Raccordo Anulare Abf. (1) auf die SS 1, Via Aurelia Richtung Centro, nach ca. 2 km rechts. Beschildert. ✉ 831, Via Aurelia.

Auf einem Hügel neben der Via Aurelia. In mehreren Terrassen angelegter Platz. Durch Bäumen aufgelockert und beschattet. Bungalowanlage. 150 Miet-Zelte (2 P.) fest aufgebaut. Tennis 500 m, Ort 4 km entfernt. 150 Touristenplätze.

✉ 00125 Acilia-Roma, Roma — 15140

40 ★★ »CAMPING FABULOUS«
☎/Fax 06/5259354
www.ecvacanze.it, fabulous@camping.it
8.1. bis 31.12.
200 000 qm

→ AB-Ring Grande Raccordo Anulare Abf. (27) abbiegen Richtung Ostia. ✉ Via C. Colombo Km 18.

Welliges Gelände im Pinienhain. Motorradfahrer nicht erlaubt. Nur kleine Hunde erlaubt. Fussball- u. Volleyballplatz. Rollschuhplatz. Internet Point. Live-Musik. Bus- und U-Bahnverbindung nach Rom. Meer 10 km entfernt. 300 Touristenplätze.
2007: (HS) P/N 9.70, K/N 2 bis 12 J. 7.–, C MC-St/N 11.10, T-St/N 8.50, H/N 1.50, WD inkl., Strom inkl. (10 A). In NS Ermäßigung.
DCC/CCI 10% auf P/N und St/N.

✉ 00122 Lido di Ostia, Roma — 15150

40 ★★★ »CAMP. INTERN. DI CASTELFUSANO«
☎ 06/5623304, Fax 56470260
www.romacampingcastelfusano.it, info@romacampingcastelfusano.it
1.1. bis 31.12.
45 000 qm

→ Küstenstraße Ostia–Anzio, ca. 5 km südlich Ostia zwischen Straße und Meer. ✉ Via Litoranea Km 1.200. (GPS: 41°42'21" N / 12°20'24" E).

Naturbelassenes Dünengelände. Bus zur Metro. Schwimmen 100 m, Ort 3 km entfernt. 250 Touristenplätze.
2008: (HS) P/N 9.50, K/N 3 bis 10 J. 6.–, A/N 5.–, C/N 6.–, MC/N 9.–, T/N 4.–, M/N 3.–, WD inkl., Strom/N 2.– (3 A). In NS Ermäßigung. DCC/CCI ab 4 N. Ermäßigung.

Vorhandene Bungalows und Ferienwohnungen auf Campingplätzen sind von Ermäßigungen ausgenommen.

✉ 04019 Terracina, Latina — 15220/1

55 ★★★★ »CAMPING VILLAGIO ROMANTICO«
☎ 0773/727620, Fax 725153
www.campingvillaggioromantico.com, info@campingvillaggioromantico.com
22.3. bis 30.10.
20 000 qm

→ Straße nach Napoli, ca. 2 km hinter dem Ort. ✉ Via Flacca Km 0.450. (GPS: 41°17'52" N / 13°16'52" E).

Ebenes Gelände unter Pappeln und Pinien unterhalb der Straße. Teilweise von Hecken eingefasst. In HS separate Pkw-Abstellung. Kino. Pizzeria. Medizinische Ambulanz. Pendelverbindung zum Bahnhof im Hafen (gratis). Ort 2.5 km entfernt. 130 Touristenplätze.
2007: (HS) 2 P/N inkl. St/N 40.–, weitere P/N 12.–, K/N bis 2 J. frei, H/N (NS) 2.50, WD u. Strom inkl. (4 A). In NS Ermäßigung. In NS 10% auf St/N.

✉ 04019 Terracina, Latina — 15220/2

★★★ »CAMPING EUROPA«
☎ 0773/726523, Fax 724910
www.campeggioeuropa.it, campeggioeuropaterracina@virgilio.it
Ostern bis Ende Sept.
34 000 qm

→ 2 km südlich des Ortes. ✉ Via Appia Km 104.500.

Gelände zwischen der Straße und dem Meer. Separate Pkw-Abstellung. Ort 2 km entfernt. 160 Touristenplätze.

✉ 04020 Salto di Fondi, Latina — 15230/1

★★★ »HOLIDAY VILLAGE«
☎/Fax 0771/555009-029
www.holidayvillage.it, info@holidayvillage.it
April bis Sept.
40 000 qm

→ 8 km südlich Terracina. ✉ Via Flacca Km 6.800.

Ebenes Wiesengelände unter verschiedenartigen Bäumen. Mit viel Blumenschmuck u. einer Aussichtsterrasse. Ort 7 km entfernt. 190 Touristenplätze.

✉ 04020 Salto di Fondi, Latina — 15230/2

★★★ »CAMPING S. ANASTASIA«
☎ 0771/599254, Fax 599110
www.s.anastasia@camping.it, santanastasia@camping.it
April bis Sept.
120 000 qm

→ südlich Terracina, abseits der Via Appia am Meer. Einfahrt neben einer kleinen Schiffswerft. ✉ Via S. Anastasia, 43.

Teilweise gestuftes Gelände mit Pinien, Eukalyptus– und Olivenbäumen. FW. Ort 7 km entfernt. 500 Touristenplätze.

✉ 03043 Cassino, Frosinone — 15300

20 ★ »CAMPING TERME VARRONIANE«
☎/Fax 0776/22144
www.termevarroniane.it, info@termevarroniane.it
1.1. bis 31.12.
20 000 qm

→ in der Nähe des Bahnhofs. AB-Abf. Cassino. ✉ Via Terme, 5.

In einem Naturpark mit Mineralquellen. Ort 500 m entfernt. 248 Touristenplätze.
2008: P/N 3.50, A/N 2.50, C MC/N 5.50, T/N 3.50, M/N 2.20, B/N 3.–, WD inkl., Strom/N 1.50.
DCC/CCI 10% auf P/N.

DCC-Mitglieder fahren mit Auslands-Schutzpaß! und SIE?

DCC-Vertragsplatz

64014 Martinsicuro, Teramo — 15400

★★★★ »CAMPING RIVA NUOVA« — 26.4. bis 20.9.
☎ 0861/797515, Fax 797516 — 67000 qm
www.rivanuova.it, info@rivanuova.it

→ 5 km südlich von San Benedetto del Tronto am Meer, von der SS 16 bei Km 393 abbiegen oder AB–Abf. Ascoli Piceno. ✉ Via dei Pioppi, 6. (GPS: 42°52′49″ N / 13°55′12″ E).

Ebenes, durch Hecken parzelliertes Wiesengelände. Von Pappelreihen durchzogen und durch verschiedenartige Bäume aufgelockert. Asphaltierte Wege. Teils Stellplätze mit eigenem Bad. Hochmoderne Sanitäranlage. TV-Sat-Anschluss. Fitnessraum. Ort 500 m entfernt. 435 Touristenplätze.
2008: (HS) P/N 10.90, K/N bis 7 J. 7.–, St/N 17.50, WD u. Strom inkl. (5 bis 16 A). In NS Ermäßigung.
DCC/CCI 10% auf P/N.

64010 Villa Rosa, Teramo — 15410

★★ »CAMPING DELLE ROSE« — 15.5. bis 15.9.
☎/Fax 0861/714359 — 15000 qm
www.campingdellerose.it, dellerose@camping.it

→ von der SS 16 bei Km 392 abbiegen zum Meer. Beschildert. **Für größere Mocas und Caravans nicht geeignet.** ✉ Lungomare Italia, 76.

Ebenes Gelände mit Pappeln. Offenes Sanitär. Bungalowanlage. Wassersportmöglichkeiten. Ort 500 m entfernt. 100 Touristenplätze.
2007: (HS) P/N 7.60, K/N 3 bis 8 J. 6.10, St/N 15.90, WD zuzügl., Strom keine Angabe.
DCC/CCI 10% auf P/N.

64018 Tortoreto Lido, Teramo — 15430

★★★★ »CENTRO VACANZE SALINELLO« — 1.5. bis 30.9.
☎ 0861/77231, Fax 7723218 — 150000 qm
www.salinello.it/com, info@salinello.it

→ von der SS 16 bei Km 405 abbiegen zum Meer, oder AB–Abf. Val Vibrata. Durchfahrtshöhe 3 m bzw. 3.50 m. Neben einer Bahnlinie. ✉ Lungomare Sud.

Parzelliertes, ebenes Wiesengelände unter Pappel- und Pinienreihen und anderen Laubbäumen. Mit Büschen und Hecken aufgelockert und direkt am Meer gelegen. Halb- und Vollpension möglich. In HS (Juli./Aug.) 2 Wochen Mindestaufenthalt. Boccia. Ort 1.5 km, Reiten 2 km entfernt. 650 Touristenplätze.
2007: (HS) P/N 8.–, K/N 2 bis 6 J. 6.50, St/N 13.50, WD inkl., Strom keine Angabe.
DCC/CCI 10% auf P/N.

64022 Giulianova-Lido, Teramo — 15440/1

★★★ »CAMPING BAVIERA« — Ostern bis Sept.
☎/Fax 085/8004420 — 18000 qm
www.hoba.it, baviera@camping.it

→ nördlich des Ortes von der SS 16 bei Km 406 durch Unterführung abbiegen zum Meer. ✉ Lungomare Zara, 127.

Parzelliertes Waldgelände. Durch eine Straße vom Strand getrennt. In HS separate Pkw-Abstellung. Einrichtungen können von »Camping Holiday« mitbenutzt werden. Diskothek. Ort 2 km entfernt. 150 Touristenplätze.

DCC-Mitgliedsausweis

DCC-Mitgliedern wird geraten, den DCC-Mitgliedsausweis sofort bei der Anmeldung auf den entsprechenden Campingplätzen vorzulegen. Eine spätere Reklamation wegen nichterhaltenen Mitgliedernachlasses ist infolge Computerabrechnung oft erfolglos.

64022 Giulianova-Lido, Teramo — 15440/2

★★★ »CAMPING HOLIDAY« — Mai bis Sept.
☎ 085/8000053, Fax 8004420 — 45000 qm
www.villaggioholiday.it, holiday@camping.it

→ etwa 1 km nördl. des Ortes am Meer bei Km 406 der SS 16 abbiegen. ✉ Lungomare Zara Nord. (GPS: 42°27′59″ N / 13°34′20″ E).

Eng parzelliertes Wiesengelände unter Pappeln. In HS separate Pkw-Abstellung. FW. Bungalowanlage. Diskothek. Ort 2 km entfernt. 300 Touristenplätze.

64020 Cologna Spiaggia, Teramo — 15450

★★★★ »CAMPING STORK« — 17.5. bis 14.9.
☎ 085/8937076, Fax 8937542 — 70000 qm
www.campingstork.com, info@campingstork.com

→ AB–Abf. Giulianova Richtung Meer ca. 7 km. Von der SS 16 nach der Brücke über den Tordino nach 150 m links abbiegen. ✉ Via del Mare, 11.

Ebenes, parzelliertes Waldgelände. 400 m langer eigener Strand. In HS separate Pkw-Abstellung. Separater Hundeteil. HS Mindestaufenthalt 7 N. Volleyball. Boccia. Ort 1.5 km entfernt. 490 Touristenstellplätze.
2007: (HS) P/N 10.–, K/N 6.50, St/N 17.–, H/N 5.–, WD inkl., Strom keine Angabe (6 A).

64026 Roseto degli Abruzzi, Teramo — 15460

★★★ »CAMPING VILLAGE EURCAMPING « — 1.4. bis 31.10.
☎ 085/8993179, Fax 8930552 — 50000 qm
www.eurcamping.it, eurcamping@camping.it

→ von der Via Adriatica im Ort abbiegen zum Strand, an der Strandpromenade nach Süden, etwa 1.7 km. ✉ Via Lungomare Trieste Sud, 90.

Gepflegter, gärtnerisch gestalteter ebener Platz. Von Baumreihen durchzogen und durch Tamarisken gegliedert. Ort 2 km entfernt. 358 Touristenplätze.
2007: (HS) P/N 9.50, K/N bis 7 J. 6.–, St/N 16.50, H/N 5.–, WD, Schwimmbad u. Strom inkl. (3-6 A). In NS ab 4 N. Ermäßigung.

64025 Pineto, Teramo — 15470/1

★★★ »INTERNATIONAL CAMPING« — 1.5. bis 30.9.
☎/Fax 085/930639 — 15000 qm
www.internationalcamping.it, info@internationalcamping.it

→ A14 Roseto–Pescara Abf. Atri/Pineto, 3 km in Richtung Silvi, von der SS 16 bei Km 431 abbiegen und durch eine Bahnunterführung zum Meer. ✉ C. da Torre Cerrano. (GPS: 42°34′53″ N / 14°05′34″ E).

Gelände zwischen Bahnlinie und Strand. Ort 3 km entfernt. 140 Touristenplätze.
2007: (HS) P/N 10.–, K/N bis 3 J. frei, St/N 17.–, M/N 4.–, WD zuzügl., Strom/N 2.– (bis 6 A). Ab 3 N und in NS Ermäßigung. DCC/CCI ab 3 N 10% auf P/N und St/N.

64025 Pineto, Teramo — 15470/2

★★★ »CAMPING HELIOPOLIS« — April bis Sept.
☎ 085/9492720, Fax 9492171 — 12000 qm
www.heliopolis.it, info@heliopolis.it

→ am nördlichen Ortsrand Richtung Pineto Beach. ✉ C.da Villa Fumosa.

Parzelliertes Gelände mit Bäumen in Strandnähe. 78 Stellplätze mit Sanitär-Komplettzellen u. Geschirrspüle. Ort 1 km entfernt. 114 Touristenplätze.

64025 Pineto, Teramo — I 5470/3

★★★ »CAMPING PINETO BEACH«
℡ 085/9492724, Fax 9492796
www.pinetobeach.it, pinetobeach@libero.it
Mitte Mai bis Sept.
30 000 qm

→ A14 Roseto–Pescara Abf. Atri-Pineto, dann der Beschilderung »Pineto Beach« folgen. ✉ Via S.S. 16 Adriatica Km 425.

Teilparzelliertes Wiesengelände zwischen Strand und Bahnlinie. Durch Büsche und Bäumen aufgelockert. Übergehend in einen schmalen Pinienstreifen. Hydromassage. Separate Pkw-Abstellung. 70 Stellplätze mit Sanitär-Komplettzellen und Geschirrspüle. Ort 1 km entfernt. 200 Touristenplätze.

64028 Silvi Marina, Teramo — I 5480

50 ★★★ »CAMPING FERIENZENTRUM EUROPE GARDEN«
℡ 085/930137, Fax 932846, Wi 4221991
www.europegarden.it, info@europegarden.it
1.5. bis 20.9.
50 000 qm

→ SS16, bei Km 433 in Silvi Marina Nord nach Silvi, noch ca. 1.8 km landeinwärts. 5 km südlich der AB-Abf. Pineto. Für größere Motorcaravans ungeeignet. ✉ Via Belvedere, 10. (GPS: 42°34'06'' N / 13°59'10'' E).

Terrassiertes und parzelliertes Hanggelände unter Olivenbäumen. Schöner Blick auf das Meer. In HS kostenloser Pendelbus zum feinen, feinsandigen Privatstrand mit Strandbar und Restaurant. TV-Verleih. Gratis-Ausflüge und Sportmöglichkeiten. Ort 2,5 km entfernt. 200 Touristenplätze.
2007: (HS) P/N 10.–, K/N 3 bis 8 J. 7.50, C MC-St/N 16.50, T-St/N 13.–, KT u. WD inkl., Anschlussgeb. 2.50. (6 A). CCI in NS 15 % auf P/N und St/N.
DCC/CCI 10% auf P/N.

66020 Torino di Sangro Stazione, Chieti — I 5750

★★★ »CAMPING SUN BEACH«
℡/Fax 0873/915109
www.camping-abruzzo/sunbeach, sbcamping@inwind.it
Juni bis Sept.
12 000 qm

→ AB Abf. Val di Sangro auf die SS16, über die Bahnlinie zum Meer. ✉ Viale Costa Verde, 224.

Teilweise schattenloses Wiesengelände neben einer Bahnlinie. Von einem Graben unterteilt. Ort 7 km entfernt. 90 Touristenplätze.

67030 Opi, L'Aquila — I 5780

25 ★★★ »CAMPING LE FOCI«
℡/Fax 0863/912233
www.lefoci.it, info@lefoci.it
1.1. bis 31.12.
1200 m   25 000 qm

→ A1/E35/E45 (Autostrada del Sole) Florenz–Neapel Abf. AB-Kreuz Rom-Tivoli auf die A 24/E80 in Richtung Avezzano bis zur Abfahrt Pescina. Weiter auf der SS 83 der Beschilderung zum Nationalpark der Abruzzen bis Pescasseroli folgen. Noch ca. 6 km bis Opi, beschildert ✉ Via Fonte de Cementi.

(I 5780)

Der Camping Le Foci befindet sich im Herzen zwischen den Bergen des Nationalparks der Abruzzen, auf einer Höhe von über 1.200 m in einer zauberhaften Umgebung, eingebettet von den schönsten Tälern und Bergen des Parks und beschützt vom beeindruckenden Berg Marsicano, mit einem der höchsten und interessantesten Gipfeln.

Angebot Camping 2008:
2 Personen + Wohnmobil oder Wohnwagen oder Zelt + Auto + Stromanschluss 10,00 Euro vom 01.01.2008 bis 30.06.2008 und vom 01.09.2008 bis zum 31.12.2008

Ganzjährig geöffnet

I - 67030 Via Fonte dei Cementi Opi (Aq) - Tel+Fax +39 0863 912533
www.lefoci.it - lefoci@tin.it

86036 Montenero di Bisáccia, C.Basso — I 5800/1

45 ★★ »CAMPING SABBIA D'ORO«
℡/Fax 0873/803351
www.sabbiadorocb.it, sabbiad@tin.it
1.4. bis 30.9.
44 000 qm

→ zwischen Vasto und Termoli an der SS 16 bei Km 525.12 zum Meer abbiegen. ✉ SS 16 Costa Verde.

Ebenes Wiesengelände mit Pappeln zwischen Straße und Meer. Auf dem Platz nur eine enge Straße mit Gegenverkehr. Nur kleine Hunde erlaubt. Ständige Lautsprecherberieselung. Ort 500 m entfernt. 250 Touristenplätze.
2007: (HS) P/N 8.40, K/N 5.–, St/N 15.–, B/N 3.–, H/N 3.–, WD u. Strom (4 A) zuzügl. In NS Ermäßigung.

86036 Montenero di Bisáccia, C.Basso — I 5800/2

35 ★★★ »CAMPING COSTA VERDE«
℡/Fax 0873/803144
www.costaverde.it, info@costaverde.it
1.5. bis 30.9.
11 000 qm

→ SS 16 nach Termoli bei Km 525.8, am Meer. ✉ SS 16 Costa Verde. (GPS: 42°06'565'' N / 14°79'40'' E).

Ebenes, sandiges Wiesengelände. Ort 1 km entfernt. 72 Touristenplätze.
2007: (HS) P/N 7.50, K/N ab 4 J. 4.–, St/N 11.–, WD –.30, Strom/N 2.90. In NS Ermäßigung.
DCC/CCI 10% auf P/N.

86038 Petacciato Marina, Campobasso — I 5810

★★★ »EDEN CAMPING INTERNATIONAL«
℡/Fax 0875/67552
www.campeggioeden.it, info@campeggioeden.it
Juni bis Sept.
20 000 qm

→ An der SS 16 bei Km 529.8. ✉ C.da Marinelle, 12.

Ebenes Gelände mit Pappeln und Olivenbäumen. Straßenunterführung zum Strand. Nur kleine Hunde erlaubt. Meer 300 m, Ort 3 km entfernt. 100 Touristenplätze.

86042 Campomarino Lido, Campobasso — I 5830

35 ★★ »CAMPING LA PINETA«
℡ 0875/539402
www.lapinetacamping.it, info@lapinetacamping.it
1.1. bis 31.12.
25 000 qm

→ SS 16 bei Km 555 links abbiegen, noch 200 m. ✉ C.da Ramitelli, 5/A. (GPS: 41°56'19'' N / 15°04'55'' E).

Ebenes Wiesengelände. Ort 2 km entfernt. 200 Touristenplätze.
2007: (HS) P/N 6.–, K/N bis 6 J. 4.–, A/N 3.–, C T/N 11.–, MC/N 14.–, M/N 3.–, WD inkl. Strom/N 3.50. In NS Ermäßigung.
DCC/CCI 10% auf St/N.

07020 Loiri-Porto San Paolo, Sassari — I 6005

★★★ »CAMPING TAVOLARA«
℡ 0789/40166, Fax 40000
www.camping-tavolara.it, info@camping-tavolara.it
Jan. bis Dez.
55 500 qm

→ SS 131 Olbia-Cagliari, Abf. südlich Olbia-Nord in westlicher Richtung über Biasi, Padru und Andria nach Loiri.

Leicht abfallendes und teilweise terrassiertes Wiesen- und Sandgelände. Durch Hecken parzelliert und mit vielfältigem Baumbestand. Separate Pkw-Abstellung. Separate Zeltwiese. In HS Mindestaufenthalt 14 Nächte. Meer 500 m, Ort (Olbia) 14 km entfernt. Touristen-/Dauerstellplätze 175/25.

08020 San Teodoro, Nuoro — 16010

★★★ »CAMPING SAN TEODORO LA CINTA« — Mai bis Okt.
☎/Fax 0784/865777 30 000 qm
www.campingsanteodoro.com, info@campingsanteodoro.com

→ Von der SS 131, Olbia–Cagliari, Abf. San Teodoro. Beschildert. Ca. 400 m außerhalb des Ortes. ✉ Via del Tirreno, 89.

50 m 100 m 300 m

Küstengelände mit 5 km langem Sandstrand. Ort 800 m entfernt. 150 Touristenplätze.

08040 Lotzorai, Nuoro — 16030/1

[45] ★★★ »CAMPING LE CERNIE« — 1.1. bis 31.12.
☎ 0782/669472, Fax 669612 18 000 qm
www.campinglecernie.it, info@campinglecernie.it

→ Von der SS 125 Richtung Meer abbiegen. Beschildert. ✉ Loc. Case Sparse.

Welliges Gelände in einem Pinienwald. Direkt am Meer. Pressluft-Füllstation. Separate Pkw-Abstellung. Bungalowanlage. Reitmöglichkeit 500 m, Ort 1 km entfernt. 80 Touristenplätze.
2007: (HS) P/N 12.50, K/N 8.70, St/N 3.50, M/N 1.50, WD inkl., Strom keine Angabe (3A). In NS Ermäßigung.
DCC/CCI 5% auf P/N.

08040 Lotzorai, Nuoro — 16030/2

★★★ »CAMPEGGIO CAVALLO BIANCO« — Mai bis Okt.
☎ 0782/669110, Fax 668177 60 000 qm
www.campeggiocavallobianco.it

→ SS125, in Lotzorai Richtung Meer abbiegen. Beschildert. ✉ Via Lido delle Rose.

600 m

Ebenes Gelände in einem Eukalyptus- und Pinienwald. Direkt am Meer. Separater Jugendplatz. Nur kleine Hunde erlaubt. Ort 1 km entfernt. 150 Touristenplätze.

08048 Tortoli, Nuoro — 16040/1

[45] ★★★ »CAMPING CIGNO BIANCO« — 1.5. bis 30.9.
☎ 0782/624927, Fax 624565 40 000 qm
www.cignobianco.it, info@cignobianco.it

→ im Süden von Tortoli in Richtung Küste abbiegen. Beschildert. ✉ Loc. Lido di Orri.

500 m

Ebenes Sandgelände unter Bäumen und Palmen. Ca. 200 m langer und 120 m breiter, feinsandiger Strand. Teilweise offenes Sanitär. Boccia. Ort 3 km entfernt. Touristen-/Dauerstellplätze 95/5.
2007: (HS) P/N 10.50, K/N 3 bis 10 J. 8.50, C MC-St/N 9.–, T-St/N 4.50 bis 9.–, WD u. Strom inkl. In NS Ermäßigung.

08048 Tortoli, Nuoro — 16040/2

[45] ★★★ »CAMPING ORRI« — 14.5. bis 20.9.
☎ 0782/624695, Fax 624685 30 000 qm
www.campingorri.it, camping.orri@tiscalinet.it

→ im Süden von Tortoli in Richtung Küste abbiegen. Beschildert. ✉ Loc. Orri. (GPS: 39°54'24" N / 09°40'50" E).

50 m 800 m

Ebenes Sandgelände unter verschiedenen Bäumen mit eigenem breiten feinsandigen Strand. Teilweise offenes Sanitär. Bungalowanlage. Ort 2 km entfernt. 100 Touristenplätze.
2007: (HS) P/N 12.–, K/N 3 bis 10 J. 8.–, A/N 2.–, C MC T/N 9.–, M/N 2.–, WD inkl., Strom/N 2.–. In NS 10% Ermäßigung.
DCC/CCI 5% auf P/N u. St/N.

09043 Muravera, Cagliari — 16050/1

★★★ »VILLAGGIO CAMPING 4 MORI« — Ende März bis Okt.
☎ 070/999110, Fax 999126, www.4mori.it, info@4mori.it 115 000 qm

→ 5 km südlich von Muravera, links von der SS125 bei Km 58 in Richtung Küste abbiegen. Beschildert. ✉ Loc. Is Perdigonis.

Ebenes weitläufiges Gelände mit Eukalyptusbäumen und Büschen am ca. 350 m langen Strand. Bungalowanlage. Billard. Spielautomaten. Ort 5 km entfernt. Touristen-/Dauerstellplätze 300/200.

09043 Muravera, Cagliari — 16050/2

[55] ★★★ »CAMPING LE DUNE« — 21.3. bis 30.9.
☎ 070/9919057, Fax 991110 60 000 qm
www.campingledune.it, info@campingledune.it

→ südlich von Muravera an der Costa Rei. Beschildert. ✉ Loc. Piscina Rei-Costa Rei.

200 m 1 km

Ebenes Sand- und Wiesengelände mit jungem Baumbestand. Parzelliert. Sandstrand. Boccia. Ort 1 km entfernt. Touristen-/Dauerstellplätze 136/20.
2008: (HS) P/N 18.–, K/N 3 bis 12 J. 12.–, St/N 6.–, H/N 4.40, WD inkl., Strom/N 2.50 (3 A). In NS Ermäßigung.

09043 Capo Ferrato, Cagliari — 16055

[55] ★★★ »CAMPING PORTO PIRASTU« — 22.3. bis Sept.
☎ 070/991437, 991438, Fax 991439 100 000 qm
www.portopirastu.com, portopirastu@boschettoholiday.it

→ SS 125 nach Muravera/Costa Rei, ca. 20 km südlich Muravera an der Kreuzung Costa Rei/Capo Ferrato den Schildern Capo Ferrato folgen. Beschildert. ✉ Loc. Capo Ferrato-Muravera (CA)

500 m 3 km

Teils sandiges, ebenes Wiesengelände mit Bäumen und feinem Sandstrand. Billard. Ort 5 km entfernt. Touristen-/Dauerstellplätze 237/90.
2007: (HS) P/N 12.80, K/N 3 bis 9 J. 8.50, A/N 4.50, C MC/N 13.90, T/N 11.10, M/N 3.20, B/N 8.–, H/N 4.30, WD inkl., Strom/N 3.50 (3 A). In NS Ermäßigung.
DCC 5%, CCI 10% auf P/N.

09043 Torre Salinas, Cagliari — 16060

[45] ★★★ »CAMPING TORRE SALINAS« — 1.4. bis 15.10.
☎ 070/999032, Fax 999001 15 000 qm
Deutschland ☎ 08424/88147, Fax 88148
www.villaggio-torre-salinas.com, info@villagio-torre-salinas.com

→ SS125, ca. 8 km südlich Muravera nach der IP-Tankstelle zum Meer abbiegen. Beschildert. ✉ Loc. Torre Salinas.

200 m 2 km

Ebenes Gelände mit Eukalyptusbäumen. Kindersanitär. Boccia. FW. Zelte mit Betten und Küchenzelt auf festem Boden. Ort 7 km entfernt. 100 Touristenplätze.
2007: (HS) P/N 10.50, K/N 2 bis 12 J. 8.–, St/N 12.50, H/N 6.–, WD inkl., Strom/N 2.50 (4 A). In NS Ermäßigung.

09040 Castiadas, Cagliari — 16070

[50] ★★★ »CAMPING CAPO FERRATO« — 28.4. bis 31.10.
☎/Fax 070/991012, ☎(Wi) 885653 20 000 qm
www.campingcapoferrato.it, info@campingcapoferrato.it

→ 8 km südlich von Capo Ferrato an der Costa Rey Richtung Villasimius. Beschildert. ✉ Loc. Costa Rei. (GPS: 39°14'34" N / 9°34'11" E).

100 m 500 m S1 km 3 km

Welliges Wiesengelände unter Eukalyptusbäumen. An einem langem, feinem Sandstrand der Costa Rey. Bungalowanlage. Ort 200 m entfernt. Touristen-/Dauerstellplätze 80/10.
2007: (HS) P/N 11.–, K/N 3 bis 12 J. 8.50, C MC-St 14.50, T-St/N 9.70, WD inkl., Strom/N 2.10 (2 bis 6 A). In NS Ermäßigung.

Camping La Mariposa
I-07041 ALGHERO (SS)
Tel. +39 079950360 - 950480

(I 6140/1)

e-mail: info@lamariposa.it • www.lamariposa.it

Direkt am Meer, in der Mitte der "Riviera del Corallo" gelegen, bietet die Camping La Mariposa sehr gute Einrichtungen wie Bars, Lebensmittelgeschäft, Sb- Markt, Privatstrand. Der Betrieb zeichnet sich durch ihre Pflege und Gastlichkeit aus. Über ausgerüsteten Stellplätzen für Zelte, Wohnwagen und Caravan hinaus, verfügt der Campingplatz auch über 2-Betten-Zimmer, 4-Betten-Bungalow, zwei/vier -Betten-Wohnwagen und vier- Betten Mini-Villa. Der Camping La Mariposa erwartet Sie für einen angenehmen Urlaub vom ersten April bis zum dreißigsten Oktober mit Vormerkungmöglichkeit über das ganze Jahr.

09010 Santa Margherita di Pula, Cagliari — 16090

★★★ »CAMPING FLUMENDOSA« — 1.1. bis 31.12.
070/9208364, Fax 9249282 — 60000 qm
www.campingflumendosa.it, info@campingflumendosa.it
→ SS 195 Pula–Bernardu bei Km 33.8 links Richtung S. Magherita abbiegen.

Ebenes Gelände mit festem Sandboden zwischen Bäumen. Ort (Pula) 4 km entfernt. 146 Touristenplätze.

09019 Teulada, Cagliari — 16095

★★★ »CAMPING PORTO TRAMATZU« — Mai bis Okt.
070/9283027, Fax 9283028 — 35000 qm
www.faita.it, coop.proturismo@libero.it
→ über die SS 195 Richtung Porto di Teulada zum Platz. Beschildert.
✉ Loc. Porto Tramatzu.

Terrassiertes Hanggelände mit Bäumen u. Büschen und angrenzendem Sandstrand u. Felsküste. Restaurant. Ort 7 km entfernt. 200 Touristenplätze.

09010 Porto Pino-S. Anna Arresi, Cagliari — 16100

★★ »CAMPING SARDEGNA« — Mitte Mai bis Sept.
/Fax 0781/967013 — 10000 qm
www.campingsardegna.com, info@campingsardegna.com
→ von Cagliari auf der SS 195 über Pula, Teulada bis S. Anna. Nach Porto Pino, noch ca. 7 km. ✉ Loc. Porto Pino.

Terrassiertes Dünengelände mit Pinienwald am Sandstrand. Ort 6 km entfernt. 110 Touristenplätze.

09017 Sant'Antioco, Cagliari — 16110

★★ »TONNARA CAMPING« — April bis Sept.
0781/809058, Fax 809036 — 70000 qm
tonnaracamping@tiscali.it
→ Im Westen der Insel Sant' Antioco an der Meeresbucht »Calasapone«. ✉ Calaspone C.P. 36. (GPS: 39°00'24" N / 08°23'15" E).

Ebenes Küstengelände mit vereinzelten Bäumen und Schattendächern. Direkt am Meer. Boccia. Ort 12 km entfernt. 155 Touristenplätze.

09072 Is Aruttas, Oristano — 16125

★★★ »CAMPING IS ARUTTAS« — Mai bis Sept.
/Fax 0783/391108, Wi: 0783/767020, Fax: 0783/775382 — 120 000 qm
www.campingisaruttas.com, campingisaruttas@hotmail.it
→ Ca. 8 km von Oristano, kurz vor Mari Ermi.

Ebenes Sandgelände mit vereinzelten Bäumen und Schattendächern. Boccia. Nur kleine Hunde erlaubt. Ort (Cabras) 15 km entfernt. 121 Touristenplätze.
2007: (HS) P/N inkl. C-St/N 13.–, K/N 3 bis 12 J. 9.–, A/N 3.50, MC-St/N 4.–, H/N 3.50, WD inkl., Strom/N 2.–.
DCC/CCI 10% auf P/N.

09070 Narbolia, Oristano — 16130

★★ »CAMPEGGIO NURAPOLIS« — 1.1. bis 31.12.
0783/52283, Fax 52255 — 120000 qm
www.nurapolis.it, campnurapolis@tiscali.it
→ von Olbia die SS 131 Richtung Nuoro, weiter Richtung Oristano, Abf. Milis/Bauladu, weiter nach Narbolia. Beschildert.

Sandiges Gelände in einem Pinienwald. Boccia. Ort 10 km entfernt. Touristen/Dauerstellplätze 245/30.

09073 Cuglieri, Oristano — 16135

★★★ »CAMPING EUROPA« — Mai bis Sept.
/Fax 0785/38058 — 330000 qm
www.coopsinis.it, europacampingvillage@tiscali.it
→ von Olbia die SS 131 Richtung Nuoro, weiter Richtung Oristano, Abf. Milis/Bauladu, weiter nach Narbolia. 1. Platz. Beschildert. ✉ Loc. Torre del Pozzo.

Welliges, naturbelassenes Sandgelände in einem lichten Pinienwald am Strand von „Is Arena". FW. Boccia. 255 Touristenplätze.

07041 Alghero, Sassari — 16140/1

★★★ »LA MARIPOSA« — April bis Okt.
079/950360, Fax 984489 — 40000 qm
www.lamariposa.it, info@lamariposa.it
→ Von Norden kommend auf der SP 42 der Beschilderung folgen.
✉ Via Lido, 22.

Hügeliges u. teils schattiges Gelände mit Pinien und Eukalyptus. Offenes Sanitär. Zimmer. Privatstrand. Ort 1.5 km entfernt. 250 Touristenplätze.

07041 Alghero, Sassari — 16140/2

★★★ »CAMPEGGIO TORRE DEL PORTICCIOLO« — Mai bis Okt.
079/919007, 919010, Fax 919212 — 100000 qm
www.torredelporticciolo.it, info@torredelporticciolo.it
→ Von der SS 291 Sassari–Alghero abbiegen Richtung S. M. la Palma-Porto Conte. Beschildert. ✉ Casella Postale n. 83.

Teilweise terrassierter und parzellierter Pinienhain mit angrenzender Bucht, mit teils sandigem, teils kiesigem Strand. Boccia. 200 Touristenplätze.

✉ 07037 Marina di Sorso, Sassari — 16150/1

★★★ »VILLAGGIO GOLFO DELL ASINARA CRISTINA«
☎ 079/310230 — Mai bis Sept.
www.campingasinara.it, info@campingasinara.it — 100000 qm

→ etwa 7 km östlich von Porto Tórres. ✉ Loc. Platamona, 35.
(GPS: 40°29′9″ N / 8°17′53″ E).

Hügeliges Dünengelände mit Pinien. Bungalowanlage. Bogenschießen. Ort 6 km entfernt. 350 Touristenplätze.
2007: (HS) P/N 13.50, K/N bis 11 J. 8.50, A/N 4.–, C T/N inkl., MC/N 7.50, M/N 3.–, WD inkl., Strom/N 4.–. In NS Ermäßigung.
DCC/CCI 10% auf P/N.

✉ 07037 Marina di Sorso, Sassari — 16150/2

★★★ »CAMPING VILLAGE LI NIBARI«
☎ 079/310303, Fax 310306 — 1.1. bis 31.12.
www.campinglinibari.com, campinglinibari@campinglinibari.com — 130000 qm

→ etwa 10 km östl. von Porto Tórres. ✉ Loc. Marina di Sorso Km 6.500.

Unparzelliertes, hügeliges Dünengelände unter Pinien mit Wacholderbüschen. Boccia. Ort (Porto Torres) 10 km entfernt. Touristen-/Dauerstellplätze 200/50.

✉ 07039 Valledoria, Sassari — 16160/1

★★★ »INTERNATIONAL CAMPING VALLEDORIA«
☎ 079/584070, Fax 584058 — 15.5. bis 30.9.
www.campingvalledoria.com, info@campingvalledoria.com — 100000 qm

→ 3 km westlich des Dorfes von der Küstenstraße abbiegen, noch ca. 300 m zum Meer. ✉ Via la Ciaccia, 39. (GPS: 40°33′14″ N / 8°28′38″ E).

Sandiges Gelände mit Pinien und Büschen. Leicht zum Meer abfallend. Sandstrand. Separate Pkw-Abstellung. Boccia. Billard. Ort 2 km entfernt. 300 Touristenplätze.
2007: (HS) P/N 12.–, K/N bis 8 J. 7.–, A/N 3.–, C T/N frei, MC/N 6.50, M/N 2.20, WD inkl., Anschlussgeb. 3.– (4 A). In NS Ermäßigung.

✉ 07039 Valledoria, Sassari — 16160/2

★★★ »LA FOCE VILLAGE & CAMPING« — 15.5. bis 30.9.
☎ 079/582109, Fax 582191, www.foce.it, info@foce.it — 100000 qm

→ Vom Ort Valledoria 800 m entfernt. Beschildert. ✉ Via Ampurias, 1 c.s.
(GPS: 40°56′01″ N / 08°49′02″ E).

Teilweise parzelliertes, ebenes Gelände in einem Eukalyptushain. Durch einen Fluss zweigeteilt. Kleine Fähre zum Strand. Teils offenes Sanitär. Bungalowanlage. Kindercamp. Wellnessbereich. Ort 800 m entfernt. 300 Touristenplätze.
2007: (HS) P/N 9.70, K/N 1 bis 4 J. 8.–, St/N 10.– bis 15.–, H/N 3.–, WD inkl., Strom/N 1.50 (6 A). In NS Ermäßigung.

DCC-Vertragsplatz

✉ 07020 Aglientu Vignola Mare, Sassari — 16170

★★★★ »CAMPING BAIA BLU LA TORTUGA« — 15.3. bis 20.10.
☎ 079/602060 od. 602200, Fax 602040 — 170000 qm
www.baiaholiday.com, info@baiablu.com

→ 15 km von S. Teresa di Gallura. (GPS: 41°04′29″ N / 09°02′26″ E).

Dünengelände mit Pinienwald und Eukalyptusbäumen. Club-Mitgliedschaft obligatorisch. Miet-WC/Duschen. Bungalowanlage. Pressluft-Füllstation. W-LAN/Funk-Internet. Boccia. Bogenschießen. Nur kleine Hunde erlaubt. Ort 8 km entfernt. 700 Touristenplätze.
2007: (HS) P/N 10.70, K/N 3 bis 10 J. 9.20, C MC-St/N 24.60, T-St/N 21.60, H/N 7.20, KT, WD u. Strom inkl. (3 A).
DCC 10% auf P/N.

✉ 07024 La Maddalena — 16180

★★ »CAMPING ABBATOGGIA« — April bis Nov.
☎/Fax 0789/739173 — 20000 qm
www.campingabbatoggia.it, info@campingabbatoggia.it

→ Str. Palau–La Maddalena, bei Km 5.

Teils ebenes, teils welliges Sandgelände, direkt am Meer. Überwiegend schattenlos. Ort 5 km entfernt. 75 Touristenplätze.

Villaggio Camping ACAPULCO (I 6190/2)

ACAPULCO ist ein Touristendorf mit wunderschönem Ausblick auf Sciumara Golf, gegenüber Porto Raphael und der Costa degli Inglesi gelegen. Phantastisches Restaurant im mexikanischen Stil, in dem es uns ein wahres Vergnügen ist, Fische und Meeresfrüchte Küche zu genießen.
Villaggio Camping Acapulco
I-07020 PALAU (SS) • Tel. 0039/0789709497 • Fax 0039/0789706380
www.campingacapulco.com • e-mail: info@campingacapulco.com

Villaggio Turistico BAIA SARACENO (I 6190/1)

Das Feriendorf „Baia Saraceno" befindet sich an einem der schönsten Punkte der sardischen Nordküste. Seine Bungalows, die sich perfekt in das Panorama eingliedern, ermöglichen den Gästen einen freien und sorglosen Aufenthalt, FKK-Gebiet. Ausflüge zu den Inseln werden angeboten.
Villaggio Turistico Baia Saraceno
I-07020 PALAU (SS) • Tel. 0039/0789709403 • Fax 0039/0789709425
www.baiasaraceno.com • e-mail: info@baiasaraceno.com

07020 Palau, Sassari — 16190/1

★★★ »CAMPING BAIA SARACENO« — 1.3. bis 31.10.
☎ 0789/709403, Fax 709425 — 30000 qm
www.baiasaraceno.com, info@baiasaraceno.com

→ Von Palau Richtung Capo ol'Orso meerwärts, im Ortsteil Punta Nera. Beschildert. Loc. Punta Nera. (GPS: 41°10'46" N / 03°23'35" E).

Geländ an einer Felsküste, teilweise mit kleinen Terrassen und Sandbuchten. Separate FKK-Strandbucht. Bungalowanlage. Separate Pkw-Abstellung. Ort 600 m entfernt. 280 Touristenplätze.
2008: P/N inkl. St/N 17.50, K/N 4 bis 12 J. inkl. St/N 13.–, WD inkl., Strom/N 3.– (4 A).
Anzeige S. 791

07020 Palau, Sassari — 16190/2

★★ »CAMPING ACAPULCO« — 1.3. bis 30.10.
☎ 0789/709497, Fax 706380 — 17000 qm
www.campingacapulco.com, info@campingacapulco.com

→ am Ortsrand Richtung Santa Teresa, mit »Acapulco« beschildert. Loc. Punta Palau.

Anzeige S. 791

Leicht abfallendes, terrassiertes Gelände am Meer. In HS separate Pkw-Abstellung. Ort 500 m entfernt. 80 Touristenplätze.
2007: P/N inkl. St/N 17.50, K/N bis 11 J. inkl. St/N 13.–, WD inkl., Strom/N 3.– (4 A).

07020 Palau, Sassari — 16190/3

★★★ »CAMPING ISOLA DEI GABBIANI« — April bis Okt.
☎ 0789/704019, 704024, Fax 704077 — 180000 qm
www.isoladeigabbiani.it, info@isoladeigabbiani.it

→ Im Ortsteil Porto Pollo, westlich Palau. Loc. Isola dei Gabbiani.

Teilweise schattenloses Gelände auf einer naturbelassenen Insel, die mit einem kurzen Fahrdamm mit dem Festland verbunden ist. Teils offenes Sanitär. Ort 6 km entfernt. 673 Touristenplätze.

07020 Cannigione, Sassari — 16200/1

★★★ »CAMPING GOLFO DI ARZACHENA« — März bis Okt.
☎/Fax 0789/88101, ☎ 88583 — 15000 qm
www.campingarzachena.com, campingarza@tiscalinet.it

→ SS125 Olbia–Palau, kurz vor Arzachena rechts ab nach Cannigione. Vor Ortsbeginn links der Straße.

Terrassengelände mit Eukalyptusbäumen. In HS Reservierung nur für mind. 7 Nächte. In HS separate Pkw-Abstellung (ausserhalb). Kostenloser Busservice zu 5 Stränden. Teils offenes Sanitär. Spielraum. FW. Ort 1 km entfernt. 200 Touristenplätze.

07020 Cannigione, Sassari — 16200/2

★★★ »CENTRO VACANZE ISULEDDA« — 18.4. bis 31.10.
☎ 0789/86003, Fax 86089 — 150000 qm
www.isuledda.it, info@isuledda.it

→ ca. 3 km nach Cannigione nach rechts auf eine Halbinsel abbiegen. Loc. Isuledda. (GPS: 41°07'54" N / 09°26'27" E).

Hügeliges Gelände an einer Bucht. In HS separate Pkw-Abstellung (ausserhalb). Bungalowanlage. FW. Massagen. Wellnessbereich. Pressluftstation für Taucher. Ort 3 km entfernt. 650 Touristenplätze.
2007: P/N 11.–, K/N bis 11 J. 7.–, A/N 4.–, C/N 26.–, MC/N 30.–, T/N 19.–, M/N 3.–, B/N 15.–, Strom inkl. (4 A).
DCC/CCI 10% auf P/N u. St/N.

07026 Olbia, Sassari — 16210

★★★ »VILLAGGIO CAMPING CUGNANA« — 1.4. bis 30.9.
☎ 0789/33184, Fax 33398 — 50000 qm
www.campingcugnana.it, info@campingcugnana.it

→ SS 125 Olbia–Palau, abbiegen Richtung Costa Smeralda - Porto Rotondo, dann Richtung Porto di Cugnana. Beschildert. Loc. Cugnana. (GPS: 41°00'18" N / 09°30'15" E).

Ebenes Wiesengelände. Teilweise mit Baumbestand. Direkt am Meer gelegen. Bungalowanlage. Ort (Porto Rotondo) 6 km entfernt. 120 Touristenplätze.
2007: (HS) P/N 17.50, K/N 4 bis 12 J. 10.50, A/N 4.50, C T/N frei, MC/N 11.–, M/N 3.50, WD zuzügl., Stromanschlussgeb. 3.– (1.5 A). In NS Ermäßigung.

81030 Baia Domizia, Caserta — 17000

★★★★★ »VILLAGGIO CAMPING BAIA DOMIZIA« — 24.4. bis 21.9.
☎ 0823/930164, Fax 930375 — 300000 qm
www.baiadomizia.it, info@baiadomizia.it

EUROPA-PREIS

→ SS7 bei Km 6 der Via Domiziana abbiegen zum Meer, noch 4 km. Via Pietre Bianche. (GPS: 41°12'27" N / 13°47'29" E).

Parkartiges, gepflegtes Wiesen- und Sandgelände mit Stellnischen und Blumenschmuck, durch Bäume beschattet. Organisierte Ausflüge. Große Poollandschaft. Großzügige Kinderspielplätze. Basketball. Wassergymnastik. In HS zeitweilige nächtliche Beeinträchtigung durch eine Freiluft-Diskothek. 1 km langer Sandstrand. Ort 2 km entfernt. 1016 Touristenplätze.
2008: (HS) P/N 10.80, K/N 1 bis 5 J. 8.50, A/N 7.50, C MC T/N 22.40, M/N 7.50, WD inkl., Strom keine Angabe (3 A). In NS Ermäßigung.

80014 Marina di Varcaturo, Napoli — 17100

★★ »CAMPING PARTENOPE« — Juni bis Sept.
☎ 081/5091076, Fax 5096767 — 100000 qm
www.campingpartenope.it, info@campingpartenope.it

→ 18 km von Neapel, links der Domiziana nach Rom. S.S. Domitiana Km 46 - Viale Orsa Maggiore.

Sandiges Kiefernwaldgelände in Meeresnähe. Privater Strand. Volleyball. Pianobar. Ort 1 km entfernt. 250 Touristenplätze.
2007: (HS) P/N 8.–, C-St/N 11.–, MC-St/N 15.–, WD u. Strom inkl. (4 A). In NS Ermäßigung.

80078 Averno, Napoli — 17120

★★★ »CAMPING AVERNO« — 1.1. bis 31.12.
☎ 081/8042666, Fax 8042570 — 50000 qm
www.averno.it, info@averno.it

→ nördlich Pozzuoli an der Domiziana bei Km 55. Via Montenuova Licola Patria, 85. (GPS: 40°50'27" N / 14°05'17" E).

Teils Wiesengelände, teils kiesig harter Grund unter vielen Bäumen. Thermalwasserbecken (38°). Whirlpool mit Thermalwasser (bis 50°). Massagen. Fitnessraum. Zimmer. Ort 1 km entfernt. Touristen-/Dauerstellplätze 30/10.
2008: P/N 8.–, K/N 8.–, A/N 3.–, C MC T-St/N 8.–, M/N 3.–, WD inkl., Strom keine Angabe (4 A).

80078 Pozzuoli, Napoli — 17130

★★★ »CAMP INTERNAZIONALE SOLFATARA« — 20.3. bis 5.11.
☎ 081/5267413, Fax 5263482 — 30000 qm
www.solfatara.it, info@solfatara.it

→ Via Domiziana Rom–Neapel, 5 km vor Neapel bei Km 60 abbiegen oder über AB-Tangenziale zur Via Domiziana, Abf. Arco Felice (Pozzuoli), ausreichend beschildert. Via Solfatara, 161. (GPS: 40°49'39" N / 14°08'07" E).

Ebenes Wiesengelände mit Bäumen im Krater des erloschenen Vulkans

Solfara. Geeignet zum Neapel-Besuch. Bus- und Metroverbindung. Ort 500 m, Meer 1.5 km entfernt. Touristen-/Dauerstellplätze 300/200.
2008: (HS) P/N 9.40, K/N 5 bis 12 J. 4.70, A/N 5.60, C/N 14.–, MC/N 9.40, T/N 5.20, M/N 3.–, WD inkl., Strom keine Angabe. In NS Ermäßigung. CCI ab 3 N 10% Ermäßigung.

✉ 80070 Lido dei Maronti, Barano/Ischia I 7150

★★ »CAMPING MIRAGE« 1.1. bis 31.12.
☎/Fax 081/990551 10000 qm
www.campingmirage.it, carlaconte@campingmirage.it

→ an der Ortseinfahrt gut beschildert, steilabwärts geteerte Serpentine. ✉ Via Maronti, 37.

Gelände mit hartem Boden unter Eukalyptusbäumen. Direkt am Maronti-Strand mit seinen Fumarolen. Sehr kleine Stellplätze. Ort 2 km entfernt. 50 Touristenplätze.

✉ 80045 Pompei, Napoli I 7160/1

★★★ »CAMPING SPARTACUS« 1.1. bis 31.12.
☎/Fax 081/8624078 7000 qm
www.campingspartacus.it, spartacuscamping@tin.it

→ 50 m hinter der AB-Abf. Pompei an der SS 18, gut beschildert (gelb). ✉ Via Plinio, 117.

Gepflegtes Wiesengelände. 50 m entfernt ist der Haupteingang zu den Scavi di Pompei. Ort 200 m entfernt. 60 Touristenplätze.
2007: (HS) P/N 6.–, K/N bis 10 J. 2.50, A/N 3.50, C/N 6.–, MC/N 6.50, T/N 8.–, M/N 2.–, WD inkl., Strom keine Angabe (6 A). In NS 10% Ermäßigung.

✉ 80045 Pompei-Scavi, Napoli I 7160/2

★★ »CAMPING ZEUS« 1.1. bis 31.12.
☎ 081/8615320, Fax 8617536 22000 qm
www.campingzeus.it, info@campingzeus.it

→ A3/E45 Abf. Pompei. Beschildert. ✉ Via Villa dei Misteri, 1. (GPS: 40°44'97,5" N / 14°28'34,4" E).

Langgestrecktes und ebenes Wiesengelände unter Zitrusbäumen, zwischen Straße und Bahnlinie. Ausgrabungsstätten 150 m, Ort 1.5 km entfernt. 100 Touristenplätze.
2008: (HS) P/N 5.–, K/N bis 8 J. 3.–, A/N 4.–, C/N 11.–, MC/N 7.–, T/N 5.– bis 7.–, M/N 2.–, WD u. Strom inkl.

DCC – DEIN PARTNER!

✉ 80069 Vico Equense, Napoli I 7170

★★ »CAMPING SANT'ANTONIO« 15.3. bis 31.10.
☎/Fax 081/8028570 10000 qm
www.campingsantantonio.it, info@campingsantantonio.it

→ Umgehung von Vico Equense Richtung Sorrento. Mit Gespann schwierige Anfahrt und Zufahrt. ✉ Marina d'Equa, 21. (GPS: 40°39'38" N / 14°25'00" E).

Ebenes Wiesengelände unter Zitronen- und Orangenbäumen. Durch eine Straße vom Strand getrennt. Fährverbindung nach Capri. Ort 1.5 km entfernt. 45 Touristenplätze.
2008: (HS) P/N 7.–, K/N bis 8 J. 5.–, A/N 3.–, C/N 7.–, MC/N 8.–, T/N 5.–, M/N 3.–, WD zuzügl., Strom keine Angabe (5 A). In NS Ermäßigung.

DCC-Vertragsplatz

✉ 80067 Sorrento, Napoli I 7190/1

★★★ »CAMPING SANTA FORTUNATA-CAMPOGAIO«
☎ 081/8073574/79, Fax 8073590 15.3. bis Okt.
www.santafortunata.eu, info@santafortunata.com 150000 qm

→ ab Sorrento 2 km in Richtung Capo. Mit Gespann schwierige Anfahrt und Zufahrt. ✉ Via Capo, 39. (GPS: 40°37'40.16" N / 14°21'28.59" E).

Terrassiertes Gelände an der Steilküste in einem Oliven- und Eichenhain. Mit schönem Blick über die Bucht von Neapel. Eigener Zugang zum Meer. Scooter-Verleih. Ort 1.5 km entfernt. 340 Touristenplätze.
2008: (HS) P/N 10.–, K/N 4 bis 10 J. 5.–, A/N 5.–, C/N 11.–, MC/N 14.–, T/N 7.–, M/N 3.–, B/N 4.–, H/N frei, WD u. Strom inkl. (6 A).
DCC/CCI 10% auf St/N.

✉ 80067 Sorrento, Napoli I 7190/2

★★★ »INT. CAMPING NUBE D'ARGENTO« März bis Jan.
☎ 081/8781344, Fax 8073450 20000 qm
www.nubedargento.com, info@nubedargento.com

→ an der Straße zum Capo di Sorrento. Mit Gespann schwierige Anfahrt und Zufahrt. Deshalb unbedingt erst 300 m weiterfahren und dann wenden). ✉ Via Capo, 21.

Terrassenplatz unterhalb der Küstenstraße mit Olivenbäumen. Am Samstag Musik. Ort 300 m entfernt. 100 Touristenplätze.

Das Camping-Dorf Athena liegt auf dem Meer von Paestum in einem bezaubernden mediterranen Pinienwald, hinter einem flachen und sandigen Strand, von einem sauberen Meer bewässert. Der Ausgang zu dem Strand ist direkt aus dem Camping. Die touristische Anlage des Athena, 3-Sterne Kategorie, bietet folgende Leistungen: Stellplätze von 80 bis 100 Quadratmeter, sämtliche sehr modern Sanitäranlagen mit warmen Duschen, Münzwaschmaschine, Bungalows mit Küche und Bad, Privatstrand, Restaurant, Warme Küche, Pizzeria, Lido mit Bar, Market, Bazar, tägliche ärztliche Betreuung.
(I 7350/1)
Via Ponte di Ferro
I-84063 PAESTUM (SA)
Tel. 0039/0828851105-0828720835
E-mail: vathena@tiscalinet.it • www.campingathena.com

ANGEBOT 2008:
€ 14,00 für 2 Personen mit Wohnmobil oder Caravan + Auto + Strom + Warmduschen in der Nebensaison (01.03.-30.06. und 01.09.-30.10.)
Kostenlose Warmduschen für die ganze Öffnungszeit

CAMPING ATHENA am Meer ★★★
(I 7350/1)

✉ 80061 Marina del Cantone, Napoli — 17195

★★★ »VILLAGGIO TURISTICO NETTUNO« — 1.3. bis 5.11.
☎ 081/8081051, Fax 8081706 — 15 000 qm
www.villaggionettuno.it, info@villaggionettuno.it

→ A3 Napoli–Salerno Abf. Castellamare di Stabia/Meta di Sorrento in Richtung Positano. An der Kreuzung Positano weiter in Richtung S. Agata sue due Golfi – Nerano – nach Marina del Cantone. Steile Zufahrt mit Serpentinen! ✉ Via A. Vespucci, 39. (GPS: 40°21'7" N / 14°13'5" E).

Sand- und Wiesengelände in Hanglage. Teilweise terrassiert. Unter Bäumen mit direktem Zugang zum Meer. Dazugehörig ein Bungalowdorf mit „Diving-Center". Trekking. FW. Ort 100 m entfernt. 60 Touristenplätze.
2007: (HS) P/N 6.90, K/N bis 10 J. 4.–, A/N 4.–, C/N 10.50, MC/N 9.90, T/N 7.90, M/N 3.–, WD inkl., Strom/N 2.90 (4 A). In NS 10% Ermäßigung.

✉ 84020 Eboli-Foce Sele, Salerno — 17340

★★★ »CAMPING PAESTUM« — 1.5. bis 15.9.
☎/Fax 0828/691003 — 80 000 qm
www.campingpaestum.it, info@campingpaestum.it

→ nördlich Paestum AB-Abf. Battipaglia in Richtung Santa Cecilia, Litoranea und weiter nach Paestum. Beschildert. ✉ Via Litoranea. (GPS: 40°29'33" N / 14°56'31" E).

Pappelwaldgelände an einer Flussmündung. Babyclub ab 4 Jahren. Kindersanität. Bus-Service zum Strand. Volleyball. Boccia. Ort 6 km entfernt. Touristen-/Dauerstellplätze 380/100.
2008: (HS) P/N 8.–, K/N bis 10 J. 7.–, C MC-St/N 20.–, T-St/N 13.–, WD inkl., Strom keine Angabe (3 bis 6 A). In NS 10% Ermäßigung.
DCC 10% auf P/N.

✉ 84063 Paestum, Salerno — 17350/1

★★★ »CAMPING ATHENA« — März bis Okt.
☎ 0828/851105, 724725, Fax 851105, 724809 — 23 000 qm
www.campingathena.com, vathena@tiscali.it

→ im Ort bei Km 95.5 zum Meer abbiegen. ✉ Via Ponte di Ferro.

Gelände am Meer mit Privatstrand. Offenes Sanitär. Ort 3 km entfernt. 110 Touristenplätze.

DCC-Vertragsplatz

✉ 84063 Paestum, Salerno — 17350/2

★★★ »CAMPING VILLAGGIO ULISSE« — 1.3. bis 30.10.
☎ 0828/851095, Fax 851092 — 35 000 qm
www.campingulisse.com, info@campingulisse.com

→ SS18 Abf. Paestum bis Cappaccio zur Ampelkreuzung. Hier rechts. Beschildert. ✉ Via Ponte di Ferro.

Gepflegtes ebenes Wiesengelände mit alten Baumreihen. Sandstrand 200 m entfernt. Nur kleine Hunde erlaubt. Bungalowanlage. Boccia. Ort 1 km entfernt. 150 Touristenplätze.
2007: (HS) P/N 10.–, K/N bis 3 J. frei, St/N 15.–, WD zuzügl., Strom keine Angabe (6 A).
DCC 10% auf P/N.

✉ 84063 Paestum, Salerno — 17350/3

★★★ »CAMPING VILLAGGIO DEI PINI« — 1.1. bis 31.12.
☎ 0828/811030, Fax 811025 — 30 000 qm
www.campingvillaggiodeipini.com, info@campingvillaggiodeipini.com

→ in Paestum bei Km 95.5 zum Meer abbiegen. ✉ Via Torre di Mare.

Waldgelände am Meer. Ungünstig für große Mocas. Boccia. Ort 1 km entfernt. 100 Touristenplätze.

✉ 84072 Santa Maria di Castellabate — 17360

★★★ »CAMPING TREZENE« — April bis Okt.
☎ 0974/965027, Fax 965013 — 25 000 qm
www.trezene.it, info@trezene.it

→ von Salerno aus vor dem Ort rechts abbiegen, 2 km von der Hauptstraße. ✉ Lago, 44.

Zum Meer leicht abfallendes Gelände beiderseits der Straße. Der untere Teil ist für Touristen reserviert. Bungalowanlage. W-LAN/Funk-Internet. FW. Ort 2 km entfernt. Touristen-/Dauerstellplätze 58/15.

✉ 84050 Pisciotta Marina, Salerno — 17380

★★★ »CAMPING LIDO PARADISO CLUB« — 7.6. bis 13.9.
☎ 0974/973232, Fax 933577 — 100 000 qm
www.lidoparadiso.it, info@lidoparadiso.it

→ AB-Abf. Battipaglia, auf SS 18 Agropoli bis Vallo Scalo, weiter auf SS 447 Richtung Palinuro nach Pisciotta Marina. Beschildert. Kurvenreiche und stellenweise steile Anfahrt. ✉ Marina di Pisciotta.

Terrassiertes Campinggelände unter alten Olivenbäumen. Teils offenes Sanitär. Bungalowanlage (nur wochenweise mit Vollpension). Privatstrand. Boccia. Ort 1 km entfernt. Touristen/Dauerstellplätze 70/30.
2007: (HS) P/N 18.–, K/N bis 10 J. 12.60, St/N 18.–, WD u. Strom inkl. (6 A). In NS 10% Ermäßigung.

✉ 84064 Palinuro, Salerno — 17390

★★★ »CAMPING ARCO NATURALE CLUB« — Juni bis Sept.
☎ 0974/931157, Fax 931975 — 85 000 qm
www.arconaturaleclub.it/.com, info@arconaturale.it/.com

→ 3 km von Palinuro in Richtung Marina di Camerota.

Langgestrecktes Wiesengelände an der Mündung des Mingardo. Bungalowanlage. Fitnessraum. Bogenschießen. Nur kleine Hunde erlaubt. Ort 2.5 km entfernt. Touristen-/Dauerstellplätze 225/25.

DCC-Vertragsplatz

✉ 84070 Villammare, Salerno — 17410/1

★★★ »CAMPING EUROPA UNITA-SOLEMARE« — 15.5. bis 15.9.
☎ 0973/365131, Fax 366921 — 60 000 qm
www.solemareproject.it, info@solemareproject.it

→ an der Küstenstraße SS 18 bei Km 211.

Wiesengelände mit sehr alten Olivenbäumen am Meer. Privatstrand. Boccia. Parafly. Ort 1.5 km entfernt. Touristen-/Dauerstellplätze160/40.
2007: (HS) P/N 10.50, St/N 12.– bis 20.30, WD zuzügl., Strom inkl. (4 A). In NS Ermäßigung.
DCC 10% auf P/N.

✉ 84070 Villammare, Salerno — 17410/2

★★★ »CAMPING VILLAGGIO VILLAMMARE« — Juni bis Sept.
☎/Fax 0973/365478 — 20 000 qm
campingvillammare@tin.it

→ an der Küstenstraße SS 18 bei Km 211.

Sandiges Wiesengelände mit Oliven- und Eukalyptusbäumen. Eigener Sandstrand. Ort 1.5 km entfernt. 92 Touristenplätze.

84073 Sapri, Salerno — 17420

★★★ »BUNGALOW RESIDENCE E PARC PISACANE«
☎ 0973/391004, Fax 604171 — Juni bis Sept.
www.parcopisacane.it — 50000 qm

→ auf der Landseite der Straße nach Salerno. ✉ C. da Oliveto.

Sandiges Gelände unter Olivenbäumen. Bungalowanlage. Fitnessraum. Ort 800 m entfernt. 92 Touristenplätze.

71010 Foce Varano Ischitella, Foggia — 17520

★★★ »CAMPING URIA«
☎/Fax 0884/917541 — Juni bis Sept.
www.campinguria.it, info@campinguria.it — 50000 qm

→ Küstenstraße Lago di Varano–Rodi Garagànico, östlich Torre Mileto.

Wiesengelände mit Bäumen und Buschwerk. Ort 10 km entfernt. 130 Touristenplätze.

71010 San Menaio, Foggia — 17540

NATURPLATZ [30] ★★ »CAMPING VALLE D'ORO« — 9.6. bis Sept.
☎ 0884/991580, — 30000 qm
www.campingvalledoro.it, info@campingvalledoro.it

→ San Menaio–Peschici, rechts ab Richtung Vico, noch 2 km. ✉ SS 528 Km 1.8.

Olivenhain mit Terrassen in Hanglage. Ort 1.5 km entfernt. 150 Touristenplätze.
2007: (HS) P/N 5.50, K/N bis 10 J. 3.50, A/N 4.–, C MC-St/N 7.50, T/N 6.50, WD inkl., Strom/N 2.50.
DCC/CCI 10% auf P/N.

71010 Peschici, Foggia — 17550/1

[55] ★★★★ »CENTRO TURISTICO SAN NICOLA« — 1.5. bis 31.10.
☎ 0884/964024, Fax 964025 — 120000 qm
www.sannicola.it, sannicola@sannicola.it

→ von der Küstenstraße Peschici–Manacoro Richtung Meer abbiegen. Noch ca. 1.6 km Serpentinenstraße zur Bucht. ✉ Loc. Sannicola. (GPS: 41°56'33" N / 16°01'49" E).

Gepflegtes, teilterrassiertes Gelände in einer Felsbucht mit Sandstrand. Teils schattenlos. In HS teilweise separate Pkw-Abstellung und stark frequentiert. In HS Mindestaufenthalt 7 Nächte. Ort 1.5 km entfernt. 700 Touristenplätze.
2007: (HS) P/N 11.50, K/N 3 bis 7 J. 6.50, A/N 6.–, C/N 14.–, MC/N 15.50, T/N 8.50, M/N 5.–, WD u. Strom inkl. (5 A). In NS Ermäßigung. CCI 10% auf P/N.

71010 Peschici, Foggia — 17550/2

★★★ »CAMPING CENTRO TURISTICO IALILLO« — Mai bis Sept.
☎/Fax 0884/964173, 963398 — 11000 qm
www.ialillo.it, ialillo@tiscalinet.it, info@ialillo.it

→ Küstenstraße Rodi–Peschici, ca. 500 m vor dem Ort links ab.

Ebenes Wiesengelände mit einige Bäumen. FW. Nur kleine Hunde erlaubt. Ort 1.5 km entfernt. 98 Touristenplätze.

71010 Peschici, Foggia — 17550/3

[45] ★★★ »CAMPING BAIA SAN NICOLA« — 3.6. bis 9.9.
☎/Fax 0884/964231 — 10000 qm
www.baiasannicola.it, domemast@tiscali.it

→ von der Küstenstraße Peschici–Manacoro Richtung Meer abbiegen. Noch ca. 1.6 km Serpentinenstraße zur Bucht. Enge Zufahrt. Schlepphilfe.

Ebenes bis leicht ansteigendes Gelände unter alten Pinienbäumen am Strand. In HS separate Pkw-Abstellung. Pizzeria, Tennis und Diskothek in unmittelbarer Nähe. Imbiss. Grillabende. Acquagym. Ort 2 km entfernt. 100 Touristenplätze.
2007: (HS) P/N 9.50, K/N bis 5 J. 5.–, A/N 5.–, C/N 11.–, MC/N 12.50, T/N 8.20 bis 10.–, M/N 4.20, WD inkl., Strom/N 1.50. In NS Ermäßigung.

71010 Peschici, Foggia — 17550/4

★★★ »CAMPING GROTTA DELL'ACQUA« — Mai bis Sept.
☎ 0884/911150, Fax 911136 — 35000 qm
www.grottadellacqua.com, grottadellacqua@tiscali.it

→ von der Küstenstraße Peschici–Manacoro Richtung Meer abbiegen. Noch ca. 1.6 km Serpentinenstraße zur Bucht. In Sfinale beschildert.

Parzelliertes, langgestrecktes Wiesengelände mit Bäumen in Peschici-Sfinale. Separate Pkw-Abstellung. Ort (Peschici) 12 km entfernt. 200 Touristenplätze.

71010 Manacore del Gargano, Foggia — 17560

★★★ »CAMP INTERNAZIONALE MANACORE« — Mai bis Sept.
☎ 0884/911020, Fax 911049 — 220000 qm
www.grupposaccia.it, manacore@grupposaccia.it

→ zwischen Peschici (9 km) und Vieste (11 km). ✉ Loc. Manacore.

Parzelliertes Gelände unter Pappeln, Eukalyptusbäumen u. Pinien mit vielen Terrassen an weitläufiger Bucht. Ort 9 km entfernt. 850 Touristenplätze.

71019 Vieste, Foggia — 17570/1

★★★ »CAMPING CENTRO VACANZE ORIENTE« — April bis Sept.
☎ 0884/706371, 707709, Fax 707371 — 73000 qm
www.viesteonline.it/oriente, oriente@viesteonline.it

→ ✉ Litoranea Vieste–Peschici Km 6.

Ebenes Gelände mit Anpflanzungen. Separate Pkw-Abstellung. Ort 6 km entfernt. 200 Touristenplätze.

71019 Vieste, Foggia — 17570/2

[55] ★★★ »CAMPING VILLAGE CAPO VIESTE« — 15.3. bis 21.10.
☎ 0884/705478, Fax 705993 — 60000 qm
www.capovieste.it, info@capovieste.it

→ ✉ Litoranea Vieste–Peschici Km 8.

Ausgedehntes Gelände unterhalb der Panoramastraße an einer großen Sandbucht. Grotten und griechische Gräber auf dem Platz. Ort 7 km entfernt. 260 Touristenplätze.
2007: (HS) P/N 11.–, K/N 3 bis 12 J. 7.–, A/N 5.–, C T/N 15.–, MC/N 17.50, M/N 5.–, WD inkl., Strom keine Angabe (6 A). DCC/CCI in NS 10% auf P/N. In NS Ermäßigung.

71019 Vieste, Foggia — 17570/3

[50] ★★ »CAMPING BAIA DEI LOMBARDI« — 1.5. bis 30.9.
☎ 0884/706480, Fax 706689 — 30000 qm
www.baialombardi.it, info@gabbianobeach.com

→ ✉ Litoranea Vieste–Peschici Km 7.

Ebenes Gelände am Strand mit Pinien. Separate Pkw-Abstellung. 285 Touristenplätze.
2007: P/N 10.50, K/N 3 bis 10 J. 7.–, A/N 4.70, C T/N 12.40, MC/N 14.50, M/N 4.70, H/N frei, WD inkl., Strom/N 2.45.
DCC 10% auf P/N.

DCC – DEIN PARTNER!

71019 Vieste, Foggia — 17570/4

»CAMPING LA GIARA«
0884/706069, 706550, Fax 704021
www.villaggiolagiara.it, info@villaggiolagiara.it
1.5. bis 29.9. — 100 000 qm

→ Küstenstraße Peschici–Vieste, 2 km nördlich Vieste. Loc. Molinella.

100 m
Wiesengelände mit einzelnen Bäumen. Zum Strand über die Straße. Fahrradverleih 200 m, Ort 2 km entfernt. 250 Touristenplätze.
2007: (HS) P/N 9.50, K/N 2 bis 10 J. 5.–, A/N 3.–, C T/N 14.–, MC/N 16.–, M/N 3.–, H/N frei, WD u. Strom inkl. In NS Ermäßigung.
DCC/CCI 10 bis 15% auf P/N.

71019 Vieste, Foggia — 17570/5

»CAMPING PUNTA LUNGA«
0884/706031/32, Fax 706910
www.puntalunga.com, www.puntalunga.it, puntalunga@puntalunga.com
April bis Okt. — 60 000 qm

→ 2.5 km nördlich Vieste von der Panoramastraße abbiegen, dann noch 500 m Richtung Meer.

500 m
Schattenloses Terrassengelände an einer Felsenbucht mit Sandstrand. Teils Blick über die Bucht und Vieste. Ort 2 km entfernt. 318 Touristenplätze.

71019 Vieste, Foggia — 17570/6

»CAMPING BAIA TURCHESE«
0884/708587, Fax 708934
Mai bis Sept. — 40 000 qm

→ nördl. des Ortes an der Küstenstr. nach Peschici. Lungomare Europa.

Grasgelände mit Laubbäumen. Nur kleine Hunde erlaubt. Tunnelverbindung unter der Straße zum Meer. Ort 1.2 km entfernt. 200 Touristenplätze.

71019 Vieste, Foggia — 17570/7

»CAMPING VILLAGGIO SAN FELICE«
0884/700894, Fax 700883
www.baiasanfelice.it, sanfelice@viesteonline.it
Mai bis Sept. — 60 000 qm

→ Küstenstraße Vieste–Mattinale, ca. 8 km von Vieste. Litoranea Vieste-Mattinata, Km 8.

Teilweise terrassiertes, steiniges Gelände. In HS separate Pkw-Abstellung. Bungalowanlage. Wassersportmöglichkeiten. Ort 8 km entfernt. 230 Touristenplätze.

71019 Vieste, Foggia — 17570/8

»CAMPING MOLINELLA«
0884/707530, Fax 704399
www.molinellavacanze.it, info@molinellavacanze.it
19.4. bis 4.10. — 20 000 qm

→ A 14/E 55 Pescara–Foggia Abf. Póggio Imperiale–Lésina auf die Route Vieste nach Peschici. Ab hier ca. 20 km weiter auf der SS 89 bis zu der Abfahrt Foresta Umbra. An dieser vorbeifahren und nach ca. 200 m an der Kreuzung links in Richtung Litoraneo abbiegen und bis zur Küstenstraße fahren. Am Ende dieser Straße nach rechts in Richtung Vieste abbiegen. Nach ca. 2 km steht links das Hinweisschild „Molinella" – diesem nun folgen. Foresta Umbra. Meeresgrotten vor Vieste. Tremiti Inseln.

100 m
Leicht terrassiertes Wiesengelände mit vielen Büschen und Bäumen. Durch die Uferstraße und den breiten Sandstrand vom Meer getrennt. Mindestaufenthalte nach Saison. Keine Aufnahme von Alleinreisenden. Hunde auf Anfrage. FW. Pizzeria. Bar. Tennis in der Nähe. Ort (Vieste) 3 km entfernt. Touristen-/Dauerstellplätze 100/30.
2007: (HS) P/N 9.50, K/N bis 6 J. 5.–, A/N 2.80, C MC/N 12.50, T/N 10.–, M/N 2.80, WD inkl., Strom/N 2.80 (6-10 A). In NS Ermäßigung.

DCC – DEIN PARTNER!

71030 Macchia, Foggia — 17590

»CAMPING BAIA DEL MONACO«
0884/530280, www.gdmland.it
Mitte Mai bis Sept. — 53 000 qm

→ ca. 5 km in nordöstlicher Richtung von Manfredonia. Beschildert.

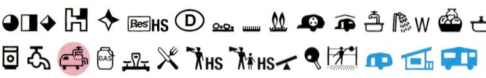

Leicht abfallendes Gelände mit Olivenbäumen und Pinien. Beschattet durch Mattendächer und verschiedenen Laubbäumen. Separate Pkw-Abstellung. Ort 8 km entfernt. 238 Touristenplätze.

71030 Mattinata, Foggia — 17600/1

»CAMPING DEGLI ULIVI«
Fax 0884/550000, (Wi.: 559098) www.villagedegliulivi.it
Juni bis Sept. — 21 000 qm

→ an der Küstenstraße beschildert. Contrada Liberatore.

Ebenes Gelände unter Olivenbäumen. Zugang zum Meer (200 m). In Bungalows Hundeverbot. Bocciabahn. Restaurant 100 m, Ort 1.5 km entfernt. 130 Touristenplätze.

71030 Mattinata, Foggia — 17600/2

»CAMPING FUNNI«
Fax 0884/550736
www.campingfunni.it, info@campingfunni.it
10.3. bis 30.10. — 11 500 qm

→ Küstenstraße nach Vieste, ca. 2 km nördlich des Ortes. C.P. 70.

Ebenes Gelände unter Pinien am Strand. 12 Stellplätze mit eigener Sanitär-Komplettzelle u. Geschirrspüle. Ort 1 km entfernt. 32 Touristenplätze.
2007: (HS) P/N 9.–, K/N 3 bis 8 J. 4.50, A/N 2.75, C/N 7.50, MC/N 7.50, T/N 7.–, M/N 2.–, H/N 2.–, WD inkl., Strom/N 3.–. In NS Ermäßigung.

71043 Manfredonia, Riviera Süd — 17605

»CAMPING LIDO SALPI«
0884/571160, Fax 571842
www.lidosalpi.it, lidosalpi@libero.it
1.1. bis 31.12. — 10 000 qm

→ A 14/E 55 Fóggia-Bari Abf. Fóggia auf die SS 89 in Richtung Manfredónia. Abfahrt Manfredónia Ovest auf die SS 159 und noch ca. 7 km am Meer entlang. S.S.159 Km 6.200.
(GPS: 41°33'17" N / 15°53'17" E).
Nationalpark Gargano

Ebenes unparzelliertes Wiesengelände mit einzelnen alten Bäumen in Meernähe. In HS stark frequentiert. Familiäre Atmosphäre. Bar. Pizzeria. Kiosk. Spielsäle. Babypark. Ort (Manfredónia) ca. 7 km entfernt. 150 Touristenplätze.
2007: (HS) P/N 7.–, K/N 3 bis 8 J. 4.–, C-St/N 9.–, MC/N 15.–, T-St/N 5.–, H/N 2.–, Strom/N 2.– (6 A).
CCI 10% auf P/N.

70054 Giovinazzo, Bari — 17710

»CAMPING CAMPOFREDDO«
080/3942112, Fax 3943290
www.campofreddo.it, torraco@libero.it
20.5. bis 20.9. — 34 000 qm

→ A14 Foggia–Bari, Abf. Bitanto, weiter nach Giovinazzo, dort am südl. Ortsende. Beschildert. S.S.16, Loc. Ponte, Km 784.300.

100 m — 500 m
Ebenes Wiesengelände mit hartem Untergrund. Durch Dauercamper geprägt. Separate Pkw-Abstellung. Spielautomaten. Ort 1 km entfernt. Touristen-/Dauerstellplätze 50/200.
2007: (HS) P/N 5.50, K/N bis 3 J. frei, St/N 7.80 bis 10.50, Strom keine Angabe.

Wegen oft wechselnden Größenangaben für die einzelnen Stellparzellen durch die Platzhalter veröffentlicht der DCC nur noch die Camping-Gesamtfläche in qm und den Hinweis »parzelliert« oder »unparzelliert«.

CAMPING VILLAGGIO MOLINELLA
Direkt am Meer
(I 7570/8)
Località Molinella • I-71019 VIESTE (FOGGIA)
C.P. 108 • Tel. 0039.0884.707530 • Fax 0039.0884.704399
E-mail: info@molinellavacanze.it
www.garganoholiday.com

SONDERANGEBOT 2008!
Zeitraum: 19.04. - 10.05. und 30.08. - 04.10.
Mit 12,- € pro Tag bekommen Sie:
- Aufenthalt für 2 Personen
- Stellplatz für Wohnmobil, Wohnwagen oder Zelt mit Strom und Parkplatz für das Auto

DCC-Vertragsplatz

70011 Alberobello, Bari — 17730
★★★ »CAMPING DEI TRULLI« — 1.1. bis 31.12.
☎ 080/4323699, Fax 4322145 — 500 m — 27 000 qm
www.campingdeitrulli.it, info@campingdeitrulli.it
→ A14 Gioia del Colle–Putignano–Alberobello. ✉ Via Castellana/Monopoli Km 1.5.

Ebenes, größtenteils parzelliertes Gelände. Von einem Pinienhain umgeben. Piano-Bar. Babypark. In HS Pizzeria. Imbiss. Kiosk. Ort 2 km entfernt. 120 Touristenplätze.
2008: P/N 8.–, K/N 3 bis 8 J. 5.–, A/N 4.–, C T/N 7.–, MC/N 8.–, M/N 3.–, WD inkl., Strom/N 2.50 (6 A). In NS Ermäßigung.
DCC/CCI 10% auf P/N.

72010 Torre Canne, Brindisi — 17750
★★★ »CAMP VILLAGGIO TURISTICO LE DUNE« — April bis Okt.
☎ 080/4829821, Fax 4829795 — 80 000 qm
www.villaggioledune.it, info@villaggioledune.com
→ SS379, Schnellstraße, südliche Ausfahrt. ✉ Via Appia.

Ebenes, durch Bäume parzelliertes Gelände. Separate Pkw-Abstellung. Zimmer. Boccia. Billard. Spielautomaten. Basketball. Bogenschiessen. Sonntagsmesse am Platz. Ort 2 km entfernt. Touristen-/Dauerstellplätze 110/40.

72017 Ostuni Marina, Brindisi — 17760
★★★ »CAMPING IL PILONE« — Ende April bis Sept.
☎ 0831/350135, Fax 350224 — 100 000 qm
www.campingpilone.it, info@campingpilone.it
→ SS 379 Bari-Brindisi, Abf. Ostuni/Pilone, km 14. Beschildert.

Teils welliges Gelände in einer Kiefernschonung, teils schattenloses Gelände mit Pappeln. Separate Pkw-Abstellung. Billard. Spielautomaten. Ort 8 km entfernt. Touristen-/Dauerstellplätze 250/200.

DCC-Vertragsplatz

72012 Specchiolla, Brindisi — 17770
★★★ »CAMPING PINETA AL MARE« — 1.4. bis 20.9.
☎ 0831/994057, Fax 987803 — 55 000 qm
www.campingpinetamare.com, info@campingpinetamare.com
→ zwischen Monopoli (35 km) und Brindisi (18 km) an der neuen Superstrada, 1 km zum Meer. Beschildert. ✉ Via Tamerici, 33.
(GPS: 40°44'27" N / 17°44'10" E).

Leicht welliges Gelände im Pinienwald. Asphaltierte Wege. Separate Pkw-Abstellung. Pizzeria. Freiluftdiskothek. Whirlpool. Massagen. Wasserrutsche. Sonntagsmesse am Platz. Ort 200 m entfernt. Touristen-/Dauerstellplätze 70/120.
2008: (HS) 2 P/N inkl. St/N 36.–, weitere P/N 10.–, K/N 2 bis 8 J. 7.50, B/N 7.10, H/N 8.–, WD inkl., Strom keine Angabe (3 A). In NS Ermäßigung.
DCC/CCI 10% auf P/N.

74020 Marina di Leporano, Taranto — 17820
★★ »CAMPING PORTO PIRRONE« — Juni bis Sept.
☎/Fax 099/5334844 — 32 000 qm
www.portopirrone.it, portopirrone@libero.it
→ an der Lit. Salentina, 12 km südlich von Taranto in Richtung Gallipoli.

Hügeliges Gelände mit hartem Untergrund in einem Pinienwald. Einige schattenlose Terrassen. Separate Pkw-Abstellung. Imbiss. Ort 4 km entfernt. Touristen-/Dauerstellplätze 140/60.

73100 Torre Rinalda, Lecce — 17850
★★ »CAMPING VILLAGIO TORRE RINALDA« — 7.6. bis 21.9.
☎ 0832/382161, Fax 382165 — 230 000 qm
www.torrerinalda.it
→ AB-Abf. Squinzano/Trepuzzi, noch ca. 6 km zum Platz. ✉ Lit. Salentina. (GPS: 40°28'48" N / 18°08'45" E).

Ebener Platz mit Tamarisken und Olivenbäumen hinter einer Düne. Boccia. Bogenschießen. Ort 1 km entfernt. Touristen-/Dauerstellplätze 810/200.
Platz schließt im September 2008!!!
2007: (HS) 3 P/N inkl. C MC-St/N 38.90, 2 P/N inkl. T-St/N 26.90, weitere P/N 10.10, K/N 3 bis 8 J. 6.60, B/N 5.30, H/N 4.90, WD –.35, Strom keine Angabe. In NS Ermäßigung.

73020 Santa Cesarea Terme, Lecce — 17860
★★ »INTERN. CAMPING CLUB LA SCOGLIERA« — 1.1. bis 31.12.
☎ 0836/949802, Fax 949794 — 80 000 qm
www.campinglascogliera.it, info@campinglascogliera.it
→ ca. 14 km südlich von Otranto an der SS173.2 km hinter dem Ort. ✉ S.P. 259 Km 2.700.

Wiesengelände unter Laub- und Nadelbäumen auf mehreren Terrassen an einem Hang. Die Anlage besteht aus 4 Teilen, die örtlich getrennt sind. Ort 1.5 km entfernt. 300 Touristenplätze.
2007: (HS) P/N 10.–, K/N bis 6 J. 7.–, A/N 3.–, C MC/N 10.–, T/N 9.–, M/N 2.–, WD inkl., Strom/N 3.– (3 A). In NS Ermäßigung.

73034 Gagliano del Capo, Lecce — 17870
★★★ »CAMPING VILLAGE S. MARIA DI LEUCA« — 1.1. bis 31.12.
☎ 0833/548197, Fax 548485 — 30 000 qm
www.campingsmleuca.com, info@campingsmleuca.it
→ direkt an der SS275, ca. 2.5 km südlich des Ortes in Richtung Meer. Enge und schwierige Zufahrt. ✉ SS275 Km 35.700.
(GPS: 39°49'28" N / 18°22'07" E).

Ebenes Gelände auf hartem Untergrund mit Kiefern und Eukalyptusbäumen. Parzelliert. Etappenplatz. FW. Wellnessbereich. Massagen. Volleyball. Ort 1.5 km entfernt. 250 Touristenplätze.
2008: (HS) P/N 13.–, K/N 3 bis 12 J. 8.–, A/N 5.–, C/N 17.–, MC/N 20.–, T/N 9.–, M/N 2.–, B/N 5.–, H/N 2.–, WD zuzügl., Strom/N 2.–. In NS Ermäßigung.
DCC/CCI 10% auf P/N.

DCC-Mitglieder fahren mit Auslands-Schutzpaß! und SIE?

73050 Marina di Salve, Puglia — 17873

★★★ »CAMPING IONIAN CLUB« — 1.1. bis 31.12.
☎/Fax 0833/741379
www.ionianclub.it
60 000 qm

→ Straße SS 274 Gallipoli–Marina di Leuca Abf. Salve in südwestl. Richtung über Marina di Pescoluse nach Torre Pali. Ca. 400 m südlich Torepali beschilderte Abfahrt landeinwärts. Noch ca. 1,3 km, beschildert.

Ebener bis leicht abfallender harter Grund unter Bäumen. Separate Pkw-Abstellung. In HS kostenloser Bus-Shuttle zum Strand. FW. Imbiss. Freizeit- und Sportprogramm. Musikveranstaltungen. Ort 2 km entfernt. 420 Touristenplätze.

73059 Ugento, Lecce — 17880

[40] ★★★★ »CAMPING RIVA DI UGENTO« — 8.5. bis 30.9.
☎ 0833/933600, Fax 933601, 06/4872779
www.rivadiugento.it, info@rivadiugento.it
330 000 qm

→ SS 101 von Lecce nach Gallipoli, weiter auf der SS 274 in Richtung S. Maria di Leuca bis Abf. Riva di Ugento. Beschildert. Schlechte Zufahrt. Ca. 500 m von der Küstenstraße zum Platz. ✉ Lit. Gallipoli. (GPS: 39°31'20" N / 18°04'60" E).

Ebenes und parzelliertes, großflächiges Pinienwaldgelände hinter einem Dünengürtel. Wäscheservice. Boccia. Autovermietung. Bei Spätankunft Übernachtungsmöglichkeit vor dem Eingang. Ort (Torre S. Giovanni) 3 km entfernt. 1000 Touristenplätze.
2008: 3 P/N inkl. St/N 39.–, weitere P/N zuzügl., K/N bis 2 J. frei, WD u. Strom inkl. (3 bis 5 A).
DCC 10% auf P/N.

73014 Gallipoli, Lecce — 17890

★★★ »CAMPING LA VECCHIA TORRE« — Juni bis Sept.
☎ 0833/209083, Fax 209009
www.lavecchiatorre.it, info@lavecchiatorre.it
80 000 qm

→ An der Küstenstraße von Santa Maria al Bagno nach Gallipoli, ca. 3 km nördlich des Ortes. ✉ Loc. Rivabelle.

Dünengelände in einem Pinienwald beiderseits der Küstenstraße. Eigener Strand mit Sandbuchten. Separate Pkw-Abstellung. Teilweise offenes Sanitär. Wäscheservice. Volleyball. Boccia. Spielautomaten. Ort 2.5 km entfernt. 400 Touristenplätze.

75010 Metaponto Lido, Matera — 18100

[30] ★★★ »CAMPING VILLAGE INTERNAZIONALE« — 1.3. bis 30.11.
☎ 0835/741916, Fax 745392
www.villageinternazionale.com, info@villageinternazionale.com
6500 qm

→ im Ort, an der Strandpromenade. ✉ Viale Magna Grecia.

Gelände in Ortslage. Familienfreundlich. Ort 4 km entfernt. Touristen-/Dauerstellplätze 30/10.
2007: (HS) P/N 6.–, K/N bis 6 J. 4.–, A/N 4.–, C MC/N 7.–, T/N 5.–, M/N 3.–, H/N 3.–, WD inkl., Strom/N 3.– (3 A). In NS Ermäßigung.
DCC/CCI 10% auf St/N.

75020 Marina di Nova Siri, Matera — 18150

★★★ »CAMPING SOLEADO« — Juni bis Sept.
☎ 0835/877019, Fax 877855
www.campingsoleado.com, info@campingsoleado.com
25 000 qm

→ von der SS 106 abbiegen und ca. 2 km Richtung Meer, am Strand rechts ab, noch 200 m. ✉ Viale Lungomare.

Ebenes Gelände unter Pinien mit steinigem Boden. Durch Dauercamper geprägt. Offenes Sanitär. Nur kleine Hunde erlaubt. Ort 500 m entfernt. 220 Touristenplätze.

87029 Scalea, Cosenza — 18210

★★★ »CAMPING IL GABBIANO« — Juni bis Sept.
☎/Fax 0985/20563
www.campingilgabbiano.it, campingilgabbiano@tin.it
36 000 qm

→ zwischen der SS 18 und dem Strand, etwa 1 km südlich des Ortes. ✉ Via Nazionaler. (GPS: 39°47'18" N / 15°47'37" E).

Sandiges Gelände unterhalb der Straße am Meer. Arztzimmer. In HS separate Pkw-Abstellung. Offenes Sanitär. Boccia. Ort 2 km entfernt. Touristen-/Dauerstellplätze 170/50.

87020 Grisolia, Cosenza — 18220

★★★ »VILLAGGIO CAMPING ORCHIDEA« — Mai bis Sept.
☎ 0985/801250, Fax 801245
www.campingorchidea.com, info@campingorchidea.com
30 000 qm

→ zwischen der SS 18 und dem Meer. ✉ Variante S.S. 18, 1

Ebenes Wiesengelände. Durch Dauercamper geprägt. Offenes Sanitär. FW. Imbiss. Boccia. Nur kleine Hunde erlaubt. Ort 500 m entfernt. Touristen-/Dauerstellplätze 200/100.

87070 Sibari, Cosenza — 18250/1

[45] ★★★ »CAMPING RAGANELLO« — 1.1. bis 31.12.
☎ 0981/74198, Fax 74770
www.raganello.it, raganello@raganello.it
80 000 qm

→ A3 Salerno–Reggio Calabria, Abf. Sibari/Spezzano, auf SS 534 Richtung Sibari, dann auf SS 106. Etwa 4 km nördlich des Ortes von der SS 106 abbiegen. Pkw durch Unterführung, Mocas und Gespanne extra Zufahrt über den Bahndamm. Beschildert. ✉ S.S. 106 - km 371.

Pinienwaldgelände am Ionischen Meer. Offenes Sanitär. Boccia. Ort 3 km entfernt. 400 Touristenplätze.
2007: (HS) P/N 10.–, K/N 3 bis 6 J. 7.–, St/N 13.–, H/N 3.–, WD inkl., Strom/N 3.–. In NS Ermäßigung. DCC/CCI 5% in HS und 10% in NS auf P/N.

87070 Sibari, Cosenza — 18250/2

★★ »CAMPING MILLE PINI« — Juni bis Sept.
☎ 0981/784006, Fax 784132
www.campingmillepini.it, millepinisas@virgilio.it
70 000 qm

→ Küstenstraße SS 106 bei Km 29 zum Meer abbiegen. ✉ Loc. Bruscate.

Ebenes Wiesengelände mit Pappeln und Olivenbäumen. Offenes Sanitär. Boccia. Ort 3 km entfernt. Touristen/Dauerstellplätze 100/120.

87070 Sibari, Cosenza — 18250/3

[45] ★★★ »CAMPING PINETA DI SIBARI« — 10.5. bis 20.9.
☎/Fax 0981/74135 , Fax 74302
www.pinetadisibari.it, info@pinetadisibari.it
17 000 qm

→ SS 106, bei Km 372.2 zum Meer abbiegen. Pkw durch Unterführung, Mocas und Gespanne extra Zufahrt über den Bahndamm. ✉ S.S. 106 Jonica - km 372.2. (GPS: 39°46'46" N / 16°28'44" E).

Ebenes Sand- und Wiesengelände unter Pinien. Ca. 80 m breiter Sandstrand mit einem etwa 3 m breiten Kiesstreifen am Meer. In HS separate Pkw-Abstellung. Teilweise offenes Sanitär. Boccia. Ort 3 km entfernt. Touristen-/Dauerstellplätze 400/100.
2008: (HS) P/N 9.50, K/N bis 6 J. 4.90, St/N 16.–, H/N 3.–, WD inkl., Strom keine Angabe. In NS Ermäßigung. DCC/CCI 5% bis 10% Erm.

CAMPING - VILLAGE INTERNAZIONALE (I 8100)

GANZJÄHRIG GEÖFFNET

Im Herzen von Metaponto Lido

Viale delle Nereidi - I-75010 Metaponto Lido (MT)
Tel. und Fax 0039/0835741916
E-mail: info@villageinternazionale.com
Http: www.villageinternazionale.com

CAMPINGANGEBOTE 2008
vom 01.03. bis 10.06. und vom 05.09. bis 30.11.2008:
2 Personen + Wohnmobil oder Wohnwagen oder Zelt + Auto + Strom € 13 pro Tag.
Das Angebot ist nicht mit anderen Rabatten kumulierbar.

✉ **87060 Corigliano Calabro,** Cosenza   I 8270/1

55   ★★★   »CAMPING THURIUM«   1.1. bis 31.12.
☎ 0983/851101, 851955, 851092, Fax 851955, 851101   140 000 qm
www.campingthurium.com, www.thurium.it, info@campingthurium.com

→ SS 106 bei Km 21 südlich Sibari abbiegen zum Meer, dann noch 2 km durch Felder. ✉ C. da Ricota Grande, S.S. 106 bis km 21.
(GPS: 39°41'28" N / 16°31'20" E).

Pinienwaldgelände mit breitem, vorgelagertem Strand. Whirlpool. Boccia. Basketball. Ort (Sibari) 7 km entfernt. Touristen-/Dauerstellplätze 500/100.
2007: (HS) P/N 10.–, K/N 3 bis 6 J. 7.50, A/N 4.60, St/N 22.–, M/N 3.50, H/N 4.50, WD zuzügl., Strom/N 3.20 (6 A). In NS Ermäßigung. CCI 5 bis 10% Erm.

✉ **87060 Corigliano Calabro,** Cosenza   I 8270/2

★★★   »CAMPING ONDA AZZURRA«   1.1. bis 31.12.
☎/Fax 0983/851157   25 000 qm
www.onda-azzurra.it, info@onda-azzurra.it

→ A3 Salerno–Reggio Abf. Sibari und Küstenstraße SS 106. ✉ Contrada Foggia.

Leicht zum Meer abfallendes Gelände in einem Pinien- und Eukalyptushain. Boccia. Ort ca. 5 km entfernt. Touristen-/Dauerstellplätze 200/20.

DCC-Vertragsplatz

✉ **87060 Corigliano Calabro,** Cosenza   I 8270/3

55   ★★★★   »CAMPING IL SALICE«   1.1. bis 31.12.
☎ 0983/851169, Fax 851147   50 000 qm
www.salicevacanze.it, info@salicevacanze.it

→ SS 106 R Sibari–Crotone, bei km 19 nach Corigliano Lido, Camping IlSalice, abbiegen. ✉ C. da Ricota Grande.

Ebenes bis leicht welliges Gelände im Pinienwald. Parzelliert. Mit ca. 80 m breitem, stark abfallenden Strand. FW. Filmvorführungen und Musikveranstaltungen. Auto- u. Hundewaschanlage. Kindersanitär. Kinderspielraum. Boccia. Basketball. Ort 4 km entfernt. 100 Touristenplätze.
2007: (HS) P/N 13.–, K/N 3 bis 6 J. 9.–, St/N 22.–, kl. H/N 4.–, WD inkl., Strom/N 2.– (3/5/6/10 A). In NS Ermäßigung.
DCC/CCI 10% auf P/N.

Wegen oft wechselnden Größenangaben für die einzelnen Stellparzellen durch die Platzhalter veröffentlicht der DCC nur noch die Camping-Gesamtfläche in qm und den Hinweis »parzelliert« oder »unparzelliert«.

✉ **87065 Corigliano Calabro,** Cosenza   I 8270/4

30   ★★★   »VILLAGE DUE ELLE«   1.4. bis 15.9.
☎ 0983/851114, Fax 851160   30 000 qm
www.dueelle.com, info@dueelle.com

→ A3 Salerno–Reggio Abf. Spezzano/Firmo auf die Küstenstraße SS 106 Richtung Reggio. Beschildert. ✉ C. da Conero Vecchio.
(GPS: 39°40'32" N / 16°31'22" E).

Teils ebenes, schattenloses Wiesengelände mit Palmen, teils beschattet unter Pinien. Direkt am Meer mit Sandstrand. Separater Jugendplatz. 100 Touristenplätze.
2007: (HS) P/N 7.50, K/N bis 6 J. 5.–, A/N 2.–, C/N 5.–, MC/N 6.–, T/N 4.50, M/N 1.50, WD inkl., Stromanschlussgeb. 2.50 (3,5 A). In NS Ermäßigung.
DCC/CCI 10% auf P/N und St/N.

✉ **87068 Rossano Scalo,** Cosenza   I 8280

★★★   »CAMPING MARINA DI ROSSANO«   Mai bis Sept.
☎ 0983/512069, Fax 516054   65 000 qm
www.tiscalinet.it/marinadirossano, marina.club@tiscalinet.it

→ SS 106 R (Jonico), bei Rossano Richtung Lido Sant'Angelo abbiegen; von Norden her beschildert. ✉ C. da Leuca.

Ebenes, bis zum Strand reichendes Gelände unter Pappeln. Asphaltierte Hauptwege. Separate Pkw-Abstellung. FW. Ort 2 km entfernt. Touristen-/Dauerstellplätze 250/50.

✉ **87068 Rossano,** Cosenza   I 8290

★★   »PITAGORA CAMPING «   Juni bis Sept.
☎/Fax 0983/64393, Fax 06/5294864   40 000 qm
www.campingpitagora.it, info@campingpitagora.it

→ A 3 Salerno–Reggio Calabria, Abf. Sibari oder A 14 Bologna-Taranto; auf die SS 106, SS 106 R (Jonico), bei Km 3.5/Rossano abbiegen Richtung Meer. ✉ Contrada Valanello.

Wiesengelände am Meer, mit Eukalyptusbäumen aufgelockert. Ort 3 km entfernt. Touristen-/Dauerstellplätze 100/100.

✉ **88811 Cirò Marina,** Crotone   I 8310/1

★★★   »CAMPING PUNTA ALICE«   April bis Sept.
☎/Fax 0962/31160, Fax 373823   50 000 qm
www.puntalice.it, info@puntalice.it

→ von der SS106 zum Ort abbiegen, hindurchfahren, dann links am Meer entlang, Richtung Leuchtturm.

Sandiges Küstengelände mit Eukalyptusbäumen und Pinien. Hunde in HS auf Anfrage. FW. Ort 1.5 km entfernt. Touristen-/Dauerstellplätze 300/60.

✉ 88811 Cirò Marina, Crotone 18310/2

★★★ »CAMPEGGIO TORRENOVA« Mai bis Sept.
☎/Fax 0962/31482 20 000 qm
www.campingtorrenova.it, campingtorrenova@virgilio.it

→ SS106 Taranto–Reggio Calabria, in Cirò Marina nach rechts am Strand entlang, ca. 1,5 km. ✉ Via Torrenova.

Sandiges Gelände zwischen Weinbergen mit einer vorgelagerten Düne. Familiäre Atmosphäre. Boccia. Ort 1 km entfernt. Touristen-/Dauerstellplätze 70/30.

✉ 88076 Capo Rizzuto, Catanzaro 18320

★★★ »CAMPING LE CONCHIGUE« Juni bis Sept.
☎ 0962/791771, Fax 792249 40 000 qm
www.pizzogreco.com, info@pizzogreco.com

→ SS106 Abf. Isola di Capo Rizzuto, noch 4 km. ✉ Loc. Fratte Vecchie.

Langgestrecktes Waldgelände in 3 Ebenen oberhalb der Steilküste. FKK nur in der Strandbucht. Separate Pkw-Abstellung. Ort 5 km entfernt. 220 Touristenplätze.

✉ 88063 Roccelletta, Catanzaro 18430

[50] ★★★ »CAMPING CALABRISELLA« 15.6. bis 1.9.
☎ 0961/391207, Fax 391500 70 000 qm
www.campingcalabrisella.it, campingcalabrisella@tiscali.it

→ SS106 Taranto–Reggio Calabria, südlich Catanzaro Marina bei Km 182,6 beschilderte Abzweigung. ✉ Roccelletta di Borgia, 126.

Parzelliertes und ebenes Wiesengelände unter Eukalyptus- und Pinienbäumen. FW. Nur kleine Hunde erlaubt. Ort (Lido) 3 km entfernt. 100 Touristenplätze.
2007: (HS) P/N 8,50, K/N 6,50, St/N 22.–, H/N 4.–, WD zuzügl., Strom/N 3.–. In NS Ermäßigung.

✉ 88060 Davoli Marina, Catanzaro 18440

★★ »CAMPING L'ARANCETO« 1.1. bis 31.12.
☎/Fax 0967/70002 10 000 qm
www.campinglaranceto.com, info@campinglaranceto.com

→ SS106 bei Km 161,8 abbiegen in Richtung Meer, noch 800 m.

Gelände unter Pappeln. Ort 1 km entfernt. 80 Touristenplätze.

✉ 89817 Briatico, Vibo Valentia 18530

★★ »CAMPING DOLOMITI SUL MARE« Juni bis Sept.
☎ 0963/391355, Fax 393009 50 000 qm
www.dolomitisulmare.com, info@dolomitisulmare.com

→ AB–Abf. Pizzo Richtung Tropea, ca. 2 km vor dem Ort. 200 m schlechte Zufahrtsstrecke. ✉ SS 522 per Tropea, Km 16.50.

Gelände unter Olivenbäumen. Meerzugang durch Eisenbahnunterführung. Hotelzimmer. FW. Whirlpool. Boccia. Bogenschießen. Ort 3 km entfernt. 80 Touristenplätze.

✉ 89865 S. Nicolò di Ricadi, Vibo Valentia 18550

[40] ★★★ »VILLAGGIO CAMPING LA SCOGLIERA« 1.1. bis 31.12.
☎ 0963/663002 30 000 qm
www.zaro.it/villaggiolascogliera, campingascogliera@libero.it

→ am Capo Vaticano, ca. 9 km südlich Tropea. Steile Zufahrt. ✉ Loc. Punta Tono.

Küstengelände unterhalb einer Anhöhe mit breitem Strand. FW. Ort 2 km entfernt. 300 Touristenplätze.
2007: (HS) P/N 10.–, K/N bis 3 J. frei, A/N 3.–, C MC T/N 10.–, M/N 2.–, WD zuzügl., Strom/N 3.–, Anschlussgeb. 3.–.

DCC-Vertragsplatz

✉ 89865 Capo Vaticano di Ricadi, Vibo V. 18560/1

[45] ★★★ »CAMPING COSTA VERDE« 1.1. bis 31.12.
☎ 0963/663090, Fax 663792 16 000 qm
www.costaverde.org, info@costaverde.org

→ Vibo Marina–Briatico, beim Capo Vaticano, 8 km südlich Tropea. Steile, abschüssige Zufahrt. ✉ Loc. Tonicello.

Ebenes Gelände am Fuße der Steilküste mit Blick auf den Stromboli. Privatstrand. Ort 2.5 km entfernt. 90 Touristenplätze.
2007: (HS) P/N 11.–, K/N bis 2 J. frei, A/N 5,50, C MC T-St/N 11.–, WD inkl., Strom/N 4.– (2 bis 4 A). In NS Ermäßigung.
DCC/CCI 10% auf P/N.

✉ 89865 Capo Vaticano di Ricadi, Vibo V. 18560/2

★★★ »VILLAGIO QUATTRO SCOGLI« April bis Okt.
☎ 0963/663115, Fax 665421 12 000 qm
www.quattroscogli.it, info@quattroscogli.it

→ AB–Abf. Pizzo, Küstenstraße Richtung Vibo Marina–Briatico Tropea beim Capo Vaticano. Steile, abschüssige Zufahrt. ✉ Loc. Grotticelle.

Ebenes Küstengelände am Strand von Grotticelle mit seinen schönen Buchten. Ausflugsangebote mit dem Boot zu den Äolischen Inseln. In HS stark frequentiert. Pizzeria. Ort 3 km entfernt. 50 Touristenplätze.

DCC-Vertragsplatz

✉ 89844 Nicotera Marina, Vibo Valentia 18570

[55] ★★★ »VILLAGGIO CAMPING MIMOSA« 1.6. bis Sept.
☎ 0963/81397, Fax 81933 10 000 qm
www.villaggiomimosa.com, info@villaggiomimosa.com

→ Nicotera–Rosarno, ca. 4 km südlich Nicotera abbiegen in Richtung San Ferdinando, dann beschildert. ✉ Loc. Mortelleto (GPS: 38°30'38" N / 15°55'23" E).

Sand- und Wiesengelände unter Eukalyptusbäumen am Sandstrand. Ort 3 km entfernt. 40 Touristenplätze.
2008: (HS) P/N 10.–, K/N bis 12 J. 7.–, St/N 22.– bis 24.–, WD u. Strom inkl. (6 A). In NS Ermäßigung.
DCC/CCI 10% auf P/N.

DCC-Vertragsplatz

✉ 89026 San Ferdinando, Reggio Calabria 18600

[55] ★★★ »VILLAGGIO CAMPING LE DUNE BLU« Mai bis 31.10.
☎/Fax 0966/765167, www.leduneblu.it, info@leduneblu.it 16 000 qm

→ A 3 Salerno–Reggio Calabria (SA-RC), Abf. Rosarno Richtung San Ferdinando, dann beschildert. ✉ Loc. Baia dei Pini. (GPS: 38°29'37" N / 15°55'15" E).

Ebenes Wiesengelände mit Orangen- und Eukalyptusbäumen und eigenem Sandstrand. FW. Whirlpool. Boccia. Nur kleine Hunde erlaubt. Ort 3 km entfernt. 100 Touristenplätze.
2007: (HS) P/N 10.–, K/N 4 bis 12 J. 7.–, St/N 22.– bis 24.–, WD u. Strom inkl. (6 A). In NS Ermäßigung.
DCC/CCI 10% auf P/N.

89040 Caulonia Marina, Reggio Calabria 18610

★★★ »CAMPING CALYPSO« — 1.4. bis 30.9.
☎/Fax 0964/82028, www.calypso.st, info@calypso.st
18 000 qm

→ an der SS106 Taranto-Reggio Calabria meerwärts beschildert, im Ortsteil Aguglia am Meer. ✉ Via Nazionale. (GPS: 38°20'35" N / 16°27'28" E).

Ebenes Gelände mit Eukalyptusbäumen und Pappeln. Entlang dem Gelände ein teilweise 10 m breiter und 100 m langer Mauerschutz aus Felsblöcken und daran anschließend ein je ca. 1 km langer Sand-/Kiesstrand. Separater Jugendplatz. Offenes Sanitär. Basketball. In HS nur kleine Hunde erlaubt. Ort 1 km entfernt. 130 Touristenplätze.
2007: (HS) P/N 7.50, K/N 2 bis 5 J. 5.50, A/N 3.50, C T/N 10.–, MC/N 12.–, M/N 2.50, kl. H/N 2.50, WD zuzügl., Strom/N 3.–. In NS Ermäßigung.

95011 San Marco Calatabiano, Catania 19000

★★★ »CAMPING ALMOETIA« — 1.1. bis 31.12.
☎/Fax 095/641936
16 500 qm
www.campingalmoetia.it, campingalmoetia@virgilio.it

→ A18 Messina–Catania, Abf. Naxos. ✉ Via San Marco, 19.

Ebenes, parzelliertes Gelände mit Zitronenbäumen. Befestigter Hauptweg. Im separate Pkw-Abstellung. FW. Ort 2 km entfernt. 200 Touristenplätze.
2008: (HS) P/N 9.–, K/N bis 3 J. frei, A/N 6.–, C T/N 9.–, MC/N 11.–, M/N 3.50, B/N 2.50, WD inkl., Strom/N 2.50 (6 A). In NS Ermäßigung.

95016 Mascali-Fondachello, Catania 19010/1

★★★ »CAMPING MOKAMBO« — April bis Sept.
☎ 095/938731, Fax 7799243
28 000 qm
www.camping.it/sicilia/mokambo, mokambo@camping.it

→ A18 Messina–Catania, Abf. Giarre Richtung Fondachello. ✉ Via Spiaggia, 211. (GPS: 37°44'57" N / 15°12'26" E).

Ebenes Gelände mit Orangen- und Zitronenbäumen. Ort 1 km entfernt. 100 Touristenplätze.

95016 Mascali-Fondachello, Catania 19010/2

★★★ »CAMPING LA ZAGARA« — April bis Sept.
☎ 095/7700132, Fax 7784313
12 000 qm
www.campinglazagara.it, info@campinglazagara.it

→ A18 Messina–Catania, Abf. Giarre, weiter nach Fondachello. ✉ Via Spiaggia, 201.

Ebenes, teils sandiges Wiesengelände unter verschiedenartigen Bäumen (Walnuss, Trundi, Pappeln, Zitrusbäume). Ort 1 km entfernt. 100 Touristenplätze.

CAMPING MOKAMBO
I-95016 FONDACHELLO DI MASCALI (CATANIA)
Tel. und Fax 0039/095938731-095934369
www.camping.it/sicilia/mokambo • mokambo@camping.it

An der Küstenstraße Riposto-Fondachello

Ein moderner Platz am Meer in einem wunderschönen Südfruchtgarten, am Fuße des Ätna und nur wenige Schritte von Taormina. In einer der schönsten touristischen Zonen von Sizilien mit den berühmten Schluchten von Alcantara, den Ausgrabungen von Naxos, Catania, Siracusa und der Riviera von Ciclopi. Auf dem Platz wird besonders auf Sauberkeit, Ruhe und Ordnung geachtet. Autobahn A18 Messina-Catania, Ausfahrt Giarre.
(I 9010/1) Geöffnet: 01.04 - 30.09.

95024 Acireale, Catania 19030/1

★★★ »INTERNATIONAL CAMPING LA TIMPA« — 1.1. bis 31.12.
☎ 095/7648155, Fax 7640049
16 000 qm
www.campinglatimpa.it, campinglatimpa@tiscali.it

→ SS114, ab dem nördlichen Ortsteil S. Maria la Scala auf der kurvenreichen Straße zum Meer. Für Gespanne schwierige Zufahrt. ✉ Via Santa Maria La Scala, 25.

Terrassenplatz mit Zitronen- u. Eukalyptusbäumen an der Steilküste. Separate Pkw-Abstellung. FW. Zum eigenen Strand mit Lift. Boccia. Billard. Ort 1.4 km entfernt. 50 Touristenplätze.

95024 Acireale, Catania 19030/2

★★★ »CAMPING PANORAMA« — 1.1. bis 31.12.
☎ 095/7634124, Fax 605987   100 m   40 000 qm
www.panoramavillage.it, cedric@panoramavillage.it

→ AB–Abf. Acireale, dann über die SS114 zum Platz. ✉ Via Santa Caterina, 55.

Teilweise terrassiertes Gelände mit Zitronen- und Olivenbäumen. Am Meer mit felsigem Strand. Durch Dauercamper geprägt. FW. Busservice zum Strand. Boccia. Ort 1.5 km entfernt. 90 Touristenplätze.
2008: (HS) P/N 4.–, K/N bis 5 J. frei, A/N 4.–, C/N 9.–, MC/N 12.–, T/N 8.–, M/N 3.50, WD inkl., Strom/N 3.–. In NS Ermäßigung.

95126 Catánia, Catania 19040/1

★★★ »CAMPING JONIO« — 1.1. bis 31.12.
☎ 095/491139, Fax 492277
12 000 qm
www.jonioeventi.it, camping@jonioeventi.it

→ A 18 Messina–Catania, Abf. Catania-Est, in Richtung Ognina oder Küstenstraße SS 114 bis Ognina, ab hier der Beschilderung folgen. ✉ Via Villini a Mare, 2. (GPS: 37°19'10" N / 15°04'19" E).

Wiesengelände mit einzelnen Bäumen und teils geschotterten Stellflächen über der Felsküste. Ort 300 m entfernt. Touristen-/Dauerstellplätze 70/30.
2007: (HS) P/N 10.–, K/N bis 3 J. frei, A/N 6.–, C/N 11.–, MC/N 14.–, T/N 10.–, M/N 5.–, B/N 10.–, WD inkl., Strom/N 3.– oder kWh –.30 (5 A). In NS Erm. DCC/CCI 5% auf P/N und St/N.

95126 Catánia, Catania 19040/2

★★ »CAMPING VILLAGGIO TURIST. EUROPEO« — Mai bis Sept.
☎ 095/591026, Fax 591911
50 000 qm
www.villaggioeuropeo.it, info@villaggioeuropeo.it

→ SS114 südlich von Catánia. ✉ Viale Kennedy, 91.

Ebenes Gelände unter Bäumen am feinsandigen Strand. Ort 7 km entfernt. 100 Touristenplätze.

96100 Siracusa, Siracusa 19130

★★ »CAMPING AGRITOURIST RINAURA« — 1.1. bis 31.12.
☎/Fax 0931/721224
20 000 qm
www.campegi.it, marinas@sistemia.it

→ SS115 ab Siracusa ca. 4 km in südliche Richtung. Enge Zufahrt.

Wiesengelände unter Bäumen. Ort 4 km entfernt. 100 Touristenplätze.
2007: (HS) P/N 5.–, K/N 4 bis 12 J. 3.–, A/N 3.–, C/N 5.–, MC/N 7.–, T/N 4.–, M/N 2.–, H/N frei, WD –.60, Anschlussgeb. 3.– (3 A). In NS Erm. DCC/CCI 10% auf P/N.

In *Siracusa* befindet sich neben dem Museo Archeologio Regionale ein großer Camping-Stellplatz mit Duschmöglichkeiten.

DCC – DEIN PARTNER!

96010 Portopalo di Capo Passero, Sir. 19170/1

»CAMPING CAPO PASSERO« — Ostern bis Okt.
☎/Fax 0931/842333, www.italiaabc.it
33 000 qm

→ Ca. 1 km vom Zentrum entfernt an der Straße nach Isola delle Correnti. ✉ Via Mancini. C. da Vigne Veechie.

Leicht abfallendes, parzelliertes Gelände mit Baumbewuchs. Wassersportmöglichkeiten. Boccia. Ort 800 m entfernt. 200 Touristenplätze.

96010 Portopalo di Capo Passero, Sir. 19170/2

[40] ★★ **»CAMPING CAPTAIN«** — 1.6. bis 30.8.
☎ 0931/842595, www.campingcaptain.it
62 000 qm

→ Von Portopalo nach Isola delle Correnti. Beschildert. ✉ Isola delle Correnti.

Weitläufiges, teilweise leicht abfallendes Wiesengelände mit einzelnen Bäumen und Büschen. Ort 10 km entfernt. 276 Touristenplätze.
2007: (HS) P/N 9.–, K/N bis 10 J. 6.–, A/N 1.–, C MC/N 10.–, T/N 7.–, M/N 1.–, WD inkl., Strom/N 3.–. In NS Ermäßigung.

97010 Marina di Ragusa, Ragusa 19230

★★ **»CAMPING BAIA DEL SOLE«** — 1.1. bis 31.12.
☎ 0932/230341, Fax 230344
15 000 qm
www.baiadelsole.it, info@baiadelsole.it

→ 300 m vom südöstlichen Ortsrand, landeinwärts der Küstenstraße. ✉ Via A. Doria.

Dreiteiliges Wiesengelände neben einem Sportzentrum. Zum Strand über die Straße. Boccia. 100 Touristenplätze.

97017 Santa Croce Camerina, Ragusa 19250/1

★★★ **»CAMPING ROCCA DEI TRAMONTI«** — Mai bis Sept.
☎/Fax 0932/918054, 863208
30 000 qm
www.roccadeitramonti.com, info@roccadeitramonti.com

→ Küstenstraße Marina di Ragusa–Scoglitti, nach Punta Braccetto abbiegen. ✉ Via Garibaldi, 202.

Sand- und Steingelände mit einzelnen Bäumen. Panoramablick über die Bucht. FW. Ort 5 km entfernt. 300 Touristenplätze.

97017 Santa Croce Camerina, Ragusa 19250/2

[40] ★★ **»CAMING SCARABEO«** — 1.1. bis 31.12.
☎ 0932/918096, 918391, Fax 918391
5500 qm
www.scarabeocamping.it, info@scarabeocamping.it

→ Küstenstraße Marina de Ragusa–Scoglitti, in Richtung Punta Braccetto abbiegen. ✉ Loc. Punta Braccetto (GPS: 36°29'26" N / 14°16'48" E).

Ebenes Sandgelände mit Bäumen und Schattendächern. Offenes Sanitär. Toiletten werden mit eigenem Schlüssel fest zugewiesen. Ort 4 km entfernt. Touristen-/Dauerstellplätze 36/12.
2007: (HS) P/N 8.50, K/N 3 bis 6 J. 5.–, A/N 4.–, C/N 9.50, MC/N 11.–, T/N 7.–, M/N 3.–, B/N 6.–, H/N 3.50, WD zuzügl., Strom/N 3.– (3 A), 4.– (6 A). In NS Ermäßigung.
DCC/CCI 10% auf P/N.

92027 Licata, Agrigento 19290

★★ **»EUROCAMPING DUE-ROCCHE«** — 1.1. bis 31.12.
☎ 0934/349006, Fax 349007
30 000 qm
www.duerocche.it, duerocche@duerocche.it

→ SS 115 Gela-Agrigento, ca. 500 m nach der Abbiegung zum Castell Falconara. Beschildert. (GPS: 32°3'56" N / 14°1'32" E).

Ebenes Sandgelände mit einigen Bäumen. Boccia. Ort (Licata) 8 km entfernt. Touristen-/Dauerstellplätze 30/170.

92100 Agrigento-S. Leone, Agrigento 19320

[35] ★★ **»CAMPING VALLE DEI TEMPLI«** — 1.1. bis 31.12.
☎/Fax 0922/411115
22 000 qm
www.campingvalledeitempli.com, info@campingvalledeitempli.com

→ SS 115, von Agrigento nach S. Leone abbiegen. Beschildert. ✉ Viale Emporium, 192. (GPS: 37°16'10,0" N / 13°34'58,0" E).

Ansteigendes Wiesengelände mit Olivenbäumen. Bushaltestelle. (Tickets an Rezeption). Bar. Ort 300 m entfernt. 100 Touristenplätze.
2008: (HS) P/N 7.–, K/N 4 bis 13 J. 5.–, A/N 3.–, C/N 8.–, MC/N 10.–, T/N 5.50, M/N 2.50, WD inkl., Stromanschlussgeb. 2.50. In NS Ermäßigung. DCC/CCI in NS 10% in HS 5% auf P/N.

Camping Kamemi (I 9360)

Der Campingplatz liegt auf einer grünen Hochebene, reich von mediterranem Niederwald in 48.000 qm wunderbarem Park, nur 600 mt vom Strand entfernt. Kamemi hat ein ausgezeichnetes Restaurant, das Ortspezialitäten wie Fisch anbietet; außerdem bieten Sie eine gute Pizzeria und ein Imbißstube, Gasnachfüllflaschen, Münzwaschmaschinen. Der Campingplatz verfügt über Schwimmbäder, Tennis, Boccia und mehrere Sportmöglichkeiten. Kamemi ist ein guter Ausgangspunkt für Ausflüge: nur 5 km von Eraclea Minoa entfernt, 30 km von Agrigento, 10 km von Sciacca und seine Thermen, 100 km von Palermo und 40 km von Selinunte.

I-92016 Seccagrande di Ribera (AGRIGENTO)
Contrada Camemi Superiore
Tel. 0039/092569212
Fax 0039/092569212
www.kamemicamping.it
info@kamemicamping.it
kamemi@libero.it

GANZJÄHRIG GEÖFFNET

MOBILHEIME FÜR 4/6 PERSONEN MIT KOCHNISCHE UND KLIMAANLAGE

SONDERANGEBOT 2008
Vom 01.10. bis 31.05.: € 8 pro Tag bei einem Mindestaufenthalt von 15 Tagen. € 210 bei einem Mindestauf. von 1 Monat im genannten Zeitraum.
Im Preis eingebriffen: Personen, Wohnmobil oder Wohnwagen, Auto, Warmwasser und Strom.

92016 Seccagrande di Ribera, Agrigento 19360

[40] ★★ **»KAMEMI CAMPING VILLAGE«** — 1.1. bis 31.12.
☎/Fax 0925/69212
45 000 qm
www.kamemicamping.it, info@kamemicamping.it

→ SS 115 Agrigento–Trapani, Abf. Seccagrande. Beschildert. ✉ C. da Camemi Superiore (GPS: 37°26'15" N / 13°14'45" E).

Ebenes Gelände. Durch Dauercamper geprägt. Pizzeria. Basketball. Strand ca. 1 km, Orte (Seccagrande) 300 m, (Ribera) 5 km entfernt. Touristen-/Dauerstellplätze 40/180.
2008: (HS) P/N 8.–, K/N 8.–, A/N 5.–, C MC T/N 13.–, M/N 2.–, B/N 3.–, WD zuzügl., Strom/N 5.–. 2.50. In NS Ermäßigung. DCC/CCI in NS 10% auf P/N.

92013 Menfi, Agrigento 19380

★★★ **»CAMP. VILLAGE GESER CLUB«** — April bis Okt.
☎ 0925/74666, Fax 73835
30 000 qm
www.akropoli.com, info@akropoli.com

→ A 29 Palermo–Mazara del Vallo Abf. Castel Vetrano Richtung Menfi-Porto Palo. Beschildert. ✉ C. da Torre Nova.

Ebenes und parzelliertes Gelände an der Küste inmitten von Orangenhainen und Weinbergen. Bar. Ort 5 km entfernt. 150 Touristenplätze.

91020 Marinella di Selinunte, Trapani 19420

[25] ★★ **»CAMPING IL MAGGIOLINO«** — 1.1. bis 31.12.
☎/Fax 0924/46044
5000 qm
www.campingmaggiolino.it, info@campingmaggiolino.it

→ SS 115 Castelvetrano–Marinella Abf. Selinunte-Ruinenstätte. ✉ SS 115 Dir. A nr. 106 (GPS: 37°35'52" N / 12°50'34" E).

Parzelliertes Gelände an den Ruinen von Selinunte. Ort 1.5 km entfernt. 25 Touristenplätze.
2007: (HS) P/N 5.50, K/N bis 4 J. frei, A/N 3.50, C/N 5.–, MC/N 7.–, T/N 5.–, M/N 2.50, WD zuzügl., Anschlussgeb. 2.– (3 bis 6 A). In NS Ermäßigung.
DCC/CCI 5% auf P/N.

91026 Mazara del Vallo, Trapani — 19430

★★★ »SPORTING CAMPING CLUB« — März bis Okt.
☎ 0923/947230, Fax 909569 — 60 000 qm
www.sportingclubvillage.com, info@sportingclubvillage.com

→ SS115 Marsala–Mazara del Vallo. In der Bocca Arena beschildert.
✉ C. da Bocca Arena. (GPS: 37°38'09" N / 12°36'51" E).

Ebenes Wiesengelände unter Bäumen. Fitnessraum. Ort 1.8 km entfernt. 250 Touristenplätze.

91020 Biscione, Trapani — 19440

★★★ »CAMPING BISCIONE« — 1.1. bis 31.12.
☎/Fax 0923/731444, ☎ 731088, leonardo.urso@tiscali.it — 80 000 qm

→ SS 115, bei Petrosino abfahren und der Beschilderung nach Biscione folgen. ✉ Via Biscione.

Ebenes Wiesengelände mit Bäumen. Ort 2 km entfernt. 200 Touristenplätze.

91023 Favignana, Trapani — 19450

★★ »CAMPING VILLAGGIO EGAD« — 1.4. bis 10.10.
☎/Fax 0923/921555, 921567 — 24 000 qm
www.campingegad.it, camping.egad@tiscali.it

→ Autofähre von Trapani, 500 m vom Ort in Richtung Leuchtturm.
✉ C.da Arena (GPS: 37°33'18" N / 12°12'19" E).

Teils schattenloses Wiesengelände. Motorradverleih. Meer 200 m, Ort 1 km entfernt. Touristen-/Dauerstellplätze 130/15.
2007: (HS) P/N 6.80, K/N bis 3 J. 3.–, A/N 2.50, C/N 7.30, MC/N 8.50, T/N 6.60, M/N 1.60, WD zuzügl., Strom/N 2.30 (4 A). In NS Ermäßigung. DCC/CCI 5% auf P/N.

91010 San Vito Lo Capo, Trapani — 19500

★★★ »CAMPING EL-BAHIRA« — April bis Sept.
☎ 0923/972577, Fax 972552 — 40 000 qm
www.elbahira.it, info@elbahira.it

→ A 29 Abf. Castellammare del Golfo auf die SS 187. Ca. bei Km 17.5 Richtung San Vito lo Capo abbiegen. ✉ C. da Salinella.

Teils ebenes, teils terrassiertes Sand- und Wiesengelände. Parzelliert und durch Baumreihen beschattet. FW. Nur kleine Hunde erlaubt. Boccia. Bogenschießen. Busservice vom Ort zum Airport Trapani. Ort 3 km entfernt. Touristen-/Dauerstellplätze 310/90.

91014 Castellammare d. Golfo, Trapani — 19520

★★ »NAUSICAA CAMPING« — Mai bis Nov.
☎ 0924/33030, Fax 35173 — 8000 qm
www.nausicaa-camping.it, info@nausicaa-camping.it

→ A29/E90 Palermo–Mazara del Vallo Abf. Castellammare del Golfo in westl. Richtung. Nach ca. 3 km Abf. rechts (Spiaggia-Strand). Steile Zufahrt.

Ebenes Kies- und Sandgelände zwischen Steilhang und Meer. Durch Baumreihen parzelliert. Direkter Zugang zum unterhalb gelegenen Sandstrand. Warmwasserversorgung nicht ausreichend. Veraltete Sanitäranlagen. Familiäre Atmosphäre. Bar mit warmer Küche. Ort (Castellammare) 3 km entfernt. 70 Touristenplätze.
2007: (HS) P/N 9.–, K/N 6 bis 9 J. 6.–, St/N 16.– bis 20.–, B/N 5.–, WD zuzügl., Strom/N 2.– (5 A). In NS Ermäßigung.

DCC – DEIN PARTNER!

90040 Isola delle Femmine, Palermo — 19530

★★★ »CAMPING LA PLAYA« — 15.3. bis 15.10.
☎/Fax 091/8677001 — 22 000 qm
www.campinglaplaya.net, campinglaplaya@virgilio.it

→ A 29 Abf. Isola delle Femmine, ca. 13 km nordwestlich von Palermo. Weiter der Beschilderung folgen. ✉ Viale Marino, 55. (GPS: 38°11'48" N / 13°14'38" E).

Ebenes Wiesengelände unter Olivenbäumen, neben einem Wohngebiet. Bus nach Palermo. Imbiss. Ort 300 m entfernt. 80 Touristenplätze.
2007: (HS) P/N 6.–, K/N 3 bis 6 J. 3.50, St/N 15.–, WD –.50, Strom inkl. (6 A). In NS Ermäßigung.
DCC/CCI 10% auf St/N.

90148 Sferracavallo, Palermo — 19540

★★ »CAMPING INTERN. TRINACRIA« — 1.1. bis 31.12.
☎/Fax 091/530590 — 43 000 qm
www.campingtrinacria.it, trinacria@campingtrinacria.it

→ 12 km nordwestlich Palermo, ca. 1 km abseits der SS113. Zufahrt über die AB-Umfahrung Richtung Flughafen-Trapani. ✉ Lungomare Barcarello, 25.

Wiesengelände am Fuße eines Felsberges. Vom Strand durch eine Straße getrennt. Boccia. Ort 8 km entfernt. 120 Touristenplätze.
2007: P/N 7.–, K/N bis 6 J. 6.–, A/N 4.–, C T/N 7.–, MC/N 8.50, M/N 3.50, B/N 7.–, WD zuzügl., Strom/N 4.– (6 A).

90018 Buonfornello, Palermo — 19560

★★ »CAMPING VILLAGGIO HIMERA« — 1.1. bis 31.12.
☎/Fax 091/8140175, villaggiohimera@virgilio.it — 35 000 qm

→ A19 Catania–Palermo, Abf. Buonfornello, weiter auf SS 113 Richtung Palermo, nach 2 km rechts abbiegen. ✉ C. da Buonfornello.

Ebenes mit Büschen und Bäumen bewachsenes Gelände. Jeder Stellplatz mit eigener Sanitärkabine und Geschirrspülbecken. FW. Ort (Termini) 15 km entfernt. 178 Touristenplätze.

90015 Cefalù, Palermo — 19580

★★★ »CAMPING SANFILIPPO SALVATORE« — April bis Okt.
☎/Fax 0921/420184 — 10 000 qm

→ A20/E90 Palermo–Messina Abf. Cefalù Ovest SS113. Bei Km 190.3 zum Meer abbiegen und über die Bahnlinie. ✉ C. da Ogliastrillo.

Terrassenplatz in einem Olivenhain. Basketball. Ort 3 km entfernt. 103 Touristenplätze.

Als DCC-Mitglied sind Sie immer gut beraten
Deutscher Camping-Club e.V., Postf. 40 04 28, 80704 München

(I 9590) ★★★

VILLAGE INTERNATIONAL CAMPING
RAIS GERBI

SPEZIALANGEBOT "WINTER" bei Mindestaufenthalt von 1 Monat vom 01.10. bis zum 31.03.: 2 Personen mit Auto und Wohnmobil oder Wohnwagen € 210 pro Monat (€ 7 pro Tag). Strom € 0,30 kw/h.

Direkt am Meer allen Bequemlichkeiten erster Qualität: Restaurant, Bar, Pizzeria, Self-Service, Imbißstube, Supermarkt und 13 ausgestattete Bungalows für 3 Personen mit Klimaanlage, Heizung und Privatgarten. Darüber hinaus finden Sie ein Schwimmbad, Tennisplatz, Fußballplatz, eine Kugelspielbahn und einen Kinderspielplatz. Sie erreichen uns über die SS 113 Messina-Palermo, bei km 172,900.
NEUHEIT: Mobilheime bis zu 5 Plätzen mit Kochecke und Toiletten. Ganzjährig geöffnet. *Koordinaten GPS: Nord 38°01'23" - Ost 14°09'13".*

S.S. 113 Km 172,900 - I-90010 Finale di Pollina (PALERMO)
Tel. 0039/0921426570 • Fax 0039/0921426577 • Tel. Win. 0039/0921426229
Http: www.raisgerbi.it • E-mail: camping@raisgerbi.it

803

Der Campingplatz Paradise ist umgeben von einer lieblichen Bucht zwischen dem Kap St.Alessio und dem Kap St.Andrea, in einem traumhaften Park auf Oliven-, Orangen- und Zitronenbäumen. Die einmalige Lage des Paradise lädt auch zu eindrucksvollen Ausflügen und Exkursionen zu den Tourismusattraktionen der Insel. Der Campingplatz ist über 20.000 qm groß und verfügt über schattige Stellplätze mit direkten und privaten Zugängen zum Meer, Selbstbedienungssupermarkt, Bar, Self Service Restaurant, warme Duschen, Waschmaschinen und Bügeleisen, Animation für Kinder und Erwachsene, Minifußballfeld, Tennisplatz, Bocciabahn und Strandvolleyballplatz. TV-Saal.

ANGEBOT 2007: in den Monaten von April, Mai, Juni und September im 4 Personen-BUNGALOW mit Kochecke, Bad+WC und Klimaanlage für nur € 50/Tag bei einer Mindestverweildauer von 1 Woche.

LETOJANNI • MESSINA

(I 9690)

Camping Paradise

Via Nazionale 2 · SS 114 km 41
I-98037 LETOJANNI (ME)
Tel. und Fax 0039/094236306
campingparadise@campingparadise.com
www.campingparadise.com

DCC-Vertragsplatz

✉ **90010 Finale di Pollina,** Palermo   **I 9590**

50 ★★★ »CAMPING INT. RAIS GERBI«   1.1. bis 31.12.
☎ 0921/426570, Fax 426577   50 000 qm
www.raisgerbi.it, camping@raisgerbi.it

→ SS113 in Richtung Céfalú, bei Km 172.9. ✉ C. da Rais Gerbi S.S.113, km 172.900 (GPS: 38°01'23" N / 14°09'13" E).

Durch Bahnlinie zweigeteiltes Terrassengelände mit Baumbewuchs. Boccia. Ort 500 m entfernt. Touristen-/Dauerstellplätze 191/25.
2007: (HS) P/N 10.–, K/N bis 3 J. frei, A/N 5.–, C/N 12.–, MC/N 17.–, T/N 10.–, M/N 3.–, WD inkl., Strom/N 4.– oder kWh –.30 (6 A). In NS 20% Ermäßigung.
DCC 10% auf P/N.

✉ **98079 Castel di Tusa,** Messina   **I 9610**

40 ★★ »CAMPING LO SCOGLIO«   1.4. bis 30.9.
☎ 0921/334345, Fax 334303   15 000 qm
www.loscoglio.net, loscoglio@loscoglio.net

→ A 20 Messina–Palermo, Abf. Tusa, auf SS 113 Richtung Palermo, bei Km 164.4 zum Meer abbiegen, unterhalb der Straße. ✉ S.S. 113, km 164 (GPS: 38°00'36" N / 14°13'50" E).

Ebene, schmale Terrasse an der Costa Marina. Imbiss. Ort 3 km entfernt. 100 Touristenplätze.
2007: (HS) P/N 9.–, K/N bis 3 J. frei, A/N 5.–, C MC T/N 12.–, M/N 3.–, H/N frei, WD inkl., Strom/N 3.– (8 A). In NS Ermäßigung.
DCC/CCI 10% auf P/N.

DCC-Vertragsplatz

✉ **98060 S. Giorgio di Gr. Marea** **I 9630**

40 ★★★ »CAMPING IL CICERO«   1.5. bis 30.10.
☎ 0941/39551, Fax 39295   22 000 qm
www.ilcicero.it, villaggiocicero@tin.it

→ A20/E90 Abf. Patti, SS113 Richtung Palermo. Beschildert. ✉ Via Pola, 98 (GPS: 38°10'27" N / 14°56'11" E).

Ebenes Sand- und Wiesengelände mit dichtem Baumbestand. Durch eine Bahnlinie zweigeteilt (Unterführung). Zum Strand über die Straße. Separate Pkw-Abstellung. Kiosk. Brötchenservice. Ort 400 m entfernt. 140 Touristenplätze.
2007: (HS) P/N 8.50, K/N bis 2 J. frei, A/N 3.70, C T/N 9.–, MC/N 11.–, M/N 2.50, B/N 10.–, WD inkl., Strom/N 3.–. In NS Ermäßigung.
DCC/CCI 10% auf P/N.

DCC – DEIN PARTNER!

DCC-Vertragsplatz

✉ **98060 Oliveri,** Messina   **I 9640**

45 ★★★ »CAMPING VILLAGGIO MARINELLO«   1.1. bis 31.12.
☎ 0941/313000, Fax 313702   33 000 qm
www.villaggiomarinello.it, marinello@camping.it

→ AB 20 Messina–Palermo, Abf. Falcone, dann nach links, beschildert, oder SS113 bei Km 63 abbiegen, durch den Ort zum Meer ✉ Via del Sole, 17 (GPS: 38°07'57" N / 15°03'16" E).

Ebenes Gelände mit Zypressen und Eukalyptusbäumen. FW. Ort 1.5 km entfernt. 170 Touristenplätze.
2008: (HS) P/N 7.50, K/N bis 3 J. frei, St/N 17.50, H/N (NS) frei, WD u. Strom inkl. (6 A). In NS Ermäßigung.
DCC/CCI 10% auf P/N und St/N.

✉ **98057 Milazzo,** Messina   **I 9660**

★★ »CAMPING CENTRO TOURISTICO CIRUCCO«
☎/Fax 090/9284746   April bis Sept.
www.cirucco.it, info@cirucco.it   48 500 qm

→ AB–Abf. Milazzo oder SS 113 in den Ort hineinfahren. Schlecht beschildert. An der Ostseite der Halbinsel. ✉ Strada Panoramica.

Ebenes Wiesengelände mit Olivenbäumen. Zum Strand, Restaurant und Bar über eine Treppe. FW. Ort 5 km entfernt. 123 Touristenplätze.

DCC-Vertragsplatz

✉ **98161 Messina-Rodia,** Messina   **I 9670**

35 ★★★ »CAMPING IL PELORITANO«   1.3. bis 31.10.
☎/Fax 090/348496   17 000 qm
www.peloritanocamping.it, il-peloritano@yahoo.it

→ A 20 Messina–Palermo, Abf. Villafranca, meerwärts auf die 113 Richtung Tarantonia. A 20 von Palermo Richtung Messina, Abf. Rometta auf die SS 113 Richtung Tarantonio. Beschildert. ✉ Contrada Tarantonio. (GPS: 38°15'34" N / 15°28'04" E).

Unparzelliertes ebenes Sandgelände mit Olivenbäumen. Service-Restaurant und Pizzeria auf Bestellung. Volleyball. Boccia. Ort (Villafranca) 2 km entfernt. 44 Touristenplätze.
2007: (HS) P/N 8.–, K/N 4 bis 7 J. 5.–, A/N 4.–, C/N 7.–, MC/N 8.–, T/N 7.50, M/N 3.–, WD inkl., Strom/N 3.50 (6 A). In NS Ermäßigung.
DCC/CCI 10% auf P/N und St/N.

DCC-Mitglieder fahren mit Auslands-Schutzpaß! und SIE?

98164 Messina-Torre Faro, Messina — 19680

»CAMPING DELLE STRETTO« ★★★ — 1.1. bis 31.12. — 15 000 qm
☎/Fax 090/3223051
www.campingstretto.it, info@campingstretto.it

→ Von Messina-Fährhafen rechts auf die SS 113 in Richtung Capo Peloro, am See entlang und an der Kreuzung am Ende des Sees rechts den „turistroad signs" folgen. ✉ Via Circuito (GPS: 38°15'42" N / 15°38'00" E).

m 40 m ✕ 50 m

Ebenes Wiesengelände mit Bäumen und Büschen. Zum Strand über die Straße. Volleyball. Bootsausflüge (6 Pers.) zu den äolischen Inseln. Ort 10 km entfernt. 60 Touristenplätze.
2008: (HS) P/N 9.–, K/N 3 bis 13 J. 6.50, A/N 2.–, C MC T-St/N 16.–, M/N 2.–, H/N frei, WD u. Strom inkl. (6 A), Anschlussgeb. 3.–. In NS Ermäßigung.
DCC/CCI 10% auf P/N und St/N.

98037 Letojanni, Messina — 19690

»CAMPING PARADISE INTERNATIONALE« ★★★ — 1.4. bis 30.9. — 20 000 qm
☎/Fax 0942/36306
www.campingparadise.it, campingparadise@campingparadise.it

→ A 18/E 59 Abf. Taormina auf die SS 114 Richtung Messina bis Km 41. Beschildert. ✉ Via Nazionale, km 41.

50 m

Ebener Platz mit alten Olivenbäumen in einer großen Bucht unterhalb der Straße (AB und SS 114) und Eisenbahn. FW. Boccia. Ort 2 km entfernt. Touristen-/Dauerstellplätze 220/20.
2007: (HS) P/N 8.–, K/N bis 3 J. frei, A/N 5.–, C/N 9.–, MC/N 12.–, T/N 8.–, M/N 5.–, WD inkl., Strom/N 4.– (3 A).
DCC 10% auf P/N.

IRLAND

Übersichtskarte Seite 805
Besondere Vorschriften und Regelungen

Personaldokumente: Reisepass oder Personalausweis, der bei Ankunft noch mindestens für die Dauer des Aufenthaltes gültig sein muss. Kinder unter 16 Jahren müssen im Familienpass eingetragen oder im Besitz eines Kinderausweises sein. Im KA muss als Nationalität »Deutsch« vermerkt sein.

Impfungen: Keine.

Dokumente für Haustiere: Eine Einreise ist nur über Großbritannien oder Nordirland unter Einhaltung des Pet-Travel-Sheme (PETS) möglich. Im Rahmen des PETS können Hunde und Katzen, die älter als 3 Monate sind, aus EU-Ländern eingeführt werden, ohne in Quarantäne gegeben werden zu müssen. Hierzu ist der »EU-Heimtierpass« mitzuführen. Er wird von behördlich ermächtigten Tierärzten ausgestellt. Der Pass muss Name und Anschrift des Besitzers enthalten und dem Tier eindeutig zugeordnet werden können; d.h. der Passnummer, die eine Identifizierung ermöglicht, wird dem Tier eintätowiert oder durch einen Mikrochip implantiert. Ein gültiger Tollwutimpfschutz muss ebenfalls im Pass nachgewiesen werden. Die letzte Impfung muss mindestens 30 Tage zurückliegen und darf höchstens 12 Monate vor der Einreise erneuert worden sein. Bei Tieren, die regelmäßig (einmal pro Jahr) geimpft worden sind, entfällt die 30-Tage-Frist. Für Jungtiere (bis 3 Monate) wird ein Gesundheitsattest vom Tierarzt benötigt, das bei der Einreise nicht älter als 10 Tage sein darf. Es sind jedoch weitere, sehr umfangreiche Bedingungen für die Mitnahme von Haustieren zu erfüllen. Die detaillierten Angaben hierfür sind in den Einreisebestimmungen für Irland beschrieben. Diese erhalten Sie bei der DCC-Touristikabteilung. Spezielle Auskünfte erteilt die Botschaft der Republik Irland: Friedrichstr. 200, 10117 Berlin, Tel: 030/220720, Fax: 030/22072299.

Kfz: Nationaler Führerschein und nationale Zulassung sind ausreichend. Das Nationalitätszeichen »D« muss am Fahrzeug und am Anhänger angebracht bzw. im Nummernschild enthalten sein. Wird das Fahrzeug nicht vom Eigentümer selbst benutzt, muss der Fahrer im Besitz einer Benutzungsvollmacht des Eigentümers sein. Die Mitnahme der »Internationalen Grünen Versicherungskarte« wird empfohlen. Zum Abschluss einer Kurzkaskoversicherung im Heimatland wird dringend geraten. Die Caravanbreite von 2.50 m und die Caravanlänge von 12 m darf nicht überschritten werden. Außerdem darf die Gesamtlänge des Gespanns (Auto und Anhänger) 16.50 m nicht überschreiten.

Verkehrsvorschriften: Linksverkehr. Rechts überholen. In Irland gibt es kein allgemeines Vorfahrtsrecht, da die Vorfahrt an jeder Kreuzung angezeigt ist. Im Kreisverkehr hat derjenige Vorfahrt, der von rechts kommt, es sei denn, aus der Strassenmarkierung geht etwas anderes hervor. Parkbeschränkungen werden durch gelbe Streifen am Straßenrand angezeigt. Ansonsten gelten in etwa die gleichen Verkehrsregeln wie in Deutschland. Kinder unter 12 Jahren dürfen nur auf dem Rücksitz eines Pkw befördert werden. Es besteht Anschnallpflicht. Promillegrenze 0,8.

Tempolimits: Innerorts: Pkw/Gespanne: 50 km/h, außerorts: Pkw/Gespanne 80 km/h, Autobahnen: Pkw/Gespanne (120/80 km/h).

Telefon: Deutschland–Irland: 00353. Irland–Deutschland: 0049, dann die deutsche Ortskennzahl ohne die erste Null.

Notrufnummern: Polizei, Unfallrettung und Feuerwehr 999 und 112. Pannenhilfsdienst leistet: Automobile Association (AA) landesweit Tag und Nacht: 1800/667788 (gebührenfrei Anruf).

Devisen: Die Einfuhr und Ausfuhr von Landes- oder Fremdwährung ist unbeschränkt gestattet.

Camping: Irland verfügt über eine große Anzahl an Camping- und Caravanplätzen, die von der Irischen Fremdenverkehrszentrale offiziell anerkannt sind. Sie besitzen die notwendigen hygienischen Einrichtungen. Die Gebühren werden vielfach nur für den Stellplatz berechnet, die Personengebühren sind darin enthalten. Freies Campen ist außerhalb der offiziellen Plätze verboten. Die Stromversorgung ist auf 220 Volt (50 Hz) ausgelegt. Es sind unterschiedliche Steckdosensysteme zu beachten. Man sollte daher unbedingt einen Adapter mitnehmen.

Wassersport: Für die vorübergehende Einfuhr von Booten und die dazugehörigen Anhänger sind Grenzdokumente bis zu einem Aufenthalt von einem Jahr nicht erforderlich. Ein Bootsführerschein ist nicht vorgeschrieben.

Allgemeine Informationen:

D-60329 **Frankfurt/M.,** Irland Information-Tourism Ireland
Gutleutstr. 32
Tel: 069/6680 09 50, Fax 069/92 31 85 88
www.entdeckerland.de, www.tourismireland.com
info@entdeckerland.de

Vertretung der Bundesrepublik Deutschland:

IRL-000 **Dublin,** Deutsche Botschaft, 31 Trimleston Avenue
Booterstown, Blackrock Co. Dublin
Tel. 00353 1/2693011, 2693772, 2693381
Fax 00353 1/2693946
www.dublin.diplo.de, germany@indigo.ie

Fortsetzung S. 806

Ausführliche Einreisebestimmungen mit detaillierten Angaben zu den Themen Reisedokumente, Zoll- und Devisenbestimmungen, Reisen mit dem Kraftfahrzeug, Camping und der Aufenthalt im Urlaubsland sind bei der Touristik-Abteilung des DCC gegen Rückporto erhältlich.

Campingplätze:

Gebühren in EURO
Bei Gebühren mit der Vorjahreszahl muss eventuell mit einer Anhebung der Gebühren für das laufende Jahr gerechnet werden. Außerdem können sich die angegebenen Öffnungszeiten verändert haben und es ist möglich, dass angegebene Ermäßigungen nicht mehr gewährt werden.

Rosslare Strand, Co. Wexford — IRL 1005

★★ »BURROW HOLIDAY PARK« — März bis Okt.
053/32190 — 60 000 qm

→ N25 Rosslare Harbour–Wexford. Abf. Rosslare Strand rechts ab zur Ortshauptstraße. Auf dieser geradeaus bis kurz vor Ende, dann rechts ab zum Platz.

Wiesengelände beim Fähranleger. Ort 1 km entfernt. 150 Touristenplätze.

Wexford, Co. Wexford — IRL 1020

[20] ★★★ »FERRY BANK CARAVAN PARK« — 1.5. bis 31.8.
053/9166921, Fax 9145947 — 40 000 qm
www.wexcorp.ie, ferrybank@wexfordcoco.ie

→ ab Wexford in östliche Richtung über Dublin Road zur Küste.

Langgestrecktes Wiesengelände an der Küste, von Hecken umgeben. Ort 900 m entfernt. 110 Touristenplätze.
2007: P/N inkl., C MC-St/N 19.–, T-St/N 9.–, B/N 5.–, inkl. WD zuzügl., Strom/N 2.10 (10 A).

Redcross Village, Southern Ireland — IRL 1050

★★★ »RIVER VALLEY CARAVAN PARK« — März bis Sept.
0404/41647 — 20 000 qm
www.rivervalleypark.ie, info@rivervalleypark.ie

→ N11 Dublin–Arklow. In Ballinacor in südwestl. Richtung abbiegen nach Redcross Village.

Ebenes, durch befestigte Wege geteiltes und überwiegend schattenloses Wiesengelände. Ort 500 m entfernt. Touristen-/Dauerstellplätze 150/250

Rush, Co. Dublin — IRL 1070

[30] ★★★ »NORTH BEACH CAMPING« — 1.4 bis 30.9.
Fax 01/8437131 — 16 000 qm
www.northbeach.ie, info@northbeach.ie

→ N1 Dublin–Balbriggan Abf. Swords. Bei der ESSO-Tankstelle in Richtung Rush, beschildert. (GPS: 53°31'54" N / 6°5'19" W).

Gelände in Küstennähe. Bus-Service nach Dublin. Ort 600 m entfernt. Touristen-/Dauerstellplätze 24/40.
2008: P/N 10.–, K/N 5.–, St/N inkl., WD zuzügl., Strom/N 3.– (6 A).

Mullingar, Co. Westmeath — IRL 2010

★★★ »LOUGH ENNEL CAR. & CAMP. PARK« — April bis Sept.
Fax 04/48101 — 85 000 qm
www.caravanparksireland.com, eamon@caravanparksireland.com

→ Mullingar–Kilbeggan Road. Bei Wegweiser Lough Ennel Tudenham rechts abbiegen, beschildert. Noch ca. 6 km.

Wiesengelände. Ort 5 km entfernt. Touristen-/Dauerstellplätze 150/80.

Boyle, Co. Roscommon — IRL 2015

[20] ★★★ »LOUGH KEY CARAVAN AND CAMP. PARK« — Apr. bis Sept.
07196/62212, www.loughkey.ie — 55 000 qm

→ N4 Carrick-on-Shannon–Boyle. Im Naturpark Lough Key Forest Park, beschildert.

Wiesen- und Waldgelände in der Nähe des Shannon–Flusses. Ort 5 km entfernt. 72 Touristenplätze.
2007: (HS) P/N inkl., C MC-St/N 16.– bis 20.–, T-St/N 10.– bis 20.–, WD 2.–, Strom/N 2.10 (10 A). In NS Ermäßigung.

Strandhill, Co. Sligo — IRL 2020

★★★ »STRANDHILL CARAVAN PARK« — Ostern bis Sept.
Fax 09171/68111 — 64 000 qm

→ N 4 Dublin-Sligo. Hinter Ballisodare der Beschilderung Strandhill folgen.

Dünengelände an einer Bucht. Teilweise Blick auf die umliegenden Berge. Ort 500 m entfernt. Touristen/Dauerstellplätze 50/50.

Rosses Point, Co. Sligo — IRL 2025

★★★ »GREENLANDS CARAVAN PARK« — Ostern bis Sept.
07191/77113, Fax 60496, noelineha@eircom.net — 16 000 qm

→ N 4 Dublin–Sligo. Ab hier die Beschilderung Rosses Point beachten. Neben dem County Sligo Golf Club.

Welliges, teilweise abfallendes Wiesengelände. Haltestelle 200 m, Ort 5 km entfernt. 78 Touristenplätze.

Roscrea, Co. Tipperary — IRL 3015

[25] ★★★ »STREAMSTOWN CAR. CAMP. PARK« — Ostern bis 1.10.
Fax 0505/21519 — 4500 qm
www.tipperarycaravanpark.com, streamstowncaravanpark@eircom.net

→ Roscrea in Richtung Streamstown. Ca. 2.5 km auf der Shinrone Road (L34), beschildert. Shinrone Road.

Ebenes und schattenloses Wiesengelände, durch Büsche günstig aufgelockert. Ort 3 km entfernt. Touristen-/Dauerstellplätze 30/3.
2007: P/N 4.–, K/N bis 14 J. 2.–, St/N 10.–, WD inkl, Strom/N 3.– (10 A).

Mountshannon, Co. Clare — IRL 3050

[25] ★★★ »LAKESIDE HOLIDAY PARK« — 1.5. bis 1.10.
061/927225, Fax 927336 — 72 000 qm
www.lakesideireland.com, lakesidecamping@eircom.net

→ Killaloe–Scarriff Abf. auf die M 352 nach Mountshannon. Ca. 5 km in Richtung Portumna, dann die erste Straße rechts, beschildert.

Ebenes, durch Büsche und Bäume günstig aufgelockertes Wiesengelände am See. Ort 1.5 km entfernt. Touristen-/Dauerstellplätze 30/15.
2008: (HS) P/N 3.–, K/N 3 bis 10 J. 2.–, C MC-St/N 14.–, T/N 14.–, M/N 9.–, B/N 4.–, WD zuzügl., Müllgeb./Sack 2.–, Strom/N 4.– (6 A). In NS Erm.
DCC 10% auf P/N.

Ballyvary, Co. Mayo — IRL 4010

[20] ★★★ »CARROWKEEL CAMP. & CAR. PARK« — 1.4. bis 1.10.
Fax 094/9031264 — 10 000 qm
www.carrowkeelpark.ie, mail@carrowkeelpark.ie

→ N 5 Dublin Road Swinford–Castlebar Abf. Ballyvary. Hier hinter der westlichen Ortsausfahrt nach ca. 1 km rechts abbiegen. Beschildert.

Ebenes Wiesengelände, von drei Seiten vom Fluss Clydagh umgeben. Ort 10 km entfernt. 58 Touristenplätze.
2008: (HS) P/N inkl., St/N 18.–, WD inkl., Strom/N 3.25 (16 A). In NS Erm.
CCI 10% auf P/N.

Lettergesh, Co. Galway — IRL 4030

★★ »CONNEMARA CARAVAN CAMP-PARK« — Mai bis Sept.
Fax 095/43406 — 32 000 qm

→ N59 Westport–Clifden. Ca. 6 km hinter Leenane die N 59 verlassen. Dann noch ca. 8 km bis zum Platz.

Kilcoman, Co. Limerick/Ireland — IRL 5002

★★★ »CURRAGHCHASE CARAVAN CAMPING« 1.5. bis 8.9.
061/396349, Fax 338271 50 000 qm
www.coillte.ie, eileen.okeeffe@coillte.ie, okeeffe_e@coillte.ie

→ N21 Abf. Adare bei Km 8. Dann T68 Abf. Kilcornan bei Km 1.6.

Ebenes bis leicht welliges und meist schattenloses Wiesengelände im Currahchase Forest Park. 50 Touristenplätze.
2007: P/N inkl. C MC-St/N 19.–, T/N 19.–/8.–, M/N 8.–, WD inkl., Strom/N 3.– (16 A).

Caslegregory, Co. Kerry — IRL 5013

★★★ »ANCHOR CARAVAN PARK« Ostern bis 30.9.
Fax 066/7139157 20 000 qm
www.caravanparksireland.net, anchorcaravanpark@eircom.net

→ ab Tralee ca. 19 km in Richtung Dingle, dann meerwärts abbiegen. Beschilderung beachten.

3.5 km
Wiesengelände durch Zäune, Mauern und Buschwerk begrenzt. Ort 3 km entfernt. 30 Touristenplätze.
2007: (HS) P/N inkl. St/N 22.–, WD zuzügl., Müllgebühr/Sack 1.–, Strom/N 2.– (6 A). In NS Ermäßigung.

Killarney, Co. Kerry — IRL 5015/1

★★★ »FOSSA CAR. AND CAMP. PARK« 21.3. bis 30.9.
064/31497, Fax 34459 24 000 qm
www.camping-holidaysireland.com, fossaholidays@eircom.net

→ N21/N22 Tralee–Killarney. In Killarney auf die N72 in westl. Richtung, noch ca. 6 km. Beschildert.

100 m 800 m

Ebenes Wiesengelände mit betonierten Stellflächen. Ort 5 km entfernt. Touristen-/Dauerstellplätze 70/50.
2008: (HS) P/N 5.30, K/N bis 13 J. 2.50, St/N 10.–, WD zuzügl., Strom/N 4.– (10-15 A). In NS Ermäßigung.

Killarney, Co. Kerry — IRL 5015/2

★★★ »WHITE VILLA FARM CAMP. & CAR. PARK« 18.4. bis 5.10.
064/20671 20 000 qm
www.killarneycaravanpark.com, killarneycamping@eircom.net

→ N 22 Killarney–Cork, 3 km östlich von Killarney, an der Kreuzung der N 22/N 72. Noch ca. 300 m, beschildert.

2 km 3 km

Ebenes Wiesengelände durch Büsche und Bäume günstig aufgelockert. FW. Ort 3 km entfernt. 24 Touristenplätze.
2008: (HS) P/N 6.–, K/N bis 14 J. 3.–, J/N 4.–, C MC T/N 6.–, M/N 9.–, WD zuzügl., Strom/N 4.– (10 A). Für 7 Nächte 6 N bezahlen. In NS Ermäßigung.
DCC/CCI 5% auf P/N.

Ballycasheen b. Killarny, Co. Kerry — IRL 5020

★★★★ »FLEMING'S WHITE BRIDGE CAR. + CAMP. PARK«
14.3. bis 30.3., 25.4. bis 5.10., 23.10. bis 27.10.
064/31590, Fax 37474 40 000 qm
www.killarneycamping.com, info@killarneycamping.com

→ N22 Cork–Killarney. Hier am Ortsanfang abbiegen nach Ballycasheen. Beschildert. (GPS: 52°27'71" N / 09°31'32" W).

500 m 1.5 km

Ebenes und gepflegtes Wiesengelände zwischen wenig befahrener Bahnlinie und dem Fluss Flesh. Durch Bäume und Büsche günstig abgeschirmt. Befestigte Stellflächen für Caravans und Mocas. Ort 2 km entfernt. 120 Touristenplätze.
2008: (HS) P/N 8.–, K/N bis 14 J. 3.–, J/N 5.–, C MC T/N 9.–/10.–, M/N 12.–/13.–, B/N 3.–, H/N frei, WD zuzügl., Strom/N 5.– (10 A). In NS Ermäßigung.

Glengarriff, Co. Cork — IRL 5030

★★★ »DOWLINGS CAR. AND CAMP. PARK« April bis Okt.
027/63154, Fax 63302, hickydee@eircom.net 11 500 qm

→ ab Glengariff auf der L 61 (Castletownbere Road) ca. 2.5 km in südwestlicher Richtung, dann beschildert.

Meist ebenes Wiesengelände mit Anpflanzungen. Ort 2 km entfernt. Touristen-/Dauerstellplätze 70/30.

Ballylickey, Co. Cork — IRL 5036

★★★ »EAGLE POINT CAMPING PARK« 21.4. bis 30.9.
027/50630 80 000 qm
www.eaglepointcamping.com, eaglepointcamping@eircom.net

→ Straße T65 Bantry–Glengarriff Abf. Ballylickey. Hier gegenüber vom Supermarkt und der Burmah-Tankstelle, beschildert.

100 m 400 m

Leicht abfallendes, parkähnliches und teilweise gestuftes Wiesengelände an der Bantry Bay. Ort 500 m entfernt. 150 Touristenplätze.

Crookhaven, Co. Cork — IRL 5042

★★★★ »BARLEYCOVE CAR. & CAMP. PARK« Mai bis Sept.
028/35302, Fax 307230 36 000 qm

→ ab Goleen ca. 6.5 km auf der Küstenstraße L56 in südwestlicher Richtung nach Crookhaven.

200 m

Wiesengelände mit befestigten Fahrwegen und Standplätzen. Ort 8 km entfernt. Touristen-/Dauerstellplätze 100/35.

Clonakilty, Co. Cork — IRL 5045

★★★ »DESERT HOUSE CAR. & CAMP. PARK« 1.5. bis 30.9.
023/33331, Fax 33048, deserthouse@eircom.net 20 000 qm

→ N71 Cork/Clonakilty Road Abf. ca.1 km südöstlich von Clonakilty in Richtung Ring, beschildert.

Überwiegend ebenes und teilweise schattenloses Wiesengelände mit einzelnen Bäumen am Meer beim dazugehörigen Farmhouse. FW. Haltestelle und Ort 1 km entfernt. 36 Touristenplätze.
2007: P/N 2.–, K/N 1.–, C-St/N 18.–, MC/N 19.–, T-St/N 12.– bis 14.–, WD zuzügl., Strom/N 3.50 (13 A).
DCC 10% auf P/N.

Glen of Aherlow, Co.Tipperary — IRL 6020

★★★ »BALLINACOURTY HOUSE C. & C. PARK« 1.5. bis 23.9.
062/56559 9500 qm
www.camping.ie, info@camping.ie

→ N24 Abf. Tipperary ca.10 km nach Bansha. Ab hier ca. 11 km in Richtung Galbally/Lisvernane, beschildert. (GPS: 52°24'59" N / 08°12'63" W).

11 km

Überwiegend ebenes und meist schattenloses Wiesengelände im Aherlow-Tal. In der Nähe der Glen Hotels. Ort 10 km entfernt. 50 Touristenplätze.
2008: (HS) P/N 5.–, K/N 4 bis 15 J. 2.–, St/N 10.–, WD inkl., Strom/N 3.– (6 A). Für 7 Nächte nur 6 N bezahlen. In NS Ermäßigung.
CCI 10% auf P/N.

Cahir, Co.Tipperary — IRL 6025

★★★ »THE APPLE CAR. + CAMP. PARK« 1.5. bis 30.9.
052/41459 15 000 qm
www.theapplefarm.com, con@theapplefarm.com

→ N24 Cahir–Waterford, 8 km hinter Cahir in Richtung Clonmel. Beschildert.

2 km 6 km

Wiesengelände in einer Obstplantage mit einzelnen asphaltierten Caravanstellplätzen. Ort 6 km entfernt. 32 Touristenplätze.
2008: P/N 6.–, K/N bis 12 J. 4.–, St/N inkl., WD inkl., Strom/N 2.50 (15 A).

DCC – DEIN PARTNER!

Clonmel, Co. Tipperary — IRL 6030

★★★ »POWERS THE POT CAMPING PARK« — Mai bis Sept.
☎ 052/230853 — 8000 qm
www.powersthepot.net, info@powersthepot.net

→ N24 Cahir–Waterford. Ca. 9 km hinter Clonmel die Bergstraße hochfahren. Dann die dritte Straße rechts abbiegen. Hinter dem Golfclub, beschildert.

Ebenes Wiesengelände mit Anpflanzungen. Ort 9 km entfernt. 35 Touristenplätze.

Cappoquin, Co. Waterford — IRL 6040

★★★ »GLENSHELANE FOREST TOURIST PARK« — 1.1. bis 31.12.
☎ 058/52132, Fax 52147 — 20000 qm

→ N72 Killarney–Cork Abf. hinter Cappoquin.

Ebenes Wiesengelände am Waldrand. Ort 500 m entfernt. 48 Touristenplätze.

LUXEMBURG

Übersichtskarte Seite 809

Besondere Vorschriften und Regelungen

Personaldokumente: Deutsche Staatsbürger benötigen bis zu einem Aufenthalt von drei Monaten einen gültigen Personalausweis oder Reisepass. Kinder unter 16 Jahren müssen im Familienpass eingetragen sein oder sich im Besitz eines Kinderausweises mit dem Eintrag Nationalität »Deutsch« befinden.

Impfbescheinigungen: Werden nicht verlangt.

Dokumente für Haustiere: Für Hunde und Katzen ist der »EU-Heimtierpass« mitzuführen. Er wird von behördlich ermächtigten Tierärzten ausgestellt. Der Pass muss Name und Anschrift des Besitzers enthalten und dem Tier eindeutig zugeordnet werden können; d.h. die Passnummer, die eine Identifizierung ermöglicht, wird dem Tier eintätowiert oder durch einen Mikrochip implantiert. Ein gültiger Tollwutimpfschutz muss ebenfalls im Pass nachgewiesen werden. Die letzte Impfung muss mindestens 30 Tage zurückliegen und darf höchstens 12 Monate vor der Einreise erneuert worden sein. Bei Tieren, die regelmäßig (einmal pro Jahr) geimpft werden, entfällt die 30-Tage-Frist. Spezielle Auskünfte erteilt die Botschaft des Großherzogtums Luxemburg: Klingelhöfer Str. 7, 10785 Berlin, Tel. 030/263 95 70, Fax 030/263 95 72 7.

Kfz: Nationaler Führer- und Zulassungsschein sind ausreichend. Das Nationalitätskennzeichen »D« muss an Pkw und Anhängern, bzw. im EU-Nummernschild enthalten sein. Ist der Fahrer nicht Eigentümer des Fahrzeugs, muss er im Besitz einer Benutzungsvollmacht des Halters sein. Es besteht Haftpflichtversicherungszwang. Für Fahrzeuge aller Art ist das Kennzeichen eines Mitgliedstaates der EU ausreichend als Nachweis des Eu-weiten Versicherungsschutzes. Die Mitnahme der »Internationalen Grünen Versicherungskarte« wird jedoch empfohlen. Ein Warndreieck ist Vorschrift.

Verkehrsvorschriften: Im Allgemeinen kann man sich an die Vorschriften halten, die auch in Deutschland gelten. Innerhalb von Ortschaften ist der Gebrauch akustischer Warnzeichen zu jeder Tages- und Nachtzeit verboten, außer bei drohenden Gefahren. In »Blauen Zonen« ist das Parken nur mit Scheibe gestattet. Parkverbot an Randsteinen mit gelber Linie. An Kreuzungen ohne Verkehrsregelung darf nicht überholt werden. Kinder unter 10 Jahren müssen auf dem Rücksitz befördert werden. Es besteht Anschnallpflicht auf allen Sitzen. Promillegrenze 0.8.

Tempolimits: Innerorts: Pkw/Gespanne 50 km/h, Landstraßen: Pkw/Gespanne 90/75 km/h, Schnellstraßen: Pkw/Gespanne 90 km/h, Autobahnen: Pkw/Gespanne 130/90 km/h. Bei Nässe muss die Geschwindigkeit um 20 km/h verringert werden.

Telefon: Deutschland–Luxemburg: 00352, die Rufnummer ist unmittelvar danach zu wählen. Luxemburg–Deutschland: 0049.

Unfallnotruf: Polizei: 113, Unfallrettung: 112. Pannenhilfe leistet rund-um-die-Uhr der Luxemburgische Automobilclub: Tel. 4500451.

Devisen: Bei der Ein- und Ausfuhr von Landes- und Fremdwährung bestehen keine Beschränkungen.

Camping: Das Land verfügt über genügend Campingplätze, die staatlich überwacht werden und offiziell klassifiziert sind. Die Gebühren sind entsprechend gestaffelt und müssen am Eingang des Platzes ausgehängt sein. Freies Campen ist nicht gestattet. Das Stromnetz ist auf eine Spannung von 220 Volt Wechselstrom (50 Hz), in Luxemburg-Stadt auch auf 110 Volt Wechselstrom (50 Hz) ausgelegt.

Wassersport: Für die vorübergehende Einfuhr von Booten und Bootsanhängern bis zu 6 Monaten sind keine Grenzdokumente erforderlich.

Allgemeine Informationen:

D-41061 **Mönchengladbach,** Luxemburgisches Verkehrsamt
Bismarckstr. 23–27
Tel. 02161/208888, Fax 02161/274220
www.ont.lu, www.agendalux.lu

Vertretung der Bundesrepublik Deutschland:

L-2420 **Luxemburg,** Deutsche Botschaft
20–22 Ave Emile Reuter

L-2010 **Luxemburg,** Post: Postfach 95
Tel. 00352/4 53 44 51, Fax 0035 2/45 56 04
www.webplaza.pt.lu/dtbotlux

Ausführliche Einreisebestimmungen mit detaillierten Angaben zu den Themen Reisedokumente, Zoll- und Devisenbestimmungen, Reisen mit dem Kraftfahrzeug, Camping und der Aufenthalt im Urlaubsland sind bei der Touristik-Abteilung des DCC gegen Rückporto erhältlich.

Campingplätze:

Gebühren-Angaben in EURO.
Bei Gebühren-Angaben mit der Vorjahreszahl muss eventuell mit einer Anhebung der Gebühren für das laufende Jahr gerechnet werden. Außerdem können sich die angegebenen Öffnungszeiten verändert haben und es ist möglich, dass angegebene Ermäßigungen nicht mehr gewährt werden.

9714 Clervaux, Les Ardennes — L 1100

25 ★★★★ »CAMPING OFFICIEL« — 1.4. bis 1.11.
☎ 920042, Fax 929728 — 350 m — 29000 qm
www.camping-clervaux.lu, campingclervaux@internet.lu

→ N7/E420 Ettelbrück–belgische Grenze, bei Marnach auf die N18 Richtung Bastogne abbiegen. In Clervaux dem Hinweis »Camping/Piscine« folgen. ✉ Klatzewee 33 (GPS: 50°03'17" N / 6°01'26" E).

Ebenes, vielfach durch Hecken parzelliertes, Wiesengelände zwischen einem Bahndamm und dem Bach „La Clerve". Kabel-TV. Lesezimmer. FW. Ort 500 m entfernt. Touristen-/Dauerstellplätze 125/30.
2007: (HS) P/N 5.30, K/N bis 12 J. 2.50, C MC-St/N 5.50, T-St/N 2.75, H/N 2.–, WD zuzügl., Müllgeb. zuzügl., Strom/N 2.50 (6-10 A). In NS Erm. CCI 5% auf P/N.

9747 Enscherange, Les Ardennes — L 1130

25 ★★★ »CAMPING VAL D' OR« — 1.1. bis 31.12.
☎ 920691, Fax 929725, www.valdor.lu, valdor@pt.lu — 300 m — 30000 qm

→ Straße Clervaux–Wiltz, in Enscherange abbiegen. ✉ Um Gaertchen 2 (GPS: 50°00'04" N / 5°59'27" E).

Ebenes, überwiegend schattenloses Wiesengelände am Ortsrand. Gasverkauf nur blaue Flasche. Boule. Zentrum 500 m, Lebensmittelverkauf 1.5 km entfernt. Mittagsruhe 12.30-13.30 Uhr. Touristen-/Dauerstellplätze 80/30.
2008: (HS) P/N 5.–, K/N bis 15 J. 2.–, St/N 9.–, H/N 5.–, WD zuzügl., Müllgeb. zuzügl., Strom/N 2.– (4 A). In NS Ermäßigung.
DCC 10% auf P/N, CCI 20% auf St/N.

DCC-Vertragsplatz

✉ **9758 Tintesmühle-Heinerscheid,** Les Ard. **L1140**

★★★ »CAMPING TINTESMÜHLE«
☎ 998506, Fax 26957706   301 m   12.3. bis 1.11.   10 000 qm
www.campingtintesmuehle.lu, camptint@pt.lu

→ A7 Verviers-Bitburg, Abf. (15) St. Vith auf die N62 Richtung Luxembourg. Bei Heinerscheid abbiegen nach Tintesmühle. Beschildert. ✉ Maison 1, Tintesmühle 1.

[icons] ✂ ⨯ 6 km

Ebenes, parzelliertes Wiesengelände am Waldrand und direkt am Fluss. Café. Mittagsruhe 12-13 Uhr. Touristen-/Dauerstellplätze 65/12.
2007: P/N 5.50, K/N bis 15 J. 3.–, St/N 6.–, H/N 2.–, WD zuzügl., Strom/N 2.50 (6-10 A).
DCC 10% auf P/N.

DCC-Vertragsplatz

✉ **9838 Obereisenbach,** Les Ardennes **L1250**

★★★ »CAMPING KOHNENHOF«
☎ 929464, Fax 929690   290 m   1.1. bis 31.12.   60 000 qm
www.campingkohnenhof.lu, kohnenho@pt.lu

→ B410 Prüm–Dasburg–Grenze, dann auf die N10 Richtung Vianden, auf die CR322 nach Obereisenbach abbiegen. Beschildert. ✉ Maison 1 (GPS: 50°01'63" N / 6°13'68" E).

[icons] 3 km

Leicht abfallendes, teilterrassiertes Wiesengelände an der Our. Moca-Stellplätze mit Rasengittersteinen. 5 Wanderhütten. W-Lan. Trampolin. Boule. Ort 2.5 km entfernt. Mittagsruhe 12-12.30 Uhr. Touristen-/Dauerstellplätze 100/5.
2008: (HS) 2 P/N inkl. St/N 25.40, H/N 2.80, WD inkl., Strom (6 A) inkl. In NS Ermäßigung.
DCC 10% auf P/N und St/N.

✉ **9164 Bourscheid-Moulin,** Les Ardennes **L1310**

★★★ »CAMPING UM GRITT«
☎ 990449, Fax 908046   226 m   15.4. bis 1.11.   25 000 qm
www.camp.lu, gritt@camp.lu

→ N 27 (Sûre–Talstraße) Ettelbrück–Schlindermanderscheid, bei Bourscheid-Moulin über die Sûrebrücke. Hier linker Platz (GPS: 49°91'28" N / 6°08'50" E).

[icons]

Ebenes bis leicht welliges, langgestrecktes, parzelliertes Wiesengelände am Ufer der Sauer. Schattenlos und von steilen Waldhängen umgeben. Sanitäranlage beheizbar. Teilweise Kabel-TV. Ort 10 km entfernt. Mittagsruhe 12-14 Uhr. Touristen-/Dauerstellplätze 160/39.
2007: (HS) P/N 5.–, K/N 3 bis 14 J. 2.50, St/N 10.–, H/N 2.50, WD inkl., Strom/N 2.50 (10 A). In NS Ermäßigung.

✉ **9234 Diekirch,** Les Ardennes **L2100/1**

★★★ »CAMPING DE LA SÛRE«
☎ 809425, Fax 802786, www.diekirch.lu, tourisme@diekirch.lu   21.3. bis 30.9.   35 000 qm

→ N 10/19 Echternach–Diekirch, hier ab Stadtmitte beschildert. 1. Platz. ✉ Route de Gilsdorf.

[icons]

⚑ 150 m   ⨯ ⊡ W   ⚑ 200 m

Ebenes, parzelliertes Wiesengelände mit einigen hohen Bäumen. Durch öffentlichen Weg vom Saurerufer getrennt. Sanitäranlage beheizbar. Kabel-TV. Zentrum 600 m entfernt. Touristen-/Dauerstellplätze 156/50.
2007: (HS) P/N 6.–, K/N 3 bis 14 J. 2.25, St/N 5.–, H/N 1.75, WD inkl., Müllgeb. 1.–, Strom/N 2.– (10 A). CCI in HS 5% und in NS 10% Ermäßigung. In NS Ermäßigung.

Jahres-Öffnungszeiten

werden uns von den Platzhaltern gemeldet. Sie bemühen sich, die Zeiten einzuhalten. Je nach Wetterlage sind aber spätere Öffnungs- und frühere Schließungszeiten möglich.

"Nommerlayen" europacamping (L 2200)

ADAC Super-Platz 2007

Restaurant "An de Nommerlayen", Bar "La Coupole",
Bowling-bar "Op der Genn", Bungalows, Mobilheime, Animation.
arasys® "Salon Nommerlayen"
Slender You® "Salon Nommerlayen"
Solarium, Sauna, Privat-Badezimmer mit Whirlpool.

Europacamping "Nommerlayen"
Fam. Robert Miny-de Bont
Rue Nommerlayen • L-7465 Nommern
Tel. 00 352 - 87 80 78 • Fax 00 352 - 87 96 78
www.nommerlayen-ec.lu • E-mail: nommerlayen@vo.lu

Ihr Wohnwagen kann gratis stehen bleiben
Seniorenrabatt
Camprilux

DCC-Vertragsplatz

✉ 9234 Diekirch, Les Ardennes   **L 2100/2**

[25] ★★★ »CAMPING OP DER SAUER«   ☐ 1.1. bis 31.12.
☎ 808590, Fax 809470, www.campsauer.lu, campsauer@pt.lu   110000 qm
→ N10/19 Echternach–Diekirch. Am 1. Platz vorbei noch ca. 300 m.
✉ Route de Gilsdorf (GPS: 49°86'76" N / 6°16'99" E).

Ebenes, parzelliertes Wiesengelände. Durch öffentlichen Weg vom Sauerufer getrennt und teilweise schattenlos. Zeltwiese. Sanitäranlage beheizbar. Brötchenservice. Skatebahn. Boule. WiFi. FW. Zentrum 800 m entfernt. Touristen-/Dauerstellplätze 270/13.
2007: (HS) P/N 5.–, K/N 3 bis 14 J. 2.50, St/N 6.–, H/N 2.–, WD inkl., KT –.60, Strom/N 2.20 (14A). In NS Ermäßigung.
DCC 10% auf P/N.

DCC-Vertragsplatz

✉ 7465 Nommern, Le Bon Pays   **L 2200**

[40] ★★★★★ »EUROCAMPING NOMMERLAYEN«   ☐ 1.2. bis 30.11.
☎ 878078, Fax 879678   320 m   150000 qm
www.nommerlayen-ec.lu, nommerlayen@vo.lu
→ N8 Larochette–Mersch, nach Nommern abbiegen. ✉ Rue Nommerlayen (GPS: 49°47'05" N / 6°09'54" E).

Zum Waldrand ansteigend terrassiertes und parzelliertes Wiesengelände. Von Hecken durchzogen. Nov. bis Feb. nur bedingt bewirtschaftet. Moca-Plätze vor der Schranke. Imbiss. Kleinkindersanitär. Dampfbad. Frisörsalon. Hundebad. Autowaschplatz. Kegelbahn. Hüpfburg. Ort 2 km entfernt. Mittagsruhe 12-13 Uhr. 380 Touristenplätze.
2008: (HS) 2 P/N inkl. St/N 37.–, weitere P/N 5.50, K/N 3.50, H/N 2.05, WD inkl., Strom (2A) inkl. Strom (16A) 3.75. In NS Ermäßigung.
DCC 10% auf St/N.   Anzeige S. 809

✉ 7619 Larochette, Le Mullerthal   **L 2220/1**

[35] ★★★★ »CAMPING BIRKELT«   ☐ 15.3. bis 2.11.
☎ 879040, Fax 879041   300 m   120000 qm
www.camping-birkelt.lu, vilux@pt.lu
→ A 64 Trier–Luxemburg, Abf. 5 (Pataschbierg) nach Larochette. ✉ 1, Rue Birkelt (GPS: 49°47'12" N / 6°11'57" E).

Ebenes bis welliges und parzelliertes Wiesengelände in einer Waldlichtung im Naturpark „Müllerthal". Bungalowanlage. Moca-Plätze. Öffentliches Hallenbad. Imbiss. Internetcafé. Fitness. Massagen. Veranstaltungen. Ballonflüge. Badminton. Trampolin. Spielhalle. Ort 1.6 km und Golf 5 km entfernt. Mittagsruhe 12-14 Uhr. 325 Touristenplätze.
2007: (HS) 2 P/N inkl. St/N 30.75 bis 32.75, weitere P/N 4.–, H/N 2.50, WD, Strom (6-10A) und Schwimmbad inkl. In NS Ermäßigung.

7633 Larochette-Medernach, Mullerthal   NL 2220/2

[15] ★★★ »CAMPING AUF KENGERT«   ☐ 1.3. bis 8.11.
☎ 837186, Fax 878323   400 m   80000 qm
www.kengert.lu, info@kengert.lu
→ A 64 Trier–Luxemburg, Abf. 5 (Pataschbierg) nach Larochette. In Larochette beschildert (GPS: 49°48'01" N / 6°11'54" E).

Leicht abfallendes Wiesen- und Mischwaldgelände in ländlicher, waldreicher Umgebung. Durch Hecken und Bäume parzelliert. Quickstop. Befestigte Moca-Plätze. Ökologische Betriebsführung. Kleine Shell-Tankstelle (95 Oktan). Familiäre Atmosphäre. Sanitäranlage beheizbar. Brötchenservice. Bar. Internet-Café. WiFi. Tresore. Überdachte Spielhalle für Kinder. Kräutergarten mit Beerensträuchern, die auch für Gäste zugänglich sind. 1 x wöchentliches Massagen. Ort 2 km entfernt. 180 Touristenplätze.
2008: (HS) P/N inkl. St/N 14.–, K/N 4 bis 17 J. 7.–, H/N 1.25, WD inkl., Strom/N 2.– (16A). In NS Ermäßigung.

DCC-Vertragsplatz

✉ 9156 Heiderscheid, Les Ardennes   **L 2300**

[35] ★★★★★ »CAMPING FUUSSEKAUL«   ☐ 1.1. bis 31.12.
☎ 2688881, Fax 26888828   504 m   275000 qm
www.fuussekaul.lu, info@fuussekaul.lu
→ N 15 Ettelbrück–Bastogne, vor Heiderscheid links. ✉ 4 Fuussekaul (GPS: 49°52'50" N / 5°59'26" E).

Weitläufiges und ebenes, leicht ansteigend und parzelliertes Wiesengelände. Durch Hecken in Stellfelder unterteilt. Von Waldstreifen durchzogen und begrenzt. Angrenzende Bungalowanlage. Moca-Plätze. Kleinkindersanitär. Wellnessbereich. Whirlpool. Türkisches Dampfbad. Kinderspielerraum. Kletterwand. Trampoline. Bogenschießen. Bowling. Boule. FW. Mittagsruhe 12-14 Uhr. Ort 1 km entfernt. Touristen-/Dauerstellplätze 222/116.
2008: 2 P/N inkl. St/N 25.– bis 32.–, K/N bis 4 J. frei, H/N 2.–, WD keine Angabe, Strom/N 2.– (6A) oder inkl. Für 7/14/21/ Nächte 6/11/16 bezahlen. In NS Ermäßigung.
DCC 10% auf P/N.

✉ 9161 Ingeldorf, Les Ardennes   **L 3100**

[20] ★★★ »CAMPING GRITT«   ☐ 22.3. bis 1.11.
☎ 802018, Fax 802019   15000 qm
www.campinggritt.lu, apeeters@pt.lu
→ N 7 Mersch–Clervaux, nach Ingeldorf abbiegen. Beschildert ✉ 2 Um Gritt (GPS: 49°51'45" N / 6°07'45" E).

Ebener, langgestreckter und parzellierter Wiesenstreifen am Ufer der Sauer. Sanitäranlage beheizbar. Imbiss. Trampoline. WiFi. Ort 500 m entfernt. Touristen-/Dauerstellplätze 130/20.
2008: P/N 4.50, K/N 3 bis 14 J. 2.–, St/N 4.50, H/N 1.80, KT –.80, WD keine Angabe, Müllgeb. 1.–, Strom/N 2.50 (10A).
DCC/CCI 10% auf St/N.

✉ 9022 Ettelbrück, Les Ardennes   **L 3200**

[25] ★★★ »CAMPING KALKES DELT«   ☐ 1.4. bis 31.10.
☎ 812185, Fax 813186   200 m   30000 qm
www.ettelbruck-info.lu, www.sit-e.lu, site@pt.lu, tstrijbos@internet.lu
→ N7/E 420 Luxemburg–Ettelbrück, hier ab Kreisverkehr beschildert. ✉ Rue de camping (GPS: 49°48'59" N / 6°08'19" E).

Abfallend terrassierter Wiesenhang. Teils unter Bäumen. Moca-Plätze. Sanitäranlage beheizbar. Gasverkauf nur blaue Flasche. Boule. Imbiss. WiFi. Ort 1 km entfernt. 150 Touristenplätze.
2008: (HS) P/N 5.90, K/N 4 bis 13 J. 2.50, St/N 7.30, H/N 1.60, WD inkl., Müllgeb. P/N –.50, Strom 2.60 (6A). Für 7/14 Nächte 6/11 N bezahlen. In NS Ermäßigung.

✉ 7572 Mersch, Le Bon Pays   **L 3300**

[35] ★★★★ »CAMPING KROUNEBIERG«   ☐ 15.3. bis 31.10.
☎ 329756, Fax 327987   35000 qm
www.campingkrounebierg.lu, contact@campingkrounebierg.lu
→ N7/E 420 Luxemburg–Ettelbrück, in Mersch beschildert ✉ Rue de camping (GPS: 49°44'25" N / 6°53'45" E).

Ansteigend terrassiertes Wiesengelände mit Heckenparzellierung. Moca-Plätze. Liegewiese. Riesenwasserrutsche. Hüpfburg. Trampoline. Skatebahn. WiFi. Imbiss. Ort 1 km entfernt. Touristen-/Dauerstellplätze 140/21.
2008: (HS) 2 P/N inkl. St/N 31.90, K/N ab 4 J. 2.–, H/N 2.60, WD, Schwimmhalle, Freibad u. Strom (6A) inkl. In NS 30% Ermäßigung.

Die DCC-Inspizienten sind nicht mit Anzeigenwerbung betraut. Sie sind daher unabhängig und nicht beeinflußbar. Ihren Kontrollen nach unseren Prüfbögen kann vertraut werden.

Waren Sie schon mal im Großherzogtum Luxemburg ?

Die abwechslungsreiche Natur lädt Sie zum verweilen ein, die schmucken kleinen Städtchen zum Ausflug. Alles wird Ihnen einfach gemacht: mit der LuxembourgCard können Sie die meisten Museen und Attraktionen besuchen sowie die öffentlichen Verkehrsmittel benutzen. Außerdem wird Deutsch im ganzen Land gesprochen.

Besonders wollen wir Ihnen unseren Campingplatz empfehlen.

Für Ihren Komfort ist gesorgt: gepflegte Sanitäranlagen mit Einzelwaschkabinen und reichlich Warmwasser; geheiztes Freibad mit Sonnenabsorberanlage; Restaurant à la Carte; Selbstbedienungsladen mit reichhaltigem Angebot, auch in Vor- und Nachsaison immer geöffnet. **Neu: Indoor-Playground.** Für Wohnmobile sind spezielle Stellplätze mit Entsorgungsmöglichkeit vorhanden.

Wann dürfen wir Sie in Luxemburg begrüßen ?

Camping Auf Kengert
L-7633 Larochette/Medernach
Grand Duché de Luxembourg
(L 2220/2)
Tel. +352-837186 • Fax +352-878323
www.kengert.lu
e-mail: info@kengert.lu

9392 Wallendorf-Pont, Le Mullerthal — L4100
»CAMPING DU RIVAGE« — 1.4. bis 15.10.
Fax 836516, Mobil 00352/(0)91836516 — 12 000 qm
www.cariva.net, cariva@everyday.com
→ N19 Echternach–Diekirch, Abf. Wallendorf. ✉ Echternacherstrooss 7.

50 m — 100 m

Ebene Wiesenflächen auf zwei Geländestufen. Parzelliert und überwiegend schattenlos. Ort (Wallendorf auf deutscher Seite) 200 m entfernt. Touristen-/Dauerstellplätze 50/20.
2007: (HS) P/N 4.–, K/N bis 15 J. 2.50, St/N 4.50, H/N –.50, WD inkl., Strom/N 1.50 (6A). In NS Ermäßigung. In April und September 10.– Euro P/N (bis 4 P/N).

6350 Dillingen, Le Mullerthal — L4200
»CAMPING WIES NEU« — April bis 1.11.
836110, Fax 00352/26876438, wiescamp@pt.lu — 240 m — 40 000 qm
→ N10 Echternach–Diekirch, in Dillingen neben der Straße. ✉ 12, Rue de la Sûre (GPS: 49°51'07" N / 6°19'16" E).

Leicht zum Sauerufer abfallende Wiesenstreifen auf mehreren parzellierten Geländestufen. Ein öffentlicher Weg führt durch den Platz. Restaurant und Ort 200 m entfernt. Touristen-/Dauerstellplätze 114/48.
2007: (HS) P/N 3.90, K/N bis 15 J. 1.80, St/N 4.20, H/N 1.50, WD zuzügl., Strom/N 1.80 (6A). In NS Ermäßigung.

6551 Berdorf, Le Mullerthal — L4300
»CARAVANING PARC MARTBUSCH« — 1.1. bis 31.12.
Fax 790545, 799182 — 30 000 qm
→ N10 Echternach–Diekirch, nach Berdorf abbiegen. In Ortsmitte rechts abbiegen. Beschildert. ✉ 3, bäim Maarbësch (GPS: 49°49'06" N / 6°20'48" E).
berdorf.touisme@pt.lu

100 m

Leicht abfallendes Wiesengelände in einer Waldlichtung. Durch Hecken parzelliert. WiFi 800 m entfernt. Touristen-/Dauerstellplätze 104/56.
2007: (HS) P/N 4.60, K/N 3 bis 14 J. 2.50, St/N 6.–, H/N 2.50, WD zuzügl., Müllgeb. 1.–, Strom/N 2.50 (10A). In NS 10% Ermäßigung.

6412 Echternach, Le Mullerthal — L4400/1
»CAMPING ALFERWEIHER« — 25.4. bis 14.9.
Fax 720271 — 174 m — 40 000 qm
www.camping-alferweiher.lu, campingalferweiher@pt.lu
→ N10 Wasserbillig–Echternach, hier Richtung Osweiler abbiegen. ✉ 1, Alferweiher (GPS: 49°48'42" N / 6°25'26" E).

Ebenes bis leicht welliges, parzelliertes Wiesengelände in einem Bachtal. Von Waldhöhen umgeben. Sanitäranlage beheizbar. Imbiss. Mittagsruhe 13-14 Uhr. Ort, Haltestelle und Restaurant 1.5 km entfernt. 185 Touristenplätze.
2008: (HS) P/N 9.50, K/N 3 bis 13 J. 5.75, J/N 7.75, St/N inkl., H/N 1.75, WD inkl., Strom/N 2.50 (10A). In NS Ermäßigung.

6412 Echternach, Le Mullerthal — L4400/2
»CAMPING OFFICIEL« — 15.3. bis 31.10.
720272, Fax 26720847, ✉ 6430 Echternach — 60 000 qm
www.camping-echternach.lu, info@camping-echternach.lu
→ N 10 Wasserbillig–Echternach. In Echternach Richtung Diekirch. Beschildert. ✉ 5, Route de Diekirch.

100 m — 300 m

Von der Straße steil ansteigend terrassiertes Wiesengelände. Durch Hecken parzelliert. Zeltwiese. Separate Pkw-Abstellung. Ort u. Minigolf 500 m entfernt. Touristen-/Dauerstellplätze 120/50.
2007: (HS) P/N 5.–, K/N 3.–, St/N 6.–, H/N 2.–, WD inkl., Strom/N 2.50 (16 A). In NS Ermäßigung.

6211 Consdorf, Le Mullerthal — L4500
»CAMPING LA PINÈDE« — 15.5. bis 15.11.
790271, Fax 799001 — 350 m — 40 000 qm
www.campconsdorf.lu, sit.consdorf@internet.lu
→ E27 Luxembourg–Echternach, nach Consdorf abbiegen. Hier beschildert. ✉ 33, Rue Burgkapp (GPS: 49°46'48" N / 6°20'03" E).

400 m

Von einer Anhöhe abfallendes, teilterrassiertes Wiesengelände. Von Wald umgeben. Sanitäranlage beheizbar. Imbiss. Brötchenservice. Boule. Ort 400 m entfernt. Touristen-/Dauerstellplätze 121/28.
2007: (HS) P/N 4.50, K/N bis 14 J. 2.20, St/N 6.–, H/N 1.60, WD inkl., Strom/N 2.10. In NS Ermäßigung.

6646 Wasserbillig, Moselle — L5100
»CAMPING SCHÜTZWIESE« — 1.1. bis 31.12.
Fax 740543 — 15 000 qm
→ A44 Trier-Luxemburg Abf. Mertert, in Wasserbillig beschildert. ✉ 7, Rue des Romains.

200 m

Ebenes, teilweise leicht ansteigendes Wiesengelände auf zwei Stufen am Ufer der Sûre (Sauer). Ort 200 m entfernt. Touristen-/Dauerstellplätze 55/70.
2007: P/N 3.50, K/N 3 bis 14 J. 2.–, St/N 8.–, H/N 1.50, Müllgeb. 1.30, Strom/N 2.–.

6794 Grevenmacher, Moselle — L5200
»CAMPING ROUTE DU VIN« — Ostern bis 1.10.
750234, Fax 758666, www.grevenmacher.lu, sitg@pt.lu — 22 000 qm
→ A44 Trier-Luxemburg Abf. Grevenmacher, im Ort beschildert. ✉ 10, Route du Vin.

30 m — 50 m — 500 m

Leicht abfallendes Wiesengelände zwischen der Uferstraße und einem Schwimmbad. Durch Mobilheime geprägt. Imbiss. FW. Ort 500 m entfernt. Touristen-/Dauerstellplätze 26/140.

Camping Kockelscheuer Luxembourg

22, route de Bettembourg • L-1899 Luxembouorg
Telefon 471815 • Fax 401243
www.camp-kockelscheuer.lu

(L 6100)

Moderner Campingplatz im Freizeitzentrum Kockelscheuer gelegen, mit Kunsteisbahn, Tennis, Wanderwegen, Boule-Feldern, Kegelbahnen, Sauna, Solarium Whirlpool, Restaurants. Großzügig gestaltete Sanitäranlagen. Große Stellplätze mit Stromanschluss. Gemütlicher Aufenthaltsraum mit Terrasse. Campingshop.

✉ 5447 Schwebsingen, Moselle — L 5300

[25] ★★★ »CAMPING DU PORT« — 1.4. bis 31.10.
☎ 23664460, Fax 26665305 — 22 000 qm
www.wellenstein.lu, commune@wellenstein.lu

→ B407 Saarburg–Perl–Luxembourg, hinter der Moselbrücke rechts Richtung Remich noch ca. 4.5 km.

Ebenes, von hohen Pappeln umgebenes und parzelliertes Wiesengelände beim Yachthafen zwischen Uferstraße und der Mosel. Fast schattenlose Stellplätze beim Yachthafen. Ort (Wellenstein) 2 km entfernt. Touristen-/Dauerstellplätze 40/130.
2007: P/N 3.50, K/N 6 bis 14 J. 2.–, St/N 8.50/9.–, T/N 5.–, B/N 7.50, WD keine Angabe, Strom/N 1.50.

✉ 1899 Luxembourg-Kockelscheuer — L 6100

Abfahrt

[15] ★★★★ »CAMPING KOCKELSCHEUER« — Mitte März bis 31.10.
☎ 471815, Fax 401243 — 280 m — 40 000 qm
www.camp-kockelscheuer.lu, caravani@pt.lu

→ AB Luxemburg–Esch Abf. Leudelange Nr. 1 auf die N 4 Richtung Luxemburg-Stadt etwa 1 km, dann beschildert ✉ 22, Route de Bettembourg.

Ebenes und teilweise zum Waldrand terrassiert und parzelliert ansteigendes Wiesengelände mit Anpflanzungen. Neben einem Sportzentrum. Sanitäranlage beheizbar. Kiosk. Imbiss. Brötchenservice. Mittagsruhe 12-14 Uhr. Ort (Luxemburg) 4 km entfernt. 181 Touristenplätze.
2008: P/N 3.75, K/N 3 bis 14 J. 2.–, St/N 4.50, WD inkl., Strom/N 2.20 und kWh –.40 (16A). Für Senioren ab 60 Jahren und in NS Ermäßigung.
Ab 2 N CCI 10% auf P/N.

✉ 4001 Esch-sur-Alzette, L. Terres Rouges — L 6200

Abfahrt

[20] ★★★ »CAMPING GAALGEBIERG« — 1.1. bis 31.12.
☎ 541069, 542220, Fax 549630 — 400 m — 25 000 qm
www.gaalgebierg.lu, gaalcamp@pt.lu

→ AB Luxemburg–Pétange Abf. Esch-sur-Alzette, hier Richtung Kayl. Die letzten 1.6 km steil bergauf. Beschildert (GPS: 49°29'09" N / 5°59'04" E).

Von Wald umgebenes, parkartiges Wiesengelände auf einer Anhöhe. Mehrfach gestuft abfallend. Imbiss. Kabel-TV. Angrenzendes Tiergehege. Ort 1.5 km entfernt. Touristen-/Dauerstellplätze 103/40.
2007: (HS) P/N 3.75, K/N bis 12 J. 1.75, St/N 6.–, WD inkl. Müllgeb. –.25, Strom/N 1.50 oder kWh –.25 (16A). In NS Ermäßigung.

> **Wegen oft wechselnden Größenangaben für die einzelnen Stellparzellen durch die Platzhalter veröffentlicht der DCC nur noch die Camping-Gesamtfläche in qm und den Hinweis »parzelliert« oder »unparzelliert«.**

LITAUEN

Übersichtskarte Seite 813

Besondere Vorschriften und Regelungen

Personaldokumente: Deutsche Staatsbürger benötigen für die Dauer des Aufenthaltes einen gültigen Reisepass, Personalausweis oder Kinderausweis (im KA muss als Nationalität »Deutsch« vermerkt sein). Der Eintrag in den Reisepass eines Elternteils kann zu Schwierigkeiten bei der Einreise führen, deshalb sollten Kinder einen eigenen Ausweis besitzen.

Visum: Bis zu einem Aufenthalt von 3 Monaten ist für Deutsche Staatsbürger kein Visum erforderlich.

Krankenversicherung: Da zwischen Litauen und Deutschland kein Sozialversicherungsabkommen besteht, empfiehlt es sich, für die Dauer des Urlaubsaufenthaltes eine Auslandsreise-Krankenversicherung abzuschließen. Hierdurch kann insbesondere das Kostenrisiko für einen gegebenenfalls erforderlich werdenden Rücktransport nach Deutschland abgedeckt werden. Ihre Krankenkasse darf die Kosten hierfür aufgrund einer gesetzlichen Bestimmung nicht übernehmen.

Impfungen: Im internationalen Reiseverkehr werden keine Impfungen verlangt. Wir raten aber dringend zur FSME-Impfung.

Ärztliche Hilfe: Vilnius: Dr. Indre Kukareniene, Baltic-American Medical and Surgical Clinic (spricht Englisch). 124 Antakalnio Street, Vilnius Tel. 68621713.

Dokumente für Haustiere: Für Hunde und Katzen ist der »EU-Heimtierpass« mitzuführen. Er wird von behördlich ermächtigten Tierärzten ausgestellt. Der Pass muss Name und Anschrift des Besitzers enthalten und dem Tier eindeutig zugeordnet werden können; d.h. die Passnummer, die eine Identifizierung ermöglicht, wird dem Tier eintätowiert oder durch einen Mikrochip implantiert. Ein gültiger Tollwutimpfschutz muss ebenfalls im Pass nachgewiesen werden. Die letzte Impfung muss mindestens 30 Tage zurückliegen und darf höchstens 12 Monate vor der Einreise erneuert worden sein. Bei Tieren, die regelmäßig (einmal pro Jahr) geimpft werden, entfällt die 30-Tage-Frist. Für Jungtiere (bis 3 Monate) wird ein Gesundheitsattest vom Tierarzt benötigt, das bei der Einreise nicht älter als 10 Tage sein darf. Mindestens 14 Tage und höchstens 6 Monate vor Einreise nach Litauen sollte Ihr Hund gegen Staupe, Virus-Hepatitis, Leptospirose sowie Parvovirose geimpft werden. Außerdem ist ein amtstierärztliches Gesundheitszeugnis in englischer Sprache mit dem Hinweis auf die Behandlung gegen Parasiten erforderlich. Spezielle Auskünfte erteilt die Botschaft von Litauen: Charitestraße 9, 10711 Berlin, Tel. 030/89068 10, Fax 030/89068 115.

Kfz: Für Reisende aus EU-Ländern ist für einen vorübergehenden Aufenthalt der nationale Führerschein und die nationale Zulassung ausreichend. Ist der Fahrzeugführer nicht der Besitzer des Kfz, muss eine Vollmacht des Eigentümers vorliegen. Das Nationalitätskennzeichen »D« muss am Fahrzeug angebracht oder im EU-Nummernschild enthalten sein.
Es besteht Haftpflichtversicherungszwang. Für Kfz aller Art ist das Kennzeichen eines Mitgliedstaates der EU ausreichend als Nachweis des EU-weiten Versicherungsschutzes. Die Mitnahme der »Internationalen grünen Versicherungskarte« wird jedoch empfohlen, da sie im Schadensfall die Abwicklung erleichtert. Auf ihr muss Litauen (LT) aufgeführt sein. Da mit niedrigen Deckungssummen zu rechnen ist, wird dringend angeraten, im Heimatland eine Kurzkasko- und Insassen-Unfallversicherung abzuschließen. Ein Feuerlöscher im Auto ist Vorschrift.

Verkehrsvorschriften: Fahrzeuge im Kreisverkehr sind wartepflichtig, Straßenbahnen haben immer Vorfahrt, Busse nur wenn sie die Haltestelle verlassen. Überholen ist im Bereich von Kreuzungen und Eisenbahnübergängen verboten. Tagsüber muss das Abblendlicht in den Monaten 1.11. bis 1.3. eingeschaltet sein. Bei Unfällen muss immer die Polizei benachrichtigt werden. Nachtfahrten sollten vermieden werden. Es besteht Anschnallpflicht und absolutes Alkoholverbot.

Tempolimits: Innerorts: Pkw/Gespanne 50 km/h, Landstraßen: Pkw/Gespanne 90/70 km/h, Schnellstraßen/Autobahnen: Pkw/Gespanne 110/110 km/h. Bei Führerscheinbesitz unter 2 Jahren Höchstgeschwindigkeit 70 km/h.

Telefon: Deutschland–Litauen: 00370. Litauen–Deutschland: 0049.

Unfallnotruf: Polizei: 110. Ambulanz/Unfallrettung: 112. Pannenhilfsdienst (deutschsprachig) und Notruf-Hotline beim Automobilclub von Litauen (LAC) Mo bis Fr von 9-17 Uhr: Tel. 05/272 12 73, 05/272 71 86 oder 880 00 00 00. Mobil: 1888.

Devisen: Die Ein- und Ausfuhr von Fremdwährung, sowie die Einfuhr von Landeswährung ist unbeschränkt gestattet. Eine Deklaration ist erforderlich, wenn Beträge im Gegenwert von über 10 000 Litas eingeführt werden. Die Ausfuhr ist bis 500 000 Litas gestattet.

Camping: Campingplätze mit westeuropäischen Standard gibt es zunehmend. Zeltplätze mit bescheidenem Komfort sind in allen 3 baltischen Staaten zu finden. Manche Campingplätze sind mit kleinen Miet-Holzhütten ausgestattet, jedoch gibt es zunehmend solche mit einer in Deutschland üblichen Ausstattung. Neue Campingplätze kommen ständig dazu. In den Nationalparks darf man nur auf den ausgewiesenen Plätzen campieren. Außerhalb von Campingplätzen, auf Straßen, Rastplätzen, Bauernhöfen oder im freien Gelände (Besitzer um Erlaubnis fragen) ist Campen mit Einschränkungen meist geduldet.
Das Stromnetz ist auf 220 V Wechselstrom (50 Hz) ausgelegt. Üblich sind europäische zweipolige Stecker. in ländlichen Gebieten können Adapter für Osteuropa nötig sein.

Wassersport: Bei der Mitnahme von Booten größeren Ausmaßes ist vorherige Anfrage bei der Botschaft erforderlich.

Allgemeine Informationen:

D-10711   **Berlin,** Baltikum Tourismus Zentrale
Katharinenstraße 19-20, Tel. 030/89 00 90 91,
Fax 030/89 00 90 92, www.baltikuminfo.de,
info@baltikuminfo.de, info@gobaltic.de

Vertretung der Bundesrepublik Deutschland:

LT-03105   **Vilnius,** Deutsche Botschaft, Sierakausko gatve 24/8
Tel. 003705/210 64 00, Fax 003705/210 64 46
www.deutschebotschaft.wilna.lt, germ.emb@takas.lt

Ausführliche Einreisebestimmungen mit detaillierten Angaben zu den Themen Reisedokumente, Zoll- und Devisenbestimmungen, Reisen mit dem Kraftfahrzeug, Camping und der Aufenthalt im Urlaubsland sind bei der Touristik-Abteilung des DCC gegen Rückporto erhältlich.

Campingplätze:

Gebühren in Landeswährung oder Euro.
Währungseinheit: 1 Litauische Litas (LTL) = 100 Centas.
Devisenkurs: 1 Euro = ca. 3.45 LTL
                 1 LTL = ca. 0,289 Euro (Stand: Okt. 2007).

Bei Gebühren mit der Vorjahreszahl muss eventuell mit einer Anhebung der Gebühren für das aktuelle Jahr gerechnet werden. Ausserdem können sich die angegebenen Öffnungszeiten verändert haben und es besteht die Möglichkeit, dass angegebene Ermäßigungen nicht mehr gewährt werden.

✉ 99361 Vente   LT 1040

25 ★ »CAMPING VENTAINE«   1.1. bis 31.12.
☎ 441/68525, Fax 47422, Mobil 69813238   40 000 qm
www.ventaine.lt, ventaine@takas.lt

→ Straße 141 Klaipeda–Šilute Abf. Priekule in Richtung Vente. Ca. 28 km in südl. Richtung über Sakuciai und Kintai zum Ort. Hier beschildert. (GPS: 55°22'30" N / 21°12'18" E).

Ebenes bis wellig ansteigendes Wiesengelände mit einzelnen Bäumen am Ufer des Kurischen Haffs und bei der dazugehörigen »Villa Ventaine«, deren Einrichtungen benutzt werden. FW. W-LAN. Basketball. Badehaus mit Whirlpool und Dampfbad. Ort 1 km entfernt. 120 Touristenplätze.
2008: P/N 10.–, K/N 1 bis 12 J. 5.–, A/N 10.–, C MC/N 40.–, T/N 10.–, M/N 5.–, B/N 10.–, WD und Strom inkl. (16 A).

Plätze ohne Gebühren-Angabe

Diese Plätze haben seit 2 Jahren und mehr keine Meldung mehr abgegeben. Darum kann auch für die Öffnungszeit nicht garantiert werden.

✉ 93121 Nida   LT 1050

35 ★★★ »CAMPING NIDOS KEMPINGAS«   1.1. bis 31.12.
☎/Fax 8-46952045, Mobil 8-68241150   18 000 qm
www.kempingas.lt, info@kempingas.lt

→ In Klaipeda zum Fährhafen und mit der Fähre auf die Kurische Nehrung übersetzen. Ab Smiltyne auf der Straße 167 nach Nida (Straßengebühr 50.– LTL). In Nida beschildert. ✉ Taikos Str. 45a.
• Thomas Mann Museum. Meereskunde Mus. Bernsteingalerie. Hexenberg.

Ebenes, mit Kiefern bewachsenes Sand- und Wiesengelände auf der Kurischen Nehrung. Befestigte und parzellierte Stellplätze für Caravans. FW. W-LAN. Filmvorführungen im Freien. Freilandschach. Basketball. Ort 1 km entfernt. 100 Touristenplätze.
2007: (HS) P/N 20.–, K/N 10.–, A/N 15.–, C/N 55.–, MC/N 65.–, T/N 15.–/25.–, M/N 5.–, H/N 3.–, WD und Strom inkl. in NS Ermäßigung.
DCC/CCI 10% auf P/N und St/N.

✉ 86482 Tytuvenai, Kelme /Zemaitija   LT 1500

15 ★ »CAMPING SEDULA«   1.1. bis 31.12.
☎/Fax 8-/42756795, Mobil 8-68246498   47 000 qm
www.sedula.lt, vadybininkas@sedula.lt

→ A12 Siauliai–Taurage Abf. Kelme auf die Straße 157 zum Ort. Beschildert.

Leicht abfallendes unparzelliertes Wiesengelände mit einzelnen Bäumen bei dem kleinen dazugehörigen Hotel. Asphaltierte Stellplätze für Caravans. Ufergelände mit öffentlichem Badestrand am Gilius-See. Separate Pkw-Abstellung. W-LAN. Basketball. Ort 2 km entfernt. 20 Touristenplätze.
2007: P/N inkl. St/N 35.–, WD und Strom (25 A) inkl.

✉ 04215 Vilnius   LT 2000

25 ★★ »VILNIUS CITY CAMPING«   1.6. bis 10.9.
☎ 370/68032452   10 000 qm
www.camping.lt/vilniuscity, vilnius@camping.lt

→ A4 Druskininkai–Vilnius oder A16 Marijampole–Vilnius. Beide Straßen münden in die A1. Diese weiter bis zum 1. Kreisverkehr (ca. 5 km). Hier rechts halten – nicht in die Unterführung fahren. Im Kreisverkehr die 3. Abfahrt benutzen. Auf der Brücke rechts einordnen und nach ca. 400 m die 1. beschilderte Abfahrt rechts. Weiter der Beschilderung folgen bis Vilnius City. Messegelände LITEXPO nahe dem Fernsehturm. ✉ Litexpo, Laisves pr. 5 (GPS: 54°40'40" N / 25°13'33" E).

Asphaltierte und parzellierte Parkfläche vor dem Messegelände mit zwischenliegenden Grünstreifen. Mit Rasengittersteinen befestigte breite Wiesenrandflächen für Zelte. Eingezäunt und ständig bewacht. W-LAN. Ort 5 km entfernt 100 Touristenplätze.
2007: P/N 14.–, K/N bis 16 J. 7.–, A/N 11.–, C MC/N 35.–, T/N 14.–, M/N 4.–, H/N 3.50, WD und Strom (10 A) inkl.
DCC 10% auf P/N und St/N.

21101 Trakai-Totoriskes, Aukstaitija — LT 2020

[25] ★★★ »KEMPINGAS SLĖNYJE« — 1.1. bis 31.12.
☎/Fax 528/53880 — 56 000 qm
www.camptrakai.lt, slenyje@gmail.com

→ M6 Vilnius–Marijampole Abf. Trakai und weiter nach Totoriškiu. ✉ Slėnio Str. 1.

Gepflegtes ebenes und unparzelliertes Wiesengelände auf einer Halbinsel mit Badestrand und Hotel am Galve-See im Nationalpark von Trakai. FW. Brötchenservice. W-LAN. Telefon für Gäste. Wäscherei. Ort 7 km entfernt. 100 Touristenplätze.
2007: (€) P/N 4.70, K/N bis 15 J. 2.40, A/N 1.80, C MC/N 6.50, T/N 2.10/3.30, M/N 1.20, H/N 1.20, WD und Strom (16 A) inkl.

33001 Zalvariai, Moletai — LT 2150

[20] ★ »CAMPING APFELINSEL« — 1.1. bis 31.12.
☎/Fax 370/38350073, 38350080 — 13 800 qm
www.appleisland.lt, info@appleisland.lt

→ A14/101 Vilnius-Utena Abf. ca. 60 km hinter Vilnius (vor Moletai) in Richtung Luokesa. In Luokesa an der Kreuzung in Richtung Ambraziskiai fahren. Nach ca. 9 km, kurz hinter dem Dorf Zalvariai, befindet sich auf der linken Seite die Einfahrt zum Platz, beschildert. Zufahrt über eine Holzbrücke. ✉ Am Grabuostas See.

Ebenes parzelliertes Wiesengelände mit Bäumen und betonierten Stellflächen für Caravans und Zeltwiese unter Obstbäumen auf einer Insel am Grabuostas See. Zufahrt über eine Holzbrücke. Volleyball. Bocciabahn. Billard. Ort 1 km entfernt. 200 Touristenplätze.
2007: P/N 10.– , K/N 1 bis 12 J. 5.– , A/N 5.– , C MC/N 30.– , T/N 10.–/15.– , H/N 4.– , WD zuzügl., Wasser-Anschlussgebühr 10.– , Strom/N 10.– (6 A).

33166 Mindunai, Moletai — LT 2200

[25] ★★ »CAMPING MINDUNAI« — 1.1. bis 31.12.
☎ 0386/53433, Fax 53292 — 50 000 qm
www.ignaturas.lt, info@ignaturas.lt, romnesa@is.lt

→ A14/101 Vilnius-Utena Abf. Moletai auf die Straße 114 in Richtung Ignalina. Nach ca. 8 km ist man in Mindunai. Hier ca. 50 m hinter dem Ortsanfang rechts abbiegen und ca. 2 km auf einer schmalen Forststraße den Schildern »Kempingas« folgen. ✉ Kamuže vil (GPS: 55°13'13" N / 25°33'36" E).

Abfallendes unparzelliertes und welliges Wiesengelände in einer Waldlichtung am Lakajai-See. Teilweise geschotterte Stellflächen. W-LAN. Bar. Volleyball. Ort 2.5 km entfernt. 80 Touristenplätze.
2007: P/N 10.– , K/N bis 12 J. 6.– , A/N 6.– , C MC/N 35.– , M/N 4.– , B/N 35.– , H/N 7.– , WD und Strom (16 A) inkl.
DCC/CCI 5% auf P/N und St/N.

30202 Paluše, Moletai — LT 2250

[20] ★★ »CAMPING PALUŠE« — Mai bis Sept.
☎ 38652891, Mobil 68552376 — 10 000 qm
www.ignaturas.lt, info@ignaturas.lt, romnesa@is.lt

→ A14/101 Vilnius-Utena Abf. Moletai auf die Straße 114 in Richtung Ignalina. Im Ort beschildert.

Ebenes Wiesengelände in einer Waldlichtung mit parzellierten und teilweise gekiesten Stellflächen. In Ortslage und ca. 200 m vom See Lušiai entfernt. Zeltwiese. 50 Touristenplätze.
2007: P/N 10.– , A/N 5.– , C MC/N 30.– , T/N 15.– , WD inkl., Strom 10.– (16 A).

Als DCC-Mitglied sind Sie immer gut beraten
Deutscher Camping-Club e.V., Postf. 40 04 28, 80704 München

66204 Druskininkai, Druskininai — LT 3000

[20] ★★★ »CAMPING DRUSKININKAI« — 1.5. bis 30.9.
☎ 0313/60800, Fax 52984 — 120 m — 18 000 qm
www.druskininkai.lt, camping@druskininkai.lt

→ A5/E67 Grenze Polen/Litauen–Kaunas Abf. Kalvarija in südöstlicher Richtung auf die Straße 134 und über Lazdijai nach Druskininkai, beschildert. ✉ Gardino 3.

Ebenes Wiesengelände mit jungen Bäumen. Mit Rasengittersteinen befestigte und durch niedere Hecken parzellierte Stellflächen. Zentrum 1 km entfernt. 40 Touristenplätze.
2007: (€) 1-2 P/N inkl. C MC-St/N 15.– , weitere P/N 4.50, 1-2 P/N inkl. T-St/N 12.– , weitere P/N 3.– , 1 P/N inkl. kl. T/N 6.– , K/N 3 bis 13 J. 1.50, H/N 1.50, WD und Strom (10 A) inkl. Für Caravans ab 3 Nächten Aufenthalt 20% Ermäßigung.
DCC 10% auf P/N.

70347 Vištytis, Vištytis-See — LT 3050

[25] ★★★ »CAMPING VIKTORIJA« — 1.1. bis 31.12.
☎ 342/47521, Fax 47515 — 7000 qm
www.viktorija.lt, viktorija@viktorija.lt

→ A5/E67 Grenze Kalvarija–Marijampolé Abf. Vištytis, beschildert. (GPS: 54°24'34" N / 22°45'40" E).

Ebenes unparzelliertes Wiesengelände mit Sandstrand am Ostufer des Vištytis-Sees neben der dazugehörigen Hotelanlage. FW. W-LAN. Cafe. Billard. Basketball. Dampfbad. Whirlpool. Ort 7 km entfernt. 30 Touristenplätze.
2007: P/N 10.– , K/N 5.– , A/N 9.– , C MC/N 35.– , T/N 7.– , M/N 7.– , WD und Strom (15 A) inkl.
DCC 10% auf P/N und St/N.

LETTLAND

Übersichtskarte Seite 815

Besondere Vorschriften und Regelungen

Personaldokumente: Deutsche Staatsbürger benötigen für die Dauer des Aufenthalts einen gültigen Reisepass, Personalausweis oder Kinderausweis (im KA muss als Nationalität »Deutsch« vermerkt sein). Der Eintrag in den Reisepass eines Elternteils kann zu Schwierigkeiten bei der Einreise führen, deshalb sollten Kinder einen eigenen Ausweis besitzen.

Krankenversicherung: Alle Reisenden müssen für die Dauer des Aufenthalts eine Auslandsreise-Krankenversicherung abschließen. Für Deutsche genügt als Nachweis die Europäische Krankenversicherungskarte. Zusätzlich empfehlen wir beim Heimatversicherer eine private Auslandsreise-Krankenversicherung abzuschließen, die Leistungen wie Kostenübernahme bei Überführung im Krankheits- oder Todesfall in das Land des ständigen Wohnsitzes gewährleistet. Eine Kopie der Versicherungspolice ist mitzuführen.

Visum: Bis zu einem Aufenthalt von 3 Monaten ist für Deutsche Staatsbürger kein Visum erforderlich.

Impfbescheinigungen: Im internationalen Reiseverkehr werden keine Impfbescheinigungen verlangt.

Dokumente für Haustiere: Für Hunde und Katzen ist der »EU-Heimtierpass« mitzuführen. Für wird von behördlich ermächtigten Tierärzten ausgestellt. Der Pass muss Name und Anschrift des Besitzers enthalten und dem Tier eindeutig zugeordnet werden können; d.h. die Passnummer, die eine Identifizierung ermöglicht, wird dem Tier eintätowiert oder durch einen Mikrochip implantiert. Ein gültiger Tollwutimpfschutz muss ebenfalls im Pass nachgewiesen werden. Die letzte Impfung muss mindestens 30 Tage zurückliegen und darf höchstens 12 Monate vor der Einreise erneuert worden sein. Bei Tieren, die regelmäßig (einmal pro Jahr) geimpft werden, entfällt die 30-Tage-Frist. Für Jungtiere (bis 3 Monate) wird ein Gesundheitsattest vom Tierarzt benötigt, das bei der Einreise nicht älter als 10 Tage sein darf. Mindestens 30 Tage und höchstens 12 Monate vor Einreise nach Lettland sollte Ihr Hund gegen Staupe, Virus-Hepatitis, Leptospirose sowie Parvoviros geimpft werden. Außerdem ist ein amtstierärztliches Gesundheitszeugnis (nicht älter als 21 Tage) notwendig. Spezielle Auskünfte erteilt die Botschaft von Lettland: Reinerzstr. 40/41, 14139 Berlin, Tel. 030/82 60 02 22, Fax 030/82 60 02 33.

Kfz: Für Reisende aus EU-Ländern ist für einen vorübergehenden Aufenthalt der nationale Führerschein und die nationale Zulassung ausreichend. Ist der Fahrzeugführer nicht der Besitzer des Kfz, muss eine Vollmacht des Eigentümers vorliegen. Das Nationalitätskennzeichen »D« muss am Fahrzeug angebracht oder im EU-Nummernschild enthalten sein. Es besteht Haftpflichtversicherungszwang. Für Kfz aller Art ist das Kennzeichen eines Mitgliedstaates der EU ausreichend als Nachweis des EU-weiten Versicherungsschutzes. Die Mitnahme der »Internationalen grünen Versicherungskarte« wird jedoch empfohlen, da sie im Schadensfall die Abwicklung erleichtert. Auf muss Lettland (LV) aufgeführt sein. Da mit niedrigen Deckungssummen zu rechnen ist, wird dringend angeraten, im Heimatland eine Kurzkasko- und Insassen-Unfallversicherung abzuschließen.

Verkehrsvorschriften: Fahrzeuge im Kreisverkehr sind wartepflichtig, Omnibusse und Straßenbahnen haben immer Vorfahrt. An tagsüber muss bei allen Fahrzeugen das Abblendlicht eingeschaltet sein. Bei Ampelschaltung Gelb darf die Kreuzung nicht mehr überquert werden. Bei Unfällen muss immer die Polizei benachrichtigt werden. Winterreifen vom 1.Dez bis 1. März. Es besteht Anschnallpflicht. Promillegrenze: 0.5.

Tempolimits: Innerorts: Pkw/Gespanne 50 km/h, Landstraßen: Pkw/Gespanne 90/90 km/h, Schnellstraßen/Autobahnen: Pkw/Gespanne 110/90 km/h. Bei Führerscheinbesitz unter 2 Jahren Höchstgeschwindigkeit 70 km/h.

Telefon: Deutschland–Lettland: 00371, Lettland–Deutschland: 0049. Bis zum 31.7.2008 werden die Rufnummern von einer 7- auf eine 8-stellige Zahlenfolge umgestellt. Zu wählen ist nach der Landesvorwahl die 6 und danach die Rufnummer.

Unfallnotruf: Europaweite Notrufnummer 112 oder Polizei 02, Unfallrettung 03, Feuerwehr 01. Pannenhilfe leistet der Lettische Automobilclub (LAMB) unter der Notrufnummer 1888. www.lamb.lv.

Devisen: Die Ein- u. Ausfuhr von Landes- und Fremdwährungen ist unbegrenzt erlaubt. Eine Deklaration bei hohen Summen ist ratsam.

Camping: Campingplätze mit westeuropäischen Standard gibt es immer mehr. Zeltplätze mit bescheidenem Komfort sind in allen 3 baltischen Staaten zu finden. Manche Campingplätze sind mit kleinen Miet-Holzhütten ausgestattet. Neue Campingplätze kommen ständig dazu. In den Nationalparks darf man nur auf den ausgewiesenen Plätzen campieren. Außerhalb von Campingplätzen, auf Straßen, Rastplätzen, Bauernhöfen oder im freien Gelände (Besitzer um Erlaubnis fragen) ist Campen mit Einschränkungen meist geduldet.
Das Stromnetz ist auf 220 V Wechselstrom (50 Hz) ausgelegt. Für Schuko-Stecker empfiehlt sich die Mitnahme eines Adapters.

Wassersport: Bei Mitnahme von Booten ist vorherge Anfrage bei der Botschaft erforderlich.

Allgemeine Informationen:

D-10711	**Berlin,** Baltikum Tourismus Zentrale Katharinenstraße 19-20, Tel. 030/89 00 90 91, Fax 030/89 00 90 92, www.baltikuminfo.de, info@baltikuminfo.de

Vertretung der Bundesrepublik Deutschland:

LV-1050	**Riga,** Deutsche Botschaft, Raina Bulvaris 13
LV-1050	**Riga,** Post: P.O. Box 1183 Tel. 00371/67 08 51 00 Pass- und Visastelle: 00371/67 08 51 11 Fax: 00371/67 08 51 48, 67 08 51 49 www.riga.diplo.de, info@riga.diplo.de

Ausführliche Einreisebestimmungen mit detaillierten Angaben zu den Themen Reisedokumente, Zoll- und Devisenbestimmungen, Reisen mit dem Kraftfahrzeug, Camping und der Aufenthalt im Urlaubsland sind bei der Touristik-Abteilung des DCC gegen Rückporto erhältlich.

Campingplätze:

Gebühren in Landeswährung, sofern nicht anders angegeben.
Währungseinheit: 1 Lettischer Lats (LVL) = 100 Santims
Devisenkurs: 1 Euro = ca. 0.70 LVL
 1 LVL = ca. 1.42 Euro (Stand: Okt. 2007).

Bei Gebühren mit der Vorjahreszahl muss eventuell mit einer Anhebung der Gebühren für das aktuelle Jahr gerechnet werden. Ausserdem können sich die angegebenen Öffnungszeiten verändert haben und es besteht die Möglichkeit, dass angegebene Ermäßigungen nicht mehr gewährt werden.

✉ 3471 Bernati, Kurzema/Kurland — LV 1000

[10] ★★ »CAMPING ERGLI« — 1.5. bis 30.9.
☎ (Mobil) 29295337, 29402272, www.ergli.et.lv, e-ergli@et.lv — 6000 qm

→ A11 Liepaja–Palanga ca. 12 km hinter Liepaja bis zur Bushaltestelle Bernati. Hinter dieser rechts abbiegen und noch ca. 200 m.

Unparzelliertes Wiesengelände mit einzelnen Bäumen bei einem Bauernhof. Familiäre Atmosphäre. FW. Kaminsaal. Volleyball. Basketball. Meer 800 m, Ort (Nica) 6 km entfernt. 50 Touristenplätze.
2007: 2 P/N inkl. C MC-St/N 5.–, 1 P/N inkl. T-St/N 3.–, weitere P/N 1.–, H/N 1.–, WD inkl., Strom/N 2.– (16A).

✉ 3473 Nicas, Kurzema/Kurland — LV 1003

[20] ★★ »GAILI KEMPINGS« — 1.5. bis 1.10.
☎ 371/63460034, Mobil 26313892 — 20000 qm
kempingsgaili@e-apollo.lv

→ A11 Liepaja–Palanga, ca. 7 km südlich Liepaja. Beschildert.

Ebenes unparzelliertes Wiesengelände mit Büschen und Bäumen bei einem ehemaligen Fischerhaus. W-LAN. Ort 10km entfernt. 60 Touristenplätze.
2007: P/N 2.50, K/N 3 bis 10 J. 1.–, A/N 1.–, C MC/N 3.–/4.–, T/N 1.–, WD inkl., Strom/N 1.– (10A).

✉ 3851 Broceni b. Saldus, Kurzema/Kurld. — LV 1010

[10] ★ »CAMPING RADI« — 1.1. bis 31.12.
☎ 371/29538230, Fax 3846051 — 35000 qm
www.radi.lv, info@radi.lv

→ A9 Riga–Liepaja, in Broceni beschilderte Abf. in Richtung Lielciecere.

Leicht abfallendes unparzelliertes Wiesengelände mit jungen Obstbäumen und Sträuchern am Cieceres-See. Badestege. W-LAN. Ort 6 km entfernt. 30 Touristenplätze.
2007: P/N inkl., A/N 1.–, C MC/N 4.–, T/N 1.50, WD inkl., Strom/N 1.– (16A).

✉ 3321 Padure, Kurzema/Kurland — LV 1015

[25] ★★ »CAMPING NABITE« — 1.6. bis 31.8.
☎ 371/29458904 — 90000 qm
www.nabite.viss.lv, mazda@tvnet.lv

→ Straße P 108 Kuldiga–Ventspils, ca. 16 km hinter Kuldiga beschilderte Abfahrt. Noch ca. 1.8 km Schotterstraße.

Ebenes unparzelliertes Wiesengelände mit Bäumen und Sträuchern am Nabes-See. FW. Ort (Kuldiga) 16 km entfernt. 100 Touristenplätze.
2007: P/N 2.–, A/N 1.50, C MC/N 10.–, T/N 2.–, M/N 1.50, WD 1.–, Strom inkl. (16A).

3306 Alsunga, Kurzema/Kurland — LV 1020

[10] ★ »CAMPING KIŠI« — 1.1. bis 31.12.
371/3353427, 29222103, Mobil 29244221 — 90 000 qm
www.nabite.viss.lv, mazda@tvnet.lv

→ Straße P119 Jurkalne–Alsunga–Kuldiga, ca. 2 km vor Edole beschilderte Abfahrt. Noch ca. 8 km Schotterstraße.

1,5 km

Ebenes unparzelliertes Wiesengelände mit Bäumen und Sträuchern am Nabes-See. FW. Ort (Kuldiga) 16 km entfernt. 100 Touristenplätze.
2007: P/N inkl., C MC-St/N 6.–, T-St/N 4.–, WD und Strom inkl. (16 A).

3601 Ventspils, Kurzema/Kurland — LV 1025

[15] ★★★ »PIEJURA CAMPING« — 1.1. bis 31.12.
371/3627991, 3627925 — 81 000 qm
www.camping.ventspils.lv, camping@ventspils.lv

→ A10/E22 Riga–Ventspils. Ab Ventspils beschildert. ✉ Vasarnicu iela 56.

100 m

200 m 400 m 700 m

Innerhalb einer Freizeitanlage am Stadtrand ebenes, teilweise parzelliertes Wiesengelände mit angrenzendem lichtem Waldgelände. Den Campinggästen steht zusätzlich das Servicehaus zur Verfügung. W-LAN. Imbiss. Ort 2 km entfernt. 154 Touristenplätze.
2007: P/N inkl., C MC-St/N 8.–, T-St/N 1.50, H/N –.50, WD und Strom inkl. (16A).

3621 Liepene bei Ventspils, Kurzema — LV 1030

[15] ★★ »CAMPING LIEPENE« — 1.1. bis 31.12.
371/29404899, 29102990 — 10 m — 60 000 qm
zane.svikekalne@vgt.lv

→ A10/E22 Riga–Ventspils Abf. in Richtung Kolka. Nach ca. 8 km beschildert, dann noch ca. 2 km.

200 m

Von Kiefernwald umgebenes, leicht welliges Wiesengelände. Imbiss. Brötchenservice. Meer 300 m, Ort 15 km entfernt. 100 Touristenplätze.
2007: P/N 1.50, K/N 1.–, A/N 1.– bis 2.–, C MC/N 2.–, M/N 1.–, H/N –.50, WD inkl., Strom/N 1.– (16 A).

3613 Puzes, Kurzema — LV 1035

[15] ★★ »ROZKALNI KEMPINGS« — 1.5. bis 30.9.
371/63675314, Mobil 29452024 — 30 000 qm
www.rozkalni.lv, info@rozkalni.lv

→ A10/E22 Riga–Ventspils Abf. Ugale in Richtung Puzes. Beschildert.

200 m 300 m 5 km

Leicht abfallendes Wiesengelände mit einer terrassierten Fläche für Caravans. Einige junge Anpflanzungen am kleinen See. Ort (Ugale) 5 km entfernt. 50 Touristenplätze.
2007: P/N 1.–, K/N –.50, C MC-St/N 5.–, T-St/N 3.–, WD und Strom inkl.

3619 Usma, Kurzema — LV 1040

[15] ★★★ »USMAS KEMPINGS« — 1.4. bis 31.10.
371/63673654, 26334500, Fax 63673710 — 80 m — 30 000 qm
www.usma.lv, usma@usma.lv

→ A10/E22 Riga–Ventspils Abfahrt in Richtung Usma, beschildert.

1 km

Leicht abfallendes unparzelliertes Wiesengelände mit einzelnen Bäumen. W-LAN. Fitnessraum. Massagen. Kiosk. Ort 4 km entfernt. 40 Touristenplätze.
2007: P/N 1.50, K/N 6 bis 12 J. –.50, C MC-St/N 4.–, T-St/N 3.–, WD und Strom inkl.

3246 Purciems bei Roja, Kurzema — LV 1050

[10] ★★ »CAMPING PLAUCAKI« — 1.5. bis 1.10.
(Mobil) 26120292 — 15 m — 15 000 qm

→ Straße P131 Tukums–Kolka, ca. 14 km hinter Roja beschilderte Abfahrt nach Purciems. Zum Platz noch ca. 500 m.

---

250 m 500 m 14 km
Ebenes teilweise parzelliertes Wiesengelände am Waldrand. Gärtnerisch gestaltet mit kleinem Zierteich, Blumen, Kräutern und Ziersträuchern. Familiäre Atmosphäre. Ort (Roja) 14 km entfernt. 50 Touristenplätze.
2007: P/N inkl., C MC-St/N 4.–, T-St/N 2.–, WD zuzügl., Strom/N 2.–

3113 Engure, Tukums — LV 1060

[25] ★★★ »CAMPING ABRAGCIEMS« — 1.5. bis 30.9.
371/3161668, Fax 3161664 — 60 000 qm
abragciems@finieris.lv

→ Straße P131 Tukums–Kolka, ca. 3.5 km hinter Egure, beschildert.

4 km

Teils ebenes, teils welliges Wiesengelände zwischen angrenzendem Waldstück und Meer. Familiäre Atmosphäre. Ort 4 km entfernt. 50 Touristenplätze.
2007: P/N 2.50, A/N 1.–, C MC/N 8.–, T/N 2.50, WD inkl., Strom/N 2.– (16A).

2008 Jurmala, Vidzeme/Livland — LV 1090

[25] ★★★ »NEMO CAMPING« — 1.5. bis 30.9.
/Fax 0677/32350 — 35 000 qm
www.nemo.lv, nemo@nemo.lv

→ A220 Riga–Tukums Abf. Jurmala zum Stadtrand. ✉ Atbalss 1.

400 m 2 km

Ebenes unparzelliertes Wiesengelände, teilweise unter Bäumen, zwischen Kiefernwald und Strand. Bungalowdorf. Schwimmbad mit Wasserrutschen. Bus nach Riga. Ort 4 km entfernt. 110 Touristenplätze.
2007: (HS) P/N 2.–, K/N bis 7 J. frei, C-St/N 9.–, MC/N 8.–, T-St/N 1.– bis 5.–, WD und Strom inkl. (10 A). In NS Ermäßigung.

1046 Riga, Vidzeme/Livland — LV 2004/1

[15] ★★★ »ABC CAMPING« — 1.1. bis 31.12.
371/67892728, Mobil 26387543, Fax 67892729 — 12 m — 7000 qm
www.hotelabc.lv, hotelabc@hotelabc.lv

→ A10 Riga–Ventspils, ca. 100 m östlich der Abfahrt zum Flugplatz, beschildert. ✉ Sampetera iela 139a.

200 m 300 m

Wiesengelände für Zelte und asphaltierte Stellflächen für Caravans beim ABC-Hotel. Fitnessraum. Ort 7 km entfernt. 30 Touristenplätze.
2007: P/N inkl., C MC-St/N 10.–, T-St/N 6.–, WD und Strom (16A) inkl. **CCI 5% auf St/N.**

1048 Riga, Vidzeme/Livland — LV 2004/2

[20] ★★★ »RIGA CITY CAMPING« — 12.5. bis 15.9.
067065000, 6706759, Fax 67065027 — 5800 qm
www.bt1.lv, camping@bt1.lv

→ Im Zentrum Rigas auf der Insel Kipsala. ✉ Kipsalas iela 8 (GPS: 56°57'22" N / 24°04'42" E).

400 m 700 m 500 m

Ebenes, unparzelliertes und meist schattenloses Wiesengelände auf der Insel Kipsala im Fluss Daugava mit schönem Blick auf die Altstadt. Separate Pkw-Abstellung. Café. W-LAN. Zentrum 1.5 km entfernt. 120 Touristenplätze.
2008: P/N 1.50, K/N 5 bis 16 J. 1.–, C-St/N 9.–, MC/N 8.–, T-St/N 5.–, H/N 1.50, WD inkl., Strom/N 2.– (16 A).

4025 Skulte, Vidzeme/Livland — LV 2040

[25] ★★ »CAMPING LAUČU AKMENS« — 1.1. bis 31.12.
Fax 4065423, Mobil 26350536 — 20 000 qm
www.laucakmens.lv, lauci@latnet.lv

→ A1/E67 Riga–Tallinn ca. 3 km nördlich Skulte beschilderte Abfahrt in Richtung Meer. Dann noch ca. 2 km feste Sand- und Schotterstraße. ✉ Strazdu 4.

2 km 3 km

Ebenes unparzelliertes Wiesengelände mit Büschen und jungen Bäumen. Ort (Saulkrasti) 9 km entfernt. 50 Touristenplätze.
2007: P/N 3.–, K/N 2.–, C-St/N 9.–, MC/N 8.–, T-St/N 3.–, H/N 1.50, WD zuzügl., Strom/N 1.– (16A).

4033 Salacgriva, Vidzeme/Livland — LV 2060

»CAMPING MELEKU LICIS«
371/29284555
www.melekulicis.lv, meleki@inbox.lv
25.5. bis 3.10.
28 000 qm

→ A1 Riga–Pärnu, ca. 15 km südlich Salacgriva, bei Km 71.

Wiesengelände am Ostseestrand. Sanitär mit Trockentoiletten. Bungalowanlage. Ort 15 km entfernt. 98 Touristenplätze.
2007: P/N 3.–, C MC-St/N 10.–, T-St/N 3.–, WD und Strom (6A) inkl.

2150 Sigulda, Vidzeme/Livland — LV 3000

»CAMPING SIGULDA PLUDMALE«
029244948, Fax 067970164
www.makars.lv, karina@makars.lv
1.5. bis 1.10.
10 000 qm

→ A2 Riga–Pskov Abf. Sigulda durch die Stadt und in Richtung Turaida. Vor der Gauja-Brücke links abbiegen, beschildert. ✉ Peldu iela 2.

 2 km

Ebenes bis leicht abfallendes Wiesen- und Waldgelände an der Gauja und am Stadtrand. FW. Organisierte Kajak-, Kanu- und Rafting-Touren. Jeep-Safaris in den Gauja-Nationalpark. Ort 1.5 km entfernt. 70 Touristenplätze.
2007: (HS) P/N 3.–, K/N 4 bis 12 J. 1.50, A/N 1.50, MC/N 7.–, T/N 2.50, M/N 1.–, H/N 1.–, WD inkl., Strom/N 1.50 (10A). In NS Erm.

5237 Viesite, Zemgale/Jekabpils — LV 4000

»KEMPINGS PERLITE«
0294523588, Fax 5245179
www.perlite.lv, kemp.perlite@e-apollo.lv
1.1. bis 31.12.
120 d   20 000 qm

→ A6 Daugavpils–Riga Abf. Jekabpils auf die Straße 75 in Richtung Nereta. Bei Viesite beschilderte Abfahrt. Noch ca. 4 km schmale und kurvenreiche Sand- und Schotterstraße.

10 km

Hügeliges Waldgelände am Viesites-See. Für Caravans ca. 20 Stellplätze. Basketball. Ort 10 km entfernt. 36 Touristenplätze.

4301 Aluksne — LV 5000

»CAMPING EZERMALAS 44«
(Mobil) 29274175, ezermalas44@one.lv
1.5. bis 30.9.
184 m   13 000 qm

→ A2 Riga–estn. Grenze Abf. auf die P 38 in südöstl. Richtung nach Aluksne. Hier durch die Stadt und abbiegen auf die Straße 40 in Richtung Zaicera. Beschildert. ✉ Ezermalas Str. 44.

Ebenes unparzelliertes Wiesengelände mit Bäumen am Aluksnes-See. Sanitär sehr einfach. Im Bau ist ein beheizbares Haus mit 2 WC und 2 Duschen sowie einer kleinen Küche mit Kochmöglichkeit und Geschirrspülbecken. Fertigstellung 2008. Separater Jugendplatz. Wassersport. 100 Touristenplätze.
2008: P/N 2.50, K/N bis 7 J. frei, St/N inkl., WD zuzügl., Strom/N –.50 (16A).

NORWEGEN

Übersichtskarte Seite 819

Besondere Vorschriften und Regelungen

Personaldokumente: Bei einem Aufenthalt bis zu drei Monaten gültiger Reisepass oder Personalausweis. Kinder unter 16 Jahren müssen einen Eintrag im Familienpass nachweisen oder einen Kinderausweis mit dem Vermerk »Deutsch« besitzen

Impfbescheinigungen: Werden nicht verlangt.

Dokumente für Haustiere: Für die Mitnahme von Haustieren ist eine umfangreiche Vorbereitung (ca. 6 Monate vor Einreise nach Norwegen) erforderlich. Impfungen gegen Tollwut, Leptospirose, Staupe, Bandwurmbehandlung, Indentitätskennung, Intern. Gesundheitszeugnis und Blutprobendokumente sind vorgeschrieben. Detaillierte Angaben sind in den Einreisebestimmungen für Norwegen (N) aufgeführt, die bei der DCC-Touristikabteilung erhältlich sind.
Spezielle Auskünfte erteilt die Königl. Botschaft von Norwegen: Rauchstr. 1, 10787 Berlin, Tel. 030/50 50 50, Fax: 030/50 50 55.

Kfz: Nationaler Führerschein und nationale Zulassung sind ausreichend. Das Nationalitätszeichen »D« muss am Fahrzeug, auch an Anhängern, angebracht sein. Ist der Fahrer nicht Eigentümer des Fahrzeuges, muss eine Benutzungsvollmacht des Eigentümers vorliegen. Der Fahrer darf keinen ständigen Wohnsitz in Norwegen haben. Haftpflichtversicherungszwang. Kfz aller Arten mit amtlichen deutschen Kennzeichen (keine Zollnummer) brauchen keine »Internationale Grüne Versicherungskarte«. Die Mitnahme dieser wird jedoch dringend empfohlen.

Caravan-Höchstmaße: Wohnwagen sind bis zu einer Breite von 2,55 m zugelassen. Die max. zulässige Gesamtlänge für Gespanne beträgt 18,75 m. Auf verschiedenen Straßen kann die Gespannlänge auf 12,40 m oder 15 m beschränkt sein.

Verkehrsvorschriften: Straßenbahnen haben immer Vorfahrt. Vorfahrtsberechtigte Hauptstraßen sind mit schwarz/gelben Schildern gekennzeichnet. An unübersichtlichen Stellen können Warnsignale gegeben werden. In Ortschaften ist das Rauchen am Steuer verboten. Bei Tagesfahrten muss das Abblendlicht eingeschaltet sein. Es besteht Anschnallpflicht. Promillegrenze: 0,2.

Tempolimits: Innerorts: Pkw/Gespanne 50 km/h, Landstraßen: Pkw/Gespanne 80/70 km/h, Autobahnen: Pkw/Gespanne 90/80 km/h.

Telefon: Deutschland–Norwegen: 0047. Norwegen–Deutschland: 0049.

Unfallnotruf: Polizei: 112, Unfallrettung: 113, Feuerwehr: 110. Alarmzentrale des NAF (Norges Automobil Forbund) Oslo: Tel. 22 34 16 00; Pannenhilfe und sonstige Fragen: Tel. 22 34 14 00, Fax 22 34 14 20.

Devisen: Bei Ein- und Ausfuhr von Landes- und Fremdwährungen bestehen keine Beschränkungen. Übersteigt der Betrag 25 000 Nkr, ist eine Deklaration auf vorgeschriebenem Formular notwendig. Für Reiseschecks gelten keine Begrenzungen.

Camping: Es gibt ca. 1400 Campingplätze im ganzen Land, die je nach ihrer Beschaffenheit und Ausstattung mit 1 bis 5 Sternen klassifiziert sind. Auf fast allen Campingplätzen stehen Campinghütten zur Verfügung. Auf vielen Campingplätzen wird überwiegend Englisch verstanden. Freies Campen ist in Norwegen nicht gestattet. Das Übernachten in Wohnwagen und Mocas auf Parkplätzen entlang der Straßen ist nicht erlaubt. Das Stromnetz ist auf 220 Volt Wechselstrom ausgelegt. Bei den Firmen Statoil, Esso und AGA AS kann Propan- und Butangas gekauft werden.

Wassersport: Bei Mitnahme von Wasserfahrzeugen sollte man sich vorab bei der Königl. Norwegischen Botschaft erkundigen.

Allgemeine Informationen:

D-20433 **Hamburg,** Norwegisches Fremdenverkehrsamt Innovation Norway, Postfach 11 33 17, ABC-Str. 19, 20354 Hamburg, Tel. 040/22 94 150, Fax 040/22 94 15 88, Info-Fax: 040/22 71 08 15 Pospektbestellung: 01805 00 15 48, www.visitnorway.com, germany@ntr.no

Vertretung der Bundesrepublik Deutschland:

N-0258 **Oslo,** Deutsche Botschaft, Oscarsgate 45 Tel. 00 47/23 27 54 00, Fax 00 47/22 44 76 72 www.deutschebotschaft.no, www.tyskeambassade.no post@deutschebotschaft.no

Ausführliche Einreisebestimmungen mit detaillierten Angaben zu den Themen Reisedokumente, Zoll- und Devisenbestimmungen, Reisen mit dem Kraftfahrzeug, Camping und der Aufenthalt im Urlaubsland sind bei der Touristik-Abteilung des DCC gegen Rückporto erhältlich.

Campingplätze:

Gebühren-Angaben in Landeswährung.
Währungseinheit: 1 Norwegische Krone (nkr) 1 nkr = 100 Øre.
Derzeitiger Devisenkurs: 1.– nkr = ca. 0.13 €
1.– € = ca. 7.69 nkr (Stand Okt. 2007).

1750 Halden, Østfold — N 1050

★★★ »CAMPING FREDRIKSTEN«
69184032, www.nafcamp.com/fredriksten
Mai bis Sept.
30 000 qm

→ von der Straße E 6, nach Osten auf der Straße Nr. 21/22. Beschildert.

700 m   1 km

Wiese und Föhrenwald auf dem Festungsberg, dessen Zufahrt über den Platz führt. 130 Touristenplätze.

1630 Gamle Fredrikstad, Østfold — N 1100

★★★ »FREDRIKSTAD MOTEL & CAMPING« — Mai bis Sept.
☎ 69320315, www.nafcamp.com/fredrikstad
20 000 qm

→ von E 6 auf Straße 110 Richtung Fredrikstad, dann Straße 107 Richtung Svinesund. Beschildert.

Wiesengelände am Ostufer der Glomma–Mündung beim Schwimmbad. 135 Touristenplätze.

1719 Greåker, Østfold — N 1120

★★ »UTNE CAMPING« — 1.1. bis 31.12.
☎ 69147126, Fax 69147419, mobil 94289465
5000 qm
www.utnecamping.no, utnecamping@online.no

→ E 6, Abf. Greåker. Beschildert. ✉ Disiderias Vei 41.

Ebenes teilweise leicht abfallendes Wiesengelände. Kabel-TV. Kiosk. 30 Touristenplätze.

1514 Moss, Insel Jeløy, Østfold — N 1140

★★★ »NES CAMPING« — 1.1. bis 31.12.
☎ 69270176, www.nafcamp.com/nes
50 000 qm

→ von Moss nach Jeløy ca. 9 km, dann beschildert.

Wiesengelände am Ostufer des Oslofjords und im Nordteil der Halbinsel. Touristen-/Dauerstellplätze 15/235.

0757 Oslo — N 1200/1

★★ »BOGSTAD CAMP & TOURISTSENTER« — 1.1. bis 31.12.
☎ 22510800, Fax 22510850
180 000 qm
www.bogstadcamping.no, mail@bogstadcamping.no

→ vom Zentrum nach Nordwesten: Drammensveien–Parkveien–Hegdehaugsveien–Bogstadveien–Særkedalsveien. ✉ Ankerveien 117.

Teils terrassiertes, teils geneigtes Wiesengelände mit einzelnen Bäumen. Lotsendienst vom Hafen zum Platz kostenlos. In HS stark frequentiert. Gut für Oslo-Besuche geeignet. Schwimmen 400 m, Zentrum 9 km entfernt. Touristen-/Dauerstellplätze 600/200.

0757 Oslo — N 1200/2

★★★ »EKEBERG CAMPING« — Ende Mai bis Sept.
☎ 22198568, Fax 22670436
70 000 qm
www.ekebergcamping.no, ekeberg@bogstadcamping.no

→ über die Kanowsgatsbrücke nach Ekeberg. ✉ Ekebergveien 65.

Gepflegtes Gelände in teilweise starker Hanglage. Herrliche Aussicht auf Oslo, Hafen und Holmenkollen. In HS stark frequentiert. Busverbindung in die Stadt. Zentrum 2.5 km entfernt. 700 Touristenplätze.

1250 Oslo — N 1200/3

★ »FJORDCAMPING STUBLJAN« — Mai bis Sept.
☎ 22752055. Fax 22752056, fjordcamp@online.no
20 000 qm

→ nahe der E 18/E6, von Süden letzter Platz vor Oslo (10 km).

Welliges, mit Felsen durchsetztes Wiesengelände im lichten Föhrenwald. Touristen-/Dauerstellplätze 150/50.

2407 Elverum, Hedmark — N 1400

★★★ »ELVERUM CAMPING« — 1.1. bis 31.12.
☎ 62416716, Fax 62416817
50 000 qm
www.elverumcamping.no, marius@elverumcamping.no

→ ca. 2 km südlich der Stadtmitte, auf Straße 20 Richtung Kongsvinger. Beschildert. ✉ Halfdan Grans Vei 7.

Gepflegtes Gelände zwischen Straße und dem Glommafluss. Ort 1 km entfernt. 200 Touristenplätze.

2420 Trysil, Hedmark — N 1440

★★ »KLARA CAMPING« — 1.1. bis 31.12.
☎/Fax 62451363
30 000 qm
www.nafcamp.com/klara, klara.camping@hotmail.com

→ von Nybergsund auf Straße 26, ca. 5 km Richtung Norden.

Ausgedehntes, in Terrassen abfallendes Wiesengelände am linken Ufer des Trysilelva. 100 Touristenplätze.

2480 Koppang, Hedmark — N 1450

25 ★★★ »KOPPANG CAMPING OG HYTTEUTLEIE« — 1.1. bis 31.12.
☎ 62460234, Fax 62461234
20 000 qm
www.koppangcamping.no, info@koppangcamping.no

→ unterhalb der Sundfloen-Hängebrücke, am rechten Glomma-Ufer ✉ Sundfloen (GPS: 61°34'31" N / 11°01'03" E).

Ebenes, von Büschen umgebenes Wiesengelände. Kabel-TV. Moca-Entsorgungsmöglichkeit bei der Tankstelle. Bungalowanlage. WiFi/Funkinternet. Elchsafaris. Touristen-/Dauerstellplätze 50/10.
2008: 4 P/N inkl. C MC-St/N 155.–, 2 P/N inkl. T-St/N 125.–, WD zuzügl., Strom/N 45.– (10/16A).

2836 Redalen-Biri, Oppland — N 1530

30 ★★★ »SVEASTRANDA CAMPING« — 1.1. bis 31.12.
☎ 61181529, Fax 61181723
90 000 qm
www.sveastranda.com, resepsjon @sveastranda.no

→ E 6 über die Mjøsabrücke auf die Straße 4 Richtung Gjøvik, noch ca. 5 km. Beschildert (GPS: 60°53'16" N / 10°40'13" E).

Ca. 200 m abseits der Straße am Westufer des Mjøsasees. Teils Wiese, teils Föhrenwald. Ort 12 km entfernt. Touristen-/Dauerstellplätze 150/150.
2007: (HS) P/N inkl. St/N 165.–/195.–, WD zuzügl., Strom/N 25.– (16 A). In NS Ermäßigung.
CCI 5% Ermäßigung auf P/N.

2390 Moelv, Hedmark — N 1550

★★★★ »STEINVIK CAMPING« — 1.1. bis 31.12.
☎ 62367228, Fax 62368167
40 000 qm
www.camping.no/beskrivelse/steinvik_camp.html

→ am Mjøsasee, E 6, 1 km südlich des Ortes.

Ebenes Wiesengelände mit einzelnen Bäumen am Seeufer. In HS oft überbelegt. Touristen-/Dauerstellplätze 30/170.

2823 Biristrand, Oppland — N 1600

25 ★★★ »BIRISTRAND CAMPING« — 1.1. bis 31.12.
☎ 61184672, Fax 61184802
80 000 qm
www.strandacamping.no, post@strandacamping.no

→ E6 Hamar–Lillehammer, nach der Mjøsabrücke noch ca. 20 km bis zum Abzweig Biristrand. Von hier beschildert.

Ebenes unparzelliertes Wiesengelände am Westufer des Mjøsasees. Ort 10 km entfernt. Touristen-/Dauerstellplätze 130/70.
2007: (HS) P/N inkl. St/N 185.–, WD zuzügl., Strom/N 30.– (10 A). In NS 20 NOK Ermäßigung.

2638 Fåberg/Hunderfossen, Oppland — N 1640

★★★ »NAF-CAMPING HUNDERFOSSEN« ⚬⟵ 1.1. bis 31.12.
☎ 61253333, Fax 61253364 500 000 qm
www.hunderfossen-camping.no, resepsjon@hunderfossen-camping.no

→ E 6, ca. 15 km nördlich von Lillehammer. Den Fluss zum "Hunderfossen Familienpark" überqueren. Hier am Hotel vorbei auf schmaler Brücke über die Bahnlinie zum Campingplatz.

Leicht welliges Wiesengelände am Westufer des Flusses Lägen. In der Nähe des Staustufen-Wasserfalls. Ein zweiter Platzteil liegt oberhalb der Bahnlinie beim Hotel- u. Hüttengelände in einem lichten Föhrenwald. (Winterteil des Platzes). 400 Touristenplätze.

2635 Tretten, Oppland — N 1650

★★★ »MAGELI CAMPING « ⚬⟵ 1.1. bis 31.12.
☎ 61276322, Fax 61276350, www.magelicamping.no 40 000 qm

→ zwischen der E 6 und dem Losna–See, 38 km nördl. von Lillehammer.

Wiesengelände mit einzelnen Bäumen zwischen Straße und Seeufer. Teilweise eingefriedet. Lebensmittelverkauf. Ort 6 km entfernt. 250 Touristenplätze.

An der E6 besteht eine Ver- u. Entsorgungsstation für Mocas.

2670 Otta, Oppland — N 1700

★★★ »OTTA CAMPING« ⚬⟵ April bis Okt.
☎ 61230309, Fax 61233819 15 000 qm

→ von der Straße 15 im Ort bei der ESSO-Tankstelle abbiegen über die Brücke und noch 1 km flussaufwärts.

Leicht abfallendes Wiesengelände. Ort 1.5 km entfernt. 80 Touristenplätze.

2662 Dovre, Oppland — N 1720

★★★ »CAMPING TOFTEMO TURISTSTASJON« ⚬⟵ 1.1. bis 31.12.
☎ 61240045, Fax 61240483 30 000 qm
www.toftemo.no, toftemo@c2i.net

→ Hauptstraße E 6 Oslo–Lillehammer–Dovre/Dombås.

Hinter gleichnamiger Pension. Wiesengelände mit Föhrengruppen am Fluss. Schwimmbad (Gebühr). Ort 2 km entfernt. 220 Touristenplätze.

2660 Dombås, Oppland — N 1740

15 ★★★ »FAKSFALL CAMPING« ⚬⟵ 1.1. bis 31.12.
☎ 61241633, Fax 61241343, faksfallcamping@dovrenett.no 15 000 qm

→ an der E 6, 4,5 km südöstlich des Ortes.

Schönes Wald- und Wiesengelände. Behindertenraum auch als Babyraum eingerichtet. Bungalowanlage. Ort 4 km entfernt. 100 Touristenplätze.
2007: (HS) P/N inkl. C MC-St/N 130.–, T-St/N 80.–, WD zuzügl. Strom/N 25.– (10A). In NS Ermäßigung.
DCC/CCI 10% auf St/N.

2584 Dalholen, Hedmark — N 1760

★★★ »CAMPING FJELLSYN« ⚬⟵ 1.1. bis 31.12.
☎ 62493082 13 500 qm

→ von der E 6 nordöstlich Dombås über die Straße 29 nach Osten, noch 15 km.

Dünenartiges Gelände im lichten Föhrenwald. 60 Touristenplätze.

7340 Oppdal, Sør Trøndelag — N 1770/1

NATURPLATZ 15 ★★★ »MAGALAUPE CAMPING « ⚬⟵ 1.1. bis 31.10.
☎/Fax 72424684, 90159400 624 m 15 000 qm
www.magalaupe.no, camp@magalaupe.no

→ E 6, ca. 12 km vor Oppdal nach links abbiegen. ✉ Rute 5 (GPS: 62°29'53" N / 9°35'06" E).
♣ Magaloupet-Gletschertöpfe. Dovrefjell-Nationalpark mit Moschusochsen.

Ebenes, teils leicht welliges, bzw. leicht ansteigendes Wiesengelände an der Driva. Gasverkauf 12 km entfernt. 70 Touristenplätze.
2008: P/N inkl. St/N 110.–, WD zuzügl., Strom/N 20.– (16A).
DCC/CCI 10% auf P/N und St/N.

7340 Oppdal, Sør Trøndelag — N 1770/2

NATURPLATZ ★★★ »HALSETLØKKA OPPDAL CAMPING« ⚬⟵ Juni bis Sept.
☎ 72421361, Fax 72422567 550 m 30 000 qm
www.nafcamp.no/halsetlokka-camp, halsetlokka@oppdal.com

→ 3.5 km nördlich Oppdal an der E 6.

Wiesen- und Buschwaldgelände neben der Straße und Bahnlinie. Extra Stellplätze für Mocas. Bungalowanlage. Hütten ganzjährig offen. Ort 3 km entfernt. Touristen-/Dauerstellplätze 60/120.

2512 Kvikne, Hedmark — N 1820

★★★ »PLUSCAMP KVIKNE « ⚬⟵ 1.1. bis 31.12.
☎ 62484104, Fax 62484981 8500 qm
www.storeng.no oder www.kvikne.no

→ westlich der Hauptstraße 3 Tynset–Ulsberg am Orklafluss, nahe der Storengbrücke.

Wiesengelände am Orkla-Flussufer. 50 Touristenplätze.

7374 Røros, Sør Trøndelag — N 1830

★★★ »HÅNESET CAMPING« ⚬⟵ 1.1. bis 31.12.
☎ 72410600, Fax 72410601 10 000 qm

→ An der Straße 30 Richtung Oslo, ca. 2 km von Røros entfernt. ✉ Osloveien 67.

Leicht welliges und abfallendes Wiesengelände mit einer Terrasse mit festen Stellflächen. 50 Touristenplätze.

7288 Soknedal, Sør Trøndelag — N 1840

★★★ »CAMPING GULLVÅG « ⚬⟵ Mai bis Okt.
☎ 72434936, Fax 72434960 14 000 qm

→ E 6, ca. 12 km nördlich von Berkåk.

Ebenes Wiesengelände zwischen einem kleinen Fluss, Straße und Bahnlinie. Imbiss. Badebecken und Whirlpool. 40 Touristenplätze.

7290 Støren, Sør Trøndelag — N 1860

20 ★★★ »STØREN CAMPING« ⚬⟵ 1.6. bis 31.8.
☎ 72431470 30 000 qm

→ von der E6 rechts auf die Straße 30 Richtung Røros, noch ca. 700 m und über die Flussbrücke zum Platz (GPS: 63°02'45" N / 10°17'59" E).

Wiesengelände. Imbiss. Kabel-TV. 100 Touristenplätze.
2007: P/N inkl. St/N 120.– bis 170.–, WD zuzügl., Strom/N 30.– (16A).
DCC/CCI 10% Ermäßigung.

DCC – auch Ihr Camping-Partner!

Deutscher Camping-Club e.V., Postfach 40 04 28, 80704 München

7231 Lundamo, Sør Trøndelag — N 1900

»CAMPING LUNDAMO« Juni bis Aug.
72854874, Fax 72854844 10000 qm
→ ca. 30 km vor Trondheim an der E 6, 75 m südlich der Brücke.

800 m
Wiesengelände mit Bungalows. 40 Touristenplätze.

7224 Melhus, Sør Trøndelag — N 1930

»ØYSAND CAMPING « Mai bis Ende Aug.
72872415, Fax 72852285 200 000 qm
www.oysandcamping.no, post@oysandcamping.no
→ ca. 20 km südwestlich Trondheim an der E 39.

Wiesengelände mit langem Sandstrand u. Ferienhütten. Gasverkauf und Restaurant 300 m entfernt. 56 Touristenplätze.

7072 Heimdal, Sør Trøndelag — N 1940

»SANDMOEN CAMPING« 1.1. bis 13.12.
72886135, 72596150, Fax 72596151 55 000 qm
www.sandmoen.no, post@sandmoen.no
→ an der E 6, ca. 10 km südlich von Trondheim. Beschildert. Sandmoflata 4.

500 m
Leicht welliges abfallendes Wiesengelände. Von Nadelwald umgeben, oberhalb der E 6. Bungalowanlage. Baby-Wickeltisch. Unparzelliert. Ort 10 km entfernt. 250 Touristenplätze.

7563 Malvik, Sør Trøndelag — N 1950

»STORSAND GÅRD CAMPING« Mitte April bis Nov.
73976360, Fax 73977346 130 000 qm
→ bei Malvik, ca. 12 km östlich Trondheim, zwischen der E 6 und dem Fjord.

Terrassiertes, teils abfallendes Wiesengelände um einen Waldgürtel auf einer Halbinsel. Lebensmittelverkauf. Buffet. Touristen-/Dauerstellplätze 200/80.

3060 Svelvik, Vestfold — N 2050

»NAF - HOMANNSBERGET CAMPING« Mai bis Sept.
33772563, Fax 33773263 40 000 qm
www.homannsberget.no, homannsberget@bluezone.no
→ östlich der Hauptstraße 319 Drammen–Sande am Dramsfjord, 1 km südlich von Svelvik. Strömmveien 55 (GPS: 59°35'59" N / 10°24'13" E).

200 m
Wiesengelände am Dramsfjord. Ort 1.5 km entfernt. Touristen-/Dauerstellplätze 60/140.

3370 Vikersund, Buskerud — N 2090

»NATVEDT CAMPING« 1.5. bis 15.9.
32787355 20 000 qm
→ ca. 4 km von Vikersund auf der Straße 284 in Richtung Sylling Østmodumveien.

1 km
Abfallendes Wiesengelände mit einigen Terassen am Tyrifjord. Ort 3 km entfernt. Touristen-/Dauerstellplätze 30/30.
2007: 4 P/N inkl. St/N 145.–, WD zuzügl., Strom/N 30.–.

Das CCI-Carnet ist im Ausland als Identitäts-Ausweis anerkannt. Im Inland genügt die Vorlage des DCC-Mitgliedsausweises.

3676 Notodden, Telemark — N 2130

»NOTODDEN CAMPING A/S « Mai bis Mitte Aug.
35013310, Fax 35018587 30 000 qm
→ von der E 134 westlich der Stadt am Flugplatz Richtung Bø abbiegen. Reshjemveien 46.

200 m 500 m
Welliges Wiesengelände beim Flugplatz neben der Straße (nachts kein Flugbetrieb). Ort 2 km entfernt. 88 Touristenplätze.

3810 Gvarv, Telemark — N 2140

»TEKSTEN FAMILIECAMPING« Mitte Mai bis Sept.
35955596, Fax 35955440, mobil 97194140 60 000 qm
www.barnascamping.no, teksten@barnascamping.no
→ ca. 2 km südlich des Ortes, von der Straße 36 noch ca. 600 m, nach rechts abbiegen.

2 km
Wiesengelände auf drei Ebenen am Fluss Gvarv. Kiosk. TV-Anschluss. Ort 2 km entfernt. 150 Touristenplätze.

3800 Bø, Telemark — N 2145

»BØ CAMPING« 1.1. bis 31.12.
35952012, Fax 35953464 100 000 qm
www.bocamping.no, bocamping@online.no
→ Straße 36, Skien–Seljord, in Bø dem Hinweis 'Sommerland' folgen.

3 km 5 km 8 km
Ebenes Wiesengelände mit einem kleinen Kiefernwald mit Wiesen- und gekiesten Stellflächen. Imbiss. 300 Touristenplätze.

3840 Seljord, Telemark — N 2150

»SELJORD FERIELAND A/S« 1.1. bis 31.12.
35051040, Fax 35051041 140 m 45 000 qm
www.seljord-ferieland.com, seljord.ferieland@c2i.net
→ Kreuzung der Straße 36 mit der E 134.
Kirche (anno 1150).

500 m
Teilparzelliertes ebenes Wiesengelände mit Bäumen am Seljordsvatnet (See). Kabel-TV. Ort 800 m entfernt. 200 Touristenplätze.

DCC-Vertragsplatz

3854 Nissedal, Telemark — N 2160

»VIK CAMPING« 1.1. bis 31.12.
35048825, Fax 35048821, www.vikcamping.no 30 000 qm
→ An der Straße 41. Beschildert. Nordbygda.

2.5 km
Ebenes, bis leicht geneigtes Wiesengelände am Nissesee mit Sandstrand. Teilweise von Kiefernwald umgeben. Touristen-/Dauerstellplätze 70/30.
2007: P/N 35.–, C MC-St/N 70.–, T-St/N 30.–, WD inkl. Strom/N 30.– (8 bis 16 A).
DCC 10% auf P/N.

3855 Treungen, Telemark — N 2170

»GAUTEFALL FERIESENTER« 1.1. bis 31.12.
35531010, 90876639, Fax 35531009 550 m 140 000 qm
→ von Kristiansand auf der RV41 nach Treungen, abbiegen auf die RV358 Richtung Drangedal. Beschildert.

50 m
Terrassiertes, ebenes bis leicht welliges Wiesengelände im lichten Kiefernwald. Teilweise parzelliert. Imbiss. Gasverkauf und Ort (Treungen) 7 km entfernt. 120 Touristenplätze.

✉ 5590 Kyrping-Etne, Hordaland — N2250

★★★ »KYRPING CAMPING« ⚬ 1.1. bis 31.12.
☎ 53770880, Fax 53770881 40 000 qm
www.kyrping-camping.no, post@kyrping-camping.no

→ von E 134 bei Tankstelle und Kro zum Fjord abbiegen, ca. 1.6 km schmale Zufahrt.

Leicht abfallendes, teilweise terrassiertes Wiesengelände am Åkrafjord mit kleinen Badebuchten. Ort 20 km entfernt. 150 Touristenplätze.

✉ 3290 Stavern, Vestfold — N2320

★★★ »STOLPESTAD CAMPING« ⚬ Mai bis Sept.
☎ 33195745, Fax 33190781 50 000 qm
www.stolpestad.no, joanui@frisurf.no

→ auf Straße 301 ca. 6 km südwestlich in Richtung Hummerbokken.

Schattenloses Wiesengelände. Ort 8 km entfernt. Touristen-/Dauerstellplätze 60/240.

✉ 4950 Risør, Aust-Agder — N2330

[25] ★★★★ »SØRLANDET FERIESENTER« ⚬ 1.4. bis 15.10.
☎ 37154080, Fax 37154082 40 000 qm
www.sorlandet-feriesenter.no, sorferie@online.no

→ bei Akland, 14 km abseits der E18, an der Südseite des Sandnes-Fjords, ab Straße 411 Richtung Laget. Der Beschilderung Sørlandet folgen (GPS: 58°41'28" N / 9°09'49" E).

Wiesengelände am Sandnes–Fjord zwischen Risør und Tvedestrand. Ort 20 km entfernt. Touristen-/Dauerstellplätze 80/100.
2007: (HS) P/N inkl. St/N 200.–/210.–, B/N 50.–, WD zuzügl., Strom/N 35.– (10 A). In NS Ermäßigung.

✉ 4885 Grimstad, Aust-Agder — N2350

★★★★ »MARIVOLD CAMPING AS« ⚬ Mitte April bis Okt.
☎ 37044623, Fax 37045091 40 000 qm

→ von E 18 auf Straße 420 Richtung Vikkilen, nach ca. 5 km noch 1 km schmale Zufahrt zum Platz (Ausweichstellen).

Von Wald und Felshügeln umgebenes Wiesengelände am Fjord. Imbiss. 200 Touristenplätze.

In **Grimstad** an der Statoil-Station, an der E 18, besteht eine Ver- u. Entsorgestation für Mocas.

✉ 4790 Lillesand, Aust-Agder — N2380

[30] ★★★ »TINGSAKER FAMILIENCAMPING« ⚬ 1.5. bis 30.8.
☎ 37270421, Fax 37270147 30 000 qm
www.tingsakercamping.no, tcamping@online.no

→ Hauptstraße E 18 Oslo–Kristiansand, 1.5 km vor Lillesand.

Durch Straßenkreuzung mehrfach unterteiltes Wiesengelände. An einer Bucht mit Sandstrand und eigener Badeinsel. 500 qm großes Einkaufszentrum. Ort 1 km entfernt. 150 Touristenplätze.
2008: (HS) P/N inkl. St/N 200.–/210.–, B/N 50.–, WD zuzügl., Strom/N 35.– (10 A). In NS Ermäßigung.

In **Lillesand** bei der Statoil-Station, an der E 18, besteht eine Ver- u. Entsorgestation für Mocas.

✉ 4770 Høvåg, Aust-Agder — N2420

★★★★ »SKOTTEVIG MARITIME SENTER« ⚬ 1.1. bis 31.12.
☎ 37269191, Fax 37269192 300 000 qm
www.skottevig.no, skottevig@skottevig.no

→ Von der E 18 auf die Straße 401 Richtung Høvåg hier noch 5 km.

Von Felsen und Wald umgebene Wiesen am Fjord. Umfangreiches Freizeitprogramm. Ort 8 km entfernt. 300 Touristenplätze.

✉ 4632 Kristiansand, Vest-Agder — N2450

★★★ »ROLIGHEDEN CAMPING« ⚬ Ende Mai bis Sept.
☎ 38096722, Fax 38091117, kherlof@online.no 50 000 qm

→ am östlichen Stadtrand von der E 18 abbiegen. Beschildert.

Terrassiertes, leicht welliges Gelände direkt am Meer. Großes Strandbad nebenan. Kanu- u. Paddelsport 150 m, Ort 2 km entfernt. 200 Touristenplätze.

In **Kristiansand** an den Shell-Stationen Nord und Süd, an der E 18, besteht eine Ver- u. Entsorgestation für Mocas.

✉ 4737 Hornnes, Aust-Agder — N2460

★★ »HORNNES CAMPING« ⚬ Mai bis Sept.
☎ 37930305, Fax 37931604 15 000 qm
www.hornnescamping.setesdal.com, nottoh@start.no

→ südlich der Ortschaft. Beschildert.

Leicht welliges Wiesengelände mit Nadelbäumen an einem See. Ort 5 km entfernt. 80 Touristenplätze.

In **Hornnes** an der Esso-Station, an der Kreuzung der RV 9 mit der RV 42, besteht eine Ver- u. Entsorgestation für Mocas.

✉ 4735 Evje, Aust-Agder — N2470

★★★ »ODDEN CAMPING« ⚬ 1.1. bis 31.12.
☎ 37930603, Fax 37931101 45 000 qm
www.oddencamping.no, post@oddencamping.no

→ an der Straße 9, ca. 500 m südlich des Ortes.

Durch Bäume unterteiltes Wiesengelände am Otra-Fluss. Ort 500 m entfernt. 150 Touristenplätze.

In **Evje** an der Texaco-Station, an der RV 9, besteht eine Ver- u. Entsorgestation für Mocas.

✉ 4741 Byglandsfjord, Aust-Agder — N2480

★★★ »NESET CAMPING« ⚬ 1.1. bis 31.12.
☎ 37934050, Fax 37934393, www.neset.no, post@neset.no 50 000 qm

→ RV 9 Kristiansand-Bygland, 2.5 km nördlich Byglandsfjord.

Leicht abfallendes Wiesengelände auf einer Halbinsel. Imbiss. Ort 2.5 km entfernt. Touristen-/Dauerstellplätze 100/120.

✉ 4747 Valle, Aust-Agder — N2490

★★★ »FLATELAND CAMPING« ⚬ Juni bis Okt.
☎ 37936837, Fax 37936817 20 000 qm
www.flatelandcamping.no, flateland.camping@broadpark.no

→ nördlich des Abzweiges der Straßen 45/9.

Wiesengelände mit lichtem Föhrenwald auf einer Halbinsel des Otra Flusses. Ort 300 m, Restaurant 8 km entfernt. 80 Touristenplätze.

Im Zentrum von **Valle** an der RV 9, besteht eine Ver- u. Entsorgestation für Mocas.

✉ 4514 Mandal, Vest-Agder — N 2500

★★★ »SJØSANDEN FERIESENTER AS« Ostern bis Okt.
☎ 38261419, Fax 38262779, www.sjosanden.no 50 000 qm

→ im Ortsbereich von der E 39 Richtung Flekkefjord, hinter der Brücke links ab, noch 2 km. Beschildert.

Föhrenwaldgelände mit schönem Badestrand. Große Wasserrutsche. 300 Touristenplätze.

✉ 4520 Sør Audnedal, Vest-Agder — N 2510

★★ »FURUHOLMEN CAMPING « April bis Ende Okt.
☎ 38256598, Fax 38256302 25 000 qm

→ in Vigeland von der E 39 abbiegen über Audnedal–Strand in Richtung Lindesnes, 4 km südlich Vigeland.

Wiesen-, teils Felsgelände auf einer kleinen Halbinsel neben dem Boots- und Fischerhafen. Ort 5 km entfernt. Touristen-/Dauerstellplätze 25/90.

In **Lyngdal** an der Texaco-Station, an der E 39, besteht eine Ver- u. Entsorgestation für Mocas.

✉ 4400 Flekkefjord, Vest-Agder — N 2570

★★★★ »TIL EGENES CAMPING« 1.1. bis 31.12.
☎ 38320148, Fax 38320111 25 000 qm
www.egenes.no, camping@online.no

→ am Selura-See, ca. 4 km südostwärts, 1 km abseits der Hauptstr. E 18.

Mehrfach unterteiltes Wiesengelände auf einer Halbinsel am Ostufer des Sees. Wasserskipark. Ort 5 km entfernt. Touristen-/Dauerstellplätze 90/30.

✉ 4364 Sirevåg, Rogaland — N 2650

★★ »OGNA CAMPING« April bis Sept.
☎ 51438242, Fax 51438277, likebro@online.no 15 000 qm

→ ca. 2 km nordwestlich des Ortes, links der Straße 44 nach Sandnes.

Zwischen Dünengürtel und Felsen unterhalb der Straße liegende sandige Wiesenmulden. Ort 2 km entfernt. Touristen-/Dauerstellplätze 50/85.

✉ 4363 Brusand, Rogaland — N 2660

★★★ »BRUSAND CAMPING« März bis Nov.
☎ 51439123, Fax 51439141, skvalbei@c2i.net 40 000 qm

→ an der Straße 44 nach Sandnes, ca. 1 km nördlich des Ortes.

Sandiges Wiesengelände von Büschen, Baumgruppen und Sanddünen unterteilt. Langer Sandstrand. Touristen-/Dauerstellplätze 40/160.

✉ 4208 Saudasjøen, Rogaland — N 2700

★★★» SAUDA TURISTSENTER« 1.1. bis 31.12.
☎ 52785900, Fax 52785901 12 000 qm
www.sauda-turistsenter.no, post@sauda-turistsenter.no

→ An der RV 520 direkt am Boknafjord.

Ebenes Wiesengelände mit einigen Laubbäumen. Ein Leih-Motorboot. 50 Touristenplätze.

✉ 5583 Vikedal, Rogaland — N 2710

★★ »SØNDENAASTRANDEN CAMPING « April bis Okt.
☎ 53760329, 53768800, Fax 53768974 35 000 qm

→ an der Straße 46. Beschildert.

Leicht welliges Wiesengelände am Fjordufer. Ort 500 m entfernt. Touristen-/Dauerstellplätze 60/100.

✉ 5500 Haugesund, Rogaland — N 2740

★★★ »HARALDSHAUGEN CAMPING« Juni bis Ende Aug.
☎ 52728077, Fax 52866932 40 000 qm

→ an der Straße Nr. 47, 2 km nördlich von Haugesund.

Welliges, abfallendes Wiesengelände unterhalb des Harald-Denkmals. 40 Touristenplätze.

✉ 4021 Stavanger, Rogaland — N 2750

★★★ »MOSVANGEN CAMPING« Mai bis Sept.
☎ 51532971, Fax 51872055 20 000 qm
www.mosvangencamping.no, info@mosvangencamping.no

→ von der E 39 aus Kristiansand hinter dem Tunnel, Abf. Ullandhaug und noch ca. 1 km. Beschildert. ✉ Tjensvoll 1 B.

Hügeliges, unterteiltes Wiesengelände in einem Freizeitpark am Mosvangen-See. Restaurant und beheiztes Schwimmbad 300 m, Ort 2 km entfernt. 200 Touristenplätze.

✉ 3550 Gol, Buskerud — N 3100/1

30 ★★★ »FOSSHEIM HYTTE OG CAMPING« 15.5. bis 15.9.
☎ 32029580, Fax 32029585 25 000 qm
www.flyshop.no/fossheim/, foshytte@online.no

→ an der Straße Nr. 7 Oslo–Bergen, 3,5 km westlich von Gol an der Main Road 7.

Wiesengelände, unterteilt mit einzelnen Bäumen, zwischen der Hauptverkehrsstraße und dem Fluss Hallingdalselven. Von Bergen umgeben. Ort 3.5 km entfernt. 50 Touristenplätze.

2008: (HS) 2 P/N inkl. St/N 200.–, WD inkl., Strom/N 40.– (16 A). In NS Erm.

✉ 3550 Gol, Buskerud — N 3100/2

★★★ »GOL CAMPINGCENTER« 1.1. bis 31.12.
☎ 32074144, Fax 32075396 70 000 qm
www.golcamp.no, golcamp@eunet.no

→ 1.5 km südlich von Gol an der Straße an der Main Road 7 (GPS: 60°41'59" N / 09°00'15" E).

Teilweise terrassiertes, leicht ansteigendes Wiesengelände beiderseits der Hauptverkehrsstraße mit eigener Unterführung. Der untere Teil am Hollingsdalselva. Ort 2 km entfernt. 350 Touristenplätze.

✉ 3560 Hemsedal, Buskerud — N 3110

★★ »HULBAK CAMPING OG HYTTER« Juni bis Sept.
☎ 32062275, Fax 32062378 750 m 4 000 qm
www.hulbak.no, post@hulbak.no

→ Straße 52 Gol–Borgund. Ca. 20 km nordwestl. von Gol.

Leicht welliges Wiesengelände bei einem Bergbauernhof zwischen bewaldeten Bergen. Blockhaus mit Spielen, Büchern, Kühlschrank und Gefrierschrank. Angeln, Tennis, Golf, Reiten, Fahrradverleih in der Nähe. Ort 4 km entfernt. 25/5 Touristen/Dauerstellplätze.

✉ 2900 Fagernes, Oppland — N 3120

★★★ »NAF CAMPING FAGERNES« — 1.1. bis 31.12.
☎ 61360510, Fax 61360751 — 40000 qm
→ E 16 durch Fagernes nach 150 m links ab. Beschildert.

Ebenes Wiesengelände mit einzelnen Bäumen am Stronda-See. Badestrand mit 2 Halbinseln. Teils schattenlos. Freilichtmuseum nebenan. Ort 500 m entfernt. Touristen-/Dauerstellplätze 100/50.

✉ 2975 Vang i Valdres, Oppland — N 3130

[25] ★★ »BØFLATEN CAMPING« — 1.1. bis 31.12.
☎ 61367420, Fax 22294687 — 30000 qm
nafcamp-no/boflaten-camping, boflaten@sensewave.com
→ an der E 16 am Ufer des Vang–Sees.

Ebenes, leicht welliges, durch einen Bach zweigeteiltes Wiesengelände. Restaurant 200 m entfernt. 340 Touristenplätze.
2008: 2 P/N inkl. St/N 110.– bis 160.–, WD zuzügl., Strom/N 35.–.

✉ 3580 Geilo, Buskerud — N 3150

★★★ »GEILO CAMPING OG HYTTER« — 1.1. bis 31.12.
☎ 32090733, Fax 32091256 — 767 m — 3500 qm
www.geilocamping.no, post@geilocamping.no

→ in Geilo auf Straße 40 abbiegen, noch ca. 300 m. ✉ Skurdalsveien 23.

Unterteiltes Wiesen- und Sandgelände am Ufer des Ustaelva. Bootsverleih am See ca 1.5 km entfernt. 35 Touristenplätze.

✉ 5780 Kinsarvik, Hordaland — N 3200

[30] ★★★★ »FAMILIENPARKEN HARDANGERTUN« — 1.1. bis 31.12.
☎ 53671313, Fax 53671314 — 18000 qm
www.hardangertun.no, info@hardangertun.no
→ nördlich des Ortes an Straße 7, beschildert. 250 m von der Fähranlegestelle entfernt (GPS: 60°22'38" N / 09°43'31" E).

Wiesengelände mit Büschen und Obstbaumreihen am Kinsobach mit Aussicht auf den Hardangerfjord. Bungalowanlage. Streichelzoo. Riesenrutsche. Kinder-Plastikboote. Kinder-Spielzimmer. Ort 100 m entfernt. Touristen-/Dauerstellplätze 77/10.
2008: (HS) P/N inkl. C MC-St/N 230.–, T-St/N 110.–, WD zuzügl., Strom/N 40.–. In NS Ermäßigung.

In **Kinsarvik** an der Esso-Station, an der RV 13, besteht eine Ver- u. Entsorgestation für Mocas.

✉ 5781 Lofthus, Hordaland — N 3240

[30] ★★★★ »LOFTHUS CAMPING« — 1.5. bis 30.9.
☎ 53661364, Fax 53661750 — 17000 qm
www.lofthuscamping.com, post@lofthuscamping.com
→ 10 km südlich von Kinsarvik, Straße 13 nördlich Ullensvang abbiegen. Enge Zufahrt für Gespanne (GPS: 60°19'33" N / 06°39'33" E).
♣ Nationalpark Hardanger. Wasserfälle.

Leicht welliges Gelände in einem Obstgarten mit Blick auf Eidsfjord und Berge. Bungalowanlage. Obst zum Selberpflücken. Surfbrettverleih. Ort 1.3 km entfernt. 75 Touristenplätze.
2008: P/N 30.–, K/N 4 bis 12 J. 20.–, C MC-St/N 130.–, T-St/N 75.–, WD zuzügl., Strom (10A) zuzügl.

Ruhebewertungen
betreffen das Umfeld, nicht aber den inneren Campingplatzbereich.

✉ 5750 Odda, Hordaland — N 3250

★★★ »ODDA CAMPING« — Mai bis Sept.
☎ 41321610 — 100 m — 10000 qm
www.opplve.no, anna@oppleve.no
→ Straße 13 Haugesund–Voss. ✉ Eidsåsen 45.
♣ Nationalpark Hardanger. Wasserfälle.

Leicht welliges, von hohen Bergen umgebenes, Wiesengelände an einem See. Kiosk. Fitnesscenter nebenan. Bogenschießen. Minirafting. Ort 10 km entfernt. 60 Touristenplätze.

In **Odda** an der Feuerwehr-Station im Zentrum, besteht eine Ver- u. Entsorgestation für Mocas, sowie eine Campingmöglichkeit.

✉ 5736 Granvin, Hordaland — N 3310

★★ GRANVIN HYTTER OG CAMPING« — 1.1. bis 31.12.
☎/Fax 56525282, www.granvin-hytter.no — 6000 qm
→ an der Straße 13/7, ca. 6 km nördlich des Tunnels, 18 km nördlich von Kvanndal.

Wiesengelände am Granvinsee. Ort 5 km entfernt. 35 Touristenplätze.

✉ 5739 Kvanndal, Hordaland — N 3330

★★ »KVANNDAL CAMPING« — Mitte Mai bis Sept.
☎ 56525880, Fax 56525855, camping@senswave.com — 6000 qm
→ an der Straße 7 nach Bergen. Beschildert.

Welliges Wiesengelände mit einzelnen Bäumen. Imbiss. 40 Touristenplätze.

✉ 5268 Haukeland, Hordaland — N 3350

★★★ »LONE CAMPING AS« — 1.1. bis 31.12.
☎ 55392960, Fax 55392979 — 50000 qm
www.lonecamping.com, booking@lonecamping.com
→ an der Straße 580, ca. 10 km östlich von Bergen. ✉ Hardangerveien 697.

Wiesengelände am Ufer des Haukeland-Sees. Für Caravans und Mocas teilweise terrassiert und geschottert, ansonsten wellige Wiese. Gas- u. Lebensmittelverkauf. Gute Busverbindung nach Bergen. Ort (Bergen) 10 km entfernt. 230 Touristenplätze.

✉ 5700 Voss, Hordaland — N 3400/1

★★★ »TVINDE CAMPING« — 1.1. bis 31.12.
☎ 56516919, Fax 56513015, www.tvinde.no, tvinde@tvinde.no — 12000 qm
→ E 16 Voss–Gudvangen, ca. 12 km nördl. von Voss.

Welliges, ansteigendes Wiesengelände unterhalb des Tvindefossen (150 hoher Wasserfall). 40 Touristenplätze.

✉ 5700 Voss, Hordaland — N 3400/2

[25] ★★★ »VOSS CAMPING« — 1.5. bis 1.10.
☎/Fax 56511597 — 50 m — 7000 qm
www.vosscamping.no, post@vosscamping.no
→ von Bergen E16 Richtung Norden, in Voss beschildert. ✉ Gjernesvegen 101 b.

Ebenes Wiesengelände im lichten Föhrenwald am Vangs-See. Ort 400 m entfernt. 45 Touristenplätze
2007: 2 P/N inkl. C MC-St/N 190.–, 2 P/N inkl. T-St/N 140.–, weitere P/N 20.–, WD zuzügl., Strom/N 45.– (10 A).

In **Voss** am Volvo-Renault-Service, an der Kreuzung E16/RV13, besteht eine Ver- u. Entsorgestation für Mocas.

In **Gudvangen** an der Fina-Station, an der E16, besteht eine Ver- u. Entsorgungsstation für Mocas.

6894 Vangsnes, Sogn og Fjordane — N 3470

★★★ »SOLVANG CAMPING & MOTELL« — 1.1. bis 31.12.
☎ 57696620, Fax 57696755 — 40 000 qm
www.solvangcamping.com, solvang.camping@sognapost.no

→ Zufahrt vom Kai in Richtung Fridtjovdenkmal, dann noch ca. 100 m.

Ansteigendes Obstgartengelände. Teilweise terrassiert. 20 Touristenplätze.

DCC-Vertragsplatz

6887 Lærdal, Sogn og Fjordane — N 3475

★★★★ »LÆRDAL FERIE OG FRITIDSPARK« — 14.3. bis 1.11.
☎ 57666695, Fax 57668781 — 21 000 qm
www.laerdalferiepark.com, info@laerdalferiepark.com

→ E 16 Fagernes–Lærdal über Borgund nach Lærdal. ✉ Grandavn 5
(GPS: 61°06'01" N / 7°28'22" E).

Ebenes Wiesengelände mit Waldhang an der Sognefjord mit eigenem Strand. Bungalowanlage. Kiosk. Ort 400 m entfernt. 100 Touristenplätze.
2008: (HS) P/N 50.–, K/N 4 bis 15 J. 25.–, J/N 37.–, St/N 50.–, WD zuzügl., Strom/N 35.– (16A). In NS Ermäßigung.
DCC 10% auf P/N und St/N.

6851 Sogndal, Sogn og Fjordane — N 3500

★★★ »STEDJE CAMPING« — 1.6. bis 31.8.
☎ 57671012, Fax 57671190 — 20 000 qm
www.scamping.no, post@scamping.no

→ Zufahrt rechts der Straße 55 nach Hella am südwestl. Ortsrand.
✉ Kyrkjevegen 2 (GPS: 61°13'30" N / 6°51'01" E).

Zweigeteiltes Wiesengelände mit Obstbäumen. Ort 1 km entfernt. 100 Touristenplätze.
2008: P/N 35.–, K/N 4 bis 12 J. 20.–, St/N 70.–, WD zuzügl., Strom/N 40.– (16A). Ab 10 N Ermäßigung.

6868 Gaupne, Sogn og Fjordane — N 3550

★★★ »SANDVIK CAMPING« — 1.1. bis 31.12.
☎ 57681153, Fax 57681671, mobil 94395903 — 12 000 qm
www.pluscamp.no/sandvik, sandvik@pluscamp.no

→ an der Straße 55 im Ortsbereich.

Ebenes Wiesengelände mit Obstbäumen. Ort 500 m, Gasverkauf 1 km entfernt. 60 Touristenplätze.

6876 Skjolden, Sogn og Fjordane — N 4000/1

★★★ »NYMOEN CAMPING« — Mai bis Sept.
☎ 57686603, Fax 57686733 — 6000 qm
www.skjolden.com, nymoen@skjolden.no

→ an der Statoil-Tankstelle 300 m nördlich der Brücke im innersten Teil des Lustrafjordes.

Wiesengelände am Südufer des Eidsvatnet. 50 Touristenplätze.

6876 Skjolden, Sogn og Fjordane — N 4000/2

★★★ »BOLSTAD CAMPING« — Juni bis Aug.
☎ 57686636, b-campin@online.no — 5000 qm

→ von der Straße 55 am Nordende des Lustrafjordes nach Mørkri abbiegen.

Ebenes Wiesengelände. 35 Touristenplätze.

DCC-Vertragsplatz

6876 Skjolden, Sogn og Fjordane — N 4000/3

★★★ »VASSBAKKEN CAMPING« — 1.5. bis 30.9.
☎ 57686188, Fax 57686185 — 12 000 qm
www.skjolden.com/vassbakken, vassbakken@skjolden.no

→ zwischen der Straße 55 und der Abbiegung in das Fortuntal.

Wiesengelände in der Nähe eines Flusses, teilweise mit Steinen durchsetzt. 50 Touristenplätze.
2007: P/N 20.–, K/N 10.–, St/N 100.–, M/N 70.–, WD zuzügl., Strom/N 30.–.
DCC 10% auf St/N.

2686 Lom, Oppland — N 4070

★★★ »NORDAL TURISTSENTER (NAF)« — Mai bis Sept.
☎ 61219300, Fax 61219303 — 35 000 qm
www.nordalturistsenter.no, booking@nordalturistsenter.no

→ an der Straße 15. In Ort hinter der Tankstelle.
♦ Lom-Stabkirche.

Hügeliges Wiesengelände beim Touristenheim Nordal. Bungalowanlage. Beheiztes Hallenbad u. Ort 200 m entfernt. 125 Touristenplätze.

DCC-Vertragsplatz

2680 Vågå, Oppland — N 4160

★★★ »RANDSVERK CAMPING« — 1.3. bis 15.10.
☎ 61238745, Fax 61239361 — 735 m / 30 000 qm
www.randsverk.camping.no

→ Straße 51 Randen–Fagernes, ca. 32 km von der E 6, am Abzweigungspunkt der Straße 257. Beschildert.
♦ Jotunheimen-Nationalpark.

Ebenes Wiesengelände an einem Fluss in einem Kiefernwäldchen. Trockenraum. Kiosk in HS. Rafting. Elchsafarien. Grill. 75 Touristenplätze.
2007: (HS) P/N inkl. C MC-St/N 120.–, T-St/N 100.–, WD zuzügl., Strom/N 30.– (16A). In NS Ermäßigung.
DCC 10% auf P/N und St/N.

DCC-Vertragsplatz

6847 Vassenden, Sogn og Fjordane — N 4200

★★★★ »PLUSCAMP JØLSTRAHOLMEN« — 1.1. bis 31.12.
☎ 57727135, 57728907, Fax 57727505 — 30 000 qm
jolstraholmen@pluscamp.no

→ E 39 Moskog–Byrkjelo, ca. 2 km westlich des Ortes bei der Statoil-Tankstelle.

Wiesengelände in einer Flusslandschaft in der Nähe einer alten, malerischen Brücke. Beheizte Wasserrutsche für Kinder. Fahrrad- und Kanuverleih in der Nähe. Ort 1.8 km entfernt. 80 Touristenplätze.
2007: (HS) 4 P/N inkl., St/N 155.–, WD zuzügl., Strom/N 40.–. In NS Erm.
DCC/CCI 10% auf P/N.

6823 Sandane, Sogn og Fjordane — N 4250

★★★ »GLOPPEN CAMPING OG FRITIDSSENTER« — 1.1. bis 31.12.
☎ 57866214, Fax 57868105, mobil 41468433 — 35 000 qm
www.gloppen-camping.no, gloppencamping@c2i.net

→ im Ort von der E39 auf die Straße 615 in Richtung Hyen–Florø abbiegen, noch ca. 2 km zum Platz.

In einem Kiefernwald am Gloppenfjord. Schöner Sandstrand. Imbiss. Ort 3 km entfernt. Touristen-/Dauerstellplätze 30/66.
2008: (HS) P/N C MC-St/N 200.–, P/N inkl. T-St/N 120.–, WD zuzügl., Strom/N 20.– (10A). In NS Ermäßigung.

6788 Olden, Sogn og Fjordane — N 4300/1

★★ »ALDA CAMPING«
☎/Fax 57873138, 91304085
20.5. bis 1.9.
10 000 qm
www.aldacamping.com, alda@aldacamping.com

→ zwischen der Straße 60 und dem Abfluss des Oldevatn zum Innvikfjord unterhalb der Brücke.

Ebenes, teilweise leicht ansteigendes Wiesengelände zwischen Straße und Fjord. Ort 1 km entfernt. 40 Touristenplätze.
2008: (HS) P/N 15.–, K/N bis 12 J. frei, C MC-St/N 90.–, T-St/N 60.–, WD zuzügl., Strom/N 20.– (10 A).

DCC-Vertragsplatz

6788 Olden, Sogn og Fjordane — N 4300/2

★★★ »GRYTA CAMPING«
☎/Fax 57875936, www.gryta.no, gryta@gryta.no
1.5. bis 1.10.
20 000 qm

→ Straße 724 (schmale Nebenstraße) Olden–Briksdalen, ca. 12 km (GPS: 61°44'30" N / 06°47'31" E).
• Briksdalsbreen-Gletscher.

Terrassiertes Wiesengelände am Olden-See. Familiäre Atmosphäre. Ort 12 km entfernt. 80 Touristenplätze.
2007: P/N 15.–, K/N bis 12 J. frei, St/N 100.–/110, WD zuzügl., Strom/N 30.– (16 A).
DCC/CCI 10% auf P/N.

DCC-Vertragsplatz

6788 Olden, Sogn og Fjordane — N 4300/3

★★★ »OLDEN CAMPING GYTRI«
☎ 57875934, Fax 57876550
1.5. bis 15.9.
10 000 qm
www.oldencamping.com, post@oldencamping.com

→ Straße 724 (schmale Nebenstraße) Olden–Briksdalen, ca. 12,5 km nach dem davor liegenden Gryta Camping (GPS: 61°44'20" N / 6°47'23" E).
• Briksdalsbreen-Gletscher.

Ebenes, teilweise gestuftes Wiesengelände am Olden-See. Ort 13 km entfernt. Touristen-/Dauerplätze 50/4.
2007: (HS) P/N 10.–, K/N bis 12 J. frei, C MC-St/N 120.–, T-St/N 80.– /100.–, H/N frei, WD zuzügl., Strom/N 30.–. In NS Ermäßigung.
DCC/CCI 10% auf P/N und St/N.

DCC-Vertragsplatz

6789 Loen, Sogn og Fjordane — 4350/1

★★★ »PLUSCAMP SANDE CAMPING«
☎ 57874590, Fax 57874591
1.1. bis 31.12.
25 000 qm
www.sande-camping.no, sa-campi@online.no

→ ca. 3 km südlich der Straßenkreuzung 60 in Loen, ab hier auf der Straße Richtung Kjenndal bis zum Kafe–Husrum beschilderten Hotel.

Terrassiertes Wiesengelände am Ufer des Loen-Sees in der Nähe von Wasserfällen und Gletschern. Aromatherapie u. Massage. Ort 5 km entfernt. 80 Touristenplätze.
2007: (HS) P/N 20.–, K/N bis 6 bis 15 J. 15.–, St/N 100.–, WD zuzügl., Strom/N 30.–. In NS Ermäßigung.
DCC 10% auf P/N.

6789 Loen, Sogn og Fjordane — 4350/2

★★★ »LO-VIK CAMPING«
☎ 57877619, Fax 57877811
Mai bis Sept.
30 000 qm

→ ca. 400 m südlich Loen an der Straße 60.

6789 Loen, Sogn og Fjordane — 4350/3

★★★ »TJUGEN CAMPING«
☎ 57877617, Fax 57871335, www.tjugen.no
Mai bis Okt.
10 000 qm

→ Zufahrt beim Hotel Alexandra von der Straße 60 in Richtung Kjenndal abbiegen, dann noch ca. 2.8 km.

Ansteigendes, teilweise terrassiertes Wiesengelände. Kiosk. Ort 2 km entfernt. Touristen-/Dauerplätze 30/5.

6218 Hellesylt, Møre og Romsdal — N 4370

★★ »HELLESYLT CAMPING«
☎ 70265188, Fax 70265210
Mitte Mai bis Sept.
10 000 qm

→ 3 km außerhalb der Ortschaft in Richtung Geiranger.

Ebenes Wiesengelände am Geirangerfjord. 50 Touristenplätze.

6216 Geiranger, Møre og Romsdal — N 4400/1

★★★ »GEIRANGER CAMPING«
☎/Fax 70263120
20.5. bis 10.9.
14 000 qm
www.geirangercamping.no, post@geirangercamping.no

→ im Ort beim Hotel abbiegen, noch 200 m. Beschildert (GPS: 62°5'50" N / 7°12'09" E).

Ebenes Wiesengelände beiderseits des Baches bei der Mündung in den Fjord. Ort 200 m entfernt. 140 Touristenplätze.
2007: P/N 20.–, K/N 4 bis 14 J. 10.–, C MC-St/N 115.–, T-St/N 70.–/90.–, WD zuzügl., Strom/N 35.– (10 A).

6216 Geiranger, Møre og Romsdal — N 4400/2

★★★ »VINJE CAMPING«
☎ 70263017, Fax 70263015
1.6. bis 15.9.
16 000 qm
vinje-camping.no, post@vinje-camping.no

→ ca. 1.5 km südöstlich von Geiranger an der Straße 63 von Grotli.

Terrassiertes Wiesengelände an einem bewaldeten sowie felsigen Hügel beim Wasserfall. Ort 1.5 km entfernt. 60 Touristenplätze.
2008: (HS) P/N 35.–, K/N 4 bis 12 J. 17.–, C MC-St/N 90.–, T-St/N 65.–, WD zuzügl., Strom/N 35.– (16 A). In NS Ermäßigung.

6216 Geiranger, Møre og Romsdal — N 4400/3

★★★ »GEIRANGERFJORDEN FERIESENTER«
☎ 95107527, Fax 70261999
Mai bis Sept.
15 000 qm
www.geirangerfjorden.net, fmgrande@online.no

→ an der Straße 63 Richtung Eidsdal, ca 2 km nördlich des Ortes.

Teils ebenes, teils terrassiertes Wiesengelände mit einzelnen Bäumen unterhalb des Hotels direkt am Geirangerfjord. 50 Touristenplätze.

6215 Eidsdal, Møre og Romsdal — N 4450

★★★ »YTTERDAL CAMPING«
☎ 70259013, Fax 70258153
1.4. bis 1.10.
25 000 qm
www.ytterdal-camping.no, post@ytterdal-camping.no

→ In Eidsdal nahe dem Fährenleger (GPS: 61°09'21" N / 7°59'22" E).

Ebenes, teils leicht abfallendes Wiesengelände mit Obstbäumen. Touristen-/Dauerplätze 30/40.
2008: P/N 10.–, K/N 4 bis 12 J. 5.–, A/N 80.–, C MC/N 100.–, T/N 55.–, M/N 55.–, WD zuzügl., Strom/N 25.– (10 A).
DCC/CCI 10% auf P/N.

✉ 6008 Ålesund, Møre og Romsdal N 4620
★★ »VOLSDALEN CAMPING« ☞ Mai bis Sept.
☎ 70125890, Fax 70121494 10000 qm
→ ca. 1.5 km östlich vom Zentrum, von der E 136 zum Fjord abbiegen.

Welliges, mehrfach unterteiltes Wiesengelände am Borgund–Heissa-Fjord. Ort 1.5 km entfernt. 50 Touristenplätze.

✉ 6260 Skodje, Møre og Romsdal N 4625
★★★ »VIKA FERIESENTER AS« ☞ Mai bis Sept.
☎ 70276206 18000 qm
→ E 136 Ålesund–Dombås zwischen Spjelkavik und Sjøholt.

Sand- und Wiesengelände am Storfjord. Von Wald umgeben. Busverbindung nach Ålesund und Åndalsnes. Buffet. Lebensmittelverkauf 1 km entfernt. Touristen-/Dauerstellplätze 30/45.

✉ 6015 Ålesund–Gåseid, Møre og Romsdal N 4630
[30] ★★★ »PRINSEN STRANDCAMPING AS« ☞ 1.1. bis 31.12.
☎ 70155204, Fax 70154996 30000 qm
www.prinsencamping.no, post@prinsencamping.no
→ ca. 6 km von Ålesund an der Straße E 136. ✉ Ratvika (GPS: 62°27'51" N / 6°15'19" E).

Ebenes Wiesengelände an einer geschützten Bucht des Borgundfjordes. Bungalowanlage. Ort 5 km entfernt. 150 Touristenplätze.
2008: (HS) P/N inkl. St/N 200.–, Strom/N 30.– (16A). In NS Ermäßigung.

✉ 6300 Åndalsnes, Møre og Romsdal N 4750/1
[20] ★★★★ »MJELVA CAMPING OG HYTTER« ☞ 1.5. bis 15.9.
☎ 71226450, Fax 71226877 35000 qm
www.mjelvacamping.no, mjelvac@eunet.no
→ an der E136, 3 km südlich von Åndalsnes (GPS: 62°32'52" N / 07°42'48" E).
◆ Trollstigen. Trollveggen. Geiranger.

Unparzelliertes, ebenes Wiesengelände im lichtem Birkenwald. Bunalow-anlage. Kiosk. Fischerkarte. Ort (Åndalsnes) 3 km entfernt. 60 Touristenplätze.
2008: (HS) P/N 10.–, K/N bis 12 J. 5.–, St/N 120.–/115.–, WD zuzügl., Strom/N 30.– (10/16A). In NS Ermäßigung.

✉ 6300 Åndalsnes, Møre og Romsdal N 4750/2
★★★ »TROLLVEGGEN CAMPING« ☞ Mai bis Sept.
☎ 71223700, Fax 71221631 45 m 41000 qm
www.trollveggen.no, post@trollveggen.no
→ an der E136, 10 km südlich von Åndalsnes (GPS: 62°29'47" N / 07°45'46" E).
◆ Trollstigen. Trollveggen. Geiranger.

Unparzelliertes, ebenes, terrassiertes Wiesengelände mit einzelnen Bäumen an einem Fluss. Blick auf den Trollveggen (steile Felswand). Ententeich. Kiosk. Ort 10 km entfernt. 60 Touristenplätze.

✉ 6363 Mittet, Møre og Romsdal N 4760
★★ »MITTET CAMPING« ☞ Mai bis Sept.
☎ 71228483, 71228471, Fax 71227751 20000 qm
annemette@raumainfo.no
→ von Åndalsnes Straße 64 Richtung Molde. Beim Fähranleger Åfarnes auf N 660 nach Mittet.

Naturbelassenes Gelände am Fjord. Ort 300 m entfernt. Touristen-/Dauerstellplätze 60/10.

✉ 6511 Kristiansund, Møre og Romsdal N 4800
★★★ »ATLANTEN CAMPING« ☞ 1.1. bis 31.12.
☎ 71671104, Fax 71672405, www.atlanten.no 26500 qm
→ Straße 70 über die beiden Sundbrücken, noch ca. 1 km, beim Kreisverkehr rechts abbiegen. Beschildert. ✉ Dalaveien 22.

Hügeliges, teilweise terrassiertes und gekiestes Wiesengelände neben dem Sportgelände. Ort 1 km entfernt. 100 Touristenplätze.

DCC-Vertragsplatz

✉ 7246 Sandstad, Insel Hitra, Sør Trøndelag N 4820
[20] ★★★ »HITRA CAMPING OG KRO« ☞ 30.3. bis 20.8.
☎/Fax 72443730 9000 qm
www.hitra.com, www.hitracamping.com, hitracamping@hotmail.com
→ von Trondheim E39 Richtung Kristiansund. Bei Orkanger auf Straße 710/714 Richtung Hitra. Durch einen mautpflichtigen Tunnel zur Insel Hitra.

Naturbelassenes, windgeschütztes, von Wald umgebenes Wiesengelände am Meer. Waschinnen behindertengerecht. Lebensmittelverkauf 2 km, Ort 15 km entfernt. Moca-Entsorgungsstation unterhalb des Platzes am Rastplatz. 60 Touristenplätze.
2008: P/N inkl. C MC-St/N 140.–, T-St/N 80.–, WD zuzügl., Strom/N 35.–
DCC 20% auf P/N.

✉ 7530 Meråker, Nord-Trondelag N 5050
★★★★ »BRENNA CAMPING« ☞ 1.1. bis 31.12.
☎/Fax 74810234, bi-john4@frisurf.no 30000 qm
→ ca. 1.5 km östlich von Meråker. Die Beschilderung beachten.

Ebenes, sehr gepflegtes Wiesengelände. Cafeteria. Restaurant und Reitmöglichkeit 1 km entfernt. 50 Touristenplätze.

✉ 7630 Åsen, Nord-Trøndelag N 5150
[20] ★★★ »GULLBERGET CAMPING« ☞ 1.5. bis 1.10.
☎ 74056151, Fax 74056573 20000 qm
→ E6 zwischen Trondheim und Steinkjer, ca. 60 km nördl. von Trondheim.

Ebenes Wiesengelände mit dichten Fliederbüschen teilweise unterteilt. Bungalowanlage. Ort 2 km entfernt. 50 Touristenplätze.
2007: P/N inkl. St/N 150.–, WD zuzügl., Strom/N 30.– (16A).
DCC/CCI 5% auf St/N.

✉ 7708 Steinkjer, Nord-Trøndelag N 5200
★★★ »GULDBERGAUNET CAMPING« ☞ 1.1. bis 31.12.
☎ 74162045, Fax 74164735 40000 qm
www.rv17.no/guldbergaunet, guldshc@online.no
→ 1.5 km östlich der Hauptstraße E6 in Steinkjer.

Weitläufiges Wiesengelände auf der Halbinsel zwischen Byølva und dem Ognafluss. 100 Touristenplätze.

✉ 7750 Sjøåsen-Namdalseid, N.T. N 5280
[20] ★★ »CAMPING HOLMSET GÅRD« ☞ 15.4. bis 15.9.
☎ 74278726 10000 qm
www.holmsetcamping.no, rolf@holmsetcamping.no
→ Straße 17 Steinkjer–Namsos, ca. 8 km nach Namdalseid.

Leicht welliges Wiesengelände zwischen Straße und Fluss. Ort 8 km entfernt. 30 Touristenplätze.
2007: P/N inkl. St/N 100.–/130.–, H/N 20.–, WD zuzügl., Strom/N 30.– (16A).

7873 Harran-Grong, Nord-Trøndelag — N 5320

★★★ »HARRAN CAMPING« — Mitte Mai bis Sept.
74332990 — 15 000 qm

→ zwischen der E 6 und dem Namsen–Fluss.

Ebenes Wiesengelände zwischen der Straße u. dem Namsen-Fluss. Kiosk u. Imbiss in der Tankstelle nebenan. Ort 1 km entfernt. 50 Touristenplätze.

7890 Namsskogan, Nord-Trøndelag — N 5330

★★ »CAMPING MELLINGSMO« — Mitt Mai bis Sept.
74334665 — 15 000 qm

→ ca. 15 km nördlich des Ortes an der E 6.

Zweistufiges Wiesengelände zwischen Straße und dem Fluss Namsen. 35 Touristenplätze.

8680 Trofors, Nordland — N 5340

★★ »CAMPING ELVETUN« — Juni bis Aug.
75181191 — 16 000 qm

→ ca. 4 km südlich der Ortschaft.

Terrassiertes Gelände an der E 6. Von Wald umgeben. Ort 3 km entfernt. 40 Touristenplätze.

8651 Mosjøen, Nordland — N 5360

★★ »MOSJØEN CAMPING AS« — 1.1. bis 31.12.
75177900, Fax 75177901, www.mosjoencamping.no — 25 000 qm

→ an der E 6, am südlichen Ortsanfang. Beschildert.

Langgestrecktes Gelände am südlichen Ortsrand. Behinderteneinrichtung auch als Babyraum. Bowling. Gokart. 130 Touristenplätze.

8646 Korgen, Nordland — N 5380

25 ★★★ »KORGEN CAMPING« — 1.6. bis 10.9.
75191136, 75191255, Fax 75191226 — 10 000 qm
www.kogen-camping.no, post@korgen-camping.no

→ Von der E 6 bei der Kirche mitten im Ort abbiegen. Beschildert (GPS: 66°04'45" N / 13°46'36" E).

Ebenes Wiesengelände in der Røssåga-Flussschleife. Autowaschplatz. Ort 1 km entfernt. 40 Touristenplätze.
2008: (HS) P/N inkl. C MC-St/N 160.–, T-St/N 130.–, WD zuzügl., Strom/N 30.–. In NS Ermäßigung. DCC/CCI 10.– NOK Ermäßigung.

8630 Storforshei, Nordland — N 5420

★★★ »KROKSTRAND CAMPING« — Juni bis Sept.
/Fax 75166074 — 25 000 qm

→ Etwas abseits der E 6, vor der Straßenbrücke.

Ebenes Wiesengelände am Ufer des Ranelva. Restaurant und Laden (Gas) zum Platz gehörend, befinden sich auf der anderen Straßenseite. Ort 60 km entfernt. 40 Touristenplätze.

8200 Fauske, Nordland — N 5460/1

★★★ »LUNDHØGDA CAMPING« — Mai bis Okt.
75643966, Fax 75649249, lundhogda@c2i.net — 12 000 qm

→ von der Straße 80 nach Bodø links abbiegen, auf dem Erikstadveien noch ca. 1.9 km.

Ebenes Wiesengelände. Bungalowanlage. Ort 3 km entfernt. 76 Touristenplätze.

8200 Fauske, Nordland — N 5460/2

★★★ »FAUSKE CAMPING« — 1.1. bis 31.12.
75648401, Fax 75648413, mobil 94891467 — 30 000 qm
www.home.online/-fausm, fausm@online.no

→ An der E 6 3.5 km südlich von Fauske.

Ebenes Wiesengelände mit dichtem Baumbestand. Imbiss. Ort 3.5 km entfernt. 60 Touristenplätze.

8226 Straumen, Nordland — N 5465

★★★ »STRØMHAUG CAMPING« — 1.1. bis 31.12.
75697106, Fax 75697606, stroemha@online.no — 12 000 qm

→ von Fauske auf der E 6 ca. 16 km in nördl. Richtung zum Ort.

Ebenes bis leicht abfallendes Wiesengelände am Strømelva, überwiegend schattenlos. Ort 100 m entfernt. 50 Touristenplätze.

8013 Bodø, Nordland — N 5500

★★★ »BODØSJØEN-CAMPING« — 1.1. bis 31.12.
75563680, Fax75564689 — 29 000 qm

→ vom Hafen kommend in Straße 80 Richtung Fauske einbiegen. Nach 2 km Beschilderung beachten. Kvernhus veien 1.

Leicht abfallende Wiese am Saltfjord, nahe der Einflugschneise. Ort 2.5 km entfernt. 180 Touristenplätze.

8388 Ramberg, Lofoten, Nordland — N 5550

★★★ »RAMBERG GJESTEGÅRD A/S« — 1.1. bis 31.12.
76093500, Fax 76093140 — 5000 qm
www.ramberg-gjestegard.no, ramberggiest@lofoten.com

→ E 10 Richtung Å, in Ramberg beschildert.

Ebenes Wiesengelände. 35 Touristenplätze.

8370 Leknes-Strandslett, Lofoten — N 5560

20 ★★★ »BRUSTRANDA SJØCAMPING« — 1.5. bis 30.9.
76087100, 97791487, Fax 76087144 — 20 000 qm
www.lofoten.com, bl-tjoen@online.no

→ von der E 10 auf die Straße 815 Richtung Stamsund abbiegen.

Ebenes Wiesengelände am Rolvsfjord mit Felsküste. Kiosk. Imbiss. Mietwagen. Moca-Entsorgung bei der zum Platz gehörenden Tankstelle. 60 Touristenplätze.
2007: (HS) P/N inkl. C MC-St/N 140.–, T-St/N 120.–, WD zuzügl., Strom/N 25.–. (16 A). In NS Ermäßigung.
DCC/CCI 5% auf P/N.

8310 Kabelvåg, Lofoten, Nordland — N 5570

20 ★★★ »SANDVIKA FJORD OG SJØHUS CAMPING« — 1.1. bis 31.12.
76078145, Fax 76079010 — 120 000 qm
www.sandvika-camping.no, post@sandvika-camping.no

→ von der E 10 ca. 9 km westlich von Svolvær bzw. 3 km nach Kabelvåg zum Platz abbiegen, noch ca. 1 km. Beschildert. Ørsågveien 45.

Wiesenfläche u. gekieste Stellflächen am Fjord auf einer Halbinsel. Babywickeltisch. Cafeteria mit Imbiss. Ort 2 km entfernt. 150 Touristenplätze.
2007: (HS) P/N inkl. C MC-St/N 130.–, T-St/N 80.–, B/N 110.–, WD zuzügl., Strom/N 35.–. (10 A). In NS Ermäßigung.

Als DCC-Mitglied sind Sie immer gut beraten
Deutscher Camping-Club e.V., Postf. 40 04 28, 80704 München

8313 Kleppstad, Lofoten, Nordland — N 5575

★★ »LYNGVÆR LOFOTEN BOBILCAMPING A/S« — Mai bis Sept.
76078781, Fax 76077881, velorent@c2i.net — 120 000 qm

→ An der E 10 Svolvær Richtung Sørvågen. Beschildert.

Terrassiertes Wiesengelände unterhalb der Straße am Fjord, teils gekiest. Hütten etwa 300 m entfernt auf eigenem Gelände. 150 Touristenplätze.

8315 Laukvik, Lofoten, Nordland — N 5580

[15] ★★★ »SANDSLETTA CAMPING« — 1.5. bis 20.9.
/Fax 90915230, 76075257 — 35 000 qm
www.camping-lofoten.com, sandsletta@camping-lofoten.com

→ Von der E 10 Richtung Laukvik abbiegen, noch ca. 10 km. Beschildert. (GPS: 68°20'09" N / 14°29'58" E).

Leicht geneigte, terrassierte Wiesenfläche mit gekiesten Stellflächen für Caravans u. Mocas am Fjord. Tretboote. Touristen-/Dauerstellplätze 60/10.
2008: (HS) P/N inkl., St/N 110.–, WD zuzügl., Strom/N 25.– (10/16 A). In NS Ermäßigung.
DCC/CCI 5% auf St/N.

8540 Ballangen, Nordland — N 5600

[25] ★★★★ »BALLANGEN CAMPING« — 1.3. bis 31.12.
76927690, Fax 76927692 — 90 000 qm
www.ballangencamping.no, ballcamp@c2i.net

→ an der E 6 ca. 3.5 km nordöstlich von Ballangen. Beschildert (GPS: 68°20'33" N / 16°55'45" E).

Wiesengelände zwischen Straße und Fjord. Wasserrutsche. Ort 4 km entfernt. 120 Touristenplätze.
2007: (HS) P/N inkl., St/N 130.–/170.–, WD zuzügl., Strom/N 40.– (16 A). In NS Ermäßigung.
DCC/CCI 10% auf P/N.

8501 Narvik, Nordland — N 5625

★★ »NARVIK CAMPING« — 1.1. bis 31.12.
76945810, Fax 76941420 — 20 000 qm
www.opofoten.no/narvikcamping, narvik.camping@opofoten.no

→ an der E 6, etwa 1.5 km nördlich von Narvik.

Mehrfach gestuftes, schattenloses Hanggelände. Schöner Blick über den Ofotfjord. Geschotterte Stellplätze. Ort 4 km entfernt. 100 Touristenplätze.

9400 Harstad, Troms — N 5630

[25] ★★★ »HARSTAD CAMPING« — 1.1. bis 31.12.
77073662, Fax 77073502 — 52 000 qm
www.harstadt-camping.no, postmaster@harstad-camping.no

→ von der Straße 83 ca. 3 km südl. Harstad abbiegen, noch 800 m Nesseveien 55.

Leicht abfallendes Wiesengelände mit ebenen Stellflächen für Caravans und Mocas direkt am Vågsfjord. Autowaschplatz. Ort 5 km entfernt. 80 Touristenplätze.
2007: (HS) P/N inkl. C MC-St/N 175.–, T-St/N 120.–, WD zuzügl., Strom/N 25.– (16 A). In NS Ermäßigung.

9250 Bardu, Troms — N 5660

★★★ »BARDU CAMPING & TURIST« — 1.1. bis 31.12.
77181558, Fax 77181598 — 80 m — 30 000 qm

→ An der E 6, nördlich von Bardu. Beschildert. Idrettsveien 2.

Ebenes, mit teilweise gekiesten Stellflächen versehenes Gelände in einem Föhrenwäldchen. 80 Touristenplätze.

9049 Nordkjosbotn, Troms — N 5680

[20] ★★★ »BJØRNEBO CAMPING« — 10.6. bis 15.8.
77728161, 96202242 — 6500 qm

→ an der E 6, 500 m südlich vom Abzweig der E 8 nach Tromsö.

Ebenes, teils leicht welliges Wiesengelände. Durch Buschreihen teilweise parzelliert. 35 Touristenplätze.
2007: P/N inkl. C MC-St/N 150.–, T-St/N 120.–, WD zuzügl., Strom/N 30.–

9020 Tromsdalen, Troms — N 5700

★★★ »TROMSDALEN CAMPING« — 1.1. bis 31.12.
77638037, Fax 7738524 — 16 000 qm

→ an der E 8, nördlich von Tromsø. Beschildert.

Wiesengelände unterhalb eines bewaldeten Berghanges. Ort 2 km entfernt. 90 Touristenplätze.

9027 Ramfjordbotn, Troms — N 5710

★★★ »RAMFJORD-CAMPING« — 1.1. bis 31.12.
77692130, Fax 77692260 — 14 000 qm

→ E 8, ca. 26 km südöstlich von Tromsø.

Teilweise gekiestes Gelände unterhalb der Straße. Imbiss. Grillhütte. 60 Touristenplätze.

9022 Krokelvdalen, Troms — N 5720

[20] ★★★ »SKITTENELV CAMPING« — 1.1. bis 31.12.
77690027, Fax 77690050 — 30 000 qm
www.skittenelvcamping.no, post@skittenelvcamping.no

→ E8 bis Tromsdalen, dann weiter noch ca. 25 km auf die Fr 53 Richtung Oldervik. Beschildert.

Ebenes Wiesengelände direkt am Fjord. Ort 25 km entfernt. 80 Touristenstenplätze.
2007: P/N inkl. St/N 140.–, H/N frei, WD zuzügl., Strom/N 50.– (10A).

9545 Langfjordbotn, Finnmark — N 5740

★★★ »ALTAFJORD CAMPING« — Juni bis Sept.
/Fax 78432824 — 30 000 qm
www.altafjord-camping.no, post@altafjord-camping.no
booking@altafjord-camping.no

→ an der Straße E 6 ca. 80 km von Alta und 4 km von der Grenze zur Provinz Tromsø.

Wiesengelände am Langfjordbotn-See. Billard. Angelausrüstungen zum Leihen. Fotogallery. 80 Touristenplätze. Restaurant 2 km entfernt.

9500 Alta, Finnmark — N 5750

★★★ »ALTA RIVER CAMPING« — 1.1. bis 31.12.
78434353, Fax 78436902 — 12 000 qm
www.alta-river-camping.no, annjenss@online.no

→ Von der E 6 in Alta auf die Straße 93 nach Kautokeino abbiegen, noch ca. 4 km. Beschildert. Steinfossveien 5.

Ebenes Wiesengelände, teilweise gekiest. Bungalowanlage. Zwei Grillhütten. Kiosk. Gasverkauf u. Ort 5 km entfernt. 100 Touristenplätze.

An der Shell-Station in Boskop, an der Kreuzung bei der E6, besteht eine Ver- u. Entsorgestation für Mocas.

✉ 9500 Elvebakken, Finnmark　　N 5760

★★★ »SOLVANG-CAMPING«　　Mitte Juni bis Mitte Aug.
☎ 78430477　　18 000 qm

→ 11 km nördlich Alta-Zentrum.

Wiesengelände im hochstämmigen Föhrenwald. Ort 6 km entfernt. 30 Touristenplätze.

✉ 9615 Hammerfest, Finnmark　　N 5800

★★★ »HAMMERFEST TURISTSENTER«　　Mai bis Sept.
☎ 78411126, Fax 78411926　　27 000 qm

→ 1.5 km südlich der Stadt an der Straße 94 hinter der Shell-Station.

Steiniger Wiesenstreifen auf einer Klippe. Blick auf den Fjord und die Stadt. Teilweise asphaltierte Stellflächen. Separate Zeltwiese. Die Sani-Entsorgungsstation für Mocas und Chemietoiletten befinden sich neben der Tankstelle. Ort 1.5 km entfernt. 100 Touristenplätze.

✉ 9751 Honningsvåg, Finnmark　　N 5830

25　★★★ »NORDKAPP CAMPING«　　1.5. bis 30.9.
☎ 78473377, Fax 78471177　　25 000 qm
www.nordkappcamping.no, post@nordkappcamping.no

→ von Honningsvåg ca. 8 km entfernt in Richtung Nordkapp. Beschildert (GPS: 71°00'59" N / 25°32'02" E).

Steiniges Wiesengelände. Caravan- und Moca-Stellplätze asphaltiert. Separate Zeltwiese. Verpflegungsmöglichkeiten im Touristcenter nebenan. 46 Touristenplätze.
2008: **(HS)** P/N 30.–, K/N 4 bis 12 J. 15.–, St/N 100.–, WD zuzügl., Strom/N 30.– (16 A). In NS Ermäßigung.
DCC/CCI 10% auf P/N.

✉ 9763 Skarsvåg, Finnmark　　N 5840

★★★ »KIRKEPORTEN CAMPING«　　Mai bis Sept.
☎ 78475233 Fax 78475247　　30 000 qm
www.kirkeporten.no, pereil@c2i.net

→ von der E 69 nach Skarsvåg abbiegen, noch ca. 2 km. 2. Platz. Beschildert.

Wiesengelände, teilweise eben und teils gekiest. Der Behindertenraum wird auch als Babyraum genutzt. 30 Touristenplätze.

✉ 9713 Russenes, Finnmark　　N 5850

★★★ »RUSSENES CAMPING«　　1.1. bis 31.12.
☎ 78463711, Fax 78463791, olderfj@online.no　　22 000 qm

→ direkt an der E 69 zum Nordkapp.

Ebenes Wiesengelände am Olderfjord, durch die E 69 zweigeteilt. 100 Touristenplätze.

✉ 9700 Lakselv/Stabbursnes, Finnmark　　N 5870

★★★ »STABBURSDALEN CAMPING«　　Juni bis Sept.
☎ 78464760, Fax 78464762　　50 000 qm
www.stabbursdalen.no, info@stabbursdalen.no

→ E 6, ca. 17 km nördl. von Lakselv, ca. 500 m vor der Bogenbrücke.

Hügeliges, unparzelliertes und steiniges Gelände am Stabburselva. Grillhütte. Entleerung der Chemietoiletten kostenpflichtig. 50 Touristenplätze.

DCC – DEIN PARTNER!

✉ 9722 Skoganvarre, Finnmark　　N 5890

★★★ »SKOGANVARRE TURIST & CAMPING«　　1.1. bis 31.12.
☎ 78464846, 95847863, Fax 78464897　　10 000 qm
www.skoganvarre.no, skoganvarre@hotmail.com

→ An der E 6 von Lakselv nach Karasjok.

Ebenes bis leicht welliges Wiesengelände am Øvrevatnet gelegen. Billard. 50 Touristenplätze.

✉ 9730 Karasjok, Finnmark　　N 5900

★★★ »KARASJOK CAMPING A/S«　　1.1. bis 31.12.
☎ 78466135, Fax 78466697, halonen@online.no　　40 000 qm

→ E6 aus Richtung Lakselv. Im Ort abbiegen u. noch 650 m. Beschildert.

Langgestreckte Wiese am linken Flussufer. Behinderten- und Babyraum kombiniert. Kiosk. Restaurant 700 m, Ort 1 km entfernt. 50 Touristenplätze.

✉ 9520 Kautokeino, Finnmark　　N 5920

★★★ »ARCTIC MOTELL & CAMPING«　　1.1. bis 31.12.
☎ 78485400, Fax 78487505　　10 000 qm

→ An der Straße 93 Kautokeino–Enontekiö, ca. 2 km östlich von Kautokeino. Beschildert.

Ebenes bis leicht welliges Wiesengelände. Imbiss. Eisfischen. 40 Touristenplätze.

✉ 9845 Tana, Finnmark　　N 5940

★★★ »TANA FAMILIE-CAMPING«　　1.1. bis 31.12.
☎ 78928630, Fax 78928631　　41 000 qm

→ E 6 Richtung Kirkenes, ca. 4 km östlich von Tana, im Ortsteil Skippagurra. Beschildert.

Leicht ansteigendes Wiesengelände. Imbiss. Kiosk. Grillhütte. 75 Touristenplätze.

NIEDERLANDE

Übersichtskarte Seite 831

Besondere Vorschriften und Regelungen

Personaldokumente: Für einen Aufenthalt bis zu 3 Monaten ist ein gültiger Reisepass oder Personalausweis erforderlich. Kinder unter 10 Jahren müssen im Familienpass eingetragen sein, oder einen Kinderausweis (mit Lichtbild und dem Vermerk »Deutsch«) besitzen.

Impfbescheinigungen: Werden nicht verlangt.

Dokumente für Haustiere: Für Hunde und Katzen ist der »EU-Heimtierpass« mitzuführen. Er wird von behördlich ermächtigten Tierärzten ausgestellt. Der Pass muss Name und Anschrift des Besitzers enthalten und dem Tier eindeutig zugeordnet werden können; d.h. die Passnummer, die eine Identifizierung ermöglicht, wird dem Tier eintätowiert oder durch einen Mikrochip implantiert. Ein gültiger Tollwutimpfschutz muss ebenfalls im Pass nachgewiesen werden. Die letzte Impfung muss mindestens 30 Tage zurückliegen und darf höchstens 12 Monate vor der Einreise erneuert worden sein. Bei Tieren, die regelmäßig (einmal pro Jahr) geimpft werden, entfällt die 30-Tage-Frist. Hunde sind anzuleinen. Spezielle Auskünfte erteilt die Königlich Niederländische Botschaft, Klosterstraße 50, 10179 Berlin, Tel. 030/20 95 60, Fax 030/20 95 64 41.

Kfz: Nationale Zulassung und nationaler Führerschein sind ausreichend. Das Nationalitätszeichen »D« muss am Fahrzeug angebracht oder im EU-Nummernschild enthalten sein. Es besteht Haftpflichtversicherungszwang. Die Mitnahme der »Internationalen Grünen Versicherungskarte« wird dringend empfohlen. Wird das Kfz nicht vom Eigentümer selbst benutzt, sollte der Fahrer in Besitz einer Benutzungsvollmacht des Eigentümers sein.

Verkehrsvorschriften: Straßenbahnen haben grundsätzlich Vorfahrt. Ebenso Polizei, Feuerwehr- u. Erste Hilfe-Fahrzeuge im Einsatz. An Kreuzungen ohne Beschilderung gilt rechts vor links. An gelben Bordsteinkanten darf nicht geparkt werden. Kinder unter 12 Jahren dürfen nicht auf dem Vordersitz mitgenommen werden. Anschnallpflicht. Promillegrenze 0,5.

Tempolimits: Innerorts: Pkw/Gespanne 50 km/h, Landstraßen: Pkw/Gespanne 80 km/h, Autobahnen: Pkw/Gespanne 100-120/80 km/h.

Telefon: Deutschland–Niederlande: 0031, dann Durchwahl ohne die erste Null der Ortskennzahl. Niederlande–Deutschland: 0049, dann die deutsche Ortsnetzkennzahl ohne die erste Null.

Fortsetzung S. 832

Unfallnotruf: Polizei und Unfallrettung: 112 (Mobil 112) Pannenhilfe leisten die niederländischen Automobilclubs ANWB und KNAC. An den Autobahnen sind in regelmäßigen Abständen Notrufsäulen installiert.

Devisen: Für die Ein- und Ausfuhr von Landes- und Fremdwährungen bestehen keine Beschränkungen.

Camping: Das Land verfügt über ca. 2500 gut ausgebaute Campingplätze mit großem Freizeitangebot. Wegen der großen Nachfrage deutscher Camper wird rechtzeitige Reservierung empfohlen. Hier besonders auf die Bedingungen achten. Bei Stornierung oder vorzeitiger Abreise werden Vorauszahlungen teilweise nicht erstattet. Die Mitnahme des Internat. Campingausweises (CCI) ist ratsam, da dieser auf sehr vielen Plätzen verlangt wird. Freies Campen ist verboten. Die Stromversorgung ist auf eine Netzspannung von 220 Volt Wechselstrom (50 Hz) ausgelegt.

Wassersport: Boote dürfen zollfrei eingeführt werden. Grenzdokumente sind nicht erforderlich. Für Motorboote, die schneller als 20 km/h sind, besteht Anmeldepflicht, wenn das Boot in Deutschland nicht angemeldet ist. Führerscheinpflicht besteht für Bootsführer von Motorbooten, die eine Geschwindigkeit von mehr als 20 km/h erreichen und die länger als 15 Meter sind.

Allgemeine Informationen:

D-50511 Köln, Niederländes Büro für Tourismus, Postfach 27 05 80
Tel. 01805/34 33 22, Fax 01805/343320
www.niederlande.de, info@niederlande.de

Vertretungen der Bundesrepublik Deutschland:

NL-2517 EG Den Haag, Deutsche Botschaft
Groot Hertoginnelaan 18–20
Tel. 00 31 70/3 42 06 00, Fax 00 31 70/3 65 19 57
www.duitse-ambassade.nl, ambduits@euronet.nl

Ausführliche Einreisebestimmungen mit detaillierten Angaben zu den Themen Reisedokumente, Zoll- und Devisenbestimmungen, Reisen mit dem Kraftfahrzeug, Camping und der Aufenthalt im Urlaubsland sind bei der Touristik-Abteilung des DCC gegen Rückporto erhältlich.

Campingplätze:

Gebühren-Angaben in EURO
Bei Gebühren-Angaben mit der Vorjahreszahl muss eventuell mit einer Anhebung der Gebühren für das laufende Jahr gerechnet werden. Außerdem können sich die angegebenen Öffnungszeiten verändert haben und es ist möglich, dass angegebene Ermäßigungen nicht mehr gewährt werden.

4424 NC Wemeldinge, Zeeland NL 1020

25 ★★★ »CAMPING LINDA« April bis Nov.
☎ 0113/621259, Fax 622638, 60000 qm
www.campinglinda.nl

→ A58/E 312 Breda–Vlissingen Abf. (33) Wemeldinge/Yerseke. In Wemeldinge der Beschilderung folgen. ✉ Oostelijke Kanaalweg 4.

Ebenes, von Büschen umgebenes, parzelliertes Wiesengelände bei einem kleinen Strand und neben einem Jachthaven an der Oosterschelde. Im Campingbüro befindet sich auch der Fremdenverkehrsverein. Beheizte Sanitäranlagen. Jugendraum. Imbiss. Boule. Ort 700 m entfernt. 80 Touristenplätze.
2007: (HS) 2 P/N inkl. St/N 19.50, H/N 3.–, K/T –.56, WD zuzügl., Strom/N (6 A). In NS Ermäßigung.

DCC-Vertragsplatz

4435 NR Baarland, Zuid Beveld./Zeeld. NL 1070

35 ★★★★ »COMFORTCAMPING SCHELDEOORD« 14.3. bis Okt.
☎ 0113/639900, Fax 639500 100 000 qm
www.scheldeoord.nl, info@scheldeoord.nl

→ A58/E 312 Breda–Vlissingen Abf. (35) 's-Gravenpolder über Hoedekonskerke. Beschildert. ✉ Landingsweg 1.

Ebenes Wiesengelände auf einer Landspitze hinter dem Westerschelde-Deich. Parzelliert und durch Hecken unterteilt. Teilweise Stellplatznischen. Separate Pkw-Abstellung. Befestigte Mocaplätze. Zwiebelfabrik in der Nähe. Sanitäranlagen beheizbar. Whirlpool. Wasserrutschen. Boule. Hundebad. Ärztliche Betreuung. Kabel-TV. In HS Reservierung erforderlich. Mindestaufenthalt 7 N. Ort 2 km entfernt. Mittagsruhe 12-13 Uhr in NS. Touristen-/Dauerstellplätze 224/70.
2008: 2 P/N inkl. St/N 35.–, WD u. Strom (6-16 A) inkl.
DCC 10% auf P/N, CCI 5% auf P/N.

4585 PL Hengstdijk, Zeeland NL 1130

★★★ »RECREATIECENTRUM DE VOGEL« 1.1. bis 31.12.
☎ 0114/681625, Fax 682527 620000 qm
www.de-Vogel.nl, info@de-Vogel.nl

→ A58 Bergen op Zoom–Middelburg Abf. bei Goes auf die N62 Richtung Westerscheldetunnel/Terneuzen (Maut). Dann auf die N61 Richtung Hulst nach Hengstdijk. Beschildert. ✉ Vogelweg 4.

Ebenes, parzelliertes und in Stellfelder unterteiltes Wiesengelände am Binnensee "De groot Vogel". Kabel-TV. Hundetoilette. Streichelzoo. Pferdestall. Bogenschießen. Kabelbahn. Gratis-Bus zum Subtropischen Badeparadies (bei Aufenthalt ab 1 Wo.) Touristen-/Dauerstellplätze 183/358.

4528 KG St. Kruis/Oostburg, Zeeu.-Vla. NL 1250

★★★ »CAMPING BONTE HOEVE« April bis Okt.
☎ 0117/452270, Fax 454322 70000 qm
www.bontehoeve.nl, info@bontehoeve.nl

→ A 58 Bergen–Goes, Abf. Westerscheldetunnel (Maut)/Terneuzen N62, Richtung Oostburg N61, danach Richtung Waterlandkerkje. ✉ Eiland 4.

Ebenes, parzelliertes, teilweise schattenloses Wiesengelände. Kabel-TV. Mittagsruhe 12-14 Uhr. Touristen-/Dauerstellplätze 50/150.

camping CASSANDRIA BAD ★★★
Strengweg 4, NL-4525 LW Retranchement,
Tel. 00 31-117-39 23 00, Fax 00 31-117-39 24 25
E-mail: cassandria@zeelandnet.nl
Internet: www.cassandriabad.nl
● Geöffnet 1.3. – 1.11. ● 1700 m von der Nordseeküste (Cadzand Bad)
● Angelmöglichkeit direkt neben dem Campingplatz ● Kantine ●
Waschsalon ● Frittenbude ● Sport und Spielmöglichkeit ● Sehr moderne Sanitäranlage ● Kabelfernsehen
(NL 1270/1)

4525 LW Cadzand-Retranchem. Z.-V. NL 1270/1

30 ★★★ »CAMPING CASSANDRIA BAD« März. bis Nov.
☎ 0117/392300, Fax 392425 55000 qm
www.cassandriabad.nl, cassandriabad@zeelandet.nl

→ A 58 Bergen–Middelburg, Abf. bei Goes Richtung Westerscheldetunnel (Maut)/Terneuzen N62, danach auf die N61 Richtung Breskens, Oostburg, Cadzand nach Retranchement. In Cadzand beschildert. ✉ Strengweg 4.

Ebenes, parzelliertes Wiesengelände. Überwiegend schattenlos und durch Anpflanzungen in Stellfelder unterteilt. Imbiss. Kabel-TV. Separater Jugendraum. Ort 2 km entfernt. Mittagsruhe 12-14 Uhr. Touristen-/Dauerstellplätze 100/75.
2007: (HS) 4 P/N inkl. St/N 27.50, weitere P/N 3.50, H/N 2.50, WD inkl., Strom inkl. In NS Ermäßigung.

4506 HT Cadzand, Zeeuws-Vlaand. NL 1270/2

35 ★★★ »CAMPING HOOGDUIN« 15.3. bis 25.10.
☎ 0117/391235, Fax 392313 100000 qm
www.campinghoogduin.nl, hoogduin@zeelandnet.nl

→ A 58 Bergen–Middelburg, Abf. bei Goes Richtung Westerscheldetunnel (Maut)/Terneuzen N62, danach Richtung Breskens N61. In Breskens beschildert. ✉ Zwartepolderweg 1.

Ebenes bis leicht welliges, schattenloses Wiesengelände hinter dem Nordsee-Deich. Durch Hecken und Zäune in Stellfelder unterteilt. Parzelliert. Sanitäranlage beheizbar. Kabel-TV. Ort 1.2 km entfernt. Mittagsruhe 12.30-13.30 Uhr. Touristen-/Dauerstellplätze 250/200.
2008: (HS) P/N 5.30, K/N 3 bis 11 J. 4.30, St/N 16.–, M/N 2.–, H/N 2.–, KT 1.10, WD inkl., Strom/N (6-12) 3.– bis 5.–. In NS Ermäßigung.

Jahres-Öffnungszeiten

werden uns von den Platzhaltern gemeldet. Sie bemühen sich, die Zeiten einzuhalten. Je nach Wetterlage sind aber spätere Öffnungs- und frühere Schließungszeiten möglich.

In reichweite der Stadt
www.citycamps.nl

4506 HT Cadzand, Zeeuws-Vlaand. NL 1270/3

20 ★★★ »CAMPING WULPEN« — 22.3. bis 19.10.
☎ 0117/391226, Fax 391299, ✉ 4506 HK — 40 000 qm
www.campingwulpen.nl, info@campingwulpen.nl

→ A 58 Bergen–Middelburg, Abf. bei Goes Richtung Westerscheldetunnel (Maut)/Terneuzen N 62, danach Richtung Breskens N 61. In Breskens beschildert. ✉ Vierhonderdpolderdijk 1.

Sehr gepflegtes, ebenes bis leicht welliges Wiesengelände. Parzelliert mit Heckenunterteilungen. Überwiegend schattenlos. Teilweise separate Pkw-Abstellung. Hunde auf Anfrage. Ort 500 m, Strand 1.5 km entfernt. Mittagspause 12-13 Uhr. Touristen-/Dauerstellplätze 100/73.
2008: (HS) P/N 3.10, K/N 1 bis 10 J. 2.60, A/N 2.10, C/N 4.30, T/N 4.50, H/N 1.90, KT 1.70, WD zuzügl., Müllgeb./N –.35, Strom/N 2.30 (6A). In NS Ermäßigung.

4506 HZ Cadzand, Zeeuws-Vlaand. NL 1270/4

★★★ »CAMPING WELGELEGEN« — 1.1. bis 12.12.
☎ 0117/391383, Fax 391619 — 52 000 qm
www.campingwelgelegen.nl, info@campingwelgelegen.nl

→ A 58 Bergen–Middelburg, Abf. bei Goes Richtung Westerscheldetunnel (Maut)/Terneuzen N 62, danach Richtung Breskens N 61. ✉ Vlamingpolderweg 14.

Ebenes bis leicht welliges, parzelliertes Sandgelände in den Dünen. Naturschutzgebiet "Het Zwin" in der Nähe. Streichelzoo. Kinderlokomotive. Imbiss in HS. Moped- und Scooterverleih. FW. Diskothek in der Nähe. Ort 1 km, Reitmöglichkeit 2 km entfernt. Touristen-/Dauerstellplätze 70/100.

4501 PP Nieuwvliet-Bad, Zeeuws-Vl. NL 1290/1

40 ★★★★ »VAKANTIEPARK PANNENSCHUUR« — 1.1. bis 31.12.
☎ 0117/372300, 0900/1/472009 (€ 0.20 p.m.), Fax 371415 — 145 000 qm
www.rpholidays.nl, info@rpholidays.de

→ A 58 Bergen–Middelburg, Abf. bei Goes Richtung Westerscheldetunnel (Maut)/Terneuzen N 62, danach Richtung Breskens N 61. In Breskens beschildert. ✉ Zeedijk 19.

Ebenes, parzelliertes Wiesengelände hinter dem Meeresdeich. Durch Hecken in Stellfelder unterteilt. Befestigte Moca-Plätze. Separate Pkw-abstellung. Ausgedehnte Kinderspielplätze. Kabel-TV. Spülmaschine. Mopedverleih. FW. Ort 3 km entfernt. Touristen-/Dauerstellplätze 150/500.
2007: (HS) 5 P/N inkl. St/N 27.– bis 40.–, weitere P/N 4.–, WD inkl., Strom (6A) inkl. Junge Familien und ab 50 J. Ermäßigung. In NS Erm.

(NL 1290/3)

* gemütlicher familien-campingplatz * 800 meter vom strand * großartiges spiel- und schwimmbad für groß und klein * kinderspielplatz * sport- und spielfeld * freizeitteam, auch über ostern, himmelfahrt, und pfingsten * luxus chalets * wanderhütten * supermarkt * snackbar * kantine.

★★★★
Baanstpoldersedijk 1
NL - 4504 PS Nieuwvliet
Tel. 0031 117371910
Fax 0031 117371648

E-mail: info@campingzonneweelde.nl
Internet: www.campingzonneweelde.nl

DCC-Vertragsplatz

4504 AA Nieuwvliet-Bad, Zeeuws-Vl. NL 1290/2

30 ★★★ »CAMPING INTERNATIONAL« — 14.3. bis 26.10.
☎ 0117/371233, Fax 372270 — 60 000 qm
www.zeelandcamping.nl/international, international@zeelandcamping.nl

→ A 58 Bergen–Middelburg, Abf. bei Goes Richtung Westerscheldetunnel (Maut)/Terneuzen N 62, danach Richtung Breskens N 61. In Breskens beschildert. ✉ St. Bavodijk 2 D.

500 m

Ebenes, parzelliertes Wiesengelände mit Heckenunterteilung bei einer Windmühle. 27 Parzellen mit eigener Sanitärkabine. Befestigte Moca-Plätze. Separater Mobilheimteil. Sanitäranlage beheizbar. Kabel-TV. Mopedverleih. Ort 500 m, Strand 1.8 km entfernt. Touristen-/Dauerstellplätze 105/142.
2008: (HS) 2 P/N inkl. St/N 29.–, weitere P/N 3.–, K/N bis 2 J. frei, H/N 3.–, KT inkl., WD inkl., Strom (6A) inkl. In NS Ermäßigung.
DCC 10% auf P/N.

4501 PP Nieuwvliet-Bad, Zeeuws-Vl. NL 1290/3

30 ★★★ »CAMPING ZONNEWEELDE« — April bis Nov.
☎ 0117/371910, Fax 371648, ✉ 4504 PS — 75 000 qm
www.campingzonneweelde.nl, info@campingzonneweelde.nl

→ A 58 Bergen–Middelburg, Abf. bei Goes Richtung Westerscheldetunnel (Maut)/Terneuzen N 62, danach Richtung Breskens N 61. In Breskens beschildert. ✉ Baanstpoldersedijk 1.

800 m

Ebenes, parzelliertes, durch Bäume und Hecken unterteiltes Wiesengelände. Imbiss. Ort 2 km entfernt. Mittagsruhe 12.30-14 Uhr. Touristen-/Dauerstellplätze 120/240.
2007: (HS) 2 P/N inkl. St/N 21.50 bis 26.50, weitere P/N 5.–, H/N 2.50, KT 1.–, WD inkl., Strom (10A) zuzügl. In NS Ermäßigung.

4503 PA Groede, Zeeuws-Vlaanderen NL 1310

★★★ »CAMPING GROEDE« — März bis Okt.
☎ 0117/371384, Fax 372277 — 160 000 qm
www.campinggroede.nl, info@campinggroede.nl

→ A 58 Bergen–Middelburg, Abf. bei Goes Richtung Westerscheldetunnel (Maut)/Terneuzen N 62, danach Richtung Breskens N 61. In Breskens beschildert. ✉ Zeeweg 1.

Ebenes, überwiegend schattenloses Wiesengelände hinter dem Meeresdeich. Parzelliert durch Hecken in Stellfelder unterteilt. FKK Strand. Boule. Sandstrand 300 m, Ort 3 km entfernt. Mittagsruhe 12.30-13.30 Uhr. Touristen-/Dauerstellplätze 512/366.

»Besichtigungen der Campingplätze und die daraus resultierenden Bewertungen werden durch den DCC-Inspizienten ohne Voranmeldung durchgeführt und garantieren so absolute Objektivität.«

Camping De Boomgaard

Domineeshofweg 1 • NL-4361 JD Westkapelle
Tel. +31 (0) 118 57 13 77 • Fax +31 (0) 118 57 23 83

ANWB ★★★★

Bei uns finden Sie:
- Mobilheime und Chalets zu mieten
- Waschsalon
- Cafe-Restaurant
- Imbißstube
- Supermarkt
- Telefonzellen
- Beheiztes Freibad mit Planschbecken
- Fußballfeld und Spielplätze
- ausgezeichnete Sanitäranlagen
- Einrichtungen für Behinderte
- Freizeitteam in der Hochsaison
- Fahrradverleih
- Mobilheime zu verkaufen
- Internet über WLAN

www.deboomgaard.info
E-mail: info@deboomgaard.info

(NL 1500)

4511 HR Breskens, Zeeuws-Vlaand. NL 1340/1

35 ★★★★ »SCHONEVELD RECREATIEPARK« 1.1. bis 31.12.
☎ 0117/383220, Fax 383650   140 000 qm
www.zeelandnet.nl/schoneveld, schoneveld@zeelandnet.nl

→ A 58 Bergen–Middelburg, Abf. bei Goes Richtung Westerscheldetunnel (Maut)/Terneuzen N62, danach Richtung Breskens N61. In Breskens beschildert. ✉ Schoneveld 1.

Ebenes, Wiesengelände hinter dem Westerschelde-Deich. Parzelliert und von hohen Bäumen umgeben. Durch Hecken in viele Stellfelder unterteilt. Beheiztes Sanitär. Separate Pkw-Abstellung. Kabel-TV. Kegelbahn. Sandstrand 200 m, Ort 1 km entfernt. Mittagsruhe 12.30-13.30 Uhr. Touristen-/Dauerstellplätze 203/267.
2007: (HS) 2 P/N inkl. St/N 32.50, H/N 4.25, KT 1.–, WD zuzügl., Strom/N (6A) inkl. In NS Ermäßigung.

4511 HR Breskens, Zeeuws-Vlaand. NL 1340/2

★★★★ »CAMPING NAPOLEON HOEVE« 1.1. bis 31.12.
☎ 0117/383838, Fax 383550, ☎ 4511 RH   130 000 qm
www.napoleonhoeve.nl, camping@napoleonhoeve.nl

→ A 58 Bergen–Middelburg, Abf. bei Goes Richtung Westerscheldetunnel (Maut)/Terneuzen N62, danach Richtung Breskens N61. In Breskens beschildert. ✉ Zandertje 30.

Ebenes, parzelliertes Wiesengelände hinter dem Westerschelde-Deich mit Heckenunterteilungen. Strand mit FKK-Teil. Befestigte Mocaplätze. Alleinreisende unter 21 J. nicht zugelassen. Kleinkindersanitär und Familienbäder. Hundebad. Kabel-TV. Mopedverleih. FW. Ort 4 km entfernt. Mittagsruhe 12-13 Uhr. Touristen-/Dauerstellplätze 252/290.

4511 HR Breskens, Zeeuws-Vlaand. NL 1340/3

35 ★★★ »VAKANTIEPARK ZEEBAD« 1.1. bis 31.12.
☎ 0117/388000, 0900/1/472009 (€ 0.20 p.m.), Fax 383151, 160 000 qm
www.rpholidays.de

→ A 58 Bergen–Middelburg, Abf. bei Goes Richtung Westerscheldetunnel (Maut)/Terneuzen N62, danach Richtung Breskens N61. In Breskens beschildert. ✉ Nieuwesluisweg 1.

Ebenes bis leicht welliges Wiesengelände an einem breiten Wassergraben hinter dem Westerscheldedeich. Parzelliert mit Anpflanzungen. Separate Pkw-Abstellung. Kabel-TV. FW. Bademöglichkeit 200 m, Ort 1 km entfernt. Touristen-/Dauerstellplätze 330/310.
2007: (HS) 5 P/N inkl. St/N 24.– bis 38.–, weitere P/N 4.–, WD inkl. Strom (6A) inkl. Für junge Familien und in NS Ermäßigung. In NS Erm.

Als DCC-Mitglied sind Sie immer gut beraten
Deutscher Camping-Club e.V., Postf. 40 04 28, 80704 München

4382 CL Vlissingen, Walcheren/Zeeld. NL 1350

★★★ »CAMPING DE NOLLE« April bis Okt.
☎ 0118/414371, Fax 411506   15 000 qm
www.denolle.nl, denolle@zeelandnet.nl

→ A 58 Breda–Vlissingen, hier Richtung Boulevaart, den gelben Campingschildern folgen. ✉ Burg. van Woelderenlaan 1.

Ebene Wiese und stark gekiester Platzteil zwischen einer Tennisanlage und dem Deich. Von Bäumen und Hecken umgeben. Sanitäranlage beheizbar. 1 FW. Ort 1.5 km entfernt. Mittagspause 12.30-15.30 Uhr (außer samstags). Touristen-/Dauerstellplätze 70/24.

4371 NT Koudekerke, Walcheren/Zeeld. NL 1370/1

40 ★★★ »ZEELAND CAMPING DISHOEK« April bis Okt.
☎ 0118/551348, 0900/1/472009 (€ 0.20 p.m.), Fax 552990   36 000 qm
www.rpholidays.de, info@rpholidays.de

→ Straße Vlissingen–Koudekerke, vor dem Ort nach Dishoek abbiegen. Beschildert. ✉ Diskoek 2.

Ebenes bis leicht abfallendes, parzelliertes und von Buschhecken durchzogenes Wiesengelände hinter den Dünen. Separate Pkw-Abstellung. Kabel-TV. Tennis, Reiten und Surfen in der Nähe. Brötchenservice. Ort 4 km entfernt.
2008: (HS) 5 P/N inkl. St/N 38.–, weitere P/N 4.–, KT 1.37, WD u.Strom (6A) inkl. Für junge Familien und ab 50 J. Ermäßigung. In NS Erm.

4371 NT Koudekerke, Walcheren/Zeeld. NL 1370/2

25 ★★★ »CAMPING DUINZICHT« 1.4. bis 1.10.
☎ 0118/551397, Fax 553222   65 000 qm
www.campingduinzicht.nl, info@campingduinzicht.nl

→ Straße Vlissingen–Koudekerke, vor dem Ort nach Dishoek abbiegen. Beschildert. ✉ Strandweg 7.

Ebenes, schattenloses Wiesengelände. Von Hecken und einer Baumreihe durchzogen. Boule. Brötchenservice. Kreativkurse. Ort 1.5 km entfernt. Touristen-/Dauerstellplätze 100/250.
2008: 2 P/N inkl., St/N 18.50 bis 23.–, weitere P/N 3.–, H/N 2.30, KT –.90, WD u. Strom (6A) inkl. In NS Ermäßigung.

4335 BB Middelburg, Walcheren/Zeeld. NL 1400

★★★ »CAMPING MIDDELBURG« April bis Okt.
☎/Fax 0118/625395   35 000 qm
www.campingmiddelburg.nl, campsite@zeelandnet.nl

→ A 58 Breda–Vlissingen Abf. Middelburg. ✉ Koninginnelaan 55.

Ebene Wiese am Stadtrand. Von Bäumen und Büschen begrenzt. Befestigte Mocaplätze. Separater Jugenplatz. Imbiss. Ort 500 m entfernt. Touristen-/Dauerstellplätze 150/50.

Schon seit mehr als 40 Jahre ein gemütlicher Familien-Campingplatz

Für Urlauber, die Ruhe, Atmosphäre und Gemütlichkeit lieben. Kinderspielplatz ✓Spielwiese ✓Kinderbadezimmer ✓Wasserspielplatz. Moderne beheizte Sanitär Anlagen ✓Waschsalon ✓HALLENBAD. 2000 Meter von Wald, Dünen und Strand ✓Vermietung von Wohnwagen und Mobilheime ✓Kantine und Snackbar. Plätze mit Wasser-, Abwasser-, Kabel-TV-Anschluss. Vermietung Privat-Sanitär. Platzreservierung ✓Deutsch-Niederländische Leitung.

Camping In de Bongerd Oostkapelle (NL 1610/1)

Brouwerijstraat 13, NL-4356 AM Oostkapelle
Tel. und Fax: 0031-118- 581510
www.campingindebongerd.nl
E-Mail: info@campingindebongerd.nl

✉ **4341 PX Arnemuiden,** Zeeland **NL 1420**

🛣 ⭐⭐⭐⭐ »CAMPING DE WITTE RAAF« 🔑 21.4. bis 1.10.
☎ 0118/601212, Fax 603650 180 000 qm
www.ardoer.com/witteraaf, witteraaf@ardoer.com

➔ A 58/E 312 Breda–Vlissingen Abf. Arnemuiden, durch den Ort der Beschilderung »Oranjeplaat« folgen. ✉ Muidenweg 3.

Ebenes und parzelliertes Wiesengelände am Veerse Meer. Durch hohe Buschreihen unterteilt. Familienbäder. Bungalowanlage. Alle Wassersportarten. Friseursalon. Boule. Ort 3 km entfernt. Touristen-/Dauerstellplätze 296/252.
2008: 2 P/N inkl. St/N ab 15.–, WD inkl., Strom/N (6/10 A) keine Angabe.

✉ **4374 ED Zoutelande,** Walcheren/Zeeld. **NL 1480**

⭐⭐⭐⭐ »CAMPING DE MEERPAAL« 🔑 15.3. bis 1.11.
☎ 0118/561300, Fax 562265 20 000 qm
www.campingdemeerpaal.nl, meerpaal@zeelandnet.nl

➔ Str. Middelburg–Westkapelle, in Zoutelande beschildert. ✉ Duinweg 133.

Ebenes bis leicht abfallendes, parzelliertes Wiesengelände hinter den Dünen. Von Wald begrenzt und von Hecken unterteilt. Separate Pkw-Abstellung. FW. Whirlpool. Kabel-TV. Ort 1.5 km entfernt. Touristen-/Dauerstellplätze 138/8.
2008: (HS) P/N 5.15, K/N 2 bis 10 J. 4.20, St/N 8.30, H/N auf Anfrage, KT –.92, WD inkl., Strom (6A) inkl. In NS Ermäßigung.

DCC – DEIN PARTNER!

✉ **4361 JD Westkapelle,** Walcheren/Zeeld. **NL 1500**

🛣 ⭐⭐⭐ »CAMPING DE BOOMGAARD« 🔑 April bis Okt.
☎ 0118/571377, Fax 572383 80 000 qm
www.deboomgaard.info, info@deboomgaard.info

➔ A58/E 312 Breda–Vlissingen Abf. Middelburg über Middelburg–Grijpskerke–Aagtekerke nach Westkapelle. Beschildert. ✉ Domineeshofweg 1. ∴ Deltasperrwerk "Expo".

Ebenes bis leicht welliges, parzelliertes Wiesengelände mit separatem Dauercamperteil. Durch Buschhecken unterteilt. Teilweise separate Pkw-Abstellung. Kabel-TV. Ort 1 km entfernt. Touristen-/Dauerstellplätze 79/400.
2007: (HS) P/N 4.55, K/N bis 3 J. frei, St/N 5.90, H/N 3.30, KT –.90, WD zuzügl., Müllgeb. 1.–, Strom/N 2.60 (4-6 A). In NS Ermäßigung.

✉ **4363 RJ Aagtekerke,** Walcheren/Zeeld. **NL 1560**

⭐⭐⭐⭐ »CAMPING WESTHOVE« 🔑 April bis Okt.
☎ 0118/581809, Fax 582502 84 000 qm
www.zeelandcamping.nl/westhove, westhove@zeelandcamping.nl

➔ A 58/E 312 Breda–Vlissingen Abf. Middelburg über Middelburg–Grijpskerke–Aagtekerke, hier Richtung Domburg noch 2 km. ✉ Zuiverseweg 2.

Ebenes, parzelliertes Wiesengelände in Stellfelder unterteilt. Teilweise schattenlos. Befestigte Mocaplätze. Teilweise separate Pkw-Abstellung. Sanitäranlagen beheizbar. Überdachter Kinderspielplatz. Imbiss. Kabel-TV. Ort (Domburg) 1.5 km, Sandstrand 2 km entfernt. Mittagsruhe 12-13 Uhr. Touristen-/Dauerstellplätze 291/78.

★★★★ Familiencamping de Molenhoek

(NL 1680/2)

✓ 4-Sterne Familiencamping – 9,5 Hektar groß
✓ Jahr-, Saison- und touristische Plätze ✓ Gut gepflegte sanitäre Einrichtungen
✓ Sanitär geeignet für Behinderte – Babyraum ✓ Beheiztes Freibad
✓ Knirps- und Kleinkinderbad ✓ Café-Restaurant und Snackbar ✓ Mietwohnwagen
✓ Top-Freizeitteam in der Hochsaison ✓ Hunde sind herzlich willkommen!

Info oder direkt buchen 0113 371202 – e-mail: molenhoek@zeelandnet.nl – www.demolenhoek.com

---

✉ 4357 RD Domburg, Walcheren/Zeeld. NL 1590

[45] ★★★★ »CAMPING HOF DOMBURG« ⚬— 1.1. bis 31.12.
☎ 0118/588200, 0900/1/472009 (€ 0.20 p.m.), Fax 583668   100 000 qm
www.rpholidays.de, info@rpholidays.de

➜ A 58/E 312 Breda–Vlissingen Abf. Middelburg über Middelburg–Grijpskerke–Aagtekerke nach Domburg. Hier durch den Ort. ✉ Schelpweg 7.

Ebenes Wiesengelände, durch Hecken unterteilt neben einem Bungalow-park an der Landseite der Küstenstraße. Parzelliert. Separate Pkw-Abstellung. Kabel-TV. Kegelbahn. Subtropisches Schwimmparadies mit Whirlpool und Riesenrutsche. Kur- und Schönheitszentrum. Filmvorführungen. Ort 500 m entfernt. Touristen-/Dauerstellplätze 390/67.
2007: (HS) 5 P/N inkl. St/N 33.– bis 45.–, weitere P/N 4.–, KT 1.37, WD inkl., Strom (6A) inkl. Junge Familien und ab 50 J. Ermäßigung. In NS Erm.

✉ 4356 AM Oostkapelle, Zeeland NL 1610/1

[40] ★★★★ »CAMPING IN DE BONGERD« ⚬— April bis Okt.
☎/Fax 0118/581510   74 000 qm
www.campingindebongerd.nl, info@bongerdzeeland.nl

➜ N 57 Vlissingen–Rotterdam, über Serooskerke abbiegen nach Oostkapelle. Hier beschildert. ✉ Brouwerijstraat 13.

Anzeige S. 835
Ebenes Wiesengelände, parzelliert und durch Hecken unterteilt. Ein Platzteil unter Obstbäumen. Befestigte Mocaplätze. Teilweise separate Pkw-Abstellung. Sanitäranlage beheizbar. Brötchenservice. Imbiss. Kabel-TV. Bibliothek. Wasserspielgarten. Kinderspielhaus. Kaninchenstall. Kleinkindersanitär. Hundedusche. In HS Reservierung erforderlich. Ort 300 m entfernt. Touristen-/Dauerstellplätze 305/45.
2007: (HS) 2 P/N inkl. St/N 26.– bis 35.–, weitere P/N 4.50, H/N in NS 2.95, WD u. Strom (6A) inkl. In NS Ermäßigung.

✉ 4356 GB Oostkapelle, Zeeland NL 1610/2

[30] ★★★ »CAMPING DENNENBOS« ⚬— März bis Nov.
☎ 0118/581310, Fax 583773   30 000 qm
www.dennenbos.nl, dennenbos@zeelandnet.nl

➜ N 57 Vlissingen–Rotterdam, über Serooskerke abbiegen nach Oostkapelle. Beschildert. ✉ Duinweg 64.

Ebenes, parzelliertes Wiesengelände. Durch Busch- und Baumreihen unterteilt. Teilweise separate Pkw-Abstellung. Sanitäranlagen beheizbar. In HS Reservierung erforderlich. Ort 1 km entfernt. Touristen-/Dauerstellplätze 78/60.
2008: 2 P/N inkl. St/N 21.50, WD inkl., Strom keine Angabe.

DCC-Vertragsplatz

✉ 4356 RJ Oostkapelle, Zeeland NL 1610/3

[45] ★★★★★ »CAMPING ONS BUITEN« ⚬— 14.3. bis 1.11.
☎ 0118/581813, Fax 583771   120 000 qm
www.ardoer.com/onsbuiten, onsbuiten@ardoer.com

➜ N 57 Vlissingen–Rotterdam, über Serooskerke abbiegen nach Oostkapelle. Beschildert. ✉ Aagtekerkseweg 2 A (GPS: 51°33'45" N / 3°32'46" E).

Ebenes, parzelliertes Wiesengelände, durch teilweise hohe Hecken in Stellfelder unterteilt. Separate Pkw-Abstellung. Imbiss. Familienbäder. Wellnessbereich. Kindersanitär. Spielwiese. Gokarts. Kabel-TV. Streichelzoo. Tennis im Sept./Okt. gratis. Reservierung empfohlen. Ort 300 m, Strand 2.5 km entfernt. Touristen-/Dauerstellplätze 375/20.
2008: (HS) 2 P/N inkl. St/N 39.–, weitere P/N 4.50, K/N bis 3 J. frei, WD u. Strom (6-10A) inkl. In NS Ermäßigung.
DCC 10% auf P/N und St/N.
Anzeige S. 835

✉ 4356 RE Oostkapelle, Zeeland NL 1610/4

★★★★ »DE PEKELINGE« ⚬— März bis Okt.
☎ 0118/582820, Fax 583782   180 000 qm
www.depekelinge.nl, depekelinge@zeelandcamping.nl

➜ N 57 Vlissingen–Rotterdam. Über Middelburg und Grijpskerk Richtung Oostkapelle. Vor Oostkapelle der Beschilderung folgen. ✉ Landmetersweg 1.

Ebenes, parzelliertes und fast schattenloses Wiesengelände. Teilweise separate Pkw-Abstellung. Kabel-TV. WiFi. Streichelzoo. Boule. Mittagsruhe in NS 12.30-13.30 Uhr. Touristen-/Dauerstellplätze 516/160.

✉ 4354 NN Vrouwenpolder, Walch./Zeeld. NL 1640/1

[40] ★★★ »CAMPING DE ZANDPUT« ⚬— 23.3. bis 28.10.
☎ 0118/597210, 0900/1/472009 (€ 0.20 p.m.), Fax 591954   70 000 qm
www.rpholidays.de, info@rpholidays.de

➜ N 57 Vlissingen–Rotterdam, nach Vrouwenpolder/Breezand abbiegen, ca. 1.5 km nord-westl. von Vrouwenpolder. ✉ Vroondijk 9.

Ebenes bis leicht welliges Wiesengelände am Dünenrand. Parzelliert und von Hecken umgeben. Separater Dauercamperbereich. Sanitäranlage beheizbar. Kabel-TV. Bogenschießen. Skaten. Kostenlose Benutzung des Schwimmbads von »Camping Roompot«. Sandstrand 500 m, Ort 1.6 km entfernt. Touristen-/Dauerstellplätze 300/269.
2007: (HS) 5 P/N inkl. St/N 29.– bis 37.–, weitere P/N 4.–, WD inkl., Strom (6-10A) inkl. Junge Familien und ab 50 J. Ermäßigung. In NS Erm.

✉ 4354 NN Vrouwenpolder, Walch./Zeeld. NL 1640/2

[35] ★★★★ »CAMPING ORANJEZON« ⚬— 24.3. bis 20.10.
☎ 0118/591549, Fax 591920, ✉ 4354 KD   100 000 qm
www.oranjezon.nl, oranjezon@oranjezon.nl

➜ N 57 Vlissingen–Rotterdam, nach Vrouwenpolder abbiegen. Beschildert. ✉ Koningin Emmaweg 16 a.

Ebenes, parzelliertes Wiesengelände hinter den Dünen. Von hohen Hecken unterteilt. Separate Pkw-Abstellung. Kabel-TV. Bademöglichkeit 1.2 km, Ort 3 km entfernt. Touristen-/Dauerstellplätze 320/90.
2008: (HS) 4 P/N inkl., St/N 21.– bis 34.–, B/N 4.–, H/N 3.–, KT –.90, WD u. Strom (6/10 A) inkl. In NS Ermäßigung.

✉ 4493 PH Kamperland, ND Bevel./Zeeld. NL 1680/1

[30] ★★★★ »CAMPINGPARK DE ROOMPOT« ⚬— 1.1. bis 31.12.
☎ 0113/374000, 0900/1/472009 (€ 0.20 p.m.), Fax 371095   350 000 qm
www.rpholidays.de, info@rpholidays.de

➜ A 58/E 312 Breda–Vlissingen Abf. Goes auf die N 256 Richtung Zierikzee, auf Noord-Beveland wechseln auf die N 255 nach Kamperland. Beschildert. ✉ Mariapolderseweg 1.

Ebenes, großflächiges Wiesengelände hinter dem Oosterschelde-Deich. Durch Heckenstreifen und Bäume in viele parzellierte Stellfelder unterteilt. Separate Pkw-Abstellung. Ärztliche Betreuung. „Badeparadies" mit Whirlpool. Türk. Dampfbad. Riesenrutsche. Kegelbahn. Kabel-TV. Filmvorführungen. In HS Bus zur Diskothek. Ort 2 km entfernt. Touristen-/Dauerstellplätze 700/660.
2007: (HS) P/N inkl. St/N ab 25.–, WD inkl., Strom (4-16 A) inkl. Junge Familien und ab 50 J. Ermäßigung. In NS Ermäßigung.

4493 PH Kamperland, ND Bevel./Zeeld. NL 1680/2

★★★★ »CAMPING DE MOLENHOEK« — April bis Okt.
☎ 0113/371202, Fax 372939 — 90 000 qm
www.de-molenhoek.com, molenhoek@zeelandnet.nl

→ A 58/E 312 Breda–Vlissingen Abf. Goes auf die N 256 Richtung Zierikzee, auf Noord-Beveland wechseln auf die N 255 nach Kamperland. In Kamperland beschildert. ✉ Molenweg 69 A.

Ebenes Wiesengelände. Durch Hecken in Stellfelder unterteilt und von Laubbäumen umgeben. Restaurant in NS nur am Wochenende geöffnet. Sanitäranlage beheizbar. Kindersanitär. Go-Cart-Verleih. Ort 1 km entfernt. Mittagsruhe 12.30-13.30 Uhr. Touristen-/Dauerstellplätze 150/276.

4493 PH Kamperland, ND Bevel./Zeeld. NL 1680/3

★★★★ »CAMPING DE SCHOTSMAN« — 1.1 bis 31.12.
☎ 0113/371751, Fax 372490, ✉ 4493 CX — 32 000 qm
schotsman@rcn.nl

→ A 58/E 312 Breda–Vlissingen Abf. Goes auf die N 256 Richtung Zierikzee, auf Noord-Beveland wechseln auf die N 255 nach Kamperland. Beschildert. ✉ Schotsmanweg 1 (GPS: 51°34'06" N / 3°39'48" E).

Ebenes, parzelliertes Wiesengelände mit Strandwaldteilen und Liegewiese am Veerse Meer. Durch Buschstreifen und Baumreihen unterteilt. Behindertenbungalows. Ideales Surf-Gebiet. Wasserskibahn. Go-Kart- und Surfbrett-Verleih. Skateboard. Separate Pkw-Abstellung. Sanitäranlagen beheizbar. FW. Ort 4 km entfernt. Touristen-/Dauerstellplätze 676/144.

4493 NS Kamperland, ND Bevel./Zeeld. NL 1680/4

★★★ »CAMPING ANNA FRISO« — 20.3. bis 1.11.
☎ 0113/371236, Fax 373530 — 50 000 qm
www.campingannafriso.nl, info@annafriso.nl

→ A 58/E 312 Breda–Vlissingen Abf. Goes auf die N 256 Richtung Zierikzee, auf Noord-Beveland wechseln auf die N 255 nach Kamperland. In Kamperland beschildert. ✉ Strandhoekweg 1.

Ebenes Wiesengelände mit Heckenunterteilungen hinter dem Oosterschelde-Deich beim Sperrwerk. Durch Dauercamper u. Mobilheime geprägt. Go-Carts-Verleih. Ort 3 km entfernt. Mittagsruhe 12.30-13.30 Uhr. Touristen-/Dauerstellplätz 41/219.
2007: (HS) 4 P/N inkl. St/N 21.–, H/N 3.–, KT –.81, WD u. Strom (10A) inkl. In NS Ermäßigung.

Camping »Anna Friso«
Ein gemütlicher Familiencampingplatz, direkt an der Oosterschelde gelegen. Ideal für Strandliebhaber und Sportangler.
Strandhoekweg 1 · NL-4493 NS Kamperland
Tel. 00 31-113-37 12 36 · Fax 00 31-113-37 35 30
info@annafriso.nl · www.annafriso.nl (NL 1680/4)

4484 NT Kortgene, ND Bevel./Zeeld. NL 1720

★★★ »CAMPING DE PAARDEKREEK« — März bis Okt.
☎ 0113/302051, Fax 302280 — 100 000 qm
www.zeelandcamping.nl, paardekreek@zeelandcamping.nl

→ A 58/E 312 Breda–Vlissingen Abf. Goes auf die N 256 Richtung Zierikzee. Nach Kortgene abbiegen. Beschildert. ✉ Havenweg 1.

Ebenes, parzelliertes Wiesengelände mit Heckenunterteilung zwischen Laubwaldrand und Veerse Meer. Imbiss. Bootshafen. Viele Wassersportarten. Ort 500 m entfernt. Touristen-/Dauerstellplätze 130/300.

CAMPING DE VEERHOEVE ★★★★
Familiencampingplatz in der Nähe von »Veerse Meer«.
Sehr gepflegte sanitäre Einrichtungen.
Ideal für Familien mit Kindern, Wassersportler und Radler, Supermarkt, Croissanterie. Freizeitteam in den Schulferien.
Rufen Sie uns an für mehr Informationen:
Camping de Veerhoeve, Veerweg 48,
4471 NC Wolphaartsdijk, info@deveerhoeve.nl
Fax: 0031-113 581944, Tel.: 0031-113 581155 (NL 1750/1)

4471 NC Wolphaartsdijk, Z.-Beveld./Zld. NL 1750/1

★★★ »CAMPING DE VEERHOEVE« — März bis Okt.
☎ 0113/581155, Fax 581944 — 90 000 qm
www.deveerhoeve.nl, info@deveerhoeve.nl

→ A58/E 312 Breda–Vlissingen Abf. Goes auf die N 256 Richtung Zierikzee. Abf. Wolphaartsdijk. Beschildert. ✉ Veerweg 48.

Ebenes Wiesengelände hinter dem Veerse Meer-Deich. Imbiss. Ort 2 km entfernt. Mittagspause 12-13 Uhr. Touristen-/Dauerstellplätze 139/230.
2008: P/N inkl. St/N 22.–, H/N 3.75, WD zuzügl., Strom/N (10 A) inkl.
DCC 10% auf P/N.

DCC-Mitglieder fahren mit Auslands-Schutzpaß! und SIE?

Kampervorteil in Vor- und Nachsaison (1 Apr.-29 Apr., 14 Mai-30 Juni, nach 24 Aug.)
Übernachtung für zwei Personen all-in € 13,50, nur nach Vorzeigen dieser Anzeige

Grenzenlos Geniessen
auf den Qualitätscampings auf Zuid-Beveland

- Komfortplätze mit Elektrizität, Wasser, Abfuhr und CAI . Beheizte sanitäre Anlagen
- Viele Einrichtungen für den verwöhnten Kamper . Kind und Senior freundlich
- Saison und Jahresplätze . Viele Möglichkeiten für Wassersportler an dem Naturwasser
- Vermietung von Unterkunftsmöglichkeiten . Uneingeschränkte Radfahrtouren.

 Camping 't Veerse Meer
Veerweg 71, NL-4471 NB Wolphaartsdijk
Tel.: +31 (0)113-58 14 23, info@campingveersemeer.nl
www.campingveersemeer.nl (NL 1750/2)

 Camping Linda
Oostelijke Kanaalweg 4, NL-4424 NC Wemeldinge
Tel.: +31 (0)113-62 12 59, info@campinglinda.nl
www.campinglinda.nl (NL 1020)

4471 NC Wolphaartsdijk, Z.-Beveld./Zld. NL 1750/2

[25] ★★★★ »CAMPING 'T VEERSE MEER« 15.3. bis 31.10.
☎ 0113/581423, Fax 582129, 65000 qm
www.campingveersemeer.nl, info@campingveersemeer.nl

→ A58/E 312 Breda–Vlissingen Abf. Goes auf die N 256 Richtung Zierikzee, Abf. Wolphaartsdijk. Beschildert. ✉ Veerweg 71 (GPS: 51°32'34" N / 3°48'42" E).

Anzeige S. 837

Ebenes Wiesengelände am Veerse Meer. Teilweise separate Pkw-Abstellung. Kabel-TV. Trampolin. Go-Karts. Touristen-/Dauerstellplätze 60/159. **2007: (HS)** 2 P/N inkl. St/N 20.50, H/N 2.50, WD zuzügl., Strom (6 A) keine Angabe. Pauschalen und in NS Ermäßigung.

4486 PM Colijnsplaat, ND Bevel./Zeeld. NL 1800

★★★ »CAMPING ORISANT« 1.1. bis 31.12.
☎ 0113/695449, Fax 695852, www.orisant.nl, info@orisant.nl 53000 qm

→ N256 Goes–Zierikzee, nach Colijnsplaat abbiegen. Beschildert. ✉ Westzeedijk 2.

Ebenes Wiesengelände hinter dem Oosterschelde-Deich. Von Ackerland umgeben an einem kleinen geschützten Polder. Parzelliert und von Buschreihen durchzogen. Rollerskates zu mieten. Billard. Dart. Füllanlage für Taucherflaschen. Ort 1 km entfernt. Touristen-/Dauerstellplätze 60/180.

4328 RM Westenschouwen, Zeeland NL 1860

[40] ★★★★ »ZEELAND CAMPING DUINOORD« 1.1. bis 31.12.
☎ 0111/658888, Fax 658055 41600 qm
www.ardoer.com/duinoord, info@campingduinoord.nl

→ N 57 Europoort–Middelburg, an Burgh–Haamstede vorbei und dann nach Westenschouwen abbiegen bis zum Straßenende. ✉ Steenweg 16.

Ebenes Wiesengelände hinter den Dünen. Durch Hecken unterteilt und teilweise parzelliert. Teilweise separate Pkw-Abstellung. Kabel-TV. Brötchenservice in HS. Ort 3 km entfernt. Mittagsruhe 12-13 Uhr. Touristen-/Dauerstellplätze 175/6. **2008:** 2 P/N inkl. St/N 14.– bis 38.75, KT –.92, WD und Strom keine Angabe.

DCC-Vertragsplatz

4328 HA Haamstede, Schouwen/Zeeld. NL 1865

[35] ★★★★ »CAMPING GINSTERVELD« 14.3. bis 28.9.
☎ 0111/651590, Fax 653040 140000 qm
www.ginsterveld.nl, ginsterveld@zeelandcamping.nl

→ N 57 Europoort–Middelburg, nach Burgh–Haamstede abbiegen Richtung Strand. Nach 2 km beschildert. Letzter Platz ✉ Boeijesweg 45.

Ebenes, weitläufiges Wiesengelände in Dünennähe. Von Hecken durchzogen und parzelliert. Teilweise in Freiflächen unterteilt. 44 Komfortplätze mit eigenen Sanitärkabinen. Überdachter Spielplatz. Türkisches Dampfbad. Whirlpool. Kabel-TV. Ort 2 km entfernt. Mittagsruhe 12-13 Uhr. Touristen-/Dauerstellplätze 400/195.
2008: (HS) 2 P/N inkl. St/N 18.50 bis 33.–, weitere P/N 4.50, WD u. Strom (6A) inkl. In NS Ermäßigung.
DCC 10% auf P/N.

4325 DM Renesse, Schouwen/Zeeld. NL 1890/1

[25] ★★★ »CAMPING JULIANAHOEVE« 14.3. bis 26.10.
☎ 0111/461414, Fax 462769 150000 qm
www.julianahoeve.nl, info@julianahoeve.nl

→ A29 Dinteloord–Rotterdam, Abf. (23) Hellegatsplein auf die N59 Richtung Bruinisse. Dann über Zierikzee nach Renesse. Beim 1. Kreisverkehr nach links in den Roelandsweg, beim 2. Kreisverkehr geradeaus. ✉ Hoogenboomlaan 42 (GPS: 51°43'51" N / 3°45'17" E).

4325 DL Renesse, Schouwen/Zeeld. NL 1890/2

[30] ★★★★ »CAMPING INTERNATIONAL« 10.3. bis 5.11.
☎ 0111/461391, Fax 462571, ✉ 4325 LD 30000 qm
www.camping-international.net, info@camping-international.net

→ A29 Dinteloord–Rotterdam, Abf. (23) Hellegatsplein auf die N59 Richtung Bruinisse. Dann über Zierikzee nach Renesse. Dort erst geradeaus, dann links ab Richtung Deich/Rampweg. 2. Platz. Beschildert. ✉ Scharendijkseweg 8.

Ebenes, parzelliertes Wiesengelände mit hohen Heckenunterteilungen in Dünennähe. Sanitäranlagen beheizbar. Kiosk. Brötchenservice. Kabel-TV. Hundebad. Handwagenverleih. Ort 1.5 km entfernt. 200 Touristenplätze.
2007: 2 P/N inkl. St/N 23.50, weitere P/N 4.50, K/N 2 bis 9 J. 4.–, M/N 1.50, B/N 3.50, H/N 3.–, WD inkl., Strom (16A) inkl.

4325 LE Renesse, Schouwen/Zeeld. NL 1890/3

[20] ★★★ »CAMPING SEEL« 15.3. bis 28.9.
☎ 0111/461363 26500 qm
www.campingseel.nl

→ A29 Dinteloord–Rotterdam, Abf. (23) Hellegatsplein auf die N59 Richtung Bruinisse. Dann über Zierikzee nach Renesse. Dort erst geradeaus, dann links ab Richtung Deich/Rampweg. 1. Platz. Beschildert. ✉ Scharendijkseweg 10.

Ebenes, von Hecken durchzogenes Wiesengelände hinter den Dünen. Sanitäranlage beheizbar. Babyecke. Ort 1.5 km entfernt. Touristen-/Dauerstellplätze 105/35.
2007: P/N 3.42, K/N 2 bis 12 J. 2.82, A/N 2.70, C MC 3.60, T/N 3.60, M/N 1.65, H/N 2.60 (max. ein Hund), KT –.88, WD zuzügl., Strom/N 2.60 (4 A).

4325 CP Renesse, Schouwen/Zeeld. NL 1890/4

★★★★ »CAMPING DE WIJDE BLICK« 1.1. bis 31.12.
☎ 0111/468888, Fax 468889 100000 qm
www.campingdewijdeblick.nl, info@dewijdeblick.nl

→ A29 Dinteloord–Rotterdam, Abf. (23) Hellegatsplein auf die N59 Richtung Bruinisse. Dann über Zierikzee nach Renesse. Dort 1. Weg links in den Kooimansweg. ✉ Lagezoom 23.

Ebenes, parzelliertes Wiesengelände mit Baumreihen, Erdwällen und Heckenunterteilungen. Separate Pkw-Abstellung. Kleinkindersanitär. Go-Karts. Kabel-TV. Ort 800 m, Strand u. Wassersport 3 km entfernt. Mittagsruhe 12-13 Uhr. Touristen-/Dauerstellplätze 229/82.

4325 EP Renesse, Schouwen/Zeeld. NL 1890/5

[25] ★★★ »CAMPING DUINHOEVE« 1.3. bis 1.11.
☎ 0111/461309, Fax 462760 45000 qm
www.campingduinhoeve.nl

→ A29 Dinteloord–Rotterdam, Abf. (23) Hellegatsplein auf die N59 Richtung Bruinisse. Dann über Zierikzee nach Renesse. Dort 1. Weg links in den Kooimansweg. In der Ortsmitte geradeaus, dann nach links. ✉ Scholderlaan 8.

Ebene, durch hohe Hecken unterteilte, parzellierte Wiesenflächen hinter den Dünen. In HS Hunde nur beschränkt erlaubt. Sanitäranlagen beheizbar. Kleinkindersanitär. Imbiss. Haltestelle 1 km, Ort 1.5 km entfernt. Touristen-/Dauerstellplätze 230/6.
2007: (HS) P/N 3.50, K/N 2 bis 5 J. 2.50, St/N 14.10, H/N 3.50, KT –.88, WD inkl., Strom kWh –.31 (4/16A). In NS Ermäßigung.

DCC – auch Ihr Camping-Partner!

4325 DJ Renesse, Schouwen/Zeel. NL 1890/6

»VAKANTIEPARK SCHOUWEN« — 15.3. bis 31.10.
0111/461231, 0111/462666, Fax 462666
www.vakantieparkschouwen.nl, info@vakantieparkschouwen.nl

→ A29 Dinteloord–Rotterdam, Abf. (23) Hellegatsplein auf die N59 Richtung Bruinisse. Dann über Zierikzee nach Renesse. Dort am Kreisverkehr die 3. Abfahrt Richtung Renesse-West. ✉ Hoogenboomlaan 28 (GPS: 51°43'42" N / 3°45'45" E).

Ebenes, durch Sträucher parzelliertes, Wiesengelände mit einzelnen Laubbäumen. **Nur Familien werden zugelassen.** Familiäre Atmosphäre. Zeltwiese. Sanitäranlage beheizbar. Kindersanitär. Imbiss. Kiosk. Bar. Brötchenservice. Kabel-TV. Kinderspielraum. Spielautomaten. FW. Ort 500 m entfernt. Touristen-/Dauerstellplätze 80/240.
2008: P/N 4.–, A/N 3.50, C MC/N 3.50, T/N 3.50, M/N 3.50, B/N 3.50, KT –.93, WD zuzügl., Strom (6 A) inkl.

4318 TM Brouwershaven, Zeeland NL 1920

»CAMPING NOORDER NIEUWLAND« — März bis Okt.
0111/691223, Fax 692787   20 000 qm
www.campingnoordernieuwland.nl, info@campingnoordernieuwland.nl

→ N 57 Europoort–Middelburg Richtung, über Scharendijke abbiegen nach Brouwershaven. Beschildert. ✉ Schouwsedijk 1.

Ebenes, parzelliertes Wiesengelände mit Heckenunterteilungen hinter dem Grevelingenmeer-Deich bei einem Yachthafen. Befestigte Mocaplätze. Rollschuh- und Skateboardverleih. Ort 500 m entfernt. 90 Touristenplätze.

3041 JE Rotterdam, Zuid-Holland NL 2100

»STADSCAMPING ROTTERDAM« — 1.1. bis 31.12.
010/4153440, Fax 4373215   40 000 qm
www.stadcamping-rotterdam.nl, info@stadcamping-rotterdam.nl

→ A 20/E 25 Utrecht–Hoek van Holland Abf. Centrum. ✉ Kanaalweg 84.

Ebenes, parkartiges Wiesengelände neben Straßen und einer Bahnlinie in Hörweite. Einige durch hohe Hecken parzellierte Stellnischen. Zentrum 1 km entfernt. Touristen-/Dauerstellplätze 225/21.
2007: P/N 5.25, K/N 4 bis 12 J. 2.65, A/N 3.90, C/N ab 5.20, MC/N ab 9.95, T/N ab 4.50, M/N 2.–, H/N 2.– (in Zelten und Hütten verboten), WD inkl., Strom/N 3.75 (6 A).

3253 LS Ouddorp, Zuid-Holland NL 2250/1

»CAMPING DE KLEPPERSTEE« — April bis Ende Okt.
0187/681511, Fax 683060, 3253 LS   400 000 qm
www.kleppersstee.com, info@kleppersstee.com

→ A15 Europoort–Middelburg, vor Ouddorp rechts abbiegen Richtung Oudorp/Strand. 2. Platz. Beschildert. ✉ Vrijheidsweg 1.

Ebenes Wiesengelände neben einem Bungalow- und Mobilheimteil. Durch Hecken und Bäume aufgelockert. Teilweise separate Pkw-Abstellung. Telefon- u. Internetanschluss. Kabel-TV. Freitags Fischverkauf. FW. Touristen-/Dauerstellplätze 597/495.

3253 LR Ouddorp, Zuid-Holland NL 2250/2

»CAMPING TOPPERSHOEDJE« — März bis Okt.
0187/682600, Fax 683659, toppershoedje@rcn.nl   130 000 qm

→ A15 Europoort–Middelburg, vor Ouddorp rechts abbiegen Richtung Oudorp-Strand. 1. Platz. Beschildert. ✉ Strandweg 2-4 (GPS: 51°49'24" N / 3°55'08" E).

Ebenes, parzelliertes und durch Hecken unterteiltes Wiesengelände hinter den Dünen. Bungalowanlage. Separate Pkw-Abstellung. FW. Go-Kart-Verleih. Touristen-/Dauerstellplätze 208/71.

3221 LJ Hellevoetsluis, Zuid-H. NL 2300

»CAMPING 'T WEERGORS« — 1.4. bis 1.11.
0181/312430, Fax 311010   90 000 qm
www.weergors.nl, weergors@publishnet.nl

→ A15 Rotterdam–Europoort Abf. Hellevoetsluis auf die N 57 Richtung Goederede. Ab 3. Abzweigung beschildert. ✉ Zuiddijk 2.

Ebenes, parzelliertes Wiesengelände mit Angelteich. Durch Hecken in viele Stellfelder unterteilt. Teilweise separate Pkw-Abstellung. Sanitäranlage beheizbar. Kabel-TV. Ort 4 km entfernt. Touristen-/Dauerstellplätze 195/90.
2008: P/N 3.50, K/N 3 bis 12 J. 1.50, A/N 2.50, C T/N 7.–, MC/N 7.50, M/N 1.10, B/N 2.50, H/N 1.50, KT –.65, WD zuzügl., Strom/N 2.50 (6 A).

3231 AA Brielle, Zuid-Holland NL 2400

»CAMPING DE MEEUW« — April bis Okt.
0181/412777, Fax 418127   130 000 qm
www.demeeuw.nl, info@demeeuw.nl

→ A15/N15 Rotterdam–Europoort auf die N57 Abf. Brielle/Hellevoetsluis, dann auf die N218 nach Brielle. Beschildert. ✉ Batterijweg 1.

Ebenes, parzelliertes Wiesengelände. Durch Anpflanzungen unterteilt. Neben einem Dauercamperbereich auf einer Halbinsel mit Bootshafen und Wassersportmöglichkeiten. Ort 500 m entfernt. Touristen-/Dauerstellplätze 165/253.

3151 VP Hoek van Holland, Zuid-H. NL 2470

»CAMP. HOEK VAN HOLLAND« — 8.3. bis 12.10.
0174/382550, Fax 310210   55 000 qm
www.campingHoekVanHolland.nl, CampingHvH@HetNet.nl

→ A 20 Rotterdam–Hoek van Holland. In Hoek van Holland beschildert. ✉ Wierstraat 100.

Ebenes, parzelliertes Wiesengelände mit Dünen. Durch Anpflanzungen unterteilt. Kabel-TV. Reiten in der Nähe. Ort 3 km entfernt. Touristen-/Dauerstellplätze 110/200.
2008: (HS) P/N 4.–, St/N 27.–, WD u. Strom (6 A) inkl. In NS Ermäßigung.

2691 KV 's-Gravenzande, Zuid-Holland NL 2490/1

»CAMPING JAGTVELD« — 1.4. bis 30.9.
0174/413479, Fax 422127, www.jagtveld.nl, info@jagtveld.nl   33 000 qm

→ A 20/N 20 Rotterdam–Hoek van Holland, an 's Gravenzande vorbei. ✉ Nieuwlandsedijk 41.

Ebenes Wiesengelände hinter den Dünen. Teilweise separate Pkw-Abstellung. Imbiss. Ort 3 km entfernt. Mittagsruhe 12-13.15 Uhr in NS. Touristen-/Dauerstellplätze 105/90.
2007: P/N 3.75, K/N bis 4 J. 1.–, A/N 3.50, C T/N 8.50, MC/N 12.–, M/N 1.50, WD inkl., Strom/N 2.– (4 A).

2691 KR 's-Gravenzande, Zuid-H. NL 2490/2

»VAKANTIEPARK VLUGTENBURG« — April bis Ende Okt.
0174/412420, Fax 0847/399330   70 000 qm
www.vlugtenburg.nl, info@vlugtenburg.nl

→ A 20 Rotterdam–Hoek van Holland Abf. Maasdijk/Hoek van Holland auf die N220 Richtung Hoek van Holland bis zur großen Kreuzung. Hier beschildert. ✉ 't Louwtje 10.

Ebenes und parzelliertes Wiesengelände hinter den Dünen. Übernachtungsplatz am Eingang. Separate Zeltwiese. Separate Pkw-Abstellung. Brötchenservice in HS. Boule. Orte ('s-Gravenzande und Hoek van Holland) 2 km entfernt. Mittagsruhe 12-13 Uhr. Touristen-/Dauerstellplätze 60/100.

Plätze ohne Gebühren-Angabe
Diese Plätze haben seit 2 Jahren und mehr keine Meldung mehr abgegeben. Darum kann auch für die Öffnungszeit nicht garantiert werden.

✉ 2616 LJ Delft, Zuid-Holland — NL 2560

30 ★★★★ »CAMPING DELFTSE HOUT« — 1.1. bis 31.12.
☎ 015/2130040, Fax 2131293, 55 000 qm
www.delftsehout.nl, info@delftsehout.nl

→ A 13/E 19 Rotterdam–Den Haag Abf. (9) Delft-Pijnacker. Beschildert. ✉ Korftlaan 5. **Achtung:** Brückendurchfahrtshöhe max. 3.20 m!

Ebenes, parzelliertes Wiesengelände mit Laubbäumen und Wassergräben umgeben. Befestigte Mocaplätze. Kabel-TV. FW. See 400 m, Zentrum 2 km entfernt. Mittagsruhe 12.30-13.30 Uhr. Touristen-/Dauerstellplätze 190/28.
2008: (HS) 2 P/N inkl. St/N 22.50 bis 26.–, K/N bis 3 J. frei, H/N 2.–, KT –.60, WD inkl., Strom/N 4.50 (10 A). In NS Ermäßigung.

✉ 2555 NW Den Haag, Zuid-Holland — NL 2610

45 ★★★★ »KAMPERRESORT KIJKDUINPARK« — 1.1. bis 31.12.
☎ 070/4482100, 0900/1/472009 (€ 0.20 p.m.), Fax 3232457 390 000 qm
www.kijkduinpark.nl, info@kijkduinpark.nl

→ A 12/E 30 Utrecht–Den Haag, hier der Wegweisung »Hoek van Holland« folgen, dann beschildert. ✉ Machiel Vrijenhoeklaan 450.

350 m

Sehr großflächiges, teils ebenes bis leicht welliges Wiesengelände hinter den Dünen. Von Buschwaldstreifen durchzogen. Parzelliert. Keine Aufnahme von alleinreisenden Jugendlichen. Café. Bowling. Golfplatz und Bushaltestelle nebenan. Zentrum 9 km entfernt. Touristen-/Dauerstellplätze 450/200.
2007: (HS) 5 P/N inkl. St/N 32.– bis 41.–, weitere P/N 4.–, WD inkl., Strom (10 A) inkl. Junge Familien und ab 50 J. Ermäßigung. In NS Ermäßigung.

✉ 2242 JP Wassenaar, Zuid-Holland — NL 2680/1

40 ★★★ »FERIENPARK DUINRELL« — 1.1. bis 31.12.
☎ 070/5155255, Fax 5155371 350 000 qm
www.duinrell.nl, info@duinrell.nl

→ A 44 Amsterdam–Den Haag Abf. Katwijk/Wassenaar. ✉ Duinrell 1.

400 m — 4 km

Ebenes bis leicht welliges, teils parkartiges Wiesengelände mit Freiflächen. Neben einem Freizeit- und Vergnügungspark mit vielen Attraktionen. Tropisches Wellenbad mit Wasserrutschbahnen. Für Camper teilweise kostenlos. Für parzellierte Komfortplätze Reservierung notwendig. Teilweise separate Pkw-Abstellung. Kleinkindersanitär. Kabel-TV. Restaurant und Laden in NS in den Ferien und am Wochenende geöffnet. Ort 500 m entfernt. Touristen-/Dauerstellplätze 850/400.
2008: P/N 9.50, P/N ab 50 J. 6.50, K/N bis 3 J. frei, St/N 8.50 bis 17.50, H/N 5.50, KT –.83, WD u. Strom (4-6 A) inkl.

✉ 2242 BH Wassenaar, Zuid-Holland — NL 2680/2

25 ★★★★ »CAMPING DUINHORST« — 22.3. bis 28.9.
☎ 070/3242270, Fax 3246053 100 000 qm
www.duinhorst.nl, info@duinhorst.nl

→ A 44/N 44 Amsterdam–Den Haag, an Wassenaar vorbei, dann Abf. Duindigt. Beschildert. ✉ Buurtweg 135 (GPS: 52°06'38" N / 4°20'36" E).

Ebenes, teils leicht welliges, parzelliertes Wiesengelände neben einer Pferderennbahn. Von Laubwaldstreifen durchzogen. Separate Pkw-Abstellung. Wanderhütten. Kabel-TV. FW. Ort 7 km entfernt. Touristen-/Dauerstellplätze 130/210.
2008: (HS) P/N 5.–, K/N 4 bis 10 J. 3.20, A/N 3.–, C/N 4.80, MC/N 7.80. T/N 4.40, M/N 2.–, KT –.90, WD zuzügl., Strom/N 2.30 (6 A). In NS Erm.

✉ 2221 EW Katwijk aan Zee, Zuid-H. — NL 2760/1

35 ★★★ »CAMPING DE NOORDDUINEN« — 23.3. bis 31.10.
☎ 071/4025295, Fax 4033977 110 000 qm
www.noordduinen.nl, info@noordduinen.nl

→ A 44 Amsterdam–Den Haag Abf. (8) Oegstgeest auf die N 206 nach Katwijk. Beschildert. ✉ Campingweg 1.

---

500 m

Ebenes, parzelliertes Wiesengelände auf mehreren Geländestufen in den Dünen. Belästigung durch Fluglärm möglich. Teilweise separate Pkw-Abstellung. Sanitäranlagen beheizbar. Kabel-TV. FW. Meer u. Surfschule 400 m, Ort 500 m entfernt. Touristen-/Dauerstellplätze 178/126.
2007: (HS) 2 P/N inkl. St/N 30.–, K/N 3.50, WD inkl., Strom (10 A) keine Angabe. In NS Ermäßigung.

✉ 2221 EW Katwijk aan Zee, Zuid-H. — NL 2760/2

30 ★★★ »CAMPING DE ZUIDDUINEN« — 22.3. bis 30.9.
☎ 071/4014750, Fax 4077097 50 000 qm
www.zuidduinen.nl, info@zuidduinen.nl

→ A 44 Amsterdam–Den Haag Abf. (8) Oegstgeest auf die N 206 nach Katwijk. Den grünen Schildern Zuid-Boulevard folgen bis Katwijk-Zuid. ✉ Zuidduinseweg 1.

200 m — 250 m

Ebenes, schattenloses und größtenteils parzelliertes Sand- und Wiesengelände in den Dünen beim „Friesche Wei" (Dünengebiet mit einzigartiger Flora und Fauna). Belästigung durch Fluglärm möglich. Separate Pkw-Abstellung. Sanitäranlagen beheizbar. Kabel-TV. Ort 500 m entfernt. Touristen-/Dauerstellplätze 160/110.
2007: (HS) P/N inkl. St/N 22.50 bis 30.–, KT –.60, WD inkl., Strom (4/10 A) 3.–. In NS Ermäßigung.

✉ 2231 NW Rijnsburg, Zuid-Holland — NL 2780

35 ★★★ »CAMPING KONINGSHOF« — 1.1. bis 31.12.
☎ 071/4026051, Fax 4021336 67 500 qm
www.koningshofholland.nl, info@koningshofholland.nl

→ A 44 Amsterdam–Den Haag Abf. Oegstgeest/Rijnsburg Richtung Noordwijk durch Rijnsburg. Dann beschildert. ✉ Elsgeesterweg 8.

1 km

Ebenes, parzelliertes Wiesengelände mit Heckenunterteilungen und Angelteich. Belästigung durch Fluglärm möglich. Teilweise separate Pkw-Abstellung. Befestigte Mocaplätze. Kabel-TV. Ort 1 km, Sandstrand 5 km entfernt. Mittagsruhe 12.30-13.30 Uhr. Touristen-/Dauerstellplätze 225/90.
2008: (HS) 2 P/N inkl. St/N 28.50, weitere P/N 3.50, K/N bis 3 J. frei, H/N 3.50, KT –.60, WD inkl., Strom/N 4.50 (10 A). In NS Ermäßigung.

✉ 2204 AN Noordwijk, Zuid-Holland — NL 2850

★★★★ »CAMPING CLUB SOLEIL« — Ostern bis Okt.
☎ 0252/374225. Fax 376450 55 000 qm
www.clubsoleil.nl, info@clubsoleil.nl

→ A 44 Amsterdam–Den Haag Abf. Voorhout in Richtung Noordwijkerhout über Schulpweg zum Meer. Hier 2. Straße rechts abbiegen. ✉ Kraaierslaan 7.

1.5 km

Ebenes, durch Hecken unterteiltes, parzelliertes Wiesengelände. Separate Pkw-Abstellung. Sanitäranlage beheizbar. Kabel-TV. Ort 3 km entfernt. Touristen-/Dauerstellplätze 182/65.

✉ 1778 KL Westerland, Noord-Holland — NL 3010

20 ★★★ »CAMPING WADDENZEE« — 1.1. bis 31.12.
☎ 0227/591431, Fax 595194 50 000 qm
www.camping-waddenzee.nl, info@camping-waddenzee.nl

→ A 7/E 22 Amsterdam–Leeuwarden, Abf. (13) N240. Bei De Haukes nach links. Ab hier beschildert. ✉ Westerlanderweg 43 (GPS: 52°53'22" N / 4°55'17" E).

20 m — 500 m

Ebenes, überwiegend schattenloses Wiesengelände an der "Waddenzee". Kabel-TV. Sport- u. Spielveranstaltungen. Volleyball. Ort 3 km entfernt. Mittagsruhe 12-13 Uhr. Touristen-/Dauerstellplätze 40/130.
2007: P/N 2.80, K/N bis 12 J. 1.80, A/N 1.80, C MC-St/N 2.60, MC/N 5.–, M/N 1.60, H/N 1.10, KT 1.10, WD inkl., Strom/N 1.70 (4/6 A).

840

★★★★ classification

KINDERKNALLER IN DEN SÜD HOLLÄNDISCHEN DÜNEN

"Ferienpark Duinrell"

- Camping für die gesamte Familie, Komfort-Stellplätze von ± 80m² - 100m² mit Einrichtungen sowie Sanitärgebäuden mit allem modernen Campingluxus und separatem Kinderwaschraum.
- Gratis Zugang zum Erlebnispark mit spritzigen Attraktionen.
- Ermässigten Zutritt zum tropischen Tikibad, einem der größten und attraktivsten Wasserparadiese von Europa.
- Wald und Dünen, Meer und Strand, Den Haag und Scheveningen in der Nähe.
- Auch luxus-Duingalows (4/6/7 pers.) zu mieten.

ONLINE BUCHEN www.duinrell.nl

Sonderangebot: Vor- und Nachsaison => www.duinrell.nl

NL 2680/1)

Duinrell 1,
2242 JP Wassenaar, Holland
Informations, Prospekt
und Reservierung:
Tel. 0031 70 5155 255

WASSENAAR-HOLLAND

DUINRELL, WECKT NEUE LEBENSGEISTER!

✉ **1771 ME Wieringerwerf,** Noord-Holland   **NL 3050**

★★ »CAMPING LAND UIT ZEE«   April bis Sept.
☎ 0227/601893, 603821, Fax 601893   13 000 qm
beschildert. ✉ Oom Keesweg 12 a.
www.campinglanduitzee.nl, campinglanduitzee@quicknet.nl
bfahrt → A 7 Amsterdam–Den Oever-Leeuwarden Abf. (13) Wieringerwerf, hier beschildert. ✉ Oom Keesweg 12 a.

Ebene Wiesenflächen zwischen Bäumen am Waldrand. Ort 500 m entfernt. Touristen-/Dauerstellplätze 24/25.

Ruhebewertungen betreffen das Umfeld, nicht aber den inneren Campingplatzbereich.

✉ **1619 EH Andijk,** Noord-Holland   **NL 3100**

30 ★★★ »VAKANTIEDORP HET GROOTSLAG«   April bis Okt.
☎ 0228/592944, Fax 592457   40 000 qm
www.andijkvakanties.nl, info@andijkvakanties.nl
→ A 7 Amsterdam–Den Oever Abf. Hoorn auf die N 506 Richtung Enkhuizen. Nach Andijk abbiegen, hier beschildert. ✉ Proefpolder 4.

Ebenes, parkartiges Wiesengelände hinter dem IJsselmeer-Deich neben einem Bungalowdorf. Parzelliert und von Wasserläufen durchzogen. Jeder Stellplatz mit kleiner Sanitärzelle. Separate Pkw-Abstellung. Kegelbahn. Ponyreiten. Ort 2 km entfernt. Mittagsruhe 12.30-13.30 Uhr. Touristen-/Dauerstellplätze 100/80.
2008: P/N inkl. St/N 26.–, H/N 4.–, KT –.81, WD u. Strom (4 A) inkl.

Camping Het Hof Wijdenes (NH)

Gut gepflegter, kinderfreundlicher Familiencamping am alten IJsselmeer. Beheiztes Freibad und beheizbare Sanitäranlagen. Haustiere erlaubt. Viele Ausflugmöglichkeiten, 10 km von Hoorn und Enkhuizen.

Fam. R.E. Vogel • Tel: 0031229501435 • Fax: 0031229503244
Internet: www.campinghethof.de • E-mail: info@campinghethof.nl (NL 3160)

✉ 1601 LK Enkhuizen, Noord-Holland — NL 3120

★★★ »ENKHUIZER ZAND« — April bis Sept.
☎ 0228/317289, Fax 312211 — 130 000 qm
www.campingenkhuizerzand.nl

→ A 7/E 22 Amsterdam–Den Oever Abf. Hoorn auf die N 302 nach Enkhuizen. ✉ Kooizandweg 4.

Ebenes Wiesengelände am IJsselmeer. Mittagsruhe 12-13.30 Uhr. Touristen-/Dauerstellplätze 120/200.

✉ 1608 EX Wijdenes, Noord-Holland — NL 3160

★★★ »CAMPING HET HOF« — 30.3. bis 30.9.
☎ 0229/501435, Fax 503244 — 40 000 qm
www.campinghethof.nl, info@campinghethof.nl

→ A 7 Amsterdam–Den Oever Abf. Hoorn auf die N 506 Richtung Enkhuizen. Nach Wijdenes abbiegen. Beschildert. ✉ Zuideruitweg 64.

(H) 50 m ⛵ 200 m

Durch verkehrsarme Straße zweigeteiltes, ebenes, parzelliertes Wiesengelände hinter dem Markermeer-Deich an IJsselmeer. Von hohen Baum- u. Buschreihen begrenzt. Separate Pkw-Abstellung. Sanitäranlage beheizbar. Separate Pkw-Abstellung. Ort 800 m entfernt. Touristen-/Dauerstellplätze 80/75.
2007: (HS) P/N 3.75, K/N 3 bis 13 J. 2.50, St/N 8.50, H/N 2.–, KT 1.–, WD inkl., Strom/N 2.75 (4 A). In NS Ermäßigung.

✉ 1647 MH Berkhout, Noord-Holland — NL 3190/1

★★★ »CAMPING WESTERKOGGE« — April bis Okt.
☎ 0229/551208, Fax 551390 — 100 000 qm
www.camping-westerkogge.nl, info@camping-westerkogge.nl

→ A 7/E22 Amsterdam–Leeuwarden Abf. (7) Berkhout/Hoorn, in westl. Richtung nach Berkhout. Platz liegt im Ort. ✉ Kerkebuurt 202.

(H) 500 m

Ebenes, gepflegtes von Gräben umgebenes parzelliertes Wiesengelände. Teilweise separate Pkw-Abstellung. Imbiss. Animation in NS nur am Wochenende. Mittagsruhe 12.30-13.30 Uhr. Touristen-/Dauerstellplätze 85/175.

✉ 1647 DR Berkhout-Hoorn, Noord-H. — NL 3190/2

★★★ »CAMPING t´ VENHOP« — 1.1. bis 31.12.
☎ 0229/551371, Fax 553286, www.venhop.nl, info@venhop.nl — 71 000 qm

A 7/E22 Amsterdam–Leeuwarden Abf. (7) Berkhout/Hoorn West. An der Ampel nach links. Beschildert. ✉ De Hulk 6 a.

(H) 800 m

Ebenes, gepflegtes, parzelliertes und von einem schmalen Kanal durchzogenes Wiesengelände. Separate Pkw-Abstellung. Mittagsruhe 12-14 Uhr. Touristen-/Dauerstellplätze 45/80.

✉ 1135 PZ Edam, Noord-Holland — NL 3230

★★★ »CAMPING STRANDBAD EDAM« — 1.4. bis 1.10.
☎ 0299/371994, Fax 371510 — 45 000 qm
www.campingstrandbad.nl, info@campingstrandbad.nl

→ N 247 Amsterdam–Hoorn. In Edam beschildert. ✉ Zeevangszeedijk 7a.

✉ 1154 PP Uitdam, Noord-Holland — NL 3260

★★★ »CAMPING JACHTHAVEN UITDAM« — 1.3. bis 31.10.
☎ 020/4031433, Fax 4033692 — 180 000 qm
wwwcampinguitdam.nl, info@campinguitdam.nl

→ A 10 Ring Amsterdam–Nord, auf die N 247 Richtung Edam abbiegen. In Monnickendam Richtung Marken abbiegen. Nach ca. 4 km dem Hinweis Uitdam folgen. ✉ Zeedijk 2 (GPS: 52°25'40'' N / 5°04'22'' E).

(H) 1 km

Ebenes Wiesengelände beiderseits eines Yachthafens, teilweise mit Geländestufen und schattenlos. Imbiss. Bus nach Amsterdam. Ort (Monnickendam) 6 km entfernt. Touristen-/Dauerstellplätze 220/240.
2008: (HS) 2 P/N inkl. St/N 23.–, weitere P/N 3.–, B/N ab 9.–, H/N 5.–, WD zuzügl., Strom (6-10 A) inkl. In NS Ermäßigung.

✉ 1108 AZ Amsterdam-Südost, Noord-H. — NL 3300/1

★★★ »GAASPER CAMPING AMSTERDAM« — 15.3. bis 1.11.
☎ 020/6967326, Fax 6969369, www.gaaspercamping.nl — 55 000 qm

Abfahrt → A 1 Amersfoort–Amsterdam, hier wechseln auf die A 9 Richtung Amsterdam Zuidoost/Transferium/Haarlem/Flughafen Schiphol Abf. S 113 Gaasperplas/Weesp. ✉ Loosdrechtdreef 7 (GPS: 52°18'46'' N / 4°59'52'' E).

(H) 500 m ⛵ 1 km

Ebenes, sehr gepflegtes Wiesengelände mit Anpflanzungen. Von einem Busch- und Baumstreifen umgeben in der Nähe eines Naturparks. Befestigte Mocaplätze. Separater Jugendplatz. Imbiss. »METRO« Station 500 m, Zentrum 17 km entfernt. Mittagsruhe 12-13.30 Uhr. Touristen-/Dauerstellplätze 350/60.
2007: P/N 4.75, K/N bis 11 J. 2.25, A/N 4.50, C/N 6.50, MC/N 8.75, T/N 6.75, M/N 2.50, H/N 2.50, WD zuzügl., Strom/N 3.50 (10 A).

✉ 1022 AM Amsterdam-Nord, Noord-H. — NL 3300/2

★★ »CAMPING VLIEGENBOS« — Ostern bis Sept.
☎ 020/6368855, Fax 6322723 — 30 000 qm

Abfahrt → A 10 Autobahnring Amsterdam Abf. Noord (S 116) Richtung Amsterdam. Beim 1. Kreisverkehr links ab, beim 2. Kreisverkehr wieder links ab. Beschildert. ✉ Meeuwenlaan.

Ebene Wiesenflächen, durch Anpflanzungen unterteilt und von hohen Bäumen umgeben. Von jugendlichen Zeltern bevorzugter Platz. Für Caravans wenig geeignet, da nur 19 befestigte Stellplätze mit Stromanschluss. Imbiss. Zentrum 3 km entfernt. 419 Touristenplätze.

✉ 1022 AM Amsterdam-Nord, Noord-H. — NL 3300/3

★★ »CAMPING BADHOEVE« — 1.1. bis 31.12.
☎ 020/4904745, Fax 4904283, ✉ 1026 CP — 20 000 qm

→ A 10 Autobahnring Amsterdam Abf. Noord (S114) Richtung Zeeburg. Dem Deich folgen. Platz liegt nördlich von Durgerdam. ✉ Uitdammerdijk 10.

Ebenes, unparzelliertes Wiesengelände am Kinselsee hinter dem Deich vom IJsselmeer. Touristen-/Dauerstellplätze 115/60.

CAMPING/JACHTHAFEN "UITDAM" (NL 3260)

Eine gemütliche, ungezwungene Atmosphäre ist für diesen hervorragend gelegen Campingplatz und Jachthafen charakteristisch. Die zentrale Lage bietet ausgezeichnete Möglichkeiten für Ausflüge in altholländische Städtchen wie Marken, Volendam, Enkhuizen, Hoorn…. Ausserdem liegt Amsterdam noch keine 15 Km. entfernt. Der Jachthafen liegt direkt am offenen Wasser.
Ein komplettes Gelände in einer kompletten Landschaft. Bitten Sie um unseren Farbprospekt.
Camping/Jachthafen "Uitdam", Zeedijk 2, 1154 PP Uitdam
Tel.: 0031- 20- 403 14 33 Fax: 0031- 20- 403 36 92
E-mail: info@campinguitdam.nl . Internet: www.camppinguitdam.nl

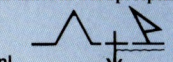

✉ 1095 KN Amsterdam, Noord-H. NL 3300/4
35 ★★★ »ZEEBURG« 1.1. bis 31.12.
☎ 020/6944430, Fax 6946238 38 000 qm
www.campingzeeburg.nl, info@campingzeeburg.nl

→ A 10 Autobahnring Amsterdam Abf. Ost (S114) Richtung Zentrum-Artis (Zoo), links abbiegen. Beschildert. ✉ Idijk 20. Zufahrt Zuiderzeeweg.

Ebenes, parzelliertes Wiesengelände am Rande des IJsselmeers. Von Zeltlern bevorzugter Platz. Zimmer. Separate Pkw-Abstellung. Kleiner Steichelzoo. Für Amsterdam-Besuche gut geeignet. 260 Touristenplätze.
2007: (HS) P/N 4.–, K/N 5 bis 12 J. 3.–, St/N 20.–, T/N 4.–, M/N 3.–, H/N 3.–, WD zuzügl., Strom inkl. (10A). In NS Ermäßigung.

✉ 1187 NZ Amsterdam-Aalsmeer NH. NL 3310
25 ★★ »CAMPING AMSTERDAM« 1.4. bis 30.11.
☎ 020/6416868, Fax 6402378 66 000 qm
www.campingamsterdamsebos.com, info@amsterdamsebos.com

→ A 9 Amsterdam–Haarlem Richtung Amstelveen, Abf (6) Aalsmeer (N231) Richtung Aalsmeer. ✉ Kleine Noorddijk 1 (GPS: 52°17'02'' N / 4°49'55'' E).

Ebenes, parzelliertes Wiesengelände. Durch Hecken in Stellfelder unterteilt. Am Rand eines Gewässers in waldreicher Umgebung. Metro nach Amsterdam (7 km entfernt). Touristen-/Dauerstellplätze 500/30.
2008: P/N 5.–, K/N 4 bis 12 J. 2.50, A/N 3.50, C/N 4.50, MC/N 7.–, T/N 3.–, M/N 2.50, H/N 2.–, WD zuzügl., Strom/N 4.50 (10 A).

Südlich und westlich von Amsterdam muss wegen des Großflughafens »Schiphol« mit Fluglärm gerechnet werden.

✉ 1213 PZ Hilversum, Noord Holland NL 3350
20 ★★★ »CAMPING ZONNENHOEK« 15.3. bis 31.10.
☎ 035/5771926 40 000 qm
www.camingzonnehoek.nl, info@campingzonnehoek.nl

→ A 27 Utrecht–Hilversum, Abf. Hilversum Richtung Nieuw Loosdrecht. ✉ Noodweg 50.

Ebenes Wald- und Wiesengelände in einem Heide- und Seengebiet. Gekieste Wege. Bar. Billard. Dart. WiFi. Videoraum. Ort (Loosdrecht) 5 km entfernt. 70 Touristenplätze.
2008: P/N 3.–, K/N bis 6 J. frei, K/N bis 12 J. 1.50, St/N 7.–, WD zuzügl., Strom/N 2.50 (4 A).
DCC/CCI 10% auf P/N.

DCC-Mitglieder fahren mit Auslands-Schutzpaß! und SIE?

✉ 2114 AP Vogelenzang, Noord-Holland NL 3450
★★★ »CAMPING VOGELENZANG« April bis Mitte Sept.
☎ 023/5847014, Fax 5849249 160 000 qm
www.vogelenzang.nl, info@vogelenzang.nl

→ A44 Amsterdam–Den Haag Abf. Voorhout in Richtung Nordwijkerhout, dann Richtung Vogelenzang. Beschildert. ✉ 2e Doodweg 17.

Ebenes, durch Heckenstreifen in Stellfelder unterteiltes und von Laubbäumen umgebenes Wiesengelände. Ort 4 km entfernt. 300 Touristenplätze.

✉ 1165 NA Halfweg, Noord-Holland NL 3510
20 ★★★ »CAMPING HOUTRAK« 1.4. bis 30.9.
☎ 020/4972796, Fax 4975887 130 000 qm
www.campinghoutrak.nl, info@campinghoutrak.nl

→ A 5 Amsterdam–Haarlem Abf. Halfweg Richtung Spaarnwoude/Houtrak. Beschildert. ✉ Zuiderweg 2.

Ebenes, teilweise leicht welliges Wiesengelände. Parzelliert und durch Buschgruppen aufgelockert. Kleiner Badesee mit Sandstrand. Ort 3 km entfernt. Mittagsruhe 12-13.30. Touristen-/Dauerstellplätze 172/110.
2007: P/N 3.40, K/N bis 13 J. 2.40, A/N 2.80, C/N 5.10, MC/N 6.80, T/N 4.10, M/N 1.90, H/N 2.60, KT –.82, WD zuzügl., Strom (6) zuzügl.
CCI 10% auf P/N.

✉ 2051 EC Bloemendaal a. Zee, Noord-H. NL 3560
★★★ »DUINCAMPING DE LAKENS« Ostern bis Okt
☎ 0900/3846226, Fax 5411579 270 000 qm
www.kennemerduincampings.nl, delakens@kennemerduincampings.nl

→ A 9 Amsterdam–Alkmar Abf. A 5 über Haarlem nach Bloemendaal aan Zee. Ca. 5 km nördl. von Zandvoort. ✉ Zeeweg 60.

Ebenes, leicht welliges, schattenloses und parzelliertes Sandgelände in den Dünen. Imbiss. Grillen nur mit Gas möglich. Touristen-/Dauerstellplätze 868/565.

✉ 1901 NH Castricum Aan Zee, Noord-H. NL 3620/1
★★★★ »CAMPING GEVERSDUIN« April bis Okt.
☎ 075/6472393, Fax 251661089 200 000 qm
www.kennemerduincampings.nl, info@kennemerduincampings

→ A 9 Haarlem–Alkmaar Abf. (10) über Castricum N 513 nach Castricum beschildert. ✉ Beverwijkerstraatweg 205.

Ebenes bis leicht welliges, parkartig parzelliertes Sand-Wiesengelände in den Dünen. Teilweise separate Pkw-Abstellung. Reiten 300 m, Meer 4 km, Ort 5 km entfernt. Touristen-/Dauerstellplätze 385/250.

Zwanzig Minuten vom Zentrum Amsterdams entfernt liegt in einem einzigartigen Naturgebiet der größte Campingplatz unserer Hauptstadt und zwar der

Gaasper Camping Amsterdam. (NL 3300/1)

Durch den nahe gelegenen Metro-Bahnhof hat der Campingplatz eine ausgezeichnete Verbindung zum Zentrum von Amsterdam, so dass Sie beim Besuch dieser Stadt Ihren Wagen stehen lassen können. Der moderne Camping ist geräumig, was auch für die ausgezeichneten sanitären Einrichtungen gilt. In dem rustikalen Hauptgebäude befindet sich ein einfaches, aber gemütliches Restaurant mit Sonnenterasse. So bietet der Gaasper Camping Amsterdam alle Möglichkeiten für einen angenehmen Aufenthalt in Amsterdam!

Loosdrechtdreef 7, NL-1108 AZ Amsterdam. Tel.: 0031-20-6967326, Fax: 0031-20-6969369, www.gaaspercamping.nl

✉ 1901 NH Castricum Aan Zee, Noord-H. NL 3620/2

★★★ »CAMPING BAKKUM«   ⚷ März bis Sept.
☎ 0900/3846226, Fax 251661689, 756472393   570 000 qm
www.kennemerduincamping.nl, info@kennemerduincampings.nl

➔ A 9 Haarlem–Alkmaar Abf. (10) und über N203 Uitgeest-Alkmaar, Abf. Castricum und über N513. Beschildert. ✉ Zeeweg 31.

Ebenes bis leicht welliges, parzelliertes Wiesengelände vor den Dünen. Teilweise separate Pkw-Abstellung. Imbiss, Metzgerei und Fischladen. Meer 1.5 km, Ort 5 km entfernt. Touristen-/Dauerstellplätze 367/1484.

✉ 1852 RJ Heiloo, Noord-Holland   NL 3640/1

25 ★★★ »CAMPING HEILOO«   ⚷ 21.3. bis 21.9.
☎ 072/5355555, Fax 5355551   38 000 qm
www.campingheiloo.nl, info@campingheiloo.nl

➔ A 9 Amsterdam–Alkmaar, hier auf den Ring Alkmaar Zuid Richtung Den Helder. Nach ca. 3 km abbiegen nach Heiloo. ✉ De Omloop 24.

Ebenes, durch Hecken in große, parzellierte Stellfelder unterteiltes Wiesengelände. Teilweise separate Pkw-Abstellung. Kabel-TV. Ort 1 km, Meer 5 km entfernt. Touristen-/Dauerstellplätze 163/51.
2007: (HS) P/N inkl. St/N 25.50, KT –.69, WD u.Strom (4/6 A) inkl. In NS Erm.

✉ 1852 RJ Heiloo, Noord-Holland   NL 3640/2

35 ★★★ »CAMPING KLEIN VARNEBROEK«   ⚷ 28.3. bis 20.9.
☎ 072/5331627, Fax 5331620   40 000 qm
www.kleinvarnebroek.nl, info@kleinvarnebroek.nl

➔ A 9 Amsterdam–Alkmaar, hier auf den Ring Alkmaar Zuid Richtung Den Helder. Nach ca. 3 km abbiegen nach Heiloo. ✉ De Omloop 22.

Ebenes, parzelliertes Wiesengelände mit einzelnen Laubbäumen. Durch Hecken und Bäume unterteilt. Teilweise separate Pkw-Abstellung. Sanitärgebäude beheizbar. Imbiss. Kindersanitär. Kabel-TV. Bar. Billard. Erholungsgebiet mit Angelteichen in der Nähe. Warmfreibad 100 m, Ort 300 m, Haltestelle 1 km, Meer 5 km entfernt. Touristen-/Dauerstellplätze 86/101.
2008: (HS) P/N inkl. St/N 28.50 bis 35.–, Strom (6 A) inkl. In NS Ermäßigung.

✉ 1931 AV Egmond aan Zee, N.-Holland   NL 3660

30 ★★★ »KUSTCAMPING EGMOND AAN ZEE«   ⚷ 1.1. bis 31.12.
☎ 072/5061702, 0900/1/472009 (€ 0.20 p.m.), Fax 5067147   11 000 qm
www.rpholidays.de, info@rpholidays.nl

➔ A 9 Amsterdam–Alkmaar Richtung Den Helder Abf. Egmond aan Zee. Beschildert. ✉ Nollenweg 1.

Ebenes bis leicht welliges, sandiges Wiesengelände mit einzelnen Bäumen in den Dünen. Suptropisches Schwimmparadies, Reiten und Sporteinrichtungen in der Nähe. Ort 750 m entfernt. 120 Touristenplätze.
2007: P/N inkl. St/N 26.–, WD inkl., Strom (10 A) inkl.

✉ 1817 ML Alkmaar, Noord-Holland   NL 3700

★★ »CAMPING ALKMAAR«   ⚷ Ostern bis Okt.
☎ 072/5116924, Mobil 06/51163280   28 000 qm
www.campingalkmaar.nl, campingalkmaar@planet.nl

➔ A 9 Amsterdam–Alkmaar, hier auf den Ring Alkmaar–Zuid Richtung Den Helder Abf. Bergen. Beschildert. ✉ Bergerweg 201.

Durch hohe Hecken unterteiltes, parzelliertes ebenes Wiesengelände. Befestigte Mocastellplätze. Teilweise separate Pkw-Abstellung. Ort 1 km entfernt. 142 Touristenplätze.

DCC – DEIN PARTNER!

✉ 1722 PX Noord-Scharwoude, Noord-H. NL 3750

★★★★ »CAMPING MOLENGROET«   ⚷ April bis Okt.
☎ 0226/393444, Fax 391426   110 000 qm
www.molengroet.nl, info@molengroet.nl

➔ N245 Alkmaar–Schagen, bei Noord-Scharwoude beschildert. ✉ Molengroet 1.

Ebenes, gepflegtes und parzelliertes Wiesengelände neben einem Hotel. Durch Hecken in verschieden große Stellfelder unterteilt. Überwiegend separate Pkw-Abstellung. Kinderbauernhof. Radcrossbahn. Bogenschießen. Kabel-TV. Sa. und So. Pendelbus zum Strand, nach Alkmaar u. zum Bahnhof (gratis). 90 ha großer Bade- und Surfsee 350 m, Ort (Scharwoude) 6 km entfernt. Touristen-/Dauerstellplätze 208/49.

✉ 1724 PG Oudkarspel, Noord-Holland   NL 3752

★★★ »DE OUDE BOOMGAARD«   ⚷ April bis Okt.
☎/Fax 0226/312785   40 000 qm
www.campingdeoudeboomgaard.nl

➔ N 242 Alkmaar–Heerhugowaard Richtung Leeuwarden, bei Oudkarspel, beschildert. ✉ Provincialeweg 5 A.

Ebenes parzelliertes Wiesengelände. Zum Teil mit Obstbäumen. Imbiss. Ort (Heerhugowaard) 3 km entfernt. Touristen-/Dauerstellplätze 45/120.

✉ 1871 AP Schoorl, Noord-Holland   NL 3770

25 ★★★ »CAMPING DE BREGMAN«   ⚷ 1.4. bis 30.10.
☎ 072/5091959, Fax 5092752   35 000 qm
www.campingdebregman.nl, info@campingdebregman.nl

➔ N 9 Alkmaar–Den Helder Abf. Schoorl ins Zentrum, dann links Richtung Bergen. Nach ca. 1.5 km beschildert. ✉ Gerbrandtslaan 18.

Parzelliertes Wiesengelände umgeben von Büschen und Bäumen. Beheizbare Sanitäranlage. Mittagsruhe 13-16 Uhr. Touristen-/Dauerstellplätze 80/30.
2007: (HS) 2/3 P/N inkl. St/N 22.– bis 24.50, H/N 1.75, KT 1.–, WD u. Strom (6/10 A) inkl. In NS Ermäßigung.

✉ 1755 LA Petten, Noord-Holland   NL 3780

25 ★★★★ »CAMPING CORFWATER«   ⚷ 14.3. bis 26.10.
☎ 0226/381981, Fax 383371   50 000 qm
www.corfwater.nl, camping@corfwater.nl

➔ N 9 Alkmaar–Den Helder Abf. Burgervlotbrug n. Petten. ✉ Strandweg 3.

Terrassiertes, leicht bis stärker welliges Dünengelände in Strandnähe. Sanitäranlage beheizbar. Kleinkindersanitär. Ort 300 m entfernt. Touristen-/Dauerstellplätze 260/40.
2007: (HS) 2 P/N inkl. St/N 20.–, weitere P/N 3.90, WD inkl., Strom/N 2.70 (6 A). In NS Ermäßigung.

✉ 1753 BA St. Maartenszee, Noord-H. NL 3800/1

★★★★ »CAMP. ST. MAARTENSZEE«   ⚷ März bis Sept.
☎ 0224/561401, Fax 561901   50 000 qm
www.campingsintmaartens.nl, info@campingsintmaartenszee.nl

➔ N 9 Alkmaar–Den Helder Abf. (9) St. Maartens-Vlotbrug. Beschildert. ✉ Westerweg 30.

Ebenes, parzelliertes Wiesengelände am Dünenrand. Durch hohe Hecken in Stellfelder unterteilt. Großzügiges Kleinkindersanitär. Mikrowellenherde. Gefrierschrank. In HS werden Jugendliche und Wochenendgäste nicht aufgenommen. Kabel-TV. Strand 900 m, Ort 3 km entfernt. 300 Touristenplätze.

1753 KA St. Maartenszee, Noord-H. NL 3800/2

35 ★★★ »CAMPING AAN NORDZEE« — 21.3. bis 25.10.
☎ 0224/563109, Fax 563093 — 80 000 qm
www.AanNoordzee.nl, info@aannordzee.nl

→ N 9 Alkmaar–Den Helder Abf. St. Maartensvlotbrug. ✉ Westerduinweg 34 (GPS: 52°47'53" N / 4°41'34" E).

Ebenes Wiesengelände. Je Stellplatz eine eigene Sanitärzelle. Separate Pkw-Abstellung. Bungalowanlage. Kabel-TV. 180 Touristenplätze.
2008: (HS) 4 P/N inkl. St/N 33.–, H/N 1.50, KT –.81, Müllgeb/N –.24, WD u. Strom (10 A) inkl. In NS Ermäßigung.

1753 BA St. Maartenszee, Noord-H. NL 3800/3

25 ★★★ »CAMPING GOLFZANG« — 21.3. bis 1.10.
☎ 0224/562905, Fax 562940 — 20 000 qm
www.Golfzang.eu, info@campinggolfzang.nl

→ N 9, Alkmaar–Den Helder, in St. Maartensvlotbrug beim Kreisverkehr nach links, nach 500 m nach links, dann nach ca. 400 m rechts. Beschildert. ✉ Belkmerweg 79.

Ebenes parzelliertes Wiesengelände. Meer 2 km entfernt. Touristen-/Dauerstellplätze 30/84.
2007: (HS) P/N 5.25, K/N bis 10 J. 3.75, A/N 2.75, C/N 4.–, MC/N 5.–, T/N 4.–, M/N 1.–, H/N 3.35, KT –.81, WD zuzügl., Strom/N 3.50 (6 A). In NS Ermäßigung.

1753 BA St. Maartenszee, Noord-H. NL 3800/4

25 ★★★ »CAMPING DE LEPELAAR« — April bis Sept.
☎ 0224/561351, Fax 562093 — 160 000 qm
www.delepelaar.nl, info@delepelaar.nl

→ N 9, Alkmaar–Den Helder, Abf. Maartensvlotbrug. Nach ca. 1.5 km beim Kreisverkehr nach rechts. Beschildert. ✉ Westerduinweg 15 (GPS: 52°48'25" N / 4°41'46" E).

Terrassiertes, leicht bis stärker welliges Dünengelände in Strandnähe. Meer 900 m entfernt. Touristen-/Dauerstellplätze 180/90.
2008: 2 P/N inkl. St/N 23.–, K/N bis 1 J. frei, H/N 2.50, KT –.82, WD zuzügl., Strom (10 A) inkl.

1759 JD Callantsoog, Noord-Holland NL 3840/1

35 ★★★★★ »CAMPING TEMPELHOF« — 1.1. bis 31.12.
☎ 0224/581522, Fax 582133 — 127 000 qm
www.tempelhof.nl, tempelhof@planet.nl

→ N 9 Alkmaar–Den Helder Abf. t' Zand n. Callantsoog. ✉ Westerweg 2 (GPS: 52°50'50" N / 4°42'55" E).

Ebenes, parzelliertes Wiesengelände. Durch Hecken und Einfriedungen in viele Stellfelder unterteilt. Sanitäranlagen beheizbar. Schwimmhalle ohne Chlor mit Salz. Sporthalle. Kletterwand. Fußballkoje. Kindersanitär. Kabel-TV. W-LAN. Filmvorführungen. Ort 1.5 km, Strand 1.6 km entfernt. Mittagsruhe 12.30-13 Uhr. Touristen-/Dauerstellplätze 250/260.
2008: (HS) 2 P/N inkl. St/N 31.–, H/N 3.50, KT –.82, WD zuzügl., Strom kWh –.35 (10 A). In NS Ermäßigung.

1759 JD Callantsoog, Noord-Holland NL 3840/2

25 ★★★★ »REKREATIECENTRUM DE NOLLEN« — April bis Okt.
☎ 0224/581281, Fax 582098, 1759 JD — 90 000 qm
www.denollen.nl, info@denollen.nl

→ N 9 Alkmaar–Den Helder Abf. De Stolpen n. Callantsoog. ✉ Westerweg 8. GPS: 52°50'27" N / 4°43'06" E).

Ebenes, parzellierte und durch Hecken in zahlreiche Stellfelder unterteiltes Wiesengelände. Von Dauercampern geprägt. Kabel-TV. Boule. Ort 1.5 km, Strand mit FKK-Teil 2.2 km entfernt. Touristen-/Dauerstellplätze 200/190.
2008: (HS) 2 P/N inkl. St/N 18.–, H/N 3.–, KT –.80, Strom/N 5.50 (10 A). In NS Ermäßigung.

1759 NX Groote Keeten, Noord-Holland NL 3850

40 ★★★★ »CAMPING CALLASSANDE« — 15.3. bis 26.10.
☎ 0224/581663, Fax 582588 — 120 000 qm
www.callassande.nl, info@callassande.nl

→ N 9 Alkmaar–Den Helder Abf. t' Zand n. Groote Keeten. ✉ Voorweg 5 A (GPS: 55°51'22" N / 4°43'00" E).

Ebenes, parzelliertes Wiesengelände mit Heckenunterteilungen. Sanitäranlage beheizbar. Skater-Bahn. Volleyball. Kabel-TV. Ort 500 m, Strand 1 km entfernt. Touristen-/Dauerstellplätze 341/74.
2008: (HS) P/N 4.20, St/N 17.50, H/N 3.–, KT –.82, WD inkl., Strom/N 2.50 (10 A). In NS Ermäßigung.

1787 PP Julianadorp, Noord-Holland NL 3870/1

25 ★★★ »CAMPING DE ZWALUW« — 21.3. bis 26.10.
☎ 0223/641492, Fax 643024 — 20 000 qm
www.campingdezwaluw.nl, campingdezwaluw@quicknet.nl

→ N 9 Alkmaar–Den Helder, bei Julianadorp Zuid abbiegen. ✉ Zanddijk 17 (GPS: 52°53'47" N / 4°44'10" E).

Ebenes, parzelliertes, schattenloses Wiesengelände hinter dem hohen Dünengürtel. Ort 2 km entfernt. Mittagsruhe 12-14 Uhr. Touristen-/Dauerstellplätze 75/70.
2007: (HS) P/N 4.20, K/N bis 12 J. 3.65, St/N 11.05, H/N 2.65, WD zuzügl., Strom kWh –.39 (6-16 A).

1787 PP Julianadorp, Noord-Holland NL 3870/2

★★ »CAMPING OASE« — April bis Okt.
☎ 0223/641373, Fax 643516 — 36 000 qm

→ N9–Den Helder, nach Julianadorp. An der Dünenstraße zwischen Callantsoog und Den Helder. ✉ Zanddijk 11 D.

Ebenes und parzelliertes Wiesen- und Sandgelände mit einzelnen Bäumen. Boule. Touristen-/Dauerstellplätze 100/113.

1783 BW Den Helder, Noord-Holland NL 3890

★★ »DE DONKERE DUINEN« — April bis Sept.
☎ 0223/614731, Fax 615077, info@donkereduinen.nl — 55 000 qm

→ N9 Alkmaar–Den Helder, hier Richtung Zentrum, dann beschildert. ✉ Jan Verfailleweg 616.

Ebenes, parzelliertes Wiesengelände. Durch Busch- und Baumreihen unterteilt. Guter Etappenplatz zur Insel Texel. Keine Spielmöglichkeiten für Kinder. Kabel-TV. 150 Tresore. Strand 800 m, Zentrum 4 km entfernt. Mittagsruhe 12-16 Uhr. 204 Touristenplätze.

1797 RN Den Hoorn, Insel Texel/NH NL 3910

25 ★★★ »TEXELCAMPING LOODSMANSDUIN« — 15.3. bis 26.10.
☎ 0222/317208, Fax 317018 — 380 000 qm
www.texelcampings.nl, info@texelcampings.nl

→ Fähre Den Helder-Texel. Vom Fährhafen in Richtung Den Hoorn, hier den Schildern Loodsmansduin folgen. ✉ Rommelpot 19 (GPS: 53°01'18" N / 4°44'27" E).

Teils ebenes bis leicht welliges Dünengelände mit parzellierten Freiflächen teils durch Mulden und Kiefernwaldstreifen windgeschützt. Separater FKK-Bereich (nicht für Camper). Ort 500 m, Strand 2 km entfernt. Touristen-/Dauerstellplätze 585/196.
2008: P/N 2.70, C/N 21.75, H/N 16.50, H/N 3.75, KT –.85, Strom (6 A) inkl. In NS CCI 15% Ermäßigung.

Wegen oft wechselnden Größenangaben für die einzelnen Stellparzellen durch die Platzhalter veröffentlicht der DCC nur noch die Camping-Gesamtfläche in qm und den Hinweis »parzelliert« oder »unparzelliert«.

Camping „De Zwaluw"

Zanddijk 17 / Julianadorp
NL-1787 PP Den Helder
Tel. 0031-223-641492
Fax 0031-223-643024

Direkt am Strandaufgang, 200 m von der Nordsee

☆ Moderne Sanitär-
 anlagen – beheizt
☆ Schwimmen
☆ Radfahren
☆ Waschmaschine

☆ Trockner
☆ Spielplatz
☆ Surfen
☆ Angeln
☆ Restaurant / Snackbar

– Reservierung erbeten – (NL 3870/1)

✉ 1796 BD De Koog, Insel Texel/NH — NL 3950/1

[40] ★★★ »TEXELCAMPING DE SHELTER« — 1.1. bis 31.12.
☎ 0222/317208, Fax 317018 — 11 000 qm
www.texelcampings.nl, info@texelcampings.nl

→ Fähre Den Helder–Texel. Vom Fährhafen in Richtung De Koog. ✉ Boodtlaan 43 (GPS: 53°06'16" N / 4°46'10" E).

Ebenes, durch Buschhecken in längliche Stellfelder unterteiltes, parzelliertes Wiesengelände am Dünen- und Waldrand. Kabel-TV. Disko. Fahrradverleih in der Nähe. Ort 500 m, Strand 800 m entfernt. 70 Touristenplätze.
2008: (HS) P/N 3.10, K/N bis 3 J. frei, St/N 30.–, H/N 3.75, KT –.85, WD inkl., Strom kWh –.50 (16 A) inkl. In NS CCI 15% Ermäßigung. In NS Erm.

✉ 1796 AA De Koog, Insel Texel/NH — NL 3950/2

[30] ★★★ »TEXELCAMPING KOGERSTRAND« — 15.3. bis 26.10.
☎ 0222/317208, Fax 317018 — 540 000 qm
www.texelcampings.nl, info@texelcampings.nl

→ Fähre Den Helder–Texel. Vom Fährhafen in Richtung De Koog. In De Koog beschildert. ✉ Badweg 33 (GPS: 53°06'02" N / 4°45'29" E).

Eben bis welliges, zweiteiliges und sehr weitläufiges, parzelliertes Gelände. In den teilweise hohen, windschützenden Dünen parallel zum Strand. Separate Pkw-Abstellung. Separater Jugendplatz. Imbiss. Turnhalle. Kabel-TV. Ort 300 m entfernt. 1225 Touristenplätze.
2008: (HS) P/N 2.70, J/N 2.–, St/N 21.75, T/N 16.50, H/N 3.75, KT –.85, WD zuzügl., Strom (6 A) zuzügl. In NS CCI 15% Ermäßigung. In NS Erm.

✉ 1796 AA De Koog, Insel Texel/NH — NL 3950/3

[35] ★★★ »TEXELCAMPING OM DE NOORD« — 15.3. bis 26.10.
☎ 0222/317208,327842, Fax 317018 — 33 000 qm
www.texelcampings.nl

→ Fähre Den Helder–Texel. Vom Fährhafen in Richtung De Koog. Letzter Platz. Beschildert. ✉ Boodtlaan 80 (GPS: 53°06'16" N / 4°46'10" E).

Ebenes, durch Hecken unterteiltes, parzelliertes Wiesengelände. Anmeldung bei Camping „De Shelter". Fahrradverleih in Platznähe. Ort 650 m entfernt. Touristen-/Dauerstellplätze 141/17.
2008: (HS) 2 P/N inkl. St/N 30.–/36.–, weitere P/N 3.10, K/N bis 3 J. frei, H/N 3.75, KT –.85, WD inkl., Strom kWh –.50 (16 A). In NS CCI 15% Erm. In NS Ermäßigung.

✉ 1796 AA De Koog, Insel Texel/NH — NL 3950/4

★★ »CAMPING DE LUWE BOSHOEK« — 15.3. bis 31.10.
☎ 0222/317390, ✉ 1796 MT — 17 500 qm

→ Fähre Den Helder–Texel. Vom Fährhafen in Richtung De Koog. ✉ Kamperfoelieweg 3.

Ebenes Wiesengelände, parzelliert und durch Buschreihen gegliedert. Nur für Familien. Ort 400 m entfernt. Touristen-/Dauerstellplätze 65/11.

✉ 1795 LS De Cocksdorp, Insel Texel/NH — NL 3990

[30] ★★★★ »LANDAL SLUFTERVALLEI« — 30.3. bis 5.11.
☎ 0222/316214, Fax 316488, www.landal.de, info@landal.de — 10 000 qm

→ Fähre Den Helder–Texel. Vom Fährhafen nach De Cocksdorp, hier weiter Richtung Vuurtoren ca. 1 km, dann abbiegen beim Wegweiser nach Slufter. Beschildert. ✉ Krimweg 102.

Ebenes bis leicht welliges, parzelliertes Wiesengelände mit Teich. Vor den Dünen neben einem Bungalowpark. Durch Busch- und Baumstreifen unterteilt. Teilweise separate Pkw-Abstellung. Go-Kartbahn. Basketball. Ort u. Strand 1.5 km entfernt. 210 Touristenplätze.
2007: 2 P/N inkl. St/N 22.– bis 33.–, weitere P/N 3.50, K/N bis 5 J. frei, H/N 3.–, KT 1.–, WD u. Strom inkl. (6 A).

✉ 9101 XA Dokkum, Friesland — NL 4020

★★ »CAMPING HAVENRECREATIE DOKKUM« — April bis Okt.
☎ 0519/294445 oder Mobil 0031/650606390 — 20 000 qm

→ N355 Groningen–Leeuwarden. Bei Hardegarijp/Hurdegaryp abbiegen auf die 356 nach Dokkum. Beschildert. ✉ Harddraversdijk 1 A.

Ebenes und parzelliertes Wiesengelände bei einem Hafen. Mit Hecken durchzogen und durch Stellfelder eingeteilt. Tennis in der Nähe. Fahrradverleih und Ort 1 km entfernt. 100 Touristenplätze.

✉ 9295 KD Westergeest, Friesland — NL 4040

★★★ »CAMPING OAN'E SWEMMER« — April bis Okt.
☎ 0511/442179, Fax 446096 — 52 000 qm

→ N 355 Groningen–Leeuwarden, bei Kollum abbiegen Richtung Dokkum bis Westergeest. ✉ Prellewei 2.

Ebenes, parzelliertes Wiesengelände mit Bäumen. Kinderspielraum. Mittagsruhe 11.30-13.30 Uhr. Touristen-/Dauerstellplätze 50/100.

✉ 9262 ND Burgum-Sumar, Friesland — NL 4070

★★★★ »RECREATIECENTR. BERGUMER MEER« — März bis Okt.
☎ 0511/461385, Fax 463955 — 260 000 qm
www.bergumermeer.nl, info@bergumermeer.nl

→ N355 Groningen–Leeuwarden, in Richtung Drachten abbiegen. ✉ Solcamastraat 30.

Durch Baum- und Buschreihen in parzellierte, ebene Wiesenflächen unterteiltes Gelände am Seeufer mit Strand. Separate Pkw-Abstellung. Terrasse. Café. Imbiss. Steichelzoo. Kabel-TV. Kajak-Verleih. Ort 4 km entfernt. Touristen-/Dauerstellplätze 180/260.

De Kuilart (NL 4250)

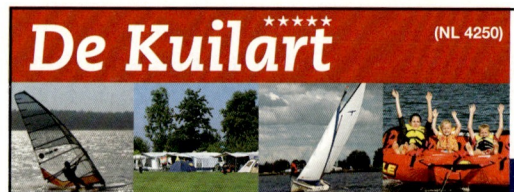

Camping · Bungalows · Jachthafen · Bootsverleih
Skûtsje-fahrten · Café/restaurant · Partyzentrum · Party-service
Hallenbad · Bowling · Disko

www.kuilart.com · T +31 (0)514 52 22 21

✉ 9264 TP Eernewoude, Friesland — NL 4090

★★★★ »CAMPING IT WIID« — April bis Sept.
☎ 0511/539223, Fax 539335, www.wiid.nl, info@wiid.nl — 280 000 qm

→ A7 Groningen–Heerenven, bei Drachten auf die N31 Richtung Leeuwarden. ✉ Kooidijk 10.

Ebenes und parzelliertes weitläufiges Wiesengelände im Nationalpark "De Alde Feanen" (einmalige Seen- und Flusslandschaft). Von zahlreichen Kanälen, Bäumen und Büschen durchzogen. Yachthafen. Mehrere Spielplätze. Kletterburg. Squash. Volleyball. Riesenwasserrutsche. Arztsprechstunde. Ort 4 km entfernt. Touristen-/Dauerstellplätze 350/250.

✉ 8426 GK Appelscha, Friesland — NL 4140

★★★★ »CAMPING DE ROGGEBERG« — 1.1. bis 31.12.
☎ 0516/431441, Fax 2993 — 690 000 qm
www.rcn-centra.nl, roggeberg@rcn-centra.nl

→ A 28/E 232 Groningen–Hoogeven Abf. (31) Emmen/Drachten. N 381 Richtung Drachten. Nach Appelscha abbiegen. ✉ De Roggeberg 1 (GPS: 52°26'20" N / 6°20'27" E).

Ebenes Waldgelände mit parzellierten Wiesenlichtungen. Bungalows für Körperbehinderte. Boule. Separate Pkw-Abstellung. Ort 3 km entfernt.

✉ 8531 PE Tacozijl-Lemmer, Friesland — NL 4180

★★★ »WASSERSPORTZENTRUM TACOZIJL« — 1.1. bis 31.12.
☎ 0514/562003, Fax 561470 — 25 000 qm
www.tacozijl.com, info@tacozijl.com

→ A6 Emmeloord–Joure Abf. (17) auf die N 369 Richtung Lemmer. Über die 2. Brücke rechts. Beschildert. 2. Platz. ✉ Plattedijk 20.

Ebenes, schattenloses Wiesengelände bei einem Yachthafen. Befestigte Moca-Plätze. Hotel. Nur teilweise Hundeverbot. Strand 1km entfernt. Mittagsruhe 12-13 Uhr. Touristen-/Dauerstellplätze 45/75.
2007: P/N 2.15, A/N 1.85, C/N 5.10, MC/N 7.15, T/N 5.10, H/N 4.35, KT –.55, WD zuzügl., Strom/N 2.55 (4 A).

✉ 8563 AV Wijckel, Friesland — NL 4200

★★★ »CAMPING 'T HOP« — April bis Sept.
☎ 0514/602436, Fax 605266 — 45 000 qm
www.campingthop.nl, info@campingthop.nl

→ N359 Lemmer–Balk, nach Wijckel abbiegen. Beschildert. ✉ Meerenstein 1.

Ebenes von Hecken durchzogenes und in Stellfelder unterteiltes Wiesengelände. Parzelliert. Befestigte Moca-Plätze. Beschränkte Aufnahme von Hunden. Boule. Mittagsruhe 12-14 Uhr Touristen-/Dauerstellplätze 130/35.

✉ 8565 GN Sondel, Friesland — NL 4210

★★ »CAMPING SONDEL« — 1.4. bis 31.10.
☎ 0514/602300, Fax 605826 — 30 000 qm
www.campingsondel.nl, info@campingsondel.nl

→ N 359 Lemmer–Balk, nach Sondel abbiegen. ✉ Beuckenswijkstraat 26.

Ebenes, durch Hecken unterteiltes und parzelliertes Wiesengelände. Snackbar. Teilweise separate Pkw-Abstellung. Ort (Wijkel) 4 km entfernt. Touristen-/Dauerstellplätze 80/20.
2007: (HS) 2 P/N inkl. St/N 13.50, 3 P/N inkl. St/N 18.15, WD u. Schwimmbad inkl., Strom/N 2.75 (4 A). In NS und ab 55 J. Ermäßigung.

✉ 8715 ZH Stavoren, Friesland — NL 4240

★★ »CAMPING SÜDERMEER« — April bis Okt.
☎ 0514/684686, Fax 684685 — 30 000 qm
www.skipsmaritiem.nl, info@skipsmaritiem.nl

→ A 6 Emmeloord–Lemmer, Abf. (17) Lemmer auf die N 359, Abf. Stavoren, über Warns nach Stavoren. ✉ Middelweg 3.

Ebenes, parzelliertes, durch Hecken gegliedertes Wiesengelände am IJsselmeer-Deich. Separate Pkw-Abstellung. Kleinkinderzoo. Ort ca. 1.7 km entfernt. Schwimmbad u. Fahrradverleih in der Nähe. Touristen-/Dauerstellplätze 50/71.

✉ 8721 GX Warns, Friesland — NL 4243

★★★ »CAMPING DE WEYDE BLICK« — 1.4. bis 13.10.
☎ 0514/681428, Fax 681573 — 30 000 qm
www.deweydeblick.nl, hbreimer@cs.com

→ A 6 Emmeloord–Lemmer, Abf. (17) Lemmer auf die N 359. Abf. Stavoren. In Warns beschildert. ✉ It Sou 29.

Ebenes Wiesengelände bei einem Anwesen in ländlicher Umgebung. Zimmer und FW. IJsselmeer 1.5km, Ort (Stavoren) 4 km entfernt. Mittagsruhe 13.30-16 Uhr. Touristen-/Dauerstellplätze
2007: P/N 2.65, K/N ab 11 J. 1.50, St/N 5.50, H/N 2.30, KT 1.–, WD zuzügl., Müllgeb. 1.–, Strom/N 2.30 (4/6 A). In NS ab 7 N Ermäßigung.

✉ 8722 HE Molkwerum, Friesland — NL 4246

★★★ »CAMPING 'T SELEANTSJE« — 1.4. bis 1.11.
☎ 0514/681395, Fax 681812 — 40 000 qm
www.surfcamping.nl, info@surfcamping.nl

→ N 359 Lemmer–Bolsward, über Koudum abbiegen nach Molkwerum. ✉ 't Séleantsje 2.

Ebenes und schattenloses Wiesengelände an einem Kanal hinter dem IJsselmeer-Deich. Imbiss. Ort 500 m entfernt. Mittagsruhe 12-13 Uhr. Touristen-/Dauerstellplätze 93/125.
2007: (HS) P/N 2.50, K/N 3 bis 12 J. 1.90, A/N 2.70, C/N 2.70, MC/N 5.40, T/N 2.70, M/N 1.60, B/N 3.–, H/N 2.50, KT 1.–, WD zuzügl., Strom/N 2.20 (2/6 A). In NS Ermäßigung.

✉ 8723 CG Koudum, Friesland — NL 4250

★★★★★ »DE KUILART RECREATIE« — 1.1. bis 31.12.
☎ 0514/522221, Fax 523010 — 350 000 qm
www.kuilart.nl, info@kuilart.nl

→ N 359 Lemmer–Hindeloopen, abbiegen in Richtung Koudum. ✉ De Kuilart 1 (GPS: 52°54'09" N / 5°27'58" E).

Ebenes Wiesengelände, von Busch- und Baumreihen unterteilt an einem

848

★★★★ CAMPING HINDELOOPEN ★★★★

Familienfreundlicher Campingplatz am IJsselmeer, bietet Ihnen:

- Komfort-Stellplätze mit Strom (6-16 Amp.), Trinkwasser- und Abwasseranschlüssen
- Spezielle Wohnmobilplätze
- Gepflegte Sanitäranlagen mit Baby/Kindersanitär, Waschkabinen, Waschsalon, Behindertenabteilung usw.
- Kinderklub, Kinderbauernhof, Spiel-, Sport- und Tennisplätze, Hüpfburgen
- Gemütliches Café/Restaurant & Imbiß in einem 200 Jahre alten Bauernhof
- WLAN Internet Points
- Ideales Surf-Stehrevier
- VDWS Surfschule
- Freizeitanimation für Kinder (in den Sommermonaten)
- Anglerspots
- Rabatt und Seniorenrabatt in der Vor- und Nachsaison

Westerdijk 9   8713 JA Hindeloopen   Tel. 0031 514 521452   Fax 0031 514 523221
www.campinghindeloopen.nl   info@campinghindeloopen.nl   (NL 4255/1)

See. Kleinkindersanitär. Bungalowanlage. Bowling und Skateboardbahn. Familienhäuser für 30 Personen. Touristen-/Dauerstellplätze 244/210. **2008:** P/N 4.10, St/N ab 16.80, B/N ab 5.–, H/N 3.10, KT 1.–, WD zuzügl., Strom (4 A/6 A/16 A) inkl.

✉ 8713 JA Hindeloopen, Friesland — NL 4255/1

[25] ★★★★ »CAMPING HINDELOOPEN«   21.3. bis 1.11.
☎ 0514/521452, Fax 523221   180 000 qm
www.campinghindeloopen.nl, info@campinghindeloopen.nl

→ N 359 Lemmer–Bolsward, nach Hindeloopen abbiegen. Hier 1. Platz.
✉ Westerdijk 9 (GPS: 52°56'06" N / 5°24'14" E).

Ebenes Wiesengelände hinter dem IJsselmeer-Deich. Von kleinen Kanälen und Wiesen umgeben. Durch Buschreihen in Stellfelder unterteilt und parzelliert. Befestigte Moca-Plätze. Für Hundebesitzer gesonderter Platzteil. Großzügig ausgestatteter Kinderspielplatz und Kinderbauernhof. Imbiss. Bar. Volleyball. W-LAN. Ort 1 km entfernt. Mittagsruhe in HS 12-13 Uhr. Touristen-/Dauerstellplätze 200/450.
2007: (HS) 2 P/N inkl. St/N 20.50, KT 1.–, WD zuzügl., Strom inkl. Für Senioren und in NS Ermäßigung. Vorauskasse! Reiserücktrittsversicherung wird angeraten!

Noch kein DCC-Mitglied?
Sie wollen »eines« werden und die vielen Vorteile genießen – Anmeldeformular finden Sie in der Kartentasche am Ende des Buches.
Bis bald – wir freuen uns auf Sie!
Ihr DCC-Team

✉ 8713 JT Hindeloopen, Friesland — NL 4255/2

★★★ »CAMPING SCHUILENBURG«   April bis Nov.
☎ 0514/521260, Fax 522768   100 000 qm
www.camping-schuilenburg.nl, info@camping-schuilenburg.nl

→ N 359 Lemmer–Bolsward, nach Hindeloopen abbiegen. Hier 2. Platz. Beschildert. ✉ Schuilenburg 2.

Ebenes und schattenloses, parzelliertes Wiesengelände im Deichvorfeld am IJsselmeer. Durch Anpflanzungen in Stellfelder unterteilt. Imbiss. Ort 2 km entfernt. Mittagsruhe 12.30-13.30 Uhr. Touristen-/Dauerstellplätze 250/250. Reiserücktrittsversicherung wird angeraten!

✉ 8711 GX Workum, Friesland — NL 4260

★★★ »CAMPING IT SOAL«   April bis Okt.
☎ 0515/541443, Fax 543640   www.monda.nl, info@itsoal.nl   280 000 qm

→ N 359 Lemmer–Bolsward, nach Workum abbiegen und hier Richtung Hindeloopen. Beschildert. ✉ Suderseleane 29.

Ebenes, parzelliertes Wiesengelände auf einer Landzunge zwischen Yachthafen und IJsselmeer. Durch Bepflanzungen in viele Stellfelder unterteilt. Separater Platzteil für Hundehalter. Ideal für Wassersportler. Separate Pkw-Abstellung. Sanitäranlagen beheizbar. Reservierung für HS empfehlenswert. Skateboard. Ort 2 km entfernt. Touristen-/Dauerstellplätze 350/300.

DCC – DEIN PARTNER!

DE ZEEHOEVE - HARLINGEN
Am Wattenmeer

Friesische ELF-Städte, historische, charakteristische Hafenstadt HARLINGEN, gelegen am WATTENMEER. Wunderschöne weitblickende Umgebung zum Radfahren, Wandern und Angeln. Viele Tagesausflüge, u.a. die Inseln Vlieland/Terschelling. »Ald Fears Erf«, Brauerei »Us Heit«, Elf-Städte Fahrt usw.
Campingplatz 1 km südlich von Harlingen mit modernem, beheiztem Sanitär, Wasserette usw. Animationsprogramm in der HS und mehrere Spieleinrichtungen. Innenhafen mit Trailerhelling, Kantine, Wanderhütten. 2 und 4 Pers. FREMDENZIMMER mit eigenem D/T. Kanus, Tretboote, D/H-Fahrräder zu vermieten.

Fam. Kleefstra, Westerzeedijk 45, 8862 PK Harlingen,
Tel. 00 31-5 17-41 34 65, Fax 00 31-5 17-41 69 71 · E-mail: info@zeehoeve.nl · Internet: www.zeehoeve.nl

Online direct reservieren (NL 4340)

8626 GG Offingawier b. Sneek, Friesland — NL 4270
[50] ★★★★ »RCN DE POTTEN« — 1.4. bis 13.10.
☎ 0515/415205, Fax 411471, www.rcn.nl, potten@rcn.nl — 350000 qm
→ A7 Heerenveen–Bolsward, auf die N7 rechts abbiegen. Der Beschilderung folgen und Offingawier durchfahren. ✉ De Potten 2-38 (GPS: 53°01'50" N / 5°43'32" E).

Durch eine Straße zweigeteiltes, parzelliertes, überwiegend schattenloses Gelände. Eine Seite mit jungen Anpflanzungen und durch Büsche unterteilt; die andere Seite befindet sich am Wasser mit Hafen und hat harten Untergrund. WiFi. FW. Ort 5.5 km entfernt. Mittagsruhe. Touristen-/Dauerstellplätze 380/45.
2007: (HS) 2 P/N inkl. St/N 48.–, H/N 5.–, KT zuzügl., WD inkl. Strom/N (4/10 A) zuzügl. In NS Ermäßigung.

8621 JX Heeg, Friesland — NL 4280
★★★ »WATERSPORTCAMPING HEEG« — April. bis Okt.
☎ 0515/442328, Fax 442739, — 50000 qm
www.watersportcampingheeg.nl, info@camping-heeg.nl
→ A7 Groningen–Sneek. Vom Stadtring Sneek auf die N354 Richtung Hommerts. In Hommerts Richtung Heeg. ✉ De Burd 25 A.

Ebenes, von Baumreihen durchzogenes, Wiesengelände an einem Privatsee mit Verbindung zum "Heegermeer". Parzelliert. Eigener Hafen. Ideal für Wassersportler. Leihzelte. Ort 1 km entfernt. Mittagsruhe 12-13 Uhr. Touristen-/Dauerstellplätze 120/80.

8754 HC Makkum, Friesland — NL 4320
★★★ »CAMPING DE HOLLE POARTE« — 1.1. bis 13.12.
☎ 0515/231344, Fax 231339 — 360000 qm
www.hollepoarte.nl, hollepoarte@hollepoarte.nl
→ A7 Sneek–Heerenveen, Abf. Richtung Harlingen auf die N16, dann Richtung Makkum. Beschildert. ✉ Holle Poarte 2.

Ebenes, parzelliertes und von Bäumen umgebenes Wiesengelände am Sandstrand des IJsselmeers bei einem Jachthafen. Touristencampingteil liegt separat vom Dauercamperteil. Hotel mit Appartements. Filmsaal. Boule. Hüpfburgen. Touristen-/Dauerstellplätze 200/630.

8748 DT Witmarsum, Friesland — NL 4330
★★★ »RECREATIECENTRUM MOUNEWETTER« — April bis Okt.
☎ 0517/531967, Fax 532074 — 50000 qm
www.mounewetter.nl, info@mounewetter.nl
→ A 7 Sneek–Heerenveen Richtung Harlingen Abf. (16) Richtung Witmarsum. Im Dorf beschildert. ✉ Mouneplein 1.

Ebenes, parzelliertes und parkartiges Wiesengelände neben einem Warmfreibad mit Kinderplantschbecken und Wasserrutsche (für Camper Eintritt gratis). Durch Hecken unterteilt. Kinderdisko. Kabel-TV. Touristen-/Dauerstellplätze 60/120.

DCC-Mitglieder fahren mit Auslands-Schutzpaß! und SIE?

8862 PK Harlingen, Friesland — NL 4340
[20] ★★★ »CAMPING DE ZEEHOEVE« — 21.3. bis Mitte Okt.
☎ 0517/413465, Fax 416971 — 100 000 qm
www.zeehoeve.nl, info@zeehoeve.nl
→ A31 Leeuwarden–Amsterdam Abf. Harlingen-West (N31). Beschildert. ✉ Westerzeedijk 45.

Ebenes Wiesengelände hinter dem Deich mit Bootshafen. In mehrere Stellfelder unterteiltes und von Kanälen umgeben. Günstiger Durchgangsplatz für Überfahrt nach Terschelling. Zimmer. Separater Jugendplatz. Beheiztes Schwimmbad 300 m, Ort 1 km entfernt. Mittagsruhe 12-13 Uhr. Touristen-/Dauerstellplätze 125/125.
2007: 2 P/N inkl. St/N 19.50, H/N 3.–, WD u. Strom (10 A) keine Angabe.

8851 EL Tzummarum, Friesland — NL 4350
★★★ »RECREATIECENTRUM BARRADEEL« — 1.1. bis 31.12.
☎ 0518/482917, Fax 482794 — 170000 qm
www.barradeel.com, info@barradeel.com
→ A31 Leeuwarden–Harlingen Abf. (20) Richtung Tzummarum (N384). ✉ Buorren 43.

Ebenes Wiesengelände in der Nähe mehrerer Kanäle. Große Wasserrutsche. Kabel-TV. FW. Separater Jugendplatz. Ort 300 m entfernt. Mittagsruhe 12-13 Uhr. Touristen-/Dauerstellplätze 145/45.

8800 AM Franeker, Friesland — NL 4355
★★★★ »RECREATIEPARK BLOEMKETERP« — 1.1. bis 31.12.
☎ 0517/395099, Fax 395150 — 70000 qm
www.bloemketerp.nl, bloemketerp@wxs.nl
→ A 31 Leeuwarden–Harlingen Abf. (20) Richtung Franeker (N384), hier zum östlichen Stadtbereich abbiegen. ✉ Dijkstraweg 3.

Ebenes, parzelliertes Wiesengelände. Sportzentrum mit Fitnessraum. Wasserrutsche. Squash. Bowling. Ort 300 m entfernt. 150 Touristenplätze.

9024 BE Weidum, Friesland — NL 4375
★★ »CAMPING IT WEIDUMER HOUT« — Mitte Jan. bis Mitte Dez.
☎ 058/2519888, Fax 2519885 — 12000 qm
www.weidumerhout.nl, welkom@weidumerhout.nl
→ A 32 Heerenveen–Leeuwarden. Bei der 1. Ampel links Richtung Weidum/Wijtgaard. Der Campingbeschilderung folgen. Über die Brücke rechts. ✉ Dekemawei 9.

Ebene bis leicht ansteigende, parzellierte Wiesenstreifen an einem Kanal mit Bootshafen. Separate Pkw-Abstellung. Hotel. Ort 800 m entfernt. 30 Touristenplätze.

8926 XE Leeuwarden, Friesland — NL 4380
★★★ »CAMPING DE KLEINE WIELEN« — April bis Okt.
☎ 0511/431660, Fax 432564 — 16000 qm
www.dekleinewielen.nl, dekleinewielen@planet.nl
→ N 355 Groningen–Leeuwarden, ca. 5 km vor Leeuwarden links abbiegen. Beschildert. ✉ Groene Ster 14.

Parkartiges Wiesengelände am See und auf einer Insel. Durch Baum- und Buschstreifen in parzellierte Stellfelder unterteilt. Hundeverbot in HS. Teilweise separate Pkw-Abstellung. Imbiss. FW. Zentrum 6 km entfernt. Mittagsruhe 12.30-13.30. Uhr. Touristen-/Dauerstellplätze 350/130.

(NL 4380)

15 ha grosser Campingplatz in wunderschönem Naturgebiet direkt gelegen am See
DE KLEINE WIELEN

Aufenthaltsraum, Kantine, Jugendraum, Laden, Imbiss-Stube, Spiel- und Sportplatz, Waschsalon, Schwimmmöglichkeit in Naturwasser, Minigolf in 200 Meter, Fahrradverleih.
Direkt gelegen neben Aqua Zoo.

Adresse: Groene Ster 14, NL-8926 XE Leeuwarden. Tel.: 0031-511 431660, Fax. 0031-511-432584
e-mail: info@dekleinewielen.nl - www.dekleinewielen.nl - WLAN möglich

---

8881 HA Terschelling-West, Friesland — NL 4420

★★★ »CAMPING CNOSSEN« — Mitte März bis Okt.
☎ 0562/442321, Fax 442550 — 25 000 qm

→ Fähre von Harlingen. Ab Fähranleger Terschelling Richtung Oosterend bis ca. 800 m hinter dem Ortsende von West-Terschelling, gegenüber vom Minigolfplatz.

Ebene Wiesenfläche zwischen Straße und Dünenwald. Durch Baumreihen unterteilt. Überwiegend Zeltler. Separate Pkw-Abstellung. FW. Ort 1.5 km, Bademöglichkeit 3 km entfernt. Touristen-/Dauerstellplätze 218/60.

8882 HC Terschelling-Hee, Friesland — NL 4430

★★★ »CAMPING DE KOOI« — 15.4. bis 15.9.
☎ 0562/442743, Fax 442835, www.campingdekooi.nl — 90 000 qm

→ Ab Fähranleger Terschelling Richtung Oosterend. In Hee beschildert. ✉ Hee 9 (GPS: 53°22'56" N / 5°15'20" E).

Ebenes, leicht welliges, parzelliertes Wiesengelände am Dünenrand neben einem Badesee. Durch hohe Busch- u. Baumreihen in mehrere Stellfelder unterteilt. Separate Pkw-Abstellung. Imbiss. Tresore. Ort 2.5 km entfernt. 300 Touristenplätze.
2008: P/N 5.–, K/N bis 1 J. 2.50, A/N 2.–, C MC/N 5.–, T/N 2.50 bis 5.–, M/N 1.–, H/N 1.75, KT –.78, WD zuzügl., Strom/N 2.– (6-16 A).

8894 KA Terschelling-Formerum — NL 4440

★★ »CAMPING NIEUW FORMERUM« — April bis Okt.
☎ 0562/448977, Fax 448370 — 70 000 qm
www.nieuwformerum.nl, info@formerum.nl

→ Ab Fähranleger Terschelling Richtung Oosterend, in Formerum bei der Mühle abbiegen. Beschildert. ✉ Formerum Noord 13.

Leicht welliges, parzelliertes Wiesengelände zwischen Ort und den Dünen. Durch hohe Buschreihen in mehrere Stellfelder unterteilt. Separate Pkw-Abstellung. Wald-Theater. Ort 1.8 km entfernt. 254 Touristenplätze.

9162 EV Ballum, Insel Ameland — NL 4460

35 ★★★★ »CAMPING ROOSDUNEN« — 1.1. bis 31.12.
☎ 0519/554134, Fax 554454 — 80 000 qm
www.roosdunen.nl, info@roosdunen.nl

→ Fähre von Holwerd nach Nes/Ameland. Ab hier nach Ballum. ✉ Strandweg 20.

Leicht welliges, parzelliertes Dünenrandgelände. 30 m lange Wasserrutschbahn. Kabel-TV. Bushaltestelle nebenan. Golfplatz in der Nähe. Fallschirmspringen 600 m, Reiten und Ort 800 m, Nordseestrand 1 km entfernt. Touristen-/Dauerstellplätze 80/349.
2007: (HS) P/N 4.40, K/N bis 9 J. 3.20, St/N Woche 182.–, H/N 3.25, KT –.80, WD zuzügl., Strom keine Angabe. In NS Ermäßigung.

9163 PB Nes, Insel Ameland — NL 4480

★★★ »CAMPING DUINOORD« — April bis Okt.
☎ 0519/542070, Fax 542146 — 170 000 qm
www.duinoord.net, info@duinoord.net

→ Fähre von Holwerd nach Nes/Ameland. Ab Fähranleger der Beschilderung »Duinoord« und »Strand« folgen. ✉ Jan van Eijckweg 4.

Welliges, naturbelassenes Grasgelände im Dünengebiet. Extra Mobilheimteil. Separate Pkw-Abstellung. Separater Jugendplatz. Kabel-TV. 12 Zelthäuser. Ort 700 m entfernt. Touristen-/Dauerstellplätze 500/400.

9948 PP Termunterzijl b. Delfzijl, Gron. — NL 4510

20 ★★ »CAMP. ZEESTRAND EEMS-DOLLARD« — 30.3. bis 2.11.
☎ 0596/601443, Fax 601209 — 65 000 qm
www.campingzeestrand.nl, campingzeestrand@wanadoo.nl

→ A 7 deutsch/niederl. Grenze–Groningen Abf. Scheemda auf die N 362 Richtung Delfzijl. Abf. in nordöstl. Richtung über Nieuwolda, Woldendorp und Termunten nach Termunterzijl. ✉ Schepperbuurt 4 a.

Ebenes bis leicht welliges und parzelliertes Wiesengelände mit einzelnen Bäumen. Zwischen Außen- und Innendeich in Hafennähe. FW. Ort 500 m entfernt. Touristen-/Dauerstellplätze 87/88.
2007: (HS) P/N 3.70, K/N 2 bis 16 J. 2.80, A/N 1.90, C T/N 3.90, MC/N 5.–, M/N 1.90, H/N 1.70, KT –.50, WD zuzügl., Strom/N 2.30 (6-10 A) und kWh –.19. In NS Ermäßigung.
DCC/CCI 5% bis 10% auf P/N.

9629 PA Steendam, Groningen — NL 4530

★★★ »WATERSPORTCENTRUM DE OTTER« — April bis Okt.
☎ 0598/431543, Fax 431754 — 100 000 qm
www.de-otter.nl, deotter@hetnet.nl

→ N 7/A 7 Winschoten–Groningen Abf. (44) auf die N 33 bis Siddeburen. Hier abbiegen nach Steendam. Beschildert. ✉ Roegeweg 9.

Ebenes, teilweise parzelliertes Wiesengelände am Schildmeer. Separate Pkw-Abstellung. Yachthafen mit Segelbootsverleih. Die meisten Wassersportarten. Ort 3 km entfernt. Touristen-/Dauerstellplätze 50/100.

9686 TX Beerta, Groningen — NL 4570

★★ »CAMPING BASSET DE BRETAGNE« — April bis Nov.
☎ 0597/332208, 0612101940 — 7 000 qm
www.bassetdebretagne.nl

→ A 7 deutsch/niederl. Grenze–Groningen Abf. 47 oder 48 nach Beerta (OT Niuew Beerta). ✉ Nieuweweg 5.

Ebenes und unparzelliertes Wiesengelände bei einem Bauernhaus. Von Bäumen umgeben. Ort (Beerta) 3 km entfernt. Touristen-/Dauerstellplätze 15/3.

9698 XV Wedde, Groningen — NL 4600

30 ★★★★ »FERIENPARK WEDDERBERGEN« — 1.4. bis 1.10.
☎ 0597/561673, Fax 562595 — 150 000 qm
www.wedderbergen.nl, info@wedderbergen.nl

→ A 31 Lingen–Leer Abf. Rhede Richtung Winschoten bis Kreuzung Bellingwolde, hier südwärts abbiegen. Beschildert. ✉ Molenweg 2.

Zweiteiliges, ebenes Wiesengelände mit parzellierten Flächen und Badeteich. Eine Platzseite liegt an einem Kanal mit Bootshafen. Befestigte Moca-Stellplätze. Kindersanitär. Kinderdisko. Kabel-TV. Skelterverleih. WiFi. Ort 3 km entfernt. Touristen-/Dauerstellplätze 154/250.
2008: (HS) 2 P/N inkl. St/N 25.50, weitere P/N 4.–, H/N 3.–, WD zuzügl., Strom/N (16 A) inkl. In NS Ermäßigung.
CCI 5% auf P/N, 10% auf St/N.

Vorhandene Bungalows und Ferienwohnungen auf Campingplätzen sind von Ermäßigungen ausgenommen.

9545 VJ Bourtange, Groningen — NL 4620

20 ★★★ »CAMPING 't PLATHUIS« — 1.4. bis 1.11.
☎ 0599/354383, Fax 354388 — 60 000 qm
www.campingplathuis.nl, info@campingplathuis.nl

→ A 31 Lingen–Leer Abf. (17) Dörpen/Bourtange, hier beschildert. ✉ Bourtangerkanaal-Noord 1 (GPS: 53°00′34″ N / 7°11′04″ E).

Ebenes Wiesengelände an einem Kanal mit Badeteich. Durch Baumreihen, Hecken und Sträucher unterteilt. (teilweise) Kabel-TV. 4 befestigte Mocaplätze. Ort 100 m entfernt. Mittagsruhe 12-13 Uhr. Touristen-/Dauerstellplätze 93/43.
2007: (HS) 2 P/N inkl. St/N 14.95, K/N 2 bis 12 J. 1.80, T/N 7.50, H/N 1.80, WD zuzügl., Müllgeb. P/N –.20, Strom 2.50 (6A). In NS Erm.
DCC 10% auf St/N, CCI –.50 auf St/N.

9551 VE Sellingen, Groningen — NL 4630

25 ★★★ »CAMPINGPARK DE BARKHOORN« — 21.3. bis 31.10.
☎ 0599/322510, Fax 322725 — 160 000 qm
www.barkhoorn.nl, info@barkhoorn.nl

→ A 31 Lingen–Leer Abf. (19) Haren, auf der B 408 über Ter Apel weiter auf der N 360 zum Ort. Beschildert. ✉ Beetserweg 6.

Ebenes Wiesengelände mit Bäumen. Touristen-/Dauerstellplätze 140/120.
2008: (HS) P/N 3.50, K/N bis 1 J. frei, St/N 12.50, H/N 2.50, WD zuzügl., Strom 2.50 (10A). In NS Ermäßigung.

9606 PR Kropswolde, Groningen — NL 4700

30 ★★★★ »CAMP. JACHTHAFEN MEERWIJCK« — 21.3. bis 28.9.
☎ 0598/323659, Fax 321501 — 230 000 qm
www.meerwijck.nl, info@meerwijck.nl

→ A7 Nieuweschans–Groningen Abf. (40) Foxhol, über die Eisenbahnlinie. In Kropswolde beschildert. ✉ Strandweg 2.

Parzelliertes, ebenes Wiesengelände am Zuidlardersee, von Buschreihen durchzogen. Kabel-TV. Boule. Jachthafen. Minizoo. Touristen-/Dauerstellplätze 150/350.
2008: (HS) 2 P/N inkl. St/N 22.–, weitere P/N 4.–, B/N 3.–, H/N 2.50, KT –.55, WD u. Hallenbad inkl., Strom/N 3.– (6A). In NS Ermäßigung.
DCC/CCI St/N inkl. Strom 18.30.

9727 KH Groningen — NL 4750

20 ★★★ »CAMPING STADSPARK« — 15.3. bis 15.10.
☎ 050/5251624, Fax 5250099 — 70 000 qm
www.campingstadspark.nl, info@campingstadspark.nl

→ A7/E 22 Leer–Groningen, hier beim E-Werk abbiegen auf den südl. Ring (N 370) Richtung Drachten. Beschildert. ✉ Campinglaan 6.

Ebenes, leicht welliges Parkgelände mit Wiesenlichtungen. Von Grachten umgeben. Teilweise separate Pkw-Abstellung. Extra Platzteil für Dauercamper. Imbiss. Zentrum 2 km entfernt. Separater Jugendplatz. Touristen-/Dauerstellplätze 135/25.
2008: 2 P/N inkl. St/N 15.–, weitere P/N 2.50, K/N 2 bis 12 J. 1.50, T/N 3.–, M/N 1.50, H/N 2.–, KT 1.50, WD inkl., Strom/N 2.– (4-6 A).

9351 PG Leek, Groningen — NL 4810

25 ★★★ »CAMPING WESTERHEERDT« — 1.4. bis 30.9.
☎ 0594/512059, Fax 512274 — 55 000 qm
www.camping-westerheerdt.nl, kamperen@camping-westerheerdt.nl

→ A7/E 22 Groningen–Drachten Abf. Leek (34). ✉ Midwolderweg 19.

Parkartiges Wiesengelände. Durch Bepflanzungen in mehrere parzellierte Stellfelder unterteilt. Imbiss. Subtropisches Schwimmbad nebenan (für Camper frei). Kabel-TV. FW. Angeln in der Nähe. Tennis 500 m, Ort 1 km entfernt. Touristen-/Dauerstellplätze 65/85.
2007: (HS) P/N 5.25, K/N bis 13 J. 3.45, A/N 2.85, C/N 3.45, MC/N 6.40, T/N 3.45, M/N 1.75, H/N 2.30, WD inkl., Müllgeb. 1.50, Strom/N 3.– (4-10). In NS 25% Ermäßigung.

9865 VP Opende, Groningen — NL 4850

★★★ »CAMPING T' STRANDHEEM« — April bis Okt.
☎ 0594/659555, Fax 658592 — 150 000 qm
www.strandheem.nl, info@strandheem.nl

→ A 7/E 22 Groningen–Drachten Abf. (31) Frieschepalen auf die N 358 Richtung Surhuisterveen. Beim Kreisverkehr nach rechts. ✉ Parkweg 2.

Durch Bepflanzungen in verschieden große, ebene und parzellierte Wiesenflächen unterteilt. Angrenzend an einen 25 ha großen Badesee mit ausgedehnten Liegewiesen. Öffentlicher Badebetrieb. Überdachter Spielplatz. Boule. Sanitäranlage beheizbar. Imbiss. Kabel-TV. FW. Ort (Surhuisterveen) 3 km entfernt. Touristen-/Dauerstellplätze 335/100.

9976 VS Lauwersoog, Groningen — NL 4900

30 ★★★★ »CAMPING LAUWERSOOG« — 1.1. bis 31.12.
☎ 0519/349133, Fax 349195, — 200 000 qm
www.lauwersoog.nl, info@lauwersoog.nl

→ N 361 Groningen–Dokkum, bei Lauwersoog beschildert. ✉ Strandweg 5.

Ebenes, Wiesengelände mit Liegewiese und Strand am Lauwersmeer. Durch Buschbaumreihen in mehrere parzellierte Stellfelder unterteilt. Miet-Chalets. Teilweise Lärmbelästigung durch ein in der Nähe liegendes Militärgelände. Separate Pkw-Abstellung. Fahrverbot für Mofas und Roller. Teilweise Kabel-TV. Jachthafen nach Schiermonnikoog 300 m, Ort (Dokkum) 15 km entfernt. Touristen-/Dauerstellplätze 300/200.
2008: (HS) 2 P/N inkl. St/N 25.–, H/N 4.–, KT –.50, WD u. Strom (6 A) inkl. In NS Ermäßigung.

9531 TK Borger, Drenthe — NL 5050/1

★★★★ »RECREATIEPARK HUNZEDAL« — 1.1. bis 31.12.
☎ 0599/234698, Fax 235183, info@hunzedal.nl — 300 000 qm

→ A 28/E 232 Groningen–Hoogeven Abf. Zuidlaren auf die N 34 Richtung Emmen, in Borger beschildert. ✉ De Drift 3.

Ebenes, durch Buschhecken in viele parzellierte Stellfelder gegliedertes Wiesengelände an einem Badesee. Teilweise schattenlos. Sanitäranlagen beheizbar. FW. Öffentlicher Badebetrieb. Kletterwand. Bowling. Gocart. Filmvorführungen. Ort 1 km entfernt. Touristen-/Dauerstellplätze 586/10.

9531 TC Borger, Drenthe — NL 5050/2

20 ★★★★ »BOSCAMPING LUNSBERGEN« — 23.3. bis 28.9.
☎ 0599/236565, 0900/1/472009 (€ 0.20 p.m.), Fax 236507, — 420 000 qm
www.rpholidays.de, info@rpholidays.de

→ A 28/E 232 Hoogeveen–Groningen Abf. (28) Assen-Zuid auf die N 33 Richtung Veendam. Bei Rolde abbiegen Richtung Borger. Noch ca. 10 km bis zum Platz. Beschildert. ✉ Rolderstraat 3a.

Ebenes, teils parzelliertes Wiesengelände am Waldrand mit lichtem Laubbaumbestand bei einem Naturschutzgebiet. In HS Mindestaufenthalt 7 N. Extra Pkw-Parkplatz. Miet-Chalets. Sanitäranlage beheizbar. Tresore. Kabel-TV. Autowäsche. Tresore. Sanitäranlage beheizbar. Imbiss. Kiosk. Brötchenservice. Bar. Spielautomaten. Billard. Bowling. Boule. FW. Ort 4 km entfernt. Touristen-/Dauerstellplätze 200/76.
2007: P/N inkl. St/N 16.–, WD inkl., Strom (10 A) inkl.

7871 PE Klijndijk/Odoorn, Drenthe — NL 5065

★★★★ »VAKANTIECENTRUM DE FRUITHOF« — 21.3. bis 28.9.
☎ 0591/512427, www.fruithof.nl, info@fruithof.nl
170000 qm

→ A37 Emmen–Hoogeveen. Platz liegt ca. 5 km nördlich von Emmen Richtung Groningen, Abf. Klijndijk. Der Beschilderung folgen. ✉ Melkweg 2.

Ebenes, parzelliertes, durch Hecken unterteiltes Wiesengelände am Waldrand. Überwiegend schattenlos. Durch Anpflanzungen aufgelockert und mit lichtem Baumbestand. Wasserrutsche. Spielweiher mit kleinem Sandstrand. Beheizbare Sanitäranlagen. Kabel-TV. Hüpfburg. Chalets. Ort 3 bis 6 km entfernt. Touristen-/Dauerstellplätze 200/200.
2008: (HS) 2 P/N inkl. St/N 26.75, H/N 2.50, KT inkl., WD inkl., Strom (6A) keine Angabe. In NS Ermäßigung.

7853 TA Wezuperbrug, Drenthe — NL 5080

[35] ★★★★ »REKREATIEPARK T' KUIERPADTIEN« — 1.1. bis 31.12.
☎ 0591/381415, Fax 382235, www.kuierpad.nl
500000 qm

→ Str. Emmen–Beilen, bei Zweeloo nordwärts abbiegen über Wezup nach Wezuperbrug abbiegen. ✉ Oranjekanaal NZ 10.

Ebenes, bis leicht welliges Wiesengelände mit mehreren Spiel- und Surfteichen. Separate PKW-Abstellung. Hundeverbot im Zelt. See mit Wasserrutsche. Kunstskibahn mit Skihütte. Hüpfkissen. Skateboard. Hamman. Kabel-TV. Boule. Bogenschießen. Touristen-/Dauerstellplätze 749/180.
2008: (HS) 2 P/N inkl. St/N 33.50, 4 P/N inkl. St/N 44.50, A/N .–, H/N 4.50, WD u. Strom (4-6-10 A) inkl. In NS Ermäßigung.

7822 HK Emmen, Drenthe — NL 5120

★★★ »CAMPING EMMEN« — 1.1. bis 31.12.
☎ 0591/612080, Fax 648318
60000 qm
www.campingemmen.nl, campingemmen@hayokaspers.demon.nl

→ Meppen 402 (D)–Hoogeveen N 37 (NL) Abf. Emmen N 862 bis fast ins Zentrum. Beschildert. ✉ Angelsloerdijk 31.

Ebenes und parzelliertes Wiesengelände. Separater Jugendplatz. Kabel-TV. Touristen-/Dauerstellplätze 235/45.

7764 AJ Zandpol, Drenthe — NL 5150

[25] ★★★★ »RECREATIECENTRUM ZANDPOL« — 24.3. bis 14.10.
☎ 0591/553002, Fax 553215
90000 qm
www.zandpol.nl, info@zandpol.nl

→ Meppen 402 (D)–Hoogeveen N 37 (NL) Abf. Emmen/Nieuw Amsterdam Richtung Nieuw Amsterdam. Rechts über die Brücke. Beschildert ✉ Stieltjeskanaal 14.

Ebenes, parzelliertes und von Bäumen umgebenes Wiesengelände bei einem Kanal. Teilweise schattenlos. Touristen-/Dauerstellplätze 154/75.
2007: (HS) P/N 4.10, K/N 2 bis 9 J. 3.10, St/N 9.40, H/N 2.65, KT –.70, WD inkl., Strom 3.– (10A). In NS Ermäßigung.
DCC/CCI 10% auf P/N auf St/N.

7932 PX Echten, Drenthe — NL 5220

★★★★ »RECREATIEPARK WESTERBERGEN« — März bis Okt.
☎ 0528/251224, Fax 251509
550000 qm

→ A 28/E 232 Groningen–Zwolle Abf. (25) Zuidwolde/Echten, der Beschilderung »Westerbergen« folgen. In Echten beschildert. ✉ Oshaarseweg 24.

Ebenes, in Stellfelder unterteiltes Wiesengelände. Streichelzoo. Kabel-TV. FW. Ort 1.2 km entfernt. Touristen-/Dauerstellplätze 80/490.

7963 RB Ruinen, Drenthe — NL 5250/1

★★★★ »CAMPING DE WILTZANGH« — April bis Okt.
☎ 0522/471227, Fax 472178
60000 qm
www.dewiltzangh.com, info@dewiltzangh.com

→ A 28/E 232 Groningen–Hoogeveen Abf. (28) Ruinen, durch den Ort mit kleinen Hinweisen beschildert. ✉ Witteween 2.

Ebenes, parzelliertes Mischwaldgelände. Separate Pkw-Abstellung. Bungalowanlage. Sanitäranlage beheizbar. Kabel-TV (60% der Plätze). Freiluftkegelbahn. Ort 2.5 km entfernt. Mittagsruhe 12-13 Uhr (NS). Touristen-/Dauerstellplätze 85/1.

7963 PX Ruinen, Drenthe — NL 5250/2

[25] ★★★★ »CAMPING RUINEN« — 1.4. bis 1.10.
☎ 0522/471770, Fax 472614
25000 qm
www.camping-ruinen.nl, info@camping-ruinen.nl

→ A 28 Hoogeveen-Assen Abf. (28) Ruinen oder Zwolle-Meppel, Abf. Ruinerwold, dann auf die N 375 bis Ruinen. Beschildert. ✉ Oude Benderseweg 11 (GPS: 52°77'85" N / 6°37'23" E).

Ebenes, parzelliertes, durch eine Straße zweigeteiltes Mischwaldgelände mit altem Baumbestand. 5 befestigte Moca-Plätze. Familiäre Atmospäre. Separate Pkw-Abstellung. Sanitäranlage beheizbar. Kindersanitär. Imbiss. Kabel-TV. Jugendraum. Wasserrutsche. Go-Karts. Wäscheservice. Tresore. Ort 2 km entfernt. Mittagsruhe 12-13 Uhr (NS). Touristen-/Dauerstellplätze 280/73.
2007: (HS) 2 P/N inkl. St/N 23.65, A/N 3.15, H/N 3.70, KT –.65, WD keine Angabe, Müllgeb. P/N –.90, Strom (4A) inkl, Strom (6/10A) zuzügl. In NS Erm.

7991 PB Dwingeloo, Drenthe — NL 5270/1

★★★★ »CAMPING RCN DE NOORDSTER« — 1.1. bis 31.12.
☎ 0521/597238, Fax 597589
420000 qm
www.rcn.nl, noordster@rcn.nl

→ A 28/E 232 Groningen–Hoogeveen Abf. (29) Dwingeloo, durch den Ort, dann noch ca. 2 km, beschildert. ✉ Noordster 105 (GPS: 52°48'47" N / 6°22'39" E).

Ebenes bis welliges, parkartiges Waldgelände inmitten eines großen Naturschutzgebietes mit parzellierten Lichtungen. Teilweise separate Pkw-Abstellung. Freilufttheater. Filmvorführungen. Ort 3 km entfernt. Touristen-/Dauerstellplätze 200/150.

7991 PM Dwingeloo-Lheebroek, Dren. — NL 5270/2

★★★★ »CAMPING MEISTERHOF« — April bis Okt.
☎ 0521/597278, Fax 597456, www.meisterhof.nl
55000 qm

→ A 28 Zwolle-Groningen Abf. (29) Dwingeloo/Spier, dann ca. 6 km Richtung Dwingeloo. Platz liegt etwa 5 km südöstl. von Dwingeloo Richtung Lheebroek. Beschildert. ✉ Lheebroek 33.

Ebenes, meist parzelliertes und von Hecken durchzogenes Wiesengelände. Gärtnerisch ansprechend gestaltet. Separate Pkw-Abstellung. Überdachter Kinderspielplatz. Boule. Wäscheservice. Mittagsruhe 12-13 Uhr. Ort 5.5 km entfernt. Touristen-/Dauerstellplätze 115/40.

9421 GA Westerbroek, Drenthe — NL 5320

★★★ »CAMPING DE VALKENHOF« — April bis Okt
☎ 0593/331546, Fax 333278
850000 qm
www.camping-de-valkenhof.nl, info@camping-de-valkenhof.nl

→ A 28 Hoogeveen-Groningen Abf. (30) Beilen. Der Beschilderung nach Westerroek folgen oder über die N 31 Abf. Westerbroek. Im Dorf der Beschilderung folgen. ✉ Beilerstraat 13 A (GPS: 52°85'32" N / 6°59'5" E).

Ebenes, parzelliertes Wiesengelände. Teilweise am Waldrand und im Nadelwald. Durch Anpflanzungen aufgelockert. Separate PKW-Abstellung. Spezielle Mocaplätze. Beheizbare Sanitäranlagen. Brötchenservice. Kabel-TV. Hüpfburg. Ort 1.5 km entfernt. Touristen-/Dauerstellplätze 147/13.

FERIENZENTRUM Witterzomer

✓ Schöner Campingplatz mit u.a. Kabel-Fernsehen und Komfortplätzen (mit eigenem Sanitär).
✓ Viele Einrichtungen wie Tennisplätze, beheiztes Schwimmbad, Badesee mit Sandstrand.
✓ 3 Km von der gemütlichem Stadt Assen entfernt.
✓ Schöne Umgebung zum Wandern, Radfahren und Skaten.

Fordern Sie unseren Farbprospekt in Deutsch an.

Witterzomer 7, NL-9405 VE Assen. Tel.: +31-592-393535, Fax: +31-592 -393530
E-mail: info@witterzomer.nl, Internet: www.witterzomer.nl (NL 5390)

✉ 9444 XE Grolloo bei Rolde, Drenthe — NL 5360

★★★★ »CAMPING DE BERENKUIL« — März bis Okt.
☎ 0592/501242, Fax 501786 — 560 000 qm
www.berenkuil.nl, info@berenkuil.nl

→ N 33 Assen/Zuid–Veendam Abf. Rolde Richtung Schoonloo. In Grolloo beschildert. ✉ De Pol 15.

Ebenes bis leicht welliges Heide- und Waldgelände mit parzellierten Wiesenlichtungen und einem kleinen Badesee mit Sandstrand. Separate Pkw-Abstellung. Filmvorführungen und Theater. Ort 800 m entfernt. Touristen-/Dauerstellplätze 507/32.

✉ 9446 TE Amen bei Rolde, Drenthe — NL 5370

★★★ »CAMPING DIANA HEIDE« — Ostern bis Okt.
☎ 0592/389297, Fax 389432 — 300 000 qm
www.dianaheide.nl, info@dianaheide.nl

→ N33 Veendam–Assen Abf. Rolde/Grolloo. In Grolloo Richtung Amen/Hooghalen. ✉ Amen 53.

Leicht welliges, parzelliertes Wald- und Heidegelände mit Badeteich und Liegewiese. Fässer für 4 Personen zum Übernachten. Imbiss. Ort (Hooghalen) 3.5 km entfernt. Touristen-/Dauerstellplätze 350/135.

✉ 9405 VE Assen, Drenthe — NL 5390

 Abfahrt

★★★★ »CAMPING PARK WITTERZOMER« — 1.1. bis 31.12.
☎ 0592/393535, Fax 393530 — 750 000 qm
www.witterzomer.nl, info@witterzomer.nl

→ A 28/E232 Groningen–Hoogeven Abf. Assen/Smilde. Beschildert. ✉ Witterzomer 7.

Ebenes und parzelliertes Wiesengelände. Durch Bepflanzungen vielfach unterteilt. Teilweise schattenlos. Badesee mit Riesenrutsche und Sandstrand. Bungalowanlage. Imbiss. Ponyreiten. Boule. Radcrossbahn. Kabel-TV. FW. Ort 3 km entfernt. Touristen-/Dauerstellplätze 500/200.
2007: (HS) 4 P/N inkl. St/N 25.–, H/N 4.–, KT –.65, WD u. Schwimmbad inkl., Strom (4 A) zuzügl. In NS Ermäßigung.

✉ 9451 AK Rolde, Drenthe — NL 5395

★★★ »CAMPING DE WEYERT« — April bis Okt.
☎ 0592/241520, www.deweyert.nl, info@deweyert.nl — 55 000 qm

→ N33 Assen–Gieten–Veendam Abf. Rolde Richtung Rolde. In Rolde Richtung Balloo. Beschildert. ✉ Balloerstraat 2.

Ebenes Wiesengelände. Durch Büsche und Hecken parzellierte Stellfelder. Sanitäranlagen beheizbar. Imbiss. Kabel-TV. Überdachter Kinderspieleraum. Wäscheservice. Ort 400 m entfernt. Touristen-/Dauerstellplätze 70/90.

✉ 9312 TC Roden-Nietap, Drenthe — NL 5470

★★★★ »WATERSPORTCENTRUM CNOSSEN LEEKSTERMEER«
☎ 0594/512073, Fax 519014 — 1.4. bis 1.11.
www.cnossenleekstermeer.nl, info@cnossenleekstermeer.nl — 160 000 qm

→ A7 Groningen–Drachten Abf. (34) auf die N372 Leek/Roden Richtung Leekstermeer. ✉ Meerweg 13.

Ebenes Wiesengelände am See "Leekstermeer". Parzelliert und mit Büschen und Bäumen durchzogen. Pavillon mit Terrasse. Jachthafen. Ländliche Umgebung. Ort 5km entfernt. Touristen-/Dauerstellplätze 102/50.
2007: (HS) 2 P/N inkl. St/N 21.20, H/N 3.30, Strom 2.10/4.20/7.10 (4-10-16 A) zuzügl. In NS Ermäßigung.

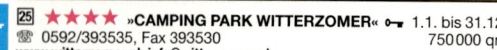

✉ 7797 HH Hardenberg, Overijssel — NL 5530

★★★★ »CAMPING HET STOETENSLAGH« — 30.3. bis 30.9.
☎ 0523/638060, Fax 638317 — 270 000 qm
www.stoetenslagh.nl, info@stoetenslagh.nl

→ N 34 Emmen–Zwolle, in Hardenberg abbiegen in Richtung Slagharen. ✉ Elfde Wijk 42.

Parzelliertes, ebenes Wiesengelände um einen Badesee. Von Baumreihen durchzogen. Mehrere Leihcaravans. Chalets. Kabel-TV. W-LAN. Imbiss. Streichelzoo. Bowlingbahn. Skatebahn. Hüpfburgen. Wasserrutsche. Ort 3 km entfernt. Touristen-/Dauerstellplätze 220/280.
2007: 2 P/N inkl. St/N 27.–, weitere P/N 3.50, H/N 3.–, KT –.50, WD und Strom (6-10 A) inkl.
DCC 10% auf P/N.

✉ 7635 NH Lattrop, Overijssel — NL 5600

★★★★ »CAMPING DE RAMMELBEEK« — April bis Okt.
☎ 0541/229368, Fax 670851 — 180 000 qm
www.rammelbeek.nl, info@rammelbeek.nl

→ B 213/N 342 Nordhorn–Oldenzaal, vor Noord Deurningen rechts abbiegen. Beschildert. ✉ Breemorsweg 12.

Ebenes, teilweise schattenloses Wiesengelände mit Bade- u. Angelteichen. Durch Büsche und Bäume in parzellierte Stellfelder unterteilt. Separate PKW-Abstellung. Familienräume. Whirlpool. Hüpfkissen. Volleyball. Imbiss. W-LAN. Überdachter Spieleraum mit Spielautomaten. Hundebad. FW. Ort 2 km entfernt. Touristen-/Dauerstellplätze 470/110.

✉ 7591 NH Denekamp, Overijssel — NL 5608

★★★★★ »CAMPING DE PAPILLON« — 21.3. bis 30.10.
☎ 0541/351670, Fax 355217 — 165 000 qm
www.depapillon.nl, info@depapillon.nl

→ N342 Nordhorn–Oldenzaal, Abf. beim Almelo-Nordhorn-Kanal links abbiegen. Beschildert. ✉ Kanalweg 30.

Ebenes Wiesengelände an einem kleinen Badesee mit Sandstrand. Durch Büsche und Bäume in parzellierte Stellfelder unterteilt. Moca Übernachtungsplätze vor dem Eingang. Teilweise separate PKW-Abstellung. Umweltorientierte Betriebsführung. Snackbar. Hundedusche u. -Toilette. Ort 3.5 km entfernt. Touristen-/Dauerstellplätze 280/56.
2008: (HS) 2 P/N inkl. St/N 24.75, weitere P/N 4.–, H/N 4.50, KT –.43, WD zuzügl., Strom (4/6/10 A) inkl. In NS bis 60% Ermäßigung.
DCC 10% auf P/N.

DCC – DEIN PARTNER!

7588 RK Beuningen, Overijssel — NL 5610

»NATURCAMPING OLDE KOTTINK« ★★★ 23.3. bis 1.10. 60 000 qm
06129/69012, 0541/351826
www.campingoldekottink.nl, info@campingoldekottink.nl

→ A 1/E 30 Rheine–Hengelo, 1. Abf. hinter der Grenze Richtung De Lutte. In De Lutte ca. 5 km nach Norden Richtung Beuningen zum Platz. ✉ Kampbrugweg 3.

Ebenes bis leicht welliges parzelliertes Wald- und Wiesengelände mit einem alten Gutshof am Flüsschen "Dinkel". Ideal für Naturfreunde. Hunde evtl. nach tel. Anfrage erlaubt. 2 Appartements. Große Touristenplätze. Eigener Wasserbrunnen. Kühlschrank u. Gefriertruhe. Boule. Ort 1 km entfernt. 90 Touristenplätze.
2008: (HS) 2 P/N inkl. St/N 19.–, WD zuzügl., Strom/N (6A) inkl. In NS Erm. DCC 10% auf St/N.

7534 PA Enschede, Overijssel — NL 5680

»EUREGIO CAMP. DE TWENTSE ES« ★★★★ 1.1. bis 31.12. 100 000 qm
053/4611372, Fax 4618558
www.twentse-es.nl, info@twentse-es.nl

→ A 35 Gronau–Hengelo Abf. Enschede-Oost Glanderbrug. Beim Kreisverkehr Geradeaus. An der 1. und 2. Ampel rechts ab (Esmarkerlaan). Am Ende links ab. ✉ Keppelerdijk 200.

Ebenes, parzelliertes Wiesengelände. Durch Buschreihen in Stellfelder unterteilt. Kabel-TV. W-LAN. Zentrum 4 km entfernt. Touristen-/Dauerstellplätze 180/220.
2007: (HS) 5 P/N inkl. St/N 23.50, H/N, WD u.Schwimmbad inkl., Strom (10A) zuzügl. In NS Ermäßigung.

7481 PT Buurse, Overijssel — NL 5690

»CAMPING 'T HAZENBOS« ★★★ 1.3. bis 31.10. 40 000 qm
053/5696338, www.hazenbos.nl, info@hazenbos.nl

→ Straße Ahaus–Haaksbergen über Wessum und Alstätte, vor Buurse beschildert. ✉ Oude Buursedijk 1 (GPS: 52°09'194" N / 6°50'24" E).

Ebenes bis leicht welliges Waldgelände mit parzellierten Wiesenlichtungen. Teilweise separate Pkw-Abstellung. Imbiss. Ort 1 km entfernt. Touristen-/Dauerstellplätze 50/14.
2008: (HS) P/N 2.75, K/N bis 12 J. 1.35, A/N 1.80, C/N 2.80, MC/N 3.10, T/N 2.20 bis 2.80, H/N 1.45, KT ca. –.75, WD zuzügl., Strom/N 2.50 (6 A). Ab 2/3 Wochen 10%/15% Ermäßigung. In NS Ermäßigung. CCI 10% auf P/N und St/N.

7491 DZ Delden, Overijssel — NL 5720

»PARKCAMPING MOOI DELDEN« ★★★ April bis Sept. 30 000 qm
074/3761922, Fax 3767539
www.parkcamping.nl, info@parkcamping.nl

→ A35/E8 Enschede–Almelo Abf. Delden auf die N 346 nach Delden Oost. ✉ De Mors 6.

Ebenes bis leicht welliges Wiesengelände beim städtischen Schwimmbad. Für Camper ermäßigter Eintritt. Familienbad. Boule. Ort 1 km entfernt. Touristen-/Dauerstellplätze 72/28.

7475 SL Markelo, Overijssel — NL 5750

»CAMPING HESSENHEEM« ★★★ 1.1. bis 31.12. 350 000 qm
0547/361200, Fax 363647
www.hessenheem.nl, info@hessenheem.nl

→ A 1/E 30 Hengelo–Apeldoorn Abf. Markelo. In Markelo Richtung Goor abbiegen. Beschildert. ✉ Potdijk 8.

Leicht welliges, parzelliertes Mischwaldgelände. Kleinkindersanitär. Brötchenservice. Kabel-TV. Boule. Skatebahn. FW. Reiten in Platznähe. Ort 2.5 km entfernt. Touristen-/Dauerstellplätze 135/13.

8103 SZ Luttenberg, Overijssel — NL 5800

»REKREATIEPARK DE LUTTENBERG« ★★★★ April bis Okt. 90 000 qm
0572/301405, Fax 301757, www.lutteberg.nl, info@lutteberg.nl

→ N 35 Almelo–Zwolle, in Raalte abbiegen Richtung Ommen und nach ca. 3 km rechts abbiegen nach Luttenberg. ✉ Heuvelweg (GPS: 52°39'48" N / 6°36'14" E).

Parzelliertes, überwiegend ebenes Wiesengelände mit Anpflanzungen. Ort 1 km entfernt. Chalets. Kleinkindersanitär. Kabel-TV. W-LAN. Skelters. Boule. Hüpfburg. Mittagsruhe 12.30-13.30 Touristen-/Dauerstellplätze 200/126.

8034 PJ Zwolle, Overijssel — NL 5850

»DE AGNIETENBERG« ★★★ 1.1. bis 31.12. 110 000 qm
038/4531530, Fax 038/4533766
www.campingagnietenberg.nl, info@agnietenberg.nl

→ A28 Zwolle. Platz liegt ca. 2.5 km nördlich von Zwolle Abf. (20) Zwolle Nord. Beschildert. ✉ Haersterveerweg 27.

Ebenes, parzelliertes und überwiegend schattenloses Wiesengelände. Ein Teil liegt an einem kleinen See. Separate Pkw-Abstellung. Kleiner Zoo. Boule. WiFi. Touristen-/Dauerstellplätze 200/200.
2007: (HS) 2 P/N inkl. St/N 17.50 bis 22.50 (am Wasser), H/N 3.–, WD keine Angabe, Strom (4/10A) inkl. In NS Ermäßigung.

8356 VZ Blokzijl, Overijssel — NL 5900

»CAMPING TUSSEN DE DIEPEN« ★★★ 1.4. bis 31.10. 53 000 qm
0527/292203
www.tussendediepen.nl, camping@tussendediepen.nl

→ N 333 Steenwijk–Emmeloord, nach Blokzijl abbiegen. Beschildert. ✉ Duinigermeerweg 1 a.

Ebenes Wiesengelände zwischen Noorder- u. Zuiderdiep. Parzelliert und durch Buschreihen in vier Stellfelder unterteilt. Separate Pkw-Abstellung. Ort 1 km entfernt. Separater Jugenplatz. Mittagsruhe 12-13. Touristen-/Dauerstellplätze 80/140.
2007: (HS) P/N 5.–, K/N 1 bis 4 J. 1.45, J/N bis 14 J. 2.75, C MC/N 7.40, T/N 4.–, B/lfdm –.80, H/N 2.50, WD zuzügl., Strom/N 2.50 (6A). In NS Erm.

8355 VA Giethoorn, Overijssel — NL 5905

»HOEVE DU VENVOORDE« ★★ 15.3. bis 31.10. 10 000 qm
0521/371302, 521/370036
www.duvenvoorde.nl, mts.schutt@comveeweb.nl

→ N 333 Steenwijk–Blokzijl.Platz liegt an der Kreuzung Blokzijlseweg und Jan van Nassauweg. ✉ Jan van Nassauweg 18.

In mehrere parzellierte Stellfelder unterteiltes Wiesengelände bei einem Bauernhof. Von Hecken umgeben. Ort 5 km entfernt. 25 Touristenplätze.
2008: P/N 2.–, K/N ab 3 J. 1.–, A/N –.50, C/N 2.–, MC/N 2.50, T/N 2.–, M/N –.50, B/N –.50, H/N –.50, KT 1.50, WD zuzügl., Strom/N 2.– (6A).

8376 EM Ossenzijl, Overijssel — NL 5920

»RECREATIECENTRUM DE KLUFT« ★★★★ 1.4. bis 31.10. 145 000 qm
0561/477370, Fax 477367
www.dekluft.nl, info@dekluft.nl

→ A 32 Zwolle–Leeuwarden Abf. (8) Wolvega auf die N361 über Spangen nach Ossenzijl. Beschildert. Auch den Schildern "Weerribben" folgen. ✉ Hoogeweg 26.

Ebenes und parzelliertes Wiesengelände mit Hotel im Nationalpark "De Weerribben". Mit Kanälen durchzogene Seen- und Flusslandschaft. Separate Pkw-Abstellung. Sanitäranlage beheizbar. In HS teilweise Hundeverbot. Gruppen bis 20 Personen willkommen. Vermietung von Gruppenunterkünften. Ort ca. 2 km entfernt. 300 Touristenplätze.
2008: (HS) P/N 3.60, K/N 3 bis 11 J. 2.15, C MC/N 8.85, T/N 5.50, B/N 3.–, H/N 3.15, KT –.82, WD zuzügl., Müllgeb.–.33, Strom/N 2.25 (4A). In NS Erm.

8251 ST Dronten, Flevoland — NL 6050

★★★ »CAMPING T´ WISENTBOS« Ostern bis Okt.
☎ 0321/331344, Fax 331402 87 000 qm
www.wisentbos.nl, info@wisentbos.nl

→ A 6 Amsterdam–Emmeloord Abf. Lelystad/Dronten. Platz liegt westlich von Dronten. Beschildert. ✉ De West 1.

Ebenes, fast schattenloses Wiesengelände. Parzelliert und von Büschen und Bäumen umgebenen. Parkartig angelegt. Imbiss. Ort 1 km entfernt. Touristen-/Dauerstellplätze 102/140.

8256 RJ Biddinghuizen, Flevoland — NL 6070/1

35 ★★★★ »RIVIÈRA PARK« 14.3. bis 26.10.
☎ 0321/331344, Fax 331402 400 000 qm
www.riviera.nl, info@riviera.nl

→ A28/E 232 Amersfoort–Zwolle Abf. 't Harde über Elburg Richtung Dronten (N306). Hinter der Brücke den Hinweisen »Six Flags« folgen. Beschildert. ✉ Spijkweg 15 (GPS: 52°15'42" N / 5°28'24" E).

Ebenes Wiesengelände hinter dem Veluwemeer-Deich. Parzelliert und durch Hecken in Stellfelder unterteilt. Separate Pkw-Abstellung. Sanitäranlagen beheizbar. Mietkühlschränke. Kindertagesstätte. Steichelzoo. Schneehalle (auch im Sommer). Kino. Tennishalle. Surfbrett- u. Rollskiverleih. Ort (Elburg) 4 km entfernt. Touristen-/Dauerstellplätze 550/300.
2008: P/N inkl. St/N 33.–, H/N 4.–, KT –.75, WD zuzügl., Strom keine Angabe.

8256 RJ Biddinghuizen, Flevoland — NL 6070/2

45 ★★★★ »CAMPING RIVIÈRA BEACH« 14.3. bis 26.10.
☎ 0321/331344, Fax 331402 200 000 qm
www.riviera.nl, info@riviera.nl

→ A28/E 232 Amersfoort–Zwolle Abf. 't Harde über Elburg Richtung Dronten. Hinter der Brücke den Hinweis »Six Flags« folgen. ✉ Spijkweg 15 (GPS: 52°15'42" N / 5°28'24" E).

Parzelliertes Wiesengelände mit einzelnen Bäumen und großem Strand am Veluwemeer. Die Einrichtungen des unter gleicher Verwaltung stehenden Platz »Riviéra Park« stehen mit zur Verfügung. Separate Pkw-Abstellung. Kabel-TV. Ort (Elburg) 2 km entfernt. 300 Touristenplätze.
2008: (HS) P/N inkl. St/N 42.–, H/N 4.–, KT –.75, WD zuzügl., Strom keine Angabe. In NS Ermäßigung.

3896 LT Zeewolde, Flevoland — NL 6120

30 ★★★ »RCN CAMPING ZEEWOLDE« 15.3. bis 1.11.
☎ 036/5221246, Fax 5221474 430 000 qm
www.RCN.nl, zeewolde@RCN.nl

→ A28 Amersfoort–Zwolle Abf. Nijkerk/Putten/Zeewolde auf die N 301. Hinter der Brücke den Hinweis »Nuldernauw« folgen. Beschildert. ✉ Dasselaarweg 1 (GPS: 52°18'42" N / 5°32'36" E).

Durch Hecken unterteiltes, ebenes Wiesengelände mit einzelnen Bäumen am "Wolderwijd". Überwiegend schattenlos und durch Anpflanzungen unstig aufgelockert. Reservierung und Voranmeldung erwünscht. Separate Pkw-Abstellung. Moca-Stellplätze. Sanitäranlagen beheizbar. Imbiss. Kindersanität. Kinderspielraum. Wasser-Spielparadies für Kinder. Teilweise Kabel-TV. W-LAN. Ort 2 km entfernt. Touristen-/Dauerstellplätze 570/300.
2007: (HS) P/N inkl. St/N 26.50, H/N 4.50, KT 2.–, WD inkl., Strom (10 A) keine Angabe. In NS Ermäßigung.

1361 AA Almere, Flevoland — NL 6200

★★ »MARINA MUIDERZAND« April bis Sept.
☎ 036/5369151, Fax 5369399 30 000 qm
www.marinamuiderzand.nl, info@marinamuiderzand.nl

→ A1 Apeldoorn–Amsterdam, beim AB-Kreuz Muiderberg wechseln auf die A6 in Richtung Lelystad bis Abf. Muiderzand. ✉ IJmeerdijk 4.

8200 AB Lelystad, Flevoland — NL 6300

20 ★★★ »CAMPING T'OPPERTJE« 1.4. bis 1.10.
☎ 0320/253693, Fax 250873 30 000 qm
www.oppertje.nl, info@oppertje.nl

→ N302 Harderwijk–Lelystad. Bei Lelystad nach dem 2. Kreisverkehr nach links in den Buizerdweg. Beschildert. ✉ Uilenweg 11.

Ebene, von Buschwald umgebene, Wiesenflächen an einem Binnensee. Separate Pkw-Abstellung. Kiosk. Zeltwiese. Boule. Ort 6 km entfernt. Mittagsruhe 12-14 Uhr. Touristen-/Dauerstellplätze 70/20.
2008: (HS) P/N 4.50, K/N 2 bis 12 J. 3.–, A/N 1.–, C/N 5.–, MC/N 6.50, T/N 3.50, M/N 1.–, B/N 1.–, WD keine Angabe, Müllgeb. St/N 1.–, Strom/N 2.50 (4/6/10 A). In NS 10% Ermäßigung.

DCC-Vertragsplatz

8321 NC Urk, Flevoland — NL 6400

25 ★★★★ »HAZEVREUGD REKREATIEPARK« Ostern bis 30.9.
☎ 0527/681785, Fax 686298 125 000 qm
www.hazevreugd.nl, info@hazevreugd.nl

→ A 6 Amsterdam–Emmeloord Abf. Urk, ab hier beschildert. ✉ Vormtweg 9.

Ebenes, parzelliertes, durch Baumreihen in Stellfelder unterteiltes Wiesengelände. Teilweise separate Pkw-Abstellung. Kiosk. Imbiss. Boule. Kabel-TV. Ort 3 km entfernt. Touristen-/Dauerstellplätze 135/125.
2007: (HS) 2 P/N inkl. St/N 15.– bis 20.50, weitere P/N 2.50, WD inkl. Strom inkl. In NS Ermäßigung.
DCC 10% auf P/N.

7216 PB Kring van Dorth-Gorssel, Gelderl. — NL 6510

25 ★★★★ »CAMPING DE VLINDERHOEVE« 21.3. bis 31.10.
☎ 0573/431354, Fax 431657 125 000 qm
www.vlinderhoeve.nl, info@vlinderhoeve.nl

→ A1/E30 Hengelo–Apeldoorn, Abf. (23) Deventer-Zutphen Richtung Zutphen. Nach 500 m bei der Ampel nach links Richtung Lochem. Der Beschilderung folgen. Noch ca. 5 km zum Platz. ✉ Bathmenseweg 7. (GPS: 52°13'11" N / 6°15'47" E).

Ebenes, überwiegend parzelliertes und von Wald umgebenes Wiesengelände in der Nähe des Nationalparkes "Hoge Veluwe". Moca-Stellplätze. Extra Pkw-Parkplätze. Teilweise Kabel-TV. Imbiss. Ort 5 km entfernt. Touristen-/Dauerstellplätze 200/130.
2007: (HS) 2 P/N inkl. St/N 21.–, KT –.50, WD u. Strom (6 A) keine Angabe. In NS Ermäßigung.

6961 LD Eerbeek, Gelderland — NL 6540

35 ★★★★ »LANDAL COLDENHOVE« 14.4. bis 31.10.
☎ 0313/659101, Fax 654776 170 000 qm
www.landal.de, coldenhove@landal.de

→ A1/ E 30 Deventer–Apeldoorn Abf. Apeldoorn Zuid über Beekbergen-Loenen. Vor Eerbeek in Richtung Laag Soeren. ✉ Boshoffweg 6.

Weitläufiges, hügeliges, lichtes Mischwaldgelände mit parzellierten Touristenflächen. FW. Hüpfburg. Kletterwand. Bogenschießen. Boule. Bowling. Indoorspiele. Kabel-TV. Gokartverleih. Ort 1.5 km entfernt. Mittagsruhe 12.30-13 Uhr (nur am Wochenende). 183 Touristenplätze.
2007: (HS) 2 P/N inkl. St/N 14.– bis 32.–, weitere P/N 3.50, K/N bis 5 J. frei, H/N 3.–, KT 1.–, WD u. Strom (10 A) inkl. In NS Ermäßigung.

IJSSELSTRAND
★★★★
Freizeitdorf und Wassersportzentrum

Großer moderner Yachthafen – Campingplatz – Stellplätze direkt am Wasser – Mobilheimverkauf und Mobilheimvermietung – Angelwasser – Reitschule – Großer Indoor-Spielplatz. Vom Ruhrgebiet in einer Stunde zu erreichen, in der Nähe von Arnheim. Ganzjährig geöffnet.

Auskünfte:
Camping IJsselstrand, Eekstraat 15-18
NL-6984 AG Doesburg
Telefon (0031) 313-472797
Fax (0031) 313-473376
www.ijsselstrand.nl

(NL 6660)

✉ 7141 DH Groenlo, Gelderland   NL 6600

25 ★★★★ »FERIENPARK MARVELD«   1.1. bis 31.12.
☎ 0544/466000, Fax 465295, www.marveld.nl, info@marveld.nl 250 000 qm
➔ N 319 Winterswyk–Zutphen, in Groenlo beschildert. ✉ Elshofweg 6.

Teilweise schattenloses Wiesengelände mit Angelteichen. Durch Hecken in ebene, parzellierte Stellfelder unterteilt. Bungalowanlage. Moca-Stellplätze. Teilweise separate Pkw-Abstellung. Großzügig gestaltete Spielplatz- u. Schwimmbadeinrichtungen. Wasserrutsche. Hüpfburg. Fitnessraum. Squash. Frisör. Kabel-TV. Kegelbahn. Ort 750 m entfernt. Touristen-/Dauerstellplätze 340/300.
2008: (HS) P/N 3.05, St/N 14.50, H/N 2.50, KT –.55, WD u. Strom (6 A) inkl. Ab 55 J. und für junge Familien 25% in NS Ermäßigung. In NS Erm.

✉ 7115 AG Winterswijk, Gelderland   NL 6620

25 ★★★ »CAMPING HET WINKEL«   1.1. bis 31.12.
☎ 0543/513025, Fax 518165   125 000 qm
www.hetwinkel.nl, info@hetwinkel.nl
➔ B 70 Borken–Aahus, nach Winterswijk auf die N 319 abbiegen. ✉ De Slingeweg 20 (GPS: 51°57'06" N / 6°44'12" E).

Ebenes, parzelliertes, durch Hecken in Stellfelder unterteiltes Wiesengelände. Teilweise schattenlos, von Wald umgeben. Wasserrutsche. Kegelbahn. Hüpfburg. Infrarotkabine. Imbiss. Ort 4 km entfernt. Separater Jugendplatz. Mittagsruhe 12.30-13.30. Touristen-/Dauerstellplätze 80/350.
2008: P/N 3.75, K/N 2 bis 12 J. 3.25, St/N 11.50, H/N 3.–, KT –.80, WD zuzügl., Strom (6-10 A) inkl.

✉ 6984 AG Doesburg-Drempt, Gelderl. NL 6660/1

20 ★★★ »HET ZWARTE SCHAAR«   Ostern bis 31.10.
☎ 0313/473128, Fax 479212   160 000 qm
www.zwarteschaar.nl, info@zwarteschaar.nl
➔ A12/E 35 Emmerich–Arnhem Abf. Zevenaar, nordwärts an Giesbeek und Angerlo vorbei nach Doesburg. Beschildert. 2. Platz. ✉ Eekstraat 19.

Ebenes Wiesengelände am Seitenarm der IJselk. Durch Anpflanzungen parzelliert. Separate Pkw-Abstellung. Yachthafen. Tretbootverleih. Ort 5 km entfernt. Touristen-/Dauerstellplätze 40/280.
2007: (HS) P/N 2.90, K/N 5 bis 12 J. 1.70, A/N 1.80, C/N 3.75, MC/N 4.70, T/N 2.75, H/N 1.75, KT 1.20, WD zuzügl., Strom/N 2.75 (4-6 A). In NS 10% Ermäßigung.

✉ 6984 AG Doesburg, Gelderland   NL 6660/2

20 ★★★★ »CAMPING IJSSELSTRAND«   1.1. bis 31.12.
☎ 0313/472797, Fax 473376   50 000 qm
www.ijsselstrand.nl, info@ijsselstrand.nl
➔ A12/E 35 Emmerich–Arnhem Abf. Zevenaar, dann nordwärts an Giesbeek und Angerlo vorbei nach Doesburg. 1. Platz. ✉ Eekstraat 15-18.

Ebenes, schattenloses u. teilweise parzelliertes Wiesengelände am Seitenarm der IJssel. Yachthafen und großer Mobilheimpark. Skelterverleih. Separater Jugendplatz. Ort 4 km entfernt. Touristen-/Dauerstellplätze 120/680.
2007: (HS) P/N 3.30, K/N 1 bis 13 J. 1.40, A/N 2.10, C/N 4.95, MC/N 4.95, T/N 2.90, M/N 1.–, B/N 5.25, H/N 2.10, KT –.50, WD zuzügl., Müllgeb. –.83, Strom/N 3.15 (6 A). In NS Ermäßigung.
DCC/CCI 10% auf P/N.

✉ 6988 BM Lathum, Gelderland   NL 6670

25 ★★★ »CAMPING DE VEERSTAL«   1.4. bis 15.10.
☎ 0313/631319, Fax 0313/632614   200 000 qm
www.veerstal.nl, arjan@veerstal.nl
➔ A 12/E 356 Emmerich–Arnhem Abf. Westervoort (27) Richtung Doesburg bis zum 1. Kreisverkehr und hier links abbiegen Richtung Lathum. Beschildert. ✉ Marsweg 12.

Ebenes, überwiegend schattenloses Wiesengelände am IJssel-Deich. Gokartverleih. Trampoline. Ort 4 km entfernt. Touristen-/Dauerstellplätze 50/385.
2007: P/N 4.50, A/N 4.50, C/N 4.50, MC/N 8.–, T/N 4.50, M/N 4.50, B/N 4.50, H/N 5.–, KT inkl., WD zuzügl., Strom/N 2.95 (16 A).

✉ 6816 RW Arnhem, Gelderland   NL 6690

30 ★★★ »RECREATIEPARK ARNHEM«   22.3. bis 31.10.
☎ 026/4431600, Fax 4457705   360 000 qm
www.recreatieparkarnhem.nl, info@recreatieparkarnhem.nl
➔ A 3-A12/E35 Oberhausen–Utrecht Abf. Arnhem Noord Richtung Arnhem-Oosterbeek. Beschildert. ✉ Kemperbergerweg 771.

Ebenes bis leicht welliges Mischwaldgelände mit Wiesenlichtungen in Autobahnnähe. Parzelliert. Moca-Stellplätze. Sanitäranlagen beheizbar. Schwimmbad überdachbar. Türkisches Dampfbad. Whirlpool. Freiluftkegelbahn. Kabel-TV. Zentrum 8 km entfernt. Touristen-/Dauerstellplätze 500/150.
2007: (HS) 4 P/N inkl. St/N 28.–/32.–, WD und Strom (10 A) inkl. In NS Erm.

✉ 6561 KR Groesbeek b. Nijmegen, Gelderl. NL 6720

30 ★★★★ »CAMPING DE OUDE MOLEN«   Ostern bis 1.11.
☎ 024/3971715, Fax 3974375   50 000 qm
www.oudemolen.nl, camping@oudemolen.nl
➔ A73 Venlo–Nijmegen Abf. Malden nach Groesbeek. ✉ Wylerbaan 2 a.

Ebenes und teilweise leicht welliges, von Hecken umgebenes, Wiesengelände. Parzelliert. Imbiss. Kabel-TV. 2 Whirlpools. Friseursalon. 2 Hundebäder. Wasserrutsche. Trampolin. Boule. Ort 400 m entfernt. Touristen-/Dauerstellplätze 120/180.
2007: (HS) 2 P/N inkl. St/N 27.–, weitere P/N 3.50, H/N 3.50, KT –.47, WD inkl., Strom (4-6 A) inkl., In NS Ermäßigung.
DCC/CCI 20% auf St/N.

6582 BR Heumen-Nijmegen, Gelderl. NL 6730

»CAMPING HEUMENS BOS« 30 ★★★★
☎ 024/3581481, Fax 3583862
1.1. bis 31.12.
150 000 qm
www.heumensbos.nl, info@heumensbos.nl

→ A73 Venlo–Nijmegen Abf. Heumen/Overasselt. ✉ Vosseneindseweg 46.

Ebenes Wiesengelände, von hohen Bäumen und Sträuchern umgeben. Boule. Pferdewagentouren. FW. Ort 2 km, Kureinrichtungen 4 km entfernt. Touristen-/Dauerstellplätze 165/250.
2008: (HS) P/N 4.–, K/N bis 2 J. frei, St/N 18.–, H/N 4.–, WD zuzügl., Strom/N 2.50 (6A). In NS Ermäßigung.

6629 KS Appeltern, Gelderland NL 6750

»WASSERSPORTCAMPING DE MAASTERP« 25 ★★★
☎ 0487/562221, Fax 542441, 11 000 qm Ostern bis 31.10.
www.moekemooren.nl, www.demaasterp.nl, info@demaasterp.nl

→ A 73/N 326 Nijmegen–Beneden Leeuwen Abf. Druten über Gouden Ham nach Appeltern. Hier beschildert. ✉ Lutenkampstraat 1.

Ebene bis leicht zum Maasufer abfallende, schattenlose Wiese hinter einem ausgedehnten Mobilheimteil. Boule. Ort 1 km entfernt. Touristen-/Dauerstellplätze 160/258.
2007: (HS) P/N 2.70, K/N bis 2 J. 1.50, A/N 3.–, C/N 13.–, MC/N 14.50, T/N 13.–, M/N 1.50, B/N 4.70, H/N 3.35, WD inkl., Müllgeb. 1.20, Strom/N 3.40 (4-6A). In NS Ermäßigung. Vom 01.09. bis 27.10. 20% Ermäßigung.

5308 JK Aalst, Gelderland NL 6780

»CAMPING MAAS PLAS« 25 ★★★
☎ 0418/673232, Fax 672115
Ostern bis 31.10.
80 000 qm
www.maasplas.nl, info@campingdemaasplas.nl

→ A 2/E 25 Hertogenbosch–Utrecht Abf. Zaltbommel auf die N 322 Richtung Brakel. Nach Aalst abbiegen. ✉ Zaaiwaard 3.

Ebenes, parzelliertes, von Hecken umzäuntes, Wiesengelände auf einer Halbinsel. Überwiegend schattenlos. Moca-Stellplätze. Imbiss. Liegewiese. Wassersport. Boule. Kabel-TV. Ort 500 m entfernt. Touristen-/Dauerstellplätze 100/150.
2007: (HS) P/N 3.70, K/N bis 2 J. frei, A/N 3.–, C/N 6.50/10.50, MC/N 10.50, T/N 6.–, KT –.60, WD und Strom (4 A) keine Angabe. In NS Ermäßigung.

4021 GH Maurik, Gelderland NL 6810

»EILAND VAN MAURIK« 30 ★★★★
☎ 0344/691502, Fax 692248
1.4. bis 1.10.
150 000 qm
www.eiland.maurik.nl, receptie@eilandvanmaurik.nl

→ A 15/E 35 Nijmegen–Rotterdam Abf. Tiel-West nach Maurik. Beschildert. ✉ Rijnbanddijk 20.

Ebenes und schattenloses Wiesengelände am Lek. Parzelliert. Hunde nur nach Rücksprache erlaubt. Kletterwand. Überdachter Spieleraum. Ponyreiten. Wasserpark (bis 12 J.). Hüpfburg. Boule. Skelterverleih. Kabel-TV inkl. Ort 3 km entfernt. Touristen-/Dauerstellplätze 267/170.
2007: P/N 3.50, St/N 17.50, B/N 7.–, H/N 4.–, KT –.85, WD zuzügl., Strom (10 A) inkl.

6705 DM Wageningen-Hoog, Gelderl. NL 6825

»CAMPING DE WIELERBAAN« 25 ★★★★
☎ 0371/413964, Fax 420751
1.1. bis 31.12.
75 000 qm
www.wielerbaan.nl, wielerbaan@vvc.nl

→ A12/E 35 Arnhem–Utrecht Abf. (24) Wageningen-Ede auf der N 781 Richtung Wageningen, weiter nach Wageningen-Hoog. Beschildert. ✉ Zoomweg 7-9.

Parzelliertes, durch Bäume und Hecken unterteiltes, ebenes Wiesengelände am Waldrand. Überdachter Kinderspielplatz. Imbiss. Ort 2 km entfernt. Touristen-/Dauerstellplätze 95/132.
2007: (HS) St/N 25.–/31.–, H/N 3.–, KT inkl., WD und Strom inkl. In NS Erm.

6741 KG Lunteren, Gelderland NL 6840

»CAMPING DE RIMBOE« 15 ★★★
☎ 0318/482371, Fax 486452
Ostern bis 31.10.
110 000 qm
www.campingderimboe.com, info@campingderimboe.com

→ A12/E 35 Arnhem–Utrecht Abf. (24) Ede Richtung Ede/Wageningen, dann Lunteren. Beim 3. Schild „Lunteren" geradeaus (nicht N 30/A 30), Boslaan-Rimboe rechts abbiegen. ✉ Boslaan 129.

Ebenes, parzelliertes Wiesengelände im Wald. Reiten u. Tennis 1 km, Ort 2.5 km entfernt. Mittagsruhe 12-13 Uhr. Touristen-/Dauerstellplätze 140/160.
2007 (HS) P/N 2.90, K/N 1 bis 10 J. 2.40, A/N 2.90, C T/N 2.90, MC/N 5.90, H/N 2.–, KT –.90, WD inkl., Strom/N 2.– (4-6A). In NS 15% Ermäßigung.

6731 SN Otterlo, Gelderland NL 6850/1

»CAMPING BEEK EN HEI« 20 ★★★
☎/Fax 0318/591483
1.1. bis 31.12.
35 000 qm
www.beekenhei.nl, info@beekenhei.nl

→ A 50 Amersfoort–Apeldoorn Abf. Hoenderloo auf die N 304 nach Otterlo. ✉ Heideweg 4.

Ebenes Wiesengelände, teilweise parzelliert und naturbelassen. Von Mischwald umgeben. Separate Pkw-Abstellung. WiFi. Brot- und Eierverkauf. Ort 1 km entfernt. Mittagsruhe 12-13 Uhr. 120 Touristenplätze.
2007: (HS) P/N 3.75, St/N 6.50, H/N 2.75, WD zuzügl., Müllgeb. –.95, Strom/N 2.90 (4/6A). In NS 10% Ermäßigung.

6731 CK Otterlo, Gelderland NL 6850/2

»FERIENPARK DE ZANDING« 30 ★★★★
☎ 0318/596111, Fax 596110
28.3. bis 26.10.
300 000 qm
www.ardoer.com/zanding, zanding@ardoer.com

→ A 50 Amersfoort–Apeldoorn Abf. auf die N 304 nach Otterlo. ✉ Vijverlaan 1.

Ebenes bis leicht welliges, Wiesengelände in einem lichten Mischwald am See. In Stellfelder unterteilt und parzelliert. Sanitäranlagen beheizbar. Hunde nur nach Rücksprache erlaubt. Imbiss. Kabel-TV. Filmvorführung. Diskothek. FW. Ort 1 km entfernt. Touristen-/Dauerstellplätze 550/400.
2007: (HS) 2 P/N inkl. St/N 29.–, weitere P/N 3.70, K/N bis 2 J. frei, H/N 3.50, KT –.90, WD inkl., Strom/N 1.40 (4-10 A). In NS Ermäßigung.

7351 BP Hoenderloo, Gelderland NL 6860/1

»CAMPING 'T SCHINKEL« 30 ★★★★
☎ 055/3781367, Fax 3782224, schinkel@ardoer.com
1.1. bis 31.12.
80 000 qm

→ A 50 Arnhem–Apeldoorn Abf. Hoenderloo, hier Richtung Beekbergen. ✉ Miggelenbergweg 56.

Leicht abfallendes Wiesengelände mit vereinzelten Bäumen. Überwiegend schattenlos. Parzelliert. Imbiss. Kabel-TV. Überdachter Kinderspielplatz. Ort 2 km entfernt. Touristen-/Dauerstellplätze 230/8.
2007: (HS) 2 P/N inkl. St/N 27.–, H/N 3.50, Müllgeb. –.65, WD und Strom (6 A) inkl. (10/16 A) zuzügl. In NS Ermäßigung.

7351 BP Hoenderloo, Gelderland NL 6860/2

»CAMPING DE PAMPEL« 25 ★★★★
☎ 055/3781760, Fax 3781992
1.1. bis 31.12.
145 000 qm
www.pampel.nl, info@pampel.nl

→ A 50 Arnhem–Apeldoorn Abf. Hoenderloo, in Hoenderloo beschildert. ✉ Woeste Hoefweg 33-35 (GPS: 52°07'10" N / 5°54'20" E).

Überwiegend naturbelassenes Waldgelände mit Wiesenlichtungen. Umweltorientierte Betriebsführung. Hunde nur in NS. Boule. Go-Kart. Klet-

heumens bos (NL 6730)

Urlaubsspass nach Mass

Fürstlich Kampieren im " Reich von NIMWEGEN "

Vosseneindseweg 46
6582 BR Heumen
Tel. +31 24 358 14 81
info@heumensbos.nl
www.heumensbos.nl

terhaus. Hüpfburg. Skelterverleih. Tresore. Ort 1 km entfernt. 180 Touristenplätze.
2007: 2 P/N inkl. St/N 20.–, weitere P/N 4.–, K/N 1 bis 11 J. 3.–, KT 1.–, WD inkl., Strom/N 3.50 (6 A) inkl.

✉ 3886 PG Garderen, Gelderland — NL 6880

35 ★★★★ »CAMPING DE HERTSHOORN« — 21.3. bis 26.10.
☎ 0577/461529, Fax 461556 — 10 000 qm
www.hertshoorn.nl, hertshoorn@ardoer.com

→ A 1/E 30 Apeldoorn–Amersfoort Abf. Stroe Richtung Putten. In Garderen beschildert. ✉ Putterweg 68-70 (GPS: 52°14'15" N / 5°41'23" E).

Parkartiges, ebenes, in Stellfelder unterteiltes und parzelliertes Wiesengelände mit Baumbestand. Separate Pkw-Abstellung. Kleinkindersanitär. Hüpfburg. Baumzelte. Boule. Kühlschränke. WiFi. Kabel-TV. Ort 1.5 km entfernt. 382 Touristenplätze.
2008: (HS) 2 P/N inkl. St/N 31.50/32.50, KT –.85, Schwimmbad, Kabel-TV, WD und Strom (10 A) inkl. In NS Ermäßigung.

✉ 3852 AM Ermelo, Gelderland — NL 6900

30 ★★★★ »CAMPING DE HAEGHEHORST« — 1.1. bis 31.12.
☎ 0341/553185, Fax 562751 — 76 000 qm
www.ardoer.com/haeghehorst, haeghehorst@ardoer.com

→ A28/E 232 Amersfoort–Zwolle Abf. Ermelo. ✉ Fazantlaan 4.

Ebenes, lichtes Mischwaldgelände mit Heckenunterteilungen. Parzelliert. Separater Mobilheimpark. Großzügige Kleinkinderräume. Skelterverleih. Boule. Hüpfburg. Wellnessbereich. Kühlschränke. Kabel-TV. FW. Ort 2 km entfernt. Touristen-/Dauerstellplätze 228/60.
2007: (HS) P/N inkl. St/N 30.50, WD u. Strom (6-10 A) inkl. In NS Erm.

✉ 8081 PA Elburg, Gelderland — NL 6930

★★★ »CAMPING VELUWE STRANDBAD« — 1.1. bis 31.12.
☎ 0525/681480, Fax 680317, www.monda.nl, info@monda.nl — 18 000 qm

→ A 28 Amersfoort–Zwolle Abf. Nunspeet Richtung Elburg. Hier beschildert. ✉ Flevoweg 5.

Ebenes, parzelliertes Wiesengelände zwischen Straße und Veluwemeer. Durch Dauercamper und Mobilheime geprägt. Kabel-TV. WiFi. Boule. Kinderspielhalle. Surfbrettverleih. Touristen-/Dauerstellplätze 100/320.

Die Gebühren werden von den Platzhaltern lange vor Erscheinen des Campingführers gemeldet. Daher sind Abweichungen möglich.

✉ 8051 PW Hattem, Gelderland — NL 6950

30 ★★★ »CAMPING LEEMKULE« — Ostern bis 1.11.
☎ 038/4441945, Fax 4446280 — 240 000 qm
www.leemkule.nl, info@leemkule.nl

→ A 50 Apeldoorn–Zwolle Abf. Heerde N Richtung Wezep. ✉ Leemkuilen 6.

Parkartiges Mischwaldgelände mit parzellierten Wiesenlichtungen in Autobahnnähe. Teilweise leicht abfallend mit separater Pkw-Abstellung. Angrenzend Bungalowpark. FW. Restaurant mit Terrasse für Gruppen von 50 bis 100 Personen. Türkisches Dampfbad. Hüpfkissen. Kabel-TV. Ort 2.5 km entfernt. Mittagsruhe 12.30-13. Touristen-/Dauerstellplätze 150/35.
2007: (HS) 2 P/N inkl. St/N 25.50, weitere P/N 3.70, KT 1.–, WD u. Strom (10 A) inkl. In NS Ermäßigung.

✉ 8162 NR Epe, Gelderland — NL 6975

25 ★★★★ »RCN CAMPING DE JAGERSTEE« — Ostern bis 31.10.
☎ 0578/613330, Fax 621336 — 330 000 qm
www.RCN.nl, jagerstee@RCN.nl

→ A 50 Apeldoorn–Zwolle Abf. (27) auf die N 309 Richtung Nunspeet. Beim Kreisverkehr ANWB-Campingplatzschild "Jagerstee folgen. ✉ Officierweg 86 (GPS: 52°21'48" N / 5°57'30" E).

Ebenes, parzelliertes und durch Anpflanzungen günstig aufgelockertes Mischwaldgelände. Voranmeldung und Reservierung erwünscht. Extra Pkw-Parkplätze innerhalb und außerhalb des Platzes. Sanitäranlagen beheizbar. Imbiss. Skelterverleih. Teilweise Kabel-TV. Kinderspieleraum. FW. Ort 3 km entfernt. Touristen-/Dauerstellplätze 250/150.
2007: (HS) 2 P/N inkl. St/N 22.50, H/N 4.50, KT 2.–, WD u. Strom (10 A) inkl. In NS Ermäßigung.

DCC-Vertragsplatz

✉ 8166 JJ Emst, Gelderland — NL 6980

40 ★★★★★ »ERHOLUNGSZENTRUM DE WILDHOEVE« — 21.3. bis 25.10.
☎ 0578/661324, Fax 662393 — 120 000 qm
www.wildhoeve.nl, info@wildhoeve.nl

→ A 1/E 30 Hengelo–Apeldoorn, beim Knooppunt Beeckbergen wechseln auf die A 50 Richtung Zwolle Abf. Vaasen über Vaasen nach Emst. Hier beschildert noch 4 km westwärts. ✉ Hanendorperweg 102.

Von Wald umgebenes, ebenes bis leicht welliges, parzelliertes Wiesengelände in einem lichten Mischwald. Teilweise mit Stellplatznischen oder Freiflächen. Sanitäranlagen beheizbar. Behindertensanitär auch für Kinder. Teilweise separate Pkw-Abstellung. Kinderspielplatz mit Wasserspielen. Wasserrutschen. Kinderbühne. Fahrradcrossbahn. Skelterverleih. Filmvorführungen. Kabel-TV. Ort 4 km entfernt. Touristen-/Dauerstellplätze 320/80.
2008: (HS) 2 P/N inkl. St/N 35, weitere P/N 4.75, KT –.75, WD inkl., Strom (6 A) zuzügl. In NS Ermäßigung.
DCC 10% auf P/N.

✉ 3744 BC Baarn, Utrecht — NL7050

25 ★★★ »CAMPING DE ZEVEN LINDEN« ⚷ April bis Okt.
☎ 035/6668330 115 000 qm
www.deZevenLinden.nl, allurepark@deZevenLinden.nl

Abfahrt → A 27 Utrecht–Hilversum Abf. (33) Hilversum N 415 Richtung Baarn. ✉ Zevenlindenweg 2.

Ebenes und parzelliertes, teilweise schattenloses Wald- und Wiesengelände. Separater PKW-Abstellplatz. Imbiss. Spielezelt. Boule. WiFi. Wöchentliches Lagerfeuer. Mittagsruhe 12.30-14 Uhr. 261 Touristenplätze.
2007: (HS) 2 P/N inkl. St/N 20.30, 4 P/N inkl. St/N 27.30, KT zuzügl., WD keine Angabe, Strom/N (4/6 A) zuzügl. In NS Ermäßigung.

✉ 3707 HW Zeist, Utrecht — NL7100

20 ★★★ »ALLUREPARK DE KRAKELING« ⚷ 22.3. bis 25.10.
☎ 030/6915374. Fax 6920707 170 000 qm
www.dekrakeling.nl, info@dekrakeling.nl

Abfahrt → A 12/E 35 Arnhem–Utrecht, Abf. (20) Driebergen-Zeist. In Zeist Richtung Woudenberg, beschildert. ✉ Woudenbergseweg 17.

Ebenes, parzelliertes u. teils schattenloses Wiesengelände am Waldrand. Imbiss. Wifi. Kabel-TV. Kinderbauernhof. Friseur. Ort 5 km entfernt. Mittagsruhe 12.30-13.30 Uhr. Touristen-/Dauerstellplätze 150/200.
2007: (HS) P/N 2.50, K/N 2 bis 12 J. 1.–, St/N 12.50, T/N 8.–, WD inkl., Kabel-TV 1.20, Strom 2.50/4.– (6-16A). In NS Ermäßigung.

✉ 3931 ML Woudenberg, Utrecht — NL7150

20 ★★★ »VAKANTIEPARK DE HEIGRAAF« ⚷ 1.4. bis 25.10.
☎ 033/2865066, www.heigraaf.nl, info@heigraaf.nl 120 000 qm

Abfahrt → A 12/E 35 Arnhem–Utrecht Abf. (21) Maarn/Amersfoort auf die N 227 Richtung Amersfoort. Beschildert. ✉ De Heygraeff 9.

Ebenes und parzelliertes, von Bäumen umgebenes, Wiesengelände in der Nähe eines Flusses. Teilweise schattenlos. Imbiss. Hüpfburg. Seilbahn. WiFi. Bus 500 m entfernt. Mittagsruhe 12-14 Uhr. Touristen-/Dauerstellplätze 200/300.
2008: P/N 3.–, K/N 4 bis 12 J. 2.60, St/N 11.50, M/N 1.–, WD zuzügl., Strom/N 2.40 (4-16A).

✉ 3956 KD Leersum, Utrecht — NL7200

35 ★★★★ »MOLECATENPARK LANDGOED GINKELDUIN«
☎ 0343/489999, Fax 485998, ⚷ 21.3. bis 31.10. 950 000 qm
www.landgoedginkelduin.nl, info@landgoedginkelduin.nl

Abfahrt → A 12/E 35 Arnhem–Utrecht Abf. Maarsbergen/Doorn auf die N 226 Richtung Leersum. Beim Kreisverkehr links Richtung Ginkelduin. Beschildert. ✉ Scherpenzeelseweg 53.

Parkartiges, teilweise parzelliertes Wald- und Wiesengelände mit Hotel. Separate PKW-Abstellung in einer Tiefgarage. Türkisches Bad. Boule. Bowling. WiFi. Kabel-TV. Hotelzimmer. FW. Ort 3 km entfernt. Touristen-/Dauerstellplätze 230/70.
2007: (HS) P/N inkl. St/N 27.50.–/37.50, KT –.85, WD und Strom (10A) keine Angabe. In NS Ermäßigung.

✉ 3941 MN Doorn, Utrecht — NL7300

35 ★★★★ »RCN CAMPING HET GROTE BOS« ⚷ 1.1. bis 31.12.
☎ 0343/513644, Fax 512324 800 000 qm
www.rcn.nl, het-grote-bos@rcn.nl

Abfahrt → A 12/E 35 Arnhem–Utrecht Abf. Driebergen–Doorn. Beschildert. ✉ Hydeparklaan 24 (GPS: 52°03'23" N / 5°18'51" E).

Parkartiges, weitläufiges Waldgelände mit leicht welligen, teilweise parzellierten Wiesenlichtungen. Separate Pkw-Abstellung. Große Leihcaravan- und Bungalowanlage. Eigene Wasserquellen. Imbiss. Bowling. Boule. WiFi. Ort 2.5 km entfernt. Touristen-/Dauerstellplätze 500/250.
2007: (HS) 2 P/N inkl. St/N 33.25, WD und Strom/N (10 A) inkl. In NS Erm.

✉ 1231 AZ Loosdrecht, Noord Holland — NL7470

30 ★★★★ »REKREATIECENTRUM MIJNDEN« ⚷ 29.3. bis 28.9.
☎ 0294/233165, Fax 233402 250 000 qm
www.mijnden.nl, info@mijnden.nl

Abfahrt → A 2 Utrecht–Amsterdam Abf. Vinkeveen auf die N 201 Richtung Hilversum, nach Mijnden abbiegen. Beschildert. ✉ Bloklaan 22 a (GPS: 52°19'55" N / 5°01'30" E).

Ebenes, teilweise parzelliertes und überwiegend schattenloses Wiesengelände mit großem Yachthafen an der Drecht. Von Entwässerungsgräben durchzogen. Befestigte Moca-Stellplätze. Teilweise separate Pkw-Abstellung. Imbiss. Komfort-Stellplätze mit Kabel-TV. Hüpfburg. WiFi. Ort 3 km entfernt. Separater Jugendplatz. Touristen-/Dauerstellplätze 280/200.
2008: (HS) 2 P/N inkl. St/N 24.–, weitere P/N 4.–, 2 P/N inkl. T/N 14.50, H/N 3.50, WD zuzügl., Strom (4/10 A) inkl. In NS Ermäßigung.

✉ 5373 KL Herpen, Noord Brabant — NL7510

★★★ »CAMPING HERPERDUIN« ⚷ April bis Nov.
☎ 0486/411383, Fax 416171 70 000 qm
www.herperduin.nl, info@herperduin.nl

Abfahrt → A 50 Nijmegen–Hertogenbosch Abf. Ravenstein über Herpen Richtung Schaijk. Beschildert. ✉ Schaijkseweg 12.

Ebenes, parkartiges Gelände neben der Autobahn mit parzellierten Wiesenlichtungen. Teilweise separate Pkw-Abstellung. Teilweise Kabel-TV. Ort 2 km entfernt. Touristen-/Dauerstellplätze 100/2.

✉ 5724 PL Asten-Ommel, N.-Brab. — NL7620

★★★★ »REKREATIEPARK PRINSENMEER« ⚷ 1.1. bis 31.12.
☎ 0493/681111, Fax 681110 50 000 qm
www.prinsenmeer.nl, info@prinsenmeer.nl

→ A 67/E 34 Venlo–Eindhoven Abf. Asten über Asten nach Ommel. ✉ Beekstraat 31.

Hügeliges, lichtes Wiesen- u. Waldgelände. Parzelliert an einem großen Badesee. Alleinreisende Jugendliche nicht erlaubt. Strandbad und Liegewiese (für Camper freier Zutritt). 5 Wasserrutschen. Whirlpool. Dampfbad. Bowling. Hüpfburg. Trampoline. Boule. Skelterverleih. Imbiss. Ort 3 km entfernt. Touristen-/Dauerstellplätze 637/549.

✉ 5731 XN Mierlo, Noord Brabant — NL7640

25 ★★★ »RP HOLIDAYS 't WOLFSVEN« ⚷ 21.3. bis 26.10.
☎ 0900/1/472009 (€ 0.20 p.m.), Fax 663895 60 000 qm
www.rpholidays.de, info@rpholidays.de

Abfahrt → A 67/E 34 Venlo–Eindhoven Abf. (34) Geldrop Richtung Mierlo. Hinter dem Kriegsgräberfriedhof links. Beschildert. ✉ Patrijslaan 4.

Leicht welliges, von Wald umgebenes und durch Baumreihen parzelliertes, Wiesengelände mit einem See in einem großen Naturreservat. Sandstrand und Liegewiese. Öffentliches Hallenbad. In HS Mindestaufenthalt 3 N. Bungalowanlage. Separater Platzteil für Hundehalter. Zeltwiese. Kabel-TV. Imbiss. Kiosk. Brötchenservice. Kinder- und Jugendspielraum. Billard. Boule. Wasserrutsche. Whirlpool. FW. Ort 2 km entfernt. Touristen-/Dauerstellplätze 230/233.
2008: (HS) 5 P/N inkl. St/N 25.–, weitere P/N 4.–, H/N 4.–, KT 1.49, WD inkl., Strom (10A) inkl. Für junge Familien und ab 55 J. Ermäßigung. In NS Ermäßigung.

✉ 5556 VB Valkenswaard, Noord Brabant — NL7680

★★★ »RECREATIEPARK BRUGSE HEIDE« ⚷ Ostern bis Okt.
☎ 040/2018304, Fax 2049312 70 000 qm
www.brugsheide.nl, info@brugsheide.nl

→ A 2/A 67 Valkenswaard/Waarle. In Valkenswaard Richtung Achel. Der Beschilderung folgen. ✉ Maastrichterweg 183.

NEU: Spielen mit und im Wasser mit vielen Wasserspielgeräten in einer neuen Halle von 600 m²

DCC-Europapreis 2003

Camping De Paal

ADAC Super-Platz 2007

De Paaldreef 14 • NL-5571 TN Bergeÿk
Tel. 0031-497571977 • Fax 0031-497577164
www.depaal.nl • E-mail: info@depaal.nl

Ein großzügiger Platz in waldreicher Gegend mit großzügigen, sonnigen und schattigen Stellplätzen. Einzigartiges Gelände zum Wandern und Radfahren (Fahrradvermietung). Vielseitiges Freizeitprogramm, große Spielwiese, beheizter und überdachter Wasserspielplatz mit Trimmbad. Hervorragende Freizeitmöglichkeiten drinnen und draußen – bei jedem Wetter. Veranstaltungsarena. 30.000 m² Dünen-Spiellandschaft.
Stellplätze mit Privat-Sanitär. **(NL 7710)**

1.5 km

Ebenes, parkartiges Mischwaldgelände am Fluss in einem Heidegebiet. Café. Imbiss in HS. Volleyball. Poolbillard. Familientretfahrräder. FW. Ort 2.5 km entfernt. 210 Touristenplätze.

✉ 5575 XP Luyksgestel, Noord Brabant NL 7700

★★★ »DE ZWARTE BERGEN« April bis Sept.
☎ 0497/541373, Fax 542673 250 000 qm
www.zwartebergen.nl, zwartebergn@cambiance.nl

→ A67/E34 Eindhoven–Turnhout Abf. Eersel Richtg Bladel, am Ortsende Eersel bei der Ampel abbiegen nach Luyksgestel. Beschildert. ✉ Zwartebergendreef 1.

Ebenes, teilweise welliges Wiesen- und Kiefernwaldgelände. Durch Zäune und Bepflanzungen unterteilt und parzelliert. Kabel-TV. Diskothek. Filmvorführungen. Go-Karts. Bogenschießen. Hüpfburg. Boule. Survival. FW. Ort 3 km entfernt. Touristen-/Dauerstellplätze 280/338.

✉ 5571 TN Bergeyk, Noord Brabant NL 7710

45 ★★★★★ »CAMPING DE PAAL« 21.3. bis 26.10.
☎ 0497/571977, Fax 577164, www.depaal.nl, info@depaal.nl 700 000 qm

→ A 67/E 34 Eindhoven–Turnhout Abf. Eersel über Eersel nach Bergeyk. Beschildert. ✉ Paaldreef 14 (GPS: 51°20'11" N / 5°21'20" E).

500 m

Leicht welliges, naturbelassenes, lichtes Kiefernwald- und parzelliertes Wiesengelände. Teilweise separate PKW-Abstellung. Familiäre Atmosphäre. Sanitäranlagen beheizbar. Streichelzoo. Fitnessraum. Theater. Überdachter Spieleraum. Radcrossbahn. Spielburg. Kabel-TV. Ort 2 km entfernt. Mittagsruhe 12.30-13 Uhr. Touristen-/Dauerstellplätze 570/29.
2008: (HS) 2 P/N inkl. St/N 42.50, K/N 2 bis 10 J. 5.–, H/N 5.–, WD, Strom (6A) und Schwimmbad inkl. In NS Ermäßigung.
DCC 10% auf P/N.

✉ 5521 RD Eersel, Noord Brabant NL 7720

50 ★★★★★ »CAMPING TER SPEGELT« 21.3. bis 28.10.
☎ 0497/512016, Fax 514162 650 000 qm
www.terspegelt.nl, info@terspegelt.nl

→ A67/E34 Eindhoven–Antwerpen Abf. (32) Eersel. ✉ Postelseweg 88.

Ebenes, großflächiges Wiesengelände. Durch Heckenstreifen in Stellfelder unterteilt und parzelliert. Separate PKW-Abstellung. FW. Sandstrand am Seeufer und in der großen Schwimmhalle. Öffentlicher Badebetrieb. Beheizbare Sanitäranlagen. Filmvorführungen. Boule. Hüpfburg. Radcross-Bahn. Wasserrutsche. Whirlpool. Streichelzoo. Ultra-Light Flüge in HS. Ort 3 km entfernt. Touristen-/Dauerstellplätze 497/380.
2008: (HS) P/N inkl. St/N 50.–, KT 4,5%, WD u. Strom (6-16 A) inkl. In NS Ermäßigung.

✉ 5094 EG Lage Mierde, Noord Brabant NL 7740

35 ★★★★ »CAMPING DE HERTENWEI« 1.1. bis 31.12.
☎ 013/5091295, www.hertenwei.nl 200 000 qm

→ A67/E34 Eindhoven–Antwerpen Abf. (32) Eersel auf die N 284 über Reusel Richtung Tilburg. ✉ Wellenseind 7-9 (GPS: 51°25'24" N / 5°08'54" E).

50 m

Ebenes Wiesengelände, von einigen stärker bewaldeten Streifen durchzogen. Durch Hecken in Stellfelder unterteilt und parzelliert. Separate Dauercamperbereiche. Öffentlicher Badebetrieb. Liegewiese. Imbiss. Boule. Whirlpool. Kabel-TV. Ort 2 km entfernt. Mittagsruhe 12.30-13.30 Uhr. Touristen-/Dauerstellplätze 280/80.
2008: (HS) 2 P/N inkl. St/N 31.50, weitere P/N 4.–, K/N 1 bis 3 J. frei, H/N 4.–, WD u. Strom (6A) inkl. In NS Ermäßigung.

✉ 5081 NJ Hilvarenbeek, N. Brabant. NL 7760

30 ★★★ »VAKANTIEPARK BEEKSE BERGEN« 1.4. bis 31.12.
☎ 013/5491100, Fax 5366716 100 000 qm
www.beeksebergen.com, info@libema.nl

→ N 269 Tilburg–Reusel, nach Beekse Bergen abbiegen. Beekse Bergen/Safari Park beschildert. ✉ Beekse Bergen 1.

Ebenes, weitläufiges Wiesengelände mit einem großen See neben einem Safaripark und dem »Wilhelmina-Kanaal«. Durch Baum- und Buschreihen in parzellierte Stellfelder unterteilt. Teilweise Kabel-TV. Boule. Skelter-Verleih. Filmvorführungen. Ort 7 km entfernt. Touristen-/Dauerstellplätze 717/256.
2007: (HS) 2 P/N inkl. St/N 26.– bis 31.–, KT zuzügl., WD u. Strom (4/6/10A) inkl. In NS Ermäßigung.

DCC – DEIN PARTNER!

✉ 5062 TP Oisterwijk, Noord Brabant NL 7780

★★★ »CAMPING DE REEBOK« April bis Okt.
☎ 013/5282309, Fax 5217592 80000 qm
www.dereebok.nl, reebok@cambance.nl

→ A 65 Hertogenbosch–Tilburg Abf.Oisterwijk. Achtung: Sehr kleine, schmale Hinweisschilder. ✉ Duinenweg 4.

Leicht welliges, parzelliertes Kiefernwaldgelände. Separate Mobilheimanlage. Sanitäranlage beheizbar. Kabel-TV. FW. Mit Campingkarte Gratiseintritt in das Schwimmbad. Ort 3 km entfernt. Touristen-/Dauerstellplätze 80/200.

✉ 4860 RC Chaam, Noord Brabant NL 7805

★★★★ »CAMPING DE FLAASBLOEM« April bis Nov.
☎ 0161/491654, Fax 492054 www.rcn.nl 830000 qm

→ A 27/A58–E312 Tilburg–Breda Abf. (14) Richtung Chaam. In Chaam Richtung Alphen. ✉ Flaasdijk 1 (GPS: 51°29'28" N / 4°53'46" E).

Ebenes und parzelliertes Wiesengelände mit Lichtungen. Reservierung empfehlenswert. Teilweise separate Pkw-Abstellung. Stellfelder. Öffentliches Schwimmbad (gratis Eintritt). Imbiss. Kiosk. Teilweise Kabel-TV. Boule. Touristen-/Dauerstellplätze 180/500.

✉ 4838 GV Breda Noord Brabant NL 7810

20 ★★ »CAMPING LIESBOS« 1.4. bis 30.9.
☎ 076/5143514, Fax 5146555 50000 qm
www.camping-liesboos.nl, info@camping-liesboos.nl

→ A58 Breda–Roosendaal Abf. (18). Der Beschilderung folgen. ✉ Liesdreef 40 (GPS: 51°33'45" N / 4°41'57" E).

(H) 700 m
Ebenes, parzelliertes Wiesengelände. Teilweise mit Bäumen umzäunt und in 2 Stellfelder aufgeteilt. Durch Dauercamper geprägt. Imbiss. Kiosk. Boule. Ort 5 km entfernt. Mittagsruhe 13-14 Uhr. Touristen-/Dauerstellplätze 54/185.
2007: (HS) 2 P/N inkl. St/N 16.75, weitere P/N 3.–, K/N 2 bis 10 J. 2.10, H/N 2.10, WD zuzügl., Strom (6A) inkl. In NS Ermäßigung.
DCC 5 % auf St/N.

✉ 4709 PB Roosendaal-Nispen, N. Brabant NL 7835

20 ★★ »CAMPING ZONNELAND« 1.3. bis 15.10.
☎ 0165/365429 150000 qm
www.zonneland.nl, info@zonneland.nl

→ A58/E312 Breda–Vlissingen Abf. Roosendaal/Nispen auf die N 262 Richtung Antwerpen. Beschildert. ✉ Turfvaartsestraat 6 (GPS: 51°49'43" N / 4°48'54" E).

Ebenes bis leicht welliges, parzelliertes Waldgelände mit Lichtungen. Kabel-TV. Zentrum 6 km entfernt. Touristen-/Dauerstellplätze 54/266.
2007: (HS) P/N 4.–, K/N bis 3 J. frei, A/N 2.–, C/N 5.–, MC/N 7.–, T/N 5.–, WD zuzügl., Strom/N 2.– (4-10A).

✉ 4655 AH De Heen, Noord Brabant NL 7860

25 ★★★★ »CAMP. & CHALETPARC DE UITWIJK« 29.3. bis 26.10.
☎ 0167/560000, Fax 560010 25000 qm
www.de-uitwijk.nl, info@de-uitwijk.nl

→ A58/E312 Breda–Vlissingen Abf. Bergen op Zoom, in Bergen op Zoom abbiegen über Halsteren Richtung Rotterdam bis Steenbergen hier auf die N 257 Steenbergen–Zierikzee Abf. De Heen. ✉ Dorpsweg 136.

Ebenes, parzelliertes Wiesengelände neben einem Bootshafen. Rezeption außerhalb des Campingplatzes. Teilweise separate Pkw-Abstellung. Kleinkindersanitär. Kabel-TV. Boule. Ort 500 m entfernt. Touristen-/Dauerstellplätze 65/20.
2007: (HS) 2 P/N inkl. St/N 19.–, weitere P/N 3.10, K/N 3.10, WD inkl., Müllgeb. –.35, Strom/N 2.60, kWh –.25 (10A). In NS Ermäßigung.

✉ 4904 SG Oosterhout, Noord Brabant NL 7930

35 ★★★ »RP HOLIDAYS KATJESKELDER« 1.1. bis 31.12.
☎ 0162/453539, 0900/1/472009 (€ 0.20 p.m.), Fax 454090 45000 qm
www.rpholidays.nl, info@rpholidays.nl

→ A27/E311 Breda–Utrecht Abf. Oosterhout Zuid. ✉ Katjeskelder 1.

Ebenes bis leicht welliges Wiesengelände. Von Waldstreifen durchzogen und durch Bepflanzungen in teilweise schattenlose Stellfelder unterteilt. Bungalowanlage. Spezielle Moca-Stellplätze. Separate PKW-Abstellung. Imbiss. Pizzabar, „Kidsworld". Laserspiele. Wasserrutsche. Kabel-TV. Ort 2 km entfernt. 102 Touristenplätze.
2008: (HS) 5 P/N inkl. St/N 30.– bis 35.–, weitere P/N 4.–, WD inkl., Strom (6A) inkl. Junge Familien und ab 50 J. Ermäßigung. In NS Erm.

✉ 5171 RC Kaatsheuvel, Noord Brabant NL 7950

35 ★★★ »CAMPING DROOMGAARD« 1.4. bis 1.11.
☎ 0416/272794, Fax 282559 140500 qm
www.droomgaard.nl, www.urlaubmachtspass.info.nl, info@droomgaard.nl

→ A59 Hertogenbosch–Oosterhout Abf. Waalwijk auf die N 261 Richtung Tilburg. In Kaatsheuvel "De Efteling" und Campingschilder folgen. ✉ Van Haestrechtstraat 24.

Ebenes, parzelliertes Wiesengelände neben einem durch hohe Hecken abgeteilten Mobilheimpark. Sanitärgebäude beheizbar. Teilweise Hundeverbot. Hüpfburg. Wasserrutsche. Imbiss. Filmvorführungen. Chalets. Ort 500 m entfernt. Touristen-/Dauerstellplätze 381/291.
2007: P/N inkl. St/N 42.–, H/N 5.–, KT –.87, WD inkl., Strom (10 A) inkl. Pauschalen.

✉ 5266 AM Cromvoirt, Noord Brabant NL 7970

25 ★★★ »DE LEUVERT« 1.4. bis 1.11.
☎ 0411/641406, Fax 644336 90000 qm
www.deleuvert.nl, deleuvert@tref.nl

→ N 65 'S-Hertogenbosch–Tilburg Abf. Yzeren Man und Cromvoirt. Vor Cromvoirt links der Beschilderung folgen, 1. Platz. ✉ Loverensestraat 11.

Ebenes, teilweise schattenloses, parzelliertes Wiesengelände. Von einzelnen Bäumen umgeben. Beheizbare Sanitäranlage. Hüpfburg. Imbiss. Cromvoirt mit Supermarkt 800 m, 'S-Hertogenbosch 6 km entfernt. Touristen-/Dauerstellplätze 90/130.
2006: (HS) 2 P/N inkl. St/N 18.50, K/N ab 2 J. 4.95, H/N 2.50, WD inkl., Strom/N 2.50. In NS ab 55 J. Ermäßigung. In NS Ermäßigung.

✉ 6586 AE Plasmolen, Limburg NL 8010

★★★ »CAMPING ELDORADO« April bis Okt.
☎ 024/6961914, 6962366, Fax 6963017 60000 qm
www.eldoradoparken.nl, info@eldoradoparken.nl

→ A 57/E 31 Moers–Nijmegen Abf. Gennep auf die N 271 Richtung Nijmegen. In Plasmolen beschildert. ✉ Witteweg 9 en 18.

Langgestrecktes, ebenes und parzelliertes Wiesengelände an einem See mit Yachthafen. Sanitäranlagen beheizbar. Ort 3 km entfernt. 250 Touristenplätze.

✉ 5851 AG Afferden, Limburg NL 8040/1

35 ★★★★ »CAMPING KLEIN CANADA« 1.1. bis 31.12.
☎ 0485/531223, Fax 532218 120000 qm
www.kleincanada.nl, info@kleincanada.nl

→ A 57/E 31 Moers–Nijmegen Abf. Gennep auf die N 271 Richtung Venlo. In Afferden beschildert. ✉ Dorpstraat 1 (GPS: 51°38'19" N / 6°0'14 E).

Ebenes, parzelliertes Wiesengelände am Bach. Durch Hecken unterteilt. Teilweise separate PKW-Abstellung. Kabel-TV. Kleinkindersanitär. Kindertheater. Wasserrutsche. Boule. Ort 400 m entfernt. Uhr. Touristen-/Dauerstellplätze 190/170.
2008: (HS) 2 P/N inkl. St/N 20.50 bis 29.50, H/N 3.–, WD u. Strom (6-10A) keine Angabe. In NS Ermäßigung.

5851 EK Afferden, Limburg — NL 8040/2

30 ★★★★ »ROLAND CAMPING« 1.1. bis 31.12.
0485/531431, Fax 531880, 5851 EK 120 000 qm
www.campingroland.nl, info@campingroland.nl

→ A 57/E 31 Moers–Nijmegen Abf. Gennep auf die N 271 Richtung Venlo. Beschildert. Rimpelt 33 (GPS: 51°60'500" N / 6°34'36" E).

Ebene, parzellierte Wiesenflächen mit teilweise hügeligem Mobilheimteil und Angelteich. Von Wald begrenzt. Kleine Diskothek. W-LAN. Wasserrutsche. Kabel-TV. Boule. Ort 1 km entfernt. Touristen-/Dauerstellplätze 75/289.
2008: (HS) 4 P/N inkl. St/N 30.–, H/N 2.–, WD zuzügl., Müllgeb. Sack 1.50, Strom (6 A) inkl. In NS bis 40% Ermäßigung.

5855 EG Well, Limburg — NL 8080

40 ★★★★ »CAMPING LEUKERMEER« 20.3. bis 26.10.
0478/502444, Fax 501260 140 000 qm
www.leukermeer.nl, ferien@leukermeer.nl

→ N 271 Venlo–Nijmegen. In Well beschildert. De Kamp 5 (GPS: 51°34'09" N / 6°03'34" E).

Ebenes, parzelliertes Wiesengelände am »Leukermeer«. Durch Bepflanzungen in Stellfelder unterteilt. Kabel-TV. Imbiss. Fitnessanlage. Radcross-Bahn. Skatebahn. Slidepipe. Wasserski. Kajakverleih. Reiten. Ort 3 km entfernt. Mittagsruhe 12-13.30 Uhr. Touristen-/Dauerstellplätze 272/110.
2008: 4 P/N inkl. St/N 37.–, B/N 4.–, H/N 4.–, KT –.90, WD u. Strom (6 A) inkl. In NS Ermäßigung.

5871 CE Broekhuizenvorst, Limburg — NL 8120

30 ★★★ »CAMPING RECREATIEPARK OOIJEN« 21.3. bis 31.10.
077/4631307, Fax 4632765 140 000 qm
www.kasteelooijen.nl, info@kasteelooijen.nl

→ N 271 Venlo–Nijmegen, bei Arcen abbiegen über die Maasfähre nach Broekhuizen und Broekhuizenvorst oder über die Brücke bei Well. Beschildert. Blitterswijckseweg 2.

Ebenes Wiesengelände, durch Hecken in Stellfelder unterteilt und parzelliert. Separate Pkw-Abstellung. Imbiss. Kabel-TV. Sanitärgebäude beheizbar. Wasserrutsche. Brötchenservice. FW. Ort 2 km entfernt. Touristen-/Dauerstellplätze 225/250.
2008: (HS) 2 P/N inkl. St/N 23.80, H/N 1.–, WD inkl., Schwimmbad und Tennis inkl., Strom/N (4-10 A) inkl. In NS Ermäßigung.

5944 NK Arcen, Limburg — NL 8140/1

★★★ »CAMPING DE MAASVALLEI« 1.1. bis 31.12.
077/4731564, 4731573 105 000 qm
www.demaasvallei.nl, www.accentparken.nl, maasvallei@planet.nl

→ N 271 Venlo–Nijmegen. In Arcen rechts abbiegen Richtung Geldern. Dorperheideweg 34 (GPS: 51°29'28.7" N / 6°12'22.7 E).

Ebenes bis leicht welliges Wiesengelände, parzelliert und mit kleinem Badeseen mit Sandstrand. Von lichten Laubbaumreihen durchzogen. Überdachte Kinderspielanlage. Boule. Imbiss. Bungalows. FW. Kurmöglichkeit 2 km, Ort 4 km entfernt. Touristen-/Dauerstellplätze 250/120.

5944 EX Arcen, Limburg — NL 8140/2

30 ★★★★ »RECREATIEPARK KLEIN VINK« 1.1. bis 31.12.
077/4732525, 0900/1/472009 (€ 0.20 p.m.), Fax 4732396 170 000 qm
www.rpholidays.de, info@rpholidays.nl

→ N 271 Venlo–Nijmegen. Hinter Arcen an der Maas ca. 15 km Richtung Nijmegen, beschildert. Klein Vink 4.

5993 PB Maasbree, Limburg — NL 8190

Unparzelliertes, ebenes Wiesengelände zwischen Heideflächen und Wäldern. Alleinreisende Jugendliche erst ab 18 J. zugelassen. Surf- und Rudersee. FW. Beachbar. Gefriertruhe. Touristen-/Dauerstellplätze 310/300.
2007: (HS) P/N inkl. St/N 27.–, WD inkl, Strom (10 A) inkl. Für junge Familien und ab 50 J. Ermäßigung. In NS Ermäßigung.

35 ★★★★★ »CAMPING BREEBRONNE« 1.1. bis 31.12.
077/4652360, Fax 4652095 240 000 qm
www.breebronne.nl, info@breebronne.nl

→ N 67/E 34 Venlo–Eindhoven Abf. 38 Helden über Maasbree. Beschildert. Lange Heide 9.

Ebenes, parzelliertes Wiesengelände mit einzelnen Bäumen vor einem separaten Mobilheim-Dauercamperbereich. Sanitäranlage beheizbar. Kleinkindersanitär. Kabel-TV. Kinderspielparadies. Hüpfburg. Wasserrutsche im See. Boule. Go-Karts. Hundebad. Grillen am eigenen Platz erlaubt. Gefrierschränke. Chaletsvermietung. Ort 2 km entfernt. Touristen-/Dauerstellplätze 230/260.
2007: (HS) 4 P/N inkl. St/N 27.– bis 44.30, H/N 5.20, KT –.70, WD, Schwimmbad u.Strom (10 A) inkl. In NS Ermäßigung.

5991 NV Baarlo, Limburg — NL 8210

35 ★★★ »RECREATIEPARK DE BERCKT - EUROASE«
077/4777202 od. 4771547, Fax 4773250 1.1. bis 31.12.
www.deberckt.nl, info@deberckt.nl 420 000 qm

→ A73 Venlo–Nijmwegen, bei Venlo auf die N 273 Richtung Maastricht. Platz liegt ca. 5 km süd-westlich von Venlo. Napoleonsbaan Noord 4.

Leicht hügeliges u. parzelliertes Wiesengelände mit großem subtropischem Badeparadies bei einem Heide- und Waldgebiet. Teilweise separate PKW-Abstellung. FW. Beachbar. Whirlpool. Türkisches Dampfbad. Wasserrutsche. Imbiss. Kabel-TV. Ort (Venlo) 5 km entfernt. Touristen-/Dauerstellplätze 280/300.
2007: (HS) 4 P/N inkl. St/N 35.–, H/N 4.–, KT –.65, WD keine Angabe, Schwimmbad, Sauna u.Strom inkl. In NS Ermäßigung.

5981 NX Panningen, Limburg — NL 8220

35 ★★★★ »CAMPING BERINGERZAND« 1.1. bis 31.12.
077/3072095, FAX 3074980 200 000 qm
www.beringerzand.nl, info@beringerzand

→ A67/E34 Venlo–Eindhoven Abf. Helden in Richtung Panningen. Heide 5.

Ebenes, lichtes Mischwaldgelände mit parzellierten, schattenlosen Wiesenlichtungen für Touristen. Kinderspielhalle. Kinderbühne.Wasserrutsche. Wifi. Imbiss. Kabel-TV. Ort 2.5 km entfernt. Touristen-/Dauerstellplätze 400/200.
2007: (HS) 2 P/N inkl. St/N 26.50 bis 29.15, K/N ab 2 J. 4.65, H/N 4.30, WD zuzügl., Kabel-TV zuzügl., Strom (4-10 A) inkl. In NS Erm.

5988 NH Helden, Limburg — NL 8230

35 ★★★★ »DE HELDENSE BOSSEN« 1.1. bis 31.12.
077/3072476, FAX 3072576 300 000 qm
www.deheldensebossen.nl, info@deheldensebossen.nl

→ A67/E34 Venlo–Eindhoven Abf. 38 Helden, ab Helden beschildert. De Heldense Bossen 6.

Ebenes, lichtes und parzelliertes Kiefernwaldgelände mit separaten Mobilheimteilen. Von einlgen Hügeln durchsetzt. Subtropisches Schwimmbad mit Wasserrutsche. Whirlpool. Boule. Survival-Training. Kabel-TV. Filmvorführungen. FW. Ort 2 km entfernt. Touristen-/Dauerstellplätze 400/467.
2007: (HS) 2 P/N inkl. St/N 26.–, weitere P/N 5.–, H/N 3.–, KT –.70, WD u. Strom (4/6/10 A) inkl. In NS Ermäßigung. **ANZEIGE S. 864**

Willkommen...

Sie suchen:
- einen Familiencampingplatz mit **angenehmer Atmosphäre** und **geräumigen** Stellplätzen
- einzigartig in der **idyllischen Landschaft** von Limburg gelegen
- **Subtropisches** Schwimmbad und beheiztes Außenbecken mit Liegewiese
- Großer **Spielplatz**, Ruderteich und Sportplätze
- Unterhaltendes **Animationsprogramm** für die ganze Familie
- **Gemütliches** Restaurant, Kantine und Snackbar
- Fahrrad- und Wohnwagenvermietung...

Kommen Sie dann zu uns:

ZU VERMIETEN Bungalows für 4-6 Personen und Campingbungalows auch für Gruppen (bis 60 personen)

Stellplätze ausserhalb der Hochsaison für 2 Personen ab € 16.-

De Heldense Bossen camping en speelpark

(NL 8230)

De Heldense Bossen 6 • 5988 NH Helden
Tel. +31 77 307 24 76 • Fax. +31 77 307 25 76
info@deheldensebossen.nl • www.deheldensebossen.nl
ANWB-Beurteilung 8.9 – DCC-Beurteilung 5 Sterne – ECC- und ADAC-Auszeichnung

---

6088 NT Roggel, Limburg — NL 8260

30 ★★★★ »RECREATIEPARK DE LEISTERT« — 1.4. bis 19.10.
0475/493030, Fax 496012 — 500 000 qm
www.leistert.nl, info@leistert.nl

Abfahrt → A67 Venlo–Eindhoven Abf. (38) Helden, über Helden Richtung Roggel. ✉ Heldensedijk 5.

Ebenes, durch Hecken parzelliertes, Wiesengelände an einem See neben einem Sportzentrum. Alleinreisende Jugendliche nicht zugelassen. Subtropische Schwimmhalle mit Wellenbad, Whirlpool u. Wasserrutsche. Türkisches Dampfbad. Massagen. Komfortplätze mit Kabel-TV. Überdachte Promenade. Café. Imbiss. Skatebahn. Jugendzentrum. Schalldichte Diskothek. Ort 1 km entfernt. Touristen-/Dauerstellplätze 600/670.
2008: (HS) 4 P/N inkl. St/N 31.50, WD u.Strom (4-16A) inkl. NS Erm.

6075 NA Herkenbosch, Limburg — NL 8310

35 ★★★★ »REKREATIEPARK ELFENMEER« — 20.3. bis 31.10.
0475/531689, Fax 534775 — 370 000 qm
www.elfenmeer.nl, www.vakantiebundel.nl, info@elfenmeer.nl

→ Straße Wassenberg (Deutschland)–Roermond, vor Herkenbosch abbiegen. Beschildert. ✉ Meinweg 1.

Ebenes, teilweise leicht welliges und parzelliertes Wiesengelände. Von Kiefernwald begrenzt. Mehrere Leihcaracans. Kleintierzoo. Kegelbahn. Kabel-TV. Wasserrutsche. Go-Karts. Boule. Tretboote. Ort 2.5 km entfernt. Mittagsruhe 12.30-13 Uhr. Touristen-/Dauerstellplätze 340/301.
2007: (HS) 4 P/N inkl. St/N 33.–, H/N 5.–, KT 1.–, WD inkl., Strom (10 A) inkl. In NS Ermäßigung.

Als DCC-Mitglied sind Sie immer gut beraten
Deutscher Camping-Club e.V., Postf. 40 04 28, 80704 München

6102 RD Echt, Limburg — NL 8360

35 ★★★★ »CAMPING MARISHEEM« — 1.4. bis 30.9.
0475/481458, Fax 488018 — 120 000 qm
www.marisheem.nl, info@marisheem.nl

Abfahrt → A2/E 25 Maastricht–Eindhoven Abf. Echt. Beschildert. ✉ Brugweg 89.

Ebenes, parzelliertes Wiesengelände. Durch Hecken und Büsche unterteilt. Teilweise schattenlos. Sanitäranlage beheizbar. PKW-Waschanlage. Boule. Ort 3 km entfernt. Touristen-/Dauerstellplätze 200/100.
2007: (HS) 4 P/N inkl., St/N 30.35, WD inkl., Strom (10 A) inkl. Pauschalen. In NS Ermäßigung.

6114 RT Susteren, Limburg — NL 8380

★★★★ »CAMPING HOMMELHEIDE« — 1.1. bis 31.12.
046/4492900, Fax 4493050 — 500 000 qm
www.landgoedhommelheide.nl, info@landgoedhommelheide.nl

Abfahrt → A 2 Maastricht–Eindhoven Abf. Susteren und Abf (46) Roosteren. ✉ Hommelweg 2.

Ebenes bis leicht welliges, parzelliertes Wiesengelände um einen Badesee mit Liegewiese und öffentlichem Badebetrieb. Streichelzoo. Fitnesscenter. Riesenwasserrutsche. Halfpipe. Go-Karts. Hüpfburg. Teilweise Kabel-TV. Boule. Geldautomat. Zusätzlich mietbare WC-Kabinen. Imbiss. Filmvorführungen. Ort 2 km entfernt. Touristen-/Dauerstellplätze 600/250.

6301 BN Valkenburg, Limburg — NL 8480

25 ★★★ »STADSCAMPING DEN DRIESCH« — 1.4. bis 22.12.
043/6012025 Fax 6016139 — 25 000 qm
www.campingdendriesch.nl, info@campingdendriesch.nl

Abfahrt → A 2 Maastricht, Abf. Valkenburg–Cauberg. Beim Kreisverkehr Richtung Valkenburg. 250 m nach der Steinkohlengrube Beschildert. ✉ Heunsbergerweg 1.

⛺W ⛺W 🏠 🚻 🔌 🚗 🚿 🍽 ✂ 🚲

Ebenes, teilweise terrassiertes Wiesengelände im Zentrum von Valkenburg. Ideal für Mocas. Gruppen werden aufgenommen. Tresore. Kabel-TV. Touristen-/Dauerstellplätze 150/8.
2007: (HS) 2 P/N inkl., St/N 16.45, weitere P/N 4.10, J/N −.85, A/N 3.50, M/N 2.−, KT 1.15, WD zuzügl., Strom 2.75 (10 A). In NS Ermäßigung.

✉ **6291 NM Vaals,** Limburg   **NL 8490**

20 ★★★ »HOEVE DE GASTMOLEN«   🔑 Ostern bis 30.9.
☎ 043/3065755, Fax 3066015   30 000 qm
www.gastmolen.nl, info@gastmolen.nl

➔ A 4/A 76 Köln−Kerkrade, Abf. Aachen-Laurensberg, in südwestlicher Richtung nach Vaals. Platz liegt ca. 1.5 km westlich von Vaals. ✉ Lemierserberg 23 (GPS: 50°46'53" N / 6°00'25" E).

Welliges, ansteigendes Wiesengelände mit lockerem Laubbaumbestand und einem alten Bauernhof in ländlicher Umgebung. Überwiegend schattenlos und teilweise terrassiert. Überwiegend unparzelliert. In verschiedene Stellfelder mit eigenem Charakter unterteilt. Extra Pkw-Parkplätze. Sanitäranlage beheizbar. Zeltwiese. Familiäre Atmosphäre. Kinderspielraum. Boule. Brötchen- und Kuchenservice in HS. Golf, Sauna, Tennis in der Nähe. Mittagsruhe 12-13.30. Ort (Vaals) 1.5 km, Ort (Aachen) 6 km entfernt. 50 Touristenplätze.
2007: (HS) P/N 2.75, K/N bis 13 J. 2.−, C MC-St/N 10.−, T-St/N 8.−, H/N 2.−, KT 1.08, WD zuzügl., Strom/N 2.20 (4 A). In NS Ermäßigung.

✉ **6245 LC Eijsden,** Limburg   **NL 8500**

★★★ »DE OOSTERDRIESSEN«   🔑 April bis Sept.
☎ 043/4093215, Fax 4094680, www.oosterdriessen.nl 70 000 qm

➔ A 2 Maastricht−Lüttich, Abf. (56) Gronsveld, dann rechts ab oder Abf. (58) Eijsden. Beschildert. ✉ Oosterweg 1.

Ebenes und parzelliertes Wiesengelände am Maasufer. Durch Büsche und Hecken unterteilt. 200 m Sandufer. Bar. Kiosk. Angeln mit Schein in der Maas möglich. Bushaltestelle in der Nähe. Ort (Maasdricht) 1 bis 5 km entfernt. Touristen-/Dauerstellplätze 195/5.

PORTUGAL

Übersichtskarte Seite 865

Besondere Vorschriften und Regelungen

Personaldokumente: Ein gültiger Reisepass oder Personalausweis wird bei Aufenthalt bis zu 90 Tagen benötigt. Auch der seit einem Jahr abgelaufene Reisepass wird anerkannt. Kinder müssen einen Eintrag im Familienpass nachweisen oder einen Kinderausweis mit dem Vermerk »Deutsch« besitzen.

Impfbescheinigungen: Werden nicht verlangt.

Dokumente für Haustiere: Für Hunde und Katzen ist der »EU-Heimtierpass« mitzuführen. Er wird von behördlich ermächtigten Tierärzten ausgestellt. Der Pass muss Name und Anschrift des Besitzers enthalten und dem Tier eindeutig zugeordnet werden können; d.h. die Passnummer, die eine Identifizierung ermöglicht, wird dem Tier eintätowiert oder durch einen Mikrochip implantiert. Ein gültiger Tollwutimpfschutz muss ebenfalls im Pass nachgewiesen werden. Die letzte Impfung muss mindestens 30 Tage zurückliegen und darf höchstens 12 Monate vor der Einreise erneuert worden sein. Bei Tieren, die regelmäßig (einmal pro Jahr) geimpft werden, entfällt die 30-Tage-Frist. Für Jungtiere (bis 3 Monate) wird ein Gesundheitsattest vom Tierarzt benötigt, das bei der Einreise nicht älter als 10 Tage sein darf. Es ist außerdem ein amtstierärztliches und ins Portugiesisch übersetztes Gesundheitszeugnis, welches nicht älter als 30 Tage ist, erforderlich. Es besteht Leinen- und Maulkorbpflicht. Spezielle Auskünfte erteilt die Botschaft von Portugal: Zimmerstr. 56, 10117 Berlin, Tel. 030/590 06 35 00, Fax 030/590 06 36 00.

Kfz: Nationaler Führerschein und nationale Zulassung sind ausreichend. Das »D«-Schild muss am Fahrzeug angebracht oder im EU-Nummernschild enthalten sein. Die Mitnahme der »Internationalen Grünen Versicherungskarte« wird unbedingt empfohlen, da sie im Falle eines Unfalles benötigt und auch oft bei Verkehrskontrollen verlangt wird. Der Abschluss einer Kurzkaskoversicherung im Heimatland für die Dauer des Aufenthaltes wird dringend angeraten. Wird das Fahrzeug nicht vom Eigentümer benutzt, muss der Fahrer im Besitz einer Benutzungsvollmacht des Eigentümers sein.

Verkehrsvorschriften: Motorfahrzeuge haben Vorrang vor Radfahrern und Fuhrwerken. Das von rechts kommende Fahrzeug hat immer Vorfahrt, wenn nicht durch Verkehrszeichen anders geregelt. In Ortschaften besteht in der Nacht Hupverbot. Die Hupen ist nur außerhalb geschlossener Ortschaften vor Kurven erlaubt, ansonsten ist in der Nacht die Lichthupe als Warnsignal zu benützen. Es besteht Anschnallpflicht. Kinder unter 12 Jahren dürfen nicht auf dem Vordersitz befördert werden. Bleibt ein Auto wegen einer Panne/Unfall liegen, muss der Fahrer beim Verlassen des Fahrzeuges eine reflektierende Warnweste tragen. Promillegrenze 0,5.

Straßengebühren: Bei Benutzung von Autobahnen und teilweise auch Schnellstraßen und Brücken werden Gebühren erhoben.

Tempolimits: Innerorts: Pkw/Gespanne 50 km/h, Landstraßen: Pkw/Gespanne 90-100/70-80 km/h, Autobahnen: Pkw/Gespanne: 120/100 km/h. Führerscheinbesitzer (1 Jahr) höchstens 90 km/h.

Telefon: Deutschland−Portugal: 00351. Portugal−Deutschland: 0049, dann die deutsche Ortsnetzkennzahl ohne die erste Null.

Unfallnotruf: Polizei und Unfallrettung: 112. Unfall- und Pannenhilfe leistet der Autoclub (ACP) Lissabon: 21/942 91 03; bei Pannen in der Gegend von Pombal Tel. Porto 22/834 00 01. Notrufsäulen befinden sich an den Mautstellen der Autobahnen.

Devisen: Die Ein- und Ausfuhr von Landes- und Fremdwährungen ist unbeschränkt. Eine Deklaration für Landes- und Fremdwährung über einen Gegenwert von € 4.987,98 hinaus ist bei Einreise erforderlich.

Fortsetzung S. 866

Camping: Portugal verfügt über gut ausgebaute Campingplätze. Eine große Anzahl befindet sich in der Küstenregion nördlich und südlich von Lissabon und an der Algarve. Das Camping Card International (CCI) ist auf vielen Plätzen der Portugiesischen Campingvereinigung Voraussetzung für die Aufnahme. Freies Campen ist nur mit Einwilligung des Grundstückeigentümers oder der Gemeinde erlaubt. Die Stromspannung ist auf 220 V Wechselstrom (50 Hz) ausgelegt. Mit vereinzelten Stromschwankungen muss gerechnet werden. Die Steckdosen entsprechen in der Regel dem europäischen Standard. Da es jedoch immer wieder zu Abweichungen kommen kann, ist die Mitnahme eines Adapters empfehlenswert.

Allgemeine Informationen:

D-60313 **Frankfurt/Main,** Portugiesisches Handels- u. Touristikamt
Schäfergasse 17, Tel. 069/294094, Fax 069/231433
www.icep.de, www.portugalinsite.pt
dir@icepfra.de, portugal.touristikbuero@icep.pt

Vertretung der Bundesrepublik Deutschland:

P-1169-043 **Lissabon,** Deutsche Botschaft
Campo dos Mátires da Pátria 38
P-1051-001 **Lissabon,** Post: Apartado 1046
Tel. 003 51 21/881 02 10, Fax 003 51 21/885 38 46
www.embaixada-alemanha.pt
embaixada.alemanha@clix.pt

Ausführliche Einreisebestimmungen mit detaillierten Angaben zu den Themen Reisedokumente, Zoll- und Devisenbestimmungen, Reisen mit dem Kraftfahrzeug, Camping und der Aufenthalt im Urlaubsland sind bei der Touristik-Abteilung des DCC gegen Rückporto erhältlich.

Campingplätze:

Gebühren-Angaben in EURO
Bei Gebühren-Angaben mit der Vorjahreszahl muss eventuell mit einer Anhebung der Gebühren für das laufende Jahr gerechnet werden. Außerdem können sich die angegebenen Öffnungszeiten verändert haben und es ist möglich, dass angegebene Ermäßigungen nicht mehr gewährt werden.

5360-303 Vila Flor bei Braganca, Norte P1000

★★ »CAMPING VILA FLOR« 1.1. bis 1.12.
278/512350, Fax 512380 600 m 50 000 qm
www.roteiro-campista.pt

→ N 325/102 Torre De Moncorvo–Macedo De Cavaleiros, links auf die EN 215 Richtung Vila Flor. Vor dem Ortseingang links, beschildert. Barragem do Peneireiro (GPS: 41°17'39" N / 7°10'18" E).

Gelände unter Laubbäumen im Gebirge. Steichelzoo. Basket- und Volleyball. Ort 2 km entfernt. 170 Touristenplätze.

6300 Guarda, Beira Alta P1220

15 ★★★ »CAMPING GUARDA« März bis Okt.
271/221200, Fax 210025 1050 m 20 000 qm

→ N 16, span. Grenze–Aveiro/Coimbra. Bei Guarda südlich abbiegen, noch 500 m. Avenida do Estádio Municipal (GPS: 40°32'19" N / 7°16'46" E).

Parkartiges Naturgelände in Hanglage. Teils gemischter Baumbestand, teils rauhes Felsgelände. Ort 500 m entfernt. 135 Touristenplätze.
2007: (HS) P/N 1.75, K/N 1.25, A/N 1.75, C/N 3.25, MC/N 4.75, T/N 5.75, M/N 1.50, WD inkl., Strom (16 A) keine Angabe. In NS Ermäßigung.

6290-122 Melo bei Gouveia, Guarda P1240

20 ★★★ »CAMPING QUINTA DAS CEGONHAS« 1.1. bis 31.5.
Fax 238/745886 600 m 2000 qm
www.cegonhas.com, cegonhas@cegonhas.com

→ E 80/IP5 Guarda–Viseu, bei Celorico da Beira abbiegen auf die N 17 Richtung Coimbra/Gouveia bei Km 114 abbiegen. Beschildert. Nabainhos (GPS: 40°31'15" N / 7°32'30" E).

Terrassiertes Wiesengelände bei einem ehemaligen Gutshof neben dem Naturpark Serra da Estrela. Bar. Zimmer. FW. Ort (Gouveia) 6 km entfernt. 30 Touristenplätze.
2007: (HS) P/N 3.40, K/N 2 bis 10 J. 1.90, A/N 2.70, C/N 3.05, MC/N 7.–, T/N 3.70, M/N 2.50, H/N keine Angabe, WD inkl., Strom (6 A) keine Angabe. Ab 7 Nächten 10% Ermäßigung. In NS Ermäßigung.

3500-033 Viseu, Beira Alta P1250

★★★ »CAMPING VISEU« April bis Sept.
232/436146, Fax 432076 450 m 30 000 qm

→ N16, Guarda–Aveiro, von Osten kommend, vor der Stadt bei Km 93.4 rechts abbiegen. E.N. 2, Rua do Fontelo (GPS: 40°39'25" N / 7°53'51" E).

Parkartiges Gelände in einem dichten Laubwald mit einigen Pinien. Für größere Gespanne/Mocas ungeeignet. Imbiss. Kiosk. Bar. Vorzelt gebührenpflichtig. Ort 1.5 km entfernt. 244 Touristenplätze.

3050-246 Luso, Beira Litoral P1260

25 ★★★ »CAMPING ORBITUR LUSO« 1.1. bis 31.12.
231/930916, Fax 930917, www.orbitur.pt, info@orbitur.pt 30 000 qm

→ N 1 Coimbra–Porto, bei Mealhada abbiegen auf die N234 in Richtung Morágua. E.N. 336 - Pampilhosa - Quinto do Vale do Jorge (GPS: 40°22'55" N / 8°23'08" E).

Ebenes, von Wald umgebenes Gelände. In Bungalows Hundeverbot. Ort 700 m entfernt. 244 Touristenplätze.
2008: (HS) P/N 4.10, K/N 5 bis 10 J. 2.10, A/N 3.80, C/N 5.50/7.–, MC/N 6.–/7.50, T/N 4.50/6.–, M/N 3.–, B/N 3.60, H/N 1.30, WD inkl., Strom/N 2.50 (5/15 A). In NS und mit „Orbitur member´s card" 10% Ermäßigung.

3030 Coimbra, Beira Litoral P1270

25 ★★★★ »PARQUE DE CAMPISMO DE COIMBRA«
Fax 239/086902 1.1. bis 31.12.
www.campingcoimbra.com, geral@campingcoimbra.com 80 500 qm

→ N1 Lisboa–Porto, Abf. Coimbra-Zentrum auf die E.N. 17 Estrada da Beira. Rua da Escola - Alto do Areeiro - Santo Antonio dos Olivais (GPS: 40°11'20" N / 8°23'58" E).

Parzelliertes und terrassiertes, kiesiges Gelände mit einzelnen Bäumen. Von bewaldeten Hügeln umgeben. Spielraum. Fitnessangebote. Historisches Zentrum von Coimbra ca. 400 m entfernt.
2007: (HS) P/N 3.80, K/N 4 bis 12 J. 1.90, A/N 3.70, C/N 4.– bis 6.–, MC/N 5.– bis 6.60, T/N 3.50 bis 5.25, M/N 2.60, B/N 3.40, H/N 2.10, WD inkl., Strom/N 2.50 (16 A). In NS Ermäßigung.

3300-432 Arganil, Beira Litoral P1280

★★ »CAMPING ARGANIL« 1.1. bis 31.12.
235/205706, Fax 235200134 25 000 qm
www.cm-arganil.pt, camping@mail.telepac.pt

→ N 17 Guarda–Coimbra. Ab Calizes auf die EN 342 in südlicher Richtung zum Ort (GPS: 40°14'30" N / 8°04'03" E).

Ebenes, teilweise terrassiertes lichtes Waldgelände über dem Rio Alva. In Bungalows Hundeverbot. Bar. Ort 3 km entfernt. 150 Touristenplätze.

6060 Idanha-a-Nova P1300

25 ★★★ »CAMPING ORBITUR IDANHA-A-NOVA« 1.1. bis 31.12.
277/202793, Fax 202945, www.orbitur.pt, info@orbitur.pt 80 000 qm

→ N 233 Castelo Branco–Salamanca. Ca. 20 km hinter Castelo Branco rechts abbiegen auf die EN 353. Ort durchfahren, links abbiegen auf die EN 354 Richtung Alcafozes, wieder links, beschildert. E.N. 354-1, km 8 (GPS: 39°57'02" N / 7°11'14" E).

Ebenes, leicht terrassiertes Wiesengelände mit Bäumen und Büschen in Seenähe. Ort 7 km entfernt. 420 Touristenplätze.
2008: (HS) P/N 4.10, K/N 5 bis 10 J. 2.10, A/N 3.80, C/N 5.50/7.–, MC/N 6.–/7.50, T/N 4.50/6.–, M/N 3.–, B/N 3.60, H/N 1.30, WD inkl., Strom/N 2.50 (5/15 A). In NS und mit „Orbitur member´s card" 10% Ermäßigung.

Vorhandene Bungalows und Ferienwohnungen auf Campingplätzen sind von Ermäßigungen ausgenommen.

ORBITUR PORTUGAL

ORBITUR · INTERCÂMBIO DE TURISMO, SA
INFORMATION UND RESERVIERUNGEN: Rua Diogo do Couto, 1-8° F
1149-042 Lisboa · PORTUGAL Tel. +351.218117000/70
Fax +351.218117034 e-mail: info@orbitur.pt

7300-435 Portalegre, Alentejo — P 1310

★★ »CAMPING PORTALEGRE« April bis Sept.
245/202848, Fax 308385 850 m 25 000 qm

→ N 18 Guarda–Estremoz/Évora. Ca. 4 km nordöstlich des Ortes an der N 246–2 nach Reguengo. ✉ Quinta da Saude - Estrada da Serra (GPS: 39°18'37" N / 7°25'11" E).

Sandig-steiniges, terrassiertes Waldgelände. Bar. Ort 3 km entfernt. 163 Touristenplätze.

7425-017 Montargil bei Ponte de Sôr — P 1365

★★★ »ORBITUR DE MONTARGIL« 1.1. bis 31.12.
242/901207, Fax 901220, www.orbitur.pt, info@orbitur.pt 70 000 qm

→ N 4 Lisboa–Estremoz, bei Arraiolos abbiegen über Pavia Richtung Ponte de Sôr bis Montagil. ✉ E.N. 2 (GPS: 39°05'59" N / 8°08'42" E).

Waldgelände mit Wiesenlichtungen an einem See. In Bungalows Hundeverbot. Ort 5 km entfernt. 488 Touristenplätze.
2008: (HS) P/N 4.50, K/N 5 bis 10 J. 2.50, A/N 4.20, C/N 6.–/7.50, MC/N 7.–/8.50, T/N 5.–/6.50, M/N 3.30, B/N 4.10, H/N 1.30, WD inkl., Strom/N 2.50 (5/15A). In NS und mit „Orbitur member's card" 10% Ermäßigung.

7000-703 Évora, Alentejo — P 1430

★★★ »CAMPING ORBITUR ÉVORA« 1.1. bis 31.12.
266/705190, Fax 709830, www.orbitur.pt, info@orbitur.pt 10 000 qm

→ 2.5 km südwestlich der Stadt rechts der N 380 nach Alcacovas, bei der Straßengabelung nach Vendas Novas. ✉ Estrada de Alcacovas (GPS: 38°33'27" N / 7°55'35" E).

Leicht abfallendes Wiesengelände unter Eukalyptusbäumen. Von Hecken und Mauern umgeben. In Bungalows Hundeverbot. Bar. Ort 8 km entfernt. 272 Touristenplätze.
2008: (HS) P/N 4.80, K/N 5 bis 10 J. 2.50, A/N 4.70, C/N 6.60/8.–, MC/N 7.50/9.–, T/N 5.40/7.40, M/N 3.40, B/N 4.60, H/N 1.30, WD inkl., Strom/N 2.50 (5/15A). In NS und mit „Orbitur member's card" 10% Ermäßigung.

7800-397 Beja, Alentejo — P 1530

★★ »PARQUE MUNICIPAL DE CAMPISMO« 1.1. bis 31.12.
Fax 284/311911 www.cm-beja.pt 10 000 qm

→ E52 Sevilla–Lissabon. Von der N 122 beim südlichen Verteiler in den Ort abbiegen. ✉ Av. Vasco da Gama (GPS: 38°00'28" N / 7°51'44" E).

Ebenes, von Mauern umgebenes, Mischwaldgelände neben der städtischen Sportanlage. Etappenplatz. Bar. Ort 300 m entfernt. 70 Touristenplätze.
2007: (HS) P/N 2.30, K/N 6 bis 12 J. –.85, A/N 1.70, C/N 3.40, MC/N 3.90, T/N 1.70, M/N 1.05, WD inkl., Strom/N 1.75 (6A). In NS Ermäßigung.
CCI 10% auf P/N.

4920-042 Covas — P 2010

★★★ »CAMPING DE COVAS« 1.1. bis 31.12.
251/941555, 964857480, Fax 941555, 200 m 25 000 qm
www.roteiro-campista.pt

→ A3 Braga-Valenca Abf. Cerveira nach Candemil. Im Ort links auf die EN 302 nach Covas, beschildert. ✉ Lugar de Pereiras-Covas. GPS: 41°53'19" N / 8°41'43" E).

Ebenes Wiesengelände mit Laubbäumen am Waldrand in der Nähe eines Flusses. Bar. Ort 250 m entfernt. 100 Touristenplätze.

4910-180 Caminha, Minho — P 2020

★★★ »CAMPING ORBITUR CAMINHA« 1.1. bis 30.11.
258/921295, Fax 921473, www.orbitur.pt, info@orbitur.pt 28 000 qm

→ N 13 Valenca (span. Grenze)–Viana do Castelo. Südlich Caminha bei Km 89.7 meerwärts abbiegen. Nach 800 m links. ✉ Mata do Camarido (GPS: 41°52'00" N / 8°51'30" E).

Sandiges Gelände in einem Kiefernwald am Rio Minho. Ort 2 km entfernt. 174 Touristenplätze.
2008: (HS) P/N 4.50, K/N 5 bis 10 J. 2.50, A/N 4.20, C/N 6.–/7.50, MC/N 7.–/8.50, T/N 5.–/6.50, M/N 3.30, B/N 4.10, H/N 1.30, WD inkl., Strom/N 2.50 (5/15A). In NS und mit „Orbitur member's card" 10% Ermäßigung.

4900-161 Darque, Minho — P 2050

★★★ »CAMP. ORBITUR VIANA DO CASTELO« 1.1. bis 31.12.
258/322167, Fax 321946, www.orbitur.pt, info@orbitur.pt 30 000 qm

→ N 13 Porto–Viana do Castelo. Ca. 400 m südlich der Brücke über den Rio Lima, bei Km 65.4 meerwärts abbiegen. Nach ca. 2 km links. ✉ Rua Diogo Alvares - Cabedelo.

Pinienwald am Rio Lima in der Nähe des Cabedelo-Strandes. In Bungalows Hundeverbot. Ort 4 km entfernt. 225 Touristenplätze.
2008: (HS) P/N 4.80, K/N 5 bis 10 J. 2.50, A/N 4.70, C/N 6.60/8.–, MC/N 7.50/9.–, T/N 5.40/7.40, M/N 3.40, B/N 4.60, H/N 1.30, WD inkl., Strom/N 2.50 (5/15A). In NS und mit „Orbitur member's card" 10% Ermäßigung.

4570-275 Póvoa de Varzim, Minho — P 3020

★★★★ »CAMPING ORBITUR RIO ALTO« 1.1. bis 31.12.
252/615699, Fax 615599, www.orbitur.pt, info@orbitur.pt 70 000 qm

→ N 13 Porto–Viana do Castelo Abf. Estela, der Beschilderung folgen. ✉ E.N. 13 - km 13 - Lugar do Rio Alto - Estela (GPS: 41°27'46" N / 8°46'25" E).

Ebenes Dünengelände mit teilweise asphaltierten Stellflächen. Teilweise separate Pkw-Abstellung. In Bungalows Hundeverbot. Autowaschplatz. Bar. Ort 1.5 km entfernt. 644 Touristenplätze.
2008: (HS) P/N 5.40, K/N 5 bis 10 J. 3.–, A/N 4.90, C/N 7.10/9.10, MC/N 8.–/10.–, T/N 5.80/7.80, M/N 3.50, B/N 5.–, H/N 1.30, WD inkl., Strom/N 2.50 (5/15A). In NS und mit „Orbitur member's card" 10% Ermäßigung.

4485-722 Vila do Conde-Vila Cha, Minho — P 3030

★★★ »PARQUE DE CAMPISMO DE VILA CHA« — 1.1. bis 31.12.
229/283163, Fax 280632 — 29 000 qm

→ N13 Porto–Vila do Conde, ca. 7km südlich Vila do Conde links abbiegen Richtung Mindelo, ca. 2 km bis Vila Cha. ✉ Rua do Sol 150.

Ebenes Wiesengelände mit einzelnen Büschen und Laubbäumen. Befestigte Moca-Stellplätze. Bar. Zimmer. Kegeln 500 m, Ort 1.5 km entfernt. 400 Touristenplätze.

4455-039 Lavra, Minho — P 3040

★★★ »CAMPING ORBITUR ANGEIRAS« — 1.1. bis 31.12.
22/9270571, Fax 9271178, www.orbitur.pt, info@orbitur.pt — 96 000 qm

→ N 14 Braga–Porto bei Muro auf die N 318 Richtung Angeiras, ab dort beschildert. ✉ Rua de Angeiras (GPS: 41°36'02" N / 8°43'11" E).

Teilweise terrassierte Anlage auf einem Pinienwaldhügel mit schönem Blick auf das Meer. In Bungalows Hundeverbot. Ort (Angeiras) 11 km entfernt. 569 Touristenplätze.
2008: (HS) P/N 4.80, K/N 5 bis 10 J. 2.50, A/N 4.30, C/N 6.60/8.–, MC/N 7.50/9.–, T/N 5.40/7.40, M/N 3.40, B/N 4.60, WD inkl., Strom/N 2.50 (5/15 A). In NS und mit „Orbitur member´s card" 10% Ermäßigung.

4405-736 Vila Nova de Gaia — P 3070

★★ »CAMPING ORBITUR MADALENA« — 1.1. bis 31.12.
22/7122520, Fax 7122534, www.orbitur.pt, info@orbitur.pt — 240 000 qm

→ N1 Porto–Vila Nova de Gaia Richtung Madalena abbiegen, beschildert. ✉ Praia da Madalena, Rua do Cerro, 608 (GPS: 41°06'27" N / 8°39'20" E).

Terrassiertes Gelände unter Bäumen. In Bungalows Hundeverbot. Bar. Ort 10 km entfernt. 1950 Touristenplätze.
2008: (HS) P/N 4.80, K/N 5 bis 10 J. 2.50, A/N 4.70, C/N 6.60/8.–, MC/N 7.50/9.–, T/N 5.40/7.40, M/N 3.40, B/N 4.60, H/N 1.30, WD inkl., Strom/N 2.50 (5/15 A). In NS und mit „Orbitur member´s card" 10% Ermäßigung.

3800-901 S. Jacinto, Aveiro, Beira Litoral — P 4040

★★★ »CAMPING ORBITUR S. JACINTO« — 1.2. bis 31.10.
234/838326, Fax 838122 — 27.12. bis 1.4.
www.orbitur.pt, info@orbitur.pt — 183 Touristenplätze. 25 000 qm

→ A1 Porto–Liboa Abf. Vila da Feira über Ovar auf die Küstenstraße N 327 bis Sáo Jacinto. Von Süden kommend, Abf. Estarreja, weiter über Murtosa bis zur N 327. Weiter wie oben. ✉ E.N. 327 - Km 20 (GPS: 40°42'09" N / 8°43'01" E).

Stellenweise tiefsandiges Gelände in einem Pinienwald. In Bungalows Hundeverbot. Bar. Ort 7 km entfernt. 183 Touristenplätze.
2008: (HS) P/N 4.10, K/N 5 bis 10 J. 2.10, A/N 3.80, C/N 5.50/7.–, MC/N 6.–/7.50, T/N 4.50/6.–, M/N 3.–, B/N 3.60, H/N 1.30, WD inkl., Strom/N 2.50 (5/15 A). In NS und mit „Orbitur member´s card" 10% Ermäßigung.

3830-772 Gafanha da Nazaré, Aveira — P 4042

★★★ »PARQUE DE CAMPISMO PRAIA DA BARRA« — 1.1. bis 31.12.
/Fax 234/369425, www.campingbarra.com — 50 000 qm

→ A 1/E 80 Porto–Coimbra Abf. (16) IP 5 über Aveiro, am Ortsende nach Gafanha da Nazaré-Praia da Barra. Platz liegt südlich des Ortes. ✉ Rua Diogo Cão, 125 (GPS: 40°38'19" N / 8°44'42" E).

Wiesengelände mit einzelnen Bäumen. Befestigte Moca-Stellplätze.
2007: (HS) P/N 3.05, K/N 4 bis 12 J. 1.70, A/N 3.35, C/N 3.85, MC/N 4.–, T/N 3.30, M/N 2.05, B/N 2.–, H/N 1.–, Strom/N 2.05 (6A). In NS Erm.

3830 Ilhavo-Costa Nova, Beira Litoral — P 4045

★★★ »PARQUE DE CAMPISMO COSTA NOVA« — 1.1. bis 31.12.
234/369822, Fax 360008 — 50 000 qm
campingcostanova@inovacess.com

→ A1/E 80 Porto–Coimbra Abf. (16) IP 5 über Aveiro, am Ortsende nach Costa Nova. ✉ Quinta dos Patos.

Sandiges Gelände mit Büschen und Bäumen zwischen einem Fluss und dem Meer. Leihzelte. Ort 800 m entfernt. 1000 Touristenplätze.

3070-792 Praia de Mira, Beira Litoral — P 4060

★★★ »CAMPING ORBITUR MIRA« — 27.12. bis 30.11.
231/471234, Fax 471254, www.orbitur.pt, info@orbitur.pt — 30 000 qm

→ N 109 Aveiro–Figueira da Foz. In Mira meerwärts abbiegen nach Praia de Mira. An Camping Municipal vorbei noch 300 m. ✉ Estrada Florestal Nr. 1 - Km 2 - Dunas de Mira (GPS: 40°26'41" N / 8°47'53" E).

Ebenes Gelände in einem dichten Kiefernwald. In Bungalows Hundeverbot. Bar. Ort 1 km entfernt. 244 Touristenplätze.
2008: (HS) P/N 4.50, K/N 5 bis 10 J. 2.50, A/N 4.20, C/N 6.–/7.50, MC/N 7.–/8.50, T/N 5.–/6.50, M/N 3.30, B/N 4.10, H/N 1.30, WD inkl., Strom/N 2.40 (5/15 A). In NS und mit „Orbitur member´s card" 10% Ermäßigung.

3080-515 Quiaios, Beira Litoral — P 4075

★★★ »CAMPING ORBITUR QUIAIOS« — 1.1. bis 31.12.
233/919995, Fax 919996, www.orbitur.pt, info@orbitur.pt — 55 000 qm

→ N 109 Aveiro–Figueira da Foz. Ca. 3 km nördlich von Figueira da Foz. ✉ Praia de Quiaios (GPS: 40°13'15" N / 8°53'06" E).

Ebenes und unparzelliertes Gelände in einem Pinienwald. Ort 3 km entfernt. 447 Touristenplätze.
2008: (HS) P/N 4.10, K/N 5 bis 10 J. 2.10, A/N 3.80, C/N 5.50/7.–, MC/N 6.–/7.50, T/N 4.50/6.–, M/N 3.–, B/N 3.60, H/N 1.30, WD inkl., Strom/N 2.50 (5/15 A). In NS und mit „Orbitur member´s card" 10% Ermäßigung.

3080 Figueira da Foz, Beira Litoral — P 4080

★★★ »CAMPING FIGUEIRA DA FOZ« — 1.1. bis 31.12.
233/402810, Fax 402818 — 50 000 qm

→ von Ortsmitte ca. 2 km über Hafen- und Strandstraße und durch ein Vorortviertel. Gut beschildert.

Gepflegte Anlage in welligem, höher gelegenen Pinienwald. Separate Pkw-Abstellung. Wäscheservice. Ort 1.5 km entfernt. Touristen-/Dauerstellplätze 800/200.

3090-458 Gala b. Figueira da Foz, Beira L. — P 4090

★★★ »CAMPING ORBITUR FIGUEIRA DA FOZ« — 1.1. bis 31.12.
233/431492, Fax 431231, www.orbitur.pt, info@orbitur.pt — 65 000 qm

→ N109 Porto–Leiria. Ca. 4 km südlich Figueira bei Km 122.1 meerwärts abbiegen. ✉ E.N. 109 - km 4 (GPS: 40°07'07" N / 8°51'23" E).

Ebenes Sandgelände, teilweise in dichtem Pinienwald. In Bungalows Hundeverbot. Ort 4 km entfernt. 488 Touristenplätze.
2008: (HS) P/N 4.80, K/N 5 bis 10 J. 2.50, A/N 4.70, C/N 6.60/8.–, MC/N 7.50/9.–, T/N 5.40/7.40, M/N 3.40, B/N 4.60, WD inkl., H/N 1.30, Strom/N 2.50 (5/15 A). In NS und mit „Orbitur member´s card" 10% Ermäßigung.

3105-158 Louriçal, Beira Litoral — P4095

»CAMPISMO O TAMANCO« 1.1. bis 31.12.
Fax 236/952551   15000 qm
www.campismo-o-tamanco.com, campismo.o.tamanco@mail.telepac.pt

→ A1-IP1 Lisboa–Coimbra Abf. Pombal, Richtung Louriçal auf der N237, in Louriçal abbiegen auf die N342 in Richtung Matos do Carriço. Nach 5 km rechts abbiegen. Beschildert. Rua do Lourical 11 (GPS: 39°59'30" N / 8°47'20" W).

Teilweise parzelliertes, ebenes und terrassiertes Wiesengelände. Bar. Boule. Ort 5 km entfernt. 75 Touristenplätze.
2007: (HS) P/N 3.45, K/N bis 10 J. 1.85, A/N 2.55, C/N 3.70, MC/N 6.25, T/N 2.55/3.35, M/N 1.50, H/N –.60, WD inkl., Strom/N (6/16 A) zuzügl. Pauschalen und in NS Ermäßigung.

2430 Marinha Grande, Estremadura — P5010

»CAMP. ORBITUR S. PEDRO DE MOEL« 1.1. bis 31.12.
244/599168, Fax 599148, www.orbitur.pt, info@orbitur.pt   70000 qm

→ N 242 Leiria–Caldas da Rainha. In Marinha Grande auf die D 242–2 in Richtung São Pedro de Muel abbiegen. Am Ortsanfang im Kreisverkehr in Richtung Norden abbiegen, beschildert. Rua Volta do Sete (GPS: 39°45'29" N / 9°01'33" E).

Gepflegtes und naturbelassenes ebenes bis leicht abfallendes Sandgelände im lichten Pinienwald am Ortsrand von São Pedro de Moel. Teilweise Meerblick. Der durch niedrige Felsen windgeschützte Sandstrand ist gut zu Fuß zu erreichen. Wasserrutsche. Spielerause. Erste-Hilfe-Station. Autowaschanlage. Ort 9km entfernt. 525 Touristenplätze.
2008: (HS) P/N 4.80, K/N 5 bis 10 J. 2.50, A/N 4.70, C/N 6.60/8.–, MC/N 7.50/9.–, T/N 5.40/7.40, M/N 3.40, B/N 4.60, H/N 1.30, WD inkl., Strom/N 2.50 (5/15 A). In NS und mit „Orbitur member´s card" 10% Ermäßigung.

2450-148 Nazaré, Estremadura — P5020/1

»CAMPING ORBITUR VALADO« 1.2. bis 31.10. 27.12 bis 4.1.
262/561111, Fax 561137   60000 qm
www.orbitur.pt, info@orbitur.pt

→ N 242 Leiria–Caldas da Rainha, in Narzaré abbiegen Richtung Alcobaça noch ca. 2 km. Rua dos Combatentes do Ultramar, 2, E.N. 8 Km 5 (GPS: 39°35'52" N / 9°03'22" E).

Ebenes bis leicht welliges Pinienwaldgelände. In Bungalows Hundeverbot. Ort, Strand u. Wassersport 2 km entfernt. 503 Touristenplätze.
2008: (HS) P/N 4.10, K/N 5 bis 10 J. 2.10, A/N 3.80, C/N 5.50/7.–, MC/N 6.–/7.50, T/N 4.50/6.–, M/N 3.–, B/N 3.60, H/N 1.30, WD inkl., Strom/N 2.50 (5/15 A). In NS und mit „Orbitur member´s card" 10% Ermäßigung.

2450-148 Nazaré, Estremadura — P5020/2

»CAMP. VALE PARAISO« 1.1. bis 18.12. u. 26.12 bis 31.12.
262/561800, Fax 561900   80000 qm
www.valeparaiso.com, info@valeparaiso.com

→ N 242 Leiria–Marinha Grande, 2 km vor Narzaré auf der rechten Seite. Estrada National N 242 (GPS: 39°37'13" N / 9°03'23" W).
Kloster Batalha. Höhlen. Thermalbäder.

Eben und terrassiertes Kiefernwaldgelände mit Lichtungen. Teilweise parzellierte Stellplätze. Für Zeltler separate Pkw-Abstellung. Kabel-TV. FW. Ort 2 km entfernt. Touristen-/Dauerstellplätze 150/50.
2008: (HS) P/N 4.50, K/N 3 bis 10 J. 2.30, C MC-St/N 7.50/8.50, T/N 3 bis 5.50, M/N 3.–, H/N 2.–, WD inkl., Strom/N (4/6/10 A) zuzügl. In NS und für Gruppen Ermäßigung.

2500-515 Foz do Arelho, Estrem. — P5030

»CAMPING ORBITUR FOZ DO ARELHO« 1.1. bis 31.12.
262/978683, Fax 978685, www.orbitur.pt, info@orbitur.pt   60000 qm

→ A8 Lisboa–Porto. In Caldas da Rainha auf die EN360 bis Foz do Arelho. Rua Maldonado Freitas (GPS: 39°24'41" N / 9°12'04" E).

Ebenes Wiesengelände unter Bäumen. 488 Touristenplätze.
2008: (HS) P/N 4.80, K/N 5 bis 10 J. 2.50, A/N 4.70, C/N 6.60/8.–, MC/N 7.50/9.–, T/N 5.40/7.40, M/N 3.40, B/N 4.60, H/N 1.30, WD inkl., Strom/N 2.50 (5/15 A). In NS und mit „Orbitur member´s card" 10% Ermäßigung.

2520-206 Peniche, Estremadura — P5035/1

»PARQUE MUNICIPAL DE CAMPISMO« 1.1. bis 31.12.
262/789696, 789529, Fax 789529   125000 qm
www.cm-peniche.pt, campismo-peniche@sapo.pt

→ N 114 Obidos–Cabo Carvoeiro. Ca. 2 km vor dem Ort. Av. Monsenhor M. R. Bastos (GPS: 39°21'14" N / 9°21'40" E).

Teilterrassiertes Sandgelände mit einigen Palmen zwischen zwei Ständen. Ort 1 km entfernt. 1400 Touristenplätze.
2007: (HS) P/N 2.35, K/N 6 bis 12 J. 1.40, A/N 1.95, C MC/N 2.80 bis 5.–, T/N 1.95 bis 4.70, M/N 1.10, WD inkl., Strom/N 1.40. In NS Ermäßigung.

2520-000 Peniche, Estremadura — P5035/2

»PENICHE PRAIA CAMPING« 1.1. bis 31.12.
262/783460, Fax 789447   15000 qm
www.roteiro-campista.pt/Leiria/penpraia.htm

→ A8 Lisboa–Caldas da Rainha Abf. Óbidos auf die EN114 bis Peniche. Im Ort in Richtung Leuchtturm, vor der Kirche links zum Platz abbiegen. Estrada Marginale Norte (GPS: 39°22'10" N / 9°23'31" E).

Teilweise parzelliertes, ebenes und schattenloses Wiesengelände am Ortsrand auf einer Halbinsel. Teilweise geschotterte Stellplätze. Imbiss. Bar. 100 Touristenplätze.

2580-330 Alenquer, Estremadura — P5050

»ALENQUER CAMPING & BUNGALOWS« 1.1. bis 31.12.
Fax 263/710375, Büro 21/3552070   15000 qm
www.dosdin.pt/agirdin/, dosdin@mail.telepac.pt

→ A1-IP1 Lisboa-Oporto Abf. Alenquer, auf EN1 Richtung Alenquer, in Alenquer auf der EN 9 2 km Richtung Torres Vedras. Porta da Luz (GPS: 39°03'33" N / 9°01'42" E).

Terrassiertes, ebenes Sandgelände mit einzelnen Laubbäumen in einem hügeligem Weinbaugebiet. Bar. Boule. Kleines Tiergehege. Gut für Lissabon-Besuche geeignet. Strand, Angelmöglichkeit und Ort (Alenquer) 2 km entfernt. 90 Touristenplätze.
2007: (HS) P/N 4.–, K/N J. 2.–, A/N 4.–, C/N 6.–, MC/N 7.50, T/N 5.–, M/N 2.50, H/N 2.50, WD inkl., Strom/N 2.50. In NS Ermäßigung.

2750-053 Cascais, Estremadura — P5060

»CAMPING ORBITUR GUINCHO« 1.1. bis 31.12.
21/4870450, 4871014, Fax 4872167   70000 qm
www.orbitur.pt, info@orbitur.pt

→ Bei Alverca auf die A 9 bis Autobahnende, dort auf die A 5 bis Abf. Cascais, dort meerwärts auf die N 6 Richtung Cascais, beschildert. E.N. 247-6 - Lugar de Areia.

Leicht welliges Sandgelände, teilweise im Pinienwald. In Bungalows Hundeverbot. Meer 900 m, Ort 6 km entfernt. 626 Touristenplätze.
2008: (HS) P/N 4.80, K/N 5 bis 10 J. 2.50, A/N 4.70, C/N 6.60/8.–, MC/N 7.50/9.–, T/N 5.40/7.40, M/N 3.40, B/N 4.60, H/N 1.30, WD inkl., Strom/N 2.50 (5/15 A). In NS und mit „Orbitur member´s card" 10% Ermäßigung.

1400-961 Lisboa/Lissabon, Estremad. — P5070

»LISBOA CAMPING MUNICIPAL« 1.1. bis 31.12.
21/7623100, Fax 7623105/6   340000 qm
www.roteiro-campista

→ A5, Beschilderung in Richtung Cascais/Sintra folgen. Estrada da Circunvalacao (GPS: 38°43'30" N / 9°12'27" E).

Teilweise ebenes bis stark abfallendes, terrassiertes und parkartiges Gelände. Separater Zeltplatz. In HS Vorstellungen im Romanischen Theater. Medizinische Versorgung. Bar. Ideal zum Besuch von Lissabon. Zentrum 8 km entfernt. Touristen-/Dauerstellplätze 1000/700.

(P 6050)

SITAVA camping
Tel: 351 283 890 100
Fax: 351 283 890 109

Brejo da Zimbreira 7645 V.N. MILFONTES

✉ 2825-450 Costa da Caparica, Estrem. P5075

30 ★★★ »ORBITUR COSTA DA CAPARICA« ⚬━ 1.1. bis 31.12.
☏ 21/2901366, Fax 2900661, www.orbitur.pt, info@orbitur.pt 57 000 qm

→ A 2 Lisboa–Setubal Abf. Costa de Caparica. Bei der Ortseinfahrt rechts in Richtung Trafaria abbiegen, dann links der Straße. Beschildert. ✉ Av. Alfonso de Albuquerque (GPS: 38°39'14" N / 9°14'18" E).

[icons] 100 m

Ebenes, sandiges Pinienwaldgelände. Zum Teil schattenloser Streifen an der Straße. In Bungalows Hundeverbot. Strand 500 m, Reiten und Ort 1 km entfernt. 467 Touristenplätze.
2008: (HS) P/N 4,80, K/N 5 bis 10 J. 2,50, A/N 4,70, C/N 6.60/8.–, MC/N 7.50/9.–, T/N 5.40/7.40, M/N 3.40, B/N 4.60, H/N 1.30, WD inkl., Strom/N 2.50 (5/15 A). In NS und mit „Orbitur member's card" 10% Ermäßigung.

✉ 2840 Fontaínhas, Estremadura P5085

★★★ »CAMPING PARQUE VERDE« ⚬━ 1.1. bis 31.12.
☏ 21/2108999, Fax 2103263 175 000 qm

→ A 2 Lissabon–Setubal, Abf. Fogueteiro. Weiter N 378 Richtung Sesimbra, bei Km 20 östlich abbiegen. Für Caravans schwierige Zufahrt.

[icons]

Sandgelände unter Eukalyptusbäumen und Kiefern. Befestigte Mocastellplätze. Ort 2 km entfernt. Touristen-/Dauerstellplätze 58/750.

✉ 7520-437 Porto Covo, Alentejo P6000

★★★★ »CAMPINGPARK PORTO COVO« ⚬━ 1.1. bis 31.12.
☏ 269/905136, Fax 905239 33 000 qm
www.roteiro-campista.pt

→ Straße 120 Sines–Lagos, vor Tanganheira meerwärts abbiegen nach Porto Covo. ✉ Estrada Municipal 554 (GPS: 37°51'10" N / 8°47'17" E).

[icons] 400 m

Ebenes bis leicht welliges Wiesengelände mit einzelnen Laubbäumen in Strandnähe. Autowaschplatz. FW. Ort 100 m entfernt. Touristen-/Dauerstellplätze 220/70.

✉ 7645-017 Vila Nova de Milfontes, Alentejo P6050

★★★★ »CAMPINGPARK SITAVA« ⚬━ 1.1. bis 31.12.
☏ 283/890100, Fax 890109 48 000 qm
www.roteiro-campista.pt, www.sitava.pt, sitava@camping.sitava.pt

→ Straße 120 Sines–Lagos, vor Tanganheira meerwärts abbiegen an Porto Covo vorbei Richtung Vila Nova de Milfontes. ✉ Brejo da Zimbreira (GPS: 37°46'47" N / 8°47'01" E).

[icons] 100 m

600 m

Überwiegend ebenes Wiesen- und Pinienwaldgelände. Autowaschplatz. Bar. Ort 2 km entfernt. 290 Touristenplätze.

✉ 8650-998 Vila de Sagres, Algarve P7010

25 ★★★ »CAMPING SAGRES« ⚬━ 1.1. bis 31.12.
☏ 282/624371, Fax 624445, www.orbitur.pt, info@orbitur.pt 60 000 qm

→ N125 Lagos–Sagres. ✉ Cerro das Moitas (GPS: 37°01'22" N / 8°56'45" E).

[icons] 1 km

Leicht welliges Dünen- und Waldgelände. Autowaschplatz. Meer und Ort 1.5 km. entfernt. 546 Touristenplätze.
2008: (HS) P/N 4.50, K/N 5 bis 10 J. 2.50, A/N 4.20, C/N 6.–/7.50, MC/N 7.–/8.50, T/N 5.–/6.50, M/N 3.30, B/N 4.10, H/N 1.30, WD inkl., Strom/N 2.50 (5/15 A). In NS und mit „Orbitur member's card" 10% Ermäßigung.

✉ 8650-196 Salema bei Vila do Bispo, Algarve P7015

NATURPLATZ 30 ★★★ »CAMPING QUINTA DOS CARRIÇOS« ⚬━ 1.1. bis 31.12.
☏ 282/695201, 695403, Fax 695122 50 m 200 000 qm
www.quintadoscarricos.com, quintacarrico@oninet.pt

→ N125 Lagos–Sagres, bei Praia da Salema meerwärts abbiegen. Für größere Gespanne schwierige Zufahrt, Schlepphilfe. ✉ Quinta dos Carricos-Salema (GPS: 37°04'31" N / 8°49'53" E).

[icons]

Durch einen Bach zweigeteiltes, terrassiertes Gelände mit separatem FKK-Teil. Autowaschplatz. Bar. Meer und Ort 1 km entfernt. 450 Touristenplätze.
2008: (HS) P/N 4,80, K/N 2 bis 12 J. 2.40, A/N 4,80, C/N 6.80, MC/N 7.25/8.70, T/N 4.80/6.30, M/N 3.50, B/N 3.50, H/N 2.30, WD –.70, Strom/N 2.70 oder kWh –.30 (10 A). In NS Ermäßigung.
DCC/CCI 10% auf P/N.

> Wegen oft wechselnden Größenangaben für die einzelnen Stellparzellen durch die Platzhalter veröffentlicht der DCC nur noch die Camping-Gesamtfläche in qm und den Hinweis »parzelliert« oder »unparzelliert«.

In unmittelbarer Nähe des malerischen Fischer- und Badeortes Albufeira im Herzen der immer sonnigen Algarve, liegt Südportugals neuester und zweifellos schönster Campingplatz, der sich in seinen Baustil der umliegenden Landschaft perfekt angepasst hat Großzügig gestaltete Anlagen mit allen modernen Einrichtungen einschließlich Schwimmbades mit großer Liegezone, Bar, Restaurant Cafeteria mit Aussichtsterrassen, schalldichte Diskothek, Pizzeria, 2 Tennisplätze, Kinderspielplatz, Supermarkt, Tabak, deutsche Zeitungen und Zeitschriften, Autowaschplatz, Krankenzimmer, Wäscheanschlange, Fahrradverleih 220 V Stromanschluss für Zelte und Wohnwagen, Post und Telefonservice, Großzügig gest. Sanitäralangen, Warmwasser überall ideal auch zum Überwintern! Ganzjährig geöffnet. **Mobilheime, Bungalows zu verm. (Reservierung möglich)** (P 7040)

(P 7022)

8600-148 Lagos-Praia da Luz P 7020
25 ★★★ »CAMPING ORBITUR VALVERDE« 1.1. bis 31.12.
282/789211, Fax 789213, www.orbitur.pt, info@orbitur 100 000 qm
→ ca. 5 km westl. von Lagos in Richtung Sagres, 2 km südl. der N 125.
✉ Estrada da Praia da Luz (GPS: 37°05'58" N / 8°43'03" E).

Ebenes, parzelliertes, teilweise ansteigendes Gelände mit verschiedener Bepflanzung. Einige schattenlose Terrassen. In Bungalows Hundeverbot. Autowaschplatz. Bar. Ort 7 km, Meer 2 km entfernt. 743 Touristenplätze.
2008: (HS) P/N 5.40, K/N 5 bis 10 J. 3.–, A/N 4.90, C/N 7.10/9.10, MC/N 8.–/10.–, T/N 5.80/7.80, M/N 3.50, B/N 5.–, WD inkl. 1.30, Strom/N 2.50 (5/15A). In NS und mit „Orbitur member´s card" 10% Ermäßigung.

8600-109 Lagos, Algarve P 7022
35 ★★★★ »CAMPING TURISCAMPO« 1.1. bis 31.12.
282/789265, Fax 788578 72 700 qm
www.turiscampo.com, info@turiscampo.com
→ A22 Lagos–Sagres Abf. Lagos, dann 3 km auf der Estrada Nacional 125 - Espiche in Richtung Sagres. ✉ Estrada Nacional 125 (GPS: 37°06'04" N / 8°45'56" W).

Gepflegtes, ebenes und gekiestes Gelände mit Palmen und Laubbäumen. Befestigte Wege. Bungalowanlage. Beheizbare Sanitäranlage. Attraktive Schwimm- und Sportanlage. Abendveranstaltungen. Autowaschplatz. Praia da Luz 1 km, Lagos 4 km entfernt. Golf in der Nähe. 300 Touristenplätze.
2008: (HS) P/N 5.80, K/N 3 bis 10 J. 2.90, A/N 4.90, C/N 8.–, MC/N 9.–, T/N 6.–, M/N 3.70, B/N 4.90, H/N 1.50, WD inkl., Strom/N 2.90/3.80 (6/10A). In NS und für Langzeitaufenthalte Ermäßigung.
In NS 10% Ermäßigung für DCC/CCI auf P/N.

8365-184 Armaçao de Pera, Algarve P 7035
30 ★★★ »PRAIA DE ARMAÇÃO DE PERA« 1.1. bis 31.12.
282/312260, Fax 315379 120 000 qm
www.roteiro-campista.pt
→ N 125 Faro–Portimão. In Höhe Alcantarilha südlich auf N 269–1 abbiegen (GPS: 37°06'32" N / 8°21'11" E).

Ebenes bis leicht abfallendes Gelände mit Anpflanzungen. Gärtnerisch ansprechend gestaltet. Sonnenterrasse. Autowaschplatz. Ort und Strand 500 m entfernt. 1200 Touristenplätze.
2008: (HS) P/N 5.50, K/N 3 bis 10 J. 3.20, A/N 3.50, C MC/N 5.20 bis 6.–, T/N 5.– bis 6.–, M/N 2.50, H/N frei, WD inkl., Strom/N 2.50 (10A). In NS Erm.
CCI bis 50% Ermäßigung.

 DCC-Vertragsplatz

8200-555 Albufeira, Algarve P 7040
30 ★★★★ »PARQUE DE CAMPISMO DE ALBUFEIRA« 1.1. bis 31.12.
289/587629, Fax 587633 150 000 qm
www.campingalbufeira.net, campingalbufeira@mail.telepac.pt
→ von der N 125 Lagos-Faro, in Ferreiras nach Albufeira abbiegen.
✉ Estrada de Ferreiras (GPS: 37°06'23" N / 8°15'13" E).

Teilweise terrassiertes Wiesengelände mit einzelnen Bäumen an einem Hügel. Gärtnerisch ansprechend gestaltet. Wäscheservice. Disko. Bar. Krankenzimmer. Autowaschplatz. Strand 1.5 km, Ort 2 km entfernt. 940 Touristenplätze.
2007: (HS) P/N 5.50, K/N 4 bis 10 J. 2.70, A/N 5.50, C/N 6.60, MC/N 8.60, T/N 5.80, M/N 3.40, WD inkl., Strom/N 2.90 (10 A) zuzügl. In NS bis 50% Ermäßigung.
DCC/CCI 10% auf P/N.

(P 7055)

871

8125 Quarteira, Algarve — P 7045

35 ★★★ »CAMPING ORBITUR QUARTEIRA« 1.1. bis 31.12.
289/302826, Fax 302822, www.orbitur.pt, info@orbitur.pt 106 000 qm

→ N 125, Faro–Portimão. In Höhe Almansil Beschilderung nach Quarteira folgen. Platz liegt östlich des Ortes. ✉ Estrada de Fonte Santa (GPS: 37°04'02" N / 8°05'14" E).

Hügeliges Gelände mit Bäumen, teilweise durch Hecken parzelliert. In Flughafennähe. Bungalowanlage (hier Hundeverbot). Autowaschplatz. Bar. Schwimmbadbenutzung gegen Gebühr. Strand 500 m, Ort 2 km entfernt. 789 Touristenplätze.
2008: (HS) P/N 5.50, K/N 5 bis 10 J. 3.–, A/N 5.50, C/N 7.50/9.50, MC/N 8.50/10.50, T/N 6.50/8.50, M/N 3.50, B/N 5.–, H/N 1.30, WD inkl., Strom/N 2.50 (5/15 A). In NS und mit „Orbitur member's card" 10% Erm.

8700-912 Olhão-Pinheiros de Marim — P 7055

25 ★★★ »PARQUE DE CAMPISMO OLHAO« 1.1. bis 31.12.
289/700300, Fax 700390, 700391 100 000 qm
www.sbsi.pt, sbsicamping@mail.telepac.pt

→ N 125, Vila Real–Faro, ca. 1.5 km östl. von Olhão abbiegen. ✉ Pinheiros de Marim/Apartado 300 (GPS: 37°02'07" N / 7°49'21" W).

Ausgedehntes Dünengelände in einem lichten Pinien-Laubwald zwischen Staße und Bahnlinie. In Flughafennähe. Bar. Bademöglichkeit auf einer vorgelagerten Insel (Fährverkehr). Leihzelte. Ort 1.5 km entfernt. 875 Touristenplätze. **Anzeige S. 871**
2007: (HS) P/N 4.–, K/N 5 bis 12 J. 2.20, A/N 3.30, C/N 5.10/7.50, MC/N 5.25/7.50, T/N 3.–/4.50, M/N 3.30, B/N 4.–, H/N 1.–, WD inkl., Strom/N 1.50 (6 A). In NS Ermäßigung.

8901-907 Vila Nova de Cacela, Algarve — P 7075

★★ »PARQUE DE CAMPISMO CALIÇO« 1.1. bis 31.12.
281/951195, Fax 951548, transcampo@mail.telepac.pt 70 000 qm

→ in Vila Nova de Cacela von der N125 landeinwärts abbiegen und noch ca. 4 km. Beschildert. ✉ Apartado 51 (GPS: 37°11'12" N / 7°33'00" E).

Leicht abfallendes, hügeliges und terrassiertes Gelände mit verschiedenen Baumarten. Schöner Blick auf die Küste. Bar. Golf, Bowling und Tennis in der Nähe. Ort 2 km, Meer 4 km entfernt. 350 Touristenplätze.

POLEN

Übersichtskarte Seite 873

Besondere Vorschriften und Regelungen

Personaldokumente: Reisepass, Personalausweis, Kinderausweis, auch bei Kindern unter 16 Jahren mit Lichtbild und dem Nationalitätsvermerk Deutsch. Der Eintrag von Kindern unter 16 Jahren in den Reisepass eines Elternteils wird ohne Lichtbild anerkannt.

Krankenversicherung: Alle Reisenden müssen für die Dauer des Aufenthalts eine Auslandsreise-Krankenversicherung abschließen. Für Deutsche genügt als Nachweis die Europäische Krankenversicherungskarte. Zusätzlich empfehlen wir beim Heimatversicherer eine private Auslandsreise-Krankenversicherung abzuschließen, die Leistungen wie Kostenübernahme bei Überführung im Krankheits- oder Todesfall in das Land des ständigen Wohnsitzes gewährleistet. Eine Kopie der Versicherungspolice ist mitzuführen.

Visum: nicht erforderlich. Ab 90 Tagen Aufenthaltdauer Reisepass.

Impfbescheinigungen: werden nicht verlangt.

Dokumente für Haustiere: Für Hunde und Katzen ist der »EU-Heimtierpass« mitzuführen. Er wird von behördlich ermächtigten Tierärzten ausgestellt. Der Pass muss Name und Anschrift des Besitzers enthalten und dem Tier eindeutig zugeordnet werden können; d.h. die Passnummer, die eine Identifizierung ermöglicht, wird dem Tier eintätowiert oder durch einen Mikrochip implantiert. Ein gültiger Tollwutimpfschutz muss ebenfalls im Pass nachgewiesen werden. Die letzte Impfung muss mindestens 30 Tage zurückliegen und darf höchstens 12 Monate vor der Einreise erneuert worden sein. Bei Tieren, die regelmäßig (einmal pro Jahr) geimpft werden, entfällt die 30-Tage-Frist. Spezielle Auskünfte erteilt die Botschaft der Republik Polen: Richard-Strauss-Str. 11, 14193 Berlin, Tel. 030/2231 30, Fax 030/2231 55.

Kfz: Nationaler Führerschein und nationale Zulassung sind ausreichend. Die Mitnahme des internationalen Führerscheins wird empfohlen. Das Nationalitätszeichen »D« oder EU-Kennzeichen muss am Fahrzeug angebracht sein. Wird ein Kraftfahrzeug nicht vom Eigentümer selbst benutzt, muss der Fahrer im Besitz einer Benutzungsvollmacht des Eigentümers sein. Es ist verboten das Fahrzeug von einer in Polen wohnenden Person benutzen zu lassen. Es besteht Haftpflichtversicherungszwang. Die »Internationale Grüne Versicherungskarte« sollte, obwohl sie mit dem EU-Beitritt nicht mehr obligatorisch ist, auf jeden Fall mitgenommen werden, da es bei Kontrollen evtl. doch zu Schwierigkeiten kommen könnte, wenn sie fehlt. Fahrwindrand und Verbandskasten sind Vorschrift.

Verkehrsvorschriften: Fahrzeuge im Kreisverkehr haben Vorfahrtsrecht, sonst das von rechts kommende Fahrzeug. Parken bei Dunkelheit ist nur mit Standlicht gestattet. Haltverbot besteht 100 m vor und nach Bahnübergängen. In der Zeit vom 1. Okt. bis 1. März müssen alle Kfz tagsüber mit Abblendlicht fahren. Überholen im Bereich von Kreuzungen ist verboten. Jeder Verkehrsunfall ist der Polizei zu melden. Verkehrsvergehen werden mit hohen Geldstrafen belegt. Bei schweren Unfällen oder Verursachung verkehrsgefährdender Situationen wird der Führerschein einbehalten. Es besteht Anschnallpflicht. Promillegrenze 0,2.

Straßengebühren: Bei Benutzung von Autobahnen und teilweise auch Schnellstraßen werden Gebühren erhoben.

Tempolimits: Innerorts: Pkw/Gespanne 50 km/h, Landstraßen: Pkw/Gespanne 90/70 km/h, Autobahnen und Schnellstraßen: Pkw/Gespanne 130/80 km/h.

Telefon: Deutschland–Polen: 0048. Polen–Deutschland: 0049, nach der Wahl der ersten Null den Summton abwarten, dann erst weiterwählen.

Unfallnotruf: Polizei: 997, Unfallrettung: 999. Pannenhilfe leistet landesweit der Polnische Motorverband (PZM), ul. Kazimierzowska 66, PL 02-518 Warszawa, Tel. 022/8499361, Fax 022/8481951. Telefon-Pannenhilfe landesweit: 96 37 oder 022/825 97 34. ADAC-Notrufstation: Tel. 061/ oder 0103361/8319888.
Vom 1. Juni bis 31. August: Deutschsprachige Touristen-Hotline für Notfälle: 0800/200300 (vom polnischen Festnetz aus) oder vom Handy 0048 22/6015555.

Devisen: Einfuhr von Fremdwährung unbeschränkt. Ausfuhr von Fremdwährung bis zum Gegenwert von € 10 000.– bzw. in der Höhe der deklarierten Einfuhr. Die Umtauschbelege sind aufzubewahren, wenn eine Fremdwährung in eine andere umgetauscht wurde. Einfuhr und Ausfuhr von Landeswährung bis zum Gegenwert von € 10 000.–.

Camping: In Polen erwartet den Besucher ein gut ausgebautes Campingnetz. Bei den „Camping" bezeichneten Plätzen handelt es sich meistens um Campinghütten-Siedlungen mit Stellflächen für Camper. Die als »Zeltplatz« bezeichneten Plätze entsprechen eher unseren Vorstellungen von Campingplätzen. Alle Campingplätze sind mit Nummern bezeichnet, die sowohl mit den Angaben auf der polnischen Campingkarte, als auch mit der Straßenbezeichnung übereinstimmen. Freies Campen ist in Polen verboten. Auf Privatgrundstücken ist Campen nur mit Einwilligung des Eigentümers erlaubt. Meldepflicht bei der jeweiligen Behörde. Das wird meist von der Campingplatzverwaltung erledigt. Das Stromnetz ist auf eine Spannung von 220 V Wechselstrom (50 Hz) ausgelegt. Eurostecker passen meist problemlos, für andere Stecker ist ein Adapter erforderlich. Die Gasversorgung ist kein Problem. Deutsche Flaschen kann man in Polen auffüllen lassen oder tauschen. Es ist möglich, dass Zollbeamte für Caravans und Motorcaravans ein doppeltes Inventarverzeichnis verlangen.

Wassersport: Bei einem Aufenthalt bis zu einem Jahr sind keine Grenzdokumente erforderlich. Das Boot, sowie einzelne Aussenbordmotore werden bei der Einreise von der Zollbehörde im Reisepass vermerkt.

Allgemeine Informationen:

D-10709   **Berlin,** Polnisches Fremdenverkehrsamt
Kurfürstendamm 71, Tel. 030/2100920, Fax 030/21009214
www.polen-info.de, info@polen-info.de

Vertretung der Bundesrepublik Deutschland

PL-03-932   **Warszawa,** Deutsche Botschaft, ul. Dabrowiecka 30
Tel. 0048 22/584 17 00, Fax 0048 22/584 17 39
www.ambasadaniemiec.pl
info@ambasadaniemiec.pl

Ausführliche Einreisebestimmungen mit detaillierten Angaben zu den Themen Reisedokumente, Zoll- und Devisenbestimmungen, Reisen mit dem Kraftfahrzeug, Camping und der Aufenthalt im Urlaubsland sind bei der Touristik-Abteilung des DCC gegen Rückporto erhältlich.

Campingplätze:

Gebühren in Landeswährung, sofern nicht anders angegeben.
Währungseinheit: 1 Polnischer Zloty (PLN) = 100 Groszy.
Devisenkurs: 1 PLN = ca. 0,26 Euro
1 Euro = ca. 3,8 PLN (Stand: Okt. 2007).

Bei Gebühren mit der Vorjahreszahl muss eventuell mit einer Anhebung der Gebühren für das aktuelle Jahr gerechnet werden. Außerdem können sich die angegebenen Öffnungszeiten verändert haben und es besteht die Möglichkeit, dass angegebene Ermäßigungen nicht mehr gewährt werden.

70-800 Szczecin-Dabie, Westpommern PL 1000

»CAMPING NR. 25« ★★ 1.4. bis 30.9.
091/4601165, Fax 091/4601166   40 000 qm
www.investa.dk/Szczecin/Camping_Marina.htm, camping.marina@pro.onet.pl

→ Straße A6/E28 Abf. Dabie in Richtung Zentrum, beschildert. ul. Przestrzenna 23.

Ebenes Wiesengelände mit einzelnen Bäumen am Südufer des Dabie-Sees (Badeverbot) bei einem Yachthafen und einem Sportflugplatz. Tanzsaal. Zentrum 7 km entfernt. 150 Touristenplätze.
2007: P/N 15.–, K/N bis 10 J. 7.–, A/N 10.–, C MC-St/N 35.–, T/N 9.–/10.–, M/N 10.–, H/N 7.–, WD u. Strom (16 A) inkl.

Zieleniewo, Westpommern PL 1050

»CAMPING KOBYLANKA (NR. 104)« ★★   15.5. bis 15.9.
091/5610023   25 800 qm

→ Str. 10 Szczecin–Stargard. Von der Umgehungsstraße Abf. Zieleniewo. ul. Szczecinska 32.

Leicht abfallendes Wiesengelände mit altem Baumbestand, befestigten Straßen und am See »J. Miedwie« mit Sandstrand und Wasserrutsche. Ort (Stargard) 7 km entfernt. 120 Touristenplätze.
2007: P/N 10.–, K/N ab 4 J. 7.–, A/N 6.–, C/N 13.–, MC/N 18.–, T/N 7.–, M/N 3.–, KT 1.67, WD u. Strom/N 8.– (20 A) inkl. Ab 3 Nächten 10% Erm.

Die PLATZGEBÜHREN

werden uns von den Platzhaltern gemeldet. Durch die jahreszeitlich frühe Anfrage können die Platzhalter nicht immer bis zum Redaktionsschluß des Campingführers (4 Monate vor Auslieferung) verbindliche Gebühren melden.

DCC-Vertragsplatz

78-551 Siemczyno-Piaseczno, Westp. PL 1100

⑩ ★★★ »CAMPING WAJK NR. 210« 1.5. bis 31.10.
☎/Fax 094/3758624, Mobil 0602770904 65 000 qm
www.wajk.pl, biuro@wajk.pl, wajk@onet.eu

→ Straße 20 Stargard–Szczecinek Abf. Siemczyno in Richtung Piaseczno, beschildert. ✉ Piaseczno 23 (GPS: 53°34'40" N / 16°08'48" E).

Terrassiertes, teilweise parzelliertes Wiesengelände mit Bäumen am Drazuburger See. Wassersportmöglichkeiten. Bootsliegeplätze. FW. Brötchenservice. Ort (Czaplinek) 12 km entfernt. 80 Touristenplätze.
2007: P/N 6.–, K/N 6 bis 16 J. 4.–, A/N 5.–, C/N 8.–, MC/N 12.–, T/N 6.–/8.–, M/N 4.–, H/N 5.–, WD inkl., Strom/N 8.– (16 A).
DCC 10% auf P/N.

72-600 Swinoujscie, Westpommern PL 1200/1

⑳ ★ »CAMPING RELAX (NR. 44)« 1.1. bis 31.12.
☎ 091/3213912 38 000 qm
www.relax.com.pl, relax@fornet.com.pl

→ Str. 3/E 65 Szczecin–Swinoujscie. ✉ ul. Slowackiego 1.

Teilweise schattenloses und welliges Wiesengelände an der Ostsee. Imbiss. W-LAN. Ort 1 km entfernt. 480 Touristenplätze.
2007: (HS) P/N 12.–, K/N bis 5 J. 3.–, bis 13 J. 7.–, A/N 10.–, C/N 25.–, MC/N 35.–, T/N 5.–7.–/10.–, M/N 5.–, WD inkl., Strom/N 10.– (16 A). In NS Erm.

72-603 Swinoujscie-Karsibór, Westp. PL 1200/2

㉚ ★★★ »CAMP WYSPA SKARBOW (SCHATZINSEL)« 1.4. bis 30.9.
☎ 091/3221515, Mobil 0503700077 50 000 qm
www.wyspa-skarbow.pl, wyspa-skarbow@tlen.pl

→ Sraße 3/E65 Szczecin–Swinoujscie. Im Kreisverkehr nach Karsibór abbiegen. Im Ort beschildert.

Ebenes, teilweise welliges Wiesengelände. FW. Brötchenservice. Billard. Bogenschießen. Ort 2 km entfernt. 20 Touristenplätze.
2007: P/N 30.–, K/N 25.–, St/N 15.–, WD inkl., Strom/N 15.– (16 A).

72-500 Miedzyzdroje, Westpommern PL 1210

⑳ ★★ »AUTOAMPING NR. 24« 1.5. bis 30.9.
☎ 091/3280275, Fax 3280610 35 000 qm
www.nadmorze.pl/polenamiotowe24, dwgrazyna@poczta.onet.pl

→ Str. 102 Swinoujscie–Trzebiatow Abf. Miedzyzdroje, beschildert. ✉ ul. Polna 34.

Sandiges Wiesengelände mit einzelnen Bäumen. Meer 300 m, Ort 500 m entfernt. 350 Touristenplätze.
2007: P/N 13.–, K/N ab 4 J. 10.–, A/N 9.–, C/N 10.–, MC/N 25.– T/N 8.–, M/N 8.–, KT 1.67/–.90, WD inkl., Strom/N 8.– (16 A).
DCC/CCI 10% auf P/N und St/N.

72-514 Kotczewo-Swietousc, Westp. PL 1240

㉕ ★★ »CAMPING TRAMP (NR. 96)« 1.5. bis 30.9.
☎ 091/3265383, Fax 3265517 70 000 qm
www.campingtramp.pti.pl, waldemarrapsiewicz@wp.pl

→ Str. 102 Swinoujscie–Trzebiatow Abf. Swietousc, beschildert.

Welliges Wiesengelände mit Bäumen. Bungalowsiedlung. Billard. Ort 3.5 km entfernt. 240 Touristenplätze.
2007: P/N 15.–, K/N bis 10 J. 7.–, J/N 10.–, A/N 9.–, C MC/N 30.–, T/N 9.–/11.–/12.–, WD inkl., Strom/N 8.50 (16 A).

72-420 Dziwnów, Westpommern PL 1250

★★ »CAMPING NR. 93« Juni bis Sept.
☎ 091/3813569 20 000 qm

→ Str. 102 Swinoujscie–Trzebiatow Abf. Dziwnów. Im Ort beschildert. ✉ ul. Slowackiego.

Wiesengelände am Nordufer des Dziwnów. Ort 100 m entfernt. 150 Touristenplätze.

DCC-Vertragsplatz

72-420 Dziwnówek, Westpommern PL 1260/1

⑳ ★★★ »CAMPING WIKING (NR. 194)« 28.4. bis 10.9.
☎/Fax 091/3813493 20 000 qm
www.campingwiking.pl, camping@campingwiking.pl

→ Str. 102 Swinoujscie-Trzebiatow Abf. Dziwnówek. Im Ort beschildert. ✉ ul. Wolności 3.
♣ Wolliner Nationalpark.

Ebenes Kiefernwaldgelände zwischen Dünen und einer Straße am Ortsrand. FW. Ort 300 m, und Golfplatz 3 km entfernt. 110 Touristenplätze.
2008: P/N 15.50, K/N ab 5 J. 13.50, A/N 10.50, C MC/N 11.–/13.–/19.–, T/N 9.–/18.–, M/N 10.–, H/N 7.–, KT zuzügl., WD inkl., Strom/N 11.– und kWh 3.50 (16 A).
DCC/CCI 10% auf P/N.

72-420 Dziwnówek, Westpommern PL 1260/2

㉕ ★★★★ »CAMPING BIALY DOM (NR. 118)« 1.3. bis 31.10.
☎/Fax 091/3811171 2 m 25 000 qm
www.campingbialydom.com

→ Str. 102 Swinoujscie–Trzebiabów Abf. Dziwnówek, beschildert. ✉ ul. Kamienska 11-12.

Ebenes Wiesengelände mit parzellierten Stellplätzen in einem Kiefernwald. FW. Café. Ort 300 m entfernt. 100 Touristenplätze.
2007: (HS) P/N 16.–, K/N ab 4 J. 13.–, A/N 8.–, C MC/N 42.–, T/N 12.–/14.–/17.–, M/N 8.–, H/N 7.–, WD inkl., Strom/N 10.– (16 A). In NS Ermäßigung.

72-330 Mrzezyno, Westpommern PL 1300

⑮ ★★ »CAMPING REGA (NR. 193)« 1.6. bis 1.9.
☎ 091/3866268, 3866239 10 000 qm
www.camping193.pl, zg.mrzezyno@wp.pl

→ Str. Kamien–Kolobrzeg Abf. Trzeblatów und weiter in nördl. Richtung auf der Straße 109 zum Ort. ✉ ul. Letniskowa 34.

Waldgelände an der Ostsee. Bungalowanlage. Ort 2 km entfernt. 280 Touristenplätze.
2007: (HS) P/N 10.–, K/N bis 3 J. frei, A/N 6.–, C/N 8.–, MC/N 12.–, T/N 5.–, M/N 5.–, H/N 5.–, WD inkl., Strom/N 8.–. In NS Ermäßigung.

78-100 Kolobrzeg, Westpommern PL 1310

⑳ ★★★ »CAMPING BALTIC (NR. 78)« 15.4. bis 15.10.
☎/Fax 094/3524569 38 000 qm
www.campingkolobrzeg.pl, baltic78@post.pl

→ Str. 6/E 28 Szczecin–Koszalin Abf. Karlin auf die Str. 163 in nordwestl. Richtung. Beschildert. ✉ ul. IV Dywizji Wojska Polskiego 1 (GPS: 54°108'520´´N / 15°35'41´E).

Ebenes, teilweise parzelliertes Wiesengelände mit Büschen und Bäumen. Zentrum 1.5 km entfernt. 280 Touristenplätze.
2007: (HS) P/N 12.–, K/N 1 bis 7 J. 8.50, J/N 9.50, A/N 9.–, C MC/N 21.–, T/N 8.50, M/N 5.–, B/N 7.50, H/N 3.–, KT 2.50, WD inkl., Strom/N 10.– (10/16A). In NS Ermäßigung.
DCC/CCI 10% auf P/N.

76-032 Mielno, Westpommern — PL 1330

[15] ★★★ »CAMPING RODZINNY (NR. 105)« ⌇ 15.4. bis 15.11.
☎/Fax 094/3189385, Fax 3475008 — 5200 qm
www.campingrodzinny.prv.pl, campingrodzinny@poczta.onet.pl

→ Straße 6/E28 Szczecin–Gdansk Abf. Koszalin auf die Straße 11 in Richtung Kolobrzeg. In Mscice auf die Straße 165 nach Mielno abbiegen, hier beschildert. ✉ ul. Chrobrego 51 GPS: 54°15'46"N / 16°04'20"E.

↧50m ⚑100m ⛵250m 🐎2km

Ebenes unparzelliertes Wiesengelände mit Bäumen in Ortsrandlage. Familiäre Atmosphäre. FW. W-LAN. Volleyball. Ort 1 km entfernt. 60 Touristenplätze.
2007: (HS) P/N 10.–, A/N 7.–, C MC/N 20.–, T/N 5.–/6.–/7.–, WD inkl., Strom/kWh 1.50 (16A). In NS Ermäßigung.

76-270 Ustka, Pommern — PL 2000

★★ »CAMPING MORSKI (NR. 101)« ⌇ Mai bis Sept.
☎ 059/8144426, 8144789 — 25 000 qm
www.morski101.republika.pl, cam_mor@pro.onet.pl

→ Str. 6/E28 Koszalin–Gdańsk Abf. Slupsk auf die Str. 210 in nordwestl. Richtung. Beschildert. ✉ ul. Armii Krajowej 4.

Ebenes Wiesengelände mit Bäumen am südöstlichen Ortsrand mit dazugehörigem Hotel. FW. Ort 800m, Meer 1.2 km entfernt. 100 Touristenplätze.

84-360 Leba, Pommern — PL 2020/1

[20] ★★★ »MORSKI CAMPING (NR. 21)« ⌇ 1.5. bis 1.10.
☎ 059/8661380, Fax 8661518 — 29 000 qm
www.camping21.maxmedia.pl, camp21@op.pl

→ Str. 6/E28 Slupsk–Gdańsk Abf. Lebork in nordwestl. Richtung. Beschildert. ✉ ul. Turystyczna 3 (GPS: 54°45'42" N / 17°32'18" E).

Waldgelände mit Lichtungen. FW. Meer 150m, Ort 1 km entfernt. 200 Touristenplätze.
2007: (HS) P/N 13.–, K/N 4 bis 12 J. 6.–, J/N 12.–, A/N 9.–, C/N 18.–, MC/N 28.–, T/N 10.–, M/N 6.–, H/N 5.–, KT zuzügl., WD inkl., Strom/N 9.– In NS Ermäßigung.
DCC/CCI 10% auf P/N.

84-360 Leba, Pommern — PL 2020/2

[20] ★★★ »INTERCAMP 84« ⌇ 1.5. bis 30.9.
☎/Fax 059/8662218, 0513/031285 — 50 000 qm
www.intercamp84.pl, pfisp@poczta.onet.pl

→ Str. 6/E28 Slupsk–Gdańsk Abf. Lebork in nordwestl. Richtung. Beschildert. ✉ ul. Turystyczna 10-12.

✗50m ⛵800m

Weiträumiges ebenes Wiesengelände mit Büschen, Bäumen und asphaltierten Wegen. Teilweise durch Hecken parzelliert. Ort 500m, Meer 800m entfernt. 500 Touristenplätze.
2007: P/N 11.–, K/N 3 bis 14 J. 6.–, A/N 8.–, C/N 14.–/18.–, MC/N 25.–, T/N 8.–/10.–, M/N 5.–, H/N 3.–, KT zuzügl., WD inkl., Strom/N 9.–.

84-360 Leba, Pommern — PL 2020/3

[20] ★★★ »CAMPING LESNY (NR. 51)« ⌇ 15.3. bis 31.10.
☎/Fax 059/8662811 — 10 000 qm
www.camping51.pti.pl, camping_51-lesny@up.pl

→ Str. 6/E28 Slupsk–Gdańsk Abf. Lebork in nordwestl. Richtung. Beschildert. ✉ ul. Brzozowa 16 A.

⛵350m

Ebenes, unparzelliertes und teilweise schattenloses Wiesengelände mit Anpflanzungen. Vom Meer getrennt durch einen bewaldeten Dünengürtel. FW. Separater Jugendplatz. Ort 500m entfernt. 80 Touristenplätze.
2008: (HS) P/N 14.–, K/N 3 bis 10 J. 8.–, J/N 10.–, A/N 10.–, C/N 16.– bis 20.–, MC/N 20.– bis 26.–, T/N 10.–, M/N 7.–, KT zuzügl., WD inkl., Strom/N 10.– (16A). In NS Ermäßigung.
DCC/CCI 15% auf P/N.

84-360 Leba, Pommern — PL 2020/4

[20] ★★★ »CAMPING AMBRE (NR. 41)« ⌇ 1.5. bis 30.9.
☎/Fax 059/8662472 — 30 000 qm
www.ambre.leba.pl, ambre@leba.pl

→ Str. 6/E28 Slupsk–Gdańsk Abf. Lebork in nordwestl. Richtung. Beschildert. ✉ ul. Namorska 9 A.

⛵300m

Ebenes Wiesengelände in einem Birkenmischwald. Durch Dünen und einem schmalen Waldstreifen von der Ostsee getrennt. Bar. Ort 800 m entfernt. Separater Jugendplatz. 150 Touristenplätze.
2007: P/N 13.–, K/N bis 12 J. 8.–, J/N 10.–, A/N 10.–, C/N 15.–/18.–, MC/N 30.–, T/N 8.–/13.–, M/N 5.–, H/N 3.–, KT zuzügl., WD inkl., Strom/N 9.– (10/16A).

DCC-Vertragsplatz

84-113 Bialogóra, Pommern — PL 2040

[15] ★★★ »CAMPING CHECZ KASZUBSKA (NR. 83)« ⌇ 1.4. bis 31.10.
☎ 058/7741103, Mobil 0502/502144 — 34 000 qm
www.camping83.com.pl, camping@onet.pl

→ Str. 213 Slupsk–Puck Abf. Sluchowo nach Bialogóra. ✉ ul. Lubiatowska 8.

600m ⛵1.2km

Unparzelliertes, ebenes und von Bäumen umgebenes Wiesengelände. Separate Pkw-Parkplätze. Familiäre Atmosphäre. Pferdekutschenfahrten zum Strand. Kiosk. Bar. Brötchenservice. FW. Volleyball. Ort 600m entfernt. 120 Touristenplätze.
2008: (HS) P/N 10.–, K/N 3 bis 15 J. 8.–, J/N 9.–, A/N 8.–, C/N 15.–, MC/N 16.– bis 18.–, T/N 8.– bis 12.–, M/N 5.–, H/N 5.–, KT zuzügl., WD inkl., Strom/N 8.– (10/16A). In NS Ermäßigung.
DCC/CCI 10% auf P/N und St/N.

84-131 Wladyslawowo-Chalupy, Pomm. — PL 2060

★★ »CAMPING KAPER (NR. 152)« ⌇ Mai bis Sept.
☎/Fax 058/6741486 — 20 000 qm

→ Str. 6/E28 Slupsk–Gdańsk Abf. Reda auf die Str. 216 in Richtung Heli. Beschildert. ✉ ul. Helska.

Strandgelände in der Nähe einer Bahnlinie. FW. Ort 3.5 km entfernt. 350 Touristenplätze.

Chlapowo, Pommern — PL 2070/1

[15] ★★ »CAMPING RÓZA WIATRÓW (NR. 255)« ⌇ 15.6. bis 1.9.
☎ 058/6740544 — 10 000 qm
www.roza-wiatrow.com.pl, chlapowocamp@interia.pl

→ Str. 6/E28 Slupsk–Gdańsk Abf. Reda auf die Str. 216 in nördlicher Richtung.

50m

100m

Ebenes, teilweise leicht abfallendes Wiesengelände mit einigen Büschen und Bäumen bei einem Hotel an der Steilküste. Ort 1.5 km entfernt. 60 Touristenplätze.
2007: P/N 10.–, K/N 5.–, J/N 9.–, A/N 8.–, C/N 14.–, MC/N 15.–, T/N 8.–, M/N 5.–, H/N 5.–, KT zuzügl., WD inkl., Strom/N 8.– (10/16A).

84-120 Chlapowo, Pommern — PL 2070/2

[20] ★★★ »CAMPING (NR. 263) HOTEL MIRAZ« ⌇ 1.1. bis 31.12.
☎/Fax 058/6743419, ☎ 6743418 — 25 000 qm
www.miraz.com.pl, recepcija@miraz.com.pl

→ Str. 6/E28 Slupsk–Gdańsk Abf. Lebork auf die Straße 216 in nördlicher Richtung über Wladyslawowo und Karwia. In Chlapowo beschildert. ✉ ul. Zeromskiego 81.

200m 300m 400m

Ebenes bis leicht ansteigendes, durch Büsche und Bäume teilweise parzelliertes Wiesengelände beim Hotel Miraz. FW. W-LAN. Basketball. Ort 3 km entfernt. 100 Touristenplätze.
2007: P/N 10.–, K/N 3 bis 12 J. 6.–, A/N 8.–, C/N 8.–/10.–, MC/N 15.–, T/N 5.–/6.–, H/N 5.–, WD inkl., Strom/N 7.–.

84-140 Jastarnia, Pommern — PL 2080/1

★★ »CAMPING NOWA MASZOPERIA (NR. 75)« — Mai bis Sept.
☎ 058/6752348, Mobil 605735834 — 30 000 qm
www.maszoperia.pl, info@maszoperia.pl

→ Str. 216 Wladislawowo–Hel Abf. Jastarnia. Im Ort beschildert. ✉ ul. Maszoperia.

Weitläufiges, schmales Strandgelände mit Kiefern an der Ostsee. Günstig für Surfer. Durch Dauercamper geprägt. FW. W-LAN. Ort 2 km entfernt. 300 Touristenplätze.

84-140 Jastarnia, Pommern — PL 2080/2

20 ★★ »CAMPING POD CYPRYSAMI (NR. 188)« — 1.5. bis 30.9.
☎ 058/6752199, www.cyprysamy.prv.pl — 10 000 qm

→ Str. 216 Wladyslawowo–Hel Abf. Jastarnia. Im Ort beschildert. ✉ ul. Mickiewicza 164.

200 m, 300 m

Unparzelliertes, ebenes Wiesengelände zwischen Straße und Bahn. FW. Ort 800 m entfernt. 100 Touristenplätze.
2007: P/N 12.–, K/N 8.50, A/N 10.–, C/N 14.–/16.–, MC/N 22.– T/N 11.–/13.–, M/N 7.–, H/N 5.–, KT 1.70, WD inkl. Strom/N 9.–

81-713 Sopot, Pommern — PL 2090/1

20 ★★★ »CAMPING KAMIENNY POTOK (NR. 19)« — 1.5. bis 30.9.
☎/Fax 058/5500445 — 36 000 qm
www.kemping19.cba.pl, kemping19@wp.pl

→ Str. 7/E77 Gdańsk–Gdynia Abf. Sopot. ✉ ul. Zamkowa Góra 25.

200 m, 300 m
350 m, 2 km

Ebenes Wiesengelände mit Baumreihen und befestigten Wegen. Günstig für Danzig-Besuch. FW. Imbiss. Volleyball. Billard. Meer 350 m, Ort 2 km entfernt. 300 Touristenplätze.
2007: P/N 12.–, K/N 4 bis 15 J. 6.–, J/N 9.–, A/N 9.–, C/N 12.–, MC/N 22.–, T/N 5.– bis 9.–, M/N 5.–, KT zuzügl., WD inkl. Strom/N 9.– (16A)

81-831 Sopot, Pommern — PL 2090/2

15 ★★ »CAMPING PRZY PLAZY (NR. 67)« — 15.6. bis 31.8.
☎ 058/5516523 — 30 000 qm
www.camping67.sopot.pl, camping67@sopot.pl

→ Str. 7/E77 Gdańsk–Gdynia Abf. Sopot. ✉ ul. Bitwy pod Plowcami 73.

20 m, 50 m, 200 m

Ufergelände mit einzelnen Bäumen. Wassersportmöglichkeiten. Ort 1.5 km entfernt. 250 Touristenplätze.
2007: P/N 11.–, K/N 7 bis 16 J. 8.90, J/N 9.90, A/N 9.–, C/N 12.–, MC/N 21.–, T/N 7.–/9.–/12.–, M/N 6.–, KT 3.40, WD zuzügl. Strom/N 9.– (16A). DCC/CCI 10% auf P/N.

82-103 Stegna Port, Pommern — PL 2120/1

20 ★★ »CAMPING NR. 180« — 1.5. bis 30.9.
☎ 055/2478294, Mobil 0600220777 — 47 000 qm
www.mierzeja.pl, camp180@mierzeja.pl

→ Straße 501 Gdańsk–Stegna. Im Ort beschildert. ✉ ul. Morska 15.

100 m, 300 m

Auf ein Hügel liegendes ebenes, unparzelliertes und sandiges Waldgelände. Imbiss. Billard. Ort 3 km entfernt. 240 Touristenplätze.
2007: P/N 13.–, K/N 4 bis 12 J. 10.–, A/N 10.–, C/N 15.–, MC/N 24.–, T/N 8.–/10.–, M/N 5.–, H/N 5.–, KT zuzügl. WD inkl. Strom/N 9.– (6A).

82-103 Stegna, Pommern — PL 2120/2

15 ★★★ »CAMPING NR. 159« — 1.5. bis 15.9.
☎ 055/2478303, Fax 2478034 — 17 000 qm
www.camp.pl, camp@camp.pl

→ Straße 501 Gdańsk–Stegna. Im Ort beschildert. ✉ ul. Morska 26 (GPS: 54°12'18'' N / 19°04'13'' E).

82-120 Krynica Morska, Pommern — PL 2130

400 m, 2.5 km

Größtenteils ebenes und sandiges Wiesengelände in einem Mischwald. Familiäre Atmosphäre. Reiten und Kureinrichtungen in der Nähe. Ort 2 km entfernt. 100 Touristenplätze.
2008: (HS) P/N 12.–, K/N 5 bis 12 J. 9.–, A/N 10.–, C/N 15.–, MC/N 20.–, T/N 10.–, M/N 5.–, H/N 4.–, KT zuzügl. WD inkl. Strom/N 8.– (10A). In NS Erm. DCC/CCI 10% auf P/N.

20 ★★★ »CAMPING GALLUS (NR. 159)« — 1.5. bis 30.9.
☎ Fax 055/2476126, www.camp.pl, camp@camp.pl — 35 000 qm

→ Str. 501 Gdańsk–Stegna–Piaska Abf. Krynica Morska. Im Ort beschildert. ✉ ul. Marynarzy 2.

100 m

Stark geneigtes, hügeliges Waldgelände bei einer Hotelanlage. Für Caravans bedingt geeignet. FW. Billard. Ort 2 km entfernt. 200 Touristenplätze.
2007: (HS) P/N 10.70, K/N 3 bis 12 J. 7.49, A/N 8.56 bis 10.70, C/N 10.70 bis 12.84, MC/N 21.40, T/N 7.49 bis 12.84, M/N 6.48, WD zuzügl. Strom/N 9.15– (16 A). In NS Ermäßigung.

83-333 Zawory-Chmielno, Pommern — PL 2200

15 ★★ »CAMPING TAMOWA« — 1.1. bis 31.12.
☎/Fax 058/6842535 — 180 m — 20 000 qm
www.tamowa.pl, tamowa@agrowakacje.pl

→ Straße 7/211 Gdańsk–Kartuzy und weiter bis Garcz. An der Ampel nach Chmielno abbiegen. Hier beschildert, noch ca. 400 m Sandstraße. ✉ Zawory 47.

1 km, 1.2 km

Von Hecken und Bäumen durchzogenes, sandiges Wiesengelände an einem großen See mit Badesteg und Liegewiese. Unparzelliert und terrassiert. Familiäre Atmosphäre. Kabel-TV. W-LAN. Bar. Imbiss. Kiosk. Brötchenservice. Billard. Überdachter Grillplatz mit Sitzgelegenheit. Zimmer und FW. Ort 1.2 km entfernt. 120 Touristenplätze.
2007: P/N 9.–, K/N 3 bis 10 J. 5.–, A/N 6.–, C/N 6.–, MC/N 12.–, T/N 4.–, M/N 4.–, H/N 7.–, KT 1.20, WD 2.–, Strom/N 7.– (10–16A).

83-320 Suleczyno, Pommern — PL 2230

10 ★★ »CAMPING NR. 51« — 1.5. bis 30.9.
☎ 058/6844054 — 25 000 qm

→ Str. 209 Kościerzyna–Bytów. Hier Abf. in nordöstl. Richtung.

500 m, 1.5 km

Ansteigendes unparzelliertes Ufergelände in einem Kiefernwald. Wassersportmöglichkeiten. Ort 1.5 km entfernt. 50 Touristenplätze.
2007: P/N 8.–, A/N 5.–, C/N 5.–, WD inkl. Strom/N 8.50.

83-047 Przywidz, Pommern — PL 2260

10 ★★★ »CAMPING NR. 20« — 1.5. bis 30.9.
☎/Fax 058/6825265 — 20 000 qm
www.camping.vti.pl, biuro@camping.vti.pl

→ Str. 6/E28 Rumia–Tczew Abf. Kawale in Richtung Koscierzyna. ✉ ul. Gdanska 19.

200 m

Teils ebenes, teils ansteigendes Wiesengelände am See Przywidz und am Ortsrand. 120 Touristenplätze.
2007: P/N 8.–, K/N 4 bis 10 J. 4.–, J/N 7.–, A/N 4.–, C/N 8.–, MC/N 10.–, T/N 4.–, KT 1.50, WD zuzügl., Strom/N 8.– (10A). DCC/CCI 10% auf P/N.

82-200 Malbork, Pommern — PL 2290

20 ★★ »CAMPING NOGAT (NR. 197)« — 1.4. bis 30.10.
☎/Fax 055/2722413 — 15 000 qm
www.osirmalbork.pl, hotel@osirmalbork.pl

→ Str. 1/E75 Gdańsk–Bydgoszcz Abf. Czarlin in östlicher Richtung auf der Straße 22. Über die Brücke in Richtung Zentrum und weiter in Richtung Zamek Krzyzacki. Beschildert mit »Hotel Camping197«. ✉ ul. Parkowa 3.

Teilweise parzelliertes Wiesengelände mit Bäumen. Günstig für den Besuch von Malbork. Café. Ort 800 m entfernt. 100 Touristenplätze.
2007: P/N 14.–, K/N 4 bis 10 J. 7.–, J/N 12.60, A/N 12.–, C/N 16.–/20.–, MC/N 26.–, T/N 8.–/14.–, M/N 10.–, H/N 8.–, KT 1.60, WD inkl. Strom/N 10.– (16A).
DCC/CCI 10% auf P/N.

87-100 Toruń, Kujawien-Pommern PL 2400

»CAMPING TRAMP (NR. 33)« 1.5. bis 30.9.
Tel./Fax 056/6547187 26 000 qm
www.tramp.mosir.torun.pl, tramp@mosir.torun.pl

→ An der Straße. 1/E75 Toruń–Wloclawek. Gegenüber dem Bahnhof. ul. Kujawska 14.

Ebenes Wiesengelände am Südufer der Wisla. Günstig für Stadtbesuch. FW. Imbiss. Brötchenservice. Kiosk. W-LAN. Ort 1 km entfernt. 90 Touristenplätze.
2007: P/N 8.–, A/N 9.–, C/N 15.–, MC/N 26.–, M/N 10.–, H/N 3.–, WD inkl. Strom/N 8.– (16A).

88-170 Pakość, Kujawien-Pommern PL 2450

»CAMPING PAKOSC« 1.5. bis 15.9.
Tel. 0692637635 30 000 qm
www.campingpakosc.nl, info@campingpakosc.nl

→ Str. 251 Znin–Inowroclaw bis kurz vor Pakosc, abbiegen Richtung Wojdal und der Beschilderung folgen, noch ca. 3 km. Ulica Mielno 11 (GPS: 53°50′33″ N / 18°04′52″ E).

Unparzelliertes, ebenes u. leicht abfallendes Wiesengelände am Mielno-See. Durch Laubbäume aufgelockert und von Wäldern umgeben. Niederländische Leitung. Imbiss. Bar. Boccia. Ort 3 km entfernt. 50 Touristenplätze.
2008: (HS) (€) P/N 3.50, K/N ab 12 J. 2.50, A/N 2.–, C/N 3.50, MC/N 5.50, H/N 3.50, M/N 2.–, B/N 2.–, H/N 1.–, WD inkl. Strom/N 3.– (6A). In NS Erm.

82-300 Elblag, Ermland-Masuren PL 3000

»CAMPING NR. 61« 1.4. bis 30.9.
Tel./Fax 055/6418666 10 000 qm
www.camping61.com.pl, camping@camping 61.com.pl

→ Str. 7/E77 Gda´nsk–Elblag. Hier südlich der Straßenbrücke. ul. Panienska 14.

Ebenes Wiesengelände mit Bäumen am Ostufer des Elblag-Kanals. FW. Ort 500 m entfernt. 80 Touristenplätze.
2007: P/N 12.–, K/N ab 4 J. 6.–, A/N 12.–, C/N 11.–, MC/N 17.–, T/N 5.– bis 9.–, WD inkl. Strom/N 7.– (16A).
DCC 10% auf P/N.

14-530 Frombork, Ermland-Masuren PL 3030

»CAMPING FROMBORK (NR. 12)« 1.5. bis 30.9.
Tel. 055/2437744, Mobil 0663731780 21 000 qm

→ Str. 504 Elblag–Braniwo Abf. Frombork. Im Ort beschildert. ul. Braniewska 14.

Ebenes, teilweise durch Hecken parzelliertes Wiesengelände. Etappenplatz. Meer 300 m, Ort 1 km entfernt. 120 Touristenplätze.
2007: (HS) P/N 10.–, K/N 5 bis 15 J. 5.–, A/N 10.–, C/N 10.–, MC/N 17.–, T/N 5.–, M/N 5.–, H/N 8.–, KT 1.60, WD inkl. Strom/N 7.–.

14-300 Kretowiny, Ermland-Masuren PL 3070

»CAMPING KRETOWINY (NR. 247)« 1.6. bis 30.9.
Tel. 089/7582430, 7582440 30 000 qm

→ Str. 7/E77 Elblag–Ostroda Abf. auf die Sraße 519 in östl. Richtung. Hier in Richtung Olsztyn abbiegen. Beschildert. Kretowiny 29.

Terrassiertes Wiesengelände durch Hecken parzelliert und von Wald umgeben am Nariesee. FW. Ort (Morag) 9 km entfernt. 99 Touristenplätze.
2007: P/N 9.–, K/N bis 10 J. 5.–, A/N 7.–, C/N 8.–/12.–, MC/N 15.–, T/N 6.–/8.–, M/N 5.–, H/N 5.–, WD 5.–, Strom/N 8.– (16A).

12-130 Pasym, Ermland-Masuren PL 3100

»CAMPING NR. 249« 1.5. bis 30.9.
Tel./Fax 089/6212152, Mobil 501986954 50 000 qm
camping249@wp.pl

→ Str. 53 Szczytno–Olsztyn Abf. Pasym. Hier in Richtung Stadtmitte. Am Sportplatz links. Beschildert. ul. Wypoczynkowa 3.
∴ Kirche 14. Jh., Ruinen Kreuzritterburg.

Ebenes bis leicht abfallendes, parzelliertes Wiesengelände mit Anpflanzungen an einem Bade- und Angelsee. Volleyball. Ort 1 km entfernt. 96 Touristenplätze.
2007: P/N 7.–, A/N 7.–, C/N 9.–, MC/N 12.–, T/N 7.–, KT zuzügl., WD inkl. Strom 9.– (16A).

12-210 Wygryny bei Ukta, Ermld.-Mas. PL 3150

»CAMPING KRUSKA PENSJONACIK« 1.1. bis 31.12.
Tel. 087/4231597, Fax 4236342 10 000 qm
www.ter-lid.com.pl, zbigre@orange.pl

→ Str. 16 Olsztyn–Elk Abf. Mikolajki auf die Str. 609 und über Bobrowko/Ukta bis vor Wolka. Hier links ab nach Wygryny, noch ca. 1.6 km (letzten 400 m schmaler, sandiger Weg). Wygryny 52. GPS: 53°41′17″ N / 21°32′55″ E

Unparzellierte, zum See leicht abfallende Wiese in einem Naturpark. Begrenzt von Büschen um Baumgruppen. Schilfbewachsenes Ufer mit Badesteg und Liegewiese. Familiäre Atmosphäre. FW. Bar. Brötchenservice. SAT-Anschluss. Separater Jugendplatz. Ort 300 m entfernt. 70 Touristenplätze.
2007: P/N 10.–, K/N bis 10 J. 5.–, A/N 5.–, C/N 10.–/15.–, MC/N 15.–, T/N 6.–, H/N 6.–, WD inkl. Strom/N 8.–.

11-700 Mragowo, Ermland-Masuren PL 3200/1

»CAMPING CEZAR (NR. 3)« 1.5. bis 31.8.
Tel./Fax 089/7412533 35 000 qm
http://mazury.info.pl/cezar/, cezar@mazury.info.pl

→ Straße 16 Olsztyn–Augustow Abf. Mragowo. Im Ort an der Straße nach Giżcko. ul. Jaszczurcza Gorá 1-6.

Ansteigend terrassiertes und durch Hecken parzelliertes Wiesengelände am Czos-See. Für Caravans weniger geeignet. Ort 2 km entfernt. 90 Touristenplätze.
2007: P/N 10.–, K/N bis 5 J. frei, A/N 5.–, C MC/N 20.–, T/N 10.–, H/N 2.–, WD inkl. Strom/N 8.– (16A) inkl.

11-700 Mragowo-Ruska Wies, E.-M. PL 3200/2

»CAMPING SEEBLICK« 1.1. bis 31.12.
Tel./Fax 089/7413155 143 m 20 000 qm
www.campingpension.de, janinabladosz@wp.pl

→ Straße 16 Olsztyn–Augustow Abf. Mragowo ca. 8 km in Richtung Ketrzyn. Ruska Wies 1 (GPS: 53°56′33″ N / 21°19′06″ E).

Terrassiertes, unparzelliertes und teilweise schattenloses Wiesengelände am Salent-See mit eigenem Strand, von Bäumen und Sträuchern umgeben. Wassersportmöglichkeiten. W-LAN. Brötchenservice. Ort (Mragowo) 8 km entfernt. 40 Touristenplätze.
2007: P/N 13.–, K/N bis 10 J. 8.–, J/N 10.–, C MC-St/N 14.–, T/N 15.–, M/N 10.–, WD und Strom (10 A) inkl. Pauschale: 2 P/N inkl. St/N, WD und Strom 40.–.
DCC 10% auf P/N.

DCC – DEIN PARTNER!

PL

✉ **11-700 Mragowo - Polska Wies,** E.-M. **PL 3200/3**

20 ★★★ »CAMPING MASUR NATUR« ⚬— Ostern bis Mitte Okt.
℡/Fax 089/7410096, Mobil 0604569064   5000 qm

→ Str. 16 Olsztyn – Augustów Abf. Mragowo auf die Str. 591 in Richtung Ketrzyn. Am Ortsrand links abbiegen in Richtung Wola. In Polska Wies beschildert, noch ca. 2 km schmale Sandstraße. ✉ Polska Wies 1.

Abfallendes, welliges und überwiegend schattenloses Wiesengelände oberhalb des Juno-Sees. Deutsche Leitung. Familiäre Atmosphäre. Brötchenservice. Ort (Polska Wies) 2 km entfernt. 60 Touristenplätze.
2007: 2 P/N inkl. St/N 50.–, WD und Strom (16 A) inkl.

✉ **11-732 Kosewo,** Ermland-Masuren **PL 3201**

20 ★★★ »CAMPING OSTOJA STARA BASN (Nr. 100)«
℡ 089/7424521   ⚬— 1.5. bis 30.9.
http://mazury.info.pl/starabasn/, starabasn@mazury.info.pl   25 000 qm

→ Str. 16 Olsztyn–Augustow Abf. ca. 6 km hinter Maragowo in Richtung Kosewo, beschildert. ✉ Kosewo 90.

Abfallendes unparzelliertes Wiesengelände mit Bäumen am See Probenskie. FW. Ort 500 m entfernt. 80 Touristenplätze.
2007: P/N 12.50, K/N bis 2 J. frei. A/N 8.–, C/N 13.–, MC/N 16.–, T/N 5.–, M/N 5.–, H/N 3.–, WD inkl., Strom/N 10.– (16 A).

✉ **11-730 Mikolajki,** Ermland-Masuren **PL 3210/1**

20 ★★★ »CAMPING CHRISTIAN« ⚬— 1.5. bis 30.9.
℡ 087/4213123, www.camping-masuren.de   20 000 qm

→ Straße 16 Olsztyn–Mikolajki Abf. Baranowo in Richtung Jora Wielka. In Jora Mala abbiegen, beschildert ✉ Jora Mala 36.
❖ Heilige Linde. Wolfschanze.

Leicht abfallendes, teilweise terrassiertes und unparzelliertes Wiesengelände am Westufer des Taltysees. Ort (Mikolajki) 9.5 km entfernt. 50 Touristenplätze.
2007: (€) P/N 3.50, K/N 1 bis 8 J. 2.50, A/N 2.–, C MC/N 7.50, T/N 3.70, M/N 2.–, WD und Strom (16 A) inkl.

✉ **11-730 Mikolajki,** Ermland-Masuren **PL 3210/2**

20 ★★★ »CAMPING WAGABUNDA« ⚬— 1.5. bis 30.9.
℡/Fax 087/4216018   46 000 qm
www.wagabunda-mikolajki.pl, wagabunda-mikolajki@wagabunda-mikolajki.pl

→ Str. 16 Olsztyn–Elk Abf. Mikolajki. Ab Ortsanfang unter die Brücke, dann rechts auf die Str. 609. Nach ca. 600 m links der 2. Campingplatz. Beschildert. ✉ ul. Lesna 2.
❖ Heilige Linde. Wolfschanze.

Terrassiertes, teilweise durch Hecken parzelliertes und überwiegend schattenloses Wiesengelände in Wald- und Seenähe. Zeltwiese. Bungalowanlage. Reservierung empfehlenswert. Imbiss. Brötchenservice. In der Nähe Wassersportmöglichkeiten. Ort 500 m entfernt. 120 Touristenplätze.
2007: (HS) P/N 12.–, K/N 4 bis 10 J. 6.–, A/N 10.–, C/N 18.–, MC/N 26.–, T/N 16.–, M/N 5.–, H/N 5.–, KT 2.–, WD inkl., Strom/N 10.– (16 A). In NS Erm.

✉ **11-610 Pozezdrze-Harsz,** Ermland-Ma. **PL 3250**

15 ★★★ »CAMP PARK SONATA« ⚬— 1.5. bis 30.9.
℡/Fax 087/4279509   240 000 qm
www.masuren.de, camping@masuren.de

→ Straße 16 Olsztyn–Augustow Abf. Mragowo auf die Str. 59 und über Ryn nach Gizycke. Weiter auf der Straße 63 in Richtung Wegorzewo. In Pozezdrze abbiegen nach Harsz. Der Campingplatz befindet sich ca. 2 km westlich Harsz.

Unparzelliertes, großzügiges und ebenes Wiesengelände zwischen zwei Seen auf einer Halbinsel. Teilweise mit Bäumen und von Wald umgeben. 600 m Uferzone. Badestelle mit Bootssteg. Kanu Bring- und Abholservice. Imbiss. SAT-TV. Separater Jugendplatz. Ort 3 km entfernt. 60 Touristenplätze.
TAX (€) 2007 P/N 2.–, K/N 3 bis 14 J. 1.–, A/N 1.–, C/N 6.–, MC/N 7.–, T/N 2.50, WD inkl., Strom/N 1.80 (16 A). Ab 5 Nächten 10% Ermäßigung.

✉ **11-600 Wegorzewo,** Ermland-Masuren **PL 3252**

15 ★★ »CAMPING RUSALKA (NR. 175)« ⚬— 1.5. bis 30.9.
℡/Fax 087/4272191, Fax 4272049   100 000 qm
www.cmazur.pl, info@cmazur.pl, camp.175@wp.pl

→ Str. 644 Mragowo–Godap Abf. ca. 3 km vor Wegorzewo in westlicher Richtung. Beschildert. ✉ ul. Lesna.

Ansteigendes Wiesengelände zwischen Wald und dem Nordufer des Swiecajy-Sees. Bungalow-Anlage. Ort 1 km entfernt. 148 Touristenplätze.
2007: (HS) P/N 8.–, K/N 5 bis 15 J. 7.–, A/N 4.–, C/N 13.–/16.–, MC/N 18.–, T/N 10.–, KT 1.70, WD inkl., Strom/N 6.–. In NS Ermäßigung.

 **DCC-Vertragsplatz**

✉ **04-867 Warszawa,** Masowien **PL 4000**

20 ★★★ »CAMPING WOK (NR. 90)« ⚬— 15.4. bis 15.10.
℡ 022/6127951, Fax 6156127   4000 qm
www.campingwok.warszawa.pl, wok@campingwok.warszawa.pl

→ Straße 2/E30 Poznań–Warszawa. An der Str. 801 im Südosten der Stadt, nahe dem Fluss Wisla. ✉ ul. Odrebna 16 (GPS: 52°17'47" N / 21°14'43" E).

Ebenes unparzelliertes Wiesengelände am Wald und in Flussnähe. Ort 10 km entfernt. 30 Touristenplätze.
2007: P/N 15.–, K/N 3 bis 14 J. 7.–, A/N 15.–, C/N 20.–/25.–, MC/N 30.–, T/N 15.–, M/N 8.–, B/N 20.–, WD inkl., Strom/N 10.– (16 A).
DCC/CCI 10% auf P/N.

✉ **07-100 Wegrow,** Masowien **PL 4050**

★★ »HOTEL CAMPING NAD LIWCEM (Nr. 246)« Mai bis Sept.
℡ 025792/2668, Fax 792/2818   20 000 qm

→ Straße 2/E30 Warszawa–Siedlce. Hier in nördlicher Richtung auf der Straße 63 bis Sokołow Podl. Hier weiter in westlicher Richtung bis Wegrow, beschildert. ✉ ul. Zeroskiego 24.

Unparzelliertes Wiesengelände mit einzelnen Bäumen bei dem dazugehörigen Hotel. Günstiger Etappenplatz. Ort 500 m entfernt. 40 Touristenplätze.

DCC-Vertragsplatz

✉ **27-600 Sandomierz,** Swietokrzyskie **PL 4300**

20 ★★★ »CAMPING BROWARNY (NR. 201)« ⚬— 1.5. bis 30.9.
℡ 015/8332703, Fax 8323050   26 000 qm
www.majsak.pl, majsak@poczta.fm, jmjsak@yahoo.com

→ Straße 79 Kraków–Sandomierz. Abf. Sandomierz, beschildert. ✉ ul. Zwirki i Wigury 1 (GPS: 50°40'48" N / 21°45'18" E).

Ebenes Wiesengelände mit einigen Bäumen und jungen Anpflanzungen unterhalb der Altstadt. W-LAN. Zentrum 300 m entfernt. 60 Touristenplätze.
2007: P/N 10.–, K/N bis 12 J. 5.–, A/N 10.–, C/N 12.–/20.–, MC/N 15.–/30.–, T/N 10.–, M/N 50.–, H/N 5.–, KT zuzügl., WD inkl., Strom/N 10.– (16A).
DCC 10% auf P/N.

✉ **26-085 Miedziana Góra,** Swietokrzyskie **PL 4320**

★ »CAMPING MOTO RAJ (NR. 115)« ⚬— Juni bis Mitte Sept.
℡/Fax 041/3034949, 3031660   87 000 qm
www.automobilklub.kielce.pl, tor-kielce@automobilklub.kielce.pl

→ Straße 7 Krakow–Radom Abf. Kielce auf die Straße 74 in Richtung Piotrkow–Trybunalski, beschildert. Im Ort beim Sport- und Rennbahngelände.

Unparzelliertes Clubgelände in einem Kiefernwäldchen mit Lichtungen bei der Rennbahn. Volleyball. Ort (Kielce) 10 km entfernt. 150 Touristenplätze.

✉ 42-200 Czestochowa, Schlesien — PL 5000

★★★ »CAMPING OLENKA (NR. 76)« — 1.1. bis 31.12.
☎/Fax 034/3606066 — 30 000 qm
www.mosir.pl, camping@mosir.pl

→ Straße 46 Opole–Czestochowa, nahe der Basna Góra, beschildert. ✉ ul. Olenki 22/30.

Leicht abfallendes unparzelliertes Wiesengelände mit Bäumen, sowie einige betonierte Moca-Stellplätze. Ort 1 km entfernt. 160 Touristenplätze.
2007: P/N 15.–, A/N 12.–, C/N 15.– bis 18.–, MC/N 18.–, T/N 15.–, M/N 5.–, WD inkl., Strom/N 13.– (10 A).
CCI 10% auf P/N.

✉ 43-316 Bielsko Biala, Schlesien — PL 5050

★★★ »CAMPING POD DEBOWCEM (NR. 99)« — 1.5. bis 31.10.
☎ 033/8216181 — 480 m — 10 000 qm
www.camping.org.pl, 99@camping.org.pl

→ Straße 942 Bielsko-Biala–Szczyrk. Bis zum Ende der Beschilderung Seilbahn (Szyndzielnia) folgen und dann rechts. ✉ ul. Karbowa 15.

Terrassiertes und mit niederen Hecken parzelliertes Wiesengelände. Ort 8 km entfernt. 75 Touristenplätze.
2008: P/N 16.–, K/N 8.–, A/N 8.–, C/N 12.–, MC/N 20.–, T/N 6.–/10.–, M/N 4.–, WD inkl., Strom/N 12.– (6 A).

✉ 32-252 Kraków, Kleinpolen — PL 5100/1

★★★ »CAMPING SMOK (NR. 46)« — 1.1. bis 31.12.
☎ 012/4298300, Fax 4297266 — 200 m — 17 000 qm
www.smok.krakow.pl, info@smok.krakow.pl

→ A4 Katowice–Kraków. In Kraków dem blauem Campingschild Nr. 46 folgen. ✉ ul. Kamedulska 18 (GPS: 50°02'47" N / 19°52'52" E).

Im unteren Teil ebene Wiese mit Bäumen und teilweise Heckenparzellierung. Der obere, auf einem Hügel liegende, Teil terrassiert und mit geschotterten Wegen. Die Auffahrt ist gepflastert. Zentrum 4 km entfernt. 50 Touristenplätze.
2008: P/N 20.–, K/N 4 bis 14 J. 10.–, A/N 10.–, C/N 15.–, MC/N 20.–, T/N 12.–/15.–, M/N 10.–, H/N 4.–, KT 1.60, WD inkl., Strom/N 10.– (6 A).

✉ 31-314 Kraków, Kleinpolen — PL 5100/2

★★★ »CAMPING CLEPARDIA (NR. 103)« — 15.4. bis 15.10.
☎ 012/4159672, Fax 6378063 — 280 m — 50 000 qm
www.clepardia.pl, clepardia@onet.eu, campclep@poczta.onet.pl

→ A4 Katowice–Kraków. In Kraków im Bialopradnicki-Park. Aus allen Richtungen beschildert. ✉ ul. Pachonskiego 28 A.

Durch Spurstreifen aus Rasengittersteinen parzelliertes Wiesengelände bei den Sportschwimmbädern. Zentrum 4 km entfernt. 80 Touristenplätze.
2008: P/N 22.–, K/N 5 bis 15 J. 11.–, A/N 10.–, C/N 15.–, MC/N 20.–, T/N 10.–, M/N 8.–, KT 1.60, WD inkl., Strom/N 12.– (10 A).
DCC/CCI NS/HS 10/5% auf P/N und St/N.

✉ 32-031 Gaj bei Kraków, Kleinpolen — PL 5120

★★★ »CAMPING KORONA (NR. 241)« — 1.5. bis 15.9.
☎/Fax 012/2701318 — 35 000 qm
www.camping-korona.com.pl, biuro@camping-korona.com.pl

→ Straße 7/E77 Kraków–Zakopane Abf. hinter der Stadtgrenze Kraków nach Gaj, beschildert. ✉ ul. Myslenicka 32 (GPS: 49°57'44" N / 19°53'34" E).

DCC-Mitglieder fahren mit Auslands-Schutzpaß! und SIE?

Teilweise leicht abfallendes Wiesengelände mit jungen Bäumen und einem kleinen Fischteich. Günstig für Besuche von Kraków und Zakopane. Kiosk. W-LAN. Volleyball. Billard. Ort (Kraków) 10 km entfernt. 120 Touristenplätze.
2007: P/N 15.–, K/N 5 bis 10 J. 10.–, A/N 10.–, C/N 14.–, MC/N 14.–/ 20.–, T/N 10.–/12.–/14.–, M/N 6.–, WD inkl., Strom/N 8.– (6 A).

✉ 32-020 Wieliczka, Kleinpolen — PL 5140

★★ »CAMPING-MOTEL WIERZYNKA« — April bis Sept.
☎/Fax 012/2783614 — 370 m — 5000 qm
www.nawierzynka.pl, motel@nawierzynka.pl

→ A4/E40 Kraków–Tarnow Abf. Wieliczka, beschildert. ✉ ul. Wierzynka 9.

Ebenes Wiesengelände und teilweise geschotterte Stellflächen bei einem Motel. Behindertengerechte Einrichtungen und W-LAN im Motel. Brötchenservice. Fitnessraum Billard. Ort 1 km entfernt. 30 Touristenplätze.

✉ 34-500 Zakopane, Kleinpolen — PL 5190

★★★ »CAMPING POD KROKWIA (NR. 97)« — 1.1. bis 31.12.
☎/Fax 018/2012256 — 800 m — 31 000 qm
www.podkrokwia.pl, camp@podkrokwia.pl

→ Str. 7/E77 Kraków–Zakopane. Beschildert. ✉ ul. Zeromskiego 26.

Welliges, teilweise lichtes und unparzelliertes Waldgelände. Skisprungschanzen am gegenüberliegenden Hang. Günstig für Ausflüge in die Tatra. Ort 2 km entfernt. 150 Touristenplätze.
2007: P/N 12.–, K/N 4 bis 10 J. 6.–, A/N 12.–, C/N 16.–/22.–, MC/N 30.–, T/N –./16.–, M/N 7.–, WD inkl., Strom/N 12.– (10/16 A).

✉ 37-200 Przeworsk, Karpatenvorland — PL 5200

★★★ »CAMPING PASTEWNIK (NR. 221)« — 1.5. bis 1.10.
☎ 016/6492300, Fax 6492301 — 31 000 qm
www.pastewnik.prv.pl, zajazdpastewnik@hot.pl

→ Str. 4/E40 Reszów–Jaroslaw Abf. Przeworsk. ✉ ul. Lancucka 2. Freilichtmuseum.

Ebenes unparzelliertes Wiesengelände mit Büschen und einzelnen Bäumen am Fluss Biala. W-LAN. 60 Touristenplätze.
2007: (HS) P/N 19.–, K/N bis 15 J. 14.50, St/N inkl., WD inkl., Strom/N 10.– (16 A).

✉ 51-612 Wroclaw, Niederschlesien — PL 6000

★★ »CAMPING KLUB SPORTOWY (NR. 117)« — 1.5. bis 15.10.
☎/Fax 071/3484651 — 20 000 qm

→ Str. 5 Grenze Görlitz/Zgorzelec–Wroclaw. Hier auf die Str. Nr. 8 zum nordöstl. Stadtrand, der Beschilderung Stadion »Olimpia« folgen. ✉ ul. Paderewskiego 35.

Ebenes, schattenloses und unparzelliertes Wiesengelände im Bereich des Olympia-Stadions. Bungalowsiedlung. Ort 4 km entfernt. 100 Touristenplätze.
2008: P/N 15.–, K/N bis 6 J. frei, J/N 10.–, A/N 7.50, C/N 12.–, MC/N 15.–, T/N 4.50, M/N 4.50, H/N 3.–, WD inkl., Strom/N 8.– (10A).
DCC/CCI 10% auf P/N.

✉ 58-560 Cieplice, Niederschlesien — PL 6100

★★★ »CAMP SLONECZNA POLANA (NR. 164)« — 1.5. bis 30.9.
☎/Fax 075/7552566 — 500 m — 23 000 qm
www.campingpolen.com, info@campingpolen.com

→ Straße 3/E65 Grenze Harrachow/Jakuszyce–Belaniafora Abf. Cieplice, beschildert. ✉ ul. Rataja 9 (GPS: 50°51'56" N / 15°39'50" E).

Ebenes, meist schattenloses und parzelliertes Wiesengelände am Naturpark Karkonosze. Familiäre Atmosphäre. W-LAN. Imbiss in HS. Kinderspielhaus. Volleyball. Boule. Boccia. Zentrum 500 m entfernt. 70 Touristenplätze.
2007: (HS) (€) P/N 2.60, K/N 4 bis 12 J. 1.30, A/N 2.–, C T/N 3.50, MC/N 5.50, M/N 2.–, H/N 1.30, KT –.50, WD inkl., Strom/N 3.50 (6A). In NS Erm.

PL

58-500 Jelenia-Góra, Niederschlesien PL 6110

»AUTOCAMPING "PARK" (NR. 130)« 1.1. bis 31.12.
☎/Fax 075/7524525 350 m 13 000 qm
www.camping.karkonosz.pl, campingpark@interia.pl

→ Straße 3/E 65 Grenze CZ/PL Jakuszyce–Jelenia Gora Abf. Jelenia Góra auf die Straße 367 in Richtung Karpacz. Der Beschilderung »Camping Nr. 130« folgen. ul. Sudecka 42.

Ebenes, unparzelliertes und terrassiertes Wiesengelände mit hohen Bäumen in Ortslage. Zentrum 700 m entfernt. 80 Touristenplätze.
2008: P/N 10.–, K/N 7 bis 11 J. 5.–, A/N 7.–, C/N 10.–, MC/N 17.–, T/N 9.–, M/N 4.–, H/N 5.–, KT 1.72, WD inkl., Strom/N 10.–. DCC/CCI ab 3 Nächte Aufenthalt 10% auf P/N.

58-535 Milkow, Niederschlesien PL 6150

»WISNIOWA POLANA« 1.5. bis 30.9.
☎ 075/7610344 6500 qm
www.camping-milkow.karkonosz.pl, camping-milkow@karkonosz.pl

→ Straße 30 Grenze Görlitz/Zgorzelec Abf. Jelenia Góra in südl. Richtung auf die Str. 367 nach Kowary. Im Ort rechts abbiegen auf die Str. 366 nach Sciegny und weiter nach Milkow. Beschildert.

Unparzelliertes, leicht welliges Wiesengelände mit altem Baumbestand in Flussnähe. Durch Laubbäume aufgelockert. Zeltwiese. Familiäre Atmosphäre. Bar. Disko-Abende. Musikpavillon. Heil- und Entspannungsmassagen. Brötchenservice. Volleyball. Ort 300 m entfernt. 80 Touristenplätze.
2007: P/N 10.–, K/N bis 12 J. 6.–, A/N 7.–, C/N 10.– bis 11.–, MC/N 9.– bis 18.–, T/N 8.– bis 10.–, M/N 5.–, H/N 5.–, KT 1.50, WD inkl., Strom/N 10.– (10 A).

57-431 Woliborz, Niederschlesien PL 6200

»CAMPING LESNY DWOR (NR. 196)« 1.1. bis 31.12.
☎/Fax 074/8724590 480 m 20 000 qm
www.waldgut.de, waldgut@waldgut.de

→ Str. 381 Klodzko–Walbrzych Abf. Nowa Ruda in östl. Richtung, noch 6 km. Woliborz 12 b.

Wiesengelände mit Bäumen im ehemaligen Park eines Gutes und bei der dazugehörigen Pension. Familiäre Atmosphäre. Café. FW. Ort (Nowa Ruda) 6 km entfernt. 40 Touristenplätze.
2007: (HS) P/N 12.–, K/N bis 7 J. 4.–, A/N 10.–, C/N 11.– bis 15.–, MC/N 18.–, T/N 6.– bis 12.–, M/N 5.–, H/N 6.–, WD inkl., Strom/N 10.– (16 A). In NS Ermäßigung.
DCC/CCI 10% auf P/N.

57-320 Polanica Zdrój, Niederschlesien PL 6250

»CAMPING NR. 169« 1.1. bis 31.12.
☎ 074/8681210, Fax 8681211 10 000 qm
www.osir.polanica.pl, osir.polanica@neostrada.pl

→ Grenze Náchod/Kudowa–Klodzko Abf. ca. 4 km hinter Duszniki in südl. Richtung. In Polanica im Sportzentrum neben dem Schwimmbad. ul. Sportowa 7.

Teilweise parzelliertes Wiesengelände mit Anpflanzungen. FW. Ort 1.5 km entfernt. 100 Touristenplätze.
2008: P/N 10.–, K/N 2 bis 14 J. 7.–, A/N 8.–, C/N 10.–, MC/N 15.–, T/N 9.–, M/N 5.–, H/N 5.–, WD inkl., Strom 10.– (16 A).

46-233 Baków PL 6300

»CAMPING BAKÓW (NR. 23)« 1.5. bis 30.9.
☎ 077/4180586 190 m 20 000 qm
www.magnolia-park.pl, park@magnolia-park.pl

→ Straße 11 Ostrow WLKP–Kluczbork–Lubliniec Abf. Baków. Im Ort beschildert.

Ebenes, gärtnerisch schön gestaltetes Wiesen- und Waldgelände. Angrenzend das dazugehörige Schwimmbad mit Sportbereich. Dahinter ein kleiner See (Badeverbot). Ort 3 km entfernt. 50 Touristenplätze.
2007: P/N 4.–, K/N bis 7 J. 1.50, C MC-St/N 18.–/20.–, T-St/N 3.50/4.50.–, WD inkl., Strom (10 A) zuzügl.

66-626 Bronków, Lubuskie PL 7000

»PARK MAGNOLIA« 1.4. bis 31.10.
☎ 068/4572304, 068/3913374, 033832/40252, Fax 4572309 20 000 qm
www.magnolia-park.pl, park@magnolia-park.pl

→ Straße 32 Guben–Zielona Gora Abf. auf die Straße 287 in Richtung Zary. Durch Dychów hindurchfahren und dann rechts ab nach Bronków. Beschildert.

Ebenes, unparzelliertes Wiesengelände direkt am See. Durch Laubbäume aufgelockert und von Wald umgeben. Liegewiese und Badesteg. Deutsche Leitung. Tretbootverleih. Ort 600 m entfernt. 50 Touristenplätze.
2007: (€) P/N 1.80, K/N 3 bis 14 J. –.80, C MC-St/N 7.50, T-St/N 5.50.–, WD inkl., Strom 1.60.

DCC-Vertragsplatz

69-200 Sulecin, Lubuskie PL 7100

»CAMPING MARINA« 1.4. bis 31.10.
☎/Fax 095/7552294 72 m 40 000 qm
www.camping-marina.eu, infos@camping-marina.eu

→ Straße 2/E 30 Frankfurt/Oder–Swiebodzin Abf. Torzym in nördl. Richtung auf die Str. 138 in Richtung Sulecin über Maluszow und Tursk. Nach weiteren 2.8 km rechts zum Campingplatz. Beschildert. Ostrow 76.

Ebenes und teilweise parzelliertes Wiesengelände in der Sulecinez Schweiz. Mit vielen Birken am Waldrand und am Ostrow-See gelegen. Separate Zeltwiese. Imbiss. Kiosk. Brötchenservice. Volleyball. Billard. Ort (Ostrow/Sulecin) 1.5/3 km entfernt. 140 Touristenplätze.
2007: (HS) (€) P/N 3.–, K/N 2.50, A/N 1.–, C MC/N 10.–, T/N 3.–, H/N 1.–, WD inkl., Strom/N 2.– (16 A). In NS Ermäßigung.
DCC 10% auf P/N.

62-081 Baranowo, Grosspolen PL 7290

»CAMPING BARANOWO TURIST (NR. 30)« 1.4. bis 31.10.
☎ 061/8142812, Fax 8142728 45 000 qm
www.webon.pl/camping_nr30_baranowo

→ Straße 2/E 30 Pniewy–Poznań Abf. ca. 11 km vor Poznań in Richtung Szamotuly abbiegen. Beschildert.

Leicht abfallendes unparzelliertes Wiesengelände mit Büschen und Bäumen beim See Kierski. Ort 500 m entfernt. 150 Touristenplätze.
2007: (HS) P/N 9.–, K/N 4 bis 10 J. 8.–, A/N 7.–, C/N 12.–, MC/N 19.–, T/N 8.–, M/N 5.–, B/N 7.–, H/N 6.–, WD inkl., Strom/N 7.– (16 A). In NS Erm.

61-036 Poznań, Grosspolen PL 7300

»CAMPING MALTA (NR. 155)« 1.1. bis 31.12.
☎ 061/8766203, Fax 8766283 35 000 qm
www.posir.poznan.pl, camping@malta.poznan.pl

→ A 2/E 30 Frankfurt/Oder–Poznań Abf. Poznań auf die Straße 5/11 in Richtung. Beschildert. ul. Krancowa 98.

Ebenes und parzelliertes Wiesengelände an der Regattastrecke am Nordufer des Malta-Sees. Bungalowsiedlung und dazugehöriges Hotel. Günstig für Stadtbesuch. Brötchenservice. W-LAN. Bademöglichkeit 1 km, Ort 4 km entfernt. 77 Touristenplätze.
2007: P/N 10.–, K/N 5 bis 10 J. 8.–, A/N 8.–/12.–, C/N 9.–/12.–, MC/N 20.–, T/N 6.–/8.–, M/N 5.–, KT inkl, WD inkl., Strom/N 10.– (16 A).

✉ **62-300 Września**, Grosspolen   **PL 7390**

10 ★★ »CAMPING NR. 190«   Juni bis Okt.
☏ 061/4370045, Mobil 784145565   20000 qm
→ A2/E30 Poznań–Konin Abf. Września. ✉ ul. Swietokrzyska 14/16.

200 m
Parzelliertes Ufergelände mit Büschen und Bäumen am Fluss Wrzesnica. 120 Touristenplätze.
2007: P/N 4.–, A/N 3.–, C MC/N 10.–, T/N 3.–, WD inkl. Strom/N 10.– (16 A).

✉ **63-422 Antonin**, Grosspolen   **PL 7500**

★★ »CAMPING LIDO (NR. 26)«   Mai bis Sept.
☏ 062/7348194   160 m   23000 qm
→ Straße 8/E67 Wroclaw–Warszawa Abf. hinter Olesnica auf die Straße 25 nach Antonin, beschildert. ✉ ul. Wroclawska 6.

20 m   100 m
Ebenes Wiesengelände unter Bäumen an einem öffentlichen Badesee. Wassersportgeräte-Verleih. Billard. Ort 200 m entfernt. 50 Touristenplätze.

RUMÄNIEN

Übersichtskarte Seite 881
Besondere Vorschriften und Regelungen

Personaldokumente: Deutsche Staatsbürger benötigen einen mindestens noch 6 Monate gültigen Reisepass, Personalausweis oder Kinderaus (mit Lichtbild) für einen Aufenthalt Im Kinderausweis muss die Nationalität »Deutsch« vermerkt sein.

Visum: Bis zu einem Aufenthalt von 90 Tagen ist kein Visum erforderlich.

Impfbescheinigungen: Werden nicht verlangt.

Dokumente für Haustiere: Im privaten Reiseverkehr benötigen Hunde und Katzen ein amtstierärztliches Gesundheitszeugnis, das nicht älter als 10 Tage sein darf, sowie den Nachweis einer Tollwutimpfung, die zum Zeitpunkt der Einreise mindestens 1 Monat, höchstens aber 12 Monate zurückliegt. Detaillierte Informationen sind rechtzeitig vorab beim Tierarzt einzuholen. Spezielle Auskünfte –auch bei Mitnahme anderer Haustiere– erteilt die Botschaft für Rumänien: Dorotheenstraße 62-66, 10117 Berlin, Tel. 030/21 23 02, Fax 030/21 23 93 99 oder das Landwirtschaftsministerium: Ministry of Agriculture and Food, General Division for European Integration, 24, Carol 1 Blvd., sector 3, Bukarest/Rumänien, Tel. (0040 21) 311 22 76, Fax (0040 21) 312 12 49.
Jeglicher Kontakt zu streunenden Hunden, Katzen oder zutraulich wirkenden Wildtieren sollte vermieden werden.

Kfz: Nationaler Führerschein und nationale Zulassung sind ausreichend. Wir empfehlen die Mitnahme des Internationalen Führerscheins. Das Nationalkennzeichen «D« muss an allen Fahrzeugen, auch an Anhängern angebracht sein, auch dann, wenn es bereits im Nummernschild enthalten ist. Es besteht Haftpflichtversicherungszwang. Die »Internationale Grüne Versicherungskarte« ist Vorschrift. Ohne diese muss an der Grenze eine Kurzhaftpflichtversicherung abgeschlossen werden. Wird das Fahrzeug nicht vom Eigentümer selbst benutzt, ist eine amtlich beglaubigte Benutzungsvollmacht mitzuführen. Für Caravans und Gepäckanhänger sollte ein Inventarverzeichnis mitgeführt werden, um die Zollabfertigung zu erleichtern.

Verkehrsvorschriften: An nicht gekennzeichneten Kreuzungen Vorfahrt rechts vor links. Kreisverkehr und Straßenbahnen haben immer Vorfahrt. Überholverbot auf Brücken. Bei einem Unfall muss immer die Polizei verständigt werden und es darf am Unfallort nichts verändert werden. Falls Kfz-Schäden bei der Einreise vorhanden sind, ist eine Bestätigung am Grenzübergang erforderlich. Es besteht Anschnallpflicht und absolutes Alkoholverbot.

Straßengebühren: Seit dem 1.1.2005 ist in Rumänien eine neue Straßenbenutzungsgebühr in Kraft getreten, die je nach Umweltfreundlichkeit des Motors (Euro-Norm) bzw. der Art des verwendeten Treibstoffs und der Dauer des Aufenthaltes berechnet wird.

Tempolimits: Innerorts: Pkw/Gespanne 50 km/h, Landstraßen: Pkw/Gespanne 90/80 km/h, Moca über 3.5 t 70 km/h, Autobahnen und Schnellstraßen: Pkw/Gespanne 120/90-100 km/h, Moca über 3.5 t 90 km/h.

Telefon: Deutschland–Rumänien: 0040. Rumänien–Deutschland: 0049.

Unfallnotruf: Polizei: 955, Unfallrettung: 961, Feuerwehr 981, Notruf 112. Pannenhilfe leistet der Rumänische Autoclub (Automobil Clubul Român) von 8-20 Uhr unter Tel. 021/222 22 22, 222 15 53, www.acr.ro. Pannenhilfe in Bukarest: 021/317 82 53, 224 39 46, Fax 224 39 46.

Devisen: Die Ein- und Ausfuhr von Landeswährung ist bis zu einem Betrag von 500 000 Lei gestattet. Die Ein- und Ausfuhr von Fremdwährungen bis zum Betrag von $10 000.–. Ab dieser Summe ist eine Deklaration vorgeschrieben. Umtauschbescheinigungen aufbewahren.

Camping: Die Campingsaison in Rumänien beginnt am 1. Mai und endet am 30. September. Das Campingwesen ist im Aufbau begriffen. Auf vielen Campingplätzen kann man Leihzelte mieten. Freies Campen ist verboten. Die Stromspannung ist auf 220 V Wechselstrom (50 Hz) ausgelegt (Zweifach-Stecker). Wir empfehlen einen Adapter mitzunehmen.

Allgemeine Informationen:

D-10787   **Berlin**, Rumänisches Touristamt, Budapester Str. 20 a
            Tel. 030/241 90 41, Fax 030/247 52 0 20
            www.rumaenien-tourismus.de, www.mtromania.ro
            berlin@rumaenien-tourismus.de

D-80335   **München**, Rumänisches Touristamt, Dachauer Str. 32-34
            Tel. 089/51 56 76 87, Fax 089/51 56 76 89
            muenchen@rumaenien-tourismus.de, www.mtromania.ro
            muenchen@rumaenien-tourismus.de

Vertretung der Bundesrepublik Deutschland:

RO-011848   **Bukarest**, Deutsche Botschaft
              Strada Cpt. AV Gheorghe Demetriade 6-8
              Tel. 0040 21/202 98 30, Fax 0040 21/202 58 46
              botschaft@deutschebotschaft-bukarest.ro

Ausführliche Einreisebestimmungen mit detaillierten Angaben zu den Themen Reisedokumente, Zoll- und Devisenbestimmungen, Reisen mit dem Kraftfahrzeug, Camping und der Aufenthalt im Urlaubsland sind bei der Touristik-Abteilung des DCC gegen Rückporto erhältlich.

Campingplätze:

Gebühren-Angaben in Landeswährung oder in Euro.
Währungseinheit: 1 Rumänischer Neuer Lei (RON) = 100 Bani
Devisenkurs: 1 LEI = ca. 0,30 Euro
                    1 Euro = ca. 3,36 RON. (Stand: Okt. 2007).

Bei Gebühren-Angaben mit der Vorjahreszahl muss eventuell mit einer Anhebung der Gebühren für das laufende Jahr gerechnet werden. Außerdem können sich die angegebenen Öffnungszeiten verändert haben und es ist möglich, dass angegebene Ermäßigungen nicht mehr gewährt werden.

✉ **3733 Băile Felix**, Oradea   **RO 1010**

★★ »CAMPING 1. MAI«   Mai bis Sept.
☏ 0259/318264, 0744857864   10000 qm
→ DN76/E79 Oradea–Deva. Bei Km 176 links abbiegen, ab Stadtzentrum beschildert.

W 300 m
Waldgelände in Thermalbadnähe. Hotel mit Restaurant. 70 Touristenplätze. Ort (Oradea) 9 km entfernt.

407310 Giläu bei Cluj-Napoca — RO 1040

[15] ★★★ »CAMPING ELDORADO« — 15.4. bis 15.10.
☎/Fax 0264/371688 — 450 m — 32 000 qm
www.campingeldorado.com, info@campingeldorado.com

→ DN 1/E60 Oradea–Cluj-Napoca, ca. 1 km westl. Giläu beschildert (GPS: 46°45'47" N / 23°22'48" E).

Ebenes, parzelliertes Wiesengelände mit einzelnen Bäumen und befestigten Wegen an einem Badesee mit Sandstrand. Niederländische Leitung. Zimmer. Familiäre Atmosphäre. Bar. Badminton. Brötchenservice. W-Lan. Organisierte Ausflüge. Disko, Reiten, Klettern, Angeln, Kanufahren in der Nähe. Ort (Cluj Nepoca) 17 km entfernt. 140 Touristenplätze.
2008: (HS) (€) P/N 3.50, K/N 4 bis 16 J. 2.–, A/N 1.–, C/N 3.–, MC/N 4.–, T/N 2.–/2.50, M/N 1.–, H/N 2.–, WD inkl., Strom/N 2.50 (8 A). In NS Erm. **CCI 5% auf P/N.**

545500 Făget Cluj — RO 1050

★ »CAMPING POPAS FĂGET« — 1.1. bis 31.12.
☎ 064/116227 — 6000 qm

→ DN 1/E60-81 Cluj-Napoca–Turda, bei Km 10 am Fuss des Feleac-Berges.

Parzelliertes Wald- und Wiesengelände. Bar. Zimmer. 100 Touristenplätze. Ort 6 km entfernt.

335401 Aurel Vlaicu bei Sebes — RO 1100

[15] ★★★ »CAMPING AUREL VLAICU« — 15.4. bis 30.9.
☎ 0254/245541, 0722/548499 — 300 m — 6500 qm
www.campingaurelvlaicu.ro, aurelvlaicu@email.ro, zeerom@zeelandnet.nl

→ Str. DN7/E68 Arad–Sebes. Platz liegt am Ortsende. Beschildert.
Stada Principale 155 (GPS: 45°54'54" N / 23°16'46" E).
Burg von Hunedoara. Bruckenthalmuseum in Sibiu. Büffelreservat in Hateg. Spa von Geoagia Bai (warmes Naturwasserschwimmbad).

Wiesengelände in ländlich-bäuerlicher Umgebung mit Blick auf die Transylvanischen Berge. Eben und überwiegend schattenlos. Unparzelliert und durch eine Straße zweigeteilt. Niederländische Leitung. Familiäre Atmosphäre. Zimmer. Grillbude. SAT-Anschluss. 40 Touristenplätze.
2008: (€) P/N 4.–, K/N 3 bis 12 J. 2.–, A/N 1.–, C/N 2.50, MC/N 3.50, T/N 2.–, M/N 1.–, H/N frei, WD inkl., Strom/N 2.50 (16 A).

555301 Cisnădioara bei Sibiu — RO 1155

[20] ★★★ »CAMPING ANANAS« — 1.5. bis 31.10.
☎ 0269/566066, 0741/746689 — 400 m — 10 000 qm
www.ananas7b.de, michael.benoehr@ananas7b.de

→ DN 1-7/E68-81 Sebes–Sibiu. In Sibiu auf die Straße 106 A/106 D nach Cisnădioara. Platz liegt ca. 1 km westlich von Cisnădioara am Ortsanfang. Str. Cimitirului 32 (GPS: 45°42'43" N / 24°08'51" E).

Ebenes, überwiegend schattenloses Wiesengelände in einer Obstplantage mit Panoramablick auf die Karpaten. Teilweise parzelliert und terrassiert. Deutsche Leitung. Ferienhäuser, Zimmer und Jugendherberge. Familiäre Atmosphäre. Befestigte Moca-Plätze. Ort (Cisnădioara) 300 m, Ort (Sibiu "Hermannstadt") 10 km entfernt. 40 Touristenplätze.
2007: (HS) (€) P/N 3.–, K/N 2 bis 12 J. 1.–, A/N 2.–, C MC/N 6.–, T/N 2.–, H/N 1.–, WD inkl., Strom inkl. In NS Ermäßigung.

540003 Targu Mures — RO 1300

★ »CAMPING STRAND« — Mai bis Sept.
☎ 0265/212009, Fax 266028 — 10 000 qm

→ DN 15/E60 Turda–Targu Mures, hier bei Km 76 abbiegen. Aleea Carpati nr. 59 (GPS: 46°32'59" N / 24°3'43" E).

Waldgelände am Fluss Mures. Zimmer. Ort 2 km entfernt. 110 Touristenplätze.

535100 Baile Tusnad — RO 1380

★★ »CAMPING UNIVERS« — April bis Sept.
☎ 0266/116319, Fax 153447 — 650 m — 3500 qm
universtourist@kabelcom.ro

→ DN 12 Brasov–Miercurea-Ciuc bei Km 46 abbiegen (GPS: 48°08'48" N / 25°51'31" E).

Ebenes Wiesengelände mit Laubbäumen in einem Tannenwald. Am Fluss Olt und am Ortsrand gelegen. Zimmer. 35 Touristenplätze.

500326 Brasov — RO 1400

★★ »CAMPING DARSTE« — Mai bis Okt.
☎ 068/339967, Fax 339462 — 560 m — 50 000 qm
www.campingdirste.ro, camp.dirste@deltanet.ro

→ DN 1/E60 Brasov–Bucuresti, bei Km 160 abbiegen. Calea Bucuresti nr. 285.

Ebenes Wiesengelände mit Büschen und Bäumen. Durch den Fluss (Timis) von der Straße und einer Bahnlinie getrennt. Ideal für Wanderungen in die umliegenden Berge. Wechselstube. Zimmer. Ort 8 km entfernt. 280 Touristenplätze.

507025 Bran bei Brasov — RO 1430

[20] ★★ »VAMPIRE CAMPING« — 1.4. bis 1.11.
☎ 0268/238430, (NL) 0031/625083909, Fax 0031/302883435 — 850 m — 35 000 qm
www.vampirecamping.com, info@vampirecamping.com

→ DN 73/E 574 Brasov–Pitesti. Platz liegt ca. 25 km südwestlich von Brasov. Principala 77 c.

Ebenes und unparzelliertes Wiesengelände mit einzelnen Laubbäumen beim berühmten Dracula-Schloss Bran. An einem kleinen Fluss und von Bergen umgeben. Überwiegend schattenlos. Familiäre Atmosphäre. Gekieste Wege. Kiosk. Imbiss. Frühstücksmöglichkeit. 220 Touristenplätze.
2007: (Lei) P/N 15.–, K/N 4 bis 12 J. 6.50, C MC/N 22.–, T/N 11.–, H/N 6.–, WD inkl., Strom/N 12.– (6 A).
DCC/CCI 5% auf P/N.

900001 Mamaia — RO 1670

★★ »CAMPING HANUL PIRATILOR« — 1.1. bis 31.12.
☎ 041/831454, FAX 831702 — 5 m — 60 000 qm
hanulpiratilor@xnet.ro, zalucab@bumerang.ro

→ DN 22/E 87 Tulcea–Constanta, hier Abf. über Mamaia zum Ort (GPS: 44°15'25" N / 28°36'53" E).

Ebenes, zweigeteiltes Wiesengelände mit einzelnen Bäumen zwischen der Küstenstraße, den Dünen und dem Sandstrand. Warmwasser im Sanitärgebäude nur zu bestimmten Zeiten. Restaurant mit guter landestypischer Küche. Günstig für Besuche nach Constantia. Zimmer und FW. Ort 5 km entfernt. 150 Touristenplätze.

905360 Eforie Sud — RO 1700

★ »CAMPING COSMOS« — Mai bis Sept.
☎ 041/742654

→ DN 39/E 87 Constanta–rumän./bulg. Grenze Abf. Eforie Sud. Im Ort beim Hotel Cosmos. Str. Dr. Cantacuzino nr. 94-98 (GPS: 44°4'2" N / 28°38'3" E).

Ebenes Wiesengelände mit einzelnen Bäumen. Durch die Dorfstraße zweigeteilt. Sandstrand 100 m, Ort 1 km entfernt. Zimmer. 200 Touristenplätze.

905503 Mangalia-Olimp — RO 1720

★★ »CAMPING OLIMP« — Juni bis Sept.
☎ 0241/731314, Fax 731447 — 50 000 qm

→ DN 39/E 87 Constanta–rumän./bulg. Grenze Abf. Mangalia-Neptun, bei Km 39. Nördlich des Ortes, beschildert (GPS: 43°53'42" N / 28°36'18" E).

Teilweise parkartiges Wiesengelände mit einzelnen Bäumen. Strand 100 m, Disko 200 m, entfernt. 280 Touristenplätze.

300310 Timisoara — RO 2100

[15] ★★ »CAMPING INTERNATIONAL« — 1.1. bis 31.12.
☎ 0256/208925, Fax 225596 — 95 m — 43 500 qm
www.campinginternational.ro, campinginternational@yahoo.com

→ DN 6/E 70 Timisoara–Lugoj, bei Km 552 abbiegen. Aleea Padurea Verde nr. 6 (GPS: 45°46'08" N / 21°15'59" E).

Ebenes Wald- und Wiesengelände am Begakanal an einer Straße und in der Nähe des Flusses Timis. Café. Bar. Ort 3 km entfernt. Separater Jugendplatz. FW. 50 Touristenplätze.
2007: (HS) (LEI) P/N 8.–, St/N 40.–, WD und Strom inkl. In NS Erm.
DCC/CCI 5% auf P/N.

✉ **327270 Mehadia,** Baile Herculane **RO 2150**

★★★ »S.C. CAMPING HERCULES S.R.L.« ⚓ 1.1. bis 31.12.
☎/Fax 0255/523458 328m 7000 qm
www.baile-herculan.ro
→ DN 6/E70 Timisoara–Orsova Abf. Mehadia bei Km 382.

Ebenes und parzelliertes Wiesengelände mit Obstbäumen. Befestigte Moca-Plätze. Deutsche Leitung. Zeltwiese. Im Winter Propangas mit Leihadapter für deutsche Systeme. Brötchenservice. Heilgymnastik und Massagen. Zimmer. Ort 2 km entfernt. 33 Touristenplätze.

✉ **525700 Vatra Dornei** **RO 3000**

15 ★★ »CAMPING VATRA DORNEI« ⚓ 1.5. bis 1.10.
☎ 230/371892, 07/88342884, Fax 375016 880m 20 000 qm
www.autoturist.ro, office@autoturist.ro
→ DN 17/E571 Bistrita–Suceava Abf. Vatra Dornei bei Km 146. Mit Caravans schwierige Zufahrt (10% Steigung) ✉ Str. Runc, nr 6.

Unparzelliertes, mehrfach gestuftes Wiesengelände oberhalb des Flusses in Ortslage. Warmwasser in der Sanitäranlage nur zu bestimmten Zeiten. Bar. Günstig für den Besuch der Moldau-Klöster. Zimmer. Ort 500 m entfernt. Touristen-/Dauerstellplätze 60/60.
2007: (€) P/N 4.–, K/N ab 10 J. 2.–, A/N –.60, C/N 6.–, MC/N 6.–, T/N 3.–, WD inkl., Strom/N 2.–.
DCC/CCI 10% auf P/N und St/N.

✉ **615100 Bicaz-Potoci** **RO 3150**

★★ »CAMPING POTOCI« ⚓ Mai bis Sept.
☎ 0233/253236 3000 qm
→ DN15 Bacau-Piatra-Bicaz. Hier am Ostufer des Izvoruf Muntelui-Stausees entlang zum Ort. Bei Km 277 abbiegen.

100 m
Gelände am Stauseeufer mit Blick auf das Ceahlau-Gebirge. Günstig zum Besuch der Klöster Agapia, Neamt und Varatec. Zimmer. 35 Touristenplätze.

✉ **605300 Dărmănești** bei Bacau **RO 3200**

15 ★★★ »CAMPERLAND TROTUS VALLEY« ⚓ 15.4. bis 15.10.
☎ 234/374705, Mobil 744665567, Fax 374705 600 m 14 000 qm
www.camperland.ro, info@camperland.ro, roemenie@hansgroenendijk.demon.nl
→ E574 Brasov-Bacau. In Poina Solata auf die Str. DN 12 B nach Tirgu Ocna. Hier links abbiegen auf die Str. DN 12 A in nördlicher Richtung nach Dărmănești. ✉ Calea Trotusului 272.
• Salzmine (Salina). Kurort Slanic Moldava.

Ebenes, unparzelliertes und kiesiges Wiesengelände mit jungen Anpflanzungen. Von bewaldeten Hügeln umgeben. Dazugehöriges Geschäft mit Werkstatt für Wohnwagen und Wohnmobile nebenan. Brötchenservice. Familiäre Atmosphäre. SAT-Anschluss. Organisierte Ausflüge für Gruppen ab 4 Personen. Ort 3 km entfernt. 60 Touristenplätze.
2007: (Lei) 2 P/N inkl. St/N 36.–, K/N bis 5 bis 12 J. 11.–, H/N 5.–, WD inkl., Strom/N 4.–. Ab 8 N 10% Ermäßigung.

✉ **827150 Murighiol** **RO 3550**

★ »CAMPING PELICAN« ⚓ Mai bis Sept.
☎ 040/545877, 514341, Fax 516386 15 000 qm
→ DN 22/E87 Constanta–Tulcea, hier in südöstl. Richtung abbiegen zum Murighiolsee.

300 m
Leicht abfallendes Wiesengelände mit Laub- und Obstbäumen am Donau-Schwarzmeerkanal mit herrlichem Blick auf das Donau-Delta in der Nähe des Murighiolsees. Ideal für Bootstouren. Zentrum 4 km entfernt. 120 Touristenplätze.

> Das CCI-Carnet ist im Ausland als Identitäts-Ausweis anerkannt. Im Inland genügt die Vorlage des DCC-Mitgliedsausweises.

RUSS. FÖDERATION

Übersichtskarte Seite 883

Besondere Vorschriften und Regelungen

Personaldokumente: Deutsche Staatsbürger benötigen einen Reisepass (keine Passkopie). Dieser muss mindestens sechs Monate über das Ende der Reise hinaus gültig sein. Kinder benötigen einen Kinderausweis. Außerdem sollte der Pass, bzw. Kinderausweis über mindestens eine leere Seite verfügen.

Krankenversicherung: Für deutsche Staatsbürger ist bei Reisen nach Russland der Nachweis einer Reise-Krankenversicherung Vorschrift; diese muss bei einer von den russischen Behörden anerkannten Gesellschaft abgeschlossen worden sein. Eine Liste der von den russischen Behörden anerkannten Versicherungsunternehmen, sowie die zusätzlich auszufüllende »Versicherungskarte« (Formular) ist bei den Konsulaten erhältlich oder kann über das Internet der russischen Botschaft in Berlin www.russische-botschaft.de heruntergeladen werden.

Visum: Ein Visum ist Vorschrift. Es wird für jeden Reisenden einzeln ausgestellt und gilt für einen bestimmten Termin und für festgelegte Ortschaften. Wichtige Voraussetzung ist 1) der Nachweis einer Unterkunft, also z. B. eine Campingplatzbuchung über einen Reiseveranstalter und 2) muss bei jedem Visaantrag die genaue Fahrtroute mitgeteilt werden. Reisende mit dem Kfz müssen im Visaantrag unter Reisezweck »Autotourist« angeben. Bei Reisen in die russische Enklave Kaliningrad muss das Visum zusätzlich für Kaliningrad ausgestellt sein.

Fortsetzung S. 884

Spezielle Auskunft erteilt die Botschaft der Russ. Föderation: Unter den Linden 63-65, 10117 Berlin, Tel. 030/2291110, Fax 030/2299397, www.russische-botschaft.de, Posolstvo@Russische-Botschaft.de

Konsularabteilung: Behrenstr. 66, 10117 Berlin, Tel. 030/2291207, Fax 030/22651999, www.rusbotschaft.de, info@rusbotschaft.de
Detaillierte Angaben zur Beschaffung/Kosten des Visums sind in den Einreisebestimmungen für RUS ersichtlich, erhältlich bei der DCC-Touristikabteilung.

Impfbescheinigungen: Werden nicht verlangt.

Dokumente für Haustiere: Für Hunde und Katzen ist ein amtstierärztliches Gesundheitszeugnis notwendig. Eine Tollwutimpfung ist vorgeschrieben. Diese muss mindestens 7 Tage alt sein und höchstens 12 Monate zurückliegen. Andere Haustiere benötigen im Reiseverkehr ein amtstierärztliches Gesundheitszeugnis, das nicht älter als 3 Tage sein darf. Spezielle Auskünfte erteilt die Botschaft in Berlin.

Kfz: Ein nationaler Führerschein mit Übersetzung in russischer Sprache (an der Grenze kostenpflichtig erhältlich) und nationaler Kraftfahrzeugschein sind ausreichend. Die Mitnahme des Internationalen Führerscheins wird empfohlen. Bei der Einreise muss man sich schriftlich verpflichten, das Kfz wieder auszuführen. Dieses Dokument ist bei der Ausreise der Zollbehörde wieder vorzulegen. Das Nationalkennzeichen »D« muss an allen Fahrzeugen, auch an Anhängern, angebracht sein. Es besteht Haftpflichtversicherungszwang. Die »Internationale Grüne Versicherungskarte« gilt nicht. Bei der Einreise ist über die russische Versicherung »Ingosstrakh« eine Kurzfrist-Haftpflichtversicherung an der Grenze für die Dauer von mindestens 15 Tagen (höchstens 6 Monate) abzuschließen. Zum Abschluss einer Vollkasko- und Insassenunfallversicherung im Heimatland wird dringend geraten. Für Campingfahrzeuge ist ein doppeltes Inventarverzeichnis mitzuführen. Kfz müssen mit einem Feuerlöscher ausgestattet sein.

Verkehrsvorschriften: Fahrzeuge im Kreisverkehr sind wartepflichtig. Omnibusse und Straßenbahnen haben immer Vorfahrt. Überholen ist im Bereich von Kreuzungen und Eisenbahnübergängen verboten. Von Nachtfahrten wird wegen der Straßenverhältnisse abgeraten. Anhalter dürfen von Ausländern nicht mitgenommen werden. Zu jedem Unfall muss die Polizei (Tel. 02) gerufen werden. Jeder Unfall muss der staatlichen Versicherungsgesellschaft »Ingosstrakh«, Pjatnizkaja uliza 12, 113805 Moskau, Tel 095/2323460/61 gemeldet werden. Es besteht Anschnallpflicht und absolutes Alkoholverbot.

Tempolimits: Innerorts: Pkw/Gespanne 60 km/h, Landstraßen und Autobahnen: Pkw/Gespanne 90 km/h. Fahrzeuge über 3,5 t Gesamtgewicht 70 km/h. Bei Führerscheinbesitz unter 2 Jahren Höchstgeschwindigkeit 70 km/h.

Telefon: Deutschland–Russ. Förderation: 007, dann Durchwahl mit der ersten Null. In ländlichen Gebieten ist nur in wenigen Postämtern telefonieren möglich, in großen Städten besteht die Möglichkeit in Hotels und Telefonzellen. Russ. Föderation–Deutschland: 8 - Freizeichen abwarten- dann 1049.

Unfallnotruf: Feuerwehr: 01, Polizei: 02, Unfallrettung: 03. Es gibt keinen Straßenhilfsdienst. Auf den Hauptverkehrsstraßen sind motorisierte Polizeistreifen oder die nächste Polizeistation. In Moskau und St. Petersburg gibt es Niederlassungen der großen Autofirmen.

Devisen: Bei der Einreise können Fremdwährungen unbeschränkt mitgeführt werden. Obwohl Reisende zur Zeit ausländische Währung in bar im Gegenwert von maximal $ 1500.- ohne Deklaration einführen dürfen, wird aufgrund der verschärften Devisenbestimmungen dringendst empfohlen, jeden Bargeldbetrag bei der Einreise zu deklarieren, um eine mögliche Konfiszierung überzähliger Barmittel bei der Ausreise zu vermeiden. Die Ein- und Ausfuhr von Landeswährung ist verboten. Travellerschecks in Rubel, ausgestellt von Banken der Russ. Föderation dürfen frei ein- und ausgeführt werden.

Camping: Das Campingsystem in der Russischen Föderation ist noch im Entstehen und dadurch laufend Veränderungen unterworfen. Die von uns beschriebenen Campingplätze können nicht mit westlichem Standard verglichen werden. Camping-Reisen sollten auf eigene Faust unternommen werden, allerdings sind die Länder noch nicht auf Individualtouristen eingestellt. Vorherige bestätigte Buchung durch einen Reiseveranstalter ist zwingend erforderlich. Wir machen darauf aufmerksam, dass etliche Campingplätze nur Reisegruppen aufnehmen. Das Übernachten ausserhalb von Campingplätzen oder Straßen, Rastplätzen oder im freien Gelände ist verboten. Das Stromnetz ist auf eine Spannung von 220 V ausgelegt. Die Mitnahme eines Adapters (Eurostecker) wird empfohlen.

Wassersport: Bei der geplanten Mitnahme eines Bootes ist es notwendig, sich in jedem Fall vorher mit der russischen Botschaft oder dem Konsulat in Verbindung zu setzen.

Allgemeine Informationen:

D-10119 **Berlin,** Russlandinfo, Eisenacher Straße 11
Tel.: 0190/761655 (€ 1.24/Min.), Fax 030/78600041
www.russlandinfo.de, info@russlandinfo.de

Vertretung der Bundesrepublik Deutschland:

119285 **Moskau,** Deutsche Botschaft, Mosfilmowskaja 56
Tel. 007 095/9379500, Fax 007 095/9382354
www.deutschebotschaft-moskau.ru
germanmo@aha.ru, germania@dol.ru

Ausführliche Einreisebestimmungen mit detaillierten Angaben zu den Themen Reisedokumente, Visum, Zoll- und Devisenbestimmungen, Reisen mit dem Kraftfahrzeug, Camping und der Aufenthalt im Urlaubsland sind bei der Touristik-Abteilung des DCC gegen Rückporto erhältlich.

Campingplätze:

Gebühren-Angaben in EURO.
Bei den Gebühren-Angaben mit der Vorjahreszahl muss eventuell mit einer Anhebung der Gebühren für das laufende Jahr gerechnet werden. Außerdem können sich die angegebenen Öffnungszeiten verändert haben und es ist möglich, dass angegebene Ermäßigungen nicht mehr gewährt werden.

✉ 196105 Sankt Petersburg — RUS 1000

»CAMPING OLGINO« — Mai bis Sept.
☎/Fax 812/336347-5, 336347-6 8000 qm
→ M11/E20 Tallinn–Sankt-Petersburg Abf. Sankt-Petersburg auf der M10 in Richtung nördliche Stadtgrenze. Weiter in Richtung Vyborg bis Km 18, beschildert. ✉ Primorskoje Chaussee.

Waldgelände mit asphaltierten Stellflächen bei einem Motel. Reservierung erforderlich. Zentrum 12 km entfernt. 50 Touristenplätze.

✉ 214000 Smolensk — RUS 1050

»TANNENCAMPING SMOLENSK« — Mai bis Sept.
☎ 86746/80280, Fax 802814 20000 qm
→ E 8/M 1 Brest–Moskau Abf. Smolensk. Noch ca. 1.5 km, beschildert. ✉ Krasnoarmejskoj Slobody ul.

Tannenwaldgelände. Reservierung erforderlich. Ort 7 km entfernt. 50 Touristenplätze.

✉ 113405 Moskau — RUS 1100

55 ★★ »RUS-CAMPING MOSKAU« — 1.1. bis 31.12.
☎ 049/53802155, Fax 3802156 10000 qm
www.rus-hotel.ru, reception@rus-hotel.ru
→ Südl. Moskauer Ring Abf. Tula (M2). Neben Hotel RUS. Beschildert. ✉ Warshavskoe shosse, 21 km.

Wiesengelände mit asphaltierten Stellflächen. Die Einrichtungen des benachbarten Hotels RUS können genutzt werden. Reservierung erforderlich. 50 Touristenplätze.
TAX 2007 P/N 15.–, St/N 10.– bis 20.–, WD zuzügl.

✉ 236001 Kaliningrad (Königsberg) — RUS 1260

★★ »CAMPING KÖNIGSBERG« — 1.1. bis 31.12.
☎ 86746/80280, Fax 802814 17000 qm
→ A 196 Grenze Bagrationovsk–Kaliningrad. Im Süden in den Kaliningrader Ring einfahren und östlich, Richtung Cemjahovsk/Insterburg (A229), wieder verlassen. Noch ca. 1.5 km, beim Hotel Baltik.

Ebenes, eingezäuntes und schattenloses Kies- und Wiesengelände bei einem Teich. Schmaler Uferstreifen mit Büschen und Bäumen. Die Einrichtungen des benachbarten Hotels Baltic können genutzt werden. Reservierung erforderlich. Angeln. Zentrum 5 km entfernt. 50 Touristenplätze.

✉ Svetlogorsk, Ostseebad — RUS 1280

»CAMPING SVETLOGORSK« — Mai bis Okt.
☎ (D) 0228/348576, Fax 856627 5000 qm
→ Straße Kaliningrad (Königsberg)–Svetlogorsk. Hier im Zentrum beim Restaurant Eksim.

Leicht welliges Gelände mit einzelnen Bäumen an der Ostsee. Reservierung empfehlenswert. Erforderliche Einrichtungen mit Warmduschen. Restaurant 150 m entfernt. 30 Touristenplätze.

✉ Lesnoje — RUS 1290

»CAMPING LESNOJE« — April bis Okt.
☎ (D) 0228/348576, Fax 856627 3000 qm
→ Straße Kaliningrad (Königsberg)–Svetlogorsk. Ab hier weiter über Otradnoje zum Hotel Lesnoje (Forsthotel). Beschildert.

Waldgelände beim Hotel Lesnoje. Reservierung erforderlich. Die Einrichtungen des benachbarten Hotels Lesnoje können in Anspruch genommen werden. Einkaufsmöglichkeit 250 m entfernt. 20 Touristenplätze.

DCC – DEIN PARTNER!

✉ Pjatigorsk　　　　　　　　　　　　RUS 2000

»CAMPING WOLNA«　　　　　　　🔑 Mai bis Sept
☏ 50538

➔ M 29 Rostov-na-Donu–Pjatigorsk, hier der Ringstraße folgen, beschildert. Ogorodnaja ul. 39.
Wiesengelände mit Bäumen. Bungalows. Leihzelte. Gasverkauf. Zentrum 9 km entfernt. 100 Touristenplätze.

✉ Sotschi Dagomys　　　　　　　　RUS 2050

»CAMPING DAGOMYS«　　　　　　🔑 Mai bis Okt.

➔ Straße Sotschi–Noworossisk Abf. Dagomys.
Wiesengelände. Bungalows. Ort (Dagomys) 8 km entfernt.

SCHWEDEN

Übersichtskarte Seite 885
Besondere Vorschriften und Regelungen

Personaldokumente: Deutsche Staatsbürger benötigen einen gültigen Reisepass oder Personalausweis bei einem Aufenthalt bis zu 3 Monaten. Kinder unter 16 Jahren können im Elternpass eingetragen sein, oder müssen über einen Kinderausweis (über 10 Jahren mit Lichtbild und dem Vermerk Nationalität »Deutsch«) verfügen. Auch der »Vorläufige Personalausweis« wird anerkannt, muss jedoch während des Aufenthaltszeitraums gültig sein.

Impfbescheinigungen: Werden nicht verlangt.

Dokumente für Haustiere: Für Hunde und Katzen ist der »EU-Heimtierpass« mitzuführen. Er wird von behördlich ermächtigten Tierärzten ausgestellt. Der Pass muss Name und Anschrift des Besitzers enthalten und dem Tier eindeutig zugeordnet werden können; d.h. die Passnummer, die eine Identifizierung ermöglicht, wird dem Tier eintätowiert oder durch einen Mikrochip implantiert. Ein gültiger Tollwutimpfschutz muss ebenfalls im Pass nachgewiesen werden. Die letzte Impfung muss mindestens 30 Tage zurückliegen und darf höchstens 12 Monate vor der Einreise erneuert worden sein. Bei Tieren, die regelmäßig (einmal pro Jahr) geimpft werden, entfällt die 30-Tage-Frist. Für Jungtiere (bis 3 Monate) wird ein Gesundheitsattest vom Tierarzt benötigt, das bei der Einreise nicht älter als 10 Tage sein darf. Weitere zusätzliche Bedingungen für die Mitnahme von Haustieren sind zu erfüllen. Die detaillierten Angaben hierfür sind in den Einreisebestimmungen für Schweden, erhältlich bei der DCC-Touristikabteilung, ersichtlich.
Spezielle Auskünfte erteilt auch die Königl. Schwedische Botschaft: Rauchstr. 1, 10787 Berlin, Tel. 030/50 50 60, Fax 030/50 50 67 89.

Kfz: Nationaler Führerschein und nationale Zulassung sind ausreichend. Das Nationalitätszeichen D-oder EU-Schild muss am Fahrzeug und an Anhängern angebracht sein. Ist der Fahrer nicht Eigentümer des Fahrzeuges, muss eine Benutzungsvollmacht des Fahrzeughalters vorliegen. Es ist nicht gestattet, sein Fahrzeug einer in Schweden ansässigen Person zu überlassen. In Schweden besteht Haftpflichtversicherungszwang. Das amtliche deutsche Kennzeichen genügt zwar als Nachweis einer bestehenden Kfz-Haftpflichtversicherung, für evtl. Schäden oder Polizeikontrollen wird jedoch die Mitnahme der Internationalen »Grünen Versicherungskarte« unbedingt empfohlen.

Verkehrsvorschriften: Rechtsverkehr. Auch tagsüber muss mit Abblendlicht gefahren werden. Nebelschlussleuchten dürfen nicht eingeschaltet werden. Straßenbahnen haben immer Vorfahrt. Es besteht Halteverbot bei durchgehender gelber Linie, bei gestrichelter gelber Linie oder bei gelber Zickzack-Linie am Fahrbahnrand. Das deutsche Schild »Eingeschränktes Halteverbot« bedeutet Parkverbot. In großen Städten gelten oft Sonderregelungen; bei Unklarheiten nachfragen. Der rechte Fahrbahnrand kann bei entsprechender Markierung zum Ausweichen von schnelleren Fahrzeugen genutzt werden. Es besteht Anschnallpflicht auf allen Sitzen. Promillegrenze 0,2.

Tempolimits: Innerorts: Pkw/Gespanne 30-50 km/h, Landstraßen: Pkw/Gespanne 70–90/70-80 km/h., Autobahnen/Schnellstraßen: Pkw/Gespanne 90-110/80 km/h. Auf manchen Strecken wird in Südschweden vom 1.11. bis 15.3. bzw. in Nordschweden bis 17.4. die zulässige Höchstgeschwindigkeit herabgesetzt.

Fortsetzung S. 886

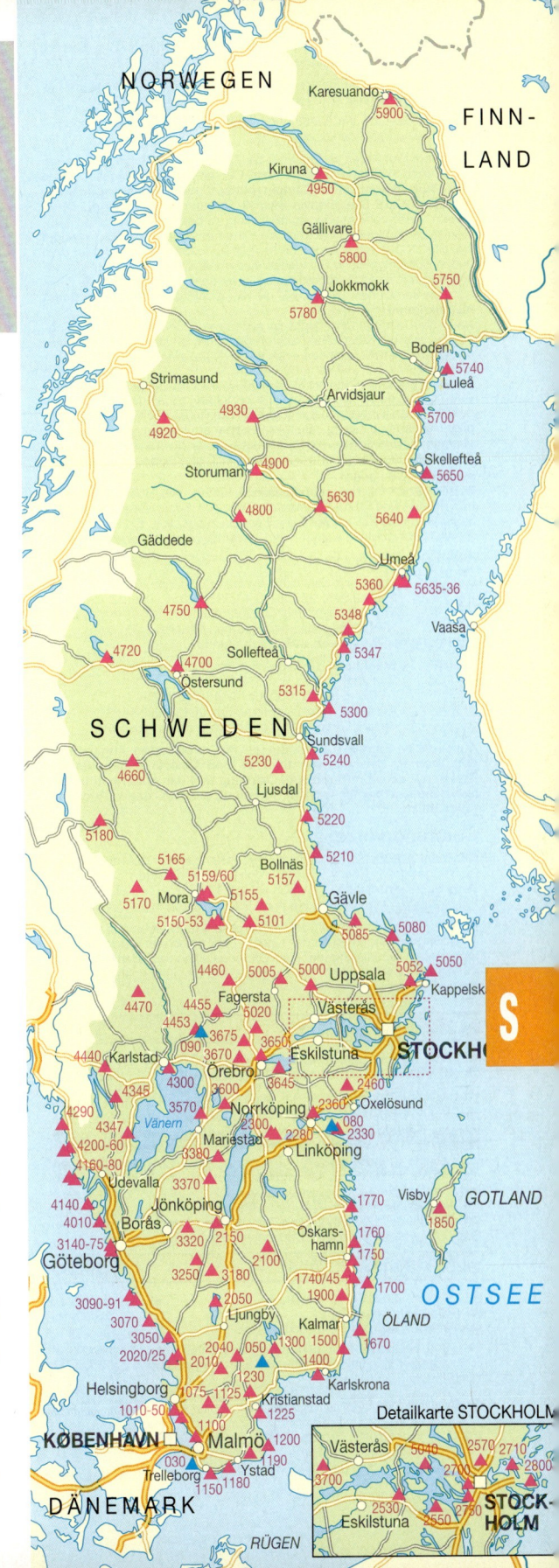

Telefon: Deutschland – Schweden: 0046, dann Durchwahl ohne die erste Null der Ortskennzahl. Schweden – Deutschland: 0049.

Unfallnotruf: Polizei, Feuerwehr, Unfallrettung: 112. Pannenhilfe erhält man landesweit unter der Notruf-Sammelnummer 020/912 912.

Devisen: Bei Ein- und Ausfuhr von Landes- & Fremdwährungen bestehen keine Beschränkungen.

Camping: Schweden verfügt über ca. 700 offiziele Campingplätze, von denen rund 600 dem schwedischen Campingverband angeschlossen sind. **Auf den meisten Campingplätzen wird die Campingkarte (Camping-Card-Scandinavia-Svensk Campingkort) verlangt.** Es ist ratsam, diese vor Reisebeginn rechtzeitig zu bestellen. Die Karte ist kostenlos, jedoch nur gültig, wenn sie mit einer aktuellen Gebührenmarke (ca. SEK 100.–) versehen ist. Es besteht auch die Möglichkeit, auf dem ersten Campingplatz in Schweden eine vorläufige Campingkarte zu lösen und mit einer Gebührenmarke zu versehen, jedoch enthält diese nicht die sämtlichen Vorteile, wie die reguläre Plastikarte. **CCI wird fast nie anerkannt.**

Nach dem Jedermanns-Recht ist allgemein außerhalb von Campingplätzen das einmalige Übernachten gestattet, solange nicht auf landwirtschaftlichen Nutzflächen oder in der Nähe eines Wohnhauses gecampt wird.

Für Caravans und Mocas ist ein geschlossenes Abwassersystem vorgeschrieben (nicht im Winter). Ein solches System kann auf den Campingplätzen geliehen oder gekauft werden, meist auch bei den Tankstellen. Das Stromnetz ist auf eine Spannung von 220 V (50 Hz) ausgelegt. Da gelegentlich die Buchsen kleiner sind, empfiehlt es sich, einen Adapter mitzunehmen. Ausreichende Stromanschlüsse sind nicht auf allen Campingplätzen vorhanden.

Wassersport: Für die vorübergehende Einfuhr von Booten bis 5.5 m Länge sind keine Grenzdokumente erforderlich. Für größere Wasserfahrzeuge wird vom Zoll ein Zollfreiheitsschein ausgestellt. Ein Bootsführerschein ist für Boote, die länger als 12 m sind, vorgeschrieben.

Allgemeine Informationen:

D-20459 Hamburg, Schweden-Werbung für Reisen u. Touristik
Michaelisstr. 22, Tel. 0 40/32 55 13 55, 069/22 22 34 96
Prospektbestellung: 00800/30 80 30 80, Fax 0046/62 015 011
www.visitsweden.com, germany@visitsweden.com

Vertretung der Bundesrepublik Deutschland:

S-11527 **Stockholm**, Deutsche Botschaft, Skarpögatan 9
S-11593- **Stockholm**, Post: Box 27382
Tel. 00 46 8/6 70 15 00, Fax 00 46 8/66 15 29 4
Rechts- u. Konsularreferat: Fax 0046 8/663 45 69
www-stockholm.diplo.de, info@german-embassy.se

Ausführliche Einreisebestimmungen mit detaillierten Angaben zu den Themen Reisedokumente, Zoll- und Devisenbestimmungen, Reisen mit dem Kraftfahrzeug, Camping und der Aufenthalt im Urlaubsland sind bei der Touristik-Abteilung des DCC gegen Rückporto erhältlich.

Campingplätze:

Gebühren-Angaben in Landeswährung, sofern nicht anders angegeben.
Währungseinheit: 1 Schwedische Krone (SEK) = 100 Öre
Derzeitiger Devisenkurs: 1.– SEK = ca. 0.11 €
1.– € = ca. 9.19 SEK (Stand Okt. 2007).

Bei Gebühren-Angaben mit der Vorjahreszahl muss eventuell mit einer Anhebung der Gebühren für das aktuelle Jahr gerechnet werden. Außerdem können sich die angegebenen Öffnungszeiten verändert haben und es besteht die Möglichkeit, dass angegebene Ermäßigungen nicht mehr gewährt werden.

✉ 25270 Råå, Skåne   S 1010

★★★ »RÅÅ VALLAR CAMPING«   1.1. bis 31.12.
☎ 042/107680, Fax 107681, www.camping.se/mo3   144 000 qm

→ E 6/E 20 Abf. Helsingborg Süd, beim Freibad. Ca. 5 km südl. von Helsingborg. Beschildert. ✉ Kustgatan.

Wiesengelände in der Nähe eines feinsandigen Strandes. Tanzabende. Ort 500 m entfernt. Touristen-/Dauerstellplätze 300/50.

✉ 26042 Mölle, Skåne   S 1030

30 ★★★ »FIRST CAMP MÖLLE«   1.1. bis 31.12.
☎ 042/347384, Fax 347789   35m   60 000 qm
www.firstcamp.se/molle, molle@firstcamp.se

→ E 6 Helsingborg-Stockholm, in Berga auf die Straße 111 in nördlicher Richtung über Höganäs Richtung Mölle. In Höganäs noch ca. 8 km bis zum Platz.

1.5 km 2 km 4 km
Wiesengelände am Fuße des Kullaberges (Naturschutzgebiet). In der Nähe des Kattegatt und Öresund. Bungalowanlage. FW. Separater Jugendplatz. Café. Boulebahn. Kletterwand. Tauchcenter. Grillmöglichkeit. Golfplatz in der Nähe. Ort 2 km entfernt. Touristen/Dauerstellplätze 212/10.
2007: (HS) P/N inkl. St/N 240.–, WD inkl., Strom/N 45.– (10 A).

✉ 26161 Landskrona, Skåne   S 1050

★★★ »BORSTAHUSENS CAMPING«   April bis Sept.
☎ 0418/410837, Fax 41822042   60 000 qm
www.borstahusenscamping.se bengt@borstahusencamping.se

→ Str. E 6/E 20 Abf. Landskrona N, Richtung Borstahusen. Beschildert. ✉ Campingvägen.

Leicht geneigtes teilweise schattenloses Wiesengelände. 27 Plätze mit Abwasseranschluss. 8 Zimmer. Ort 3 km entfernt. Touristen-/Dauerstellplätze 300/100.

DCC-Vertragsplatz

✉ 26024 Röstånga, Skåne   S 1075

20 ★★★★ »RÖSTÅNGA CAMPING & BAD«   31.3. bis 28.10.
☎ 0435/91064, Fax 91652   100m   19 000 qm
www.rostangacamping.se, nystrand@msn.com

→ Str. E 22 Helsingborg-Kristianstad, Abf. Gårdstånga auf die Straße 113 Richtung Ljungbyhed. ✉ Blinkarpsvägen, 3.

200m 300m 600m
Ebenes für leicht ansteigendes Wiesengelände mit einzelnen Bäumen am Rande des Nationalparks „Söderåsen". Cafeteria. Wasserrutschbahn. Joggingpfad. FW. Golfplatz in Månstorp. Touristenplätze-/Dauerstellplätze 56/40.
2007: (HS) P/N inkl. St/N 150.–/170.–, WD inkl., Strom/N 40.– (10 A). In NS Ermäßigung.
DCC 10% auf St/N.

✉ 21611 Malmö, Skåne   S 1100

★★★ »SIBBARP CAMPING«   1.1. bis 13.12.
☎ 040/155165, Fax 159777   70 000 qm
www.camping.se/plats/m08, sibbarps.camping@swipnet.se

→ In Malmö auf der äußerern oder inneren Ringstraße in südwestlicher Richtung Limhamn (Stadtteil), dann der Beschilderung nach Sibbarp folgen. ✉ Strandgatan 101.

300m
Mehrfach durch Hecken unterteiltes Wiesengelände. Kinderspielzimmer. Zentrum 7 km entfernt. Touristen-/Dauerstellplätze 825/25.

✉ 24393 Höör, Skåne   S 1125

20 ★★★ »SKÅNES DJURPARKS CAMPING«   1.1. bis 31.12.
☎ 0413/553270, Fax 553450   80 000 qm
www.grottbyn.se, info@grottbyn.se

→ Str. E 22 Malmö–Kristianstad, in Rolsberga auf Str. 23 nach Höör. Ca. 3 km nördlich der Ortschaft. Beschildert. ✉ Jularp (GPS: 55°57'37" N / 13°32'17" E).

200m 2 km 4 km
Ebenes, von Wald umgebenes Wiesengelände. Teilweise schattenlos. Ort 4 km entfernt. Touristen-/Dauerstellplätze 49/35.
2007: (HS) P/N inkl. St/N 160.–, WD inkl., Strom/N 40.–.

✉ 23132 Trelleborg, Skåne   S 1150

★★★ »DALABADETS CAMPING«   1.1. bis 31.12.
☎ 0410/14905, Fax 45068   100 000 qm
www.camping.se/m11, dalabadets.camping@trelleborg.se

→ Zwischen Str. 9 und Meer, östlich von Trelleborg. ✉ Palköpingestrandväg 2.

Wiesengelände mit Büschen und Bäumen am Sandstrand. Ort 2.5 km entfernt. Touristen-/Dauerstellplätze 90/80.
CCI wird nicht anerkannt!

✉ 23021 Beddingestrand, Skåne — S 1180

★★★ »CAMPING SKATEHOLM« — April bis Sept.
☎ 0410/25571 — 60000 qm
→ am Meer zwischen Ystad und Trelleborg. ✉ Tüllstorp 876.

Parzelliertes Gelände in lichtem Föhrenwald. Boule. Ort 2.5 km entfernt. Touristen-/Dauerstellplätze 40/95.

✉ 27022 Köpingebro, Skåne — S 1190

★★★ »NYBROSTRANDS CAMPING« — April bis Sept.
☎ 0411/551263, Fax 550196 — 5 m — 30000 qm
→ An der Str. 9 Ystad–Simrishamn, ca. 7 km östlich Ystad. Beschildert.
✉ Fredriksbergvägen.

Ebenes Wiesengelände hinter der Stranddüne. Ort 3 km entfernt. 102 Touristenplätze.

✉ 27280 Simrishamn, Skåne — S 1200

★★★ »TOBISVIKS CAMPING« — 1.1. bis 31.12.
☎ 0414/412778, Fax 412771 — 40000 qm
www.fritidosterlen.se, fritid.hahan@seab.nu
→ 2 km nördlich des Ortes an der Straße 10 nach Kristianstad. ✉ Tobisvägen.

Parzelliertes Wiesengelände am Strand. FW. 5 Zimmer. Billiardgolf. 250 Touristenplätze.
CCI wird nicht anerkannt!

✉ 29631 Åhus, Blekinge — S 1225

35 ★★★ »REGENBOGEN CAMP ÅHUS« — 1.4. bis 15.10.
☎ 044/248969, Fax 243523 — 3 m — 170000 qm
www.regenbogen-camp.de, info@regenbogen-camp.de
→ E 22 Malmö–Stockholm, bei Kristianstad auf die N118 nach Åhus.
✉ Kolonivägen 59 (GPS: 55°56'28" N / 14°18'47" E).

Teilweise parzelliertes, ebenes bis leicht welliges und sandiges Wiesengelände in einem lichten Kiefernwald. Sandstrand mit Badesteg. Zeltwiese. Separate Platzteile für Jugendliche und Hundehalter. Sanitäranlage beizbar. Brötchenservice. Billard. Golfplatz in der Nähe. Ort 1.5 km entfernt. Mittagsruhe 13-14 Uhr. Touristen-/Dauerstellplätze 335/150.
2007: (HS) P/N 50.–, K/N bis 14 J. frei, C MC-St/N 128.– bis 135.–, T-St/N 75.– bis 120, H/N inkl., WD inkl., Strom/N 36.– (10 A). In NS Erm.

✉ 29034 Fjälkinge, Skåne — S 1230

★★★ »CARAVAN CLUB IVÖ« — 1.1. bis 31.12.
☎/Fax 044/52094 — 16000 qm
→ E22 Kristianstad–Karlshamn Abf. Fjälkinge-Schloss Bäkaskog in Richtung Vånga. In Barum zur Fähre (gratis) zur Insel Ivö. Am 1. Cpl vorbei und bei der 4-Wege-Kreuzung rechts der Beschilderung mit der CCS-Schnecke folgen.

Ebenes Wiesengelände. Imbiss. Kiosk. Ort (Bäckaskog) 10 km entfernt. 160 Touristenplätze.

✉ 36010 Ryd-Norraryd, Småland — S 1300

★★★ »NORRARYDS NATURCAMPING« — 1.1. bis 31.12.
☎ 0459/81177, Fax 81380, www.obertours.de, obertours@swipnet.se
→ E21 Helsingborg–Kristianstad. Abf. bei Hässleholm auf die Straße 119 Richtung Tingsryd. In Ryd noch ca. 2 km bis Norraryd, beschildert.

Ebenes bis welliges und unparzelliertes Wiesengelände mit einzelnem Bäumen an einem Badesee mit Sandstrand und von Wald umgeben. Separater flacher Badebereich für Kinder. Ideal für Bootswanderungen, da dieser See durch einen Fluss mit anderen Seen verbunden ist. Deutsche Leitung. Familiäre Atmospäre. Reservierung erwünscht. Kiosk. Café. Leihzelte und Leihangeln. Grillplatz. Ort ca. 2 km entfernt. 46 Touristenplätze.

✉ 37124 Karlskrona, Blekinge — S 1400

25 ★★★ »DRAGSÖ CAMPING« — April bis Okt.
☎ 0455/15354, Fax 15277 — 60000 qm
www.firstcamp.se/dragso, dragso@firstcamp.se
→ E 22 Malmö–Stockholm Abf. Karlskrona über einen Damm oder mit der Schärenfähre auf die Insel Dragsö. ✉ Dragsövägen (GPS: 56°10'39" N / 15°34'05" E).

Parzelliertes Wiesengelände mit Bäumen auf der Insel Dragsö am felsigen Strand mit Badesteg. Wöchentlicher Tanz in HS. Musikveranstaltungen. Café. Ausflüge in die Schären. Anglerpauschalen. Ort 2 km entfernt. 300 Touristenplätze.
2008: (HS) P/N inkl. St/N 200.–, WD inkl., Strom/N 40.– (10 A). In NS Pauschalen und Ermäßigung.

✉ 38542 Bergkvara, Småland — S 1500

★★★ »DALSKÄRS CAMPING« — Mai bis Aug.
☎ 0486/20150, Fax 20260 — 50 000 qm
→ zwischen Karlskrona u. Kalmar, bei Bergkvara nach rechts abbiegen.

Wiesengelände in einem Mischwald am Kalmarsund. Hundebad. Ort 1.5 km entfernt. 196 Touristenplätze.

✉ 38062 Mörbylånga, Öland — S 1670

★★★ »HAGA PARK« — Mitte April bis Sept.
☎ 0485/36030, 34372 — 100000 qm
→ Öland–Brücke Küstenstraße Richtung Mörbylånga ca. 14 km.

Ebenes Gelände, durch Wacholder- und Birkenbäume parzelliert. Hundebad. Touristen-/Dauerstellplätze 290/60.
CCI wird nicht anerkannt!

✉ 38750 Köpingsvik, Öland — S 1700

★★★ »KLINTA CAMPING & STUGBY« — April bis Aug.
☎ 0485/72156, Fax 72153 — 72000 qm
www.klinta.se, info@klintacamping.se
→ 4 km von Borgholm zwischen der Straße 136 und dem Kalmar–Sund, gut beschildert.

Windgeschütztes, vielfach durch Pappeln und Büsche parzelliertes Wiesengelände. Minigolf 200 m, Ort (Borgholm) 4 km entfernt, 400 Touristenplätze.
CCI wird nicht anerkannt!

Das CCI-Carnet ist im Ausland als Identitäts-Ausweis anerkannt. Im Inland genügt die Vorlage des DCC-Mitgliedsausweises.

✉ 38052 Timmernabben, Småland — S1740

★★★ »CAMPING TIMMERNABBEN« — 1.1. bis 31.12.
☎ 0499/23861, Fax 23871 — 240 000 qm
timmernabben-camp@telia.com

→ Von der E 22 zwischen Ålem und Mönsterås. Beschilderte Abbiegung Cpl. Timmernabben. ✉ Varvsvägen 29.

Leicht abfallendes mit ebenen geschotterten Stellflächen versehenes Wiesengelände mit einer Waldlichtung. FW. 1 Zimmer. Boule. Ort 2 km entfernt. Touristen-/Dauerstellplätze 40/90.

✉ 38392 Mönsterås, Småland — S1745

[20] ★★★ »OKNÖ HAVSCAMPING« — 28.4. bis 31.8.
☎ 0499/44902, Fax 44902 — 50 000 qm
www.camping.se/H10, oknocamping@spray.se

→ E 66, ab Richtung Oknö beschildert (GPS: 56°58'00" N / 16°26'06" E) ✉ Öknovägen 12.

Wiesengelände am Meer in einem Kiefernwald auf der Halbinsel Oknö. Ort 5 km entfernt. 160 Touristenplätze.
2008: (HS) P/N inkl. St/N 170.–/180.–, H/N inkl., WD inkl., Strom/kWh –.40 (10 A). In NS Ermäßigung.
CCI wird nicht anerkannt!

✉ 57240 Oskarshamn, Småland — S1750

★★ »HAVSLÄTT CAMPING« — Mai bis Sept.
☎ 0491/15325, Fax 10297 — 20 000 qm

→ ca. 2 km nordöstlich von Oskarshamn.

Ebenes Wiesengelände beim gleichnamigen Strandbad. Ort 2.5 km entfernt. 67 Touristenplätze

✉ 57295 Figeholm, Småland — S1760

★★★ »CCS CAMP FIGEHOLM« — April bis Sept.
☎/Fax 0491/31100 — 20 000 qm

→ ca. 15 km nordöstlich von Oskarshamn, E 22, bei Fårbo beschilderte Abbiegung nach Figeholm. ✉ Bredviken.

Ebenes Wiesengelände. Golfplatz. Ort 2 km entfernt. Touristen-/Dauerstellplätze 11/21.

✉ 59353 Västervik, Småland — S1770

★★★ »LYSINGSBADET CAMPING« — 1.1. bis 31.12.
☎ 0490/88920, Fax 88945 — 800 000 qm
www.vastervik.se, lysingsbadet@vastervik.se

→ E 22 Kalmar-Norrköping. Bei Västervik beschildert.

Ausgehntes Wiesengelände auf einer bewaldeten Halbinsel an der Schärenküste mit Sandstrand und Badefelsen. Hotel und Jugendherberge. Kinderspielraum. Boule. Golf. Große Wasserrutsche. Hüpfburg. 2 mal wöchentl. Tanz. Bootsausflüge. Ort 3 km entfernt Touristen-/Dauerstellplätze 950/60.
CCI wird nicht anerkannt!

✉ 62181 Visby, Insel Gotland — S1850

★★★ »NORDERSTRANDS CAMPING« — Juni bis Aug.
☎ 0498/212157, Fax 248787 — 54 000 qm

→ 2 km nördlich Visby.

Sand- und Wiesengelände unter Bäumen, durch eine Straße vom Strand getrennt. Ort 1 km entfernt. Touristen-/Dauerstellplätze 400/20.

✉ 38031 Läckeby, Småland. — S1900

★★ »RAFSHAGENS FAMILJECAMPING« — 1.1. bis 31.12.
☎ 0480/60464, Fax 60424 — 13 000 qm

→ E22 Kalmar–Oskarshamn, abbiegen Richtung Rafshagen. Beschildert.

Naturnahes Wiesengelände am Kalmarsund in der Nähe der Insel Öland. Café/Imbiss. Boule. Ort (Lindsdal) 8 km entfernt. Touristen-/Dauerstellplätze 120/30.

✉ 28022 Vittsjö, Skåne — S2010

[15] ★★★ »VITTSJÖ CAMPING« — 1.1. bis 31.12.
☎ 0451/22489 — 16 000 qm
www.camping.se/L05, lovenfan2@hotmail.com

→ E 4 von Helsingborg Richtung Ljungby, in Skånes Värsjo nach Vittsjö abbiegen. Beschildert. ✉ Campingvägen 1.

Von Mischwald umgebenes Wiesengelände am See. Ort 500 m entfernt. Touristen-/Dauerstellplätze 56/25.

✉ 26991 Båstad, Skåne — S2020

★★★ »CCS CAMP NORRVIKEN« — März bis Okt.
☎ 0431/369170, Fax 369160 — 18 000 qm

→ E6 Helsingborg–Halmstad Abf. (39) Båstad, nach Båstard auf der Straße 115, am Ortsende Richtung Norrvikens trädgårdar. Beschildert.

Sandgelände direkt am Meer mit Strand Ort 2 km entfernt. Touristen-/Dauerstellplätze 65/75.

✉ 31260 Mellbystrand, Småland — S2025

[25] ★★★ »MARIAS CAMPING« — 25.4. bis 29.8.
☎ 0430/28585, Fax 0430/27321 — 26 000 qm
www.mariascamping.se

→ E 6/E20 Helsingborg–Halmstadt, Abf. (41) Mellbystrand. Noch ca. 2 km der Beschilderung zum Platz folgen. ✉ Norra Strandvägen 1 (GPS: 56°31'10" N / 12°56'46" E).

Ebenes, von Hecken durchzogenes und von Bäumen umgebenes, parzelliertes Wiesengelände hinter den Dünen. Teils von Wald umbegen. 12 km langer Sandstrand. FKK-Strand in der Nähe. Leinenzwang und Strandverbot für Hunde. Hundedusche. Spielehaus. Golfplatz 3 km, Ort 7 km entfernt. Touristen-/Dauerstellplätze 150/100.
2008: (HS) P/N inkl. St/N 240.–, WD zuzügl., Strom/N 40.– (10 A).
CCI wird nicht anerkannt!

✉ 34394 Älmhult, Småland — S2040

★★★ »SJÖSTUGANS CAMPING« — Mai bis Sept.
☎ 0476/71600, Fax 15750
www.sjostugan.com, info@sjostugan.com

→ Str. 23 Hässleholm–Växjö. In Älmhult bei der Kirche rechts Richtung Pjätteryd. Nach 1.5 km rechts abbiegen und der Beschilderung zum Platz folgen.

Eben bis welliges, zum See leicht abfallendes, unparzelliertes Wald- und Wiesengelände auf einer Halbinsel des Sees Möckeln. Sandstrand mit Badestegen und Wasserrutsche. Für Kinder kostenloses Segeln mit Jollen. Boule. Volleyball. Familienherberge. FW. Ort 2 km entfernt. Touristen-/Dauerstellplätze 130/8.

»**Ermäßigung auf alle Gebühren**« umfasst nicht die Nebenkosten wie Kurtaxe, Müll und Strom

34195 Bolmsö-Ljungby, Småland — S 2050

[20] ★★★ »BOLMSÖ ISLAND CAMPING« ⌛ 1.5. bis 30.9.
☎/Fax 0372/91102 35 000 qm
www.bolmsocamping.se, info@bolmsocamping.se

→ E4 Helsingborg–Värnamo, Abf. Lagan in westlicher Richtung über eine Brücke auf die Insel Bolmsö zum Platz. Oder von Westen kommend in Sunnaryd mit einer kostenlosen Fähre auf die Insel. ✉ Kyrkbyvägen 12 (GPS: 57°00'43" N / 13°43'17" E).

Teils ebenes und parzelliertes Gelände unter Eichen und Buchen, teils leicht zum See abfallendes Wiesengelände mit lockerem Baumbestand auf einer Insel im Bolmen-See. Von Wald umgeben und bei einem kleinen Hafen mit Fährenleger. Flacher Sandstrand. Gasthof mit Fisch- und Wildspezialitäten. Ort 35 (Ljungby) km entfernt. Touristen-/Dauerstellplätze 50/4.
2007: (HS) P/N inkl. St/N 140.–/180.–, WD zuzügl., Strom (10 A) zuzügl. In NS Ermäßigung.

55454 Jönköping, Småland — S 2150

★★★ »JÖNKÖPING SWECAMP VILLA BJÖRKHAGEN«
☎ 036/122863, Fax 126687 ⌛ 1.1. bis 31.12.
www.swecamp.se/F06, villabjorkhagen@swipnet.se 70 000 qm

→ Abf. von E 4 Richtung Rosenlund/Elmia. ✉ Friggagatan 31 (GPS: 57°47'24" N / 14°13'09" E).

Ebenes Wiesengelände am Vätternsee. Kinderspielzimmer. Haltestelle 1 km, Ort u. Golfplatz 3 km entfernt. 300 Touristenplätze.
2007: (HS) P/N inkl. St/N 230.–, WD inkl., Strom/N 35.– (10 A). In NS Erm.
CCI wird nicht anerkannt!

59078 Vreta Kloster, Östergötland — S 2280

★★★ »CCS CAMP SANDVIK« ⌛ Mai bis Sept.
☎ 013/61470, campsandvik@hotmail.com 10 000 qm

→ Straße 36 Linköping–Motala abbiegen nach Vreta Kloster und Berg. Über den Göta-Kanal noch ca. 9 km Richtung Stjärnorp. Beschildert.

Zweistufiges, ebenes Wiesengelände mit einigen jungen Bäumen am Roxen-See. Ort 10 km entfernt. Touristen-/Dauerstellplätze 50/50.

59030 Borensberg, Östergötland — S 2300/1

[20] ★★★ »STRANDBADETS CAMPING« ⌛ 1.5. bis 15.9.
☎/Fax 0141/40385 7 000 qm

→ Straße 36 Linköping–Motala nach Borensberg, 1,5 km südlich vom Ort.

Wiesengelände am Borensee. 2 Zimmer. Ort 800 m entfernt. Touristen-/Dauerstellplätze 65/15.
2008: (HS) P/N inkl. St/N 175.–, WD zuzügl., Strom/N 40.– (10 A). In NS Ermäßigung.

59030 Borensberg, Östergötland — S 2300/2

★★★ »CCS CAMPING BORENSÄNG« ⌛ April bis Sept.
☎ 0141/41768 15 000 qm

→ Straße 36 Linköping–Motala nach Borensberg, im Ort Richtung Fornåsa-Skänninge. Beschildert.

Schattenloses Wiesengelände. Boule. Ort 500 m entfernt. Touristen-/Dauerstellplätze 23/87.

61025 Vikbolandet, Östergötland — S 2330

★★★ »CCS CAMPING ARKÖSUND« ⌛ April bis Sept.
☎ 0125/20341 25 000 qm

→ Straße 209 von Norrköping in Richtung Husby, weiter bis Arkösund.

Schattenloses Wiesengelände am Meer. Kiosk. Imbiss. Grillplatz. Ort 1 km entfernt. Touristen-/Dauerstellplätze 20/80.

60236 Norrköping, Östergötland — S 2360

★★★ »HIMMELSTALUNDS CAMPING« ⌛ Mai bis Okt.
☎ 011/171190, Fax 170987, info@norrkopingscamping.com 50 000 qm

→ 1 km südwestlich Norrköping. Beschildert. ✉ Campingvägen.

Schattenloses Wiesengelände in der Nähe des Volksparks. Ort 2 km entfernt. 150 Touristenplätze.

64594 Strängnäs, Södermanland — S 2530

[20] ★★★ »CCS CAMP LÖT« ⌛ 1.1. bis 31.12.
☎/Fax 0152/25237 25 000 qm
www.caranclub.se, lotcamping@telia.com

→ E 20 Eskilstuna–Stockholm, Abf. Stallarholmen, weiter Richtung Löt (GPS: 59°35'13" N / 17°05'58" E).
• Schloss Gripsholm.

Von Mischwald umgebenes, zweistufiges Wiesengelände am See. Boule. Ort 5 km entfernt. Touristen-/Dauerstellplätze 20/115.
2008: (HS) P/N inkl. St/N 120.–/150.–, WD zuzügl., Strom/N 25.– (16 A). In NS Ermäßigung.

64793 Mariefred, Södermanland — S 2550

★★★ »MARIEFREDS CAMPING« ⌛ Ende April bis Sept.
☎ 0159/13530, Fax 10230 55 000 qm
www.camping.se/d01, mariefredscamping@yahoo.se

→ E 3, ca. 2 km östlich von Mariefred abbiegen.
• Schloss Gripsholm.

Wiesengelände am Mälaren-See mit Blick auf Schloss Gripsholm. Imbiss. Boule. Zimmer. Ort 3 km entfernt. 170 Touristenplätze.
CCI wird nicht anerkannt!

18342 Täby, Stockholms Län — S 2570

[15] ★★ »NYGÅRD CAMPING« ⌛ 1.1. bis 31.12.
☎ 073/506192, 08510/1341 30 000 qm
www.caravanclub.se, nygard-camp@caravanclub.se

→ E18 Stockholm bis Täby Kyrkby, nach ca. 5 km u. dem 2. Kreisverkehr nach ca. 500 m beschildert. Caravan Club of Sweden. ✉ Täby Kyrkby (GPS: 59°30'06" N / 18°02'50" E).

Ebenes bis leicht welliges Ufergelände am Vallentunasee. Boule. Restaurant u. Ort 2 km entfernt. Gute Verbindung nach Stockholm mit öffentl. Verkehrsmitteln. Touristen-/Dauerstellplätze 15/75.
2008: P/N inkl. St/N 120.–, H/N inkl., WD inkl., Strom/N 20.–/40.– (10A).

DCC-Mitglieder fahren mit Auslands-Schutzpaß! und SIE?

16850 Bromma, Stockholms Län — S2700

★★★ »ÄNGBY CAMPING« — 1.1. bis 31.12.
☎ 08/370420, Fax 378226 — 60000 qm
www.angbycamping.se, reservation@angbycamping.se

→ E 4 Norrköping–Uppsala Richtung Ängby. Beschildert. ✉ Blackebergsvägen, 24.
• Königsschloss Drottningholm.

Ebenes Wiesengelände im Wald zwischen der Hauptstraße und einem kleinen Badesee mit Sandstrand. Große Wasserrutsche. Separater Jugendplatz. Kabel-TV. Tennisplätze in der Nähe. U-Bahnstation 500 m, Stockholm ca. 20 km entfernt. 163 Touristenplätze.

18593 Vaxholm, Stockholms Län — S2710

★★ »MISTA CAMPING« — 1.1. bis 31.12.
☎ 08/54132464, Fax 54430407 — 15000 qm
www.sektioner.caravanclub.se/stockholm/, mista-camp@caravanclub.se

→ Von der E 18 abfahren auf Str. 274 Richtung Vaxholm, nach ca. 7 km abbiegen nach Bogesund (Str. 1002) Nach weiteren 7 km (ca 800 m nach Schloss Bogesund) links zum Cpl. Beschilderung Caravan Club of Sweden. ✉ Bogesunds Gård.

Ebenes Wiesengelände am Meer. Boule. Restaurant u. Ort 3 km entfernt. Touristen-/Dauerstellplätze 15/80.

12731 Skärholmen bei Stockholm — S2750

★★★ »BREDÄNGS CAMPING« — 14.4. bis 12.10.
☎ 08/977071, Fax 7087262 — 120000 qm
www.bredangcamping.se, bredangcamping@telia.com

→ E 4/E 20 Stockholm–Södertälje Abf. Bredäng, beschildert ✉ Stora Sällskapetsväg.

Leicht welliges, von Laubbäumen und kleinen Hügeln umgebenes Wiesengelände mit Blick auf den Mälarsee. Strandbad mit Bootsverkehr nach Stockholm. In HS überbelegt. Kiosk. Boule. Jugendherberge. FW. Ort (Stockholm) 10 km entfernt. 400 Touristenplätze.
2007: (HS) P/N inkl. C MC-St/N 240.–, T-St/N 230.–, WD inkl. Strom/N 40.– (10-16 A). In NS Ermäßigung.
CCI wird nicht anerkannt!

13990 Värmdö, Uppland — S2800

★★★ »CCS STORSVED CAMPING« — April bis Okt.
☎/Fax 08/57160229 — 6000 qm
www.sektioner.caravanclub.se/stockholm, storsved-camp@caravanclub.se

→ Str. 274 Richtung Vaxholm, kurz vor Ängsvik links auf die Str. 673 abbiegen. Beschildert. ✉ Buskviken.

Ebenes Wald- und Wiesengelände am Meer. Boule. Ort (Ängsvik) 5 km entfernt. Touristen-/Dauerstellplätze 10/63.

31041 Gullbrandstorp, Halland — S3050

★★★ »VILSHÄRADS CAMPING« — 25.4. bis 31.8.
☎/Fax 035/53115, ☎ Wi 53386 — 30000 qm
www.vilsharadscamping.se

→ E 6/E 20 Halmstad–Falkenberg Abf. (43) Richtung Vilshärad. Der Beschilderung Richtung Tylösand folgen. Platz liegt 12 km nordwestlich von Halmstad und 5 km nördlich von Tylösand ✉ Vilshäradsvägen.

Durch Hecken unterteiltes Gelände im Waldgebiet in der Nähe eines Hafens. Busstation. Restaurant 400 m, Ort 10 km entfernt. Touristen-/Dauerstellplätze 100/80.
2008: (HS) P/N inkl. St/N 230.–, WD zuzügl., Strom/N 40.– (10 A). In NS Ermäßigung.

31142 Falkenberg, Halland — S3070

★★★ »SKREA CAMPING« — Mitte April bis Anf. Sept.
☎ 0346/17107, Fax 15840
www.skreacamping.se, info@skreacamping.se

→ E6/E20 Halmstad–Falkenberg, Abf. Falkenberg. Der Beschilderung zum Skrea Strand und Skrea Camping folgen. Noch ca. 3 km zum Platz. ✉ Sommarvägen.

Ebenes, schattenloses Wiesengelände an einer flachen Bucht mit 3 km langem Sandstrand. Überwiegend parzelliert. Zeltwiese. Separater Hundestrand. Massagen. Boule. Golf und Bowling in der Nähe. Salzwasserschwimmbad 2 km, Ort 3 km entfernt. 420 Touristenplätze.

43295 Kärradal bei Varberg, Halland — S3090

★★★ »CCS KÄRRADALS CAMPING« — April bis Sept.
☎ 0340/623110, Fax 622550, cc.karradal@telia.com — 21000 qm

→ E 6 Halmstad–Göteborg Abf. (54) Varberg, in Varberg abbiegen auf die Str. 41 Richtung Veddige, dann abbiegen auf die Str. 845 nach Kärradal. Auf Beschilderung Caravan Club of Sweden achten. ✉ Liabovägen.

Parzelliertes, ebenes Wiesengelände, teilweise durch Büsche unterteilt, weitgehend schattenlos. Minigolf 100 m, Ort (Varberg) 9 km entfernt. Touristen-/Dauerstellplätze 49/125.

43295 Varberg, Halland — S3091

★★★ »KÄRRADALS CAMPING« — April bis Sept.
☎ 0340/622377, Fax 623576, www.karradalscamping.se — 21000 qm

→ E 6 Halmstad–Göteborg Abf. (54) Varberg, in Varberg abbiegen auf die Str. 41 Richtung Veddige, dann abbiegen auf die Str. 845 nach Kärradal. ✉ Torpavägen 21.

Parzelliertes, ebenes und schattenloses Wiesengelände. Ort 500 m entfernt. Touristen-/Dauerstellplätze 60/70.
CCI wird nicht anerkannt!

43162 Mölndal, Göteborg, Västergötland — S3140

★★★ »KRONO CAMPING GÖTEBORG/ÅBY« — 1.1. bis 31.12.
☎ 031/878884, Fax 7760240, www.kronocamping.nu — 20000 qm

→ E 6 Varberg-Göteborg auf die E 20/E47 Abf. Mölndal. Beschildert. ✉ Idrottsvägen 13.

Ebenes Wiesengelände neben einer Sportanlage. Busstation. Eishalle/Skating. Gasverkauf u. Restaurant 200 m, Ort (Göteborg) 8 km entfernt. Touristen-/Dauerstellplätze 123/215.

43031 Åsa, Halland — S3150

★★★ »ÅSA CAMPING« — April bis Sept.
☎/Fax 0340/651774 — 25000 qm

→ E 6 Varberg–Göteborg in Landa Abfahrt Åsa, noch ca. 4.5 km. ✉ Badviksvägen.

Ebenes Wiesengelände hinter einer Düne am Meer. 3 Zimmer. Ort 200 m entfernt. Touristen-/Dauerstellplätze 100/100.

43645 Askim, Göteborg, Västergötland — S3170

★★★★ »LISEBERGS CAMPING ASKIM STRAND« — April bis Sept.
☎ 031/286261, Fax 683376 — 55000 qm
askim.Strand@liseberg.se

→ E6/E20 Abf. Söderleden auf die Str. 158. Beschildert. ✉ Marholmsvägen.

Ebenes Wiesengelände an der Askim-Bucht gelegen. Busstation 300 m, Ort (Göteborg) 10 km entfernt. Touristen-/Dauerstellplätze 200/60.

✉ 41655 Göteborg, Västergötland   S3175

★★★★ »LISEBERGSBYN KÄRRALUND« 1.1. bis 31.12.
☎ 031/840200, Fax 840500   45000 qm
www.liseberg.se, karralund@liseberg.se

→ E6/E20 im östlichen Stadtbereich. Gut beschildert. ✉ Olbersgatan 1.

Parzelliertes, von Parks umgebenes, Wiesengelände im Stadtgebiet Göteborgs. Bungalowanlage. Boule. Wandererheim und Hotel. Ort (Göteborg) 3 km entfernt. 148 Touristenplätze.
2007: (HS) P/N inkl. St/N 415.–, WD u. Strom (10A) inkl. In NS Ermäßigung.
CCI wird nicht anerkannt!

✉ 33522 Gnosjö, Småland   S3180

★★★ »CCS CAMP VÄLORNA«   April bis Sept.
☎ 0370/325057, Fax 325157   9000 qm

→ E4 Helsingborg–Jönköping, bei Värnamo auf die Str. 151 Richtung Gnosjö, kurz vor Gnosjö auf die Str. 624, abbiegen nach Süden auf die Str. 622, Richtung Bredaryd–Mälskog. Beschildert. ✉ Box 437.

Ebenes Gelände am Hären See. Restaurant u. Ort 3 km entfernt. Touristen-/Dauerstellplätze 15/35.

✉ 33027 Hestra-Isaberg, Småland   S3250

★★★ »ISABERG FRITIDSBY CAMPING« 1.1. bis 31.12.
☎ 0370/335700, Fax 335990   20000 qm
www.isaberg.com, info@isaberg.com

→ E26 Halmstad–Jönköping Abf. ca 14 km nördlich Gislaved Richtung Hestra. Beschildert.

Welliges Wiesengelände mit Bungalowdorf in Seenähe und in Südschwedens größtem Wintersportgebiet. Kabel-TV. Golfplatz u. Ort 4 km entfernt. 86 Touristenplätze.
CCI wird nicht anerkannt!

DCC-Vertragsplatz

✉ 52390 Ulricehamn, Västergötland   S3320

★★★★ »CAMPING SKOTTEKSGÅRDEN« 1.1. bis 31.12.
☎ 0321/13184, Fax 35185   10000 qm
www.skottek.se, skotteksgarden@telia.com

→ Straße 40 Borås–Jönköping Abf. Ulricehamn, weiter auf Str. 157 Richtung Tranemo. Beschilderte Abbiegung (GPS: 57°46'42" N / 13°24'04" E).

Parzelliertes, ebenes Wiesengelände mit geschotterten Stellflächen am Asundensee. Fitnessraum. Whirlpool. Liegewiese. FW. Ferienhaus. Ab 7 N Kanu- u. Ruderboote gratis. Ort 2 km entfernt. 55 Touristenplätze.
2008: (HS) inkl. P/N St/N 185.–, H/N frei, WD inkl., Strom/N 45.– (16 A). **DCC 10% auf St/N.**

✉ 52200 Tidaholm, Västergötland   S3370

★★★ »CCS HÖKENSÅS CAMPING« 1.1. bis 31.12.
☎ 0502/23053, Fax 23023   300 m   13000 qm

→ von Jönköping nördlich auf die Str. 195, in Brandstorp abbiegen auf die Str. 852, dann abbiegen auf die 833 in südlicher Richtung (Mullsjö).

Ebenes Wiesengelände. Boule. Ort (Brandstorp) 10 km entfernt. Touristen-/Dauerstellplätze 15/102.

✉ 54394 Tibro, Västergötland   S3380

★★★ »CCS ÖRLENBADET CAMPING«   April bis Sept.
☎ 0504/22255, 22266   20000 qm

→ Str. 49 Skövde-Karlsborg, ca. 7 km nach Tibro abbiegen auf die Str. 1008 Richtung Fagersanna. Beschildert.

Ebenes Wiesengelände am See. Boule. Ort (Fagersanna) 3 km entfernt. Touristen-/Dauerstellplätze 110/100.

✉ 54066 Sjötorp, Västergötland   S3570

★★★ »ASKEVIKSBADET CAMPING & STUGBY«   April bis Aug.
☎ 0501/51409   100000 qm
www.camping.se/ro6

→ Str. 26 Richtung Kristinehamn, 6 km nördlich des Ortes am Vänernsee.

Leicht abfallendes Wiesengelände mit Laubbäumen am See. Boule. Ort 6 km entfernt. Touristen-/Dauerstellplätze 69/25.

✉ 64593 Finnerödja, Västergötland   S3600

★★★ »CCS SKAGERNS CAMPING« 1.5. bis 30.9.
☎ 0506/33040   6000 qm

→ Beschilderte Abbiegung von der E 20, ca. 3 km südlich des Ortes.

Leicht geneigtes Wiesengelände am Skagern-See, von Wald umgeben. Boule. Ort 6 km entfernt. Touristen-/Dauerstellplätze 40/64.

✉ 71593 Odensbacken-Hampetorp, Närke   S3645

★★★ »HAMPETORPS CAMPING« 1.1. bis 31.12.
☎ 019/453015, Fax 453489   100 m   70000 qm
www.hampetorpscamping.nu, campa@hampetorpscamping.nu

→ E 20 Kumla–Örebro Abf. Str. 52 Richtung Odensbacken-Hampetorp.

Ebenes, von Hecken und Laubbäumen umgebenes, schattenloses Wiesengelände neben einem Yachthafen am Hjälmarensee. Boule. Ort 1 km entfernt. Touristen-/Dauerstellelpätze 50/70.

✉ 70230 Örebro, Närke   S3650

★★★★ »CAMPING GUSTAVSVIK«   April bis Nov.
☎ 019/196950, Fax 196961   115000 qm
www.gustavsvik.se, camping@gustavsvik.se

→ E 20 Abf. Gustavsvik. Beschildert. ✉ Sommarrovägen.

Ebenes durch lockeren Baumbestand und Hecken durchsetztes Wiesengelände mit einem Fischteich und Badesee. Nebenan ein großes Sport- und Freizeitcenter. Mini-Club für Kinder in HS. 18-Loch Golfplatz. Ort 1.5 km entfernt. 720 Touristenstellplätze.

DCC – DEIN PARTNER!

71016 Garphyttan, Närke — S 3670

★★★ »CCS ÅNNABODA CAMPING« — 1.1. bis 31.12.
☎ 019/298218 — 19 000 qm

→ E 18 Karlskoga–Örebro, bei Lanna in Richtung Norden auf die Str. 728 nach Garphyttan abbiegen, weiter bis nach Ånnaboda. Beschildert.

Ebenes Wiesengelände. Ort 4 km entfernt. Touristen-/Dauerstellplätze 15/135.

71332 Nora, Västmanland — S 3675

★★★ »TRÄNGBO CAMPING« — Mai bis Sept.
☎ 0587/12361, Fax 311389 — 30 000 qm
www.trangbocamping.se, trangbocamping@yahoo.se

→ E 18/20 Örebro Abf. Str. 244 Richtung Nora. Beschildert.

Welliges, von Wald umgebenes, Wiesengelände an einem Badesee mit Sandstrand. Kinderspielzimmer. Ort 2 km entfernt. Touristen-/Dauerstellplätze 88/12.

73427 Hallstahammar, Västmanland — S 3700

[20] ★★★★ »SKANTZÖ CAMPING« — 1.5. bis 28.9.
☎ 0220/24305, Fax 24187   75 m — 40 000 qm
www.camping.se/u05, skantzo@hallstahammar.se

→ E 18 Köping–Enköping Abf. (252) Richtung Hallstahammar. Im Ort beschildert. ✉ Sörkvarsvägen (GPS: 59°61'04" N / 16°21'33" E).

Ebenes, von Mischwald umgebenes, Wiesengelände am Strömsholms-Kanal. Separater Zeltplatz. Bungalowanlage. Wasserrutsche. Basketball. Kanufahrer-Treffpunkt. Boule. Ort 700 m entfernt. Touristen-/Dauerstellplätze 116/40.
2007: (HS) P/N inkl. St/N 140/160.–, WD inkl. Strom/N 40.– (10 A). In NS Ermäßigung.

44030 Marstrand, Bohuslän — S 4010

★★★ »CAMPING MARSTRAND« — April bis Sept.
☎ 0303/60584, Fax 60440 — 62 000 qm
www.camping.se/o36, backudden@swipnet.se

→ Auf der Insel nordöstlich des Hafens.

Wiesengelände zwischen Felsen auf der gleichnamigen Insel. Kinderfreundlicher Sandstrand. Flipperspiele. Mittsommer-Sonderveranstaltungen. Restaurant, Tauchcenter u. Kajakvermietung 1 km entfernt. Touristen-/Dauerstellplätze 117/113.

47494 Hällevikstrand, Insel Orust, Boshusl. — S 4140

★★★ »CCS SOLLID CAMPING« — März bis Ende Sept.
☎ 0304/52564, cc.sollid@telia.com — 800 000 qm

→ E 6 Göteborg–Uddevalla, bei Stenungsund auf der Str. 160, weiter auf der Str. 178 nach Ellös, abbiegen auf die Str. 740 nach Nösund und hier weiter nach Hällevikstrand. Auf die Beschilderung Caravan Club of Sweden achten. ✉ Sollid 320.

Leicht welliges Wiesengelände am Meer. Ort (Ellös) 7 km entfernt. Touristen-/Dauerstellplätze 60/60.

45691 Kungshamn, Bohuslän — S 4160

★★» ÖGÅRDENS CAMPING« — Juni bis Aug.
☎ 0523/37202 — 20 000 qm

→ ca. 1 km nördlich Kungshamn.

Wiesengelände, von Büschen und Bäumen umgeben. Ort 1 km entfernt. 180 Touristenplätze.

45046 Hunnebostrand, Bohuslän — S 4180

[20] ★★★ »RAMSVIK STUGBY & CAMPING« — Mai bis Ende Sept.
☎ 0523/50875, Fax 58737, www.ramsvik.nu, info@ramsvik.nu 10 000 qm

→ E 6 (30 km nördlich Uddevalla) links einbiegen auf Weg 162, nach 4 km rechts abbiegen auf Weg 163 nach Hunnebostrand. 4 km südlich Hunnebostrand rechts abbiegen und Schildern nach Ramsvik folgen.

Schattenloses Wiesengelände auf einer Halbinsel am Fjord. Restaurant. Imbiss. Viele Freizeitangebote. Ort 8 km entfernt. Touristen-/Dauerstellplätze 43/14.
CCI wird nicht anerkannt!

45071 Fjällbacka, Bohuslän — S 4200

★★★ »CCS ÅSLERÖDS CAMP. & VANDRARHEM« — 1.1. bis 31.12.
☎ 0525/31277 — 30 000 qm

→ Von der E 6 Uddevalla–Oslo bei Grindmotet auf die Str. 163 nach Fjällbacka abbiegen. Im Ort bei der OKQ8-Tankstelle gegenüber zum Cpl, ca 1.6 km. Beschildert mit Caravan Club of Sweden.

Wiesengelände mit Bäumen zum Waldrand ansteigend, teilweise Terrassen. FW. Quickstop-Plätze (22-9 h). Ort 2 km entfernt. Touristen-/Dauerstellplätze 60/40.

45081 Grebbestad, Bohuslän — S 4260

★★★ »EDSVIKBADETS CAMPING« — April bis Sept.
☎ 0525/10394 — 50 000 qm

→ von Grebbestad ca. 3 km in nordwestlicher Richtung nach Havstensund.

Von hohen Felsen umgebene parzellierte Wiese, teilweise mit Buschgruppen. Ort 2 km entfernt. Touristen-/Dauerstellplätze 178/122.
CCI wird nicht anerkannt!

45297 Strömstad, Bohuslän — S 4290/1

★★★ »YLSERÖD-CAMPING« — Ende Juni bis Ende Aug.
☎ 0526/30033, Fax 30034, www.dynikilenfritidsomrade.com 33 000 qm

→ in Ortsnähe an der E 6. Beschildert.

Ebenes Wiesengelände, von Felsgruppen umgeben. Ort 8 km entfernt. Touristen-/Dauerstellplätze 100/100.

45297 Strömstad, Bohuslän — S 4290/2

★★★ »LÖKHOLMENS CAMPING« — Mai bis Sept.
☎ 0526/33184, Fax 33186 — 100 000 qm

→ westlich der E 6 zwischen Strömstad und der norwegischen Grenze.

Wiesengelände, von Felsen umgeben. Restaurant 1.5 km entfernt. Touristen-/Dauerstellplätze 20/100.

65346 Karlstad, Värmland — S 4300

★★★ »CCS SKUTBERGET CAMPING« — Mai bis Sept.
☎ 054/535030 — 11 000 qm

→ E18 Karlstad–Säffle, am westlichen Stadtrand von Karlstad nach Skutberget abfahren. Beschilderung Caravan Club of Sweden.

Ebenes Wiesengelände mit lockerem Birkenwaldbewuchs am Meer. Quickstop-Plätze. Ort 5 km entfernt. Touristen-/Dauerstellplätze 30/43.

✉ **66691 Bengtsfors,** Dalsland **S 4345**

★★★ »DALSLANDS CAMP. & KANOTCENTRAL« 1.5. bis 15.9.
0531/10060, Fax 10070, www.dalslandscamping.se 120 000 qm

→ E164/172 Abf. bei Skåpaforskrysset. Ca 3 km von Bengtfors Richtung Halden.

Ebenes Wiesengelände auf einer Landzunge am Ärtingen-See, von Wald umgeben. Quickstop-Plätze (21-9 h). FW. Zimmer. Ort 2.5 km entfernt. Touristen-/Dauerstellplätze 150/70.

✉ **46421 Mellerud,** Dalsland **S 4347**

★★★ »VITA SANDARS CAMPING« 1.1. bis 31.12.
0530/12260, Fax 12934 140 000 qm
www.vitasandars.se, vitasandars@swipnet.se, info@vitasandarscamping.se

→ Str. 45 Göteborg–Karlstad. Platz liegt südöstlich von Mellerud am Westufer des Vänernsees. Beschildert (GPS: 58°41'20" N / 12°31'37" E).

Ebenes Wald- und Wiesengelände am sanft abfallenden Sandstrand vom Vänernsee. In NS eingeschränkter Betrieb. Billard. Trampoline. Karussels. Ort 3 km entfernt. Touristen-/Dauerstellplätze 267/50.
2008: (HS) P/N inkl. St/N 220.–, WD zuzügl., Strom/N 40.– (10 A). In NS Ermäßigung.
CCI wird nicht anerkannt!

✉ **67291 Årjäng,** Värmland **S 4440**

★★★★ »FIRST CAMP ÅRJÄNG - SOMMARVIK« 1.1. bis 31.12.
0573/12060, Fax 12048 125 m 160 000 qm
www.firstcamp.se/arjang, arjang@firstcamp.se

→ Str. E18, etwa 3 km südlich von Årjang. Beschildert (GPS: 59°22'06" N / 12°08'38" E).

Leicht geneigtes, teils terrassiertes Wald- und Wiesengelände am See Västra Silen. Eigener Sandstrand mit Liegewiese und Badestegen. Bar. Café. Diskothek. Ort 3 km entfernt. Touristen-/Dauerstellplätze 150/200.
2008: (HS) P/N inkl. C MC-St/N 205.– bis 360.–, T-St/N 200.–, WD zuzügl., Strom (10-13 A) inkl. In NS Ermäßigung.

✉ **68233 Filipstadt,** Värmland **S 4453**

★★★ »MUNKEBERG CAMPING & VANDRARHEM« 1.1. bis 31.12.
0590/50100, Mobil 0702068750 20 000 qm
www.munkeberg.com, alterschwede@telia.com

→ Str. 63 Karlstadt–Hällefors. In Filipstad auf die Str. 246 nach Norden Richtung Hagfers. Nach 800 m auf der linken Seite.

Leicht welliges Wald- und Wiesengelände auf einer Halbinsel im See" Lersjön" mit Badestrand. 8 Zimmer. Frühstücksmöglichkeit. Kiosk. Ort 1 km entfernt. Touristen-/Dauerstellplätze 60/10.
2008: (HS) P/N inkl. St/N 120.–, WD inkl., Strom/N 30.–.

✉ **71293 Hällefors,** Västmanland **S 4455**

★★★★ »SÖRÄLGENS CAMPING« 18.4. bis 13.10.
/Fax 0591/15150, Mobil 073-0504293 70 000 qm
www.schwedencamping.de, soralgenscamping@telia.com

→ E 60 Örebro–Ludvika Abf. Kopparberg auf die Straße 63 Richtung Hällefors. 3 km nordöstlich von Hällefors. ✉ Sör-Älgen 200.

Ebenes von Wald umgebenes Wiesengelände an einem Badesee (Sörälgen) mit Steg. Deutschsprachige Leitung. Separater Jugendplatz. Imbiss. Elchsafaris. Ort 2.8 km entfernt. Touristen-/Dauerstellplätze 70/5.
2007: (HS) P/N 25.–, K/N bis 16 J. 10.–, St/N 65.–/70.–, WD zuzügl., Strom/N 50.– (10 A). In NS Ermäßigung.

✉ **77294 Grängesberg,** Västmanland **S 4460**

★★★ »SILVERHÖJDENS CAMPING« Mai bis Aug.
/Fax 0240/662399 3000 qm
www.silvercamp.net, info@silvercamp.net

→ Str. 60 Örebro-Ludvika vor Grängesberg. Beschildert. ✉ Silverhöjden 110.

Ebenes Wald- und Wiesengelände an einem See. Lebensmittelverkauf. Ort 5 km entfernt. 30-50 Touristenplätze.

✉ **68594 Torsby,** Värmland **S 4470/1**

★★★ »ABBAS STUGBY & CAMPING« 1.1. bis 31.12.
0560/31038, Fax 30361 120 000 qm
www.abbasstugby.se, info@abbasstugby.se

→ Straße 45 Göteborg–Mora, über Torsby nach Vägsjofors, hier Richtung Digerberget und der Beschilderung Abbas Stugby noch ca. 3 km folgen. ✉ Nötön 1.

Wiesengelände am Övre Brockensjö. Ort (Torsby) 25 km entfernt. Touristen-/Dauerstellplätze 100/20.

✉ **68594 Torsby,** Värmland **S 4470/2**

★★★ »KNUT'S STUGBY & CAMPING« 1.1. bis 31.12.
0560/30360, Fax 30361 20 000 qm
www.knutsstugby.com, info@knutsstugby.com

→ Straße 45 Göteborg–Mora, über Torsby weiter nach Vitsand abbiegen und der Beschilderung folgen. ✉ Vitsand 8.

Leicht welliges Wiesengelände am Övre Brocken See. Wäschetrockenschrank und Trockenraum. FW. Lebensmittelverkauf u. Restaurant in Torsby 25 km entfernt. 40 Touristenplätze.

✉ **84093 Hede,** Jämtland **S 4660**

★★★ »HEDE CAMPING« 1.1. bis 31.12.
0684/41020, Fax 10970 11 000 qm
www.hedecamping.se, info@hedecamping.se

→ Straße 84 (312) in Ortsmitte abbiegen. Beschildert.

Wiesengelände mit Hecken und Bäumen am Fluss Ljusnan. Imbiss. Geführte Wandertouren. Ort 500 m entfernt. 100 Touristenplätze.

✉ **83182 Östersund,** Jämtland **S 4700**

★★★ »ÖSTERSUNDS CAMPING« 1.1. bis 31.12.
063/144615, Fax 144323 25 000 qm
www.ostersundscamping.se, www.camping.se/z11, ostersundscamping@ostersund.se

→ E14 Sundsvall–Östersund. Ca 2.5 km südöstlich der Stadt. ✉ Krondikesvägen, 95 c.

Ebenes und parzelliertes Wiesengelände im lichten Mischwald. 13 Zimmer. Golf in der Nähe. Ort 3 km entfernt. 254 Touristenplätze.
CCI wird nicht anerkannt!

✉ **83013 Åre,** Jämtland **S 4720**

★★ »SÅÅ CAMPING« Juni bis Aug.
/Fax 0647/32122 30 000 qm

→ ca. 200 m links unterhalb der Straße E 75 nach Trondheim. Am Schild Björnänge 4, etwa 7 km von Åre entfernt abbiegen.

Leicht abfallendes von Wald umgebenes Wiesengelände. Trockenraum. Ort 7 km entfernt. 80 Touristenplätze.

83324 Strömsund, Jämtland — S 4750

★★★ »STRÖMSUND CAMPING« — 1.1. bis 31.12.
☎ 0670/16410, Fax 13705 — 40 000 qm
www.stromsund.se, stromsund.turism@stromsund.se
→ Str. 45 Östersund–Storuman. Platz liegt 700 m südlich von Strömsund.

150 m ✕ 700 m
Leicht abfallende, von Wald umgebene Wiese, zwischen der Straße und einem langezogenem See (Sund). Imbiss. FW. Quickstop-Platz (21-9 h). Ort 700 m entfernt. 150 Touristenplätze.
CCI wird nicht anerkannt!

91290 Vilhelmina, Västerbotten — S 4800

★★★ »FORSNÄS STUGBY & CAMPING« — Mai bis Sept.
☎ 0940/33012, 0706901444, Fax 55090 — 10 000 qm
www.forsnascamping.vilhelmina.com, agneta.lindstromberg@vilhelmina.se
→ 7 km südlich des Ortes an der Str. 45. ✉ Forsnäs 36.

Wiesengelände mit Büschen und Birkengruppen. Restaurant u. Ort 7 km entfernt. 45 Touristenplätze.

92300 Storuman, Västerbotten — S 4900

★★★★ »STORUMAN CAMPING« — Juni bis Aug.
☎ 0951/10696, Fax 77811 — 37 000 qm
www.storuman.nu, rolf65@worldonline.se
→ zwischen dem Bahnhof und dem See Storuman. Beschildert.

400 m ✕ 500 m
Wiesengelände mit lichtem Mischwald. Spielhalle. Ort 300 m entfernt. 100 Touristenplätze.

92064 Tärnaby, Västerbotten — S 4920

[15] ★★★ »TÄRNABY CAMPING« — 1.1. bis 31.12.
☎ 0954/10009, Fax 10558, Mobil 070-5472797 — 50 000 qm
www.tarnabycamping.com, info@tarnabycamping.com
→ An der Brücke der E 79 über den Umea-Älv. ✉ Sandviksvegen 5.

500 m ✕ 1 km ✕ 2 km
Wiesengelände mit hochstämmigen Bäumen am Fluss Umeälven. Bergblick auf den Valletjakke. Kostenloses Angeln. Imbiss. Zimmer. FW. Ort 2 km entfernt. 50 Touristenplätze.
2008: (HS) P/N inkl. C MC-St/N 150.–, T-St/N 75.– bis 150.–, WD zuzügl., Strom/N 30.– (10 A). In NS Ermäßigung.
DCC/CCI 10% auf P/N.

92070 Sorsele, Västerbotten — S 4930

★★★ »SORSELE CAMPING« — Juni bis Aug.
☎ 0952/10124, Fax 55281 — 30 000 qm
www.lapplandskatan.nu, grillhornon@telia.com
→ Str. 45 Storuman–Arvidsjaur, im Ort Sorsele beschildert.

1 km
Wiesengelände mit einzelnen Bäumen an einem See. Imbiss. Zimmer. FW. Ort 1 km entfernt. 90 Touristenplätze.

98135 Kiruna, Norrbotten/Lappland — S 4950

[20] ★★★ »CAMP RIPAN« — 1.1. bis 31.12.
☎ 0980/63000, Fax 63040 — 100 000 qm
www.ripan.se, ripan@kiruna.se
→ Von der Umgehungsstraße E 10 weg, den Ort durchfahren. Dort beschildert. ✉ Campingvägen 5.

50 m ✕ 500 m
Wiesengelände mit Bäumen und Büschen bei dem See Luossajärvi. In der Nähe der Sprungschanze. Loipe am Platz. Ort 500 m entfernt. 90 Touristenplätze.
2007: P/N inkl. St/N 120.–/140.–, WD zuzügl., Strom/N 30.–.

73397 Sala, Västmanland — S 5000

★★★ »SILVKÖPARENS CAMPING & STUGOR« — Mai bis Sept.
☎ 0224/59003, Fax 59290 — 40 000 qm
www.camping.se/u02, silverkoparens.camping@post.utfors.se
→ 6 km nordwestlich des Ortes an der Straße 70 in Richtung Mora. ✉ Riksväg 70.

50 m ✕ 100 m
Leicht welliges Wiesengelände mit Büschen und Bäumen am teils sandigen und felsigem See. Boule. Ort 6 km entfernt. 70 Touristenplätze.

73821 Norberg, Västmanland — S 5005

★★★ »CCS NORBERG CAMPING« — April bis Okt.
☎ 0223/22303, Fax 22156 — 15 000 qm
→ Str. 66 Västerås–Fagersta, in Fagersta abbiegen auf die Str. 68 nach Norberg. Beschildert. ✉ Box 45.

Ebenes Wiesengelände, mit lockerem Busch- u. Baumbewuchs, am See. Boule. Restaurant u. Ort (Norberg) 500 m entfernt. Touristen-/Dauerstellplätze 40/70.

71193 Lindesberg, Västmanland — S 5020

★★★ »CCS GUSSELBY ANNORLUNDA CAMPING«
☎ 0581/50240, Fax 50004 — Ende April bis Sept.
curt.v.jakobsson@telia.com — 15 000 qm
→ Str. 60 Örebro–Ludvika, bei Lindesberg auf die Str. 68 abbiegen, nach ca. 3.5 km abbiegen auf die Str. 864 nach Gusselby. Beschildert.

Schattenloses, zum See leicht abfallendes Wiesengelände. 4 Zimmer. Kiosk. Billard. Boule. Vermietung von Surfbrett u. Wasserski. Ort 3 km entfernt. Touristen-/Dauerstellplätze 25/80.

74599 Enköping, Uppland — S 5040

★★★ »CAMPING HÄRJARÖ HERRGÅRD« — 1.1. bis 31.12.
☎ 0171/82290, Fax 82112, www.harjaro.se — 530 000 qm
→ E18 Västerås–Stockholm Abf. Enköping. In Enköping noch ca. 26 km in südöstlicher Richtung nach Härjarö.

Ebenes und unparzelliertes von Wald umgebenes Wiesengelände mit Konferenzzentrum am Mälarsee. Bootsausflüge zur Wikingerstadt „Birka". 175 Touristenplätze.
CCI wird nicht anerkannt!

76015 Gräddö, Uppland — S 5050

[15] ★★ »CCS KAPELLSKÄR CAMPING« — 1.1. bis 31.12.
☎/Fax 0176/44025, kapellskar-camp@caravanclub.se — 19 000 qm
→ E18 Stockholm-Norrtälje, weiter nach Kapellskär, 1 km vor der Fähre links abbiegen Richtung Gräddö. Nach ca. 800 m rechts abbiegen (auf der linken Straßenseite kleines Schild Caravan Club of Sweden) zum Platz. Beschildert.

2 km
Von Wald umrahmtes, ebenes Wiesengelände mit teilweisem Baumbestand, direkt am Meer. Boule. Lebensmittelverkauf u. Ort 5.5 km entfernt. Touristen-/Dauerstellplätze 40/62.

76152 Norrtälje, Uppland — S 5052

★★★ »VIGELSJÖ CAMPING« — Juli bis Aug.
☎ 0176/10014, Fax 206430 — 30 000 qm
www.vigelsjocamping.se, info@vigelsjo.camping.se

→ E 18 von Stockholm Abf. Norrtälje, 3. Ampel links, vor der Tankstelle wieder links, noch ca. 1 km. ✉ Vigelsjö Gard.

≈ ≈400m ✕1km 🌲W 🚻 2.5 km

Ebener von Wald umgebener Wiesenplatz in einem Naturschutzgebiet am Lomarensee. Café in HS. Trimm-Dich-Pfad in der Nähe. Ort 2 km entfernt. 36 Touristenplätze.

74293 Östhammar, Uppland — S 5080

★★★ »GRANFJÄRDEN CAMPING« — April bis Okt.
☎/Fax 0173/13323 — 19 000 qm

→ von Östhammar auf die Str. 76 nach Norrskedika, weiter auf der Str. 1100 nach Öregrund, nach ca. 3 km rechts Richtung Sund abbiegen, nach ca. 1 km rechts Richtung Längalma, nach ca. 300 m beschildert. ✉ Sund 2664.

Durch Bäume und Büsche parzelliertes Gelände, von Wald umgeben, direkt am See. Boule. Ort 6 km entfernt. Touristen-/Dauerstellplätze 18/50.

81065 Skärplinge-Ängskär, Uppland — S 5085

[15] ★★★ »ÄNGSKÄRS HAVSCAMPING« — 30.5. bis 10.8.
☎ 0294/36078, Fax 36050, www.camping.se/c13 — 25 000 qm

→ Staße 76 Norrtälje–Gävle, in Skärplinge ostwärts. Beschildert.

Ebenes, teils felsiges Gelände, von Wald umgeben, auf einer Halbinsel. Naturschutzgebiet und Fischereihafen in der Nähe. Felsiger Strand mit Badebucht. Ort (Skärplinge) 17 km entfernt. Touristen/Dauerstellplätze 55/21.
2008: (HS) P/N inkl. C MC-St/N 110.– bis 125.–, T-St/N 110.–, WD zuzügl., Strom/N 35.– (10 A). In NS Ermäßigung.

78193 Borlänge, Dalarna — S 5101

★★★ »TYLLSNÄS UDDE« — 1.1. bis 31.12.
☎/Fax 0243/233959 — 20 000 qm
www.tyllsnasudde.se, info@tyllsnasudde.se

→ Von der Str. 70 Borlänge–Enköping ca. 3 km nach dem Zentrum Borlänge beschilderte Abbiegung Tyllsnäs. ✉ Tyllsnäs 21.

Ebenes Wiesengelände zwischen den Flüssen Dalälven und Tunaan. Wanderfreundlich mit 29 Betten. Für Gruppen geeignete Räumlichkeiten (auch mit Mahlzeiten). Restaurant u. Ort 3 km entfernt. 100 Touristenplätze.

79392 Leksand, Dalarna — S 5150/1

★★★ »LEKSAND CAMPING & STUGBY« — 1.1. bis 31.12.
☎ 0247/80313, Fax 14790 — 60 000 qm

→ Hauptstraße 70, bei Leksand Richtung Tällberg zum See abbiegen

Leicht zum Seeufer abfallendes Gelände im Hochwald, durch befestigte Straßen unterteilt. Ort 2 km entfernt. Touristen-/Dauerstellplätze 430/70.
CCI wird nicht anerkannt!

79392 Leksand, Dalarna — S 5150/2

[20] ★★★ »VÄSTANVIKSBADET CAMPING« — 1.4. bis 6.10.
☎ 0247/34201, Fax 13133 — 48 000 qm
www.vastanviksbadetscamping.se, vbc@swipnet.se

→ Abf. RV 70 bei Leksand-Süd Richtung Siljansnäs. ✉ Västanvik Siljansnäsvägen 130 (GPS: 60°43'52" N / 14°57'23" E).

Zum Seeufer leicht abfallendes Wiesengelände an einer schmalen Sandbadebucht am Westufer des Siljansees. Boule. Billard. Ort 4 km entfernt. 120 Touristenplätze.
2008: (HS) P/N inkl. St/N 160.–, WD inkl., Strom/N 45.– (10 A).

79360 Siljansnäs, Dalarna — S 5153

[20] ★★★ »SILJANSNÄS BAD & CAMPING« — 16.6. bis 15.9.
☎/Fax 0247/22606, Fax 736935168 — 8000 qm
www.siljan.se/fi/siljansnascamping, inger.nordin@tele2.se

→ Von der Str. 70 bei Leksand-Süd nach Siljansnäs, hier beschildert. ✉ Fjärdgattu,17.

Ebenes Wiesengelände am Byrviksensee im Siljan. Imbiss. Kiosk. Boule. Im So 2 Wo Schwimmschule. Ort 14 km entfernt. 40 Touristenplätze.
2007: (HS) P/N inkl. C MC-St/N 140.–, P/N inkl. T-St/N 90.–/120.–, WD zuzügl., Strom/N 45.– (10 A). In NS Ermäßigung.

79025 Linghed, Dalarna — S 5155

★★ »CCS SMEDNÄSET CAMPING« — 1.1. bis 31.12.
☎/Fax 0246/22106 — 25 000 qm

→ von Falun die Str. 50, dann Str. 876 nach Svärdsjö, weiter auf der Str. 850 nach Linghed. Beschildert. ✉ Smednäsvägen 1.

Wiesengelände mit Birkenwaldbewuchs direkt am See. Kleine Wasserrutschbahn. Tennis 3 km, Ort 3.5 km entfernt. Touristen-/Dauerstellplätze 100/120.

81630 Ockelbo, Gästrikland — S 5157

★★★ »CCS CAMP OCKELBO« — 1.1. bis 31.12.
☎ 070/6653495, berry.jarvenby@brevet.nu — 5000 qm

→ Von der Str. E 4 Uppsala–Södernam abbiegen auf die Str. 303 nach Ockelbo-Centrum. Bei der Kirche nach Åbyggeby abbiegen, noch ca. 500 m Zufahrt zum Platz. Beschildert. ✉ Ajmotsvägen 20.

Ebenes Wiesengelände am Bysjön-See. Babyraum. Grillplatz. Zimmer. Ort 800 entfernt. Touristen-/Dauerstellplätze 20/34.

79290 Sollerön, Dalarna — S 5159

★★★ »CCS SOLLERÖ CAMPING« — Mai bis Sept.
☎ 0250/22230, Fax 22268 — 90 000 qm
www.sektioner.caravanclub.se/dalarna/solleron

→ Von Süden Str. 70 bis Leksand, hier abbiegen über die Gesunda Richtung Sollerön. Von Norden über Mora nach Sollerön und weiter Richtung Gesunda. ✉ Levsnäs.

Ebenes, teilweise gestuftes Gelände auf der Insel Sollerön im Siljan-See. Reservierung empfehlenswert. Kiosk. Ort 15 km entfernt. Touristen-/Dauerstellplätze 100/50.

79422 Orsa, Dalarna — S 5160

★★★ »ORSA CAMPING« — 1.1. bis 31.12.
☎ 0250/46200, Fax 46260 — 300 000 qm
www.orsagronklitt.se, fritid@orsagronklitt.se

→ Straße Mora–Orsa, hier beim Weg 81.

Wiesengelände in einem lichten Kiefernwald am Nordufer des Orsasjön. Ort 1 km entfernt. 520 Touristenplätze.
CCI wird nicht anerkannt!

79631 Älvdalen, Dalarna — S5165

[20] ★★★ »ÄLVDALENS CAMPING«
☎/Fax 0251/12344 200 m
1.1. bis 31.12.
72 000 qm
www.alvdalenscamping.se, kontakt@alvdalenscamping.se

→ Str. 70, ca. 40 km nordwestlich von Mora. ✉ Ribbholmsvägen 26.

Ebenes Wald- und Wiesengelände am Fluss Österdalälven. Hallenbad und Eishalle nebenan. Bogenschießen. Boule. Wasserrutsche. Whirlpool. Fitnessraum. Mountainbike- und Vierradmoped-Verleih. Organisierte Ausflüge. Ort 500 m entfernt. Touristen-/Dauerstellplätze 250/100.
2008: (HS) P/N inkl. St/N 150.–, WD inkl., H/N frei, Strom/N 25.– (10 A). In NS Ermäßigung.

78067 Sälen, Dalarna — S5170

★★ »CCS CAMP TANDÅDALEN«
☎ 0280/33053, Fax 35505
1.1. bis 31.12.
100 000 qm
www.caravanclub.se, tandalen-camp@caravanclub.se

→ von Malung die Str. 71 in nördlicher Richtung über Sälen Richtung Hamar bis Tandålen fahren. Beschildert.

Ebenes Wiesengelände mit Baumbestand, direkt im Skigebiet. Ort 500 m entfernt. Vorwiegend Winterbetrieb. Touristen-/Dauerstellplätze 60/685.

79091 Idre, Dalarna — S5180

★★★ »CCS IDRE FJÄLL CAMPING«
☎ 0253/41238, Fax 41338
1.1. bis 31.12.
18 000 qm
www.sektioner.caravanclub.se/dalarna, idre-camp@caravanclub.se

→ von Mora auf der Straße 70 nach Idre, hier weiter nach Idre Fjäll und dann der Beschilderung Caravan Club of Sweden folgen.

Schattenloses, ebenes, teilweise leicht terrassiertes Gelände im Skigebiet. Sportgelände nebenan. Trockenraum. Ort (Idre) 9 km entfernt. Touristen-/Dauerstellplätze 48/82.

82022 Sandarne, Hälsingland — S5210

★★ »STENÖ CAMPING «
☎ 0270/60000, Fax 61660, www.nordiccampingsports.com
Juni bis Aug.
50 000 qm

→ ca. 13 km südlich der Stadt (Sandarne). Beschildert.

Lichtes Föhrenwaldgelände auf einer Halbinsel neben einem Strandbad am Bottnischen Meerbusen. Imbiss. 220 Touristenplätze.

82500 Iggesund, Hälsingland — S5220

★★★ »ANKARMONS CAMPING«
☎ 0650/20505, Fax 22111, ☎/Wi 20624
Mai bis Sept.
64 000 qm
www.iggesund.nu

→ E 4, bei der Prem-Tankstelle dem Hinweisschild folgen.

Ebenes Wiesengelände an einem See mit Strand und Badesteg im Kiefernwald. Imbiss. Ort 2 km entfernt. 36 Touristenplätze.

82078 Hassela, Hälsingland — S5230

[15] ★★★ »CCS HASSELA CAMPING«
☎ 073/8108187
1.1. bis 31.12.
10 000 qm

→ von Hudiksvall auf der E4 nach Jättendal, abbiegen auf die Str. 307 nach Hassela, Platz ca. 1 km vor Hassela Kyrkby.

Zum See leicht abfallendes, ebenes Wiesengelände. Ort 1 km entfernt. Touristen-/Dauerstellplätze 15/28.
2007: P/N inkl. St/N 120.–, WD zuzügl., Strom/N 20.– (10 A).

86020 Njurunda, Medelpad — S5240

★★★ »BERGAFJÄRDEN-CAMPING«
☎ 060/34598, Fax 561675
Mai bis Aug.
20 000 qm
www.bergafjarden.nu, info@bergafjarden.nu

→ E 4 im Ortsbereich abbiegen Richtung Lörudden, Björkön.

Gelände im lichten, sandigen Föhrenwald am Ostseestrand mit Badebucht. Ort 4 km entfernt. Touristen-/Dauerstellplätze 130/110.

87100 Härnösand, Ångermanland — S5300

★★★ »SÄLSTENS CAMPING«
☎ 0611/18150
Mai bis Aug.
20 000 qm

→ am Golf von Bothnia, nordöstlich vom Stadtzentrum. Beschildert.

Terrassiertes Waldgelände und an der Bucht. Ort 2 km entfernt. 60 Touristenplätze.

87016 Ramvik, Ångermanland — S5315

[20] ★★★★ »SNIBBENS CAMPING«
☎/Fax 0612/40505, www.camping.se/y19
7.5.bis Sept.
6000 qm

→ E 4 Sundsvall–Umeå. Ca 20 km nördlich von Härnösand vor der Brücke „Höga Kusten Bron" auf der Str. 90 Richtung Sollefteå. Noch ca. 2,5 km zum Platz. Beschildert. ✉ Hälledal 527.

Ebenes bis leicht welliges Wiesengelände mit einzelnen Bäumen am See „Mortsjön". Flacher Sandstrand. Deutsche Leitung. Boule. FW. Ort 800 m entfernt. 50 Touristenplätze.
2007: (HS) P/N inkl. St/N 125.–/140.–, WD inkl., Strom/N 15.– (16 A).

DCC-Vertragsplatz

89391 Bjästa, Ångermanland — S5347

[15] ★★★ »KORNSJÖGÅRDEN-CAMPING«
☎/Fax 0660/228008 50 m
1.1. bis 31.12.
30 000 qm
www.kornsjoegarden-camping.com, info@kornsjoegarden-camping.com

→ E4 Härnösand–Örnsköldsvik. 17 km nach Docksta und 3 km vor Bjästa beim Wegweiser in Richtung Kornsjö abbiegen, noch 3 km. ✉ Kornsjö 301 (GPS: 63°12'12" N / 18°25'12" E).
∴ Höga Küsten. Skuleskogens Nationalpark.

Wiesengelände im Wald. Deutsche Leitung. Golfplatz (4-Loch). Zimmer. FW. Ort 5 km entfernt. 30 Touristenplätze.
2008: 4 P/N inkl. St/N 130.–, WD inkl., Strom/N 40.– (10 A).
DCC 10% auf P/N und St/N.

89232 Domsjö bei Örnsköldsvik — S5348

★★ »NYÄNGETS BAD & CAMPING«
☎ 070/6737277, 6823097, 0660/50729
Juni bis Aug.
10 000 qm
www.nyanget.se, marita.m.naslund@telia.com

→ E 4 Sundsvall–Umea, Abf. zu Str. 922 nach Domsjö. Beschildert.

Teils ebenes, teils leicht ansteigendes Wiesengelände. Imbiss. Ort (Örnsköldsvik) 5 km entfernt. Touristen-/Dauerstellplätze 13/22.

89292 Domsjö bei Örnsköldsvik — S 5349

★★★ »GULLVIKS HAVSBAD« — Mai bis Sept.
☎ 0660/74582, Fax 74748 — 50 000 qm
www.skelleftea.se/gullvikshavsbad, info@gullvikshavsbad.se
→ Von der E 4 bei Örnsköldsvik der Beschilderung Domsjö Gullvik folgen.

Naturbelassenes, teilweise gestuftes Gelände mit Nadelbäumen am Sandstrand. Bungalowanlage. Ort 15 km entfernt. 100 Touristenplätze.

91492 Ava bei Lögdeå, Västerbotten — S 5360

★★ »OLOFSSONS STUGBY OCH CAMPING« — Mai bis Ende Aug.
☎ 0930/32031 — 5000 qm
→ E 4 Sundsvall–Umeå, bei Ava beschildert. ✉ Ava 110.

Ebenes Wiesengelände am Waldrand. Bungalows. Ort 15 km entfernt. 20 Touristenplätze.

92142 Lycksele, Västerbotten — S 5630

★★★ »ANSIA CAMPING« — 1.1. bis 31.12.
☎ 0950/10083, Fax 13003, www.ansia.nu, ansia@ansia.nu — 150 000 qm
→ an der E12, auf der östlichen Seite des Flusses Umeälven. Beschildert. ✉ Sommarvägen, 1.

Wiesengelände in lichtem Föhrenwald. Extra Platzteile für Zelte, Caravans und Bungalows mit eigenen Sanitäranlagen. 28 Zimmer. FW. Konferenz-Center. Scoter-Safaris im Winter. Ort 2 km entfernt. 350 Touristenplätze.

92292 Sjöbotten b. Vindeln, Västerbotten — S 5635

★★★ »CCS NORSTRÄSK CAMPING« — Mai bis Sept.
☎ 010/2575875 — 13 000 qm
→ von Umeå die Str. 364 Richtung Skelleftea, nach ca. 60 km bei Åbräsk abbiegen auf die Str. 721 nach Sjöbotten. Beschildert. Dem Caravan-Club Zeichen folgen, noch ca. 17 km bis zum Platz.

Ebenes Wiesengelände am See. Ort (Botsmark) 27 km entfernt. 57 Touristenplätze.

90184 Umeå, Västerbotten — S 5636

★★★ »UMEÅ CAMPING« — 1.1. bis 31.12.
☎ 090/702600, Fax 702610 — 60 000 qm
www.umea.se/alias/umeacamping, umea.camping@umea.se
→ an der E4 , nördliche Abf. nach Umeå.

Wiesengelände. Boule. Kinderspielraum. Ort 6 km entfernt. 445 Touristenplätze.
CCI wird nicht anerkannt!

91594 Ånäset, Västerbotten — S 5640

★★★ »LUFTA-CAMPING« — Juni bis Aug.
☎ 0934/20488, 20215, Fax 20015 — 180 000 qm
www.camping.se, luftfa@ebox.tninet.se
→ E4 zwischen Umeå und Skellefteå, bei Flarkån

Wiesengelände um und auf einem Hügel. Mikrowelle. Kinderspielzimmer. FW. Grillplatz. Ort 1 km entfernt. 50 Touristenplätze.
CCI wird nicht anerkannt!

93170 Skellefteå, Västerbotten — S 5660

25 ★★★★ »SKELLEFTEÅ CAMPING« — 1.1. bis 31.12.
☎ 0910/735500, Fax 701890 — 75 000 qm
skelleftecamping@kommun.skelleftea.se
→ E4 Umeå–Luleå, ca. 1km vor Skellefteå. ✉ Mossgatan.

Leicht abfallendes Wiesengelände in einem Mischwald. Whirlpool. 20 Zimmer. FW. Wasserrutsche. Beleuchtete Loipen. Ort 1.5 km entfernt. 350 Touristenplätze.
2008: (HS) P/N inkl. St/N 170.–/220.–, WD inkl., Strom/N 50.– (10 A). In NS Ermäßigung.
CCI wird nicht anerkannt!

94128 Piteå, Norrbotten — S 5700

★★ »PITE HAVSBAD« — Mai bis Sept.
☎ 0911/32700, 32799 — 540 000 qm
www.pite-havsbad.se, info@pite-havsbad.se
→ E 4, Abf. Munksund, der Beschilderung „Pite Havsbad" folgen.
✉ Havsbadvägen.

Dünengelände am flachen Strand. Kinderspielzimmer. Wellnesscenter. Große Wasserrutsche. Ort 10 km entfernt. 1058 Touristenplätze.
CCI wird nicht anerkannt!

97594 Luleå, Norrbotten — S 5740

35 ★★★ »FIRST CAMP LULEÅ« — 1.1. bis 31.12.
☎ 0920/435400, Fax 250480 — 50 000 qm
www.lulea.se/arcuscamping, camping@lulea.se
→ E 4 in Richtung Industrieområde abbiegen, der Beschilderung Arcus folgen. ✉ Arcusvägen 110.

Teilweise schattenloses Wiesengelände. Ort 8 km entfernt. 436 Touristenplätze.
2008: (HS) P/N inkl. St/N 170.–/310.–, H/N frei, WD inkl., Strom inkl. In NS Ermäßigung.

95693 Överkalix, Norrbotten — S 5750

★★★ »CCS BOHEDEN CAMPING« — April bis Sept.
☎ 0926/41049, boheden@mail2sweden.com — 10 000 qm
→ von Luleå die E4 bis Töre, abbiegen auf die E10, nach ca. 50 km in Tallvik abbiegen auf die Str. 767 und über Överkalix nach Boheden. ✉ Boheden 10.

Zum See leicht abfallendes, ebenes Wiesengelände mit lichtem Birkenwaldbewuchs. Ort 4 km entfernt. 40 Touristenplätze.

96222 Jokkmokk, Norrbotten/Lappland — S 5780

20 ★★★ »JOKKMOKK CAMPING CENTER« — Mai bis Sept.
☎ 0971/12370, Fax 12476 — 75 000 qm
www.jokkmokkcampingcenter.com, campingcenter@jokkmokk.com
→ Straße Nr. 97, etwa 1.5 km südöstlich von Jokkmokk abbiegen.
✉ Box 75.

Ebenes weitläufiges Wiesengelände im Föhrenwald am Ufer des Luleälven. Kinderspielzimmer. Flipperspiele. Wasserrutsche Ort 3 km entfernt. 170 Touristenplätze.
2007: P/N inkl. St/N 125.–/155.–, WD inkl., Strom/N 40.– (10 A).

DCC – DEIN PARTNER!

98222 Gällivare, Norrbotten/Lappland S 5800

★★★ »GÄLLIVARE CAMPING« — Mai bis Mitte Sept.
☎/Fax 0970/10010 — 38000 qm
www.gellivarecamping.com, info@gellivarecamping.com

→ 200 m südlich der Straße Nr. 45. ✉ Hembygdsområdet.

Teilweise schattenloses Wiesengelände am Flussufer (Vassara). Boule. Kiosk. Ort 500 m entfernt. 130 Touristenplätze.

98016 Karesuando, Norrbotten/Lappland S 5900

★★★ »KARESUANDO CAMPING« — Juni bis Sept.
☎/Fax 0981/20139 — 25000 qm

→ ca. 2 km südlich der Kirche an der Straße 99 Richtung Pajala.

Hügeliges Wiesengelände. Ort 1.5 km entfernt. 40 Touristenplätze.

SLOWAKISCHE REP.

Übersichtskarte Seite 899

Besondere Vorschriften und Regelungen

Personaldokumente: Es wird ein bis zum letzten Aufenthaltstag gültigen Reisepass, Personalausweis (auch vorläufiger Personalausweis) und Kinderausweis benötigt. Kinder ab 4 Jahre mit Lichtbild und dem Nationalitätsvermerk »Deutsch«. Bei Kindern ab 15 Jahre wird ein eigener Reisepass verlangt.

Krankenversicherung: Alle Reisenden müssen für die Dauer des Aufenthalts eine Auslandsreise-Krankenversicherung abschließen. Für Deutsche genügt als Nachweis die Europäische Krankenversicherungskarte. Zusätzlich empfehlen wir beim Heimatversicherer eine private Auslandsreise-Krankenversicherung abzuschließen, die Leistungen wie Kostenübernahme bei Überführung im Krankheits- oder Todesfall in das Land des ständigen Wohnsitzes gewährleistet. Eine Kopie der Versicherungspolice ist mitzuführen.

Visum: Für einen Aufenthalt bis zu 90 Tagen wird kein Visum verlangt.

Impfbescheinigungen: werden nicht verlangt. Empfohlen wird Impfschutz gegen Tetanus, Diphterie, Polio und FSME.

Dokumente für Haustiere: Für Hunde und Katzen ist der »EU-Heimtierpass« mitzuführen. Er wird von behördlich ermächtigten Tierärzten ausgestellt. Der Pass muss Name und Anschrift des Besitzers enthalten und dem Tier eindeutig zugeordnet werden können; d.h. die Passnummer, die eine Identifizierung ermöglicht, wird dem Tier eintätowiert oder durch einen Mikrochip implantiert. Ein gültiger Tollwutimpfschutz muss ebenfalls im Pass nachgewiesen werden. Die letzte Impfung muss mindestens 30 Tage zurückliegen und darf höchstens 12 Monate vor der Einreise erneuert worden sein. Bei Tieren, die regelmäßig (einmal pro Jahr) geimpft werden, entfällt die 30-Tage-Frist. Für Jungtiere (bis 3 Monate) wird ein Gesundheitsattest vom Tierarzt benötigt, das bei der Einreise nicht älter als 10 Tage sein darf. Spezielle Auskünfte erteilt die Botschaft der Slowakischen Republik: Friedrichstraße 60, 10117 Berlin, Tel. 030/8892620, Fax 030/88926212.

Kfz: Nationaler Führerschein und nationale Zulassung sind ausreichend. Das Nationalitätskennzeichen »D« muss an allen Fahrzeugen angebracht oder im EU-Nummernschild enthalten sein. Ist der Fahrer nicht Eigentümer des Fahrzeuges, muss er im Besitz einer Benutzungsvollmacht des Eigentümers sein. Es besteht Haftpflichtversicherungszwang. Die Mitnahme der »Internationalen Grünen Versicherungskarte« wird empfohlen, da sie als Versicherungsnachweis dient und im Schadensfall die Abwicklung erleichtert. Wir empfehlen für den Caravan und den Motorcaravan ein doppeltes Inventarverzeichnis mitzuführen.

Verkehrsvorschriften: Abbiegende Straßenbahnen haben immer Vorfahrt. Parkverbot besteht bei unterbrochenen Linien oder bei gelben durchgehenden Linien am Fahrbahnrand. Halteverbot besteht auf Brücken sowie 15 m vor und hinter Bahnübergängen. Das Abblendlicht muss vom 15. Oktober bis 15. März auch tagsüber eingeschaltet sein. Die in Deutschland erlaubten Zusatzbremsleuchten müssen abgedeckt, oder außer Betrieb gesetzt werden. Es besteht Anschnallpflicht und absolutes Alkoholverbot.

Straßengebühren: Die Benutzung von Autobahnen und Straßen mit vier Fahrspuren ist gebührenpflichtig. Straßengebühren werden in Form einer Vignette erhoben, die bei Grenzübergängen, Postämtern und an Tankstellen nahe der gebührenpflichtigen Straßen erhältlich ist.

Tempolimits: Innerorts: Pkw/Gespanne 60 km/h, Landstraßen: Pkw/Gespanne 90/80 km/h, Autobahnen: Pkw/Gespanne 130/80 km/h. Bei Bahnübergängen dürfen alle Fahrzeuge nur 30 km/h fahren, in verkehrsberuhigten Zonen alle Fahrzeuge nur 20 km/h.

Telefon: Deutschland–Slowakische Republik: 00421. Slowakische Republik–Deutschland 0049.

Unfallnotruf: Polizei: 158, Unfallrettung: 155, Feuerwehr: 150. Int. Notrufnummer 112. Pannenhilfe leistet der ASA, ein Pannenhilfsunternehmen des SATC. Tel. 18124. ADAC-Notrufstation (befindet sich in der Tschechischen Republik und ist auch für die Slowakische Republik zuständig): Tel. 0042 02/61 104351/52. Die Pannenhilfe ist kostenpflichtig. Bei Unfällen muss immer die Polzei gerufen werden.

Devisen: Bei der Ein- und Ausfuhr von Fremd- und Landeswährung bestehen keine Beschränkungen. Die Deklaration ist erforderlich, wenn bei der Ein- und Ausfuhr von Fremd- und Landeswährung zusammen der Gegenwert von Sk 150 000.– überschritten wird.

Camping: In der Slowakischen Republik gibt es ca. 100 Campingplätze. Fast alle befinden sich im privaten Besitz. Die sanitären Anlagen sind meist einfach, aber mit allem Erforderlichen ausgerüstet. Das Übernachten außerhalb von Campingplätzen ist verboten. Ebenfalls ist es strengstens untersagt in Waldnähe ein offenes Feuer zu entzünden. Das Stromnetz ist auf eine Netzspannung von 220 Volt (50 Hz) ausgelegt. Es wird empfohlen, einen Adapter mitzunehmen, flache Euro-Stecker passen meist problemlos.

Wassersport: Für die vorübergehende Einfuhr von Booten und deren Anhängern sind keine besonderen Grenzdokumente erforderlich. Boote werden am Grenzübergang in den Pass eingetragen.

Allgemeine Informationen:

D-10969 Berlin, Slowakische Zentrale für Tourismus
Zimmerstraße 27, Tel. 030/25 94 26 40, Fax 030/25 94 26 41
www.slovakiatourism.sk, sacr-berlin@botschaft-slowakei.de

Vertretung der Bundesrepublik Deutschland:

SK-81303 Bratislava, Deutsche Botschaft, Hviezdoslavovo Nám 10
Tel. 004212/59204400, Fax 004212/54419634
Visastelle: Tel. 004212/54419644, Fax 004212/54431480
www.pressburg.diplo.de, public@germanembassy.sk

Ausführliche Einreisebestimmungen mit detaillierten Angaben zu den Themen Reisedokumente, Zoll- und Devisenbestimmungen, Reisen mit dem Kraftfahrzeug, Camping und der Aufenthalt im Urlaubsland sind bei der Touristik-Abteilung des DCC gegen Rückporto erhältlich.

Campingplätze:

Gebühren in Landeswährung, sofern nicht anders angegeben.

Währungseinheit: 1 Slowakische Krone (SKK) = 100 Hellers
Devisenkurs: 1 SKK = ca. 0,0292 Euro
1 Euro = ca. 34,16 SKK (Stand: Okt. 2007)

Bei Gebühren mit der Vorjahreszahl muss eventuell mit einer Anhebung der Gebühren für das aktuelle Jahr gerechnet werden. Außerdem können sich die angegebenen Öffnungszeiten verändert haben und es besteht die Möglichkeit, dass angegebene Ermäßigungen nicht mehr gewährt werden.

83104 Bratislava SK 1001

[15] ★★ »INTERCAMP ZLATÉ PIESKY« — 1.5. bis 15.10.
☎ 02/44450592, Fax 44257373 — 50000 qm
www.intercamp.sk, kempi@netax.sk

Abfahrt

→ D2 Brno–Bratislava. Hier auf die Straße 61/E57 abbiegen und ca. 8 km in Richtung Piešťany. ✉ Senecká cesta 2.

Ebenes bis leicht welliges und teilweise parzelliertes Wiesengelände mit

teilweise hohem lichtem Baumbestand und Heckenparzellierung. Bei einem Motel neben verkehrsreicher Straße am Stausee. FW. Liegewiese. Öffentlicher Badebetrieb. Sport- und Bademöglichkeiten. Zentrum 12 km entfernt. 250 Touristenplätze.
2007: P/N 110.–, K/N 4 bis 15 J. 55.– A/N 70.–, C/N 110.–, MC/N 160.–, T/N 70.–, M/N 60.–, H/N 50.–, KT 30.–, WD inkl. Strom/N 90.– (16 A).
DCC/CCI 10% auf P/N.

✉ 92101 Piešťany — SK 1050

★★★ »AUTOCAMP LODENICA« Juni bis Sept.
☎ 033/7626093, Fax 76240908 160 m 25 000 qm
Mobil 0905/327504. belescak@py.internet.sk

→ D61/E75 Bratislava–Trenčín Abf. Piešťany. Im Ort der Beschilderung folgen.

Ebenes Wiesengelände mit altem Baumbestand und Heckenunterteilung am Westufer des Stausees. Ort 1 km entfernt. 300 Touristenplätze.

✉ 97201 Bojnice — SK 1060

★★★ »AUTOCAMP BOJNICE« Mai bis Sept.
☎/Fax 046/5413845, mobil 0903/559427 350 m 25 000 qm
www.campingbojnice.sk

→ Straße 64 Nitra–Prievidza. Hier nach Bojnice abbiegen und dort der Beschilderung »Sport-Zentrum« folgen. An diesem vorbei, noch 500 m

Leicht ansteigendes und teilweise stark abfallendes Waldgelände. Billard. Kiosk. Lagerfeuerplatz. Ort 3 km entfernt. 25 Touristenplätze.

✉ 91101 Trenčín — SK 1080

★★★ »AUTOCAMPING NA OSTROVE« Mai bis Sept.
☎ 032/7434013 210 m 7500 qm
www.slovanet.sk/camping, autocamping.tn@mail.pvt.sk

→ D61/E75 Bratislava–Žilina Abf. Trenčín. Beschildert.

Ebene Wiese mit Bungalows auf einer Insel zwischen zwei Flussarmen der Waag. In Schwimmbadnähe und mit herrlichem Blick auf die Stadt. Imbiss. Ort 500 m entfernt. 30 Touristenplätze.

✉ 03608 Martin-Vrútky — SK 1090

★★ »AUTOCAMPING TURIEC, S.R.O« 1.1. bis 31.12.
☎/Fax 043/4284215 16 000 qm
www.autocampturiec.sk, recepcia@autocampturiec.sk

→ Straße 18/E 50 Zilina–Poprad. In Vrútky abbiegen. ✉ Kolónia Hviezda 92.

Leicht abfallendes Wiesengelände mit lockerem Baumbestand. Russisches Kegeln. Ort 2 km entfernt. 70 Touristenplätze.

✉ 03853 Turany — SK 1098

[15] ★★★ »AUTOCAMP TRUSALOVÁ« 1.6. bis 15.9.
☎ 043/4292636, 4292503 450 m 40 000 qm
autocampingtrusalova@zozram.sk

→ Straße 18/E50 Žilina–Ružomberok Abf. hinter Turany, beim »Motorest Fatra«, links. Noch ca. 2 km. Beschildert. (GPS: 49°08′30″ N / 19°03′00″ E).

Durch einen Bach geteiltes, ebenes bis leicht ansteigendes, Wiesengelände am Rand des Nationalparks »Malá Tatra«. Imbiss. Kiosk. Grillhütten. Sportartikelverleih. Gartenschach. Russisches Kegeln. Ort 6 km entfernt. 120 Touristenplätze.
2008: P/N 100.–, K/N 6 bis 15 J. 50.–, A/N 70.–, C/N 130.–, MC/N 170.–T/N 100.–, M/N 60.–, H/N 60.–, WD inkl. Strom/N 100.– (10 A).

✉ 02601 Dolný Kubín — SK 1099

★★ »TILIA CAMP GÄCEL« Mai bis Sept. u. Nov. bis März.
☎ 043/5865110, 905/326562, Fax 5864950 465 m 20 000 qm
www.tiliakemp.sk, ktilia@ba.psg.sk, tiliakemp@alphanet.sk

→ Straße 18/E50 Žilina–Poprad Abf. bei Kralovany auf die Straße 70 nach Dolný Kubin. Hier im westlichen Ortsteil. Beschildert. ✉ Gäcel'ská cesta.

Ebene und schattenloses Wiesengelände am Ufer der »Orava«, teilweise durch Hecken parzelliert. Bahnlinie in der Nähe. Brötchenservice. Ort 3 km entfernt. 80 Touristenplätze.

✉ 01303 Varín bei Žilina — SK 1100

[15] ★★ »AUTOCAMP VARIN« 1.5. bis 15.10.
☎ 041/5621478, Fax 5623171 362 m 56 000 qm
www.selinan.sk, selinan@selinan.sk

→ Straße Žilina–Terchová Abf. Varin. Beschildert. ✉ Burianova medzierka č. 4.

Leicht abfallendes und überwiegend schattenloses Wiesengelände. Ort 10 km entfernt. 300 Touristenplätze.
2008: P/N 75.–, K/N 2 bis 15 J. 55.–, A/N 75.–, C/N 95.–, MC/N 130.–, T/N 75.–, M/N 60.–, H/N 45.–, KT zuzügl., WD inkl. Strom/N 95.– (10 A).

✉ 03101 Demänovská Dolina — SK 2050

★★ »AUTOCAMP BYSTRINA« 1.1. bis 31.12.
☎ 044/5548163, Fax 5477079 640 m 9000 qm
www.hotelbystrina.sk, hotelbystrina@stonline.sk

→ Straße 18/E50 Žilina–Poprad Abf. Demänovsk. Dann die 2. Abbiegung, Paučina Lehota, nach links.
• Tropfsteinhöhle

Ebenes, teilweise terrassiertes Wiesengelände. Ort (Liptovský Mikuláš) 7 km entfernt. 180 Touristenplätze.

✉ 05960 Tatranská Lomnica, Hohe Tatra — SK 2150

★★ »EUROCAMP FICC« Juni bis Sept.
☎ 052/4467741-3, Fax 4467346 850 m 330 000 qm
www.eurocamp-ficc.sk, recepcia@eurocamp-ficc.sk

→ Straße 18/E50 Žilina–Poprad. Hier im Kreisverkehr abbiegen in Richtung Kežmarok. In Huncovce links über Vel'. Lomnice nach Tatranská Lomnica. Beschildert.

Ebenes bis leicht abfallendes, in Sektoren gegliedertes und schattenloses Wiesengelände mit separatem Bungalowteil. Schöner Blick auf die »Hohe Tatra«. Ort 3 km entfernt. 1500 Touristenplätze.

Jahres-Öffnungszeiten
werden uns von den Platzhaltern gemeldet. Sie bemühen sich, die Zeiten einzuhalten. Je nach Wetterlage sind aber spätere Öffnungs- und frühere Schließzeiten möglich.

05315 Hrabušice — SK 2170

10 ★ »AUTOCAMP PODLESOK« 1.1. bis 31.12.
☎ 053/4299164, 165, Fax 4299163   542 m   50 000 qm
www.slorenskyraj.sk, slovrajbela@stonline.sk

→ Straße 18/E50 Poprad–Prešov Abf. Horka. Noch ca. 8 km. Beschildert.

◐□◆ H ✦ 🏠 D ⛺ ♨ 🍳 🚿W 🚾W HS ✗HS
🏠 TV 🍽 ⚒ ⚓ ♣ ⛺ ✗50m

Zum Waldrand leicht wellig ansteigendes, überwiegend schattenloses, Wiesengelände am Rand des Nationalparks »Slovensky«. Ort 2.5 km entfernt. 200 Touristenplätze.
2007: P/N 60.–, K/N 6 bis 15 J. 40.–, A/N 60.–, C/N 70.–, MC/N 80.–, T/N 60.–, M/N 50.–, H/N 55.–, KT 10.–, WD inkl., Strom/N 80.– (6 A). Anschlussgebühr 17.–.

05401 Levoča — SK 2200

15 ★★★ »AUTOCAMPING LEVOČSKÁ DOLIN« 1.1. bis 31.12.
☎ 053/4512705, Mobil 0903255440   581 m   30 000 qm
www.rz-levoca.web2001.cz, rzlevoca@pobox.sk

→ Straße 18/E50 Poprad–Prešov Abf. Levoča in Richtung Levočská dolina abbiegen, beschildert. (GPS: 49°02'10" N / 20°34'52" E).
♣ Zipser Burg.

◐□◆ H ✦ 🏠 D ⛺ ♨ 🍳 🚿W 🚾W ⚓ ⛵ W
⚒ 🏠 TV 🍽 ⚒ ⚓ ♣ 🎾 🚲 | ⛷ 🏊 ≈ ⚓200m

🛏 🚿 3km

Ansteigendes, teilweise terrassiertes Wiesengelände mit Bäumen. Ort 3 km entfernt. 60 Touristenplätze.
2007: P/N 85.–, K/N bis 15 J. 55.–, A/N 75.–, C/N 75.–, MC/N 110.–, T/N 40.–/75.–, M/N 50.–, H/N 35.–, KT 15.–, WD inkl., Strom/N 110.– (6/10 A).

04001 Košice — SK 2400

★★★ »AUTOCAMP SALAŠ BARCA« Mai bis Sept.
☎ 055/6233397, Fax 625809   212 m   6550 qm
www.autocamping.szm, kulikstk@inmail.sk

→ Straße 68 Prešov–ungar. Grenze Abf. Košice in Richtung Rožňava bis zum Kreisverkehr. Dort zum Ortsteil Barca. Beschildert. ✉ 04104 Košice, P. O. Box B-24.

◐□◆ H ✦ ⌾ D ⛺ ♨ 🚿W 🚾W ⚓ ⛵ W 🚿 🔴
🚿HS ✗ ⚓ ⛺ 🏠 ⛺ | (H)1 km

Leicht ansteigende, von Bungalows umgebene Wiese. Etappenplatz. Ort 7 km entfernt. 40 Touristenplätze.

07231 Vinné — SK 2500

15 ★★★ »AUTOCAMP HÔRKA« 1.5. bis 30.9.
☎ 421/910222321   117 m   25 000 qm
www.campinghorka.sk, info@campinghorka.sk

→ Straße 18/E 50 Prešov–Michalovce. Hier links und nach 150 m wieder rechts auf die Umgehung und Schnellstraße 582 in Richtung Zemplinska Šírava. Bei Horka beschildert. ✉ Vinné 14..

◐□◆ H ✦ 🏠 D ⛺ ♨ 🍳 🚿W 🚾W ⚓ ⛵
⚓W ⚓W ⚒ 🚿 🔴 🚿 🏠 TV 🍽 ⚒ ⚓ ♣ ⛺
⛷ ≈ ⛵ 🏠 | ✗ ✦ ⚓200m (H)300m ≈400m ⚓2km

Leicht bis stärker abfallendes, überwiegend schattenloses, Wiesengelände am Stausee »Zemplinska Šírava«. Separater Bungalowteil. Kiosk. Ort (Michalovce) 7 km entfernt. 150 Touristenplätze.
2008: P/N 80.–, K/N 5 bis 10 J. 40.–, J/N 60.–, A/N 40.–, C/N 80.–, MC/N 100.–, T/N 60.–, M/N 30.–, B/N 20.–, H/N 20.–, KT 20.–, WD inkl., Strom/N 80.– (10 A).
DCC/CCI 10% auf P/N und St/N.

07615 Vel'aty — SK 2600

★★ »AUTOCAMP MÁRIA« 1.1. bis 31.12.
☎/Fax 056/6700506   18 000 qm
www.autocampingmaria.sk, recepcia@autocampingmaria.sk

→ Straße 50/E50 Košice–Michalovce Abf. hinter Secovce über Trebišov in Richtung ungar. Grenze. Ab Vel'aty beschildert.

◐□◆ H ✦ 🏠 ⛺ ♨ 🍳 🚿W 🚾W ✗ 🍽
≈ 🏊 🎾 ⚓

Parkähnliches Wiesengelände mit Bäumen und Bungalows bei einem Gasthaus. Kiosk. Ort 1 km entfernt. 40 Touristenplätze.

DCC – DEIN PARTNER!

97634 Tajov — SK 3100

15 ★★★ »AUTOCAMP TAJOV« 1.1. bis 31.12.
☎ 048/4177154   675 m   10 000 qm
www.mojabystrica.sk, henka.kucerova@vodingplus.sk

→ Schnellstraße 59/E77 Zvolen–Ružomberok Abf. Banská Bystrica in Richtung Tajov, noch ca. 10 km. ✉ Tajov 180.

◐■◆ H ✦ 🏠 D ⛺ ♨ 🍳 🚿W 🚾W ⚓ ⛵ W 🚿

🚿 🐎 🏠 TV 🍽 ⚒ ⚓ ♣ | ✗100m (H)300m ≈1km 🐎3km

Welliges, unparzelliertes und überwiegend schattenloses Wiesengelände in Hanglage. Imbiss. Billard. Ort 1.5 km entfernt. 60 Touristenplätze.
2008: (HS) P/N 90.–, K/N 3 bis 12 J. 60.–, J/N 70.–, A/N 70.–, C/N 100.–, MC/N 150.–, T/N 70.–, M/N 50.–, B/N 60.–, H/N 50.–, KT 15.–, WD inkl., Müllgebühr/Sack 20.–, Strom/N 120.–. In NS Ermäßigung.
DCC/CCI 5% auf P/N.

96001 Zvolen — SK 3150

★★ »AUTOCAMP NERESNICA« Juni bis Sept.
☎ 045/5332651, www.campneresnica.sk   250 m   22 000 qm

→ Straße 66/E77 Zvolen–Dudince am südlichen Ortsrand der Stadt. Beschildert. ✉ Neresnická Cesta.

◐■◆ H ✦ Res ⌾ D ⛺ ♨ 🍳 🚿W 🚾W ⚓ ⛵
⚓W 🚿 ✗ ⚒ 🍽 🏠 | W 50 m ≈ ⚽ 🎾 ⛵200m
⛷600m (Gas)700m

Ebenes unparzelliertes Wiesengelände mit einigen Büschen und Bäumen unterhalb der Straße am Waldrand und dem Flüsschen Neresnica. Angrenzendes Schwimmbad. Bungalowanlage. Ort 1.5 km entfernt. 65 Touristenplätze.

SLOWENIEN

Übersichtskarte Seite 901

Besondere Vorschriften und Regelungen

Personaldokumente: Bei einem Aufenthalt bis zu 90 Tagen genügt der gültige Personalausweis oder Reisepass. Für Kinder unter 16 Jahren ist der Eintrag im Familienpass oder eigener Kinderausweis erforderlich. Im KA muss als Nationalität "Deutsch" vermerkt sein.

Visum: Für einen Aufenthalt bis zu 90 Tagen wird kein Visum verlangt.

Impfbescheinigungen: Werden nicht verlangt.

Dokumente für Haustiere: Für Hunde und Katzen (max. 5 Tiere) ist der »EU-Heimtierpass« mitzuführen. Er wird von behördlich ermächtigten Tierärzten ausgestellt. Der Pass muss Name und Anschrift des Besitzers enthalten und dem Tier eindeutig zugeordnet werden können; d.h. die Passnummer, die eine Identifizierung ermöglicht, wird dem Tier eintätowiert oder durch einen Mikrochip implantiert. Ein gültiger Tollwutimpfschutz muss ebenfalls im Pass nachgewiesen werden. Die letzte Impfung muss mindestens 30 Tage zurückliegen und darf höchstens 12 Monate vor der Einreise erneuert worden sein. Bei Tieren, die regelmäßig (einmal pro Jahr) geimpft werden, entfällt die 30-Tage-Frist. Es besteht Maulkorbpflicht für größere Hunde. Spezielle Auskünfte erteilt die Botschaft der Republik Slowenien, Hausvogteiplatz 3-4, 10117 Berlin, Tel. 030/206 14 50, Fax 030/20 61 45 70. Auskünfte über den "EU-Heimtierpass" erhalten Sie unter: www.bundestieraerztekammer.de

Kfz: Nationaler Führerschein und nationale Zulassung sind ausreichend. Das Nationalitätszeichen »D« oder EU-Schild muss an allen Fahrzeugen angebracht sein. Wird das Kfz nicht vom Eigentümer benutzt, muss eine amtlich beglaubigte Benutzungsvollmacht vorliegen. Eine Haftpflichtversicherung ist Vorschrift. Die Mitnahme der »Internationalen Grünen Versicherungskarte« wird dringend empfohlen. Wegen der geringen Mindestdeckungssumme in Slowenien empfehlen wir den Abschluss einer Kasko- und Insassen-Unfallversicherung im Heimatland. Jeder Unfall ist der Polizei zu melden. Blechschäden am Fahrzeug, auch wenn sie bereits in Deutschland verursacht wurden, sind an der Grenze zu melden. Es wird dann eine Schadensbestätigung ausgestellt, ohne die das Land nicht verlassen werden kann. Es ist nicht zulässig das Kfz einer in Slowenien ansässigen Person zur Benutzung zu überlassen.
Es wird geraten, eine Liste über das im Caravan- oder Motorcaravan befindliche Inventar mitzuführen und diese bei der Einreise vom Zoll bescheinigen zu lassen. Dies gewährt eine reibungslose Wiederausreise.

Verkehrsvorschriften: Schienenfahrzeuge und Linienbusse haben beim Einfädeln stets Vorrang. Gekennzeichnete Schul- oder Kinderbusse dürfen nicht passiert werden, wenn zum Ein- oder Ausstieg angehalten wird. Beim Überholen während des gesamten Vorgangs den Blinker betätigen. Das Abblendlicht muss auch tagsüber eingeschaltet sein. Die Mitnahme von Ersatzbirnen und Warndreieck ist Vorschrift. Kindersitze für Babys und Kleinkinder sind vorgeschrieben. Es besteht Anschnallpflicht. Promillegrenze 0,5.

Straßengebühren: Die Benutzung von Autobahnen ist gebührenpflichtig.

Tempolimits: Innerorts: Pkw/Gespanne 50 km/h, Landstraßen: Pkw/Gespanne 90/80 km/h, Bundesstraßen: Pkw/Gespanne 100/80 km/h, Autobahnen: Pkw/Gespanne 130/80 km/h. Moca über 3.5t außerorts 80 km/h.

Telefon: Deutschland–Slowenien: 00386, dann Durchwahl ohne die erste Null der Ortsnetzkennzahl. Slowenien–Deutschland: 0049, dann Durchwahl ohne die erste Null der Ortsnetzkennzahl.

Unfallnotruf: Polizei: 113, Unfallrettung: 112 (auch in den Mobilnetzen). Die Pannenhilfe des Slowenischen Automobilclubs (AMZS) ist rund-um-die-Uhr unter Tel. 1987 über die Notrufsäulen an den Autobahnen erreichbar. Der ADAC-Notruf Zagreb betreut derzeit auch Reisende in Slowenien: Tel. 00385 1/344 06 50 vor Ort.

Devisen: Landeswährung darf bei der Ein- und Ausreise bis zum Betrag von 500 000 Tolar (jedoch nur in Stückelungen bis 5000 Tolar) mitgeführt werden. Bei der Ein- und Ausreise kann Fremdwährung ohne Beschränkung mitgenommen werden. Sollte die Mitnahme von Bargeld und Wertpapieren den Gegenwert von 3.000.000 Sit übersteigen, ist eine Deklaration bei der Zollbehörde erforderlich.

Camping: In Slowenien findet man eine Vielzahl Campingplätze. Die Mehrzahl ist relativ klein. Die Ausstattung ist meistens einfach, jedoch ist alles Notwendige vorhanden. An der adriatischen Küste können einige Campingplätze durchaus mit europäischem Standard verglichen werden. In der Hochsaison ist eine vorherige Reservierung ratsam. Da viele Campingplätze in waldreichen Gegenden liegen, ist besonders auf Brandschutz zu achten. Freies Campen ist in Slowenien verboten. Die Stromspannung ist auf 220 V Wechselstrom (50 Hz) ausgelegt.

Wassersport: Für die vorübergehende Einfuhr von Wasserfahrzeugen genügt die mündliche Deklaration an der Grenze. Boote unter 3 m Länge und mit einem Motor bis 4 KW benötigen keine Fahrgenehmigung. Führerschein nach den in Deutschland geltenden Bestimmungen.

Allgemeine Informationen:

D-80333	**München**, Slowenisches Fremdenverkehrsamt Maximiliansplatz 12a, Tel. 089/29 16 12 02, Fax 089/29 16 12 73 www.slovenia.info, slowenien.fva@t-online.de
SLO-1000	**Ljubljana**, Slowenische Fremdenverkehrszentrale Dunajska 156, Tel. 00386 1/589 18 40, 5608840 Fax 00386 1/589 18 41, 5608841 www.slovenia.info, info@slovenia.info

Vertretung der Bundesrepublik Deutschland:

SLO-1000	**Ljubljana**, Deutsche Botschaft, Prešernova 27
SLO-1101	**Ljubljana**, Post: P. P. 1521 Tel. 00386 1/479 03 00, Fax 00386 1/425 08 99 germanembassy-slovenia@siol.net www.ljubljana.diplo.de

Ausführliche Einreisebestimmungen mit detaillierten Angaben zu den Themen Reisedokumente, Zoll- und Devisenbestimmungen, Reisen mit dem Kraftfahrzeug, Camping und der Aufenthalt im Urlaubsland sind bei der Touristik-Abteilung des DCC gegen Rückporto erhältlich.

Campingplätze:

Gebühren-Angaben in Euro oder Landeswährung.

Währungseinheit:	1 SlowenischerTolar (SIT) = 100 Stotin.
Devisenkurs:	1 Tolar = ca. 0,004 Euro
	1 Euro = ca. 240 Tolar (Stand: Okt. 2007)

Bei Gebühren-Angaben mit der Vorjahreszahl muss eventuell mit einer Anhebung der Gebühren für das aktuelle Jahr gerechnet werden. Außerdem können sich die angegebenen Öffnungszeiten verändert haben und es besteht die Möglichkeit, dass angegebene Ermäßigungen nicht mehr gewährt werden.

3254 Podčetrtek — SLO 1037

★★★★ »CAMPING NATURA« — April bis Okt.
☎ 03/8297000, Fax 5829024   220 m   40 000 qm
www.terme-olimia.com, info@terme-olimia.com

→ A1/E57 Maribor–Ljubljana Abf. Bistrica auf die Straße 219 Richtung Poljčane, weiter über Mestinje-Pristava nach Podčetrtek Richtung Therme, beschildert. ✉ Zdraviliska c. 24

Kiesiges Wiesengelände zwischen Straße und Bahnlinie am Fluss Sotla gleich neben dem Thermalbad Aqualuna, hinter einem Dauercamperbereich. Der Campingplatz ist Bestandteil der Thermalbadanlage Terme Olimia, wodurch den Gästen alle Sport- und Kureinrichtungen auch im 800m entfernten Hotel gratis zur Verfügung stehen. Ort 1 km entfernt. 50 Touristenplätze.

3312 Prebold — SLO 1040/1

25 ★★★ »CAMP DOLINA« — 1.1. bis 31.12.
☎ 03/5724378, Fax 5724591   240 m   3000 qm
www.dolina.si, camp@dolina.si

→ A1/E57 Maribor–Ljubljana Abf. Šempeter-Prebold, auf die Straße 221 nach Prebold, beschildert. ✉ Dolenja vas 147 (GPS: 46°14'42" N / 15°05'27" E).

Ebenes Wiesengelände in einem Obstgarten im Savinja-Tal. Bar. Brötchenservice. W-LAN. Zimmer. FW. Ort 200m entfernt. 40 Touristenplätze.
2007: (€) P/N 6.25, K/N bis 3 J. frei, St/N 3.33, H/N 2.08, KT –.58, WD inkl., Strom/N 3.33 (10 A).
DCC/CCI 5% auf P/N.

SLO

Campingplatz NATURA - Für Erlebnisse in der Natur

Der Campingplatz ist von April bis Oktober in Betrieb. Neben gepflegten Plätzen zum Campen und Sanitäranlagen, besitzt das Camp auch ein Restaurant, Geschäft und einen Autowaschplatz. Der Campingplatz ist zum Aufstellen von ständigen Ferienhäusern, Wohnanhängern und Zelten geeignet. Das Leben in der Natur können Sie an der frischen Luft und im Thermalwasser der Schwimmbecken Aqualunas, die sich in unmittelbarer Campnähe befinden, genießen.

Terme Olimia
(SLO 1037)
Zdraviliška cesta 24
SI - 3254 Podčetrtek Slowenien
Tel.: 00386(0)3/829 70 00
Fax: 00386(0)3/5829 024
info@terme-olimia.com
WWW.TERME-OLIMIA.COM

✉ 3312 Prebold — SLO 1040/2

★★★ »CAMPING PARK« — April bis Okt.
☎ 03/7001986, 41472496   240 m   4000 qm
www.users.volja.net/kamp_park, plevcak.povse@siol.net

→ A1/E57 Maribor–Ljubljana Abf. Šempeter-Prebold auf die alte Magistralstraße 221. An der Kreuzung rechts ab. Nach ca. 80 m wieder rechts und gleich wieder links. Unter einer Brücke durch. Achtung Durchfahrtshöhe 3 m! Teilweise beschwerliche Zufahrt. ✉ Latkova vas 227.

∴ Römische Nekropole und die Grotte Pekel. Schloss Celje und Velenje.

[Piktogramme] 50 m | 100 m | 500 m | 1.5 km

Ebenes unparzelliertes Wiesengelände mit lichtem Baumbestand und jungen Anpflanzungen am Fluss Savinja. Zeltwiese. Übernachtungsmöglichkeit an dem Eingang. Sanitäranlage beheizbar. Familiäre Atmosphäre. Brötchenservice. Zimmer. FW. Ort (Sempeter) 1.5 km entfernt. 40 Touristenplätze.

✉ 3332 Rečica ob Savinji — SLO 1042

[15] ★★★ »CAMP SAVINJA« — 1.5. bis 30.9.
☎/Fax 03/5835472, 5835492   360 m   15000 qm
www.sloveniaholidays.com, primozbitenc@siol.net

→ E57/Str.10 Maribor–Ljubljana Abf. hinter Sempeter in Richtung Mozirje. Nach ca. 1.5 km hinter der Tankstelle in Nazarje abbiegen, beschildert. ✉ Spodnje Pobrežje 11.

[Piktogramme]

Wiesengelände an einem Gebirgsfluss im Savinja-Tal. 80 Touristenplätze.
2007: (HS) (€) P/N 6.–, K/N 6 bis 14 J. 3.–, St/N inkl., H/N 2.–, KT 1.–, WD inkl., Strom/N 3.– (16 A.) In NS Ermäßigung.
DCC/CCI 5% auf P/N und St/N.

DCC-Vertragsplatz

✉ 3332 Varpolje bei Rečica ob Savinji — SLO 1045

[25] ★★★ »CAMPING MENINA« — 1.1. bis 31.12.
☎ 041/771846, 40525266, Fax 03/5835027   400 m   60000 qm
www.campingmenina.com, info@campingmenina.com

→ A1/E57 Maribor–Ljubljana Abf. Šentrupert auf die Straße 225 Richtung Mozirje, hier weiter noch ca. 7 km, beschildert. ✉ Varpolje 105.

[Piktogramme] 100 m | 200 m | 2 km

Weitgehend naturbelassenes Waldgelände am Fluss Savinja mit einem Bach und einem Badesee. Separater Jugendplatz. Kiosk. Brötchenservice. Massagen. Bocciabahn. Gartenschach. Ort 500 m entfernt. 180 Touristenplätze.
2007: (HS) (€) P/N 8.–, K/N 5 bis 15 J. 5.–, H/N 2.50, KT –.50, WD inkl., Strom/N 2.50 (10 A). In NS Ermäßigung.
DCC/CCI 10% auf P/N.

✉ 2251 Ptuj — SLO 1060

[45] ★★★ »CAMPING TERME PTUJ« — 1.1. bis 31.12.
☎ 02/7494100, Fax 7494520   265 m   15000 qm
www.terme-ptuj.si, info@terme-ptuj.si

→ Str. 3 Maribor–Ptuj, hinter dem Ort abbiegen und der Beschilderung »Terme« folgen. ✉ Pot v toplice 9.

[Piktogramme] 200 m

Ebene Wiese mit Baumgruppen auf dem Gelände des Thermalbads dessen Einrichtungen auch den Campinggästen zur Verfügung stehen. Sanitäranlage beheizbar. Brötchenservice. Wellnessbereich. Massagen. Fitnessraum. Bocciabahn. Ort 1.5 km entfernt. 106 Touristenplätze.
2008: (HS) (€) P/N inkl. 15.50, K/N 4 bis 10 J. 7.75, 7 bis 14 J. 10.85, H/N 3.–, KT –.63, WD, Schwimmbad und Sauna inkl., Strom/N 3.50 (10 A.). Pauschalen und in NS Ermäßigung.
CCI 5%-10% auf P/N.

✉ 9241 Banovci bei Veržej — SLO 1070

★★ »CAMPING THERME BANOVCI« — 1.1. bis 31.12.
☎ 02/5131400, Fax 5871703   40000 qm
www.radenska-zdraviliste.si, terme.banovci@radenska.si

→ Str. 3 Maribor–Murska Sobota, in Radenci auf die Str. 230 nach Ljutomer abbiegen. Bei Križevci nach Veržej abbiegen, beschildert. ✉ Banovci 1A.

[Piktogramme]

✉ 9226 Moravske Toplice — SLO 1080

★★★ »CAMPING MORAVSKE TOPLICE« — 1.1. bis 31.12.
☎ 02/5121200, Fax 5121148   50000 qm
www.terme3000.si, recepcija.camp2@terme3000.si

→ Str. 10-1 Maribor–Murska Sobota, hier in nordöstl. Richtung, beschildert. ✉ Kranjčeva 12.

[Piktogramme]

Ebenes Wiesengelände mit Bäumen und Sträuchern. In neuem Platzteil junge Anpflanzungen. Teilweise gekieste Stellplätze. Durch Dauercamper geprägt. Eintritt in den angrenzenden Heilbadkomplex Therme 3000 ist im Preis eingeschlossen. Wellnessbereich. Fitnessbereich. Ort 300 m entfernt. 460 Touristenplätze.

DCC-Vertragsplatz

✉ 9220 Lendava — SLO 1090

[40] ★★★ »CAMPING LIPA-TERME« — 1.1. bis 31.12.
☎ 02/5774100, 5774468, Fax 5774412   161 m   10000 qm
www.terme-lendava.si, terme-lendava@terme-lendava.si

→ Str.3/439/209 Maribor–Malecnik–Lenart v Slovenski–Ljutomer–Lendava. Hier zur Terme Lendava am südöstlichen Ortsrand. Neben der Therme befindet sich der Campingplatz. ✉ Tomšičeva 2A.

[Piktogramme] 300 m

Gepflegtes, ebenes und parzelliertes Wiesengelände mit Lindenbäumen neben der Terme Lendava. Außer dem Schwimmbecken (paraffinhaltiges Mineralwasser 36-38°C) steht die Thermalbadeanlage mit Wellnessbereich im angrenzenden Hotel Lipa kostenlos zur Verfügung. Das Sportbecken mit Süßwasser nur im Sommer. Kinderspielraum. Kegelbahn. Bungalowanlage. Umfangreiches Sportangebot. Zentrum 500 m entfernt. 80 Touristenplätze.
2007: (HS) (€) P/N 12.–, St/N inkl., H/N 3.–, KT –.92, WD u. Schwimmbad inkl., Strom/N 3.50 (16 A). In NS Ermäßigung. Ab 7/14 N 5%/10% Erm.
DCC 10% auf P/N.

✉ 4282 Gozd-Martuljek — SLO 2010

★★★ »AUTOCAMP ŠPIK« — 1.1. bis 31.12.
☎ 04/58877100, Fax 58877575   750 m   40000 qm
www.hit.si, www.alpinea.si, recepcija.spik@hitholidays-kg.si

→ Str.202/201 ital./slow. Grenze–Jesenice Abf. Gozd. Am östl. Ortsende bei der Brücke abbiegen, beschildert. ✉ Jezerci 21.

[Piktogramme] 50 m

Wiesengelände mit einzelnen Bäumen beim dazugehörigen Hotel. Ort 1 km entfernt. Touristen-/Dauerstellplätze 130/56.

✉ 4281 Mojstrana — SLO 2018

[20] ★★★ »KAMP KAMNE« — 1.1. bis 31.12.
☎/Fax 04/5891105   665 m   10000 qm
www.campingkamne.com, campingkamne@telemach.net

→ Str. 202/201 ital./slow. Grenze-Jesenice, bei Mojstrana-Dovje beschildert. ✉ Dovje 9 (GPS: 46°16'43" N / 13°34'28" E).

[Piktogramme] 1 km

Leicht welliges, teilweise terrassiertes Wiesengelände mit Bäumen. Keine Kreditkarten. Kabel-TV. Brötchenservice. Bar. Basketball. FW. Ort 2 km entfernt. Touristen-/Dauerstellplätze 45/15.
2008: (HS) (€) P/N 7.–, K/N 7 bis 17 J. 5.–, St/N inkl., H/N 1.–, KT –.51, WD zuzügl., Strom/N 2.50 (16A). Ab 7/14 N 5%/10& Ermäßigung und in NS Ermäßigung.
DCC/CCI 10% auf P/N.

DCC – DEIN PARTNER!

Wie eine Perle liegt unser Campingplatz zwischen den Karawanken und Julischen Alpen, nur 2 km vom weltberühmten Bled. Der hohe Standard zeigt sich an den Sanitärgebäuden besonders deutlich. Die Anlagen sind nicht nur auf dem neuesten Stand und absolut sauber, sondern auch für Behinderte zugänglich eingerichtet. Viel Platz und Einrichtungen für Kinder (bis 7 Jahre gratis), Unterhaltungs- und Ausflugsprogramm, Animationsprogramm, Minigolf, Tischtennis, Tennisplätze, Volley- und Basketball, Badminton, Wildwasser für Kanusportler und Angler. In unmittelbarer Nachbarschaft: Golfanlage, Reitparcours, Flugplatz mit Segelflugzeugverleih.

Camping Šobec ist einer der wenigen slowenischen Ferienplätze, der von allen großen europ. Campingund Automobilclubs (DCC, DCU, ANWB), jedoch als einziger auch vom ADAC offiziell empfohlen wird.

Camping Šobec, SI-4248 Lesce, Šobčeva cesta 25, Tel. ++38 64/53 53-700, Fax ++38 64/53 53-701, E-mail: sobec@siol.net · Interet: www.sobec.si

Die Schönheit der Natur, die äußerst ruhige Lage am platzeigenen Badesee und die zuverlässige Bedienung gewährleisten einen in jeder Hinsicht angenehmen und erholsamen Aufenthalt. **ACHTUNG:** kürzere und bequeme Anreise, Camping Šobec liegt in der Nähe des Karawankentunnels! Pauschalpreise (pro Monat oder für die gesamte Saison) * Nachlass bei durchgehendem Aufenthalt von mehr als 6 Nächten * Spezialrabatt für Motorradfahrer, Radfahrer und Fußgänger * Nachlass für Mitglieder des ANWB, ADAC, DCC, ÖAMTC …

✉ 4248 Lesce — SLO 2020

35 ★★★★ »CAMPING ŠOBEC« — 19.4. bis 30.9.
☎ 04/5353700, Fax 5353701   425 m   200 000 qm
www.sobec.si, sobec@siol.net

→ A2/E61 Karawankentunnel-Ljubljana, Abf. Lesce. Ab hier noch ca. 1.5 km. ✉ Šobčeva cesta 25 (GPS: 46°12'49" N / 14°05'24" E).

Ebenes lichtes Kiefernwaldgelände mit Badesee und befestigten Wegen am Fluss Save. Günstig für den Besuch der Grotten. Veranstaltungen. Wäscherei. Basketball. Volleyball. Badminton. Kletterwand. Ort 2 km entfernt. Touristen-/Dauerstellplätze 450/50.
2007: (HS) (€) P/N 11.50, K/N 7 bis 14 J. 8.60, St/N inkl., H/N 3.–, KT –.50, WD inkl., Strom/N 3.– (16A). In NS 15% Ermäßigung.
DCC/CCI 5% auf P/N.

✉ 4260 Bled — SLO 2030

35 ★★★★ »CAMPING BLED« — 1.4. bis 15.10.
☎ 04/5752000, Fax 5752002   60 000 qm
www.camping-bled.si, info@camping-bled.si

→ A2/E61 Karawankentunnel-Ljubljana, Abf. Lesce in Richtung Bled. Hier die Seeuferstraße entlang bis zum westlichen Ende des Bleder-Sees. ✉ Kidričeva 10c (GPS: 46°21'67" N / 14°04'83" E).

Welliges, teilweise terrassiertes Wiesengelände in einer von bewaldeten Felshängen umgebenen Talmulde am Bleder-See mit eigenem Strand. W-LAN. Für Camper 50% Erm. in den Thermalbädern Ziva Wellness Centre und im Golf Hotel in Bled. Golf in der Nähe. Gratis Schuttle-Service nach Bled. Ort 3 km entfernt. 280 Touristenplätze.
2007: (HS) P/N 11.50, K/N 7 bis 13 J. 8.05, St/N inkl., H/N 2.50, KT –.50, WD inkl., Strom/N 3.– (16 A). Ab 6 N und in NS Ermäßigung.
DCC/CCI 5% auf P/N.

✉ 4265 Bohinjsko Jezero — SLO 2035

25 ★★★ »AUTOCAMP ZLATOROG« — Mai bis Sept.
☎ 04/5778000, Fax 5723446   20 500 qm
www.aaturizem.com, info@aaturizem.com

→ A2/E61 Karawankentunnel-Ljubljana, Abf. Lesce in Richtung Bled über Boh. Bistrica zum Bohinj-See. Hier zum westlichen Ende des Sees.

500 m   4 km

Welliges Waldgelände mit gekiesten Touristenplätzen am grobsteinigen Strand des Bohinj-Sees. Brötchenservice. Ort 4 km entfernt. 200 Touristenplätze.
2007: (HS) P/N 6.50/11.–, K/N 7 bis 14 J. 3.25/4.50, St/N inkl., H/N 2.30, KT –.50, WD inkl., Strom/N 2.55 (16 A). In NS Ermäßigung.
DCC/CCI 10% auf P/N.

✉ 4264 Bohinjska Bistrica — SLO 2040

25 ★★★ »CAMPING DANICA BOHINJ« — 1.5. bis 30.9.
☎ 04/5721055, 5723370, Fax 5723330   45 000 qm
www.bohinj.si/camping-danica, tdbohinj@bohinj.si

→ Straße 209 Bled–Bohinjsko Jezero. Am westlichen Ortsrand von Bohinjska Bistrica. Beschildert. ✉ Triglavska 60 (GPS: 46°46'24" N / 13°56'56" E).

300 m   500 m

Ebenes, unparzelliertes Wald- und Wiesengelände am Fluss "Sava Bohinjka" und beim "Bohinjer See" am Rande des "Triglav Nationalparks". Große Sporthalle nebenan. W-LAN. Boulebahn. Badminton. Ort 300 m entfernt. 160 Touristenplätze.
2007: (HS) P/N 10.50, K/N 7 bis 14 J. 8.50, St/N inkl., H/N 2.20, KT –.50, WD inkl., Strom/N 3.– (6-10 A). In NS Ermäßigung.

Das CCI-Carnet ist im Ausland als Identitäts-Ausweis anerkannt. Im Inland genügt die Vorlage des DCC-Mitgliedsausweises.

SK

1216 Smlednik — SLO 2060

»CAMP SMLEDNIK« ★★ [20] 1.5. bis 15.10.
☎ 01/3627002 40 000 qm
www.dm-campsmlednik.si, camp@dm-campsmlednik.si

→ A2/E61 Jesenice–Ljubljana Abf. Vodice nach Smlednik zum Ostufer der Sava bei Dragočajna. ✉ Dragočajna 20.

Überwiegend ebenes und teilweise terrassiertes, lichtes Waldgelände an der Sava. Separater FKK-Teil mit eigenem Strand. An den Wochenenden eigenes Restaurant. Kabel-TV. Basketball. Gartenschach. Ort (Smlednik) 2 km, (Ljubljana) 9 km entfernt. Touristen-/Dauerstellplätze 100/50.
2007: (HS) P/N 8.–, K/N 7 bis 13 J. 4.–, St/N inkl., KT –.50, WD inkl., Strom/N 3.– (6). In NS Ermäßigung.

1000 Ljubljana-Ježica — SLO 2100

»LJUBLJANA RESORT HOTEL &CAMP.« ★★★ [40] 1.1. bis 31.12.
☎ 01/5683913, Fax 5683912 30 000 qm
www.ljubljanaresort.si, ljubljana.resort@gpl.si

→ A2/E61 österr./slow.-Grenze (Karawankentunnel)–Ljubljana, Abf. Ljubljana-Brod, Richtung Maribor, beschildert. ✉ Dunajska 270 (GPS: 46°21'22" N / 14°08'58" E).

Teilweise schattenloses Wiesengelände am Sava-Ufer neben dem Freizeitzentrum Laguna mit zahlreichen Sportmöglichkeiten (freier Eintritt in den Schwimmbadkomplex). Wäscheservice. Ort 5 km entfernt. 220 Touristenplätze.
2007: (HS) P/N 13.–, K/N 7 bis 12 J. 9.75, St/N inkl., H/N 3.–, KT –.52, WD inkl., Strom/N 3.– (16A). Ab 7 N 20% Ermäßigung. In NS Ermäßigung.
DCC/CCI 10% auf P/N.

DCC-Vertragsplatz

8251 Čatež ob Savi, Terme Čatež — SLO 2170

»CAMPING TERME ČATEŽ« ★★★ [50] 1.1. bis 31.12.
☎ 07/4935010, 4936723, 4936736, Fax 4935004, 4935005 36 000 qm
www.terme-catez.si, info@terme-catez.si, camp@terme-catez.si

→ A2/E70 Ljubljana–Zagreb Abf. Čatež ob Savi, noch 1 km nördlich, beschildert ✉ Topliška cesta 35 (GPS: 45°53'57" N / 15°37'32" E).

Ebenes, meist schattenloses Wiesengelände mit einem künstlichen Teich neben dem Thermalbad und bei dem dazugehörigen Hotel und einer Appartmentanlage. Öffentlicher Badebetrieb. Wellnessangebote. Fitness. FW. Ort 2 km entfernt. 186 Touristenplätze.
2008: (HS) P/N 15.80, K/N 4 bis 12 J. 7.90, St/N inkl., H/N 3.20., KT –.50, WD inkl., Strom 3.60 (10 A). In NS Ermäßigung.
DCC/CCI 10% auf P/N.

5230 Bovec — SLO 4010

»KAMP POLOVNIK« ★★ [20] 1.4. bis 15.10.
☎ 05/3896007, Fax 3896006 483 m 12 000 qm
www.kamp-polovnik.com, kamp.polovnik@siol.net

→ Str. 203 Tarviso–Nova Gorica, in Bovec beschildert. ✉ Ledina 8.

Überwiegend ebenes Wiesengelände mit Bäumen. W-LAN. Ort 500 m entfernt. 60 Touristenplätze.
2008: (HS) P/N 7.–, K/N 7 bis 14 J. 5.25, A/N 1.–, C MC/N 2.50, T/N 1.–, M/N –.50, H/N 1. –, KT –.51, WD zuzügl., Strom/N 2.– (16 A). In NS Erm.
DCC/CCI 5% auf P/N.

Die DCC-Inspizienten sind nicht mit Anzeigenwerbung betraut. Sie sind daher unabhängig und nicht beeinflußbar. Ihren Kontrollen nach unseren Prüfbögen kann vertraut werden.

5220 Kobarid — SLO 4015

»CAMPING KOREN« ★★★ [30] 15.3. bis 1.11.
☎ 05/3891311, 04/1371229, Fax 05/3891310 250 m 15 000 qm
www.kamp-koren.si, lidija.koren@siol.net

→ Von der Str. 102 in Kobarid Richtung Drežnica abbiegen, noch ca. 5 km zum Platz, beschildert. ✉ Drežniške Ravne 33 (GPS: 46°15'05,3" N / 13°35'20" E).

Ebenes und parzelliertes Wiesengelände mit Büschen und Bäumen am Fluss Soča. Von hohen Bergen umgeben. Mehrere Terrassen für Zelte. Separate Pkw-Abstellung. Imbiss. Kindermädchen. Boule. Kletterturm mit Kletterführer. Separater Jugendplatz. Ort 500 m entfernt. 80 Touristenplätze.
2007: (HS) (€) P/N 9.–, K/N 7 bis 13 J. 4.50, St/N inkl., H/N 1.–, KT –.50, WD inkl., Strom/N 3.– (6 bis 6 A). Für Guppen über 10 Personen 10% Ermäßigung. In NS Ermäßigung.
DCC/CCI 5% auf P/N.

5213 Kanal ob Soči — SLO 4020

»AUTOCAMP KORADA KANAL« ★★ Mai bis Sept.
☎ 040/426592 30 000 qm

→ Str. 103 Nova-Gorica–Tolmin, in Kanal bei der Tankstelle zum Platz einbiegen, beschildert. ✉ Kidriceva 10B.

Ebenes Wiesengelände mit Bäumen zwischen Bahnlinie, Straße und Fluss Soča. Ort 300 m entfernt. 20 Touristenplätze.

5294 Dornberk bei Nova Goriza — SLO 4030

»CAMPING SAKSIDA« ★★ [25] 1.1. bis 31.12.
☎ 05/3017853, Fax 3017854, 041/208345 50 m 3500 qm
www.vinasaksida.com, info@vinasaksida.com

→ H4 Nova Gorica–Ajdovscina Abf. Selo in Richtung Dornberk. Noch 4 km bis zum Platz. ✉ Zalošče 12 a (GPS: 45°53'25" N / 13°44'50" E).
❂ Schloss Rihenberg. Lipizzer Pferde. Kloster Kostanjevica.

Ebene, kleine und asphaltierte Stellflächen bei einem Weingut mit Weinkeller. Inmitten von Weinbergen in hügeliger, weitläufiger Landschaft. Schattenlos und von kleinen Steinmäuerchen umgeben. Gratis Weinprobe mit drei Gläsern Wein. Guter Etappenplatz. Angeln, Kanufahren und Reiten in der Nähe. Ausflüge in die Weinberge. Ort 1 km entfernt. 10 Touristenplätze.
2007: (HS) (€) P/N inkl. St/N 7.–, K/N frei. WD und Strom keine Angabe.
DCC/CCI 10% auf P/N.

6230 Postojna — SLO 4040

»CAMPING PIVKA JAMA« ★★★ März bis Okt.
☎ 05/7203993, Fax 7265348 25 000 qm
www.venus-trade.si, autokamp.pivka.jama@siol.net

→ A 1/E61 Ljubljana–Koper Abf. Postojna der Beschilderung »Jama Grotte« folgen. ✉ Veliki Otok 50.
❂ Jama Grotte.

Weitläufiges, welliges und unparzelliertes Waldgelände hinter der Jama Grotte. Für Wohnmobile ebene geschotterte Stellflächen. Bocciabahn. Ort 5 km entfernt. 320 Touristenplätze.

6280 Ankaran — SLO 4060

»CAMPING ADRIA« ★★★ [35] 25.4. bis Sept.
☎ 057/6637350, Fax 6637360 70 000 qm
www.adra-camp.si, adria.camp@siol.net

→ A1/E61 Ljubljana–Koper, Abf. Dekani auf die Straße 406 nach ankaran, beschildert. ✉ Jadranska cesta 25 (GPS: 45°34'40" N / 13°44'08" E).

Leicht abfallendes Gelände neben einer Bungalowsiedlung mit dazugehörigem Hotel am Meer. Teilweise schattenlose Wiese und teilweise hoher Baumbestand. Betonierter Uferstreifen Ort 500 m entfernt. 560 Touristenplätze.
2007: (HS) (€) P/N 11.30, K/N bis 10 J. 4.50, St/N inkl., B/N 2.50, H/N 2.–, KT –.50, WD zuzügl., Strom/N 3.– (10 A). In NS Ermäßigung.

✉ **6320 Portorož**   **SLO 4080**

40 ★★★ »KAMP LUCIJA«   ⊶ 18.4. bis 30.9.
☎/Fax 05/6906900   60 000 qm
www.metropol-hotels.si, camp@metropolgroup.si

→ A1/E61 Ljubljana–Koper bis Autobahnende, weiter auf der Straße 111 nach. Portorož. Hier am südlichen Ortsende meerwärts abbiegen, noch ca. 500 m ✉ Seca 204 (GPS: 45°30'07" N / 13°36'03" E).

Ebenes und teilweise terrassiertes Wiesengelände mit Büschen und Bäumen. An einem Felsstrand mit betonierten Liegeflächen und neben einem Yachthafen. Ort 2 km entfernt. Touristen-/Dauerstellplätze 310/190.
2007: (HS) (€) P/N 12.–, K/N ab 10 J. 5.–, St/N inkl., H/N 3.–, KT –.50, WD inkl., Strom/N 3.– (6 A). In NS Ermäßigung.
DCC/CCI 10% auf P/N und St/N.

TÜRKEI

Übersichtskarte Seite 907

Besondere Vorschriften und Regelungen

Personaldokumente: Für einen Aufenthalt bis zu drei Monaten ist der gültige Reisepass oder Personalausweis erforderlich. Bei der Anreise mit dem Kfz ist grundsätzlich der Reisepass vorgeschrieben, und die Daten des Kfz werden von den türkischen Grenzbehörden in den Reisepass eingetragen. Bei der Ausreise werden diese Eintragungen wieder gelöscht. Kinder unter 16 Jahren benötigen entweder einen gültigen Kinderausweis (ab 10 Jahren mit Lichtbild und dem Nationalitätsvermerk Deutsch) oder sie werden, ab 10 Jahren ebenfalls mit Lichtbild, in den Reisepass eines Elternteils eingetragen.

Visum: Bei einem Aufenthalt bis 3 Monaten ist kein Visum erforderlich.

Impfbescheinigungen: Werden nicht verlangt. Bei Reisen in den Südosten der Türkei wird zu Malariaschutz geraten. Weiterhin ist Impfschutz gegen Tetanus, Diphtherie, Polio, Hepatitis A und Typhus empfehlenswert.

Dokumente für Haustiere: Für Hunde und Katzen sind erforderlich: Ein amtstierärztliches Gesundheitszeugnis im Internationalen Impfpass und eine Tollwutimpfbescheinigung. Beides darf frühestens 15 Tage vor dem Reisebeginn ausgestellt werden und nicht älter als 6 Monate sein. Das amtstierärztliche Gesundheitszeugnis nicht älter als zwei Tage. Zusätzlich ist eine Abstammungsurkunde erforderlich. Zur Erleichterung der Einreiseformalitäten ist es sinnvoll, Dokumente ins Türkische übersetzen zu lassen. Spezielle Auskünfte erteilt die Botschaft der Türkei, Rungestr. 9, 10179 Berlin, Tel. 030/275850, Fax 030/27590915.

Kfz: Nationaler Führerschein und nationale Zulassung sind ausreichend. Das Nationalitätskennzeichen »D« muss an der Rückseite des Fahrzeuges und am Anhänger angebracht sein, auch dann, wenn das Nummernschild die EU-Plakette enthält. Wird das Kraftfahrzeug nicht vom Eigentümer benutzt, muss eine Benutzungsvollmacht des Eigentümers vorliegen, die bei einer türkischen Auslandsvertretung im Heimatland ausgestellt und beglaubigt sein sollte. Es besteht Haftpflichtversicherungszwang. Die »Internationale Grüne Versicherungskarte« muss mitgeführt werden. Da sie nur im europäischen Teil der Türkei gültig ist, ist es dringend erforderlich eine schriftliche Bestätigung bei der eigenen Kfz-Versicherung anzufordern, aus der hervorgeht, dass die Deckungssumme des Versicherungsvertrags auch für den asiatischen Teil der Türkei gilt. Dringend geraten wird, im Heimatland eine Kurzkasko- und Insassen-Unfallversicherung für die gesamte Türkei abzuschliessen. Zwei Warndreiecke müssen mitgeführt werden. Im Winter sind Ketten und Bremskeil Pflicht. Caravans werden von den Zollbehörden in den Pass eingetragen. Die Mitnahme einer Inventarliste wird empfohlen.

Verkehrsvorschriften: Die Verkehrsvorschriften gleichen denen der anderen europäischen Länder, jedoch werden sie häufig großzügig ausgelegt oder gar nicht beachtet! Man sollte daher besonders in ländlichen Gegenden sehr vorsichtig sein und nicht nach Einbruch der Dunkelheit fahren. Beim Überholen und vor Kurven ist grundsätzlich zu hupen. Bei Unfällen ist immer die Polizei zu rufen. Es herrscht Rechtsverkehr und die von rechts kommenden Fahrzeuge haben Vorfahrt, auch im Kreisverkehr. Die Benützung der türkischen Autobahnen ist gebührenpflichtig. Es besteht Anschnallpflicht. Für Lenker von Pkw (ohne Anhänger) Promillegrenze: 0,5. Für Lenker aller anderen Fahrzeuge -auch Motorräder- besteht absolutes Alkoholverbot.

Tempolimits: Innerorts: Pkw/Gespanne 50/40 km/h, Landstraßen: Pkw/Gespanne 90/70 km/h, Autobahnen: Pkw/Gespanne: 130/70 km/h.

Telefon: Deutschland–Türkei: 0090, Türkei–Deutschland: 0049 ohne die erste Null der Ortsvorwahl.

Unfallnotruf: Polizei: 155, Unfallrettung: 112.
Pannenhilfe leistet die Straßenwacht des »Turing Servisi« für die Strecken Edirne–Istanbul–Ankara und Izmir–Ankara. Telefonische Anforderung kann über die deutschsprachige ADAC-Notrufstation in Istanbul Tel.-Nr. 0212/2887190 erfolgen (bei Anrufen aus dem europäischen Teil von Istanbul ohne Vorwahl). Die Pannenhilfe ist kostenpflichtig.

Devisen: Bei der Ein- und Ausfuhr von Fremd- und Landeswährung bestehen keine Beschränkungen. Ab einem Gegenwert von US-$ 5000.– ist eine Deklaration erforderlich.

Camping: Das Campingnetz befindet sich im Aufbau und wird laufend erweitert. Die Ferienzentren sind von April/Mai bis Oktober geöffnet. Manche Campingplätze verfügen über Gästehäuser. Registrierte Campingplätze liegen auf dem selben Preisniveau wie in anderen Ländern, sind hervorragend ausgestattet und stehen im Standard westeuropäischen in nichts nach. Andere Campingplätze sind in der Regel rustikal gehalten, daher sehr preisgünstig. Freies Campen ist nicht grundsätzlich verboten, aus Sicherheitsgründen jedoch nicht empfehlenswert. Falls unvermeidbar, sollte man bei der Gendarmerie (türkisch »jandarma«) nach Campingmöglichkeiten fragen. In den Nationalparks ist Campen nur auf den ausgeschilderten Plätzen erlaubt. Bei vielen Tankstellen besteht die Möglichkeit, für eine Nacht zu bleiben. Das Stromnetz ist auf eine Spannung von 220 Volt Wechselstrom (50 Hz) ausgelegt. Zwischenstecker sind erforderlich.

Allgemeine Informationen:

D-10789   **Berlin,** Informationsabteilung der Türkischen Botschaft Tauentzienstr. 9-12, Tel. 030/2143752, Fax 030/2143952
               www.reiseland-tuerkei.info, info@tuerkei-kultur-info.de

D-60329   **Frankfurt/M.,** Informationsabteilung des Türkischen Generalkonsulates, Baseler Str. 35-37 Tel. 069/233081/82, Fax 069/232751
               www.reiseland-tuerkei.info, info@reiseland-tuerkei-info.de

Vertretung der Bundesrepublik Deutschland:

TR-06540   **Ankara-Kavaklidere,** Deutsche Botschaft 114, Atatürk Bulvari

TR-06552   **Cankaya-Ankara,** Post: Posta Kutusu 54 Tel. 0090 312/4555100, Fax 0090312/4266959
               www.germanembassyank.com, www.ankara.diplo.de
               infomail@germanembassyank.com

Ausführliche Einreisebestimmungen mit detaillierten Angaben zu den Themen Reisedokumente, Zoll- und Devisenbestimmungen, Reisen mit dem Kraftfahrzeug, Camping und der Aufenthalt im Urlaubsland sind bei der Touristik-Abteilung des DCC gegen Rückporto erhältlich.

Campingplätze:

Gebühren in Landeswährung und in EURO.
Währungseinheit: 1 Türkische Neue Lira (TRY) = 60 Kurus.
Devisenkurs: 1 TRY = ca. 0,58 Euro
                         1 Euro = ca. 1,71 TRY (Stand: Okt. 2007).

Bei Gebühren mit der Vorjahreszahl muss eventuell mit einer Anhebung der Gebühren für das aktuelle Jahr gerechnet werden. Ausserdem können sich die angegebenen Öffnungszeiten verändert haben und es besteht die Möglichkeit, dass angegebene Ermäßigungen nicht mehr gewährt werden.

✉ **22100 Edirne,** Edirne   **TR 1100/1**

★★ »FIFI CAMPING«   ⊶ April bis Okt.
☎ 0284/2260105, 2357908, Fax 2129888   20 000 qm

→ E 5 Edirne–Istanbul Abf. ca 8 km hinter Edirne in der Nähe der Straße nach Kirklareli bei einem Restaurant.

Wiesengelände mit Anpflanzungen. Bungalows. Ort 9 km entfernt. 80 Touristenplätze.

✉ 22100 Edirne, Edirne — TR 1100/2

Abfahrt

[25] ★★★ »ÖMÜR CAMPING« — ☐ 1.4. bis 31.10.
☎ 0284/2260037, Fax 2260158 — 11 000 qm
omurcamping@hotmail.com

→ E5 Edirne–Istanbul Abf. Edirnedogu 2 auf die D 100 Richtung Istanbul. Nach ca 1.5 km in Richtung Kirklareli abbiegen, noch ca 800 m.

Ebenes Wiesengelände mit vielen Bäumen. Volleyball. W-LAN. Zentrum 8 km entfernt. 50 Touristenplätze.
2007: 2 P/N inkl. C-St/N 17.–, 2 P/N inkl. MC/N 15.–, 2/1 P/N inkl. T-St/N 12.–/7.–, weitere P/N 5.–, K/N 6 bis 14 J. 3.–, H/N 3.–, WD und Strom inkl.

DCC-Vertragsplatz

✉ 81820 Akkaya bei Sile/Istanbul — TR 1500

[15] ★★★ »CAMPING AKKAYA 1« — ☐ 1.5. bis 30.9.
☎ 0216/7277010, Fax 7277223 — 50 000 qm
www.woody-ville.net, woodyville@hotmail.com

→ Östlicher Autobahnring Istanbul Abf. auf die Straße 020 nach Sile. Hier in östl. Richtung. Noch ca. 17 km, beschildert.

Teilweise terrassiertes Wiesengelände am Schwarzen Meer. In einer von Felsen und Büschen umgebenen Sandbucht. 100 Touristenplätze.
2007: (€) P/N 2.56, K/N bis 11 J. 1.53, A/N 2.56, C/N 3.07, T/N 2.56, WD inkl., Strom/N 2.56.
DCC/CCI 10% auf P/N.

✉ 81801 Sile, Istanbul — TR 1510

★★★ »CAMPING MOTEL KARYAT« — ☐ 1.1. bis 31.12.
☎ 0216/7115441, Fax 7115442 — 22 000 qm
www.karyat.com, karyat@karyat.com

→ Östlicher Autobahnring Istanbul Abf. auf die Straße 020 nach Sile. Ca. 3 km vor Sile zum Schwarzen Meer abbiegen.

300 m

Durch Bäume und Büsche aufgelockertes Wiesengelände am Flussufer auf einer Halbinsel. Drei Kilometer langer Sandstrand. Meer 300 m entfernt. 200 Touristenplätze.

✉ 81650 Akçakoca-Düzce — TR 1550

[15] ★★★ »CAMPING HAMBURG« — ☐ 1.1. bis 31.12.
☎ 0380/6114064, Fax 6114348, hamburgcamping@yahoo.com — 10 000 qm

→ E5/10 Istanbul–Adapazani Abf. auf die Str. 650 nach Karasu. Vor der Flussbrücke, beschildert. ✉ Deqirmenaqzi mevkit 1

100 m

Ebenes Wiesengelände unter Walnussbäumen und Haselnuss-Sträuchern an einer Flussmündung und in Meeresnähe. Ort 2 km entfernt. Touristen-/Dauerstellplätze 20/10.
2007: (€) P/N 3.–, K/N 10 bis 14 J. –.50, J/N 2.–, A/N 3.–, C MC T/N 3.–, M/N 3.–, B/N 3.–, WD inkl., Strom/N 4.–.

✉ 10500 Erdek, Bursa — TR 2120

★★ »CAMPING ANT« — ☐ Mai bis Sept.
☎ 0266/8557044, a-aloglu@yahoo.com — 20 000 qm

→ Straße E2 Bursa–Çanakkale Abf. Bandirma in Richtung Erdek. Kurz vor Erdek in Richtung Askeri Kamplar (Militärgelände).

Ebenes Wiesengelände, durch eng stehende Nadelbäume parzelliert. An der Südküste des Marmara-Meeres. Ort 5 km entfernt. 100 Touristenplätze.

In **Bursa** besteht auf dem Gelände einer Wohnwagenfabrik (Cancaravan) eine Übernachtungsmöglichkeit. Anfahrt: Straße 575 von Yalova kommend gegenüber von »Kumluk Merkezi«.

DCC – DEIN PARTNER!

✉ 17900 Eceabat bei Canakkale — TR 2160

★★★ »HOTEL KUM CAMPING« — ☐ 1.3. bis 1.11.
☎ 0268/8141455, Fax 8142665 — 15 000 qm
www.hotelkum.com, otelkum@superonline.com

→ D550/E87 Gelibolu–Canakkale Abf. Ecebat/Kabatepe. Ab Hafen Kabatepe ca. 4 km in Richtung Alcitepe.
✦ Canakkale Museum. Canakkale Mausoleum.

Ebenes, teilweise unparzelliertes Kiesel- und Wiesengelände mit Tannenbäumen am Meer beim dazugehörigen Hotel. Die Einrichtungen des Hotels können benutzt werden. Extra Pkw-Parkplätze. Zeltwiese. Reservierung empfehlenswert. Wäscheservice. Filmvorführungen. Pressluftstation für Taucher. Ort 4 km entfernt. 80 Touristenplätze.

✉ 10700 Burhaniye, Balikesir — TR 2180

[20] ★★★★ »ALTIN-CAMP & PARK MOTEL« — ☐ 1.1. bis 31.12.
☎ 0266/4163732, Fax 4163737, ☎ (D) 089/3003138 — 35 000 qm
www.altincamp.com, info@altincamp.com

→ E24 Edremit–Izmir Abf. Burhaniye meerwärts in Richtung Oren. Dann ca. 3 km der Beschilderung folgen.

Ebenes gepflegtes Wiesengelände mit hohen Laubbäumen und dazugehörigem Motel. Feinsandiger Privatstrand. Platzeigene artesische Quelle. Günstig für den Besuch von Troja, Assos, Pergamon und Ephesus sowie zum Basar von Izmir. FW. Volleyball. Busverbindung nach Izmir. Ort 4 km entfernt. 200 Touristenplätze.
2007: (HS) (€) P/N 4.–, K/N 1 bis 12 J. 2.–, A/N 2.–, C/N 3.50, MC/N 4.50/6.50, T/N 1.–/2.–, M/N 1.–, WD inkl., Strom/N 2.–/3.–/6.– (4 A/6 A/6 A).
DCC/CCI in HS ab 5 Nächte Aufenthalt 10% und in NS Ermäßigung

✉ 10400 Ayvalik, Balikesir — TR 2190

★★ »ÇAMLIK CAMPING« — ☐ 1.1. bis 31.12.
☎ 0266/3122286 — 27 000 qm

→ ab Ortsmitte ca. 3 km in Richtung Schwimmbad, beschildert.

Ansteigendes Gelände mit befestigten Geländestufen in einem Kiefernhain am Meer. Zentrum 3 km entfernt. 50 Touristenplätze.

✉ 35700 Bergama — TR 2195

★★ »CARAVAN CAMPING« — ☐ 1.1. bis 31.12.
☎ 0232/6333902, Fax 6331792 — 6 000 qm
www.caravan-camping.net, caravan_camping@hotmail.com

→ D550/E87 Bergama–Aliaga Abf. ca. 4 km hinter Ovacik in nordöstl. Richtung am Ortsrand von Bergama.
✦ Pergamon. Asklepion. Römisches Theater.

Ebenes unparzelliertes Wiesengelände mit Olivenbäumen. In der Nähe der weltberühmten Heilstädte aus der Antike »Asklepion«. Imbiss. Kiosk. Reservierung empfehlenswert. 40 Touristenplätze.

✉ 35310 Güzelbahce, Izmir — TR 2210

★★ »OBA MOCAMP« — ☐ 1.1. bis 31.12.
☎ 0251/2342015, Fax 4450871 — 36 000 qm

→ Straße 300 Izmir–Çesme Abf. Güzelbahce, an der linken Straßenseite.

100 m 500 m

Ebenes Wiesengelände unter Bäumen mit befestigten Fahrwegen. Wassersportmöglichkeiten. 150 Touristenplätze.

✉ Ciftlikköy, Izmir — TR 2230

★★★★ »TURSITE« — ☐ April bis Okt.
☎ 0232/7221221, Fax 7221292 — 250 000 qm

→ E96 Izmir–Cesme Abf. Cesme. Noch ca. 8 km, beschildert.

Gepflegtes Wiesen- und Sandgelände mit einzelnen Bäumen am Meer und beim dazugehörigen Motel. Ort (Cesme) 8 km entfernt. 500 Touristenplätze.

35480 Gümüldür, Izmir — TR 2235

★★ »HIPO CAMPING« — Juni bis Sept.
☎ 0232/7989191, Fax 7989190
www.hipocamp.com, info@hipocamp.com
30 000 qm

→ E87, ca. 16 km südlich Izmir hinter Gümüldür abbiegen, beschildert.
✉ Gaziosmanpasa Bulvari No 10/1-204.

Sandiges Gelände unter Pinien. Direkt am Meer mit breitem Sandstrand. Durch Palmen aufgelockert. Ort 2 km entfernt. Touristen-/Dauerstellplätze 360/30.

35920 Selçuk, Kuşadasi — TR 2240

[20] ★★★ »DERELI CAMPING« — 1.3. bis 15.11.
☎ 0232/8931205, 8926749, Fax 8931203
www.dereli-ephesus.com, derelipamucak@superonline.com
30 000 qm

→ ab Selçuk ca. 6 km in Richtung Kuşadasi. Dann rechts ab und noch ca. 3 km. ✉ Isabey Mh. Atatürk Cd. No 4 (GPS: 37°53'15" N / 27°16'24" E).

Großzügig angelegtes Gelände unter Eukalyptusbäumen am Sandstrand von Pamucak mit dazugehörigem Motel. Zeltplatz. Günstig zur Besichtigung der Ruinen von Ephesus und zum Besuch der Insel Samos. Ort 9 km entfernt. 350 Touristenplätze.
TAX 2007 (€) P/N 6.–, K/N 6 bis 18 J. 3.–, St/N und WD inkl., Strom/N 1.–.

Südlich Soke, am Südufer des Sees Baffa-Gölü zwischen den Orten Yaghane und Pinarcik existiert ein kleiner Campingplatz mit Restaurant.

»Ermäßigung auf alle Gebühren« umfaßt nicht die Nebenkosten wie Kurtaxe, Müll und Strom

48400 Bodrum-Gümbet, Bodrum — TR 2300

★★★ »ZETAS-CAMPING« — 1.1. bis 31.12.
☎ 0252/3261407, Fax 3165741
info@zetastourism.com
26 000 qm

→ An der Umgehungsstraße von Bodrum nach Gümbet, beschildert.

Ebenes Wiesengelände im Ortsbereich. Ort 2 km entfernt. Touristen-/Dauerstellplätze 100/5.

48900 Datca-Aktur — TR 2310

★★★ »AKTUR CAMPING« — 1.1. bis 1.11.
☎ 0252/7246168, Fax 7246680
www.akturcamping.com, info@akturcamping.com
70 000 qm

→ Ab Marmaris die Straße westlich in Richtung Datca. Dann Abf. Aktur bögesi. Beschildert. Die Straße ist kurvenreich, teilweise eng und steil.

Ebenes und unparzelliertes Sand- und Wiesengelände in einem Kiefernwald am Meer. In Richtung Strand eine Wohnsiedlung. Sandstrand mit Badesteg und Liegestühlen. Öffentlicher Badebetrieb. Zeltwiese. Familiäre Atmosphäre. Reservierung empfehlenswert. Imbiss. Kiosk. Bar. Brötchenservice. Internet-Café. Wäscheservice. Pressluftstation für Taucher. Ort 4 km entfernt. 300 Touristenplätze.

48700 Marmaris, Mugla — TR 2320

★★★ »NATURCAMP BONCUK« — 1.1. bis 31.12.
☎ 0252/4124646, Fax 4124647
17 000 qm

→ Aus Richtung Mugla kommend 4 km hinter Cetibeli. Nach passieren einer Brücke rechts abbiegen nach Boncuk, ca.11 km. Ab Boncuk noch 2 km Forstweg.

Ufergelände mit Pinien an einer Bucht mit 300 m langem Strand. Imbiss. 75 Touristenplätze.

TR

48840 Dalyan, Mugla — TR 2322

★★★ »DALYAN CAMPING« — 1.1. bis 31.12.
☎ 0252/2842872, 0212/2337559, Fax 2122337586 — 2500 qm
www.dalyan-camping.de, gokhan_can@msn.com
→ D350 Aydin–Mugla–Dalaman. Zwischen Mugla und Dalaman Abf. Kavakaresi in südwestl. Richtung und über Akcakavak nach Dalyan.
• Lykische Felsengräber. Coreta-Coreta Schildkröten.

Ebenes und unparzelliertes Wiesengelände mit Nadelbäumen an den Kanälen des Köycegiz-Sees. Reservierung empfehlenswert. Imbiss. Bootstouren. 20 Touristenplätze.

20000 Denizli — TR 2330

★★★ »TERMOTES CAMPING« — 1.1. bis 31.12.
☎ 0258/2714066, Fax 2714317 — 400 m — 15000 qm
→ D320/E87 Aydin–Nazilli–Denizli. Beim dem dazugehörigen Motel.

Ebenes und durch Baumreihen parzelliertes Wiesengelände bei dem dazugehörigen Motel. Reservierung empfehlenswert. Imbiss. Wäscheservice. Thermalbäder. Bungalow-Anlage. 35 Touristenplätze.

07580 Kas — TR 2335/1

★★★ »KAS CAMPING« — Mai bis Sept.
☎ 0242/8361050, Fax 8363679 — 3000 qm
www.kascamping.com, info@kascamping.com
→ Straße 400 Fethiye–Antalya Abf. Kas. Weiter in Richtung Meer.
• Felsengräber. Altes Fischerdorf.

Ebenes Kies- und Wiesengelände unter Oliven- und Obstbäumen am Meer. Strand mit Badesteg. Imbiss. Bar. Wassersportmöglichkeiten. 30 Touristenplätze.

07580 Kas — TR 2335/2

★★ »OLYMPOS MOCAMP« — April bis Okt.
☎ 0242/8362252, Fax 8362252 — 5000 qm
www.kasolympos.com, olymposcamping@hotmail.com
→ Straße 400 Fethiye–Antalya Abf. Kas. Weiter in Richtung Meer.

Wiesengelände am Meer. Wassersportmöglichkeiten. 35 Touristenplätze.

Çiğlik Kasabasi — TR 2400

★★ »CAMPING & PENSION YESIL VADI« — Mai bis Sept.
☎ 0242/4237555, Fax 4237516, Mobil /905325575939 — 4300 qm
www.yesil-vadi.com, info@yesil-vadi.com
→ Straße D650 Antalya–Burdur Abf. auf die D350/E87 in Richtung Korkuteli. Nach ca. 14km rechts ab in Richtung Çiğlik Karain. Nach ca. 200m links ab zum Platz. ✉ Aydinlar Mah 07191 Termessos (GPS: 37°01'26" N / 30°30'56," E).
• Termessos.

Ebenes von Bergen umgebenes Kies- und Sandgelände in einem Olivenhain bei der dazugehörigen Pension. Günstig für den Besuch des antiken Termessos. Familiäre Atmosphäre. Shuttle zum Flughafen Antalya. Ort (Antalya) 15km entfernt. 20 Touristenplätze.

32500 Eğirdir, Isparta — TR 2420

★★ »ALTINKUM BELEDIGE CAMPING« — Juni bis Okt.
☎ 0246/3114857 — 5000 qm
→ Am Ortsende von Eğirdir in Richtung Isparta. Vor einer Kaserne zum See abbiegen.

Teilweise schattenloses Gelände am Stadtpark und am gleichnamigen See. Ort 2 km entfernt. 10 Touristenplätze.

07983 Kemer — TR 2445

★★★ »ORKINOS CAMPING« — 1.1. bis 31.12.
☎ 0242/8248865, Fax 8248534 — 16000 qm
orkinoscamping@yahoo.com
→ D400 Antalya–Kumluca Abf. Bedibi. Der Beschilderung folgen.

Ebenes und unparzelliertes Wiesengelände mit hartem Untergrund unter Laubbäumen am Meer. Sandstrand mit Badesteg. Wasserwanderer-Station. Pressluftstation für Taucher. Imbiss. Brötchenservice. 40 Touristenplätze.

07100 Antalya — TR 2450

★★ »BAMBUS-CAMPING« — April bis Okt.
☎ 0242/3215263 — 7000 qm
→ ab Stadtmitte in östl. Richtung am Meer entlang. In Richtung Lara Plajr.

Wiesengelände unter Bäumen am Ortsrand und am Meer. Öffentliches Meerschwimmbad. Meer 60m entfernt. 50 Touristenplätze.

15 km östlich **Serik** an der Straße 400 besteht eine Campingmöglichkeit. hinter der Beypet-Tankstelle in einem Hain mit Restaurant. **Manavgat-Wasserfälle.**

07600 Manavgat, Antalya — TR 2500

★★★ »PERLE CAMPING« — 1.1. bis 31.12.
☎ 0242/5262066, Fax 5262037 — 6000 qm
→ E24/Str. 400 ca. 15 km südöstlich von Alanya bei Mahmutlar.

Ebenes und unparzelliertes Wiesengelände mit hartem Untergrund unter Laubbäumen. Sandstrand mit öffentlichem Badebetrieb. Imbiss. Bar. 20 Touristenplätze.

Kizilot-Beldesi, Manavgat — TR 2505

★★★ »NOSTALGIE CAMPING« — Jan. bis Dez.
☎ 0242/7482199 — 1200 qm
www.swissturtle.ch, vreni.eker@swissturtle.ch
→ D400 Manavgat–Alanya Abf. Kizilot. In Kizilot bis zum östlichen Ortsrand. Gegenüber dem Hotel Bremen und hinter einem kleinen Laden (Market) rechts ab und noch ca. 300m bis zum Meer. (GPS: 36°42'29" N / 31°34'15" E).

Ebenes und parzelliertes Wiesengelände mit Bäumen und schönem Sandstrand am Meer. Zeltwiese. Schweizer Leitung. Reservierung empfehlenswert. Familiäre Atmosphäre. Zusammenarbeit mit Reitstall. Shuttle zum Flughafen Antalya. W-LAN. Imbiss. Ort 500m entfernt. 12 Touristenplätze.
2007: (€) P/N 3.–, A/N 1.–, C MC/N 12.–, T/N 1.50, WD inkl., Strom/N 1.–.

07430 Demirtas, Alanya — TR 2550

★★★ »SEDRE CLUB CAMPING« — 1.1. bis 31.12.
☎ 0242/5161111, Fax 5161722 — 15000 qm
www.sedrecamping.com, cemal.kacmaz@albak.com
→ D400 Alanya–Anamur. Ca. 20 km hinter Alaya Abf. in nordöstl. Richtung nach Demirtas. ✉ Alanya Gazipasa yolu Üzeri (Alanya'dan 20km).

Ebenes und unparzelliertes Wiesengelände am Waldrand. Sandstrand mit Badesteg und Liegewiese. Reservierung empfehlenswert. Bar. Brötchenservice. Wäscheservice. Bücherei. Streichelzoo. Kinderspielzimmer. 120 Touristenplätze.
2008: (HS) (€) 2 P/N inkl. C MC-St/N 15.–, inkl. T-St/N 10.–, weitere P/N 5.—, K/N 6 bis 12 J. 2.50, H/N frei, WD und Strom (16 A) inkl. In NS Erm. DCC 10% auf P/N.

33640 Anamur — TR 2580/1

★★ »YALI MOCAMP« — 1.1. bis 31.12.
☎/Fax 0324/8141435, — 8000 qm
→ Straße 400 Alanya–Silifke In Anamur 1. Ampelkreuzung in Richtung Meer abbiegen. Nach 2km links abbiegen, noch ca. 500m. (GPS: 36°04'26" N / 32°50'30" E).

Sand- und Wiesengelände am Meer. FW. Teestube. Ort 3 km entfernt. 25 Touristenplätze.

DCC – DEIN PARTNER!

33640 Anamur — TR 2580/2

»DRAGON MOCAMP« ★★
☎ 0324/8271684, Fax 8271355
1.1. bis 31.12.
8000 qm

→ Str. 400 Alanya–Silifke Abf. Anamur in südl. Richtung zum Meer (GPS: 36°04'27" N / 32°50'30" E).

Ebenes Gelände am Meer. FW. 30 Touristenplätze.

33630 Anamur — TR 2580/3

[15] **»CAMPING PARADIES«** ★★★
☎ 0324/8271775, , Fax 8271775, 0535/2904535
1.4. bis 31.10.
18000 qm
www.anamur.gen.tr/campingparadies, anamur@anamur.gen.tr

→ Str. 400 Alanya–Silifke Abf. Ca. 6km östlich Zentrum Anamur zur Kreuzfahrerburg Mamure. Beschildert. ✉ Mersin yolu 4. Km Mamure Kalesi-Anamur (GPS: 36°05'30" N / 32°54'38" E).

Gepflegte ebene Parkanlage mit Bäumen, Palmen, Büschen und feinem Sandstrand. Angrenzend die Kreuzfahrerburg Mamure. Ort 6 km entfernt. 150 Touristenplätze.
2008: (€) (HS) 2 P/N inkl. C-St/N 10.–, inkl. MC/N 10.–/12.50, inkl. T-St/N 7.50, weitere P/N 2.50, K/N 3 bis 12 J. 2.50, H/N 1.–, B/N ab 2.–, WD inkl., Strom/kWh .50 (25 A).

33900 Taşucu — TR 2600

»CAMPING AKÇAKIL« ★★★
☎ 0324/7414451, 7412985, Fax 7414900
1.1. bis 31.12.
8500 qm
www.akcakilcamping.com, akcakilcamping@superonline.com

→ Str. 400 Anamur–Silifke. Ca. 15 km vor Silifke zwischen Straße und Meer.

Leicht abfallendes Sand- und Kiesgelände mit Büschen und Bäumen am Meer. Wassersportmöglichkeiten. Ort 3 km entfernt. Touristen-/Dauerstellplätze 80/20.

33790 Kizkalesi — TR 2620

»KIZKALESI KERVAN MOCAMP« ★★★
☎ 324/5232010
1.1. bis 31.12.
56000 qm

→ Str. 400 Anamur–Icel Abf. ca. 27km hinter Silifke in Richtung Meer. Bei der OPET-Tankstelle.

Teilweise terrassierter Hang mit Kiefern und Laubbäumen am felsigen Strand mit ebenen Flächen. Schöne Aussicht zur Festung Kizkale. Öffentliche Verkehrsmittel. Wassersportmöglichkeiten. Ort 1km entfernt. 400 Touristenplätze.

31200 Iskenderun — TR 2700

»CAMPING PALMERA« ★
☎ 0326/6427026, 6427466
Mai bis Okt.
5000 qm

→ Str. 400/E90 Adana–Toprakkale. Hier in südl. Richtung auf die Str. 817/E89 nach Iskenderun. Weiter auf der Küstenstr. 817 bis zum Platz. ♦ Mosaikmuseum in Antakya (Hatay).

Ebenes Gelände zwischen Straße und Meer mit einzelnen Palmen am groben Steinstrand. Günstig für Besuche nach Antakya (Hatay). Familiäre Atmosphäre. 30 Touristenplätze.

In **Ankara-Saray** besteht beim Esenboga Airport Hotel Ankara eine Campingmöglichkeit.

19390 Boğazkale, Corum — TR 3150

[35] **»ASIKOGLU CAMPING«** ★★★
☎ 0364/4522004, Fax 4522171
März bis Nov.
15000 qm
www.hattusas.com, info@hattusas.com

→ Straße Ankara–Samsun. Hinter dem Dorf Sungurlu rechts abbiegen. Im Ort auf der rechten Straßenseite, beschildert. ✉ Carsi St. 25A.

Ebenes Wiesengelände mit Bepflanzung. Ort 200m entfernt. Touristen-/Dauerstellplätze 200/100.
2008: (HS) (€) P/N 5.–, K/N bis 12 J. frei, A/N 10.–, C MC/N 10.–, T/N 5.–, M/N 5.–, H/N frei, WD und Strom inkl. In NS Ermäßigung.
DCC/CCI 20% auf P/N und St/N.

Im Zentrum von **Konya** besteht beim Mevlana-Kloster auf dem Parkplatz des Hotels Tur eine Campingmöglichkeit. (keine Zelte).

68190 Sultanhani, Aksaray — TR 3340/1

[25] **»CAMPING KERVAN«** ★★★
☎ 0382/2422325, Fax 2422411
1.1. bis 31.12.
1000m 4000 qm
www.kervancamping.com, kervancamping@mynet.com

→ Straße 300 Konya–Aksaray Abf. Sultanhani. In Sultanhani auf der Hauptstraße bleiben, nach ca 500m links. ♦ 800 Jahre alte Karawanserei von Sultanhani.

Durch eine Straße zweigeteiltes, ebenes Wiesengelände, vorwiegend schattenlos. Familiäre Atmosphäre. Ort 500m entfernt. Touristen-/Dauerstellplätze 40/5.
2008: (€) P/N 5.–, K/N bis 12 J. frei, C MC-St/N 9.–, T-St/N 5.–, WD und Strom inkl.
DCC 10% auf P/N.

68190 Sultanhani, Aksaray — TR 3340/2

[20] **»CAMPING KERVANSARAY«** ★★
☎ 05445175262, Tahir-ö@hotmail.com
März bis Okt.
1000m 6000 qm

→ Str. 300 Konya–Aksaray Abf. Sultanhani. Im Ort bei der Karavanserei. ♦ 800 Jahre alte Karawanserei von Sultanhani.

Ebenes und von einem Zaun umgebenes Wiesengelände mit hohen Bäumen am Ortsrand. Daneben die dazugehörige Pension. FW. 30 Touristenplätze.
2007: P/N 3.–, K/N bis 12 J. 1.–, A/N 5.–, C MC/N 5.–. T/N 2.–, M/N 2.–, WD inkl., Strom/N 2.– oder kWh –.40.

68200 Aksaray, Niğde — TR 3350

[20] **»AGACLI TESISLERI-MOCAMP«** ★★★
☎ 0382/2152400, Fax 2152410
1.4. bis 1.11.
11 000 qm
www.agaclihotel.com, agacli@superonline.com.tr

→ Staatsstraße 1/E5 Abf. Aksaray.

Wiesengelände mit hohen Bäumen. Touristen-/Dauerstellplätze 36/50.
2007: (HS) (€) P/N 4.–, K/N 6 bis 12 J. 2.–, J/N 3.–, A/N 3.–, C T/N 3.–, MC/N 5.–, M/N 1.–, H/N 2.–, WD inkl., Strom/N 1.–. In NS Ermäßigung.
DCC/CCI 10% auf P/N und St/N.

In **Ihlara** besteht eine Campingmöglichkeit bei einem Restaurant. Von dort Abstiegsmöglichkeit in das Ihlara-Tal. Beschildert: Ihlara Vadisi.

50180 Göreme, Nevşehir — TR 3420

»BERLIN CAMPING« ★★
☎ 0384/2712249
März bis Okt.
4000 qm

→ am Ortsausgang Göreme in Richtung Ürgüp, linke Straßenseite.

Wiesengelände mit einigen Laubbäumen. 20 Touristenplätze.

50650 Ortahisar, Ürgüp/Nevşehir — TR 3500

[20] **»KAYA CAMPING & CARAVANING«** ★★★★
☎ 0384/3433100, Fax 3433984
1.1. bis 31.12.
13000 qm
www.members.lycos.fr/kayacamping, kayacamping@www.com

→ Im Ort an der Zufahrt zum Freilichtmuseum Göreme. An der 1. Einfahrt vorbei und noch ca. 700m.

Ebenes und teilweise terrassiertes Kiesgelände mit schönem Blick auf Göreme. Ort 2 km, Gasverkauf (Gasfabrik in Nevşehir) 11 km entfernt. 130 Touristenplätze.
2007: (HS) (€) P/N 3.75, K/N 6 bis 16 J. 1.75, J/N 2.–, A/N 2.–, C/N 3.–, MC/N 3.75, T/N 2.–, M/N 1.–, WD und Strom inkl. In NS Ermäßigung.
DCC/CCI 10% auf P/N.

In **Kayseri** befindet sich neben dem archäologischen Museum ein Moca-Stellplatz mit öffentlicher Toilette.

02400 Kahta am Nemrut Dag — TR 3700

»CAMPING KOMMAGENEM« ★★ — 1.1. bis 31.12.
☎ 0416/7259726, Fax 7255548   724 m   2000 qm
kommagenem@hotmail.com

→ Von Adiaman kommend in Kahta auf der linken Straßenseite vor der Kreuzung zum Nemrut Dag.

Ebenes Wiesengelände mit wenig Baumbestand bei der dazugehörigen Pension. Fahrtmöglichkeit zum Nemrut Dag. 25 Touristenplätze.

52300 Ünye, Ordu — TR 4200

»DERYA CAMPING« ★★ — 1.1. bis 31.12.
☎ keine Angabe   10 000 qm

→ Straße 20, von Samsun über Carsamba. 2 km vor Ünye auf der linken Straßenseite am Meer. Beschildert.

Ebenes bis leicht welliges, teilweise schattenloses Wiesengelände mit Anpflanzungen. 100 Touristenplätze.

Dreißig Kilometer südlich Trabzon in **Macke** befinden sich an der Straße nach Sumelas zwei Campingplätze.

NORDAFRIKA
MAROKKO

Besondere Vorschriften und Regelungen

Ceuta und Melilla: für die beiden spanischen Enklaven gelten die Einreisebestimmungen von Spanien.

Personaldokumente: Bei einem Aufenthalt bis zu 3 Monaten ist ein, bei der Ankunft noch mindestens 6 Monate gültiger, Reisepass vorgeschrieben. Kinder unter 16 Jahren müssen im Familienpass eingetragen, oder im Besitz eines Kinderausweises sein. Dieser muss bei Kindern ab 3 Jahren mit Lichtbild und dem Vermerk »Deutsch« versehen sein. Jugendliche ab 16 Jahre benötigen immer einen eigenen Reisepass. Alle Reisende müssen im Besitz ausreichender Geldmittel für den Aufenthalt sein.

Visum: Bis zu drei Monaten Aufenthalt ist kein Visum erforderlich.

Impfbescheinigungen: Werden nicht verlangt. Es wird aber zur Impfung gegen Typhus und Hepatitis A geraten.

Dokumente für Haustiere: Für Hunde und Katzen muss ein amtstierärztliches Gesundheitszeugnis (nicht älter als 10 Tage) und ein Tollwutimpfzeugnis vorliegen. Die Tollwutimpfung muss vor mindestens 30 Tagen erfolgt sein und darf nicht länger als 6 Monate zurückliegen. Beide Dokumente sollten in französischer Sprache sein. Spezielle Auskünfte erteilt die Marokkanischer Botschaft: Niederwallstr. 39, 10117 Berlin, Tel. 030/206 12 40, Fax 030/2061 24 20.

Kfz: Der Internationale Führerschein und die Internationale Zulassung sind erforderlich. Das Nationalitätskennzeichen »D« muss am Fahrzeug, auch am Anhänger angebracht sein. Es besteht Haftpflichtversicherungszwang. Die »Internationale Grüne Versicherungskarte« mit dem Vermerk »Gültig für Marokko« ist Vorschrift. Ist der Fahrer nicht Inhaber des Fahrzeuges muss eine amtlich beglaubigte und in französischer Sprache abgefasste Benutzungsvollmacht des Eigentümers vorliegen. Ist man mit Fahrzeugen unterwegs, die militärisch aussehen (olivgrüner Anstrich) kann die Einreise verweigert werden.

Grundsätzlich wird jedes Fahrzeug bei Ankunft im Reisepass eingetragen, bzw. per Computer erfasst. Ausländische Reisende dürfen ihr Kfz bis zu 6 Monaten vorübergehend einführen. Von den marokkanischen Grenzbeamten wird bei der Einreise gegen Gebühr ein grünes Formular für das Fahrzeug ausgestellt, welches bei der Ausreise wieder abzugeben ist. Man erhält zudem eine Plakette mit dem Einreisedatum zur Befestigung an der Windschutzscheibe. Ein nach Marokko eingeführtes Fahrzeug muss unter allen Umständen wieder ausgeführt oder verzollt werden. Für alle Campingfahrzeuge ist ein doppeltes Inventarverzeichnis (möglichst in französischer Sprache) mitzuführen.

Verkehrsvorschriften: Rechtsverkehr. Im Kreisverkehr hat das von rechts kommende Fahrzeug Vorfahrt. Nachtfahrten sollten unbedingt vermieden werden. Es besteht Anschnallpflicht und absolutes Alkoholverbot. Wir empfehlen dringend beim Heimatversicherer eine Kurzkasko- und Insassen-Unfallversicherung abzuschließen.

Straßengebühren: Für die Benutzung von Autobahnen werden Gebühren erhoben.

Tempolimits: Innerorts: Pkw/Gespanne 40–60/40-50 km/h, Landstraßen: Pkw/Gespanne 100/70 km/h, Schnellstraßen/Autobahnen: Pkw/Gespanne 120/100 km/h. Motorcaravans und Caravans mit einer Fahrzeugbreite von mehr als 2,20 m dürfen nicht schneller als 70 km/h fahren. Beim Überholen von Militärkolonnen 30 km/h.

Telefon: Deutschland–Marokko: Vorwahl 00212, Marokko–Deutschland: 0049.

Unfallnotruf: Polizei (innerhalb der Städte): 19, Gendarmerie: (unterwegs) 177, Unfallrettung: 15. Bei Pannen stehen Reparaturwerkstätten zur Verfügung. Bei Unfällen ist ein Schadensprotokoll der Polizei oder eine Schuldanerkenntnis des Verursachers notwendig.

Devisen: Die Ein- und Ausfuhr von Landeswährung ist verboten. Bei der Einfuhr von Fremdwährungen bestehen keine Beschränkungen. Eine Deklaration ist erforderlich, wenn die Mitnahme von Fremdwährung die Summe von 15 000 Dirham übersteigt. Die Ausfuhr von Fremdwährung ist bis zur Höhe der deklarierten Einfuhr gestattet.

Camping: Das Land verfügt über zahlreiche z. T. gut ausgestattete Campingplätze, die überwiegend an den Küsten sind. Im Landesinnern und im südlichen Teil des Landes gibt es weniger Campingplätze. Hier wendet man sich an den örtlichen »Caid«, der einen Stellplatz zuweist und auch für dessen Sicherheit zuständig ist. Über das ganze Land verteilt gibt es ca. 90 Campingplätze, die über eine Kapazität von ca. 40 000 Stellplätzen verfügen. Freies Campen ist nicht gestattet. Das Stromnetz ist auf 110/220 Volt Wechselstrom (50 Hz) ausgelegt. Die Mitnahme eines Adapters wird empfohlen.

Wassersport: Boote mit Motor benötigen ein Carnet de Passages. Dieses erhält man bei den Automobilclubs.

Allgemeine Informationen:

D-40210   **Düsseldorf,** Marokkanisches Fremdenverkehrsamt
Graf-Adolf-Str. 59, Tel. 0211/37 05 51/52, Fax 0211/37 40 48
www.marokko.com, marokkofva@aol.com
www.tourismus-in-marokko.com

Vertretung der Bundesrepublik Deutschland:

MA   **Rabat,** Deutsche Botschaft, 7, Zankat Madnine
MA-10000   Rabat, Post: B.P. 235
Tel. 0021237/709662, 205625, 689200
Fax 0021237/709602
www.amballemagne-rabat.ma, amballma@mtds.com

Ausführliche Einreisebestimmungen mit detaillierten Angaben zu den Themen Reisedokumente, Zoll- und Devisenbestimmungen, Reisen mit dem Kraftfahrzeug, Camping und der Aufenthalt im Urlaubsland sind bei der Touristik-Abteilung des DCC gegen Rückporto erhältlich.

Campingplätze:

Gebühren in Landeswährung, sofern nicht anders angegeben.
Währungseinheit: 1 Marokkanischer Dirham (MAD) = 100 Centimes.
Devisenkurs: 1 MAD = ca. 0,09 Euro
    1 Euro = ca. 11,2 MAD (Stand: Okt. 2007).
Bei Gebühren mit der Vorjahreszahl muss eventuell mit einer Anhebung der Gebühren für das laufende Jahr gerechnet werden. Außerdem können sich die angegebenen Öffnungszeiten verändert haben und es ist möglich, dass angegebene Ermäßigungen nicht mehr gewährt werden.

90 000 Tanger — MA 1005

[10] ★★ **»CAMPING MIRAMONTE«** — 1.1. bis 31.12.
☎ 034260386   30 000 qm
www.camping.miramonte.tanger.com, camping.miramonte@caramail.com

→ ab Place de France ca. 1 km die Rue de Belgique–Boulevard de Paris bis kurz vor den Plage des Juifs. Dann rechts ab über einige ziemlich steile Serpentinen bis zum Platz nahe der Kashbah. (GPS: 47°27'52" N / 49°56'57" W).

400 m   500 m

Terrassiertes Gelände mit tropischer Bepflanzung beim gleichnamigen Motel am nördlichen Stadtrand. Zentrum 3 km entfernt. 250 Touristenplätze.
2007: (HS) P/N 20.–, K/N bis 15 J. 15.–, A/N 20.–, C/N 25.–, MC T/N 20.–, M/N 15.–, B/N 20.–, H/N 10.–, WD zuzügl., Strom/N 25.–. In NS Ermäßigung.
DCC/CCI 10% auf St/N.

✉ Sale-Plage, Rabat — MA 1035
★★ »CAMPING DE LA PLAGE« ⛔ 1.1. bis 31.12.
☎ 07/82368

→ AB-Abf. Sale. Hier hinter der alten Stadtmauer an einer Ampelkreuzung rechts ab, beschildert.

Ebenes, meist schattenloses Sandgelände mit wenigen Bäumen. Hinter dem Badestrand und an der Mündung des Oued Bou Regreg. Günstig für Besuche von Rabat und Sale. 100 Touristenplätze.

✉ Mohammedia, Casablanca — MA 1040/1
★★ »CAMPING LORAN« ⛔ 1.1. bis 31.12.
☎ 03/310688 60000 qm

→ Straße 1 Rabat–Casablanca Abf. Mohammedia bei Km 33 rechts abbiegen oder auf die S 222 von Rabat kommend hinter einer Flussbrücke rechts noch ca. 3 km bis zur beschilderten Einfahrt.

Parzelliertes Gelände in einem Eukalyptuswald. Sandstrand 300 m entfernt. 600 Touristenplätze.

✉ Mohammedia, Casablanca — MA 1040/2
★★ »CAMPING INTERNATIONAL MIMOSAS« ⛔ Mai bis Sept.
☎ 03/323325 40000 qm

→ Straße 1 Rabat–Casablanca Abf. Mohammedia-Est Ben Slimaue zur Küste abbiegen, noch 1 km.

200 m

Ebenes Gelände unter hohen Bäumen. Meer 200 m entfernt. Touristen-/Dauerstellplätze 50/100.

✉ Casablanca — MA 1045
★★ »CAMPING INTERNATIONAL-OASIS« ⛔ 1.1. bis 31.12.
☎ 253367 14500 qm

→ Ab Avenue Jean Mermoz beschildert. ✉ 98, Boulevard Mohammed V.

200 m

Gelände mit festem Untergrund und altem Baumbestand. Günstig für Besuch der Stadt. 60 Touristenplätze.

✉ El Jadida — MA 1049
★★ »CAMPING INTERNATIONAL« ⛔ 1.1. bis 31.12.
☎ 03/342755, Fax 350998 40000 qm

→ N1 Casablanca–Kommena Abf. El Jadida kurz hinter dem Ortsanfang beschildert. ✉ Avenue des Nations Unies.

300 m 1 km

Ebenes Wiesengelände mit Laubbäumen und gepflasterter Ringstraße. 300 Touristenplätze.

✉ Safi — MA 1053
★★ »CAMPING INTERNATIONAL SAFI« ⛔ 1.1. bis 31.12.
☎ 04/463816, 626205 40000 qm

→ Straße 121 ab Stadtmitte nördlich in Richtung Oualidia dann auf die Straße C 6502 hier rechts, noch ca. 800 m. ✉ Route Sidi Bouzid.

Sandiges, steiniges und unparzelliertes Gelände mit hohem Baumbestand. Imbiss. Ort 1 km entfernt. 290 Touristenplätze.

✉ Essaouira, Mogador/Essaouira — MA 1055
★★ »CAMPING ESSAOUIRA« ⛔ 1.1. bis 31.12.
☎ 04/473817, 473411 13000 qm

→ Küstenstraße in Richtung Agadir.

Ebenes Gelände mit sandigem und steinigem Untergrund. Niedriger Baumbestand. Für Caravans befestigte Stellflächen. Meer und Ort ca. 2 km entfernt. 100 Touristenplätze.

✉ Imiouaddar (Aghroud) — MA 1058
⑩ ★★ »CAMPING ATLANTICA PARC« ⛔ 1.1. bis 31.12.
☎ 028/820805, Fax 820813, www.atlanticaparc.com 70000 qm

→ Straße N1 Agadir–Essaouira Abf. Imiouaddar, ca. 25 km nördlich von Agadir. Der Beschilderung folgen. ✉ Route d´Essaouira. (GPS: 30°35'24" N / 09°45'08" W).

S 500 m

Ebenes Sandgelände mit Olivenbäumen und jungen Anpflanzungen. Von Bergen umgeben. Imbiss. Fahrzeug-Waschplatz. Boulespiel. Veranstaltungen. Hundeplatz. Friseur. Hammam. 360 Touristenplätze.
2007: 2 P/N inkl. St/N bis 3 Nächte Aufenthalt pro Nacht 66.–, bis 30 Nächte Aufenthalt pro Nacht 55.–, weitere P/N 20.–, K/N ab 10 J. 15.–, H/N und WD inkl., Strom/N 15.–/20.– (6/10 A).

✉ Agadir — MA 1059
★★ »CAMPING INTERNATIONAL« ⛔ 1.1. bis 31.12.
☎ 08/40374, 40921 30000 qm

→ Straße P8 Casablanca-Agadir. Ca. 100 m vor dem Hafen vom Boulevard Hassan II links abbiegen, beschildert. ✉ Boulevard Mohammed V.

200 m

Von einer Mauer umgebenes Sandgelände mit einzelnen Bäumen. Im Winter teilweise überbelegt. Zentrum 300 m entfernt. 200 Touristenplätze.

✉ 81000 Guelmim — MA 1062
⑩ ★★★ »CAMPING FORT BOUJERIF« ⛔ 1.1. bis 31.12.
☎ 072130017, Fax 028873039 60000 qm
www.boujerif.com, contact@boujerif.com

→ Goulimine Richtung Sidi-Ifni. Am Ortsausgang links zum Plage Blanche. 10 km Teerstraße nach Lausabi, weitere 10 km Teerstraße und dann 19 km Wüstenstraße. (GPS: 29°04'56" N / 10°19'53" W).

Weitläufiges Gelände mit nachgebautem Steinfort in der Wüste. Am Flussbett des Assaka und umgeben von Hügeln. Im Hintergrund das Anti-Atlas-Gebirge. Medizinische Versorgung. Nomadenzelte. Haltestelle 4 km, Meer 13 km, Ort 39 km entfernt. 64 Touristenplätze.
2007: P/N 22.–, A/N 11.–, C MC/N 22.–, M/N 11.–, WD und Strom inkl.

DCC-Mitgliedsausweis
DCC-Mitgliedern wird geraten, den DCC-Mitgliedsausweis sofort bei der Anmeldung auf den entsprechenden Campingplätzen vorzulegen. Eine spätere Reklamation wegen nichterhaltenen Mitgliedernachlasses ist infolge Computerabrechnung oft erfolglos.

60 000 Marrakesch — MA 1063

[10] ★★★ »CAMPING EL FERDAOUSS« — 1.1. bis 31.12.
044/304090, Fax 302311   450 m   13 000 qm

→ P7 Casablanca–Marrakesch. Vor Marrakesch beschildert. Route de Casa Caidat.

Harter und staubiger Untergrund, teilweise Eukalyptusbäume. Günstig für Marrakesch-Besuch. Touristik-Taxi. Veranstaltungen. Zentrum 11 km entfernt. 600 Touristenplätze.
2007: P/N 15.–, K/N bis 15 J. 8.–, A/N 11.–, C/N 17.–, MC/N 16.–, T/N 12.–, M/N 8.–, WD inkl., Strom/N 18.–.
DCC 15% auf P/N.

45900 Zagora, Ouarzazate — MA 1066

★★ »CAMPING DE LA MONTAGNE« — 1.1. bis 31.12.
keine Angabe   40 000 qm

→ hinter Zagora den Drâa–Fluss überqueren, links abbiegen, noch 3 km.

100 m
Ebenes Gelände mit Bäumen. Ort 1 km entfernt. 50 Touristenplätze.

Ifrane, Meknès — MA 1070

★ »CAMPING MUNICIPAL« — Juni bis Sept.
6156   1650 m   60 000 qm

→ R 24 Meknès–Ifrane. Direkt an der Straße.

Ebenes und parzelliertes Wiesengelände uner hohen Bäumen am Rand des Höhenortes. 320 Touristenplätze.

Meknès — MA 1075

★★ »CAMPING INTERNATIONAL« — 1.1. bis 31.12.
05/30712   50 000 qm

→ aus Richtung Tanger an der Kreuzung links ca. 1 km, ab hier beschildert. Außerhalb der Stadtmauern, hinter dem Sultanspalast.

Teilweise ebenes Wiesengelände, teilweise befestigte Stellplätze mit Bäumen und Blumenbeeten. 450 Touristenplätze.

Melilla (Ciudad Autónoma) — MA(E) 2000

★★★ »CAMP ALBERGUE DE ROSTROGORDO« — 1.1. bis 31.12.
keine Angabe   20 000 qm

→ Melilla, spanische Enklave in Marokko, durch eine Fährverbindung mit dem spanischen Festland verbunden. Der Platz liegt an der Straße nach Rostrogordo.

Ebenes, meist schattenloses und unparzelliertes Platzgelände. Saal. Zwei Schwimmbäder. Sport- und Spielfeld. 150 Touristenplätze.

FKK-Urlaub im In- und Ausland

Bei einigen FKK-Campingplätzen ist die Mitgliedschaft in einer FKK-Organisation erforderlich, die den sogenannten »INF-Ausweis« (INF = Internationale Naturisten-Föderation) ausgibt. Dies trifft im Inland und Ausland zu. Es besteht aber die Möglichkeit, die Mitgliedschaft zu erwerben.

In den Mittelmeerländern wird vielfach von der Bevölkerung aus religiösen oder traditionellen Gründen die Nacktheit in der Öffentlichkeit abgelehnt und kann bestraft werden. Daher nur ausgewiesene FKK-Plätze aufsuchen.

In **Deutschland** gibt es eine relativ geringe Zahl von FKK-Camps oder Textil-Plätzen mit FKK-Arealen. Die meisten Plätze im Binnenland sind von den Mitgliedern der FKK-Vereine in oft mühevoller Arbeit aufgebaut worden. Diese Plätze sind deshalb nur diesen Mitgliedern und darüber hinaus nur sogenannten Fördermitgliedern des Deutschen Verbandes für Freikörperkultur (DFK) zugänglich. Anschrift: Deutscher Verband für Freikörperkultur e.V., Haus des Sports, Ferdinand-Wilhelm-Fricke Weg 10, 30169 Hannover, Tel. 0511/12685500, Fax 0511/12685515, www.dfk.org, dfk@dfk.org. Die meisten FKK-Vereine in Deutschland freuen sich allerdings über neue Mitglieder, denen neben Stellplätzen unterschiedlicher Ausstattung ein breites Sport- und Erholungsprogramm angeboten wird.

Österreich verfügt mittlerweile über eine ansehnliche Zahl von FKK-Anlagen. Neben den offiziellen Campingplätzen finden sich noch zahlreiche Vereinsgelände mit Campingmöglichkeiten, die in der Regel nicht für die Allgemeinheit zugänglich sind. Erwähnen wollen wir das FKK-Bad in Goisern-Untersee am Hallstätter See. Der nächste Campingplatz befindet sich in Gosamühle.

Belgien zeigt sich dem Urlaubs-FKK gegenüber noch zugeknöpft. Es existieren bisher lediglich Vereinsgelände, die jedoch für einen Aufenthalt eine Mitgliedschaft in einer FKK-Organisation voraussetzen (siehe Fördermitgliedschaft im DFK).

Die **Schweiz** toleriert eine ganze Reihe mehr oder weniger versteckter FKK-Badeplätze. Diese FKK-Camps sind in der Hand von Vereinen. Einige dieser Vereine gehören einer lebensreformerischen Richtung an, die Enthaltsamkeit von Alkohol, Rauchwaren und Fleisch übt. Auf diesen Camps erhalten Gäste, größtenteils auch ohne FKK-Ausweis, vorübergehend Zutritt. Voraussetzung ist, dass sie die strengen Anti-Genuss-Vorschriften einhalten.

In der **Tschechischen-** und der **Slowakischen Republik**, sowie in **Bulgarien** bleibt FKK noch immer auf »Geheimplätze« beschränkt.

Dänemark besitzt rund zwei Dutzend für FKK genehmigte Strandabschnitte. Sie sind auf der Ferien-Landkarte des Dänischen Fremdenverkehrsamtes zu sehen. Karten können kostenlos bezogen werden vom Dänisches Fremdenverkehrsamt, 20008 Hamburg, Postfach 101329. Die FKK-Camps gehören FKK-Vereinen.

In **Spanien** haben wir nur solche FKK-Camps veröffentlicht, wo die Platzleitung in der Lage, ist die einwandfreie Betreuung der Gäste sicherzustellen.

In **Frankreich** entstehen neue FKK-Zentren mehr im Landesinneren, weniger an der Mittelmeer- und Atlantikküste, wo ohnehin die bekannten sandigen Abschnitte schon erschlossen sind. Wer als FKK-Urlauber etwas für familiären französischen Anschluss übrig hat, womöglich etwas die Sprache spricht, sollte ein öffentlich zugängliches Gelände im Landesinneren besuchen. Diese Camps sind mit Schwimmbecken ausgestattet.

An der Ostküste von **Korsika** besteht FKK-Freiheit an den dafür ausgewiesenen Plätzen. An der Westküste existiert kein einziges FKK-Camp. Die Gemeinde Sartène (im Südwesten der Insel) toleriert jedoch seit Jahren an den zu ihrem Verwaltungsbereich gehörenden 33 km langen Küstenstreifen wildes Zelten und auch FKK.

Großbritannien: Eine ganze Reihe britischer FKK-Vereine nimmt Gäste, die sich als Mitglieder eines deutschen FKK-Clubs oder als fördernde Mitglieder des DFK legitimieren (Inhaber eines INF-Ausweises) für Ferienaufenthalte auf. Besucher der Vereinsgelände, die im »British Naturist Handbook« beschrieben sind, müssen sich über das Central Council of British Naturism (CCBN), 30-32 Wycliffe Road, Northampton NN1 5JF beim Club ihrer Wahl voranmelden. Außerhalb von den FKK-Camps ist das Nacktbaden an neun Stränden erlaubt: unter anderem in Whitstable bei London, Lowesoll auf der Insel Arran, sowie in Fairlight Cove bei Hastings. Geduldet wird es in Pilchards Cove, Devon, in der Nähe des Sheplegh Court Naturisten Hotel, ferner in Blackgang auf der Isle of Wight, in der Studland Bay in der Nähe von Bournemouth sowie in Inchmurrin, Loch Lomond beim Gelände des Scottish Outdoor Club und am speziell dafür reservierten Ostende des Badestrandes von Brighton.

In **Griechenland** ist das Nacktbaden grundsätzlich erlaubt. Auf Mykonos am Paradise-, Super-Paradise- und Elia-Strand. Der Paradise-Strand befindet sich in der Nähe eines Textilcamps, dessen Einrichtungen man gegen Gebühr benutzen kann. Auf dem Kos vorgelagerten Inselchen Pserimos. Auf Rhodos in der Dünen-Region hinter Apolikia. Auf Skiathos am Bananas-Strand. Auf Skopelos hinter dem schönsten Badeplatz Ormos Stafilos am Strand Velanio. Weitere FKK-Gelände befinden sich auf Lesbos 4 km von Molivos entfernt hinter der Therme Laufra. Sehr schöne offizielle FKK-Strände befinden sich an der Südküste Kretas.

In **Ungarn** ist FKK offiziell erlaubt. Hier besteht die Vereinigung der Ungarischen Naturisten (Anschrift: Napora Club, Naturista Sportkedvelök, Orszagos Köre - P.O. Box 25, H-1553 Budapest 134, jhalasz@levego.hu). Die Organisation hat inzwischen damit begonnen, im Lande FKK-Areale aufzubauen, die auch deutsche Gäste aufnehmen sollen. Die vier offiziellen Plätze sind im nachfolgenden Campingplatz-Teil beschrieben.

Kroatien ist das Reiseland mit den meisten FKK-Campingplätzen und FKK-Stränden in Europa. Von Umag im Norden bis Zadar im Süden reichen Strände, die nicht nur für FKK ausgewiesen sind.

In **Italien** bestehen private FKK-Vereine, darunter auch der in diesem Führer erwähnte Club bei Turin (FKK I/100). Die Touristik-Information am Hafen von Portoferraio gibt Auskunft. Der am stärksten von italienischen FKK-Fans besuchte Strand Tor Valánica liegt rund zehn Kilometer südlich des römischen Badeortes Lido di Ostia.

Dass **Norwegen** nur wenige geduldete FKK-Strände, aber immerhin zwei FKK-Camps besitzt, hängt wohl mit der Witterung zusammen. Durch den Golfstrom erwärmt sich hier allerdings das Meer oft stärker als von den meisten Urlaubern angenommen.

In den **Niederlanden** existieren drei Dutzend FKK-Strände. Doch lediglich der Ferienpark »Flevo Natuur« bietet die Möglichkeit, FKK direkt auf dem Camp auszuüben. Die meisten Strände lassen sich von naheliegenden Textil-Campingplätzen aus zu Fuß erreichen.

In **Portugal** wurde mittels einer Gesetzesänderung das FKK-Verbot aufgehoben, es gibt allerdings nur ein textilfreies Camp bei Budens/Algarve, das einem Verein angehört.

FKK ist in **Polen** auf einer Weichsel-Insel bei Warschau möglich. Orientierungspunkte sind das Dorf Swidry Male und der Strom-Kilometer 492. Außerdem existieren auf der Halbinsel Hela mehrere FKK-Strände. Weitere FKK-Möglichkeiten bestehen bei Wladyslawowo und bei Jastarnia.

In **Schweden** ist FKK keineswegs selbstverständlich. Nacktbaden ist an manchen abgelegenen Stränden bzw. See-Ufern nur im Familien- oder Freundeskreis üblich. Neben den im Führer genannten FKK-Campingplätzen gibt es noch eine Reihe weiterer Plätze.

In **Finnland** gibt es keine FKK-Camps. Doch ist es im dünnbesiedelten Land ohne weiteres möglich, beim Baden in einem der unzähligen Seen auf Badehose oder Bikini zu verzichten.

In der **Türkei** wird es entgegen anderslautenden Meldungen in kürzerer Zeit noch keine FKK-Strände oder FKK-Campingplätze geben.

FKK-Campingplätze

BUNDESREPUBLIK DEUTSCHLAND (D)

Nordsee:

DCC-Vertragsplatz

26434 Nordseebad - Hooksiel — D/010

[25] ★★★ »CAMPINGPLATZ HOOKSIEL« — 4.4. bis 12.10.
I.: Kurverwaltung Wangerland V.: de Vries — 260000 qm
☎ 04425/958080, Fax 991475
www.wangerland.de, camp-hooksiel@wangerland.de

→ A29 Oldenburg–Wilhelmshaven Abf. (4) Fedderwarden, nach Hooksiel noch 10 km. ✉ Bäderstraße.
• Blick auf den Übersee-Schiffsverkehr.

Parzelliertes, leicht welliges und schattenloses Wiesengelände hinter den Textil- und Hundehalter-Platzteilen. Sanitäranlage beheizbar. »Kirche Unterwegs«. DLRG und Malteserhilfsdienst-Stationen am Platz. Kostenloser Shuttleservice zum Strand. Ort 2 km entfernt. Mittagsruhe 13-15 Uhr. Touristen-/Dauerstellplätze 900/600.
2008: P/N 3,50, K/N 4 bis 17 J. 1,50, C MC-St/N 13,- bis 14,-, T-St/N 8,-, H/N 3,10, KT ab 17 J. 2,90, WD inkl., Müllgeb./Sack 2,-, Strom inkl. (6 A).
DCC 10% auf P/N.

27637 Cappel-Neufeld, Nordholz — D/015

[20] ★★★ »CAMPING CAPPEL-NEUFELD« — 1.5. bis 15.9.
☎/Fax 04741/1739 — 50000 qm
www.wattenfreunde.de, wattenfreunde@nord-com.net

→ A27 Bremen–Cuxhaven Abf. (3) Nordholz, über Nordholz Richtung Strände, dann den Hinweisen Cappel-Neufeld folgen. ✉ Deichweg. (GPS: 53°45′52″ N / 8°32′19″ E).

Ebenes, schattenloses und von Gräben durchzogenes Wiesengelände im Vordeichgebiet am Wattenmeer. FKK und Textil (Trennung nur am öffentlichen Strand). Bibliothek. Mittagsruhe 13-15 Uhr. Ort 5 km entfernt. Touristen-/Dauerstellplätze 60/80.
2008: P/N 3,50, K/N 4 bis 16 J. 1,50, C-St/N 9,50, MC T-St/N ab 5.–, WD inkl., Strom/N 2.– (10/16 A).
DCC 10% auf P/N.

25946 Wittdün, Insel Amrum — D/020

[30] ★★★ »FKK ZELTPLATZ AMRUM« — 12.4. bis 14.9.
E.: DFK e.V. ☎ 04682/2408, Fax 99108 — 176000 qm
www.fkk-amrum.de, dfk@dfk.org

→ Dagebüll–Hafen mit Autofähre nach Wittdün/Amrum. Ab Fähranleger die Inselhauptstraße bis zur Bushaltestelle »Leuchtturm«. Von dort 600 m Schotterweg zum Platz. ✉ Inselstr. 127.
• Höchster Nordsee-Leuchtturm.

Leicht welliges, schattenloses und unparzelliertes Sandgelände in mehreren Dünentälern. Es werden nur Zelte aufgenommen. Einige Zeltplätze mit Stromanschluß. Pkw-Parkplatz an der Hauptstraße. FKK-Nichtmitglieder zahlen Gebührenaufschlag. Ort 3 km entfernt. Mittagsruhe 13-15 Uhr. 178 Touristenplätze.
2008: (HS) P/N 6.–, K/N 2 bis 14 J. 2,50, J/N 5.–, St/N 6.– bis 9.–, KT zuzügl., WD inkl., Strom/N 2.– (16 A). In NS Ermäßigung.

Ostsee:

23749 Grube, Ostsee — D/030

[30] ★★★ »FKK-CAMP ROSENFELDER STRAND« — 1.4. bis 15.10.
☎ 04365/222, Fax 7574 — 200000 qm
www.fkkcamping-ostsee.de, info@fkk-ostsee.de

→ A1 Lübeck–Puttgarden Abf. (12) Lensahn über Grube auf die B 501 Richtung Heringsdorf. Dann Rosenfelder Strand abbiegen, beschildert 2. Platz. ✉ Rosenfelder Strand 2 (GPS: 54°15′27″ N / 11°04′04″ E).

Leicht welliges und langgestrecktes Wiesengelände, parzelliert hinter dem Deich- und Dünengebiet. Überwiegend schattenlos. Separater Platzteil für Hundehalter. Imbiss. Brötchenservice. Ort 4 km entfernt. Mittagsruhe 13-15 Uhr. Touristen-/Dauerstellplätze 300/650.
2008: (HS) P/N 5,50, K/N 2 bis 14 J. 2,50, J/N 3,50, C MC-St/N 9,80, T-St/N 6,50, B/N 3,50, H/N 2.– zuzügl., Müllgebühr P/N –,40, Strom/N 2.– (16 A). In NS und für DFK/INF-Mitglieder Ermäßigung.

30629 Hannover-Misburg — D/080

[15] ★★★ »FKK-SPORTPARK« — Jan. bis Dez.
☎ 0511/5940895, Fax 5940897 — 640000 qm
www.bffl-hannover.de, info@bffl-hannover.de

→ A7 Kassel–Hannover Abf. (58) Hannover–Anderten nach Misburg-Stadtmitte, dort rechts abbiegen und die Waldstraße am Friedhof vorbei und geradeaus weiter über die Autobahn hinweg, dann links. ✉ Waldstr. 99. (GPS: 52°24′09″ N / 9°52′20″ E).

Leicht welliges Buschwald- und Wiesengelände um einen See. Boule-Bahnen. Mittagsruhe 13-15 Uhr. Ort 1,5 km entfernt. Touristen-/Dauerstellplätze 36/750. Zutritt nur für DFK/INF-Mitglieder.
2008: P/N 3.–, J/N ab 15 J. 1,50, A/N 2,50, C T/N 3,10, MC/N 5,20, M/N 2,50, B/N 1,60, WD zuzügl., Strom/N 2,50.

Jahres-Öffnungszeiten
werden uns von den Platzhaltern gemeldet. Sie bemühen sich, die Zeiten einzuhalten. Je nach Wetterlage sind aber spätere Öffnungs- und frühere Schließzeiten möglich.

FKK-Camping am Useriner See ★★★★
Mitten im Müritz-Nationalpark

- Ca. 8 ha Gesamtfläche
- Touristik-, Dauerstandplätze
- Wohnmobilstandplätze
- Ganzjahresplätze
- Mietwohnwagen
- Plätze für Wasserwanderer
- Stromanschluss
- Minimarkt
- Kinderspielplatz
- Volleyballplatz
- Einrichtung für Behinderte
- Hunde in Teilbereichen erlaubt
- Bootssteg/Bootsverleih
- Komfortable Sanitäranlagen
- Waschmaschinen/Trockner

DTV: ★★★★
GPS: N 53° 19' 48'' E 12° 57' 20''

www.userinersee.de
Haveltourist

17237 Zwenzow • Reservierungen über: Haveltourist GmbH & Co. KG • 17237 Groß Quassow
Tel. (0 39 81) 24 79 - 0 • Fax (0 39 81) 24 79 - 99 • info@haveltourist.de (D/160)

FKK-Camping am Rätzsee ★★★★

- Ca. 1,5 ha Gesamtfläche
- Touristik-, Dauerstandplätze
- Wohnmobilstandplätze
- Ganzjahresplätze
- Plätze für Wasserwanderer
- Stromanschluss
- Minimarkt
- Kinderspielplatz
- Volleyballplatz, Lagerfeuerpl.
- Bolzplatz, Zeltwiese
- Einrichtung für Behinderte
- Hunde nicht erlaubt
- Bootssteg/Bootsverleih
- Komfortable Sanitäranlagen
- Waschmaschinen/Trockner

DTV: ★★★★
GPS: N 53° 15' 07'' E 12° 54' 36''

www.raetzsee.de
Haveltourist

17255 Drosedow • Reservierungen über: Haveltourist GmbH & Co. KG • 17237 Groß Quassow
Tel. (0 39 81) 24 79 - 0 • Fax (0 39 81) 24 79 - 99 • info@haveltourist.de (D/150)

✉ **79395 Steinenstadt** bei Neuenburg **D/100**

★★★★ »DREILÄNDERECK FERIENPARK« — März bis Okt.
E.: Klemske ☎ 07635/9576, Fax 2600   220000 qm
www.fkkdle.de

Abfahrt → A5 Karlsruhe–Basel Abf. (65) Mühlheim/Neuenburg über Neuenburg-Mitte nach Steinenstadt. ✉ Basler Köpfle. (GPS: 47°45'37'' N / 07°32'51'' E).

Ebenes, parzelliertes Busch- und Wiesengelände mit altem Baumbestand und von hohen Hecken durchzogen. INF-Ausweis erforderlich. Separate Pkw-Abstellung und separater voll erschlossener Dauercamper-Siedlungsbereich. In HS Reservierung erforderlich. Alleinreisende Jugendliche keine Aufnahme. Naturbadesee. Bogenschießplatz. Bistro. Massagepraxis. Hundebad. FW. Mittagsruhe 13-15 Uhr. Ort 1 km entfernt. Touristen-/Dauerstellplätze 120/350.

✉ **71540 Murrhardt-Kirchenkirnberg** **D/120**

★★★ »FKK-CAMPINGPARK SCHÖNRAIN« — April bis Sept.
☎ 07184/302   55000 qm
www.nsb-murrhardt.de, nsb.murrhardt@t-online.de

→ Straße Murrhardt-Gaildorf, nach Kirchenkirnberg abbiegen und hier dem „Fußballsymbol" folgen bis zum Hinweisschild "Natursportbund Schwäb. Wald". ✉ Tiefenmad 22. (GPS: 48°57'19'' N / 9°39'58'' E).

Leicht welliges, unparzelliertes und teilterrassiertes Wiesengelände auf einer Bergkuppe am Waldrand. Separater Jugendplatz. Badminton. Boulebahnen. Freilandschach. Mittagsruhe 13-14.30 Uhr. Ort 2 km entfernt. Touristen-/Dauerstellplätze 15/120.

**DCC-Mitglieder
fahren
mit Auslands-Schutzpaß!
und SIE?**

✉ **74889 Sinsheim-Hilsbach** **D/130**

★★★ »FKK-CAMPING HILSBACHTAL« — 1.4. bis 31.10.
E.: Camping Hilsbachtal GmbH   70000 qm
☎ 07260/250, Fax 07261/64793
www.camping-hilsbachtal.de, info@camping-hilsbachtal.de

Abfahrt → A6 Mannheim–Heilbronn Abf. Sinsheim, in Sinsheim rechts abbiegen über Weiler und Hilsbach Richtung Adelshofen noch ca. 2 km. Dann rechts einbiegen zum Platz. ✉ Eichmühle 1. (GPS: 49°10'43'' N / 8°52'02'' E).

Ebenes bis leicht welliges Wiesengelände in einer Geländemulde mit zwei separaten parzellierten Touristenflächen. Separate Pkw-Abstellung. Jugendhütte. Separate Zeltwiese. Ort 2.3 km entfernt. Mittagsruhe 13-15 Uhr. Touristen-/Dauerstellplätze 100/250.
2008: P/N 6.50, K/N 4 bis 12 J. 3.50, C MC-St/N 7.–, T-St/N 5.–, WD zuzügl., Strom/N 2.50 oder kWh –.50 (6 A). In NS Ermäßigung.

✉ **87463 Dietmannsried**, Allgäu **D/135**

★★★ »FKK FREIZEITPARK HALDENMÜHLE« — 1.1. bis 31.12.
E.: FSG Allgäu e. V. ☎ 08374/8325, Fax 586610 600 m 140000 qm
www.fsg.allgaeu.de, fsg.allgaeu@t-online.de

Abfahrt → A7 Ulm–Kempten Abf. Dietmannsried ca. 7 km in Richtung Reichholzried-Kiesels zur Haldenmühle. ✉ Haldenmühle 1.

Leicht welliges, unparzelliertes Wiesengelände am Iller-Ufer. Für Einzelpersonen FKK-Ausweis erforderlich. Aufnahme von Jugendlichen nur in Begleitung der Eltern. Mittagsruhe 12-14 Uhr. Touristen-/Dauerstellplätze 30/70.
2007: P/N 5.50, K/N frei, St/N 5.–, H/N 1.–, KT –.30, WD inkl., Strom/N 2.–.

✉ **17255 Drosedow** **D/150**

★★★ »FKK-CAMPING AM RÄTZSEE« — 1.4. bis 31.10.
☎ 03981/24790, Fax 247999   45000 qm
www.raetzsee.de, info@haveltourist.de

→ Straße Rheinsberg–Wesenberg Abf. Drosedow. Ab Ortsende beschildert (C28), noch ca. 1 km auf Sandweg durch den Wald. (GPS: 53°15'07'' N / 12°54'36'' E).

Teilparzelliertes, leicht bis stärker wellig zum Seeufer abfallendes Wald- und Wiesengelände mit Badesteg und Wasserwanderer-Station. FKK und Textil gemischt. Familiäre Atmosphäre. Brötchenservice. Ort 3 km entfernt. Mittagsruhe 13-15 Uhr. Touristen-/Dauerstellplätze 45/55.
2008: (HS) P/N 5.–, K/N 2 bis 14 J. 3.50, St/N 3.80 bis 9.10, H/N 3.30, WD zuzügl., Strom/N 2.70 (10 A). In NS Ermäßigung.
DCC/CCI 10% auf P/N.

17237 Zwenzow bei Userin D/160

30 ★★★ »FKK-CAMPING AM USERINER SEE« 1.4. bis 31.10.
☎ 03981/24790, Fax 247999   80000 qm
www.userinersee.de, info@haveltourist.de
→ B198 Plau–Neustrelitz Abf. Mirow über Userin bis Zwenzow. Ab hier beschildert (C 59). Die letzten 2 km schmaler sandiger Waldweg. GPS: 53°19'48" N / 12°57'20" E.

Naturbelassenes, unparzelliertes und hügeliges Kiefernwaldgelände am Seeufer. Der Uferbereich überwiegend von Dauercampern besetzt. Ort 2 km entfernt. Mittagsruhe 13-15 Uhr. Touristen-/Dauerstellplätze 120/80.
2008: (HS) P/N 5.60, K/N 2 bis 14 J. 3.90, St/N 4.30 bis 11.10, H/N 3.30, WD zuzügl., Strom/N 2.70 (10 A). In NS Ermäßigung.
DCC/CCI 10% auf P/N.

15741 Bestensee b. Königs Wusterhsn. D/168

20 ★★★ »FKK-NATURCAMP TONSEE« 1.1. bis 31.12.
P.: Manfred Prosch ☎ 033763/65005, Fax 20634   50000 qm
www.camping-bestensee.de, info@camping-bestensee.de
→ A10 AB Kreuz Schönefeld–AB Dreieck Spreeau Abf. (28) auf die B179 Richtung Märkisch-Buchholz. Ca. 1 km hinter Körbiskrug abbiegen, noch 500 m schlechte Wegstrecke. Beschildert. ✉ Freudenthal 25.

Lichtes, unparzelliertes Kiefernwald- und Wiesengelände am Ufer eines Badesees. FW. Ort 2 km entfernt. Mittagsruhe 13-15 Uhr. Touristen-/Dauerstellplätze 100/200.
2007: (HS) P/N 4.50, K/N bis 10 J. 1.50, A/N 1.50, C MC/N 5.–, T/N 3.–, M/N 1.50, H/N 1.–, WD zuzügl., Strom/kWh –.40 (16 A). Ab 14 N Erm.

17207 Gotthun, Müritz D/170

25 ★★ »FKK-TEXTIL-CAMPING HIRSCHBERG« April bis Okt.
V.: Martin Augustin ☎/Fax 039931/50965   11000 qm
www.müritzcamp-gotthun.m-vp.de
→ A19/E55 Berlin–Rostock Abf. (18) Röbel in Richtung Waren. Ab Gotthun beschildert. ✉ Schlossstr. 4.

Leicht welliges, überwiegend schattenloses, unparzelliertes Wiesengelände mit Liegewiesen und Badebuchten. Alle Wassersportarten. Ort 2 km entfernt. Mittagsruhe 13-15 Uhr. Touristen-/Dauerstellplätze 25/45.
2008: P/N 4.50–, K/N bis 14 J. 3.–, A/N 2.50, C/N 4.50, MC/N 5.–, T/N 4.– M/N 2.–, B/N 2.50, H/N 2.–, WD zuzügl., Strom/N 2.– oder kWh –.40.

02953 Halbendorf b. Weisswasser (i6) D/180

20 ★★★ »CAMPING HALBENDORFER SEE« 29.3. bis 12.10.
P.: Zweckverband »Grubenseen« ☎ 035773/76413, Fax 73163 120 m
www.halbendorfersee.de, halbendorfersee@web.de   6000 qm
→ B156 Spremberg–Bad Muskau Abf. Graustein in Richtung Weisswasser. Bis kurz vor Halbendorf, hier beschildert. ✉ Dorfstr. 45 a. (GPS: 51°32'504" N / 14°34'296" E).

Überwiegend schattenloses, teilparzelliertes und zum See leicht abfallendes Wiesengelände mit Uferliegewiese. Durch Baum- und Buschreihen aufgelockert. Einige Einrichtungen vom Textil-Teil können mitbenutzt werden (siehe CF-Nr. 12158). Öffentlicher Badebetrieb. Ort 1 km entfernt. Mittagsruhe 13-14 Uhr. Touristen-/Dauerstellplätze 40/20.
2007: (HS) P/N 4.–, K/N 2 bis 14 J. 2.50, A/N 2.–, C/N 3.50/4.50, MC/N 5.50, T/N 3.–/5.–, M/N 1.–, H/N 1.–, WD zuzügl., Strom/N 2.– (16 A). In NS Ermäßigung.
CCI 5% auf St/N.

www.camping.woerthersee.com
Beschreibung der FKK-Campingplätze siehe Seite 916

Wörthersee • 4-Seental Keutschach

Viel Vergnügen!

915

ÖSTERREICH (A)

✉ 9861 Eisentratten-Pressingberg, Kärnt. A/010

★★ »NATURISTENPARK HELIO CARINTHIA« — Dez. bis Okt.
☎/Fax 04735/268, helio@net4you.at
1000m 650 000 qm

→ Tauernautobahn Abf. Rennweg (von Norden), Abf. Gmünd (von Süden). Zwischen Kremsbrücke und Eisentratten in Leoben östlich abbiegen in das Leobengrabental noch 3 km. Schlepphilfe. ✉ Pressingberg 31-32.

In eine einzigartige Waldlandschaft eingefügter Naturistenpark am Pressingberg. Auffahrt zum Gelände nur ohne Anhänger (Transport des Anhängers kostenpflichtig). Mittagsruhe 12-14 Uhr. 65 Touristenplätze.

✉ 9872 Pesenthein, Millstätter See A/020

Abfahrt

★★★ »FKK-TERRASSENCAMPING« — Ostern bis Sept.
☎ 04766/2665, Fax 2021-20
www.pesenthein.at, camping-pesenthein@aon.at
600m 20 000 qm

→ A10 Salzburg–Villach, Abf. 139 Spittal–Millstätter See in Richtung B98 Seeboden–Radenthein. Am Ortsrand Pesenthein links abbiegen.

Terrassiert zum Waldrand ansteigend parzelliertes Wiesengelände oberhalb des Textil-Teils des Terassencamping Pesenthein dessen Anlagen und Angebote den FKK-Campern ebenfalls zur Verfügung stehen. Eigener FKK-Teil im gebührenfreien Strandbad. Brötchenservice. Kinderspielraum. Leseraum mit Bibliothek. See 100 m, Ort 2 km entfernt. Separater Jugendplatz. Mittagsruhe 12 bis 14.30 Uhr. 162 Touristenplätze.

✉ 9062 Tigring, Moosburg/Kärnten A/030

30 ★★★ »FKK-ERHOLUNGSZENTR. TIGRINGER SEE« — Mai bis Okt.
☎ 04272/83542, Fax 835428
www.tigring.at, fkk@tigring.at
35 000 qm

→ Pörtschach am Wörthersee über Moosburg (nördliche Richtung) nach Tigring. ✉ Tigring 19.

FKK-Erholungszentrum mit weiten Wiesen, Wald und einem eigenem See. Blick auf die Karawanken. FW. Imbiss. Brötchenservice. 200 Touristenplätze.
2007: (HS) P/N 5.10, K/N bis 6 J. 2.60, bis 13 J. 3.70, St/N 10.20, KT zuzügl, WD und Strom inkl. (16 A). In NS Ermäßigung.

✉ 9074 Keutschach, Kärnten A/040/1

★★ »FKK GROSS CAMPING SABOTNIK« — Mai bis Sept.
☎ 04273/2509, Fax 2605
www.fkk-sabotnik.at, info@fkk-sabotnik.at
90 000 qm

→ B91 Klagenfurt–Loiblpass Abf. Viktring in Richtung Velden. In Keutschach zur Südseite des Keutschacher Sees. Beschildert. ✉ Dobein 9.

Von Wald begrenztes Gelände am Seeufer mit separatem Platzteil für Hundehalter. Badebrücke. Touristen-/Dauerstellplätze 500/250.

✉ 9074 Keutschach, Kärnten A/040/2

35 ★★★★ »FKK-CAMPING-MÜLLERHOF« — 1.5. bis 30.9.
☎ 04273/2517, Fax 25175
www.fkk-camping.at, muellerhof@fkk-camping.at
58 000 qm

→ B91 Klagenfurt–Loiblpass Abf. Viktring in Richtung Velden. In Keutschach zur Südseite des Keutschacher Sees. Beschildert. ✉ Dobein 10. (GPS: 46°34'41" N / 14°09'02" E).

Weitläufiges, parzelliertes Wiesengelände bei der gleichnamigen Pension. Liegewiese. Kabel-TV. Ort 3 km entfernt. Mittagsruhe 13-14.30 Uhr. Touristen-/Dauerstellplätze 270/30.
2008: (HS) P/N 8.55, K/N 3 bis 11 J. 4.50, St/N 8.70, KT 1.60, WD und Strom inkl. (16 A). In NS Ermäßigung.

DCC-Vertragsplatz

✉ 9141 Eberndorf, Kärnten A/050

35 ★★★ »RUTAR LIDO FKK-SEE CAMPING« — 1.1. bis 31.12.
☎ 04236/22620, Fax 2220
www.rutarlido.at, urlaub@rutarlido.at
150 000 qm

→ A10 Salzburg–Villach, auf A2 Klagenfurt–Graz Abf. Völkermarkt-West auf die B70 nach Völkermarkt. Dort auf die B82 in Richtung Eisenkappel. In Eberndorf beschildert. ✉ Lido 1 (GPS: 46°58'22" N / 15°02'37" E).

Ebenes, von Hecken und Bäumen umgebenes Wiesengelände. Der Platz gehört zu einem FKK-Ferienzentrum mit Hotel. Übernachtungsplatz. Badesee und Fischteich. Massagen. Fitnessraum. Ort 1 km entfernt. Mittagsruhe 12-15 Uhr. Touristen-/Dauerstellplätze 300/65.
2008: (HS) P/N 6.90, K/N 3 bis 12 J. 4.80, J/N 12 bis 18 J. 5.90, St/N 10.40, H/N 4.–, KT ab 16 J. 1.20, WD inkl., Müllgeb. P/N –.50, Strom bis 3 kWh inkl., ab 4 kWh –.70. (10-16 A). In NS Ermäßigung.
DCC 10%, CCI 3% auf P/N.

✉ 8832 Oberwölz, Steiermark A/060

25 ★★★ »CAMPING ROTHENFELS« — 1.1. bis 31.12.
☎/Fax 3581/76980
www.rothenfels.at, camping@rothenfels.at
80 000 qm

→ B96 Judenburg–Murau. In Niederwölz nordwestlich abbiegen auf die B75 nach Oberwölz. Noch ca. 10 km. Beschildert. ✉ Brombach 1.

Ebene Talwiese mit Badeteich und mehrere auseinanderliegende, am bewaldeten Schlosshang aufwärts terrassierte, Platzteile mit individueller Stellplatzwahl. Angrenzend an den Textilplatz A7310, dessen Anlagen benutzt werden dürfen. Ort 1 km entfernt. 80 Touristenplätze.
2008: (HS) P/N 4.50, K/N 4 bis 14 J. 3.–, A/N 3.50, C/N 4.–, MC/N 7.50, T/N 2.50, M/N 2.–, H/N 1.–, KT 1.–, WD u. Strom inkl. (6 A). In NS und für Rentner Ermäßigung.

✉ 8063 Eggersdorf-Purgstall, Steiermark A/070

★★ »RABNITZBACH-GELÄNDE« — Mai bis Sept.
☎ 03132/3282, www.fkk.org.at
70 000 qm

→ ab Graz AB in Richtung Gleisdorf, weiter Eggersdorf–Volkersdorf.

Leicht welliges Wiesengelände im Wald. Vereinsgelände. DCC-Mitglieder können die vorübergehende Mitgliedschaft erwerben. Touristen-/Dauerstellplätze 20/40.

DÄNEMARK (DK)

✉ 4070 Kirke-Hyllinge, Seeland DK/020

★★ »NATURIST SOLBAKKEN« — April bis Sept.
☎ 46405107
70 000 qm

→ A4 zwischen Roskilde und Holbæk bei Elverdamskronen abbiegen in Richtung Frederikssund. Zwischen Ejby und Kirke–Hyllinge beim DNU-Schild erneut abbiegen, noch ca. 4 km. ✉ Solbakkevej 4 Kyndelose Sydmark.

Tannenwaldgelände mit Lichtungen. Nichtmitglieder von FKK-Vereinen werden nur als Paare aufgenommen. Ort 5 km entfernt. Touristen-/Dauerstellplätze 50/100.

✉ 6854 Henne, Jütland DK/030

★★ »LYNGBOPARKEN« — Mitte Mai bis Ende Aug.
☎ 75255092, info@lyngbo.dk
80 000 qm

→ Straße 181 und 465 Varde–Henne. Ab Henne weiter in Richtung Henne-Strand, beschildert. ✉ Strandfogedvej 15.

Ebenes, von Wald umgebenes, meist schattenloses Sand- und Wiesengelände. FKK-Strand 3 km entfernt. Keine Einzelreisende. Familiäre Atmosphäre. Kiosk. Volleyball. 75 Touristenplätze.

CAMPING CARAVANING BUNGALOW RESORT
EL TEMPLO DEL SOL
NATURISSIMO

Costa Daurada · Tarragona
Catalunya
PLAYA DEL TORN

www.eltemplodelsol.com
info@eltemplodelsol.com

CATALUNYA

jacuzzi

WiFi ZONE

E-43890 HOSPITALET DE L'INFANT
(Tarragona)
Tel. 34 977 823 434
Fax 34 977 823 464

CAMPING RESORTS
soleil VILLAGE

An einem sehr schönen FKK-Strand an der Costa Daurada gelegen • Der feinsandige Strand erstreckt sich auf über 1 km • Stellplätze mit Blick auf das Meer • Schwimmbäder und Jacuzzi • Geräumige und moderne Sanitäranlagen • Kino • Minigolf • Räume mit Satelliten-Fernseher • Pizzeria • Restaurant • Fertiggerichte zum Mitnehmen • Lebensmittelladen • Friseur • Wäscherei • Freizeitprogramme von Mai bis September • Zugang für Familien u/o Mitglieder von FKK-Clubs • Ermäßigungen für Rentner in der Nebensaison • Geöffnet: 01.04.–20.10. (alle Anlagen 15.05.–30.09.)

(E/030)

SPANIEN (E)

17253 Montras, Girona — E/005
★★ »RELAX-NAT« — 15.3. bis 30.9.
972/300818, Fax 300773 — 66250 qm
www.campingrelaxnat, info@campingrelaxnat.com
→ A 7 franz. Grenze–Barcelona Abf. (6) auf die C 255 Richtung Palamos. Kurz hinter Km 38 links abbiegen. Beschildert. ✉ Rouqueta S/N.

Wiesengelände in ländlicher Umgebung. Es werden nur Familien und Gruppen aufgenommen. Strikte Nachtruhe ab 23 Uhr. Ort 3 km, Meer 6 km entfernt. Touristen-/Dauerstellplätze 40/330.
2008: P/N 6.10, K/N bis 10 J. 4.70, St/N 20.10, H/N 3.–, Strom/N 3.–.

DCC – DEIN PARTNER!

43890 Hospitalet de L'Infant, Tarragona — E/030
★★★★★ »EL TEMPLO DEL SOL« — März bis Okt.
977/823434, Fax 823464 — 120000 qm
www.eltemplodelsol.com, info@eltemplodelsol.com
→ A 7 Barcelona–Valencia Abf. (38) L'Hospitalet del Infante, hier noch ca. 4 km zum Meer. Beschildert.

Parzelliertes, mehrfach gestuft oder terrassiert abfallendes Wiesengelände. Mit einzelnen Pinien oberhalb der Steilküste. Schöner Blick auf das Meer. Strandtreppen. Ein Platzteil grenzt an die Bahnlinie. Öffentl. 700 m langer, breiter FKK-Strand. Kino. 500 Touristenplätze.

Das CCI-Carnet ist im Ausland als Identitäts-Ausweis anerkannt. Im Inland genügt die Vorlage des DCC-Mitgliedsausweises.

(E/080)
COMPLEJO NATURISTA ALMANAT
CAMPING & BUNGALOWS
COSTA DEL SOL - MÁLAGA

Der Campingplatz liegt in einem von der Sonne verwöhnten Ort an der COSTA DEL SOL, direkt am Strand. Hier finden Naturisten das ideale Klima. Umgeben von touristisch interessanten Dörfern, die durch ihre Schönheit, Gastronomie, und Landschaftliche Umgebung hervorstechen.

Nur 10 Min. von Nerja, 20 Min. von Málaga, 25 Min. vom Flughafen, 30 Min. von Torremolinos und 60 Min. von Marbella entfernt. **Ganzjährig geöffnet**

Naturnah!

Neues beheiztes Schwimmbad

jacuzzi

WiFi ZONE

E-29749 ALMAYATE (Málaga) · SPANIEN · COSTA DEL SOL
Tel.: (+34) 952 55 64 62 · Fax: (+34) 952 55 62 71
Longitud W 04° 06' 47" · Latitud N 36° 43' 36"
www.almanat.de · info@almanat.de

Naturistencamping "EL PORTUS" (E/050)
E-30393 El Portus-Cartagena (Murcia)
Tel. 0034 968 553052 . Fax 0034 968 553053 . www.elportus.com . elportus@elportus.com
NEU – Vermietung von FKK Apartamenten u. Studios.

100.000 m² reine Natur direkt am Meer, nur 10 km von der historischen Stadt Cartagena entfernt. Schwimmbad und überdachtes, beheiztes Winterschwimmb. Tennispl., Restaurant, Strandbar, Supermarkt, Diskothek. Kinderspielpl., Clubraum m. Kamin und ein wunderschöner, privater FKK-STRAND. Vollausgestattete Bungalows. Neue Sanitärgebäude u. zusätzl. Bungalows. Spezialpreise während der Nebensaison u. f. Langzeitaufenthalte. **GANZJÄHRIG GEÖFFNET.**

30903 Cartagena, Murcia — E/050
45 ★★★ »CAMPING NATURISTA EL PORTÚS« 1.1. bis 31.12.
968/553052, Fax 553053 — 200 000 qm
www.elportus.com, elportus@elportus.com

→ A30 Murcia–Cartagena. Ab Cartagena bis hinter das Dorf Canteras. Hinter Canteras links auf die kurvenreiche Teerstraße zum Meer abbiegen. Ab Supermarkt beschildert. (GPS: 37°35'10" N / 01°04'03" E).

Kiesiges Sandgelände mit Bäumen in einer Badebucht und ansteigende Terrassen am Berghang mit schöner Aussicht. Imbiss. Fitnessraum. Haltestelle 1 km, Ort 10 km entfernt. Touristen-/Dauerstellplätze 282/50. FKK-Ausweis erforderlich. In HS Mindestaufenthalt 8 Nächte.
2008: (HS) P/N 7.–, K/N bis 9 J. 5.–, St/N 22.20, H/N 4.70, WD und Strom (6 A) inkl. In NS Ermäßigung.

29749 Almayate, Torre del Mar — E/080
25 ★★★ »CAMPING NATURISTA ALMANAT« 1.1. bis 31.12.
952/556462, Fax 556271 — 18 m — 22 000 qm
almanat@arrakis.es

→ E15/N340 Malaga–Nenja Abf. (272) Torre del Mar/Vélez Malaga in südl. Richtung nach Torre del Mar. Hier auf die N340A in südwestl. Richtung. Ca. 1 km hinter der Stadtgrenze Torre del Mar nördlich nach Almayate abbiegen. Beschildert. Ctra. de la Torre Alta.

500 m

Ebenes Wiesengelände mit einzelnen Laubbäumen. Ein weiterer Platzteil mit jungen Anpflanzungen, meist schattenlos. Kleiner Sandstrand mit Kieselsteinen. Imbiss FW. Fitnessraum. Boule. Volleyball. Ausflüge. Spanischkurse. Friseur. Ort 1 km, Meer 10 km entfernt. 170 Touristenplätze.
2007: P/N 4.80, A/N 4.80, C/N 5.40, MC/N 10.60, T/N 4.80, M/N 3.90, B/N 4.80, H/N 2.70, WD inkl., Strom/N 3.70 (6 A). **Anzeige S. 917**

FRANKREICH (F)
Mittelmeerküste:

34307 Cap d'Agde, Herault — F/020
★★★ »CENTRE HELIO MARIN RENÉ OLTRA« März bis Okt.
04/67010636, Fax 67012238 — 390 000 qm
www.chm-reneoltra.com, infos@chm-reneoltra.fr

→ A9 Montpellier–Béziers Abf. Agde. Hier ab Ortsmitte der Hinweistafel »Centre Naturisme« folgen. 1, Rue des Néréides.

400 m

Ebenes Wiesengelände, durch Hecken- und Baumreihen parzelliert. In Strandnähe und teilweise schattenlos. In HS Reservierung erforderlich. Imbiss. Bar. Arzt. Wäscherei. Boulespiel. Volleyball. Bogenschießen. Mobilheim- und Bungalowanlage. 1 km langer Sandstrand. Zentrum 3 km entfernt. Touristen-/Dauerstellplätze 924/1600.

34410 Serignan Plage, Herault — F/040/1
50 ★★★ »CAMP LE SERIGNAN PLAGE NATURE« 24.4. bis 21.9.
04/67320961, Fax 67326841 — 87 000 qm
www.leserignanplage.com, info@leserignanplage.com

→ A9 Montpellier–Perpignan Abf. Béziers-Ost Richtung Plages-Villeneuve les Béziers. Auf der D37 über Serignan nach Serignan Plage. L´Orpellière (GPS: 43°15'47" N / 3°19'13" E).

---

6 km

Wiesengelände mit einzelnen Bäumen am langen Sandstrand. FKK-Ausweis erforderlich. Schwimmkurse, Volleyball, Boccia. Ort 6 km entfernt. Touristen-/Dauerstellplätze 335/163.
2008: 2 P/N inkl. St/N 42.–, weitere P/N 8.–, H/N 4.–, KT ab 12 J. –.50, WD und Strom (6 A) inkl.

34410 Serignan Plage, Herault — F/040/2
★★★★ »LE CLOS DE FERRAND« Mai bis Sept.
Fax 04/67321430, Fax 321559 — 14 000 qm
cadenac.francaise@wanadoo.fr

→ A9 Montpellier–Perpignan Abf. Béziers-Ost Richtung Plages-Villeneuve les Béziers. Auf der D37 über Serignan nach Serignan Plage.

Leicht abfallendes, sehr gepflegtes Dünengelände mit niederen Pappeln. In HS Reservierung erforderlich. Imbiss. Ort 5 km entfernt. 100 Touristenplätze.

11560 Fleury d'Aude — F/050
40 ★★★ »CAMPING LA GRANDE COSSE« 22.3. bis 6.10.
04/68336187, Fax 68333223 — 250 000 qm
www.grandecosse.com, contact@grandecosse.com

→ A9 Montpellier–Perpignan Abf. Béziers-Süd auf die N9 Richtung Narbonne, diese in Coursan verlassen, über Salles d'Aude nach Fleury, hier Richtung Küste auf D 718 Richtung Les Cabanes.

300 m

Wiesengelände in einem Olivenhain im Naturpark und in Sandstrandnähe. FKK-Mitgliedschaft kann erworben werden. Reservierung in HS empfehlenswert. Imbiss. Bar. Ort 4 km entfernt. Touristen-/Dauerstellplätze 340/80.
2008: (HS) 2 P/N inkl. St/N 32.–, weitere P/N 6.50, K/N bis 13 J. 3.20, H/N 3.–/4.–, KT –.25, WD inkl., Strom/N 4.– (8 A). In NS Ermäßigung.

11480 Lapalme, Aude — F/060
25 ★★★ »CAMPING "LE CLAPOTIS"« 15.3. bis 31.10.
04/68481540, Fax 68485454 — 60 000 qm
www.leclapotis.com, info@leclapotis.com

→ A 9 Montpellier–Perpignan Abf. Sigean und nach 600 m auf die D 709 Richtung Cabanes de Lapalme, beschildert.

1 km

Teilterrassiertes Gelände an einem Binnensee (Étang). Hinter der Küste auf einer Anhöhe mit Blick auf Meer und Hinterland. Windzäune. Reservierung in HS empfehlenswert. Sportanlage. Bibliothek. Abendveranstaltungen. Ort 1.5 km entfernt. 160 Touristenplätze.
2008: (HS) 1/2 P/N inkl. St/N 17.40/21.50, H/N 1.90, KT –.20, WD inkl., Strom/N 4.10 (4/5 A). In NS Ermäßigung.

Atlantikküste:

17190 St.Georges d'Oléron, Ch.-M. — F/080
★★★ »OLÉRON NATURE« Ostern bis Sept.
05/46765020 — 30 000 qm

→ D734, bei St. Gille nordwärts abbiegen, beschildert. La Jousselinière.

3 km

Gepflegtes, teilweise schattenloses Wiesengelände. Ort 1.5 km entfernt. 110 Touristenplätze.

33590 Grayan et L' Hopital, Gironde — F/085

**** »CAMPING NATURISTE EURONAT« — 1.1. bis 31.12.
☎ 05/56093333, Fax 56093027 — 540000 qm
→ D 102 E, ca. 6 km nördlich Montalivet–les–Bains, beschildert.

Leicht welliges Waldgelände mit Lichtungen, 1500 m langer Sandstrand am Meer. Reservierung empfehlenswert. Wassersportmöglichkeiten. 1400 Touristenplätze.

33930 Montalivet, Gironde — F/090

** »NATURISSIMO C.H M. DE MONTALIVET« — 1.1. bis 31.12.
☎ 05/56093047, Fax 56093262 — 600000 qm
→ D102 Vendays–Montalivet nach Montalivet–les–Bains. Hier 1 km Richtung Süden. ✉ Avenue de L´Europe.

Weitläufiges Feriengelände hinter den Dünen am Atlantik. Wenige Stromanschlüsse für Camper. Im Juli/August werden nur Mitglieder von FKK-Vereinen (Ausweis) sowie fördernde Mitglieder des DFK aufgenommen. Informationen über SOC-NAT, 16 rue Dronot, F–75009 Paris. 1852 Touristenplätze.

40560 Vielle-St.Girons, Landes — F/100

*** »DOMAINE ARNAOUTCHOT« — 30.4. bis 21.9.
☎ 05/58491111, Fax 58485712 — 450000 qm
www.arna.com, contact@arna.com
→ N 10/E 3 in südliche Richtung bis zum Ort Castets – bei Castets in westliche Richtung, auf die D 42 abbiegen, über St. Girons nach Vielle, weiter westlich über Mansenes der Beschilderung folgen.
(GPS: 1°21'40" N / 43°54'27" E).

Pinienwaldgelände, über die Düne zum weitläufigen bewachten Sandstrand. Die Mitgliedschaft im Verein muss erworben werden. Ort 5 km entfernt. Touristen-/Dauerstellplätze 380/120.
2007: (HS) P/N 7.20, K/N bis 3 J. frei, St/N 17.40, H/N 3.10, KT –.61, WD inkl. Strom/N 3.80. In NS Ermäßigung.

Großraum Paris:

91530 Héliomonde bei St. Chéron — F/120

** »NATURISSIMO HÉLIOMONDE« — April. bis Nov.
☎ 01/64566137, Fax 64565130 — 60000 qm
→ N 20 Richtung Arpajan. Vor Arpajan bei Petite Folie rechts abbiegen zur D 97. Dann links auf D 116 über St. Chéron nach Héliomonde.

Gepflegtes Parkgelände. Ort 7 km entfernt. Touristen-/Dauerstellplätze 70/320.

Südliches Frankreich:

07700 St. Remèze, Ardèche — F/140

*** »LA PLAGE DES TEMPLIERS« — Mai bis Sept.
☎ 04/75043865, Fax 75042858 — 25000 qm
www.campings-ardeche.com, laplagedestempliers@wanadoo.fr
→ von Pont–St. Esprit auf N 86 zur D 901. Auf dieser nach Aigueze, dann über den Fluss nach St. Martin d'Ardèche, weiter auf der D 290 am nördlichen Rand der Schlucht bis Balcon des Templiers. Beschildert

Weitläufiges FKK-Zeltplatzgelände auf steinigen Wiesen und unter Bäumen. Für Caravans nicht zugänglich. Zelte werden mit der Gepäckseilbahn zum Gelände befördert. FKK von den Behörden eingeschränkt toleriert. Ort 10 km entfernt. 100 Touristenplätze.

Plätze ohne Gebühren-Angabe
Diese Plätze haben seit 2 Jahren und mehr keine Meldung mehr abgegeben. Darum kann auch für die Öffnungszeit nicht garantiert werden.

30430 Méjannes le Clap, Gard — F/150

★★★ »NATURISSIMO LA GENÉSE«
☎ 04/66245182, Fax 66245038
www.lagenese.com, reser@lagenese.com
April bis Okt.
260 000 qm

→ A7 Abf. Bollène auf die D994 nach Pt. St. Esprit. Dann N86 bis Bagnols und auf D6 nach Lussan. Beschildert. Vom Ort aus noch 6 km.

FKK-Gelände oberhalb des Cèzetals, einem parallel zum Ardèche-Tal verlaufenden Nebenfluss der Rhône. Kiesgelände mit Büschen, Bäumen und asphaltierten Wegen. Geführte FKK-Wanderungen. FKK-Ausweis erforderlich. 490 Touristenplätze.

46140 Belaye en Quercy, Lot — F/160

★★★ »LA TUQUE«
☎ 05/65213434, Fax 65213989
www.la-tuque.info, camping@la-tuque.info
Mai bis Sept.
60 000 qm

→ N656 in Richtung Villeneuve-s.-Lot, bei Bovila abbiegen auf die D50 in Richtung Belaye. Ca. 3 km vor Belaye links in Richtung Lalande.

Wiesengelände unter Bäumen. 90 Touristenplätze.

84410 Bédoin, Vaucluse — F/170

★★★★ »DOMAINE NATURISTE DE BÉLÉZY«
☎ 04/90656018, Fax 90659445
www.belezy.com, info@belezy.com
15.3. bis 15.10.
290 000 qm

→ A7 Abf. Orange auf der D950 bis Carpentras. Dann auf der D974 nach Bédoin. Ca. 1.5 km außerhalb. GPS: 44°07'54"N / 05°11'19"E.

Weitläufiges, teilweise naturbelassenes Mischwaldgelände. FKK- bzw. INF-Ausweis sind vorgeschrieben. In HS Reservierung notwendig. Ort 1.5 km entfernt. Touristen-/Dauerstellplätze 180/60.
2008: (HS) 2 P/N inkl. St/N 26.–, K/N 3 bis 8 J. 8.50, KT –.50, WD inkl., Strom/N 4.50 (12 A). In NS Ermäßigung.

83210 Belgentier, Var — F/185

★★★ »DOMAINE DE L'ESCRIDE«
☎ 04/94489724, Fax 94489656
Juni bis Sept.
10 000 qm

→ N97 bis Sollies-Pont. Hier weiter auf der D554 bis ca. 800 m vor Belgentier. Hier links abbiegen, beschildert.

Terrassiertes Sand- und Wiesengelände unter Bäumen. FW. Imbiss. Ort 1 km entfernt. Touristen-/Dauerstellplätze 60/10.

06260 Puget-Theniers, Alpes-Maritime — F/190

★★★ »DOMAINE NATURISTE CLUB ORIGAN«
☎ 04/93050600, Fax 93050934
www.origan-village.com, origan@wanadoo.fr
12.4. bis 5.10.
500 m 350 000 qm

→ N202 Nizza–Digne Abf. Puget-Theniers ca. 2 km in südl. Richtung.

350 m (H) 3 km

Vom Flussufer des Var terrassiert ansteigendes Hanggelände. Von Olivenbäumen, Eukalyptus- und Tannenbäumen durchzogen. Naturisten-Wanderungen. FKK- oder INF-Ausweis sind vorgeschrieben. Ort 2 km entfernt. Touristen-/Dauerstellplätze 100/50.
2008: (HS) 2 P/N inkl. St/N 28.–, weitere P/N 8.–, K/N bis 7 J. 6.–, H/N 2.–, KT –.50, WD inkl., Strom/N 4.– (6 A). In NS Ermäßigung.

30430 St. Privat de Champclos, Gard — F/200

★★ »LE RAN DU CHABRIER«
☎ 04/66245155
1.5. bis 30.9.
860 000 qm

→ A7 Montélimar–Avignon Abf. Bollène auf die D994 nach Pont St Esprit. Hier auf die D901 über Laval St Roman nach St. Privat de Champclos. Hier in südl. Richtung bis zum Fluss Cèze. (GPS: 44°16'12" N / 04°22'45" E).

Weitläufiges ebenes und terrassiertes Gelände im Tal der Cèze. Ein km Flussufer. Nur teilweise für Caravans geeignet. In HS zeitweilig überbelegt. Kein FKK-Ausweis erforderlich. Ort 7 km entfernt. 160 Touristenplätze.
2007: P/N 3.30, K/N bis 10 J. 1.90, A/N 2.–, C/N 3.80, MC/N 5.–, T/N 2.80, M/N 1.20, H/N 1.70, WD inkl., Strom/N 3.– (10 A).

Pyrenäen:

66230 Serralongue, Pyrénées-Orient. — F/210

★★ »VILLAGE CLUB NATURISTE«
☎ 04/68396060
Juni bis Sept.
1000 m 260 000 qm

→ A9 Montpellier–Perpignan Abf. Le Boulon auf die N115 nach Arles-sur-Tech. Nach ca. 5 km Abf. links »Serra longue«. Dieses Dorf passieren. Dann wieder links, noch ca. 2.5 km.

Gelände auf einem Hochplateau. 240 Touristenplätze.

66150 Arles-sur-Tech, Pyrénées-Orient. — F/220

★★ »CAMPING-CLUB LE VENTOUS«
☎/Fax 04/68878338
Juni bis Sept.
650 m 28 000 qm

→ A9 Montpellier–Perpignan Abf. Le Boulon auf N115. Arles-sur-Tech durchfahren, nach 6 km Abbiegung Richtung St. Laurant. Nach 100 m links Abzweig Dauerstellplätze. Mit großen Caravans schwierige Anfahrt. Zufahrtsstraße vom Tal sehr eng und 4 km nur in Kurven.

Terrassiertes Wiesengelände mit Bäumen. Im Juli und August Aufnahme nur mit Reservierung. Bungalows. 50 Touristenplätze.

Übriges Binnenland:

38230 Villette d'Anthon, Lyon/Isere — F/230

★★★ »CENTRE GYMNIQUE DE LA RÉGNIÈRE«
☎ 04/78312526
1.1. bis 31.12.
130 000 qm

→ N517 in Meyzieu Abf. in Richtung Jonage. Weiter über Jons nach Vilette d'Anthon.

Sport- und Erholungszentrum in den Flussauen der Rhône. 400 Touristenplätze.

Korsika:

20230 Bravone, Corse — F/255/1

★★★ »CAMPING BAGHEERA«
☎ 04/95388020, Fax 95388347
www.bagheera.fr, bagheera@bagheera.fr
1.4. bis 31.10.
100 000 qm

→ N193/N198 Bastia–Aléria. Vor Bravone beschilderte Abf. zum Meer.

500 m (H) 1.5 km

Teilweise terrassiertes Gelände mit Eukalyptus- und Eichenbäumen in einem Bungalowdorf. Boccia. Billard. Massagen Ort (Aléria) 12 km entfernt. Touristen-/Dauerstellplätze 100/30.
2007: 2 P/N inkl. St/N 22.40, weitere P/N 5.80, K/N 3 bis 8 J. 2.30, bis 15 J. 3.30, H/N 1.50, KT –.16, WD inkl., Strom/N 3.10 (10 A).

20270 Aleria, Corse — F/260

★★★★ »RIVA BELLA NATURE RESORT & SPA«
☎ 04/95388110, Fax 95389129
April bis Okt.
120 000 qm
www.rivabella-corstcu.com, riva-bella@wanadoo.fr

→ Straße Bastia Richtung Süden (N 198), ca. 3 km nach Bravone Abbiegung nach links, 3 km bis Riva Bella. Beschildert.

5 km

Teilweise schattenloses Dünengelände mit Sandstrand. In HS separate Pkw-Abstellung. Whirlpool. Massagen. Fitnessraum. Dampfbad. Boccia. Ort 7 km entfernt. 133 Touristenplätze.

✉ 20137 Porto Vecchio, Corse — F/280

45 ★★★ »FKK-CLUB LA CHIAPPA« ⚷ 10.5. bis 11.10.
☎ 04/95700031, Fax 95700770 65 000 qm
www.chiappa.com, chiappa@wanadoo.fr

→ Bastia–Porto Vecchio. Ab hier nach der Brückelinks abbiegen auf die D859 weiter über Picciovaggio zum Ort. ✉ Route de Palombaggia.

Ein weitläufiges, in mehrere Bereiche gegliedertes, hügeliges Naturschutzgebiet beim Leuchtturm La Chiappa. Reservierung in HS empfehlenswert. Separate Pkw-Abstellung. Wellnessbereich. Massagen. Boccia. Billard. Ort 13 km, Haltestelle 15 km entfernt. Touristen-/Dauerstellplätze 220/100.
2008: (HS) P/N 10.–, K/N 5 bis 13 J. 5.–, C MC-St/N 14.–, T-St/N 9.–, B/N 7.–, H/N 5.–, KT, WD und Strom inkl. (10 A). In NS Ermäßigung.

UNGARN (H)

✉ Délegyháza, Gr. Tiefebene — H/010

★★ »NATURISTA OAZIS CAMPING« ⚷ 1.1. bis 31.12.
☎ 24/512845 25 000 qm

→ Straße 51 Budapest–Taksony–Délegyháza Richtung Baja, abbiegen nach Dunaharaszti/Dunauarsány. Beschildert.

Unparzelliertes Gelände am See mit leicht welligem Sandufer. INF- oder FKK-Ausweis erforderlich. Ersatzweise kann am Platz ein Ausweis erworben werden. Ort 4 km entfernt. 500 Touristenplätze.

✉ 8243 Balatonakali, Plattensee — H/040

30 ★★★ »BALATONTOURIST FKK-NATURIST LEVENDULA« ⚷ 9.5. bis 14.9.
☎ 87/544011, Fax 544012 22 000 qm
www.balatontourist.hu, levendula@balatontourist.hu

→ Straße 71 Balatonfüred–Keszthely, in Balatonakali abbiegen. Weiter bis zum Ortsende, links. Beschildert.

Ebenes und durch Hecken parzelliertes Wiesengelände. Teilweise unter Bäumen. Zwischen Bahnlinie und befestigtem Ufer mit Liegewiese und zwei Badestegen. Ort 500 m entfernt. 127 Touristenplätze.
2008: (HS) P/N 1160.–, K/N 2 bis 14 J. 890.–, St/N ab 3120.– bis 4220.–, H/N 890.–, KT 330.–, WD und Strom inkl. (4-10 A). In NS Ermäßigung.

✉ 8649 Balatonberény, Plattensee — H/050

★★★ »NATURISTA CAMP. BALATONBERÉNY« ⚷ Mai bis Sept.
☎/Fax 85/377715 60 000 qm
www.balatonbereny.hu, naturista@t-online.hu

→ B84 Grenzübergang Sopron bis Keszthely, weiter auf B71 bis Balatonkeresztur am Ortseingang von Balatonberény. ✉ Hétrézer u. 2.

Ebenes bis leicht abfallendes, teilweise durch Hecken parzelliertes Wiesengelände zwischen Bahnlinie und See mit Uferliegewiese und öffentlichem Badebetrieb. Zugang zum See über Stege. Imbiss. FW Ort 300 m entfernt. Mittagsruhe 12-14 Uhr. 170 Touristenplätze.

DCC – auch Ihr Camping-Partner!
Deutscher Camping-Club e.V., Postfach 40 04 28, 80704 München

naturist resort solaris* **
istrien · lanterna / poreč

(HR/020) T +385 52 465 010 F +385 52 451 440
E camping@valamar.com
www.camping-adriatic.com

KROATIEN (HR)
Küste:

52470 Umag, Istrien — HR/010

★★★ »FKK-CAMPING KANEGRA« 25.4. bis 4.10.
052/709000, Fax 709499 30 000 qm
www.istracamping.com, camp.kanegra@istracamping.hr

→ Küstenstraße Koper–Pula, in Portoroz abbiegen nach Savudrija. Ab hier beschildert. (GPS: 45°29'14" N / 13°33'38" E).

Ehemaliges Steinbruchgelände in der Piraner Bucht mit Kiefernwald und Badestrand. Bungalowanlage. In HS bis 3 Nächte Aufenthalt 20% Aufschlag. Kiosk. Touristen-/Dauerstellplätze 131/59.
2008: (HS) (€) P/N 6.20, K/N 5 bis 11 J. 3.50, St/N 15.–, H/N 3.20, KT –.80, WD und Strom inkl. (10 A). In NS Ermäßigung.
DCC/CCI 5%-10% auf P/N und St/N.

52440 Poreč, Istrien — HR/020

★★★★ »SOLARIS-NATURIST« April bis Okt.
052/465110, Fax 451440 650 000 qm
www.valamar.com, camping-porec@valamar.com

→ 12 km nördlich Poreč, ab der Küstenstraße beschildert (GPS: 45°17'40" N / 13°34'58" E).

Teilweise parzelliertes, leicht abfallendes Buschwaldgelände mit schönem Badestrand in mehreren Buchten. FW. Kiosk. Hundebad. Alle Wassersportmöglichkeiten. Ort 12 km entfernt. Touristen-/Dauerstellplätze 733/600.
Anzeige S. 921

51440 Poreč-Cervar, Istrien — HR/030

★★★ »NATURIST CENTAR ULIKA« März bis Okt.
052/436325, Fax 436352 36 000 qm
www.plavalaguna.hr, mail@plavalaguna.hr

→ nördlich Poreč zwischen Novigrad und Poreč. Beschildert. (GPS: 45°10'29" N / 13°35'55" E).

Leicht abfallendes Küstengelände am 1.5 km langen Felsstrand. Kleine aufgeschüttete Sandbucht. Südteil schattenlos. Nordteil unter Korkeichen. Separater Platzteil für Hundehalter. Hundedusche. Touristen-/Dauerstellplätze 160/100.

52452 Vrsar-Funtana, Istrien — HR/040

★★★★ »FKK-CAMP ISTRA NATURIST« April bis Okt.
052/465110, Fax 451440 400 000 qm
www.valamar.com, camping-porec@valamar.com

→ ca. 6 km südlich von Poreč und 3 km nördlich von Vrsar. Grgeti 35 (GPS: 45°15'25" N / 13°35'01" E).

Leicht zum Meer hin abfallendes Wiesengelände auf einer Halbinsel bei Funtana. 2.5 km langer Felsstrand, zum Teil mit betonierten Liegeflächen. Hundebad. Alle Wassersportmöglichkeiten. Ort 1 km entfernt. Touristen-/Dauerstellplätze 850/150.

52450 Vrsar, Istrien — HR/050

★★★ »KOVERSADA NATURIST« März bis Okt.
052/441378, Fax 441761 1 000 000 qm

→ Küstenstraße Koper–Pula Abf. in Richtung Koversada. Beschildert. (GPS: 45°08'32" N / 13°36'20" E).

52210 Rovinj, Istrien — HR/060

★★★★ »FKK-SIEDLUNG VALALTA« 26.4. bis 27.9.
052/804800, Fax 811463 700 000 qm
www.valalta.hr, valalta@valalta.hr

→ Küstenstraße Koper–Pula. Hinter dem Limskikanal beschildert. (GPS: 45°07'22" N / 13°37'53" E).

Ausgedehntes Gelände. Kurzer Sandstrand. Teilweise betonierte Liegeflächen. Brücke zur Zeltinsel. Ortszentrum 2 km entfernt. Touristen-/Dauerstellplätze 1700/950.
Anzeige S. 925

Weiträumiges, teilweise terrassiertes Busch-, Wald- und Wiesengelände am Meer. Sand- und Kiesstrand, teilweise mit betonierten Liegeflächen. FW. Ort 2 km entfernt. Touristen-/Dauerstellplätze 800/600.
2008: (HS) (€) P/N 9.–, K/N 4 bis 15 J. 4.50, St/N 14.–, KT 1.–, WD zuzügl., Strom inkl.
Anzeige S. 924

52203 Medulin, Istrien — HR/080

★★★ »CAMPING VILLAGE KAŽELA FKK« April bis Okt.
052/576050, Fax 577460 1 100 000 qm
www.kampkazela.com, kazela@email.htnet.hr

→ Straße Pula–Medulin. Ab Pula in südöstlicher Richtung durch den Vorort Pragrande und an Valdebek vorbei nach Medulin. Hier noch ca. 400 m südlich zum Meer, beschildert. (GPS: 44°48'25" N / 13°57'04" E).

Ebenes parzelliertes, leicht zum Meer abfallendes, Wiesengelände mit Mobilheim-Siedlung. Textil- und FKK-Teil, durch einen Wall geteilt und durch lichten Baumbestand und junge Anpflanzungen aufgelockert. Zeltwiese und Liegewiese. Am Strand ebene Felsplatten. Vorgelagert eine kleine Insel mit Sandstrand. FKK-Strand. Pressluftstation für Taucher. Kindersanitär. Imbiss. Kiosk. Bar. Internet-Café. Massagen. FW. Ort 2 km entfernt. 1300 Touristenplätze.

51554 Punta Križa, Insel Cres — HR/090

★★ »BALDARIN« 25.4 bis 1.10.
051/235680, Fax 604646 100 000 qm
www.camps-cres-losinj.com, baldarin@ri.t-com.hr

→ ab Pula oder Rijeka nach Brestova. Dann Fähre nach Poroniza (Insel Cres). Oder ab Obsor (südlichster Ort von Cres) abbiegen in Richtung Punta Kriza, noch ca. 17 km. (GPS: 44°37'46" N / 14°32'04" E).

Waldgelände an einer Bucht an der Südspitze der Insel Cres. Familiäre Atmosphäre. 1100 Touristenplätze.
2008: (HS) (€) P/N 7.31, K/N 3 bis 6 J. 2.20, J/N 7 bis 13 J. 5.12, St/N 4.90 bis 7.35, B/N 1.67, H/N 2.50, KT 1.–, WD und Strom inkl. In NS Ermäßigung.

51291 Novalja, Insel Pag — HR/100

★★★ »AUTOCAMP STRAŠKO« Mai bis Sept.
032/661226, Fax 661225, turno@turno.hr 270 000 qm

→ ab Fährhafen Žigljen auf die Straße Novalja–Pag. Hier rechts abbiegen und dann links zum Platz. Beschildert.

Weitläufiges, leicht abfallendes Waldgelände mit schmalem Strand. Separater Textilteil. Ort 2 km entfernt. 1500 Touristenplätze.

Als DCC-Mitglied sind Sie immer gut beraten
Deutscher Camping-Club e.V., Postf. 40 04 28, 80704 München

naturist camping istra***
istrien · funtana

(HR/030) T +385 52 465 010   F +385 52 451 440
E camping@valamar.com
www.camping-adriatic.com

Istrien   **PLAVA LAGUNA**   Kroatien

POREČ

★★★★
NATURIST CENTER ULIKA

(HR/040)

Naturist-Zentrum mit neuen Mobilheimen

Geniessen Sie einen idyllischen Urlaub im Schatten der hundertjährigen Eichen!

Direkt am Meer gelegen / parzellierte Stellplätze 70-90 m2 / Swimmingpool / Neue klimatisierte Mobilheime zum Mieten / Wohnwagen zum Mieten / Restaurant / Bar Pizzeria / Supermarkt / Tennis / Tischtennis / Minigolf / Kanus / Animation 5 x wochentlich / Kinderspielplatz / Bootsslip

ATTRAKTIVE URLAUBSANGEBOTE 2008:

- ✓ 2 Personen + Stellplatz in der Vor- und Nachsaison schon ab € 14,80 pro Tag
- ✓ Kinder bis 3,99 Jahre - GRATIS Aufenthalt in der ganzen Saison
- ✓ Kinder vom 4 bis 9,99 Jahre – GRATIS Aufenthalt in der Vor- und Nachsaison
- ✓ Zusätzlich 10% Nachlass für längere, ununterbrochene Aufenthalte in der Vor- und Nachsaison
- ✓ Nachlässe für Mietglieder von Laguna Club, CCI, nationale Auto-Clubs und Naturistenverbänden

Plava Laguna, HR-52440 Poreč, R. Končara 12,   Tel. 00385 /52/ 410 -102,   fax: 00385 /52/ 451-044   **www.plavalaguna.hr**

Valalta Naturist Rovinj

Istrien Grün und Mediterran.

Camping – Mobilheime – Bungalows – Appartements – Hafen

Die hüllenlose Ferienoase in unberührter Natur direkt am Meer! Urlaubsidylle für die ganze Familie an einem zauberhaften Landschaftsjuwel.

- Restaurants • eigene Bierbrauerei • Fitness Sport • Vitalzentrum
- Meerwasser-Schwimmbad-Komplex • Ausflüge • Animation • Kids-Club

(HR/060)

VALALTA

Valalta d.o.o., Cesta Valalta-Lim bb, HR-52210 Rovinj, tel. ++385 52 804 800
fax 811 463, 821 004, e-mail: valalta@valalta.hr   www.valalta.hr

---

✉ 51500 Krk, Insel Krk — HR/105

★★★ »NATURIST CAMPING POLITIN« ⚷ April bis Sept.
☎ 051/221351, 221362, Fax 221362   8000 qm
www.krkonline.com, politin@valamar.com

→ Straße 102 Kraljevica–Krk. Ab Krk weiter auf der Str. 102 in östlicher Richtung zum Platz. Ab Krk ca. 4 km. (GPS: 45°02'29" N / 14°36'52" E).

Meist ebenes, terrassiertes und parzelliertes Sand- und Wiesengelände mit Bäumen am Meer mit Kieselstrand. Bar. Hundebad. Abendprogramm. Unterhaltungsprogramm für Kinder. Sportcenter 2 km, Ort 4 km entfernt. 60 Touristenplätze.

✉ 51521 Punat, Insel Krk — HR/110

[35] ★★★ »FKK KAMP "KONOBE"« ⚷ 19.4. bis 1.10.
☎/Fax 051/854036   200 000 qm
www.hoteli-punat.hr, konobe@hoteli-punat.hr

→ Straße 2/E 27 in Kraljevica abbiegen. Über eine Brücke zur Insel. Fährverbindung von Crikvenica oder Senj aus. Straße zum Platz 15% Steigung. ✉ Obala 94 (GPS: 44°59'28" N / 14°37'50" E).

✉ 51523 Baška, Insel Krk — HR/120

★★★ »AUTOCAMP FKK BUNCULUKA« ⚷ Mai bis Sept.
☎ 051/856806, Fax 856595   47 000 qm

→ Straße 2/E 27 in Kraljevica abbiegen. Über eine Brücke zur Insel. Fährverbindung von Crikvenica oder Senj aus. Im Ort beschildert.

Schattenloses, überwiegend steiniges Gelände am Strand. Ort und Haltestelle 3 km entfernt. Touristen-/Dauerstellplätze 500/20.
2008: (HS) P/N 45.–, K/N 5 bis 12 J. 308.–, St/N 100.–, M/N 23.–, B/N 30.–, H/N 22.–, KT 7.–, WD und Strom inkl. (10 A). Anschluss 7.35. In NS Erm. **CCI 10% auf P/N.**

Terrassiertes Küstengelände, durch Pinien und Laubbäume aufgelockert. Ort 500 m entfernt. Touristen-/Dauerstellplätze 800/110.

(HR/105)

naturist camping politin***
krk

T +385 52 465 010   F +385 52 451 440
E camping@valamar.com
www.camping-adriatic.com

✉ **58463 Vrboska,** Insel Hvar **HR/150**

★★ »FKK-AUTO-CAMP NUDIST« ⚓ April bis Oktober
☎ 021/774034   25 000 qm

→ Split–Autofähre–Starigrad–Vrboska.

Terrassenanlage an der Nordküste der Insel Hvar. 400 Touristenplätze.

ITALIEN (I)

✉ **10040 La Cassa,** Turin **I/100**

★★★ »LE BETULLE« ⚓ 1.1. bis 31.12.
☎ 011/9842819, Fax 9842962   100 000 qm
www.lebetulle.org, info@lebetule.org

→ A4 Mailand–Turin Abf. Pianezza auf die SS24 über Pianezza und La Cassa nach Fiano/Lonzo. Hier Abf. zum Platz. Ca. 1 km hinter La Cassa beschildert. ✉ Via Lanzo, 33.

Terrassengelände am Fuße der Coziealpen. Volleyball. Ort 800 m entfernt. INF-Ausweis erforderlich. Touristen-/Dauerstellplätze 120/50.

✉ **88841 Isola di Capo Rizzuto,** Crotone **I/200**

★★★ »CAMPING PIZZO GRECO NATURIST CLUB« ⚓ Ostern
☎ 0962/791771, 799079, Fax 792349   bis Okt.
www.pizzogreco.com, info@pizzogreco.com   40 000 qm

→ SS 106 Taranto–Reggio Calabria, im Ort bei der Polizeistation zum Capo Rizzuto abbiegen, noch 5 km. Beschildert.

Ebenes Wiesengelände oberhalb der Steilküste mit verschiedenen Bäumen. Vom Platz führt ein Serpentinenweg zum Sandstrand. Boccia. Ort 5 km entfernt. 184 Touristenplätze.

✉ **48020 Lido di Dante,** Ravenna **I/300**

★★ »CAMPING CLASSE AREA NATURISTA« ⚓ Ostern bis Sept.
☎/Fax 544/492005, 492058   30 000 qm
www.campingclasse.it, info@campingclasse.it

→ von der SS16 etwa 2 km südlich Ravenna bei Km 154.5 abbiegen zum Meer, noch 7 km. Beschildert.

FKK-Teil des Campingplatzes Camping Classe, CF-Nr. I 3800/1. Ebenes Wiesengelände unter Bäumen mit parzellierten Touristenplätzen. Alle Anlagen des Textilteils (außer den Textil-Sanitäranlagen) können benutzt werden. Der Strand kann ebenfalls benutzt werden. 250 Touristenplätze.

LUXEMBURG (L)

✉ **9156 Heiderscheid** **L/010**

★★★★ »DE REENERT« 504 m ⚓ 1.4. bis 31.10.
☎ 2688881, Fax 26888828   25 000 qm
www.reenert.lu, info@reenert.lu

→ N15 Ettelbruck–Bastogne Abf. ca. 1.5 km vor Heiderscheid. Beschildert. ✉ 4, Fuussekaul (GPS: 49°52´50´´ N / 5°59´24´´ E).

Ebenes, parzelliertes und teilweise terrassiertes Wiesengelände mit Anpflanzungen. Gegenüber befindet sich der Camping Fuussekaul, dessen Einrichtungen mitbenutzt werden können. Kindersanitär. 70 Touristenplätze.
2007: (HS) (€) 2 P/N inkl. St/N 21.–, weitere P/N 2.50, K/N bis 3 J. frei, H/N 2.–, WD inkl., Strom/N 2.– (6 A). Für 7/14/21/28 Nächte nur 6/11/16/20 Nächte bezahlen. In NS Ermäßigung.

DCC – DEIN PARTNER!

NORWEGEN (N)

✉ **1514 Moss-Sjøhaug,** Insel Jeløy **N/010**

★★ »SJØHAUG NATURISTSENTER« ⚓ Mai bis Sept.
☎ 47/69270050, Fax 69271150   50 000 qm

→ E 6 bis Moss und nach Sjøhaug abbiegen. Hier Richtung Nes-Camping.

Schattenloses Wiesengelände am Oslo-Fjord. Bei einem Aufenthalt ab 3 Nächten ist die INF-Mitgliedskarte erforderlich. Imbiss. Touristen-/Dauerstellplätze 50/60.

NIEDERLANDE (NL)

✉ **3896 LA Zeewolde,** Flevoland **NL/020**

Abfahrt

★★★ »FLEVO NATUUR« ⚓ 1.1. bis 31.12.
☎ 036/5228880, Fax 5228783   350 000 qm

→ A28/E232 Amersfoort–Zwolle Abf. Nijkerk in Richtung Almere. Hinter der Brücke abbiegen, beschildert. ✉ Wielseweg 3

Weitläufiges, ebenes und parzelliertes Wiesengelände. Durch Wasserflächen geteilt. Separate Pkw-Abstellung. Teilweise Kabel-TV. Boule. Skatebahn. Wasserradverleih. Ort 11 km entfernt. Touristen-/Dauerstellplätze 235/35.
2007: P/N 7.50, K/N 4 bis 14 J. 3.–, St/N 10.–, H/N 3.60, KT –.75, WD zuzügl., Strom keine Angabe (4-10 A).

Schweden (S)

✉ **23930 Skanör,** Skåne **S/030**

20 ★★★ »SOLHEJDAN« ⚓ 15.6. bis 15.8.
☎ 040/475088   16 000 qm
www.svanrevet.se, svanrevet@naturistforbundet.se

→ Auf Straße 100 Richtung Skanör, beim Kreisverkehr in Richtung Kyrkon abbiegen. Bei der Kirche in die Östra Kyrkogutan abbiegen und dem Schild »Svaureret« folgen. ✉ Knösvägen 1.

Clubgelände des Schwedischen Naturistenverbandes. Zugang nur für Clubmitglieder. Kurzmitgliedschaft kann erworben werden. Ort 3 km entfernt. Touristen-/Dauerstellplätze 30/45.
2007: P/N inkl., St/N 190.–, WD inkl., Strom/N 40.– (10 A).

✉ **29060 Kyrkhult/Galax** **S/050**

★★ »PARTISANENS NATURISTCAMPING« ⚓ Mai bis Sept.
☎ 0454/771210, 771108, Fax 771080   25 000 qm

→ E22 Malmö–Kristianstad Abf. Bromölla auf die Straße 116 in Richtung Olofström. Hier auf die Straße 121 bis Vilshult. Rechts abbiegen nach Kyrkhult und der Beschilderung »Galax« folgen. ✉ S. Slagesnäsvägen 211.

Waldgelände am Nordhang eines Hügels und am Badesee mit Liegewiese. Haltestelle 3 km entfernt. 75 Touristenplätze.

✉ **61024 Vikbolandet** **S/080**

★★ »VIKBOLANDET NATURIST & FAMILJE CAMPING«
☎ 0125/30139 ⚓ Mai bis Sept.
vikbolandet@naturistvorbundet.se   7000 qm

→ von Norrköping Straße Nr. 209, nach 30 km abbiegen Richtung Rönö, später abbiegen Richtung Tobo, nach 2 km rechts, noch 500 m. Schwierige, steile Auffahrt. ✉ Trumpetaregatan 1-9.

Gelände auf einer Waldlichtung. 40 Touristenplätze.

Binnenland:

✉ 68200 Filipstad, Värmland — **S/090**

★★ »SANDVIKENS FRIBAD OCH CAMPING« — Mai bis Sept.
☎ 0590/21100 — 12 000 qm

→ Str. 63 Karlstad–Filipstad–Persberg. Kurz nach Persberg rechts abbiegen zum Platz. ✉ Levvik, Sandriken 1.

Von Nadelwald umgebenes Wiesengelände. Einfache Einrichtungen. Teilweise Trockentoiletten. Familiäre Atmosphäre. Lebensmittelverkauf und Restaurant im Ort (12 km entfernt). Touristen-/Dauerstellplätze 58/30.

SLOWAKISCHE REPUBLIK (SK)

✉ 94611 Nova Straz — **SK/100**

»NATURA CAMP« — April bis Okt.
☎ 819/82119 — 18 000 qm

→ Straße 63 Bratislava – Komarno, 4 km vor Komarno.

Bewertung nach Besichtigung. Ebenes Wiesengelände hinter dem Donau-Damm unter Bäumen. 100 Touristenplätze.

Jahres-Öffnungszeiten

werden uns von den Platzhaltern gemeldet. Sie bemühen sich, die Zeiten einzuhalten. Je nach Wetterlage sind aber spätere Öffnungs- und frühere Schließungszeiten möglich.

SLOWENIEN (SLO) Landesinnere:

✉ 9241 Veržej-Banovci — **SLO/005**

⑳ »CAMPING THERME BANOVCI FKK-TEIL SONČNI GAJ«
☎ 02/5131400, Fax 5871703 — 1.1. bis 31.12.
www.radenska-zdravilisce.si, terme.banovci@radenska.si — 40 000 qm

→ Str. 3 Maribor–Murska Sobota, in Radenci auf der Str. 230 nach Ljutomer abbiegen. Bei Križevci nach Vorzoj abbiegen, beschildert. ✉ Banovci 1A.

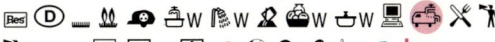

1.5 km

Bewertung nach Besichtigung. Ebenes Wiesengelände mit Bäumen. Separater FKK-Teil des Campingplatzes Therme Banovci (SLO 1070) der 2006/07 umgebaut wurde. Die Anlagen und Angebote des Textilteils stehen auch den Besuchern des FKK-Teils zur Verfügung. Ort 1.5 km entfernt. 70 Touristenplätze.
2007: (HS) (€) P/N 12.94, K/N 4 bis 10 J. 6.47, K/N 11 bis 14 J. 9.06, St/N inkl., H/N 2.50, WD u. Schwimmbad inkl., Strom/N 3.34 (16 A). In NS Erm.

✉ 1216 Smlednik — **SLO/010**

NEU ㉟ ★★★ »CAMPING SMLEDNIK FKK« — 1.5. bis 15.10.
☎ 03861/3627002 — 15 000 qm
www.dm-campsmlednik.si, camp@dm-campsmlednik.si

Abfahrt → A2/E61 Jesenice–Ljubljana Abf. Vodice nach Smlednik zum Ostufer der Sava bei Dragočajna. ✉ Dragočajna 14 As.

1 km

Überwiegend ebenes, lichtes, teilweise terrassiertes und unparzelliertes Waldgelände an der Sava. Separater FKK-Teil des Textil-Campingplatzes Smlednik (SLO 2060). Eigener FKK-Strand. Die Anlagen und Angebote des Textilteils stehen auch den Besuchern des FKK-Teils zur Verfügung. Ort (Smlednik) 2 km entfernt. 30 Touristenplätze.
2007: P/N 1500, K/N 7 bis 13 J. 750, St/N inkl., KT 83, WD inkl., Strom/N 700 (6/10 A).

FKK-Inhaltsverzeichnis

Deutschland

Bestensee b. Königs Wusterhsn.	D/168–915
Cappel-Neufeld, Nordholz	D/015–913
Dietmannsried, Allgäu	D/135–914
Drosedow	D/150–914/915
Gotthun, Müritz	D/170–915
Grube-Rosenfelde, Ostsee	D/030–913
Halbendorf b. Weisswasser	D/180–915
Hannover-Misburg	D/080–913
Murrhardt-Kirchenkirnberg	D/120–914
Nordseebad-Hooksiel	**D/010–913**
Sinsheim-Hilsbach	D/130–914
Steinenstadt bei Neuenburg	D/100–914
Wittdün, Insel Amrum	D/020–913
Zwenzow bei Userin	D/160–915

Österreich

Eberndorf, Kärnten	**A/050–916**
Eggersdorf-Purgstall, Steiermark	A/070–916
Eisentratten-Pressingberg, Kärnt.	A/010–916
Keutschach, Kärnten	A/040–916
Oberwölz, Steiermark	A/060–916
Pesenthein, Millstätter See	A/020–916
Tigring, Moosburg/Kärnten	A/030–916

Dänemark

Henne, Jütland	DK/030–916
Kirke-Hyllinge, Seeland	DK/020–916

Spanien

Almayate, Torre del Mar	E/080–918
Cartagena, Murcia	E/050–918
Hospitalet del L'Infant, Tarragona	E/030–917
Montras, Girona	E/005–917

Frankreich

Aleria, Corse	F/260–920
Arles-sur-Tech, Pyrénées-Or.	F/220–920
Bédoin, Vaucluse	F/170–920
Belaye en Quercy, Lot	F/160–920
Belgentier, Var	F/185–920
Bravone, Corse	F/255–920
Cap d'Agde, Herault	F/020–918
Fleury d'Aude	F/050–918
Grayan et L' Hopital, Gironde	F/085–919
Héliomonde bei St. Chéron	F/120–919
Lapalme, Aude	F/060–918
Méjannes le Clap, Gard	F/150–920
Montalivet, Gironde	F/090–919
Porto Vecchio, Corse	F/280–921
Puget-Theniers, Alp.-Mar.	F/190–920
Serignan Plage, Herault	F/040–918
Serralongue, Pyrénées-Or.	F/210–920
St. Georges d'Oléron, Ch.-M.	F/080–918
St. Privat de Champclos, Gard	F/200–920
St. Remèze, Ardèche	F/140–919
Vielle-St. Girons, Landes	F/100–919
Villette d'Anthon, Lyon/Isere	F/230–920

Ungarn

Balatonakali, Plattensee	H/040–921
Balatonberény, Plattensee	H/050–921
Délegyháza, Gr. Tiefebene	H/010–921

Kroatien

Baška, Insel Krk	HR/120–924
Krk, Insel Krk	HR/105–924
Medulin, Istrien	HR/080–922
Novalja, Insel Pag	HR/100–922
Poreč, Istrien	HR/020–922
Poreč-Cervar, Istrien	HR/030–922
Punat, Insel Krk	HR/110–924
Punta Križa, Insel Cres	HR/090–922
Rovinj, Istrien	HR/060–922
Umag, Istrien	HR/010–922
Vrboska, Insel Hvar	HR/150–926
Vrsar, Istrien	HR/050–922
Vrsar-Funtana, Istrien	HR/040–922

Italien

Isola di Capo Rizzuto, Crotone	I/200–926
La Cassa, Turin	I/100–926
Lido di Dante, Ravenna	I/300–926

Luxemburg

Heiderscheid	L/010–926

Norwegen

Moss-Sjøhaug, Insel Jeløy	N/010–926

Niederlande

Zeewolde, Flevoland	NL/020–926

Schweden

Filipstad, Värmland	S/090–927
Kyrkhult/Galax	S/050–926
Skanör, Skåne	S/030–926
Vikbolandet	S/080–926

Slowakische Republik

Nova Straz	SK/100–927

Slowenien

Veržej-Banovci	SLO/005–927
Smlednik	SLO/010–927

BEURTEILUNGSBLATT für Campingplatz

Eingereicht von:

Platzname _____

Ort _____

Land _____

Inhaber/Verwalter _____

Der Platz ist im DCC-Campingführer, Ausgabe _____ unter der Nr. _____ verzeichnet.

Name _____

Straße _____

PLZ _____ Ort _____

DCC-Mitglied? ja, Nr.: _____ ☐ nein

Datum des Besuchs: von _____ bis _____

☐ HS (Hochsaison)   ☐ NS (Nebensaison)

Sanitäre Einrichtungen (Bitte Ankreuzen)

- ☐ warm ☐ kalt Waschrinnen
- ☐ warm ☐ kalt Waschbecken
- ☐ warm ☐ kalt Einzelwaschkabinen
- ☐ warm ☐ kalt Duschen
- ☐ warm ☐ kalt Geschirrspülbecken
- ☐ warm ☐ kalt Wäschewaschbecken
- ☐ kostenlos Sanitär-Komplettzelle
- ☐ kostenpflichtig Sanitär-Komplettzelle
- ☐ Komplette Sanitäreinrichtung für Rollstuhlfahrer
- ☐ nur WC für Rollstuhlfahrer
- ☐ Babyraum
- ☐ Fäkalienausguss

Service (Bitte Ankreuzen)

- ☐ Imbiss
- ☐ Kiosk
- ☐ Brötchen-Service
- ☐ Lebensmittelladen
- ☐ Restaurant
- ☐ Kochgelegenheit
- ☐ Aufenthaltsraum
- ☐ Waschmaschine
- ☐ Wäschetrockner
- ☐ Moca-Ver-/Entsorgungsstation
- ☐ Stellplätze mit Frisch-/Abwasser
- ☐ Gas-Flaschenverkauf
- ☐ Gas-Direktanschlüsse
- ☐ Grillplatz
- ☐ Kinderspielplatz

- ☐ Kinderplanschbecken
- ☐ Schwimmbad
- ☐ Hallenbad
- ☐ Sauna
- ☐ Fitnessraum
- ☐ Animation für Kinder
- ☐ Animation für Erwachsene
- ☐ Diskothek
- ☐ Bolz-/Ballspielfeld
- ☐ Minigolf
- ☐ Tischtennis
- ☐ Tennis
- ☐ Reiten
- ☐ Fahrradverleih
- ☐ Boots-/Kanuverleih

BEURTEILUNGEN für Campingplatz (Bitte Ankreuzen)

Sterne-Klassifizierung
- ☐ ★★★★★ vorbildlich
- ☐ ★★★★ sehr gut
- ☐ ★★★ gut
- ☐ ★★ ausreichend
- ☐ ★ einfach

Landschaftliche Lage
- ☐ ● außerordentlich schön
- ☐ ◐ sehr schön
- ☐ ◑ ansprechend
- ☐ ◔ weniger ansprechend
- ☐ ○ ungünstig

Geräuschkulisse (Bahnlinie, Straße etc.)
- ☐ ◆ sehr ruhig
- ☐ ◆ überwiegend ruhig
- ☐ ◇ erträgliche Lärmbelästigung
- ☐ ◇ laut
- ☐ ◇ sehr laut

Hygiene
- ☐ H hervorragend
- ☐ H sehr gut
- ☐ H gut
- ☐ H ausreichend
- ☐ H unzureichend

Service
- ☐ ✦ hervorragend
- ☐ ✦ sehr gut
- ☐ ✦ gut
- ☐ ✦ mittelmäßig
- ☐ ✦ unzureichend

Einrichtung
- ☐ ■ komfortabel
- ☐ ■ sehr gut
- ☐ ■ gut
- ☐ ■ ausreichend
- ☐ ■ unzureichend

Begründung/Persönliche Eindrücke: _____

_____

_____

_____

An den:
Deutscher Camping-Club e.V., Caravan-, Motorcaravan- und Zeltsportverband
Mandlstr. 28, 80802 München, Tel. 089/380142-0, http://www.camping-club.de, info@camping-club.de